Schlegelberger
Handelsgesetzbuch

Schlegelberger

Handelsgesetzbuch

Kommentar von

Dr. Ernst Geßler †
Ministerialdirektor a. D.,
Honorarprofessor an der
Universität Bonn

Dr. Dr. h.c. Wolfgang Hefermehl
em. o. Professor an der Universität Heidelberg,
Honorarprofessor an den Universitäten
Mannheim und Salzburg

Dr. Wolfgang Hildebrandt †
Justitiar der Preußischen Staatsbank
(Seehandlung) a. D., Berlin

Dr. Georg Schröder †
Vorsitzender Richter
am Bundesarbeitsgericht i. R.

und

Dr. Klaus-Peter Martens
o. Professor an der
Universität Hamburg

Dr. Karsten Schmidt
o. Professor an der
Universität Hamburg

5., neubearbeitete Auflage

Band III/1. Halbband
§§ 105–160

Verlag Franz Vahlen München

Die Deutsche Bibliothek – CIP-Einheitsaufnahme

Handelsgesetzbuch : Kommentar / Schlegelberger.
Von Ernst Geßler ... – München : Vahlen.
ISBN 3 8006 0304 7
NE: Schlegelberger, Franz [Begr.]; Geßler, Ernst

Bd. 3.
Halbbd. 1. §§ 105–160. – 5., neubearb. Aufl. – 1992
ISBN 3 8006 1097 3

Das Gesamtwerk ISBN 3 8006 0304 7
erscheint in 6 Bänden
Band III/1. Halbband   ISBN 3 8006 1097 3

© 1992 Verlag Franz Vahlen GmbH, München
Satz und Druck der C. H. Beck'schen Buchdruckerei, Nördlingen

Vorwort

Mit dem vorliegenden Band III/1 ist die 5. Auflage des Kommentars vier Jahre später als im Vorwort des Bandes III/2 angekündigt abgeschlossen. Verlag und Verfasser bitten die Bezieher für das unerwartet späte Erscheinen der nunmehr vorgelegten §§ 105–160 um Verständnis. Die Kommentierung der §§ 123–160 wurde 1988/89 abgeschlossen, die des § 105 auf Bitten des Verlages im Jahr 1989. Diese Teile wurden jedoch durch vollständige Überarbeitung auf den Stand der ersten Jahreshälfte 1991 gebracht. Dies ist damit auch der Stand der gesamten Kommentierung.

Die Bände III/1 und III/2 verstehen sich in ihrem Zusammenhang als eine Gesamtdarstellung des Rechts der Personengesellschaften des HGB (OHG, KG, Stille Gesellschaft), der Unterbeteiligung sowie der Treuhand an Gesellschaftsanteilen.

München und Hamburg im Winter 1991/92   Verlag und Verfasser

Inhaltsverzeichnis

	Seite
Bearbeiterverzeichnis	VIII
Abkürzungsverzeichnis	IX

Zweites Buch. Handelsgesellschaften und stille Gesellschaft

Erster Abschnitt. Offene Handelsgesellschaft (§§ 105–160)	1
Erster Titel. Errichtung der Gesellschaft (§§ 105–108)	3
Anhang zu § 105. Das Recht der verbundenen Personenhandelsgesellschaft	100
Zweiter Titel. Rechtsverhältnis der Gesellschafter untereinander (§§ 109–122)	158
Dritter Titel. Rechtsverhältnis der Gesellschafter zu Dritten (§§ 123–130b)	400
Vierter Titel. Auflösung der Gesellschaft und Ausscheiden von Gesellschaftern (§§ 131–144)	539
Fünfter Titel. Liquidation der Gesellschaft (§§ 145–158)	773
Sechster Titel. Verjährung (§§ 159, 160)	907

Bearbeiterverzeichnis

§§ 1–47a	Dr. Wolfgang *Hildebrandt*†, Justitiar der Preußischen Staatsbank (Seehandlung) a.D., unter Mitarbeit von Dr. Hans-Werner Steckhan
§§ 48–104	Dr. Georg *Schröder*†, Vorsitzender Richter am Bundesarbeitsgericht i.R.
§ 105	Dr. Karsten *Schmidt*, o. Prof. an der Universität Hamburg
Anh. § 105–§ 122	Dr. Klaus-Peter *Martens*, o. Prof. an der Universität Hamburg
§§ 123–160	Dr. Karsten *Schmidt*, o. Prof. an der Universität Hamburg
§§ 161–170	Dr. Klaus-Peter *Martens*, o. Prof. an der Universität Hamburg
§§ 171–177a	Dr. Karsten *Schmidt*, o. Prof. an der Universität Hamburg
§§ 335–342 (§§ 230–237 n.F.)	Dr. Karsten *Schmidt*, o. Prof. an der Universität Hamburg
§§ 343–406 mit Anhang	Dr. Dr. h.c. Wolfgang *Hefermehl*, em. o. Professor an der Universität Heidelberg, Honorarprofessor an den Universitäten Mannheim und Salzburg
§§ 407–424	Dr. Georg *Schröder*†, Vorsitzender Richter am Bundesarbeitsgericht i.R.
§§ 425–460 mit Anhang	Ministerialdirektor a.D. Dr. Ernst *Geßler*†, Honorarprofessor an der Universität Bonn

Zitiervorschlag:

Schlegelberger/Martens § 122 Anm. 36
Schlegelberger/Karsten Schmidt § 105 Anm. 1

Abkürzungsverzeichnis

a. A.	anderer Ansicht
aaO	am angegebenen Ort
abl.	ablehnend
Abs.	Absatz
abw.	abweichend
AcP	Archiv für die civilistische Praxis
ADHGB.	Allgemeines Deutsches Handelsgesetzbuch (von 1861)
a. E.	am Ende
a. F.	alte Fassung
AG.	Aktiengesellschaft, Amtsgericht
AGB	Allgemeine Geschäftsbedingungen
AGBG	Gesetz zur Regelung des Rechts der Allgemeinen Geschäftsbedingungen
AktG	Aktiengesetz
allg.	allgemein(e)
Alt.	Alternative
a. M.	anderer Meinung
AnfG	Gesetz betreffend die Anfechtung von Rechtshandlungen eines Schuldners außerhalb des Konkursverfahrens (Anfechtungsgesetz)
Anh.	Anhang
Anm.	Anmerkung
AP	Arbeitsrechtliche Praxis, Nachschlagewerk des Bundesarbeitsgerichts
ApothG	Gesetz über das Apothekenwesen
ArchBürgR	Archiv für bürgerliches Recht
Art.	Artikel
Aufl.	Auflage
AWD	Außenwirtschaftsdienst des Betriebs-Beraters 1958–1974
BAG	Bundesarbeitsgericht
Bandasch-(Bearbeiter)	s. unter GK
Baumbach-Duden-Hopt	Baumbach-Duden-Hopt, Handelsgesetzbuch, 28. Aufl. 1989
Baumbach-Hueck (Bearbeiter)	Baumbach-Hueck, GmbHG, 15. Aufl. 1988
Baumbach-Lauterbach-Albers-Hartmann	Baumbach-Lauterbach-Albers-Hartmann, Kommentar zur Zivilprozeßordnung, 49. Aufl. 1990
BayObLG	Bayerisches Oberstes Landesgericht
BayObLGZ	Entscheidungen des Bayerischen Obersten Landesgerichts in Zivilsachen
BB	Betriebs-Berater
Bd.	Band
Begr.	Begründung
Behrend	Behrend, Lehrbuch des Handelsrechts, Bd. 1, Abt. 1.2, 1886–1896
Beih.	Beiheft
Beil.	Beilage
Bem.	Bemerkung

Abkürzungsverzeichnis

betr.	betreffend
BFH.	Bundesfinanzhof
BFHE.	Sammlung der Entscheidungen und Gutachten des Bundesfinanzhofs
BGBl.	Bundesgesetzblatt
BGB.	Bürgerliches Gesetzbuch
BGB-RGRK.	Das Bürgerliche Gesetzbuch mit besonderer Berücksichtigung der Rechtsprechung des Reichsgerichts und des Bundesgerichtshofes, Kommentar, herausgegeben von Mitgliedern des Bundesgerichtshofes, 12. Aufl. 1974 ff.
BGH	Bundesgerichtshof
BGHSt.	Entscheidungen des Bundesgerichtshofes in Strafsachen
BGHZ.	Entscheidungen des Bundesgerichtshofes in Zivilsachen
Binz.	Mark K. Binz, Die GmbH & Co. KG, 8. Aufl. 1992
BiRiLiG.	Bilanzrichtliniengesetz
Bohnenberg.	Bohnenberg, Handelsgesetzbuch mit Erläuterungen, 1980
Bolze.	Die Praxis des Reichsgerichts in Civilsachen, bearbeitet von A. Bolze
BR-Drucks.	Bundesrats-Drucksache
BSG.	Bundessozialgericht
BStBl..	Bundessteuerblatt
BT-Drucks.	Bundestags-Drucksache
BVerfG	Bundesverfassungsgericht
BVerfGE	Entscheidungen des Bundesverfassungsgerichts
c. i. c.	culpa in contrahendo
DB.	Der Betrieb
Denkschrift	Denkschrift zu dem Entwurfe eines Handelsgesetzbuchs und eines Einführungsgesetzes, Reichstag, 9. Legislatur-Periode, IV. Session 1895/97
d. h.	das heißt
Die AG	Die Aktiengesellschaft (Zeitschrift)
Diss.	Dissertation
DJ	Deutsche Justiz
DJT.	Deutscher Juristentag
DJZ.	Deutsche Juristenzeitung
DM	Deutsche Mark
DNotZ	Deutsche Notar-Zeitschrift
DR.	Deutsches Recht
DRiZ.	Deutsche Richter-Zeitung
DRZ.	Deutsche Rechts-Zeitschrift
DStR	Deutsche Steuer-Rundschau
DStZ	Deutsche Steuer-Zeitung
Düringer-Hachenburg-(Bearbeiter)	Düringer-Hachenburg, Das Handelsgesetzbuch, 3. Aufl. 1930 ff.
ebd.	ebenda
Ehrenbergs Hdb.	Ehrenberg (Hrsg.), Handbuch des gesamten Handelsrechts, 1913 ff.
Einf..	Einführung
Einl..	Einleitung
Emmerich-Sonnenschein.	Emmerich-Sonnenschein, Konzernrecht, 3. Aufl. 1989
Endemanns Hdb.	Handbuch des Deutschen Handels-, See- und Wechselrechts, hrsgg. von W. Endemann, 1881 ff.
Ennecerus-Nipperdey...	Ludwig Enneccerus, Allgemeiner Teil des Bürgerlichen Rechts, bearbeitet von Hans Carl Nipperdey, 15. Aufl. 1959/1960
Erl.	Erläuterung

Abkürzungsverzeichnis

Erman-(Bearbeiter)	Erman, Handkommentar zum Bürgerlichen Gesetzbuch, hrsgg. von H. P. Westermann, 8. Aufl. 1989
EStG	Einkommensteuergesetz
e. V.	eingetragener Verein
EWiR	Entscheidungen zum Wirtschaftsrecht
FamRZ	Zeitschrift für das gesamte Familienrecht
ff.	folgende(r)
FG	Finanzgericht
FGG	Gesetz über die Angelegenheiten der freiwilligen Gerichtsbarkeit
Flume Juristische Person	Flume, Allgemeiner Teil des Bürgerlichen Rechts, Erster Band, Zweiter Teil, Die juristische Person, 1983
Flume Personengesellschaft	Flume, Allgemeiner Teil des Bürgerlichen Rechts, Erster Band, Erster Teil. Die Personengesellschaft, 1977
Fn.	Fußnote
FR	Finanz-Rundschau
geänd.	geändert
GenG	Genossenschaftsgesetz
GesRZ	Der Gesellschafter, Zeitschrift für Gesellschafts- und Unternehmensrecht (Österreich)
ggf.	gegebenenfalls
GK-(Bearbeiter)	Gemeinschaftskommentar zum HGB, begründet von Georg W. Bandasch, 4. Aufl. 1989 ff.
GmbH	Gesellschaft mit beschränkter Haftung
GmbHG	GmbH-Gesetz
GmbHRdsch	GmbH-Rundschau
GoB	Grundsätze ordnungsmäßiger Buchführung
grds.	grundsätzlich
(Bearbeiter) in Großkomm	Handelsgesetzbuch Großkommentar, Begründet von Hermann Staub, weitergeführt von den Mitgliedern des Reichsgerichts, 3. Aufl., neubearbeitet von Brüggemann, Canaris, Fischer, Helm, Koller, Ratz, Röhricht, Schilling, Schulze-Osterloh, P. Ulmer, Würdinger, 1967 ff. (4. Aufl. s. unter Staub)
Gruch	Gruchots Beiträge zur Erläuterung des Deutschen Rechts
GWB	Gesetz gegen Wettbewerbsbeschränkungen
Hachenburg-(Bearbeiter) GmbHG	Hachenburg, Gesetz betreffend die Gesellschaften mit beschränkter Haftung (GmbHG), Großkommentar, 8. Aufl. 1975 ff.
Halbs.	Halbsatz
HansGZ	Hanseatische Gerichtszeitung
HansRZ	Hanseatische Rechtszeitschrift
HansRGZ	Hanseatische Rechts- und Gerichtszeitschrift
Hdb.	Handbuch
Hesselmann-Tillmann, Handbuch	Hesselmann, Handbuch der GmbH & Co. 17. Aufl. 1991
Heymann-(Bearbeiter)	Heymann, Handelsgesetzbuch Kommentar von Volker Emmerich, Harald Herrmann, Thomas Hensell, Norbert Horn, Willi Jung, Rudolf J. Niehues, Harro Otto, Jürgen Sonnenschein, 1989
HFR	Höchstrichterliche Finanzrechtsprechung
HGB	Handelsgesetzbuch

Abkürzungsverzeichnis

HGB-RGRK	Kommentar zum Handelsgesetzbuch, früher herausgegeben von Mitgliedern des Reichsgerichts, 2. Aufl. 1951 ff.
h. L.	herrschende Lehre
h. M.	herrschende Meinung
Holdheim	Monatsschrift für Handelsrecht und Bankwesen, Steuer- und Stempelfragen, hrsgg. von P. Holdheim
HRR	Höchstrichterliche Rechtsprechung
Hrsg., hrsgg.	Herausgeber, herausgegeben
HRV	Handelsregisterverfügung
U. Huber Vermögensanteil	U. Huber, Vermögensanteil, Kapitalanteil und Gesellschaftsanteil an Personalgesellschaften des Handelsrechts, 1970
A. Hueck oHG	A. Hueck, Das Recht der offenen Handelsgesellschaft, 4. Aufl. 1971
G. Hueck Gesellschaftsrecht	G. Hueck, Gesellschaftsrecht, 18. Aufl. 1983
i. d. F.	in der Fassung
i. d. R.	in der Regel
i. e. S.	im engeren Sinne
Immenga Kapitalgesellschaft	U. Immenga, Die personalistische Kapitalgesellschaft, 1970
i. S.	im Sinne
i. V. m.	in Verbindung mit
i. w. S.	im weiteren Sinne
JBl	Juristische Blätter
JFG	Jahrbuch für Entscheidungen in Angelegenheiten der freiwilligen Gerichtsbarkeit und des Grundbuchrechts
*Jher*Jb	Jherings Jahrbücher für die Dogmatik des bürgerlichen Rechts
JR	Juristische Rundschau
JuS	Juristische Schulung
JW	Juristische Wochenschrift
JZ	Juristenzeitung
KapErhG	Gesetz über die Kapitalerhöhung aus Gesellschaftsmitteln und über die Verschmelzung von Gesellschaften mit beschränkter Haftung
Kastner-Doralt-Nowotny	Grundriß des österreichischen Gesellschaftsrechts, 5. Aufl. Wien 1990
KG	Kammergericht, Kommanditgesellschaft
KGaA	Kommanditgesellschaft auf Aktien
KGJ	Jahrbuch der Entscheidungen des Kammergerichts
KO	Konkursordnung
Kornblum Haftung	Kornblum, Die Haftung der Gesellschafter für Verbindlichkeiten von Personengesellschaften, 1972
Kraft-Kreutz	Kraft-Kreutz, Gesellschaftsrecht, 8. Aufl. 1990
KStG	Körperschaftsteuergesetz
KTS	Konkurs- und Sanierungswesen
Kübler Gesellschaftsrecht	F. Kübler, Gesellschaftsrecht, 3. Aufl. 1990
KWG	Gesetz über das Kreditwesen

Abkürzungsverzeichnis

LAG	Landesarbeitsgericht
Lehmann-Ring	Lehmann-Ring, Das Handelsgesetzbuch für das Deutsche Reich, 2. Aufl., Bd. 1, 1914
LG	Landgericht
LM	Lindenmaier-Möhring, Nachschlagewerk des Bundesgerichtshofs
LS	Leitsatz
Lutter-Hommelhoff	Lutter-Hommelhoff, GmbHG, 13. Aufl. 1991
LZ	Leipziger Zeitschrift für Deutsches Recht
MDR	Monatsschrift für Deutsches Recht
MittRhNotK	Mitteilungen der Rheinischen Notar-Kammer
Mot.	Motive zu dem Entwurfe eines Bürgerlichen Gesetzbuches für das Deutsche Reich, 1888
MünchKomm-(Bearbeiter)	Münchener Kommentar zum Bürgerlichen Gesetzbuch, hrsgg. von K. Rebmann, F.-J. Säcker, 1978 ff., 2. Aufl. 1984 ff.
Mugdan	Die gesammten Materialien zum Bürgerlichen Gesetzbuch für das Deutsche Reich, hrsgg. von Benno Mugdan, 1899
m.w. Nachw.	mit weiteren Nachweisen
Nachw.	Nachweise
Neufeld-Schwarz	Neufeld-Schwarz, Handelsgesetzbuch ohne Seerecht, 1931
n.F.	neue Fassung
Nitschke Personengesellschaft	Nitschke, Die körperschaftlich strukturierte Personengesellschaft, 1970
NJW	Neue Juristische Wochenschrift
NJW-RR	NJW-Rechtsprechungs-Report
Nr.	Nummer
o.	oben
OGH Wien	Oberster Gerichtshof Wien
oHG	offene Handelsgesellschaft
OLG	Oberlandesgericht
OLGE	Die Rechtsprechung der Oberlandesgerichte auf dem Gebiete des Civilrechts
OLGZ	Entscheidungen der Oberlandesgerichte in Zivilsachen
Palandt-(Bearbeiter)	Palandt, Bürgerliches Gesetzbuch, 49. Aufl. 1990
Prot.	Protokolle der Kommission für die zweite Lesung des Entwurfs des Bürgerlichen Gesetzbuchs, 1897
Recht	Das Recht
RefE	Referentenentwurf
RegBegr.	Regierungsbegründung
RegE	Regierungsentwurf
Reinhardt-Schultz Gesellschaftsrecht	Reinhardt-Schultz, Gesellschaftsrecht, 2. Aufl. 1981
RFH	Reichsfinanzhof
RFHE	Sammlung der Entscheidungen und Gutachten des Reichsfinanzhofs
RG	Reichsgericht
RGZ	Entscheidungen des Reichsgerichts in Zivilsachen
Ritter	Ritter, Das Handelsgesetzbuch mit Ausschluß des Seerechts, 2. Aufl. 1932

Abkürzungsverzeichnis

RIW/AWD............	Recht der Internationalen Wirtschaft, Außenwirtschaftsdienst des Betriebs-Beraters
RJA................	Entscheidungen in Angelegenheiten der freiwilligen Gerichtsbarkeit und des Grundbuchrechts, zusammengestellt vom Reichsjustizamt
ROHGE	Entscheidungen des Reichsoberhandelsgerichts
Roth GmbHG	Roth, Gesetz betreffend die Gesellschaften mit beschränkter Haftung (GmbHG), 2. Aufl. 1987
Rowedder-(Bearbeiter) ..	Rowedder, GmbHGesetz, 2. Aufl. 1990
RPfleger..............	Der Deutsche Rechtspfleger
Rspr.................	Rechtsprechung
s., S.................	siehe, Seite, Satz
Karsten Schmidt Gesellschaftsrecht	Karsten Schmidt, Gesellschaftsrecht, 2. Aufl. 1991
Karsten Schmidt Handelsrecht..........	Karsten Schmidt, Handelsrecht, 3. Aufl. 1987
Karsten Schmidt oHG	Karsten Schmidt, Zur Stellung der oHG im System der Handelsgesellschaften, 1972
Scholz-(Bearbeiter) GmbHG	Kommentar zum GmbH-Gesetz, begr. von Scholz, 7. Aufl. 1986/1988
SeuffA	Seufferts Archiv für Entscheidungen der obersten Gerichte in den deutschen Staaten
Siegmund-van Venrooy Gesellschaftsrecht	Siegmund-van Venrooy, Gesellschaftsrecht, 1983
Soergel-(Bearbeiter)	Soergel, Bürgerliches Gesetzbuch, 12. Aufl. 1988 ff. (teilweise noch 11. Aufl. 1978 ff.)
SoergRspr............	Rechtsprechung zum gesamten Zivil-, Handels- und Prozeßrecht, hrsgg. von Soergel
sog.................	sogenannte(r)
Stanzl...............	Handelsrechtliche Entscheidungen, hrsgg. v. G. Stanzl (Österreich)
Staub-(Bearbeiter)	Staub, Großkommentar zum HGB, 4. Aufl. 1983 ff.
Staub 14. Aufl.........	Staub's Kommentar zum Handelsgesetzbuch, 14. Aufl. 1932 ff.
Staudinger-(Bearbeiter) ..	J. v. Staudingers Kommentar zum Bürgerlichen Gesetzbuch mit Einführungsgesetz und Nebengesetzen, 12. Aufl. 1978 ff.
StbJb	Steuerberater-Jahrbuch
std. Rspr.............	ständige Rechtsprechung
str...................	streitig
Straube	Handelsgesetzbuch, herausgegeben von Manfred Straube, Wien 1987
StuW	Steuer und Wirtschaft
Teichmann Gestaltungsfreiheit.......	A. Teichmann, Gestaltungsfreiheit in Gesellschaftsverträgen, 1970
Thomas-Putzo ZPO.....	Thomas-Putzo, Zivilprozeßordnung, 16. Aufl. 1990
Ulmer Die Gesellschaft bürgerlichen Rechts...........	Ulmer, Die Gesellschaft bürgerlichen Rechts, 2. Aufl. 1986
UmwG...............	Umwandlungsgesetz
unstr.................	unstreitig
UStG	Umsatzsteuergesetz
u. U.................	unter Umständen

Abkürzungsverzeichnis

VAG	Versicherungsaufsichtsgesetz
Verf.	Verfasser
VerglO.	Vergleichsordnung
VersR	Versicherungsrecht
vgl.	vergleiche
VO	Verordnung
Voormann Beirat	Voormann, Die Stellung des Beirats im Gesellschaftsrecht, 1981
Vorb.	Vorbemerkung
Warn.	Warneyer, Die Rechtsprechung des Reichsgerichts und des Bundesgerichtshofes
Westermann Handbuch	Handbuch der Personengesellschaften, begründet von Harry Westermann, 3. Aufl., seit 1989 fortgeführt von Harm Peter Westermann
H. P. Westermann Vertragsfreiheit	H. P. Westermann, Vertragsfreiheit und Typengesetzlichkeit im Recht der Personengesellschaften, 1970
Wiedemann Übertragung	Wiedemann, Die Übertragung und Vererbung von Mitgliedschaftsrechten bei Handelsgesellschaften, 1965
Wiedemann I	Wiedemann, Gesellschaftsrecht, Bd. I, Grundlagen, 1980
Wieland I	K. Wieland, Handelsrecht, Erster Band, 1921
WiKG	Gesetz zur Bekämpfung der Wirtschaftskriminalität
WM	Wertpapier-Mitteilungen (Teil IV B)
Wpg.	Die Wirtschaftsprüfung
WRP	Wettbewerb in Recht und Praxis
WuB	Entscheidungsammlung zum Wirtschafts- und Bankrecht
ZAkDR	Zeitschrift der Akademie für Deutsches Recht
z. B.	zum Beispiel
ZBlHR	Zentralblatt für Handelsrecht
ZGR	Zeitschrift für Unternehmens- und Gesellschaftsrecht
ZHR	Zeitschrift für das gesamte Handels- und Wirtschaftsrecht
ZIP	Zeitschrift für Wirtschaftsrecht
Zöllner Stimmrechtsmacht	Zöllner, Die Schranken mitgliedschaftlicher Stimmrechtsmacht bei den privatrechtlichen Personenverbänden, 1963
ZPO	Zivilprozeßordnung
ZZP	Zeitschrift für Zivilprozeß

Zweites Buch
HANDELSGESELLSCHAFTEN UND STILLE GESELLSCHAFT

Erster Abschnitt. Offene Handelsgesellschaft

Erster Titel. Errichtung der Gesellschaft

105 (1) Eine Gesellschaft, deren Zweck auf den Betrieb eines Handelsgewerbes unter gemeinschaftlicher Firma gerichtet ist, ist eine offene Handelsgesellschaft, wenn bei keinem der Gesellschafter die Haftung gegenüber den Gesellschaftsgläubigern beschränkt ist.

(2) Auf die offene Handelsgesellschaft finden, soweit nicht in diesem Abschnitt ein anderes vorgeschrieben ist, die Vorschriften des Bürgerlichen Gesetzbuchs über die Gesellschaft Anwendung.

Schrifttum: *Ballerstedt*, Der gemeinsame Zweck als Grundbegriff des Rechts der Personengesellschaften, JuS 1963, 253; *Baur/Grunsky*, Eine „Einmann-oHG", ZHR 133 (1970), 209; *Binz*, Die GmbH & Co., 8. Aufl. 1992; *Brodersen*, Die Beteiligung der BGB-Gesellschaft an den Personengesellschaften, 1988; *Buchda*, Geschichte und Kritik der deutschen Gesamthandslehre, 1936; *Buchner*, Zur rechtlichen Struktur der Personengesellschaften, AcP 169 (1969), 483; *Fabricius*, Relativität der Rechtsfähigkeit, 1963; *Flume*, Gesellschaft und Gesamthand, ZHR 136 (1972), 177; *Grothe*, Die ausländische Kapitalgesellschaft & Co., 1989; *Hamel*, Die Rechtsnatur der offenen Handelsgesellschaft, 1928; *Hartmann/Hartmann*, Zur Frage der Beteiligung einer Gesellschaft bürgerlichen Rechts an Personengesellschaften, in: Festschrift Werner, 1984, S. 217; *Hesselmann/Tillmann*, Handbuch der GmbH & Co., 17. Aufl. 1991; *Hopt*, Handelsgesellschaften ohne Gewerbe- und Gewinnerzielungsabsicht, ZGR 1987, 145; *Huber*, Vermögensanteil, Kapitalanteil und Gesellschaftsanteil an Personalgesellschaften des Handelsrechts, 1970; *Alfred Hueck*, Das Recht der offenen Handelsgesellschaft, 4. Aufl. 1971; *Götz Hueck*, Der Grundsatz der gleichmäßigen Behandlung im Privatrecht, 1958; *Hüffer*, Personengesellschaftsrecht (100 Bände BGHZ), ZHR 151 (1987), 396; *Kämmerer*, Die Rechtsnatur der offenen Handelsgesellschaft, NJW 1966, 801; *Kohler*, Die oHG als juristische Person, ArchBürgR 40 (1914), 229; *Nitschke*, Die körperschaftlich strukturierte Personengesellschaft, 1970; *Karsten Schmidt*, Zur Stellung der oHG im System der Handelsgesellschaften, 1972; *ders.*, Handelsrechtliche Probleme der doppelstöckigen GmbH & Co. KG, DB 1990, 93; *ders.*, Die Schenkung von Personengesellschaftsanteilen durch Einbuchung, BB 1990, 1992; *Schönfeld*, Zur Konstruktion der offenen Handelsgesellschaft, JherJ 75 (1925), 333; *Schulte*, Zu den Gesichtspunkten des Bundesgerichtshofes bei der Fortbildung des Gesellschaftsrechts, in: Festschrift H. Westermann, 1974, S. 525; *Schulze-Osterloh*, Das Prinzip der gesamthänderischen Bindung, 1972; *ders.*, Der gemeinsame Zweck der Personengesellschaften, 1973; *Teichmann*, Gestaltungsfreiheit in Gesellschaftsverträgen, 1970; *Ulmer*, Gesellschaft bürgerlichen Rechts, 2. Aufl. (= Sonderdruck aus: MünchKomm. BGB), 1986; *Harm Peter Westermann*, Vertragsfreiheit und Typengesetzlichkeit im Recht der Personengesellschaften, 1970; *Wiedemann*, Die Übertragung und Vererbung von Mitgliedschaftsrechten bei Handelsgesellschaften, 1965; *ders.*, Juristische Person und Gesamthand als Sondervermögen, WM-Beilage 4/1975.

Inhalt

	Anm.		Anm.
I. Grundlagen	1–23	II. Begriffsmerkmale der oHG	24–46
1. Bedeutung der Bestimmung	1	1. Vorhandensein mehrerer Gesellschaftsanteile (mehrerer Gesellschafter)	24
2. Rechtsnatur der offenen Handelsgesellschaft	3	2. Der Gesellschaftsvertrag	27
3. Funktion der offenen Handelsgesellschaft	8	3. Das vollkaufmännische Handelsgewerbe	35
4. Kaufmannseigenschaft	10	4. Die gemeinschaftliche Firma	40
5. Die Abgrenzung der oHG gegen andere Rechtsformen	18	5. Die unbeschränkte Haftung	44
		6. Die oHG kraft Rechtsscheins	46

	Anm.		Anm.
III. Die Gesellschaft und ihre Gesellschafter	47–81	VII. Änderungen im Gesellschafterbestand und Verfügungen über den Anteil	179–200
1. Einfache, geteilte und mehrfache Mitgliedschaft	47	1. Eintritt und Ausscheiden von Gesellschaftern	180
2. Natürliche Personen als Gesellschafter	52	2. Anteilsübertragung	184
3. Juristische Personen als Gesellschafter	53	3. Sondergestaltungen	197
4. Gesamthandsgemeinschaften als Gesellschafter	61	VIII. Fehlerhafte Gesellschaft und verwandte Probleme	201–232
5. Untaugliche Gesellschafter	79	1. Grundlagen	202
IV. Die Entstehung der Gesellschaft durch Gründung, Umwandlung, Verschmelzung oder Spaltung	82–95	2. Der Tatbestand der fehlerhaften Gesellschaft	207
1. Gründungsgeschäft	82	3. Vorrang überragender Schutzinteressen als Hindernis für die Anerkennung?	210
2. Entstehung durch Umwandlung	87	4. Rechtsfolgen der fehlerhaften Gesellschaft	216
3. Verschmelzung, Spaltung	92	5. Ausdehnung der Grundsätze auf ändernde Rechtsakte	220
V. Der Gesellschaftsvertrag	96–145	6. Schein-oHG und Schein-KG	228
1. Rechtsnatur und anwendbare Vorschriften	96	IX. Das positive Recht der oHG	233–248
2. Inhalt	99	1. Das Recht der oHG im Überblick (§§ 105–160)	233
3. Vertragsschluß	109	2. Die hilfsweise Geltung des Gesellschaftsrechts des BGB	239
4. Form	113	3. Die hilfsweise Geltung des oHG-Rechts für die Kommanditgesellschaft	243
5. Genehmigungserfordernisse und private Zustimmungserfordernisse	127	4. Die hilfsweise Geltung des oHG-Rechts für die EWIV	244
6. Auslegung	131	5. Die Geltung von oHG-Recht für die unternehmenstragende BGB-Gesellschaft	245
7. Unwirksamkeit, Nichtigkeit, Teilnichtigkeit, geltungserhaltende Reduktion und Umdeutung	134	6. Die Rechtslage in Österreich	246
8. Vertragsänderungen	138	7. Steuerrecht	248
9. Vertragsanpassungspflichten	143		
VI. Die Mitgliedschaft und die mitgliedschaftlichen Rechte und Pflichten	146–178		
1. Grundlagen	147		
2. Beitrags- und Einlagepflichten	153		
3. Treupflicht	161		
4. Die allgemeinen Mitgliedschaftsrechte	168		
5. Die actio pro socio	171		

I. Grundlagen

1. Bedeutung der Bestimmung

1 a) Die §§ 105 ff. regeln das **Recht der offenen Handelsgesellschaft** und, soweit nicht die §§ 162 ff. besondere Bestimmungen enthalten, das Recht der Kommanditgesellschaft (§ 161 Abs. 2). Wegen der Anwendung von oHG-Recht auf die **KG** ist auf § 161 Anm. 1 zu verweisen.

2 b) Abs. 1 enthält die Definition der oHG (näher Anm. 24 ff.). Die entsprechende Definition der KG ist in § 161 Abs. 1 enthalten (dazu § 161 Anm. 4 ff.). Offene Handelsgesellschaft und Kommanditgesellschaft sind die Handels-Personengesellschaften. Das Gesetz unterscheidet sie als Handelsgesellschaften von der stillen Gesellschaft nach §§ 230 ff. (vgl. Anm. 4). **Abs. 2** verweist, soweit die §§ 106 ff. keine besonderen Regeln enthalten, auf die Vorschriften über die Gesellschaft bürgerlichen Rechts (§§ 705 ff. BGB). Die Anwendung dieser Vorschriften auf die oHG und gemäß § 161 Abs. 2 auch auf die KG wird bei Anm. 239 ff. besprochen. Während das Gesetz nur die Anwendung von BGB-Regeln auf die oHG und auf die KG regelt, wird bei Anm. 245 auch die Frage besprochen, inwieweit Regelungen des oHG-Rechts sinngemäß auf unternehmenstragende Gesellschaften bürgerlichen Rechts angewandt werden können.

2. Rechtsnatur der offenen Handelsgesellschaft

a) Die offene Handelsgesellschaft – und mit ihr die Kommanditgesellschaft – ist eine **Gesellschaft**, nicht bloß ein Haftungsverhältnis (so noch die heute nicht mehr vertretene Lehre von Laband ZHR 30 [1885], 508 ff.). Sie ist nach h. M. Gesellschaft i. S. von § 705 BGB, und zwar ein Spezialfall der Gesellschaft bürgerlichen Rechts (vgl. statt vieler Alfred Hueck oHG § 3 II). So versteht sich auch die Verweisung in Abs. 2, wonach die Vorschriften über die Gesellschaft bürgerlichen Rechts Anwendung finden, soweit nicht in den §§ 106 ff. ein anderes vorgeschrieben ist (vgl. zu dieser Verweisung Anm. 239 ff.). Das Verhältnis zwischen oHG und Gesellschaft bürgerlichen Rechts ist indes komplizierter, als es nach dieser Faustformel erscheint. Das hängt mit der Typenvielfalt der Gesellschaft bürgerlichen Rechts zusammen, die von bloßen Gelegenheitsgesellschaften und Innengesellschaften bis hin zu Dauergesellschaften und Gesamthandsgesellschaften reicht. Nur im Verhältnis zur gesamthänderisch verfaßten BGB-Gesellschaft kann man die oHG als Spezialform ansehen. Umgekehrt befindet sich unter den zahlreichen Gesellschaften bürgerlichen Rechts der besondere Typus der unternehmenstragenden Gesellschaft (vgl. zu ihrer Behandlung Anm. 245).

b) Die offene Handelsgesellschaft – und mit ihr die Kommanditgesellschaft – ist notwendig **Außengesellschaft** (BGHZ 10, 44, 48 = NJW 1953, 1548; Alfred Hueck oHG § 3 V; Staub-Ulmer Anm. 45). Außengesellschaft ist eine Gesellschaft, die als solche am Rechtsverkehr teilnimmt (zu der umstrittenen Abgrenzung vgl. näher Karsten Schmidt Gesellschaftsrecht § 43 II 3 a; ders. JuS 1988, 444). Die oHG bzw. KG nimmt als Gesamthand am Rechtsverkehr teil (vgl. Anm. 6). Nur weil sie Außengesellschaft ist, bezeichnet das HGB die oHG bzw. KG auch als Handelsgesellschaft (vgl. Überschrift des Zweiten Buchs), während die stille Gesellschaft nach der Terminologie des Gesetzes keine Handelsgesellschaft sein kann (vgl. § 335 a.F. = § 230 n.F. Anm. 10; Staub-Ulmer vor § 105 Anm. 5).

c) Die offene Handelsgesellschaft bzw. KG ist als **Personengesellschaft** strukturiert. Sie bleibt Gesamthand und Personengesellschaft im Rechtssinne, auch wenn sie tatsächlich – z. B. als sog. **Publikumspersonengesellschaft** – im Einzelfall kapitalistisch strukturiert sein mag (Staub-Ulmer Anm. 6; eingehend Nitschke passim; zur Publikumsgesellschaft § 161 Anm. 128 ff.). Die personengesellschaftliche Organisationsstruktur unterscheidet die oHG bzw. KG von der juristischen Person (dazu sogleich Anm. 6). Diese Struktur bleibt auch dann erhalten, wenn die oHG oder KG als GmbH & Co. verfaßt oder (und) sonst ähnlich einer GmbH ausgestaltet ist. Die **Typenfreiheit im Personengesellschaftsrecht** läßt solche Varianten der oHG bzw. KG zu (vgl. H. P. Westermann Vertragsfreiheit passim). Die damit verbundenen Einzelprobleme werden im jeweiligen Zusammenhang besprochen, nicht hier abstrakt diskutiert.

6 d) Die offene Handelsgesellschaft ist nach herrschender Auffassung **keine juristische Person** (so aber Kohler ZHR 74 [1913], 456; ders. ArchBürgR 40 [1914], 229; Wieland I S. 396 ff., 425). Sie ist **Gesamthand** (grundlegend Gierke, Genossenschaftstheorie, 1887, S. 435 ff.; RGZ 79, 143, 146; 84, 108, 110; 102, 301, 302; std. Rspr.; BGHZ 34, 293, 296 = NJW 1961, 1022; Staub-Ulmer Anm. 39 ff.; Alfred Hueck oHG § 3 IV; Karsten Schmidt Gesellschaftsrecht § 46 II 1; eingehend Kämmerer NJW 1966, 802 ff.). Diese Einordnung steht nach richtiger Auffassung ihrer **Rechtsfähigkeit** nicht im Wege (ablehnend allerdings Staub-Ulmer Anm. 40 m. w. N.). Die Fähigkeit der oHG, Trägerin von Rechten und Pflichten zu sein, ist durch § 124 anerkannt (vgl. im einzelnen die Erläuterungen zu § 124). Von einer Rechtsfähigkeit der oHG zu sprechen, ist auch rechtsdogmatisch kein Unding, wenn man sich nicht von der vorgefaßten Meinung leiten läßt, neben den natürlichen Personen können nur die juristischen Personen Träger von Rechten und Pflichten sein, und zu ihnen gehöre die oHG nun einmal nicht. Allerdings stellt sich, wenn man die oHG mit dem Gesetz zur echten Rechtsträgerin erklärt, die Frage nach dem noch verbleibenden Unterschied gegenüber der juristischen Person. Er besteht nach den für die Verselbständigung der Gesamthand grundlegenden Untersuchungen von *Flume* darin, daß die Gesamthand nur als „Gruppe" Trägerin von Rechten und Pflichten ist (Flume Personengesellschaft § 4 I; ders. ZHR 136 [1972], 177, 190 ff.). Sachlich besagt es nichts anderes, wenn *Ulmer* vor einer Gleichsetzung der oHG mit einer juristischen Person und vor ihrer Behandlung als einer quasirechtsfähigen Einheit warnt und darauf besteht, die oHG als eine zu einer bloßen Wirkungseinheit verbundene Vielheit (der Gesellschafter) einzuordnen (Staub-Ulmer Anm. 40 f.). In diesen Stellungnahmen drohen Rechtsträgerschaft und Organisation vermischt zu werden. Der Unterschied zwischen der oHG bzw. KG als Gesamthand und der juristischen Person ist vor allem organisationsrechtlicher Art (Karsten Schmidt Gesellschaftsrecht § 8 IV 2). Insbesondere ist der Bestand der oHG bzw. KG vom Vorhandensein mehrerer Gesellschafter abhängig (Anm. 24). Eine Einmann-oHG ist nicht anzuerkennen (Anm. 26), aber dies beruht nicht auf der fehlenden Rechtsfähigkeit der oHG als Gesamthand, sondern auf der Sozietätskonstruktion der oHG; diese setzt, damit eine Gesamthand besteht, das Vorhandensein mehrerer Gesellschafter voraus (Karsten Schmidt Stellung der oHG S. 194). Was dagegen die Rechtsträgerschaft der oHG oder KG anlangt, so ändert diese organisationsrechtliche Besonderheit nichts an der Feststellung: Die Gesellschaft ist, solange sie als Wirkungseinheit existiert, wie eine juristische Person Trägerin von Rechten und Pflichten. In puncto Rechtszuständigkeit stehen Gesamthandsgesellschaft und juristische Person einander gleich (vgl. Flume Personengesellschaft § 7 II). Daß ihre Rechtsträgerschaft nicht für alle denkbaren Rechte und Pflichten anerkannt ist (vgl. § 124 Anm. 2 ff.) ändert daran nichts; dies ist bei den juristischen Personen ebenso. Die Gesellschaft ist auch parteifähig (§ 124 Anm. 4) und konkursfähig (§ 124 Anm. 5).

7 e) Aus dem bei Anm. 6 Gesagten ergeben sich die **Grundlagen der Vermögensordnung der oHG bzw. der KG**. Das **Gesellschaftsvermögen** steht der Gesellschaft als Rechtsträgerin zu (eingehend Erl. § 124). Dazu gehören auch Forderungen auf ausstehende Einlagen (vgl. Staub-Ulmer Anm. 272; ders. Gesellschaft bürgerlichen Rechts § 705 Anm. 222, 236; bereits Alfred Hueck oHG § 18 II bezeichnet sie als Ansprüche der oHG). Über Gegenstände des Gesamthandsvermögens können die einzelnen Gesellschafter nicht verfügen (vgl. Anm. 185). Deshalb ist streng zwischen der Verfügung über das Gesellschaftsvermögen und der Verfügung über die Anteile der Gesellschafter zu unterscheiden (vgl. Anm. 185). Der Unterschied wirkt sich vor allem bei der Form des Verfügungsgeschäfts aus (Anm. 190). Zur Vollstreckung in dieses Vermögen ist ein gegen die Gesellschaft gerichteter Titel erforderlich (§ 124 Abs. 2 und dazu § 124 Anm. 34). Hiervon zu unterscheiden ist die Zwangsvollstreckung aus einem gegen den Gesellschafter gerichteten Titel (vgl. § 129 Abs. 4) in seine vermögensrechtlichen Gesellschafterrechte (dazu Erl. § 135).

3. Funktion der offenen Handelsgesellschaft

a) Die offene Handelsgesellschaft bzw. Kommanditgesellschaft ist als Gesellschaft **Trägerin eines Unternehmens** (Karsten Schmidt Handelsrecht § 5 I). Sie ist nach § 6 Abs. 1 Kaufmann (Anm. 10; zum Streit um die Kaufmannseigenschaft der Gesellschafter vgl. Anm. 12f.). Die oHG bzw. KG ist kein Formkaufmann, und zwar auch dann nicht, wenn sie als GmbH & Co. ausgestaltet ist (BayObLG BB 1985, 78 = NJW 1985, 982; Staub-Ulmer Anm. 44; Karsten Schmidt Handelsrecht § 10 II 2; a. M. Schulze-Osterloh NJW 1983, 1284 ff.). Deshalb gehört der Betrieb eines vollkaufmännischen Handelsgewerbes zum Begriff der oHG (Anm. 35 ff.).

b) Die oHG ist **Grundform im System der Handelsgesellschaften** (Karsten Schmidt Stellung der oHG S. 121 ff.). Wird ein vollkaufmännisches Handelsgewerbe mitunternehmerisch betrieben und haben sich die Beteiligten nicht in zulässiger Weise einer besonderen Rechtsform bedient, so begründet dieser mitunternehmerische Betrieb eines vollkaufmännischen Handelsgewerbes automatisch kraft Rechtsformzwangs eine oHG (BGHZ 22, 240, 244 = NJW 1957, 218; 32, 307, 310 = NJW 1960, 1664; BGH NJW 1979, 1705, 1706; Karsten Schmidt Stellung der oHG S. 121 ff., 169 ff.; ders. Gesellschaftsrecht §§ 5 II 3, 44 I 1; Staub-Ulmer Anm. 14a; Alfred Hueck oHG § 1 II; Jahnke ZHR 146 [1982], 609 f.; krit. Lieb, Die Ehegattenmitarbeit..., 1970, S. 14 ff.; Battes AcP 174 [1974], 433 ff.). Über das Verhältnis, insbesondere über den Rechtsformwechsel, zwischen oHG, KG und Gesellschaft bürgerlichen Rechts vgl. Anm. 87 ff.

4. Kaufmannseigenschaft

a) Die **oHG ist Kaufmann** (§ 6 Abs. 1). Dasselbe gilt für die **KG**. Die Personengesellschaft ist allerdings kein Formkaufmann, und zwar auch dann nicht, wenn es sich um eine Kapitalgesellschaft & Co. handelt (Anm. 8). Das Verhältnis zwischen Rechtsform und Kaufmannseigenschaft ist bei der oHG (und bei der KG) geradezu umgekehrt wie bei den Formkaufleuten: Eine formkaufmännische Gesellschaft ist Kaufmann, weil die betreffende Rechtsform gewählt wurde (§§ 3 AktG, 13 Abs. 3 GmbHG, 17 Abs. 2 GenG); oHG bzw. KG kann eine Gesellschaft dagegen nur sein, wenn und solange sie ein vollkaufmännisches Gewerbe betreibt. Vgl. dazu auch § 123 Anm. 5.

b) **Umstritten** ist, ob die **Gesellschafter ihrerseits Kaufleute sind**. Die Frage hängt mit der Beurteilung der oHG als Rechts- oder Unternehmensträgerin zusammen.

12 aa) Nach **bisher herrschender Auffassung** sind die Gesellschafter einer oHG bzw. die Komplementäre einer KG automatisch Kaufleute (ROHGE 3, 432, 434f.; 14, 209, 210f.; BGHZ 34, 293, 296f. = NJW 1961, 1022; BGHZ 45, 282, 284 = NJW 1966, 1960, 1961f.; BGH NJW 1960, 1852; BB 1968, 1053; OLG Karlsruhe DB 1991, 903 m. Anm. Karsten Schmidt = NJW-RR 1991, 493; Heymann-Emmerich § 1 Anm. 15; Staub-Brüggemann § 1 Anm. 32ff.; Flume Personengesellschaft § 4 II; Alfred Hueck oHG § 3 III Fn. 8). Diese Kaufmannseigenschaft wird vielfach auf die Gesellschafterstellung beschränkt, so daß der Gesellschafter nicht einem Einzelkaufmann gleichgestellt, sondern nur in seiner Eigenschaft als Gesellschafter dem Handelsrecht unterworfen wird (RGSt 29, 347, 348f.; RG JW 1909, 695; BGH NJW 1960, 1852, 1853; 1980, 1049; Baumbach-Duden-Hopt Anm. 1 I; Staub-Brüggemann § 1 Anm. 32). Für den Kommanditisten steht die h.M. auf dem Standpunkt, daß er nicht Kaufmann ist (RGSt 69, 65, 67f.; RG HRR 1934 Nr. 143; BGHZ 45, 282, 285 = NJW 1966, 1960, 1962; BGH NJW 1980, 1572, 1574; 1982, 569, 570; vgl. OLG Dresden OLGE 4, 341, 342; 37, 122; Baumbach-Duden-Hopt § 161 Anm. 2 B). Doch ist auch dies umstritten (für Kaufmannseigenschaft des Kommanditisten Staub-Brüggemann § 1 Anm. 35; Ballerstedt JuS 1963, 259). *Martens* behandelt in diesem Kommentar den Kommanditisten dann als Kaufmann, wenn er entgegen der Regel des § 164 die Geschäfte führt (§ 161 Anm. 46).

13 bb) **Stellungnahme:** Nach richtiger Auffassung sind die Gesellschafter einer oHG als solche keine Kaufleute (Karsten Schmidt Handelsrecht §§ 5 I 1b, 17 I 1c; ders. ZIP 1986, 1510; DB 1989, 2315; DB 1990, 94; Landwehr JZ 1967, 198; Lieb DB 1967, 759; Zöllner DB 1964, 796f.; im Ansatz ebenso Staub-Ulmer Anm. 76f.). Kaufmann kann außer den Formkaufleuten (§§ 3 AktG, 13 Abs. 3 GmbHG, 17 Abs. 2 GenG) nur sein, wer ein Handelsgewerbe betreibt (§ 1 Abs. 1), und das Unternehmen der Handelsgesellschaft wird nach richtiger Auffassung von dieser selbst und nicht von den Gesellschaftern betrieben (Karsten Schmidt Handelsrecht § 5 I 1b). Genau dies sieht die hergebrachte Auffassung anders (vgl. nur ROHGE 14, 209, 210; RGZ 55, 121, 126; BGHZ 34, 293, 296f. = NJW 1961, 1022; 45, 282, 284 = NJW 1966, 1960; Staub-Brüggemann § 1 Anm. 32; Alfred Hueck oHG § 3 III Fn. 8; Flume Personengesellschaft § 4 II). Aber diese hergebrachte Auffassung beruht auf einer Verkennung der oHG als einer vermeintlich zu konsolidierter, verbandsrechtlicher Unternehmensträgerschaft nicht fähigen, weil juristisch nicht personifizierten, Gesamthand. Kaufleute sind nach dieser Ansicht die Gesellschafter in gesamthänderischer Verbundenheit, und die Kaufmannseigenschaft der Gesellschaft beruht nur darauf, daß die Gesellschafter in ihrer Verbundenheit unter gemeinschaftlicher Firma auftreten. Dieser Standpunkt wird der Rechtsnatur der Gesamthands-Handelsgesellschaft nicht gerecht. Wer mit § 124 und mit der Verselbständigung der Gesamthandsgesellschaft Ernst macht, wird zu dem Ergebnis kommen: **Die oHG selbst ist der Kaufmann (§ 6 Abs. 1), die Gesellschafter sind es nicht.** Dieser Standpunkt beginnt sich jetzt auch in den Kommentaren durchzusetzen (vgl. Staub-Ulmer Anm. 76f.; tendenziell wohl auch Baumbach-Duden-Hopt Anm. 1 I). Damit ist entgegen der hergebrachten Auffassung auch der **Komplementär einer KG** kein Kaufmann i.S. der §§ 1ff. HGB (vgl. Heymann-Horn § 161 Anm. 11). Erst recht ausgeschlossen ist damit – hier in Übereinstimmung mit der hergebrachten

Auffassung – eine Kaufmannseigenschaft des **Kommanditisten**. Kaufmannseigenschaft i.S. der §§ 1 ff. hat in all diesen Fällen nur die Gesellschaft. Nur sie hat z.B. eine Firma (§§ 17, 19), nur sie kann Prokuristen bestellen (und zwar durch den vertretungsberechtigten Gesellschafter als gesetzlichen Vertreter, vgl. § 48) usw. Die Eintragung der Gesellschafter im Handelsregister (§ 106 Abs. 2 Nr. 1) beruht nicht auf deren Kaufmannseigenschaft, sondern sie dokumentiert nur die Rechtsverhältnisse der eintragungspflichtigen Gesellschaft.

c) Damit ist die **Anwendung einzelner für Kaufleute geltender Normen auf die Gesellschafter** nicht ausgeschlossen (vgl. Karsten Schmidt Handelsrecht § 17 I 1 c aa; zur Methode eingehend ders. ZIP 1986, 1510 ff.; im Grundsatz zust. Staub-Ulmer Anm. 77 ff.). Dies ist ein Normanwendungs- und Analogieproblem. Mit Staub-Ulmer Anm. 79 ff. kann hierbei unterschieden werden zwischen reinen Statusnormen und Normen, die auf Handelsgeschäfte Bezug nehmen.

aa) **Reine Statusnormen** in diesem Sinne können auf geschäftsleitende Gesellschafter analog angewandt werden, und zwar auch auf geschäftsleitende Kommanditisten (insofern übereinst. § 161 Anm. 46; Hachenburg-Ulmer Anm. 78; Karsten Schmidt ZIP 1986, 1515); daneben sollten diese Normen unabhängig davon, ob der Gesellschafter geschäftsleitend tätig ist, auf jeden unbeschränkt haftenden Gesellschafter angewendet werden (vgl. Karsten Schmidt ZIP 1986, 1515; ebenso im Ergebnis die eine Kaufmannseigenschaft bejahende, bei Anm. 12 geschilderte h.M.; anders Staub-Ulmer Anm. 78). Auf Komplementäre und geschäftsleitende Kommanditisten sind damit insbesondere anwendbar: **§ 53 BörsG** (Neufassung v. 1. 8. 1989) über die Termingeschäftsfähigkeit von Kaufleuten (BGH NJW 1988, 2039, 2040; Staub-Ulmer Anm. 79; Hadding-Häuser WM 1980, 1278), **§ 109 GVG** über die Bestellung als Handelsrichter (vgl. nur Baumbach-Duden-Hopt Anm. 1 I; Heymann-Horn § 161 Anm. 11; Zöllner DB 1964, 796), **§§ 29, 38 ZPO** über Gerichtsstandvereinbarungen (str.; für Analogiefähigkeit Staub-Ulmer Anm. 79; Häuser JZ 1980, 781; im Ergebnis übereinstimmend Stein-Jonas-Leipold, ZPO, 20. Aufl. 1977, § 38 Anm. 4; Hopt AcP 183 [1983], 675 f.; Kornblum ZHR 138 [1974], 490). Ob persönlich haftende Gesellschafter und geschäftsleitende Kommanditisten nach **§ 8 AbzG** vom Schutz des Abzahlungsgesetzes ausgenommen waren, ist zweifelhaft. Die durch das Verbraucherkreditgesetz (VerbrKrG) abgelöste, aber auf Altfälle noch anzuwendende Vorschrift stellte unsinnigerweise (vgl. Karsten Schmidt Handelsrecht § 3 II 3 b) darauf ab, ob der Käufer als Kaufmann im Handelsregister eingetragen ist. Nach h.M. ist § 8 AbzG auf einen eingetragenen oHG-Gesellschafter oder Komplementär, dagegen nicht auf einen Kommanditisten anwendbar (vgl. LG Rottweil WM 1977, 518, 520; Ostler-Weidner, AbzG, 6. Aufl. 1971, § 8 Anm. 9; a.M. Wagner, Die Kaufmannseigenschaft des oHG-Gesellschafters, Diss. Köln 1967, S. 76). Dem wird im Ergebnis zu folgen sein (für Beschränkung auf vertretungsberechtigte unbeschränkt haftende Gesellschafter konsequenterweise Staub-Ulmer Anm. 79). Ein geschäftsleitender Kommanditist wird nicht als solcher eingetragen, paßte demnach also wohl nicht unter § 8 AbzG (immerhin zweifelhaft). Nunmehr stellt **§ 1 Abs. 1 VerbrKrG** nicht mehr auf die Kaufmannseigenschaft ab, sondern nimmt von dem Schutz des Gesetzes Kredite an natürliche Personen dann aus, wenn der Kredit nach dem Inhalt des Vertrages für ihre bereits ausgeübte gewerbliche oder selbständige berufliche Tätigkeit bestimmt ist. Damit steht fest, daß nicht nur Kredite an eine bereits bestehende oHG oder KG, sondern auch unternehmensbezogene Kredite an deren Gesellschafter vom Schutz als Verbraucherkredite ausgenommen sind, sofern es sich nicht um Existenzgründungsdarlehen handelt. Auch § 609 a Abs. 1 Nr. 2 BGB stellt nicht auf die Kaufmannseigenschaft des Kreditnehmers ab, sondern darauf, ob das Darlehen für gewerbliche oder berufliche Zwecke dient. Dies ist bei Unternehmenskrediten der Fall, auch wenn Kreditnehmer die Gesellschafter sind.

16 bb) Normen, die nicht auf die Kaufmannseigenschaft, sondern auch auf den **Abschluß eines Handelsgeschäfts** abstellen (insbes. §§ 346 ff.; s. auch § 24 AbzG) können unter einer doppelten Voraussetzung auf Personengesellschafter angewandt werden (vgl. Karsten Schmidt ZIP 1986, 1516; der Sache nach ähnlich Staub-Ulmer Anm. 80, der konsequenterweise auch beim persönlich haftenden Gesellschafter die Geschäftsführertätigkeit verlangt; dort auch umfassende Nachweise): Es muß sich zum einen um einen oHG-Gesellschafter, um einen Komplementär oder um einen geschäftsführenden Kommanditisten handeln; zum anderen muß es sich um ein Geschäft handeln, das Bezug zur handelsgewerblichen Tätigkeit hat. Deshalb gilt insbesondere § 350 auch für persönlich haftende Gesellschafter und für geschäftsführende Kommanditisten; Bürgschaften, Schuldversprechen und Schuldanerkenntnisse, die sie mit Bezug auf die handelsgewerbliche Tätigkeit und die Verbindlichkeiten der Gesellschaft geben, sind formfrei (Karsten Schmidt Handelsrecht § 7 I 1 c aa; ders. ZIP 1986, 1516; zust. Westermann Handbuch I 237; ebenso, jedoch nur für geschäftsleitende Gesellschafter, Staub-Ulmer Anm. 80; abl. Baumbach-Duden-Hopt Anm. 1 I). Das wird bisher schon für persönlich haftende Gesellschafter aufgrund ihrer vermeintlichen Kaufmannseigenschaft bejaht (vgl. nur BGH NJW 1980, 1572, 1574; anders aber Hefermehl hier bei § 350 Anm. 21). Dasselbe muß aber für den geschäftsleitenden Kommanditisten gelten. Es kann für ihn nicht nur, wie BGH WM 1986, 939 = ZIP 1986, 1457 für den geschäftsführenden GmbH-Gesellschafter meint, darum gehen, ob er sich im Einzelfall auf die fehlende Schriftform berufen darf. Er darf es nach der Wertung des § 350 generell nicht, denn er gehört zu dem Personenkreis, dem das Gesetz den Schutz der gesetzlichen Form nach §§ 105, 780, 781 BGB entziehen will. Auch **§ 1027 Abs. 2 ZPO** kann auf persönlich haftende oder geschäftsführende Gesellschafter angewandt werden (ebenso für den persönlich haftenden Gesellschafter die traditionelle Auffassung; vgl. Alfred Hueck oHG § 3 Fn. 8, 9; OLG Karlsruhe DB 1991, 903 m. Anm. Karsten Schmidt = NJW-RR 1991, 493; unentschieden BGHZ 45, 282, 284 f. = NJW 1966, 1960). Nach dieser Vorschrift kann sich ein Vollkaufmann formfrei einer Schiedsabrede unterwerfen, wenn der Vertrag für beide Teile ein Handelsgeschäft ist. Anwendbar ist die Bestimmung auch auf geschäftsleitende Kommanditisten (Karsten Schmidt DB 1989, 2319), nicht allerdings auf sonstige Kommanditisten (insoweit richtig BGHZ 45, 282, 285 = NJW 1966, 1960, 1962; BGH NJW 1980, 1049). Hierauf darf aber entgegen der herkömmlichen Ansicht (Anm. 104) nicht die Wirksamkeit einer im Gesellschaftsvertrag vereinbarten Schiedsklausel gestützt werden (§ 343 Anm. 18; Baumbach-Duden-Hopt Anm. 2 I; Staub-Ulmer Anm. 44; Stein-Jonas-Schlosser, ZPO, 20. Aufl. 1980, § 1027 Anm. 11; grundlegend Zöllner DB 1964, 795). Denn der Gesellschaftsvertrag ist kein Handelsgeschäft der Gesellschafter (Karsten Schmidt DB 1989, 2315 f.). Die Wirksamkeit einer im Gesellschaftsvertrag vereinbarten Schiedsklausel bemißt sich zwar nach der herrschenden Auffassung gleichfalls nach § 1027 Abs. 1 ZPO; nach richtiger Auffassung ergibt sie sich aber aus § 1048 ZPO (Anm. 106). Aus § 1027 Abs. 2 ZPO folgt nur, daß die persönlich haftenden oder geschäftsführenden Gesellschafter formlose Schiedsverträge abschließen können (zur Frage, ob sie automatisch an einen Schiedsvertrag der Gesellschaft gebunden sind, vgl. § 128 Anm. 21 a).

cc) Die hier vertretene Auffassung hat gravierende **Folgen für die Anerkennung der doppelstöckigen GmbH & Co. KG** (vgl. Karsten Schmidt, DB 1990, 93 ff.). Diese besteht aus einer Kommanditgesellschaft, deren Komplementärin eine GmbH & Co. KG ist (vgl. Binz GmbH & Co. § 13; Tillmann DB 1986, 1319). Betreibt diese GmbH & Co. KG neben ihrer Komplementäreigenschaft noch ein weiteres Unternehmen, so ist der Fall unproblematisch. Beschränkt sich die Funktion der angeblichen GmbH & Co. KG auf die Komplementärrolle, so ist sie in Wahrheit Gesellschaft bürgerlichen Rechts (Hesselmann-Tillmann Anm. 1372; zur Anerkennung der Gesellschaft bürgerlichen Rechts als Gesellschafterin der oHG oder KG vgl. Anm. 68 ff.). In Anlehnung an das für die GmbH-Beteiligung erlassene Urteil BGHZ 78, 311 = NJW 1981, 682 wird man die Beteiligung der Komplementär-Personengesellschaft GmbH & Co. zwar auch als BGB-Gesellschaft an der KG zulassen können, dies aber nur, wenn alle BGB-Gesellschafter unbeschränkt für die Komplementärhaftung einstehen (vgl. Anm. 75). Damit wird die doppelstöckige GmbH & Co. KG zwar nicht unzulässig, aber haftungsrechtlich reizlos (zur Unzulässigkeit kommen diejenigen Autoren, die die Kaufmannseigenschaft des Komplementärs ablehnen [vgl. Anm. 13] und die BGB-Gesellschaft für komplementärunfähig erklären [vgl. Anm. 68]). Soweit doppelstöckige Kommanditgesellschaften & Co. aufgrund der hergebrachten Ansicht eingetragen sind – Eintragung auch der Komplementärgesellschaft als GmbH & Co. KG! –, kommt diese Eintragung den Gesellschaftern der Komplementärgesellschaft zugute; sie haften nicht unbeschränkt als Gesellschafter bürgerlichen Rechts, sondern nur nach Maßgabe der §§ 171 f., solange sie als Kommanditisten eingetragen bleiben (vgl. Karsten Schmidt DB 1990, 96 f.).

5. Die Abgrenzung der oHG gegen andere Rechtsformen

a) **Offene Handelsgesellschaft und Kommanditgesellschaft** unterscheiden sich voneinander durch das Vorhandensein oder Nichtvorhandensein von Kommanditisten (vgl. § 161 Anm. 24). Zum Formwechsel vgl. Anm. 88 f.

b) **Offene Handelsgesellschaft (bzw. KG) und Gesellschaft bürgerlichen Rechts** unterscheiden sich in unterschiedlicher Weise voneinander: Die Gesellschaft bürgerlichen Rechts kann zwar, wie eine oHG, Außengesellschaft, kann aber auch Innengesellschaft, z.B. Unterbeteiligungsgesellschaft (vgl. § 335 a.F. = § 230 n.F. Anm. 203), sein; von einer solchen Gesellschaft bürgerlichen Rechts unterscheiden sich die oHG und KG durch ihre rechtliche Struktur (die Innengesellschaft kann keine Gesamthand sein). Eine Gesamthandsgesellschaft bürgerlichen Rechts kann eine nichtunternehmerische Gesamthand zu einem beliebigen wirtschaftlichen oder nichtwirtschaftlichen Zweck sein. Von einer solchen Gesellschaft unterscheiden sich oHG und KG durch ihren

§ 105 20–22   2. Buch. 1. Abschnitt. Offene Handelsgesellschaft

Zweck (Anm. 30). Eine Gesellschaft bürgerlichen Rechts kann schließlich eine unternehmenstragende, aber nichtkaufmännische oder minderkaufmännische, Gesamthand sein (dazu Karsten Schmidt, in Festschrift Fleck, 1988, S. 271 ff.), z. B. als Trägerin eines kleingewerblichen Betriebes oder einer freiberuflichen Praxis; von einer solchen Gesellschaft unterscheidet sich die oHG bzw. KG durch das Vorhandensein eines vollkaufmännischen Unternehmens (vgl. auch Anm. 36). Wird eine unternehmenstragende Gesellschaft bürgerlichen Rechts vollkaufmännisch, so wird sie automatisch zur Handelsgesellschaft und damit zur oHG, falls sie nicht die Voraussetzungen des § 161 erfüllt; wird das Unternehmen der oHG minderkaufmännisch oder nichtkaufmännisch, so wird aus der oHG eine Gesellschaft bürgerlichen Rechts (vgl. Anm. 37; § 123 Anm. 13). Zur **Frage der analogen Anwendung von oHG-Regeln** auf unternehmenstragende BGB-Gesellschaften vgl. Anm. 245.

20 c) **Offene Handelsgesellschaft (bzw. KG) und stille Gesellschaft** unterscheiden sich dadurch, daß die oHG notwendig Außengesellschaft, die stille Gesellschaft notwendig Innengesellschaft ist (§ 335 a. F. = § 230 n. F. Anm. 7 ff.). Die oHG bzw. KG kann allerdings als „Inhaber des Handelsgeschäfts" i. S. von §§ 230 ff. ihrerseits stille Gesellschafter beteiligen (dazu § 335 a. F. = § 230 n. F. Anm. 26). Dann können sogar dieselben Personen gleichzeitig oHG-Gesellschafter bzw. Komplementäre bzw. Kommanditisten und stille Gesellschafter sein (vgl. § 335 a. F. = § 230 n. F. Anm. 31).

21 d) **Offene Handelsgesellschaft (bzw. KG) und Kapitalgesellschaften (AG, KGaA, GmbH)** unterscheiden sich strukturell darin, daß oHG und KG Gesamthandsgesellschaften, die Kapitalgesellschaften dagegen juristische Personen sind (vgl. statt vieler Staub-Ulmer Anm. 4). Tatbestandsmäßig unterscheiden sich diese Rechtsformen dadurch, daß als Kapitalgesellschaft nur eine Gesellschaft anzusehen ist, die nach den Regeln des AktG oder GmbHG verfaßt und in das Handelsregister eingetragen ist (vgl. §§ 41 Abs. 1 AktG, 11 Abs. 1 GmbHG). Fehlt es hieran, so kann die Gesellschaft kraft Rechtsformzwangs oHG sein, auch wenn die Gesellschafter sie als Kapitalgesellschaft betreiben wollen (Anm. 9; BGHZ 22, 240 = NJW 1957, 218). Schwierigkeiten bereitet einzig die Abgrenzung zu den **Vorgesellschaften** (dazu näher die Kommentare zu §§ 41 AktG, 11 GmbHG). Es gilt folgende Regel: Eine Vor-AG oder Vor-GmbH wird allein dadurch, daß sie trotz fehlender Eintragung bereits ein vollkaufmännisches Handelsgewerbe betreibt, nicht zur oHG (vgl. BGHZ 51, 30, 32 = NJW 1969, 509; eingehend Scholz-Karsten Schmidt GmbHG § 11 Anm. 29). Dies wird sie erst, wenn die Beteiligten die Eintragung als Kapitalgesellschaft aufgeben oder nicht mehr ernsthaft betreiben (Karsten Schmidt Stellung der oHG S. 357 ff.).

22 e) **Offene Handelsgesellschaft (bzw. KG) und Verein** sind klar zu unterscheiden (näher Staub-Ulmer Anm. 5). Ein nach § 21 BGB eingetragener oder nach § 22 BGB konzessionierter Verein kann nicht oHG oder KG sein; eine andere, vereinsrechtliche, Frage ist, ob ein vollkaufmännisch tätiger Verein die Rechtsfähigkeit als Verein verlieren und dann Handelsgesellschaft werden muß (dazu eingehend Karsten Schmidt, Verbandszweck und Rechtsfähigkeit im Vereinsrecht, 1984, S. 232 ff.). Ein nichtrechtsfähiger wirtschaftlicher Verein, der ein vollkaufmännisches Handelsgewerbe betreibt, wird dagegen automatisch zu einer oHG (BGHZ 22, 240, 244 = NJW 1957, 218; Staub-Ulmer Anm. 5; Soergel-Hadding BGB 12. Aufl. § 54 Anm. 3, 25; Karsten Schmidt

f) Von einer **unternehmenstragenden Erbengemeinschaft** (dazu Manfred Wolf AcP 181 **23** [1981], 480 ff.; Karsten Schmidt NJW 1985, 2785 ff.) unterscheidet sich die offene Handelsgesellschaft durch ihren Entstehungstatbestand: Eine unternehmenstragende Erbengemeinschaft entsteht kraft Gesetzes, wenn ein Einzelunternehmer verstirbt und das Unternehmen von Miterben weitergeführt wird. Sie kann nicht automatisch zu einer oHG werden, sondern die Erben können nur durch Sachgründung einer oHG ihr Unternehmen auf eine solche Gesellschaft überführen (vgl. BGHZ 92, 259, 264 = NJW 1985, 136; Staub-Ulmer Anm. 57; Karsten Schmidt NJW 1985, 2787 f.). Geschieht dies nicht, so müssen allerdings im Außenverhältnis die Vorschriften der §§ 125, 126, 128 auf die unternehmenstragende Erbengemeinschaft sinngemäß angewandt werden (Karsten Schmidt NJW 1985, 2788 ff.).

II. Begriffsmerkmale der oHG

1. Vorhandensein mehrerer Gesellschaftsanteile (mehrerer Gesellschafter)

a) Der Tatbestand der Handels-Personengesellschaft (oHG oder KG) setzt regelmäßig **24** das **Vorhandensein mehrerer Gesellschafter** voraus (vgl. BGHZ 48, 203, 206 = NJW 1967, 2203; BGHZ 71, 296, 300 = NJW 1978, 1525; BGH BB 1979, 397 = WM 1979, 249; NJW-RR 1990, 798 = ZIP 1990, 505; Karsten Schmidt Gesellschaftsrecht § 8 IV 2, § 45 I 2 b; s. aber Huber Vermögensanteil S. 104 f.). Fehlt es daran, so kann eine oHG nicht entstehen; fallen nachträglich sämtliche Anteile in einer Person zusammen – z.B. aufgrund Anteilsübertragung oder aufgrund Erbgangs – oder tritt der letzte Mitgesellschafter aus der Gesellschaft aus, so erlischt diese ohne Liquidation (vgl. § 131 Anm. 30, § 145 Anm. 33). Es gibt demnach eine **Mindestzahl,** aber es gibt **keine Höchstzahl** von Gesellschaftern (Staub-Ulmer Anm. 69 f.). Für das Vorhandensein zweier Gesellschafter genügt die Beteiligung einer natürlichen und einer juristischen Person, und zwar auch dann, wenn der Mitgesellschafter ihr einziges Mitglied ist (Fall der sog. Einmann-GmbH & Co. KG). Nicht ausreichend ist auf der anderen Seite die Mitgliedschaft nur einer juristischen Person (Anm. 53 ff.) oder nur einer Gesamthand (Anm. 61 ff.), auch wenn diese selbst mehrere Gesellschafter hat (Anm. 25).

b) Es entscheidet, genau genommen, das **Vorhandensein mehrerer Anteile (Mitglied- 25 schaften)**. Die **Identität des Anteils** bestimmt sich typischerweise, aber nur typischerweise, nach der **Identität des Gesellschafters**. Abgesehen von den Sonderfällen der Vorerbfolge und der Treuhand (Anm. 26) kann einem Gesellschafter nur eine **ungeteilte Mitgliedschaft** zustehen (BGHZ 24, 106, 108 = NJW 1957, 1026, 1027; BGHZ 58, 316, 318 = NJW 1972, 1755, 1756; BGHZ 66, 98, 101 = NJW 1976, 848, 849; BGH NJW 1987, 3184, 3186; Staub-Ulmer Anm. 71). Eine Doppelmitgliedschaft desselben Gesellschafters in der oHG gibt es grundsätzlich nicht. Wird ein Anteil hinzuerworben, so gehen der alte und der neue Anteil ineinander auf (BGHZ 24, 106, 108; 58, 316, 319; 66, 98, 101; BGH NJW 1987, 3184, 3186; OLG Hamm NJW 1982, 835; Staub-Ulmer Anm. 71; Karsten Schmidt Gesellschaftsrecht § 45 I 2). Auch in der Komman-

§ 105 26   2. Buch. 1. Abschnitt. Offene Handelsgesellschaft

ditgesellschaft kann der Gesellschafter nicht gleichzeitig Komplementär und Kommanditist sein (OLG Hamm NJW 1981, 835; § 161 Anm. 41; wohl aber gleichzeitig Komplementär, oHG-Gesellschafter oder Kommanditist und stiller Gesellschafter; vgl. § 335 a. F. = § 230 n. F. Anm. 31). Eine **juristische Person** als Gesellschafterin (dazu Anm. 53 ff.) hat nur einen Anteil. Dasselbe gilt, ungeachtet des Streits um die Rechtsnatur der Gesamthand (Anm. 6), für eine **Gesamthand als Gesellschafterin**, bzw., wie es die traditionelle Gesamthandslehre formuliert, wenn der Anteil in ein Gesamthandsvermögen fällt (zur Gesamthand als Gesellschafterin vgl. Anm. 61 ff.); es sind dann nicht so viele Anteile vorhanden wie Gesamthänder beteiligt sind, sondern der gesamthänderisch gehaltene Anteil ist ungeteilt. Beispielsweise hält bei der doppelstöckigen GmbH & Co. KG (Anm. 17) die Komplementär-Personengesellschaft nur einen Komplementäranteil, auch wenn an ihr alle Gesellschafter der KG beteiligt sind. Werden alle Gesellschaftsanteile auf eine Gesamthandsgesellschaft – oHG, KG oder BGB-Gesellschaft – übertragen, so erlischt die oHG nach den bei Anm. 24 dargestellten Grundsätzen (BGH NJW-RR 1990, 798 = ZIP 1990, 505). Deshalb bleibt auch der vererbte Anteil ungeteilt, wenn die Gesellschaft durch den Tod aufgelöst wird und eine Miterbengemeinschaft die Nachfolge antritt (dazu § 131 Anm. 25), während sich der vererbte Anteil vervielfältigt, wenn er im Wege der Sondernachfolge auf die Miterben je einzeln vererbt wird (dazu § 139 Anm. 18).

26 c) **Ausnahmsweise** bleiben die Mitgliedschaftsrechte auch dann selbständig erhalten, wenn sie formell in der Hand eines Inhabers zusammenfallen, aber getrennt zugeordnet werden müssen. Der wichtigste Ausnahmefall ist der der **Vorerbfolge** (Baur-Grunsky ZHR 133 [1970], 209 ff.; dazu s. auch krit. Flume Personengesellschaft § 7 III 4): Ist der einzige Mitgesellschafter eines verstorbenen Gesellschafters dessen Vorerbe, so erlischt die Gesellschaft nicht. Nach Baur-Grunsky ZHR 133 [1970], 209 ff. entsteht dann eine Einmann-oHG (zust. Marotzke AcP 187 [1987], 243; abl. Staub-Ulmer Anm. 69; Flume Personengesellschaft § 7 III 4). Das ist mißverständlich, denn der Tatbestand ist mit dem der Einmann-Kapitalgesellschaft nicht vergleichbar. Bei dieser ist eine Wirkungseinheit mehrerer Gesellschafter nicht erforderlich; hier geht es dagegen darum, daß die Anteile, obgleich von einer Person gehalten, ausnahmsweise selbständig bleiben. Tritt der Nacherbfall ein und fallen nun die Anteile wieder verschiedenen Gesellschaftern zu, so braucht, wenn man die Selbständigkeit der Anteile anerkennt, die Gesellschaft nicht neu gegründet zu werden (so aber Staub-Ulmer Anm. 69). Die Gestaltungspraxis wird dieses Zusammenfallen von Anteilen aber wegen dieser Zweifelsfrage zu vermeiden suchen. Auch eine **Testamentsvollstreckung am Kommanditanteil** (vgl. BGHZ 108, 187 = NJW 1989, 3152 und dazu § 139 Anm. 44 ff.) kann zu einer getrennten Anteilszuordnung führen (s. aber BGHZ 24, 106, 108). Wird ein verstorbener Gesellschafter von einem Mitgesellschafter beerbt und unterliegt der vererbte Anteil der Testamentsvollstreckung, so bleiben der ursprüngliche Anteil des Erben und der der Testamentsvollstreckung unterliegende ererbte Anteil getrennt (Karsten Schmidt, Gesellschaftsrecht § 45 I 2 b, V 7 b a. M. Ulmer NJW 1990, 76 f.). Dasselbe gilt, wenn **Nachlaßkonkurs** oder **Nachlaßverwaltung** angeordnet wird; dann wird nach dem in § 1976 BGB zum Ausdruck gebrachten Rechtsgedanken die Rechtslage so angesehen, als wäre die Vereinigung der Anteile nie erfolgt (unentschieden BGHZ 113,

132, 137 = NJW 1991, 844, 845). Gleiches wird anzunehmen sein, wenn der einzige Mitgesellschafter des Erblassers dessen Alleinerbe wird, aber den ererbten Anteil in Erfüllung eines Vermächtnisses einem Dritten verschaffen muß (arg. § 2175 BGB). Schwieriger ist der Fall der **Treuhand:** Es ist zweifelhaft, ob ein Gesellschafter den Anteil des anderen als Treuhänder verwalten kann, ohne daß die Anteile zusammenfallen (vgl. zur Treuhand Vorbem. § 335 a. F. = Vorbem. § 230 n. F. Anm. 28 ff.). Für eine Selbständigkeit der Anteile spricht immerhin die selbst im Vollstreckungsrecht anerkannte vermögensrechtliche Sonderzuordnung des Treugutes bei Treuhandverhältnissen (Nachweise bei Karsten Schmidt in MünchKomm. ZPO, 1991/1992 § 771 Anm. 25 f.).

2. Der Gesellschaftsvertrag

a) aa) **Jeder Handelspersonengesellschaft** (OHG oder KG) liegt ein Gesellschaftsvertrag zugrunde. Das ist heute wohl ungeteilte Auffassung aller Gerichte und Autoren. Die Lehre von der faktischen Gesellschaft, die im Unterschied zur Lehre von der fehlerhaften Gesellschaft auf den Vertragstatbestand ganz verzichtete, hat sich nicht durchgesetzt (Anm. 205). Im folgenden geht es nur um die Mindestvoraussetzungen für den oHG-Tatbestand. Näher zum Gesellschaftsvertrag Anm. 96 ff. **27**

bb) Der Vertrag ist ein **Gesellschaftsvertrag i. S. von § 705 BGB** (vgl. Baumbach-Duden-Hopt Anm. 2 A; Heymann-Emmerich Anm. 3; Staub-Ulmer Anm. 138; Alfred Hueck oHG § 1 I 1). Die Erfordernisse des § 705 BGB werden in den Kommentaren und wurden auch hier in der Vorauflage von Geßler (4. Aufl. Anm. 4 ff.) noch ausführlich diskutiert. **In der praktischen Rechtsanwendung bereiten aber die Merkmale des § 705 BGB keine Schwierigkeiten,** sofern nur die Begründung einer mitunternehmerischen Außengesellschaft Gegenstand des Vertrags ist (Anm. 32). Das braucht nur kurz erläutert zu werden. **28**

b) aa) § 705 BGB setzt einen **gemeinsamen Zweck** voraus. Daraus wurde vielfach die schwierige Frage hergeleitet, ob der Betrieb des Handelsgewerbes die Gesellschafter als „gemeinsamer" Zweck verbindet. Das ist ein Scheinproblem, denn mit dem gemeinsamen Zweck ist der Verbandszweck der oHG und nicht der den je einzelnen Gesellschaftern gemeinsame Zweck gemeint (vgl. zu den rechtsdogmatischen Grundlagen Flume Personengesellschaft § 3 I; Karsten Schmidt Gesellschaftsrecht § 4 I 2); deshalb ist der Zweck, gemeinsam ein vollkaufmännisches Handelsgeschäft zu betreiben (Wortlaut des Abs. 1), immer zugleich ein gemeinsamer Zweck i. S. von § 705 BGB; auf Einlagen und Gewinnbeteiligungen aller Gesellschafter kommt es nicht an (h. M.; vgl. RGZ 90, 14, 16; RG JW 1915, 1428; BGH NJW 1987, 3124, 3125 = WM 1987, 689, 690; Baumbach-Duden-Hopt Anm. 2 D; Emmerich-Sonnenschein Anm. 22, 28; Staub-Ulmer Anm. 20; Alfred Hueck oHG § 1 I 1 b; a.M. Schulze-Osterloh, Der gemeinsame Zweck der Personengesellschaften, 1973, S. 25, 66; Ballerstedt JuS 1963, 256). Auch ein Gesellschafter ohne Kapitalanteil (dazu Huber Vermögensanteil S. 289 ff.), ohne Geschäftsführungs- und Vertretungsbefugnisse (dazu vgl. Erl. §§ 114 f., 125 ff.) und ohne Gewinnbeteiligung (dazu RGZ 90, 14, 16; BGH NJW 1987, 3124, 3125 = WM 1987, 689, 690) kann Gesellschafter einer oHG oder KG sein. **29**

30 **bb)** Der gemeinsame Zweck muß nach dem Wortlaut des Abs. 1 auf den Betrieb eines Handelsgewerbes gerichtet sein, und zwar, wie § 4 Abs. 2 zeigt, eines vollkaufmännischen Handelsgewerbes. Im Zusammenhang mit § 123 zeigt sich aber: Der **gemeinsame Zweck muß nur auf den gemeinschaftlichen Betrieb eines Unternehmens** gerichtet sein; ob dieses ein vollkaufmännisches Unternehmen ist und ob die Gesellschaft damit oHG (KG) oder nur Gesellschaft bürgerlichen Rechts ist, bestimmt sich rein objektiv (vgl. Anm. 37; § 123 Anm. 4f.).

31 **cc)** Die in § 705 BGB vorausgesetzte **Zweckförderungs- und Beitragspflicht** macht gleichfalls keine Schwierigkeiten. Beiträge sind von Einlagen zu unterscheiden (näher Anm. 153 ff.). Was Gegenstand einer Einlage sein kann, ist umstritten. Einen Beitrag leistet der oHG-Gesellschafter oder Komplementär dagegen immer schon dadurch, daß er sich an der Gesellschaft beteiligt und haftet (vgl. RGZ 37, 58, 61; 80, 268, 271; Baumbach-Duden-Hopt Anm. 2 D; Heymann-Emmerich Anm. 22; Staub-Ulmer Anm. 18; Alfred Hueck oHG § 1 I 1 c; Karsten Schmidt Gesellschaftsrecht § 20 II 2). Auch die bloße Geschäftsführungstätigkeit reicht als Beitrag aus (vgl. BGH NJW 1987, 3124, 3125 = WM 1987, 689, 690; h.M.). Nur für den Kommanditisten ist unentbehrlich, daß er eine „bedungene Einlage" bei der Gesellschaft hält (vgl. §§ 167 Abs. 2, 169 Abs. 1), was wiederum nicht bedeutet, daß er sich zur Leistung einer Einlage aus eigenem Vermögen verpflichtet (vgl. zum Unterschied zwischen der bedungenen und der geschuldeten Einlage Karsten Schmidt ZGR 1989, 457 ff.).

32 **c) Ausdrücklich oder stillschweigend** kann der Gesellschaftsvertrag abgeschlossen werden (vgl. Baumbach-Duden-Hopt Anm. 2 A; Heymann-Emmerich Anm. 8; Staub-Ulmer Anm. 138, 159). Ausdrücklich abgeschlossene Verträge sind die Regel, aber ein Vertragsschluß durch konkludentes Handeln reicht aus. Zur Frage der Form, die aber nur Wirksamkeitserfordernis und nicht Tatbestandserfordernis des Vertrages sein kann, vgl. Anm. 113 ff. Die **Anforderungen an den Vertragstatbestand** sind, bedingt durch den Rechtsformzwang im Gesellschaftsrecht (Anm. 9), gering: Es gibt kein Unternehmen ohne Unternehmensträger (Karsten Schmidt Handelsrecht § 4 IV 2 a), und der Rechtsformzwang gebietet, als Trägerin eines in Gesellschaftsform betriebenen vollkaufmännischen Unternehmens eine oHG anzusehen, wenn nicht eine andere Gesellschaftsform (Kapitalgesellschaft oder KG) errichtet wurde. Deshalb genügt für den Tatbestand des oHG-Vertrags die **gewollte Mitunternehmerschaft** (Karsten Schmidt Stellung der oHG S. 185; ders. Gesellschaftsrecht § 46 I 1 a). Betreiben mehrere gemeinschaftlich, und zwar nicht nur im Innenverhältnis gemeinschaftlich, ein Unternehmen, ohne eine juristische Person gegründet zu haben, so liegt gewollte Mitunternehmerschaft, und damit eine Personengesellschaft, vor. Ist dann das Unternehmen nichtkaufmännisch oder minderkaufmännisch (vgl. hierzu § 4 Abs. 2), so handelt es sich um eine unternehmenstragende BGB-Gesellschaft (vgl. zu diesem Rechtstypus Anm. 19, 245 sowie Karsten Schmidt Gesellschaftsrecht § 58 V); handelt es sich um ein vollkaufmännisches Unternehmen, so liegt eine oHG vor, wenn bei keinem der Gesellschafter die Haftung gemäß §§ 161, 171 f. beschränkt ist (Abgrenzung zur KG; vgl. Anm. 18). Dies sind nur verschiedene Rechtsformen der unternehmenstragenden Personengesellschaft, die alle unter der gemeinsamen Voraussetzung gewollter Mitunternehmerschaft stehen (vgl. zur Abgrenzung zwischen oHG, KG und Gesellschaft bürgerlichen Rechts näher Anm. 18 ff.). Die Hauptschwierigkeit besteht in Grenzfällen darin, ob eine Mitunternehmerschaft auch im Außenverhältnis gewollt und hergestellt ist oder etwa nur ein partiarisches Arbeitsverhältnis oder eine Innengesellschaft. Die Rechtsprechung zur stillschweigend eingegangenen Gesellschaft unter Ehegatten (BGHZ 8, 249 = NJW 1953, 418; 31, 197, 200 f. = NJW 1960, 428; 47, 157, 162 f. = NJW 1967, 1275, 1277; BGH NJW 1974, 2278; std. Rspr.) oder bei der nichtehelichen Lebensgemeinschaft (BGH FamRZ 1965, 368 = WM 1965, 793; BGHZ 84, 388, 389 f. = NJW 1982, 2863; BGH NJW 1983, 2375) behandelt durchweg nur den Tatbestand der Innengesellschaft. Für den Tatbestand der oHG oder KG kann der bloße Wille zu gemeinsamer Investition oder Arbeitsleistung und zur Gewinnbeteiligung nicht ausreichen. Erforderlich ist vielmehr, daß die mitunternehmerische Organisation auch als solche nach außen in Erscheinung tritt. Fehlt es am Tatbestand der Mitunternehmerschaft im Außenverhältnis und wird nur der Eindruck einer mitunternehmerischen Außengesellschaft geschaffen, so liegt eine Schein-oHG bzw. Schein-KG vor (dazu Anm. 228 ff.).

d) Entbehrlich ist eine besondere **Einigung über die Rechtsform** (BGHZ 22, 240, 244 = NJW 1957, 218; 32, 307, 310 = NJW 1960, 1664; BGH NJW 1979, 2245; Staub-Ulmer Anm. 160; Karsten Schmidt Stellung der oHG S. 158 ff.; Jahnke ZHR 146 [1982], 609 f.; Gegenstimmen bei Anm. 9). Die Wahl einer Rechtsform ist zwar Regelbestandteil jedes Gesellschaftsvertrags, auch des oHG-Vertrags, aber eine oHG kann im Gegensatz zu anderen handelsgesellschaftlichen Rechtsformen auch entstehen, ohne daß sich die Gesellschafter gerade über diese Rechtsform geeinigt haben. Das beruht auf dem bei Anm. 9 geschilderten **Rechtsformzwang**. Eine **Rechtsformverfehlung** kann dazu führen, daß eine nicht als oHG gewollte Gesellschaft doch oHG ist. So bei dem dauernden Betrieb eines Unternehmens unter der gewollten, aber nicht wirksam begründeten Rechtsform der GmbH (vgl. BGHZ 22, 240 = NJW 1957, 218; Baumbach-Duden-Hopt Anm. 2 C; Staub-Ulmer Anm. 4, 14 a; eingehend Karsten Schmidt Stellung der oHG S. 247 f.). So auch, wenn einer KG der Komplementär fehlt und die Gesellschafter nicht die Auflösung betreiben (vgl. § 131 Anm. 43; BGH NJW 1979, 1705, 1706). Die Rechtsformverfehlung berechtigt die Gesellschafter nicht zur Anfechtung des Gesellschaftsvertrages nach § 119 Abs. 1 BGB, weil die Wahl der oHG-Form nicht Bestandteil der Willenserklärung zu sein braucht (Karsten Schmidt Stellung der oHG S. 168 f.; a. M. Staub-Ulmer Anm. 160). Eine Rechtsformverfehlung kann aber ein wichtiger Grund für die Auflösung der Gesellschaft sein, wenn eine Umwandlung in eine dem Willen der Gesellschafter entsprechende Rechtsform nicht möglich, nicht durchsetzbar oder nicht zumutbar ist (im Ergebnis ebenso für die vollzogene Gesellschaft Staub-Ulmer Anm. 160). Wegen der Durchführung der Auflösung vgl. Erl. § 133. Zur Frage, ob sich die Gesellschafter über die Firma einigen müssen, vgl. Anm. 42.

e) Die **Wirksamkeit des Vertrages** richtet sich grundsätzlich nach den allgemeinen Regeln (dazu Anm. 96 ff.). Eine Unwirksamkeit des Vertrags hindert nicht unbedingt das Entstehen einer oHG. Diese kann nach den **Regeln der fehlerhaften Gesellschaft** durch Vollzug wirksam werden (vgl. dazu Anm. 109, 134 ff.).

3. Das vollkaufmännische Handelsgewerbe

35 a) Die Gesellschaft muß **Trägerin eines Unternehmens** sein, und dies muß Gegenstand des gemeinsamen Zwecks der Gesellschaft sein (vgl. Anm. 30). Daran fehlt es bei Innengesellschaften; sie sind konstitutionell außerstande, Trägerinnen von Unternehmen zu sein. Außengesellschaften können, müssen aber nicht in jedem Fall, Unternehmensträgerinnen sein. Es kommt darauf an, ob die Gesellschaft als solche anbietend am Markt tätig ist. Keine oHG bzw. KG ist deshalb die bloße Kooperation von Unternehmen in Form eines Kartells, einer genossenschaftsähnlichen Kette oder einer Arbeitsgemeinschaft im Baugewerbe (vgl. zur Arge: Fahrenschon u. a., Arge-Kommentar, 2. Aufl. 1982; Barner, Die Arbeitsgemeinschaft in der Bauwirtschaft als besonderer gesellschaftsrechtlicher Typus, Diss. Mannheim 1971; Fälle aus der Rechtsprechung: BGHZ 61, 338; 72, 267; BGH DB 1983, 932; 1983, 930). Anders verhält es sich nur, wenn aus der Kooperation ein planmäßig im eigenen Namen gewerblich anbietendes Unternehmen wird, aus dem Kartell z.B. eine Verkaufsstelle, aus der Kette ein Zwischenlieferant oder aus der Arbeitsgemeinschaft ein planmäßig anbietendes Bauunternehmen.

36 b) Das Unternehmen muß ein **vollkaufmännischer Gewerbebetrieb** sein. Die Handels-Personengesellschaft (auch in Gestalt einer GmbH & Co.) ist nicht Kaufmann kraft Rechtsform (vgl. Anm. 8, 10). Wegen der Voraussetzungen ist auf die §§ 1 ff. zu verweisen. Da ein Gewerbe vorausgesetzt wird, scheiden zunächst die nicht als gewerblich eingestuften künstlerischen und freiberuflichen Tätigkeiten aus (vgl. § 1 Anm. 25). Fällt das Unternehmen unter den Katalog des § 1, so liegt ein kaufmännischer Gewerbebetrieb vor und die Gesellschaft ist oHG (bzw. KG), es sei denn, daß der Gewerbebetrieb nach Art und Umfang keinen in kaufmännischer Weise eingerichteten Geschäftsbetrieb erfordert (§ 4 Abs. 2). Fällt das Unternehmen unter § 2 oder § 3, so kann die Gesellschaft nur durch Eintragung in das Handelsregister zur oHG bzw. KG werden. Zuvor ist die Gesellschaft zwar bereits entstanden, dies aber nur in der Rechtsform der Gesellschaft bürgerlichen Rechts (vgl. § 123 Anm. 13 f.), auf die Bestimmungen über die oHG nur analog angewandt werden können (vgl. Anm. 245). Ob das vollkaufmännische Gewerbe nach öffentlichem Recht bestimmter Zulassungsvoraussetzungen bedarf, ist für den Tatbestand der oHG ohne Belang (vgl. § 7 mit Erläuterungen). Spezialgesetzlich untersagt ist die Rechtsform der Personengesellschaft für Versicherungsunternehmen (§ 7 Abs. 1 VAG: nur AG oder VVaG), für Bausparkassen (§ 2 Abs. 1 BauspG: nur AG), Hypothekenbanken (§ 2 HypBankG: nur AG oder KGaA) und für Investmentbanken (§ 1 Abs. 2 KAGG).

37 c) Das Vorhandensein eines vollkaufmännischen Handelsgewerbes ist **objektiv** zu bestimmen. Der Gesetzeswortlaut, wonach der hierauf gerichtete Zweck erforderlich, aber auch ausreichend scheint, ist irreführend. Im Zusammenhang mit § 123 zeigt sich, daß **der gemeinsame Zweck** nur auf Unternehmensträgerschaft gerichtet sein muß; ob eine oHG (KG) oder eine Gesellschaft bürgerlichen Rechts vorliegt, entscheidet sich dann nach dem objektiven Vorhandensein eines vollkaufmännischen Handelsgewerbes (vgl. Anm. 30; § 123 Anm. 4). Solange das Gewerbe noch nicht betrieben wird oder aufgrund §§ 2, 3 noch nicht kaufmännisch oder nach § 4 nicht vollkaufmännisch ist,

Begriff der oHG, Handelsgewerbe 38, 39 § 105

handelt es sich nur um eine Gesellschaft bürgerlichen Rechts (Anm. 30; § 123 Anm. 13). Das Herabsinken des Unternehmens auf nichtkaufmännisches bzw. minderkaufmännisches Niveau läßt die oHG bzw. KG zur Gesellschaft bürgerlichen Rechts werden (vgl. Anm. 19 und § 131 Anm. 54). Das Fortbestehen eines auf vollkaufmännische Tätigkeit gerichteten gemeinsamen Zwecks ändert an dieser Rechtsfolge nichts. Umstritten sind die Rechtsfolgen der Einstellung des von der Gesellschaft betriebenen Unternehmens (vgl. dazu § 131 Anm. 54).

d) Auch ohne vollkaufmännische Tätigkeit liegt nach § 5 eine oHG oder KG vor, wenn **38** die Gesellschaft mit ihrer Firma **im Handelsregister eingetragen** ist, obwohl das unter der Firma betriebene Gewerbe kein Handelsgewerbe oder nur ein minderkaufmännisches Handelsgewerbe ist. Auf die Erläuterung von § 5 ist zu verweisen. Hervorzuheben ist: § 5 enthält keine Rechtsscheinvorschrift; eine unter § 5 fallende Gesellschaft wird nicht nur im Verhältnis zu Gutgläubigen wie eine Handelsgesellschaft behandelt, sondern sie ist eine Handelsgesellschaft (BGH NJW 1982, 45; Heymann-Emmerich § 5 Anm. 1; Karsten Schmidt Handelsrecht § 10 III 1; zur Abgrenzung zum Scheinkaufmann vgl. § 5 Anm. 1). Erst durch Löschung im Handelsregister wird sie zur Gesellschaft bürgerlichen Rechts. Der Tatbestand des § 5 ist bedenklich eng formuliert: Erforderlich ist nach dem Wortlaut, daß die Gesellschaft ein Gewerbe betreibt. Die h. M. beläßt es dabei (vgl. § 5 Anm. 6a; BGHZ 32, 307, 313 = NJW 1960, 1664; BAG ZIP 1987, 1446, 1447; Heymann-Emmerich § 5 Anm. 3). Nach richtiger Auffassung muß ein Unternehmen, auch wenn es nicht gewerblicher Art ist, genügen (Karsten Schmidt Handelsrecht § 10 III 2a). Aber selbst dies ist für eine praktisch befriedigende Handhabung der fälschlich eingetragenen Gesellschaft noch zu eng. Rechtspolitisch ist deshalb eine Erweiterung des § 5 in dem Sinne zu fordern, daß eine Außengesellschaft, solange sie existiert und als oHG oder als KG eingetragen ist, auch Handelsgesellschaft ist (vgl. den Gesetzgebungsvorschlag bei Karsten Schmidt, in Gutachten und Vorschläge zur Überarbeitung des Schuldrechts III, 1983, S. 565). Für das geltende Recht wird eine so weitgehende Rechtsfortbildung bisher nicht diskutiert. Solange es dabei bleibt, kann eine nicht-unternehmenstragende Personengesellschaft, auch wenn sie im Handelsregister eingetragen ist, nur Schein-oHG oder Schein-KG sein (vgl. zu diesem Tatbestand Anm. 228 ff.).

e) Umstritten ist, ob **Holding- oder Besitzgesellschaften** ein vollkaufmännisches Handelsgewerbe betreiben und deshalb offene Handelsgesellschaften bzw. Kommanditgesellschaften sein können. Das bloße Halten und Verwalten von Anteilen ist zulässiger Zweck einer Gesellschaft bürgerlichen Rechts (vgl. zum Halten und Verwalten als Gesellschaftszweck BGH NJW 1982, 170; Karsten Schmidt Gesellschaftsrecht § 59 I 3a; Flume Personengesellschaft § 3 III; a. M. OLG Düsseldorf BB 1973, 1325 und DNotZ 1979, 91 m. abl. Anm. Petzold), begründet aber keine gewerbliche Tätigkeit (BGHZ 32, 307, 310 ff.; BGH NJW-RR 1990, 798, 799 = ZIP 1990, 505, 506). Auch die Komplementär-GmbH & Co. KG in der **doppelstöckigen GmbH & Co.** (dazu § 161 Anm. 103) ist nach richtiger Auffassung keine KG, sondern eine Gesellschaft bürgerlichen Rechts (vgl. Anm. 17; Karsten Schmidt DB 1990, 94), denn die bloße Komplementärbeteiligung begründet entgegen der hergebrachten Auffassung keine Kaufmannseigenschaft (Anm. 13 ff.); soweit die Praxis diese Komplementär-Gesellschaften als Kommanditgesellschaften in das Handelsregister einträgt, verdient sie keine Zustimmung. Wie bei § 161 Anm. 103 ausgeführt wird, ist die Komplementär-Personengesellschaft nur dann eine Handelsgesellschaft und als solche eintragungsfähig, wenn sie neben der Komplementärbeteiligung ein eigenes Handelsgewerbe betreibt (zur Frage, ob sie auch als BGB-Gesellschaft Komplementärin sein kann, vgl. Anm. 68). Ähnliches gilt für die **Besitzgesellschaften bei der Betriebsaufspaltung.** Nach verbreiteter Ansicht ist eine Besitzgesellschaft als oHG oder KG in das Handelsregister einzutragen, wenn ihre Tätigkeit nach Art und Umfang einen in kaufmännischer Weise eingerichteten Geschäftsbetrieb erfordert (vgl. OLG München DB 1988, 902 = NJW 1988, 1036; LG Nürnberg-Fürth BB 1980, 1549; LG Heidelberg BB 1982, 142 m. Anm. Theil; Staub-Hüffer § 17 Anm. 20; Baumbach-Duden-Hopt § 2 Anm. 1 B; Brandmüller, Die Betriebsaufspaltung nach Handels- und Steuerrecht, 5. Aufl. 1985, Anm. B 7; ders. BB 1976, 641 f.; 1979, 466; 1980, 722; Schulze-Osterloh ZGR 1982, 150 f.; s. auch Hopt ZGR 1987, 162 ff.; differenzierend Bentler, Das Gesellschaftsrecht der Betriebsaufspaltung, 1986, S. 49 ff.). Dieser h. M. ist nicht zu folgen (BGH NJW-RR 1990, 798, 799 = ZIP 1990, 505, 506; Staub-Ulmer Anm. 26; Karsten Schmidt DB 1988, 897 f.). Es fehlt bei der Besitzgesellschaft, sofern sie nicht eine besondere unternehmerische Tätigkeit entfaltet, am Merkmal des von dieser Gesellschaft selbst betriebenen Handelsgewerbes. Die steuerrechtliche Zurechnung eines „einheitlichen geschäftlichen Betätigungswillens" ist jedenfalls handelsrechtlich nicht anzuerkennen (Karsten Schmidt DB 1988, 898; zust. Staub-Ulmer Anm. 26; a. M. Hopt ZGR 1987, 171). Auch hier trägt freilich die Registerpraxis diese Gesellschaften großzügig als offene Handelsgesellschaften bzw. Kommanditgesellschaften ein. Sie kompensiert damit teils vorhandene, teils vermeintliche Mängel des BGB-Gesellschaftsrechts (dazu Karsten Schmidt DB 1988, 898 f.). Es ist aber ein Kunstfehler, diese Schwächen der §§ 705 ff. BGB dadurch zu kompensieren, daß man eine nicht-gewerbetreibende Gesellschaft als Handelsgesellschaft behandelt (Gesetzgebungsvorschläge bei Karsten Schmidt, in: Gutachten und Vorschläge zur Überarbeitung des Schuldrechts III, 1983, S. 559 ff.). Soweit Holdinggesellschaften, Besitzgesellschaften und Komplementärgesellschaften in das Handelsregister eingetragen sind, besteht ein rechtspolitisches Bedürfnis, sie als Handelsgesellschaften zu behandeln. § 5 deckt aber diese Fälle nach bisherigem Verständnis nicht (vgl. Anm. 38). Der Praxis ist einstweilen mit der Überlegung zu helfen, daß eine als Handelsgesellschaft – meist: als KG – eingetragene Gesellschaft bürgerlichen Rechts auch wie eine Handelsgesellschaft behandelt wird (vgl. BGH NJW 1980, 784) und daß die Gesellschafter auch nur als Kommanditisten haften, wenn sie als solche eingetragen sind (vgl. Karsten Schmidt DB 1990, 97).

4. Die gemeinschaftliche Firma

40 a) **Kein selbständig zu prüfendes Tatbestandsmerkmal** ist die in Abs. 1 genannte gemeinschaftliche Firma (Karsten Schmidt Gesellschaftsrecht § 46 I 1 c; ders. Stellung der oHG S. 149 ff.; zust. Staub-Ulmer Anm. 36). Der scheinbar entgegenstehende Wortlaut des Abs. 1 ändert hieran nichts. Das Gesetz will die oHG mit dem Betrieb eines Handelsgewerbes unter gemeinschaftlicher Firma nur gegen die stille Gesellschaft abgrenzen, meint also nur, daß die Gesellschaft als Gesamthand Trägerin des Unternehmens sein soll (ebenso Staub-Ulmer Anm. 32). Wenn die Gesellschafter das Unternehmen im Außenverhältnis nicht in mitunternehmerischer Verbundenheit betreiben, fehlt es in diesem Sinne an der gemeinschaftlichen Firma und damit am Tatbestand der oHG bzw. KG, aber das ergibt sich bereits aus den Grunderfordernissen des oHG-Vertrages (vgl. Anm. 32). Ist dagegen die Gesellschaft Trägerin eines vollkaufmännischen Unternehmens, so kann ihre Qualifikation als oHG oder KG nicht daran scheitern, daß sich die Gesellschafter zwar über den mitunternehmerischen Betrieb eines Unternehmens, aber nicht über eine gemeinschaftliche Firma geeinigt haben.

b) Die **herrschende Auffassung** zieht die soeben aufgezeigte Konsequenz nicht. Sie prüft **41** (und bejaht bei Vorliegen der sonstigen Merkmale stets!) das angeblich erforderliche Tatbestandsmerkmal der gemeinschaftlichen Firma. Auch Geßler hat hier in der 4. Aufl. (Anm. 17) noch den Standpunkt vertreten, das Entstehen einer oHG könne am Erfordernis der gemeinschaftlichen Firma scheitern und dann habe ggf. der Registerrichter dafür zu sorgen, daß die Gesellschafter eine Firma und damit die Rechtsform der oHG annehmen. Aber es soll nicht darauf ankommen, ob die Firma den Anforderungen des § 19 entspricht (vgl. RGZ 82, 24f.; RG JW 1927, 1674; BGHZ 22, 240, 243 = NJW 1957, 218; BGH LM Nr. 3 zu § 133 = NJW 1958, 418; KGJ 41 A Nr. 29 = Recht 1912 Nr. 1668; OLG Karlsruhe MDR 1963, 765; Baumbach-Duden-Hopt Anm. 30; Heymann-Emmerich Anm. 29; Alfred Hueck oHG § 1 I 3b; Karsten Schmidt Gesellschaftsrecht § 46 I 1b). Tritt die Gesellschaft unter einer nach § 19 unzulässigen Bezeichnung auf oder wird sie mit einer unzulässigen Firma angemeldet, so ist die Herbeiführung einer zulässigen Firmierung Sache des Registergerichts. Entgegen der noch von RGZ 82, 24, 25 vertretenen Auffassung wird nicht einmal mehr darauf abgestellt, ob die Firma im Rechtsverkehr als eine gemeinschaftliche zu erkennen ist (näher Staub-Ulmer Anm. 35). Damit sind Fälle, bei denen sonst alle oHG-Merkmale (KG-Merkmale) vorhanden sind, nur keine gemeinschaftliche Firma i. S. von Abs. 1 vorliegt, nicht mehr ernsthaft vorstellbar, denn jedes gemeinschaftliche Auftreten, sei es auch unter einer als Firma unzulässigen Geschäftsbezeichnung, genügt. Die h. M. will, indem sie auf der Erforderlichkeit des Tatbestandsmerkmals besteht, nur die Innengesellschaften ausscheiden (vgl. KGJ 41, 117, 120; RG JW 1927, 1674f.; OGHZ 1, 347, 351; Heymann-Emmerich Anm. 29; Alfred Hueck oHG § 1 I 3b). Dies ergibt sich aber schon aus Anm. 26. Als besonderes Kriterium des oHG-Tatbestands neben der gewollten Mitunternehmerschaft ist damit das Merkmal der gemeinsamen Firma auch für die Praxis längst bedeutungslos geworden.

c) Kann jede firmenmäßig gebrauchte Bezeichnung eine „gemeinschaftliche Firma" i. S. **42** von Abs. 1 sein, so kann es für dieses Tatbestandsmerkmal nur noch auf den **Konsens über die Gemeinschaftlichkeit der Firma** ankommen (näher Karsten Schmidt Stellung der oHG S. 151 ff.). Insofern muß zwischen zwei Fragen unterschieden werden: Die eine Frage ist, ob die Einigung über die Firma im Innenverhältnis notwendiger Vertragsbestandteil ist; das ist zu bejahen (Anm. 43). Für die andere Frage, ob der Tatbestand der oHG erfüllt ist, kommt es dagegen nicht darauf an, daß sich die Gesellschafter über die gewählte Firma einig sind, sondern es genügt der Konsens über das mitunternehmerische Auftreten (Rechtsformzwang; vgl. Anm. 9). Weil dies so ist, läßt sich feststellen: Das Vorhandensein einer gemeinschaftlichen Firma i. S. von Abs. 1 ist zwar ein notwendiges Tatbestandsmerkmal der oHG bzw. KG, aber eine eigenständige Prüfung dieses Merkmals neben dem der gewollten vollkaufmännischen Mitunternehmerschaft (Anm. 32) ist überflüssig, weil ein Fehlen der gemeinschaftlichen Firma in diesen Fällen nur theoretisch möglich ist (Anm. 41).

43 d) Die **vertragsmäßige Bestimmung der Firma** ist mit all dem nicht für unbedeutend erklärt. Nicht unbedeutend ist auch die **Zulässigkeit der gewählten Firma** nach § 19. Der Gesellschaftsvertrag bestimmt, mit welcher Firma die Gesellschaft angemeldet und betrieben werden soll. Ist diese Firma unzulässig, so darf sie nicht in das Handelsregister eingetragen werden, und der Verwendung der unzulässigen Firma kann mit den Mitteln des § 37 begegnet werden. Die Gesellschafter können dann untereinander verpflichtet sein, die vertragsmäßige Bestimmung der Firma zu ändern (vgl. über Vertragsänderungspflichten Anm. 143 ff.). Bei Anm. 40–42 ging es nur darum, daß der Tatbestand der oHG in praktischen Fällen nicht am Fehlen einer gemeinschaftlichen Firma scheitert.

5. Die unbeschränkte Haftung

44 a) Die unbeschränkte Haftung ist trotz des irreführenden Wortlauts von Abs. 1 **nicht Voraussetzung, sondern Rechtsfolge des oHG-Tatbestandes** (Karsten Schmidt Gesellschaftsrecht § 46 I 1 d; ders. Stellung der oHG S. 146 f.; mißverständlich GK-Feddersen Anm. 9). Dies beruht auf dem bei Anm. 9 geschilderten Rechtsformzwang und auf § 128 Satz 2 (dazu vgl. § 128 Anm. 13 f.). Das Tatbestandsmerkmal ist korrigierend dahingehend zu verstehen, daß eine oHG vorliegt, wenn die Beteiligten nicht eine andere zur beschränkten Haftung führende Gesellschaftsform (KG, Kapitalgesellschaft) gewählt haben (ebenso Baumbach-Duden-Hopt Anm. 4). Die Beweislast hierfür – z. B. für den wirksamen Abschluß eines KG-Vertrags statt eines oHG-Vertrags – tragen die sich auf eine Haftungsbeschränkung berufenden Gesellschafter (Alfred Hueck oHG § 1 I 4; Staub-Ulmer Anm. 37). Wegen der Frage, ob sie auch in diesem Fall haften, weil es an den entsprechenden Registereintragungen fehlt, vgl. Erl. § 176.

45 b) Die herkömmliche Auffassung nennt die unbeschränkte Haftung noch als Begriffsmerkmal der oHG. Aber auch nach ihr gilt das vermeintliche Erfordernis der unbeschränkten Haftung nur für das Außenverhältnis. Nach innen kann die Haftung einzelner Gesellschafter ganz oder teilweise ausgeschlossen werden (ausführlich noch Geßler hier in der 4. Aufl. Anm. 20). Das ist, wie ein Gegenschluß aus § 128 Satz 2 ergibt, richtig. Die Frage hat aber mit dem Tatbestand der oHG nichts zu tun, weil eben die unbeschränkte Haftung nur Rechtsfolge und niemals Voraussetzung für das Entstehen einer oHG ist.

6. Die oHG kraft Rechtsscheins

46 Liegen die Merkmale einer oHG objektiv nicht vor, so können die Gesellschaft bzw. die Gesellschafter oder Scheingesellschafter gleichwohl aufgrund veranlaßten oder geduldeten Rechtsscheins wie eine oHG bzw. wie oHG-Gesellschafter zu behandeln sein (eingehend Anm. 228 ff.). Dies kann sich beispielsweise aus § 15 Abs. 1 oder Abs. 3 ergeben (dazu Erl. § 15). Kein Rechtsscheinfall ist § 5; eine Gesellschaft, die zu Unrecht eingetragen, aber nach § 5 als oHG zu behandeln ist, ist keine Schein-oHG, sondern eine wirkliche oHG, dies allerdings aufgrund einer Eintragung, die beseitigt werden muß (vgl. Anm. 38). Wieder ein anderer Fall ist der der fehlerhaften oHG (dazu Anm. 201 ff.).

III. Die Gesellschaft und ihre Gesellschafter

Schrifttum: *Biddermann,* Der minderjährige Gesellschafter, 1965; *Breuninger,* Die BGB-Gesellschaft als Rechtssubjekt im Wirtschaftsverkehr, 1991; *Brodersen,* Die Beteiligung der BGB-Gesellschaft an Personenhandelsgesellschaften, 1988; *Grothe,* Die „ausländische Kapitalgesellschaft & Co", 1989; *Hartmann-Hartmann,* Zur Frage der Beteiligung einer Gesellschaft bürgerlichen Rechts an Personengesellschaften, in: Festschrift Werner, 1984, S. 217; *Hennerkes,* Die Stiftung & Co. ..., in: Steuerberater-Jahrbuch 1984/85, S. 70; *Klamroth,* Beteiligung einer BGB-Gesellschaft an einer Personenhandelsgesellschaft, BB 1983, 796; *Karsten Schmidt,* Handelsrechtliche Probleme der doppelstöckigen GmbH & Co. KG, DB 1990, 93; *Schulze zur Wiesche,* Die Stiftung & Co. KG, Wpg. 1988, 128; *Weimar-Delp,* Die Stiftung & Co. KG ..., DB 1987, 1707.

1. Einfache, geteilte und mehrfache Mitgliedschaft

a) Die Mitgliedschaft ist ein **ungeteiltes Recht.** Jeder Gesellschaftsanteil kann dem Gesellschafter nur ungeteilt zustehen. Insbesondere gibt es keine Bruchteilsgemeinschaft am oHG- oder KG-Anteil (vgl. Anm. 81). Grundsätzlich kann auch ein Gesellschafter nur eine Mitgliedschaft innehaben, also nicht oHG-Gesellschafter mit doppelter Mitgliedschaft oder gar Komplementär und zugleich Kommanditist sein (vgl. Anm. 25 f.; OLG Hamm NJW 1981, 835). Grundsätzlich ist der Gesellschaftsanteil auch keiner Aufspaltung oder geteilten rechtlichen Gestaltung zugänglich (vgl. für Nießbrauch BGHZ 58, 316, 318; für gekündigten und ungekündigten Anteil BGH NJW-RR 1989, 1259, 1261 = ZIP 1989, 1052, 1054; bedenklich für Testamentsvollstreckung BGHZ 24, 106, 108; dazu vgl. Anm. 26). Auf Ausnahmen wird bei Anm. 26 eingegangen. Möglich ist die Abspaltung einer Mitgliedschaft: Ein Gesellschafter kann seinen Gesellschaftsanteil teilweise auf eine andere Person übertragen (vgl. über die Voraussetzungen der Anteilsübertragung allgemein Anm. 185 ff.). Eine automatische Aufteilung der Mitgliedschaft findet auch statt, wenn ein Gesellschafter von mehreren Miterben beerbt wird und die Gesellschaft aufgrund einer sog. Nachfolgeklausel mit allen Miterben fortgesetzt wird (vgl. § 139 Anm. 18).

b) aa) Dieselben Gesellschafter können **mehrere offene Handelsgesellschaften** bzw. **Kommanditgesellschaften** errichten (RGZ 32, 34 und 43, 82; Staub-Ulmer Anm. 72). Voraussetzung ist allerdings, daß jede Gesellschaft ein eigenes Unternehmen betreibt. Betreiben dieselben Gesellschafter mitunternehmerisch mehrere Unternehmen, so ist es Tatfrage, ob eine oder mehrere Gesellschaften bestehen. Es entscheidet der Wille der Gesellschafter. Verschiedenartige Firmen sprechen für mehrere Gesellschaften, da jede Gesellschaft nur eine Firma haben kann (RGZ 43, 82; 85, 397; RG JW 1920, 833; Staub-Ulmer Anm. 72; Alfred Hueck oHG § 1 IV 1). Fehlt es an der Verschiedenheit der Firmen, so kann dies und wird dies typischerweise für das Vorhandensein nur einer Gesellschaft sprechen. Freilich ist zu bedenken, daß Gesellschaften mit unterschiedlichem Sitz in den Grenzen der §§ 30 HGB, 16 UWG gleiche Firmen führen können

(Staub-Ulmer Anm. 72) und daß die Verwendung einer zulässigen Firma nicht zwingende Voraussetzung des oHG-Tatbestandes (Anm. 41), die Verwendung unterschiedlicher Firmen also auch nicht zwingende Voraussetzung dafür ist, daß verschiedene Gesellschaften vorhanden sind.

49 bb) **Die mehreren offenen Handelsgesellschaften bzw. Kommanditgesellschaften** sind auch bei teilweiser oder vollständiger Gesellschafteridentität **als Rechtsträger zu trennen.** Das bedeutet: Jede Gesellschaft hat ihr eigenes Gesellschaftsvermögen (RGZ 16, 16, 17; 43, 81, 82; 47, 156, 157; ROHGE 29, 156; Staub-Ulmer Anm. 73); jede hat ihre eigenen Gesellschaftsgläubiger, die nur auf das Vermögen dieser Gesellschaft zugreifen, nur ihr gegenüber aufrechnen können usw.; jede kann Partei eines Rechtsstreits sein (§ 124), so daß die Klage gegen die eine nicht eine erforderliche Klage gegen die andere ersetzt (notfalls Parteiwechsel erforderlich); ein Vollstreckungstitel gegen eine Gesellschaft genügt nicht für die Zwangsvollstreckung in das Vermögen der anderen; jede Gesellschaft unterliegt ggf. einem eigenen Konkursverfahren (RGZ 43, 81, 82). Auch im **Rechtsverkehr der Gesellschaften untereinander** wirkt sich dies aus. Die Gesellschaften können miteinander Schuldverträge schließen. Sie können einander Rechte übertragen. Sie können einander im Prozeß als Parteien gegenüberstehen. Eine Gesellschaft kann Gesellschafterin der anderen sein (Beispiel: doppelstöckige GmbH & Co. KG; vgl. zu den Problemen dieser Gestaltung allerdings Anm. 17, 39); beide Gesellschaften können ohne Hinzutreten eines weiteren Gesellschafters Gesellschafter einer anderen oHG oder KG sein, denn jede von ihnen hält dann einen Anteil; auch eine wechselseitige Beteiligung der Gesellschaften aneinander ist möglich, dies allerdings nur, wenn mindestens ein Mitgesellschafter hinzutritt (näher Anm. 65).

50 cc) Jede der Gesellschaften hat auch eine **eigene Organisation**, insbesondere eigene Organe (Staub-Ulmer Anm. 73). Dies schließt eine Personalunion bei den vertretungsberechtigten und geschäftsführungsberechtigten Gesellschaftern nicht aus. Notwendig ist diese aber nicht. Es kann also ein Gesellschafter in der einen, der andere in der anderen Gesellschaft geschäftsführungs- und vertretungsberechtigt sein. Ein Prokurist kann nur für die eine Gesellschaft, nur für die andere oder für beide Gesellschaften bestellt sein. Auch die Gesellschafter (die sog. Gesellschafterversammlung) bestehen als Kollektivorgan (Beschlußorgan) für jede Gesellschaft getrennt. Machen sie sich dies auch nicht unbedingt klar, so muß doch juristisch stets festgestellt werden, ob sie einen Beschluß in der einen oder in der anderen oder in beiden Gesellschaften gefaßt haben.

51 dd) Die Trennung der Gesellschaften trotz Identität der Gesellschafter kann **Durchgriffsprobleme** aufwerfen. Entgegen hergebrachter Auffassung treten solche Probleme nicht nur bei juristischen Personen, sondern auch bei Gesamthandsgesellschaften auf (vgl. Karsten Schmidt Gesellschaftsrecht § 9 I 2 a; dort Hinweis auf BGH BB 1985, 77 m. Anm. Bauschke; s. auch BAG ZIP 1991, 884). Es ist aber vor generellen Durchgriffsformeln in dem Sinne, daß man sich über die rechtliche Verselbständigung der Gesellschaft hinwegsetzen kann, wenn dies durch die Macht der Tatsachen gefordert wird, zu warnen. Vielmehr ist die rechtliche Selbständigkeit jeder oHG oder KG (§ 124) grundsätzlich auch dann zu respektieren, wenn durch Personenidentität oder Vermögensvermischung die Rechtfertigung der Vermögenstrennung zweifelhaft wird. Unbefriedigende Ergebnisse können bei gesellschafteridentischen Personengesellschaften nur durch Normanwendungsargumente, durch Zurechnungen oder durch den Arglisteinwand überwunden werden, etwa wenn ein Gläubiger über den Bestand zweier Gesellschaften getäuscht worden ist und eine Drittwiderspruchsklage (§ 771 ZPO) auf das Vorhandensein zweier Gesellschaften gestützt wird (wegen weiterer Einzelheiten vgl. die allgemeinen Darstellungen der Durchgriffslehre; Material und eigener Standpunkt bei Karsten Schmidt Gesellschaftsrecht § 9). Nach BAG ZIP 1991, 884 kann der die Gesellschaft beherrschende und wie eine Betriebsabteilung führende Mehrheitsgesellschafter nach den Regeln über den qualifizierten faktischen Konzern auch bei der Personengesellschaft (in casu: GmbH & Co. KG) als herrschendes Unternehmen einer Konzernhaftung unterliegen, die im Fall der Masselosigkeit von den Gläubigern unmittelbar geltend gemacht werden kann (im Anschluß an das die GmbH betreffende Autokran-Urteil BGHZ 95, 330).

2. Natürliche Personen als Gesellschafter

Jede natürliche Person kann Gesellschafter einer oHG (bzw. KG) sein. Es kommt hierfür (selbstverständlich) weder auf das Geschlecht noch auf die Staatsangehörigkeit an. Ebensowenig setzt das Gesetz Solvenz des unbeschränkt haftenden Gesellschafters voraus. Auch volle Geschäftsfähigkeit ist für die Innehabung eines Anteils nicht erforderlich. Es können deshalb auch Geschäftsunfähige oder in der Geschäftsfähigkeit Beschränkte an einer oHG beteiligt sein. Selbstverständlich setzt der Erwerb der Mitgliedschaft durch Beitritt oder durch Anteilserwerb in diesem Fall ein Handeln des gesetzlichen Vertreters voraus. Der Beitritt Minderjähriger zu einer oHG ist ohne Genehmigung des Vormundschaftsgerichts unwirksam (§§ 1822 Nr. 3, 1643 BGB; vgl. über die Beteiligung Minderjähriger näher unten Anm. 127). Auch aus dem Ehegüterrecht können sich Einschränkungen für den Abschluß eines Gesellschaftsvertrags ergeben (dazu näher Anm. 125, 128). Aber auch dies ändert nichts an der Fähigkeit der Ehegatten, Gesellschafter zu sein. Es geht dann allein um die Wirksamkeit des Gesellschaftsvertrags. Ist der Gesellschaftsvertrag mangels Volljährigkeit eines Gesellschafters oder aus eherechtlichen Gründen unwirksam, so stellt sich die Frage, ob die Gesellschaft als fehlerhafte Gesellschaft Bestand hat (Anm. 211).

3. Juristische Personen als Gesellschafter

a) Grundsatz: Jede juristische Person kann Gesellschafterin einer oHG oder KG sein (RGZ 105, 101, 103 ff.; Baumbach-Duden-Hopt Anm. 1 C; Heymann-Emmerich Anm. 43; Staub-Ulmer Anm. 91; vgl. bereits BayObLG OLGE 27, 331). Sie wird nach § 106 Abs. 2 Nr. 1 als Gesellschafterin eingetragen. Nicht eingetragen werden die etwaigen Anteilsinhaber dieser juristischen Person. Einzelfragen sind umstritten (näher Anm. 54–60). Bei ihrer Beurteilung muß zwischen verschiedenen Fragen unterschieden werden. Die erste, im vorliegenden Zusammenhang entscheidende, Frage ist, ob das Personengesellschaftsrecht die Beteiligung der juristischen Person zuläßt. Eine andere Frage ist sodann stets, ob das für die jeweilige juristische Person geltende Recht die Beteiligung zuläßt. Soweit hier Bedenken bestehen, bedeutet dies nur, daß die betreffende juristische Person nach den für sie geltenden Rechtsgrundsätzen nicht Gesellschafterin werden darf; damit ist aber nicht gesagt, daß sie nach dem Recht der oHG oder KG nicht Gesellschafterin werden kann. Deshalb ist der gesellschaftsrechtlich wirksam

§ 105 54, 55   2. Buch. 1. Abschnitt. Offene Handelsgesellschaft

vollzogene Beitritt einer juristischen Person auch dann, wenn diese nach dem für sie geltenden Recht nicht beitreten darf, kein Fall des fehlerhaften Beitritts (bedenklich BayObLG NJW-RR 1990, 476).

54 b) aa) Eine **Kapitalgesellschaft** (AG, GmbH, KGaA) oder **Genossenschaft** kann Gesellschafterin sein, und zwar nicht nur als Kommanditistin, sondern auch als oHG-Gesellschafterin oder Komplementärin. Das ist heute wohl unbestritten und mittelbar auch vom Gesetzgeber anerkannt (§§ 125a, 129a, 130a, 172 Abs. 6, 172a, 177a HGB, 209 Abs. 1 Satz 3 KO). Auf diesem Grundsatz beruht insbesondere das **Rechtsinstitut der GmbH & Co. KG** (dazu eingehend § 161 Anm. 89 ff.).

55 bb) Auch eine **werdende juristische Person** (sog. Vorgesellschaft) kann Gesellschafterin sein (vgl. BGHZ 80, 129, 132 = NJW 1981, 1373 ff.; BGH WM 1985, 165; seither std. Rspr.; Heymann-Emmerich Anm. 44; Staub-Ulmer Anm. 93). Hauptbeispiel ist die noch nicht im Handelsregister eingetragene GmbH (sog. Vor-GmbH) als Komplementärin einer GmbH & Co. KG (vgl. BGHZ 80, 129, 132 = NJW 1981, 1373 ff.; BGH WM 1985, 165; Flume Personengesellschaft § 16 IV 5; Brodersen S. 1; Staub-Ulmer Anm. 93; ders. ZGR 1981, 616; Heymann-Emmerich Anm. 44; Scholz-Karsten Schmidt GmbHG § 11 Anm. 167 ff.; ablehnend noch Karsten Schmidt NJW 1975, 665 ff.; Kuhn, in Festschrift Hefermehl, 1976, S. 159 ff.). Eine ganz andere Frage ist, ob der Geschäftsführer einer Vor-GmbH bereits vertretungsberechtigt und auch befugt ist, den KG-Vertrag abzuschließen. Nach Ansicht des BGH bedarf es hierfür einer besonderen Ermächtigung (vgl. BGHZ 80, 129, 139 = NJW 1981, 1373, 1375; BGHZ 80, 182, 183 = NJW 1981, 1452; h.M.; zustimmend Hachenburg-Ulmer GmbHG § 11 Anm. 54 m.w.Nachw.). Richtig ist: Die Vertretungsmacht des Geschäftsführers ist auch schon im Gründungsstadium nach §§ 35, 37 GmbHG unbeschränkt und unbeschränkbar (vgl. Scholz-Karsten Schmidt GmbHG § 11 Anm. 63; Karsten Schmidt GmbHR 1988, 89). Ob die GmbH-Gründer mit dem Beitritt zur Kommanditgesellschaft bereits vor der Eintragung der GmbH einverstanden sind, ist nur eine Frage des internen Dürfens, nicht des externen Könnens (Scholz-Karsten Schmidt GmbHG § 11 Anm. 64). Eine weitere Frage ist die der Vorbelastungshaftung: Eine durch die Vorwegnahme des Geschäftsbetriebes herbeigeführte Unterbilanz (also eine Differenz zwischen dem Stammkapital und dem Vermögen), die sich aus der Haftung der Gesellschaft im Gründungsstadium ergibt, verpflichtet die Gesellschafter der Vor-GmbH anteilig zu Nachschüssen in das Gesellschaftsvermögen (BGHZ 80, 129 = NJW 1981, 1373; seither std. Rspr.; vgl. z.B. BGH NJW 1982, 932; Überblick bei Scholz-Karsten Schmidt GmbHG § 11 Anm. 124 ff.). Im Fall der GmbH & Co. KG ist zu bedenken, daß eine Komplementärhaftung nur dann zur Unterbilanz führt, wenn ihr nicht ein gleichwertiger Regreßanspruch gegen die KG aus § 110 gegenübersteht. Maßgeblicher Zeitpunkt für die Feststellung der Unterbilanz ist nach der kaum noch bestrittenen Auffassung des BGH der Zeitpunkt der Registereintragung der GmbH (BGHZ 80, 129, 141 = NJW 1981, 1373, 1376; std. Rspr.; vgl. auch BGHZ 80, 182, 184 = NJW 1981, 1452; zust. z.B. Hachenburg-Ulmer GmbHG § 11 Anm. 72; Baumbach-Hueck GmbHG § 11 Anm. 58; s. auch Karsten Schmidt Gesellschaftsrecht § 34 III 4d; eingehend Stimpel, in: Festschrift Fleck, 1988, S. 345 ff.; krit. Priester ZIP 1982, 1146; ähnlich noch Scholz-Karsten Schmidt GmbHG § 11 Anm. 126).

cc) Ein **rechtsfähiger**, also nach § 21 BGB eingetragener oder nach § 22 BGB konzessionierter **Verein** kann Gesellschafter sein (Sauter-Schweyer, Der eingetragene Verein, 14. Aufl. 1990, Anm. 46 f.). Das Personengesellschaftsrecht steht dem nicht entgegen. Die Rechte und Pflichten des Vereins als Gesellschafter werden vom Vorstand im Namen des Vereins ausgeübt. Eine ganz andere Frage ist, ob ein Verein, der oHG-Gesellschafter oder Komplementär ist, die Rechtsfähigkeit erlangen und behalten kann (vgl. dazu Karsten Schmidt, Verbandszweck und Rechtsfähigkeit im Vereinsrecht, 1984, S. 122 ff.). **56**

dd) Eine **rechtsfähige Stiftung** (§§ 80 ff. BGB) kann Gesellschafterin einer oHG oder KG sein (Pöllath, in Handbuch des Stiftungsrechts, 1987, § 13 Anm. 3; krit. Zimmermann ZRP 1976, 300 f.). Daß sie Kommanditistin sein kann, ist wohl unbestritten, aber nach h. M. kann sie auch Komplementärin sein (Stickrodt NJW 1962, 1481, 1484; Henkel-Hoffmann, Die Stiftung im Umfeld wirtschaftlicher Tätigkeit, insbesondere als geschäftsführender Gesellschafter, Diss. Bayreuth 1988, S. 70 ff.; a. A. Ballerstedt 44. DJT Bd. I S. 37). Dieser Standpunkt der h. M. ist rechtspolitisch problematisch, denn er hat zu der Empfehlung geführt, an Stelle einer GmbH & Co. KG die Rechtsform einer **Stiftung & Co. KG** zu wählen, bei der eine rechtsfähige Stiftung als Komplementärin fungiert (Hennerkes in StbJb 1984/85, 107 ff.; Hennerkes-Binz-Sorg DB 1986, 2217 ff., 2269 ff.; Weimar-Delp DB 1987, 1707). Vorzüge dieser Gestaltung werden vor allem im haftungsrechtlichen und im mitbestimmungsrechtlichen Bereich gesehen. Eben hierher rühren aber auch die Bedenken (vgl. Ballerstedt 44. DJT Bd. I S. 46; Mestmäcker 44. DJT Bd. II S. G 20; Karsten Schmidt DB 1987, 261 ff.; DB 1988, 897 ff.). Unter den Kritikern der Stiftung & Co. KG wird darüber gestritten, ob diese Gestaltungsform handelsrechtlich unzulässig ist (so der Tendenz nach Pavel, Eignet sich die Stiftung für den Betrieb erwerbswirtschaftlicher Unternehmungen?, 1967, S. 60 ff.) oder ob ihr jedenfalls stiftungsrechtliche Grenzen gesetzt werden sollen (vgl. dazu Karsten Schmidt DB 1987, 263). Die zweite Methode ist besser gesichert. Wie schon bei Anm. 56 ist auch hier zu unterscheiden zwischen den Fragen, ob die §§ 105 ff. die Beteiligung zulassen und ob das für die Gesellschafterin geltende Recht die Beteiligung zuläßt. Das Recht der Personengesellschaft enthält grundsätzlich keine Vorschriften über die Fähigkeit, Gesellschafter zu sein. Die stiftungsrechtliche Unzulässigkeit einer Beteiligung schließt die Anerkennung des trotzdem eingegangenen Gesellschaftsverhältnisses nicht aus (s. auch BayObLG NJW-RR 1990, 476 zum Fehlen einer stiftungsaufsichtsrechtlichen Genehmigung). Deshalb kann die rechtsfähige Stiftung unbeschränkt haftende Gesellschafterin sein. Allerdings darf eine Stiftung, die sich dieser Tätigkeit und nicht einem idealen Hauptzweck widmet, nicht genehmigt werden (vgl. dazu Pöllath, in: Handbuch des Stiftungsrechts, 1987, § 13 Anm. 15; Karsten Schmidt Gesellschaftsrecht § 56 VII 3; ders. DB 1987, 262). Für den Sonderfall der Stiftung & Co. KG sollte allerdings eine Kontrolle durch das Handelsregister hinzukommen (Karsten Schmidt Gesellschaftsrecht § 56 VII 3). Der Handelsregisterrichter hat vor der Eintragung einer Stiftung & Co. KG zu prüfen, ob die Kapitalausstattung der Stiftung als der einzigen Komplementärin derjenigen einer GmbH gleichsteht. **57**

ee) Eine **ausländische juristische Person** kann Gesellschafterin sein, sofern sie nach deutschem internationalem Gesellschaftsrecht anerkannt ist und sofern das für die **58**

§ 105 59, 60 *2. Buch. 1. Abschnitt. Offene Handelsgesellschaft*

ausländische juristische Person geltende Recht eine solche Beteiligung zuläßt (BayObLGZ 1986, 61 = WM 1986, 968, 970 = NJW 1986, 3029; vgl. bereits Bokelmann BB 1972, 1426; Heigl GmbHR 1964, 165). Nicht erforderlich ist, daß das ausländische Personengesellschaftsrecht auch die Kapitalgesellschaft & Co. als Personengesellschaft zuläßt, denn dies entscheidet sich allein nach deutschem Personengesellschaftsrecht (OLG Saarbrücken NJW 1990, 647 = DB 1989, 1076; BayObLGZ 1986, 61 = NJW 1986, 3029). Der ganze Fragenbereich ist umstritten (eingehend Grothe S. 210 ff.; krit. namentlich Großfeld IPRax 1986, 351 ff.; Ebke ZGR 1987, 245 ff.; Ebenroth-Eyles DB-Beil. 2/1988 S. 16 ff.; Karsten Schmidt Gesellschaftsrecht § 56 VII 2). Die Zulassung von oHG-Gesellschafterinnen und Komplementärinnen ohne einen dem deutschen Kapitalgesellschaftsrecht entsprechenden Kapitalschutz kann nur hingenommen werden, wenn man ein eigenes Kapitalsicherungsrecht der Kapitalgesellschaft & Co. anerkennt, das von der Rechtsnatur der Komplementärin unabhängig ist (Karsten Schmidt GmbHR 1989, 141 ff.; Grothe S. 280 ff.).

59 ff) Auch eine **juristische Person des öffentlichen Rechts** kann Gesellschafterin einer oHG oder KG sein (RGZ 163, 142, 149 zur Gesellschaft bürgerlichen Rechts; Staub-Ulmer Anm. 92; Westermann Handbuch I 163). Das Registerprivileg des § 36 gilt dann aber nicht, denn es betrifft nur den Fall, daß der Bund, ein Land oder eine Gebietskörperschaft selbst Trägerin des Unternehmens und nicht bloß Gesellschafterin ist (§ 36 Anm. 1; Staub-Brüggemann § 36 Anm. 10). Deshalb muß die juristische Person des öffentlichen Rechts, wenn sie Gesellschafterin ist, nach § 106 in das Register eingetragen werden. Von der hier besprochenen Frage zu unterscheiden ist die ganz andere Frage, inwieweit das öffentliche Recht personengesellschaftliche Beteiligungen untersagt. Die Rechtsformen des Privatrechts, d. h. die privatrechtlichen Unternehmensträger, stehen der öffentlichen Hand grundsätzlich ebenso zur Verfügung wie jeder anderen juristischen Person (Rittner, Wirtschaftsrecht, 2. Aufl. 1987, § 8 Anm. 6, § 10 Anm. 8). Mit der Beteiligung an Handelsgesellschaften (sog. gemischtwirtschaftliche Unternehmung) bleibt die öffentliche Hand an die ihr gestellte öffentliche Aufgabe der Daseinsvorsorge gebunden (BGH WM 1978, 1097, 1099; Pagenkopf, Kommunalrecht, Bd. 2, 2. Aufl. 1976, S. 145 ff.). Eine Beteiligung aus erwerbswirtschaftlichen Motiven ist juristischen Personen des öffentlichen Rechts untersagt (BVerfGE 61, 82, 107 f.).

60 gg) Schließlich kann auch eine **juristische Person in Liquidation** Gesellschafterin einer oHG oder KG sein (vgl. Baumbach-Duden-Hopt Anm. 3 E; insofern richtig auch BGHZ 75, 178 = NJW 1980, 233; OLG Hamburg BB 1987, 1061 = NJW 1987, 1896). Eine andere Frage ist wiederum, ob die Liquidatoren den Beitritt zur Personengesellschaft wirksam vereinbaren können. Für die h. M. muß dies als ein Problem der Vertretungsmacht erscheinen. Die Vertretungsmacht der Liquidatoren ist nach traditioneller Auffassung auf Rechtsgeschäfte beschränkt, die mit dem Liquidationszweck vereinbar sind (vgl. für die AG früher § 210 Abs. 1 AktG 1937; für die GmbH RG HRR 1940 Nr. 232; für die eG RGZ 44, 80, 82; für den eV RGZ 146, 376, 377). Diese Beschränkung ist überholt (§ 149 Anm. 53; eingehend Karsten Schmidt AcP 174 [1974], 64 ff.; 184 [1984], 531 ff.). Aber der Beitritt einer Liquidationsgesellschaft als oHG-Gesellschafterin oder Komplementärin scheitert unter einem anderen Gesichtspunkt: Eine aufgelöste Gesellschaft kann nicht geschäftsführungs- und vertretungsberechtigte Gesellschafterin einer werbend tätigen Personengesellschaft sein (vgl. Westermann Handbuch [Lfg. 1967] I 614; Karsten Schmidt BB 1980, 1499f.). Entgegen der vor allem von BGHZ 75, 178 und OLG Hamburg BB 1987, 1061 vertretenen Ansicht ist eine oHG bzw. KG automatisch aufgelöst, wenn ihre geschäftsführungs- und vertretungsberechtigte GmbH-Komplementärin aufgelöst ist (§ 131 Anm. 31). Deshalb ist auch der Neubeitritt einer Liquidations-GmbH als Komplementärin einer Kommanditgesellschaft oder als oHG-Gesellschafterin nur um den Preis einer Auflösung der KG bzw. oHG zulässig (zur Fortsetzung der Gesellschaft vgl. § 131 Anm. 31).

4. Gesamthandsgemeinschaften als Gesellschafter

a) **Grundsatz:** Auch eine Gesamthand kann Gesellschafterin einer oHG oder KG sein (eingehend Staub-Ulmer Anm. 94). Die Beurteilung ist indes schwieriger und differenzierter als bei der juristischen Person. Dies hängt teils mit **rechtsdogmatischen Problemen der Gesamthand**, teils mit **praktischen Problemen der Verwaltungs- und Haftungsverhältnisse** bei den Gesamthandsgemeinschaften, teils schließlich mit dem **formalen Problem der Eintragungsfähigkeit** zusammen. **61**

aa) In **rechtsdogmatischer Hinsicht** ist umstritten, ob die Gesamthand Rechtsträgerin ist (so grundlegend Flume Personengesellschaft § 7 II; ders. ZHR 136 [1972], 177ff.; eingehend Ulmer Gesellschaft bürgerlichen Rechts § 705 Anm. 131 ff.; Soergel-Hadding 11. Aufl. vor § 705 Anm. 20 ff.) oder ob Inhaber der zum Gesamthandsvermögen gehörenden Rechte und Pflichten stets nur die Gesamthänder „zur gesamten Hand" sind (so die traditionelle Auffassung; vgl. nur RGZ 3, 57; 5, 51, 57; 139, 252, 254; BGHZ 34, 293, 297; BGH NJW 1988, 556). Richtigerweise wird man davon ausgehen müssen, daß das positive Recht differenziert (vgl. Karsten Schmidt Gesellschaftsrecht § 8 III 3): Es gibt Gesamthandsgemeinschaften mit Rechtssubjektivität (Paradigma ist die oHG; vgl. § 124), und es gibt Gesamthandsgemeinschaften, die nur Sondervermögensmassen der Gesamthänder sind (Paradigma ist die Gütergemeinschaft). Diese rechtsdogmatische Frage hat indes für die Zulassung der Gesamthand als Gesellschafterin nur indizielle Bedeutung. Auch wenn die Gesamthand selbst Rechtsträgerin ist, kann doch ihre Zulassung als Gesellschafterin einer oHG oder KG aus gesellschaftsrechtlichen Gründen ausgeschlossen sein. Auch wenn die Gesamthand keine Rechtsträgerin ist, kann doch daran gedacht werden, daß die Gesamthänder „zur gesamten Hand" als Inhaber eines oHG- oder KG-Anteils zugelassen werden. Diese Fragen sind nicht rein dogmatischer Art. **62**

bb) In **rechtspraktischer Hinsicht** wird darauf zu achten sein, ob das Organisations- und Haftungsrecht einer Gesamthand mit der Innehabung eines Anteils an einer Personengesellschaft vereinbar ist. Gerade dieser Gesichtspunkt zwingt zu einer differenzierten Betrachtung. OHG und KG sind organisationsrechtlich und haftungsrechtlich so konzipiert, daß man sie als Gesellschafterinnen ohne weiteres hinnehmen kann (Anm. 65). Die Tauglichkeit der Gesamthandsgemeinschaften des bürgerlichen Rechts, Gesellschafterin zu sein, ist dagegen zweifelhaft (Anm. 68ff.). **63**

cc) In **formaler Hinsicht** ist immer wieder darauf zu achten, ob die Gesamthand registerfähig ist, d.h. ob sie als solche als Gesellschafterin eingetragen werden kann (§ 106 Abs. 2 Nr. 1). Die Frage ist (ein Mangel des geltenden Rechts!) nicht mit der unter **64**

Anm. 62 besprochenen rechtsdogmatischen Frage identisch. Das Problem besteht nicht nur beim Handelsregister. Beispielsweise sieht die neuere Lehre die Gesamthandsgesellschaft bürgerlichen Rechts oder den nichtrechtsfähigen Verein als taugliche Grundstückseigentümer an, aber in das Grundbuch werden mangels Registerfähigkeit die Gesellschafter bzw. die Mitglieder eingetragen (vgl. für die Gesellschaft bürgerlichen Rechts Brodersen S. 94; für den nichtrechtsfähigen Verein Karsten Schmidt NJW 1984, 2249 ff.; str.). Auch für die Beteiligung an einer oHG oder KG ist deshalb stets zwischen den Fragen zu unterscheiden, ob die Gesamthand Gesellschafterin sein kann und ob, falls ja, die Gesamthand oder die Gesamthänder in das Handelsregister eingetragen werden. Die Frage hat erhebliche praktische Bedeutung. Ein Wechsel der an der Gesamthand Beteiligten hat im ersten Fall keine Auswirkungen auf das Handelsregister; im zweiten Fall muß nach §§ 107, 149 jeder Wechsel im Personenbestand der Gesellschafter-Gesamthand eingetragen werden.

65 b) **Handelsgesellschaften: aa)** Eine oHG oder KG kann Gesellschafterin einer anderen oHG oder KG sein (Alfred Hueck oHG § 2 I 3 a; Baumbach-Duden-Hopt Anm. 1 C; Heymann-Emmerich Anm. 45). Das gilt selbst für die wechselseitige Beteiligung von Personengesellschaften aneinander (Anm. 49; Staub-Ulmer Anm. 95). Stets muß es sich allerdings um eine andere Gesellschaft handeln. Der Erwerb eigener Anteile ist bei der Personengesellschaft nicht bloß unzulässig, sondern unmöglich (GK-Feddersen Anm. 13; Staub-Ulmer Anm. 95); er müßte zum Erlöschen der Gesellschaft führen. Die Beteiligung einer oHG oder KG an einer anderen oHG oder KG wurde in der älteren Praxis und Lehre noch abgelehnt (RGZ 36, 139; KGJ 11, 17; DNotZ 1918, 466; OLG Hamburg ZHR 40 [1892], 457; eingehender Überblick noch bei Geßler in der Voraufl. Anm. 27). Dieser ablehnende Standpunkt ist heute überholt (vgl. BGH NJW 1973, 2198; BFH GrS DB 1991, 889, 891). Die Beteiligungsfähigkeit einer oHG oder KG wird vom Gesetz unmißverständlich vorausgesetzt (vgl. § 129a Satz 2, § 172 Abs. 6 Satz 2, § 172a Satz 2). Auch eine **aufgelöste oHG oder KG** kann Gesellschafterin sein (Alfred Hueck oHG § 23 II 4; Ulmer in Großkomm § 131 Anm. 88). Wie bei einer juristischen Person als Gesellschafterin (Anm. 60) ist aber auch hier zu bedenken, daß eine aufgelöste Gesellschaft nicht geschäftsführungs- und vertretungsberechtigte Gesellschafterin einer werbend tätigen Personengesellschaft sein kann. Deshalb muß auch hier wieder differenziert werden: Ist die aufgelöste oHG oder KG ihrerseits nur Kommanditistin, so steht dies der Beteiligung nicht im Wege. Ist sie geschäftsführende und vertretungsberechtigte Gesellschafterin, so ist mit der Auflösung der Gesellschafter-Gesellschaft auch die Hauptgesellschaft aufgelöst (§ 131 Anm. 32; str.). Die Neubeteiligung der aufgelösten Gesellschaft als oHG-Gesellschafterin oder Komplementärin setzt deshalb grundsätzlich voraus, daß ihre Gesellschafter die Fortsetzung beschließen (dazu § 131 Anm. 60ff.). Soll sich eine aufgelöste oHG oder KG an der Hauptgesellschaft als Kommanditistin beteiligen, so mußte man herkömmlich an der Vertretungsmacht der Liquidatoren zweifeln; diese Vertretungsmacht ist aber unbeschränkt (§ 149 Anm. 53). Die Beteiligung kann freilich mit dem Liquidationszweck unvereinbar sein (vgl. § 149 Anm. 52f.). Sie ist dann aus der Sicht der aufgelösten Gesellschafter-Gesellschaft unzulässig, bleibt aber aus der Sicht der Hauptgesellschaft, an der sich die aufgelöste Gesellschaft beteiligen will, rechtlich möglich.

Begriff der oHG, Gesellschaft und Gesellschafter

bb) Hiervon zu unterscheiden ist die **Frage, ob die Gesellschafter-Gesellschaft allein** **66** **aufgrund ihrer Beteiligung Handelsgesellschaft ist.** Die herkömmliche Auffassung bejahte dies bei einer Gesellschaft, die oHG-Gesellschafterin oder Komplementärin ist, denn nach ihr sind oHG-Gesellschafter bzw. Komplementäre automatisch Vollkaufleute (vgl. Anm. 12). Insbesondere bei der doppelstöckigen GmbH & Co. KG sieht diese Auffassung keine Bedenken dagegen, eine Komplementär-Personengesellschaft als KG einzutragen. Dem ist nicht zu folgen (vgl. Anm. 17, 39; s. auch § 161 Anm. 103). Nur eine unternehmenstragende Gesellschaft kann oHG oder KG sein (Anm. 29 ff.). Nur eine Personengesellschaft, die auch ein eigenes Unternehmen betreibt, kann deshalb als oHG oder KG Komplementärin sein. Betreibt sie kein eigenes Unternehmen, so kann sie nur als BGB-Gesellschaft beteiligt sein (Anm. 68 ff.).

cc) In das **Handelsregister** wird nach § 106 Abs. 2 die Gesellschafter-Gesellschaft, also **67** die an der oHG beteiligte oHG bzw. KG eingetragen, nicht deren Gesellschafter. Diese sind allein als Gesellschafter der Gesellschafter-Gesellschaft bei dieser eingetragen. Eine Eintragung der Gesellschafter-Gesellschafter als mittelbare Gesellschafter auch der Hauptgesellschaft wäre überflüssig und unrichtig.

c) **Gesellschaft bürgerlichen Rechts: aa)** Die Fähigkeit einer Gesellschaft bürgerlichen **68** Rechts, sich an einer oHG oder KG zu beteiligen, ist umstritten. Herkömmlich wird sie verneint (RGZ 123, 366, 369; BGHZ 46, 291, 296 = NJW 1967, 826; BGH WM 1966, 188, 190; 1986, 1280 = NJW-RR 1987, 416; OLG Zweibrücken OLGZ 1982, 155; Flume Personengesellschaft § 4 IV; Alfred Hueck oHG § 2 I 3 b; Westermann Handbuch I 166; Baumbach-Duden-Hopt Anm. 1 D; Heymann-Emmerich Anm. 46; Staub-Ulmer Anm. 96; Hohner NJW 1975, 718 f.; Felix BB 1987, 1267). Der Große Senat des BFH hat diese Auffassung in seinem Grundsatzbeschluß vom 25. 2. 1991 als „jedenfalls noch" im Gesellschaftsrecht herrschend bezeichnet (DB 1991, 889, 891). *Martens* hat sich in diesem Kommentar der h. M. angeschlossen (§ 161 Anm. 33 a). Dem steht eine Gegenansicht gegenüber (Breuninger S. 62 f.; Brodersen passim; Karsten Schmidt Gesellschaftsrecht § 45 I 2; Soergel-Hadding 11. Aufl. § 718 Anm. 6; Schünemann, Grundprobleme der Gesamthandsgesellschaft, 1975, S. 203; Klamroth BB 1983, 796 ff.; Karsten Schmidt DB 1990, 94 f.). Nach ihr kann auch die Gesellschaft bürgerlichen Rechts Gesellschafterin einer oHG oder KG sein (nur für die Beteiligung als Kommanditistin ebenso Hartmann-Hartmann, in Festschrift Werner, 1984, S. 203). Der Große Senat des BFH hat die Frage zivilrechtlich unentschieden gelassen, aber in seinem Beschluß vom 25. 2. 1991 erkannt, daß jedenfalls mitunternehmerisch tätige BGB-Gesellschaften i. S. von § 15 Abs. 1 EStG Gesellschafter und Mitunternehmer einer Handels-Personengesellschaft sein können. Auch bei BGH NJW-RR 1990, 778, 779 = ZIP 1990, 505, 507 („Bleyle") ist das Grundsatzproblem unentschieden geblieben, womit der BGH sich immerhin schon von seinem früher klar ablehnenden Standpunkt distanziert hat. Entschieden wurde in diesem Fall, daß jedenfalls die Übertragung aller oHG- bzw. KG-Anteile auf eine Gesamthands-BGB-Gesellschaft mit der Folge zulässig ist, daß die bisherige oHG bzw. KG erlischt (vgl. Anm. 24 f.).

bb) Die Frage stellt sich nur bei der **Gesamthands-BGB-Gesellschaft.** Eine Innengesell- **69** schaft (die meisten Gesellschaften bürgerlichen Rechts sind Innengesellschaften) kommt von vornherein nicht als Gesellschafterin einer anderen Gesellschaft in Betracht

Karsten Schmidt

(Anm. 78); weder kann eine solche Gesellschaft als Rechtsträger auftreten, noch ist ein Gesellschaftsvermögen (Gesamthandsvermögen) vorhanden, dem die oHG- bzw. KG-Beteiligung zugehören könnte. Die **Innengesellschaft** scheidet damit als Gesellschafterin einer oHG oder KG eindeutig aus. Über diese Frage wird nicht gestritten. Es geht vielmehr nur um die Beteiligung einer Gesamthands-BGB-Gesellschaft.

70 cc) Die **Argumente der h. M.** sind im wesentlichen die folgenden (Zusammenfassung bei Brodersen S. 10): Die Gesellschaft bürgerlichen Rechts werde als oHG-Gesellschafterin zum Vollkaufmann und könne nicht Gesellschaft bürgerlichen Rechts sein (Alfred Hueck oHG § 2 I 3 b; Westermann Handbuch I 166; weitere Angaben bei Brodersen S. 15); dieses Argument kann beiseitegelassen werden, denn es ist ebenso unrichtig wie die zugrundeliegende Prämisse (vgl. gegen die Kaufmannseigenschaft der Gesellschafter Anm. 13). Die oHG sei eine auf ihre Mitglieder zugeschnittene Arbeits- und Haftungsgemeinschaft (OLG Zweibrücken OLGZ 1982, 155, 156; Alfred Hueck oHG § 2 I 3 a). Die Gesellschaft bürgerlichen Rechts könne nicht nach außen als Einheit auftreten und deshalb auch nicht Gesellschafterin sein (§ 161 Anm. 33 a; OLG Zweibrücken OLGZ 1982, 155, 157; Alfred Hueck oHG § 2 I 3 b). Die Haftung sei bei der Gesellschaft bürgerlichen Rechts beschränkbar, und hiermit sei es nicht zu vereinbaren, wenn diese Gesellschaft als unbeschränkt haftender Gesellschafter fungiere (OLG Zweibrücken OLGZ 1982, 155, 157; Westermann Handbuch I 166). Die Gesellschaft bürgerlichen Rechts könne nicht als solche in das Handelsregister eingetragen werden, so daß es an der erforderlichen Publizität der Rechtsverhältnisse, insbesondere der Vertretungs- und Haftungsverhältnisse, fehle (§ 161 Anm. 33; OLG Zweibrücken OLGZ 1982, 155, 158; Flume Personengesellschaft § 4 IV; Westermann Handbuch I 166; Staub-Ulmer Anm. 96; Reuter JZ 1986, 73). Zwar habe der Bundesgerichtshof in BGHZ 78, 311 = NJW 1981, 682 die Fähigkeit der BGB-Gesellschaft, sich an einer GmbH-Gründung zu beteiligen, anerkannt, aber der Fall sei nicht vergleichbar, weil es im Recht der GmbH an einer Handelsregisterpublizität der Gesellschafter fehle, während diese nach § 106 geboten, im Fall einer BGB-Gesellschaft als Gesellschafterin aber nicht gewährleistet sei (so insbesondere Martens hier bei § 161 Anm. 33 a; ähnlich Staub-Ulmer Anm. 96).

71 dd) **Stellungnahme:** Eine Stellungnahme muß mit der Feststellung beginnen, daß die Rechtslage schwierig, die gesetzliche Situation unklar und die rechtspolitische Situation in jedem Fall unerfreulich ist. Seit BGHZ 78, 311 = NJW 1981, 682 wird die Beteiligung einer Gesamthands-BGB-Gesellschaft an einer GmbH-Gründung zugelassen. Hinzu kommt, daß als ausreichender gemeinsamer Zweck einer Gesamthands-BGB-Gesellschaft das Halten und Verwalten eines bestimmten Gegenstandes – in der Praxis meist eines Grundstücks, aber dementsprechend auch eines Gesellschaftsanteils – anerkannt wird (vgl. BGH NJW 1982, 170; Flume Personengesellschaft § 3 III; Ulmer Gesellschaft bürgerlichen Rechts § 705 Anm. 112; Soergel-Hadding 11. Aufl. § 705 Anm. 35; kritische Bestandsaufnahme bei Karsten Schmidt AcP 182 [1982], 481 ff.). Diese Praxis ist **rechtspolitisch**, wie gerade der Verfasser herausgearbeitet hat, deshalb besonders problematisch, weil es bei der Gesellschaft bürgerlichen Rechts an der Publizität des Subjekts fehlt (Karsten Schmidt, in Gutachten und Vorschläge zur Überarbeitung des Schuldrechts III, 1983, S. 484 ff.; ders. AcP 182 [1982], 481 ff.; ders. BB 1983,

1700). De lege ferenda hat der Verfasser – nicht nur im Hinblick auf die hier anstehenden Rechtsprobleme – vorgeschlagen, das scheinbare Einheitsinstitut der BGB-Gesellschaft auf drei Grundfiguren zu verteilen: die reine Innengesellschaft, die Zweckgemeinschaft mit dinglich gebundenem Miteigentum und für den Unternehmensbereich die als Rechtssubjekt ausgestaltete, dann aber auch zu registrierende, Mitunternehmer-BGB-Gesellschaft (Karsten Schmidt, in Gutachten und Vorschläge zur Überarbeitung des Schuldrechts III, 1983, S. 500; ablehnend Ulmer ZGR 1984, 313 ff.; s. auch Hüffer AcP 184 [1984], 588 ff.); nur der letztgenannte Typus der Gesamthands-BGB-Gesellschaft wäre dann tauglicher oHG-Gesellschafter, unterläge selbst einer Registrierung und könnte auch als oHG-Gesellschafter nach § 106 Abs. 2 Nr. 1 eingetragen werden. Das aber ist nicht geltendes Recht. Für **das geltende Recht** besteht nur die Möglichkeit, die Rechtssubjektivität der Gesamthands-BGB-Gesellschaft zu negieren und ihre Beteiligung als oHG-Gesellschafterin oder Kommanditistin ganz zu verneinen (so die bisher herrschende Ansicht) oder die Beteiligung der Gesellschaft bürgerlichen Rechts anzuerkennen und dafür zu sorgen, daß die rechtspolitischen Unzuträglichkeiten von den Gesellschaftern selbst zu tragen sind, die diese Rechtsform gewählt haben. In dieser Hinsicht hat der Bundesgerichtshof mit der Zulassung der BGB-Gesellschaft als GmbH-Gründerin in BGHZ 78, 311 = NJW 1981, 682 Daten gesetzt, an denen auch die Praxis der Personengesellschaft nicht vorbeigehen kann (a. M. § 161 Anm. 33 a; Staub-Ulmer Anm. 96). *Martens* meint in diesem Kommentar unter § 161 Anm. 33 a, dieses BGH-Urteil sei hier nicht einschlägig, weil ein Gesellschafterwechsel bei der GmbH, anders als bei der Handels-Personengesellschaft nicht publizitätspflichtig sei. Dem ist entgegenzuhalten, daß sich bei der Liste der Gesellschafter im GmbH-Recht ganz ähnliche Probleme stellen wie bei der Eintragung der Personengesellschaftsbeteiligung im Handelsregister (vgl. Karsten Schmidt BB 1983, 1698) und daß die Folgerungen im GmbH-Recht sogar noch gravierender sind als im Recht der Personengesellschaften, weil sich durch die Zulassung der Gesamthands-BGB-Gesellschaft als GmbH-Gesellschafterin die Formvorschriften des § 15 GmbHG aushöhlen lassen (eingehend dazu Karsten Schmidt BB 1983, 1701). Übernimmt man die in BGHZ 78, 311 = NJW 1981, 682 vorgezeichneten Prinzipien, so hat folgendes zu gelten: **Die Gesamthandsgesellschaft bürgerlichen Rechts kann Gesellschafterin einer oHG oder KG sein**, und zwar nicht nur als Kommanditistin (hierfür Hartmann-Hartmann, in Festschrift Werner, 1984, S. 225 f.), sondern auch als oHG-Gesellschafterin bzw. Komplementärin (vgl. die Nachweise bei Anm. 68). Hierfür spricht auch die Tatsache, daß sich eine als Gesellschafterin beteiligte oHG oder KG von heute auf morgen in eine Gesellschaft bürgerlichen Rechts verwandeln kann (Anm. 19). Dann kann auch die h. M. nicht leugnen, daß diese Gesellschaft Gesellschafterin ist. Sie könnte allenfalls einen Auflösungstatbestand annehmen.

ee) In das **Handelsregister** kann als Gesellschafterin nach § 106 Abs. 2 nicht die Gesellschaft eingetragen werden, sondern einzutragen sind ihre Gesellschafter mit dem Zusatz „in Gesellschaft bürgerlichen Rechts" (Soergel-Hadding 11. Aufl. § 718 Anm. 6; Brodersen S. 97). Das ist nicht etwa eine logische Inkonsequenz (Inhaberin des Anteils ist die Gesellschaft bürgerlichen Rechts), sondern die notwendige Konsequenz daraus, daß die BGB-Gesellschaft, obschon Rechtsträgerin, selbst kein taugliches Publizitätssubjekt ist (vgl. auch für Grundbucheintragungen § 47 GBO sowie für die Liste der GmbH-Gesellschafter Karsten Schmidt BB 1983, 1700). Änderungen im Gesellschafterbestand der BGB-Gesellschaft sind nach §§ 107, 143 gleichfalls einzutragen. Denn es müssen stets die gegenwärtigen BGB-Gesellschafter „in Gesellschaft bürgerlichen Rechts" als Gesellschafter der oHG bzw. KG nach § 106 Abs. 2 Nr. 1 HGB eingetragen sein (s. auch Brodersen S. 98 ff.). Wer als Gesellschafter-Gesellschafter zu Unrecht (noch) eingetragen und bekanntgemacht ist, kann nach § 15 haften.

73 ff) **Verfügungen** über den von der BGB-Gesellschaft gehaltenen Anteil können unmittelbar dadurch bewirkt werden, daß die Gesellschaft bürgerlichen Rechts aus der Gesellschaft ausscheidet oder ihre Beteiligung, sofern der Gesellschaftsvertrag dies zuläßt oder die Mitgesellschafter zustimmen, überträgt (vgl. zur Anteilsübertragung Anm. 185 ff.). Über den Anteil kann aber auch mittelbar dadurch verfügt werden, daß die BGB-Gesellschafter ihre Beteiligungen übertragen. Hierfür wird man aber nicht nur die Zustimmung sämtlicher BGB-Gesellschafter zu verlangen haben, sondern auch diese mittelbare Anteilsübertragung muß durch den oHG- bzw. KG-Vertrag bzw. durch die Zustimmung der Mitgesellschafter der oHG bzw. KG gedeckt sein (vgl. sinngemäß die Ausführungen zu § 15 GmbHG in BB 1983, 1702). Wegen der Form vgl. Anm. 190.

74 gg) Die **Vertretungsverhältnisse** sind zweifelhaft, weil im Recht der BGB-Gesellschaft im Zweifel das Prinzip der Gesamtvertretung gilt (§§ 714, 709 BGB). Auch § 125 Abs. 1 klärt diese Frage nicht unmittelbar, denn Gesellschafterin ist die Gesellschaft bürgerlichen Rechts und eingetragen sind als Gesellschafter der oHG nur ihre Gesellschafter „in Gesellschaft bürgerlichen Rechts", so daß das Vertretungsrecht der BGB-Gesellschaft grundsätzlich auch darüber bestimmt, wer diese Gesellschaft und damit mittelbar auch die oHG bzw. KG zu vertreten hat (vgl. Brodersen S. 86 f., 106 f.). Die Beteiligten können dieser Schwierigkeit aus dem Wege gehen, indem sie die BGB-Gesellschaft von der Vertretung der oHG ausschließen (vgl. Klamroth BB 1983, 802). Ist sie die einzige Komplementärin, so ist dieser Ausschluß nicht möglich. Dem Verkehrsschutz ist gedient, wenn man § 125 Abs. 4 analog anwendet: Auch die eingetragenen BGB-Gesellschafter können die oHG je einzeln vertreten, wenn nicht die Gesamtvertretungsmacht im Handelsregister eingetragen ist.

75 hh) Die **Haftung der BGB-Gesellschafter** ist unbeschränkt und nur durch Vereinbarung mit dem individuellen Gläubiger beschränkbar. Nur unter dieser Voraussetzung läßt BGHZ 78, 311 = NJW 1981, 682 eine Beteiligung an einer GmbH zu, und dasselbe muß auch hier gelten. Das heißt: Die Gesellschafter haften der oHG bzw. KG unbeschränkt für Einlageschulden. Handelt es sich um einen oHG- bzw. Komplementäranteil, so haftet für die Verbindlichkeiten der oHG bzw. KG nicht nur die Gesellschaft bürgerlichen Rechts (§ 128), sondern auch jeder ihrer Gesellschafter unbeschränkt. Handelt es sich um einen Kommanditistenanteil, so richtet sich die Haftung der Gesellschaft bürgerlichen Rechts als Kommanditistin nach §§ 171 Abs. 1, 172 Abs. 4, evtl. auch nach § 176. In den Grenzen dieser Kommanditistenhaftung haften neben der Gesellschaft bürgerlichen Rechts auch deren Gesellschafter, ohne diese Haftung auf das Gesellschaftsvermögen beschränken zu können (vgl. zu all dem, weitgehend überein-

Begriff der oHG, Gesellschaft und Gesellschafter 76, 77 **§ 105**

stimmend Brodersen S. 108 ff.). Zu den Vertretungsverhältnissen vgl. Anm. 74. Zur Auflösung der Gesellschaft vgl. § 131 Anm. 23.

d) Ein **nichtrechtsfähiger Verein** kann nach h. M. nicht Gesellschafter einer oHG oder **76** KG sein (vgl. § 161 Anm. 35; Alfred Hueck oHG § 2 I 3 b; Staub-Ulmer Anm. 97; Westermann Handbuch I 167). Die Frage kann etwa bei der Beteiligung eines nicht in das Vereinsregister eingetragenen Interessenverbandes, einer Gewerkschaft oder einer politischen Partei praktisch werden. Die h. M. überzeugt in der Absolutheit, mit der sie bislang vertreten wird, nicht. Der „nichtrechtsfähige" – besser: nicht eingetragene – Verein kann Träger von Rechten und Pflichten sein (vgl. Karsten Schmidt Gesellschaftsrecht § 25 II 1 b; Soergel-Hadding 12. Aufl. § 54 Anm. 16). Nach h. M. ist er zwar keine juristische Person, sondern eine Gesamthand (vgl. Soergel-Hadding 12. Aufl. § 54 Anm. 16; zum Problem vgl. näher Karsten Schmidt Gesellschaftsrecht § 25 II 1). Aber unabhängig von dieser Frage ist der nichtrechtsfähige Verein zur Rechtsträgerschaft fähig. Verliert etwa ein rechtsfähiger Verein die Rechtsfähigkeit und gehört zum Vereinsvermögen eine oHG- oder KG-Beteiligung, so ist der nichtrechtsfähige Verein Gesellschafter. Eine andere Frage ist, ob der nichtrechtsfähige Verein selbst nach § 106 Abs. 2 Nr. 1 als Gesellschafter in das Handelsregister eingetragen werden kann. Dies ist zu verneinen (vgl. sinngemäß die Ausführungen zur Grundbuchfähigkeit bei Karsten Schmidt NJW 1984, 2249 ff.; s. demgegenüber aber auch Jung NJW 1986, 157 ff.). Die Gründe sind dieselben wie bei der Gesellschaft bürgerlichen Rechts (dazu Anm. 72). Allenfalls bei nichtrechtsfähigen Vereinen, deren aktive Parteifähigkeit anerkannt ist (Gewerkschaften und politische Parteien nach § 3 S. 1 ParteiG), scheint deren Handelsregisterfähigkeit vertretbar. Entgegen *Martens* (§ 161 Anm. 35 in diesem Kommentar) und *Staub-Ulmer* (§ 105 Anm. 97) ist dies aber kein Grund, die Beteiligung des nichtrechtsfähigen Vereins für unzulässig zu erklären. Mangels Registerfähigkeit des Vereins kann den Eintragungspflichten (§§ 106 Abs. 2, 143) Rechnung getragen werden, indem der Verein mit sämtlichen Mitgliedern eingetragen wird (vgl. sinngemäß Anm. 72). Auch jeder Mitgliederwechsel im Verein zwingt deshalb zur Änderung der Eintragung im Handelsregister, und diese ist durch Registerzwang (§§ 14, 107, 143 HGB, 132 ff. FGG) erzwingbar. Die Aufnahme eines nichtrechtsfähigen Vereins in die oHG oder KG ist aus diesem Grunde unzweckmäßig. Hinzu kommt, daß man in Anlehnung an die Rechtslage bei der BGB-Gesellschaft wohl auch hier verlangen muß, daß alle Mitglieder persönlich für die Verbindlichkeiten des Vereins als Gesellschafter haften (vgl. Anm. 71, 75). Wollen die Beteiligten die hiermit verbundenen Lasten nicht tragen, so werden sie statt des Vereins einen Treuhänder zum Gesellschafter machen (insofern wie hier Staub-Ulmer Anm. 97).

e) Auch die **Partenreederei** (§§ 489 ff.) und die **Europäische Wirtschaftliche Interessen-** **77** **vereinigung** (EWG-VO Nr. 2137/85 v. 25. 7. 1985, ABl. Nr. L 199 v. 31. 7. 1985; EWIV-Ausführungsgesetz v. 14. 4. 1988, BGBl. I S. 514) könnten ihrer Rechtsstruktur nach Gesellschafterinnen sein. Sie sind als Gesamthandsgemeinschaften fähig, Trägerinnen von Rechten und Pflichten zu sein (str.; vgl. m. Nachw. Karsten Schmidt Gesellschaftsrecht § 64 und § 65). Die Partenreederei wird nicht mehr als eine bloße Bruchteilsgemeinschaft an einem Schiff angesehen (grundlegend Ruhwedel, Die Partenreederei, 1973, S. 124, 135, 334). Die EWIV ist nach Art. 1 der EWG-VO und nach § 1

EWIV-Ausführungsgesetz i.V.m. § 124 HGB tauglicher Träger von Rechten und Pflichten. Eine andere Frage ist, ob das Seehandelsrecht und das Recht der EWIV das Halten von Anteilen gestattet (vgl. sinngemäß Anm. 53 a.E.). Die Partenreederei beschränkt sich auf den Betrieb eines gemeinschaftlichen Schiffs (§ 489 HGB), und die EWIV darf nach Art. 3 Abs. 2 der EWG-VO keine Anteile an Mitgliedsunternehmen halten.

78 f) Eine **Erbengemeinschaft** kann Gesellschafterin einer oHG oder KG sein (Börner AcP 166 [1966], 426, 453; Kruse, in Festschrift Laufke, 1971, S. 189; Buchwald AcP 154 [1954], 26 Fn. 10; a.A. die h.M.; vgl. Staub-Ulmer Anm. 98 m.w. Nachw.). Soweit sich entgegengesetzte Stellungnahmen finden, ist i.d.R. folgendes gemeint: Die Erbengemeinschaft ist **nicht tauglicher Gesellschafter einer werbend tätigen Personengesellschaft** (vgl. § 139 Anm. 18; RGZ 16, 40, 56; BGHZ 22, 186, 192 ff.; 46, 291, 292 f.; 55, 267, 269; 68, 225, 237; BGH BB 1987, 809; KG JW 1935, 1794; Staub-Ulmer Anm. 98; Heymann-Emmerich § 139 Anm. 12). Dem steht nach h.M. die Haftungs- und Organisationsverfassung der Erbengemeinschaft entgegen. Die Folge ist, daß entweder die Mitgliedschaft einer Erbengemeinschaft vermieden oder die oHG als aufgelöst angesehen werden muß. Damit scheidet die Erbengemeinschaft zwar nicht als Gesellschafterin, wohl aber als Gründerin einer oHG bzw. KG aus. Von zwingender Überzeugungskraft ist diese h.M. allerdings nur für Komplementäranteile bzw. oHG-Anteile, nicht ohne weiteres für Kommanditanteile (vgl. denn auch Börner AcP 166 [1966], 426, 453; Kruse, in Festschrift Laufke, 1971, S. 184 ff.). Aber sie entspricht der z.Z. unangefochtenen Praxis und Doktrin. Das bedeutet: Wird ein Kommanditist von mehreren Erben beerbt, so fällt die Mitgliedschaft jedem einzelnen Miterben geteilt an (§ 177 Anm. 13); wird ein oHG-Gesellschafter oder Komplementär von mehreren Miterben beerbt und enthält der Gesellschaftsvertrag eine einfache Nachfolgeklausel, so fällt die Mitgliedschaft wiederum jedem einzelnen Miterben geteilt an (§ 139 Anm. 18). Verstirbt ein oHG-Gesellschafter oder Komplementär und enthält der Gesellschaftsvertrag weder eine Nachfolgeklausel (dazu § 139 Anm. 16 ff.) noch eine Fortsetzungsklausel (dazu § 138 Anm. 5), so ist die Gesellschaft nach § 131 Nr. 4 aufgelöst (§ 131 Anm. 23 ff.); hinterläßt der verstorbene Gesellschafter in einem solchen Fall mehrere Miterben, so ist die Erbengemeinschaft Gesellschafterin der Liquidationsgesellschaft (§ 131 Anm. 25). Eine Fortsetzung der aufgelösten Gesellschaft ist dann allerdings nur möglich, wenn auch die Erbengemeinschaft hinsichtlich des ererbten Anteils auseinandergesetzt und dieser Anteil auf einen Erben oder auf einen Dritten übertragen oder geteilt und auf die einzelnen Miterben übertragen wird (vgl. § 131 Anm. 27).

5. Untaugliche Gesellschafter

79 a) **Reine Innengesellschaften**, insbesondere die stille Gesellschaft (vgl. § 335 a.F. = § 230 n.F. Anm. 8) und die bürgerlichrechtliche Innengesellschaft, können nicht Gesellschafterinnen sein; diese Gesellschaften sind nicht Rechtsträger. Möglich ist zwar, daß eine Innengesellschaft mit der oHG oder KG dergestalt verbunden wird, daß ein Treuhand-Gesellschafter den Anteil für eine Vielzahl von Treugeber-Gesellschaftern verwaltet, die untereinander zu einer Innengesellschaft verbunden sind (vgl. vor § 335 a.F. = § 230 n.F. Anm. 38; § 335 a.F. = § 230 n.F. Anm. 196, 201). Gesellschafter der oHG ist dann aber nicht die Innengesellschaft, sondern nur der Treuhand-Gesellschafter.

b) Die **Gütergemeinschaft** ist zwar vom Gesetzgeber als Gesamthand konzipiert (vgl. Mugdan IV S. 801 f.), aber das Gesamtgut ist nur ein Sondervermögen der Gesellschafter (Gernhuber, Familienrecht, 3. Aufl., § 38 II 3; Staudinger-Thiele § 1416 Anm. 3). Die Gütergemeinschaft kann deshalb nicht als solche Gesellschafterin einer oHG oder KG sein (§ 161 Anm. 39; BayObLG DB 1981, 519, 520; Alfred Hueck oHG § 2 I 3 d; Staub-Ulmer Anm. 100). Auf eine Beteiligung der Eheleute in Gütergemeinschaft läuft es freilich hinaus, wenn man die Mitgliedschaft an einer oHG oder KG als zum Gesamtgut gehörig ansieht. Das wurde hier in der 4. Aufl. von *Geßler* (Anm. 55 d) vertreten und wird bis heute verschiedentlich bejaht (vgl. BFH BB 1969, 571, 572 für „eine aus Eheleuten bestehende oHG"; Gernhuber Familienrecht 3. Aufl. § 38 II 6; Tiedtke FamRZ 1975, 675 ff. für den Fall, daß ausschließlich die Eheleute Gesellschafter sind; s. für den übertragbaren Personengesellschaftsanteil auch BayObLG DB 1981, 519, 520). Das Problem wird vielfach in der Übertragbarkeit der Personengesellschaftsanteile gesehen. Nach § 1417 Abs. 2 BGB gehören Gegenstände, die nicht durch Rechtsgeschäft übertragen werden können, zum Sondergut. Das soll nach traditioneller Auffassung auch für Personengesellschaftsanteile gelten. Nun können nach heutiger Auffassung Personengesellschaftsanteile nicht mehr als unübertragbar angesehen werden (Anm. 186), aber sie galten doch noch als unübertragbar, als § 1417 Abs. 2 BGB konzipiert wurde (§ 1351 BGB-E I, § 1339 BGB-E II, § 1439 BGB i. d. F. von 1897). Es ist deshalb zweifelhaft, ob nicht Personengesellschaftsanteile generell oder jedenfalls dann weiterhin dem Sondergut zugeordnet bleiben sollten, wenn nicht ihre freie Veräußerlichkeit im Gesellschaftsvertrag zugelassen ist. Auch strukturelle Argumente sprechen gegen die Zulassung der hierfür nicht hinreichend organisierten Gütergemeinschaft als Gesellschafterin. Nach BGHZ 65, 79 = NJW 1975, 1774 müssen in Gütergemeinschaft lebende Ehegatten, wenn sie einen Personengesellschaftsvertrag eingehen wollen, durch notariell abzuschließenden Ehevertrag Vorbehaltsgut bilden. Das ist zweifelhaft (vgl. Anm. 134).

c) Die **Bruchteilsgemeinschaft** als schlichte Rechtsgemeinschaft (§§ 741 ff. BGB) ist kein Rechtssubjekt (Karsten Schmidt in MünchKomm BGB § 741 Anm. 2). Denkbar wäre deshalb nur, daß mehrere Gemeinschafter als Bruchteilsberechtigte Inhaber eines oHG- bzw. KG-Anteils wären, wie dies bei Aktien (vgl. § 69 AktG) oder bei GmbH-Geschäftsanteilen (§ 18 GmbHG) möglich ist. Aber die Innehabung eines Anteils durch mehrere Bruchteilsberechtigte wird bisher als ausgeschlossen betrachtet, denn die Mitgliedschaft bei der Personengesellschaft wird zwar als real, nicht aber als ideell teilbar angesehen (so im Ergebnis Flume Personengesellschaft § 7 III 3; Karsten Schmidt in MünchKomm BGB § 741 Anm. 14; aber zweifelhaft; anders jetzt Ropeter, Die Beteiligung als Bruchteilsgemeinschaft, 1980, S. 66 ff., insbes. S. 85 ff. für den Fall einer übertragbaren Mitgliedschaft).

IV. Die Entstehung der Gesellschaft durch Gründung, Umwandlung, Verschmelzung oder Spaltung

1. Gründungsgeschäft

82 Die oHG bzw. KG **entsteht** nach dem gesetzlichen Regelbild durch Abschluß eines Gesellschaftsvertrages (zu diesem vgl. Anm. 96 ff.). Zur Frage, wann die Gesellschaft als Gesamthand zum Entstehen kommt und von wann an sie Handelsgesellschaft, also oHG bzw. KG ist, ist auf § 123 Anm. 3 ff. zu verweisen. Das bedeutet:

83 a) Mit **Abschluß** des oHG- bzw. KG-Vertrags bzw. mit dem späteren Wirksamwerden des Vertrags (bei entsprechender Vereinbarung oder bei Genehmigungsbedürftigkeit) entsteht die Gesellschaft (§ 123 Anm. 2 f.). Rückwirkend kann die Gesellschaft nicht zur Entstehung gebracht werden. Eine **rückwirkende Vereinbarung** hat nur schuldrechtliche Wirkung (§ 123 Anm. 2).

84 b) Mit dem **Entstehen der Gesellschaft** kann diese Trägerin des Gesellschaftsvermögens und Empfängerin von Leistungen sein. Es können deshalb insbesondere die vereinbarten Einlagen in das Gesellschaftsvermögen geleistet werden. Darauf, ob die „Wirksamkeit der offenen Handelsgesellschaft" i. S. von § 123 bereits eingetreten ist, kommt es nicht an, weil die Gesellschaft auch dann bereits als gesamthänderischer Rechtsträger vorhanden ist, wenn sie noch Gesellschaft bürgerlichen Rechts ist (vgl. auch § 123 Anm. 4).

85 c) Die h. M. unterscheidet die Entstehung der oHG (KG) im **Außenverhältnis** und im **Innenverhältnis** (vgl. ausführlich noch Geßler hier in der 4. Aufl. Anm. 12; heute z.B. Baumbach-Duden-Hopt § 123 Anm. 5; Staub-Ulmer Anm. 47). Der Grund wird in § 123 gesehen, der von der „Wirksamkeit" der oHG „im Verhältnisse zu Dritten" spricht. Eben dieser Gesetzeswortlaut ist aber irreführend (vgl. § 123 Anm. 1). Es sind drei Fragen zu unterscheiden: Wann entstehen aus dem Gesellschaftsvertrag Rechte und Pflichten der Gesellschafter? Wann entsteht die Gesamthand als Rechtsträgerin? Wann ist diese Gesamthand Gesellschaft bürgerlichen Rechts und wann oHG bzw. KG? Nur mit der dritten Frage befaßt sich § 123 (näher § 123 Anm. 4). Diese Frage bezieht sich aber nicht auf die Wirksamkeit des Vertrages und auch nicht auf die Entstehung der Gesellschaft. Hierauf beziehen sich nur die ersten beiden Fragen. Für sie gilt: Es ist den Parteien überlassen, ob der Gesellschaftsvertrag schon vor dem Entstehen der Gesellschaft schuldrechtliche Verpflichtungen begründen soll. Regelmäßig wird der Gesellschaftsvertrag im Außen- und Innenverhältnis gleichzeitig wirksam.

86 d) Die Entstehung der oHG bzw. KG kann **befristet oder aufschiebend bedingt** vereinbart sein (vgl. RG JW 1936, 2065; BGH WM 1979, 613; NJW 1985, 1080 [zum Beitritt zu einer Publikumsgesellschaft]; Baumbach-Duden-Hopt § 161 Anm. 3 A; Heymann-Emmerich § 123 Anm. 4; Staub-Ulmer Anm. 164). Dann entsteht bis zum Eintritt des Anfangstermins oder der Bedingung die oHG noch nicht. Verträge, die ein Gesellschafter vorher im eigenen Namen schließt, berechtigen und verpflichten nur ihn und begründen nur im Innenverhältnis Ansprüche zwischen ihm und seinen Mitgesellschaftern bzw. nach deren Entstehung auch im Verhältnis zur Gesellschaft. Dieses

Innenverhältnis kann sich aus Auftrag, Geschäftsführung ohne Auftrag oder aus einem Vorgründungsvertrag unter den Gesellschaftern ergeben (aus dem evtl. auch die künftige Gesellschaft nach § 328 BGB als Dritte berechtigt sein kann). Treten die Gesellschafter allerdings schon im Außenverhältnis als oHG oder KG auf, so kann dies zu einem vorzeitigen Entstehen der Gesellschaft kraft Rechtsformzwangs führen (vgl. dazu Anm. 9, 32, 110 sowie § 123 Anm. 3). Fehlt es am Tatbestand der gewollten Mitunternehmerschaft (Anm. 32), so kann eine Haftung kraft Rechtsscheins eingreifen (Anm. 46).

2. Entstehung durch Umwandlung

a) Durch **formwechselnde Umwandlung** kann eine KG zu einer oHG oder eine oHG zu einer KG oder eine oHG bzw. KG zur Gesellschaft bürgerlichen Rechts oder eine Gesellschaft bürgerlichen Rechts zu einer oHG bzw. KG werden. In diesem Fall ändert die Gesellschaft nicht ihre Identität. Weder eine Einzelübertragung von Vermögensgegenständen noch eine Gesamtrechtsnachfolge ist erforderlich. Die Gesellschaft bleibt Trägerin ihrer Aktiven und Passiven. Grundbucheintragungen brauchen nur korrigiert zu werden, ebenso das Rubrum in einem Prozeß. **87**

aa) Eine **KG wird zur oHG,** wenn die Gesellschafter dies vereinbaren; dann werden Komplementäre und Kommanditisten zu oHG-Gesellschaftern. Sie wird außerdem zur oHG, wenn alle Kommanditisten fortfallen und mindestens zwei persönlich haftende Gesellschafter bleiben; diese werden automatisch zu oHG-Gesellschaftern. Durch Fortfall des einzigen persönlich haftenden Gesellschafters wird eine KG nicht ohne weiteres zur oHG (mißverständlich Staub-Ulmer Anm. 52); die Gesellschaft besteht in diesem Fall zunächst als aufgelöste KG fort, kann aber durch Nicht-Betreiben der Liquidation zu einer oHG werden (§ 131 Anm. 43). **88**

bb) Eine **oHG wird zur Kommanditgesellschaft,** wenn Kommanditisten aufgenommen werden oder wenn ein Teil der Gesellschafter durch Vertragsänderung in die Kommanditistenstellung zurücktritt. **89**

cc) Ein **Formwechsel zwischen oHG bzw. KG und Gesellschaft bürgerlichen Rechts** findet in folgenden Fällen statt: Wächst das Unternehmen einer Gesellschaft bürgerlichen Rechts in vollkaufmännische Höhe (§§ 1, 4) oder wird die Gesellschaft in das Handelsregister eingetragen (§§ 2, 3, 5), so wird die Gesellschaft zur Handelsgesellschaft, also zur oHG bzw. KG (vgl. § 123 Anm. 4). Eine Betriebsaufspaltung kann dadurch rückgängig gemacht werden, daß die Besitzgesellschaft auf die Betriebsgesellschaft oder umgekehrt die Betriebsgesellschaft auf die Besitzgesellschaft verschmolzen wird (vgl. Anm. 93; im zweiten Fall wird die Besitzgesellschaft – bisher eine Gesellschaft bürgerlichen Rechts (Anm. 39) – zur oHG bzw. KG (BGH NJW-RR 1990, 798, 799 = ZIP 1990, 505, 506 „Bleyle"). Wird die Gesellschaft im Handelsregister gelöscht (vgl. § 5) bzw. verliert das Unternehmen einer nichteingetragenen oHG bzw. KG den vollkaufmännischen Status (vgl. § 4 Abs. 2), so wird sie ohne weiteres zur Gesellschaft bürgerlichen Rechts (vgl. § 131 Anm. 52). Auch durch Vertragsänderung (Zweckänderung) kann die Gesellschaft zur Gesellschaft bürgerlichen Rechts werden. So, wenn der Zweck der Unternehmensträgerschaft aufgegeben, die Gesellschaft insbesondere in eine Besitzgesellschaft umgewandelt wird (str.; vgl. Anm. 39). **90**

91 b) Die **übertragende Umwandlung** einer Kapitalgesellschaft (AG, KGaA, GmbH, bergrechtliche Gewerkschaft) unter gleichzeitiger Errichtung einer oHG bzw. KG ist in §§ 16–20, 23–25 UmwG geregelt. Hier entsteht die oHG mit der Eintragung des Umwandlungsbeschlusses (§ 18 Abs. 2 UmwG; für nicht eingetragene bergrechtliche Gewerkschaften vgl. § 29 UmwG). Zugleich erlischt die Kapitalgesellschaft, und ihr Vermögen geht auf die oHG bzw. KG im Wege der Gesamtrechtsnachfolge über (§§ 16 Satz 2, 19 Abs. 3, 24, 25 i. V. m. § 5 UmwG).

3. Verschmelzung, Spaltung

92 Verschmelzung und Spaltung der oHG bzw. KG sind **bisher im Gesetz nicht geregelt** (anders de lege ferenda der Diskussionsentwurf eines Gesetzes zur Bereinigung des Umwandlungsrechts, 1988, §§ 37 ff., 152 ff.).

93 a) Die **Verschmelzung** kann durch Gesamtrechtsnachfolge erreicht werden: Die übernehmende Personengesellschaft tritt der zu übernehmenden Personengesellschaft als Gesellschafterin bei, worauf diese durch Wegfall aller Mitgesellschafter zum Erlöschen gebracht wird (dazu § 131 Anm. 34, 46; § 145 Anm. 34); entweder treten sämtliche Mitgesellschafter aus der zu übernehmenden Gesellschaft aus, oder sie übertragen ihre sämtlichen Anteile an der zu übernehmenden Personengesellschaft auf die übernehmende Personengesellschaft (Staub-Ulmer Anm. 53; Barz, in Festschrift Ballerstedt, 1975, S. 143 ff.). Insbesondere kann eine Betriebsaufspaltung auf diese Weise rückgängig gemacht werden (vgl. Anm. 90).

94 b) Die **Spaltung** geschieht entweder durch Liquidation und Übertragung des Gesellschaftsvermögens auf zwei oder mehrere neue Gesellschaften oder durch „Abspaltung" unter Erhaltung der „Ursprungsgesellschaft" (dazu eingehend Duvinage, Die Spaltung von Personengesellschaften, 1984; Teichmann ZGR 1978, 36 ff.; Fellmeth BB 1983, 1387 ff.; Schulze-Osterloh ZHR 149 [1985], 614 ff.). Die Spaltung wirft Probleme des Gläubigerschutzes, insbesondere der Anwendung des § 25 auf (dazu Karsten Schmidt Gesellschaftsrecht § 13 III 3 c). Nach dem Diskussionsentwurf eines Gesetzes zur Reform des Umwandlungsrechts von 1989 soll die Spaltung im Wege der Gesamtrechtsnachfolge zugelassen werden (§§ 138 ff., 167 ff. des Entwurfs).

95 c) Eine **Erbengemeinschaft** kann nach geltendem Recht nicht in eine oHG oder KG umgewandelt werden. Die Frage wird nur bei der Erbengemeinschaft nach einem Einzelunternehmer praktisch. Ein Teil des Schrifttums befürwortet hier eine automatische Umwandlung der Erbengemeinschaft in eine oHG mit Ablauf der Dreimonatsfrist des § 27 Abs. 2 (Sobich, Erbengemeinschaft und Handelsgeschäft, Diss. Kiel 1974, S. 78 ff.; Rob. Fischer ZHR 144 [1980], 12 ff.; Lion LZ 1925, 847; ders. JW 1925, 2105; Legers JW 1926, 552). Dem ist nicht zuzustimmen. Eine Erbengemeinschaft kann nicht identitätswahrend als oHG fortbestehen. Es bedarf vielmehr der Neugründung einer oHG und der Einbringung des Unternehmens in diese Gesellschaft (Staub-Ulmer Anm. 55 ff.; Karsten Schmidt NJW 1985, 2788 m. w. Nachw.). Solange es hieran fehlt, ist die Erbengemeinschaft Trägerin des ererbten Unternehmens (Karsten Schmidt Handelsrecht § 5 I 3 b). Die unternehmenstragende Erbengemeinschaft unterliegt hinsichtlich der Vertretungs- und Haftungsverhältnisse weitgehend den analog anzuwendenden Regelungen des oHG-Rechts, insbesondere den §§ 125 und 128 (Staub-Ulmer Anm. 55, 58; Einzelheiten bei Manfred Wolf AcP 181 [1981], 495 ff.; Karsten Schmidt NJW 1985, 2788). Die unbeschränkte Haftung beginnt analog § 27 Abs. 2 mit dem Ablauf der Dreimonatsfrist (Karsten Schmidt NJW 1985, 2791). Sie führt zu umstrittenen Problemen des Minderjährigenschutzes (BVerfGE 72, 155 = NJW 1986, 1859; BGHZ 92, 259 = NJW 1985, 136 m. Anm. Karsten Schmidt = JZ 1985, 244 m. Anm. John; Damrau NJW 1985, 2236; Karsten Schmidt NJW 1985, 2785; BB 1986, 1238; Strothmann ZIP 1985, 969; Stahl S. 98 ff.). Im Hinblick auf die Haftungsrisiken sind die Miterben einander verpflichtet, an der Gründung einer Gesellschaft, z.B. einer KG, mitzuwirken (Karsten Schmidt NJW 1985, 2792). Diese Verpflichtung kann durch eine Gesellschaftsgründungsklausel im Testament präzisiert werden (dazu Strothmann, Die letztwillige Gesellschaftsgründungsklausel, 1983, S. 20 f.). Die Fortsetzung des Unternehmens durch die Miterbengemeinschaft über den Zeitraum von drei Monaten hinaus setzt im Hinblick auf die Haftungsfolgen einen einstimmigen Fortsetzungsbeschluß der Miterben voraus (Staub-Ulmer Anm. 56; Alfred Hueck ZHR 108 [1941], 24; Rob. Fischer ZHR 144 [1980], 10 ff.; John JZ 1985, 246). Doch ist dieser Beschluß nur für die Zulässigkeit der Fortsetzung im Innenverhältnis von Bedeutung, nicht für den Tatbestand und die Haftungsfolgen der unternehmenstragenden Erbengemeinschaft (Karsten Schmidt NJW 1985, 2791; zust. Staub-Ulmer Anm. 56). Solange das Unternehmen nicht eingestellt oder in eine Gesellschaft eingebracht oder sonst veräußert ist, bleibt es bei dem Tatbestand der unternehmenstragenden Erbengemeinschaft.

V. Der Gesellschaftsvertrag

Schrifttum: *Biddermann,* Der minderjährige Gesellschafter, 1965; *Flume,* Die Problematik der Zustimmungspflicht des Gesellschafters einer Personengesellschaft zu Änderungsbeschlüssen und zur Änderung des Gesellschaftsvertrags, in: Festschrift Rittner, 1991, S. 119; *Hey,* Ergänzende Vertragsauslegung und Geschäftsgrundlagenstörung im Gesellschaftsrecht, 1990; *Kanzleiter,* Zur richterlichen Inhaltskontrolle von Gesellschaftsverträgen, in: Festschrift 125 Jahre Bayerisches Notariat, 1987, S. 231; *Knopp,* Über die Genehmigungsbedürftigkeit von Änderungen eines Gesellschaftsvertrags bei Beteiligung von Minderjährigen oder Mündeln, BB 1962, 939; *Kollhosser,* Zustimmungspflicht zur Abänderung von Gesellschaftsverträgen bei Personengesellschaften? in: Festschrift H. Westermann, 1974, S. 275; *ders.,* Nochmals: Zustimmungspflicht zur Abänderung von Gesellschaftsverträgen bei Personengesellschaften (Rechtsprechungsübersicht)? in: Festschrift Bärmann, 1975, S. 533; *Morck,* Die vertragliche Gestaltung der Beteiligung an Personen-Handelsgesellschaften, 1980; *Papst,* Die Mitwirkungspflicht bei der Abänderung der Grundlagen von Personengesellschaften, 1976; *Rogier,* Die Auslegung von Gesellschaftsverträgen und Satzungen privatrechtlicher Personenverbände, Diss. Köln 1981; *Karsten Schmidt,* Grenzen des Minderjährigenschutzes im Handels- und Gesellschaftsrecht, JuS 1990, 517; *ders.,* Die Schenkung von Personengesellschaftsanteilen durch Einbuchung, BB 1990, 1992; *Uwe H. Schneider,* Die Inhaltskontrolle von Gesellschaftsverträgen, ZGR 1978, 1; *Stahl,* Minderjährigenschutz im Gesellschaftsrecht und vormundschaftsgerichtliche Genehmigung, 1988; *H. P. Westermann,* Die Geltungserhaltende Reduktion im Gesellschaftsrecht, in: Festschrift Stimpel, 1985, S. 69; *Wiedemann,* Die Auslegung von Satzungen und Gesellschaftsverträgen, DNotZ Sonderheft 1977; *ders.,* Der Gesellschaftsvertrag der Personengesellschaften, WM-Beilage 8/1990; *Winkler,* Die Genehmigung des Vormundschaftsgerichts zu gesellschaftsrechtlichen Akten bei Beteiligung Minderjähriger, ZGR 1973, 177; *Zöllner,* Die Anpassung von Personengesellschaftsverträgen an veränderte Umstände, 1979.

1. Rechtsnatur und anwendbare Vorschriften

96 a) Der Abschluß eines Gesellschaftsvertrags durch mindestens zwei Gesellschafter (vgl. Anm. 24) ist **unverzichtbare Voraussetzung** für das Entstehen der Gesellschaft (vgl. auch Anm. 27 ff.). Selbst eine fehlerhafte Gesellschaft setzt einen Vertragsschluß voraus (Anm. 207 ff.; zum Tatbestand der Scheingesellschaft vgl. Anm. 228 ff.). Der Gesellschaftsvertrag ist ein **privatrechtlicher Vertrag**. Für seine Wirksamkeit gelten grundsätzlich die allgemeinen Vorschriften des BGB (vgl. insbes. zur Stellvertretung Anm. 111; zur Form Anm. 113 ff.; zur vormundschaftsgerichtlichen Genehmigung Anm. 127 ff.). Der Gesellschaftsvertrag legt nicht nur die Rechte und Pflichten der Beteiligten fest, sondern er ist zugleich und vor allem ein **verbandskonstituierender Akt**. Seiner Rechtsnatur nach ist der Gesellschaftsvertrag zugleich **Schuldvertrag** und **Organisationsvertrag** (vgl. Staub-Ulmer Anm. 139 ff.; Würdinger, Gesellschaften, 1937, Bd. I § 8 II 3; Flume Personengesellschaft § 1 II). Der Gesellschaftsvertrag ist, weil Organisationsvertrag, **kein gegenseitiger Vertrag** i. S. von §§ 320 ff. BGB (vgl. BGH LM Nr. 11; Soergel-Hadding 11. Aufl. § 705 Anm. 44). Hierauf beruht die umstrittene Frage, inwieweit die §§ 320 ff. BGB auf Leistungsstörungen im Gesellschaftsverhältnis angewandt werden können (dazu Anm. 158 ff.).

97 b) Der Gesellschaftsvertrag ist **kein Handelsgeschäft** (vgl. nur Baumbach-Duden-Hopt Anm. 2 I; Heymann-Horn § 343 Anm. 4; ebenso Wagner, Die Kaufmannseigenschaft des oHG-Gesellschafters, Diss. Köln 1969, S. 50 f.; Landwehr JZ 1967, 204 f.; Karsten Schmidt DB 1991, 904). Eine früher verbreitete Auffassung sah den Gesellschaftsvertrag als Handelsgeschäft an, weil schon der Abschluß des Gesellschaftsvertrags Vorbereitungsgeschäft im Rahmen des Handelsgewerbes sei (Kurz, Die Kaufmannseigenschaft des Gesellschafters einer offenen Handelsgesellschaft, Diss. Münster 1965, S. 114 ff., insbes. S. 129; Alfred Hueck oHG § 3 III Fn. 9; Fischer in Großkomm Anm. 60 a; Ritter § 343 Anm. 6 b). Diese Auffassung setzt voraus, daß die Gesellschafter ihrerseits als Träger eines gemeinschaftlichen Handelsgewerbes Kaufleute werden. Wie bei Anm. 13 gesagt, trifft diese Prämisse nicht zu. Die Gesellschafter einer Handels-Personengesellschaft sind in dieser Eigenschaft keine Kaufleute. Heute herrscht die Auffassung vor, der Gesellschaftsvertrag sei dann und nur dann ein Handelsgeschäft, wenn die Vertragsschließenden bereits unabhängig von ihrer Gesellschaftereigenschaft Kaufleute sind wobei teilweise klärend hinzugesetzt wird, daß der Abschluß des Gesellschaftsvertrags nach § 343 zu ihrem Handelsgewerbe gehören muß (§ 343 Anm. 18; Baumbach-Duden-Hopt Anm. 2 I; Düringer-Hachenburg-Flechtheim Anm. 13; Weipert in HGB-RGRK Anm. 82; Staub-Ulmer Anm. 144; Staub-Gadow 14 Aufl. § 343 Anm. 24; Ehrenberg in Ehrenbergs Hdb. II S. 144 Fn. 8; Zöllner DB 1964, 798; Lieb DB 1967, 762 [mit Fn. 42]; vgl. auch BGHZ 45, 282, 284 f.). Dieser Auffassung ist ebensowenig zu folgen wie der älteren, den Tatbestand eines Handelsgeschäfts grundsätzlich bejahenden Auffassung. Sie geht an der Frage vorbei, ob ein oHG-Vertrag oder ein KG-Vertrag überhaupt Handelsgeschäft sein kann. Das ist zu verneinen (vgl. Karsten Schmidt DB 1989, 2315 f.). Der Gesellschaftsvertrag einer oHG oder KG ist ein Organisationsvertrag. Handelsgeschäfte i. S. von §§ 343 ff. sind aber nur solche Geschäfte, die zum Außenprivatrecht der Unternehmen gehören (in diesem Sinne schon

Landwehr JZ 1967, 204; Wagner, Die Kaufmannseigenschaft des oHG-Gesellschafters, Diss. Köln 1969, S. 50; teilweise auch schon Zöllner, DB 1964, 797; Lieb DB 1967, 762).

c) Der **Gesellschaftsvertrag** wird herkömmlich von der **Satzung** einer Körperschaft, insbesondere eines Vereins, einer AG, einer Genossenschaft unterschieden (vgl. BGHZ 20, 370, 374; BGH WM 1961, 303, 304; näher Karsten Schmidt Gesellschaftsrecht § 5 I 1 b). Diese hergebrachte Auffassung dürfte auf die insbesondere von *Otto von Gierke* herausgearbeitete Normtheorie zurückzuführen sein, derzufolge Satzungen normativen Charakter haben und von den Gesellschaftsverträgen streng zu unterscheiden sind (vgl. heute besonders Meyer-Cording, Die Rechtsnormen, 1971, S. 83 f., 90 ff.; gegen die Normtheorie Soergel-Hadding § 25 Anm. 16). Diese Gegenüberstellung ist ohne praktischen Wert. Abgesehen von der terminologischen Schwierigkeit, die darin begründet liegt, daß das Gesetz auch die GmbH-Satzung als Gesellschaftsvertrag bezeichnet, muß festgehalten werden, daß auch Personengesellschaftsverträgen, soweit es nicht um rein schuldrechtliche Innengesellschaften geht, die normative Wirkung für und gegen jeden gegenwärtigen und künftigen Gesellschafter eigentümlich ist (vgl. ausführlicher über Gesellschaftsvertrag und Satzung Karsten Schmidt Gesellschaftsrecht § 5 I 1 c). Mit *Reuter* (Privatrechtliche Schranken der Perpetuierung von Unternehmen, 1973, S. 62) kann man zwar bei den Personengesellschaften zwischen dem Typus der individualistischen „Vertragsgesellschaft" und der korporativen „Satzungsgesellschaft" unterscheiden (vgl. dazu Karsten Schmidt Gesellschaftsrecht § 5 I 2 d), jedoch ist zu bedenken, daß bei keiner Gesellschaft die Anteilsübertragung prinzipiell ausgeschlossen ist, denn Personengesellschaftsanteile sind ebenso übertragbar wie vinkulierte GmbH-Geschäftsanteile (vgl. Anm. 186). Deshalb kommt jedem Gesellschaftsvertrag bei den Handelspersonengesellschaften die einer Satzung zugeschriebene, in den Augen der Normtheorie „normative", Wirkung zu (s. auch Karsten Schmidt JZ 1989, 1081 f.). Der Vertrag wirkt für und gegen jedes Mitglied. Eintretende Gesellschafter und Anteilserwerber unterliegen den Regeln des Gesellschaftsvertrags nicht deshalb, weil sie sich den einzelnen Regeln gesellschaftsvertraglich angeschlossen haben, sondern sie unterliegen allein aufgrund ihrer Mitgliedschaft diesen einzelnen Regeln. Dies ist vor allem für die Behandlung von Schiedsklauseln bedeutsam (dazu Anm. 104 ff.).

2. Inhalt

a) Es muß unterschieden werden zwischen dem **gesetzlichen Mindestinhalt**, ohne den keine oHG (bzw. KG) vorliegt, dem **vertraglichen Mindestinhalt**, ohne den die Gesellschaft nicht lebensfähig ist, und dem **effektiven Inhalt** des Gesellschaftsvertrags.

b) Der **gesetzliche Mindestinhalt** ist außerordentlich gering: Gewollte Mitunternehmerschaft genügt für den Tatbestand einer oHG, wenn die gemeinschaftlichen Geschäfte aufgenommen sind (vgl. Anm. 27 ff., 32). Ein darüber hinausgehendes Erklärungsbewußtsein ist nicht erforderlich (Karsten Schmidt Stellung der oHG S. 158 ff., 169 ff.).

c) Der **vertragliche Mindestinhalt** besteht in der Festlegung der essentialia negotii. Fehlt es daran und sind die gemeinsamen Geschäfte noch nicht aufgenommen, so kann dies dafür sprechen, daß der Gesellschaftsvertrag noch nicht perfekt ist. Ist der Gesellschaftsvertrag aber perfekt, z.B. weil die Gesellschaft schon angemeldet oder schon tätig ist, so muß, wenn die essentialia negotii nicht festgelegt sind, eine Vertragsänderung (Vertragsergänzung) erfolgen (dazu Anm. 138 ff.); gelingt dies nicht, so kann dies ein wichtiger Auflösungsgrund nach § 133 sein (zu den Folgen vgl. Erl. § 133). Zu diesem vertraglichen Mindestinhalt gehören insbesondere die nach § 106 Abs. 2 Nrn. 1 und 2 einzutragenden Merkmale, also: die Identität sämtlicher Gesellschafter, die Firma und der Sitz der Gesellschaft. Auch über die gewollte Rechtsform der Gesellschaft und über den Gegenstand des Unternehmens müssen sich die Gesellschafter einig sein (die in andere Richtung weisende Bemerkung bei Staub-Ulmer Anm. 160 betrifft nur den gesetzlichen Mindestinhalt). Notwendiger Vertragsinhalt ist auch die Beitragspflicht der Gesellschafter (vgl. zu dieser Anm. 153 ff.).

102 d) Von den notwendigen Regelungen sind **zweckmäßige Regelungen** zu unterscheiden, bei deren Fehlen dispositives Gesetzesrecht hilft. Hierzu gehören etwa: die Geschäftsführungs- und die Vertretungskompetenzen (näher Erl. §§ 114 ff., 125 f.), die Beschlußfassung (näher Erl. § 119), die Verteilung von Gewinn und Verlust (näher Erl. §§ 120 f.), das Entnahmerecht (näher Erl. § 122), die Kündigung der Gesellschaft (näher Erl. § 133), die Rechtsfolgen des Todes eines Gesellschafters (näher Erl. § 139), die Ausschließung eines Gesellschafters (näher Erl. §§ 140–142), die Abfindung eines ausscheidenden Gesellschafters (näher § 138 Anm. 60 ff.), die Zuständigkeit der Gesellschafter als Liquidatoren im Fall der Auflösung (näher Erl. § 146). Das Fehlen von Regelungen über diese Fragen ist nicht ohne weiteres ein Auflösungsgrund nach § 133, kann aber nach Lage des Falls einen Anspruch auf Vertragsänderung begründen (so z.B. für die fehlende Regelung der Nachfolge im Todesfall BGHZ 104, 50 = NJW 1988, 1903). Wegen solcher Vertragsänderungsansprüche ist zu verweisen auf Anm. 143 ff.

103 e) **Weitere Regelungen** können vielfältig sein. Dabei ist zu unterscheiden zwischen gesellschaftsvertraglichen und rein schuldrechtlichen Bindungen, die nur die Vertragspartner binden und keine satzungsähnliche Wirkung i.S. von Anm. 98 haben können. Die Unterscheidung zwischen „echten" (korporativen) und „unechten" (nichtkorporativen) Satzungsbestandteilen war bisher nur bei Kapitalgesellschaften üblich (vgl. etwa Priester DB 1979, 681; Winkler DNotZ 1969, 394) und hat dort gravierende Bedeutung. Aber auch für Personengesellschaften gilt die Unterscheidung zwischen der gesellschaftsvertraglichen Verbandsverfassung und rein schuldrechtlichen Abreden der Gesellschafter, die nicht in die Vertragsurkunde aufgenommen werden müssen, aber auch in ihr enthalten sein können. Die Verbandsverfassung bindet jeden Gesellschafter, weil er Mitglied der Gesellschaft ist; schuldrechtliche Abreden binden die Gesellschafter nur, wenn und soweit sie sich ihnen einzelvertraglich unterworfen haben, auch wenn die Abreden mit dem Gesellschaftsvertrag in einer Urkunde verbunden sind. Im Zweifel ist anzunehmen, daß eine in der Gesellschaftsvertragsurkunde getroffene Vereinbarung echter Bestandteil des Gesellschaftsvertrags als Organisationsvertrag und nicht bloß schuldrechtliche Abrede unter den Gründern ist. Schuldrechtliche Abreden können sich auf das Verhältnis unter einzelnen Gesellschaftern beschränken. Sie können sich aber auch auf das Gesellschaftsverhältnis unter allen Gesellschaftern erstrecken. Dann haben sie ähnliche Wirkungen wie eine gesellschaftsvertragliche Regelung, solange sichergestellt ist, daß alle Gesellschafter gebunden sind (vgl. für die GmbH BGH NJW 1983, 1910; 1987, 1890).

f) aa) Schiedsklauseln in Gesellschaftsverträgen sind nach richtiger, aber bisher nicht **104** herrschender Auffassung unzulässig und unwirksam. Das Problem besteht darin, ob die Personengesellschafter, was unstreitig zulässig und wirksam ist, einen Schiedsvertrag außerhalb des Gesellschaftsvertrags in besonderer Urkunde unterzeichnen müssen (§ 1027 Abs. 1 ZPO) oder ob die Schiedsklausel einfach in den Gesellschaftsvertrag aufgenommen werden kann (§ 1048 ZPO). Die h. M. hält satzungsmäßige Schiedsklauseln aufgrund von § 1048 ZPO bei den Körperschaften, insbesondere also bei der GmbH, für zulässig (RGZ 165, 140, 143; BGHZ 48, 35, 43; std. Rspr.; ebenso die Mehrzahl der Kommentare zu § 1048 ZPO; anders Stein-Jonas-Schlosser, ZPO, 20. Aufl. 1986, § 1048 Anm. 10; eingehend Vollmer, Satzungsmäßige Schiedsklauseln, 1970, S. 17ff., 61ff., 68ff.). Bei Personengesellschaftsverträgen wendet die h.M. § 1027 ZPO an (BGHZ 45, 282, 286; BGH NJW 1980, 1049; OLG Karlsruhe DB 1991, 903 m. abl. Anm. Karsten Schmidt = NJW-RR 1991, 493; h. L.; vgl. nur Baumbach-Lauterbach-Albers-Hartmann ZPO § 1048 Anm. 3; Staub-Ulmer Anm. 44 m. w. Nachw.). Danach muß ein Schiedsvertrag ausdrücklich und schriftlich in einer Urkunde abgeschlossen werden, die keine weiteren Vereinbarungen enthält. Deshalb verlangt die h.M., daß eine für die Gesellschafter einer Personengesellschaft geltende Schiedsabrede in besonderer Urkunde nach § 1027 Abs. 1 ZPO gezeichnet wird, sofern nicht § 1027 Abs. 2 ZPO hilft. Der Vertragspraxis ist deshalb zu empfehlen, den Schiedsvertrag in eine besondere Urkunde aufzunehmen und im Gesellschaftsvertrag lediglich auf diese Urkunde zu verweisen. Die Vertragsklausel kann etwa lauten: „Alle Streitigkeiten aus diesem Vertrag oder über die Wirksamkeit dieses Vertrags entscheidet, soweit gesetzlich zulässig, unter Ausschluß des ordentlichen Rechtswegs ein Schiedsgericht. Der Schiedsvertrag wird in besonderer Urkunde von sämtlichen Gesellschaftern unterzeichnet. Jede Verfügung unter Lebenden über einen Anteil zugunsten eines Nichtgesellschafters wird erst wirksam, wenn sich auch dieser Nichtgesellschafter dem Schiedsvertrag wirksam angeschlossen hat."

bb) Überflüssig ist die Form des § 1027 Abs. 1 ZPO nach der h.M., wenn die Voraus- **105** setzungen des **§ 1027 Abs. 2 ZPO** gewahrt sind. Danach ist § 1027 Abs. 1 ZPO nicht anzuwenden, wenn der Schiedsvertrag für beide Teile ein Handelsgeschäft ist und die Parteien Vollkaufleute sind. Eine früher verbreitete Ansicht hielt deshalb gesellschaftsvertragliche Schiedsklauseln bei der oHG aufgrund der vermeintlichen Kaufmannseigenschaft aller Gesellschafter für wirksam. Diese Auffassung ist seit dem Beitrag von Zöllner DB 1964, 796ff. überholt: Die Gesellschafter sind nicht als solche Kaufleute (vgl. Anm. 13). § 1027 Abs. 2 ZPO hilft nach einer neueren Ansicht, wenn die Gesellschafter bereits unabhängig von ihrer Gesellschaftereigenschaft Vollkaufleute sind und der Abschluß des Gesellschaftsvertrags für sie ein Handelsgeschäft ist (vgl. § 343 Anm. 18; Staub-Ulmer Anm. 44; Baumbach-Lauterbach-Albers-Hartmann ZPO § 1027 Anm. 2 A; Wieczorek-Schütze, ZPO, 2. Aufl. 1981, § 1027 Anm. B Ia; grundlegend Zöllner DB 1964, 796ff.). Auch diese Ansicht ist abzulehnen, denn der Abschluß eines Gesellschaftsvertrags und damit auch die Verabredung einer gesellschaftsvertraglichen Schiedsklausel ist kein Handelsgeschäft (Karsten Schmidt DB 1989, 3215 f.).

106 cc) **Stellungnahme:** Weder die Anwendung des § 1027 Abs. 1 noch die des § 1027 Abs. 2 ZPO überzeugt. Mit einer bisher nur vereinzelt vertretenen Ansicht muß Abhilfe bei § 1048 ZPO gesucht werden (Roth, in Festschrift Nagel, 1987, S. 318 ff.; Karsten Schmidt DB 1989, 2316; JZ 1989, 1081; DB 1991, 904; so jetzt auch Zöller-Geimer, ZPO, 16. Aufl. 1990, § 1048 Anm. 1, 6). Die h. M. beruht auf einer nicht mehr haltbaren Gegenüberstellung von Gesellschaftsvertrag (dann angeblich § 1027 ZPO) und Satzung (dann § 1048 ZPO). Sie verkennt, daß der Personengesellschaftsvertrag wie eine Satzung alle gegenwärtigen und künftigen Gesellschafter bindet (Anm. 103), womit die Schiedsklausel im Personengesellschaftsvertrag alle Eigenschaften einer unter § 1048 ZPO fallenden Schiedsklausel aufweist. Nach BGHZ 71, 162 = NJW 1978, 1585 bindet eine wirksame Schiedsvereinbarung unter Personengesellschaftern auch den Erwerber eines Gesellschaftsanteils. Gerade diese Bindung aller gegenwärtigen und künftigen Gesellschafter ist ein Charakteristikum gesellschaftsvertraglicher Schiedsklauseln und macht die Aufnahme in den Gesellschaftsvertrag geradezu erforderlich. Deshalb wird man, auch wenn die Gestaltungspraxis vorsorglich nach der bisher herrschenden Meinung verfährt, eine Schiedsklausel nach § 1048 ZPO für zulässig halten müssen.

107 dd) Insgesamt gibt es **zwei zulässige Arten der Schiedsvereinbarung unter den Gesellschaftern** (Karsten Schmidt GmbHR 1990, 18 f.): Die Schiedsvereinbarung kann im Gesellschaftsvertrag stehen (Satzungslösung nach § 1048 ZPO), sie kann aber auch außerhalb des Gesellschaftsvertrags durch schiedsvertragliche Bindung aller Gesellschafter vereinbart werden (Konsortiallösung nach § 1027 Abs. 1 ZPO). Das Nebeneinander dieser beiden Lösungen wurde vor allem für den **Fall der GmbH & Co. KG** entwickelt (Karsten Schmidt GmbHR 1990, 16 ff.). Hier sollte die künftige Rechtsprechung eine einheitliche Handhabung zulassen: Es kann in beiden Gesellschaftsverträgen einheitlich die Satzungslösung nach § 1048 ZPO gewählt werden (anders für die KG die noch h. M.); es kann auch für beide Gesellschaften einheitlich die Konsortiallösung gewählt werden, dann verweisen die beiden Gesellschaftsverträge nur auf die einheitliche besondere Vertragsurkunde, die in der Form des § 1027 Abs. 1 ZPO errichtet und von allen gegenwärtigen und künftigen Gesellschaftern unterschrieben werden muß.

108 ee) **Unzulässig** sind **vorformulierte Schiedsklauseln in den Verträgen von Publikumspersonengesellschaften** (Karsten Schmidt ZGR 1988, 539; ders. DB 1989, 2317; vgl. aufgrund der hier abgelehnten Nichtanwendung des § 1048 ZPO im Ergebnis zutreffend auch BGH NJW 1980, 1049). Dieser Grundsatz schützt die Publikumspersonengesellschafter weitaus besser als die von der h. M. propagierte Anwendung des § 1027 Abs. 1 ZPO. Mit Recht ist nämlich bemerkt worden, daß die bloße Notwendigkeit einer besonderen Vertragsurkunde hier keinen zuverlässigen Schutz bietet (vgl. Wüst ZHR 152 [1988], 239). Der hier postulierte Anlegerschutz greift demgegenüber auch dann ein, wenn die Form des § 1027 Abs. 1 ZPO beachtet wird. Das Schiedsgericht wird allerdings zuständig, wenn sich die Parteien rügelos auf eine Schiedsklage einlassen (vgl. zur Einlassung auf die Schiedsklage näher Karsten Schmidt, in Festschrift

Nagel, 1987, S. 373 ff.). Den Initiatoren ist eine Berufung auf die Unwirksamkeit der formularmäßigen Schiedsabrede gegenüber der von den Gesellschaftern erhobenen Schiedsklage versagt.

3. Vertragsschluß

a) Der **Abschluß** des Gesellschaftsvertrags unterliegt grundsätzlich den allgemeinen Regeln der §§ 104 ff., 116 ff., 145 ff. BGB (Staub-Ulmer Anm. 145, 156). Der Vertrag kann ausdrücklich oder konkludent geschlossen werden (über Formvorschriften vgl. Anm. 113 ff.). Stets ist aber Voraussetzung, daß eine Außengesellschaft und nicht bloß eine Innengesellschaft begründet wird (an diesem Erfordernis fehlt es vielfach bei der Ehegatten- und Angehörigenmitarbeit; vgl. Anm. 32). **109**

b) Bedingung und Zeitbestimmung sind zulässig (vgl. Anm. 86). Die Bedingung kann eine aufschiebende oder eine auflösende sein (§ 158 BGB). Eine vereinbarte aufschiebende Bedingung oder Zeitbestimmung wird allerdings hinfällig, wenn die Beteiligten durch gewollte Mitunternehmerschaft (Anm. 32) schon vorher im Außenverhältnis den Tatbestand der oHG verwirklichen (vgl. Anm. 86, § 123 Anm. 3). Eine Rückdatierung ist nur mit schuldrechtlicher (rechnerischer) Wirkung möglich; mit einer solchen Rückdatierung stellen die Parteien einander, als hätte das Gesellschaftsverhältnis schon in der Vergangenheit begonnen (RGZ 119, 64, 67; BGH WM 1976, 972, 974; NJW 1978, 264, 266 f.; WM 1979, 889, 891; Baumbach-Duden-Hopt § 123 Anm. 5; Staub-Ulmer Anm. 167; Alfred Hueck oHG § 5 I 3). **110**

b) aa) Vertretung beim Abschluß des Gesellschaftsvertrags ist zulässig (Baumbach-Duden-Hopt Anm. 2 A; Staub-Ulmer Anm. 167; Alfred Hueck oHG § 6 IV). Ist ein Gesellschafter eine **juristische Person** oder eine nach Anm. 61 ff. zur Teilnahme am Gesellschaftsvertrag fähige **Gesamthandsgesellschaft**, so handelt er durch seine **organschaftlichen Vertreter** (Vorstand, Geschäftsführer, geschäftsführende Gesellschafter), die ihrerseits Bevollmächtigte bestellen können. Ein geschäftsunfähiger bzw. in der Geschäftsfähigkeit beschränkter Gesellschafter wird nach § 1629 BGB bzw. nach § 1793 BGB **gesetzlich vertreten** (zur zusätzlich erforderlichen vormundschaftsgerichtlichen Genehmigung vgl. Anm. 127 ff.). Gesetzliche Vertretung ist i. d. R. auch bei einem nach § 112 Abs. 1 Satz 1 BGB zum selbständigen Betrieb eines Erwerbsgeschäfts ermächtigten Minderjährigen erforderlich, denn von dieser Ermächtigung sind solche Rechtsgeschäfte ausgenommen, zu denen der gesetzliche Vertreter der Genehmigung des Vormundschaftsgerichts bedarf (§ 112 Abs. 1 Satz 2 BGB), und dies ist beim Abschluß eines oHG- oder KG-Vertrages der Fall (Anm. 127). Ist der gesetzliche Vertreter selbst Mitgesellschafter, so bedarf es der Bestellung eines Ergänzungspflegers (§§ 1629 Abs. 2, 1795 Abs. 1 Nr. 1 BGB); das gilt für Änderungen des Gesellschaftsvertrags ebenso wie für die Gründung der Gesellschaft (Staub-Ulmer Anm. 84); ggf. müssen für mehrere nicht voll geschäftsfähige Gesellschafter mehrere Ergänzungspfleger bestellt werden (BayObLGZ 1958, 373, 376; OLG Hamm MDR 1972, 783; Staub-Ulmer Anm. 84). Ein Abschluß des Gesellschaftsvertrags durch **Bevollmächtigte** ist gleichfalls möglich. Eine **Prokura** soll nach der wohl noch herrschenden Auffassung ausreichen (vgl. § 49 Anm. 10; Baumbach-Duden-Hopt Anm. 2 A; Staub-Ulmer Anm. 167; Würdinger in Großkomm § 49 Anm. 5). Dem ist nicht zu folgen. Die Prokura umfaßt nur **111**

Handelsgeschäfte, nicht dagegen Organisationsakte (Karsten Schmidt Handelsrecht § 16 III 3 a). Noch weniger kann eine Handlungsvollmacht nach § 54 ausreichen (differenzierend Staub-Ulmer Anm. 167). In diesen Fällen ist eine besondere Bevollmächtigung erforderlich, die allerdings auch als Duldungsvollmacht erteilt werden kann, wenn der Vertretene den Prokuristen oder Handlungsbevollmächtigten gewähren läßt. Das gilt auch dann, wenn der Vertretene eine besondere Vollmachtserteilung rechtsirrtümlich nicht für erforderlich hält.

112 bb) **Nicht** ohne weiteres zum Abschluß eines Gesellschaftsvertrags befugt sind: der Gebrechlichkeits-, Abwesenheitspfleger oder der **Pfleger** für unbekannte Beteiligte (jedenfalls ist hier eine vormundschaftsgerichtliche Genehmigung erforderlich nach §§ 1915, 1822 Nr. 3 BGB; vgl. RG HRR 1930 Nr. 791; Goerke in MünchKomm BGB § 1915 Anm. 19); der **Testamentsvollstrecker** (vgl. Soergel-Damrau 11. Aufl. § 2205 Anm. 32; Staudinger-Reimann § 2205 Anm. 78); er bedarf einer besonderen vom Erben erteilten Vollmacht.

4. Form

113 a) Der Gesellschaftsvertrag ist **grundsätzlich formfrei** (allg. M.; vgl. nur ROHGE 15, 17, 21 f.; Alfred Hueck oHG § 6 III 1). Deshalb kann der Gesellschaftsvertrag sogar ohne Wahrung der Schriftform und selbst konkludent zustandekommen (Anm. 32).

114 b) Der Gesellschaftsvertrag kann **nach § 313 BGB als Grundstücksgeschäft formbedürftig** sein. Nach dieser Vorschrift bedarf der Gesellschaftsvertrag der notariellen Beurkundung, wenn darin ein Teil verpflichtet ist, das Eigentum an einem Grundstück zu übertragen oder zu erwerben.

115 aa) Gegenstand der Verpflichtung muß ein **Grundstück** sein. Einem Grundstück stehen gleich: ideelle Grundstücksanteile (§ 747 BGB), Wohnungseigentum (§ 4 Abs. 3 WEG), Erbbaurechte (Art. 11 ErbbauVO). **Nicht** gleichgestellt sind Grundstücksbestandteile und Grundstückszubehör (RG Warn 1925, 56; Kanzleiter in MünchKomm § 313 Anm. 15). Nicht gleichgestellt werden ferner Anteile an juristischen Personen oder Gesamthandsgemeinschaften, in deren Vermögen sich Grundeigentum befindet (RGZ 82, 160 f.; BGHZ 86, 367, 370 f. = NJW 1983, 1110, 1111; BGH MDR 1957, 733; Palandt-Heinrichs § 313 Anm. 3 c; Kanzleiter in MünchKomm § 313 Anm. 14; Heckschen, Die Formbedürftigkeit mittelbarer Grundstücksgeschäfte, 1987, S. 144 ff.). Anders wird zu entscheiden sein bei dem Anteil an einer BGB-Gesellschaft, deren Zweck sich auf das Halten und Verwalten eines Grundstücks beschränkt (Karsten Schmidt AcP 182 [1982], 510; sympathisierend BGHZ 86, 367, 370 f. = NJW 1983, 1110, 1111; in dieser Richtung auch Heckschen, Die Formbedürftigkeit mittelbarer Grundstücksgeschäfte, 1987, S. 136 f.). Auch ein **Auflassungsanspruch** steht dem Grundstück nach h. M. nicht gleich, so daß die Verpflichtung, einen solchen Anspruch an die Gesellschaft abzutreten, nicht als formbedürftig angesehen wird (BGHZ 89, 41, 45 = NJW 1984, 973, 974; BayObLG DNotZ 1977, 107; Staub-Ulmer Anm. 174 a; nicht unzweifelhaft; a. M. Kanzleiter in MünchKomm § 313 Anm. 16). Die Verpflichtung, eine dingliche **Auflassungsanwartschaft** zu übertragen, gilt analog § 313 BGB als formbedürftig (BGHZ 83, 395, 399 f. = NJW 1982, 1639; Kanzleiter in MünchKomm § 313 Anm. 16; Heckschen, Die Formbedürftigkeit mittelbarer Grundstücksgeschäfte,

1987, S. 129; Reinicke-Tiedtke NJW 1982, 2286). Ob ein Auflassungsanspruch abgetreten oder eine bei schon erklärter Auflassung vorhandene Auflassungsanwartschaft übertragen werden soll, ist ggf. durch Auslegung zu ermitteln (vgl. Ertl DNotZ 1977, 81 ff.). Einer Grundstückseinbringung **nicht gleichzustellen** ist auch die **Einbringung zur Nutzung** und die **Einbringung dem Werte nach** (Bildung von sog. Sonderbetriebsvermögen). Denn § 313 BGB schützt nicht gegen bloße Nutzungsüberlassung, und auch eine bloß rechnerische, aber nicht dingliche Einbringung ist kein Grundstücksgeschäft, vor dem der Formzwang des § 313 BGB schützen soll.

bb) Übertragung und Erwerb von Grundstücken sind vom Formzwang erfaßt. Darunter fallen: die Vereinbarung, daß ein Grundstück als Einlage zu Eigentum eingebracht werden soll (BGHZ 22, 312, 317 = NJW 1957, 459; BGH BB 1955, 203; Petzoldt BB 1975, 905; Wiesner NJW 1984, 95); die Vereinbarung, daß die Gesellschafter für Zwecke der Gesellschaft Grundeigentum erwerben oder/und wieder veräußern sollen (BGH NJW-RR 1991, 613); die Vereinbarung, daß der Gesellschafter im Liquidationsfall oder beim Ausscheiden ein der Gesellschaft gehörendes Grundstück erwerben muß (BGH NJW 1978, 2505, 2506; Staub-Ulmer Anm. 173; Heckschen, Die Formbedürftigkeit mittelbarer Grundstücksgeschäfte, 1987, S. 134); die Vereinbarung von gravierenden Rechtsnachteilen für den Fall, daß das Grundstück nicht an die Gesellschaft veräußert oder von ihr erworben wird, ohne daß es dann auf eine vollstreckbare Verpflichtung ankommt (eingehend Staub-Ulmer Anm. 173); die Vereinbarung, daß die Gesellschaft statt einer Bareinlage auch eine Grundstückseinlage entgegennehmen muß.

116

cc) Nicht unter § 313 BGB einzuordnen sind folgende Fälle: Gründung einer Gesellschaft, zu deren Gewerbebetrieb der Erwerb oder die Veräußerung von Grundstücken gehört (vgl. RGZ 68, 260, 262; 82, 299, 302; BGH NJW 1978, 2505; h. M.; vgl. nur Baumbach-Duden-Hopt Anm. 2 B a; Staub-Ulmer Anm. 174; Heymann-Emmerich Anm. 14; Soergel-Wolf 11. Aufl. § 313 Anm. 49; Kanzleiter in MünchKomm § 313 Anm. 14; s. auch BGHZ 15, 177, 181 = NJW 1955, 178 f.; a. A. Schwanecke NJW 1984, 1585, 1588); die Verpflichtung zur Abtretung des Anteils an einer oHG oder KG, zu deren Vermögen Grundstücke gehören (BGHZ 86, 367, 370 f. = NJW 1983, 1110, 1111; BGH MDR 1957, 733; Kanzleiter in MünchKomm § 313 Anm. 14; differenzierend Heckschen, Die Formbedürftigkeit mittelbarer Grundstücksgeschäfte, 1987, S. 143 ff.; dort umfassende Nachweise); die bloße Gebrauchsüberlassung, wenn das Grundstück im Ausscheidens- oder Auflösungsfall nicht der Gesellschaft gebührt (RGZ 109, 380, 382; 166, 160, 165; BGH WM 1965, 744, 745; OLG Hamm MDR 1984, 843; Heckschen, Die Formbedürftigkeit mittelbarer Grundstücksgeschäfte, 1987, S. 128; vgl. auch BGH WM 1967, 951, 952; zur Abgrenzung vgl. RGZ 162, 78, 81 f.); die Verpflichtung eines Gesellschafters, ein Grundstück als Treuhänder mit oder ohne Weiterveräußerungspflicht im eigenen Namen für Rechnung der Gesellschaft von einem Dritten zu erwerben (RGZ 54, 75, 79; BGH NJW 1981, 1267; eingehend Staub-Ulmer Anm. 174 a; vgl. auch BGHZ 85, 245, 249 = NJW 1983, 566).

117

dd) Der Umfang des Formerfordernisses erstreckt sich auf den gesamten Gesellschaftsvertrag (BGH NJW 1978, 2505, 2506; Staub-Ulmer Anm. 173; Wiesner NJW 1984, 95). Dies ist keine Frage des § 139 BGB (vgl. zu diesem sogleich Anm. 119), denn hier

118

geht es nicht um die Folgen eines nur eine Vertragsklausel betreffenden Formverstoßes für den ganzen Vertrag, sondern um die Erstreckung des Formerfordernisses auf den ganzen Vertrag. In einem Gesellschaftsvertrag pflegen sich die Modalitäten der Pflicht zur Grundstücksübereignung aus dem Vertragsganzen zu ergeben. Mit einer Beurkundung nur der Vereinbarung über die Grundstückseinbringung ist es deshalb nicht getan.

119 ee) Die **Folgen eines Formverstoßes** ergeben sich zunächst aus §§ 125, 139 BGB. Obwohl zur Wahrung der Form die Beurkundung des gesamten Vertrages erforderlich gewesen wäre (dazu soeben Anm. 118), trifft die zwingende Nichtigkeitsfolge zunächst nur die Vereinbarung über die Grundstückseinbringung (Baumbach-Duden-Hopt Anm. 2 B a; Alfred Hueck oHG § 6 III 2 Fn. 31 a). Nach § 139 BGB ist dann aber der gesamte Gesellschaftsvertrag nichtig, sofern nicht anzunehmen ist, daß er auch ohne den nichtigen Teil vorgenommen worden wäre (dazu auch Anm. 136). Ob dies der Fall ist, hängt vom Einzelfall ab (vgl. auch für eine Innengesellschaft BGH NJW-RR 1991, 613). § 139 BGB kann nicht nur zur sachlichen Teilnichtigkeit führen (Gesellschaftsvertrag ohne Sacheinlagepflicht), sondern auch zur personellen Teilnichtigkeit (Aufrechterhaltung des Gesellschaftsvertrags unter den verbleibenden Gesellschaftern). Auch kommt nach § 140 BGB eine Umdeutung in Betracht, etwa in dem Sinne, daß der Gesellschafter für den Fall der Nichtigkeit seiner Grundstückseinlagepflicht hilfsweise eine Bareinlage schuldet.

120 ff) **Heilung der Formnichtigkeit** tritt nach § 313 Satz 2 BGB ein, wenn die Auflassung und die Eintragung in das Grundbuch erfolgen (vgl. auch für eine Innengesellschaft BGH NJW-RR 1991, 613). Dann wird, wie es im Gesetz ausdrücklich heißt, der Vertrag „seinem ganzen Inhalte nach gültig". Selbstverständlich ist nur der sich aus § 313 BGB ergebende Formmangel behoben, nicht auch ein etwaiger sonstiger Mangel des Gesellschaftsvertrags. Soweit § 313 BGB auf die Übertragung grundstücksgleicher Rechte angewandt wird (Anm. 115), ist auch Satz 2 anwendbar, und zwar unabhängig davon, ob die Erfüllung durch Auflassung und Eintragung oder auf andere Weise erfolgt.

121 c) Enthält der Gesellschaftsvertrag eine Verpflichtung zur **Abtretung (Einbringung) von GmbH-Anteilen**, so bedarf er nach § 15 Abs. 4 GmbHG der notariellen Beurkundung. Auch diese Vorschrift gilt nicht, wenn bloß Anteile an einer Personengesellschaft übertragen werden sollen, in deren Vermögen sich GmbH-Geschäftsanteile befinden (vgl. Staub-Ulmer Anm. 311; Karsten Schmidt BB 1983, 1701), es sei denn, der Zweck der Gesellschaft beschränkt sich auf das Halten und Verwalten dieser Geschäftsanteile (vgl. zu dieser Einschränkung Karsten Schmidt BB 1983, 1702; zust. Staub-Ulmer Anm. 312; auch für diesen Fall gilt wohl die auf § 313 BGB bezogene sympathisierende Bemerkung von BGHZ 86, 367, 370 f. = NJW 1983, 1110, 1111). Die Einbringung eines GmbH-Geschäftsanteils nur dem Werte nach fällt nicht unter § 15 Abs. 3 GmbHG (vgl. sinngemäß Anm. 115). Die Abtretung des Anspruchs auf Übertragung eines Geschäftsanteils ist nach heute h. M. gemäß § 15 Abs. 3 GmbHG formbedürftig (BGHZ 75, 352 = NJW 1980, 1100; Baumbach-Hueck GmbHG § 15 Anm. 25; anders noch RGZ 80, 99, 102 f.; Scholz-Winter GmbHG 7. Aufl. § 15 Anm. 45), und demgemäß ist die Verpflichtung hierzu nach § 15 Abs. 4 GmbHG formbedürftig. Für den Umfang der Form und für die **Rechtsfolgen eines Formverstoßes** gelten wiederum sinngemäß die Ausführungen von Anm. 118 und 119. **Heilung** tritt nach § 15 Abs. 4 Satz 2 GmbHG ein, wenn die Einlage durch wirksame Einbringung des GmbH-Geschäftsanteils vollzogen wird. Die hierfür erforderliche Abtretung des Geschäftsanteils bedarf allerdings ihrerseits der notariellen Beurkundung (§ 15 Abs. 3 GmbHG). Im Unterschied zu § 313 BGB nennt § 15 Abs. 4 GmbHG nicht eine Vereinbarung, die den Erwerber, hier die GmbH, zur Abnahme eines Geschäftsanteils verpflichtet. Die h. M. wendet die Formvorschrift aber auch auf die Vereinbarung von Abnahmepflichten an (RGZ 57, 60; 102, 63, 64; 127, 65, 71; 149, 385, 397; Scholz-Winter GmbHG 7. Aufl. § 15 Anm. 56).

d) aa) Ein **Gesellschaftsvertrag** kann mit einem **Schenkungsversprechen** einhergehen, wenn ein Gesellschafter unentgeltlich aufgenommen wird (Staub-Ulmer Anm. 176 m. w. Nachw.). Gesellschaftsvertrag und Schenkungsvertrag sind dann im rechtlichen Sinne getrennte Verträge, auch wenn sie in einer Urkunde zusammengefaßt sind und nach dem Willen der Gesellschafter in ihrer Wirksamkeit voneinander abhängen. Das Schenkungsversprechen bedarf nach § 518 Abs. 1 BGB der notariellen Beurkundung. Eine Unvereinbarkeit von Gesellschaft und Schenkung in dem Sinne, daß ein Vertrag nicht gleichzeitig unter den einen und den anderen Typus fallen kann, gibt es nicht (BGHZ 112, 40 = NJW 1990, 2616; dazu eingehend Karsten Schmidt BB 1990, 1992 ff.; a. M. Elke Herrmann ZHR 147 [1983], 326; dagegen näher § 335 a. F. = § 230 n. F. Anm. 88), denn die Gründung des Verbandes (Gesellschaft) und die unentgeltliche Zuwendung an einen Gesellschafter (Schenkung) sind Tatbestände, die voneinander zu unterscheiden und eben deshalb miteinander vereinbar sind. Das gilt, wie der Fall BGHZ 112, 40 = NJW 1990, 2616 zeigt, auch für die Rückabwicklung: Diese kann sich nicht nur als Auflösung der Gesellschaft, sondern auch als schenkungsrechtliche Rückforderung der geschenkten Mitgliedschaft wegen groben Undanks vollziehen (§§ 530 f. BGB). Wegen der Rechtsfolgen kommt es dann darauf an, ob nach dem Parteiwillen die Mitgliedschaft oder die Befreiung von der Einlageschuld als Schenkungsgegenstand anzusehen ist. Eine andere Frage ist, wann eine unentgeltliche Zuwendung vorliegt. Dies wird, wenn mit dem Beitritt Tätigkeits- und Haftungspflichten verbunden sind, beim Abschluß eines Gesellschaftsvertrags regelmäßig verneint (BGH BB 1959, 574 f.; 1965, 472). Auch die Auffassung, wonach Abfindungsklauseln im Gesellschaftsvertrag den Tatbestand einer Schenkung begründen (vgl. Heckelmann, Abfindungsklauseln in Gesellschaftsverträgen, 1973, S. 62 ff.), hat sich nicht durchgesetzt (vgl. nur Flume Personengesellschaft § 12 II).

bb) **Heilung des Formmangels** tritt nach § 518 Abs. 2 BGB beim Schenkungsversprechen ein, wenn die versprochene Leistung bewirkt ist. Dazu genügt bei der Schenkung von oHG- und KG-Anteilen die Einräumung der gesellschaftsrechtlichen Beteiligung (vgl. nur Staub-Ulmer Anm. 177; Alfred Hueck oHG § 6 III 2). Im Gegensatz zur Schenkung stiller Beteiligungen, bei der die Rechtslage zweifelhaft ist (§ 335 a. F. = § 230 n. F. Anm. 84 ff.), wirft daher die Form des § 518 BGB bei der schenkweisen Zuwendung von oHG-, Komplementär- oder Kommanditistenanteilen keine nennenswerten Probleme auf.

124 e) Der Gesellschaftsvertrag kann eine **Verpflichtung zur Vermögensübertragung** enthalten, so insbesondere, wenn eine Handelsgesellschaft als Gründerin verpflichtet ist, das von ihr betriebene Unternehmen einzubringen. Ein Vertrag, durch den ein Teil sich verpflichtet, sein gegenwärtiges Vermögen oder einen Bruchteil seines gegenwärtigen Vermögens zu übertragen, bedarf nach § 311 BGB der notariellen Beurkundung. Die Vorschrift gilt auch für die Einbringung des Gesamtvermögens in eine Handelsgesellschaft, unabhängig davon, daß der Verpflichtete anstelle seines Vermögens Gesellschaftsanteile erhält (Alfred Hueck oHG § 6 III 2; Westermann Handbuch I 125; Staub-Ulmer Anm. 170). Ein Anwendungsfall des § 311 BGB ist insbesondere die Sachgründung einer Personengesellschaft unter Beteiligung einer GmbH, die ihr Unternehmen als Sacheinlage einzubringen hat (vgl. RGZ 76, 1, 2 f.; 137, 324, 348; Alfred Hueck oHG § 6 III 2; Westermann Handbuch I 125). Ist die Vermögenseinlage geleistet, so ist ein etwaiger Formmangel geheilt. § 311 BGB spricht nicht von einer Heilung durch Vollzug, jedoch ist diese als allgemeiner Grundsatz auch hier anzuerkennen (Lange AcP 144 [1938], 161; Knieper MDR 1970, 982; a.M. RGZ 61, 284, 285; 76, 1, 3; 137, 324, 350; BGH DNotZ 1971, 37, 38; Söllner in MünchKomm § 311 Anm. 4; Palandt-Heinrichs § 311 Anm. 7). Die wohl noch vorherrschende Gegenansicht beruht auf der vor allem in BGH NJW 1967, 1131 zu § 2371 BGB vertretenen, aber in dieser Form unzutreffenden Annahme, daß die Heilung formnichtiger Verträge durch Vollzug kein allgemeines Rechtsprinzip ist.

125 f) Bei in **Gütergemeinschaft** lebenden Ehegatten, die untereinander eine Handelsgesellschaft errichten, verlangt BGHZ 65, 79 = NJW 1975, 1774 einen nach **§ 1410 BGB** notariell abzuschließenden Ehevertrag, durch den die Ehegatten Vorbehaltsgut bilden (§ 1418 Abs. 2 Nr. 1 BGB), weil mit den Gesellschaftereinlagen „die zum Gesamtgut gehörenden und später zu erwerbenden Vermögensgegenstände ... fortan in eine weitere von den Ehegatten gebildete Gesamthandsgemeinschaft einfließen"; ein ohne Beachtung dieser Form abgeschlossener Gesellschaftsvertrag ist nach Auffassung des BGH gemäß § 125 BGB nichtig (vgl. zust. Fricke in BGB-RGRK § 1416 Anm. 7; Palandt-Diederichsen § 1416 Anm. 1; ablehnend Flume Personengesellschaft § 4 IV; Reuter-Kunath JuS 1977, 381; differenzierend Kanzleiter in MünchKomm § 1416 Anm. 10). Dieser Standpunkt ist bedenklich, denn außer formalen Gesichtspunkten spricht nichts für ihn. Geht man davon aus, daß die Mitgliedschaft jedes Ehegatten in einem solchen Fall in sein Sondergut fällt (Anm. 80), das Sondergut für Rechnung des Gesamtgutes verwaltet wird (§ 1417 Abs. 3 Satz 2 BGB) und bei der Auseinandersetzung der Gütergemeinschaft in die Abschlußrechnung eingeht (§ 1467 BGB), so erleidet kein Ehegatte eine Vermögenseinbuße, wenn Mittel des Gesamtgutes in die Gesellschaft eingebracht werden. Des Schutzes vor übereilten Entschlüssen bedarf hier niemand, so daß § 1410 BGB vom Normzweck her nicht paßt (Reuter-Kunath JuS 1977, 381).

126 g) Ohne praktische Bedeutung ist auch die **kartellrechtliche Formvorschrift des § 34 GWB**. Danach bedürfen Kartellverträge der Schriftform. Die Vorschrift sollte nach dem Regierungsentwurf der 5. GWB-Novelle (WuW 1989, 209 ff.) beseitigt werden. Nach der verabschiedeten Fassung blieb die Bestimmung bestehen (vgl. dazu die Stellungnahme der Bundesregierung in WuW 1989, 561). § 34 GWB nimmt auf die §§ 2–8 GWB Bezug, nicht dagegen auf § 1 GWB. Das bedeutet: Nicht jede aktuell oder potentiell mit § 1 GWB kollidierende Vereinbarung, insbesondere nicht jedes vertragliche Wettbewerbsverbot (dazu Erl. §§ 112, 165), macht den Gesellschaftsvertrag formbedürftig. Nur echte Kartellverträge, die nach §§ 2–8 freigestellt werden sollen, bedürfen der Schriftform (vgl. BegrRegE GWB BT-Drucks. II/1158, S. 44; Benisch in Gemeinschaftskomm GWB 4. Aufl. § 34 Anm. 17; Wahl JZ 1958, 148). Deshalb spielt § 34 GWB für die Form von Handelsgesellschaftsverträgen keine sonderliche Rolle. In den wenigen in Betracht kommenden Fällen (etwa bei Gemeinschaftsunternehmen, soweit sie der Freistellung nach §§ 2ff. GWB bedürftig und fähig sind) wird die Schriftform schon aus praktischen Gründen ausnahmslos gewahrt sein.

5. Genehmigungserfordernisse und private Zustimmungserfordernisse

a) Der **vormundschaftsgerichtlichen Genehmigung** bedarf nach §§ 1822 Nr. 3 2. Alt., **127** 1643 BGB ein Gesellschaftsvertrag, der zum Betrieb eines Erwerbsgeschäfts eingegangen wird, wenn der Gesellschafter durch Eltern oder Vormund vertreten wird. Ein oHG- oder KG-Vertrag ist immer ein solcher Vertrag, auch wenn der Vertretene nur Kommanditist werden soll (BGHZ 17, 160 = NJW 1955, 1067; OLG Hamm OLGZ 1974, 158, 160; Schwab in MünchKomm § 1822 Anm. 21; Winkler ZGR 1973, 178f.; Stahl S. 86ff.; Wiedemann Übertragung S. 244 m.w.Nachw.). Es kommt auch nicht darauf an, ob der gesetzlich Vertretene eine Einlage leisten muß oder unentgeltlich in eine Gesellschaft aufgenommen wird (OLG Hamm OLGZ 1974, 158; Staub-Ulmer Anm. 85; Wiedemann Übertragung S. 245f.; Winkler ZGR 1973, 186; Schwab in MünchKomm § 1822 Anm. 23; vgl. Palandt-Diederichsen § 1822 Anm. 12; a.M. Brox, in Festschrift Bosch, 1976, S. 80ff.; Soergel-Damrau 12. Aufl. § 1822 Anm. 13). Ebensowenig kommt es darauf an, ob sich aus einer gesellschaftsvertraglichen Eintrittsklausel oder aus einer testamentarischen Gesellschaftsgründungsklausel eine Berechtigung oder Verpflichtung zum Abschluß des Vertrages ergibt (vgl. KG JW 1933, 118; Schwab in MünchKomm § 1822 Anm. 23). Nach § 1822 Nr. 3 1. Alt. BGB ist auch der spätere Beitritt des Vertretenen genehmigungspflichtig (vgl. Baumbach-Duden-Hopt Anm. 1B; Staub-Ulmer Anm. 85, 189; Heymann-Emmerich Anm. 35; Soergel-Damrau 12. Aufl. § 1822 Anm. 15; Schwab in MünchKomm § 1822 Anm. 17). Scheidet das Mündel aus der Gesellschaft aus, ist dies ein Fall des § 1822 Nr. 3 1. Alt. BGB, nämlich die Veräußerung eines (Teil-)Erwerbsgeschäfts (vgl. RGZ 122, 370, 372f.; BGHZ 17, 160, 164f. = NJW 1955, 1067, 1068; BGH NJW 1961, 724; OLG Karlsruhe NJW 1973, 1977; KG OLGE 40 [1920], 96; Soergel-Damrau 12. Aufl. § 1822 Anm. 19; Staub-Ulmer Anm. 85; Winkler ZGR 1973, 202f.). Zur Anteilsübertragung vgl. Anm. 189.

b) **Einwilligung des Ehegatten** eines Gesellschafters kann nach § 1365 Abs. 1 BGB **128** erforderlich sein. Danach kann sich ein Ehegatte nur mit Einwilligung des anderen Ehegatten verpflichten, über sein Vermögen im ganzen zu verfügen (§ 1365 Abs. 1 Satz 1 BGB). Hat er sich ohne Zustimmung des anderen Ehegatten verpflichtet, so kann er die Verpflichtung nur erfüllen, wenn der andere Ehegatte einwilligt (§ 1365 Abs. 1 Satz 2 BGB). Fehlt es an der erforderlichen Einwilligung, so kann der Vertrag durch Genehmigung des anderen Ehegatten wirksam werden (§ 1366 BGB). Entspricht das Geschäft den Grundsätzen einer ordnungsmäßigen Verwaltung, so kann das Vormundschaftsgericht die Zustimmung des anderen Ehegatten nach § 1365 Abs. 2 BGB durch Entscheidung ersetzen, wenn dieser Ehegatte sie ohne ausreichenden Grund verweigert oder durch Krankheit oder Abwesenheit an der Abgabe einer Erklärung verhindert und mit dem Aufschub Gefahr verbunden ist. Für den Tatbestand des § 1365 BGB kommt es darauf an, daß das ganze oder das wesentliche Vermögen Gegenstand der Verpflichtung und der Verfügungen ist (BGHZ 35, 135, 143 f.; 43, 174, 176; 64, 246, 247; 77, 293, 295; BGH FamRZ 1969, 322; NJW 1984, 609, 610; std. Rspr.). Ob dem Vertragschließenden ein adäquater Gegenwert, beim Gesellschaftsvertrag etwa in Gestalt der Beteiligung, zufließt, ist unerheblich (BGHZ 35, 135, 145; 43, 174, 176; a. A. Reinicke BB 1960, 1004; Rittner FamRZ 1961, 1, 15 f. [zur Kapitalgesellschaft]). Nach der zwar mit guten Gründen bestrittenen, in der Praxis aber unbedingt herrschenden Auffassung ist allerdings erforderlich, daß die Vertragspartner, hier also die Mitgesellschafter, die zur Anwendung des § 1365 BGB führenden Fakten, regelmäßig also die Vermögensverhältnisse, kennen (BGHZ 43, 174, 176; 64, 246, 247; 77, 293, 295; BGH NJW 1984, 609, 610; std. Rspr.; zum Streitstand vgl. Soergel-Lange 12. Aufl. § 1365 Anm. 52).

129 c) **Öffentlichrechtliche Erlaubnisse und Genehmigungen** betreffen regelmäßig nicht die Wirksamkeit des Vertrages, sondern lediglich die Tätigkeit der Gesellschaft (so z.B. die Gewerbeerlaubnis nach §§ 30 ff. GewO, die Gaststättenerlaubnis nach § 2 GaststättenG, die bankrechtliche Erlaubnis nach §§ 32, 33, 53 KWG). Wird die Erlaubnis nicht erteilt, so kann dies zwar Auswirkungen auf den Gesellschaftsvertrag haben, aber das richtet sich nach den Interessen und dem Willen der Gesellschafter (Genehmigung als aufschiebende Bedingung? Nichtgenehmigung als wichtiger Auflösungsgrund?). Nur ausnahmsweise kann es darum gehen, daß der Gesellschaftsvertrag selbst oder eine einzelne in ihm enthaltene Bestimmung der Erlaubnis oder sonstigen öffentlichrechtlichen Freistellung bedarf (vgl. insbes. §§ 2 ff. GWB für Kartellverträge).

130 d) Durch **besondere Vereinbarung im Gesellschaftsvertrag** kann dessen Wirksamkeit von der Zustimmung eines Dritten oder vom Vorliegen einer behördlichen Erlaubnis oder Genehmigung abhängig gemacht werden (Staub-Ulmer Anm. 164; vgl. auch für die Publikumsgesellschaft BGH NJW 1985, 1080). Es handelt sich dann aber um eine aufschiebende Bedingung i.S. von § 158 Abs. 1 BGB (vgl. dazu Anm. 110).

6. Auslegung

131 a) Der Gesellschaftsvertrag ist **auslegungsfähig**. Die Auslegung richtet sich, wie bei allen Verträgen, zunächst nach §§ 133, 157 BGB (vgl. BGH WM 1957, 512, 514; 1975, 662; BGH NJW 1979, 1705, 1706; Staub-Ulmer Anm. 197; Karsten Schmidt Gesellschaftsrecht § 5 I 4a; vgl. auch für die GmbH RGZ 79, 418, 422; 159, 321, 326; 165, 68, 73). Dabei sind die Besonderheiten von Gesellschaftsverträgen im allgemeinen und die Besonderheiten des jeweils in Rede stehenden Gesellschaftstypus im besonderen zu beachten. Die Auslegung beginnt, wie bei jedem Vertrag, mit dem **Wortlaut** der Vereinbarung. Vorrang vor dem Wortlaut haben aber: das tatsächliche **Verständnis aller Beteiligten** (BGHZ 20, 109, 110 = NJW 1956, 665; Heymann-Emmerich Anm. 17 f.; Staub-Ulmer Anm. 197; Karsten Schmidt Gesellschaftsrecht § 5 I 4c) und die tatsächliche einverständliche **Übung der Beteiligten** (vgl. für die GmbH RGZ 140,

303, 306; s. auch Staub-Ulmer Anm. 198; für einen einverständlichen Vertragsänderungswillen vgl. BGH LM Nr. 22 = NJW 1966, 826; s. auch BGHZ 49, 364, 366 = NJW 1968, 1378; Karsten Schmidt Gesellschaftsrecht § 5 I 4 c). Dies gilt aber nicht ohne weiteres auch für den in der Praxis bisweilen vorgekommenen Fall, daß ein unrichtiger Vertragswortlaut jahrelang unbemerkt und unwidersprochen bleibt, ohne sich in der praktischen Handhabung niederzuschlagen; eine solche rein redaktionelle Unstimmigkeit kann vorbehaltlich § 242 BGB korrigiert werden. Umstritten ist, in welchem Umfang Gesellschaftsverträge, ähnlich wie Satzungen, streng **objektiv** ausgelegt werden müssen. Dabei sind vor allem folgende Gesichtspunkte zu beachten: ein etwaiger Formzwang (vgl. Staub-Ulmer Anm. 200 m.w. Nachw. zum Grundsatz; s. auch Heymann-Emmerich Anm. 18) und der etwaige satzungsähnliche Charakter des Gesellschaftsvertrags, insbesondere bei Veräußerlichkeit der Anteile (BGH NJW-RR 1989, 1259, 1260 = ZIP 1989, 1052, 1053; näher Karsten Schmidt Gesellschaftsrecht § 5 I 4b). Einen allgemeinen Grundsatz, wonach Personengesellschaftsverträge subjektiv, Satzungen von Körperschaften, insbesondere auch GmbH-Verträge, streng objektiv auszulegen sind, gibt es nicht (vgl. auch hierzu Karsten Schmidt Gesellschaftsrecht § 5 I 4b). Von diesem Grundsatz ging allerdings die Rechtsprechung vielfach aus (vgl. für die GmbH BGH GmbHR 1982, 129, 130). Die Unhaltbarkeit eines solchen Ansatzes zeigt sich schon im Blick auf die GmbH & Co. KG, deren Verträge selbst dann ganz unterschiedlichen Auslegungsgrundsätzen unterliegen müßten, wenn sie von denselben Gesellschaftern vereinbart und sorgsam aufeinander abgestimmt sind. Das verbietet die Vernunft. Vielmehr gilt folgender Grundsatz: Die Rechte und Pflichten der konkret an der Gesellschaft beteiligten Gesellschafter lassen sich unter Zuhilfenahme der allgemeinen Treupflicht durch das allseitige Vertragsverständnis der Gesellschafter konkretisieren (vgl. BGH BB 1977, 1271). Soweit ein solches Einverständnis nicht besteht, hat bei einer auf den Wechsel der Gesellschafter eingerichteten Gesellschaft die Vertragsurkunde den Vorrang (BGH NJW 1979, 419, 420; 1979, 2102f.; 1982, 877, 878). Der Vertrag einer **Publikumspersonengesellschaft** wird grundsätzlich objektiv ausgelegt (näher § 161 Anm. 148). Auch die Rechtsprechung, wonach die widerspruchslose Hinnahme einer tatsächlichen Übung auf einen Vertragsänderungswillen schließen läßt, wird auf den Vertrag einer Publikumsgesellschaft nicht übertragen; wird dessen Wortlaut nicht abgeändert, so liegt ein gewichtiges Indiz dafür vor, daß sich die Gesellschafter mit einer vom Vertragswortlaut abweichenden Handhabung nicht dauerhaft binden wollten (BGH NJW 1990, 2684 = WM 1990, 714).

b) Eine **ergänzende Vertragsauslegung** ist zulässig, wo es gilt, Lücken im Gesellschaftsvertrag zu schließen (vgl. zur ergänzenden Vertragsauslegung bei Gesellschaftsverträgen namentlich BGH NJW 1978, 264, 265; 1979, 1705; 1982, 2816; 1985, 192, 193; BB 1986, 421, 422; BGHZ 105, 213, 218 = NJW 1989, 834, 835; Staub-Ulmer Anm. 203; Heymann-Emmerich Anm. 17). Die ergänzende Vertragsauslegung darf nicht zu einer Änderung des von den Parteien gewollten Vertragsinhalts führen. Eine solche Änderung liegt ausschließlich in der Hand der Vertragsbeteiligten und kann, selbst wenn diese zur Anpassung verpflichtet sind, nicht durch eine ergänzende Vertragsauslegung ersetzt werden (vgl. zum Erfordernis rechtskräftiger Verurteilung Anm. 144). Liegt allerdings eine Übung vor, die bereits Rücksicht auf eine gebotene Änderung nimmt, so kann dies nach Anm. 140 für das Verständnis des unter den Gesellschaftern praktizierten Vertrags bedeutsam sein.

133 c) Die Auslegung des Gesellschaftsvertrags ist, soweit Rechtsfrage, in der **Revisionsinstanz** nachprüfbar (RGZ 137, 305, 309; 159, 321, 326; 164, 129, 140; 165, 68, 74; BGH WM 1961, 303, 304; vgl. auch BGHZ 20, 109, 111 = NJW 1956, 665; Staub-Ulmer Anm. 204; vgl. näher für die Publikumsgesellschaft § 161 Anm. 148). Revisibel sind damit namentlich die Auslegungsgrundsätze (vgl. BGH WM 1955, 65; 1961, 303, 304; Ulmer Gesellschaft bürgerlichen Rechts § 705 Anm. 148; näher Karsten Schmidt Gesellschaftsrecht § 5 I 4a). Soweit der Gesellschaftsvertrag rein objektiv auszulegen ist, unterliegt diese Auslegung der vollen revisionsgerichtlichen Nachprüfung (RGZ 164, 129, 140; BGHZ 14, 25, 36f.; 36, 296, 314 = NJW 1962, 864; BGHZ 48, 141, 144 = NJW 1967, 2159; BGH NJW 1983, 1910). Insbesondere gilt dies für die Auslegung der Gesellschaftsverträge von Publikumspersonengesellschaften (vgl. die Angaben bei § 161 Anm. 148).

7. Unwirksamkeit, Nichtigkeit, Teilnichtigkeit, geltungserhaltende Reduktion und Umdeutung

134 a) Der Gesellschaftsvertrag ist schwebend **unwirksam**, wenn sein Wirksamwerden noch von einer Genehmigung abhängt (dazu Anm. 127ff.). Er ist **nichtig**, wenn ein gesetzlicher Nichtigkeitsgrund vorliegt (insbes. §§ 125, 134, 138 BGB). Zur Formnichtigkeit nach § 125 BGB vgl. Anm. 119. Nichtigkeit wegen Gesetzes- oder Sittenverstoßes nach §§ 134, 138 BGB setzt voraus, daß der Gesellschaftsvertrag als solcher gesetz- oder sittenwidrig ist; die bloße Verfolgung gesetzwidriger Ziele durch die Gesellschafter, z.B. Steuerhinterziehung, genügt hierfür nicht (vgl. BGH WM 1976, 1026). Ein zunächst schwebend unwirksamer Vertrag wird nichtig, wenn die erforderliche Genehmigung definitiv versagt wird (h.M.; vgl. statt vieler Soergel-Hefermehl 12. Aufl. § 134 Anm. 45). Anderes gilt, wenn die Verweigerung der Genehmigung rechtswidrig und ein Anspruch auf Erteilung der Genehmigung noch durchsetzbar ist (eingehend zur Beendigung der schwebenden Unwirksamkeit Karsten Schmidt AcP 189 [1989], 1ff. m.w.Nachw.).

135 b) Eine **allgemeine Inhaltskontrolle** von Gesellschaftsverträgen im Sinne einer richterlichen Angemessenheitskontrolle findet **nicht** statt (Staub-Ulmer § 109 Anm. 44). Nach § 23 Abs. 1 AGBG gelten die Regelungen des Gesetzes über Allgemeine Geschäftsbedingungen nicht für Gesellschaftsverträge. Auch die Angemessenheitskontrolle bei Abfindungsklauseln (§ 138 Anm. 77) ist ein auf diese Klauseln beschränktes, teils auf § 138 BGB, von der Rechtsprechung teils auch auf § 133 Abs. 3 HGB gestütztes Rechtsinstitut, das keine Schlüsse auf eine allgemeine Inhaltskontrolle von Gesellschaftsverträgen zuläßt (auch hierzu Staub-Ulmer § 109 Anm. 44 mit Nachw.). Besonderheiten gelten für Publikumspersonengesellschaften. Bei ihnen hat die Rechtsprechung eine Inhaltskontrolle entwickelt (dazu § 161 Anm. 139ff.; vgl. seither noch BGHZ 104, 50 = NJW 1988, 1903 = BB 1988, 1207).

136 c) **Probleme der Teilnichtigkeit** entstehen, wenn ein Nichtigkeitsgrund (bzw. Unwirksamkeitsgrund) nur einzelne Vertragsklauseln betrifft (vgl. BGHZ 47, 173, 179 = NJW 1967, 1268, 1271; Pierer von Esch, Teilnichtige Rechtsgeschäfte, 1968,

S. 118 ff.). Nach § 139 BGB ist im Fall der Teilnichtigkeit das ganze Rechtsgeschäft nichtig, sofern nicht anzunehmen ist, daß es auch ohne den nichtigen Teil vorgenommen worden wäre. Im Gesellschaftsrecht führt die Nichtigkeit einzelner Vertragsklauseln regelmäßig nicht zur Gesamtnichtigkeit (vgl. BGHZ 49, 364, 365 = NJW 1968, 1378; BGH WM 1976, 1027, 1029; Heymann-Emmerich Anm. 18; Staub-Ulmer Anm. 185; Alfred Hueck oHG § 7 I 2). Vorrang vor der Gesamtnichtigkeit haben Teilnichtigkeit sowie Umdeutung und ergänzende Auslegung (vgl. zu dieser Anm. 132). In den meisten Gesellschaftsverträgen kommt der gegen die Gesamtnichtigkeit sprechende Parteiwille in der sog. **salvatorischen Klausel** besonders zum Ausdruck, die etwa lautet: „Sollten einzelne Bestimmungen dieses Vertrags ganz oder teilweise unwirksam sein oder unwirksam werden, so wird hierdurch die Gültigkeit der übrigen Bestimmungen nicht berührt. An die Stelle der unwirksamen Bestimmung soll eine angemessene Regelung treten..." Verschiedentlich bringt auch das Gesetz zum Ausdruck, daß es nur einzelne Vertragsklauseln und nicht den ganzen Gesellschaftsvertrag für unwirksam erklären will (z. B. §§ 123 Abs. 3, 128 Satz 2, 133 Abs. 3, 139 Abs. 5). Von dem in § 139 BGB geregelten Fall der Teilnichtigkeit zu unterscheiden ist der Fall der hier sog. **qualitativen Teilnichtigkeit**. Damit sind die Fälle gemeint, in denen eine Vertragsklausel, meist eine Ausschließungs- oder Abfindungsklausel, deshalb unwirksam ist, weil sie zu weit geht. Hier läßt die Rechtsprechung mit Recht eine **geltungserhaltende Reduktion** zu, führt also die unzulässige Vertragsklausel auf das gesetzlich zulässige Maß zurück und erhält sie mit dieser Maßgabe aufrecht (vgl. für Ausschließungsklauseln BGHZ 105, 213 = NJW 1989, 834; für Abfindungsklauseln BGHZ 107, 351 = NJW 1989, 2681; zur geltungserhaltenden Reduktion s. auch H. P. Westermann in Festschrift Stimpel S. 69 ff.).

d) Eine **Umdeutung** ist nach § 140 BGB zulässig, wenn ein Rechtsgeschäft nichtig ist, **137** jedoch den Erfordernissen eines anderen Rechtsgeschäfts entspricht und anzunehmen ist, daß die Parteien bei Kenntnis der Nichtigkeit dieses andere Rechtsgeschäft gewollt hätten. Dies gilt auch für Gesellschaftsverträge (BGHZ 19, 269, 275; BGH WM 1967, 951, 952). Von der ergänzenden Vertragsauslegung (Anm. 132) unterscheidet sich die Umdeutung dadurch, daß die im Vertragsgefüge entstandene Lücke durch Nichtigkeit des Vertragsteils entstanden sein muß.

8. Vertragsänderungen

a) Der Gesellschaftsvertrag als Schuldvertrag und Organisationsvertrag ist abänderbar. **138** Für die Vertragsänderung **zuständig** sind alle im Zeitpunkt ihrer Vornahme beteiligten **Gesellschafter**. Wie für die Gründung der Gesellschaft gelten für die Wirksamkeit der Vertragsänderung grundsätzlich die allgemeinen Regeln des bürgerlichen Rechts (Anm. 109). Umstritten ist, ob im Fall der gesetzlichen Vertretung nach §§ 1643, 1822 Nr. 3 BGB eine **vormundschaftsgerichtliche Genehmigung** erforderlich ist (bejahend Geßler in der Vorauf. Anm. 54; Soergel-Damrau 12. Aufl. § 1822 Anm. 25; Knopp BB 1962, 942; Beitzke JR 1963, 183; Stöber Rpfleger 1968, 2). Die h. M. verneint dies (BGHZ 17, 160, 163 = NJW 1955, 1067; BGHZ 38, 26, 28 = NJW 1962, 2344; BGH NJW 1961, 724, 725; 1972, 1368, 1370; Baumbach-Duden-Hopt Anm. 1 B; Staub-Ulmer Anm. 85; Heymann-Emmerich Anm. 36; Stahl S. 129 ff., 137; Winkler

ZGR 1973, 195). Der h. M. ist zu folgen. Unter § 1822 Nr. 3 BGB fällt nur ein Vertrag, der auf den Erwerb, die Veräußerung oder den Betrieb eines Geschäfts eingegangen wird. Dazu zählt auch der Beitritt zur Handelsgesellschaft (Anm. 127; zum Austritt vgl. Anm. 127, 181). Die bloße Vertragsänderung kann dem nicht gleichgestellt werden. Aus Gründen der Rechtssicherheit kann auch nicht zwischen genehmigungsfreien unwesentlichen und genehmigungspflichtigen wesentlichen Vertragsänderungen unterschieden werden (für Genehmigungsbedürftigkeit von Zweckänderungen vgl. allerdings Stahl S. 138). Auch der Beitritt oder Austritt eines anderen Gesellschafters fällt, selbst wenn sich die Position des gesetzlich Vertretenen hierdurch verändert, nicht unter § 1822 Nr. 3 BGB (BGHZ 17, 160, 163 = NJW 1955, 1067; BGHZ 38, 26, 28 = NJW 1962, 2344; BGH NJW 1961, 724, 725; WM 1972, 1368, 1370; Heymann-Emmerich Anm. 36; Staub-Ulmer Anm. 85; Alfred Hueck oHG § 27 I 1 b). Anderes muß bei solchen Vertragsänderungen gelten, die einem partiellen Neueintritt gleichkommen. Das ist zum einen bei der nachträglichen Erhöhung der Einlage der Fall (vgl. in dieser Richtung Stöber Rpfleger 1968, 4; Knopp BB 1962, 942), zum anderen auch bei der Umwandlung einer Kommanditistenstellung in die eines Komplementärs oder oHG-Gesellschafters (die h. M. wendet hier § 1822 Nr. 10 BGB an; vgl. Staub-Ulmer Anm. 85; Winkler ZGR 1973, 200; Beitzke JR 1963, 184; Stöber Rpfleger 1968, 9). Diese Umwandlung wurde herkömmlich sogar als Aus- und Eintritt verstanden (vgl. dazu § 143 Anm. 7).

139 b) Einer besonderen **Form** bedarf eine Vertragsänderung grundsätzlich nicht. Es gelten die bei Anm. 113 ff. geschilderten Grundsätze. Soweit nach diesen Grundsätzen eine gesetzliche Form für die Gründung einzuhalten war, wirkt dieser Formzwang nicht fort, wenn sich das Formerfordernis, wie z. B. bei der Schenkung von Anteilen oder bei der inzwischen vollzogenen Pflicht zur Einlage von Grundstücken, erledigt hat (vgl. dazu BayObLG BB 1987, 711, 712 f.; Staub-Ulmer Anm. 192; vgl. allg. BGH NJW 1985, 266). Soweit der Formzwang noch fortbesteht, erfaßt er auch Vertragsänderungen (Kanzleiter in MünchKomm § 313 Anm. 47 a; einschränkend z. B. BGH WM 1980, 166). Soweit dies nicht der Fall ist, kann sich der Formzwang nur aus dem Inhalt der Vertragsänderung selbst ergeben, etwa wenn nunmehr ein Grundstück eingebracht werden soll (§ 313 BGB) oder sich die Aufnahme eines neuen Gesellschafters als ein noch nicht vollzogenes Schenkungsversprechen darstellt (§ 518 BGB).

140 c) **Schriftformklauseln**, die für die Änderung oder Ergänzung des Vertrags die **gewillkürte Schriftform** vorschreiben (§ 127 BGB), bedeuten i. d. R., daß eine formlose Vertragsänderung unwirksam sein soll (§ 125 Satz 2 BGB; Staub-Ulmer Anm. 179; Heymann-Emmerich Anm. 21). Diese Konsequenz ist aber umstritten. Nach BGHZ 49, 364 = NJW 1968, 1378 hat der Mangel der für Vertragsänderungen vereinbarten Form bei der offenen Handelsgesellschaft regelmäßig nicht die Nichtigkeit der Vertragsänderung zur Folge (zust. Soergel-Hadding 11. Aufl. § 705 Anm. 14; Baumbach-Duden-Hopt Anm. 2 G). Dem stimmt die h. L. nicht zu (vgl. nur Heymann-Emmerich Anm. 21; Staub-Ulmer Anm. 179; Alfred Hueck oHG § 6 III 4; ders. DB 1968, 1207 ff.). In aller Regel wird sich aus dem Wortlaut und auch aus dem Sinn der Schriftformklausel ergeben, daß ihre Einhaltung Wirksamkeitsvoraussetzung sein soll. Diese Auslegung der Klausel ist nach § 125 Satz 2 BGB zu vermuten. Eine andere Frage ist, ob sich die Vertragsparteien im allseitigen Einvernehmen über die vereinbarte Schriftform hinwegsetzen können (vgl. BGHZ 58, 115, 118 f. = NJW 1972, 623; Staub-Ulmer Anm. 180; ablehnend für Gesellschaftsverträge, die die Durchbrechung der Form nur schriftlich gestatten, OLG Düsseldorf NJW 1977, 2216). Die auf andere Vertragsformen bezogene Rechtsprechung hält dies für möglich (vgl. BGHZ 58, 115, 118 f. = NJW 1972, 623; BGH LM Nr. 1 zu § 127 BGB = NJW 1958, 1281; BGH NJW 1968, 33; WM 1974, 105; 1982, 902; BAG DB 1982, 1417; OLG Frankfurt WM 1982, 723, 724; vgl. bereits RGZ 95, 175 f.; anders, wenn Formverzicht im Vertrag ausgeschlossen ist; vgl. BGHZ 66, 378, 381 f. = NJW 1976, 1395). Dem ist zu folgen. Die Schriftformklausel kann im allseitigen Einvernehmen durch formlose Vertragsänderung ad hoc überwunden werden (BGHZ 58, 115, 118 f. = NJW 1972, 623; BGHZ 71, 162, 164 = NJW 1978, 1585; BGH WM 1965, 175). Sie kann sogar für die Zukunft formlos außer Kraft gesetzt werden. Die Darlegungs- und Beweislast hierfür trifft den, der sich auf die Änderung beruft (vgl. aber BGH LM Nr. 22 = NJW 1966, 826).

d) **Konkludente Änderungen des Gesellschaftsvertrags** sind, soweit nicht Formerfordernisse entgegenstehen, zulässig. Wenn alle Gesellschafter eine Änderung zur Eintragung im Handelsregister anmelden, so ist dies entweder ein Indiz für eine vorausgegangene ausdrückliche Vertragsänderung, oder die Anmeldung stellt jedenfalls eine konkludente Vertragsänderung dar (vgl. BGH WM 1972, 1368, 1369; 1974, 177, 179; GmbHR 1977, 103, 104; WM 1984, 1605, 1606; 1985, 1229; abweichend für die Publikumsgesellschaft BGH NJW 1990, 2684 = WM 1990, 714; Baumbach-Duden-Hopt Anm. 2 G; Staub-Ulmer Anm. 191). Die Rechtsprechung schließt auch aus einer andauernden, **vom Vertragswortlaut abweichenden Handhabung** des Gesellschaftsverhältnisses prima facie auf eine konkludente Vertragsänderung (RGZ 128, 172, 178 f.; 163, 385, 392 f.; BGHZ 70, 331, 332 = NJW 1978, 1001; BGH WM 1957, 1128).

e) Durch **Mehrheitsbeschluß** kann der Vertrag nur unter den bei § 119 näher dargestellten Voraussetzungen geändert werden. Es bedarf hierfür einer Ermächtigung im Gesellschaftsvertrag, die die in Frage stehende Vertragsänderung deckt. Hinzuweisen ist namentlich auf den noch nicht vollständig abgeschafften „Bestimmtheitsgrundsatz" (§ 119 Anm. 17 ff.) sowie auf die „Kernbereichslehre" (§ 119 Anm. 24 ff.). Der erste Grundsatz begrenzt den sachlichen Umfang der Beschlußgegenstände. Der zweite besagt, daß in den „Kernbereich" der Mitgliedschaftsrechte nicht durch Mehrheitsbeschluß eingegriffen werden kann.

9. Vertragsanpassungspflichten

a) Eine Pflicht der Gesellschafter, an einer Vertragsänderung mitzuwirken, kann sich **aus dem Gesellschaftsvertrag** bzw. aus ergänzender Auslegung des Gesellschaftsvertrags ergeben (Karsten Schmidt Gesellschaftsrecht § 5 IV; grundlegend Zöllner Anpassung; H. P. Westermann, in Festschrift Hefermehl, 1976, S. 225 ff.; ablehnend Kollhosser in Festschrift Westermann S. 275 ff.; ders. in Festschrift Bärmann S. 533; Flume in Festschrift Rittner S. 119 ff.). Eine **gesetzliche** (genauer: sich nicht aus dem Gesellschaftsvertrag ergebende) **Pflicht zur Vertragsanpassung** kann sich mittelbar aus den mitgliedschaftlichen Förderungs- und Loyalitätspflichten ergeben (vgl. zur Treupflicht

Anm. 161 ff.); sie besteht unter einer doppelten Voraussetzung: Die Vertragsänderung muß objektiv im Interesse der Gesellschaft und der Gesellschafter geboten und außerdem für den Gesellschafter zumutbar sein (BGH LM Nr. 8 zu § 138 = NJW 1961, 724, 725; BGH LM Nr. 8 zu § 109 = NJW 1970, 706; BGHZ 64, 253, 257 = NJW 1975, 1410; BGH NJW 1985, 972, 973 und 974, 975; vgl. auch BGH WM 1968, 430). Zustimmungspflichten wurden beispielsweise angenommen: zum Austritt eines Mitgesellschafters im allseitigen Interesse (BGH LM Nr. 8 zu § 138 = NJW 1961, 724; BGH BB 1986, 421, 422), zur Änderung der Geschäftsführungsregelung bei einem politisch vollbeschäftigten Gesellschafter (Zöllner Anpassung S. 45 zum Sachverhalt BGHZ 45, 384), zur Heraufsetzung einer Tätigkeitsvergütung (BGHZ 44, 40 = NJW 1965, 1960), zur Herabsetzung einer Festverzinsung im Interesse der Unternehmenserhaltung (BGH NJW 1985, 974), zur Einführung sachgerechter Nachfolgeregelungen für den Todesfall (BGH NJW 1974, 1656 m. Anm. Reuter ZGR 1976, 88; BGH NJW 1987, 952, 953). Vgl. für den Fall der notwendigen Nachfolgeregelung auch § 139 Anm. 9; für den Fall der Fortsetzung der Gesellschaft § 131 Anm. 68.

144 b) Die **Durchführung der Vertragsanpassung** erfolgt grundsätzlich auch in den hier besprochenen Fällen durch Einigung aller Beteiligten. Wird diese nicht erzielt, so bedarf es grundsätzlich der Klage auf Abgabe einer Willenserklärung, die erst nach Rechtskraft des Urteils durch die Fiktion des § 894 ZPO ersetzt wird (vgl. BGHZ 98, 276 = NJW 1987, 189 [GmbH]; OLG Bremen NJW 1972, 1952 [GmbH]; vgl. auch für Gesellschafterbeschlüsse in der GmbH BGH ZIP 1989, 1261). Das bedeutet, daß die Vertragsänderung auch in den Fällen einer Vertragsänderungspflicht grundsätzlich so lange nicht als vollzogen betrachtet werden kann, wie nicht der verpflichtete Gesellschafter ein hinreichend bestimmtes Vertragsänderungsangebot angenommen hat oder zu dessen Annahme rechtskräftig verurteilt worden ist. Eine Vertragsanpassung durch richterliche Gestaltung oder inzident durch „verdeckte Gestaltung" im Rahmen einer Leistungsklage ist grundsätzlich nicht anzuerkennen. Hiervon zu unterscheiden ist die Frage, ob sich der anpassungspflichtige Gesellschafter bei der Ausübung einzelner Rechte sogleich stellen lassen muß, als wäre die geschuldete Vertragsanpassung schon vollzogen. Das kann nach Lage des Einzelfalls zu bejahen sein.

145 c) Vertragsanpassungspflichten können auch bei der **Auslegung des Vertrags** oder bei der **Würdigung einer unter den Gesellschaftern bestehenden Übung** eine Rolle spielen. Eine vom Wortlaut des Gesellschaftsvertrags abweichende Übung (Anm. 131) wird um so eher Bedeutung für die Auslegung des Vertrags haben, je näher die Annahme liegt, daß in ihr der Wille zum Ausdruck kommt, auf die Notwendigkeit einer Vertragsänderung zu reagieren.

VI. Die Mitgliedschaft und die mitgliedschaftlichen Rechte und Pflichten

146 Schrifttum: *Bartsch*, Die Entwicklung der personengesellschaftsrechtlichen Treuepflicht in der Rechtsprechung, Diss. Göttingen 1989; *Bork*, Die Parteirollen im Streit um die Zugehörigkeit einer Personenhandelsgesellschaft, ZGR 1991, 125; *Robert Fischer*, Die Grenze bei der Ausübung gesellschaftsrechtlicher Mitgliedschaftsrechte, NJW 1954, 777 = Gesammelte Schriften, 1985, S. 109; *ders.*, Gedanken über einen Minderheitenschutz bei den Personengesellschaften, in: Festschrift Barz, 1974, S. 33 = Gesammelte Schriften, 1985, S. 193; *Hadding*, Die Mitgliedschaft in handelsrechtlichen Personengesellschaften – ein subjektives Recht?, in: Festschrift Reinhardt, 1972, S. 249; *Heinsheimer*, Über die Teilhaberschaft, 1930; *Alfred Hueck*, Der Treuegedanke im Recht der oHG, in: Festschrift Hübner, 1935, S. 72; *ders.*, Der Treuegedanke im modernen Privatrecht, 1947; *Götz Hueck*, Der Grundsatz der gleichmäßigen Behandlung im Privatrecht, 1958; *Hüffer*, Zur gesellschaftsrechtlichen Treupflicht als richterrechtlicher Generalklausel, in: Festschrift Steindorff, 1990, S. 59; *Lutter*, Theorie der Mitgliedschaft, AcP 180 (1980), 84; *Müller-Erzbach*, Das private Recht der Mitgliedschaft als Prüfstein eines kausalen Rechtsdenkens, 1948; *Nitschke*, Die körperschaftlich strukturierte Personengesellschaft, 1970; *Röttger*, Die Kernbereichslehre im Recht der Personenhandelsgesellschaften, 1989; *Roitzsch*, Der Minderheitenschutz im Verbandsrecht, 1981; *Wiedemann*, Die Übertragung und Vererbung von Mitgliedschaftsrechten bei Handelsgesellschaften, 1965; *Martin Winter*, Mitgliedschaftliche Treubindungen im GmbH-Recht, 1988; *Zöllner*, Die Schranken mitgliedschaftlicher Stimmrechtsmacht bei den privatrechtlichen Personenverbänden, 1963.

1. Grundlagen

a) Die oHG bzw. KG ist **verbandsrechtlich**, also **mitgliedschaftlich** und nicht bloß schuldrechtlich, organisiert. Im Gegensatz zur stillen Beteiligung, die eine Innengesellschaft begründet (§ 335 a.F. = § 230 n.F. Anm. 7ff.) und nur im Einzelfall mitgliedschaftlich organisiert sein kann (§ 335 a.F. = § 230 n.F. Anm. 12, 72ff.), begründet die Beteiligung an einer oHG bzw. KG in jedem Fall eine Mitgliedschaft. Die Mitgliedschaft ist der Inbegriff der aus der Beteiligung entspringenden und auf sie bezogenen Rechte und Pflichten des Gesellschafters (Staub-Ulmer Anm. 208; Flume Personengesellschaft § 9; Karsten Schmidt Gesellschaftsrecht § 19 I; Lutter AcP 180 [1980], 97ff.). Die Mitgliedschaft ist damit zunächst ein **Rechtsverhältnis** (Karsten Schmidt Gesellschaftsrecht § 19 I 3 m.w.Nachw.). Zugleich ist sie ein **subjektives Recht des Gesellschafters** (Staub-Ulmer Anm. 210; Flume Personengesellschaft § 9; Wiedemann Gesellschaftsrecht I § 2 I 1 b bb; Karsten Schmidt Gesellschaftsrecht § 19 I 3; ders. JZ 1991, 158; Lutter AcP 180 [1980], 101; a.M. Hadding in Festschrift Reinhardt S. 255ff.). Als Rechtsverhältnis kann sie Rechte und Pflichten im Verhältnis zur Gesellschaft und zu den Mitgesellschaftern und im Fall schuldhafter Pflichtverletzung auch Schadensersatzansprüche wegen Schlechterfüllung dieser Pflichten begründen (vgl. zum Vereinsrecht BGHZ 90, 92 = NJW 1984, 1884). Als absolutes Recht genießt die Mitgliedschaft sogar Deliktsschutz nach § 823 Abs. 1 BGB (vgl. BGH NJW 1990, 2877 = JZ 1991, 192 [Verein]; Karsten Schmidt Gesellschaftsrecht § 21 V 4; Mertens in MünchKomm § 823 Anm. 131; Lutter AcP 180 [1980], 131; für das Verhältnis zu Dritten auch Staub-Ulmer Anm. 210; a.M. Hadding, in Festschrift Kellermann, 1991, S. 91ff.; wohl auch Wiedemann Gesellschaftsrecht I § 8 IV 1 c dd). Es muß sich jedoch um einen Eingriff in die Mitgliedschaft als solche handeln. Die bloße Beeinträchtigung einzelner Befugnisse des Gesellschafters bzw. die bloße Herbeiführung eines Vermögensschadens des Gesellschafters ist keine Verletzung eines sonstigen Rechts i.S. von § 823 Abs. 1 BGB (bedenklich weitgehend im Vereinsrecht BGH NJW 1990, 2877 = JZ 1991, 192; dazu Karsten Schmidt JZ 1991, 157ff.). Schließlich ist die Mitgliedschaft auch **Rechtsobjekt** insofern, als sie Gegenstand von Verfügungsgeschäften (Veräußerung, Belastung) sein kann (dazu Anm. 185ff.).

b) Die mitgliedschaftlichen **Rechtsverhältnisse** sind zunächst Rechtsverhältnisse **der Gesellschafter untereinander** (Flume Personengesellschaft § 9; insoweit übereinst. Lutter AcP 180 [1980], 122ff. m.w.Nachw.). Die Gesellschafter sind einander durch den Gesellschaftsvertrag verbunden. Daneben treten **mitgliedschaftliche Rechte und Pflich-**

ten der Gesellschafter im Verhältnis zur Gesellschaft (näher Karsten Schmidt Gesellschaftsrecht § 19 III 1 a; str.). Insbesondere die Erfüllung von Beitragsleistungen kann (auch) von der Gesellschaft verlangt werden (vgl. Baumbach-Duden-Hopt § 124 Anm. 6 B, D; Heymann-Emmerich § 124 Anm. 15). Auch das Recht auf Einhaltung eines Wettbewerbsverbots ist ein Recht der Gesellschaft (vgl. näher §§ 112, 113). Dem stehen Rechte des Gesellschafters im Verhältnis zur Gesellschaft gegenüber. Der Gesellschafter kann Aufwendungsersatz (vgl. § 110), Entnahmen (vgl. § 122) und Auszahlung der Liquidationsquote im Auflösungsfall (vgl. § 155 Anm. 45 f.) von der Gesellschaft verlangen. Das individuelle Informationsrecht des Gesellschafters (vgl. §§ 118, 166) ist ein gegenüber der Gesellschaft bestehendes Recht.

149 c) **Prozeßrechtlich** spielen die unterschiedlichen Rechtsverhältnisse für die **Bestimmung der richtigen Prozeßparteien** eine Rolle (dazu auch § 124 Anm. 32). Soweit das Gesellschaftsverhältnis unter den Gesellschaftern in Rede steht, sind grundsätzlich die Gesellschafter und nur sie die richtigen Parteien (BGHZ 30, 195, 197 f. = NJW 1959, 1683, 1684; BGHZ 48, 175, 177 = NJW 1967, 2159; BGHZ 81, 263, 264 f. = NJW 1981, 2565; BGH WM 1983, 785 f.; BGHZ 91, 132, 133 = NJW 1984, 2104; BGH WM 1990, 309; 1990, 675; Baumbach-Duden-Hopt § 124 Anm. 6 H; Staub-Ulmer Anm. 212, 212 a). Für die Gestaltungsklagen nach §§ 117, 127, 133, 140, 142 hat der Gesetzgeber dies besonders angeordnet. Bei diesen Klagen ist die Streitgenossenschaft sämtlicher Gesellschafter eine notwendige i.S. von § 62 ZPO (vgl. § 127 Anm. 20; § 133 Anm. 45; § 140 Anm. 54). Ansonsten ist sie es nicht (RG DR 1944, 245, 246; BGHZ 30, 195, 198 = NJW 1959, 1683, 1684 f.; Staub-Ulmer Anm. 212). Nach der Rechtsprechung sind aber auch Feststellungsprozesse über das Bestehen der Mitgliedschaft unter den Gesellschaftern auszutragen, so daß insbesondere eine Klage der Gesellschaft auf Feststellung der Nicht-Mitgliedschaft eines ausgeschlossenen Gesellschafters bzw. die Klage des Gesellschafters gegen die Gesellschaft auf Feststellung seiner Zugehörigkeit zur Gesellschaft als unzulässig abgewiesen wird (BGHZ 91, 132, 133 = NJW 1984, 2104; BGH WM 1990, 309; 1990, 675; krit. Bork ZGR 1991, 125 ff.). Diese Rechtsprechung wird dem modernen Verständnis der Handels-Personengesellschaft, insbesondere im Fall einer Publikumsgesellschaft, nicht voll gerecht, ist aber durch das Konzept der §§ 117, 127, 133, 140, 142 vorgeprägt (insofern ohne Stellungnahme Bork ZGR 1991, 125 ff.). Die h.M. sollte indes jedenfalls eine Prozeßstandschaft der Gesellschaft zugunsten der Gesellschafter zulassen, wenn diese die Prozeßführung im Gesellschaftsvertrag oder durch Einzelermächtigung der Gesellschaft überlassen haben (vgl. auch zur Prozeßstandschaft Bork ZGR 1991, 139 ff.). Bei Publikumsgesellschaften wird dies als stillschweigend vereinbart zu gelten haben (vgl. § 124 Anm. 32). Generell ist der Prozeß zwischen der Gesellschaft und dem einzelnen Gesellschafter auszutragen, soweit Leistungsansprüche zwischen der Gesellschaft und den Gesellschaftern in Frage stehen (z.B. bei Klagen auf Einlageleistung, auf Auszahlung von entnahmefähigen Gewinnanteilen usw.). Zum Sonderproblem der actio pro socio vgl. Anm. 171 ff.

150 d) Von den mitgliedschaftlichen Rechten und Pflichten müssen die **Drittbeziehungen** unterschieden werden (Karsten Schmidt Gesellschaftsrecht § 19 III 2). Ein Gesellschafter kann sowohl zur Gesellschaft als auch zu den Mitgesellschaftern in Rechtsverhältnissen stehen, die nicht auf der gesellschaftsvertraglichen Grundlage, sondern auf Drittgeschäften (z.B. Kauf, Miete, Dienstvertrag, Darlehen etc.) oder auf gesetzlichen Schuldverhältnissen ohne Zusammenhang mit dem Gesellschaftsverhältnis beruhen (z.B. unerlaubte Handlung oder ungerechtfertigte Bereicherung bei nur zufälligem Zusammenhang mit der Gesellschaft). Vor allem für die Haftung der Gesellschafter ist der Unterschied zwischen Sozialansprüchen und Drittansprüchen eines Gesellschafters von Bedeutung (vgl. § 128 Anm. 12). Drittbeziehungen können durch Beitragsabreden mit dem Gesellschaftsverhältnis verknüpft sein. So etwa, wenn ein Gesellschafter Lieferungen oder einen Kredit oder eine Nutzungsüberlassung als Beitrag schuldet (vgl. Anm. 154). Dann ist die Ausübung der Rechte aus dieser Drittbeziehung gesellschaftsrechtlich überlagert. Die Drittbeziehung als solche bleibt aber von dem Gesellschaftsverhältnis unterscheidbar.

e) Ausdruck des allgemeinen Rechts der Mitgliedschaft sind vor allem der **Gleichbehandlungsgrundsatz** und die **Treupflicht**. Zur Treupflicht vgl. Anm. 161 ff.; zum Gleichbehandlungsgrundsatz vgl. Heymann-Emmerich § 109 Anm. 12 ff.; Staub-Ulmer Anm. 252 ff.; Alfred Hueck oHG § 9 III; Wiedemann Gesellschaftsrecht I § 8 II 2; Karsten Schmidt Gesellschaftsrecht § 16 II 4 b; grundlegend Götz Hueck Grundsatz der gleichmäßigen Behandlung. Der **Gleichbehandlungsgrundsatz** als allgemeines mitgliedschaftsrechtliches Institut hindert nicht die **Verschiedenbehandlung im Gesellschaftsvertrag** (RGZ 151, 321, 326; BGHZ 16, 59, 70 = NJW 1955, 384; BGHZ 20, 363, 369 = NJW 1956, 1198, 1200; Baumbach-Duden-Hopt § 109 Anm. 3 B; Heymann-Emmerich § 109 Anm. 14; Staub-Ulmer Anm. 256). Es geht im wesentlichen um den Schutz von Minderheitsgesellschaftern gegen Maßnahmen der Geschäftsführung und gegen die Ungleichbehandlung bei Mehrheitsbeschlüssen (näher § 119 Anm. 30).

151

f) Der **Schutz der Mitgliedschaft** ist im wesentlichen ein Problem des inneren Organisationsrechts der Gesellschaft (zur Frage, ob die Mitgliedschaft auch ein nach § 823 Abs. 1 BGB geschütztes Recht ist, vgl. Anm. 147). Dem Schutz der Mitgliedschaft dienen insbesondere mitgliedschaftliche Rechte wie die actio pro socio (Anm. 171 ff.), die Informationsrechte (dazu Erl. §§ 118, 166) und die Gestaltungsklagrechte nach §§ 117, 127, 133, 140, 142. Daneben gibt es objektive Institutionen des Schutzes, insbesondere des Minderheitenschutzes, die keine subjektiven Rechte begründen, aber doch rechtlichen Schutz gewähren (Überblick bei Karsten Schmidt Gesellschaftsrecht § 16 III). In Betracht kommen namentlich das Belastungsverbot (§ 707 BGB), der Bestimmtheitsgrundsatz und der Kernbereichsschutz gegenüber Mehrheitsentscheidungen (eingehend Erl. § 119). Zum Schutz durch Schadensersatzansprüche vgl. Anm. 147.

152

2. Beitrags- und Einlagepflichten

a) **Alle Gesellschafter** haben Beiträge zu leisten (vgl. Anm. 31). Der **Begriff des Beitrags** ist von dem der **Einlage** zu unterscheiden (Karsten Schmidt Gesellschaftsrecht § 20 II; ders. ZHR 154 [1990], 240; s. auch Scheel BB 1988, 1211; ungenau die übliche Terminologie; vgl. nur Heymann-Emmerich Anm. 22): **Beitrag** kann jedes den Gesellschaftszweck fördernde Tun oder Unterlassen sein. Von **Einlagen** sollte man nur bei

153

solchen Beiträgen sprechen, die auf Bildung von Eigenkapital durch Leistung in das Gesellschaftsvermögen zielen (Karsten Schmidt Gesellschaftsrecht § 20 II). Allerdings ist zu beachten, daß die Terminologie des Gesetzes unstimmig ist und mit dieser Begriffsbildung nicht vollständig übereinstimmt (vgl. §§ 706, 707, 718 Abs. 1, 733 Abs. 2 BGB). Diese unklare gesetzliche Terminologie ist in der Sache unschädlich. Die hier verwendete Begriffsbildung ist durch sachliche Erwägungen vorgegeben. Teilweise wird im Schrifttum noch dahingehend unterschieden, daß nicht geleistete Einlagen Beiträge und nicht geleistete Beiträge Einlagen sind (so z.B. Baumbach-Duden-Hopt § 109 Anm. 4 F; Alfred Hueck oHG § 14 I). Diese Terminologie ist sachlich ohne Nutzen.

154 b) Als **Beiträge** kommen nicht nur alle Formen der Einlage und alle anderen den Gesellschaftszweck fördernden Handlungen und Unterlassungen in Betracht, sondern insbesondere auch Drittbeziehungen der Gesellschafter zur Gesellschaft. Z.B. kann ein Gesellschafter Lieferungen oder Kreditgewährungen an die Gesellschaft (Drittbeziehung nach §§ 433, 607 BGB) als Beiträge versprechen (im Unterschied zur Einlage bildet dann eine solche Lieferung kein Eigenkapital, sondern begründet eine Forderung des Gesellschafters). Selbst die Vermittlung von Zahlungen bzw. sonstigen Leistungen Dritter kann ein Beitrag sein. **Sachbeiträge** (besser: Nicht-Geldbeiträge) können sich darstellen als Einbringung zu Eigentum (= quoad dominium) in Gestalt einer echten Sacheinlage (dazu Anm. 155), als Einbringung zur Nutzung (quoad usum) oder als Einbringung dem Werte nach (quoad sortem). Nur bei der Einbringung zu Eigentum handelt es sich um eine das Eigenkapital mehrende Sacheinlage; bei der Einbringung zur Nutzung liegt ein schlichter Nutzungsbeitrag vor, der im Fall der Auflösung bzw. des Ausscheidens eine Rückforderung des Nutzungsgegenstands zuläßt (vgl. §§ 732, 738 Abs. 1 Satz 2 BGB); und bei der Einbringung dem Werte nach verbleibt die zur Verfügung gestellte Sache im Eigentum des Gesellschafters, und dieser wird nur schuldrechtlich (hinsichtlich seines Abfindungs- bzw. Auseinandersetzungsanspruchs) so gestellt, als hätte er die Sache zu Eigentum eingebracht (vgl. Staub-Ulmer Anm. 231; Alfred Hueck oHG § 14 II; Karsten Schmidt Gesellschaftsrecht § 20 II 2d). Auch das bloße Halten einer Beteiligung in der Gesellschaft, insbesondere die bloße **Mithaftung**, kann ein Beitrag sein (Heymann-Emmerich Anm. 22; h.M.). Beitrag kann weiterhin auch eine **Dienstleistung** oder **Gebrauchsüberlassung** sein (zu der ganz anderen Frage, ob sie auch taugliche Einlage ist, vgl. Anm. 155 sowie §§ 171, 172 Anm. 9 f.). Eine **Beitragserhöhung** kann nach § 707 BGB grundsätzlich nur durch Vertragsänderung unter Mitwirkung aller betroffenen Gesellschafter stattfinden.

155 c) **Einlagen** der Gesellschafter können **Bar- oder Sacheinlagen** (genauer: Geldeinlagen oder Nicht-Geldeinlagen) sein. Einlagefähig sind alle Vermögensgegenstände, die bewertbar und geeignet sind, in das haftende Gesellschaftsvermögen übertragen zu werden. Taugliche Sacheinlagen sind alle bilanzierungsfähigen Gegenstände, die nicht in Geld bestehen, also z.B. bewegliche und unbewegliche Sachen, Forderungen, übertragbare Schutzrechte, dingliche Nutzungsrechte, Gesellschaftsanteile, Unternehmen usw., nicht dagegen der bloße good will (vgl. §§ 171, 172 Anm. 9). Dienstleistungen und bloße Gebrauchsüberlassungen können Beiträge, aber nicht Einlagen sein (vgl. §§ 171, 172 Anm. 9 f.; aber umstritten für obligatorische Nutzungsrechte; bejahend jüngst

Begriff der oHG, Mitgliedschaft 156–159 § 105

Bork ZHR 154 [1990], 205; Meilicke BB 1991, 579 ff.; differenzierend Karsten Schmidt ZHR 154 [1990], 237 ff.); wohl aber kann eine Bareinlage vereinbart und durch Verrechnung mit einem Gehalt, einem Mietzins, Pachtzins etc. allmählich getilgt werden. Ein Verbot der verschleierten Sacheinlage gibt es bei der oHG nicht.

d) Umstritten ist die **Behandlung von Leistungsstörungen** bei der Erbringung geschul- **156** deter Beiträge und Einlagen. Es steht außer Frage, daß solche Leistungsstörungen **speziell gesellschaftsrechtliche Folgen** auslösen können, insbesondere Vertragsanpassungspflichten (Anm. 143 ff.), evtl. auch Austrittsrechte, Ausschließungsrechte (§ 140) oder Auflösungsrechte (§ 133). Die Frage ist, inwieweit daneben auch **allgemein bürgerlichrechtliche Rechtsfolgen** in Betracht kommen.

aa) **Anwendbar** sind die §§ 275, 279, 280, 306 BGB (vgl. Staub-Ulmer Anm. 153). Das **157** bedeutet: Ein anfänglich objektiv unmögliches Beitragsversprechen (nicht ohne weiteres der Gesellschaftsvertrag!) ist nichtig; zufälliges Unmöglichwerden befreit, sofern nicht eine Gattungsschuld vorliegt, von der betreffenden Beitragspflicht (nicht ohne weiteres von der gesellschaftsvertraglichen Bindung); hat der Gesellschafter die Unmöglichkeit zu vertreten, so schuldet er Schadensersatz. **Anwendbar** sind auch die Regeln über den Verzug nach §§ 284 ff. BGB (Staub-Ulmer Anm. 153; Karsten Schmidt Gesellschaftsrecht § 20 III 3 c). Der Gesellschafter schuldet Ersatz des Verzugsschadens nach § 286 BGB. Auch die **Grundsätze über positive Forderungsverletzungen** sind anwendbar. Schuldhafte Schlechterfüllung des Gesellschaftsvertrags kann sowohl im Verhältnis zu der Gesellschaft als auch zu den Mitgesellschaftern Schadensersatzpflichten begründen (vgl. auch Anm. 167). Für das **Vertretenmüssen** gilt § 708 BGB (vgl. Baumbach-Duden-Hopt § 109 Anm. 3 C; Heymann-Emmerich § 114 Anm. 17, 22; Staub-Ulmer Anm. 153).

bb) aaa) Eine **Anwendung der §§ 320–327 BGB** wird heute wohl überwiegend abge- **158** lehnt (vgl. statt vieler Soergel-Hadding 11. Aufl. § 705 Anm. 44 f.; Staudinger-Keßler § 705 Anm. 11 ff.; Staub-Ulmer Anm. 149; a.M. Heymann-Emmerich Anm. 5; Baumbach-Duden-Hopt Anm. 2 F). Zumindest im theoretischen Ausgangspunkt sah dies die ältere Rechtsprechung noch anders (vgl. RGZ 76, 276, 279; 78, 303, 305; 100, 1, 3; 147, 340, 342; 163, 385, 388). Jedenfalls bei in Vollzug gesetzten Gesellschaften werden aber vor allem die **§§ 325, 326 BGB** in ständiger Rechtsprechung nicht angewandt (RGZ 78, 303, 305 f.; 81, 303, 305; 89, 333, 335; 112, 280, 283; 165, 193, 199; BGH NJW 1967, 419 f.; Heymann-Emmerich Anm. 7; Alfred Hueck oHG § 6 II 3 a; Flume Personengesellschaft § 2 IV). Auch **§§ 320 f. BGB** werden überwiegend nicht mehr angewandt (Staudinger-Keßler § 705 Anm. 11 m.w. Nachw.); eine Ausnahme wird nur bei der Zweipersonengesellschaft (Alfred Hueck oHG § 6 II 3 b, c), besser wohl bei der Zweipersonen-Innengesellschaft gemacht (vgl. Staub-Ulmer Anm. 149). An die Stelle des **§ 323 BGB** treten Vertragsanpassungsfolgen (Heymann-Emmerich Anm. 7; Staub-Ulmer Anm. 153; Westermann Handbuch I 141).

bbb) **Stellungnahme** (vgl. Karsten Schmidt Gesellschaftsrecht § 20 III): Die h.M. geht **159** von der Frage aus, ob „der Gesellschaftsvertrag" oder „die Gesellschaft" ein gegenseitiger Vertrag i.S. von §§ 320 ff. BGB ist (charakteristisch RGZ 78, 303, 305). Diese Fragestellung geht am Sachproblem vorbei (Karsten Schmidt Gesellschaftsrecht § 20 III

2; insofern zust. Westermann Handbuch I 390). Eine Anwendung der §§ 320–327 BGB auf den Gesellschaftsvertrag insgesamt kommt nicht in Betracht. Dieser ist kein Austauschvertrag, sondern ein Organisationsvertrag. Da die §§ 320 ff. BGB nicht darauf zugeschnitten sind, eine Organisation abzuwickeln oder zu Fall zu bringen, kommt eine Anwendung nur insoweit in Betracht, als es um die wechselseitige Erbringung von Leistungen geht. Deshalb muß zwischen dem Beitragsverhältnis und dem Gesellschaftsverhältnis unterschieden werden. Die §§ 320 ff. BGB sind eindeutig nicht in dem Sinne auf das Gesellschaftsverhältnis anwendbar, daß eine Gesellschaft durch Einrede außer Vollzug gesetzt (§ 320 BGB) oder durch Rücktritt aufgehoben werden kann (§§ 325, 326 BGB). Es kann stets nur um eine Umgestaltung des Beitragsverhältnisses gehen. Aus den Grundgedanken der §§ 325, 326 BGB kann gefolgert werden, daß die Gesellschaft im Fall zu vertretender Unmöglichkeit und nach Ablauf einer Nachfrist auch im Verzugsfall das Beitragsverhältnis (Einlageverhältnis) durch einseitige Erklärung beenden kann. Es ist dann eine Frage der (ergänzenden) Vertragsauslegung, ob mit dem Erlöschen der vereinbarten Beitragspflicht eine subsidiäre Bareinlagepflicht zum Tragen kommt. Im übrigen ergeben sich die Rechtsfolgen für das Gesellschaftsverhältnis (Vertragsanpassung? Austritt? Ausschließung? Auflösung?) aus den allgemeinen gesellschaftsrechtlichen Grundsätzen. Die §§ 320–327 BGB besagen hierüber nichts. Ob die Gesellschaft aufgrund der im Beitragsverhältnis eingetretenen Leistungsstörung aufgelöst (§ 133), ob der Gesellschaftsvertrag angepaßt (Anm. 143 ff.) oder ob ein Gesellschafter ausgeschlossen wird (§ 140), entscheidet sich nach rein gesellschaftsrechtlichen Grundsätzen (Karsten Schmidt Gesellschaftsrecht § 20 III 5).

160 cc) Auch die §§ 459 ff. BGB werden auf **Sachmängel** von einer neueren Auffassung nicht angewandt (Staub-Ulmer Anm. 154 f.; s. aber noch Baumbach-Duden-Hopt § 109 Anm. 4 C; differenzierend Soergel-Hadding 11. Aufl. § 706 Anm. 19 ff. m. w. Nachw.). Herkömmlich wurde das Sacheinlageversprechen als ein kaufähnlicher Vertrag eingeordnet, eine Aufhebung des Gesellschaftsvertrags durch Wandlung allerdings weitgehend abgelehnt (Staudinger-Keßler § 706 Anm. 19 ff.; Alfred Hueck oHG § 14 II 1). **Stellungnahme** (Karsten Schmidt Gesellschaftsrecht § 20 III 3 d): Es kann auch hier allenfalls um eine analoge Anwendung der §§ 459 ff. BGB auf das Sacheinlageverhältnis, nicht auf den ganzen Gesellschaftsvertrag, gehen. Die Frage kann deshalb nur sein, ob der Sacheinleger im Fall eines Sachmangels einen Teil des Sachwerts (Minderung) oder den vollen Sachwert (Wandlung) in bar nachschießen muß. Dies sollte nicht gesetzlich im Wege der Analogie zu §§ 459 ff. BGB begründet, sondern aus dem Gesellschaftsvertrag abgeleitet werden. Eine vom Verschulden unabhängige Gewährleistung kommt nur in Betracht, wenn eine (ergänzende) Vertragsauslegung ergibt, daß der Sacheinleger hilfsweise eine Deckung des Sacheinlagewerts in bar schuldet. Im übrigen greifen auch im Fall eines Sachmangels die allgemeinen gesellschaftsrechtlichen Rechtsfolgen (Vertragsanpassung, Austritt, Ausschließung, Auflösung) ein.

3. Treupflicht

161 a) Die Gesellschafter sind untereinander sowie auch im Verhältnis zur Gesellschaft zur **Loyalität** verpflichtet (§ 109 Anm. 22 ff.; RGZ 142, 212, 215 f.; 162, 388, 394; BGHZ 12, 308, 320 = NJW 1954, 1159; BGHZ 25, 47, 53 f. = NJW 1957, 1358; BGH LM Nr. 12 zu § 705 BGB; Baumbach-Duden-Hopt § 109 Anm. 5 A; Heymann-Emmerich

§ 109 Anm. 5 ff.; Staub-Ulmer Anm. 232 ff.). Die Treupflicht besteht auch in der aufgelösten Gesellschaft (§ 156 Anm. 12; BGH LM Nr. 2 zu § 156 = NJW 1971, 802; Heymann-Emmerich § 109 Anm. 11; Baumbach-Duden-Hopt § 109 Anm. 5 D). Selbst nachwirkende Treupflichten unter den Gesellschaftern über die Liquidation hinaus kommen in Betracht (vgl. Heymann-Emmerich § 109 Anm. 4), so insbesondere, wenn ein Gesellschafter das Unternehmen im Zuge der Liquidation übernommen hat. Die genaue rechtliche Ansiedelung der gesellschaftsrechtlichen Treupflicht, also ihre **rechtsdogmatische Grundlage** – Vertrag oder Gesetz? –, ist umstritten (eingehend Staub-Ulmer Anm. 232–234). Festzuhalten ist, daß sie ihre Grundlage in der Mitgliedschaft (insofern also im Vertrag) hat, aber durch das objektive Recht (insofern also durch das Gesetz) ausgestaltet ist. Die Treupflicht prägt das mitgliedschaftliche Sonderrechtsverhältnis (zur Mitgliedschaft als Rechtsverhältnis vgl. Anm. 147). Sie spielt nicht nur bei der Ausübung einzelner Rechte, sondern auch bei der Auslegung des Gesellschaftsvertrags eine Rolle (vgl. BGH BB 1977, 1271; Staub-Ulmer Anm. 198 f.).

b) Die **Schutzrichtung der Treupflicht** ist, wie die der Mitgliedschaft, eine doppelte. Die Mitgliedschaft stellt ein Rechtsverhältnis sowohl unter den Gesellschaftern als auch zwischen ihnen und der Gesellschaft her (eingehend Karsten Schmidt Gesellschaftsrecht § 19 III). Dementsprechend bestehen auch die mitgliedschaftlichen Treupflichten sowohl unter den Gesellschaftern als auch im Verhältnis zwischen den Gesellschaftern und der Gesellschaft (Heymann-Emmerich § 109 Anm. 5, 9; Staub-Ulmer Anm. 239, 241). Regelmäßig befaßt sich die Rechtsprechung mit der Treupflicht nur in bezug auf die Beziehungen der Gesellschafter untereinander (charakteristisch BGHZ 12, 308, 319 = NJW 1954, 1159; BGHZ 25, 47, 53 = NJW 1957, 1358). Zu beachten ist hierbei, daß sich die Treupflicht auf die Mitgliedschaft und ihre persönlichen Ausstrahlungen beschränkt (vgl. OGHZ 4, 66, 73 f.; BGH LM Nr. 12 zu § 705 BGB; Baumbach-Duden-Hopt § 109 Anm. 5 A; Heymann-Emmerich § 109 Anm. 6). Das schließt nicht aus, daß sich aus den durch das konkrete Gesellschaftsverhältnis vorgegebenen Loyalitätsbindungen auch Pflichten zur Rücksichtnahme im privaten Bereich ergeben können (BGHZ 4, 108, 112 f. = NJW 1952, 461; vgl. auch BGHZ 46, 392, 396 = NJW 1967, 1081; BGH NJW 1973, 92). **162**

c) Das **Ausmaß der Treupflicht** – genauer: das Ausmaß der sich aus der Treupflicht ergebenden Einzelpflichten – hängt von der Realstruktur der Gesellschaft und von den Umständen des Einzelfalls ab (Staub-Ulmer Anm. 238; Karsten Schmidt Gesellschaftsrecht § 20 IV 2). Je personalistischer die Struktur der Gesellschaft ist, um so intensiver sind die Treupflichten. Das traditionelle Bild der Personengesellschaft hat aber keine Allgemeingültigkeit mehr (vgl. Anm. 5). Insbesondere für Publikumspersonengesellschaften gilt die traditionelle Treupflichtrechtsprechung des BGH nicht (BGHZ 71, 53, 58 f. = NJW 1978, 1382 f.). Dies betrifft aber nur die Intensität, nicht die Existenz der Treupflicht. Nachdem sogar die Treupflicht von Aktionären von der Rechtsprechung anerkannt worden ist (BGHZ 103, 184, 194 f. = NJW 1988, 1579), muß um so mehr festgehalten werden, daß auch in der Publikumspersonengesellschaft Treupflichten existieren (so auch BGH NJW 1985, 972, 973 und 974 f.). Nicht der Bestand von Treupflichten in abstracto, sondern ihre Ausprägung in concreto hängt von der Gestaltung des Einzelfalls ab. **163**

164 d) Der **Inhalt der Treupflicht** kann in der **Bindung oder Beschränkung von Rechten** (Anm. 165) sowie auch in der **Begründung von Pflichten** bestehen (Anm. 166).

165 aa) Hinsichtlich der **Bindung und Beschränkung von Rechten** wird üblicherweise zwischen uneigennützigen und eigennützigen Gesellschafterrechten unterschieden (Heymann-Emmerich § 109 Anm. 7; Staub-Ulmer Anm. 237). Es unterliegt aber jede Rechtsausübung in der Gesellschaft der Treubindung. Nur die Konsequenzen der Treupflicht sind unterschiedlich, je nachdem, ob die Ausübung des Rechts von vornherein dem Gesellschaftsinteresse oder zunächst dem Gesellschafterinteresse zu dienen hat. Deshalb wirkt sich die Treupflicht am nachhaltigsten bei der Ausübung von Geschäftsführungsrechten aus (vgl. Staub-Ulmer Anm. 237; Alfred Hueck oHG § 13 I; vgl. auch Wiedemann Gesellschaftsrecht I § 8 II 3 b). Der Treupflicht unterliegt ferner die Stimmrechtsausübung (vgl. § 119 Anm. 30). Aber Treupflichtschranken ergeben sich auch für die Ausübung von Widerspruchs- und Zustimmungsrechten bei Geschäftsführungsmaßnahmen (§ 115 Anm. 14 f., § 116 Anm. 14 ff.), von Informationsrechten (§ 118 Anm. 19) und von Kündigungsrechten (§ 132 Anm. 19). Bei Auflösungs- und Ausschließungsklagen nach §§ 133, 140 wird die Treubindung des Klägers regelmäßig schon bei der Prüfung des wichtigen Grundes mitberücksichtigt (vgl. § 133 Anm. 9, 18 ff., § 140 Anm. 18 ff.). Die Geltendmachung des Übernahmerechts nach § 142 kann ausnahmsweise treuwidrig sein, wenn sie nicht der Erhaltung des Unternehmens, sondern dem eigennützigen Interesse nur des übernehmenden Gesellschafters dient (BGH LM Nr. 10 zu § 142 = NJW 1959, 432). Auch die Geltendmachung von Ansprüchen des Gesellschafters gegen die Gesellschaft, insbesondere von Gewinn- und Entnahmeansprüchen, kann mit Rücksicht auf die wirtschaftliche Lage der Gesellschaft eingeschränkt werden (vgl. auch BGH NJW 1985, 972, 973 und 974 f.; Baumbach-Duden-Hopt § 109 Anm. 5 B; Staub-Ulmer Anm. 240).

166 bb) Die **Begründung von Pflichten** durch die Treubindung schlägt sich zunächst in der Konkretisierung von Beitragspflichten und allgemeinen Förderpflichten nieder. In der personalistischen Personengesellschaft sind auch Gesellschafter, die keine Geschäftsführungsaufgaben übernommen haben, zur Teilnahme am Informationsfluß und am Willensbildungsprozeß verpflichtet. Aus der Loyalitätspflicht ergibt sich sodann die Verpflichtung, Maßnahmen zu unterlassen, die mit dem Gesellschaftszweck unvereinbar sind (vgl. insbes. zum Wettbewerbsverbot Erl. §§ 112, 113, 165). Insbesondere ist den Gesellschaftern verwehrt, **Geschäftschancen** der Gesellschaft für eigene Rechnung zu nutzen (vgl. BGH LM Nr. 54 = NJW 1986, 584; BGH NJW 1989, 2687, 2688 = ZIP 1989, 986; s. auch zur GmbH BGH NJW 1986, 585 m.w. Nachw.). Auch die Veranlassung eines pflichtwidrigen Verhaltens des geschäftsführenden Gesellschafters ist treuwidrig (BGH NJW 1973, 2198). Ist die **Gesellschaft aufgelöst**, so kann sich eine **Fortsetzungspflicht** ergeben, sofern die Gesellschaft fortsetzungswürdig ist und dem Gesellschafter eine weitere Teilnahme an der Gesellschaft oder hilfsweise ein Ausscheiden aus der Gesellschaft zuzumuten ist (vgl. § 131 Anm. 64; RGZ 169, 153, 157 f.; BGHZ 30, 195, 201 f. = NJW 1959, 1683; BGH NJW-RR 1986, 256 = ZIP 1986, 91; Staub-Ulmer Anm. 242; s. auch zur GmbH BGHZ 98, 276 = NJW 1987, 189 und Scholz-Karsten Schmidt GmbHG 7. Aufl. § 60 Anm. 52). Eine Fortsetzung um jeden Preis ist dem widerstrebenden Gesellschafter nicht zuzumuten. Aus der Treupflicht kann sich eine Pflicht zur angemessenen Reaktion auf **Unternehmenskrisen** ergeben. Diese Pflicht kann auf Mitwirkung bei der Auflösung (vgl. BGH NJW 1960, 434), aber auch auf die Durchführung geeigneter Sanierungsmaßnahmen zielen, z.B. auf die Erhaltung der Liquidität (vgl. BGH NJW 1985, 972, 973 und 974f.; Staub-Ulmer Anm. 240) oder auf die Zulassung des Beitritts von neuen Kapitalgebern zur Gesellschaft, wenn die vorhandenen Gesellschafter zur Einlagenerhöhung nicht bereit oder nicht in der Lage sind. Nachschußpflichten bestehen im Hinblick auf § 707 BGB grundsätzlich nicht. Nur ausnahmsweise kann ein Gesellschafter gehalten sein, an einer Beitragserhöhung teilzunehmen, wenn diese objektiv sachdienlich und notwendig und dem Gesellschafter nach Lage der Dinge subjektiv zuzumuten ist (vgl. Karsten Schmidt ZIP 1980, 335f.). Hiervon zu unterscheiden ist der nur formale Vollzug einer bereits praktizierten Beitragserhöhung, so, wenn der Rangrücktritt mit Gesellschafterdarlehen erklärt wird (vgl. § 172a Anm. 24). Die Treupflicht hält die Gesellschafter allerdings nicht zur Sanierung um jeden Preis an. Die Konkursantragstellung kann zulässig und ggf. sogar geboten sein, wenn die Gesellschaft sanierungsunfähig und eine rasche Liquidation vonnöten ist (vgl. BGH BB 1968, 850; Baumbach-Duden-Hopt § 109 Anm. 5 B).

e) Hinsichtlich der **Sanktionen** ist zu unterscheiden: **167**

aa) Sanktionen in **Erfüllungsrichtung** kommen vor allem in Gestalt von Unterlassungsansprüchen (vgl. § 112) und Vertragsänderungsansprüchen in Betracht (vgl. Anm. 143ff.).

bb) **Rechtsverweigerung** kann sich ergeben, wenn eine treuwidrige Rechtsausübung nicht anerkannt, also z.B. eine Auflösungsklage oder Übernahmeklage oder ein Widerspruch gegen Geschäftsführungsmaßnahmen als unzulässig angesehen wird.

cc) Treupflichtverletzungen können außerordentliche **Ausschließungsgründe, Austrittsgründe,** evtl. auch **Auflösungsgründe** sein (vgl. § 133 Anm. 19, § 140 Anm. 30ff., § 142 Anm. 17f.).

dd) **Schadensersatzansprüche** ergeben sich bei schuldhaftem Verhalten (vgl. Staub-Ulmer Anm. 215, 251; Karsten Schmidt Gesellschaftsrecht § 20 IV 4). Auch im Rahmen des Gesellschaftsverhältnisses gelten nämlich die Regeln über sog. positive Forderungsverletzungen (vgl. Anm. 147). Ist die Gesellschaft geschädigt, so steht ihr auch der Schadensersatzanspruch zu. Einzelne Gesellschafter können ihn nur im Wege der actio pro socio geltend machen (Anm. 171ff.). Eigene Ansprüche der Mitgesellschafter bestehen nur, wenn diese an ihrem eigenen Vermögen geschädigt sind.

4. Die allgemeinen Mitgliedschaftsrechte

a) Hinsichtlich der Mitgliedschaftsrechte ist zu unterscheiden zwischen **organisatori- 168 schen Mitgliedschaftsrechten** und **Vermögensrechten** (vgl. der Sache nach etwa Staub-Ulmer Anm. 218; Flume Personengesellschaft §§ 10, 11; Alfred Hueck oHG § 18 III 1). Zu den **organisatorischen Mitgliedschaftsrechten** gehören die Teilhaberechte (z.B. Geschäftsführungsrechte, Stimmrechte) und die Schutzrechte (z.B. Informationsrechte, Klagrechte). Die organisatorischen Mitgliedschaftsrechte unterliegen dem **Abspaltungsverbot** (dazu vgl. § 109 Anm. 13ff.; BGHZ 3, 354, 357 = NJW 1952, 178;

BGHZ 20, 363, 364 = NJW 1956, 1198; BGH LM Nr. 6; Karsten Schmidt Gesellschaftsrecht § 19 III 4; Teichmann Gestaltungsfreiheit S. 224f.). Für sie gilt das Prinzip der **Unübertragbarkeit** nach § 717 Satz 1 BGB. Weder durch Gesellschaftsvertrag noch durch Abtretung können deshalb diese Rechte auf einen Dritten übertragen werden. Das Abspaltungsverbot hindert allerdings nicht die Rechtsausübung durch Bevollmächtigte (vgl. insbesondere zur Stimmrechtsvollmacht § 119 Anm. 33f.). Es hindert auch nicht die Testamentsvollstreckung am Gesellschaftsanteil (vgl. § 139 Anm. 44ff.; BGHZ 108, 187 = NJW 1989, 3152, 3155 = BB 1989, 1840, 1843; zur Ausübung von Mitgliedschaftsrechten bei Nießbrauch und Treuhand vgl. vor § 335 a.F. = vor § 230 n.F. Anm. 16, 22, 26, 54ff., 59ff.). Auch die Zuhilfenahme Dritter bei der Ausübung von Mitgliedschaftsrechten ist kein Problem des Abspaltungsverbots (Karsten Schmidt Gesellschaftsrecht § 19 III 4c). Für die **Vermögensrechte** gilt § 717 Satz 2 BGB: Gewinnanteile, Abfindungsansprüche und Liquidationsquoten sind übertragbar, also nach § 851 ZPO auch pfändbar (vgl. dazu Erl. § 135). Dies gilt jedoch immer nur für die vermögensrechtlichen Ansprüche. Liegen diesen Ansprüchen **Sonderrechte**, also mitgliedschaftliche Vorzugsrechte, zugrunde (z.B. Rechte auf Vorzugsdividende), so sind nicht die Sonderrechte als solche, sondern nur die aus ihnen resultierenden vermögensrechtlichen Ansprüche abtretbar und pfändbar.

169 b) Die wichtigsten **organisatorischen Mitgliedschaftsrechte** sind: Geschäftsführungs- und Vertretungsrechte (dazu §§ 114ff., 125ff.), Stimmrechte (dazu Erl. § 119), Informationsrechte (dazu Erl. §§ 118, 166). Dazu gehören aber auch die Klagrechte des Gesellschafters, z.B. aus §§ 117, 127, 133, 140, 142, sowie die actio pro socio (dazu Anm. 171ff.). Über Vermögensrechte vgl. Anm. 168.

170 c) Organisatorische Mitgliedschaftsrechte können **Pflichtrechte** sein. Mit den gesellschaftsrechtlichen Befugnissen gehen dann gesellschaftsrechtliche Pflichten einher, z.B. die Pflicht zur Mitwirkung an der Geschäftsführung, die nach § 733 Abs. 2 Satz 3 BGB unentgeltlich zu erfüllen ist, sofern nicht (was aber in der Praxis die Regel ist) eine andere Vereinbarung besteht. Es ist eine Frage der Vertragsauslegung und der Interessenlage, welche organisatorischen Befugnisse eines Gesellschafters zugleich Beitragspflichten darstellen.

5. Die actio pro socio

171 Schrifttum: *Grunewald*, Die Gesellschafterklage in der Personengesellschaft und der GmbH, 1990; *Häuser*, Unbestimmte „Maßstäbe" als Beurteilungsinstrument richterlicher Entscheidungen, 1981; *Hadding*, actio pro socio, 1966; *ders.*, Zur Einzelklagebefugnis des Gesellschafters einer Personengesellschaft, JZ 1975, 159; *ders.*, Zur Einzelklagebefugnis eines Gesellschafters nach deutschem und österreichischem Recht, GesRZ 1984, 32; *Hassold*, actio pro socio, JuS 1980, 32; *Alfred Hueck*, Die Geltendmachung von Sozialansprüchen bei der oHG, ZAkDR 1944, 103; *Immenga*, Die Minderheitsrechte des Kommanditisten, ZGR 1974, 385, 411; *Nitschke*, Die Geltendmachung von Gesellschaftsforderungen durch den einzelnen Gesellschafter einer Personengesellschaft (Gesamthänderklage), ZHR 128 (1965), 148; *Raiser*, Das Recht der Gesellschafterklagen, ZHR 153 (1989), 1; *Schumann*, Die Geltendmachung von Schadensersatzansprüchen aus pflichtwidriger Geschäftsführung bei Personengesellschaften, DR 1942, 1670.

172 a) Als **actio pro socio** bezeichnet man die Mitgliedsklage, mit der ein Einzelmitglied eines Verbands dessen Sozialansprüche geltend machen kann (Karsten Schmidt Gesellschaftsrecht § 21 IV 1). Die actio pro socio ist ein Mitgliedschaftsrecht jedes Gesellschafters (vgl. nur Wiedemann Gesellschaftsrecht I § 8 IV 1 c; Staub-Ulmer Anm. 264). Insofern ist sie ein **eigenes Recht** des Gesellschafters (Karsten Schmidt Gesellschaftsrecht § 21 IV 1 c). Inhaltlich zielt die actio pro socio auf Geltendmachung von Ansprüchen, die der Gesellschaft zustehen; der im Einzelfall geltend gemachte Anspruch ist also kein eigenes Recht des Gesellschafters. Es liegt kein Widerspruch darin, daß die actio pro socio eine eigene Befugnis des Gesellschafters **zur Geltendmachung eines fremden, nämlich der Gesellschaft zustehenden Rechts** ist (Karsten Schmidt Gesellschaftsrecht § 21 IV 1 c; ebenso jetzt Staub-Ulmer Anm. 265). Man muß, um dies zu erkennen, nur zwischen der actio pro socio als Klagrecht (eigenes Recht des Gesellschafters) und dem Anspruch als Gegenstand der actio pro socio (fremdes Recht) unterscheiden. Ein Gesellschafter, der im Wege der actio pro socio klagt, klagt aufgrund einer gesetzlichen Prozeßstandschaft (BGH NJW 1985, 2830, 2831; Karsten Schmidt Gesellschaftsrecht § 21 IV 4; Staub-Ulmer Anm. 262; grundlegend Hadding S. 101; ders. JZ 1975, 164). Er macht also nicht einen eigenen materiellrechtlichen Anspruch geltend (so aber noch RGZ 90, 300, 302; BGHZ 25, 47, 49 = NJW 1957, 1358; Flume Personengesellschaft § 10 IV; Alfred Hueck oHG § 18 II 3; Heymann-Emmerich § 109 Anm. 23), sondern er klagt im eigenen Namen ein Recht der Gesellschaft ein. Damit versteht sich von selbst, daß der im Wege der actio pro socio vorgehende Gesellschafter nicht Leistung an sich, sondern nur Leistung an die Gesellschaft verlangen kann (so im Ergebnis auch die einen Eigenanspruch bejahende Gegenansicht; vgl. nur Heymann-Emmerich § 109 Anm. 24).

b) Die actio pro socio gilt **nur für Sozialansprüche**, nicht für Drittforderungen der Gesellschaft (RGZ 86, 66, 71 f.; RG JW 1916, 837 f. m. Anm. Flechtheim; RG JW 1916, 963; BGH WM 1964, 651; BGH NJW 1973, 2198, 2199; 1985, 2830, 2831; Baumbach-Duden-Hopt § 124 Anm. 6 E; Heymann-Emmerich § 109 Anm. 27; Karsten Schmidt Gesellschaftsrecht § 21 IV 7; krit. Nitschke ZHR 128 [1966], 52 ff., 97). Sozialansprüche der Gesellschaft sind Ansprüche des Verbandes gegen das Mitglied aus dem Gesellschaftsverhältnis (Karsten Schmidt Gesellschaftsrecht § 19 III 2 b). Die actio pro socio umfaßt insbesondere Einlageforderungen und Schadensersatzforderungen der Gesellschaft gegen die Gesellschafter. Nicht erfaßt sind dagegen Ansprüche gegen Dritte aus Gesetz (z. B. § 1 UWG) oder aus mit ihnen abgeschlossenen Rechtsgeschäften sowie Ansprüche aus Drittgeschäften der Gesellschaft mit Gesellschaftern (dazu Anm. 150). Diese Ansprüche werden von den vertretungsberechtigten Gesellschaftern bzw. von den von ihnen Bevollmächtigten im Namen der Gesellschaft geltend gemacht.

c) Die actio pro socio ist ein **zwingendes, d. h. nicht durch Gesellschaftsvertrag entziehbares, Mitgliedschaftsrecht** (Heymann-Emmerich § 109 Anm. 26; Wiedemann Gesellschaftsrecht I § 5 III 2 b; a. M. Alfred Hueck oHG § 18 II 3; unentschieden BGH NJW 1985, 2830, 2831). Diese Auffassung ist nicht unverträglich mit der bei Anm. 175 vertretenen Ansicht, daß nur ein Hilfsrecht vorliegt (so aber Heymann-Emmerich § 109 Anm. 26). Gerade als Hilfsrecht, das nur bei Nichttätigwerden der geschäftsführungs- und vertretungsberechtigten Gesellschafter eingreift, ist das Klagrecht der actio pro socio zwingend. Zulässig sind gesellschaftsrechtliche Organisationsregelungen, die ein Eingreifen der actio pro socio dadurch verhindern sollen, daß diese durch andere Mechanismen ersetzt und überflüssig wird (z. B. die Bestimmung von Hilfs-Geschäftsführern). Auch solche Regelungen stellen weder eine Beseitigung noch eine unzulässige Umgehung der actio pro socio dar. Man kann sogar sagen, daß die actio pro socio ihre Funktion auf das Beste erfüllt, wenn sie die Gesellschafter zu einer Abfassung des Gesellschaftsvertrags veranlaßt, die eine Handlungsunfähigkeit der Gesellschaft verhindert. Von der Abdingbarkeit der actio pro socio zu unterscheiden ist die Frage, unter welchen Voraussetzungen Ansprüche, die mit der actio pro socio geltend gemacht werden können, durch Gesellschaftsvertrag oder Beschluß oder durch Erklärung des vertretungsberechtigten Gesellschafters ausgeschlossen oder eingeschränkt werden können mit der Folge, daß die actio pro socio insoweit gegenstandslos ist. Eine Beseitigung durch Gesellschaftsvertrag oder Gesellschafterbeschluß ist nicht generell ausgeschlossen (dazu vgl. BGH NJW 1985, 2830f.; a.M. Wiedemann Gesellschaftsrecht I § 8 IV 1c aa). Ein Verzicht des vertretungsberechtigten Gesellschafters auf Sozialansprüche der Gesellschaft kann wegen Mißbrauchs der Vertretungsmacht unwirksam sein (vgl. § 126 Anm. 20ff.).

175 d) Die actio pro socio ist nur ein **Hilfsrecht** (Staub-Ulmer Anm. 268a; Karsten Schmidt Gesellschaftsrecht § 21 IV 1 und 4; grundlegend Hadding S. 59ff.; a.M. Heymann-Emmerich § 109 Anm. 26). Das ergibt sich selbstverständlich nicht schon aus ihrer Rechtsnatur als Prozeßstandschaft (Verf. hat entgegen Staub-Ulmer Anm. 268a diese Auffassung auch nicht andeutungsweise vertreten), wohl aber aus dem Vorrang der gesellschaftsrechtlichen Organisation: Für die Geltendmachung der Sozialforderungen der oHG bzw. KG sind deren Organe (d.h. die geschäftsführungs- und vertretungsberechtigten Gesellschafter) berufen. Nur wenn diese das Recht nicht geltend machen können oder trotz eines entsprechenden Begehrens des Gesellschafters nicht geltend machen wollen, ist Raum für die actio pro socio (so die heute h.M.; anders noch RGZ 90, 300, 302; BGHZ 25, 47, 49f. = NJW 1957, 1358; Heymann-Emmerich § 109 Anm. 26; weitere Nachweise bei Staub-Ulmer Anm. 268a). Eine bereits von der Gesellschaft erhobene Klage schließt die actio pro socio aus (s. auch Anm. 177). Klagrücknahme und Erledigungserklärung eines geschäftsführungs- und vertretungsberechtigten Gesellschafters geben wieder Raum für die actio pro socio, anders Rechtsmittelverzicht und wirksamer Prozeßvergleich. Der klagwillige Gesellschafter kann aber im Wege der actio pro socio geltend machen, daß der Rechtsmittelverzicht oder Prozeßvergleich wegen Mißbrauchs der Vertretungsmacht unwirksam ist (vgl. Anm. 177).

176 e) **Prozeßrechtlich** liegt eine Prozeßstandschaft vor (vgl. Anm. 172), also eine Befugnis des Gesellschafters, im eigenen Namen ein der Gesellschaft zustehendes materielles Recht einzuklagen. Die **Klage** ist **auf Leistung an die Gesellschaft** zu richten. Kläger ist der Gesellschafter, nicht die Gesellschaft (was nicht hindert, daß die geschäftsführenden Gesellschafter als Partei und nicht als Zeugen vernommen werden; vgl. auch § 124 Anm. 26). Der Kläger kann über das Prozeßrechtsverhältnis durch Klagrücknahme, Anerkenntnis, Vergleich oder Rechtsmittelverzicht verfügen (zu der ganz anderen Frage, ob dies die Gesellschaft bindet, vgl. Anm. 177). Wird der Klage stattgegeben, so ist der Kläger Titelgläubiger und damit Herr der Zwangsvollstreckung. Wird die Klage abgewiesen, so hindert dies eine neuerliche Klage der Gesellschaft nicht (dazu sogleich Anm. 177).

f) Das **Verhältnis zwischen einer Klage der Gesellschaft und der actio pro socio** ist umstritten (vgl. im Überblick Hadding S. 93 ff.). Die angemessenen Lösungen ergeben sich daraus, daß die actio pro socio der Geltendmachung von Ansprüchen der Gesellschaft dient (Anm. 176), gleichwohl aber ein eigenes Recht des Gesellschafters (Anm. 172), wenngleich nur ein Hilfsrecht (Anm. 175), ist. Die vom Gesellschafter im Wege der actio pro socio erhobene Klage hindert nicht eine Klage der Gesellschaft (vgl. Staub-Ulmer Anm. 296 m. w. Nachw.; a. M. Hadding S. 101 f.). Aus einem vom Gesellschafter erstrittenen Titel auf Leistung an die Gesellschaft kann nur der Gesellschafter vollstrecken (vgl. generell für Fälle der Prozeßstandschaft BGHZ 92, 347, 349; KG Rpfleger 1971, 103; LG Bochum Rpfleger 1985, 438; Baumbach-Lauterbach-Hartmann ZPO 48. Aufl. § 750 Anm. 1 I B a); auch die Rechtskraft eines gegen den Gesellschafter ergangenen klagabweisenden Urteils bindet die Gesellschaft nicht (vgl. RGZ 90, 300, 302; Heymann-Emmerich § 109 Anm. 23; Staub-Ulmer Anm. 269; Alfred Hueck oHG § 12 II 3). Das bedeutet allerdings auch, daß der im Wege der actio pro socio verklagte Gegner imstande bleiben muß, durch negative Feststellungsklage gegen die Gesellschaft eine rechtskräftige Entscheidung zu bewirken. Die von der Gesellschaft erhobene – auch nachträglich erhobene! – Klage stellt den Kläger klaglos (vgl. Anm. 175; Staub-Ulmer Anm. 269; Wiedemann Gesellschaftsrecht I § 8 IV 1 c aa; a. M. Hadding S. 102: Nebenintervention der Gesellschaft im Prozeß des Gesellschafters). Das gilt selbst dann, wenn sich die Gesellschaft über die Klagforderung vergleicht oder nach Klagabweisung einen Rechtsmittelverzicht erklärt (macht der Gesellschafter geltend, daß der Vergleich oder Rechtsmittelverzicht wegen Mißbrauchs der Vertretungsmacht [§ 126 Anm. 20 ff.] unwirksam ist, so kann dies wieder im Wege der actio pro socio geschehen). Der Kläger kann deshalb, wenn die Gesellschaft ihrerseits Klage erhebt, ohne den Prozeß durch Parteiwechsel zu übernehmen, Erledigung in der Hauptsache erklären (§ 91 a ZPO). Dagegen kann er sich nicht als Streitgenosse am Prozeß der Gesellschaft beteiligen. Wird die Klage von der Gesellschaft zurückgenommen, so ist wieder Raum für die actio pro socio, sofern nicht ein wirksamer Erlaß der Gesellschaft vorliegt oder der Gesellschafter eingewilligt hat (s. auch Anm. 175).

g) Noch nicht diskutiert worden ist die Frage, ob es eine **„Aufrechnung pro socio"** gibt. Soweit der Gesellschafter nur die eigene Haftung abwehren will, bedarf es dieses Instituts nicht (vgl. § 129 Abs. 3 und dazu § 129 Anm. 20 ff.). Fraglich ist nur, ob der Gesellschafter auch eine Inanspruchnahme der Gesellschaft durch Aufrechnung abwenden kann, wenn die vertretungsberechtigten Gesellschafter die Aufrechnungserklärung versäumen. Aus Gründen der Rechtssicherheit wird man dies ablehnen müssen.

VII. Änderungen im Gesellschafterbestand und Verfügungen über den Anteil

Schrifttum: Flume, Die Rechtsnachfolge in die Mitgliedschaft in einer Personengesellschaft durch Übertragung der Mitgliedschaft, in: Festschrift Larenz, 1979, S. 769; *Huber,* Vermögensanteil, S. 349 ff.; *Müller-Laube,* Der Einfluß von Personenwechsel und Gestaltwandel auf die Identität der Personengesellschaft, in: Festschrift E. Wolf, 1985, S. 501; *Wiedemann,* Übertragung, S. 43 ff.

1. Eintritt und Ausscheiden von Gesellschaftern

180 a) Der **Eintritt in eine oHG** bzw. KG findet grundsätzlich statt durch einen Gesellschaftsvertrag zwischen dem Eintretenden und den vorhandenen Gesellschaftern (RGZ 128, 172, 176; BGH BB 1976, 154 = DB 1976, 142; Heymann-Emmerich § 109 Anm. 28; Karsten Schmidt Gesellschaftsrecht § 19 II 1b). Dieser Gesellschaftsvertrag ist zugleich eine Vertragsänderung hinsichtlich der der Gesellschaft bereits angehörenden Gesellschafter (Baumbach-Duden-Hopt Anm. 7 B). Bezogen auf die oHG als organisierte Handelsgesellschaft ist er eine Änderung ihrer „Satzung". Der Eintritt kann unter einer Bedingung oder Befristung vereinbart werden. Ein rückwirkender Eintritt ist nicht möglich; er kann nur mit schuldrechtlicher Wirkung vereinbart werden (BFHE 108, 495 = BB 1973, 595; s. auch BFHE 142, 130, 133 = BB 1985, 44; BFHE 146, 236, 239 = BB 1986, 1144; Ludwig Schmidt, EStG, 10. Aufl. 1991, § 15 Anm. 72). Der Eintritt bedarf der für den Gesellschaftsvertrag geltenden Form (Westermann Handbuch [Lfg. 1978] I 385; anders wohl Staub-Ulmer Anm. 173). Dieser Formzwang wird aber im Fall des § 313 BGB (Anm. 116) nur relevant, wenn der eintretende Gesellschafter selbst i.S. des § 313 BGB verpflichtet wird. Der Beitritt zu einer Gesellschaft, die Grundeigentum erworben hat, bedarf nicht der Form des § 313 BGB (vgl. auch RGZ 82, 160). Wegen des Erfordernisses einer vormundschaftsgerichtlichen Genehmigung vgl. Anm. 127. Folge eines Eintritts ist, daß der Neugesellschafter eine neue Mitgliedschaft erhält (sog. Einbuchung; vgl. Huber Vermögensanteil S. 230ff.). Von einer Einbuchung wird insbesondere dann gesprochen, wenn ein neuer Gesellschafter unentgeltlich auf Kosten aller oder einzelner Gesellschafter aufgenommen wird (zu den Gestaltungsvarianten vgl. Karsten Schmidt BB 1990, 1993). Der Rechtsgrund des Anteilserwerbes kann im Gesellschaftsvertrag selbst, aber auch z.B. in einem Schenkungsvertrag, liegen (Anm. 122). Wegen der Haftungsfolgen ist auf § 130 Anm. 12, 16ff. und auf § 173 Anm. 21ff. zu verweisen.

181 b) Das **Ausscheiden aus der Gesellschaft** kann verschiedene Gründe haben: Die Mitgliedschaft eines Gesellschafters kann durch Ablauf einer für die Beteiligung als Gesellschafter vereinbarten Frist enden (Parallele zu § 131 Nr. 1); möglich ist eine Ausscheidensvereinbarung zwischen dem Gesellschafter und den Mitgesellschaftern (dazu vgl. Karsten Schmidt Gesellschaftsrecht § 50 II 1; Alfred Hueck oHG § 29 I 1); möglich ist weiter eine Austrittskündigung des Gesellschafters (vgl. § 138 Anm. 72); schließlich kann es durch wirksame Ausschließung zu einem Ausscheiden kommen (vgl. dazu Erl. §§ 140, 142). Die Wirksamkeitsvoraussetzungen für Austritt und Ausschließung sind bei § 140 Anm. 8ff., 71ff. erläutert. Zum Erfordernis einer vormundschaftsgerichtlichen Genehmigung beim Austritt eines nicht voll geschäftsfähigen Gesellschafters vgl. Anm. 127. Die vermögensrechtliche Folge des Ausscheidens aus der Gesellschaft besteht in den Worten des § 738 Abs. 1 Satz 1 BGB darin, daß der Anteil des Ausscheidenden am Gesellschaftsvermögen den übrigen Gesellschaftern zuwächst (vgl. dazu RGZ 65, 227, 236f.; 68, 410; 136, 97, 99; BGHZ 50, 307, 308). Die Formulierung des BGB beruht auf der alten, hier abgelehnten Gesamthandslehre (charakteristisch Alfred Hueck oHG § 29 II 2). Vor dem Hintergrund des § 124 braucht nur klargestellt zu werden: Die Gesellschaft bleibt in ihrer Identität erhalten (h.M.; anders nur v.

Stebut ZGR 1981, 201f.). Nicht die Zugehörigkeit des Gesellschaftsvermögens zur Gesellschaft, sondern nur die Beteiligungsquote der Gesellschafter ändert sich. Anders verhält es sich nur, wenn die Gesellschaft durch den Fortfall des letzten Mitgesellschafters erlischt (dazu § 140 Anm. 68, § 142 Anm. 25f., § 145 Anm. 33). Dann fällt das Gesellschaftsvermögen dem einzig verbleibenden Gesellschafter an.

c) Eine **Verbindung von Austritt und Eintritt** ist zulässig (RGZ 83, 312, 314f.; 128, 172, 176; BGHZ 44, 229, 231 = NJW 1966, 499). Sie besteht darin, daß der Anteil des Altgesellschafters mit Anwachsungsfolge erlischt und daß der Neugesellschafter durch Beitritt zur Gesellschaft eine neue Mitgliedschaft erwirbt. Er wird also nicht Rechtsnachfolger des Altgesellschafters. Dieser Vorgang fällt unter die §§ 130, 159, 173, 176 Abs. 2 (vgl. die Erläuterung dieser Vorschriften). Er mußte, solange die Praxis die Anteilsübertragung noch nicht anerkannte, die Übertragung ersetzen (vgl. RGZ 83, 312, 314f.; 128, 172, 176; RG LZ 1914, 1380; KG JW 1934, 2699). Folge war, daß eine als Anteilsübertragung formulierte und gewollte Vereinbarung als kombinierter Austritt und Eintritt eingeordnet wurde (vgl. nur RGZ 83, 312, 314f.; RG LZ 1914, 1380; KG JW 1934, 2699f.). Heute verhält es sich anders: Die Anteilsübertragung wird zugelassen (dazu sogleich Anm. 186). Die Kombination von Austritt und Eintritt bleibt daneben zulässig (vgl. § 130 Anm. 12, § 173 Anm. 20, 25). Welche dieser Gestaltungen im Einzelfall vorliegt, ist eine Frage der Vertragsauslegung. Diese muß sich nicht nach dem Wortlaut richten (vgl. §§ 133, 157 BGB), zumal in der Gestaltungspraxis bisweilen noch Formulierungen gebraucht werden, die auf die Zeit zurückgehen, da die Anteilsübertragung noch nicht anerkannt war. Im Zweifel ist heute davon auszugehen, daß eine Anteilsübertragung gewollt ist, auch wenn im Vertrag vom ausscheidenden und vom eintretenden Gesellschafter die Rede ist (vgl. auch Staub-Ulmer Anm. 299). Ist eine Kombination von Austritt und Eintritt gewollt, so bleibt die Gesellschaft in ihrer Identität selbst dann erhalten, wenn alle Gesellschafter ausgewechselt werden (a.M. offenbar BGHZ 44, 229, 231 = NJW 1966, 499). Auch in der Zweipersonengesellschaft führt eine Kombination von Austritt und Eintritt nicht zu einem ungewollten Erlöschen der Gesellschaft unter Gesamtrechtsnachfolge des anderen Gesellschafters. Dies wäre nur der Fall, wenn man bei der Kombination von Austritt und Eintritt die Stelle des ausscheidenden Gesellschafters für die Dauer einer logischen Sekunde als verwaist ansähe, so daß für diese Dauer im Fall der Zweimanngesellschaft nur ein Gesellschafter übrigbliebe, bei gleichzeitiger Übertragung aller Anteile überhaupt kein Gesellschafter. Gewollt ist aber, daß die Mitgliedschaft des Neugesellschafters nahtlos an die Mitgliedschaft des Altgesellschafters anschließt oder, wenn man die Rechtsfigur der logischen Sekunde bemühen will, daß Alt- und Neugesellschafter für eine logische Sekunde gemeinsam Mitglieder sind.

d) Für den **fehlerhaften Eintritt und Austritt** gelten die Grundsätze über fehlerhafte Gesellschaften: Ist der Eintritt oder Austritt, wenn auch im Wege eines fehlerhaften Vertrags, vollzogen, so ist dieses Verbandsgeschäft wirksam und kann nur durch Wiederaustritt bzw. Wiederaufnahme rückgängig gemacht werden (näher Anm. 220ff.). Anderes gilt für die fehlerhafte Anteilsübertragung (dazu Anm. 226ff.).

2. Anteilsübertragung

184 a) aa) **Grundsatz:** Die **Anteilsübertragung** muß in rechtlicher Hinsicht **vom Eintritt und Austritt unterschieden** werden (Karsten Schmidt Gesellschaftsrecht § 45 III 1). Bei ihr schließt nicht ein Neugesellschafter einen Gesellschaftsvertrag mit den vorhandenen Gesellschaftern, und es tritt nicht ein Altgesellschafter mit der gesellschaftsrechtlichen Folge der Anwachsung (§ 738 BGB) aus der Gesellschaft aus, sondern es liegt ein Verfügungsgeschäft zwischen dem Altgesellschafter und dem Neugesellschafter vor, kraft dessen der Altgesellschafter seine Mitgliedschaft auf den Neugesellschafter überträgt. Nicht nur die Gesellschaft, sondern auch die Mitgliedschaft bleibt bei diesem Vorgang in ihrer Identität erhalten.

185 bb) Von der Verfügung über die Anteile **zu unterscheiden** ist die **Verfügung über Gegenstände des Gesellschaftsvermögens** (ausführlich Staub-Hachenburg Anm. 293 f.). Nach § 719 Abs. 1 BGB (anwendbar über Abs. 2) kann ein Gesellschafter nicht über seinen Anteil an den einzelnen zu dem Gesellschaftsvermögen gehörenden Gegenständen verfügen. Dies versteht sich in Anbetracht der Rechtsträgerschaft der Gesellschaft (Anm. 6 f.) von allein, denn Anteile des Gesellschafters an den zum Gesellschaftsvermögen gehörenden Gegenständen gibt es nicht (vgl. Flume Personengesellschaft § 5; Karsten Schmidt Gesellschaftsrecht § 47 III 1 a). Über Gegenstände des Gesellschaftsvermögens kann als Berechtigte (vgl. § 185 BGB) nur die ordnungsgemäß vertretene Gesellschaft verfügen. Dem Gesellschafter steht nur der Anteil zu sowie der Anspruch auf Geschäftsführungsvergütung, auf Gewinnanteile und auf eine Liquidationsquote.

186 b) aa) **Zulässigkeit:** Die ältere Praxis und Lehre hielt die Übertragung teils wegen § 719 BGB, teils aus rechtsdogmatischen Gründen für unzulässig (RGZ 83, 312, 314 f.; 128, 172, 176 f.; KG JW 1934, 2699; Düringer-Hachenburg-Flechtheim Allg. Einl. Anm. 26, § 130 Anm. 6; Staudinger-Geiler, BGB, 10. Aufl., vor § 705 Anm. 50; vgl. Schulze-Osterloh, Das Prinzip der gesamthänderischen Bindung, 1973, S. 91 m.w. Nachw.). Durchgesetzt hat sich der Gegenstandpunkt: Die Übertragung von Anteilen an einer oHG oder KG ist zulässig, wenn sie im Gesellschaftsvertrag zugelassen ist oder wenn alle Gesellschafter zustimmen (BGHZ 13, 179, 186; 24, 106, 114; 77, 392, 394 f.; 79, 374, 378 f.; 81, 82, 84; 86, 367, 369; BGH WM 1986, 832, 833; Baumbach-Duden-Hopt § 124 Anm. 2 B; Heymann-Emmerich § 109 Anm. 33; Staub-Ulmer Anm. 306 ff.; Karsten Schmidt Gesellschaftsrecht § 45 III 2). Es kann also keine Rede mehr davon sein, daß der Anteil des Personengesellschafters seiner Art nach ein unübertragbares Recht ist. Der Anteil ist als solcher ebenso **übertragbar** wie ein GmbH-Geschäftsanteil (Huber Vermögensanteil S. 380 ff., 387 bemüht sogar zur Begründung der Übertragbarkeit eine nach der hier vertretenen Auffassung überflüssige Analogie zu § 15 GmbHG). Nur zum Schutz der Mitgesellschafter ist der Anteil von Gesetzes wegen vinkuliert, so daß insofern Regel und Ausnahme umgekehrt verteilt sind wie bei der GmbH (vgl. Karsten Schmidt Gesellschaftsrecht § 45 III 2 c): Die Übertragung des GmbH-Geschäftsanteils ist prinzipiell frei und kann nur durch die Satzung von einer Zustimmung abhängig gemacht werden (§ 15 GmbHG); die Übertragung des oHG- bzw. KG-Anteils ist grundsätzlich von einer Zustimmung aller Mitgesellschafter abhängig, aber durch den Gesellschaftsvertrag kann Befreiung von diesem Erfordernis erteilt werden.

bb) Ohne Zustimmung wirksam ist der **kraft Gesetzes** oder im Wege der **Gesamtrechts-** 187
nachfolge eintretende Übergang des Anteils (wobei diese Tatbestände häufig zusammenfallen). So, wenn der Anteil im Wege der Erbfolge übergeht. Gesamtrechtsnachfolge findet auch im Fall der übertragenden Umwandlung statt (näher Karsten Schmidt Gesellschaftsrecht § 12 I 4b; eingehend ders. AcP 191 [1991] Heft 6). Geht das Vermögen einer Gesellschafter-Gesellschaft nach §§ 44, 49 UmwG auf eine Kapitalgesellschaft über, so gilt dies auch für den ihr gehörenden Gesellschaftsanteil an einer oHG oder KG. Einer Zustimmung der Mitgesellschafter bedarf es nicht.

c) aa) Das **Übertragungsgeschäft** selbst ist ein Verfügungsgeschäft nach § 413 BGB 188
zwischen dem Veräußerer und dem Erwerber (Karsten Schmidt Gesellschaftsrecht § 45 III 3). Es ist, im Gegensatz zum Austritt und Eintritt (Anm. 180 ff.), nicht ein gesellschaftsrechtliches Rechtsgeschäft des Altgesellschafters mit sämtlichen Mitgesellschaftern bzw. des Neugesellschafters mit den vorhandenen Gesellschaftern. Der Rechtsgrund der Anteilsübertragung kann verschiedener Art sein, z.B. Kauf, Schenkung (auch als vorweggenommene Erbfolge), Treuhandvertrag, Herausgabe des Erlangten nach § 667 BGB, Erbauseinandersetzung, Vermächtnis usw. Nach dem Abstraktionsprinzip ist die Wirksamkeit des Übertragungsgeschäfts grundsätzlich unabhängig vom Rechtsgrund zu prüfen.

bb) Die **Wirksamkeit des Anteilsübertragungsvertrags** hängt neben der gesellschafts- 189
rechtlichen Zulassung durch Gesellschaftsvertrag oder durch Zustimmung (dazu unter Anm. 186) von den allgemeinen Grundsätzen ab, die für Verfügungsgeschäfte gelten, was insbesondere bedeutet, daß die Willenserklärungen wirksam sein müssen (§§ 104 ff., 116 ff. BGB) und daß der Berechtigte verfügt oder der Verfügung zugestimmt haben muß (§ 185 BGB). Stellvertretung ist zulässig, sofern nicht der Gesellschaftsvertrag oder die der Veräußerung zustimmenden Gesellschafter höchstpersönliche Übertragung verlangen. Ist der Gesellschafter keine natürliche Person, so handelt er durch seine Organe. Ist er nicht unbeschränkt geschäftsfähig, so handeln für ihn die gesetzlichen Vertreter. Die Anteilsveräußerung wird als Erwerb bzw. Veräußerung eines Erwerbsgeschäfts i.S. von § 1822 Nr. 3 BGB angesehen, bedarf also der vormundschaftsgerichtlichen Genehmigung (vgl. BGHZ 17, 160, 164 f. = NJW 1955, 1067; BGH NJW 1961, 724; Schwab in MünchKomm § 1822 Anm. 19; Stahl, Minderjährigenschutz im Gesellschaftsrecht und vormundschaftsgerichtliche Genehmigung, 1988, S. 145 ff.; Winkler ZGR 1973, 202 f.). Lebt der Veräußerer im gesetzlichen Güterstand der Zugewinngemeinschaft, so ist, wenn der zu veräußernde Anteil das wesentliche Vermögen dieses Gesellschafters ausmacht, § 1365 BGB zu beachten. Wegen der Frage, ob im Fall der unwirksamen Anteilsübertragung die Grundsätze über fehlerhafte Gesellschaften gelten, vgl. Anm. 226 f.

cc) Die Anteilsübertragung ist **grundsätzlich formfrei** (eingehend Staub-Ulmer 190
Anm. 311 f.). Auch dann, wenn sich im Gesellschaftsvermögen Gegenstände befinden, bei denen die Verpflichtung zur Übertragung und das Übertragungsgeschäft formbedürftig sind, insbesondere Grundstücke (§§ 313, 873, 925 BGB) und GmbH-Geschäftsanteile (§ 15 GmbHG), bleibt es für die Anteilsübertragung grundsätzlich bei der Formfreiheit (vgl. BGHZ 86, 367, 369 f. = NJW 1983, 1110; Staub-Ulmer Anm. 311; Kanzleiter in MünchKomm § 313 Anm. 14; Karsten Schmidt BB 1983,

1701; Petzoldt BB 1975, 907 f.). Selbst wenn das Vermögen der Gesellschaft im wesentlichen aus Grundstücken oder (und) GmbH-Anteilen besteht, hält die Praxis hieran fest (BGHZ 86, 367, 369 = NJW 1983, 1110). An der Formfreiheit ändert sich auch dann nichts, wenn alle Anteile auf einen einzig verbleibenden Gesellschafter übertragen werden (BGHZ 86, 367, 370 = NJW 1983, 1110, 1111; Staub-Ulmer Anm. 312; Petzoldt BB 1975, 907 f.), obwohl dann die koordinierten Anteilsübertragungen dieselben Folgen haben, als hätte die Gesellschaft im Wege der Liquidation die Einzelgegenstände formgerecht auf den Erwerber übertragen (vgl. zu dieser Art der Auseinandersetzung § 145 Anm. 33). Dieser Grundsatz der Formfreiheit muß allerdings für den Fall durchbrochen werden, daß sich der Zweck der Gesellschaft im Halten und Verwalten der betreffenden Vermögensstücke beschränkt (vgl. für § 313 BGB Karsten Schmidt AcP 182 [1982], 498 ff.; für § 15 GmbHG ders. BB 1983, 1702; in gleicher Richtung BGHZ 86, 367, 370 = NJW 1983, 1110; eingehend Heckschen, Die Formbedürftigkeit mittelbarer Grundstücksgeschäfte, 1987, S. 144 f.; Ulmer Gesellschaft bürgerlichen Rechts § 719 Anm. 27 f.). Mit Staub-Ulmer Anm. 312 ist allerdings festzuhalten, daß dieser Grundsatz wegen des unternehmerischen Zwecks einer oHG oder KG bei diesen Gesellschaften im Gegensatz zur Gesellschaft bürgerlichen Rechts i.d.R. keine Bedeutung hat. Das kann aber anders sein, wenn eine Holding- oder Besitzgesellschaft als oHG bzw. KG eingetragen ist (vgl. dazu Anm. 39). Vgl. auch für den Fall, daß eine BGB-Gesellschaft Gesellschafterin ist, Anm. 73.

191 d) aa) Die **Zulassung der Anteilsübertragung im Gesellschaftsvertrag** kann in der Ursprungsurkunde enthalten sein. Sie kann aber auch nachträglich durch Vertragsänderung eingeführt werden. Eine Verpflichtung der Gesellschafter, einer solchen Vertragsänderung zuzustimmen, besteht nur unter den bei Anm. 143 ff. genannten Voraussetzungen. Der Gesellschaftsvertrag kann die Anteilsübertragung generell oder unter bestimmten einschränkenden Voraussetzungen zulassen (Staub-Ulmer Anm. 307; vgl. dazu auch BGH NJW-RR 1989, 1259 = WM 1989, 1221). Solche Einschränkungen können personenbezogen sein (z.B. Übertragung nur an Mitgesellschafter und nahe Angehörige oder nur an beruflich qualifizierte Erwerber); sie können auch sachbezogen sein (z.B. Übertragung im Wege der Vermächtniserfüllung oder im Wege der vorweggenommenen Erbfolge). Auch eine generelle Zulassung ist im Zweifel dahin auszulegen, daß ein objektiv unzumutbarer Anteilserwerber, dem gegenüber im Erwerbszeitpunkt ein Ausschließungsgrund besteht, nicht soll erwerben können; eine hiergegen verstoßende Übertragung stellt dann nicht bloß eine schuldrechtlich wirkende Treupflichtverletzung des übertragenden Gesellschafters dar, sondern sie ist unwirksam (BGH WM 1982, 234, 235; Staub-Ulmer Anm. 307).

192 bb) Die **Zustimmung aller Mitgesellschafter** ist für Anteilsübertragungen erforderlich, die im Gesellschaftsvertrag nicht zugelassen sind. **Grundsätzlich** sind die Mitgesellschafter zur Erteilung der Zustimmung **nicht verpflichtet** (Alfred Hueck oHG § 27 II 2 Fn. 16 a; Wiedemann Gesellschaftsrecht I § 3 III 1 a). Ausnahmen können sich aus dem Gesellschaftsvertrag ergeben (vgl. Anm. 205). Auch ohne eine Vertragsregelung besteht eine Zustimmungspflicht, wenn die Verweigerung der Zustimmung gegen die **Treupflicht** verstößt (OGH Brit. Zone MDR 1948, 343; Wiedemann Gesellschaftsrecht I § 3 III 1 a). Beispielsweise können die Mitgesellschafter in einer Gesellschaft, deren

Vertrag die allgemeine Nachfolgeklausel enthält (dazu § 139 Anm. 16), einer Übertragung i.d.R. nicht widersprechen, die dem Vollzug eines Vermächtnisses dient, weil sonst die erbrechtliche Gestaltung (Erbeinsetzung oder Vermächtnis) zu Zufallsergebnissen führt (vgl. sinngemäß zu § 15 Abs. 5 GmbHG OLG Düsseldorf ZIP 1987, 227; OLG Koblenz ZIP 1989, 301; LG Düsseldorf DB 1989, 33). In einer solchen Gesellschaft kommt eine Pflicht zur Zustimmung auch bei einer Übertragung im Wege der vorweggenommenen Erbfolge in Betracht. Zur Frage, wann auch das Fehlen einer Nachfolgeklausel Zustimmungspflichten auslösen kann, vgl. Anm. 143. Eine erteilte Zustimmung ist auslegungsfähig. Keiner neuerlichen Zustimmung bedarf deshalb z.B. die Rückübertragung eines mit Zustimmung der Gesellschafter nur treuhänderisch übertragenen Anteils (vor § 335 a.F. = vor § 230 n.F. Anm. 85 m.w. Nachw.). Ganz allgemein kann sich aus der Zustimmung zu einer nur temporär erfolgten Anteilsübertragung ergeben, daß auch der späteren Rückübertragung zugestimmt worden ist. Ist die Übertragung befristet oder auflösend bedingt vereinbart worden, so erfolgt der Rückfall automatisch, ohne daß sich die Zustimmungsfrage insofern neu stellt.

cc) Fehlende Einwilligung macht die Übertragung nach der älteren, von § 719 BGB als **193** einem gesetzlichen Veräußerungsverbot ausgehenden Rechtsprechung nach § 135 BGB relativ unwirksam (RGZ 92, 398, 400; 93, 292, 294). Nach heute herrschender und richtiger Auffassung ist die Übertragung schwebend unwirksam, weil die Verfügung über den Anteil nicht gegen ein Veräußerungsverbot verstößt, sondern nur einem Zustimmungserfordernis unterliegt (vgl. BGHZ 13, 179, 185f. = NJW 1954, 1155; BGH WM 1964, 878, 879; 1986, 832, 835; std. Rspr.; Staub-Ulmer Anm. 308; Heymann-Emmerich § 109 Anm. 33; Baumbach-Duden-Hopt § 124 Anm. 2 B). Die Anteilsübertragung kann dann noch genehmigt werden. Die **Genehmigung** wirkt nach § 184 BGB auf den Zeitpunkt der Anteilsübertragung bzw., falls vereinbart, auf einen zwischen der Anteilsübertragung und der Genehmigungserteilung liegenden Zeitpunkt zurück (Staub-Ulmer Anm. 308; zweifelnd Soergel-Hadding 11. Aufl. § 719 Anm. 13). Wird die **Genehmigung verweigert,** so führt dies grundsätzlich zur Nichtigkeit des Verfügungsgeschäfts, das damit nicht mehr genehmigungsfähig ist (vgl., nicht speziell für die Anteilsübertragung, RGZ 139, 118, 123 ff.; BGHZ 13, 179, 186f. = NJW 1954, 1155; vgl. zur behördlichen Genehmigung RGZ 106, 142, 146; fast allgemeine Auffassung; anders nur Palm, Die nachträgliche Erteilung der verweigerten Genehmigung, 1964, S. 48ff.; Münzel NJW 1959, 602). Das gilt aber nicht, wenn die Zustimmungsverweigerung nach Anm. 192, 194 rechtswidrig ist (Karsten Schmidt AcP 189 [1989], 14ff.). Die **rechtswidrige Genehmigungsverweigerung** ist vielmehr entweder unerheblich (§ 242 BGB) oder durch einen Genehmigungsanspruch aller Mitgesellschafter überwindbar. Diese bisher nicht vorherrschende Meinung kann als höchstrichterlich anerkannt gelten, nachdem der BGH für die Verletzung einer vorvertraglichen Bindung entsprechend entschieden hat (BGHZ 108, 380 = NJW 1990, 508; dazu Karsten Schmidt DNotZ 1990, 709).

dd) Der Gesellschaftsvertrag kann nicht nur die Zustimmung entbehrlich machen. Er **194** kann auch eine **Zustimmung durch Mehrheitsentscheidung** zulassen (Staub-Ulmer Anm. 307). Ferner kann er bestimmen, daß ein Beirat oder ein geschäftsführender Gesellschafter für die Zustimmung zuständig ist (BGH WM 1958, 49f.). Schließlich kann der Gesellschaftsvertrag bestimmen, daß die Zustimmung nur aus wichtigem Grund oder nur aus bestimmten enumerativ aufgezählten Gründen versagt werden darf. In diesem Fall hat der veräußerungswillige Gesellschafter einen Anspruch auf Erteilung der Zustimmung, sofern nicht ein Versagungsgrund vorliegt, wofür die Mitgesellschafter darlegungs- und beweispflichtig sind (BGH BB 1961, 347; Staub-Ulmer Anm. 307).

195 e) aa) **Rechtsfolge der Anteilsübertragung** ist eine Einzelrechtsnachfolge des Erwerbers in die Mitgliedschaft des Veräußerers. Der Zeitpunkt der Einzelrechtsnachfolge kann von den Parteien, etwa durch aufschiebende Bedingung oder durch Festlegung eines Termins, bestimmt werden. Rückwirkend kann die Übertragung nicht vorgenommen werden; eine entsprechende Vereinbarung ist dahin zu deuten, daß die Vertragsparteien einander schuldrechtlich so stellen wollen, als wäre die Veräußerung schon zu einem früheren Zeitpunkt erfolgt. Zu den Haftungsfolgen der Anteilsübertragung vgl. § 130 Anm. 16, § 159 Anm. 8, § 173 Anm. 29 ff., § 176 Anm. 25. Die Anteilsübertragung wird nach §§ 107, 143 in das Handelsregister eingetragen, und zwar nach hergebrachter Praxis als Austritt und Eintritt mit Rechtsnachfolgezusatz (was ein Widerspruch in sich ist), korrekt dagegen als das, worum es geht: als Einzelrechtsnachfolge durch Anteilsveräußerung (vgl. § 143 Anm. 7).

196 bb) Die **fehlerhafte Anteilsübertragung** wurde von der herrschenden Auffassung wie ein fehlerhafter Austritt und Eintritt behandelt, also den Grundsätzen über fehlerhafte Gesellschaften unterstellt (vgl. für die Personengesellschaft BGH WM 1968, 892; BB 1975, 758 = JZ 1975, 448; BB 1988, 580 = NJW 1988, 1324 = ZIP 1988, 509; Baumbach-Duden-Hopt Anm. 8 I; Heymann-Emmerich Anm. 108; Staub-Ulmer Anm. 376; dagegen Karsten Schmidt BB 1988, 1053 ff.). Diese Auffassung hatte für die Praxis Vorteile, weil auch derjenige Gesellschafter, der seine Mitgliedschaft fehlerhaft erworben hat, als vollgültiger Gesellschafter behandelt werden konnte: nicht nur haftungsrechtlich, sondern auch beim Bezug von Gewinnanteilen, bei der Ausübung von Mitgliedschaftsrechten usw. Gleichwohl hat der BGH diesen Standpunkt mit Recht aufgegeben (BGH NJW 1990, 1915 = ZIP 1990, 371). War der Anteilserwerb unwirksam, so kann der Erwerber nur Scheingesellschafter sein (eingehend Anm. 226 f.).

3. Sondergestaltungen

197 a) Beim **Nießbrauch am Anteil** bleibt der Nießbrauchbesteller Gesellschafter. Dem Nießbraucher steht nur das Nutzungsrecht am Anteil zu (eingehend vor § 335 a.F. = vor § 230 n.F. Anm. 2 ff., insbes. 9 ff.). Stets ist allerdings darauf zu achten, ob nicht der sog. Nießbrauch im einzelnen Fall als eigennützige Treuhand bestellt ist (vor § 335 a.F. = vor § 230 n.F. Anm. 7, 9). In diesem Fall ist der angebliche Nießbraucher Treuhandgesellschafter.

198 b) Eine (fiduziarische Vollrechts-) **Treuhand am Anteil** liegt vor, wenn ein Gesellschafter (Treuhänder) Inhaber der Beteiligung mit der Maßgabe ist, daß er die Rechte aus der Beteiligung nur gemäß einem mit dem Treugeber geschlossenen Treuhandvertrag ausüben darf (vor § 335 a.F. = vor § 230 n.F. Anm. 30). Die Treuhand kann als eigennützige oder als fremdnützige Treuhand vereinbart sein (vor § 335 a.F. = vor

Begriff der oHG, fehlerhafte Gesellschaft 199–201 § 105

§ 230 n. F. Anm. 32 ff.). Wichtigster Fall der eigennützigen Treuhand ist die Sicherungstreuhand. Wegen der Einzelheiten ist zu verweisen auf die Erläuterungen vor § 335 a. F. = vor § 230 n. F. Anm. 28 ff. Zur Frage, ob die Begründung eines Treuhandverhältnisses der Zustimmung der Mitgesellschafter bedarf, vgl. vor § 335 a. F. = vor § 230 n. F. Anm. 46 f. Es ist Auslegungsfrage, ob eine im Gesellschaftsvertrag enthaltene Übertragbarkeitsklausel auch die Treuhandübertragung, insbesondere die Sicherungsübertragung, deckt. Zur **Testamentsvollstreckung** vgl. § 139 Anm. 44 ff. Zur **Nachlaßverwaltung** vgl. § 139 Anm. 55.

c) Die **Verpfändung** des Anteils erfolgt nach § 1274 BGB. Danach unterliegt die Verpfändung eines Rechts den für die Übertragung des Rechts geltenden Vorschriften. Wie die Übertragung (Anm. 186) bedarf deshalb die Verpfändung entweder der Zulassung im Gesellschaftsvertrag oder der Zustimmung aller Mitgesellschafter. Ob eine Übertragbarkeitsklausel im Gesellschaftsvertrag auch die Verpfändung deckt, ist Auslegungsfrage. Von der Anteilsverpfändung ist die Verpfändung der nach § 717 Satz 2 BGB frei übertragbaren Ansprüche auf Geschäftsführungsvergütung, Gewinnanteil und Liquidationsquote zu unterscheiden. Für sie bedarf es der Zustimmung nicht. Aber das Entstehen bzw. die Fälligkeit der Ansprüche auf Gewinnauszahlung bzw. Auszahlung der Liquidationsquote kann der Pfandgläubiger nicht selbst herbeiführen (vgl. Ulmer Gesellschaft bürgerlichen Rechts § 717 Anm. 29, 40; Soergel-Hadding 11. Aufl. § 717 Anm. 8). Wegen der **Pfändung** des Anteils vgl. Erl. § 135. 199

d) Keine Übertragung bzw. Belastung des Anteils ist die Einräumung einer **Unterbeteiligung**. Dazu ist zu verweisen auf: vor § 335 a. F. = vor § 230 n. F. Anm. 90 ff.; § 335 a. F. = § 230 n. F. Anm. 181 ff.; § 336 a. F. = § 231 n. F. Anm. 25; § 337 a. F. = § 232 n. F. Anm. 42 ff.; § 338 a. F. = § 233 n. F. Anm. 20 ff.; § 339 a. F. = § 234 n. F. Anm. 60 ff.; § 340 a. F. = § 235 n. F. Anm. 64 ff.; § 341 a. F. = § 236 n. F. Anm. 45 ff.; § 342 a. F. = § 237 n. F. Anm. 31. 200

VIII. Fehlerhafte Gesellschaft und verwandte Probleme

Schrifttum: *Beitzke,* Nichtigkeit, Auflösung und Umgestaltung von Dauerrechtsverhältnissen, 1948; *Canaris,* Die Vertrauenshaftung im deutschen Privatrecht, 1971; *Däubler,* Das fehlerhafte Ausscheiden eines Gesellschafters aus der oHG, BB 1966, 1292; *Erman,* Personengesellschaften auf mangelhafter Vertragsgrundlage, 1947; *Falkenstein,* Fehlerhaftes Ausscheiden eines Gesellschafters aus einer oHG, Diss. Tübingen 1977; *Robert Fischer,* Die faktische Gesellschaft, NJW 1955, 849; *ders.,* Grenzen der Anerkennung der faktischen Gesellschaft, NJW 1958, 969; *Gursky,* Das fehlerhafte Ausscheiden eines Gesellschafters aus einer Personengesellschaft, Diss. Köln 1969; *Hartmann,* Der fehlerhafte Vertrag über das Ausscheiden aus einer Personengesellschaft, in: Festschrift Schiedermair, 1976, S. 257; *Haupt,* Über faktische Vertragsverhältnisse, 1941 = Sonderdruck aus: Festschrift Siber II, 1940; *Alfred Hueck,* Mängel des Gesellschaftsvertrages bei der offenen Handelsgesellschaft, AcP 149 (1944), 1; *Lieberich,* Fehlerhafte Abänderungen des Gesellschaftsvertrages bei Personenhandelsgesellschaften, Diss. Bonn 1972; *Möschel,* Das Außenverhältnis der fehlerhaften Gesellschaft, in: Festschrift Hefermehl, 1976, S. 171; *Müller-Graff,* Die Außenhaftung des Kommanditisten bei fehlerhaftem KG-Eintritt, JuS 1979, 24; *Müller-Laube,* Der fehlerhafte Austausch eines oHG-Gesellschafters, JuS 1985, 885; *Paschke,* Die fehlerhafte Korporation, ZHR 155 (1991), 1; *Reindl,* Zur Haftung des fehlerhaft eingetretenen Gesellschafters, in: Festschrift Demelius, 1973, S. 427; *Rödig,* Bereicherung ohne Rechtfertigung durch Gesellschaftsvertrag, 1972; *Ronke,* Der fehlerhafte Beitritt zu einer Gesellschaft und die fehlerhafte Gesellschaft nach der Rechtsprechung des Reichsgerichts, in: Festschrift Laufke, 1971, S. 217; 201

ders., Die Rechtsprechung des Bundesgerichtshofs zur fehlerhaften Gesellschaft, in: Festschrift Paulick, 1973, S. 55; *Karsten Schmidt*, „Fehlerhafte Gesellschaft" und allgemeines Verbandsrecht, AcP 186 (1986), 421; *ders.*, Macht das Kartellverbot Gemeinschaftsunternehmen für Zivilprozesse inexistent?, WuW 1988, 5; *ders.*, Die fehlerhafte Anteilsübertragung, BB 1988, 1053; *ders.*, Grenzen des Minderjährigenschutzes im Handels- und Gesellschaftsrecht, JuS 1990, 517; *Schmidt-Hern*, Ausschluß- und Übernahmeklage bei der fehlerhaften oHG, Diss. Münster 1970; *Schwintowski*, Grenzen der Anerkennung fehlerhafter Gesellschaften, NJW 1988, 937; *Siebert*, Faktische Vertragsverhältnisse, 1958; *ders.*, Die faktische Gesellschaft, in: Festschrift Hedemann, 1938, S. 266; *Simitis*, Die faktischen Vertragsverhältnisse als Ausdruck der gewandelten sozialen Funktion der Rechtsinstitute des Privatrechts, 1957; *Steines*, Die faktisch aufgelöste Handelsgesellschaft, 1964; *Ulmer*, Die Lehre von der fehlerhaften Gesellschaft – gesicherter Bestand des Gesellschaftsrechts oder methodischer Irrweg?, in: Festschrift Flume II, 1978, S. 301; *Hans-Jörg Weber*, Zur Lehre von der fehlerhaften Gesellschaft, 1978; *Wiesner*, Die Lehre von der fehlerhaften Gesellschaft, 1980.

1. Grundlagen

202 a) Ein **allgemeiner verbandsrechtlicher Grundsatz** geht dahin, daß die Nichtigkeit oder Unwirksamkeit eines organisationsbegründenden oder organisationsändernden Akts die Anerkennung der in Vollzug gesetzten Organisation nicht hindert (vgl. zu den Grundlagen namentlich Wiesner S. 35 ff.; Karsten Schmidt AcP 186 [1986], 421 ff.; Ulmer in Festschrift Flume II S. 301 ff.). In BGHZ 55, 5, 8 = NJW 1971, 375 wird das Rechtsinstitut der fehlerhaften Gesellschaft als „gesicherter Bestandteil des Gesellschaftsrechts" bezeichnet. Nur noch vereinzelt wird dieses Rechtsinstitut bestritten und seine Ersetzung durch Rechtsscheinschutz gefordert (vgl. mit Unterschieden im einzelnen Canaris S. 120 ff., 167 ff., 447 ff.; Schulze-Osterloh, Das Prinzip der gesamthänderischen Bindung, 1972, S. 278; Hans-Jörg Weber S. 159 ff., 171 ff.; Möschel in Festschrift Hefermehl S. 187 f.; Reindl in Festschrift Demelius S. 427; Müller-Graff JuS 1979, 28 f.).

203 b) Die **Rechtsgeltung der Lehre von der fehlerhaften Gesellschaft** wird teils in ihrer Gewohnheitsrechtsnatur erblickt (so Gursky S. 10 ff.), teils in einer richterlichen Rechtsfortbildung (näher Staub-Ulmer Anm. 328). Es handelt sich um ein in der Natur der Sache wurzelndes Rechtsinstitut des allgemeinen Verbandsrechts (vgl. Karsten Schmidt AcP 186 [1986], 421 ff.). Das Rechtsinstitut beruht auf dem Organisationscharakter der Gesellschaft. Die unterschiedlichen **Versuche einer dogmatischen Begründung** (Übersicht bei Wiesner S. 42 ff.) laufen im wesentlichen auf **zwei Wertungskriterien** hinaus: auf das des Bestandsschutzes für die Gesellschaft und auf das des Verkehrsschutzes (vgl. BGHZ 3, 285, 288; 13, 320, 324; 55, 5, 8; 62, 20, 26 f.; BGH NJW 1983, 748; 1988, 1324). Ginge es ausschließlich um den Verkehrsschutz, so könnte, wie von manchen Kritikern gefordert (vgl. die Nachw. in Anm. 202), an Rechtsscheinkonstruktionen gedacht werden. Dem Gesichtspunkt des Bestandsschutzes kann aber die bloße Behandlung einer fehlerhaften Gesellschaft als Scheingesellschaft nicht genügen. Entgegen der älteren Rechtsprechung (RGZ 51, 33, 36; 76, 439, 441; 93, 227, 228; 142, 98, 108; 145, 155, 158; Überblick bei Wiesner S. 35) beschränkt deshalb die Rechtsprechung die Grundsätze über fehlerhafte Gesellschaften seit RGZ 165, 193 auch nicht mehr auf das Außenverhältnis, sondern behandelt die Gesellschaften grundsätzlich auch im Innenverhältnis als wirksam.

c) Die **Geltung der Grundsätze über fehlerhafte Gesellschaften für oHG und KG** ist seit **204** dem Grundlagenurteil RGZ 165, 193, 203 ff. geklärt (vgl. auch BGHZ 3, 285; 10, 44, 51; 44, 235, 236; zum fehlerhaften Beitritt vgl. BGHZ 26, 330, 335; 63, 338, 344; BGH NJW 1966, 107; vgl. auch BGH BB 1988, 580 = NJW 1988, 1324). Zuvor hatte die Rechtsprechung nur die fehlerhaft gegründeten Körperschaften als rechtswirksam anerkannt (Nachweise bei Karsten Schmidt AcP 186 [1986], 430) und die fehlerhaften Personengesellschaften nur im Außenverhältnis aus Gründen des Rechtsscheins den fehlerfrei entstandenen Gesellschaften gleichgestellt. Dieser Stand der Rechtsentwicklung kann als überwunden betrachtet werden. Umstritten, aber für § 105 ohne Bedeutung, ist noch die Frage, inwieweit das Institut der fehlerhaften Gesellschaft auf Innengesellschaften, insbesondere auf stille Gesellschaften, Anwendung finden kann (dazu vgl. § 335 a. F. = § 230 n. F. Anm. 106 ff.; an der bejahenden Praxis festhaltend BGH NJW-RR 1991, 613).

d) Die Lehre von der fehlerhaften Gesellschaft muß von der **Lehre von den faktischen** **205** **Vertragsverhältnissen** (*Haupt, Siebert, Simitis,* alle a. a. O.) unterschieden werden (näher Karsten Schmidt AcP 186 [1986], 422 ff.). Der BGH sprach ursprünglich noch von faktischen Gesellschaften, ohne jedoch dieser Lehre materiell zu folgen (BGHZ 3, 285; 8, 157; 11, 190; s. auch noch Robert Fischer NJW 1955, 851). Seit BGH LM Nr. 19 zu § 105 HGB m. Anm. Robert Fischer ist dieser Unterschied auch terminologisch klargestellt. Die Lehre von den faktischen Verträgen im allgemeinen und von den faktischen Gesellschaften im besonderen will auf die rechtsgeschäftliche Fundierung der Gesellschaft verzichten. Die Lehre von der fehlerhaften Gesellschaft tut dies nicht. Sie verlangt einen Gesellschaftsvertrag, leugnet auch nicht dessen Fehlerhaftigkeit, sondern relativiert nur die Rechtsfolgen.

e) Auch von der bloßen **Vertrauenshaftung** muß die Lehre von den fehlerhaften Gesell- **206** schaften unterschieden werden. Die bei Anm. 202 genannten Kritiker wollen weitgehend eine bloße Vertrauenshaftung an die Stelle der Lehre von den fehlerhaften Gesellschaften setzen. Dem ist aufgrund der bei Anm. 203 angeführten Bestandsschutzerwägung nicht zu folgen. Die fehlerhafte Gesellschaft ist eine zwar fehlerhaft zustande gekommene, aber doch wirksam entstandene Gesellschaft. Das Rechtsinstitut der fehlerhaften Gesellschaft hat **Vorrang vor dem bloßen Rechtsscheinschutz**. Über Rechtsscheinfälle (Scheingesellschaft, Schein-Handelsgesellschaft, Scheingesellschafter) vgl. Anm. 228 ff.

2. Der Tatbestand der fehlerhaften Gesellschaft

a) Es muß ein **Gesellschaftsvertrag** vorliegen (BGHZ 11, 190, 191 = NJW 1954, 231; **207** BGH LM Nr. 4 = NJW 1953, 1220; BGH WM 1976, 180, 181; Baumbach-Duden-Hopt Anm. 8 B; Staub-Ulmer Anm. 340; Karsten Schmidt Gesellschaftsrecht § 6 III 1). Fehlt es gänzlich am Vertragstatbestand, so kann eine fehlerhafte Gesellschaft nicht vorliegen, sondern allenfalls eine Scheingesellschaft (vgl. Anm. 229). Wegen der Tatbestandsmerkmale des Gesellschaftsvertrags ist auf Anm. 96 ff. zu verweisen. Es genügt insbesondere ein konkludent abgeschlossener Vertrag (Anm. 109). Aufgrund des gesellschaftsrechtlichen Rechtsformzwangs genügt für den Vertragstatbestand die gewollte Mitunternehmerschaft (Anm. 32).

208 b) Der Gesellschaftsvertrag muß **fehlerhaft** sein. Das ist der Fall, wenn ein Mangel vorliegt, der nach allgemeinem bürgerlichem Recht den Vertrag insgesamt zu Fall bringen könnte. Bloße Teilunwirksamkeit in bezug auf einzelne Vertragsklauseln genügt nicht (vgl. BGHZ 47, 293, 301 = NJW 1967, 1961; Staub-Ulmer Anm. 342; Karsten Schmidt Gesellschaftsrecht § 6 III 4). In einem solchen Fall brauchen die Grundsätze über fehlerhafte Gesellschaften nicht hinzugezogen zu werden (anders nur, wenn aufgrund von § 139 BGB der ganze Vertrag hinfällig wird). Dasselbe gilt für den Fall, daß nur ein bestimmtes Einlageversprechen, z.B. ein nicht formgerecht nach §§ 311, 313, 518 BGB oder ohne eine nach § 1365 BGB erforderliche Zustimmung vereinbartes Sacheinlageversprechen, unwirksam ist, der Gesellschaftsvertrag selbst aber unberührt bleibt (vgl. zur unwirksamen Kommanditisteneinlage §§ 171, 172 Anm. 23). Dies kann ein Auflösungsgrund nach § 133 sein, hindert aber nicht die Wirksamkeit des Gesellschaftsvertrags. Nicht ausreichend sind auch Mängel, die geheilt sind (Staub-Ulmer Anm. 344). Eine solche Heilung kommt insbesondere bei Formverstößen in Betracht, so, wenn bei einem Verstoß gegen § 313 oder § 518 BGB die Einlage erbracht worden ist (Anm. 120, 123) oder wenn beim Verstoß gegen eine vereinbarte Form der Vertrag mit Geltungswillen vollzogen wird (Anm. 140 f.). Noch weniger können Mängel ausreichen, die aufgrund Rechtsformzwangs unerheblich sind, so insbesondere der Irrtum darüber, daß durch gewollte Mitunternehmerschaft eine Handelsgesellschaft im allgemeinen und eine oHG im besonderen begründet wird (vgl. Anm. 32; zur Unbeachtlichkeit dieses Irrtums vgl. Karsten Schmidt Stellung der oHG S. 168 f.; krit. Staub-Ulmer Anm. 160). Die Rechtsformverfehlung kann dann zwar ein wichtiger Grund für die Auflösung (§ 133) oder für eine Vertragsänderung (Anm. 143) sein, aber dies ändert nichts daran, daß eine im Rechtssinne fehlerfreie Gesellschaft vorliegt.

209 c) **Vollzug der fehlerhaften Gesellschaft** ist erforderlich. Die genauen Voraussetzungen des Vollzugs sind unscharf und umstritten. Bei den Kapitalgesellschaften und Genossenschaften läßt das Gesetz in jedem Fall die Registereintragung genügen und läßt, wenn die Gesellschaft bzw. Genossenschaft eingetragen ist, die Geltendmachung von Nichtigkeitsgründen nur noch im Wege der sog. Nichtigkeitsklage zu (§§ 275 ff. AktG, 75 ff. GmbHG, 94 ff. GenG; vgl. dazu Karsten Schmidt AcP 186 [1986], 428; Paschke ZHR 155 [1991], 4 ff.). Ob auch bei den Personengesellschaften die Eintragung im Handelsregister ohne weiteres ausreicht, ist zweifelhaft (bejahend Alfred Hueck oHG § 7 III 6; verneinend Staub-Ulmer Anm. 343; Ulmer in Festschrift Flume II S. 311). Die Frage ist wohl zu verneinen, weil das Gesetz der Eintragung keine den Verband konstituierende Bedeutung beimißt (vgl. Erl. § 123). Auch im Rahmen des § 5 zeigt sich, daß das geltende Recht der Eintragung allein keine Konstitutivwirkung beimißt, wenn die Gesellschaft nicht durch den Betrieb eines Unternehmens (Gewerbes) vollzogen wird. Für hinreichenden Rechtsscheinschutz ist gesorgt (§ 15 Abs. 3), ganz abgesehen davon, daß Vollzug i.d.R. zu bejahen ist, wenn es solchen Schutzes bedarf. Als Generalklausel und konkretisierungsbedürftiger Oberbegriff für das Merkmal des Vollzugs eignet sich das Ingangsetzen einer verfaßten Organisation (Karsten Schmidt Gesellschaftsrecht § 6 III 1; ders. AcP 186 [1986], 441). Das Merkmal der „Invollzugsetzung nach innen und außen" zielt auf dieselbe Abgrenzung, und es ist auch unter dem Gesichtspunkt der hinreichenden Bestimmtheit nicht besser für die Rechtsanwendung geeignet als das Merkmal des Ingangsetzens der verfaßten Organisation (a. M. Staub-Ulmer Anm. 343). Vollzug ist jedenfalls immer dann zu bejahen, wenn bereits ein Gesellschaftsunternehmen betrieben wird. Aber es genügt, daß Leistungen in das Gesellschaftsvermögen erbracht worden sind (vgl. RGZ 166, 51, 58 f.; BGHZ 13, 320, 321 [GmbH]; Heymann-Emmerich Anm. 79; Staub-Ulmer Anm. 343; Karsten Schmidt Gesellschaftsrecht § 6 III 1; ders. AcP 186 [1986], 440 f.; a. M. Geßler hier in der 4. Aufl. Anm. 62; Alfred Hueck oHG § 7 III 6; Soergel-Hadding 11. Aufl. § 705 Anm. 75). Notwendig ist dies nicht. Teilweise wird die Bildung von Gesamthandsvermögen allerdings als notwendige Voraussetzung des Vollzugs angesehen (vgl. Reinhardt-Schultz Anm. 236; Ulmer in Festschrift Flume II S. 311). Aber es genügt jede Tätigkeit der Gesellschaft nach außen, auch im Rahmen von bloßen Vorbereitungsgeschäften (vgl. RGZ 165, 193, 205; BGHZ 3, 285, 288; 13, 320, 321 [GmbH]; Staub-Ulmer Anm. 343; Heymann-Emmerich Anm. 78; Wiesner S. 117 ff.). Die Anmeldung zum Handelsregister indiziert den Vollzug (Karsten Schmidt AcP 186 [1986], 440 f.; zust. Staub-Ulmer Anm. 343). Man wird es darüber hinaus auch ausreichen lassen, wenn die Gesellschaft bereits innere Verbandsakte, z. B. Beschlüsse, vornimmt (was allerdings ohne Vollzug nach außen im praktischen Leben kaum vorkommen wird). Stets muß der Vollzug **den Beteiligten zuzurechnen** sein, sei es durch persönliche Mitwirkung, sei es durch Stellvertretung, sei es durch Veranlassen oder Dulden. Der von einem **Vertreter ohne Vertretungsmacht** abgeschlossene und in Vollzug gesetzte Vertrag ist schwebend unwirksam (§ 177 BGB) und begründet für den Vertretenen so lange keine Rechte und Pflichten aus fehlerhafter Gesellschaft, wie nicht wenigstens Kenntnis und Duldung auf seiten des Vertretenen vorliegt. Sind – ein eher theoretischer Fall – alle Gesellschafter ohne ihr Wissen gemäß § 177 BGB unwirksam vertreten, so entsteht vorerst auch keine fehlerhafte Gesellschaft (zum fehlerhaften Beitritt vgl. Anm. 220).

3. Vorrang überragender Schutzinteressen als Hindernis für die Anerkennung?

a) Nach **herrschender Auffassung** ist die fehlerhafte Gesellschaft nicht anzuerkennen, soweit vorrangige Interessen der Allgemeinheit oder schutzwürdiger Personen entgegenstehen (BGHZ 3, 285, 288; 17, 160, 167; 26, 330, 335; 55, 5, 9 f.; 62, 234, 241; 75, 214, 217 f.; OLG Hamm WuW/E OLG 3748 und 4033; Baumbach-Duden-Hopt Anm. 8 E; Heymann-Emmerich Anm. 88; Staub-Ulmer Anm. 345; Alfred Hueck oHG § 7 III 4; Wiesner S. 132 f.; Paschke ZHR 155 [1991], 16 ff.). Diese Auffassung sieht sich neuerdings **beträchtlichen Einwänden** ausgesetzt (Karsten Schmidt Gesellschaftsrecht § 6 III 3; ders. AcP 186 [1986], 444 ff.; ders. WuW 1988, 7 ff.; ders. JuS 1991, 520; Schwintowski NJW 1987, 937 ff.). Jedenfalls für vollzogene unternehmenstragende Gesellschaften, also auch für die vollzogene oHG bzw. KG, **verdient die h. M. keine Gefolgschaft**. Vielmehr gilt: Diese Gesellschaften nehmen als Organisationen mit einem eigenen Unternehmensvermögen ständig am Rechtsverkehr teil, erwirtschaften Gewinne und Verluste, beschäftigen Arbeitnehmer, fassen Beschlüsse usw. Ein in dieser Weise tätiger Verband kann selbst im Fall schwerer Verstöße gegen Schutznormen, Verbotsnormen oder gegen die guten Sitten kein nullum sein. Der Öffentlichkeit und dem allgemeinen Rechtsverkehr würde mit der Gegenansicht der schlechteste Dienst erwiesen (vgl. auch Anm. 215).

211 b) aa) **Vorrangiger Individualschutz** wird insbesondere beim **Minderjährigenschutz** angenommen (vgl. RGZ 145, 155; BGHZ 17, 160, 167 = NJW 1955, 1067; BGHZ 38, 26, 29 = NJW 1962, 2344; BGH NJW 1983, 748; BayObLG BB 1977, 669, 671; NJW-RR 1990, 476, 477; Baumbach-Duden-Hopt Anm. 8 E; Staub-Ulmer Anm. 348; Weber S. 52; stark einschränkend Flume, Das Rechtsgeschäft, 3. Aufl. 1979, § 13/7 e dd; Ganssmüller NJW 1955, 1067). Die **Rechtsfolgen** dieses Vorrangs sind umstritten. Teilweise wird angenommen, daß die Gesellschaft insgesamt unwirksam zustande gekommen ist (so Wegener, Die Nichtigkeit der offenen Handelsgesellschaft, Diss. Rostock 1928, S. 16; dagegen aber die ganz h.M.; vgl. die Nachweise bei Staub-Ulmer Anm. 350); teilweise wird nur der Beitritt des zu Schützenden als unwirksam angesehen (BGHZ 17, 160 = NJW 1955, 1067; BGH NJW 1983, 748; Baumbach-Duden-Hopt Anm. 8 I; Staub-Ulmer Anm. 369, 350; Reinhardt-Schultz Anm. 248; Erman-Westermann § 705 Anm. 72; Wiesner S. 132 f.); teilweise wird auch der fehlerhafte Beitritt des Minderjährigen als wirksam oder jedenfalls bezüglich einer Gewinnbeteiligung als wirksam betrachtet, nur löse er keine Haftungsfolgen oder sonstigen Rechtsnachteile aus (so Geßler hier in der 4. Aufl. Anm. 62k; Flume, Das Rechtsgeschäft, 3. Aufl 1979, § 13/7 e dd; Alfred Hueck oHG § 7 III 4c; Karsten Schmidt Gesellschaftsrecht § 6 III 3 c cc; ders. JuS 1990, 521 f.; Fischer NJW 1955, 851; Ganssmüller DB 1955, 260; ders. NJW 1955, 1067; weitergehend Simitis S. 257; unentschieden Flume Personengesellschaft § 2 III); teilweise wird der vorrangige Schutz insgesamt abgelehnt, so daß allenfalls ein Ausgleich im Innenverhältnis erfolgen kann. Die **Rechtsprechung** tendiert, wenn bei Beteiligung eines Minderjährigen oder sonst nicht voll Geschäftsfähigen die Zustimmung des gesetzlichen Vertreters oder Genehmigung des Vormundschaftsgerichts fehlt, zu der Lösung, daß die Beteiligung dieses Gesellschafters, aber auch nur sie, unwirksam ist, während die Gesellschaft selbst einschließlich der sich für die anderen Gesellschafter ergebenden Haftungsfolgen wirksam bleibt (vgl. nur BGH NJW 1983, 748; zust. etwa Staub-Ulmer Anm. 341, 348, 350). Diese Auffassung führt allerdings bei der Zweipersonengesellschaft nicht weiter, denn diese kann, wenn der Minderjährige nicht Gesellschafter wird, nur eine Scheingesellschaft sein (vgl. RGZ 145, 155; Staub-Ulmer Anm. 350; dazu auch Karsten Schmidt Gesellschaftsrecht § 6 III 3 c). Abhilfe schafft die Lehre von der sog. hinkenden Beteiligung, wonach der Minderjährige zu seinem Vorteil, nicht aber zu seinem Nachteil als vollgültiger Gesellschafter der fehlerhaften Gesellschaft betrachtet wird (so mit Unterschieden im einzelnen Geßler in der 4. Aufl. Anm. 62k; Alfred Hueck oHG § 7 III 4c; Rob. Fischer in Großkomm Anm. 100 f.; ders. NJW 1955, 851; Ganssmüller DB 1955, 260; ders. NJW 1955, 1067; s. auch Simitis S. 257). **Den Vorzug verdient folgende Lösung** (vgl. Karsten Schmidt JuS 1990, 522): Die Gesellschaft ist als fehlerhafte Gesellschaft unter Einschluß des Minderjährigen entstanden. Wird der Gesellschaftsvertrag durch Genehmigung geheilt, so wird die Gesellschaft zu einer fehlerfreien Gesellschaft; dann nimmt der Minderjährige an allen rechtlichen Vorteilen, Nachteilen und Risiken des Gesellschaftsverhältnisses teil. Bleibt es bei der fehlerhaften Gesellschaft, wirkt sich der Vorrang des Minderjährigenschutzes dahin aus, daß keine Erfüllungs- und Haftungsansprüche gegen den Minderjährigen geltend gemacht werden können und daß er im Innenverhältnis eine rechnerische Abwicklung ex tunc verlangen kann, wobei sich der Vollzug dieser Abwicklung (nur Austritt des Minderjährigen oder Liquidation der

Begriff der oHG, fehlerhafte Gesellschaft 212 § 105

Gesellschaft?) nach den Interessen der Mitgesellschafter richtet; auch im Außenverhältnis gegenüber den Gläubigern haftet der Minderjährige nicht nach §§ 128 ff., 171 ff. aufgrund seiner Beteiligung als fehlerhafter Gesellschafter, sondern allenfalls aufgrund der Vertrauenshaftung nach § 15 Abs. 3 (zu ihrem Verhältnis zum Minderjährigenschutz vgl. Staub-Hüffer § 15 Anm. 55; Karsten Schmidt Handelsrecht § 14 III 3 b). Die hier vorgeschlagene Lösung ist praxisgerecht und schmälert den Minderjährigenschutz nicht nennenswert. Im Außenverhältnis wird die Gesellschaft nur für die Zukunft abgewickelt. Die Rückabwicklung im Innenverhältnis verläuft im Ergebnis ebenso wie nach der h. M. Was der Minderjährige in die Gesellschaft eingebracht hat, kann er i. d. R. ohnedies nur schuldrechtlich zurückverlangen. Hat er eine Sacheinlage unwirksam eingebracht, so kann er sie nach beiden Lösungen herausverlangen (§§ 985, 894 BGB) und im Konkursfall aussondern (§ 43 KO), denn die Grundsätze über fehlerhafte Gesellschaften heilen nicht die Unwirksamkeit des dinglichen Verfügungsgeschäfts. Mit dieser Lösung wird dem Minderjährigenschutz Rechnung getragen, ohne daß der fehlerhaften Handelsgesellschaft als solcher die Anerkennung versagt wird.

bb) Vorrangiger Individualschutz wurde in der älteren Rechtsprechung auch im **Fall 212 der arglistigen Täuschung bzw. der widerrechtlichen Drohung (§ 123 BGB)** angenommen (vgl. RG DR 1941, 1943; 1943, 1221; vgl. auch die obiter dicta bei BGHZ 13, 320, 323 = NJW 1954, 1526; BGHZ 26, 330, 335 = NJW 1958, 668; BGHZ 55, 5, 9 = NJW 1971, 375). **Diese Praxis ist überholt.** Nach der neueren Rechtsprechung ist der Beitritt eines arglistig getäuschten Gesellschafters im Fall des Vollzuges **wirksam** und kann nur durch Auflösung (§ 133) oder Austritt wieder rückgängig gemacht werden (vgl. BGHZ 3, 285, 291 f. = NJW 1952, 97; BGHZ 63, 338 = NJW 1975, 1022; BGH NJW 1976, 894; 1982, 877, 879; BGH NJW-RR 1988, 1379; Baumbach-Duden-Hopt Anm. 8 H; Heymann-Emmerich Anm. 96; Staub-Ulmer Anm. 353; Alfred Hueck oHG § 7 III 4 d; Karsten Schmidt Gesellschaftsrecht § 6 III 3 c; ders. AcP 186 [1986], 445 f.; Wiesner S. 134 f.). Für Kompensation im Innenverhältnis unter den Gesellschaftern kann nach Lage des Falls auch dadurch gesorgt werden, daß die arglistig Getäuschten gegen den täuschenden Mitgesellschafter eine Ausschließungs- bzw. Übernahmeklage nach §§ 140, 142 erheben (vgl. BGHZ 47, 293, 301 f. = NJW 1967, 1961; Baumbach-Duden-Hopt Anm. 8 H; Staub-Ulmer Anm. 361 f.; Wiesner S. 134; Rob. Fischer NJW 1958, 971 ff.). Dagegen ist der vollzogene Beitritt des arglistig getäuschten Gesellschafters im Außenverhältnis wirksam (BGHZ 44, 235, 236 = NJW 1966, 107). Das kann, soweit für die Gläubigerbefriedigung erforderlich (vgl. § 735 BGB und dazu § 155 Anm. 16 ff.), auch im Innenverhältnis zwischen Gesellschaft und Gesellschafter zu Zahlungspflichten des arglistig getäuschten Gesellschafters führen. Namentlich in Fällen von Publikumspersonengesellschaften hat der BGH mehrfach entschieden, daß sich die Gesellschafter ihren Haftungs- und Einlagepflichten nicht durch Anfechtung des Beitritts wegen arglistiger Täuschung entziehen können (BGHZ 26, 330, 335 = NJW 1958, 668; BGHZ 63, 338, 344 = NJW 1975, 1022; BGH, NJW 1973, 1604; WM 1981, 452; näher § 161 Anm. 152). Dem Gesellschafter steht allerdings ein Recht zur außerordentlichen Kündigung zu (Nachw. bei § 161 Anm. 152). Ein Leistungsverweigerungsrecht steht ihm nur zu, soweit seine Leistung den Mitgesellschaftern, insbesondere dem Täuschenden, zugute käme (vgl. dazu BGHZ 26, 330, 335 = NJW 1958,

668; Staub-Ulmer Anm. 372; Rob. Fischer NJW 1955, 851). Sind mehrere Gesellschafter, ist insbesondere eine Vielzahl von Gesellschaftern arglistig getäuscht, so wird dem einzelnen Gesellschafter ein Leistungsverweigerungsrecht auch unabhängig von einem Bedürfnis nach Gläubigerbefriedigung unter dem Gesichtspunkt der Gleichbehandlung der getäuschten Gesellschafter versagt (BGHZ 26, 330, 336 = NJW 1958, 668; OLG Köln BB 1970, 1460; Staub-Ulmer Anm. 372; fragwürdig!).

213 cc) **Kein vorrangiger Individualschutz** besteht auch beim Verstoß gegen folgende Schutznormen: beim Verstoß gegen § 1365 BGB (Staub-Ulmer Anm. 352) oder gegen Formvorschriften, die den Gesellschafter schützen sollen (z. B. §§ 311, 313 BGB). Hier ist in erster Linie zu prüfen, ob der Mangel des Gesellschaftsvertrags durch Bewirkung der vereinbarten Leistung geheilt ist (dazu Anm. 120, 123). Ist dies nicht der Fall, so ist zunächst die Frage der Teilnichtigkeit zu prüfen (Anm. 136). Führt die Unwirksamkeit des Einlageversprechens zur Fehlerhaftigkeit des ganzen Gesellschaftsvertrags oder doch des Beitritts des betreffenden Gesellschafters, so gelten im Fall des Vollzugs die Grundsätze über fehlerhafte Gesellschaften. Dem Normzweck der §§ 311, 313, 1365 BGB ist schon dadurch genügt, daß die formunwirksam versprochene, aber noch nicht geleistete Einlage nicht erzwungen werden kann (vgl. dazu auch BGH WM 1977, 783). Die Beteiligung als solche ist wirksam, und zwar selbst dann, wenn sie den Gesellschafter aufgrund der Gesellschafterhaftung (§§ 128 ff., 171 ff.) vermögensrechtlich gefährdet (s. auch §§ 171, 172 Anm. 23 m. w. Nachw. zur Kommanditistenhaftung bei unwirksamem Sacheinlageversprechen).

214 c) aa) **Vorrangiger Schutz öffentlicher Interessen** wird insbesondere bei verbots- und sittenwidrigen Verträgen angenommen (RG DR 1943, 806; BGHZ 62, 234, 240 f. = NJW 1974, 1201; BGHZ 75, 214 = NJW 1980, 638; BGHZ 97, 243, 250 = NJW 1987, 65; BGH WM 1966, 736 und 1143; NJW 1970, 1540; WM 1973, 900; 1976, 1026 und 1027; OLG Hamm WuW/E OLG 3748 und 4033; Baumbach-Duden-Hopt Anm. 8 E; Heymann-Emmerich Anm. 83; Staub-Ulmer Anm. 345; Wiesner S. 131; einschränkend BGH LM Nr. 8 zu § 105 = BB 1954, 456; ablehnend Karsten Schmidt Gesellschaftsrecht § 6 III 3 c aa; ders. AcP 186 [1986], 449 ff.; Schwintowski NJW 1988, 941 f.). Bei verbots- und sittenwidrigen Verträgen wird allerdings unterschieden: Betrifft die Nichtigkeit nur einzelne Vertragsklauseln, so sind die bei Anm. 136 geschilderten Grundsätze über die Teilnichtigkeit und die ergänzende Vertragsauslegung anzuwenden (vgl. Staub-Ulmer Anm. 182 ff.; Wiesner S. 107). Betrifft die Nichtigkeit den gesamten Gesellschaftsvertrag, bezieht sie sich insbesondere auf den gemeinsamen Zweck der Gesellschaft bzw. auf den Unternehmensgegenstand, so kann nach h. M. die Gesellschaft auch nicht als fehlerhafte Gesellschaft aufrechterhalten werden (BGHZ 62, 234, 240 f. = NJW 1974, 1201; BGHZ 75, 214, 217 f. = NJW 1980, 638; BGHZ 97, 243, 250 = NJW 1987, 65; BGH NJW 1970, 1540; Baumbach-Duden-Hopt Anm. 8 E; Staub-Ulmer Anm. 355). Die einschlägigen Standardentscheidungen des BGH (BGHZ 62, 234 = NJW 1974, 1201; BGHZ 75, 214 = NJW 1980, 638) betrafen allerdings Innengesellschaften (vgl. näher Karsten Schmidt AcP 186 [1986], 432 ff.).

215 bb) Für Handelsgesellschaften ist die h. M. **abzulehnen** (vgl. Anm. 210). Bei Gemeinschaftsunternehmen steht allerdings das OLG Hamm auf dem Standpunkt, daß diese, sofern mit § 1 GWB unvereinbar, nicht einmal als fehlerhafte Gesellschaften Bestand haben (WuW/E OLG 3748 m. Anm. Karsten Schmidt; WuW/E OLG 4033 „gemeinsamer Zeitungsverlag"; zust. Staub-Ulmer Anm. 355; Paschke ZHR 155 [1991], 21). Diese Entscheidungspraxis ist rechtsdogmatisch verfehlt und rechtspraktisch unannehmbar. In erster Linie ist zu bedenken, daß sich das Kartellverbot auch bei Gemeinschaftsunternehmen nicht gegen den Gesellschaftsvertrag als solchen, sondern nur gegen die darin enthaltene Verhaltensabstimmung richtet; i.d.R. läßt sich deshalb aus einer Anwendung des § 1 GWB für die Unwirksamkeit des Gründungsgeschäfts insgesamt gar nichts herleiten (vgl. Karsten Schmidt WuW 1988, 8). Soweit ausnahmsweise das Gemeinschaftsunternehmen als solches mit der unerlaubten Verhaltensabstimmung seiner Muttergesellschaften steht und fällt, kann das Gemeinschaftsunternehmen immer noch als fehlerhafte Gesellschaft aufrechterhalten werden (vgl. Karsten Schmidt WuW 1988, 5ff.; Schwintowski NJW 1988, 939). Eine unternehmenstragende Gesellschaft wie eine oHG oder KG kann, sofern vollzogen, auch im Fall ihrer Verbotsgesetzwidrigkeit kein schlichtes nullum sein (vgl. schon Anm. 210). Eine solche „schwer erträgliche" Konsequenz ist auch nicht „als Folge einer eindeutigen gesetzlichen Regelung bis zu deren Änderung hinzunehmen" (so aber OLG Hamm WuW/E OLG 4033, 4037 „gemeinsamer Zeitungsverlag"), denn weder in § 134 BGB noch in § 138 BGB noch in § 1 GWB findet sich die „eindeutige Regelung", daß die Grundsätze über fehlerhafte Gesellschaften nicht gelten. Deshalb ist namentlich bei einem Verstoß gegen § 1 GWB, aber auch gegen sonstige Verbotsgesetze, eine fehlerhafte oHG bzw. KG anzuerkennen (vgl. auch OLG Stuttgart WuW/E OLG 1083, 1090 „Fahrschulverkauf").

4. Rechtsfolgen der fehlerhaften Gesellschaft

a) Die fehlerhafte Gesellschaft ist nach innen und außen **voll wirksam**, wird also nicht nur kraft Rechtsscheins als wirksame Gesellschaft behandelt (h.M.; vgl. nur Staub-Ulmer Anm. 359; Flume Personengesellschaft § 2 III Fn. 18; Karsten Schmidt Gesellschaftsrecht § 6 III 2; ders. AcP 186 [1986], 422ff.). Die Gesellschaft existiert als ein zwar fehlerhaft begründeter, aber rechtsgültig entstandener Verband. Sie kann Trägerin von Rechten und Pflichten, Partei von Rechtsgeschäften und von Prozessen sein usw. (§ 124), ohne daß es hierfür auf Gutgläubigkeit der Gesellschafter oder Dritter ankäme. Die Fehlerhaftigkeit der Gesellschaft kann insofern nur mit Wirkung für die Zukunft geltend gemacht werden (was nicht ausschließt, daß ein Gesellschafter, z.B. in Fällen der Minderjährigkeit oder der arglistigen Täuschung, im Innenverhältnis verlangen kann, schuldrechtlich wie im Fall einer rückwirkenden Abwicklung gestellt zu werden, vgl. Anm. 211, 212). Auch die mit der Gesellschaftsverfassung zusammenhängenden Organisationsakte, z.B. eine von einem fehlerhaft beigetretenen Gesellschafter erteilte Vollmacht, sind grundsätzlich wirksam (vgl. LG Köln WM 1988, 838). In einer fehlerhaften Gesellschaft können insbesondere fehlerfreie Beschlüsse gefaßt werden.

b) Die **Fehlerhaftigkeit** kann als **wichtiger Auflösungs- bzw. Ausschließungsgrund** i.S. von §§ 133, 140 geltend gemacht werden (h.M.; vgl. BGHZ 3, 285, 290ff. = NJW 1952, 97; Baumbach-Duden-Hopt Anm. 8 H; Heymann-Emmerich Anm. 97; Alfred Hueck oHG § 7 III 1a; Karsten Schmidt Gesellschaftsrecht § 6 III 2). Nach h.M. ist die Fehlerhaftigkeit des Gesellschaftsvertrags, sofern nicht geheilt (dann keine fehlerhafte

Gesellschaft; vgl. Anm. 208), per se ein wichtiger Grund (vgl. BGHZ 3, 285 = NJW 1952, 97; BGHZ 47, 293, 300 = NJW 1967, 1961; BGH WM 1974, 318, 319; Baumbach-Duden-Hopt Anm. 8 H; Heymann-Emmerich Anm. 97; Staub-Ulmer Anm. 361; Alfred Hueck oHG § 7 III 1 b; Wiesner S. 126). Eine Gegenansicht meint, der wichtige Grund müsse im Einzelfall festgestellt werden (so namentlich Flume Personengesellschaft § 2 III; s. auch noch RGZ 165, 193, 199 f.; RG DR 1941, 1943; 1943, 1221, 1222). Richtig ist, daß eine wirksam entstandene Gesellschaft vorliegt und daß nur eine Fehlerhaftigkeit, die dem Gesellschaftsverhältnis noch anhaftet, als wichtiger Grund anzuerkennen ist (Karsten Schmidt Gesellschaftsrecht § 6 III 2; s. auch § 133 Anm. 11). Regelmäßig ist dies allerdings der Fall, weil sich die Fehlerhaftigkeit nicht in einer einzelnen Maßnahme erschöpft, sondern die Gesellschaftsverfassung als Zustand erfaßt (z. B. bei Minderjährigkeit, Täuschung etc.). Die h. M. gelangt im wesentlichen zu denselben Ergebnissen. Nach ihr ist zwar die Fehlerhaftigkeit per se ein wichtiger Grund, aber die Berufung auf die Fehlerhaftigkeit darf nicht gegen Treu und Glauben verstoßen (Staub-Ulmer Anm. 361). Es geht also bei dem Meinungsstreit in erster Linie um die richtige Verteilung von Regel und Ausnahme.

218 c) Die **Präzisierung der Rechtsfolgen** hängt vom Einzelfall ab. Regelmäßig rechtfertigt die Fehlerhaftigkeit die **Auflösung der Gesellschaft aus wichtigem Grund** (vgl. BGHZ 3, 285 = NJW 1952, 97; Alfred Hueck oHG § 7 III 1 b). Betrifft die Fehlerhaftigkeit nur die Beteiligung eines Gesellschafters, so kann ihm zugemutet werden, daß er unter Aufrechterhaltung der Gesellschaft gegen Abfindung **ausscheidet** (vgl. im Grundsatz Robert Fischer NJW 1955, 852; NJW 1958, 972 f.). Umgekehrt kann er keine Abfindung verlangen, sondern kann auf die Auflösungsklage verwiesen werden, wenn die Gesellschaft mit seiner Beteiligung steht und fällt (vgl. Robert Fischer NJW 1958, 972). Auch die von der Fehlerhaftigkeit nicht betroffenen Gesellschafter können in einem solchen Fall auf Auflösung oder auf **Ausschließung** klagen, wenn die Fehlerhaftigkeit nicht (z. B. durch Beibringung einer vormundschaftsgerichtlichen Genehmigung) geheilt wird. Beruht die Fehlerhaftigkeit auf Täuschung oder Drohung, so können ausnahmsweise auch die fehlerhaft beigetretenen Gesellschafter selbst auf **Ausschließung** bzw. auf sog. **Übernahme** nach §§ 140, 142 klagen (vgl. BGHZ 47, 293, 300 f. = NJW 1967, 1961; Alfred Hueck oHG § 7 III 1 c; Karsten Schmidt Gesellschaftsrecht § 6 III 3 c; Wiesner S. 134; Robert Fischer NJW 1958, 971 f.).

219 d) Die **Geltendmachung des wichtigen Grundes** erfolgt nach allgemeinen Grundsätzen. Das bloße Sich-Berufen auf die Fehlerhaftigkeit löst das fehlerhafte Gesellschaftsverhältnis nicht auf (vgl. bereits RGZ 165, 193, 200; BGHZ 3, 285, 291 f. = NJW 1952, 97). Soweit der Gesellschaftsvertrag keine Kündigungsrechte vorsieht (Auflösungskündigung, Austrittskündigung, Hinauskündigung), muß nach §§ 133, 140, 142 **Klage** erhoben werden, evtl. nach Ablehnung eines Austrittsangebots des Klägers (vgl. zur Auflösungs- bzw. Ausschließungsklage wegen Fehlerhaftigkeit der Gesellschaft § 133 Anm. 11; RGZ 165, 193, 200; BGHZ 3, 285, 291 f. = NJW 1952, 97; BGHZ 47, 293, 302 = NJW 1967, 1961; BGHZ 63, 338, 345 = NJW 1975, 1022). Ob auf Auflösung (§ 133) oder Ausschluß (§§ 140, 142) geklagt oder den Mitgesellschaftern der Austritt angeboten wird, hängt von der Situation im Einzelfall ab (vgl. Anm. 218). Sieht der Gesellschaftsvertrag **Kündigungserklärungen** (Auflösungskündigung, Austrittskündigung, Hinauskündigung) vor, so ist es eine Frage der Vertragsauslegung, ob dies bei jedem wichtigen Grund und insbesondere auch im Fall der fehlerhaften Gesellschaft gelten soll (s. auch Staub-Ulmer Anm. 362). Im Fall der **Publikumspersonengesellschaft** gesteht die ständige Rechtsprechung einem arglistig getäuschten Gesellschafter ein außerordentliches Kündigungsrecht zu (Nachweise bei § 161 Anm. 152). Nach BGHZ 47, 293, 301 f. = NJW 1967, 1961 kann auch **im Wege der ergänzenden Vertragsauslegung** einem Gesellschafter ein Kündigungs- bzw. Hinauskündigungsrecht zugebilligt werden, wenn dies angemessen ist und dem Gesellschafter ein Zuwarten bis zur Rechtskraft eines Gestaltungsurteils nicht zuzumuten ist (zust. Baumbach-Duden-Hopt Anm. 8 H; Heymann-Emmerich Anm. 86; Staub-Ulmer Anm. 362). Gegen diese Auffassung bestehen unter dem Gesichtspunkt der Rechtssicherheit Bedenken (so schon Geßler in der 4. Aufl. Anm. 62 i; s. auch Flume Personengesellschaft § 2 III; Alfred Hueck oHG § 7 III Fn. 74). Im Innenverhältnis kann zwar der Kläger sofortige Abwicklung verlangen, und auch die Abwicklung nach Rechtskraft des Urteils kann rückwirkend erfolgen (vgl. § 140 Abs. 2; s. auch Anm. 208 und 216). Die gestaltende Wirkung der Auflösung (§ 133), Ausschließung (§ 140) oder Übernahme (§ 142) tritt aber nach dem Willen des Gesetzes erst mit der Rechtskraft eines Gestaltungsurteils ein, sofern nicht der Gesellschaftsvertrag eine Gestaltungserklärung zuläßt. Eine Ausnahme wird man nur zulassen können für Fälle, bei denen die Fehlerhaftigkeit der Gesellschaft und die Angemessenheit der angestrebten Auflösungs-, Ausschließungs- oder Übernahmefolge entweder zwischen den Beteiligten unstreitig oder evident, d.h. vernünftigerweise nicht bestreitbar, ist. Dann verstößt das Beharren auf der Notwendigkeit einer Klage nach §§ 133, 140, 142 gegen Treu und Glauben (§ 242 BGB), und die Kündigung ist als wirksam anzuerkennen. Dies ist dann nicht das Ergebnis einer ergänzenden Vertragsauslegung, sondern einer Rechtsfortbildung. Die §§ 133, 140, 142 sind für diesen besonderen Fall nicht geschaffen. Wird trotzdem Klage erhoben, so bleibt diese zulässig, weil das Gestaltungsurteil Rechtssicherheit schafft.

5. Ausdehnung der Grundsätze auf ändernde Rechtsakte

a) aa) Was für die fehlerhafte Gründung einer Gesellschaft gilt, gilt auch für den **fehlerhaften Beitritt** zu einer Gesellschaft: Ist die Beitrittsvereinbarung unwirksam, der Beitritt aber vollzogen, so ist das mitgliedschaftliche Rechtsverhältnis des Neugesellschafters hergestellt; es kann nur noch mit Wirkung für die Zukunft durch Austritt, ggf. auch durch Ausschließung, wieder beseitigt werden (BGHZ 26, 330, 335 = NJW 1958, 668; BGHZ 44, 235 = NJW 1966, 107; BGHZ 63, 338, 345 f. = NJW 1975, 1022; BGH NJW 1975, 1700; 1976, 894; 1977, 1820; BayObLG NJW-RR 1990, 476; Baumbach-Duden-Hopt Anm. 8 I; Heymann-Emmerich Anm. 103; Staub-Ulmer Anm. 369 ff.; Karsten Schmidt Gesellschaftsrecht § 6 IV 2 a; Wiesner S. 148 ff.). Allerdings kann sich aus § 242 BGB ergeben, daß der fehlerhaft eingetretene Gesellschafter seine Mitgliedschaftsrechte nicht geltend machen kann, sofern die Fehlerhaftigkeit unstreitig oder jedenfalls evident ist. Kein vollziehbarer – auch kein fehlerhaft wirksamer – Beitritt liegt allerdings vor, wenn es an der für den Beitritt erforderlichen Mitwirkung aller Gesellschafter fehlt (BGH WM 1962, 1353, 1354; Staub-Ulmer Anm. 369; Wiesner S. 149). Hier fehlt es am Grundtatbestand des fehlerhaft vereinbarten Gesellschaftsverhältnisses mit den Gesellschaftern, wofür es eines Beitrittsvertrages mit ihnen allen oder mit einem hierzu Ermächtigten bedarf (vgl. § 161 Anm. 136; bei fehlender Vollmacht oder Ermächtigung läge ein fehlerhafter Beitritt nur vor, wenn die Gesellschafter den Beitritt, nicht aber dessen Mangel kennen; vgl. Anm. 209 a. E. und BGH NJW 1988, 1321, 1323). Der Gesellschafter ist dann nur Scheingesellschafter (vgl. zu diesem Tatbestand Anm. 231). Kein fehlerhafter Beitritt liegt ferner vor, wenn der Beitritt zwar nach Gesellschaftsrecht wirksam ist, der als Gesellschafter beitretende Dritte aber nach dem für ihn geltenden Recht, z. B. als Verein, Stiftung oder Körperschaft des öffentlichen Rechts, nicht beitreten darf (bedenklich für kirchliche Stiftung BayObLG NJW-RR 1990, 476). Wegen der Folgen des fehlerhaften Beitritts im Fall arglistiger Täuschung vgl. besonders Anm. 212 und Anm. 216.

221 bb) Entsprechendes gilt für den **fehlerhaften Austritt** aus einer Gesellschaft (vgl. BGH NJW 1969, 1483; WM 1975, 512, 514; Staub-Ulmer Anm. 373; Alfred Hueck oHG § 7 III 7b; Karsten Schmidt Gesellschaftsrecht § 6 IV 2b; Gursky passim; Lieberich S. 115; Däubler BB 1966, 1292 f.; a. M. Möschel in Festschrift Hefermehl S. 183). Vollzogen ist der Austritt, sobald nach den abgegebenen Erklärungen die Anwachsungsfolge eintritt (Staub-Ulmer Anm. 374). Handelsregisteranmeldung oder gar vollständige Auszahlung der Abfindung ist nicht erforderlich. Erforderlich ist aber eine Mitwirkungshandlung des Gesellschafters (z. B. seine Austrittserklärung oder sein Austrittsvertrag mit den verbleibenden Gesellschaftern). Die einseitige Hinauskündigung eines Gesellschafters ohne jede Mitwirkungshandlung (z. B. Entgegennahme der Abfindung) wird, sofern unwirksam, auch durch Registeranmeldung nicht wirksam; der Gesellschafter kann dann auf Feststellung seiner Mitgliedschaft klagen, denn es liegt ein unwirksamer, nicht vollzogener fehlerhafter Austritt vor (zu den Parteien des Feststellungsprozesses vgl. Anm. 149). Der vollzogene fehlerhafte Austritt ist dagegen wirksam, aber er begründet grundsätzlich einen Wiederaufnahmeanspruch (vgl. BGH NJW 1969, 1483; WM 1975, 512, 514; Staub-Ulmer Anm. 375; Alfred Hueck oHG § 7 III 7b; Karsten Schmidt Gesellschaftsrecht § 6 IV 2b; a. M. Hartmann in Festschrift Schiedermair S. 267 ff.). Die Wiederaufnahme kann nach Lage des Falls, insbesondere bei fehlerhaftem Ausschluß, mit Wirkung ex tunc verlangt werden (generell hierfür Däubler BB 1966, 1294). Der Wiederaufnahmeanspruch steht allerdings unter dem Vorbehalt des Verzichts bzw. der Verwirkung (§ 242 BGB).

222 cc) Auch eine **fehlerhafte Verbindung von Austritt und Eintritt** kann, sofern vollzogen, nach den Grundsätzen der fehlerhaften Gesellschaft wirksam sein (vgl. demgegenüber zur fehlerhaften Anteilsübertragung Anm. 226 f.); dann ist nicht der fehlerhaft Ausgeschiedene, sondern der fehlerhaft Eingetretene Gesellschafter, und der fehlerhaft herbeigeführte Zustand bedarf der Rückgängigmachung; für flexible Handhabung vom Zeitpunkt unstreitiger oder evidenter Fehlerhaftigkeit an sorgt auch hier § 242 BGB. Diese Grundsätze gelten auch dann, wenn als eintretender oder austretender Gesellschafter ein Minderjähriger beteiligt ist (vgl. nämlich Anm. 211; die h. M. kommt hier in Schwierigkeiten, weil sie den Austritt für wirksam, aber den fehlerhaften Beitritt für unwirksam erklären muß; vgl. Staub-Ulmer Anm. 378).

223 b) Die h. M. behandelt auch eine **fehlerhafte Auflösung** nach den Regeln über fehlerhafte Gesellschaften (vgl. § 131 Anm. 75; Heymann-Emmerich § 131 Anm. 22, 36 f.; Staub-Ulmer Anm. 367; Alfred Hueck oHG § 7 III 8; grundlegend Steines, Die faktisch aufgelöste offene Handelsgesellschaft, 1964). Nach richtiger Auffassung ist aber der Fall der fehlerhaften, jedoch vollzogenen Auflösung selten (vgl. § 131 Anm. 79 f.). In Betracht kommt etwa der Fall, daß eine Auflösung unwirksam beschlossen und dann durch irreversible Liquidationsmaßnahmen vollzogen wurde (§ 131 Anm. 79). Häufiger sind die Fälle einer bloß anfechtbaren Auflösung (§ 131 Anm. 77) oder die Fälle einer bloß scheinbaren Auflösung (§ 131 Anm. 78). Auch eine Vollbeendigung der Gesellschaft ist i. d. R. entweder wirksam erfolgt (Restverteilung des Vermögens; vgl. § 155 Anm. 40 ff.) oder nicht wirksam erfolgt (dann Nachtragsliquidation; vgl. § 155 Anm. 56). Für die Grundsätze über fehlerhafte Gesellschaften ist hier regelmäßig kein Raum. Für Verkehrsschutz können, sofern dieser ausnahmsweise unentbehrlich sein sollte, Rechtsscheingrundsätze sorgen (insbes. § 15).

c) Auf die **fehlerhafte Vertragsänderung** werden die Grundsätze über fehlerhafte Gesellschaften angewandt (Baumbach-Duden-Hopt Anm. 8 I; Staub-Ulmer Anm. 365; Karsten Schmidt Gesellschaftsrecht § 6 IV 1; umfassend Lieberich, Fehlerhafte Abänderungen des Gesellschaftsvertrages bei Personenhandelsgesellschaften, Diss. Bonn 1972). Der BGH erkennt dies freilich nur mit Zurückhaltung, nämlich nur bei statusändernden Vertragsänderungen an (BGHZ 62, 20, 29 = NJW 1974, 498; BGH WM 1955, 1702, 1703 f.; NJW 1969, 1483; zust. Müller-Laube JuS 1985, 887). Dem ist schon aus Gründen der Praktikabilität in dieser Zuspitzung nicht zu folgen (Staub-Ulmer Anm. 366; Karsten Schmidt Gesellschaftsrecht § 6 IV 1; vgl. auch schon die Kritik bei Geßler in der 4. Aufl. Anm. 62 p; Alfred Hueck oHG § 7 III 7 c; Ganssmüller NJW 1956, 698). Soweit eine Vertragsänderung den materiellen Inhalt des Gesellschaftsvertrags (z. B. Einlagen, Haftsummen, Stimmrechte, Geschäftsführungsbefugnisse, Entnahmerechte etc.) betrifft und unter den Gesellschaftern vollzogen worden ist, kann sie auch im Fall ihrer Fehlerhaftigkeit wirksam sein. Für hinreichende Differenzierung kann auf der Rechtsfolgenseite (Beibehaltung der geänderten Fassung? Änderung ex nunc? Änderung ex tunc?) gesorgt werden. Richtig ist allerdings, daß bei rein schuldrechtlich wirkenden Abreden (auch z. B. bei der unwirksamen Änderung des Gewinnverteilungsschlüssels) eine erkannte Unwirksamkeit rückwirkend wird verändert werden können (vgl. auch Flume Personengesellschaft § 2 III; Alfred Hueck oHG § 7 III 7 c; Karsten Schmidt Gesellschaftsrecht § 6 IV 1; Robert Fischer NJW 1955, 851 f.; krit. Wiesner S. 140).

d) Auch eine **fehlerhafte Anteils- oder Gesellschaftsumwandlung** wird, sofern die Umwandlung des Vollzugs bedarf, nach den Grundsätzen über fehlerhafte Gesellschaften behandelt; so z. B., wenn ein bisheriger Komplementär fehlerhaft Kommanditist oder ein bisheriger Kommanditist fehlerhaft Komplementär geworden ist. Dagegen ist für die ex-lege-Umwandlung einer Handelsgesellschaft in eine Gesellschaft bürgerlichen Rechts bzw. umgekehrt die objektive Rechtslage maßgeblich; zugunsten Gutgläubiger wird die objektive Rechtslage nur durch Vertrauensschutz neutralisiert (vgl. insbes. § 15 Abs. 1 und 3). Dasselbe gilt für die ex-lege-Umwandlung einer oHG in eine KG und umgekehrt (Umwandlung eines oHG-Anteils in einen Kommanditanteil, Ausscheiden des einzigen Kommanditisten bei Verbleib mehrerer unbeschränkt haftender Gesellschafter); denn auch diese Umwandlung ist gesetzliche, nicht rechtsgeschäftliche Rechtsfolge der Anteilsumwandlung (Karsten Schmidt Gesellschaftsrecht § 53 II 1).

Dabei kann sich aber eine fehlerhafte Anteilsumwandlung in Form einer fehlerfreien Gesellschaftsumwandlung auswirken (Beispiel: Wurde der Anteil eines oHG-Gesellschafters fehlerhaft in einen Kommanditanteil umgewandelt, dann ist die Gesellschaft kraft Gesetzes zur KG geworden und bleibt dies, solange nicht die Beteiligung in die eines oHG-Gesellschafters rückumgewandelt wird). Über **fehlerhafte Verschmelzungen** vgl. Karsten Schmidt ZGR 1991, 373, 388 ff.

226 e) aa) **Nicht anzuwenden** sind die Grundsätze über fehlerhafte Gesellschaften **auf Fälle der fehlerhaften Rechtsnachfolge.** Das gilt zunächst für die **fehlerhafte gesetzliche Gesamtrechtsnachfolge,** insbesondere die Erbfolge nach § 1922 BGB (vgl. Karsten Schmidt Gesellschaftsrecht § 6 IV 3; ders. AcP 186 [1986], 437 f.; ders. BB 1988, 1055; zust. Staub-Ulmer Anm. 379; a. M. Konzen ZHR 145 [1981], 61 ff.): Der Scheinerbe eines Gesellschafters ist nicht Gesellschafter, sondern lediglich Scheingesellschafter (vgl. zu diesem Anm. 231). Für den Schutz der Gesellschaft, der Mitgesellschafter und gutgläubiger Dritter sorgt der allgemeine Vertrauensschutz, insbesondere §§ 2366 f. BGB, § 15 Abs. 1 und 3 HGB.

227 bb) Auf die **fehlerhafte Anteilsübertragung** sind nach der nunmehr geänderten und zutreffenden Rechtsprechung die Grundsätze über fehlerhafte Gesellschaften nicht anzuwenden (vgl. zu § 15 GmbHG BGH NJW 1990, 1915 = ZIP 1990, 371 m. Anm. Grunewald ZGR 1991, 452). Im Gegensatz hierzu wandte der BGH in einer Reihe von vorausgegangenen Entscheidungen die Grundsätze über fehlerhafte Gesellschaften an (BGH LM Nr. 12 zu § 15 GmbHG = BB 1975, 758; BB 1988, 580 = NJW 1988, 1324 = ZIP 1988, 509; unentschieden für die GmbH BGHZ 84, 47 = BB 1982, 1325 = NJW 1982, 2822; dem BGH zustimmend Baumbach-Duden-Hopt Anm. 8 I; nur für den Fall einer Anteilsübertragung mit Zustimmung der Gesellschafter auch Staub-Ulmer Anm. 376). Die genauen Rechtsfolgen dieser Rechtsprechung waren zweifelhaft. Im Urteil BGH BB 1988, 580 = NJW 1988, 1324 = ZIP 1988, 509 ist davon die Rede, daß der „wahre Anteilsinhaber (?) zum Nichtgesellschafter (?) wird" und daß dieser „wahre" Anteilsinhaber „von dem fälschlich nachgefolgten die Rückübertragung seines Anteils fordern muß"; außerdem könne „die durch den Vollzug wirksam gewordene Mitgliedschaft" des Anteilserwerbers durch seinen Ausschluß aus der Gesellschaft rückgängig gemacht werden (was aber bedeuten würde, daß die Mitgliedschaft auch zu Lasten des „wahren Anteilsinhabers" beseitigt würde!). Dem unstimmigen Lösungsansatz des BGH konnte aber auch unabhängig von diesen Unklarheiten nicht gefolgt werden (eingehend Karsten Schmidt BB 1988, 1053 ff. mit ausführlichen Nachweisen; ähnlich für den Fall einer gesellschaftsvertraglich zugelassenen Anteilsübertragung jetzt auch Staub-Ulmer Anm. 377): Die Anteilsübertragung ist eine Verfügung über die Mitgliedschaft, nicht ein verbandsrechtliches Geschäft wie der Austritt, der Eintritt oder die Änderung des Gesellschaftsvertrags. Der BGH ist dieser Kritik inzwischen gefolgt (BGH NJW 1990, 1915 = ZIP 1990, 371 m. Anm. Grunewald ZGR 1991, 452). Weist der Vorgang rechtliche Mängel auf, so ist zunächst stets zu prüfen, ob diese nur das Verpflichtungsgeschäft treffen (dann ist die Anteilsübertragung fehlerfrei und nur nach § 812 BGB rückabzuwickeln) oder ob sie auch das Verfügungsgeschäft treffen (dies ist der Fall der fehlerhaften Anteilsübertragung). Ist die Anteilsübertragung unwirksam, so wird sie auch durch den Vollzug nicht geheilt. Der Veräußerer ist Gesellschafter geblieben. Zum Schutz der Gesellschaft, der Mitgesellschafter und gutgläubiger Dritter ist für Rechtsscheinschutz und für Rechtsgewißheit zu sorgen. Im Kapitalgesellschaftsrecht, bei dem der Gesetzgeber die Anteilsübertragung kannte, hat das Gesetz dies klargestellt (vgl. §§ 67 Abs. 2 AktG, 16 Abs. 1 GmbHG). Im Personengesellschaftsrecht ist die Grundlage in §§ 413, 409 BGB zu suchen (Karsten Schmidt Gesellschaftsrecht § 6 IV 3; s. auch Huber Vermögensanteil S. 411), die in der durch § 16 GmbHG gewiesenen Richtung fortzudenken sind (vgl. Karsten Schmidt BB 1988, 1060): Wird die Anteilsübertragung unter Mitwirkung oder mit Genehmigung des Veräußerers in das Handelsregister eingetragen oder der Gesellschaft mitgeteilt, so kann sich diese (nicht nur nach § 15 Abs. 3) hierauf berufen. Sie kann (muß aber nicht) das Stimmrecht des angeblichen Anteilserwerbers gelten lassen, Entnahmen an ihn mit befreiender Wirkung auszahlen usw. Dieser Schutz endet erst, wenn die Unwirksamkeit der Anteilsveräußerung unter den Anteilsprätendenten unstreitig geworden, rechtskräftig festgestellt oder ausnahmsweise evident, d.h. nicht ernsthaft zu bezweifeln, ist. Dritten gegenüber helfen allgemeine Vertrauensschutzerwägungen, insbesondere § 15 Abs. 3.

6. Schein-oHG und Schein-KG

228 Von den Tatbeständen der fehlerhaften Gesellschaft sind **Rechtsscheinfälle** zu unterscheiden (Karsten Schmidt AcP 186 [1986], 421 ff.; h.M.). Im einzelnen ist unter den Rechtsscheinfällen wiederum zu differenzieren (Karsten Schmidt Handelsrecht § 10 VIII 2):

229 a) Eine **Scheingesellschaft** liegt vor, wenn es am Tatbestand eines Gesellschaftsvertrags bzw. zwar nicht am Gesellschaftsvertrag, wohl aber am Tatbestand einer Außengesellschaft fehlt, nach außen aber der Eindruck vermittelt wird, daß eine unternehmenstragende Außengesellschaft vorhanden ist (§ 123 Anm. 21). Die Scheingesellschaft ist objektiv inexistent. Sie kann auch nicht kraft Rechtsscheins rechtsfähig, parteifähig oder konkursfähig sein. Selbst wenn die Gesellschaft eingetragen und bekanntgemacht ist (§ 15 Abs. 3), ändert sich hieran nichts. Wohl aber kann der Rechtsschein den Scheingesellschaftern zugerechnet werden: Sie haften gegenüber Gutgläubigen wie Gesellschafter (vgl. § 128) und müssen sich eine rechtskräftige Verurteilung der Scheingesellschaft bei der eigenen Inanspruchnahme entgegenhalten lassen (vgl. § 129).

230 b) Eine **Schein-Handelsgesellschaft** liegt vor, wenn die Gesellschaft zwar vorhanden ist, aber kein vollkaufmännisches Handelsgewerbe betreibt und auch nicht nach § 5 zur Handelsgesellschaft geworden ist. Der Rechtsschein kann sich registerrechtlich aus § 15 Abs. 1 oder 3 ergeben, er kann auch in sonstiger Weise von den Gesellschaftern herbeigeführt bzw. geduldet worden sein. Die Schein-Handelsgesellschaft ist Scheinkaufmann und wird gegenüber Gutgläubigen wie eine oHG bzw. KG behandelt (vgl. § 123 Anm. 23 f.). Ist eine KG unrichtig als oHG eingetragen und bekanntgemacht oder geriert sie sich sonst als offene Handelsgesellschaft, so kann der Tatbestand einer **Schein-oHG** vorliegen. Dann kann auch ein Kommanditist wie ein oHG-Gesellschafter haften, wenn die Voraussetzungen des § 15 Abs. 1 oder 3 erfüllt sind oder der Kommanditist den Rechtsschein, er sei oHG-Gesellschafter, gegenüber gutgläubigen Dritten hervorgerufen oder geduldet hat. Zur unbeschränkten Haftung nicht eingetragener Kommanditisten vgl. § 176 Anm. 6.

231 c) Von diesen Rechtsscheinfällen ist der **Tatbestand des Scheingesellschafters** zu unterscheiden (Karsten Schmidt Handelsrecht § 10 VIII 2 c). Es handelt sich dabei um die Inanspruchnahme eines Nichtgesellschafters (z. B. eines bloßen Prokuristen oder eines stillen Gesellschafters), der den Anschein hervorgerufen oder geduldet hat, er sei Gesellschafter einer oHG oder KG. Der wichtigste Fall ist der, daß das Ausscheiden aus der Gesellschaft nicht eingetragen und bekanntgemacht (§ 15 Abs. 1) oder daß ein Nichtgesellschafter als Gesellschafter eingetragen und bekanntgemacht ist (§ 15 Abs. 3). Fehlt es hieran, so ist die Annahme, daß ein Nichtgesellschafter als Gesellschafter kraft Rechtsscheins behandelt werden muß, nur unter strengen Voraussetzungen gerechtfertigt. Im wesentlichen kann es nur um Fälle gehen, bei denen sich ein Nichtgesellschafter ausdrücklich als Gesellschafter bezeichnet oder eine solche Bezeichnung duldet. Anders als noch nach dem ADHGB (Artt. 163, 257) führt das Auftauchen eines Kommanditisten, stillen Gesellschafters oder Nichtgesellschafters in der Firma einer oHG oder KG nicht generell zu einer Rechtsscheinhaftung. Erst recht genügt Namensgleichheit (Familiengesellschaft!) nicht.

232 d) Überhaupt kein Rechtsscheinfall ist der **Fall des Strohmanngesellschafters** (Staub-Ulmer Anm. 383). Es ist dies ein Fall der fremdnützigen Treuhand am Gesellschaftsanteil (dazu eingehend vor § 335 a. F. = vor § 230 n. F. Anm. 29 ff.). Der Strohmann ist wirklicher Gesellschafter, nicht bloß Scheingesellschafter.

IX. Das positive Recht der oHG

1. Das Recht der oHG im Überblick (§§ 105–160)

233 a) Der **erste Titel** umfaßt die §§ 105–108. Von ihnen enthält § 105 die Begriffsbestimmung der oHG, während die §§ 106–108 die Eintragungen im Handelsregister behandeln. Von ihnen behandelt § 106 die erstmalige Eintragung der oHG, § 107 die Eintragungen während des Bestehens der oHG, § 108 die anmeldepflichtigen Personen.

234 b) Der **zweite Titel** (§§ 109–122) behandelt das Rechtsverhältnis der Gesellschafter untereinander, also das Innenverhältnis. Seine Vorschriften sind zum größten Teil nachgiebigen Rechts. In erster Linie soll der Gesellschaftsvertrag entscheiden, wie § 109 ausdrücklich betont. Nur wenn er keine Vorschriften enthält, gelten ergänzend die §§ 110–122. Von ihnen behandelt § 110 die Erstattung von Aufwendungen und Schäden, § 111 die Pflicht zur Verzinsung bei nicht rechtzeitiger Leistung von Gesellschaftseinlagen, bei nicht rechtzeitiger Abführung von Gesellschaftsgeldern oder bei unbefugten Entnahmen. § 112 normiert ein gesetzliches Wettbewerbsverbot, § 113 die Folgen seiner Verletzung. Die §§ 114 ff. regeln im einzelnen die Geschäftsführung, § 119 die Beschlußfassung, §§ 120, 121 die Aufstellung der Jahresbilanz und die Gewinnverteilung; § 122 schließlich bestimmt, inwieweit der einzelne Gesellschafter aus der Gesellschaftskasse Beträge entnehmen kann.

235 c) Der **dritte Titel** (§§ 123–130b) regelt das Rechtsverhältnis der Gesellschafter nach außen. § 123 bestimmt, wann die Gesellschaft nach außen wirksam wird. § 124 regelt die Rechtsstellung der oHG als solcher. §§ 125–127 behandeln die Vertretung der oHG. §§ 128 und 130 handeln von der persönlichen Haftung der Gesellschafter für die

Gesellschaftsschulden, § 129 von Einwendungen des Gesellschafters gegenüber der Haftungsverbindlichkeit. Sonderregeln für Gesellschaften ohne eine natürliche Person als Gesellschafter enthalten § 125a (Angaben auf Geschäftsbriefen), § 129a (Gesellschafterdarlehen) und §§ 130a, b (sog. Konkursantragspflichten). Diese Vorschriften sind mit wenigen Ausnahmen zwingend.

d) Der **vierte Titel** (§§ 131–144) handelt von der Auflösung der Gesellschaft und vom Ausscheiden von Gesellschaftern aus der fortbestehenden Gesellschaft. In § 131 werden zunächst die Auflösungsgründe (nach der Idee des Gesetzgebers erschöpfend) aufgezählt; die §§ 132–135 geben die erforderlichen Ergänzungen für die Auflösung durch Kündigung und durch gerichtliche Entscheidung. §§ 136, 137 regeln zum Schutze der Gesellschaft und der Gesellschafter die einstweilige Fortdauer der Befugnis zur Geschäftsführung unmittelbar nach der Auflösung. §§ 138 ff. handeln vom Ausscheiden eines Gesellschafters zur Vermeidung der Auflösung: Bei § 138 geht es um die gesellschaftsrechtliche Fortsetzungsklausel; § 139 gesteht dem Erben ein Kündigungsrecht zu, wenn sein Antrag auf Umwandlung der Mitgliedschaft in die eines Kommanditisten abgelehnt wird. §§ 140, 142 geben die Befugnis zur Ausschließung eines Gesellschafters aus wichtigem Grund, und zwar nach § 142 bei der aus zwei Personen bestehenden Gesellschaft unter Übernahme des Geschäfts ohne Liquidation. Nach § 141 kann die Gesellschaft auch im Fall der Gläubigerkündigung oder des Konkurses fortgesetzt werden. § 143 bestimmt, daß die Auflösung der Gesellschaft und das Ausscheiden eines Gesellschafters einzutragen sind. § 144 endlich regelt die Fortsetzung der Gesellschaft nach Aufhebung oder Einstellung des Konkurses über ihr Vermögen.

e) Der **fünfte Titel** (§§ 145–158) behandelt als Rechtsfolge der Auflösung der oHG die Liquidation. Die in ihm enthaltenen Vorschriften sind großenteils nachgiebiges Recht. Im einzelnen regeln §§ 146–147 die Personen der Liquidatoren, § 148 die Anmeldung der Liquidatoren zum Handelsregister und §§ 149–155 die Aufgaben der Liquidatoren. § 156 bestimmt, welche Vorschriften auf die oHG im Liquidationszustand im übrigen zur Anwendung kommen. § 157 handelt von dem Erlöschen der Firma und der Aufbewahrung der Geschäftsbücher. § 158 schließlich gibt für den Fall, daß eine „andere Art der Auseinandersetzung" vereinbart ist, eine Ergänzungsvorschrift, die sich in der Kommentierung als überflüssig erweisen wird.

f) Der **sechste und letzte Titel** des Rechts der oHG umfaßt nur die §§ 159, 160. Er regelt die Verjährung der Ansprüche gegen einen Gesellschafter aus Verbindlichkeiten der Gesellschaft im Fall des Ausscheidens oder der Auflösung. Durch Einführung einer verkürzten Verjährungsfrist von fünf Jahren will er den einzelnen Gesellschafter vor einer dauernden Inanspruchnahme nach Auflösung der Gesellschaft oder nach seinem Ausscheiden aus der Gesellschaft schützen. Die Regelung hat sich allerdings als rechtstechnisch wenig brauchbar erwiesen und mußte für Dauerschuldverhältnisse durch eine Enthaftungsrechtsprechung ergänzt werden.

2. Die hilfsweise Geltung des Gesellschaftsrechts des BGB

a) **Abs. 2** bestimmt ausdrücklich, daß auf die offene Handelsgesellschaft, soweit nicht ein anderes vorgeschrieben ist, die Vorschriften des bürgerlichen Gesetzbuchs über die Gesellschaft Anwendung finden.

240 b) **Anwendbar** sind insbesondere: § 706 BGB (Beiträge der Gesellschafter), § 707 BGB (grundsätzlich keine Verpflichtung zur Erhöhung der Einlage), § 708 BGB (Haftung grundsätzlich nur für eigenübliche Sorgfalt; dazu § 114 Anm. 34 ff.), § 712 Abs. 2 BGB (Kündigung der Geschäftsführungspflicht), § 717 BGB (Unübertragbarkeit von Gesellschafterrechten), §§ 718–720 BGB (Gesellschaftsvermögen), § 722 Abs. 2 BGB, § 725 Abs. 2 BGB, § 732 BGB, § 735 BGB, §§ 738–740 BGB (übereinstimmend Baumbach-Duden-Hopt Anm. 5).

241 c) **Nicht anwendbar** sind aufgrund der Sondervorschriften des HGB: §§ 709–711 BGB (wegen §§ 114 ff.), § 712 Abs. 1 BGB (wegen § 117), §§ 714 f. BGB (wegen §§ 125 ff.), § 716 BGB (wegen § 118), § 721 BGB (wegen §§ 120, 122), § 722 Abs. 1 BGB (wegen § 121), § 723 BGB (wegen §§ 132, 133), § 724 BGB (wegen § 134), § 725 Abs. 1 BGB (wegen § 135), § 726 BGB (wegen § 131), §§ 727 f. BGB (wegen § 137), § 739 BGB (wegen § 136), §§ 730 f., 733 f. BGB (wegen §§ 145 ff.), § 736 BGB (wegen § 138), § 737 BGB (wegen § 140).

242 d) Im einzelnen **zweifelhaft**, aber in den praktischen Ergebnissen wenig bedeutsam, ist die Tragweite der Verweisungsnorm des § 713 BGB. Danach bestimmen sich die Rechte und Pflichten eines geschäftsführenden Gesellschafters nach den §§ 664, 670 BGB. Das bedeutet: Die Pflichten eines geschäftsführenden Gesellschafters sind grundsätzlich höchstpersönlich zu erfüllen; für Gehilfenverschulden haftet der Geschäftsführer nach § 278 BGB (§ 664 BGB); von Weisungen der Gesellschafter dürfte der geschäftsführende Gesellschafter nur im Rahmen des § 665 BGB abweichen, doch sieht die heute h. M. diese generelle Weisungsgebundenheit als mit der Organstellung des persönlich haftenden Gesellschafters unvereinbar an (§ 114 Anm. 18; Nachweise bei Staub-Ulmer Anm. 68); der geschäftsführende Gesellschafter schuldet der Gesellschaft Auskunft und Rechenschaft (§ 666 BGB; im Gegensatz hierzu geht es bei den §§ 118 und 166 um das individuelle Informationsrecht einzelner Gesellschafter gegenüber der Gesellschaft); das aus der Geschäftsführung Erlangte ist herauszugeben (§ 667 BGB), und herauszugebendes Geld ist zu verzinsen (§ 668 BGB); der geschäftsführende Gesellschafter kann nicht nur Ersatz von Aufwendungen und Schäden verlangen (§ 110 mit Erläuterungen; § 670 BGB ist insoweit verdrängt), sondern er hat auch Anspruch auf einen Vorschuß (§ 669 BGB).

3. Die hilfsweise Geltung des oHG-Rechts für die Kommanditgesellschaft

243 Nach § 161 Abs. 2 finden auch auf die Kommanditgesellschaft die für die oHG geltenden Vorschriften (und damit nach Abs. 2 auch hilfsweise die für die Gesellschaft bürgerlichen Rechts geltenden Vorschriften) Anwendung, soweit nicht in §§ 161–177a besondere Vorschriften für die Kommanditgesellschaft enthalten sind. Die für die KG geltenden Bestimmungen des ersten Abschnitts, also des oHG-Rechts, sind bei § 161 Anm. 4 ff. genannt.

4. Die hilfsweise Geltung des oHG-Rechts für die EWIV

244 Die Europäische Wirtschaftliche Interessenvereinigung (EWIV) beruht auf der EWG-VO Nr. 2137/85 vom 25. 7. 1985 (ABl. Nr. L 199 v. 31. 7. 1985) und dem Gesetz zur Ausführung der EWG-VO über die Europäische Wirtschaftliche Interessenvereinigung

(EWIV-Ausführungsgesetz) vom 14. 4. 1988 (BGBl. I S. 514). Sie kann Trägerin von Rechten und Pflichten sein (Anm. 77). Nach § 1 EWIV-Ausführungsgesetz sind auf eine EWIV, deren Sitz sich im Geltungsbereich des Ausführungsgesetzes befindet, die §§ 2 ff. dieses Gesetzes sowie hilfsweise die für die offene Handelsgesellschaft geltenden Vorschriften anzuwenden. Die EWIV wird nach § 2 EWIV-Ausführungsgesetz zum Handelsregister angemeldet. Sie gilt nach § 1 Halbs. 2 EWIV-Ausführungsgesetz als Handelsgesellschaft, ist also, anders als die oHG, Formkaufmann.

5. Die Geltung von oHG-Recht für die unternehmenstragende BGB-Gesellschaft

245 Umstritten ist, inwieweit Vorschriften des oHG-Rechts auf das Recht der unternehmenstragenden BGB-Gesellschaft analog anzuwenden sind (vgl. dazu im einzelnen § 123 Anm. 14 ff.; Karsten Schmidt Gesellschaftsrecht § 58 V 2; ders., in Festschrift Fleck, 1988, S. 271 ff.). Die Verweisungsrichtung des Abs. 2 schließt eine solche entsprechende Anwendung von HGB-Regeln nicht aus, denn das geltende Recht der BGB-Gesellschaft ist für den Fall der unternehmenstragenden Gesellschaft lückenhaft. Wegen der entsprechenden Anwendung einzelner Vorschriften vgl. Erl. dort, insbesondere § 126 Anm. 2, § 128 Anm. 3, § 159 Anm. 4.

6. Die Rechtslage in Österreich

246 a) In der Republik Österreich gilt das mit Wirkung vom 1. 3. 1939 eingeführte **HGB** fort. Da das BGB in Österreich nicht gilt, konnte es allerdings für Österreich nicht bei der Verweisung in Abs. 2 bleiben. Stattdessen verweist Art. 7 Nr. 1 der 4. VO zur Einführung handelsrechtlicher Vorschriften im Lande Österreich (**EVHGB**) auf die Nummern 2–19 und 17–19 von Art. 7 Nr. 1 EVHGB. Diese Bestimmungen sind aber den einschlägigen BGB-Vorschriften nachgebildet. Es läßt sich cum grano salis folgende Konkordanzliste aufstellen: Art. 7 Nr. 2 = §§ 706, 707 BGB; Art. 7 Nr. 3 = § 708 BGB; Art. 7 Nrn. 4–6 = § 713 BGB; Art. 7 Nr. 7 = § 712 Abs. 2 BGB; Art. 7 Nr. 8 = § 722 Abs. 2 BGB; Art. 7 Nrn. 9–11 = §§ 717–720 BGB; Art. 7 Nr. 12 und 13 sind aufgehoben; Art. 7 Nr. 14 = § 723 Abs. 3; Art. 7 Nr. 15 = §§ 738 f. BGB; Art. 7 Nr. 16 = § 740 BGB; Art. 7 Nr. 17 ist eine Anpassung an das ABGB; Art. 7 Nr. 18 = § 732 BGB; Art. 7 Nr. 19 = § 735.

247 b) Durch das **Erwerbsgesellschaftengesetz (EGG)** vom 25. 4. 1990 (BGBl. 1990/257), das am 1. 1. 1991 in Kraft trat, wurde das hier vertretene Konzept weitgehend in das positive Recht übernommen. Das Gesetz unterscheidet die Offene Erwerbsgesellschaft und die Kommanditerwerbsgesellschaft, schreibt eine Eintragung beider in das Handelsregister („Firmenbuch") vor und übernimmt die Regeln der oHG bzw. KG für diese nicht- bzw. minderkaufmännischen Erwerbsgesellschaften (vgl. Krejci, Erwerbsgesellschaftengesetz, 1991; Roth, ZHR 155 (1991), 24; Karsten Schmidt, JBl 1990, 745; Thiery, Die Gesellschaft bürgerlichen Rechts als Unternehmen, Wien 1989).

7. Steuerrecht

248 Wegen der Behandlung der oHG bzw. KG im Steuerrecht vgl. im einzelnen § 124 Anm. 43 ff. Als Grundsatz gilt, daß die oHG auch steuerrechtlich als Rechtsträgerin anerkannt wird (vgl. für die Schenkungssteuer BFHE 155, 395 = BStBl. II 1989, 237 =

§ 105 Anh. *Das Recht der verbundenen Personenhandelsgesellschaft*

NJW 1989, 2495). Das geltende Steuerrecht behandelt die Gesellschaft gleichwohl nicht durchgehend als Steuersubjekt. Insbesondere sind die Gesellschafter, und nicht die Gesellschaft einkommen- und vermögensteuerpflichtig; insofern ist die Gesellschaft nur Subjekt der Ertrags- oder Vermögensvermittlung, nicht Steuerschuldner.

Anhang zu § 105

Das Recht der verbundenen Personenhandelsgesellschaft

Schrifttum: *Baumgartl,* Die konzernbeherrschte Personengesellschaft (1986); *Emmerich,* Das Konzernrecht der Personengesellschaften, in: Festschrift für W. Stimpel (1985), S. 743; *Fischer,* Gedanken über einen Minderheitenschutz bei den Personengesellschaften, in: Festschrift für C.H. Barz (1974), S. 33; *Heck,* Personengesellschaften im Konzern (1986); *Hepting,* Die Personengesellschaft als Konzernobergesellschaft: Informationsrechte des außenstehenden Gesellschafters, in: Festschrift für C. Pleyer (1986), S. 301; *Löffler,* Betriebsführungsverträge mit Personengesellschaften, NJW 1983, 2920; *ders.,* Die abhängige Personengesellschaft (1988); *Loos,* Betriebsführungsverträge und damit verbundene Generalvollmacht bei Handelsgesellschaften, BB 1963, 615; *Ochsenfeld,* Abhängigkeits- und Konzernierungstatbestände bei der Abschreibungs-KG (1982); *Raiser,* Beherrschungsvertrag im Recht der Personengesellschaften, ZGR 1980, 559; *ders.,* Wettbewerbsverbote als Mittel konzernrechtlichen Präventivschutzes, in: Festschrift für W. Stimpel (1985), S. 855; *Reuter,* Die Personengesellschaft als abhängiges Unternehmen, ZHR Bd. 146 (1982), 1; *ders.,* Ansätze eines Konzernrechts der Personengesellschaft in der höchstrichterlichen Rechtsprechung, Die AG 1986, 130; *Schießl,* Die beherrschte Personengesellschaft (1985); *K. Schmidt,* Abhängigkeit, faktischer Konzern, Nichtaktienkonzern und Divisionalisierung im Bericht der Unternehmensrechtskommission, ZGR 1981, 455; *Schneider,* Zur Wahrnehmung von Mitgliedschaftsrechten an Tochtergesellschaften einer Personengesellschaft, in: Festschrift für J. Bärmann (1975), S. 873; *ders.,* die Personengesellschaft als verbundenes Unternehmen, ZGR 1975, 253; *ders.,* Die Auskunfts- und Kontrollrechte des Gesellschafters in der verbundenen Personengesellschaft, BB 1975, 1353; *ders.,* Die Personengesellschaft als herrschendes Unternehmen im Konzern, ZHR Bd. 143 (1979), 485; *ders.,* Konzernbildung, Konzernleitung und Verlustausgleich im Konzernrecht der Personengesellschaften, ZGR 1980, 511; *ders.,* Die Personengesellschaft als Konzernunternehmen, Jahrbuch der Fachanwälte für Steuerrecht 1980/81 (1981), S. 335 = BB 1980, 1057; *Stehle,* Gesellschafterschutz gegen fremdunternehmerischen Einfluß in der Personenhandelsgesellschaft. Ein Beitrag zum Konzernrecht der Personengesellschaften (1986); *Stimpel,* Rückblick auf das „Gervais"-Urteil, in: Ulmer, Probleme des Konzernrechts (1989), S. 11; *Ulmer,* Grundstrukturen eines Personengesellschafts-Konzernrechts, in: Ulmer, Probleme des Konzernrechts (1989), S. 26; *Wiedemann-Hirte,* Die Konkretisierung der Pflichten des herrschenden Unternehmens, ZGR 1986, 163.

Inhalt

	Anm.		Anm.
I. Grundlagen	1–3	IV. Die beherrschte Personenhandelsgesellschaft	23–43
II. Grundbegriffe verbundener Unternehmen	4–13	1. Die abhängige Personenhandelsgesellschaft	24
1. Der Unternehmensbegriff	5	a) Die Begründung der Abhängigkeit	24
2. Der Abhängigkeitsbegriff	8	b) Der Schutz außenstehender Gesellschafter	26
3. Der Konzernbegriff	12	c) Der Gläubigerschutz	30
III. Die herrschende Personenhandelsgesellschaft	14–22	2. Die konzernabhängige Personenhandelsgesellschaft	31
1. Die Ausweitung der Entscheidungsbefugnisse	15	a) Zulässigkeit der Konzernierung	31
2. Die Ausweitung der Informationsrechte	20	b) Begründung der Konzernierung	36
a) Das Einsichtsrecht	21	c) Rechtsfolgen der Konzernierung	40
b) Das Auskunftsrecht	22		

I. Grundlagen

Da sich das gesetzliche Konzernrecht im wesentlichen auf den Anwendungsbereich der aktienrechtlichen Vorschriften, also insbesondere der §§ 291 ff., 311 ff. AktG beschränkt, stellt das Konzernrecht der Personenhandelsgesellschaft noch weitgehend unerschlossenes Neuland dar. Im Gegensatz zum ebenfalls gesetzlich noch weitgehend ungeregelten GmbH-Konzernrecht ist auch die richterrechtliche Behandlung konzernrechtlicher Probleme der Personenhandelsgesellschaft noch außerordentlich spärlich. Offensichtlich kommt darin die relativ geringe praktische Relevanz der Konzernrechtsprobleme im Zusammenhang der Personenhandelsgesellschaften zum Ausdruck. Demgegenüber ist jedoch die literarische Behandlung relativ umfangreich und hat zu einem inzwischen weitgehend gefestigten Meinungsstand geführt.

In grundsätzlicher Hinsicht ist zu unterscheiden zwischen den Problemen, die sich im Zusammenhang der Personenhandelsgesellschaft als eines herrschenden Unternehmens stellen, und den Problemen, die mit einer abhängigen, äußerstenfalls sogar konzernabhängigen Personenhandelsgesellschaft verbunden sind. Als herrschendes Unternehmen eignet sich die Personenhandelsgesellschaft wie ein Unternehmen jeder anderen Rechtsform. Aufgrund ihrer flexiblen Organisationverfassung ist die Personenhandelsgesellschaft sogar besonders als Führungszentrum eines verzweigten Konzerns geeignet, nicht zuletzt auch wegen ihrer Freistellung von der gerade im Konzernrecht nicht geglückten Regelung der unternehmerischen Mitbestimmung. Aus dieser beherrschenden Stellung ergeben sich Rechtsprobleme vor allem im Bereich der eigenen Willensbildung und der damit verbundenen Kontrollrechte. Da die Personenhandelsgesellschaft als herrschendes Unternehmen nicht nur ein eigenes Unternehmen betreibt, sondern darüber hinaus Einfluß oder Leitungsmacht auf ein oder mehrere abhängige Unternehmen ausübt, muß diese übergreifende Zuständigkeit auch anläßlich der Willensbildung und der Minderheitsrechte in der eigenen Gesellschaft berücksichtigt werden. Auf diese Weise kommt es zu einer konzerndimensionalen Ausweitung der Informationsrechte, so daß ein Anspruch auf Einsichtnahme in alle Unterlagen besteht, die von den Beteiligungsgesellschaften überlassen worden sind oder auch nur in deren Angelegenheiten von den geschäftsführenden Gesellschaftern verfaßt worden sind. Ebenso ist das Auskunftsrecht entsprechend zu erweitern. Dabei sind jedoch auch die berechtigten Geheimhaltungsinteressen der abhängigen Gesellschaften zu berücksichtigen. Auch die Willensbildung in Angelegenheiten der Geschäftsführung ist konzerndimensional auszuweiten. Somit sind betriebsungewöhnliche Entscheidungen nicht nur solche, die Angelegenheiten von besonderer Bedeutung in der eigenen Gesellschaft betreffen, sondern auch Entscheidungen über bedeutsame Maßnahmen in den Beteiligungsgesellschaften. Diese generelle Ausweitung der innerverbandlichen Rechte und Pflichten ist keine Besonderheit der Personenhandelsgesellschaft als eines herrschenden Unternehmens, sondern eine allgemeine Konsequenz der mit jeder Beherrschung verbundenen Ausdehnung des Zuständigkeitsbereichs. Freilich besteht in der Personenhandelsgesellschaft wegen der unbeschränkten Haftung einzelner oder aller Gesellschafter besonderer Anlaß, diese konzerndimensionale Ausweitung besonders zu berücksichtigen. Jede Minderung des Beteiligungsvermögens führt zu einer Minderung des Gesellschaftsvermögens und damit zu einer Verstärkung der Haftungsrisiken. Deshalb gebührt den Gesellschaftern auch in der beherrschenden Personenhandelsgesellschaft ein besonderer Schutz vor einer unkontrollierten Ausübung der Beteiligungsrechte in den abhängigen Unternehmen.

3 Die meisten Rechtsprobleme wirft jedoch die abhängige, vor allem konzernabhängige Personenhandelsgesellschaft auf. Eine solche Konzernbeherrschung kollidiert mit den berechtigten Haftungsinteressen der unbeschränkt haftenden Gesellschafter. Grundsätzlich ist die konzernrechtliche Fremdsteuerung unvereinbar mit der unbeschränkten Haftung der Gesellschafter. Eine solche schrankenlose Fremdsteuerung würde zur Preisgabe vermögensrechtlicher Selbstverantwortung führen und deshalb unzulässig sein. Es kommt deshalb im wesentlichen darauf an, die berechtigten Konzerninteressen mit den berechtigten Haftungsinteressen der Gesellschafter einer abhängigen Personenhandelsgesellschaft abzustimmen. Darüber hinaus ist jedoch zu bedenken, daß die Gesellschafter einer Personenhandelsgesellschaft sehr viel intensiver an die gemeinsame Zweckverfolgung gebunden sind als lediglich kapitalistisch beteiligte Gesellschafter. Aufgrund dieser gemeinsamen Zweckverfolgung sind alle Gesellschafter strikt verpflichtet, die berechtigten Eigeninteressen der Gesellschaft zu wahren und jegliche Fremdinteressen abzuwehren. Von besonderer Bedeutung ist in diesem Zusammenhang das Wettbewerbsverbot des § 112, durch das schon vorbeugend die Gefahren wirtschaftlicher Interessenverflechtung vermieden werden sollen. Ein weiteres Mittel zur Wahrung der wirtschaftlichen Eigeninteressen der Gesellschaft ist die allen Gesellschaftern obliegende Treupflicht, die jegliche Rechtsausübung an das gemeinsame Interesse aller Gesellschafter an wirtschaftlich eigenständiger Zweckverfolgung der Gesellschaft bindet. Angesichts dieser rechtlichen Dominanz der wirtschaftlichen Eigeninteressen der Gesellschaft sind konzernrechtliche Übergriffe, denen nicht das Einverständnis aller Gesellschafter zugrunde liegt, ohne jede Einschränkung rechtswidrig. Auch eine Kompensationsregelung entsprechend den §§ 311 ff. AktG stellt keine Rechtfertigung für die mit dem Konzernübergriff verbundene Verletzung des Integritätsinteresses dar. Aus diesen Gründen ist die Personenhandelsgesellschaft gegenüber wirtschaftlicher Fremdsteuerung ebenso konzernresistent wie die GmbH. Entsprechend umfangreich ist auch das Arsenal der zur Abwehr solcher Übergriffe geeigneten Gesellschafterrechte. Wegen dieser rechtlichen Besonderheiten der Personenhandelsgesellschaft ist auch das dafür anwendbare Konzernrecht deutlich von den aktienrechtlichen Konzernvorschriften zu unterscheiden. Allerdings schließt eine solche konzernspezifische Betrachtungsweise nicht aus, daß im Einzelfall aktienrechtliche Vorschriften einbezogen werden, die auf allgemeinen Grundsätzen eines übergreifenden Konzernrechts beruhen. Solche gleichsam konstitutionellen Konzernrechtsvorschriften des AktG sind allerdings die Ausnahme, so daß es vorrangig darauf ankommt, Regelungen zu entwickeln, die den Besonderheiten der Personenhandelsgesellschaft entsprechen.

II. Grundbegriffe verbundener Unternehmen

4 Die aktienrechtlichen Vorschriften über verbundene Unternehmen (§§ 15 ff. AktG) sind rechtsformübergreifend angelegt und deshalb von allgemeiner Bedeutung. Somit können sie über ihren unmittelbaren Anwendungsbereich hinaus auch dann berücksichtigt werden, wenn an der konkreten Unternehmensverbindung keine AG oder KGaA beteiligt ist (Staub-Ulmer § 105 Anh. Anm. 23; ders., ZGR 1978, 457, 459; Heymann-Emmerich Anm. 112; Emmerich-Sonnenschein, Konzernrecht, 3. Aufl. 1989, S. 400; Schießl Die beherrschte Personengesellschaft S. 4 m.w.N. in FN. 3; mit Einschränkungen auch Löffler Abhängige Personengesellschaft S. 8 sowie Baumgartl Konzernbeherrschte Personengesellschaft S. 6). Deshalb sind diese Vorschriften grundsätzlich auch auf eine Unternehmensverbindung entsprechend anwendbar, an der ausschließlich Personenhandelsgesellschaften beteiligt sind. Freilich müssen auch in diesem Zusammenhang die rechtsformspezifischen Besonderheiten beachtet werden, so daß im Einzelfall entsprechende Korrekturen erforderlich sind.

1. Der Unternehmensbegriff

Während früher dieser Begriff außerordentlich umstritten war, hat sich der Meinungsstand inzwischen weitgehend konsolidiert. Es besteht im wesentlichen Übereinstimmung, daß entsprechend dem vorrangigen Schutzzweck im Recht der verbundenen Unternehmen auf die plurale Interessenlage des Rechtsträgers abzustellen ist. Danach ist diejenige natürliche oder juristische Person als Unternehmen zu qualifizieren, die über ihre beherrschende Stellung in der Gesellschaft hinaus ein anderes Unternehmen betreibt oder über maßgeblichen Einfluß auf eine andere Gesellschaft verfügt (BGHZ 69, 334, 336f.; 74, 359, 364f.; 80, 69, 72; 85, 84, 90f.; 95, 330, 337; ausführlich Koppensteiner KK zum AktG 2. Aufl. § 15 Anm. 13ff.). Erst aufgrund dieser pluralen Interessenlage ist zu befürchten, daß sich der mehrfach unternehmerisch engagierte Gesellschafter nicht ausschließlich gesellschaftskonform verhält, sondern seinen Gesellschaftereinfluß im Einzelfall auch zur Verfolgung seiner weitergehenden, externen Unternehmensinteressen ausüben wird. Dafür ist Voraussetzung, daß beherrschender Einfluß jedenfalls in einer Gesellschaft bzw. Unternehmen ausgeübt wird. Umstritten ist allerdings nach wie vor, ob es für eine solche die Gesellschaftsinteressen gefährdende Interessenverflechtung ausreicht, wenn der Gesellschafter lediglich über eine maßgebliche externe Beteiligung verfügt (so Emmerich-Sonnenschein Konzernrecht S. 47f. sowie Kort BB 1986, 1905, 1911f.), oder ob dieser Gesellschafter seine „Gefährlichkeit" durch die tatsächliche Ausübung seines maßgeblichen Einflusses auf ein anderes Unternehmen bzw. Gesellschaft gleichsam unter Beweis gestellt haben muß (so Koppensteiner KK zum AktG § 15 Rdnr. 21ff. m.w.N.). Angesichts der Diffusität der mit diesen Beteiligungsverhältnissen möglichen Einflußnahme ist grundsätzlich auf die Maßgeblichkeit der Beteiligungsverhältnisse abzustellen, allerdings der Entlastungsbeweis einer bloßen Finanzbeteiligung zuzulassen. Auf diese Weise kann der Mehrheitsgesellschafter seine Qualifikation als Unternehmer i.S.d. §§ 15ff. AktG im Einzelfall widerlegen. Das gilt insbesondere im Hinblick auf eine etwaige Beteiligung an einer Personenhandelsgesellschaft. Da diese Gesellschafterstellung in ein engmaschiges Geflecht von Kompetenzregelungen und Verhaltenspflichten eingebunden ist, ist der Spielraum für die Ausübung maßgeblicher Einflußnahme relativ gering. Auch eine entsprechende Kapitalbeteiligung reicht jedenfalls dann nicht aus, wenn sie lediglich den Maßstab für den Umfang der Vermögensrechte bietet, hingegen für das Stimmrecht und etwaige Geschäftsführungsbefugnisse unerheblich ist. Die Maßgeblichkeit einer etwaigen Einflußnahme bedarf somit des Nachweises besonderer Vereinbarungen, aufgrund derer der Gesellschafter über eine geschäftspolitische Vorrangstellung innerhalb der Gesellschaft verfügt.

6 Eine solche mehrfache Interssenlage besteht nicht in der GmbH & Co KG, in der die GmbH zwar die alleinige Geschäftsführung ausübt, oftmals mit besonders vereinbarten, weitreichenden Kompetenzen, in der die GmbH aber ausschließlich tätig ist. Ihre Unternehmenseigenschaft ist somit allenfalls dann zu bejahen, wenn sie an mehreren Gesellschaften beteiligt ist und in mindestens einer Gesellschaft maßgeblichen Einfluß ausübt (Baumgartl Konzernbeherrschte Personengesellschaft S. 24 f.; Schießl Beherrschte Personengesellschaft S. 5 f.; K. Schmidt ZGR 1981, 455, 478; Schneider ZGR 1975, 253, 263; ders., BB 1980, 1057; G. Wiedemann, ZHR 146 (1982), 296, 302; die Unternehmenseigenschaft auch dann verneinend H. S. Werner ZGR 1976, 447, 450 f.; Hölters RdA 1979, 335, 338). Freilich ist nicht ausgeschlossen, daß die an nur einer Gesellschaft beteiligte GmbH ihrerseits von einem Gesellschafter beherrscht wird, der weitergehende, externe Unternehmensinteressen verfolgt und dafür über den erforderlichen Einfluß verfügt, so daß dessen Unternehmensqualifikation zu bejahen ist.

7 Sofern die Personenhandelsgesellschaft an mehreren Gesellschaften beteiligt ist und diesen gegenüber Holding-Funktionen ausübt, ist sie als Unternehmen zu qualifizieren. Besteht nur eine einzelne Beteiligungsgesellschaft, so ist ebenso zu entscheiden, da der eigene Betrieb eines Handelsgewerbes die gegenüber der Beteiligungsgesellschaft fremden Unternehmensinteressen und die damit verbundene Interessengefährdung indiziert (anders hinsichtlich einer ausschließlichen Holding-Gesellschaft BGH Die AG 1980, 342; Koppensteiner KK zum AktG § 15 Rdnr. 35 m.w.N.; die Unternehmenseigenschaft einer solchen Holding-Gesellschaft hingegen bejahend Lutter ZHR 151 (1987), 444, 452). Somit kann sich die Personenhandelsgesellschaft auch nicht dadurch ihrer Unternehmensqualifikation entziehen, daß sie zur Steuerung ihrer mehreren Beteiligungsgesellschaften eine Zwischenholding einschaltet. Auch im Verhältnis zu dieser Zwischenholding besteht wiederum wegen des eigenen Handelsgewerbes eine mehrfache Interessenlage. Zudem ist ohnehin generell festzustellen, daß die Bündelung der mehrfachen Gesellschaftsbeteiligungen in einer Zwischenholding nicht dazu führt, daß dadurch die Unternehmenseigenschaft derjenigen Person entfällt, die auch nach der Einbringung ihrer Gesellschaftsbeteiligungen die Zwischenholding beherrscht (Ruwe DB 1988, 2037, 2041 f.; Emmerich GmbH-Rdsch 1987, 213, 215). Da die Unternehmenseigenschaft an das mit den Gesellschaftsbeteiligungen verbundene Steuerungspotential anknüpft, ist es unerheblich, ob diese Einflußnahme unmittelbar oder mittelbar durch das Instrument einer zwischengeschalteten Holding-Gesell ausgeübt wird.

2. Der Abhängigkeitsbegriff

8 Nach § 17 AktG ist ein Unternehmen dann abhängig, wenn ein anderes Unternehmen unmittelbar oder mittelbar einen beherrschenden Einfluß ausüben kann. Dabei ist nicht erforderlich, daß dieser Einfluß den Umfang einheitlicher Konzernleitung erreicht bzw. erreichen kann (dazu ausführlich Koppensteiner KK zum AktG § 18 Rdnr. 14 ff. sowie Staub-Ulmer § 105 Anh. Rdnr. 32). Für den beherrschenden Einfluß reicht es aus, daß wesentliche Bereiche der Geschäftsführung innerhalb des abhängigen Unternehmens maßgeblich beeinflußt werden können, während die Ausübung einheitlicher Konzernleitung voraussetzt, daß das abhängige Unternehmen nach einem übergeordneten, mehrere Unternehmen zusammenfassenden Gesamtplan gesteuert wird. Die einheitliche Konzernleitung wird mithin geprägt durch das übergeordnete Konzerninteresse, das an die Stelle des sonst für die Gesellschaft bestimmenden Eigeninteresses tritt. Hingegen ist der Abhängigkeitstatbestand schon dann erfüllt, wenn der rechtlich gesicherte Einfluß sich nur auf wesentliche Bereiche der Geschäftsführung erstreckt, ohne daß dadurch die berechtigten Eigeninteressen der Gesellschaft beeinträchtigt werden. Für die Personenhandelsgesellschaft ist diese differenzierte Beurteilung des Abhängigkeitstatbestands einerseits und des Konzerntatbestands andererseits deshalb von erheblicher Bedeutung, weil einzelnen Gesellschaftern zwar oftmals wesentlicher Einfluß auf die Geschäftsführung eingeräumt wird, somit die Voraussetzungen der Abhängigkeit erfüllt sind, diese Einflußnahme aber mangels eines gegenteiligen Gesellschafterbeschlusses strikt an das gemeinsame Gesellschaftsinteresse gebunden ist, somit diese Einflußnahme nicht zur Ausübung einheitlicher Konzernleitung geeignet ist. Aus diesen Gründen ist es nicht unbedenklich, die in § 18 Abs. 1 Satz 3 AktG geregelte Konzernvermutung aufgrund nachweisbarer Abhängigkeit ohne Einschränkung auf die abhängige Personenhandelsgesellschaft anzuwenden (so aber Staub-Ulmer § 105 Anh. Rdnr. 31; Baumgartl Konzernbeherrschte Personengesellschaft S. 62 ff.; Löffler Abhängige Personengesellschaft S. 19 f.; Schießl Beherrschte Personengesellschaft S. 13; ähnlich BGHZ 89, 162, 167 = NJW 1984, 1351). Dabei wird verkannt, daß in der Personenhandelsgesellschaft die rechtlichen und tatsächlichen Widerstände gegen eine Fremdsteuerung im übergeordneten Konzerninteresse bei weitem größer sind als in der Aktiengesellschaft, die von vornherein konzernoffen angelegt ist.

Als rechtliche Grundlage für die beherrschende Einflußnahme kommen im wesentlichen nur gesellschaftsrechtliche Instrumente in Betracht (BGHZ 90, 381 = NJW 1984, 1893; Ulmer ZGR 1978, 458 ff.; Martens Die existentielle Wirtschaftsabhängigkeit 1979, S. 54 ff.). Schuldrechtliche Austauschbeziehungen können somit allenfalls dazu dienen, einen ohnehin schon bestehenden gesellschaftsinternen Einfluß zu einem beherrschenden Einfluß zu verstärken. Auch dann müssen also die gesellschaftsrechtlichen Befugnisse von vorrangiger Bedeutung sein, so daß die sonstigen tatsächlichen, insbesondere wirtschaftlichen Einflußfaktoren lediglich ergänzend auf den gesellschaftsrechtlich vermittelten Einfluß einwirken. Großzügiger werden derartige Einflußfaktoren hingegen bei der Beurteilung einer gemeinsamen Beherrschung durch mehrere Personen gewichtet. Auch wenn der einzelne Gesellschafter nicht in der Lage ist, beherrschenden Einfluß auszuüben, so kann sich doch eine solche Beherrschung aus der Kooperation mit anderen Gesellschaftern ergeben. Solche Kooperationen werden zumeist in einem entsprechenden Konsortialvertrag verabredet, der sodann die Grundlage für eine gemeinsame Beherrschung bildet. Allerdings kann sich ein solches Kooperationsverhältnis auch aufgrund tatsächlicher Umstände ergeben, so z.B. aufgrund gemeinsamer wirtschaftlicher Betätigung außerhalb der Gesellschaft. Diese tatsächlichen Einflußfaktoren begründen nur dann eine Bündelung der gesellschaftsrechtlichen Einflußbefugnisse, wenn sie auf Dauer angelegt sind und eine ausreichende Stabilität aufweisen (BGHZ 62, 193, 199 f. = NJW 1974, 855; 74, 359, 366 ff. = NJW 1979, 2401; 80, 69, 73 = NJW 1981, 1512). Eine derart dauerhafte und stabile Verbundenheit mehrerer Gesellschafter ist nicht schon deshalb zu bejahen, weil zwischen ihnen familienrechtliche Beziehungen bestehen (BGHZ 77, 94, 106; 80, 69, 73). Es bedarf auch in solchen Fällen des Nachweises eines wiederholten abgestimmten Verhaltens in der Vergangenheit. Nicht erforderlich ist, daß diese mehreren Gesellschafter je für sich als Unternehmen i. S. des § 17 AktG zu qualifizieren sind. Es genügt die Unternehmenseigenschaft eines Gesellschafters, dem sodann der Einfluß der anderen Gesellschafter zugerechnet wird, ohne daß diesen dadurch die Unternehmenseigenschaft zuwächst. Eine mehrfache Abhängigkeit der Gesellschaft besteht also nur dann, wenn über die gebündelte Einflußnahme hinaus die unternehmerische Qualifikation in der Person mehrerer Gesellschafter gegeben ist.

10 Kommt es somit – wenn auch nicht ausschließlich so doch vorrangig – auf die Einflußnahme durch Ausübung gesellschaftsrechtlicher Befugnisse an, so stellt sich die für die Personenhandelsgesellschaft schwierige Frage, welche Befugnisse für die Begründung einer solchen Abhängigkeit geeignet sind. Die gesetzliche Regelung beruht im wesentlichen auf dem Konsensprinzip. Somit ist in nahezu allen Angelegenheiten der Gesellschaft das Einverständnis der Gesellschafter erforderlich. Lediglich die Einzelgeschäftsführungsbefugnis eröffnet einen individuellen Entscheidungsspielraum. Freilich ist dieser durch das Widerspruchsrecht anderer geschäftsführender Gesellschafter (§ 115 Abs. 1) und durch die inhaltliche Begrenzung auf die betriebsüblichen Entscheidungen (§ 116 Abs. 2) derart begrenzt, daß dadurch kein beherrschender Einfluß ausgeübt werden kann. Deshalb wird allgemein die zutreffende Ansicht vertreten, daß eine solche Beherrschung nur aufgrund besonderer Regelungen im Gesellschaftsvertrag in Betracht kommt (Emmerich-Sonnenschein Konzernrecht S. 68; Löffler Abhängige Personengesellschaft S. 10 ff.; Schießl Beherrschte Personengesellschaft S. 8 ff.; Schneider ZGR 1975, 253, 276 ff.).

11 Angesichts der Vielzahl möglicher Vertragsgestaltungen lassen sich generalisierende Aussagen nur in begrenztem Umfang machen. So läßt sich allgemein feststellen, daß die Vereinbarung des an dem jeweiligen Kapitalanteil orientierten Mehrheitsprinzips grundsätzlich nicht ausreicht, um die Beherrschung durch den Mehrheitsgesellschafter zu begründen. Deshalb kommt auch die Abhängigkeitsvermutung kraft Mehrheitsbesitzes nach § 17 Abs. 2 AktG nicht in Betracht (Staub-Ulmer § 105 Anh. Anm. 28; Baumgartl Konzernbeherrschte Personengesellschaft S. 6; Schießl Beherrschte Personengesellschaft S. 9; Großmann BB 1976, 1391, 1395; Hölters RdA 1979, 335, 337; hingegen bejahend für Personengesellschaften mit weitgehend kapitalistischer Realstruktur Löffler Abhängige Personengesellschaft S. 19). Eine solche Stimmrechtsmehrheit genügt deshalb noch nicht, weil damit ohne ergänzende Vertragsregelung kein beherrschender Einfluß auf die Geschäftsführung verbunden ist. Zwar können dadurch betriebsungewöhnliche Maßnahmen blockiert werden (§ 116 Abs. 2); ein derartiges Veto-Recht ermöglicht aber keine positive Einflußnahme auf die Geschäftsführung (ebenso Staub-Ulmer § 105 Anh. Rdnr. 27). Es bedarf mithin einer Kombination mit Regelungen, durch die entweder wesentliche Entscheidungen der Geschäftsführung auf die Gesellschafterversammlung übertragen werden oder unmittelbarer Einfluß auf die Geschäftsführung in anderer Weise – z.B. durch die jederzeitige Abberufbarkeit der geschäftsführenden Gesellschafter – vermittelt wird. Auch die ergänzende Ausübung von Geschäftsführungsbefugnissen reicht selbst dann nicht aus, wenn das Wider-

Grundbegriffe verbundener Unternehmen 12, 13 **Anh. § 105**

spruchsrecht nach § 115 Abs. 1 abbedungen ist. Erforderlich ist desweiteren eine vertragliche Ausweitung der Geschäftsführungsbefugnis auf den Bereich der betriebsungewöhnlichen Maßnahmen, es sei denn, der geschäftsführende Gesellschafter verfügt zugleich über die erforderliche Stimmrechtsmehrheit. Ohne eine solche Steuerung der betriebsungewöhnlichen Maßnahmen ist ein beherrschender Einfluß nicht möglich (ebenso Zöllner ZGR 1977, 319, 334; a.A. Schießl Beherrschte Personengesellschaft S. 11; Schneider ZGR 1977, 335, 347). Unter diesen Voraussetzungen ist es auch nicht ausgeschlossen, daß dieser beherrschende Einfluß von einem Kommanditisten ausgeübt wird, die Gesellschaft also von ihm abhängig ist (Löffler Abhängige Personengesellschaft S. 12).

3. Der Konzernbegriff

Das für den Konzernbegriff wesentliche Erfordernis der einheitlichen Leitung durch **12** das herrschende Unternehmen (§ 18 Abs. 1 Satz 1 AktG) gilt in gleicher Weise für die Personenhandelsgesellschaften. Auch in diesem Zusammenhang ist mithin entscheidend, daß das konzernabhängige Unternehmen nach einem übergeordneten Gesamtinteresse, dem Konzerninteresse, geleitet wird und somit das eigene Gesellschaftsinteresse nicht mehr den verbindlichen Maßstab für den Bereich der Geschäftsführungsentscheidungen bildet (ausführlich Koppensteiner KK zum AktG § 18 Rdnr. 14 ff. sowie unter Betracht der Personengesellschaft Löffler Abhängige Personengesellschaft S. 14 ff.). Dafür ist allerdings nicht entscheidend, daß die Leitungsbefugnisse unter Berufung auf das Konzerninteresse ständig im Widerspruch zum Eigeninteresse des abhängigen Unternehmens ausgeübt werden. Die terminologische Unterscheidung zwischen Konzerninteresse einerseits und gesellschaftsrechtlichem Eigeninteresse andererseits darf nicht i.S. einer unaufhebbaren Gegensätzlichkeit mißverstanden werden. Vielmehr kommt es oftmals nur in Ausnahmefällen zu einer konzernbedingten Konfrontation zwischen diesen beiden Interessen. Auch das herrschende Unternehmen ist grundsätzlich primär an der operativen Eigenständigkeit und dem wirtschaftlichen Erfolg seiner konzernabhängigen Unternehmen interessiert. Die in der Praxis wohl überwiegend befolgte dezentrale Konzernorganisation ist Ausdruck dieser die Selbständigkeit der abhängigen Unternehmen weitestgehend respektierenden Konzernpolitik. Gleichwohl besteht kein Zweifel, daß auch in solchen Fällen die tatbestandlichen Voraussetzungen des Konzernbegriffs erfüllt sind. Insofern genügt die globale Steuerung eines unternehmenspolitisch bedeutsamen Entscheidungsbereichs, verbunden mit der Kontrolle über alle wesentlichen Führungsentscheidungen sowie des latenten Übergriffs zwecks Korrektur konzernwidriger Einzelmaßnahmen. Die wichtigsten konzernrelevanten Entscheidungsbereiche sind der Finanz- und der auf die Besetzung der Unternehmensorgane bezogene Personensektor (dazu ausführlich Löffler Abhängige Personengesellschaft S. 14 ff. m.w.N.). Der Zugriff auf die Finanzmittel der abhängigen Gesellschaft strahlt ebenso wie der Zugriff auf die Besetzung der wichtigsten Führungspositionen auf alle übrigen Entscheidungsbereiche des abhängigen Unternehmens aus.

Dieser generelle Befund des Konzerntatbestands bedarf allerdings der notwendigen **13** Abstimmung mit dem Recht der Personenhandelsgesellschaften. In Anlehnung an § 18 Abs. 1 Satz 2 AktG, der unwiderleglichen Vermutung des Konzerntatbestands aufgrund eines bestehenden Beherrschungsvertrages, stellt sich die Frage, ob die Konzernabhängigkeit einer Personenhandelsgesellschaft nicht stets des Nachweises einer entsprechenden Legitimationsgrundlage bedarf. Wie noch im einzelnen darzulegen ist, ist das Personengesellschaftsrecht derart konzernresistent, weist derart zahlreiche Widerstände gegen eine schleichende Konzernierung auf, daß die Konzernabhängigkeit einer Personenhandelsgesellschaft ohne das vorherige Einverständnis der Gesellschafter nur unter außergewöhnlichen Umständen eintreten kann. Sofern mithin ein solcher Konzernierungsbeschluß bisher nicht gefaßt worden ist, ist grundsätzlich davon auszugehen, daß sich die Gesellschaft nicht im Status der Konzernabhängigkeit, sondern allenfalls – sofern die dafür erforderlichen Voraussetzungen erfüllt sind – der einfachen Abhängigkeit befindet. Zwar ist nicht generell auszuschließen, daß sich das herrschende Unternehmen über die rechtlichen Widerstände des Personengesellschaftsrechts hinwegsetzt und auf diese Weise die abhängige Personenhandelsgesellschaft in einem faktischen Konzernrechtsverhältnis leitet. Ein solcher Ausnahmefall kommt z.B. dann in Betracht, wenn der abhängigen Personenhandelsgesellschaft keine außenstehenden Gesellschafter angehören – so z.B. in der GmbH & Co KG, an der ausschließlich das herrschende Unternehmen beteiligt ist. Sind jedoch an der abhängigen Personenhandelsgesellschaft Gesellschafter beteiligt, die mit dem herrschenden Unternehmen nicht verbunden sind, so ist zu erwarten, daß sie sich jeder konzernrechtlichen Fremdsteuerung widersetzen werden und auf diese Weise ein dauerhafter Konzernverbund verhindert wird. Aus diesen Gründen ist schon in anderem Zusammenhang die überwiegend vertretene Ansicht einer entsprechenden Anwendung des § 18 Abs. 1 Satz 3 AktG zurückgewiesen worden (Anm. 7). Sofern die Gesellschafter der abhängigen Personenhandelsgesellschaft keinen wirksamen Konzernierungsbeschluß gefaßt haben, folgt aus der Abhängigkeit keine Konzernvermutung; im Gegenteil: mangels entsprechender Legitimationsgrundlage ist zu vermuten, daß sich die Gesellschaft nicht in einer Konzernabhängigkeit befindet. Um diese Vermutung zu entkräften, bedarf es des Nachweises besonderer vertraglicher Absprachen oder einer besonderen Interessenverbundenheit aller Gesellschafter.

III. Die herrschende Personenhandelsgesellschaft

14 Das bisher lediglich im Aktiengesetz normierte Konzernrecht hat nahezu ausschließlich den Schutz des abhängigen Unternehmens, seiner außenstehenden Aktionäre und Gläubiger berücksichtigt. Dabei ist nicht hinreichend bedacht worden, daß sich durch die Abhängigkeit, vor allem die Konzernabhängigkeit, auch die rechtlichen Rahmenbedingungen in dem herrschenden Unternehmen verändern (ausführlich Timm Die Aktiengesellschaft als Konzernspitze 1980). Aufgrund dieser beherrschenden Stellung erweitert sich der Zuständigkeitsbereich der Gesellschaftsorgane. Das gilt vor allem für die Geschäftsführung, die nicht mehr ausschließlich die Angelegenheiten des herrschenden Unternehmens zu erledigen hat, sondern im Rahmen der Beteiligungsverwaltung auch die Geschäftsführung der abhängigen Unternehmen zu kontrollieren und mit den Interessen der eigenen Gesellschaft abzustimmen hat. Diese Doppelzuständigkeit gilt ebenso für das Kontrollorgan des herrschenden Unternehmens (Lutter in Festschrift für R. Fischer (1979) S. 419). Seine Kontrollbefugnisse und -pflichten erstrecken sich auch auf die Ausübung des Beteiligungsbesitzes, so daß Entscheidungen einzelner Tochtergesellschaften, die für das herrschende Unternehmen von erheblicher Bedeutung sind, auch dem Zustimmungsvorbehalt des Kontrollorgans des herrschenden Unternehmens unterliegen. Es ist deshalb nur konsequent, eine solche übergreifende Betrachtungsweise auch für die Rechte und Zuständigkeit der Gesellschafter anzuerkennen. Diese Problematik ist bisher unter dem Aspekt der Entscheidungskompetenz der Gesellschafterversammlung und der Informationsrechte der Gesellschafter behandelt worden. Freilich liegt es nahe, derartige Austrahlungen auch im Hinblick auf die Ausübung anderer Gesellschafterrechte anzuerkennen. Es handelt sich um ein strukturelles Problem, das die gesamte Mitgliedschaft erfaßt. Dabei ist allerdings vor einem grundsätzlichen Mißverständnis zu warnen. In allen diesen Fällen handelt es sich um die inhaltliche Ausweitung der Gesellschafterrechte, ohne daß sich der Adressat der korrespondierenden Pflichten dadurch ändert. Deshalb können diese Gesellschafterrechte grundsätzlich nicht gegenüber der abhängigen Gesellschaft geltend gemacht werden, sondern nur gegenüber der eigenen, herrschenden Gesellschaft bzw. gegenüber den Mitgesellschaftern. Eine rechtsformübergreifende Ausübung dieser Rechte kommt nur dann in Betracht, wenn sich das abhängige Unternehmen unter den engen Voraussetzungen des Durchgriffs nicht auf seine rechtliche Selbständigkeit berufen kann.

1. Die Ausweitung der Entscheidungsbefugnisse

Die Zuständigkeit der Hauptversammlung einer Aktiengesellschaft hat der BGH in der Holzmüller-Entscheidung auf Angelegenheiten ausgeweitet, die an sich nur in die Zuständigkeit einer Tochtergesellschaft fallen, die aber zugleich für die Rechtsstellung der Aktionäre der Obergesellschaft von wesentlicher Bedeutung sind. Auf diese Weise können die Aktionäre der Obergesellschaft verlangen, „an wichtigen Grundentscheidungen der Tochtergesellschaft, die sich auf ihre eigene Rechtsstellung nachhaltig auswirken können, in denselben Formen und mit denselben Mehrheiten intern beteiligt zu werden, wie es für entsprechende Entscheidungen in der Obergesellschaft bestimmt ist, bevor sie in der Tochtergesellschaft verwirklicht werden" (BGHZ 83, 122, 138; dazu ausführlich m.w.N. Wiedemann die Unternehmensgruppe im Privatrecht (1988) S. 70 ff.). Auch wenn gegen diese Ansicht wegen der starren und zwingenden Kompetenzordnung der Aktiengesellschaft nicht unerhebliche Bedenken bestehen, so ist doch richtig, daß der Gesetzgeber die besonderen Kompetenzprobleme innerhalb des Unternehmensverbunds nicht hinreichend bedacht hat und deshalb die Annahme einer Regelungslücke naheliegt. Diese Grundsatzproblematik richterlicher Rechtsfortbildung bedarf in diesem Zusammenhang keiner abschließenden Erörterung. Die Kompetenzordnung in der Personenhandelsgesellschaft ist weitgehend dispositiv und flexibel angelegt, so daß auch diese verbundrelevanten Angelegenheiten ohne besondere Probleme angemessen berücksichtigt werden können.

Sofern im Gesellschaftsvertrag keine besondere Regelung enthalten ist, ist nach § 116 Abs. 2 ein Zustimmungsbeschluß der Gesellschafter dann erforderlich, wenn die Angelegenheit der Tochtergesellschaft zugleich eine für die herrschende Personenhandelsgesellschaft betriebsungewöhnliche Maßnahme darstellt. Entscheidend ist mithin nicht schon die außergewöhnliche Bedeutung für die Tochtergesellschaft; vielmehr ist ausschließlich abzustellen auf die Bedeutung der konkreten Maßnahme für das herrschende Unternehmen. Deshalb ist auch nicht jede Strukturveränderung der Tochtergesellschaft per se eine betriebsungewöhnliche Angelegenheit oder gar Grundlagenentscheidung der Muttergesellschaft (a. A. offensichtlich Emmerich-Sonnenschein Konzernrecht § 28 II 1 S. 411). Entscheidend ist vielmehr im Einzelfall das wirtschaftliche Potential der Tochtergesellschaft, darüber hinaus die besondere Risikolage der Tochtergesellschaft, der Umfang des Beteiligungsbesitzes und schließlich die Haftungsverhältnisse. Generell kommt es darauf an, welche konkreten Folgen sich aus der jeweiligen Einzelmaßnahme der Tochtergesellschaft für die Rechtsstellung der Gesellschafter des herrschenden Unternehmens ergeben können. Handelt es sich z. B. um eine wirtschaftlich unbedeutende Tochtergesellschaft, die mithin einen im Vergleich zur Muttergesellschaft kleinen Geschäftsbetrieb mit geringen Haftungsrisiken führt, sind grundsätzlich alle Maßnahmen der Tochtergesellschaft in der Muttergesellschaft zustimmungsfrei und fallen somit in die ausschließliche Zuständigkeit der geschäftsführenden Gesellschafter. Diese können mithin die Einzelmaßnahme in der Tochtergesellschaft ohne vorherigen Zustimmungsbeschluß der Gesellschafter des herrschenden Unternehmens beschließen und durchführen. Diese mitgliedschaftliche Betroffenheit, die im Einzelfall vorliegen muß, damit eine Ausweitung für das Zustimmungsrecht nach § 116 Abs. 2 auf Angelegenheiten der Tochtergesellschaft anzuerkennen ist, ist grundsätzlich unter haftungsrechtlichen Aspekten festzustellen. Darüber hinaus kommen aber auch strukturelle Aspekte in Betracht. Wird z. B. die Rechtsform geändert und dadurch der Einfluß der Gesellschafter und somit mittelbar auch der Einfluß der Gesellschafter des herrschenden Unternehmens gemindert, so ist dieser Kompetenzverlust genügender Anlaß für ein Zustimmungsrecht nach § 116 Abs. 2. Ebenso ist zu entscheiden, wenn ein unbeteiligter Dritter der Tochtergesellschaft beitritt und dadurch die bisherige Alleinstellung des herrschenden Unternehmens beendet wird. Auch in diesen Fällen ist freilich weitere Voraussetzung, daß die Tochtergesellschaft im Vergleich zum herrschenden Unternehmen von nicht untergeordneter Bedeutung ist.

17 Der BGH hat eine solche inhaltliche Ausweitung des Zustimmungsrechts auf Angelegenheiten einer Tochtergesellschaft bisher nur unter der Voraussetzung eines wirtschaftlich einheitlichen Unternehmens anerkannt, „aus dem lediglich ein Teil organisatorisch und rechtlich ausgegliedert und verselbständigt worden ist" (BGH LM Nr. 2 zu § 116 HGB = WM 1973, S. 170, 172 = BB 1973, 212; zustimmend Emmerich-Sonnenschein Konzernrecht § 28 II 1 S. 410 f.; Staub-Ulmer § 105 Anh. Rdnr. 84; Schneider in: Festschrift für J. Bärmann (1975) S. 873, 881 ff.; ders. ZHR 143 (1979), 485, 496 ff.; Reuter Die AG 1986, 130, 131 f.; grundsätzlich einschränkend Wiedemann Die Unternehmensgruppe im Privatrecht S. 70 ff.). Diese Einschränkung wäre nur dann verständlich, wenn in anderen Fällen die berechtigten Interessen außenstehender Gesellschafter vor dem Einfluß der Gesellschafter des herrschenden Unternehmens geschützt werden müßten (so Staub-Ulmer § 105 Anh. Rdnr. 84). Ein solcher Schutz ist aber dann nicht geboten, wenn die konkrete Maßnahme auch in der abhängigen Gesellschaft der Beschlußkompetenz der Gesellschafterversammlung unterliegt. Sodann werden die auf dem Beteiligungsbesitz beruhenden Stimmrechte von den geschäftsführenden Gesellschaftern des herrschenden Unternehmens ausgeübt, ohne daß die außenstehenden Gesellschafter auf eine zustimmungsfreie Ausübung dieser Stimmrechte vertrauen können. Ob diese Ausübung besonderen Bindungen in einer anderen

Gesellschaft unterliegt, ist für die rechtliche Beurteilung des Gesellschafterbeschlusses unerheblich, sofern die allgemeinen Grenzen gesellschaftskonformen Stimmrechtsverhaltens eingehalten werden. Anders ist hingegen zu entscheiden – und in dieser Hinsicht ist der restriktiven Beurteilung des BGH zu folgen – wenn die konkrete Maßnahme in die Alleinzuständigkeit der Geschäftsführung des abhängigen Unternehmens fällt. In diesen Fällen muß die Autonomie der Geschäftsführung auch zum Schutz der Interessen außenstehender Gesellschafter respektiert werden. Deshalb dürfen sich die Geschäftsführer nicht in die Abhängigkeit anderer Unternehmen bzw. deren Gesellschafter begeben. Aus diesen Gründen ist auch die rechtliche Bindung an Beschlüsse der Gesellschafter des herrschenden Unternehmens unzulässig. Die außenstehenden Gesellschafter des abhängigen Unternehmens haben ein die Entscheidungsinteressen der Gesellschafter des herrschenden Unternehmens überwiegendes Interesse an der autonomen Ausübung der Geschäftsführungsbefugnisse. Deshalb unterliegen Maßnahmen, die in die alleinige Zuständigkeit der Geschäftsführung des abhängigen Unternehmens fallen, nur dann dem Zustimmungsrecht der Gesellschafter des herrschenden Unternehmens nach § 116 Abs. 2, wenn an dem abhängigen Unternehmen keine außenstehenden Gesellschafter beteiligt sind.

Besteht mithin im Einzelfall eine Bindung an Gesellschafterbeschlüsse des herrschenden Unternehmens anläßlich der Ausübung der Beteiligungsrechte, so wird diese interne Bindung grundsätzlich durch die unbeschränkte Vertretungsbefugnis nach § 126 überlagert. Auf diesen Vertrauensschutz können sich grundsätzlich auch die an der Beschlußfassung beteiligten außenstehenden Gesellschafter berufen. Anders ist hingegen zu entscheiden, wenn sich die Tochtergesellschaft im alleinigen Beteiligungsbesitz des herrschenden Unternehmens befindet. Sofern dem Gesellschafterbeschluß keine über das abhängige Unternehmen hinausgehende Bedeutung zukommt, kann sich dieses nicht auf den mit der unbeschränkten Vertretungsbefugnis bezweckten Verkehrsschutz berufen (dazu BGHZ 83, 122, 132; 38, 26, 33; LM Nr. 10 zu § 119 HGB; Emmerich-Sonnenschein Konzernrecht § 28 II 2 S. 412; Schießl Beherrschte Personengesellschaft S. 67; Schneider in Festschrift für J. Bärmann S. 873, 890 f.; weitergehend ders. ZGR 1980, 511, 529). Eine weitergehende Durchbrechung der unbeschränkten Vertretungsbefugnis wegen des Grundlagencharakters der in der Tochtergesellschaft geplanten Maßnahme kommt wohl nur unter außergewöhnlichen Umständen in Betracht. Es ist kaum vorstellbar, daß durch eine Maßnahme der Tochtergesellschaft die gesellschaftsrechtlichen Grundlagen des herrschenden Unternehmens derart verändert werden, daß dafür ein besonderer, zudem qualifizierter Grundlagenbeschluß der Gesellschafter des herrschenden Unternehmens erforderlich wäre.

Von diesen Angelegenheiten der Tochtergesellschaft, die mittelbarer Beschlußgegenstand der Gesellschafter des herrschenden Unternehmens sein können, sind Konzernmaßnahmen zu unterscheiden, die unmittelbar in den Zuständigkeitsbereich des herrschenden Unternehmens fallen. Solche Entscheidungen können hinsichtlich der Konzernorganisation, also der zentralistischen oder dezentralistischen Konzernführung, hinsichtlich des Erwerbs oder der Veräußerung abhängiger Konzerngesellschaften oder hinsichtlich der Verteilung der Finanzmittel innerhalb des Konzerns geboten sein. Entsprechend der unterschiedlichen Bedeutung dieser Einzelentscheidungen handelt es sich entweder um Maßnahmen der Geschäftsführung, die in die ausschließliche Zuständigkeit der geschäftsführenden Gesellschafter fallen oder dem internen Zustimmungsrecht aller Gesellschafter nach § 116 Abs. 2 unterliegen, oder um Grundlagenentscheidungen, für die der Zustimmungsbeschluß aller Gesellschafter Wirksamkeitserfordernis mit Außenwirkung ist. So bedarf z. B. der Abschluß eines Beherrschungs- oder Gewinnabführungsvertrages (dazu Anm. 37) auch einer Grundlagenentscheidung innerhalb des herrschenden Unternehmens. Der BGH hat über § 293 AktG hinaus das Erfordernis eines Zustimmungsbeschlusses der Gesellschafterversammlung in der herrschenden GmbH entwickelt und dazu vor allem auf die mit dem Abschluß eines Beherrschungs- oder Gewinnabführungsvertrages verbundenen Haftungsrisiken in Form der Verlustübernahme für das herrschende Unternehmen abgestellt (BGHZ 105, 324, 333 ff.; dazu Flume DB 1989, 665; Gäbelein GmbH-Rdsch 1989, 502; Heckschen DB 1989, 29; Kort ZIP 1989, 1309, 1312; ders. Die AG 1988, 369; Timm GmbH-Rdsch 1989, 11; Ulmer BB 1989, 10; Zöllner DB 1989, 913). Diese haftungsrechtlichen Erwägungen gelten um so mehr in der herrschenden Personenhandelsgesellschaft, da durch die Verlustübernahmepflicht die persönliche Haftung der Gesellschafter ausgeweitet wird. Wegen dieser individuellen Betroffenheit ist grundsätzlich ein einstimmiger Beschluß aller Gesellschafter erforderlich, andernfalls der Beherrschungs- oder Gewinnabführungsvertrag unwirksam ist. Der Abschluß anderer Unternehmensverträge i. S. des § 292 AktG unterliegt allerdings nur dann der als Wirksamkeitserfordernis notwendigen Zustimmung der Gesellschafter, wenn die Gesellschaft den Betrieb ihres Unternehmens einem anderen Unternehmen durch Verpachtung oder zur Betriebsführung überläßt (dazu § 114 Anm. 7). Die Übernahme als Pächterin oder Betriebsführerin ist grundsätzlich nur als Geschäftsführungsmaßnahme der Gesellschaft zu qualifizieren.

2. Die Ausweitung der Informationsrechte

20 Der inhaltlichen Ausweitung der Entscheidungsbefugnisse korrespondiert eine entsprechende Ausweitung der Informationsrechte, ohne die eine sachverständige Beschlußfassung über verbundrelevante Maßnahmen nicht möglich wäre. Zudem gebietet der mit den Informationsrechten verbundene Kontrollzweck, daß sich die Gesellschafter über das wesentliche Beteiligungsvermögen ihrer Gesellschaft hinreichend informieren können. Aus diesen Gründen wird allgemein anerkannt, daß sich die Informationsrechte nicht nur auf die Angelegenheiten der eigenen Gesellschaft, sondern auch auf Angelegenheiten verbundener Unternehmen erstrecken können, sofern deren Kenntnis für die Beurteilung der eigenen Gesellschaft von nicht unerheblicher Bedeutung ist (ausführlich Wohlleben Informationsrechte des Gesellschafters (1989) S. 102 m. w. N.). Dabei ist allerdings auch in diesem Zusammenhang zu bedenken, daß sich diese Informationsrechte nur gegen die geschäftsführenden Gesellschafter der eigenen Gesellschaft und nicht gegen die Geschäftsführungsorgane verbundener Unternehmen richten. In dieser Hinsicht gibt es also keinen Informationsdurchgriff auf andere Beteiligungsgesellschaften. Im übrigen ist jedoch zwischen den verschiedenen Informationsrechten, dem Auskunfts- und dem Einsichtsrecht zu unterscheiden.

a) Das Einsichtsrecht

21 Das Einsichtsrecht erstreckt sich grundsätzlich nur auf Unterlagen, die sich im Besitz der eigenen Gesellschaft befinden (BGH WM 1983, 910, 911 = DB 1983, 1864; WM

1984, 807, 808 = NJW 1984, 2470; ausführlich Wohlleben Informationsrechte des Gesellschafters S. 117 ff.). Die Einsichtnahme in Unterlagen anderer Gesellschaften kann von den geschäftsführenden Gesellschaften nur dann verlangt werden, wenn deren Berufung auf die rechtliche Selbständigkeit unzulässig ist, weil die Voraussetzungen eines unmittelbaren Durchgriffs auf die Geschäftsunterlagen der Beteiligungsgesellschaft erfüllt sind (BGHZ 25, 115, 117). Diese Voraussetzungen hat der BGH für den Fall einer hundertprozentigen, lediglich mit der Verkaufsfunktion betrauten Tochtergesellschaft bejaht (weitergehend OLG Köln GmbH-Rdsch 1985, 358, 362). Der Sache nach handelt es sich in solchen Fällen um eine Beschaffungspflicht der geschäftsführenden Gesellschafter, die die Unterlagen einer derart eingegliederten Tochtergesellschaft vorlegen müssen wie die Unterlagen der eigenen Gesellschaft (dazu Wilhelm Rechtsform und Haftung bei der juristischen Person (1981) S. 174). Eine solche Beschaffungspflicht ist auch ohne die besonderen Voraussetzungen des Informationsdurchgriffs in engen Grenzen anzuerkennen (dazu Wohlleben Informationsrechte des Gesellschafters S. 136 ff.). Solche Grenzen ergeben sich aus den berechtigten Geheimhaltungsinteressen der Beteiligungsgesellschaften (BGH WM 1984, 807, 808), darüber hinaus aus den immanenten Schranken des gesetzlichen Einsichtsrechts. Über das Recht zur Einsichtnahme in die tatsächlich vorhandenen Gesellschaftsunterlagen hinaus kann der Gesellschafter die Vorlage weiterer Unterlagen nur dann verlangen, wenn eine besondere Dokumentationspflicht der geschäftsführenden Gesellschafter besteht. Eine solche Dokumentationspflicht kann sich aus den gesetzlichen Aufzeichnungspflichten sowie aus den allgemeinen Grundsätzen ordnungsmäßiger Geschäftsführung ergeben. Somit ist nicht nur entscheidend, ob der einzelne Gesellschafter zur Durchsetzung seiner gesellschaftsvertraglichen Rechte die Vorlage besonderer Unterlagen benötigt; vielmehr kommt es vor allem darauf an, ob die Unterlage für den ordnungsmäßigen Geschäftsbetrieb der Gesellschaft erforderlich ist. Entsprechend ist eine etwaige Beschaffungspflicht hinsichtlich der Unterlagen von Beteiligungsgesellschaften zu beurteilen. Sie kommt mithin nur dann in Betracht, wenn die Unterlage für den ordnungsmäßigen Ablauf der Beteiligungsverwaltung erforderlich ist. Unter diesem Aspekt ist auf die nach Art und Umfang der zwischen der Gesellschaft und ihren Beteiligungsgesellschaftern bestehenden Rechtsbeziehungen abzustellen (ebenso Kort ZGR 1987, 46, 47 f.). Handelt es sich um intensive Konzernrechtsbeziehungen, so besteht im Rahmen der allgemeinen Konzernleitungspflicht auch eine verstärkte Pflicht zur Dokumentation der Angelegenheiten abhängiger Konzerngesellschaften, so daß sich die geschäftsführenden Gesellschafter die entsprechenden Unterlagen von ihren Tochtergesellschaften besorgen müssen. Allerdings sind auch dann die berechtigten Interessen dieser abhängigen Unternehmen zu berücksichtigen. Deshalb kann es im Einzelfall geboten sein, die Vorlage derart sensibler Unterlagen zu verweigern.

b) Das Auskunftsrecht

Auch das Auskunftsrecht (dazu ausführlich § 118 Anm. 14 ff.) kann sich auf Angelegenheiten verbundener Unternehmen erstrecken, soweit deren Kenntnis für die Beurteilung der Angelegenheiten der eigenen Gesellschaft erforderlich ist. Problematisch ist deshalb nicht die inhaltliche Ausweitung des Auskunftsrechts auf Angelegenheiten verbundener Unternehmen, die allgemein anerkannt wird (ausführliche Darstellung bei

Wohlleben Informationsrechte des Gesellschafters S. 102 ff. m. w. N.); problematisch ist hingegen in welchem Umfang eine solche Ausweitung anzuerkennen ist. Die generelle Gleichbehandlung der Angelegenheiten abhängiger Unternehmen mit denen der herrschenden, eigenen Gesellschaft (so OLG Hamm NJW 1986, 1693, 1694 = WM 1986, 740; Fischer-Lutter-Hommelhoff GmbHG 13. Aufl. (1991) § 51a Anm. 11) kommt wegen der rechtlichen Selbständigkeit abhängiger Unternehmen und des auch ihnen gebührenden Schutzes auf vertrauliche Behandlung ihrer Angelegenheiten nicht in Betracht. Anders ist hingegen wiederum unter den engen Voraussetzungen eines Informationsdurchgriffs zu entscheiden. Im übrigen aber bedarf es für eine solche Gleichbehandlung besonderer Voraussetzungen (ebenso OLG Düsseldorf DB 1987, 2512; Zöllner in Baumbach-Hueck GmbHG 15. Aufl. (1988) § 51a Anm. 10 a; Wohlleben Informationsrechte des Gesellschafters S. 105 m. w. N.; Reuter BB 1986, 1653, 1656; wohl auch Grunewald ZHR 146 (1982), 211, 232 f.). Um das auch im Konzernverbund bestehende Geheimhaltungsinteresse der einzelnen Gesellschaften zu respektieren (BGH WM 1983, 910, 911) ist es geboten, den Auskunftsanspruch der Gesellschafter auf solche Angelegenheiten abhängiger Unternehmen zu begrenzen, die für die Beurteilung der eigenen Gesellschaft von erheblicher Bedeutung sind (so zutreffend Kort ZGR 1987, 46, 61 ff.; ebenso Wohlleben Informationsrechte des Gesellschafters S. 106 f.). Von diesen Angelegenheiten abhängiger Gesellschaften zu unterscheiden sind die in § 131 Abs. 1 Satz 2 erfaßten „rechtlichen und geschäftlichen Beziehungen der Gesellschaft zu einem verbundenen Unternehmen". Sie sind ohnehin den eigenen Angelegenheiten zuzurechnen, so daß darüber grundsätzlich umfassend zu berichten ist, es sei denn, daß im Einzelfall ein überwiegendes Geheimhaltungsinteresse des verbundenen Unternehmens anzuerkennen ist. Immanenter Bestandteil dieser Auskunftspflicht ist die Informationsbeschaffungspflicht (BGHZ 32, 159, 165 f.; Wohlleben Informationsrechte des Gesellschafters S. 134 ff. m. w. N.; Kort ZGR 1987, 46, 70 ff.). Allerdings wird diese Beschaffungspflicht begrenzt durch die Informationsrechte, die der eigenen Gesellschaft in ihren Tochtergesellschaften zustehen, und durch die damit verbundenen Geheimhaltungspflichten. Auch durch die Ausübung von Organbefugnissen in den Tochtergesellschaften ergeben sich keine weitergehenden Informationsbefugnisse gegenüber den eigenen Gesellschaftern, da derartige Informationen nicht frei verfügbar sind.

IV. Die beherrschte Personenhandelsgesellschaft

23 In der abhängigen, vor allem in der konzernbeherrschten Personenhandelsgesellschaft ist das Schutzbedürfnis der außenstehenden Gesellschafter ungleich größer als in dem herrschenden Unternehmen. Angesichts der gravierenden Haftungsrisiken bedarf es deshalb eines im Vergleich zum Minderheitsschutz in anderen Rechtsformen weitergehenden Gesellschafterschutzes. Dabei kommt es vor allem darauf an, vorbeugend die Konzernierung zu verhindern und somit die wirtschaftliche Selbständigkeit der Gesellschaft uneingeschränkt zu schützen. Dieser Schutz muß deshalb schon auf die Begründung, spätestens auf die Durchführung des Abhängigkeitsverhältnisses konzentriert werden. Deshalb ist nachfolgend zwischen der abhängigen und der konzernbeherrschten Personenhandelsgesellschaft zu unterscheiden.

1. Die abhängige Personenhandelsgesellschaft

a) Die Begründung der Abhängigkeit

Schon durch das mit der Abhängigkeit verbundene Steuerungspotential des herrschenden Unternehmens werden vielfältige Gefahren für das abhängige Unternehmen ausgelöst. Zwar können sich die Gesellschafter Eingriffen, die zu einer punktuellen Schädigung der Gesellschaft führen, mit dem im Personengesellschaftsrecht vorhandenen Instrumentarium erfolgreich erwehren. Weniger greifbar ist hingegen die schleichende Veränderung der allgemeinen Geschäftspolitik zugunsten anderer Unternehmensinteressen, ohne daß ein unmittelbarer, berechenbarer Gesellschaftsschaden nachweisbar ist. Solche strukturellen Veränderungen wirken sich erst langfristig aus und sind dann zumeist irreparabel. „Gerade weil in solchen Fällen jeder objektive Maßstab für die jeweils sachgerechte Maßnahme und damit für die Frage einer Benachteiligung und deren Ausgleich fehlt, stellt die Abhängigkeit eine derart starke Gefahr für die Leistungs- und Wettbewerbsfähigkeit und damit den Bestand des Unternehmens dar, daß die Zustimmung zu einer in die Abhängigkeit führenden Befreiung vom Wettbewerbsverbot nicht im freien Ermessen der Mehrheit liegt. Sie ist vielmehr grundsätzlich rechtswidrig, falls sie nicht durch sachliche Gründe im Interesse der Gesellschaft gerechtfertigt ist" (BGHZ 80, 69, 74 = NJW 1981, 1512; ausführlich dazu Raiser in: Festschrift für W. Stimpel (1985) S. 855 ff.). Der BGH hat deshalb die für den Beschluß über die Befreiung vom Wettbewerbsverbot vorgesehene Mehrheitsklausel zwar als ausreichend anerkannt, obwohl ein positiver Beschluß zugleich die Abhängigkeit der Gesellschaft begründete. Der erforderliche Schutz der Gesellschaft sowie der anderen Gesellschafter soll jedoch durch eine Inhaltskontrolle gewahrt werden. Im Anschluß an diese Entscheidung wird vielfach erörtert, ob und unter welchen Voraussetzungen andere, die Abhängigkeit begründende Tatbestände, der Zustimmung aller Gesellschafter unterliegen. Vereinzelt wird diese Frage ohne jede Einschränkung für jede beliebige Konstellation bejaht (Emmerich-Sonnenschein § 26 II 2 S. 401; Emmerich in Festschrift W. Stimpel (1985) S. 743, 749). Für eine derart generalisierende Betrachtungsweise bietet das Personengesellschaftsrecht jedoch keine ausreichende Grundlage. Insbesondere kommt dafür die gesetzliche Regelung über das Wettbewerbsverbot (§ 112) nicht in Betracht (Staub-Ulmer § 105 Anh. 40; Baumgartl Konzernbeherrschte Personengesellschaft S. 30; Schießl Beherrschte Personengesellschaft S. 38; Schneider ZGR 1975, 253, 280; ders. ZGR 1980, 511, 528; Wiedemann-Hirte ZGR 1986, 163, 167f.). Die Vorschrift setzt voraus, daß zwischen dem Tätigkeitsbereich der Gesellschaft und der unternehmerischen Betätigung außerhalb der Gesellschaft ein Wettbewerbszusammenhang besteht. Damit werden aber jene Fälle nicht erfaßt, in denen der beherrschende Gesellschafter unternehmerische Interessen außerhalb dieses Wettbewerbsverhältnisses verfolgt, gleichwohl ein latentes Interesse an einer abgestimmten Geschäftspolitik besteht. Im übrigen ist zu bedenken, daß die Tatbestände der Abhängigkeitsbegründung derart vielgestaltig sein können, oftmals auch nur durch faktische Veränderungen ausgelöst werden, daß sich eine generelle präventive Abhängigkeitskontrolle nicht verwirklichen läßt (ebenso Staub-Ulmer § 105 Anh. 40; Schießl Beherrschte Personengesellschaft S. 39). Es kann deshalb nur im Einzelfall eine solche Abhängigkeitskontrolle, anknüpfend an den konkreten, abhängigkeitsrelevanten

Rechtsakt, praktiziert werden. Soll z.B. der Gesellschaftsvertrag zugunsten eines Gesellschafters, der sich außerhalb der Gesellschaft unternehmerisch betätigt, derart verändert werden, daß nunmehr in der Gesellschaft beherrschender Einfluß ausgeübt werden kann, so bedarf der Beschluß nicht nur der nach dem Gesellschaftsvertrag erforderlichen Stimmenmehrheit, sondern muß darüber hinaus „durch sachliche Gründe im Interesse der Gesellschaft gerechtfertigt" sein. Ebenso ist die nach dem Gesellschaftsvertrag zulässige Übertragung der Mitgliedschaft auf einen Erwerber zu beurteilen, der noch andere unternehmerische Interessen verfolgt und nunmehr beherrschenden Einfluß in der Gesellschaft ausüben kann. Diese Übertragung ist nur wirksam, wenn sie mit den berechtigten Interessen der Gesellschaft vereinbar ist.

25 Darüber hinaus ist zu erwägen, die im Gesellschaftsvertrag enthaltenen Mehrheitsklauseln, die an sich für die konkrete Einzelregelung einschlägig sind, wegen der weitergehenden, abhängigkeitsbegründenden Beschlußwirkungen einzuschränken und entsprechend dem Bestimmtheitsgrundsatz (§ 119 Anm. 17ff.) eine abhängigkeitsspezifische Mehrheitsklausel vorauszusetzen (so Schießl Beherrschte Personengesellschaft S. 36; Löffler Abhängige Personengesellschaft S. 69; weitergehend Reuter ZHR 146 (1982), 1, 8, der in der abhängigen Personenhandelsgesellschaft jegliche Vertragsänderung an die Zustimmung der Minderheit binden will, wobei allerdings offen bleibt, ob dieses Zustimmungserfordernis zwingend oder im Rahmen des Bestimmtheitsgrundsatzes dispositiv sein soll). Angesichts der strukturellen Bedeutung der Abhängigkeit besteht in der Tat ein wesentlicher Unterschied zwischen abhängigkeitsneutralen und abhängigkeitsspezifischen Beschlußgegenständen, so daß auch die dafür erforderlichen Beschlußkompetenzen einer unterschiedlichen Regelung im Gesellschaftsvertrag bedürfen. Die in BGHZ 80, 69, 74 vertretene Inhaltskontrolle muß deshalb ergänzt werden durch einen ausreichend dokumentierten Konsens aller Gesellschafter im Gesellschaftsvertrag. Allerdings ist nicht erforderlich, daß diese abhängigkeitsrelevante Kompetenzbedeutung in jeder gesellschaftsvertraglichen Einzelregelung zum Ausdruck kommt; ausreichend ist vielmehr eine allgemeine Regelung, der sich der eindeutige Wille der Gesellschafter entnehmen läßt, daß die Gesellschaft äußerstenfalls auch als abhängiges Unternehmen geführt werden darf.

b) Der Schutz außenstehender Gesellschafter

26 Es bedarf wegen der Abhängigkeit der Gesellschaft keiner Ergänzung des für den Minderheitsschutz geeigneten Instrumentariums. Vielmehr genügt es, diese Minderheitsrechte inhaltlich den Besonderheiten der Abhängigkeitssituation anzupassen. So ist z.B. allgemein anerkannt, daß die Voraussetzungen der außerordentlichen Informationsrechte nach § 118 Abs. 2, 166 Abs. 3 generell aufgrund der Abhängigkeit der Gesellschaft erfüllt sind (Schlegelberger-Martens § 166 Anm. 49; Staub-Ulmer § 105 Anh. Anm. 50; Emmerich-Sonnenschein Konzernrecht § 27 I 3 S. 404; Schießl Beherrschte Personengesellschaft S. 72; Schneider BB 1975, 1356f.; ders. ZGR 1975, 291; Reuter ZHR 146 (1982), 7). Ebenso wird allgemein eine umfassende Informationspflicht des herrschenden Gesellschafters über seine unternehmerischen Aktivitäten außerhalb der Gesellschaft bejaht (Emmerich-Sonnenschein Konzernrecht § 27 I 3 S. 403; Schießl Beherrschte Personengesellschaft S. 72f.; Schneider BB 1975, 1357; ebenso unter Betracht der abhängigen GmbH Lutter-Timm NJW 1982, 409, 419;

K. Schmidt GmbH-Rdsch 1982, 105 sowie zur Publikumsgesellschaft BGHZ 79, 337, 344). Auf diese Weise erstreckt sich der Auskunftsanspruch der übrigen Gesellschafter nicht nur auf die Angelegenheiten der eigenen Gesellschaft, sondern aufgrund dieser durch die Treupflicht begründeten Informationspflicht des herrschenden Gesellschafters auch auf wesentliche Angelegenheiten seiner sonstigen unternehmerischen Betätigungen, soweit deren Kenntnis für die Beurteilung der eigenen Gesellschaft erforderlich ist und keine Geheimhaltungsinteressen Dritter entgegenstehen. In diesem Rahmen ist vor allem über die geschäftlichen Beziehungen zu diesen anderen Unternehmen zu berichten. Des weiteren ist das Widerspruchs- bzw. Zustimmungsrecht nach § 116 Abs. 2, 164 auf die besonderen Gefahren der Abhängigkeitslage auszurichten (ebenso Staub-Ulmer § 105 Anh. 46; Emmerich-Sonnenschein Konzernrecht § 27 I 3 S. 404; Löffler Abhängige Personengesellschaft S. 157; Schießl Beherrschte Personengesellschaft S. 63 f.; Reuter ZHR 146 (1982), 6; ders. Die AG 1986, 131; Schneider ZGR 1975, 281 sowie ZGR 1980, 528). Freilich darf eine solche Ausweitung nicht dazu führen, daß der gesamte Geschäftsverkehr zwischen der Gesellschaft und den mit dem herrschenden Gesellschafter verbundenen Unternehmen der Zustimmungspflicht der Gesellschafter unterworfen wird (ebenso Staub-Ulmer § 105 Anh. 47). Deshalb sind nur solche Handlungen – also Maßnahmen und Rechtsgeschäfte – aufgrund der Abhängigkeit als betriebsungewöhnlich zu qualifizieren, die wegen ihrer Art oder ihres Umfangs von abhängigkeitsrelevanter Bedeutung sind, auch wenn sie in einer unabhängigen Gesellschaft lediglich betriebsgewöhnliche Maßnahmen sind. Anläßlich dieser Beschlußfassung ist der herrschende Gesellschafter von der Ausübung seines Stimmrechts ausgeschlossen (dazu näher § 119 Anm. 39). Obwohl diesem Zustimmungsbeschluß nur gesellschaftsinterne Bedeutung zukommt, kann sich daraus unter engen Voraussetzungen auch eine Einschränkung der unbeschränkten Vertretungsbefugnis ergeben (dazu näher Anm. 18).

Eine weitere Folge der Abhängigkeit ist es, daß sich der herrschende Gesellschafter nicht auf den Maßstab eigenüblicher Sorgfalt nach § 708 BGB berufen kann (Staub-Ulmer § 105 Anh. Anm. 51; Baumgartl Konzernbeherrschte Personengesellschaft S. 138 f.; Löffler Abhängige Personengesellschaft S. 157; Schießl Beherrschte Personengesellschaft S. 73 f.; Reuter ZHR 146 (1980), 6). Zur Begründung wird zutreffend auf die mit der Beherrschung verbundene Störung des gegenseitigen Vertrauensverhältnisses hingewiesen. Da die übrigen Gesellschafter befürchten müssen, daß der beherrschende Einfluß nicht uneingeschränkt im Interesse der Gesellschaft ausgeübt wird, besteht für eine Minderung des Haftungsmaßstabs kein Anlaß. Vielmehr ist generell von einer Verschärfung aller mit der Ausübung der Gesellschafterrechte verbundenen Pflichten, also auch einer stärkeren Ausprägung der Treupflicht auszugehen. Dabei ist ein variabler Maßstab zugrunde zu legen. Je intensiver der beherrschende Einfluß ausgeübt wird, um so intensiver und umfangreicher sind diese Pflichtbindungen. Insbesondere besteht ein absolutes Schädigungsverbot, so daß sich der herrschende Gesellschafter nicht auf die in §§ 311 ff. AktG enthaltene Kompensationsregelung berufen kann (Emmerich-Sonnenschein Konzernrecht § 27 I 2 S. 402; Schießl Beherrschte Personengesellschaft S. 61; Reuter ZHR 146 (1982), 5; Schneider ZGR 1980, 511, 528 ff.; Wiedemann in Festschrift für J. Bärmann (1975) S. 1051; ebenso für die GmbH BGHZ 65, 15, 19 f. sowie Ulmer ZHR 148 (1984), 391, 411 f. m.w.N.).

28 Im Anschluß an die Entscheidung BGHZ 89, 162 = NJW 1984, 1351, in der der Anwendungsbereich des § 112 auf ein den Gesellschafter beherrschendes Unternehmen ausgeweitet worden ist (dazu § 112 Anm. 4), wird in der Literatur vielfach die Frage einer konzerndimensionalen Ausdehnung der Treupflicht auf mittelbar herrschende Unternehmen erörtert (ausführlich mit unterschiedlichen Standpunkten Löffer Abhängige Personengesellschaft S. 146 ff. sowie Schießl Beherrschte Personengesellschaft S. 98 ff. jeweils m. w. N.). Die in diesem Zusammenhang oftmals zitierte ITT-Entscheidung (BGHZ 65, 15, 20) ist für diese Problematik deshalb unergiebig, weil sie die Treupflicht lediglich inhaltlich auf die Ausübung von Gesellschafterrechten in Tochtergesellschaften ausweitet, das Treuverhältnis aber weiterhin auf die Rechtsbeziehungen zwischen den Gesellschaftern der Muttergesellschaft beschränkt. Generell ist in diesem Zusammenhang zu bedenken, daß die Ausübung beherrschenden Einflusses grundsätzlich keinen Anlaß bietet, das mittelbar herrschende Unternehmen in den umfassenden Anwendungsbereich der Treupflicht einzubinden. Eine derart gravierende Belastung mit diesen gerade im Personengesellschaftsrecht außerordentlich umfänglich entwickelten Treupflichten setzt voraus, daß das mittelbar beteiligte Unternehmen seinen Einfluß ausübt, um seine Interessen in der abhängigen Gesellschaft uneingeschränkt durchzusetzen. Voraussetzung ist deshalb, daß sich die Gesellschaft nicht nur in einem Abhängigkeits-, sondern in einem Konzernrechtsverhältnis befindet. Auch dann erstreckt sich die Treupflicht auf das mittelbar herrschende Unternehmen nur in dem Umfang, in dem dieses Konzernrechtsverhältnis besteht. Grundsätzlich anders ist hingegen die Treupflichtproblematik im Abhängigkeitsverhältnis zu beurteilen. Dieses zeichnet sich gerade dadurch aus, daß der Einfluß nicht zur Koordinierung übergeordneter Verbundinteressen, sondern strikt im Interesse der Gesellschaft ausgeübt wird. Für eine Ausweitung der Treupflicht auf das mittelbar herrschende Unternehmen fehlt es somit aus der Sicht der Gesellschaft an dem erforderlichen Eingriffstatbestand. Auch einmaliges Fehlverhalten des unmittelbar herrschenden Unternehmens stellt keinen ausreichenden Zurechnungsgrund dar, sofern im übrigen der Einfluß im Interesse der Gesellschaft ausgeübt wird. Ausreichende Zurechnungsgründe (dazu Reuter Die AG 1986, 131; Wiedemann-Hirte ZGR 1986, 165) können sich somit nur aus dem besonderen Verhältnis zwischen dem mittelbar und dem unmittelbar herrschenden Unternehmen ergeben. Sofern der unmittelbar den Einfluß ausübende Gesellschafter von dem mittelbar herrschenden Unternehmen zur Einflußausübung gleichsam instrumentalisiert wird, ist es geboten, die mit der Einflußausübung verbundenen Pflichten, äußerstenfalls auch die Gesellschafterhaftung auf das mittelbar herrschende Unternehmen zu erstrecken. Danach ist jedenfalls die Erstreckung der Treupflicht auf das mittelbar herrschende Unternehmen gerechtfertigt, wenn der unmittelbar herrschende Gesellschafter die ausschließliche Funktion einer Zwischenholding ausübt (ebenso Staub-Ulmer § 105 Anh. Anm. 52) oder in das mittelbar herrschende Unternehmen eingegliedert bzw. mit diesem einen qualifizierten Konzern bildet. Der Zurechnungsdurchgriff beruht in diesen Fällen mithin nicht auf der strukturellen Einvernahme der abhängigen Gesellschaft durch das mittelbar herrschende Unternehmen, sondern auf der Einvernahme des unmittelbar herrschenden Gesellschafters mit der Folge, daß sich das mittelbar herrschende Unternehmen hinsichtlich der Treupflicht nicht auf dessen rechtliche Selbständigkeit berufen kann.

Die beherrschte Personenhandelsgesellschaft

Sofern der herrschende Einfluß im Einzelfall zum Schaden der Gesellschaft ausgeübt **29** wird, können die außenstehenden Gesellschafter alle Rechte geltend machen, die ihnen auch in einer unabhängigen Gesellschaft zustehen. Als solche kommen in Betracht die actio pro socio, die sich entsprechend der Ausweitung der Treupflicht auch auf das mittelbar herrschende Unternehmen erstrecken kann (ebenso Staub-Ulmer § 105 Anh. Anm. 52; Löffler Abhängige Personengesellschaft S. 153 f. m. w. N.), die Entziehungsklagen nach §§ 117, 127 sowie äußerstenfalls die Ausschließung des herrschenden Gesellschafters nach § 140 bzw. die Auflösung der Gesellschaft nach §§ 131, 133.

c) Der Gläubigerschutz

Im Abhängigkeitsverhältnis der Personenhandelsgesellschaft besteht grundsätzlich **30** kein Anlaß für eine besondere Haftungsregelung. Da davon auszugehen ist, daß das Eigeninteresse der Gesellschaft uneingeschränkt gewahrt wird, stellt die Ausübung des beherrschenden Einflusses keinen zureichenden Grund für eine Haftungsverschärfung dar. Lediglich die beherrschende Stellung eines Kommanditisten kann unter engen Voraussetzungen dazu führen, daß er sich nicht auf seine beschränkte Haftung berufen kann (dazu Schlegelberger-Martens § 165 Anm. 44 m. w. N.). Diese generelle Haftungsproblematik verschärft sich, wenn der maßgebliche Einfluß des Kommanditisten mit unternehmerischen Interessen außerhalb der Gesellschaft verbunden ist.

2. Die konzernabhängige Personenhandelsgesellschaft

a) Zulässigkeit der Konzernierung

Die Konzernabhängigkeit einer Personenhandelsgesellschaft steht in einem augenfäl- **31** ligen Spannungsverhältnis zu ihren typischen Strukturmerkmalen. So ist z. B. offensichtlich, daß die unbeschränkte Gesellschafterhaftung ein unkalkulierbares Risiko darstellt, wenn die Gesellschaft nach Belieben den Konzerndirektiven unterworfen ist. Ebenso problematisch ist das Verhältnis der konzernrechtlichen Leitungsbefugnis einerseits und des Grundsatzes der Selbstorganschaft andererseits. Aus diesen und weitergehenden Gründen werden grundsätzliche Bedenken gegen die Konzernierung einer Personenhandelsgesellschaft erhoben, auf die entweder die uneingeschränkte Ablehnung einer solchen Konzernierung (Heymann-Emmerich § 105 Anm. 121; ders. -Sonnenschein § 27 III 1 S. 407 f.; Flume Personengesellschaft S. 255, sofern an der Gesellschaft natürliche Personen beteiligt sind; Schneider ZGR 1975, 253, 266 ff.; ders. ZGR 1980, 511, 517 ff., allerdings mit der Einschränkung, daß die Konzernabhängigkeit aufgrund Gesellschafterbeschlusses dann zulässig sei, wenn das Gesellschaftsinteresse nicht tangiert werde – eine Einschränkung, die auf einer Verkennung des Konzerntatbestands beruht) oder deren weitgehende Einschränkung (Löffler Abhängige Personengesellschaft S. 42 ff.: Die wirtschaftliche Substanz der Gesellschaft müsse zwingend erhalten werden; Reuter ZHR 146 (1982), 1, 15 ff. sowie Die AG 1986, 113 f.: Konzernierung nur im Rahmen eines schuldrechtlichen Beherrschungsvertrages) gestützt wird. Demgegenüber wird die Zulässigkeit einer solchen Konzernierung zunehmend anerkannt (Staub-Ulmer § 105 Anh. Anm. 12; Baumgartl Konzernbeherrschte Personengesellschaft S. 43 ff.; Lutter Die Rechte der Gesellschafter beim Abschluß fusionsähnlicher Unternehmensverbindungen S. 40; ders. ZGR 1977, 195, 209 f.; Schießl Beherrschte Personengesellschaft S. 43 ff.; Raiser ZGR 1980, 558, 561 ff.; Stimpel in: Probleme des Konzernrechts S. 16 ff.). Die Gervais-Entscheidung des BGH (NJW 1980, 231 = DB 1979, 1833 = WM 1979, 937; ausführlich dazu Baumgartl Konzernbeherrschte Personengesellschaft S. 9 ff.; Raiser ZGR 1980, 558) ist nicht uneingeschränkt verwertbar, da sie zwar von der Zulässigkeit der Konzernierung ausgeht, sich mit dieser Problematik aber nicht näher auseinandersetzt.

32 Die gegen die Zulässigkeit der Konzernabhängigkeit von Personenhandelsgesellschaften geltend gemachten Gründe sind zwar von grundsätzlicher Bedeutung, rechtfertigen aber nicht die generelle Ablehnung einer solchen Konzernierung. Freilich ist nicht zu verkennen, daß die konzernrechtliche Einbindung einer abhängigen Personenhandelsgesellschaft nicht derart regelungsoffen ist wie diejenige einer abhängigen AG. Deshalb kommt eine uneingeschränkte Übernahme des aktienrechtlichen Konzernrechts offensichtlich nicht in Betracht. Vielmehr bedarf es entsprechend den Besonderheiten des Rechts der Personenhandelsgesellschaften nicht unerheblicher Einschränkungen.

33 Die Unzulässigkeit der Konzernierung wird in dreifacher Hinsicht begründet (ausführlich zum Argumentations- und Meinungsstand Baumgartl Konzernbeherrschte Personengesellschaft S. 43 ff. sowie Schießl Beherrschte Personengesellschaft S. 45 ff.). Sie sei unvereinbar mit dem Grundsatz der Selbstorganschaft und dem Abspaltungsverbot, so daß einem externen Dritten nicht die für die Ausübung eines beherrschenden Einflusses notwendigen Gesellschafterrechte – Geschäftsführungskompetenzen oder andere wesentliche Mitwirkungsrechte – eingeräumt werden könnten. Des weiteren seien alle Gesellschafter zwingend an das gemeinsame Gesellschaftsinteresse gebunden, so daß die für die Konzernführung vorrangige Geltung des Konzerninteresses nicht möglich sei. Schließlich wird auf die Unvereinbarkeit der persönlichen Haftung einerseits und der Fremdsteuerung der Gesellschaft und der Haftungsrisiken andererseits hingewiesen. Eine solche wirtschaftliche Selbstentmündigung verstoße gegen elementare Prinzipien der Privatautonomie.

34 Die gegen den externen Einfluß eines unbeteiligten Dritten gerichteten Bedenken sind zwar berechtigt, lassen sich aber dadurch ausräumen, daß die Zulässigkeit der Konzernierung auf Unternehmen eingeschränkt wird, die an der Personenhandelsgesellschaft beteiligt sind. Auf diese Weise ist gewährleistet, daß die konzernrechtliche Leitungsmacht nur auf der Grundlage entsprechender Gesellschafterrechte ausgeübt wird. Mit dieser Einschränkung ist sowohl dem Grundsatz der Selbstorganschaft als auch dem Abspaltungsverbot bzw. dem Grundsatz der Verbandssouveränität genügt. Eine weitergehende, inhaltlich begrenzende Bedeutung für die gesellschaftsinterne Kompetenzverteilung kommt diesen Regelungsprinzipien nicht zu. Insbesondere kann auch dem Kommanditisten ein maßgeblicher Entscheidungseinfluß eingeräumt werden (näher Schlegelberger-Martens § 164 Anm. 27 ff. m.w.N.). Auch die Bindung an das gemeinsame Gesellschaftsinteresse stellt kein unüberwindbares Hindernis für eine Konzernierung dar. Der gemeinsame, unabdingbare Zweck der Gesellschaft ist „auf den Betrieb eines Handelsgewerbes unter gemeinschaftlicher Firma gerichtet" (§ 105 Abs. 1). Diesem Zweck korrespondiert das gemeinsame Interesse an dem Betrieb des Handelsgewerbes. Grundsätzlich wird man davon ausgehen können, daß dieses Interesse mit der wirtschaftlich selbständigen, unabhängigen Betriebsführung verbunden ist.

Die beherrschte Personenhandelsgesellschaft

Allerdings besteht nach dem Gesetzeswortlaut kein zwingender Zusammenhang zwischen dem Betrieb des Handelsgewerbes und dem Interesse an einer wirtschaftlich und rechtlich unverbundenen Betriebsführung. Ob und in welchem Umfang der Betrieb im Interesse einzelner Gesellschafter oder gar im Drittinteresse geführt werden darf, läßt sich dem gesetzlichen Förderungszweck nicht entnehmen. Deshalb wird auch überwiegend die zutreffende Ansicht vertreten, daß dem gemeinsamen Interesse nicht zwingend eine gemeinsame, gleichberechtigte Gewinnbeteiligung entspricht (dazu Schlegelberger-Martens § 121 Anm. 11). Da mithin die Art und Weise der Betriebsführung regelungsoffen ist, bestehen gegen eine gesellschaftsvertragliche Konzernabrede keine Bedenken. Freilich ist eine solche Regelung auch zwingend erforderlich, weil andernfalls von dem Interesse aller Gesellschafter an einer unabhängigen Betriebsführung und somit von einem eigenständigen Gesellschaftsinteresse auszugehen ist. Auch die Berufung auf die besonderen Haftungsverhältnisse in der Personenhandelsgesellschaft, um daraus die Unzulässigkeit konzernrechtlicher Leitungsmacht abzuleiten, vermag im Ergebnis nicht zu überzeugen. Allerdings ist nicht zu verkennen, daß eine solche Fremdbestimmung ein unkalkulierbareres Risiko für die Vermögenssphäre der einzelnen Gesellschafter darstellt. Dabei ist es unerheblich, ob der einzelne Gesellschafter beschränkt oder unbeschränkt haftet; denn auch für den Kommanditisten ist dieses mit der Ausübung konzernrechtlicher Leitungsmacht verbundene Haftungsrisiko grundsätzlich unzumutbar. Diese haftungsrechtlichen Bedenken sind jedoch nicht unüberwindbar. Sie lassen sich dadurch ausräumen, daß die Zulässigkeit einer Konzernierung der Personenhandelsgesellschaft zwingend an das Erfordernis einer Haftungsfreistellung aller Gesellschafter durch das herrschende Unternehmen gebunden wird. Auf diese Weise reduziert sich das Haftungsrisiko der Gesellschafter im Innenverhältnis auf die Zahlungsfähigkeit des herrschenden Unternehmens. Dieses Risiko läßt sich dadurch reduzieren, daß den Gesellschaftern das Recht eingeräumt wird, das Konzernrechtsverhältnis durch einseitige Erklärung zu beenden, wenn Grund für die Annahme ungesicherter Zahlungsfähigkeit besteht. Eine solche Haftungsfreistellung hat zudem gläubigerschützende Bedeutung, da der Anspruch gepfändet und sodann das herrschende Unternehmen unmittelbar in Anspruch genommen werden kann.

35 Insgesamt bestehen somit keine durchgreifenden Bedenken gegen die Konzernabhängigkeit einer Personenhandelsgesellschaft. Nach der vorstehend dargelegten, überwiegend vertretenen Ansicht ist Voraussetzung, daß die konzernrechtliche Leitungsmacht im Gesellschaftsvertrag der konzernabhängigen Gesellschaft nach Art und Umfang geregelt ist, daß das herrschende Unternehmen zugleich Gesellschafter ist und daß die außenstehenden Gesellschafter durch eine Haftungsfreistellung in ihren privaten Vermögensinteressen hinreichend geschützt sind (ebenso Staub-Ulmer § 105 Anh. Anm. 13 ff.; Stimpel in: Probleme des Konzernrechts S. 17 ff.).

b) Begründung der Konzernierung

36 Die vorstehenden Ausführungen haben verdeutlicht, daß das regelungstechnische Schwergewicht der Konzernierung auf dem Gesellschaftsvertrag beruht. Darin müssen die für die Ausübung der konzernrechtlichen Leitungsmacht erforderlichen Einflußbefugnisse, also z.B. Geschäftsführungskompetenzen oder Weisungsrechte, des herrschenden Unternehmens-Gesellschafters geregelt werden. Ohne eine ergänzende Vereinbarung über den Vorrang des Konzerninteresses sind solche Kompetenzregelungen jedoch nicht ausreichend, da die Ausübung derartiger Kompetenzen grundsätzlich an das Gesellschaftsinteresse, also das gemeinsame Interesse an der wirtschaftlich unabhängigen Betriebsführung des Handelsgewerbes gebunden ist. Deshalb kommt es vor allem darauf an, die Konzernierung durch eine entsprechende Einschränkung des Gesellschaftsinteresses zugunsten der vorrangigen Geltung des Konzerninteresses zu regeln. Erst in dieser Veränderung des für die Ausübung der Gesellschaftsführungskompetenzen verbindlichen Interessenmaßstabs liegt der wesentliche Eingriff in die bisherige Gesellschaftsstruktur. Für einen solchen Eingriff reicht eine allgemeine Konzernierungsklausel im Gesellschaftsvertrag nicht aus. Vielmehr bedarf es einer ausdrücklichen Konkretisierung des Konzerninteresses zugunsten eines bestimmten Unternehmens-Gesellschafters (so im Ansatz richtig Schießl Beherrschte Personengesellschaft S. 33 f.; a. A. Löffler Abhängige Personengesellschaft S. 69 f.). Der Sache nach handelt es sich um die gesellschaftsvertragliche Anerkennung eines von einem Gesellschafter verfolgten Sonderinteresses. Angesichts dieser weitreichenden, die Struktur der Gesellschaft, aber auch die Struktur der Mitgliedschaft der außenstehenden Gesellschafter verändernden Rechtsfolgen einer solchen Konzernierung bedarf eine solche gesellschaftsvertragliche Regelung zwingend der Zustimmung aller Gesellschafter (Staub-Ulmer § 105 Anh. Anm. 60; Löffer Abhängige Personengesellschaft S. 78; Schieß Beherrschte Personengesellschaft S. 33 ff.; K. Schmidt Gesellschaftsrecht § 17 II 3 b; Emmerich in: Festschrift für W. Stimpel S. 743, 748 f.; Reuter ZHR 146 (1982), 1, 18 f.). Diese Strukturveränderung berührt den Kernbereich der Mitgliedschaft, so daß eine vorherige Unterwerfung in Form einer entsprechenden Mehrheitsklausel nicht möglich ist.

37 Neben dieser gesellschaftsvertraglichen Konzernierungsregelung wird verschiedentlich auf die Konzernierung durch Abschluß eines Beherrschungsvertrages hingewiesen (Staub-Ulmer § 105 Anh. Anh. 69; Schießl Beherrschte Personengesellschaft S. 43 ff.). Demgegenüber ist jedoch festzustellen, daß dem Beherrschungsvertrag – anders als im Aktienkonzernrecht – keine eigenständige Bedeutung zukommt. Geht man davon aus, daß die Konzernierung der Personenhandelsgesellschaft einer entsprechenden Regelung im Gesellschaftsvertrag bedarf, dann ist es widersprüchlich, zugleich einen Beherrschungsvertrag mit eigenständiger, den Gesellschaftsvertrag überlagernder Regelungsbedeutung anzuerkennen. Der Beherrschungsvertrag kann deshalb nicht außerhalb einer gesellschaftsvertraglichen Konzernierungsregelung stehen. Für eine solche Eigenständigkeit des Beherrschungsvertrages besteht aber ohnehin kein Anlaß. Betrachtet man seine Regelungswirkungen und das Abschlußverfahren, dann läßt sich feststellen, daß der Beherrschungsvertrag nichts anderes ist als die gesellschaftsvertragliche Konzernierungsregelung (ebenso im Ergebnis Baumgartl Konzernbeherrschte Personengesellschaft S. 75 ff.; ähnlich Stimpel in: Probleme des Konzernrechts S. 18). Wie der Bundesgerichtshof zutreffend ausgeführt hat, ist der Unternehmensvertrag ein gesellschaftsrechtlicher Organisationsvertrag, der den rechtlichen Status der beherrschten Gesellschaft satzungsgleich ändert, „indem er insbesondere den Gesellschaftszweck am Konzerninteresse ausrichtet und in das Bezugsrecht der Gesellschafter eingreift (BGHZ 103, 1, 4 f.; 105, 324, 331). Bedenkt man zudem, daß alle Gesellschafter einer solchen Konzernregelung zustimmen müssen und daß Gesellschaftsverträge einer Personenhandelsgesellschaft formfrei geändert werden können (dazu Schlegelberger-Martens § 119 Anm. 5 ff.), dann ist nicht ersichtlich, in welcher Hinsicht eine gesellschaftsvertragliche Konzernierungsregelung und ein Unternehmensvertrag unterschieden werden können. Die zwischen den Gesellschaftern vereinbarte Konzernierungsregelung mag äußerlich als Unternehmensvertrag bezeichnet werden; diese Bezeichnung ändert jedoch nichts daran, daß es sich inhaltlich um eine Regelung des Gesellschaftsvertrages handelt. Die im Aktienrecht zugrundegelegte Konzeption eines externen Vertragsverhältnisses mit satzungsgleicher Regelungswirkung beruht auf der starren Kompetenzordnung der AG, die auch anläßlich der Konzernierung nicht durch formales Satzungsrecht durchbrochen werden sollte (so zutreffend Stimpel in: Probleme des Konzernrechts S. 18).

Bedeutet somit der Abschluß eines Unternehmensvertrages nichts anderes als eine **38** entsprechende Änderung des Gesellschaftsvertrages, so verbleibt den Gesellschaftern allerdings noch die Möglichkeit, die Ausübung dieser konzernrechtlichen Leitungsmacht durch schuldrechtliche Nebenabreden einzugrenzen. Es handelt sich um eine Konsortialvereinbarung, die die Ausübung der dem Unternehmens-Gesellschafter eingeräumten Befugnisse konkretisiert, vor allem in zeitlicher Hinsicht limitiert. Allerdings ist diese Unterscheidung zwischen gesellschaftsvertraglicher Konzernregelung und ergänzender Konsortialregelung wegen der Formfreiheit entsprechender Gesellschafterbeschlüsse in der Praxis oftmals relativ unbestimmt. Sofern die Gesellschafter sich dazu nicht ausdrücklich erklärt haben, ist im Zweifel davon auszugehen, daß es sich um eine Gesamtregelung des Gesellschaftsvertrages handelt. Sodann sind auch die Ausübungsmodalitäten der Konzernleitungsbefugnis unmittelbarer Bestandteil des Gesellschaftsvertrages.

Angesichts der grundsätzlichen Bedeutung der Konzernierung für die Struktur der **39** Gesellschaft und die Interessen außenstehender Dritter bedarf es der Publizität durch das Handelsregister (ebenso Staub-Ulmer § 105 Anh. Anm. 62; a. A. Baumgartl Konzernbeherrschte Personengesellschaft S. 90 ff.). Der BGH hat in dem vergleichbaren Fall des Abschlusses eines Unternehmensvertrages durch eine abhängige GmbH auf die entsprechende Anwendung des § 54 Abs. 1 Satz 1, Abs. 3 GmbHG abgestellt (BGHZ 105, 324, 341 ff.). Obwohl eine dem § 54 GmbHG vergleichbare Vorschrift dem Personenhandelsgesellschaftsrecht fehlt, ist doch das Publizitätsinteresse hinsichtlich der Konzernierung einer Personenhandelsgesellschaft derart bedeutsam, daß eine entsprechende Anmeldung und Eintragung geboten ist. Allerdings handelt es sich nicht – anders als nach § 294 Abs. 2 AktG – um eine konstitutive, sondern nur um eine deklaratorische Eintragung. Problematisch ist allerdings der Umfang dieser Eintragung (dazu hinsichtlich des GmbH-Rechts BGHZ 105, 324, 345 f. sowie hinsichtlich der Personenhandelsgesellschaft Baumgartl Konzernbeherschte Personengesellschaft S. 91). Da es nach der hier vertretenen Ansicht einen eigenständigen Beherrschungsvertrag im Personengesellschaftsrecht nicht gibt, kämen an sich als Gegenstand der Eintragung die im Gesellschaftsvertrag vereinbarten Herrschaftsbefugnisse in Betracht. Angesichts der Vielgestaltigkeit dieser Regelungen wäre eine solche Eintragung ebenso kompliziert wie verwirrend. Da ohnehin nicht die Herrschaftsbefugnisse als solche, sondern ihre Ausübung im übergeordneten Konzerninteresse von konstitutiver Bedeutung ist, reicht es aus, daß diese interessenrelevante Unterwerfungserklärung mit Angabe des entsprechenden Gesellschafterbeschlusses angemeldet und eingetragen wird.

c) Rechtsfolgen der Konzernierung

40 Die wichtigste Rechtsfolge der Konzernierung ist die Verlustübernahmepflicht des herrschenden Unternehmens-Gesellschafters. Über dieses Ergebnis besteht in Literatur (a. A. wohl nur Schneider ZGR 1980, 511, 540 f.) und Rechtsprechung weitgehende Übereinstimmung, nicht jedoch über die dafür geeignete Begründung. Der BGH hat in der Gervais-Entscheidung (LM Nr. 46 zu § 105 HGB = NJW 1980, 231 = WM 1979, 937) lediglich auf allgemeine Rechtsgrundsätze verwiesen. Allerdings ist in nachfolgenden Entscheidungen zur Verlustübernahmepflicht gegenüber einer faktisch qualifiziert-konzernierten GmbH zunächst die entsprechende Anwendung der §§ 303, 323 Abs. 2, 3 AktG und anschließend hinsichtlich einer mehrgliedrigen GmbH auch die entsprechende Anwendung des § 302 AktG bejaht worden (BGHZ 95, 330, 346 ff.; 107, 7, 16 ff.). Es kann deshalb wohl davon ausgegangen werden, daß der BGH die Verlustübernahmepflicht gegenüber einer konzernierten Personenhandelsgesellschaft zukünftig ebenfalls auf die entsprechende Anwendung der §§ 302, 303 AktG stützen wird. In der Literatur wird diese Begründung zwar auch verschiedentlich vertreten (Baumgartl Konzernbeherrschte Personengesellschaft S. 113 ff.; Hommelhoff Festschrift für Goerdeler (1987) S. 221, 227 ff.; Stimpel in: Probleme des Konzernrechts S. 23 ff.; Heymann-Emmerich § 105 Anm. 120 für den Fall einer qualifiziert faktisch-konzernierten Gesellschaft); es werden jedoch auch grundsätzliche Bedenken gegen die analoge Anwendung aktienrechtlicher Normen im Personenhandelsgesellschaftsrecht geltend gemacht und statt dessen rechtsformspezifische oder rechtformübergreifende Lösungen vertreten. So wird auf die Treupflicht verwiesen, die die Übernahme des Unternehmensrisikos in Form des Verlustausgleichs gebiete (so zunächst Stimpel Die AG 1986, 117, 119 f., 121 f. sowie Löffler Abhängige Gesellschaft S. 92 ff.). Andere Autoren verweisen zur Begründung auf die analoge Anwendung des § 670 BGB (so vor allem Reuter ZHR 146 (1982), 1, 21; Wilhelm DB 1986, 2113, 2116; Schilling in Großkomm § 164 Anm. 13 sowie ders. für den GmbH-Konzern in: Festschrift für Hefermehl S. 183, 189). Schließlich wird allgemein auf den normativen Zusammenhang von ausgeübter Leitungsmacht und korrespondierender Risikohaftung abgestellt (Staub-Ulmer § 105 Anh. Anm. 74; Raiser ZGR 1980, 558, 564 f.; wohl auch Wiedemann Die Unternehmensgruppe im Privatrecht S. 83).

41 Sieht man von dem Rückgriff auf die Treupflicht sowie auf § 670 BGB ab, weil beide Anknüpfungspunkte keine problemspezifische Lösung bieten, so kommen nur die analoge Anwendung des § 302 AktG oder die Berufung auf einen ungeschriebenen Rechtsgrundsatz in Betracht. Diese beiden zuletzt genannten Lösungsansätze stimmen jedoch weitgehend überein. Auch § 302 AktG ist nicht nur eine Konsequenz der durch § 291 Abs. 3 AktG gelockerten Kapitalbindung, sondern bezweckt generell den Schutz der konzernabhängigen Gesellschaft (so zutreffend Stimpel in: Probleme des Konzernrechts S. 24). Bejaht man mithin diesen generellen Schutzzweck des § 302 AktG, dann stellt diese Vorschrift lediglich die Konkretisierung eines allgemeinen, rechtsformübergreifenden Grundsatzes dar; denn dieser Schutzzweck betrifft grundsätzlich alle konzernabhängigen Gesellschaften in gleicher Weise, sofern das für die konzernabhängige Gesellschaft einschlägige Gesellschaftsrecht keinen besonderen Schutz vorsieht. Ein solcher Schutz könnte sich allenfalls aus der unbeschränkten Haftung des Unternehmens-Gesellschafters ergeben (dazu Baumgartl Konzernbeherrschte Personengesellschaft S. 117f.). Es ist aber offensichtlich, daß dadurch allenfalls die Gläubiger gesichert, nicht aber die Gesellschaft geschützt wird. Dazu ist nur auf den Aufwendungsersatzanspruch des vom Gläubiger in Anspruch genommenen Gesellschafters hinzuweisen. Bedarf somit auch die konzernierte Personenhandelsgesellschaft des Schutzes durch die Verlustübernahmepflicht des herrschenden Unternehmens, so ist die Berufung auf den ungeschriebenen Rechtsgrundsatz einer entsprechenden Konzernhaftung wohl vorzugswürdig. § 302 AktG enthält über die Regelung der Verlustübernahmepflicht hinaus weitere Einzelregelungen, die sich für eine Anlaogie nicht eignen. Das gilt auch für die Anrechnung etwaiger Gewinnrücklagen. Dafür ist im Personengesellschaftsrecht eine besondere Abrede erforderlich. Diese Verlustübernahmepflicht ist eine Rechtsfolge der gesellschaftsvertraglichen Konzernierung, so daß es zu ihrer Begründung keiner besonderen Vereinbarung bedarf. Allerdings stellt sich umgekehrt die Frage, ob diese Pflicht durch besondere Vereinbarung ausgeschlossen werden kann. Diese Frage wird verschiedentlich – allerdings unter besonderer Hervorhebung des § 138 BGB – bejaht (Staub-Ulmer § 105 Anh. Anm. 76; Stimpel in: Probleme des Konzernrechts S. 25; a.A. Reuter ZHR 146 (1982), 1, 13). Ein solcher Verzicht kommt jedenfalls dann nicht in Betracht, wenn der beherrschende Unternehmens-Gesellschafter nur beschränkt haftet, da ohne die unbeschränkte Haftung der Ausfall der Verlustübernahme unter Betracht der berechtigten Gläubigerinteressen nicht angemessen kompensiert wird. Desweiteren ist ein solcher Verzicht dann nicht möglich, wenn außenstehende Gesellschafter der unbeschränkten Haftung unterliegen. Sie wären ohne eine Verlustübernahmepflicht weitgehend schutzlos den für sie nicht steuerbaren Haftungsrisiken fremder Konzernleitung ausgesetzt. Deshalb bedarf es zwingend zu ihren Gunsten einer der Verlustübernahmepflicht vergleichbaren Sicherung ihrer Haftungsinteressen. Dazu eignet sich ein Anspruch gegen den beherrschenden Unternehmens-Gesellschafter auf eine generelle Haftungsfreistellung. Ein solcher Anspruch gebührt grundsätzlich auch den beschränkt haftenden Gesellschaftern, sofern die Verlustübernahmepflicht ausgeschlossen worden ist. Allerdings sind ihre Haftungsinteressen nicht von derart gravierender Bedeutung, so daß sie aus berechtigtem Anlaß für einen begrenzten Zeitraum auch auf einen solchen Freistellungsanspruch verzichten können.

42 Aufgrund der gesellschaftsvertraglichen Konzernierung ist der Unternehmens-Gesellschafter berechtigt, konzernrechtliche Leitungsmacht auszuüben. Die Ausübung dieser Leitungsmacht ist wie im Aktienrecht auf den Bereich der Geschäftsführungskompetenzen – allerdings unter Einschluß der betriebsungewöhnlichen Maßnahmen – beschränkt. Sofern also über Grundlagengeschäfte, insbesondere Vertragsänderungen zu beschließen ist, kann sich auch der Unternehmens-Gesellschafter nicht auf die privilegierte Behandlung seines Konzerninteresses berufen. Aber auch im Bereich der Geschäftsführungskompetenzen sind seine Handlungsbefugnisse inhaltlich begrenzt. Zwar ist grundsätzlich davon auszugehen, daß auch die Veranlassung oder Durchführung für die Gesellschaft nachteiliger Maßnahmen gerechtfertigt ist; aber diese Nachteile bedürfen der Rechtfertigung durch das übergeordnete Konzerninteresse (ausführlich Baumgartl Konzernbeherrschte Personengesellschaft S. 133f. m.w.N.). Dieses Konzerninteresse gebietet, daß der Verhältnismäßigkeitsgrundsatz gewahrt wird, also die der Gesellschaft zugefügten Nachteile im Vergleich zu den damit für den Gesamtkonzern verbundenen Vorteilen nicht unverhältnismäßig sein dürfen. Eine äußerste Grenze der konzernrechtlichen Leitungsmacht besteht in der Pflicht, Maßnahmen zu unterlassen, die den Bestand des von der Gesellschaft betriebenen Unternehmens unmittelbar gefährden. Eine weitere Pflicht besteht darin, nach Beendigung des Konzernrechtsverhältnisses den wirtschaftlich selbständigen Fortbestand des Unternehmens zu ermöglichen. Freilich steht diese Pflicht unter dem Vorbehalt, daß das Unternehmen vor Beginn der Konzernierung nicht sanierungsbedürftig war, mithin der Unternehmens-Gesellschafter keinen Sanierungserfolg schuldet. Diese generell anerkannten Grenzen konzernrechtlicher Leitungsmacht (dazu ausführlich allerdings mit gegenteiligem Standpunkt Koppenteiner in KK zum AktG § 308 Rdnr. 32 ff. m. w. N.) gelten in gleicher Weise gegenüber der konzernierten Personenhandelsgesellschaft. Für einen weitergehenden Unternehmensschutz (so Löffler Abhängige Personenhandelsgesellschaft S. 42 ff.) besteht auch deshalb kein Anlaß, weil es den Gesellschaftern freisteht, den Umfang der konzernrechtlichen Leitungsmacht in ihrem Konzernierungsbeschluß weiter einzugrenzen.

43 Da die Konzernierung zwingend eines einstimmigen Beschlusses aller Gesellschafter bedarf, somit jeder Gesellschafter mittels dieses Vetorechts seine Schutzinteressen gebührend durchsetzen kann, erübrigt sich ein zwingender Minderheitsschutz in Form von Ausgleichs- und Abfindungsansprüchen (ebenso Staub-Ulmer § 105 Anh. 77; Löffler Abhängige Personengesellschaft S. 116 ff.). Im übrigen werden jedoch die Minderheitsrechte durch die Konzernierung nicht berührt. So können die Informationsrechte uneingeschränkt ausgeübt werden, so daß über alle konzernrelevanten Maßnahmen der Gesellschaft umfassend zu berichten ist. Ebenfalls können Schadensersatzansprüche wegen fehlerhafter Konzernmaßnahmen mittels der actio pro socio durchgesetzt werden. Äußerstenfalls können gegenüber dem Unternehmens-Gesellschafter auch die Rechte aus §§ 117, 127, 133 und 140 ausgeübt werden. Darüber hinaus kann dem Unternehmens-Gesellschafter die Ausübung der konzernrechtlichen Leistungsmacht verwehrt werden, wenn ein wichtiger Grund besteht. Dieses in Anlehnung an § 297 AktG begründete Abwehrrecht hat nicht zur Voraussetzung, daß zunächst die gesellschaftsvertragliche Konzernierungsregelung aufgehoben wird. Vielmehr ist davon auszugehen, daß die Zulässigkeit der Konzernierung angesichts ihrer die Struktur der Gesellschaft verändernder Bedeutung von vornherein der Ausübungsschranke eines entgegenstehenden wichtigen Grundes unterliegt. Dieser immanente Regelungsvorbehalt schließt freilich die Gestaltungsklagen nach §§ 133, 144 nicht aus, ermöglicht aber eine den Besonderheiten des Konzernrechtsverhältnisses angepaßte Beendigungsregelung (anders wohl Staub-Ulmer § 105 Anh. Anm. 78, der auf eine entsprechende Gestaltungsklage hinweist; anders auch Baumgartl Konzernbeherrschte Personengesellschaft S. 97 ff., der lediglich die allgemeinen Gestaltungsklagen behandelt).

Anmeldung zum Handelsregister 1 § 106

106 (1) Die Gesellschaft ist bei dem Gericht, in dessen Bezirke sie ihren Sitz hat, zur Eintragung in das Handelsregister anzumelden.

(2) Die Anmeldung hat zu enthalten:
1. den Namen, Vornamen, Stand und Wohnort jedes Gesellschafters;
2. die Firma der Gesellschaft und den Ort, wo sie ihren Sitz hat;
3. den Zeitpunkt, mit welchem die Gesellschaft begonnen hat.

Schrifttum: *Baums*, Eintragung und Löschung von Gesellschafterbeschlüssen (1981); *Beck*, Die Richtigkeit der Firmenzeichnung zur Aufbewahrung bei Gericht, BB 1962, 1265; *Bondi*, Sind Veränderungen der im Handelsregister vermerkten Personalien (Namen, Stand, Wohnort) dort eingetragener natürlicher Personen ebenfalls in das Handelsregister einzutragen?, JW 1928, 201; *Goebeler*, Die Entwicklung des Registerrechts in den Jahren 1980–1986, BB 1987, 2314; *Gustavus*, Die Vollmacht zu Handelsregisteranmeldungen bei Personengesellschaften und Gesellschaften mit beschränkter Haftung, GmbH-Rdsch. 1978, 219; *Hesselmann*, Die GmbH & Co im Handelsregister, Rpfleger 1958, 368; *Mayer, Dieter*, Testamentsvollstreckung am Kommanditanteil, ZIP 1990, 976; *Müller, Klaus*, Zur Prüfungspflicht des Handelsregisterrichters und -rechtspflegers, Rpfleger 1970, 375; *Piorreck*, Eintragungsfähigkeit von Geschäftsleitern und Hauptbevollmächtigten in das Handelsregister, BB 1975, 948; *Richert*, Die Heilbarkeit rechtlich mangelhafter Registeranmeldungen durch Eintragung, NJW 1958, 894.

Inhalt

	Anm.		Anm.
I. Normzweck	1	5. Erweiterung der gesetzlich vorgesehenen Eintragungen	17
II. Modalitäten der Anmeldung	2–7	IV. Prüfung durch das Registergericht	22–26
III. Inhalt der Anmeldung	8–21	1. Prüfungsumfang	22
1. Angaben über die Gesellschafter	8	2. Eintragung	24
2. Firma und Sitz der Gesellschaft	11	3. Bekanntmachung	25
3. Zeitpunkt des Gesellschaftsbeginns	15	4. Amtslöschung	26
4. Weitere Angaben	16	V. Wirkung der Eintragung	27

I. Normzweck

Die §§ 106–108 sind Sondervorschriften über die Anmeldung der OHG zum Handelsregister, anzumeldende Änderungen und über die zur Anmeldung verpflichteten Personen. Sie gelten nach § 161 Abs. 2 grundsätzlich auch für die KG, allerdings modifiziert durch § 162. Die Regelung über die Pflicht zur Anmeldung der OHG konkretisiert die schon in §§ 29, 6 Abs. 1 angelegte Registrierungspflicht der OHG. Daraus folgt, daß die allgemeinen Vorschriften über die Handelsregistereintragung (§§ 8–16, 29, 31 und 32) sowie über die Handelsfirma (§§ 17–28, 30 und 37) grundsätzlich auch auf die OHG anwendbar sind, sofern keine Sonderregelungen bestehen. Auf diese Weise werden die §§ 106–108 ergänzt durch die allgemeinen Vorschriften und durch Vorschriften über besondere Anmeldungspflichten. Diese zahlreichen Anmeldungspflichten erstrecken sich auf: Errichtung von Zweigniederlassungen und diese betreffende Anmeldungen (§§ 13–13b); Sitzverlegung (§ 13c, dazu auch § 107); Haftungsausschluß des Erwerbers bei Firmenfortführung (§ 25 Abs. 2); Haftungsausschluß bei Eintritt in das Geschäft eines Einzelkaufmanns (§ 28 Abs. 2); Anmeldung der Firma und Zeichnung (§ 29, dazu auch §§ 106, 108); Änderung der Firma oder der Inhaber sowie Verlegung der Niederlassung (§ 31 Abs. 1, dazu auch § 107); Erlöschen der Firma (§ 31 Abs. 2); Konkurseröffnung, Aufhebung des Eröffnungsbeschlusses sowie

Einstellung und Aufhebung des Konkurses (§ 32); Erteilung und Erlöschen der Prokura nebst Zeichnung (§ 53); abweichende Vertretungsmacht (§ 125 Abs. 4); Auflösung der Gesellschaft (§ 143 Abs. 1); Ausscheiden eines Gesellschafters (§ 143 Abs. 2); Fortsetzung nach Konkurs (§ 144); Liquidatoren (§ 148); abweichende Vertretungsmacht der Liquidatoren (§ 150); Erlöschen der Firma nach Liquidation (§ 157); hinsichtlich der KG auf die Bezeichnung der Kommanditisten und den Betrag ihrer Einlage (§ 162 Abs. 1) sowie die Änderung der Einlage (§ 175). Da alle diese Vorschriften primär dem Schutz des Rechtsverkehrs dienen, deshalb öffentlich-rechtliche Verpflichtungen statuieren, sind sie zwingenden und grundsätzlich abschließenden Rechts. Somit kann die Gesellschaft davon weder befreit noch zu weitergehenden Anmeldungen verpflichtet werden und ebensowenig von sich aus die Eintragung sonstiger Vorgänge veranlassen. Das gilt insbesondere für den Gesellschaftsvertrag als solchen, der nicht Gegenstand der Anmeldung oder der Eintragung ist. Mit Ausnahme der vorstehend genannten anmeldungspflichtigen Tatsachen stellt der Gesellschaftsvertrag ein Internum der Gesellschafter dar, an dessen Geheimhaltung ein überwiegendes Interesse besteht und der mangels freier Übertragbarkeit der Gesellschafterstellung auch keine berechtigten Drittinteressen berührt. In dieser Hinsicht besteht ein wesentlicher Unterschied zum Aktien- und GmbH-Recht.

II. Modalitäten der Anmeldung

2   Die in dieser Vorschrift geregelte öffentlich-rechtliche Anmeldungspflicht ist in grundsätzlicher Hinsicht zu unterscheiden von der gesellschaftsvertraglichen Verpflichtung aller Gesellschafter, die in Angelegenheiten der Gesellschaft gebotenen Anmeldungen zu besorgen. Diese gesellschaftsvertragliche Verpflichtung kann im Einzelfall weiter reichen als die öffentlich-rechtliche Anmeldungspflicht, sei es, daß es sich nur um eintragungsfähige, aber nicht eintragungspflichtige Tatsachen handelt (z.B. § 25 Abs. 2), sei es, daß die Anmeldungspflicht erst später entsteht, jedoch schon ein berechtigtes Interesse der Gesellschaft an vorzeitiger Anmeldung und Eintragung ersichtlich ist. Gerade hinsichtlich des Zeitpunkts dieser öffentlich-rechtlichen Anmeldungspflicht enthält die Vorschrift keine ausdrückliche Regelung. Insofern ist zwischen den verschiedenen kaufmännischen Unternehmen zu unterscheiden.

3   Ist der Zweck des Unternehmens auf den Betrieb eines Grundhandelsgewerbes (§ 1 Abs. 2) gerichtet, so ist die Gesellschaft unverzüglich nach dem Beginn des Geschäftsbetriebes anzumelden (Heymann-Emmerich Anm. 2; Staub-Ulmer Anm. 7; A. Hueck Recht der OHG § 8 I 7 S. 105). Dieses Erfordernis des tatsächlichen Beginns des Geschäftsbetriebs folgt aus Abs. 2 Nr. 3, wonach der Zeitpunkt anzugeben ist, „mit welchem die Gesellschaft begonnen hat". Dabei ist unerheblich, ob die Tätigkeit zunächst nur den Umfang eines minderkaufmännischen Geschäftsbetriebs erreicht. Allerdings ist erforderlich, daß von vornherein die Absicht besteht, einen vollkaufmännischen Geschäftsbetrieb einzurichten (Ulmer in Großkomm Anm. 7 m.w.N.). Von diesem Zeitpunkt der gesetzlichen Anmeldungspflicht zu unterscheiden ist der Zeitpunkt, zu dem die Gesellschaft erstmalig die Möglichkeit hat, die Anmeldung freiwillig zu betreiben. Dazu ist Voraussetzung, daß die Gesellschaft durch Abschluß eines wirksamen Gesellschaftsvertrages entstanden ist (OLG Hamm OLGZ 1977, 58 f.; BayObLG

GmbH-Rdsch. 1969, 22, 23; Heymann-Emmerich Anm. 10; A. Hueck Recht der OHG § 8 I 7 S. 105). Der Vertrag darf also weder aufschiebend bedingt sein noch darf es sich um einen bloßen Vorvertrag handeln. Durch die aufgrund der vorzeitigen Anmeldung erfolgte Eintragung entsteht die Gesellschaft auch im Außenverhältnis gegenüber Dritten, ohne daß dafür der Beginn des Geschäftsbetriebs erforderlich ist (§ 123 Abs. 1). An dieser vorzeitigen Anmeldung und Eintragung kann insbesondere in der KG ein berechtigtes Interesse bestehen, um auf diese Weise die Haftungsrisiken der Kommanditisten nach § 176 Abs. 1 zu vermeiden. Haben die Gesellschafter den Geschäftsbetrieb noch nicht aufgenommen, so können sie bis zur Eintragung auf die Durchführung der Gesellschaft verzichten und sie intern rückabwickeln. Diese Möglichkeit ist ihnen spätestens mit Eintragung der Gesellschaft – unabhängig von dem tatsächlichen Beginn des Geschäftsbetriebs – versagt, weil die Gesellschaft sodann im Außenverhältnis wirksam entstanden ist und somit auch den gesetzlichen Liquidationsvorschriften unterliegt.

Handelt es sich um ein sollkaufmännisches Unternehmen nach § 2, so ist die Gesellschaft spätestens dann anzumelden, wenn der Geschäftsbetrieb einen vollkaufmännischen Umfang erreicht hat. Allerdings steht es den Gesellschaftern frei, die Anmeldung schon mit Beginn ihres Geschäftsbetriebs zu betreiben, sofern dieser nur auf ein vollkaufmännisches Unternehmen angelegt ist (A. Hueck Recht der OHG § 8 I 7 S. 106 FN. 14; Voraufl. Anm. 2; weitergehend Staub-Ulmer Anm. 8, der auch in diesem Fall eine Anmeldungspflicht bejaht). Ist schließlich der Betrieb eines kannkaufmännischen Unternehmens beabsichtigt (§ 3), so besteht unabhängig von der Größe des Geschäftsbetriebs keine öffentlich-rechtliche Pflicht, wohl aber unter den soeben dargestellten Voraussetzungen der Aufnahme eines auf ein vollkaufmännisches Unternehmen angelegten Geschäftsbetriebs ein Recht zur Anmeldung. Diesem Recht zur Anmeldung kann im Einzelfall eine im Gesellschaftsvertrag begründete Pflicht zur Anmeldung entsprechen.

Die öffentlich-rechtliche Anmeldungspflicht besteht bis zur endgültigen Beendigung der Gesellschaft oder ihrer Umwandlung in eine andere Gesellschaftsform. Hingegen wird sie durch die Auflösung der Gesellschaft nicht berührt. Da auch diese der Eintragung bedarf (§ 143), ist zuvor die Anmeldung und Eintragung der Gesellschaft erforderlich (KG OLGE 41, 202; OLG Hamburg LZ 1920, 490 Nr. 3; RG JW 1902, 172 Nr. 36 zur Löschung unrichtiger Eintragungen trotz Liquidation; Baumbach-Duden-Hopt Anm. 2 A; Staub-Ulmer Anm. 10). An diesen Eintragungen besteht auch aus der Sicht der Gesellschafter ein erhebliches Interesse, da die Verjährungsfrist des § 159 an die Eintragung der Auflösung gebunden ist.

Die Anmeldung kann bis zur Eintragung jederzeit ohne Angabe von Gründen formlos widerrufen werden (BayObLG DB 1990, 168, 169; KG OLGE 43, 204, 205; Staub-Hüffer § 8 Anm. 49). Sodann muß die Eintragung auch dann unterbleiben, wenn die angemeldete Tatsache vorliegt und eine Pflicht zur Anmeldung besteht. Somit muß für die Eintragung eine erneute Anmeldung erzwungen werden (A. Hueck Recht der OHG § 8 I 8 S. 106 f.; Staub-Hüffer § 8 Anm. 50; Gustavus GmbH-Rdsch. 1978, 222; offengelassen in KG OLGE 43, 204, 205). Da eine ordnungsgemäße Anmeldung nur dann vorliegt, wenn alle Gesellschafter mitwirken (§ 108 Abs. 1), kann jeder Gesellschafter durch seinen Widerruf die Eintragung verhindern (KG OLGE 42, 214; A. Hueck Recht der OHG § 8 I 8 S. 107; Gustavus GmbH-Rdsch. 1978, 222).

7 Für die Anmeldung ist das Registergericht örtlich zuständig, in dessen Bezirk die Gesellschaft ihren Sitz hat (BGH LM Nr. 1 zu § 106 HGB). Das Registergericht ist das mit der Führung des Handelsregisters betraute Amtsgericht. Eintragungen, die eine OHG betreffen, sind demnach vorbehaltlich abweichender Regelungen (z.B. § 13a) ausschließlich beim Gericht ihres Sitzes vorzunehmen. Daraus folgt z.B., daß der Erwerb eines Handelsgeschäfts, welches unter der bisherigen Firma fortgeführt werden soll, nur beim Sitzgericht der OHG anzumelden ist (BayObLGZ 1970, 235, 238; Heymann-Emmerich Anm. 6).

III. Inhalt der Anmeldung

1. Angaben über die Gesellschafter

8 Nach Abs. 2 Nr. 1 muß die Anmeldung den Namen, Vornamen, Stand und Wohnort jedes Gesellschafters enthalten. Die Eintragung dient vor allem den Gesellschaftsgläubigern zur Durchsetzung ihrer Forderungen gegenüber den persönlich haftenden Gesellschaftern. Deshalb ist auch eine Vereinbarung zwischen den Gesellschaftern, daß ein Gesellschafter nicht angemeldet und eingetragen, also nicht als Träger der Gesellschaft nach außen in Erscheinung treten soll, unzulässig (RGZ 165, 260, 265; BGHZ 10, 44, 48; OGHZ 2, 253, 256; Heymann-Emmerich Anm. 7; Staub-Ulmer Anm. 14; A. Hueck Recht der OHG § 8 I 6 S. 104 FN. 6). Natürliche Personen sind unter ihrem bürgerlichen Namen (Familien- bzw. Nachname) anzumelden und einzutragen. Als Vorname ist die Angabe des Rufnamens erforderlich, aber auch ausreichend, sofern die Unterscheidbarkeit zu anderen Personen gewährleistet ist (Baumbach-Duden-Hopt Anm. 2 B; Staub-Ulmer Anm. 15; a.A. Düringer-Hachenburg-Flechtheim Anm. 5: alle Vornamen unter Hervorhebung des Rufnamens). Unter dem Stand ist die Berufsbezeichnung des Gesellschafters zu verstehen. Der Wohnort des Gesellschafters ist der Ort, wo sich der Gesellschafter tatsächlich dauernd aufhält, nicht jedoch jeder Ort, welcher nach §§ 7ff. BGB Wohnsitz sein kann. Straße und Hausnummer sind nicht einzutragen. Betreibt ein Gesellschafter ein anderes einzelkaufmännisches Unternehmen, so kann er entweder unter seinem Familiennamen oder unter der Firma seines Unternehmens, ergänzt durch seinen Familiennamen, angemeldet und eingetragen werden. Durch eine derartige Ergänzung wird hinreichend zum Ausdruck gebracht, daß damit eine konkrete natürliche Person und nicht die Firma als solche oder ihr jeweiliger Inhaber gemeint ist (BayObLG BB 1973, 397 für Kommanditisten; weitergehend auch nur unter der Firma LG Essen BB 1962, 388, 389; a.A. nur Familienname Baumbach-Duden-Hopt Anm. 2 B; Staub-Ulmer Anm. 15; Düringer-Hachenburg-Flechtheim Anm. 5). Die Gefahr einer Verwirrung wegen der Möglichkeit der Firmenfortführung durch einen Dritten nach § 22 ist deshalb nicht zu befürchten. Sollte versehentlich allein die Firma eingetragen sein, so wird nicht der jeweilige Inhaber Gesellschafter, sondern lediglich der Inhaber zum Zeitpunkt der Anmeldung (BayObLG BB 1973, 397; KG Recht 1929 Nr. 2008 S. 534; LG Essen BB 1962, 388, 389; Düringer-Hachenburg-Flechtheim Anm. 5).

9 Ist der Gesellschafter eine juristische Person, so ist deren Firma (bei AG, GmbH, KGaA etc.) oder deren Name (beim e.V.) einzutragen. Die gesetzlichen Vertreter kön-

Anmeldung zum Handelsregister 10 § 106

nen und dürfen nicht eingetragen werden (Staub-Ulmer Anm. 14, 16; A. Hueck Recht der OHG § 8 I 6 S. 104 FN. 7, S. 105; Hesselmann Rpfleger 1958, 369; a. A. BayObLGZ 1986, 61, 72 für die Vertreter einer ausländischen juristischen Person als Komplementär unter Hinweis auf § 33 analog; Düringer-Hachenburg-Flechtheim Anm. 5). Somit ist bei der GmbH & Co KG nur die Firma der GmbH, nicht jedoch der Name ihres gesetzlichen Vertreters einzutragen. Entsprechendes gilt bei der Eintragung einer Vor-GmbH, welche unter der Firma der GmbH etwa mit dem Zusatz „i. G." in das Handelsregister als persönlich haftende Gesellschafterin eingetragen werden kann (BGH WM 1985, 165, 166). Die Eintragung der an der Vorgesellschaft beteiligten Gesellschafter ist nicht erforderlich, da sich deren Person aus den Registerunterlagen ergibt (dazu Schlegelberger-Martens § 161 Anm. 37 m. w. N.). Auch die Gesellschafterstellung einer Personenhandelsgesellschaft wird nur durch den Eintrag ihrer Firma bekannt gemacht. Somit sind die Namen ihrer Gesellschafter nicht einzutragen (Staub-Ulmer Anm. 16; A. Hueck Recht der OHG § 8 I 6 S. 104 FN. 7; a. A. auf Antrag auch die Namen der Gesellschafter LG Essen BB 1962, 388, 389; Baumbach-Duden-Hopt Anm. 2 B; Düringer-Hachenburg-Flechtheim Anm. 5). Ein Klarstellungsbedürfnis besteht nicht, da sich die Gesellschafter der OHG dem dafür zuständigen Handelsregister entnehmen lassen. Eine Besonderheit gilt allerdings, sofern eine OHG das Geschäft eines Einzelkaufmannes erwirbt und unter der bisherigen Firma fortführen will. In diesem Fall darf sie nicht ausschließlich mit ihrer Firma eingetragen werden. Vielmehr bedarf es zusätzlich der Eintragung ihrer Gesellschafter (KG KGJ 23 A 96, 98 f.; BayObLGZ 1970, 235, 237; BayObLGZ 1970, 243, 246 f.; Fischer in Großkomm Anm. 2; Düringer-Hachenburg-Flechtheim Anm. 5). Der Zusammenhang zwischen den beiden Unternehmen kann sodann durch eine zusätzliche Eintragung verdeutlicht werden, wonach die Beteiligten als Inhaber der Firma „in ihrer Eigenschaft als Gesellschafter der OHG" eingetragen werden (KG KGJ 23 A 96, 98 f.). An die Stelle des Wohnortes tritt in den Fällen, in denen die Firma eingetragen wird, der jeweilige Sitz des Unternehmens. Entsprechendes gilt beim eingetragenen Verein. Weitere Angaben als Firma und Sitz sind bei juristischen Personen und Personenhandelsgesellschaften, die in einem öffentlichen Register erfaßt sind, nicht erforderlich, da damit alle zur Identifizierung erforderlichen Angaben gemacht sind und Dritte weitere Informationen beim Register am Sitz des betreffenden Gesellschafters einholen können. Bei sonstigen juristischen Gesellschaftern, die nicht einer entsprechenden Registrierung unterliegen, sind hingegen weitere, an Abs. 2 Nr. 1 ausgerichtete Angaben zur Identifikation nötig (Staub-Ulmer Anm. 16). Folgt man der u. a. von K. Schmidt (Schlegelberger § 105 Anm. 71) vertretenen Ansicht, daß auch die Gesellschaft bürgerlichen Rechts Gesellschafterin einer OHG oder KG sein kann (dagegen Schlegelberger-Martens § 161 Anm. 33a), bedarf es der Eintragung ihrer Gesellschafter mit dem Zusatz „in Gesellschaft bürgerlichen Rechts". Die Gesellschaft selbst ist auch nach dieser Auffassung nicht eintragungsfähig (vgl. Schlegelberger-K. Schmidt § 105 Anm. 72).

Umstritten ist, wie etwaige Mitberechtigungen Dritter am Gesellschafteranteil **10** (Nießbrauch, offene Treuhand und Unterbeteiligung) ebenso wie die Gesellschaftsbeteiligung registerrechtlich zu behandeln sind. Dazu wird verschiedentlich eine analoge Anwendung des § 106 vertreten (Staub-Ulmer Anm. 17; ders. Festschrift für H.-J. Fleck, 1988, S. 383, 396; Flume Personenhandelsgesellschaft S. 366 zum Nießbrauch; hinsichtlich des Nießbrauchs offen gelassen in Schlegelberger-K. Schmidt Vorbem. zu § 335 Anm. 11; a.A. Staub-Hüffer § 8 Anm. 39; für die Treuhand OLG Hamm NJW 1963, 1554, 1555). Eine solche Analogie ist jedoch abzulehnen. Zwar entsteht in diesen Fällen eine auch nach außen wirksame Rechtsgemeinschaft des Gesellschafters und des mittelbaren Teilhabers am Gesellschaftsanteil. Es entfällt aber die für die Registereintragung wesentliche Haftung des Mitberechtigten (Schlegelberger-K. Schmidt, Vorbem. zu § 335 Anm. 19 zum Nießbraucher, Anm. 68 zum Treugeber sowie Anm. 221 zur Unterbeteiligung; a.A. Staub-Ulmer Anm. 17; Flume Personengesellschaft S. 366 zum Nießbraucher). Somit bedarf es nicht der Eintragung in das Handelsregister.

2. Firma und Sitz der Gesellschaft

11 Nach Abs. 2 Nr. 2 ist die Firma der Gesellschaft und der Ort ihres Sitzes in der Anmeldung anzugeben. Das Registergericht soll in der Anmeldung auch auf die Angabe der Lage der Geschäftsräume nach Straße und Hausnummer sowie des Geschäftszweiges hinwirken. Sofern diese Angaben erfolgen, sind sie bekannt zu machen, allerdings nicht einzutragen (§§ 24, 34 HRV). Maßgebend ist die im Gesellschaftsvertrag vorgesehene oder die von den Gesellschaftern nachträglich gewählte Firma, welche auch tatsächlich verwendet werden muß. Umstritten ist die Kompetenz der Gesellschafter, den Sitz der Gesellschaft unabhängig von dem Standort der Betriebsleitung grundsätzlich nach freiem Belieben zu bestimmen.

12 Nach der überwiegenden Ansicht ist der Sitz der Gesellschaft der Ort, von dem aus tatsächlich die Geschäfte geleitet werden und wo sich der Schwerpunkt der geschäftlichen Tätigkeit befindet. Wird die Gesellschaft von mehreren Orten aus geleitet, so ist demnach der Ort der Hauptverwaltung maßgebend (BGH LM Nr. 1 zu § 106 HGB; WM 1957, 999, 1000; KG OLGE 42, 214; KG WM 1955, 892, 893; WM 1956, 582; WM 1967, 148, 149; Heymann-Emmerich Anm. 4; Staub-Hüffer vor § 13 Anm. 22; A. Hueck Recht der OHG § 8 I 5 S. 104; Düringer-Hachenburg-Flechtheim Anm. 3). Somit steht es nicht in der Kompetenz der Gesellschafter, den Sitz im Gesellschaftsvertrag unabhängig von der tatsächlichen Betriebsleitung festzulegen. Nach der Gegenansicht können die Gesellschafter ebenso wie im Recht der Kapitalgesellschaften den Sitz der Gesellschaft im Gesellschaftsvertrag festlegen, so daß dieser Rechtssitz und nicht der Verwaltungssitz als Sitz der Gesellschaft anzusehen ist (ausführlich LG Köln NJW 1950, 871 f.; Staub-Ulmer Anm. 20; Grasmann System des internationalen Gesellschaftsrechts, 1970, Anm. 1168 ff.; Wieland Handelsrecht S. 171 f.; ebenso in der Tendenz John Die organisierte Rechtsperson S. 146). Dieser Ansicht ist jedoch nicht zu folgen. Dabei ist zu berücksichtigen, daß eine dem Kapitalgesellschaftsrecht entsprechende Vorschrift für die Personenhandelsgesellschaft nicht besteht. Auch bietet der Gesellschaftsvertrag der OHG keine verläßliche Grundlage für eine entsprechende Sitzregelung. Der Gesellschaftsvertrag bedarf grundsätzlich keiner besonderen Form, noch ist er bei der Anmeldung vorzulegen. Da er somit formlos, also auch ohne Eintragung in das Handelsregister geändert werden kann, besteht über die an die Sitzbestimmung anknüpfenden Rechtsfolgen im Außenverhältnis keine hinreichende Klarheit (zutreffend Staub-Hüffer vor § 13 Anm. 22). Auch das an sich zutreffende Argument der

Gegenansicht, daß der Sitz der Gesellschaft ihrer Identitätsausstattung dient, so daß seine Festlegung im Rahmen der Privatautonomie grundsätzlich Sache der Gesellschafter sein müsse (LG Köln NJW 1950, 871; Staub-Ulmer Anm. 20; ähnlich Grasmann System des internationalen Gesellschaftsrechts Anm. 1168 ff.), zwingt nicht zur Aufgabe der überwiegend vertretenen Ansicht; denn auch nach dieser steht die Wahl des tatsächlichen Tätigkeitsschwerpunkts der Gesellschaft im privatautonomen Belieben der Gesellschafter. Auch andere Gesellschafterinteressen wie etwa firmenrechtliche Aspekte (vgl. § 30 Abs. 1) reichen für die Anerkennung einer vereinbarten Sitzfestlegung nicht aus. Demgegenüber ist vor allem zu bedenken, daß die Registerkontrolle, insbesondere die Erreichbarkeit der Gesellschaft durch das Registergericht wesentlich erschwert werden würde, wenn man ausschließlich auf die vertragliche Sitzregelung abstellen würde. Das Verbot des Rechtsmißbrauchs wäre demgegenüber keine ausreichende Schranke (a.A. Staub-Ulmer Anm. 20). Zudem bildet der Tätigkeitssitz zumeist den Schwerpunkt der Geschäftstätigkeit, so daß auch der Rechtsverkehr sich darauf besonders einrichten kann (dazu BGH LM Nr. 1 zu § 106 HGB).

Auf der Grundlage dieser überwiegend vertretenen Ansicht ist bei einer Diskrepanz **13** zwischen dem tatsächlichen Sitz und der Eintragung in das Handelsregister der tatsächliche Sitz maßgebend (BGH WM 1957, 999, 1000; LM Nr. 1 zu § 106 HGB = DB 1969, 343; KG WM 1955, 892, 893; WM 1958, 226, 227; A. Hueck Recht der OHG § 8 I 5 S. 104; Staub-Hüffer vor § 13 Anm. 22). Jede tatsächliche Verlegung des Ortes der Geschäftsleitung hat demnach eine Sitzverlegung zur Folge, welche nach § 107 anmeldungspflichtig ist (OLG Celle WM 1962, 1330; KG WM 1955, 892, 893; WM 1958, 226, 227; WM 1967, 148, 149; Heymann-Emmerich Anm. 4). Zur Wirksamkeit einer solchen Sitzverlegung bedarf es keines besonderen Gesellschafterbeschlusses, wenn diese Sitzverlegung tatsächlich und endgültig vollzogen wurde (KG WM 1967, 148, 149; ähnlich BGH WM 1957, 999, 1000). Der Wohnsitz oder der Sitz der einzelnen Gesellschafter ist hingegen für den Sitz der OHG bedeutungslos, selbst wenn alle Gesellschafter im Ausland wohnen oder dort ihren Sitz haben (BGH LM Nr. 1 zu § 106 HGB, KG WM 1955, 892, 893; Heymann-Emmerich Anm. 6; A. Hueck Recht der OHG § 8 I 5 S. 104). Somit richtet sich das auf die OHG anwendbare Recht stets nach dem tatsächlichen Verwaltungssitz der Gesellschaft und nicht nach der Nationalität oder dem Wohnsitz ihrer Gesellschafter (BGH LM Nr. 1 zu § 106 HGB; LM Nr. 7 zu § 105 HGB; BGH NJW 1967, 36, 38; KG WM 1956, 582, 583; Staub-Ulmer Anm. 21). Diese Grundsätze gelten auch nach der Neuregelung des IPR (1986) unverändert fort (dazu Art. 37 Nr. 2 EGBGB n. F. sowie Heymann-Emmerich Anm. 5). Somit führt die Verlegung des Sitzes einer OHG vom Inland ins Ausland stets zu einer Auflösung der Gesellschaft (Heymann-Emmerich Anm. 5; Staub-Hüffer § 13c Anm. 11). Im übrigen bestimmt der Sitz der Gesellschaft nicht nur das zuständige Registergericht nach § 106 Abs. 1, sondern auch ihren allgemeinen Gerichtsstand nach § 17 ZPO.

Nach zutreffender, überwiegend vertretener Ansicht kann die OHG nur einen Sitz **14** haben (OLG Colmar OLGE 13, 73; KG OLGE 22, 2; Düringer-Hachenburg-Flechtheim Anm. 3; Fischer in Großkomm Anm. 2; Heymann-Emmerich Anm. 4; A. Hueck Recht der OHG § 8 I 5 S. 103; Wieland Handelsrecht S. 171). Die für die AG vorherrschende Auffassung, nach der in außergewöhnlichen Fällen ein Doppelsitz möglich ist

(BayObLG DB 1985, 1280 m.w.N.; Kölner Kommentar-Kraft § 5 AktG Anm. 20 ff. m.w.N.), ist nicht auf die OHG übertragbar. Die aktienrechtliche Theorie des Doppelsitzes beruht insbesondere auf den speziellen Verhältnissen der unmittelbaren Nachkriegszeit, so daß unter Betracht der heutigen Verhältnisse ohnehin kaum mehr ein entsprechender Bedarf besteht. Vor allem ist zu bedenken, daß nach der hier vertretenen Ansicht auf den tatsächlichen Ort der Hauptverwaltung abzustellen ist, so daß ein Doppelsitz von vornherein ausscheidet. Auch im Interesse des Verkehrsschutzes ist ein solcher Doppelsitz abzulehnen. Neben der Gefahr eines Anscheins zweier Gesellschaften sind die registerlichen Schwierigkeiten in rechtlicher und tatsächlicher Hinsicht zu bedenken, wenn zwei Registergerichte unabhängig voneinander für die Zuständigkeit des Registers zuständig wären. Die Registerkontrolle würde wesentlich erschwert werden, und divergierende Entscheidungen der Registergerichte wären nicht zu vermeiden. Zudem müßten die Gesellschaftsgläubiger das Register an beiden Sitzen einsehen. Auch würden sich im Anwendungsbereich des § 15 schwierige Probleme ergeben, wenn unterschiedliche Eintragungen vorgenommen worden sind. Zudem besteht die Möglichkeit, Zweigniederlassungen zu errichten, so daß auch kein zwingendes praktisches Bedürfnis für einen Doppelsitz erkennbar ist. Demgegenüber wird von Vertretern der Rechtssitztheorie die Zulässigkeit eines Doppelsitzes auch bei der OHG in begründeten Ausnahmefällen angenommen, in denen ein politisches, wirtschaftliches oder währungsrechtliches Bedürfnis für einen Doppelsitz besteht (Staub-Ulmer Anm. 22; weniger zurückhaltend LG Köln NJW 1950, 871 ff.; Staub-Hüffer vor § 13 Anm. 27).

3. Zeitpunkt des Gesellschaftsbeginns

15 Nach Abs. 2 Nr. 3 ist in der Anmeldung der Zeitpunkt anzugeben, mit welchem die Gesellschaft begonnen hat, d.h. im Außenverhältnis nach § 123 wirksam wird. Dies ist entweder der Zeitpunkt, in dem die Gesellschafter begonnen haben, ihre Geschäfte unter gemeinschaftlicher Firma nach außen erkennbar zu betreiben (§ 123 Abs. 2), oder der Zeitpunkt der Eintragung in das Handelsregister (§ 123 Abs. 1), nicht hingegen schon das Abschlußdatum des Gesellschaftsvertrags (RGZ 34, 53, 54 f.) oder ein Stichtag für die interne Unternehmensführung auf gemeinsame Rechnung (Baumbach-Duden-Hopt Anm. 2 B; Staub-Ulmer Anm. 23; A. Hueck Recht der OHG § 8 I 6 S. 104 FN. 8). Wird die Gesellschaft schon vor dem tatsächlichen Geschäftsbeginn zur Eintragung angemeldet, dann wird der Geschäftsbeginn spätestens auf den Tag der Eintragung datiert, da jedenfalls zu diesem Zeitpunkt nach § 123 Abs. 1 die Wirksamkeit der OHG im Verhältnis zu Dritten eintritt. Die Eintragung eines späteren Beginns wäre unzulässig, selbst wenn die Gesellschafter einen späteren Beginn vertraglich festgelegt haben (Staub-Ulmer Anm. 23; A. Hueck Recht der OHG § 8 I 6 S. 104 FN. 8). Somit stimmen in den Fällen der §§ 2 und 3 der Zeitpunkt des Beginns der Gesellschaft und der Zeitpunkt der Eintragung überein, da erst mit der Eintragung ein Handelsgewerbe und damit eine OHG vorliegt.

4. Weitere Angaben

16 Auf andere anmeldungspflichtige Tatsachen ist schon einleitend hingewiesen worden (Anm. 1). Daneben ist die aufgrund der Ermächtigung nach § 125 Abs. 3 FGG erlassene Handelsregisterverfügung (HRV) vom 12. 8. 1937 (RMinBl. S. 515; abgedr. in Schlegelberger Bd. 1, Einl. zum 2. Abschnitt) zu beachten. Nach § 24 HRV hat das Registergericht darauf hinzuwirken, daß bei der Anmeldung auch der Geschäftszweig (nicht Gesellschaftszweck), soweit er sich nicht aus der Firma ergibt, sowie die Lage der Geschäftsräume angegeben werden. Nach § 34 HRV sind diese Angaben bekanntzumachen; sie werden jedoch mangels gesetzlicher Vorschrift nicht in das Handelsregister eingetragen (dazu KG JW 1934, 1730, 1731). Somit können diese Angaben mangels einer gesetzlichen Anmeldungspflicht nicht nach § 14 durchgesetzt werden (ebenso Heymann-Emmerich Anm. 9; Staub-Ulmer Anm. 25). Die in der Abteilung A vorzunehmenden Eintragungen sind in §§ 40–42 HRV aufgelistet.

5. Erweiterung der gesetzlich vorgesehenen Eintragungen

Außerordentlich umstritten ist die Frage, ob über die gesetzlich ausdrücklich vorgeschriebenen Eintragungen hinaus weitere Eintragungen möglich sind. In grundsätzlicher Hinsicht ist zu differenzieren, ob es sich um einen lediglich ergänzenden, klarstellenden Vermerk zu einer gesetzlich vorgesehenen Eintragung handelt oder ob ein davon unabhängiger, selbständiger Eintrag vorgenommen werden soll. Die Grundsatzentscheidung des Reichsgerichts (RG GSZ Beschluß v. 30. 9. 1944, WM 1964, 1130, 1131) betraf nur die Frage, ob einer angemeldeten und einzutragenden Tatsache ein klärender Vermerk beizufügen sei oder nicht. Anhaltspunkte für eine weitergehende Problembehandlung finden sich in der Entscheidung nicht (Piorreck BB 1975, 949). Zutreffend hat das Reichsgericht ausgeführt, daß es nach dem Zweck des Handelsregisters, die einzutragenden Rechtsverhältnisse nach Möglichkeit so wiederzugeben, wie sie sich nach der von den Beteiligten gewollten und mit der Rechtsordnung zu vereinbarenden Sachlage darstellen würden, zulässig sei, auch ohne ausdrückliche gesetzliche Anordnung die zur Eintragung zugelassenen Tatsachen in einer zweckgerechten Form einzutragen (RG WM 1964, 1130, 1131; weitergehend OLG Hamburg BB 1986, 1255). Danach sind eintragungsfähig und eintragungspflichtig ein Vermerk, der den Wechsel im Gesellschafterbestand durch Gesamtrechtsnachfolge kenntlich macht (RG WM 1964, 1130) sowie ein Vermerk hinsichtlich der Rechtsnachfolge anläßlich einer Anteilsübertragung (RG WM 1964, 1130, 1131; BGHZ 81, 82, 86). Gleiches gilt für die ergänzende Eintragung einer Firma neben dem Namen eines Gesellschafters sowie für die Klarstellung, daß die eingetragenen Gesellschafter in ihrer Eigenschaft als Gesellschafter einer weiteren OHG eingetragen sind. Entsprechendes gilt, wenn man der Ansicht folgt, daß die Gesellschaft bürgerlichen Rechts Gesellschafterin einer OHG oder KG sein kann (vgl. oben Anm. 9). Ebenso können Veränderungen der nach Abs. 2 Nr. 1 einzutragenden Personalien eingetragen werden (dazu Anm. 10 zu § 107).

Von der klarstellenden Eintragung zu unterscheiden sind Eintragungen, denen eine eigenständige Bedeutung zukommt. Nach wohl (noch) überwiegender Ansicht ist die gesetzliche Regelung erschöpfend (Grundsatz der festen Begrenzung der einzutragenden Tatsachen), so daß nur die im Gesetz angeordneten Eintragungen zulässig sind (RGZ 132, 138, 140; OLG Düsseldorf NJW 1982, 284; OLG Frankfurt BB 1976, 569; OLG Hamm NJW 1963, 1554, 1555; KG JW 1936, 2933; KG JW 1934, 1730; KG KGJ 29 A 213, 217, 220; BayObLGZ 1970, 243, 246; LG Berlin Rpfleger 1982, 427; Heymann-Emmerich Anm. 8; A. Hueck Recht der OHG § 8 I 6 S. 104; Piorreck BB

1975, 949 f.). Die Gegenansicht geht davon aus, daß die gesetzliche Regelung zwar von grundsätzlicher Bedeutung ist, im Einzelfall jedoch Ausnahmen zuläßt, wenn andere gesetzliche Vorschriften oder der Sinn und Zweck des Handelsregisters derartige Eintragungen gebieten (BGHZ 105, 324, 343 f.; OLG Hamburg BB 1986, 1255 m.w.N.; BayObLG WM 1973, 1226, 1227; BayObLGZ 1987, 182, 186; 1987, 449, 452; LG Frankfurt WM 1979, 957 m. zust. Anm. Dürr; LG Oldenburg BB 1972, 853; Staub-Ulmer Anm. 12; Staub-Hüffer § 8 Anm. 31; Baumbach-Duden-Hopt § 8 Anm. 3; Reimann DNotZ 1990, 194). Die Beschränkung der Eintragungsfähigkeit auf die gesetzlich ausdrücklich geregelten Einzelfälle stelle eine positivistische Überspitzung dar, die mit der fortschreitenden handels- und gesellschaftsrechtlichen Entwicklung nicht vereinbar sei (BayObLGZ 1986, 61, 72; ähnlich LG Konstanz DB 1990, 726; LG Augsburg Rpfleger 1983, 28). Auch im Handelsregisterverfahren sei es Aufgabe der Gerichte, die Leitgedanken gesetzlicher Vorschriften aufzubereiten und dadurch erkannte Lücken durch Analogie zu schließen. Die Eintragungsfähigkeit einer Tatsache könne deshalb in entsprechender Anwendung der gesetzlichen Vorschriften im Einzelfall gerechtfertigt sein (LG Frankfurt WM 1979, 957 m. zust. Anm. Dürr; ähnlich BayObLGZ 1986, 61, 72; Staub-Ulmer Anm. 12 mit ergänzendem Hinweis auf die richterliche Rechtsfortbildung).

19 Im Grundsatz ist davon auszugehen, daß nur die im Gesetz angeordneten Eintragungen zulässig sind. Das Handelsregisterrecht ist formales Recht, so daß auch eine formale Betrachtungsweise den Intentionen des Gesetzgebers entspricht. Der wesentliche Zweck des Handelsregisters ist nur auf die Verlautbarung der für die Sicherung des Handelsverkehrs in seiner Außenwirkung maßgeblichen Rechtsverhältnisse gerichtet, nicht jedoch auf einen lückenlosen Aufschluß über alle das Handelsunternehmen betreffenden Verhältnisse (RGZ 132, 138, 140; OLG Hamm NJW 1963, 1554, 1555; a.A. BayObLGZ 1986, 61, 72; LG Konstanz DB 1990, 726: „möglichst vollständige Auskunft über die Rechtsverhältnisse"). Zudem ist zu bedenken, daß Eintragungen im Handelsregister für das interessierte Publikum möglichst übersichtlich bleiben sollen (LG Oldenburg BB 1972, 853). Freilich ist nicht zu verkennen, daß auch das Handelsregisterrecht neuen Erkenntnissen im Gesellschafts- und Unternehmensrecht entsprechen muß. Eine Festschreibung auf einen Rechtszustand, der zwischenzeitlich überholt ist, ist nicht vertretbar. Gerade weil dem Registerrecht eine dienende Funktion zur Klarstellung materiellrechtlicher Rechtsverhältnisse mit Außenwirkung zukommt, muß dieses Registerrecht flexibel und anpassungsfähig sein. Deshalb steht ein generelles Analogieverbot im Widerspruch zur dynamischen Entwicklung des Gesellschafts- und Unternehmensrechts. Entscheidend ist deshalb, in welchem Umfang eine derartige Analogie möglich ist. In dieser Hinsicht ist freilich deshalb eine restriktive Beurteilung geboten, weil andernfalls die Übersichtlichkeit und Klarheit der Eintragung, damit auch ihre wesentliche Bedeutung beeinträchtigt werden würden.

20 Im einzelnen werden folgende Tatsachen über das Gesetz hinaus als eintragungsfähig in Literatur und Rechtsprechung erörtert: Fortsetzungsbeschlüsse nach Auflösung der OHG (§ 144 analog; so Staub-Ulmer Anm. 12; ebenso Staub-Hüffer § 8 Anm. 36); Vertreter einer ausländischen juristischen Person neben der Firma der Gesellschafterin (§ 33 analog; so BayObLGZ 1986, 61, 72); Geschäftsleiter gemäß § 53 Abs. 2 Nr. 1 KWG (so BayObLG WM 1973, 1226, 1227; LG Frankfurt WM 1979, 957; AG

Hamburg MDR 1966, 334; Dürr WM 1979, 958; Baumbach-Duden-Hopt § 8 Anm. 3; a. A. Piorreck BB 1975, 950); Hauptbevollmächtigter nach §§ 106, 108 VAG (AG Hamburg MDR 1966, 334; a. A. OLG Frankfurt BB 1976, 569, 570; Piorreck BB 1975, 951). Überwiegend wird auch die Eintragung einer Befreiung des persönlich haftenden Gesellschafters vom Verbot des Selbstkontrahierens nach § 181 BGB bejaht (LG Augsburg Rpfleger 1983, 28; OLG Hamburg BB 1986, 1255; differenzierend OLG Hamm Rpfleger 1983, 280: Eintragungsfähigkeit ja, Eintragungspflicht nein; Staub-Ulmer Anm. 12; a. A. LG Berlin Rpfleger 1982, 427). Diese Ansicht ist nicht unbedenklich, da die im Kapitalgesellschaftsrecht bestehende Eintragungspflicht (BGHZ 87, 59, 60; OLG Frankfurt NJW 1983, 944 f.; OLG Hamburg BB 1986, 1255) nicht ohne weiteres auf das Recht der Personenhandelsgesellschaften übertragen werden kann. Insbesondere bedarf es nicht der im Kapitalgesellschaftsrecht gebotenen Warnfunktion einer solchen Eintragung. Die Gefahr gesetzeswidriger, verschleierter Vermögensverschiebungen ist wegen der unbeschränkten persönlichen Haftung des geschäftsführenden Gesellschafters weitaus geringer als im Kapitalgesellschaftsrecht. Weitergehende Drittinteressen werden an sich nicht berührt, wenn man von der Vornahme entsprechender Anschlußgeschäfte absieht. Allerdings ist nicht zu verkennen, daß eine solche ergänzende Eintragung unter Betracht des § 125 Abs. 4 generell eine klarstellende Bedeutung hat, so daß die Vergleichbarkeit mit den dort geregelten eintragungspflichtigen Vertretungsverhältnissen zu bejahen ist (ähnlich OLG Hamm Rpfleger 1983, 280, 281; OLG Hamburg BB 1986, 1255, 1256; Gröger Rpfleger 1983, 281). – Zur Eintragung der Konzernierung vgl. § 105 Anh. Anm. 39.

Übereinstimmung besteht, daß solche Tatsachen nicht eintragungsfähig und somit nicht eintragungspflichtig sind, die lediglich das Innenverhältnis der Gesellschafter sowie sonstige Umstände in ihrer Person berühren. Demnach sind die nachstehenden Tatsachen nicht eintragungsfähig: fehlende Geschäftsfähigkeit eines Gesellschafters (Heymann-Emmerich Anm. 7; Staub-Ulmer Anm. 14; A. Hueck Recht der OHG § 8 I 6 S. 104 f.); die güterrechtlichen Verhältnisse der Gesellschafter (A. Hueck Recht der OHG § 8 I 6 S. 104 f.); Beschränkungen der Verfügungsbefugnis eines Gesellschafters kraft ehelichen Güterrechts (Staub-Ulmer Anm. 14); Testamentsvollstreckervermerk bei der OHG, da eine Testamentsvollstreckung an einem solchen Gesellschaftsanteil nicht möglich ist (BGHZ 108, 187, 195 = WM 1989, 1331, 1332; NJW 1981, 749, 750 sowie BGHZ 68, 225, 239); hingegen wird ein solcher Vermerk für den Kommanditanteil überwiegend bejaht (Schlegelberger-K. Schmidt § 177 Anm. 34; Reimann DNotZ 1990, 194; Ulmer NJW 1990, 82; Mayer ZIP 1990, 978; offengelassen in BGHZ 108, 187, 190 = WM 1989, 1331, 1332; OLG Frankfurt WM 1983, 485, 486; a. A. Baumbach-Duden-Hopt § 8 Anm. 3), nachdem der BGH die Testamentsvollstreckung an einem Kommanditanteil grundsätzlich bejaht hat (BGHZ 108, 187, = WM 1989, 1331 ff.); gesetzliche oder organschaftliche Vertreter von Gesellschaftern (Staub-Ulmer Anm. 14); der Gegenstand des Geschäftsbetriebes (KG JW 1934, 1730; Baumbach-Duden-Hopt § 8 Anm. 3; Staub-Hüffer § 8 Anm. 39); die Einzelheiten des Gesellschaftsvertrages (Heymann-Emmerich Anm. 9; Staub-Ulmer Anm. 1, 13, 26); eine in Aussicht genommene Beendigung der Gesellschaft (Heymann-Emmerich Anm. 8; A. Hueck Recht der OHG § 8 I 6 S. 105); Angaben über die Auszahlung der Geschäfts- oder Kapitalanteile der Gesellschafter (KG JW 1936, 2933); die Beteiligungsverhältnisse (KG JW 1936, 2933); die Tatsache, ob und auf welche Weise die Einlage tatsächlich erbracht worden ist (BGHZ 81, 82, 87); der Umfang der Gewinnberechtigung oder das Bestehen von Sonderrechten (Staub-Ulmer Anm. 14); Art und Höhe der Beiträge, Zeitpunkt ihrer Leistung, Regelungen über die Gewinnverteilung, Beschränkung in der Geschäftsführungsbefugnis, Voraussetzungen der Übertragung und Vererbung von Gesellschaftsanteilen (Staub-Ulmer Anm. 26).

IV. Prüfung durch das Registergericht

1. Prüfungsumfang

22 Das grundsätzliche Recht und damit auch die Pflicht des Registergerichts zur Prüfung der sachlichen Richtigkeit der angemeldeten Tatsachen und der Beachtung der Verfahrensvorschriften sind zwar nicht ausdrücklich geregelt, folgen jedoch aus allgemeinen Grundsätzen, insbesondere der Zielsetzung richtiger Registerführung (ausführliche Darstellung des Meinungsstands bei Baums Eintragung und Löschung von Gesellschafterbeschlüssen S. 16 ff.). In der Regel erstreckt sich die Prüfung lediglich auf die Plausibilität, Schlüssigkeit und Glaubwürdigkeit der Anmeldung. Neben der Feststellung der formellen Eintragungsfähigkeit der angemeldeten Tatsache obliegt dem Registerrichter eine weitergehende Prüfung der Richtigkeit und Vollständigkeit nur dann, wenn sich ihm sachlich begründete Bedenken aufdrängen. In diesem Fall kann er nach § 12 FGG Ermittlungen anstellen und Aufklärung verlangen (BGH WM 1977, 971, 972; BayObLG Rpfleger 1978, 254, 255; BayObLG WM 1988, 710, 711; Baumbach-Duden-Hopt § 8 Anm. 4 B; Gustavus GmbH-Rdsch 1978, 220). Dabei ist zu bedenken, daß es für die Anmeldung der Gesellschaft nicht der Vorlage des Gesellschaftsvertrages bedarf (BayObLG GmbH-Rdsch 1969, 22, 23; KG OLGE 42, 214, 215; KG KGJ 23 A 89, 91). Die dauerhafte Überlassung des Gesellschaftsvertrages kann aus Gründen der Geheimhaltung nicht vom Registergericht verlangt werden, da die Registerakten nach § 9 der Öffentlichkeit zugänglich sind. Jedoch steht dem Registerrichter ein Recht auf zeitweilige Vorlegung zwecks Einsichtnahme und Prüfung zu. Diese Prüfung erstreckt sich jedoch nicht auf das Innenverhältnis der Gesellschafter, da dieses grundsätzlich keiner Anmeldungspflicht unterliegt. Der Registerrichter muß jedoch prüfen, ob der Gesellschaftsvertrag wirksam zustande gekomen ist (KG OLGE 41, 202, 203; Baumbach-Duden-Hopt Anm. 2 C), d.h. ob eine OHG wirksam gegründet worden ist. Stellt der Registerrichter etwa fest, daß der Gesellschaftsvertrag nur zum Schein abgeschlossen worden ist, so muß er die Eintragung ablehnen (KG OLGE 11, 372, 374). Sind die Gesellschafter unbeschränkt geschäftsfähig, so reicht dazu in der Regel die Feststellung ihrer gemeinsamen Anmeldung aus, da sich daraus ihr übereinstimmender Gründungswille indiziell entnehmen läßt. Sind jedoch einzelne Gesellschafter in ihrer Geschäftsfähigkeit ganz oder teilweise beschränkt, so ist eine Prüfung erforderlich, ob jene ordnungsgemäß vertreten waren und die Genehmigung des Vormundschaftsgerichts vorliegt (KG KGJ 23 A 89, 91; KG KGJ 22 A 280, 284; Staub-Ulmer Anm. 29). Gegen den Gesellschaftsvertrag gerichtete Anfechtungsgründe stehen der Eintragung deshalb nicht entgegen, weil dadurch die Wirksamkeit der Gesellschaft nur für die Zukunft gefährdet ist. Im Einzelfall kann jedoch Anlaß zu einer Zwischenverfügung nach § 127 FGG bestehen, insbesondere wenn andere Unwirksamkeitsgründe naheliegen.

Anläßlich der Eintragung einer neuen Firma oder einer Firmenänderung ist nach § 23 Satz 2 HRV die jeweilige Industrie- und Handelskammer obligatorisch einzubeziehen. Die Eintragung einer konkreten Tatsache kann jedoch nicht deswegen abgelehnt werden, weil mit Eintritt dieser Tatsache die Firma unzulässig ist. Vielmehr ist gegen die Verwendung und Eintragung der Firma nach §§ 37 Abs. 1 HGB, 140, 142 FGG einzuschreiten (BGH WM 1977, 971, 972; BayObLG DB 1988, 1487; BayObLG WM 1988, 710, 711; OLG Hamm OLGZ 1977, 435, 436 f.; KG OLGZ 1965, 124, 127 f.); das Anmeldungsverfahren ist jedoch in der Regel auszusetzen (BayObLG DB 1988, 1487). **23**

2. Eintragung

Die Eintragung der OHG sowie ihrer eintragungsfähigen Tatsachen erfolgt in Abteilung A des Handelsregisters (§§ 3 Abs. 2, 39 ff. HRV). Hinsichtlich der näheren Formalien ist auf §§ 13 ff., 40 ff. HRV hinzuweisen. Zuständig für die Verfügung der durch die Anmeldung veranlaßten Eintragung oder ihrer Ablehnung ist der Rechtspfleger (§ 3 Nr. 2 d RpflG). Der Inhalt der Eintragung richtet sich nach den gesetzlich vorgeschriebenen anzumeldenden Angaben sowie nach §§ 40 ff. HRV. Zudem ist der Zeitpunkt der Eintragung miteinzutragen (§ 15 HRV). Im Einzelfall (z.B. Abs. 2 Nr. 3 i.V.m. § 40 Nr. 5 Abs. 2 lit. b HRV) muß auch der Zeitpunkt des einzutragenden Ereignisses eingetragen werden (BayObLG BB 1970, 940, 941, dort allerdings verneint für den Zeitpunkt der Beteiligungsumwandlung). **24**

3. Bekanntmachung

Die Bekanntmachung richtet sich nach § 10 Abs. 1. Bei der OHG ist mangels abweichender Vorschrift – anders § 162 Abs. 2 – der gesamte Inhalt der Eintragung im Bundesanzeiger sowie weiteren Publikationsorganen (§ 11) bekanntzumachen. Der Umfang der Bekanntmachung kann jedoch über den der Eintragung hinausgehen. Das folgt aus § 24 HRV i.V.m. § 34 HRV, da die zusätzlich vom Registergericht anzufordernden Angaben, für die keine Anmeldungspflicht besteht, nur in die Bekanntmachung aufzunehmen sind (Staub-Ulmer Anm. 33, 37). **25**

4. Amtslöschung

Sofern eine Tatsache eingetragen worden ist, obwohl wesentliche Voraussetzungen nicht erfüllt sind, kann der Registerrichter eine Amtslöschung nach § 142 FGG verfügen. Ist lediglich das Anmeldungsverfahren als solches mangelhaft, haben z.B. nicht alle Gesellschafter nach § 108 Abs. 1 mitgewirkt oder sind die Unterschriften nicht in der nach § 12 gebotenen Form eingereicht worden, so kommt eine Amtslöschung grundsätzlich nur dann in Betracht, wenn die Eintragung sachlich, also inhaltlich unrichtig ist oder wenn es sich um eine rechtsbegründende Eintragung handelt (OLG Hamm 1963, 1554; KG OLGZ 1965, 315; OLG Celle BB 1964, 279; Staub-Ulmer Anm. 34; a.A. hinsichtlich der Nichtmitwirkung eines Gesellschafters KG KGJ 22 A 280, 284; Richert NJW 1958, 896 f.). Offenbare Unrichtigkeiten, wie etwa Schreibfeh- **26** ler, können hingegen schon nach § 17 HRV berichtigt werden. Wegen der Befugnisse des Registergerichts hinsichtlich der Unrichtigkeit einer Eintragung aufgrund nachträglicher Veränderungen ist auf die Kommentierung zu § 14 hinzuweisen.

V. Wirkung der Eintragung

27 Die Eintragung hat grundsätzlich nur deklaratorische, rechtsbekundende Bedeutung. Sie dient der Publizität des Handelsregisters, nicht aber der Begründung materieller Rechtsfolgen. Lediglich Eintragungen nach §§ 2 und 3 kommt eine konstitutive, rechtsbegründende Wirkung zu, so daß die OHG (KG) im Außenverhältnis erst mit ihrer Eintragung entsteht. Ebensowenig werden Mängel des Gesellschaftsvertrages durch die Eintragung geheilt. Deshalb kann trotz der Eintragung weiterhin geltend gemacht werden, daß der Gesellschaftsvertrag nicht zustande gekommen oder nichtig ist oder die als Gesellschafter eingetragene Person nicht Gesellschafter ist. In derartigen Fällen sind jedoch die positive Publizitätswirkung nach § 15 Abs. 3 sowie die allgemeinen Grundsätze über die Rechtsscheinhaftung und die Behandlung fehlerhafter Gesellschaftsverträge zu beachten. Der Schutz dritter Personen entfällt, sofern sie den Mangel kannten oder die Eintragung bzw. die Bekanntmachung der Gesellschaft oder den einzelnen Gesellschaftern nicht zurechenbar ist. Eine beschränkt konstitutive Wirkung kommt der Eintragung nach § 5 zu, da sodann nicht mehr geltend gemacht werden kann, das von der Gesellschaft betriebene Gewerbe sei kein Handelsgewerbe oder ein Kleingewerbe.

107

Wird die Firma einer Gesellschaft geändert oder der Sitz der Gesellschaft an einen anderen Ort verlegt oder tritt ein neuer Gesellschafter in die Gesellschaft ein, so ist dies ebenfalls zur Eintragung in das Handelsregister anzumelden.

Inhalt

	Anm.		Anm.
I. Normzweck	1	c) Umwandlung der Gesellschaft und der Gesellschafterbeteiligung	7
II. Anmeldungspflichtige Änderungen	2–9	d) Übernahme der Gesellschaftsbeteiligung durch andere Gesellschafter	9
1. Modalitäten der Anmeldung	2		
2. Die Firmenänderung	3		
3. Die Sitzverlegung	4	III. Nicht anmeldungspflichtige Änderungen	10, 11
4. Personelle Strukturveränderungen	5	IV. Anmeldungspflichten während der Abwicklung	12
a) Allgemeine Aspekte	5		
b) Eintritt, Austritt und Übertragung	6		

I. Normzweck

1 Die ursprünglich nach § 106 angemeldeten Verhältnisse der OHG können sich während ihres Bestehens ändern. Deshalb regelt § 107 in Ergänzung zu § 106 Abs. 2, welche Tatsachen zur Eintragung in das Handelsregister anzumelden sind, weil sich zwischenzeitlich Veränderungen ergeben haben. Die Vorschrift ist in gleicher Weise auf

Anzumeldende Änderungen **2, 3 § 107**

die KG anwendbar (§ 161 Abs. 2). Sie lehnt sich an die Regelung des § 31 Abs. 1 an, ergänzt diese jedoch und geht deshalb als Spezialvorschrift vor. Ebenso wie die §§ 106, 108 steht auch § 107 nicht zur Disposition der Gesellschafter. Schließlich ist darauf hinzuweisen, daß die Vorschrift ergänzt wird durch weitere Anmeldungspflichten, die ebenfalls wegen der Veränderung eintragungspflichtiger Tatsachen normiert sind: Änderung der Vertretungsmacht (§ 125 Abs. 4), Auflösung der Gesellschaft (§ 143 Abs. 1), Ausscheiden eines Gesellschafters (§ 143 Abs. 2), Anmeldung von Liquidatoren (§ 148) sowie Erlöschen der Firma (§ 157).

II. Anmeldungspflichtige Änderungen

1. Modalitäten der Anmeldung

Die Form der Anmeldung richtet sich nach § 12, ihre zwangsweise Durchsetzung **2** nach § 14. Auch für diese Anmeldung ist ebenso wie nach § 106 das Registergericht am Sitze der Gesellschaft zuständig. Das gilt auch für die Anmeldung der Sitzverlegung als solcher (§ 13 c). Erst für die weiteren Eintragungen ist sodann das Registergericht des neuen Sitzes zuständig. Die nach § 107 erforderlichen Anmeldungen bedürfen grundsätzlich der Mitwirkung aller Gesellschafter mit Ausnahme der Anmeldung von Veränderungen der Personalien (Anm. 10). Auch die Eintragungen nach § 107 sind nur von deklaratorischer, rechtsbekundender Bedeutung. Die Anmeldepflicht bezieht sich auf Änderungen, die bereits eingetreten sind oder spätestens mit der Eintragung eintreten – wie z.B. der in seiner Wirksamkeit an die Eintragung gekoppelte Beitritt eines Kommanditisten zwecks Vermeidung der unbeschränkten Haftung nach § 176 Abs. 2 (zur Zulässigkeit einer derartigen Verknüpfung BGHZ 82, 209, 212). Hingegen ist die Anmeldung erst zukünftig eintretender Tatsachen ausgeschlossen (BayObLG BB 1970, 940, 941). Zulässig ist jedoch die Anmeldung einer Veränderung selbst dann, wenn die ursprüngliche Tatsache bisher noch nicht eingetragen worden ist. So kann etwa der Eintritt eines Gesellschafters auch noch nachträglich zusammen mit seinem inzwischen erfolgten Ausscheiden zur Eintragung angemeldet werden (OLG Oldenburg DB 1987, 1527). Freilich besteht in solchen Fällen, in denen sich die ursprüngliche Tatsache von selbst erledigt hat, keine Anmeldungspflicht mehr. Es steht also im Belieben der Gesellschafter, derartige Vorgänge zur Vermeidung von nachteiligen Rechtsfolgen aus § 15 anzumelden. Für die nachträgliche Eintragung einer Vor-GmbH als Komplementärin besteht jedoch aufgrund ihrer Identität mit der späteren GmbH dann kein Bedürfnis mehr, wenn die GmbH in dem Zeitpunkt, in welchem die KG in das Handelsregister eingetragen werden soll, bereits eingetragen ist (BGH WM 1985, 165, 166).

2. Die Firmenänderung

Unter die anmeldungspflichtige Änderung der Firma fällt unabhängig vom Anlaß **3** jede Änderung der Firma, und zwar ohne Rücksicht darauf, ob sie sich auf die ganze Firma, den Firmenkern oder nur auf einen ihrer Bestandteile (z.B. durch Beifügung oder Fortfall eines Zusatzes nach § 22) bezieht (Baumbach-Duden-Hopt Anm. 1; Heymann-Emmerich Anm. 2; Staub-Ulmer Anm. 4). Sofern der Gesellschaftsvertrag keine besondere Regelung enthält, bedarf die Firmenänderung der Zustimmung aller Gesellschafter. Dabei sind die Gesellschafter an die firmenrechtlichen Grundsätze über die zulässige Firmenführung gebunden; zur Prüfungspflicht des Registergerichts hinsichtlich der Firmenzulässigkeit vgl. § 106 Anm. 23.

3. Die Sitzverlegung

4 Da nach hier vertretener Ansicht ausschließlich auf den tatsächlichen Verwaltungssitz, nicht jedoch auf den im Gesellschaftsvertrag vereinbarten Rechtssitz abzustellen ist, ist auch für die Sitzverlegung die tatsächliche Verlagerung der Geschäftsleitung bzw. der Hauptverwaltung an einen anderen Ort entscheidend. Diese Sitzverlegung tritt somit unabhängig von einer vorherigen Änderung des Gesellschaftsvertrages oder der Zustimmung aller Gesellschafter ein (BGH WM 1957, 999, 1000; Heymann-Emmerich Anm. 2; Staub-Hüffer § 13c Anm. 2; a.A. Staub-Ulmer Anm. 5). Somit hat die Eintragung der Sitzverlegung nur deklaratorische Bedeutung; der Sitz der Gesellschaft kann mithin schon vor der Eintragung wirksam verlegt sein (BGH WM 1957, 999, 1000; OLG Hamburg MDR 1947, 126; KG WM 1955, 892, 893; Staub-Hüffer § 13c Anm. 2). Allerdings kann von den opponierenden Gesellschaftern die Rückverlegung des geänderten Gesellschaftssitzes verlangt werden, wenn dieser im Widerspruch zum Gesellschaftsvertrag ohne die erforderliche Zustimmung verlegt worden ist. So lange diese Rückverlegung nicht tatsächlich vollzogen worden ist, bleibt es bei der Änderung des Gesellschaftssitzes. Die Anmeldung der Sitzverlegung erfolgt bei dem Gericht des bisherigen Sitzes (§ 13c Abs. 1). Wird der Sitz aus dem Bezirk des für den bisherigen Sitz zuständigen Registergerichts verlegt, so wird die Verlegung unverzüglich von Amts wegen dem Gericht des neuen Sitzes unter Beifügung der bisherigen Eintragung und aufbewahrten Unterlagen mitgeteilt. Das Gericht des neuen Sitzes darf sodann lediglich prüfen, ob der Sitz ordnungsgemäß verlegt und § 30 beachtet ist (§ 13c Abs. 2 Satz 3). Wegen des Verstoßes gegen andere firmenrechtliche Vorschriften kann eine Ablehnung der Eintragung nicht verfügt werden (zur Reaktion des Registergerichts in diesen Fällen vgl. § 106 Anm. 23 sowie BayObLG Rpfleger 1978, 144).

4. Personelle Strukturveränderungen

a) Allgemeine Aspekte

5 Die Pflicht zur Anmeldung des Eintritts eines Gesellschafters in die Gesellschaft entspricht dem schon durch § 106 Abs. 2 geschützten Interesse der Gesellschaftsgläubiger, jederzeit die Gesellschafter wegen ihrer unbeschränkten Haftung ermitteln und in Anspruch nehmen zu können. Daneben ist nach § 143 Abs. 2 auch das Ausscheiden eines Gesellschafters anmeldungspflichtig, wobei unerheblich ist, aus welchem Grund der Gesellschafter ausgeschieden ist. Tritt der Gesellschafter in eine OHG ein, die ihrerseits Gesellschafterin einer anderen OHG (KG) ist, ist sein Eintritt lediglich in das Register der unmittelbar betroffenen OHG einzutragen (Staub-Ulmer Anm. 6; a.A. Baumbach-Duden-Hopt Anm. 1). In das Register der nur mittelbar betroffenen OHG wird lediglich die Firma ihrer Gesellschafterin, also der OHG oder KG, nicht jedoch deren Gesellschafter eingetragen. Anderes gilt, wenn man der Ansicht folgt, daß auch die Gesellschaft bürgerlichen Rechts Gesellschafterin der OHG oder KG sein kann (so Schlegelberger-K. Schmidt § 105 Anm. 71 f.; dagegen Schlegelberger-Martens § 161 Anm. 33 a). Sodann ist wegen der fehlenden Eintragungsfähigkeit der Gesellschaft bürgerlichen Rechts jeder Wechsel im Personenstand ihrer Gesellschafter im Register der OHG oder KG einzutragen. Die Eintragung der Änderung des Gesellschafterkreises ist auch dann zulässig, wenn aufgrund dieser Änderung die Firmenführung unzulässig sein sollte (BayObLG WM 1988, 710, 711; Baumbach-Duden-Hopt Anm. 1; Heymann-Emmerich Anm. 3; Staub-Ulmer Anm. 6). Die Eintragung des schon vollzogenen Gesellschafterwechsels darf mithin nicht von der gleichzeitigen Firmenänderung abhängig gemacht werden (BGH WM 1977, 971, 972; BayObLG WM 1988, 710, 711; OLG Hamm OLGZ 1977, 435, 437; Heymann-Emmerich Anm. 3; Staub-Ulmer Anm. 6; a. A. OLG Köln DB 1975, 2365, 2366) – zu den Befugnissen des Registergerichts in diesen Fällen vgl. § 106 Anm. 23.

b) Eintritt, Austritt und Übertragung

Der Eintritt eines Gesellschafters kann auf unterschiedliche Weise vollzogen werden. Es kann sich um einen Neueintritt handeln, so daß sich insgesamt die Zahl der beteiligten Gesellschafter erhöht. Der Eintritt kann jedoch in einem unmittelbaren Zusammenhang mit dem Austritt eines anderen Gesellschafters stehen, so daß zwar eine tatsächliche Auswechslung von Alt- und Neugesellschaftern erfolgt, in rechtlicher Hinsicht aber Eintritt und Austritt auf selbständigen Rechtsakten beruhen. Während die alte Mitgliedschaft durch Austritt erlischt, wird durch Eintritt eine neue Mitgliedschaft begründet. Davon zu unterscheiden ist die Rechtsnachfolge in der Gesellschafterstellung durch Übertragung der Mitgliedschaft. Nach nunmehr einhelliger Ansicht in Literatur und Rechtsprechung ist die Übertragung der Mitgliedschaft und damit die unmittelbare Rechtsnachfolge unbedenklich zulässig (dazu Schlegelberger-Martens § 162 Anm. 16). Anders als bei der Übertragung eines Kommanditanteils (dazu Schlegelberger-Martens § 162 Anm. 17 ff.) besteht allerdings in der OHG wegen der unbeschränkten Haftung aller Gesellschafter kein haftungsrechtlicher Unterschied zwischen der Übertragung der Mitgliedschaft und dem kombinierten Austritt und Eintritt. Gleichwohl kann die Übertragung der Mitgliedschaft auch innerhalb der OHG durch die Eintragung eines Rechtsnachfolgervermerks kenntlich gemacht werden. Zur Klarstellung des materiellrechtlichen Übertragungsaktes ist eine solche Eintragung auch geboten. Statt der üblicherweise an dem Wortlaut der §§ 107, 143 Abs. 2 angelehnten Verknüpfung der Eintragung des Nachfolgevermerks mit Eintragung des Austritts des Alt- und Eintritts des Neugesellschafters sollte jedoch eine Formulierung verwendet werden, welche unmittelbar die Übertragung der Mitgliedschaft erkennen läßt: „Der Gesellschaftsanteil des Gesellschafters ... ist durch Übertragung der Mitgliedschaft auf den Gesellschafter ... übergegangen" (offengelassen in BayObLG BB 1970, 940, 941). Anzumelden und einzutragen ist auch der Eintritt der Erben eines verstorbenen Gesellschafters in die Gesellschaft (BGH WM 1989, 1331, 1332; OLG Hamm WM 1989, 830, 831; OLG Düsseldorf DB 1976, 1759; BayObLG DB 1978, 79; Baumbach-Duden-Hopt Anm. 1; Heymann-Emmerich Anm. 3; Staub-Ulmer Anm. 6).

c) Umwandlung der Gesellschaft und der Gesellschafterbeteiligung

7 Zur Eintragung anzumelden ist auch die Umwandlung der Rechtsform der Gesellschaft (Staub-Ulmer Anm. 8; LG Oldenburg BB 1972, 853). So wird aus der KG durch Ausscheiden sämtlicher Kommanditisten oder durch Umwandlung ihrer Beteiligung in die Rechtsstellung unbeschränkt haftender Gesellschafter eine OHG, sofern nicht zugleich ein neuer Kommanditist eintritt. Eine solche durch Umwandlung entstandene OHG ist trotz der fortbestehenden Identität der Gesellschaft als neue Rechtsform nach § 106 anzumelden. Ebenso ist auch die Umwandlung einer OHG in eine KG zur Eintragung anzumelden. Anläßlich einer solchen Umwandlung sind zwei verschiedene Ereignisse anzumelden, nämlich der Ein- und Austritt der Kommanditisten sowie die dadurch bedingte Änderung der Rechtsform (dazu näher Schlegelberger-Martens § 162 Anm. 14). Als Zeitpunkt des bei der Anmeldung nach § 106 Abs. 2 Nr. 3 anzugebenden Geschäftsbeginns ist derjenige anzumelden, zu dem die Umwandlung wirksam geworden ist (LG Oldenburg BB 1972, 853; BayObLG BB 1970, 940, 941 zur ähnlich gelagerten Beteiligungsumwandlung). Die Eintragung der Umwandlung hat lediglich deklaratorische Bedeutung; somit tritt die Wirksamkeit der Umwandlung unabhängig von der Eintragung ein (BayObLG JR 1968, 263). Hingegen ist bei einer Umwandlung in die Gesellschaft bürgerlichen Rechts § 5 zu beachten.

8 Von der Umwandlung der Rechtsform ist die Umwandlung der Gesellschaftsbeteiligung deutlich zu unterscheiden. Diese Beteiligungsumwandlung wird hinsichtlich der Eintragung und Bekanntmachung wie ein Austritt des einen und ein Eintritt des anderen Gesellschafters behandelt (zu den somit erforderlichen Eintragungen Schlegelberger-Martens § 162 Anm. 22; OLG Düsseldorf DB 1976, 1759; BayObLG BB 1970, 940, 941; BayObLG WM 1988, 710). Für die Anmeldung ist ausreichend, daß darin lediglich auf die Umwandlung hingewiesen wird, da damit automatisch die bisherige Gesellschafterstellung erlischt. Es muß mithin in der Anmeldung nicht ausdrücklich erwähnt werden, daß z.B. der nunmehrige Komplementär seine Kommanditistenstellung aufgegeben hat (OLG Düsseldorf DB 1976, 1759; BayObLG BB 1970, 940; OLG Hamm Rpfleger 1982, 29; Staub-Ulmer Anm. 7). Eine solche Anmeldung ist hinreichend deutlich, da kein Gesellschafter zugleich unbeschränkt und beschränkt haften kann.

d) Übernahme der Gesellschaftsbeteiligung durch andere Gesellschafter

9 Die Übernahme einer weiteren Beteiligung bedarf keiner Anmeldung und Eintragung, da dadurch die Gesellschafterstellung als solche nicht berührt wird, sondern sich lediglich ihr Umfang verändert (KG JW 1936, 2933 zur Erbfolge; BayObLG WM 1983, 279, 281 zur Übertragung eines Kommanditanteils auf einen persönlich haftenden Gesellschafter). Im Personengesellschaftsrecht besteht eine einheitliche Mitgliedschaft, so daß grundsätzlich kein besonderes Interesse an der Klarstellung über Umfang und Herkunft der mitgliedschaftlichen Rechte erkennbar ist. Anders ist hingegen die Aufstockung der nach § 162 Abs. 1 anzumeldenden Hafteinlage eines Kommanditisten durch Beteiligungserwerb zu beurteilen. Diese bedarf der Eintragung und Bekanntmachung (Schlegelberger-Martens § 162 Anm. 23).

III. Nicht anmeldungspflichtige Änderungen

Änderungen von Tatsachen, welche in § 107 oder anderen Vorschriften nicht genannt sind, sind – vorbehaltlich einer analogen Anwendung – nicht anmeldungspflichtig. Dies gilt auch für Änderungen der nach § 106 Abs. 2 Nr. 1 anzumeldenden Personalien eines Gesellschafters – Name, Vorname, Stand und Wohnort (KG KGJ 29 A 213; OLG Hamburg OLGE 19, 309; Baumbach-Duden-Hopt Anm. 2; abweichend jedoch Baumbach-Duden-Hopt § 8 Anm. 3; Heymann-Emmerich Anm. 1; Fischer in Großkomm Anm. 9; Düringer-Hachenburg-Flechtheim Anm. 1; nicht eindeutig Staub-Ulmer Anm. 9; a.A. Schlegelberger-Hildebrandt-Steckhan § 8 Anm. 19; Staub-Hüffer § 8 Anm. 33). Allerdings können solche Änderungen freiwillig angemeldet und sodann in entsprechender Anwendung der §§ 106, 107 eingetragen werden (KG KGJ 30 B 32, 34; Heymann-Emmerich Anm. 1; Staub-Ulmer Anm. 9; Schlegelberger-Hildebrandt-Steckhan § 8 Anm. 19; Düringer-Hachenburg-Flechtheim Anm. 1). Da diese Personalien als solche nach § 106 Abs. 2 Nr. 1 anmeldungspflichtig sind, handelt es sich lediglich um eine Klarstellung oder Ergänzung grundsätzlich eintragungsfähiger Tatsachen. Ohnehin ist eine solche Klarstellung wünschenswert, da sie dem Interesse der Gesellschaftsgläubiger an der jederzeitigen Verfügbarkeit dieser Personaldaten entspricht. Abweichend von dem in § 108 Abs. 1 aufgestellten Grundsatz bedarf es zur Eintragung dieser Veränderung allerdings keiner Anmeldung durch sämtliche Gesellschafter (Staub-Ulmer Anm. 9; a.A. Voraufl. Anm. 6; Fischer in Großkomm Anm. 9; Bondi JW 1928, 203: nur de lege ferenda). Abgesehen von dem erheblichen Aufwand der Anmeldung aller Gesellschafter ist gegen die analoge Anwendung des § 108 Abs. 1 zu bedenken, daß die Richtigkeit einer solchen Anmeldung nicht durch die Mitwirkung aller Gesellschafter dokumentiert werden muß, es vielmehr ausreicht, wenn der betroffene Gesellschafter die Änderungen seiner Personalien durch Vorlage öffentlicher Urkunden nachweist (ebenso Staub-Ulmer Anm. 9 unter Berufung auf die entsprechende Anwendung des § 17 Abs. 2 HRV).

Nicht anmeldungspflichtig ist zudem die Änderung einer nichteintragungspflichtigen, aber bei erfolgter Erstanmeldung bekanntzumachenden Tatsache wie Geschäftszweig und Geschäftslokal (vgl. dazu § 106 Anm. 16 sowie Staub-Ulmer Anm. 10). Sofern derartige Veränderungen freiwillig angemeldet werden, ist wie bei der erstmaligen Anmeldung zu verfahren. Im übrigen sollte das Registergericht analog § 24 HRV auf eine entsprechende Veränderungsmeldung hinwirken.

IV. Anmeldungspflichten während der Abwicklung

§ 107 gilt vollen Umfangs auch während der Liquidation der Gesellschaft, so daß entsprechende Änderungen der Firma, eine Sitzverlegung sowie Änderungen im Gesellschafterbestand zur Eintragung in das Handelsregister anzumelden sind (Heymann-Emmerich Anm. 4; Staub-Ulmer Anm. 11). Insbesondere kann auch im Liquidationsstadium noch ein neuer Gesellschafter in die Gesellschaft eintreten (RGZ 106, 63, 67). Zur Anmeldung der Fortsetzung einer aufgelösten KG durch Eintritt eines neuen Komplementärs vgl. Schlegelberger-Martens § 162 Anm. 24.

108 (1) Die Anmeldungen sind von sämtlichen Gesellschaftern zu bewirken.
(2) Die Gesellschafter, welche die Gesellschaft vertreten sollen, haben die Firma nebst ihrer Namensunterschrift zur Aufbewahrung bei dem Gerichte zu zeichnen.

Inhalt

	Anm.		Anm.
I. Normzweck	1	4. Form	16
II. Die Anmeldungspflicht (Abs. 1)	2–18	5. Widerruf der Anmeldung	17
1. Allgemeine Aspekte	2	6. Verfahrensmängel	18
a) Öffentlich-rechtliche Pflicht	2		
b) Gesellschaftsvertragliche Verpflichtung	4	III. Die Zeichnung der Firma nebst Namensunterschrift (Abs. 2)	19–24
c) Rechtsnatur der Anmeldung und zuständiges Gericht	7	1. Allgemeine Aspekte	19
2. Sachlicher Anwendungsbereich	8	2. Die verpflichteten Personen	20
3. Die anmeldungspflichtigen Personen	9	3. Die Zeichnung durch eine zur Vertretung befugte Gesellschaft	21
a) Die Gesellschafter	9	4. Form	23
b) Die Erben und der Testamentsvollstrecker	10	5. Durchsetzung der Zeichnungspflicht	24
c) Gewillkürte Vertreter	12	IV. Zeichnung der Firma im sonstigen Geschäfts- und Rechtsverkehr	25–27
d) Gesetzliche und organschaftliche Vertreter	14		
e) Sonstige Personen	15		

I. Normzweck

1 Der wesentliche Zweck dieser Vorschrift ist darauf gerichtet, durch das Erfordernis einer von allen Gesellschaftern erklärten Anmeldung eine sichere Beweisgrundlage für die nachfolgende Eintragung im Handelsregister zu schaffen. Deshalb besteht grundsätzlich auch keine Pflicht, weitere urkundliche Nachweise zu erbringen (BayObLG DB 1974, 1520; BayObLG DB 1977, 1085; BayObLG Rpfleger 1978, 254, 255; LG Berlin BB 1975, 250, 251; Heymann-Emmerich Anm. 9; Gustavus GmbH-Rdsch 1978, 220; zu etwaigen Nachforschungspflichten des Registerrichters vgl. § 106 Anm. 22). Des weiteren soll durch die gemeinsame Anmeldung aller Gesellschafter erreicht werden, daß allen Gesellschaftern der durch die etwaige Unrichtigkeit der angemeldeten Tatsachen und der nachfolgenden Eintragung verursachte Rechtsschein zugerechnet werden kann (BayObLG DB 1974, 1520; Staub-Ulmer Anm. 1; Gustavus GmbH-Rdsch 1978, 220). Hingegen ist der Zweck des § 108 Abs. 2 darauf gerichtet, dem Rechtsverkehr eine Überprüfung der Echtheit der Unterschriften zu ermöglichen (BayObLG BB 1988, 88, 90; BayObLG BB 1972, 1525; OLG Hamm OLGZ 1983, 257, 264; LG Hamburg DNotZ 1953, 109, 110; Heymann-Emmerich Anm. 10; Baumgart DNotZ 1979, 764; Beck BB 1962, 1265).

II. Die Anmeldungspflicht (Abs. 1)

1. Allgemeine Aspekte

a) Öffentlich-rechtliche Pflicht

Die in Abs. 1 geregelte Anmeldungspflicht ist eine öffentlich-rechtliche Pflicht, die 2
jedem einzelnen Gesellschafter gegenüber dem Registergericht obliegt. Daraus folgt,
daß diese Pflicht ebensowenig zur Disposition der Gesellschafter steht wie der in
§§ 106, 107 geregelte Inhalt dieser Anmeldungspflicht. Die Anmeldung kann durch das
Registergericht von den einzelnen Gesellschaftern durch Festsetzung von Ordnungsstrafen nach § 14 zwangsweise durchgesetzt werden. Dazu ist ergänzend auf die
§§ 132 ff. FGG hinzuweisen. Das Ordnungsverfahren ist gegen den einzelnen säumigen
Gesellschafter, nicht gegen alle Gesellschafter oder gar die Gesellschaft zu richten
(Baumbach-Duden-Hopt § 106 Anm. 1 C; Staub-Ulmer Anm. 6; A. Hueck Recht der
OHG § 8 I 3 S. 103). Allerdings ist die Gesellschaft befugt, die Festsetzung von
Zwangsgeldern gegen die Gesellschafter mit einem eigenen Rechtsmittel anzugreifen,
obwohl sie nicht unmittelbar Adressatin der Anmeldungspflicht und der Zwangsgeldfestsetzung ist (BayObLG BB 1988, 88, 89 m.w.N.; BGHZ 25, 154, 157 zur Genossenschaft; a.A. KG KGJ 31 A 206, 210). Ist der säumige Gesellschafter eine juristische
Person oder eine Personenhandelsgesellschaft, so ist das Ordnungsverfahren gegen ihre
gesetzlichen Vertreter zu betreiben. Da die Anmeldung nur durch natürliche Personen
vorgenommen werden kann, muß diese von jenen Personen erzwungen werden, die
aufgrund ihrer Rechtsstellung für die Erfüllung der Anmeldepflicht des Gesellschafters
verantwortlich sind (BayObLG DB 1974, 1521).

Dieser öffentlich-rechtlichen Anmeldungspflicht können lediglich solche Einwen- 3
dungen entgegengesetzt werden, die sich gegen die Voraussetzungen einer Anmeldung
nach §§ 106, 107 richten. Beispielhaft sei genannt die Berufung auf die Nichtigkeit des
Gesellschaftsvertrages oder auf den noch ausstehenden Beginn des Geschäftsbetriebes.
Abweichende Abreden der Gesellschafter und Einwendungen aus dem Innenverhältnis
berühren hingegen diese öffentlich-rechtliche Anmeldungspflicht nicht, also auch nicht
die Einrede des nichterfüllten Vertrages (OLG Hamburg LZ 1920, 490 Nr. 3; OLG
Hamburg Recht 1912 Nr. 2875; Heymann-Emmerich Anm. 5; A. Hueck Recht der
OHG § 8 I 3 S. 103). Das gilt z.B. auch im Fall einer vertragswidrigen, aber nach außen
wirksamen Sitzverlegung. Seiner Anmeldungspflicht kann sich der einzelne Gesellschafter nicht mit der Begründung entziehen, der andere Gesellschafter habe den Sitz
eigenmächtig und entgegen dem Gesellschaftsvertrag verlegt (AG Koblenz BB 1967,
430).

b) Gesellschaftsvertragliche Verpflichtung

Die öffentlich-rechtliche Anmeldungspflicht berührt auch das Verhältnis der Gesell- 4
schafter untereinander, da diese ein erhebliches Interesse an der Publizität der eintragungspflichtigen Tatsachen haben. Dies gilt insbesondere für die Kommanditisten, die
sich erst nach Eintragung auf ihre beschränkte Haftung berufen können (§ 176). Deshalb besteht auch im gesellschaftsrechtlichen Verhältnis der Gesellschafter untereinan-

der eine privatrechtliche Verpflichtung zur Anmeldung. Diese kann im Einzelfall – z.B. bei einer noch nicht in Vollzug gesetzten Gesellschaft – über die gesetzliche Anmeldungspflicht hinausgehen. Danach kann jeder Gesellschafter von jedem anderen Gesellschafter dessen Mitwirkung zur Anmeldung verlangen und diese durch Klage geltend machen (BGHZ 30, 195, 197f.; BGH NJW 1974, 498, 499; Baumbach-Duden-Hopt Anm. 1 C; Heymann-Emmerich Anm. 8; A. Hueck Recht der OHG § 8 I 4 S. 103). Auf diese Weise kann auch eine als Gesellschafterin beteiligte juristische Person oder Personenhandelsgesellschaft in Anspruch genommen werden (BayObLG DB 1974, 1521). Die Gesellschaft selbst ist nicht berechtigt, von einem Gesellschafter die Anmeldung zu verlangen. Der Anspruch berührt die Grundlagen des Gesellschaftsvertrages, so daß er nur dem einzelnen Gesellschafter zusteht (BGHZ 30, 195, 197f.; BGH WM 1966, 707, 708; BGH WM 1983, 785, 786). Wird dieser Anspruch nicht gehörig erfüllt, so besteht ein Schadensersatzanspruch. Der Anspruch kann sowohl durch eine Leistungs- als auch durch eine Feststellungsklage geltend gemacht werden (BGHZ 30, 195, 198). Möglich ist auch eine einstweilige Verfügung gegen den säumigen Gesellschafter. Die mögliche Zwangsgeldfestsetzung nach § 14 berührt nicht das Rechtsschutzbedürfnis für eine gesellschaftsrechtliche Auseinandersetzung. Umgekehrt ist dem Registergericht aufgrund des Verhältnismäßigkeitsgrundsatzes eine Zwangsgeldfestsetzung verwehrt, wenn eine rechtskräftige Entscheidung über die Mitwirkungspflicht einzelner Gesellschafter ergangen ist und es somit nach § 16 nicht mehr der Mitwirkung bedarf.

5 Wegen dieser sachlichen Verzahnung von öffentlich-rechtlicher und gesellschaftsrechtlicher Anmeldungspflicht können auch dem Mitwirkungsanspruch eines Gesellschafters grundsätzlich nur solche Einwendungen entgegengesetzt werden, die auch gegenüber der öffentlich-rechtlichen Anmeldungspflicht in Betracht kommen. Somit entfällt die Berufung auf die Einrede des nichterfüllten Vertrages sowie auf sonstige durch das Verhalten anderer Mitgesellschafter begründete Einwendungen, da dadurch die Wirksamkeit der Gesellschaft und damit die Anmeldepflicht nicht beseitigt wird (BGH NJW 1974, 498, 499; OLG Hamburg LZ 1920, 490 Nr. 3). Verschiedentlich wird die gegenteilige Ansicht (Baumbach-Duden-Hopt Anm. 1 C) unter Berufung auf die Entscheidung RGZ 112, 280, 282f. vertreten. Dabei ist jedoch zu bedenken, daß in dieser Entscheidung über den Fall einer noch nicht in Vollzug gesetzten Gesellschaft zu befinden war, somit auch noch keine öffentlich-rechtliche Anmeldungspflicht bestand. Deshalb konnte der Anspruch auf Mitwirkung mit der Begründung zurückgewiesen werden, daß in der Person des Klägers ein wichtiger, zur Auflösung berechtigender Grund bestand.

6 Die Beteiligung am Anmeldungsverfahren ist im Zweifel auch im Innenverhältnis der Gesellschafter als materiellrechtliche Billigung des in der Anmeldung enthaltenen Erklärungsinhalts zu beurteilen (BGH WM 1985, 1229; BGH WM 1984, 1605, 1606; BGH WM 1974, 177, 179; BGH WM 1972, 1368, 1369; BGH LM Nr. 1 zu § 108 HGB; BayObLG DB 1990, 168; Baumbach-Duden-Hopt Anm. 1 C; Staub-Ulmer Anm. 1). Etwas anderes gilt nur dann, wenn sich aus den Umständen, etwa der Vorgeschichte oder der Anmeldungserklärung selbst ein anderer Wille des Gesellschafters ergibt (BGH WM 1974, 177, 179; BGH WM 1972, 1368, 1369; BGH LM Nr. 1 zu § 108 HGB).

c) Rechtsnatur der Anmeldung und zuständiges Gericht

Die Anmeldung stellt kein privatrechtliches Rechtsgeschäft dar, sondern eine Verfahrenshandlung, so daß die Vorschriften über die Willenserklärung keine unmittelbare Anwendung finden (BayObLG DB 1990, 168, 169; BayObLG DB 1977, 1085 f.; BayObLGZ 1977, 130, 132; Staub-Ulmer Anm. 8; Staub-Hüffer § 8 Anm. 43; A. Hueck Recht der OHG § 8 I 1 S. 102 FN. 1). So findet insbesondere § 181 BGB bei der Anmeldung keine Anwendung (BayObLG DB 1977, 1085; BayObLGZ 1977, 130, 132). Auch eine Irrtumsanfechtung der Anmeldung kommt nicht in Betracht. Sie kann allerdings in einen Widerruf der Anmeldung umgedeutet werden (BayObLG DB 1990, 168, 169). Für die Anmeldung und Zeichnung ist das Registergericht am Sitz der Gesellschaft zuständig.

2. Sachlicher Anwendungsbereich

Die Regelung des § 108 erstreckt sich nur auf die nach §§ 106, 107 erforderlichen Anmeldungen. Nur dafür ist die Mitwirkung aller Gesellschafter notwendig (Heymann-Emmerich Anm. 1; Staub-Ulmer Anm. 9). Alle anderen Anmeldungen (dazu § 106 Anm. 1) können durch die vertretungsberechtigten Gesellschafter erklärt werden, es sei denn, es wird im Einzelfall die Anmeldung durch sämtliche Gesellschafter verlangt (so z.B. § 125 Abs. 4, § 143 Abs. 1, § 144 Abs. 2, § 148 Abs. 1, § 162 und § 175). Auch für die Errichtung oder Aufhebung von Zweigniederlassungen (§ 13) bedarf es lediglich der Anmeldung durch diejenigen Gesellschafter, die zur Vertretung der Gesellschaft berechtigt sind (Schlegelberger-Martens § 162 Anm. 8; Staub-Ulmer Anm. 3; A. Hueck Recht der OHG § 8 I 10 S. 107).

3. Die anmeldungspflichtigen Personen

a) Die Gesellschafter

Da alle Gesellschafter zur Anmeldung verpflichtet sind, ist es unerheblich, ob sie geschäftsführungs- oder vertretungsberechtigt sind. Verpflichtet sind nach § 161 Abs. 2, 108 auch die Kommanditisten (OLG Hamm WM 1989, 830, 831; OLG Hamm OLGZ 1983, 257, 259; BayObLG WM 1988, 710; BayObLG DB 1974, 1520; KG OLGZ 1976, 29, 30; OLG Zweibrücken OLGZ 1975, 402, 403; Baumbach-Duden-Hopt Anm. 1 A; Heymann-Emmerich Anm. 1; Staub-Ulmer Anm. 10). Die Anmeldungspflicht besteht grundsätzlich für alle Gesellschafter, welche im Zeitpunkt des einzutragenden Ereignisses, nicht der Eintragung, Gesellschafter sind. Mithin sind auch solche Gesellschafter verpflichtet, die zwischen dem Eintritt des einzutragenden Ereignisses oder der Anmeldung und der Eintragung ausgeschieden sind (BayObLG Rpfleger 1978, 254, 255; Staub-Ulmer Anm. 10). An der Anmeldung des Eintritts hat danach auch der neueintretende, an der des Ausscheidens auch der ausgeschiedene Gesellschafter mitzuwirken, da die Registereintragung in beiden Fällen nur deklaratorisch wirkt (BayObLG DB 1977, 1085). Verpflichtet sind auch Gesellschafter, welche einer endgültig beschlossenen einzutragenden Änderung (zunächst) widersprochen haben (OLG Zweibrücken OLGZ 1975, 402, 403).

b) Die Erben und der Testamentsvollstrecker

10 Besonderheiten gelten hinsichtlich der Anmeldungspflicht beim Eintreten eines Erbfalls. Dabei ist sowohl das Ausscheiden des verstorbenen Gesellschafters als auch der Eintritt des oder der Erben in die Gesellschaft zur Eintragung in das Handelsregister anzumelden. Auch der Eintritt nur eines nachfolge- oder eintrittsberechtigten Erben bedarf somit der Anmeldung auch der übrigen Erben. Alle Erben sind mithin in gleicher Weise zur Anmeldung sowohl des Ausscheidens des Erblassers als auch des Eintritts eines Erben verpflichtet (OLG Hamm WM 1989, 830, 831; OLG Hamm Rpfleger 1986, 139, 140; KG DNotZ 1936, 988, 989 f.; Schlegelberger-Martens § 162 Anm. 21; Wiedemann Übertragung S. 207; einschränkend Staub-Ulmer § 143 Anm. 21, der die Anmeldepflicht aller Erben auf das Ausscheiden des Erblassers beschränkt, hinsichtlich des Eintritts aber nur eine Anmeldungspflicht des Nachfolgers bejaht). Neben den Erben sind auch die übrigen Mitgesellschafter zur Anmeldung des Ausscheidens des Erblassers und des Eintritts des oder der Erben verpflichtet. Das folgt unmittelbar aus § 108 Abs. 1 i. V. m. §§ 108, 143 Abs. 2 (BayObLG DB 1978, 79; OLG Hamm WM 1989, 830, 831). Die Mitwirkungspflicht der Erben erstreckt sich auch auf alle sonstigen im Zeitpunkt des Todes des Erblassers noch nicht angemeldeten, aber nach §§ 106, 107 einzutragenden Tatsachen. Insofern geht die Anmeldungspflicht des Verstorbenen auf alle Erben über.

11 Besondere Probleme wirft auch in diesem Zusammenhang die Testamentsvollstreckung auf. Sie kommt nur hinsichtlich eines Kommanditanteils, nicht aber hinsichtlich eines Komplementäranteils in Betracht (BGHZ 108, 187, 195 = WM 1989, 1331, 1332 m. w. N.; BGH NJW 1981, 749, 750; OLG Hamm WM 1989, 830 ff.; Schlegelberger-K. Schmidt § 177 Anm. 34 m. w. N.). Ist mithin im Einzelfall die Testamentsvollstreckung wirksam, so stellt sich die Frage, wer der Anmeldungspflicht unterliegt. Nach Ansicht des BGH ist es Aufgabe des Testamentsvollstreckers, den durch die Vererbung des Kommanditanteils eingetretenen Gesellschafterwechsel anzumelden. Auch im übrigen ist der Testamentsvollstrecker im Umfang seiner Verwaltungsbefugnisse zur Anmeldung berechtigt und verpflichtet. Somit ist er grundsätzlich für alle Registeranmeldungen zuständig (BGHZ 108, 187, 190 = WM 1989, 1331, 1332; OLG Hamm WM 1989, 830, 831; Ulmer JW 1990, 82; Mayer ZIP 1990, 977 f.; Reimann DNotZ 1990, 194; a. A. zuvor BayObLG DB 1978, 79 m. w. N.). In diesem Umfang entfällt ein eigenes Anmeldungsrecht der Erben, die gegen den Testamentsvollstrecker nur im Innenverhältnis vorgehen können (Ulmer NJW 1990, 82; Reimann DNotZ 1990, 193 ff.; a. A. Mayer ZIP 1990, 978; offengelassen in BGH WM 1989, 1331, 1332). Diese Befugnis des Testamentsvollstreckers findet allerdings ihre Grenzen, sofern Vertragsänderungen anzumelden sind, die den Kernbereich der Mitgliedschaft berühren. Da in diesen Fällen auch die materiellrechtliche Mitwirkung der Erben erforderlich ist, entspricht es dem Sinn und Zweck des § 108 Abs. 1, sie auch in die Anmeldungspflicht einzubeziehen. Somit sind in diesen Fällen sowohl der Testamentsvollstrecker als auch die Erben zur Anmeldung berechtigt und verpflichtet (grundsätzlich offengelassen, jedoch für die Anmeldung der Erhöhung der Kommanditeinlage bejaht BGHZ 108, 187, 198 = WM 1989, 1331, 1332; Ulmer NJW 1990, 82; Mayer ZIP 1990, 978; Reimann DNotZ 1990, 192).

c) Gewillkürte Vertreter

Aus § 13 Satz 2 FGG i.V.m. § 12 Abs. 2 Satz 1 folgt, daß die Anmeldung auch von **12** einem Bevollmächtigten bewirkt werden kann, somit eine höchstpersönliche Anmeldung nicht erforderlich ist (KG OLGZ 1976, 29, 31; BayObLG DB 1974, 1521; BayObLGZ 1977, 130, 132; Staub-Ulmer Anm. 12). Dazu ist allerdings eine öffentliche Beglaubigung der Bevollmächtigung erforderlich (§ 12 Abs. 2 Satz 1). Da § 181 BGB auf die Anmeldung nicht anwendbar ist, kann ein Gesellschafter zugleich für sich und in Vollmacht für andere Gesellschafter die Anmeldung vornehmen (BayObLG BB 1970, 940; BayObLGZ 1977, 130, 132). Ohne besondere Absprache ist die Vollmacht grundsätzlich widerruflich. Eine konkludent erklärte Unwiderruflichkeit kommt allenfalls dann in Betracht, wenn sich die Vollmacht auf die Anmeldung einer bestimmten Rechtsänderung bezieht, an deren Eintragung der Bevollmächtigte ein eigenes besonderes Interesse hat. Auch dann besteht freilich die Möglichkeit eines Widerrufs aus wichtigem Grund (Staub-Ulmer Anm. 12; a.A. Gustavus GmbH-Rdsch 1978, 222: jederzeitige Widerruflichkeit). Eine Bevollmächtigung durch Mehrheitsbeschluß der Gesellschafter ist grundsätzlich nicht möglich, da die Beteiligung an dem Anmeldungsverfahren auf der individuellen Rechtsstellung des einzelnen Gesellschafters beruht (Düringer-Hachenburg-Flechtheim § 108 Anm. 1; Gustavus GmbH-Rdsch 1978, 222).

Umstritten ist, ob eine Generalvollmacht bereits im Zeitpunkt des Eintritts in die **13** Gesellschaft (im Gesellschaftsvertrag oder isoliert) wirksam erteilt werden kann, wie dies in Publikumsgesellschaften häufig praktiziert wird. Wegen der erkennbaren Gefahr einer Umgehung des individuellen Anmeldungserfordernisses wird eine solche Generalvollmacht teilweise abgelehnt (so Fischer in Großkomm Anm. 5; LG Berlin BB 1975, 251; offengelassen in Baumbach-Duden-Hopt Anm. 1 B). Demgegenüber wird die Zulässigkeit einer solchen Generalvollmacht jedenfalls dann bejaht, wenn der Vorgang seiner Art nach in der Vollmacht enthalten ist (OLG Frankfurt OLGZ 1973, 270, 271; BayObLGZ 1977, 130, 132; BayObLGZ 1975, 137, 140; KG OLGZ 1976, 29, 31f.; Heymann-Emmerich Anm. 4; Staub-Hüffer § 12 Anm. 5). Angesichts des Normzwecks des § 108 Abs. 1, der auf eine hinreichende Richtigkeitsgewähr der Anmeldungen gerichtet ist und mithin durch formelhafte Regelungen im Gesellschaftsvertrag nicht erreicht wird, ist grundsätzlich von der Unwirksamkeit einer gesellschaftsvertraglich erteilten Generalvollmacht auszugehen (ebenso Gustavus GmbH-Rdsch 1978, 220f.; Staub-Ulmer Anm. 13; insofern bedarf die in Schlegelberger-Martens § 162 Anm. 7 vertretene Ansicht einer Präzisierung). Aus praktischen Gründen ist jedoch eine Ausnahme für den Bereich der Publikumsgesellschaften zuzulassen, da dort die Mitwirkung sämtlicher Gesellschafter praktisch nicht erreichbar ist. Deshalb ist in diesen Fällen die Zulässigkeit einer Generalvollmacht jedenfalls für den Hauptanwendungsbereich der Aufnahme neuer Gesellschafter oder der Anteilsübertragung durch die Geschäftsführung zu bejahen. Voraussetzung ist, daß der Gesellschaftsvertrag in der Form des § 12 Abs. 2 Satz 1 abgeschlossen worden ist (ebenso Gustavus GmbH-Rdsch 1978, 221f.; Staub-Ulmer Anm. 13). Hingegen ist die Zulässigkeit einer solchen Generalvollmacht zu verneinen, wenn die Interessen der Gesellschafter in besonderer Weise berührt sind – so wenn sich die Anmeldung auf die Grundlagen des Gesellschaftsverhältnisses erstreckt oder die Rechtsstellung des Gesellschafters unmittelbar in ihrem Kern betroffen ist, z.B. Ausscheiden aus der Gesellschaft, Erhöhung der Haftsumme, Wechsel des persönlich haftenden Gesellschafters (ausführlich Gustavus GmbH-Rdsch 1978, 221f.; KG OLGZ 1976, 29, 32; Staub-Ulmer Anm. 13). Angesichts des besonderen praktischen Interesses in der Publikumsgesellschaft kann eine solche Vollmacht auch unwiderruflich erteilt werden. Ein Widerruf ist sodann nur aus wichtigem Grund möglich (ausführlich KG DNotZ 1980, 166, 167ff.; BayObLGZ 1975, 137, 142; a.A. Gustavus GmbH-Rdsch 1978, 222: jederzeitige Widerruflichkeit).

d) Gesetzliche und organschaftliche Vertreter

14 Sofern an der Gesellschaft geschäftsunfähige Gesellschafter beteiligt sind, müssen deren gesetzliche Vertreter die Anmeldung bewirken. Das gleiche gilt für beschränkt geschäftsfähige Gesellschafter, soweit diese nicht nach § 112 BGB selbständig zum Betrieb eines Handelsgewerbes befugt sind (Fischer in Großkomm Anm. 4). Zulässig ist die Anmeldung eines gesetzlichen Vertreters zugleich im eigenen Namen als Mitgesellschafter als auch im Namen des von ihm vertretenen Gesellschafters. Aufgrund der Rechtsnatur der Anmeldung stehen die §§ 181, 1629, 1630, 1795 BGB einer gemeinschaftlichen Anmeldung nicht entgegen (BayObLG BB 1970, 940; BayObLGZ 1977, 130, 132; Baumbach-Duden-Hopt Anm. 1 B; Heymann-Emmerich Anm. 1; Düringer-Hachenburg-Flechtheim Anm. 1). Ist eine juristische Person oder eine Personenhandelsgesellschaft Gesellschafterin der OHG, so müssen nicht alle vertretungsberechtigten Organmitglieder mitwirken; es genügt die Mitwirkung der zur Vertretung erforderlichen Zahl von Organpersonen (OLG Hamm OLGZ 1982, 257, 261 zur GmbH; Heymann-Emmerich Anm. 2; Staub-Ulmer Anm. 11; A. Hueck Recht der OHG § 8 I 2 S. 102). Die Mitwirkung sämtlicher Organpersonen ist deshalb nicht erforderlich, weil es sich nicht um eine eigene Eintragung der als Gesellschafterin beteiligten Gesellschaft handelt, die Ausübung dieser Beteiligung somit lediglich ein zu ihrem eigenen Gewerbebetrieb gehörendes Geschäft darstellt. Sofern diese Organpersonen ihrerseits zugleich Gesellschafter der OHG (KG) sind, muß aus der Anmeldung selbst eindeutig hervorgehen, daß sie sowohl im eigenen Namen als auch im Namen der von ihnen vertretenen Gesellschaft tätig werden (OLG Hamm OLGZ 1983, 257, 263; BayObLG DB 1974, 1520; OLG Düsseldorf OLGZ 1966, 346, 347). Allerdings genügt z.B. bei der Anmeldung einer Kommanditgesellschaft, deren Kommanditist gleichzeitig der Geschäftsführer der Komplementär-GmbH ist, eine Namensunterschrift des Kommanditisten, wenn sich aus dem Inhalt der Anmeldung eindeutig ergibt, daß dieser für sich und zugleich als Geschäftsführer für die Komplementärin gehandelt hat (OLG Hamm OLGZ 1983, 257, 263; BayObLG Rpfleger 1978, 255, 256; BayObLG DB 1974, 1520; Baumbach-Duden-Hopt Anh. § 177a Anm. 1 B; Staub-Hüffer § 12 Anm. 17).

e) Sonstige Personen

15 Die dem Gesellschafter obliegende Mitwirkung bei der Anmeldung kann nicht von seinem Prokuristen vorgenommen werden. Dieser bedarf dazu einer besonderen Vollmacht, da die Anmeldung zum Handelsregister nicht zum Betrieb des Handelsgewerbes i.S.d. § 49 Abs. 1 gehört (BGH WM 1969, 43; BayObLG DB 1974, 1521, 1522; Staub-Ulmer Anm. 12; Gustavus GmbH-Rdsch 1978, 223; a.A. LG Berlin Rpfleger 1973, 173, 174). Je nach inhaltlicher Ausgestaltung der Vollmacht kann etwas anderes für den Generalbevollmächtigten gelten, wenn zugleich die Formvorschrift des § 12 Abs. 2 Satz 1 eingehalten wird (im Ergebnis ebenso LG Frankfurt BB 1972, 512). Im Konkurs über das Vermögen eines Gesellschafters ist der Konkursverwalter anmeldungspflichtig (BGH WM 1981, 174, 175; BGHZ 108, 187, 190). Dritte nur mittelbar am Gesellschaftsanteil beteiligte Personen unterliegen mangels Eintragung ihrer Rechtsstellung auch keiner Anmeldungspflicht (a. A. Staub-Ulmer Anm. 14).

4. Form

Für die Anmeldung gilt die Formvorschrift des § 12, so daß die erforderlichen Anmeldungen in öffentlich beglaubigter Form beim Registergericht zu bewirken sind. Ebenso ist die öffentliche Beglaubigung einer etwaigen Bevollmächtigung erforderlich (§ 12 Abs. 2 Satz 1). Ein besonderer Wortlaut ist für die Anmeldung nicht vorgeschrieben, insbesondere ist nicht erforderlich, daß die Anmeldung wörtlich den gesamten Inhalt der späteren Eintragung enthält. Ausreichend ist, daß sich die einzutragenden Tatsachen für das Registergericht eindeutig aus der Anmeldung ergeben (KG OLGE 41, 195; KG OLGZ 1965, 124, 126) oder sich aus allgemeinen Grundsätzen oder der gesetzlichen Regelung entnehmen lassen. Einer gleichzeitigen Anmeldung durch alle Gesellschafter bedarf es nicht; diese können ihre Erklärungen auch zu verschiedenen Zeitpunkten abgeben.

5. Widerruf der Anmeldung

Bis zum Vollzug der Eintragung kann jeder Gesellschafter die Anmeldung gegenüber dem Registergericht formlos und ohne Begründung widerrufen (BayObLG DB 1990, 168, 169; KG DNotZ 1980, 166, 170; KG OLGE 43, 204, 205; KG OLGE 42, 214; Heymann-Emmerich Anm. 6; Staub-Ulmer Anm. 15; A. Hueck Recht der OHG § 8 I 8 S. 107). Auch wenn eine Anmeldepflicht besteht, muß die Eintragung sodann unterbleiben und kann nur nach § 14 erzwungen werden (Heymann-Emmerich Anm. 6; Staub-Ulmer Anm. 15; A. Hueck Recht der OHG § 8 I 8 S. 107; trotz Bedenken ebenso KG OLGE 43, 204, 205; a. A. für den Sonderfall der Publikums-KG KG DNotZ 1980, 166, 170). Da eine Anmeldung zum Handelsregister, die nicht von allen Anmeldungspflichtigen bewirkt wurde, nicht rechtswirksam ist (BayObLG BB 1984, 804), wird schon durch den Widerruf eines einzelnen Gesellschafters die Anmeldung vereitelt. Ein rechtzeitiger Widerruf kann von erheblicher praktischer Bedeutung sein, da der Gesellschafter damit u. U. das Wirksamwerden der Gesellschaft nach außen verhindern kann. Der Tod eines Gesellschafters nach erklärter Anmeldung hindert die Eintragung nicht.

6. Verfahrensmängel

Verfahrensmängel anläßlich des Anmeldungsverfahrens berechtigen nach gleichwohl erfolgter Eintragung nicht zu einer Amtslöschung nach § 142 FGG, soweit es sich um deklaratorische und inhaltlich zutreffende Eintragungen handelt. Das gilt auch hinsichtlich der unterbliebenen Mitwirkung eines oder mehrerer Gesellschafter (BayObLG KGJ 53 A 257, 258; Heymann-Emmerich Anm. 7; Staub-Ulmer Anm. 7; a. A. Richert NJW 1958, 896 f.).

III. Die Zeichnung der Firma nebst Namensunterschrift (Abs. 2)

1. Allgemeine Aspekte

19 Die in Abs. 2 geregelte Pflicht zur Zeichnung der Firma nebst Namensunterschrift zur Aufbewahrung bei dem Registergericht beschränkt sich im Unterschied zur Anmeldungspflicht nach Abs. 1 auf die vertretungsbefugten Gesellschafter der OHG (KG). Die Regelung des Abs. 2 weicht dadurch von der grundsätzlich auch für die OHG geltenden Vorschrift des § 29 Abs. 1 i.V.m. § 6 Abs. 1 ab, daß zusätzlich die Namensunterschrift zu zeichnen ist. Durch diese Zeichnungspflicht zur Aufbewahrung beim Gericht soll vor allem eine Überprüfung der Echtheit von Unterschriften im Rechtsverkehr ermöglicht werden. Dabei versteht man unter einer Firmenzeichnung die handschriftliche Darstellung der Firma, die den Erfordernissen einer Namensunterschrift genügen muß (BayObLG BB 1988, 88, 89 m.w.N.; Beck BB 1962, 1265). Eine früher aus anderem Grunde bereits erfolgte Zeichnung der Firma nebst Namensunterschrift, die zur Aufbewahrung eingereicht worden ist (etwa bei der Ernennung zum Prokuristen), genügt zur Erfüllung der Zeichnungspflicht nicht (KG KGJ 37 A 138, 139f.; Baumbach-Duden-Hopt Anm. 2 A). Eine gewillkürte Vertretung ist bei der Erfüllung der Zeichnungspflicht nicht möglich; Zeichnung und Namensunterschrift müssen durch die vertretungsbefugten Gesellschafter persönlich erfolgen. Für nicht voll geschäftsfähige Gesellschafter zeichnen die an ihrer Stelle handelnden gesetzlichen Vertreter.

2. Die verpflichteten Personen

20 Verpflichtet zur Zeichnung der Firma nebst Namensunterschrift sind alle nach § 125 vertretungsbefugten Gesellschafter, aber auch nur diese. Diese Zeichnungspflicht gilt jedenfalls für die Anmeldung der Errichtung der Gesellschaft und für Firmenänderungen (OLG Saarbrücken OLGZ 1977, 294, 295ff.; OLG Hamm OLGZ 1983, 257, 263f.; BayObLG Rpfleger 1978, 255, 256; Staub-Ulmer Anm. 17). Zweifelhaft ist das Erfordernis einer (erneuten) Zeichnung durch alle vertretungsbefugten Gesellschafter, wenn lediglich einem weiteren Gesellschafter Vertretungsbefugnis erteilt wird, auch wenn diese Erteilung im Zusammenhang seines Gesellschafterbeitritts steht. Nach Sinn und Zweck des Abs. 2 ist ausreichend, wenn lediglich dieser Gesellschafter der Zeichnungspflicht entspricht.

3. Die Zeichnung durch eine zur Vertretung befugte Gesellschaft

21 Umstritten ist, welche Angaben zu zeichnen sind, wenn eine juristische Person oder Personenhandelsgesellschaft vertretungsberechtigte Gesellschafterin der OHG ist. Nach wohl überwiegender Ansicht müssen die Firma der OHG, des weiteren die Firma der Gesellschafterin und schließlich die Namen aller vertretungsberechtigten Organmitglieder der juristischen Person bzw. Personenhandelsgesellschaft gezeichnet werden (BayObLG BB 1988, 88, 89 m.w.N.; BayObLG BB 1972, 1525; BayObLGZ 1986, 61, 73; OLG Saarbrücken OLGZ 1977, 294, 296; OLG Hamm OLGZ 1983, 257, 264; Voraufl. Anm. 8; Heymann-Emmerich Anm. 11; Baumbach-Duden-Hopt Anh.

§ 177a Anm. 1 B; Fischer in Großkomm Anm. 16; Hesselmann Rpfleger 1958, 370). Teilweise wird hingegen bei der GmbH & Co KG auf die Zeichnung der Firma der Komplementär-GmbH verzichtet, also die Zeichnung der KG-Firma und die Namensunterschrift des GmbH-Geschäftsführers für ausreichend erachtet (OLG Celle WM 1979, 1249, 1250; Baumgart DNotZ 1979, 761). Jedenfalls bedürfe es nicht mehr der handschriftlichen Zeichnung der Firma der Komplementär-GmbH (so Staub-Ulmer Anm. 21; offengelassen in OLG Hamm OLGZ 1981, 257, 264; a.A. Baumbach-Duden-Hopt Anh. § 177a Anm. 1 B; BayObLG BB 1988, 88, 89). Diese von der überwiegenden Meinung abweichende Ansicht wird im wesentlichen damit begründet, daß eine solche Zeichnung im Rechtsverkehr selten vorkomme, daß § 39 Abs. 4 GmbHG den Geschäftsführern die Unterschrift ohne Firmenzusatz gestatte, daß der beglaubigende Notar nach §§ 41 Satz 3, 10 Abs. 1 BeurkG die Person der Beteiligten in der Niederschrift hinreichend genau zu bezeichnen, also auch auf ihre Rechtsstellung als Organmitglieder hinzuweisen habe und daß ohnehin die Vorschrift des § 108 Abs. 2 von nur geringer praktischer Bedeutung sei (Staub-Ulmer Anm. 21). Demgegenüber hat sich zuletzt das BayObLG auf die aus seiner Sicht eindeutige gesetzliche Regelung berufen. Da die Geschäftsführer der Komplementär-GmbH bei der GmbH & Co KG im Rechtsverkehr wahlweise mit der Firma der GmbH & Co KG und mit derjenigen der GmbH zeichnen könnten, sei eine komplette Zeichnung erforderlich, um durch Einsicht in das Register der KG Auskunft über sämtliche Möglichkeiten der Firmenzeichnung durch die dazu berufenen Personen zu erlangen (BayObLG BB 1988, 88, 89 f.; ebenso BayObLG BB 1972, 1525). Unerheblich ist in der Tat, wie derjenige, der bei der Anmeldung zu zeichnen hat, tatsächlich im Handelsverkehr unterschreibt. Maßgebend für die Form der Zeichnung im Rahmen des § 108 Abs. 2 ist allein die gesetzlich vorgeschriebene Zeichnungsform (so zutreffend OLG Saarbrücken OLGZ 1977, 294, 297).

Nach bisher überwiegend vertretener Ansicht obliegt die Verpflichtung zur Zeichnung sämtlichen zur Vertretung der juristischen Person oder der Personenhandelsgesellschaft berechtigten Personen, bei unechter Gesamtvertretung mithin auch den Prokuristen (BayObLG BB 1988, 88, 90; OLG Hamm OLGZ 1983, 257, 263 f.; OLG Saarbrücken OLGZ 1977, 294, 296; BayObLG BB 1972, 1525; Baumbach-Duden-Hopt Anh. § 177a Anm. 1 B; Heymann-Emmerich Anm. 11; Fischer in Großkomm Anm. 16; A. Hueck Recht der OHG § 8 I 9 S. 107; Hesselmann Rpfleger 1958, 370). Die Gegenansicht verlangt demgegenüber lediglich die Zeichnung durch Organmitglieder in vertretungsbefugter Zahl, also u.U. nur durch ein Organmitglied (Staub-Ulmer Anm. 20; LG Duisburg DB 1984, 821, 822). Begründet wird diese Ansicht mit dem unverhältnismäßigen Aufwand, der bei Gesellschaften mit einer großen Anzahl von Organmitgliedern entstehen würde. Im übrigen sei dem Rechtsverkehr die Überprüfung der für die Gesellschaft abgegebenen Unterschriften ohne großen Aufwand durch Einblick in das Register der Gesellschafter-Gesellschaft möglich (Staub-Ulmer Anm. 20; LG Duisburg DB 1984, 821, 822). Diese vor allem an der Praktikabilität orientierten Bedenken vermögen angesichts des Formalcharakters des § 108 Abs. 2 nicht zu überzeugen. Die für die Gesellschaften maßgeblichen Verhältnisse sollen nach dem Sinn und Zweck dieser Vorschrift ohne weiteren Aufwand schon aus den für sie bestimmten Registerunterlagen ersichtlich sein (so zutreffend OLG Saarbrücken

OLGZ 1977, 294, 298; BayObLG BB 1972, 1525, 1526). Deshalb ist unerheblich, wie groß der Aufwand für die Einsichtnahme in das Register der Gesellschafterin im Einzelfall ist.

4. Form

23 Für die Form der Zeichnung gilt § 12 Abs. 1 i.V.m. § 129 BGB. Danach ist die Zeichnung persönlich bei dem Gericht zu bewirken oder in öffentlich beglaubigter Form einzureichen. Ein Stempeldruck reicht ebensowenig wie Maschinenschrift oder ähnliche mechanische Vervielfältigungen (BayObLG BB 1988, 88, 89; OLG Frankfurt NJW 1974, 192; Staub-Ulmer Anm. 19; a.A. unter Berufung auf die heutige Praxis im Geschäftsverkehr LG Hechingen NJW 1974, 1289; LG Frankfurt NJW 1973, 806, 807 beide Entscheidungen zu § 53 Abs. 2; dazu zustimmend Hofmann NJW 1973, 1846). Angesichts des Normzwecks des § 108 Abs. 2, eine möglichst umfassende Überprüfung der Echtheit der Unterschriften zu ermöglichen, ist vielmehr erforderlich, daß die Zeichnungspflichtigen alle im Einzelfall erforderlichen Zeichnungen und Unterschriften (Firma, Firma etwaiger Gesellschafter, Namensunterschrift) handschriftlich vollziehen. Es genügt, wenn in einem Schriftstück sowohl die Zeichnung der Firma bzw. Firmen als auch die Namensunterschrift enthalten sind, auf einen räumlichen Zusammenhang kommt es nicht an. Da die Firmen- und Namenszeichnungspflicht ohnehin selbständig ist, kann jede Zeichnung auch in gesonderter Urkunde erfolgen (Staub-Ulmer Anm. 19). Dabei muß die Firma grundsätzlich in der nach § 106 Abs. 2 Nr. 2 angemeldeten Schreibweise gezeichnet werden (ausführlich Beck BB 1962, 1266, dort auch zur Behandlung geringfügiger Abweichungen). Für die Namensunterschrift genügt in der Regel die Unterschrift mit dem Familiennamen. Der Vorname ist lediglich dann beizufügen, wenn andernfalls eine Verwechslung droht (Staub-Ulmer Anm. 16). Tritt gegenüber der hinterlegten Zeichnungsweise eine dauerhafte Veränderung durch Verwendung einer anderen handschriftlichen Schriftart ein, so wird die Hinterlegung entwertet. Der Gesellschafter ist sodann zur Einreichung der neuen Form verpflichtet (Beck BB 1962, 1267).

5. Durchsetzung der Zeichnungspflicht

24 Die Eintragung der angemeldeten Tatsachen darf nicht von der gleichzeitigen Erfüllung der Zeichnungspflicht abhängig gemacht werden (OLG Hamm OLGZ 1983, 257, 259f.; KG OLGZ 1965, 124, 127f.; KG OLGE 41, 195; Baumbach-Duden-Hopt Anm. 2 B; Heymann-Emmerich Anm. 12; Staub-Ulmer Anm. 22). Das Registergericht kann vielmehr nur über § 14 i.V.m. §§ 132ff. FGG die Erfüllung der öffentlich-rechtlichen Zeichnungspflicht durchsetzen (OLG Hamm OLGZ 1983, 257, 260; KG OLGZ 1965, 124, 127). Adressaten dieser zwangsweisen Durchsetzung sind grundsätzlich die zeichnungspflichtigen Gesellschafter, im Falle juristischer Personen und Personenhandelsgesellschaften jedoch unmittelbar deren Organmitglieder. Zweifelhaft ist, ob neben der öffentlich-rechtlichen Pflicht auch eine gesellschaftsvertragliche Zeichnungspflicht anzuerkennen ist, die durch Klage von den Mitgesellschaftern durchgesetzt werden kann (bejahend Fischer in Großkomm Anm. 18; zweifelnd Staub-Ulmer Anm. 23). Im Unterschied zur gesellschaftsvertraglichen Anmeldungspflicht ist für eine solche gesellschaftsvertragliche Zeichnungspflicht ein praktisches Bedürfnis nicht erkennbar. Sofern jedoch im Einzelfall ein erhebliches Interesse der anderen Gesellschafter bestehen sollte, ist die Erfüllung dieser Zeichnungspflicht auch gegenüber den Gesellschaftern geboten. Die Vollstreckung richtet sich sodann nach § 888 ZPO.

IV. Zeichnung der Firma im sonstigen Geschäfts- und Rechtsverkehr

Das HGB enthält keine Vorschrift, wie die persönlich haftenden Gesellschafter im sonstigen Geschäfts- und Rechtsverkehr zu zeichnen haben. Derartige Regelungen finden sich lediglich für Prokuristen (§ 51), Handlungsbevollmächtigte (§ 57) und Liquidatoren (§ 153) sowie für die AG (§ 79 AktG), die GmbH (§ 35 Abs. 3 GmbHG) und die Genossenschaft (§ 21 Abs. 1 GenG). Aus den allgemeinen Grundsätzen über das Vertretungshandeln folgt jedoch, daß jede Zeichnung ausreicht, aus der für einen Dritten klar erkennbar ist, daß der Gesellschafter für die OHG handeln wollte (RGZ 119, 114, 115; Heymann-Emmerich Anm. 13; Staub-Ulmer Anm. 24). Der Gesellschafter kann mithin allein die Firma ohne Zusatz seines persönlichen Namens zeichnen. Er kann aber auch mit seinem Namen zeichnen und einen auf die Gesellschaft hinweisenden Zusatz zufügen wie „in Firma", „Mitinhaber", „Teilhaber" etc. Wird ein Firmenstempel oder vorgedrucktes Firmenpapier verwendet, so genügt allein die Namensunterschrift des Gesellschafters. Dafür genügt auch die Verwendung eines Firmenschlagwortes oder der Gesellschaftsfirma in abgekürzter Form. Gleiches gilt, wenn mehrere Gesellschafter gesamtvertretungsberechtigt sind. Sie können alle zeichnen. Es kann aber auch einer der Gesamtvertreter allein in den beschriebenen Formen zeichnen, wenn er von dem oder den anderen Gesellschaftern zur Zeichnung ermächtigt ist. Eine solche Ermächtigung muß in der Urkunde nicht erwähnt werden.

Die Gesellschafter können im Gesellschaftsvertrag eine bestimmte Form für die Zeichnung der Firma und für die Abgabe von Willenserklärungen für die OHG vorsehen. Eine solche Regelung hat jedoch nur im Innenverhältnis Bedeutung. Haben die Gesellschafter eine strengere oder eine bestimmte Form vereinbart, so wird dadurch die externe Wirksamkeit der Erklärung nicht berührt. In jedem Fall sind die Erfordernisse des § 164 BGB, ergänzt durch die von der Rechtsprechung entwickelten Grundsätze über das „unternehmensbezogene" Geschäft zu beachten.

Im Grundstücksverkehr kann entweder nur mit der Firma oder dem Namen und einem auf die Gesellschaft hinweisenden Zusatz (Firmenstempel) gezeichnet werden. In notariellen Urkunden genügt hingegen allein die Unterschrift mit dem persönlichen Namen, wenn die Urkunde Angaben enthält, für wen der Gesellschafter handelt (Baumbach-Duden-Hopt Anm. 2 B; Staub-Ulmer Anm. 26), wie auch die bloße Zeichnung der Firma, falls der Notar bekundet, daß sie von einem vertretungsberechtigten Gesellschafter stammt (KG KGJ 21 A 103 f.; Baumbach-Duden-Hopt Anm. 2 B).

Zweiter Titel. Rechtsverhältnis der Gesellschafter untereinander

109 Das Rechtsverhältnis der Gesellschafter untereinander richtet sich zunächst nach dem Gesellschaftsvertrage; die Vorschriften der §§ 110 bis 122 finden nur insoweit Anwendung, als nicht durch den Gesellschaftsvertrag ein anderes bestimmt ist.

Schrifttum: *R. Fischer*, Die Grenzen bei der Ausübung gesellschaftlicher Mitgliedschaftsrechte, NJW 1954, 777; *ders.*, Gedanken über einen Minderheitenschutz bei den Personengesellschaften, Festschrift für C. H. Barz (1974), S. 33; *G. Hueck*, Der Grundsatz der gleichmäßigen Behandlung im Privatrecht (1958), *Immenga*, Die personalistische Kapitalgesellschaft (1970); *ders.*, Die Minderheitsrechte der Kommanditisten, ZGR 1974, 385; *Loritz*, Vertragsfreiheit und Individualschutz im Gesellschaftsrecht, JZ 1986, 1073; *Lutter*, Theorie der Mitgliedschaft, AcP Bd. 180 (1980), 84; *Martens*, Bestimmtheitsgrundsatz und Mehrheitskompetenz im Recht der Personengesellschaften„ DB 1973, 413; *Michalski*, Gesellschaftsrechtliche Gestaltungsmöglichkeiten zur Perpetuierung von Unternehmen (1980); *Nitschke*, Die körperschaftlich strukturierte Personengesellschaft (1970); *Priester*, Drittbindung des Stimmrechts und Satzungsautonomie, Festschrift für W. Werner (1984), S. 657; *Reuter*, Privatrechtliche Schranken der Perpetuierung von Unternehmen (1973); *Roitzsch*, Der Minderheitsschutz im Verbandsrecht (1981); *Röttger*, Die Kernbereichslehre im Recht der Personenhandelsgesellschaften (1989); *Spengler*, Mehrheitsbeschlüsse bei Personengesellschaften und deren Schranken, Festschrift für Ph. Möhring (1965), S. 165; *Schneider*, Die Änderung des Gesellschaftsvertrages einer Personengesellschaft durch Mehrheitsbeschluß, ZGR 1972, 357; *Teichmann*, Gestaltungsfreiheit in Gesellschaftsverträgen (1970); *Ulmer*, Begründung von Rechten für Dritte in der Satzung einer GmbH? Festschrift für W. Werner (1984), S. 911; *ders.*, Zur Bedeutung des gesellschaftsrechtlichen Abspaltungsverbots für den Nießbrauch am OHG-(KG)Anteil, Festschrift für H.-J. Fleck (1988), S. 383; *Werra*, Zum Stand der Diskussion um die Selbstorganschaft (1991); *H. P. Westermann*, Vertragsfreiheit und Typengesetzlichkeit im Recht der Personengesellschaften (1970); *Wiedemann*, Verbandssouveränität und Außeneinfluß, Festschrift für W. Schilling (1973), S. 105; *ders.*, Die Legitimationswirkung von Willenserklärungen im Recht der Personengesellschaft, Festschrift für H. Westermann (1974), S. 585; *ders.*, Der Gesellschaftsvertrag der Personengesellschaften, WM 1990 Beil. 9; *M. Winter*, Mitgliedschaftliche Treuebindungen im GmbH-Recht (1988). *Zöllner*, Die Schranken mitgliedschaftlicher Stimmrechtsmacht bei den privatrechtlichen Personenverbänden (1963); *ders.*, Die Anpassung von Personengesellschaftsverträgen an veränderte Umstände (1979). – Die Literatur zur Publikumsgesellschaft, findet sich bei *Schlegelberger-Martens* § 161 vor Anm. 128.

Inhalt

	Anm.		Anm.
I. Normzweck	1–3	4. Die Kernbereichslehre	16
II. Besondere Grenzen der Vereinbarungsbefugnis	4–20	5. Der Bestimmtheitsgrundsatz	18
1. Der Grundsatz der Selbstorganschaft	5	III. Besondere Grenzen der Ausübungsbefugnis	21–30
2. Der Grundsatz der Verbandssouveränität	9	1. Die Treupflicht	22
		2. Der Verhältnismäßigkeitsgrundsatz	25
3. Das Abspaltungsverbot	13	3. Der Gleichbehandlungsgrundsatz	27

I. Normzweck

1 Die Vorschrift anerkennt die Regelungsfreiheit der Gesellschafter in Angelegenheiten, in denen nur die Interessen der Gesellschafter, nicht aber Interessen außenstehender Dritter berührt sind. Allerdings kommt diese Regelungsfreiheit in dem Wortlaut der Vorschrift nicht vollständig zum Ausdruck; denn der Hinweis auf die Vorschriften

Gesellschaftsvertrag 2, 3 § 109

der §§ 110–122 erschöpft die dispositiven Vorschriften des Rechts der OHG nicht. Auch die Regelungen über die Auflösung der Gesellschaft (§§ 131 ff.) sowie über die Liquidation der Gesellschaft sind weitgehend dispositiv, sofern nicht wegen des gebotenen Gläubigerschutzes zwingendes Recht besteht. Aber auch in dem Bereich, in dem an sich von einer Dispositivität der Einzelregelungen auszugehen ist, unterliegt die Regelungsautonomie der Gesellschafter immanenten Schranken, die über die allgemeinen Grenznormen der §§ 134, 138 BGB hinaus unter den spezifischen Aspekten des Gesellschaftsrechts entwickelt worden sind. Von besonderer Bedeutung ist in diesem Zusammenhang der wegen der unbeschränkten Gesellschafterhaftung vordringliche Minderheitsschutz. Die schrankenlose Unterwerfung unter den Mehrheitswillen kann zu einer vermögensrechtlichen Selbstentmündigung führen, die mit den Grundsätzen privatautonomer Selbststeuerung unvereinbar ist. Freilich ist zu bedenken, daß auch die mehrheitsbeteiligten Gesellschafter der unbeschränkten Haftung unterliegen und deshalb auch aus ihrer Sicht eine gesellschaftskonforme Ausübung der Gesellschafterrechte zu erwarten ist. Dieses präsumtive Gesellschafterverhalten ist jedoch dann nicht mehr gewährleistet, wenn der Mehrheitsgesellschafter zugleich unternehmerische Interessen außerhalb der Gesellschaft verfolgt. Unter diesen Umständen bedarf es einer Verschärfung des Minderheitsschutzes (dazu im einzelnen § 105 Anh. Anm. 26 f.), wie ohnehin die Abhängigkeitslage in allen Rechtsformen Anlaß ist für eine verstärkte Berücksichtigung der Minderheitsinteressen.

Dieser zwingende Selbstschutz ist nicht nur zugunsten der Minderheitsgesellschafter, 2 sondern darüber hinaus zugunsten aller Gesellschafter erforderlich. Wegen ihrer unbeschränkten Haftung muß es ihnen verwehrt sein, sich dem unbeschränkten Einfluß außenstehender Dritter zu unterwerfen. Eine solche Unterwerfung ist allenfalls dann zulässig, wenn der Dritte willens und in der Lage ist, die Gesellschafter von ihrer unbeschränkten Haftung freizustellen, also mittelbar oder unmittelbar selbst die unbeschränkte Haftung zu übernehmen. Dieser schon anläßlich der Konzernrechtsproblematik angesprochene Zusammenhang (§ 105 Anh. Anm. 34) läßt allerdings offen, ob für eine solche Einflußbefugnis eine externe Rechtsgrundlage ausreicht oder eine gesellschaftsvertragliche Regelung erforderlich ist. Damit stellt sich die generelle Frage, in welchem Umfang außenstehende Dritte in das Rechtsverhältnis der Gesellschafter eingebunden werden können.

Eine generelle Inhaltskontrolle von OHG-Gesellschaftsverträgen kommt grundsätz- 3 lich nicht in Betracht. Zwar ist eine gesellschaftsvertragliche Inhaltskontrolle der Personenhandelsgesellschaft nicht schlechthin ausgeschlossen, wie die umfangreiche und in der Sache zutreffende Rechtsprechung zur Publikumsgesellschaft erkennen läßt (ausführlich Schlegelberger-Martens § 161 Anm. 136 ff.). Wegen der unbeschränkten Gesellschafterhaftung eignet sich die OHG jedoch nicht zur Organisation einer Publikumsgesellschaft. Zudem ist generell zu bedenken, daß die unbeschränkte Gesellschafterhaftung ausreichenden Widerstand gegen eine vorbehaltlose Unterwerfung unter einen vorformulierten Gesellschaftsvertrag auslösen wird. Angesichts der außerordentlichen Haftungsrisiken wird im Zweifel jeder Gesellschafter seine Interessen optimal zum Ausdruck bringen und durchzusetzen versuchen. Deshalb ist generell von einem präsumtiven Verhandlungsgleichgewicht auszugehen, so daß die Voraussetzungen für eine Inhaltskontrolle nicht erfüllt sind. Diese Feststellung schließt freilich nicht aus, daß im Einzelfall unter außergewöhnlichen Umständen – so z.B. unter dem Druck eines von den Gläubigern diktierten Sanierungskonzepts – einzelne Vertragsregelungen wegen ihrer einseitigen, unverhältnismäßigen Begünstigung einzelner Gesellschafter inhaltlich angepaßt oder äußerstenfalls sogar verworfen werden können. Von solchen besonders gelagerten Ausnahmefällen abgesehen kommt jedoch eine allgemeine Inhaltskontrolle nicht in Betracht (ebenso Staub-Ulmer Anm. 44; anders Wiedemann für Adhäsionsverträge – also solche, die zwar ursprünglich ausgehandelt worden sind, aber bei späterem Beteiligungserwerb, z.B. durch Erbfolge oder Schenkung, nicht mehr Verhandlungsgegenstand sind – in: Festschrift für H. Westermann S. 585, 588 f.; ders. Gesellschaftsrecht S. 173 f. m.w.N.).

II. Besondere Grenzen der Vereinbarungsbefugnis

4 Zwingendes Gesetzesrecht weist in den nachstehenden Vorschriften lediglich § 118 Abs. 2 in Form des außerordentlichen Informationsrechts auf. Allerdings bedarf auch diese Regelung einer Ergänzung hinsichtlich des vom Gesetzgeber nicht bedachten Auskunftsanspruchs. Als funktionaler Bestandteil des Stimmrechts besteht dieser Auskunftsanspruch zwingend in einem Umfang, der zur sachverständigen Ausübung des Stimmrechts erforderlich ist (dazu § 118 Anm. 15). Des weiteren hat § 118 Abs. 2 Leitbildfunktion für andere Minderheitsrechte, die zwar wegen ihres besonderen Schutzzwecks zumeist ohnehin zwingenden Rechts sind, aber selbst im Falle ihrer grundsätzlichen Dispositivität dann unabdingbar sind, wenn Grund zu der Annahme unredlicher Geschäftsführung oder unredlichen Gesellschafterverhaltens besteht – so z.B. im Hinblick auf die actio pro socio (dazu § 119 Anm. 25). Die wesentlichen Grenzen der Vereinbarungsbefugnis im Personenhandelsgesellschaftsrecht sind jedoch außerhalb oder über den positivrechtlichen Normbestand hinaus entwickelt worden.

1. Der Grundsatz der Selbstorganschaft

5 Nach diesem Grundsatz sind sowohl die organschaftliche Geschäftsführungs- als auch die organschaftliche Vertretungsbefugnis zwingend den Gesellschaftern vorbehalten (ausführlich dazu § 114 Anm. 50 ff.). Außenstehende Dritte können somit nur aufgrund schuldrechtlicher Absprachen mit daraus abgeleiteten Befugnissen betraut werden. Auf diese Weise sind die Gesellschafter stets befähigt, sich über Entscheidungen eines derart „beauftragten" Geschäftsführers hinwegzusetzen und mittels ihrer organschaftlichen Vertretungsbefugnis ihre eigenen Ziele zu verfolgen. Der Grundsatz der Selbstorganschaft beruht im wesentlichen auf dem wegen der besonderen Haftungsverhältnisse gebotenen Gesellschafterschutz. Dieser Schutzzweck ist in der Kommanditgesellschaft durch die differenzierte Behandlung der organschaftlichen Geschäftsführungsbefugnis (§ 164) einerseits, die auch dem Kommanditisten verliehen werden kann, und der organschaftlichen Vertretungsbefugnis (§ 170) andererseits, von der der Kommanditist zwingend ausgeschlossen ist, berücksichtigt worden (dazu ausführlich Schlegelberger-Martens § 164 Anm. 27 ff.). Auch dieser Regelung läßt sich entnehmen, daß außenstehende Dritte nicht Träger dieser Organbefugnisse sein können.

Gesellschaftsvertrag 6–8 § 109

Trotz dieses eindeutigen und vorrangigen Schutzzwecks ist nicht zu verkennen, daß **6** der Grundsatz der Selbstorganschaft keinen umfassenden Schutz vor einer Einflußnahme Dritter auf die Geschäftsführung der Gesellschaft bietet. Da die schuldvertragliche Regelungsfreiheit dadurch grundsätzlich nicht berührt wird, können mit einem Dritten auch entsprechende Weisungs- und Widerspruchsrechte vereinbart werden. Die Durchsetzung derartiger Befugnisse kann zudem durch die Sanktionierung abweichenden Gesellschaftsverhaltens mittels der Kündigung des Gesamtvertrages, in den solche gesellschaftsrelevanten Regelungen zumeist eingebunden sind, oder mittels einer vereinbarten Vertragsstrafe gesichert werden. Auf diese Weise können die Organbefugnisse der Gesellschafter in ihrer tatsächlichen Bedeutung zu Rechten minderer Qualität verkümmern. Dieser Befund rechtfertigt jedoch nicht die Preisgabe des Grundsatzes der Selbstorganschaft. Es geht in diesem Zusammenhang nicht generell um den zwingenden Umfang rechtsgeschäftlicher Handlungsfreiheit, sondern um die speziellen Grenzen innergesellschaftlicher Organisationsfreiheit. Der Grundsatz der Selbstorganschaft wäre überfordert und in seinem spezifischen verbandsrechtlichen Anliegen bedeutungslos, wollte man daraus allgemeine Schranken schuldvertraglicher Regelungsfreiheit entwickeln. Deshalb können solche Abreden nur unter dem Aspekt der Umgehung dieses Grundsatzes untersucht werden; im übrigen aber bedarf es allgemeiner vertragsrechtlicher Kontrollinstrumente (insofern richtig BGH NJW 1982, 1817 – Holiday Inn; dazu kritisch Huber ZHR 152 (1988) 1, 13 f.; Reuter JZ 1986, 16, 18).

Des weiteren ist zu bedenken, daß der Grundsatz der Selbstorganschaft nicht von **7** allgemein kompetenzrechtlicher Bedeutung ist, sondern sich primär und speziell auf die organrechtliche Stellung des geschäftsführenden Gesellschafters erstreckt. Deshalb ist nicht ausgeschlossen, daß außenstehende Dritte z. B. in einem Beirat an Entscheidungen beteiligt werden, die von geschäftspolitischer Bedeutung sind (ausführlich Voormann, Der Beirat im Gesellschaftsrecht 2. Aufl. (1990) S. 117 ff. m. w. N.). Auf diese Weise können Dritte nicht nur an der Ausübung von Kontrollrechten, sondern auch von Zustimmungs- und sogar einzelnen Weisungsrechten teilnehmen (einschränkend Staub-Ulmer Anm. 55 hinsichtlich des Weisungsrechts; wie hier Voormann Der Beirat im Gesellschaftsrecht S. 117). Freilich darf auf diese Weise die Organstellung inhaltlich nicht derart ausgehöhlt werden, daß der geschäftsführende Gesellschafter lediglich ausführende Tätigkeiten verrichtet. Wesentlich mehr Schutz vor übermäßigem Dritteinfluß bietet jedoch die dem geschäftsführenden Gesellschafter vorbehaltene Berufung auf die Unzumutbarkeit der ihm aufgegebenen Maßnahmen, weil dadurch seine Haftungsrisiken unverhältnismäßig ausgeweitet werden würden (dazu Schlegelberger-Martens § 164 Anm. 29 sowie Voormann Der Beirat im Gesellschaftsrecht S. 71 ff.). Dazu ist aber Voraussetzung, daß der Einfluß außenstehender Dritter durch eine entsprechende Beteiligungsstärke im Beirat überwiegt. Ist hingegen dieser Einfluß gegenüber der Beiratsbeteiligung der Gesellschafter von untergeordneter Bedeutung, so ist zu vermuten, daß diese Gesellschafter die Haftungsrisiken in vertretbarer Weise einschätzen.

Insgesamt ist der Grundsatz der Selbstorganschaft nur begrenzt geeignet, einen zwin- **8** genden Selbstschutz der unbeschränkt haftenden Gesellschafter zu garantieren. Er bedarf deshalb der Ergänzung durch andere Grundsätze und Kontrollmaßstäbe, durch die eine vermögensrechtliche Selbstentmündigung der Gesellschafter verhindert wird.

2. Der Grundsatz der Verbandssouveränität

9 Dieser Grundsatz gewährleistet die Autonomie jeglichen Verbands, daß über seine Rechtsgrundlage ausschließlich die Verbandsmitglieder entscheidungsbefugt sind (dazu vor allem Teichmann Gestaltungsfreiheit S. 189 ff., 217 ff. sowie Wiedemann in Festschrift für W. Schilling S. 105, 111; ders. Gesellschaftsrecht § 7 II 1 S. 371; daran anknüpfend Staub-Ulmer Anm. 31, 55; Hommelhoff ZHR 148 (1984) 118, 120 ff.; Loritz ZGR 1986, 310, 317 ff.; Mertens in Festschrift für W. Stimpel (1985) S. 417, 420; Priester in Festschrift für W. Werner (1984) S. 657, 663 f.; Schneider ZGR 1975, 253, 269; Teubner ZGR 1986, 565, 567 ff.; Voormann Der Beirat im Gesellschaftsrecht S. 111 ff.). Somit können ausschließlich die Gesellschafter Änderungen des Gesellschaftsvertrages vereinbaren. Außenstehende Dritte können daran nicht beteiligt werden. Ihnen kann auch kein Zustimmungsrecht eingeräumt werden. Davon zu unterscheiden ist wiederum die Frage nach der Wirksamkeit schuldrechtlicher Absprachen, die mit einem außenstehenden Dritten hinsichtlich einer Änderung des Gesellschaftsvertrages vereinbart werden. Auf diese Weise könnten sich die Gesellschafter verpflichten, entsprechende Änderungen vorzunehmen oder zu unterlassen. Eine solche Verpflichtung verstieße – jedenfalls formalrechtlich – nicht gegen den Grundsatz der Verbandssouveränität; denn die Umsetzung dieser Verpflichtung fällt ausschließlich in die Kompetenz der Gesellschafter, so daß die Erfüllungsverweigerung zwar vertragswidrig ist, aber an dem gesellschaftsvertraglichen Status quo nichts ändert. Freilich ist nicht von vornherein ausgeschlossen, daß eine solche Verpflichtung vollstreckungsrechtlich nach § 894 ZPO gegenüber allen Gesellschaftern durchgesetzt werden könnte. Auf diese Weise könnte der Dritte seinen Einfluß auf die Gesellschaft aufgrund einer schuldrechtlichen Absprache auch gegen den Widerstand der Gesellschafter zur Geltung bringen. Auch wenn man eine solche Vollstreckung verneint, dann verbleiben doch genügend Sanktionen, um die Gesellschafter zu einem vertragskonformen Verhalten zu zwingen und auf diese Weise die Änderung des Gesellschaftsvertrages mittelbar zu erreichen.

10 Diese Konsequenzen verdeutlichen, daß eine ausschließlich kompetenzrechtliche Betrachtungsweise dem Grundsatz der Verbandssouveränität nicht gerecht wird. Es kommt deshalb darauf an, die Verbandssouveränität auch gegenüber schuldvertraglichen Einflüssen zu verteidigen und die Wirksamkeit derartiger Drittvereinbarungen zu beschränken. Die völlige Versagung solcher Absprachen würde allerdings berechtigte Verkehrsinteressen und auch berechtigte Gesellschafterinteressen vernachlässigen. Im Einzelfall – z. B. anläßlich einer Unternehmenssanierung – kann durchaus ein berechtigtes Interesse an einer Vereinbarung über eine entsprechende Pflicht zur Änderung des Gesellschaftsvertrages bestehen – so z. B. hinsichtlich einer Regelung über die Gewinnthesaurierung. Man wird deshalb in grundsätzlicher Hinsicht zwischen der Vereinbarung punktueller Vertragsänderungen und der Vereinbarung einer generellen Pflicht zur fortlaufenden Vertragsänderung unterscheiden müssen (ebenso Priester in: Festschrift für W. Werner (1984), S. 657, 675 für entsprechende Stimmbindungsverträge). Ein solche generelle Pflicht stellt nichts anderes dar als eine mittelbare Verlagerung von Gesellschafterkompetenzen auf einen außenstehenden Dritten, während die punktuelle Pflicht zur konkreten Vertragsänderung lediglich einen konkreten Regelungsfall betrifft, aber die Gesellschafterkompetenz im übrigen nicht berührt.

Der Grundsatz der Verbandssouveränität beantwortet teilweise auch die Frage, in welchem Umfang Dritten sonstige Rechte in Angelegenheiten der Gesellschaft eingeräumt werden können. Da die Gesellschafter über die ausschließliche Kompetenz zur Änderung des Gesellschaftsvertrages verfügen, können sie jederzeit derartige Drittrechte beseitigen. Zwar ist nicht ausgeschlossen, daß sich ein solches Verhalten gegenüber dem Dritten als vertragswidrig erweist, gleichwohl wird damit die Vertragsänderung als solche nicht beeinträchtigt. Deshalb stehen solche Drittrechte von vornherein unter dem kompetenzrechtlichen Vorbehalt einer Änderung des Gesellschaftsvertrages durch die Gesellschafter (ebenso Staub-Ulmer Anm. 33; ders. in: Festschrift W. Werner (1984), 911, 921 für die GmbH sowie Flume Juristische Person § 9 II S. 327).

Können somit außenstehenden Dritten keine unentziehbaren Gesellschafterrechte eingeräumt werden, so stellt sich allerdings die weitergehende Frage, ob damit auch jegliche gesellschaftsvertragliche Regelung zu ihren Gunsten ausgeschlossen ist. Eine solche Restriktion hätte zur Folge, daß solche Drittinteressen nur aufgrund schuldrechtlicher Absprachen berücksichtigt werden könnten. Aus dem Grundsatz der Verbandssouveränität läßt sich dafür keine zwingende Lösung entwickeln, da sein Anwendungsbereich auf die den Gesellschaftern ausschließlich vorbehaltene Kompetenz zur Vertragsänderung beschränkt ist. Geht man auch in diesem Zusammenhang davon aus, daß schuldrechtliche Abreden über Rechte außenstehender Dritter zur Einflußnahme auf die Gesellschaft in weitem Umfang zulässig sind, dann ist es nur konsequent, den Gesellschaftern dafür auch die Möglichkeit einer gesellschaftsvertraglichen Regelung zugunsten eines Dritten einzuräumen, einer Regelung, die sie ohne Zustimmung des begünstigten Dritten jederzeit revidieren können. Der Vorzug einer solchen gesellschaftsvertraglichen Regelung gegenüber einer schuldrechtlichen Abrede besteht darin, daß die Ausübung derartiger Drittrechte strikt an die gesellschaftsrechtlichen Ausübungsschranken gebunden ist, der Dritte also der gesellschaftsrechtlichen Treupflicht und der Bindung an das Gesellschaftsinteresse unterliegt. Demgegenüber kann der Dritte im Rahmen schuldrechtlicher Abreden seinen Einfluß auf die Gesellschaft relativ ungehindert entsprechend seinem persönlichen Interesse ausüben, sofern keine besonderen Einschränkungen vereinbart worden sind. Für die Gesellschafter nachteilig ist hingegen die gesellschaftsrechtliche Regelung hinsichtlich ihrer unmittelbaren Wirkung. Da der Dritte gesellschaftsvertragliche Rechte ausübt, wird das Gesellschaftsrechtsverhältnis durch sein Handeln unmittelbar berührt, während die schuldrechtlichen Drittrechte stets der Erfüllung durch die Gesellschafter bedürfen. Dieser Gesamtvergleich verdeutlicht, daß gesellschaftsvertragliche Regelungen zugunsten Dritter – sieht man von den schon behandelten Einschränkungen der Selbstorganschaft und des Rechts auf autonome Änderung des Gesellschaftsvertrages ab – keinen grundsätzlichen Bedenken unterliegen (ebenso Staub-Ulmer Anm. 33). Der damit verbundene Einfluß ist begrenzt und führt deshalb zu keiner unzumutbaren Abhängigkeit der Gesellschafter gegenüber außenstehenden Dritten. Sofern gleichwohl im Einzelfall die Ausübung solcher Drittrechte eine unverhältnismäßige Belastung darstellt, sind alle Gesellschafter zur Änderung des Gesellschaftsvertrages aus wichtigem Grund verpflichtet. Als solche im Gesellschaftsvertrag regelbare Drittrechte kommen das Teilnahmerecht an einem Beirat, Kontrollrechte sowie Weisungs- und Zustimmungsrechte in Betracht.

3. Das Abspaltungsverbot

13 Während die beiden vorstehend behandelten Grundsätze den Schutz aller Gesellschafter vor einem übermäßigen Einfluß außenstehender Dritter bezwecken, soll durch das Abspaltungsverbot primär das Mitgliedschaftsrecht des einzelnen Gesellschafters geschützt werden, indem die mitgliedschaftlichen Verwaltungsrechte als untrennbare Funktionseinheit behandelt werden (zu den in Literatur und Rechtsprechung unterschiedlich gedeuteten Wertungsgrundlagen des Abspaltungsverbots Wiedemann Übertragung S. 263 ff.; H. P. Westermann Vertragsfreiheit S. 382 ff.; Teichmann Gestaltungsfreiheit S. 191; Reuter Privatrechtliche Schranken S. 154 ff.; ders. ZGR 1978, 633, 634 ff.; Flume Personengesellschaft S. 236 ff.; K. Schmidt Gesellschaftsrecht § 19 III 4). Das Abspaltungsverbot findet seinen positivrechtlichen Ausdruck in § 717 Satz 1 und gilt aufgrund des § 105 Abs. 2 ebenso für die Personenhandelsgesellschaft. Zwar sind nach § 717 Satz 2 BGB grundsätzlich alle Vermögensrechte der Mitgliedschaft übertragbar, nicht jedoch die mitgliedschaftlichen Verwaltungsrechte. Deren Übertragbarkeit kann auch nicht im Gesellschaftsvertrag vereinbart werden, da § 717 Satz 1 BGB zwingenden Rechts ist. Deshalb können diese Verwaltungsrechte auch nicht auf einen anderen Gesellschafter übertragen werden. Freilich kommt in solchen Fällen oftmals eine Umdeutung der unwirksamen Übertragung in einen wirksamen Ausschluß des fremden und der wirksamen Begründung eines eigenen Verwaltungsrechts in Betracht. Dazu bedarf es grundsätzlich der Zustimmung aller Gesellschafter.

14 Das Abspaltungsverbot ist über diesen positivrechtlichen Befund hinaus fortentwickelt worden, indem auch alle der Übertragung inhaltlich gleichwertigen Absprachen sonstiger Art erfaßt werden. Das trifft vor allem auf die unwiderrufliche Bevollmächtigung mit verdrängender Wirkung durch Verzicht auf persönliche Rechtsausübung zu (so für das Stimmrecht BGHZ 3, 354, 359; 20, 263, 265; BGH LM Nr. 27 zu § 105 HGB; A. Hueck Recht der OHG § 11 II 3; K. Schmidt Gesellschaftsrecht § 19 III 4; Teichmann Gestaltungsfreiheit S. 225); das gilt z. B. auch für die Ermächtigung zur Ausübung dieser Verwaltungsrechte im eigenen Namen (H. P. Westermann Vertragsfreiheit S. 398 ff.; Wiedemann Übertragung S. 289; K. Schmidt Gesellschaftsrecht § 19 III 4). Verschiedentlich wird das Abspaltungsverbot umfassend als Verbot jeder gesellschaftsvertraglichen Regelung zugunsten außenstehender Dritter verstanden (Flume Personengesellschaft S. 235 ff.; Teichmann Gestaltungsfreiheit S. 218 ff.). Demgegenüber hat der BGH (LM Nr. 6 zu § 109 HGB = NJW 1960, 936 = JZ 1960, 490; ebenso Fischer in Großkomm § 119 Anm. 24; A. Hueck Recht der OHG § 11 III 1 S. 168 FN. 25 a) die Ansicht vertreten, daß einem Dritten ein eigenes im Gesellschaftsvertrag geregeltes Stimmrecht eingeräumt werden könne, weil dadurch die Stimmrechte der übrigen Gesellschafter in ihrem Bestand nicht berührt würden (kritisch dazu Reuter ZGR 1978, 633, 635 ff.; Priester in: Festschrift für W. Werner (1984) S. 657, 664 m. w. N. in FN. 44). Im Hinblick auf die rechtliche Beurteilung des Stimmrechts ist dieser Entscheidung nicht zu folgen (dazu § 119 Anm. 33), weil ein solches Stimmrecht in der Person eines Dritten einen unbegrenzten Einfluß in allen Angelegenheiten der

Gesellschaft vermittelt und somit auch in unzulässiger Weise in die Grundlagenkompetenz der Gesellschafter eingreift. Richtig ist aber, daß sich das Abspaltungsverbot nicht zur Abwehr jeglichen Dritteinflusses und damit nicht als generelles Verbot jeglicher Gesellschaftsvertragsregelung zugunsten Dritter eignet. Sein primärer Schutzzweck ist darauf gerichtet, den funktionalen Verbund aller mitgliedschaftlichen Verwaltungsrechte in der Person des Gesellschafters in seinem, aber auch im Interesse der anderen Gesellschafter zu erhalten. Die Übertragung dieser Verwaltungsrechte auf verschiedene Personen hätte zur Folge daß die Mitgliedschaft nicht mehr ordnungsgemäß ausgeübt werden könnte und die einzelnen Verwaltungsrechte sich in der Person unterschiedlicher Interessenträger verselbständigen würden (dazu BGHZ 44, 158, 161). Mit diesem Schutzzweck ist jedoch die Problematik gesellschaftsvertraglicher Drittrechte nur begrenzt vergleichbar. In dieser Hinsicht ist die Interessenlage weitaus komplizierter und – wie gezeigt – auch aus der Sicht der Gesellschafter durchaus offen, wie die Praxis im Zusammenhang der Beiratstätigkeit außenstehender Dritter erkennen läßt. Aus diesen Gründen lassen sich dem Abspaltungsverbot keine weitergehenden Einschränkungen gesellschaftsvertraglicher Regelungen zugunsten Dritter entnehmen.

15 Keinen Verstoß gegen das Abspaltungsverbot stellt die unterstützende Tätigkeit eines Dritten anläßlich der Rechtsausübung durch den Gesellschafter oder weitergehend die dem Dritten widerruflich erteilte Befugnis zur Rechtsausübung im Namen des Gesellschafters dar (Staub-Ulmer Anm. 28, allerdings unter Einbeziehung der Ausübungsbefugnis des Dritten im eigenen Namen; K. Schmidt Gesellschaftsrecht § 19 III 4 S. 416 m.w.N.). Eine solche Beteiligung eines Dritten an der Rechtsausübung – z.B. Teilnahme an der Gesellschafterversammlung oder an der Ausübung der Informationsrechte – bedarf grundsätzlich der Zustimmung der übrigen Gesellschafter (dazu § 118 Anm. 24). Von erheblich größerer Bedeutung ist die Einschränkung des Abspaltungsverbots zugunsten des Nießbrauchers, Testamentsvollstreckers (dazu BGHZ 108, 187, 199 = NJW 1989, 3152) und Treuhänders, sofern sich deren Rechtsstellung auf das gesamte Mitgliedschaftsrecht erstreckt. Diese Ansicht wird in der Literatur zunehmend vertreten (Flume Personengesellschaft § 17 VI S. 359 ff.; K. Schmidt Gesellschaftsrecht § 19 III 4 S. 415 f.; Schlegelberger-K. Schmidt vor § 335 HGB Anm. 16; Staub-Ulmer Anm. 29; ders. in: Festschrift für H.-J. Fleck (1988) S. 383, 388 f. m.w.N. in FN. 28; Fleck in: Festschrift für R. Fischer (1978) S. 107 ff.). Zur Begründung wird zutreffend darauf hingewiesen, daß in diesen Fällen nicht über einzelne Mitgliedschaftsrechte, sondern über die Mitgliedschaft insgesamt disponiert werde, so daß die Abspaltung einzelner Mitgliedschaftsrechte nur die mittelbare Konsequenz der geänderten Zuständigkeit an der Mitgliedschaft sei (so wohl erstmals Wiedemann Übertragung S. 416). Trotz einiger Bedenken ist dieser Ansicht zu folgen; entscheidend ist nämlich, daß der Dritte aufgrund dieser Mitberechtigung an der Gesamtmitgliedschaft in weitem Umfang in das Mitgliedschaftsrecht und damit auch das Gesellschaftsrechtsverhältnis eingebunden ist. Deshalb ist zu erwarten, daß die einzelnen Mitgliedschaftsrechte auch unter Betracht des Gesellschafterinteresses ordnungsgemäß ausgeübt werden. Das gilt jedenfalls auch für den Fall einer offenen Treuhand, die zu einer rechtlichen Einbindung des Treugebers in das Gesellschaftsrechtsverhältnis führt.

4. Die Kernbereichslehre

16 Die schon in anderem Zusammenhang ausführlich dargestellte Kernbereichslehre (§ 119 Anm. 24 ff.) ist entwickelt worden, um den einzelnen Gesellschaftern ein gleichsam „verfassungsfestes" Minimum an Rechten zu gewährleisten. Ihr Schutzzweck ist also nicht – wie die vorstehend behandelten Grundsätze – auf die Abwehr unzulässigen Dritteinflusses gerichtet, sondern auf die Absicherung eines unabdingbaren Minderheitsschutzes. Wegen dieses unterschiedlichen Schutzzwecks ist es offensichtlich, daß der Kernbereich weniger weit reicht als der zwingende Schutz gegenüber außenstehenden Dritten. Gegenüber der Gesellschaftermehrheit bedarf es deshalb nicht desselben Schutzumfangs, weil grundsätzlich zu erwarten ist, daß auch die mehrheitlich beteiligten Gesellschafter das Gesellschaftsinteresse zu ihrem eigenen Nutzen fördern und damit auch dem Interesse der Minderheitsgesellschafter entsprechen werden. Dieses präsumtive Interessengleichgewicht wird nur dann gestört, wenn der oder die mehrheitsbeteiligten Gesellschafter zugleich die Stellung eines außenstehenden Dritten wahrnehmen, indem sie außerhalb der Gesellschaft unternehmerische Interessen verfolgen. Unter diesen Umständen bedarf es der Verschärfung des Minderheitsschutzes (dazu § 105 Anh. Anm. 26 f.).

17 Der Kernbereich ist zunächst vom BGH als Schranke entwickelt worden, um den zulässigen Umfang eines vertraglichen Stimmrechtsausschlusses zu begrenzen (BGHZ 20, 363, 369 f.). Inzwischen ist daraus in der Literatur ein differenziertes System des Minderheitsschutzes mit abgestuften Wirkungen entwickelt worden (ausführlich Röttger Die Kernbereichslehre im Recht der Personenhandelsgesellschaften (1989) S. 95 ff.). Man hat alsbald erkannt, daß die für diesen Kernbereich bestehende Stimmrechtsgarantie dann keinen effektiven Minderheitsschutz ermöglicht, wenn die den Kernbereich ausfüllenden Regelungsgegenstände der Mehrheitskompetenz unterliegen. Es besteht deshalb inzwischen weitgehende Übereinstimmung, daß dieser Schutz über das Stimmrecht hinaus durch ein Zustimmungsrecht des betroffenen Gesellschafters zu gewähren ist (so jetzt auch BGH NJW 1985, 974). Zudem hat man erkannt, daß der Kernbereich unter systematischen Aspekten einer differenzierten, unterschiedliche Gesellschafterrechte einbeziehenden Betrachtung bedarf. Danach wird unterschieden zwischen unverzichtbaren Gesellschafterrechten (zwingender Kernbereich der Mitgliedschaft), unentziehbaren Gesellschafterrechten (mehrheitsfester Kernbereich der Mitgliedschaft) und stimmrechtsfesten Gesellschafterrechten (so K. Schmidt Gesellschaftsrecht § 16 III 3). Während über die unverzichtbaren Gesellschafterrechte ein weitgehender Konsens erreicht worden ist (dazu im einzelnen § 119 Anm. 25), besteht in den beiden übrigen Bereichen der ohne die Zustimmung des betroffenen Gesellschafters unentziehbaren Gesellschafterrechte und der stimmrechtsfesten Regelungen noch kein abschließendes Ergebnis. Da es sich um offene Wertungsprobleme handelt, ist ohnehin davon auszugehen, daß eine für alle Personenhandelsgesellschaften einheitliche Beurteilung nicht in Betracht kommt. Dabei ist auch im Einzelfall auf die konkrete Struktur der Gesellschaft, auf den Gesamtinhalt des Gesellschaftsvertrages und die Bedeutung der konkreten Gesellschafterstellung einzugehen. Deshalb lassen sich aus dem Kernbereich auch keine konkreten Rechtssätze entwickeln; vielmehr ist gerade umgekehrt aus einer umfassenden Berücksichtigung der einschlägigen Wertungskriterien die Unentziehbar-

5. Der Bestimmtheitsgrundsatz

Dieser in anderem Zusammenhang (§ 119 Anm. 17ff.) behandelte Grundsatz ist schon vom Reichsgericht (RGZ 151, 321, 326; 163, 385, 391) und sodann vom Bundesgerichtshof bis zuletzt (BGH NJW 1988, 411 = WM 1987, 1102) vertreten worden und galt auch in der Literatur als ein nahezu unbestrittenes Mittel zur Begrenzung schrankenloser Mehrheitsherrschaft. Inzwischen hat sich in der Literatur ein Bedeutungs- und Meinungswandel ergeben, so daß der Bestimmtheitsgrundsatz inzwischen außerordentlich kontrovers beurteilt wird (dazu ausführlich Mecke BB 1988, 2258 ff.). Im Vergleich zur Kernbereichslehre ergeben sich aus dem Bestimmtheitsgrundsatz keine inhaltlichen Schranken der Mehrheitsherrschaft, wohl aber regelungstechnische Einschränkungen der Vereinbarung von Mehrheitskompetenzen. Insofern ergänzen sich diese beiden in gleicher Weise auf den Minderheitsschutz gerichteten Instrumente. Zunächst erfolgt dieser Schutz durch eine Restriktion der Vereinbarungsbefugnis der Gesellschafter; sofern gleichwohl kein Zweifel an der Vereinbarung einer entsprechenden Mehrheitskompetenz besteht, ist zu untersuchen, ob die Ausübung dieser vereinbarten Mehrheitskompetenz in eine kernbereichsgeschützte Rechtsposition der Minderheitsgesellschafter eingreift und deshalb unzulässig ist.

In seiner vom Bundesgerichtshof entwickelten und auch in der Literatur teilweise noch vertretenen Ausformung folgt aus dem Bestimmtheitsgrundsatz eine einschränkende Auslegung von gesellschaftsvertraglichen Mehrheitsklauseln. Danach sind derartige Klauseln in dreifach gestufter Hinsicht auszulegen. Sofern im Gesellschaftsvertrag nur allgemein vorgesehen ist, daß für Gesellschafterbeschlüsse die einfache Mehrheit genügen soll, erstreckt sich diese Mehrheitskompetenz nur auf Geschäftsführungsbeschlüsse und auf Beschlüsse über laufende Angelegenheiten. Ergibt sich hingegen durch Auslegung, daß sich diese Kompetenz auch auf Änderungen des Gesellschaftsvertrages erstreckt, so werden davon nur Beschlüsse über gewöhnliche Vertragsänderungen erfaßt. Für ungewöhnliche Vertragsänderungen bedarf es in jedem Einzelfall der besonderen Feststellung, daß gerade dieser Beschlußgegenstand ebenfalls der Mehrheitskompetenz unterliegt. Dafür ist zwar keine ausdrückliche Konkretisierung dieses Beschlußgegenstands erforderlich; es muß sich aber zweifelsfrei aus dem Gesellschaftsvertrag ergeben, daß der Mehrheitsbeschluß nach dem übereinstimmenden Willen der Gesellschafter gerade auch für die konkrete Einzelmaßnahme gelten soll. Der Bundesgerichtshof hat diesen Bestimmtheitsgrundsatz bisher lediglich für die Publikumsgesellschaft (BGHZ 71, 53, 57 f.) sowie für die körperschaftlich strukturierte Familiengesellschaft (BGHZ 85, 350, 356 ff.) aufgegeben.

In der Literatur wird der Bestimmtheitsgrundsatz verschiedentlich vollständig abgelehnt, verschiedentlich aber auch durch eine Kombination mit der Kernbereichslehre fort- oder neu entwickelt. Danach ist der Bestimmtheitsgrundsatz in seiner bisherigen

Ausformung aufzugeben. Er ist jedoch zu berücksichtigen, sofern die beabsichtigte Vertragsänderung auf den Kernbereich der Mitgliedschaft gerichtet ist. Sodann muß sich die Mehrheitsklausel eindeutig auf mehrheitliche Eingriffe in die zum Kernbereich gehörenden Rechte beziehen und Ausmaß und Umfang des zulässigen Eingriffs erkennen lassen (so vor allem Ulmer Recht der BGB-Gesellschaft § 709 Anm. 77; w.N. in Anm. 21 zu § 119). Die Aufgabe oder Einschränkung des Bestimmtheitsgrundsatzes, der in der Praxis trotz des wiederholten Hinweises auf seine Untauglichkeit einen nicht unerheblichen Minderheitsschutz bietet und deshalb allenfalls die Frage aufwirft, ob dadurch die Mehrheitskompetenzen nicht unverhältnismäßig eingeschränkt werden, wäre nur dann gerechtfertigt, wenn durch eine relativ feinmaschige Ausübungskontrolle ein gleichwertiger Minderheitsschutz erreichbar wäre. Dabei ist jedoch zu bedenken, daß eine solche Ausübungskontrolle nicht nur die Grenzen richterlicher Erkenntnis- und Beurteilungsfähigkeit berührt, sondern vor allem einen weitergehenden Eingriff in den selbstregulativen Entscheidungsprozeß der Gesellschafter darstellt. In der Personenhandelsgesellschaft kommt es vor allem darauf an, die Grenzen privatautonomer Vereinbarungsbefugnis abzustecken und innerhalb dieser Grenzen die freie Willensentscheidung der Gesellschafter zu respektieren, somit auch die Ausübungskontrolle einzuschränken. In anderen, nicht durch die privatautonome Vereinbarung von Mehrheitskompetenzen geprägten Gesellschaften ist hingegen umgekehrt das normative Gewicht auf die Ausübungskontrolle zu verteilen. Aus diesen Gründen ist für den Normaltypus der Personenhandelsgesellschaft an dem Bestimmtheitsgrundsatz festzuhalten.

III. Besondere Grenzen der Ausübungsbefugnis

21 Auch wenn vorstehend im Vergleich zur Ausübungskontrolle stärker auf die Grenzen der Vereinbarungsbefugnis abgestellt worden ist, so kann doch auf eine Ausübungskontrolle nicht generell verzichtet werden. Gerade das Gesellschaftsrechtsverhältnis einer Personenhandelsgesellschaft ist durch die persönlichen Beziehungen der Gesellschafter zur Gesellschaft und vor allem untereinander rechtlich derart verdichtet, daß die Rücksichtnahme auf die gegenseitigen Belange einem rechtlichen Gebot entspricht. Deshalb ist auch die Ausübung der Mehrheitskompetenzen an dieses in vielfacher Hinsicht bestehende Gebot gebunden.

1. Die Treupflicht

22 Die Treupflicht ist schon in anderem Zusammenhang ausführlich behandelt worden (Schlegelberger-K. Schmidt § 105 Anm. 161 ff.). Nach ihrer höchstrichterlichen Anerkennung im Aktienrecht (BGHZ 103, 184, 194 f. = NJW 1988, 1579; dazu Martens in: K. Schmidt, Rechtsdogmatik und Rechtspolitik (1990) S. 251 sowie Timm WM 1991, 481) ist die Treupflicht von allgemeiner gesellschaftsrechtlicher Bedeutung. Allerdings ist sie in den verschiedenen Rechtsformen von unterschiedlichem Gewicht. Auch in den Personenhandelsgesellschaften differiert ihr Anwendungsbereich je nach der Intensität der zwischen den Gesellschaftern und der Gesellschaft bestehenden Rechtsbeziehungen. Somit ist die Treupflicht in der Publikumspersonengesellschaft nur von geringer Bedeutung, während sie in der OHG und in dem Normaltypus der KG einen großen Stellenwert hat. Ihr Anwendungsbereich erstreckt sich sowohl auf das Verhältnis zwischen den Gesellschaftern, so daß jeder Gesellschafter den anderen Gesellschaftern gebührende Rücksichtnahme auf deren Interessen schuldet, als auch auf das Verhältnis zwischen den Gesellschaftern und der Gesellschaft, das allerdings überwiegend geprägt wird durch die allgemeine Pflicht zur Zweckförderung (dazu Staub-Ulmer Anm. 42).

Inhaltlich ist die Treupflicht vorrangig auf die Ausübungskontrolle bestehender Rechte (limitierende Funktion), darüber hinaus auch auf die Begründung selbständiger Nebenpflichten (pflichtbegründende Funktion) gerichtet. Der Ausübungskontrolle unterliegt vor allem das Stimmrechtsverhalten der Gesellschafter (dazu § 119 Anm. 29). Dabei ist in grundsätzlicher Hinsicht die Treupflicht je nach dem konkreten Beschlußgegenstand differenziert anwendbar. In Angelegenheiten der Geschäftsführung ist sie von besonderer Intensität, während sie im Bereich der Grundlagen-, also vor allem der Vertragsänderungen von geringerer Bedeutung ist. Über das Stimmrechtsverhalten hinaus wird auch die Ausübung aller anderen Gesellschafterrechte von der Treupflicht erfaßt, also z.B. auch die Informationsrechte sowie die Entziehungs- und Ausschlußrechte. Ihre pflichtbegründende Funktion kommt wiederum im Zusammenhang des Stimmrechtsverhaltens in Form einer Zustimmungspflicht anläßlich einer im Gesellschaftsinteresse gebotenen und unter Berücksichtigung der Gesellschafterinteressen zumutbaren Vertragsänderung zum Ausdruck (ausführlich dazu § 119 Anm. 44). Ein weiterer Anwendungsfall betrifft das Verbot der unzulässigen Ausnutzung von Geschäftschancen der Gesellschaft, das über das gesetzliche Wettbewerbsverbot hinausgeht. Weitere Beispiele der pflichtbegründenden Funktion der Treupflicht finden sich bei Schlegelberger-K. Schmidt in Anm. 166 zu § 105.

Dieser umfassende Anwendungsbereich der Treupflicht birgt insgesamt die Gefahr einer ufer- und konturenlosen Beurteilung, die zumeist ganz auf die Besonderheiten des Einzelfalls abstellt und deshalb kaum prognostizierbar ist. Deshalb ist jedenfalls dann Zurückhaltung geboten, wenn die gesellschaftsvertragliche Rechtslage eindeutig ist und keine außergewöhnlichen Umstände für eine eingeschränkte Ausübung der vereinbarten Rechte erkennbar sind. Eine verdeckte Vertragskontrolle in Form einer extensiven Anwendung der gesellschaftsrechtlichen Treupflicht widerspricht nicht nur den Parteiinteressen, sondern ist auch systemwidrig.

2. Der Verhältnismäßigkeitsgrundsatz

Dieser vor allem im Kapitalgesellschaftsrecht allgemein anerkannte Grundsatz (BGHZ 71, 40; 80, 69, 73 ff.; 83, 319; ausführlich dazu Lutter ZGR 1981, 171 ff. sowie Timm ZGR 1987, 403 ff.) ist auch im Personengesellschaftsrecht von erheblicher Bedeutung. Er ist auf jegliche Rechtsausübung anwendbar, die die Interessen der von dieser Rechtsausübung betroffenen Gesellschafter beeinträchtigt. Beispiele für den Anwendungsbereich des Verhältnismäßigkeitsgrundsatzes sind das Ausschließungsverfahren und die Ausübung des Stimmrechts anläßlich einer Regelung, die die Interessen der dissentierenden Gesellschafter beeinträchtigt, äußerstenfalls sogar zu einem Rechtsverlust führt. Die Ausschließung aus der Gesellschaft kommt nur als ultima ratio in

Betracht, so daß jedes mildere Mittel – so z. B. auch die Pflicht zur Vertragsanpassung – vorrangig zu berücksichtigen ist. Somit ist die Ausschließung aus der Gesellschaft nur dann gerechtfertigt, wenn der entstandene Konflikt nur durch die Ausschließung eines oder mehrerer Gesellschafter beseitigt werden kann und der weitere Verbleib dieser Gesellschafter für die übrigen Gesellschafter unzumutbar ist. Im Rahmen der Beschlußkontrolle ist der Verhältnismäßigkeitsgrundsatz dreistufig angelegt. Danach muß die beabsichtigte Regelung, die zu einer Interessenbeeinträchtigung der übrigen Gesellschafter führt, im Interesse der Gesellschaft liegen; angesichts der relativen Unbestimmtheit des Gesellschaftsinteresses steht der Gesellschaftermehrheit ein nicht unerheblicher Ermessensspielraum zu. Des weiteren muß der mit der Regelung verbundene Eingriff in die Rechte oder Interessen der Minderheit erforderlich sein, um das Regelungsziel zu erreichen; mithin ist diese Voraussetzung nicht erfüllt, wenn dieses Ziel auch durch ein milderes Mittel, eine weniger belastende Regelung, erreichbar ist. Schließlich ist erforderlich, daß die beabsichtigten Vorteile der Gesellschaft einerseits und die mit dem Eingriff verbundenen Nachteile der Minderheit andererseits in einem angemessenen Verhältnis stehen; je größer mithin die Nachteile der Minderheit sind, um so größer müssen auch die Vorteile der Gesellschaft sein (dazu Zöllner Schranken mitgliedschaftlicher Stimmrechtsmacht S. 351 f.).

26 Ein Verstoß gegen den Verhältnismäßigkeitsgrundsatz kann zwar im Einzelfall – und zwar in Verbindung mit der Treupflicht – eine Schadensersatzpflicht begründen. Seine wesentliche Rechtsfolge besteht jedoch in der Unwirksamkeit der Rechtsausübung, also vor allem in der Unwirksamkeit eines entsprechenden Gesellschafterbeschlusses. Anders als die Treupflicht, deren Verletzung zwar auch die Unwirksamkeit eines entsprechenden Gesellschafterbeschlusses zur Folge hat, die aber gleichsam von außen die Grenzen der Rechtsausübung markiert, stellt der Verhältnismäßigkeitsgrundsatz einen jedem Recht immanenten Kontrollmaßstab dar. Aus diesen Gründen ist der Verhältnismäßigkeitsgrundsatz vorrangig gegenüber einer etwaigen Treupflichtverletzung anzuwenden.

3. Der Gleichbehandlungsgrundsatz

27 Als weitere allgemein anerkannte Ausübungsschranke kommt der Gleichbehandlungsgrundsatz in Betracht (dazu vor allem G. Hueck Grundsatz der gleichmäßigen Behandlung S. 35 ff., 278 ff.; Zöllner Schranken mitgliedschaftlicher Stimmrechtsmacht S. 301 ff.; Staub-Ulmer § 105 Anm. 252 ff.; Heymann-Emmerich Anm. 12 ff.; K. Schmidt Gesellschaftsrecht § 16 II 4; Wiedemann Gesellschaftsrecht § 8 II 2 S. 427 ff.). Seine Geltung beruht auf Gewohnheitsrecht und findet seine materielle Begründung in dem zwischen den Gesellschaftern bestehenden Gemeinschaftsverhältnis (ausführlich G. Hueck Grundsatz der gleichmäßigen Behandlung S. 128 ff.). Im Aktienrecht hat er nunmehr seinen positivrechtlichen Ausdruck in § 53 a AktG erfahren. Er verpflichtet die Gesellschafter nicht etwa zur totalen Gleichstellung aller Gesellschafter. Sein wesentlicher Inhalt ist vielmehr das Verbot der sachlich nicht gerechtfertigten Ungleichbehandlung. Verschiedentlich wird dieses Verbot mit dem Willkürverbot gleichgesetzt (so z.B. K. Schmidt Gesellschaftsrecht § 16 II 4). Eine solche terminologische Gleichsetzung ist jedoch nicht zu empfehlen. Nach dem Willkürverbot ist eine etwaige Ungleichbehandlung schon dann gerechtfertigt, wenn dafür irgendein sachlicher Grund ersichtlich ist. Demgegenüber setzt der Gleichbehandlungsgrundsatz für die Ungleichbehandlung einen sachlichen Rechtfertigungsgrund voraus, dessen konkrete Ausfüllung allerdings nach den Besonderheiten des konkreten Gemeinschaftsverhältnisses variiert.

Die Rechtsfolgen einer unzulässigen Ungleichbehandlung bestehen in mehrfacher **28** Hinsicht. Sofern die unzulässige Ungleichbehandlung Inhalt eines Gesellschafterbeschlusses ist, ist dieser Beschluß unwirksam. Werden auf der Grundlage eines solchen Beschlusses oder in sonstiger Weise einzelne Gesellschafter begünstigt, so sind sie grundsätzlich zur Rückgewähr des Erlangten verpflichtet. Diese Verpflichtung kann auch von den anderen Gesellschaftern mittels der actio pro socio geltend gemacht werden. Eine solche Rückgewährpflicht entfällt jedoch, wenn nachfolgend auch die übrigen Gesellschafter entsprechend begünstigt werden. Dieses Partizipationsrecht mit der Folge, daß auch der Gesellschafterbeschluß nicht unwirksam, sondern im Hinblick auf die ausgeschlossenen Gesellschafter ergänzungsbedürftig ist, besteht immer dann, wenn das Schwergewicht der Ungleichbehandlung tatsächlich auf dem Ausschluß einzelner Gesellschafter von dem Verteilungsverfahren und nicht auf der Begünstigung einzelner Gesellschafter liegt. Im Kapitalgesellschaftsrecht kollidiert eine solche Ausweitung der zu verteilenden Mittel zugunsten der bisher ausgeschlossenen Gesellschafter oftmals mit den Vorschriften über die Kapitalerhaltung (dazu Lutter ZGR 1978, 366 ff.). Diese Bedenken gegen eine aktive Gleichbehandlung bestehen jedoch im Personengesellschaftsrecht nicht, so daß im Einzelfall abzuwägen ist, ob die unzulässige Ungleichbehandlung zu einer Rückgewährpflicht oder zu einsprechenden Partizipationsrechten führt (dazu G. Hueck Grundsatz der gleichmäßigen Behandlung S. 302 ff.; M. Winter ZHR 148 (1984), 579, 597 ff.). Eine weitere Rechtsfolge unzulässiger Gleichbehandlung besteht in einem Abwehrrecht derjenigen Gesellschafter, die mit besonderen Nachteilen belastet worden sind, obwohl die dafür genannten Voraussetzungen auch in der Person anderer Gesellschafter erfüllt sind.

Der Gleichbehandlungsgrundsatz als solcher steht nicht zur Disposition der Gesell- **29** schafter; wohl aber können sie, ohne daß es einer sachlichen Rechtfertigung bedarf, im Gesellschaftsvertrag die Rechte und Pflichten ungleich verteilen. Hinsichtlich derartiger Durchbrechungen des Gleichbehandlungsgrundsatzes für den Einzelfall sind die Gesellschafter regelungsbefugt (BGHZ 16, 59, 70; Heymann-Emmerich Anm. 14; Staub-Ulmer § 105 Anm. 256). Eine solche vereinbarte Ungleichbehandlung kann auch auf einem späteren Gesellschafterbeschluß beruhen, sofern eine solche Beschlußkompetenz im Gesellschaftsvertrag hinreichend deutlich zum Ausdruck kommt. Die generellen Grenzen dieser vereinbarten Ungleichbehandlung werden durch § 138 BGB gesetzt. Im übrigen ist im Wege der Vertragsauslegung der Gleichbehandlungsgrundsatz gebührend zu berücksichtigen, indem z.B. besondere Belastungen einzelner Gesellschafter die Ausnahme bilden und deshalb einer eindeutigen zweifelsfreien Regelung bedürfen. Andererseits kann es im Wege der Auslegung geboten sein, an die vereinbarte Bevorzugung einzelner Gesellschafter auch damit verbundene Belastungen zu knüpfen, so daß insgesamt eine relative Gleichbehandlung besteht (zur auslegungsrelevanten Bedeutung des Gleichbehandlungsgrundsatzes G. Hueck Grundsatz der gleichmäßigen Behandlung S. 278 ff.).

§ 110 2. Buch. 1. Abschnitt. Offene Handelsgesellschaft

30 Die Anwendung des Gleichbehandlungsgrundsatzes im Einzelfall erschöpfend darzustellen, ist kaum möglich. Der Grundsatz ist von erheblicher praktischer Bedeutung im Zusammenhang der Einforderung rückständiger Einlagen oder Beiträge, im Zusammenhang der Gewinnverteilung und des Entnahmerechts (BGH WM 1977, 1022) sowie im Zusammenhang einer etwaigen Veränderung der Kapitalanteile, insbesondere durch Leistungen weiterer Gesellschaftereinlagen (BGH WM 1974, 1151, 1153; A. Hueck Recht der OHG § 9 III). Schließlich unterliegen auch die Leistungsbeziehungen der Gesellschaft mit ihren Gesellschaftern aus Drittgeschäften der Kontrolle durch den Gleichbehandlungsgrundsatz. Sofern diese Leistungsbeziehungen nicht äquivalent sind, ist jedenfalls für die OHG und den Normaltypus der KG davon auszugehen, daß es sich um eine verdeckte Ungleichbehandlung zugunsten des an diesem Drittgeschäft beteiligten Gesellschafters handelt. Da die Gesellschafter mit den besonderen Verhältnissen der Gesellschaft vertraut sind, bedarf es grundsätzlich keines Nachweises einer subjektiven Bereicherungsabsicht.

110

(1) Macht der Gesellschafter in den Gesellschaftsangelegenheiten Aufwendungen, die er den Umständen nach für erforderlich halten darf, oder erleidet er unmittelbar durch seine Geschäftsführung oder aus Gefahren, die mit ihr untrennbar verbunden sind, Verluste, so ist ihm die Gesellschaft zum Ersatze verpflichtet.

(2) Aufgewendetes Geld hat die Gesellschaft von der Zeit der Aufwendung an zu verzinsen.

Schrifttum: *Bastuck*, Enthaftung des Managements (1986); *Blomeyer*, Die Haftung des Gesellschafters im Konkurs der offenen Handelsgesellschaft, BB 1968, 1461; *Brüggemann*, Abwälzung und Rückwälzung von Geldstrafen und Geldbußen mit den Mitteln des bürgerlichen Rechts? GA 1968, 161; *Fitz*, Risikozurechnung bei Tätigkeit im fremden Interesse (1985); *Genius*, Risikohaftung des Geschäftsherrn, AcP Bd. 173 (1973), 481; *Hadding*, Der praktische Fall zum Handelsrecht, JuS 1968, 173; *ders.*, Zum Rückgriff des ausgeschiedenen haftenden Gesellschafters einer OHG oder KG, Festschrift für Walter Stimpel (1985), S. 139; *Köhler*, Arbeitsleistungen als „Aufwendungen", JZ 1985, 359; *Kubis*, Der Regreß des Personenhandelsgesellschafters aus materiellrechtlicher und verfahrensrechtlicher Sicht (1988); *Löffler/Glaser*, Die Tätigkeitsvergütung des OHG-Gesellschafters, DB 1958, 759; *Rehbinder*, Rechtliche Schranken der Erstattung von Bußgeldern an Organmitglieder und Angestellte, ZHR Bd. 148 (1984), S. 555; *Reichert/Winter*, Die „Abberufung" und Ausschließung des geschäftsführenden Gesellschafters der Publikums-Personengesellschaft, BB 1988, 981; *Schumann*, Zur konkursrechtlichen Stellung des zahlenden und rückgriffsberechtigten Kommanditisten, JZ 1958, 427; *Walter*, Der Gesellschafter als Gläubiger seiner Gesellschaft, JuS 1982, 81.

Inhalt

	Anm.		Anm.
I. Normzweck	1–3	III. Der Aufwendungsersatzanspruch	10–19
		1. Vorrang vertraglicher Vereinbarungen	10
II. Die Normadressaten	4–9		
1. Die anspruchsberechtigten Personen	4	2. Tätigkeit in Gesellschaftsangelegenheiten	11
a) Die Gesellschafter	4	a) Grundsatz	11
b) Dritte	5	b) Erfordernis der befugten Tätigkeit	13
2. Anspruchsgegner	6	3. Die Aufwendungen	15
a) Die Haftung der Gesellschaft	6		
b) Die Haftung der Mitgesellschafter	7	4. Subjektive Voraussetzungen	19

Ersatz für Aufwendungen und Verluste **1, 2 § 110**

	Anm.		Anm.
IV. Der Verlustausgleichsanspruch	20–28	V. Verzinsung (Abs. 2)	29
1. Eintritt eines Verlustes	20	VI. Freistellungsanspruch	30
2. Zusammenhang mit der Geschäftsbesorgung	21	VII. Durchsetzbarkeit	31, 32
a) Grundsatz	21	1. Grundsatz	31
b) Beispiele	23	2. Treupflicht	32
3. Verschulden des Gesellschafters	24	VIII. Die Anwendbarkeit der allgemeinen Vorschriften	33, 34
4. Ersatz von Geldstrafen und -bußen	25		
5. Drittansprüche	27	IX. Abweichende Vereinbarungen	35

I. Normzweck

Nach dieser an Art. 93 ADHGB anschließenden Vorschrift steht dem Gesellschafter **1** ein Ausgleichsanspruch zu für Aufwendungen, die ihm in Gesellschaftsangelegenheiten entstanden sind, sowie für Verluste, die er im Zusammenhang mit der Geschäftsführung erlitten hat. Obwohl nach dem Wortlaut der Vorschrift der Verlustausgleich an die Ausübung von Geschäftsführungsfunktionen gebunden ist, wird auch dieser Anspruch nach dem in der Literatur vertretenen Verständnis davon abgekoppelt und für jeglichen anläßlich einer Tätigkeit in Gesellschaftsangelegenheiten erlittenen Verlust zuerkannt (dazu Anm. 4). Aus dieser Sicht erweist sich die Vorschrift als eine für alle Gesellschafter in gleicher Weise anwendbare Ausgleichsregelung für freiwillige oder unfreiwillige Vermögenseinbußen, die sie in Wahrnehmung der gemeinsamen Gesellschaftsangelegenheiten, also nicht in Wahrnehmung ihrer eigenen Gesellschafterrechte erlitten haben. Diese tatbestandliche Begrenzung auf den Ersatz von Vermögenseinbußen läßt des weiteren erkennen, daß sich diese Vorschrift nicht als subsidiäre Vergütungsregelung, vergleichbar dem § 612 Abs. 1 und 2 BGB, eignet. Tätigkeiten in Angelegenheiten der Gesellschaft werden nach dem gesetzlichen Leitbild durch die Teilhabe an dem erwirtschafteten Gewinn „entgolten". Nur soweit der einzelne Gesellschafter zur Förderung des Gesellschaftszwecks und damit im Interesse aller Gesellschafter ein Sonderopfer in Form einer konkreten Vermögenseinbuße erbringt, entspricht es der Billigkeit, daß er dafür auch gesondert entschädigt wird. Diese Entschädigung ist aus dem Gesellschaftsvermögen zu leisten; mithin handelt es sich um einen Sozialanspruch, für den die übrigen Gesellschafter grundsätzlich nicht einzustehen haben.

Diese teleologische Begründung, insbesondere die Berufung auf die Billigkeit entspricht **2** den vormaligen Regelungsvorstellungen des Gesetzgebers (Denkschrift zum HGB, S. 83; Düringer-Hachenburg-Flechtheim Anm. 1; A. Hueck Recht der OHG § 15 I; w.N. bei Fitz Risikozurechnung S. 139 FN. 4). Demgegenüber wird nunmehr in der Literatur auf ein allgemeines Prinzip der Risikohaftung für Tätigkeiten abgestellt, die im fremden Interesse ausgeübt werden (Baumbach-Duden-Hopt Anm. 2 A; Staub-Ulmer Anm. 1; ausführlich Fitz Risikozurechnung S. 139 ff.; Genius AcP 173, 512; dazu auch BGH NJW 1960, 1568, 1569). Seinen positivrechtlichen Ausdruck findet dieses Rechtsprinzip in § 670 BGB. Allerdings behandelt diese Vorschrift nach ihrem Wortlaut nur den Fall der getätigten Aufwendungen, also der freiwilligen Vermögensopfer und gerade nicht den in § 110 geregelten Fall des Vermögensverlustes, also der unfreiwilligen Vermögensopfer. Deshalb wird zur Ergänzung des § 670 BGB u.a. auf die sinngemäße oder analoge Anwendung des § 110 hingewiesen. Diese formale Unvollständigkeit des § 670 BGB ist nur der äußere Ausdruck dafür, daß dieses allgemeine Prinzip der Risikohaftung bei Tätigkeit im fremden Interesse nur von grundsätzlicher Bedeutung ist, im einzelnen aber der Ergänzung durch Berücksichtigung der Besonderheiten des konkreten Rechtsverhältnisses bedarf (so zutreffend Zöllner Arbeitsrecht 3. Aufl. 1983, S. 210f.). So ist z.B. die Problematik einer Verlustausgleichspflicht des Arbeitgebers nur im Ansatz auf der Grundlage des § 670 BGB und des damit verbundenen Prinzips der Risikohaftung bei fremdnütziger Tätigkeit behandelt worden, während im einzelnen und vorrangig arbeitsrechtsspezifische Überlegungen entscheidend sind (dazu BAG AP Nr. 2, 6, 7 zu § 611 BGB Gefährdungshaftung). Aus diesen Gründen ist auch in diesem Zusammenhang Vorsicht geboten gegenüber einer generalisierenden Betrachtungsweise, die nur auf das allgemeine Rechtsprinzip abstellt und dadurch die besondere Interessenlage innerhalb der Personengesellschaft vernachlässigt.

3 Dieser Ausgleichsanspruch für freiwillige und unfreiwillige Vermögensopfer ist von einem Schadensersatzanspruch deutlich zu unterscheiden. Es bedarf somit auch keines Verschuldens der Gesellschaft oder anderer geschäftsführender Gesellschafter. Ebenso finden die schadensersatzrechtlichen Vorschriften jedenfalls keine unmittelbare Anwendung. Im einzelnen ist allerdings zu untersuchen, ob der in diesen Vorschriften enthaltene Rechtsgedanke im Rahmen dieses Ausgleichsanspruchs entsprechend zu berücksichtigen ist (dazu Anm. 33 f.).

II. Die Normadressaten

1. Die anspruchsberechtigten Personen

a) Die Gesellschafter

4 Dieser Ausgleichsanspruch steht allen Gesellschaftern in gleicher Weise zu. Diese Gleichbehandlung erstreckt sich auf beide in Abs. 1 geregelten Tatbestände (Baumbach-Duden-Hopt Anm. 1 A; Staub-Ulmer Anm. 6, 18, 23; Heymann-Emmerich Anm. 3, 9 ff.; A. Hueck Recht der OHG § 15 I; Genius AcP 173, 506). Auch der nichtgeschäftsführende Gesellschafter hat somit einen Anspruch auf Ersatz für erlittene Verluste. Für die im Wortlaut angelegte Differenzierung zwischen Geschäftsführungstätigkeit einerseits und Tätigkeit in sonstigen Gesellschaftsangelegenheiten andererseits besteht kein sachlicher Grund. Deshalb ist dieses Merkmal der Geschäftsführung nicht in seiner gesellschaftsrechtsspezifischen Bedeutung, sondern allgemein als Geschäftsbesorgung zu verstehen (zutreffend Baumbach-Duden-Hopt Anm. 2 A). Ausgeschiedene Gesellschafter können sich für Aufwendungen, die sie nach ihrem Ausscheiden aus der Gesellschaft getätigt haben, nicht auf diesen Ausgleichsanspruch berufen (BGHZ 39, 319, 325; WM 1978, 114, 115; Heymann-Emmerich Anm. 3; Staub-Ulmer Anm. 11; ausführlich Schlegelberger-K. Schmidt § 128 Anm. 62; a.A. Voraufl. § 128 Anm. 28; Schumann JZ 1958, 428; Blomeyer BB 1968, 1463 FN. 18; Hadding Festschrift für Stimpel S. 154: § 110 analog; ders. JuS 1968, 177 FN. 16). Diese Problematik stellt sich vor allem in jenen Fällen, in denen der ausgeschiedene Gesellschafter aufgrund seiner fortbestehenden Haftung von einem Gesellschaftsgläubiger in Anspruch genommen worden ist. Auch wenn diese Verpflichtung ihren Rechtsgrund in dem ursprünglichen Gesellschaftsverhältnis hatte, fehlt es doch nunmehr an einer Rechtsgrundlage für einen innergesellschaftlichen Ausgleich. Deshalb kommen Regreßansprüche nur nach anderen Vorschriften in Betracht (dazu Schlegelberger-K. Schmidt § 128 Anm. 61 ff.).

b) Dritte

Außenstehende Personen können mangels Gesellschafterstellung grundsätzlich keine Ansprüche aus § 110 originär erwerben. Allerdings ist ein derivativer Erwerb aufgrund Zession oder Gesamtrechtsnachfolge jederzeit möglich. Unmittelbare Drittansprüche kommen ausnahmsweise in analoger Anwendung der §§ 844, 845 BGB i. V. m. § 110 in Betracht. Unter den Voraussetzungen der §§ 844, 845 BGB steht den unterhalts- oder dienstberechtigten Personen auch ein Ausgleichsanspruch gegenüber der Gesellschaft zu (RGZ 167, 85, 89 und BGHZ 7, 30, 34 jeweils zu § 670 BGB; Heymann-Emmerich Anm. 13; Staub-Ulmer Anm. 11; Fitz Risikozurechnung S. 139; Genius AcP 173, 518; ausführlich zur Entwicklung A. Hueck Recht der OHG § 15 I). Dabei ist jedoch nicht erforderlich, daß ein Drittverschulden vorliegt; entscheidend ist vielmehr, ob der Gesellschafter anläßlich einer für die Gesellschaft ausgeübten Tätigkeit von einem Ereignis betroffen worden ist, das auf einer tätigkeitsspezifischen Gefahrerhöhung beruht.

2. Anspruchsgegner

a) Die Haftung der Gesellschaft

Die Ansprüche aus § 110 richten sich gegen die Gesellschaft als Schuldnerin. Da die Rechtsgrundlage dieser Ansprüche in den gesellschaftlichen Rechtsbeziehungen liegt, handelt es sich um eine Sozialverbindlichkeit der Gesellschaft bzw. einen Sozialanspruch des Gesellschafters (BGHZ 37, 299, 301; ähnlich schon RGZ 31, 139, 141; Heymann-Emmerich Anm. 14; Staub-Ulmer Anm. 29; K. Schmidt Gesellschaftsrecht § 47 II 4 d; Walter JuS 1982, 82). Der Anspruch kann grundsätzlich jederzeit gegenüber der Gesellschaft geltend gemacht werden. Allerdings entbindet dieser Anspruch und seine Durchsetzbarkeit nicht von der Geltung der gesellschaftsrechtlichen Treupflicht. Unter freilich engen Voraussetzungen muß deshalb der Gesellschafter auf die wirtschaftliche Situation der Gesellschaft gebührend Rücksicht nehmen, indem er sich äußerstenfalls mit einer Ratenzahlung begnügt oder eine generelle Stundung einräumt. Insofern sind die Belange der Gesellschaft stärker zu beachten als bei der Rechtsverfolgung von Ansprüchen, die aus Drittgeschäften mit dem Gesellschafter entstanden sind. Eine weitere Grenze der Rechtsverfolgung gegenüber der Gesellschaft folgt aus den Besonderheiten des Liquidationsverfahrens. In diesem Stadium können die Sozialansprüche grundsätzlich nicht mehr selbständig geltend gemacht werden; wegen der sodann erforderlichen Gesamtbilanzierung aller bestehenden Rechte und Pflichten sind die Sozialansprüche lediglich unselbständige Rechnungsposten (BGHZ 37, 299, 304; LM Nr. 2, 4 zu § 730 BGB; dazu näher Schlegelberger-K. Schmidt § 155 Anm. 19 f.). Von diesem Grundsatz ist dann abzuweichen, wenn schon im vorhinein feststeht, daß

b) Die Haftung der Mitgesellschafter

7 Nach nahezu einhelliger Ansicht in Rechtsprechung und Literatur kommt eine auch nur subsidiäre Haftung der übrigen Gesellschafter während des Bestehens der Gesellschaft grundsätzlich nicht in Betracht (RGZ 80, 268, 273 zu § 707 BGB; RGZ 153, 305, 309; BGHZ 37, 299, 301; Baumbach-Duden-Hopt Anm. 1 F; Heymann-Emmerich Anm. 14; Staub-Ulmer Anm. 29, 31; A. Hueck Recht der OHG § 18 III; K. Schmidt Gesellschaftsrecht § 47 II 4 d m.w.N.). Zur Begründung wird vor allem auf § 707 BGB verwiesen. Da die Gesellschafter somit nicht zur Erhöhung ihres vereinbarten Beitrags oder zur Ergänzung ihrer Einlage verpflichtet seien, könnten sie auch nicht zum Ausgleich der für die Gesellschaft getätigten Aufwendungen in Anspruch genommen werden (BGHZ 37, 299, 301 f.; Baumbach-Duden-Hopt Anm. 1 F; Heymann-Emmerich Anm. 14; Staub-Ulmer Anm. 31; A. Hueck Recht der OHG § 18 III; K. Schmidt Gesellschaftsrecht § 47 II 4 d; Walter JuS 1982, 82 f.; a.A. Wiedemann Gesellschaftsrecht S. 271, dagegen ausführlich Walter aaO.). Auch eine Haftung der Mitgesellschafter nach § 128 ist grundsätzlich ausgeschlossen, da diese Vorschrift auf Sozialverbindlichkeiten nicht anwendbar ist (RGZ 120, 135, 137; BGHZ 37, 299, 301; NJW 1980, 339, 340; A. Hueck Recht der OHG § 18 III 2; Schlegelberger-K. Schmidt § 128 Anm. 34). Von diesem grundsätzlichen Standpunkt wird einhellig in jenen Fällen abgewichen, in denen der Gesellschafter von einem Gläubiger der Gesellschaft in Anspruch genommen worden ist und somit eine Gesellschaftsschuld erfüllt hat. Da es im Belieben des Gläubigers steht, seine Forderung gegenüber der Gesellschaft oder einem einzelnen Gesellschafter geltend zu machen, wäre es offenbar unbillig, dem betroffenen Gesellschafter einen Ausgleichsanspruch zu versagen, obwohl doch jeder andere Gesellschafter in gleicher Weise zur Leistung verpflichtet gewesen ist (so BGHZ 37, 299, 302 f.; NJW 1980, 339, 340; WM 1988, 446, 448; A. Hueck Recht der OHG § 18 III 2; Schlegelberger-K. Schmidt § 128 Anm. 34 m.w.N.). Auf diesen Ausgleichsanspruch ist jedoch § 128 nicht anwendbar; vielmehr ergibt sich dieser aus § 426 BGB, so daß die übrigen Gesellschafter lediglich pro rata in Anspruch genommen werden können. Zudem ist auch diese pro rata-Haftung subsidiär, so daß der ausgleichsberechtigte Gesellschafter seinen Regreßanspruch primär gegenüber der Gesellschaft – dann allerdings ohne Rücksicht auf seine Verlustbeteiligung – geltend machen muß.

8 Diese singuläre, als Ausnahme verstandene Sonderregelung, die den Grundsatz der Haftungsfreistellung der Gesellschafter für derartige Ausgleichsansprüche eher bestätigt als einschränkt, weist jedoch einen teleogischen Sinnzusammenhang auf, der weit über diesen Ausnahmefall hinausreicht. So wird sich der Ausgleichsanspruch oftmals wegen eines Aufwands ergeben, den der Gesellschafter durch Abschluß von Hilfsgeschäften getätigt hat. Auch wenn es sich dabei um Bargeschäfte handelt, dann ändert dieser Umstand doch nichts daran, daß ein Gläubiger befriedigt worden ist, der die Gesellschaft oder auch die anderen Gesellschafter hätte in Anspruch nehmen können. Daraus folgt in Konsequenz dieser haftungsrechtlichen Ausnahmeregelung, daß die übrigen Gesellschafter für alle als Aufwand getätigten Drittgeschäfte der pro-rata-

Ersatz für Aufwendungen und Verluste 9 § 110

Haftung unterliegen. Freilich ist es ein Gebot wertungsmäßiger Folgerichtigkeit, diese Haftungsregelung nicht danach zu differenzieren, ob derartige Drittgeschäfte im eigenen oder im Namen der Gesellschaft abgeschlossen worden sind. Eine solche Differenzierung hätte zur Folge, daß zwar die geschäftsführenden Gesellschafter aufgrund ihrer unbeschränkten Vertretungsbefugnis im fremden Namen handeln könnten und damit gegenüber den anderen Gesellschaftern ausgleichsberechtigt wären, nicht aber sonstige Gesellschafter – eine Ungleichbehandlung die mit dem generellen Anwendungsbereich des § 110 nicht vereinbar ist. Im übrigen ist diese Unterscheidung zwischen dem Handeln im eigenen und im fremden Namen für die haftungsrechtliche Problematik des Ausgleichsanspruchs ohnehin kein wertungsrelevantes Differenzierungskriterium. Vor allem aber ist darauf hinzuweisen, daß die auf § 707 BGB gestützte Begründung in keiner Weise zu überzeugen vermag. Wenn es nämlich richtig ist, daß auch in diesem Zusammenhang kein Gesellschafter „zur Erhöhung des vereinbarten Beitrags" verpflichtet ist, dann muß diese Regelung in gleicher Weise auf den Gesellschafter anwendbar sein, der eigenes Vermögen in Gesellschaftsangelegenheiten aufwendet. Ein solcher Vermögensaufwand ist jedoch oftmals unvermeidbar, entspricht oftmals sogar der Pflichtenstellung des Gesellschafters, der ohne diesen Aufwand seine in Gesellschaftsangelegenheiten bestehende Pflicht nicht erfüllen kann. Auf diese Weise erbringt er entgegen § 707 BGB einen besonderen Vermögensbeitrag, für den er zwar primär Ausgleich aus dem Gesellschaftsvermögen verlangen kann, der aber dann auf alle Gesellschafter in gleicher Weise umgelegt werden muß, wenn dieses Gesellschaftsvermögen erschöpft ist. Diese subsidiäre pro-rata-Haftung aller Gesellschafter entspricht deshalb dem Gebot gerechter Lastenverteilung bzw. vermögensrechtlicher Gleichbehandlung (so zutreffend Wiedemann Gesellschaftsrecht S. 270 f.).

Die in Rechtsprechung und Literatur überwiegende Ansicht verweist demgegenüber 9 den ausgleichsberechtigten Gesellschafter auf die Schlußabrechnung im Liquidationsverfahren. Wegen § 707 BGB sollen die übrigen Gesellschafter erst in diesem Stadium zur Verlustdeckung entsprechend ihrer Verlustbeteiligung verpflichtet sein (BGHZ 37, 299, 301 f.; A. Hueck Recht der OHG § 18 III; Fischer in Großkomm Anm. 20; Soergel-Hadding 11. Aufl. § 713 Anm. 10; ausführlich Walter JuS 1982, 82 f.; ders. JZ 1983, 260). Demgegenüber wird die subsidiäre pro-rata-Haftung der übrigen Gesellschafter gegenüber dem ausgleichsberechtigten Gesellschafter – selbstverständlich unter Anrechnung seiner eigenen Verlustbeteiligung – in einer Entscheidung des Reichsgerichts (RGZ 153, 305, 314) sowie von Staub-Ulmer (Anm. 31; ders. Recht der BGB-Gesellschaft § 713 Anm. 14) bejaht. Nach der vorstehend begründeten Ansicht ist generell festzustellen, daß der Ausgleichsanspruch ohne Rücksicht auf seinen konkreten Entstehungsgrund primär gegenüber der Gesellschaft geltend gemacht werden muß; sofern das Gesellschaftsvermögen jedoch erschöpft ist, können die übrigen Gesellschafer außerhalb des Liquidationsverfahrens und somit unabhängig von einer etwaigen Schlußabrechnung entsprechend ihrer individuellen Verlustbeteiligung in Anspruch genommen werden (ebenso Wiedemann Gesellschaftsrecht S. 270 f.). Lediglich ergänzend ist darauf hinzuweisen, daß diese Haftungsproblematik durch eine Vereinbarung der Gesellschafter besonders geregelt werden kann.

III. Der Aufwendungsersatzanspruch

1. Vorrang vertraglicher Vereinbarungen

10 Da § 110 dispositiven Rechts ist, kommt die Vorschrift nur subsidiär in Ermangelung besonderer Vereinbarungen zur Anwendung. Dabei ist insbesondere auf die Möglichkeit konkludenter Vereinbarungen hinzuweisen. Ebenso kann sich eine abweichende Regelung aufgrund langjähriger Übung ergeben (BGH WM 1966, 159 = NJW 1966, 826), so bei wiederholter Kostenerstattung anläßlich der Teilnahme an der Gesellschafterversammlung. Auf diese Weise kann der Aufwendungsersatzanspruch sowohl eingeschränkt als auch erweitert werden. Dieser Vorrang abweichender Vereinbarungen ist auch zu beachten, wenn der Gesellschafter aufgrund eines Drittgeschäfts tätig gewesen ist. Sodann ist ein etwaiger Aufwendungsersatz nur nach den für dieses Rechtsgeschäft einschlägigen Vorschriften zu beurteilen, also z.B. nach §§ 675, 670 BGB (ebenso Staub-Ulmer Anm. 8 sowie A. Hueck Recht der OHG § 15 I).

2. Tätigkeit in Gesellschaftsangelegenheiten

a) Grundsatz

11 Der Gesellschafter muß in Gesellschaftsangelegenheiten tätig gewesen sein. Dazu ist erforderlich, daß der Gesellschafter im objektiven Geschäftskreis der Gesellschaft gehandelt und auch subjektiv die Gesellschaftsangelegenheiten verfolgt hat. Dabei ist unerheblich, daß der Gesellschafter im Außenverhältnis auch eigene Interessen verfolgt, so wenn er aufgrund seiner unbeschränkten Haftung eine Gesellschaftsverbindlichkeit erfüllt. Entscheidend ist, daß diese Verbindlichkeit eine solche der Gesellschaft ist und damit der Gesellschaftssphäre eindeutig zuzurechnen ist. Anders ist hingegen zu entscheiden, wenn die Eigeninteressen des Gesellschafters etwaige Gesellschaftsinteressen bei weitem überwiegen. Ein derart „auch fremdes" Geschäft erfüllt nicht die Voraussetzungen des § 110 (Staub-Ulmer Anm. 13). Deshalb kann für die Ausübung eigener Gesellschafterrechte grundsätzlich kein Aufwendungsersatz verlangt werden. Im übrigen reicht jedoch jeder Zusammenhang mit den Gesellschaftsangelegenheiten aus, ohne daß ein konkreter Bezug zur Geschäftsführung erforderlich ist.

12 Als derartige Gesellschaftsangelegenheiten kommen beispielhaft in Betracht: Reise im Interesse der Gesellschaft (RGZ 75, 208, 213); Erfüllung von Registerpflichten, §.108 Abs. 1 (Staub-Ulmer Anm. 6); Abwehr von der Gesellschaft drohenden Gefahren (Heymann-Emmerich Anm. 6; Staub-Ulmer Anm. 13); Erwerb von Gegenständen für Rechnung der Gesellschaft (Heymann-Emmerich Anm. 7); Kosten wegen der Vorbereitung oder Durchführung von Geschäftsführungsmaßnahmen (RGZ 75, 208, 213 zu § 670 BGB; Heymann-Emmerich Anm. 7); Kosten der Vorbereitung einer im Selbsthilfeweg einberufenen Gesellschafterversammlung zwecks Abberufung von Geschäftsführern (Reichert-Winter BB 1988, 991); Tätigkeit als Beiratsmitglied (Voormann Beirat S. 159 m.w.N.). Demgegenüber besteht z.B. ein überwiegendes Eigeninteresse bei der Ausübung von eigennützigen Informations- und Kontrollrechten (Staub-Ulmer Anm. 7). Hingegen ist im Hinblick auf die Teilnahme an der Gesellschafterversammlung entsprechend dem konkreten Beschlußgegenstand zu differenzieren. Sofern die Gesellschafterversammlung zur Beschlußfassung über laufende Angelegenheiten, insbesondere Fragen der Geschäftsführung einberufen worden ist, ist der mit der Teilnahme verbundene Aufwand auszugleichen. Ebenso ist anläßlich einer Beschlußfassung über die Abberufung oder Bestellung von Geschäftsführern zu entscheiden, also immer dann ein Ausgleichsanspruch anzuerkennen, wenn über Maßnahmen der unmittelbaren Zweckverfolgung zu entscheiden ist. Demgegenüber entfällt der Anspruch bei Beschlußfassung über Änderungen des Gesellschaftsvertrages, da die Gesellschaft davon nur mittelbar berührt wird, vorrangig jedoch die zwischen den Gesellschaftern bestehenden Rechtsbeziehungen, also deren Eigeninteressen betroffen sind. Die von Ulmer (Anm. 7) vertretene Differenzierung, ob die Vertragsänderung eine spürbare Auswirkung auf den einzelnen Gesellschafter hat oder nicht, ist abzulehnen. Eine derartige Feststellung ist im Einzelfall kaum nachprüfbar, verstößt bei unterschiedlichen Interessenlagen der Gesellschafter gegen den Gleichbehandlungsgrundsatz und verkennt vor allem den normativen Zusammenhang, der nach § 110 zwischen der Tätigkeit im Rahmen der Zweckförderung und dem Ausgleichsanspruch besteht.

b) Erfordernis der befugten Tätigkeit

13 Umstritten ist, ob über den Wortlaut des § 110 hinaus nicht nur allgemein eine Tätigkeit in Gesellschaftsangelegenheiten, sondern des weiteren auch die Befugnis für eine solche Tätigkeit erforderlich ist. Die wohl überwiegende Ansicht bejaht dieses weitergehende Erfordernis (Baumbach-Duden-Hopt Anm. 1 A; Staub-Ulmer Anm. 9f.; A. Hueck Recht der OHG § 10 IV 5 sowie § 15 I; Soergel-Hadding § 708 BGB Anm. 5). Sofern eine solche Befugnis nicht bestehe und dem Gesellschafter dieses Handeln ohne Befugnis nach dem Maßstab des § 708 BGB vorzuwerfen sei, sei § 110 nicht anwendbar, wohl aber die gesetzliche Regelung über die Geschäftsführung ohne Auftrag. Eine solche Befugnis könne sich aus den Regelungen im Gesellschaftsvertrag oder besonderen Gesellschafterbeschlüssen ergeben. Für die geschäftsführenden Gesellschafter sei dabei auf ihren gesetzlichen oder vertraglichen Kompetenzbereich abzustellen, während für die nichtgeschäftsführenden Gesellschafter vor allem eine Beauftragung durch einen geschäftsführenden Gesellschafter in Betracht komme. Zudem könne die Handlungsbefugnis auch auf einer Notgeschäftsführung in Anlehnung an § 744 Abs. 2 BGB beruhen (dazu Staub-Ulmer Anm. 10 sowie zur Notgeschäftsführung BGHZ 17, 181, 183 und A. Hueck Recht der OHG § 10 II). In diesem Zusammenhang werden Maßnahmen zur Einberufung einer Gesellschafterversammlung oder zur Abberufung geschäftsführender Gesellschafter genannt.

14 Diese Ansicht ist abzulehnen. Der Rückgriff auf die Regelung über die Geschäftsführung ohne Auftrag ist in diesem Zusammenhang ebensowenig begründet wie anläßlich der haftungsrechtlichen Beurteilung der Geschäftsführung (dazu § 114 Anm. 36 f.). Dieses Erfordernis einer besonderen Handlungsbefugnis läßt sich dem Wortlaut des § 110 nicht entnehmen und ist zudem für eine interessengerechte Verteilung des Aufwandrisikos nicht erforderlich (so im Ergebnis auch Voraufl. Anm. 2; Fischer in Großkomm Anm. 2; Ritter Anm. 2a.; wohl auch Düringer-Hachenburg-Flechtheim Anm. 2; Heymann-Emmerich Anm. 3; Reichert-Winter BB 1988, 991). Auch der Gesetzgeber ging offensichtlich davon aus, daß § 110 eine umfassende Regelung für alle entsprechenden Ansprüche biete und ein Rückgriff auf die Regelungen der Geschäfsführung ohne Auftrag nicht erforderlich sei (Denkschrift zum HGB S. 83). Das von der Gegenansicht verfolgte Bemühen, unerwünschte Tätigkeiten aus dem Anwendungsbereich des § 110 auszuscheiden, rechtfertigt nicht den Rückgriff auf die Geschäftsführung ohne Auftrag; ein derartiges Korrektiv ist schon in dem Tatbestandsmerkmal „für erforderlich halten durfte" enthalten. Dieses ist sowohl auf die Tätigkeit als solche als auch auf den dafür gebotenen Aufwand zu erstrecken. Im übrigen wird es durch die Kriterien des kompetenzgemäßen Gesellschafterverhaltens und der vorrangigen Berücksichtigung der Gesellschaftsinteressen ausreichend konkretisiert. Deshalb ist das Erfordernis einer besonderen Handlungsbefugnis entbehrlich.

3. Die Aufwendungen

15 Aufwendungen sind freiwillige Vermögensopfer jeglicher Art, die ein Gesellschafter im Interesse der Gesellschaft erbringt. Sofern das Merkmal der Freiwilligkeit nicht erfüllt ist, kommt der ebenfalls in § 110 geregelte Verlustausgleichsanspruch in Betracht. Als Aufwendung ist insbesondere die Leistung zur Erfüllung einer Gesellschaftsschuld anzuerkennen, die auf der Grundlage des § 128 erbracht wird (BGHZ 37, 299, 302; 39, 319, 324; 76, 127, 130; WM 1978, 114, 115 „Gewerbesteuern"; WM 1984, 893, 895 „selber oder durch Dritte für Rechnung des Gesellschafters"; WM 1985, 455, 456; ebenso Baumbach-Duden-Hopt Anm. 1 B; Heymann-Emmerich Anm. 7, 15; Ulmer Anm. 16; A. Hueck Recht der OHG § 15 I; Walter JuS 1982, 83 – zum Übergang der Drittgläubigerforderung auf den Gesellschafter Schlegelberger-K. Schmidt § 128 Anm. 31 m.w.N. sowie zur Frage der Aufrechnung eines Anspruchs aus § 110 mit der Einlageforderung oder als Leistung an Erfüllungs Statt vgl. BGH WM 1984, 893, 895). Obwohl der Gesellschafter im Außenverhältnis aufgrund seiner persönlichen Haftung einer eigenen Verpflichtung unterliegt, ist im Verhältnis zwischen Gesellschaft und Gesellschafter eine freiwillige Leistung anzuerkennen; denn gegenüber der Gesellschaft ist der Gesellschafter gerade nicht verpflichtet (Staub-Ulmer Anm. 12, 16; A. Hueck Recht der OHG § 15 I; anders insofern Walter JuS 1982, 83 unter Hinweis auf Art. 93 ADGHB – „Auslagen", der keine Freiwilligkeit verlange; dagegen schon Düringer-Hachenburg-Flechtheim Anm. 3).

16 Somit kommt ein Aufwendungsersatz auch dann in Betracht, wenn der Gesellschafter eine Abgaben- und Steuerschuld der Gesellschaft begleicht. Es muß sich dabei jedoch stets um eine Verbindlichkeit handeln, die die Gesellschaft als solche trifft (BGH WM 1978, 114), also etwa Betriebssteuern, Gewerbesteuern (BGH WM 1978, 114, 115), Umsatzsteuern oder auch Grunderwerbssteuern. Unerheblich ist dabei, ob der Gesellschafter nach § 128 in Anspruch genommen wird oder ein besonderer abgaberechtlicher Haftungstatbestand vorliegt (ebenso Staub-Ulmer Anm. 17). Hingegen scheidet § 110 aus, wenn der Gesellschafter selbst unmittelbarer Abgabenschuldner ist wie in den Fällen der Vermögens- und Einkommensteuer.

17 Problematisch ist vor allem die Erstattungsfähigkeit von Dienstleistungen. Diese kommt nur für Dienstleistungen in Betracht, zu denen der Gesellschafter nicht aufgrund des Gesellschaftsvertrages oder eines Gesellschafterbeschlusses verpflichtet ist. Da die geschäftsführende Tätigkeit auf einem Pflichtrecht beruht, läßt sich ein Vergütungsanspruch jedenfalls nicht nach § 110 begründen. Dazu bedarf es einer besonderen

Regelung im Gesellschaftsvertrag, die im Einzelfall auch durch ergänzende Auslegung des Gesellschaftsvertrages erschlossen werden kann. Dabei ist allerdings grundsätzlich davon auszugehen, daß normale kaufmännische Dienste des Geschäftsführers nicht besonders zu vergüten sind. Aber auch darüber hinausgehende, besondere Leistungen sind nicht nach § 110 erstattungsfähig (dazu näher § 114 Anm. 22 ff.). Des weiteren ist erforderlich, daß es sich um Dienstleistungen handelt, die als Aufwendungen zu qualifizieren sind. In Analogie zu § 1835 Abs. 2 BGB ist dafür Voraussetzung, daß die Tätigkeit dem Gewerbe oder Beruf des Gesellschafters entspricht und üblicherweise nur gegen Entgelt erbracht wird (Baumbach-Duden-Hopt Anm. 1 b; Staub-Ulmer Anm. 15; A. Hueck Recht der OHG § 15 I; dazu kritisch mit ausführlicher Problemerörterung Köhler JZ 1985, 359 ff.).

Als weitere Beispiele für Aufwendungen sind Ausgabe von Geldmitteln für Gesellschaftszwecke, u. U. Schmiergeldzahlungen im Ausland (BGHZ 94, 268, 272); Kosten der Vorbereitung einer Abberufung und Ausschließung geschäftsführender Gesellschafter, denen erhebliche Pflichtverstöße zur Last gelegt werden (Reichert-Winter BB 1988, 991); Übernahme von Verbindlichkeiten für Rechnung der Gesellschaft im eigenen Namen; Überlassung von Vermögensgegenständen aus Privatvermögen. **18**

4. Subjektive Voraussetzungen

Weitere Voraussetzung ist, daß der Gesellschafter die Aufwendung den Umständen nach für erforderlich halten durfte. Dabei ist zunächst auf den objektiven Standpunkt eines sorgfältig handelnden Gesellschafters abzustellen (Staub-Ulmer Anm. 14; A. Hueck Recht der OHG § 15 I). Freilich ist dieser objektive Sorgfaltsmaßstab nach § 708 BGB zu modifizieren. Danach kann z. B. der Gesellschafter auch bei Leistung auf eine objektiv nicht bestehende oder nicht zu erfüllende Schuld der Gesellschaft Ersatz nach § 110 verlangen, wenn er ohne Verletzung seiner eigenüblichen Sorgfalt gehandelt hat (Staub-Ulmer Anm. 14; A. Hueck Recht der OHG § 15 I). Allerdings bedarf es dazu wohl stets der vorherigen Erkundigung gegenüber den geschäftsführenden Gesellschaftern (Düringer-Hachenburg-Flechtheim Anm. 10). Im übrigen kann Aufwendungsersatz von der Gesellschaft nur Zug um Zug gegen Abtretung des Bereicherungsanspruchs verlangt werden (Staub-Ulmer Anm. 14; Schlegelberger-K. Schmidt § 128 Anm. 32, dort auch zur Behandlung einer Zahlung trotz Bestreitens der Schuld durch die Geschäftsführung). **19**

IV. Der Verlustausgleichsanspruch

1. Eintritt eines Verlustes

Wie schon ausgeführt worden ist, gebührt jedem Gesellschafter ein Ausgleich für erlittene Verluste, ohne daß dazu ein Verschulden der Gesellschaft bzw. ihrer Organe erforderlich ist. Verluste sind generell als unfreiwillige Vermögensnachteile zu verstehen. Dabei ist es unerheblich, ob das Vermögen unmittelbar geschädigt worden ist oder die Vermögensnachteile mittelbar aufgrund einer Verletzung der Person des Gesellschafters eingetreten sind. Deshalb ist auch ein etwaiger Verdienstausfall ersatzfähig (BGHZ 33, 251, 257 zu § 670 BGB). Hingegen sind immaterielle Schäden, die auch **20** keinen mittelbaren Vermögensnachteil verursacht haben, nicht ersatzfähig (Baumbach-Duden-Hopt Anm. 2 B; Heymann-Emmerich Anm. 9; Staub-Ulmer Anm. 21; A. Hueck Recht der OHG § 15 I). Auch die Zahlung eines Schmerzensgeldes kommt nicht in Betracht, auch wenn eine Verletzung der Person oder der Persönlichkeit vorliegt (so auch Voraufl. Anm. 8 sowie A. Hueck Recht der OHG § 15 I; a.A. Staub-Ulmer Anm. 21). Die dafür an sich geeignete Vorschrift des § 847 BGB steht im Zusammenhang eines deliktsrechtlichen Eingriffs in die persönliche Integrität und scheidet deshalb als Sanktionsmittel im Rahmen des Verlustausgleichsanspruchs aus. Keine Verluste sind die negativen Geschäftsergebnisse der Gesellschaft. Es handelt sich nicht um ein Sonderopfer der Gesellschafter, sondern um generelle Nachteile aus ihrer Beteiligung.

2. Zusammenhang mit der Geschäftsbesorgung

a) Grundsatz

21 Ähnlich wie der Aufwendungsersatzanspruch eine Tätigkeit in Gesellschaftsangelegenheiten erfordert, setzt der Verlustausgleichsanspruch voraus, daß der Gesellschafter die Verluste unmittelbar durch seine Geschäftsbesorgung oder aus Gefahren und Risiken, die mit ihr untrennbar verbunden sind, erlitten hat (so schon Voraufl. Anm. 9). Im einzelnen besteht allerdings zwischen dem Aufwendungsersatzanspruch und dem Verlustausgleichsanspruch ein nicht unerheblicher Unterschied; denn während der vom Gesellschafter getätigte Aufwand ziel- und zweckgerichtet ist und daraus der normative Zusammenhang zwischen dem Gesellschaftsinteresse und dem Vermögensopfer des Gesellschafters ersichtlich ist, besteht beim Eintritt eines Verlustes als eines unfreiwilligen Vermögensopfers gerade kein derartiger Zweckbezug, so daß die Schadenszurechnung auch nicht an dem konkreten Gesellschaftsinteresse gemessen werden kann. Um die Gesellschaft nicht mit unübersehbaren, lediglich adäquatkausal verursachten Folgeschäden zu belasten, hat sich die Literatur um Kriterien bemüht, die dieses in § 110 angelegte Haftungsrisiko eingrenzen sollen. Danach ist ein objektiver, enger Zusammenhang des Verlusteintritts mit der für die Gesellschaft unternommenen Tätigkeit erforderlich (Heymann-Emmerich Anm. 10; Staub-Ulmer Anm. 22; A. Hueck Recht der OHG § 15 I). Ein derart enger, unmittelbarer Zusammenhang stellt offensichtlich höhere Anforderungen als eine adäquatkausale Verursachung. Zudem wird vorausgesetzt, daß der Verlust aufgrund einer tätigkeitsspezifischen Gefahr oder Risiko eingetreten ist (Baumbach-Duden-Hopt Anm. 2a; Staub-Ulmer Anm. 22; A. Hueck Recht der OHG § 15 II 2; Fitz Risikozurechnung S. 142 f.; Genius AcP 173, 510 f.). Diesem Bemühen um eine interessengerechte Risikoverteilung ist grundsätzlich zuzustimmen. Es geht nicht an, daß der Gesellschafter seine eigenen Lebensrisiken auf die Gesellschaft abwälzt, auch wenn er in deren Interesse tätig ist (ebenso BAG AP Nr. 6, 7, zu § 611 BGB Gefährdungshaftung des Arbeitgebers anläßlich des Verlustausgleichsanspruchs eines Arbeitnehmers). Es kommt deshalb darauf an, Kriterien zu entwickeln, die die Unterscheidung zwischen spezifischem Tätigkeitsrisiko und allgemeinem Lebensrisiko erleichtern.

22 Für diese Abgrenzung reicht ein objektiver, enger oder unmittelbarer Zusammenhang zwischen Tätigkeit und Verlusteintritt nicht aus. Entscheidend ist vielmehr, ob gerade diese konkrete Tätigkeit für die Geschäftsbesorgung erforderlich war. Oftmals bieten sich dem Gesellschafter Handlungsalternativen, die ein unterschiedliches Gefährdungspotential aufweisen. Entscheidet er sich sodann nach freiem Belieben für eine schadensgeneigte Tätigkeit, so kann er den dadurch verursachten Schaden nicht auf die Gesellschaft abwälzen. Aus diesen Gründen kommt ein Verlustausgleich für Schäden aus der Teilnahme am Straßenverkehr grundsätzlich nicht in Betracht (ebenso Staub-Ulmer Anm. 22), es sei denn, daß ohne diese Teilnahme am Straßenverkehr die Geschäftsbesorgung nicht möglich gewesen wäre oder diese Teilnahme dem erwarteten Verhaltensstandard entspricht – so z.B. wenn den geschäftsführenden Gesellschaftern Dienstwagen überlassen worden sind. Hinsichtlich dieses Maßstabs des erwarteten Verhaltensstandards kann auch zwischen den geschäftsführenden und nichtgeschäftsführenden Gesellschaftern differenziert werden. Unzutreffend ist es jedoch, die Teilnahme am Straßenverkehr generell als eine nichttätigkeitsspezifische Risikolage zu beurteilen (so offensichtlich Staub-Ulmer Anm. 22; a.A. Düringer-Hachenburg-Flechtheim Anm. 8 sowie Baumbach-Duden-Hopt Anm. 2 A). Ist mithin die schadensverursachende Tätigkeit zur Erledigung der Geschäftsbesorgung erforderlich oder doch allgemein erwartet worden, so bedarf es des weiteren einer tätigkeitsspezifischen Gefahrerhöhung. Sofern die konkrete Tätigkeit keine besondere Schadensanlage aufweist, ist sie risikoneutral, so daß dadurch verursachte Schäden dem allgemeinen Lebensrisiko zuzurechnen sind – so z.B., wenn der Gesellschafter anläßlich einer Dienstreise durch einen Hotelbrand verletzt wird. Ein Verlustausgleichsanspruch ist mithin nur dann begründet, wenn der Gesellschafter im Interesse der Gesellschaft ein besonderes, im Vergleich zu seiner allgemeinen Lebenssituation erhöhtes Schadensrisiko eingeht. So kommt der Verlustausgleichsanspruch insbesondere dann nicht in Betracht, wenn mit der Erledigung der Geschäftsbesorgung eigene Geschäfte verknüpft werden und gerade diese den Schaden verursacht haben oder der Schaden aus einer im eigenen Interesse des Gesellschafters geschaffenen Gefahrenlage entstanden ist. Hier liegt lediglich ein eigenes Risiko des Gesellschafters vor, hingegen keine spezifische Gefahrerhöhung (BGH NJW 1960, 1568, 1569; Fitz Risikozurechnung S. 88).

b) **Beispiele**

Da es nach den vorstehenden Ausführungen vor allem auf die Besonderheiten des Einzelfalls ankommt, lassen sich einzelne Beispiele nicht generalisieren. So ist der schon erwähnte Schadenseintritt durch einen Hotelbrand oder auch Hoteldiebstahl nicht schlechthin dem Verlustausgleichsanspruch entzogen. Sofern z.B. die Geschäftsreise aufgrund geographischer Besonderheiten zu einer entsprechenden Risikoerhöhung führt, ist auch dieser Schaden zu ersetzen. Ebenso sind Schäden, die etwa dadurch entstehen, daß sich der Gesellschafter auf einer Geschäftsreise in Krisengebieten befindet, grundsätzlich der Gefahrensphäre der Gesellschaft zuzurechnen. Auch Rechtsstreitigkeiten können aufgrund der mit der Geschäftsbesorgung verbundenen Komplikationen Ausdruck einer besonderen Risikolage sein, so daß der Gesellschafter auch Ersatz für die dadurch verursachten Vermögensverluste verlangen kann (ausführlich Bastuck Enthaftung S. 141 ff.). Auch soweit der Gesellschafter Dritte in einer tätigkeitsspezifischen Risikolage schädigt, kommt ein Verlustausgleichsanspruch in Betracht (BGHZ 89, 153, 158 f. zu § 670 BGB; Staub-Ulmer Anm. 24).

3. Verschulden des Gesellschafters

24 Ein etwaiges Verschulden des Gesellschafters im Hinblick auf die konkrete Schadensverursachung schließt den Anspruch nicht generell aus (Heymann-Emmerich Anm. 11; Staub-Ulmer Anm. 19, anders wohl Anm. 22; Düringer-Hachenburg-Flechtheim Anm. 9; Bastuck Enthaftung S. 116; Fitz Risikozurechnung S. 146). Entsprechend dem Prinzip der Gefahrerhöhung und des der Gesellschaft anzulastenden Tätigkeits- oder Betriebsrisikos kann im Einzelfall auch das Verschulden Ausdruck dieser besonderen Risikolage sein. Sofern allerdings die Risikolage generell vermeidbar war und der Gesellschafter sich unter Verstoß gegen die eigenübliche Sorgfalt (§ 708 BGB) in die Gefahr begeben hat, entfällt ein Ausgleichsanspruch (so zutreffend Genius AcP 173, 513). War hingegen die Risikolage untrennbar mit der gebotenen Geschäftsbesorgung verknüpft, dann kann im Einzelfall auch das Verschulden des Gesellschafters noch dem konkreten Risiko entsprechen und somit der Gesellschaft anzulasten sein, weil in einer derartigen Gefahrenlage nicht stets ein sorgfaltsgemäßes Verhalten zu erwarten ist. Eine äußerste Grenze besteht bei vorsätzlichem und im Regelfall bei grob fahrlässigem Verhalten (BGHZ 89, 153, 160 im Hinblick auf ein Vereinsmitglied; so auch die Rechtsprechung des BAG zur Arbeitnehmerhaftung, zuletzt NZA 1990, 97). Im Rahmen der anderen Fahrlässigkeitsstufen bedarf es der Abwägung entsprechend dem Interesse der Gesellschaft an der Geschäftsbesorgung, dem konkreten Risikopotential und den individuellen Verhältnissen des Gesellschafters. Diese der Billigkeit entsprechende Abwägung findet in § 254 BGB ihre Rechtfertigung.

4. Ersatz von Geldstrafen und -bußen

25 Ob der Gesellschafter von der Gesellschaft Ersatz für die Leistung von Geldstrafen oder Bußgeldern verlangen kann, die ihm wegen seiner Tätigkeit in Gesellschaftsangelegenheiten auferlegt worden sind, ist eine vielfach behandelte, überwiegend jedoch negativ beantwortete Frage. Dabei kommt wohl stets nur ein Verlustausgleichsanspruch in Betracht, da eine Aufwendung mangels Freiwilligkeit der Leistung wegen des repressiven Charakters dieser vom Staat gesetzten Vermögensnachteile ausscheidet. Im übrigen ist streng zu unterscheiden zwischen einem Anspruch nach § 110 und weitergehenden vertraglichen Ansprüchen (so zutreffend Rehbinder ZHR 148, 557). Die Anwendung des § 110 wird in diesem Zusammenhang generell verneint (OLG Dresden JW 1919, 837, 838; Baumbach-Duden-Hopt Anm. 2 B; Düringer-Hachenburg-Flechtheim Anm. 8; Heymann-Emmerich Anm. 9; Staub-Ulmer Anm. 25; A. Hueck Recht der OHG § 15 I FN. 13; Bastuck Enthaftung S. 128f., 140; ähnlich BGHZ 23, 222, 224 = NJW 1957, 586). Selbst wenn an sich die Voraussetzungen eines Verlustausgleichsanspruchs erfüllt sind, also die Tätigkeit auch im Hinblick auf die Verletzung etwaiger Strafvorschriften risikobehaftet ist – z.B. weil sich der Gesellschafter in einem rechtlich komplexen Grenzbereich betätigt –, ist dieser Ausgleichsanspruch unvereinbar mit dem Präventivcharakter von Straf- und Ordnungswidrigkeitsvorschriften. Es widerspricht dem Ordnungszweck des § 110, diese Zielsetzung durch eine vermögensrechtliche Wiedergutmachung zu unterlaufen (Staub-Ulmer Anm. 25; A. Hueck Recht der OHG § 15 I FN. 13; Bastuck Enthaftung S. 128, 130, der jedoch vor allem auf eine abschließende Regelung der Straftatbestände abstellen will, so daß zivilrechtliche Normen über Schadenszurechnung nicht anwendbar seien; vgl. auch Mertens in Kölner Kommentar zum AktG § 84 Anm. 79; großzügiger Rehbinder ZHR 148 (1984), 555, 567 f.; dagegen Bastuck Enthaftung S. 133). Ausnahmsweise kann ein Erstattungsanspruch begründet sein, wenn die Straftat im Ausland begangen und dort geahndet worden ist. Sofern nicht zugleich auch ein deutscher Strafanspruch erfüllt ist, besteht kein Anlaß, einen zivilrechtlichen Ausgleichsanspruch zum Schutze ausländischer Präventionswirkung zu versagen. Allerdings ist auch in solchen Fällen die persönliche Vorwerfbarkeit sorgfältig zu untersuchen. Ein weiterer Ausnahmefall betrifft das besondere Prozeßrisiko, das im Anschluß an die Straftat besteht und das deshalb ohne Widerspruch mit dem Präventionszweck der Strafvorschrift berücksichtigt werden kann (Bastruck Enthaftung S. 131 f.). Solche Prozeßrisiken liegen in der Möglichkeit fehlerhafter Beratung oder Prozeßführung. Von dieser Problematik eines etwaigen Verlustausgleichs zu unterscheiden ist die Frage, ob in diesem Gesetzesverstoß auch stets ein pflichtwidriges Verhalten gegenüber der Gesellschaft liegt (dazu § 114 Anm. 19).

Die vorstehenden Ausführungen gelten in gleicher Weise für die rechtliche Beurteilung vorheriger Erstattungszusagen. Auch dadurch darf die Präventivfunktion von Straf- und Ordnungswidrigkeitstatbeständen nicht beeinträchtigt werden. Somit sind solche Zusagen grundsätzlich nach §§ 134, 138 BGB unwirksam (abweichend Bastuck Enthaftung S. 136 f. sowie Rehbinder ZHR 148, 555, 561, 566, die im Hinblick auf vorherige Erstattungszusagen für Geldbußen einen Verstoß gegen § 138 BGB verneinen). Ebensowenig bietet ein vorheriger Beschluß der Gesellschafter über eine entsprechende Geschäftsbesorgung eine Grundlage für einen derartigen Erstattungsanspruch. Entscheidend ist mithin, daß jegliche vorherige Billigung oder Begünstigung unvereinbar ist mit der bezweckten Präventivwirkung. Anders ist hingegen zu entscheiden, wenn derartige Zusagen nach Verletzung der Straf- oder Ordnungswidrigkeitsvorschrift gemacht worden sind. In diesem Stadium ist das Präventivprinzip nur noch im Rahmen des § 258 Abs. 2 StGB, dem Verbot der Strafvereitelung, von Bedeutung. Somit kann jedenfalls die Geldbuße Gegenstand einer wirksamen Erstattungszusage sein; ob und unter welchen Voraussetzungen auch eine Zusage über die Zahlung einer Geldstrafe anzuerkennen ist, wird in der strafrechtlichen Literatur unterschiedlich beurteilt (dazu BGHZ 41, 232 sowie die Darstellung des Meinungsstands bei Bastuck Enthaftung S. 135 f.).

5. Drittansprüche

Etwaige Ansprüche des geschädigten Gesellschafters gegen Dritte hindern grundsätzlich nicht die Durchsetzbarkeit des Verlustausgleichsanspruchs des Gesellschafters gegen die Gesellschaft, solange der Dritte diese Ansprüche noch nicht erfüllt hat. Dem Gesetz läßt sich keinerlei Einschränkung entnehmen. Da sich eine solche auch nicht aus allgemeinen Erwägungen begründen läßt, wird überwiegend die zutreffende Ansicht vertreten, daß sich die Gesellschaft grundsätzlich nicht auf eine Subsidiarität ihrer Verpflichtung berufen kann (OLG Düsseldorf NJW 1956, 1802, 1803; Baumbach-Duden-Hopt Anm. 2 C; Heymann-Emmerich Anm. 12; Staub-Ulmer Anm. 20; A. Hueck Recht der OHG § 15 I; Genius AcP 173, 507 FN. 130; a.A. Voraufl. Anm. 8; Düringer-Hachenburg-Flechtheim Anm. 9). Allerdings kann im Einzelfall aufgrund der gesellschaftsrechtlichen Treupflicht eine Einschränkung geboten sein – so wenn der Gesellschafter von dem Dritten ohne besondere Anstrengung Ersatz verlangen kann, etwa weil der Anspruch anerkannt worden ist. Darüberhinaus kann die Treupflicht gebieten, daß der Gesellschafter trotz Zahlung durch die Gesellschaft die Durchsetzung des Ersatzanspruchs gegen den Dritten betreibt, um z. B. mit allen erforderlichen Mitteln Nachteile der Gesellschaft zu vermeiden (Staub-Ulmer Anm. 20; A. Hueck Recht der OHG § 15 I). Im übrigen ist der Gesellschafter zur Abtretung seiner Ansprüche gegen den Dritten entsprechend § 255 BGB Zug um Zug gegen Zahlung der Gesellschaft verpflichtet (OLG Düsseldorf NJW 1956, 1802, 1803).

28 Hingegen kann sich der ersatzpflichtige Dritte nicht auf die Ausgleichspflicht der Gesellschaft berufen. Ebensowenig kann er die Einrede des § 255 BGB geltend machen. Diesen Rechten stehen die Grundsätze der Vorteilsausgleichung entgegen. Sinn und Zweck des § 110 ist es, den Gesellschafterschaden auf die Gesellschaft zu verlagern, in deren Interesse der Gesellschafter tätig gewesen ist, nicht aber den Drittschädiger von seiner Ersatzpflicht zu entlasten (ebenso Heymann-Emmerich Anm. 12; Staub-Ulmer Anm. 20).

V. Verzinsung (Abs. 2)

29 Die Verpflichtung der Gesellschaft zur Verzinsung ersatzfähiger Aufwendungen und Verluste folgt an sich schon aus § 256 BGB. Zusätzliche Bedeutung kommt dem § 110 Abs. 2 deshalb zu, weil dadurch § 352 Abs. 2 anwendbar ist und somit die gesetzliche Zinshöhe auf 5% angehoben wird. Da der Gesellschaftsvertrag für die Beteiligten oftmals kein Handelsgeschäft darstellt, ist hingegen § 352 Abs. 1 Satz 1 nicht anwendbar, so daß es einer besonderen Regelung bedurfte. Umstritten ist, ob die Regelung des § 110 Abs. 2 über ihren Wortlaut hinaus auch auf sonstige aufgewendete Gegenstände und Verluste angewendet werden kann. Überwiegend wird vertreten, daß die Interessenlage vergleichbar sei und deshalb eine Differenzierung nach Art der konkreten Aufwendung auszuschließen sei. Deshalb sei eine analoge Anwendung des § 110 Abs. 2 entsprechend dem § 256 Satz 1 BGB geboten, so daß auch Zinsen für die Aufwendung sonstiger Gegenstände entsprechend der Höhe ihres Wertes zu zahlen seien (Baumbach-Duden-Hopt Anm. 1 C; Staub-Ulmer Anm. 26; a. A. Voraufl. Anm. 14). Eine Analogie ist deshalb erforderlich, da nicht generell von einem beiderseitigen Handelsgeschäft auszugehen ist, mithin § 256 BGB i. V. m. § 352 Abs. 2 nicht generell anwendbar ist (a. A. Fischer in Großkomm Anm. 15; Heymann-Emmerich Anm. 19; A. Hueck Recht der OHG § 15 I; differenzierend Baumbach-Duden-Hopt Anm. 1 C). Diese Analogie ist auch im Hinblick auf die ersatzfähigen Verluste gerechtfertigt, so daß der Anspruch auf Verlustersatz vom Zeitpunkt der Konkretisierung der Vermögensnachteile nach § 110 Abs. 2 zu verzinsen ist (Staub-Ulmer Anm. 27).

VI. Freistellungsanspruch

30 Nach § 257 BGB besteht ein Freistellungsanspruch, sofern Ersatz von Aufwendungen verlangt werden kann. Deshalb kann auch der Gesellschafter von der Gesellschaft Freistellung verlangen, wenn seine Aufwendungen in der Eingehung einer Verbindlich-

Ersatz für Aufwendungen und Verluste   31–34 § 110

keit bestehen. Die Gesellschaft kann sich jedoch nach § 257 Satz 2 bis zur Fälligkeit der angegebenen Verbindlichkeit mit der Leistung einer Sicherheit begnügen. Dieser Freistellungsanspruch erstreckt sich auch auf Verbindlichkeiten, mit denen der Gesellschafter unfreiwillig in Form eines Verlustes belastet worden ist. So wie § 110 Abs. 2 in diesen Fällen analog anwendbar ist, ebenso kommt eine analoge Anwendung des § 257 BGB in Betracht.

VII. Durchsetzbarkeit

1. Grundsatz

Der Ersatzanspruch aus § 110 und der Freistellungsanspruch aus § 257 BGB sind grundsätzlich im Zeitpunkt ihrer Entstehung fällig und gegen die Gesellschaft durchsetzbar. Nach dem Konkursfall ist der Gesellschafter nicht gehindert, seine Erstattungsansprüche zur Konkurstabelle anzumelden (Heymann-Emmerich Anm. 18; Staub-Ulmer Anm. 30). Die Anrechnung der Verlustbeteiligung kommt jedenfalls gegenüber der Gesellschaft grundsätzlich nicht in Betracht; ebensowenig sind Beschränkungen für die Entnahme von Gewinnen zu berücksichtigen. Somit sind etwaige Gutschriften aus § 110 nicht auf dem Gewinn-, sondern auf dem Privatkonto des Gesellschafters zu verbuchen. Die Verlustbeteiligung ist jedoch im Liquidationsstadium anrechenbar, da die einzelnen Ansprüche gegenüber der Gesellschaft und ihren Gesellschaftern lediglich unselbständige Rechnungsposten in der Schlußabrechnung sind (BGHZ 37, 299, 304f.; WM 1974, 749, 751).

2. Treupflicht

Der Gesellschafter kann im Einzelfall aufgrund der gesellschaftsrechtlichen Treuepflicht zur besonderen Rücksichtnahme auf die Interessen der Gesellschaft und der Mitgesellschafter verpflichtet sein. Daraus kann sich die Pflicht zur vorrangigen Inanspruchnahme von Drittschuldnern ergeben. Ebenso kommt eine Stundungsverpflichtung in Betracht, wenn dem Gesellschafter ein solches Verhalten zugemutet werden kann, insbesondere wenn er keine wesentlichen Vermögensnachteile daraus zu erwarten hat und ein Zahlungsaufschub angesichts der schlechten Finanzlage der Gesellschaft geboten ist.

VIII. Die Anwendbarkeit der allgemeinen Vorschriften

Die bürgerlichrechtlichen Schadensersatzvorschriften sind wegen der abweichenden Rechtsnatur des Aufwendungsersatzanspruchs nicht unmittelbar anwendbar, im Einzelfall ist jedoch eine analoge Anwendung nicht ausgeschlossen. Dazu ist auf § 255 BGB sowie auf das in § 254 BGB enthaltene Rechtsprinzip zu verweisen.

Über §§ 105 Abs. 2 HGB, 713 BGB finden grundsätzlich die Vorschriften über den Auftrag Anwendung. Davon wird allerdings § 670 BGB ausgenommen, da § 110 eine Sonderregelung enthält. Die übrigen Vorschriften des Auftragsrechts gelten in gleicher Weise für die geschäftsführenden und die nichtgeschäftsführenden Gesellschafter. Die an sich nur auf geschäftsführende Gesellschafter anwendbare Verweisungsregelung des

§ 111 BGB muß aus denselben Gründen modifiziert werden, auf die schon im Zusammenhang des in § 110 enthaltenen Tatbestandsmerkmals „Geschäftsführung" eingegangen worden ist (ebenso Staub-Ulmer Anm. 34; a. A. Voraufl. Anm. 15). Also steht z. B. allen Gesellschaftern in gleicher Weise ein Anspruch auf Vorschuß im Umfang der zu erwartenden Aufwendungen zu (§§ 713, 669 BGB); allerdings können sich wegen der unterschiedlichen Handlungskompetenzen der geschäftsführenden Gesellschafter einerseits und der nichtgeschäftsführenden Gesellschafter andererseits im Einzelfall durchaus Unterschiede ergeben. So kann dem geschäftsführenden Gesellschafter die beabsichtigte Maßnahme und damit auch ein entsprechender Vorschuß nur verwehrt werden, wenn die Maßnahme nicht seinem autonomen Kompetenzbereich unterliegt; hingegen können die geschäftsführenden Gesellschafter die von einem anderen Gesellschafter begehrte Vorschußleistung mit der Begründung ablehnen, daß die beabsichtigte Maßnahme nicht im Interesse der Gesellschaft geboten sei, es sei denn, die Maßnahme betrifft eine Angelegenheit, die der Entscheidung der Gesellschafterversammlung unterliegt. Weitere auftragsrechtliche Pflichten sind die Auskunfts- und Rechenschaftspflicht nach § 666 BGB, die Herausgabepflicht nach § 667 BGB sowie die Weisungsbindung nach § 665 BGB. Freilich steht auch die Anwendung dieser Vorschriften unter dem Vorbehalt gesellschaftsrechtlicher Sonderregelungen. Dabei ist insbesondere die Sonderstellung der geschäftsführenden Gesellschafter zu berücksichtigen, so daß ihnen gegenüber das Weisungsrecht grundsätzlich nicht ausgeübt werden kann (ausführlich zu diesen Ansprüchen Staub-Ulmer Anm. 33 ff.).

IX. Abweichende Vereinbarungen

35 Da die Regelung des § 110 dispositiven Rechts ist (§ 109), können die Gesellschafter beliebige Sonderregelungen vereinbaren. Auf diese Weise können sie einen gänzlichen Ausschluß oder eine Begrenzung der Erstattungspflicht vereinbaren, auch ein Pauschalierungssystem einführen, welches den Nachweis getätigter Aufwendungen überflüssig macht. Ebenso kann zwischen dem Aufwendungsersatz, dem Verlustausgleich und der Verzinsung differenziert werden. Schließlich kommt auch eine zeitliche Verschiebung der Erstattungspflicht auf den Zeitraum der Auseinandersetzung in Betracht. Auch die Haftung der übrigen Gesellschafter kann verstärkt oder abgeschwächt werden. In diesem Zusammenhang ist vor allem auch die Möglichkeit einer konkludenten Vertragsregelung zu bedenken (dazu BGH NJW 1980, 339, 340; ausführlich OLG Koblenz NJW-RR 1987, 24). Darüberhinaus wird sich nicht selten das Bedürfnis nach einer ergänzenden Vertragsauslegung ergeben sowie der Vertragsanpassung aufgrund der Treupflicht.

111 (1) Ein Gesellschafter, der seine Geldeinlage nicht zur rechten Zeit einzahlt oder eingenommenes Gesellschaftsgeld nicht zur rechten Zeit an die Gesellschaftskasse abliefert oder unbefugt Geld aus der Gesellschaftskasse für sich entnimmt, hat Zinsen von dem Tage an zu entrichten, an welchem die Zahlung oder die Ablieferung hätte geschehen sollen oder die Herausnahme des Geldes erfolgt ist.
(2) Die Geltendmachung eines weiteren Schadens ist nicht ausgeschlossen.

Verzinsungspflicht § 111

Inhalt

	Anm.		Anm.
I. Normzweck	1–3	IV. Sonstige Rechte der Gesellschaft	16–18
II. Allgemeine Voraussetzungen	4–8	1. Weitergehender Schadensersatzanspruch	16
1. Die Normadressaten	4	2. Rückzahlungsverpflichtung der vorenthaltenen Geldbeträge	17
2. Geld und Gesellschaftskasse	5		
3. Verzinsungsbeginn	7	3. Sonstige Rechtsfolgen	18
4. Zinshöhe	8	V. Abweichende Vereinbarungen	19
III. Die verschiedenen Tatbestandsvarianten	9–15		
1. Ausstehende Einlageschuld	10		
2. Nicht abgeliefertes Gesellschaftsgeld	11		
3. Unbefugte Geldentnahme	13		

I. Normzweck

Die Vorschrift regelt im Anschluß an Art. 95 ADHGB die Verzinsungspflicht des **1** Gesellschafters gegenüber der Gesellschaft, sofern er unter den Voraussetzungen der drei verschiedenen Tatbestandsvarianten der Gesellschaftskasse Geld vorenthält. Diese gesetzliche Verzinsungspflicht beruht auf dem Gedanken, daß Geld für den Kaufmann jederzeit nutzbringend eingesetzt werden kann. Deshalb hat die Gesellschaft unabhängig von den Voraussetzungen des Verzugs (§§ 284, 285 BGB) einen Mindestanspruch auf Zinszahlung in Höhe des gesetzlichen Zinssatzes (§ 352), sofern der Gesellschafter die Geldzahlung unberechtigterweise vorenthält. Dieser Sinnzusammenhang läßt erkennen, daß die Vorschrift in ihren tatbestandlichen Voraussetzungen unbefriedigend ist. Die offensichtlich enumerativ verfaßten Tatbestandsvarianten stimmen zwar darin überein, daß es sich jeweils um Geldschulden handelt; sie erschöpfen aber den Anwendungsbereich etwaiger Geldschulden des einzelnen Gesellschafters gegenüber der Gesellschaft nicht. Das betrifft vor allem den Bereich der auf Geldzahlung gerichteten Schadensersatzansprüche. Dazu sei beispielhaft auf den Ersatzanspruch wegen wettbewerbswidrigen Verhaltens nach §§ 112, 113 verwiesen. Des weiteren kommen sonstige Ausgleichsansprüche in Betracht. So wird in der Praxis das Entnahmerecht nicht selten großzügig geregelt, aber den Gesellschaftern aufgegeben, das überzogene Privatkonto auf Beschluß der geschäftsführenden Gesellschafter wieder aufzufüllen. In solchen Fällen liegt keine unbefugte Entnahme aus der Gesellschaftskasse vor; gleichwohl ist unverkennbar, daß dieser Sachverhalt dem gesetzlichen Tatbestand derart vergleichbar ist, daß eine entsprechende Anwendung geboten ist. Freilich ist nicht zu verkennen, daß eine solche Ausweitung über den Wortlaut dieser Vorschrift hinaus ihrem Enumerativcharakter widerspricht. Legt man aber vor allem Sinn und Zweck dieser Vorschrift zugrunde, dann ist es nur konsequent, ihre analoge Anwendung in allen Fällen einer der Gesellschaft gegenüber bestehenden Geldschuld zu bejahen. Entgegenstehende Gründe der Rechtssicherheit, die sonst besonderer Schutzzweck einer Enumerativregelung ist, sind vorliegend nicht ersichtlich. Entgegen der bisher vertretenen Ansicht (Staub-Ulmer in Großkomm Anm. 8 ff.; Heymann-Emmerich Anm. 1; A. Hueck Recht der OHG § 14 III) kommt deshalb den ausdrücklich geregelten Tatbestandsvarianten keine abschließende, sondern nur eine exemplifikative Bedeutung zu.

2 Die in dieser Vorschrift geregelte Verzinsungspflicht stellt rechtsdogmatisch keine Schadensersatz-, sondern eine Ausgleichspflicht für die entzogene oder vorbehaltene Nutzung von Geldmitteln dar, die der Gesellschaft gebühren. Deshalb kommt es auf ein Verschulden des ausgleichspflichtigen Gesellschafters nicht an. Ebenso ist es unerheblich, ob der Gesellschafter diese Geldmittel wirtschaftlich genutzt hat und deshalb bereichert ist. Ohnehin handelt es sich auch hinsichtlich des auf Zahlung an die Gesellschaft gerichteten Primäranspruchs nicht um einen Bereicherungsanspruch, sondern um einen auf dem Gesellschaftsverhältnis beruhenden Vertragsanspruch. Deshalb ist auch die analoge Anwendung dieser Vorschrift nur dann gerechtfertigt, wenn der Zahlungsanspruch, sei es ein Schadensersatzanspruch oder ein sonstiger Ausgleichsanspruch, seinen Rechtsgrund im Gesellschaftsverhältnis hat. Diese normative Anknüpfung an das Gesellschaftsverhältnis folgt auch aus der Parallelvorschrift des § 110 Abs. 2. Dort ist die Verzinsungspflicht der Gesellschaft für einen Aufwendungsersatzanspruch eines Gesellschafters, also eines gesellschaftsrechtlichen Ausgleichsanspruchs, geregelt. Offensichtlich stehen diese beiden Verzinsungspflichten in einem unmittelbaren Sachzusammenhang, so daß auch ein übereinstimmendes Interpretationsverständnis geboten ist. Deshalb ist in beiden Fällen davon auszugehen, daß die Verzinsungspflicht nur auf gesellschaftsrechtliche Zahlungsansprüche anzuwenden ist.

3 Wie sich aus Abs. 2 ergibt, beruht die Verzinsungspflicht nicht auf einer abschließenden Sanktionsregelung. Somit kann auch Ersatz eines weitergehenden Schadens aufgrund sonstiger Ansprüche geltend gemacht werden. Darüber hinaus ist nicht ausgeschlossen, daß das Verhalten des Gesellschafters mit sonstigen Sanktionen bedacht wird, äußerstenfalls mit seiner Ausschließung aus der Gesellschaft. Somit erfaßt die Regelung des § 111 nur eine Nebenfolge des vertragswidrigen Zahlungsverhaltens des Gesellschafters.

II. Allgemeine Voraussetzungen

1. Die Normadressaten

4 Die geschuldeten Zinsen sind an die Gesellschaft zu entrichten. Ebenso wie der Zahlungsanspruch kann auch der Zinsanspruch mittels der actio pro socio von jedem Gesellschafter geltend gemacht werden. Der Anspruch richtet sich nicht nur gegen die geschäftsführenden Gesellschafter, sondern gegen jeden Gesellschafter, der aufgrund des Gesellschaftsverhältnisses der Gesellschaft zur Geldzahlung verpflichtet ist.

2. Geld und Gesellschaftskasse

5 Da sich die Verzinsungspflicht in allen Tatbestandsvarianten nur auf Geldforderungen, allerdings auch auf solche in ausländischer Währung (Düringer-Hachenburg-Flechtheim Anm. 2; Heymann-Emmerich Anm. 2; Staub-Ulmer Anm. 4) erstreckt, entfällt eine solche Verzinsungspflicht für Sacheinlagen, Sachleistungen, Wertgegenstände, Waren, Dienstleistungen und Gerätschaften der Gesellschaft (Firmen-Pkw) (Düringer-Hachenburg-Flechtheim Anm. 4; Heymann-Emmerich Anm. 2, 5; Staub-Ulmer Anm. 3). Freilich ist nicht ausgeschlossen, daß sich daraus im Einzelfall Ansprüche auf Geldzahlung an die Gesellschaft ergeben, auf die nach der hier vertretenen Ansicht

Verzinsungspflicht 6, 7 § 111

(Anm. 1) die gesetzliche Verzinsungspflicht anzuwenden ist. Besonders deutlich wird diese Anwendung im Falle einer Sacheinlage, die von dem Gesellschafter nicht erbracht werden kann. Ob dafür ersatzweise eine Bareinlage zu erbringen oder Schadensersatz zu leisten ist, ist unter dem Aspekt der Verzinsungspflicht wertungsmäßig unerheblich. Der Begriff der Gesellschaftskasse hat nur eine bildliche Bedeutung (Düringer-Hachenburg-Flechtheim Anm. 4). Damit ist nicht nur die gegenständliche Kasse der Gesellschaft gemeint, sondern insgesamt alle liquiden Geldmittel und Geldguthaben. Deshalb sind auch die Bankkonten der Gesellschaft Bestandteil der Gesellschaftskasse.

Umstritten ist, ob die Vorschrift auch geldähnliche Leistungen erfaßt, also insbesondere fällige Schecks, fällige Wechsel und börsengängige Wertpapiere. Dazu wurde in der Voraufl. die Ansicht vertreten, daß erst im Zeitpunkt der Einlösung oder Veräußerung dieser Wertpapiere und des dafür erzielten Erlöses die Verzinsungspflicht beginnen würde. Eine Verzinsung von dem Tage, an dem die Ablieferung des Wertpapiers hätte geschehen müssen, wäre ungerechtfertigt, weil die Gesellschaft in diesem Zeitpunkt nicht unbedingt das Geld aus dem Wertpapier zur Verfügung haben würde (Schlegelberger-Geßler Anm. 3). Hingegen wird von der überwiegenden Literatur zurecht die Gleichstellung von Wertpapieren und Geldmitteln jedenfalls dann bejaht, wenn das Wertpapier jederzeit in Bargeld eingelöst werden kann (Düringer-Hachenburg-Flechtheim Anm. 3; Heymann-Emmerich Anm. 2; Staub-Ulmer Anm. 4). Zwar entspricht diese Gleichstellung nicht dem Wortlaut der Vorschrift, wohl aber ihrem Sinn und Zweck. Da der Gesellschaft ein Ausgleich für die entgangene Nutzung von Geldmitteln zustehen soll, ist ein Ausgleich auch für solche Leistungen geboten, die nach der Verkehrsauffassung und insbesondere ihrer wirtschaftlichen Nutzbarkeit einer Barleistung gleichstehen. Deshalb kommt es nur darauf an, ob der Scheck, Wechsel oder ein sonstiges Wertpapier jederzeit kurzfristig in Geld umgesetzt werden können. Somit ist unerheblich, ob und wann z. B. ein Scheck vom Gesellschafter eingelöst, seinem Konto gutgeschrieben oder abgehoben worden ist, um den Tatbestand der nicht rechtzeitigen Ablieferung oder der unbefugten Entnahme zu erfüllen. 6

3. Verzinsungsbeginn

Da die Vorschrift kein Verschulden und somit auch keinen Verzug voraussetzt, kommt es für den Beginn der Verzinsungspflicht nur auf die Fälligkeit der Hauptforderung an. Somit beginnt die Verzinsungspflicht bei unberechtigter Entnahme sofort (Staub-Ulmer Anm. 17). Im übrigen ist auf die Regelung des Gesellschaftsvertrags abzustellen. Enthält dieser keine Fälligkeitsregelung und läßt sich die Leistungszeit auch nicht aus den konkreten Umständen des Einzelfalls entnehmen, so ist § 271 Abs. 1 BGB anzuwenden. Danach kann der Gläubiger die Leistung im Zweifel sofort verlangen. Etwas anderes gilt nur bei Einlageforderungen, die zunächst erfüllt worden sind, aber durch Rückzahlungen wieder aufleben. Sofern der Gesellschafter diese Geldleistung bösgläubig entgegengenommen hat, tritt sofortige Fälligkeit ein. Ist er hingegen gutgläubig gewesen, z. B. weil er die Zahlung als wirksame Gewinnausschüttung betrachtet hat, so beginnt die Fälligkeit erst in dem Zeitpunkt, in dem der Rückzahlungsanspruch von der Gesellschaft geltend gemacht wird (ebenso Staub-Ulmer Anm. 10; zur generellen Problematik dieses Rückzahlungsanspruchs Schlegelberger-Martens 7

§ 169 Anm. 17 ff.). Angesichts seiner Gutgläubigkeit wäre die Verzinsungspflicht eine unverhältnismäßige Belastung des Gesellschafters. Die Verzinsungspflicht ist im übrigen ausgeschlossen bei Gläubigerverzug (§ 301 BGB) sowie einer vom Gesellschafter geltend gemachten Einrede. Zudem kommt ein Ausschluß der Verzinsungspflicht in Betracht, wenn die Gesellschaft unter Verletzung des Gleichbehandlungsgrundsatzes die ausstehende Geldzahlung nur von einigen Gesellschaftern verlangt (ebenso Staub-Ulmer Anm. 11).

4. Zinshöhe

8 Die gesetzliche Zinshöhe beträgt 5% (§ 352 Abs. 2), vorbehaltlich einer abweichenden Vereinbarung im Gesellschaftsvertrag. Der Gesellschafter ist zur Zahlung in voller Höhe verpflichtet; ein Abzug pro rata seiner Gesellschaftsbeteiligung kommt weder hinsichtlich des Hauptanspruchs noch hinsichtlich des Zinsanspruchs in Betracht (Düringer-Hachenburg-Flechtheim Anm. 5). Ein höherer Zinssatz kann nur geltend gemacht werden, sofern eine Anspruchsgrundlage für den Ersatz eines weitergehenden Schadens besteht. Diese kann sich z.B. aufgrund einer verschuldensabhängigen Verzugshaftung ergeben. Freilich bedarf es auch dann des Nachweises eines besonderen Schadens, da die gesetzlichen Verzugszinsen lediglich 4% betragen (§ 288 Abs. 1 BGB). Die Gesellschaft muß also darlegen und beweisen, daß sie laufende Fremdmittel mit einem höheren Zinssatz beansprucht und deshalb durch die rechtzeitige Zahlung des Gesellschafters entsprechend entlastet worden wäre.

III. Die verschiedenen Tatbestandsvarianten

9 Wie schon einleitend ausgeführt worden ist, kommt diesen Tatbestandsvarianten nach der hier vertretenen Auffassung keine abschließende Bedeutung zu. Da sie mithin nur exemplarische Leitbilder darstellen, steht nichts entgegen, die Vorschrift auf andere Geldforderungen der Gesellschaft aus dem Gesellschaftsverhältnis analog anzuwenden.

1. Ausstehende Einlageschuld

10 Als Einlageschuld kommen alle auf Geldzahlungen gerichteten Primärverpflichtungen des Gesellschafters in Betracht, die ihren Rechtsgrund im Gesellschaftsvertrag haben. Dabei ist es unerheblich, ob diese Verpflichtung schon ursprünglich im Gesellschaftsvertrag oder erst nachträglich vereinbart worden ist. Ebenso ist unerheblich, ob es sich um eine Haupt- oder eine ergänzende Nebenleistung handelt. Auch wenn sich einzelne Gesellschafter verpflichtet haben, der Gesellschaft über das zur Verfügung gestellte Eigenkapital hinaus Fremdkapital zu überlassen, unterliegt auch diese Zahlungspflicht der Verzinsungspflicht. Deshalb ist die Einlageschuld lediglich negativ abzugrenzen gegenüber Drittgeschäften, die außerhalb des Gesellschaftsvertrages vereinbart und durchgeführt werden. Die Verzinsungspflicht besteht des weiteren auch dann, wenn die Einlageschuld zwar ursprünglich erfüllt worden ist, aber durch vorzeitige Rückzahlung oder durch verdeckte Vergütungen wieder aufgelebt ist. Allerdings ist in diesen Fällen hinsichtlich des Fälligkeitsbeginns auf eine etwaige Gutgläubigkeit des zahlungsverpflichteten Gesellschafters Rücksicht zu nehmen (dazu Anm. 7).

2. Nicht abgeliefertes Gesellschaftsgeld

Den Gesellschafter trifft ebenso eine Verzinsungspflicht, wenn er Geldmittel vereinnahmt und nicht abgeliefert hat, die er anstelle der Gesellschaft entgegengenommen hat. Auslöser der Verzinsungspflicht ist mithin eine Geldforderung der Gesellschaft, die ihr entweder unmittelbar oder mittelbar gegenüber einem anderen Gesellschafter oder einem Dritten zusteht. Somit fällt auch die treuhänderische Ausübung von Rechten, die der Gesellschafter im eigenen Namen wahrnehmen darf, und die damit verbundene Entgegennahme von Geldmitteln in den Anwendungsbereich dieser Tatbestandsvariante. Unerheblich ist des weiteren, ob der Gesellschafter die der Gesellschaft zustehenden Geldmittel befugt oder unbefugt vereinnahmt hat. Deshalb unterliegt auch derjenige Gesellschafter der Verzinsungspflicht, der als nichtgeschäftsführender Gesellschafter die Gesellschaftsforderung eigenmächtig als eigenes Geschäft geltend gemacht hat. Auch dieser Herausgabeanspruch hat seinen Rechtsgrund im Gesellschaftsverhältnis, weil sich daraus für jeden Gesellschafter die Verpflichtung ergibt, die Geschäfte der Gesellschaft zu respektieren und sich jeglichen Eingriffs in diesen Geschäftsbereich zu enthalten. Somit bedarf es nicht des Rückgriffs auf die §§ 687, 681, 667 BGB (a. A. Heymann-Emmerich Anm. 3; Staub-Ulmer Anm. 12; dazu auch Schlegelberger-Martens § 114 Anm. 47).

Die Ablieferung der Geldmittel setzt voraus, daß die Gesellschaft unmittelbar darüber verfügen kann. Die bloße Belastung des Gesellschafters auf seinem Privatkonto genügt daher nicht, da sich auch daraus lediglich eine Einzahlungspflicht ergibt. Die Verzinsungspflicht beginnt im Zweifel sofort, d.h. im Zeitpunkt der zu erwartenden ordnungsgemäßen Ablieferung. Diese hat grundsätzlich unverzüglich zu erfolgen. Freilich ist dafür Voraussetzung, daß überhaupt die tatsächliche Möglichkeit besteht, der Gesellschaft die Geldmittel unverzüglich auszuhändigen. Somit kommt es für die Feststellung einer ordnungsgemäßen Ablieferung auf den normalen Geschäftsverlauf und den normalen Geschäftsbetrieb der Gesellschaft an. So können sich z.B. Ablieferungsverzögerungen dadurch ergeben, daß die Geldmittel auf einer länger dauernden Geschäftsreise vereinnahmt worden sind.

3. Unbefugte Geldentnahme

Für den Begriff der Geldentnahme ist nicht erforderlich, daß der Gesellschafter die Geldmittel gegenständlich an sich nimmt. Es reicht jede Form der Verfügbarkeit über Geldmittel der Gesellschaft aus, also auch ein buchungstechnischer Vorgang, durch den der Gesellschaft die Nutzung der Geldmittel zugunsten des Gesellschafters entzogen wird. Allerdings genügt dafür eine gesellschaftsinterne Umbuchung vom Kapital- auf das Privatkonto des Gesellschafters nicht, da dadurch die Verfügbarkeit der Geldmittel nicht wesentlich verändert wird (ebenso Staub-Ulmer Anm. 14). Davon zu unterscheiden ist die Pflicht des Gesellschafters, alsbald für einen entsprechenden Kontoausgleich zu sorgen. Da auch der Begriff der Gesellschaftskasse nicht gegenständlich zu verstehen ist, kommen auch Geldzahlungen oder entsprechende Buchungen durch eine Bank auf Veranlassung des Gesellschafters zu Lasten der Gesellschaft zur Anspruchsbegründung in Betracht – so z.B. die Verwendung derartiger Zahlungsvorgänge zur

Begleichung einer Privatschuld (Düringer-Hachenburg-Flechtheim Anm. 4; Staub-Ulmer Anm. 14). Aus diesen Gründen ist auch nicht erforderlich, daß der Gesellschafter eigenhändig über die Geldmittel der Gesellschaft verfügt. Es reicht aus, daß er dazu einen Mitgesellschafter oder einen Dritten veranlaßt.

14   Die Entnahme ist unbefugt, wenn sie weder durch den Gesellschaftsvertrag, einen Gesellschafterbeschluß oder die Zustimmung der Geschäftsführung noch durch Gesetz (z.B. § 122) erlaubt ist (Düringer-Hachenburg-Flechtheim Anm. 4; Heymann-Emmerich Anm. 4). Problematisch ist die Verzinsungspflicht, wenn der Gesellschafter Geld entnimmt, ohne dazu intern befugt zu sein, um mit diesem Geld eine ihm gegenüber bestehende Gesellschaftsschuld zu erfüllen. Zwar steht das Verbot der Selbstkontrahierung nach § 181 BGB nicht entgegen, da der Gesellschafter in Erfüllung einer Verbindlichkeit handelt; sofern er jedoch nicht vertretungsberechtigt ist, kann er an sich nicht wirksam über die Geldmittel verfügen. Ebensowenig steht ihm ein Selbsthilferecht zu. Gleichwohl ist in diesen Fällen eine Verzinsungspflicht zu verneinen, da auf eine wirtschaftliche Betrachtungsweise abzustellen ist. Zwar tritt durch eine solche Entnahme keine wirksame Erfüllung der Hauptforderung ein, da keine freiwillige Tilgungsleistung vorliegt. Somit muß an sich der entnommene Geldbetrag zurückgezahlt und sodann die Erfüllung durch die Gesellschaft bewirkt werden. Hinsichtlich der entgangenen Geldnutzung, die durch die Verzinsungspflicht aufgewogen werden soll, ist aber von der schuldrechtlichen Beurteilung auszugehen, wem die Geldmittel unter Betracht der konkreten Rechtsbeziehungen gebühren. Besonders augenfällig wird dieser Zusammenhang im Rahmen des § 110. Danach besteht eine Verzinsungspflicht der Gesellschaft „von der Zeit der Aufwendung an". Geht man von einer unbefugten Entnahme des aufwendungsberechtigten Gesellschafters aus, so würde eine gegenseitige Verzinsungspflicht bestehen, was offensichtlich keine angemessene Lösung wäre. Entsprechende Überlegungen gelten hinsichtlich einer etwaigen Vorschußpflicht. Aus diesen Gründen ist eine Verzinsungspflicht generell zu verneinen, wenn dem Gesellschafter in Höhe der Entnahme ein Zahlungsanspruch gegenüber der Gesellschaft, sei es eine Sozialforderung, sei es eine Forderung aus einem Drittgeschäft, zusteht (ebenso Düringer-Hachenburg-Flechtheim Anm. 4, allerdings verneinend im Hinblick auf einen etwaigen Vorschußanspruch; Heymann-Emmerich Anm. 5; Staub-Ulmer Anm. 16).

15   Die Entnahmebefugnis ist nach objektiven Kriterien zu beurteilen. Es ist weder ein Verschulden noch eine eigennützige Absicht erforderlich. Somit wird die Verzinsungspflicht auch nicht durch die Gutgläubigkeit des Gesellschafters oder eine formal ordnungsgemäße Buchung bzw. eine sonstige Abrechnung durch Hinterlegung eines Schuldscheins oder einer Quittung ausgeschlossen (Düringer-Hachenburg-Flechtheim Anm. 4; Heymann-Emmerich Anm. 4; Staub-Ulmer Anm. 16). Erforderlich ist jedoch eine Entnahme „für sich". Deshalb besteht keine Verzinsungspflicht, wenn der Gesellschafter die Geldmittel für Zwecke der Gesellschaft entnimmt, also z.B. zur Bezahlung einer Gesellschaftsschuld verwendet, auch wenn er dafür nicht zuständig ist (Düringer-Hachenburg-Flechtheim Anm. 4; Heymann-Emmerich Anm. 5). Zwar wird der Gesellschafter durch eine solche Zahlung auch von seiner persönlichen Haftung nach § 128 befreit; im Verhältnis zur Gesellschaft ist die Gesellschafterhaftung jedoch subsidiär, so daß die Zahlung eine vorrangige Angelegenheit der Gesellschaft ist.

IV. Sonstige Rechte der Gesellschaft

1. Weitergehender Schadensersatzanspruch

Solche Ansprüche, die nach Abs. 2 ausdrücklich vorbehalten sind, können sich aus dem vertraglichen Leistungsstörungsrecht oder dem Deliktsrecht ergeben. Dabei kommen auch die Straftatbestände der Untreue, Unterschlagung oder des Diebstahls in Verbindung mit § 823 Abs. 2 BGB in Betracht. Da § 111 keine Rechtsfolgenverweisung enthält, müssen im Einzelfall alle relevanten Tatbestandsmerkmale erfüllt sein. Somit ist stets Verschulden erforderlich. Unter dieser Voraussetzung kann auch Schadensersatz wegen nicht oder nicht rechtzeitig eingebrachter Sacheinlagen verlangt werden, auch wenn insofern die gesetzliche Verzinsungspflicht entfällt. In allen Fällen wird durch diese Verzinsung nur der Mindestschaden ausgeglichen, so daß diese Zinsen im Rahmen des Gesamtschadens anzurechnen sind.

2. Rückzahlungsverpflichtung der vorenthaltenen Geldbeträge

§ 111 regelt nur die Verzinsungspflicht des Gesellschafters. Allerdings wird dazu vorausgesetzt, daß überhaupt ein Zahlungsanspruch der Gesellschaft besteht. Ob und unter welchen Voraussetzungen dieser Zahlungsanspruch begründet ist, läßt sich jedoch dieser Vorschrift nicht entnehmen. Deshalb bedarf es im Einzelfall der ergänzenden Prüfung, ob eine solche Anspruchsgrundlage besteht und die dafür einschlägigen Tatbestandsmerkmale erfüllt sind. Dafür kommen vor allem der Gesellschaftsvertrag und die damit verbundenen Rechtsbeziehungen in Betracht. Insbesondere stellen die in § 111 geregelten Tatbestandsvarianten grundsätzlich ein gesellschaftsvertragswidriges Verhalten des Gesellschafters dar, so daß sich der Zahlungsanspruch der Gesellschaft unmittelbar dem Gesellschaftsvertrag entnehmen läßt. Dadurch werden allerdings konkurrierende Ansprüche auf gesetzlicher Grundlage, also aus Bereicherungs- und Deliktsrecht nicht ausgeschlossen. Diese Ansprüche bestehen aber selbständig neben den vertraglichen Ansprüchen aus dem Gesellschaftsverhältnis, so daß auch die jeweiligen Rechtsfolgen unabhängig voneinander sind. Somit kann sich z.B. der Gesellschafter nicht auf eine etwaige Entreicherung (§ 818 Abs. 3 BGB) berufen, um den vertraglichen Rückzahlungsanspruch abzuwehren oder einzuschränken.

3. Sonstige Rechtsfolgen

Das vertragswidrige Zahlungsverhalten kann im Einzelfall einen derartigen Schweregrad erreichen, daß weitergehende Sanktionen geboten sind. Solche von § 111 nicht berührten Sanktionsmittel können sein: Auflösung der Gesellschaft nach § 133, Ausschließung des Gesellschafters nach § 140, Entziehung der Geschäftsführungs- oder Vertretungsbefugnis nach §§ 117, 127. Diese Rechte werden durch die Verzinsungspflicht und deren Erfüllung ebensowenig ausgeschlossen wie durch Zahlungen auf die Hauptforderung. Allerdings wird durch eine solche Wiedergutmachung die Bedeutung der für diese Sanktionsmittel erforderlichen tatsächlichen Voraussetzungen erheblich eingeschränkt, so daß der Entzug von Gesellschafterrechten unter diesen Umständen kaum jemals gerechtfertigt sein dürfte.

V. Abweichende Vereinbarungen

19 Da die Vorschrift das Innenrecht der Gesellschaft betrifft und somit uneingeschränkt dispositiv ist, kann davon grundsätzlich beliebig abgewichen werden. Auf diese Weise kann die Verzinsungspflicht ausgeschlossen oder in ihrem Umfang verringert werden. Ebenso kommt eine Verschärfung durch Regelung eines erhöhten Zinssatzes oder einer Vertragsstrafe in Betracht. Im Einzelfall sollte allerdings klargestellt werden, ob sich eine solche Regelung nur auf die gesetzliche Verzinsungspflicht des § 111 erstreckt oder darüber hinausgehend auch konkurrierende Schadensersatzansprüche erfaßt. Im Zweifel ist davon auszugehen, daß nicht nur eine singuläre Modifikation der gesetzlichen Verzinsungspflicht beabsichtigt ist. Allerdings wird die Hauptforderung durch eine solche Regelung über ihre Nebenfolgen grundsätzlich nicht berührt.

112 (1) **Ein Gesellschafter darf ohne Einwilligung der anderen Gesellschafter weder in dem Handelszweige der Gesellschaft Geschäfte machen noch an einer anderen gleichartigen Handelsgesellschaft als persönlich haftender Gesellschafter teilnehmen.**

(2) **Die Einwilligung zur Teilnahme an einer anderen Gesellschaft gilt als erteilt, wenn den übrigen Gesellschaftern bei Eingehung der Gesellschaft bekannt ist, daß der Gesellschafter an einer anderen Gesellschaft als persönlich haftender Gesellschafter teilnimmt, und gleichwohl die Aufgabe dieser Beteiligung nicht ausdrücklich bedungen wird.**

Schrifttum: *Kardaras*, Das Wettbewerbsverbot in den Personalgesellschaften (1967); *Ivens*, Das Konkurrenzverbot des GmbH-Gesellschafters (1987); *Kübler*, Erwerbschancen und Organpflichten, Festschrift für W. Werner (1984), S. 437; *Kübler-Waltermann*, Geschäftschancen der Kommanditgesellschaft, ZGR 1991, 162; *Löffler*, Zur Reichweite des gesetzlichen Wettbewerbsverbots in der Kommanditgesellschaft, NJW 1986, 223; *Raiser*, Wettbewerbsverbot als Mittel des konzernrechtlichen Präventivschutzes, Festschrift für W. Stimpel (1985), S. 855; *Salfeld*, Wettbewerbsverbote im Gesellschaftsrecht (1987); *Schütte*, Wettbewerbsverbote der Personalhandelsgesellschafter und ihre Beurteilung nach § 1 GWB (1971); *Weisser*, Gesellschafterliche Treupflicht bei Wahrnehmung von Geschäftschancen der Gesellschaft durch de facto geschäftsführende Gesellschafter, DB 1989, 2010; *Wiedemann-Hirte*, Die Konkretisierung der Pflichten des herrschenden Unternehmens, ZGR 1986, 163. – Weitere Schrifttumsangaben finden sich zu § 165.

Inhalt

	Anm.		Anm.
I. Normzweck	1, 2	b) Die Einwilligungsvermutung (Abs. 2)	22
II. Die einzelnen Tatbestandsmerkmale	3–24	c) Rechtsfolge der Einwilligung	24
1. Die Normadressaten	3	III. Abweichende Vereinbarungen	25–30
2. Bindungsdauer	7	1. Einschränkungen des Wettbewerbsverbots	26
3. Verbotsumfang	9		
a) Die Vornahme von Geschäften im Handelszweig der Gesellschaft	9	2. Erweiterungen des Wettbewerbsverbots	29
b) Beteiligung als persönlich haftender Gesellschafter	11	IV. Die wettbewerbsrechtlichen Schranken nach § 1 GWB	31–36
c) Geschützter Geschäftsbereich	13	1. Allgemeine Problemstellung	31
4. Befreiung vom Wettbewerbsverbot durch Einwilligung	18	2. Einzelfallbeurteilung	32
a) Die Einwilligung der anderen Gesellschafter	19		

I. Normzweck

Die Vorschrift ist von wesentlicher Bedeutung für die zwischen den OHG-Gesellschaftern nach dem gesetzlichen Leitbild bestehende Arbeits- und Haftungsgemeinschaft. Durch das Wettbewerbsverbot soll generell verhindert werden, daß der Gesellschaft Geschäftschancen durch konkurrierende Betätigung einzelner Gesellschafter entgehen und zudem das persönliche Vertrauensverhältnis zwischen den Gesellschaftern gestört wird. Derartiges Konkurrenzverhalten wird durch die gesetzlichen Kontroll- und Beteiligungsrechte der Gesellschafter wesentlich erleichtert und stellt deshalb für die übrigen Gesellschafter eine besondere Gefahr dar. Da diese Rechte wegen der unbeschränkten Gesellschafterhaftung auch nicht beliebig eingeschränkt werden können, ist das Wettbewerbsverbot generell als notwendiges Instrumentarium zum Schutz der Gesellschaft anzuerkennen. Anders als das dem Handlungsgehilfen in den §§ 60, 61 sowie dem Vorstand in § 88 AktG auferlegte Wettbewerbsverbot bezweckt § 112 nicht den Erhalt der Arbeitskraft für die Gesellschaft. Deshalb richtet sich das Wettbewerbsverbot in gleicher Weise gegen die geschäftsführenden wie auch gegen die nichtgeschäftsführenden Gesellschafter.

Das Wettbewerbsverbot „hat seine Grundlage in der Treuepflicht des Gesellschafters, die das vom gegenseitigen Vertrauen getragene Gesellschaftsverhältnis einer handelsrechtlichen Personengesellschaft in besonderem Maße beherrscht" (BGHZ 89, 162, 165 = NJW 1984, 1351 = WM 1984, 227 = DB 1984, 495). Unter diesem Aspekt stellt § 112 keine singuläre Vorschrift dar, sondern ist Ausdruck eines allgemeinen, rechtsformübergreifenden Zusammenhangs (K. Schmidt Gesellschaftsrecht § 20 V 1). Aufgrund dieser Treupflicht können also auch die BGB-Gesellschafter (Ulmer Recht der BGB-Gesellschaft § 705 Anm. 194 ff. m.w.N.), die Kommanditisten (Schlegelberger-Martens § 165 Anm. 8 ff. m.w.N.), die stillen Gesellschafter (Schlegelberger-K. Schmidt § 230 Anm. 130) und auch die GmbH-Gesellschafter (Ivens Konkurrenzverbot; Timm GmbHRdsch 1981, 177 ff.; BGHZ 89, 162, 166) zur Unterlassung von Wettbewerb verpflichtet sein. Da zudem die Treupflicht den Maßstab für die kartellrechtliche Beurteilung der zulässigen Reichweite des § 112 bildet (dazu BGHZ 38, 306; 70, 331), besteht zwischen dem geschriebenen und dem ungeschriebenen, kraft der Treupflicht entwickelten Wettbewerbsverbot kein grundsätzlicher, allenfalls ein gradueller Unterschied. Während die OHG-Gesellschafter generell an das gesetzliche Wettbewerbsverbot gebunden und nur in Ausnahmefällen freigestellt sind, bedarf es in den anderen Gesellschaften stets der positiven Begründung eines Wettbewerbsverbots kraft der Treupflicht – anders Staub-Ulmer Anm. 3, der generell auf die analoge Anwendung dieser Vorschriften abstellen will. Diese generelle Geltung des Wettbewerbsverbots in der OHG hat ihren Grund in der unbeschränkten Haftung der Gesellschafter und dem damit verbundenen Einfluß innerhalb der Gesellschaft. Aus diesen Gründen unterliegen die unbeschränkt haftenden Gesellschafter auch in den anderen Gesellschaftsformen, also KG und KGaA, einem solchen Wettbewerbsverbot – vgl. §§ 161 Abs. 2, 112 HGB, 284 AktG.

II. Die einzelnen Tatbestandsmerkmale

1. Die Normadressaten

3 Das Wettbewerbsverbot richtet sich gegen alle Gesellschafter unabhängig von der Art und dem Umfang ihrer konkreten Rechtsstellung innerhalb der Gesellschaft – zu den Grenzen unter dem Aspekt des § 1 GWB vgl. Anm. 31 ff.. Aufgrund ihrer Kontrollrechte und ihrer Mitwirkung bei Beschlüssen über ungewöhnliche Geschäftsführungsmaßnahmen (§ 116 Abs. 2) sowie bei allen anderen Gesellschafterbeschlüssen verfügen alle Gesellschafter über einen derart großen Einblick in die Unternehmensinterna, daß die Anwendung des Wettbewerbsverbots generell geboten ist (a. A. OLG Frankfurt BB 1982, 1383 für die Komplementär-GmbH; dazu m.w.N. § 165 Anm. 34). Deshalb richtet sich das Verbot auch gegen Gesellschafter, deren Gesellschafterrechte durch gesetzliche Vertreter oder sonstige Dritte ausgeübt werden. Sofern diese im Namen des Gesellschafters Wettbewerb betreiben, wird dieses Verhalten dem Gesellschafter nach § 278 BGB zugerechnet; weitergehend Staub-Ulmer Anm. 10, der offensichtlich jegliches Vertreterverhalten nach § 278 BGB zurechnen will. Handeln diese hingegen im eigenen Namen, so kommt die unmittelbare Anwendung des § 112 ihnen gegenüber nicht in Betracht (Staub-Ulmer Anm. 10; A. Hueck Recht der OHG § 13 II 2). Aber auch eine weitergehende Anwendung, wie sie der BGH für den Fall eines den Gesellschafter beherrschenden Unternehmens bejaht hat (BGHZ 89, 162), ist grundsätzlich abzulehnen. Sieht man von den Besonderheiten des Entscheidungsfalls ab, so ist generell zu bedenken, daß eine solche Ausweitung nur aufgrund mittelbarer Beteiligungsverhältnisse gerechtfertigt ist. Die stellvertretende Ausübung von Gesellschafterrechten ohne eigene Beteiligungsinteressen genügt mithin nicht für die Begründung eines umfassenden Wettbewerbsverbots zu Lasten des Vertreters. Allerdings folgt aus dem besonderen Vertrauensverhältnis, das sich aus der stellvertretenden Ausübung der Gesellschafterrechte ergibt, daß der Vertreter die dadurch erworbenen Kenntnisse nicht zum Schaden der Gesellschaft verwerten darf. Unter diesem Aspekt bestehen auch ihm gegenüber Schadensersatzansprüche, wenn er mittels dieser Kenntnisse Geschäftschancen der Gesellschaft zum eigenen Vorteil ausnutzt. Im übrigen ist es den anderen Gesellschaftern generell unzumutbar, daß der Gesellschafter durch eine Person vertreten wird, die sich in Konkurrenz zur Gesellschaft befindet. Sofern es nicht gelingt, alsbald einen anderen Vertreter zu berufen – z.B. einen Ergänzungspfleger nach §§ 1667, 1909 BGB –, ist den übrigen Gesellschaftern die Fortsetzung des Gesellschaftsverhältnisses in der bisherigen Form nicht zumutbar. Es kommt deshalb äußerstenfalls die Ausschließung des vertretenen Gesellschafters in Betracht, sofern mildere Sanktionen ungeeignet sind (Fischer in Großkomm Anm. 2).

4 Der BGH hat in BGHZ 89, 162 = NJW 1984, 1351 den Anwendungsbereich des § 112 auf ein den Gesellschafter beherrschendes Unternehmen ausgeweitet. Die Entscheidungsgründe stellen allerdings nur auf die Besonderheiten des Einzelfalls ab und enthalten sich einer generalisierenden Betrachtungsweise (ebenso Brandes LM Nr. 4 zu § 112 HGB). Die überwiegende Literatur hat dieser Entscheidung nicht nur zugestimmt, sondern vertritt den weitergehenden Standpunkt einer generellen konzerndimensionalen Anwendung des § 112 (a. A. Schießl Die beherrschte Personengesellschaft, 1985, S. 94 ff.; Stehle Gesellschafterschutz gegen fremdunternehmerischen Einfluß in der Personenhandelsgesellschaft, 1986, S. 76 ff.). Dabei besteht allerdings kein Konsens über die dafür zutreffende Begründung. Die wohl überwiegend vertretene Ansicht stellt auf konzernrechtliche Überlegungen ab – so Emmerich in: Festschrift Stimpel S. 748 f. „Treuepflicht kraft Herrschaft"; Wiedemann-Hirte ZGR 1986, 165 „Zurechnungsdurchgriff"; Reuter Die AG 1986, 131; Löffler Die abhängige Personengesellschaft, 1988, S. 67 f.; Baumgartl Die konzernbeherrschte Personengesellschaft, 1986, S. 30; so auch schon Grunewald BB 1981, 581, 586. Demgegenüber wird verschiedentlich auf eine Lösung abgestellt, die das zwischen der Mutter- und Tochtergesellschaft bestehende Rechtsverhältnis zum Schutze der Enkelgesellschaft bzw. der daran beteiligten anderen Gesellschaftern ausweiten will, also an die Rechtsfigur eines Vertrages mit Schutzwirkung zugunsten Dritter anknüpft – so Stimpel Die AG 1986, 118 f.; ihm folgend Winter Mitgliedschaftliche Treuebindungen im GmbH-Recht, 1988, S. 256 ff. Diese vertragsrechtliche Lösung ist deshalb unergiebig, weil sie den Interessenschutz der Enkelgesellschaft bzw. der daran beteiligten anderen Gesellschafter in das Rechtsverhältnis zwischen Mutter- und Tochtergesellschaft verlagert und damit deren autonomer Regelung überläßt. Auch wenn man davon ausgeht, daß die Tochtergesellschaft gegenüber den anderen Gesellschaftern der Enkelgesellschaft verpflichtet ist, die Muttergesellschaft in das Wettbewerbsverbot einzubinden, ist doch nicht erkennbar, mit welchen Mitteln sie diese Verpflichtung im Einzelfall durchsetzen kann. Zudem ist generell zu bedenken, daß der konzernrechtliche Interessenschutz kein geeigneter Regelungsgegenstand für ein externes Vertragsverhältnis ist, sondern einer zwingenden Regelung zugunsten der konzernabhängigen Gesellschaft und ihrer außenstehenden Gesellschafter bedarf. Deshalb kommt nur eine konzernrechtsspezifische Lösung in Betracht.

Da § 112 keinen besonderen Spielraum für eine konzernrechtliche Öffnung seines Anwendungsbereichs bietet, kann das herrschende, mittelbar beteiligte Unternehmen nur in den engen Grenzen einer zulässigen Restriktion des Trennungsprinzips in Anspruch genommen werden. Diese ist in § 322 AktG für die Eingliederung enthalten und kommt darüber hinaus in Fällen eines qualifizierten Konzerns in Betracht (näher § 165 Anm. 24 f.). Desweiteren ist eine Ausnahme zu erwägen, wenn das herrschende Unternehmen seinen Einflußbereich in der Enkelgesellschaft durch Zwischenschaltung einer ausschließlich mit Geschäftsführungsbefugnissen in der Enkelgesellschaft betrauten Beteiligungsgesellschaft instrumentalisiert, wie es z. B. in der GmbH & Co. KG sein kann (bejahend Staub-Ulmer § 105 Anh. Anm. 52 f.). Sofern die Muttergesellschaft nicht nur das Geschäftsführungsorgan ihrer als Verwaltungsgesellschaft fungierenden Tochtergesellschaft mit Personen ihres besonderen Vertrauens besetzt, sondern desweiteren auch alle wesentlichen Entscheidungen beeinflußt und sich dazu eines umfassenden Informationssytems bedient, besteht in ihrer Person die Gefahr einer durch Insider-Wissen bedingten Verfälschung der Wettbewerbssituation. In diesen Fällen weist das Rechtsverhältnis zwischen Mutter- und Tochtergesellschaft einen solchen informationellen Verdichtungsgrad auf, daß es in dieser besonderen Hinsicht als qualifiziertes Konzernrechtsverhältnis behandelt werden kann. Deshalb ist auch in dieser besonderen Hinsicht eine Durchbrechung des Trennungsprinzips gerechtfertigt und somit eine konzerndimensionale Ausweitung des § 112 zu Lasten der Muttergesellschaft geboten. Selbstverständlich steht der Muttergesellschaft der Nachweis offen, daß sie das Verhalten der Tochtergesellschaft in der Enkelgesellschaft in keiner Weise beeinflußt oder gesteuert hat und deshalb auch über nur relativ wenige Gesellschaftsinformationen verfügt. Diese besondere, auf den informationellen Verdichtungsgrad abstellende Anknüpfung macht zugleich erklärlich, weshalb weitergehende Durchgriffsrechte, insbesondere die Durchgriffshaftung nicht in Betracht kommen. Übt die Muttergesellschaft ihren Einfluß hingegen zur Durchsetzung übergeordneter Konzerninteressen aus, dann handelt es sich nicht mehr nur um eine informationelle Verflechtung, sondern um eine konzernpolitische Unternehmenssteuerung, die je nach ihrem konkreten Verdichtungsgrad die Voraussetzungen eines qualifizierten Konzerns und einer damit verbundenen Verlustübernahmepflicht erfüllen kann. Mithin reicht für die konzerndimensionale Anwendung des § 112 nicht schon jegliche mittelbare Mehrheitsbeteiligung aus; andererseits bedarf es aber auch nicht der qualifizierten Voraussetzungen einer haftungsrechtlichen Einbindung. Vielmehr genügt der Tatbestand einer informationellen Verflechtung durch eine nur formal zwischengeschaltete Tochtergesellschaft, die somit mittelbar als Geschäftsführungsorgan der Muttergesellschaft fungiert.

6 Schließlich unterliegen dem gesetzlichen Wettbewerbsverbot auch jene Personen, die zwar nicht Gesellschafter sind, gleichwohl über Gesellschafterrechte verfügen, die die Anwendung der §§ 112, 113 rechtfertigen. Das gilt z.B. für den offenen Treugeber, dem sowohl eigene Kontrollrechte als auch Mitspracherechte zustehen, und ebenso für eine vergleichbare Rechtsstellung aufgrund einer Unterbeteiligung. Diesen Rechten korrespondiert die gesellschaftsrechtliche Treupflicht, die die Grundlage für das gesetzliche Wettbewerbsverbot bildet (Schlegelberger-K. Schmidt Vorbem. § 230 Anm. 69; Staub-Ulmer Anm. 8; Blaurock Unterbeteiligung und Treuhand an Gesellschaftsanteilen, 1981, S. 201 ff.). Im Hinblick auf die erforderliche Maßgeblichkeit dieser im Gesellschaftsvertrag geregelten Rechtsbefugnisse kann auf die entsprechenden Ausführungen zur Anwendung der §§ 112, 113 gegenüber dem Kommanditisten verwiesen werden (Schlegelberger-Martens § 165 Anm. 9 ff.). Hingegen reicht ein lediglich faktisch bestehender Einfluß auf die Gesellschaft nicht aus, um daraus eine Bindung an das gesetzliche Wettbewerbsverbot kraft der Treupflicht zu entwickeln. Geht mithin das Wettbewerbsverhalten von dritten, dem Gesellschafter nahestehenden Personen aus, so können diese nicht in Anspruch genommen werden, wohl aber der Gesellschafter, der ihnen wettbewerbsrelevante Informationen überlassen hat.

2. Bindungsdauer

7 Das gesetzliche Wettbewerbsverbot endet mit dem Ausscheiden des Gesellschafters aus der OHG (RG Recht 1916, 1074, 1182; BGHZ 37, 381, 384 f.; BGH WM 1965, 626, 627; 1974, 74, 76 f.; NJW 1979, 1605 f.), es sei denn, daß der Gesellschafter sein Ausscheiden schuldhaft herbeigeführt hat und die Aufrechterhaltung des Verbots nach den Umständen für eine Übergangszeit gerechtfertigt ist (ebenso Fischer in Großkomm Anm. 12 sowie Kardaras, S. 45 f.). Auch unmittelbar vor seinem Ausscheiden darf der Gesellschafter lediglich Maßnahmen durchführen, die der Vorbereitung seiner zukünftigen Geschäftstätigkeit dienen, z.B. Ladenmietung, Personaleinstellung und Wareneinkauf, nicht jedoch die Anbahnung von Geschäftsbeziehungen (RGZ 90, 98, 100; OLG Hamburg OLGE 16, 90; A. Hueck Recht der OHG § 13 II 8). Ein nachvertragliches Wettbewerbsverbot bedarf grundsätzlich einer besonderen Vereinbarung (zur Bedeutung der Nachwirkung der Treupflicht BGH DB 1990, 623). Auf eine solche Vereinbarung sind zwar nicht die besonderen Schutzvorschriften der §§ 74 ff., wohl aber die allgemeinen Regelungen der §§ 1 GWB, 138 BGB anwendbar. Mithin muß auch dieses nachvertragliche Wettbewerbsverbot in räumlicher, zeitlicher und gegenständlicher Hinsicht begrenzt sein, anderenfalls es unwirksam ist (BGH WM 1986, 1282; 1990, 2121). Verstöße gegen eine solche nachvertragliche Wettbewerbsvereinbarung unterliegen nicht der Sanktion des § 113, sondern den allgemeinen Regeln der Vertragshaftung, also der Pflicht zur Gewinnherausgabe nach § 687 BGB sowie der Schadensersatzpflicht nach § 280 BGB (ebenso Staub-Ulmer Anm. 13).

8 Das Wettbewerbsverbot gilt auch im Liquidationsstadium der Gesellschaft (BGH WM 1961, 629, 631; Staub-Ulmer Anm. 12; A. Hueck Recht der OHG § 32 II 2; a.A. Düringer-Hachenburg-Flechtheim Anm. 5 sowie Voraufl. Anm. 9). Freilich ist zu bedenken, daß nunmehr der Gesellschaftszweck eingeschränkt und nur noch auf die Abwicklung des Betriebs gerichtet ist. Entsprechend gering ist somit auch der Verbotsumfang. Er verringert sich fortlaufend entsprechend der zunehmenden Einschränkung des Geschäftsbetriebs. Im übrigen sind auch in diesem Stadium Vorbereitungshandlungen erlaubt, die der Aufnahme von Geschäftsbeziehungen nach Beendigung der Gesellschaft dienen sollen.

3. Verbotsumfang

a) Die Vornahme von Geschäften im Handelszweig der Gesellschaft

9 Derartige Geschäfte müssen zu Erwerbszwecken, nicht nur für den persönlichen Bedarf oder aus sonstigen privaten Gründen getätigt werden. Dabei ist allerdings die Absicht der Gewerbsmäßigkeit nicht erforderlich. Auch gelegentliche Teilnahme am Wettbewerb, um daraus fortlaufende Gewinne zu erzielen, unterliegt dem Wettbewerbsverbot. Freilich darf der Gesellschafter für Geschäfte privater Art weder konkrete Geschäftschancen noch interne Informationen ausnutzen, anderenfalls er sich wegen Verletzung der allgemeinen Treupflicht schadensersatzpflichtig macht (dazu BGH NJW 1986, 584, 585 sowie Timm GmbHRdsch 1981, 181; Kübler Festschrift für W. Werner, 1984, S. 437 ff.; ausführlich Schlegelberger-Martens § 165 Anm. 18). Ein Gewerbebetrieb ist ebensowenig erforderlich wie eine sonstige Organisation. Entscheidend ist allein die Teilnahme am Wettbewerb. Deshalb kommt es nicht darauf an, ob der Gesellschafter persönlich auftritt oder sich vertreten läßt bzw. Dritte in seinem Interesse tätig werden. Somit betreibt der Gesellschafter auch dann Geschäfte, wenn er sich dazu eines Unternehmens bedient, auf das er maßgeblichen Einfluß ausüben kann (BGHZ 89, 162, 166 = NJW 1984, 1351 = WM 1984, 227 = DB 1984, 495; Kardaras S. 62; A. Hueck Recht der OHG § 13 II 3 a; Staub-Ulmer Anm. 25). Dabei ist unerheblich, ob dieser beherrschende Einfluß auch tatsächlich ausgeübt wird. Schon eine derartige Einflußbefugnis eröffnet die jederzeitige Möglichkeit, diesem Unternehmen die erforderlichen Informationen zur Verfügung zu stellen und es so zu einem entsprechenden Konkurrenzverhalten zu veranlassen. Zudem nimmt ein derart maßgeblich beteiligter Gesellschafter auch an den Vorteilen dieses Konkurrenzverhaltens teil, so daß sich auch daraus ein erhebliches Interesse an tatsächlicher Einflußnahme ergibt.

10 Entsprechend dem Normzweck ist dem Gesellschafter auch ein Konkurrenzverhalten im Namen und/oder im Interesse Dritter untersagt. Auch in dieser Rechtsstellung kann der Gesellschafter sein Insiderwissen ausnutzen und somit zum Schaden der Gesellschaft handeln. Unter diesem Aspekt kommt eine Tätigkeit als Handelsvertreter (BGH WM 1972, 1229), Kommittent, Treuhänder und Makler sowie als Vorstandsmitglied einer AG bzw. Geschäftsführer einer GmbH (Staub-Ulmer Anm. 23; A. Hueck Recht der OHG § 13 II 3 a; Westermann Handbuch Anm. 451) in Betracht.

b) Beteiligung als persönlich haftender Gesellschafter

11 Verboten ist die Teilnahme als persönlich haftender Gesellschafter an einer gleichartigen Handelsgesellschaft. Dabei ist die Rechtsform unerheblich, so daß eine OHG, KG und KGaA in Betracht kommen. Darüber hinaus wird generell vertreten, daß auch die Beteiligungsart als persönlich haftender Gesellschafter nicht formal zu verstehen ist, sondern Ausdruck materieller Gesellschafterteilhabe ist. Somit findet das Wettbewerbsverbot einerseits dann keine Anwendung, wenn der persönlich haftende Gesellschafter im Innenverhältnis nur über einen derart reduzierten Einfluß verfügt, wie er nach dem gesetzlichen Leitbild einem Kommanditisten zusteht. Andererseits wird das Wettbewerbsverbot auf die Beteiligung als Kommanditist oder stiller Gesellschafter ausgedehnt, sofern mit dieser Beteiligung Einfluß- und Kontrollrechte verbunden sind, die nach dem gesetzlichen Leitbild denjenigen eines persönlich haftenden Gesellschafters entsprechen. Ebenso ist hinsichtlich der Rechtsstellung innerhalb einer BGB-Gesellschaft zu unterscheiden. Enthält der Gesellschaftsvertrag keine von der Gesetzesregelung wesentlich abweichenden Vereinbarungen, so ist die Rechtsstellung des BGB-Gesellschafters derjenigen eines persönlich haftenden Gesellschafters vergleichbar und somit das Wettbewerbsverbot anwendbar. Hingegen entfällt seine Bindungswirkung, wenn der BGB-Gesellschafter nur über einen wesentlich geminderten Einfluß verfügt (zu dieser materiellen Betrachtungsweise OLG Nürnberg OLGZ 1980, 377, 378 ff.; Staub-Ulmer Anm. 24; Heymann-Emmerich Anm. 15; Westermann Handbuch 3. Aufl. Anm. 452; Kardaras S. 61 ff.).

12 Auch wenn somit im Einzelfall die Beteiligungsart für die Anwendung des § 112 nicht ausreicht, so ist zu bedenken, daß der Gesellschafter gleichwohl schadensersatzpflichtig ist, wenn er Insiderinformationen an diese andere Beteiligungsgesellschaft weiterreicht oder sie zur Ausnutzung von Geschäftschancen veranlaßt, die an sich der eigenen Gesellschaft vorbehalten sind. Freilich greift diese Schadensersatzpflicht nur punktuell ein, während das Wettbewerbsverbot des § 112 eine generelle Verpflichtung des Gesellschafters begründet, sich der Beteiligung an einer konkurrierenden Gesellschaft zu enthalten bzw. jegliche konkurrierende Geschäftstätigkeit zu unterlassen.

c) Geschützter Geschäftsbereich

13 Die Tatbestandsmerkmale „in dem Handelszweig der Gesellschaft" und Gleichartigkeit der Handelsgesellschaft sind deckungsgleich (ebenso Staub-Ulmer Anm. 14; A. Hueck Recht der OHG § 13 II 3 a, b; Kardaras S. 55 ff.). In beiden Fällen geht es um die Vergleichung der räumlich und gegenständlich relevanten Märkte, auf denen sich die Gesellschaft einerseits und der Gesellschafter bzw. seine Beteiligungsgesellschaft andererseits betätigen. Dabei sind von vornherein jene Geschäfte auszuklammern, die in jedem Handelszweig als Hilfsgeschäfte betrieben werden, die also für den Handelszweig der Gesellschaft nicht prägend, sondern neutral sind. In dieser Hinsicht besteht für die Gesellschaft keine konkrete Gefährdungslage, so daß auch der durch das Wettbewerbsverbot bezweckte Schutz nicht erforderlich ist.

Der Umfang des durch § 112 geschützten Geschäftsbereichs der Gesellschaft ergibt sich primär aus der in dem Gesellschaftsvertrag enthaltenen Regelung über den Unternehmensgegenstand. Diese für den „Betrieb eines Handelsgewerbes" erforderliche Regelung grenzt die Interessen der Gesellschaft, die die Gesellschafter zu fördern und durch Verzicht auf einen eigenen Geschäftsbereich zu respektieren haben, von den persönlichen Interessen der Gesellschafter an autonomer Gestaltung ihrer sonstigen Lebensverhältnisse ab. Allerdings ist der im Gesellschaftsvertrag ausdrücklich umschriebene Unternehmensgegenstand nicht allein entscheidend (BGHZ 70, 331, 332; 89, 162, 170). So kann im Einzelfall der Unternehmensgegenstand derart umfänglich formuliert worden sein, daß von vornherein nicht zu erwarten ist, die Gesellschaft werde jemals einen derart verzweigten Geschäftsbereich ausfüllen. Ebenso ist es möglich, daß später die Absicht aufgegeben worden ist, den vereinbarten Unternehmensgegenstand uneingeschränkt wahrzunehmen. Allerdings kann sich aus der zukünftigen Entwicklung der Geschäftstätigkeit auch eine Ausweitung des ursprünglich vereinbarten Unternehmensgegenstandes ergeben. In allen diesen Fällen ist mithin darüber zu befinden, in welcher Weise der im Gesellschaftsvertrag fixierte Unternehmensgegenstand mit dem praktizierten Handelszweig bzw. Geschäftsbereich abzustimmen ist.

Auch wenn der vereinbarte Gegenstand des Unternehmens nicht allein entscheidend ist, so kommt ihm doch für die Reichweite des Wettbewerbsverbots vorrangige Bedeutung zu. Ist der tatsächliche Geschäftsbetrieb weniger umfangreich, als der ursprünglich vereinbarte Unternehmensgegenstand, so kann in diesem tatsächlichen Verhalten eine konkludente Einschränkung des Unternehmensgegenstandes zu erkennen sein. Freilich kommt eine solche Vertragsänderung ohne förmliche Beschlußfassung nur unter außerordentlich engen Voraussetzungen in Betracht. Dafür ist erforderlich, daß die Gesellschafter für die Zukunft verbindlich auf die umfassende Ausübung des durch den Unternehmensgegenstand umschriebenen Geschäftsbereichs verzichten wollen. Ein derartiger Verzichtswille wird sich im Regelfall jedoch nicht nachweisen lassen. Vielmehr ist davon auszugehen, daß der Unternehmensgegenstand zunächst nur tatsächlich nicht ausgeschöpft wird, sich hingegen die Gesellschafter dafür in Zukunft eine Ausweitung ihrer Geschäftsaktivitäten bis zu den Grenzen des vereinbarten Unternehmensgegenstandes vorbehalten wollen. Angesichts der ungewissen Geschäftsentwicklung besteht ein erhebliches Interesse, daß die Gesellschaft nicht vorzeitig durch eine Einschränkung des Unternehmensgegenstandes blockiert wird und sich auf diese Weise weitergehender Geschäftschancen begibt.

Wenn somit kein Anlaß für eine rechtsverbindliche Einschränkung des Unternehmensgegenstandes ersichtlich ist, so hat doch auch eine tatsächliche Einschränkung des Unternehmensgegenstands Bedeutung für die Reichweite des Wettbewerbsverbots. Zwar ist die Gesellschaft nicht gehindert, ihren Geschäftsbereich jederzeit auszuweiten und sodann dem konkurrierenden Gesellschafter weitere Betätigungen unter Berufung auf das Wettbewerbsverbot zu verwehren (ebenso Düringer-Hachenburg-Flechtheim Anm. 5; Kardaras S. 59). Solange jedoch die Gesellschaft ihren Geschäftsbereich nicht entsprechend ausgeweitet hat, entgehen ihr durch das Wettbewerbsverhalten des Gesellschafters keine Geschäftschancen, so daß kein berechtigtes Interesse an der Ausübung des Wettbewerbsverbots besteht (ebenso wenn auch in der Grenzziehung enger Ivens Konkurrenzverbot S. 63 ff; wie hier Wiedemann-Hirte ZGR 1986, 170 f.). Freilich darf dieser tatsächliche Geschäftsbereich nicht restriktiv verstanden werden (BGHZ 70, 331, 333; Staub-Ulmer Anm. 17; Kardaras S. 56). Es kommt deshalb nicht darauf an, ob die Gesellschaft die konkreten Geschäfte selbst vorgenommen oder so abgeschlossen hätte wie der Gesellschafter selbst. Entscheidend ist vielmehr, ob das jeweilige Geschäft seiner Art nach dem bisherigen Geschäftsbereich der Gesellschaft zuzuordnen ist oder aber einem Geschäftsbereich entspricht, der zwar von dem Unternehmensgegenstand erfaßt wird, der jedoch bisher von der Gesellschaft nicht wahrgenommen worden ist. Da diese Grenzziehung fließend ist, ist im Zweifel davon auszugehen, daß das Wettbewerbsverhalten des Gesellschafters mit dem konkreten Geschäftsbereich der Gesellschaft kollidiert, wie ja auch dieser Gesellschafter zu beweisen hat, daß sein Verhalten in keiner Weise den bisherigen Aktivitäten der Gesellschaft entspricht.

16 Erweitert die Gesellschaft ihren geschäftlichen Aktionsradius über den vereinbarten Unternehmensgegenstand hinaus, ohne daß die Gesellschafter einen förmlichen Beschluß gefaßt haben, so kann auch in diesem tatsächlichen Verhalten eine konkludente Änderung des Unternehmensgegenstands zu erkennen sein. Freilich bestehen auch in dieser Hinsicht nicht unerhebliche Bedenken; denn dadurch wird zugleich der Umfang der allgemeinen Förderungspflicht sowie des Wettbewerbsverbots erweitert. Deshalb kommt eine konkludente Gegenstandsänderung nur dann in Betracht, wenn der Geschäftsbereich in Abstimmung mit allen oder doch wenigstens mit denjenigen Gesellschaftern ausgedehnt worden ist, die über die erforderliche Stimmenmehrheit für eine förmliche Beschlußfassung verfügen. Sofern sich ein Gesellschafter schon in diesem Geschäftsbereich betätigt, bedarf es seiner Zustimmung, anderenfalls das Konkurrenzverbot nicht eingreift (ebenso Ivens Konkurrenzverbot S. 60 ff.). Auch ohne eine derartige Abstimmung kommt ein konkludentes Verhalten dann in Betracht, wenn die Gesellschafter mit der erforderlichen Mehrheit über Maßnahmen beschlossen haben, die der Ausweitung des Geschäftsbetriebs dienen, z. B. der Finanzierung (Staub-Ulmer Anm. 16). Im übrigen ist jedoch Zurückhaltung bei der Annahme einer konkludenten Gegenstandsänderung geboten. Eine längerdauernde Geschäftspraxis eignet sich dazu grundsätzlich nicht, es sei denn, daß nunmehr wegen des überwiegenden Gesellschaftsinteresses an der Fortsetzung dieses neuen Geschäftsbereichs die Berufung auf das Erfordernis einer förmlichen Beschlußfassung verwirkt ist. Sind die Voraussetzungen einer der Ausweitung des Geschäftsbetriebs korrespondierenden Gegenstandsänderung nicht erfüllt, so kann sich die Gesellschaft in diesem Umfang auch nicht auf das Wettbewerbsverbot berufen. Freilich ist sorgfältig zu untersuchen, ob sich das Gesellschafterverhalten auf einen gegenstandsfremden Bereich erstreckt oder noch in den Randbereich des vertraglichen Unternehmensgegenstands fällt. Dabei ist im Zweifel zugunsten der Gesellschaft zu entscheiden.

Von dem gegenständlichen Umfang des Geschäftsbereichs ist sein räumlicher Umfang zu unterscheiden. Auch in diesem Zusammenhang ist sorgsam abzuwägen zwischen den auf räumliche Expansion angelegten Gesellschaftsinteressen und den auf eigene Wirtschaftsaktivitäten gerichteten Interessen einzelner Gesellschafter. Diese Abgrenzungsproblematik ist noch erheblich schwieriger, weil die in dem Gesellschaftsvertrag enthaltene Gegenstandsbeschreibung zumeist keine räumliche Begrenzung enthält. Deshalb kommt es ausschließlich auf den tatsächlichen räumlichen Tätigkeitsbereich der Gesellschaft an. Freilich fällt darunter nicht nur der aktuelle, sondern auch der potentielle Tätigkeitsbereich (ebenso Staub-Ulmer Anm. 19). Außerordentlich schwierige Abgrenzungsprobleme ergeben sich dann, wenn die Gesellschaft ihren Geschäftsbereich fortlaufend ausdehnt, sich dazu auch Beteiligungsgesellschaften bedient und sich auf diese Weise die ursprüngliche Wettbewerbssituation gänzlich verändert (zur Ausweitung auf ausländische Märkte Staub-Ulmer Anm. 19; Westermann Handbuch Anm. 453). Dadurch kann die Gesellschaft in den Geschäftsbereich eines Gesellschafters hineinwachsen, der ursprünglich wettbewerbsneutral war und deshalb auch als potentieller Geschäftsbereich von § 112 nicht erfaßt wurde, nunmehr aber verbotsrelevant ist. In solchen entwicklungsoffenen Fällen, die auch durch eine externe Veränderung der Marktverhältnisse eintreten können, ist die einseitige Anwendung des § 112 kein geeignetes Instrument. Vielmehr müssen die Interessen des Gesellschafters in gleicher Weise bedacht werden wie die Interessen der Gesellschaft. Es ist gleichsam die Geschäftsgrundlage für die Abgrenzung der beiderseitigen Geschäftsbereiche erschüttert, so daß auch auf die beiderseitige Interessenlage gebührend Rücksicht genommen werden muß. Das kann im einzelnen bedeuten, daß zwar grundsätzlich von dem Wettbewerbsverbot des § 112 auszugehen ist, daß aber dem Gesellschafter das Recht eingeräumt werden muß, seine Gesellschaftsbeteiligung aus wichtigem Grund aufzugeben, oder daß seine Beteiligung auf einen Status reduziert wird, der die Verwertung wettbewerbsrelevanter Insiderinformationen weitgehend ausschließt.

4. Befreiung vom Wettbewerbsverbot durch Einwilligung

Eine solche Befreiung kann auf einer Einwilligung der übrigen Gesellschafter beruhen, die entweder ausdrücklich erklärt wird oder sich konkludent aus den konkreten Umständen ergibt. Den Sonderfall einer unwiderleglich vermuteten Einigung regelt Abs. 2. Freilich erschöpft diese Regelung die zugrunde liegende Sachproblematik bei weitem nicht und muß deshalb durch weitergehende Überlegungen ergänzt werden.

a) Die Einwilligung der anderen Gesellschafter

Da es der Einwilligung aller Gesellschafter bedarf, ist mithin unerheblich, wie ihre Rechtsstellung im einzelnen gestaltet ist. Es bedarf mithin auch dann der Einwilligung des Gesellschafters, wenn dieser weder am Kapital noch an der Geschäftsführung der Gesellschaft beteiligt ist. Umstritten ist, ob diese Einwilligung aus einseitigen Individualerklärungen aller Gesellschafter besteht (so Staub-Ulmer Anm. 26) oder ob dafür auch ein einstimmiger Beschluß aller Gesellschafter geeignet ist (so wohl Fischer in Großkomm Anm. 10 sowie A. Hueck Recht der OHG § 13 II 4). Dieses Problem ist nicht nur von rechtstheoretischer Bedeutung; seine praktische Relevanz erweist sich anläßlich eines etwaigen Widerrufs (dazu Anm. 20). Bejaht man das Erfordernis einseitiger Individualerklärungen, so ist auch jeder einzelne Gesellschafter zum Widerruf berechtigt. Hingegen kann der Widerruf nur durch einstimmigen Beschluß ausgesprochen werden, wenn ein solcher auch für die Einwilligung erforderlich ist. Zur Beurteilung dieser Zuständigkeitsproblematik ist vor allem auf das konkrete Schutzbedürfnis der durch das Wettbewerbsverhalten gefährdeten übrigen Gesellschafter abzustellen. Angesichts der grundsätzlichen Bedeutung der dem Wettbewerbsverbot zugrunde liegenden Treupflicht und des mit dem Wettbewerbsverhalten verbundenen Schadenspotentials ist es in der Tat geboten, jedem Gesellschafter die individuelle Entscheidung über die Einwilligung und einen etwaigen Widerruf zu belassen. Das hindert allerdings die Gesellschafter nicht, die Einwilligung auch durch förmlichen Beschluß zu erklären. Sofern darin nicht zugleich ein Verzicht auf die individuelle Zuständigkeit liegt, stellt ein solcher Beschluß die Bündelung entsprechender Individualerklärungen dar mit der Folge, daß auch weiterhin jeder einzelne Gesellschafter über den Fortbestand dieser Einwilligung entscheidungsberechtigt ist.

20 Diese Einwilligung kann inhaltlich in jeder Weise eingeschränkt werden. So kommen etwa eine Befristung in Betracht oder eine Beschränkung auf einen bestimmten Geschäftsbereich, etwaige Bedingungen oder ein Widerrufsvorbehalt. Aufgrund eines solchen Vorbehalts kann die Einwilligung aus sachlichen Gründen widerrufen werden; ohne einen solchen Vorbehalt kommt ein Widerruf aus wichtigem Grund in Betracht (Staub-Ulmer Anm. 26; Baumbach-Duden-Hopt, Anm. 2 B; Ivens Konkurrenzverbot S. 121; Löffler NJW 1986, 229; einschränkend A. Hueck Recht der OHG § 13 II 4; Westermann Handbuch Anm. 454; a.A. Kardaras Wettbewerbsverbot S.75f.). Ein wichtiger Grund liegt insbesondere dann vor, wenn der Gesellschafter über sein Wettbewerbsverhalten hinaus die Gesellschaft durch Ausnutzung seiner Insider-Informationen schädigt oder wenn sich seine Konkurrenztätigkeit nach Art und Umfang derart entwickelt hat, daß dadurch die Grundlagen der vormaligen Entscheidungssituation erschüttert werden.

21 Neben der Einwilligung kommt auch die Genehmigung einer zunächst unerlaubt ausgeübten Konkurrenztätigkeit in Betracht. Jede Form dieser Zustimmung kann entweder ausdrücklich oder konkludent erklärt werden. Allerdings ist hinsichtlich der Annahme konkludenten Erklärungsverhaltens Vorsicht geboten. Dazu bedarf es nicht nur der Kenntnis aller Gesellschafter über die wettbewerbsrelevanten Umstände; dazu bedarf es zudem eines Verhaltens aller Gesellschafter, durch das das berechtigte Vertrauen auf eine derartige Zustimmung ausgelöst wird. Angesichts der weitreichenden Folgen einer solchen Zustimmungserklärung ist eine derartige Vertrauenserwartung nur unter engen Voraussetzungen gerechtfertigt (anders Löffler NJW 1986, 229, der schon aus dem Schweigen aller Gesellschafter eine Vermutung ihrer Einwilligung herleiten will; dagegen zutreffend Ivens Konkurrenzverbot S. 115). Deshalb kommt die widerspruchslose Hinnahme der Konkurrenztätigkeit durch alle Gesellschafter auch für einen längeren Zeitraum nicht als geeignetes Erklärungsverhalten in Betracht. In grundsätzlicher Hinsicht ist zu unterscheiden zwischen einer Konkurrenztätigkeit, die schon anläßlich der Gründung der Gesellschaft bzw. des Beitritts in die Gesellschaft ausgeübt wurde, und der Konkurrenztätigkeit, die erst später aufgenommen worden ist. Anläßlich der Gründung bzw. des Beitritts ist ein Widerspruch aus der Sicht des konkurrierenden Gesellschafters jedenfalls dann zu erwarten, wenn er ausdrücklich auf seine Absicht hingewiesen hat, diese Konkurrenztätigkeit fortzusetzen (ebenso Ivens Konkurrenzverbot S. 116). Wird hingegen die Konkurrenztätigkeit erst während der Gesellschafterstellung ohne Zustimmung aller Gesellschafter begründet, dann ist dieses Verhalten von vornherein verbotswidrig, so daß grundsätzlich kein Anlaß für ein berechtigtes Vertrauen auf ein zustimmendes Erklärungsverhalten der übrigen Gesellschafter besteht. Dazu bedarf es eindeutiger Anhaltspunkte, die allen Gesellschaftern zuzurechnen sind. Diese Voraussetzungen können z.B. dann erfüllt sein, wenn die Gesellschaft mit Kenntnis aller Gesellschafter fortlaufend Geschäftsbeziehungen mit dem konkurrierenden Gesellschafter eingeht. In allen Fällen ist der betreffende Gesellschafter beweispflichtig, daß ihm die Zustimmung ausdrücklich oder doch konkludent erteilt worden ist.

b) Die Einwilligungsvermutung (Abs. 2)

Die Erteilung der Einwilligung zur Teilnahme an einer anderen Gesellschaft als persönlich haftender Gesellschafter wird unwiderleglich vermutet, wenn den übrigen Gesellschaftern bei Abschluß des Gesellschaftsvertrages oder späterem Beitritt des Gesellschafters die Beteiligung an der anderen Gesellschaft als persönlich haftender Gesellschafter bekannt ist und die Aufgabe dieser Beteiligung nicht ausdrücklich ausbedungen wird. Eine Befreiung vom Wettbewerbsverbot setzt also positiv die Kenntnis aller Gesellschafter sowie negativ das Fehlen einer ausdrücklichen Vereinbarung über die Aufgabe der Konkurrenztätigkeit voraus. Ausdrücklichkeit der Vereinbarung meint zwar nicht den wörtlichen Bezug auf die Aufgabe der Beteiligung an der anderen Gesellschaft, wohl aber dessen eindeutige Kundgabe, was auch in einem anderen Sachzusammenhang möglich ist (ebenso Staub-Ulmer Anm. 29; Kardaras Wettbewerbsverbot S. 78). Konkludentes Erklärungsverhalten reicht mithin nicht aus. Da es einer Vereinbarung bedarf, genügt der Widerspruch eines einzelnen Gesellschafters gegen die beabsichtigte Fortsetzung der Konkurrenztätigkeit nicht. Anläßlich der Gründungsverhandlungen kann ein solcher Widerspruch allerdings zur Bedingung des Vertragsabschlusses gemacht werden. Entsprechendes gilt, wenn der widersprechende Gesellschafter an den Verhandlungen über den Beitritt des konkurrierenden Gesellschafters gleichberechtigt teilnimmt. Ohne einen derartigen Entscheidungseinfluß hat der Widerspruch jedoch nur interne Bedeutung. Er verpflichtet diejenigen Gesellschafter, die über den Beitritt zu befinden haben, eine den Voraussetzungen des Abs. 2 entsprechende Vereinbarung abzuschließen. Eine solche Verpflichtung folgt aus dem in Abs. 1 geregelten Erfordernis entsprechender Individualerklärungen. Wenn somit jeder Gesellschafter nach Abs. 1 über die Befreiung vom Wettbewerbsverbot gleichberechtigt zu befinden hat, dann muß dieser Gesellschafterschutz auch im Rahmen des Abs. 2 angemessen berücksichtigt werden. Allerdings kann dadurch das Erfordernis einer entsprechenden Vereinbarung nicht ausgeräumt werden; somit kommt nur eine interne Bindung an diesen Widerspruch in Betracht.

Eine analoge Anwendung des Abs. 2 wird allgemein abgelehnt (Staub-Ulmer Anm. 30; Baumbach-Duden-Hopt Anm. 2 B; A. Hueck Recht der OHG § 13 II 4; Kardaras Wettbewerbsverbot S. 79; Löffler NJW 1986, 229). Das gilt sowohl im Hinblick auf andere Formen der Konkurrenztätigkeit als auch im Hinblick auf andere zeitliche Zusammenhänge. Wird mithin ein einzelkaufmännisches Konkurrenzunternehmen schon anläßlich der Gesellschaftsgründung oder des Gesellschafterbeitritts bzw. des Beteiligungserwerbs geführt, dann greift die unwiderlegliche Vermutung ebensowenig ein wie in den Fällen, in denen die Stellung eines unbeschränkt haftenden Gesellschafters in der konkurrierenden Gesellschaft während der schon bestehenden Gesellschaftsbeteiligung übernommen wird. Obwohl zahlreiche Wertungsaspekte eine solche Gleichbehandlung an sich gebieten, ist die analoge Anwendung des Abs. 2 gleichwohl zu verneinen. Der Grund für ein derart restriktives Normverständnis liegt im wesentlichen in der unzureichenden Berücksichtigung erklärungsrelevanten Verhaltens. Das Fehlen einer ausdrücklichen Untersagungsvereinbarung in Verbindung mit der positiven Kenntnis aller Gesellschafter ist kein ausreichender Grund, um daran die unwiderlegliche Zustimmung aller Gesellschafter zu knüpfen. Vielmehr obliegt es dem konkurrierenden Gesellschafter, sich um eine Freistellung von dem Wettbewerbsverbot zu bemühen. Diese Rollenverteilung ist vom Gesetzgeber nicht hinreichend bedacht worden. Aus diesen Gründen kommt auch eine Abmilderung der Rechtsfolge in Form einer widerglichen Vermutung nicht in Betracht (a. A. Staub-Ulmer Anm. 30; Löffler NJW 1986, 229). Vielmehr kommt es auf die Umstände des Einzelfalles an, ob sich daraus eine konkludente Zustimmung aller Gesellschafter entnehmen läßt.

c) Rechtsfolgen der Einwilligung

24 Während die in Kenntnis aller relevanten Umstände erteilte Genehmigung einen Verzicht auf alle durch das bisherige Wettbewerbsverhalten begründeten Ersatzansprüche bedeutet, folgt aus der Einwilligung nur eine grundsätzliche, aber nicht unbegrenzte Erlaubnis. Sofern die Erlaubnis nur allgemein vom Wettbewerbsverbot befreit, steht der dadurch begünstigte Gesellschafter nicht besser als jene Gesellschafter, die nicht dem gesetzlichen Wettbewerbsverbot unterliegen, muß also insbesondere die der Gesellschaft zuzuordnenden Geschäftschancen respektieren (dazu näher Schlegelberger-Martens § 165 Anm. 18 ff. m.w.N. sowie BGH NJW 1986, 584; WM 1986, 488; ZIP 1989, 986; Weisser DB 1989, 2010; Kübler/Waltermann ZGR 1991, 162). Diese ungeschriebenen Grenzen werden durch das allgemeine Schädigungsverbot bestimmt. Danach darf der Gesellschafter nicht seine Insider-Kenntnisse zur Wahrnehmung seiner eigenen Konkurrenzinteressen auswerten. Ebenso ist er verpflichtet, Erwerbschancen der Gesellschaft, die ihm in seiner Eigenschaft als unbeschränkt haftender Gesellschafter angetragen worden sind, zu respektieren. Schließlich ist generell zu bedenken, daß auch das erlaubte Konkurrenzverhalten nicht zur Vernichtung der Gesellschaft ausgeübt, auch nicht zur Begründung einer rechtlichen oder wirtschaftlichen Abhängigkeit der Gesellschaft ausgeübt werden darf. Derartige strukturelle Eingriffe bedürfen eines besonderen Gesellschafterbeschlusses (ebenso Staub-Ulmer Anm. 33; anders wohl BGHZ 80, 69).

III. Abweichende Vereinbarungen

25 Die Regelung über das gesetzliche Wettbewerbsverbot kann grundsätzlich im Gesellschaftsvertrag beliebig erweitert oder eingeschränkt werden. Allerdings sind dabei äußerste Grenzen zu beachten, die zwingenden Rechts sind. Eine Einschränkung bzw.

generelle Befreiung darf nicht dazu führen, daß dadurch die gemeinsamen, durch die Treu- und Förderungspflicht geprägten Grundlagen der Gesellschaft erschüttert werden. Eine totale Freistellung ist deshalb mit der allen Gesellschaftern obliegenden gemeinsamen Zweckverfolgung unvereinbar. Hingegen bestehen gegen eine Erweiterung des gesetzlichen Wettbewerbsverbots aus gesellschaftsrechtlicher Sicht keine generellen Bedenken, wohl aber unter dem Aspekt des Kartellverbots (§ 1 GWB).

1. Einschränkungen des Wettbewerbsverbots

Derartige Einschränkungen können schon abschließend im Gesellschaftsvertrag vereinbart werden. Auf diese Weise werden die Gesellschafter von vornherein von dem Wettbewerbsverbot mit oder ohne Einschränkungen befreit. Derartige Regelungen sind in der Praxis jedoch relativ selten anzutreffen. Sofern dieser Regelungsgegenstand überhaupt berücksichtigt wird, wird zumeist von dem Erfordernis der Zustimmung aller Gesellschafter abgesehen und stattdessen ein Mehrheitsbeschluß vereinbart. Dadurch verliert der einzelne Gesellschafter seine nach der gesetzlichen Regelung vorgesehene Individualzuständigkeit. Ein solcher Mehrheitsbeschluß kann sich entweder auf die Befreiung vom Wettbewerbsverbot im Einzelfall oder auf eine generelle, für alle Gesellschafter in gleicher Weise anwendbare Befreiung erstrecken. Ob eine Einzelfallregelung oder darüber hinaus eine Allgemeinregelung in Betracht kommt, läßt sich nur auf der Grundlage des konkreten Gesellschaftsvertrages entscheiden. Angesichts der weitreichenden Folgen einer solchen Befreiung ist im Zweifel anzunehmen, daß sie nur anläßlich eines konkreten Einzelfalls erteilt werden kann und somit eine generelle Befreiung eines einstimmigen Beschlusses aller Gesellschafter bedarf. Desweiteren ist zu bedenken, daß eine allgemeine Mehrheitsklausel für einen derart weitreichenden Beschluß nicht ausreicht. Darüber hinaus genügt auch eine nur allgemein für Vertragsänderungen formulierte Mehrheitsklausel nicht der besonderen Bedeutung eines solchen Befreiungsbeschlusses, weder aus Anlaß einer Einzelfallregelung noch einer Gesamtregelung. Vielmehr bedarf es einer ausdrücklichen Umschreibung dieses Beschlußgegenstandes, weil nur auf diese Weise sichergestellt ist, daß ein derart weitreichender Eingriff in die elementaren Interessen der übrigen Gesellschafter auch hinreichend legitimiert ist.

Schließlich wird verschiedentlich vorausgesetzt, daß ein solcher Mehrheitsbeschluß zudem der sachlichen Rechtfertigung durch Gründe im Interesse der Gesellschaft bedarf (Staub-Ulmer Anm. 31; Wiedemann/Hirte ZGR 1986, 173). Die Entscheidung BGHZ 80, 69 = NJW 1981, 1512 läßt das generelle Erfordernis einer sachlichen Rechtfertigung nicht erkennen. Dort war über die sachliche Rechtfertigung eines Beschlusses zu befinden, durch den die Gesellschaft zu einem i.S. von § 17 Abs. 1 AktG abhängigen Unternehmen werden würde. Angesichts der strukturellen Bedeutung dieses Beschlusses und seiner unmittelbaren Eingriffswirkungen ist es in der Tat geboten, das freie Ermessen der Gesellschafter durch das Erfordernis sachlicher Gründe im Interesse der Gesellschaft einzuschränken. Eine solche Abwägung ist jedoch im Rahmen eines normalen Befreiungsbeschlusses nicht möglich, da noch gar nicht absehbar ist, in welchem Umfang und in welcher Intensität die Gesellschaftsinteressen konkret berührt sein können. Vielmehr geht es aus der Sicht der Gesellschaft zunächst nur um eine allgemeine Gefährdungslage, so daß ihre Interessen auch nur generell, nicht aber mit der für die sachliche Rechtfertigung erforderlichen Konkretheit festgestellt werden können. Zudem bedarf es in diesem Zusammenhang auch keiner derartigen Rechtfertigung. Geht man nämlich davon aus, daß die Befreiung vom Wettbewerbsverbot nicht zur Begründung einer rechtlichen oder wirtschaftlichen Abhängigkeit der Gesellschaft berechtigt, dann bedarf es dazu eines ergänzenden Gesellschafterbeschlusses (dazu oben Anm. 24). Im Rahmen dieses ergänzenden Gesellschafterbeschlusses ist, sofern nach dem konkreten Gesellschaftsvertrag nicht ohnehin die Zustimmung aller Gesellschafter geboten ist, über die sachliche Rechtfertigung einer derartigen Strukturveränderung zu befinden.

28 Eine weitere Besonderheit dieser Beschlüsse liegt darin, daß derjenige Gesellschafter vom Stimmrecht ausgeschlossen ist, über dessen Befreiung vom Wettbewerbsverbot bzw. über dessen Rechtsstellung als herrschendes Unternehmen zu beschließen ist (dazu BGHZ 80, 71; Staub-Ulmer Anm. 31; Timm GmbH-Rdsch 1981, 183).

2. Erweiterungen des Wettbewerbsverbots

29 Sofern derartige Erweiterungen schon im ursprünglichen Gesellschaftsvertrag vereinbart worden sind, bestehen aus gesellschaftsrechtlicher Sicht – abgesehen von § 138 BGB – keine durchgreifenden Bedenken. Problematisch sind hingegen erweiternde Regelungen aufgrund eines Mehrheitsbeschlusses. Da die gesetzliche Regelung einen ausgewogenen Kompromiß zwischen den Wettbewerbsinteressen des einzelnen Gesellschafters und den Schutzinteressen der Gesellschaft darstellt, berührt jede Ausweitung des gesetzlichen Wettbewerbsverbots einseitig wesentliche Gesellschafterinteressen. Deshalb kann darüber mit qualifizierter Mehrheit nur dann beschlossen werden, wenn der Gesellschaftsvertrag dafür eine ausdrückliche Beschlußregelung vorsieht. Weitergehende Voraussetzungen müssen erfüllt sein, wenn ein solcher Beschluß zur Regelung eines Einzelfalls gefaßt werden soll. Da in diesem Fall ein konkreter Eingriff in die Autonomie eines individuellen Gesellschafters beabsichtigt ist, bedarf es über eine ausdrückliche Beschlußkompetenz hinaus auch einer sachlichen Rechtfertigung unter dem Aspekt verhältnismäßiger Rechtsausübung. Eine weitere, freilich generelle Regelungsschranke ergibt sich aus § 1 GWB.

30 Inhaltlich kann eine derartige Erweiterung von vielfältiger Art sein. Sie kann sich auf den persönlichen und sachlichen Anwendungsbereich des gesetzlichen Wettbewerbsverbots sowie auf die gesetzlich vorgesehenen Sanktionen erstrecken. Desweiteren können auch besondere Regelungen für den Widerruf oder die sachlichen Grenzen einer etwaigen Einwilligung vorgesehen werden. Angesichts der in der Praxis häufig auftretenden Streitfälle sollte Vorsorge getroffen werden, daß der gegenständliche Umfang des Wettbewerbsverbots hinreichend konkretisiert wird und daß der Fall eines Beteiligungserwerbs an einem Konkurrenzunternehmen ebenfalls präzisiert wird. Schließlich besteht oftmals ein Regelungsbedarf für ein nachvertragliches Wettbewerbsverbot. Sofern der Gesellschaftsvertrag dazu keine weitergehende Regelung aufweist, unterliegt ein solches nachvertragliches Wettbewerbsverbot, da nunmehr die Gesellschafterstellung entfallen ist, nicht den Sanktionen des § 113, sondern allgemeinem Vertragsrecht.

IV. Die wettbewerbsrechtlichen Schranken nach § 1 GWB

1. Allgemeine Problemstellung

Diese vormals außerordentlich umfänglich und kontrovers behandelte Problematik ist inzwischen durch Literatur und Rechtsprechung derart fortentwickelt worden, daß nur noch wenige Streitfragen offen sind. Im Grundsatz besteht Konsens, daß im Konfliktfall sowohl die Voraussetzungen nach § 112 erfüllt sind mit der Folge, daß das konkurrierende Wettbewerbsverhalten zu unterlassen ist, als auch die Voraussetzungen nach § 1 GWB mit der Folge, daß eine solche Unterlassungspflicht unwirksam ist. Verschiedene Versuche, den Vorrang des § 112 unter Berufung auf den angeblich gesetzlichen, nicht-vertraglichen Verpflichtungsgrund (dazu BGHZ 38, 306, 316) oder den Vorrang des § 1 GWB unter Berufung auf sein späteres Inkrafttreten (dazu Kardaras S. 139 f.) zu begründen, haben sich nicht durchsetzen können. Vielmehr besteht inzwischen weitgehende Übereinstimmung, daß die beiden kollidierenden Vorschriften gleichrangig zu behandeln sind und beiderseits aufeinander abgestimmt werden müssen. Den gesellschaftsrechtlichen Maßstab für eine derartige Abstimmung bietet das Kriterium der Funktionsfähigkeit der gesetzlich anerkannten Rechtsformen. Sofern mithin das Wettbewerbsverbot erforderlich ist, um den Gefahren der Konkurrenztätigkeit eines mit umfassenden Insiderinformationen vertrauten Gesellschafters zu begegnen, ist grundsätzlich von der kartellrechtskonformen Anwendung des § 112 auszugehen. Entscheidend ist somit, daß die Anwendung des Wettbewerbsverbots im Einzelfall „zum Schutze des Gesellschaftsunternehmens notwendig ist und von der Treuepflicht gefordert wird" (BGHZ 70, 331, 335; ähnlich BGHZ 89, 162, 169). Die kartellrechtliche Rechtfertigung für eine solche Funktionsbetrachtung bietet die inzwischen weitgehend anerkannte Immanenztheorie (Steindorff BB 1977, 570; K. Schmidt Kartellverbot und „sonstige Wettbewerbsbeschränkungen", 1978, S. 79 ff.; Immenga in: Immenga/Mestmäcker § 1 GWB Anm. 170, 370 ff.). Dieser Theorie liegt die zutreffende Erkenntnis zugrunde, daß auch kartellrechtsneutrale Verträge oftmals nur durch eine Verpflichtung zu wettbewerbsbeschränkendem Verhalten zweckgerecht abgewickelt werden können. Die uneingeschränkte Anwendung des gesetzlichen Kartellverbots würde deshalb die Funktionsfähigkeit der gesetzlich anerkannten Vertrags- und Rechtsformen beeinträchtigen. Aus diesen Gründen ist eine im objektiven Recht angelegte Restriktion des Kartellverbots geboten. Auch wenn somit im Ergebnis kein wesentlicher Streit mehr besteht, so sind doch nach wie vor die Einzelprobleme, die sich aus der Konkretisierung dieses Maßstabs der Funktionsfähigkeit ergeben, umstritten.

2. Einzelfallbeurteilung

a) Sofern der Gesellschafter an der Geschäftsführung beteiligt ist, somit die wesentlichen Funktionen der Gesellschaft als einer umfassenden Arbeits- und Haftungsgemeinschaft in eigener Person erfüllt, ist das Wettbewerbsverbot zur Wahrung des für eine erfolgreiche Geschäftsführung notwendigen Vertrauensverhältnisses und zur Abwehr eines durch Insiderkenntnisse verfälschten Wettbewerbs unerläßlich. Aus diesen Gründen wird allgemein anerkannt, daß das gesetzliche Wettbewerbsverbot unter diesen

Voraussetzungen nicht gegen § 1 GWB verstößt (BGHZ 70, 331, 335 f. = NJW 1978, 1001; Staub-Ulmer Anm. 45; Wiedemann Gesellschaftsrecht I § 13 II 1b; Immenga in: Immenga/Mestmäcker § 1 GWB Anm. 374; Kellermann in: Festschrift für Fischer, S. 307, 317 f.; Beuthien ZHR 142 (1978), 259, 281 ff.; Voges DB 1977, 2081, 2085 f.; einschränkend allerdings KartB Bayern WuW/E L KartB 179, 181 f. für den Fall eines nur im technischen Bereich geschäftsführend tätigen Kommanditisten – dazu Ivens Konkurrenzverbot S. 204 f.). Dabei macht es auch keinen Unterschied, ob der Gesellschafter eine natürliche oder juristische Person ist (BGHZ 89, 162, 165 ff. = NJW 1984, 1351; Schlegelberger/Martens § 165 Rdnr. 34 m.w.N.; Löffler NJW 1986, 227; a.A. OLG Frankfurt BB 1982, 1383). Auf diese Weise wird auch der Geschäftsführer der Komplementärgesellschaft in den Anwendungsbereich des Wettbewerbsverbots einbezogen (ebenso Staub-Ulmer Anm. 45 sowie OLG Hamburg WuW/E OLG 3320, 3322 f.).

33 b) Nach wie vor umstritten ist die Vereinbarkeit des Wettbewerbsverbots mit § 1 GWB, wenn der Gesellschafter nicht an der Geschäftsführung beteiligt ist, wohl aber über alle sonstigen Beteiligungsrechte, insbesondere über die Informationsrechte nach § 118 verfügt. Die wohl vorherrschende Ansicht bejaht auch in diesen Fällen eine Restriktion des § 1 GWB (Wiedemann Gesellschaftsrecht I § 13 II 1b; Beuthien ZHR 142 (1978), 284, 288; Voges DB 1977, 2081, 2085; Müller-Henneberg in: Gemeinschaftskommentar § 1 GWB Anm. 108; Müller-Giessler, Kommentar zum GWB, § 1 Anm. 114; Löffler NJW 1986, 227 f.; Schütte Wettbewerbsverbote der Personalhandelsgesellschafter S. 31 ff.; Westrick/Loewenheim, GWB, 4. Aufl. 1977/85, § 1 Anm. 82; Schlegelberger-Martens § 165 Anm. 12 ff.). Zur Begründung wird auf den außerordentlichen Umfang der Informationsrechte des § 118 und des damit verbundenen Schädigungspotentials in der Person eines konkurrierenden Gesellschafters verwiesen. Es ist in der Tat zu befürchten, daß derart umfassende Insiderkenntnisse unkontrollierbar für eigene Zwecke verwertet werden, wenn sich der Gesellschafter in einem Konkurrenzverhältnis befindet. Deshalb sind auch die von der Gegenansicht (Immenga, in: Immenga/Mestmäcker § 1 GWB Anm. 374; Kellermann, in: Festschrift für Fischer, S. 307, 318; Knur DNotZ 1963, 643, 647; Zwicker Kartellrechtliche Beschränkungen der Verbandsautonomie der Wirtschaftsverbände in Deutschland und in den Vereinigten Staaten von Amerika, 1984, S. 139 f.) hervorgehobenen Sanktionsmittel in Form von Schadensersatzansprüchen wegen unlauteren und gesellschaftswidrigen Verhaltens nur von theoretischer Bedeutung, weil der Nachweis des tatsächlichen Informationsmißbrauchs nur selten gelingen wird. Im übrigen ist schon die objektive Gefährdungslage der Gesellschaft ein hinreichender Grund, um das Konkurrenzverbot auch gegenüber § 1 GWB zu rechtfertigen. Auch die Einschränkung der Informationsrechte nach § 118 Abs. 2 ist keine geeignete Alternativmaßnahme, weil dadurch das Informationsrecht anläßlich der Beschlußfassung über konkrete Einzelentscheidungen nicht berührt wird (dazu § 118 Anm. 15). Wollte man den konkurrierenden Gesellschafter mithin in seinen Informations- und Beteiligungsrechten noch weitergehend einschränken, so müßte er auch von allen wesentlichen Entscheidungen der Gesellschafter ferngehalten werden. Sieht man von dem Problem ab, ob eine derartige Einschränkung mit der unbeschränkten Gesellschafterhaftung vereinbar ist, dann ist vor allem zu bedenken, daß ein solcher Eingriff in die Autonomie gesellschaftlicher Organisations- und Willensbildung auch unter Betracht der Zielsetzungen des GWB unverhältnismäßig ist. Da diese Zusammenhänge in der Entscheidung BGHZ 38, 306 noch nicht hinreichend bedacht worden sind (kritisch deshalb Beuthien ZHR 142 (1978), 283 f.), kann nicht davon ausgegangen werden, daß sich daraus eine abschließende Beurteilung der anstehenden Problematik entnehmen läßt.

Freilich darf auch die hier vertretene Ansicht nicht verabsolutiert werden. Sofern im Einzelfall die wettbewerbsbeschränkenden Wirkungen des Wettbewerbsverbots gravierend sind, hingegen die Gesellschaftsbeteiligung von untergeordneter Bedeutung ist und keinen substantiellen Wert aufweist, ist es den Gesellschaftern zumutbar, den Gefahren eines entsprechenden Konkurrenzverhaltens durch die erwähnten Vorkehrungen gesellschaftsrechtlicher Art vorzubeugen (ähnlich, allerdings noch stärker auf den Wettbewerbsschutz abstellend Staub-Ulmer Anm. 47 sowie Ivens Konkurrenzverbot S. 208 ff.). Auch die Gesellschaftsbeteiligung eines persönlich haftenden Gesellschafters darf nicht zur Freistellung vom Kartellverbot instrumentalisiert werden. Wenn mithin die wettbewerbsbeschränkenden Wirkungen des Konkurrenzverbots im Vergleich zur rechtlichen und wirtschaftlichen Bedeutung der Gesellschafterstellung bei weitem überwiegen, ist von der vorrangigen Geltung des Kartellverbots auszugehen. Äußerstenfalls bietet sich sodann den übrigen Gesellschaftern die Möglichkeit, den konkurrierenden Gesellschafter aus wichtigem Grund aus der Gesellschaft auszuschließen. Freilich kommt diese Möglichkeit nur als ultima ratio in Betracht.

c) Sofern die Gesellschaft keinen kartellrechtsneutralen Zweck verfolgt, sondern z.B. als Gemeinschaftsunternehmen eingerichtet und deshalb kartellrechtswidrig ist, verstößt auch das Konkurrenzverbot gegen § 1 GWB, sofern keine Freistellung vorliegt. Darüber besteht in Literatur und Rechtsprechung uneingeschränkte Übereinstimmung (BGH NJW 1982, 938, 939 „Transportbeton-Vertrieb II", NJW 1984, 1353 „Werbeagentur"; Staub-Ulmer Anm. 44; Immenga in: Immenga/Mestmäcker § 1 GWB Anm. 527; K. Schmidt ZHR 149 (1985), 1, 16; dazu auch schon Schlegelberger/Martens § 165 Anm. 33 m.w.N.).

d) Wettbewerbsrechtliche Probleme wirft schließlich auch das nachvertragliche Wettbewerbsverbot auf. Wie schon erwähnt (Anm. 7), findet § 112 nur für den Zeitraum der Gesellschafterstellung Anwendung. Somit bedarf das nachvertragliche Wettbewerbsverbot einer ausdrücklichen Abrede. Seine wettbewerbsrechtliche Rechtfertigung liegt nicht in der Wahrung des gegenseitigen Vertrauens- oder Treuverhältnisses, sondern in der Abwehr einer rechtsmißbräuchlichen Verwertung von Insiderkenntnissen. In dieser Hinsicht besteht teilweise Übereinstimmung mit Fallkonstellationen, in denen das Wettbewerbsverbot immanenter Bestandteil einer Unternehmensveräußerung ist (dazu BGH WuW/E BGH 1898 „Holzpaneele", WuW/E BGH 2085 „Strohgäu-Journal"; Immenga in: Immenga/Mestmäcker § 1 GWB Anm. 164 ff.; K. Schmidt Kartellverbot und „sonstige Wettbewerbsbeschränkungen" S. 84 f.; Ulmer NJW 1982, 1975). Freilich besteht auch ein nicht unwesentlicher Unterschied. Während es anläßlich einer Unternehmensveräußerung darauf ankommt, dem Erwerber Schutz zu bieten, damit er das übernommene Unternehmen ohne große Anpassungsprobleme kontinuierlich fortsetzen kann, bedarf die Gesellschaft keiner solchen Konsolidierungsphase. Deshalb

§ 113

benötigt sie grundsätzlich einen geringeren Wettbewerbsschutz. Dabei ist auch im einzelnen auf den Umfang der dem ausgeschiedenen Gesellschafter präsenten Insiderkenntnisse abzustellen. Generell kommt deshalb nur ein Wettbewerbsverbot mit zweijähriger Laufzeit in Betracht (ähnlich OLG Hamburg WuW/E OLG 3320). Im Einzelfall bedarf es der Abwägung, ob das nachvertragliche Wettbewerbsverbot in gegenständlicher, räumlicher und zeitlicher Hinsicht für den gedeihlichen Fortbestand des Unternehmens funktionsnotwendig ist.

113 (1) Verletzt ein Gesellschafter die ihm nach § 112 obliegende Verpflichtung, so kann die Gesellschaft Schadensersatz fordern; sie kann statt dessen von dem Gesellschafter verlangen, daß er die für eigene Rechnung gemachten Geschäfte als für Rechnung der Gesellschaft eingegangen gelten lasse und die aus Geschäften für fremde Rechnung bezogene Vergütung herausgebe oder seinen Anspruch auf die Vergütung abtrete.

(2) Über die Geltendmachung dieser Ansprüche beschließen die übrigen Gesellschafter.

(3) Die Ansprüche verjähren in drei Monaten von dem Zeitpunkt an, in welchem die übrigen Gesellschafter von dem Abschlusse des Geschäfts oder von der Teilnahme des Gesellschafters an der anderen Gesellschaft Kenntnis erlangen; sie verjähren ohne Rücksicht auf diese Kenntnis in fünf Jahren von ihrer Entstehung an.

(4) Das Recht der Gesellschafter, die Auflösung der Gesellschaft zu verlangen, wird durch diese Vorschriften nicht berührt.

Schrifttum: Vgl. dazu die Angaben zu § 112 und § 165.

Inhalt

	Anm.		Anm.
I. Normzweck	1,2	5. Deliktsrechtliche Ansprüche	18
II. Die durch das Konkurrenzverhalten ausgelösten Ansprüche	3–20	6. Das Konkurrenzverhältnis dieser Ansprüche	19
1. Der Schadensersatzanspruch	3	III. Die Geltendmachung dieser Ansprüche	21–25
2. Das Eintrittsrecht	4	IV. Verjährung	26–31
3. Der Unterlassungsanspruch	14	1. Anwendungsbereich	26
4. Ansprüche wegen angemaßter Eigengeschäftsführung (§§ 687 Abs. 2, 681, 667 BGB)	16	2. Die Verjährungsvoraussetzungen	29
		V. Sonstige gesetzliche Rechte (Abs. 4)	32
		VI. Abweichende Vereinbarungen	33,34

I. Normzweck

1 Die Vorschrift stellt eine Ergänzung der Verbotsregelung des § 112 dar, indem sie die dafür wesentlichen Sanktionen an besondere Voraussetzungen bindet. Allerdings ist diese Sanktionsregelung unvollständig, weil die Primärverpflichtung, die Pflicht zur Unterlassung des verbotswidrigen Wettbewerbsverhaltens, nicht erfaßt wird. Deshalb ist davon auszugehen, daß dieser Unterlassungsanspruch sowie andere konkurrierende Ansprüche nicht der Sonderregelung dieser Vorschrift unterliegen. Ihr wesentlicher

Sinn und Zweck liegen in der Befriedigungsfunktion des für die Sanktionierung erforderlichen Verfahrens. Angesichts der grundsätzlichen Bedeutung des Wettbewerbsverhaltens für den Fortbestand der Gesellschaft und des gegenseitigen Vertrauensverhältnisses einerseits sowie der weitreichenden Folgen der in Abs. 1 genannten Ersatz- und Ausgleichsansprüche andererseits sollen darüber alle Gesellschafter entscheidungszuständig sein, also nicht etwa nur die Geschäftsführer oder die einzelnen Gesellschafter mittels der actio pro socio. Darüber hinaus soll durch die relativ kurzen Verjährungsfristen des Abs. 3 erreicht werden, daß dieser Konflikt alsbald beigelegt wird. Dieses grundsätzliche Regelungsanliegen ist hinsichtlich anderer Ansprüche weniger bedeutsam, so daß eine entsprechende Anwendung nicht in Betracht kommt, es sei denn, dem Gesellschaftsvertrag läßt sich eine ausdrückliche oder konkludente Verweisung entnehmen.

Wegen dieser engen Verzahnung der §§ 112, 113 sind die Regelungen des § 113 **2** auch dann unmittelbar anzuwenden, wenn sich das Wettbewerbsverbot nicht unmittelbar aus § 112, sondern im Einzelfall aufgrund der gesellschaftsrechtlichen Treupflicht ergibt, also in den Fällen eines Kommanditisten oder stillen Gesellschafters, der über besondere Informations- oder Beteiligungsrechte verfügt (dazu § 112 Anm. 2, § 165 Anm. 8 ff., § 230 Anm. 130). Beruht hingegen das Wettbewerbsverbot nicht auf der Treupflicht, sondern auf einer weitergehenden Vereinbarung der Gesellschafter, so ist § 113 nicht unmittelbar anwendbar. Vielmehr ist im Einzelfall aufgrund dieser Vereinbarung abzuwägen, ob damit auch die Einbeziehung dieser besonderen Sanktionsregelung gemeint ist oder ob lediglich allgemeines Vertragsrecht mit der dafür vorgesehenen Zuständigkeit der Geschäftsführung in Betracht kommen soll (die Anwendung des § 113 grundsätzlich ablehnend Voraufl. Anm. 3 sowie Kardaras Wettbewerbsverbot S. 95). Wird hingegen die gesetzliche Verbotsregelung durch Einschränkungen oder Erweiterungen lediglich modifiziert, so ist grundsätzlich davon auszugehen, daß dadurch die Anwendung des § 113 nicht berührt werden soll (ebenso Staub-Ulmer Anm. 4).

II. Die durch das Konkurrenzverhalten ausgelösten Ansprüche

1. Der Schadensersatzanspruch

Die Gesellschaft kann Schadensersatz nach §§ 249 ff. BGB verlangen, wenn der **3** Gesellschafter den Verstoß gegen § 112 zu vertreten hat, sei es, daß er selbst schuldhaft (§ 708 BGB) gehandelt hat, sei es, daß ihm das Verschulden eines Dritten (§ 278 BGB) zugerechnet wird. Hinsichtlich dieses Erfordernisses kommt auch § 282 BGB zur Anwendung. Soweit die Gesellschaft den ihr entgangenen Gewinn verlangt, kann sie nicht unmittelbar auf den Gewinn des Gesellschafters aus dem verbotenen Geschäft zugreifen. Dazu ist vielmehr der Nachweis erforderlich, daß sie ohne das Verhalten des Gesellschafters das Geschäft in gleicher Weise abgeschlossen hätte. Allerdings wird der Schadensersatzanspruch durch den entgangenen Gewinn in seinem Umfang nicht begrenzt; denn es steht der Gesellschaft der Nachweis offen, daß durch das Konkurrenzverhalten eine schwerwiegende Störung des Geschäftsbetriebs eingetreten und dadurch ein weitergehender Schaden verursacht worden ist. Jeglicher Schaden muß in voller

Höhe ohne Abzug der eigenen Beteiligung des Gesellschafters ersetzt werden. – Zum konkurrierenden Schadensersatzanspruch wegen treuwidrigen Gesellschafterverhaltens vgl. Anm. 20 ff.

2. Das Eintrittsrecht

4 Dieses Recht steht der Gesellschaft unabhängig von dem Nachweis eines etwaigen Schadens zu. Es handelt sich im wesentlichen um ein Recht auf Gewinnabschöpfung. Freilich wird auch in diesem Zusammenhang ein schuldhaftes Verhalten des Gesellschafters vorausgesetzt. Das Eintrittsrecht hat keine Außenwirkung (BGHZ 89, 162, 171 = NJW 1984, 1351). Somit kann die Gesellschaft nicht den Eintritt in die verbotswidrig abgeschlossenen Verträge oder die Übernahme der verbotswidrig eingegangenen Gesellschaftsbeteiligung verlangen. Ihr steht nur das Recht auf Zufluß der mit dem Vertrag oder der Gesellschaftsbeteiligung verbundenen Vermögenswerte zu. Allerdings wird dadurch nicht ausgeschlossen, daß der Gesellschafter in Erfüllung seiner Eintrittsverpflichtung die Vertrags- oder Beteiligungsübernahme anbietet. Sofern das dafür erforderliche Einverständnis des Vertragspartners bzw. der anderen mit der Beteiligungsgesellschaft verbundenen Gesellschafter vorliegt, muß die Gesellschaft diese Erfüllungsleistung annehmen.

5 Soweit es um den verbotswidrigen Abschluß eines Vertrages geht, folgt aus der Ausübung des Eintrittsrechts ein auftragsähnliches Rechtsverhältnis (ebenso wohl Staub-Ulmer Anm. 19). Deshalb ist der Gesellschafter verpflichtet, alles herauszugeben, was er im Zusammenhang des verbotswidrig abgeschlossenen Vertrages erlangt hat. Das betrifft nicht nur den erzielten Gewinn, sondern auch alle sonstigen Vorteile wie z.B. Informationen und Unterlagen. Allerdings ist die Gesellschaft ihrerseits verpflichtet, im Rahmen des Aufwendungsersatzes (§ 670 BGB) auch ein negatives Ergebnis zu übernehmen. Dabei ist jedoch zu bedenken, ob dieser Verpflichtung nicht ein schuldhaftes Verhalten des Gesellschafters entgegensteht, sei es, daß er die Gesellschaft nicht ordnungsgemäß informiert hat, sei es, daß er den Vertrag schuldhaft verletzt hat.

6 Stehen mehrere Geschäfte in einem wirtschaftlichen Zusammenhang, so daß sie unter kaufmännischen Aspekten eine Einheit bilden, so kann das Eintrittsrecht nur für alle Geschäfte ausgeübt werden, auch wenn nur eines verbotswidrig ist. Dabei ist – wie auch sonst – unerheblich, ob die Gesellschaft ihrerseits in der Lage gewesen wäre, den verbotswidrigen Vertrag zu erfüllen. Entscheidend ist lediglich, ob das konkrete Einzelgeschäft in den durch das Wettbewerbsverbot geschützten Tätigkeitsbereich der Gesellschaft fällt.

7 Da der Gesellschafter auch nach Ausübung des Eintrittsrechts Vertragspartner bleibt, kann er weiterhin mit Wirkung gegenüber der Gesellschaft frei über alle Vertragsrechte disponieren, also auch dessen Auflösung durch Vereinbarung oder Rücktritt herbeiführen. Entsprechend seiner auftragsähnlichen Stellung muß er dabei – jedenfalls nach Ausübung des Eintrittsrechts – die Interessen der Gesellschaft uneingeschränkt respektieren, anderenfalls er zum Schadensersatz verpflichtet ist. Somit ist der Gesellschafter insgesamt verpflichtet, den Vertrag im Interesse der Gesellschaft abzuwickeln, seine Ansprüche gegen den Vertragspartner abzutreten und die bereits erlangten Vermögensvorteile herauszugeben.

Entgegen der früher überwiegend vertretenen Ansicht besteht heute weitgehende **8**
Übereinstimmung, daß sich das Eintrittsrecht auch auf die verbotswidrige Beteiligung an
einer konkurrierenden Gesellschaft erstreckt (BGHZ 38, 306, 307 ff. = WM 1963, 245;
89, 162, 171 = NJW 1984, 1351 = WM 1984, 227; Staub-Ulmer Anm. 21; Baumbach-
Duden-Hopt Anm. 21; Schlegelberger-Martens § 165 Anm. 27; Westermann Handbuch
Anm. 464; Kardaras Wettbewerbsverbot S. 111 ff.; a. A. Hueck Recht der OHG § 13 II
FN. 25 m. w. N.). Zur Begründung wird auf den Wortlaut der Vorschrift sowie ihren
Sinn und Zweck verwiesen. Vor allem der oftmals sehr schwierige Nachweis eines der
Gesellschaft zugefügten Schadens macht es erforderlich, ihr ein alternatives Sanktionsmittel in Form des Eintrittsrechts einzuräumen. Nur eine derart lückenlose Sanktionierung entspricht dem Schweregrad der mit dem wettbewerbswidrigen Verhalten verbundenen Treupflichtverletzung, so daß auch von vornherein jeder wirtschaftliche Anreiz zu
einem Verstoß gegen das Wettbewerbsverbot beseitigt ist. Demgegenüber beruht die
abweichende Rechtsprechung zu § 61 (RGZ 73, 423; JW 1911, 57; BAG BB 1962, 638)
auf sozialpolitischen Erwägungen, die in diesem Zusammenhang bedeutungslos sind.

Allerdings ist nicht zu verkennen, daß dieses Eintrittsrecht hinsichtlich einer verbots- **9**
widrigen Gesellschaftsbeteiligung erhebliche Abgrenzungsprobleme aufwirft. Mittels
dieses Eintrittsrechts können grundsätzlich alle mit der verbotswidrigen Beteiligung
verbundenen Vermögensvorteile abgeschöpft werden. Eine derart totale Abschöpfung
ist aber dann ungerechtfertigt, wenn die Beteiligungsgesellschaft nur in einem Teilseg-
ment konkurrierend tätig ist (ebenso Hueck Recht der OHG § 13 II FN. 25; Kardaras
Wettbewerbsverbot S. 116; Schlegelberger/Martens § 165 Anm. 28; a. A. Staub-Ulmer
Anm. 21; Fischer LM Nr. 1 zu § 113 HGB). Die Gegenansicht verkennt, daß auch im
übrigen das Eintrittsrecht nur hinsichtlich der Konkurrenzgeschäfte, nicht aber hinsichtlich des gesamten Handelsbetriebs geltend gemacht werden kann, den der Gesellschafter als Einzelkaufmann führt (ebenso K. Schmidt Handelsrecht § 16 VI 2). Zudem
würde eine totale Abschöpfung eine dem Zivilrecht fremde Pönalisierung bedeuten.
Der Gesellschaft steht das Eintrittsrecht zu, weil in den ihr reservierten Geschäftsbereich eingegriffen worden ist und ihr dafür die entgangenen Vermögensvorteile gebühren. Für eine weitergehende, nicht geschützte Geschäftstätigkeit besteht jedoch kein
derartiger Normzusammenhang. Freilich ist unverkennbar, daß eine solche nur auf
verbotswidrige Einzelgeschäfte bezogene Abschöpfung erhebliche Zurechnungsproble-
me aufwirft. So bedarf es nicht nur der Feststellung der der Beteiligungsgesellschaft
zugeflossenen Vermögensvorteile, sondern darüber hinaus der proportionalen Berechnung des auf die verbotswidrige Beteiligung entfallenden Vermögensanteils. Da zudem
die Gesellschaft zum Aufwendungsersatz verpflichtet ist, der gesamte Aufwand für die
verbotswidrige Beteiligung aber offensichtlich nicht in Betracht kommt, muß auch
dieser Aufwendungsersatz im Verhältnis zu den Konkurrenzgeschäften berechnet werden. Diese Berechnungsprobleme sind jedoch kein ausreichender Grund, um der Gesellschaft den Zugriff auf alle mit der verbotswidrigen Beteiligung verbundenen Vermögensvorteile auch dann zu ermöglichen, wenn die Beteiligungsgesellschaft nur in
einem Teilbereich konkurrierend tätig ist (zum aktienrechtlichen Meinungsstand im
Rahmen des § 88 AktG Meyer Die AG 1988, 259)

Sofern der Gesellschafter Konkurrenzgeschäfte für fremde Rechnung tätigt, muß er **10**
entweder die bezogene Vergütung herausgeben oder seinen Vergütungsanspruch abtre-

ten. Der wesentliche Anwendungsfall dieser Regelungsalternative besteht in der Ausübung von Organbefugnissen als Vorstandsmitglied oder Geschäftsführer einer konkurrierenden Gesellschaft. Auch in diesem Zusammenhang stellt sich wiederum das Problem, den Vergütungsanspruch in angemessener Weise auf den Umfang der verbotswidrigen Geschäfte abzustimmen. Die Sanktionierung punktuellen Konkurrenzverhaltens durch eine Abschöpfung der Gesamtvergütung wäre unverhältnismäßig und mit den Prinzipien privatrechtlicher Ausgleichsgerechtigkeit nicht vereinbar. Allerdings ist diese Berechnung eines proportionalen Vergütungsanspruchs ungleich komplizierter als die Berechnung des vorstehend behandelten Anspruchs auf proportionale Gewinnabschöpfung; denn während zwischen der verbotswidrigen Beteiligung und dem Gewinn der Gesellschaft aus den Konkurrenzgeschäften ein wirtschaftlicher Zusammenhang besteht, wird die Vergütung für Organtätigkeit weitgehend unabhängig von dem Ertrag aus den Einzelgeschäften gezahlt. Deshalb kommt nur eine pauschale Berechnung der abzuführenden Teilvergütung in Betracht, die nach § 287 ZPO richterlicher Schätzung unterliegt (anders Meyer Die AG 1988, 260: Eintrittsrecht nur für Gewinnanteile, die für das verbotswidrige Konkurrenzgeschäft gesondert gezahlt worden sind).

11 Sofern sich der Gesellschafter verbotswidrig als Handelsvertreter oder Kommissionär betätigt, treten diese Berechnungsprobleme nicht auf. Die verbotswidrigen Einzelgeschäfte werden grundsätzlich separat vergütet, so daß diese Vergütung unmittelbar herausverlangt werden kann.

12 Auf das durch die Ausübung des Eintrittsrechts begründete Rechtsverhältnis findet das Auftragsrecht entsprechende Anwendung. Danach ist der Gesellschafter verpflichtet, die Interessen der Gesellschaft im Rahmen der mit dem Dritten bestehenden Rechtsbeziehungen uneingeschränkt wahrzunehmen und dabei auch entsprechende Weisungen der Gesellschaft zu befolgen. Des weiteren muß er Auskunft erteilen und Rechenschaft ablegen (§ 666 BGB) sowie alle sonstigen Pflichten des Beauftragten erfüllen. Im Mittelpunkt seiner Pflichtenstellung steht der schon erwähnte Herausgabeanspruch der Gesellschaft (§ 667 BGB), der sich auf alle vermögenswerten Rechte und Gegenstände erstreckt. Demgegenüber kann der Gesellschafter von der Gesellschaft vor allem Ersatz der für das verbotswidrige Geschäft bzw. die verbotswidrige Beteiligung getätigten Aufwendungen erlangen. Für diesen in § 670 BGB geregelten Anspruch bestehen keine gesellschaftsrechtlichen Besonderheiten, so daß dazu generell auf die einschlägige Rechtsprechung und Literatur verwiesen werden kann. Das gilt insbesondere im Hinblick auf einen Ausgleichsanspruch wegen eines Schadens, der durch den Eintritt eines tätigkeitsspezifischen Risikos verursacht worden ist (dazu Münchener Kommentar-Seiler § 670 BGB Anm. 14), sowie im Hinblick auf die Problematik einer etwaigen Tätigkeitsvergütung (dazu wiederum Münchener Kommentar-Seiler § 670 BGB Anm. 19). Grundsätzlich kommt eine Tätigkeitsvergütung nicht in Betracht, da der Gesellschafter sich gerade verbotswidrig verhält und deshalb ein Entgelt für diese Tätigkeit dem Sinn und Zweck des Wettbewerbsverbots widerspricht.

13 Dieses durch die Ausübung des Eintrittsrechts begründete Rechtsverhältnis unterliegt nicht der Sonderregelung des § 113 Abs. 2 und 3 (ebenso Staub-Ulmer Anm. 23). Somit fallen diese Rechte ohne vorherigen Gesellschafterbeschluß in die Zuständigkeit der geschäftsführenden Gesellschafter. Da es sich um ein gesellschaftsneutrales Rechtsverhältnis handelt, kommt auch die Berufung auf die besondere Verschuldensregelung des § 708 BGB nicht in Betracht.

3. Der Unterlassungsanspruch

Unabhängig von § 113 besteht ein Unterlassungsanspruch der Gesellschaft gegen den Gesellschafter, der schon wiederholt gegen das Wettbewerbsverbot verstoßen hat oder dessen verbotswidriges Verhalten unmittelbar zu erwarten ist. Somit kann dieser Unterlassungsanspruch auch von dem einzelnen Gesellschafter unter den Voraussetzungen der actio pro socio geltend gemacht werden. Dem Unterlassungsanspruch steht auch nicht entgegen, daß damit mittelbar in den Geschäftsbetrieb eines rechtlich selbständigen Unternehmens oder einer anderen Gesellschaft eingegriffen wird (BGH WM 1972, 1229). Da sich der Unterlassungsanspruch nur gegen den verbotswidrig handelnden Gesellschafter richtet, somit keine Außenwirkung hat, werden die Interessen Dritter nur dann von diesem Anspruch berührt, wenn der Gesellschafter über Rechte, z.B. ein Austrittsrecht, verfügt, um diesen Unterlassungsanspruch zu erfüllen. Die Klage auf künftige Unterlassung kann die Gesellschaft und jeder Gesellschafter im Rahmen der actio pro socio ohne Beschlußfassung erheben. Abs. 2 ist mithin nicht anwendbar.

Umstritten ist hingegen die Anwendung der Verjährungsregelung des Abs. 3. Die überwiegende Ansicht bejaht diese Anwendung mit Rücksicht auf die schutzwerten Interessen des Gesellschafters an einer alsbaldigen Klärung seines Wettbewerbsverhaltens (RGZ 63, 252, 254, hinsichtlich der Anwendung des gleichlautenden § 61 Abs. 2; Staub-Ulmer Anm. 39; Vorauflage Anm. 11, 19; Heymann-Emmerich Anm. 16; A. Hueck Recht der OHG § 13 II 7; ebenso die aktienrechtliche Literatur zu der Parallelvorschrift des § 88 Abs. 3 AktG; vgl. dazu Mertens in Kölner Kommentar zum AktG, 2. Aufl. 1989, § 88 Anm. 23 m.w.N.; a.A. Kardaras Wettbewerbsverbot S. 119f.). Diese Ansicht ist jedoch unzutreffend. Die Berufung auf die Rechtsprechung zu § 61 ist wegen des sozialpolitischen Wertungsrahmens dieser Vorschrift verfehlt. In formaler Hinsicht ist zu entgegnen, daß diese überwiegend vertretene Ansicht die Anwendung des Abs. 2 auf den Unterlassungsanspruch verneint, hingegen die Anwendung des Abs. 3 bejaht, obwohl doch offensichtlich beide Regelungen in einem normativen Sinnzusammenhang stehen. Eine solche Aufspaltung des § 113 ist inhaltlich deshalb verfehlt, weil der Gesellschafter zwar ein berechtigtes Interesse an der alsbaldigen Klärung der mit dem verbotswidrigen Wettbewerbsverhalten verbundenen Vermögensfolgen geltend machen kann, nicht aber hinsichtlich der Verbotswidrigkeit seines Verhaltens. Das zeigt sich insbesondere bei der Beurteilung eines auf Dauer angelegten Wettbewerbsverhaltens, z.B. der Ausübung von Organbefugnissen in einer konkurrierenden Gesellschaft. Wendet man in solchen Fällen die Verjährungsregelung des Abs. 3 an, dann kann die Gesellschaft alsbald die Unterlassung dieses wettbewerbswidrigen Verhaltens nicht mehr durchsetzen, obwohl im Einzelfall weiterer erheblicher Schaden zu erwarten ist. Auch der Hinweis auf einen nach Abs. 4 weiterhin möglichen Gesellschafterausschluß ist nicht überzeugend, in mancher Hinsicht sogar widersprüchlich, weil damit ein Verhalten sanktioniert werden soll, das als solches von der Gesellschaft nicht mehr verhindert werden kann. Stellt man im übrigen auf das schutzwerte Interesse des Gesellschafters an alsbaldiger Klärung seines Wettbewerbsverhaltens ab, dann wäre es an sich geboten, auch dieses Ausschlußverfahren zeitlich zu begrenzen, eine Konsequenz, die jedoch von der hier abgelehnten Ansicht nicht gezogen wird (vgl. nur Staub-Ulmer Anm. 37). Zudem steht diese Ansicht im Wertungswiderspruch zu der restriktiven Anwendung des § 112 Abs. 2. Während dort vertreten wird, daß die Einwilligungsvermutung zum Schutze der Gesellschaft nicht auf andere vergleichbare Tatbestände erstreckt werden soll (dazu § 112 Anm. 23), soll im Rahmen des § 113 Abs. 3 die Kenntnis der übrigen Gesellschafter die dreimonatige Verjährungsfrist des Unterlassungsanspruchs auslösen und damit das verbotswidrige Wettbewerbsverhalten neutralisieren. Schließlich ist dagegen einzuwenden, daß die zitierte Ansicht den Unterlassungsanspruch bei einer Dauertätigkeit insgesamt der Verjährungsregelung des Abs. 3 unterwirft, jedoch bei Einzelgeschäften, die in keinem Fortsetzungszusammenhang stehen, die Verjährungsregelung nur auf den Unterlassungsanspruch für jedes Einzelgeschäft anwendet. Auch diese in sich durchaus konsequente Differenzierung läßt jedoch im Ergebnis erkennen, daß die Anwendung der kurzen Verjährungsregelung des Abs. 3 auf den Unterlassungsanspruch generell verfehlt ist.

4. Ansprüche wegen angemaßter Eigengeschäftsführung (§§ 687 Abs. 2, 681, 667 BGB)

16 Dieser ebenfalls auf Gewinnabschöpfung gerichtete Ausgleichsanspruch ist für die Gesellschafter deshalb nicht unerheblich, weil dieser Anspruch – anders als die Gewinnabschöpfung aus dem Eintrittsrecht – nicht der kurzen Verjährungsregelung des Abs. 3 und ebensowenig der vorherigen Beschlußfassung der Gesellschafter unterliegt (ebenso BGH WM 1989, 1335, 1338 = LM Nr. 16 zu § 43 GmbHG = NJW 1989, 2697 = NJW-RR 1989, 1255). Allerdings wird die Anwendung des § 687 Abs. 2 BGB von der Rechtsprechung und teilweise auch von der Literatur nur unter engen Voraussetzungen bejaht. Danach kommt ein angemaßtes Eigengeschäft mangels auftragsloser Geschäftsführung dann nicht in Betracht, wenn der Handelnde aufgrund eines Vertragsverhältnisses gegenüber dem Berechtigten zu einer Handlung oder Unterlassung verpflichtet ist, dieser Verpflichtung jedoch zuwider handelt (RG HRR 1933, 1640; Staudinger-Wittmann, BGB, 12. Aufl., § 687 Anm. 7, Münchener Kommentar-Seiler § 687 BGB Anm. 7; Soergel-Mühl, BGB, 11. Aufl. § 687 Anm. 5; so auch BGH WM 1988, 968, 969 = NJW-RR 1988, 895 = LM Nr. 5 zu § 115 HGB sowie BGH WM 1989, 1335, 1338; a.A. RGZ 158, 302, 313 für den Fall eines wegen der Ausnutzung von Geschäftschancen der Gesellschaft pflichtwidrig handelnden Geschäftsführers). Nach dieser Ansicht liegt eine Pflichtverletzung des konkreten Rechtsverhältnisses vor, so daß eine vertragslose, auftragslose Geschäftsführungsmaßnahme i.S. des § 687 Abs. 2 BGB entfällt (weniger eindeutig BGH WM 1977, 194, 195 sowie WM 1988, 903, 904; a.A. BAG AP Nr. 3 § 687 BGB). Zudem hat die Rechtsprechung das Merkmal der Fremdheit des Geschäfts zunehmend eingeengt. Danach reicht es nicht aus, daß vertraglich abgesicherte Interessenbereiche verletzt werden (so BGH WM 1988, 903, 904 m.w.N.). Erforderlich ist vielmehr, „daß das Geschäft wie bei einem durch Gesetz oder Verordnung begründeten Recht als fremdes auch äußerlich in Erscheinung tritt" (BGH WM 1989, 1335, 1339). Diese Voraussetzungen sind bisher nur bejaht worden, soweit in eine mit einem Dritten bestehende schuldrechtliche Vereinbarung eingegriffen worden ist (BGH NJW 1964, 1853; WM 1977, 194, 195; WM 1988, 903, 904; WM 1989, 1335, 1339; BAG AP Nr. 3 zu § 687 BGB). Auch die Literatur stimmt dieser Abgrenzung des geschützten Geschäftsbereichs weitgehend zu (dazu Münchener Kommentar-Seiler, § 687 BGB Anm. 20; Soergel-Mühl § 687 BGB Anm. 5 ff. m. w. N.).

Auch wenn dieser Ansicht grundsätzlich zu folgen ist, so ist doch im einzelnen problematisch, ob eine derart rigide Abgrenzung sachgerecht ist oder ob nicht weitergehend auch wirtschaftlich gesicherte „Anwartschaften" auf konkrete Geschäftsabschlüsse einzubeziehen sind (so offensichtlich Staub-Ulmer Anm. 6). Sofern der Abschluß des Vertrages unmittelbar bevorsteht, ist – jedenfalls unter wirtschaftlichen Aspekten – oftmals nur ein gradueller Unterschied gegenüber der Rechtsposition aus einem schon abgesprochenen Vertrag erkennbar. Freilich ist nicht zu verkennen, daß die von der Rechtsprechung vertretene Ansicht den großen Vorteil klarer und eindeutiger Geschäftsabgrenzung bietet und deshalb vorzugswürdig ist. Sofern allerdings die Gesellschaft schon vor dem Vertragsabschluß über eine gesicherte Rechtsposition z. B. aufgrund eines Vorvertrages oder Optionsrechts verfügt, ist ihr geschützter Geschäftsbereich entsprechend zu erweitern. Somit ist auch in diesen Fällen die Anwendung des § 687 Abs. 2 BGB geboten. Eine weitergehende Abgrenzung unter den Aspekten einer wirtschaftlichen Betrachtungsweise kommt jedoch nicht in Betracht.

5. Deliktsrechtliche Ansprüche

Ein Eingriff in das nach § 823 Abs. 1 BGB geschützte Rechtsgut des eingerichteten und ausgeübten Gewerbebetriebs kommt in diesem Zusammenhang grundsätzlich nicht in Betracht. Etwaige durch das Konkurrenzverhalten des Gesellschafters beeinträchtigte Geschäftschancen der Gesellschaft fallen nicht in den rechtlich relevanten Schutzbereich dieses Rechtsguts (Münchener Kommentar-Mertens § 823 BGB Anm. 488 m. w. N.). Sieht man desweiteren von der Anwendung des § 823 Abs. 2 BGB ab, die nur im Einzelfall aufgrund eines Verstoßes gegen ein konkretes Schutzgesetz bejaht werden kann, so kommt generell nur noch § 826 BGB in Betracht (dazu BGH WM 1989, 1335, 1339). Auch dieser deliktsrechtliche Anspruch unterliegt weder dem Erfordernis einer besonderen Beschlußfassung nach Abs. 2 noch der Verjährungsregelung nach Abs. 3. Im Vergleich zum Herausgabeanspruch nach § 687 Abs. 2 BGB bietet dieser deliktsrechtliche Anspruch den Vorteil, daß es nicht des Nachweises einer besonderen Rechtsposition bedarf, allerdings auch den Nachteil, daß der Nachweis eines eigenen Schadens erforderlich ist.

6. Das Konkurrenzverhältnis dieser Ansprüche

Sieht man von dem Unterlassungsanspruch ab, der weder durch den Schadensersatzanspruch noch durch das Eintrittsrecht berührt wird, so stellt sich im übrigen die Frage, in welchem rechtlichen Verhältnis diese verschiedenen Ausgleichsansprüche stehen. Selbstverständlich kann die Gesellschaft nicht zugleich Schadensersatz und Gewinnabschöpfung verlangen, wie sich aus dem Wortlaut („statt dessen") des Abs. 1 ergibt. Dabei ist auch unerheblich, ob der Schadensersatzanspruch oder das Gewinnabschöpfungsrecht auf § 113 oder auf eine andere vorstehend behandelte Vorschrift gestützt wird. Dieses generelle Alternativverhältnis läßt sich eindeutig dem Sinn und Zweck des § 113 entnehmen.

20 Umstritten ist nach wie vor, wie dieses Alternativverhältnis rechtlich einzuordnen ist. Dafür kommen die Ersetzungsbefugnis (so Düringer-Hachenburg-Flechtheim Anm. 6; Staub-Pinner Anm. 1a; Barella DB 1953, 861), die Wahlschuld (so Weimar JW 1943, 1709) und die elektive Anspruchskonkurrenz (so Staub-Ulmer Anm. 10 sowie Kardaras Wettbewerbsverbot S. 96) in Betracht. Die beiden zunächst genannten Ansichten sind deshalb verfehlt, weil sie von dem Bestehen eines einheitlichen Anspruchs ausgehen, der aufgrund der Erklärung des Gläubigers entweder durch eine andere Leistung zu erfüllen ist oder hinsichtlich seines Leistungssubstrats erst konkretisiert wird. Eintrittsrecht und Schadensersatzanspruch sind jedoch nicht wesensverwandt, sondern in ihren Voraussetzungen und ihren Rechtsfolgen voneinander unabhängig, so daß sie auch als selbständige Rechte geltend gemacht werden können. Damit entfällt das in § 264 Abs. 2 BGB geregelte Aufforderungsrecht des Schuldners, das zum Verlust des Wahlrechts in der Person des Gläubigers führen kann. Somit können die Gesellschafter ihre Entscheidung bis zum Eintritt der Verjährung hinauszögern. Angesichts dieses zeitlichen Entscheidungsspielraums stellt sich die Frage, ob die Gesellschafter an den einmal gefaßten Beschluß gebunden sind oder ihre Entscheidung noch revidieren können. Überwiegend wird unter Berufung auf die analoge Anwendung des § 263 Abs. 2 BGB vertreten, daß die jeweilige Entscheidung unwiderruflich ist (A. Hueck Recht der OHG § 13 II 6; Kardaras Wettbewerbsverbot S. 98 sowie die überwiegende Literatur zur aktienrechtlichen Parallelproblematik des § 88 Abs. 2 AktG vgl. Mertens in Kölner Kommentar zum Aktiengesetz, § 88 Anm. 16; Meyer-Landrut in Großkomm zum Aktiengesetz, § 88 Anm. 6; Godin-Wilhelmi Aktiengesetz § 88 Anm. 8). Demgegenüber wird verschiedentlich eine Bindung gegenüber dem wettbewerbswidrig handelnden Gesellschafter an den Beschluß über das Eintrittsrecht bejaht, hingegen eine Bindung an den Beschluß über den Schadensersatzanspruch verneint (Staub-Ulmer Anm. 11 sowie Hefermehl in Geßler-Hefermehl-Eckardt-Kropff Aktiengesetz § 88 Anm. 23). Auf diese Weise soll der Gesellschaft die Möglichkeit verbleiben, späteren Schwierigkeiten des Schadensnachweises durch Ausübung des Eintrittsrechts auszuweichen. Einer solchen nachträglichen Wahlmöglichkeit bedarf es jedoch nicht, da die Gesellschafter ausreichend Gelegenheit haben, Art und Umfang des der Gesellschaft zugefügten Schadens sowie der mit dem Eintrittsrecht verbundenen Vermögensvorteile festzustellen. Andererseits ist dieses Wahlrecht nach Ablauf der Verjährungsfrist ohnehin ohne praktische Bedeutung, da die mit dem Schadensersatzprozeß unterbrochene Verjährung hinsichtlich des Eintrittsrechts unberührt bleibt.

III. Die Geltendmachung dieser Ansprüche

21 Der Beschluß über die Geltendmachung des Schadensersatzanspruchs oder die Ausübung des Eintrittsrechts bedarf der Zustimmung aller übrigen Gesellschafter, sofern der Gesellschaftsvertrag keine besonderen Mehrheitsregelungen vorsieht. Der passivbetroffene Gesellschafter ist von dieser Beschlußfassung ausgeschlossen. In einer Zwei-Mann-Gesellschaft entscheidet also der eine Gesellschafter allein über die Ausübung dieser Rechte.

Verletzung des Wettbewerbsverbots

Anläßlich dieser Beschlußfassung steht die Erteilung der Zustimmung nicht im freien **22** Belieben der Gesellschafter. Vielmehr sind vorrangig die berechtigten Interessen der Gesellschaft zu berücksichtigen, so daß im Einzelfall sogar eine Zustimmungspflicht bestehen kann. Diese an sich einklagbare Zustimmungspflicht ist jedoch wegen der kurzen Verjährungsregelung des Abs. 3 für die Beschlußfassung ohne praktische Bedeutung. Da die Rechte ohne vorherige Beschlußfassung nicht ausgeübt werden können, muß auch vorab über eine etwaige Zustimmungspflicht rechtzeitig entschieden werden. Diese Rechtskraft tritt aber praktisch erst in einem Zeitpunkt ein, in dem diese Rechte schon verjährt sind. Aus diesen Gründen kommt auch – anders als im Ausschließungsverfahren (BGHZ 68, 81) – eine Verbindung der auf Zustimmung und der auf Schadensersatz bzw. Geschäftsübernahme gerichteten Klage nicht in Betracht. Somit kann die pflichtwidrige Zustimmungsverweigerung nur durch einen Schadensersatzanspruch sanktioniert werden. Dieser besteht im Umfang der der Gesellschaft wegen der unterbliebenen Beschlußfassung entgangenen Rechte gegenüber dem wettbewerbswidrig handelnden Gesellschafter. Auf diese Weise kommt es im Ergebnis zu einem Austausch der ersatzpflichtigen Gesellschafter.

Der Beschluß muß nicht nur die generelle Absicht zur Rechtsverfolgung bekunden, **23** sondern auch den konkreten Anspruch bestimmen. Fehlt es daran, so kann weder Schadensersatz noch das Eintrittsrecht geltend gemacht werden (Staub-Ulmer Anm. 29; A. Hueck Recht der OHG § 13 II 6; Kardaras Wettbewerbsverbot S. 100). Die früher vertretene Ansicht, daß Schadensersatz auch ohne Beschlußfassung verlangt werden könne (so Düringer-Hachenburg-Flechtheim Anm. 6; Wieland I S. 583; Crisolli JW 1934, 1709), ist mit dem Wortlaut nicht vereinbar und verstößt gegen den mit dem Erfordernis vorheriger Beschlußfassung verfolgten Zweck, daß dieser gravierende Konflikt nur im Einverständnis aller Gesellschafter ausgetragen werden soll. Somit können Ausgleichsansprüche ohne vorherige Beschlußfassung nur dann geltend gemacht werden, wenn sie über den Rahmen des § 113 hinausgehen (dazu vorstehend unter II. sowie nachfolgend unter IV.).

Einer ausdrücklichen Beschlußfassung bedarf es im Einzelfall dann nicht, wenn das **24** Einverständnis der übrigen Gesellschafter durch konkludentes Verhalten hinreichend dokumentiert wird, z.B. durch gemeinsame Klagerhebung (so in BGHZ 89, 162, 172) oder durch gemeinsame Beauftragung eines Rechtsanwalts (dazu Staub-Ulmer Anm. 30). Sofern nicht auf diese Weise dem verpflichteten Gesellschafter die gemeinsame Rechtsverfolgung bekundet wird, muß ihm der Beschlußinhalt gesondert mitgeteilt werden. Diese Mitteilung fällt in die Zuständigkeit der geschäftsführenden Gesellschafter. Mit Zugang dieser Erklärung sind die Gesellschafter unwiderruflich an ihre Entscheidung über die konkrete Rechtsausübung gebunden. Die geschäftsführenden Gesellschafter sind sodann auch verpflichtet, den Beschluß durch entsprechende Rechtsverfolgung auszuführen. Unterbleiben derartige Maßnahmen, dann kann auch der einzelne Gesellschafter unter Berufung auf den Gesellschafterbeschluß die Rechtsverfolgung mittels der actio pro socio betreiben.

Auch während des Liquidationsverfahrens bedarf es eines Beschlusses der Gesell- **25** schafter. Die Liquidatoren haben nur die Befugnisse eines vertretungsberechtigten Gesellschafters, nicht aber die Kompetenz, über innergesellschaftliche Angelegenheiten zu entscheiden. Im Anschluß an diese Beschlußfassung sind sie jedoch berechtigt und verpflichtet, die beschlossenen Ansprüche geltend zu machen. Anders ist hingegen die Rechtslage im Konkurs. In diesem Zusammenhang wird übereinstimmend vertreten, daß die Gesellschafter keine hinreichende Gewähr bieten würden, anläßlich ihrer Beschlußfassung die Interessen der Konkursmasse gebührend zu berücksichtigen, und daß deshalb der Konkursverwalter über die Ausübung der Rechte zu entscheiden habe (Düringer-Hachenburg-Flechtheim Anm. 6; Staub-Ulmer Anm. 34; Heymann-Emmerich Anm. 14; A. Hueck Recht der OHG § 13 II 6 FN. 31; Kardaras Wettbewerbsverbot S. 98).

Verjährung

1. Anwendungsbereich

26 Die Verjährungsregelung des Abs. 3 erstreckt sich im wesentlichen nur auf die in Abs. 1 genannten Ansprüche. Vor allem wird entgegen der überwiegend vertretenen Ansicht der Unterlassungsanspruch davon nicht berührt (dazu oben Anm. 15). Rechtsprechung und Literatur haben darüber hinaus auch einen etwaigen Schadensersatzanspruch von dem Erfordernis einer vorherigen Beschlußfassung und dieser Verjährungsregelung unter der Voraussetzung ausgenommen, daß sich das wettbewerbswidrige Verhalten nicht in einem Verstoß gegen § 112 erschöpft, sondern einen darüber hinausgehenden Verstoß gegen wesentliche Gesellschafterpflichten darstellt und deshalb einen besonderen Unrechtsgehalt aufweist. Die Rechtsprechung des BGH hat bisher lediglich Fälle behandelt, in denen sich der geschäftsführende Gesellschafter in dieser Weise verhalten hatte (BGH WM 1971, 412, 413 f.; 1972, 1229, 1230; 1978, 1205, 1207; 1982, 1025, 1026; WM 1989, 1335, 1337; ebenso OHG Düsseldorf WM 1970, 1180, 1182 = NJW 1970 1373, 1374). In der Literatur wird diese Rechtsprechung verschiedentlich nur als eine besondere Sanktionierung wettbewerbswidrigen Geschäftsführerverhaltens verstanden (so Staub-Ulmer Anm. 14 m. Fn. 21b sowie zu der Parallelproblematik des § 43 Abs. 4 GmbHG Fleck WM 1981, Beil. 3 S. 9; ders. WM 1985, 677, 679; weitergehend wohl Heymann-Emmerich Anm. 17). Ein solches Verständnis wird jedoch dem wesentlichen Anliegen dieser Rechtsprechung nicht gerecht. Weder geht es ausschließlich um das wettbewerbswidrige Verhalten geschäftsführender Gesellschafter noch um die generelle Sonderregelung ihres wettbewerbswidrigen Verhaltens. Vielmehr kommt auch gegenüber den geschäftsführenden Gesellschaftern grundsätzlich nur die Anwendbarkeit des § 113 Abs. 2 und 3 in Betracht (ebenso OLG Düsseldorf WM 1970, 1180, 1882 sowie Stimpel ZGR 1973, 73, 79).

27 Von dieser Regelung kann im Einzelfall dann abgewichen werden, wenn das wettbewerbswidrige Verhalten unabhängig von dem gesetzlichen Wettbewerbsverbot als Pflichtwidrigkeit zu beurteilen ist. Im Einzelfall ist mithin zu untersuchen, ob das konkrete Verhalten des Gesellschafters auch dann pflichtwidrig wäre, wenn er von dem gesetzlichen Wettbewerbsverbot befreit worden wäre, das gesetzliche Wettbewerbsverbot für die Feststellung pflichtwidrigen Verhaltens somit unerheblich ist. Dieser Beurteilungsmaßstab ist unabhängig von der konkreten Rechtsstellung des Gesellschafters, wenngleich nicht zu verkennen ist, daß die geschäftsführenden Gesellschafter wegen ihrer intensiven Einbindung in ein umfängliches Pflichtverhältnis diese Voraussetzungen weitaus häufiger erfüllen als nicht-geschäftsführende Gesellschafter. Wie schon in anderem Zusammenhang erläutert worden ist (§ 165 Anm. 18), geht es in diesem Zusammenhang im wesentlichen um die treuwidrige Auswertung konkreter Geschäftschancen der Gesellschaft. Sofern der Gesellschafter diese Chancen zur persönlichen Bereicherung ausnutzt, erschöpft sich der Unwertgehalt seines Verhaltens nicht in dem wettbewerbswidrigen Verhalten. Vielmehr greift er unmittelbar in den wirtschaftlichen „Besitzstand" der Gesellschaft ein. Diese Voraussetzungen sind generell dann erfüllt, wenn der Gesellschaft Geschäfte entzogen werden, die schon vertraglich abgesichert oder durch einen unmittelbar bevorstehenden Vertragsabschluß vorbereitet oder aufgrund einer engen Geschäftsbeziehung zu erwarten waren (ebenso Stimpel ZGR 1973, 73, 79). Freilich ist diese Umschreibung des über den Wettbewerbsverstoß hinausgehenden Unrechtsverhaltens unvollständig. So hatte in dem vom OLG Düsseldorf entschiedenen Fall (WM 1970, 1180) der geschäftsführende Gesellschafter seine Arbeitskraft nahezu ausschließlich auf sein Konkurrenzverhalten konzentriert und somit die Geschäftsführung der Gesellschaft weitgehend unterlassen. Ein solches Verhalten stellt offensichtlich eine vom Verstoß gegen das Wettbewerbsverbot unabhängige, pflichtwidrige Verletzung der Geschäftsführerstellung dar, so daß die Regelung des § 113 Abs. 2 und 3 darauf nicht anwendbar ist.

Diese Fälle der entzogenen Geschäftschancen weisen eine strukturelle Vergleichbarkeit mit jenen Sachverhalten auf, die der Anwendung des § 687 Abs. 2 BGB unterliegen. Folgt man der relativ restriktiven Ansicht, wie sie in Literatur und Rechtsprechung überwiegend vertreten wird (dazu oben Anm. 16), dann besteht im Rahmen der hier behandelten pflichtwidrigen Ausnutzung von konkreten Geschäftschancen der Gesellschaft ein weitergehender, flexiblerer Anwendungsspielraum. Allerdings sind damit auch unterschiedliche Rechtsfolgen verknüpft. Während die pflichtwidrige Ausnutzung konkreter Geschäftschancen nur durch eine Schadensersatzpflicht sanktioniert werden kann, sofern nicht zugleich die Voraussetzungen des § 112 erfüllt sind, kommt nach § 687 Abs. 2 BGB auch ein Anspruch auf Gewinnabschöpfung in Betracht. **28**

2. Die Verjährungsvoraussetzungen

Die kurze Verjährungsfrist von drei Monaten ist an die Voraussetzung geknüpft, daß alle an der Beschlußfassung zu beteiligenden Gesellschafter von dem wettbewerbswidrigen Verhalten des anderen Gesellschafters Kenntnis erlangt haben. Somit reicht die Kenntnis der geschäftsführenden Gesellschafter ebensowenig aus wie grob fahrlässige Unkenntnis der übrigen Gesellschafter. Auch besteht grundsätzlich keine Informationspflicht, deren Verletzung sodann die Verwirkung auf die Berufung fehlender Kenntnis zur Folge hätte. Vielmehr obliegt es dem anderen Gesellschafter, über sein pflichtwidriges Verhalten zu informieren und auf diese Weise den Beginn der Verjährungsfrist auszulösen. **29**

Die Kenntnis der Gesellschafter muß sich nicht auf alle Einzelheiten des pflichtwidrigen Wettbewerbsverhaltens erstrecken. Vielmehr genügt ein Kenntnisstand, aufgrund dessen eine sachverständige Beschlußfassung nach Abs. 2 möglich ist (ebenso Staub-Ulmer Anm. 39). Deshalb kann es im Einzelfall geboten sein, die weitere Schadensentwicklung abzuwarten, so daß die Gesellschafter auch erst dann über die für den Verjährungsbeginn relevante Kenntnis verfügen. Entsprechende Voraussetzungen müssen für **30** den Beginn der fünfjährigen Verjährungsfrist erfüllt sein. Entscheidend ist mithin nicht schon der Zeitpunkt des Verstoßes gegen das Wettbewerbsverbot, sondern der Zeitpunkt, in dem der Eintritt eines etwaigen Gesellschaftsschadens oder mit dem Eintrittsrecht verbundener Vermögensvorteile erkennbar ist (ebenso Staub-Ulmer Anm. 38).

31 Stellt man mithin für den Fristbeginn nicht ausschließlich auf den Verstoß gegen das Wettbewerbsverbot, sondern darüber hinaus auf die weiteren Voraussetzungen der der Gesellschaft zustehenden Ausgleichsansprüche ab, dann ist es verfehlt, den Fristbeginn anläßlich eines auf Dauer angelegten verbotswidrigen Verhaltens auf den Zeitpunkt des erstmaligen Verstoßes zu erstrecken, also anläßlich des konkurrierenden Betriebs eines Handelsgewerbes auf die ersten Geschäftsaktivitäten. Diese überwiegend vertretene Ansicht (RGZ 63, 252, 255 f.; Staub-Ulmer Anm. 36; ebenso zur Parallelproblematik des § 88 Abs. 3 AktG Hefermehl in Geßler-Hefermehl-Eckardt-Kropff AktG § 88 Anm. 31; Meyer-Landrut in Großkomm AktG, § 88 Anm. 9; a.A. Mertens in Kölner Kommentar zum AktG § 88 Anm. 25) verkennt, daß diesem Dauerverstoß eben auch ein auf Dauer angelegter, sich jeweils wiederholender Ausgleichsanspruch korrespondiert. Da nicht von vornherein erkennbar ist, ob und in welchem Umfang ein Gesellschaftsschaden bzw. ausgleichsrelevante Vermögensvorteile zukünftig eintreten werden, können die Gesellschafter darüber nicht sachverständig beschließen, so daß auch die Verjährung dieser Ausgleichsansprüche nicht eintreten darf. Andererseits wäre es aber ebenso verfehlt, den Beginn der Verjährung auf das Ende dieses verbotswidrigen Dauerverhaltens zu verlegen (so aber Mertens in Kölner Kommentar zum AktG § 88 Anm. 25). Auf diese Weise würde sich die Verjährungsfrist unangemessen verlängern, obwohl doch die Gesellschafter hinsichtlich des in der Vergangenheit verursachten Gesellschaftsschadens hinreichend informiert sind. Somit ist es geboten, den Verjährungsbeginn dem konkreten Schadensverlauf und dem konkreten Eintritt ausgleichsrelevanter Vermögensvorteile anzupassen. Somit kann die Gesellschaft nach Ablauf der Verjährungsfrist für den damaligen Zeitraum weder Schadensersatzansprüche geltend machen noch das Eintrittsrecht ausüben, wohl aber für den späteren Zeitraum und für die Zukunft.

V. Sonstige gesetzliche Rechte (Abs. 4)

32 Sofern das wettbewerbswidrige Verhalten des Gesellschafters zu einem tiefgreifenden Zerwürfnis zwischen den Gesellschaftern führt, kommen auch die allgemeinen Gestaltungsrechte für strukturelle Veränderungen der Gesellschaft in Betracht. Dazu eignet sich nicht nur die in Abs. 4 angesprochene Auflösungsklage, sondern ebenso die Klage auf Ausschließung nach § 140 oder auf Geschäftsübernahme nach § 142. Sofern der wettbewerbswidrig handelnde Gesellschafter zugleich geschäftsführend tätig ist, sind als vorrangige Sanktionsmittel die Entziehungsklagen nach §§ 117, 127 zu beachten. Auch diese nicht in Abs. 4 angesprochenen Mittel unterliegen nicht den besonderen Regelungen der Abs. 2 und 3 (Kardaras Wettbewerbsverbot S. 84 ff. m.w.N.). Dazu müssen vielmehr die allgemeinen gesetzlichen oder vertraglich vereinbarten Voraussetzungen erfüllt sein. Dabei ist generell die Verhältnismäßigkeit der Mittel zu bedenken, so daß z.B. die Auflösungsklage nur als ultima ratio begründet ist.

VI. Abweichende Vereinbarungen

Da die Regelungen des § 113 dispositiv sind, kann der Gesellschaftsvertrag davon beliebig abweichen. Somit können die Gesellschafter auch weitere Sanktionen für das Wettbewerbsverbot vereinbaren, z.B. eine Vertragsstrafe, oder die gesetzlichen Sanktionen beschränken. In all diesen Fällen besonderer Sanktionsregelungen stellt sich die Frage, ob damit zugleich eine Abweichung von den Vorschriften der Abs. 2 und 3 verbunden ist. Diese Frage läßt sich nicht abschließend beantworten. Dazu bedarf es der Auslegung im Einzelfall. Generell ist jedoch anzunehmen, daß im Zweifel die Regelung der Abs. 2 und 3 davon nicht berührt werden soll (dazu schon Anm. 2). **33**

Sofern eine Vertragsstrafe für jeden Fall der Zuwiderhandlung vereinbart worden ist, ist über das Konkurrenzverhältnis zu den gesetzlich vorgesehenen Sanktionsmitteln zu befinden. Dazu bedarf es vorrangig der Auslegung der Abrede über die Vertragsstrafe. Sofern sich daraus keine verwertbaren Anhaltspunkte ergeben, ist § 340 BGB einschlägig. Danach ist zwar der Erfüllungsanspruch, somit auch das Eintrittsrecht (ebenso Staub-Ulmer Anm. 26) ausgeschlossen, sofern die Vertragsstrafe geltend gemacht wird, nicht aber der Anspruch auf einen darüber hinausgehenden Schaden (§ 340 Abs. 2 Satz 2 BGB). Hinsichtlich der Anwendung des § 343 BGB über die Herabsetzung der Vertragsstrafe durch richterlichen Gestaltungsakt ist § 348 zu berücksichtigen. Zu der damit verbundenen Problematik der Kaufmannseigenschaft von OHG-Gesellschaftern bzw. der Anwendung handelsrechtlicher Vorschriften auf den Abschluß des Gesellschaftsvertrages und das interne Gesellschaftsverhältnis vgl. § 105 Anm. 16. **34**

---

114 (1) Zur Führung der Geschäfte der Gesellschaft sind alle Gesellschafter berechtigt und verpflichtet.

(2) Ist im Gesellschaftsvertrage die Geschäftsführung einem Gesellschafter oder mehreren Gesellschaftern übertragen, so sind die übrigen Gesellschafter von der Geschäftsführung ausgeschlossen.

Schrifttum: *Bastuck,* Enthaftung des Managements (1986); *Borsche,* Die Entlastung im Recht der Personengesellschaft, Dis. Berlin 1989, *Dänzer-Vanotti,* Herabsetzung der Vergütung des geschäftsführenden Gesellschafters bei OHG und KG, BB 1983, 999; *Dellmann,* Die Einräumung von Vertretungs- und Geschäftsführungsbefugnissen in Personenhandelsgesellschaften an gesellschaftsfremde Personen, Freundesgabe für *Hengeler* (1972), S. 64; *Gansmüller,* Tätigkeitsvergütung geschäftsführender Gesellschafter der OHG und KG (1961); *Gogos,* Die Geschäftsführung der OHG (1953); *Kübler,* Erwerbschancen und Organpflichten, Festschrift für Werner (1984), S. 437; *Kust,* Zur Sorgfaltspflicht und Verantwortlichkeit eines ordentlichen und gewissenhaften Geschäftsleiters, WM 1980, 758; *Löffler-Glaser,* Die Tätigkeitsvergütung des OHG-Gesellschafters, DB 1958, 759; *Schiessl,* Die Warnehmung von Geschäftschancen der GmbH durch ihren Geschäftsführer, GmbHRdsch 1988, 53; *Schneider,* Haftungsmilderung für Vorstandsmitglieder und Geschäftsführer bei fehlerhafter Unternehmensleitung? Festschrift für Werner (1984), S. 795; *Werra,* Zum Stand der Diskussion um die Selbstorganschaft (1991). – Weitere Schrifttumsangaben bei *Schlegelberger-Martens* vor § 164.

Inhalt

	Anm.		Anm.
I. Normzweck	1–3	b) Anpassung der Vergütung	25
II. Begriff der Geschäftsführung	4–10	c) Fortzahlung bei Verhinderung	27
1. Abgrenzung zur Vertretungsbefugnis	4	d) Schadensersatzverpflichtung eines Dritten	28
2. Abgrenzung zum Grundlagenbereich	5	3. Die Haftung der geschäftsführenden Gesellschafter	29
3. Geschäftsführungsfremde Tätigkeiten	9	a) Die Geschäftsführungspflichten	29
III. Verteilung und Ausübung der Geschäftsführungsbefugnis	11–17	b) Verschulden	34
1. Die Einzelgeschäftsführung durch alle Gesellschafter	11	c) Kompetenzwidriges Verhalten	36
2. Die Ausübung der Geschäftsführungsbefugnis	12	d) Beweislast	38
a) Persönliche Rechtsausübung	12	e) Schadensumfang	39
b) Inhaltliche Ausübungskriterien	15	f) Rechtsverfolgung, Erlaß und Verjährung	41
IV. Die Rechtsstellung der geschäftsführenden Gesellschafter	18–46	4. Der Anspruch auf Entlastung	43
1. Die Geschäftsführungsbefugnis als Pflichtrecht	18	V. Die Herausgabepflicht	47
2. Der Vergütungsanspruch	22	VI. Abweichende Vereinbarungen	48–54
a) Anspruchsbegründung	22	1. Grundsätzliche Dispositivität	48
		2. Der Grundsatz der Selbstorganschaft	50

I. Normzweck

1 Die Vorschrift geht von dem gesetzlichen Leitbild der OHG als einer Haftungs- und Arbeitsgemeinschaft aus. Deshalb sind alle Gesellschafter in gleicher Weise zur Ausübung der Organbefugnisse berechtigt, aber auch verpflichtet. Auf diese Weise verwirklichen alle Gesellschafter durch ihren Beitrag als Geschäftsführer unmittelbar den Gesellschaftszweck. Da es zudem keiner besonderen Verleihung dieser Geschäftsführungsbefugnis bedarf, ist das gesamte Rechtsverhältnis Ausdruck und Inhalt der zwischen den Gesellschaftern bestehenden Rechtsbeziehungen, so daß darauf alle Vorschriften anwendbar sind, die der Gesellschaftsvertrag oder das Gesetzesrecht zur Regelung des Innenverhältnisses vorsieht. Somit bedarf es keines besonderen Anstellungsvertrages (RGZ 142, 13, 18; Heymann-Emmerich Anm. 8), wie überhaupt dienst- oder arbeitsvertragsrechtliche Vorschriften grundsätzlich nicht anwendbar sind.

2 Freilich kann diese gesetzliche Regelung durch den Gesellschaftsvertrag weitestgehend abbedungen werden. Auf diese Weise können nicht nur einzelne Gesellschafter von der Geschäftsführung ausgeschlossen werden; auch die Geschäftsführerstellung als solche kann sowohl in kompetenzrechtlicher als auch in anstellungsrechtlicher Hinsicht modifiziert werden. Darüber hinaus kann auch die Unternehmensführung der OHG durch Einrichtung eines Beirats oder sonstiger Kontroll- und Beratungsgremien organisiert werden und auf diese Weise korporationsrechtliche Züge annehmen. Eine äußerste Grenze dieses weitreichenden Regelungsspielraums bilden die unbeschränkte Haftung und der daraus entwickelte Grundsatz der Selbstorganschaft (dazu Anm. 50 ff). Die Gesellschafter dürfen sich wegen ihrer unbeschränkten Haftung grundsätzlich nicht in eine unkontrollierbare Abhängigkeit gegenüber außenstehenden Personen begeben, müssen sich mithin bestimmenden Einfluß auf die wesentlichen Führungsentscheidungen des Unternehmens vorbehalten. Dieses prägende Steuerungselement innerhalb der OHG kann allenfalls dann relativiert werden, wenn die Gesellschafter keine natürlichen, sondern juristische Personen sind.

Die Regelung des § 114 findet ihre Ergänzung durch die nachstehenden Regelungen über die Einzelgeschäftsführung (§ 115), den Umfang der Geschäftsführung (§ 116) und über die Entziehung der Geschäftsführung (§ 117). Darüber hinaus sind aber auch die Vorschriften über die Vertretungsbefugnis (§§ 125–127) zu berücksichtigen. Diese dem deutschen Recht eigentümliche Unterscheidung zwischen Geschäftsführungs- und Vertretungsbefugnis darf nicht überbewertet werden (ebenso Wiedemann Gesellschaftsrecht S. 525). In der Sache geht es um ein und denselben Tätigkeitsbereich, der lediglich unter rechtlichen Aspekten unterschiedlich betrachtet wird. Deshalb sind auch die beiden Entziehungsklagen nach §§ 117, 127 in ihren Voraussetzungen weitgehend deckungsgleich und wohl stets in gleicher Weise zu beurteilen.

II. Begriff der Geschäftsführung

1. Abgrenzung zur Vertretungsbefugnis

Die Geschäftsführung umfaßt alle für die Förderung des Gesellschaftszwecks relevanten Tätigkeiten, die nicht die Grundlagen der Gesellschaft berühren (Ulmer Recht der BGB-Gesellschaft § 709 Anm. 7; Heymann-Emmerich Anm. 2). Dabei ist unerheblich, ob es sich um tatsächliche oder rechtsgeschäftliche Tätigkeiten handelt. Ebenso ist unerheblich, ob sich diese Tätigkeit nur im Innenverhältnis oder im Außenverhältnis – z.B. durch Abschluß eines Vertrages – auswirkt. Auch das Außenhandeln ist mithin selbstverständlich ein Akt der Geschäftsführung. Von dieser Funktionsbeschreibung zu unterscheiden ist die kompetenzrechtliche Differenzierung zwischen Geschäftsführungsbefugnis einerseits und Vertretungsbefugnis andererseits (ebenso Westermann Handbuch Anm. 252). Während sich die Geschäftsführungsbefugnis lediglich auf das Innenverhältnis zwischen den Gesellschaftern erstreckt und somit das rechtliche „Dürfen" der Geschäftsführer betrifft, ist die Vertretungsbefugnis eine auf das Außenverhältnis gegenüber Dritten gerichtete Kompetenz, die das rechtliche „Können" erfaßt. Nach der gesetzlichen Regelung verfügen die geschäftsführenden Gesellschafter über beide Kompetenzen, die allerdings von unterschiedlichem Umfang sind. Während die Vertretungsbefugnis unbeschränkt und unbeschränkbar ist (§ 126 Abs. 1, 2), erstreckt sich die Geschäftsführungsbefugnis nach §§ 116 Abs. 1 nur auf Maßnahmen, „die der gewöhnliche Betrieb des Handelsgewerbes der Gesellschaft mit sich bringt", und ist auch im übrigen beliebig regelbar. Auch wenn in der Praxis derartige Fälle kaum auftreten, so ist doch theoretisch nicht ausgeschlossen, daß die Geschäftsführungsbefugnis oder die Vertretungsbefugnis jeweils isoliert erteilt werden. Eine isolierte Vertretungsbefugnis kommt aus praktischer Sicht wohl nur dann in Betracht, wenn lediglich nach außen die besondere Stellung des Gesellschafters und das damit verbundene Ansehen dokumentiert werden sollen, während auf seine aktive Mitarbeit in der Geschäftsführung bewußt verzichtet wird.

2. Abgrenzung zum Grundlagenbereich

5 Bedeutsam für den Begriff der Geschäftsführung ist seine negative Abgrenzung gegenüber dem Bereich der Grundlagengeschäfte. Darunter fallen alle Änderungen des Gesellschaftsvertrages. Nicht hinreichend geklärt ist jedoch, welche weitergehenden Maßnahmen darunter zu verstehen sind. Nach der gesetzlichen Regelung ist diese Problematik für das Innenverhältnis von untergeordneter Bedeutung, da § 116 ohnehin einen weiten Geschäftsführungsbereich der Beschlußfassung durch alle Gesellschafter unterwirft. Im Innenverhältnis ist diese Unterscheidung jedoch nicht nur dann relevant, wenn § 116 abbedungen ist, sondern auch für die unterschiedliche Beurteilung des den Gesellschaftern obliegenden Stimmrechtsverhaltens (dazu § 119 Anm. 43 ff). Von wesentlicher Bedeutung sind diese Geschäftsführungsgrenzen jedoch im Hinblick auf die Vertretungsbefugnis. Obwohl diese nach § 126 Abs. 1, 2 unbeschränkt und unbeschränkbar ist, bestehen doch immanente Grenzen hinsichtlich dieser Grundlagengeschäfte (ebenso Baumbach-Duden-Hopt § 126 Anm. 1 D; Wiedemann Gesellschaftsrecht S. 526). Aus dieser Sicht steht die Ausgrenzung der Grundlagengeschäfte in einem Spannungsverhältnis zum Schutz berechtigter Verkehrsinteressen. Da in den internen Rechtsbeziehungen zwischen den Gesellschaftern ein derartiger Verkehrsschutz grundsätzlich nicht erforderlich ist, kann ihnen gegenüber der Grundlagenbereich weiter bemessen werden, muß hingegen enger bemessen werden, wenn die Einzelmaßnahme externe Drittinteressen berührt (ähnlich BGHZ 83, 122, 128 = NJW 1982, 1703 = LM Nr. 1 zu § 118 AktG 1965 „Holzmüller" unter aktienrechtlichen Aspekten). Im Einzelfall kann es sogar geboten sein, die konkrete Maßnahme im Verhältnis der Gesellschafter als Grundlagengeschäft, im Verhältnis zu Dritten hingegen als Geschäftsführungsakt zu qualifizieren. Allerdings kommt eine derart differenzierte Beurteilung nur in Ausnahmefällen in Betracht, so daß grundsätzlich von einer kongruenten Betrachtungsweise auszugehen ist.

6 Danach fallen alle Regelungsgegenstände über die Änderungen des Gesellschaftsvertrages hinaus in den Grundlagenbereich, die unmittelbar das Rechtsverhältnis zwischen den Gesellschaftern berühren – so z. B. Beschlußfassung über die Ansprüche wegen wettbewerbswidrigen Verhaltens nach § 113, nicht jedoch die Entscheidung über die Geltendmachung aller anderen Schadensersatzansprüche aus dem Gesellschaftsverhältnis gegen Gesellschafter und Geschäftsführer, die mit Ausnahme des Erlasses (Fischer in Großkomm Anm. 2 b) der Zuständigkeit der Geschäftsführung unterliegt (Ulmer Recht der BGB-Gesellschaft § 705 Anm. 166), die Wahl der Abschlußprüfer und die Feststellung der Bilanz (BGHZ 76, 338, 342), nicht aber die Aufstellung der Bilanz, die Organisation der Geschäftsführung sowie Verleihung und Entziehung von Geschäftsführungs- und Vertretungsbefugnis, ebenso Entscheidungen über den Austritt und die damit verbundene Abfindung (RGZ 114, 393, 395) sowie den Eintritt von Gesellschaftern (BGHZ 76, 160, 164) – nicht aber die Begründung eines stillen Gesellschaftsverhältnisses (RGZ 153, 371, 373) – sowie die Genehmigung für die Veräußerung eines nach dem Gesellschaftsvertrag übertragbaren Gesellschaftsanteils.

7 Darüber hinaus kommen als Grundlagengeschäfte wesentliche Struktur- und Organisationsänderungen in Betracht, auch wenn dafür keine Änderung des Gesellschaftsvertrages erforderlich ist (a. A. Ulmer Recht der BGB-Gesellschaft § 709 Anm. 11).

Dabei ist allerdings zu bedenken, daß die Vorbereitung und Durchführung derartiger Entscheidungen sehr wohl in den Bereich der Geschäftsführung fallen, nicht hingegen die Entscheidung als solche. Dieser gesetzlich nicht ausdrücklich geregelte Entscheidungsbereich läßt sich durch korporationsrechtliche Anleihen konkretisieren. Im Kapitalgesellschaftsrecht, speziell im Aktienrecht, sind derartige Strukturentscheidungen der Kompetenz der Gesellschafter – bzw. der Hauptversammlung vorbehalten worden, obwohl es sich formal nicht um eine Satzungsänderung handelt, sondern um eine Entscheidung, die in ihren Wirkungen von satzungsgleicher oder satzungsähnlicher Bedeutung ist (so z.B. BGHZ 105, 324, 331 = NJW 1989, 295 = LM Nr. 27 zu § 19 FGG). Einzelne Maßnahmen dieser Qualität sind gesetzlich ausdrücklich an die Zustimmung der Gesellschafter- bzw. Hauptversammlung gebunden. Es ist jedoch grundsätzlich nicht ausgeschlossen, diese Regelungen praeter legem zu ergänzen und zu generalisieren (dazu Wiedemann Gesellschaftsrecht S. 323 ff., 341 ff.; zum Aktienrecht Timm Die Aktiengesellschaft als Konzernspitze, 1980, S. 61 ff.). Allerdings ist gegenüber einer derartigen Rechtsfortbildung Vorsicht geboten, weil dadurch zugleich die eingangs erwähnten Verkehrsschutzinteressen beeinträchtigt werden. Solche faktischen Vertragsänderungen, die die Gesellschafterstellung und die damit verbundenen Vermögensinteressen erheblich berühren, können nicht abschließend dargestellt werden. Beispielhaft sei auf die Veräußerung des gesamten Gesellschaftsvermögens (RGZ 162, 370, 372; a.A. KG OLG 42, 196) sowie den Abschluß eines Unternehmensvertrages, insbesondere auch eines Betriebspachtvertrages (a.A. Baumbach-Duden-Hopt § 126 Anm. 1 D) hingewiesen.

Da diese Unterscheidung zwischen den Bereichen der Geschäftsführung und der Grundlagengeschäfte nicht zwingenden Rechts ist, können die Geschäftsführer ermächtigt werden, auch Grundlagenentscheidungen zu treffen (so z.B. hinsichtlich der Aufnahme von Gesellschaftern BGH LM Nr. 43 zu § 105 HGB = NJW 1978, 1000 sowie BGHZ 76, 160, 164). Die Grenzen einer derartigen Ermächtigung ergeben sich aus dem Kernbereich unverzichtbarer Regelungsbefugnisse (Ulmer Recht der BGB-Gesellschaft § 707 Anm. 2 hinsichtlich der Beitragserhöhung).

3. Geschäftsführungsfremde Tätigkeiten

Nicht jegliche Tätigkeit der geschäftsführenden Gesellschafter ist automatisch als Geschäftsführungstätigkeit zu beurteilen. Vielmehr können sich auch diese Gesellschafter in einer Doppelrolle befinden und deshalb zugleich geschäftsführungsfremde Tätigkeiten verrichten. So kann z.B. der geschäftsführende Gesellschafter daneben die Gesellschaft juristisch beraten. In diesem und ähnlichen Fällen ist zu untersuchen, ob diese Tätigkeit nach dem Gesellschaftsvertrag noch Ausfluß der Geschäftsführung ist oder einen davon verselbständigten Gesellschafterbeitrag darstellt oder auf einer Drittbeziehung beruht, die mithin nicht gesellschaftsrechtlich eingebunden ist (so Westermann Handbuch Anm. 253; a.A. Baumbach-Duden-Hopt Anm. 1 A, wo von vornherein jeglicher Zusammenhang mit der Geschäftsführung ausgeschlossen wird). Deshalb kann auch die verschiedentlich behandelte Frage, ob die Tätigkeit als Erfinder in den Bereich der Geschäftsführung fällt, nicht generell beantwortet werden (dazu Baumbach-Duden-Hopt Anm. 1A; A. Hueck Recht der OHG § 16 III 2b; Westermann

Handbuch Anm. 253). Da es sich um keine geschäftsführungstypische Tätigkeit handelt, kann über ihre rechtliche Einordnung nur unter Betracht der konkreten Umstände des Einzelfalls entschieden werden.

10 Maßnahmen der Geschäftsführung auch nur annähernd vollständig zu beschreiben, ist ein untauglicher Versuch. Generell ist darauf hinzuweisen, daß sich die Geschäftsführung nicht notwendig in der kaufmännischen Leitung des Unternehmens erschöpft. Vielmehr kann und muß auch die Geschäftsführung in der OHG – je nach Größe des Unternehmens unterschiedlich – in mehrere Ressorts aufgegliedert werden. Deshalb kommen rechtsformübergreifend dieselben Organisationsgrundsätze in Betracht, die in Unternehmen der Rechtsform einer Kapitalgesellschaft zu berücksichtigen sind. Für eine derart flexible Führungsorganisation bietet die gesetzliche Regelung genügend Spielraum. Somit steht nichts entgegen, die geschäftsführenden Gesellschafter mit ganz unterschiedlichen Aufgabenbereichen zu betrauen.

III. Verteilung und Ausübung der Geschäftsführungsbefugnis

1. Die Einzelgeschäftsführung durch alle Gesellschafter

11 Nach der gesetzlichen Regelung sind alle Gesellschafter zur Ausübung der Geschäftsführung in gleicher Weise berechtigt und verpflichtet. Dabei ist im Gegensatz zum Recht der BGB-Gesellschaft von dem Grundsatz der Einzelgeschäftsführung (§ 115 Abs. 1) auszugehen. Somit ist jeder Gesellschafter vorbehaltlich des den anderen Gesellschaftern zustehenden Widerspruchsrechts „allein zu handeln berechtigt". Dieser Grundsatz der Einzelgeschäftsführung darf freilich nicht überbewertet werden. So folgt schon aus allgemeinen Organisationsprinzipien ein faktischer Zwang zur Abstimmung der verschiedenen Geschäftsführungsbereiche und zur gemeinsamen Beratung über wesentliche, ressortübergreifende Entscheidungen. Der Grundsatz der Einzelgeschäftsführung stößt mithin auf immanente Organisations- und Entscheidungsgrenzen, jenseits derer die Geschäftsführung einer gemeinsamen Ausübung bedarf. Aber auch im übrigen darf die Einzelgeschäftsführung nicht als isolierte Rechtsausübung verstanden werden. Das in § 115 Abs. 1 geregelte Widerspruchsrecht ist nur der äußere Ausdruck für eine weiterreichende Kontroll- und Überwachungsfunktion im Bereich der gesamten Geschäftsführung (dazu RGZ 98, 98, 100; Heymann-Emmerich Anm. 10; A. Hueck Recht der OHG § 10 IV 2). Eine solche Kontroll- und Überwachungsfunktion verpflichtet freilich nicht zur ständigen Einflußnahme auf andere Geschäftsbereiche, wohl aber zur Einrichtung eines funktionierenden Informations- und Beratungssystems in grundlegenden Angelegenheiten der Unternehmensführung. Somit besteht für alle geschäftsführenden Gesellschafter eine gegenseitige Informations- und Kontrollpflicht sowie die daraus abgeleitete Pflicht, im Einzelfall das in § 115 Abs. 1 geregelte Widerspruchsrecht auszuüben und auf diese Weise eine geplante mit den Interessen der Gesellschaft nicht zu vereinbarende Maßnahme zu verhindern (ebenso Ulmer Recht der BGB-Gesellschaft § 711 Anm. 10 m. w. N.). Diese faktische und rechtliche Verklammerung der Einzelgeschäftsführungsbefugnisse läßt erkennen, daß zwischen der Einzelgeschäftsführung und der Gesamtgeschäftsführung jedenfalls dann nur ein gradueller Unterschied besteht, wenn in beiden Fällen eine vergleichbare Ressortverteilung besteht (zur Gesamtgeschäftsführung Martens Festschrift für Fleck, 1988, S. 191). Dieser Unterschied liegt in der graduell unterschiedlichen Gesamtverantwortung aller geschäftsführenden Gesellschafter für den Erfolg der Unternehmensführung. Der relativ geringeren Gesamtverantwortung der zur Einzelgeschäftsführung befugten Gesellschafter entspricht andererseits ein größeres Maß an Flexibilität und Entscheidungseffizienz.

2. Die Ausübung der Geschäftsführungsbefugnis

a) Persönliche Rechtsausübung

Die Geschäftsführungsbefugnis ist an die Person des einzelnen Gesellschafters gebunden und somit nicht übertragbar. Ebensowenig kann sich der geschäftsführende Gesellschafter durch einen Dritten vertreten lassen (RGZ 123, 289, 299; Fischer in Großkomm Anm. 6; a.A. Baumbach-Duden-Hopt Anm. 3 B). Allerdings wird dadurch nicht ausgeschlossen, daß der z.B. kurzfristig verhinderte Gesellschafter einen Angestellten der Gesellschaft damit betraut, in seiner Abwesenheit die erforderlichen Maßnahmen zu veranlassen. Auch im übrigen können Angelegenheiten der Geschäftsführung an einzelne Mitarbeiter delegiert werden oder diese in die Willensbildung über Führungsentscheidungen einbezogen werden, sofern dadurch die organrechtliche Leitungskompetenz und die damit verbundene Führungsverantwortung nicht berührt werden. Im Gesellschaftsvertrag kann darüber hinaus den geschäftsführenden Gesellschaftern die Befugnis eingeräumt werden, einem Dritten die Geschäftsführungsbefugnis zur Ausübung zu überlassen und dazu auch Generalvollmacht für die Gesellschaft zu erteilen; ausgeschlossen ist hingegen eine Regelung, die die Übertragbarkeit der Geschäftsführungsbefugnis auf einen Dritten vorsieht (BGHZ 36, 292 = JZ 1962, 362 m. Anm. A. Hueck). Durch eine solche Überlassung zur Ausübung der Geschäftsführungsbefugnis erwirbt der Dritte nicht die organrechtliche Stellung eines geschäftsführenden Gesellschafters; vielmehr beruht sein Rechtsverhältnis zur Gesellschaft auf einem Anstellungsvertrag, der jederzeit durch Kündigung beendet werden kann und den Dritten an die Weisungen der anderen geschäftsführenden Gesellschafter bindet. Auch kommen die gesetzlichen Vorschriften über die Rechte und Pflichten der geschäftsführenden Gesellschafter, z.B. das Widerspruchsrecht des § 115, ihm gegenüber nicht unmittelbar zur Anwendung. Alle mit der Geschäftsführung verbundenen Rechte und Pflichten verbleiben mithin in der Person des zur Überlassung berechtigten Gesellschafters, der damit auch weiterhin die Gesamtverantwortung für die Geschäftsführung durch den Dritten trägt. Deshalb haftet er nicht nur für Auswahlverschulden, sondern auch für ein entsprechendes Aufsichtsverschulden (weitergehend A. Hueck Recht der OHG § 10 V 2: Dritter ist Erfüllungsgehilfe des Gesellschafters). Von dieser Überwachungspflicht ist der Gesellschafter nur dann freigestellt, wenn mit der Befugnis zur Überlassung der Geschäftsführung zugleich das Recht zur Aufgabe der eigenen Geschäftsführungsbefugnis verbunden ist. Sodann haftet der Gesellschafter nur für ein Auswahlverschulden (ebenso A. Hueck Recht der OHG § 10 V 2). Die Leitungskontrolle über die geschäftsführende Tätigkeit des Dritten obliegt in diesem Fall den anderen geschäftsführenden Gesellschaftern. Auch für Fehlverhalten von Angestellten der Gesellschaft, die lediglich unterstützende Tätigkeiten verrichten, haften die geschäftsführenden Gesellschafter lediglich im Rahmen des Auswahl- und Aufsichtsverschuldens, ausnahmsweise auch für ein Übertragungsverschulden, sofern die Angelegenheit wegen ihrer grundsätzlichen Bedeutung in eigener Person hätte wahrgenommen werden müssen.

13 Grundsätzlich kann auch ein minderjähriger Gesellschafter die Geschäftsführung ausüben. Sofern er in diesem Zusammenhang rechtsgeschäftlich tätig wird, ist allerdings die Zustimmung des gesetzlichen Vertreters erforderlich. § 165 BGB kommt deshalb nicht zur Anwendung, weil aufgrund der unbeschränkten Haftung zugleich eine eigene Verbindlichkeit begründet wird. Diese Zustimmung kann mit Genehmigung des Vormundschaftsgerichts als Ermächtigung nach § 112 BGB erteilt werden. Ohne eine solche Ermächtigung ist die Ausübung der Geschäftsführung durch einen minderjährigen Gesellschafter für die übrigen Gesellschafter unzumutbar, da dem gesetzlichen Vertreter sonst eine dauerhafte Fremdsteuerung möglich wäre. Umstritten ist, ob der gesetzliche Vertreter seinerseits die dem minderjährigen Gesellschafter zustehende Geschäftsführungsbefugnis ausüben darf. Angesichts des erforderlichen Vertrauensverhältnisses und der Intensität gesellschaftsrechtlicher Bindungen, denen der gesetzliche Vertreter nicht unterliegt, ist diese Frage grundsätzlich zu verneinen (ebenso Ulmer Recht der BGB-Gesellschaft § 709 Anm. 27; Gogos Geschäftsführung S. 70 ff.; a.A. RGZ 123, 289, 299; Fischer in Großkomm Anm. 6; Heymann-Emmerich Anm. 6; A. Hueck Recht der OHG § 20 V 1 a). Bestehen allerdings gegen die Person des gesetzlichen Vertreters keine persönlichen oder fachlichen Bedenken, so sind die übrigen Gesellschafter verpflichtet, einer solchen Vertretung zuzustimmen. Voraussetzung dieser Zustimmungspflicht ist jedoch, daß sich der gesetzliche Vertreter den mit der Geschäftsführung verbundenen Pflichten, insbesondere der Treuepflicht unterwirft (ähnlich A. Hueck Recht der OHG § 20 V 1a, der allerdings von einer automatischen Geltung der Treuepflicht ausgeht). Ohne jegliche Einschränkung kommt eine Vertretung des Gesellschafters in der Geschäftsführung dann in Betracht, wenn dieser Gesellschafter eine juristische Person ist. Da den übrigen Gesellschaftern anläßlich der Begründung des Gesellschaftsverhältnisses die Handlungsunfähigkeit dieses Gesellschafters bekannt war, ist generell davon auszugehen, daß gegen die Ausübung der Geschäftsführungsbefugnis durch Organpersonen dieses Gesellschafters keine Bedenken bestehen.

14 Ob und unter welchen Voraussetzungen die Geschäftsführungsbefugnis im Zusammenhang des Gesellschaftsanteils von Todes wegen auf den Erben übergeht, war vormals umstritten, ist inzwischen aber weitgehend geklärt. Sofern die Geschäftsführungsbefugnis allen Gesellschaftern ohne Ansehen der Person im Gesellschaftsvertrag eingeräumt worden ist, geht die Geschäftsführungsbefugnis auf den Erben über. War sie hingegen dem Erblasser aufgrund seiner besonderen Vertrauensstellung und seiner fachlichen Qualifikation, also als persönliche Rechtsbefugnis eingeräumt worden, so entfällt eine unmittelbare Rechtsnachfolge (ebenso BGH LM Nr. 2 zu § 139 HGB = NJW 1959, 192; Heymann-Emmerich Anm. 7; A. Hueck Recht der OHG § 28 II 1 b; Fischer BB 1956, 839). Allerdings wird sich zumeist im Wege der Auslegung des Gesellschaftsvertrages ergeben, daß der Erbe von den übrigen Gesellschaftern die Erteilung der Geschäftsführungs- und Vertretungsbefugnis verlangen kann, sofern in seiner Person gleichwertige Voraussetzungen wie in der Person des Erblassers erfüllt sind. Dabei ist zu bedenken, daß die Geschäftsführung als Rechtsstellung wenn nicht wesentlicher Bestandteil der Mitgliedschaft so doch von erheblicher Bedeutung für ihre Wertigkeit ist. Deshalb ist nicht grundsätzlich ausgeschlossen, daß dem Erben die Geschäftsführungs- und Vertretungsbefugnis auch dann übertragen werden muß, wenn der Erblasser aus besonderen Gründen in seiner Person – z.B. wegen seines hohen Alters – davon ausgeschlossen war. Sind alle anderen Gesellschafter geschäftsführend tätig oder ist die Geschäftsführungsbefugnis dem jeweiligen Repräsentanten eines Familienstamms verliehen worden, so kann sich auch der Erbe auf die Gleichbehandlung berufen und daraus einen Anspruch auf Verleihung der Geschäftsführungsbefugnis begründen.

b) Inhaltliche Ausübungskriterien

Da die Geschäftsführungsbefugnis ein Pflichtrecht ist, somit uneigennützig ausgeübt werden muß, dürfen die geschäftsführenden Gesellschafter darüber nicht nach privatem Belieben disponieren. Sie sind strikt an den Gesellschaftszweck und das darin gebündelte Gesamtinteresse aller Gesellschafter gebunden. Diese strikte Verpflichtung aller geschäftsführenden Gesellschafter auf die konkreten Gesellschafterinteressen, wie sie durch den gemeinsamen Gesellschaftszweck beschrieben worden sind, ist Ausfluß des gesetzlichen Leitbildes einer Arbeits- und Haftungsgemeinschaft und damit Ausfluß der gemeinsamen Vermögensordnung. Von dieser Mitunternehmergemeinschaft (Wiedemann Gesellschaftsrecht S. 296) unterscheidet sich die Aktiengesellschaft auch durch ihre grundsätzlich abweichende Zielkonzeption. Die in § 76 AktG angelegte, relative Offenheit des dem Vorstand vorbehaltenen Leitungs- und Entscheidungsermessens belegt nicht nur eine besonders hervorgehobene Zuständigkeit der Unternehmensführung, sondern auch und vor allem eine nicht ausschließlich auf die Aktionärsinteressen angelegte Leitmaxime unternehmerischen Verhaltens. Es kann in diesem Zusammenhang nicht auf die umfängliche Diskussion über das normative Verhältnis von Unternehmen und Aktiengesellschaft, über den Stellenwert von Unternehmensinteresse und Gesellschaftsinteresse sowie über die pluralistische Verfaßtheit der Aktiengesellschaft eingegangen werden (dazu Mertens in Kölner Kommentar zum AktG, 2. Aufl. 1989, § 76 Anm. 4ff. m.w.N.). Alle diese ohnehin überwiegend rechtspolitisch orientierten Überlegungen treffen jedenfalls auf die dem gesetzlichen Leitbild entsprechende OHG nicht zu. Deshalb hat auch das BVerfG die Personengesellschaft in seinem Mitbestimmungsurteil (50, 290) unter mitbestimmungsrechtlichen Aspekten deutlich von den Kapitalgesellschaften unterschieden. Der dafür maßgebliche Gesichtspunkt liegt aus der Sicht des BVerfG in der Verklammerung von Verantwortung und unbeschränkter Gesellschafterhaftung (BVerfGE 50, 290, 348; dazu Martens, ZGR 1979, 493, 502ff.). Mit dieser unbeschränkten Haftung ist nicht nur eine etwaige Fremdsteuerung unvereinbar; sie gebietet zudem, daß die Geschäftsführung treuhänderisch für die in ihren Vermögensinteressen unmittelbar berührten Gesellschafter ausgeübt wird. Deshalb ist der normative Bezugspunkt für jegliche Entscheidung in Angelegenheiten der Geschäftsführung das konkrete Interesse aller Gesellschafter und nicht ein übergeordnetes, pluralistisch angelegtes Gesamtinteresse anderer mit dem Unternehmen verbundener Interessenträger.

Allerdings darf dieser theoretische Unterschied zwischen den Entscheidungsmaßstäben in der Aktiengesellschaft einerseits und in der Personenhandelsgesellschaft andererseits in seiner praktischen Bedeutung nicht überbewertet werden. So verfügen die geschäftsführenden Gesellschafter ebenfalls über einen großen Entscheidungsspielraum unternehmerischen Ermessens, so daß fehlerhafte, weil mit den Interessen der übrigen Gesellschafter unvereinbare Entscheidungen nur unter engen Voraussetzungen feststellbar sind. Dieses unternehmerische Ermessen ist nicht nur eine Konsequenz der prognostischen Unsicherheiten, die mit der Teilnahme am Wettbewerb zwangsläufig verbunden sind. Ebenso bedeutsam ist die Komplexität der unternehmerischen Entscheidungen, die sich aus der Vielzahl der mit dem Unternehmen verbundenen Interessenträger ergibt. Insofern besteht zwischen einem von einer Aktiengesellschaft betriebenen Unternehmen und einem von einer Personenhandelsgesellschaft betriebenen Unternehmen kein Unterschied, und insofern sind die aktienrechtlichen Grundsätze über das Entscheidungsverhalten des Vorstands in diesem Zusammenhang durchaus vergleichbar. So ist z.B. die Personalpolitik weitestgehend rechtsformindifferent, so daß auch die Arbeitnehmer einer Personenhandelsgesellschaft vergleichbare Arbeitsbedingungen erwarten können wie in einer Aktiengesellschaft. Ebenso ist die Einbindung des Unternehmens in sein öffentliches Umfeld zu berücksichtigen, woraus sich ebenfalls vergleichbare Entscheidungskriterien wie in einer Aktiengesellschaft ergeben können. Bedenkt man mithin, daß das Führungsverhalten auch in der Personenhandelsgesellschaft wesentlich durch das von der Gesellschaft betriebene Unternehmen geprägt wird, so gelangt man zu dem Ergebnis, daß sich das unternehmenspolitische Führungsverhalten in der Aktiengesellschaft und in der Personenhandelsgesellschaft nur in gradueller Hinsicht unterscheidet. Dieser graduelle Unterschied darf andererseits aber auch nicht vernachlässigt werden. Generell besteht er in einer stärkeren Pflicht zur Rücksichtnahme auf die konkreten Gesellschafterinteressen in der Personenhandelsgesellschaft und im besonderen in der Pflicht, das Finanzierungsverhalten der Gesellschaft vor allem mit den elementaren Haftungsinteressen der Gesellschafter abzustimmen. Daraus folgt nicht zuletzt eine stärkere Beachtung des kaufmännischen Vorsichtsprinzips.

17 Diese Anbindung der Geschäftsführung an die konkreten Gesellschafterinteressen wird zudem durch die gesetzlichen Mitwirkungsbefugnisse, insbesondere durch das in § 116 normierte Zustimmungsrecht der übrigen, nichtgeschäftsführenden Gesellschafter sowie das Einstimmigkeitsprinzip berücksichtigt. Auf diese Weise wird der Interessenschutz der Gesellschafter primär durch ihre Beteiligung an den wesentlichen Führungsentscheidungen realisiert. Freilich sind diese Regelungen dispositiven Rechts, so daß das Entscheidungsverhalten der geschäftsführenden Gesellschafter und die dafür anwendbaren Entscheidungskriterien für die übrigen Gesellschafter gleichwohl von grundsätzlicher Bedeutung sein können.

IV. Die Rechtsstellung der geschäftsführenden Gesellschafter

1. Die Geschäftsführungsbefugnis als Pflichtrecht

18 Die Rechtsstellung der geschäftsführenden Gesellschafter beruht unmittelbar auf dem Gesellschaftsvertrag, so daß sich auch nur daraus alle weitergehenden Rechte und Pflichten ergeben. Die für die Drittorganschaft typische Unterscheidung zwischen Organverhältnis und Anstellungsverhältnis kommt mithin nicht in Betracht. Weder bedarf es einer besonderen Berufung zum geschäftsführenden Gesellschafter noch der

Begründung eines gesonderten Dienstverhältnisses. Vielmehr ist die Rechtsstellung eines geschäftsführenden Gesellschafters wesentlicher Bestandteil der Mitgliedschaft und deshalb nur unter erschwerten Voraussetzungen entziehbar (§ 117). Neben diesem Bestandsschutz besteht auch ein Schutz in der Ausübung der Geschäftsführungsbefugnis. So unterliegen die geschäftsführenden Gesellschafter zwar dem gegenseitigen Widerspruchsrecht nach § 115 und dem Zustimmungsrecht aller Gesellschafter nach § 116 Abs. 2; darüberhinaus bestehen jedoch keine kompetenzrechtlichen Bindungen, insbesondere auch keine Bindung an etwaige Weisungen der übrigen, auch nicht der anderen geschäftsführenden Gesellschafter (BGHZ 76, 160, 164 f. = NJW 1980, 1463; Fischer in Großkomm Anm. 7; A. Hueck Recht der OHG § 10 V 3). Deshalb kann auch die Vornahme oder Unterlassung einer konkreten Einzelmaßnahme nicht mittels der actio pro socio durchgesetzt werden (BGHZ 76, 160, 168). Somit kommt ein Weisungsrecht nach §§ 665, 713 BGB, 105 Abs. 2 nur dann in Betracht, wenn der Gesellschaftsvertrag Mehrheitsbeschlüsse in Angelegenheiten der Geschäftsführung vorsieht (Ulmer Recht der BGB-Gesellschaft § 709 Anm. 28).

19 Allerdings erschöpft sich die Rechtsstellung der geschäftsführenden Gesellschafter nicht in diesem kompetenzrechtlichen Freiraum. Da die Geschäftsführungsbefugnis der gemeinsamen Zweckverfolgung aller Gesellschafter dient, ist mit diesem Recht auch untrennbar eine Pflicht zur Geschäftsführung verbunden. Aus dieser Pflicht folgt die generelle Verpflichtung zur Tätigkeit, aber auch die spezielle Verpflichtung zur uneigennützigen Ausübung der Geschäftsführungsbefugnis. Somit darf die Geschäftsführungsbefugnis nicht zur Verfolgung privater Interessen eingesetzt werden, wohl aber dürfen die persönlichen Vorstellungen über die Art und Weise der Geschäftsführung berücksichtigt und umgesetzt werden, auch wenn die anderen Gesellschafter eine davon abweichende Geschäftspolitik bevorzugen. Die geschäftsführenden Gesellschafter verfügen mithin über einen erheblichen Entscheidungsspielraum unternehmerischen Ermessens, der nicht der gerichtlichen Kontrolle unterliegt und auch nicht durch die gesellschaftsrechtliche Treupflicht eingegrenzt wird. Schadensersatzpflichten kommen nur dann in Betracht, wenn die äußersten Grenzen dieses Ermessens nicht beachtet worden sind und dieser Verstoß auf schuldhaftem Verhalten (§ 708 BGB) beruht. Dieser subjektiven Vorwerfbarkeit bedarf es hingegen nicht, wenn lediglich über die objektive Richtigkeit einzelner Geschäftsführungsmaßnahmen oder die objektive Pflichtwidrigkeit des Geschäftsführungsverhaltens zu befinden ist. So kann z. B. auch dann die Geschäftsführungsbefugnis entzogen werden, wenn im Einzelfall kein schuldhaftes Verhalten vorliegt, wohl aber die objektiven Grenzen ordnungsgemäßen Geschäftsführungsverhaltens verletzt worden sind. Ebenso richtet sich die Beachtlichkeit des nach § 115 Abs. 2 relevanten Widerspruchsrechts entgegen der überwiegenden Ansicht nach einem objektiven Maßstab und nicht nach dem Maßstab subjektiver Vorwerfbarkeit (§ 115 Anm. 15).

20 Auch die generelle Tätigkeitspflicht unterliegt Einschränkungen, die sich aus Gründen in der Person des geschäftsführenden Gesellschafters ergeben. So tritt Leistungsbefreiung kraft Unmöglichkeit ein, wenn der Gesellschafter z. B. erkrankt oder aus anderen Gründen an der Ausübung seiner Tätigkeit gehindert ist. Der Gesellschafter ist nur dann schadensersatzpflichtig, wenn er diese Verhinderung zu vertreten hat. Dazu ist im Krankheitsfall an die im Arbeitsrecht entwickelten Grundsätze über die Fortzahlung der Arbeitsvergütung anzuknüpfen. Sofern also im Einzelfall keine ungewöhnlichen Umstände vorliegen, die eine besondere Rücksichtnahme auf die Interessen der Gesellschaft gebieten, z.B. weil ein unmittelbar bevorstehender Vertragsabschluß mit einem Dritten, der für die Gesellschaft von großer Bedeutung ist, ohne die Mitwirkung des Gesellschafters nicht zustande kommt, ist das für die Erkrankung ursächliche Verhalten nur dann Grundlage für eine Schadensersatzpflicht, wenn es auf einem gröblichen Verstoß gegen das von einem verständigen Menschen im eigenen Interesse zu erwartende Verhalten beruht (so u.a. BAG AP Nr. 8, 18, 25, 26, 44 zu § 1 LohnFG; AP Nr. 5, 28 zu § 63 HGB; Schaub Arbeitsrechts-Handbuch, 6. Aufl. 1987, § 98 II 6 m.w.N.). Auch dem geschäftsführenden Gesellschafter ist es grundsätzlich nicht zuzumuten, seine Lebensführung im Interesse der Gesellschaft derart einzuschränken, daß der Krankheitsfall weitestgehend vermieden wird. Dieser Rückgriff auf arbeitsrechtliche Regelungsstandards kommt auch für die Beurteilung anderer Befreiungen von der Tätigkeitspflicht in Betracht. So besteht z.B. ein Anspruch auf einen angemessenen Urlaub oder auf den gebotenen Mutterschutz. Diese arbeitsrechtlichen Regelungsstandards sind zugleich Leitbilder für ein berufsrechtliches Regelungsverständnis, so daß sie zwar nicht in ihren konkreten Rechtsfolgen, wohl aber in ihrem generellen Anliegen berücksichtigt werden können (Zeuner RdA 1975, 85 ff.; Martens RdA 1979, 354 m.w.N. in FN. 51). Eine Befreiung von der Tätigkeitspflicht ist schließlich auch dann gerechtfertigt, wenn der geschäftsführende Gesellschafter ein Abgeordnetenmandat ausübt, wie sich aus Art. 48 Abs. 2 Satz 1 GG ergibt (BGHZ 43, 384; Ulmer Recht der BGB-Gesellschaft § 709 Anm. 31; A. Hueck Recht der OHG § 10 IV 2 FN. 59a; Bettermann BB 1967, 270; Konzen AcP 172, 317).

21 Auch wenn somit die Befreiung von der Tätigkeitspflicht im Einzelfall gerechtfertigt ist, wird dadurch die Entziehung der Geschäftsführungsbefugnis nicht generell ausgeschlossen. Dafür ist entscheidend, ob die langwierige Verhinderung des geschäftsführenden Gesellschafters auch unter Betracht seiner bisherigen Verdienste für die übrigen Gesellschafter noch zumutbar ist.

2. Der Vergütungsanspruch

a) Anspruchsbegründung

22 Ein solcher Anspruch ist grundsätzlich nur dann begründet, wenn eine entsprechende Regelung im Gesellschaftsvertrag enthalten ist oder auf einem besonderen Gesellschaftsbeschluß beruht (RGZ 170, 392, 396; BGHZ 17, 299, 301; 44, 40, 41f.; LM Nr. 37 zu § 105 HGB; OLG Koblenz NJW-RR 1987, 24; Fischer in Großkomm Anm. 13; Heymann-Emmerich § 110 Anm. 20; Baumbach-Duden-Hopt § 110 Anm. 3A; A. Hueck Recht der OHG § 15 II 1). Somit ist weder die Vergütungsregelung des § 612 Abs. 1 BGB noch die Aufwendungsersatzregelung des § 110 anwendbar. Nach der Vorstellung des Gesetzgebers wird die Geschäftsführungstätigkeit durch die Gewinnbeteiligung entgolten, so daß ein weitergehender Anspruch einer besonderen Vereinbarung bedarf. Darüber können sich die Gesellschafter allerdings auch konkludent oder stillschweigend verständigen. In der Rechtsprechung ist die Tendenz erkennbar, eine solche Vereinbarung dann anzunehmen, wenn „die geleisteten Dienste eines Gesellschafters über das Maß des Üblichen hinausgehen" (BGHZ 17, 299, 301; ebenso

RGZ 170, 392, 396; OLG Koblenz NJW-RR 1987, 24; Baumbach-Duden-Hopt § 110 Anm. 3; Heymann-Emmerich § 110 Anm. 21; A. Hueck Recht der OHG § 15 II 1). Allerdings wird dabei nicht hinreichend deutlich, ob „das Maß des Üblichen" auf die quantitative oder qualitative Beurteilung der Geschäftsführertätigkeit zu erstrecken ist. Sofern der einzelne Gesellschafter besondere Leistungen entsprechend seiner außergesellschaftlichen Berufsposition erbringt, steht ihm ein Aufwendungsersatzanspruch zu (dazu § 110 Anm. 15 ff.). Im übrigen ist dieser Ansicht aber nicht zu folgen (ebenso Fischer in Großkomm § 114 Anm. 13; Ganssmüller Tätigkeitsvergütung S. 30). Zwar trifft es zu, daß im Einzelfall auch ein konkludenter oder stillschweigender Gesellschafterbeschluß anzuerkennen ist; angesichts der ohnehin zustehenden Gewinnbeteiligung und der grundsätzlichen Bedeutung der Privatautonomie darf diese Anerkennung aber nicht zu einer verschleierten Fiktion nicht ernstlich gewollter Vergütungsregelungen führen. Deshalb ist der Aspekt der übermäßigen Geschäftsführertätigkeit nur ein äußeres Indiz, das jedoch ohne weitere Anhaltspunkte für die Anerkennung einer stillschweigenden Vergütungsregelung nicht ausreicht.

Vielmehr stellt sich in diesen Übermaß-Fällen das Problem, ob die übrigen Gesellschafter verpflichtet sind, eine besondere Vergütung zu beschließen. Eine solche Zustimmungspflicht wird nur unter engen Voraussetzungen bejaht. So hat der Bundesgerichtshof für den vergleichbaren Fall einer Verpflichtung zur Erhöhung einer vereinbarten Tätigkeitsvergütung ausgeführt, daß eine solche Erhöhung kraft Zustimmungspflicht nur dann in Betracht komme, wenn sie von dem Interesse aller Gesellschafter an der Erhaltung und sachgerechten Fortführung des gemeinsamen Unternehmens gefordert werden. Sei z.B. die Erhöhung erforderlich, um den für die Entwicklung des Unternehmens verdienten geschäftsführenden Gesellschafter zum Verbleib in der Gesellschaft zu veranlassen und würden sich nur wenige Gesellschafter einem entsprechenden Beschluß widersetzen, so sei deren Zustimmungspflicht zu bejahen (BGHZ 44, 40, 42 = LM Nr. 3 zu § 114 HGB m. Anm. Fischer = NJW 1965, 1960; ebenso BGH WM 1967, 1099, 1101; WM 1974, 375, 376; WM 1978, 1230, 1231; WM 1978, 1232, 1233; zustimmend A. Hueck ZGR 1972, 245 FN. 16 sowie JR 1965, 386; Fischer in Großkomm Anm. 15; Heymann-Emmerich § 110 Anm. 23; hingegen kritisch und großzügiger hinsichtlich einer Anpassung Ulmer Recht der BGB-Gesellschaft § 705 Anm. 193; Zöllner, Die Anpassung von Personengesellschaftsverträgen an veränderte Umstände, 1979, S. 57 ff.; Ganssmüller Tätigkeitsvergütung S. 5 f.; ders. DB 1966, 1505; H.P. Westermann Festschrift für Hefermehl 1976, S. 230). Dieser restriktiven Beurteilung ist grundsätzlich zuzustimmen, da die Vergütungsabrede der Sache nach eine Gewinnverteilungsabrede ist (so zutreffend Ulmer Recht der BGB-Gesellschaft Anm. 32 sowie Riegger DB 1983, 1909, 1910) und die Zustimmungspflicht somit einen grundlegenden Bereich der gegenseitigen Gesellschafterrechte betrifft. Aus diesen Gründen kommt ein Anspruch auf Tätigkeitsvergütung ohne eine ausdrückliche Vertragsregelung grundsätzlich nur dann in Betracht, wenn sich ein solcher im Wege der einfachen oder ergänzenden Vertragsauslegung oder nach den Grundsätzen über den Fortfall der Geschäftsgrundlage begründen läßt (ebenso BGH WM 1977, 1140 = LM Nr. 5 zu § 114 HGB; Baumbach-Duden-Hopt § 110 Anm. 3 B). Diese Voraussetzungen sind z.B. dann erfüllt, wenn ursprünglich alle Gesellschafter ohne besondere Vergütung geschäftsführend tätig gewesen sind und nunmehr ein Gesellschafter aus der

Geschäftsführung ausscheidet (Ulmer Recht der BGB-Gesellschaft § 709 Anm. 35; A. Hueck Recht der OHG § 10 VII 10; Fischer NJW 1959, 1063).

24 Ist die Vergütungsregelung im Gesellschaftsvertrag enthalten, so ist sie Bestandteil der Gesellschafterstellung. Das gilt grundsätzlich ebenso, wenn sie auf einem einstimmigen oder mit der sonst erforderlichen Mehrheit gefaßten Gesellschafterbeschluß beruht. Allerdings ist es auch möglich, die Vergütung wie auch sonstige Einzelheiten in einem gesonderten Dienstvertrag zu regeln. Sodann handelt es sich um ein Drittgeschäft, so daß auch der Vergütungsanspruch kein Sozialanspruch und somit nicht gesellschaftsrechtlich gebunden ist. Wegen der grundsätzlichen Bedeutung einer solchen Vereinbarung handelt es sich nicht um eine Angelegenheit der Geschäftsführung; vielmehr unterliegt sie ebenso wie eine gesellschaftsrechtliche Vergütungsregelung (dazu BGH BB 1967, 143; Hueck Recht der OHG § 17 II 3 FN. 13 a) der Beschlußfassung durch alle Gesellschafter. Die Vergütung kann entweder in Form einer festen oder erfolgabhängigen Geldzahlung bestehen. Sofern kein Gewinn erzielt wird, entfällt auch der Anspruch auf eine erfolgsabhängige Vergütung. Hingegen ist die Festvergütung aufgrund eines Dienstvertrages stets gewinnunabhängig und aufgrund einer gesellschaftsvertraglichen Regelung im Zweifel ebenso zu behandeln (A. Hueck Recht der OHG § 17 II 3; Ulmer Recht der BGB-Gesellschaft § 709 Anm. 32). Die dienstvertragliche Vergütung ist stets, die gesellschaftsvertragliche Vergütung nur als Festvergütung, nicht jedoch als gewinnabhängige Vergütung, im Zweifel auf dem Privatkonto zu verbuchen (A. Hueck Recht der OHG § 17 II 3).

b) Anpassung der Vergütung

25 Wie schon vorstehend dargestellt worden ist (Anm. 23), besteht grundsätzlich keine automatische Anpassungspflicht der Tätigkeitsvergütung an die jeweiligen Lebenshaltungskosten oder andere Wertungsfaktoren. Wohl aber kann sich eine solche Anpassungspflicht im Einzelfall durch Auslegung der Vergütungsregelung ergeben (BGH WM 1977, 1140 = NJW 1977, 2362 = LM Nr. 5 zu § 114 HGB). Wird z.B. im Gesellschaftsvertrag auf eine angemessene Vergütung abgestellt, so besteht eine fortlaufende Verpflichtung zur Anpassung nach § 315 Abs. 1 BGB. Aber auch ohne einen derartigen Hinweis kann sich aus den konkreten Umständen des Einzelfalls, insbesondere aus einer wiederholten Anpassungsübung eine Verpflichtung für die Zukunft ergeben. Anlaß für eine solche Anpassung kann über die veränderten Lebenshaltungskosten hinaus auch eine Änderung des Tätigkeitsbereichs durch Ausweitung des von der Gesellschaft betriebenen Geschäftsbereichs oder durch Zuweisung weiterer Geschäftsaufgaben sein.

26 Eine Anpassung kommt aber nicht nur zugunsten der geschäftsführenden Gesellschafter, sondern auch zu ihren Lasten in Betracht. Auch dabei ist wiederum zu unterscheiden zwischen einer Festvergütung und einer angemessenen Vergütung. Sofern sich durch Auslegung des Gesellschaftsvertrags kein besonderes Anpassungsrecht ergibt, kann die Festvergütung nur nach den Grundsätzen des Fortfalls der Geschäftsgrundlage oder mit Zustimmung des betroffenen Gesellschafters herabgesetzt werden. Eine Zustimmungspflicht ist insbesondere dann zu bejahen, wenn sich die Gesellschaft in einer wirtschaftlichen Krisensituation befindet und zur Sanierung auch eine Reduzierung der Tätigkeitsvergütung geboten ist (ebenso Fischer in Großkomm Anm. 16;

Dänzer-Vanotti BB 1983, 999). Somit reichen einzelne Verlustjahre oder eine nur vorübergehend schlechte Wirtschaftslage nicht aus. Vielmehr kommt eine solche Herabsetzung nur im Rahmen eines umfassenden Sanierungsplans in Betracht, in dem diese Sanierungslasten gleichmäßig verteilt werden. Nach erfolgreicher Sanierung lebt der Vergütungsanspruch in seiner ursprünglichen Höhe wieder auf. Nach den Grundsätzen des Fortfalls der Geschäftsgrundlage ist eine Herabsetzung dann gerechtfertigt, wenn sich der Tätigkeitsbereich des geschäftsführenden Gesellschafters wesentlich verändert hat, also in quantitativer oder qualitativer Hinsicht erheblich eingeschränkt worden ist. Stellt der Gesellschaftsvertrag hingegen nur auf eine angemessene Tätigkeitsvergütung ab, so können im Rahmen der Billigkeit nach § 315 Abs. 1 BGB auch weitergehende Ereignisse berücksichtigt werden (ebenso Ganssmüller Tätigkeitsvergütung S. 4 ff.; Dänzer-Vanotti BB 1983, 1000), so insbesondere die allgemeine Geschäftsentwicklung der Gesellschaft und ihre konkrete Ertragssituation, aber auch sonstige Veränderungen innerhalb des Geschäftsbereichs des einzelnen Gesellschafters.

c) Fortzahlung bei Verhinderung

Da durch die Tätigkeitsvergütung eine besondere Leistung entgolten wird, entfällt dieser Anspruch grundsätzlich bei einer Verhinderung des geschäftsführenden Gesellschafters (BGHZ 10, 44, 53; Fischer in Großkomm Anm. 16; Heymann-Emmerich § 110 Anm. 26; Ulmer Recht der BGB-Gesellschaft § 709 Anm. 33). Von diesem Grundsatz ist jedoch dann abzuweichen, wenn es sich nur um eine vorübergehende Verhinderung handelt. Dazu wird verschiedentlich auf die Fortzahlungspflicht nach § 616 Abs. 1 BGB verwiesen (BGH NJW 1963, 1051, 1052; Ganssmüller NJW 1965, 1949). Die unmittelbare oder analoge Anwendung einer dienstvertraglichen Vorschrift ist jedoch ebenso abzulehnen wie der Rückgriff auf arbeitsrechtliche Regelungen und Rechtsgrundsätze (ebenso BGH LM Nr. 37 zu § 105 HGB = NJW 1976, 1451 = BB 1976, 526; OLG Koblenz BB 1980, 855, 857; Fischer in Großkomm Anm. 16; Heymann-Emmerich § 110 Anm. 25; Ulmer Recht der BGB-Gesellschaft § 709 Anm. 33; a.A. OLG Nürnberg BB 1965, 887; Baumbach-Duden-Hopt § 110 Anm. 3 C). Wegen seiner gesellschaftsrechtlichen Einbindung ist auf den Vergütungsanspruch nur Gesellschaftsrecht anwendbar. Freilich gebietet die Treupflicht auch in diesem Zusammenhang, auf die berechtigten Interessen des geschäftsführenden Gesellschafters Rücksicht zu nehmen. Daraus folgt im einzelnen, daß jedenfalls bei vorübergehender, nicht zu vertretender Verhinderung die Vergütung fortzuzahlen ist – so z.B. anläßlich des Jahresurlaubs und der Erkrankung, wobei die Fortzahlungsfrist großzügiger zu bemessen ist als im Arbeitsrecht (ebenso Fischer in Großkomm Anm. 16). In diesen Fällen ist auch unerheblich, ob ein besonderer Aufwand für die Beschäftigung einer Ersatzperson entstanden ist. In anderen Fällen, insbesondere bei länger dauernder Erkrankung sind in einem offenen Abwägungsprozeß die unterschiedlichen Interessen zu beurteilen. Dabei ist auch zu bedenken, ob die Verhinderung in einem Ursachenzusammenhang mit der geschäftlichen Tätigkeit steht, so daß zudem die Anwendung des § 110 in Betracht kommt. Auch sofern die Verhinderung auf einem Verschulden des Gesellschafters beruht, ist die Fortzahlungspflicht nicht generell ausgeschlossen. Im Krankheitsfall sind ohnehin besondere Maßstäbe anzuwenden (Anm. 20); im übrigen ist auf § 254 BGB abzustellen.

d) Schadensersatzverpflichtung eines Dritten

28 Sofern ein Dritter die Verhinderung schuldhaft verursacht hat, kann sich dieser hinsichtlich seiner Ersatzpflicht gegenüber dem geschäftsführenden Gesellschafter nicht auf die Zahlung der Gesellschaft berufen. Das folgt aus den Grundsätzen der Vorteilsausgleichung, da es mit Sinn und Zweck der Fortzahlung unvereinbar ist, den Drittschädiger zu entlasten. Sofern mithin eine gewinnunabhängige Vergütung fortgezahlt wird, ist der Schadensersatzanspruch gleichwohl begründet und an die Gesellschaft analog § 255 BGB abzutreten. Für den Fall einer gewinnabhängigen Vergütung wird hingegen verschiedentlich vertreten, daß ein Schadensersatzanspruch nur dann in Betracht kommt, wenn durch die Verhinderung ein entgangener Gewinn und somit eine Minderung des Gewinnanteils eintritt (Baumbach-Duden-Hopt § 110 Anm. 3 C; Heymann-Emmerich § 110 Anm. 28); eine solche Minderung des Gewinnanteils wird auch dann bejaht, wenn der verletzte Gesellschafter im Interesse der übrigen Gesellschafter aus sachlichen Gründen auf seinen Gewinnvoraus für die Dauer der Verhinderung verzichtet (BGH BB 1966, 1411; ausführlich Kollhosser ZHR 129, 153 ff.). Dieser Ansicht ist jedoch nicht zu folgen. Auch die gewinnabhängige Vergütung läßt sich eindeutig der Geschäftsführungstätigkeit zuordnen, so daß diese Zwecksetzung eine Verrechnung zugunsten des ersatzpflichtigen Dritten ausschließt. Wird hingegen keine besondere Vergütung gezahlt, vielmehr nur der nach einem allgemeinen Schlüssel bemessene Gewinnanteil bezogen, so bedarf es in der Tat des Nachweises einer konkreten Gewinnminderung.

3. Die Haftung der geschäftsführenden Gesellschafter

a) Die Geschäftsführungspflichten

29 Eine besondere Haftungsregelung über das Geschäftsführungsverhalten besteht nicht. Somit kommt nur die für jegliches Gesellschafterverhalten anwendbare Verschuldensvorschrift des § 708 BGB in Betracht. Danach ist insbesondere gesetzlich ungeregelt, welche konkreten Pflichten dem geschäftsführenden Gesellschafter obliegen. Die Generalpflicht besteht in der Verfolgung des Gesellschaftszwecks durch den erfolgreichen Betrieb eines Handelsgewerbes. Diese Generalpflicht bildet die Grundlage für die Konkretisierung der Einzelpflichten. Zudem gibt es einen Kanon allgemeingültiger Organpflichten, die somit auch in der Personenhandelsgesellschaft gelten. So unterliegen auch die geschäftsführenden Gesellschafter einer vergleichbaren Verschwiegenheitspflicht, wie sie in § 93 Abs. 1 Satz 2 AktG normiert ist. Grundsätzlich besteht diese Pflicht jedoch nicht gegenüber denjenigen Gesellschaftern, die über die unbeschränkten Informationsrechte nach § 118 verfügen. Sind diese hingegen generell oder im Einzelfall aufgrund eines Informationsverweigerungsrechts eingeschränkt, dann sind die geschäftsführenden Gesellschafter in diesem Umfang auch zur Verschwiegenheit verpflichtet.

30 Des weiteren unterliegen die geschäftsführenden Gesellschafter in besonderem Maße der Treupflicht, die in dieser gesteigerten Form als Loyalitätspflicht bezeichnet werden kann. Sie verpflichtet zur strikten Beachtung der Gesellschaftsinteressen und verbietet jegliche Ausnutzung der Organstellung für private Zwecke. Allerdings werden sie dadurch in der Ausübung ihrer Gesellschafterrechte nicht gehindert, wie ja auch die Geschäftsführungsbefugnis Bestandteil der Gesellschafterstellung ist. Insofern besteht zwischen der Rechtsstellung eines Fremdorganmitglieds und der Rechtsstellung eines geschäftsführenden Gesellschafters ein nicht unerheblicher Unterschied. Von diesen berechtigten Gesellschafterinteressen werden jedoch die Privatinteressen der geschäftsführenden Gesellschafter nicht gedeckt, so daß sie diese im Rahmen ihrer Geschäftsführung auch nicht berücksichtigen dürfen. Dieser Verpflichtung entspricht vor allem das Verbot der persönlichen Verwertung von Geschäftschancen der Gesellschaft (BGH WM 1971, 412; WM 1972, 1229; WM 1985, 1144; OLG Düsseldorf NJW-RR 1986, 1294; Heymann-Emmerich Anm. 21; allgemein zu dieser Organpflicht Kübler, Festschrift für Werner 1984, S. 437; Kübler-Waltermann ZGR 1991, 162; Schiessl GmbHRdsch 1988, 53; Weisser DB 1989, 2010; Mertens in Kölner Kommentar zum AktG, 2. Aufl. 1989, § 93 Anm. 67; weitere Nachweise in Schlegelberger-Martens § 113 Anm. 26 f. sowie § 165 Anm. 18). Dieses Verbot besteht unabhängig von § 112 und reicht in seinen Wirkungen sehr viel weiter. Danach liegt eine der Gesellschaft vorbehaltene Geschäftschance immer dann vor, wenn sie ein objektives Interesse an dem Abschluß eines entsprechenden Vertrages hat. Es kommt also nicht darauf an, ob der Abschluß schon unmittelbar bevorsteht, ob der geschäftsführende Gesellschafter an den Vertragsverhandlungen beteiligt gewesen ist und ob das Geschäft dem unternehmensgegenständlichen Tätigkeitsbereich entspricht. Auch wenn es sich um ein gegenstandsneutrales Geschäft handelt, z.B. als betriebliches Hilfsgeschäft, ist das konkrete Gesellschaftsinteresse zu respektieren und das Geschäft für die Gesellschaft zu tätigen.

Diesem Verbot der Verfolgung privater Interessen entspricht des weiteren die Pflicht, die Mittel der Gesellschaft nicht für private Zwecke einzusetzen. Deshalb sind die geschäftsführenden Gesellschafter auch gehalten, keinen der Gesellschaft unangemessenen Repräsentationsaufwand zu betreiben und auch die für die Geschäftsführung benötigten Hilfsmittel auf einen vertretbaren Umfang zu beschränken.

Von diesen die Geschäftsführerstellung ergänzenden Pflichten zu unterscheiden sind jene Pflichten, die sich auf die Organisation und Leitung des von der Gesellschaft betriebenen Unternehmens beziehen. Dazu ist schon in anderem Zusammenhang auf die Bedeutung der Kontroll- und Überwachungsfunktion im Bereich der gesamten Geschäftsführung hingewiesen worden (Anm. 11). Die Vorstellung des Gesetzgebers, daß jeder geschäftsführende Gesellschafter im Rahmen seiner Einzelgeschäftsführungsbefugnis gleichsam „in eigener Regie" das Unternehmen betreibt, entspricht weder der Realität noch betriebswirtschaftlichen Grundsätzen einer zureichenden Führungsorganisation. Das Prinzip der Einzelgeschäftsführungsbefugnis muß deshalb ergänzt werden durch ein Mindestmaß gemeinsamer Führungsverantwortung. Das in § 115 Abs. 1 geregelte Widerspruchsrecht erschöpft das für diese gemeinsame Führungsverantwortung erforderliche Instrumentarium nicht. Es muß deshalb ergänzt werden durch gegenseitige Informations- und Kontrollpflichten. Vor allem ist es geboten, sich über die Grundlagen der generellen Geschäftspolitik zu verständigen. Dieser Abstimmungsprozeß steht im Mittelpunkt der Unternehmensführung und ist deshalb notwendige Voraussetzung für ein reibungsloses und erfolgreiches Führungsverhalten. Dazu bedarf es ergänzend einer Pflicht zur kollegialen Zusammenarbeit und gegenseitiger Rücksichtnahme.

33 Die übrigen, mit der Geschäftsführungsbefugnis verbundenen Einzelpflichten vollständig aufzuzählen, ist kaum möglich. Selbstverständlich gehört dazu auch die Pflicht, sich rechtmäßig zu verhalten (ausführlich dazu Mertens in Kölner Kommentar zum AktG § 93 Anm. 34 ff.). Freilich wird dadurch nicht ausgeschlossen, daß bei ungesicherter Rechtslage und sofortigem Entscheidungszwang unter Betracht gravierender Gesellschaftsinteressen ein rechtliches Restrisiko in Kauf genommen wird. Hingegen besteht eine uneingeschränkte Pflicht zu kompetenzgemäßem Verhalten, insbesondere im Verhältnis zu den übrigen, nicht-geschäftsführenden Gesellschaftern. Deren Beschlüsse sind strikt zu beachten und auszuführen. Die Pflicht zu kompetenzgemäßem Verhalten erstreckt sich auch auf die uneingeschränkte Wahrnehmung des eigenen Kompetenzbereichs, d. h. wesentliche Führungsentscheidungen dürfen nicht auf Mitarbeiter der Gesellschaft delegiert werden (Heymann-Emmerich Anm. 21). Davon zu unterscheiden ist die Betrauung dieser Mitarbeiter mit der Vorbereitung und Ausführung solcher Entscheidungen. Sodann obliegt dem geschäftsführenden Gesellschafter lediglich eine Kontroll- und Überwachungspflicht, die ohnehin für seinen gesamten Geschäftsbereich besteht (BGHZ 13, 61; Düringer-Hachenburg-Flechtheim Anm. 3; A. Hueck Recht der OHG § 10 V 2; Gogos Geschäftsführung S. 21 ff.).

b) Verschulden

34 Der Verschuldensmaßstab richtet sich nach § 708 BGB. Lediglich für die Publikumsgesellschaft gilt uneingeschränkt die verkehrsübliche Sorgfalt nach § 276 BGB (BGHZ 69, 207, 209 = WM 1977, 1221; 75, 321, 327 = WM 1980, 30; 76, 160, 166 f. = NJW 1980, 1463; Hüffer ZGR 1980, 327 m.w.N.). Hingegen wird § 708 BGB nicht schon deshalb ausgeschlossen, weil der u. U. einzige geschäftsführende Gesellschafter eine juristische Person ist. Vielmehr ist im Einzelfall entsprechend dem Sinngehalt des § 708 BGB darauf abzustellen, ob die OHG auf einer personalistischen, vom gegenseitigen Vertrauen der Gesellschafter geprägten Grundlage beruht oder körperschaftlich-kapitalistisch organisiert ist (ebenso Ulmer Recht der BGB-Gesellschaft § 708 Anm. 5). Eine solche körperschaftliche Verfassung der OHG ist wohl nur sehr selten anzutreffen und von Rechts wegen auch nur in engen Grenzen zulässig. Der sachliche Anwendungsbereich des § 708 BGB ist durch den BGH in Fällen gemeinsamer Teilnahme mehrerer Gesellschafter am Straßenverkehr trotz erheblicher Bedenken in der Literatur eingeschränkt worden (BGHZ 46, 313, 317 f.; dazu auch BGHZ 53, 352, 354; kritisch Ulmer Recht der BGB-Gesellschaft § 708 Anm. 12 m.w.N.).

35 Über dieses Haftungsprivileg hinaus stellt sich die Frage, ob die arbeitsrechtlichen Haftungsgrundsätze über gefahrgeneigte Tätigkeiten zu berücksichtigen sind. Diese Frage wird zunehmend im Bereich der Organhaftung erörtert und ist deshalb auch im Bereich der Personenhandelsgesellschaft von Bedeutung. Sofern man diese Grundsätze aus dem besonderen Schutzbedürfnis der Arbeitnehmer ableitet, kommen sie in diesem Zusammenhang offensichtlich nicht in Betracht. Stellt man hingegen auf ein allgemeines Prinzip der Risikoüberwälzung bei Tätigkeiten im fremden Interesse (dazu Canaris RdA 1966, 41; Genius AcP 173, 481; Koller Die Risikozurechnung bei Vertragsstörungen in Austauschverträgen 1979, S. 402 ff.; ähnlich BGHZ 89, 153, 160 im Hinblick auf ein Vereinsmitglied) ab, dann besteht ein systematischer Ansatz für die Berücksichtigung dieses Haftungsprivilegs. Im Rahmen der generellen Organhaftung wird dieses

Haftungsprivileg jedoch überwiegend abgelehnt (BGH WM 1975, 467, 469; Mertens in Kölner Kommentar zum AktG § 93 Anm. 4; Zöllner in Baumbach-Hueck GmbHG § 43 Anm. 3; Fleck, Festschrift für Hilger und Stumpf 1983, S. 197, 215 ff.; ders. WM 1981 Beil. 3 S. 8). Zur Begründung wird vor allem auf die gesetzliche Regelung der § 43 Abs. 1 GmbHG, 93 Abs. 1 AktG hingewiesen. Verschiedentlich wird jedoch eine allerdings sachlich begrenzte Anwendung dieser Grundsätze vertreten – so von Schneider (Festschrift für Werner 1984, 795, 812 ff.) für den Bereich der vom Geschäftsführer verwendeten Sachgüter, von Bastuck (Enthaftung S. 80 ff.) für Aufgaben, „die normalerweise zum Pflichtenkreis eines Arbeitnehmers gehören" und von Kust (WM 1980, 758, 762) für Tätigkeiten außerhalb ihres normalen Pflichtenkreises wie z. B. Entscheidungen unter besonderem Zeitdruck. Aus diesem Meinungsstand wird ersichtlich, daß jedenfalls für den Zentralbereich der Geschäftsführung, nämlich den Entscheidungs- und Überwachungsbereich, das Haftungsprivileg bei gefahrgeneigter Tätigkeit nahezu einhellig abgelehnt wird. Dieser Ansicht ist auch für die Personenhandelsgesellschaft wegen der grundlegenden Bedeutung einer ordnungsgemäßen Geschäftsführung zu folgen. Zudem reicht die Haftungsmilderung des § 708 BGB aus, um die individuelle Befähigung der geschäftsführenden Gesellschafter zu berücksichtigen. Im übrigen ist aber die Verlustausgleichspflicht des § 110 zu bedenken. So wie jeder Gesellschafter auch für schuldhaft verursachten Eigenschaden Ersatz verlangen kann (dazu § 110 Anm. 24), muß er auch unter denselben Voraussetzungen für Schäden anläßlich der Verwendung von Hilfsmitteln der Gesellschaft entlastet werden. Es wäre widersprüchlich, dem Gesellschafter Ersatz seines Eigenschadens zuzubilligen, ihn hingegen für einen Fremdschaden uneingeschränkt in Anspruch zu nehmen.

c) Kompetenzwidriges Verhalten

Ein derartiges Verhalten liegt z. B. vor, wenn sich der geschäftsführende Gesellschafter über einen Widerspruch nach § 115 Abs. 1 hinwegsetzt oder ohne die nach § 116 Abs. 2 erforderliche Zustimmung handelt. Die rechtliche Beurteilung dieses Verhaltens ist nach wie vor umstritten. Weitgehende Übereinstimmung besteht allerdings im Hinblick auf die Anwendung des § 708 BGB auf den Kompetenzverstoß als solchen. Sofern mithin der Gesellschafter die Kompetenzwidrigkeit seines Verhaltens nach § 708 BGB nicht zu vertreten hat, weil er sich über die Zustimmungspflicht nach § 116 Abs. 2 ohne Verstoß gegen die eigenübliche Sorgfalt geirrt hat, ist er der Gesellschaft wegen dieses kompetenzwidrigen Verhaltens nicht ersatzpflichtig (Fischer in Großkomm § 116 Anm. 29; Heymann-Emmerich Anm. 20; Ulmer Recht der BGB-Gesellschaft § 708 Anm. 9; A. Hueck Recht der OHG § 10 VI 5; Westermann Handbuch Anm. 269; a.A. RGZ 158, 302, 311 ff.). Umstritten ist jedoch, ob ein schuldhafter Kompetenzverstoß schon ausreicht, um daran die gesellschaftsvertragliche Haftung für einen Schaden anzuknüpfen, der durch die kompetenzwidrige Maßnahme verursacht worden ist (so BGH WM 1988, 968, 969 = NJW-RR 1988, 995 = LM Nr. 5 zu § 115 HGB; WM 1989, 1335, 1339 = NJW-RR 1989, 1255; Fischer in Großkomm § 116 Anm. 29; wohl auch Westermann Handbuch Anm. 269; unklar Heymann-Emmerich Anm. 20). Demgegenüber wird verschiedentlich vertreten, daß das Ausführungsverhalten des Gesellschafters nach den Vorschriften der Geschäftsführung ohne Auftrag (§§ 677 ff. BGB) zu beurteilen sei (so A. Hueck Recht der OHG § 10 VI 5; Ulmer Recht der BGB-Gesellschaft § 708 Anm. 10). Dabei ist nach § 678 BGB auf den wirklichen oder mutmaßlichen Willen der Gesellschafter abzustellen, deren Komptenz verletzt worden ist. Wird dieser Wille schuldhaft (§ 276 BGB) verkannt, so ist der kompetenzwidrig handelnde Gesellschafter ersatzpflichtig, auch wenn ihn kein Ausführungsverschulden trifft (dazu im einzelnen Martens ZHR 147, 377, 397 ff.).

37 Die nunmehr vom BGH vertretene Ablehnung der Vorschriften über die Geschäftsführung ohne Auftrag und die ausschließliche Anwendung des Gesellschaftsrechts ist zwar unter systematischen Aspekten vorzugswürdig. Danach kommt das in § 678 BGB enthaltene Regulativ des „wirklichen oder mutmaßlichen Willens" allerdings nicht unmittelbar zur Anwendung. Nach der vom BGH vertretenen Ansicht ist mithin der Kompetenzverstoß eine ausreichende Pflichtwidrigkeit, um den pflichtwidrig handelnden Gesellschafter mit dem gesamten Ausführungsschaden zu belasten. Eine derart drakonische Rechtsfolge ist aber nicht gerechtfertigt. Deshalb ist dem Gesellschafter die Berufung auf das rechtmäßige Alternativverhalten zuzubilligen (Martens ZHR 147, 377, 399 ff.). Danach liegt kein Übernahmeverschulden vor, wenn für den Gesellschafter aus damaliger Sicht erkennbar (§ 708 BGB) war, daß die Gesellschafter der geplanten Maßnahme zugestimmt hätten, weil die Maßnahme ihrem wirklichen oder mutmaßlichen Willen entsprach.

d) Beweislast

38 Die Gesellschaft trägt grundsätzlich die Darlegungs- und Beweislast für den Eintritt eines Schadens und die Ursächlichkeit des Gesellschafterverhaltens (BGH BB 1985, 1755; LM Nr. 1 zu § 116 HGB). Im übrigen hat sich jedoch der geschäftsführende Gesellschafter im Rahmen seiner Rechnungslegungspflicht zu exkulpieren, d. h. er muß darlegen und nachweisen, daß sein Verhalten pflichtgemäß oder schuldlos gewesen ist (Fischer in Großkomm § 116 Anm. 21; unklar Heymann-Emmerich Anm. 18 hinsichtlich der Pflichtwidrigkeit). Insofern gilt eine entsprechende Beweislastverteilung wie nach § 93 Abs. 2 AktG.

e) Schadensumfang

39 Der Umfang bemißt sich nach §§ 249 ff. BGB. Soweit der Gesellschaft aufgrund der schädigenden Handlung auch Vorteile entstanden sind, sind diese zu berücksichtigen. Darüber hinaus ist es dem ersatzpflichtigen Gesellschafter jedoch verwehrt, zur Minderung des Schadensersatzes auf andere Erfolge seiner Geschäftsführung hinzuweisen. Ebensowenig kann er sich auf seinen Gesellschaftsanteil berufen, um in dessen Höhe von seiner Ersatzpflicht befreit zu werden. Sofern das pflichtwidrige Verhalten auf einem Kompetenzverstoß beruht, kann sich der ersatzpflichtige Gesellschafter nicht uneingeschränkt auf die Gleichwertigkeit von Leistung und Gegenleistung in dem pflichtwidrig abgeschlossenen Vertrag berufen. Kann die Gesellschaft die aufgedrängte Gegenleistung nicht sinnvoll nutzen, so liegt trotz Gleichwertigkeit ein Schaden vor. „Infolgedessen muß der Schädiger den Nachweis erbringen, daß die Gesellschaft die Gegenleistung bzw. Teile von ihr ohnehin beansprucht hätte, oder daß sie aus der verbotenen Maßnahme andere vermögenswerte Vorteile erlangt hat, die ihr sonst vorenthalten geblieben wären" (BGH WM 1988, 968, 970).

Geschäftsführung 40–43 § 114

Dieser Schadensersatz ist in das Gesellschaftsvermögen zu leisten, so daß damit auch 40
die Minderung der einzelnen Gesellschaftsanteile ausgeglichen wird. Daraus folgt, daß die einzelnen Gesellschafter nur dann einen eigenen Schadensersatzanspruch haben, wenn sie darüber hinaus in ihrem Privatvermögen geschädigt worden sind und dieser Schaden in einem Rechtswidrigkeitszusammenhang mit dem pflichtwidrigen Verhalten steht. Neben diesem etwaigen Eigenschaden können die Gesellschafter auch den Gesellschaftsschaden mittels der actio pro socio auf Leistung an die Gesellschaft geltend machen.

f) Rechtsverfolgung, Erlaß und Verjährung

Die Verfolgung von Schadensersatzansprüchen gegen geschäftsführende Gesellschaf- 41
ter fällt ebenfalls in die Zuständigkeit der Geschäftsführung. Angesichts der unternehmensinternen Bedeutung einer solchen Auseinandersetzung ist jedoch davon auszugehen, daß die Rechtsverfolgung eine Handlung ist, die über den gewöhnlichen Betrieb des Handelsgewerbes hinausgeht, so daß nach § 116 Abs. 2 ein Beschluß sämtlicher Gesellschafter erforderlich ist. Allerdings ist der zum Ersatz verpflichtete geschäftsführende Gesellschafter wegen seiner persönlichen Betroffenheit von der Ausübung des Stimmrechts ausgeschlossen. Anläßlich dieser Entscheidung besteht keine generelle Zustimmungspflicht. Vielmehr sind die Erfolgsaussichten des bevorstehenden Rechtsstreits, die Schadenshöhe und Schadensrealisierung, die bisherigen Verdienste des ersatzpflichtigen Gesellschafters und vor allem die mit der Prozeßführung verbundenen Reibungsverluste in der Gesellschaft abzuwägen. Nur in Evidenzfällen, bei schwerem Verschulden und erheblichem Gesellschaftsschaden, ist von einer Zustimmungspflicht aller Gesellschafter auszugehen. Allerdings dürfen sich die Gesellschafter in keinem Fall von privaten Interessen, u. U. ihrer persönlichen Verbundenheit mit dem ersatzpflichtigen Gesellschafter leiten lassen. Zugleich können die Gesellschafter ihre Zustimmung davon abhängig machen, daß der Prozeß nicht von den geschäftsführenden Gesellschaftern, sondern von einem der übrigen Gesellschafter geführt wird. Der Beschlußfassung aller Gesellschafter bedarf der Erlaß oder die Vergleichsregelung über den Schadensersatzanspruch (Fischer in Großkomm Anm. 2b). Sofern die Gesellschafter schon vor der Ausführung der schädigenden Maßnahme ihre Zustimmung erklärt haben, entsteht grundsätzlich kein Ersatzanspruch, weil diese Zustimmung das Handeln des geschäftsführenden Gesellschafters rechtfertigt. Diese rechtfertigende Wirkung entfällt jedoch, wenn die Gesellschafter nicht ausreichend informiert worden sind. Von der Rechtsverfolgung durch die Gesellschaft zu unterscheiden ist die Rechtsverfolgung durch einzelne Gesellschafter mittels der actio pro socio. Diese Befugnis steht grundsätzlich gleichrangig neben der Rechtsverfolgung durch die Gesellschaft (BGHZ 25, 50; Fischer in Großkomm § 124 Anm. 11), solange die Gesellschaft auf den Anspruch nicht verzichtet oder durch Vergleich geregelt hat.

Die Schadensersatzansprüche unterliegen der normalen Verjährungsfrist von 30 Jah- 42
ren. Im einzelnen sind dafür die §§ 198 ff. BGB anwendbar.

4. Der Anspruch auf Entlastung

In Literatur und Rechtsprechung wird allgemein ein Anspruch auf Entlastung der 43
geschäftsführenden Gesellschafter anerkannt (Baumbach-Duden-Hopt Anm. 3 D;

Heymann-Emmerich Anm. 14; Düringer-Hachenburg-Flechtheim Anm. 7; A. Hueck Recht der OHG § 12 VI; ders. GmbHRdsch 1959, 190; Ulmer Recht der BGB-Gesellschaft § 713 Anm. 9; Brox BB 1960, 1226; ausführliche Darstellung des Meinungsstands bei Borsche Entlastung S. 154 ff.). Diese nahezu einhellige Ansicht ist nunmehr durch die Entscheidung BGHZ 94, 324 = NJW 1986, 129 = WM 1985, 1200 (dazu Ahrens ZGR 1987, 129; Buchener GmbHRdsch 1988, 9 ff.) in Frage gestellt worden. Jedenfalls für das GmbH-Recht hat der Bundesgerichtshof einen Anspruch des Geschäftsführers auf Entlastung verneint. Auf die mit der Entlastung verbundene Vertrauensbekundung und allgemeine Anerkennung seines unternehmerischen Geschicks habe der Geschäftsführer deshalb keinen Anspruch, weil derartige Erklärungen einem weiten Ermessensspielraum der Gesellschafterversammlung unterliegen. Soweit es um die Freistellungswirkung der Entlastung gehe, könne der Geschäftsführer nicht verlangen, daß auf etwaige Ansprüche verzichtet werde. Werde die Entlastung wegen konkret bezeichneter Pflichtverletzungen und daraus entstandener Ersatzansprüche verweigert, so könne darüber eine Klärung durch negative Feststellungsklage erreicht werden (zu diesem Entlastungsverständnis K. Schmidt ZGR 1978, 425; ders. Gesellschaftsrecht § 14 VI).

44 Dieser Ansicht ist jedenfalls im Personenhandelsgesellschaftsrecht nicht zu folgen. Da die Geschäftsführungsbefugnis nicht durch Bestellung verliehen wird, sondern Bestandteil der Gesellschafterstellung ist, besteht kein Anlaß für eine besondere Vertrauensbekundung und allgemeine Anerkennung. Derartige Erklärungen sind bedeutsam für den bestellten Geschäftsführer einer GmbH, weil er daraus die Wertschätzung der Gesellschafter und die Chancen seiner Wiederbestellung entnehmen kann. Sie sind jedoch für den geschäftsführenden Gesellschafter weitgehend unerheblich, weil seine Rechtsstellung nur unter den erschwerten Voraussetzungen des § 117 entzogen werden kann. Es geht deshalb in diesem Zusammenhang nicht um eine unternehmenspolitische Bewertung des Geschäftsführerverhaltens, sondern um die rechtliche Beurteilung über die Ordnungsmäßigkeit der Geschäftsführung und die Richtigkeit der mit der Bilanzaufstellung verbundenen Rechnungslegung. Da es sich um rechtlich eindeutig zu beurteilende Sachverhalte handelt, entfällt jegliches Ermessen. Im übrigen ist generell zu bedenken, daß der Entlastung in der Personengesellschaft eine große friedenstiftende und klärende Bedeutung zukommt. Stellt man hingegen die Erteilung der Entlastung in das Ermessen der Gesellschafter, so entfällt damit der rechtliche Zwang zur abschließenden Beurteilung der Geschäftsführung durch Gesellschafterbeschluß, so daß die endgültige Klärung erst durch eine negative Feststellungsklage erreicht werden kann.

45 Wird die Entlastung erteilt, so ist damit der Verzicht auf Schadensersatz- und sonstige Ansprüche aus der Geschäftsführung des vergangenen Jahres verbunden. Diese Verzichtswirkung ist nicht Inhalt der Entlastungserklärung, sondern ihre rechtliche Folge. Es wäre widersprüchlich, wenn die Gesellschafter zunächst die Ordnungsmäßigkeit der Geschäftsführung anerkennen und anschließend daraus Schadensersatzansprüche geltend machen würden. Der sachliche Umfang dieser Verzichtswirkung erstreckt sich nur auf Ansprüche, die innerhalb des für die Entlastung relevanten Zeitraums entstanden sind und für die Gesellschafter anläßlich der Entlastungserteilung erkennbar waren (BGHZ 94, 324, 326; WM 1983, 1910, 1912; WM 1986, 790; Düringer-Hachenburg-Flechtheim Anm. 7; A. Hueck Recht der OHG § 12 VI; ausführlich zum

Merkmal der Erkennbarkeit Borsche Entlastung S. 127 ff.). Informationsgrundlage für diese Erkennbarkeit sind vor allem die von den geschäftsführenden Gesellschaftern mit der Rechnungslegung vorgelegten Unterlagen und die dazu erteilten Auskünfte. Darüber hinaus sind auch weitere bei anderer Gelegenheit den Gesellschaftern überlassene Unterlagen und Informationen zu berücksichtigen, nicht aber die nur nach § 118 verfügbaren Unterlagen. Kenntnis aller Gesellschafter führt in jedem Fall zur Verzichtswirkung. Sofern die Gesellschafter keinen ausdrücklichen Entlastungsbeschluß fassen, kommt auch der gemeinsamen Unterzeichnung der Bilanz (§ 245 Satz 2) Entlastungswirkung zu (Heymann-Emmerich Anm. 14; A. Hueck Recht der OHG § 12 VI). Freilich erstreckt sich die Verzichtswirkung nur auf Vorgänge, die für die Beurteilung der einzelnen Rechnungsposten von Bedeutung sind.

46 Von der Entlastung zu unterscheiden ist eine vertragliche Generalbereinigung, die alle entstandenen Ansprüche erfaßt (BGH BB 1968, 146 = WM 1968, 114; LM Nr. 23 zu § 47 GmbHG = NJW 1975, 1273). Somit können diese Ansprüche nur geltend gemacht werden, wenn zuvor die Generalbereinigung durch Anfechtung beseitigt worden ist.

V. Die Herausgabepflicht

47 Kraft der Verweisung des § 105 Abs. 2 auf § 713 BGB finden die §§ 664–670 BGB entsprechende Anwendung. Von diesen Vorschriften ist in diesem Zusammenhang lediglich § 667 BGB von Bedeutung (zum Verhältnis von § 666 BGB zu § 118 vgl. § 118 Anm. 17). Dieser Herausgabepflicht unterliegen alle Vermögensvorteile, die die geschäftsführenden Gesellschafter aus der Geschäftsführung erlangt haben. Dazu zählen auch Sonderprovisionen und Schmiergelder (RGZ 164, 93, 102 f.). Sofern der Gesellschafter der Gesellschaft vorbehaltene Geschäftschancen ausnutzt, ist dies zwar auch ein Vorteil aus der Geschäftsführung, gleichwohl wird die Herausgabepflicht nach § 667 BGB überlagert durch die Schadensersatzpflicht wegen pflichtwidrigen Geschäftsführerverhaltens (unklar Heymann-Emmerich Anm. 15). Derartige Geschäftschancen sind, wenn sie sich noch nicht durch einen Vertragsschluß oder ein Optionsrecht konkretisiert haben, der Gesellschaft nicht als hinreichender, herausgabefähiger Vermögensvorteil zuzuordnen. Im Rahmen seiner Schadensersatzpflicht ist der geschäftsführende Gesellschafter allerdings ebenfalls zur Überleitung des der Gesellschaft entgangenen Geschäfts verpflichtet wie nach § 667 BGB, sofern der Gesellschaft der Nachweis gelingt, daß sie ohne das pflichtwidrige Verhalten dieses Geschäft ebenfalls getätigt hätte, ihr der derselbe Gewinn mithin entgangen ist (§ 252 BGB).

VI. Abweichende Vereinbarungen

1. Grundsätzliche Dispositivität

48 Nach § 109 ist die Regelung des § 114 dispositiv. Somit können die Gesellschafter nahezu in beliebigem Umfang von dieser Vorschrift abweichen. So kann im Gesellschaftsvertrag ein Weisungsrecht der nicht-geschäftsführenden Gesellschafter vorgesehen werden, ebenso ein Enumerativkatalog zustimmungspflichtiger Geschäfte, eine Einschränkung des Widerspruchsrechts nach § 115 Abs. 1 sowie weitere kompetenzrechtliche Regelungen. Auch die Einrichtung eines besonderen Kontrollorgans wie Beirat oder Gesellschafterausschuß ist möglich. Zudem kann die Rechtsstellung der geschäftsführenden Gesellschafter modifiziert werden, indem ihre Geschäftsführungsbefugnis zeitlich begrenzt wird und es sodann einer erneuten Bestellung bedarf oder das Abberufungsverfahren erleichtert wird (dazu § 117 Anm. 52). Andererseits kann die Geschäftsführungsbefugnis auch beliebig erweitert werden, so daß sowohl das Widerspruchsrecht nach § 115 Abs. 1 als auch das Zustimmungsrecht nach § 116 Abs. 2 entfallen. Auf diese Weise ist es auch möglich, die Geschäftsführungsbefugnisse unterschiedlich zu verteilen. Dabei können auch verschiedene Geschäftsbereiche zugewiesen werden. Einen wichtigen Regelungsbereich stellen Vereinbarungen über die persönlichen Bezüge der geschäftsführenden Gesellschafter, vor allem ihre Vergütung und Altersversorgung, aber auch die Nebenleistungen dar. Sie können in einem Anstellungsvertrag geregelt werden, über den alle Gesellschafter nach § 116 Abs. 2 zu beschließen haben. Sodann liegt ein Dienstvertrag vor, der die gesellschaftsrechtliche Stellung als geschäftsführender Gesellschafter ergänzt, aber rechtlich davon unabhängig ist, somit auch durch Kündigung beseitigt werden kann. Diese Konditionen können jedoch auch Gegenstand des Gesellschaftsvertrages sein. Sie sind dann ohne das Einverständnis des begünstigten Gesellschafters nur durch Beendigung der Geschäftsführerstellung entziehbar.

49 Die in Abs. 2 enthaltene Auslegungsregelung wirft keine besonderen Anwendungsprobleme auf. Sie kommt nur dann in Betracht, wenn sich dem Gesellschaftsvertrag keine entgegenstehende Regelung entnehmen läßt. Dabei ist nicht erforderlich, daß diese Regelung ausdrücklich vereinbart worden ist; es genügt, daß sie sich ihrerseits durch Auslegung des Gesellschaftsvertrages ergibt. Die Vorschrift ist auch anwendbar, wenn im Gesellschaftsvertrag den geschäftsführenden Gesellschaftern – entweder allen oder einzelnen – einzelne Geschäftsbereiche zugewiesen werden. Sodann ist nach Abs. 2 davon auszugehen, daß der jeweilige Gesellschafter nur für diesen Bereich geschäftsführend tätig werden darf und daß die anderen geschäftsführenden Gesellschafter davon ausgeschlossen sind (Fischer in Großkomm Anm. 12).

2. Der Grundsatz der Selbstorganschaft

50 Dieser umfassende Dispositionsspielraum steht allerdings unter dem Vorbehalt, daß ausschließlich die Gesellschafter die geschäftsführenden Kompetenzen untereinander verteilen. Demgegenüber ist der Dispositionsspielraum begrenzt, wenn externe Personen mit Geschäftsführungsbefugnissen betraut werden sollen. Die dafür relevanten Grenzen werden durch die Grundsätze über die Selbstorganschaft und das Abspaltungsverbot markiert. Obwohl diese Grundsätze überwiegende Anerkennung finden, besteht doch in den Einzelheiten eine große Meinungsvielfalt. Dieser Streitstand läßt sich nur erschließen, wenn man die unterschiedlichen Problemlagen deutlich herausstellt. Im einzelnen sind diese wie folgt zu unterscheiden.

51 a) Die einem Gesellschafter zustehende Geschäftsführungsbefugnis kann einem Dritten zur Ausübung überlassen werden. Es ist nicht ausgeschlossen, daß dem geschäftsführenden Gesellschafter im Gesellschaftsvertrag aufgegeben wird, im Verhinderungsfall einen Dritten mit der Ausübung seiner Geschäftsführungsbefugnis zu betrauen. Da die Geschäftsführungsbefugnis grundsätzlich in eigener Person auszuüben ist, handelt der Gesellschafter pflichtwidrig, wenn er ohne entsprechende Vertragsregelung einen Dritten beauftragt und bevollmächtigt (Fischer in Großkomm Anm. 9; A. Hueck Recht der OHG § 10 V 2). Wird dem Dritten in Übereinstimmung mit dem Gesellschaftsvertrag die Geschäftsführungsbefugnis zur Ausübung überlassen, so handelt er anstelle des Gesellschafters, der für den Dritten allerdings nur hinsichtlich eines Auswahl- und Aufsichtsverschuldens (dazu Anm. 12) einzustehen hat. Die inhaltlichen Grenzen dieser Überlassungsbefugnis ergeben sich aus dem Abspaltungsverbot. Danach dürfen und können die mit der Mitgliedschaft verbundenen Verwaltungsrechte nicht auf einen Dritten übertragen werden (Ulmer Recht der BGB-Gesellschaft § 717 Anm. 7; ders. Festschrift für Fleck 1988, S. 383; ders. Festschrift für Werner 1984 S. 911; Priester Festschrift für Werner 1984, S. 657). Deshalb darf auch die Überlassung zur Ausübung nicht derart geregelt werden, daß sie der Übertragung im Ergebnis gleichkommt (BGHZ 3, 354, 347; 20, 363, 364; 36, 292, 293; 43, 261, 267; 46, 291, 296). Somit ist eine unwiderrufliche Vollmacht unter gleichzeitigem Verzicht auf die eigene Rechtsausübung ebenso unwirksam wie die Übertragung der Geschäftsführungsbefugnis auf einen Dritten (so im Hinblick auf das Stimmrecht BGHZ 3, 354, 359; 20, 363, 365; NJW 1970, 468; A. Hueck Recht der OHG § 11 II 3; Wiedemann Übertragung S. 276 ff.). Somit ist zwingend gewährleistet, daß der geschäftsführende Gesellschafter die von ihm erteilte Bevollmächtigung jederzeit widerrufen kann.

52 b) Die organschaftliche Vertretungsbefugnis kann einem Dritten nicht erteilt werden. Da § 170 den Gesellschaftern verwehrt, einem Kommanditisten durch Gesellschaftsvertrag oder Gesellschafterbeschluß die organschaftliche Vertretungsbefugnis zu erteilen, sind sie ebenso gehindert, einen Dritten als organschaftlichen Vertreter auszuwählen (dazu näher Schlegelberger-Martens § 170 Anm. 8 ff.). Von diesem Grundsatz kann lediglich im Liquidationsverfahren nach § 146 und zur Regelung eines einstweiligen Zustands (BGHZ 33, 105) abgewichen werden. Somit kann einem Dritten eine Vertretungsbefugnis nur außerhalb des Gesellschaftsvertrages in Form einer abgeleiteten Bevollmächtigung erteilt werden. Die organschaftliche Vertretungsbefugnis verbleibt zwingend den Gesellschaftern, die die erteilte Vollmacht jederzeit widerrufen und rechtsgeschäftliches Handeln des Dritten durch Ausübung ihrer organschaftlichen Vertretungsbefugnis verhindern können (BGHZ 26, 330, 333 = NJW 1958, 668; BGHZ 33, 105, 108; 36, 292, 295; 41, 367, 369 = NJW 1964, 1624; BGHZ 51, 198, 201; Baumbach-Duden-Hopt § 125 Anm. 1 C; Staub-Ulmer § 109 Anm. 34; A. Hueck Recht der OHG § 20 I; Wiedemann Gesellschaftsrecht § 6 IV 1a; ders. Übertragung S. 369; Flume Personengesellschaft § 14 VIII; K. Schmidt Gesellschaftsrecht § 14 II 2e; Nitschke Personengesellschaft S. 237 ff.; John Rechtsperson S. 295 f.; Huber ZHR 152 (1988), 1, 13 ff.; a. A. Teichmann Gestaltungsfreiheit S. 116 ff.; H. P. Westermann Vertragsfreiheit S. 328 ff.; Dellmann Freundesgabe für Hengeler (1972) S. 64, 66 ff.; Helm-Wagner BB 1979, 225; Löffler NJW 1983, 2920 f.; w.N. bei Werra Selbstorganschaft S. 76 ff.).

53 c) Einem Dritten können auch keine gesellschaftsvertraglichen Befugnisse als Geschäftsführungsorgan eingeräumt werden. Einer solchen gesellschaftsvertraglichen Regelung zugunsten eines Dritten steht zwar nicht das Abspaltungsverbot (so aber BGHZ 36, 292, 293; dagegen Dellmann Freundesgabe für Hengeler (1972) S. 64, 66), wohl aber der Grundsatz der Selbstorganschaft entgegen (ausführlich dazu Werra Selbstorganschaft S. 84 ff., 95 ff. m.w.N.). Sofern im Gesellschaftsvertrag gleichwohl eine entsprechende Regelung enthalten ist, ist sie unwirksam und kann im Einzelfall in eine schuldrechtliche Absprache zugunsten des Dritten umgedeutet werden. Auf diese Weise erwirbt zwar der Dritte das Recht, erheblichen Einfluß auf die Geschäftsführung der Gesellschaft auszuüben. Die Gesellschafter werden dadurch aber nicht gehindert, abweichende Maßnahmen der Geschäftsführung zu beschließen. Der Dritte kann sodann allenfalls Schadensersatzansprüche wegen Verletzung seiner schuldrechtlich vereinbarten Entscheidungsbefugnisse geltend machen. In dieser Hinsicht ist nicht über die Grenzen der gesellschaftsvertraglichen Rechtsmachtverteilung zu befinden, sondern über die Schranken schuldrechtlicher Begebung von Rechten gegenüber Dritten. Diese Problematik wird zwar verschiedentlich auch unter dem Aspekt des Grundsatzes der Selbstorganschaft behandelt (z.B. Westermann Handbuch Anm. 242); sie ist aber davon grundsätzlich zu unterscheiden (insofern konsequent BGH NJW 1982, 877; 1982, 2495 sowie im Hinblick auf einen Betriebsführungsvertrag NJW 1982, 1817). Es geht in diesem Zusammenhang der Selbstorganschaft nicht generell um den zwingenden Umfang rechtsgeschäftlicher Handlungsfreiheit, sondern um die speziellen Grenzen innergesellschaftlicher Organisationsfreiheit. Daß auch diese Grenzen ebenso wie die allgemeinen Schranken der Privatautonomie unter dem Aspekt der unzulässigen Selbstentmündigung zu untersuchen sind, ändert nichts daran, daß für die innergesellschaftliche Organisationsautonomie besondere Maßstäbe anzulegen sind. Danach ist es den Gesellschaftern generell versagt, einen außenstehenden Dritten mit gesellschaftsvertraglichen Befugnissen als Geschäftsführungsorgan zu betrauen. Im Hinblick auf die Grenzen schuldrechtlicher Vereinbarungen über die Ausübung von Geschäftsführungsbefugnissen hat sich der Bundesgerichtshof bisher nicht abschließend geäußert, sondern jeweils auf die Besonderheiten des Einzelfalles abgestellt: auf das den Gesellschaftern verbliebene Weisungs- und ordentliche Kündigungsrecht des Geschäftsbesorgungsvertrages (NJW 1982, 877, 878), auf das durch Mehrheitsbeschluß kündbare Anstellungsverhältnis aus wichtigem Grund (NJW 1982, 2495; bestätigt für die Entziehung der organschaftlichen Geschäfts- und Vertretungsbefugnis eines Gesellschafters in der Publikumsgesellschaft in ZIP 1988, 22 = WM 1988, 23) sowie im Rahmen eines Betriebsführungsvertrages auf die Beschränkung der Leitungsbefugnisse „zur laufenden Geschäftsführung innerhalb der die Unternehmenspolitik verwirklichenden Richtlinien des Managementvertrages" (NJW 1982, 1817, 1818; kritisch dazu Huber ZHR 152 (1988) 1, 13 f.; Reuter JZ 1986, 16, 18). Diese relativ offene Beurteilung schuldrechtlicher Vereinbarungsbefugnis, die sich deutlich von der kompetenzrechtlichen Sperrwirkung der Selbstorganschaft unterscheidet, ist deshalb unausweichlich, weil es in dieser Hinsicht keinen rechtsgeschäftlichen Standard unzulässiger Selbstentäußerung gibt. Ob und in welchem Umfang die Handlungsfreiheit der Gesellschaft jenseits der privatautonomen Regelungsgrenzen eingeschränkt ist, läßt sich – wie auch im Verhältnis zur Einzelperson bzw. Einzelkaufmann – nur auf der Grundlage des konkreten Vertrages, der darin enthaltenen Befugnisse zur Geschäftsbesorgung einerseits und der dem Vermögensträger verbliebenen Rechte andererseits beurteilen. Dabei ist generell zu bedenken, daß die unbeschränkte Vertretungsbefugnis jederzeit widerruflich ist, auch die Befugnis zur Geschäftsbesorgung aus wichtigem Grund zwingend entzogen werden kann und daß die Geschäftsbesorgung stets im Interesse des Vermögensträgers erfolgen muß. Des weiteren müssen diesem ausreichende Kontroll- und Informationsrechte verbleiben. Ob über diesen zwingenden Mindestbestand hinaus weitere Rechte – z.B. Weisungsrechte – vorbehalten werden müssen, läßt sich nicht generell beantworten, ist schließlich auch abhängig von dem konkreten Umfang der Geschäftsbesorgung.

d) Während die Gesellschafter in ihrer Gesamtheit nicht auf die organschaftliche Vertretungsbefugnis verzichten können (dazu Schlegelberger-Schmidt § 125 Anm. 6), können sie den Ausschluß aller Gesellschafter von der unmittelbaren Geschäftsführung beschließen bzw. im Gesellschaftsvertrag vereinbaren und einen Dritten mit der Ausübung der Geschäftsführungsbefugnis betrauen (Fischer in Großkomm Anm. 10; Heymann-Emmerich Anm. 27; A. Hueck Recht der OHG § 10 II 2 Düringer-Hachenburg-Flechtheim Anm. 4; Gogos Geschäftsführung S. 15; K. Schmidt Gesellschaftsrecht § 47 V 1a; a.A. Vorauf. Anm. 6; wohl auch Westermann Handbuch Anm. 287; Buchwald DB 1957, 109; ausführlich dazu Werra Selbstorganschaft S. 95f. m.w.N.). Freilich darf ein solcher Ausschluß aller Gesellschafter von der Geschäftsführung im Ergebnis nicht dazu führen, daß die Rechtsstellung des Dritten einer Übertragung der organschaftlichen Geschäftsführungsbefugnis gleichkommt. Deshalb verbleibt den Gesellschaftern zwingend die Kompetenz, in ihrer Gesamtheit oder – sofern der Gesellschaftsvertrag in laufenden Angelegenheiten einen Mehrheitsbeschluß vorsieht – mehrheitlich jederzeit über Geschäftsführungsmaßnahmen zu beschließen. Kraft der ebenfalls zwingend vorbehaltenen organschaftlichen Vertretungsbefugnis können sie eine derart beschlossene Geschäftsführungsmaßnahme auch gegen den Widerspruch des Dritten vollziehen. Auf diese Weise verfügen die Gesellschafter über ausreichenden Entscheidungseinfluß, um ihre Interessen als unbeschränkt haftende Gesellschafter wahrnehmen zu können.

115 (1) Steht die Geschäftsführung allen oder mehreren Gesellschaftern zu, so ist jeder von ihnen allein zu handeln berechtigt; widerspricht jedoch ein anderer geschäftsführender Gesellschafter der Vornahme einer Handlung, so muß diese unterbleiben.

(2) Ist im Gesellschaftsvertrage bestimmt, daß die Gesellschafter, denen die Geschäftsführung zusteht, nur zusammen handeln können, so bedarf es für jedes Geschäft der Zustimmung aller geschäftsführenden Gesellschafter, es sei denn, daß Gefahr im Verzug ist.

Schrifttum: *Rudolf Hahn,* Das Widerspruchsrecht des geschäftsführenden Gesellschafters einer OHG nach § 115 Abs. 1 HGB, Diss. Jena 1934; *Schmidt-Rimpler,* Zum Problem der Vertretungsmacht des zur Einzelgeschäftsführung befugten Gesellschafters beim Widerspruch eines anderen in der bürgerlichrechtlichen Gesellschaft, Festschrift für A. Knur (1972), S. 235; *Schwamberger,* Teilung der Geschäftsführungsbefugnis und Geschäftsverteilung in den Personengesellschaften des Handelsrechts, BB 1963, 279; *Weidenbaum,* Zum Widerspruchsrecht der Gesellschafter bei der OHG und der KG, ZHR 99 (1934), 35; *Weygand,* Der Widerspruch des geschäftsführenden Gesellschafters einer OHG (KG) nach § 115 HGB, AcP 158 (1959/60), 150.

§ 115

Inhalt

	Anm.		Anm.
I. Normzweck	1	c) Die Wirkungen der Widerspruchserklärung	18
II. Einzelgeschäftsführung und Widerspruchsrecht	2–21	III. Gesamtgeschäftsführung	22–29
1. Die Einzelgeschäftsführungsbefugnis	2	1. Regelung durch Gesellschaftsvertrag	22
2. Das Widerspruchsrecht	5	2. Die erforderliche Zustimmung	23
a) Voraussetzungen des Widerspruchsrechts	5	3. Gefahr im Verzug	28
b) Die Ausübung des Widerspruchsrechts	11	IV. Abweichende Vereinbarungen	30

I. Normzweck

1 Die Vorschrift regelt die Kompetenzverteilung zwischen den geschäftsführenden Gesellschaftern. Sie findet ihre Ergänzung in der Regelung des § 116, die im wesentlichen die Kompetenzverteilung zwischen den geschäftsführenden Gesellschaftern und den übrigen Gesellschaftern festlegt. Sofern der Gesellschaftsvertrag keine abweichende Regelung enthält, gilt zwischen den geschäftsführenden Gesellschaftern das Prinzip der Einzelgeschäftsführungsbefugnis. Danach ist jeder Gesellschafter grundsätzlich für den gesamten Geschäftsführungsbereich der Gesellschaft zuständig und allein entscheidungsberechtigt. Diese von der Gesamtgeschäftsführungsbefugnis in der BGB-Gesellschaft (§ 709 BGB) abweichende Rechtsstellung hat ihren wesentlichen Grund in dem größeren Bedarf an entscheidungspolitischer Flexibilität und Effizienz innerhalb der OHG. Da dieser Einzelgeschäftsführungsbefugnis die Einzelvertretungsbefugnis nach § 125 Abs. 2 entspricht, werden durch diese Gesamtregelung zudem die Interessen des Handelsverkehrs berücksichtigt. Die Geschäftspartner können grundsätzlich davon ausgehen, daß der geschäftsführende Gesellschafter nicht nur im Außenverhältnis hinreichend legitimiert ist, sondern auch im Innenverhältnis ohne langwierigen Abstimmungsprozeß entscheidungsbefugt ist. Allerdings darf der Unterschied zwischen der Einzelgeschäftsführungs- und der Gesamtgeschäftsführungsbefugnis unter Betracht der gesetzlichen Regelung nicht überbewertet werden (dazu § 114 Anm. 11). Die Einzelgeschäftsführungsbefugnis wird kompetenzrechtlich begrenzt durch das generelle Widerspruchsrecht der anderen geschäftsführenden Gesellschafter und durch das Erfordernis der Zustimmung aller Gesellschafter anläßlich der Vornahme betriebsungewöhnlicher Maßnahmen (§ 116 Abs. 2). Diese wegen der unbeschränkten Haftung der übrigen Gesellschafter vorgesehenen Einschränkungen der Einzelgeschäftsführungsbefugnis lassen deutlich den Kompromißcharakter der gesetzlichen Regelung erkennen. Einerseits galt es die Interessen des Handelsverkehrs und das Interesse der Gesellschaft an einer einfachen, ohne komplizierte Abstimmung organisierten Geschäftsführung zu berücksichtigen; andererseits mußten auch die Haftungsinteressen der anderen Gesellschafter und der damit verbundene Bedarf an Entscheidungsteilhabe bedacht werden. Freilich ist diese nicht in jeder Hinsicht geglückte Kompromißregelung dispositiven Rechts, so daß die geschäftsführenden Gesellschafter entweder von den gesetzlichen Einschränkungen befreit werden oder noch stärker an die Zustimmung untereinander in Form der Gesamtgeschäftsführungsbefugnis bzw. der übrigen Gesellschafter in Form weitergehender Gesellschafterbeschlüsse gebunden werden können.

II. Einzelgeschäftsführung und Widerspruchsrecht

1. Die Einzelgeschäftsführungsbefugnis

Diese Befugnis verleiht nicht nur eine generelle Zuständigkeit, sondern ein nur unter den erschwerten Voraussetzungen des § 117 entziehbares Recht auf autonome und alleinverantwortliche Geschäftsführung. Sofern im Gesellschaftsvertrag keine abweichende Regelung enthalten ist und die Voraussetzungen des § 116 Abs. 2 nicht erfüllt sind, ist der geschäftsführende Gesellschafter nicht an die Zustimmung oder Weisung anderer Gesellschafter gebunden (BGHZ 76, 160, 164 = NJW 1980, 1463). Dieses Recht wird lediglich durch das Widerspruchsrecht der anderen geschäftsführenden Gesellschafter eingeschränkt, das jederzeit im Rahmen pflichtgemäßen Geschäftsführungsermessens ausgeübt werden kann. Diesem Recht zur alleinverantwortlichen Geschäftsführung entspricht die Pflicht zur ordnungsgemäßen Ausübung der Geschäftsführungsbefugnis. Es handelt sich mithin um ein Pflichtrecht, so daß die geschäftsführenden Gesellschafter darüber nicht nach eigenem Belieben disponieren können (dazu näher § 114 Anm. 19).

Diese Einzelgeschäftsführungsbefugnis erstreckt sich grundsätzlich auf den gesamten Geschäftsführungsbereich der Gesellschaft. Sofern jedoch mehrere geschäftsführende Gesellschafter tätig sind und somit die Organisation der Geschäftsführung relativ umfänglich ist, bedarf es auch einer differenzierten Zuständigkeitsverteilung. Dazu können sich die geschäftsführenden Gesellschafter verabreden, jeweils nur einzelne Ressortbereiche zu betreuen. Eine solche geschäftsführungsinterne Verabredung berührt jedoch grundsätzlich nicht die gesellschaftsrechtliche Verantwortung aller geschäftsführenden Gesellschafter für den Gesamtbereich der Geschäftsführung. Deshalb führt diese interne Ressortverteilung auch nicht zu einer inhaltlichen Einschränkung des Widerspruchsrechts. Auch wenn mithin der einzelne geschäftsführende Gesellschafter im Verhältnis zu den anderen geschäftsführenden Gesellschaftern nur für einen begrenzten Geschäftsbereich zuständig ist, ist er doch gleichwohl berechtigt und äußerstenfalls auch verpflichtet, das Widerspruchsrecht anläßlich einer Entscheidung außerhalb seines Ressortbereichs auszuüben (Schwamberger BB 1963, 279; A. Hueck Recht der OHG § 10 II 2). Diese gesellschaftsrechtliche Verantwortung für den gesamten Geschäftsbereich kann nur durch den Gesellschaftsvertrag oder einen entsprechenden Gesellschafterbeschluß eingeschränkt werden. Sieht der Gesellschaftsvertrag eine entsprechende Ressortverteilung vor, so ist grundsätzlich davon auszugehen, daß damit nicht nur eine geschäftsführungsinterne Ressortverteilung beabsichtigt ist, sondern darüber hinausgehend eine generelle Einschränkung der Einzelgeschäftsführungsbefugnis. Sodann ist der geschäftsführende Gesellschafter auch nur für diesen im Gesellschaftsvertrag umschriebenen Geschäfts- oder Funktionsbereich verantwortlich, so daß er sein Widerspruchsrecht auch nur für diesen Bereich ausüben kann und auch nur für diesen Bereich ausüben muß (Fischer in Großkomm Anm. 4a; Ulmer Recht der BGB-Gesellschaft § 711 Anm. 6 sowie § 709 Anm. 17; A. Hueck Recht der OHG § 10 III 3; H. Westermann Handbuch Anm. 263). Freilich darf diese Begrenzung nicht als starre Kompetenzsperre mißverstanden werden. Das Widerspruchsrecht besteht auch dann ressortübergreifend, wenn es sich zwar formal um eine ressortfremde Entscheidung handelt, diese Entscheidung aber auch Wirkungen für den eigenen Ressortbereich auslöst (so zutreffend A. Hueck Recht der OHG § 10 III 3 FN. 33). Die Verantwortung für den eigenen Ressortbereich setzt eine Mitsprache über alle ressortrelevanten Entscheidungen voraus, auch wenn diese in der Hauptsache der Ressortzuständigkeit eines anderen geschäftsführenden Gesellschafters unterliegen.

4   Auch wenn einzelnen Gesellschaftern lediglich eine ressortgebundene Einzelgeschäftsführungsbefugnis eingeräumt worden ist, ist damit nicht notwendigerweise ein ausschließliches Alleinentscheidungsrecht verbunden. Vielmehr kann im Gesellschaftsvertrag vorgesehen werden, daß andere geschäftsführende Gesellschafter ebenfalls für diesen Ressortbereich, u. U. über ihren sonstigen Ressortbereich hinaus, zuständig sind. Eine solche Doppelzuständigkeit hat zur Folge, daß der ressortgebundene geschäftsführende Gesellschafter zwar seinerseits das Widerspruchsrecht grundsätzlich nicht über seine eigenen Ressortgrenzen hinaus ausüben kann, wohl aber in seinem eigenen Ressortbereich dem Widerspruchsrecht anderer geschäftsführender Gesellschafter unterliegt. Es ist also im Einzelfall stets sorgfältig zu untersuchen, ob die gesellschaftsvertragliche Regelung nur eine geschäftsführungsinterne Zuständigkeitsverteilung oder eine materielle Begrenzung der einzelnen Veantwortungsbereiche bezweckt. Damit sind nicht nur kompetenzrechtliche, sondern vor allem haftungsrechtliche Konsequenzen verbunden. So wie in kompetenzrechtlicher Hinsicht das Widerspruchsrecht durch eine materiellrechtliche Ressortverteilung eingeschränkt wird, so wird in haftungsrechtlicher Hinsicht die Verantwortung für den gesamten Geschäftsführungsbereich der Gesellschaft eingegrenzt. Im Zweifel ist davon auszugehen, daß der Gesellschaftsvertrag durch eine solche Ressortregelung eine inhaltliche Einschränkung der Einzelgeschäftsführungsbefugnis und damit auch eine Begrenzung der individuellen Verantwortung erreichen will (Ulmer Recht der BGB-Gesellschaft § 708 Anm. 17). Freilich ist zu bedenken, daß die Geschäftsführung innerhalb einer nicht unbedeutenden Gesellschaft nicht nur ressortgebundene Entscheidungen voraussetzt, sondern auch ressortübergreifende Grundsatzentscheidungen. Wenn der Gesellschaftsvertrag die Einzelgeschäftsführungsbefugnis auf konkrete Ressortbereiche begrenzt, ist anzunehmen, daß für derartige Grundsatzentscheidungen gerade keine Einzelgeschäftsführungsbefugnis bestehen soll. Deshalb unterliegen auch ohne ausdrückliche Regelung diese Entscheidungen der Gesamtgeschäftsführungsbefugnis aller geschäftsführenden Gesellschafter. Diese Gesamtgeschäftsführungsbefugnis ist allerdings nur dann von Bedeutung, wenn das Zustimmungsrecht aller Gesellschafter nach § 116 Abs. 2 abbedungen oder doch eingeschränkt worden ist; denn diese ressortübergreifenden Grundsatzentscheidungen sind wohl stets auf betriebsungewöhnliche Maßnahmen gerichtet.

2. Das Widerspruchsrecht

a) Voraussetzungen des Widerspruchsrechts

5   Das Widerspruchsrecht steht nur den geschäftsführenden Gesellschaftern innerhalb ihres gesetzlichen oder vertraglichen Zuständigkeitsbereichs zu. Es handelt sich um eine individuelle Rechtsbefugnis, die weder generell noch im Einzelfall durch Mehrheitsbeschluß der übrigen geschäftsführenden Gesellschafter eingeschränkt oder überwunden werden kann. Diese auf der Gleichberechtigung aller geschäftsführenden Ge-

Geschäftsführung durch mehrere Gesellschafter 6, 7 § 115

sellschafter beruhende Rechtsbefugnis verleiht jedem geschäftsführenden Gesellschafter mithin ein persönliches Vetorecht. Durch den damit verbundenen Konsenszwang wird zwar eine außerordentliche Kontrolldichte erreicht; im Einzelfall kann sich daraus aber auch eine zunehmende Entscheidungsblockade innerhalb der Geschäftsführung ergeben. Deshalb sind die Gesellschafter gut beraten, im Gesellschaftsvertrag Regelungen für die Auflösung derartiger Patt-Situationen vorzusehen. Die individuelle Ausübung des Widerspruchsrechts entfällt jedoch dann, wenn der geschäftsführende Gesellschafter lediglich gesamtgeschäftsführungsbefugt ist. Sodann ist das Widerspruchsrecht an das Zustimmungsrecht der anderen gesamtgeschäftsführungsberechtigten Gesellschafter gebunden, so daß es nur von allen diesen Gesellschaftern gemeinsam ausgeübt werden kann (Fischer in Großkomm Anm. 4a; Heymann-Emmerich Anm. 3; A. Hueck Recht der OHG § 10 III 3; H. Westermann Handbuch Anm. 263; Ulmer Recht der BGB-Gesellschaft § 711 Anm. 8; a. A. Düringer-Hachenburg-Flechtheim Anm. 3). Die unter Berufung auf den Wortlaut („ein anderer") vertretene Gegenansicht vermag deshalb nicht zu überzeugen, weil auch die Ausübung des Widerspruchsrechts eine Maßnahme der Geschäftsführung ist und deshalb der Abstimmung zwischen den gesamtgeschäftsführungsbefugten Gesellschaftern bedarf.

Gegenstand des Widerspruchsrechts sind nur Maßnahmen der Geschäftsführung. **6** Somit kommt das Widerspruchsrecht anläßlich der Ausübung sonstiger Gesellschafterrechte nicht in Betracht. Das gilt auch dann, wenn dieselbe Maßnahme Gegenstand eines Gesellschafterbeschlusses ist und dazu das Stimmrecht ausgeübt wird. Eine solche Konstellation kann sich ergeben, wenn im Gesellschaftsvertrag vorgesehen ist, daß eine durch den Widerspruch blockierte Maßnahme der Entscheidung durch die Gesellschafterversammlung unterliegt. Ebenso kann das Widerspruchsrecht nicht ausgeübt werden, wenn im Rahmen der actio pro socio Ansprüche der Gesellschaft verfolgt werden, auch wenn diese Maßnahme – z. B. Durchsetzung eines Beitragsanspruchs – zugleich in die Zuständigkeit der Geschäftsführung fällt (Fischer in Großkomm Anm. 5; Heymann-Emmerich Anm. 4; Ulmer Recht der BGB-Gesellschaft § 711 Anm. 2; Gogos Die Geschäftsführung der OHG, 1953, S. 43 f.). Diese Gesellschafterrechte sind nicht an die Geschäftsführungsbefugnis gebunden, auch wenn sie sich sachlich auf den Bereich der Geschäftsführung erstrecken, und können deshalb davon unabhängig ausgeübt werden.

Das Widerspruchsrecht bezieht sich grundsätzlich nur auf die Vornahme einer kon- **7** kreten Einzelmaßnahme. Unbestritten ist deshalb, daß damit nicht pauschal die gesamte Geschäftsführungstätigkeit eines einzelnen Gesellschafters blockiert werden darf (RGZ 84, 136, 139; Fischer in Großkomm Anm. 6; Heymann-Emmerich Anm. 5; A. Hueck Recht der OHG § 10 III 2; Ulmer Recht der BGB-Gesellschaft § 711 Anm. 9; H. Westermann Handbuch Anm. 265). Ebensowenig darf eine solche Blockade durch ständige Wiederholung des Widerspruchsrechts bewirkt werden. In beiden Fällen würde eine faktische Entziehung der Geschäftsführungsbefugnis eintreten, die nur unter den Voraussetzungen des § 117 möglich ist. Freilich dürfen auch keine zu engen Maßstäbe an die erforderliche Konkretheit der Einzelmaßnahme gestellt werden. Wegen seiner Kontrollfunktion muß es genügen, daß sich der Widerspruch auch gegen den planerischen Gesamtzusammenhang richten kann und damit alle dafür erforderlichen Einzelmaßnahmen von vornherein verwehrt sind. Dieses vielfach behandelte Abgrenzungsproblem (RGZ 84, 136, 139; 109, 54, 58; Fischer in Großkomm Anm. 6; A. Hueck Recht der OHG § 10 III 2 S. 126; Ulmer Recht der BGB-Gesellschaft § 711 Anm. 9; H. Westermann Handbuch Anm. 265) ist, sofern der Gesellschaftsvertrag keine abweichende Regelung enthält, von nur geringer Bedeutung, weil eine solche planerische Gesamtentscheidung wohl stets eine betriebsungewöhnliche Entscheidung darstellt, so daß die Zustimmung aller Gesellschafter (§ 116 Abs. 2) erforderlich ist. Unzulässig ist hingegen grundsätzlich ein Widerspruch, der sich generell gegen Handlungen bestimmter Art oder Gattung richtet (a. A. Fischer in Großkomm Anm. 6; A. Hueck Recht der OHG § 10 III 2; Ulmer Recht der BGB-Gesellschaft § 711 Anm. 9). Diese Unzulässigkeit folgt aus der Situationsgebundenheit der Einzelmaßnahme, so daß auch eine ganz unterschiedliche Beurteilung geboten sein kann. Sofern für die anderen geschäftsführenden Gesellschafter wegen derartiger Handlungen ein besonderer Kontrollbedarf besteht, können sie verlangen, daß sie zukünftig vorab informiert werden. Lediglich dann, wenn derartige Handlungen von vornherein z. B. wegen ihres besonderen Risikocharakters schlechthin nicht in Betracht kommen, kann ein genereller Widerspruch erklärt werden.

8 Das Widerspruchsrecht kann nur bis zur Durchführung der beabsichtigten Maßnahme ausgeübt werden (Fischer in Großkomm Anm. 12; Heymann-Emmerich Anm. 9; A. Hueck Recht der OHG § 10 III 4; Ulmer Recht der BGB-Gesellschaft § 711 Anm. 4; a. A. Düringer-Hachenburg-Flechtheim Anm. 4; Weidenbaum ZHR 99, 35, 41 f.). Dabei kommt es allerdings nicht auf wirtschaftlich unerhebliche Vorbereitungshandlungen an (A. Hueck Recht der OHG § 10 III 4). Entscheidend ist vielmehr, daß die Maßnahme in rechtlicher oder wirtschaftlicher Hinsicht schon derart fortgeschritten ist, daß sie nur mit einem nicht unerheblichen Schaden der Gesellschaft abgebrochen werden kann. Auch aufgrund seiner eigenen Geschäftsführungsbefugnis ist der widersprechende Gesellschafter nicht befugt, in den Handlungsablauf einzugreifen oder die Maßnahme rückgängig zu machen (a. A. H. Westermann Handbuch Anm. 264); denn einer solchen eigenen Maßnahme steht wiederum das Widerspruchsrecht des zunächst handelnden Gesellschafters entgegen (ebenso Ulmer Recht der BGB-Gesellschaft § 711 Anm. 15). Hingegen wird grundsätzlich vertreten, daß der Gesellschafter dann verpflichtet ist, die mit der vollzogenen Maßnahme verbundenen Folgen zu beseitigen, wenn er gegen den erkennbaren, wenngleich nicht ausdrücklich erklärten Widerspruch oder ohne die gebotene vorherige Information gegenüber den anderen geschäftsführenden Gesellschaftern gehandelt hat (Heymann-Emmerich Anm. 9; Ulmer Recht der BGB-Gesellschaft § 711 Anm. 15; H. Westermann Handbuch Anm. 264). Dieser Ansicht ist nur mit Einschränkung zu folgen. Diese Pflicht besteht nicht schon deshalb, weil sich der Gesellschafter kompetenzwidrig verhalten hat. Vielmehr kommt es auf die wirtschaftliche Beurteilung dieser Maßnahme an (ebenso BGH LM Nr. 2 zu § 115 HGB = BB 1971, 759 „soweit im Interesse der Gesellschaft vertretbar"). Sofern der damit verbundene Schaden bzw. die voraussichtlichen Geschäftsrisiken höher einzuschätzen sind als der für die Beseitigung der Maßnahme erforderliche Aufwand, unterliegen alle geschäftsführenden Gesellschafter dieser Folgenbeseitigungspflicht, so daß auch ein etwaiger Widerspruch unbeachtlich wäre (ebenso Fischer in Großkomm Anm. 13). Im übrigen aber trägt der für die Maßnahme primär verantwortliche Gesellschafter aufgrund seines kompetenzwidrigen Verhaltens das Schadensrisiko, so daß er der Gesellschaft ersatzpflichtig ist, sofern die übrigen Gesellschafter die Maßnahme nicht nachträglich gebilligt haben.

Das Widerspruchsrecht entfällt grundsätzlich nicht deshalb, weil der einzelne Gesellschafter von der geplanten Maßnahme persönlich betroffen wird. Angesichts dieses Eigeninteresses ist jedoch zu bedenken, ob die Ausübung pflichtgemäßem Ermessen entspricht (dazu Anm. 12) oder ermessenswidrig und damit unbeachtlich ist. Ein genereller Ausschluß des Widerspruchsrechts kommt nur unter den engen Voraussetzungen in Betracht, unter denen auch die Ausübung des Stimmrechts verwehrt ist (Ulmer Recht der BGB-Gesellschaft § 711 Anm. 2). So entfällt das Widerspruchsrecht, wenn gegen den geschäftsführenden Gesellschafter gerichtete Ansprüche verfolgt werden sollen (BGH LM Nr. 3 zu § 115 HGB = NJW 1974, 1555 = BB 1974, 996; Fischer in Großkomm Anm. 9; A. Hueck Recht der OHG § 10 III 5). Ebenso ist zu entscheiden, wenn ein Rechtsgeschäft mit einem geschäftsführenden Gesellschafter getätigt werden soll – z. B. Kündigung eines Rechtsverhältnisses (ebenso Ulmer Recht der BGB-Gesellschaft § 711 Anm. 2; a. A. RGZ 81, 92, 94; A. Hueck Recht der OHG § 10 III 5; wohl auch Fischer in Großkomm Anm. 4 a.). Bejaht man auch in solchen Fällen ein Stimmrechtsausschluß wegen einer für alle Gesellschafter unzumutbaren Interessenkollisionen, dann ist es nur konsequent, dem involvierten Gesellschafter das Widerspruchsrecht zu versagen.

Tatsächliche Voraussetzungen (dazu § 119 Anm. 40) für die Ausübung des Widerspruchsrechts ist die vorherige Kenntnis der übrigen Gesellschafter von der geplanten Maßnahme. Deshalb wird überwiegend vertreten, daß diese Gesellschafter rechtzeitig zu informieren sind (BGH LM Nr. 2 zu § 115 HGB = BB 1971, 759; Fischer in Großkomm Anm. 13; Heymann-Emmerich Anm. 8; Ulmer Recht der BGB-Gesellschaft § 711 Anm. 2; U. Huber ZGR 1982, 539, 545; Weidenbaum ZHR 99, 35 ff.; a. A. Düringer-Hachenburg-Flechtheim Anm. 4; Gogos Die Geschäftsführung der OHG S. 45). Liegt entsprechend der Regelung des Abs. 2 Gefahr im Verzug vor, so kann von dieser Informationserteilung abgesehen werden. Diese aus Gründen der Funktionsfähigkeit des Widerspruchsrechts bestehende Informationspflicht reicht freilich nicht so weit, daß die übrigen Gesellschafter ständig über alle Einzelmaßnahmen informiert werden müssen. Vielmehr kommen dafür nur widerspruchsrelevante Maßnahmen in Betracht, also solche, „bei denen nach ihrer Bedeutung anzunehmen ist, daß der Mitgeschäftsführer auf eine vorherige Unterrichtung Wert legt" (BGH LM Nr. 2 zu § 115 HGB). Dabei kommt es jedoch nicht ausschließlich auf das subjektive Informationsinteresse, sondern auch auf die objektive Bedeutung der Maßnahme an. Eine ständige umfassende Berichterstattung kann auf diese Weise nicht verlangt werden, da auch ein entsprechendes Widerspruchsverhalten unzulässig wäre.

b) Die Ausübung des Widerspruchsrechts

Das Widerspruchsrecht wird durch eine empfangsbedürftige Erklärung gegenüber dem zur Durchführung der Geschäftsmaßnahme entschlossenen Gesellschafter ausgeübt. Da es keiner Form bedarf, kann diese Erklärung auch durch konkludentes Verhalten abgegeben werden. Allerdings reicht ein solches Erklärungsverhalten jedenfalls dann nicht aus, wenn der Adressat dieses Widerspruchs aus nicht unberechtigtem Anlaß dafür eine Begründung verlangt. Grundsätzlich ist von einer solchen Begründungspflicht des widersprechenden Gesellschafters auszugehen (BGH LM Nr. 7 zu § 709 BGB = NJW 1972, 862 = BB 1972, 550; Fischer in Großkomm Anm. 11; Heymann-Emmerich Anm. 7; A. Hueck Recht der OHG § 10 III 4; H. Westermann Handbuch Anm. 264; a. A. Flume Personengesellschaftsrecht S. 267; Gogos Die Geschäftsführung der OHG S. 46). Diese Begründungspflicht ergibt sich aus der Rechtsnatur des Widerspruchsrechts als eines Pflichtrechts, das somit nicht nach freiem Belieben, sondern nur im Rahmen ordnungsgemäßer Geschäftsführung ausgeübt werden darf. Nach diesem Maßstab ist es geboten, die wesentlichen Gründe mitzuteilen, um dem anderen Gesellschafter die Bedenken zu verdeutlichen und sich gemeinsam um eine geeignete Alternative zu bemühen. Dieses Begründungserfordernis entfällt nur unter engen Voraussetzungen – so wenn die Begründung schon aus vormaligen Auseinandersetzungen bekannt oder aus sonstigen Gründen offensichtlich ist. Unterbleibt die somit im Regelfall erforderliche Begründung, so ist der Widerspruch grundsätzlich unbeachtlich (ebenso Fischer in Großkomm Anm. 11; a. A. A. Hueck Recht der OHG § 10 III 4; H. Westermann Handbuch Anm. 264). Ohne eine solche Begründung ist eine sachliche Auseinandersetzung über die geplante Geschäftsmaßnahme nicht möglich, so daß sich der Widerspruch in der formalen Sperrwirkung erschöpfen würde. Einem solchen Verständnis stehen aber Sinn und Zweck des Widerspruchs entgegen. Die Bedeutung des Widerspruchs liegt vor allem darin, die geschäftsführenden Gesellschafter zu einer argumentativen Auseinandersetzung über die wirtschaftlichen Chancen und Risiken der geplanten Maßnahme zu veranlassen. Eine solche Diskussion ist jedoch nicht möglich, wenn jegliche Begründung unterbleibt. Da zudem der Widerspruch nur im Rahmen pflichtgemäßen Ermessens ausgeübt werden darf (dazu Anm. 12), entfällt ohne die erforderliche Begründung jegliche Kontrolle dieser Ermessensausübung.

12 Die Ausübung des Widerspruchsrechts steht nicht im freien Belieben des Gesellschafters, da es sich nicht um ein individuelles Sonderrecht, sondern um ein pflichtgebundenes Geschäftsführungsrecht handelt. Mithin darf dieses Recht nur in den Grenzen ordnungsgemäßen Ermessens ausgeübt werden. Diese Ermessensbindung kann sich in zweifacher Hinsicht auswirken. Zum einen kann sich daraus eine Pflicht zur Abgabe einer Widerspruchserklärung ergeben. Zum anderen kann der Widerspruch unbeachtlich sein, weil er auf ermessenswidrigen Erwägungen beruht und deshalb pflichtwidrig ist.

13 Eine Pflicht zur Ausübung des Widerspruchsrechts wird generell dann bejaht, wenn die geplante Maßnahme für die Gesellschaft offensichtlich nachteilig ist und der widerspruchsberechtigte Gesellschafter dazu über hinreichende Kenntnisse verfügt (Fischer in Großkomm Anm. 15; Düringer-Hachenburg-Flechtheim Anm. 5; A. Hueck Recht der OHG § 10 IV 2; Ulmer Recht der BGB-Gesellschaft § 711 Anm. 10; Gogos Die Geschäftsführung der OHG S. 42). Allerdings kommt es in diesem Zusammenhang nicht ausschließlich auf den tatsächlichen Kenntnisstand, sondern weitergehend auf den rechtlich erforderlichen Kenntnisstand des Gesellschafters an. Wie schon ausgeführt worden ist, ist das Widerspruchsrecht Bestandteil des auch im Rahmen der Einzelgeschäftsführungsbefugnis bestehenden Kontroll- und Überwachungssystems (§ 114 Anm. 11). Diese Kontrollfunktion kann aber nur dann sachgerecht erfüllt werden, wenn sich die geschäftsführenden Gesellschafter gegenseitig um die dafür erforderlichen Informationen bemühen. Dazu dient die gegenseitige Informationspflicht über alle nicht unerheblichen Geschäftsführungsangelegenheiten; dazu dient aber auch die Pflicht jedes einzelnen geschäftsführenden Gesellschafters, sich aus eigener Initiative die erforderlichen Informationen zu besorgen. Freilich hängt die Intensität dieser Informationsbeschaffungspflicht von den Umständen des Einzelfalls ab. Sofern das gegenseitige Informationssystem bisher verläßlich praktiziert worden ist, können die geschäftsführenden Gesellschafter grundsätzlich auch für die Zukunft darauf vertrauen, daß sie ausreichend informiert werden. Eine Nachforschungspflicht besteht nur, wenn ein konkreter, objektiver Anlaß dafür ersichtlich ist. Werden sie hingegen nicht ausreichend informiert, so sind sie generell zur eigenen Informationsbeschaffung verpflichtet. Schließlich ist in diesem Zusammenhang auch die interne Geschäftsverteilung zwischen den geschäftsführenden Gesellschaftern zu berücksichtigen (A. Hueck Recht der OHG § 10 IV 2). – Ist die Ausübung des Widerspruchsrechts im Einzelfall pflichtwidrig unterlassen worden, so ist auch dieser Gesellschafter zum Schadensersatz verpflichtet. Im internen Ausgleichsverhältnis zum handelnden Geschäftsführer entfällt seine Haftung jedoch (Fischer in Großkomm Anm. 15).

Diese generelle Pflichtbindung hat des weiteren zur Folge, daß der Widerspruch nur im Rahmen pflichtgemäßen Ermessens erhoben werden darf. Deshalb darf das Widerspruchsrecht nicht zur Durchsetzung persönlicher Belange ausgeübt werden (BGH LM Nr. 11 zu § 105 HGB = BB 1956, 92; NJW 1986, 844 = ZIP 1985, 1134). Solche persönlichen Belange sind z.B. dann zu bejahen, wenn widersprochen wird, um die übrigen Gesellschafter zur Einräumung besonderer Gesellschafterrechte zu veranlassen. Außerhalb dieses Koppelungsverbots ist die Ausübung des Widerspruchsrechts grundsätzlich ermessens- und pflichtwidrig, wenn die beabsichtigte Geschäftsmaßnahme zum Schutz persönlicher, gesellschaftsfremder Interessen verhindert werden soll. In diesen Fällen stehen die persönlichen Belange derart im Vordergrund, daß die mit der Ausübung des Widerspruchsrechts verbundene Verpflichtung zur Förderung des Gesellschaftszwecks eindeutig verletzt ist. Weitaus schwieriger ist die rechtliche Beurteilung in jenen Fällen, in denen sich der widersprechende Gesellschafter auf geschäftspolitische Gründe beruft, diese Gründe aus der Sicht des oder der anderen Gesellschafter jedoch unerheblich sind. In diesem Bereich des geschäftspolitischen Ermessens bestehen grundsätzlich nur äußerste Grenzen pflichtgemäßen Widerspruchsverhaltens. Eine Ermessensreduzierung auf Null ist freilich auch dann nicht generell ausgeschlossen. Dient die Maßnahme z.B. der Erfüllung bestehender Verpflichtungen, insbesondere solcher öffentlicher Art, dann ist der Widerspruch grundsätzlich ermessenswidrig (BGH LM Nr. 11 zu § 105 HGB = BB 1956, 92). Ebenso ist das Ermessen reduziert, wenn über Maßnahmen zur Verfolgung von Gesellschaftsansprüchen zu entscheiden ist. Allerdings ist in diesen Fällen ein Ermessensspielraum nicht generell ausgeschlossen. So können z.B. die Realisierungschancen ebenso unterschiedlich beurteilt werden wie die geschäftspolitische Opportunität solcher Maßnahmen. Schließlich entfällt jegliches Ermessen, wenn es sich um eine notwendige Geschäftsführungsmaßnahme i.S. des § 744 Abs. 2 BGB handelt.

In allen anderen Fällen ist die Ausübung des Ermessens nur allgemein an den Gesellschaftszweck und das Interesse der Gesellschaft gebunden. Damit steht allen Gesellschaftern ein erheblicher Entscheidungsspielraum zu, so daß sich auch die richterliche

Prüfungskompetenz nicht auf die Zweckmäßigkeit der Maßnahme bzw. des Widerspruchs, sondern nur auf diese äußersten Ermessensgrenzen erstreckt (BGH WM 1972, 489; NJW 1986, 844 = WM 1985, 1316 = ZIP 1985, 1134; LM Nr. 5 zu § 115 HGB = NJW-RR 1988, 905 = ZIP 1988, 843, 844; Fischer in Großkomm Anm. 8; Heymann-Emmerich Anm. 12; A. Hueck Recht der OHG § 10 III 5; H. Westermann Handbuch Anm. 266; Ulmer Recht der BGB-Gesellschaft § 711 Anm. 11). Diese Einschränkung der richterlichen Kontrolle hat zur Folge, daß im Ergebnis der Widerspruch nur dann pflichtwidrig und somit unbeachtlich ist, wenn die beabsichtigte Maßnahme offensichtlich im Gesellschaftsinteresse erforderlich ist. Angesichts der Notwendigkeit einer solchen Evidenzbeurteilung kommt es auf die vielfach behandelte Streitfrage, ob zudem ein schuldhaftes Verhalten des widersprechenden Gesellschafters vorauszusetzen ist (dazu ausführlich Fischer in Großkomm Anm. 8 sowie A. Hueck Recht der OHG § 10 III 5), nicht an. Dieses Verschulden ist somit nur für die Beurteilung eines Schadensersatzanspruchs bedeutsam.

16 Soweit die Ausübung des Widerspruchsrechts aus den vorstehend genannten Gründen pflichtwidrig ist, ist der Widerspruch unbeachtlich. Der geschäftsführende Gesellschafter ist berechtigt, die Geschäftsmaßnahme trotz des erklärten Widerspruchs durchzuführen. Freilich handelt er auf eigene Gefahr, da die Feststellung der Pflichtwidrigkeit – wie gezeigt – nicht unerhebliche Abgrenzungsprobleme aufwirft.

17 Ist der Widerspruch im Rahmen pflichtgemäßen Ermessens erklärt worden und somit wirksam, so kann er gleichwohl jederzeit widerrufen werden. Dadurch wird die Möglichkeit eröffnet, die beabsichtigte Maßnahme durchzuführen. Diese freie Widerruflichkeit kommt jedoch nicht in Betracht, wenn der Gesellschafter anstelle des Widerrufs der Maßnahme ausdrücklich zugestimmt hat. Aufgrund dieser Zustimmung ist nunmehr der Gesellschafter befugt, die beabsichtigte Maßnahme jederzeit durchzuführen. Diese Befugnis kann durch Widerruf der Zustimmung nur dann entzogen werden, wenn sich die tatsächlichen Verhältnisse nach Abgabe der Zustimmungserklärung und vor dem Vollzug der Maßnahme so wesentlich geändert haben, daß nunmehr eine abweichende Beurteilung gerechtfertigt ist, somit ein wichtiger Grund zum Widerruf der Zustimmung vorliegt (Fischer in Großkomm Anm. 13a; Heymann-Emmerich Anm. 10; A. Hueck Recht der OHG § 10 III 4). Darüber hinaus besteht sogar eine Pflicht zum Widerruf der Zustimmung bzw. zur Widerspruchserklärung, wenn der Gesellschafter nunmehr erkennt, daß die beabsichtigte Maßnahme pflichtwidrig ist, sei es, daß diese Pflichtwidrigkeit von vornherein erkennbar war, sei es, daß sie erst aufgrund veränderter Umstände eingetreten ist. In beiden Fällen ist der Gesellschafter verpflichtet, alles zu unternehmen, um die Durchführung der beabsichtigten Maßnahme zu verhindern.

c) Die Wirkungen der Widerspruchserklärung

18 Im Innenverhältnis löst der Widerspruch die Verpflichtung zur Unterlassung jeglicher Handlung aus, die zur Durchführung der beabsichtigten Maßnahme geeignet ist. Eine positive Handlungspflicht besteht nur dann, wenn der Widerspruch noch rechtzeitig im Vorbereitungsstadium erklärt worden ist und deshalb diese vorbereitenden Maßnahmen rückgängig gemacht werden müssen. Eine darüber hinausgehende Handlungspflicht besteht nur unter den engen Voraussetzungen, daß entgegen einem erklärten

Widerspruch gehandelt worden ist und die Folgenbeseitigung ohne unverhältnismäßigen Gesellschaftsschaden möglich ist (dazu Anm. 8). Ebenso besteht eine solche Handlungspflicht, wenn der Widerspruch deshalb unterblieben ist, weil die übrigen geschäftsführenden Gesellschafter nicht ausreichend informiert worden sind.

Wird die Geschäftsmaßnahme trotz eines erklärten Widerspruchs durchgeführt, so handelt der Gesellschafter kompetenzwidrig (dazu § 114 Anm. 36 ff.). Für die Schadensfeststellung kommt es auf eine wirtschaftliche Gesamtbetrachtung an. Somit ist nicht ausschließlich darauf abzustellen, ob die widerspruchswidrige Maßnahme für die Gesellschaft vorteilhaft ist. Der Gesellschaftsschaden kann sich auch daraus ergeben, daß Alternativmaßnahmen wegen des widerspruchswidrigen Geschäfts unterblieben sind (Fischer in Großkomm Anm. 14). In allen Fällen ist der pflichtwidrig handelnde Gesellschafter verpflichtet, das widerspruchswidrige Geschäft rückgängig zu machen, so weit dies ohne weitergehenden Schaden für die Gesellschaft möglich ist. Eine solche Folgenbeseitigung können allerdings auch die übrigen geschäftsführenden Gesellschafter vornehmen, weil dagegen wegen des kompetenzwidrigen Vorverhaltens ein Widerspruch nicht möglich ist (BGH LM Nr. 2 zu § 115 HGB = BB 1971, 759 = NJW 1971, 1613; Heymann-Emmerich Anm. 15). – Eine prozessuale Klärung über die Wirksamkeit des Widerspruchs bzw. der beabsichtigten Geschäftsmaßnahme kann durch eine Feststellungs- oder Unterlassungsklage erreicht werden. Dazu kommt auch vorläufiger Rechtsschutz durch eine einstweilige Verfügung gegen den Gesellschafter in Betracht, der die Geschäftsmaßnahme durchzuführen beabsichtigt. Diese prozessualen Behelfe stehen nur den geschäftsführenden Gesellschaftern zur Verfügung. Da das Widerspruchsrecht Bestandteil der Geschäftsführungsbefugnis ist, können auch nur die geschäftsführenden Gesellschafter über die Opportunität einer solchen gerichtlichen Auseinandersetzung befinden. Die nichtgeschäftsführenden Gesellschafter sind dazu nur befugt, wenn zugleich ihre Rechte nach § 116 Abs. 2 berührt sind.

Schadensersatzansprüche und Feststellungsklage sind auch im umgekehrten Fall eines pflichtwidrig erklärten Widerspruchs möglich. Zwar ist ein solcher Widerspruch grundsätzlich unbeachtlich. Da aber die Feststellung dieser Pflichtwidrigkeit zumeist nicht offensichtlich ist, besteht ein berechtigtes Interesse an gerichtlicher Klärung. Auch die Schadensersatzpflicht wird nicht dadurch ausgeschlossen, daß der geschäftsführende Gesellschafter trotz erheblicher Bedenken gegen die Wirksamkeit des Widerspruchs die beabsichtigte Maßnahme unterläßt. Daraus kann sich äußerstenfalls ein Mitverschulden dieses Gesellschafters ergeben.

Die Wirkungen des Widerspruchs treten grundsätzlich nur im Innenverhältnis ein. Die Vertretungsmacht des geschäftsführenden Gesellschafters wird dadurch grundsätzlich nicht berührt (§ 126 Abs. 2). Das gilt auch dann, wenn der Widerspruch zugleich dem Dritten gegenüber erklärt worden ist (Fischer in Großkomm Anm. 13 d; a. A. RGZ 81, 92, 95; Heymann-Emmerich Anm. 13; Weidenbaum ZHR 99, 35, 39). Diese Negativerklärung hat gegenüber dem Dritten keine rechtsgeschäftliche Bedeutung, so daß sie auch nicht Ausfluß der dem widersprechenden Gesellschafter zustehenden Vertretungsbefugnis ist. Zudem ist der Dritte schutzbedürftig, da in solchen Kollisionsfällen oftmals die Beachtlichkeit des Widerspruchs umstritten ist. Sofern demgegenüber im Einzelfall der Schutz der Gesellschaft geboten ist, kommen die Grundsätze über die mißbräuchliche Ausübung der Vertretungsbefugnis zur Anwendung. Angesichts der divergenten Erklärungen der Gesellschafter muß der Dritte bedenken, ob sich die Maßnahme nicht einseitig zum Schaden der Gesellschaft auswirkt. Hingegen hat der Widerspruch grundsätzlich auch Bedeutung für das Außenverhältnis, wenn die beabsichtigte Maßnahme gegenüber einem Gesellschafter vorgenommen wird. Er kann sich nicht auf die unbeschränkte Vertretungsbefugnis berufen, sondern unterliegt den innergesellschaftlichen Bindungen (BGHZ 38, 26, 34 = NJW 1962, 2344; LM Nr. 10 zu § 119 HGB = NJW 1973, 1278; LM Nr. 3 zu § 115 HGB = NJW 1974, 1555 = BB 1974, 996). Ist der Gesellschafter hingegen ausgeschieden, so wird er ebenso als unbeteiligter Dritter behandelt wie auch seine Erben (BGH LM Nr. 3 zu § 115 HGB).

III. Gesamtgeschäftsführung

1. Regelung durch Gesellschaftsvertrag

22 Im Gesellschaftsvertrag kann in beliebiger Weise von der gesetzlich geregelten Einzelgeschäftsführungsbefugnis abgewichen werden. So können alle Gesellschafter an die Gesamtgeschäftsführungsbefugnis gebunden werden; es kann aber auch eine zwischen den geschäftsführenden Gesellschaftern differenzierende Regelung vorgesehen werden, so daß einige Gesellschafter nur gesamtgeschäftsführungsbefugt sind, andere hingegen einzelgeschäftsführungsbefugt. Des weiteren kann nach bestimmten Geschäftsbereichen oder auch bestimmten Geschäften unterschieden werden, so daß die geschäftsführenden Gesellschafter grundsätzlich einzelgeschäftsführungsbefugt sind, im übrigen aber die Zustimmung aller geschäftsführenden Gesellschafter erforderlich ist. Schließlich kann auch vorgesehen werden, daß einzelne Gesellschafter an die Mitwirkung eines Prokuristen gebunden sind. Von der Gesamtgeschäftsführungsbefugnis deutlich zu unterscheiden ist die Gesamtvertretungsbefugnis (§ 125 Abs. 2). Diese beiden Befugnisse müssen nicht zwingend übereinstimmen. So kann die Einzelgeschäftsführungsbefugnis ebenso mit der Gesamtvertretungsbefugnis kombiniert werden wie auch umgekehrt. Deshalb folgt aus der Gesamtvertretungsbefugnis auch kein genereller Auslegungsgrundsatz gegen die Einzelgeschäftsführungsbefugnis (ebenso Fischer in Großkomm Anm. 17). Vielmehr kann es durchaus sinnvoll sein, insbesondere im Hinblick auf die fehlende Außenwirkung des Widerspruchsrechts, den zur Einzelgeschäftsführung befugten Gesellschafter hinsichtlich seiner Vertretungsbefugnis an die Zustimmung eines anderen Gesellschafters zu binden.

2. Die erforderliche Zustimmung

23 Jede Einzelmaßnahme bedarf der Zustimmung aller gesamtgeschäftsführungsbefugten Gesellschafter, es sei denn, daß Gefahr im Verzug ist. Handelt es sich um eine betriebsungewöhnliche Maßnahme, so ist ein Beschluß aller Gesellschafter nach § 116 Abs. 2 erforderlich, und zwar auch bei Gefahr im Verzug (§ 116 Anm. 13). Sieht der Gesellschaftsvertrag jedoch auch für derartige Maßnahmen die alleinige Zuständigkeit der geschäftsführenden Gesellschafter vor, so ist auch die Regelung des Abs. 2 uneingeschränkt anwendbar.

24 Die Zustimmung ist von den übrigen gesamtgeschäftsführungsbefugten Gesellschaftern gegenüber demjenigen, der die Maßnahme durchführen will, ausdrücklich oder

stillschweigend zu erklären. Dabei handelt es sich nicht um eine rechtsgeschäftliche Zustimmung i.S. des § 182 BGB, sondern um die geschäftspolitische Billigung der beabsichtigten Maßnahme. Auch die Zustimmung kann wie der Widerspruch nur für eine konkrete Einzelmaßnahme ausgesprochen werden. Handelt es sich nicht um laufende Routinegeschäfte, so kann die Zustimmung auch nicht generell für alle Maßnahmen bestimmter Art ausgesprochen werden (weitergehend Fischer in Großkomm Anm. 19; Heymann-Emmerich Anm. 17). Da die Regelung der Gesamtgeschäftsführung die Gesamtverantwortung aller geschäftsführenden Gesellschafter bezweckt, können sie sich nicht der mit dem Zustimmungsrecht verbundenen Kontrollfunktion hinsichtlich wesentlicher Maßnahmen für die Zukunft entziehen. Allemal unzulässig ist die generelle Zustimmung für alle zukünftigen Maßnahmen, da dadurch die Regelung der Gesamtgeschäftsführungsbefugnis eindeutig unterlaufen wird (BGHZ 34, 27 für die GmbH).

Da das Zustimmungsrecht ebenso wie das Widerspruchsrecht Bestandteil der Geschäftsführungsbefugnis ist, gelten auch übereinstimmende Grundsätze für die Rechtsausübung. Somit ist auch das Zustimmungsrecht ein Pflichtrecht, das nur im Rahmen pflichtgemäßen Geschäftsführungsermessens ausgeübt werden darf. Aus dieser generellen Pflichtbindung kann sich im Einzelfall eine Zustimmungspflicht ergeben oder, sofern die geplante Maßnahme offensichtlich gegen das Gesellschaftsinteresse verstößt, eine Pflicht zur Unterlassung der Zustimmung. Allerdings ist auch in diesem Zusammenhang wiederum auf den geschäftspolitischen Ermessensspielraum der Gesellschafter und die entsprechende Einschränkung richterlicher Kontrollkompetenz hinzuweisen. Im einzelnen kann dazu auf die Ausführungen zu Anm. 14f. sowie zu § 116 Anm. 14ff. verwiesen werden. Besteht im Einzelfall eine Zustimmungspflicht und wird sie pflichtwidrig verweigert, so kann die beabsichtigte Maßnahme gleichwohl durchgeführt werden. Der Berufung auf die fehlende Zustimmung kann mit dem Einwand des pflichtwidrigen Gesellschafterverhaltens entgegnet werden. Diese Möglichkeit schließt allerdings nicht aus, daß stattdessen auf Abgabe der Zustimmungserklärung geklagt oder Schadensersatz wegen der unterbliebenen Maßnahme und des dadurch verursachten Gesellschafterschadens verlangt wird. Die pflichtgemäße Ausübung des Zustimmungsrechts enthält darüber hinaus auch die Pflicht zur Begründung der Zustimmungsverweigerung. Ohne eine auch aus den sonstigen Umständen nicht erkennbare Begründung ist die Zustimmungsverweigerung pflichtwidrig und damit unbeachtlich.

Die Zustimmung kann auch noch nachträglich als Billigung der schon vollzogenen Maßnahme erklärt werden. Sie kann sich auch konkludent aus den konkreten Umständen ergeben. Haben die übrigen Gesellschafter Kenntnis von dem kompetenzwidrigen Verhalten des Gesellschafters, ohne dagegen zu widersprechen oder den Vollzug der Maßnahme zu vereiteln, so ist die spätere Berufung auf die fehlende Zustimmung treuwidrig und somit unbeachtlich (Fischer in Großkomm Anm. 21; Düringer-Hachenburg-Flechtheim Anm. 13). Erfahren die Gesellschafter erst nach dem Abschluß der Maßnahme von dem kompetenzwidrigen Verhalten des Gesellschafters, so bedarf es jedoch nicht eines ausdrücklichen Protestes, um den Eindruck nachträglicher Billigung zu zerstören. Das Geschäftsrisiko trägt der Gesellschafter aufgrund seines kompetenzwidrigen Verhaltens, so daß für die übrigen Gesellschafter keine Erklärungslast besteht.

27 Auch für den Widerruf der im Rahmen der Gesamtgeschäftsführung erteilten Zustimmung gelten die schon dargestellten (Anm. 17) Grundsätze. Danach ist der Widerruf bis zum Vollzug der Maßnahme nur dann zulässig, wenn von vornherein eine Pflicht zur Zustimmungsverweigerung bestand oder sich zwischenzeitlich die für die Zustimmungserteilung wesentlichen Umstände geändert haben, wenn also ein wichtiger Widerrufsgrund vorliegt (Fischer in Großkomm Anm. 21; Düringer-Hachenburg-Flechtheim Anm. 11; A. Hueck Recht der OHG § 10 II 7). Die Folge eines zulässigen Widerrufs ist, daß die beabsichtigte Maßnahme unterbleiben muß bzw. die Folgen etwaiger Vorbereitungshandlungen beseitigt werden müssen.

3. Gefahr im Verzug

28 Bei Gefahr im Verzug kann auch der nur gesamtgeschäftsführungsbefugte Gesellschafter allein handeln. Er muß jedoch zunächst versuchen, die Zustimmung der übrigen Gesellschafter einzuholen, so weit dies angesichts der Gefahrenlage ohne Schädigung der Gesellschaft möglich ist. Hat ein geschäftsführender Gesellschafter seine Zustimmung rechtswirksam verweigert, so kann auch bei Gefahr im Verzug der andere Geschäftsführer nicht mehr allein handeln (BGHZ 17, 181; OLG Hamburg OLGE 24, 408, 410). Gefahr im Verzug liegt vor, wenn der Gesellschaft ein Schaden droht, dessen Eintritt nur durch sofortiges Handeln verhindert werden kann, so daß die Einholung der Zustimmung aller gesamtgeschäftsführungsbefugten Gesellschafter nicht mehr möglich ist (BGHZ 17, 181). Auch die Gefahr eines entgangenen Gewinns begründet diese Handlungsbefugnis (A. Hueck Recht der OHG § 10 II 7 S. 125 m.w.N. in FN. 27). Diese Gefahrenregelung ist unabhängig von den konkreten Verhinderungsgründen in der Person der anderen Gesellschafter anwendbar – so z.B. wenn diese wegen Krankheit nicht ansprechbar sind. Allerdings ist ihr Anwendungsbereich in gegenständlicher Hinsicht auf die Vornahme betriebsgewöhnlicher Maßnahmen beschränkt. Eine analoge Anwendung im Rahmen des § 116 Abs. 2 kommt nicht in Betracht. Ebenso wenig bezieht sich die Regelung auf die Gesamtvertretungsbefugnis der Gesellschafter, so daß die Maßnahme auch bei Gefahr im Verzug gegenüber Dritten nicht wirksam durchgeführt werden kann. Somit kann sich der Dritte nicht auf die Gefahrenregelung berufen.

29 Von dieser Gefahrenregelung zu unterscheiden ist das Notgeschäftsführungsrecht aller Gesellschafter nach § 744 Abs. 2 BGB (dazu § 116 Anm. 23). Freilich ergibt sich auch daraus keine über die gesetzliche oder vertragliche Vertretungsbefugnis hinausgehende Kompetenz zur Vornahme von Rechtsgeschäften gegenüber Dritten. Ist der Gesellschafter somit nicht oder nicht ausreichend vertretungsbefugt, so muß er die Maßnahme im eigenen Namen durchführen. Da sein Verhalten im Innenverhältnis jedoch gerechtfertigt ist, kann er von der Gesellschaft verlangen, daß sie die Maßnahme gegen sich gelten läßt, also z.B. die erforderlichen Aufwendungen erstattet.

IV. Abweichende Vereinbarungen

30 Da die Vorschrift dispositiven Rechts ist, kann davon beliebig abgewichen werden. Sofern diese Abweichungen nur die Kompetenzverteilung zwischen den Gesellschaftern berühren, bestehen keine grundsätzlichen Bedenken. Sofern hingegen außenstehende

Umfang der Geschäftsführungsbefugnis **1 § 116**

Dritte in den Bereich der Geschäftsführung einbezogen werden, sind die Grundsätze der Selbstorganschaft und des Abspaltungsverbots zu berücksichtigen (dazu § 114 Anm. 50 ff.). Allerdings wird dadurch nicht ausgeschlossen, einem Dritten das Widerspruchsrecht wirksam einzuräumen (BGH LM Nr. 6 zu § 109 HGB = NJW 1960, 963; Düringer-Hachenburg-Flechtheim Anm. 8). Jedoch ist auch der Dritte grundsätzlich an die diesem Widerspruchs- oder Zustimmungsrecht immanenten Pflichten gebunden. Im übrigen kann beispielsweise das Widerspruchsrecht ganz ausgeschlossen, an die gemeinsame Ausübung aller oder mehrerer geschäftsführender Gesellschafter gebunden oder auf bestimmte Geschäfte beschränkt werden. Ebenso kann vorgesehen werden, daß über die Berechtigung eines Widerspruchs mit Mehrheit der geschäftsführenden oder aller Gesellschafter entschieden werden kann. Im Rahmen der Gesamtgeschäftsführung kann das Zustimmungsrecht sowohl in personeller als auch in gegenständlicher Hinsicht modifiziert werden. In allen Fällen ist es empfehlenswert, ein Regulativ für etwaige Entscheidungsblockaden vorzusehen.

116 (1) Die Befugnis zur Geschäftsführung erstreckt sich auf alle Handlungen, die der gewöhnliche Betrieb des Handelsgewerbes der Gesellschaft mit sich bringt.
(2) Zur Vornahme von Handlungen, die darüber hinausgehen, ist ein Beschluß sämtlicher Gesellschafter erforderlich.
(3) Zur Bestellung eines Prokuristen bedarf es der Zustimmung aller geschäftsführenden Gesellschafter, es sei denn, daß Gefahr im Verzug ist. Der Widerruf der Prokura kann von jedem der zur Erteilung oder zur Mitwirkung bei der Erteilung befugten Gesellschafter erfolgen.

Inhalt

	Anm.		Anm.
I. Normzweck	1– 3	3. Wirkungen des Gesellschafterbeschlusses	19
II. Umfang der Geschäftsführungsbefugnis	4–12	4. Fehlen eines Gesellschafterbeschlusses	21
1. Generelle Abgrenzungskriterien	4	5. Notgeschäftsführungsrecht aller Gesellschafter	23
2. Gewöhnliche Geschäfte (Maßnahmen)	10	IV. Erteilung und Widerruf der Prokura	24–34
3. Ungewöhnliche Geschäfte (Maßnahmen)	11	1. Erteilung der Prokura	25
III. Erfordernis eines Zustimmungsbeschlusses	13–23	2. Widerruf der Prokura	31
1. Beschluß sämtlicher Gesellschafter	13	3. Sonstige Vollmachten	34
2. Zustimmungspflicht	14	V. Abweichende Vereinbarungen	35, 36

I. Normzweck

Die Vorschrift enthält eine Kompetenzregelung über die den geschäftsführenden **1** Gesellschaftern gegenüber den anderen Gesellschaftern zustehenden Entscheidungsbefugnisse. Von dieser mithin begrenzten Geschäftsführungsbefugnis ist die grundsätzlich unbeschränkte und unbeschränkbare Vertretungsbefugnis zu unterscheiden. Somit sind

Geschäfte, die ohne den nach dieser Vorschrift erforderlichen Beschluß sämtlicher Gesellschafter vorgenommen worden sind, bis zur Grenze des mißbräuchlichen Vertreterverhaltens wirksam. Wie schon in anderem Zusammenhang dargestellt worden ist (§ 114 Anm. 4), ist zwischen der kompetenzrechtlichen Bedeutung der Geschäftsführungsbefugnis und der funktionalen Bedeutung der Geschäftsführung deutlich zu unterscheiden. Auch wenn mithin die Geschäftsführungsbefugnis durch diese Vorschrift begrenzt wird, so ist doch gleichwohl der Beschluß sämtlicher Gesellschafter ein Akt der Geschäftsführung. Diese Unterscheidung hat nicht nur systematische Bedeutung, sondern auch konkrete Konsequenzen für die rechtliche Beurteilung des Stimmrechtsverhaltens der an der Beschlußfassung beteiligten Gesellschafter. Ist auch dieser Beschluß ein Akt der Geschäftsführung, so sind die nichtgeschäftsführenden Gesellschafter ebenso wie die geschäftsführenden Gesellschafter verpflichtet, ihr Stimmrecht nach demselben Entscheidungs- und Sorgfaltsmaßstab auszuüben. Verbindliche Leitmaxime ist mithin der Gesellschaftszweck, dem die Gesellschafter ihre persönlichen Interessen grundsätzlich unterzuordnen haben.

2 Diese rechtliche Einbindung des Gesellschafterbeschlusses in den Bereich der Geschäftsführung ändert freilich nichts daran, daß die Vorschrift dem Schutz der nichtgeschäftsführenden Gesellschafter dient. Wegen ihrer unbeschränkten Haftung sollen sie an allen Entscheidungen beteiligt werden, die wegen ihrer Art oder ihres Umfangs von besonderer haftungsrelevanter Bedeutung sind. Nach diesem Schutzzweck sind die Gesellschafter berechtigt, anläßlich der konkreten Einzelentscheidung auch ihre Haftungsinteressen gebührend zu berücksichtigen. Freilich darf dieses Haftungsmotiv nicht zu einer ständigen oder auch nur überwiegenden Entscheidungsblockade verleiten. Die Gesellschafter haben sich gegenseitig in Kenntnis ihrer unbeschränkten Haftung die Förderung des Gesellschaftszwecks versprochen, so daß sie dieses generelle Haftungsrisiko nicht zum ausschließlichen Maßstab ihres Entscheidungsverhaltens machen dürfen. Diese Einschränkung ändert aber nichts daran, daß die unbeschränkte Gesellschafterhaftung im Einzelfall ein nicht unwesentlicher Entscheidungstopos sein kann und sich die Gesellschafter somit an dem Vorsichtsprinzip orientieren dürfen (dazu § 114 Anm. 16).

3 Rechtssystematisch ist diese allen Gesellschaftern vorbehaltene Entscheidungskompetenz sowohl eine Kontroll- als auch eine Mitbestimmungsbefugnis. Zwar steht den Gesellschaftern nur ein Zustimmungsrecht zu, so daß die Entscheidungsinitiative an sich den geschäftsführenden Gesellschaftern vorbehalten ist. Rechtstatsächlich kommt es anläßlich der Beschlußfassung oftmals zu einer umfassenden Diskussion über geeignete Alternativmaßnahmen, so daß sich das Entscheidungsverhalten der Gesellschafter nicht in der Zustimmung oder Ablehnung erschöpft, sondern ihnen ein erheblicher Gestaltungsspielraum verbleibt. In dieser Hinsicht weist das Zustimmungsrecht eine auffällige Übereinstimmung mit dem Kontrollrecht des Aufsichtsrats in der Aktiengesellschaft auf. Dieses Kontrollrecht wird ergänzt durch das in § 111 Abs. 4 AktG normierte Zustimmungsrecht. Auch dieses Zustimmungsrecht bietet jedenfalls die Möglichkeit der aktiven Einflußnahme auf die dem Vorstand vorbehaltene Unternehmensführung. Allerdings reicht das Zustimmungsrecht der Gesellschafter insgesamt weiter als das Zustimmungsrecht des Aufsichtsrats.

II. Umfang der Geschäftsführungsbefugnis
1. Generelle Abgrenzungskriterien

In § 116 Abs. 1 wird die Geschäftsführungsbefugnis für alle geschäftsführenden Gesellschafter begrenzt, unabhängig davon, ob Einzel- oder Gesamtgeschäftsführungsbefugnis besteht. Nach dem Wortlaut der Vorschrift ist hinsichtlich des Umfangs der Geschäftsführungsbefugnis auf den gewöhnlichen Betrieb des Handelsgewerbes der Gesellschaft abzustellen. Dieser Abgrenzungsmaßstab ist in zweifacher Hinsicht von Bedeutung. Zunächst ist zu prüfen, ob das konkrete Einzelgeschäft dem gewöhnlichen Betrieb eines derartigen Handelsgewerbes generell entspricht. Ergänzend zu dieser abstrakten Betrachtungsweise ist sodann festzustellen, ob die geplante Maßnahme mit dem gewöhnlichen, d.h. normalen Geschäftsbereich des konkret betriebenen Handelsgewerbes übereinstimmt. Dabei kommt es mithin auf den konkreten Zuschnitt des Handelsgewerbes in qualitativer und quantitativer Hinsicht an. Von wesentlicher Bedeutung ist insbesondere die Größenordnung des Handelsgewerbes, da sich daraus ein quantitativer Maßstab für die Beurteilung der jeweiligen Einzelmaßnahme ergibt. Diese somit entscheidende konkrete Betrachtungsweise (ebenso BGH BB 1954, 145 = LM Nr. 1 zu § 116 HGB; Düringer-Hachenburg-Flechtheim Anm. 2; Fischer in Großkomm. Anm. 2; Schilling § 164 Anm. 3; H. Westermann Handbuch Anm. 256; A. Hueck § 10 II 3) ist anders als nach § 54 deshalb sachgerecht, weil das Beschlußerfordernis die Wirksamkeit der Maßnahme nicht berührt, somit berechtigte Verkehrsinteressen nicht beeinträchtigt werden. Hingegen bedarf es keines besonderen Schutzes der geschäftsführenden Gesellschafter, da diese mit den konkreten Verhältnissen der Gesellschaft vertraut sind und deshalb die Beschlußrelevanz der Einzelmaßnahme beurteilen können. Im Rahmen dieser konkreten Verhältnisse sind insbesondere zu berücksichtigen der Inhalt des Gesellschaftsvertrages, die Art und der Umfang des Unternehmens sowie die bisherige Entscheidungspraxis in der Gesellschaft. Nach diesen konkreten Vergleichsmerkmalen ist zu beurteilen, ob das einzelne Geschäft nach Art, Umfang, Bedeutung oder Risiko eine gewöhnliche oder ungewöhnliche Maßnahme darstellt. Sofern diese konkrete Betrachtungsweise zu keinem eindeutigen Ergebnis führt, ist darauf abzustellen, ob das beabsichtigte Geschäft in dem Handelsgewerbe, das die Gesellschaft betreibt, üblicherweise getätigt wird und deshalb als gewöhnliches Geschäft zu qualifizieren ist (BGH LM Nr. 1 zu § 116 HGB).

Wie schon in anderem Zusammenhang ausgeführt worden ist, fallen die Grundlagengeschäfte nicht in den Bereich der Geschäftsführung, so daß § 116 keine Anwendung findet, wohl aber § 119 (dazu näher § 114 Anm. 5 ff.). Diese im Grundsatz unbestrittene Unterscheidung wirft allerdings nicht unerhebliche Abgrenzungsprobleme auf. So wird in diesem Zusammenhang vielfach unter Berufung auf Art. 103 Abs. 1 ADHGB vertreten, daß ein Geschäft dann ungewöhnlich sei, wenn es dem Zweck der Gesellschaft fremd sei (Fischer in Großkomm. Anm. 2a; Heymann-Emmerich Anm. 3; H. Westermann Handbuch Anm. 257; K. Schmidt Gesellschaftsrecht § 47 V 1c; ebenso RGZ 158, 302, 308). Dieser Ansicht ist jedoch nicht zu folgen; sie steht im Widerspruch zu dem generellen Verständnis der Geschäftsführung als einer Tätigkeit, die der Erfüllung des Gesellschaftszwecks dient und somit durch den Gesellschaftszweck begrenzt wird. Mithin können zweckfremde Geschäfte nicht in den Funktionsbereich der

Geschäftsführung fallen. Auch wenn zur Durchführung dieser zweckfremden Geschäfte eine vorherige Zweckänderung nicht erforderlich ist, weil die Gesellschafter mit der erforderlichen Beschlußmehrheit auch einmalige Durchbrechungen des vereinbarten Gesellschaftszwecks vereinbaren können, ändert diese Beschlußkompetenz jedoch nichts daran, daß dieses zweckfremde Geschäft nicht ein Akt der Geschäftsführung ist, sondern die Grundlagen des Gesellschaftsvertrages berührt (so auch Fischer in Großkomm. Anm. 2a, S. 162 oben im Widerspruch zu der ebenfalls in Anm. 2a eingangs geäußerten Ansicht, zweckfremde Geschäfte seien ungewöhnliche Handlungen). Dasselbe Mißverständnis besteht auch hinsichtlich der Einordnung gegenstandsfremder Geschäfte. Auch diese werden verschiedentlich als ungewöhnliche Maßnahmen bezeichnet (K. Schmidt Gesellschaftsrecht § 47 V 1c; ebenso Schilling § 164 Anm. 3), obwohl es sich ebenfalls um eine Maßnahme des Grundlagenbereichs handelt. Da der Gesellschaftszweck auf den Betrieb eines Handelsgewerbes gerichtet ist, ist der Unternehmensgegenstand wesentlicher Bestandteil der vereinbarten Zweckverfolgung. Somit sind gegenstandsfremde Geschäfte zugleich zweckfremde Geschäfte und deshalb ebenfalls dem Grundlagenbereich zuzuordnen. Mithin sind gegenstandsfremde Geschäfte nicht ungewöhnliche Betriebsmaßnahmen, sondern Maßnahmen, die die Grundlagen der Gesellschaft berühren.

6 Diese theoretische Abgrenzung wird allerdings in der Praxis dadurch erheblich relativiert, daß Geschäfte, die an sich zweck- oder gegenstandsfremd sind, als untergeordnete Hilfsgeschäfte innerhalb einer zweck- oder gegenstandskonformen Gesamtplanung zu beurteilen sind. Wegen dieses funktionellen Zusammenhangs fallen derartige Hilfsgeschäfte ebenfalls in den Bereich der Geschäftsführung. Ob sie sodann als gewöhnliche oder als ungewöhnliche Betriebshandlungen zu verstehen sind, kann nur im Einzelfall nach Art und Umfang, insbesondere dem damit verbundenen Risiko beurteilt werden. Ihre relative Zweck- und Gegenstandsfremdheit ist bei dieser Abwägung nur von untergeordneter Bedeutung. Des weiteren ist zu bedenken, daß die gesellschaftsvertragliche Umschreibung des Handelsgewerbes oftmals sehr viel weiterreicht als der tatsächliche Betrieb. Sofern diese tatsächliche Einschränkung des Unternehmensgegenstands nicht auf einer konkludenten Vertragsänderung beruht, kann dieser tatsächliche Geschäftsbereich jederzeit ausgeweitet werden, so daß solche Maßnahmen zweck- und gegenstandskonform sind. Angesichts der bisherigen Handhabung liegt in solchen Fällen wohl stets eine ungewöhnliche Maßnahme vor. Mithin bedarf es eines Beschlusses nach Abs. 2, nicht jedoch eines Beschlusses zwecks Änderung des Gesellschaftsvertrages nach § 119.

7 Die nach Abs. 2 zustimmungspflichtigen Geschäfte sind nicht nur diejenigen, die die Gesellschaft in eigener Regie durchzuführen beabsichtigt, sondern können auch solche sein, die in die Zuständigkeit konzernabhängiger Tochtergesellschaften fallen. In diesem Zusammenhang ist generell zwischen der Konzernbildung – durch Ausgliederung von Unternehmensfunktionen auf selbständige Tochtergesellschaften oder durch den Erwerb externer Gesellschaften – und der Konzernleitung zu unterscheiden. Ob die Maßnahmen der Konzernbildung ein betriebsungewöhnliches Geschäft oder gar ein Grundlagengeschäft (dazu § 114 Anm. 7 sowie Schilling § 164 Anm. 5) darstellen, kann nur im Einzelfall unter Betracht der konkreten Bedeutung, insbesondere des mit der geplanten Maßnahme verbundenen Haftungsrisikos beurteilt werden. Insofern sind dieselben Maßstäbe anzulegen, die generell für die Abgrenzung von gewöhnlichen und ungewöhnlichen Geschäften gelten. Anders sind hingegen Geschäfte zu beurteilen, die in Ausübung der Konzernleitung im Zuständigkeitsbereich abhängiger Tochtergesellschaften vorgenommen werden (dazu schon § 105 Anm. 15 ff.).

Eine „automatische Verlängerung" der Zustimmungsrechte mit der Folge, daß betriebsungewöhnliche Geschäfte der Tochtergesellschaft immer auch betriebsungewöhnliche Geschäfte der Muttergesellschaft sind, kommt offensichtlich nicht in Betracht (a. A. offensichtlich Schilling § 164 Anm. 3). Einer solchen Gleichschaltung steht nicht nur die rechtliche Selbständigkeit der Tochtergesellschaft entgegen, sondern vor allem ihre zumeist abweichende Struktur und Größe. Vor allem aber ist danach zu differenzieren, ob sich die unbeschränkte Gesellschafterhaftung auch auf die Verbindlichkeiten der Tochtergesellschaft erstreckt oder ob durch die Einrichtung der Tochtergesellschaft eine Haftungsabschichtung eintritt. Je nach diesen konkreten Haftungsverhältnissen unterschiedlich ist auch der Umfang dieser verlängerten Zustimmungsrechte zu bemessen. Dafür ist der Grad der Konzernierung (einfaches oder qualifiziertes Konzernrechtsverhältnis) oder die Art der Konzernierung (faktisches oder vertragliches Konzernrechtsverhältnis) entscheidend. Ist mithin im Einzelfall von einer solchen Verlängerung der Zustimmungsrechte auszugehen, so ist doch zu bedenken, daß auch diese verlängerten Zustimmungsrechte nur in der eigenen Gesellschaft ausgeübt werden können, da die Wahrnehmung der Beteiligungsrechte in der Tochtergesellschaft in die ausschließliche Zuständigkeit der geschäftsführenden Gesellschafter fällt. Die Zustimmungsrechte der übrigen Gesellschafter erstrecken sich mithin nur inhaltlich auf einzelne Angelegenheiten von Tochtergesellschaften, ermöglichen aber keine unmittelbare Kompetenzausübung innerhalb dieser Tochtergesellschaften.

Der BGH hatte bisher lediglich einmal Gelegenheit, über eine solche Verlängerung der Zustimmungsrechte zu befinden (BGH LM Nr. 2 zu § 116 HGB = BB 1973, 212). Dort ging es um Maßnahmen innerhalb einer hundertprozentigen Tochtergesellschaft, die lediglich als Teilbereich eines einheitlichen Unternehmens organisatorisch und rechtlich ausgegliedert und verselbständigt worden war. Zudem waren die Zustimmungsrechte der Gesellschafter im Gesellschaftsvertrag ausdrücklich vereinbart worden. Da im übrigen die Maßnahme betriebsungewöhnlich war, hat der BGH eine solche Verlängerung der Zustimmungsrechte bejaht (zustimmend Staub-Ulmer § 105 Anh. Anm. 84; U. H. Schneider Festschrift für Bärmann 1975, S. 873, 881 ff.; Reuter Die AG 1986, 131, 133; Paschke Die AG 1988, 196, 200). Auch die Bestellung und Abberufung des Geschäftsführers einer Tochtergesellschaft (OLG Köln BB 1977, 464) kann im Einzelfall dem Zustimmungsrecht der Gesellschafter unterliegen, sofern die Tochtergesellschaft einen wesentlichen Geschäftsbereich wahrnimmt. Es kommt also entscheidend auf die konkrete Bedeutung der Tochtergesellschaft innerhalb des Gesamtunternehmens an.

2. Gewöhnliche Geschäfte (Maßnahmen)

Da der Geschäftsbegriff nicht notwendig i. S. eines Rechtsgeschäfts zu verstehen ist, unterliegen alle Handlungen, auch solche faktischer Art der Kompetenzregelung dieser Vorschrift. Danach sind z. B. alle Baumaßnahmen innerhalb einer Gesellschaft, deren Zweck auf die Bebauung, Nutzung und Verwaltung der der Gesellschaft gehörenden

Grundstücke gerichtet ist, grundsätzlich als gewöhnliche Geschäfte zu beurteilen; z.B. Abschluß des Architektenvertrages, Vergabe von Bauaufträgen sowie Vereinbarungen mit dem Architekten über die gemeinsame Prozeßführung gegen den Bauunternehmer (BGHZ 76, 162 f. = LM Nr. 3 zu § 116 HGB = NJW 1980, 1463). Ebenso sind gewöhnliche Maßnahmen solche, die der Verlagerung von Warenbeständen zum Schutz gegen Verluste durch eine unmittelbar drohende Gefahr dienen (BGH LM Nr. 1 zu § 116 HGB). Auch Kreditgeschäfte fallen in den Rahmen gewöhnlicher Betriebsmaßnahmen, sofern der Umfang kein besonderes Geschäftsrisiko verursacht. So ist bei einer Betriebsspaltung die Begebung von Personal- oder Realsicherheiten durch die Besitzgesellschaft für Kredite, die der Betriebsgesellschaft gewährt werden, als gewöhnliches Geschäft anerkannt worden (RGZ 158, 302, 308 ff.). Die Errichtung oder Aufhebung einer Zweigniederlassung ist jedenfalls dann eine gewöhnliche Maßnahme, wenn die Gesellschaft ihren Absatz durch ein Filialsystem organisiert und die konkrete Zweigniederlassung nach Art und Umfang keine Sonderstellung einnimmt (ebenso Fischer in Großkomm. Anm. 2 a). Auch die Veräußerung von Vermögensgegenständen ist jedenfalls dann nicht ungewöhnlich, wenn es sich um Betriebsvermögen handelt, das zum Umsatz bestimmt ist und keinen ungewöhnlichen Wert aufweist. Anders ist hingegen zu entscheiden, wenn der konkrete Vermögensgegenstand der Risikovorsorge oder einem bestimmten Zweck, z.B. Finanzierung einer geplanten Betriebsvergrößerung, dienen soll und nunmehr aus anderen Gründen veräußert wird (RG JW 1930, 703).

3. Ungewöhnliche Geschäfte (Maßnahmen)

11 Ungewöhnliche Geschäfte oder Maßnahmen liegen vor, wenn sie nach Inhalt und Zweck über den Rahmen des bisherigen Geschäftsbetriebs hinausgehen oder durch ihre Bedeutung und die damit verbundenen Risiken Ausnahmecharakter haben (RGZ 158, 302, 308; BGH LM Nr. 1 zu § 116 HGB). Danach sind z.B. grundsätzlich alle Erweiterungsinvestitionen ungewöhnliche Betriebsmaßnahmen, weil sie den Rahmen des bisherigen Geschäftsbetriebes übersteigen (Schilling § 164 Anm. 3). Wegen des besonderen Geschäftsrisikos sind z.B. Kreditgeschäfte in besonderer Höhe oder besonderem Umfang sowie sonstige Verträge, die zu einer besonders intensiven Bindung führen, betriebsungewöhnlich (BGH LM Nr. 1 zu § 116 HGB). In der Rechtsprechung ist die Zusammenlegung der Einkaufsorganisation der Gesellschaft mit der eines Unternehmens des geschäftsführenden Gesellschafters als betriebsungewöhnliche Maßnahme beurteilt worden (BGH LM Nr. 2 zu § 116 HGB = BB 1973, 212). Dabei hat der BGH allerdings erkennen lassen, daß der gemeinsame Einkauf wie auch andere Formen zwischenbetrieblicher Zusammenarbeit nicht generell Maßnahmen sind, die über den gewöhnlichen Betrieb eines Handelsgewerbes hinausgehen. Eine solche Kooperation werde in der Praxis vielfach verabredet. Ungewöhnlich sei eine solche Betriebsgemeinschaft jedenfalls dann, wenn sie mit einem Unternehmen des geschäftsführenden Gesellschafters betrieben werde, der dadurch seine privaten Interessen mit dem Gesellschaftsinteresse in unkontrollierbarer Weise verknüpfen könne. Generell reicht eine solche Interessenkollision für die Annahme einer ungewöhnlichen Betriebsmaßnahme jedoch dann nicht aus, wenn im Gesellschaftsvertrag eine Befreiung von den Beschränkungen des § 181 BGB vorgesehen ist und dadurch eine solche Interessenkollision grundsätzlich gebilligt wird (BGHZ 76, 160, 163). Sieht man von dieser Ausnahmesituation ab, so läßt sich generell feststellen, daß jedenfalls Interessenkollisionen von nicht unerheblicher Bedeutung stets zu einer ungewöhnlichen Betriebsmaßnahme führen (a. A. Heymann-Emmerich Anm. 4). Dabei ist auch unerheblich, ob geschäftsführende oder nichtgeschäftsführende Gesellschafter in diesen Interessenkonflikt involviert sind. Des weiteren sind als betriebsungewöhnliche Maßnahmen anerkannt worden: Veräußerung von Aktien, die als Notrücklage gehalten wurden (RG JW 1930, 705, 706 ff.), Ersteigerung eines Grundstücks zur Rettung einer Hypothek (RG LZ 1914 Sp. 580 Nr. 9), Erweiterung des Fabrikgebäudes auf etwa doppelte Größe (OLGE Bamberg 3, 276, 277), außerordentliche Reklameaufwendungen bei Einführung eines neuen Produkts (OLG Köln in RheinArch 111, 157, 159) sowie Ankauf einer Fabrik zumal bei schlechter finanzieller Lage der Gesellschaft (ROHGE 20, 244, 247).

Ungewöhnlich sind schließlich auch Maßnahmen, durch die die Organisation des von der Gesellschaft betriebenen Unternehmens verändert wird – so z.B. die Umstellung des Vertriebs (Schilling § 164 Anm. 3) oder die Einrichtung neuer Betriebe bzw. Zusammenlegung bestehender Betriebe oder ihre funktionelle Veränderung. Von diesen Organisationsänderungen des Unternehmens zu unterscheiden sind Änderungen in der Gesellschaftsorganisation, die nicht in den Bereich der Geschäftsführung fallen, sondern die Grundlagen der Gesellschaft berühren. Grundlagengeschäfte sind danach auch die Wahl der Abschlußprüfer sowie die Feststellung des Jahresabschlusses (BGHZ 76, 338, 342 = WM 1980, 526 = BB 1980, 695; ausführlich dazu Schlegelberger-Martens § 167 Anm. 5 ff.; a. A. Heymann-Emmerich Anm. 5) Hingegen umfaßt der Geschäftsführungsbereich grundsätzlich auch die Verfolgung von Ansprüchen der Gesellschaft gegen einzelne Gesellschafter, z.B. auf Leistung ihrer Beiträge oder Schadensersatz. Dabei stellt sich allerdings die Frage, ob diese Einforderung eine gewöhnliche oder ungewöhnliche Geschäftsmaßnahme darstellt. Da die Beitragspflichten sowie vergleichbare Zahlungspflichten zumeist keinen Anlaß für eine Ermessensentscheidung bieten, sind die geschäftsführenden Gesellschafter ohne einen Gesellschafterbeschluß nach Abs. 2 zur Verfolgung berechtigt, aber auch verpflichtet. Hingegen unterliegt z.B. die Verfolgung von Schadensersatzansprüchen wegen fehlerhafter Geschäftsführung der Kompetenzregelung des Abs. 2 (RGZ 171, 51, 54; A. Hueck Recht der OHG § 18 II 2; Grunewald Die Gesellschafterklage in der Personengesellschaft und der GmbH, 1990, S. 51 f. m. w. N.). Hier ist oftmals nicht nur umstritten, ob die dafür erforderlichen Voraussetzungen erfüllt sind, sondern auch ob ein solches Vorgehen opportun ist. Wegen des damit verbundenen Konfliktpotentials bedarf es eines Beschlusses aller Gesellschafter. Diesem Beschlußerfordernis unterliegt jedoch nicht die actio pro socio des einzelnen Gesellschafters (ebenso Staub-Ulmer § 105 Anm. 266; A. Hueck Recht der OHG § 18 II 3; a.A. RGZ 171, 51, 55 f.; Grunewald Die Gesellschafterklage in der Personengesellschaft und der GmbH, S. 52 f.; im Ergebnis ebenso Hadding Actio pro socio, 1966, S. 26, der allerdings von einem Grundlagengeschäft ausgeht). Diese unterschiedliche Beurteilung ist deshalb gerechtfertigt, weil die actio pro socio grundsätzlich unter dem rechtlichen Vorbehalt der regulären Kompetenzordnung steht und deshalb nur als Notkompetenz in Betracht kommt, wenn also die reguläre Kompetenzordnung versagt. – Schließlich fällt in den Bereich der ungewöhnlichen Geschäfte auch die Vereinbarung eines typischen stillen Gesellschaftsverhältnisses sowie die schuldrechtliche Absprache über die Gewinnbeteiligung eines Dritten.

III. Erfordernis eines Zustimmungsbeschlusses

1. Beschluß sämtlicher Gesellschafter

13 Die Vornahme ungewöhnlicher Betriebsmaßnahmen müssen sämtliche Gesellschafter beschließen, also auch die von der Geschäftsführung ausgeschlossenen Gesellschafter. Ein Beschluß ist auch dann erforderlich, wenn Gefahr in Verzug ist (ROHGE 20, 244, 247: Fischer in Großkomm. Anm. 3; Heymann-Emmerich Anm. 7). Die Ausnahmeregelung des § 115 Abs. 2 ist deshalb nicht anwendbar, weil davon nur gewöhnliche Betriebsmaßnahmen erfaßt werden. Freilich kann sich im Einzelfall ergeben, daß die an sich ungewöhnliche Maßnahme unter dem Zwang der konkreten Gefahrensituation als betriebsgewöhnliche Abwehrmaßnahme zu beurteilen ist (BGH LM Nr. 1 zu § 116 HGB). Im übrigen steht jedem Gesellschafter, also auch den geschäftsführenden Gesellschaftern, das Notgeschäftsführungsrecht nach § 744 Abs. 2 BGB zu (dazu Anm. 23). Zur Teilnahme an dieser Beschlußfassung ist jeder Gesellschafter verpflichtet (A. Hueck ZGR 1972, 237, 240 ff.). Er darf also nicht ohne wichtigen Grund der Gesellschafterversammlung fernbleiben, weil auch dadurch ein einstimmiger Beschluß verhindert wird. Von dieser allgemeinen Teilnahmepflicht zu unterscheiden ist die Problematik einer etwaigen Bindung hinsichtlich des Abstimmungsverhaltens.

2. Zustimmungspflicht

14 Da die Beschlußfassung nach Abs. 2 ebenfalls ein Akt der Geschäftsführung ist, unterliegen auch die nichtgeschäftsführenden Gesellschafter denselben Bindungen wie die geschäftsführenden Gesellschafter. Alle Gesellschafter sind mithin in gleicher Weise verpflichtet, durch diesen Beschluß den Gesellschaftszweck zu fördern. Somit steht die Ausübung dieses Zustimmungsrechts nicht im freien Belieben der Gesellschafter, sondern ist als Pflichtrecht zu qualifizieren (K. Schmidt Gesellschaftsrecht § 47 V 1 c). Deshalb darf das Zustimmungsrecht ebensowenig wie das Widerspruchsrecht nach § 115 Abs. 2 zur Durchsetzung persönlicher Belange benutzt werden (BGH LM Nr. 11 zu § 105 HGB; NJW 1986, 844 = ZIP 1985, 1134). Persönliche Interessen dürfen nur dann berücksichtigt werden, wenn dadurch das Gesellschaftsinteresse nicht berührt wird oder haftungsrechtliche Bedenken zugrunde liegen. Wegen dieser generellen Pflichtbindung kann im Einzelfall auch eine Zustimmungspflicht begründet sein. Eine solche kommt dann in Betracht, wenn es sich um eine notwendige Geschäftsführungsmaßnahme i. S. des § 744 Abs. 2 BGB handelt oder wenn die Zustimmung ohne vertretbaren Grund verweigert wird, obgleich der Gesellschaftszweck und das Interesse der Gesellschaft eine solche Zustimmung erfordern (BGH WM 1972, 489 = NJW 1972, 862 = LM Nr. 7 zu § 709 BGB; WM 1973, 1291, 1294; Baumbach-Duden-Hopt Anm. 2; Heymann-Emmerich Anm. 9; Ulmer Recht der BGB-Gesellschaft § 709 Anm. 40; Zöllner Stimmrechtsmacht S. 353 f.). Diese auf eine objektive Beurteilung angelegte Umschreibung der die Zustimmungspflicht auslösenden Gründe wird verschiedentlich dadurch relativiert, daß nicht nur ein pflichtwidriges, sondern auch ein schuldhaftes Verhalten vorausgesetzt wird (A. Hueck ZGR 1972, 237, 243; ebenso Fischer in Großkomm. § 115 Anm. 8 hinsichtlich der Ausübung des Widerspruchsrechts). Dieser Ansicht ist jedoch nicht zu folgen. Es geht in diesem Zusammenhang nicht um die individuelle Verhaltenszurechnung mit der Sanktion etwaiger Schadensersatzansprüche, sondern um die Beurteilung des objektiv gebotenen Gesellschafterverhaltens in Form einer „richtigen" Beteiligung an den im Gesellschaftsinteresse erforderlichen Gesellschafterbeschlüssen. Allerdings ist diese Problematik in praktischer Hinsicht von untergeordneter Bedeutung. So ist im Rahmen des Verschuldens auch zu untersuchen, ob sich der Gesellschafter genügend informiert und sachverständig gemacht hat (ebenso A. Hueck ZGR 1972, 237, 242). Vor allem aber ist zu bedenken, daß allen Gesellschaftern ein nicht unerheblicher Entscheidungsspielraum zusteht, eine Zustimmungspflicht mithin nur dann zu bejahen ist, wenn sich das Ermessen im Einzelfall auf „Null" reduziert. Somit erstreckt sich auch die gerichtliche Prüfungskompetenz nicht auf die Zweckmäßigkeit der Maßnahme bzw. des Abstimmungsverhaltens, sondern nur auf diese äußersten Ermessensgrenzen (BGH WM 1972, 489; NJW 1986, 844 = WM 1985, 1316 = ZIP 1985, 1134; LM Nr. 5 zu § 115 HGB = NJW-RR 1988, 995 = ZIP 1988, 843, 844; Fischer in Großkomm. § 115 Anm. 8; Ulmer Recht der BGB-Gesellschaft § 709 Anm. 40; A. Hueck Recht der OHG § 10 III 5; H. Westermann Handbuch Anm. 261). Diese Einschränkung hat zur Folge, daß im Ergebnis eine Pflicht zur Zustimmung nur dann zu bejahen ist, wenn diese offensichtlich im Gesellschaftsinteresse geboten ist (ebenso H. Westermann Handbuch Anm. 261). In solchen Fällen liegt stets auch ein Verschulden vor.

Unter außergewöhnlichen Voraussetzungen kann sich dieses Zustimmungsrecht **15** auch zu einer generellen Zustimmungspflicht verdichten, so daß sich der Gesellschafter nur auf besondere Zustimmungsverweigerungsgründe berufen kann. Hat sich z.B. der Gesellschafter über einen längeren Zeitraum beharrlich an Gesellschafterversammlungen nicht beteiligt, somit wichtige Beschlüsse durch bloße Passivität verhindert und/ oder seine Mitwirkung ständig durch sachfremde Forderungen in Frage gestellt, so wird durch ein solches Obstruktionsverhalten das Recht, die Zustimmung nach eigenem Ermessen aus Zweckmäßigkeitsgründen zu versagen, nach Treu und Glauben verwirkt. Sodann kann der auf Zustimmung verklagte Gesellschafter nur noch geltend machen, die Geschäftsführungsmaßnahme widerspreche dem Zweck oder den Interessen der Gesellschaft und sei ihrerseits pflichtwidrig (BGH LM Nr. 7 zu § 709 BGB = NJW 1972, 862, 864 = WM 1972, 489, 490; kritisch dazu Ulmer Recht der BGB-Gesellschaft § 709 Anm. 41).

Wird die Zustimmung trotz Bestehens einer Zustimmungspflicht verweigert, so ist **16** diese Verweigerung – ebenso wie der pflichtwidrige Widerspruch nach § 115 Abs. 2 – unbeachtlich (dazu auch Anm. 21). Allerdings kann der Anspruch auf Zustimmung auch durch Leistungsklage auf Abgabe einer Willenserklärung geltend gemacht werden. Dieser Anspruch steht der Gesellschaft zu, diese vertreten durch die geschäftsführenden Gesellschafter; der Anspruch kann aber auch durch einzelne Gesellschafter im Wege der actio pro socio verfolgt werden (Heymann-Emmerich Anm. 9; H. Westermann Handbuch Anm. 261). Daneben besteht auch die Möglichkeit eines Schadensersatzanspruchs wegen der Verhinderung oder Verzögerung der geplanten Maßnahme. Dazu ist ein Verschulden des Gesellschafters erforderlich.

Dieser Zustimmungspflicht kann im Einzelfall auch eine Ablehnungspflicht korre- **17** spondieren. Eine solche Pflicht kommt z.B. dann in Betracht, wenn nach dem Gesellschaftsvertrag lediglich ein Mehrheitsbeschluß erforderlich ist und die Mehrheit eine

Maßnahme zum Schaden der Gesellschaft beschließt. Aber auch im Rahmen eines einstimmigen Beschlusses kann für einzelne Gesellschafter eine Ablehnungspflicht bestehen, wenn sie über besondere Informationen verfügen, aufgrund derer zu erwarten ist, daß infolge der geplanten Maßnahmen ein Gesellschaftsschaden eintreten wird. Allerdings besteht in solchen Fällen ohnehin eine entsprechende Informationspflicht des Gesellschafters. Von dieser Pflicht zur positiven oder negativen Stimmrechtsausübung zu unterscheiden ist die generelle Pflicht, an der zur Beschlußfassung einberufenen Gesellschafterversammlung teilzunehmen. Umstritten ist, ob zudem eine Begründungspflicht besteht, wenn der Gesellschafter beabsichtigt, seine Zustimmung zu verweigern (so im Hinblick auf § 709 BGB offensichtlich BGH LM Nr. 7 zu § 709 BGB = NJW 1972, 862, 863; ebenso im Hinblick auf das Widerspruchsrecht nach § 115 Abs. 2 Fischer in Großkomm. § 115 Anm. 11; ähnlich A. Hueck Recht der OHG § 10 III 4 S. 128; generell ablehnend Flume Personengesellschaft § 15 II 2 S. 267). Für eine generelle Begründungspflicht besteht jedenfalls dann kein Anlaß, wenn ohnehin eine kontroverse Diskussion geführt wird. Sofern allerdings die übrigen Gesellschafter erkennen lassen, daß sie ihre Zustimmung erteilen werden, besteht für denjenigen Gesellschafter, der seine Zustimmung zu verweigern beabsichtigt, eine Einlassungs- und Begründungspflicht (ebenso wohl Ulmer Recht der BGB-Gesellschaft § 709 Anm. 42). Nur so bietet sich den übrigen Gesellschaftern die Möglichkeit, auf den dissentierenden Gesellschafter einzuwirken, um ihn zu einer positiven Stimmabgabe zu veranlassen.

18   Verschiedentlich wird dem Gesellschafter das Recht zur Stimmenthaltung versagt (A. Hueck ZGR 1972, 237, 241; Zöllner Stimmrechtsmacht S. 353). Sofern die Stimmenthaltung im wesentlichen darauf beruht, daß der Gesellschafter noch nicht hinreichend sachverständig ist, um sich für oder gegen den Beschlußgegenstand zu entscheiden, so liegt in der Tat ein pflichtwidriges Verhalten vor. Alle Gesellschafter sind verpflichtet, sich vor der Beschlußfassung hinreichend zu informieren, um sich eine sachverständige Meinung zu bilden. Sind jedoch diese Erkenntnisquellen ausgeschöpft und besteht keine Zustimmungspflicht, so kann sich der einzelne Gesellschafter auch der Stimme enthalten, auch wenn dadurch die erforderliche Einstimmigkeit nicht erreicht wird. Da er seine Zustimmung auch ausdrücklich verweigern könnte, ist die Stimmenthaltung das mildere Mittel, das im Einzelfall aus Rücksichtnahme auf persönliche Interessen auch geboten sein kann.

3. Wirkungen des Gesellschafterbeschlusses

19   Haben alle Gesellschafter die ungewöhnliche Betriebsmaßnahme beschlossen, so müssen die geschäftsführenden Gesellschafter den Beschluß ausführen. Der Beschluß begründet somit auch ein Weisungsrecht bzw. eine Weisungspflicht. Vor der Ausführung des Beschlusses kann die Zustimmung nur aus wichtigem Grund widerrufen werden (Heymann-Emmerich Anm. 10; Fischer in Großkomm. Anm. 5; A. Hueck Recht der OHG § 10 II 7 hinsichtlich der erforderlichen Zustimmung im Rahmen der Gesamtgeschäftsführungsbefugnis m.w.N. in FN 26; weitergehend H. Westermann Handbuch Anm. 261 „triftige Gründe"). Die vormals vertretene Anwendung des § 183 BGB kommt offensichtlich nicht in Betracht, da diese Vorschrift vorbehaltlich einer abweichenden Parteivereinbarung von der einseitigen Interessenlage desjenigen ausgeht, der die Zustimmung erteilt hat. Der Gesellschafterbeschluß regelt hingegen eine Angelegenheit aller Gesellschafter, so daß auch ein etwaiger Widerruf der erteilten Zustimmung die Interessen aller an der Beschlußfassung beteiligten Gesellschafter berührt. Deshalb ist grundsätzlich von der generellen Bindungswirkung des Gesellschafterbeschlusses auszugehen. Somit kann auch die Zustimmung eines einzelnen Gesellschafters nur dann beseitigt werden, wenn ein wichtiger Grund vorliegt, weil sich die Situation anläßlich der Beschlußfassung wesentlich zuungunsten der Gesellschaft verändert hat. Unter diesen Voraussetzungen sind auch die geschäftsführenden Gesellschafter verpflichtet, die Ausführung des Beschlusses zu unterlassen und einen erneuten Gesellschafterbeschluß einzuholen. Liegen diese Voraussetzungen hingegen nicht vor, sondern beruht der Meinungswandel auf einer abweichenden Beurteilung der allgemeinen Risikolage, so ist der Gesellschafter weiterhin an seine Zustimmung gebunden. Er kann dann lediglich auf die anderen Gesellschafter einwirken, durch erneute Beschlußfassung den ursprünglichen Beschluß zu korrigieren.

Durch den Beschluß werden die geschäftsführenden Gesellschafter von der Verantwortlichkeit für das ungewöhnliche Geschäft entlastet. Sie können deshalb nur dann in Anspruch genommen werden, wenn sie für die Beschlußfassung wesentliche Informationen vorenthalten haben. 20

4. Fehlen eines Gesellschafterbeschlusses

Ohne einen zustimmenden Gesellschafterbeschluß darf die ungewöhnliche Betriebsmaßnahme grundsätzlich nicht durchgeführt werden. Sofern allerdings die Voraussetzungen der Notgeschäftsführungsbefugnis nach § 744 Abs. 2 BGB erfüllt sind, kann auch ohne vorherigen Gesellschafterbeschluß gehandelt werden. Des weiteren kommt eine Freistellung von dem Beschlußerfordernis dann in Betracht, wenn ein Beschluß deshalb nicht zustandegekommen ist, weil sich einzelne Gesellschafter trotz entgegenstehender Zustimmungspflicht verweigert haben. Obwohl ihre Zustimmung an sich notwendige Voraussetzung für die Geschäftsführungsbefugnis ist, ist die Berufung auf dieses Erfordernis wegen der eigenen pflichtwidrigen Zustimmungsverweigerung treuwidrig. Allerdings handeln die geschäftsführenden Gesellschafter dabei auf eigene Gefahr, sind also schadensersatzpflichtig wegen kompetenzwidrigen Verhaltens, wenn im streitigen Verfahren eine Zustimmungspflicht verneint wird (Baumbach-Duden-Hopt Anm. 2; Ulmer Recht der BGB-Gesellschaft § 705 Anm. 197; A. Hueck Recht der OHG § 11 III 3 S. 175; Zöllner Stimmrechtsmacht S. 419f.; ebenso wohl auch BGH WM 1973, 1291, 1294). Im übrigen ist dieses Beschlußerfordernis lediglich für das Innenverhältnis von Bedeutung. Ob die Maßnahme als solche im Außenverhältnis wirksam durchgeführt werden kann, richtet sich ausschließlich nach der Vertretungsbefugnis der geschäftsführenden Gesellschafter. Deshalb prüft z.B. auch der Grundbuchrichter nicht, ob ein ungewöhnliches Geschäft vorliegt und alle Gesellschafter zugestimmt haben (KGJ 23 A 122, 127; dazu auch KG OlGE 40, 183, 184f.). 21

Liegt weder ein zustimmender Gesellschafterbeschluß noch ein sonstiger Rechtfertigungsgrund vor, dann verhalten sich die geschäftsführenden Gesellschafter kompetenzwidrig und sind deshalb schadensersatzpflichtig (ausführlich dazu § 114 Anm. 36f.). Freilich besteht in solchen Fällen ein besonderer Bedarf nach vorbeugendem Rechts- 22 schutz, um auf diese Weise von vornherein den Schadenseintritt zu verhindern. Allerdings hat der Bundesgerichtshof einen solchen Anspruch auf Unterlassung einer bestimmten Geschäftsführungsmaßnahme grundsätzlich verneint (BGHZ 76, 160, 168 = NJW 1980, 1463). Zur Begründung ist auf die Eigenverantwortlichkeit der geschäftsführenden Gesellschafter und auf das ihnen vorbehaltene Geschäftsführungsrecht hingewiesen worden. Die gesellschaftsvertraglich festgelegte Organisationsordnung gebiete dem einzelnen Gesellschafter, sein Einzelinteresse zurückzustellen, auf die Unterlassungsklage zu verzichten und sich auf die Geltendmachung von Schadensersatzansprüchen zu beschränken (kritisch dazu Grunewald DB 1981, 407 sowie U. H. Schneider JR 1980, 466). Diese Begründung erfaßt jedoch nicht die besondere Problematik des kompetenzwidrigen Verhaltens. In diesen Fällen geht es gerade nicht um die Autonomie der Geschäftsführung, sondern um deren kompetenzielle Grenzverletzung. Ebensowenig ist über die inhaltliche „Richtigkeit" einer konkreten Geschäftsführungsmaßnahme zu befinden; vielmehr stellt sich ausschließlich die Frage nach der formalen Legitimation des Geschäftsführungsverhaltens. Aus diesen Gründen wird in der Literatur, insbesondere unter dem Eindruck der vergleichbaren Entwicklung im Kapitalgesellschaftsrecht (dazu BGHZ 83, 122, 133 ff. „Holzmüller" = NJW 1982, 1703 = LM Nr. 1 zu § 118 AktG 1965; Brondics Die Aktionärsklage, 1988, S. 79 ff.; Zöllner ZGR 1988, 392, 425; Raiser ZHR 153, 1, 29 f. m. w. N.) zunehmend vertreten, daß die Unterlassungsklage eines einzelnen Gesellschafters in der Personenhandelsgesellschaft jedenfalls dann zulässig und begründet ist, wenn sie sich gegen kompetenzwidriges Verhalten geschäftsführender Gesellschafter richtet (Lutter AcP 180, 84, 139 f.; Grunewald Die Gesellschafterklage in der Personengesellschaft und der GmbH, S. 29 ff., 53 f. allerdings unter dem Vorbehalt eines Gesellschafterbeschlusses nach § 116 Abs. 2; H. Westermann Handbuch Anm. 271; Raiser ZHR 153, 1, 32; Dietrich Die Publikumskommanditgesellschaft und die gesellschaftsrechtlich geschützten Interessen, 1988, S. 168). Dieser Unterlassungsanspruch steht zwar der Gesellschaft zu; er kann jedoch auch von dem einzelnen Gesellschafter mittels der actio pro socio geltend gemacht werden.

5. Notgeschäftsführungsrecht aller Gesellschafter

23 Auch wenn kein Zustimmungsbeschluß vorliegt, können ungewöhnliche ebenso wie gewöhnliche Betriebsmaßnahmen unter den Voraussetzungen des § 744 Abs. 2 BGB von jedem Gesellschafter, also auch von einem nichtgeschäftsführenden Gesellschafter in „eigener Regie" durchgeführt werden. Voraussetzung ist, daß die Maßnahme zur Erhaltung eines Gegenstandes des Gesellschaftsvermögens oder zur Erhaltung der Gesellschaft selbst (Fischer in Großkomm. § 115 Anm. 22; Ulmer Recht der BGB-Gesellschaft § 709 Anm. 18) notwendig ist. Da dieses Notgeschäftsführungsrecht zwingenden Rechts ist (MünchKomm-K. Schmidt §§ 744, 745 Anm. 30), ist auch ein etwaiger Widerspruch eines anderen Gesellschafters oder ein gegenteiliger Beschluß der übrigen Gesellschafter unwirksam. Allerdings ist zu bedenken, daß § 744 Abs. 2 BGB anders als §§ 115 Abs. 2, 116 Abs. 3 nicht nur „Gefahr im Verzug" voraussetzt, sondern den bevorstehenden Eintritt eines die Erhaltung eines Gegenstandes oder des Gesellschaftsvermögens insgesamt bedrohenden Schadens. Dieses Notgeschäftsführungsrecht erstreckt sich grundsätzlich nur auf das Innenverhältnis, so daß der Gesellschafter, wenn er nicht im übrigen z.B. kraft organschaftlicher Vertretungsbefugnis berechtigt ist, die Gesellschaft nach außen weder berechtigen noch verpflichten kann (BGHZ 17, 181, 184 = NJW 1955, 1027 = BB 1955, 526; Flume Personengesellschaft § 8; Münch-Komm-K. Schmidt §§ 744, 745 Anm. 35). Der Gesellschafter kann somit von der Gesellschaft zwar verlangen, daß sie die Maßnahme gegen sich gelten läßt, also z.B. die erforderlichen Aufwendungen erstattet; nach außen handelt er aber auf eigenes Risiko.

IV. Erteilung und Widerruf der Prokura

Da die Prokura wegen ihres weitreichenden Umfangs besonderes Vertrauen der von ihrer Ausübung betroffenen Rechtsträger voraussetzt, enthält Abs. 3 eine besondere Regelung über die Erteilung und den Widerruf der Prokura. Danach müssen grundsätzlich alle geschäftsführenden Gesellschafter der Erteilung zustimmen, und jeder geschäftsführende Gesellschafter ist berechtigt, den Widerruf einseitig zu erklären. Bestellung und Fortbestand der Prokura sind also davon abhängig, daß alle geschäftsführenden Gesellschafter dem Prokuristen ihr Vertrauen erweisen.

1. Erteilung der Prokura

Zur Erteilung der Prokura bedarf es grundsätzlich der Zustimmung aller geschäftsführenden Gesellschafter; ob darüber hinaus auch die Zustimmung der nichtgeschäftsführenden Gesellschafter erforderlich ist, ist im Einzelfall auf der Grundlage der in Abs. 2 enthaltenen Regelung zu beurteilen. Die Vorschrift des Abs. 3 bezweckt lediglich eine Einschränkung der Einzelgeschäftsführungsbefugnis, nicht aber eine Erweiterung zu Lasten der nichtgeschäftsführenden Gesellschafter. Somit ist entscheidend, ob die Erteilung der Prokura im Einzelfall eine gewöhnliche oder ungewöhnliche Betriebsmaßnahme ist. Dazu ist auf die konkrete Bedeutung dieser Maßnahme unter Betracht des von der Gesellschaft betriebenen Unternehmens abzustellen (Fischer in Großkomm. Anm. 10; Heymann-Emmerich Anm. 16). Dabei kommt es nicht nur auf die formale Erteilung der Prokura an, sondern auch auf die oftmals gebotene Regelung des Anstellungsverhältnisses.

Von dem Erfordernis der Zustimmung aller geschäftsführenden Gesellschafter, also dem Prinzip der Gesamtgeschäftsführungsbefugnis, ist nur dann abzusehen, wenn die Prokura hinsichtlich einzelner Zweigniederlassungen beschränkt werden soll (§ 50 Abs. 3) und sich die Zuständigkeit eines geschäftsführenden Gesellschafters lediglich auf diesen von der Prokura ausgeschlossenen Geschäftsbereich erstreckt (ebenso Fischer in Großkomm. Anm. 9; a.A. 4. Aufl. Anm. 7). Unter diesen Umständen besteht kein Anlaß, diesen geschäftsführenden Gesellschafter in den Entscheidungsprozeß über die Erteilung der Prokura und damit in die Gesamtverantwortung einzubeziehen. Anders ist hingegen zu entscheiden, wenn die Beschränkung der Prokura nur für das Innenverhältnis vereinbart worden ist. Wegen der potentiellen Rechtsmacht im Außenverhältnis bedarf es der Zustimmung aller geschäftsführenden Gesellschafter. Das gilt somit auch für die Erteilung einer „Honorarprokura".

27 Die Regelung des Abs. 3 erstreckt sich nur auf die Erteilung der Prokura, nicht jedoch auf den Abschluß des Anstellungsvertrages, der somit an sich im Rahmen der Einzelgeschäftsführungsbefugnis vereinbart werden kann. Da jedoch oftmals Anstellungsvertrag und Erteilung der Prokura in einem wirtschaftlichen und rechtlichen Gesamtzusammenhang stehen, ist darüber auch einheitlich zu entscheiden. Somit bedarf es sodann auch der Zustimmung aller geschäftsführenden Gesellschafter bzw. unter den Voraussetzungen nach Abs. 2 der Zustimmung sämtlicher Gesellschafter (A. Hueck Recht der OHG § 10 II 4 FN 21; Fischer in Großkomm. Anm. 10; ähnlich H. Westermann Handbuch Anm. 258). Allerdings bezieht sich dieses Zustimmungserfordernis nur auf das Innenverhältnis (RGZ 134, 303, 305; BGHZ 62, 166, 169). Im Außenverhältnis kommt es auf die organschaftliche Vertretungsbefugnis (§ 126 Abs. 1) an. Das Registergericht darf daher bei der Anmeldung der erteilten Prokura grundsätzlich nicht den Nachweis verlangen, daß alle geschäftsführenden Gesellschafter zugestimmt haben (KG JW 1925, 268f.; RGZ 134, 303, 307; BGHZ 62, 166, 169). Ist allerdings offensichtlich, daß die Prokura im Widerspruch zum Willen der übrigen geschäftsführenden Gesellschafter erteilt worden ist, und ist somit der alsbaldige Widerruf zu erwarten, so kann das Registergericht die Eintragung ablehnen. Anderenfalls würde durch derart kurzfristige Eintragungen die Rechtssicherheit erheblich gefährdet werden (BayObLG LZ 1928, 488, 499; Fischer in Großkomm. Anm. 12; Baumbach-Duden-Hopt Anm. 3 B; ähnlich Scholz-K. Schmidt § 46 GmbHG Anm. 132 unter dem Aspekt eines etwaigen Mißbrauchs der Vertretungsmacht).

28 Ist ein Minderjähriger an der Gesellschaft beteiligt und handelt sein gesetzlicher Vertreter für ihn als Geschäftsführer, so bedarf es zur Erteilung der Prokura nicht der vormundschaftlichen Genehmigung nach §§ 1822 Nr. 11, 1643 Abs. 1 BGB (BGHZ 38, 26, 30; BGH NJW 1971, 375, 376).

29 Sofern Gefahr im Verzug ist, die Prokuraerteilung zur Wahrung der Vermögensinteressen der Gesellschaft also kurzfristig erforderlich ist, besteht in Übereinstimmung mit § 115 Abs. 2 für jeden einzelnen geschäftsführenden Gesellschafter die Befugnis, die Prokura zu erteilen. Unter Berufung auf OLG Dresden (ZHR 35, 230 Nr. 55) wird verschiedentlich angenommen, daß die Bestellung in diesem Fall nur eine vorläufige Maßnahme sei, und daraus gefolgert, daß der geschäftsführende Gesellschafter unverzüglich die Zustimmung der anderen Gesellschafter einholen und im Weigerungsfall den Widerruf erklären müsse (4. Aufl. Anm. 9; Fischer in Großkomm. Anm. 11; Heymann-Emmerich Anm. 15; Baumbach-Duden-Hopt Anm. 3A). Dieser Ansicht ist nur mit Einschränkungen zu folgen. Zwar besteht die Pflicht, die übrigen geschäftsführenden Gesellschafter unverzüglich über die Prokuraerteilung zu benachrichtigen. Diese sind aber durch das in Abs. 3 geregelte Widerrufsrecht hinreichend geschützt. Somit können sie über den Fortbestand der Prokura in eigener Initiative entscheiden (ebenso A. Hueck Recht der OHG § 10 II 4 FN 20 sowie H. Westermann Handbuch Anm. 258). Diese Gefahrenregelung kommt nicht zur Anwendung, wenn die Prokuraerteilung eine ungewöhnliche Betriebsmaßnahme darstellt und somit die Zustimmung aller Gesellschafter nach Abs. 2 erforderlich ist (dazu Anm. 13).

30 Die für die Prokuraerteilung geltende Regelung erstreckt sich auch auf eine etwaige Erweiterung der Prokura. Dabei ist allerdings zu bedenken, daß eine derartige Erweiterung nur im Rahmen des gesetzlich normierten Umfangs in Betracht kommt. Erweiterungen, die lediglich die internen Bindungen des Prokuristen betreffen, werden von diesem Zustimmungserfordernis nicht berührt.

2. Widerruf der Prokura

Dieser Widerruf kann von jedem geschäftsführenden Gesellschafter erklärt werden. Die Vorschrift des Abs. 3 Satz 2 enthält somit eine Sonderregelung gegenüber § 115 Abs. 1 und 2. Weder steht der Widerspruch eines anderen geschäftsführenden Gesellschafters dem Widerrufsrecht entgegen, noch bedarf es innerhalb der Gesamtgeschäftsführung der Zustimmung anderer geschäftsführender Gesellschafter. Freilich ist zu bedenken, daß auch dieses Widerrufsrecht nur das Innenverhältnis berührt. Ob der Widerruf auch gegenüber dem Prokuristen wirksam erklärt werden kann, ist nach dem Umfang der organschaftlichen Vertretungsbefugnis zu beurteilen. Der Widerruf eines nur gesamtvertretungsberechtigten Gesellschafters ist mithin gegenüber dem Prokuristen unwirksam, obwohl der Gesellschafter im Innenverhältnis allein zum Widerruf berechtigt ist. Der Gesellschafter kann aber von den vertretungsberechtigten Gesellschaftern verlangen, daß sie sich an der Erklärung des Widerrufs und seiner Anmeldung beteiligen (RG DR 1942, 1698, 1699; OLG Hamburg HansRGZ 1930 B 534, 535; Fischer in Großkomm. Anm. 14), es sei denn, die Ausübung des Widerrufsrechts ist pflichtwidrig und daher unwirksam.

Verschiedentlich wird vertreten, daß die Regelung über das Widerrufsrecht nicht auf eine etwaige Beschränkung im Rahmen des gesetzlich normierten Umfangs der Prokura anwendbar sei (4. Aufl. Anm. 10 sowie Fischer in Großkomm. Anm. 13). Die gegenteilige Ansicht wird von H. Westermann Handbuch Anm. 258 und Baumbach-Duden-Hopt Anm. 3 C vertreten. Für die Nichtanwendbarkeit der Regelung könnte auf ihren Ausnahmecharakter abgestellt und daraus das Gebot einer engen Auslegung abgeleitet werden. Sofern das Vertrauen eines geschäftsführenden Gesellschafters nicht derart erschüttert ist, daß eine gänzliche Entziehung der Prokura geboten ist, wäre demnach eine Abweichung von den allgemeinen Regelungen der Geschäftsführung nicht erforderlich. Dagegen ist jedoch grundsätzlich zu bedenken, daß der Gesellschafter auf diese Weise veranlaßt wird, vorschnell sein Widerrufsrecht auszuüben, obwohl aus seiner Interessenlage nur eine Beschränkung geboten ist – so wenn er nur für den Geschäftsbereich seiner Zweigniederlassung an einer Beendigung der Prokura interessiert ist. Vor allem aber ist einzuwenden, daß nach allgemeiner Ansicht die Erweiterung der Prokura der Regelung nach Abs. 3 Satz 1 unterliegt und somit eine Gleichbehandlung der Beschränkung der Prokura nach Abs. 3 Satz 2 geboten ist. Ist nämlich die Erweiterung der Prokura derart bedeutsam, daß sie von allen geschäftsführenden Gesellschaftern ausgesprochen werden muß, dann ist es nur konsequent, jedem geschäftsführenden Gesellschafter, der nicht mehr das uneingeschränkte Vertrauen in die Person des Prokuristen hat, das Recht zur Beschränkung der Prokura einzuräumen. Somit ist die Regelung über das einseitige Widerrufsrecht auch auf die Beschränkung der Prokura anwendbar. Allerdings kommen nur Beschränkungen im Rahmen des gesetzlich normierten Umfangs der Prokura in Betracht. Eine Beschränkung der internen Bindungen ist nur nach den allgemeinen Regelungen möglich.

33 Dieses besondere Widerrufsrecht kommt nicht in Betracht, sofern die Prokura auf der Grundlage des Gesellschaftsvertrages eingeräumt worden ist. Sodann beruht die Prokura auf einem Sonderrecht, das zwar nach § 52 jederzeit widerrufen werden kann, aber doch nur aus wichtigem Grund widerrufen werden darf (BGHZ 17, 392, 395 f. = WM 1955, 1118). Somit steht dem jederzeitigen Widerruf das Erfordernis eines wichtigen Grundes im Innenverhältnis entgegen. Da das Widerrufsrecht nach Abs. 3 jedoch nur das Innenverhältnis berührt, unterliegt es damit auch diesem Erfordernis. Zudem ist der Entzug einer im Gesellschaftsvertrag geregelten Prokura auch bei Vorliegen eines wichtigen Grundes stets eine ungewöhnliche Betriebsmaßnahme, so daß es der Zustimmung aller Gesellschafter nach Abs. 2 bedarf.

3. Sonstige Vollmachten

34 Für andere Arten der Vollmacht, einschließlich der Handlungsvollmacht nach § 54, ist die Regelung des Abs. 3 grundsätzlich nicht anwendbar. Erteilung und Widerruf derartiger Vollmachten sind nach Abs. 1 und 2 zu beurteilen. Dabei ist generell von einem ungewöhnlichen Geschäft auszugehen, wenn über die Bestellung oder den Widerruf eines Generalbevollmächtigten zu entscheiden ist. Diese mit über die Prokura hinausgehenden Befugnissen betraute Person nimmt eine besondere Rang- und Vertrauensstellung innerhalb des Unternehmens ein, so daß dafür die Zustimmung aller Gesellschafter erforderlich ist (ebenso H. Westermann Handbuch Anm. 259).

V. Abweichende Vereinbarungen

35 Die Vorschrift ist in allen ihren Regelungen dispositiven Rechts. Deshalb kann davon im Gesellschaftsvertrag beliebig abgewichen werden. So kann z.B. ein Mehrheitsbeschluß oder generell nur die Beschlußfassung der geschäftsführenden Gesellschafter vorgesehen werden. Sofern der Gesellschaftsvertrag auch für ungewöhnliche Maßnahmen Mehrheitsbeschlüsse genügen läßt, stellt sich die Frage, ob daran nur die geschäftsführenden Gesellschafter oder in Übereinstimmung mit Abs. 2 sämtliche Gesellschafter zu beteiligen sind. Sofern keine gegenteiligen Anhaltspunkte ersichtlich sind, ist von der Beschlußkompetenz aller Gesellschafter auszugehen (ebenso A. Hueck ZGR 1972, 237, 243). Ebenso können sich Auslegungsprobleme ergeben, wenn der Gesellschaftsvertrag einen Enumerativkatalog zustimmungspflichtiger Geschäfte enthält (dazu im einzelnen Schlegelberger-Martens § 164 Anm. 17).

36 Die Regelung über die Bestellung und den Widerruf der Prokura nach Abs. 3 kann z.B. durch die Vereinbarung einer Zuständigkeit aller Gesellschafter abbedungen werden. Ebenso ist es möglich, diese Rechte an die Zustimmung einzelner Gesellschafter zu binden oder auch ein Sonderrecht auf Erteilung einer Prokura einzuräumen (Fischer in Großkomm. Anm. 16). In allen diesen Fällen ist allerdings zu bedenken, daß derartige Regelungen nur für das Innenverhältnis von Bedeutung sind. Im Außenverhältnis und somit auch gegenüber dem Prokuristen kommen ausschließlich die §§ 52, 126 zur Anwendung. Verstößt jedoch ein vertretungsberechtigter Gesellschafter gegen diese internen Bindungen, so ist er im Innenverhältnis verpflichtet, den vormaligen Zustand wiederherzustellen und gegebenenfalls Schadensersatz zu leisten (RGZ 163, 35, 38 f.).

Entziehung der Geschäftsführungsbefugnis § 117

117 Die Befugnis zur Geschäftsführung kann einem Gesellschafter auf Antrag der übrigen Gesellschafter durch gerichtliche Entscheidung entzogen werden, wenn ein wichtiger Grund vorliegt; ein solcher Grund ist insbesondere grobe Pflichtverletzung oder Unfähigkeit zur ordnungsgemäßen Geschäftsführung.

Schrifttum: *Comes,* Der Ausschluß vom Stimmrecht im Recht der Offenen Handelsgesellchaft (II), DB 1974, 2237; *Erman,* Eilmaßnahmen aus §§ 117, 127 HGB und Schiedsvertrag, Festschrift für Möhring, 1965, S. 3; *Felix,* Zur Entziehung des Sonderrechts eines Kommanditisten auf Mitarbeit, NJW 1972, 853; *Fischer,* Die Entziehung der Geschäftsführungs- und Vertretungsbefugnis in der OHG, NJW 1959, 1057; *v. Gerkan,* Gesellschafterbeschlüsse, Ausübung des Stimmrechts und einstweiliger Rechtsschutz, ZGR 1985, 167; *Gogos,* Die Geschäftsführung der Offenen Handelsgesellschaft, 1953; *Hopt,* Zur Abberufung des GmbH-Geschäftsführers bei der GmbH & Co., insbesondere der Publikumskommanditgesellschaft, ZGR 1979, 1; *Hueck,* Gestaltungsklagen im Recht der Handelsgesellschaften, Festschrift 125 Jahre Carl Heymanns Verlag, 1965, S. 287; *Kaerger,* Zur Auslegung des § 117 HGB, DJZ 1928, 1074; *Kohler,* Die Klage auf Zustimmung zum Ausschluß eines Gesellschafters, NJW 1951, 5; *Kollhosser,* Noch einmal: Zustimmungspflicht zur Abänderung von Gesellschaftsverträgen bei Personenhandelsgesellschaften, Festschrift für Bärmann, 1975, S. 533; *ders.,* Zustimmungspflicht zur Abänderung von Gesellschaftsverträgen bei Personenhandelsgesellschaften?, Festschrift für Westermann, 1974, S. 275; *Konzen,* Gesellschafterpflicht und Abgeordnetenmandat, AcP 172 (1972), S. 317; *Lindacher,* Die Klage auf Ausschließung eines OHG- bzw. KG-Gesellschafters, Festschrift für Paulick, 1973, S. 73; *ders.,* Schiedsgerichtliche Kompetenz zur vorläufigen Entziehung der Geschäftsführungs- und Vertretungsbefugnis bei Personengesellschaften, ZGR 1979, 201; *Lukes,* Teilentzug der Geschäftsführungs- und Vertretungsbefugnisse bei der OHG durch Urteil, JR 1960, 41; *Merle,* Die Verbindung von Zustimmungs- und Ausschlußklage bei den Personenhandelsgesellschaften, ZGR 1979, 67; *Pabst,* Mitwirkungspflichten bei Klagen nach §§ 117, 127, 140 HGB und bei der Anpassung von Verträgen im Recht der Personenhandelsgesellschaften, BB 1977, 1524; *ders.,* Prozessuale Probleme bei Rechtsstreitigkeiten wegen Entziehung von Geschäftsführungs- bzw. Vertretungsbefugnis sowie Ausschließung eines Gesellschafters, BB 1978, 892; *Peters,* Entziehung des Informationsrechts des Gesellschafters einer OHG analog § 117 HGB? NJW 1965, 1212; *Reichert/Winter,* Die „Abberufung" und Ausschließung des geschäftsführenden Gesellschafters der Publikums-Personengesellschaft, BB 1988, 981; *Schmidt, K.,* „Kündigung der Geschäftsführung und Vertretung" durch den Personengesellschafter, DB 1988, 2241; *Selmer,* Einstweilige Verfügung bei Gesellschafterauseinandersetzung, BB 1979, 1533; *Serwe,* Der Anspruch eines Gesellschafters auf Mitwirkung bei den Klagen aus §§ 117, 127 HGB, Diss. Münster 1965; *Ulmer,* Gestaltungsklagen im Personengesellschaftsrecht und notwendige Streitgenossenschaft, Festschrift für Geßler, 1971, S. 269; *Vollmer,* Die Wirkungen rechtskräftiger Schiedssprüche bei gesellschaftsrechtlichen Gestaltungsklagen, BB 1984, 1774; *Weimar,* Kann ein Gesellschafter die Geschäftsführung niederlegen? JR 1977, 234; *Westermann, H. P./Pöllath,* Abberufung und Ausschließung von Gesellschaftern/Geschäftsführern in Personengesellschaften und GmbH, 3. Aufl., 1986; *Westermann, H.,* Gesellschaftsrechtliche Schiedsgerichte, Festschrift für Fischer, 1979, S. 853; *Zöllner,* Die Anpassung von Personengesellschaftsverträgen an veränderte Umstände, 1979.

Inhalt

	Anm.		Anm.
I. Normzweck	1– 3	2. Die grobe Pflichtverletzung	17
II. Die Entziehung der Geschäftsführungsbefugnis	4–14	3. Die Unfähigkeit zur ordnungsgemäßen Geschäftsführung	19
1. Der Gegenstand der Entziehung	4	4. Gesamtabwägung	20
2. Berücksichtigung milderer Mittel	8	IV. Das Entziehungsverfahren	22–40
a) Materiellrechtliche Problematik	9	1. Auf Antrag der übrigen Gesellschafter	22
b) Prozessuale Behandlung	11	a) Die Klage aller Gesellschafter	23
3. Die Verweigerung der Übertragung	14	b) Notwendige Streitgenossenschaft	24
III. Das Erfordernis eines wichtigen Grundes	15–21	c) Die Mitwirkungspflicht	25
1. Grundsatz	15	d) Die Verbindung der Entziehungs- und der Mitwirkungsklage	27

Martens

	Anm.		Anm.
e) Gegen mehrere Gesellschafter	30	2. Gegenüber den übrigen Gesellschaftern	44
f) Sonstige Probleme	32	a) Grundsätzliche Wirkungen	44
2. Durch gerichtliche Entscheidung	35	b) Neuregelung durch Einigung der übrigen Gesellschafter	45
a) Durch rechtskräftiges Urteil	35	c) Keine Einigung unter den Gesellschaftern	46
b) Durch einstweilige Verfügung	36		
c) Durch schiedsgerichtliche Entscheidung	40	VI. Abweichende Regelung des Gesellschaftsvertrages	50–55
3. Revisibilität der Entscheidung	41	1. Der Entziehungsgrund	51
V. Die Wirkung der Entziehung	42–49	2. Das Verfahren	52
1. Gegenüber dem betroffenen Gesellschafter	42	VII. Niederlegung der Geschäftsführung	56–59

I. Normzweck

1 Die Vorschrift regelt generell die Entziehung der Geschäftsführungsbefugnis durch gerichtliche Entscheidung. Dabei ist unerheblich, ob die Geschäftsführungsbefugnis entsprechend der gesetzlichen Regelung oder aufgrund besonderer Vertragsregelung erworben worden ist. Nach überwiegender, wenn auch unzutreffender Ansicht soll hingegen die Parallelregelung des § 712 BGB nur auf die durch den Gesellschaftsvertrag eingeräumte Geschäftsführungsbefugnis anwendbar sein. Diese Ansicht führt zu dem befremdlichen Ergebnis, daß die gesetzlich geregelte Geschäftsführungsbefugnis nach § 709 BGB nicht isoliert entzogen, sondern nur durch Ausschließung des Gesellschafters oder Auflösung der Gesellschaft beseitigt werden kann. Verneint man eine derart differenzierte Behandlung dieser sachgleichen Geschäftsführungsbefugnisse (so zutreffend Ulmer Gesellschaft Bürgerlichen Rechts § 712 Anm. 5 m.N. über die gegenteilige, herrschende Ansicht in FN. 1), dann besteht der wesentliche Unterschied zwischen § 712 BGB und § 117 HGB in dem Erfordernis einer besonderen Entziehungsklage.

2 Mit diesem Erfordernis soll dem allseitigen Interesse an Rechtssicherheit entsprochen werden. Angesichts der größeren Bedeutung der Geschäftsführung innerhalb eines kaufmännisch betriebenen Unternehmens bedarf es hinreichender Klarheit über die Besetzung der organrechtlichen Unternehmensführung. Da der zur Abberufung erforderliche wichtige Grund ein unbestimmter Rechtsbegriff ist, besteht oftmals erhebliche Ungewißheit, ob seine Voraussetzungen erfüllt sind und somit ein geeigneter Abberufungsgrund vorliegt. Ohne das Erfordernis richterlicher Gestaltung würde diese Ungewißheit den Abberufungsbeschluß der Gesellschafter und damit auch das Rechtsverhältnis der Gesellschafter untereinander außerordentlich belasten. Würde man hingegen die Wirksamkeit der Abberufung ohne Rücksicht auf die inhaltlichen Voraussetzungen an den Abberufungsbeschluß der übrigen Gesellschafter anknüpfen, dann wäre die Rechtsstellung eines geschäftsführenden Gesellschafters erheblich gefährdet. Deshalb ist mit der vom Gesetzgeber bezweckten Rechtssicherheit zugleich ein erheblicher Bestandsschutz dieser Rechtsstellung verbunden. Freilich ist nicht zu verkennen, daß ein derart langwieriges Abberufungsverfahren einen interimistischen Regelungsbedarf auslöst – so z.B. wenn der geschäftsführende Gesellschafter in fachlicher oder persönlicher Hinsicht offensichtlich untragbar geworden ist. In solchen Fällen ist eine kurzfri-

stige Lösung derart unhaltbarer Zustände geboten. Dazu eignet sich der einstweilige Rechtsschutz (dazu Anm. 36 f.).

3 Die Vorschrift kommt aufgrund des § 161 Abs. 2 auch in der Kommanditgesellschaft zur Anwendung. Somit kann auch dem Kommanditisten die in Abänderung des § 164 verliehene Geschäftsführungsbefugnis nur durch Gestaltungsklage entzogen werden, sofern der Gesellschaftsvertrag keine abweichende Regelung enthält (RGZ 110, 418, 420; BGHZ 17, 392, 395; WM 1974, 177, 178; Schlegelberger-Martens § 164 Anm. 33). Besondere Probleme wirft das gesetzliche Abberufungsverfahren in der GmbH & Co. KG auf (dazu ausführlich Schlegelberger-Martens § 164 Anm. 6 m. w. N.). Schließlich ist auf die Besonderheiten der Publikumsgesellschaft hinzuweisen. Die dort ohnehin bestehenden Bedenken gegen das Einstimmigkeitsprinzip verstärken sich in diesem Zusammenhang angesichts der grundsätzlichen Bedeutung eines loyalen, treuhänderisch verpflichteten Managements. Deshalb genügt ein einfacher Mehrheitsbeschluß, auch wenn im Gesellschaftsvertrag eine qualifizierte Mehrheit oder Einstimmigkeit verlangt wird (BGH WM 1982, 583, 584; BGHZ 102, 172, 178; Schilling in Großkomm Anh. § 161 Rdnr. 37; Stimpel Festschrift für Fischer S. 780 ff.; Reichert-Winter BB 1988, 984; Hüffer ZGR 1980, 348). Allerdings wird dadurch das Erfordernis einer Gestaltungsklage nicht berührt.

II. Die Entziehung der Geschäftsführungsbefugnis

1. Der Gegenstand der Entziehung

4 Die Vorschrift erstreckt sich auf jegliche Art der Geschäftsführung. Somit ist unerheblich, ob sie auf gesetzlicher oder vertraglicher Regelung beruht. Ebenso ist unerheblich, ob sie über den gesetzlichen Umfang hinaus besteht (RGZ 110, 418, 421; OLG Köln BB 1977, 464, 465; Westermann Handbuch Anm. 215) oder ob sie entsprechend eingeschränkt worden ist (A. Hueck Recht der OHG § 10 VII 2; Fischer NJW 1959, 1058). Auch dem einzigen geschäftsführenden Gesellschafter oder dem einzig persönlich haftenden Gesellschafter in der KG kann die Geschäftsführung entzogen werden (BGHZ 33, 105, 107; 51, 198, 201; WM 1977, 500, 503; NJW 1984, 173; Baumbach-Duden-Hopt Anm. 1 B). Sofern dem geschäftsführenden Gesellschafter nicht die gesetzliche Vertretungsbefugnis zusteht, sondern ihm Prokura oder Handlungsvollmacht erteilt worden ist, hat der Widerruf dieser Vertretungsbefugnis nicht auch den Entzug der Geschäftsführungsbefugnis zur Folge; dazu bedarf es des gesonderten Verfahrens nach § 117 (RGZ 110, 418, 421; Fischer NJW 1959, 1058).

5 Notwendige Voraussetzung ist, daß die Geschäftsbefugnis Gegenstand der gesellschaftsrechtlichen Rechtsbeziehungen ist. Deshalb findet die Vorschrift keine Anwendung auf eine Geschäftsführungsbefugnis, die auf anderer Rechtsgrundlage, z. B. einem Dienstvertrag, beruht. Sofern ein Dritter mit Geschäftsführungsbefugnis betraut worden ist, bedarf es mithin nicht des Entziehungsverfahrens; es genügt ein Abberufungsbeschluß der übrigen geschäftsführenden Gesellschafter, äußerstenfalls der Kündigung des Anstellungsvertrages (BGHZ 36, 292, 294; Baumbach-Duden-Hopt Anm. 1 B; Heymann-Emmerich Anm. 3; A. Hueck Recht der OHG § 10 VII 2 FN. 87; Flume Festschrift für Raiser S. 40).

6 Keine (analoge) Anwendung findet die Vorschrift auf das Informationsrecht nach § 118, wie sich aus seinem Wortlaut und dem Sinn und Zweck des § 118 Abs. 2 ergibt. Umstritten ist jedoch, ob die Vorschrift auf die Entziehung weiterer gesetzlich oder vertraglich eingeräumter Mitwirkungs-, Informations- oder Kontrollrechte anwendbar ist. Diese Frage ist grundsätzlich zu verneinen (ebenso Heymann-Emmerich Anm. 4; Fischer in Großkomm Anm. 2a; ders. NJW 1959, 1058; Westermann Vertragsfreiheit S. 217 FN. 23; Peters NJW 1965, 1214; a.A. OLG Köln BB 1977, 464, 465; Baumbach-Duden-Hopt Anm. 1 B; A. Hueck Recht der OHG § 10 VII 2 FN. 86; Felix NJW 1972, 853 hinsichtlich des Sonderrechts des Kommanditisten auf Mitarbeit). Es handelt sich im einzelnen um Befugnisse, die überwiegend dem Interesse des einzelnen Gesellschafters dienen und somit nicht der organschaftlichen Geschäftsführung entsprechen (Fischer NJW 1959, 1058). Deshalb kommt dieses Entziehungsverfahren auch nicht für die Abberufung von Beiratsmitgliedern in Betracht, selbst wenn dieser Beirat partiell in die Geschäftsführung eingebunden ist (ebenso Voormann Beirat S. 135). Eine Analogie ist deshalb nicht begründet, weil in diesen Fällen weder ein besonderes Interesse an Rechtssicherheit noch ein besonderes Bestandsschutzinteresse erkennbar ist. Vielmehr können derartige Streitigkeiten durch eine Feststellungsklage geklärt werden, während sich in materiellrechtlicher Hinsicht zumeist die Möglichkeit bietet, die Rechtsstellung aus wichtigem Grund zu entziehen oder ihre Ausübung aus wichtigem Grund zu blockieren.

7 Von der Entziehung der Geschäftsführungsbefugnis zu unterscheiden ist die Entziehung der Vertretungsbefugnis nach § 127. Wenngleich beide Befugnisse unabhängig voneinander entzogen werden können, so besteht doch in der Praxis zumeist Bedarf, beide Klagen miteinander zu verbinden. Deshalb ist ein Klagantrag, der nach seinem Wortlaut nur die Entziehung der Geschäftsführungsbefugnis betrifft, im Zweifel auch auf die Entziehung der Vertretungsbefugnis auszulegen (BGHZ 51, 198, 199; Heymann-Emmerich Anm. 15; Fischer in Großkomm. Anm. 11). Diese Auslegungsregel gilt umgekehrt auch dann, wenn nach dem Wortlaut nur die Entziehung der Vertretungsbefugnis beantragt worden ist.

2. Berücksichtigung milderer Mittel

8 Die völlige Entziehung der Geschäftsführungsbefugnis führt zu einem tiefgreifenden Rechtsverlust des einzelnen Gesellschafters, da er dadurch in der Regel seine berufliche Stellung und wesentlichen Einfluß auf sein gesellschaftsrechtlich gebundenes Vermögen einbüßt. Deshalb liegt es nahe, die Entziehung der Geschäftsführungsbefugnis nach dem Grundsatz der Verhältnismäßigkeit zu beurteilen und vorrangig mildere Mittel anzuwenden. Dabei ist zwischen der materiellrechtlichen Problematik und der prozessualen Behandlung der Entziehungsklage zu unterscheiden.

a) Materiellrechtliche Problematik

9 Der Wortlaut des § 117 bietet für eine bloße Beschränkung der Geschäftsführungsbefugnis keine Anhaltspunkte. Gleichwohl wird diese Möglichkeit inzwischen nahezu einhellig anerkannt (RGZ 146, 169, 180 zu § 140 HGB; BGHZ 51, 198, 203; 68, 81, 86; NJW 1984, 173, 174; Fischer in Großkomm Anm. 7c; Baumbach-Duden-Hopt

Anm. 2; Heymann-Emmerich Anm. 15, 18; A. Hueck Recht der OHG § 10 VII 8; Zöllner Anpassung S. 19; Lukes JR 1960, 42 ff.; Hopt ZGR 1979, 10 f.; wohl auch Fischer NJW 1959, 1058 f.; mißverständlich Ulmer Gesellschaft Bürgerlichen Rechts § 712 Anm. 14; a. A. RG Warneyer 1913, 66 zu § 712 BGB; zur Entwicklung des Meinungsstands Lukes JR 1960, 41 f.). Dieser Ansicht ist in wesentlicher Hinsicht zuzustimmen. Der Grundsatz der Verhältnismäßigkeit ist für das gesamte Privatrecht von wesentlicher Bedeutung und allgemein anerkannt. Deshalb ist im Einzelfall zu prüfen, ob sich der Konflikt durch eine für den betroffenen geschäftsführungsbefugten Gesellschafter weniger einschneidende und den übrigen Gesellschaftern zumutbare Maßnahme regeln läßt (dazu BGH NJW 1984, 173, 174; BGH DB 1975, 1886 zu § 140 HGB). Die völlige Entziehung der Geschäftsführungsbefugnis kommt mithin nur als ultima ratio in Betracht, sofern also die Unzuträglichkeiten nicht durch eine mildere Maßnahme beseitigt werden können. Umstritten ist jedoch, welche Maßnahmen dafür geeignet sind. Verschiedentlich wird auf jegliche Einschränkung verzichtet, so daß etwa die Übernahme der Vertretung eines erkrankten Gesellschafters, die Einführung von Gesamtgeschäftsführung statt Einzelgeschäftsführung oder die Beschränkung seines Wirkungskreises zu berücksichtigen sind (Fischer in Großkomm Anm. 7 c; Düringer-Hachenburg-Flechtheim Anm. 6; A. Hueck Recht der OHG § 10 VII 8). Demgegenüber wird vertreten, daß nur ein Teilentzug i. S. einer Minderung des sachlichen Umfangs der Geschäftsführungsbefugnis in Betracht kommen soll, so z. B. die Beschränkung der Geschäftsführungsbefugnis für den Bereich einer Niederlassung oder für ein bestimmtes Sachgebiet. Hingegen soll nach dieser Ansicht die Ersetzung einer Einzelbefugnis durch eine Gesamtbefugnis kein milderes, sondern ein qualitativ anderes Mittel sein. Insofern bestehe ein Unterschied zwischen einer auch nur partiellen Entziehung und einer die Verhältnisse neu gestaltenden Beschränkung. Da § 117 aber nur einen negativen, also entziehenden Eingriff ermögliche, komme eine Neugestaltung durch richterlichen Gestaltungsakt nicht in Betracht (so Voraufl. Anm. 3; Lukes JR 1960, 44 f.). Dieser Ansicht ist jedoch nicht zu folgen. Sie verkennt, daß die mildere Alternativmaßnahme unter dem rechtlichen Vorbehalt der Zumutbarkeit für die übrigen Gesellschafter steht und deshalb eine solche Anpassung auch Ausdruck ihrer Treupflicht ist. Deshalb ist grundsätzlich jegliche Maßnahme geeignet, die im Vergleich zur Entziehung der Geschäftsführungsbefugnis eine weniger weitreichende Eingriffswirkung hat. Dazu eignet sich auch die Übertragung der Geschäftsführungsbefugnis auf einen Bevollmächtigten des betroffenen Gesellschafters (so Fischer in Großkomm Anm. 7 c; zur rechtlichen Zulässigkeit einer solchen Beauftragung BGHZ 36, 292, 294).

10 Eine solche Alternativmaßnahme setzt die Bereitschaft des betroffenen Gesellschafters voraus. Deshalb muß dieser, um die Entziehung der Geschäftsführungsbefugnis abzuwenden, eine für die anderen Gesellschafter zumutbare Vertragsänderung anbieten. Ohne ein solches Angebot sind derartige Alternativmaßnahmen nicht zu berücksichtigen (BGH DB 1975, 1886 zu § 140 HGB; a. A. Zöllner Anpassung S. 19 FN. 14 a).

b) **Prozessuale Behandlung**

11 Entsprechend der materiellen Rechtslage können die Gesellschafter eine im Vergleich zur Entziehung der Geschäftsführung weniger einschneidende Maßnahme beantragen, über die das Gericht sodann durch Gestaltungsurteil zu entscheiden hat. Umstritten ist jedoch, ob das Gericht auch ohne einen solchen Antrag der übrigen Gesellschafter statt der Entziehung der Geschäftsführungsbefugnis eine mildere Maßnahme aussprechen, also von Amts wegen rechtsgestaltend tätig sein darf. Diese Frage wurde von der früher überwiegend vertretenen Ansicht bejaht (Düringer-Hachenburg-Flechtheim Anm. 6; Wieland I S. 576 FN. 5; A. Hueck Recht der OHG § 10 VII 8). Zur Begründung hat man sich darauf berufen, daß das Gericht zu einer solchen Abweichung trotz der Dispositionsmaxime berechtigt sei, weil sein Urteil ein Minus im Vergleich zur Entziehung der Geschäftsführungsbefugnis darstelle. Der Einwand, dem Gesellschafter könne eine solche Alternativregelung nicht zugemutet werden, sei unzutreffend, da dies lediglich die Frage betreffe, ob er seinerseits zur Tätigkeit entsprechend dieser Alternativregelung verpflichtet sei. Darüber sei auf der Grundlage des Gesellschaftsvertrages zu befinden. In diesem Zusammenhang gehe es aber nicht um diese Verpflichtung, sondern um die Frage, ob ihm sein Recht als geschäftsführender Gesellschafter entweder insgesamt oder doch teilweise entzogen werden könne.

12 Demgegenüber wird heute überwiegend eine solche richterliche Gestaltung ohne entsprechenden Antrag verneint (Fischer in Großkomm Anm. 26; Heymann-Emmerich Anm. 19; Westermann Handbuch Anm. 218; Westermann-Pöllath Ausschließung S. 19; Fischer NJW 1959, 1058 f.; Lukes JR 1960, 47 f.; Pabst BB 1978, 896). Auch in der Rechtsprechung finden sich Tendenzen, die das Erfordernis eines Klagantrags, zumeist eines Hilfsantrags oder eines Vergleichsvorschlags erkennen lassen (deutlich OLG Nürnberg WM 1958, 710, 714 zu §§ 133, 140 HGB; BGHZ 35, 272, 284 zu § 140 HGB). Zur Begründung wird angeführt, daß die Teilentziehung kein Minus, sondern ein aliud im Vergleich zur Gesamtentziehung sei. Das Teilentziehungsurteil habe deshalb auch eine andere rechtliche Qualität. Durch eine solche Umgestaltung werde stets das Gesellschaftsverhältnis teilweise neu geordnet, wozu der Richter von sich aus nicht befugt sei. Auch aus der Sicht des betroffenen Gesellschafters sei eine Teilentziehung ungerechtfertigt, da er dadurch u. U. Geschäftsführer zweiter Ordnung werde, ohne über seine Arbeitskraft wie bei der Gesamtentziehung frei verfügen zu können (Fischer in Großkomm Anm. 26). Und auch aus der Sicht der klagenden Gesellschafter könnten sich unliebsame, weil ungewollte Überraschungen ergeben (Fischer NJW 1959, 1058; ähnlich Lukes JR 1960, 47). Somit bleibe dem Gericht nur die Möglichkeit, die Parteien auf eine weniger einschneidende Gestaltungsmöglichkeit hinzuweisen, wozu es nach § 139 ZPO verpflichtet sei. Wird der Klagantrag gleichwohl nicht entsprechend modifiziert, so habe das Gericht die Klage abzuweisen, wenn ein milderes Mittel ausreichend und zumutbar gewesen wäre.

13 Im Ergebnis ist der zuletzt referierten Ansicht zuzustimmen und deshalb eine richterliche Gestaltungsbefugnis ohne entsprechenden Klagantrag zu verneinen. Allerdings sind einige Argumente in diesem Zusammenhang unzutreffend, da sie die materiellrechtliche Problematik berühren. Wenn es nämlich richtig wäre, daß die Teilentziehung für den betroffenen Gesellschafter unzumutbar wäre, dann wäre dem Gericht eine Teilentziehung auch auf einen entsprechenden Klagantrag verwehrt. Richtig ist jedoch, daß einer derart weitreichenden Gestaltungsbefugnis des Gerichts die Verhandlungs- und vor allem Dispositionsmaxime entgegensteht (so zutreffend Pabst BB 1978, 896). Da die Teilentziehung in die der Privatautonomie unterliegenden Grundlagen der Gesellschaft eingreift und zudem oftmals verschiedene Regelungsalternativen in Betracht kommen, ist das Gericht nicht befugt, ohne das Einverständnis der Gesellschafter und somit ohne entsprechenden Klagantrag diese Rechtsbeziehung gestaltend zu verändern. Allerdings sollte man diese Streitfrage nicht überbewerten. In der Praxis wird das Gericht nach § 139 ZPO verfahren und somit die Gesellschafter veranlassen, zumindest einen entsprechenden Hilfsantrag zu stellen.

3. Die Verweigerung der Übertragung

Die Vorschrift findet sinngemäß Anwendung, wenn ein Recht auf Übertragung der Geschäftsführung geltend gemacht wird, aber in der Person des Gesellschafters ein wichtiger Grund liegt, der seine Abberufung rechtfertigen würde. Allerdings bedarf es dazu keiner Gestaltungsklage, da das zu gestaltende Rechtsverhältnis, die Geschäftsführerstellung, noch nicht besteht (ebenso BGHZ 35, 272, 280 ff. zu § 140 HGB). Somit genügt die nach § 117 begründete Erfüllungsverweigerung. Ebenso ist zu verfahren, wenn einem Gesellschafter kraft Gesellschaftsvertrag das Recht zusteht, anderen Gesellschaftern die Geschäftsführungsbefugnis zu übertragen (BGHZ 36, 292, 294).

III. Das Erfordernis eines wichtigen Grundes

1. Grundsatz

Da die Entziehung der Geschäftsführungsbefugnis einen schwerwiegenden Eingriff in die gesellschaftsrechtlichen Beziehungen der Gesellschafter untereinander darstellt, kommt diesem Erfordernis eine grundlegende Bedeutung zu. Die nur beispielhaft genannten Entziehungsgründe der groben Pflichtverletzung oder der Unfähigkeit zur ordnungsgemäßen Geschäftsführung lassen erkennen, daß nur gravierende Umstände zur Entziehung der Geschäftsführung berechtigen. Allgemein formuliert liegt ein wichtiger Grund dann vor, wenn den übrigen Gesellschaftern nach den Umständen des Einzelfalls und unter Abwägung der widerstreitenden Interessen die weitere Geschäftsführung des Gesellschafters nicht länger zugemutet werden kann, weil dadurch wichtige Belange der Gesellschaft gefährdet werden (ähnlich Fischer in Großkomm Anm. 3; Heymann-Emmerich Anm. 5; OGHZ 1, 33, 38 = NJW 1947/48, 691 ff.). Das Vertrauensverhältnis zwischen den Gesellschaftern muß demnach so nachhaltig gestört sein, daß den übrigen Gesellschaftern die weitere Ausübung der Geschäftsführungsbefugnis durch den betroffenen Gesellschafter nicht mehr zugemutet werden kann (BGH NJW 1984, 173, 174; BGHZ 31, 295, 304 zu § 140 HGB).

Grundsätzlich muß der wichtige Grund in der Geschäftsführung des Gesellschafters liegen. Ausnahmsweise können auch Vorfälle im privaten Lebensbereich des Gesellschafters herangezogen werden. Diese müssen jedoch so gravierend sein, daß es für die übrigen Gesellschafter nicht mehr tragbar ist, einen solchen Gesellschafter mit der Geschäftsführung zu betrauen (RGZ 164, 257, 259 ff. zu § 61 GmbHG; Fischer in Großkomm Anm. 7 a). Wenngleich es dem Regelfall entspricht, daß der wichtige Grund in der Person des betroffenen Gesellschafters liegt, so ist ein solcher Zusammenhang doch nicht zwingende Voraussetzung des § 117, wie sich aus dem zu § 140 unterschiedlichen Wortlaut ergibt. Ebenfalls ist das Verschulden keine zwingende Voraussetzung für das Vorliegen eines wichtigen Grundes. Dies folgt aus der beispielhaften Erwähnung der Unfähigkeit zur ordnungsgemäßen Geschäftsführung.

2. Die grobe Pflichtverletzung

17 Für eine grobe Pflichtverletzung ist ein schuldhaftes Verhalten des Gesellschafters erforderlich (BGH NJW 1984, 173: kein wichtiger Grund, wenn entschuldbarer Irrtum). In der Regel wird um so eher ein wichtiger Grund anzunehmen sein, je schwerer der Schuldvorwurf wiegt (Heymann-Emmerich Anm. 7). Hingegen ist der Fortbestand der Geschäftsführungsbefugnis im Regelfall eher zuzumuten, wenn nur ein geringer Schuldvorwurf zu erheben ist (BGH WM 1977, 500, 502 zu §§ 133, 140 HGB). Eine einmalige grobe Pflichtverletzung stellt nicht automatisch einen wichtigen Grund dar, so z. B. bei fehlender Wiederholungsgefahr oder besonderen vorherigen Verdiensten (Fischer in Großkomm Anm. 5). Das ergibt sich aus der erforderlichen Gesamtabwägung.

18 Als Beispiele für eine grobe Pflichtverletzung kommen folgende Fälle in Betracht: Verstöße gegen die gesellschaftsvertragliche Organisationsordnung (BGH NJW 1984, 173, 174); hartnäckige Nichtbeachtung der Mitwirkungsrechte anderer Gesellschafter (BGH NJW 1984, 173; Baumbach-Duden-Hopt Anm. 1 C; Heymann-Emmerich Anm. 9); ständige Verweigerung der Mitarbeit in der Geschäftsführung, Verhinderung von Beschlüssen, Blockierung der Geschäftsführung der Gesellschaft (BGH LM Nr. 7 zu § 709 BGB; Heymann-Emmerich, § 117 Rdn. 9; Fischer in Großkomm Anm. 6); dauernde Störung der gesellschaftlichen Zusammenarbeit durch Erhebung ungerechtfertigter Widersprüche oder treuwidrige Verweigerung der nötigen Zustimmung zu Geschäftsführungsmaßnahmen (Fischer in Großkomm Anm. 6); Überschreitung der Geschäftsführungskompetenz etwa durch Vornahme von Geschäften, die außerhalb des Gesellschaftszwecks liegen (Reichert-Winter BB 1988, 988); wiederholte Vornahme außergewöhnlicher Geschäfte ohne die erforderliche Zustimmung (BGH NJW 1984, 173 – es ging dort um die Anstellung eines Geschäftsführers, außergewöhnlich hohe Investitionen, die Aufnahme eines langjährigen, dinglich gesicherten Kredits und die Veräußerung von Eigentumswohnungen und Grundstücken); Vernachlässigung der gesellschaftlichen Pflichten bzw. Unredlichkeiten bei der Geschäftsführung, Buchführung oder Rechnungslegung (RGSt 45, 387; OLG Nürnberg WM 1958, 710, 713 zu § 140 HGB; OLG Stuttgart DB 1961, 1644 zu §§ 133, 140 HGB; Heymann-Emmerich Anm. 9; Fischer in Großkomm Anm. 6); eigenmächtiger Abschluß ungewöhnlicher Kreditgewährung (OLG Nürnberg WM 1958, 710, 713 zu § 140 HGB); Mißbrauch der Firma zu Privatzwecken, etwa durch Akzeptierung von Wechseln im Namen der Gesellschaft, um private Schulden zu begleichen (ROHGE 20, 265, 267 zu Art. 125 ADHGB; Heymann-Emmerich Anm. 9); Stellung eines Antrags auf Konkurseröffnung über das Vermögen der OHG zur Erreichung persönlicher Vorteile unter Verletzung lebenswichtiger Interessen der Gesellschaft (OLG Düsseldorf JW 1932, 1681; Baumbach-Duden-Hopt Anm. 1 C; Heymann-Emmerich Anm. 9; Fischer in Großkomm Anm. 6); Verstoß gegen das Konkurrenzverbot des § 112 HGB etwa durch Gründung von Konkurrenzunternehmen (OLG Stuttgart DB 1961, 1644 zu §§ 133, 140 HGB);

strafbare Handlungen zu Lasten der Gesellschaft, namentlich Untreue und Unterschlagung (OLG Nürnberg WM 1958, 710, 713 zu § 140 HGB; Reichert-Winter BB 1988, 988); schwere Beleidigungen oder gar Tätlichkeiten gegen andere Gesellschafter (RGZ 162, 388, 392 zur GbR „Totschlagversuch"; Heymann-Emmerich Anm. 9; Fischer in Großkomm Anm. 6); schwere Zerwürfnisse zwischen den Gesellschaftern, die jede weitere Zusammenarbeit ausschließen (RGZ 164, 257, 258 zu § 61 GmbHG; Heymann-Emmerich Anm. 9); etwaige Verfehlungen bei der Geschäftsführung von Tochtergesellschaften der Gesellschaft können eine Entziehung auch der Geschäftsführungsbefugnis bei der Muttergesellschaft rechtfertigen (RG HRR 1940 Nr. 1074).

3. Die Unfähigkeit zur ordnungsgemäßen Geschäftsführung

Dieser Entziehungsgrund setzt kein Verschulden voraus. Entscheidend ist allein der objektive Tatbestand einer unzulänglichen Eignung zur Unternehmensführung (BGH LM Nr. 1 zu § 117 HGB; Fischer in Großkomm Anm. 7). Danach kommen beispielhaft in Betracht: dauernde, schwere Krankheit (BGH LM Nr. 1 zu § 117 HGB; Baumbach-Duden-Hopt Anm. 1C; Heymann-Emmerich, Anm. 6; Fischer in Großkomm Anm. 5, 7); lang andauernde Abwesenheit (Heymann-Emmerich Anm. 6); hohes Alter (BGH LM Nr. 1 zu § 117 HGB; Heymann-Emmerich Anm. 6; Fischer in Großkomm 5, 7); mangelnde fachliche Fortbildung, so daß der Gesellschafter den derzeitigen kaufmännischen oder technischen Anforderungen an eine leitende Stelle nicht mehr gerecht wird (BGH LM Nr. 1 zu § 117 HGB; Fischer in Großkomm Anm. 7).

4. Gesamtabwägung

Die Feststellung eines wichtigen Grundes setzt voraus, daß nicht nur das Verhalten des betroffenen Gesellschafters, sondern auch die Gesamtumstände, die Gesamtinteressen und das Verhalten der übrigen Gesellschafter berücksichtigt werden (BGH NJW 1984, 173, 174; Baumbach-Duden-Hopt Anm. 1C; Fischer in Großkomm Anm. 5). Somit stellt auch eine grobe Pflichtwidrigkeit nicht per se einen Entziehungsgrund dar. Hinsichtlich der übrigen Gesellschafter sind z.B. eine etwaige wirtschaftliche Gefährdung, wirtschaftliche Nachteile oder die Zerstörung bzw. Beeinträchtigung des gegenseitigen Vertrauensverhältnisses durch die Art der Geschäftsführung in die Abwägung einzubeziehen. Dabei ist nicht generell erforderlich, daß eine wirtschaftliche Beeinträchtigung des Unternehmens schon eingetreten ist (Fischer in Großkomm Anm. 7a). Ebenso muß berücksichtigt werden, ob die Entziehung mit der langjährigen Zusammenarbeit unter den Gesellschaftern oder mit dem eigenen vorangegangenen Verhalten der klagenden Gesellschafter vereinbar ist (RGZ 122, 312, 313; 146, 169, 179f. jeweils zu §§ 133, 140 HGB; BGH LM Nr. 1 zu § 117 HGB; WM 1977, 500, 502). Vor allem aber ist die persönliche Situation des betroffenen Gesellschafters, seine gesellschaftsrechtliche und berufliche Stellung, zu bedenken und mit den Interessen der Gesellschaft bzw. denen der übrigen Gesellschafter abzuwägen (BGH LM Nr. 1 zu § 117 HGB; WM 1977, 500, 502; NJW 1984, 173, 174; Fischer in Großkomm Anm. 7b). Dabei ist grundsätzlich zu beachten, daß die Entziehung der Geschäftsführungsbefugnis einen weitreichenden Eingriff in die Rechtsstellung des Gesellschafters darstellt und er damit oftmals seine berufliche Tätigkeit sowie bestimmenden Einfluß auf sein gesellschaftsrechtlich gebundenes Vermögen verliert. Daran anknüpfend ist auch zu bedenken, ob eine hinreichende Wahrscheinlichkeit besteht, daß der betroffene Gesellschafter alsbald eine Anstellung außerhalb der Gesellschaft findet. Schließlich sind zu berücksichtigen eine langjährige Tätigkeit als geschäftsführender Gesellschafter und etwaige, damit zusammenhängende Verdienste um die Entwicklung des Unternehmens. Dem erfolgreichen Gründer eines Unternehmens kann deshalb nicht am Ende seines Lebens nur mit Rücksicht auf sein hohes Alter die Geschäftsführungsbefugnis entzogen werden (BGH LM Nr. 1 § 117 sowie Fischer in Großkomm Anm. 5, 7b).

21 Sofern einer juristischen Person die Geschäftsführung entzogen werden soll, muß sie sich das Verhalten ihres Geschäftsführers und des herrschenden Mehrheitsgesellschafters zurechnen lassen. Diese Zurechnung gilt ebenso, wenn die juristische Person an dem Entziehungsverfahren gegenüber einem anderen Gesellschafter beteiligt ist (BGH WM 1977, 500, 502; NJW 1984, 173; Hopt ZGR 1979, 10).

IV. Das Entziehungsverfahren

1. Auf Antrag der übrigen Gesellschafter

22 Die Entziehung der Geschäftsführungsbefugnis erfolgt auf Antrag in Form einer Klage der übrigen Gesellschafter durch gerichtliche Entscheidung. Es handelt sich dabei um eine Gestaltungsklage, so daß die Entziehung durch ein Gestaltungsurteil erfolgt.

a) Die Klage aller Gesellschafter

23 Die Klage muß grundsätzlich von allen übrigen Gesellschaftern erhoben werden, also auch von den von der Geschäftsführung und Vertretung ausgeschlossenen Gesellschaftern (BGHZ 64, 253, 255; 68, 81, 82; OLG Köln BB 1977, 464, 465; Baumbach-Duden-Hopt Anm. 1D; Heymann-Emmerich Anm. 10; Fischer in Großkomm Anm. 10; Pabst BB 1978, 892); denn die Entziehungsklage ist keine Maßnahme der Geschäftsführung, sondern betrifft die Grundlagen des zwischen den Gesellschaftern bestehenden Rechtsverhältnisses. Deshalb ist die Mitwirkung aller übrigen Gesellschafter selbst dann erforderlich, wenn Gefahr im Verzuge ein sofortiges Handeln fordert (OLG Köln BB 1977, 464, 465; Fischer in Großkomm Anm. 10). Die Gesellschaft als solche ist zur Klagerhebung nicht befugt, so daß sich daraus vor allem Probleme innerhalb der Publikumsgesellschaft ergeben können (dazu Hopt ZGR 1979, 21 ff.; Schneider Die AG 1979, 61 ff.; Stimpel Festschrift für Fischer S. 780 ff.; Hüffer ZGR 1980, 348). Im übrigen soll durch das Erfordernis der Beteiligung aller Gesellschafter sichergestellt werden, daß über die Frage der Entziehung einheitlich entschieden wird, daß alle beteiligten Gesellschafter auch gehört werden und der von der Entziehung bedrohte Gesellschafter vor Mißbräuchen geschützt wird (BGHZ 68, 81, 84 zu § 140 HGB).

b) Notwendige Streitgenossenschaft

24 Die klagenden Gesellschafter sind notwendige Streitgenossen i.S. des § 62 ZPO (BGHZ 30, 195, 197; LM Nr. 3 zu § 133 HGB; Fischer in Großkomm Anm. 16; ders. NJW 1959, 1059; Baumbach-Duden-Hopt Anm. 4C). Nimmt ein Gesellschafter am

Prozeß nicht teil oder nimmt er seinen Klagantrag zurück, muß die Klage somit mangels Aktivlegitimation abgewiesen werden (BGHZ 30, 195, 197). Jedoch kann die Klage erneut erhoben werden, wenn der wichtige Grund fortdauert und nunmehr alle Gesellschafter sich zur Mitwirkung entschlossen haben. Eine Ausnahme von dem Erfordernis gemeinsamer Klagerhebung ist jedoch dann anzuerkennen, wenn dem Gericht nachgewiesen wird, daß sich der nicht mitwirkende Gesellschafter mit der Klagerhebung bindend einverstanden erklärt hat (RGZ 146, 169, 175 zu § 140 HGB; BGHZ 68, 81, 83 zu § 140 HGB; LM Nr. 3 zu § 133 HGB; Fischer in Großkomm Anm. 17; ders. NJW 1959, 1059; Heymann-Emmerich Anm. 11; Westermann Handbuch Anm. 219; H.-P. Westermann Vertragsfreiheit S. 226; a.A. Ulmer Festschrift für Geßler S. 279; Nickel JuS 1977, 18). Ein derartiges Einverständnis stellt eine Ermächtigung der nicht unmittelbar am Prozeß beteiligten Gesellschafter an die klagenden Mitgesellschafter dar, so daß die Voraussetzungen der gewillkürten Prozeßstandschaft erfüllt sind. Die klagenden Gesellschafter treten mithin im eigenen Namen auf (Reichert-Winter BB 1988, 981; Pabst BB 1978, 892; Merle ZGR 1979, 68 ff.; Westermann-Pöllath Ausschließung S. 20).

c) Die Mitwirkungspflicht

Umstritten ist, ob und unter welchen Voraussetzungen die Gesellschafter zur Mitwirkung bei der Entziehungsklage verpflichtet sind. Sofern der Gesellschaftsvertrag dafür keine besondere Regelung enthält, kommt eine solche Verpflichtung nur auf der Grundlage der allgemeinen Treupflicht in Betracht. Ein Teil der Literatur verneint gleichwohl die Anwendung der Treupflicht, selbst wenn die Entziehung der Geschäftsführungsbefugnis nachweislich im Gesellschaftsinteresse geboten ist. Die Entscheidung des einzelnen Gesellschafters stehe in seinem freien Ermessen, da die Entziehung der Geschäftsführungsbefugnis die gesellschaftsrechtlichen Grundlagen berühre und deshalb die Gesellschaftsinteressen hinter den eigenen Interessen des einzelnen Gesellschafters zurückzutreten hätten (Kollhosser Festschrift für Westermann S. 285 ff.; ders. Festschrift für Bärmann S. 534; ders. NJW 1976, 144 f.; A. Hueck Recht der OHG § 10 VII 4; ders. Festschrift für Hübner S. 87 f.; ders. ZGR 1972, 246 f.; Gogos Geschäftsführung S. 68; Düringer-Hachenburg-Flechtheim Anm. 6; kritisch auch Konzen AcP 172 (1972), 338 ff.; ebenso in der Tendenz OLG Nürnberg WM 1958, 710, 713 zu § 140 HGB). Verweigert ein Gesellschafter seine Mitwirkung, so muß nach dieser Ansicht die Klage auf Entziehung unterbleiben. Den übrigen Gesellschaftern verbleibt lediglich die Möglichkeit einer Klage auf Auflösung der Gesellschaft nach § 133 oder auf Ausschließung des unwilligen Gesellschafters nach § 140 (so Voraufl. Anm. 6 f.). Überwiegend wird hingegen auch in diesem Zusammenhang die Anwendung der Treupflicht bejaht und daraus für den Einzelfall eine Verpflichtung zur Mitwirkung anläßlich der Entziehungsklage abgeleitet (BGH NJW 1984, 173; RGZ 162, 388, 397 zur GbR; OLG Koblenz MDR 1957, 295, 296; Baumbach-Duden-Hopt Anm. 1 D; Heymann-Emmerich Anm. 12; Fischer in Großkomm Anm. 15; K. Schmidt Gesellschaftsrecht § 47 V 1 b; Westermann Handbuch Anm. 333; Zöllner Stimmrechtsmacht S. 347 f.; ders. Anpassung S. 24, 38 f.; Fischer NJW 1959, 1060; Flume Personengesellschaft S. 274; Lindacher Festschrift für Paulick S. 77; Merle ZGR 1979, 68; Nickel JuS

1977, 17; Pabst Mitwirkungspflicht S. 163; ders. BB 1977, 15, 27; Serwe Anspruch auf Mitwirkung S. 67). Nach dieser Ansicht erstreckt sich mithin die Anwendung der Treupflicht auch auf den Grundlagenbereich, so daß auch eine Pflicht zur Zustimmung zwecks Änderung des Gesellschaftsvertrages nicht ausgeschlossen ist (BGHZ 64, 253, 257 sowie 68, 81, 82 jeweils zu § 140 HGB; BGHZ 102, 172, 176; BGH NJW 1984, 173, 174).

26 Wie in anderem Zusammenhang (§ 119 Anm. 43 f.) ausführlich dargelegt worden ist, weist die Abgrenzung zwischen Gesellschafterbeschlüssen in laufenden Angelegenheiten und Gesellschafterbeschlüssen im Grundlagenbereich keine derart grundsätzliche Trennschärfe und Unterscheidungskraft auf, daß dadurch die Anwendung der Treuepflicht generell begrenzt werden könnte. Richtig ist vielmehr, daß auf die unterschiedlichen Regelungsgegenstände Rücksicht genommen werden muß und deshalb im Grundlagenbereich, also außerhalb des Bereichs der unmittelbaren Zweckförderung, die Treupflicht nur unter engen Voraussetzungen anzuerkennen ist. In diesem Zusammenhang ist zu bedenken, daß die Entziehungsklage zwar den Grundlagenbereich berührt, da sich der geschäftsführende Gesellschafter auf eine sonderrechtliche Rechtsposition berufen kann; gleichwohl ist nicht zu verkennen, daß die Geschäftsführung der unmittelbaren Zweckverfolgung dient und somit auch die personelle Besetzung der Geschäftsführung wesentlich auf die Art und Weise der Geschäftsführung ausstrahlt. Deshalb ist z.B. hinsichtlich der Intensität der Treupflicht auch zwischen der Mitwirkungspflicht anläßlich der Entziehungsklage und der Mitwirkungspflicht anläßlich der Ausschließungsklage deutlich zu unterscheiden. Kommt somit die Treupflicht in Form einer Mitwirkungspflicht anläßlich der Entziehungsklage generell in Betracht, so müssen dazu im Einzelfall die folgenden Voraussetzungen erfüllt sein. Die Mitwirkung muß objektiv im Interesse der Gesellschaft bzw. der übrigen Gesellschafter dringend geboten sein, etwa weil aus der weiteren Geschäftsführung empfindliche Nachteile drohen. Die Mitwirkung muß zudem dem Gesellschafter subjektiv und objektiv zumutbar sein, so daß ein sachlich verständiger Grund für seine Weigerung nicht ersichtlich ist (K. Schmidt Gesellschaftsrecht § 47 V S. 1025; Fischer NJW 1959, 1060). Sodann kann der betroffene Gesellschafter auf Zustimmung zur Entziehung der Geschäftsführungsbefugnis verklagt werden; das Zustimmungsurteil ersetzt nach § 894 ZPO die Mitwirkung an der Klage (BGHZ 64, 253, 259 sowie 68, 81, 82 jeweils zu § 140 HGB; BGH NJW 1984, 173; K. Schmidt Gesellschaftsrecht § 47 V 1 b; insoweit a. A. Schneider Die AG 1979, 63: Vertragsanpassung durch gestaltenden Beschluß der übrigen Gesellschafter). Demgegenüber ist die von der Gegensansicht vertretene Konfliktslösung in Form der Auflösungs- oder Ausschließungsklage unverhältnismäßig und unter Betracht der konkreten Sachproblematik von überschießender Wirkung.

d) Die Verbindung der Entziehungs- und der Mitwirkungsklage

27 Nach Ansicht des Bundesgerichtshofs und der überwiegenden Literatur ist es zulässig, die Zustimmungsklage mit der Entziehungsklage zu verbinden, so daß auch über beide Klagen gleichzeitig entschieden werden kann (BGHZ 68, 81, 83 zu § 140; NJW 1984, 173; Baumbach-Duden-Hopt Anm. 1D; Fischer in Großkomm Anm. 19; Heymann-Emmerich Anm. 13; K. Schmidt Gesellschaftsrecht § 47 V 1 b; Westermann

Handbuch Anm. 334; Erman Festschrift für Möhring S. 8; Fischer NJW 1959, 1060; Haarmann Geschäftsgrundlage S. 161 f.; Schneider ZGR 1972, 375; Semler BB 1979, 1534; Serwe Anspruch auf Mitwirkung S. 138). Die Gegenansicht (Ulmer in Großkomm § 140 Anm. 35; ders. Festschrift für Geßler S. 281 f.; Westermann-Pöllath Ausschließung S. 27; Kollhosser NJW 1976, 144; Lindacher Festschrift für Paulick S. 76 f.; Merle ZGR 1979, 67 ff.; Nickel JuS 1977, 18 f.; Pabst BB 1978, 893 ff.) stellt darauf ab, daß die für eine Klage nach § 117 erforderliche Prozeßvoraussetzung einer Beteiligung aller Gesellschafter nicht erfüllt werden könne, da die Zustimmung erst durch ein rechtskräftiges Urteil nach § 894 ZPO und damit erst nach der letzten mündlichen Verhandlung ersetzt werde. Zudem bestehe die Gefahr einer Entscheidungsdivergenz durch unterschiedliches Rechtsmittelverhalten. Deshalb sei zunächst eine rechtskräftige Entscheidung über die Mitwirkungspflicht erforderlich, um zu vermeiden, daß dieses Leistungsurteil erfolgreich angefochten wird und das Gestaltungsurteil zwischenzeitlich rechtskräftig geworden ist (dazu Westermann-Pöllath Ausschließung S. 23 ff.; Pabst BB 1978, 893 f.; Ulmer Festschrift für Geßler S. 82 f.). Um eine derartige Divergenz zu vermeiden, wird hinsichtlich der Mitwirkungspflicht auf die Notwendigkeit eines Teilurteils (Ulmer Festschrift für Geßler S. 282) oder eines Zwischenurteils analog § 280 ZPO (Nickel JuS 1977, 19; dagegen Merle ZGR 1979, 78) hingewiesen. Desweiteren wird vertreten, die beiden Verfahren als Haupt- und Zwischenstreit analog §§ 280, 302, 304, 599 ZPO zu verbinden und das Hauptverfahren über die Entziehung bis zur Rechtskraft des Mitwirkungsurteils ruhen zu lassen (Pabst BB 1978, 893 ff.). Schließlich wird auf die Möglichkeit hingewiesen, über beide Klagen gemeinsam zu verhandeln und zu entscheiden, indem die Entscheidung über die Gestaltungsklage analog §§ 280, 304 ZPO als auflösend bedingt durch die Abweisung der Mitwirkungsklage, die materielle Rechtskraft des Gestaltungsurteils als aufschiebend bedingt durch die Rechtskraft des Zustimmungsurteils behandelt wird (Merle ZGR 1979, 79 ff.; Westermann-Pöllath Ausschließung S. 27; dagegen wiederum Pabst BB 1978, 894; Lindacher Festschrift für Paulick S. 77, der von einer notwendigen Streitgenossenschaft zwischen dem von der Entziehung betroffenen Gesellschafter und dem auf Duldung der Entziehung verklagten Gesellschafter ausgeht).

Der Ansicht des Bundesgerichtshofs und der überwiegenden Literatur ist trotz der dogmatischen Bedenken, die die Gegenansicht nicht zu Unrecht geltend macht, zu folgen. Diese Bedenken müssen aus Gründen der Prozeßökonomie und des dringlichen Interesses der klagenden Gesellschafter an einem zügigen Verfahrensablauf und einer alsbaldigen Entscheidung über die Entziehung der Geschäftsführung zurückstehen (zutreffend BGHZ 68, 81, 86 zu § 140). Eine im Einzelfall verdoppelte Verfahrensdauer würde dem Sinn und Zweck der Entziehung widersprechen. Der Vorschlag, eine derartige Verfahrensdauer mittels einstweiliger Maßnahmen abzuschwächen (so Pabst BB 1978, 895), ist angesichts der durch den erheblichen Zeitablauf eintretenden faktischen Regelung unbefriedigend (ähnlich Westermann-Pöllath Ausschließung S. 27) und mit den vorläufigen Wirkungen des einstweiligen Rechtsschutzes nicht vereinbar. Freilich sind damit die Probleme einer Entscheidungsdivergenz durch unterschiedliches Rechtsmittelverhalten nicht ausgeräumt. Der Hinweis des BGH, der zur Zustimmung verurteilte Gesellschafter könne sich dem Beklagten der Entziehungsklage als Streithelfer nach § 66 ZPO anschließen (BGHZ 68, 81, 85 zu § 140), ist zwar von praktischer

Bedeutung, löst aber das theoretische Problem nicht; denn auch dadurch wird ein unterschiedliches Rechtsmittelverhalten der beklagten Gesellschafter nicht ausgeschlossen. Für diesen freilich wohl nur theoretisch relevanten Problemfall bietet die vorgeschlagene Verknüpfung der beiden Urteile über eine auflösende Bedingung eine geeignete, wenngleich ebenfalls nicht bedenkenfreie (dazu Lindacher Festschrift für Paulick S. 77: besonders mißlicher Schwebezustand) Lösung. Insgesamt ist somit der Rechtsprechung des BGH vor allem aus Gründen der Praktikabilität und der dringlichen Gesellschafterinteressen zu folgen.

29 Für die Zustimmungsklage genügt der Klagantrag eines einzelnen Gesellschafters, da es sich um einen Individualanspruch aus dem Gesellschaftsvertrag handelt (BGHZ 64, 252, 256 zu § 140; a. A. Haarmann-Holtkamp NJW 1977, 1396). Unstreitig ist, daß beide Klagen abzuweisen sind, wenn es entweder an den Voraussetzungen der Entziehungsklage fehlt oder die Zustimmungspflicht des mitverklagten Gesellschafters nicht begründet ist (BGHZ 68, 81, 84 zu § 140; Heymann-Emmerich Anm. 13).

e) **Gegen mehrere Gesellschafter**

30 Die Entziehungsklage kann grundsätzlich auch gegen mehrere Gesellschafter gleichzeitig erhoben werden, sofern nur die übrigen Gesellschafter gemeinsam als Kläger auftreten (RGZ 122, 312, 315; 146, 169, 173 sowie BGHZ 64, 253, 255 jeweils zu § 140). Umstritten ist allerdings, ob dazu weitere Voraussetzungen erforderlich sind. Verschiedentlich wird im Hinblick auf § 60 ZPO verlangt, daß es sich um den gleichen wichtigen Grund oder zumindest innerlich zusammenhängende Gründe handelt (so Voraufl. Anm. 6 sowie A. Hueck Recht der OHG § 10 VII 4). Die überwiegende Ansicht verzichtet allerdings auf einen solchen Sachzusammenhang der unterschiedlichen Entziehungsgründe (Heymann-Emmerich Anm. 14; Fischer in Großkomm Anm. 18; ders. NJW 1959, 1059; Nickel JuS 1977, 19; Pabst Mitwirkungspflicht S. 219f.; ders. BB 1978, 896). Dazu wird zutreffend darauf hingewiesen, daß dem Erfordernis der Rechtskraft gegenüber allen Gesellschaftern genügt werde, wenn alle als Kläger oder Beklagte beteiligt seien. Da zudem zu erwarten ist, daß sich die passiv betroffenen Gesellschafter abstimmen und für das jeweilige Parallelverfahren ihre Mitwirkung verweigern würden, hätte eine derartige Verfahrenstrennung unverhältnismäßige Komplikationen zur Folge, ohne daß dafür berechtigte Gesellschafterinteressen ersichtlich sind (ebenso Fischer NJW 1959, 1059).

31 Allerdings hat ein solches Kumulativverfahren zur Folge, daß die Klage gegen sämtliche Gesellschafter abzuweisen ist, wenn ein Entziehungsgrund auch nur gegenüber einem beklagten Gesellschafter fehlt (RGZ 146, 169, 174 sowie BGHZ 64, 253, 255 jeweils zu § 140; Heymann-Emmerich Anm. 14; Fischer in Großkomm Anm. 18; ders. NJW 1959, 1059; A. Hueck Recht der OHG § 10 VII 4; Pabst BB 1978, 896 mit praktischen Vorschlägen zur Vermeidung dieser Folge). In einem solchen Fall sind auf der Klägerseite nicht alle „übrigen Gesellschafter" beteiligt, nämlich derjenige nicht, gegen den die Klage unbegründet ist.

f) **Sonstige Probleme**

32 Die Klagerhebung ist an keine Frist gebunden, sie muß somit auch nicht unverzüglich erfolgen. Allerdings kann sich aus einer längeren, unmotivierten Verzögerung ergeben, daß die weitere Ausübung der Geschäftsführung für die übrigen Gesellschafter nicht unzumutbar ist, somit kein wichtiger Grund zur Abberufung besteht. Im Einzelfall kann auch die Einrede der Verwirkung nach § 242 BGB begründet sein (Heymann-Emmerich Anm. 16; Fischer in Großkomm Anm. 13).

Die Klage setzt das Bestehen einer werbenden Gesellschaft und die Stellung des **33** Abzuberufenden als eines Geschäftsführers voraus. Deshalb kommt ein Entziehungsurteil nach Auflösung der Gesellschaft nicht mehr in Betracht; die Geschäftsführungsbefugnis ist auf die Liquidatoren übergegangen.

Der betroffene Gesellschafter kann neben dem Antrag auf Abweisung Widerklage **34** auf Auflösung der Gesellschaft nach § 133 erheben. Es wäre für den beklagten Gesellschafter unzumutbar, den für ihn u.U. negativen Ausgang des Entziehungsverfahrens abzuwarten und erst anschließend die Auflösungsklage erheben zu können (A. Hueck Recht der OHG § 10 VII 9; a.A. Fischer in Großkomm Anm. 20; ders. NJW 1959, 1063 unter Hinweis auf die prozessuale Problematik). Auch umgekehrt können die übrigen Gesellschafter hilfsweise den Antrag auf Auflösung der Gesellschaft oder Ausschließung des Gesellschafters stellen (Fischer in Großkomm Anm. 20; Westermann Handbuch Anm. 217). Zum Zusammenhang zwischen Entziehungsverfahren und wichtigem Auflösungsgrund vgl. Anm. 43.

2. Durch gerichtliche Entscheidung

a) Durch rechtskräftiges Urteil

Die Entziehung erfolgt durch rechtskräftiges Gestaltungsurteil. Eine nur voläufig **35** vollstreckbare Entscheidung hat keine derartige Gestaltungswirkung (Fischer in Großkomm Anm. 23). Durch das Urteil werden die gesellschaftlichen Rechtsbeziehungen unmittelbar geändert. Liegen die Voraussetzungen des § 117 vor, ohne daß ein milderes Mittel in Betracht kommt, so muß das Gericht die Entziehung aussprechen (RGZ 122, 312, 314). Das Urteil bedarf keiner Eintragung in das Handelsregister, da es sich lediglich auf nichteinzutragende innere Verhältnisse der Gesellschaft bezieht.

b) Durch einstweilige Verfügung

Die Geschäftsführungsbefugnis kann unter den Voraussetzungen des § 117 und der **36** §§ 935, 940 ZPO durch einstweilige Verfügung vorläufig ganz oder teilweise entzogen werden (BGHZ 33, 104, 107; 86, 177, 180; Baumbach-Duden-Hopt Anm. 4A; Heymann-Emmerich Anm. 20; Fischer in Großkomm Anm. 27; Lindacher ZGR 1979, 202; Reichert-Winter BB 1988, 990; Semler BB 1979, 1534; v. Gerkan ZGR 1985, 167, 171ff.; hinsichtlich einer völligen Entziehung zurückhaltend Baur, Studien zum einstweiligen Rechtsschutz, 1967, S. 54f.). Ist die Entziehungsklage noch nicht anhängig, so muß der Antrag auf Erlaß einer einstweiligen Verfügung grundsätzlich von allen übrigen Gesellschaftern gestellt werden. Eine Ausnahme kommt angesichts des Zwecks der einstweiligen Verfügung und der nur vorläufigen Wirkung dann in Betracht, wenn einer der Gesellschafter tatsächlich verhindert ist und glaubhaft gemacht werden kann, daß er zugestimmt hätte, sofern er die Situation gekannt hätte (Fischer in Großkomm Anm. 27; Westermann Handbuch Anm. 340; A. Hueck Recht der OHG § 10 VII 7 FN. 98).

37 Nach § 938 Abs. 1 ZPO kann das Gericht alle ihm zur Erreichung des Zweckes erforderlichen Anordnungen treffen. Insbesondere kann vorläufig ein anderer Gesellschafter oder auch ein Dritter zum – im Einzelfall sogar alleinigen – Geschäftsführer der Gesellschaft bestellt werden (BGHZ 33, 105; OLG Hamm MDR 1951, 742, 743; Baumbach-Duden-Hopt Anm. 4 A; Heymann-Emmerich Anm. 20; Fischer in Großkomm Anm. 27; Flume Personengesellschaften S. 241; ders. Festschrift für Raiser S. 43 f.; Lindacher ZGR 1979, 202). Als vorläufige Regelung kann diese Abweichung von dem Grundsatz der Selbstorganschaft sachgerecht sein, wenn die Gesellschaft ohne eine solche Regelung handlungsunfähig wäre. Die dem Dritten zustehende Vergütung ist eine Gesellschaftsschuld (RGZ 22, 169, 170; ebenso Fischer in Großkomm Anm. 27). Ebenso wie hinsichtlich des Entziehungsurteils gilt auch im Rahmen der einstweiligen Verfügung das ultima-ratio-Prinzip, so daß auch eine Beschränkung der Geschäftsführungsbefugnis ausreichen und angeordnet werden kann (Semler BB 1979, 1534). Im Gegensatz zu einer endgültigen Regelung (vgl. Anm. 11 ff.) bedarf es wegen § 938 Abs. 1 ZPO keines entsprechend beschränkten Antrages.

38 Auch der von der Entziehung seiner Geschäftsführungsbefugnis bedrohte Gesellschafter kann eine einstweilige Verfügung beantragen (OLG Köln BB 1977, 464, 465; OLG Karlsruhe GmbH-Rdsch 1967, 214 zu § 38 GmbHG; Baumbach-Duden-Hopt Anm. 4a; v. Gerkan ZGR 1985, 177; Semler BB 1979, 1535). Ebenso kann im einstweiligen Verfügungsverfahren ein Streit geregelt werden, der hinsichtlich der Wirksamkeit eines nach dem Gesellschaftsvertrag zulässigen Beschlusses über die Entziehung der Geschäftsführungsbefugnis entstanden ist (OLG Koblenz MDR 1957, 294, 295; Erman Festschrift für Möhring S. 10; Semler BB 1979, 1535). Zulässig ist schließlich auch eine einstweilige Verfügung auf Zustimmung (v. Gerkan ZGR 1985, 182); diese kann wie beim Hauptsacheverfahren mit dem einstweiligen Verfügungsverfahren auf Entziehung verbunden werden (Semler BB 1979, 1534; Erman Festschrift für Möhring S. 12).

39 Der Voraussetzung des § 117 bedarf es ausnahmsweise nicht, wenn ein einzelner Gesellschafter berechtigt ist, auf Auflösung der Gesellschaft oder Ausschließung des Gesellschafters zu klagen, und eine einstweilige Verfügung auch hinsichtlich der Geschäftsführung ergehen soll, um bis zur Entscheidung der Klage in der Hauptsache das Gesellschaftsleben zu regeln (OLG Stuttgart DB 1961, 1644, 1645).

c) **Durch schiedsgerichtliche Entscheidung**

40 An die Stelle des rechtskräftigen Urteils kann ein vom Gericht nach §§ 1042 ff. ZPO rechtskräftig für vollstreckbar erklärter Schiedsspruch treten (RGZ 71, 254, 256; BayObLG WM 1984, 809, 810 zu § 133 HGB; Baumbach-Duden-Hopt Anm. 4 B; Heymann-Emmerich Anm. 17; Fischer in Großkomm Anm. 31; Düringer-Hachenburg-Flechtheim Anm. 6; a. A. Vollmer BB 1984, 1776 ff. sowie Lindacher ZGR 1979, 209, die schon die Rechtskraft des Schiedsspruchs als ausreichend anerkennen). Voraussetzung ist dafür eine entsprechende Schiedsabrede im Gesellschaftsvertrag (§§ 1025 ff. ZPO). Diese kann sowohl für die Entziehungsklage als auch für den Streit über einen vertraglich zugelassenen Entziehungsbeschluß vereinbart werden. Eilmaßnahmen nach §§ 938 ff. ZPO können allerdings stets nur durch das ordentliche Gericht angeordnet werden. Schiedsgerichte können keine einstweiligen Verfügungen i. S. der

Entziehung der Geschäftsführungsbefugnis 41–43 § 117

ZPO erlassen und zwar auch dann nicht, wenn dies im Schiedsvertrag vereinbart ist (BGH ZZP 71, 427, 436; Baumbach-Duden-Hopt Anm. 4b; Westermann Handbuch Anm. 341; Erman Festschrift für Möhring S. 12ff.; Semler BB 1979, 1533; a.A. Lindacher ZGR 1979, 212ff.). Allerdings können die Gesellschafter im Schiedsvertrag dem Schiedsgericht die Möglichkeit eröffnen, bei Verfahrensbeginn dem Gesellschafter Enthaltungspflichten bis zur vollständigen Nichtausübung der Geschäftsführungsbefugnis aufzugeben (ausführlich Erman Festschrift für Möhring S. 16ff.; H. Westermann Festschrift für Fischer S. 864f.; Baumbach-Duden-Hopt Anm. 4B).

3. Revisibilität der Entscheidung

Die gerichtliche Entscheidung über das Bestehen eines wichtigen Grundes unterliegt 41 in wesentlicher Hinsicht der tatrichterlichen Beurteilung. Deshalb ist in der Revisionsinstanz lediglich nachzuprüfen, ob der Begriff des wichtigen Grundes verkannt worden ist, ob alle Umstände des Einzelfalles berücksichtigt und ob die Grenzen des tatrichterlichen Beurteilungsspielraums gewahrt worden sind (RGZ 146, 169, 176f.; BGH WM 1977, 500, 502; kritisch dazu Fischer in Großkomm Anm. 7d).

V. Die Wirkung der Entziehung

1. Gegenüber dem betroffenen Gesellschafter

Durch die rechtskräftige Entscheidung wird dem Gesellschafter die Befugnis zur 42 Geschäftsführung entzogen. Insofern hat das Urteil lediglich eine negative Wirkung. Der Gesellschafter hat nunmehr die Rechtsstellung eines von der Geschäftsführung ausgeschlossenen Gesellschafters. Damit entfällt auch die dafür zugesagte Vergütung (Baumbach-Duden-Hopt, Anm. 1E; Fischer NJW 1959, 1062). Allerdings ist zumeist eine Änderung des Gesellschaftsvertrages erforderlich, wenn die Vergütung in Form einer besonders festgesetzten Gewinnbeteiligung bestand. Die übrigen Gesellschafter können dann auf Vertragsänderung klagen (Fischer NJW 1959, 1063; A. Hueck Recht der OHG § 10 VII 10). Schwierige Probleme können sich hingegen ergeben, wenn keine besondere Vergütung vorgesehen war und alle Gesellschafter geschäftsführungsbefugt waren. Scheidet nunmehr ein Gesellschafter wegen des Entziehungsurteils aus dem Kreis der geschäftsführungsbefugten Gesellschafter aus, so gebührt den verbleibenden Gesellschaftern ein entsprechender Vermögensvorteil. Dabei ist im Einzelfall zu entscheiden, ob sich ein solcher Anspruch schon durch Auslegung des Gesellschaftsvertrags oder nur durch dessen Änderung begründen läßt, wofür sodann eine entsprechende Zustimmungsverpflichtung des von der Geschäftsführung ausgeschlossenen Gesellschafters besteht (Fischer NJW 1959, 1063).

Hat der Gesellschafter schuldhaft den Grund für die Entziehung herbeigeführt, so ist 43 er der Gesellschaft nach § 708 BGB zum Schadensersatz verpflichtet, etwa hinsichtlich der Vergütung einer Ersatzkraft (Düringer-Hachenburg-Flechtheim Anm. 7; A. Hueck Recht der OHG § 10 VII 10). Die Entziehung kann für den betroffenen Gesellschafter einen wichtigen Grund zur Auflösung der Gesellschaft gem. § 133 darstellen (BGH LM Nr. 9 zu § 119 HGB; Heymann-Emmerich Anm. 24; Fischer NJW 1959, 1063; Westermann Handbuch Anm. 347; hinsichtlich der prozessualen Behandlung Anm. 34).

2. Gegenüber den übrigen Gesellschaftern

a) Grundsätzliche Wirkungen

44 Das Urteil greift durch die Entziehung der Geschäftsführungsbefugnis in die Grundlagen des gesellschaftlichen Rechtsverhältnisses ein. Deshalb stellt sich die Frage, ob und wie sich die Rechte und Pflichten der übrigen Gesellschafter im Hinblick auf die Geschäftsführung durch das Urteil verändern – so etwa, wenn der abberufene Gesellschafter der alleingeschäftsführungsbefugte Gesellschafter oder mit anderen Gesellschaftern gesamtgeschäftsführungsbefugt war. Die gesetzliche Regelung wird dem Vertragswillen der Gesellschafter oftmals nicht gerecht. Wird z.B. einem von zwei gesamtgeschäftsführungsbefugten Gesellschaftern die Geschäftsführungsbefugnis entzogen, so ist die gesetzliche Einzelgeschäftsführungsbefugnis offensichtlich unvereinbar mit den im Gesellschaftsvertrag geregelten Parteivorstellungen. Deshalb müssen diese vorrangig berücksichtigt werden. Somit bedarf es primär der Auslegung des Gesellschaftsvertrages, welche weitergehenden Rechtsfolgen eintreten sollen (BGHZ 51, 198, 201 = NJW 1969, 507 = LM Nr. 22 zu § 161 HGB; Baumbach-Duden-Hopt Anm. 3; Fischer in Großkomm Anm. 34). Aber auch die Vertragsauslegung führt im Beispielsfall zu keiner praktikablen Lösung. Denn grundsätzlich ist davon auszugehen, daß eine Erstarkung der im Gesellschaftsvertrag geregelten Gesamtgeschäftsführungsbefugnis zur Einzelgeschäftsführungsbefugnis gerade nicht gewollt ist (RGZ 116, 116, 117; BGHZ 41, 367, 368 f.; OLG Hamburg WM 1987, 1298, 1299; Heymann-Emmerich Anm. 22; A. Hueck Recht der OHG § 10 VII 9; Westermann Handbuch Anm. 342; Fischer NJW 1959, 1061; Flume Festschrift für Raiser S. 41). Ist somit eine Auslegung nicht möglich und der Gesellschaftsvertrag wegen der durch das Entziehungsurteil bedingten Änderungen nicht durchführbar, so bedarf es anderer Lösungen.

b) Neuregelung durch Einigung der übrigen Gesellschafter

45 Verständigen sich die übrigen Gesellschafter auf eine Neuregelung der Geschäftsführung, so kann das Gericht neben der Entziehung der Geschäftsführungsbefugnis auch über eine solche Regelung befinden. Der von der Geschäftsführung auszuschließende Gesellschafter ist kraft der Treuepflicht zu einer entsprechenden Mitwirkung verpflichtet. Das Gericht kann ihn mithin auf Verlangen der übrigen Gesellschafter zugleich zur Zustimmung verurteilen (Fischer NJW 1959, 1062; Lukes JR 1960, 42 FN. 14). Ebenso sind auch alle anderen Gesellschafter verpflichtet, einer sachgerechten und zumutbaren Neuregelung zuzustimmen.

c) Keine Einigung unter den Gesellschaftern

46 Umstritten ist die Rechtslage, wenn eine Einigung der übrigen Gesellschafter nicht zustande kommt und durch das Urteil eine Lücke in der Geschäftsführungsordnung entstehen würde. Verschiedentlich wird angenommen, daß unter diesen Umständen eine Klage auf Entziehung nicht erhoben werden könne (so Voraufl. Anm. 13; Düringer-Hachenburg-Flechtheim Anm. 10). Das Gericht dürfe kein Urteil fällen, durch welches die Ausführung des Gesellschaftsvertrages undurchführbar werden würde. Die überwiegende Auffassung bejaht gleichwohl die Zulässigkeit eines Entziehungsurteils (ausdrücklich gegen die Voraufl. BGHZ 51, 198, 202 ff.; BGHZ 33, 105, 108 zu § 127; Fischer in Großkomm Anm. 24, 33; ders. NJW 1959, 1061; Heymann-Emmerich Anm. 23; Ritter Anm. 3 a). Es sei nicht die Aufgabe des Gerichts, für die Durchführbarkeit seiner Entscheidung zu sorgen (BGHZ 51, 198, 203); vielmehr sei es allein Sache der Gesellschafter, durch Änderung des Gesellschaftsvertrages die Geschäftsführung neu zu ordnen. Ergänzend ist vor allem auf die Unbilligkeit hinzuweisen, die eine solche Entscheidungsblockade zur Folge hätte. Dadurch würde sich die Rechtsstellung des an sich ungeeigneten geschäftsführenden Gesellschafters als unangreifbar erweisen.

Allerdings kann das Urteil nur die Entziehung der Geschäftsführung aussprechen, **47** nicht aber auch eine Neuordnung im übrigen regeln. Eine solche Enthaltsamkeit gebietet die Privatautonomie der beteiligten Gesellschafter (Fischer in Großkomm Anm. 25; ders. NJW 1958, 1061 f.; A. Hueck Recht der OHG § 10 VII 9; Westermann Vertragsfreiheit S. 228). Die Privatautonomie wird hingegen dann gewahrt, wenn alle Gesellschafter einen konkreten Antrag auf Neuordnung der Geschäftsführung stellen. Ist der Gesellschaftsvertrag nach der Entziehung der Geschäftsführung undurchführbar, so besteht aufgrund der Treuepflicht eine allgemeine Mitwirkungspflicht der Gesellschafter – somit auch des seiner Geschäftsführungsbefugnis enthobenen Gesellschafters –, einer vernünftigen und sachgerechten Neuregelung zuzustimmen (OLG Koblenz MDR 1957, 295, 296; Fischer NJW 1959, 1062; Weimar JR 1977, 235; Westermann Vertragsfreiheit S. 229; a. A. Kollhosser Festschrift für Westermann S. 286 FN. 27). Eine Verbindung der Entziehungsklage mit der Klage auf Zustimmung zu einer geeigneten anderen vertraglichen Regelung ist möglich (BGHZ 51, 198, 201; Baumbach-Duden-Hopt Anm. 1 A, 3; Fischer NJW 1959, 1062; Heymann-Emmerich Anm. 23; A. Hueck Recht der OHG § 10 VII 9).

Wird die Geschäftsführungsbefugnis dem einzigen geschäftsführungsbefugten Ge- **48** sellschafter entzogen, so sind fortan alle Gesellschafter befugt, über Maßnahmen der Geschäftsführung zu entscheiden (BGHZ 51, 198, 201 f.; 33, 105, 108 zu § 127; Semler BB 1979, 1534; Fischer NJW 1959, 1062; Heymann-Emmerich Anm. 22; Westermann Handbuch Anm. 343). Darin liegt keine Gesamtgeschäftsführung; vielmehr fällt es nunmehr in die generelle Zuständigkeit aller Gesellschafter, über alle Angelegenheiten der Gesellschaft gemeinsam zu entscheiden.

Kommt eine Neuregelung nicht zustande, so kann jeder Gesellschafter nach § 133 **49** Auflösung und u. U. die Ausschließung eines sich verweigernden Gesellschafters nach § 140 verlangen. Im Rahmen eines einstweiligen Verfügungsverfahrens bedarf es keines besonderen Antrags über die vorläufige Regelung des lückenhaften Gesellschaftsverhältnisses. Im Rahmen des § 938 ZPO kann das Gericht von sich aus eine vorläufige Neuregelung vornehmen.

VI. Abweichende Regelung des Gesellschaftsvertrages

Da § 117 dispositiv ist, können im Gesellschaftsvertrag abweichende Regelungen **50** vereinbart werden. Die Entziehung der Geschäftsführungsbefugnis kann sowohl in materiell- als auch in verfahrensrechtlicher Hinsicht erschwert oder erleichtert werden. Eine derart umfassende Regelungsbefugnis entspricht der nahezu einhelligen Ansicht

(Heymann-Emmerich Anm. 25; Fischer in Großkomm Anm. 8, 9, 28; A. Hueck Recht der OHG § 10 VII 11; Westermann Vertragsfreiheit S. 216 ff.; teilweise a. A. Comes DB 1974, 2238 zum Stimmrechtsausschluß).

1. Der Entziehungsgrund

51 Im Gesellschaftsvertrag kann der wichtige Entziehungsgrund näher konkretisiert werden. Dabei können die für die Entziehung geeigneten Gründe beliebig erweitert werden. Ebenso können einzelne Tatbestände als wichtige Gründe ausgeschlossen werden (Baumbach-Duden-Hopt Anm. 5 a; Westermann Vertragsfreiheit S. 218). Umstritten ist, ob die Entziehung gänzlich ausgeschlossen werden kann, so daß nur die Möglichkeit einer Ausschließung nach § 140 oder der Auflösung nach § 133 verbleibt. Eine derart weitreichende Regelungsbefugnis wird in der Literatur nahezu einhellig bejaht (Baumbach-Duden-Hopt Anm. 5A; Heymann-Emmerich Anm. 25; Fischer in Großkomm Anm. 9; ders. NJW 1959, 1060 f.; A. Hueck Recht der OHG § 10 VII 11 a; Gogos Geschäftsführung S. 67; Westermann Vertragsfreiheit S. 219; einschränkend H. Westermann Handbuch Anm. 354 f.). Nur vereinzelt wird eine solche Regelung abgelehnt (wohl RG HRR 1940 Nr. 1074; Düringer-Hachenburg-Flechtheim Anm. 3). Im Grundsatz bestehen gegen eine derartige Regelungsbefugnis keine Bedenken. Allerdings sind dabei nicht nur die §§ 138, 242 BGB zu berücksichtigen, sondern auch im Einzelfall zu prüfen, ob die Berufung auf diese Ausschlußregelung mit der gesellschaftsrechtlichen Treupflicht vereinbar ist. Das ist zu verneinen, wenn die Regelung den übrigen Gesellschaftern nur die Alternative beläßt, den offensichtlich ungeeigneten Geschäftsführer zu tolerieren oder die Gesellschaft aufzulösen, weil eine Ausschließung wegen der konkreten Abfindung im Einzelfall nicht aufgebracht werden kann. – Zur Regelung einer Abberufung ohne wichtigen Grund vgl. Anm. 53.

2. Das Verfahren

52 Im Gesellschaftsvertrag kann desweiteren vorgesehen werden, daß für die Klagerhebung ein einfacher oder qualifizierter Mehrheitsbeschluß der Gesellschafter genügen soll (BGHZ 102, 172, 176; Heymann-Emmerich Anm. 26; Fischer in Großkomm Anm. 29; A. Hueck Recht der OHG § 10 VII 11b). Dann müssen freilich wegen der notwendigen Rechtskrafterstreckung auch alle übrigen Gesellschafter als Kläger auftreten (Fischer in Großkomm Anm. 29; Schneider ZGR 1972, 374; A. Hueck Recht der OHG § 10 VII 11b FN. 123). Die überstimmten Gesellschafter sind verpflichtet, bei dieser Klagerhebung mitzuwirken (Fischer in Großkomm Anm. 29; ders. NJW 1959, 1059 f.; Schneider ZGR 1972, 374). Desweiteren kann im Gesellschaftsrecht vereinbart werden, daß an die Stelle der gerichtlichen Gestaltung ein Beschluß der Gesellschafter mit einfacher oder qualifizierter Mehrheit treten soll (BGHZ 86, 177, 170; BGH LM Nr. 6 zu § 140 HGB; BGH LM Nr. 9 zu § 119 HGB; Baumbach-Duden-Hopt Anm. 5B; Fischer in Großkomm Anm. 28; Schneider ZGR 1972, 375). Der Entziehungsbeschluß hat dann seinerseits rechtsgestaltende Wirkung. Diese tritt schon im Augenblick der Beschlußfassung und nicht erst mit Mitteilung an den betroffenen Gesellschafter ein (BGHZ 86, 177, 180 „sofort wirksam"; a. A. wohl BGHZ 31, 295, 301 zu § 140 HGB; Vollmer BB 1984, 1775). Die nachfolgende Gerichtsentscheidung hat sodann nur deklaratorische Bedeutung, indem sie feststellt, ob nach den Regelungen des Gesellschaftsvertrags ein wichtiger Grund zur Entziehung vorlag und die Formalien gewahrt waren. Als solche kann sie nicht ausgeschlossen werden; denn darin würde ein unzulässiger Verzicht auf den Rechtsweg liegen (BGHZ 31, 295, 299 zu § 140 HGB). Eine solche Feststellungsklage kann sowohl von dem betroffenen Gesellschafter als auch von den übrigen Gesellschaftern erhoben werden; diese können hilfsweise die Entziehung nach § 117 beantragen – so wenn über die Wirksamkeit der Beschlußregelung Zweifel bestehen. Für eine solche Feststellungsklage ist es nicht erforderlich, daß alle Gesellschafter beteiligt sind (BGH LM Nr. 6 zu § 140 HGB). Das die Unwirksamkeit des Entziehungsbeschlusses feststellende Urteil hat hinsichtlich der Geschäftsführung nur ex-nunc-Wirkung (Vollmer BB 1984, 1776). Hinsichtlich der mit der Ausübung der Geschäftsführung verbundenen Rechte des Gesellschafters, insbesondere seines Vergütungsanspruchs, kommt jedoch eine ex-tunc-Wirkung in Betracht.

53 Schließlich ist nach überwiegender Ansicht auch eine Vereinbarung zulässig, daß ein Gesellschafter aufgrund eines einfachen oder qualifizierten Mehrheitsbeschlusses ohne besonderen Grund abberufen werden kann (BGH LM Nr. 9 zu § 119 HGB; RG HRR 1940 Nr. 1074; Baumbach-Duden-Hopt Anm. 5B; A. Hueck Recht der OHG § 10 VII 11b; ders. Gesellschafterbeschlüsse S. 720 f.; einschränkend Ritter Anm. 5). Gegen eine derartige Regelungsbefugnis bestehen keine grundsätzlichen Bedenken. Die nunmehr in der Rechtsprechung und der Literatur vertretene Restriktion eines freien Ausschließungsrechts (dazu § 140 Anm. 77 ff.) kommt in diesem Zusammenhang nicht in Betracht, da der Verlust der Gesellschafterstellung ungleich schwerer wiegt als der Verlust der Geschäftsführerstellung. Freilich ist nicht zu verkennen, daß auch mit diesem Verlust erhebliche Nachteile, insbesondere in berufsrechtlicher Hinsicht verbunden sein können. Demgegenüber sind jedoch die berechtigten Interessen der Gesellschafter an einer flexiblen Bestellungspolitik hinsichtlich ihrer Geschäftsführung zu berücksichtigen. Gesetzliches Vorbild dafür ist § 38 GmbHG, der die jederzeitige Widerruflichkeit der Bestellung eines Geschäftsführers vorsieht. Deshalb kann eine vergleichbare Regelung im Gesellschaftsvertrag einer OHG nicht generell als unzulässig beurteilt werden. Die entgegenstehenden Interessen der geschäftsführenden Gesellschafter können gleichwohl im Rahmen der §§ 138, 242 BGB jedenfalls grobmaschig berücksichtigt werden. Neben dieser allgemeinen Vertragskontrolle kommt aber noch eine besondere Ausübungskontrolle hinzu. Auch die Ausübung dieses freien Abberufungsrechts steht unter dem rechtlichen Vorbehalt der gesellschaftsrechtlichen Treupflicht. Somit darf von diesem Recht nicht aus sachwidrigen Gründen Gebrauch gemacht werden, und es müssen die berechtigten Interessen des abzuberufenden Gesellschafters angemessen berücksichtigt werden. Mit dieser Einschränkung ist auch im Einzelfall ein normativer Kompromiß erreichbar, der dem geschäftsführenden Gesellschafter einen angemessenen Interessenschutz beläßt.

54 Ebenso können im Gesellschaftsvertrag erschwerende Verfahrenselemente vereinbart werden, wie etwa ein zusätzlicher Gesellschafterbeschluß oder eine Vorprüfung durch einen Schiedsgutachter (Baumbach-Duden-Hopt Anm. 5A). Die Abberufungskompetenz kann den Gesellschaftern auch gänzlich entzogen und auf einen Beirat übertragen werden (RG HRR 1940 Nr. 1074; Heymann-Emmerich Anm. 26; Erman Festschrift für Möhring S. 6 zu FN. 10 und S. 9 zu FN. 17; differenzierend Voormann

Beirat S. 96). Sofern allerdings der Beirat überwiegend mit Personen besetzt ist, die nicht Gesellschafter sind, bestehen ebenso Bedenken wie gegenüber einem Abberufungsrecht, das ausschließlich einem Dritten zustehen soll (a. A. Heymann-Emmerich Anm. 26). Die unbeschränkt haftenden Gesellschafter können sich angesichts der grundsätzlichen Bedeutung einer ordnungsgemäßen Geschäftsführung für ihre Vermögensinteressen nicht einem derart weitreichenden Fremdeinfluß unterwerfen.

55 Genügt nach dem Gesellschaftsvertrag ein Abberufungsbeschluß, so ist der passiv betroffene Gesellschafter von der Ausübung seines Stimmrechts eben wegen dieser persönlichen Betroffenheit ausgeschlossen (BGHZ 102, 172, 176 zur GbR). Im übrigen sind die anderen Gesellschafter aufgrund ihrer Treupflicht zur Zustimmung verpflichtet, sofern ein wichtiger Grund vorliegt. Wird dieser Zustimmungspflicht nicht entsprochen, so ist dieses Verhalten mißbräuchlich und braucht anläßlich der Abstimmung nicht berücksichtigt zu werden (BGHZ 102, 172, 176 zur GbR; Heymann-Emmerich Anm. 27).

VII. Niederlegung der Geschäftsführung

56 Sofern der Gesellschaftsvertrag eine entsprechende Regelung enthält oder die übrigen Gesellschafter damit einverstanden sind, kann die Geschäftsführung jederzeit niedergelegt werden. Im übrigen kommt nach § 105 Abs. 2 die Anwendung des § 712 Abs. 2 BGB in Betracht. Danach kann der Gesellschafter die ihm vertraglich eingeräumte Geschäftsführung kündigen, wenn ein wichtiger Grund vorliegt. Diese Regelung ist auch anzuwenden, wenn dem Gesellschafter die gesetzliche Geschäftsführungsbefugnis nach § 114 Abs. 1 zusteht (so auch Baumbach-Duden-Hopt Anm. 6A; Wieland I S. 575; A. Hueck Recht der OHG § 10 VII 12; Gogos Geschäftsführung S. 69 f.; K. Schmidt DB 1988, 2241 m. N. zur Gegenansicht in FN. 3, 4; Weimar JR 1977, 235; einschränkend Ritter Anm. 6). Entsprechend dem gesetzlichen Entziehungsverfahren muß es umgekehrt nach Sinn und Zweck dieser Regelung auch dem Gesellschafter gestattet sein, seinerseits die ihm gesetzlich eingeräumte Geschäftsführungsbefugnis zu kündigen (ebenso Fischer in Großkomm Anm. 37). Zudem ist es für den Gesellschafter ohne Belang, ob er seine Befugnisse zur Geschäftsführung aus der gesetzlichen oder vertraglichen Regelung ableitet (K. Schmidt DB 1988, 2241, der seinerseits die Ansicht vertritt, daß der Gegenstand der Kündigung nicht die Geschäftsführung, sondern die Geschäftsführungspflicht des Gesellschafters sei).

57 Die Kündigung ist nur zulässig, wenn schwerwiegende Gründe die Niederlegung rechtfertigen; denn dem Recht zur Geschäftsführung entspricht andererseits auch eine Pflicht zur Geschäftsführung. Einer solchen Pflicht kann sich der Gesellschafter aber grundsätzlich nicht einseitig entziehen. Ein schwerwiegender wichtiger Grund kommt insbesondere in Betracht, wenn zuvor ein Teilentziehungsurteil ergangen ist (dazu Anm. 11 ff.). Es ist dem Gesellschafter grundsätzlich nicht zuzumuten, unter anderen als den vereinbarten Konditionen eine nunmehr beschränkte Geschäftsführung auszuüben. Somit besteht grundsätzlich ein wichtiger Grund zur Niederlegung (OGHZ 1, 33, 39; A. Hueck Recht der OHG § 10 VII 8). Anders ist ausnahmsweise dann zu entscheiden, wenn es sich nur um einen geringfügigen Eingriff handelt. Weiterhin sind folgende Gründe anzuerkennen: Unheilbare Zerstörung des Vertrauensverhältnisses (Fischer in Großkomm Anm. 37) sowie besondere persönliche Gründe wie etwa Krankheit oder fortgeschrittenes Alter (Weimar JR 1977, 235 unter Hinweis auf die Ruhestandsregelung für Angestellte und Beamte).

Eine solche Kündigung ändert, wie die Entziehung der Geschäftsführungsbefugnis, **58** das gesellschaftsrechtliche Rechtsverhältnis der Gesellschafter untereinander. Es bedarf somit auch in diesen Fällen der Anpassung. Sofern dem Gesellschafter mit Rücksicht auf seine Geschäftsführung besondere Rechte eingeräumt worden sind, ein festes Entgelt oder eine erhöhte Gewinnbeteiligung, entfallen diese nunmehr (Fischer in Großkomm Anm. 40). Für die Kündigung gelten im übrigen die Regelungen des § 671 Abs. 2 und 3 BGB. Die Kündigung erfolgt durch empfangsbedürftige Kündigungserklärung. Diese wird wirksam, wenn sie den übrigen Gesellschaftern zugeht. Ein späteres Urteil über die Niederlegung hat lediglich feststellende Bedeutung.

Das Recht zur Niederlegung kann durch den Gesellschaftsvertrag beliebig erweitert **59** werden. Einer Beschränkung stehen allerdings die §§ 712 Abs. 2, 671 Abs. 3 BGB entgegen (Baumbach-Duden-Hopt Anm. 6C). Der Gesellschaftsvertrag kann auch eine Konkretisierung der geeigneten Niederlegungsgründe vorsehen. Ebenso sind Verfahrensregelungen möglich wie z.B. Kündigungsfristen.

118 (1) Ein Gesellschafter kann, auch wenn er von der Geschäftsführung ausgeschlossen ist, sich von den Angelegenheiten der Gesellschaft persönlich unterrichten, die Handelsbücher und die Papiere der Gesellschaft einsehen und sich aus ihnen eine Bilanz und einen Jahresabschluß anfertigen.

(2) Eine dieses Recht ausschließende oder beschränkende Vereinbarung steht der Geltendmachung des Rechtes nicht entgegen, wenn Grund zu der Annahme unredlicher Geschäftsführung besteht.

Schrifttum: *Biermeier-Bongen-Renaud*, Informationsrechte der Gesellschafter bei Betriebsaufspaltungen, GmbHRdsch 1988, 169; *Fischer*, Die Grenzen bei der Ausübung gesellschaftlicher Mitgliedschaftsrechte, NJW 1954, 777; *ders.*, Die Entziehung der Geschäftsführungs- und Vertretungsbefugnis in der OHG, NJW 1959, 1057; *Goerdeler*, Die Zuziehung von Sachverständigen bei der Einsicht in die Bücher, Festschrift für Walter Stimpel (1985), S. 125; *ders.*, Das allgemeine Informationsrecht des Kommanditisten in bezug auf den Jahresabschluß, Festschrift für A. Kellermann (1991), S. 77; *Grunewald*, Zum Informationsrecht in der GmbH & Co. KG, ZGR 1989, 545; *Hepting*, Die Personengesellschaft als Konzernobergesellschaft: Informationsrechte des außenstehenden Gesellschafters, Festschrift für Pleyer (1986), S. 301; *Hirte*, Die Ausübung der Informationsrechte von Gesellschaftern durch Sachverständige, BB 1985, 2208; *Huber*, Das Auskunftrecht des Kommanditisten, ZGR 1982, 539; *Kort*, Das Informationsrecht des Gesellschafters der Konzernobergesellschaft, ZGR 1987, 46; *Schiessl*, Die Informationsrechte der Personenhandelsgesellschaft im Lichte der GmbH-Novelle, GmbHRdsch 1985, 109; *K. Schmidt*, Informationsrechte in Gesellschaften und Verbänden (1984); *Schneider*, Die Auskunfts- und Kontrollrechte des Gesellschafters in der verbundenen Personengesellschaft, BB 1975, 1353; *Wischenbart*, Informationsbedarf und Informationsrecht im Gesellschaftsrecht unter vergleichender Berücksichtigung des österreichischen Rechts (1986); *Wohlleben*, Informationsrechte des Gesellschafters (1989).

Inhalt

	Anm.		Anm.
I. Normzweck	1–3	a) Durch gesetzliche Vertreter	22
II. Normadressaten	4–7	b) Durch Bevollmächtigte	23
1. Berechtigte Personen	4	c) Unterstützung durch Dritte	24
2. Verpflichtete Personen	6	d) Kontrollrecht des Zessionars	27
3. Zeitlicher Anwendungsbereich	7	e) Informationsrechte bei der Treuhand	28
III. Inhalt des Informationsrechts	8–17	4. Zeit und Ort der Einsichtnahme	29
1. Angelegenheiten der Gesellschaft	8	5. Kostentragung	30
2. Das Recht auf Einsicht in die Unterlagen	9	V. Abweichende Vereinbarung	31–34
3. Anfertigung von Auszügen und Kopien	13	1. Grundsätzliche Dispositivität	31
4. Das Auskunftsrecht	14	2. Zwingender Mindestbestand (Abs. 2)	33
IV. Ausübung des Informationsrechts	18–30	VII. Sonstige Informationsansprüche	35–39
1. Eigennützigkeit und Ausübungsschranken	18	1. Vorlegungspflicht	35
2. Ausübung durch die Gesellschafter	20	2. Einsichtsrecht nach § 810 BGB	36
3. Ausübung durch Dritte	21	3. Informationsrecht nach § 242 BGB	38
		4. Rechnungslegung	39
		VIII. Prozessuale Probleme	40–42

I. Normzweck

1 Nach dieser Vorschrift steht jedem, also auch dem von der Geschäftsführung ausgeschlossenen Gesellschafter das uneingeschränkte Recht auf persönliche Unterrichtung über alle Angelegenheiten der Gesellschaft zu. Dieses umfassende Informationsrecht ist ein mitgliedschaftliches Grundrecht, das in freilich unterschiedlichem Umfang in allen Rechtsformen anerkannt wird – so in §§ 716 BGB (GbR), 166 HGB (KG), 233 HGB (stille Gesellschaft), 131 AktG (AG) und 51a GmbHG (GmbH). Alle diese Informationsrechte verfolgen den Zweck, dem Gesellschafter die erforderlichen Kenntnisse zu vermitteln, damit er die ordnungsgemäße und wirtschaftlich ertragreiche Verwendung seines investierten Kapitals beurteilen kann. Besonders vordringlich ist dieses Informationsrecht, wenn das Kapitalinvestment vor allem in der Übernahme der unbeschränkten Haftung liegt. Da der Gesellschafter mit allen Verbindlichkeiten der Gesellschaft belastet wird, muß er stets in alle Unterlagen der Gesellschaft Einblick nehmen können, um so die Geschäftsrisiken der Gesellschaft und damit seine eigenen Vermögensrisiken abschätzen zu können. Deshalb ist dem Gesellschafter einer OHG ein umfassendes Recht auf Selbstinformation eingeräumt worden, mit dem er grundsätzlich jederzeit alle verfügbaren Unterlagen einsehen kann.

2 Allerdings erschöpft diese Deutung des Informationsrechts als eines Grundrechts seinen Funktionsgehalt noch nicht. Es ist zugleich Annexrecht der mitgliedschaftlichen Verwaltungsrechte, so vor allem des Stimmrechts, das ohne Kenntnis aller für die anstehende Entscheidung relevanten Umstände nicht sachverständig ausgeübt werden kann. An einer derart sachverständigen Ausübung des Stimmrechts oder anderer Verwaltungsrechte besteht nicht nur ein Interesse des berechtigten Gesellschafters, sondern auch aller anderen Gesellschafter. Deshalb kommt dem Informationsrecht in den Gesellschaften zugleich eine objektive Funktion i.S. einer Optimierung des individuellen Entscheidungsverhaltens zu. Diese funktionale Verklammerung zwischen Informationsrecht und Verwaltungsrecht erhellt nicht nur das theoretische Sinnverständnis über das Informationsrecht, sondern hat auch praktische Bedeutung. Ist nämlich das Informationsrecht funktionaler Bestandteil der Verwaltungsrechte, dann kann darüber nicht nach freiem Belieben disponiert werden. Auch wenn der Gesetzgeber wie in § 118 Abs. 2 den unverzichtbaren informationellen Mindestschutz relativ eng gezogen hat, so bestehen doch gleichwohl immanente Grenzen, die einen weitergehenden Informationsschutz garantieren. Sofern nämlich die mitgliedschaftlichen Verwaltungsrechte nicht mehr sachverständig ausgeübt werden können, weil das Informationsrecht auf das gesetzlich zwingende Minimum reduziert worden ist, ist eine derart einschränkende Regelung unbeachtlich. Sie verstößt gegen die den Verwaltungsrechten immanenten Grenzen, die sich aus ihrer Funktion als zweckgebundene Teilhaberechte ergeben. Auf diese Weise sind die Informationsrechte mithin eingebunden in alle Entscheidungsprozesse innerhalb der Gesellschaft.

Ergänzt wird dieses individuelle Informationsrecht durch die Auskunfts- und Rechenschaftspflicht der geschäftsführenden Gesellschafter (§§ 105 Abs. 2 HGB, 713, 666 BGB). Diese Pflichten folgen aus der Rechtsstellung der geschäftsführenden Gesellschafter und sind gegenüber der Gesamtheit aller Gesellschafter zu erfüllen. Diese Auskunfts- und Rechenschaftspflicht steht somit außerhalb der individuellen Mitgliedschaft, ist vielmehr Bestandteil der zwischen den geschäftsführenden Gesellschaftern und allen übrigen Gesellschaftern bestehenden Rechtsbeziehungen (in der von K. Schmidt Informationsrechte S. 15 ff. entwickelten Terminologie: kollektives Informationsrecht).

II. Normadressaten

1. Berechtigte Personen

Dieses allen Gesellschaftern zustehende Kontrollrecht entfällt mit Beendigung der Mitgliedschaft. Nach diesem Zeitpunkt kann es selbst dann nicht mehr ausgeübt werden, wenn sich das Informationsinteresse auf Geschäftsvorfälle aus der Zeit der Gesellschaftszugehörigkeit erstreckt (RGZ 117, 332, 333; BGH LM Nr. 1 zu § 740 BGB; WM 1961, 1329; WM 1968, 1245; WM 1988, 1447, 1448 zu § 51a GmbHG; WM 1989, 878, 879 zu § 166 unter Hinweis auf die OHG; BayObLG BB 1987, 711, 712 zu § 166 HGB; Baumbach-Duden-Hopt, Anm. 3 A, anders jedoch Anm. 1 A; Düringer-Hachenburg-Flechtheim Anm. 1; Fischer in Großkomm Anm. 3, 16; A. Hueck Recht der OHG § 12 3 FN. 7; Westermann Handbuch Anm. 438; K. Schmidt Informationsrechte S. 26 f.; Wohlleben Informationsrechte S. 63). Die verschiedentlich vertretene Gegenansicht wird mit dem Hinweis auf die besondere Bedeutung und die rechtliche Rangstellung dieses Informations- und Kontrollrechts begründet (OLG Hamburg MDR 1961, 325; OLG Hamm OLGZ 1970, 388, 393, beide zu § 166 HGB und unter Außerachtlassung von § 810 BGB; Heymann-Emmerich Anm. 4). Diese Ansicht vermag jedoch nicht zu überzeugen. Sie verkennt insbesondere, daß der vormalige Gesellschafter nunmehr keiner Pflichtbindung unterliegt, insbesondere keiner Verschwiegenheitspflicht und auch nicht dem Wettbewerbsverbot. Somit ist es der Gesellschaft unzumutbar, Einsicht in alle nach dieser Vorschrift verfügbaren Unterlagen zu gewähren. Zudem besteht die Möglichkeit, streitrelevante Unterlagen und ergänzende Auskünfte nach §§ 242, 810 BGB sowie die Vorlegung der Handelsbücher nach §§ 258 ff. HGB zu verlangen (BGH WM 1989, 878, 879). Da § 810 BGB von der Rechtsprechung relativ großzügig zugunsten der berechtigten Partei ausgelegt wird (Schlegelberger-Martens § 166 Anm. 14, 48 m.w.N.), besteht ohnehin kein wesentlicher Unterschied zur Regelung des § 118. Da somit dieses gesellschaftsrechtliche Informationsrecht im Zeitpunkt des Ausscheidens aus der Gesellschaft entfällt, ist der vormalige Gesellschafter in einem schon anhängigen Prozeß nicht mehr aktiv legitimiert. Die Gesellschaftsinteressen sind unabhängig vom Zeitpunkt der Klagerhebung mit dem Ausscheiden aus der Gesellschaft und der damit verbundenen Beendigung der Pflichtenstellung gefährdet (dazu Schlegelberger-Martens § 166 Anm. 24, 32; ebenso Wohlleben Informationsrechte S. 63 FN. 36; a.A. OLG Hamm OLGZ 1970, 388, 393; Schilling in Großkomm § 166 Anm. 10).

5 Auch im Fall der Erbfolge geht das Informationsrecht nicht auf den Erben über, wenn dieser nicht nach § 139 Gesellschafter wird (RGZ 170, 392, 395; OGHZ 4, 39, 42 ff.; Fischer in Großkomm Anm. 3, 17; A. Hueck Recht der OHG § 12 3; a.A. Heymann-Emmerich Anm. 4). Allerdings stehen dem Erben Ansprüche aus § 810 BGB zur Überprüfung seines Abfindungsanspruchs zu. Beruht jedoch die Beendigung der Mitgliedschaft auf der Beendigung der Gesellschaft, so sind die Gesellschafter und deren Erben gleichwohl zur Einsichtnahme und Benutzung der Bücher und Papiere berechtigt (§ 157 Abs. 3).

2. Verpflichtete Personen

6 Das Informationsrecht richtet sich in erster Linie gegen die Gesellschaft (BGH WM 1955, 1585, 1586; WM 1962, 883; OLG Celle WM 1983, 741, 742; Baumbach-Duden-Hopt Anm. 1C; Heymann-Emmerich Anm. 3; A. Hueck Recht der OHG § 12 3; K. Schmidt Informationsrechte S. 65; a.A. RGZ 170, 392, 395; DR 1944, 245, 246; OLG Köln OLGZ 1967, 362, 363; OLG Hamm DB 1970, 43; Schilling in Großkomm § 166 Anm. 6). Dieser Anspruch ist durch die geschäftsführenden Gesellschafter zu erfüllen (BGH WM 1962, 883). Aus Gründen der Praktikabilität wird zudem ein unmittelbarer Anspruch gegenüber den geschäftsführenden Gesellschaftern anerkannt (BGH WM 1955, 1585, 1586; WM 1962, 883; WM 1983, 910, 911 = LM Nr. 3 zu § 118 HGB; Baumbach-Duden-Hopt Anm. 1C; Heymann-Emmerich Anm. 3; A. Hueck Recht der OHG § 12 3; K. Schmidt Informationsrechte S. 65, 70 f.; ausführliche Problembehandlung bei Wohlleben Informationsrechte S. 140 f.). Im Einzelfall ist nicht ausgeschlossen, daß auch die anderen Gesellschafter in Anspruch genommen werden – so wenn die Einsichtnahme in Privatbücher ausnahmsweise zulässig ist (dazu Anm. 11) und sich diese im Besitz eines anderen Gesellschafters befinden.

3. Zeitlicher Anwendungsbereich

7 Das Informationsrecht kann auch während der Liquidation uneingeschränkt ausgeübt werden (RGZ 148, 278, 280 zu § 716 BGB; BGH BB 1970, 187 zu § 716 BGB; OLG Celle BB 1983, 1450 zu § 166 HGB; BayObLG BB 1987, 2184 zu § 166 HGB;

Baumbach-Duden-Hopt Anm. 1 A; K. Schmidt Informationsrechte S. 26; Wohlleben Informationsrechte S. 64). Auch nach Beendigung der Liquidation bleibt das Informationsrecht erhalten (§ 157 Abs. 3).

III. Inhalt des Informationsrechts

1. Angelegenheiten der Gesellschaft

Das Informationsrecht umfaßt die Befugnis, sich über alle gewöhnlichen und außergewöhnlichen Angelegenheiten der Gesellschaft zu unterrichten. Dazu gehören neben bilanzierungspflichtigen Tatbeständen, Geschäftsverbindungen und Geschäftsplänen auch Informationen über die Verbindlichkeiten, die steuerlichen Verhältnisse der Gesellschaft sowie Informationen über die gegenwärtige Gewinnsituation, die zukünftige Gewinnerwartung (OLG Hamm NJW 1986, 1693, 1694), die öffentlich-rechtlichen Verpflichtungen der Gesellschaft und die Anlage des Gesellschaftsvermögens (dazu im einzelnen K. Schmidt Informationsrechte S. 33 sowie Wohlleben Informationsrechte S. 99 ff. beide m.w.N.). Da der Begriff der „Angelegenheiten der Gesellschaft" auch in anderen Vorschriften über gesellschaftsrechtliche Informationsrechte (§§ 716 BGB, 131 Abs. 1 AktG, 51a Abs. 1 GmbHG) verwendet wird, kann dazu auch auf die Kommentierung zu diesen Parallelvorschriften verwiesen werden. Insgesamt wird in Literatur und Rechtsprechung ein extensives Begriffsverständnis vertreten. Danach zählen zu den Angelegenheiten der Gesellschaft grundsätzlich auch etwaige Konzernbeziehungen der Gesellschaft (BGHZ 25, 115, 118; WM 1983, 910, 911; WM 1984, 807 zu § 338 HGB a.F.; ähnlich OLG Hamm NJW 1986, 1693, 1694; OLG Köln ZIP 1985, 800, 804; ausführlich dazu Schlegelberger-Martens § 166 Anm. 47 ff. m.w.N. sowie § 105 Anh. Anm. 20 ff.). Freilich richtet sich auch dann das Informationsrecht nur gegen die eigene Gesellschaft bzw. deren Gesellschafter, nicht jedoch unmittelbar gegen die andere Konzerngesellschaft. Zudem ist zu bedenken, daß das Informationsrecht durch die berechtigten Interessen der anderen Konzerngesellschaft und ihrer Gesellschafter begrenzt wird (BGH WM 1983, 910, 911; WM 1984, 807, 808; Wohlleben Informationsrechte S. 107). Die Einsichtnahme in Unterlagen der herrschenden Gesellschaft ist dem Gesellschafter einer abhängigen Gesellschaft grundsätzlich verwehrt, da auch die eigene Gesellschaft über keinen Anspruch bzw. keinen Einfluß auf Vorlage derartiger Unterlagen verfügt.

2. Das Recht auf Einsicht in die Unterlagen

Das allgemeine Recht, sich von den Angelegenheiten der Gesellschaft persönlich zu unterrichten, besteht vor allem in dem Recht, die Handelsbücher und die Papiere der Gesellschaft einzusehen. Des weiteren folgt aus diesem Unterrichtungsrecht das Recht, die Geschäftsräume betreten zu dürfen sowie die Anlagen, Einrichtungen sowie Waren- und Kassenbestände der Gesellschaft zu besichtigen (ebenso Fischer in Großkomm Anm. 6; Wohlleben Informationsrechte S. 128 m.w.N.), nicht aber die Befragung des Personals der Gesellschaft. Dieses Einsichtsrecht bietet dem Gesellschafter die Möglichkeit einer umfassenden Kontrolle in allen Angelegenheiten der Gesellschaft. Art und

Umfang der benötigten Informationsquellen liegen in seiner freien Entscheidung. Insofern reicht dieses Einsichtsrecht wegen der Unmittelbarkeit der Informationsbeschaffung in seiner Kontrollfunktion weit über das Auskunftsrecht hinaus (so richtig Wohlleben Informationsrechte S. 123 f.).

10 Zu den Handelsbüchern und den Papieren der Gesellschaft gehören alle Bücher und Papiere, die über Geschäftsvorgänge der Gesellschaft Auskunft geben, also auch Verträge, Korrespondenzen und Aktenvermerke (BGHZ 25, 115, 120; Baumbach-Duden-Hopt Anm. 1 B; Fischer in Großkomm Anm. 7; ausführlich Wohlleben Informationsrechte S. 113 ff.). Im Rahmen der zunehmenden Technisierung der Informationsverarbeitung werden die Geschäftsvorgänge und die Rechnungslegung immer häufiger mit elektronischen und fotomechanischen Hilfsmitteln der Datenverarbeitung und Datenspeicherung durchgeführt. Auch diese neuartigen Datenträger, die anstelle oder in Ergänzung der „Handelsbücher und Papiere" getreten sind, werden von dem Informationsrecht dieser Vorschrift erfaßt (ebenso Wohlleben Informationsrechte S. 116 m. w. N.). Deshalb ist die Gesellschaft verpflichtet, dem Gesellschafter die gespeicherten Daten zugänglich zu machen. Dazu dienen entsprechende Ausdrucke oder die Darstellung der Daten auf einem Bildschirm der Gesellschaft. Hingegen wird ein Anspruch auf unmittelbaren Zugang durch Einrichtung eines eigenen Bildschirmgeräts zu Recht verneint (Zöllner in Baumbach-Hueck GmbHG § 51 a Anm. 18; Wohlleben Informationsrechte S. 117). Eine solche individuelle Verfügbarkeit aller unternehmensrelevanten Daten läßt sich dem § 118 nicht entnehmen. Sie wäre für die Gesellschaft untragbar, weil sodann ein Mißbrauch durch unbefugte Personen nicht mehr kontrollierbar wäre. Im übrigen hat der Gesetzgeber grundsätzlich nur ein Einsichtsrecht in den Räumen der Gesellschaft vorgesehen, nicht aber das Recht, jederzeit in beliebigem Umfang auf diese Informationen zugreifen zu können. Andererseits ist freilich nicht zu verkennen, daß die Gesellschaft auf diese Weise den unmittelbaren Informationszugang nicht unerheblich erschwert. Deshalb ist es in solchen Fällen geboten, den Gesellschafter durch sachverständige Personen seines Vertrauens angemessen zu unterstützen.

11 Sofern Geschäftsvorgänge nicht in Gesellschaftsbüchern, sondern in Privatbüchern einzelner Gesellschafter aufgezeichnet sind, müssen auch diese vorgelegt werden (RGZ 103, 71, 73; BGH BB 1970, 187 zu § 716 BGB; WM 1982, 1403; OLG Köln ZIP 1985, 800, 804 f. zur GmbH hinsichtlich Geschäftsunterlagen der Tochtergesellschaft, die auch bei der Mutter geführt werden müßten; Baumbach-Duden-Hopt Anm. 1 B; Fischer in Großkomm Anm. 7; ausführlich Wohlleben Informationsrechte S. 119 f.). Den Privatbüchern kommt dann die Funktion von Gesellschaftsbüchern zu, so daß es treuwidrig wäre, dem Gesellschafter die Einsichtnahme zu verwehren. Das gilt auch für den Fall, daß das zugrunde liegende Geschäft gegen § 112 verstößt, aber nach § 113 als für Rechnung der Gesellschaft eingegangen gilt. Sodann können auch die entsprechenden Privataufzeichnungen eingesehen werden (OLG Hamburg OLGE 16, 90, 91; Fischer in Großkomm Anm. 7; Heymann-Emmerich Anm. 13). Dabei beschränkt sich das Recht zur Einsichtnahme auf die Teile der Privatbücher, in denen die Angelegenheiten der Gesellschaft erfaßt sind (zur Beschaffungspflicht von Unterlagen und Geschäftspapieren durch die geschäftsführenden Gesellschafter Wohlleben Informationsrechte S. 136 ff.).

Da grundsätzlich alle Papiere der Gesellschaft eingesehen werden können, fallen **12**
darunter auch Geheimpapiere wie Rezepte, Zeichnungen, Modelle, Apparate, Konstruktionen und Verfahrensabläufe (dazu RGZ 117, 332, 334). In solchen wie auch in anderen Fällen bedarf es zumeist ergänzender Erläuterungen zu den einzelnen in den Unterlagen dargestellten Sachverhalten – so z.B. über die Anlage des Gesellschaftsvermögens oder die Risiken einzelner Geschäftsvorfälle. Deshalb umfaßt dieses Recht zur Einsichtnahme auch ein entsprechendes Informationsrecht (Baumbach-Duden-Hopt Anm. 1 B; Fischer in Großkomm Anm. 6, 7; A. Hueck Recht der OHG § 12 2; Wohlleben Informationsrechte S. 82 m.w.N. in FN. 135). Das gilt insbesondere bei der Verwendung von EDV, etwa hinsichtlich der Funktionsweise der benutzten Software und der Struktur der Datenspeicherung und Datenarchivierung. Von diesem speziellen Informationsrecht zu unterscheiden ist das allgemeine Auskunftsrecht (dazu Anm. 14 ff.).

3. Anfertigung von Auszügen und Kopien

Aus dem Recht auf Einsichtnahme ergibt sich kein Recht auf Aushändigung der **13**
Unterlagen für das häusliche Studium. Der Gesellschafter kann mithin die Geschäftspapiere grundsätzlich nur in den Räumen der Gesellschaft einsehen. Davon zu unterscheiden ist allerdings das Recht auf die Fertigung von Abschriften und Kopien. Dazu ist der Gesellschafter berechtigt, sofern keine berechtigten Interessen der Gesellschaft entgegenstehen (ausführlich OLG Köln ZIP 1985, 800, 801 zu § 51a GmbHG). Freilich darf auch eine solche Vervielfältigung nur zur Ausübung des eigenen Kontrollrechts dienen, nicht zur Mitteilung und Überlassung an Dritte (Baumbach-Duden-Hopt Anm. 1 B). Derartige Abschriften und Fotokopien muß der Gesellschafter grundsätzlich eigenhändig oder durch eigene Hilfspersonen anfertigen lassen (OLG Köln ZIP 1985, 800, 802; Baumbach-Duden-Hopt Anm. 1 B; Fischer in Großkomm Anm. 10; A. Hueck Recht der OHG § 12 3). Im Einzelfall kann auch die Unterstützung durch die Gesellschaft geboten sein, so wenn sich das Begehren des Gesellschafters nur auf einzelne Geschäftspapiere erstreckt, die Erstellung von Kopien für die Gesellschaft ohne großen Aufwand ist und der Gesellschafter die Kosten übernimmt (in dieser Hinsicht großzügig Ulmer Recht der BGB-Gesellschaft § 716 Anm. 8; ausführlich Wohlleben Informationsrechte S. 123 ff. m.w.N.; einschränkend OLG Köln ZIP 1985, 800, 802). Diese Befugnis zur Fertigung von Auszügen oder Kopien ist eingeschränkt durch ein besonderes Geheimhaltungsinteresse der Gesellschaft. Sofern es sich um Unterlagen mit Geschäftsgeheimnissen handelt, darf der Gesellschafter diese zwar einsehen, aber nicht vervielfältigen. Jede Weitergabe derartiger Papiere vergrößert die Gefahr, daß unbefugte Dritte davon Kenntnis nehmen und dadurch ein nicht unerheblicher Gesellschaftsschaden verursacht wird. Deshalb können derartige Unterlagen nur in den Geschäftsräumen der Gesellschaft eingesehen werden (Baumbach-Duden-Hopt Anm. 1 b; Fischer in Großkomm Anm. 10; Wohlleben Informationsrechte S. 126 f.; ähnlich OLG Köln ZIP 1985, 800, 802).

4. Das Auskunftsrecht

Dem umfassenden Unterrichtungsrecht entspricht neben dem ausdrücklich genann- **14**
ten Einsichtsrecht auch ein umfassendes Auskunftsrecht. Überwiegend wird jedoch

vertreten, daß dieses Auskunftsrecht nur für den Fall bestehe, daß sich durch die Einsichtnahme und ergänzende Erläuterungen keine hinreichende Klarheit über die Angelegenheiten der Gesellschaft gewinnen lasse, etwa weil die Bücher lückenhaft bzw. widersprüchlich seien oder aus anderen Gründen für eine umfassende Information ungeeignet seien (RG JW 1907, 523; OLG Hamburg JW 1921, 687; BGHZ 14, 53, 60; BGH WM 1983, 910, 911; Baumbach-Duden-Hopt Anm. 1B; Düringer-Hachenburg-Flechtheim Anm. 1; Ulmer Recht der BGB-Gesellschaft § 716 Anm. 9; A. Hueck Recht der OHG § 12 2; Westermann Handbuch Anm. 440; K. Schmidt Informationsrechte S. 64; ohne Einschränkung Fischer in Großkomm Anm. 6; ähnlich Wohlleben Informationsrechte S. 82; weitergehend Roitzsch Der Minderheitenschutz im Verbandsrecht, 1981, S. 181 sowie Schiessl GmbHRdsch 1985, 109, 111, die für eine analoge Anwendung des § 51a GmbHG plädieren). Dieser Ansicht ist nur teilweise zuzustimmen. Die Subsidiarität des Auskunftsrechts gegenüber dem Recht auf Einsichtnahme folgt aus dem Sinn und Zweck des § 118, der zuvörderst auf die persönliche Kontrolle durch den einzelnen Gesellschafter abstellt. Deshalb können weitergehende Auskünfte nur dann verlangt werden, wenn durch die Einsichtnahme in die Unterlagen der Gesellschaft der individuelle Informationsbedarf nicht ausreichend befriedigt wird.

15 Von diesem das Recht auf Einsichtnahme ergänzenden Auskunftsanspruch zu unterscheiden ist der Auskunftsanspruch anläßlich der Ausübung des Stimmrechts. In diesem Zusammenhang geht es nicht um die generelle Kontrolle in allen Angelegenheiten der Gesellschaft, sondern um die Optimierung des Stimmrechtsverhaltens. Dieser Auskunftsanspruch ist deshalb immanenter Bestandteil des Rechts auf Teilnahme an der gesellschaftsrechtlichen Willensbildung. Wegen dieser unterschiedlichen Funktion finden auf diese beiden Formen des Auskunftsanspruchs auch unterschiedliche Rechtsfolgen Anwendung. Während der allgemeine Auskunftsanspruch im Rahmen des Kontrollrechts der Regelung des § 118 unterliegt, also bis auf den Kernbereich nach § 118 Abs. 2 dispositiv ist, ist der spezielle Auskunftsanspruch im Rahmen der gesellschaftsrechtlichen Willensbildung zwingend an das Stimmrecht gebunden und kann deshalb nur in dem Umfang eingeschränkt werden, in dem im Einzelfall das Stimmrecht eingeschränkt worden ist (dazu näher Schlegelberger-Martens § 166 Anm. 44; zustimmend Grunewald ZGR 1989, 545, 553; eine weitergehende Absicherung des Auskunftsanspruchs in der Personenhandelsgesellschaft deutet nunmehr BGH WM 1988, 1447 an).

16 Im Einzelfall kann dem Auskunftsanspruch des Gesellschafters eine Informationsbeschaffungspflicht der geschäftsführenden Gesellschafter entsprechen. Diese kommt z.B. dann in Betracht, wenn die Geschäftspapiere lückenhaft oder fehlerhaft sind (Wohlleben Informationsrechte S. 134ff.; weitergehend OLG Hamm NJW 1986, 1693, 1694 zu §§ 166 HGB, 51a GmbHG). Es besteht jedoch grundsätzlich keine Pflicht zur fortlaufenden Berichterstattung und ebensowenig zur vorherigen, unaufgeforderten Mitteilung über geplante Geschäfte (Fischer in Großkomm Anm. 6; A. Hueck Recht der OHG § 12 2).

17 Von diesem individuellen Auskunftsanspruch zu unterscheiden ist die Verpflichtung der geschäftsführenden Gesellschafter zur Rechenschaft und Auskunft nach §§ 105 Abs. 2 HGB, 713, 666 BGB. Entgegen einer zunehmend vertretenen Ansicht (Baumbach-Duden-Hopt Anm. 1A; Heymann-Emmerich Anm. 5; Nitschke Personengesellschaft S. 203 FN. 118; Huber ZGR 1982, 550) bieten diese Vorschriften keine Grundlage für einen unbeschränkten Auskunftsanspruch zugunsten des einzelnen Gesellschafters (RGZ 148, 278, 279; Ulmer Recht der BGB-Gesellschaft § 716 Anm. 1; Westermann Handbuch Anm. 443; K. Schmidt Gesellschaftsrecht § 21 III; ders. Informationsrechte S. 15; Wohlleben Informationsrechte S. 35; Schiessl GmbHRdsch 1985, 109). Die gesetzliche Differenzierung zwischen der Rechenschaftspflicht der geschäftsführenden Gesellschafter (§§ 105 Abs. 2 HGB, 713, 666 BGB) und dem individuellen Kontrollrecht der einzelnen Gesellschafter (§§ 118 HGB, 716 BGB) macht hinreichend deutlich, daß jeweils unterschiedliche Rechtsbeziehungen bestehen und deshalb die von der Gegenansicht vertretene Einheitsbetrachtung verfehlt ist (dazu Schlegelberger-Martens § 166 Anm. 17).

IV. Ausübung des Informationsrechts

1. Eigennützigkeit und Ausübungsschranken

Die Informationsrechte dienen der Wahrung der eigenen Interessen des Gesellschafters. Freilich sind auch diese Rechte an die allgemeinen Pflichten gebunden, die mit der Mitgliedschaft generell verknüpft sind. Zudem sind diese Rechte funktionell an den Schutz und die Ausübung von Mitgliedschaftsrechten gebunden, so daß sie nicht zu anderen Zwecken als zur Wahrung der Gesellschafterrechte ausgeübt werden dürfen (BGH WM 1962, 883; Wiedemann Gesellschaftsrecht S. 375 f.; Fischer NJW 1954, 779; K. Schmidt Informationsrechte S. 23). In diesem Rahmen können die Informationsrechte uneingeschränkt nach eigenem Interesse geltend gemacht werden, sofern nicht ausnahmsweise übergeordnete Gesellschaftsinteressen entgegenstehen. Wegen dieser Eigennützigkeit bedarf es zur Ausübung der Informationsrechte nicht der Darlegung eines besonderen rechtlichen oder wirtschaftlichen Interesses (OLG Köln BB 1961, 953; Heymann-Emmerich Anm. 2; Fischer in Großkomm Anm. 4; Wohlleben Informationsrechte, S. 202). Will hingegen die Gesellschaft die Ausübung der Informationsrechte verhindern, so obliegt ihr die Darlegungs- und Beweislast für jene Voraussetzungen, die ausnahmsweise einen Verweigerungsgrund rechtfertigen (BGHZ 14, 53, 59; 25, 115, 212; BB 1970, 187; BB 1977, 1168, 1169; BayObLG WM 1988, 1789, 1792 zu § 51a GmbHG; OLG Frankfurt BB 1982, 143, 144 zu § 810 BGB).

Derartige Verweigerungsgründe können sich aus den immanenten Ausübungsschranken der Informationsrechte, insbesondere unter dem Aspekt des Mißbrauchsverbots und der gesellschaftsrechtlichen Treupflicht ergeben (BGHZ 10, 385, 387; 14, 53, 58; 25, 115, 120; WM 1955, 1585, 1587; WM 1962, 883; BB 1979, 1315, 1316; OLG Köln BB 1961, 953; BayObLG WM 1988, 1789, 1791 zu § 51a GmbHG; Baumbach-Duden-Hopt Anm. 1A; Heymann-Emmerich Anm. 11; A. Hueck Recht der OHG § 12 3; Wiedemann Gesellschaftsrecht S. 374 f.; Westermann Handbuch Anm. 439; Fischer NJW 1954, 779; K. Schmidt Informationsrechte S. 42; Wohlleben Informationsrechte S. 68, 79). Dafür reicht aber die Berufung auf ein außergewöhnliches Geheimhaltungsinteresse der Gesellschaft nicht aus. Daraus folgt lediglich die besondere Verpflichtung des Gesellschafters, ein derartiges Geschäftsgeheimnis vertraulich zu behandeln (Fischer in Großkomm Anm. 4; A. Hueck Recht der OHG § 12 4). Zur Konkretisierung dieser immanenten Ausübungsschranken kann auf die in

§ 51a Abs. 2 Satz 1 GmbHG enthaltenen Wertungen abgestellt werden (Huber ZGR 1982, 550; dagegen Wohlleben Informationsrechte S. 167). Danach kann die Auskunft und die Einsicht grundsätzlich verweigert werden, „wenn zu besorgen ist, daß der Gesellschafter sie zu gesellschaftsfremden Zwecken verwenden und dadurch der Gesellschaft oder einem verbundenen Unternehmen einen nicht unerheblichen Nachteil zufügen wird". Diese Voraussetzungen sind z. B. erfüllt, wenn zu befürchten ist, daß die Unterlagen zu einem wettbewerbswidrigen Verhalten gegenüber der Gesellschaft benutzt werden sollen (BGHZ 14, 53, 59; BGH BB 1979, 1315, 1316; Fischer NJW 1954, 779; K. Schmidt Informationsrechte S. 41). Ebenso besteht ein Verweigerungsgrund, sofern der Verdacht eines vertragswidrigen Verhaltens gegenüber den Mitgesellschaftern mittels der benötigten Informationen begründet ist (RGZ 148, 278, 281; Heymann-Emmerich Anm. 11). Hingegen ist nicht zu beanstanden, daß sich der Gesellschafter die Informationen und Unterlagen für Schadensersatz- oder Abfindungsansprüche gegen die Gesellschaft oder die Geschäftsführung verschaffen will. Ein solcher Zweck entspricht durchaus der Eigennützigkeit dieser Informationsrechte (RG DR 1944, 245, 247; Wiedemann Gesellschaftsrecht S. 375 FN. 24). Die Genehmigung der Bilanz und des Jahresabschlusses durch alle Gesellschafter schließt das Recht zur Einsichtnahme hinsichtlich zurückliegender Zeiträume nicht aus (KG GmbHRdsch 1988, 221, 224 zur GmbH; a.A. Heymann-Emmerich Anm. 10). Anders als die Informationsrechte nach § 166 (dazu Schlegelberger-Martens § 166 Anm. 12) sind die Informationsrechte nach § 118 funktionell nicht auf die Kontrolle der Richtigkeit des Jahresabschlusses beschränkt. Deshalb besteht nur dann ein Verweigerungsgrund, wenn die begehrte Information für die Beurteilung der jetzigen Situation der Gesellschaft ohne jegliche Bedeutung ist (ausführlich KG GmbHRdsch 1988, 221, 224). Ein Verweigerungsgrund kann auch nicht durch Ausübung eines Zurückbehaltungsrechts (§§ 320, 273 BGB) geltend gemacht werden, da das Informationsrecht nicht in einem Gegenseitigkeitsverhältnis steht und es sich lediglich um ein Sicherungsrecht handelt (Fischer in Großkomm Anm. 13; A. Hueck Recht der OHG § 12 3; Wohlleben Informationsrechte S. 50).

2. Ausübung durch die Gesellschafter

20 Die Informationsrechte sind persönliche, untrennbar mit der Mitgliedschaft verbundene Rechtsbefugnisse. Sie können deshalb nicht isoliert übertragen und Dritten auch nicht zur Ausübung überlassen werden (BGH WM 1975, 1299; OLG Köln BB 1961, 953; Baumbach-Duden-Hopt Anm. 1C; Fischer in Großkomm Anm. 4, 4a; K. Schmidt Informationsrechte S. 24; Wohlleben Informationsrechte S. 58). Diese Verknüpfung kann auch nicht durch Gesellschafterbeschluß oder entsprechende Vertragsregelung aufgelöst werden. Eine derartige Regelung kann jedoch im Einzelfall zur selbständigen Begründung eines obligatorischen, nicht-mitgliedschaftlichen Kontrollrechts zugunsten des Dritten ausgelegt werden (Fischer in Großkomm Anm. 4; a.A. Düringer-Hachenburg-Flechtheim Anm. 1).

3. Ausübung durch Dritte

21 Auch wenn somit das Recht grundsätzlich nur persönlich ausgeübt werden kann, so kommen doch einzelne Ausnahmen in Betracht.

a) Durch gesetzliche Vertreter

Die Ausübung der Informationsrechte durch einen gesetzlichen Vertreter wird allgemein als zulässig anerkannt, da dem Gesellschafter andernfalls jegliche Kontrollmöglichkeit verwehrt wäre (BGHZ 44, 98, 103; OLG Hamm OLGZ 1970, 394, 398; Baumbach-Duden-Hopt Anm. 1 C; Fischer in Großkomm Anm. 4; Ulmer Recht der BGB-Gesellschaft § 716 Anm. 11; Wohlleben Informationsrechte S. 59 f.). Freilich stellt sich auch in diesem Zusammenhang die schon anläßlich der Geschäftsführung (§ 114 Anm. 13) behandelte Frage nach der mit der Ausübung der Informationsrechte verbundenen Pflichtbindung des gesetzlichen Vertreters. Da dieser nicht automatisch der gesellschaftsrechtlichen Treupflicht unterliegt (a. A. Hueck Recht der OHG § 20 V 1 a), bedarf es zum Schutz der übrigen Gesellschafter einer besonderen Abrede über die Verschwiegenheitspflicht und das Verbot, derartige Informationen für private Zwecke zu verwerten. Deshalb ist der gesetzliche Vertreter zur Ausübung dieser Kontrollrechte nur dann befugt, wenn er sich zuvor diesen Pflichten unterworfen hat. Unter dieser Voraussetzung bedarf es jedoch nicht des besonderen Einverständnisses der übrigen Gesellschafter, sofern nicht in der Person des gesetzlichen Vertreters ein wichtiger Grund zur Versagung dieser Ausübungsbefugnis liegt.

b) Durch Bevollmächtigte

Die Bevollmächtigung Dritter zur Ausübung der Informationsrechte ist grundsätzlich nicht möglich (BGHZ 25, 115, 122; WM 1975, 1299; Heymann-Emmerich Anm. 6; Fischer in Großkomm Anm. 4a; kritisch Wiedemann Übertragung S. 352 f.). Es ist den übrigen Gesellschaftern nicht zumutbar, daß ein beliebiger Dritter ihre Geschäftsunterlagen einsehen kann. Derartige Bedenken entfallen jedoch, wenn sie ihr Einverständnis im Einzelfall oder generell im Gesellschaftsvertrag erteilen (BGHZ 25, 115, 122 f.; Fischer in Großkomm Anm. 4a; K. Schmidt Informationsrechte S. 25). Dazu sind sie nur unter engen Voraussetzungen verpflichtet – so wenn der Gesellschafter aus wichtigem Grund, z. B. bei schwerer Erkrankung, für einen längeren Zeitraum an der persönlichen, sachverständigen Ausübung seiner Informationsrechte gehindert ist (BGHZ 25, 115, 123; Heymann-Emmerich Anm. 7; Fischer in Großkomm Anm. 4a; Wohlleben Informationsrechte S. 60). Durch eine solche Bevollmächtigung wird der Gesellschafter jedoch nicht von der persönlichen Ausübung verdrängt. Eine entgegenstehende Abrede ist auch wegen des Abspaltungsverbots unwirksam.

c) Unterstützung durch Dritte

Der Gesellschafter ist grundsätzlich befugt, sachverständige Dritte in die Ausübung seiner Informationsrechte einzubeziehen, soweit diese Personen berufsrechtlich zur Geheimhaltung und Verschwiegenheit verpflichtet sind (BGHZ 25, 115, 123; WM 1962, 883; WM 1984, 807, 808; BB 1979, 1315; OLG Hamm DB 1970, 43; OLG Celle WM 1983, 741, 743; Baumbach-Duden-Hopt Anm. 1 C; Fischer in Großkomm Anm. 5; K. Schmidt Informationsrechte S. 25; hinsichtlich der Auswahlkriterien Goerdeler Festschrift für Stimpel S. 125, 134 ff.). Eine solche Unterstützung ist jedenfalls dann geboten, wenn sie für die sachverständige Ausübung der Kontrollrechte erforderlich ist. Sie kann deshalb dem Gesellschafter im Einzelfall verwehrt werden, wenn er aufgrund seiner besonderen Sachkunde oder einer eindeutigen, einfach gelagerten Sachlage auch ohne Hilfe Dritter zweckgerecht Einsicht nehmen kann (BGH WM 1962, 883; Fischer in Großkomm Anm. 4 b; A. Hueck Recht der OHG § 12 3). Für einen derartigen Verweigerungsgrund tragen die übrigen Gesellschafter die Darlegungs- und Beweislast (BGH WM 1962, 883; Hirte BB 1985, 2209; Goerdeler Festschrift für Stimpel S. 124, 128). Auch wenn somit ein Dritter hinzugezogen werden darf, trägt der Gesellschafter weiterhin die uneingeschränkte Verantwortung für die ordnungsgemäße Ausübung der Informationsrechte; die Überlassung dieser Rechte zur selbständigen Ausübung durch den Dritten ist damit unvereinbar (BGHZ 25, 115, 123; OLG Hamm DB 1970, 43, 44; Heymann-Emmerich Anm. 8; Fischer in Großkomm Anm. 4b; Wohlleben Informationsrechte S. 62; kritisch Goerdeler Festschrift für Stimpel S. 124, 128; großzügiger OLG Celle WM 1983, 741, 743 zu § 166 für den Fall einer Massengesellschaft und weiter Entfernung des Kommanditisten).

25 Anläßlich der Auswahl des Dritten ist auf die Belange der Gesellschaft Rücksicht zu nehmen. Deshalb steht auch der Gesellschaft ein Ablehnungsrecht zu, wenn in der Person des Dritten wichtige Gründe liegen, die seine Einsichtnahme in die Geschäftspapiere der Gesellschaft unzumutbar machen (BGH WM 1962, 880; KG OLGE 27, 397, 398 f.; OLG Hamm BB 1970, 43; Fischer in Großkomm Anm. 5; A. Hueck Recht der OHG § 12 3 FN. 12). Diese Voraussetzungen sind z.B. erfüllt, wenn der Dritte für ein konkurrierendes Unternehmen tätig ist, durch sein bisheriges Verhalten das erforderliche Vertrauensverhältnis zu den übrigen Gesellschaftern erheblich beeinträchtigt hat oder schon als Störenfried in anderen Gesellschaften aufgetreten ist (BGH WM 1962, 883; Baumbach-Duden-Hopt Anm. 1 C). Hingegen besteht kein Ablehnungsgrund, wenn der Dritte mit dem Gesellschafter eng verbunden ist (BGH WM 1962, 883; KG OLGE 27, 397, 398; Baumbach-Duden-Hopt Anm. 1 C). Der Gesellschafter hat ein berechtigtes Interesse, eine Person seines Vertrauens hinzuzuziehen. Demgegenüber rechtfertigt die Befürchtung der Gesellschaft, dieser Dritte könne die Kontrolle kritisch und unter besonderer Berücksichtigung der Interessen des Gesellschafters durchführen, keinen Ablehnungsgrund (OLG Hamm DB 1970, 43). Sofern sich die Gesellschafter über die Person des Dritten nicht einigen können, kann seine Bestellung gegebenenfalls durch das Amtsgericht in entsprechender Anwendung des § 145 FGG erfolgen (BGHZ 10, 385, 389; BB 1970, 187; WM 1982, 1403, 1404; Baumbach-Duden-Hopt Anm. 1 C; Heymann-Emmerich Anm. 12).

26 In besonders gelagerten Fällen kann die persönliche Ausübung der Informationsrechte ausgeschlossen sein. Dazu bedarf es eines überragenden Schutzinteresses der Gesellschaft, so daß die Ausübung der Kontrollrechte nur durch einen sachverständigen Dritten in Betracht kommt, der sodann auch gegenüber dem Gesellschafter hinsichtlich der geheimhaltungsbedürftigen Informationen zur Verschwiegenheit verpflichtet ist (BGH BB 1970, 187 zu § 716 BGB; Baumbach-Duden-Hopt Anm. 1 C; Heymann-Emmerich Anm. 12; Goerdeler Festschrift für Stimpel S. 125, 129; Wohlleben Informationsrechte S. 62 f.). Auf diese Weise wird das Informationsinteresse des Gesellschafters zwar nur mittelbar gewahrt; die Ausübung dieser Kontrollrechte durch eine Person seines Vertrauens gewährleistet jedoch, daß das Kontrollergebnis nicht durch andere Gesellschafter beeinflußt worden ist und somit einen objektiven Befund darstellt. Die Voraussetzungen für einen solchen Ausschluß persönlicher Rechtsausübung sind z.B. dann erfüllt, wenn sich der Gesellschafter im Wettbewerb zur Gesellschaft befindet oder wenn Einsicht in die Privatbücher eines Gesellschafters verlangt wird (BGH BB 1970, 187; BB 1979, 1315, 1316; WM 1982, 1403; Baumbach-Duden-Hopt Anm. 1C; Heymann-Emmerich Anm. 12; Goerdeler Festschrift für Stimpel S. 125, 129; zu etwaigen Schranken aus Drittinteressen – Datenschutz, Persönlichkeitsrecht – vgl. Wohlleben Informationsrechte S. 179 ff.).

d) Kontrollrecht des Zessionars

Mit Abtretung des Gewinnanteils oder des Auseinandersetzungsanspruchs ist nicht der Erwerb der Kontrollrechte verbunden (BGH WM 1975, 1299; Fischer in Großkomm Anm. 4; K. Schmidt Informationsrechte S. 25). Der Zessionar hat lediglich einen Anspruch, daß ihm der errechnete Gewinnanteil der Höhe nach mitgeteilt wird (BGH WM 1975, 1299, 1300).

e) Informationsrechte bei der Treuhand

Im Rahmen der fiduziarischen Vollrechtstreuhand stehen die Informationsrechte nicht dem Treugeber, sondern dem Treuhänder als Träger der Mitgliedschaft zu. Dem Treugeber kann allenfalls bei einem offengelegten Treuhandverhältnis oder bei vertraglicher Vereinbarung ein von § 118 unabhängiges Informationsrecht gegen die Gesellschaft zustehen (Schlegelberger-K. Schmidt Vorbem. zu § 335 Anm. 60 m.w.N.; OLG München DB 1986, 1970). Im übrigen besteht nur ein Informationsanspruch gegen den Treuhänder aus dem Treuhandvertrag (§ 666 BGB).

4. Zeit und Ort der Einsichtnahme

Auch die Ausübung dieser Kontrollrechte ist an die gesellschaftsrechtliche Treupflicht gebunden. Das gilt insbesondere auch für die Zeit und den Ort der Einsichtnahme. Sie erfolgt grundsätzlich in den Geschäftsräumen der Gesellschaft während der Geschäftszeit im Rahmen einer sachgemäßen, störungsfreien Prüfung (OLG Köln BB 1961, 953; Baumbach-Duden-Hopt Anm. 1D; Fischer in Großkomm Anm. 8). Deshalb kann grundsätzlich auch nicht die Herausgabe der Geschäftspapiere verlangt werden, auch nicht zur kurzfristigen Überlassung zwecks Anfertigung von Abschriften (BGH WM 1984, 807; OLG Celle BB 1983, 1450; Fischer in Großkomm Anm. 8; Westermann Handbuch Anm. 250; Wohlleben Informationsrechte S. 124). Dem steht entgegen, daß diese Unterlagen für die Geschäftsführung stets verfügbar sein müssen und dadurch zudem die Gefahr des Verlustes erhöht wird. Deshalb können die Vorlegung der Unterlagen außerhalb der Geschäftsräume der Gesellschaft und ihre zeitweilige Aushändigung nur unter engen Voraussetzungen verlangt werden – so wenn dem Gesellschafter die Einsichtnahme in den Geschäftsräumen faktisch unmöglich gemacht wird oder dort persönliche Auseinandersetzungen zu erwarten sind (OLG Köln BB 1961, 953; Fischer in Großkomm Anm. 11; gegen jedes Herausgabeverlangen A. Hueck Recht der OHG § 12 3). Mit dem Recht zur Einsichtnahme ist das Recht verbunden, die Geschäftsräume der Gesellschaft betreten und einen angemessenen Raum benutzen zu können (dazu Wohlleben Informationsrechte S. 124 m.w.N.). Die

Einsichtnahme muß für einen angemessenen Zeitraum möglich sein, damit eine sachgerechte Prüfung erfolgen kann. Dafür kommt grundsätzlich die übliche Geschäftszeit der Gesellschaft in Betracht. Im Einzelfall kann es aber auch im Interesse der Gesellschaft liegen, Einsicht außerhalb der Geschäftszeit zu gewähren, um so eine Störung des Geschäftsbetriebs zu vermeiden. Auch kann es für den Gesellschafter aus besonderen Gründen unzumutbar sein, seine Kontrollrechte nur während der Geschäftszeit ausüben zu können (Fischer in Großkomm Anm. 8). Da das Kontrollrecht nicht an einen konkreten Kontrollzweck gebunden ist, ist seine Ausübung auch nicht auf den zeitlichen Zusammenhang mit der Vorlage der Bilanz beschränkt (a.A. Heymann-Emmerich Anm. 10), sondern ist jederzeit möglich.

5. Kostentragung

30 Grundsätzlich trägt der Gesellschafter alle Kosten, die mit der Ausübung seiner Kontrollrechte verbunden sind, so z.B. für die Unterstützung durch einen sachverständigen Dritten oder die Anfertigung von Abschriften und Kopien (BGH BB 1970, 187; OLG München BB 1954, 669; OLG Köln ZIP 1985, 800, 802 zur GmbH; Heymann-Emmerich Anm. 12; Fischer in Großkomm Anm. 4b, 10; Goerdeler Festschrift für Stimpel S. 125, 137). Hingegen hat die Gesellschaft die Kosten zu übernehmen, wenn die Hinzuziehung des Dritten im Interesse der Gesellschaft geboten ist (Goerdeler Festschrift für Stimpel S. 125, 137; Hirte BB 1985, 2210; a.A. BGH BB 1970, 187 zu § 716; Heymann-Emmerich Anm. 12). Das gilt insbesondere dann, wenn im Gesellschaftsvertrag die Ausübung der Kontrollrechte mit Unterstützung durch einen Dritten geregelt ist, auch wenn der Gesellschaftsvertrag keine ergänzende Kostenrechnung enthält. Ebenso trägt die Gesellschaft die Kostenlast, wenn die Geschäftsbücher, insbesondere die Buchführung derart unordentlich sind, daß die Hinzuziehung eines sachverständigen Dritten objektiv erforderlich ist (OLG München BB 1954, 669; Goerdeler Festschrift für Stimpel S. 125, 137; Hirte BB 1985, 2210). Schließlich kann der Gesellschafter die Erstattung seiner Kosten verlangen, wenn die Einsichtnahme zu dem Ergebnis geführt hat, daß ihm gegenüber wesentliche Pflichten verletzt worden sind (Goerdeler Festschrift für Stimpel S. 125, 137).

V. Abweichende Vereinbarung

1. Grundsätzliche Dispositivität

31 Wie sich aus §§ 109, 118 Abs. 2 ergibt, kann der Gesellschaftsvertrag die in Abs. 1 geregelten Kontrollrechte beliebig beschränken, ausschließen oder erweitern. Eine solche Abänderung bedarf grundsätzlich einer ausdrücklichen Abrede im Gesellschaftsvertrag (RG BankArch 14, 69 f.), kann sich aber ausnahmsweise auch schlüssig aus dem Gesamtinhalt des Gesellschaftsvertrages ergeben. Ein Mehrheitsbeschluß oder eine Vereinbarung außerhalb des Gesellschaftsvertrages genügt jedoch nicht. Auf diese Weise kann der Gesellschaftsvertrag die Auswahl sachverständiger Dritter und die Bedingungen ihrer Kontrollbeteiligung regeln. Ebenso kommt eine Kostenregelung in Betracht, insbesondere auch eine Kostenregelung über die Beratung und Unterstützung durch sachverständige Dritte. Die Informationsrechte können auch auf ausgeschiedene

Gesellschafter oder die Erben eines Gesellschafters, die nicht die Gesellschafterstellung übernehmen, ausgedehnt werden (Fischer in Großkomm Anm. 16; K. Schmidt Informationsrechte S. 27). Anderseits können die Kontrollrechte im Interesse der Geheimhaltung beschränkt oder ganz ausgeschlossen werden (BayObLG WM 1988, 1789, 1790). Ebenso kann die Ausübung des Prüfungsrechts auf einen Gesellschafterausschuß, einen vereidigten Sachverständigen oder einen Beirat übertragen werden (BGH WM 1984, 807, 808 zu § 338; Fischer in Großkomm Anm. 14). Diese Regelungsfreiheit erstreckt sich jedoch nicht auf den mit der Ausübung des Stimmrechtes verbundenen Auskunftsanspruch. Soweit der Gesellschafter an der internen Willensbildung beteiligt ist, ist damit auch zwingend das Recht verbunden, die für die Beschlußfassung erforderlichen Informationen verlangen zu können.

Gegen diese weitgehende Regelungsbefugnis hat nunmehr der Bundesgerichtshof **32** (WM 1988, 1447 f. = DB 1988, 2090 = BB 1988, 1927 = ZIP 1988, 1175) unter dem Aspekt des § 166 Bedenken geäußert. Ohne abschließende Stellungnahme hat der BGH ausgeführt, durch die Einführung des nicht abdingbaren Informationsrechts nach § 51a GmbHG spreche manches dafür, daß dies nicht ohne Auswirkungen auf die überkommene Auffassung einer weitgehenden Abdingbarkeit des gesetzlichen Informationsrechts bleiben könne (dazu Grunewald ZGR 1989, 545). Diese Bedenken sind durchaus berechtigt, sofern über Informationsrechte in einer GmbH & Co. KG zu befinden ist. In der OHG und der normalen Kommanditgesellschaft sind die Informationsinteressen des einzelnen Gesellschafters jedoch mit den Geheimhaltungsinteressen der oder des unbeschränkten Gesellschafter(s) abzuwägen. Gerade wegen ihrer unbeschränkten Haftung kann ein wesentliches Interesse bestehen, über das Informationsverweigerungsrecht nach § 51a Abs. 2 GmbHG hinaus die Kontrollrechte einzuschränken. Anderseits ist freilich nicht zu verkennen, daß jedenfalls in der OHG der ebenfalls unbeschränkt haftende Gesellschafter ein gewichtiges Interesse an der uneingeschränkten Ausübung seiner Kontrollrechte hat. Diesem berechtigten Interesse kann durch eine entsprechend großzügige Anwendung des § 118 Abs. 2 entsprochen werden. Gerade wegen der allseits unbeschränkten Haftung ist es geboten, den Gesellschaftern eine auf Flexibilität angelegte Gesamtregelung zu ermöglichen. Damit ist die starre Regelung des § 51a GmbHG nicht vereinbar. Sofern es eines weitergehenden Gesellschafterschutzes bedarf, kommt allenfalls eine Ausübungskontrolle in Betracht, wonach eine abweichende Regelung eines sachlichen Grundes bedarf.

2. Zwingender Mindestbestand (Abs. 2)

Nach dieser Regelung sind beschränkende Vereinbarungen unbeachtlich, wenn **33** Grund zu der Annahme unredlicher Geschäftsführung besteht. Ein solcher Grund liegt vor, wenn sachliche, nicht offenkundig willkürliche Anhaltspunkte den Verdacht begründen, daß Unredlichkeiten vorgekommen sein können, also ein begründetes Mißtrauen vorliegt (Fischer in Großkomm Anm. 15; Düringer-Hachenburg-Flechtheim Anm. 2; A. Hueck Recht der OHG § 12 4; Wiedemann Gesellschaftsrecht S. 376). Der Gesellschafter muß einen entsprechenden Sachverhalt dartun oder zumindest Verdachtsgründe darlegen. Ein Nachweis ist nicht erforderlich (BGH WM 1984, 807, 808; Ulmer Recht der BGB-Gesellschaft § 716 Anm. 16; Fischer in Großkomm Anm. 15; Westermann Handbuch Anm. 443). Umstritten ist, ob der Gesellschafter die Tatsachen

i. S. der ZPO glaubhaft machen muß (Baumbach-Duden-Hopt Anm. 2) oder eine einfache, allerdings substantiierte Tatsachenbehauptung ausreicht (Fischer in Großkomm Anm. 15; Ulmer Recht der BGB-Gesellschaft Anm. 16; in diese Richtung auch BGH WM 1984, 807, 808 und OLG Hamm OLGZ 1970, 394, 396). Das Erfordernis einer weitergehenden Glaubhaftmachung widerspricht dem Schutzzweck des Abs. 2. Dabei ist vor allem zu bedenken, daß dem Gesellschafter die erforderlichen Informationen vorenthalten sind, die er sich durch Ausübung seines Kontrollrechts gerade besorgen will. Würde man die Ausübung dieses außerordentlichen Kontrollrechts durch das Erfordernis einer besonderen Glaubhaftmachung erschweren, dann würde man sie faktisch verhindern (Fischer in Großkomm Anm. 15).

34 Unredlich ist jede Geschäftsführung, die bewußt im Gegensatz zu den Gesellschaftsinteressen steht und die Gesellschaft schädigt. Dabei genügt auch eine Schädigung im Einzelfall. Strafrechtliche Relevanz dieses Verhaltens ist nicht erforderlich. Der Verdacht der Unredlichkeit kann im Einzelfall schon dann begründet sein, wenn die Ausübung der Kontrollrechte grundlos verweigert wird. Auch die mangelhafte Führung von Geschäftsunterlagen, insbesondere der Buchhaltung sowie das Fehlen wichtiger Unterlagen können ein ausreichender Anlaß für die Ausübung dieser außerordentlichen Kontrollrechte sein (OLG Hamm OLGZ 1970, 394, 396 zu § 166 HGB; Heymann-Emmerich Anm. 19). Besteht ein solcher Verdacht, so ist jede entgegenstehende Regelung unbeachtlich, also nicht nur die völlige Entziehung, sondern auch eine Übertragung der Kontrollrechte auf Vertreter oder Beiräte (Heymann-Emmerich Anm. 19).

VII. Sonstige Informationsansprüche

1. Vorlegungspflicht

35 Eine derartige Vorlegungspflicht von Gesellschaftsunterlagen kann sich aus § 258 HGB sowie aus §§ 422 ff. ZPO ergeben. Im Rechtsstreit kann das Gericht Vorlage der Bücher der Gesellschaft und sonstiger Urkunden an einen Sachverständigen anordnen. Die Auskunfts- und Einsichtsrechte nach § 118 und § 810 BGB sind davon unabhängig (BGH BB 1977, 1168; OLG Frankfurt WM 1980, 1246; Fischer in Großkomm Anm. 16).

2. Einsichtsrecht nach § 810 BGB

36 Dieses Recht ist von besonderer Bedeutung für den ausgeschiedenen Gesellschafter und den Erben eines Gesellschafters, der nicht in die Gesellschaft eintritt. Diese Personen können somit bis zur Erledigung des streitigen Rechtsverhältnisses Einsicht in die Geschäftsunterlagen nehmen, soweit diese für die rechtliche Beurteilung von Bedeutung sind, so etwa für Forderungen des ausgeschiedenen Gesellschafters gegen die Gesellschaft aus der Zeit vor seinem Ausscheiden (zum Erben: RG JW 1927, 2416; OGHZ 4, 39, 42 f.; zum ausgeschiedenen Gesellschafter: BGHZ 26, 25, 31; WM 1959, 595, 598; WM 1963, 990, 991; WM 1965, 974, 975; WM 1988, 1447, 1448; WM 1989, 878, 879; Fischer in Großkomm Anm. 16; Heymann-Emmerich Anm. 21; A. Hueck Recht der OHG § 12 3 FN. 7; Ulmer Recht der BGB-Gesellschaft § 716 Anm. 10; K. Schmidt Informationsrechte S. 26; Wohlleben Informationsrechte S. 64

FN. 38 m.w.N.). Dabei wird § 810 BGB grundsätzlich weit ausgelegt (BGHZ 55, 201, 203 sowie LM Nr. 3, 5 zu § 810 BGB; OLG Frankfurt WM 1980, 1246, 1247). Somit ist dieses Einsichtsrecht durchaus vergleichbar dem Einsichtsrecht nach § 118. Allerdings muß der ausgeschiedene Gesellschafter sein Verlangen auf einzelne Unterlagen konkretisieren, während die Ausübung der gesellschaftsrechtlichen Kontrollbefugnisse nur aus besonderen Gründen hinsichtlich einzelner Unterlagen verwehrt werden kann.

Eine Urkunde ist dann als im Interesse einer Partei errichtet anzusehen, wenn sie dazu bestimmt und geeignet ist, dieser Partei als Beweismittel zu dienen oder doch ihre rechtlichen Beziehung zu fördern (BGH DB 1971, 1416). Somit können auch einzelne Unterlagen zur Überprüfung der Jahresbilanz eingesehen werden, die sich auf einen Zeitraum erstreckt, in dem die Gesellschafterstellung noch bestand. Ebenso kommt das Einsichtsrecht nach § 810 BGB zur Ermittlung des Abfindungsguthabens in Betracht (BGH WM 1961, 1329). Ausnahmsweise kann sich das Einsichtsrecht auch auf Geschäftsvorfälle erstrecken, die sich nach dem Ausscheiden des Gesellschafters ereignet haben. So besteht z.B. ein Interesse an ordnungsgemäßer Verbuchung dieser Geschäfte, wenn der Gesellschafter nach dem Abfindungsvertrag oder nach § 740 BGB daran noch zu beteiligen ist (RGZ 117, 332, 333 zur vertraglich vorgesehenen Gewinnbeteiligung nach Ausscheiden; a.A. BGH WM 1959, 1034 zu § 740 BGB). Auch das Einsichtsrecht nach § 810 BGB unterliegt den allgemeinen Schranken des Mißbrauchsverbots und dem Vorbehalt überwiegender Gesellschaftsinteressen. Dafür trägt die Gesellschaft die Beweislast (RGZ 117, 332, 334; OLG Frankfurt BB 1982, 143, 144; dazu auch BGH WM 1963, 990). Der Gesellschafter kann sich auch im Rahmen des § 810 BGB der Hilfe eines sachverständigen Dritten bedienen (BGH WM 1965, 974, 975).

3. Informationsrecht nach § 242 BGB

Ein allgemeines Einsichts- und Auskunftsrecht kann sich auch aus § 242 ergeben (BGH WM 1989, 879; Baumbach-Duden-Hopt Anm. 3A; Heymann-Emmerich Anm. 22f.; kritisch hingegen Wohlleben Informationsrechte S. 91 ff.). Nach ständiger Rechtsprechung des BGH ist § 242 BGB der allgemeine Grundsatz zu entnehmen, daß ein Auskunftsanspruch innerhalb vertraglicher Rechtsbeziehungen oder im Rahmen eines gesetzlichen Schuldverhältnisses immer dann zu bejahen ist, wenn der Berechtigte entschuldbar über das Bestehen und den Umfang des Rechts im unklaren und deshalb auf Auskunft des Verpflichteten angewiesen ist, sofern dieser dadurch nicht unzumutbar belastet wird (BGHZ 10, 385, 387; 14, 53, 59f.; WM 1983, 910; BB 1989, 812; BB 1990, 98). Allerdings ist dieser Anspruch grundsätzlich nur auf Auskunft gerichtet (BGH DB 1971, 1416, 1417). Da das Recht auf Einsichtnahme in aller Regel stärker als ein Auskunftsanspruch in die Rechtsstellung des Verpflichteten eingreift, muß sich der Berechtigte bei der gebotenen Interessenabwägung grundsätzlich mit der Auskunftserteilung begnügen. Ein Anspruch auf Vorlage und Einsicht in die Unterlagen kommt nur in besonderen Ausnahmefällen in Betracht, sofern nämlich die Erteilung einer Auskunft nicht hinreichend geeignet ist, dem Berechtigten die erforderliche Klarheit zu verschaffen (BGH DB 1971, 1416, 1417). Zudem ist ein rechtliches Interesse an der Urkundeneinsicht erforderlich. Sie muß zur Förderung, Erhaltung oder Verteidigung rechtlich geschützter Interessen benötigt werden. Wer sich durch die Urkundeneinsicht erst Unterlagen für seine Rechtsverfolgung verschaffen will, kann sich nicht auf ein schutzwürdiges Interesse berufen. Dies gilt insbesondere bei der Vorbereitung eines Schadensersatzanspruchs gegen den Urkundenbesitzer, da dies zu einer unzulässigen Ausforschung führen würde (BGH DB 1971, 1416, 1417; DB 1962, 766 zu § 810 BGB; allgemein BGH WM 1989, 878, 879; OLG Frankfurt WM 1980, 1246, 1248; weniger streng LG Mainz BB 1989, 812). Insbesondere dürfen dadurch nicht die allgemeinen Beweisgrundsätze unterlaufen werden (BGH BB 1990, 98).

4. Rechnungslegung

39 Schon aus § 118 folgt inzidenter die allgemeine Pflicht der geschäftsführenden Gesellschafter zur ordnungsgemäßen Buchführung und Aufstellung der Jahresbilanz. Eine darüber hinausgehende allgemeine Rechnungslegungspflicht besteht jedenfalls gegenüber dem einzelnen Gesellschafter nicht (Fischer in Großkomm Anm. 12; A. Hueck Recht der OHG § 12 5); insbesondere finden die §§ 713, 666, 259 BGB keine Anwendung zugunsten des einzelnen Gesellschafters. Lediglich im Einzelfall besteht unter besonderen Voraussetzungen die Verpflichtung des geschäftsführenden Gesellschafters auf eine weitergehende Rechnungslegung nach § 259 BGB und zur Abgabe einer eidesstattlichen Versicherung (Fischer in Großkomm Anm. 12 sowie A. Hueck Recht der OHG § 12 5; zum Verhältnis von § 810 BGB zur eidesstattlichen Versicherung BGHZ 55, 201, 203). Ein Anspruch des ausgeschiedenen Gesellschafters auf Rechnungslegung ergibt sich aus § 740 BGB, eine Vorschrift, die wegen § 105 Abs. 2 auch auf die OHG Anwendung findet (Wohlleben Informationsrechte S. 7).

VIII. Prozessuale Probleme

40 Sofern die Gesellschaft oder einzelne Gesellschafter dem Gesellschafter die Ausübung seiner Kontrollrechte verwehren, kann dieser seine Rechte durch Leistungsklage geltend machen (K. Schmidt Informationsrechte S. 44). Der Tenor eines stattgebenden Urteils muß grundsätzlich auf Verurteilung der Gesellschaft oder des betreffenden Gesellschafters zur allgemeinen Einsichtgewährung lauten, da sich nicht von vornherein feststellen läßt, welche konkreten Bücher und Papiere für eine sachgerechte Prüfung erforderlich sind. Zudem sind die Kontrollerechte ohnehin nicht auf die Einsichtnahme in einzelne Unterlagen beschränkt (BGHZ 25, 115, 121; BB 1979, 1315, 1316). Auf ein etwaiges Verweigerungsrecht der Gesellschaft ist regelmäßig nur in den Entscheidungsgründen hinzuweisen. Der Gesellschaft steht es dann frei, dieses Gegenrecht im Vollstreckungsverfahren – z.B. durch den Mißbrauchsnachweis – geltend zu machen (BGHZ 25, 115, 122). Das außerordentliche Kontrollrecht nach Abs. 2 muß ebenfalls durch Leistungsklage geltend gemacht werden. Vorläufiger Rechtsschutz nach §§ 935 ff. ZPO kommt z.B. zur Sicherstellung von Büchern und Papieren in Betracht (Baumbach-Duden-Hopt Anm. 1 E; K. Schmidt Informationsrechte S. 44).

41 Sofern eine Partei Berufung einlegt, die zur Einsichtgewährung verpflichtet worden ist, richtet sich der Wert des Beschwerdegegenstandes nach deren Abwehrinteresse. Das Interesse, die vom Kläger nur aufgrund der benötigten Information durchsetzbare Leistung abzuwehren, bleibt unberücksichtigt. In Betracht zu ziehen sind lediglich die

Beschlußfassung § 119

Vermeidung des für die Einsichtnahme notwendigen Zeit- und Arbeitsaufwands sowie eine etwaige Geheimhaltung der zu offenbarenden Verhältnisse aus sonstigen, von den Rechtsbeziehungen unabhängigen Gründen (BGH BB 1989, 2300).

Ob eine Zwangsvollstreckung nach § 883 ZPO durch Wegnahme der Unterlagen **42** und Übergabe, jedenfalls aber durch Vorlage an den Berechtigten möglich ist oder eine Vollstreckung nach § 888 ZPO zu erfolgen hat, ist fraglich. Für § 883 ZPO spricht, daß die Einsichtnahme durch Vorlage und die Herausgabe vergleichbar sind, da in beiden Fällen durch Wegnahme vollstreckt wird (so OLG Hamm BB 1973, 1600; Baumbach-Duden-Hopt Anm. 1 E; Heymann-Emmerich Anm. 14). Zudem kann der Schuldner bei der Vollstreckung nach § 883 ZPO sogleich zur Abgabe einer eidesstattlichen Versicherung herangezogen werden (§ 883 Abs. 2 ZPO), während im Rahmen des § 888 ZPO gegebenenfalls erst im Wege einer neuen Klage über §§ 259 Abs. 2, 260 BGB Gewißheit zu erzielen wäre (OLG Hamm BB 1973, 1600). Es kann jedoch auch bei einer Vollstreckung nach § 883 ZPO lediglich die Vorlage und Einsichtgewährung ohne Überlassung des unmittelbaren Besitzes verlangt werden (OLG Hamm BB 1973, 1600), da auch der materiellrechtliche Anspruch nur zur Einsichtnahme ohne Überlassung berechtigt.

119 (1) Für die von den Gesellschaftern zu fassenden Beschlüsse bedarf es der Zustimmung aller zur Mitwirkung bei der Beschlußfassung berufenen Gesellschafter.
(2) Hat nach dem Gesellschaftsvertrage die Mehrheit der Stimmen zu entscheiden, so ist die Mehrheit im Zweifel nach der Zahl der Gesellschafter zu berechnen.

Schrifttum: *Autenrieth,* Zur Ablösung des Bestimmtheitsgrundsatzes im Personalgesellschaftsrecht, DB 1983, 1034; *Baltzer,* Der Beschluß als rechtstechnisches Mittel organschaftlicher Funktion im Privatrecht (1965); *Bartholomeyczik,* Der Körperschaftsbeschluß als Rechtsgeschäft, ZHR 105 (1938), 293; *Brändel,* Änderungen des Gesellschaftsvertrages durch Mehrheitsentscheidung, Festschrift für Stimpel (1985), S. 95; *Coing,* Zur Auslegung der Verträge von Personengesellschaften, ZGR 1978, 659; *Comes,* Der Ausschluß vom Stimmrecht im Recht der Offenen Handelsgesellschaft, DB 1974, 2189, 2237; *Fischer,* Gedanken über einen Minderheitenschutz bei den Personengesellschaften, Festschrift für Barz (1974), S. 33; *Flume,* Die Problematik der Zustimmungspflicht der Gesellschafter einer Personengesellschaft zu Gesellschafterbeschlüssen und zur Änderung des Gesellschaftsvertrags, Festschrift für F. Rittner (1991), S. 119; *Grunewald,* Der Ausschluß aus Gesellschaft und Verein (1987); *Hadding,* Zur Durchführung der Gesellschafterversammlung bei einer Publikums-Kommanditgesellschaft, Gedächtnisschrift für Schultz (1987), S. 65; *ders.,* Mehrheitsbeschlüsse in der Publikumskommanditgesellschaft – Besprechung der Entscheidung BGHZ 71, 53 –, ZGR 1979, 636; *Happ,* Stimmbindungsverträge und Beschlußanfechtung. Besprechung der Entscheidung BGH WM 1983, 334, ZGR 1984, 168; *Hennerkes/Binz,* Abschied vom Bestimmtheitsgrundsatz, BB 1983, 713; *Herzfelder,* Stimmrecht und Interessenkollision bei den Personenverbänden des deutschen Reichsprivatrechts (1927); *Hübner,* Interessenkonflikt und Vertretungsmacht (1977); *A. Hueck,* Formvorschriften für die Änderung des Gesellschaftsvertrags, DB 1968, 1207; *ders.,* Gesellschafterbeschlüsse bei offenen Handelsgesellschaften, Festschrift für Heymann (1931), S. 700; *ders.,* Inwieweit besteht eine gesellschaftliche Pflicht des Gesellschafters einer Handelsgesellschaft zur Zustimmung zu Gesellschafterbeschlüssen?, ZGR 1972, 237; *ders.,* Stimmbindungsverträge, Festschrift für Nipperdey Bd. I (1965), S. 401; *Hüffer,* Die Publikumsgesellschaft und das Problem des Anlegerschutzes, JuS 1979, 457; *Immenga,* Die Minderheitsrechte des Kommanditisten, ZGR 1974, 385; *Jüdel,* Gesellschafterbeschlüsse bei Personalgesellschaften (1933); *Koch,* Die Entwicklung des Gesellschaftsrechts in den Jahren 1984/85, NJW 1986, 1651; *Köster,* Anfechtungs- und Nichtigkeitsklage gegen Gesellschafterbeschlüsse bei OHG und KG (1981); *Kollhosser,* Zustimmungspflicht zur Abänderung von Gesellschaftsverträgen bei Personenhandelsgesellschaften?, Festschrift für Westermann (1974), S. 275; *ders.*, Noch einmal: Zustimmungspflicht zur Abänderung von Gesellschaftsverträgen bei Personenhandelsgesellschaften – Rechtsprechungsanalyse, Festschrift für Bärmann (1975), S. 533; *Leenen*, „Bestimmtheitsgrundsatz" und Vertragsänderungen durch Mehrheitsbeschluß im Recht der Personengesellschaften, 2. Festschrift für Larenz (1983), S. 371; *Löffler*, Der Kernbereich der Mitgliedschaft als Schranke für Mehrheitsbeschlüsse bei Personengesellschaften, NJW 1989, 2656; *Loritz*, Vertragsfreiheit und Individualschutz im Gesellschaftsrecht, JZ 1986, 1073; *Marburger*, Abschied vom Bestimmtheitsgrundsatz im Recht der Personengesellschaften?, NJW 1984, 2252; *ders.*, Zum „Verzicht" auf den Bestimmtheitsgrundsatz in einer Personenhandelsgesellschaft, ZGR 1989, 146; *Martens*, Bestimmtheitsgrundsatz und Mehrheitskompetenzen im Recht der Personengesellschaften, DB 1973, 413; *ders.*, Allgemeine Gesellschaftsvertragsbindungen auf dem Prüfstand der Privatautonomie, JZ 1976, 511; *Mecke*, Vertragsändernde Mehrheitsbeschlüsse in der OHG und KG, BB 1988, 2258; *ders.*, Von den Personen- zur Kapitalgesellschaft – vertragsändernde Mehrheitsbeschlüsse in der OHG und KG am Beispiel der Umwandlung, ZHR 153 (1989), 35; *Menk*, Das Verhältnis des Bestimmtheitsgrundsatzes zur Kernbereichslehre im Recht der offenen Handelsgesellschaft, Diss. Hamburg 1975; *Merle*, Die Verbindung von Zustimmungs- und Ausschlußklage bei den Personenhandelsgesellschaften, ZGR 1979, 67; *Messer*, Der Widerruf der Stimmabgabe, Festschrift für Fleck (1988), S. 221; *Noack*, Fehlerhafte Beschlüsse in Gesellschaften und Vereinen (1989); *Overrath*, Die Stimmrechtsbindung (1973); *Papst*, Die Mitwirkungspflicht bei der Abänderung der Grundlagen von Personengesellschaften (1976); *ders.*, Mitwirkungspflichten im Recht der Personenhandelsgesellschaften BB 1977, 1524; *Peters*, Die Erzwingbarkeit vertraglicher Stimmrechtsbindungen, AcP 156 (1957), 311; *Renkl*, Der Gesellschafterbeschluß (1982); *Reuter*, Richterliche Kontrolle der Satzung von Publikums-Personengesellschaften, Die AG 1979, 321; *Roitzsch*, Der Minderheitenschutz im Verbandsrecht (1981); *Röttger*, Die Kernbereichslehre im Recht der Personenhandelsgesellschaften (1989); *Schießl*, Zur Zukunft des Bestimmtheitsgrundsatzes im Recht der Personengesellschaften, DB 1986, 735; *Schilling*, Gesellschafterbeschluß und Insichgeschäfte, Festschrift für Ballerstedt (1975), S. 257; *K. Schmidt*, Die Beschlußanfechtungsklage bei Vereinen und Personengesellschaften, Festschrift für Stimpel (1985), S. 217; *ders.*, Fehlerhafte Beschlüsse in Gesellschaften und Vereinen, Die AG 1977, 205, 243; *ders.*, Rechtsschutz des Minderheitsgesellschafters gegen rechtswidrige ablehnende Beschlüsse, NJW 1986, 2018; *Uwe H. Schneider*, Die Änderung des Gesellschaftsvertrages einer Personengesellschaft durch Mehrheitsbeschluß, ZGR 1972, 357; *ders.*, Mehrheitsprinzip und Mitwirkungserfordernis bei Gesellschafterbeschlüssen, Die AG 1979, 57; *Schneider, Herbert/ Schneider, Uwe H.*, Die Organisation der Gesellschafterversammlung bei Personengesellschaften, Festschrift für Möhring (1975), S. 271; *Schulte*, Die Schrankenproblematik der Mehrheitsbeschlüsse bei der „normalen" Personengesellschaft, Diss. Münster 1982; *Spengler*, Mehrheitsbeschlüsse bei Personengesellschaften und deren Schranken, Festschrift für Möhring (1965), S. 165; *Ulmer*, Gesellschafterbeschlüsse in Personengesellschaften – Zur Bindung der Gesellschafter an ihre Stimmabgabe, Festschrift für H. Niederländer (1991), S. 415; *Vogel*, Gesellschafterbeschlüsse und Gesellschafterversammlung, 2. Aufl. (1986); *Weinert*, Vorsorgliche Anpassung von Personengesellschaftsverträgen als Bestandteil der Pflicht zur verantwortungsbewußten Unternehmensführung, ZGR 1990, 142; *H. Westermann*, Die Umwandlung einer Personenhandelsgesellschaft aufgrund eines Mehrheitsbeschlusses in eine Kapitalgesellschaft, Freundesgabe für Hengeler (1972), S. 240; *H. P. Westermann*, Die Anpassung von Gesellschaftsverträgen, Festschrift für Hefermehl (1976), S. 225; *Wiedemann*, Die Legitimationswirkung von Willenserklärungen im Recht der Personengesellschaften, Festschrift für H. Westermann (1974), S. 585; *Wilhelm*, Stimmrechtsausschuß und Verbot des Insichgeschäfts, JZ 1976, 674; *Winnefeld*, Stimmrecht, Stimmabgabe und Beschluß, ihre Rechtsnatur und Behandlung, DB 1972, 1053; *Winter*, Vertragsändernde Mehrheitsbeschlüsse im Personengesellschaftsrecht, GesRZ 1986, 74; *Zöllner*, Die Anpassung von Personengesellschaftsverträgen an veränderte Umstände (1979).

Inhalt

	Anm.		Anm.
I. Normzweck	1– 3	b) Fehlergründe	11
II. Der Gesellschafterbeschluß	4–13	c) Die Berufung auf die Beschlußmängel	13
1. Rechtsnatur des Beschlusses	4		
2. Art und Weise der Beschlußfassung	5	III. Mehrheitsbeschluß	14–32
2. Beschlußmängel	9	1. Grundlagen	14
a) Grundlagen	9	2. Grenzen des Mehrheitsbeschlusses	17

	Anm.		Anm.
a) Der Bestimmtheitsgrundsatz	17	IV. Das Stimmrecht	33–51
b) Die Kernbereichslehre	24	1. Die Ausübung des Stimmrechts	33
aa) Unverzichtbare Gesellschafterrechte	25	2. Der Ausschluß des Stimmrechts	37
bb) Unentziehbare Gesellschafterrechte	27	a) Ausschluß durch Vertrag	37
		b) Der Ausschluß durch Gesetz	39
cc) Stimmrechtsfeste Beschlußgegenstände	29	3. Die Stimmrechtspflicht	43
c) Die Ausübungskontrolle	30	4. Der Stimmbindungsvertrag	49

I. Normzweck

Die Vorschrift regelt die Voraussetzungen für die Willensbildung der Gesellschafter, **1** die in nahezu allen Gesellschaftsangelegenheiten notwendig ist. Entsprechend dem Leitbild der OHG als einer Haftungs- und Arbeitsgemeinschaft ist dazu eine einstimmige Beschlußfassung aller Gesellschafter erforderlich. Dieses Einstimmigkeitsprinzip ist Ausdruck der Gleichberechtigung aller Gesellschafter, insbesondere ihrer gleichberechtigten Stellung als Parteien des Gesellschaftsvertrages. Somit bedürfen vor allem Änderungen des Gesellschaftsvertrages der Zustimmung aller Gesellschafter. Dieses Einstimmigkeitsprinzip bietet einen weitreichenden Gesellschafterschutz, kann aber auch im Einzelfall zu einer Blockade oder Verzögerung im Gesellschaftsinteresse gebotener Anpassungsprozesse führen. Deshalb stellt sich das für alle Gesellschaftsformen relevante Grundsatzproblem, in welcher Weise und in welchem Umfang der individuelle Gesellschafterschutz mit den berechtigten Regelungsinteressen der Gesellschaft bzw. der Gesellschaftermehrheit abzustimmen ist. Geht man von dem in dieser Vorschrift zugrundegelegten Einstimmigkeitsprinzip aus, so bedarf es im Interesse der Gesellschaft bzw. der übrigen Gesellschafter einer Einschränkung des individuellen Zustimmungsrechts durch Ausübungsschranken in Form der Treupflicht. Geht man hingegen von dem Mehrheitsprinzip aus, so wird dadurch zwar die Regelung der erforderlichen Gesellschaftsmaßnahmen wesentlich erleichtert, die Interessen der Minderheitsgesellchafter werden aber nicht unerheblich gefährdet. Mithin bedarf es einer Ausübungskontrolle dieser Mehrheitsbefugnisse. Auch dazu eignet sich neben anderen Schutzinstrumenten die Treupflicht.

Im Personenhandelsgesellschaftsrecht kommen beide Konfliktslagen in Betracht. **2** Das gesetzliche Einstimmigkeitsprinzip wird oftmals durch Mehrheitsklauseln eingeschränkt oder nahezu gänzlich beseitigt. Allerdings entfällt damit nicht generell die gesetzliche Leitbildfunktion des Einstimmigkeitsprinzips. Da dieses Prinzip Ausdruck der gleichberechtigten Stellung aller Gesellschafter als Parteien des Gesellschaftsvertrages ist, ist seine Bedeutung auch anläßlich der Regelung derartiger Mehrheitsklauseln und ihres Regelungsumfangs zu berücksichtigen. Dafür eignet sich der – in seiner Geltung und Reichweite allerdings umstrittene – Bestimmtheitsgrundsatz (Anm. 17 ff.). Zudem besteht innerhalb der OHG ein normativer Zusammenhang zwischen Einstimmigkeitsprinzip und unbeschränkter Gesellschafterhaftung. Deshalb müssen diese Haftungsinteressen auch anläßlich der Vereinbarung und Ausübung von Mehrheitsbefugnissen angemessen berücksichtigt werden. Dieser individuelle Mindestschutz wird durch den Kernbereich unverzichtbarer Gesellschafterrechte gewährleistet. Neben dem

Bestimmtheitsgrundsatz und dem Kernbereich besteht ein bewegliches System der Ausübungskontrolle, in dessen Mittelpunkt die Abwägung des allen Gesellschaftern gemeinsamen Gesellschaftsinteresses einerseits und des individuellen Gesellschafterinteresses andererseits steht. Als Maßstab dieses Abwägungsprozesses wird überwiegend der Verhältnismäßigkeitsgrundsatz angewendet. Diese gerade im Personenhandelsgesellschaftsrecht außerordentlich komplexe Problematik ist zwar ein wesentlicher Bestandteil der gesetzlichen Regelung, gleichwohl vom Gesetzgeber nicht berücksichtigt worden. Deshalb bereitet dieses Grundsatzproblem – obwohl in Rechtsprechung und Literatur umfänglich behandelt – sowohl in seinen theoretischen Grundlagen als auch in der praktischen Einzelfallentscheidung immer noch erhebliche Schwierigkeiten.

3 Die Vorschrift behandelt jegliche Beschlußfassung, die in die Zuständigkeit aller Gesellschafter fällt. Diese erstreckt sich nicht nur auf Änderungen des Gesellschaftsvertrages, sondern auf alle Strukturmaßnahmen und sonstige Entscheidungen, für die eine Beschlußfassung der Gesellschafter ausdrücklich vorgesehen ist – so z.B. in § 113 Abs. 2 hinsichtlich der Ausgleichsansprüche wegen Verletzung des Wettbewerbsverbots. In Angelegenheiten der Geschäftsführung kommt ein Gesellschafterbeschluß nur unter den Voraussetzungen des § 116 Abs. 2 in Betracht. Über betriebsgewöhnliche Handlungen können die Gesellschafter nicht beschließen, da diese in die ausschließliche Zuständigkeit der geschäftsführenden Gesellschafter fallen (dazu § 114 Anm. 5 ff.). Auch wenn somit nach der gesetzlichen Regelung – von wenigen Ausnahmen abgesehen – in nahezu allen Gesellschaftsangelegenheiten eine Beschlußfassung aller Gesellschafter erforderlich ist, so ist nicht ausgeschlossen, daß im Einzelfall wegen besonderer persönlicher Betroffenheit einzelne Gesellschafter von der Ausübung ihres Stimmrechts ausgeschlossen sind (dazu Anm. 39 ff.).

II. Der Gesellschafterbeschluß

1. Rechtsnatur des Beschlusses

4 Der früher heftig geführte Streit um die Qualifikation des Gesellschafterbeschlusses als eines Rechtsgeschäfts einerseits oder als eines Sozial- bzw. Gesamtakts andererseits hat sich inzwischen weitgehend erledigt. Den Hintergrund dieser Kontroverse bildet die umstrittene Anwendung der allgemeinen Vorschriften über das Rechtsgeschäft, insbesondere des § 181 BGB sowie des gesetzlichen Stimmrechtsverbots anläßlich der Beschlußfassung über die Vornahme eines Rechtsgeschäfts mit einem Gesellschafter (§ 47 Abs. 4 Satz 2 GmbHG). Diese Grundsatzprobleme können jedoch nicht durch begriffstheoretische Überlegungen geklärt werden, sondern bedürfen einer differenzierten, auf Wertungsaspekte abstellenden Behandlung. Deshalb wird nunmehr in der Literatur nahezu einhellig der Gesellschafterbeschluß als Rechtsgeschäft qualifiziert, ohne daß dadurch die angesprochenen Probleme schon vorentschieden sind (Heymann-Emmerich Anm. 2; Ulmer Recht der BGB-Gesellschaft § 709 Anm. 47; Wiedemann Gesellschaftsrecht S. 179; K. Schmidt Gesellschaftsrecht § 15 I 2; Baltzer Beschluß 177; U. Hübner Interessenkonflikt S. 271 ff.; Noack Fehlerhafte Beschlüsse S. 15 ff.; Schilling Festschrift für Ballerstedt S. 257, 261 ff.; früher schon Bartholomeyczik ZHR 105

(1938), 293, 325 ff.; ders. AcP 144 (1938), 287 ff.). Demgegenüber findet sich in der Rechtsprechung des BGH bis zuletzt der Rückgriff auf den in seiner rechtstheoretischen Bedeutung allerdings unklaren Begriff des Sozialakts (BGH ZIP 1990, 1194 sowie früher BGHZ 33, 189, 191; 48, 163, 167; 49, 117, 120; 51, 209, 217; 52, 316, 318; hingegen offensichtlich differenzierend zwischen Beschlüssen in sonstigen Gesellschaftsangelegenheiten und solchen über Vertragsänderungen BGHZ 65, 93, 96 ff.; WM 1976, 738; WM 1979, 71, 72). Die Rechtsnatur eines Rechtsgeschäfts ergibt sich daraus, daß der Gesellschafterbeschluß, auch wenn er nicht auf die Änderung des Gesellschaftsvertrages gerichtet ist, doch in jedem Fall das Gesellschaftsverhältnis rechtserheblich berührt. Diese Rechtsfolgen sind Inhalt und Gegenstand der anläßlich der Beschlußfassung abgegebenen Willenserklärungen. Somit handelt es sich wie bei jedem anderen Rechtsgeschäft um die privatautonome Begründung willentlich gesteuerter Rechtsfolgen. Freilich ist nicht zu verkennen, daß das Gesellschaftsverhältnis eine im Vergleich zu anderen Rechtsverhältnissen, insbesondere zum normalen Austauschvertrag abweichende Struktur aufweist. Es wird in seinem Kern durch die gemeinsame Interessenausrichtung der Gesellschafter geprägt, so daß darauf auch anläßlich der Anwendung der einschlägigen Vorschriften angemessen Rücksicht genommen werden muß. In dieser Anpassung der allgemein für das Rechtsgeschäft vorgesehenen Regelungen liegt das in den Einzelheiten nach wie vor ungeklärte Hauptproblem des Gesellschafterbeschlusses, nicht in der begrifflich-systematischen Absonderung des Beschlusses vom Rechtsgeschäft und der dann allenfalls analogen Anwendung der Rechtsgeschäftsregelungen.

2. Art und Weise der Beschlußfassung

Da die gesetzliche Regelung für die Beschlußfassung keine Förmlichkeiten vorsieht, können die Gesellschafter ihr Stimmrecht in beliebiger Weise ausüben. Es bedarf mithin nicht der Einberufung einer Gesellschafterversammlung (RGZ 128, 172, 176; 163, 385, 392; Fischer in Großkomm Anm. 3) und ebensowenig der gleichzeitigen Stimmabgabe durch alle Gesellschafter (BGH NJW-RR 1990, 798, 799 = WM 1990, 586 = ZIP 1990, 505). Somit sind die Gesellschafter auch hinsichtlich der Art und Weise ihrer Stimmabgabe nicht gebunden, so daß sie zwischen der schriftlichen und mündlichen Erklärung beliebig wählen können. Diese informelle Art der Beschlußfassung verursacht allerdings einige Probleme. Zum einen ist zu bedenken, daß die Gesellschafter bis zur Perfektion des Beschlusses an ihre Stimmabgabe nur in den Grenzen der §§ 145 ff. BGB gebunden sind (Ulmer Recht der BGB-Gesellschaft § 709 Anm. 67; ders. Festschrift für Niederländer S. 415, 426, allerdings nunmehr zwischen Beschlüssen über Vertrags- und Grundlagenänderungen einerseits und Beschlüssen über sonstige Angelegenheiten, insbesondere Fragen der Geschäftsführung andererseits – uneingeschränkte Bindung bis zur Beendigung des Abstimmungsverfahrens – differenzierend; A. Hueck Recht der OHG § 11 II 3 FN. 10; weitergehend Messer Festschrift für Fleck S. 221, 224, der ausschließlich auf § 130 Abs. 1 BGB abstellt und damit auf jegliche Bindungsfrist verzichtet; im Ergebnis wohl auch Wiedemann Gesellschaftsrecht § 3 III 1 b S. 179 sowie Fischer in Großkomm Anm. 29; a.A. offensichtlich Heymann-Emmerich Anm. 4; jederzeitiges, freies Widerrufsrecht; wohl auch RGZ 128, 172, 177; 163, 385,

392 f.; offengelassen in BGH NJW-RR 1990, 798, 799). Dabei ist allerdings die Annahme- oder Erklärungsfrist wegen des zumeist komplizierten Beschlußgegenstands großzügig zu bemessen (ebenso BGH NJW-RR 1990, 798, 799). Unabhängig von dieser Erklärungsbindung wird jedoch in Angelegenheiten der Geschäftsführung allgemein das Recht anerkannt, die Stimmabgabe bis zur Ausführung der Maßnahme aus wichtigem Grund zu widerrufen (Fischer in Großkomm Anm. 29; Ulmer Recht der BGB-Gesellschaft § 709 Anm. 67; ders. Festschrift für Niederländer S. 415, 422 f., 433; A. Hueck Recht der OHG § 11 II 3; ebenso schon § 116 Anm. 19; a.A. Messer Festschrift für Fleck S. 221, 228). Dieses aus der Treupflicht abgeleitete Widerrufsrecht ist auch in Angelegenheiten der Vertrags- oder Grundlagenänderung nicht schlechthin ausgeschlossen (ebenso Ulmer Festschrift für Niederländer S. 415, 433). Da eine Stimmrechtspflicht in diesen Fällen aber nur unter erschwerten Voraussetzungen in Betracht kommt (dazu Anm. 45 f.), reicht ein wichtiger Grund als solcher nicht aus. In zeitlicher Hinsicht ist zu bedenken, daß dieser Widerruf grundsätzlich nur bis zum Zustandekommen des Änderungsbeschlusses möglich ist, weil seine Regelungswirkungen in diesen Fällen sofort eintreten.

5a Von diesen mit einem gestreckten Abstimmungsverfahren verbundenen Unsicherheiten abgesehen bestehen vor allem Bedenken hinsichtlich der sonstigen Rahmenbedingungen einer ordnungsgemäßen Beschlußfassung. Wie in anderem Zusammenhang dargelegt worden ist (§ 118 Anm. 18 ff.), ist mit dem Stimmrecht ein Auskunftsanspruch verknüpft, der sich auf die für die Beurteilung des konkreten Beschlußgegenstands erforderlichen Informationen erstreckt. Die Ausübung dieses Auskunftsanspruchs kann jedoch im schriftlichen Verfahren zu einer unzuträglichen Verzögerung der Beschlußfassung führen. Zudem ist jedenfalls dann eine ausführliche Erörterung des beabsichtigten Beschlusses erforderlich, wenn diese Angelegenheit von erheblicher Bedeutung ist und rechtliche oder tatsächliche Komplikationen aufwirft. Unterbleibt eine derart offene Aussprache, so ist der einzelne Gesellschafter auch dann zur Ablehnung oder Enthaltung berechtigt, wenn im Einzelfall an sich eine Stimmpflicht besteht. Von besonderer Bedeutung ist dieses Erfordernis, sofern nach dem Gesellschaftsvertrag ein Mehrheitsbeschluß genügt. Zum Schutz berechtigter Minderheitsinteressen muß allen Gesellschaftern die Gelegenheit zu einer offenen Aussprache, insbesondere zur Einflußnahme auf die Meinungsbildung geboten werden (Ulmer Recht der BGB-Gesellschaft § 709 Anm. 66; U. H. Schneider Die AG 1979, 57, 68). Ist auf diese Weise der Beschlußgegenstand ausführlich erörtert worden, so steht allerdings nichts entgegen, die nachfolgende Beschlußfassung durch schriftliche Stimmabgabe durchzuführen. Für die Veranstaltung einer solchen Gesellschafterversammlung sind die allgemeinen Voraussetzungen wie ordentliche Ladung, Bekanntgabe der Tagesordnung und angemessene Vorbereitungszeit zu beachten.

6 Art und Weise der Beschlußfassung können im Gesellschaftsvertrag besonders geregelt werden. Dazu eignet sich nicht zuletzt aus den vorstehend genannten Gründen vor allem das Erfordernis einer Gesellschafterversammlung. Sofern dafür keine besonderen Organisationsregeln vorgesehen sind, gelten die Regularien entsprechend dem Leitbild der aktienrechtlichen Hauptversammlung (Heymann-Emmerich Anm. 6; Nitschke Personengesellschaft S. 197 ff.; H. und U. Schneider Festschrift für Möhring S. 271 ff.). Freilich müssen dabei die besonderen Verhältnisse zwischen den zumeist nur wenigen

Gesellschaftern angemessen berücksichtigt werden. Entsprechend flexibel müssen die aktienrechtlichen Organisationsregeln angepaßt werden, so daß insbesondere die starren Einberufungsfristen sowie Bekanntmachungs- und Berichtspflichten nur mit erheblichen Einschränkungen anwendbar sind. Demnach steht grundsätzlich jedem Gesellschafter das Einberufungsrecht zu, das allerdings auf den Fall eines wichtigen Grundes eingeschränkt werden kann (OLG Köln ZIP 1987, 1120, 1122; Heymann-Emmerich Anm. 7; dazu auch BGHZ 102, 172, 175). Ein solches Einberufungsrecht aus wichtigem Grund besteht auch dann, wenn der Gesellschaftsvertrag keine besonderen Vorschriften über die Einrichtung und Organisation einer Gesellschafterversammlung enthält. Dieses Einberufungsrecht kann der einzelne Gesellschafter entweder in eigener Person oder durch Aufforderung der geschäftsführenden Gesellschafter ausüben, die sodann verpflichtet sind, die notwendigen Maßnahmen zu veranlassen. Auch für die Durchführung der Gesellschafterversammlung können besondere Regelungen vereinbart werden; ohne eine derartige Vereinbarung können die Gesellschafter das Verfahren bis zur Willkürgrenze beliebig gestalten, also auch auf jegliche Protokollierung und eine besondere Beschlußfeststellung verzichten. Hingegen ist es unerläßlich, daß allen Gesellschaftern die Möglichkeit zu einer ausführlichen Darstellung ihrer Ansicht und zur Ausübung ihres Auskunftsrechts geboten wird. Die Verletzung derart grundlegender Gesellschafterrechte hat zur Folge, daß der entsprechende Beschluß grundsätzlich unwirksam ist, es sei denn, daß die Rechtsverletzung das Beschlußergebnis offensichtlich nicht beeinflußt hat.

Sofern im Gesellschaftsvertrag weitergehende Vorschriften über die Organisation der Gesellschafterversammlung und die Art und Weise der Beschlußfassung enthalten sind, führt nicht jeglicher Verstoß gegen derartige Regelungen automatisch zur Unwirksamkeit der Beschlüsse; vielmehr ist im Einzelfall durch Auslegung festzustellen, ob damit nur eine formale Ordnungsvorschrift oder eine für die Willensbildung der Gesellschafter relevante Wirksamkeitsvoraussetzung gemeint ist. Das gilt insbesondere für eine Regelung über die förmliche, insbesondere schriftliche Beschlußfeststellung. Sofern damit nur eine Klarstellungsfunktion bezweckt ist, kommt die Nichtigkeitsfolge des § 125 Satz 2 BGB nicht in Betracht (BGHZ 48, 364 = NJW 1968, 1378). Ob der weitergehenden Ansicht des BGH, im Regelfall sei von einer solchen Klarstellungsfunktion bei einfacher Schriftformklausel auszugehen, zu folgen ist, ist zweifelhaft und wird überwiegend abgelehnt (Ulmer Recht der BGB-Gesellschaft § 705 Anm. 43; A. Hueck Recht der OHG § 11 II 5; ders. DB 1968, 1207; Erman-Westermann § 125 Anm. 11; Soergel-Hefermehl § 125 Anm. 15; Canaris Vertrauenshaftung S. 383 f.; D. Reinicke Rechtsfolgen formwidrig abgeschlossener Verträge 1969 S. 159 f.; Wiedemann Gesellschaftsrecht S. 177; Tiefenbacher BB 1968, 608; a.A. Fischer in Großkomm Anm. 4; Baumbach-Duden-Hopt, § 105 Anm. 2 G; Zöllner Anpassung S. 12; Noack Fehlerhafte Beschlüsse S. 30 f. für die Behandlung von Mehrheitsbeschlüssen m.w.N. in FN. 171). Angesichts der überschaubaren Verhältnisse in der OHG und des allen Gesellschaftern gemeinsamen Interesses an einer flexiblen Gestaltung der Beschlußfassung sowie ihres relativ geringen Schutzbedürfnisses vor einer übereilten Stimmabgabe liegt es in der Tat nahe, dieses Schriftformerfordernis nicht mit derselben Strenge wie in normalen Vertragssituationen zu berücksichtigen. Deshalb ist generell eine „großzügige" Beurteilung von Verstößen gegen vereinbarte Form- und Verfahrensregelungen geboten. Somit entspricht jedenfalls die Protokollierung des Gesellschafterbeschlusses dem Schriftformerfordernis, auch wenn sie nur von dem Versammlungsleiter unterzeichnet worden ist (BGHZ 66, 82, 87 für die Publikumsgesellschaft, nicht hingegen für eine besondere Verpflichtungserklärung eines einzelnen Gesellschafters; a.A. OLG Düsseldorf NJW 1977, 2216 mit abl. Anm. v. Venrooy NJW 1978, 766; Baumbach-Duden-Hopt Anm. 3 A; vgl. dazu auch RGZ 104, 413, 415; 122, 367, 369). Sofern allerdings im Gesellschaftsvertrag die notarielle Beurkundung des Beschlusses verlangt wird, ist davon auszugehen, daß die Gesellschafter dieses qualifizierte Formerfordernis als Wirksamkeitsvoraussetzung vereinbart haben (RGZ 122, 367, 369; Fischer in Großkomm Anm. 4; Noack Fehlerhafte Beschlüsse S. 31).

8 Auch wenn die Formvorschrift als Wirksamkeitsvoraussetzung zu verstehen ist, steht es den Gesellschaftern gleichwohl frei, ausdrücklich oder durch schlüssiges Verhalten im allseitigen Einvernehmen für den Einzelfall eine Durchbrechung oder eine generelle Abweichung zu beschließen (BGHZ 58, 115, 119; 70, 331, 332; 71, 162, 164; Fischer in Großkomm § 105 Anm. 60; Ulmer Recht der BGB-Gesellschaft § 705 Anm. 44). Eine solche abweichende Regelung setzt allerdings eine entsprechende Regelungsabsicht voraus, d.h. das Bewußtsein, von der Schriftformklausel einmal oder auf Dauer abweichen zu wollen (ebenso Ulmer Recht der BGB-Gesellschaft § 705 Anm. 44; a.A. BGHZ 71, 162, 164 = NJW 1978, 1585 = WM 1978, 909 m.w.N.; WM 1982, 902). Aufgrund einer solchen Durchbrechung kann sich eine langjährige vom Gesellschaftsvertragstext abweichende Praxis ergeben, so daß sich dann die Frage stellt, ob dadurch eine Änderung des Gesellschaftsvertrages für die Zukunft eingetreten ist oder lediglich in der Vergangenheit eine wiederholte Abweichung im Einzelfall beabsichtigt war. Darüber ist durch Auslegung des Gesellschafterverhaltens zu befinden. Sofern sich dadurch kein eindeutiges Ergebnis erreichen läßt, besteht eine tatsächliche Vermutung, daß die Gesellschafter den Gesellschaftsvertrag generell, also auch für die Zukunft abgeändert haben, wenn sie vorbehalt- und widerspruchslos eine vom Gesellschaftsvertrag abweichende Praxis lange Zeit hingenommen haben (BGH NJW 1990, 2684 = WM 1990, 714 = LM Nr. 2 zu § 230 HGB; WM 1966, 159 = NJW 1966, 826 = LM Nr. 22 zu § 105 HGB; WM 1978, 300, 301; Wiedemann Gesellschaftsrecht S. 171 f.). Daraus folgt, daß derjenige Gesellschafter die Darlegungs- und Beweislast trägt, der sich auf die geschriebene Regelung des Gesellschaftsvertrages beruft. Dieser Grundsatz gilt jedoch nicht in einer Publikumsgesellschaft, da dem schriftlichen Gesellschaftsvertrag eine ungleich größere förmliche Bedeutung zukommt. Deshalb ist in diesen Fällen davon auszugehen, daß sich die Gesellschafter nicht für die Zukunft binden, sondern den Vertrag nur im konkreten Einzelfall durchbrechen wollen (BGH NJW 1990, 2684). In diesem Zusammenhang sind ergänzend die Grundsätze der Vertrauenshaftung zu berücksichtigen. Danach kommt eine Vertragsänderung auch für die Zukunft aufgrund wiederholter Übung dann in Betracht, wenn sich die Gesellschafter auf diese abweichende Regelung besonders „eingerichtet" haben (dazu Canaris Vertrauenshaftung S. 383 ff.).

3. Beschlußmängel
a) Grundlagen

Das Beschlußmängelrecht der Personenhandelsgesellschaften ist, insbesondere vor dem Hintergrund der Publikumsgesellschaft, in die rechtspolitische Diskussion geraten, ohne daß freilich die Rechtsprechung oder die nach wie vor überwiegende Lehre darauf auch nur in Ansätzen reagiert haben. Nach wie vor wird dieses Beschlußmängelrecht beherrscht von den Grundsätzen der generellen Nichtigkeit eines fehlerhaften Beschlusses, der beliebigen Geltendmachung dieser Nichtigkeit sowie der Feststellungsklage im Streitverfahren der Gesellschafter (Fischer in Großkomm Anm. 18; Heymann-Emmerich Anm. 11; A. Hueck Recht der OHG § 11 V 2 a S. 183 f.; H. Westermann Personengesellschaft Lfg. 15 Anm. 279; Wiedemann Gesellschaftsrecht S. 465; Ulmer Recht der BGB-Gesellschaft § 709 Anm. 95; grundsätzlich auch Noack Fehlerhafte Beschlüsse S. 169 ff.). Demgegenüber wird verschiedentlich eine analoge Anwendung der aktienrechtlichen Vorschriften über die Nichtigkeits- und Anfechtungsklage entsprechend ihrer analogen Geltung im GmbH-Recht vertreten. Allerdings weist auch diese Gegenansicht kein einheitliches Meinungsbild auf, sondern schränkt den analogen Anwendungsbereich dieser Vorschriften auf unterschiedliche Fallkonstellationen ein. Danach soll z.B. das Klagerfordernis nur hinsichtlich etwaiger Verfahrensmängel bestehen (Düringer-Hachenburg-Flechtheim Anm. 5; Würdinger Recht der Personengesellschaften S. 57). Nach anderer Ansicht soll nicht auf den konkreten Fehlergrund, sondern auf strukturelle Kriterien abgestellt werden. Danach sollen die aktienrechtlichen Vorschriften dann analog anwendbar sein, wenn das Mehrheitsprinzip vereinbart worden ist (K. Schmidt Gesellschaftsrecht S. 334 ff., 1029; ders. Festschrift für Stimpel S. 217 ff.; ders. Die AG 1977, 243, 251 ff.), wenn es sich um eine Gesellschaft mit einem großen Gesellschafterkreis handelt (Grunewald Der Ausschluß aus Gesellschaft und Verein 1987 S. 139, 275) oder wenn die Gesellschaft eine körperschaftliche Struktur aufweist (Köster Anfechtungs- und Nichtigkeitsklage S. 116 ff., 124 ff. sowie Timm Festschrift für Fleck S. 365, 370 ff.; abl. Nitschke Personengesellschaft S. 206 ff.). Die zur Begründung dieser Gegenansicht vorgetragenen Bedenken sind zwar in vieler Hinsicht zutreffend; sie rechtfertigen aber nicht eine derart weitreichende Analogie, sondern können systemimmanent mit dem Instrumentarium des Personenhandelsgesellschaftsrechts überwunden werden. Eine Ausnahmestellung nimmt auch in diesem Zusammenhang die Publikumsgesellschaft ein, für die ohnehin ein an das AktG angelehntes Sonderrecht entwickelt worden ist.

Im einzelnen richten sich diese Bedenken dagegen, daß nach der bisher überwiegend vertretenen Ansicht die Berufung auf etwaige Beschlußmängel keiner gesetzlichen Präklusionsfrist unterliegt und somit für die Gesellschafterbeschlüsse kein ausreichender Bestandsschutz besteht. Diese Bedenken sind jedoch unzutreffend. Der erforderliche Bestandsschutz wird dadurch erreicht, daß die Berufung auf die Beschlußmängel an die Treupflicht gebunden ist und zudem mittels der Grundsätze über die fehlerhafte Gesellschaft jedenfalls teilweise vom Fortbestand des Gesellschafterbeschlusses auszugehen ist. Auch die prozessualen Probleme, auf die ebenfalls zur Rechtfertigung der Analogie aktienrechtlicher Vorschriften hingewiesen wird, können auf andere Weise bewältigt werden (dazu Anm. 13). Vor allem ist zu entgegnen, daß der von der Gegenansicht bezweckte Bestandsschutz unter Betracht der besonderen Interessenlage, vor allem der Haftungsinteressen der OHG-Gesellschafter überzogen ist (zutreffend Noack Fehlerhafte Beschlüsse S. 171). Auf diese Weise wären die Gesellschafter zunächst an rechtswidrige Beschlüsse gebunden, die weitreichende Folgen für die Gesellschaft und die einzelnen Gesellschafter haben können. Unter dem Aspekt des auch in der OHG gebotenen Minderheitsschutzes sind solche Beschlußwirkungen nicht gerechtfertigt.

b) Fehlergründe

11 Wie auch sonst ist zwischen formellen und materiellen Beschlußmängeln zu unterscheiden. Formelle Beschlußmängel sind solche, die auf einer Verletzung von gesetzlichen oder vereinbarten Verfahrensvorschriften beruhen. Dabei wird allerdings zwischen Verfahrensvorschriften, denen nur Ordnungscharakter zukommt, und Verfahrensvorschriften, die Wirksamkeitsvoraussetzung für den Gesellschafterbeschluß sind, unterschieden (Fischer in Großkomm Anm. 4; A. Hueck Recht der OHG § 11 II 5 S. 168; Köster Anfechtungs- und Nichtigkeitsklage S. 73 f.). Wie schon in anderem Zusammenhang erwähnt worden ist (Anm. 7), ist dazu auf die Auslegung des Gesellschaftsvertrages abzustellen. Sofern durch die Verfahrensvorschrift keine konkreten Gesellschafterinteressen geschützt werden, handelt es sich im Zweifel nur um eine Ordnungsvorschrift. Aber auch im übrigen wird durch den Verfahrensverstoß nicht automatisch die Beschlußnichtigkeit ausgelöst; vielmehr bedarf es zudem der Kausalität zwischen Verfahrensverstoß und Beschlußergebnis (BGH WM 1983, 1407f.; WM 1988, 24; ZIP 1987, 444f.; Fischer in Großkomm Anm. 15; A. Hueck Recht der OHG § 11 V 2a S. 183; Noack Fehlerhafte Beschlüsse S. 170). Ist z.B. ein Gesellschafter nicht zur Gesellschafterversammlung geladen worden, hat er gleichwohl auf sonstige Weise von dem Termin und dem Gegenstand der Gesellschafterversammlung erfahren, so entfällt die Kausalität auch dann, wenn er der Gesellschafterversammlung fern geblieben ist. Hingegen können sich die übrigen Gesellschafter zum Nachweis fehlender Kausalität nicht darauf berufen, daß der erforderliche Mehrheitsbeschluß auch dann zustande gekommen wäre, wenn der Gesellschafter an der Gesellschafterversammlung teilgenommen hätte. Ein derartiger Nachweis würde den mit dieser Verfahrensvorschrift bezweckten Gesellschafterschutz entwerten; zudem ist nicht auszuschließen, daß der Gesellschafter durch seine Wortbeiträge die übrigen Gesellschafter zu einer anderen Meinungsbildung veranlaßt hätte. Die Bedeutung solcher Verfahrensverstöße wird schließlich dadurch erheblich relativiert, daß die Gesellschafter darüber beliebig disponieren können. Deshalb muß auch der einzelne Gesellschafter unverzüglich die Verletzung solcher Verfahrensvorschriften rügen, andernfalls die Berufung auf die Nichtigkeit des Beschlusses präkludiert ist (A. Hueck Recht der OHG § 11 V 2a S. 185; Noack Fehlerhafte Beschlüsse S. 75 f.; offensichtlich weniger streng Fischer in Großkomm Anm. 18; Ulmer Recht der BGB-Gesellschaft Anm. 92). Somit muß der Gesellschafter in Kenntnis des Verfahrensverstoßes seinen Protest unmittelbar nach der Beschlußfassung erklären, anderenfalls unmittelbar nach der späteren Kenntnisnahme.

12 Materielle Beschlußmängel liegen dann vor, wenn der Beschluß inhaltlich gegen gesetzliche oder im Gesellschaftsvertrag vereinbarte Regelungen verstößt. Dabei zählen zu den gesetzlichen Regelungen auch alle ungeschriebenen Bindungen wie die Treupflicht und der Gleichbehandlungsgrundsatz (Ulmer Recht der BGB-Gesellschaft § 709

Anm. 89). Angesichts der weitreichenden Bedeutung dieser verbandsspezifischen Kontrollmaßstäbe kommt dem Verbot sittenwidrigen Verhaltens eine nur noch geringe Bedeutung zu. Verstößt der Beschluß gegen Regelungen des Gesellschaftsvertrages, so ist er jedenfalls dann unwirksam, wenn die für eine Änderung des Gesellschaftsvertrages jeweils erforderliche Zustimmung der Gesellschafter nicht vorliegt. Ist hingegen dieses Zustimmungserfordernis erfüllt, so kann der Beschluß als punktuelle Durchbrechung des Gesellschaftsvertrages wirksam sein. Voraussetzung ist des weiteren, daß die Gesellschafter in dem Bewußtsein einer entgegenstehenden Vertragsregelung abgestimmt haben (dazu Anm. 8 hinsichtlich einer Durchbrechung des Schriftformerfordernisses). Ohne ein solches Bewußtsein fehlt es an der auf die Durchbrechung des Gesellschaftsvertrages gerichteten Regelungsabsicht, so daß die Sperrwirkung des Gesellschaftsvertrages davon nicht berührt wird. Solche materiellen Beschlußmängel haben grundsätzlich die Unwirksamkeit des Gesellschafterbeschlusses zur Folge. Allerdings ist damit nicht generell die absolute Beschlußnichtigkeit verknüpft. Vielmehr kann sich ein vorläufiger Bestandsschutz nach den Grundsätzen der Behandlung fehlerhafter Gesellschaften ergeben (dazu § 105 Anm. 220 ff.). Zudem ist zu bedenken, daß die Unwirksamkeit des Gesellschafterbeschlusses nicht selten auf einem Verstoß gegen Regelungen beruht, die den Schutz einzelner Gesellschafter bezwecken. Wegen dieses relativen Schutzzweckes kann die Unwirksamkeit des Beschlusses durch die nachträgliche Zustimmung der in ihren Interessen geschützten Gesellschafter geheilt werden (dazu ausführlich Noack Fehlerhafte Beschlüsse S. 49 ff., der zwischen interner – nur im Verhältnis der Gesellschafter wirkender – und genereller – auch gegenüber Dritten wirkender – Beschlußnichtigkeit unterscheidet). Da es somit im Belieben der nach dem Regelungszweck geschützten Gesellschafter steht, durch ihre Zustimmung die Unwirksamkeit des Beschlusses zu beseitigen, gebietet es die Treupflicht, daß sie sich gegenüber den anderen Gesellschaftern alsbald über ihr weiteres Vorgehen erklären. Unterbleibt eine solche Erklärung, so ist die Berufung auf den Beschlußmangel verwirkt. Angesichts der zumeist komplizierten Rechtslage und der mit einem streitigen Verfahren verbundenen Belastung für alle Gesellschafter bedarf es freilich einer angemessenen Überlegungsfrist (Fischer in Großkomm Anm. 18; Ulmer Recht der BGB-Gesellschaft § 709 Anm. 92; Noack Fehlerhafte Beschlüsse S. 174; dazu auch BGB DB 1973, 467 = WM 1973, 100, wonach die Berufung auf die Unwirksamkeit eines Beschlusses über die Gewinnverteilungsregelung nach drei Jahren verspätet ist). Allerdings bleibt es den übrigen Gesellschaftern vorbehalten, diese unklare Regelungssituation durch einen erneuten, fehlerfreien Beschluß zu beseitigen. Beruft sich der durch den Beschluß in seinen Interessen verletzte Gesellschafter rechtzeitig auf den Beschlußmangel, so gebietet die Treupflicht, daß er diesen Widerspruch im Streitfall durch Feststellungsklage geltend macht. Freilich können auch die übrigen Gesellschafter durch eine Feststellungsklage die Rechtmäßigkeit des Beschlusses klären (Noack Fehlerhafte Beschlüsse S. 77 m.w.N.).

c) Die Berufung auf die Beschlußmängel

Die Unwirksamkeit des Beschlusses kann in beliebiger Weise geltend gemacht werden. Dazu eignet sich also auch die einfache Berufung auf einen konkreten Beschlußmangel. Hingegen ist der pauschale, ohne nähere Begründung geäußerte Hinweis auf die Unwirksamkeit des Beschlusses grundsätzlich unbeachtlich, da der Gesellschafter kraft seiner Treupflicht den übrigen Gesellschaftern die Möglichkeit bieten muß, derartige Beschlußrisiken zu beurteilen und den Beschlußmangel durch einen erneuten, fehlerfreien Beschluß auszuräumen. Ebenso kann sich der Gesellschafter im Prozeß auf die Unwirksamkeit des Beschlusses berufen, auch wenn darüber nur inzident zu entscheiden ist. Soll darüber in der Hauptsache prozessiert werden, so ist Klage auf Feststellung der Beschlußunwirksamkeit zu erheben (Fischer in Großkomm Anm. 18; Heymann-Emmerich Anm. 11; A. Hueck Recht der OHG § 11 V 2d S. 185; H. Westermann Personengesellschaft Lfg. 15 Anm. 279; Ulmer Recht der BGB-Gesellschaft § 709 Anm. 95; a. A. diejenigen Autoren, die für eine Anfechtungsklage auch im Personengesellschaftsrecht plädieren – dazu oben Anm. 9 – sowie Noack Fehlerhafte Beschlüsse S. 88 ff., 174, der generell im Personengesellschaftsrecht eine kassatorische Beschlußmängelklage vertritt). Diese Feststellungsklage richtet sich grundsätzlich nicht gegen die Gesellschaft, sondern gegen diejenigen Gesellschafter, die die Unwirksamkeit des Beschlusses bestreiten (BGH WM 1965, 14, 709; BB 1966, 1169; WM 1968, 98 ff.; BB 1980, 121; WM 1983, 785; Fischer in Großkomm Anm. 18; Heymann-Emmerich Anm. 12; A. Hueck Recht der OHG § 11 V 2d S. 185; Wiedemann Gesellschaftsrecht S. 267f.). Die früher überwiegend bejahte (Voraufl. Anm. 9; Düringer-Hachenburg-Flechtheim Anm. 5; A. Hueck Recht der OHG, 3. Aufl. 1964 § 11 V 2d S. 134), heute jedoch abgelehnte (so im Anschluß an BGHZ 30, 195, 197 Fischer in Großkomm Anm. 18; Heymann-Emmerich Anm. 12; A. Hueck Recht der OHG § 11 V 2d S. 185; Ulmer Recht der BGB-Gesellschaft Anm. 95) Ansicht, zwischen den übrigen Gesellschaftern bestehe eine notwendige Streitgenossenschaft, ist unter praktischen Aspekten weitgehend unerheblich; denn mangels einer gesetzlichen Rechtskrafterstreckung ist ein obsiegendes Urteil für den klagenden Gesellschafter nur dann von praktischer Bedeutung, wenn alle übrigen Gesellschafter entweder als Prozeßpartei oder kraft vorheriger Unterwerfung daran gebunden sind, so daß stets zu erwarten ist, daß der klagende Gesellschafter entsprechend verfahren wird (ähnlich Baumbach-Duden-Hopt § 124 Anm. 6H, der andernfalls das Rechtsschutzinteresse verneint). Angesichts dieser komplizierten und umständlichen Verfahrenssituation ist es ratsam, im Gesellschaftsvertrag die Passivlegitimation der Gesellschaft zu regeln (die Zulässigkeit bejahend BGH WM 1966, 1036 = BB 1966, 1169; BGHZ 85, 351, 353; Fischer in Großkomm Anm. 18; Heymann-Emmerich Anm. 12; A. Hueck Recht der OHG § 11 V 2d S. 186; Wiedemann Gesellschaftsrecht S. 268). Zwar besteht auch dann keine automatische Rechtskrafterstreckung auf die übrigen Gesellschafter; nach Sinn und Zweck dieser Parteiregelung sind diese Gesellschafter jedoch verpflichtet, sich dem Urteil zu unterwerfen (BGH WM 1966, 1036; BGHZ 91, 132, 133; Heymann-Emmerich Anm. 12; A. Hueck Recht der OHG § 11 V 2d S. 186; kritisch K. Schmidt Die AG 1977, 253). Wegen dieser weitreichenden Urteils- und Unterwerfungswirkung sind die geschäftsführenden Gesellschafter verpflichtet, die übrigen Gesellschafter über die Klageerhebung zu informieren und ihnen so die Möglichkeit zu bieten, als Nebenintervenienten dem Verfahren auf seiten der Gesellschaft beizutreten (BGHZ 97, 28, 31 hinsichtlich der vergleichbaren Situation in der GmbH sowie zur subsidiären Informationspflicht des Prozeßgerichts). Ebenso kann geregelt werden, daß die Gesellschaft ihrerseits berechtigt ist, gegen einen die Wirksamkeit des Beschlusses bestreitenden Gesellschafter zu klagen (BGH WM 1983, 785, 786). Des weiteren ist zu empfehlen, die Berufung auf

Beschlußmängel, insbesondere die Klageerhebung im Gesellschaftsvertrag zu befristen (BGH WM 1966, 1036; DB 1987, 1880f.; BGHZ 68, 212, 216; Wiedemann Gesellschaftsrecht S. 465; Köster Anfechtungs- und Nichtigkeitsklage S. 89f.; Noack Fehlerhafte Beschlüsse S. 174). Eine einfache Befristungsabrede ist allerdings in ihrer Reichweite begrenzt (BGHZ 68, 212, 216). Schließlich kann auch vereinbart werden, daß die Berufung auf Beschlußmängel nur auf der Grundlage eines entsprechenden Urteils möglich ist (Noack Fehlerhafte Beschlüsse S. 176 m.w.N. in FN. 342). Durch derartige Partei-, Befristungs- und Berufungsregelungen kann auch im Personengesellschaftsrecht die Rechtslage weitgehend der aktienrechtlichen Anfechtungsklage angenähert werden. Deshalb besteht auch rechtspolitisch kein Bedarf, den Parteien diese Rechtslage kraft Rechtsfortbildung aufzuzwingen.

III. Mehrheitsbeschluß

1. Grundlagen

Die gesetzliche Regelung setzt für Beschlüsse jeglicher Art einstimmige Beschlußfassung voraus. Dieses Erfordernis hat zur Folge, daß jeder Gesellschafter, also nicht nur die auf der Gesellschafterversammlung anwesenden Gesellschafter seine Zustimmung erklären muß. Auch Krankheit und sonstige Abwesenheitsgründe befreien ebensowenig von diesem Grundsatz der Einstimmigkeit wie Gefahr im Verzug. Diese für den Schutz des einzelnen Gesellschafters optimale, für die Willensbildung in der Gesellschaft jedoch schwerfällige und komplizierte Regelung wird nur unwesentlich eingeschränkt durch die generelle Anerkennung von Stimmrechtspflichten (dazu Anm. 43ff.). Abgesehen von den für Vertragsänderungen engen Voraussetzungen ist vor allem zu bedenken, daß eine solche Zustimmungspflicht nicht automatisch ein positives Beschlußergebnis begründet, sondern zuvor auf Abgabe der Zustimmungserklärung geklagt werden muß. Erst mit Rechtskraft eines obsiegendes Urteils gilt die Zustimmungserklärung als abgegeben, so daß erst dann das Erfordernis einstimmiger Beschlußfassung erfüllt ist. Aus diesen Gründen wird die gesetzliche Regelung in der Praxis zumeist durch entsprechende Mehrheitskompetenzen abbedungen. Diese erstrecken sich vor allem auf Angelegenheiten der Geschäftsführung, vielfach aber auch auf Änderungen des Gesellschaftsvertrages. Dabei verfügen die Gesellschafter über einen nahezu unbegrenzten Regelungsspielraum, so daß sie auch je nach Beschlußgegenstand unterschiedliche Mehrheitserfordernisse vorsehen können. Eine äußerste, zwingende Grenze besteht in dem mitgliedschaftlichen Kernbereich, der nicht der Disposition der Gesellschaftermehrheit unterliegt. Im übrigen jedoch realisiert sich der gebotene Minderheitsschutz nicht durch starre Regelungsgrenzen, sondern durch bewegliche Ausübungsschranken.

Das gesetzliche Einstimmigkeitsprinzip ist Ausdruck der als Haftungs- und Arbeitsgemeinschaft organisierten Personengesellschaft. Sofern die Gesellschaft nicht diesem gesetzlichen Leitbild entspricht, insbesondere wenn sie als Publikumsgesellschaft auftritt, kann das Erfordernis einstimmiger Beschlußfassung zu einer Blockade jeglicher Willensbildung innerhalb der Gesellschaft führen. Da dadurch die Funktionsfähigkeit der Gesellschaft erheblich beeinträchtigt wird, sind Schäden zu Lasten aller Gesellschafter zu befürchten. Aus diesen Gründen hat die Rechtsprechung mit Zustimmung der Literatur ein für diesen Gesellschaftstypus besonderes Konzept entwickelt. Danach werden Mehrheitskompetenzen unter erleichterten Voraussetzungen, insbesondere unter Befreiung von der Bindung an den Bestimmtheitsgrundsatz zugelassen (dazu vor allem BGHZ 71, 53 = WM 1978, 512 = NJW 1978, 1382; w.N. bei Schlegelberger-Martens § 161 Anm. 149 ff.). Auf diese Weise kann durch Mehrheitsbeschluß das Gesellschaftsverhältnis wesentlich umgestaltet oder der Gesellschaftszweck geändert werden, ohne daß es dafür einer besonderen Regelung dieser Beschlußgegenstände im Gesellschaftsvertrag bedarf (dazu BGHZ 69, 160, 165 f. = WM 1977, 1136 = NJW 1977, 2160). Zudem ist es nicht erforderlich, Stimmrechtspflichten zuvor gerichtlich durchzusetzen; vielmehr werden diese Stimmen automatisch anläßlich der Beschlußfassung hinzugerechnet (BGH WM 1985, 195 = NJW 1985, 974; WM 1985, 256 = NJW 1985, 972). Demgegenüber verwirklicht sich der erforderliche Minderheitsschutz vor allem durch ein außerordentliches Kündigungsrecht der Gesellschafterstellung (BGHZ 69, 160, 167; 71, 53, 61; 73, 294, 299; WM 1980, 868, 869). Somit unterliegen die Anlagegesellschafter zwar weitreichenden Mehrheitskompetenzen; sie können sich aber unter erleichterten Voraussetzungen ihrer Gesellschafterstellung entziehen und diese liquidieren. Diese auf Duldung und Liquidation angelegte Konzeption ist jedoch nicht geeignet für eine aus wenigen Gesellschaftern bestehende, als Haftungs- und Arbeitsgemeinschaft organisierte und somit dem gesetzlichen Leitbild entsprechende OHG. In dieser Gesellschaft kommt es darauf an, die Mehrheitskompetenzen und den gebotenen Minderheitsschutz derart abzustimmen, daß der Verbleib in der Gesellschaft nicht nur gesichert, sondern auch zumutbar ist. Das Austrittsrecht ist deshalb in der gesetzestypischen OHG grundsätzlich kein geeignetes Mittel zur Schlichtung des Mehrheits-Minderheits-Konflikts.

16 Die gesetzliche Regelung nimmt nur in Abs. 2 Bezug auf gesellschaftsvertragliche Mehrheitsregelungen. Danach ist die Mehrheit im Zweifel nach der Zahl der Gesellschafter zu berechnen. Somit verfügt jeder Gesellschafter unabhängig von dem Umfang seiner Kapitalbeteiligung über je eine Stimme. Enthält der Gesellschaftsvertrag keine weitergehende Regelung, so ist stets die Zustimmung der Mehrheit aller Gesellschafter erforderlich, also nicht nur derjenigen Gesellschafter, die sich an der Beschlußfassung beteiligen. Allerdings kann der Gesellschaftsvertrag in dieser wie auch in jeder anderen Hinsicht eine andere Berechnungsart vorsehen. Somit kommt z.B. auch eine Berechnung des Stimmrechts nach den jeweiligen Kapitalanteilen in Betracht, in grundsätzlichen Angelegenheiten auch eine Kombination nach Köpfen und Kapitalanteilen. Auch ist es nicht verwehrt, einzelnen Gesellschaftern ein mehrfaches Stimmrecht einzuräumen, z.B. im Hinblick auf ihre besonderen Verdienste oder ihre besondere Stellung innerhalb der Gesellschaft. Diese unterschiedlichen Berechnungsarten können schließlich auch je nach der konkreten Bedeutung der Beschlußgegenstände unterschiedlich verwendet werden – z.B. Abstimmung nach Kapitalanteilen in Angelegenheiten der Geschäftsführung und nach Köpfen anläßlich einer Vertragsänderung.

2. Grenzen des Mehrheitsbeschlusses
a) Der Bestimmtheitsgrundsatz

Eine für den Umfang der Mehrheitskompetenzen wichtige Schranke ergibt sich aus 17
dem Bestimmtheitsgrundsatz. Dieser schon vom Reichsgericht (RGZ 91, 166; 151, 321, 326f.; 163, 385, 391) und sodann vom Bundesgerichtshof bis zuletzt (BGH WM 1987, 1102 = NJW 1988, 411 = DB 1987, 1880 = ZIP 1987, 1178; dazu Marburger ZGR 1989, 146) vertretene Grundsatz dient der einschränkenden Auslegung von gesellschaftsvertraglichen Mehrheitsklauseln. Danach sind derartige Klauseln in dreifach gestufter Hinsicht auszulegen. Sofern im Gesellschaftsvertrag nur allgemein vorgesehen ist, daß für Gesellschafterbeschlüsse die einfache Mehrheit genügen soll, erstreckt sich diese Mehrheitskompetenz nur auf Geschäftsführungsbeschlüsse und auf Beschlüsse über laufende Angelegenheiten. Ergibt sich hingegen durch Auslegung, daß sich diese Kompetenz auch auf Änderungen des Gesellschaftsvertrages erstreckt, so werden davon nur Beschlüsse über gewöhnliche Vertragsänderungen erfaßt. Für ungewöhnliche Vertragsänderungen bedarf es in jedem Einzelfall der besonderen Feststellung, daß gerade dieser Beschlußgegenstand ebenfalls der Mehrheitskompetenz unterliegt. Dafür ist zwar keine ausdrückliche Konkretisierung dieses Beschlußgegenstands erforderlich; es muß sich aber zweifelsfrei aus dem Gesellschaftsvertrag ergeben, daß der Mehrheitsbeschluß nach dem übereinstimmenden Willen der Gesellschafter gerade auch für die konkrete Einzelmaßnahme gelten soll (so zuletzt BGH ZIP 1985, 1137, 1138 sowie früher RGZ 151, 326f. und BGHZ 8, 35, 41f.). Der Bundesgerichtshof hat diesen Bestimmtheitsgrundsatz bisher lediglich für die Publikumsgesellschaft (BGHZ 71, 53, 57f.) sowie für die körperschaftlich strukturierte Familiengesellschaft (BGHZ 85, 350, 356ff.) aufgegeben.

In der Literatur wird der Bestimmtheitsgrundsatz hingegen außerordentlich kontro- 18
vers beurteilt. Den Anhängern des Bestimmtheitsgrundsatzes (Heymann-Emmerich Anm. 35; Baumbach-Duden-Hopt Anm. 2B; Fischer in Großkomm Anm. 12; A. Hueck Recht der OHG § 11 IV 3 S. 178; K. Schmidt Gesellschaftsrecht § 16 II 2; Wiedemann Gesellschaftsrecht S. 411f.; H. Westermann Personengesellschaft Lfg. 15 Anm. 274; Coing ZGR 1978, 657, 673; Immenga ZGR 1974, 385, 418ff.; Koch NJW 1986, 1654f.; Loritz JZ 1986, 1073, 1081; Marburger NJW 1984, 2252, 2255ff.; Martens DB 1973, 413, 415; Reuter ZGR 1981, 364, 372; Röttger Kernbereichslehre S. 151ff.; Spengler Festschrift für Möhring, 1965, S. 165, 174f.; Schiessl DB 1986, 735ff.; U. H. Schneider ZGR 1972, 357, 371ff.) steht eine wohl zunehmende Phalanx kritischer, überwiegend gänzlich ablehnender Autoren gegenüber (Ulmer Recht der BGB-Gesellschaft § 709 Anm. 74ff.; Staub-Ulmer § 105 Anm. 190, § 109 Anm. 41; Staub-Schilling § 163 Anm. 4; Autenrieth DB 1983, 1034; Brändel Festschrift für Stimpel, 1985, S. 95, 101ff.; Fischer Festschrift für Barz, 1974, S. 33, 41ff.; Hadding ZGR 1979, 636, 646; Hennerkes-Binz BB 1983, 713, 715; Hüffer ZHR 151, 396, 407; Leenen 2. Festschrift für Larenz 1983, 375ff.; Mecke BB 1988, 2258, 2260ff.; Priester in: Personengesellschaft und Bilanzierung, 1990, S. 68ff.; Winter GesRZ 1986, 74, 76). Zur Begründung des Bestimmtheitsgrundsatzes wird nach wie vor auf die generellen Grenzen und Voraussetzungen privatautonomen Regelungsverhaltens abgestellt. Danach bedarf die Vereinbarung von Mehrheitskompetenzen, insbesondere solchen

zur Vertragsänderung einer besonderen Legitimationsgrundlage, deren Bedeutung nach der Reichweite der Mehrheitskompetenzen, gemessen an dem konkreten Beschlußgegenstand, variiert. Je stärker die Gesellschafter in ihrer Rechtsstellung durch den konkreten Mehrheitsbeschluß berührt werden, um so größer muß das Gewicht des anläßlich der Vereinbarung der Mehrheitskompetenz erklärten Einverständnisses sein. In dieser gestuften Bewertung der im Gesellschaftsvertrag geregelten Mehrheitskompetenzen liegt auch weiterhin die grundsätzliche Bedeutung des Bestimmtheitsgrundsatzes. Er ist Ausdruck des allgemeinen Konsensprinzips und dient somit dem Selbstschutz vor undifferenzierter Preisgabe umfassender und in ihren Wirkungen nicht überschaubarer Regelungsbefugnisse. Dieser Schutzzweck wird in der Literatur in verschiedenen Theorieansätzen deutlich hervorgehoben — so unter dem Aspekt der antizipierten Zustimmungserklärung (Martens DB 1973, 413, 415; Immenga ZGR 1974, 385, 419; Flume Personengesellschaft S. 219 f.; Wiedemann Gesellschaftsrecht S. 412; dazu kritisch Leenen 2. Festschrift für Larenz S. 376; Ulmer Recht der BGB-Gesellschaft § 709 Anm. 75; Marburger NJW 1984, 2254; Schiemann AcP 185, 73, 75; Winter GesRZ 1986, 78 f.), so unter dem Aspekt der Unterwerfung unter die Gestaltungsmacht der Gesellschafter (so Marburger NJW 1984, 2252, 2254; dazu kritisch Mecke BB 1988, 2261; Brändel Festschrift für Stimpel S. 103 f.; Leenen 2. Festschrift für Larenz S. 380 f.; Ulmer Recht der BGB-Gesellschaft § 709 Anm. 76) und schließlich unter dem Aspekt der Warnfunktion (K. Schmidt Gesellschaftsrecht § 16 II 2 c; Wiedemann Gesellschaftsrecht S. 362; Immenga ZGR 1974, 418; U. H. Schneider ZGR 1972, 366; kritisch dazu Fischer Festschrift für Barz S. 41 f.; Ulmer Recht der BGB-Gesellschaft § 709 Anm. 74; Hennerkes-Binz BB 1983, 714).

19 Die Kritik an dem Bestimmtheitsgrundsatz wird vor allem mit dem Hinweis auf seinen angeblichen Formalcharakter begründet. Der damit bezweckte Minderheitsschutz stehe im Belieben kautelarjuristischer Vertragsgestaltung. Durch entsprechend detaillierte Regelung der Mehrheitskompetenzen könne dem Bestimmtheitsgrundsatz entsprochen werden, ohne daß dadurch die Minderheitsinteressen geschützt würden. Dieser Einwand ist in vieler Hinsicht verfehlt. So ist zu entgegnen, daß der Bestimmtheitsgrundsatz den gebotenen Minderheitsschutz bei weitem nicht erschöpft. Vielmehr bedarf es dazu auch einer Ausübungskontrolle, die zwar den Gesellschaftern einen weiten Ermessensspielraum beläßt, aber doch die Grenzen verhältnismäßiger Rechtsausübung erfaßt. Des weiteren ist zu bedenken, daß eine solche kautelarjuristische Vertragspraxis des Einverständnisses aller Gesellschafter bedarf. Entspricht die Gesellschaft dem gesetzlichen Leitbild einer aus wenigen Personen bestehenden Gesellschaft, so ist zu erwarten, daß ein solcher Vertrag nicht durch Unterwerfung einzelner Gesellschafter, sondern durch sorgfältiges Verhandeln aller Gesellschafter zustandekommt. Wenn auf diese Weise die Mehrheitskompetenzen im Detail geregelt werden, so wird dadurch die materielle Konsensbereitschaft aller Gesellschafter dokumentiert und dem Bestimmtheitsgrundsatz entsprochen. Freilich wird in der Praxis immer wieder deutlich, daß eine vollständige Beschreibung aller denkbaren Mehrheitskompetenzen offensichtlich nicht möglich ist und deshalb stets ein Restbereich ungeregelter, somit nach dem Bestimmtheitsgrundsatz einstimmiger Beschlußfassung verbleibt.

20 Ebenfalls unzutreffend ist der Einwand, durch den Bestimmtheitsgrundsatz und die damit verbundene Restriktion der Mehrheitskompetenzen werde die Willensbildung in

Beschlußfassung

der Gesellschaft blockiert und somit ihre Anpassungsfähigkeit an wirtschaftliche Veränderungen behindert (so vor allem Leenen 2. Festschrift für Larenz S. 383 sowie Mecke BB 1988, 2262 ff. m. w. N.). Dieser an sich zutreffende Befund verkennt, daß die dem gesetzlichen Leitbild entsprechende OHG nach dem materiellen Konsensprinzip verfaßt ist und deshalb das Beharrungsinteresse gegenüber dem Veränderungsinteresse überwiegt. Allerdings werden die berechtigten Gesellschaftsinteressen dadurch berücksichtigt, daß die opponierenden Gesellschafter kraft ihrer Treupflicht im Einzelfall zur Zustimmung verpflichtet sind. Zutreffend ist hingegen der Einwand, daß durch eine genügend effektive Ausübungskontrolle die mit dem Bestimmtheitsgrundsatz bezweckte Vereinbarungskontrolle substituiert werden kann. Je stärker die Ausübung der Mehrheitskompetenzen normativ gebunden ist, um so geringer ist das Bedürfnis nach einer auf materiellem Konsens beruhenden Legitimationsgrundlage (dazu ausführlich Röttger Kernbereichslehre S. 51 m. umfangreichen Nachweisen). Der in der Privatautonomie angelegte Selbstschutz kann eben auch durch heteronome Ausübungskontrolle realisiert bzw. ergänzt werden. Freilich bedarf die Aufgabe des Bestimmtheitsgrundsatzes des Nachweises, daß die Ausübungskontrolle genügend effektiv ist, um den mit dem Bestimmtheitsgrundsatz bezweckten Regelungsschutz auszugleichen. In der gesetzestypischen Personenhandelsgesellschaft sind jedoch die Interessen der einzelnen Gesellschafter derart bedeutsam, daß eine solche Ausübungskontrolle grundsätzlich nicht ausreicht. Deshalb bedarf es nach wie vor einer ergänzenden Vereinbarungskontrolle in Form des im Bestimmtheitsgrundsatz angelegten Prüfungsmaßstabs.

Verschiedentlich wird in der Literatur eine Kompromißlösung vertreten. Danach ist **21** der Bestimmtheitsgrundsatz in seiner bisherigen Ausformung aus den soeben genannten Gründen grundsätzlich aufzugeben. Er sei jedoch zu berücksichtigen, sofern die beabsichtigte Vertragsänderung auf den Kernbereich der Mitgliedschaft gerichtet sei. Sodann müsse sich die Mehrheitsklausel eindeutig auf mehrheitliche Eingriffe in die zum Kernbereich gehörenden Rechte beziehen und Ausmaß und Umfang des zulässigen Eingriffs erkennen lassen (so Ulmer Recht der BGB-Gesellschaft § 709 Anm. 77; ebenso Hüffer ZHR 151, 396, 402; Löffler NJW 1989, 2656, 2661; Mecke BB 1988, 2263; Priester in Personengesellschaft und Bilanzierung S. 70; Winter GesRZ 1986, 83). Dieser Ansicht ist jedoch nicht zu folgen. Bemerkenswert ist, daß die gegen die generelle Anwendung des Bestimmtheitsgrundsatzes geltend gemachten Einwände in diesem Zusammenhang vernachlässigt werden, obwohl Gründe für eine unterschiedliche Beurteilung nicht ersichtlich sind. Wenn es nämlich richtig ist, daß der Bestimmtheitsgrundsatz im Belieben kautelarjuristischer Vertragsgestaltung steht, dann ist zu erwarten, daß auch Vertragsänderungen innerhalb des Kernbereichs lediglich Gegenstand rechtsformaler Vertragstechnik sind. Dabei ist einzuräumen, daß die Präzisierung von Ausmaß und Umfang des zulässigen Eingriffs komplizierter ist als die nach dem Bestimmtheitsgrundsatz erforderliche Beschreibung des konkreten Beschlußgegenstands. Dieser unterschiedliche Regelungsumfang rechtfertigt aber nicht die Erwartung, daß dadurch dem materiellen Konsensprinzip in unterschiedlicher Weise entsprochen werde (a. A. offensichtlich Mecke BB 1988, 2263). Vor allem aber ist einzuwenden, daß diese Ansicht von einem diffusen Kernbereichsbegriff ausgeht, der im wesentlichen auf die Struktur und Regelung der konkreten Gesellschaft und den Bedeutungsgrad der konkret betroffenen Rechtsposition abstellt. Danach läßt sich nur allgemein feststellen, daß solche Rechtspositionen in den Kernbereich fallen, die innerhalb der konkreten Gesellschaft für den einzelnen Gesellschafter von grundsätzlicher Bedeutung sind (so im einzelnen Ulmer Recht der BGB-Gesellschaft § 709 Anm. 78; Hennerkes-Binz BB 1983, 716; Mecke BB 1988, 2264). Angesichts dieser Unbestimmtheit eines solchen Kernbereichsbegriffs geht sein Aussagegehalt kaum über die Begriffsbedeutung der „ungewöhnlichen Vertragsänderung" hinaus, für die nach dem Bestimmtheitsgrundsatz eine eindeutige Beschlußkompetenz im Gesellschaftsvertrag enthalten sein muß. Es kann deshalb auch nicht überraschen, daß derart ungewöhnliche Vertragsänderungen, wie sie in der Rechtsprechung zum Bestimmtheitsgrundsatz herausgestellt worden sind, nunmehr als Konkretisierung des Kernbereichs vertreten werden. Aus diesen Gründen beruht diese „Kernbereichslehre" nicht auf einer Aufgabe des Bestimmtheitsgrundsatzes, sondern auf seiner Bestätigung und Fortentwicklung (so wohl auch Ulmer Recht der BGB-Gesellschaft § 709 Anm. 77 a.E.). Ob freilich jede nach dieser Ansicht kernbereichsrelevante Vertragsänderung nicht nur einer eindeutigen Beschlußkompetenz, sondern einer ebenso eindeutigen Beschreibung des Beschlußumfangs bedarf, ist durchaus zweifelhaft. Das in diesem Zusammenhang oftmals genannte Beispiel einer Änderung in der Ausgestaltung der Geschäftsführung (Ulmer Recht der BGB-Gesellschaft § 709 Anm. 78; Hennerkes-Binz BB 1983, 716; Mecke BB 1988, 2264; Winter GesRZ 1986, 84) legt jedenfalls das Gegenteil nahe. Sofern im Einzelfall eine derart differenzierte Beurteilung der Beschlußkompetenz erforderlich ist, bietet der Bestimmtheitsgrundsatz auch dafür einen geeigneten Ansatz. Je stärker die Rechtsposition des einzelnen Gesellschafters durch den Mehrheitsbeschluß berührt wird, um so deutlicher müssen derartige Beschlußfolgen im Gesellschaftsvertrag vorformuliert werden.

22 Als ungewöhnliche Vertragsänderungen, die über die allgemein zur Vertragsänderung vereinbarte Beschlußkompetenz hinaus einer besonderen Legitimationsgrundlage bedürfen, sind in Literatur und Rechtsprechung die folgenden Beschlußgegenstände hervorgehoben worden: Begründung und Erhöhung von Beitragspflichten (RGZ 91, 166, 168f.; 151, 321, 327; 163, 385, 391; Fischer in Großkomm Anm. 12); Änderung der Gewinnverteilung und Verzinsung (BGH WM 1975, 662f.; 1976, 661f.; OLG Hamm BB 1978, 120, 121); Entziehung der Geschäftsführungs- und Vertretungsbefugnis (A. Hueck Recht der OHG § 11 IV 3 S. 179; Baumbach-Duden-Hopt Anm. 2B); Schaffung oder Beseitigung von Sonderrechten (A. Hueck Recht der OHG § 11 IV 3 S. 179; Baumbach-Duden-Hopt Anm. 2B); Änderung der Folgen einer ordnungsgemäß ausgesprochenen Kündigung (BGHZ 48, 250, 254); Gestattung vertragswidriger Entnahmen eines Gesellschafters (BGH WM 1986, 1109 = NJW-RR 1986, 1417); Bildung nicht notwendiger Rücklagen (BGH WM 1976, 661, 662 = LM Nr. 15 zu § 119 HGB; dazu Ulmer BB 1976, 950); rückwirkende Änderung des Gewinnanteils (BGH WM 1986, 1556 = NJW-RR 1987, 295); Abweichung vom Gleichbehandlungsgrundsatz (BGHZ 8, 35, 42; Fischer in Großkomm Anm. 12); Regelungen über die Art der Auseinandersetzung (RGZ 114, 393, 395; BGH WM 1966, 707f.); Vertragsverlängerungen (BGH NJW 1973, 1602; OLG Düsseldorf NJW 1977, 2216); Fortsetzung der Gesellschaft nach Auflösung (BGHZ 8, 35, 43); Aufnahme neuer Gesellschafter (BGHZ 61, 303, 304; A. Hueck Recht der OHG § 11 IV 3 S. 179; Baumbach-Duden-Hopt Anm. 2B); Ausschließung einzelner Gesellschafter (BGHZ 8, 35, 42); Änderung der Mehrheitserfordernisse für ungewöhnliche Beschlüsse (BGH WM 1987, 1102 =

ZIP 1987, 1178); Beseitigung oder Einschränkung der actio pro socio (BGH WM 1985, 1227); Umwandlung der Gesellschaft in eine andere Gesellschaftsform (BGHZ 85, 350; WM 1966, 707, 708; OLG Düsseldorf BB 1983, 459); Änderung des Gesellschaftszwecks (Heymann-Emmerich Anm. 33; Röttger Kernbereichslehre S. 116).

Wie sich der Entscheidung BGH WM 1987, 1102 = ZIP 1987, 1178 entnehmen **23** läßt, geht der Bundesgerichtshof offensichtlich von der Dispositivität des Bestimmtheitsgrundsatzes aus (ebenso Hennerkes-Binz BB 1983, 715). Diese Ansicht ist jedoch verfehlt. Da es die Funktion des Bestimmtheitsgrundsatzes ist, den Selbstschutz der Gesellschafter vor übereilter Aufgabe von Regelungsbefugnissen zu gewährleisten, die in ihren Auswirkungen nicht von vornherein überschaubar sind, unterliegt auch eine Regelung über den Verzicht auf den Bestimmtheitsgrundsatz seinen eigenen Maßstäben. Somit kann nicht pauschal, sondern nur hinsichtlich einzelner Beschlußgegenstände ungewöhnlichen Inhalts auf die Anwendung des Bestimmtheitsgrundsatzes verzichtet werden. Mithin kommt ein genereller Verzicht auf den Bestimmtheitsgrundsatz nicht in Betracht (Baumbach-Duden-Hopt Anm. 2B; Röttger Kernbereichslehre S. 157; Marburger NJW 1984, 2257).

b) Die Kernbereichslehre

Der Kernbereich ist zunächst vom BGH als Schranke entwickelt worden, um den **24** zulässigen Umfang eines vertraglichen Stimmrechtsausschlusses zu begrenzen. Danach findet der Ausschluß vom Stimmrecht dort seine Grenze, wo Gesellschafterbeschlüsse in Frage stehen, die in die Rechtsstellung des Gesellschafters eingreifen (BGHZ 20, 363, 369 f.). In der Literatur ist alsbald erkannt worden, daß die Ausübung des Stimmrechts in diesem Regelungsbereich individueller Gesellschafterrechte nicht ausreicht, um sich einer etablierten Gesellschaftermehrheit zu erwehren. Auch durch seine Ablehnung kann der Minderheitsgesellschafter den Mehrheitsbeschluß und damit den Rechtsverlust nicht verhindern. Deshalb bedürfen diese kernbereichsrelevanten Rechte eines weitergehenden Schutzes. Es besteht inzwischen weitgehende Übereinstimmung, daß dieser Schutz über das Stimmrecht hinaus durch ein Zustimmungsrecht des betroffenen Gesellschafters zu gewähren ist (BGH NJW 1985, 972, 974; Staub-Ulmer § 109 Anm. 36; K. Schmidt Gesellschaftsrecht § 16 III 3; Wiedemann Gesellschaftsrecht S. 362; Flume Personengesellschaft § 14 III S. 219; Fischer Festschrift für Barz S. 43; Immenga ZGR 1974, 425; Martens DB 1973, 418; U. H. Schneider ZGR 1972, 378 f.; Löffler NJW 1989, 2656). Zudem hat man erkannt, daß der Kernbereich unter systematischen Aspekten einer differenzierten, unterschiedliche Gesellschafterrechte einbeziehenden Betrachtung bedarf. Danach wird unterschieden zwischen unverzichtbaren Gesellschafterrechten (zwingender Kernbereich der Mitgliedschaft), unentziehbaren Gesellschafterrechten (mehrheitsfester Kernbereich der Mitgliedschaft) und stimmrechtsfesten Gesellschafterrechten (so K. Schmidt Gesellschaftsrecht § 16 III 3 sowie Röttger Kernbereichslehre S. 96 ff.). Nach dieser Unterteilung besteht ein Zustimmungsrecht nur im Rahmen des mehrheitsfesten Kernbereichs; im übrigen ist die Zustimmung nicht erforderlich, weil lediglich das Stimmrecht geschützt wird, bzw. unerheblich, weil auf die konkrete Rechtsposition ohnehin nicht verzichtet werden kann.

aa) Unverzichtbare Gesellschafterrechte

25 Unverzichtbare Gesellschafterrechte bestehen nur, sofern die generelle Funktionsfähigkeit der Mitgliedschaft ihre Ausübung voraussetzt. Es handelt sich um elementare Grundrechte, ohne die der Gesellschafter über keinerlei Einfluß und Kontrolle innerhalb der Gesellschaft verfügen würde. Aus diesen Gründen ist das Informationsrecht nach § 118 Abs. 2 ebenso unverzichtbar wie der damit funktional verbundene Auskunftsanspruch (dazu Schlegelberger-Martens § 118 Anm. 14 ff.). Ebenso ist das Teilnahmerecht an der Gesellschafterversammlung unter Einschluß des Antrags- und Rederechts grundsätzlich unverzichtbar (K. Schmidt Gesellschaftsrecht § 16 III 3 a; Wiedemann Gesellschaftsrecht S. 366 f.; Teichmann Gestaltungsfreiheit S. 210; Röttger Kernbereichslehre S. 190 ff.; Immenga ZGR 1974, 414; Comes DB 1974, 2195). Sofern allerdings ein wichtiger Grund besteht, kann im Einzelfall dieses Teilnahmerecht entfallen. Des weiteren steht dem Gesellschafter zwingend die Befugnis zur Klage auf Feststellung von rechtswidrigen Beschlüssen zu, und zwar auch dann, wenn er von der Beschlußfassung ausgeschlossen war. Im Gesellschaftsvertrag regelbar sind lediglich die Modalitäten der Klageerhebung wie Vorverfahren und Befristung (Wiedemann Gesellschaftsrecht S. 465; Röttger Kernbereichslehre S. 204; Staub-Schilling § 163 Anm. 6; BGH WM 1988, 753, 755 für die GmbH). Umstritten ist hingegen die Unverzichtbarkeit der actio pro socio. Als Kontrollinstrument steht sie in einem engen Zusammenhang mit den schon genannten Informations- und Teilnahmerechten. Sie ermöglicht dem einzelnen Gesellschafter, die dadurch erlangten Informationen über rechtswidriges Verhalten anderer Gesellschafter zu verwerten und auf diese Weise die Rechtsordnung innerhalb der Gesellschaft durchzusetzen. Freilich ist nicht zu verkennen, daß sich nicht jeder Rechtskonflikt zur gerichtlichen Auseinandersetzung eignet, sondern darüber auch unter Opportunitätsaspekten zu befinden ist. Deshalb besteht ein berechtigtes Interesse aller Gesellschafter, daß das erforderliche Vertrauensverhältnis nicht durch unverhältnismäßige Klagen gestört wird. Somit ist die actio pro socio nur unter den entsprechenden Voraussetzungen des § 118 Abs. 2 unverzichtbar, also nur für den Fall eines Verdachts unredlichen Geschäftsführungs- oder sonstigen Gesellschafterverhaltens (Ulmer in Großkomm § 105 Anm. 264; Schlegelberger-Martens § 161 Anm. 68; Wiedemann Gesellschaftsrecht S. 460; Roitzsch Minderheitenschutz S. 169; Röttger Kernbereichslehre S. 202 ff.; Fischer ZGR 1979, 261; Immenga ZGR 1974, 412 f.; Lutter AcP 180, 151; weitergehend Staub-Schilling § 163 Anm. 31; Heymann-Emmerich § 109 Anm. 26; Flume Personengesellschaft S. 144; hingegen die Unverzichtbarkeit verneinend A. Hueck Recht der OHG § 18 II 3 S. 267; Hadding actio pro socio S. 65 FN. 16; offengelassen in BGH WM 1985, 1227 = ZIP 1985, 1137 = DB 1985, 1227). Problematisch ist schließlich, ob und in welchem Umfang das Ausschluß- und Austrittsrecht regelbar sind. Dabei besteht im Grundsatz Übereinstimmung, daß das Recht zur Austrittskündigung aus wichtigem Grund unverzichtbar ist. Das folgt nicht zuletzt aus der Unabdingbarkeit des Auflösungsrechts nach § 133 Abs. 3, das durch dieses außerordentliche Austrittsrecht ersetzt werden kann (§ 138). Im einzelnen ist allerdings umstritten, in welchem Umfang dieses Austrittsrecht in seinen Einzelheiten regelbar ist (dazu Schlegelberger-K. Schmidt § 138 Anm. 59 ff.). Schließlich kann der Gesellschafter nicht auf den generellen Bestandsschutz seiner

Mitgliedschaft durch Vereinbarung eines freien, an keine Gründe gebundenen Ausschließungsrechts verzichten. Eine solche Vereinbarung verstößt gegen „Grundprinzipien" des Gesellschaftsrechts, indem der von einem solchen freien Ausschließungsrecht bedrohte Gesellschafter weitestgehend rechtlos gestellt würde. Jedes unerwünschte Gesellschafterverhalten könnte durch Ausübung dieses Ausschließungsrechts „sanktioniert" werden. Somit ist zu erwarten, daß dieser Gesellschafter nicht in der Lage ist, seine sonstigen Gesellschafterrechte unbelastet und interessenkonform auszuüben. Deshalb kann auf diesen Bestandsschutz grundsätzlich nicht verzichtet werden (BGHZ 68, 212; 81, 263; WM 1985, 772; Heymann-Emmerich § 140 Anm. 34; Schlegelberger-K. Schmidt § 140 Anm. 71 ff.; Flume Personengesellschaft S. 138 f.; Röttger Kernbereichslehre S. 177 ff.; Wiedemann Festschrift für Fischer S. 897 f.; ders. ZGR 1980, 150; Fischer ZGR 1979, 263; Schilling ZGR 1979, 422; Hennerkes-Binz, NJW 1983, 76 f.; Reuter JZ 1986, 23; a. A. Hirtz BB 1981, 762; Weber-Hikel NJW 1986, 2752; Bunte ZIP 1983, 15; Esch NJW 1979, 1391; Loritz JZ 1986, 1074; ausführliche Darstellung des Streitstands bei Grunewald Ausschluß S. 221 ff.). Nicht zu diesen funktionsnotwendigen Grundrechten gehört das Stimmrecht. Es kann bis auf einen Kernbereich wesentlicher Beschlußgegenstände ausgeschlossen werden (dazu ausführlich Röttger Kernbereichslehre S. 120 ff.).

Die Unverzichtbarkeit der vorstehend genannten Rechte besteht nur in genereller Hinsicht; im konkreten Einzelfall kann mithin auf die punktuelle Rechtsausübung verzichtet werden. Somit kann sich z. B. der einzelne Gesellschafter verpflichten, anläßlich einer konkreten Auseinandersetzung nicht mittels der actio pro socio vorzugehen. Ebenso steht nichts entgegen, auf die Teilnahme an einer einzelnen Gesellschafterversammlung zu verzichten. Ein derart punktuell geäußerter Verzicht ändert freilich nichts an der generellen Unverzichtbarkeit, so daß diese Rechte zukünftig wieder uneingeschränkt ausgeübt werden können.

bb) Unentziehbare Gesellschafterrechte

Unentziehbare Gesellschafterrechte sind solche, die zwar verzichtbar sind, die aber nur im Einverständnis mit dem betroffenen Gesellschafter entzogen werden können. Derart unentziehbar sind alle Sonderrechte, wie sich aus der entsprechenden Anwendung des § 35 BGB ergibt. Diese Sonderrechte zeichnen sich dadurch aus, daß sie einzelnen Gesellschaftern als individuelle Vorrechte im Gesellschaftsvertrag eingeräumt worden sind. Des weiteren besteht Übereinstimmung, daß die wesentlichen Mitgliedschaftsrechte wie Stimmrecht, Gewinnbeteiligung, Abfindung sowie das Recht auf eine entsprechende Liquidationsquote unentziehbar sind (dazu Röttger Kernbereichslehre S. 172 f. m. w. N.). In diesem Zusammenhang wird auch das Belastungsverbot genannt. Danach können vermehrte Beitragspflichten nur mit Zustimmung aller Gesellschafter beschlossen werden, wie sich auch aus §§ 707 BGB, 53 Abs. 3 GmbHG ergibt. Diesem Belastungsverbot (K. Schmidt Gesellschaftsrecht § 16 III 3 b; Schilling-Winter Festschrift für Stiefel 1987, S. 670; anders noch BGHZ 20, 363, 369 = NJW 1956, 1198) steht jedoch nicht entgegen eine Regelung, durch die lediglich das Recht zur Übernahme weiterer Beitragspflichten begründet wird (so BGHZ 66, 82; dazu Wiedemann ZGR 1977, 690 für die Publikumsgesellschaft). Freilich ist nicht ausgeschlossen, daß durch die freiwillige Übernahme solcher Beitragspflichten auch die Mitgliedschaftsrechte, insbesondere der Umfang des Stimmrechts anwachsen und auf diese Weise eine mittelbare, proportionale Rechtsminderung gegenüber denjenigen Gesellschaftern eintritt, die sich der freiwilligen Übernahme weiterer Beitragspflichten versagt haben. Eine solche mittelbare Rechtsbeeinträchtigung rechtfertigt aber grundsätzlich keinen Gesellschafterschutz in Form eines eigenen Zustimmungsrechts (Staub-Ulmer § 109 Anm. 37; Winter Mitgliedschaftliche Treuebindungen im GmbH-Recht 1988, S. 137 ff.; anders im Hinblick auf die Einräumung von Sonderrechten für einzelne Gesellschafter zutreffend Löffler NJW 1989, 2659). Auch in anderen Fällen kommt eine solche mittelbare Rechtsbeeinträchtigung in Betracht, ohne daß dazu die Zustimmung der mittelbar benachteiligten Gesellschafter erforderlich ist – z.B. durch Aufnahme neuer Gesellschafter, durch die die Rechte der „Altgesellschafter" entsprechend relativiert werden.

28 Dieses Zustimmungserfordernis besteht grundsätzlich im Zeitpunkt der Beschlußfassung über die Entziehung oder Beeinträchtigung der genannten Gesellschafterrechte. Allerdings können diese Rechte, da sie nicht unverzichtbar sind, auch schon bei Abschluß des Gesellschaftsvertrages ausgeschlossen oder eingeschränkt werden. Auf diese Weise kann von vornherein auf das Gewinnrecht oder das Recht auf Liquidationsbeteiligung verzichtet werden. Eine Besonderheit kommt in diesem Zusammenhang dem Ausschluß des Stimmrechts zu. Auf dieses kann nur unter den Voraussetzungen des Bestimmtheitsgrundsatzes verzichtet werden (BGH WM 1973, 991; A. Hueck Recht der OHG § 11 III 1 S. 169; Martens DB 1973, 417 f.; Immenga ZGR 1974, 422 f.). Somit erstreckt sich der generelle Stimmrechtsausschluß lediglich auf die Beschlußfassung in laufenden Angelegenheiten, der ausdrücklich auf Vertragsänderungen bezogene Stimmrechtsausschluß nur auf solche Vertragsänderungen gewöhnlicher Art, und für alle weitergehenden Beschlußgegenstände bedarf es einer besonderen Umschreibung des Stimmrechtsausschlusses. Da mithin auf diese unentziehbaren Mitgliedschaftsrechte schon bei Abschluß des Gesellschaftsvertrages verzichtet werden kann, stellt sich die Anschlußfrage, ob anstelle eines Verzichts auch eine Ermächtigung vereinbart werden kann, aufgrund derer die Gesellschaftermehrheit in Zukunft über dieses Recht disponieren kann. Hinsichtlich einer etwaigen Erweiterung der Beitragspflicht, ist eine solche Rahmenregelung in Form einer quantitativen Begrenzung des zulässigen Beschlußinhalts ausreichend. Von diesem besonderen Regelungsgegenstand abgesehen ist jedoch im übrigen erforderlich, daß Art und Umfang einer etwaigen Einschränkung dieser Rechte im Gesellschaftsvertrag derart präzisiert werden, daß einem späteren Mehrheitsbeschluß keine eigenständige Regelungsbedeutung zukommt, sich dieser Mehrheitsbeschluß in der Durchführung der im Gesellschaftsvertrag enthaltenen Regelung erschöpft (ebenso Röttger Kernbereichslehre S. 147 f.; Flume Personengesellschaft § 14 III S. 219 f.; ähnlich wohl auch Staub-Ulmer § 105 Anm. 19, Mecke BB 1988, 2263, Löffler NJW 1989, 2661 sowie BGH WM 1978, 1399). Ein weitergehender Eingriff in diese Mitgliedschaftsrechte bedarf sodann der Zustimmung der betroffenen Gesellschafter anläßlich der konkreten Beschlußfassung.

cc) **Stimmrechtsfeste Beschlußgegenstände**

29 Stimmrechtsfeste Beschlußgegenstände sind schließlich solche, die der Mehrheitskompetenz ohne ein Zustimmungsrecht anderer Gesellschafter unterliegen, die aber in ihren Regelungswirkungen derart bedeutsam sind, daß jeder Gesellschafter ein zwingendes Recht auf Beteiligung an der Willensbildung hat. In diesem Zusammenhang ist daran zu erinnern, daß der BGH ursprünglich den Kernbereich zur zwingenden Absicherung dieses Stimmrechts entwickelt hat (BGHZ 20, 363, 369). Diese Ansicht ist sodann in der Literatur – wie gezeigt – durch ein weitergehendes Zustimmungsrecht des betroffenen Gesellschafters korrigiert werden. Da dieses Zustimmungsrecht im Vergleich zum einfachen Stimmrecht einen größeren Gesellschafterschutz verbürgt, stellt sich nunmehr die Frage, ob und in welchem Umfang es einer zwingenden Absicherung des Stimmrechts bedarf. Ein solcher Bedarf besteht im Bereich grundlegender Vertragsänderungen, ohne daß zugleich individuelle Gesellschafterrechte und das damit verbundene Zustimmungsrecht berührt sind. Von besonderer Bedeutung ist in diesem Zusammenhang die nach dem Gesellschaftsvertrag durch Mehrheitsbeschluß regelbare Zweckänderung. Nach den Maßstäben des Bestimmtheitsgrundsatzes muß eine derartige Mehrheitskompetenz hinreichend deutlich im Gesellschaftsvertrag zum Ausdruck kommen. Eine weitere Präzisierung im Hinblick auf Art und Umfang einer solchen Zweckänderung kommt angesichts der Offenheit dieses Regelungsgegenstands offensichtlich nicht in Betracht. Bejaht man deshalb das Bedürfnis nach einem verstärkten Gesellschafterschutz, so eignet sich dafür nur das Stimmrecht (weitergehend Staub-Ulmer § 109 Anm. 38 sowie Löffler NJW 1989, 2659, die auch dafür ein Zustimmungsrecht der Minderheitsgesellschafter voraussetzen). Welche anderen Regelungsgegenstände einem zwingenden Stimmrecht aller Gesellschafter unterliegen, läßt sich in abstracto nicht abschließend beurteilen. Generell kann nur festgestellt werden, daß die beabsichtigte Regelung für die Gesellschaft oder die einzelnen Gesellschafter von wesentlicher Bedeutung sein muß. Diese Voraussetzungen sind immer dann erfüllt, wenn durch die Regelung die Gesellschaft strukturell verändert wird. Ob eine derart wesentliche bzw. strukturelle Änderung des Gesellschaftsverhältnisses beabsichtigt ist, läßt sich nur im Einzelfall unter Betracht der konkreten Regelungssituation, insbesondere unter Betracht der im Gesellschaftsvertrag geregelten Gesellschafterinteressen beurteilen. Dieser relativ offene Beurteilungsmaßstab ist auch deshalb vertretbar, weil ohnehin für den Stimmrechtsausschluß die strengen Maßstäbe des Bestimmtheitsgrundsatzes anzulegen sind. Auch wenn somit das Stimmrecht außerhalb dieses Bereichs grundlegender Strukturentscheidungen ausgeschlossen werden kann, so bedarf es dazu doch einer Vereinbarung, die den Stimmrechtsausschluß gerade für diesen Regelungsgegenstand mit hinreichender Deutlichkeit belegt.

c) Die Ausübungskontrolle

Der Minderheitenschutz wird komplettiert durch normative Bindungen, die anläßlich der konkreten Beschlußfassung zu beachten sind. Auch wenn für den beabsichtigten Beschluß eine ausreichende Kompetenzgrundlage vorhanden ist, steht die Ausübung dieser Kompetenz doch nicht im freien, ungebundenen Belieben der Mehrheit. Während früher nahezu ausschließlich auf die Bindung an die guten Sitten abgestellt wurde, steht nunmehr die Bindung an die Treupflicht (Staub-Ulmer § 109 Anm. 41 f.; K. Schmidt Gesellschaftsrecht § 21 II 3; Wiedemann Gesellschaftsrecht S. 412; Fischer in Festschrift für Barz S. 45; Immenga ZGR 1974, 421; Leenen in Festschrift für Larenz S. 392 f.; Loritz JZ 1986, 1081 f.) sowie an den Gleichbehandlungsgrundsatz

(G. Hueck Der Grundsatz der gleichmäßigen Behandlung im Privatrecht 1958 S. 41, 305 ff.; K. Schmidt Gesellschaftsrecht § 16 II 4; Staub-Ulmer § 105 Anm. 260; Immenga ZGR 1974, 421; U. H. Schneider ZGR 1972, 383) im Vordergrund. Ebenso besteht Übereinstimmung in der Bindung an den Gesellschaftszweck, wobei allerdings umstritten ist, ob diese Bindung Bestandteil der Treupflicht (so Staub-Ulmer § 109 Anm. 42 FN. 77) oder davon systematisch zu unterscheiden ist (Zöllner Schranken mitgliedschaftlicher Stimmrechtsmacht S. 318 ff.). Schließlich wird für den Bereich der Vertragsänderungen die Bindung an den Grundsatz der Verhältnismäßigkeit vertreten (Ulmer Recht der BGB-Gesellschaft § 709 Anm. 85; Heymann-Emmerich Anm. 36; ders. in Festschrift für Stimpel S. 749). Dieser im Aktienrecht (BGHZ 71, 40; 83, 319; Lutter ZGR 1981, 171 ff.; Timm ZGR 1987, 403 ff.) sowie im GmbH-Recht (BGHZ 80, 69, 73 ff.; Hachenburg-Ulmer § 53 GmbHG Anm. 58; Wiedemann Gesellschaftsrecht S. 445 f.; ders. ZGR 1980, 157; Martens GmbHRsch 1984, 269 f.) anerkannte Kontrollmaßstab ist dreistufig angelegt. Danach muß die beabsichtigte Regelung im Interesse der Gesellschaft liegen; angesichts der relativen Unbestimmtheit des Gesellschaftsinteresses steht der Gesellschaftermehrheit ein nicht unerheblicher Ermessensspielraum zu. Des weiteren muß der mit der Regelung verbundene Eingriff in die Rechte der Minderheit erforderlich sein, um das Regelungsziel zu erreichen; mithin ist diese Voraussetzung nicht erfüllt, wenn dieses Ziel auch durch ein milderes Mittel erreichbar ist. Schließlich ist erforderlich, daß die beabsichtigten Vorteile der Gesellschaft einerseits und die mit dem Eingriff verbundenen Nachteile der Minderheit andererseits in einem angemessenen Verhältnis stehen; je größer mithin die Nachteile der Minderheit sind, umso größer müssen auch die Vorteile der Gesellschaft sein (dazu Zöllner Schranken mitgliedschaftlicher Stimmrechtsmacht S. 351 f.; Ulmer Recht der BGB-Gesellschaft § 709 Anm. 85; dazu auch BGHZ 85, 350, 360 f.).

31 Im Grundsatz ist der Übertragung dieser für das Kapitalgesellschaftsrecht entwickelten Kontrollmaßstäbe auf die Beschlußkontrolle im Recht der Personenhandelsgesellschaften zuzustimmen. Ohnehin ist der Grundsatz der Verhältnismäßigkeit inzwischen auch im Privatrecht allgemein anerkannt. Freilich ist zu bedenken, daß das Kapitalgesellschaftsrecht vom Mehrheitsprinzip geprägt wird und daß es deshalb keines besonderen Akts privatautonomer Kompetenzverleihung bedarf. Somit ist der Bestimmtheitsgrundsatz ebensowenig zu berücksichtigen wie das in der Kernbereichslehre angelegte Zustimmungserfordernis bei Eingriffen in konkrete Gesellschafterrechte. Der erforderliche Minderheitsschutz konzentriert sich also im wesentlichen auf die Ausübungskontrolle anläßlich der Beschlußfassung. Hingegen ist der Gesellschafterschutz im Recht der Personenhandelsgesellschaft vorverlagert auf die Regelung der Mehrheitskompetenzen. Deshalb ist der spätere Mehrheitsbeschluß sehr viel stärker Ausdruck individualautonomer Kompetenzverleihung als der Mehrheitsbeschluß im Kapitalgesellschaftsrecht, der auf gesetzlicher Kompetenzzuweisung beruht. Somit ist der Bedarf nach einer in gleicher Weise stringenten Ausübungskontrolle grundsätzlich nicht erkennbar. Das bedeutet freilich nicht, daß damit der Grundsatz der Verhältnismäßigkeit auf die Beschlußkontrolle der Personenhandelsgesellschaften unanwendbar ist. Auch in diesem Zusammenhang gilt das zudem durch die Treupflicht begründete Verbot, die Rechte der Minderheitsgesellschafter unverhältnismäßig zu beeinträchtigen. Allerdings ist anläßlich der Prüfung der Verhältnismäßigkeit das Einverständnis aller Gesellschafter über die Regelung der Mehrheitskompetenzen angemessen zu berücksichtigen. Es ist deshalb im Einzelfall primär zu untersuchen, ob die konkrete Beschlußfolge, insbesondere ihre Eingriffsintensität von diesem Einverständnis erfaßt wird. Wird diese Frage verneint, so besteht ohnehin keine ausreichende Kompetenzgrundlage. Somit ist diese Ausübungskontrolle nach dem Grundsatz der Verhältnismäßigkeit im Recht der Personenhandelsgesellschaften weitgehend Bestandteil der Kompetenzkontrolle nach dem Bestimmtheitsgrundsatz bzw. der Kernbereichslehre. Aus diesen Gründen kommt dieser Ausübungskontrolle im Vergleich zur Ausübungskontrolle im Kapitalgesellschaftsrecht eine geringere Bedeutung zu (ähnlich Röttger Kernbereichslehre S. 53).

Resümiert man diese zahlreichen Schranken der Mehrheitsherrschaft bzw. dieses umfangreiche Instrumentarium des Minderheitsschutzes, so drängt sich die Frage auf, ob dadurch die berechtigten Veränderungsinteressen der Gesellschaft bzw. der Mehrheitsgesellschafter nicht unangemessen beeinträchtigt werden. Diese an sich berechtigte Befürchtung wird jedoch ausgeräumt durch die ebenfalls aus der Treupflicht entwickelte Pflicht zur Zustimmung anläßlich der Beschlußfassung über Maßnahmen, die im Interesse der Gesellschaft geboten sind (dazu Anm. 43 ff.). Diese Zustimmungspflicht der Minderheitsgesellschafter ist ebenfalls Bestandteil der auf Privatautonomie angelegten Kompetenzordnung in den Personenhandelsgesellschaften. Der relativ engen Anbindung der Mehrheitskompetenzen an den Konsens aller Gesellschafter entspricht die umfassende, alle Gesellschafter bindende Pflicht zur Berücksichtigung berechtigter Gesellschaftsinteressen. Auf diese Weise wird das Zustimmungserfordernis zur Begründung von Mehrheitskompetenzen abgemildert durch die Zustimmungspflicht anläßlich der Beschlußfassung über Maßnahmen, die im Interesse der Gesellschaft erforderlich sind. Der Begrenzung der Mehrheitskompetenzen entspricht im Recht der Personenhandelsgesellschaften somit eine größere Pflichtigkeit aller Gesellschafter.

IV. Das Stimmrecht

1. Die Ausübung des Stimmrechts

Das Stimmrecht ist gleichsam ein mitgliedschaftliches „Grundrecht", das dem einzelnen Gesellschafter die Teilnahme an der Willensbildung innerhalb der Gesellschaft weitestgehend garantiert. Es dient vorrangig der Durchsetzung persönlicher Gesellschafterinteressen; gleichwohl steht seine Ausübung nicht im freien, rechtlich ungebundenen Belieben des Gesellschafters. Vielmehr bestehen zahlreiche Ausübungsschranken. Deshalb ist dieses Stimmrecht zugleich ein pflichtgebundenes Gesellschafterrecht. Da durch seine Ausübung auch die Interessen anderer Gesellschafter berührt werden, muß darauf angemessen Rücksicht genommen werden. Diese Pflichtbindung variiert in ihrer Intensität je nach der Gesellschaftszwecknähe des Beschlußgegenstands. Wegen dieser Pflichtbindung kann das Stimmrecht nur persönlich ausgeübt werden, so daß eine Bevollmächtigung grundsätzlich nicht möglich ist (Heymann-Emmerich Anm. 14; Fischer in Großkomm Anm. 27). Allerdings kann im Gesellschaftsvertrag eine solche Befugnis entweder generell oder für konkrete Beschlußgegenstände geregelt oder im Einzelfall durch das Einverständnis aller Gesellschafter ermöglicht werden. Stets kann jedoch der Bevollmächtigte aus wichtigem Grund abgelehnt werden. Eine äußerste

Grenze bildet das Abspaltungsverbot, aus dem sich nicht nur die Unübertragbarkeit des Stimmrechts ergibt (dazu BayObLG WM 1986, 226), sondern auch die Unwirksamkeit aller der Übertragung gleichwertigen Vereinbarungen. Somit ist zwar die unwiderrufliche Stimmrechtsvollmacht grundsätzlich wirksam, nicht aber eine solche mit verdrängender Wirkung durch Verzicht auf persönliche Rechtsausübung (BGHZ 3, 354, 359 = NJW 1952, 178; 20, 263, 265 = NJW 1956, 1198; BGH LM Nr. 27 zu § 105 HGB = NJW 1970, 468; Fischer in Großkomm Anm. 25; Ulmer Recht der BGB-Gesellschaft § 717 Anm. 16 m.w.N.). Allerdings kann diese unwirksame Vereinbarung in einen Stimmrechtsverzicht und die Begründung eines eigenen Stimmrechts zugunsten des Bevollmächtigten umgedeutet werden. Sofern der Bevollmächtigte eine externe Person ist, kann ihm kein eigenständiges, gesellschaftsrechtliches Stimmrecht verliehen werden (Ulmer Recht der BGB-Gesellschaft § 717 Anm. 10; Flume Personengesellschaft S. 235 ff.; Huber Vermögensanteil S. 44 ff.; Nitschke Personengesellschaft S. 286 ff.; Teichmann Gestaltungsfreiheit S. 218 ff.; Priester Festschrift für Werner S. 657, 664; a.A. BGH LM Nr. 6 zu § 109 HGB = NJW 1960, 936 = JZ 1960, 490 m. Anm. A. Hueck; Fischer in Großkomm Anm. 24; A. Hueck Recht der OHG § 11 III 1 S. 168 FN. 25 a). Davon zu unterscheiden sind Mitsprachebefugnisse Dritter, die außerhalb des Gesellschaftsvertrages vereinbart werden. Sie sind für die rechtliche Beurteilung der Gesellschafterbeschlüsse bedeutungslos und können allenfalls Schadensersatzansprüche auslösen. Zudem kann dieses schuldrechtliche Stimmrecht jederzeit ohne wichtigen Grund wieder entzogen werden (Ulmer Recht der BGB-Gesellschaft § 717 Anm. 10; Flume Personengesellschaft S. 238 f.). Für einen weitergehenden Schutz einer solchen Drittbefugnis besteht auch kein besonderer Regelungsbedarf. Externen Personen bleibt es vorbehalten, das Außenverhalten der Gesellschaft im Rechtsverkehr durch entsprechende Vereinbarungen, insbesondere einzelne Zustimmungsvorbehalte zu steuern. Im übrigen kann dem Interesse an innergesellschaftlicher Einflußnahme in begrenztem Umfang durch den Abschluß eines Stimmbindungsvertrages entsprochen werden (dazu Anm. 49 ff.).

34 Sofern der Gesellschafter nicht unbeschränkt geschäftsfähig ist, wird sein Stimmrecht von dem gesetzlichen Vertreter ausgeübt (BGHZ 44, 98, 100 f. = NJW 1965, 1961; Heymann-Emmerich Anm. 14; A. Hueck Recht der OHG § 11 II 3 S. 166). Ist der Gesellschafter aus sonstigen Gründen an der Ausübung seines Stimmrechts gehindert, so kann es die Treupflicht gebieten, daß die übrigen Gesellschafter der Bevollmächtigung einer anderen Person zustimmen. Dazu kommt vorrangig die Bevollmächtigung eines anderen Gesellschafters in Betracht, während Dritte von den Gesellschaftern nur dann akzeptiert werden müssen, wenn die Bevollmächtigung eines Gesellschafters aus besonderen Gründen unzumutbar ist (BGH LM Nr. 8 zu § 109 HGB = NJW 1970, 706; A. Hueck Recht der OHG § 11 II 3 S. 165 f.; Wiedemann Übertragung S. 350). Auch dann kann freilich der Dritte zurückgewiesen werden, wenn in seiner Person ein wichtiger Grund vorliegt. Von der Bevollmächtigung zu unterscheiden ist die fachliche Unterstützung des Gesellschafters durch einen Dritten. Auch diese ist ohne entsprechende Vertragsregelung nur unter eingeschränkten Voraussetzungen zulässig. Erforderlich ist, daß wegen der Komplexität des Beschlußgegenstandes und der fehlenden Fachkenntnisse des Gesellschafters ein begründeter Beratungsbedarf besteht und der Dritte einer gesetzlichen Verschwiegenheitspflicht unterliegt (LG Köln BB

1975, 432; Ulmer Recht der BGB-Gesellschaft § 709 Anm. 56; Kirberger BB 1978, 1390).

Die Ausübung des Stimmrechts erfolgt durch Abgabe einer Willenserklärung, auf die **35** die allgemeinen Vorschriften anwendbar sind. Somit ist auch eine bedingte Stimmabgabe möglich, sofern das Einverständnis der anderen Gesellschafter vorliegt oder dadurch keine unzumutbare Ungewißheit verursacht wird (Fischer in Großkomm Anm. 26; A. Hueck Recht der OHG § 11 II 3 S. 165). Da es sich um eine empfangsbedürftige Willenserklärung handelt, wird sie erst mit Zugang gegenüber allen anderen Gesellschaftern, nicht gegenüber der Gesellschaft wirksam (RGZ 183, 385, 393 f.; Fischer in Großkomm Anm. 3). Es kann jedoch ein Gesellschafter oder ein Dritter zur Entgegennahme der Erklärung bevollmächtigt werden. Eine solche Bevollmächtigung kann sich auch aus den Umständen des Einzelfalls ergeben (BGH WM 1957, 1128, 1130) – so wenn ein Gesellschafter für die Organisation des Abstimmungsverfahrens federführend ist.

Die Stimmabgabe kann im Einzelfall nichtig oder anfechtbar sein. Nichtigkeit **36** kommt z.B. in Betracht, wenn die Voraussetzungen eines Stimmrechtsausschlusses oder eines Treupflichtverstoßes (BGH LM Nr. 47 zu § 105 HGB = WM 1979, 1060) erfüllt sind. Die nichtige Stimmabgabe ist als Stimmenthaltung zu beurteilen (Zöllner Schranken mitgliedschaftlicher Stimmrechtsmacht S. 359; Ulmer Recht der BGB-Gesellschaft § 709 Anm. 93; A. Hueck Recht der OHG § 11 V 1b S. 181). Sie hat nur dann Bedeutung für das Beschlußergebnis, wenn Einstimmigkeit notwendig ist oder die erforderliche Mehrheit dadurch entfällt. Entgegen der ursprünglich überwiegend vertretenen Ansicht ist auch dann der Beschluß nicht als nichtig zu beurteilen; vielmehr tritt eine Umkehrung des bisher festgestellten Beschlußergebnisses ein. Hat sich z.B. der Gesellschafter ablehnend geäußert, so entfällt nunmehr seine für das negative Beschlußergebnis erforderliche Stimme mit der Konsequenz, daß nunmehr ein positives Beschlußergebnis zustande kommt (dazu vor allem Zöllner Schranken mitgliedschaftlicher Stimmrechtsmacht S. 359 ff.; Fischer in Großkomm § 119 Anm. 30; Ulmer Recht der BGB-Gesellschaft § 709 Anm. 93; A. Hueck Recht der OHG § 11 V 1c S. 181 f.; aus der Rechtsprechung zur vergleichbaren Problematik in der GmbH BGHZ 76, 154, 158 = NJW 1980, 1527; 88, 320, 329 f. = NJW 1983, 489). Freilich ist es auch in diesen Fällen ein Gebot der Treupflicht, daß sich derjenige Gesellschafter, der sich auf die nichtige Stimmabgabe und in deren Konsequenz auf das nunmehr richtige Beschlußergebnis beruft, darüber unverzüglich äußert.

2. Der Ausschluß des Stimmrechts

a) Ausschluß durch Vertrag

Über die Regelungsgrenzen eines vertraglichen Stimmrechtsausschlusses ist schon im **37** Zusammenhang des Bestimmtheitsgrundsatzes und der Kernbereichslehre Stellung bezogen worden. Danach kann das Stimmrecht nur unter den Voraussetzungen des Bestimmtheitsgrundsatzes entzogen werden, so daß zwischen der Regelung von Mehrheitsbefugnissen und der Regelung eines Stimmrechtsausschlusses kein Unterschied besteht (Martens DB 1973, 417; Immenga ZGR 1974, 423; Menk Bestimmtheitsgrundsatz S. 120 ff.; a.A. die überwiegende Ansicht in der Literatur, die die Zulässigkeit einer generellen Regelung über den Stimmrechtsausschluß bejaht: Baumbach-Duden-Hopt Anm. 2D; Ulmer Recht der BGB-Gesellschaft § 709 Anm. 58; Fischer in Großkomm Anm. 23; A. Hueck Recht der OHG § 11 III 1 S. 169; Huber Vermögensanteil S. 44 ff.; Nitschke Personengesellschaft S. 279; Teichmann Gestaltungsfreiheit S. 207 ff.; H. P. Westermann Vertragsfreiheit S. 351 f.; Zöllner Schranken mitgliedschaftlicher Stimmrechtsmacht S. 194). Demgegenüber wird verschiedentlich vertreten, daß der Stimmrechtsausschluß grundsätzlich unzulässig sei (Wiedemann Gesellschaftsrecht § 7 II 1a S. 368; Voraufl. Anm. 1). Diese Ansicht vermag jedoch nicht zu überzeugen. Sie vernachlässigt die grundsätzliche Bedeutung der Vertragsfreiheit im Recht der Personenhandelsgesellschaften ebenso wie die mit dieser Vertragsfreiheit verbundenen Eingriffsschranken. Der erforderliche Gesellschafterschutz läßt sich nicht nur durch ein umfassendes Stimmrecht, sondern auch durch gleichwertige, kompensatorische Begrenzungen der Mehrheitsbefugnisse realisieren. Zu diesem Instrumentarium gehört vor allem das durch den Kernbereich grundlegender Rechtspositionen verankerte Zustimmungsrecht, das grundsätzlich unentziehbar ist (dazu Anm. 27, 28). Des weiteren ist in diesem Zusammenhang an die stimmrechtsfesten Beschlußgegenstände (Anm. 29) sowie an den Minderheitsschutz durch die Ausübungskontrolle (dazu Anm. 29, 30) zu erinnern. Unter Betracht dieses relativ engmaschigen Systems des Mehrheits-Minderheits-Verhältnisses bedarf es keines weitergehenden Schutzes des Stimmrechts (ausführliche Darstellung des Meinungsstandes bei Röttger Kernbereichslehre S. 120 ff.). Von dem Ausschluß des Stimmrechts zu unterscheiden sind die unverzichtbaren Rechte auf sonstige Beteiligung an der Beschlußfassung wie Teilnahmerecht an der Gesellschafterversammlung unter Einschluß des Antrags- und Rederechts (dazu Anm. 25).

38 Ebenso wie der Ausschluß des Stimmrechts ist auch die Einräumung eines mehrfachen Stimmrechts möglich. Dabei handelt es sich ohnehin nur um eine unterschiedliche Bewertung der individuellen Stimmrechtsmacht (Fischer in Großkomm Anm. 10). Der Gleichbehandlungsgrundsatz steht einer solchen Regelung jedenfalls dann nicht entgegen, wenn sie einverständlich geschlossen worden ist.

b) Der Ausschluß durch Gesetz

39 Gesetzliche Regelungen über den Stimmrechtsausschluß finden sich lediglich in §§ 113 Abs. 2, 117, 127, 140 Abs. 1 und 141 Abs. 1. Diese Vorschriften erschöpfen die gesetzlichen Ausschlußgründe jedoch nicht. In entsprechender Anwendung der §§ 34 BGB, 47 Abs. 4 GmbHG und 136 Abs. 1 AktG ist der Gesellschafter nach allgemeiner Ansicht auch dann vom Stimmrecht ausgeschlossen, wenn über seine Entlastung, seine Befreiung von einer Verbindlichkeit oder über die Einleitung oder Erledigung eines gegen ihn gerichteten Rechtsstreits zu beschließen ist (Fischer in Großkomm Anm. 22; Heymann-Emmerich Anm. 21; Ulmer Recht der BGB-Gesellschaft § 709 Anm. 60; A. Hueck Recht der OHG § 11 III 2 S. 172, § 18 II 2 S. 260). In all diesen Fällen gilt der allgemeine Grundsatz, daß niemand Richter in eigenen Angelegenheiten sein kann. Deshalb sind die gesetzlichen Ausschlußgründe der §§ 117, 127, 140 Abs. 1 auch dann zu beachten, wenn nach dem Gesellschaftsvertrag eine gerichtliche Entscheidung nicht erforderlich ist. Unbestritten ist es zudem, daß der Gesellschafter von der Ausübung seines Stimmrechts nicht ausgeschlossen ist, wenn über seine Bestellung zum Geschäftsführer oder als sonstiges Organmitglied einschließlich der dazugehörigen finanziellen Regelungen (BGHZ 18, 205, 210, 51, 209, 215 f.), über innergesellschaftliche Maßnahmen oder über Änderungen des Gesellschaftsvertrages, auch solche, die seine Rechtsstellung unmittelbar berühren, zu beschließen ist (BGHZ 48, 163, 167; WM 1974, 372, 374 f.; WM 1977, 192; ZIP 1990, 1194; Fischer in Großkomm Anm. 22; Heymann-Emmerich Anm. 23; Ulmer Recht der BGB-Gesellschaft § 709 Anm. 61; A. Hueck Recht der OHG § 11 III 2 S. 172). Auch wenn im Einzelfall die persönlichen Interessen einzelner Gesellschafter besonders betroffen sind, bleibt das Stimmrecht erhalten, weil diese Regelungsgegenstände nicht über den Normalbereich innergesellschaftlicher Willensbildung hinausgehen (einschränkend für das GmbH-Recht Scholz-K. Schmidt § 47 GmbHG Anm. 110; Zöllner in Baumbach-Hueck § 47 GmbHG Anm. 48; ders. Schranken mitgliedschaftlicher Stimmrechtsmacht S. 225 ff.; Immenga-Werner GmbHRdsch 1976, 53, 57; a. A. BGH ZIP 1990, 1194, 1195). Darin liegt der zutreffende Begründungsansatz, der wohl mit dem oftmals hervorgehobenen Begriff des „sozialrechtlichen Beschlusses" gemeint ist. Allerdings entfällt das Stimmrecht auch in diesen Fällen, wenn der gegen einen einzelnen Gesellschafter gerichtete Beschluß zu seiner Wirksamkeit eines wichtigen Grundes bedarf (Zöllner Schranken mitgliedschaftlicher Stimmrechtsmacht S. 236; A. Hueck Recht der OHG § 11 III 2 S. 172). Insofern enthalten die §§ 117, 127 einen generellen Wertungsaspekt, der z. B. auch auf einen Beschluß anwendbar ist, durch den einem Gesellschafter ein Sonderrecht aus wichtigem Grund entzogen werden soll.

Außerordentlich umstritten ist nach wie vor, ob ein Stimmrechtsausschluß anläßlich eines Beschlusses über den Abschluß eines Rechtsgeschäfts zwischen der Gesellschaft und einem Gesellschafter gerechtfertigt ist. Nach der wohl überwiegenden Ansicht ist ein solcher Stimmrechtsausschluß zu bejahen (RGZ 136, 236, 245; offen hingegen RGZ 162, 370, 372 f. und BGHZ 48, 250, 256; Baumbach-Duden-Hopt Anm. 1D; Heymann-Emmerich Anm. 23; Ulmer Recht der BGB-Gesellschaft § 709 Anm. 64 m. w. N. in FN. 94; Flume Personengesellschaft § 14 IX S. 248; Herzfelder Stimmrecht und Interessenkollision S. 60 f.; Zöllner Schranken mitgliedschaftlicher Stimmrechtsmacht S. 184, 193 f.). Hingegen wird die gegenteilige Ansicht vor allem unter Berufung auf §§ 136 Abs. 1 AktG, 43 Abs. 6 GenG vertreten, die keinen derartigen Stimmrechtsausschluß vorsehen (Fischer in Großkomm Anm. 22; A. Hueck Recht der OHG § 11 III 2 S. 170; Voraufl. Anm. 3). Zur Begründung eines solchen Stimmrechtsverbots wird verschiedentlich auf § 181 BGB verwiesen (Flume Personengesellschaft § 14 IX S. 248; Wilhelm JZ 1976, 674 ff.; ders. NJW 1983, 912 f.). Diese Vorschrift ist jedoch weder nach ihrem Tatbestand noch ihrem Schutzzweck anwendbar (Ulmer Recht der BGB-Gesellschaft § 709 Anm. 63; Wiedemann Gesellschaftsrecht S. 151 f.; Schilling Festschrift für Ballerstedt S. 257, 270 f.; Fischer Festschrift für Hauß S. 61, 78). Es handelt sich vielmehr um einen gesellschaftsrechtlichen Interessenkonflikt, indem der einzelne Gesellschafter primär eigene Rechte wahrnimmt, die er auch – wenn auch nicht ausschließlich – im eigenen Interesse ausüben darf. Ob und in welchem Umfang diese eigennützige Rechtsausübung durch angemessene Berücksichtigung berechtigter Gesellschaftsinteressen zu begrenzen ist, ist primär durch Abwägung gesellschaftsrechtlicher Wertungsaspekte und Regelungsalternativen zu entscheiden. Insofern kommt in gleicher Weise ein in seinen Wirkungen dem § 181 BGB entsprechendes Stimmrechtsverbot oder eine Sanktionierung interessen- und damit treuwidriger Rechtsausübung durch Schadensersatzpflichten in Betracht. Angesichts der unterschiedlichen Ausformung der gesetzlichen Stimmrechtsverbote verbietet sich eine Einheitslösung durch die Anwendung des § 181 BGB. Im Personengesellschaftsrecht bedarf es ohnehin nicht des Rückgriffs auf diese Vorschrift, da die analoge Anwendung der §§ 34 BGB, 47 Abs. 4 Satz 2 GmbHG weitaus sachnäher ist. Diese analoge Anwendung ist deshalb gerechtfertigt, weil die Entscheidung über den Abschluß eines Rechtsgeschäfts mit einem Gesellschafter oftmals in die Zuständigkeit aller Gesellschafter fällt, so daß im Recht der Personenhandelsgesellschaften ein vergleichbarer Regelungsbedarf wie im GmbH-Recht und anders als im Aktienrecht besteht. Vor allem aber ist zu bedenken, daß das Verhältnis zwischen den Gesellschaftern einer OHG derart vom persönlichen Vertrauen geprägt wird, daß auch nur der Verdacht persönlicher Begünstigung von vornherein ausgeschlossen werden sollte. Deshalb ist es geboten, einem derartigen Interessenkonflikt generell durch ein solches Stimmrechtsverbot vorzubeugen. Es dient damit nicht nur der Verhinderung eigennütziger Interessenverfolgung, sondern vor allem der Stärkung und Bewahrung des gegenseitigen Vertrauensverhältnisses.

41 Von der Problematik dieses Stimmrechtsverbots deutlich zu unterscheiden ist die ganz anders gelagerte Problematik einer Vertretung anderer Gesellschafter und der damit verbundenen Anwendung des § 181 BGB. Der Bundesgerichtshof hat dazu wiederholt Stellung bezogen (BGHZ 33, 189, 191; 51, 209; 52, 316, 318; 65, 93, 97; 66, 82, 86; WM 1961, 301; WM 1976, 738). In diesen Fällen geht es nicht um einen Interessenkonflikt zwischen dem sein eigenes Stimmrecht ausübenden Gesellschafter einerseits und den übrigen Gesellschaftern andererseits; vielmehr erstreckt sich dieser Konflikt lediglich auf das Verhältnis des stimmberechtigten Gesellschafters zu den von ihm vertretenen Gesellschaftern. Es handelt sich mithin nicht um einen allgemeinen Gesellschafterkonflikt, sondern um die separaten Beziehungen zwischen einzelnen Gesellschaftern (ausführliche Darstellung bei Hübner Interessenkonflikt S. 265 ff.). Deshalb bedarf es in diesem Zusammenhang keiner ausführlichen Darstellung. Der uneingeschränkten Anwendung des § 181 BGB steht entgegen, daß sich der vertretende Gesellschafter anläßlich der Beschlußfassung über Gesellschaftsangelegenheiten in einer grundsätzlich gleichgerichteten Interessenlage befindet und somit der nach dem Normzweck des § 181 BGB typische Interessenkonflikt entfällt. Deshalb besteht weitgehende Übereinstimmung, daß § 181 BGB jedenfalls dann nicht anwendbar ist, wenn über den Bereich der Geschäftsführung zu beschließen ist; umgekehrt wird die Anwendung des § 181 BGB überwiegend bejaht anläßlich einer Beschlußfassung über Änderungen des Gesellschaftsvertrages, da davon auszugehen ist, daß die Gesellschafter unterschiedliche Vertragsinteressen verfolgen und auch rechtlich in der Verfolgung dieser persönlichen Interessen weitgehend freigestellt sind. Umstritten ist hingegen die Anwendung des § 181 BGB in sonstigen Gesellschaftsangelegenheiten, die im Einzelfall von ganz unterschiedlicher Bedeutung und Interessenrelevanz sein können. Stellt man auf den Grad des präsumtiven Interessenkonflikts im Einzelfall ab, so entspricht dies zwar der zu § 181 BGB vertretenen wertenden Betrachtungsweise, führt aber im Ergebnis zu einer erheblichen Rechtsunsicherheit. Deshalb sollte die Befreiung von § 181 BGB auf Sachverhalte beschränkt sein, in denen dieser Interessenkonflikt generell nicht zu erwarten ist, also auf Angelegenheiten der Geschäftsführung und damit annexartig verbundene Beschlußgegenstände (ebenso Wiedemann Gesellschaftsrecht S. 182 f. m.w.N.).

In BGHZ 51, 209, 217 = LM Nr. 13 zu § 47 GmbHG hat der Bundesgerichtshof **42** dem Testamentsvollstrecker die Ausübung des Stimmrechts anläßlich seiner Bestellung zum Geschäftsführer versagt. Dazu wird argumentativ auf eine Kombination von Erwägungen über die Bedeutung des gesetzlichen Stimmrechtsverbots und die Bedeutung des § 181 BGB abgestellt. Obwohl an sich der Gesellschafter anläßlich seiner Bestellung zum Geschäftsführer keinem Stimmrechtsverbot unterliegt (Anm. 39), wird dem Testamentsvollstrecker eine solche Befreiung versagt, da seine persönlichen Interessen nicht durch eigene Gesellschafterinteressen eingebunden sind. „Bei ihm wird das persönliche Interesse am Abstimmungsergebnis nicht durch ein gleich starkes oder vorrangiges eigenes Interesse am Gedeihen der Gesellschaft aufgewogen, so daß hier der Widerstreit der Interessen in voller Schärfe hervortritt. Dies rechtfertigt es, den Rechtsgedanken des § 181 BGB entsprechend anzuwenden" (BGHZ 51, 209, 217). Nach dieser Ansicht kommt es darauf an, ob dem Testamentsvollstrecker eine „Gestattung" i.S. des § 181 BGB erteilt worden ist. Geht man hingegen davon aus, daß auch die Interessen der übrigen Gesellschafter berührt sind, weil der Testamentsvollstrecker nicht in gleicher Weise durch Gesellschafterinteressen motiviert ist, dann handelt es sich nicht nur um einen vertretungsrechtlichen Konflikt, sondern auch um einen Interessenwiderstreit zwischen dem Testamentsvollstrecker und den übrigen Gesellschaftern. Dafür eignet sich nicht die Anwendung des § 181 BGB, sondern das gesellschaftsrechtliche Stimmrechtsverbot. Somit bedarf die Bestellung des Testamentsvollstreckers neben der vertretungsrechtlichen „Gestattung" eines zustimmenden Beschlusses der übrigen Gesellschafter (ebenso Wiedemann Gesellschaftsrecht S. 183).

3. Die Stimmrechtspflicht

Da durch die Ausübung des Stimmrechts auch die Interessen der anderen Gesell- **43** schafter berührt werden, muß darauf angemessen Rücksicht genommen werden. Es handelt sich mithin nicht um ein Recht, das ausschließlich der Verfolgung persönlicher Interessen dient, sondern um ein pflichtgebundenes Recht. Aus dieser Pflichtbindung folgt die generelle Pflicht, sich an der Beschlußfassung durch Ausübung des Stimmrechts zu beteiligen (Heymann-Emmerich Anm. 16). Sofern über Angelegenheiten der Geschäftsführung einstimmig zu beschließen ist, darf sich der einzelne Gesellschafter auch nicht der Stimme enthalten. Vielmehr hat er sich umfassend zu informieren und sodann eindeutig zustimmend oder ablehnend Stellung zu beziehen (A. Hueck ZGR 1972, 237, 241, 243 f.). In sonstigen Gesellschaftsangelegenheiten, insbesondere Vertragsänderungen oder der Entziehung von Rechten aus wichtigem Grund besteht zwar auch eine Abstimmungspflicht, aber auch das Recht zur Stimmenthaltung, da in diesen Fällen die Stimmrechtspflicht nicht derart intensiv ist (ausführlich U. H. Schneider Die AG 1979, 57, 63 ff.).

Wegen dieser graduell unterschiedlichen Bedeutung der Stimmrechtspflicht ist auch **44** hinsichtlich einer etwaigen Zustimmungspflicht grundsätzlich zwischen Angelegenheiten der Geschäftsführung und sonstigen Beschlußgegenständen, insbesondere Vertragsänderungen zu unterscheiden. Für den Bereich der Geschäftsführung sind alle Gesellschafter grundsätzlich in gleicher Weise verantwortlich, auch wenn sie nicht geschäftsführend tätig sind. Eine differenzierte Beurteilung kommt nur hinsichtlich ihres Verschuldens im Rahmen eines etwaigen Schadensersatzanspruchs in Betracht. Ob mithin im Einzelfall eine Zustimmungspflicht besteht, ist für alle Gesellschafter nach einem objektiven Maßstab ordnungsgemäßen Geschäftsführungsverhaltens zu beurteilen (dazu ausführlich § 116 Anm. 14). Dabei ist allerdings zu beachten, daß gerade im Bereich der Geschäftsführung ein weiter Spielraum unternehmerischen Ermessens besteht. Somit entfällt eine solche Zustimmungspflicht weder deshalb, weil nach dem Gesellschaftsvertrag kein einstimmiger, sondern ein mehrheitlicher Beschluß erforderlich ist, noch deshalb, weil der Gesellschafter mit den Angelegenheiten der Gesellschaft nicht vertraut ist. Individuelle Unerfahrenheit und mangelnder Sachverstand müssen durch intensive Beratung durch andere Gesellschafter oder externe, sachverständige Personen ausgeglichen werden. Vergleichbare Maßstäbe sind zu berücksichtigen, wenn zwar nicht unmittelbar über Angelegenheiten der Geschäftsführung zu beschließen ist, wohl aber über Angelegenheiten, die für die Geschäftsführung von mittelbarer Bedeutung sind. Das gilt vor allem für den Beschluß über die Entziehung der Geschäftsführungs- und Vertretungsbefugnis (§ 117, 127). Dabei darf der Gesellschafter zwar auch seine persönlichen Interessen, insbesondere seine persönliche Verbundenheit mit dem geschäftsführenden Gesellschafter berücksichtigen; im Mittelpunkt der Interessenabwägung stehen aber auch hier die an der Verfolgung des Gesellschaftszwecks orientierten, berechtigten Interessen aller Gesellschafter (dazu im einzelnen § 117 Anm. 26).

45 Dieser Maßstab der Zweckverfolgungs- und Geschäftsführungsrelevanz eignet sich auch für die Beurteilung der Zustimmungspflicht im Bereich der Grundlagenentscheidungen, insbesondere der Entscheidung über Vertragsänderungen. In Rechtsprechung und Literatur wird überwiegend die Ansicht vertreten, daß auch dafür im Einzelfall eine Zustimmungspflicht begründet sein kann (BGH LM Nr. 8 zu § 105 HGB = BB 1954, 456; LM Nr. 13 zu § 161 HGB = NJW 1960, 434; LM Nr. 8 zu § 138 HGB = NJW 1961, 724; LM Nr. 8 zu § 109 HGB = NJW 1970, 706; BGHZ 44, 40, 41 f. = LM Nr. 3 zu § 114 HGB; 64, 253, 257 f. = NJW 1975, 1410; 68, 81 = NJW 1977, 1013; WM 1985, 186 f.; 1985, 256; 1986, 68, 69; 1986, 1348, 1349; 1987, 841; NJW 1987, 952 = WM 1987, 133 = JZ 1987, 95 m. Anm. Westermann sowie Weipert ZGR 1990, 142; OLG Hamm NJW-RR 1986, 780; Baumbach-Duden-Hopt § 105 Anm. 2 G; Heymann-Emmerich Anm. 18 f.; Staub-Ulmer § 105 Anm. 244 ff.; A. Hueck Recht der OHG § 11 III 3 S. 173 f.; ders. ZGR 1972, 237, 244 ff.; K. Schmidt Gesellschaftsrecht § 5 IV 2 S. 102 f.; Wiedemann Gesellschaftsrecht S. 91; ʻPabst Mitwirkungspflicht S. 144 ff.; Winter Treuebindungen S. 31 ff.; Zöllner Anpassung S. 25 ff.; H. P. Westermann in Festschrift für Hefermehl S. 225, 229 ff.; a. A. Flume Personengesellschaft § 15 IV S. 270; ders. Festschrift für Rittner S. 119, 127 ff.: Anpassung nur durch ergänzende Vertragsauslegung; Konzen AcP 172, 317, 339; Kollhosser in Festschrift für Westermann S. 275 ff., ders. in Festschrift für Bärmann S. 553 ff.; Reuter ZHR 148, 542 ff.). Die Gegenansicht beruft sich vor allem auf die begrenzte Reichweite der Treupflicht. Da diese Ausfluß des Gesellschaftsvertrages sei, könne sie keine Verpflichtung über ihren eigenen Geltungsgrund hinaus begründen. Nur im Rahmen der ursprünglich vereinbarten Rechte und Pflichten könne die Treupflicht aus Gründen einzelfallbedingter Billigkeit korrigierend eingreifen. Im übrigen sei auf das herkömmliche Anpassungsinstrumentarium wie die ergänzende Vertragsauslegung und den Fortfall der Geschäftsgrundlage abzustellen. Diese Ansicht verkennt die dynamische Bedeutung des Gesellschaftsvertrages und damit auch die dynamische Funktion der Treupflicht. Der Gesellschaftsvertrag ist von vornherein auf eine ständige Anpassung entsprechend der veränderten Regelungslage angelegt. Angesichts seiner zumeist unbestimmten Geltungsdauer, der Komplexität seines Regelungsgegenstands und der sich ständig ändernden Wettbewerbsbedingungen darf der Gesellschaftsvertrag nicht statisch als ein abgeschlossenes Regelungswerk behandelt werden. Freilich ist zu bedenken, daß der ausgehandelte Gesellschaftsvertrag allen Gesellschaftern Schutz bietet, indem sie auf die Bestandskraft der ausgehandelten Rechte und Pflichten vertrauen können. Dieser Vertrauensschutz wird durch die strengen Voraussetzungen einer Zustimmungspflicht hinreichend berücksichtigt und darf zudem wegen des allen Gesellschaftern bewußten, potentiellen Anpassungsbedarfs des Gesellschaftsvertrages nicht überbewertet werden. Schließlich ist in anderem Zusammenhang auf die grundsätzliche Verknüpfung des besonderen Gesellschafterschutzes vor einer unbegrenzten Mehrheitsherrschaft und der Pflichtigkeit des Minderheitsgesellschafters hingewiesen worden. Verneint man mithin eine solche Zustimmungspflicht, dann ist es nur konsequent, den Anpassungsbedarf in der Gesellschaft durch großzügige Verteilung der Mehrheitsbefugnisse zu regulieren. Auf diese Weise könnten sich die Mehrheitsgesellschafter ohne Bindung an den Bestimmtheitsgrundsatz alle Rechte zur Regelung von Vertragsänderungen vorbehalten, so daß sich das Problem einer etwaigen Zustimmungspflicht von selbst erledigt. Eine solche Konzeption entspricht jedoch nicht dem gerade in der OHG gebotenen Minderheitsschutz.

46 Der Bundesgerichtshof hat – unbeeindruckt von diesem theoretischen Streitstand – in ständiger Rechtsprechung an dieser generellen Zustimmungspflicht festgehalten und diese sogar auf das GmbH-Recht übertragen (BGHZ 98, 276 = WM 1986, 1348; dazu ausführlich Winter Treuebindungen S. 175 ff.). Er hat sich dazu stets der Formel bedient: Die Vertragsänderung müsse „mit Rücksicht auf das bestehende Gesellschaftsverhältnis oder die bestehenden Rechtsbeziehungen der Gesellschafter untereinander – beispielsweise das Interesse an der Erhaltung gemeinsam geschaffener Werte – dringend erforderlich" sein und „dem widerstrebenden Gesellschafter unter Berücksichtigung seiner Belange zuzumuten" sein (BGHZ 64, 253, 258 = WM 1975, 774; ebenso BGH LM Nr. 8 zu § 105 HGB sowie LM Nr. 8 zu § 138 HGB). Im Mittelpunkt dieser Entscheidungen steht der Bestandsschutz für das gemeinsame Unternehmen, so daß sich die Zustimmungspflicht gerade auch in (aussichtsreichen) Sanierungsfällen aktualisieren kann (dazu K. Schmidt Gesellschaftsrecht § 5 IV 5 S. 107 f.). Allerdings ist dabei unter den Aspekten der Zumutbarkeit zu bedenken, daß eine Zustimmungspflicht grundsätzlich dann zu verneinen ist, wenn durch die Neuregelung die vereinbarten Gesellschafterpflichten ausgeweitet werden sollen. Die Anwendung der Zustimmungspflicht ist jedoch nicht auf Maßnahmen zum Bestandsschutz des Unternehmens generell beschränkt; sie kommt auch dann in Betracht, wenn eine Vertragsanpassung im Interesse einzelner Gesellschafter dringend erforderlich ist und damit für die übrigen Gesellschafter keine spürbaren Rechtsnachteile verbunden bzw. diese unverhältnismäßig gering sind (dazu Zöllner Anpassung S. 52; Winter Treuebindungen S. 35). In

47 Das Problem der Zustimmungspflicht wird zwar in diesem Zusammenhang überwiegend unter dem Stichwort der Vertragsänderung behandelt. Diese Umschreibung wird der Gesamtproblematik jedoch nicht gerecht. In der Sache geht es um die Zustimmungspflicht außerhalb der Geschäftsführungsangelegenheiten im Bereich der Grundlagenentscheidungen, so daß es nicht darauf ankommt, ob dafür eine formalrechtliche Vertragsänderung erforderlich ist oder nicht. Entscheidend ist vielmehr die konkrete Bedeutung des Beschlußgegenstands im Hinblick auf den Fortbestand des Unternehmens bzw. der Rechtsbeziehungen zwischen den Gesellschaftern. Aus dieser umfassenden Sicht sind bisher folgende Einzelfälle vom BGH entschieden worden: BGH LM Nr. 8 zu § 105 HGB – zur Frage einer Übernahmepflicht der Geschäftsführung; BGH LM Nr. 8 zu § 138 HGB – Zustimmungspflicht zum freiwilligen Ausscheiden des Gesellschafters; LM Nr. 13 zu § 161 HGB = NJW 1960, 434 – Zustimmungspflicht zur Unternehmensveräußerung und damit Auflösung der Gesellschaft; BGHZ 44, 40 sowie BB 1977, 1271, WM 1978, 1230, 1232 – zur Begründung bzw. Anpassung einer Tätigkeitsvergütung für den geschäftsführenden Gesellschafter; BGHZ 64, 253, 258; 68, 81, 82 – zur Mitwirkung bei der Ausschließung eines Gesellschafters; BGH WM 1973, 990, 992 – keine Zustimmungspflicht zur Verlängerung der Gesellschaftsdauer; BGH NJW 1974, 1656; dazu Reuter ZGR 1976, 88 – Zustimmung zur Änderung einer Nachfolgeklausel; BGH WM 1979, 1058 – Pflicht, der vorübergehenden Aufnahme eines geschäftsführenden Gesellschafters zuzustimmen; BGH NJW 1985, 974 – Pflicht zum Verzicht auf die Verzinsung von Einlagen und Darlehen in einer Publikumsgesellschaft; BGH WM 1986, 68 – Zustimmungspflicht zum Ausscheiden aus der Gesellschaft; BGH NJW 1987, 952 – Zustimmungspflicht zur vorweggenommenen Gesellschafternachfolge. Lediglich ergänzend ist darauf hinzuweisen, daß neben dieser gesellschaftsrechtlichen Zustimmungspflicht im Einzelfall auch auf die ergänzende Vertragsauslegung oder den Fortfall der Geschäftsgrundlage abzustellen ist. Insofern kann es auch Überschneidungen geben, so daß sich daraus auch unterschiedliche Rechtsfolgen ergeben können.

48 Besteht im Einzelfall eine Zustimmungspflicht, so treten je nach Beschlußgegenstand unterschiedliche Rechtsfolgen ein. Ist über Maßnahmen der Geschäftsführung zu entscheiden (z.B. nach § 116 Abs. 2), so ist die ablehnende Stimmabgabe des zustimmungspflichtigen Gesellschafters unbeachtlich (BGH LM Nr. 13 zu § 161 HGB; Ulmer Recht der BGB-Gesellschaft § 705 Anm. 197; A. Hueck Recht der OHG § 11 III 3 S. 175; Flume Personengesellschaft § 15 II 3 S. 268f.; Winter Treuebindungen S. 37). Erstreckt sich hingegen die Zustimmungspflicht auf Vertrags- oder Grundlagenänderungen, nicht jedoch auf Beschlußgegenstände, die der Geschäftsführung noch funktional verwandt sind, so bedarf es der vorherigen Leistungsklage auf Zustimmung, so daß der Gesellschafterbeschluß erst mit Rechtskraft des Urteils (§ 894 ZPO) zustande kommt (BGH WM 1986, 1556, 1557; WM 1959, 1433; Heymann-Emmerich Anm. 20; A. Hueck Recht der OHG § 11 III 3 S. 175; Winter Treuebindungen S. 37; a.A. Schneider Die AG 1979, 62f.). Der von Ulmer vertretenen Differenzierung (Staub-Ulmer § 105 Anm. 250) zwischen Beschlüssen mit Außenwirkung – Leistungsklage erforderlich – und solchen mit Innenwirkung – ablehnende Stimmabgabe unbeachtlich

– ist nicht zu folgen; denn diese Ansicht verkennt, daß es nicht um das Außenverhalten der Gesellschaft und den damit verbundenen Schutz des Rechtsverkehrs geht, sondern vor allem um den Schutz des dissentierenden Gesellschafters. Er soll angesichts der rechtlichen Unwägbarkeiten einer etwaigen Zustimmungspflicht davor geschützt werden, daß durch den vorzeitigen Vollzug der streitigen Maßnahme irreparable Nachteile eintreten. Im übrigen ist zu bedenken, daß die Pflicht zur Zustimmung im Bereich der Grundlagen- und Vertragsänderungen die Ausnahme bildet, somit für die übrigen Gesellschafter kein Anlaß besteht, von der Unbeachtlichkeit der ablehnenden Stimmabgabe auszugehen. Der BGH hat auf das Erfordernis einer vorherigen Leistungsklage lediglich für den Bereich der Publikumsgesellschaft (WM 1985, 195, 196 sowie 256, 257) und im übrigen unter der einschneidenden Voraussetzung der für die Gesellschaft existentiellen Beschlußbedeutung (WM 1986, 1556, 1557 sowie WM 1979, 1058, 1059f.) verzichtet. Klagbefugt für diese Leistungsklage sind nur die Gesellschafter, nicht die OHG, da es sich um einen Streit über die Rechtsbeziehungen zwischen den Gesellschaftern handelt. Da jeder einzelne Gesellschafter klagbefugt ist, besteht keine notwendige Streitgenossenschaft (Staub-Ulmer § 105 Anm. 249).

4. Der Stimmbindungsvertrag

Die Wirksamkeit eines Stimmbindungsvertrages wurde bisher überwiegend in weitem Umfang anerkannt. Danach bestehen nur die allgemeinen Schranken der §§ 138, 826 BGB sowie der gesellschaftsrechtlichen Treupflicht (Baumbach-Duden-Hopt Anm. 2E; Heymann-Emmerich Anm. 26; Fischer in Großkomm Anm. 33; A. Hueck Recht der OHG § 11 II 3 S. 167). Dabei kommt der Treupflicht eine besondere Bedeutung zu, da sie nicht nur das Abstimmungsverhalten des durch den Stimmbindungsvertrag verpflichteten Gesellschafters begrenzt, sondern darüber hinaus auch die Pflichten aus dem Stimmbindungsvertrag einschränkt. Das gilt nicht nur dann, wenn der aus dem Stimmbindungsvertrag Begünstigte zugleich Gesellschafter und damit selbst an die Treupflicht gebunden ist, sondern auch für den Fall eines externen Dritten (A. Hueck in: Festschrift für Nipperdey S. 401, 409ff.; Fleck in: Festschrift für Fischer S. 107, 115f.; a.A. Ulmer Recht der BGB-Gesellschaft § 717 Anm. 20a; Flume Personengesellschaft § 14 VI S. 231). Obwohl der Dritte nicht an die gesellschaftsrechtliche Treupflicht gebunden ist, ist gleichwohl eine solche Gleichbehandlung gerechtfertigt, weil im Zweifel anzunehmen ist, daß sich der Gesellschafter nur im Rahmen rechtmäßigen Stimmrechtsverhaltens verpflichten wollte und im übrigen eine Verpflichtung zu vertragswidrigem Verhalten ohnehin bedenklich wäre. Eine weitere generelle Grenze folgt aus den anerkannten Stimmrechtsverboten. Sofern der aus dem Stimmbindungsvertrag begünstigte Partner einem solchen Stimmrechtsverbot unterliegt, erstreckt sich dieses Verbot auch auf das Stimmrecht des verpflichteten Partners (Fischer in Großkomm Anm. 34; Ulmer Recht der BGB-Gesellschaft § 717 Anm. 21; dazu auch BGHZ 48, 163, 166). Schließlich ist anerkannt, daß sich geschäftsführende Gesellschafter für diesen Bereich keiner Bindung unterwerfen können. Es handelt sich um eine Organbefugnis, die eigenverantwortlich und ausschließlich im Gesellschaftsinteresse wahrgenommen werden muß und deshalb nicht zum Gegenstand einer Bindung gegenüber anderen Gesellschaftern oder einem Dritten gemacht werden kann (ebenso Ulmer

Recht der BGB-Gesellschaft § 717 Anm. 23; A. Hueck Festschrift für Nipperdey S. 401, 410; a.A. Flume Personengesellschaft § 14 VI S. 233). Auch der Kernbereich der Gesellschafterstellung darf durch den Stimmbindungsvertrag nicht ausgehöhlt werden. Soll sich die Bindung auch darauf erstrecken, so bedarf es dazu einer einverständlichen Regelung über den konkreten Eingriffstatbestand (Ulmer Recht der BGB-Gesellschaft § 717 Anm. 23; Flume Personengesellschaft § 14 VI S. 232). Keine unüberwindbare Schranke ergibt sich jedoch aus der Unübertragbarkeit der Mitgliedschaft (ebenso BGHZ 48, 163, 167f.; a.A. Fischer in Großkomm Anm. 34). Unter Betracht der vorstehend genannten Schranken sind die Bindungswirkung und der dadurch vermittelte Fremdeinfluß unvergleichlich geringer als die mit der Anteilsübertragung verbundene Änderung des Gesellschafterkreises.

50 Die vorstehende Beurteilung des Stimmbindungsvertrages wird zunehmend in Frage gestellt, indem in grundsätzlicher Hinsicht zwischen einem Stimmbindungsvertrag unter den Gesellschaftern und einem solchen mit einem Dritten unterschieden wird (Ulmer Recht der BGB-Gesellschaft § 717 Anm. 24f.; Fleck Festschrift für Fischer, S. 107, 116; Priester Festschrift für Werner S. 657, 667ff.). Danach ist der Stimmbindungsvertrag mit Nichtgesellschaftern wegen Verstoßes gegen das Abspaltungsverbot grundsätzlich unwirksam. Freilich werden Ausnahmen anerkannt für das offene Treuhandverhältnis und die offene Unterbeteiligung sowie für Austauschverträge, in denen die Stimmpflicht als Nebenpflicht für einen eingegrenzten vorhersehbaren Regelungsbereich vereinbart wird. Dieser Konzeption ist jedoch nicht zu folgen. Begrenzt man den zulässigen Umfang des Stimmbindungsvertrages auf den Umfang vertragsgemäßen Stimmrechtsverhaltens, anerkennt man mithin vor allem auch die mittelbare Reichweite der Treupflicht, dann besteht kein berechtigter Anlaß, derartige Bindungen gegenüber Dritten grundsätzlich zu untersagen. Der Gesellschafter bleibt weiterhin Träger des Stimmrechts und muß dieses auch weiterhin pflichtgemäß im Interesse der Gesellschaft ausüben. Soweit es darüber hinaus im Interesse der anderen Gesellschafter einer Einschränkung des Stimmbindungsvertrages oder der Einbeziehung des Dritten in die Verantwortlichkeit für das Abstimmungsverhalten bedarf, sind dafür gesellschaftsrechtliche Korrekturen zu entwickeln, so daß sich die generelle Nichtigkeit solcher externen Stimmbindungsverträge erübrigt. Im übrigen können die Gesellschafter die Grenzen solcher Stimmbindungsverträge im Gesellschaftsvertrag privatautonom regeln.

51 Die gerichtliche Durchsetzung erfolgt durch Leistungsklage und Vollstreckung nach § 894 ZPO. Das ist seit der Entscheidung BGHZ 48, 163 = NJW 1967, 1963 nahezu unstreitig (dazu Ulmer Recht der BGB-Gesellschaft § 717 Anm. 26 m.w.N. FN. 52, 53). Eine einstweilige Verfügung kommt nicht in Betracht, da dadurch die Hauptsache weitgehend vorentschieden werden würde. Freilich ist zu bedenken, daß Stimmbindungsverträge zumeist mit besonderen Sanktionen, insbesondere Vertragsstrafen vereinbart werden und auf diese Weise die außergerichtliche Durchsetzung faktisch gesichert wird.

§ 120

120 (1) Am Schlusse jedes Geschäftsjahrs wird aufgrund der Bilanz der Gewinn oder der Verlust des Jahres ermittelt und für jeden Gesellschafter sein Anteil daran berechnet.

(2) Der einem Gesellschafter zukommende Gewinn wird dem Kapitalanteile des Gesellschafters zugeschrieben; der auf einen Gesellschafter entfallende Verlust sowie das während des Geschäftsjahrs auf den Kapitalanteil entnommene Geld wird davon abgeschrieben.

Schrifttum: *Bordewin*, Das Betriebsvermögen der Mitunternehmer von Personengesellschaften, BB 1976, 967; *Buchwald*, Die Bilanzen der Personengesellschaften als Vereinbarungen zwischen den Gesellschaftern, JR 1948, 65; *ders.*, Die Bilanzvereinbarung bei den Personengesellschaften des Handelsrechts, FR 1953, 34; *Döllerer*, Rechtsbeziehungen zwischen der Personenhandelsgesellschaft und ihren Gesellschaftern in der Steuerbilanz, Festschrift für W. Flume, Bd. II (1978), 43; *ders.*, Die Beteiligung einer Kapitalgesellschaft an einer Personenhandelsgesellschaft nach Handels- und Steuerrecht, WPg 1977, 81; *Eckelt*, Vermögensanteil und Kapitalanteil, NJW 1954, 1905; *Förschle/Kropp*, Mindestinhalt der Gewinn- und Verlustrechnung für Einzelkaufleute und Personenhandelsgesellschaften, DB 1989, 1037, 1096; *Ganssmüller*, Der Gewinnanteil der Gesellschafter von Handelspersonengesellschaften und seine rechtliche Behandlung, DB 1967, 2103; *ders.*, Verlusttragungsmodelle bei den Handelspersonengesellschaften, DB 1968, 1699; *ders.*, Gewinnanteil und Leistung der Einlage, DB 1970, 285; *Goerdeler*, Auswirkungen des Bilanzrichtliniengesetzes auf Personengesellschaften, Festschrift für Fleck (1988), 53; *Großfeld*, Bilanzrecht für Juristen, NJW 1986, 955; *Hofbauer*, Die Bilanzierung des Eigenkapitals bei Personen-Handelsgesellschaften, WPg 1984, 654; *Huber*, Vermögensanteil, Kapitalanteil und Gesellschaftsanteil am Personalgesellschaftsvermögen des Handelsrechts (1970); *ders.*, Gesellschafterkonten in der Personengesellschaft, ZGR 1988, 1; *Klußmann*, Ausweis der Gesellschafterkonten bei Personengesellschaften, DB 1967, 389; *Konz*, Das Gesellschaftergrundstück in der Bilanz der Personengesellschaft, Diss. Mainz 1969; *Mellwig*, Rechnungslegungszwecke und Kapitalkonten bei Personengesellschaften, BB 1979, 1409; *Morck*, Die vertragliche Gestaltung der Beteiligung an Personen-Handelsgesellschaften – eine empirische Untersuchung (1980); *Muth*, Die Bilanzfeststellung bei Personenhandelsgesellschaften (1986); *Ockenfels*, Stille Rücklagen nach § 253 Abs. 4 HGB, Diss. Münster 1988; *Pauli*, Das Eigenkapital der Personengesellschaften (1990); *Paulick*, Das Problem der Gewinnverteilung bei Familienpersonengesellschaften in handelsrechtlicher und steuerrechtlicher Sicht, Festschrift für F. Laufke (1971), 193; *Plassmann*, Darlehnskonto statt zweitem Kapitalkonto? BB 1978, 413; *Priester*, Gesellschafterschutz in Personengesellschaften, in: Personengesellschaft und Bilanzierung, hrsg. vom IDW (1990), 63; *ders.*, Stille Reserven und offene Rücklagen bei Personengesellschaften, Festschrift für K. Quack (1991), 373; *Randenborgh*, Das negative Kapitalkonto bei der Personengesellschaft, DNotZ 1959, 373; *Rohn*, Die Entscheidungen von Streitigkeiten zwischen Gesellschaftern einer OHG (KG) bei der Erstellung der Bilanz, Diss. Münster 1966; *Salje*, Die Abgrenzung des Gesellschafter-Darlehenskonto gegenüber Kapitalkonto bei Personengesellschaften, DB 1978, 1115; *Schellein*, Der Einfluß der §§ 264–289 HGB auf die Rechnungslegung der Personenhandelsgesellschaften, WPg 1988, 693; *Schneider*, Konkurs von Personengesellschaften, Behandlung der Gesellschafter-Privatkonten, BB 1954, 246; *Schopp*, Kapitalkonten und Gesellschafterdarlehen in den Abschlüssen von Personenhandelsgesellschaften, BB 1987, 581; *Schulze-Osterloh*, Die Rechnungslegung der Einzelkaufleute und Personenhandelsgesellschaften nach dem Bilanzrichtlinien-Gesetz, ZHR 150 (1986), 403; *Schulze zur Wiesche*, Gewinnermittlung und Gewinnfeststellung bei Personengesellschaften (1982); *ders.*, Stille Reserven im Jahresabschluß der Einzelkaufleute und Personenhandelsgesellschaften, WPg 1987, 149; *Sudhoff*, Bilanzierung nur zur Benutzung eingebrachter betriebsnotwendiger Wirtschaftsgüter, DB 1974, 842; *ders.*, Eigener Grundbesitz der Gesellschafter in der Bilanz der Personengesellschaft, NJW 1978, 1401; *Ullrich*, Grundstücke im Gesellschafts- und im Betriebsvermögen einer Kommanditgesellschaft, NJW 1974, 1486; *Ulmer*, Die Mitwirkung des Kommanditisten an der Bilanzierung der KG, Festschrift für W. Hefermehl (1976), 207; *H. Westermann*, Zur Problematik der Rücklagen der Personenhandelsgesellschaft, Festschrift für E. v. Caemmerer (1978), 657; *Woltmann*, Die Bilanz der Personenhandelsgesellschaft an der Schwelle des Bilanzrichtlinien-Gesetzes, WPg 1985, 245, 275; *ders.*, Die Bilanz des Personenunternehmens im Übergang, DB 1977, 1957, 2010; *Zunft*, Materiellrechtliche und prozeßrechtliche Fragen zur Bilanz der OHG und der KG, NJW 1959, 1945.

Inhalt

	Anm.		Anm.
I. Normzweck	1	4. Die Feststellung des Jahresergebnisses und seine Verteilung	23
II. Der Jahresabschluß als Grundlage der Feststellung des Jahresergebnisses	2–24	III. Der Kapitalanteil	25–39
1. Die Aufstellung des Jahresabschlusses	2	1. Begriff und Rechtsnatur des Kapitalanteils	25
2. Die Feststellung des Jahresabschlusses	4	2. Der variable Kapitalanteil	28
3. Bilanzrechtliche Einzelprobleme	10	3. Der feste Kapitalanteil	31
a) Grundsätze ordnungsmäßiger Buchführung	11	4. Das Privatkonto	34
b) Stille Reserven und offene Rücklagen	12	5. Weitere Gesellschafterkonten	39
c) Das Eigenkapital	18		

I. Normzweck

1 Die Vorschrift bildet den Mittelpunkt des Rechnungswesens der Gesellschaft und der kontenmäßigen Darstellung der den Gesellschaftern zustehenden Kapitalanteile. Allerdings wird die Vorschrift in wesentlicher Hinsicht ergänzt durch die nachfolgenden Regelungen der §§ 121, 122 sowie die Grundsätze ordnungsmäßiger Buchführung, wie sie nunmehr durch das Bilanzrichtlinien-Gesetz weitestgehend positiviert worden sind. Vor allem ist zu bedenken, daß diese Vorschrift ebenso wie die nachfolgenden Regelungen in der Praxis weitestgehend abbedungen und durch ein ausdifferenziertes System der Rechnungslegung und Kontenbildung ersetzt oder ergänzt werden. Insbesondere hat sich die gesetzliche Regelung über die Bildung variabler Kapitalkonten (§ 120 Abs. 2) als nicht praktikabel erwiesen. Deshalb wird in den Gesellschaftsverträgen überwiegend zwischen einem festen Kapitalkonto I und einem variablen Kapitalkonto II sowie Privat- oder Darlehnskonto unterschieden. Darüber hinaus werden verschiedentlich weitere Konten mit unterschiedlicher Zweckbestimmung und unterschiedlicher Verfügbarkeit eingerichtet. Auch hinsichtlich des Jahresabschlusses finden sich in den Gesellschaftsverträgen oftmals besondere Bilanzklauseln, durch die vor allem offene Bewertungsprobleme beseitigt werden sollen. Unter Betracht dieser kautelarjuristischen Praxis stellt die gesetzliche Regelung nur einen Torso dar, dessen normative Leitbildfunktion allerdings nach wie vor nicht unerheblich ist.

II. Der Jahresabschluß als Grundlage der Feststellung des Jahresergebnisses

1. Die Aufstellung des Jahresabschlusses

2 Die Grundlage für die Ermittlung des Jahresergebnisses bildet der für den Schluß eines jeden Geschäftsjahrs notwendige Jahresabschluß, bestehend aus der Jahresbilanz sowie der Gewinn- und Verlustrechnung (§ 242 Abs. 3). Einen solchen Jahresabschluß zu erstellen, ist die Gesellschaft nach § 242 verpflichtet. Dazu ist im einzelnen auf die §§ 238 ff. sowie insbesondere auf die Ansatz- und Bewertungsvorschriften der §§ 246 ff., 252 ff. hinzuweisen. Gesellschaftsintern sind für die Aufstellung des Jahresabschlusses, d.h. die Anfertigung eines von den Gesellschaftern zu billigenden Entwurfs, ausschließlich die geschäftsführenden Gesellschafter zuständig und verpflichtet (BGH WM 1979, 1330 = BB 1980, 122; BGHZ 76, 339, 342; Fischer in Großkomm

Anm. 10; Heymann-Emmerich Anm. 6; Goerdeler Festschrift für Fleck S. 53, 68). Diese Verpflichtung besteht auch dann, wenn der einzelne geschäftsführende Gesellschafter nicht hinreichend sachverständig ist. Er muß sich sodann geeigneter Hilfskräfte bedienen (BGH BB 1961, 844). Da die Aufstellung des Jahresabschlusses eine Angelegenheit aller geschäftsführenden Gesellschafter ist, besteht eine Gesamtzuständigkeit. Sofern sich die geschäftsführenden Gesellschafter z.B. hinsichtlich einzelner Bilanzansätze nicht einigen können, kann es im Einzelfall geboten sein, derartige Streitfragen gerichtlich zu klären. Ob dafür eine Feststellungsklage zwischen den widerstreitenden geschäftsführenden Gesellschaftern geeignet ist (so Heymann-Emmerich Anm. 7), erscheint zweifelhaft. Jedenfalls kommt eine Klage auf Verpflichtung zur Mitwirkung an der Bilanzaufstellung in Betracht. Problematisch ist, ob sich eine solche Auseinandersetzung erübrigt, wenn der von den anderen geschäftsführenden Gesellschaftern aufgestellte Jahresabschluß inzwischen festgestellt worden ist. Dieses Problem stellt sich nur dann, wenn zur Feststellung des Jahresabschlusses ein Mehrheitsbeschluß ausreicht und somit die Mitwirkung des dissentierenden (geschäftsführenden) Gesellschafters nicht erforderlich ist. Obwohl in diesem Fall der Jahresabschluß nicht von allen geschäftsführenden Gesellschaftern aufgestellt worden ist, bestehen gleichwohl gegen die Wirksamkeit des (mehrheitlichen) Feststellungsbeschlusses keine Bedenken. Die Aufstellung des Jahresabschlusses hat nur vorbereitende Bedeutung, während der Feststellung eine abschließende, konstitutive Wirkung zukommt. Im übrigen wäre es widersinnig, dem dissentierenden Gesellschafter im Rahmen der Aufstellung des Jahresabschlusses ein Vetorecht einzuräumen, während im Rahmen der Feststellung des Jahresabschlusses sein Widerspruch durch Mehrheitsbeschluß überwunden werden kann. Unterbleibt oder verzögert sich die Aufstellung des Jahresabschlusses ungebührlich, so können auch die nicht-geschäftsführenden Gesellschafter den Anspruch auf alsbaldige Vorlage des Jahresabschlusses mittels der actio pro socio geltend machen.

Die Aufstellung des Jahresabschlusses bedeutet nicht nur die buchhalterische Übernahme des Zahlenwerkes aus der Buchhaltung unter Berücksichtigung notwendiger Abschlußbuchungen; vielmehr ist damit auch die kompetenzrechtliche Ausübung des bilanziellen Bewertungsermessens verbunden. Soweit die bilanzrechtlichen Ansatz- und Bewertungsvorschriften bilanzpolitische Spielräume eröffnen, können diese nur von den geschäftsführenden Gesellschaftern ausgenutzt werden (Ulmer Festschrift für Hefermehl S. 218 ff.; Schlegelberger-Martens § 167 Anm. 7; Priester Festschrift für Quack S. 381 ff.). Diese Kompetenzverteilung hat zur Folge, daß die nicht-geschäftsführenden Gesellschafter im Rahmen ihres Beschlusses über die Feststellung des Jahresabschlusses an diese bilanzpolitischen Vorentscheidungen gebunden sind, somit auch dann zur positiven Stimmabgabe verpflichtet sind, wenn sie mit der Ermessensausübung nicht einverstanden sind. Wird allerdings das Ermessen fehlerhaft ausgeübt, so entfällt diese Verpflichtung. Ebenso ist zu entscheiden, wenn der Jahresabschluß entgegen der Gesamtzuständigkeit nicht von allen geschäftsführenden Gesellschaftern aufgestellt worden ist.

2. Die Feststellung des Jahresabschlusses

Von der Aufstellung des Jahresabschlusses ist dessen Feststellung zu unterscheiden. Sie stellt die gesellschaftsrechtliche Billigung der Bilanz sowie der Gewinn- und Verlustrechnung einschließlich der darin enthaltenen Einzelpositionen dar, somit auch der gewählten Ansätze und Bewertungen sowie der Bildung stiller Reserven oder offener Rücklagen. Zudem erstreckt sich diese Billigung auch auf alle Ansprüche und Verbindlichkeiten der Gesellschafter gegenüber der Gesellschaft (ebenso Fischer in Großkomm Anm. 11; Hüffer in Münchener Kommentar zum BGB § 781 Anm. 22; einschränkend wohl BGH BB 1960, 188, ... „soweit diese Ansprüche auf dem freien Verfügungskonto der Beteiligten ihren Niederschlag gefunden haben", so für Ansprüche aus Darlehen und auf eine feste monatliche Vergütung). Sofern sich mithin einzelne Gesellschafter auf bestehende Ansprüche der Gesellschaft berufen, die in der Bilanz nicht berücksichtigt worden sind – z.B. auf einen etwaigen Schadensersatzanspruch gegenüber einem oder mehreren geschäftsführenden Gesellschaftern –, müssen sie ihre Billigung unter Vorbehalt dieser Ansprüche erklären, andernfalls eine spätere Geltendmachung ausgeschlossen ist. Die Bilanzfeststellung hat somit nicht nur bilanzpolitische Bedeutung, sondern führt auch zu einer rechtlichen Abschichtung des zwischen den Gesellschaftern und der Gesellschaft bestehenden Rechtsverhältnisses. Schließlich hat die Bilanzfeststellung nach dem Gebot der Bilanzkontinuität (§§ 252 Abs. 1 Ziff. 6, 265 Abs. 1) Bedeutung für die Ermittlung des Jahresergebnisses des nachfolgenden Geschäftsjahres.

5 Nach wie vor umstritten ist die Rechtsnatur dieser Feststellung des Jahresabschlusses. Außer Streit steht ihre rechtsgeschäftliche Bedeutung. Im übrigen aber wird vertreten, daß es sich um ein abstraktes Schuldanerkenntnis handelt (BGH LM Nr. 7 zu § 128 HGB = BB 1960, 188 = DB 1960, 205 = WM 1960, 187; Fischer in Großkomm Anm. 11; A. Hueck Recht der OHG § 17 I 4 S. 248; ähnlich H. Westermann Personengesellschaft Lfg. 15 Anm. 302), um ein kausales Schuldanerkenntnis (Ulmer Recht der BGB-Gesellschaft § 721 Anm. 7; ders. Festschrift für Hefermehl S. 214 f.; Hüffer in Münchener Kommentar zum BGB § 781 Anm. 22; Schulze-Osterloh BB 1980, 1404; ähnlich Zunft NJW 1959, 1946) oder um die Ausübung eines gesellschaftsvertraglichen, der Gewinnbeteiligung immanenten Gestaltungsrechts analog § 315 BGB (Muth Die Bilanzfeststellung bei Personenhandelsgesellschaften S. 97 ff.). Diese Unsicherheit beruht im wesentlichen auf der unterschiedlichen Beurteilung der mit der Feststellung des Jahresabschlusses verbundenen Zwecksetzung. Sofern man der vorstehend vertretenen Ansicht über das den geschäftsführenden Gesellschaftern vorbehaltene bilanzpolitische Ermessen folgt, besteht kein Anlaß, den am Feststellungsbeschluß beteiligten Gesellschaftern ein Gestaltungsrecht einzuräumen. Sie haben über die Richtigkeit des aufgestellten Jahresabschlusses zu befinden, nicht aber über offene Bewertungsprobleme zu entscheiden. Die Annahme eines abstrakten Schuldanerkenntnisses widerspricht der Absicht der Gesellschafter, durch den Feststellungsbeschluß lediglich die gesellschaftsrechtlichen Rechtsbeziehungen zu klären, insbesondere das Jahresergebnis und die daraus ableitbare Gewinn- und Verlustverteilung verbindlich festzulegen, nicht aber eine von dem Gesellschaftsverhältnis losgelöste, selbständige Verpflichtung zu begründen (ebenso Hüffer in Münchener Kommentar zum BGB § 781 Anm. 22). Somit ist der Beschluß über die Feststellung des Jahresabschlusses als ein kausales, gesellschaftsrechtliches Anerkenntnis in Form eines Feststellungsbeschlusses zu qualifizieren.

6 Rechtliche Unsicherheit besteht auch hinsichtlich der Reichweite und Bestandskraft dieses Anerkenntnisses. Unbestritten ist, daß der einzelne Gesellschafter seine zustimmende Erklärung nach den allgemeinen Vorschriften (§§ 119, 123 BGB) anfechten kann (Fischer in Großkomm Anm. 12; Heymann-Emmerich Anm. 11; A. Hueck Recht der OHG § 17 I 4 S. 243). Erstreckt sich der Irrtum allerdings nur auf einzelne Bilanzposten, die entweder unrichtig dargestellt oder überhaupt nicht erfaßt worden sind, so wird dadurch der Feststellungsbeschluß im übrigen nicht berührt (BGH BB 1960, 188). Die Bilanz verliert in solchen Fällen nur im Umfang der Anfechtung ihre feststellende Wirkung und muß entsprechend korrigiert werden; äußerstenfalls ist die Richtigstellung in der folgenden Jahresbilanz vorzunehmen. Unstreitig ist des weiteren, daß ein einseitiges, freies Widerrufsrecht jedenfalls dann in Betracht kommt, wenn die Bilanz gegen zwingende Vorschriften der Rechnungslegung verstößt. Die Rechtsprechung gewährt darüber hinaus ein Widerrufsrecht in Form eines Kondiktionsanspruchs nach § 812 Abs. 2 BGB, sofern die Gesellschafter von tatsächlich unrichtigen Voraussetzungen ausgegangen sind (RG JW 1903, 28, 29; BGH BB 1966, 474 = WM 1966, 448, 449; zustimmend Fischer in Großkomm Anm. 12). Folgt man der hier vertretenen Ansicht über die Rechtsnatur des Feststellungsbeschlusses als eines kausalen Anerkenntnisses, dann bedarf es weder eines Widerrufs noch eines Kondiktionsanspruchs. Entscheidend ist vielmehr die inhaltliche Reichweite dieses Anerkenntnisses. Sofern alle Gesellschafter von der Unrichtigkeit oder Unvollständigkeit der Bilanz oder der gesellschaftsvertragswidrigen Bemessung einzelner Ansprüche wußten, ist die spätere Berufung auf diesen Mangel durch das Anerkenntnis ausgeschlossen. Des weiteren besteht ein solcher Ausschluß, wenn dieser Fehler, sei es auch nur im Zusammenhang mit anderen aus der Bilanz nicht ersichtlichen Tatsachen, ohne erheblichen Informationsaufwand erkennbar gewesen ist. Liegen diese Voraussetzungen nicht vor, so kann jeder Gesellschafter die insofern begrenzte Wirkung des Feststellungsbeschlusses geltend machen und die Korrektur des Jahresabschlusses verlangen.

7 Der Feststellungsbeschluß äußert grundsätzlich nur Wirkungen im Verhältnis der Gesellschaft und ihren Gesellschaftern. Dritte werden davon nur dann berührt, wenn ihnen einzelne Gesellschaftsrechte abgetreten worden sind – z.B. der Gewinnanspruch. Sind diese Dritten hingegen auf andere Weise an dem Jahresgewinn beteiligt – z.B. als partiarische Gläubiger oder stille Gesellschafter –, so können sie sich beliebig auf die Unrichtigkeit des Jahresabschlusses berufen. Aufgrund des mit der Gesellschaft bestehenden Rechtsverhältnisses haben sie einen Anspruch auf Einsicht in den Jahresabschluß und dessen Überlassung. Wird dieser Anspruch erfüllt, so liegt darin zugleich das Angebot auf Abschluß eines entsprechenden Feststellungsvertrages. Macht sodann der Dritte seinen Gewinnanspruch geltend, so ist darin im Regelfall die Annahme dieses Feststellungsvertrages zu erkennen (ebenso Hüffer in Münchner Kommentar zum BGB § 781 Anm. 23). Auch dann ist freilich die Bindung dieses Feststellungsvertrages begrenzt auf solche bilanzrelevanten Tatsachen, die für den Dritten ohne erheblichen Informationsaufwand erkennbar waren.

8 Angesichts der grundsätzlichen Bedeutung des Jahresabschlusses, insbesondere der damit verbundenen Gewinn- und Verlustverteilung, steht die Zustimmung zur Feststellung des Jahresabschlusses nicht im Belieben der Gesellschafter (Ulmer Recht der BGB-Gesellschaft § 721 Anm. 7; Fischer in Großkomm Anm. 14; A. Hueck Recht der OHG § 17 I 4 S. 243). Diese Zustimmungspflicht ist auch deshalb bedeutsam, weil ohne abweichende Regelung des Gesellschaftsvertrages alle Gesellschafter zustimmen müssen. Da den geschäftsführenden Gesellschaftern die Ausübung des bilanzpolitischen Ermessens vorbehalten ist, darf die Zustimmung nur dann verweigert werden, wenn die Bilanz als solche oder einzelne Bilanzposten unrichtig sind, nicht aber deshalb, weil aus der Sicht des Gesellschafters eine andere Ermessensausübung geboten gewesen wäre. Es handelt sich um eine Streitigkeit, die zwischen den Gesellschaftern auszutragen ist, so daß die Gesellschaft nicht beteiligt ist (BGH BB 1980, 121, 122). Die Klage kann entweder auf Zustimmung zur Bilanz oder auch nur auf Feststellung einzelner Bilanzposten gerichtet werden. Auch der opponierende Gesellschafter ist seinerseits zur Feststellungsklage berechtigt. Anders als bei der Aufstellung des Jahresabschlusses besteht anläßlich eines Rechtsstreits über die Feststellung eine notwendige Streitgenossenschaft der Kläger bzw. der Beklagten (BGH WM 1983, 1279, 1280).

9 Eine bestimmte Form ist für den Feststellungsbeschluß nicht gesetzlich vorgesehen. Sofern der Gesellschaftsvertrag keine besondere Regelung enthält, kann die Zustimmung somit auch formlos und konkludent erklärt werden. Die nach § 245 erforderliche Unterzeichnung des Jahresabschlusses durch alle Gesellschafter beruht auf einer öffentlich-rechtlichen Pflicht, die für das Verhältnis der Gesellschafter untereinander grundsätzlich ohne Bedeutung ist. Allerdings wird durch diese Unterschrift zugleich die rechtsgeschäftliche Zustimmung zur Feststellung des Jahresabschlusses dokumentiert.

3. Bilanzrechtliche Einzelprobleme

10 An die Stelle der vormaligen §§ 38–47b sind nunmehr die Regelungen der §§ 238–263 getreten, die vor allem eine Konkretisierung der Grundsätze ordnungsmäßiger Buchführung enthalten. In der Sache sollte nach der Vorstellung des Gesetzgebers das bisherige Bilanzrecht des Einzelkaufmanns und der Personenhandelsgesellschaft nicht verschärft, sondern lediglich klargestellt werden (BT-Drucks. 10/4268 S. 88, 91). Deshalb ist dieses Bilanzrecht auch formal deutlich von dem Bilanzrecht der Kapitalgesellschaft, das sich in den nachfolgenden Vorschriften befindet, abgegrenzt worden. Freilich ist dadurch nicht generell ausgeschlossen, daß Einzelvorschriften dieses zweiten Abschnitts als eine weitergehende Konkretisierung der Grundsätze ordnungsmäßiger Buchführung analog anwendbar sind (Schulze-Osterloh ZHR 150, 403, 426). Aber eine solche Analogie bedarf angesichts der vom Gesetzgeber bezweckten „Abschottung" dieser beiden Bilanzrechte besonderer Begründung. Lediglich ergänzend ist darauf hinzuweisen, daß jene Gesellschaften, die wegen ihrer Größenmerkmale dem Anwendungsbereich des PublG unterliegen, in vieler Hinsicht nach dem Bilanzrecht der Kapitalgesellschaften behandelt werden – so z.B. nach § 5 PublG hinsichtlich der Aufstellung von Jahresabschluß und Lagebericht, nach § 6 PublG hinsichtlich der Prüfung durch Abschlußprüfer sowie nach §§ 11 ff. PublG hinsichtlich der Rechnungslegung des Mutterunternehmens für den von ihm geleiteten Konzern.

a) Grundsätze ordnungsmäßiger Buchführung

11 Neben dem allgemeinen Bezug auf die Grundsätze ordnungsmäßiger Buchführung in §§ 238 Abs. 1, 243 Abs. 1 finden sich in § 252 einzelne Konkretisierungen in Form allgemeiner Bewertungsgrundsätze – so das Prinzip der Bilanzidentität (§ 252 Abs. 1 Ziff. 1), das Vorsichtsprinzip (§ 252 Abs. 1 Ziff. 4) und das Prinzip der Bilanzkontinuität (§ 252 Abs. 1 Ziff. 6). Dazu sind in § 243 Abs. 2 das Prinzip der Bilanzklarheit und in § 246 Abs. 1 das Vollständigkeitsgebot geregelt. Von besonderer Bedeutung ist die in § 253 enthaltene Regelung über die Wertansätze der Vermögensgegenstände und Schulden. Diese Regelung geht hinsichtlich der Bewertung der Gegenstände des Anlage- und Umlaufvermögens von dem Höchstwert der Anschaffungs- oder Herstellungskosten aus, hinsichtlich der zulässigen Abschreibungen hingegen von dem Niederstwertprinzip. Ergänzend ist in diesem Zusammenhang auf das Aktivierungswahlrecht des § 255 Abs. 2 hinzuweisen, das sich hinsichtlich der Herstellungskosten sowohl auf die variablen als auch die fixen Gemeinkosten erstreckt (Schulze-Osterloh, ZHR 150, 403, 414ff.). Dadurch wird der Gesellschaft ein nicht unerheblicher Spielraum eröffnet, der sich auch für die Legung stiller Reserven eignet. Ohnehin zeichnet sich dieses für die Personenhandelsgesellschaften einschlägige Bilanzrecht durch zahlreiche Wahlrechte aus, die der Gesellschaft zwar die gebotene Flexibilität belassen, aber doch den Informationswert des Jahresabschlusses nicht unerheblich einschränken. Das gilt auch für die nunmehr in § 249 Abs. 1 Satz 1 angelegte Passivierungspflicht für Verpflichtungen aus laufenden Pensionen und Pensionsanwartschaften. Diese Passivierungspflicht wird durch Art. 28 EGHGB wesentlich eingeschränkt, wenn nicht sogar in ein überwiegendes Wahlrecht umgewandelt (kritisch dazu Schulze-Osterloh ZHR 150, 403, 410ff.). Für Verpflichtungen, die vor dem 1. Januar 1987 begründet worden sind, besteht nämlich ebenso ein Wahlrecht wie für mittelbare Verpflichtungen, die durch eine Unterstützungskasse zugesagt worden sind. Sofern eine Kapitalgesellschaft in Ausübung dieses Wahlrechts auf die Bildung entsprechender Rückstellungen verzichtet, muß sie jedenfalls im Anhang bzw. im Konzernanhang darauf hinweisen (Art. 28 Abs. 2 EGHGB), während die Personenhandelsgesellschaft auch von dieser Informationspflicht befreit ist. Um so wichtiger ist deshalb die generelle Frage, ob angesichts dieser zahlreichen Wahlrechte und der damit verbundenen relativen Unbestimmtheit des Jahresabschlusses eine innergesellschaftliche Informationspflicht über die Ausübung derartiger Wahlrechte anzuerkennen ist. Zwar eignet sich dafür auch das in § 118 geregelte Kontrollrecht. Es ist aber nicht ausgeschlossen, daß dem einzelnen Gesellschafter der erforderliche Sachverstand fehlt, um dem Jahresabschluß zu entnehmen, nach welchen Bewertungsmethoden verfahren wurde und in welchem Umfang die gesetzlichen Wahlrechte ausgeübt worden sind. Angesichts der grundsätzlichen Bedeutung dieser Tatbestände und der damit verbundenen Konsequenzen für die Ermittlung des Jahresergebnisses ist es erforderlich, daß die geschäftsführenden Gesellschafter anläßlich der Beschlußfassung über die Feststellung des Jahresabschlusses ausführlich darüber informieren und dadurch den Aussagegehalt der Bilanz sowie der Gewinn- und Verlustrechnung erheblich verbessern (ebenso Priester Festschrift für Quack S. 373, 384).

b) Stille Reserven und offene Rücklagen

Von besonderer Bedeutung ist die Regelung des § 253 Abs. 4, wonach Abschreibungen generell im Rahmen vernünftiger kaufmännischer Beurteilung zulässig sind. Mit dieser Vorschrift wollte der Gesetzgeber lediglich die bisherige Rechtslage klarstellen (BT-Drucks. 10/4268 S. 101). Freilich war die Rechtslage auch in der Vergangenheit nur dann eindeutig, wenn die Gesellschafter einverständlich handelten oder im Gesellschaftsvertrag eine entsprechende Regelung enthalten war. Umstritten war hingegen, ob die Legung stiller Reserven im Rahmen des bilanzpolitischen Ermessens der geschäftsführenden Gesellschafter zulässig war mit der Folge, daß die Gesellschafter anläßlich der Bilanzfeststellung daran gebunden waren (bejahend Fischer in Großkomm Anm. 6, 7; A. Hueck Recht der OHG § 17 I 3 S. 243; einschränkend H. Westermann Personengesellschaft Lfg. 15 Anm. 301 ff.; a. A. hingegen Huber Kapitalanteil S. 336 ff.; Ulmer Festschrift für Hefermehl S. 207, 221 f.; U. H. Schneider ZHR 143, 485, 515). Angesichts dieses offenen Meinungsstands ist es fragwürdig, die Regelung des § 253 Abs. 4 ohne jede Einschränkung als kompetenzrechtliche Generalklausel zu verstehen. Vielmehr ist in grundsätzlicher Hinsicht zwischen ihrer bilanzrechtlichen Bedeutung einerseits und ihrer kompetenzrechtlichen Reichweite andererseits zu unterscheiden.

13   In bilanzrechtlicher Hinsicht ist zu bedenken, daß sich stille Reserven aufgrund der vorstehend behandelten Wahlrechte und der mit den Bewertungsansätzen verbundenen Ermessensreserven ergeben können. Die nach § 253 Abs. 4 zulässigen stillen Reserven gehen somit über diese ohnehin in der Bilanz enthaltenen stillen Reserven hinaus. Freilich sind auch diese weitergehenden stillen Reserven nicht unbegrenzt zulässig. Nach dem Wortlaut der Vorschrift dürfen stille Reserven nur durch Unterbewertung auf der Aktivseite, nicht jedoch durch Überbewertung auf der Passivseite gebildet werden (so Adler-Düring-Schmaltz, Rechnungslegung und Prüfung der Unternehmen, 5. Aufl., § 253 Anm. 525; Priester Festschrift für Quack S. 373, 377; Schulze-Osterloh ZHR 150, 403, 416; Schulze zur Wiesche WPg 1987, 149, 153). Der Wortlaut legt zudem nahe, derartige Abschreibungen nur hinsichtlich einzelner, konkreter Vermögensgegenstände zuzulassen (so Großfeld WPg 1987, 698, 703) und nicht in Form von Pauschalherabsetzungen für die gesamte Aktivseite (so aber Adler-Düring-Schmaltz Rechnungslegung und Prüfung der Unternehmen § 253 Anm. 529; Moxter BB 1985, 1101, 1102; Priester Festschrift für Quack S. 373, 378; Schulze zur Wiesche WPg 1987, 149, 150). Diese Einschränkung ist auch deshalb geboten, weil andernfalls der „Rahmen vernünftiger kaufmännischer Beurteilung" nicht oder doch nur mit größten Unsicherheiten überprüfbar wäre. Das darin enthaltene Gebot der Willkürfreiheit gewinnt nur dann normative Konturen, wenn die stillen Reserven unmittelbar im Zusammenhang des einzelnen Vermögensgegenstands beurteilt werden können (ebenso Großfeld NJW 1986, 955, 958). Somit müssen die stillen Reserven konkret für die Einzelbeurteilung sachlich begründbar sein.

14   Auch unter Betracht dieser Einschränkungen ist die Regelung des § 253 Abs. 4 nicht über jegliche rechtspolitische Kritik erhaben. Das vielfach beschworene Bedürfnis nach Selbstfinanzierung und Risikovorsorge der Personenhandelsgesellschaft ist in diesem Zusammenhang von untergeordneter Bedeutung; denn diese Zwecke lassen sich auch durch die Bildung offener Rücklagen und über § 122 hinausgehende Einschränkungen des Gewinnentnahmerechts erreichen (ebenso Schulze-Osterloh ZHR 150, 403, 418). Gerade der Vergleich zwischen stillen Reserven einerseits und offenen Rücklagen andererseits macht deutlich, daß die Bildung stiller Reserven den Informationswert des Jahresabschlusses nicht unerheblich beeinträchtigt, während offene Rücklagen ohne weiteres erkennbar sind. Wegen dieser Verschleierung stellen die stillen Reserven eine Manövriermasse dar, mit der die tatsächliche Ertragslage der Gesellschaft gegenüber

Dritten erheblich bemäntelt werden kann. Durch Auflösung stiller Reserven lassen sich Verluste bilanztechnisch bereinigen, sogar Gewinne ausweisen, die gegenüber den Gläubigern ein unrichtiges Bild über die wahre Situation der Gesellschaft vermitteln (dazu Priester Festschrift für Quack S. 373, 376 m.w.N.). Schon diese bilanzrechtlichen Bedenken lassen die Negativeffekte stiller Reserven deutlich erkennen. Aus gesellschaftsrechtlicher Sicht kommt hinzu, daß die Bildung stiller Reserven zu einer Verkürzung des Jahresergebnisses und damit der Gewinnverteilung führt. Auf diese Weise wird der tatsächlich erwirtschaftete Gewinn nur mit Einschränkungen auf den Kapitalkonten erfaßt. Das hat zur Folge, daß die Kapitalkonten der Gesellschafter nicht mehr die tatsächlichen Beteiligungswerte widerspiegeln. Insbesondere im Zusammenhang einer Buchwertklausel kann sich dadurch eine gravierende Verkürzung des Abfindungsguthabens ergeben. Diese Konsequenzen sind hinsichtlich der normalen Abschreibungen und normalen Schätzungsreserven unvermeidlich; es besteht aber kein zwingender Anlaß, ohne besondere Vereinbarung der Gesellschafter die weitergehende Bildung stiller Reserven gesellschaftsrechtlich anzuerkennen.

Unter dem Eindruck der vorstehenden Bedenken wird dem § 253 Abs. 4 nur eine **15** begrenzte gesellschaftsrechtliche Bedeutung zuerkannt. Nicht alles, was bilanzrechtlich zulässig ist, entspricht damit automatisch der gesellschaftsrechtlichen Kompetenzordnung. Im Ergebnis wird deshalb der Geschäftsführung das bilanzpolitische Ermessen über die Bildung stiller Reserven nach § 253 Abs. 4 versagt (Heymann-Emmerich Anm. 18; Döllerer BB 1987 Beil. 12, 10; Priester Festschrift für Quack S. 373, 388; Schulze-Osterloh ZHR 150, 403, 422; Woltmann WPg 1985, 275, 276). Umstritten ist jedoch, ob und welche gesellschaftsrechtliche Bedeutung dem § 253 Abs. 4 im übrigen zukommt. Dazu wird vertreten, daß das in dieser Vorschrift geschützte Thesaurierungsinteresse der Gesellschaft dadurch berücksichtigt werden müsse, daß die zur Bilanzaufstellung berufenen geschäftsführenden Gesellschafter befugt seien, in dem durch die vernünftige kaufmännische Beurteilung gezogenen Rahmen offene Rücklagen zu bilden (Schulze-Osterloh ZHR 150, 403, 422). Auf diese Weise wird die Kompetenz der geschäftsführenden Gesellschafter zur Thesaurierung von Gewinnen als solche nicht berührt, wohl aber das dafür geeignete Verfahren. Nach anderer Ansicht soll der gesellschaftsrechtliche Aussagegehalt des § 253 Abs. 4 noch weiter reduziert werden. Danach unterliegt die Entscheidung über die Bildung offener Rücklagen der Kompetenz aller für die Feststellung des Jahresabschlusses zuständigen Gesellschafter, die darüber im Rahmen der Gewinnverwendung zu entscheiden haben. Das in § 253 Abs. 4 geschützte Thesaurierungsinteresse soll durch die Anwendung der gesellschaftlichen Treupflicht berücksichtigt werden, so daß die Gesellschafter verpflichtet sind, der Bildung offener Rücklagen „im Rahmen vernünftiger kaufmännischer Beurteilung" zuzustimmen. In dieser Konkretisierung der Treupflicht liege die Bedeutung des § 253 Abs. 4 im Recht der Personengesellschaften (Priester Festschrift für Quack S. 373, 393; weitergehend Heymann-Emmerich Anm. 20: Rücklagenbildung durch Mehrheitsbeschluß nur aufgrund einer entsprechenden Regelung des Gesellschaftsvertrages).

Wie schon in anderem Zusammenhang hervorgehoben worden ist (Schlegelberger- **16** Martens § 168 Anm. 22), ist diese Kompetenzproblematik nicht von vorrangiger Bedeutung; entscheidend ist vielmehr die Frage nach den materiellen Ermessenskriterien, aufgrund derer ein im Einzelfall vertretbarer Kompromiß zwischen den Thesaurierungsinteressen der Gesellschaft und den Ausschüttungsinteressen der Gesellschafter erreichbar ist. Begrenzt man die Bildung offener Rücklagen durch das Gebot der Willkürfreiheit und verlangt man somit eine vernünftige kaufmännische Beurteilung, so liegt es nahe, diese Ermessensentscheidung den geschäftsführenden Gesellschaftern zu überlassen. Sie sind am besten in der Lage, den konkreten Kapitalbedarf und die Risikolage der Gesellschaft, die erforderliche Investitionsplanung und den Investitionsbedarf zu beurteilen. Somit ist aus dieser Sicht ein höherer Grad an Richtigkeitsgewähr zu erwarten. In der Sache muß es sich um notwendige Rücklagen handeln; somit reicht das allgemeine Interesse an der Bildung offener Rücklagen grundsätzlich nicht aus. Zudem muß auf die Ausschüttungsinteressen der Gesellschafter angemessen Rücksicht genommen werden. Insbesondere ist darauf zu achten, daß den Gesellschaftern genügend Geldmittel verfügbar sind, um die mit ihrer Gesellschaftsbeteiligung verbundene Steuerlast tragen zu können (ebenso Großfeld NJW 1986, 955, 958; Priester Festschrift für Quack S. 373, 394; a. A. Adler-Düring-Schmaltz Rechnungslegung und Prüfung der Unternehmen § 253 Anm. 533). Des weiteren ist grundsätzlich eine Ausschüttung zwecks angemessener Lebensführung erforderlich. Freilich ist dieser Aspekt nur von generalisierender Bedeutung. Dabei ist auch die bisherige Ausschüttungspolitik zu berücksichtigen, andererseits aber auch die Dringlichkeit der Bildung offener Rücklagen. Reduziert man den gesellschaftsrechtlichen Anwendungsbereich des § 253 Abs. 4 auf diese Weise, dann sind die Gefahren eines „Aushungerns" einzelner Gesellschafter relativ gering. Insofern unterscheidet sich diese Verteilungsproblematik deutlich von der Regelung des § 29 Abs. 2 GmbHG, die die Rücklagenbildung in das relativ freie Ermessen der Gesellschaftermehrheit stellt (dazu Hommelhoff ZGR 1986, 418, 423 ff.). In der OHG ist die Rücklagenbildung demgegenüber sehr viel stärker normativ eingebunden.

17 Der Bundesgerichtshof hat sich vor der Geltung des § 253 Abs. 4 mit der Problematik der Bildung offener Rücklagen befaßt (BGH LM Nr. 15 zu § 119 HGB = WM 1976, 661 = BB 1976, 948 m. Anm. Ulmer). In grundsätzlicher Hinsicht läßt die Entscheidung erkennen, daß zwischen der Rücklagenbildung im Rahmen der Bilanz- und Gewinnfeststellung einerseits und im Rahmen der Gewinnverteilung andererseits zu unterscheiden sei. In beiden Fällen bedarf der Mehrheitsbeschluß einer entsprechenden Grundlage im Gesellschaftsvertrag; im Rahmen der Gewinnfeststellung soll dafür eine einfache Mehrheitsklausel ausreichen, während im Rahmen der Gewinnverteilung eine qualifizierte, auf Vertragsänderung gerichtete Mehrheitsklausel erforderlich sein soll. In beiden Fällen kann diese Mehrheitsbefugnis nur ausgeübt werden, „soweit notwendige Rücklagen gebildet werden, d. h. soweit sie erforderlich erscheinen, um das Unternehmen für die Zukunft lebens- und widerstandsfähig zu halten. Eine solche Rücklagenbildung liegt im Rahmen gesunder kaufmännischer Übung und entspricht der Forderung des Wirtschaftslebens, das Unternehmen insbesondere gegen unvorhergesehene Ereignisse und gegen Konjunkturschwankungen zu sichern" (BB 1976, 948, 949). Nach der hier vertretenen Ansicht kollidiert diese Rechtsprechung nunmehr mit dem normativen Sinngehalt des § 253 Abs. 4. Wenn nämlich die Thesaurierung „im Rahmen vernünftiger kaufmännischer Beurteilung" den positivierten Grundsätzen ordnungsmäßigen Bilanzverhaltens entspricht, dann bedarf es dazu keiner besonderen Ermächtigung im Gesellschaftsvertrag. Vielmehr ist es Aufgabe der geschäftsführenden

Gesellschafter, im Rahmen ihres geschäftspolitischen Ermessens für die Gesellschaft notwendige Rücklagen zu bilden. Üben sie dieses Ermessen nicht aus, dann können allerdings die Gesellschafter weder im Rahmen der Gewinnfeststellung noch im Rahmen der Gewinnverteilung ohne qualifizierte Mehrheitsklausel im Gesellschaftsvertrag darüber verfügen. Erforderlich ist sodann das Einverständnis aller Gesellschafter.

c) Das Eigenkapital

Nach § 247 Abs. 1 muß das Eigenkapital der Gesellschaft gesondert ausgewiesen **18** und hinreichend aufgegliedert werden. Der bilanzielle Ausweis des Eigenkapitals ergibt sich im wesentlichen aus den Kapitalkonten der Gesellschafter. Freilich sind dafür nicht alle Konten in gleicher Weise geeignet. Es kommen dafür nur solche Gesellschafterkonten in Betracht, die Eigenkapital, also haftendes Kapital ausweisen. Davon zu unterscheiden sind jene Gesellschafterkonten, die Forderungen einzelner Gesellschafter gegenüber der Gesellschaft darstellen und somit Fremdkapital ausweisen. Diese Unterscheidung läßt sich im Einzelfall nur der gesellschaftsvertraglichen Regelung entnehmen. Dabei kommt es nicht auf die Kontenbezeichnung an, sondern auf die im Gesellschaftsvertrag geregelte Behandlung der auf diesen Konten verbuchten Rechnungsposten. Nach der nunmehr wohl überwiegend vertretenen Ansicht ist unerheblich, ob dafür langfristige Kündigungen oder entsprechende Entnahmebeschränkungen vereinbart worden sind; entscheidend ist ausschließlich die Eignung des Gesellschaftskontos zur Deckung der Gesellschaftsverluste. Wird mithin das Kapitalkonto, sei es unmittelbar, sei es mittelbar zwecks Auffüllung eines gesonderten Verlustkontos, zum Ausgleich entstandener Gesellschaftsschulden vewendet, so handelt es sich um den Ausweis haftenden Eigenkapitals, andernfalls um Fremdkapital, das spätestens anläßlich der Auseinandersetzung oder des Austritts aus der Gesellschaft verfügbar ist (Huber Kapitalanteil S. 244ff.; ders. ZGR 1988, 1, 66; Schlegelberger-Martens § 167 Anm. 21; Kübler DB 1972, 942, 943; Plassmann BB 1978, 413, 418; Schopp BB 1987, 581, 583; anders offensichtlich Heymann-Emmerich Anm. 28).

Die Grundlage der Kapitalkonten bildet zunächst die Gesellschaftereinlage. Dabei **19** bedarf die noch ausstehende Einlage besonderer Behandlung. Sofern in Abweichung von der gesetzlichen Regelung feste Kapitalkonten eingerichtet werden, ergänzt durch ein variables Kapitalkonto II, dann wird die gesamte Einlage sofort auf dem festen Kapitalkonto verbucht und durch eine Gegenbuchung im Debet des Kapitalkontos II in Höhe der noch ausstehenden Einlage ausgeglichen. Wird später die Einlage geleistet, dann wird sie ins Haben des Kapitalkontos II gebucht (dazu im einzelnen Huber ZGR 1988, 1, 49ff. m.w.N.; Pauli Eigenkapital S. 104). Da jedoch das Kapitalkonto II zumeist nicht nur Einlagenkonto, sondern zudem Verlust- und Entnahmekonto ist, wird auf diese Weise aus der Bilanz der Umfang der noch ausstehenden Einlagen bzw. Einlageforderungen nicht ersichtlich. Das gilt ebenso, wenn das gesetzliche System des variablen Kapitalanteils befolgt wird. Da die Einlage erst mit ihrer Erbringung dem Kapitalanteil zugeschrieben wird, ist vorher die Einlageforderung aus der Bilanz nicht erkennbar. Es stellt sich deshalb die Frage, ob jedenfalls die eingeforderte Einlage, d.h. die fällige Einlageforderung in der Bilanz aktiviert werden muß (so Fischer in Großkomm Anm. 9 sowie Pauli Eigenkapital S. 106; anders Sarx in Beck Bil-Komm. § 247 Anm. 194, der wahlweise eine offene Absetzung der eingeforderten Pflichteinlage von den Kapitalanteilen auf der Passivseite zuläßt). Eine solche Aktivierungspflicht könnte sich aus § 272 Abs. 1 ergeben. Diese für das Kapitalgesellschaftsrecht einschlägige Vorschrift ist jedoch nur mit Einschränkungen auf das Bilanzrecht der Personenhandelsgesellschaft zu übertragen. Zudem sieht § 272 Abs. 1 für nicht eingeforderte ausstehende Einlagen auch die Möglichkeit einer offenen Absetzung von dem Posten „Gezeichnetes Kapital" vor. Es ist deshalb ausreichend, wenn auf der Passivseite im Rahmen des Kapitalkontos II der Ausweis im Debet ergänzt wird durch Vermerke über die Höhe der bereits eingeforderten und der noch nicht eingeforderten Einlagen. Ebenso kann im Rahmen eines variablen Kapitalkontos die noch ausstehende Einlage, wiederum nach eingeforderter und nicht eingeforderter Einlage unterschieden, auf der Passivseite abgesetzt werden. Ob die Gesellschafter mithin die Einlageforderung auf der Aktiv- oder auf der Passivseite berücksichtigen, unterliegt somit ihrem Wahlrecht. Sie sind jedoch verpflichtet, die ausstehende Einlageforderung als solche und ihre konkrete Durchsetzbarkeit kenntlich zu machen. Größere Klarheit wird allerdings dadurch erreicht, daß die Einlageforderung auf der Aktivseite verbucht wird, wobei allerdings deutlich zwischen der fälligen und der erst zukünftigen Einlageforderung zu unterscheiden ist. Die noch nicht fällige Einlageforderung kann zwar auch schon aktiviert, muß aber bis zu ihrer Fälligkeit als Kapitalkorrekturposten behandelt werden (Pauli Eigenkapital S. 106 m.w.N.).

20 Die Bewertung der Einlagen steht nicht im freien Belieben der Gesellschafter. Das gilt insbesondere im Hinblick auf eine etwaige Überbewertung von Einlagen. Sacheinlagen dürfen demnach nur mit dem Wert angesetzt werden, „der den Gegenständen im Zeitpunkt der Einlage zukommt" (BT-Drucks. 10/4268 S. 101; ebenso Pauli Eigenkapital S. 72 sowie Sarx in Beck Bil-Komm. § 247 Anm. 198). Das folgt jedenfalls aus dem Sinn und Zweck der §§ 253, 255, sofern man nicht ohnehin deren unmittelbare Anwendung bejaht. Auch aus Gründen des Gläubigerschutzes ist es den Gesellschaftern verwehrt, auf der Aktivseite der Bilanz durch eine Überbewertung der Sacheinlage ein überhöhtes Gesellschaftsvermögen auszuweisen. Aus diesen Gründen ist die gegenteilige, vormals überwiegend vertretene Ansicht (BGHZ 17, 130; BB 1959, 92; BB 1970, 1070; Baumbach-Duden-Hopt Anm. 3C; Fischer in Großkomm Anm. 24; Heymann-Emmerich Anm. 3) mit den Wertungen der §§ 253, 255 und den allgemeinen Bewertungsgrundsätzen des § 252 nicht mehr vereinbar. Freilich bleibt es den Gesellschaftern vorbehalten, für ihre internen Rechtsbeziehungen von einer abweichenden Bewertung der erbrachten Einlagen auszugehen. Bilanztechnisch kann eine solche abweichende Behandlung durch entsprechende Umbuchungen auf den Kapitalkonten realisiert werden (Pauli Eigenkapital S. 72). Hinsichtlich einer etwaigen Unterbewertung sind die Gesellschafter lediglich an § 253 Abs. 4 gebunden. Diese Vorschrift findet nach § 242 Abs. 1 Satz 2 auf die Eröffnungsbilanz entsprechende Anwendung. Somit muß auch die Unterbewertung von Einlagen dem Gebot der Willkürfreiheit entsprechen (Pauli Eigenkapital S. 74 m.w.N.). Werden auf diese Weise stille Reserven gebildet, so partizipieren daran grundsätzlich alle Gesellschafter in gleicher Weise – so wenn die stillen Reserven anläßlich der Auseinandersetzung realisiert werden. Allerdings kann vereinbart werden, daß der Mehrwert als Darlehen des Einbringenden zu behandeln ist (BGH BB 1959, 92; WM 1972, 214; Baumbach-Duden-Hopt Anm. 3C).

Es ist nicht erforderlich, daß in der Jahresbilanz die Kapitalanteile der Gesellschafter **21** einzeln mit dem Endstand zum Bilanzstichtag ausgewiesen werden. Vielmehr können sie wahlweise auch zusammengefaßt werden (a. A. Pauli Eigenkapital S. 91 f.). Jedoch ist dabei wegen der unterschiedlichen Haftungsverhältnisse zwischen der Gruppe der persönlich haftenden Gesellschafter und der Gruppe der Kommanditisten zu unterscheiden. Im Rahmen dieser nach Gruppen unterschiedenen Zusammenfassung können negative Kapitalanteile saldiert werden (dazu im einzelnen mit Bilanzbeispielen Sarx in Beck Bil-Komm. § 247 Anm. 193; a. A. Pauli Eigenkapital S. 93 ff.: gesonderter Ausweis erforderlich). Hinsichtlich des Ausweises des Jahresergebnisses steht es den Gesellschaftern frei, ihre Bilanz vor oder nach der Gewinn- bzw. Verlustverteilung aufzustellen. Wird die Bilanz vor dieser Verteilung aufgestellt, so weist sie das Jahresergebnis aus, das erst nachfolgend auf die entsprechenden Kapitalkonten verteilt wird. Hingegen entfällt ein solcher Ausweis des Jahresergebnisses, wenn die Bilanz unter Einbeziehung des verteilten Jahresergebnisses aufgestellt wird. In diesem Fall sind aus der Bilanz nur die entsprechend veränderten Gesellschafterkonten ersichtlich. Allerdings muß sich das unverteilte Jahresergebnis sodann aus der Gewinn- und Verlustrechnung ergeben (ausführliche Darstellung bei Pauli Eigenkapital S. 97 ff.; ebenso Budde-Förschle in Beck Bil-Komm. § 247 Anm. 687 f.).

Eine weitere Aufgliederung des Eigenkapitals hinsichtlich der gebildeten Rücklagen **22** entsprechend § 266 Abs. 3 A ist nicht erforderlich (a. A. Pauli Eigenkapital S. 102 f.). Die mit der Rücklage verbundene Kapitalbindung als haftendes Eigenkapital ergibt sich schon daraus, daß im Rahmen des Eigenkapitals nur jene Gesellschafterkonten aufgeführt werden dürfen, die der Verlustdeckung dienen. Somit bedarf es keines darüber hinausgehenden Ausweises einer besonderen Zweckbestimmung. Freilich steht es den Gesellschaftern frei, besondere Rücklagekonten einzurichten und auf diese Weise den Rücklagenumfang der Gesellschaft klarzustellen.

4. Die Feststellung des Jahresergebnisses und seine Verteilung

Die Gewinnfeststellung ist automatisch mit der Feststellung des Jahresabschlusses **23** verbunden. Das folgt schon daraus, daß das Jahresergebnis sowohl Bestandteil der Jahresbilanz als auch der Gewinn- und Verlustrechnung ist. Da die Personenhandelsgesellschaft über keinen feststehenden Kapitalfonds wie Grund- oder Stammkapital verfügt, somit auf der Passivseite die Kapitalkonten entsprechend der Gewinn- oder Verlustsituation angepaßt und zudem durch Entnahmen gemindert werden, kann ein Gewinn auch dann ausgewiesen werden, wenn das Eigenkapital durch Verluste in den Vorjahren oder entsprechende Entnahmen weitgehend aufgezehrt ist. Auf diese Weise kann sich ein Jahresgewinn theoretisch auch dann ergeben, wenn die Gesellschafter über den vorherigen Jahresgewinn hinaus Entnahmen getätigt und dadurch ihre Kapitalkonten unter den anläßlich des vorherigen Jahresabschlusses ausgewiesenen Kontenstand gemindert haben, ohne daß ein im Vergleich zum Vorjahr tatsächlicher Überschuß erwirtschaftet worden ist. Freilich sind solche Konstellationen wegen der in der Praxis zumeist geregelten Entnahmebeschränkungen nur von theoretischer Bedeutung. Allerdings läßt dieser Zusammenhang deutlich erkennen, daß die Feststellung des Jahresergebnisses in der Personenhandelsgesellschaft nur auf einem relativen Vergleich des vorherigen Jahresergebnisses mit dem nachfolgenden Jahresergebnis beruht. Auch wenn das ursprünglich investierte Kapital weitgehend verloren gegangen ist, kann sich doch gleichwohl ein nicht unerheblicher Jahresüberschuß ergeben. Der Jahresüberschuß ist mithin kein verläßliches Kennzeichen für die konkrete Wirtschaftssituation der Personenhandelsgesellschaft. Dafür eignet sich weitaus besser der Umfang des in der Bilanz ausgewiesenen Eigenkapitals.

24 Die Verteilung des Jahresergebnisses erfolgt, sofern der Gesellschaftsvertrag keine besondere Regelung enthält, nach den in § 121 enthaltenen Verteilungsmaßstäben. Entsprechend werden die Kapitalkonten nach § 120 Abs. 2 geändert. Wie schon dargestellt worden ist, kann diese Verteilung des Jahresergebnisses im Rahmen der Bilanzaufstellung vorgenommen werden (Anm. 21), so daß mit der Feststellung des Jahresergebnisses zugleich seine Verteilung beschlossen wird. Da es in der Personenhandelsgesellschaft keinen garantierten Kapitalfonds gibt, muß das gesamte Jahresergebnis auf die einzelnen, gegebenenfalls auf die gemeinschaftlichen Gesellschafterkonten verteilt werden. Angesichts der im Einzelfall ganz unterschiedlichen Bedeutung dieser Kapitalkonten, insbesondere hinsichtlich ihrer Verfügbarkeit für die Gesellschafter, kommt dem Verteilungsbeschluß erhebliche Bedeutung zu. Das gilt insbesondere im Hinblick auf die Bildung offener Rücklagen (dazu Anm. 17). Zumeist sind im Gesellschaftsvertrag besondere Regelungen über die Gewinnverteilung, insbesondere die Gewinnverwendung enthalten, so daß dem entsprechenden Gesellschafterbeschluß nur formalrechtliche Bedeutung zukommt. Ohne solche Vereinbarungen ist nach den Verteilungsmaßstäben des § 121 zu verfahren mit der Folge, daß die Gesellschafter nach § 122 den gesamten Jahresgewinn entnehmen können. Dieses Prinzip der Vollausschüttung und Vollentnahme ist jedoch oftmals unvereinbar mit dem Gebot angemessener Selbstfinanzierung. Da ein garantierter Kapitalfonds nicht besteht, somit ein Jahresüberschuß auch dann möglich ist, wenn das eingebrachte Kapital weitgehend verloren gegangen ist, und dieser Jahresüberschuß nahezu uneingeschränkt dem Entnahmerecht der Gesellschafter unterliegt, ist es ein Gebot wirtschaftlicher Vernunft, die gesetzlich geregelte Gewinnverwendung im Gesellschaftsvertrag zugunsten einer angemessenen Selbstfinanzierung zu korrigieren.

III. Der Kapitalanteil

1. Begriff und Rechtsnatur des Kapitalanteils

25 Über die Rechtsnatur des Kapitalanteils ist viel gerätselt worden. Dabei stand im Mittelpunkt die Frage, ob der Kapitalanteil ein subjektives Recht darstellt, das übertragbar und pfändbar ist. Diese Frage wurde früher verschiedentlich bejaht (so Voraufl. Anm. 10; Eckelt NJW 1954, 1905, 1909; v. Randenborgh DNotZ 1959, 373, 379 ff.; weitergehend Fischer in Großkomm Anm. 22 a. E., der den Kapitalanteil mit dem Mitgliedschafts- bzw. Beteiligungsrecht gleichsetzt und in der zugehörigen Rechnungsziffer lediglich den bilanziellen Ausweis des Kapitalanteils sieht; dazu kritisch A. Hueck Recht der OHG § 16 V 1C S. 233 ff.). Die Frage wird inzwischen nahezu einhellig verneint. Im Anschluß an eine Entscheidung des Reichsgerichts (RGZ 117, 238, 242; ebenso RG DR 1941, 1084, 1086; 1943, 1228, 1229) wird danach der Kapitalanteil lediglich als eine Rechnungsziffer verstanden, „die den Wert der jeweiligen wirtschaftlichen Beteiligung des Gesellschafters am Gesellschaftsvermögen zum Ausdruck bringen soll und die deshalb den Maßstab bildet, wenn der Wert dieser Beteiligung rechtlich von Bedeutung wird" (A. Hueck Recht der OHG § 16 V 1 S. 229 f.; Baumbach-Duden-Hopt Anm. 3 A; Düringer-Hachenburg-Flechtheim Anm. 6; Heymann-Emmerich Anm. 22; H. Westermann Personengesellschaft Lfg. 4/11 Anm. 288; Wiedemann Übertragung S. 308; dagegen kritisch wegen der Bezeichnung „wirtschaftliche Beteiligung" Huber Kapitalanteil S. 224). Demgegenüber stellt Huber – wenn auch in der Sache weitgehend übereinstimmend – noch stärker auf die bilanzrechtliche Bedeutung des Kapitalanteils ab. Danach ist dieser eine Bilanzziffer, „die den gegenwärtigen Stand der Einlage des Gesellschafters angibt, so wie er sich nach den Methoden der kaufmännischen Buchführung und Bilanzierung errechnet" (Kapitalanteil S. 228; ders. ZGR 1988, 1, 4; zustimmend K. Schmidt Gesellschaftsrecht § 47 III 2; Pauli Eigenkapital S. 41 f.; kritisch wegen der Bezeichnung „Einlage" A. Hueck Recht der OHG § 16 V FN. 54 a S. 235 ff.).

Von dem Kapitalanteil zu unterscheiden sind der Gesellschaftsanteil, d.h. die Zusammenfassung aller mitgliedschaftlichen Rechte und Pflichten, sowie der Vermögensanteil, der die Beteiligung am gesamthänderischen Gesellschaftsvermögen und die einzelnen Vermögensrechte des Gesellschafters ausdrückt. Der Kapitalanteil ist demgegenüber ein Bilanzposten, der dem Ausweis des Eigenkapitals dient und deshalb den rechnerischen Anteil an dem bilanziell ausgewiesenen Eigenkapital darstellt. Er dient zugleich als Maßstab für die Bemessung einzelner Rechte – so für die Vorzugsdividende nach § 121 Abs. 2 und die Mindestrendite nach § 122 Abs. 1. Freilich können im Gesellschaftsvertrag weitere Rechte und Pflichten an die einzelnen Kapitalanteile angeknüpft werden – so der Umfang des Stimmrechts und die Gewinn- und Verlustbeteiligung. Da der Kapitalanteil lediglich ein Bilanzposten für die Berechnung des bilanziell ausgewiesenen Eigenkapitals ist, ergibt sich daraus weder ein Forderungsrecht des Gesellschafters gegenüber der Gesellschaft noch – bei negativem Kapitalanteil – ein solches der Gesellschaft gegenüber dem Gesellschafter. Forderungsrelevante Bedeutung kommt dem Kapitalanteil erst im Rahmen der Gesamtabrechnung anläßlich der Liquidation der Gesellschaft oder des Austritts eines Gesellschafters zu. Auch dann kann der Anspruch auf Auskehr des Liquidationserlöses bzw. des Abfindungsguthabens nicht aufgrund des Kapitalanteils, sondern aufgrund des Auseinandersetzungsanspruchs bzw. des Abfindungsanspruchs geltend gemacht werden; und ebensowenig besteht eine etwaige Verpflichtung zum Ausgleich einer negativen Liquidationsbilanz bzw. einer negativen Abfindungsbilanz aufgrund des negativen Kapitalanteils, sondern aufgrund der Verlustbeteiligung bzw. Verlustdeckungspflicht. Aber die Kapitalanteile stellen sodann nicht mehr nur einen Bilanzposten im Rahmen des bilanziell ausgewiesenen Eigenkapitals dar, sondern drücken den tatsächlichen Geldwert der Gesellschaftsbeteiligung aus. Ein solcher Zusammenhang besteht auch im Rahmen der Eröffnungsbilanz, sofern die eingebrachten Vermögensgegenstände in ihrem Wert tatsächlich dem Betrag der vereinbarten Einlagen entsprechen. Im übrigen aber besteht kein wertmäßiger Zusammenhang zwischen dem Kapitalanteil bzw. dem bilanziell ausgewiesenen Eigenkapital und dem tatsächlichen Wert des Gesellschaftsvermögens. Durch die Bildung stiller Reserven kann der Wert des Gesellschaftsvermögens um ein Vielfaches höher sein als das bilanziell ausgewiesene Eigenkapital. Deshalb ist auch ein negativer Kapitalanteil kein verläßliches Indiz für einen negativen Wert der Gesellschaftsbeteiligung bzw. für eine potentielle Verlustdeckungspflicht. Durch Auflösung etwaiger stiller Reserven und die nachfolgende Gewinnverteilung kann der negative Kapitalanteil rechnerisch in einen positiven Kapitalanteil umgewandelt werden. Sofern also erhebliche stille Reserven vorhanden sind, weicht der tatsächliche Wert der Gesellschaftsbeteiligung erheblich von dem bilanziell ausgewiesenen Kapitalanteil ab. Im Extremfall können die Kapitalanteile aller Gesellschafter negativ sein, d.h. das Eigenkapital aufgezehrt und eine Unterdeckung eingetreten sein, obwohl das tatsächliche Gesellschaftsvermögen insgesamt einen positiven Saldo aufweist. Allerdings ist die Darstellung eines solchen negativen Eigenkapitals wegen der damit verbundenen Signalwirkung nicht ungefährlich. Dieses Beispiel zeigt jedoch, daß zwischen dem bilanziell ausgewiesenen Eigenkapital und den damit verbundenen Kapitalanteilen einerseits sowie dem tatsächlichen Wert des Gesellschaftsvermögens und der damit verbundenen Gesellschafterbeteiligungen kein unmittelbarer Zusammenhang besteht.

27 Auch die in der Praxis gebräuchliche Umbuchung eines Teils des Kapitalanteils zugunsten eines anderen oder eines neu eintretenden Gesellschafters stellt keine Übertragung des Kapitalanteils dar, sondern ist nur der bilanzielle Ausdruck der Übertragung eines Teils des Gesellschaftsanteils (ausführlich Huber Kapitalanteil S. 230 ff.; Pauli Eigenkapital S. 39 ff.). Da nach der gesetzlichen Regelung nur die Vorzugsdividende und die Mindestrendite an den Kapitalanteil anknüpfen, die übrigen Gesellschafterrechte aber nach Köpfen bestimmt werden, führt eine solche Teilübertragung des Gesellschaftsanteils auch nur zu einer entsprechenden Minderung der Rechte auf die Vorzugsdividende und die Mindestrendite. Sofern allerdings im Gesellschaftsvertrag weitergehende Rechte nach dem Maßstab der Kapitalanteile bemessen werden, insbesondere das Stimmrecht, somit der Gesellschaftsanteil und die damit verbundenen Rechte und Pflichten überwiegend kapitalistisch strukturiert sind, ist mit der Teilübertragung des Gesellschaftsanteils ein entsprechend größerer Rechtsverlust verbunden. Welche konkrete Bedeutung einer solchen Teilabtretung im Einzelfall zukommt, läßt sich mithin nur auf der Grundlage des konkreten Gesellschaftsvertrages beurteilen. Danach ist auch zu entscheiden, ob eine solche Teilabtretung der Zustimmung der anderen Gesellschafter bedarf. Wird der Kapitalanteil auf einen Nichtgesellschafter übertragen, so ist diese Übertragung auf eine unmögliche Leistung gerichtet. Es kommt deshalb nur eine Umdeutung in eine Abtretung des Auseinandersetzungsanspruchs in Höhe des abgetretenen Betrags des Kapitalanteils in Betracht (Huber Kapitalanteil S. 232; Wiedemann Übertragung S. 310 ff.). Insgesamt kann somit festgestellt werden, daß die „Umbuchung" des Kapitalanteils oder eines Teilbetrages keine Übertragung des Kapitalanteils bedeutet, sondern der bilanzielle Ausdruck der zwischen den Gesellschaftern vereinbarten Änderung ihrer internen Rechtsbeziehungen ist.

2. Der variable Kapitalanteil

28 Nach der gesetzlichen Regelung wird der Kapitalanteil durch die Einlage des Gesellschafters begründet (zur bilanziellen Behandlung der Einlageverpflichtung vgl. Anm. 19). Sodann wird nach Abs. 2 der dem einzelnen Gesellschafter gebührende Anteil am Jahresgewinn dem Kapitalanteil zugeschrieben. Hingegen werden sein Anteil am Jahresverlust sowie das auf den Kapitalanteil entnommene Geld abgeschrieben. Auf diese Weise verändert sich der bilanzielle Umfang seines Kapitalanteils mit jedem Buchungsvorgang. Von rechtlicher Bedeutung ist der rechnerische Stand nur für die Berechnung der Vorzugsdividende nach § 121 Abs. 1 sowie die Mindestrendite nach § 122 Abs. 1, sofern nicht im Gesellschaftsvertrag weitergehende Rechte und Pflichten daran geknüpft werden. Weitere Bedeutung kommt dem Kapitalanteil nach der mißverständlichen Regelung des § 155 zu. Danach ist das nach Berichtigung der Schulden verbleibende Gesellschaftsvermögen „nach dem Verhältnisse der Kapitalanteile, wie sie sich aufgrund der Schlußbilanz ergeben, unter die Gesellschafter zu verteilen". Dabei ist zu bedenken, daß die Schlußbilanz nicht mehr nur die nominellen Kapitalanteile ausweist, wie sie sich bisher im Zusammenhang des bilanziellen Eigenkapitals ergeben, sondern daß sich aus der Schlußbilanz das wirtschaftlich realisierte Geldvermögen der Gesellschaft, also auch das tatsächlich vorhandene Eigenkapital ergibt und somit auch die Kapitalanteile den tatsächlichen Wert der Gesellschaftsbeteiligung ausdrücken. Somit ist auch das tatsächlich vorhandene Geldvermögen der Gesellschaft entsprechend dem rechnerischen Stand dieser in der Schlußbilanz enthaltenen Kapitalanteile zu verteilen. Davon zu unterscheiden ist die Verteilung des vor der Aufstellung und Feststellung der Schlußbilanz errechneten Liquidationsgewinns. Der über den Umfang des nominell ausgewiesenen Eigenkapitals hinausgehende Liquidationsgewinn wird wie der normale Jahresgewinn nach Köpfen unter anteilsmäßiger Berechnung der Vorzugsdividende (§ 121 Abs. 1) verteilt (BGHZ 19, 42, 48; A. Hueck Recht der OHG § 32 VI 3 S. 514; ausführlich Huber Kapitalanteil S. 180f.). Entspricht hingegen der Liquidationserlös dem nominell ausgewiesenen Eigenkapital, so wird dieses Geldvermögen entsprechend den bisher errechneten Kapitalanteilen verteilt. Ergibt sich ein Liquidationsverlust, so ist auch dieser nach Köpfen zu verteilen und sodann entsprechend dem Anteil des einzelnen Gesellschafters von den Kapitalkonten abzuschreiben. Sind sodann alle oder einzelne Kapitalanteile negativ, so sind diese Gesellschafter aufgrund ihrer Verlustbeteiligung zur Verlustdeckung im Umfang des negativen Kapitalanteils verpflichtet. Im Rahmen des § 155 ist also strikt zu unterscheiden zwischen der Verteilung des Liquidationsgewinns bzw. Liquidationsverlustes und der Verteilung des vorhandenen Liquidationsvermögens bzw. der Liquidationsschulden.

Da nach der gesetzlichen Regelung der Kapitalanteil mithin variabel ist, kann er durch Abschreibung aufgrund erheblicher Verluste oder übermäßiger Entnahmen auch negativ werden. Der negative Kapitalanteil wird in Form eines Verlustvortrags auf der Aktivseite der Bilanz verbucht (Huber ZGR 1988, 1, 4). Der negative Kapitalanteil drückt somit kein Forderungsrecht der Gesellschaft aus, sondern stellt nur den momentanen bilanziellen Ausweis des Kapitalanteils dar, der durch zukünftige Gewinne wieder ausgeglichen werden kann. Erst der in der Schlußbilanz der Liquidation ausgewiesene negative Kapitalanteil drückt ein entsprechendes Forderungsrecht der Gesellschaft aus. Aufgrund seiner Verlustbeteiligung ist der Gesellschafter zum Ausgleich dieses negativen Kapitalanteils verpflichtet.

Theoretisch kommt auch eine Gesellschaftsbeteiligung ohne jeglichen Kapitalanteil in Betracht (ausführlich Huber Kapitalanteil S. 289 ff.; K. Schmidt Gesellschaftsrecht S. 1017; H. Westermann Personengesellschaft Lfg. 4 Anm. 295). Eine solche Regelung setzt voraus, daß der Gesellschafter an keinem vermögensrechtlichen Vorgang beteiligt ist, der eine kontenmäßige Behandlung erfordert. Somit handelt es sich um eine Gesellschaftsbeteiligung, die ohne Einlageverpflichtung sowie ohne Gewinn- und Verlustbeteiligung ist (zur Wirksamkeit derartiger Vereinbarungen vgl. § 121 Anm. 11 f.). Somit entfällt auch der Anspruch auf Teilnahme am Liquidationserlös und auf Abfindung anläßlich des Austritts aus der Gesellschaft. Ein solcher Gesellschafter ist in vermögensrechtlicher Hinsicht lediglich gesamthänderisch am Gesellschaftsvermögen beteiligt, ohne daran wertmäßig zu partizipieren.

3. Der feste Kapitalanteil

31 In der Praxis wird die gesetzliche Regelung zumeist durch die Einrichtung fester Kapitalanteile abbedungen. Eine solche Vertragsregelung ist immer dann erforderlich, wenn die Gesellschaftsbeteiligung in Abkehr von dem Verteilungsmaßstab nach Köpfen kapitalistisch strukturiert werden soll, also insbesondere das Stimmrecht sowie die Gewinn- und Verlustbeteiligung quotenmäßig nach einem monetären Maßstab bemessen werden sollen. Auf diese Weise ähnelt das Verteilungsverfahren in der Personenhandelsgesellschaft demjenigen der GmbH und der AG. Allerdings können sich die Gesellschafter beliebig über die Art und den Umfang dieses kapitalistischen Verteilungsprinzips verständigen (ausführlich Huber Kapitalanteil S. 236 ff.; Flume Personengesellschaft S. 150 ff.; H. Westermann Personengesellschaft Lfg. 15 Anm. 297 ff.). Der feste Kapitalanteil wird in der Praxis zumeist durch den Betrag der Einlage gebildet und sodann eingefroren. Spätere Änderungen bedürfen des Einverständnisses aller Gesellschafter, sofern der Gesellschaftsvertrag keine für eine Vertragsänderung geeignete Mehrheitsregelung vorsieht. Soll die beabsichtigte Erhöhung der Kapitalanteile durch eine weitere Einlage erfolgen – und nicht durch eine Umbuchung vom Kapitalkonto II –, so wird dadurch eine unmittelbare oder mittelbare Nachschußpflicht begründet, die eine weitergehende, den Rahmen einer solchen Nachschußpflicht begrenzende Regelung im Gesellschaftsvertrag voraussetzt. Ist schließlich beabsichtigt, einzelne Gesellschafter von einer solchen Erhöhung der festen Kapitalanteile auszuschließen, so bedarf es auch dazu einer besonderen, konkreten Mehrheitsklausel im Gesellschaftsvertrag. Eine solche Regelung ist dem Bezugsrechtsausschluß in der GmbH und der AG vergleichbar. Jedoch sind die damit verbundenen Nachteile für die ausgeschlossenen Gesellschafter einer Personenhandelsgesellschaft weitaus gravierender. Deshalb müssen strengere Voraussetzungen an die Wirksamkeit eines solchen Ausschlusses von der Erhöhung fester Kapitalanteile gestellt werden.

32 Die Regelung solcher festen Kapitalanteile bedingt die Einrichtung eines weiteren Kontos. Auf diesem in der Praxis zumeist als „Kapitalkonto II" bezeichneten Konto (über andere Bezeichnungen Huber ZGR 1988, 1, 47 f.) werden jene Vermögensvorgänge erfaßt, die mit Ausnahme der Einlage auf dem gesetzlichen, variablen Kapitalanteil verbucht werden. Mithin werden dort Gewinne zugeschrieben sowie Verluste und Entnahmen abgeschrieben. Sofern im Gesellschaftsvertrag keine besondere Regelung enthalten ist, ist deshalb davon auszugehen, daß für dieses Kapitalkonto II auch die gesetzliche Entnahmenregelung des § 122 eingreifen soll (ebenso Huber Kapitalanteil S. 252; ders., ZGR 1988, 1, 52; a. A. Flume Personengesellschaft § 11 II 2 S. 152 f.). Somit kann der einzelne Gesellschafter nach § 122 die Mindestrendite, diese berechnet nach der Summe beider Kapitalkonten, und den in der letzten Jahresbilanz ausgewiesenen Gewinn entnehmen. Die Entnahme von Gewinnen aus früheren Jahren ist hingegen verwehrt. Ist das Entnahmerecht im Gesellschaftsvertrag durch weitergehende Einschränkungen besonders geregelt, so ist gleichwohl anzunehmen, daß es nur jeweils im laufenden Geschäftsjahr ausgeübt, somit nicht im nachfolgenden Geschäftsjahr im doppelten Umfang geltend gemacht werden kann (dazu BGH BB 1975, 1605).

Diese Aufteilung in einen festen und einen variablen Kapitalanteil ändert grundsätzlich nichts daran, daß es sich im übrigen um den einheitlichen Kapitalanteil handelt (ebenso Huber ZGR 1988, 1, 66). Diese strukturelle Übereinstimmung beruht im wesentlichen darauf, daß beide Kapitalanteile in gleicher Weise haftendes Eigenkapital darstellen und somit auch der Verbuchung von Verlusten dienen (dazu näher Anm. 36 ff.). Wegen dieser strukturellen Übereinstimmung sind beide Kapitalanteile rechtlich gleich zu behandeln. Es gelten somit die vorstehenden Ausführungen über die Behandlung des variablen Kapitalanteils in gleicher Weise für die Behandlung dieser durch Aufspaltung entstandenen Kapitalanteile. Das gilt insbesondere auch für die Behandlung eines etwaigen Debetsaldos auf dem variablen Kapitalkonto. Daraus ergibt sich grundsätzlich keine Ausgleichspflicht (BGH JZ 1983, 70 = WM 1982, 1311; ausführlich Huber ZGR 1988, 1, 58 f.). Eine solche Ausgleichspflicht kommt erst im Rahmen der Gesamtabrechnung anläßlich der Auseinandersetzung oder des Austritts aus der Gesellschaft in Betracht. Zutreffend hat der BGH darauf hingewiesen, daß eine weitergehende Ausgleichspflicht nur dann anzuerkennen sei, wenn es sich nicht um ein Kapitalkonto, sondern um ein Darlehns- oder Privatkonto handeln würde. Der darauf ausgewiesene Haben- oder Debetsaldo würde eine „echte" Forderung des Gesellschafters gegen die Gesellschaft bzw. der Gesellschaft gegen den Gesellschafter ausweisen. Eine solche Ausgleichspflicht widerspreche jedoch dem § 707 BGB. Solle von dieser Vorschrift abgewichen werden, so müsse dies wegen der unübersehbaren Risiken „aus dem Vertrag in verständlicher und nicht so versteckter Weise" hervorgehen. Die Formulierung, das Privatkonto habe den Charakter eines Darlehnskontos reiche dafür nicht aus. – Auch hinsichtlich einer etwaigen Umbuchung gelten die obigen Ausführungen über die Behandlung des variablen Kapitalanteils entsprechend. In diesem Zusammenhang kommt die Möglichkeit einer Umbuchung vom Kapitalkonto II auf das Kapitalkonto I ergänzend in Betracht. Freilich steht eine solche Erhöhung des festen Kapitalanteils durch Umbuchung nicht im freien Belieben des einzelnen Gesellschafters. Wie jegliche Erhöhung des festen Kapitalanteils bedarf auch die Erhöhung durch Umbuchung eines entsprechenden Gesellschafterbeschlusses.

4. Das Privatkonto

Neben der Einrichtung des Kapitalkontos besteht ein unabweisbarer Bedarf für die Einrichtung eines Privatkontos. Auf diesem, vielfach auch als Darlehnskonto bezeichneten Konto werden ausschließlich die zwischen der Gesellschaft und dem Gesellschafter bestehenden Forderungen und Verbindlichkeiten ausgewiesen. Für die rechtliche Beurteilung der auf diesem Konto ausgewiesenen Rechte ist freilich die Kontenbezeichnung nicht entscheidend. Vielmehr kommt es auf die im Gesellschaftsvertrag geregelte Zweckbestimmung dieses Kontos an. Dieser Zweck besteht darin, diejenigen Rechtsbeziehungen kontenmäßig zu erfassen, die nicht im Zusammenhang des haftenden Eigenkapitals stehen, sondern auf einem davon losgelösten, selbständigen Verpflichtungsgrund beruhen.

35 Auf diesem Darlehnskonto werden vor allem die entnahmefähigen Gewinnanteile und die Entnahmen verbucht. Des weiteren werden die Tätigkeitsvergütungen, etwaige Zinsen und Vorschüsse erfaßt. Ob auch der sonstige Zahlungsverkehr zwischen der Gesellschaft und dem Gesellschafter, also insbesondere auch Drittgeschäfte zu berücksichtigen sind, hängt davon ab, ob auch das Privatkonto besonderen gesellschaftsrechtlichen Regelungen unterliegt oder ob der darauf ausgewiesene Saldo frei verfügbar ist. Sofern im Gesellschaftsvertrag z. B. auch hinsichtlich des Darlehnskontos eine besondere Entnahmeregelung enthalten ist (dazu Huber ZGR 1988, 1, 81 f.), ist im Zweifel davon auszugehen, daß solche Drittgeschäfte davon nicht erfaßt werden sollen. Somit dürfen sie auch nicht auf einem derart geregelten Darlehnskonto verbucht werden.

36 Erhebliche Unsicherheit besteht in Literatur und Rechtsprechung über die zur Abgrenzung von Kapitalkonto und Darlehnskonto geeigneten Kriterien. Übereinstimmung besteht nur darüber, daß die im Gesellschaftsvertrag enthaltene Kontenbezeichnung nicht entscheidend ist. Im übrigen wird verschiedentlich ein ganzes Arsenal mehr oder weniger beliebiger Abgrenzungskriterien – Verzinsung, Kündigung, Herkunft der Beträge aus Gewinnbeteiligungen oder Einlagen, Verbindung mit Mitverwaltungsrechten usw. – angeboten (Heymann-Emmerich Anm. 28). Diese Kriterien, über deren unterschiedliche Relevanz ebenfalls keine hinreichende Klarheit besteht, sind jedoch unergiebig, weil z. B. auch das Kapitalkonto verzinslich ausgestaltet werden kann und in der Praxis vielfach auch so verfahren wird (Huber ZGR 1988, 1, 57 m. w. N. in FN. 182). Ebenfalls kann im Gesellschaftsvertrag auch für das Privatkonto eine Entnahmebeschränkung vorgesehen werden (dazu BGH WM 1977, 1022; LM Nr. 5 zu § 120 HGB). Schließlich steht auch nichts entgegen, im Gesellschaftsvertrag denjenigen Gesellschafter durch besondere Gesellschafterrechte zu begünstigen, der der Gesellschaft erhebliches Fremdkapital, das auf dem Privatkonto ausgewiesen ist, auf Dauer beläßt. Für die Abgrenzung von Kapitalkonto und Darlehnskonto ist die Unterscheidung zwischen haftendem Eigenkapital und für den Gesellschafter verfügbarem Fremdkapital entscheidend. Deshalb wird zunehmend die zutreffende Ansicht vertreten, daß für die rechtliche Einordnung des jeweiligen Kontos entscheidend darauf abzustellen sei, ob das dort ausgewiesene Kapital nach dem Gesellschaftsvertrag mit der Funktion der Verlustdeckung belastet sei (so ausführlich Huber Kapitalanteil S. 244 ff.; ders., ZGR 1988, 1, 65 ff. m. w. N. in FN. 218; Schlegelberger-Martens § 167 Anm. 21; Kübler DB 1972, 942, 943; Sudhoff-Sudhoff DB 1982, 1238; Plassmann BB 1978, 413, 418; Schopp BB 1987, 581, 583). Dabei ist es unerheblich, ob ein derartiger Verlust unmittelbar von dem betreffenden Konto abgeschrieben wird oder ob dieses Konto mittelbar zur Verlustdeckung dient, indem daraus ein gesondert eingerichtetes Verlustkonto aufgestockt wird.

37 Diese Ansicht wird inzwischen auch in der Rechtsprechung weitgehend befolgt. Exemplarisch ist die Entscheidung BGH LM Nr. 5 zu § 120 HGB (= BB 1978, 630 = DB 1978, 877 = NJW 1978, 1053). In dieser Entscheidung war über die Höhe des Abfindungsguthabens zu befinden. Streitig war die rechtliche Behandlung des auf einem Darlehnskonto ausgewiesenen Guthabens. Während das Berufungsgericht die gesonderte Geltendmachung dieses Betrages, also einen rechtlich von dem Abfindungsanspruch verselbständigten Darlehnsanspruch abgelehnt hatte, weil über das Darlehnskonto nur mit Zustimmung aller persönlich haftenden Gesellschafter uneingeschränkt verfügt werden konnte, hat der Bundesgerichtshof diese Entnahmebeschränkung nicht als durchgreifenden Einwand gegen die gesonderte Berücksichtigung dieses Guthabens im Liquidationsverfahren betrachtet. Dazu hat er vor allem auf die konkrete Regelung des Gesellschaftsvertrages abgestellt. Daraus sei zu entnehmen, daß es sich nicht um unentziehbare, insbesondere nicht mit dem Verlustrisiko belastete Ansprüche handeln würde (ebenso BGH WM 1978, 1022, 1025; anders wohl BGHZ 58, 316, wo vor allem auf die nur durch Beschluß der Gesellschafterversammlung regelbare Befreiung von einer Entnahmebeschränkung abgestellt worden ist). Auch die Rechtsprechung des BFH läßt deutlich die Tendenz erkennen, daß die Funktion der Verlustdeckung ein wesentliches Kriterium für die Abgrenzung zwischen Kapitalkonto und Privatkonto sein soll (BFH BStBl. II 1981, 280, 282; 1981, 325, 326; 1982, 211, 213; 1983, 240, 242; dazu die Übersicht bei Huber ZGR 1988, 1, 66f.). Wenn somit die Entnahmebeschränkung grundsätzlich nicht ausreicht, um das entsprechende Konto als Kapitalkonto zu qualifizieren, so ist doch zweifelhaft, ob diese Betrachtung auch dann gilt, wenn die Entnahmebeschränkung bis zur Auflösung des Gesellschaftsverhältnisses angeordnet ist und der Gesellschafter sodann unbeschränkt nach § 735 BGB ausgleichspflichtig ist (so Huber Kapitalanteil S. 250f.; ders., ZGR 1988, 1, 72). Der Sache nach handelt es sich wegen einer solchen Entnahmebeschränkung um zumindest einlageähnliches Kapital; denn die Gesellschaft kann auch dann, wenn man trotz der Entnahmebeschränkung ein selbständiges Forderungsrecht bejaht wegen der unbeschränkten Verlustdeckungspflicht aufrechnen und somit auf dieses Forderungsrecht zugreifen.

38 Die rechtliche Behandlung des Privatkontos bereitet im übrigen keine besonderen Probleme. Sofern der Gesellschaftsvertrag keine dafür einschlägigen Regelungen vorsieht, weist das Darlehns- bzw. Privatkonto rechtlich selbständige Forderungen und Verbindlichkeiten aus. Deshalb können solche Forderungen auch grundsätzlich frei, also auch an Dritte übertragen, somit auch gepfändet werden. Im Rahmen der Gesamtabrechnung anläßlich der Liquidation oder des Austritts aus der Gesellschaft sind diese Forderungen und Schulden gesondert zu berücksichtigen.

5. Weitere Gesellschafterkonten

39 In der Praxis werden vielfach noch weitere Gesellschafterkonten eingerichtet – so z.B. besondere Rücklagekonten oder auch Steuerkonten. Der kautelarjuristischen Phantasie sind in dieser Hinsicht keine Grenzen gesetzt. Die Einrichtung weiterer Gesellschafterkonten ist abhängig von dem Interesse an Regelungsvielfalt der Konteneinrichtung. Für eine derart differenzierte Kontenregelung sind jeweils die unterschiedlichen Zweckbestimmungen der Konten sowie der unterschiedliche Regelungsbedarf hinsichtlich der Zinsen, Entnahmebeschränkung und Übertragbarkeit entscheidend. Die grundsätzliche Behandlung derart differenzierter Konten ist jedoch davon weitgehend unabhängig. Maßgeblich ist auch in diesem Zusammenhang die grundsätzliche Unterscheidung zwischen Kapitalkonto und Privatkonto.

§ 121

121 (1) Von dem Jahresgewinne gebührt jedem Gesellschafter zunächst ein Anteil in Höhe von vier vom Hundert seines Kapitalanteils. Reicht der Jahresgewinn hierzu nicht aus, so bestimmen sich die Anteile nach einem entsprechend niedrigeren Satze.

(2) Bei der Berechnung des nach Absatz 1 einem Gesellschafter zukommenden Gewinnanteils werden Leistungen, die der Gesellschafter im Laufe des Geschäftsjahrs als Einlage gemacht hat, nach dem Verhältnisse der seit der Leistung abgelaufenen Zeit berücksichtigt. Hat der Gesellschafter im Laufe des Geschäftsjahrs Geld auf seinen Kapitalanteil entnommen, so werden die entnommenen Beträge nach dem Verhältnisse der bis zur Entnahme abgelaufenen Zeit berücksichtigt.

(3) Derjenige Teil des Jahresgewinns, welcher die nach den Absätzen 1 und 2 zu berechnenden Gewinnanteile übersteigt, sowie der Verlust eines Geschäftsjahrs wird unter die Gesellschafter nach Köpfen verteilt.

Schrifttum: siehe die Schrifttumsangaben zu § 168.

Inhalt

	Anm.		Anm.
I. Normzweck	1	3. Rechtliche Behandlung des Gewinnanspruchs	6
II. Die Gewinnverteilung	2–7	III. Die Verlustverteilung	8
1. Der Vorzugsgewinnanteil	2	IV. Abweichende Vereinbarungen	9–15
2. Die Verteilung des übrigen Jahresgewinns	5		

I. Normzweck

1 Die Vorschrift regelt die Verteilung des im Jahresabschluß ausgewiesenen Jahresergebnisses. Dabei steht im Mittelpunkt die gleichmäßige Gewinn- und Verlustverteilung nach Köpfen. Lediglich im Hinblick auf den Gewinnanteil wird diese Regelung durch eine am jeweiligen Kapitalanteil berechnete Vorzugsdividende in Höhe von 4% modifiziert. Von der Gewinnverteilung zu unterscheiden ist die Gewinnausschüttung, also die Frage, ob und in welchem Umfang die Gesellschafter über den ihnen jeweils zugeteilten Gewinn frei verfügen können. Die nachfolgende Regelung des § 122 geht von dem Prinzip der Vollausschüttung aus, so daß die Gesellschafter den auf sie entfallenden Gewinn vollständig entnehmen können, „soweit es nicht zum offenbaren Schaden der Gesellschaft gereicht". Freilich stehen Gewinnverteilung und Gewinnausschüttung in keinem untrennbaren Sachzusammenhang. Gerade in der zumeist auf einen hohen Eigenkapitalanteil angewiesenen Personengesellschaft ist es ein Gebot wirtschaftlicher Vernunft, auf die Vollausschüttung zu verzichten. Dadurch wird die Gewinnverteilung als solche nicht berührt. Der verteilte, aber nicht ausgeschüttete Gewinnanteil wird sodann dem Kapitalkonto oder einem besonders eingerichteten Konto mit entsprechender Sperrwirkung zugeschrieben. Unmittelbaren Einfluß auf die Gewinnverteilung hat hingegen die Bildung stiller Reserven, weil dadurch das für die Verteilung relevante Jahresergebnis verändert wird. Aus der Sicht des einzelnen Gesellschafters ist deshalb die Einschränkung der Vollausschüttung weniger belastend als die Schmälerung des Gewinnanteils durch Minderung des Jahresergebnisses. Ohnehin bildet die Gewinn- und Verlustverteilung ein Kernstück der Mitgliedschaft. Auch wenn weder die Gewinn- noch die Verlustbeteiligung notwendige Voraussetzung der Gesellschafterstellung ist (dazu Anm. 11 f.), so handelt es sich doch um Regelungsbereiche, die nur unter engen Voraussetzungen einem Mehrheitsbeschluß unterliegen. Das gilt vor allem für eine Änderung des gesetzlichen oder vertraglich vereinbarten Verteilungsschlüssels. Ein derartiger Eingriff bedarf nur dann nicht der Zustimmung aller Gesellschafter, wenn der Gesellschaftsvertrag nicht nur allgemein eine Vertragsänderung durch Mehrheitsbeschluß zuläßt, sondern wenn darüber hinaus ein solcher Eingriff nach Art und Umfang von vornherein im Gesellschaftsvertrag hinreichend bestimmt ist. Auch in dieser Hinsicht sind vertragliche Regelungen über eine Veränderung der Gewinnausschüttung milder zu beurteilen, weil die Gesellschafter dadurch in ihrem Gewinnanteil nicht berührt werden.

II. Die Gewinnverteilung

1. Der Vorzugsgewinnanteil

Von dem Jahresgewinn gebührt jedem Gesellschafter vorab ein Anteil in Höhe von 4% seines Kapitalanteils. Damit wird der kapitalistischen Beteiligung des einzelnen Gesellschafters Rechnung getragen. Dieser Vorzugsgewinnanteil von 4% ist ein Gewinnanteil, somit kein Zins (RGZ 67, 19). Er wird mithin nur dann verteilt, wenn ein Jahresgewinn in dieser Höhe erzielt worden ist. Reicht ein Jahresgewinn dafür nicht aus, so wird der Vorzugsgewinnanteil entsprechend reduziert. Problematisch ist, ob der Vorzugsgewinnanteil auch dann entfällt, wenn zwar ein Jahresgewinn erzielt worden ist, daraus aber ausschließlich offene Rücklagen gebildet werden. Wird unter diesen Umständen der Vorzugsgewinnanteil versagt (so Fischer in Großkomm Anm. 3), so werden dadurch alle Gesellschafter – unabhängig von ihrem Kapitalanteil – in gleicher Weise begünstigt, weil diese Rücklage entweder anläßlich des Ausscheidens einzelner Gesellschafter oder zur Deckung späterer Verluste für alle Gesellschafter in gleicher Weise zu berücksichtigen ist (dazu Huber ZGR 1988, 91 f.). Dabei ist es unerheblich, ob diese Rücklage auf einem gemeinsamen oder einem für jeden einzelnen Gesellschafter geführten Rücklagekonto verbucht wird. Wird mithin die offene Rücklage ohne Rücksicht auf den Vorzugsgewinnanteil gebildet, so kommt sie allen Gesellschaftern in gleicher Weise zugute. Dieses Ergebnis steht jedoch dann im Widerspruch zur gesetzlichen Regelung über den Vorzugsgewinnanteil, wenn durch die Bildung einer offenen Rücklage eine solche Vorzugsbehandlung entfällt. Dieser Widerspruch liegt in der unzutreffenden Unterscheidung von offener Rücklagenbildung und Gewinnverteilung. Jedenfalls in der Personenhandelsgesellschaft ist die offene Rücklage dem nicht entnahmefähigen Gewinn gleichzusetzen und somit anläßlich der Gewinnverteilung grundsätzlich in gleicher Weise zu behandeln wie der Jahresgewinn insgesamt. Soll dieser insgesamt zur Bildung einer offenen Rücklage verwendet werden, so muß zunächst jedem Gesellschafter ein Vorzugsrücklagenanteil in Höhe von 4% seines Kapitalanteils gewährt werden. Dieser Anteil ist auf dem Rücklagekonto der einzelnen Gesellschafter zu verbuchen. Erst die darüber hinausgehende Rücklage darf auf dem gemeinsamen Rücklagekonto berücksichtigt werden. Sofern nach dem Gesellschaftsvertrag eine Vorzugsdividende entfällt und für die Gewinn- und Verlustbeteiligung ausschließlich die festen Kapitalanteile zu berücksichtigen sind, bedarf es nicht dieser differenzierten Verbuchung offener Rücklagen.

3 Entfällt die Vorzugsdividende mangels eines Jahresgewinns, so erlischt dieser Anspruch. Es besteht mithin keine Pflicht zur Nachzahlung aus einem nachfolgenden Jahresgewinn (ebenso Fischer in Großkomm Anm. 3). Ebensowenig entsteht der Anspruch auf die Vorzugsdividende, wenn dem Gesellschafter kein Kapitalanteil zusteht oder dieser negativ ist (Baumbach-Duden-Hopt Anm. 1 B; Heymann-Emmerich Anm. 2).

4 Ändert sich der Kapitalanteil im Laufe des Geschäftsjahres, dann ist die 4%ige Vorzugsdividende proportional dem Zeitraum des veränderten Kapitalanteils zu berücksichtigen. Ob und in welchem Umfang sich der Kapitalanteil während des Geschäftsjahres ändert, ist nach dem Gesellschaftsvertrag zu beurteilen. Grundsätzlich kommen nur solche Leistungen und Entnahmen in Betracht, zu deren Vornahme der Gesellschafter befugt ist. Somit kann er seinen Kapitalanteil ebensowenig durch beliebige, freiwillige Leistungen erhöhen wie durch unbefugte Entnahmen schmälern. Solche unbefugten Leistungen und Entnahmen sind auf dem Privatkonto zu verbuchen. Im übrigen kommt es auf die Art der Leistung oder Entnahme nicht an, so daß sich dazu ebenso eine Sacheinlage oder Sachentnahme eignet. Drittgeschäfte zwischen der Gesellschaft und einem Gesellschafter sind unabhängig von dem Kapitalanteil zu behandeln, auch wenn damit eine verdeckte, somit unzulässige Gewinnausschüttung verbunden ist.

2. Die Verteilung des übrigen Jahresgewinns

5 Steht nach Verteilung der Vorzugsdividende noch Gewinn zur Verfügung, so wird dieser unter den Gesellschaftern nach Köpfen, also unabhängig von dem Kapitalanteil in gleicher Weise verteilt. Auch wenn der Gesellschafter seine Einlage noch nicht erbracht hat, sich mit dieser sogar im Verzug befindet, steht ihm ein gleichmäßiger Gewinnanteil zu. Allerdings kann die Gesellschaft gegen den über die Mindestrendite hinausgehenden Anspruch auf Gewinnausschüttung mit ihrer Einlageforderung aufrechnen. Nur unter engen Voraussetzungen wird dieser Gewinnanteil durch die Treupflicht blockiert – so z.B. wenn der Gesellschafter die Gesellschaft schwerwiegend geschädigt und dadurch den Jahresgewinn erheblich geschmälert hat.

3. Rechtliche Behandlung des Gewinnanspruchs

6 Der Gewinnanspruch ergibt sich unmittelbar aus der Bilanzfeststellung, so daß es keines weitergehenden Beschlusses bedarf. Zu diesem Zeitpunkt tritt auch seine Fälligkeit ein (BGHZ 80, 357, 358 = NJW 1981, 2563; Fischer in Großkomm Anm. 11; A. Hueck Recht der OHG § 17 III 3 S. 252; Ulmer Recht der BGB-Gesellschaft § 721 Anm. 7). Er verjährt nach § 195 BGB in 30 Jahren (BGHZ 80, 357; Heymann-Emmerich Anm. 7; Ulmer Recht der BGB-Gesellschaft § 721 Anm. 9). Der fällige, aber auch

Verteilung von Gewinn und Verlust 6 § 121

der zukünftige Gewinnanspruch ist grundsätzlich übertragbar (zur Unübertragbarkeit der nicht gewinngedeckten Mindestrendite nach § 122 vgl. dort Anm. 13). Von dem einzelnen Gewinnanspruch zu unterscheiden ist das Gewinnstammrecht. Während der Gewinnanspruch erst mit seiner Fälligkeit entsteht und sodann von der Mitgliedschaft weitgehend unabhängig ist, ist das Gewinnstammrecht das der Mitgliedschaft immanente, generelle Recht auf Beteiligung an dem von der Gesellschaft erzielten Gewinn. Dieses Gewinnstammrecht ist somit eingebunden in die sonstigen Mitgliedschaftsrechte, also vor allem in die mitgliedschaftlichen Verwaltungsrechte, die zur Regelung dieses Gewinnstammrechts in Betracht kommen. Die Übertragbarkeit des Gewinnstammrechts hätte somit zur Folge, daß der Erwerber auch an jeglicher Beschlußfassung über eine etwaige Veränderung dieses Gewinnstammrechts zu beteiligen wäre. Wegen dieser Drittbeteiligung wäre die Zustimmung aller Gesellschafter notwendige Voraussetzung für die Übertragbarkeit des Gewinnstammrechts (so auch Ulmer Recht der BGB-Gesellschaft § 717 Anm. 30). Gleichwohl wird auch eine solche einverständliche Übertragbarkeit überwiegend abgelehnt (Baumbach-Duden-Hopt Anm. 2B; Schlegelberger-K. Schmidt, vor § 335 Anm. 9; Blaurock Unterbeteiligung und Treuhand S. 139f.; Flume Personengesellschaft § 17 VI S. 360f.; Huber Kapitalanteil S. 414f.; Wiedemann Übertragung S. 400f.; Rohlff NJW 1971, 1341; Teichmann ZGR 1972, 21f.; a.A. Ulmer Recht der BGB-Gesellschaft § 705 Anm. 83; ders. in Großkomm § 139 Anm. 88; anders wohl nunmehr ders. in Festschrift für Fleck S. 383, 399f.; Sudhoff NJW 1971, 483f.; Staudinger-Keßler § 717 Anm. 26; Siebert BB 1956, 1126; offengelassen in BGH BB 1975, 295, 296 hinsichtlich des Nießbrauchs am Gewinnstammrecht des Kommanditisten). Die Antwort auf diese Streitfrage hängt im wesentlichen von der Bedeutung ab, die dem Abspaltungsverbot in der Personenhandelsgesellschaft zukommt. Dadurch soll generell verhindert werden, daß außenstehende Dritte mit unmittelbarer, verdrängender Wirkung auf die Willensbildung innerhalb der Gesellschaft einwirken können. Der damit verfolgte Schutzzweck gebietet, daß sich auch die Gesellschafter nicht über diesen Selbstschutz hinwegsetzen können. Zudem ist zu bedenken, daß auch dieses Beteiligungsrecht des externen Inhabers des Gewinnstammrechts keine präzisen Grenzen aufweisen würde (dazu Wiedemann Übertragung S. 408ff. im Hinblick auf den Nießbrauch an dem Gesellschaftsanteil). Zwar wäre seine Zustimmung immer dann eindeutig erforderlich, wenn die Gewinnverteilung unmittelbar zugunsten anderer Gesellschafter verändert werden soll. Davon zu unterscheiden sind jedoch Regelungen, die sich nur mittelbar auf das Gewinnstammrecht auswirken wie z.B. der Beschluß über die Bilanzfeststellung oder eine Vertragsregelung über die Bildung offener Rücklagen sowie die Vereinbarung einer besonderen Tätigkeitsvergütung zugunsten geschäftsführender Gesellschafter. In allen diesen Fällen wird das Gewinnstammrecht in seinen jährlichen Einzelansprüchen berührt. Schließlich ist auch das Recht des Gesellschafters zur Beendigung seiner Mitgliedschaft zu bedenken, durch das zugleich das Gewinnstammrecht beendet wird (dazu Ulmer Recht der BGB-Gesellschaft § 705 Anm. 83). Auch diese praktischen Konsequenzen lassen erkennen, daß die rechtliche Verselbständigung des Gewinnstammrechts und seine Übertragbarkeit zu einer mit dem Abspaltungsverbot unvereinbaren Vermengung des Gesellschaftsverhältnisses mit externen Beteiligungsbefugnissen führen würden. Aus diesen Gründen ist die Übertragbarkeit des Gewinnstammrechts generell abzulehnen.

7 Durch die Übertragung zukünftiger Gewinnansprüche werden die übrigen Gesellschafterrechte des Zedenten in keiner Weise berührt. Somit ist der Zedent auch weiterhin ausschließlich berechtigt, an der Bilanzfeststellung teilzunehmen, die dafür geeigneten Informationsrechte auszuüben und über eine etwaige Änderung der Gewinnverteilung zu beschließen. Lediglich im Innenverhältnis ist er verpflichtet, die Interessen des Zessionars gebührend zu berücksichtigen (dazu m.w.N. § 122 Anm. 15). Die rechtliche Schwäche dieses zukünftigen Gewinnanspruchs erweist sich auch daran, daß der Zessionar gegen zwischenzeitliche Verfügungen über die Mitgliedschaft nicht geschützt ist. Hat mithin der Zedent seine Gesellschafterstellung inzwischen übertragen, so stehen die zukünftigen Gewinnansprüche ausschließlich dem neuen Gesellschafter zu (ebenso Flume Personengesellschaft § 11 III S. 160, § 17 III S. 354; Ulmer Recht der BGB-Gesellschaft § 717 Anm. 29; Wiedemann Übertragung S. 299 ff.; wohl auch A. Hueck Recht der OHG § 17 IV 2 S. 254). Die vorherige Abtretung des Gewinnanspruchs stellt sich somit als die Verfügung eines Nichtberechtigten dar, weil die Rechtsgrundlage, die Gesellschafterstellung, nunmehr entfallen ist. Diese vorrangige Bedeutung der Gesellschafterstellung im Verhältnis zu den einzelnen, noch nicht entstandenen Gewinnansprüchen ist jedenfalls eine Konsequenz des Abspaltungsverbots und des damit verbundenen Ordnungszwecks. Es soll grundsätzlich die dingliche Verselbständigung einzelner Gesellschafterrechte verhindert werden. Die Abtretung zukünftiger Gewinnansprüche wird mithin erst dann vollwirksam, wenn diese Ansprüche durch die Bilanzfeststellung entstanden, somit auch grundsätzlich fällig sind und der Zedent in diesem Zeitpunkt noch verfügungsberechtigt ist. Sodann hat sich der Gewinnanspruch, gerichtet gegen die Gesellschaft auf Gewinnauszahlung, rechtlich verselbständigt, so daß darauf durch gesellschaftsrechtliche Regelungen nicht mehr eingewirkt werden kann.

III. Die Verlustverteilung

8 Auch die Verlustverteilung erfolgt nach Köpfen, so daß das negative Jahresergebnis gleichmäßig auf alle Gesellschafter unabhängig von der Höhe ihres Kapitalanteils verteilt wird. Diese Verlustzuweisung begründet jedoch keine Zahlungspflicht des Gesellschafters, auch dann nicht, wenn dadurch ein passiver Kapitalanteil entsteht; vielmehr wird der jeweilige Verlust lediglich als Buchungsposten auf dem Kapitalanteil berücksichtigt (§ 120 Abs. 2). Auf diese Weise werden alle Gesellschafter in gleicher Weise von den Folgen der Verlustzuweisung betroffen, so daß sich in ihrem internen Verhältnis zunächst nichts ändert. Wegen dieser Gleichbehandlung ist es den Gesellschaftern auch verwehrt, durch freiwillige Leistungen die durch den Verlustposten eingetretene Minderung ihres Kapitalanteils auszugleichen. Eine solche leistungsbedingte Veränderung des Kapitalanteils ist mangels einer abweichenden Vertragsregelung nur im Einverständnis aller Gesellschafter möglich. Eine Zahlungspflicht wegen des negativen Kapitalkontos kommt nur im Rahmen der Gesamtabrechnung anläßlich der Liquidation der Gesellschaft oder des vorzeitigen Ausscheidens einzelner Gesellschafter in Betracht.

IV. Abweichende Vereinbarungen

Da die Vorschrift in allen Regelungen dispositiv ist, können die Gesellschafter über die angemessene Gewinn- und Verlustbeteiligung beliebig verfügen. So können sie statt der Vorzugsdividende auch eine feste, gewinnunabhängige Verzinsung der aktiven Kapitalanteile vorsehen. Wird sodann kein entsprechender Jahresgewinn erzielt, so wird der durch die Verzinsung bedingte Verlust als negatives Jahresergebnis auf alle Gesellschafter nach Köpfen gleichmäßig verteilt. Eine solche gewinnunabhängige Behandlung ist im Zweifel immer dann anzunehmen, wenn der Gesellschaftsvertrag generell von einer Verzinsung der Kapitalanteile ausgeht. Freilich ist auch dann die Verzinsung grundsätzlich nur aus dem Gesellschaftsvermögen, nicht durch Leistungen anderer Gesellschafter zu zahlen. Sollen ein oder mehrere geschäftsführende Gesellschafter vorweg eine bestimmte Quote des Gewinns, mindestens aber eine bestimmte Summe als Tantieme erhalten, so ist durch Auslegung zu ermitteln, ob dieser Betrag auch ohne einen entsprechenden Jahresgewinn zu zahlen ist und der dadurch bedingte Verlust von allen oder nur von den übrigen Gesellschaftern zu tragen ist. Da die garantierte Tantieme zumeist ein Entgelt für die geleisteten Dienste darstellen soll, werden im Zweifel die übrigen Gesellschafter dafür allein einzustehen haben, so daß der dadurch bedingte Verlust nur auf sie zu verteilen ist. Ein darüber hinausgehender Verlust ist hingegen von allen Gesellschaftern zu tragen. Eine völlige Freistellung von der Verlustverteilung kommt nur dann in Betracht, wenn zugunsten einzelner Gesellschafter eine Gewinngarantie vereinbart worden ist.

Auch die Verteilung des über die Vorzugsdividende hinausgehenden Gewinnanteils kann kraft Vereinbarung auf die jeweiligen Kapitalanteile abgestellt werden. Allerdings ruft eine solche Regelung dann erhebliche Probleme auf, wenn entweder alle oder nur einzelne Kapitalanteile negativ sind (dazu im einzelnen Schlegelberger-Martens § 168 Anm. 23, 24). Sind alle Kapitalanteile negativ, so ist es offensichtlich widersinnig, auch dann ohne Berücksichtigung der Minusposition auf die Zahlenrelation der negativen Kapitalkonten abzustellen. Auf diese Weise würde der Gesellschafter mit dem höheren Debetsaldo auf dem Kapitalkonto auch eine höhere Gewinn- und Verlustbeteiligung tragen. Sind nur einzelne Kapitalkonten negativ, so würden diese Gesellschafter auf Dauer von der Gewinnverteilung ausgeschlossen werden. Ein Recht zum Verlustausgleich (so v. Randenborgh DNotZ 1959, 376 f.) kommt nicht in Betracht, da die Gesellschafter nicht beliebig ihr Einlagenkonto verändern können und im übrigen eine solche „Auflage" zwecks zukünftiger Gewinnbeteiligung nicht zumutbar ist (ebenso Huber Kapitalanteil S. 274). Es bleibt deshalb nur die Konsequenz, in den Fällen, in denen entweder alle oder einzelne Kapitalkonten negativ sind, von dem vertraglich vereinbarten Verteilungsmaßstab der bestehenden Kapitalkonten abzuweichen. Da nach dem Gesellschaftsvertrag auch eine Verteilung nach Köpfen offensichtlich nicht in Betracht kommen soll, kann nur allgemein auf die Angemessenheit der zukünftigen Gewinn- und Verlustverteilung abgestellt werden (vgl. dazu § 168 Abs. 2 sowie BGH WM 1956, 1062). Wegen dieser Unsicherheit sollte die Praxis von dem Verteilungsmaßstab der jeweiligen Kapitalanteile absehen oder aber neben einem festen, unveränderlichen Kapitalkonto I ein variables, die einzelnen Gewinn-, Verlust- und Entnahmepositionen widerspiegelndes Kapitalkonto II einrichten. Während der Vorzugsgewinnanteil sodann an dem Gesamtsaldo der beiden Kapitalkonten zu bemessen ist, bietet das Kapitalkonto I eine verläßliche Grundlage für die Verteilung des weitergehenden Gewinnanteils und der etwaigen Verluste.

11 Der Gewinnverteilungsmaßstab kann auch nach der unterschiedlichen Beteiligungsstruktur differenzierend an unterschiedliche Bemessungskriterien anknüpfen. Solche Differenzierung kann im Einzelfall geboten sein, sofern einige Gesellschafter nur kapitalistisch beteiligt sind, andere Gesellschafter hingegen geschäftsführend tätig sind. Zumeist wird in solchen Fällen die gebotene Tätigkeitsvergütung allerdings durch einen Gewinnvoraus entgolten, so daß im übrigen ein einheitlicher Verteilungsmaßstab anzuwenden ist. Allerdings kann dieser wiederum je nach den individuellen Besonderheiten der Höhe nach differenziert angewendet werden. Äußerstenfalls kann der Gesellschaftsvertrag sogar den Ausschluß einzelner Gesellschafter von jeglicher Gewinnbeteiligung vorsehen. Diese inzwischen überwiegend vertretene Ansicht (BGH WM 1987, 689, 690; Staub-Ulmer § 105 Anm. 22; ders., Recht der BGB-Gesellschaft § 705 Anm. 116 ff.; Heymann-Emmerich § 105 Anm. 28; A. Hueck Recht der OHG § 1 I 1 B S. 3 f.; Flume Personengesellschaft § 3 II S. 42 ff.; Huber Kapitalanteil S. 296 ff.; Teichmann Gestaltungsfreiheit S. 146 f.; Wiedemann Gesellschaftsrecht § 1 I 1 B S. 10; ders. WM 1990 Beil. 8 S. 13; Müller-Gugenberger Gedächtnisschrift für Rödig, 1978, S. 280 f.) unterscheidet zwischen der wegen der gemeinsamen Zweckverfolgung unabdingbaren Förderungspflicht einerseits und dem abdingbaren Gewinnbeteiligungsrecht andererseits. Die vor allem früher vertretene Gegenansicht (RGZ 95, 147, 149; Düringer-Hachenburg-Flechtheim § 105 Anm. 2; Wieland Handelsrecht I S. 462 f.; vor allem Ballerstedt JuS 1963, 255; Schulze-Osterloh Der gemeinsame Zweck der Personengesellschaften, 1973, S. 25) betrachtete demgegenüber das Gewinnbeteiligungsrecht als konstitutiven Bestandteil der gemeinsamen Zweckverfolgung, so daß eine Gesellschafterstellung ohne Gewinnbeteiligungsrecht nicht möglich war. Inzwischen ist jedoch zutreffend erkannt worden, daß die Übernahme der Förderungspflicht auch auf Gründen beruhen kann, die nicht primär auf eine Kapitalrendite gerichtet sind. Auf diese Weise kann z. B. auch die Gesellschafterstellung dazu dienen, der Nachfolgegeneration das Standing der Gesellschaft zu erhalten, ihr aber den gesamten Jahresgewinn zu überlassen. Auch in diesem Fall ist der gemeinsame Zweck der Betrieb des Handelsgewerbes, sein Erhalt und seine weitere Entwicklung. Freilich ist nicht zu verkennen, daß ein solcher Verzicht jeglicher Kapitalrendite ungewöhnlich ist und deshalb einer ausdrücklichen, zweifelsfreien Vereinbarung bedarf (ebenso Staub-Ulmer § 105 Anm. 22; A. Hueck Recht der OHG § 1 I 1 B S. 5).

12 Auch die Verlustbeteiligung kann abweichend von der gesetzlichen Regelung in jeder beliebigen Weise vereinbart werden. Anknüpfungspunkt kann auch der Kapitalanteil sein sowie eine Kombination von kapitalistischer und personalistischer Verlustverteilung. Ebenso können unterschiedliche Verteilungsmaßstäbe vereinbart werden, so daß einzelne Gesellschafter nur begrenzt am Verlust teilnehmen. Äußerstenfalls kann die Verlustbeteiligung auch völlig ausgeschlossen werden (Baumbach-Duden-Hopt Anm. 3 B; Heymann-Emmerich Anm. 11 sowie die vorstehend zum zulässigen Ausschluß einer Gewinnbeteiligung genannten Fundstellen; a. A. Schulze-Osterloh Der gemeinsame Zweck der Personengesellschaften S. 25 f.). Allerdings ändert sich dadurch nichts an der unbeschränkbaren Außenhaftung nach § 128. Im Hinblick auf den internen Ausschluß der Verlustbeteiligung ist zu differenzieren zwischen einer Befreiungsabrede, die nur während der Zugehörigkeit zur Gesellschaft gelten soll, und einer solchen, die darüber hinaus auf die Gesamtabrechnung anläßlich des Austritts oder der Auseinandersetzung anwendbar sein soll. Sofern die Befreiung nur während der Zugehörigkeit zur Gesellschaft in Betracht kommt, wird der Kapitalanteil während dieser Zeit durch einen etwaigen Jahresverlust nicht berührt; hingegen nimmt auch dieser Gesellschafter im Rahmen der Gesamtabrechnung uneingeschränkt an allen aufgelaufenen Verlusten teil. Soll die Verlustbeteiligung auch für diesen zuletzt genannten Fall ausgeschlossen sein, so entfällt jegliche Verlustbeteiligung. Die Übernahme einer Einlagengarantie stellt in der Regel keine Verlustbefreiung dar; sie bedeutet lediglich, daß der Gesellschafter anläßlich seines Ausscheidens aus der Gesellschaft seine Einlage zurückerhalten, insofern an einem weitergehenden Verlust nicht beteiligt werden soll. Während seiner Zugehörigkeit zur Gesellschaft wird dagegen ein auf ihn entfallender Verlust wie üblich von seinem Kapitalanteil abgeschrieben, so daß auch alle daran anknüpfenden Rechte entsprechend gemindert werden.

13 Die vertragliche Regelung über die Gewinnverteilung einerseits und die Verlustverteilung andererseits muß nicht kongruent sein. Es können dafür unterschiedliche Anknüpfungspunkte gewählt werden. Sofern der Gesellschaftsvertrag lediglich eine abweichende Regelung über die Gewinnverteilung enthält, gilt diese Regelung nach § 722 Abs. 2 BGB sowohl für die Gewinn- als auch für die Verlustverteilung. Im übrigen muß derjenige eine von § 121 abweichende Regelung beweisen, der sich auf eine solche Vereinbarung beruft (RGZ 57, 51).

14 Sofern der Gesellschaftsvertrag von vornherein eine von der gesetzlichen Regelung abweichende Gewinn- und Verlustbeteiligung vorsieht, bestehen dagegen grundsätzlich keine Bedenken. Im einzelnen kann allerdings die Reichweite solcher Vertragsabsprachen umstritten sein, so daß sie der Auslegung bedürfen. Je nach dem Grad der Abweichung von der gesetzlichen Regelung und der konkreten Bedeutung für die Verteilungsinteressen aller oder einzelner Gesellschafter sind dabei unterschiedliche Anforderungen an die Bestimmtheit und Klarheit solcher Vereinbarung zu stellen. Ein derart restriktives Regelungsverständnis ist insbesondere auch dann geboten, wenn die Gesellschafter ohne explizite Vertragsänderung die vereinbarte Verteilungsregelung mehrfach durchbrochen haben und auf diese Weise eine vom Vertragstext abweichende Übung eingetreten ist (BGH NJW 1966, 826, 827 hinsichtlich der Gewinnverteilung in einer OHG sowie BGH WM 1978, 300, 301 hinsichtlich der Verzinsung der Darlehnskonten von Kommanditisten). Angesichts der grundsätzlichen Bedeutung derartiger Regelungen wird man im Zweifelsfall davon ausgehen müssen, daß eine solche Übung lediglich als punktuelle Durchbrechung des Gesellschaftsvertrages für die Vergangenheit, nicht aber als verbindliche Regelung auf unbestimmte Dauer für die Zukunft gewollt ist. Für eine weitergehende Regelung ist der Nachweis eines entsprechenden Gesellschafterwillens erforderlich (ebenso Wiedemann WM 1990 Beil. 8 S. 12).

15 Soll der Gesellschaftsvertrag später durch eine besondere Regelung über die Gewinn- und Verlustbeteiligung ergänzt oder abgeändert werden, so ist dazu grundsätzlich ein einstimmiger Beschluß erforderlich. Auch wenn im Gesellschaftsvertrag ganz allgemein vorgesehen ist, daß Vertragsänderungen mit einer entsprechenden Mehrheit beschlossen werden können, reicht diese Generalkompetenz nicht aus. Da die Regelung über die Gewinn- und Verlustverteilung von grundsätzlicher Bedeutung ist, muß sich aus Sinn und Zweck des Gesellschaftsvertrages eindeutig ergeben, daß die Gesellschafter auch darüber mit Mehrheit entscheiden können (dazu im einzelnen § 119 Anm. 28 sowie BGH WM 1986, 1557). Allerdings ist auch dann nicht erkennbar, in welchem Umfang und in welcher Weise die Regelung über die Gewinn- und Verlustbeteiligung abgeändert werden kann. Angesichts der inhaltlichen Offenheit einer solchen Mehrheitsklausel reicht diese nur für Beschlüsse aus, die zu keiner wesentlichen Veränderung der vereinbarten Gewinn- und Verlustbeteiligung führen. Soll auch in den Kernbereich dieser Regelung eingegriffen werden, so muß eine solche qualifizierte Mehrheitsklausel zugleich Art und Umfang eines solchen Eingriffs erkennen lassen. Das gilt insbesondere dann, wenn dadurch unmittelbar der Gewinn- oder Verlustverteilungsschlüssel zugunsten einzelner und zu Lasten der übrigen Gesellschafter verändert werden soll (ebenso Ulmer Recht der BGB-Gesellschaft § 709 Anm. 77f.). Auch wenn die Gewinn- und Verlustbeteiligung grundsätzlich zur Disposition der Gesellschafter stehen, ist doch nicht zu verkennen, daß sie für die einzelne Gesellschaftsbeteiligung von wesentlicher Bedeutung sind und deshalb eine Änderung nur dann in Betracht kommt, wenn das dafür erforderliche Einverständnis des Gesellschafters hinreichend konkretisiert ist.

122

(1) Jeder Gesellschafter ist berechtigt, aus der Gesellschaftskasse Geld bis zum Betrage von vier vom Hundert seines für das letzte Geschäftsjahr festgestellten Kapitalanteils zu seinen Lasten zu erheben und, soweit es nicht zum offenbaren Schaden der Gesellschaft gereicht, auch die Auszahlung seines den bezeichneten Betrag übersteigenden Anteils am Gewinne des letzten Jahres zu verlangen.

(2) Im übrigen ist ein Gesellschafter nicht befugt, ohne Einwilligung der anderen Gesellschafter seinen Kapitalanteil zu vermindern.

Schrifttum: *Balz,* Entnahme fiktiver Steuern bei der Personenhandelsgesellschaft, DB 1988, 1305; *Barz,* Die vertragliche Entnahmeregelung bei OHG und KG, Festschrift für Alexander Knur (1972), S. 25; *Erler,* Die zeitliche Entstehung des Gewinnauszahlungsanspruchs des offenen Handelsgesellschafters und des Kommanditisten, ZBH 1929, 267; *Ernst,* Das Entnahmerecht der Gesellschafter von Personenhandelsgesellschaften und das Steuerrecht, BB 1961, 377; *Ganssmüller,* Abtretung „nicht gewinngedeckter" Auszahlungsansprüche bei Personengesellschaften, DB 1967, 1531; *ders.,* Der Gewinnanteil der Gesellschafter von Handelspersonengesellschaften und seine rechtliche Behandlung, DB 1967, 2103; *ders.,* Außerordentliche Entnahmerechte bei Handelspersonengesellschaften, DB 1968, 1299; *ders.,* Gewinnanteil und Leistung der Einlage, DB 1970, 285; *ders.,* Das Steuerentnahmerecht der Gesellschafter der OHG und KG (1986); *Groh,* Nutzungseinlage, Nutzungsentnahme und Nutzungsausschüttung, DB 1988, 514; *Hopt-Hehl,* Gesellschaftsrecht: Die umstrittene „Gewinnentnahme", JuS 1979, 728; *Muth,* Die Bilanzfeststellung bei Personenhandelsgesellschaften (1986); *ders.,* Übertragbarkeit und Pfändbarkeit des Kapitalentnahmeanspruchs von Personenhandelsgesellschaften, DB 1986, 1761; *Pauli,* Das Eigenkapital der Personengesellschaften (1990); *Paulick,* Das Problem der Gewinnverteilung bei Familienpersonengesellschaften in handelsrechtlicher und steuerrechtlicher Sicht, Festschrift für Franz Laufke (1971), S. 193; *Priester,* Gesellschafterschutz in Personengesellschaften, in: Personengesellschaft und Bilanzierung, hrsg. vom IDW (1990); *Römer,* Regelung des Entnahmerechtes bei Personengesellschaften, Wpg 1955, 187; *Roth,* Der Anspruch des Gesellschafters einer offenen Handelsgesellschaft oder einer Kommanditgesellschaft auf Auskehrung seines Gewinnanteils, JR 1982, 205; *H. Westermann,* Zur Problematik der Rücklagen der Personenhandelsgesellschaft, Festschrift für Ernst v. Caemmerer (1978), S. 657; *Winnefeld,* Übertragung und Pfändung des Kapital-Entnahmeanspruchs i.S. des § 122 Abs. 1 HGB, DB 1977, 897.

Inhalt

	Anm.		Anm.
I. Normzweck	1–3	1. Umfang des Entnahmerechts	10
II. Allgemeine Grundsätze	4–9	2. Abtretbarkeit und Pfändbarkeit	13
1. Entnahmerecht und Gewinnanspruch	4	IV. Der Anspruch auf Gewinnauszahlung	14–17
2. Zeitliche Begrenzung dieser Zahlungsansprüche	6	1. Umfang, Entstehung und Abtretung dieses Anspruchs	14
3. Begrenzung durch die Treupflicht	7	2. Das Leistungsverweigerungsrecht der Gesellschaft	16
4. Zahlungsansprüche als Sozialansprüche	8	V. Verbot der einseitigen Minderung des Kapitalanteils	18, 19
5. Vorschüsse	9	VI. Abweichende Vereinbarungen	20, 21
III. Das nach dem Kapitalanteil berechnete Entnahmerecht	10–13		

I. Normzweck

Die Vorschrift regelt den Umfang der den Gesellschaftern jährlich gebührenden Geldmitteln aus dem Gesellschaftsvermögen. Dazu wird den Gesellschaftern – abweichend von dem sonst im Gesellschaftsrecht üblichen Verfahren der Gewinnausschüttung – ein gewinnunabhängiges Recht auf Zahlung einer 4%igen Verzinsung ihres Kapitalanteils eingeräumt. Zweck dieser garantierten Mindestrendite ist die finanzielle Versorgung der Gesellschafter, die nach dem Vorstellungsbild des Gesetzgebers ihre berufliche Tätigkeit in der als Haftungs- und Arbeitsgemeinschaft organisierten Gesellschaft ausüben. Sie sollen deshalb unabhängig von der konkreten Wirtschaftssituation der Gesellschaft über ausreichende Geldmittel verfügen, um ihre berufliche Tätigkeit ausschließlich der Gesellschaft widmen zu können. Deshalb kommt dieser gewinnunabhängigen Zahlung auch die Funktion einer Tätigkeitsvergütung zu, wenngleich nicht zu verkennen ist, daß die Vorschrift nicht an den individuellen Tätigkeitsaufwand, sondern an den kapitalistischen Gesellschafterbeitrag anknüpft. Die Regelung ist darüber hinaus unter steuerrechtlichen Aspekten von Bedeutung. Da der von der Gesellschaft erzielte Gewinn hinsichtlich der Einkommen- und Vermögensteuer unmittelbar den Gesellschaftern zugerechnet wird, tragen sie anstelle der Gesellschaft deren Steuerlast. Kommt es sodann zu einer unterschiedlichen Gewinnfeststellung aufgrund der Handelsbilanz einerseits und der Steuerbilanz andererseits, so dient diese garantierte Mindestrendite auch dazu, den Einsatz weiteren Privatvermögens für den Fortbestand der Gesellschaftsbeteiligung auszugleichen. Verbleibt gleichwohl ein Defizit, so kann im Einzelfall die Treupflicht gebieten, den Gesellschaftern weitergehende Geldmittel zur Verfügung zu stellen.

Über diese Mindestrendite hinaus kann der Gesellschafter über seinen gesamten Anteil am festgestellten Jahresgewinn verfügen. Dieses Recht unterliegt lediglich der Einschränkung, daß eine solche „Vollausschüttung" nicht „zum offenbaren Schaden der Gesellschaft" führen darf. Diese Einschränkung erweist sich in der Praxis oftmals als unzureichend. Gerade die in der Rechtsform einer OHG betriebenen Unternehmen leiden vielfach unter erheblicher Kapitalknappheit und einem relativ geringen Eigenkapital. Deshalb ist es ein Gebot sorgfältiger Vertragsgestaltung, alle Möglichkeiten der Selbstfinanzierung durch Bildung freier Rücklagen auszuschöpfen. Wird auf diese Weise das in dieser Vorschrift zugrunde gelegte Prinzip der „Vollausschüttung" weitgehend zurückgedrängt, so sind doch auch die gegenläufigen Interessen der Gesellschafter, insbesondere der geschäftsführenden Gesellschafter, an der Verfügbarkeit über die zur angemessenen Lebensführung erforderlichen Geldmittel zu berücksichtigen. Den Interessen der geschäftsführenden Gesellschafter kann durch Vereinbarung einer Tätigkeitsvergütung entsprochen werden, so daß ein weitergehender Anspruch auf uneingeschränkte Gewinnentnahme nicht erforderlich ist. Im übrigen aber darf eine solche Form der Selbstfinanzierung nicht dazu führen, daß die Gesellschafter auf eine minimale Gewinnausschüttung beschränkt werden. Da sie aufgrund ihrer unbeschränkten Haftung alle Wirtschaftsrisiken des Unternehmens tragen, gebührt ihnen auch eine angemessene Ausschüttung des erzielten Jahresergebnisses. Zumeist sind diese Verteilungskonflikte zugleich Ausdruck des zwischen der Gesellschaftermehrheit und der Gesellschafterminderheit bestehenden Spannungsverhältnisses. Deshalb ist die vertragliche Einschränkung der Vollausschüttung auch unter dem Aspekt eines angemessenen Minderheitsschutzes vor einer unzulässigen Verkürzung ihrer Gewinnbeteiligung zu betrachten (dazu Priester, in: Personengesellschaft und Bilanzierung, S. 73 ff.).

3 Im Liquidationsverfahren findet § 122 keine Anwendung, es gilt die Sonderregelung des § 155. Ebenso ist für den Kommanditisten die Sonderregelung des § 169 zu beachten.

II. Allgemeine Grundsätze

1. Entnahmerecht und Gewinnanspruch

4 Nach der gesetzlichen Terminologie ist zwischen der Erhebung der 4%igen Mindestrendite und dem Verlangen nach Auszahlung des übersteigenden Anteils am Gewinn zu unterscheiden. Verschiedentlich werden beide Ansprüche in der Literatur als Entnahmerechte bezeichnet (so Voraufl. Anm. 2, 7); verschiedentlich wird auch hinsichtlich der Mindestrendite von der Bezeichnung eines gesetzlichen Entnahmerechts, im übrigen von dem Anspruch auf Gewinnanteil ausgegangen (so Fischer in Großkomm Anm. 3). Diese unterschiedliche Terminologie erweckt den Eindruck, daß diese Rechte in unterschiedlicher Weise auszuüben sind. Demgegenüber ist jedoch festzustellen, daß es sich in beiden Fällen um Zahlungsansprüche handelt, also auch das Entnahmerecht nicht durch persönlichen Zugriff auf die Gesellschaftskasse durchgesetzt werden kann. Ist hingegen der anspruchsberechtigte Gesellschafter zugleich geschäftsführend tätig, so kann er aufgrund seiner Vertretungsbefugnis „in der Erfüllung einer Verbindlichkeit" (§ 181 BGB) die Geldzahlung eigenhändig vornehmen. Im übrigen besteht jedoch kein solches „Selbsthilferecht", so daß der Anspruch äußerstenfalls durch Klage gegen die Gesellschaft durchgesetzt werden muß. Die Bezeichnung Entnahmerecht ist somit nicht wegen etwaiger Besonderheiten seiner modalen Ausübung gerechtfertigt, sondern wegen seiner gewinnunabhängigen Durchsetzung. Ist mithin kein Jahresgewinn erzielt worden, so müssen die für die Zahlung erforderlichen Geldmittel dem Gesellschaftsvermögen entnommen, u.U. sogar Fremdkapital aufgenommen werden.

5 In dieser gewinnunabhängigen Durchsetzbarkeit liegt die eigentliche rechtliche Besonderheit des Entnahmerechts im Vergleich zum Anspruch auf Gewinnauszahlung.

Zwar ist das Entnahmerecht auch dann nicht bedeutungslos, wenn ein entsprechender Gewinn erzielt worden ist. Auch dann zeichnet sich das Entnahmerecht gegenüber dem an sich bestehenden Anspruch auf Gewinnauszahlung dadurch aus, daß es weniger stark durch die Treupflicht eingeschränkt wird (dazu Anm. 7). Deshalb ist auch in diesem Fall von der rechtlichen Selbständigkeit beider Ansprüche auszugehen, so daß die Abtretung des Gewinnanspruchs nicht automatisch auch das Entnahmerecht, d. h. den Anspruch auf Zahlung der Mindestrendite erfaßt (a. A. Fischer in Großkomm Anm. 3). Durch die Abtretung des Gewinnanspruchs wird mithin, sofern nichts anderes vereinbart worden ist, nur der Anspruch auf den darüber hinausgehenden Gewinnanteil erworben. Der wesentliche Unterschied zwischen diesen beiden Rechten besteht jedoch darin, daß das Entnahmerecht den „Zugriff" auf das Gesellschaftsvermögen auch dann ermöglicht, wenn eben kein Gewinn erzielt worden ist. Dann steht das Entnahmerecht in keinem sachlichen Zusammenhang mit der Gewinnausschüttung, sondern erfüllt die Funktion einer außerordentlichen Vermögensverteilung zwecks angemessener Lebensführung der Gesellschafter. In dieser Hinsicht weist das Entnahmerecht einen substantiell eigenständigen Rechtsgehalt auf, der dieses Recht deutlich von dem Gewinnanspruch abhebt.

2. Zeitliche Begrenzung dieser Zahlungsansprüche

Beide Ansprüche können nur während des laufenden Geschäftsjahrs aufgrund der für das vorangegangene Geschäftsjahr festgestellten Bilanz bis zum Zeitpunkt der nachfolgenden Bilanzfeststellung geltend gemacht werden (Fischer in Großkomm Anm. 9; Heymann-Emmerich Anm. 5; A. Hueck Recht der OHG § 17 III 2 S. 250). Somit ist nicht erforderlich, daß diese Beträge tatsächlich ausgekehrt werden; es genügt das an die geschäftsführenden Gesellschafter gerichtete Verlangen auf Auszahlung der Mindestrendite und des weiteren Gewinnanteils. Sofern diesem Verlangen nicht rechtzeitig entsprochen wird, unterliegen diese Zahlungsansprüche lediglich der 30jährigen Verjährungsfrist (BGH LM Nr. 3 zu § 122 HGB = NJW 1981, 2563 = BB 1981, 1541; Heymann-Emmerich Anm. 5). Werden diese Ansprüche hingegen nicht geltend gemacht, so erlöschen sie zwar mit Feststellung der neuen Bilanz; sie wirken sich aber gleichwohl auf das bewegliche Kapitalkonto aus, indem dieses mangels Entnahme der Mindestrendite nicht gemindert oder mangels Entnahme des Gewinnanteils sogar erhöht wird. Zudem ist zu berücksichtigen, daß mit der Feststellung der neuen Bilanz das Entnahmerecht erneut entsteht, nunmehr berechnet auf der Grundlage des veränderten Kapitalanteils. Sofern allerdings im Gesellschaftsvertrag nur die Einrichtung fester Kapitalanteile vorgesehen ist, kommt eine weitergehende Zuschreibung wegen nicht entnommener Gewinnanteile nicht in Betracht. Diese müssen sodann auf dem Privatkonto verbucht werden, über das der Gesellschafter, sofern im Gesellschaftsvertrag keine einschränkende Regelung – z.B. durch Einrichtung eines Kapitalkontos II – enthalten ist, grundsätzlich frei verfügen kann (dazu hinsichtlich der gesetzlichen Festschreibung des den Kommanditisten gebührenden Kapitalanteils Schlegelberger-Martens § 169 Anm. 10). Innerhalb dieser Jahresfrist kann der Gesellschafter frei über diese Zahlungsansprüche disponieren, sie also auch in Raten geltend machen oder gänzlich darauf verzichten.

3. Begrenzung durch die Treupflicht

7 Grundsätzlich können beiden Zahlungsansprüchen keine Einwendungen entgegengesetzt werden, die sich aus den sonstigen Gesellschaftsbeziehungen ergeben. Somit können beide Ansprüche auch dann geltend gemacht werden, wenn die Einlage noch nicht vollständig erbracht worden ist oder eine Verlustdeckungspflicht aufgrund besonderer Vereinbarung besteht (ebenso Fischer in Großkomm Anm. 7). Derartige nicht unmittelbar mit den Zahlungsansprüchen verknüpfte Einwendungen kommen nur dann in Betracht, wenn sich aufgrund besonderer Umstände ergibt, daß das Zahlungsbegehren gegen die gesellschaftsrechtliche Treupflicht verstößt. Diese Treupflicht bildet eine generelle Grenze für die Durchsetzbarkeit der beiden Zahlungsansprüche. Sie hat hinsichtlich des Anspruchs auf Gewinnauszahlung ihren positivrechtlichen Ausdruck in der Einschränkung gefunden, daß dieser Anspruch „nicht zum offenbaren Schaden der Gesellschaft" ausgeübt werden darf. Der Anspruch auf Zahlung der Mindestrendite unterliegt nicht unmittelbar dieser Einschränkung, wohl aber dem Gebot treupflichtkonformen Gesellschafterverhaltens. Nach diesem Maßstab reicht es zwar nicht aus, daß die Zahlung eine solche Schadensrelevanz aufweist; das Zahlungsverlangen des Gesellschafters ist aber dann treuwidrig, wenn über den offenbaren Gesellschaftsschaden hinaus ein solcher Verzicht unter Betracht der konkreten Lebens-, insbesondere Einkommensverhältnisse des Gesellschafters zumutbar ist (ebenso A. Hueck Recht der OHG § 17 III 2 S. 249; Westermann Personengesellschaft Lfg. 1 Anm. 315). Umgekehrt kann sich freilich aus der Treupflicht auch eine Pflicht der Gesellschaft ergeben, diese Mindestrendite über den gesetzlichen Umfang hinaus zu gewähren (dazu Anm. 11). Von diesem grundsätzlichen Einrede- und Einwendungsausschluß deutlich zu unterscheiden ist die Problematik der Aufrechnungsbefugnis durch die Gesellschaft. Gegen den Anspruch auf Gewinnausschüttung kann grundsätzlich unter den allgemeinen Voraussetzungen aufgerechnet werden. Diese Aufrechnungsbefugnis besteht jedoch nicht gegenüber dem Anspruch auf die Mindestrendite. Die Aufrechnung verstößt gegen die mit diesem Zahlungsanspruch verbundene Zweckbestimmung, den Gesellschaftern eine angemessene Lebensführung zu ermöglichen. Dieser Zweck wäre nicht erreichbar, wenn die Gesellschaft den Anspruch durch Aufrechnung mit Gegenansprüchen beeinträchtigen könnte (a. A. Fischer in Großkomm Anm. 7).

4. Zahlungsansprüche als Sozialansprüche

8 Beide Zahlungsansprüche haben ihre Rechtsgrundlage in dem Gesellschaftsverhältnis und richten sich gegen die Gesellschaft, nicht jedoch gegen die einzelnen Gesellschafter. Somit kann die Zahlung auch nur aus dem Gesellschaftsvermögen verlangt werden, nicht aus dem Privatvermögen der übrigen Gesellschafter, da für diese Ansprüche deren unbeschränkte Haftung entfällt (RGZ 120, 135, 137; BGH LM Nr. 7 zu § 128 HGB). Allerdings kann die Klage auch gegen diejenigen geschäftsführenden Gesellschafter gerichtet werden, die dem Zahlungsbegehren widersprechen (RGZ 170, 392, 395; BGH WM 1961, 1075; Fischer in Großkomm Anm. 7; Baumbach-Duden-Hopt Anm. 1E). Auch dann muß freilich aus dem Klagantrag deutlich werden, daß nur Auszahlung aus dem Gesellschaftsvermögen verlangt wird.

5. Vorschüsse

Da die Ansprüche nur im Zeitraum zwischen den beiden Bilanzfeststellungen geltend gemacht werden können, besteht kein Anlaß für eine besondere Vorschußleistung. Das gilt insbesondere hinsichtlich eines Vorschusses auf den zukünftigen Gewinnanteil. Ein Vorschuß kann nur ausnahmsweise dann verlangt werden, wenn eine solche Zahlung wegen der mit der Mindestrendite verbundenen Zweckbestimmung einer angemessenen Lebensführung geboten ist, so wenn ein unvorhergesehener privater Finanzbedarf überbrückt werden muß und die Gesellschaft über genügend Barmittel verfügt (weitergehend Baumbach-Duden-Hopt Anm. 2 C). Allerdings ist jeglicher Vorschuß auf der Grundlage des Gesellschaftsrechtsverhältnisses, nicht nach Bereicherungsrecht, zurückzuzahlen, der nicht durch das nachfolgende Entnahmerecht oder das Gewinnrecht ausgeglichen wird (RGZ 166, 65, 72; Baumbach-Duden-Hopt Anm. 3 C; Heymann-Emmerich Anm. 6).

III. Das nach dem Kapitalanteil berechnete Entnahmerecht

1. Umfang des Entnahmerechts

Nach der gesetzlichen Regelung steht dem Gesellschafter dieser Zahlungsanspruch nur in Höhe von 4% des in der zuletzt festgestellten Bilanz ausgewiesenen Kapitalanteils zu. Voraussetzung ist somit, daß schon ein Geschäftsjahr abgelaufen ist und dafür die Bilanz festgestellt worden ist (Fischer in Großkomm Anm. 4). Weitere Voraussetzung ist, daß für den einzelnen Gesellschafter in der Bilanz ein positiver Kapitalanteil ausgewiesen ist. Ist dieser hingegen negativ, so besteht auch dann kein Entnahmerecht, wenn der Gesellschafter während des Geschäftsjahres Zahlungen, z.B. die noch ausstehende Einlage, leistet. Derartige Zahlungen sind zwar für die Gewinnverteilung (§ 121 Abs. 2) nach Ablauf dieses Geschäftsjahres von Bedeutung, nicht aber für das Entnahmerecht während des laufenden Geschäftsjahres. Hingegen ist nicht Voraussetzung, daß die Gesellschaft im vorherigen Geschäftsjahr überhaupt einen Gewinn erzielt hat. Äußerstenfalls muß diese Mindestrendite aus dem durch Kreditaufnahme finanzierten Gesellschaftsvermögen gezahlt werden.

Im Einzelfall kann die Treupflicht gebieten, den Gesellschaftern eine höhere Entnahme zu ermöglichen. Dabei ist allerdings zu bedenken, ob einer solchen erhöhten Entnahme nur ein vorübergehender Bedarfsfall zugrunde liegt oder ob es sich um einen Fall dauerhaften Mehrbedarfs handelt. Sofern der gesetzliche Umfang des Entnahmerechts sich generell als unzureichend erweist, kann aufgrund der Treupflicht eine Anpassung durch Änderung des Gesellschaftsvertrags geboten sein. Handelt es sich hingegen nur um den Einzelfall eines vorübergehenden Mehrbedarfs, dann wird der Treupflicht durch eine einmalige Mehrleistung an den oder die Gesellschafter genügt. Dazu bedarf es keines besonderen Gesellschafterbeschlusses, da sich in solchen Fällen die Treupflicht zu einer unmittelbaren Erweiterung des Entnahmerechts verdichtet. Besondere Bedeutung kommt in diesem Zusammenhang einem solchen Mehrbedarf aufgrund der mit der Gesellschaftsbeteiligung verbundenen Steuerpflicht des einzelnen

Gesellschafters zu. Dafür muß grundsätzlich im Gesellschaftsvertrag Vorsorge getroffen werden, da zumeist ein dauerhafter Regelungsanlaß besteht (ausführlich dazu Barz in Festschrift für Knur, S. 25 ff.; Ernst BB 1961, 373). Generell wird man davon ausgehen müssen, daß die Gesellschaft – vor allem dann, wenn Gewinne thesauriert werden – verpflichtet ist, den Gesellschaftern eine entsprechende Entnahme zu ermöglichen (ebenso Fischer in Großkomm Anm. 10; A. Hueck Recht der OHG § 17 III 2 S. 249).

12 Um den entnommenen Betrag wird das Kapitalkonto des Gesellschafters belastet, d.h. sein Aktivsaldo vermindert (§ 120 Abs. 2). Wird der Betrag nicht auf einmal, sondern in Raten entnommen, so wird die Entnahme häufig zunächst auf dem Privatkonto verbucht und am Schluß des Geschäftsjahrs auf das Kapitalkonto übertragen. Dabei ist jedoch der Auszahlungstag wegen § 121 Abs. 2 zu beachten. Im übrigen kann entsprechend dem Zweck des Entnahmerechts nur die Auszahlung des Geldbetrages, nicht jedoch Gutschrift auf dem Privatkonto und damit die Verfügbarkeit über das laufende Geschäftsjahr hinaus verlangt werden (ebenso A. Hueck Recht der OHG § 17 III 2 S. 249).

2. Abtretbarkeit und Pfändbarkeit

13 Im Gegensatz zum Anspruch auf Gewinnauszahlung, dessen Abtretbarkeit nach § 717 Satz 2 BGB und Pfändbarkeit allgemein anerkannt sind, wird das Entnahmerecht in dieser Hinsicht kontrovers beurteilt. Die überwiegend vertretene Ansicht verneint die Abtretbarkeit und Pfändbarkeit, sofern das Entnahmerecht nicht durch eine entsprechende Gewinnausschüttung gedeckt wird (RGZ 67, 13, 17 ff.; Baumbach-Duden-Hopt Anm. 1D; Fischer in Großkomm Anm. 3; Düringer-Hachenburg-Flechtheim Anm. 2; A. Hueck Recht der OHG § 17 III 2 S. 249 f.; Ulmer Recht der BGB-Gesellschaft § 717 Anm. 30, 33; H. Westermann Personengesellschaft Lfg. 15 Anm. 335; Hopt-Hehl JuS 1979, 731; weitergehend Heymann-Emmerich Anm. 13, der die Unübertragbarkeit ohne jede Einschränkung vertritt; einschränkend Wiedemann Übertragung S. 296, der die Abtretbarkeit und Pfändbarkeit dann bejaht, wenn das Entnahmerecht, d.h. der Zahlungsanspruch für das laufende Geschäftsjahr geltend gemacht worden ist). Demgegenüber wird zunehmend die generelle Abtretbarkeit und Pfändbarkeit des Entnahmerechts bejaht (Ganssmüller DB 1967, 1531, 1534; v. Godin Nutzungsrecht an Unternehmen und Unternehmensbeteiligungen, 1949, S. 97; ders. JR 1948, 61, 63; Muth Bilanzfeststellung S. 202 ff.; Winnefeld DB 1977, 897, 900; die Abtretbarkeit mit Zustimmung aller Gesellschafter oder aufgrund einer Regelung im Gesellschaftsvertrag bejahend Teichmann Gestaltungsfreiheit S. 156; Ulmer Recht der BGB-Gesellschaft § 717 Anm. 30, der zudem die Abtretbarkeit dann bejaht, wenn sich das Entnahmerecht nach dem Gesellschaftsvertrag auf einen feststehenden, von der Geltendmachung unabhängigen Anspruch erstreckt, Anm. 33). Die gegen die überwiegend vertretene Ansicht vorgetragenen Bedenken sind zwar in vieler Hinsicht beachtenswert, vermögen aber nicht in jeder Hinsicht zu überzeugen. Gegen die Abtretbarkeit des nicht durch ausschüttungsfähige Gewinne gedeckten Entnahmerechts spricht eindeutig der Zweck dieser Zahlungen, den Gesellschaftern eine angemessene Lebensführung zu ermöglichen. Nur wegen dieses besonderen Zwecks soll gebundenes Gesellschaftsvermögen zur Verfügung gestellt werden. Dieser Zweck besteht allerdings auch dann, wenn die Mindestrendite aus dem erzielten Jahresgewinn gezahlt wird. Gleichwohl ist sodann die Abtretbarkeit, somit auch die Pfändbarkeit zu bejahen. Der Grund für diese trotz derselben Zweckbestimmung abweichenden Beurteilung liegt darin, daß es sich dort um eine Geldleistung handelt, die der Gesellschafter aufgrund seiner Gesellschaftsbeteiligung als Gewinn „verdient" hat. Hingegen erfolgt die Zahlung aus dem Gesellschaftsvermögen nur mit Rücksicht auf die persönlichen Verhältnisse der einzelnen Gesellschafter, so daß der Zweckbestimmung in diesem Zusammenhang eine tragende Bedeutung zukommt. Von diesem Problem der Abtretbarkeit ist wegen § 851 Abs. 2 ZPO das Problem der Pfändbarkeit deutlich zu unterscheiden. In diesem Zusammenhang kommt es darauf an, wie stark das nicht gewinngedeckte Entnahmerecht an die Person des Gesellschafters gebunden ist. Handelt es sich um ein höchstpersönliches Recht, so kann es durch den Gläubiger nicht verwertet werden, wie sich insbesondere aus dem Sinn und Zweck des § 717 Satz 1 BGB ergibt. Angesichts des mit der Ausübung des nicht gewinngedeckten Entnahmerechts verbundenen Eingriffs in das Gesellschaftsvermögen ist davon auszugehen, daß die Entscheidung über die Ausübung dieses Entnahmerechts im freien, persönlichen Belieben des einzelnen Gesellschafters liegen soll. In diesem außerordentlich sensiblen Entscheidungsbereich soll das gegenseitige Vertrauensverhältnis der Gesellschafter nicht durch einen störenden Eingriff dritter Personen beeinträchtigt werden. Hat sich hingegen der Gesellschafter für die Ausübung des Entnahmerechts entschieden und seinen Zahlungsanspruch geltend gemacht, so ist dieser Anspruch auch dann zwar nicht abtretbar, wohl aber pfändbar, da nunmehr die Rücksichtnahme auf das gesellschaftliche Vertrauensverhältnis nicht mehr geboten ist.

IV. Der Anspruch auf Gewinnauszahlung

1. Umfang, Entstehung und Abtretung dieses Anspruchs

Die gesetzliche Regelung geht von dem Prinzip der Vollausschüttung aus. Somit kann jeder Gesellschafter über die mit dem Entnahmerecht verbundene Mindestrendite hinaus die Zahlung seines gesamten Gewinnanteils verlangen. Dabei ist auch unerheblich, daß der Kapitalanteil negativ ist (Fischer in Großkomm Anm. 12; Heymann-Emmerich Anm. 14). Somit kann die Gesellschaft nicht den vorherigen Ausgleich des negativen oder geminderten Kapitalanteils verlangen. Hingegen ist sie berechtigt, mit einer Gegenforderung, z.B. auf die noch ausstehende Einlage, aufzurechnen. Einer solchen Aufrechnung steht anders als gegenüber dem Entnahmerecht keine besondere Zweckbestimmung des Gewinnanspruchs entgegen. Der Anspruch entsteht mit der Feststellung der Jahresbilanz und der daran anknüpfenden Berechnung des jeweiligen Gewinnanteils (RGZ 112, 119, 123; Fischer in Großkomm Anm. 13). Wird die Bilanzfeststellung ungebührlich verzögert, so kann sich ein Schadensersatzanspruch gegen diejenigen Gesellschafter ergeben, die diese Verzögerung ohne rechtfertigenden Grund zu vertreten haben. Von der Entstehung dieses Anspruchs auf Gewinnauszahlung zu unterscheiden ist seine Fälligkeit. Zwar kann der einzelne Gesellschafter diesen Zahlungsanspruch jederzeit geltend machen; aber ohne eine solche Geltendmachung ist die Gesellschaft weder zur Zahlung verpflichtet noch dazu berechtigt. Es steht im freien

Beliehen des Gesellschafters, die Gewinnauszahlung zu verlangen oder durch Verzicht seinen Kapitalanteil zu erhöhen. Ist hingegen dieser Anspruch geltend gemacht worden, so handelt es sich um einen selbständigen Zahlungsanspruch, auf den das Leistungsverweigerungsrecht wegen eines offenbaren Gesellschaftsschadens nur dann anwendbar ist, wenn diese Voraussetzungen im Zeitpunkt des Zahlungsbegehrens erfüllt sind.

15 Der Anspruch auf Gewinnauszahlung kann abgetreten, verpfändet und gepfändet werden. Der Dritte ist sodann anstelle des Gesellschafters berechtigt, diesen Anspruch geltend zu machen und ihn somit durchzusetzen. Weitergehende Gesellschafterrechte sind damit jedoch nicht verbunden. Insbesondere bleibt es dem Gesellschafter vorbehalten, an der Bilanzfeststellung mitzuwirken und auf diese Weise über den Umfang der Gewinnausschüttung zu entscheiden (Fischer in Großkomm Anm. 14; A. Hueck Recht der OHG § 17 IV 2 S. 254 f.). Ebensowenig kann der Dritte von der Gesellschaft bilanzrelevante Informationen verlangen. Ein mittelbarer Schutz seiner Interessen kann sich aus seinem internen Rechtsverhältnis zu dem Gesellschafter ergeben, aufgrund dessen Nebenpflichten zur Wahrung der berechtigten Interessen des Dritten bestehen. Freilich stehen diese Nebenpflichten unter dem Vorrang der Gesellschaftsinteressen, so daß z. B. dem Dritten Informationen von dem Gesellschafter nur dann offenbart werden dürfen, allerdings auch offenbart werden müssen, wenn dadurch keine Geheimhaltungsinteressen der Gesellschaft verletzt werden. Sofern nicht ein schon begründeter, sondern ein zukünftiger Gewinnanspruch abgetreten worden ist, ist der Erwerber auch nicht gegen gesellschaftsvertragliche Änderungen geschützt, durch die dieser Gewinnanspruch beeinträchtigt wird (Fischer in Großkomm Anm. 14; A. Hueck Recht der OHG § 17 IV 2 S. 255; Ulmer Recht der BGB-Gesellschaft § 719 BGB Anm. 33). Durch die Abtretung zukünftiger Gewinnansprüche wird die Gesellschaft in ihrer Entscheidungsautonomie nicht beeinträchtigt. Wiederum wird der Erwerber nur mittelbar durch die Pflicht des Gesellschafters geschützt, solchen den Gewinnanspruch einschränkenden Regelungen zu widersprechen. Ebensowenig kann der Dritte die Nichtigkeit der Bilanzfeststellung geltend machen; auch dieses Ziel kann er nur mit Hilfe des dazu verpflichteten Gesellschafters erreichen.

2. Das Leistungsverweigerungsrecht der Gesellschaft

16 Die Gesellschaft kann die Auszahlung des Gewinnanteils verweigern, wenn der Gesellschaft dadurch ein offenbarer Schaden entstehen würde. Maßgebend sind die Verhältnisse der Gesellschaft im Zeitpunkt des Zahlungsverlangens. Wird die Zahlung aus sonstigen Gründen verzögert, u. U. erst im nächsten Geschäftsjahr geleistet, so kommt dieses Verweigerungsrecht nicht in Betracht, wenn bei rechtzeitiger Zahlung kein Gesellschaftsschaden entstanden wäre. Die Auszahlung gereicht der Gesellschaft zum offenbaren Schaden, wenn dadurch ihre flüssigen Mittel, deren sie zur Fortführung des Unternehmens in dem vertraglich vorgesehenen Umfang bedarf, eingeschränkt werden würden. Allerdings ist es der Gesellschaft grundsätzlich zuzumuten, zur Abwendung der Gefahr zunächst alle Möglichkeiten der Kreditaufnahme auszuschöpfen. Der Schaden muß „offenbar", d. h. für jeden Sachkundigen ohne weiteres erkennbar (dazu RGZ 147, 63) und deshalb mit großer Wahrscheinlichkeit zu erwarten sein. Dabei ist unerheblich, ob dieser schadensrelevante Finanzbedarf der Gesellschaft durch vorausschauende Planung hätte vermieden werden können. Zwar sind die geschäftsführenden Gesellschafter grundsätzlich verpflichtet, ihr Finanzierungsverhalten so einzurichten, daß die Gewinnansprüche der Gesellschafter ohne Schaden der Gesellschaft erfüllt werden können. Gleichwohl ist die Gesellschaft zur Leistungsverweigerung berechtigt. Hingegen kann sich aus einem solchen planerischen Fehlverhalten eine Schadensersatzpflicht der geschäftsführenden Gesellschafter gegenüber den in ihren Zahlungsinteressen enttäuschten Gesellschaftern ergeben (ebenso Fischer in Großkomm Anm. 17).

Dieses Leistungsverweigerungsrecht, für dessen Voraussetzungen die Gesellschaft **17** die Beweislast trägt, berechtigt nur zur vorläufigen, nicht zur endgültigen Zahlungsverweigerung. Sobald diese kritische Situation überwunden ist, kann der Anspruch auf Gewinnauszahlung uneingeschränkt durchgesetzt werden und zwar auch dann, wenn das Geschäftsjahr inzwischen abgelaufen ist. Da der Anspruch geltend gemacht worden ist, unterliegt der Gewinnanteil nicht mehr der mit dem Ablauf des Geschäftsjahres an sich verbundenen Sperrwirkung. Allerdings steht dem Gesellschafter während der Dauer dieses Leistungsverweigerungsrechts ein Wahlrecht zu, aufgrund dessen er auch nach Geltendmachung des Zahlungsanspruchs die Zuschreibung des Gewinnanteils in dem ihm verweigerten Umfang auf den Kapitalanteil verlangen kann. Sofern die Zahlungssituation der Gesellschaft nicht derart prekär ist, daß eine Totalverweigerung gerechtfertigt ist, kann auch eine Ratenzahlung in Betracht kommen. Ebenso ist es möglich, daß ein Einmalbetrag in reduziertem Umfang gezahlt wird. In allen Fällen ist jedoch die Gleichbehandlung aller Gesellschafter geboten. Deshalb müssen die geschäftsführenden Gesellschafter schon anläßlich des ersten Zahlungsbegehrens eines Gesellschafters berücksichtigen, ob sie auch die nachfolgenden Gesellschafter ohne einen Gesellschaftsschaden in gleicher Weise behandeln können. Wird dem Gleichbehandlungsgrundsatz nicht entsprochen, so kann sich die Gesellschaft gleichwohl auf das Leistungsverweigerungsrecht berufen. Auch ist der begünstigte Gesellschafter nicht zur Rückzahlung verpflichtet (a. A. Voraufl. Anm. 10; ähnlich Fischer in Großkomm Anm. 19). Wohl aber können die benachteiligten Gesellschafter von den geschäftsführenden Gesellschaftern Schadensersatz verlangen. Wird der Gewinnanspruch trotz des Leistungsverweigerungsrechts erfüllt, so kann keine Rückzahlung verlangt werden, da das Leistungsverweigerungsrecht nur vorübergehender Art ist (§ 813 Abs. 1 BGB). Auch die Treupflicht gebietet grundsätzlich keine Rückzahlung; diese Rückzahlung wäre der Sache nach die Leistung eines weiteren Gesellschafterbeitrags.

V. Verbot der einseitigen Minderung des Kapitalanteils

Außer den Beträgen nach Abs. 1 darf der Gesellschafter weitere Beträge oder sonsti- **18** ge Vermögenswerte, selbst wenn sie die Gesellschaft nicht benötigt, einseitig nicht entnehmen. Ein Anspruch auf Auszahlung der dem Kapitalanteil entsprechenden Beträge besteht erst nach Abschluß des Liquidationsverfahrens. Entnimmt der Gesellschafter gleichwohl einen Teil des Gesellschaftsvermögens, so wird dadurch sein Kapitalanteil nicht gemindert. Die unbefugte Entnahme ist auf seinem Privatkonto zu verbuchen. Die Gesellschaft kann jederzeit Rückzahlung verlangen. Da es sich um einen Sozialanspruch handelt, kann ihn auch der einzelne Gesellschafter mittels der actio pro socio geltend machen. Über diesen Rückzahlungsanspruch hinaus kann die Gesellschaft im Einzelfall berechtigt sein, einen weitergehenden Schadensersatz zu verlangen. Diese Zahlungsverpflichtungen erlöschen nicht automatisch mit dem Ausscheiden des Gesellschafters aus der Gesellschaft. Sofern sie nicht mit dem Abfindungsguthaben verrechnet werden, können sie auch weiterhin geltend gemacht werden, auch gegenüber den Erben des vormaligen Gesellschafters (BGH LM Nr. 3 zu § 115 HGB = NJW 1974, 1555). Anders ist hingegen zu entscheiden, wenn die Gesellschafterstellung übertragen wird und somit alle Rechte und Pflichten auf den Erwerber übergehen. Auf diese Weise wird der vormalige Gesellschafter sowohl von der Rückzahlungs- als auch der Schadensersatzpflicht befreit.

19 Entnimmt der Gesellschafter Beträge aus dem Gesellschaftsvermögen, so trägt er grundsätzlich die Beweislast für die Berechtigung dieser Entnahmen (BGH LM Nr. 7 zu § 128 HGB = BB 1960, 188; Heymann-Emmerich Anm. 9). Allerdings kann er sich dazu grundsätzlich auf einen etwaigen Gesellschafterbeschluß berufen, ohne die dafür erforderlichen formellen und materiellen Voraussetzungen darlegen und beweisen zu müssen (a.A. wohl BGH LM Nr. 4 zu § 169 HGB = NJW 1982, 2065 = BB 1982, 1015). Somit ist der Gesellschafter z.B. nicht darlegungs- und beweispflichtig für die Wirksamkeit der Bilanzfeststellung. Verlangt mithin die Gesellschaft Rückzahlung des ausgeschütteten Gewinnanteils mit der Behauptung der Unwirksamkeit der Bilanzfeststellung, so trägt sie dafür die Begründungslast. Allerdings kann der Gesellschafter sodann nicht mit der Berufung auf seine Gutgläubigkeit replizieren, da eine analoge Anwendung des § 172 Abs. 5 schon deshalb nicht in Betracht kommt, weil diese Vorschrift nur das Außenverhältnis berührt (Schlegelberger-Martens § 169 Anm. 16ff. gegen Schlegelberger-K. Schmidt § 172 Anm. 93f.). Sofern alle Gesellschafter der an sich unbefugten Entnahme zugestimmt haben, entfällt der Rückzahlungsanspruch. Wegen der unbeschränkten Gesellschafterhaftung werden auch keine Gläubigerinteressen beeinträchtigt. Auch wenn nach dem Gesellschaftsvertrag für eine Änderung des Entnahmerechts nur eine qualifizierte Mehrheit erforderlich ist, reicht diese für die Rechtfertigung einer punktuellen Durchbrechung der Entnahmeregelung nicht aus, da zugleich der Gleichbehandlungsgrundsatz verletzt ist. Dasselbe gilt für jegliche Art der Minderung des Kapitalanteils, also auch für eine etwaige Umschreibung auf sein Privatkonto oder das Kapitalkonto eines anderen Gesellschafters. Über den Wortlaut der Vorschrift hinaus bedarf auch die Erhöhung des Kapitalanteils durch einen freiwilligen Gesellschafterbeitrag der Zustimmung aller Gesellschafter, da sich auch dadurch die am Kapitalanteil bemessenen Rechte und Pflichten im Verhältnis zu den anderen Gesellschaftern verändern können.

VI. Abweichende Vereinbarungen

20 Da die Vorschrift dispositiven Rechts ist, können die Gesellschafter davon beliebig abweichen. In der Praxis wird von dieser Dispositionsfreiheit weitgehend Gebrauch gemacht. Im Hinblick auf das Entnahmerecht hat sich erwiesen, daß diese Mindestrendite für eine angemessene Lebensführung, vor allem unter Betracht der Steuerlast der einzelnen Gesellschafter, oftmals nicht ausreicht. Hinsichtlich der Vollausschüttung bestehen erhebliche Bedenken unter dem Aspekt einer unzureichenden Selbstfinanzierung der Gesellschaft. Die in der Praxis gebräuchlichen Regelungen entziehen sich einer abschließenden Darstellung (dazu Sudhoff, Der Gesellschaftsvertrag der Personengesellschaften, S. 548 ff., 621 ff.). Nur beispielhaft sei angemerkt, daß das Entnahmerecht auch mit einer an beliebige Voraussetzungen geknüpften Rückzahlungspflicht kombiniert werden kann, daß es von dem Kapitalanteil völlig losgelöst werden kann, daß es ohne quantitative Beschränkung nach dem individuellen Bedarf des einzelnen Gesellschafters bemessen werden kann, so daß dieser darüber nach billigem Ermessen verfügen kann, oder daß das Entnahmerecht in gestaffeltem Umfang unter jeweils erschwerten Voraussetzungen ausgeübt werden darf. Solche Änderungen des gesetzlichen Entnahmerechts können sich auch konkludent durch eine abweichende Übung der Gesellschafter ergeben (OLG Hamburg BB 1963, 1192). Auch die Ausübung des vertraglichen Entnahmerechts unterliegt der Treupflicht. Dabei wird sich grundsätzlich im Wege der Auslegung feststellen lassen, daß das über die gesetzliche Mindestrendite hinausgehende Entnahmerecht nicht zum offenbaren Schaden der Gesellschaft ausgeübt werden darf (ebenso Fischer in Großkomm Anm. 10; a. A. Voraufl. Anm. 14).

Auch hinsichtlich einer abweichenden Gewinnausschüttung finden sich in der Praxis überaus zahlreiche Regelungsvarianten. In diesem Zusammenhang ist vor allem zu unterscheiden zwischen Regelungen, die Art und Umfang der Gewinnausschüttung abschließend festlegen, und Kompetenzregelungen, die Art und Umfang der jährlichen Gewinnausschüttung einem Mehrheitsbeschluß überlassen. Für derartige Mehrheitsbeschlüsse gelten die allgemeinen Grundsätze über die gebotene Abwägung der Gesellschaftsinteressen an einer ausreichenden Selbstfinanzierung einerseits und der Gesellschafterinteressen an freier Verfügbarkeit ihres Beteiligungsertrags andererseits (dazu Priester in: Personengesellschaft und Bilanzierung, S. 82 ff. sowie Lutter DB 1978, 1967). Dabei ist freilich zu bedenken, daß auch der Verzicht auf eine Vollausschüttung zu einer Erhöhung des Kapitalanteils führt, mithin die Gesellschaftsbeteiligung einen bilanziell größeren Wert darstellt. Insofern ist die Bildung offener Rücklagen für den Gesellschafter weniger nachteilig als die Bildung stiller Reserven, die in dem Kapitalanteil nicht ausgewiesen werden. Sofern im Gesellschaftsvertrag keine konkreten Voraussetzungen für die Bildung offener Rücklagen vorgesehen sind, kann aufgrund einer solchen Mehrheitskompetenz darüber nach dem Grundsatz der Verhältnismäßigkeit entschieden werden. Maßgeblich ist mithin, in welchem Umfang derartige Rücklagen unter Betracht der konkreten Wirtschaftssituation der Gesellschaft erforderlich sind und in welchem Umfang sie unter Betracht der abweichenden Minderheitsinteressen zumutbar sind. Hinsichtlich dieser Zumutbarkeit ist nicht nur auf das davon u. U. nicht berührte Entnahmerecht, sondern auch auf die bisherige Ausschüttungspolitik abzustellen. Dieser offene Abwägungsprozeß ist an dem gesetzlichen Leitbild zu orientieren, den Gesellschaftern unter Betracht ihrer unbeschränkten Haftung eine angemessene Lebensführung zu ermöglichen. Insofern sind die Maßstäbe im Rahmen einer nur kapitalistischen Gesellschaftsbeteiligung (dazu im Zusammenhang der Kommanditistenstellung Schlegelberger-Martens, § 169 Anm. 26) zugunsten der OHG-Gesellschafter zu modifizieren.

Dritter Titel. Rechtsverhältnis der Gesellschaft zu Dritten

123 (1) Die Wirksamkeit der offenen Handelsgesellschaft tritt im Verhältnis zu Dritten mit dem Zeitpunkt ein, in welchem die Gesellschaft in das Handelsregister eingetragen wird.

(2) Beginnt die Gesellschaft ihre Geschäfte schon vor der Eintragung, so tritt die Wirksamkeit mit dem Zeitpunkte des Geschäftsbeginns ein, soweit nicht aus dem § 2 sich ein anderes ergibt.

(3) Eine Vereinbarung, daß die Gesellschaft erst mit einem späteren Zeitpunkt ihren Anfang nehmen soll, ist Dritten gegenüber unwirksam.

Schrifttum: *Beyerle,* Der unbeschränkt haftende Kommanditist, 1976; *ders.,* Gesetzliche Umwandlung einer oHG oder KG in eine Gesellschaft bürgerlichen Rechts, NJW 1972, 229; *Binz,* Haftungsverhältnisse im Gründungsstadium der GmbH & Co. KG, 1977; *Karsten Schmidt,* Zur Stellung der oHG im System der Handelsgesellschaften, 1972; *Uwe H. Schneider,* Die Rückdatierung von Rechtsgeschäften, AcP 175 (1975), 279.

Inhalt

	Anm.		Anm.
I. Bedeutung der Bestimmung	1–5	3. Vorliegen eines Handelsgewerbes	11
1. Grundlagen	1	IV. Unwirksamkeit abweichender Vereinbarungen (Abs. 3)	12
2. Das Wirksamwerden des Vertrages	2	V. Der rechtliche Status vor Erwerb oder nach Verlust der Kaufmannseigenschaft	13–18
3. Die Entstehung der Gesellschaft als Rechtsträger	3	1. Gesellschaft bürgerlichen Rechts	13
4. Die Qualifikation der Gesellschaft als Handelsgesellschaft	4	2. Das Innenrecht	15
II. Die Handelsgesellschaft kraft Eintragung (Abs. 1)	6, 7	3. Das Außenrecht	16
III. Die Handelsgesellschaft kraft Geschäftsbeginns (Abs. 2)	8–11	VI. Rechtsscheinfälle	19–24
1. Bedeutung	8	1. Grundlagen	19
2. Der Geschäftsbeginn	9	2. Scheingesellschaft und Scheingesellschafter	21
		3. Schein-Handelsgesellschaft	23

I. Bedeutung und Bestimmung

1. Grundlagen

1 Die Bestimmung gilt für die oHG und für die KG (§ 161 Abs. 2). Sie ist nach Abs. 3 zwingend. § 123 ist mißverständlich formuliert (näher Karsten Schmidt Gesellschaftsrecht § 11 IV 1b, § 46 III 1). Zu unterscheiden sind
– das Wirksamwerden des Vertrages,
– die Entstehung der Gesellschaft als Rechtsträger und
– die Unterstellung der Gesellschaft unter das Recht der Handelsgesellschaft.

2. Das Wirksamwerden des Vertrages

Das Wirksamwerden des Vertrags richtet sich nach allgemeinen Grundsätzen (§ 105 Anm. 109 ff.). Der Vertrag wird im Zweifel sofort wirksam. Bedarf er ausnahmsweise (vgl. dazu § 105 Anm. 127) der vormundschaftsgerichtlichen Genehmigung, so wird er mit deren Mitteilung wirksam (§ 1829 BGB). Der Vertrag kann auch unter einer Bedingung oder Zeitbestimmung abgeschlossen werden (RG JW 1936, 2065). Das Wirksamwerden kann aber nicht über den Zeitpunkt des Geschäftsbeginns oder der Eintragung hinaus aufgeschoben werden (vgl. Abs. 3 und dazu Anm. 12). Eine abweichende Vereinbarung hat nur schuldrechtliche Wirkung (BGH WM 1976, 972, 974 = DB 1976, 1860; NJW 1978, 264, 266 f. [KG]; 1979, 889, 891; OLG Koblenz WM 1979, 1435 [KG]; Ulmer Gesellschaft bürgerlichen Rechts § 705 Anm. 6). Auch rückwirkend, also mit Wirkung für die Vergangenheit, kann der Vertrag nur mit schuldrechtlicher Wirkung abgeschlossen werden; die Gesellschafter müssen einander in diesem Fall rechnerisch so stellen, als hätte der Vertrag schon in der Vergangenheit bestanden (BGH WM 1976, 972, 974 = DB 1976, 1860; WM 1979, 889, 891; Heymann-Emmerich Anm. 4; eingehend Uwe H. Schneider AcP 175 (1975), 279 ff.).

3. Die Entstehung der Gesellschaft als Rechtsträger

Die Entstehung der Gesellschaft als Rechtsträger hängt gleichfalls nicht von den Merkmalen des § 123 ab (Karsten Schmidt Gesellschaftsrecht § 11 IV 1 b). Die Gesellschaft kann Trägerin von Rechten und Pflichten sein, sobald die Gesellschafter durch Vertrag eine Gesamthand begründet haben. Dies kann nicht rückwirkend geschehen (Ulmer Gesellschaft bürgerlichen Rechts § 705 Anm. 6). Die unternehmenstragende Gesamthand ist Trägerin von Rechten und Pflichten, ohne Unterschied, ob sie (noch) eine Gesellschaft bürgerlichen Rechts oder (schon) eine oHG bzw. KG ist (vgl. zur Rechtszuständigkeit bei der Gesellschaft bürgerlichen Rechts Flume Personengesellschaft § 7 II; Karsten Schmidt Gesellschaftsrecht § 8 III; Soergel-Hadding vor § 705 Anm. 21; Ulmer Gesellschaft bürgerlichen Rechts § 705 Anm. 131 ff.). Als Gesamthand entsteht die Gesellschaft spätestens im Zeitpunkt des gemeinschaftlichen Geschäftsbeginns (vgl. Ulmer Gesellschaft bürgerlichen Rechts § 705 Anm. 5, 249), denn gewollte Mitunternehmerschaft reicht für die Begründung des Gesellschaftsverhältnisses aus (vgl. § 105 Anm. 30, 32; Karsten Schmidt oHG S. 185). Sie entsteht außerdem (auch ohne Geschäftsbeginn) spätestens mit ihrer Eintragung (RGZ 157, 369, 372; Heymann-Emmerich Anm. 6), und zwar dann sogleich als oHG (vgl. Abs. 1), sofern nur die Eintragung auf einem Konsens der Gesellschafter beruht (anderenfalls ist die Eintragung und Bekanntmachung unrichtig i. S. von § 15 Abs. 3).

4. Die Qualifikation der Gesellschaft als Handelsgesellschaft

a) Die Frage, **von wann an die Gesellschaft eine oHG bzw. KG sein kann,** ist in Abs. 1 und 2 geregelt (Karsten Schmidt Gesellschaftsrecht § 46 III 1). Es handelt sich lediglich um Folgerungen aus den §§ 1–4. Das bedeutet: Die als Rechtsträger entstandene (Anm. 3) Gesellschaft **wird zur Handelsgesellschaft,** sobald sie entweder ein vollkaufmännisches Grundhandelsgewerbe betreibt (vgl. §§ 1, 4) oder ein sonstiges Gewerbe betreibt und eingetragen ist (vgl. §§ 2, 3, 5, letzterer bedeutsam, wenn die Eintragungsvoraussetzungen der §§ 2, 3 zu Unrecht angenommen wurden oder wenn ein Grundhandelsgewerbe betrieben wird, das aber minderkaufmännischer Art ist und nach § 4 nicht eintragungsfähig war). Zum Status der Gesellschaft vor Erwerb der Kaufmannseigenschaft vgl. Anm. 13 ff.

5 b) Die Gesellschaft **verliert ihre Kaufmannseigenschaft als Handelsgesellschaft**, wenn sie durch Aufgabe der Unternehmenstätigkeit oder durch Fortfall der vollkaufmännischen Qualität zur Gesellschaft bürgerlichen Rechts wird (RGZ 155, 75, 83; BGHZ 32, 307, 312 = NJW 1960, 1664; WM 1962, 10; NJW 1971, 1698 = BB 1971, 973, 974; WM 1976, 1053; vgl. auch OLG Hamburg VersR 1982, 338). Umstritten ist, ob auch bei der Betriebsaufspaltung die bisherige Handelsgesellschaft als bloße Besitzgesellschaft zur Gesellschaft bürgerlichen Rechts wird (in dieser Richtung BGH NJW 1971, 1698 = BB 1971, 973; BGH NJW-RR 1990, 798, 799 = ZIP 1990, 505, 506; Karsten Schmidt Handelsrecht § 9 IV 2 b aa; a. M. Hopt ZGR 1987, 162 ff. m. w. Nachw.). Die bloß vorübergehende Einstellung des Betriebes macht aus der oHG noch keine Gesellschaft bürgerlichen Rechts (Karsten Schmidt Gesellschaftsrecht § 44 II 3; a. M. BGHZ 32, 307). All dies ergibt sich aus §§ 1–5. Nach § 5 bleibt die Gesellschaft, solange sie das Unternehmen betreibt, bis zu ihrer Löschung im Handelsregister Handelsgesellschaft und damit oHG. Ohne den Betrieb eines Unternehmens besteht auch nach § 5 keine Handelsgesellschaft (vgl. näher § 105 Anm. 39). Eine Besonderheit gilt im Fall der Liquidation: Nach § 156 bleibt die Gesellschaft bis zur Vollbeendigung oHG bzw. KG, auch wenn das von ihr betriebene Unternehmen im Zuge der Liquidation eingestellt worden ist (vgl. § 156 Anm. 7 ff.). Im übrigen hat der Fortfall der oHG bzw. KG-Merkmale ebensowenig mit einem Erlöschen der Gesellschaft zu tun, wie § 123 mit dem Entstehen der Gesellschaft zu tun hat (dazu Anm. 1 ff.). Die Umwandlung in eine Gesellschaft bürgerlichen Rechts ist keine Beendigung der oHG bzw. KG, sondern ein Fortbestand des Rechtsträgers in anderer Rechtsform (vgl. § 105 Anm. 87; zur Vollbeendigung der Gesellschaft vgl. dagegen § 131 Anm. 1, § 155 Anm. 52 ff.).

II. Die Handelsgesellschaft kraft Eintragung (Abs. 1)

6 1. Die „Wirksamkeit" der oHG bzw. KG nach außen tritt spätestens mit **Eintragung der Gesellschaft** im Handelsregister ein (Abs. 1). Spätestens mit diesem Zeitpunkt wird der Gesellschaftsvertrag wirksam (Anm. 2, 3); spätestens mit diesem Zeitpunkt entsteht die Gesellschaft als Rechtsträger (vgl. Anm. 3); spätestens mit diesem Zeitpunkt wird die Gesellschaft zur oHG (vgl. Anm. 4), vorausgesetzt, sie weist die bei § 105 Anm. 24 ff. genannten Merkmale auf. Abs. 1 schützt den Rechtsverkehr, ist aber keine Vertrauensschutzvorschrift (Rechtsscheinvorschrift). Gegenüber der Eintragung ist selbst bei Kenntnis des Dritten die Behauptung, daß die oHG ihre Geschäfte noch nicht aufgenommen hat, unerheblich. Die Bestimmung wirkt absolut. Ist die oHG im Handelsregister eingetragen worden und hinzugefügt, daß sie ihre Geschäfte erst später beginne, so hindert dieser nach § 106 Abs. 2 Nr. 3 („begonnen hat") unzulässige Zusatz das Wirksamwerden der Gesellschaft nach außen nicht. Ausschlaggebend für die

Wirksamkeit ist die Eintragung, nicht erst ihre Bekanntmachung (ROHGE 23, 280, 283). Wird ein früherer als der tatsächliche Beginn der Gesellschaft eingetragen (vgl. § 106 Abs. 2 Nr. 3), so bleibt doch der tatsächliche Beginn maßgebend (RGZ 119, 64, 67f.). Eine Rückwirkung tritt nicht ein, und auch § 15 Abs. 3 ändert hieran nichts, weil in der Vergangenheit keine Eintragung und Bekanntmachung vorlag.

2. Die **Übernahme eines eingetragenen Unternehmens** macht die Gesellschaft sogleich zur Handelsgesellschaft, auch wenn die Gesellschaft selbst noch nicht eingetragen ist (OLG Dresden SeuffA 95 Nr. 33; BGHZ 59, 179, 183 = NJW 1972, 1660, 1661 = JuS 1973, 83 m. Anm. Karsten Schmidt; Heymann-Emmerich Anm. 9). Nach BGHZ 59, 179, 183f. = NJW 1972, 1660, 1661 = JuS 1973, 83 m. Anm. Karsten Schmidt gilt dies allerdings nicht, wenn die Personengesellschaft das Unternehmen eines eingetragenen Formkaufmanns (AG, GmbH, eG) erwirbt, weil dieser nicht in Bezug auf das Unternehmen nach §§ 1ff. eingetragen wird (krit. Heymann-Emmerich Anm. 9).

III. Die Handelsgesellschaft kraft Geschäftsbeginns (Abs. 2)

1. Bedeutung

Wenn die Gesellschaft ihre Geschäfte vor der Eintragung beginnt, tritt die Wirksamkeit der oHG bzw. KG nach außen bereits mit dem Zeitpunkt des Geschäftsbeginns ein, soweit sich nicht aus § 2 ein anderes ergibt (Abs. 2). Im Hinblick auf das bei Anm. 1ff. Gesagte muß unterschieden werden: Als **Rechtsträger** – sei es als Gesellschaft bürgerlichen Rechts oder als Handelsgesellschaft – beginnt die Gesellschaft spätestens mit Geschäftsbeginn (Anm. 3). Ob sie **Handelsgesellschaft**, also oHG bzw. KG ist, bestimmt sich dann nach § 1 (Anm. 11).

2. Der Geschäftsbeginn

a) Ein **Geschäftsbeginn** im Sinne dieser Vorschrift ist bereits vorhanden, wenn irgendein zum Unternehmen gehöriges Rechtsgeschäft im Namen der Gesellschaft getätigt worden ist. Es genügen vorbereitende Geschäfte, es brauchen nicht Grundgeschäfte des betreffenden Handelsgewerbes getätigt worden zu sein (ROHGE 12, 406, 413; HansRZ 4 (1926), 674, 675; Baumbach-Duden-Hopt Anm. 4 C; Fischer in Großkomm Anm. 12). Ausreichend ist auch die Übersendung von Rundschreiben an die Kundschaft, in der Form von Zeitungsanzeigen (RG Bolze 3 Nr. 795), die Anmietung von Räumen (RG DR 1941, 1943, 1944 m. Anm. Barz [KG]), die Leistung der Kommanditeinlage (RG DR 1943, 1221), der Abschluß eines Vertrages – aber nicht des Gründungsvertrages! – vor dem Notar (KG DR 1939, 1795 [KG]). Alle diese Rechtshandlungen lassen den Willen der Gesellschaft erkennen, ihre Geschäfte zu beginnen. Führt die Gesellschaft ein von einem Einzelkaufmann erworbenes Handelsgeschäft unzulässigerweise ohne Zusatz unter dessen Firma fort, so liegt bereits in dem ersten unter der alten Firma getätigten Geschäft der „Geschäftsbeginn" der oHG (vgl. RG SeuffA 95, Nr. 33; BGHZ 61, 39, 65 = NJW 1973, 1691 = JuS 1974, 52 m. Anm. Emmerich; vgl. dazu näher Anm. 24). Es entscheidet der tatsächliche, nicht der später im Register eingetragene Geschäftsbeginn (RGZ 119, 64, 68; Baumbach-Duden-Hopt

Anm. 4 A). Unerheblich ist, ob der Tag des tatsächlichen Geschäftsbeginns den Vereinbarungen im Gesellschaftsvertrag entspricht; maßgebend bleibt er auch bei abweichender Vereinbarung oder bei Rückdatierung (Fischer in Großkomm Anm. 11).

10 b) **Die Gesellschaft** muß die Geschäfte aufgenommen haben. Nach h. M. müssen alle Gesellschafter dem Geschäftsbeginn zu diesem Zeitpunkt zugestimmt haben (OGH Wien GesRZ 1981, 104 f.; Baumbach-Duden-Hopt Anm. 4 E; Heymann-Emmerich Anm. 13; Straube-Koppensteiner Anm. 16; Alfred Hueck oHG § 5 II 2). Die Zustimmung kann ausdrücklich oder stillschweigend erteilt werden (ROHGE 12, 406, 410). Nimmt ein Gesellschafter eigenmächtig oder gegen den Willen der Gesellschafter vor der Eintragung im Namen der Gesellschaft Geschäfte vor, so tritt dadurch eine Wirksamkeit der oHG nach außen hin nach h. M. nicht ein (ROHGE 12, 406, 409; Heymann-Emmerich Anm. 16). Dieser h. M. ist nicht zu folgen. Sie verwechselt in der hier bei Anm. 1 ff. kritisierten Weise das Entstehen der Gesellschaft mit dem Beginn als Handelsgesellschaft. Ist die Gesellschaft wirksam gegründet und hat sie geschäftsführende und vertretungsberechtigte Gesellschafter, so genügt deren Handeln für den Tatbestand des § 123 Abs. 2. Das ist anders als bei § 176 Abs. 1 (dazu § 176 Anm. 14), wo es um eine persönliche Vertrauenshaftung der Mitgesellschafter geht. Es ist nicht einzusehen, warum die wirksam gegründete oHG oder KG nicht als solche durch Handlungen ihrer Organe soll ins Leben treten können. Gegen deren Eigenmächtigkeiten ist die Gesellschaft nach dem Willen des Gesetzgebers nicht geschützt (arg. § 126 Abs. 2). Ein Beginn der Geschäfte von seiten der Gesellschaft liegt dagegen nicht vor, wenn ein Gesellschafter zwar mit Zustimmung aller Gesellschafter, aber nicht im Namen der Gesellschaft, sondern im eigenen Namen Geschäfte tätigt (ROHGE 9, 282, 283; RG Bolze 3 Nr. 789; ö VGH Stanzl Nr. 76; Baumbach-Duden-Hopt Anm. 4 D; Heymann-Emmerich Anm. 12; Straube-Koppensteiner Anm. 16). Ein **Handeln im Namen der Gesellschaft** liegt stets beim Handeln unter ihrer Firma vor, doch genügt auch jedes andere Handeln, das der Gesellschaft nach § 164 BGB zuzurechnen ist (dazu § 125 Anm. 2).

3. Vorliegen eines Handelsgewerbes

11 Da eine oHG nur beim Betrieb eines Handelsgewerbes vorliegt (§ 105 Abs. 1), kann die oHG durch Geschäftsbeginn nach außen ohne Eintragung nur „wirksam" werden, wenn sie ein **Handelsgewerbe nach § 1 Abs. 2** betreibt; beim Betrieb eines solchen Handelsgewerbes hängt das Entstehen der oHG nicht von ihrer Eintragung im Handelsregister ab (BGH WM 1958, 216). Es kommt dann nicht darauf an, ob die Geschäfte bereits bei Geschäftsbeginn (Anm. 9) vollkaufmännischen Umfang haben (BGHZ 10, 91, 96 = NJW 1953, 1217, 1218; Fischer in Großkomm Anm. 12; Straube-Koppensteiner Anm. 15; mißverständlich OGH Wien GesRZ 1980, 39). Betreibt die Gesellschaft ein **anderes Gewerbe** (§§ 2, 3 Abs. 2), bedarf es zum Wirksamwerden der **Eintragung**, denn erst mit der Eintragung werden diese Gewerbe zum Handelsgewerbe. Hat die oHG allerdings ein eingetragenes gewerbliches Unternehmen erworben und führt sie es unter der eingetragenen Firma – unzulässigerweise ohne Zusatz – fort, so bedarf es zum Wirksamwerden der oHG keiner erneuten Eintragung. Dies gilt insbesondere auch in den Fällen der §§ 2, 3 (näher Anm. 7).

IV. Unwirksamkeit abweichender Vereinbarungen (Abs. 3)

Eine Vereinbarung, daß die Gesellschaft erst mit einem späteren Zeitpunkt ihren Anfang nehmen soll, ist Dritten gegenüber unwirksam. Auch eine Eintragung im Handelsregister oder die Kenntnis des Dritten kann ihr nicht Wirkung verleihen. Umgekehrt ist eine Vorverlegung des Entstehenszeitpunkts vor den der tatsächlichen Eintragung oder des tatsächlichen Geschäftsbeginns nicht mit Außenwirkung möglich (vgl. Anm. 6). Schuldrechtliche Abreden im Innenverhältnis sind den Beteiligten unbenommen (Anm. 2). Auch kann sich ein Gesellschafter, der mit der Gesellschaft außerhalb des Gesellschaftsverhältnisses liegende Drittgeschäfte tätigt, auf Abs. 3 nicht berufen, sofern diese Geschäfte mit den Abreden der Gesellschafter unvereinbar sind (Ritter Anm. 6). Das folgt schon aus den Grundsätzen über den Mißbrauch der Vertretungsmacht (§ 126 Anm. 20 ff.).

V. Der rechtliche Status vor Erwerb oder nach Verlust der Kaufmannseigenschaft

1. Gesellschaft bürgerlichen Rechts

a) Die Gesellschaft ist Gesellschaft bürgerlichen Rechts, solange sie die **Merkmale des § 123** noch nicht erfüllt hat (Anm. 4) oder wenn sie die Vollkaufmannseigenschaft verloren hat (Anm. 5). Der **Formwechsel zwischen Gesellschaft bürgerlichen Rechts und oHG bzw. KG** stellt sich als eine formwechselnde Umwandlung kraft zwingenden Gesetzesrechts dar (näher Karsten Schmidt Gesellschaftsrecht § 44 II 3). Die Gesellschaft als Gesamthand verliert hierbei nicht ihre Identität (§ 105 Anm. 87). Das Gesellschaftsvermögen bleibt erhalten, so daß insbesondere bei Grundeigentum und bei sonstigen Grundstücksrechten keine förmliche Übertragung erforderlich ist (vgl. auch BayObLG Rpfleger 1985, 353 = WM 1985, 1398, 1399). Entsprechendes gilt für GmbH-Anteile, die sich im Vermögen der Gesellschaft befinden (keine Übertragung nach § 15 GmbHG). Erforderlich ist nur eine Berichtigung der Bezeichnung im Grundbuch bzw. in der Liste der Gesellschafter.

b) Die Gesellschaft ist als **unternehmenstragende Gesellschaft** verfaßt. Nach richtiger Auffassung weist eine solche Gesellschaft, auch wenn sie Gesellschaft bürgerlichen Rechts ist, weitgehend die Züge einer oHG bzw. KG auf und kann der analogen Anwendung von oHG-Regeln unterliegen (vgl. § 105 Anm. 245).

2. Das Innenrecht

Die Rechtsverhältnisse der Gesellschafter untereinander richten sich in erster Linie nach dem Gesellschaftsvertrag. Ist dieser als Handelsgesellschaftsvertrag konzipiert, ist er im Lichte des Rechts der oHG (bzw. der KG) auszulegen. Beispielsweise ist für die Geschäftsführung von §§ 114 ff. (nicht von §§ 709 ff. BGB) und für die Gewinn- und Verlustverteilung von §§ 120 ff. (nicht von § 722 BGB) auszugehen (vgl. BGHZ 32, 307, 314). Vgl. zu dieser Kontinuität der Innenverhältnisse BGH BB 1971, 973, 974 =

NJW 1971, 1698; BGH BB 1972, 61 = WM 1972, 21; dazu Kornblum BB 1972, 1032; Stimpel ZGR 1973, 80ff.; abl. Beyerle NJW 1972, 229; differenzierend noch Karsten Schmidt BB 1973, 1612; s. jetzt aber dens. Gesellschaftsrecht § 44 II 3 und unten Anm. 17. Vgl. auch § 141 Anm. 2, § 142 Anm. 9.

3. Das Außenrecht

16 a) Die Gesellschaft als Gesamthand kann **Trägerin von Rechten und Pflichten** sein (Flume Personengesellschaft § 7 II; Karsten Schmidt Gesellschaftsrecht § 8 III; Soergel-Hadding Vor § 705 Anm. 14; Ulmer Gesellschaft bürgerlichen Rechts Vor § 705 Anm. 8; § 705 Anm. 131; str.). An der Rechtszuständigkeit der Gesellschaft ändert sich deshalb nichts, wenn sie noch nicht oder nicht mehr oHG (bzw. KG), sondern Gesellschaft bürgerlichen Rechts ist (vgl. Anm. 13). Nach Auffassung der Gerichtspraxis ist allerdings die Gesellschaft bürgerlichen Rechts nicht wechselrechtsfähig (BGHZ 59, 179), nicht parteifähig (BGHZ 23, 307, 313; s. aber BFH NJW 1987, 1719), nicht konkursfähig (BGHZ 23, 307, 313f.; OLG Neustadt NJW 1956, 451; 1958, 999) und – mit Ausnahme der werdenden oHG (dazu sogleich in Anm. 16) – auch nicht grundbuchfähig (eingetragen werden nach § 47 GBO die Gesellschafter mit Zusatz „in Gesellschaft bürgerlichen Rechts"). Da die Gesellschaft bürgerlichen Rechts ein mit der oHG (KG) identisches Gebilde ist, wirft diese h. M. Probleme auf. Werden namens der Gesellschaft Wechsel gezeichnet (BGHZ 61, 59) oder wird in ihrem Namen prozessiert (BGH NJW 1980, 784; dazu Lindacher ZZP 96 [1983], 486 ff.; Karsten Schmidt JZ 1985, 913), so hilft die Rechtsprechung mit Rechtsscheingrundsätzen. Diese Abhilfe vermag nicht zu befriedigen (eingehend Karsten Schmidt Handelsrecht § 5 II m.w.Nachw.). Die Praxis sollte sich entschließen, unternehmenstragende BGB-Gesellschaften als wechselrechtsfähige, parteifähige und konkursfähige Gebilde anzuerkennen (näher Karsten Schmidt Gesellschaftsrecht § 59 V, § 60; ders. Handelsrecht § 5 II). Auch in das Grundbuch kann nach zunehmend vertretener Auffassung die „oHG (bzw. KG) in Gründung" eingetragen werden (so BayObLG WM 1985, 1398 = RPfleger 1985, 353 [KG]; Baumbach-Duden-Hopt Anm. 2 C; MünchKomm § 883 Anm. 20; Augustin in BGB-RGRK § 883 Anm. 41; Palandt-Bassenge § 883 Anm. 2c; Rißmann-Waldner RPfleger 1984, 59; anders LG Frankenthal RPfleger 1982, 346 [KG]). Um dem § 47 GBO Genüge zu tun, sollte das Registergericht allerdings die Namen der Gesellschafter hinzusetzen. Diese können, wenn die Eintragung der Gesellschaft im Handelsregister erfolgt ist, zugleich mit dem Zusatz „in Gründung" gelöscht werden.

17 b) Die Gesellschaft wird von den **vertretungsberechtigten Gesellschaftern** vertreten. Auch hier ist bei einer Gesellschaft, die als oHG (oder KG) gegründet worden ist, zu bedenken, daß die Gesellschafter im Zweifel an den Vertretungsverhältnissen der oHG (oder KG) festhalten wollen (BGH BB 1979, 286, 287; BB 1972, 61 = WM 1972, 61; BB 1971, 973, 974 = NJW 1971, 1698; Kornblum BB 1972, 1032; Stimpel ZGR 1973, 80 ff.; abl. Beyerle NJW 1972, 229; differenzierend noch Karsten Schmidt BB 1973, 1612; s. jetzt aber dens. Gesellschaftsrecht § 58 V 2a). Auszugehen ist also von den §§ 125 ff., 170, nicht von § 714 BGB. Die vertretungsberechtigten Gesellschafter können (nicht unbedingt: dürfen) im Zweifel schon im Namen der „künftigen oHG oder KG" Willenserklärungen abgeben; das gilt sogar für eine Auflassung (BayObLG

NJW 1984, 497 = WM 1983, 1198 = JuS 1984, 392 m. Anm. Karsten Schmidt). Für **Rechtsverletzungen** geschäftsführender Gesellschafter haftet das Gesellschaftsvermögen in sinngemäßer Anwendung des § 31 BGB (heute h. M.; vgl. nur Flume, Personengesellschaft, § 16 IV 1; Soergel-Hadding § 718 Rdnr. 22; Ulmer Gesellschaft bürgerlichen Rechts § 705 Anm. 217 ff.; eingehend Breuninger, Die BGB-Gesellschaft als Rechtssubjekt im Wirtschaftsverkehr, 1991, S. 90 ff.; a. M. noch BGHZ 45, 311).

c) Die **persönliche Gesellschafterhaftung** ist umstritten. Bei der unternehmenstragenden Gesellschaft bürgerlichen Rechts ist grundsätzlich eine persönliche Gesellschafterhaftung analog § 128 zu befürworten (Karsten Schmidt Gesellschaftsrecht § 60 III 2; ders. Festschrift Fleck 1980, S. 271 ff. m. w. Nachw.). Das gilt für vertragliche ebenso wie für gesetzliche Gesellschafterschulden. Diese akzessorische Gesellschafterhaftung ist bisher im Grundsatz noch nicht von der Praxis anerkannt, jedoch laufen die Ergebnisse der Entscheidungen zumeist auf eine solche persönliche Haftung hinaus (vgl. für Vertragsansprüche BGH NJW 1983, 749 = WM 1983, 30; für Bereicherungsansprüche BGH NJW 1983, 1905; 1985, 1828 = WM 1985, 89; für Umsatzsteuerschulden BFH BStBl. II 1986, 156 = NJW 1986, 2969; BStBl. II 1986, 158 = BB 1986, 121; NJW 1990, 2086 = JuS 1990, 760 m. Anm. Karsten Schmidt; für Gewerbesteuerschulden OLG Hamm NJW-RR 1990, 615). Eine Haftungsbeschränkung kann mit dem Gläubiger vereinbart oder durch erkennbare Vollmachtsbeschränkung erreicht werden, wobei insbesondere ein Hinweis auf die Kommanditistenstellung von Gesellschaftern eine Haftungsbeschränkung rechtfertigt (vgl. im einzelnen BGH NJW-RR 1990, 867 = BB 1990, 1085; NJW 1985, 619; OLG Hamm NJW 1985, 1846; Karsten Schmidt Gesellschaftsrecht § 60 III 4 d; Soergel-Hadding § 714 Anm. 34; Ulmer Gesellschaft bürgerlichen Rechts § 714 Anm. 35; krit. Flume Personengesellschaft § 16 IV). Auf Änderungen der Haftung muß der Gläubiger jedenfalls im Rahmen einer laufenden Geschäftsverbindung hingewiesen werden; versäumten die Gesellschafter dies, so haften sie wie Handelsgesellschafter, auch wenn die Gesellschaft inzwischen zur Gesellschaft bürgerlichen Rechts geworden ist (vgl. BGH NJW 1972, 1418; WM 1977, 1405, 1406; 1981, 238, 239; [GmbH & Co KG] NJW 1987, 3124).

VI. Rechtsscheinfälle

1. Grundlagen

a) Gemäß der in Anm. 1 ff. getroffenen Unterscheidungen muß auch im Bereich der Rechtsscheinhaftung genau **unterschieden** werden (vgl. Karsten Schmidt Handelsrecht § 10 VIII 2): Es gibt Fälle, in denen die Gesellschaft nur scheinbar besteht (Anm. 21); es gibt sodann Fälle, in denen eine bestimmte Person nur scheinbar der Gesellschaft angehört (Anm. 22); es gibt schließlich Fälle, bei denen die Gesellschaft vorhanden, aber nur scheinbar eine Handelsgesellschaft (oHG) ist (Anm. 23 f.).

b) Von den Rechtsscheinfällen zu unterscheiden sind die **Fälle der objektiven Zurechnung**. Soweit eine eingetragene Gesellschaft die Merkmale des § 5 erfüllt (dazu Erl. § 5), ist sie – wenn auch aufgrund einer unzulässigen Eintragung – eine Handelsgesellschaft und nicht bloß eine Schein-oHG (vgl. Karsten Schmidt Handelsrecht § 10 III 1).

Auch soweit die Gesellschaft eine fehlerhafte oHG ist (zur fehlerhaften Gesellschaft vgl. § 105 Anm. 201 ff.), ist sie nicht oHG kraft Rechtsscheins, sondern eine wirkliche oHG (vgl. Karsten Schmidt Gesellschaftsrecht § 6 II 2; ders. AcP 186 (1986), 424).

2. Scheingesellschaft und Scheingesellschafter

21 a) Besteht **nur scheinbar eine Gesellschaft** (z.B. weil ein Einzelkaufmann mit dem unzulässigen Zusatz „& Co." firmiert), so kann dies zwar Haftungsfolgen haben, aber die Scheingesellschaft besteht weder als Schuldverhältnis noch als gesamthänderische Rechtsträgerin (vgl. Karsten Schmidt Handelsrecht § 10 VIII 2 b). Dadurch unterscheidet sie sich von einer fehlerhaften Gesellschaft (vgl. § 105 Anm. 228 f.). Insbesondere kommt eine Partei- oder Konkursfähigkeit einer bloßen Scheingesellschaft nicht in Betracht.

22 b) Ein **Scheingesellschafter** – d.h. der scheinbare Gesellschafter einer wirklichen oder gleichfalls nur scheinbaren Gesellschaft – kann kraft Rechtsscheins der Haftung nach § 128 ausgesetzt sein (vgl. § 128 Anm. 10). Mit § 123 hat auch dies nichts zu tun.

3. Schein-Handelsgesellschaft

23 a) Eine **Schein-Handelsgesellschaft** liegt vor, wenn die Gesellschaft vorhanden, aber mangels vollkaufmännischer Tätigkeit keine oHG (bzw. keine KG), sondern eine Gesellschaft bürgerlichen Rechts ist. Nicht hierher gehört der Fall des § 5, denn hier wird die eingetragene Gesellschaft nicht nur als oHG (bzw. als KG) behandelt, sondern sie ist – wenn auch kraft unberechtigter Eintragung – eine oHG bzw. KG. Die Fälle der Schein-Handelsgesellschaft decken sich mit dem Tatbestand des Scheinkaufmanns (dazu § 5 Anm. 10 ff.; Karsten Schmidt Handelsrecht § 5 II 1). Hauptsächlich handelt es sich um Sachverhalte, bei denen eine Gesellschaft bürgerlichen Rechts durch die Verwendung einer oHG- (bzw. KG-)Firma oder durch vorgetäuschte Größe das Vorliegen eines vollkaufmännischen Handelsgewerbes vortäuscht. Die bloße Verwendung einer „firmenähnlichen Geschäftsbezeichnung" ohne einen Rechtsformzusatz oder eine täuschende Größenangabe genügt hierfür nicht. Eine Gesellschaft bürgerlichen Rechts, die sich etwa übereinstimmend mit § 19 Abs. 1 „A & B" nennt, ist nicht ohne weiteres eine Schein-oHG (str.; vgl. Karsten Schmidt Handelsrecht § 12 I 2 b bb).

24 b) Die Schein-Handelsgesellschaft wird gegenüber Gutgläubigen so **behandelt, als wäre sie eine oHG bzw. KG**. Die Rechtsprechung behandelt die Schein-Handelsgesellschaft als parteifähig (BGH NJW 1980, 784 = JuS 1980, 453 m. Anm. Karsten Schmidt; dazu Lindacher ZZP 96 [1983]; 486 ff.) und als wechselfähig (BGHZ 61, 59, 67 f. = NJW 1973, 1691, 1693 f.; dazu Canaris NJW 1974, 455; Karsten Schmidt JZ 1974, 219; Teichmann-Schick JuS 1975, 21). Ein gegen die Gesellschaft ergangenes Urteil wirkt gemäß § 129 auch gegen die Gesellschafter (BGH NJW 1980, 784 = JuS 1980, 453 m. Anm. Karsten Schmidt). Die Konkurseröffnung über das Vermögen einer Schein-KG, die in Wahrheit nur BGB-Gesellschaft ist, ist nach BGHZ 113, 216 = NJW 1991, 922 bestandskräftig, wenn der Eröffnungsbeschluß rechtskräftig ist, so daß ein Konkursverfahren wie bei einer konkursfähigen Handelsgesellschaft durchgeführt wird. Nach richtiger Auffassung ist allerdings auch die Gesellschaft bürgerlichen Rechts als partei-, konkurs- und wechselrechtsfähig anzuerkennen, wenn sie als unternehmenstragende Gesellschaft fungiert (Anm. 14, 16), so daß es der Rechtsscheinkonstruktion in diesen Fällen nicht bedarf. Auch sonst muß sich die Schein-Handelsgesellschaft im Verhältnis zu gutgläubigen Dritten an dem nach außen gesetzten oHG-Tatbestand festhalten lassen (RGZ 164, 115; RG JW 1898, 163; BGH NJW 1980, 784). Das gilt auch für die Haftung der Gesellschafter (BGH NJW 1980, 784; NJW 1987, 3124 = WM 1987, 689, 690). Des Nachweises, daß der erzeugte Rechtsschein ein bestimmtes Tun oder Unterlassen des zu schützenden Dritten verursacht hat, bedarf es nicht (BGHZ 61, 59, 64 = NJW 1973, 1691, 1692; Lorenz JW 1934, 225 zu RGZ 142, 98). Kannte der Dritte allerdings das Fehlen eines vollkaufmännischen Handelsgewerbes, so entfällt die Rechtsscheinhaftung (BGHZ 61, 59, 64 = NJW 1973, 1691, 1692; BGH WM 1956, 1028).

124 (1) Die offene Handelsgesellschaft kann unter ihrer Firma Rechte erwerben und Verbindlichkeiten eingehen, Eigentum und andere dingliche Rechte an Grundstücken erwerben, vor Gericht klagen und verklagt werden.

(2) Zur Zwangsvollstreckung in das Gesellschaftsvermögen ist ein gegen die Gesellschaft gerichteter vollstreckbarer Schuldtitel erforderlich.

Schrifttum: *Fabricius*, Relativität der Rechtsfähigkeit, 1963; *Flume*, Gesellschaft und Gesamthand, ZHR 136 (1972), 177; *Hamel*, Die Rechtsnatur der oHG, 1928; *Huber*, Vermögensanteil, Kapitalanteil und Gesellschaftsanteil an Personalgesellschaften des Handelsrechts, 1970; *John*, Die organisierte Rechtsperson, 1977; *Kämmerer*, Die Rechtsnatur der offenen Handelsgesellschaft, NJW 1966, 801; *Kohler* und *Lehmann*, Die offene Handelsgesellschaft als juristische Person, ZHR 74 (1913), 456; *Ostheim*, Zur Rechtsfähigkeit von Verbänden im österreichischen bürgerlichen Recht, 1967; *Karsten Schmidt*, Zur Stellung der oHG im System der Handelsgesellschaften, 1972; *ders.*, Die Personengesellschaft als Rechtsträger, in: Institut der Wirtschaftsprüfer (Hrsg.), Personengesellschaft und Bilanzierung, 1990, S. 41; *Schönfeld*, Zur Konstruktion der offenen Handelsgesellschaft, JherJ 75 (1925), 333; *Schulze-Osterloh*, Das Prinzip der gesamthänderischen Bindung, 1972; *Weber-Grellet*, Die Gesamthand – ein Mysterienspiel?, AcP 182 (1982), 316; *Wiedemann*, Juristische Person und Gesamthand als Sondervermögen, WM-Beilage 4/1975.

Inhalt

	Anm.		Anm.
I. Die oHG als Rechtsträgerin	1–9	III. Prozeß und Vollstreckung	25–37
1. Rechtsfähigkeit	1	1. Zivilprozeß	26
2. Konsequenzen	2	2. Zwangsvollstreckung	34
II. Materielles Recht	10–24	IV. Konkurs und Vergleich	38–42
1. Die Gesellschaft als Trägerin des Gesellschaftsvermögens	10	1. Konkurs	38
		2. Vergleich	41
2. Die Gesellschaft im privaten Rechtsverkehr	16	3. Insolvenzrechtsreform	42
		V. Die oHG im Steuerrecht	43–46
3. Die Gesellschaft im privaten „Unrechtsverkehr"	19	1. Einkommensteuer	44
		2. Vermögensteuer	45
4. Ämter und Funktionen	22	3. Umsatzsteuer und Gewerbesteuer	46

I. Die oHG als Rechtsträgerin

1. Rechtsfähigkeit

1 Die Gesellschaft kann **Trägerin von Rechten und Pflichten** sein. Sie ist also rechtsfähig (Karsten Schmidt Gesellschaftsrecht § 46 II 1 m.w. Nachw.). Das ergibt sich aus Abs. 1. Die oHG braucht hierfür nicht als juristische Person eingeordnet zu werden (so aber Ostheim S. 169 ff.; Affolter ArchBürgR 5 [1891], 5 ff.; Kohler ZHR 74 [1913], 456 ff.; der Sache nach auch Kämmerer NJW 1966, 801 ff.), sondern es genügt, daß sie nach dem Gesetz Rechtsträgerin ist (Karsten Schmidt Gesellschaftsrecht § 8 III). Die rechtsdogmatische Grundsatzfrage, ob eine Gesamthand als solche Rechtsträgerin sein kann (grundlegd Flume Personengesellschaft § 7 II; ders. ZHR 136 (1972), 177 ff.; eingehend Karsten Schmidt Gesellschaftsrecht § 8 III; Soergel-Hadding vor § 705 Anm. 14, 21; Ulmer Gesellschaft bürgerlichen Rechts vor § 705 Anm. 8, § 705 Anm. 131), spielt nur noch für die theoretische Begründung eine Rolle. Die früher h. M., die die Gesellschafter als Träger der zum Gesellschaftsvermögen gehörenden Rechte und Pflichten ansah (RGZ 3, 57; 5, 51, 57; 139, 252, 254; Alfred Hueck oHG § 16 II; vgl. auch noch BGHZ 34, 293, 297; BGH NJW 1988, 556; BGHZ 110, 127 = NJW 1990, 1181), ist für den Fall der oHG oder KG contra legem. Die Auffassung, daß die oHG bzw. KG als Personengesellschaft nicht Rechtsträgerin sein könne (früher h. M.; in jüngerer Zeit noch Schulze-Osterloh S. 12), versucht, eine in ihrer Ordnungsfunktion verkannte Rechtsdogmatik gegen das positive Recht auszuspielen. Die rechtsdogmatische Frage besteht nach der gegenwärtigen Gesamthandsdiskussion darin, ob es des § 124 für die Anerkennung der Rechtsfähigkeit der oHG bzw. KG überhaupt bedurfte. Das kann auf der Basis der neueren, eine Rechtssubjektivität der Gesamthand bejahenden, Lehre verneint werden. Die Praxis sollte sich aber mit der theoretischen Frage nach dem „Wesen" der oHG oder KG hier nicht weiter belasten, sondern sich einfach an das Gesetz halten: Die Gesellschaft kann Trägerin von Rechten und Pflichten sein (ähnlich Heymann-Emmerich Anm. 4). Sie ist also Eigentümerin der zu Eigentum eingebrachten und der von Dritten hinzuerworbenen Sachen, ist Gläubigerin und Schuldnerin etc. und wird nicht nur, wie dies früher behauptet wurde, als fiktive Eigentümerin, Gläubigerin, Schuldnerin etc. behandelt. Damit wird man der Funktion des § 124 am besten gerecht: Weiteres Nachdenken über die Rechtsnatur der Gesellschaft soll in dieser Hinsicht gerade überflüssig gemacht werden.

2. Konsequenzen

2 a) aa) Im **Privatrecht** sind die Konsequenzen teils materiellrechtlicher Art (Anm. 10 ff.), teils verfahrensrechtlicher Art (Anm. 25 ff.). In beiderlei Hinsicht wirkt sich aus, daß die Gesellschaft selbst – nicht bloß die Gesamtheit der unter ihrem Namen verbundenen Gesellschafter – Rechtsträger ist.

3 bb) Die Gesellschaft kann als Trägerin von Rechten und Pflichten in das **Grundbuch** eingetragen werden (§ 15 Abs. 1 b Grundbuchverfügung; Meikel-Sieveking, Grundbuchrecht, 7. Aufl. 1986, Einl. C 57 ff.; vgl. Horber-Demharter, GBO, 17. Aufl 1986,

§ 19 Anm. 19 e; zum Fall der oHG in Gründung BayObLGZ 1985, 213 = WM 1985, 1398). Hierin unterscheidet sie sich von der Gesellschaft bürgerlichen Rechts, bei der, auch wenn sich Grundstücke oder Rechte an Grundstücken im Gesamthandsvermögen befinden, nach § 47 GBO die Gesellschafter eintragen werden (BayObLGZ 1985, 213 = WM 1985, 1398; Horber-Demharter, GBO, 17. Aufl. 1986, § 19 Anm. 19 g). Zum Grundbuchverfahren bei der Gründung einer noch nicht eingetragenen oHG oder KG vgl. § 123 Anm. 16.

cc) Die Gesellschaft kann **Partei eines Rechtsstreits** sein (s. auch Anm. 26). Das RG sah den Gesellschaftsprozeß noch als einen Prozeß der Gesellschafter an, der nur unter der oHG-Firma als gemeinsamer Bezeichnung geführt werde (RGZ 35, 389; 46, 39, 41; 64, 77, 78 ff.; 127, 98, 100; 141, 277, 280 f.; std. Rspr.; weitere Nachweise bei Karsten Schmidt Gesellschaftsrecht § 46 II 3 a). Diese Deutung des § 124 war verfehlt, und sie ist spätestens seit BGHZ 62, 131 auch für die Praxis überholt. Die Gesellschaft selbst ist nach dem unmißverständlichen Willen des Gesetzgebers parteifähig. Die Gesellschaft und ihre Gesellschafter sind verschiedene Parteien (Anm. 33; BGHZ 62, 131 f.; 64, 155 f.). Sie sind es auch dann, wenn ein Gläubiger wegen derselben Forderung gegen die Gesellschaft und gegen die Gesellschafter klagt. Zur Streitgenossenschaft vgl. § 128 Anm. 21. Da die Gesellschaft als Partei von den Gesellschaftern zu unterscheiden ist, sind auch Prozesse zwischen ihr und ihren Gesellschaftern möglich (Anm. 33).

dd) Die Gesellschaft kann **Gemeinschuldnerin eines Konkursverfahrens** bzw. **Schuldnerin in einem Vergleichsverfahren** sein (OLG München NJW 1988, 1036; vgl. dazu die Kommentierungen zu §§ 209 KO, 109 VerglO). Die noch bei BGHZ 34, 293, 297 vertretene Ansicht, Gemeinschuldner seien in Wahrheit die Gesellschafter, ist mit § 124 nicht vereinbar (näher Karsten Schmidt Gesellschaftsrecht § 46 II 3 b m. w. Nachw.).

b) aa) Im **öffentlichen Recht** ist die Gesellschaft, soweit nicht die einzelnen Rechtsnormen entgegenstehen, gleichfalls als Rechtssubjekt anerkannt. Sie ist **grundrechtsfähig** (von Mutius in Bonner Kommentar zum Grundgesetz, Zweitbearbeitung 1975, Art. 19 Abs. 3 Anm. 38 ff., 67 ff.; Dürig, in Maunz-Dürig-Herzog, Grundgesetz Bd. II, Stand 1977 Art. 19 Abs. 3 Anm. 29; von Münch-Hendrichs, Grundgesetzkommentar, 3. Aufl. 1985, Art. 19, Anm. 36) und kann Verletzungen der ihr zustehenden Grundrechte mit der Verfassungsbeschwerde angreifen (BVerfGE 10, 89; 42, 374, 383).

bb) Die Gesellschaft ist auch **taugliche Beteiligte** eines Verwaltungsprozesses (str., ob nach § 61 Nr. 1 VwGO [Kopp, VwGO, 7. Aufl. 1986, § 61 Anm. 6] oder nach § 61 Nr. 2 VwGO [Eyermann-Fröhler, VwGO, 9. Aufl. 1988, § 61 Anm 6]), Finanzprozesses (Ziemer-Birkholz, FGO, 3. Aufl. 1978, § 57 Anm. 14) oder eines Verwaltungsverfahrens (§§ 11 Nr. 1 oder 11 Nr. 2 VwVfG, 78, 79 AO). Das gilt auch im Kartellrecht (vgl. Immenga-Mestmäcker-Karsten Schmidt, GWB, 2. Aufl. 1991, Erl. § 76). Sie kann ordnungsrechtlich als Störer in Anspruch genommen werden (OVG Münster BB 1969, 1327) und kann als Betreiberin einer Anlage emissionsschutzrechtlichen Anordnungen unterliegen (Hess. VGH HessVGRspr. 1990, 21 = DB 1989, 1459).

c) aa) Die oHG genießt **strafrechtlichen Schutz**, soweit dieser auf andere als natürliche Personen erstreckt werden kann. Die oHG kann ggf. auch Strafantrag stellen (vgl.

BGHSt 6, 186, 187; Schönke-Schröder-Eser, StGB, 23. Aufl. 1988, § 77 Anm. 14). Sie wird hierbei durch die geschäftsführenden und vertretungsberechtigten Gesellschafter vertreten.

9 bb) Die oHG oder KG kann als solche **nicht bestraft** werden, auch nicht als Inhaber des Betriebs nach §§ 4 Abs. 2, 15 Abs. 2 UWG (Baumbach-Duden-Hopt Anm. 4 F). Möglich ist aber die Anordnung des Verfalls (§ 73 Abs. 3 StGB) oder der Einziehung (§ 75 Nr. 3 StGB) gegenüber der oHG (Schönke-Schröder-Eser, StGB, 23. Aufl. 1988, § 75 Anm. 6). Im Ordnungswidrigkeitenrecht kann unter den Voraussetzungen des § 30 OWiG neuerdings auch im selbständigen Verfahren (§§ 39 ff. OWiG) eine Geldbuße gegen die Gesellschaft verhängt werden (Göhler, Gesetz über Ordnungswidrigkeiten, 9. Aufl. 1990, § 30 Anm. 1).

II. Materielles Recht

1. Die Gesellschaft als Trägerin des Gesellschaftsvermögens

10 a) Zum **Gesellschaftsvermögen** gehören die Ansprüche der Gesellschaft gegen die Gesellschafter auf Leistung von Einlagen. Diese Ansprüche können nach h. M. abgetreten werden (LG Göttingen NJW 1970, 1374; Gramlich NJW 1967, 1447; bedenklich!). Zum Gesellschaftsvermögen gehört weiter, was durch Vertrag, insbesondere durch Einbringung von Einlageleistungen und durch Erwerb im Rahmen von Umsatzgeschäften der Gesellschaft, oder kraft Gesetzes für die Gesellschaft erworben wird (vgl. Huber Vermögensanteil S. 72 f., 78; Flume Personengesellschaft § 5). Die Gesellschaft kann auch als Erbin eingesetzt oder mit einem Vermächtnis bedacht werden. Nicht zum Gesellschaftsvermögen gehören Gegenstände, die nur „zur Nutzung eingebracht" sind (vgl. Alfred Hueck oHG § 14 II; Karsten Schmidt Gesellschaftsrecht § 20 II 2 d; Baumbach-Duden-Hopt Anm. 1 G; Ulmer Gesellschaft bürgerlichen Rechts § 706 Anm. 10 ff.). Auch was „dem Werte nach" eingebracht wird, ist nicht Gesellschaftsvermögen (Alfred Hueck oHG § 14 II; Karsten Schmidt Gesellschaftsrecht § 20 II 2 d), und zwar auch nicht „materiell-wirtschaftlich" (so aber Gädtke, „Dem Werte nach" eingebrachte Grundstücke im Gesellschaftsvermögen, 1987, S. 107 ff.). Der Grundstückswert schlägt sich in diesem Fall nur auf den Gesellschafterkonten nieder. Veräußerungserlöse, Wertänderungen, Nutzungen und Lasten gebühren dann schuldrechtlich der Gesellschaft, und auch in der Auseinandersetzung werden sämtliche Gesellschafter so gestellt, als gehörte der Gegenstand zum Gesellschaftsvermögen (vgl. § 149 Anm. 24).

11 b) Die Gegenstände des Gesellschaftsvermögens stehen **nur der Gesellschaft** zu. Die Gesellschafter haben keinen Bruchteil oder sonstigen Anteil an den einzelnen Gegenständen des Gesellschaftsvermögens (Huber Vermögensanteil S. 120 f.; Karsten Schmidt Gesellschaftsrecht § 8 III 4). Deshalb kann auch nur die Gesellschaft als Berechtigte über Gegenstände des Gesellschaftsvermögens verfügen, der einzelne Gesellschafter dagegen weder über diese Gegenstände noch über einen Bruchteil daran (vgl.

§ 719 Abs. 1 BGB). Gegenstände des Gesellschaftsvermögens können grundsätzlich nur durch Verfügungsgeschäft in das Vermögen der Gesellschafter überführt werden (Ausnahme: Vollbeendigung der Gesellschaft und Gesamtrechtsnachfolge eines einzig verbleibenden Gesellschafters; vgl. § 145 Anm. 33 f.). Gegenstände des Gesellschaftervermögens können nur durch Verfügungsgeschäft in das Vermögen der Gesellschaft überführt werden (Ausnahme: Gesamtrechtsnachfolge durch Erbeinsetzung der Gesellschaft).

c) Von den Gegenständen des Gesellschaftsvermögens zu unterscheiden ist der **Gesellschaftsanteil** oder die Mitgliedschaft des einzelnen Gesellschafters. Dieser Gesellschaftsanteil (früher sog. Gesamthandsanteil) steht jedem Gesellschafter ungeteilt (also nicht verteilt auf die einzelnen Gegenstände des Gesellschaftsvermögens) zu. Er kann ganz oder zu einem Bruchteil auf einen Mitgesellschafter oder auf einen Dritten übertragen werden, wenn dies im Gesellschaftsvertrag vorgesehen ist oder wenn sämtliche Mitgesellschafter zustimmen (vgl. § 105 Anm. 184 ff.; Huber Vermögensanteil S. 388 f.). Über die Vererbung des Anteils vgl. § 139 Anm. 3 ff., 16 f.; über die Pfändung vgl. § 135 Anm. 7 ff.; über Treuhand und Nießbrauch am oHG-Anteil vgl. vor § 335 a.F. = vor § 230 n.F. Anm. 9 ff., 31 ff.

d) Die Gesellschaft kann **Besitzerin** sein (BGH JZ 1968, 69; Heymann-Emmerich Anm. 6; Staub-Ulmer § 105 Anm. 295 ff.; Flume Personengesellschaft § 6 I; Alfred Hueck oHG § 19 II; Karsten Schmidt Gesellschaftsrecht §§ 10 III 3, 60 II 3 jew. m.w.Nachw.; a.M. Steindorff JZ 1970, 106 ff.). Sie übt den Besitz durch ihre geschäftsführungs- und vertretungsberechtigten Gesellschafter aus. Die früher herrschende Gegenansicht ist überholt (s. auch Klett, Die Besitzverhältnisse bei der Personengesellschaft, 1989, S. 48 f.)

e) Die Gesellschaft kann als **Erbin** eingesetzt werden (BGH NJW 1989, 2495). Mit dem Tod des Erblassers geht dann der Nachlaß nicht auf die Gesellschafter über, sondern auf die Gesellschaft. Dementsprechend erwirbt auch eine als Vermächtnisnehmerin eingesetzte oHG oder KG selbst als Gesellschaft den Vermächtnisanspruch.

f) Die oHG oder KG (§ 161 Abs. 2) kann **Mitglied eines privatrechtlichen Verbandes** sein, also z.B. Vereinsmitglied, Genosse einer eG, Aktionär, GmbH-Gesellschafter. Mitglied ist dann die Gesellschaft, nicht die Summe der einzelnen Gesellschafter (§§ 69 AktG, 18 GmbHG sind nicht einschlägig; Baumbach-Duden-Hopt Anm. 4 A; a.M. Schwichtenberg DB 1976, 375). Die oHG oder KG kann auch Mitglied einer Personengesellschaft sein (BGHZ 80, 129, 132; Fischer in Großkomm § 105 Anm. 27), insbesondere Mitglied einer anderen oHG oder KG (dazu § 105 Anm. 65). Bei der stillen Gesellschaft (§ 230) kann auf beiden Seiten eine oHG oder KG beteiligt sein, sowohl auf der Seite des Geschäftsinhabers als auch auf der Seite des stillen Gesellschafters (vgl. § 335 a.F. = § 230 n.F. Anm. 26 und 30). Komplementärin einer KGaA kann sie nach richtiger Auffassung nicht sein (ebenso Godin-Wilhelmi Aktiengesetz 3. Aufl. 1967 § 278 Anm. 6; anders z.B. Baumbach-Duden-Hopt Anm. 4 A). Dies beruht aber nicht auf einer eingeschränkten Rechtssubjektivität der oHG, sondern darauf, daß § 281 Abs. 1 AktG nur natürliche Personen als Komplementäre zuläßt (str.; auf die Aktienrechtskommentierungen ist zu verweisen).

2. Die Gesellschaft im privaten Rechtsverkehr

16 a) Die oHG bzw. KG kann als solche **Rechtsgeschäfte** eingehen. Sie wird selbst aus Rechtsgeschäften verpflichtet (vgl. schon RGZ 28, 118) sowie auch berechtigt (vgl. BGH NJW 1988, 556). Dabei wird die Gesellschaft von ihren **vertretungsberechtigten Gesellschaftern** oder von **Bevollmächtigten** vertreten (dazu vgl. Erl. § 125). Zur Frage, unter welchen Voraussetzungen ein Vertreterhandeln im Namen der Gesellschaft anzunehmen ist, vgl. § 125 Anm. 2. Wird ein Vertrag im Namen der Gesellschaft und mit Vertretungsmacht abgeschlossen, so werden daraus nicht die Gesellschafter als Vertragsparteien berechtigt und verpflichtet, sondern die **Vertragswirkungen treffen nur die Gesellschaft**. Entscheidungen, die das Gegenteil zu belegen scheinen, beruhen auf Fehlkonstruktionen (näher Karsten Schmidt, Gesellschaftsrecht § 48 I 1). Überholt und unrichtig ist der bei BGH BB 1988, 2325 = NJW 1988, 556 vertretene Standpunkt, wonach der Steuerberater der Gesellschaft nur mit den Gesellschaftern und nicht mit der Gesellschaft in Vertragsbeziehung stehen kann (dagegen ausführlicher Karsten Schmidt DStZ 1988, 263 ff.). Gleichfalls abzulehnen ist das Urteil BGHZ 110, 127 = NJW 1990, 1181, das die Einbeziehung des persönlich haftenden Gesellschafters in den Rechtsschutzversicherungsvertrag der Gesellschaft mit der Begründung rechtfertigt, Versicherungsnehmer seien im Fall der Personengesellschaft die Gesellschafter und nicht die Gesellschaft. Nicht mit der Frage, wer Vertragspartner bei einem im Namen der Gesellschaft abgeschlossenen Vertrag ist, ist die andere Frage zu verwechseln, ob neben der Gesellschaft auch die Gesellschafter verpflichtet und berechtigt sind. Eine eigene Verpflichtung aller Gesellschafter neben der Gesellschaft aus dem Vertrag kann sich aus dessen besonderem Inhalt ergeben, setzt aber die Mitwirkung oder wirksame Vertretung der Gesellschafter voraus (z.B. bei einem gegenüber einem Dritten eingegangenen Wettbewerbsverbot; vgl. Kardaras, Das Wettbewerbsverbot in den Personengesellschaften, 1967, S. 6); eine inhaltsgleiche Haftung für alle Verbindlichkeiten der Gesellschaft ergibt sich aus § 128 (vgl. Erl. dort). Auch Rechte der Gesellschafter können sich nach allgemeinen Regeln aus dem Vertrag zwischen einem Dritten und der Gesellschaft ergeben. Erfüllungsansprüche der Gesellschafter können sich ergeben, wenn dies zwischen ihnen und dem Vertragsgegner oder zwischen der Gesellschaft und dem Vertragsgegner (§ 328 BGB) vereinbart ist. Im Fall BGHZ 110, 127 = NJW 1990, 1181 umfaßte die Rechtsschutzversicherung der Gesellschaft nach dem Sinn und Zweck des von der Gesellschaft abgeschlossenen Gesellschaftsvertrags auch Prozesse zwischen einem unbeschränkt haftenden Gesellschafter und den Gesellschaftsgläubigern (vgl. Karsten Schmidt Gesellschaftsrecht § 48 I 1 b). Ist dies nicht der Fall, so kann sich aus dem Vertrag eine Schutzwirkung zugunsten der Gesellschafter ergeben (vgl. für Steuerberater BGH LM Nr. 36 zu § 249 BGB = NJW 1983, 1053 [GmbH]; Karsten Schmidt Gesellschaftsrecht § 48 I 1 b; ders. DStZ 1988, 263, 264 m.w.Nachw.).

17 b) Soweit die Gesellschaft aus einem Rechtsgeschäft verpflichtet ist, unterliegt sie der **rechtsgeschäftlichen Haftung** für jede Art Forderungsverletzung nach allgemeinen Grundsätzen. **Schuldhaftes Verhalten** ihrer Organe (§ 31 BGB) und ihrer Erfüllungsgehilfen (§ 278 BGB) wird der Gesellschaft zugerechnet (Anm. 21). Auch **guter und böser Glaube** ihrer Organmitglieder und Vertreter kann der Gesellschaft zugerechnet werden (vgl. Schilken, Wissenszurechnung im Zivilrecht, 1983, S. 118 ff.; Fischer in Großkomm § 125 Anm. 25), wobei die Wissenszurechnung bei Organen auf der allgemeinen organschaftlichen Zurechnung beruht (§ 125 Anm. 13; Karsten Schmidt Gesellschaftsrecht § 10 V 2), die Wissenszurechnung bei Bevollmächtigten dagegen auf § 166 BGB (vgl. BGH NJW 1984, 1953, 1954; Schilken, Wissenszurechnung im Zivilrecht, 1983, S. 122; Karsten Schmidt Gesellschaftsrecht § 10 V 2 b). Vgl. dazu auch § 125 Anm. 13, 50.

c) Als **Bevollmächtigte** kann die Gesellschaft (ihrerseits vertreten durch einen vertretungsberechtigten Gesellschafter oder durch einen Bevollmächtigten) Rechtsgeschäfte auch im Namen eines Gesellschafters oder eines Dritten abschließen. Dann wird (vorausgesetzt, die Gesellschaft handelte mit Vertretungsmacht) dieser Gesellschafter oder Dritte berechtigt und verpflichtet (§ 164 BGB). **18**

3. Die Gesellschaft im privaten „Unrechtsverkehr"

a) **Ansprüche der Gesellschaft** wegen Beeinträchtigungen oder Schädigungen folgen allgemeinen Regeln. Dies gilt z.B. für Schadensersatzansprüche wegen Vertragsverletzung oder nach §§ 823 ff. sowie für Beseitigungs- und Unterlassungsansprüche nach §§ 823 ff., 1004 BGB, §§ 1 ff. UWG und den Sonderregeln des gewerblichen Rechtsschutzes (Anm. 20). **19**

b) Die Gesellschaft genießt **Immaterialgüterschutz.** Ihr Name ist nach § 12 BGB geschützt (BGHZ 4, 167 = NJW 1952, 503 „DUZ"; 11, 214 = NJW 1954, 388 „KfA"; 14, 155 = NJW 1954, 1681 „Farina"; Soergel-Heinrich § 12 Anm. 31, 114; Schwerdtner in MünchKomm BGB § 12 Anm. 28). Auch als Inhaberin einer Marke wird die Gesellschaft geschützt (Baumbach-Hefermehl, Warenzeichengesetz, 12. Aufl. 1985, § 1 Anm. 3). Urheberrechte kann die Gesellschaft nicht innehaben (Fromm-Nordemann, Urheberrecht, 7. Aufl. 1988, § 7 Anm. 1), als Inhaberin von Nutzungsrechten am Werk ist sie nach § 97 UrhG geschützt (vgl. BGH GRUR 1981, 820 (KG)). Sie hat die Möglichkeit ein Patent anzumelden (Benkard-Bruchhausen, Patentgesetz, 8. Aufl. 1988, § 35 Anm. 1), wenn sie ein Erfinderrecht derivativ erworben hat; als Patent- oder Lizenzinhaberin ist sie nach § 139 PatG geschützt. Die Gesellschaft genießt Ehrenschutz, soweit ihr sozialer Geltungsanspruch als Arbeitgeber oder Wirtschaftsunternehmen betroffen ist (vgl. Emmerich JuS 1987, 69 zur juristischen Person). Diesen kann sie allerdings nur im Wege der Unterlassungsklage geltend machen (BGHZ 78, 24, 25 ff. = NJW 1980, 2807; Baumbach-Duden-Hopt Anm. 4 C). Ein Schmerzensgeldanspruch einer Handelsgesellschaft kommt nicht in Betracht (BGHZ 78, 24, 27 f. = NJW 1980, 2807; NJW 1981, 675, 676; Baumbach-Duden-Hopt Anm. 4 C; a.A. Soergel-Zeuner § 847 Anm. 19). **20**

c) Die **Gesellschaft haftet** ihrerseits nach allgemeinen Regeln für Rechtsverletzungen. Für **unerlaubte Handlungen** ihrer geschäftsführenden und vertretungsberechtigten Gesellschafter haftet sie analog § 31 BGB (RG JW 1931, 1689, 1690; BGH LM Nr. 1 zu § 126 = NJW 1952, 537, 538; VersR 1962, 664; NJW 1973, 538; WM 1974, 153; Karsten Schmidt Gesellschaftsrecht § 10 IV 2; der Sache nach ebenso schon vor dem BGB RGZ 15, 121, 127 ff.; 17, 93, 94 f.; 20, 190, 195; 32, 32, 35; dazu Schmiedel, in Gedächtnisschrift Rödig, 1978, S. 261 ff.; Martinek, Repräsentantenhaftung, 1979, **21**

S. 109 ff.; Reuber, Die haftungsrechtliche Gleichbehandlung von Unternehmensträgern, 1990, S. 150 ff.; im Ergebnis allg. M.). Für Forderungsverletzungen ihrer **Erfüllungsgehilfen** haftet die Gesellschaft nach § 278 BGB (BGHZ 56, 355 ff.), für unerlaubte Handlungen ihrer **Verrichtungsgehilfen** nach § 831 BGB. Ein Mitverschulden ihrer verfassungsmäßig berufenen Vertreter oder Erfüllungsgehilfen muß sich die Gesellschaft nach § 254 BGB zurechnen lassen (vgl. BGH NJW 1952, 537, 539; Baumbach-Duden-Hopt Anm. 3 C). Die oHG kann **verkehrssicherungspflichtig** sein (so bereits RG JW 1931, 1689, 1690 [KG]; OLG Celle DAR 1976, 72). Sie kann als **Halter** oder **Betreiber** der Gefährdungshaftung nach §§ 833 bis 838 BGB; 7 StVG, 33 LuftVG, 2 Abs. 2 HaftpflG, 22 Abs. 2 WHG unterliegen (Flume Personengesellschaft § 16 IV 6).

4. Ämter und Funktionen

22 Ämter und Funktionen kann die oHG oder die KG ausüben, soweit nicht die für das betreffende Amt oder für die Funktion geltenden Sonderregeln entgegenstehen.

23 a) Sie **kann** z.B. sein: **vertretungsberechtigter Gesellschafter** in einer Personengesellschaft (Beispiel: doppelstöckige GmbH & Co.), **Testamentsvollstrecker** (Brandner in MünchKomm BGB § 2197 Anm. 9; Soergel-Damrau § 2197 Anm. 6; Staudinger-Reimann § 2197 Anm. 16; Baumbach-Duden-Hopt Anm. 4 B; für juristische Personen setzen dies die §§ 2210 S. 3, 2163 Abs. 2 BGB voraus), **Verwalter** einer Wohnungseigentümergemeinschaft (vgl. OLG Hamburg OLGZ 1988, 299, 302; Röll in MünchKomm § 26 WEG Anm. 2; für die BGB-Gesellschaft demgegenüber verneinend BGHZ 107, 268 = NJW 1989, 2059 m.w. Nachw.), **Liquidator** eines Vereins, einer AG, einer eG oder einer GmbH (vgl. für den Verein: Reuter in MünchKomm BGB § 48 Anm. 1; Soergel-Hadding § 48 Anm. 3; a.A. Reichert-Dannecker-Kühr, Handbuch des Vereins- und Verbandsrechts, 4. Aufl. 1987, Anm. 1506; für die AG: Baumbach-Hueck, AktG, 13. Aufl. 1968, § 265 Anm. 2; Wiedemann, in Großkomm AktG, 3. Aufl. 1973, § 265 Anm. 6; a.A. Kraft, in Kölner Kommentar AktG, 1. Aufl. 1985, § 265 Anm. 9; für die eG: Müller, GenG Bd. 2, 1980, § 83 Anm. 27; für die GmbH: Scholz-Karsten Schmidt GmbHG § 66 Anm. 3; Baumbach-Hueck-Schulze-Osterloh GmbHG § 66 Anm. 7; Lutter-Hommelhoff GmbHG § 66 Anm. 1). Die Fähigkeit, Liquidator einer Körperschaft zu sein, ist allerdings nicht zweifelsfrei. Eindeutig zulässig ist dagegen die Fähigkeit der Gesellschaft, Liquidator einer oHG oder KG zu sein (vgl. § 146), denn sie ist tauglicher Gesellschafter (Anm. 15).

24 b) Sie kann **nicht** sein: **Konkursverwalter** (OLG Hamburg JW 1931, 2155; Kuhn-Uhlenbruck, KO, 10. Aufl. 1986, § 78 Anm. 4; Kilger, KO, 15. Aufl. 1987, § 78 Anm. 1; a.A. Skrotzki KTS 1961, 145), **Vormund** oder **Pfleger** (a.A. für den Abwesenheitspfleger und den Pfleger für unbekannte Beteiligte Baumbach-Duden-Hopt Anm. 4 B; dies ist trotz des eingeschränkten Wirkungsbereiches der genannten Pfleger wegen des Wesens der Pflegschaften als Personalpflegschaften abzulehnen; eine Ausnahme bildet die Pflegschaft für Sammelvermögen, die eine Realpflegschaft ist), **Vorstand** eines Vereins (Reichert-Dannecker-Kühr, Handbuch des Vereins- und Verbandsrechts, 4. Aufl. 1987, Anm. 1000), einer AG (§ 76 Abs. 3 AktG) oder einer eG, **Geschäftsführer** einer GmbH (§ 6 Abs. 2 S. 1 GmbHG), **Prokurist** (Baumbach-Duden-Hopt § 48 Anm. 11).

III. Prozeß und Vollstreckung

Schrifttum: *Bork,* Die Parteirollen im Streit um die Zugehörigkeit zu einer Personenhandelsgesellschaft, ZGR 1991, 125; *Rob. Fischer,* Die Personenhandelsgesellschaft im Prozeß, in: Festschrift Hedemann, 1958, S. 75 = Gesammelte Schriften, 1985, S. 121; *Henckel,* Parteilehre und Streitgegenstand im Zivilprozeß, 1961; *Huber,* Vermögensanteil, Kapitalanteil und Gesellschaftsanteil an Personalgesellschaften des Handelsrechts, 1970, S. 79 ff.; *ders.,* Die Parteifähigkeit der Personengesellschaft des Handelsrechts und ihr Wegfall während des Prozesses, ZZP 82 (1969), 224; *Jaeger,* Die offene Handelsgesellschaft im Zivilprozesse, 1915 (= Festgabe der Leipziger Juristenfakultät für Rudolf Sohm).

1. Zivilprozeß

a) Die oHG ist **parteifähig** (Anm. 4). Der theoretische Streit um die Frage, ob im Prozeß der Gesellschaft wirklich die Gesellschaft Partei ist und nicht die Summe der Gesellschafter (näher Fischer in Großkomm Anm. 8), ist nach der klaren Regel des § 124 gegenstandslos (RGZ 141, 280 sah noch die Gesellschafter als wahre Partei des Gesellschaftsprozesses an). Allgemeiner Gerichtsstand ist der Sitz der Gesellschaft (§ 17 ZPO). Auf den Wohnsitz der Gesellschafter kommt es nicht an. Der Sitz der Gesellschaft ist auch maßgeblich für Prozesse zwischen der Gesellschaft und ihren Gesellschaftern (§ 22 ZPO). Allerdings ist die Gesellschaft nach h. M. **prozeßunfähig** in dem Sinne, wie es die juristischen Personen sind (Fischer in Großkomm Anm. 9): Sie muß durch ihre organschaftlichen Vertreter handeln. Ob diese Notwendigkeit eine „Prozeßunfähigkeit" herbeiführt, ist rechtsdogmatisch zweifelhaft, aber rechtspraktisch ohne Bedeutung. Wegen der Vertretung der Gesellschaft im Prozeß ist zu verweisen auf § 125 Anm. 4, § 126 Anm. 5. Die vertretungsberechtigten Gesellschafter werden im Prozeß **als Partei vernommen** (§§ 445 ff. ZPO), die nicht vertretungsberechtigten Gesellschafter **als Zeugen** (BGHZ 42, 230 f.; BAG BB 1980, 580 für den Fall, daß einem Kommanditisten Prokura erteilt wurde; LG Oldenburg BB 1975, 983; Heymann-Emmerich Anm. 21; Karsten Schmidt Gesellschaftsrecht § 46 II 3 a bb; Robert Fischer in Festschrift Hedemann S. 85 = Gesammelte Schriften S. 129; Barfuß NJW 1977, 1273 f.; ohne Differenzierung für Parteivernehmung aller Gesellschafter Alfred Hueck oHG § 22 III).

b) Ob eine **Handelssache** vorliegt, bestimmt sich nach § 95 GVG. Eine solche liegt auch dann vor, wenn ein Gesellschafter als sog. Drittgläubiger einen Anspruch gegen die Gesellschaft geltend macht (OLG Osnabürck DB 1983, 792).

c) Die **Klagschrift** muß die Gesellschaft als Aktiv- bzw. Passivpartei benennen (§ 253 Abs. 2 Nr. 1 ZPO). Hinzuzusetzen sind die gesetzlichen Vertreter (§§ 253 Abs. 4, 130 Nr. 1 ZPO). Regelmäßig geschieht die Benennung der Gesellschaft durch Verwendung der Firma (Fischer in Großkomm Anm. 18). Die Parteiidentität kann allerdings auch im Wege der Auslegung präzisiert werden (vgl. RGZ 54, 15; 157, 369, 374 ff.; BGH NJW 1981, 1453 = JuS 1981, 612 m. Anm. Karsten Schmidt; OLG Braunschweig LZ 1908, 959; Fischer in Großkomm Anm. 18; Heymann-Emmerich Anm. 19). Das Gericht wird dann auf formale Klärung, also auf Verwendung der Firma, hinwirken. Eine ganz andere Frage ist die der **Bestimmung der richtigen Partei im Rechtsstreit mit einem**

Gesellschafter (Prozeß der Gesellschafter untereinander oder Prozeß gegen die Gesellschaft?). Dies wird bei Anm. 32 sowie bei § 105 Anm. 149f. behandelt.

29 d) **Prozeßkostenhilfe** erhält die Gesellschaft nach § 116 Nr. 2 ZPO nur, wenn die Kosten weder von ihr noch von den Gesellschaftern aufgebracht werden können **und** die Unterlassung der Rechtsverfolgung oder Rechtsverteidigung allgemeinen Interessen zuwiderlaufen würde (vgl. Heymann-Emmerich Anm. 19). Wirtschaftlich beteiligt sind nicht nur unbeschränkt haftende Gesellschafter, sondern auch Kommanditisten (OLG Stuttgart NJW 1975, 2022; Baumbach-Duden-Hopt Anm. 5 D). Die ältere Rechtsprechung stellte die oHG bzw. KG hinsichtlich der Prozeßkostenhilfe noch nicht mit einer juristischen Person gleich und ließ es ausreichen, wenn die Kosten weder aus dem Gesellschafts- noch aus dem Gesellschaftervermögen aufgebracht werden konnten (BGH LM Nr. 6 zu § 114 ZPO a.F.; KG JW 1937, 1428; Fischer in Großkomm Anm. 20). Diese Rechtsprechung ist überholt, denn einerseits ist die Gesellschaft heute als vollwertige Partei anerkannt, andererseits ist sie nach § 116 Nr. 2 ZPO nunmehr bei der Prozeßkostenhilfe der juristischen Person ausdrücklich gleichgestellt (so schon OLG Hamm JW 1936, 1691 m. abl. Anm. Jonas).

30 e) **Kostenentscheidung und Kostenfestsetzung** wirken nur für und gegen die Gesellschaft als Partei (OLG Hamburg JurBüro 1984, 1180; OLG Schleswig JurBüro 1984, 1178; LAG Berlin NJW 1971, 1056; OLG München NJW 1964, 933). Die persönliche Haftung der Gesellschafter für die Kostenschuld der unterlegenen oHG (§ 128) kann nur durch Klage geltend gemacht werden (so ausdrücklich LAG Berlin NJW 1971, 1056). Eine Kostenfestsetzung für den eigenen Prozeßbevollmächtigten der Gesellschaft soll nach KG BB 1970, 1023 auch gegen die Gesellschafter zulässig sein (zust. Schumann-Geißlinger, BRAGO, 2. Aufl. 1974, § 19 Anm. 18). Das ist bedenklich. Zuzustimmen ist dem nur dann, wenn der Gesellschafter den Auftrag auch in eigenem Namen gab, da § 19 BRAGO eine Festsetzung der Gebühren gegen den Auftraggeber bestimmt. Dies kann aber nicht ohne nähere Anhaltspunkte angenommen werden (Gerold-Schmidt-von Eicken, BRAGO, 9. Aufl. 1987, § 19 Anm. 12; Riedl-Sußbauer-Fraunholz, BRAGO, 5. Aufl. 1985, § 19 Anm. 3).

31 f) Die **Rechtskraft** eines für und gegen die Gesellschaft ergehenden Urteils wirkt zunächst nur für und gegen diese. Eine Rechtskrafterstreckung kann sich aber aus § 129 ergeben (§ 129 Anm. 12 ff.).

32 g) Von der Parteifähigkeit der Gesellschaft (Anm. 4) ist die **Frage** zu unterscheiden, **ob die Gesellschaft im Einzelfall auch die richtige Partei ist**. Mitgliedschaftliche Streitigkeiten über den Bestand und über die personellen Grundlagen der Gesellschaft sowie über die Auslegung des Gesellschaftsvertrags werden nach der vor allem in der Praxis herrschenden Auffassung unter den Gesellschaftern ausgetragen. Die Gesellschaft ist hierbei nicht die richtige Partei (vgl. BGHZ 30, 195, 197f. = NJW 1959, 1683; Baumbach-Duden-Hopt Anm. 6 H; Fischer in Großkomm Anm. 10; Alfred Hueck oHG § 22 I Fußn. 1a; krit. Bork ZGR 1991, 125, dazu bereits § 105 Anm. 149). Hierzu gehören: Die **Gestaltungsklagen** nach §§ 117, 127, 133, 140, 142 (vgl. näher die Erläuterungen dieser Bestimmungen); **Feststellungsstreitigkeiten** über die Gesellschaftereigenschaft einer Person (BGH BB 1965, 14; BGHZ 48, 175 = NJW 1967, 2159; BGHZ 81, 263, 264f. = NJW 1981, 2565; WM 1990, 309; 1990, 675; krit. Bork ZGR 1991, 125ff.; dazu § 105 Anm. 149); Streitigkeiten über die Auslegung des Gesellschaftsvertrags sowie über die vertraglichen Rechte und Pflichten einzelner Gesellschafter (vgl. RGZ 163, 385, 388; BGHZ 48, 175, 176f. = NJW 1967, 2159; BGHZ 81, 263, 264f. = NJW 1981, 2565); Streitigkeiten über die Wirksamkeit einer Vertragsänderung (BGH BB 1965, 14; BGHZ 85, 350, 353 = NJW 1983, 1056); Streitigkeiten über die Besetzung eines Organs, z.B. eines Beirats (BGH BB 1968, 145; DB 1977, 1086); Streitigkeiten über die Wirksamkeit von Beschlüssen (h.M.; BGH BB 1966, 1169; 1968, 145; WM 1983, 785; OLG Hamburg BB 1967, 1267; dazu auch § 119 Anm. 11). Der Gesellschaftsvertrag kann **abweichende Regelungen** treffen, also für bestimmte Streitigkeiten den Prozeß zwischen Gesellschaft und Gesellschafter vorschreiben (BGH WM 1983, 785, 786; BGHZ 85, 350, 353 = NJW 1983, 1056; BGH BB 1966, 1169). Bei einer **Publikumspersonengesellschaft** ist davon auszugehen, daß Streitigkeiten, die die Rechte und Pflichten einzelner Gesellschafter betreffen, auch durch Klage dieser Gesellschafter gegen die Gesellschaft bzw. der Gesellschaft gegen die betreffenden Gesellschafter geklärt werden können (anders im Ausgangspunkt BGH WM 1983, 785; dazu Dietrich, Die Publikums-Kommanditgesellschaft..., 1988, S. 135). Soweit echte **Anfechtungsklagen** gegen Beschlüsse zugelassen werden (hiervon sollte entgegen der h.M. ausgegangen werden, wenn die Gesellschafter nach dem Gesellschaftsvertrag Mehrheitsbeschlüsse fassen; vgl. Karsten Schmidt, in Festschrift Stimpel, 1985, S. 217ff.), wird man eine Klage gegen die Gesellschaft zulassen müssen (noch nicht h.M.; vgl. § 119 Anm. 11). **Leistungsklagen,** gerichtet auf die Erfüllung vertraglicher Pflichten (z.B. auf Einlageleistung oder auf Gewinnauszahlung) werden zwischen den Parteien des Leistungsverhältnisses ausgetragen, also i.d.R. zwischen der Gesellschaft und dem Gesellschafter.

h) **Gesellschaftsprozeß** und **Gesellschafterprozeß** sind streng zu unterscheiden (§ 128 Anm. 21). Das versteht sich, wenn man mit § 124 Ernst macht, von selbst und bedarf keiner ausführlichen Begründung mehr (ausführlich noch Fischer in Großkomm Anm. 25). Ob Prozeßhandlungen im Namen der Gesellschaft oder im Namen eines Gesellschafters bzw. umgekehrt gegen die Gesellschaft oder gegen einen Gesellschafter vorgenommen werden, sollte in jedem Fall deutlich klargestellt werden, kann aber im Fall einer Unklarheit auch durch Auslegung ermittelt werden (vgl. für Mahnbescheid und Widerspruch BGH ZIP 1989, 1260). Im Prozeß der oHG oder KG sind die Gesellschafter nicht Partei, sondern Partei ist die Gesellschaft (BGHZ 62, 131f.; 64, 155, 156). Deshalb kann auch ein Gesellschafter die Gesellschaft oder die Gesellschaft einen Gesellschafter verklagen (Fischer in Großkomm Anm. 23; überholt RG JW 1914, 532). Auf der Seite der Gesellschaft können die Gesellschafter dem Prozeß ihrer Gesellschaft als Nebenintervenienten beitreten (§§ 66ff. ZPO; vgl. RGZ 5, 69, 71; BGHZ 62, 131, 133; Huber ZZP 82 [1969], 239f.). Werden die Gesellschaft und die nach § 128 persönlich haftenden Gesellschafter nebeneinander verklagt, so sind sie einfache Streitgenossen nach § 59 ZPO (näher § 128 Anm. 21). Der **Übergang vom Gesellschaftsprozeß zum Gesellschafterprozeß** ist Parteiwechsel (BGHZ 62, 131, 133; vgl. auch BGHZ

64, 155 f.; Huber ZZP 82 (1969), 243 f.). Kommt es während des Prozesses zur **Vollbeendigung der Gesellschaft,** so treten die Gesellschafter nicht automatisch in das Prozeßrechtsverhältnis ein (vgl. BGHZ 62, 131, 132; grundlegend Jaeger, Robert Fischer und Huber a. a. O.; näher Karsten Schmidt Gesellschaftsrecht § 46 II 3; anders noch RGZ 64, 77, 78 f.; 124, 146). Anders nur, wenn die Gesellschaft dadurch erlischt, daß alle Gesellschafter bis auf einen wegfallen (vgl. zu diesem Erlöschenstatbestand § 131 Anm. 30, § 145 Anm. 33). In diesem Fall tritt Gesamtrechtsnachfolge ein. Dann ist § 239 ZPO analog anwendbar (vgl. Fischer in Großkomm Anm. 34; ders. in Festschrift Hedemann S. 93 = Gesammelte Schriften S. 137; Karsten Schmidt Gesellschaftsrecht § 46 II 3 a aa; ohne Beschränkung auf diese Fallgruppe Henckel ZGR 1975, 232 ff.). Von der Vollbeendigung der Gesellschaft ist deren **Auflösung** zu unterscheiden. Sie hindert den Fortgang des Prozesses nicht (näher § 156 Anm. 20).

2. Zwangsvollstreckung

34 a) Zur **Zwangsvollstreckung in das Gesellschaftsvermögen** ist ein gegen die Gesellschaft gerichteter Titel erforderlich (Abs. 2). Beispielsweise ist ein gegen die Komplementär-GmbH erwirkter Titel keine ausreichende Grundlage für die Vollstreckung in das Vermögen der GmbH & Co. KG (vgl. für Eintragung einer Vormerkung aufgrund einstweiliger Verfügung BayObLG NJW 1986, 2578 = WM 1986, 862). Wird aus einem gegen einen Gesellschafter gerichteten Titel in das Gesellschaftsvermögen vollstreckt, so steht der Gesellschaft hiergegen die Drittwiderspruchsklage (§ 771 ZPO) zu. Auch ein gegen alle Gesellschafter gerichteter Titel genügt für die Vollstreckung nicht, und zwar grundsätzlich nicht einmal dann, wenn die Gesellschafter wegen einer Gesellschaftsschuld verurteilt sind. Denn der gegen die Gesellschafter gerichtet Vollstreckungstitel ist Gesamtschuldtitel (§ 128), nicht Gesamthandstitel (§ 124). Anders verhält es sich, wenn ein selbst bei einer Gesellschaft bürgerlichen Rechts für die Vollstrekkung nach § 736 ZPO ausreichender Gesamthandstitel vorliegt (etwa weil der Titel erwirkt wurde, bevor die Gesellschaft, damals noch BGB-Gesellschaft und nach hM noch parteiunfähig, durch Eintragung in das Handelsregister zur oHG oder KG geworden war). Ein solcher Titel, der vor der Umwandlung in eine Handelsgesellschaft für die Vollstreckung in das Gesellschaftsvermögen ausreichte, genügt auch nach der Eintragung (vgl. zum Streit um die Handhabung des § 736 ZPO etwa Ulmer Gesellschaft bürgerlichen Rechts § 718 Anm. 65 f.; Karsten Schmidt Gesellschaftsrecht § 60 IV 2; Hüffer, in Festschrift Stimpel, 1985, S. 165; Brehm KTS 1983, 21; Noack, MDR 1974, 811; Winter KTS 1983, 349). Dasselbe gilt, wenn die Gesellschaft im Erkenntnisverfahren zu Unrecht als Gesellschaft bürgerlichen Rechts angesehen wurde, in Wahrheit aber schon oHG bzw. KG war.

35 b) Die umgekehrte Konstellation – **Vollstreckung in das Vermögen der Gesellschafter** – ist in § 129 Abs. 4 geregelt. Es geht dabei im wesentlichen um die Frage, ob die Drittwiderspruchsklage eines Gesellschafters gegen den aus einem gegen die Gesellschaft gerichteten Titel trotz § 129 Abs. 4 abgewiesen werden kann (vgl. § 129 Anm. 17).

c) Die **eidesstattliche Versicherung** nach §§ 899 ff. ZPO wird von den vertretungsberechtigten Gesellschaftern abgegeben (OLG Dresden OLGE 6, 144 für die GmbH; Fischer in Großkomm Anm. 36).

d) Die **Auflösung der Gesellschaft** während der Zwangsvollstreckung hindert die Vollstreckung aus dem Titel nicht. Im Fall der **Vollbeendigung** der Gesellschaft (vgl. § 131 Anm. 2) wird der gegen sie gerichtete Titel gegenstandslos. Eine Umschreibung auf die Gesellschafter nach § 727 ZPO ist grundsätzlich nicht möglich (anders noch Düringer-Hachenburg-Flechtheim Anm. 17; Saenger JW 1929, 1578). Eine Ausnahme gilt auch hier wieder, wenn die Gesellschaft durch Wegfall der Mitgesellschafter (insbesondere aufgrund von § 142, aber z.B. auch durch Austritt oder durch Anteilsübertragung) erlischt. Dann wird der verbleibende Gesellschafter Gesamtrechtsnachfolger (vgl. § 105 Anm. 24, § 131 Anm. 30, § 145 Anm. 33). In Konsequenz des bei Anm. 33 Gesagten ist dies als ein Anwendungsfall des § 727 ZPO anzusehen.

IV. Konkurs und Vergleich

1. Konkurs

Schrifttum: *Jaeger*, Der Konkurs der offenen Handelsgesellschaft 1897; *Karsten Schmidt*, Unternehmenskonkurs, Unternehmensträgerkonkurs, Gesellschafterkonkurs, in: Einhundert Jahre KO, 1977, S. 247; *ders.*, Wege zum Insolvenzrecht der Unternehmen, 1990; *Uhlenbruck*, Die GmbH & Co. KG in Krise, Konkurs und Vergleich, 2. Aufl. 1988.

a) OHG und KG sind **konkursfähig** (§ 209 KO). Gemeinschuldner im Gesellschaftskonkurs sind nach traditioneller Auffassung die Gesellschafter (BGHZ 34, 293, 297; RAG HRR 1931, Nr. 1147; Kuhn-Uhlenbruck, KO, 10. Aufl. 1986, § 209 Anm. 15; Kilger, KO; 15. Aufl. 1987, § 209 Anm. 4; a.A. Baumann, Konkurs und Vergleich, 2. Aufl. 1981, § 9 I 1 b). Dem ist nicht zu folgen. Die Gesellschaft ist Gemeinschuldnerin (Karsten Schmidt Gesellschaftsrecht § 46 II 3b; ders. Wege zum Insolvenzrecht S. 31). Es gelten die §§ 209–211 KO (näher dazu § 145 Anm. 68). Zur Haftung der Gesellschafter im Konkurs und zu den Wirkungen des Zwangsvergleichs vgl. § 128 Anm. 71.

b) Der **Konkurs eines Gesellschafters** oder aller Gesellschafter ist vom Konkurs der Gesellschaft zu unterscheiden. Vgl. dazu § 128 Anm. 74. Der Konkurs eines Gesellschafters löst die Gesellschaft auf (§ 131 Nr. 5 und dazu § 131 Anm. 36 ff.).

2. Vergleich

Über das Vermögen der Gesellschaft kann ein Vergleichsverfahren stattfinden (§ 109 VerglO). Wegen der Auswirkungen auf die Gesellschafterhaftung vgl. § 128 Anm. 71. Der Vergleichsvorschlag muß von allen persönlich haftenden Gesellschaftern gemacht werden (§ 109 Abs. 1 Nr. 1 VerglO). Für die Ablehnung der Eröffnung oder für die Versagung der Bestätigung genügt nach § 109 Abs. 1 Nr. 2 ein Ablehnungs- oder Versagungsgrund, der in der Person eines persönlich haftenden bzw. vertretungsberechtigten Gesellschafters liegt (Bley-Mohrbutter, Vergleichsordnung, 4. Aufl. 1979, § 17 Anm. 9; Böhle-Stamschräder-Kilger, Vergleichsordnung, 11. Aufl. 1986, § 17 Anm. 3).

3. Insolvenzrechtsreform

42 Der seit 1988 als Diskussionsentwurf und seit 1989 als Referentenentwurf vorliegende Entwurf einer Insolvenzordnung (EInsO) beseitigt die strenge Trennung von Konkurs und Vergleich und ersetzt diese durch ein einheitliches Insolvenzverfahren (dazu näher § 145 Anm. 78). An der Insolvenzrechtsfähigkeit der oHG bzw. KG ändert der Entwurf nichts (vgl. § 12 EInsO). Vgl. zu dem Entwurf auch § 145 Anm. 78.

V. Die oHG im Steuerrecht

43 Schrifttum: *Knobbe-Keuck*, Bilanz- und Unternehmenssteuerrecht, 7. Aufl. 1989; *Lange*, Personengesellschaften im Steuerrecht, 3. Aufl. 1979; *Paulick-Crezelius*, Handbuch der PersGes, 3. Aufl. 1986 ff., Teil II; *Ludwig Schmidt*, EStG, 11. Aufl. 1991; *Zimmermann-Reyher-Hottmann*, Die Personengesellschaft im Steuerrecht, 3. Aufl. 1990.

1. Einkommensteuer

44 Die oHG ist als solche weder einkommensteuerpflichtig noch körperschaftsteuerpflichtig, da sie weder natürliche (§ 1 EStG) noch juristische Person (§ 1 KStG) ist (Ludwig Schmidt, § 15 Anm. 36). Das erzielte Einkommen wird in der Höhe der Gewinnbeteiligung unmittelbar bei den einzelnen Gesellschaftern, die nach § 15 Abs. 1 Nr. 2 EStG als Mitunternehmer behandelt werden, versteuert (zu den Ausnahmen wegen Fehlens eines Gewerbebetriebes Zimmermann-Reyher-Hottmann S. 59). Die Gesellschaft ist lediglich Gewinnermittlungssubjekt (BFHE 132, 244 = BStBl. II 1981, 164; BFHE 141, 405; 426 = BStBl. II 1984, 751, 761; BFHE 144, 432 = BStBl. II 1986, 10). Zur Gesellschaftereigenschaft von Personengesellschaften vgl. § 105 Anm. 68 ff.

2. Vermögensteuer

45 Der unbeschränkten Vermögensteuerpflicht unterliegt die oHG ebenfalls nicht unmittelbar (§ 1 VStG). Ähnlich wie bei der Einkommensteuer findet jedoch eine einheitliche Bewertung des Betriebsvermögens statt, aufgrund derer die einzelnen Gesellschafter zur VSt herangezogen werden (vgl. Eisenblätter, Vermögensteuer-Kommentar, 2. Aufl. 1970, S. 74; Troll, Bewertung der GmbH-, oHG- und KG-Anteile bei der Vermögensteuer, 4. Aufl. 1983, S. 19).

3. Umsatzsteuer und Gewerbesteuer

46 Dagegen ist die Gesellschaft selbst umsatzsteuerpflichtig (vgl. nur § 1 Abs. 1 Nr. 3 UStG) und gewerbesteuerpflichtig (§ 5 Abs. 1 Satz 3 GewStG). Für Steuerschulden der oHG haften die Gesellschafter nach § 128 (vgl. § 123 Anm. 18, § 128 Anm. 3).

125 (1) Zur Vertretung der Gesellschaft ist jeder Gesellschafter ermächtigt, wenn er nicht durch den Gesellschaftsvertrag von der Vertretung ausgeschlossen ist.

(2) Im Gesellschaftsvertrage kann bestimmt werden, daß alle oder mehrere Gesellschafter nur in Gemeinschaft zur Vertretung der Gesellschaft ermächtigt sein sollen (Gesamtvertretung). Die zur Gesamtvertretung berechtigten Gesellschafter können einzelne von ihnen zur Vornahme bestimmter Geschäfte oder bestimmter Arten von Geschäften ermächtigen. Ist der Gesellschaft gegenüber eine Willenserklärung abzugeben, so genügt die Abgabe gegenüber einem der zur Mitwirkung bei der Vertretung befugten Gesellschafter.

(3) Im Gesellschaftsvertrage kann bestimmt werden, daß die Gesellschafter, wenn nicht mehrere zusammen handeln, nur in Gemeinschaft mit einem Prokuristen zur Vertretung der Gesellschaft ermächtigt sein sollen. Die Vorschriften des Absatzes 2 Satz 2 und 3 finden in diesem Falle entsprechende Anwendung.

(4) Der Ausschluß eines Gesellschafters von der Vertretung, die Anordnung einer Gesamtvertretung oder eine gemäß Absatz 3 Satz 1 getroffene Bestimmung sowie jede Änderung in der Vertretungsmacht eines Gesellschafters ist von sämtlichen Gesellschaftern zur Eintragung in das Handelsregister anzumelden.

Schrifttum: *Bacmeister*, Ausschluß aller Gesellschafter von der Vertretung, ZHR 55 (1904), 417; *Baumann*, Die Kenntnis juristischer Personen des Privatrechts von rechtserheblichen Umständen, ZGR 1973, 284; *Dieckmann*, Zur Schadensersatzpflicht der Offenen Handelsgesellschaft und deren Gesellschafter, wenn ein nicht (allein-)vertretungsberechtigter Gesellschafter gegen die Vertretungsordnung der Gesellschaft verstößt, WM 1987, 1473; *Helm-Wagner*, Fremdgeschäftsführung und -vertretung bei Personenhandelsgesellschaften, BB 1979, 225; *Kormann*, Gegensätzliches Handeln von Vertretern, Gruch. 57 (1913), 497; *Lüdke-Handjery*, Die „Ermächtigung" eines gesamtvertretungsberechtigten oHG-Gesellschafters zum Alleinhandeln, DB 1972, 565; *W. Müller*, Drittorgane bei Personengesellschaften, NJW 1955, 1909; *D. Reinicke*, Gesamtvertretung und Insichgeschäft, NJW 1975, 1185; *Schilken*, Wissenszurechnung im Zivilrecht, 1983; *Werra*, Zum Stand der Diskussion um die Selbstorganschaft, 1991.

Inhalt

	Anm.		Anm.
I. Grundlagen	1–13	III. Einzelvertretung und Gesamtvertretung	25–53
1. Vertretung der Gesellschaft durch Organe und durch Bevollmächtigte	1	1. Einzelvertretung als gesetzliche Regel und Gesamtvertretung als gesellschaftsvertragliche Ausnahme	25
2. Organschaftliche Vertretung durch vertretungsberechtigte Gesellschafter	3	2. Gesamtvertretung durch mehrere Gesellschafter (Abs. 2)	29
3. Selbstorganschaft	5	3. Gemischte Gesamtvertretung (Abs. 3)	33
4. Vertretung durch Bevollmächtigte	9	4. Einzelermächtigung an Gesamtvertreter (Abs. 2 Satz 2)	43
5. Verschuldenszurechnung und Wissensvertretung	12	5. Passivvertretung bei der Gesamtvertretung (Abs. 2 Satz 3)	47
II. Die Vertretungsmacht und ihr Ausschluß	14–24	6. Wissenszurechnung bei Gesamtvertretung	50
1. Vertretungsmacht aller persönlich haftenden Gesellschafter als Regel (Abs. 1)	14	7. Wegfall von Gesamtvertretern	51
2. Ausschluß von der Vertretung	15	IV. Handelsregister	54–61
3. Der nicht voll geschäftsfähige Gesellschafter	18	1. Die eintragungspflichtigen Tatsachen	54
4. Beendigung der Vertretungsmacht ohne Vertragsänderung	21	2. Die anmeldepflichtigen Personen	57
		3. Rechtsfolgen	59

I. Grundlagen

1. Vertretung der Gesellschaft durch Organe und durch Bevollmächtigte

1 a) Die Gesellschaft kann **Partei von Rechtsgeschäften** sein (§ 124 Anm. 16). Sie wird hierbei von den vertretungsberechtigten Gesellschaftern oder von Bevollmächtigten vertreten. Im ersten Fall handelt die Gesellschaft durch ihre **Organe** (Anm. 3 ff.), im zweiten Fall durch Bevollmächtigte (Anm. 9 ff.). Für Bevollmächtigte gelten die §§ 164 ff. BGB unmittelbar. Die Gesellschaft wird berechtigt und verpflichtet, wenn der Vertreter in ihrem Namen (Anm. 2) und mit Vertretungsmacht handelt. Handelt er ohne Vertretungsmacht, so gelten die §§ 177 ff. BGB. Handeln vertretungsberechtigte Gesellschafter, so sind die §§ 164 ff., 177 ff. BGB sinngemäß anzuwenden (vgl. Anm. 3).

2 b) Erforderlich ist ein **Handeln im Namen der Gesellschaft**. Ein solches Handeln im Namen der Gesellschaft liegt in jedem Fall vor bei korrekter Verwendung der Firma. Wird die Firma nicht verwendet, so gilt der Auslegungsgrundsatz, daß ein auf das Unternehmen bezogenes rechtsgeschäftliches Handeln als Handeln im Namen der Gesellschaft als Unternehmensträgerin aufzufassen ist (RGZ 30, 77, 78; std. Rspr.; BGHZ 64, 11, 14 f. = NJW 1975, 1166; std. Rspr.; eingehend Karsten Schmidt Handelsrecht § 5 III; ders. JuS 1987, 428). Auch die Frage, welche von mehreren personengleichen Gesellschaften Partei ist, kann durch Auslegung entschieden werden, wobei es darauf ankommen wird, ob sich die Erklärungen und Vorgänge einem bestimmten Unternehmen zuordnen lassen (vgl. RGZ 47, 165, 166; 119, 64, 66; selbst für die Bestimmung der Prozeßpartei BGH NJW 1981, 1453 = JuS 1981, 612 m. Anm. Karsten Schmidt). Läßt sich die Zuordnung zu einem bestimmten Unternehmen bzw. zu einer bestimmten Gesellschaft bei Vorhandensein mehrerer Gesellschaften nicht klären und ist die handelnde Person zur Vertretung dieser mehreren Gesellschaften befugt, so kann dieses unklare Doppelvertreterhandeln zur gesamtschuldnerischen Haftung der Gesellschaften führen (vgl. Karsten Schmidt JuS 1987, 431); zu dieser Situation kann es insbesondere dann kommen, wenn ein Einheitsunternehmen auf mehrere parallel geschaltete Gesellschaften aufgegliedert ist (vgl. BGH NJW-RR 1986, 456). Handelt es sich um eine GmbH & Co. KG, so sind deren Verträge im Zweifel im Namen der Kommanditgesellschaft und nicht der GmbH abgeschlossen, weil diese bloß Komplementärin und nicht Trägerin des Gesellschaftsunternehmens ist (BGH NJW-RR 1988, 475). Selbst bei Prozeßhandlungen und im Wechselrecht werden diese Grundsätze angewandt, soweit die für die Ermittlung des Vertretungsverhältnisses maßgebenden Umstände hinreichend erkennbar sind.

2. Organschaftliche Vertretung durch vertretungsberechtigte Gesellschafter

3 a) Die Vertretung durch die vertretungsberechtigten Gesellschafter ist **organschaftliche Vertretung** (BGHZ 33, 105, 108; 36, 292, 295; 41, 367, 369; 51, 198, 200; BGH NJW 1982, 1817; Baumbach-Duden-Hopt Anm. 1 B; Heymann-Emmerich Anm. 4; Fischer in Großkomm Anm. 3; vgl. auch Westermann Handbuch I 293). Die Rechtsnatur dieser organschaftlichen Vertretung (Selbsthandeln der Gesellschaft oder Vertretung nach § 164 BGB? Organschaftliche Vertretung oder Vollmacht?) ist allerdings umstritten (Meinungsüberblick bei Fischer in Großkomm Anm. 3; Alfred Hueck oHG § 20 I). Der Meinungsstreit beruht teilweise auf unklarer Terminologie. Für die praktische Handhabung genügt die Feststellung: Die Vertretung ist eine gesetzliche insoweit, als die Gesellschaft, wie eine juristische Person, nur durch ihre organschaftlichen Vertreter handlungsfähig ist; sie ist eine rechtsgeschäftliche insofern, als die Vertretungsmacht auf dem Gesellschaftsverhältnis und nicht auf dem Gesetz beruht. Theoretisch umstritten ist auch, nach welchen Rechtsgrundsätzen ein organschaftlicher Vertreter handelt. Unabhängig von diesem theoretischen Streit können aber die §§ 164 ff. BGB angewendet werden (näher Karsten Schmidt Gesellschaftsrecht § 10 II 1 m.w. Nachw.; ders. Handelsrecht § 16 II 1). Das bedeutet: Der geschäftsführende Gesellschafter muß nach § 164 BGB erkennbar im Namen der Gesellschaft handeln (wofür aber unternehmensbezogenes Handeln genügt; vgl. Anm. 2). Handelt ein nicht vertretungsberechtigter Gesellschafter, so gelten die §§ 177 ff. BGB. Anders, wenn der Geschäftsgegner auf die Vertretungsmacht vertraut hat und nach § 15 oder nach allgemeinen Grundsätzen des bürgerlichen Rechts darauf vertrauen durfte (§§ 171 ff. BGB, Anscheinsvollmacht). Um eine sog. Anscheinsvollmacht handelt es sich, wenn die Gesellschaft (hierbei durch ihre geschäftsführenden Gesellschafter handelnd) den Anschein hervorruft oder den für sie erkennbaren Anschein in zurechenbarer Weise aufrechterhält, ein nicht zur Vertretung berechtigter Gesellschafter habe Vertretungsmacht (vgl. zu den Voraussetzungen der Anscheinsvollmacht RGZ 170, 281, 284; Warn. 15, 273; BGHZ 5, 111, 116; 17, 13, 18; BGH NJW 1956, 460; WM 1958, 1389; 1977, 1169; VersR 1967, 162, 163; NJW 1981, 1727, 1728 f.; BB 1986, 1735, 1736).

b) Der **Umfang der organschaftlichen Vertretungsmacht** erfaßt alle Erklärungen, auf die die Vertretungsregeln der §§ 164 ff. BGB direkt oder analog anzuwenden sind: Rechtsgeschäfte i.S. der §§ 104 ff. BGB, rechtsgeschäftsähnliche Handlungen, aber auch öffentlichrechtliche Willenserklärungen und Prozeßhandlungen in jeder Verfahrensart, z.B. auch im steuergerichtlichen Verfahren (vgl. BFH Wpg. 1980, 488). Der Umfang der organschaftlichen Vertretungsmacht ist in § 126 geregelt. Im Prozeß wird die Gesellschaft durch die vertretungsberechtigten Gesellschafter als gesetzliche Vertreter vertreten (Fischer in Großkomm § 124 Anm. 9). Diese werden nicht als Zeugen, sondern als Partei vernommen (vgl. § 124 Anm. 26). Zustellungen erfolgen an einen geschäftsführenden Gesellschafter (§ 171 Abs. 1 ZPO). Eine Ersatzzustellung nach § 184 ZPO kann im Geschäftslokal der Gesellschaft erfolgen. Hat bei einer GmbH & Co. KG die GmbH ein eigenes Geschäftslokal, so hat eine Ersatzzustellung gegenüber der KG in deren Geschäftslokal stattzufinden, nicht im Geschäftslokal der Komplementär-GmbH (BayObLG DB 1988, 1210, wo aber die Frage nicht angeschnitten ist, ob eine Ersatzzustellung an die GmbH als Zustellung an den gesetzlichen Vertreter der KG anzuerkennen ist).

3. Selbstorganschaft

a) Organschaftliche Vertreter können **nur die persönlich haftenden Gesellschafter** sein (BGHZ 26, 330, 333; 33, 105, 108; 36, 292, 295; 41, 367, 369; 51, 198, 200; BGH NJW 1982, 1817; Alfred Hueck oHG § 20 I; Karsten Schmidt Gesellschaftsrecht § 14

II; Fischer in Großkomm Anm. 4; Baumbach-Duden-Hopt Anm. 1 C; zusammenfassend Werra S. 92 ff.). Nichtgesellschafter scheiden aus, ebenso die Kommanditisten bei der KG (BGHZ 51, 198, 200; BGH NJW 1982, 1817; Huber ZHR 152 [1988], 14; unklar Werra S. 82 ff., 103 ff.). Dieser sog. Grundsatz der Selbstorganschaft – rechtsdogmatisch sollte man nur von einer Konsequenz der bei Anm. 6 geschilderten Selbstorganschaft sprechen – ist nicht unbestritten (vgl. H.P. Westermann, Vertragsfreiheit und Typengesetzlichkeit im Recht der Personengesellschaften, 1970, S. 445 ff.; Dellmann, in Festschrift Hengeler, 1972, S. 64 ff.; Helm-Wagner BB 1979, 225 ff.). Er entspricht aber einer gesicherten Rechtsprechung und dient dem Schutz der persönlich haftenden Gesellschafter wie auch des Rechtsverkehrs (eingehend Karsten Schmidt Handelsrecht § 16 II 2 d m.w. Nachw.). Erst in der aufgelösten Gesellschaft ändert sich dies: Liquidatoren können nach § 146 auch Dritte sein, aber auch hier handelt es sich nicht um ein Prinzip der Fremdorganschaft, sondern lediglich um modifizierte Selbstorganschaft (vgl. § 146 Anm. 2).

6 b) Das **Prinzip der Selbstorganschaft** (meist mit der bei Anm. 5 dargestellten Regel identifiziert) besteht darin, daß die Gesamthand – anders als eine Körperschaft – ihre Leitungsorgane „hat" und diese nicht erst durch Organbestellungsakt „erhält" (Karsten Schmidt Gesellschaftsrecht § 8 IV 2 d, § 14 II 2 a). Die organschaftliche Vertretungsmacht wird dem Gesellschafter nicht – wie einem GmbH-Geschäftsführer – besonders verliehen, sondern sie wohnt seiner **Gesellschafterstellung** inne (vgl. zu diesem Unterschied sinngemäß Flume Personengesellschaft § 10 I). Diese Vertretungsmacht kann nach § 125 im Vertrag modifiziert, aber nicht in Fortfall gebracht werden. Unzulässig ist deshalb eine Vertragsregelung, die alle persönlich haftenden Gesellschafter von der Vertretungsmacht ausschließt (Baumbach-Duden-Hopt Anm. 4; Fischer in Großkomm Anm. 4; a.M. OLG München JFG 16, 65 = ZAkDR 1937, 761 m. krit. Anm. Bergmann), ebenso eine Regelung, die den einzigen persönlich haftenden Gesellschafter an die Mitwirkung eines Prokuristen bindet (BGHZ 26, 330, 333; h.M.; krit. Westermann Handbuch I 314). Auch kann nicht sämtlichen persönlichen haftenden Gesellschaftern die Vertretungsmacht nach § 127 entzogen werden (vgl. § 127 Anm. 3). Auch eine Niederlegung der Vertretungsberechtigung durch den einzigen Komplementär ist unwirksam (vgl. zur Niederlegung allgemein Anm. 22). Das Prinzip der Selbstorganschaft sorgt für ständige Handlungsfähigkeit der Gesellschaft.

7 c) Es gibt **keine gerichtliche Bestellung eines Notvertreters analog § 29 BGB** (Baumbach-Duden-Hopt Anm. 1 C; Fischer in Großkomm Anm. 32; Heymann-Emmerich Anm. 2; H.P. Westermann, Vertragsfreiheit und Typengesetzlichkeit im Recht der Personengesellschaften, 1970, S. 460; a.M. Wieland Handelsrecht I § 49 II 2 Fn. 17; Westermann Handbuch I 294; unentschieden RGZ 116, 116, 118 f.; BGHZ 51, 198, 200). Für eine Analogie zu § 29 BGB besteht kein Bedürfnis, weil das Prinzip der Selbstorganschaft die Handlungsfähigkeit der Gesellschaft sicherstellt. Ist die Gesellschaft im Rahmen eines konkreten Prozesses ohne Vertreter, z.B. in einem Prozeß gegen den einzigen vertretungsberechtigten Gesellschafter, so kann ein Vertreter nach § 57 ZPO bestellt werden (RGZ 116, 116, 118; vgl. für die GmbH LAG Niedersachsen MDR 1985, 170; Baumbach-Duden-Hopt Anm. 1 C; Fischer in Großkomm § 124 Anm. 16; Alfred Hueck oHG § 22 II 2).

Vertretung der Gesellschaft   8–10 **§ 125**

d) Die **organschaftliche Vertretung** ist grundsätzlich eine **höchstpersönliche Aufgabe.** **8**
Die Ausübung der organschaftlichen Vertretungsmacht kann nicht auf andere Personen übertragen werden. Dies wäre mit dem Prinzip der Selbstorganschaft unvereinbar. Erteilt der vertretungsberechtigte Gesellschafter eine Vollmacht, so ist die Gesellschaft Vollmachtgeber (vgl. dazu Anm. 9). Die organschaftliche Vertretungsmacht bleibt hiervon unberührt. Eine Delegation der organschaftlichen Vertretungsmacht ist dagegen unzulässig (mißverständlich KG OLGE 40, 183, 185 f.). Eine Ausnahme ist die Ermächtigung unter Gesamtvertretern nach Abs. 2 Satz 2 (vgl. Anm. 43 ff.). Keine unzulässige Delegation ist die Ausübung der Vertretungsmacht durch einen gesetzlichen Vertreter des Gesellschafters (dazu vgl. Anm. 18). Ist eine juristische Person oder eine Gesamthandsgesellschaft persönlich haftende Gesellschafterin (Hauptbeispiele: GmbH & Co. KG und doppelstöckige GmbH & Co. KG), so wird die organschaftliche Vertretungsmacht dieser Gesellschafterin durch ihre organschaftlichen Vertreter ausgeübt (z. B. in der GmbH & Co. KG durch die Geschäftsführer der Komplementär-GmbH). Es entspricht der Theorie der organschaftlichen Zurechnung (vgl. Karsten Schmidt Gesellschaftsrecht § 10 I 2), daß dies als Selbsthandeln der Gesellschafterin qualifiziert wird. Die GmbH & Co. KG wird in diesem Sinne nicht durch den GmbH-Geschäftsführer als Drittorgan, sondern unmittelbar durch ihre Komplementär-GmbH organschaftlich vertreten, die sich ihrerseits des Geschäftsführers als Organ bedient. Dem Grundsatz der Selbstorganschaft wird hierdurch Genüge getan (unklar Werra S. 103).

4. Vertretung durch Bevollmächtigte

a) **Bevollmächtigte** können die Gesellschaft z. B. als Prokuristen (§§ 48 ff.), Handlungs- **9**
bevollmächtigte (§ 54) oder sonstige Bevollmächtigte (z. B. Prozeßbevollmächtigte) vertreten. Die Vollmacht wird von einem vertretungsberechtigten Gesellschafter oder, soweit zulässig (unzulässig bei der Prokura nach § 48 Abs. 1), im Rahmen vorhandener Vertretungsmacht auch von einem Bevollmächtigten erteilt. Es gelten die allgemeinen Regeln der §§ 164 ff. BGB. Die §§ 125, 126 gelten für diese Vertretungsmacht nicht. Die Vollmacht muß im Fall der Prokura ausdrücklich erteilt sein (§ 48 Abs. 1). Jede andere Art der Bevollmächtigung kann auch durch schlüssiges Verhalten der (hierbei durch die vertretungsberechtigten Gesellschafter vertretenen) Gesellschaft erfolgen, insbesondere im Fall der sog. Duldungsvollmacht (vgl. zu den Voraussetzungen der Duldungsvollmacht etwa RGZ 76, 202, 203; 117, 164; BGH NJW 1955, 985; DB 1971, 1664; BB 1986, 1735, 1736). Die Duldungsvollmacht ist nach wohl richtiger, wenngleich bestrittener, Auffassung kein Rechtsscheinfall, sondern ein Fall konkludenter Bevollmächtigung (vgl. Flume Rechtsgeschäft 3. Aufl. § 49 3; anders z. B. Soergel-Leptien § 167 Anm. 20). Um eine Duldungsvollmacht handelt es sich, wenn die vertretungsberechtigten Gesellschafter der oHG oder KG einen nicht vertretungsberechtigten Gesellschafter wissentlich als Vertreter der Gesellschaft handeln lassen, ohne hiergegen einzuschreiten. Fehlt es an einer Bevollmächtigung, so kommt ein Vertrauensschutz des Erklärungsgegners unter den engeren Voraussetzungen der sog. Anscheinsvollmacht in Betracht.

b) Die Grundsätze der Selbstorganschaft (Anm. 5 ff.) gelten nicht für Bevollmächtigte. **10**
Die Gesellschaft, vertreten durch ihre organschaftlichen Vertreter, kann einem nicht

Karsten Schmidt

vertretungsberechtigten **Gesellschafter** oder einem **Dritten** Vollmacht, insbesondere eine Prokura (§§ 48 ff.) oder eine Handlungsvollmacht (§ 54), erteilen (Fischer in Großkomm Anm. 13; Staub-Joost § 48 Anm. 43). Auch ein Gesellschafter, der nur Gesamtvertretungsbefugnis hat, kann eine Einzelprokura erhalten (Karsten Schmidt Handelsrecht § 16 III 2c mit Nachweisen zu der herrschenden Gegenansicht; zweifelnd Staub-Joost § 48 Anm. 43), erst recht eine Handlungsvollmacht. Dies ist von der „Ermächtigung" zu organschaftlichem Alleinhandeln zu unterscheiden (dazu Anm. 43). Ein Bevollmächtigter kann seinerseits eine (Unter-) Vollmacht erteilen, soweit dies von seiner Vollmacht gedeckt ist (allerdings gibt es wegen § 48 Abs. 1 keine Unterprokura; diese wäre in eine Generalhandlungsvollmacht umzudeuten; vgl. Karsten Schmidt Handelsrecht § 16 III 2d). Die Vollmachtserteilung an einen nicht (allein-) vertretungsberechtigten Gesellschafter kann heute als unproblematisch angesehen werden. Grundsätzliche Bedenken, die früher daraus hergeleitet wurden, daß niemand sein eigener Vertreter sein dürfe, sind überholt (nähere Auseinandersetzung noch bei Geßler in der 4. Aufl. Anm. 10). Der mit Vollmacht ausgestattete Gesellschafter vertritt nicht sich selbst, denn die Gesellschaft ist ein von den Gesellschaftern verschiedener Rechtsträger (§ 124 Anm. 1). Ein weiteres Bedenken wurde daraus hergeleitet, daß der Rechtsverkehr den bevollmächtigten Gesellschafter eben wegen der Gesellschafterstellung nicht als Prokuristen oder Handlungsbevollmächtigten, sondern als vertretungsberechtigten Gesellschafter ansehe und dadurch getäuscht werden könne. Auch dieser Einwand geht fehl. Der Schutz des Rechtsverkehrs ist im Fall der Bevollmächtigung eines Gesellschafters erst dann von Interesse, wenn der Gesellschafter seine Vertretungsmacht überschreitet. Wenn aber das Fehlen einer organschaftlichen Vertretungsmacht aus dem Handelsregister ersichtlich ist (Anm. 54 ff.), gilt grundsätzlich § 15 Abs. 2. Dritte sind dann gegen Vollmachtsüberschreitungen des Gesellschafters im Verhältnis zur Gesellschaft nur unter den Voraussetzungen einer Anscheinsvollmacht geschützt.

11 c) Die **Bevollmächtigung** wird als einseitiges Rechtsgeschäft durch Vertreter der Gesellschaft ausgesprochen, niemals dagegen durch den Gesellschaftsvertrag (a.M. Fischer in Großkomm Anm. 13). Dadurch unterscheidet sich die Vollmacht von der Organvertretungsmacht (zu dieser vgl. Anm. 3). Der Gesellschaftsvertrag kann allerdings ein Sonderrecht des Gesellschafters auf Erteilung der Vertretungsmacht, meist einer Prokura, begründen (allg. M.; vgl. Karsten Schmidt Gesellschaftsrecht § 12 I 1c). Dann besteht ein Anspruch auf Erteilung der Vertretungsmacht, und diese darf nur aus wichtigem Grund, verweigert bzw. nachträglich widerrufen werden (BGHZ 17, 392 = NJW 1955, 1394; Heymann-Emmerich Anm. 14). Die Bevollmächtigung kann nicht nur ausdrücklich, sondern auch konkludent erfolgen (vgl. zur Duldungsvollmacht Anm. 9; anders im Fall der Prokura, die nach § 48 Abs. 1 ausdrücklich erteilt werden muß).

5. Verschuldenszurechnung und Wissensvertretung

12 a) Die **Zurechnung eines Verschuldens** der organschaftlichen Vertreter gegenüber der Gesellschaft ergibt sich nicht aus § 125, sondern aus dem analog anzuwendenden § 31 BGB, nach Auffassung der Praxis in Fällen der Vertragsverletzung aus § 278 BGB (vgl. dazu § 124 Anm. 21). Analog § 31 BGB haftet die Gesellschaft auch dann, wenn der schuldhaft handelnde Gesellschafter seine Geschäftsführungs- und Vertretungskompetenzen nicht eingehalten hat, insbesondere nur als Gesamtvertreter zuständig war (eingehend aufgrund der genossenschaftsrechtlichen Entscheidung BGHZ 98, 148 Dieckmann WM 1987, 1473 ff., der auch Prokuristen bei gemischter Gesamtvertretung gemäß Anm. 33 ff. in die Organhaftung einbezieht). Diese Organhaftung der Gesellschaft löst ausnahmslos auch die persönliche Gesellschafterhaftung nach § 128 aus (vgl. § 128 Anm. 11; insofern a. M. Dieckmann WM 1987, 1481). Für Bevollmächtigte gilt § 31 BGB nicht (RGZ 76, 35, 48; BGH LM Nr. 1 zu § 126 = NJW 1952, 537, 538; Westermann Handbuch I 293; Soergel-Hadding § 31 Anm. 7). Sie können Erfüllungsgehilfen i. S. von § 278 BGB sein. Zur Zurechnung im Ordnungswidrigkeitenrecht vgl. § 124 Anm. 9.

b) Die **Wissenszurechnung** wird von der h. M. aus § 166 Abs. 1 BGB hergeleitet, den die h. M. auch auf organschaftliche Vertreter anwendet (vgl. nur RGZ 59, 400, 408; BGH NJW 1984, 1953, 1954; Baumann ZGR 1973, 284 ff.). Nach dieser Vorschrift kommt es für die Kenntnis und das Kennenmüssen auf die Person des Vertreters, nicht des Vertretenen, an. Besser scheint eine sinngemäße Anwendung der sich aus § 31 BGB ergebenden verbandsrechtlichen Verantwortung, denn es handelt sich um organschaftliche Zurechnung, nicht um Zurechnung fremder Kenntnis (Karsten Schmidt Gesellschaftsrecht § 10 V 2; s. auch Schilken S. 130 ff., der aber die vertretungsberechtigten Gesellschafter einer oHG nach S. 117 ff. als Bevollmächtigte ansieht). Handelt ein Vertreter nach Weisung, so kann § 166 Abs. 2 BGB sinngemäß anwendbar sein (Baumbach-Duden-Hopt Anm. 1 B; Westermann Handbuch I 293, s. auch Baumann ZGR 1973, 293). Für Bevollmächtigte gilt § 166 BGB unmittelbar (vgl. § 124 Anm. 17). Zum Fall der Gesamtvertretung vgl. Anm. 50.

II. Die Vertretungsmacht und ihr Ausschluß

1. Vertretungsmacht aller persönlich haftenden Gesellschafter als Regel (Abs. 1)

Nach Abs. 1 ist **grundsätzlich jeder Gesellschafter** (im Fall der KG: jeder persönlich haftende Gesellschafter; vgl. §§ 161 Abs. 2, 170) zur Vertretung der Gesellschaft befugt (das Gesetz sagt im Widerspruch zur Terminologie des bürgerlichen Rechts: „ermächtigt"). Die Vertretungsmacht beruht trotz Abs. 1 nicht auf dem Gesetz, sondern auf dem Gesellschaftsvertrag (insoweit übereinstimmend Fischer in Großkomm Anm. 3). Abs. 1 ist dahin zu verstehen, daß nach dem Gesellschaftsvertrag im Zweifel alle persönlich haftenden Gesellschafter zur Vertretung berechtigt sind. Zur Frage, ob der Gesellschafter hierbei allein handeln kann, vgl. Anm. 25 ff.

2. Ausschluß von der Vertretung

a) Durch den **Gesellschaftsvertrag** können einzelne Gesellschafter von der Vertretungsmacht ausgeschlossen werden (vgl. Abs. 1; zum gesetzlichen Ausschluß nach § 181 BGB vgl. § 126 Anm. 14 f.). Der Ausschluß kann im ursprünglichen Vertrag vorgesehen sein oder im Wege der Vertragsänderung vereinbart werden. Er kann ausdrücklich erfolgen, kann sich aber auch im Wege der Auslegung aus dem Gesellschaftsvertrag ergeben (Fischer in Großkomm Anm. 11; Heymann-Emmerich Anm. 13). Einen Ausschluß von der Vertretungsmacht enthalten z.B. Bestimmungen, die nur bestimmte Gesellschafter als „die firmierenden Gesellschafter" bezeichnen oder von ihnen sagen, daß nur sie „die Firma rechtsgültig zeichnen können" (RGZ 24, 27; s. auch Fischer in Großkomm Anm. 11). Grundsätzlich ist auch die Vertragsregelung „Gesellschafter X und Y haben Vertretungsmacht" als Ausschluß der übrigen von der Vertretungsmacht auszulegen (Baumbach-Duden-Hopt Anm. 4; a.M. Oberhandelsgericht Stuttgart BuschsArch. 9, 453). Ob mit einem Ausschluß von der Geschäftsführung auch ein Ausschluß von der Vertretung verbunden ist, ist Auslegungsfrage; vielfach unterscheiden Gesellschaftsverträge nicht eindeutig zwischen beidem (Fischer in Großkomm Anm. 11). Dann bedeutet Ausschluß von der „Geschäftsführung" regelmäßig auch Ausschluß von der Vertretungsmacht. Im Zweifel ist davon auszugehen, daß ein Gesellschafter, der von der Geschäftsführung ausgeschlossen ist, die Gesellschaft auch nicht (mit den Haftungsfolgen des § 128!) vertreten darf (in gleicher Richtung Baumbach-Duden-Hopt Anm. 4). Auch eine Regelung, wonach einem persönlich haftenden Gesellschafter Prokura erteilt werden soll, ist als Ausschluß dieses persönlich haftenden Gesellschafters von der organschaftlichen Vertretung nach Abs. 1 auszulegen. Vom gesellschaftsvertraglichen Ausschluß der Vertretungsmacht ist der Fortfall der Vertretungsmacht durch Entziehung oder durch Kündigung zu unterscheiden. Vgl. dazu Erl. § 127.

16 b) Wer **von der Vertretungsmacht ausgeschlossen** und von der Gesellschaft auch nicht bevollmächtigt ist, hat keine Vertretungsmacht, und zwar auch keine Notvertretungsmacht analog § 744 Abs. 2 BGB (BGHZ 17, 181, 184 = LM § 124 Nr. 3 m. Anm. Ascher = NJW 1955, 1027; Baumbach-Duden-Hopt Anm. 1 E; Heymann-Emmerich Anm. 2). Im Innenverhältnis ist zwar eine analoge Anwendung des § 744 Abs. 2 BGB auf Gesellschaftsverhältnisse nicht ausgeschlossen (BGHZ 17, 181, 183 = NJW 1955, 1027; std. Rspr.; eingehend Karsten Schmidt in MünchKomm BGB §§ 744, 745 Anm. 41), aber daraus folgt keine Vertretungsmacht für die Gesellschaft (Karsten Schmidt in MünchKomm BGB §§ 744, 745 Anm. 38 m.w.Nachw.). Um eine andere Frage handelt es sich, wenn die Gesellschaft durch Fortfall des letzten vertretungsberechtigten Gesellschafters handlungsunfähig würde. Soweit dem Fortfall keine rechtlichen Hindernisse entgegengesetzt werden können (dazu Anm. 6), kann dies zur Auflösung der Gesellschaft führen (vgl. § 131 Anm. 43), aber auch zum Wiederaufleben der Vertretungsmacht der von der Vertretung ausgeschlossenen persönlich haftenden Gesellschafter. Dies wird i.d.R. dem Gesellschafterwillen entsprechen (Auslegungsfrage). Die wieder auflebende Vertretungsmacht der von der Vertretung ausgeschlossenen Gesellschafter wird dann i.d.R. eine Gesamtvertretungsmacht sein.

17 c) Der Ausschluß von der Vertretungsmacht kann durch **Änderung des Gesellschaftsvertrags** aufgehoben werden (h.M.; vgl. Heymann-Emmerich Anm. 14). Zur Frage, ob eine solche Vertragsänderung auch stillschweigend erfolgen kann, vgl. § 105 Anm. 141. Geßler (hier 4. Aufl.) meinte unter Berufung auf RGZ 5, 16; 34, 53, 56; RG Recht 1923 Nr. 677; KG LZ 1907, 358, eine solche Vertragsänderung liege schon dann vor, wenn alle Gesellschafter Vertretungshandlungen des von der Vertretung ausgeschlossenen Gesellschafters dulden (so wohl in der Tat RG Recht 1923 Nr. 677;

Straube-Koppensteiner Anm. 9; zurückhaltend Fischer in Großkomm Anm. 12). Richtigerweise muß unterschieden werden: Die Wiederherstellung der Vertretungsmacht kann eine nach Abs. 4 einzutragende Änderung des Gesellschaftsvertrags sein oder aber eine bloße Bevollmächtigung. Die bloße Duldung des Auftretens kann eine Duldungsvollmacht begründen (Anm. 9), und hierfür kommt es nicht auf alle Gesellschafter an, sondern auf die Duldung seitens der vertretungsberechtigten Gesellschafter. Selbst wenn alle Gesellschafter das Auftreten des gesellschaftsvertraglich von der Vertretung ausgeschlossenen Gesellschafters als Vertreter billigen, ist im Zweifel nur eine stillschweigende Bevollmächtigung und nicht die Erteilung einer organschaftlichen Vertretungsmacht gewollt. Diese Vertretungsmacht kann dem Gesellschafter nach allgemeinen Regeln auch ohne seine Zustimmung wieder entzogen werden. Eine konkludente Änderung des Gesellschaftsvertrags kann ohne einen darüber hinausgehenden Bindungswillen nicht bejaht werden.

3. Der nicht voll geschäftsfähige Gesellschafter

a) **Jeder Gesellschafter**, auch der geschäftsunfähige oder in der Geschäftsfähigkeit beschränkte Gesellschafter, **kann** vertretungsberechtigter Gesellschafter sein (Westermann Handbuch I 297; Nagel, Familiengesellschaft und elterliche Gewalt, 1968, S. 91 ff.). Dieser kann aber die Vertretungsmacht nicht selbst ausüben. § 165 BGB, wonach die beschränkte Geschäftsfähigkeit erforderlich und ausreichend ist, gilt nicht für die organschaftliche Vertretung einer Personengesellschaft (vgl. Alfred Hueck oHG § 20 V 1 a; Fischer in Großkomm Anm. 8; Westermann Handbuch I 297). Zwar hat der Gesetzgeber den § 165 BGB nicht auf Vollmachten beschränkt (Prot. in Mugdan Materialien zum BGB I S. 787), aber er ist davon ausgegangen, daß der Minderjährige selbst nicht haftet. An Stelle des Gesellschafters handelt dessen gesetzlicher Vertreter (Heymann-Emmerich Anm. 17; Westermann Handbuch I 297; a.M. Weipert in HGB-RGRK 2. Aufl. § 127 Anm. 16). Eltern und Vormund eines Gesellschafters sind beim Abschluß von Einzelgeschäften hierbei nicht an die §§ 1641, 1643, 1804, 1821, 1822 BGB gebunden, benötigen also für den Abschluß im Namen der oHG bei den im Namen der oHG eingegangenen Geschäften nach §§ 1821, 1822 BGB trotz der unbeschränkten Haftung der Gesellschafter keine vormundschaftsgerichtliche Genehmigung (Straube-Koppensteiner Anm. 7 mit Hinweis auf BGHZ 38, 26; Stahl, Minderjährigenschutz im Gesellschaftsrecht und vormundschaftliche Genehmigung, 1988, S. 142 f.; nicht haltbar die Gegenansicht von Riedlinger, Minderjährige in der Familienkommanditgesellschaft, 1978, S. 144 ff.; vgl. allerdings zur Erbengemeinschaft BVerfGE 72, 155 = NJW 1986, 1859; dazu eingehend Hüffer ZGR 1986, 603 ff.; Karsten Schmidt BB 1986, 1238 ff.). Umstritten ist, ob der minderjährige Gesellschafter die Vertretungsbefugnis selbst ausüben kann, wenn er nach § 112 BGB zur Führung eines Erwerbsgeschäfts ermächtigt ist. Dies wird zu bejahen sein (Alfred Hueck oHG § 20 V 1 a; Nagel, Familiengesellschaft und elterliche Gewalt, 1968, S. 94 ff.; Soergel-Hefermehl § 112 Anm. 2). Die Ermächtigung umfaßt dann die gesamte Vertretungsmacht gemäß § 126 (Alfred Hueck oHG § 20 V 1 a; Nagel a.a.O.). § 112 Abs. 1 S. 2 BGB steht dann nicht entgegen. Doch ist diese Lösung umstritten (ablehnend noch Geßler in der 4. Aufl. Anm. 4; Heymann-Emmerich Anm. 17; eingehend Riedlinger, Minderjährige in der Familienkommanditgesellschaft, 1978, S. 192 ff.; s. auch Fischer in Großkomm Anm. 8). Gibt ein geschäftsunfähiger oder in der Geschäftsfähigkeit beschränkter Gesellschafter für die Gesellschaft eine nichtige bzw. unwirksame Erklärung ab, so ist der Geschäftspartner hiergegen nicht nach § 15 Abs. 1 geschützt (vgl. für den Geschäftsführer einer GmbH BGH II ZR 292/90 v. 1. 7. 1991, zum Abdruck vorgesehen für BGHZ 114/115). Die Gesellschaft kann evtl. aus veranlaßtem Rechtsschein haften, wenn sie das Auftreten des Gesellschafters duldet (vgl. sinngemäß BGH v. 1. 7. 1991, ebd.).

19 b) Eine ganz andere Frage ist, ob der nicht voll geschäftsfähige Gesellschafter nach gesellschaftsrechtlichen Gesichtspunkten **im Einzelfall** vertretungsberechtigt ist. Das **Bürgerliche Recht** entscheidet darüber, wer die Organvertretungsmacht ausübt, wenn der Gesellschafter nicht voll geschäftsfähig, aber vertretungsberechtigt ist. Der **Gesellschaftsvertrag** entscheidet über die Frage, ob diese Organvertretungsmacht überhaupt vorhanden ist. Eine Vertragsregel, wonach die Vertretungsmacht eines Gesellschafters ruht, solange er geschäftsunfähig oder in der Geschäftsfähigkeit beschränkt ist, ist anzuraten. Handelt es sich bei der Gesellschaft um eine oHG mit mehreren vertretungsberechtigten Gesellschaftern, so kann nach Lage des Falls der Wille der Beteiligten dahin gehen, daß die Teilnahme an der organschaftlichen Vertretung volle Geschäftsfähigkeit voraussetzt; sofern nicht die Interessen des minderjährigen Gesellschafters entgegenstehen, spricht eine Vermutung für einen solchen Vertragswillen (vgl. auch Fischer in Großkomm Anm. 8). Diese Auslegungsregel greift nicht ein, wenn das Bestehen der Vertretungsbefugnis für den Bestand der Gesellschaft funktionsnotwendig ist, insbesondere wenn ein Minderjähriger aufgrund einer Nachfolgeklausel einziger Komplementär einer KG geworden ist. Er ist dann vertretungsberechtigter Gesellschafter mit den bei Anm. 18 besprochenen Folgen. Im Einzelfall kann sich aus dieser Situation ein Anspruch der Gesellschafter auf Vertragsänderung (z. B. auf Umwandlung in eine GmbH & Co. KG mit zulässiger Fremdorganschaft) ergeben (vgl. allgemein zum Anspruch auf Änderung des Gesellschaftsvertrags § 105 Anm. 143). Im übrigen steht es den Gesellschaftern selbstverständlich frei, von der hier angenommenen Auslegungsregel abzuweichen und Minderjährige generell als vertretungsberechtigte Gesellschafter zuzulassen.

20 c) **Dulden** die Gesellschafter, daß ein nicht voll geschäftsfähiger Mitgesellschafter die Gesellschaft vertritt, so ist dies im Zweifel nicht als Belassung der organschaftlichen Vertretungsmacht aufzufassen, sondern als Bevollmächtigung (Anm. 17). Nach § 165 BGB kann ein in der Geschäftsfähigkeit beschränkter Vertreter selbst wirksam im Namen des Vertretenen handeln, dies allerdings nur als Bevollmächtigter und nicht als Organ der Gesellschaft (vgl. Anm. 18).

4. Beendigung der Vertretungsmacht ohne Vertragsänderung

21 a) Nach § 127 kann ein Gesellschafter von der Vertretungsbefugnis ausgeschlossen werden, wenn ein wichtiger Grund besteht, der den Fortbestand der Vertretungsmacht für die Gesellschaft und die Mitgesellschafter unzumutbar macht. Auf die Erläuterung des § 127 wird verwiesen.

b) aa) Umstritten ist, ob der vertretungsberechtigte Gesellschafter selbst durch **Nieder-** 22
legung der Vertretungsbefugnis diese einseitig beenden kann. Eine solche einseitige
Niederlegung der Vertretungsbefugnis ist nach h. M. aufgrund von § 712 Abs. 2 BGB
möglich, wenn ein wichtiger Grund vorliegt (Alfred Hueck oHG § 20 IV 5; Bandasch-
Feddersen § 127 Anm. 5; Baumbach-Duden-Hopt § 127 Anm. 2; Fischer in Großkomm § 127 Anm. 24; Weimar JR 1977, 234). Eine Gegenansicht hält dies für eine
ungerechtfertigte einseitige Vertragsänderung (Geßler hier in der 4. Aufl. § 127
Anm. 13; Düringer-Hachenburg-Flechtheim § 127 Anm. 10; s. auch Ritter § 127 Anm.
2e). Vorgetragen wird auch, daß es einer solchen einseitigen Gestaltungsmacht nicht
bedürfe, weil der Gesellschafter die Geschäftsführungs- und Vertretungsbefugnisse
nicht auszuüben brauche (Lehmann-Dietz Gesellschaftsrecht 3. Aufl. § 21 II 5e; Geßler
und Düringer-Hachenburg-Flechtheim a.a.O.; Hinweis auf die Last der Passivvertretung demgegenüber bei Alfred Hueck oHG § 20 IV 5; Fischer in Großkomm § 127
Anm. 24).

bb) Stellungnahme (näher Karsten Schmidt DB 1988, 2241 ff.): Eine Niederlegung der 23
Geschäftsführungs- und Vertretungsbefugnis ist **nicht anzuerkennen**. Insbesondere ergibt sich diese Möglichkeit entgegen der h. M. nicht aus § 712 Abs. 2 BGB. Ein Gesellschafter, der zur Geschäftsführung verpflichtet ist, kann diese Verpflichtung nach
§ 712 Abs. 2 BGB kündigen, wenn hierfür ein wichtiger Grund vorliegt. Es geht also
bei § 712 Abs. 2 BGB überhaupt nicht um eine Beendigung des Vertreteramtes, sondern der Gesellschafter kann die gesellschaftsvertragliche Pflicht zum Tätigwerden für
die Gesellschaft aufkündigen. Regelmäßig entfällt damit allerdings auch die Geschäfts-
führungs- und Vertretungsbefugnis; aber das beruht nicht auf einem Niederlegungsrecht des Gesellschafters, sondern darauf, daß die Geschäftsführungsbefugnis und Vertretungsbefugnis nach dem Willen der Gesellschaftsgründer i. d. R. mit der Verpflichtung zur Geschäftsführung verbunden ist. Der Fortfall der Geschäftsführungs- und
Vertretungsbefugnis beruht dann auf dem Gesellschaftsvertrag. Ob eine Ausnahme
gerechtfertigt ist, hängt von der Auslegung des Gesellschaftsvertrags ab. Die bloße
Erklärung des Gesellschafters, er verweigere vorübergehend aus wichtigem Grund die
Führung der Geschäfte, ist noch keine Kündigung nach § 712 Abs. 2 BGB. Ein Wegfall
der Vertretungsmacht ist mit dieser Erklärung nicht verbunden.

c) Die Gesellschafter können die Geschäftsführungs- und Vertretungsbefugnis eines 24
geschäftsführenden Gesellschafters nicht nur durch Änderung des Gesellschaftsvertrags, sondern auch durch **schlichte Einigung** beenden. Eine solche Einigung ist vor
allem in der allseitigen Anmeldung zu erblicken, daß die Vertretungsbefugnis des Gesellschafters beendet ist. Ist dies nach Abs. 4 angemeldet und steht nicht ein Hindernis
nach Anm. 6 entgegen, so ist damit der Wegfall der Vertretungsmacht außer Streit
gestellt. Es kommt dann insbesondere nicht mehr darauf an, ob eine von dem Gesellschafter nach § 712 Abs. 2 BGB ausgesprochene Kündigung die Vertretungsmacht in
Fortfall gebracht hat (näher Karsten Schmidt DB 1988, 2241 ff.).

III. Einzelvertretung und Gesamtvertretung

1. Einzelvertretung als gesetzliche Regel und Gesamtvertretung als gesellschaftsvertragliche Ausnahme

25 a) Nach Abs. 1 ist i.d.R. jeder Gesellschafter, der nicht von der Vertretung ausgeschlossen ist, allein zur Vertretung der Gesellschaft berechtigt. Bei einander **widersprechenden Erklärungen** mehrerer Einzelvertreter gilt grundsätzlich die erste, wenn sie unwiderruflich war, sonst die letzte, bei Gleichzeitigkeit keine von beiden (vgl. RGZ 81, 92; OGH Wien GesRZ 1982, 313; LAG Baden-Württemberg BB 1978, 815; Fischer in Großkomm Anm. 14; Baumbach-Duden-Hopt Anm. 2). Zu bedenken ist aber, daß eine der Erklärungen auch wegen evidenten Mißbrauchs der Vertretungsmacht unwirksam sein kann (§ 126 Anm. 20ff.).

26 b) Die Regel des Abs. 1 gilt in der **Kommanditgesellschaft** für jeden Komplementär (§ 161 Abs. 2). In der **BGB-Gesellschaft** gilt nach §§ 714, 709 BGB der Grundsatz der Gesamtvertretungsmacht. Da eine abweichende Regelung möglich ist, kann bei einer als oHG oder KG intendierten Gesellschaft oder bei einer durch Schrumpfung zur BGB-Gesellschaft gewordenen oHG oder KG davon ausgegangen werden, daß hier die gesetzliche HGB-Regelung im Zweifel als vertragliche Vertretungsregelung gilt (BGH BB 1971, 973 = NJW 1971, 1698; BGH BB 1972, 61 = WM 1972, 21; dazu Stimpel ZGR 1973, 80ff.; Karsten Schmidt BB 1973, 1612ff.; abl. Beyerle NJW 1972, 229ff.; Kornblum BB 1972, 1032). Vgl. zu diesen Umwandlungsfällen auch § 123 Anm. 17. Darüber hinaus sollte bei jeder unternehmenstragenden Gesellschaft bürgerlichen Rechts von der Regel des Abs. 1 in analoger Anwendung ausgegangen werden (Karsten Schmidt Gesellschaftsrecht § 58 V 2).

27 c) Liegt **Gesamtvertretung** nach Abs. 2, 3 vor, so kann der Vertreter wirksam nur gemeinsam mit dem anderen Gesamtvertreter handeln. Gleichzeitiges Handeln ist nicht erforderlich (RGZ 81, 325f.; Alfred Hueck oHG § 20 II 2b 8; Fischer in Großkomm Anm. 17; Baumbach-Duden-Hopt Anm. 5A; Heymann-Emmerich Anm. 22; Westermann Handbuch I 315). Jeder muß aber in der für das Rechtsgeschäft vorgeschriebenen Form handeln (Fischer in Großkomm Anm. 17). Hat ein Gesamtvertreter allein eine Erklärung abgegeben, ohne hierzu nach Abs. 2 S. 2 ermächtigt gewesen zu sein und ohne daß der Geschäftsgegner durch Vertrauensschutzregeln geschützt ist (Abs. 4 iVm. § 15 Abs. 1), so liegt Vertretung ohne Vertretungsmacht i.S. von § 177 BGB vor. Das Geschäft kann dann durch Genehmigung seitens der mitvertretungsberechtigten Gesellschafter wirksam werden (Heymann-Emmerich Anm. 33; Karsten Schmidt Gesellschaftsrecht § 48 II 3b; Westermann Handbuch I 315; ausführlich Lütke-Handjery DB 1972, 565ff.). Die Genehmigung bedarf nicht der für das Rechtsgeschäft vorgeschriebenen Form (RGZ 81, 325, 327, 329; 118, 168, 170f.; Fischer in Großkomm Anm. 17). Nach § 177 BGB genehmigen kann auch die durch andere Gesellschafter oder Bevollmächtigte vertretene Gesellschaft. Die Haftung eines Gesamtvertreters, der unberechtigterweise als Alleinvertreter auftritt, bestimmt sich nach § 179 BGB.

d) Die **organschaftliche Gesamtvertretung** kann durch **Einzelbevollmächtigungen** neutralisiert werden. Im Rahmen der Einzelbevollmächtigung kann dann der Gesamtvertreter allein rechtsgeschäftlich handeln (vgl. auch Anm. 10). **28**

2. Gesamtvertretung durch mehrere Gesellschafter (Abs. 2)

a) **Gesamtvertretung mehrerer Gesellschafter** bedeutet, daß sie die Gesellschaft nur gemeinsam vertreten können (Abs. 2 S. 1). Die Gesamtvertretung kann durch Gesellschaftsvertrag angeordnet werden (Abs. 2 S. 1). Haben die Gesellschafter im Gesellschaftsvertrag die Regelung des Abs. 1 (Einzelvertretung durch alle Gesellschafter) abbedungen, schlägt aber die gewählte Regelung fehl, so ist im Zweifel Gesamtvertretung durch alle Gesellschafter gewollt (BGHZ 33, 105, 108 = NJW 1960, 1997; Alfred Hueck oHG § 20 II 4; Baumbach-Duden-Hopt Anm. 3 B; Fischer in Großkomm Anm. 4, 5; Robert Fischer NJW 1959, 1062; a.M. Buchwald BB 1961, 1343). **29**

b) **Grenzen der Gesamtvertretungsregelung** können sich aus der Vertragsauslegung ergeben. Zunächst wird eine Vertretungsregelung gegenstandslos und unwirksam, wenn und solange die Gesellschaft durch sie handlungsunfähig würde (näher Anm. 51 ff.). Im Zweifel erstarkt die Gesamtvertretungsmacht zur Alleinvertretungsmacht, wenn nur auf diese Weise die Handlungsfähigkeit gewahrt bleibt (a.M. Heymann-Emmerich Anm. 20). So, wenn von zwei gesamtvertretungsberechtigten Komplementären nur noch einer übrig bleibt (BGHZ 41, 367, 369 = NJW 1964, 1624; s. auch Karsten Schmidt Gesellschaftsrecht § 48 II 3 b) oder wenn die Gesellschaft Klage gegen den anderen Gesamtvertreter erhebt (BGH WM 1983, 60). Bleiben mehrere persönlich haftende Gesellschafter übrig, so kann die Auslegung des Gesellschaftsvertrags ergeben, daß nunmehr diese Gesellschafter gesamtvertretungsberechtigt sind, auch wenn sie nach dem Gesellschaftsvertrag nicht zusammen handeln können (BGHZ 33, 105, 108; Alfred Hueck oHG § 20 II 4; Heymann-Emmerich Anm. 21; Fischer in Großkomm Anm. 5; ders. NJW 1959, 1062; a.M. Buchwald BB 1961, 1343). Hilfsweise, wenn auch dies nicht als gewollt gelten kann, greift die gesetzlich vorgesehene Einzelvertretung durch alle persönlich haftenden Gesellschafter ein. Entspricht die auf diese Weise gefundene Lösung nicht dem Gesellschafterwillen, so kann sich ein Anspruch der Gesellschafter auf Anpassung des Vertrags, also auf Wiederherstellung einer vertragsgemäßen Gesamtvertretung, ergeben (vgl. Anm. 53). **30**

c) Die Gesamtvertretung kann in verschiedenen **Varianten und Kombinationen** vereinbart werden. Es kann bestimmt werden, daß alle Gesellschafter oder alle vertretungsberechtigten Gesellschafter nur gemeinschaftlich zur Vertretung berechtigt sind. Diese Gesamtvertretung durch alle nicht von der Vertretung ausgeschlossenen Gesellschafter gilt als Hilfsregel, wenn die gesetzliche Einzelvertretung abbedungen, die vereinbarte Regelung aber nicht wirksam oder gegenstandslos ist (vgl. die Nachweise bei Anm. 30). Es kann vorgesehen werden, daß je 2 oder 3 Gesellschafter nur gemeinschaftlich handeln können. Dabei können die Gesellschafter, die zusammen handeln müssen, auch namentlich festgelegt werden. Zulässig ist auch die halbseitige Gesamtvertretung. Der Vertrag kann anordnen, daß der Gesellschafter A die Gesellschaft allein vertritt und die Gesellschafter B und C die Gesellschaft gemeinsam oder zusammen mit A vertreten. Die Zulässigkeit der Verbindung der Gesamtvertretung mit der Einzelvertretung war früher **31** streitig; sie ist aber jetzt allgemein anerkannt (RGZ 90, 21, 23; KG OLGE 27, 378; Wieland I, 594 Fn. 40; Düringer-Hachenburg-Flechtheim Anm. 6; Baumbach-Duden-Hopt Anm. 3 A; Alfred Hueck oHG § 20 II 2 b α; a. M. LG Hamburg LZ 1910, 95).

32 d) Eine **gegenständlich bestimmte Gesamtvertretung** ist unzulässig, denn der Umfang der gesetzlichen Vertretungsbefugnis ist nach § 126 unbeschränkbar. Die Gesamtvertretungsbefugnis kann also nicht in der Weise angeordnet werden, daß für einzelne Geschäfte Alleinvertretungsmacht, für alle übrigen Geschäfte Gesamtvertretungsmacht besteht. Eine solche Regelung wäre im Außenverhältnis ohne Wirkung (für „nicht zulässig" hält sie Alfred Hueck oHG § 20 II 2 b β). Sie hätte jedoch Bedeutung für das Innenverhältnis (OLG Königsberg WuR 1930, 276).

3. Gemischte Gesamtvertretung (Abs. 3)

33 a) Im Gesellschaftsvertrag kann bestimmt werden, daß die Gesellschafter, wenn nicht mehrere zusammen handeln, nur **in Gemeinschaft mit einem Prokuristen** zur Vertretung der Gesellschaft ermächtigt sein sollen (Abs. 3). Während bei der „echten" Gesamtvertretung mindestens 2 vertretungsberechtigte Gesellschafter zusammen handeln müssen, besteht die gemischte Gesamtvertretung darin, daß ein oder mehrere Gesellschafter mit einem oder mehreren Prokuristen vertretungsberechtigt sind. Aus dem Prinzip der Selbstorganschaft ergibt sich, daß sie nicht angeordnet werden kann, wenn eine Ausübung der organschaftlichen Vertretung ohne den Prokuristen nicht mehr möglich wäre. Deshalb kann insbesondere der einzige persönlich haftende Gesellschafter nicht an die Mitwirkung des Prokuristen gebunden werden (BGHZ 26, 330, 333; KG JW 1939, 424; Alfred Hueck oHG § 20 II 2 c; Baumbach-Duden-Hopt Anm. 6 A; Fischer in Großkomm Anm. 26; Heymann-Emmerich Anm. 36). Ebensowenig ist es zulässig, die Gesamtvertretungsmacht aller Gesellschafter an die Mitwirkung eines Prokuristen zu binden (insoweit zutr. die h. M.; die, gestützt auf den Wortlaut, jede Kombination der echten mit der gemischten Gesamtvertretung ablehnt). Geßler (4. Aufl. Anm. 22) betonte noch, daß auch eine Gesamtvertretungsmacht des Prokuristen mit einem von der Vertretung ausgeschlossenen Gesellschafter unzulässig sei. Das ist mißverständlich. Richtig ist, daß Abs. 3 entgegen dem Gesetzeswortlaut nicht nur für Gesellschafter gilt, die jedenfalls gemeinsam auch ohne den Prokuristen handeln können (Karsten Schmidt Handelsrecht § 16 III 3 c cc ccc).

34 b) Die gemischte Gesamtvertretung kann **in unterschiedlichen Varianten** erteilt werden, insbesondere

35 aa) als wechselseitige Bindung des Gesellschafters und des Prokuristen, so daß sie nur gemeinsam handeln können,

36 bb) als wechselseitige Bindung mehrerer Gesellschafter und eines Prokuristen, so daß die mehreren Gesellschafter und der Prokurist nur gemeinsam handeln können (anders gemäß dem Gesetzeswortlaut die bisher wohl h. M.; vgl. auch noch Geßler in der 4. Aufl. Anm. 22).

37 cc) als wechselseitige Bindung mehrerer Gesellschafter und eines Prokuristen dergestalt, daß jeder Gesellschafter entweder gemeinsam mit einem anderen Gesellschafter oder mit dem Prokuristen handeln kann (vgl. Gesetzeswortlaut: eine Gesamtprokura mit einem selbst nur gesamtvertretungsberechtigten Gesellschafter ist zulässig; vgl. für die GmbH BGHZ 99, 76 = BB 1987, 216 = NJW 1987, 841; BayObLG WM 1970, 333; Staub-Joost § 48 Anm. 109),

38 dd) als halbseitig gemischte Gesamtvertretung, bei der nur der Gesellschafter oder nur der Prokurist (dies ist kein Problem des § 125) an die Mitwirkung des anderen gebunden ist,

39 ee) in Kombination mit einer Gesamtprokura, z.B. derart, daß die Gesellschaft vertreten wird
(1) durch zwei Gesellschafter oder
(2) durch einen Gesellschafter zusammen mit einem Prokuristen oder
(3) durch zwei Prokuristen (diese Vertretung ist jedoch keine organschaftliche, weil nur Bevollmächtigte handeln).

40 c) **Kein Fall des Abs. 3** liegt vor, wenn der Prokurist Gesamtvertretungsmacht mit einem alleinvertretungsberechtigten Gesellschafter erhält. Dies ist nicht unzulässig (so aber noch Geßler in der 4. Aufl. unter Berufung auf BGHZ 26, 330). Es handelt sich um eine gemischt halbseitige Gesamtvertretung des Inhalts, daß der Gesellschafter im vollen Umfang des § 126 allein, der Prokurist dagegen nur gemeinsam mit dem Gesellschafter handeln kann. Das ist eine analog § 48 Abs. 2 zulässige Form der Gesamtprokura (§ 48 Anm. 18; Karsten Schmidt Handelsrecht § 16 III 3 c cc ccc; Staub-Joost § 48 Anm. 106).

41 d) **Unzulässig** ist eine gemischte Gesamtvertretung, die die Vertretungsbefugnis eines Gesellschafters von der Mitwirkung eines Handlungsbevollmächtigten abhängig macht (Fischer in Großkomm Anm. 27). Sie würde die Vertretungsmacht des Gesellschafters weiter, als in § 125 zugelassen, beschränken. Eine solche Anordnung ist nur in dem Sinn möglich, daß der Handlungsbevollmächtigte nur zusammen mit dem Gesellschafter handeln kann, während der letztere allein oder mit einem anderen Gesellschafter vertretungsberechtigt ist (ebenso Düringer-Hachenburg-Flechtheim Anm. 15). Gegen einen Dritten wirkt diese Beschränkung der Handlungsvollmacht aber nur bei Kenntnis oder Kennenmüssen (§ 54 Abs. 3).

42 e) Der **Umfang der gemischten Gesamtvertretung** richtet sich nicht nach der Vertretungsmacht des Prokuristen (§ 49), sondern nach der des Gesellschafters (§ 126). Das ist im Ergebnis unstreitig (RGZ 134, 303, 306; BGHZ 13, 61, 64; 62, 166, 170; Alfred Hueck oHG § 20 II 2 c; Baumbach-Duden-Hopt § 49 Anm. 1 C; Fischer in Großkomm Anm. 26; Karsten Schmidt Handelsrecht § 16 III 3 c cc ccc; Staub-Joost § 48 Anm. 119).

4. Einzelermächtigung an Gesamtvertreter (Abs. 2 Satz 2)

43 a) Die Gesamtvertreter können einzelne von ihnen zur Vornahme bestimmter Geschäfte oder bestimmter Arten von Geschäften (also nicht allgemein, vgl. RGZ 48, 56, 58) **ermächtigen** (§ 125 Abs. 2 Satz 2). Diese Ermächtigung ist ein allgemeines, z.B. auch auf die BGB-Gesellschaft übertragbares, Institut der Gesamtvertretung (vgl. BGH NJW-RR 1986, 778 = JuS 1986, 808 m. Anm. Karsten Schmidt). Die h.M. betont, daß der zu ermächtigende Gesellschafter bei der Erteilung der Ermächtigung an sich selbst in Abweichung von § 181 BGB mitwirken kann (RGZ 80, 180; 81, 325, 328; Fischer in Großkomm Anm. 18). Dem liegt die unrichtige Auffassung zugrunde, daß alle Gesamtvertreter (darunter der zu Ermächtigende selbst) die Ermächtigung aussprechen (so noch ausdrücklich Geßler hier in der 4. Aufl. Anm. 18; ebenso Fischer in Großkomm Anm. 21). Diese Einordnung ist verfehlt. Der zu Ermächtigende ist nur Empfänger der Ermächtigungserklärung. Eine Doppelvertretung i. S. von § 181 BGB liegt also überhaupt nicht vor. Die Ermächtigung kann formlos erteilt werden (Fischer in Großkomm Anm. 21; Heymann-Emmerich Anm. 26; RGZ 106, 268; 116, 116, 118; 118, 168, 170f.). Es genügt unter Umständen fortgesetztes Dulden des Auftretens des Gesamtvertreters als Einzelvertreter (RGZ 123, 280, 288; JW 1918, 504, 505). Die Ermächtigung ist ein einseitiges Rechtsgeschäft, kein Vertrag, und muß oder kann weder angenommen noch abgelehnt werden. Ob darin zugleich eine bindende Weisung der Gesellschafter liegt, ist eine Frage des Innenverhältnisses. Der Umfang der Ermächtigung richtet sich nach den Erklärungen und Umständen des Einzelfalls. Die Vermutung des § 54 ist nicht anwendbar (Fischer in Großkomm Anm. 20). Die Ermächtigung kann den Gesellschaftsvertrag nicht ändern. Eine Ermächtigung, die den Gesamtvertreter generell zum Einzelvertreter macht, ist unwirksam (BGHZ 34, 27, 31; Fischer in Großkomm Anm. 23). Die Umwandlung der Gesamtvertretung in eine Einzelvertretung ist nur durch Gesellschaftsvertrag möglich.

44 b) Die **Rechtsnatur der Ermächtigung** ist umstritten. Eine ältere, hier noch von *Geßler* vertretene Auffassung (4. Aufl. Anm. 18) sah darin eine Bevollmächtigung nach Art einer Handlungsvollmacht (RGZ 80, 180, 182; RAG HRR 1929 Nr. 1924). Dann müßte aber die Gesellschaft als Unternehmensträgerin Vollmachtgeber sein, während nach dem Willen der Beteiligten die Ermächtigung vom Gesamtvertreter selbst erteilt wird (vgl. Karsten Schmidt Handelsrecht § 16 IV 1 a); auch ist eine Einzelbevollmächtigung (Anm. 10) nicht dasselbe wie eine Ermächtigung zu organschaftlichem Alleinhandeln im Umfang des § 126. Nach der heute wohl vorherrschenden Gegenansicht handelt es sich um eine Erweiterung der Gesamtvertretungsbefugnis (BGHZ 64, 72, 76 = NJW 1975, 1117; Baumbach-Duden-Hopt Anm. 5 C; Fischer in Großkomm Anm. 19; Heymann-Emmerich Anm. 25; Mertens, in Kölner Kommentar zum AktG, 2. Aufl. 1988, § 78 Anm. 56 [zu § 78 Abs. 4 AktG]; Geßler, in Geßler-Hefermehl-Eckardt-Kropff, AktG, 2. Aufl. 1973, 1974, § 78 Anm. 47 [zu § 78 Abs. 4 AktG]; kritisch aber Reinicke NJW 1975, 1187). Richtig scheint eine dritte Erklärung: Die Ermächtigung ist eine Delegation der einem Gesamtvertreter zustehenden Vertretungsmacht auf einen anderen Gesamtvertreter dergestalt, daß dieser für beide handeln kann (so für das Aktienrecht schon Frels ZHR 122 [1959], 184). Abs. 2 Satz 2 ist insofern eine Einschränkung des Grundsatzes der Höchstpersönlichkeit der organschaftlichen Vertretungsmacht: Diese kann grundsätzlich nicht delegiert werden (Anm. 8), wohl aber kann ein Gesamtvertreter aufgrund der Ermächtigung für den anderen mithandeln. Der Streit um die Rechtsnatur wurde bisher meist als rein theoretisch bezeichnet (vgl. Alfred Hueck oHG § 20 II 2 b γ; Fischer in Großkomm Anm. 19; so auch Geßler hier in der 4. Aufl. Anm. 18). Das trifft aber in dieser Allgemeinheit nicht zu (richtig Frels ZHR 122 (1959), 182; Hefermehl, in Geßler-Hefermehl-Eckardt-Kropff, AktG, 2. Aufl. 1973, 1974, § 78 Anm. 47; vgl. sogleich Anm. 45).

c) Eine **Umgehung des § 181 BGB durch Ermächtigung** nach Abs. 2 Satz 3 wird von **45** der h.M. zugelassen (zu § 181 BGB vgl. § 126 Anm. 14f.). Nach BGHZ 64, 72 = NJW 1975, 1117 handelt der Gesamtvertreter in diesem Fall wie ein Einzelvertreter. Er kann deshalb die Gesellschaft auch dann ohne Verstoß gegen § 181 BGB vertreten, wenn ein anderer Gesamtvertreter, der die Ermächtigung erteilt hat, nach § 181 BGB von der Vertretung ausgeschlossen wäre (zust. Soergel-Leptien § 181 Anm. 41; Bohnenberg Anm. IV; Baumbach-Duden-Hopt § 126 Anm. 38; wohl auch Heymann-Emmerich Anm. 25). Diese Entscheidung ist auf Kritik gestoßen (Flume Juristische Person § 10 II 2b; Klamroth BB 1975, 852; Plander DB 1975, 1493; Reinicke NJW 1975, 1185). Versteht man die Ermächtigung als Delegation (Anm. 44), so wird erkennbar, daß der ermächtigte Gesamtvertreter seine Vertretungsmacht, soweit er aufgrund der Ermächtigung handelt, vom Ermächtigenden herleitet und diese Vertretungsmacht ebensowenig ausüben kann wie der nach § 181 BGB ausgeschlossene Gesellschafter. Die Lösung des BGH ist deshalb abzulehnen (vgl. auch § 149 Anm. 55). Das Ergebnis des BGH ist damit nicht endgültig abgelehnt, denn es kann ein praktisches Bedürfnis dafür bestehen, daß die Gesellschaft bei Rechtsgeschäften mit einem nach § 181 BGB ausgeschlossenen Gesamtvertreter handlungsfähig bleibt. Dieses Ergebnis läßt sich mit der Begründung halten, daß der nach § 181 BGB von der Vertretung ausgeschlossene Vertreter für dieses Geschäft ipso iure ausfällt. Seine Vertretungsmacht kann dann entgegen der Ansicht des BGH nicht durch Ermächtigung auf den anderen Gesamtvertreter übertragen werden, braucht aber auf ihn auch nicht übertragen zu werden, sondern sie wächst ihm nach dem bei Anm. 52 Gesagten kraft Gesetzes zu (vgl. Ulrich Hübner, Interessenkonflikt und Vertretungsmacht, 1977, S. 236).

d) Ein **Widerruf der Ermächtigung** kann jederzeit ausgesprochen werden. Es bedarf **46** hierzu keines wichtigen Grundes, so daß auch eine gerichtliche Überprüfung des Widerrufs i.d.R. ausscheidet (Alfred Hueck oHG § 20 II 2b Fn. 26; Fischer in Großkomm Anm. 22; a.M. Weipert in HGB-RGRK 2. Aufl. Anm. 10). Ausnahmen wegen §§ 226, 242 BGB sind denkbar, dürften aber nicht ins Gewicht fallen. Der Widerruf wird von den anderen gesamtvertretungsberechtigten Gesellschaftern erklärt (Heymann-Emmerich Anm. 30).

5. Passivvertretung bei der Gesamtvertretung (Abs. 2 Satz 3)

a) Ist **der Gesellschaft gegenüber** eine Willenserklärung abzugeben, so genügt die Abga- **47** be gegenüber einem der zur Mitwirkung bei der Vertretung befugten Gesellschafter (Abs. 2 Satz 3). Diese **passive Einzelvertretungsmacht** des Gesamtvertreters kommt namentlich für die Annahme von Kaufangeboten, Anfechtungserklärungen, Kündigungen, Mängelanzeigen, Zustellungen und Urteilsverkündungen in Betracht. Auch der Wechselprotest kann gegenüber einem Gesamtvertreter erhoben werden (RGZ 53, 227, 231). Die Unterzeichnung der Vorlegungsbescheinigung im Scheckrecht gehört dagegen nicht hierher (RGZ 100, 138, 142). Die Wirkung der Passivvertretung beschränkt sich stets auf die Empfangnahme der Willenserklärung. Die Annahme eines der Gesellschaft erklärten Angebots, auch durch Stillschweigen (§ 362), gehört nicht hierher.

48 b) Die Regelung ist **zwingend.** Sie kann durch den Gesellschaftsvertrag nicht ausgeschlossen werden (Fischer in Großkomm Anm. 24). Zulässig ist dagegen, daß mit einem bestimmten Vertragspartner (z.B. Verpächter) vereinbart wird, daß Willenserklärungen (z.B. eine Kündigung) allen Gesellschaftern oder allen vertretungsberechtigten Gesellschaftern zugehen müssen.

49 c) Abs. 2 Satz 3 gilt **auch bei der gemischten Gesamtvertretung** (vgl. Abs. 3 Satz 2). Das Gesetz klärt nicht, was diese entsprechende Anwendung bedeutet: Ist nur der gesamtvertretungsberechtigte Gesellschafter bei der gemischten Gesamtvertretung allein zur Passivvertretung befugt, oder steht diese Befugnis in entsprechender Anwendung des Abs. 2 Satz 3 jedem Gesamtvertreter, also auch dem Prokuristen, allein zu? Die h. M. nimmt das Zweite an (Alfred Hueck oHG § 20 II 2 b ζ; Fischer in Großkomm Anm. 26; wohl auch Heymann-Emmerich Anm. 34).

6. Wissenszurechnung bei Gesamtvertretung

50 Für **Willensmängel,** für die **Kenntnis** und für das **Kennenmüssen** von Umständen kommt es auf die Person des Vertreters an (näher Anm. 13). Für den Fall der Gesamtvertretung gilt, daß die Kenntnis bzw. das Kennenmüssen eines Vertreters schadet (vgl. RGZ 53, 227, 231; 57, 93, 94; 81, 433, 436; RG JW 1885, 127 f.; Alfred Hueck oHG § 20 II 2 b η; Fischer in Großkomm Anm. 25; Heymann-Emmerich Anm. 40; Westermann Handbuch I 320; krit. Baumann ZGR 1973, 295 ff.).

7. Wegfall von Gesamtvertretern

51 a) Bei **Wegfall der übrigen Gesamtvertreter** erstarkt die Vertretungsmacht nach h. M. nicht ohne weiteres zur Einzelvertretungsmacht (RGZ 103, 417 f.; 116, 116, 117; BGHZ 41, 367, 368 f. = NJW 1964, 1624; Alfred Hueck oHG § 20 II 4; Westermann Handbuch I 319; Fischer in Großkomm Anm. 5; Baumbach-Duden-Hopt Anm. 5 A; Bohnenberg Anm. IV). Selbst wenn Gefahr im Verzuge ist, bleibt es grundsätzlich bei der Gesamtvertretungsmacht, denn die Ausnahmeregel des § 115 Abs. 2 betrifft nur das Innenverhältnis (BGHZ 17, 181, 186 f.; 41, 367, 369; Alfred Hueck oHG § 20 II 2 b ε; Karsten Schmidt Gesellschaftsrecht § 48 II 3 b; Westermann Handbuch I 319). Diese Regel gilt aber nicht ausnahmslos.

52 b) Zunächst ist der **Vorrang der Handlungsfähigkeit** zu beachten: Fällt der vertretungsberechtigte Gesellschafter – z.B. wegen § 181 BGB – für das einzelne Geschäft aus, so wird die Gesellschaft durch die anderen vertretungsberechtigten Gesellschafter als Gesamtvertretungsberechtigte vertreten (BGHZ 41, 367, 369 [für eine KG]; BGH WM 1983, 60 [nur für den Fall, daß die Gesellschaft gegen den von der Vertretung ausgeschlossenen Gesellschafter klagt]; a. A. Alfred Hueck oHG § 20 II 4 [Vertretungsmacht geht auf **alle** Gesellschafter über, auch auf die bisher nicht vertretungsberechtigten]). Das gilt namentlich dann, wenn im Namen der Gesellschaft Klage gegen diesen Gesellschafter erhoben werden soll (BGH WM 1983, 60). Scheidet von den gesamtvertretungsberechtigten Gesellschaftern einer aus und ist der verbleibende Gesellschafter der einzige persönlich haftende Gesellschafter, so hat dieser nunmehr Alleinvertretungsmacht (vgl. BGHZ 41, 367 = LM Nr. 1 = NJW 1964, 1624 = WM 1964, 767; WM

Vertretung der Gesellschaft 53–55 § 125

1956, 245; vgl. dazu auch Anm. 30). Bereits bei Anm. 52 wurde dargestellt, daß ein nach § 181 BGB von der Vertretung ausgeschlossener Gesamtvertreter aus diesem Grund den anderen nicht in Umgehung des § 181 BGB zur Ausübung seiner Gesamtvertretungsmacht zu ermächtigen braucht.

c) Wird die Gesellschaft durch den Fortfall des Gesamtvertreters **nicht handlungsunfähig**, so führt der Fortfall eines Gesamtvertreters i.d.R. dazu, daß der verbleibende Gesamtvertreter seine Vertretungsbefugnis nicht mehr ausüben kann (BGHZ 41, 367, 368f.; BGH WM 1983, 60). Nach Lage des Einzelfalls kann dann dieser Gesellschafter einen Anspruch auf Vertragsanpassung (Wiederherstellung einer funktionierenden Gesamtvertretung) haben (vgl. zur Vertragsanpassung § 105 Anm. 143). Ausnahmsweise kann aber auch die Auslegung des Vertrags ergeben, daß die Gesamtvertretungsmacht bei Fortfall des Mit-Vertreters zur Einzelvertretungsmacht erstarken soll. Das ist dann der Fall, wenn die Gesamtvertretungsregelung nur im Interesse dieses Mit-Vertreters, nicht auch im Interesse anderer Gesellschafter, getroffen war. **53**

IV. Handelsregister

1. Die eintragungspflichtigen Tatsachen

a) Vertretungsregeln, die von der Regel des Abs. 1 abweichen, sind nach **Abs. 4** eintragungsfähig und eintragungspflichtig. Nicht eintragungsfähig ist eine dem Abs. 1 entsprechende Vertretungsregelung, insbesondere die Einzelvertretung durch jeden Gesellschafter bzw. bei der KG durch jeden Komplementär (KG RJA 9, 159, 161). Nicht nach Abs. 4 eintragungsfähig sind ferner Vertretungsregeln, die nicht den Vertretungsstatus der Gesellschaft als solchen betreffen. So nicht die Erteilung einer Prokura (sie ist eintragungspflichtig, dies aber nach § 53) und nicht die Erteilung einer Ermächtigung nach Abs. 2 S. 2 oder die Erteilung einer Handlungsvollmacht (KG DJZ 1905, 316; vgl. auch RJA 9, 159, 161). Nach Abs. 4 anzumelden sind alle Anordnungen, die die gesetzliche Einzelvertretungsmacht jedes Gesellschafters nach § 125 Abs. 1, 1. Halbsatz ändern, nämlich **54**

(aa) die Ausschließung eines Gesellschafters von der Vertretung;
(bb) die Anordnung einer Gesamtvertretung;
(cc) die Anordnung einer gemischten Gesamtvertretung;
(dd) jede Änderung der Vertretungsmacht eines Gesellschafters.

b) **Die Befreiung eines Gesellschafters vom Verbot des § 181 BGB** ist in Abs. 4 nicht erwähnt. Die Eintragungsfähigkeit läßt sich deshalb aus dieser Vorschrift nicht ableiten (so aber OLG Hamm BB 1983, 858, 859 = DB 1983, 982, 983 = Rpfleger 1983, 280). Sie wird heute trotzdem mit Recht bejaht (so im Ergebnis OLG Hamm BB 1983, 858, 859 = DB 1983, 982, 983 = Rpfleger 1983, 280; OLG Hamburg ZIP 1986, 1186; anders noch OLG Hamburg OLGZ 1983, 23). Analog Abs. 4 sollte man, wie bei der GmbH (BGHZ 87, 59, 61 = NJW 1983, 1676), sogar eine Eintragungspflicht bejahen (a.A. die h.M. vgl. nur Heymann-Emmerich Anm. 42; wie hier jedoch Baumbach-Duden-Hopt Anm. 7; für die Einmann GmbH & Co. ist dies bereits h.M.; BayObLG BB 1980, 597; DB 1984, 1517; GmbHR 1987, 429; 1990, 213; OLG Köln BB 1980, **55**

Karsten Schmidt

797; 1981, 143). Die Frage hat praktische Bedeutung vor allem wegen des Vertrauensschutzes nach § 15 Abs. 1 und 3, der eine eintragungspflichtige Tatsache voraussetzt (vgl. Anm. 60).

56 c) Die **Anmeldung zum Handelsregister** sollte die gewählte Regelung positiv bezeichnen. Für die Eintragung genügt aber jede Formulierung, aus der sich die gewählte Vertretungsregelung zweifelsfrei ergibt (OLG Frankfurt OLGZ 1978, 315 = BB 1978, 926 = WM 1978, 1113).

2. Die anmeldepflichtigen Personen

57 a) **Anmeldepflichtig** sind sämtliche Gesellschafter, also auch die von der Vertretung ausgeschlossenen. Das gilt nicht nur für die Gesellschafter der oHG, sondern auch für alle Gesellschafter der KG, einschließlich der Kommanditisten (vgl. § 12 Anm. 11; Baumbach-Duden-Hopt § 108 Anm. 1 A; Fischer in Großkomm Anm. 28 a. E.; Rickert NJW 1958, 896). Ist einem Gesellschafter die Vertretungsbefugnis nach § 127 gerichtlich entzogen, ist er hinsichtlich dieser Eintragung nicht anmeldepflichtig (§ 16). Bei der Anmeldung einer gemischten Gesamtvertretung braucht der Prokurist nicht mitzuwirken; er muß aber nach § 53 Abs. 2 die Firma nebst seiner Namensunterschrift zeichnen. Im übrigen gelten für die Anmeldung und Eintragung die allgemeinen Grundsätze (§§ 10, 12, 14). Die Gesellschafter sind einander zur **Mitwirkung bei der Anmeldung verpflichtet**. Der Registerrichter darf aber die Eintragung nur aufgrund einer allseitigen Anmeldung vornehmen, prüft also bei einer unvollständigen Anmeldung nicht, ob der fehlende Gesellschafter zur Mitwirkung verpflichtet ist. Die Erfüllung der Anmeldepflicht kann nach § 14 erzwungen werden.

58 b) Der **Gesellschaftsvertrag** kann von Abs. 4 nicht abweichen, denn die Anmeldebefugnis geht mit einer allseitigen Anmeldepflicht einher. Möglich ist aber eine Bevollmächtigung (z.B. des persönlich haftenden Gesellschafters). Sie ändert nichts an der Anmeldepflicht aller Gesellschafter, sorgt aber dafür, daß sie vom Bevollmächtigten erfüllt werden kann. Zur Streitfrage, ob die Bevollmächtigung bereits im Gesellschaftsvertrag enthalten sein kann, vgl. § 108 Anm. 13. Die Frage ist jedenfalls bei Publikumsgesellschaften zu bejahen (Gustavus GmbHR 1978, 220f.; Staub-Ulmer § 108 Anm. 13; generell bejahend OLG Frankfurt a.M. BB 1973, 722). Bei diesen bedarf es nicht einmal einer ausdrücklichen Bevollmächtigung. Im Zweifel sind die geschäftsführenden und vertretungsberechtigten Gesellschafter auch zu allen Anmeldungen befugt, wobei darüber gestritten werden kann, ob sie diese als Bevollmächtigte vornehmen oder ob sie in rechtsfortbildender Korrektur des Gesetzes selbst die Anmeldepflichtigen sind (vgl. sinngemäß § 148 Anm. 9).

3. Rechtsfolgen

59 a) Die Eintragung dient dem **Nachweis der Vertretungsberechtigung** (§ 9 Abs. 3 S. 2). Es kann vom Registergericht ein Handelsregisterauszug verlangt werden. Im Grundbuchverkehr gilt als Spezialregelung § 32 GBO. Ist das Grundbuchamt mit dem Registergericht identisch, so genügt statt des nach § 32 GBO grundsätzlich erforderlichen Registerauszugs die Bezugnahme auf das Handelsregister (§ 34 GBO). Die Eintragung im Handelsregister hat die Vermutung der Richtigkeit für sich (BayObLG LZ 1928, 498, 500; Fischer in Großkomm Anm. 31).

b) Für **eintragungspflichtige Tatsachen**, mithin für alle unter Abs. 4 fallenden Tatsachen, gilt § 15. Ist eine solche Tatsache richtig eingetragen und mindestens seit fünfzehn Tagen richtig bekanntgemacht, so muß auch ein gutgläubiger Dritter sie nach § 15 Abs. 2 grundsätzlich gegen sich gelten lassen (was einen im Einzelfall stärkeren Vertrauensschutz, etwa in Fällen der Anscheinsvollmacht, nicht ausschließt; vgl. Karsten Schmidt Handelsrecht § 14 I 2 m. w. Nachw.). Ist die Tatsache (z. B. der Ausschluß eines Gesellschafters von der Vertretung) nicht eingetragen und bekanntgemacht, so kann sie von der Gesellschaft nur solchen Dritten entgegengehalten werden, die die Tatsache kannten (§ 15 Abs. 1). Ist sie unrichtig bekanntgemacht, so kann sich jeder Dritte gegenüber der oHG auf die Bekanntmachung berufen, es sei denn, daß er deren Unrichtigkeit kannte (§ 15 Abs. 3). **60**

c) Wie bei Anm. 24 ausgeführt, wird die allseitige Anmeldung einer Änderung i. d. R. als konkludente Einigung der Gesellschafter untereinander zu verstehen sein. Waren sich die Gesellschafter darüber klar, daß eine Änderung herbeigeführt werden sollte, so wird diese durch ihre Einigung endgültig wirksam. **61**

125 a (1) Bei einer Gesellschaft, bei der kein Gesellschafter eine natürliche Person ist, müssen auf allen Geschäftsbriefen, die an einen bestimmten Empfänger gerichtet werden, die Rechtsform und der Sitz der Gesellschaft, das Registergericht des Sitzes der Gesellschaft und die Nummer, unter der die Gesellschaft in das Handelsregister eingetragen ist, sowie die Firmen der Gesellschafter angegeben werden. Ferner sind auf den Geschäftsbriefen der Gesellschaft für die Gesellschafter die nach § 35 a des Gesetzes betreffend die Gesellschaften mit beschränkter Haftung und nach § 80 des Aktiengesetzes für Geschäftsbriefe vorgeschriebenen Angaben zu machen. Diese Angaben sind nicht erforderlich, wenn zu den Gesellschaftern der Gesellschaft eine offene Handelsgesellschaft oder Kommanditgesellschaft gehört, bei der ein persönlich haftender Gesellschafter eine natürliche Person ist.

(2) Für Vordrucke und Bestellscheine ist § 35 a Abs. 2 und 3 des Gesetzes betreffend die Gesellschaften mit beschränkter Haftung, für Zwangsgelder gegen die organschaftlichen Vertreter der zur Vertretung der Gesellschaft ermächtigten Gesellschafter und die Liquidatoren ist § 79 Abs. 1 des Gesetzes betreffend die Gesellschaften mit beschränkter Haftung sinngemäß anzuwenden.

Schrifttum: *Binz*, Die GmbH & Co., 8. Aufl. 1991; *Hesselmann-Tillmann*, Handbuch der GmbH & Co., 17. Aufl. 1991; *Hüttmann*, Mindestangaben auf Geschäftsbriefen und Bestellscheinen einer GmbH & Co. ab 1. 1. 1981, DB 1980, 1884; *Schaffland*, Angabepflichten auf Geschäftsbriefen für die GmbH & Co. KG, BB 1980, 1501; *Schulze zur Wiesche*, GmbH & Co. KG, 2. Aufl. 1991.

Inhalt

	Anm.		Anm.
I. Allgemeines	1–4	1. Begriff der Geschäftsbriefe	5
1. Normzweck	1	2. Notwendige Angaben über die oHG	7
2. Geltungsbereich	3	3. Notwendige Angaben über die Gesellschafter	8
II. Angaben auf Geschäftsbriefen	5–10		

	Anm.		Anm.
III. Ausnahme für Vordrucke (Abs. 2)	11, 12	IV. Sanktionen	13, 14
1. Geltungsbereich	11	1. Festsetzung von Zwangsgeld	13
2. Die Befreiung von Abs. 1	12	2. Privatrechtliche Folgen	14

I. Allgemeines

1. Normzweck

1 a) Die Vorschrift beruht auf der GmbH-Novelle von 1980 (BGBl. I S. 836) und dient der **Information des Rechtsverkehrs**. Grund der Regelung ist die Begrenzung der Haftung auf eine bestimmte Vermögensmasse. Die Bestimmung zielt in Verbindung mit § 177a in erster Linie auf die **GmbH & Co. KG** (Begr.RegE, BR-Drucks. 404/77, S. 57f.) und stellte diese mit der GmbH gleich (vgl. § 35a GmbHG).

2 b) Nicht in § 125a, sondern in § 19 Abs. 5 geregelt ist die **Firma**. Die Vorschrift beruht wie § 125a auf der GmbH-Novelle 1980 und ist oben bei § 19 noch nicht erläutert. § 19 Abs. 5 lautet: „Ist kein persönlich haftender Gesellschafter eine natürliche Person, so muß die Firma, auch wenn sie nach den §§ 21, 22, 24 oder nach anderen gesetzlichen Vorschriften fortgeführt wird, eine Bezeichnung enthalten, welche die Haftungsbeschränkung kennzeichnet. Dies gilt nicht, wenn zu den persönlich haftenden Gesellschaftern eine andere offene Handelsgesellschaft oder Kommanditgesellschaft gehört, bei der ein persönlich haftender Gesellschafter eine natürliche Person ist." Der Firmenzusatz lautet z.B. „GmbH & Co. oHG" oder „GmbH & Co. KG". Nicht zulässig ist der bloß angehängte Zusatz GmbH & Co. (BGH NJW 1981, 342; 1985, 737; str.; näher Baumbach-Duden-Hopt § 19 Anm. 3 Db). Die Ausnahmevorschrift des § 19 Abs. 5 Satz 2 findet nach KG DB 1988, 1689 = ZIP 1988, 1194 keine Anwendung, wenn in einer mehrstufigen Gesellschaft i.S. von § 19 Abs. 5 Satz 1 erst auf deren dritter Stufe eine natürliche Person als persönlich haftende Gesellschafterin beteiligt ist (zweifelhaft; vgl. Anm. 4).

2. Geltungsbereich

3 a) Die Bestimmung gilt für die **oHG**. Für die **KG** gilt die Vorschrift gemäß der Verweisung in § 177a (dazu Erl. § 177a). Die sog. GmbH & Still unterliegt nicht den §§ 125a, 177a, sondern dem § 35a GmbHG, denn Unternehmensträgerin ist hier die GmbH.

4 b) Die Bestimmung gilt, wenn **kein Gesellschafter der oHG eine natürliche Person** ist (Abs. 1 Satz 1). Sie gilt nicht, wenn sich unter diesen Gesellschaftern eine oHG oder KG befindet, bei der ein persönlich haftender Gesellschafter eine natürliche Person ist (Abs. 1 Satz 3). Man wird die Ausnahme des Abs. 1 Satz 3 auf den Fall auszudehnen haben, daß an der oHG oder KG als Gesellschafterin zwar wiederum keine natürlichen persönlich haftenden Gesellschafter beteiligt sind, wohl aber eine oHG oder KG als persönlich haftender Gesellschafter, die ihrerseits einen natürlichen persönlich haftenden Gesellschafter hat, usw. (anders für § 19 Abs. 5 Satz 2 KG DB 1988, 1689 = ZIP 1988, 1194). Läßt man die Beteiligung einer Gesellschaft bürgerlichen Rechts an der oHG zu (dazu § 105 Anm. 71), so ist die Ausnahme des Abs. 1 Satz 3 sinngemäß auf den Fall auszudehnen, daß eine bürgerlichrechtliche Gesellschaft Gesellschafter ist, an der ihrerseits unbeschränkt haftende natürliche Personen beteiligt sind (in diesem Zusammenhang vgl. auch zur Klarheit der Auftrags- und Vertretungsverhältnisse Brodersen, Die Beteiligung der BGB-Gesellschaft an den Personengesellschaften, 1986, S. 89 ff.).

II. Angaben auf Geschäftsbriefen

1. Begriff der Geschäftsbriefe

a) Abs. 1 spricht von **Geschäftsbriefen**, die an einen bestimmten Empfänger gerichtet werden. Erfaßt sind damit alle schriftlichen Mitteilungen im geschäftlichen Bereich, die im Namen der Gesellschaft verfaßt (dazu § 125 Anm. 2) und individuell adressiert sind (vgl. Heymann-Emmerich Anm. 5; Kreplin BB 1969, 1113; Roth GmbHG § 35a Anm. 3). Um Briefe im postalischen Sinn muß es sich nicht handeln. Eine Postkarte kann Geschäftsbrief i. S. des Gesetzes sein (Baumbach-Hueck-Zöllner GmbHG § 35a Anm. 7; Scholz-Schneider GmbHG § 35a Anm. 3; Schaffland BB 1980, 1502; a. M. Fischer-Lutter-Hommelhoff GmbHG § 35a Anm. 2). Ebenso ein Fernschreiben oder eine Telekopie (Baumbach-Hueck-Zöllner GmbHG § 35a Anm. 7). Nach Abs. 2 i. V. m. § 35a Abs. 3 GmbHG gelten auch Bestellscheine als Geschäftsbriefe. Geschäftsbriefe sind außerdem z. B. Auftragsbestätigungen, Lieferscheine, Rechnungen und Quittungen (vgl. nur Scholz-Schneider GmbHG § 35a Anm. 3).

b) **Empfänger** muß eine dritte Person sein. Der interne Schriftverkehr zwischen Abteilungen oder Niederlassungen der Gesellschaft fällt nicht unter Abs. 1 (allg. M.), ebensowenig der Schriftverkehr mit den Gesellschaftern, soweit er das Gesellschaftsverhältnis betrifft wie etwa bei Informationen oder Ladungen (vgl. Baumbach-Hueck-Zöllner GmbHG § 35a Anm. 7; Scholz-Schneider GmbHG § 35a Anm. 5). Betrifft der Schriftverkehr Drittbeziehungen, so fällt er auch dann unter Abs. 1, wenn der Empfänger Gesellschafter ist. Das gilt auch für Schreiben an verbundene Unternehmen (vgl. Baumbach-Hueck-Zöllner GmbHG § 35a Anm. 7; Scholz-Schneider GmbHG § 35a Anm. 5). Mitteilungen an Arbeitnehmer können Geschäftsbriefe sein (Heymann-Emmerich Anm. 4).

2. Notwendige Angaben über die oHG

Nach Abs. 1 Satz 1 müssen angegeben werden: die **Rechtsform** der Gesellschaft (firmenrechtlich zulässige Abkürzung genügt; vgl. Schaffland BB 1980, 1502; zum Zusatz GmbH & Co. KG BGH BB 1979, 833), der **Sitz** (Ortsangabe genügt; großzügig Schaffland BB 1980, 1502), das **Registergericht** des Sitzes der Gesellschaft und die **Handelsregisternummer**. Mit dem Sitz meint § 125a den nach § 106 Nr. 2 einzutragenden, so daß auch die Geschäftsbriefe einer Zweigniederlassung stets den Hauptsitz nennen müssen (Heymann-Emmerich Anm. 10). Streitig ist, ob als Rechtsform die Angabe oHG (bzw. bei § 177a) KG genügt (so Baumbach-Duden-Hopt Anm. 1 C; Heymann-Emmerich Anm. 9; Lutter DB 1980, 1325) oder ob ein Zusatz wie „GmbH & Co." erforderlich ist (so Hüttmann DB 1980, 1884). Der Begriff Rechtsform in

Abs. 1 Satz 1 ist ungenau. Was als Rechtsformzusatz in die Firma gehört, muß auch auf den Geschäftsbriefen angegeben werden. Ausweislich § 19 Abs. 5 sieht der Gesetzgeber den Zusatz als Bestandteil der Rechtsformangabe an. Er gehört deshalb auch in die nach Abs. 1 vorgeschriebenen Angaben.

3. Notwendige Angaben über die Gesellschafter

8 a) Nach Abs. 1 Satz 1 müssen die **Firmen der Gesellschafter** angegeben werden. Hat ein Gesellschafter keine Firma, wohl aber einen Namen (Verein, Stiftung), so ist dieser Name anzugeben.

9 b) Ist der Gesellschafter eine GmbH, eine AG oder KGaA, so müssen über den Gesellschafter **die in §§ 35 a GmbHG, 80 AktG geforderten Angaben** gemacht werden (vgl. Abs. 1 Satz 2). Das sind bei der GmbH: Rechtsform, Sitz der Gesellschaft, Registergericht und Registernummer, sämtliche Geschäftsführer und gegebenenfalls der Vorsitzende des Beirates bzw. Aufsichtsrates. Bei der AG: Rechtsform, Sitz der Gesellschaft, Registergericht und Registernummer, alle Vorstandsmitglieder und der Vorsitzende des Aufsichtsrates. Bei beiden Rechtsformen können Angaben über das Kapital gemacht werden.

10 c) Ist der Gesellschafter seinerseits **eine unter § 125 a oder § 177 a fallende Gesellschaft** (Beispiel: doppelstöckige GmbH & Co.KG; vgl. zu dieser aber § 105 Anm. 39), so fragt sich, ob analog Abs. 1 S. 2 über diesen Gesellschafter sämtliche in § 125 a bzw. § 177 a vorgeschriebenen Angaben gemacht werden müssen. Das entspricht wohl dem Sinn der Bestimmung, die insgesamt wenig Rücksicht darauf nimmt, ob die geforderten Angaben umfangreich und unübersichtlich werden.

III. Ausnahme für Vordrucke (Abs. 2)

1. Geltungsbereich

11 Nach Abs. 2 i.V.m. § 35 a Abs. 2 GmbHG bedarf es nicht der Angaben nach Abs. 1 bei Mitteilungen oder Berichten, die im Rahmen einer bestehenden Geschäftsverbindung ergehen und für die üblicherweise **Vordrucke** verwendet werden, in denen lediglich die im Einzelfall erforderlichen besonderen Angaben eingefügt zu werden brauchen. Dieses Privileg gilt nicht für Bestellscheine (vgl. § 35 a Abs. 3 GmbHG). Vordrucke i.S. des Gesetzes sind nur solche, die üblicherweise in einem bereits bestehenden Geschäftsverkehr gebraucht werden, wie etwa Lieferscheine, Tagesauszüge im Bankverkehr etc. (Aufstellung bei Schaffland BB 1980, 1503).

2. Die Befreiung von Abs. 1

12 Für Vordrucke der beschriebenen Art gilt das Erfordernis des Abs. 1 nicht. Dabei wird der **Begriff der bestehenden Geschäftsverbindung** weit ausgelegt. Eine auf Dauer angelegte, ununterbrochene Verbindung ist nicht erforderlich. Nach dem Zweck der Regelung genügt es, wenn dem Empfänger die Angaben nach Abs. 1 bereits bei Gele-

Umfang der Vertretungsmacht **§ 126**

genheit eines anderen Geschäfts gemacht wurden (Heymann-Emmerich Anm. 7; Einmahl AG 1969, 136). Stellt der Vordruck dagegen die Geschäftsverbindung erstmalig her, so unterliegt er als Geschäftsbrief den Regeln des Abs. 1.

IV. Sanktionen

1. Festsetzung von Zwangsgeld

Das Registergericht kann zur Durchsetzung der Verpflichtung Zwangsgelder festsetzen (Abs. 2 i. V. m. § 79 Abs. 1 GmbHG). **13**

2. Privatrechtliche Folgen

Das Fehlen der vorgeschriebenen Angaben kann unter den engen Voraussetzungen **14** des § 119 Abs. 2 BGB den Empfänger zur **Anfechtung** von Verträgen berechtigen (Baumbach-Hueck-Zöllner GmbHG § 35a Anm. 10). Ist durch schuldhafte Verletzung des Abs. 1 ein Vermögensschaden entstanden, so kann dem Empfänger ein Anspruch aus **culpa in contrahendo** oder aus § 823 Abs. 2 BGB zustehen (Baumbach-Hueck-Zöllner GmbHG § 35a Anm. 10; Scholz-Schneider GmbHG § 35a Anm. 18). Eine allgemeine Vertrauenshaftung, wie bei einer Verletzung des § 19 Abs. 5, ist nicht begründet (tendenziell a. M. Baumbach-Hueck-Zöllner GmbHG § 35a Anm. 10).

126 (1) Die Vertretungsmacht der Gesellschafter erstreckt sich auf alle gerichtlichen und außergerichtlichen Geschäfte und Rechtshandlungen einschließlich der Veräußerung und Belastung von Grundstücken sowie der Erteilung und des Widerrufs einer Prokura.

(2) Eine Beschränkung des Umfanges der Vertretungsmacht ist Dritten gegenüber unwirksam; dies gilt insbesondere von der Beschränkung, daß sich die Vertretung nur auf gewisse Geschäfte oder Arten von Geschäften erstrecken oder daß sie nur unter gewissen Umständen oder für eine gewisse Zeit oder an einzelnen Orten stattfinden soll.

(3) In betreff der Beschränkung auf den Betrieb einer von mehreren Niederlassungen der Gesellschaft finden die Vorschriften des § 50 Abs. 3 entsprechende Anwendung.

Schrifttum (vgl. § 125 sowie zum Mißbrauch der Vertretungsmacht die Angaben bei Anm. 20): *Dieckmann,* Zur Schadensersatzpflicht der offenen Handelsgesellschaft und deren Gesellschafter, wenn ein nicht (allein-)vertretungsberechtigter Gesellschafter gegen die Vertretungsordnung der Gesellschaft verstößt, WM 1987, 1473; *Schlüter,* Die Vertretungsmacht des Gesellschafters und die Grundlagen der Gesellschaft, 1965; *H. Westermann,* Verletzung der Geschäftsführungsmacht und -pflicht durch Willenserklärung organschaftlicher Vertreter von Handelsgesellschaften gegenüber Gesellschaftern, in: Festschrift Mayer-Hayoz, Bern 1982, S. 445.

Inhalt

	Anm.		Anm.
I. Allgemeines	1–4	II. Der Umfang der Vertretungsmacht nach	
1. Normzweck	1	Abs. 1	5–15
2. Geltungsbereich	2	1. Grundsatz	5

Karsten Schmidt

§ 126 1–4   2. Buch. 1. Abschnitt. Offene Handelsgesellschaft

	Anm.		Anm.
2. Umfang bei Rechtsgeschäften	6	III. Beschränkung der Vertretungsmacht	16–23
3. Keine Vertretungsmacht für Grundlagengeschäfte	10	1. Grundsatz (Abs. 2)	16
4. Das Verbot des Insichgeschäfts	14	2. Beschränkungen auf einzelne Niederlassungen (Abs. 3)	18
		3. Mißbrauch der Vertretungsmacht	20

I. Allgemeines

1. Normzweck

1   Während § 125 die Frage regelt, ob Einzelvertretungsmacht oder Gesamtvertretungsmacht besteht, behandelt § 126 den **Umfang der Vertretungsmacht**. Die Bestimmung dient dem Schutz des Rechtsverkehrs. Abs. 1 regelt den Umfang der Vertretungsmacht. Abs. 2 und 3 handeln von der Beschränkung des Umfangs der Vertretungsmacht gegenüber Dritten; sie ist nur auf den Betrieb einer von mehreren Zweigniederlassungen möglich.

2. Geltungsbereich

2   a) Die Bestimmung gilt für die **organschaftliche Vertretungsmacht des oHG-Gesellschafters** bzw. des Komplementärs (dazu § 125 Anm. 3 ff.). Sie gilt nicht für die einem Gesellschafter oder einem Dritten erteilte Vollmacht. Sie gilt nach h. M. nicht, auch nicht analog, für die Gesellschaft bürgerlichen Rechts (vgl. nur Ulmer Gesellschaft bürgerlichen Rechts § 714 Anm. 15). Den Vorzug verdient die Auffassung, daß § 126 auf die **unternehmenstragende Gesellschaft bürgerlichen Rechts** entsprechend anwendbar ist (Karsten Schmidt Gesellschaftsrecht §§ 58 V 2, 60 II 2).

3   b) Die Bestimmung gilt für jede **Zurechnung von Erklärungen** im Rahmen von Rechtsgeschäften und von Verfahrenshandlungen. Wo immer eine Stellvertretung nach §§ 164 ff. BGB in Betracht kommt, wirken Erklärungen der vertretungsberechtigten Gesellschafter gegen die Gesellschaft. Damit gilt § 126 insbesondere im **bürgerlichen Recht** für Rechtsgeschäfte und geschäftsähnliche Handlungen (z. B. die Mahnung oder die Ablehnungsandrohung), im Zivilprozeß für Prozeßhandlungen, aber auch z. B. im **Verwaltungsverfahren** und im **Verwaltungsprozeß**. Dagegen gilt § 126 nicht für die Verschuldenszurechnung. Diese ergibt sich aus dem analog anzuwendenden § 31 BGB (vgl. § 125 Anm. 12) bzw. aus § 278 BGB.

4   c) Die **Geschäftsführung** (§§ 114 ff.) ist von der Vertretungsmacht zu trennen. Bei der Geschäftsführung geht es um die Befugnis (und Verpflichtung) zum Handeln in der Gesellschaft, bei der Vertretung um die Befugnis zu rechtswirksamem Handeln im Namen der Gesellschaft. Beides kann auseinanderfallen. Nach der von Geßler (hier 4. Aufl. Anm. 5) geteilten h. M. sind Weisungen gegenüber Angestellten Gegenstand der Vertretungsmacht und nicht der Geschäftsführung (ebenso Alfred Hueck oHG § 20 III 1 b; Fischer in Großkomm Anm. 8; a. M. Großmann JW 1912, 775; v. Godin JR 1948, 61, 62; differenzierend Weipert in HGB-RGRK Anm. 11). Da die Weisung kein Rechtsgeschäft ist, stellt sich die Frage, ob sie als rechtsgeschäftsähnliche Hand-

Umfang der Vertretungsmacht 5–7 § 126

lung den Grundsätzen über die Vertretung unterworfen werden kann. Dies wird man bejahen können, denn es geht darum, ob die Weisung der Gesellschaft zuzurechnen und damit für den Weisungsempfänger verbindlich („wirksam") ist. Eine andere Frage ist, ob diese Befugnis zur Erteilung von Weisungen im Namen der Gesellschaft nach dem Willen der Gesellschafter der Vertretungsbefugnis (§§ 125 f.) oder der Geschäftsführungsbefugnis (§§ 114 ff.) folgt. Die besseren Gründe sprechen für eine Anlehnung an die Geschäftsführungsbefugnis: Im gleichen Umfang, in dem der Gesellschafter zum Handeln berechtigt ist, ist er im Zweifel auch berechtigt, Weisungen an Bedienstete des Unternehmens zu erteilen. Das bedeutet: Die rechtsgeschäftliche Erteilung von Weisungen ist ein Vertretungsgeschäft, aber die Befugnis zur Erteilung einer solchen Weisung folgt aus der Geschäftsführungsbefugnis.

II. Der Umfang der Vertretungsmacht nach Abs. 1

1. Grundsatz

Die Vertretungsmacht der Gesellschafter erstreckt sich auf **alle gerichtlichen und** 5 **außergerichtlichen Geschäfte und Rechtshandlungen** einschließlich der Veräußerung und Belastung von Grundstücken sowie der Erteilung und des Widerrufs der Prokura (Abs. 1). Sie ist unbeschränkt, wie es der Stellung des vertretungsberechtigten Gesellschafters als organschaftlicher Vertreter der Gesellschaft entspricht.

2. Umfang bei Rechtsgeschäften

a) **Alle** gerichtlichen und außergerichtlichen **Geschäfte und Rechtshandlungen** sind von 6 der Vertretungsmacht umfaßt. Es spielt keine Rolle, ob es sich um Geschäfte handelt, die der gewöhnliche Betrieb des Handelsgewerbes (§ 116 Abs. 1) oder der Betrieb eines Handelsgewerbes (§ 49 Abs. 1) mit sich bringt (wie hier Baumbach-Duden-Hopt Anm. 1 A; Düringer-Hachenburg-Flechtheim Anm. 2; Fischer in Großkomm Anm. 2; Alfred Hueck oHG § 20 III 1 a; a. M. v. Gierke Handelsrecht 8. Aufl. § 34 I 1 b, der die Vertretungsmacht auf die der Art des Handelsgewerbes entsprechenden Geschäfte beschränkt). Der vertretungsberechtigte Gesellschafter kann deshalb namens der oHG z. B. auch Schenkungen oder sonstige nachteilige Geschäfte vornehmen (RGZ 125, 380, 381). Es gibt keinen allgemeinen Grundsatz des Inhalts, daß Rechtsgeschäfte unwirksam sind, wenn sie mit dem Gesellschaftszweck kollidieren (vgl. gegen die ultravires-Doktrin Karsten Schmidt AcP 174 (1974), 55 ff.; 184 (1984), 529 ff.). Auch wenn Minderjährige in der Gesellschaft sind, können die Vertreter der oHG ohne die Beschränkungen der §§ 1821 f. BGB kontrahieren (vgl. RGZ 125, 380, 381). Eine andere Frage ist, ob bei einem der Gesellschaft schädlichen Geschäft dem Geschäftsgegner ein Mißbrauch der Vertretungsmacht entgegengehalten werden kann (dazu Anm. 20 ff.).

b) Die Befugnis zur **Veräußerung und Belastung von Grundstücken** ist ausdrücklich 7 erwähnt, um den Gegensatz zu der Vertretungsmacht des Prokuristen herauszustellen, der dazu einer besonderen Bevollmächtigung bedarf (§ 49 Abs. 2). Über die Legitimation der vertretungsberechtigten Gesellschafter im Grundbuchverkehr vgl. §§ 32, 34 GBO.

8 c) Daß die vertretungsberechtigten Gesellschafter befugt sind, eine **Prokura** zu erteilen und zu widerrufen, folgt schon aus ihrer unbeschränkten Vertretungsmacht und hätte einer Hervorhebung nicht bedurft. Nach § 48 Abs. 1 wird die Prokura durch den Geschäftsinhaber persönlich (das wäre hier die Gesellschaft) bzw. durch seine gesetzlichen Vertreter erteilt. Der Zusatz ist aufgenommen worden, um gegenüber der Vorschrift des § 116 Abs. 3 außer Zweifel zu stellen, daß die Erteilung oder der Widerruf der Prokura nach außen allein von der Vertretungsmacht des handelnden Gesellschafters abhängt und sich § 116 Abs. 3 allein auf das Innenverhältnis der Gesellschafter bezieht. Die **Erteilung einer Prokura** ist daher nach außen, wozu auch das Verhältnis zum Prokuristen gehört, gültig, wenn der handelnde Gesellschafter vertretungsberechtigt war, gleichgültig, ob er im Innenverhältnis zu der Bestellung berechtigt war oder der Bestellung sogar ausdrücklich widersprochen worden ist (RGZ 134, 303, 305). Das gleiche gilt für den **Widerruf**. Das **Registergericht** kann daher nicht den Nachweis verlangen, daß alle geschäftsführenden Gesellschafter der Bestellung eines Prokuristen zugestimmt haben. Es hat allein zu prüfen, ob der anmeldende Gesellschafter vertretungsberechtigt ist (RGZ 134, 303, 307; Fischer in Großkomm Anm. 11). Besteht allerdings Anlaß zu der Annahme, daß der anmeldende Gesellschafter in offenem Widerspruch zum Willen der Mitgesellschafter handelt (Mißbrauch der Vertretungsmacht) oder daß ein Mitgesellschafter die Prokura widerrufen hat (vgl. zu widersprüchlichen Erklärungen einzelvertretungsberechtigter Gesellschafter § 125 Anm. 25), so hat das Registergericht diesen Bedenken nachzugehen (insofern zutr. BayObLG JFG 5, 244). Es kann dann das Eintragungsverfahren aussetzen (vgl. Fischer in Großkomm Anm. 11).

9 d) Auch **Rechtsgeschäfte gegenüber den einzelnen Gesellschaftern** sind von der Vertretungsmacht erfaßt, soweit es sich um Rechtsbeziehungen zwischen der Gesellschaft und den Gesellschaftern handelt (RGZ 7, 119, 120; Alfred Hueck oHG § 20 III 2d; Baumbach-Duden-Hopt Anm. 3 B; Düringer-Hachenburg-Flechtheim Anm. 14; Fischer in Großkomm Anm. 16, 21). Die früher h. M., wonach es hier auf die Geschäftsführungsbefugnis ankommen sollte (ROHGE 2, 36, 41), hat sich mit Recht nicht durchgesetzt. Die Vertretungsmacht ist jedenfalls bei solchen Geschäften zu bejahen, bei denen der Gesellschafter der Gesellschaft wie ein Dritter gegenübersteht. Gegen einen Mißbrauch der Vertretungsmacht helfen die bei Anm. 20ff. dargestellten Grundsätze. Auch der Abschluß eines Dienstvertrags mit einem Gesellschafter ist aufgrund der Vertretungsmacht möglich. Zu der umstrittenen Frage, ob Abs. 2 bei Rechtsgeschäften mit einem Gesellschafter anwendbar ist, vgl. Anm. 17.

3. Keine Vertretungsmacht für Grundlagengeschäfte

10 a) Verbandsgeschäfte, die **das gesellschaftsrechtliche Rechtsverhältnis der Gesellschafter untereinander** verändern, sind von der Vertretungsmacht nicht umfaßt (eingehend Schlüter a. a. O.). Solche **Grundlagengeschäfte** fallen nicht in den Bereich der Geschäftsführung (vgl. § 114 Anm. 5) und sind damit auch von der Organvertretungsmacht nicht gedeckt. Hierzu gehören: Die **Änderung des Gesellschaftsvertrags** (BGH WM

1979, 71, 72; Baumbach-Duden-Hopt Anm. 1 D; Fischer in Großkomm Anm. 4), die **Änderung der Firma** (RGZ 162, 370, 374; BGH NJW 1952, 537, 538), die **Ausschließung** eines Gesellschafters (Baumbach-Duden-Hopt Anm. 1 D), die **Aufnahme** eines neuen Gesellschafters (RGZ 52, 161; 91, 412), auch eines Kommanditisten (RGZ 128, 176; BGH WM 1962, 1353). Die Aufnahme findet grundsätzlich nur durch Vertrag zwischen dem Neugesellschafter und allen vorhandenen Gesellschaftern statt (BGHZ 26, 330, 333). Diese können zwar einen Gesellschafter zur Aufnahme weiterer Gesellschafter bevollmächtigen oder ermächtigen (vgl. dazu § 130 Anm. 9), aber dies hat mit § 126 nichts zu tun. Der vertretungsberechtigte Gesellschafter kann die Gesellschaft auch nicht schuldrechtlich zur Aufnahme eines neuen Gesellschafters verpflichten (Alfred Hueck oHG § 20 III 1 c).

b) Streitig ist, ob ein vertretungsberechtigter Gesellschafter einen **stillen Gesellschafter** **11** aufnehmen kann. Das Reichsgericht (JW 1921, 1239) hat früher die Zustimmung aller Gesellschafter zur Aufnahme eines stillen Gesellschafters für nötig erklärt (vgl. auch ROHGE 13, 63, 64 f.). In RGZ 153, 371 hat es diese Auffassung jedoch fallen gelassen. Dem ist BGHZ 23, 302 = WM 1957, 544 sowie WM 1960, 187 und 1962, 1354 gefolgt. Nach der heute h.M. ist demnach die Aufnahme eines stillen Gesellschafters von der Vertretungsmacht nach § 126 gedeckt (Alfred Hueck oHG § 20 III 1 c; ders., in Festschrift Lehmann, 1937, S. 247; Westermann Handbuch I 302; Baumbach-Duden-Hopt Anm. 1 D; Fischer in Großkomm § 126 Anm. 5; str. für die Aufnahme eines atypischen Stillen vgl. dazu Schlüter S. 15 f. m.w. Nachw.). Auch die Kündigung eines stillen Gesellschaftsverhältnisses ist nach h.M. von der Vertretungsmacht gedeckt (BGH WM 1979, 72; Baumbach-Duden-Hopt Anm. 1 D). Richtigerweise ist zu unterscheiden (§ 335 = § 230 n.F. Anm. 97 ff.; ebenso jetzt Paulick-Blaurock, Handbuch der stillen Gesellschaft, 4. Aufl. 1988, § 10 III): Die Aufnahme eines **typischen** stillen Gesellschafters ist von der Vertretungsmacht gedeckt (§ 335 = § 230 n.F. Anm. 98). Anders verhält es sich bei der **atypischen** stillen Gesellschaft, bei der der stille Gesellschafter in vermögensrechtlicher oder (und) organisationsrechtlicher Hinsicht Rechte wie ein Kommanditist erhält: eine schuldrechtliche Vermögensbeteiligung oder ein Widerspruchsrecht entsprechend § 164 oder weitergehende Teilhaberrechte. Hier ist die Aufnahme des stillen Gesellschafters ohne Mitwirkung der Handelsgesellschafter unwirksam, der stille Gesellschaftsvertrag nicht von der Vertretungsmacht nach § 126 gedeckt (§ 335 = § 230 n.F. Anm. 99 f.).

c) Nicht von der Vertretungsmacht gedeckt ist der **Abschluß eines Unternehmensvertrags** **12** (vgl. Schießl, Die beherrschte Personengesellschaft, 1985, S. 27 f.; Uwe H. Schneider ZGR 1975, 253, 271 ff.; Löffler NJW 1983, 2920, 2921). Die Frage, inwieweit Unternehmensverträge bei Personengesellschaften überhaupt zulässig sind, wird im Anhang zu § 105 behandelt.

d) Streitig ist, ob die Vertretungsbefugnis des Gesellschafters sich auch auf die **Veräu- 13 ßerung oder Verpachtung des von der Gesellschaft betriebenen Handelsgeschäfts** als Ganzes bezieht. Da die Veräußerung nicht notwendig die Auflösung der oHG nach sich zieht, bejaht die h.M. die Vertretungsmacht (Geßler 4. Aufl. Anm. 9; KG OLGE 42, 196; Düringer-Hachenburg-Flechtheim Anm. 3; im Grundsatz auch Baumbach-Duden-Hopt Anm. 1 D; ausdrücklich unentschieden jetzt aber BGH NJW 1991, 2564).

Nur wenn das Unternehmen mit Firma veräußert oder verpachtet wird, soll eine Änderung des Gesellschaftsvertrags erforderlich sein (Düringer-Hachenburg-Flechtheim Anm. 3). Die Frage ist zweifelhaft, soweit der Abschluß des Vertrags auf eine Zweckänderung hinausläuft (s. auch die Bedenken bei Fischer in Großkomm Anm. 3 sowie jetzt Heymann-Emmerich Anm. 14). Eine Kapitalgesellschaftsgründung unter Einbringung des gesamten Geschäftsbetriebs dürfte außerhalb des Gesellschaftszwecks liegen und eine Vertragsänderung voraussetzen (a.M. KG OLGE 42, 196; Baumbach-Duden-Hopt Anm. 1D; Fischer in Großkomm Anm. 3; Düringer-Hachenburg-Flechtheim Anm. 3). Auch eine Verpachtung, die der Gesellschaft die Eigenschaft eines gewerblichen Unternehmens nimmt (str.; vgl. § 105 Anm. 39), ist eine Änderung des Gesellschaftszwecks, ebenso eine Auslagerung wesentlicher Unternehmensteile auf ein Tochterunternehmen (vgl. für die AG BGHZ 83, 122 = LM Nr. 1 zu § 118 AktG m. Anm. Fleck = NJW 1982, 1703). Man wird eine Vertretungsmacht zur Unternehmensveräußerung nur anerkennen, wenn der Gesellschaft die Firma erhalten bleibt und die Gesellschaft auch ohne Änderung ihres Zwecks und Unternehmensgegenstands weiterhin werbend tätig ist. Es kommen deshalb weitgehend nur Teilveräußerungen in Betracht. Im übrigen bedarf es (nicht nur im Innenverhältnis) eines Beschlusses der Gesellschafter. Allerdings hindert diese Einschätzung der Vertretungsmacht bei Grundlagengeschäften nicht die Wirksamkeit der darauf beruhenden Verfügungsgeschäfte, insbesondere Veräußerungsgeschäfte (vgl. mit der Rechtsfolge der § 419 BGB NJW 1991, 2564, 2565). Insoweit können allerdings die Grundsätze über den Mißbrauch der Vertretungsmacht (Anm. 20 ff.) eingreifen.

4. Das Verbot des Insichgeschäfts

14 a) Nach § 181 BGB kann ein Vertreter, soweit ihm nicht ein anderes gestattet ist, kein Rechtsgeschäft im Namen des Vertretenen mit sich selbst im eigenen Namen oder als Vertreter eines Dritten vornehmen, es sei denn, daß das Rechtsgeschäft ausschließlich in der Erfüllung einer Verbindlichkeit besteht. Beispielsweise kann ein vertretungsberechtigter Gesellschafter nicht eine Forderung der Gesellschaft an sich selbst abtreten (vgl. RGZ 157, 24, 31) oder einen Kauf oder Pachtvertrag schließen (vgl. BGHZ 64, 72 = NJW 1975, 117). Zur Behandlung der Fälle, in denen ein gesamtvertretungsberechtigter Gesellschafter nach § 181 BGB von der Vertretung ausgeschlossen ist, vgl. § 125 Anm. 45, 52.

15 b) Die **Befreiung vom Verbot des Selbstkontrahierens** (Gestattung i.S. von § 181 BGB) erfolgt im Gesellschaftsvertrag oder durch Beschluß der Gesellschafter. Eine Erklärung des vertretungsberechtigten Gesellschafters genügt nicht (vgl. Fischer in Großkomm Anm. 21). Ist die Gesellschaft eine GmbH & Co., so bedarf es eines Beschlusses der Personengesellschafter; ein nur von der Komplementär-GmbH gefaßter Beschluß genügt nicht (BGHZ 58, 115 = NJW 1972, 623; BGH LM Nr. 7 zu § 109; Konow GmbHR 1972, 262; Frank NJW 1974, 1073). Über die **Eintragung der Befreiung im Handelsregister** vgl. § 125 Anm. 55.

III. Beschränkung der Vertretungsmacht

1. Grundsatz (Abs. 2)

a) Eine **Beschränkung** des Umfanges der Vertretungsmacht ist Dritten gegenüber **unwirksam**; dies gilt insbesondere von der Beschränkung, daß sich die Vertretung nur auf gewisse Geschäfte oder Arten von Geschäften erstrecken oder daß sie nur unter gewissen Umständen oder für eine gewisse Zeit oder an einzelnen Orten stattfinden soll (vgl. Wortlaut Abs. 2). Diese Regelung dient dem Verkehrsschutz. Jeder, der mit einem vertretungsberechtigten Gesellschafter in Geschäftsverbindung tritt, soll sich darauf verlassen können, daß der Gesellschafter zu allen Rechtsgeschäften mit Wirkung für und gegen die Gesellschaft ermächtigt ist. Er soll nicht verpflichtet sein nachzuprüfen, ob etwa die anderen Gesellschafter die Vertretungsmacht des Handelnden eingeschränkt haben. Einschränkungen der Vertretungsmacht haben grundsätzlich nur Bedeutung für das Innenverhältnis. Die alleinige Ausnahme, die das Gesetz macht, ist die Beschränkbarkeit auf eine Zweigniederlassung (Abs. 3; vgl. Anm. 18 f.). Die gesetzliche Wertung muß auch dann berücksichtigt werden, wenn es darum geht, ob ein pflichtwidriges Vertreterhandeln ausnahmsweise doch einem Dritten entgegengehalten werden kann (Mißbrauch der Vertretungsmacht; vgl. Anm. 21).

b) Nur **im Verhältnis zu Dritten** gilt Abs. 2. Demgemäß gilt die Regelung nach h. M. nicht für den Rechtsverkehr zwischen der Gesellschaft und den Gesellschaftern. Die Vertretungsmacht der Gesellschafter kann insoweit durch Vertrag oder Beschluß beschränkt werden (BGHZ 38, 26, 33 = NJW 1962, 2344; LM § 119 Nr. 10 = BB 1974, 996 = WM 1973, 637; LM § 115 Nr. 3 = NJW 1974, 1555; BB 1976, 527; WM 1979, 72; Baumbach-Duden-Hopt Anm. 3 A; vgl. Fischer in Großkomm Anm. 14; a. A. Lindacher JR 1973, 377). Durch Gesellschaftsvertrag oder durch (i.d.R. einstimmigen) Gesellschafterbeschluß kann die Vertretungsmacht für Geschäfte der Gesellschaft mit einem Gesellschafter z.B. dahingehend beschränkt werden, daß diese Geschäfte nur mit Zustimmung der Mitgesellschafter wirksam sind (BGH LM Nr. 10 zu § 119 = NJW 1973, 1278 = WM 1973, 637). Soweit es sich bei diesen Rechtsgeschäften um Organisationsakte und nicht um Verkehrsgeschäfte handelt, versteht sich dies schon aus der sachgerechten Handhabung des Abs. 1 (vgl. Anm. 10 ff.). Beispielsweise ist ein dem Gesellschaftsvertrag widersprechender Vertrag über Geschäftsführervergütungen ohne Zustimmung der Gesellschafter unwirksam (vgl. BGH BB 1976, 527; Baumbach-Duden-Hopt Anm. 3 A). Auch Verträge über Sozialansprüche und Sozialpflichten zwischen Gesellschaft und Gesellschafter unterliegen nicht dem Abs. 2, so etwa die Stundung von Einlageforderungen. Soweit zwischen der Gesellschaft und einem Gesellschafter **Drittgeschäfte** abgeschlossen worden sind, deren Abschluß pflichtwidrig war, helfen die Grundsätze über den **Mißbrauch der Vertretungsmacht** (Anm. 20 ff.). Es ist deshalb zweifelhaft, ob die Nichtanwendung des Abs. 2 auf Rechtsgeschäfte zwischen der Gesellschaft und Gesellschaftern neben den immanenten Grenzen des § 126 eigenständige Bedeutung hat. Die h. M. wirft zudem die Frage auf, ob es neben den Gesellschaftern auch andere Nicht-Dritte (Verwandte, verbundene Unternehmen) gibt, die von dem Schutz des § 126 ebenso ausgeschlossen werden müßten.

Insgesamt scheint die h. M. überflüssig. Sie beruht wohl auch auf einer Fehlinterpretation des Abs. 2. Die Worte „Dritten gegenüber" dürften hier nichts anderes bedeuten als: im Außenverhältnis.

2. Beschränkung auf einzelne Niederlassungen (Abs. 3)

18 a) Nach Abs. 3 kann die Vertretungsmacht eines Gesellschafters auf den Betrieb einer von mehreren Niederlassungen beschränkt werden. Die Beschränkung ist aber Dritten gegenüber nur wirksam, wenn die **Niederlassungen unter verschiedenen Firmen** betrieben werden (§ 50 Abs. 3 S. 1). Eine Verschiedenheit der Firmen in diesem Sinne wird durch Beifügung eines Filialzusatzes begründet (§ 50 Abs. 3 S. 2). Auf § 50 Anm. 12 wird verwiesen.

19 b) Die Beschränkung der Vertretungsmacht ist eine **eintragungspflichtige Tatsache**. Die Eintragung hat bei der Hauptniederlassung, aber auch bei dem Handelsregister der Zweigniederlassung zu erfolgen (vgl. für § 50 OLG Köln DB 1977, 955). Anmeldung und Eintragung bei der Hauptniederlassung müssen deutlich zum Ausdruck bringen, auf welche Zweigniederlassung die Vertretungsmacht beschränkt ist (Fischer in Großkomm Anm. 15). Für die Eintragung bei der Zweigniederlassung bedarf es keines besonderen Zusatzes über diese Beschränkung (vgl. auch BGHZ 104, 61 = NJW 1988, 1840, wonach ein solcher Zusatz beim Prokuristen sogar unzulässig sein soll). Bei Eintragungs- oder Bekanntmachungsmängeln gilt § 15.

3. Mißbrauch der Vertretungsmacht

20 a) **Mißbrauch der Vertretungsmacht** liegt vor, wenn der Vertreter im Rahmen der äußeren Vertretungsberechtigung, aber unter Verletzung interner Pflichten tätig wird (vgl. dazu allgemein Flume, Rechtsgeschäft, 3. Aufl. 1979, § 45 II 3; Karsten Schmidt Gesellschaftsrecht § 10 II 2; Robert Fischer, in Festschrift Schilling, 1973, S. 3 = Gesammelte Schriften, 1985, S. 173; Gessler, in Festschrift v. Caemmerer, 1978, S. 337; John, in Festschrift Mühl, 1981, S. 349; Jüngst, Der Mißbrauch organschaftlicher Vertretungsmacht, 1981; Rinck, Pflichtwidrige Vertretung, 1936; Roth, Mißbrauch der Vertretungsmacht durch den GmbH-Geschäftsführer, ZGR 1985, 265; Schott AcP 171 (1971), 385; H.P. Westermann JA 1981, 521; weitere Nachweise bei Karsten Schmidt Handelsrecht § 16 III 4). Das Problem des Mißbrauchs der Vertretungsmacht besteht darin, unter welchen Voraussetzungen und mit welchen Rechtsfolgen eine solche Pflichtwidrigkeit des Vertreterhandelns einem Dritten – insbesondere dem Vertragspartner – entgegengehalten werden kann. Die Frage ist kein Spezialproblem des § 126. Sie tritt z.B. auf im Rahmen des § 50 (vgl. RGZ 9, 148; BGHZ 50, 112 = LM Nr. 1 zu § 50; BGH WM 1960, 491; NJW 1966, 1911; WM 1980, 1453), im Rahmen des § 82 AktG (vgl. zu § 235 HGB a.F. RGZ 73, 343, 345f.), im Rahmen des § 37 GmbHG (BGH WM 1973, 1320; 1976, 632, 633; 658, 659; 1980, 953; 1981, 66, 67; 1984, 305, 306; NJW 1984, 1461, 1462; 1988, 224), im Rahmen des § 25 GenG (BGH WM 1986, 1104). Mit dem Problem bei § 126 befassen sich insbesondere folgende Entscheidungen: RGZ 58, 356 (noch unter dem Gesichtspunkt von § 826 BGB); BGH WM 1960, 611; 1984, 730; BGHZ 94, 132 = NJW 1985, 2409.

b) Die **Außenwirkung des Mißbrauchs der Vertretungsmacht**, ob also die Pflichtwidrigkeit des Vertreterhandelns dem Geschäftsgegner entgegengehalten werden kann, bestimmt sich ausschließlich nach der **Vertrauenssituation beim Geschäftsgegner**. Die ältere Rechtsprechung stellte noch darauf ab, ob der pflichtwidrig handelnde Vertreter bewußt zum Nachteil des Vertretenen – im Fall des § 126 also: der Gesellschaft – handelte (vgl. etwa zu § 126 BGH WM 1960, 611, 612; WM 1984, 730, 731 [KG]; BAG BB 1978, 964 f. = NJW 1978, 2215; zu § 50 BGHZ 50, 112, 114 = LM Nr. 1 zu § 50; zu § 37 GmbHG BGH BB 1976, 852; WM 1981, 66, 67). Von dieser Auffassung hat sich die neuere Praxis mit Recht gelöst (vgl. zu § 37 GmbHG BGH NJW 1984, 1461, 1462 m. Anm. Roth ZGR 1985, 265; NJW 1988, 3012 = ZIP 1988, 847). Es kommt auf der Seite des Stellvertreters nur auf die objektive Pflichtwidrigkeit des Handelns an (Karsten Schmidt Gesellschaftsrecht § 10 II 2 c aa; enger wohl Heymann-Emmerich Anm. 24: treuwidrige Schädigung erforderlich). Zwar greifen bei kollusivem Handeln des Vertreters und des Vertragspartners, d. h. bei beiderseitiger Schädigungsabsicht, zusätzlich die §§ 138, 826 BGB ein (vgl. RGZ 58, 356; 130, 131, 142; 136, 359, 360; BGH WM 1980, 953), aber für den Mißbrauch der Vertretungsmacht kommt es hierauf nicht an. Hier entscheidet auf der Seite des Vertreters allein die objektive Pflichtwidrigkeit seines Handelns, während subjektive Merkmale allein auf der Seite des Vertragsgegners eine Rolle spielen (vgl. Karsten Schmidt Gesellschaftsrecht § 10 II 2 c; Handelsrecht § 16 III 4). Nach wohl richtiger Auffassung ist **positive Kenntnis des Vertragsgegners nicht erforderlich** (vgl. BGH WM 1960, 491 zu § 50), **einfache Fahrlässigkeit des Vertragsgegners, also bloßes Kennenmüssen, nicht ausreichend** (vgl. nur BGH BB 1976, 852; NJW 1984, 1461, 1462 = DB 1984, 661, 662; anders aber z. B. BGHZ 50, 112, 114 zu § 50; BGH JZ 1964, 420 zu § 1629 BGB). Ließe man einfache Fahrlässigkeit ausreichen, so wäre der mit Abs. 2 beabsichtigte Verkehrsschutz in Frage gestellt. Besondere Nachforschungspflichten erlegt das Gesetz dem Vertragsgegner grundsätzlich nicht auf, denn Abs. 2 spricht nicht von dem Rechtsschein der Vertretungsmacht, sondern von wirklich vorhandener Vertretungsmacht. Der Maßstab liegt zwischen den genannten Extremen. Hier wird teils von grober Fahrlässigkeit gesprochen (Soergel-Leptien § 177 Anm. 18; Thiele in MünchKomm BGB § 164 Anm. 164 ff.; Schott AcP 171 (1971), 385, 397; Lüderitz JuS 1976, 768), teils von einer **Evidenz des pflichtwidrigen Handelns** (Flume Rechtsgeschäft 3. Aufl. § 55; Karsten Schmidt Gesellschaftsrecht § 10 II 2 c bb; ders. Handelsrecht § 16 III 4 b), teils davon, daß sich der Verdacht aufdrängen mußte (BGH NJW 1984, 1461, 1462; BGHZ 94, 132, 138 = NJW 1985, 2409, 2410; NJW 1988, 3012 = ZIP 1988, 847 f.; BGH NJW 1988, 2241). Gemeint ist mit all dem dasselbe.

c) Die **Rechtsfolgen** einer Außenwirkung des Mißbrauchs ergeben sich nach der Rechtsprechung aus § 242 BGB (vgl. nur RGZ 134, 67, 72; 145, 311, 315; BGH WM 1980, 953, 954; Soergel-Leptien § 177 Anm. 15; Jüngst a. a. O. S. 138 ff.; H. P. Westermann JA 1981, 525), nach wohl richtiger Auffassung aus den analog anzuwendenden §§ 177–179 BGB (Enneccerus-Nipperdey BGB AT § 183 I 5; Flume Rechtsgeschäft 3. Aufl. § 45 II 3; Karsten Schmidt Gesellschaftsrecht § 10 II 2 b; Handelsrecht § 16 III 4 b aa). Es ist dies weniger ein Problem der Ergebnisse als der Begründung. Aus § 242 BGB lassen sich die hier in Frage stehenden Rechtsfolgen nicht ableiten, es sei denn, man beschränkte sich auf das Ergebnis, daß sich der Dritte auf die Wirksamkeit des Vertretergeschäfts nicht berufen könne.

23 d) Eine **analoge Anwendung des § 254 BGB** in dem Sinne, daß der Mißbrauch der Vertretungsmacht bei beiderseitigem Verschulden teils Außenwirkung hat, teils keine Außenwirkung hat, ist **nicht möglich** (dafür aber vereinzelt BGHZ 50, 112 = NJW 1968, 1379 = LM Nr. 1 zu § 50; zust. Baumbach-Duden-Hopt Anm. 4). Es dürfen hierbei zwei Sachfragen nicht vermischt werden, die nach dem Ansatz der h. M. (Anwendung des § 242 BGB) unnötig schwer voneinander zu trennen sind: die Wirksamkeit des Geschäfts (hier gibt es keine Schadensteilung nach § 254 BGB) und die Frage nach wechselseitigen Ansprüchen aus culpa in contrahendo (hier ist eine Schadensteilung nach § 254 BGB möglich). Liegt bei einem Mißbrauch der Vertretungsmacht neben einem Verschulden des Geschäftspartners auch ein Organisationsverschulden bei der Gesellschaft vor, so kann ausnahmsweise durch einen nach Maßgabe des Mitverschuldens gekürzten Schadensersatzanspruch für einen Schadensausgleich gesorgt werden. Vgl. dazu Soergel-Leptien § 177 Anm. 19; Karsten Schmidt Handelsrecht § 16 III 4; Heckelmann JZ 1970, 62 ff.; Hübner, Festschrift für Klingmüller, 1974, S. 180.

127 Die Vertretungsmacht kann einem Gesellschafter auf Antrag der übrigen Gesellschafter durch gerichtliche Entscheidung entzogen werden, wenn ein wichtiger Grund vorliegt; ein solcher Grund ist insbesondere grobe Pflichtverletzung oder Unfähigkeit zur ordnungsgemäßen Vertretung der Gesellschaft.

Schrifttum: *Baums,* der Geschäftsleitervertrag, 1987; *Erman,* Eilmaßnahmen aus §§ 117, 127 HGB und Schiedsvertrag, in: Festschrift Möhring, 1965, S. 3; *Hopt,* Zur Abberufung des GmbH-Geschäftsführers bei der GmbH & Co., ZGR 1979, 1; *Lindacher,* Schiedsgerichtliche Kompetenz zur vorläufigen Entziehung der Geschäfts- und Vertretungsbefugnis bei Personengesellschaften, ZGR 1979, 201; *Reichert-Winter,* Die „Abberufung" und Ausschließung des geschäftsführenden Gesellschafters der Publikums-Personengesellschaft BB 1988, 981; *Karsten Schmidt* „Kündigung" der Geschäftsführung und Vertretung durch den Personengesellschafter, DB 1988, 2241; *Ulmer,* Gestaltungsklagen im Personengesellschaftsrecht und notwendige Streitgenossenschaft, in: Festschrift Geßler, 1971, S. 269; *H.P. Westermann-Pöllath,* Abberufung und Ausschließung von Gesellschaftern/Geschäftsführern in Personengesellschaften und GmbH, 3. Aufl., 1986.

Inhalt

	Anm.		Anm.
I. Allgemeines	1–11	III. Das Verfahren	20–39
1. Normzweck	1	1. Klage und Urteil	20
2. Geltungsbereich	2	2. Das Verfahren im Fall eines Entziehungsbeschlusses	25
3. Entziehung durch Urteil oder durch Beschluß	7	3. Einstweilige Regelungen während des Rechtsstreits	26
4. Zwingendes Recht	9	4. Sonderregeln bei Publikumskommanditgesellschaften	37
II. Das materielle Recht der Entziehung	12–19	5. Registereintragung	38
1. Entziehung und Teil-Entziehung	12		
2. Der wichtige Grund	15		
3. Verhältnismäßigkeit	17		
4. Präzisierung im Gesellschaftsvertrag	18		

I. Allgemeines

1. Normzweck

Die Vorschrift gestattet die **Entziehung der organschaftlichen Vertretungsmacht** aus wichtigem Grund. Da die organschaftliche Vertretungsmacht (auch im Fall des § 125 Abs. 1; vgl. § 125 Anm. 3) auf dem Gesellschaftsvertrag beruht und grundsätzlich nur durch Gesellschaftsvertrag entzogen oder modifiziert werden kann, stellt die Entziehung der Vertretungsmacht einen Eingriff in die Gesellschafterrechte dar. Es bedarf hierfür eines Gestaltungsverfahrens. Dies ist nach der gesetzlichen Regel ein Gestaltungsprozeß, kann aber nach dem Gesellschaftsvertrag auch ein Gesellschafterbeschluß sein (Anm. 25).

2. Geltungsbereich

a) Die Bestimmung gilt **für die oHG und hinsichtlich der Komplementäre auch für die KG** (§ 161 Abs. 2). Handelt es sich um eine GmbH & Co. KG, so richtet sich das Verfahren gegen die Komplementär-GmbH, nicht gegen ihre Geschäftsführer; diese können nur nach GmbH-Recht in der GmbH abberufen werden (h.M.; vgl. Baums S. 326 ff.; a.M. Hopt ZGR 1979, 1 ff.). Für die Gesellschaft bürgerlichen Rechts gilt § 712 Abs. 1 BGB.

b) Die Bestimmung regelt die **Entziehung der organschaftlichen Vertretungsmacht** des persönlich haftenden Gesellschafters. Sie gilt nicht nur für die **Einzelvertretungsmacht** nach § 125 Abs. 1. Entzogen werden können auch die organschaftlichen Vertretungsbefugnisse in ihrer durch den Gesellschaftsvertrag modifizierten Form wie z.B. die **Gesamtvertretungsmacht**, die unechte Gesamtvertretungsmacht sowie die auf eine Niederlassung beschränkte Vertretungsmacht (Fischer in Großkomm Anm. 2; Alfred Hueck oHG § 20 IV 2). Dem **einzigen persönlich haftenden Gesellschafter** kann die Vertretungsmacht nicht entzogen werden (BGHZ 51, 198, 200 m. krit. Anm. Wiedemann JZ 1969, 470; Baumbach-Duden-Hopt Anm. 1 C; Heymann-Emmerich Anm. 4; Alfred Hueck oHG § 18 IV 1; Karsten Schmidt Gesellschaftsrecht § 48 II 4a; krit. Westermann Handbuch [Lfg. 1971] I 802; Reiff NJW 1964, 1940). Nach h.M. widerspricht dies dem Grundsatz der Selbstorganschaft (§ 125 Anm. 6). Völlig zweifelsfrei ist die Lösung der h.M. nicht (vgl. Karsten Schmidt Gesellschaftsrecht § 53 IV 2). Zu erwägen ist, ob nicht die Entziehung mit der Folge zugelassen werden könnte, daß die Gesellschaft aufgelöst ist und so lange von allen Gesellschaftern als Liquidatoren vertreten wird (§ 146), wie nicht ein Fortsetzungsbeschluß (§ 131 Anm. 60 ff.) unter Neuordnung der Vertretungsverhältnisse gefaßt wird. Bei Zugrundelegung der h.M. müssen die Mitgesellschafter entweder einen Schritt weiter gehen und den Alleinvertreter ausschließen, oder sie müssen einen Schritt zurückgehen und ihm nur die Geschäftsführung entziehen und daneben Vertragsänderungsansprüche geltend machen (§ 105 Anm. 143). Das ist immerhin eine stimmige Lösung (Karsten Schmidt Gesellschaftsrecht § 53 IV 2). Sind dagegen mehrere persönlich haftende Gesellschafter vorhanden, so kann die Vertretungsmacht einem dieser Gesellschafter auch dann entzogen werden, wenn die persönlich haftenden Gesellschafter nur gesamtvertretungsberechtigt sind oder wenn die anderen persönlich haftenden Gesellschafter von der Vertretung ausgeschlossen sind (BGHZ 33, 105, 107 f.; Baumbach-Duden-Hopt Anm. 1 C; Heymann-Emmerich Anm. 4; Alfred Hueck oHG § 20 IV 3; Karsten Schmidt Gesellschaftsrecht § 48 II 4 a). Zu den Rückwirkungen der Entziehung auf die Vertretungsbefugnis des Mitgesellschafters oder Prokuristen bei Gesamtvertretungsmacht vgl. § 125 Anm. 51 ff.. Hat bei der Gesamtvertretung ein Gesellschafter einen anderen nach § 125 Abs. 2 Satz 2 zum alleinigen Handeln ermächtigt, so kann diese Ermächtigung nicht Gegenstand eines Verfahrens nach § 127 sein (Fischer in Großkomm Anm. 3).

4 c) **Nicht** in § 127 geregelt ist die Entziehung der **Geschäftsführungsbefugnis** (§ 117). Wird auf Entziehung der Geschäftsführungsbefugnis (§ 117) und der Vertretungsmacht (§ 127) geklagt, so liegt eine objektive Klaghäufung vor (§ 260 ZPO). Häufig wird mit einer Klage auf Entziehung der „Geschäftsführungsbefugnis" auch die Entziehung der Vertretungsmacht gewollt sein. Das Gericht wird in diesem Fall wegen der unterschiedlichen Streitgegenstände gem. § 139 ZPO auf Klarstellung der Anträge hinwirken. Notfalls darf es den Antrag des Klägers auch auslegen (BGHZ 51, 198, 199 = NJW 1969, 507; Baumbach-Duden-Hopt Anm. 1 A; Fischer in Großkomm Anm. 8).

5 d) **Nicht** anwendbar ist § 127 auf die einem von der organschaftlichen Vertretung ausgeschlossenen Gesellschafter erteilten **Vollmacht**, insbesondere einer Prokura, auch wenn sie gesellschaftsvertraglich begründet ist (vgl. nur Fischer in Großkomm Anm. 3). Der Gesellschaftsvertrag kann stets allenfalls ein Sonderrecht auf Erteilung der Vertretungsmacht begründen, während die Bevollmächtigung selbst ein Rechtsgeschäft außerhalb des Gesellschaftsvertrages bleibt (vgl. § 125 Anm. 13). Die Prokura und jede andere Vollmacht erlöschen nach allgemeinen Regeln, also insbesondere durch Widerruf (Fischer in Großkomm Anm. 3; Alfred Hueck oHG § 20 IV 2). Der Widerruf wird von der Gesellschaft erklärt. Er kann, wenn die Prokura als gesellschaftsvertragliches Sonderrecht ausgestaltet ist und kein wichtiger Grund vorliegt, unzulässig sein (BGHZ 17, 392 = NJW 1955, 1394).

6 e) **Nicht** in § 127 geregelt ist die einseitige **Niederlegung der Vertretung durch den vertretungsberechtigten Gesellschafter**. Sie ist nach der h. M. aufgrund von §§ 105 Abs. 2 HGB, 712 Abs. 2 BGB zulässig, wenn ein wichtiger Grund besteht (vgl. nur Baumbach-Duden-Hopt Anm. 2; Fischer in Großkomm Anm. 24; Heymann-Emmerich Anm. 10; Alfred Hueck oHG § 20 IV 5). Geßler lehnte diese h. M. hier in der 4. Auflage ab (Anm. 13). Wie bei § 125 Anm. 22 ff. ausgeführt, ist die Rechtslage die folgende (vgl. Karsten Schmidt, DB 1988, 2241 ff.): Eine Niederlegung des Amtes als vertretungsberechtigter Gesellschafter, wie bei der GmbH-Geschäftsführung, gibt es nicht. Nach § 712 Abs. 2 BGB kündbar ist nur die Geschäftsführungspflicht. Die Kündigung läßt auch die Vertretungsbefugnis entfallen. Diese kann außerdem durch ausdrückliche oder konkludente Vertragsänderung aufgehoben werden.

3. Entziehung durch Urteil oder durch Beschluß

7 a) Nach § 127 erfolgt die Entziehung der Vertretungsmacht durch ein **Gestaltungsurteil**. Das Verfahren ist in Anm. 20 ff. dargestellt. Ein Schiedsverfahren ist zulässig

Entziehung der Vertretungsmacht 8–11 § 127

(Anm. 22). Der Vorteil der gesetzlichen Regelung besteht darin, daß die Entziehung erst nach Durchführung des Rechtsstreits wirksam wird (Vorteil der Rechtssicherheit). Der hiermit verbundene Verlust an Effektivität muß ggf. durch einstweilige Verfügungen ausgeglichen werden (vgl. Anm. 26ff.).

b) Das **Verfahren** nach § 127 ist nicht zwingend vorgeschrieben. Im Gesellschaftsvertrag kann vereinbart werden, daß die **Entziehung durch Beschluß** erfolgt (vgl. Anm. 25; Baumbach-Duden-Hopt Anm. 1 i.V.m. § 117 Anm. 5; Fischer in Großkomm Anm. 18; Heymann-Emmerich Anm. 9; Westermann Handbuch I 357; a.A. noch Staub-Pinner 14. Aufl. Anm. 6). Bei der Publikumspersonengesellschaft stellt die Entziehung durch Beschluß anstatt durch Klage sogar die Regel dar (Anm. 37). Die Rechtmäßigkeit und Rechtswirksamkeit eines solchen Beschlusses unterliegt dann nach Maßgabe von § 119 Anm. 13 der gerichtlichen bzw., sofern eine entsprechende Vereinbarung besteht, der schiedsgerichtlichen Nachprüfung (vgl. nur Fischer in Großkomm Anm. 19f.; zu den nach h.M. zu erhebenden Feststellungsklagen vgl. Reichert-Winter BB 1988, 990). Die Möglichkeit dieser Überprüfung kann nicht wirksam ausgeschlossen werden (Fischer in Großkomm Anm. 19f.; s. auch Düringer-Hachenburg-Flechtheim Anm. 8; Alfred Hueck oHG § 20 IV i.V.m. § 10 VII 11 b). Der Hauptunterschied gegenüber der gesetzlichen Regelung besteht darin, daß die Entziehung ohne vorherigen Prozeß wirksam wird (Vorteil der Effektivität). Dem steht ein Verlust an Rechtssicherheit gegenüber. Zum einstweiligen Rechtsschutz bei der Durchsetzung von Abberufungsbeschlüssen vgl. Anm. 26ff. 8

4. Zwingendes Recht

a) Die Regelung ist **zwingend** in dem Sinne, daß das Recht zum Entzug der Vertretungsbefugnis aus wichtigem Grund **nicht abbedungen** werden kann (RG JW 1935, 696, 697; Karsten Schmidt Gesellschaftsrecht § 48 II 4b; Düringer-Hachenburg-Flechtheim Anm. 4 i.V.m. § 117 Anm. 3; Staub-Pinner 14. Aufl. Anm. 6). Die Frage ist umstritten (anders die wohl h.M.; vgl. etwa Rob. Fischer NJW 1959, 1060f.; Alfred Hueck oHG § 20 IV i.V.m. 10 VII 11b; Baumbach-Duden-Hopt Anm. 1 A i.V.m. § 117 Anm. 5 A; Fischer in Großkomm Anm. 21 i.V.m. § 117 Anm. 9; Heymann-Emmerich Anm. 9; diff. Westermann Handbuch I 354f.). Aber durch den Gesellschaftsvertrag können sich die Gesellschafter nicht für alle Zeit der organschaftlichen Vertretungsmacht eines persönlich haftenden Gesellschafters aussetzen, dessen Verbleiben unzumutbar ist. 9

b) Hiermit nicht zu verwechseln ist die Frage, ob das **Verfahren** abweichend von § 127 geregelt werden kann. Diese Frage ist zu bejahen (Anm. 8). Über Sonderregelungen bei Publikumspersonengesellschaften vgl. Anm. 37. 10

c) Gleichfalls eine andere Frage ist, ob im Gesellschaftsvertrag die **Entziehung ohne wichtigen Grund** zugelassen werden kann. Diese Frage ist gleichfalls zu bejahen (Anm. 19). Sie hat aber nichts mit § 127 zu tun. Insbesondere findet eine solche Entziehung nicht durch Klage nach § 127 statt, denn der Gestaltungsprozeß kann nur aufgrund der gesetzlichen Ermächtigung durchgeführt werden. 11

Karsten Schmidt

II. Das materielle Recht der Entziehung

1. Entziehung und Teil-Entziehung

12 a) Nach dem Gesetzeswortlaut kann „die Vertretungsmacht" entzogen werden. Dieser Gesetzeswortlaut scheint darauf hinzudeuten, daß die organschaftliche Vertretungsmacht entweder vollständig in Fortfall gebracht wird (der Klage wird stattgegeben) oder unverändert weiterbesteht (die Klage wird abgewiesen). Nach richtiger Auffassung kann aber auch eine **Beschränkung der Vertretungsmacht** auf die in §§ 125, 126 zugelassenen Formen, insbesondere auf eine Gesamtvertretungsmacht stattfinden (RG JW 1935, 696 f.; OGH Köln SJZ 1948, 751, 754; Baumbach-Duden-Hopt Anm. 1 B; Düringer-Hachenburg-Flechtheim Anm. 7; Heymann-Emmerich Anm. 6; Weipert in HGB-RGRK Anm. 9; Alfred Hueck oHG § 20 IV i.V.m. § 10 VII 8; str.). Es gilt dann die Regel, die nach dem Gesellschaftsvertrag oder nach dessen ergänzender Auslegung eingreift, wenn aus einer Einzelvertretung eine Gesamtvertretung wird. Beispielsweise kann ausgesprochen werden, daß ein Komplementär nur noch gemeinsam mit den anderen zur Vertretung berechtigt ist. Auch eine zeitlich begrenzte Entziehung (z. B. bis zur Volljährigkeit) ist grundsätzlich zulässig. Die prozessualen Probleme dieser begrenzten Entziehung sind unter Anm. 23 dargestellt. Schwieriger als diese technischen Prozeßfragen ist das Problem der Spruchreife, denn nicht eine beliebige Umgestaltung des Vertrags, sondern nur die durch den wichtigen Grund gebotene und gerechtfertigte Teilentziehung darf nach § 127 ausgesprochen werden. Für eine solche Befugnis des Gerichts kann ein Bedarf bestehen, weil das Gericht anderenfalls nur die Wahl hätte zwischen einem Zuwenig an Rechtsschutz (Abweisung der Klage) oder einem Zuviel (Vollentziehung der Vertretungsmacht; Ausschließung des Gesellschafters).

13 b) Die hier vertretene Ansicht wird insbesondere **von Robert Fischer abgelehnt** (Großkomm Anm. 10 i.V.m. § 117 Anm. 26; NJW 1959, 1058 f.). Fischer geht zunächst materiellrechtlich davon aus, daß die Teil-Entziehung gegenüber der Entziehung kein minus, sondern ein aliud ist; die h. M. lasse dies selbst erkennen, soweit sie im Prozeß einem besonderen (Hilfs-)Antrag für erforderlich halte (vgl. dazu Anm. 23). Diese Ermächtigung des § 127 deckt nach Fischer nicht die Herbeiführung eines solchen aliud durch Richterspruch. Eine solche Gestaltungsmacht des Gerichts sei auch nicht erforderlich. Sie könne schließlich dazu führen, daß dem beklagten Gesellschafter eine Lösung aufgedrängt werde, die ihm nicht zuzumuten sei und von der h. M. durch ein Niederlegungsrecht des betroffenen Gesellschafters kompensiert werden müsse (dies gegen Geßler hier in der 4. Aufl.; Lukes JR 1960, 44; Alfred Hueck oHG § 20 IV i.V.m. § 10 VII 8; vgl. auch OGH Köln SJZ 1948, 751, 754). Diese Argumente überzeugen nicht. Zunächst besagt die rein prozessuale Notwendigkeit eines (Hilfs-)Antrags (Anm. 23) nichts darüber, ob die Ermächtigung des § 127 die Teilentziehung deckt (was prozessual ein aliud ist, kann materiellrechtlich ein minus sein). Als Eingriff in den Gesellschaftsvertrag ist die Teil-Entziehung gegenüber der Voll-Entziehung ein minus. Schließlich ist es nicht richtig, daß dem Beklagten auf diese Weise eine ihm nicht zumutbare Organstellung aufgedrängt werden kann. Wo eine Teil-Entziehung für den

Beklagten kein minderer Eingriff ist, kann sie auch aufgrund von § 127 nicht ausgesprochen werden (Anm. 17).

c) **Lukes** (JR 1960, 43 ff.; ihm folgend Geßler in der Vorauflage Anm. 4) will als **14** Teilentziehung nur die Beschränkung der Vertretungsmacht auf eine Zweigniederlassung (§ 126 Abs. 3) zulassen, weil die anderen Beschränkungsmöglichkeiten entgegen dem Wortlaut des § 127 keine „Entziehung", sondern eine positive Neugestaltung der Vertretungsverhältnisse der Gesellschaft ermöglichten. Sinn und Zweck des § 127 erschöpfen sich nach Lukes darin, eine gegenüber der Ausschließung oder Auflösung verhältnismäßige Lösung anzubieten. Gestatte man dem Gericht, durch Gestaltungsurteil eine Kollektivbefugnis anzuordnen, so würde mit der Umgestaltung des Gesellschaftsvertrags eine sich ständig auswirkende neue Ordnung geschaffen. Dieser Eingriff gehe über jede sonst bekannte Gestaltungsmacht des Gerichts hinaus, er überfordere den Richter wegen der Tragweite der Anordnung und sei für die Parteien wegen der ständigen Fortwirkung unzumutbar. Auch diese Argumente gehen fehl. Seitdem die Rechtsprechung Vertragsänderungspflichten anerkennt (§ 105 Anm. 143), die in einem dem Gestaltungsverfahren ähnlichen Prozeß durchgesetzt werden (§ 894 ZPO), ist der richterliche Eingriff in den Vertrag, solange er über die nach § 127 zugelassene Entziehung der Vertretungsmacht nicht hinausgeht, durch die Ermächtigung gedeckt. Das entscheidende Problem besteht auch hier in der Spruchreife, weil der Richter nach § 127 die Vertretungsregelung nicht nach Belieben abändern darf, sondern sie nur nach Maßgabe des wichtigen Entziehungsgrundes vollständig oder in bestimmter Weise teilweise entziehen darf.

2. Der wichtige Grund

a) Das Gesetz verlangt einen **wichtigen Grund** und nennt **beispielhaft** die **grobe Pflicht- 15 verletzung** sowie die **Unfähigkeit zur ordnungsgemäßen Vertretung** der Gesellschaft. Der wichtige Grund kann nicht abstrakt definiert werden und muß sich stets auf die gemäß § 127 auszusprechende Rechtsfolge beziehen. Wichtig i.S. von § 127 ist ein Grund, wenn er einen **Fortbestand der Vertretungsmacht** für die Gesellschaft und die Mitgesellschafter **unzumutbar** macht. Der wichtige Grund ist insofern an der Gegenwart und Zukunft orientiert, auch wenn er aus vergangenem Verhalten hergeleitet wird. Frühere Entgleisungen eines Gesellschafters können die Entziehung der Geschäftsführungs- und Vertretungsbefugnis nur dann begründen, wenn sie allgemein die Unfähigkeit des Gesellschafters zur ordnungsgemäßen Geschäftsführung erkennen lassen (BGH WM 1967, 417). Der wichtige Grund muß dem Gesellschafter als Zustand oder als Verhaltensweise zuzurechnen sein. Ähnlich wie bei § 133 Anm. 15 ff., 32 und § 140 Anm. 8 ff. können verhaltensbezogene und nicht-verhaltensbezogene Gründe unterschieden werden. Im Fall des § 127 stehen die verhaltensbezogenen Gründe deutlich im Vordergrund. Aber es können auch unzumutbare Zustände die Entziehung rechtfertigen, z.B. objektive Unfähigkeit oder eine geistige Erkrankung. Für die Zurechnung gelten sinngemäß die Ausführungen von § 140 Anm. 12 ff. Ein Verschulden ist nicht erforderlich (BGH JZ 1952, 276 f.), und zwar auch nicht im Fall der groben Pflichtverletzung (Fischer in Großkomm Anm. 5; a.A. Düringer-Hachenburg-Flechtheim § 117 Anm. 3; Geßler in der Voraufl. § 117 Anm. 4). Ein verschuldeter Grund wiegt allerdings im Regelfall schwerer (BGH LM Nr. 2 zu § 140; Fischer in Großkomm § 117 Anm. 7 b). Für die Bewertung des Grundes ist auch das Vorverhalten des betroffenen Gesellschafters (Düringer-Hachenburg-Flechtheim § 117 Anm. 3) sowie das Verhalten der anderen Gesellschafter heranzuziehen (BGH JZ 1952, 276, 277; Geßler in der Voraufl. § 117 Anm. 5; Düringer-Hachenburg-Flechtheim § 117 Anm. 3). U. U. kann es hierbei zu einer Kompensation des Fehlverhaltens kommen (Düringer-Hachenburg-Flechtheim § 117 Anm. 3). Stets ist aber die Prognose erforderlich, daß sich der geltend gemachte Grund auch zukünftig auf die gesellschaftliche Betätigung auswirken wird. Das gilt vor allem bei privaten Verfehlungen.

16 b) Der wichtige Grund ist stets im **Verhältnis zu dem in Frage stehenden Eingriff** zu sehen. Für eine Teilentziehung (Anm. 12 ff.) ist deshalb nicht erforderlich, daß der Grund eine Vollentziehung rechtfertigen könnte (so aber OGH Köln SJZ 1948, 751, 754; Alfred Hueck SJZ 1948, 756; wohl auch Robert Fischer NJW 1959, 1059). Auf der Linie des mit § 127 verfolgten Gesetzeszwecks liegt es, dem betroffenen Gesellschafter den für die übrigen Gesellschafter unzumutbaren Teil seiner Vertretungsbefugnisse auch dann zu entziehen, wenn der Grund für eine Vollentziehung nicht ausreichte. Denn andernfalls wären die übrigen Gesellschafter eben doch zu einer Ausschließungs- oder Auflösungsklage gezwungen (vgl. dazu im einzelnen Lukes JR 1960, 46 f.). Zu den einzelnen Gründen vgl. § 117 Anm. 15 ff.

3. Verhältnismäßigkeit

17 Das **Gebot der Verhältnismäßigkeit** geht i. d. R. schon in die Prüfung des wichtigen Grundes ein. Nur ein durch den wichtigen Grund gebotener Eingriff in die Vertretungsverhältnisse ist durch § 127 gerechtfertigt. Dabei muß das Gericht eine für den Fortbestand der Gesellschaft geeignete, unter mehreren Möglichkeiten die mildeste und stets eine für alle Beteiligten (auch für den beklagten Gesellschafter) zumutbare Lösung wählen. Deshalb ist statt einer Vollentziehung eine Teilentziehung auszusprechen, wo dies geboten und ausreichend ist; auf der anderen Seite ist eine Teilentziehung unzulässig, wenn sie für den Beklagten unzumutbar ist (dies gegen die Einwände von Fischer in Großkomm § 117 Anm. 26).

4. Präzisierung im Gesellschaftsvertrag

18 a) Der **Gesellschaftsvertrag kann die Umstände festlegen**, unter denen die Entziehung oder Beschränkung zulässig sein soll (allg. M.; vgl. nur Fischer in Großkomm Anm. 17; Alfred Hueck oHG § 20 IV i. V. m. § 10 VII 11 b). Möglich ist nach h. M. nicht nur eine Präzisierung, sondern auch eine Erleichterung oder Erschwerung der rechtfertigenden Gründe (vgl. nur Fischer in Großkomm Anm. 17; Alfred Hueck oHG § 20 IV i. V. m. § 10 VII 11). Dabei handelt es sich in Wahrheit aber nur um eine authentische Festlegung derjenigen Gründe, die im Rahmen des Gesellschaftsverhältnisses wichtige Gründe sind oder dies nicht sind, also nicht eigentlich um eine Abänderung des § 127. Eine enumerative Aufzählung der wichtigen Gründe mit der Folge, daß auf andere Gründe niemals zurückgegriffen werden kann, ist dagegen unzulässig, weil mit dem zwingenden Charakter des § 127 unvereinbar (Anm. 9; str.).

b) Ein **Ausschluß der Entziehbarkeit** bei Vorliegen eines wichtigen Grundes ist **unzulässig** (Anm. 9; str.). Zulässig ist nach h. M. **ein Verzicht auf den wichtigen Grund** (Alfred Hueck oHG § 20 IV i. V. m. § 10 VII 11b; Baumbach-Duden-Hopt Anm. 1 A i. V. m. § 117 Anm. 5 B; Düringer-Hachenburg-Flechtheim Anm. 8 a. E.; vgl. auch Geßler in der Vorauflage § 117 Anm. 15). Dann kann die Vertretungsmacht ohne weiteres entzogen werden, es sei denn, der Beschluß stellt eine unzulässige Rechtsausübung dar (Alfred Hueck oHG § 20 IV i. V. m. § 10 VII 11b). Die gegen die Ausschließung eines Gesellschafters aus der Gesellschaft ohne wichtigen Grund bestehenden Bedenken (§ 140 Anm. 77 ff.) lassen sich hierher nicht übertragen, denn die Vertretungsbefugnis ist nach § 125 disponibel. Der **Gesellschaftsvertrag** sollte allerdings Vorsorge treffen und dem betroffenen Gesellschafter etwa das Recht einräumen, seine Beteiligung in eine Kommanditistenbeteiligung umzuwandeln (Karsten Schmidt Gesellschaftsrecht § 48 II 4b; ähnlich Westermann Handbuch I 359, der allerdings wegen der Nähe dieser „Herabstufung", die er in die Befugnis der Mitgesellschafter stellen will, mit der Ausschließung eine angemessene Abfindung fordert). Fehlt eine solche Regelung, so sollte die Ausübung des Rechts zur Vertretungsentziehung ohne wichtigen Grund unter eine Treupflichtkontrolle gestellt werden. Ggf. können die Mitgesellschafter, um solchen Einwänden zu begegnen, dem betroffenen Gesellschafter die einverständliche Umwandlung in eine Kommanditistenstellung anbieten. Der auf den Gesellschaftsvertrag gestützte Entzug der Vertretungsbefugnis ohne wichtigen Grund ist in Wahrheit keine Abänderung des § 127, sondern eine an § 125 angelehnte Vertragsregelung. Deshalb ist auch nicht das Gericht nach § 127 für die Entziehung zuständig, sondern das im Vertrag genannte Gesellschaftsorgan (im Zweifel die Gesellschafterversammlung; dazu Erl. § 119).

III. Das Verfahren

1. Klage und Urteil

a) Die Klage nach § 127 ist eine **Gestaltungsklage**, das Urteil ist ein Gestaltungsurteil. Kläger sind **sämtliche Mitgesellschafter** des Beklagten (zur Möglichkeit abweichender Abreden, insbesondere bei Publikumspersonengesellschaften, vgl. Anm. 37). Ihre Streitgenossenschaft ist eine notwendige i. S. von § 62 ZPO (vgl. sinngemäß § 140 Anm. 54). Ein nicht voll geschäftsfähiger Kläger wird hierbei gesetzlich vertreten; einer vormundschaftsgerichtlichen Genehmigung bedarf es nicht (vgl. BGH WM 1962, 1260, 1261). Die Kläger sind notwendige Streitgenossen (BGHZ 30, 195, 197; Fischer NJW 1959, 1059; Pabst BB 1978, 893; Westermann Handbuch I 333). Es reicht nicht aus, daß sich ein klageunwilliger Gesellschafter in bindender Weise mit der Klagerhebung durch die anderen Gesellschafter einverstanden erklärt hat (Ulmer in Festschrift Geßler S. 279; vgl. näher § 140 Anm. 49; a. A. Fischer NJW 1959, 1059). Verweigert ein Gesellschafter seine Beteiligung an der Klagerhebung, so kann dieser Gesellschafter nach h. M., sofern materiellrechtlich eine **Mitwirkungspflicht** besteht, auf Zustimmung zur Klagerhebung verklagt und verurteilt werden, und zwar gleichzeitig und in einem einheitlichen Verfahren (Fischer NJW 1959, 1060; ders. in Großkomm Anm. 7; Baumbach-Duden-Hopt Anm. 1 A i. V. m. § 117 Anm. 1 D; vgl. zu § 117 auch Düringer-

Hachenburg-Flechtheim Anm. 6; Geßler in der Vorauflage Anm. 8; dagegen für Aussetzung des Entziehungsprozesses bis zur rechtskräftigen Entscheidung des Mitwirkungsstreits Pabst BB 1978, 895; auch insoweit zweifelnd Ulmer in Festschrift Geßler S. 281 f.; vgl. wegen der Einzelheiten die Ausführungen bei § 140 Anm. 43 ff.). Eine solche **klagbare (sog.) materielle Mitwirkungspflicht** besteht nicht nur dann, wenn gesellschaftsvertraglich für die Klagerhebung ein Mehrheitsbeschluß erforderlich und auch ergangen ist (so aber zu § 117 Düringer-Hachenburg-Flechtheim Anm. 6; Geßler in der Vorauflage Anm. 8; Mitwirkungspflichten grundsätzlich ablehnend Alfred Hueck oHG § 20 IV i. V.m. § 10 VII 4, 6, der nur die Verweigerung weiterer Mitwirkung nach gemeinsamer Klagerhebung über § 249 BGB verhindern will), sondern sie orientiert sich an der Pflicht zur Zustimmung bei sonstigen Vertragsänderungen (vgl. näher § 140 Anm. 44; i. Erg. ähnlich Fischer NJW 1959, 1060; Westermann Handbuch I 333). Der Gesellschafter kann deshalb nach h.M. zur Mitwirkung bei der Entziehung verurteilt werden, wenn die Entziehung der Vertretungsmacht im allgemeinen Interesse der Gesellschafter notwendig ist. Wird die Mitwirkungsklage abgewiesen, so ist auch die Entziehungsklage mangels Mitwirkung des Gesellschafters ohne weiteres abweisungsreif. Dem ist in den Ergebnissen zuzustimmen. **Nach der hier vertretenen Auffassung** handelt es sich allerdings bei der sog. Mitwirkungsklage überhaupt nicht um eine Leistungsklage, sondern darum, daß die auf Entziehung gegenüber dem Gesellschafter X gerichtete Klage, wenn Gesellschafter Y nicht als Kläger mitwirkt, als **Gestaltungsklage auch gegen diesen Gesellschafter Y** erhoben werden muß (vgl. § 140 Anm. 46, 52).

21 b) **Beklagter** ist der Gesellschafter, dem die Vertretungsmacht entzogen werden soll. **Mehrere Gesellschafter** können gemeinsam auf Entziehung der Vertretungsbefugnis verklagt werden, und zwar nicht nur, wenn die Entziehungsgründe identisch sind oder zusammenhängen (insoweit unstreitig; vgl. nur Westermann Handbuch I 332), sondern auch dann, wenn sie unabhängig voneinander verwirklicht worden sind (Fischer NJW 1959, 1059; ders. in Großkomm § 117 Anm. 18; Pabst BB 1978, 896; a.A. Alfred Hueck oHG § 20 IV i.V.m. § 10 VII 4; Geßler in der Vorauflage zu § 117 Anm. 6; vgl. näher § 140 Anm. 50). Wird allerdings die Klage gegen einen Gesellschafter abgewiesen, so ist nach h.M. auch die Klage gegen die übrigen abweisungsreif, weil der nicht von einem wichtigen Grund betroffene Gesellschafter als Kläger gegen die übrigen mitverklagten Gesellschafter hätte mitwirken müssen (Fischer NJW 1959, 1059; Alfred Hueck oHG § 20 IV i.V.m. § 10 VII 4; Pabst BB 1978, 896; vgl. näher § 140 Anm. 50). Möglich muß allerdings sein, daß einer der Gesellschafter auf Entziehung der Vertretungsbefugnis sowie hilfsweise – im Fall der Klagabweisung – auf Mitwirkung bei der Entziehung gegenüber dem anderen Mitgesellschafter verklagt wird. Das hier bei § 140 Anm. 52 entworfene **prozessuale Konzept** erlaubt eine viel einfachere Lösung: Die Gestaltungsklage wird gegen alle Gesellschafter gerichtet, die nicht als Kläger am Prozeß beteiligt sind. Soll dem X die Vertretungsbefugnis entzogen werden und beteiligt sich Y nicht an der Klage, so wird diese Klage gegen X und Y erhoben (subjektive Klaghäufung, aber nur ein Streitgegenstand). Soll beiden die Vertretungsbefugnis entzogen werden, so wird gegen beide Gesellschafter sowohl auf Entziehung der Vertretungsbefugnis des X als auch des Y geklagt (objektive und subjektive

Entziehung der Vertretungsmacht 22–25 § 127

Klaghäufung). Es ist dann ohne weiteres möglich, daß die gegen beide gerichtete Klage auf Entziehung des Vertretungsbefugnis des X Erfolg hat, während die Klage auf Entziehung der Vertretungsbefugnis des Y mangels wichtigen Grundes abgewiesen wird.

c) **Zuständig** ist das Gericht am Sitz der Gesellschaft (§ 22 ZPO) oder am allgemeinen Gerichtsstand des Beklagten. Der Prozeß ist Handelssache (§ 95 Nr. 4a GVG). Ein Schiedsverfahren ist zulässig. **22**

d) Der **Antrag** kann auf vollständige Entziehung, auf die Entziehung der Alleinvertretungsmacht oder auf eine zeitweilige Entziehung lauten (vgl. zu den Grundlagen Anm. 12 ff.). Anträge auf vollständige und auf teilweise Entziehung können als Eventualanträge verbunden werden. Diese Befugnis steht aber ausschließlich den Klägern, nicht dem Beklagten zu (a. M. Pabst BB 1978, 896). Zweifelhaft ist, ob das Gericht auf einen Entziehungsantrag unter Klagabweisung im übrigen eine Teilentziehung aussprechen kann. Nach allgemeinem Prozeßrecht kann das Gericht im Rahmen des § 308 Abs. 1 ZPO ein Weniger zusprechen, jedoch muß es sich um ein Urteil im Rahmen des Streitgegenstands handeln. Die Frage, ob prozessual ein minus vorliegt, muß nicht zwingend bejahen, wer die Teilentziehung materiellrechtlich als „minus" zur Vollentziehung ansieht (a. A. Fischer in Großkomm § 117 Anm. 26; s. dazu bereits Anm. 13). Prozeßrechtlich wird mit einer Teilentziehung nicht eine begehrte Vollentziehung teilweise zuerkannt, sondern über einen anderen Streitgegenstand entschieden (insoweit ähnlich Pabst BB 1978, 896). Anders als etwa bei Zahlungsklagen mit der Zuerkennung einer Teilsumme wird mit dem Ausspruch einer Teil- statt der begehrten Vollentziehung nicht ein ohne qualitative Veränderung abteilbarer Bestandteil eines einheitlichen Streitgegenstandes zugesprochen, sondern die begehrte Rechtsfolge durch eine andere ersetzt. Der Gesellschaftsvertrag wird in anderer Weise umgestaltet, als die Kläger es beantragt hatten, die rechtliche Tragweite dieser Umgestaltung unterscheidet sich für die Kläger erheblich von der begehrten. Unter der Geltung der Dispositionsmaxime darf den Klägern eine qualitativ andere Umgestaltung nicht ohne entsprechenden Antrag aufgedrängt werden (Pabst BB 1978, 896; insoweit zutr. Lukes JR 1960, 47 f.; a. M. RG JW 1935, 696 f.; Alfred Hueck oHG § 20 IV i.V.m. § 10 VII 8). **23**

e) Die **Gestaltungswirkung des Urteils**, also der Wegfall der Vertretungsmacht, tritt zugleich mit der Rechtskraft ein (Fischer in Großkomm Anm. 14; Westermann Handbuch I 338). Handelt es sich um einen Schiedsspruch, so bedarf dieser noch der Vollstreckbarerklärung nach § 1042 ZPO (str.). Die Gestaltungswirkung wirkt für und gegen jedermann. Von ihr ist die **materielle Rechtskraft** des Urteils zu unterscheiden. Sie erstreckt sich entgegen der früher h. M. auf das Vorhandensein des wichtigen Grundes (vgl. zur Bindung hinsichtlich des Gestaltungsgrundes allgemein Stein-Jonas-Schumann, ZPO, 20. Aufl. 1987, vor § 253 Anm. 61), wirkt aber nur inter partes. Zu den Rückwirkungen der Entziehung auf eine unechte oder echte Gesamtvertretungsbefugnis Dritter vgl. sinngemäß § 125 Anm. 51 ff. **24**

2. Das Verfahren im Fall eines Entziehungsbeschlusses

Wird die Vertretungsbefugnis nach Anm. 8 nicht durch Gestaltungsurteil, sondern durch Beschluß entzogen, so ist das bei § 119 dargestellte **Beschlußverfahren** einzuhal- **25** ten. Der betroffene Gesellschafter stimmt hierbei nicht mit. Ihm ist Gehör zu gewähren, falls dies nicht in ausreichendem Maße bereits geschehen ist (wenn keine Aussprache mehr stattfindet, kann neuerliches Gehör überflüssig sein). Die Entziehung wird wirksam, wenn ein **wirksamer Beschluß** vorliegt und dieser dem Gesellschafter **mitgeteilt** ist.

3. Einstweilige Regelungen während des Rechtsstreits

26 a) Bis zur rechtskräftigen Beendigung des Rechtsstreits kann durch eine **einstweilige Verfügung nach § 940 ZPO** eine Regelung getroffen werden, soweit dies zur Abwendung wesentlicher Nachteile nötig erscheint (vgl. Westermann Handbuch I 339; eingehend Semler BB 1979, 1533 ff.; Damm ZHR 154 [1990], 424 ff.). Eine solche einstweilige Verfügung kann nicht nur der Vorbereitung eines Entziehungsprozesses nach § 127 dienen, sondern z. B. auch im Rahmen eines Ausschließungsverfahrens nach § 140 erwirkt werden (vgl. § 140 Anm. 61 f.). Einstweiliger Rechtsschutz ist nicht nur im Rahmen eines Entziehungsprozesses gem. § 127 möglich, sondern auch beim Streit um die Wirksamkeit und die Folgen eines Abberufungsbeschlusses gemäß Anm. 8, 25 (näher Reichert-Winter BB 1988, 990 f.). Der Inhalt der einstweiligen Verfügung kann verschiedener Art sein.

27 aa) Eine **Untersagung der Wahrnehmung von Geschäftsführungsaufgaben** kann durch einstweilige Verfügung ausgesprochen werden (vgl. § 117 Anm. 36 ff.). Hierunter fällt i. d. R. auch die Ausübung der Vertretungsmacht. Die Ausübung der Vertretungsmacht kann ggf. auch besonders untersagt werden. Handelt der Verfügungsgegner diesem Verbot zuwider, so liegt Mißbrauch der Vertretungsmacht, nicht Handeln ohne Vertretungsmacht, vor (vgl. zum Mißbrauch der Vertretungsmacht § 126 Anm. 20 ff.).

28 bb) Eine **einstweilige Entziehung der Vertretungsmacht** ist gleichfalls auf der Grundlage des § 940 ZPO zulässig (BGHZ 33, 105, 107 ff.; betr. Ausschließungsprozeß; Baumbach-Duden-Hopt Anm. 1 a i. V. m. § 117 Anm. 4 A; Fischer in Großkomm Anm. 11; Westermann Handbuch I 339).

29 cc) Durch einstweilige Verfügung kann nicht nur die Vertretungsmacht einstweilen entzogen, sondern auch **einem Gesellschafter oder einem Dritten einstweilige Vertretungsbefugnis verliehen** werden (vgl. für den Ausschließungsprozeß BGHZ 33, 105, 108 ff.; für den Fall des § 127 Alfred Hueck oHG § 20 IV 3; ders. JZ 1961, 91; Baumbach-Duden-Hopt Anm. 1 A i. V. m. § 117 Anm. 4 A; Fischer in Großkomm Anm. 11; zweifelnd noch ders. LM Nr. 8/9/10 zu § 140; Wiedemann Übertragung S. 375 f.; a. A. Buchwald DB 1957, 109 f.; BB 1961, 1343). Der Grundsatz der Selbstorganschaft steht einer solchen einstweiligen Regelung nicht entgegen (vgl. nur Alfred Hueck oHG § 20 IV 3). Die Vertretungsmacht hat den Umfang der organschaftlichen Vertretungsbefugnis; der Dritte ist nicht nur Bevollmächtigter i. S. von § 54 (Fischer in Großkomm Anm. 11; nur in der Herleitung anders [Vertretungsmacht wie ein vom Gericht zum Liquidator bestellter Dritter] Alfred Hueck oHG § 20 IV 3; Geßler in der Vorauflage Anm. 12; für § 54 Düringer-Hachenburg-Flechtheim Anm. 7; Weipert in HGB-RGRK Anm. 13). Mangels näherer Bestimmung durch das Prozeßgericht untersteht der Dritte der Aufsicht des Vollstreckungsgerichts unter entsprechender Anwendung des Pflegschaftsrechts (OLG Hamm MDR 1951, 742 f.; Baumbach-Duden-Hopt Anm. 1 A i. V. m. § 117 Anm. 4 A).

b) aa) Die **Antragsberechtigung** ist zweifelhaft. Der Antrag auf einstweilige Verfügung ist nach herkömmlicher Auffassung grundsätzlich von allen übrigen Gesellschaftern zu stellen (Westermann Handbuch [Lfg. 1971] I 219; Geßler in der Vorauflage Anm. 12 i. V. m. § 117 Anm. 18; zu § 117 s. auch Fischer in Großkomm Anm. 27). Ausnahmen sollen gelten, wenn einer der Antragsberechtigten tatsächlich verhindert ist (Westermann Handbuch [Lfg. 1971] I 219; einschränkend Fischer in Großkomm § 117 Anm. 27: und glaubhaft gemacht wird, daß auch der Fehlende bei Kenntnis der Sachlage den Antrag gestellt hätte), nicht aber dann, wenn einer der übrigen Gesellschafter sich weigert (Westermann Handbuch [Lfg. 1971] I 219; a. A. Semler BB 1979, 1534 f., der für diesen Fall aber einen gleichzeitigen Antrag auf Zustimmung zur vorläufigen Entziehung gegen die sich sträubenden Gesellschafter verlangt). 30

bb) Stellungnahme: Es ist zwischen der Untersagung der Ausübung der Vertretungsmacht auf der einen und der vorläufigen Entziehung der Vertretungsmacht sowie der vorläufigen Bestellung eines Vertreters zu unterscheiden. Das Gericht kann dem vertretungsberechtigten Gesellschafter die Ausübung der Vertretungsmacht unter den Voraussetzungen des § 940 ZPO schon auf Antrag eines Gesellschafters untersagen. Dieses Verbot wirkt nur schuldrechtlich und kann, wenn auch unter Berücksichtigung der Schutzinteressen anderer Gesellschafter, zum Schutz eines einzelnen Antragstellers ausgesprochen werden. Anders verhält es sich mit der vorläufigen Entziehung der Vertretungsmacht und mit der vorläufigen Bestellung eines Vertreters. Es handelt sich hierbei trotz des vorübergehenden Charakters um gestaltende Eingriffe in das Gesellschaftsverhältnis, die ohne Verfahrensbeteiligung aller unzulässig sind. Eine vorherige Zustimmung der Mitgesellschafter ersetzt diese Verfahrensbeteiligung nicht (vgl. sinngemäß Anm. 20). Deshalb muß die einstweilige Verfügung grundsätzlich von allen Mitgesellschaftern gegen den vertretungsberechtigten Gesellschafter beantragt werden. Sind einzelne Gesellschafter nicht bereit oder nicht in der Lage, an diesem Verfahren als Antragsteller mitzuwirken, so ist die einstweilige Verfügung nur zulässig, wenn diese Gesellschafter als Verfügungsgegner beteiligt sind (vgl. Semler BB 1979, 1534 f.). Der Antrag ist auf Zustimmung, besser auf Duldung der einstweiligen Verfügung zu richten (nach Semler a. a. O. auf Ausschließung vom einstweiligen Verfügungsverfahren). 31

c) Das Verfahren folgt den allgemeinen Regeln der §§ 936 ff., 916 ff. ZPO. Die einstweilige Verfügung wird, wenn sie durch Urteil erfolgt, mit der Verkündung wirksam, sonst mit der Zustellung, ggf. auch schon mit einer vor der Zustellung durchgeführten Vollziehung nach § 929 Abs. 3 ZPO. Die Vollziehungsfrist des § 929 Abs. 2 ZPO wird bereits mit der Zustellung der einstweiligen Verfügung an den Antragsgegner gewahrt, die Eintragung ins Handelsregister ist zur Fristwahrung nicht erforderlich (KG Recht 1909 Nr. 950; OLG Dresden Recht 1901 Nr. 1676; Fischer in Großkomm Anm. 12). 32

d) Haben die Gesellschafter die **Zuständigkeit eines Schiedsgerichts** vereinbart, so ist die Durchführung des einstweiligen Rechtsschutzes umstritten. 33

aa) Nach **traditioneller Auffassung** gibt es keinen einstweiligen Rechtsschutz im schiedsgerichtlichen Verfahren (RGZ 31, 370, 374 f.; BGH ZZP 71 (1958), 426, 34

436f.; Schwab, in Festschrift Baur, 1981, S. 627 ff. m.w.Nachw.). Der einstweilige Rechtsschutz liegt nach dieser h. M. ausschließlich in der Hand der staatlichen Gerichte (umfassende Nachweise bei Lindacher ZGR 1979, 203). Um den praktischen Unzuträglichkeiten der h. M. auszuweichen, können die Gesellschafter im Gesellschaftsvertrag schiedsrichterliche Vorwegentscheidungen zulassen, durch die ein dem vorläufigen Rechtsschutz ähnlicher Effekt erzielbar ist (kritisch dazu Lindacher ZGR 1979, 204 ff.; Baur, Neuere Probleme der privaten Schiedsgerichtsbarkeit, 1980, S. 22 ff., 24). Es kann vereinbart werden, daß sich der Beklagte während des Entziehungsverfahrens der Ausübung seiner Befugnisse zu enthalten habe, für diese Verpflichtung kann die Zuständigkeit des Schiedsgerichts begründet werden (Erman, in Festschrift Möhring, 1965, S. 16 ff.; Westermann Handbuch I 341; Baumbach-Duden-Hopt Anm. 1 A i. V. m. § 117 Anm. 4 B). Als möglich gilt aber auch die Vereinbarung einer zeitlich begrenzten Entziehungsentscheidung (Erman, in Festschrift Möhring, 1965, S. 18 f.; Baumbach-Duden-Hopt Anm. 1 A i. V. m. § 117 Anm. 4 B). Die allgemeine Schiedsabrede im Gesellschaftsvertrag genügt hierfür nach dieser auf der h. M. basierenden Auffassung nicht (vgl. Erman, in Festschrift Möhring, 1965, S. 16 ff.).

35 bb) Eine **Gegenansicht** läßt den einstweiligen Rechtsschutz durch Schiedsgerichte zu (Baur, Neuere Probleme der privaten Schiedsgerichtsbarkeit, 1980, S. 22 ff.; Brinkmann, Schiedsgerichtsbarkeit und Maßnahmen des einstweiligen Rechtsschutzes, 1977; Lichtenstein NJW 1957, 570f.; Nicklisch RIW/AWD 1978, 638 ff.). Diese Auffassung wird auch für den Bereich des § 127 vertreten (eingehend Lindacher ZGR 1979, 201 ff.). Eine Vollstreckbarerklärung nach § 1042 ZPO soll entbehrlich sein (Lindacher ZGR 1979, 209). Die allgemeine Schiedsgerichtsklausel reicht nach dieser Vorschrift aus, um die Schiedsgerichtszuständigkeit zu begründen (Lindacher ZGR 1979, 214 f.). Daneben bleiben die staatlichen Gerichte zuständig, sofern nicht die Schiedsgerichtsklausel diese staatliche Zuständigkeit ausschließt (Lindacher ZGR 1979, 213 f.).

36 cc) **Stellungnahme:** In der Literatur werden gute Gründe für die Zulassung schiedsgerichtlicher einstweiliger Verfügungen vorgetragen. Die bisher h. M. ist beschwerlich. Trotzdem dürfte die Praxis an ihr festhalten. Gestaltende Eingriffe durch Schiedsgerichte unterliegen nach zwar bestrittener, aber richtiger Auffassung der Vollstreckbarerklärung durch das staatliche Gericht (§ 1042 ZPO). Da im Bereich des einstweiligen Rechtsschutzes ein Verzicht auf diese Kontrolle kaum hinzunehmen ist, wäre den Beteiligten mit einer gestaltenden einstweiligen Verfügung des Schiedsgerichts nicht gedient. Dagegen kann das Schiedsgericht auf Antrag durch Schiedsspruch eine nach materiellem Recht bestehende interimistische Unterlassungspflicht aussprechen (vgl. die Angaben bei Anm. 34). Dies ist dann aber keine einstweilige Verfügung nach § 940 ZPO, sondern ein allgemeinen Regeln unterliegender Schiedsspruch.

4. Sonderregeln bei Publikumskommanditgesellschaften

37 Bei einer **Publikumspersonengesellschaft** liefe die Regel des § 127 im praktischen Ergebnis auf eine Unabsetzbarkeit der Unternehmensleitung hinaus: Alle Gesellschafter müßten als Kläger auftreten (notwendige Streitgenossenschaft, vgl. Anm. 20). Dies kann nicht dem Sinn des durch § 127 gewährleisteten zwingenden (Anm. 9) Abberu-

Persönliche Haftung der Gesellschafter **§ 128**

fungsrechts entsprechen. Die Entziehung ist ohne weiteres auch durch **Mehrheitsbeschluß** (vgl. Anm. 8) möglich, wenn der Gesellschaftsvertrag eine entsprechende Klausel enthält (Stimpel, in Festschrift Robert Fischer, 1979, S. 780 f.; Schilling in Großkomm Anh. § 161 Anm. 37; Hopt ZGR 1979, 27 f.). Da es im Recht der Publikumskommanditgesellschaften keinen strengen Bestimmtheitsgrundsatz gibt (§ 119 Anm. 17 ff.), genügt hierfür die allgemeine Zulassung von Mehrheitsbeschlüssen. Aber auch ohne gesellschaftsvertragliche Grundlage ist ein mehrheitlicher Abberufungsbeschluß bei Vorliegen eines wichtigen Grundes zuzulassen (Hüffer ZGR 1980, 348; Reichert-Winter BB 1988, 984; vgl. auch BGHZ 102, 172 = BB 1988, 159; a.A. Schilling in Großkomm Anh. § 161 Anm. 37: zuvor sei Änderung des Gesellschaftsvertrages erforderlich, für die einfache Mehrheit ausreiche). Es genügt die einfache Mehrheit (vgl. BGHZ 102, 172 = BB 1988, 159; Reichert-Winter BB 1988, 984, 986; Schilling in Großkomm Anh. § 161 Anm. 37). Entgegenstehende Vertragsklauseln sind unwirksam (BGHZ 102, 172 = BB 1988, 159; Reichert-Winter BB 1988, 984, 986). Da Verträge von Publikumsgesellschaften regelmäßig vorsehen, daß die geschäftsführenden Gesellschafter die Gesellschafterversammlung einberufen, ist zusätzlich die Zubilligung eines Einberufungsrechts der Kommanditisten analog § 50 GmbHG angezeigt (Reichert-Winter BB 1988, 985 f.; vgl. auch BGHZ 102, 172 = BB 1988, 159, 160).

5. Registereintragung

a) Die Entziehung der Vertretungsbefugnis ist zur **Eintragung im Handelsregister** anzumelden. Anmeldepflichtig sind bei gerichtlicher Entziehung gem. §§ 125 Abs. 4, 16 Abs. 1 Satz 1 alle übrigen Gesellschafter, bei Entziehung durch Beschluß auch der betroffene Gesellschafter (Baumbach-Duden-Hopt Anm. 3). Nicht zur Anmeldung berechtigt ist der Prozeßbevollmächtigte der Kläger (OLG Königsberg JW 1925, 1800; Fischer in Großkomm Anm. 16). Die Eintragung hat nur deklaratorische Wirkung. Der Registerrichter darf die Richtigkeit des rechtskräftigen Urteils nicht nachprüfen (Fischer in Großkomm Anm. 16). Wegen der Folgen einer fehlenden Eintragung und Bekanntmachung vgl. § 125 Anm. 60. **38**

b) Der **Gesellschaftsvertrag** kann die Anmeldezuständigkeit nach h.M. nicht abweichend regeln. Von einer abweichenden Regelung zu unterscheiden ist die Vollmacht. Ob eine Bevollmächtigung durch schlichte Vereinbarung im Gesellschaftsvertrag ausgesprochen werden kann, ist umstritten (vgl. dazu § 108 Anm. 13). Diese Frage ist insbesondere bei Publikumspersonengesellschaften von Bedeutung. In der Praxis verfügen dort die geschäftsführenden Gesellschafter über Registervollmachten sämtlicher Gesellschafter (Reichert-Winter BB 1988, 990). Dasselbe ergibt sich auch bei den Publikumspersonengesellschaften, bei denen die Registeranmeldung nicht ausdrücklich geregelt ist, im Wege der ergänzenden Vertragsauslegung. **39**

128 Die Gesellschafter haften für die Verbindlichkeiten der Gesellschaft den Gläubigern als Gesamtschuldner persönlich. Eine entgegenstehende Vereinbarung ist Dritten gegenüber unwirksam.

Schrifttum (Auswahl): *Beuthien*, Die Haftung von Personengesellschaftern, DB 1975, 725, 773; *Blomeyer*, Die Haftung des Gesellschafters im Konkurs der offenen Handelsgesellschaft, BB

1968, 1461; *Buchner,* Gesellschaftsschuld und Gesellschafterschuld bei der oHG, JZ 1968, 622; *Emmerich,* Erfüllungstheorie oder Haftungstheorie, in: Festschrift Lukes, 1990, S. 639; *Flume,* Gesellschaftsschuld und Haftungsverbindlichkeit des Gesellschafters bei der oHG, in: Festschrift Knur, 1972, S. 125; ders., Der Inhalt der Haftungsverbindlichkeit des Gesellschafters nach § 128 HGB, in: Festschrift Reinhardt, 1972, S. 223; *Hadding,* Inhalt und Verjährung der Haftung des Gesellschafters einer oHG oder KG, ZGR 1981, 577; *Hadding-Häuser,* Zum Rückgriff des haftenden Gesellschafters einer Gesellschaft des bürgerlichen Rechts, WM 1988, 1585; *Hauer,* Rechtsnatur und Schuldinhalt der Haftung des Gesellschafters einer oHG nach § 128 HGB, Diss. Tübingen 1966; *Alfred Hueck,* Recht der oHG, 4. Aufl. 1971, § 21; *Hunke,* Die Haftung des ausgeschiedenen Gesellschafters, 1987; *John,* Die organisierte Rechtsperson, 1977; *Kornblum,* Die Haftung der Gesellschafter für Unterlassungspflichten der oHG und KG, BB 1971, 1434; *Kubis,* Der Regreß des Personenhandelsgesellschafters aus materiell-rechtlicher und verfahrensrechtlicher Sicht, 1988; *Kühne,* Gläubigersicherung und Gesellschafterschutz im Rahmen der §§ 128, 129 HGB, ZHR 133 (1970), 149; *Lindacher,* Grundfälle zur Haftung bei Personengesellschaften, JuS 1982, 349; *Martensen,* Der Inhalt der unbeschränkten Haftung von Personenhandelsgesellschaften, 1989; *Karsten Schmidt,* Wechselverband und Gesellschafterhaftung bei Personengesellschaften des Handelsrechts, ZHR 137 (1974), 509; *Schönewolf,* Die persönliche Haftung der Gesellschafter einer oHG und einer GbR für im Rahmen der Geschäftsführung begangene Delikte, 1989; *Walter,* Der Gesellschafter als Gläubiger seiner Gesellschaft, JuS 1982, 81.

Inhalt

	Anm.		Anm.
I. Grundlagen	1–8	VI. Die Haftung des ausgeschiedenen Gesellschafters	40–65
1. Bedeutung der Haftungsregel	1	1. Grundsatz	41
2. Geltungsbereich	3	2. Der Tatbestand des Ausscheidens und die gleichgestellten Fälle	43
3. Dauer	6	3. Altverbindlichkeiten und Neuverbindlichkeiten	48
4. Abgrenzung zur primären Eigenhaftung des Gesellschafters	7	4. Die Haftung und Enthaftung bei Altverbindlichkeiten	59
II. Haftungsvoraussetzungen	9–14	5. Freistellungs- und Regreßansprüche des ausgeschiedenen Gesellschafters	61
1. Vorhandensein der Gesellschaft	9	VII. Die persönliche Haftung in Konkurs und Vergleich der Gesellschaft	66–78
2. Gesellschaftereigenschaft	10	1. Umfang der persönlichen Haftung	67
3. Die Gesellschaftsverbindlichkeit	11	2. Haftung für Altverbindlichkeiten	68
4. Keine abweichende Vereinbarung	13	3. Haftung für Neuverbindlichkeiten	70
III. Haftungsstruktur	15–22	4. Vergleich und Zwangsvergleich	71
1. Unbeschränkte Haftung	15	5. Der Regreß des Gesellschafters im Konkurs	72
2. Akzessorische Haftung	16	6. Parallelkonkurs der Gesellschafter	74
3. Gesamtschuldnerische Haftung	18	7. Insolvenzrechtsreform	78
4. Primäre Haftung	20	VIII. Die Gesellschafterbürgschaft	79–86
5. Prozeßprobleme	21	1. Sinn und Zweck	79
IV. Haftungsinhalt	23–30	2. Form und Inhalt der Bürgschaft	80
1. Grundsatz	23	3. Regreßprobleme	82
2. Einzelfragen	25	4. Ausscheiden des Gesellschafters	85
V. Regreß und Freistellung des Gesellschafters	31–39		
1. Regreßansprüche gegen die Gesellschaft	31		
2. Regreßansprüche gegen die Mitgesellschafter	34		
3. Freistellungsansprüche	35		
4. Sonderprobleme	37		

I. Grundlagen

1. Bedeutung der Haftungsregel

1 a) Die Bestimmung regelt die **persönliche Haftung der Gesellschafter für Verbindlichkeiten der Gesellschaft.** Da die Gesellschaft ein von den Gesellschaftern verschiedenes

Rechtssubjekt ist (vgl. Erl. § 124), handelt es sich bei den Gesellschaftsschulden und bei der persönlichen Haftung der Gesellschafter um verschiedene Verbindlichkeiten mit verschiedenen Schuldnern (so bereits RGZ 136, 266, 270 f.; heute wohl h. M.; Flume Personengesellschaft § 16 II 1; Karsten Schmidt Gesellschaftsrecht § 49 II 2). Überholt ist die früher vorherrschende Vorstellung, es gehe dabei nur um verschiedene Haftungsmassen, nämlich einmal um das Gesamthandsvermögen der Gesellschafter und dann um das Privatvermögen der Gesellschafter (so noch RGZ 139, 252, 254; RG JW 1916, 1409, 1410; Düringer-Hachenburg-Flechtheim Anm. 1, 5; Huber Vermögensanteil S. 86 ff.; Buchner AcP 169 [1969], 483 ff.; unentschieden aber schon BGHZ 36, 224, 227). Sie beruht auf der Doktrin, daß die Gesellschaft nicht Rechtssubjekt sei und steht im Widerspruch zu § 124 (näher Karsten Schmidt Gesellschaftsrecht § 49 II 2 m. w. Nachw.; grundlegend Wieland Handelsrecht I § 53 I; Flume Personengesellschaft § 16 II 1). Nach dem unmißverständlichen Willen des Gesetzes tritt die Gesellschafterhaftung als eigene akzessorische Verbindlichkeit neben die Gesellschaftsschuld (so auch Heymann-Emmerich Anm. 4). Theoretischer Ausführungen über die fehlende juristische Personifikation der Gesellschaft und ihre haftungsrechtlichen Konsequenzen (vgl. noch Fischer in Großkomm Anm. 2 ff.) bedarf es nicht mehr.

b) Die Haftung der Gesellschafter nach § 128 ist eine **gesetzliche Haftung**. Sie beruht zwar auf dem durch Vertrag eingegangenen Gesellschaftsverhältnis, aber dieses ist nur Tatbestandsmerkmal des gesetzlichen Haftungstatbestands (irreführend insofern die Formulierung von § 105 Abs. 1). Es kommt auch nicht darauf an, ob die Gesellschaftsverbindlichkeit ihrerseits eine gesetzliche oder eine vertragliche ist. Auch diese Gesellschaftsverbindlichkeit ist nur ein Tatbestandsmerkmal des aus § 128 S. 1 abzulesenden gesetzlichen Haftungstatbestands.

2. Geltungsbereich

a) Hinsichtlich der Rechtsform gilt § 128 unmittelbar für **alle Gesellschafter einer oHG**. Bei der KG gilt § 128 für die **Komplementäre** (vgl. § 161 Abs. 2), nicht jedoch für die Kommanditisten (§§ 171, 172), sofern diese nicht mangels Eintragung unbeschränkt haften (vgl. § 176). Sinngemäß gilt § 128 für die Haftung des persönlichen Gesellschafters bei der KGaA (§ 278 Abs. 3 AktG). Bei der **Gesellschaft bürgerlichen Rechts** ist § 128 nach h. M. nicht anzuwenden (BGHZ 61, 338, 343 = NJW 1974, 451). Diese h. M. überzeugt nicht, soweit es sich um unternehmenstragende Gesellschaften bürgerlichen Rechts, insbesondere um eine noch nicht eingetragene Soll-oHG, handelt (Karsten Schmidt Gesellschaftsrecht § 60 III 2; ders., in Festschrift Fleck, 1988, S. 288 ff.). Die Frage spielt vor allem bei der Haftung aus gesetzlichen Schuldverhältnissen eine Rolle, z. B. bei der Gesellschafterhaftung für Umsatz- und Gewerbesteuerschulden der Gesellschaft (dazu auch BFH NJW 1990, 2086 = JuS 1990, 760 m. Anm. Karsten Schmidt und OLG Hamm NJW-RR 1990, 615 = JuS 1990, 760 m. Anm. Karsten Schmidt). Keiner Außenhaftung unterliegt der stille Gesellschafter (vgl. § 335 = § 230 n. F. Anm. 173). Wegen der Anwendung des § 128 auf Rechtsscheinsachverhalte vgl. Anm. 9, 10.

b) Hinsichtlich des Bestehens der Gesellschaft gilt § 128 auch dann, wenn die **Gesellschaft aufgelöst** ist (zur Haftung in der aufgelösten Gesellschaft vgl. § 156 Anm. 18).

Eine bereits entstandene Haftungsverbindlichkeit besteht fort, auch wenn die Gesellschaft in Konkurs gefallen (Anm. 66 ff.) oder bereits vollbeendigt oder in eine andere Rechtsform umgewandelt ist (vgl. Anm. 45 f.). In der aufgelösten Gesellschaft haftet der Gesellschafter für alle Verbindlichkeiten, also auch für Neuverbindlichkeiten (Karsten Schmidt ZHR 153 [1989], 292; vgl. demgegenüber zum Konkurs Anm. 67 ff.). Über die nachträgliche Enthaftung des persönlich haftenden Gesellschafters in diesen Fällen vgl. § 159 sowie die Vorschriften des Umwandlungsgesetzes (§§ 45, 49 Abs. 4, 56 f.).

5 c) Hinsichtlich der **Zugehörigkeit des Gesellschafters zur Gesellschaft** gilt § 128 unmittelbar für denjenigen, der bei Begründung der Verbindlichkeit Gesellschafter ist (näher Anm. 50 ff.). Ein solcher Gesellschafter haftet auch dann nach § 128, wenn er nachträglich **ausgeschieden** oder **in die Rolle eines Kommanditisten zurückgetreten** ist (Anm. 43 ff. sowie § 159 Anm. 6 ff.). Wegen der Enthaftung eines solchen Gesellschafters ist auf § 159 zu verweisen. Ein **nachträglich eingetretener Gesellschafter** haftet aufgrund von § 130 nach den Grundsätzen der §§ 128 f. Dasselbe gilt, wenn eine oHG oder KG durch Umwandlung entsteht. Entsteht sie durch Einbringung eines einzelkaufmännischen Unternehmens in die Gesellschaft, so haftet diese Gesellschaft nach § 28 auch für Altverbindlichkeiten, und die Gesellschafter haften nach § 128.

3. Dauer

6 Die Haftung **unterliegt keiner eigenständigen Verjährung**, denn sie ist keine Schuld, sondern ein Zustand, der ständig neue Haftungsverbindlichkeiten für ständig neue Gesellschaftsverbindlichkeiten auslösen kann. Sie besteht, solange der Gesellschafter als unbeschränkt haftender der oHG oder KG zugehört, unverändert fort (Baumbach-Duden-Hopt Anm. 1 D; vgl. auch Flume Personengesellschaft § 16 II 2 b). Hiervon zu unterscheiden ist die Frage, inwieweit sich der Gesellschafter auf eine Verjährung der Gesellschaftsschuld berufen kann, vgl. § 129 Anm. 7 ff. Zur Verjährungsunterbrechung gegenüber der Gesellschaft und dem Gesellschafter vgl. § 129 Anm. 8 f. Noch eine weitere Frage ist die der Beendigung der persönlichen Gesellschafterhaftung durch Ausscheiden aus der Gesellschaft (Anm. 40 ff.). Dieses Ausscheiden führt dazu, daß neue Haftungsverbindlichkeiten nicht mehr entstehen (näher Anm. 42) und daß für die schon entstandenen Haftungsverbindlichkeiten eine Sonderverjährungs- und Enthaftungsfrist läuft (dazu Erl. § 159).

4. Abgrenzung zur primären Eigenhaftung des Gesellschafters

7 a) Von der gesetzlichen Haftung für Gesellschaftsschulden nach § 128 ist die **primäre Eigenhaftung eines Gesellschafters** gegenüber Gesellschaftsgläubigern **zu unterscheiden** (vgl. schon RGZ 136, 266, 270). Fälle der primären Eigenhaftung sind z. B.: Haftung aus § 826 wegen sittenwidriger Gläubigerschädigung, z. B. wegen Unterkapitalisierung; Haftung aus §§ 823 Abs. 2 BGB, 263 StGB wegen Betrugs gegenüber Gläubigern oder Mitgesellschaftern; Haftung wegen culpa in contrahendo bei Konkursverschleppung oder sonstiger Informationspflichtverletzung gegenüber dem Gläubiger. Diese Haftungsfragen spielen allerdings beim Kommanditisten eine weitaus größere praktische Rolle als bei einem persönlich haftenden Gesellschafter.

Persönliche Haftung der Gesellschafter 8–10 § 128

b) Eine **Vertragshaftung des Gesellschafters** kann sich vor allem aus Bürgschaft und 8
Garantie ergeben (Anm. 79 ff.). Auch in anderen Fällen, bei denen der Gesellschafter
eine eigene, von der Gesellschaftsschuld verschiedene Leistung verspricht, handelt es
sich um eine Primärschuld des Gesellschafters und nicht um eine Haftung nach § 128.
Vor allem gilt dies auch für die Ausdehnung eines von der Gesellschaft eingegangenen
vertraglichen Wettbewerbsverbots auf die Gesellschafter (vgl. Anm. 29).

II. Haftungsvoraussetzungen

1. Vorhandensein der Gesellschaft

Die Haftung nach § 128 setzt voraus, daß eine **oHG oder** (hinsichtlich der Komple- 9
mentärhaftung) eine **KG vorhanden ist** bzw. in dem für die Haftungsbegründung entscheidenden Zeitpunkt vorhanden war (zur entsprechenden Anwendung auf die unternehmenstragende Gesellschaft bürgerlichen Rechts vgl. Anm. 3). Ist eine solche Gesellschaft nicht vorhanden, so kommt eine Eigenhaftung des scheinbaren Gesellschafters in
Betracht (z. B. nach § 179 BGB oder weil der scheinbare Gesellschafter als Einzelkaufmann entgegen dem Anschein im eigenen Namen gehandelt hat [vgl. zur rechtsgeschäftlichen Verpflichtung des Unternehmensträgers Karsten Schmidt Handelsrecht
§ 5 III 1]). Es kommt aber auch eine Haftung als Scheingesellschafter einer Scheingesellschaft in Betracht (vgl. BGHZ 17, 13 = NJW 1955, 985; zu den Tatbeständen der
Scheingesellschaft, der Schein-Handelsgesellschaft und des Scheingesellschafters vgl.
Karsten Schmidt Handelsrecht § 10 VIII 2 sowie § 123 Anm. 21 f.).

2. Gesellschaftereigenschaft

Der Haftung nach § 128 unterliegt, wer **im Zeitpunkt der Haftungsbegründung** 10
persönlich haftender Gesellschafter ist (Baumbach-Duden-Hopt Anm. 1 C; Karsten
Schmidt Gesellschaftsrecht § 49 I 1). Wegen des entscheidenden Zeitpunkts vgl.
Anm. 49. Die Haftung des nachträglich hinzutretenden Gesellschafters ist in § 130
geregelt. Wer nicht persönlich haftender Gesellschafter ist, kann unter dem Gesichtspunkt der **Rechtsscheinhaftung** wie ein Gesellschafter haften. So vor allem in den
Fällen des § 15 Abs. 1 und Abs. 2 sowie dann, wenn der Scheingesellschafter den
Rechtsschein geschaffen oder in zurechenbarer Weise geduldet hat, er hafte unbeschränkt (vgl. wiederum BGHZ 17, 13 = NJW 1955, 985; eingehend Hunke S. 29 ff.).
Nach OLG Hamm MDR 1965, 580 haftet derjenige, der dem durch unzutreffende
Firmierung als oHG entstandenen Schein nicht entgegentritt, als Gesellschafter nach
§ 128, wenn er wußte, daß die Firmierung auf ein Gesellschaftsverhältnis unter seiner
Beteiligung schließen ließ. Auch ein Gesellschafter, der persönlich haftender Gesellschafter war und nur noch Kommanditist ist, kann trotz richtiger Eintragung und
Bekanntmachung (§ 15 Abs. 2) persönlich haften, wenn er durch positives Tun oder
unter Verletzung von Aufklärungspflichten den Anschein persönlicher Haftung unterhalten hat (vgl. BGH NJW 1972, 1418; dazu Stimpel ZGR 1973, 89; Karsten Schmidt
GmbHR 1972, 237; BGH BB 1976, 1479, 1480; WM 1977, 1405, 1407; Karsten
Schmidt Handelsrecht § 14 I 2). Unbeschränkte Haftung nach oHG-Grundsätzen kann

Karsten Schmidt

auch eintreten, wenn eine GmbH & Co. KG im Rechtsverkehr ohne den nach § 19 Abs. 6 vorgeschriebenen Firmenzusatz auftritt (BGHZ 71, 354 = NJW 1978, 2030; nunmehr std. Rspr.; näher Karsten Schmidt Handelsrecht § 5 III 2 b; zur Abgrenzung vgl. BGH NJW 1981, 2569).

3. Die Gesellschaftsverbindlichkeit

11 a) Die Vorschrift gilt grundsätzlich für **alle Gesellschaftsverbindlichkeiten**, nicht etwa nur für Geldschulden (zur Frage des Haftungsinhalts bei Nicht-Geldschulden vgl. Anm. 24 ff.). Auch auf den Rechtsgrund kommt es nicht an. Die Gesellschafter haften für gesetzliche wie für rechtsgeschäftliche Gesellschaftsverbindlichkeiten und für öffentlichrechtliche wie für privatrechtliche (RGZ 93, 227, 229; vgl. OVG Koblenz NJW 1986, 2129 für Rückforderung von Subventionen; s. auch Kornblum Haftung S. 75; Alfred Hueck oHG § 21 I; Fischer in Großkomm Anm. 14). Sie können dieses Haftungsrisiko nach Satz 2 nicht wirksam begrenzen (Anm. 13). Haben sie einem Gesellschafter nur Gesamtvertretungsmacht eingeräumt, so bedeutet dies, daß sie für Vertragsschulden nur haften, wenn der Gesellschafter im Rahmen seiner Gesamtvertretungsmacht gehandelt hat (anderenfalls fehlt es an der Gesellschaftsschuld); für Deliktsschulden der Gesellschaft (§ 124 Anm. 21) haften sie dagegen auch dann, wenn der geschäftsführende Gesellschafter seine Kompetenz überschritten hat und die Gesellschaft nach dem bei § 125 Anm. 12 Gesagten für diese Eigenmächtigkeit haftet (a.M. Dieckmann WM 1987, 1477).

12 b) Eine **Verbindlichkeit gegenüber einem Gesellschafter** kann unter § 128 fallen (RGZ 36, 60, 63; 120, 135, 137 f.; 153, 305, 310 f.; Karsten Schmidt Gesellschaftsrecht § 49 I 2; eingehend Walter JuS 1982, 81 m.w.Nachw.). Es muß sich dabei aber um einen „Drittanspruch" handeln (Baumbach-Duden-Hopt Anm. 7 A; Karsten Schmidt Gesellschaftsrecht § 49 I 2), nicht um „Sozialansprüche" (BGHZ 37, 299, 301 = NJW 1962, 1863; BGH NJW-RR 1989, 866), die ihren Grund im Gesellschaftsverhältnis haben (vgl. zu diesen Begriffen Karsten Schmidt Gesellschaftsrecht § 19 III 2). Drittansprüche sind namentlich die Ansprüche aus Lieferungen, Leistungen, Vermietungen und Verpachtungen an die Gesellschaft (RGZ 153, 305, 310; BGH BB 1961, 6 f.; NJW 1955, 541 m. Anm. Schramm BB 1961, 105 ff.). Schwierig ist die Abgrenzung bei solchen Leistungen, die nicht als Einlagen, wohl aber als Beiträge geschuldet werden (vgl. zum Unterschied zwischen Beitrag und Einlage Karsten Schmidt Gesellschaftsrecht § 20 II 1). Der Gesellschafter kann im Rahmen seiner Beitragspflicht verpflichtet sein, mit der Gesellschaft Lieferverträge, Dienstverträge, Mietverträge oder Pachtverträge zu schließen. Dann liegt der Rechtsgrund der Gesellschaftsverbindlichkeit in diesem besonderen Vertrag und nicht im Gesellschaftsverhältnis. Der Anspruch des Gesellschafters ist also ein Drittanspruch (anders, wenn für die Leistung ein Vorweggewinn aus dem Gesellschaftsverhältnis gewährt wird; vgl. BGH NJW-RR 1989, 866). Für Drittansprüche eines Gesellschafters haften ihm die Mitgesellschafter nicht bloß als Teilschuldner, sondern als Gesamtschuldner (str.; vgl. Anm. 18). Bei der Durchsetzung des Drittanspruchs ist allerdings die Treubindung des Gesellschafters zu beachten; der Gesellschafter kann deshalb als Gläubiger der Gesellschaft seine Mitgesellschafter i.d.R. nur subsidiär in Anspruch nehmen (Anm. 20); außerdem muß sich der Gläubi-

Persönliche Haftung der Gesellschafter   13–16 § 128

ger bei der Inanspruchnahme seiner Mitgesellschafter den eigenen Haftungsanteil abziehen lassen (Anm. 18).

4. Keine abweichende Vereinbarung

a) Nach **Satz 2** ist eine **entgegenstehende Vereinbarung** Dritten gegenüber **unwirksam**. 13
Das gilt nur für Vereinbarungen der Gesellschafter untereinander. Solche Vereinbarungen (z.B. daß ein Gesellschafter nicht haften solle), wirken nicht gegen die Gläubiger der Gesellschaft, und zwar auch dann nicht, wenn diese von der Vereinbarung wissen (Fischer in Großkomm Anm. 65). Damit wird eine solche Vereinbarung nicht gegenstandslos, aber ihre Wirkung beschränkt sich auf das Innenverhältnis. Insbesondere eine Verabredung, wonach ein Gesellschafter nicht an den Verlusten teilnehmen soll, begründet ein Recht auf völlige Freistellung von den Haftungsverbindlichkeiten nicht nur gegen die Gesellschaft (§ 110), sondern auch gegen die Mitgesellschafter. Nicht nach Satz 2 unzulässig ist eine Vereinbarung, die im Haftungsbeschränkungsinteresse die Vertretungsmacht der geschäftsführenden Gesellschafter beschränkt (Staub-Ulmer § 105 Anm. 38). Inwieweit eine solche Beschränkung wirksam ist, ergibt sich aus § 126 Anm. 16 ff. Regelmäßig steht § 126 Abs. 2 einer Außenwirkung entgegen.

b) **Mit dem Gläubiger** kann eine abweichende Vereinbarung getroffen werden. Verein- 14
bart werden kann z.B., daß sich der Gläubiger nicht oder nur subsidiär an die Gesellschafter oder an einen bestimmten Gesellschafter halten wird (s. auch § 129 Anm. 2). Dies muß nicht ausdrücklich geschehen (vgl. BGH BB 1971, 975). Das bloße Wissen des Gläubigers um eine unter den Gesellschaftern getroffene Haftungsabrede genügt aber nicht. Vielmehr muß ein Verzichtswille des Gläubigers vorhanden und erklärt sein. Vielfach wird es sich nur um vollstreckungsbeschränkende Abreden handeln, die eine Verurteilung nicht ausschließen. Die zwischen einem Gläubiger und dem Gesellschafter getroffene Abrede, wonach dieser Gesellschafter nicht haftet, befreit den Gesellschafter nur im Außenverhältnis und berührt nicht die Regreßnahme seitens seiner Mitgesellschafter, sofern diese den Gesellschafter nicht im Innenverhältnis freigestellt haben (vgl. Fischer in Großkomm Anm. 66).

III. Haftungsstruktur

1. Unbeschränkte Haftung

Die Haftung des Gesellschafters ist **unbeschränkt**, d.h. weder gegenständlich (auf ein 15
bestimmtes Vermögen) noch summenmäßig (auf einen bestimmten Betrag) begrenzt. Der Umfang der Haftung ergibt sich aus dem der Gesellschaftsverbindlichkeit. Die Haftung kann nicht durch Gesellschaftsvertrag und auch nicht durch sonstige Abreden unter den Gesellschaftern, sondern nur durch Abrede mit dem individuellen Gläubiger beschränkt werden (Anm. 13 f.).

2. Akzessorische Haftung

a) Die Gesellschafterhaftung ist – ähnlich wie die Haftung des Bürgen im Verhältnis 16
zur Hauptverbindlichkeit – eine **akzessorische Haftung** (vgl. bereits Wieland I § 53 d

Karsten Schmidt

I 3; Flume Personengesellschaft § 16 II 2a; Karsten Schmidt Gesellschaftsrecht § 49 II 3; Wiedemann Gesellschaftsrecht I § 5 IV 1c; Heymann-Emmerich Anm. 4; Kornblum Haftung S. 131 ff.; Kühne ZHR 133 [1970], 161 ff.; Geßler ZGR 1978, 256 f.; Hadding ZGR 1973, 147 ff.; Lindacher JuS 1981, 580; a. M. Buchner JZ 1968, 622 f.; Darstellung des älteren Meinungsstandes bis 1966 bei Hauer S. 8 ff.). Die Grundsätze dieser Akzessorietät sind im einzelnen bei § 129 erläutert.

17 b) **Nicht möglich ist ein nur zwischen dem Gläubiger und der Gesellschaft vereinbarter Erlaß der Gesellschaftsschuld unter Fortbestand der Gesellschafterhaftung** (BGHZ 47, 376 = NJW 1967, 2155; Baumbach-Duden-Hopt § 129 Anm. 1 A a; Fischer in Großkomm Anm. 19; Heymann-Emmerich Anm. 7; Flume Personengesellschaft § 16 II 2b; Wiedemann Gesellschaftsrecht I § 5 IV 1c; Karsten Schmidt Gesellschaftsrecht § 49 II 3a; a. M. RG JW 1928, 2612 m. zust. Anm. Güldenagel; RG JW 1929, 577 m. abl. Anm. Flechtheim; Alfred Hueck oHG § 21 Fußn. 36; Tiedtke DB 1975, 1109 ff.; Buchner JZ 1968, 622 f.; Kühne ZHR 133 [1970], 149 ff.). Der BGH hat dies mit der Überlegung begründet, daß der Vorbehalt der Gesellschafterhaftung unwirksam sei. Diese Begründung ist nicht zu halten (Karsten Schmidt Gesellschaftsrecht § 49 II 3 a; s. auch Kornblum Haftung S. 134 ff. Fußn. 61). Die Gesellschafterhaftung nach § 128 ist eine gesetzliche (Anm. 2) und kann nicht durch Vertrag begründet oder durch Erlaßverträge beseitigt werden. Zum gesetzlichen Tatbestand dieser gesetzlichen Haftung gehört der Bestand der Gesellschaftsschuld (Grundsatz der Akzessorietät). Die Folgerung kann nur sein: Entweder ist der Erlaß mit dem Vorbehalt der Gesellschafterhaftung wirklich gewollt und erklärt; dann ist er nichtig, weil etwas Unmögliches gewollt und erklärt wurde (Flume Personengesellschaft § 16 II 2 b). Oder das Geschäft ist in Anbetracht der wahren Rechtslage überhaupt nur als Erklärung des Gläubigers zu deuten (bzw. umzudeuten), er werde ausschließlich die Gesellschafter und nicht die Gesellschaft in Anspruch nehmen (Karsten Schmidt Gesellschaftsrecht § 49 II 3 a). Materiellrechtliche Wirkung soll allerdings ein auf die Gesellschaft beschränkter Erlaßvertrag unter Fortbestand der Gesellschafterhaftung nach BGH WM 1975, 974 haben, wenn er unter entsprechendem Vorbehalt und mit Zustimmung des Gesellschafters vereinbart wird. Dem ist nur im praktischen Ergebnis zu folgen. Eine solche Vereinbarung kann sich entweder als pactum de non petendo zugunsten der Gesellschaft mit gleichzeitigem Einwendungsverzicht des Gesellschafters darstellen (dann erlischt die Gesellschaftsschuld nicht) oder als ein echter Erlaß der Gesellschaftsschuld mit gleichzeitiger Begründung einer neuen inhaltsgleichen, aber nicht akzessorischen Verbindlichkeit durch den Gesellschafter (Garantievertrag, Schuldanerkenntnis).

3. Gesamtschuldnerische Haftung

18 a) Die Gesellschafter haften **als Gesamtschuldner**, d. h. **solidarisch auf das Ganze** (Karsten Schmidt Gesellschaftsrecht § 49 II 4). Es gelten für das Verhältnis der Gesellschafter zu dem Gläubiger und zueinander die §§ 421 ff. BGB. Der Gläubiger kann grundsätzlich jeden Gesellschafter nach seiner Wahl auf das Ganze in Anspruch nehmen und braucht sich um die interne Verteilung der Lasten und Verluste nicht zu kümmern. Die Haftung jedes Gesellschafters auf das Ganze (also nicht bloß auf seinen Haftungsanteil) greift nach **h. M.** grundsätzlich **auch dann ein, wenn der Gläubiger selbst Gesellschafter**

Persönliche Haftung der Gesellschafter 19, 20 § **128**

ist (a. M. Alfred Hueck oHG § 21 V 2; Kornblum S. 143 f.; Walter JuS 1982, 85). Allerdings muß ein Drittanspruch des Gesellschafters vorliegen, nicht ein auf das Gesellschaftsverhältnis gegründeter Sozialanspruch (Anm. 12). Handelt es sich um eine Geldschuld, so muß sich der Gläubiger nur den Betrag abziehen lassen, der im Innenverhältnis auf ihn entfällt (dazu Anm. 34), i. d. R. also seinen Verlustanteil (Baumbach-Duden-Hopt Anm. 7 A; Fischer in Großkomm Anm. 45; Karsten Schmidt Gesellschaftsrecht § 49 I 2 b; zur Gesellschaft bürgerlichen Rechts BGH NJW 1983, 749 = JZ 1983, 258 m. Anm. Walter; s. auch zur Erbengemeinschaft BGH DB 1988, 2148 = NJW-RR 1988, 710). Die h. M. bedarf im Ergebnis der Korrektur, denn das Innenverhältnis (Treupflicht) überlagert das Außenverhältnis zum Gesellschafter-Gläubiger (vgl. Karsten Schmidt Gesellschaftsrecht § 49 I 2 b). Der Gesellschafter-Gläubiger darf deshalb die Mitgesellschafter nur in Anspruch nehmen, als wären sie Teilschuldner mit wechselseitiger Ausfallgarantie.

b) Im **Verhältnis zwischen der Gesellschaft und den Gesellschaftern** liegt **keine Gesamtschuld** vor (BGHZ 39, 319, 323 f. = NJW 1963, 1873; Alfred Hueck oHG § 21 II 7; Baumbach-Duden-Hopt Anm. 2 C; Fischer in Großkomm Anm. 17; Karsten Schmidt Gesellschaftsrecht § 49 II 4 b; a. M. Flume Personengesellschaft § 16 II 2 a; für Sonderbehandlung des ausgeschiedenen Gesellschafters BGHZ 39, 319, 323 = NJW 1963, 1873; BGHZ 44, 229, 233 = NJW 1966, 499; BGHZ 48, 203, 204 = NJW 1967, 2203; näher Fischer in Großkomm Anm. 56; vgl. dazu auch Anm. 62). Die Folgen werden vor allem beim Regreß des persönlich haftenden Gesellschafters praktisch (Anm. 31, 62 f.). Sie wirken sich aber z. B. auch aus, wenn es etwa darum geht, ob die Gesellschaftsschuld und die Gesellschafterhaftung unabhängig voneinander gestundet oder erlassen werden können etc. (vgl. auch Anm. 17 sowie Erl. zu § 129). 19

4. Primäre Haftung

Der Gesellschafter haftet **primär**, d. h. nicht bloß subsidiär. Er kann also den Gläubiger nicht auf das Gesellschaftsvermögen verweisen (Karsten Schmidt Gesellschaftsrecht § 49 II 1). Ein anderes kann sich grundsätzlich nur aus einer mit dem Gläubiger getroffenen Abrede, nur ganz ausnahmsweise dagegen aus § 242 BGB ergeben (selbst dann ist i. d. R. nicht eine Verurteilung des Gesellschafters, sondern nur eine Vollstreckung in sein Vermögen ausgeschlossen). Ist der Gläubiger selbst ein Gesellschafter, so ist die Inanspruchnahme durch die Treupflicht überlagert. Der Gläubiger kann seine Mitgesellschafter grundsätzlich nur in Anspruch nehmen, wenn eine Befriedigung aus dem Gesellschaftsvermögen nicht zu erwarten ist (vgl. Fischer in Großkomm Anm. 45; Alfred Hueck oHG § 21 V 1; Karsten Schmidt Gesellschaftsrecht § 49 I 2; Walter JuS 1982, 85; ders. JZ 1983, 269). Es ist dies ein persönlicher, nur gegen den Gesellschafter-Gläubiger wirkender Einwand, der im Fall der Forderungsabtretung an einen Dritten diesem nicht nach § 404 BGB entgegengehalten werden kann (Alfred Hueck oHG § 21 V 2; Karsten Schmidt Gesellschaftsrecht § 49 I 2; Kornblum S. 144 f.; Walter JuS 1982, 87; generell a. M. Fischer in Großkomm Anm. 45 f.; vgl. dazu auch BGH NJW 1983, 749 = JZ 1983, 258 m. Anm. Walter, wo es jedoch um die Anrechnung des Verlustanteils ging, dort kam § 404 BGB zur Anwendung; Walter a. a. O. sieht darin keinen Fall des § 404 BGB). Eine fruchtlose Vollstreckung in das Gesellschaftsvermö- 20 gen ist für die Inanspruchnahme der Mitgesellschafter nicht erforderlich. Es genügt, wenn feststeht, daß der Gesellschaft hinreichende Mittel zur Erfüllung der Verbindlichkeit nicht zur Verfügung stehen (vgl. sinngemäß, bezogen auf den Regreß, BGH NJW 1978, 339 = DB 1979, 2364 = JuS 1980, 297 m. Anm. Karsten Schmidt).

5. Prozeßprobleme

21 a) Der **Prozeß gegen den Gesellschafter** ist vom Prozeß gegen die Gesellschaft streng zu unterscheiden (§ 124 Anm. 33). Eine **gleichzeitige Klage gegen die Gesellschaft und die Gesellschafter** ist ohne weiteres zulässig und, wenn die Voraussetzungen der eingeklagten Gesellschaftsschuld und Gesellschafterhaftung gegeben sind, auch ohne weiteres begründet. Die Gesellschafter untereinander sind **einfache Streitgenossen** nach § 59 ZPO, keine notwendigen Streitgenossen nach § 62 ZPO (vgl. § 124 Anm. 33). Für das Verhältnis zwischen der Gesellschaft und den Gesellschaftern nahm die früher h. M. an, es komme darauf an, ob der Gesellschafter im Haftungsprozeß Einwendungen geltend macht, die i.S. von § 129 Abs. 1 in seiner Person begründet sind (RGZ 102, 301, 302 f.; 136, 266, 268; ebenso z.B. noch BGH BB 1961, 148). Diese Auffassung konnte weder praktisch noch rechtsdogmatisch befriedigen (vgl. bereits Alfred Hueck oHG § 22 IV 3; Fischer in Großkomm § 124 Anm. 26). Sie ist heute überholt. Auch zwischen der Gesellschaft und den Gesellschaftern liegt lediglich eine einfache Streitgenossenschaft vor (BGHZ 54, 251, 255 f. = NJW 1970, 1740; BGHZ 63, 51, 54 f. = NJW 1974, 2124; BGH VersR 1985, 548; NJW 1988, 2113; OLG Celle WM 1969, 104). Es hängt also nicht von den Zufälligkeiten der – im Laufe des Prozesses möglicherweise wechselnden – Verteidigung des Gesellschafters ab, welche Art Streitgenossenschaft vorliegt.

21a b) Der **Gerichtsstand** ist für die Gesellschaft und die Gesellschafter selbständig zu prüfen. Eine **Gerichtsstandsvereinbarung** nach § 38 ZPO wirkt im Zweifel auch für und gegen den persönlich haftenden Gesellschafter (Karsten Schmidt Gesellschaftsrecht § 49 VI 1; ders. DB 1989, 2318 f.; zur Anwendung des § 38 ZPO auf ihn vgl. § 105 Anm. 15). Nicht zu rechtfertigen ist dagegen die von der h. M. unterstellte allgemeine Regel, wonach sich aus der inhaltsgleichen Gesellschafterhaftung auch eine gesetzliche (!) Erstreckung der Gerichtsstandsvereinbarung ergeben soll (vgl. BGH NJW 1981, 2644, 2646; OLG Hamburg HansRGZ 1928, 453). Denn um eine bloße „Modalität des Anspruchs" geht es bei der Gerichtsstandsvereinbarung entgegen dem BGH nicht. Dasselbe gilt für einen **Schiedsvertrag der Gesellschaft mit dem Gläubiger**. Auch hier meint die h. M., er erstrecke sich automatisch auf die Gesellschafterhaftung (OLG Hamburg HansRGZ 1928, 453; OLG Köln, BB 1961, 65 = NJW 1965, 1312; LG Berlin, KTS 1965, 176; Alfred Hueck oHG § 21 II 6; Westermann Handbuch [Lfg. 1982] I 376; Wünsch, Schiedsgerichtsbarkeit in Handelssachen, 1968, S. 66 ff.; Jacusiel LZ 1930, 1144 f.; s. auch BGH NJW 1981, 2644, 2646). Das Anliegen der Praxis, die gleichsam eine „vis attractiva" des Gesellschaftsprozesses begründen und die persönliche Haftung bei demselben Gericht konzentrieren will, ist einleuchtend. Es kann aber gegenüber den Gesellschaftern nicht durch eine zwingende Gesetzesregel gerechtfertigt werden, sondern nur durch eine Auslegungsregel, nach der die Vereinbarung im Zweifel auch für und gegen die Gesellschafter wirkt (näher Karsten Schmidt DB 1989, 2318).

c) Werden die Gesellschafter **gemeinsam verurteilt**, so wird im Urteil ausgesprochen, **22** daß sie als Gesamtschuldner verurteilt werden (Kostenfolge § 100 Abs. 4 ZPO). Im Hinblick auf § 100 ZPO können aber auch Gesellschaft und Gesellschafter „als Gesamtschuldner" verurteilt werden (Karsten Schmidt Gesellschaftsrecht § 49 II 4 c; Baumbach-Duden-Hopt Anm. 8 A; Egon Schneider MDR 1957, 356). Daß in diesem Verhältnis keine Gesamtschuld im technischen Sinne vorliegt, ist für die Kostenfolge des § 100 Abs. 4 ZPO unschädlich. Wer einen unzutreffenden Eindruck hinsichtlich der materiellen Rechtslage vermeiden will, verurteilt die Gesellschaft und den Gesellschafter „wie Gesamtschuldner" oder „als wären sie Gesamtschuldner" (vgl. LG Hamburg MDR 1967, 401; vgl. auch LG Hamburg MDR 1967, 50 als „unechte Gesamtschuldner"). Wegen der **Zwangsvollstreckung gegen Gesellschafter** vgl. § 129 Anm. 24 ff.

IV. Haftungsinhalt

1. Grundsatz

a) Der Haftungsinhalt ergibt sich in Übereinstimmung mit dem Gesetzeswillen aus dem **23** **Prinzip der Akzessorietät**. Die Haftung **folgt den Bewegungen der Gesellschaftsschuld**, z.B. bei einem Kontokorrentkredit (BGHZ 50, 277 = NJW 1968, 2100). Erlischt die Gesellschaftsschuld, so erlischt mit ihr die Gesellschafterhaftung für diese Schuld (vgl. deshalb zur Unmöglichkeit eines Erlasses zugunsten der Gesellschaft unter Forthaftung der Gesellschafter Anm. 17). Wird aus einer Primärleistungspflicht der Gesellschaft eine Schadensersatzschuld, so schuldet auch der Gesellschafter Schadensersatz (vgl. BGHZ 36, 224, 226 = NJW 1962, 536; BGHZ 48, 203 = NJW 1967, 2203; Fischer in Großkomm Anm. 20; Karsten Schmidt Gesellschaftsrecht § 49 II 3 b).

b) Der Gesellschafter **haftet auf dasselbe wie die Gesellschaft**. Dies ist **umstritten**. Die **24** Frage spielt nur bei **Nicht-Geldschulden der Gesellschaft** eine Rolle. Dabei kommt es grundsätzlich nicht auf die Auslegung des haftungsbegründenden Vertrags an (Ausnahme: vereinbarte Nicht-Haftung des Gesellschafters nach Anm. 14) und auch nicht auf die Vertretungsmacht der vertretungsberechtigten Gesellschafter (so aber Heymann-Emmerich Anm. 21 f.). Denn die Haftung nach § 128 ist eine gesetzliche (Anm. 2), und dafür genügt, daß eine Gesellschaftsschuld vorliegt. Nach der sog. **Haftungstheorie** soll der Gesellschafter nur auf Geld, im Fall einer Nicht-Geldschuld also nur auf Schadensersatz in Geld haften (so namentlich Wieland Handelsrecht I § 53 d I 3; Fischer in Großkomm Anm. 9 ff.; John S. 250 ff.). Durchgesetzt hat sich mit Recht die sog. **Erfüllungstheorie**, nach der der Inhalt der Haftungsverbindlichkeit mit dem der Gesellschaftsverbindlichkeit identisch ist (BGHZ 23, 302 = NJW 1957, 871; BGHZ 73, 217 = JZ 1980, 193 m. Anm. Wiedemann; BGH NJW 1987, 2367 = BB 1987, 1201 = ZIP 1987, 842 = JuS 1987, 826 m. Anm. Karsten Schmidt; Baumbach-Duden-Hopt Anm. 2 B; Düringer-Hachenburg-Flechtheim Anm. 3; Karsten Schmidt Gesellschaftsrecht § 49 III 1 m.w. Nachw.). Nach manchen soll es auf die Art der Gesellschaftsverbindlichkeit ankommen (vgl. Darstellung bei Flume in Festschrift Knur S. 129 f. unter unzutreffender Anführung von Heymann-Kötter 21. Aufl. Anm. 1 und 5; in dieser Richtung Emmerich in Festschrift Lukes S. 650 ff.). Richtigerweise kann der Gesellschafter grundsätzlich zu derselben Leistung verurteilt werden wie die Gesellschaft. Ob er die von ihr geschuldete Leistung tatsächlich erbringen kann, ist grundsätzlich unerheblich, denn § 283 BGB gestattet es, den Schuldner zur Leistung zu verurteilen und eine angemessene Frist zu bestimmen, nach deren Ablauf Schadensersatz geschuldet wird (näher Karsten Schmidt Gesellschaftsrecht § 49 III 1; die Argumentation mit § 283 BGB ist übernommen in BGH NJW 1987, 2368 = BB 1987, 1201 = ZIP 1987, 842 = JuS 1987, 826). Es vereinfacht die Rechtsdurchsetzung, wenn Gesellschaft und Gesellschafter auf dasselbe verklagt und verurteilt werden (vgl. Flume Personengesellschaft § 16 III 3; näher Karsten Schmidt Gesellschaftsrecht § 49 III 1 m.w. Nachw.). Darauf, ob der Gesellschafter die von der Gesellschaft geschuldete Leistung tatsächlich erbringen kann, kommt es nicht an. Besonderheiten ergeben sich nur aus rechtlichen Gründen, nämlich dann, wenn die Leistung des Gesellschafters etwas qualitativ anderes ist als die Leistung der Gesellschaft. Dann kann nämlich eine Verurteilung der Gesellschaft nicht inhaltsgleich auf den Gesellschafter übertragen werden, und eine Leistungserzwingung (Vollstreckung) gegenüber dem Gesellschafter läuft auf eine andere Leistung als die der Gesellschaft hinaus. Hieraus ergeben sich Differenzierungen.

2. Einzelfragen

25 a) Schuldet die Gesellschaft **Zahlung**, so schuldet der Gesellschafter unbestrittenermaßen dasselbe. Vollstreckt wird nach §§ 803 ff. ZPO.

26 b) Schuldet die Gesellschaft **Herausgabe einer Sache** (§ 883 ZPO) oder Lieferung dieser Sache (§§ 883, 894, 897 Abs. 1 ZPO) oder schuldet sie Herausgabe (§ 884 ZPO) bzw. Lieferung vertretbarer Sachen (§§ 884, 894, 897 Abs. 1 ZPO), so erhält der Gläubiger auf entsprechende Klage einen Titel sowohl gegen die Gesellschaft als auch gegen den Gesellschafter (Anm. 22). Das Urteil BGH NJW 1987, 2367 = BB 1987, 1201 = ZIP 1987, 842 = JuS 1987, 826 m. Anm. Karsten Schmidt betrifft eine Herausgabeschuld. Eine Vollstreckung in Erfüllungsrichtung wird i.d.R. nur gegenüber der Gesellschaft gelingen. Gegenüber dem Gesellschafter kann aber der Titel die Grundlage für einen Schadensersatz nach § 283 BGB sein.

27 c) Schuldet die Gesellschaft eine **vertretbare Handlung**, so können Gesellschaft und Gesellschafter ohne weiteres zu dieser Handlung verurteilt werden (vgl. BGHZ 73, 217 = JZ 1980, 193 m. Anm. Wiedemann für Mängelbeseitigung; dazu Martensen S. 91 f.). Die Vollstreckung erfolgt nach § 887 ZPO (vgl. nur Baumbach-Duden-Hopt Anm. 3 D; Götz Hueck Gesellschaftsrecht § 15 III 2 b aa; Karsten Schmidt Gesellschaftsrecht § 49 III 2 b; Hadding ZGR 1981, 585).

28 d) Zu einer von der Gesellschaft geschuldeten **unvertretbaren Handlung** kann der Gesellschafter nicht verurteilt werden (vgl. Flume Personengesellschaft § 16 III 4; Karsten Schmidt Gesellschaftsrecht § 49 III 2 b; Hadding ZGR 1981, 585; offenbar a. A. Baumbach-Duden-Hopt Anm. 3 C, D). Denn die Leistungserbringung durch den Gesellschafter ist nicht inhaltsgleich mit der Leistung durch die Gesellschaft. Das gilt sogar für den **geschäftsführenden Gesellschafter**. Nach BGHZ 23, 302, 306 = NJW 1957, 871 kann er zu einer von der Gesellschaft geschuldeten Rechnungslegung verurteilt werden (zustimmend Wiedemann Gesellschaftsrecht § 5 IV 2 b). Diese Entscheidung ist abzulehnen (Flume Personengesellschaft § 16 III 5; Karsten Schmidt Gesellschaftsrecht § 49 III 2; jetzt auch Heymann-Emmerich Anm. 24). Die Tatsache, daß der geschäftsführende Gesellschafter als Organ der Gesellschaft die unvertretbare Handlung vornimmt, ändert nichts daran, daß nur die Gesellschaft diese Handlung schuldet. Nimmt der geschäftsführende Gesellschafter diese Handlung vor, so handelt die Gesellschaft, nicht der Gesellschafter als persönlich Haftender.

e) **Unterlassungs- und Duldungspflichten** werden nach § 890 ZPO durch Ordnungsgeld oder Ordnungshaft erzwungen. Auch hier gibt es keine inhaltsgleiche Haftung des Gesellschafters (vgl. Baumbach-Duden-Hopt Anm. 3 F i. V. m. 2 B; ausführlich Karsten Schmidt Gesellschaftsrecht § 49 III 2 c). Verschiedenheit hat allerdings die Rechtsprechung vertragliche **Wettbewerbsverbote** auf die Gesellschafter ausgedehnt und sich hierfür auf § 128 und § 242 BGB berufen (RGZ 136, 266, 270 f.; BGHZ 59, 64, 67 = NJW 1972, 1421; BGH BB 1974, 482 [auf § 242 BGB gestützt]; zust. z. B. Baumbach-Duden-Hopt Anm. 2 B; Kornblum BB 1971, 1441 ff.). Dieser Begründung ist zu widersprechen, denn das Wettbewerbsverbot des Gesellschafters ist etwas qualitativ anderes als das von der Gesellschaft geschuldete Wettbewerbsverbot. Es kann deshalb auch nicht als inhaltsgleiche Haftung des Gesellschafters für das Wettbewerbsverbot der Gesellschaft begründet werden. Das vom Gesellschafter geschuldete Wettbewerbsverbot bedarf vielmehr einer eigenständigen Begründung als eigene Primärverbindlichkeit. Basis dieses Wettbewerbsverbots kann die Annahme einer vertraglichen Bindung des Gesellschafters, die Anwendung des § 1 UWG, evtl. auch eine Durchgriffshaftung sein. Mit § 128 hat dies nichts zu tun (Emmerich in Festschrift Lukes S. 650; Karsten Schmidt Gesellschaftsrecht § 49 III c).

f) Auch die **Abgabe** einer von der Gesellschaft geschuldeten **Willenserklärung** kann nur von der Gesellschaft selbst und nicht von den Gesellschaftern verlangt werden (Flume Personengesellschaft § 16 III 5; Reinhardt-Schultz Gesellschaftsrecht 2. Aufl. Anm. 144; Karsten Schmidt Gesellschaftsrecht § 49 III 2 a; Hadding ZGR 1981, 585; Lindacher JuS 1982, 354; s. auch Emmerich in Festschrift Lukes S. 653, der daraus die Geltung der Haftungstheorie herleitet). Wiederum kann es nicht darauf ankommen, ob der beklagte Gesellschafter vertretungsberechtigt und deshalb zur Bewirkung der Willenserklärung in der Lage ist, denn die vom vertretungsberechtigten Gesellschafter als Organ der Gesellschaft abgegebene Willenserklärung ist die von der Gesellschaft, nicht von ihm, geschuldete Willenserklärung. Eine Verurteilung des Gesellschafters kann auch nicht nach § 894 ZPO die Willenserklärung der Gesellschaft ersetzen.

V. Regreß und Freistellung des Gesellschafters

1. Regreßansprüche gegen die Gesellschaft

a) Der vom Gläubiger in Anspruch genommene Gesellschafter kann nach § 110 Erstattung von der Gesellschaft erlangen (vgl. noch zum ADHGB RGZ 31, 139; zum HGB BGHZ 37, 299, 301.; 39, 319, 324; Alfred Hueck oHG § 15; Kornblum Haftung S. 170 f.; Fischer in Großkomm Anm. 22; Karsten Schmidt Gesellschaftsrecht § 49 V 1; Prediger BB 1970, 868; Martensen S. 49). Ob daneben der Anspruch des Gläubigers gegen die Gesellschaft im Wege der **cessio legis** auf ihn übergeht, ist umstritten. Die

Frage wurde bisher nur auf der Grundlage des § 426 Abs. 2 BGB geprüft und für die Dauer der Mitgliedschaft des Gesellschafters verneint, weil zwischen ihm und der Gesellschaft keine Gesamtschuld vorliege (BGHZ 39, 319, 323 f. = NJW 1963, 1873; Alfred Hueck oHG § 21 II 7; Baumbach-Duden-Hopt Anm. 4 A; Fischer in Großkomm Anm. 22; ebenso Geßler hier in der Vorauf. Anm. 28; a. M. Flume Personengesellschaft § 16 II 2 c; ders. in Festschrift Knur S. 129 ff.; Heymann-Kötter HGB 21. Aufl. Anm. 5; Karsten Schmidt ZHR 137 [1973], 516 ff.). Praktische Bedeutung hat dies vor allem für den Übergang akzessorischer Sicherheiten (§§ 412, 401) und für die Umschreibung eines vom Gläubiger gegen die Gesellschaft erstrittenen Titels nach § 727 ZPO (dazu vgl. Baumbach-Duden-Hopt Anm. 4 A; nur mit Art. 49 WG befaßt sich OLG Hamburg MDR 1968, 1014; dazu Karsten Schmidt ZHR 137 [1973], 509 ff.). Die h. M. ist nur in der Begründung, nicht im Ergebnis, gesichert. Die Gesamtschuldregeln passen nicht auf das Verhältnis zwischen der Gesellschaftsschuld und der akzessorischen Gesellschafterhaftung (vgl. Anm. 19). Dem Verhältnis der Akzessorietät entspricht vielmehr eine analoge Anwendung des § 774 Abs. 1 BGB (Kubis S. 120; Karsten Schmidt Gesellschaftsrecht § 49 V 1). Da § 426 BGB nicht zutrifft, stellt das Fehlen einer dem § 774 Abs. 1 BGB entsprechenden Regelung eine Gesetzeslücke dar, die durch Analogie zu füllen ist. Analog § 774 Abs. 1 BGB geht der Anspruch des befriedigten Gläubigers mit den Folgen der §§ 412, 401 BGB (Sicherheiten) und des § 727 ZPO (Titelumschreibung) auf den Gesellschafter über.

32 b) Der **Regreßanspruch** setzt grundsätzlich voraus, daß die Gesellschaftsverbindlichkeit wirklich bestand. Dies kann von der Gesellschaft nicht mehr bestritten werden, wenn sie auf Klage des Gläubigers rechtskräftig verurteilt ist (so auch schon, gestützt auf § 129 Abs. 1, Fischer in Großkomm Anm. 41). Soweit der Regreßanspruch auf die übergegangene Forderung gestützt wird, kann die Gesellschaft dem Gesellschafter alle Einwendungen und Einreden entgegenhalten, die ihr gegenüber dem Gesellschaftsgläubiger zustanden (§§ 404, 412 BGB). Für den Regreß nach § 110 kommt es darauf an, ob der Gesellschafter die Leistung an den Gläubiger den Umständen nach für erforderlich halten durfte (vgl. § 110 Anm. 19; speziell für den Rückgriff Fischer in Großkomm Anm. 39 ff.). Grundsätzlich zahlt, wer auf eine zweifelhafte Forderung an den Gläubiger leistet, **auf eigenes Risiko**. Das gilt selbst dann, wenn sich der Gesellschafter bei der Geschäftsführung erkundigt hat und wenn die Gesellschaft ihre Schuld aus Gründen bestritt, die den Gesellschafter nicht überzeugten. Ausnahmen können sich nur ergeben, wenn eine Zahlungsverweigerung dem Gesellschafter nach Lage des Falls aus Gründen unzumutbar war, die in der Sphäre der Gesellschaft lagen. Dann kann er u. U. bei der Gesellschaft gegen Abtretung seines Bereicherungsanspruchs (§ 812 BGB) Regreß nehmen (vgl. auch Westermann Handbuch [Lfg. 1982] I 371). Konnte die Gesellschaft gegen den Gläubiger aufrechnen, so kann sie die Aufrechnung grundsätzlich auch nach Übergang der Forderung auf den Gesellschafter erklären (§§ 412, 406 BGB; Ausnahme: § 242 BGB). Gegen den Regreßanspruch aus § 110 kann die Gesellschaft dann grundsätzlich einwenden, der Gesellschafter habe die Leistung nicht für erforderlich halten dürfen (arg. § 129 Abs. 3). Wiederum kann anderes nur gelten, wenn eine Leistungsverweigerung dem Gesellschafter aus Gründen unzumutbar war, die in der Sphäre der Gesellschaft lagen.

Persönliche Haftung der Gesellschafter   33–35 **§ 128**

c) **Schadensersatzansprüche der Gesellschaft** können dem Regreßanspruch ausnahms- **33** weise entgegengehalten werden, wenn der Gesellschafter die Gesellschaft durch Gläubigerbefriedigung (Zahlung oder Aufrechnung) treuwidrig geschädigt hat (z.B. durch Vereitelung einer Einrede des nichterfüllten Vertrages). Der Regreß aus § 110 wird dann häufig schon daran scheitern, daß der Gesellschafter diese Leistung nicht für erforderlich halten durfte (dazu § 110 Anm. 19). Dem übergegangenen Anspruch des Gläubigers steht dann ein aufrechenbarer Schadensersatzanspruch der Gesellschaft gegenüber.

2. Regreßansprüche gegen die Mitgesellschafter

Die Mitgesellschafter haften einander nach § 426 BGB (Fischer in Großkomm **34** Anm. 40; Baumbach-Duden-Hopt Anm. 4 B; Karsten Schmidt Gesellschaftsrecht § 49 V 2; Prediger BB 1970, 868 f.; Walter JuS 1982, 83; für die Gesellschaft bürgerlichen Rechts BGHZ 103, 72, 75 = NJW 1988, 1375; Hadding-Häuser WM 1988, 1588). Hierin liegt keine versteckte Nachschußpflicht und kein Verstoß gegen § 707 BGB (so noch RGZ 80, 268, 272; Zunft NJW 1962, 2148; vgl. auch unter dem ADHGB RGZ 31, 139, 141; vgl. dagegen bereits Alfred Hueck oHG § 18 III 2; Karsten Schmidt Gesellschaftsrecht § 49 V 2 m.w.Nachw.). Der Regreß nehmende Gesellschafter ist aber gehalten, zunächst Befriedigung bei der Gesellschaft zu suchen (BGHZ 37, 299, 303 = NJW 1962, 1863; BGHZ 103, 72, 76 = NJW 1988, 1375, 1376; Fischer in Großkomm Anm. 39 ff.; Alfred Hueck oHG § 18 III 2; Karsten Schmidt Gesellschaftsrecht § 39 V 2; Überblick bei Walter JuS 1982, 84; für die Gesellschaft bürgerlichen Rechts Hadding-Häuser WM 1988, 1588). Dazu muß nicht in jedem Fall ein Titel gegen die Gesellschaft erstritten und eine Vollstreckung versucht werden; vielmehr kann sich der Gesellschafter ohne weiteres an die Mitgesellschafter halten, wenn der Gesellschaft hinreichende Mittel nicht zur Verfügung stehen (vgl. für die Gesellschaft bürgerlichen Rechts BGH NJW 1980, 339; vgl. ferner BGHZ 37, 299, 303; Alfred Hueck oHG § 18 III 2). Für den Umfang der Regreßnahme gilt, daß die Gesellschafter einander regelmäßig nur anteilig haften und daß sich die Haftungsanteile im Zweifel nicht nach Köpfen, sondern nach den Verlustanteilen richten (vgl. Baumbach-Duden-Hopt Anm. 4 B; Heymann-Emmerich § 110 Anm. 15; Karsten Schmidt Gesellschaftsrecht § 49 V 2; für die Gesellschaft bürgerlichen Rechts Hadding-Häuser WM 1988, 1588).

3. Freistellungsansprüche

a) Im Innenverhältnis kann der Gesellschafter grundsätzlich **von der Gesellschaft** Frei- **35** stellung verlangen (LG Hagen BB 1976, 763; Baumbach-Duden-Hopt Anm. 4 A). Dieser Anspruch besteht nicht nur bei drohender Inanspruchnahme des Gesellschafters. Er wird allerdings unter dem Gesichtspunkt des Rechtsschutzinteresses i.d.R. nur in diesem Fall klagbar sein (ebenso LG Hagen BB 1976, 763 allerdings mit der Begründung, die Treupflicht des Gesellschafters schließe die Klagemöglichkeit ohne drohende Inanspruchnahme aus).

36 b) Im **Innenverhältnis der Gesellschaft untereinander** bestehen Freistellungsansprüche nur, wenn die Inanspruchnahme droht und eine Erholung der Inanspruchnahme bei der Gesellschaft keinen Erfolg verspricht (Subsidiarität; vgl. sinngemäß Anm. 20).

4. Sonderprobleme

37 a) **Abweichende Regelungen** (z.B. in Gestalt von Befreiungszusagen, Verlustausgleichszusagen) sind möglich. Wer verpflichtet ist, die Gesellschaft von bestimmten Verbindlichkeiten endgültig freizuhalten, hat keinen Regreßanspruch.

38 b) Nach **Auflösung der Gesellschaft** wird der Regreßanspruch des Gesellschafters zu einem unselbständigen Rechnungsposten, der in die Berechnung der Liquidationsquote eingeht und grundsätzlich nicht mehr selbständig geltend gemacht werden kann (näher § 155 Anm. 19 ff.). Das gilt nicht nur für den Regreßanspruch gegen die Gesellschaft, sondern auch für den Regreß der Gesellschafter untereinander (vgl. BGHZ 37, 209, 304 f. = NJW 1962, 1863; für die Gesellschaft bürgerlichen Rechts vgl. BGH NJW 1984, 1455; 1985, 1898; BGHZ 103, 72 = NJW 1988, 1375; zustimmend Hadding-Häuser WM 1988, 1592; OLG Koblenz NJW-RR 1988, 1250). Zur Frage, unter welchen Voraussetzungen ein Gesellschafter Ansprüche vor Abschluß der Auseinandersetzung durchsetzen kann, vgl. § 149 Anm. 44 f.

39 c) Über die **Regreßnahme des Gesellschafters im Konkurs der Gesellschaft** vgl. Anm. 72.

VI. Die Haftung des ausgeschiedenen Gesellschafters

40 Schrifttum: *Binz*, Zur Gesellschafterhaftung aus Dauerschuldverhältnissen nach Umwandlung einer Personenhandelsgesellschaft, GmbHR 1978, 145; *Budde*, Die Haftung des aus einer oHG oder KG ausgeschiedenen Gesellschafters, Diss. Göttingen 1978; *ders.*, Haftungsbegrenzungen bei ausscheidenden Personengesellschaftern, NJW 1979, 1637; *Durchlaub*, Haftung des ausscheidenden Komplementärs aus Dauerschuldverträgen, BB 1978, 1174; *Gamp-Werner*, Die Haftung des ausgeschiedenen Gesellschafters einer Personengesellschaft für Darlehen aufgrund von Kreditzusagen, ZGR 147 (1983), 1; *Hadding*, Zur Haftung des ausgeschiedenen oHG-Gesellschafters, ZGR 1973, 137; *ders.*, Zum Rückgriff des ausgeschiedenen haftenden Gesellschafters einer oHG oder KG, in Festschrift Stimpel, 1985, S. 139; *Hohlfeld*, Die Nachhaftung des ausgeschiedenen Gesellschafters aus Dauerschuldverhältnissen, 1983; *Höhn*, Dauer- und sonstige Schuldverhältnisse als Problem der Haftung ausgeschiedener Gesellschafter usw., ZHR 149 (1985), 300; *Honsell-Harrer*, Die Haftung des ausgeschiedenen Gesellschafters bei Dauerschuldverhältnissen, ZIP 1986, 341; *Hüffer*, Die Haftung des ausgeschiedenen Gesellschafters für betriebliche Ruhegeldverpflichtungen bei Insolvenz der Gesellschaft, BB 1978, 454; *Hunke*, Die Haftung des ausgeschiedenen Gesellschafters, 1987; *Koch*, Grenzen der gesellschafterlichen Nachhaftung aus Dauerschuldverhältnissen, NJW 1984, 833; *Kretzschmar-Schulte*, Zur Haftungsbegrenzung ausgeschiedener persönlich haftender Gesellschafter für Ruhestandsbezüge, Die AG 1984, 260; *H. Lehmann*, Die Enthaftung des ausgeschiedenen Gesellschafters der oHG von Verbindlichkeiten aus schwebenden Lieferungsverträgen, ZHR 79 (1916), 57; *Lieb*, Zur Begrenzung der sog. Nachhaftung nach Ausscheiden aus der haftungsbegründenden Rechtsposition, ZGR 1985, 124; *Priester-Karsten Schmidt*, Unbegrenzte Nachhaftung des geschäftsführenden Gesellschafters?, ZIP 1984, 1064; *Reinicke*, Die Haftung des ausgeschiedenen Gesellschafters, in Festschrift Westermann, 1974, S. 487; *Reichold*, Die Haftung des ausgeschiedenen Gesellschafters für Ruhegeldverbindlichkeiten, 1986; *Saßenrath*, Die Umwandlung von Komplementärbeteiligungen in Kommanditbeteiligungen, 1988; *Schils*, Die Haftung des ausgeschiedenen persönlich haftenden Gesellschafters für Ansprüche aus Dauerschuldverhältnissen, Diss. Bielefeld 1982; *Karsten Schmidt*, Gesellschaftsrechtliche Grundlagen eines Nachhaftungsbegrenzungsgesetzes, DB 1990, 2357; *Tiedtke*, Die Haftung des ausgeschiedenen Gesellschafters und der oHG bei Erlaß der

Gesellschaftsschuld, DB 1975, 1109; *Ulmer*, Die zeitliche Begrenzung der Haftung von Gesellschaftern bei Ausscheiden aus einer Personenhandelsgesellschaft sowie bei der Umwandlung in eine Kapitalgesellschaft, BB 1983, 1865; *Ulmer-Wiesner*, Die Haftung ausgeschiedener Gesellschafter aus Dauerschuldverhältnissen, ZHR 144 (1980), 393; *Wiesner*, Die Enthaftung persönlich haftender Gesellschafter für Ansprüche aus Dauerschuldverhältnissen, ZIP 1983, 1032.

1. Grundsatz

a) Das **Ausscheiden** des Gesellschafters **beseitigt nicht eine schon eingetretene Haftung**, **41** aber es **beendet den Haftungsstatus** als unbeschränkt haftender Gesellschafter. Hieraus folgt, daß neue Haftungsverbindlichkeiten nach § 128 nicht mehr entstehen (Anm. 42). Eine weitere Folge ist, daß dem Gesellschafter für bereits entstandene Haftungsverbindlichkeiten eine Sonderverjährung bzw. Enthaftung zugute kommt (Anm. 60 sowie Erl. § 159). Die Besonderheiten der Haftung eines ausgeschiedenen Gesellschafters beruhen darauf, daß sich sein Haftungsstatus für die Zukunft ändert, weil die Voraussetzungen des § 128 nicht mehr vorliegen. Diese Grundlage des Instituts macht die Ausdehnung der für den ausgeschiedenen Gesellschafter geltenden Regeln auf andere Fälle verständlich, in denen der Gesellschafter nicht ausgeschieden ist, aber auch nicht mehr dem Haftungsstatus des § 128 unterliegt (Anm. 42 ff.).

b) Das Ausscheiden des Gesellschafters führt zu einer **unterschiedlichen Behandlung** **42** **von Altverbindlichkeiten und Neuverbindlichkeiten** (zur Abgrenzung vgl. Anm. 48 ff.). Für Neuverbindlichkeiten haftet der Gesellschafter, vorbehaltlich der Rechtsscheinhaftung (Anm. 49), nicht mehr. Für Altverbindlichkeiten haftet er weiter, solange ihm nicht die Sonderverjährung nach § 159 oder das Institut der Enthaftung zugute kommt. Auch der **Inhalt der Haftung** bleibt nach dem Ausscheiden i.d.R. identisch mit dem Inhalt der Gesellschaftsverbindlichkeit (vgl. BGH NJW 1987, 2367 = BB 1987, 1201 = ZIP 1987, 842 = JuS 1987, 826 m. Anm. Karsten Schmidt). Die Erläuterungen in Anm. 23 ff. gelten sinngemäß.

2. Der Tatbestand des Ausscheidens und die gleichgestellten Fälle

a) Grundfall ist das **Ausscheiden im technischen Sinne.** Der Gesellschafter ist ausge- **43** schieden, wenn seine Gesamthandsbeteiligung an der Personengesellschaft erloschen ist. Dies kann auf einem Austritt des Gesellschafters aus der Gesellschaft, aber auch auf einem Ausschluß (§ 140) beruhen. Der Gesellschafter ist auch dann ausgetreten, wenn er als Kreditgeber (Stehenlassen der Abfindungssumme!) oder als stiller Gesellschafter mit dem Unternehmen verbunden bleibt.

b) Gleichgestellt ist die **Anteilsveräußerung unter Lebenden** (zu ihren Voraussetzungen **44** vgl. § 105 Anm. 185 ff.). Sie ist vom Austritt und Eintritt zu unterscheiden (vgl. § 173 Anm. 4, § 143 Anm. 7, § 130 Anm. 12), obwohl sie herkömmlich als Austritt und Eintritt mit zusätzlicher Nachfolgeklausel eingetragen wurde (vgl. dazu § 143 Anm. 7). Haftungsrechtlich wird aber der Anteilserwerber als eintretender Gesellschafter behandelt (vgl. § 130 Anm. 10, § 173 Anm. 7). Der Anteilsveräußerer wird seinerseits wie ein ausgeschiedener Gesellschafter behandelt, denn auch für ihn gilt, daß er sich von der die Haftung begründenden Beteiligung gelöst hat (im Ergebnis wie hier Fischer in Großkomm Anm. 49).

45 c) Auch die **Umwandlung der (Komplementär-)Beteiligung in eine Kommanditistenbeteiligung** wird wie ein Austritt behandelt (darüber, daß sie herkömmlich sogar als Austritt eingetragen wurde, vgl. § 143 Anm. 9): Der bisherige oHG-Gesellschafter bzw. Komplementär und nunmehrige Kommanditist haftet ebenso wie der ausgeschiedene Gesellschafter unbeschränkt nur noch für Altverbindlichkeiten (BGHZ 78, 114, 116 = NJW 1981, 175; BGH NJW 1983, 2256, 2258; Heymann-Emmerich Anm. 35; eingehend Saßenrath S. 75 ff.; Hunke S. 20). Zu der Frage, ob und wann ihm bei Dauerschuldverhältnissen eine Enthaftung zugute kommt, vgl. § 159 Anm. 34 ff.

46 d) Die **Umwandlung der Gesellschaft** in eine Rechtsform ohne unbeschränkte Gesellschafterhaftung wird dem Ausscheiden des Gesellschafters haftungsrechtlich gleichgestellt (vgl. §§ 45, 49 Abs. 4 UmwG).

47 e) Gleichzustellen ist auch die **Eröffnung des Gesellschaftskonkurses** (Anm. 70), **nicht** dagegen die **Auflösung der Gesellschaft** (eingehend Karsten Schmidt ZHR 152 [1988], 105 ff.). Die Auflösung der Gesellschaft läßt deren Haftungsstatus grundsätzlich unverändert (Karsten Schmidt ZHR 153 [1989], 292); es wird also für Altverbindlichkeiten und für Neuverbindlichkeiten gehaftet (§ 156 Anm. 18). Erst die **Vollbeendigung** der Gesellschaft (dazu vgl. § 131 Anm. 1, § 145 Anm. 3, § 155 Anm. 52 ff.) führt dazu, daß die persönlich haftenden Gesellschafter wie ausgeschiedene Gesellschafter behandelt werden können (str.; vgl. § 159).

3. Altverbindlichkeiten und Neuverbindlichkeiten

48 a) Um eine **Altverbindlichkeit** der Gesellschaft handelt es sich, wenn die Verbindlichkeit vor dem Ausscheiden des Gesellschafters begründet worden ist. Eine **Neuverbindlichkeit** liegt vor, wenn die Verbindlichkeit nach dem Ausscheiden begründet worden ist.

49 b) Hinsichtlich des **entscheidenden Zeitpunkts** kommt es darauf an, wann das Ausscheiden bzw. der gleichgestellte Rechtsakt wirksam geworden ist. Beim einvernehmlichen Ausscheiden ist dies der Zeitpunkt, in dem der letzte Gesellschafter zugestimmt hat (Fischer in Großkomm Anm. 50). Bei der Abtretung des Gesellschaftsanteils ist das ebenso, wenn die Zustimmung der anderen Gesellschafter erforderlich war. Sonst ist der Abtretungszeitpunkt maßgebend, bzw., wenn eine aufschiebend bedingte oder befristete Abtretung vorliegt, der Eintritt der gewollten Abtretungsfolgen (aber im Außenverhältnis keine Rückwirkung möglich!). Bei gerichtlicher Ausschließung nach § 140 (auch im Fall des § 142) kommt es darauf an, wann das Urteil rechtskräftig geworden ist. Sind Ausschließungsbeschluß, Ausschließungserklärung (vgl. dazu § 140 Anm. 74) oder Austrittskündigung (vgl. dazu Karsten Schmidt Gesellschaftsrecht § 50 III 3) zulässig, kommt es auf den Zeitpunkt des Wirksamwerdens des Beschlusses bzw. der Willenserklärung (Zugang!) an (Fischer in Großkomm Anm. 50). Die Handelsregistereintragung ist, soweit sie nur deklaratorisch erfolgt, nicht maßgebend. Anders verhält es sich, wenn die Handelsregistereintragung, wie im Fall der übertragenden Umwandlung der Gesellschaft auf eine AG oder GmbH, konstitutive Wirkung hat. Hiervon wiederum zu unterscheiden ist die Vertrauenshaftung für Neuverbindlichkeiten aufgrund von § 15 Abs. 1 (dazu § 143 Anm. 21).

c) **Die Begründung der Verbindlichkeit** ist weder mit dem Entstehen noch mit dem Fälligwerden der Verbindlichkeit zu verwechseln. Es kommt darauf an, wann die Rechtsgrundlage gelegt worden ist (RGZ 140, 10, 14; BGHZ 55, 267, 269 = NJW 1971, 1268; Baumbach-Duden-Hopt Anm. 5 C; a. A. RGZ 65, 26, 28; Honsell-Harrer ZIP 1986, 344 ff.). 50

aa) **Rechtsgeschäftliche Verbindlichkeiten** sind vor dem Ausscheiden des Gesellschafters begründet, wenn der Vertrag vor dem Ausscheiden abgeschlossen wurde und sich daraus ohne Hinzutreten weiterer Abreden zwischen Gläubiger und oHG die Verpflichtung der oHG ergeben hat (vgl. RGZ 86, 60, 61; RGZ 125, 417, 418; BGHZ 36, 224, 225 = NJW 1962, 536; BGHZ 48, 203, 204 f. = NJW 1967, 2203; BGHZ 70, 132, 135 = NJW 1978, 636; BGH NJW 1983, 2256, 2258; Heymann-Kötter 21. Aufl. Anm. 1; Hunke S. 37; Budde NJW 1979, 1638; Würdinger, Gesellschaften Bd. I, 1937, S. 130, läßt es genügen, wenn eine zum Vertragsschluß führende Willenserklärung bereits bindend abgegeben wurde; ebenso Hunke S. 40 für bindendes Vertragsangebot der Gesellschaft; ebenso wohl BGHZ 73, 217, 220 für § 176; dagegen Fischer in Großkomm Anm. 51). Das gilt auch **bei Dauerschuldverhältnissen**, so daß jede aus einem vor dem Austritt abgeschlossenen Dauerschuldvertrag resultierende Einzelverbindlichkeit eine Altverbindlichkeit ist und den Gesellschafter trifft (vgl. nur BAG AP Nr. 1 zu § 128 = NJW 1978, 391; AP Nr. 4 zu § 128 m. Anm. Reuter = NJW 1983, 2283; BGHZ 70, 132, 135 = NJW 1978, 636; BGHZ 87, 286 = NJW 1983, 2254; BGH NJW 1983, 2940 und 2943; ganz h. L.; anders Honsell-Harrer ZIP 1986, 344 ff.; hiermit sympathisierend Heymann-Emmerich Anm. 39). Ob der Anspruch beim Ausscheiden des Gesellschafters schon fällig war, spielt keine Rolle (BGHZ 36, 224, 225 = NJW 1962, 536; Düringer-Hachenburg-Flechtheim Anm. 17; Fischer in Großkomm Anm. 51; Alfred Hueck oHG § 29 II 4). So handelt es sich etwa bei der Kaufpreisschuld um eine Altverbindlichkeit, wenn der **Kaufvertrag** vor dem Ausscheiden des Gesellschafters **abgeschlossen** wurde (Heymann-Emmerich Anm. 40); es kommt nicht darauf an, ob der Gläubiger schon geliefert hatte (so im Fall RG JW 1913, 324) oder nicht (so im Fall RG LZ 1912, 548). Gleichgültig ist auch, ob es sich um einen längerfristigen Liefervertrag handelt (RG LZ 1912, 548, 549). Ist vor dem Ausscheiden ein **Werkvertrag** geschlossen worden, ist eine daraus folgende Zahlungspflicht der oHG auch dann Altverbindlichkeit, wenn der Gläubiger das Werk erst nachher erstellt (BGHZ 55, 267, 269 f. = NJW 1971, 1268; Baumbach-Duden-Hopt Anm. 5 C; Heymann-Emmerich Anm. 40). Ist der **Mietvertrag** vor dem Ausscheiden abgeschlossen worden, sind alle Mietzinsforderungen Altverbindlichkeiten (RGZ 86, 60, 61; 140, 10, 12; BGHZ 36, 224, 228 = NJW 1962, 536). Nach dem Ausscheiden eines Gesellschafters fällig werdende bzw. entstehende Leasingraten sind Altverbindlichkeiten, wenn der **Leasingvertrag** davor abgeschlossen wurde (BGH NJW 1985, 1899). Auch bei einem **Arbeitsvertrag** kommt es auf den Zeitpunkt des Vertragsschlusses an. Vergütungsansprüche eines vor Ausscheiden des Gesellschafters eingestellten Arbeitnehmers und Ansprüche auf Ruhegelder, die vor dem Ausscheiden zugesagt waren, sind ebenfalls Altverbindlichkeiten (BAG NJW 1978, 391; 1983, 2283; vgl. auch Budde S. 56 ff.; Hunke S. 49 ff.; ganz h. M.; anders Honsell-Harrer ZIP 1986, 344 ff.). Dasselbe gilt für alle Fälle der vor dem Ausscheiden zugesagten **betrieblichen Altersversorgung** (BGHZ 51

87, 286 = NJW 1983, 2254; BGH NJW 1983, 2256; 1983, 2940; 1983, 2943; std. Rspr.; a.M. Honsell-Harrer ZIP 1986, 346). Bei Verbindlichkeiten aus **Energie- und Wasserlieferungsverträgen**, die vor dem Ausscheiden des Gesellschafters abgeschlossen waren, handelt es sich um Altverbindlichkeiten (BGHZ 70, 132, 135 = NJW 1978, 636 [nur für Verträge mit Sonderabnehmern]; Budde S. 52; Hunke S. 47 ff.). Beim **Darlehn** kommt es auf den Vertragsschluß an, nicht auf die Valutierung (auch die heute weitgehend abgelehnte Realvertragstheorie zu § 607 BGB konnte hieran nichts ändern). Ist ein vor dem Ausscheiden vereinbartes Darlehn nach dem Ausscheiden valutiert worden, ist die Rückzahlungsverpflichtung eine Altverbindlichkeit (Düringer-Hachenburg-Flechtheim Anm. 17; Alfred Hueck oHG § 29 II 4; Heymann-Kötter, HGB, 21. Aufl. 1971, Anm. I; a.A. Gamp-Werner ZHR 147 [1983], 1 ff.; Baumbach-Duden-Hopt Anm. 5 B; Hunke S. 46). Es muß sich indes bei der Kreditzusage bereits um eine bindende Verpflichtung gehandelt haben (Heymann-Emmerich Anm. 43). Aus einem **Kontokorrentkredit** (Kreditlinie) resultierende Verbindlichkeiten sind Altverbindlichkeiten, auch insoweit sie sich aus einer Valutierung erst nach dem Ausscheiden des Gesellschafters ergeben (vgl. Karsten Schmidt Handelsrecht § 20 V 2 c; so lag es im Fall BGHZ 50, 277 = NJW 1968, 2100; a.A. RGZ 4, 81, 84).

52 bb) Nicht nur die Primärschuld, auch **Folgeansprüche aus einem vor dem Ausscheiden abgeschlossenen Vertrag** sind Altverbindlichkeiten, auch wenn die einen Folgeanspruch begründenden Tatbestandsvoraussetzungen erst nachträglich eintreten (RGZ 125, 417; RGZ 140, 10; BGHZ 36, 224 = NJW 1962, 536; BGHZ 48, 203 = NJW 1967, 2203; Alfred Hueck oHG § 29 II 4; Geßler 4. Aufl. Anm. 31; Würdinger, Gesellschaften I, 1937, S. 130; Baumbach-Duden-Hopt Anm. 5 C; Hunke S. 56 ff.; a.M. RGZ 65, 26, 28 f.). Das gilt vor allem für Ansprüche auf **Schadensersatz wegen Nichterfüllung** (vgl. für Kaufvertrag BGHZ 48, 203 = NJW 1967, 2203; für Mietvertrag RGZ 140, 10; BGHZ 36, 224, 228 = NJW 1962, 536; für unregelmäßige Verwahrung RGZ 125, 417; für Girosammeldepot BGHZ 36, 224 = NJW 1962, 536; allgemein Baumbach-Duden-Hopt Anm. 5 C; Heymann-Emmerich Anm. 42; Alfred Hueck oHG § 29 II 4; Karsten Schmidt Gesellschaftsrecht § 51 I 2; a.M. Staub-Pinner 14. Aufl. Anm. 18; für § 326 BGB RGZ 65, 26, 28 f.; für eigentliche Verwahrung und Sammeldepotvertrag Düringer-Hachenburg-Flechtheim Anm. 17). Dasselbe gilt auch für **Schlechterfüllungsschäden** aus Altverträgen, die nach dem Ausscheiden eintreten (Alfred Hueck oHG § 29 II 4). Eine **Vertragsstrafe**, die vor dem Ausscheiden versprochen, aber nach dem Ausscheiden verwirkt wurde, ist eine Altverbindlichkeit. Dasselbe gilt schließlich für **Rückgewährschuldverhältnisse** bei Rücktritt und Wandlung. Auch ein Aufwendungsersatzanspruch, der aus dem Altvertrag resultiert, begründet eine Altverbindlichkeit der Gesellschaft (vgl. BGH NJW 1986, 1690 = ZIP 1986, 226 = WM 1986, 288 = JuS 1986, 813 m. Anm. Karsten Schmidt).

53 cc) **Vertragsänderungen**, die nach dem Ausscheiden vereinbart wurden, beseitigen nicht notwendig den Charakter des Altvertrages und lassen die daraus resultierenden Verbindlichkeiten der Gesellschaft nicht notwendig als Neuverbindlichkeiten erscheinen (vgl. von Stebut ZGR 1981, 218 f.). Um Neuverbindlichkeiten handelt es sich aber, soweit die Gesellschaftsschuld nach Inhalt oder Umfang erweitert wird. So insbesonre bei der Verlängerung eines Mietvertrags (RGZ 86, 60, 62f.; 125, 417, 418; Düringer-Hachenburg-Flechtheim Anm. 17; Fischer in Großkomm Anm. 52; Heymann-Emmerich Anm. 45; Budde S. 78). Jedoch sollte zwischen solchen Verlängerungsklauseln, deren Eingreifen einem Neuabschluß gleichsteht, und anderen, die dem Gläubiger ein Recht auf dauernde Bindung geben, differenziert werden (vgl. Hunke S. 41ff.). Ebenso etwa bei der vertragsmäßigen Anhebung von Kreditzinsen. Ein **Vergleichsvertrag** der Gesellschaft mit dem Gläubiger wirkt zugunsten des ausgeschiedenen Gesellschafters (vgl. § 129 Abs. 1), aber nicht zu seinen Lasten (§ 129 Anm. 14). Die bloße **Stundung** von Altschulden macht diese nicht zu Neuverbindlichkeiten. Verbindlichkeiten aus nach dem Ausscheiden prolongierten Wechseln sind nach h.M. Neuverbindlichkeiten (RG JW 1902, 445; RGZ 125, 417, 418; Baumbach-Duden-Hopt Anm. 5 D; Düringer-Hachenburg-Flechtheim Anm. 17; Fischer in Großkomm Anm. 52; Heymann-Emmerich Anm. 45). Diese h.M. ist problematisch. Zwar kann nach ihr der ausgeschiedene Gesellschafter ggf. noch aus dem Grundverhältnis in Anspruch genommen werden, aber auch dann ist eine Sonderbehandlung der Prolongation zu bezweifeln. Nur die aus einer solchen Abrede resultierenden Verschlechterungen und Verschärfungen der Haftungssituation (auch hinsichtlich der Beweislast) gehen den ausgeschiedenen Gesellschafter nichts an. Im übrigen sollte die Prolongation als das behandelt werden, was sie wirtschaftlich ist: als Stundung einer Altverbindlichkeit. Das gilt selbst dann, wenn durch die nachträgliche Vereinbarung im Rechtssinne eine **neue Schuld** der Gesellschaft begründet wird, z.B. durch ein Schuldanerkenntnis nach § 781 BGB (der Gesellschafter ist also auch dann nicht befreit, wenn die Ausgangsverbindlichkeit durch Novation erlischt). Nur die Beweislastumkehr und ein Einwendungsverzicht der Gesellschaft kann dann dem Ausgeschiedenen nicht entgegengehalten werden.

dd) Bei **Dauerschuldverhältnissen** vertritt BGHZ 70, 132 = NJW 1978, 636 den Standpunkt, daß sich die Haftung auf den Zeitraum bis zu dem ersten auf das Ausscheiden folgenden Kündigungstermin beschränkt (bestätigend BGHZ 87, 286, 291f. = NJW 1983, 2254). Diese Lösung basiert auf Überlegungen von Alfred Hueck (oHG § 29 II 4). Sie ist auf erhebliche Kritik gestoßen (BAG AP Nr. 1 zu § 128 = NJW 1978, 391; Heymann-Emmerich Anm. 49; Reichold S. 93ff.; Binz GmbHR 1978, 146; Budde NJW 1979, 1638; Ulmer-Wiesner ZHR 144 [1980], 404f.; Wiesner ZIP 1983, 1033f.; von Stebut ZGR 1981, 188ff.; Wexel BB 1981, 1401, 1403f.). In der Entscheidung BGH NJW 1985, 1899 = GmbHR 1985, 147 m. Anm. Hohlfeld = JuS 1985, 733 m. Anm. Karsten Schmidt hat der BGH betont, ein außerordentliches Kündigungsrecht des Vertragsgegners rechtfertige nicht die Begrenzung der Haftung. Diese Rechtsprechung beruht insgesamt auf einem fehlerhaften Ansatz (vgl. Karsten Schmidt Gesellschaftsrecht § 51 II 2c): Daraus, daß der Vertragsgegner kündigen kann, kann sich die Haftungsbegrenzung nicht ergeben. Das Kündigungsrecht des Vertragspartners kann dessen Gläubigerposition nicht schwächen und sein Vertrauen in die Fortdauer der Haftung nicht in Frage stellen. Allenfalls kann umgekehrt ein Kündigungsrecht der Gesellschaft die Begrenzung rechtfertigen, wenn sich der Vertragsgegner auf den unveränderten Fortbestand des Dauerschuldverhältnisses nicht verlassen kann (s. jetzt auch Heymann-Emmerich Anm. 49). Das kann insbesondere bei solchen Verträgen gelten, die befristet sind und sich bei Nicht-Kündigung automatisch fortsetzen.

55 ee) Eine **laufende Geschäftsverbindung** (vgl. zu diesem Rechtsbegriff Karsten Schmidt Handelsrecht § 19) genügt nicht, um alle daraus resultierenden Vertragsansprüche als Altverbindlichkeiten zusammenzufassen. Lag beim Ausscheiden schon ein **Vorvertrag** oder **Rahmenvertrag** vor (näher dazu Karsten Schmidt Handelsrecht § 19 I 2), so wird man unterscheiden müssen: Soweit der Vertragsgegner der Gesellschaft in der Abschlußentscheidung noch frei war, sind die Verbindlichkeiten aus den Einzelgeschäften Neuverbindlichkeiten; soweit der Vertragsgegner gebunden war, sind es Altverbindlichkeiten. War die Gesellschaft schon gebunden, so wird man die nach dem Ausscheiden eines Gesellschafters durch den Hauptvertrag begründete Verbindlichkeit generell als Altverbindlichkeit ansehen können (zw.).

56 ff) Umstritten ist die **Behandlung der laufenden Rechnung (Kontokorrent).** Hier sollen nach h.M. Sonderregeln gelten. Die Höhe des Tagessaldos am Tage des Ausscheidens des Gesellschafters bestimmt nach diesen Sonderregeln den Betrag, in dessen Höhe er allenfalls für alle in das Kontokorrent schon eingestellte und noch einzustellende Forderungen hafte, und spätere niedrigere Schlußsalden verringerten die Haftung auf den Betrag des jeweils niedrigeren Schlußsaldos (RGZ 76, 330, 334; BGHZ 50, 277, 278 = NJW 1968, 2100; BGH WM 1972, 283; DB 1973, 2439; OLG Bamberg LZ 1920, 666; Baumbach-Duden-Hopt Anm. 5 E; Fischer in Großkomm Anm. 55; Hunke S. 47). Nach BGHZ 50, 277 = NJW 1968, 2100 wird die Haftung des ausgeschiedenen Gesellschafters demnach doppelt begrenzt: gesellschaftsrechtlich durch den Saldo am Stichtag des Ausscheidens und kontokorrentrechtlich durch den ersten auf diesen Stichtag folgenden Schlußsaldo.

57 Stellungnahme: Richtigerweise besteht keine Veranlassung, von den gesellschaftsrechtlichen Grundsätzen abzuweichen. Die Habenposten tilgen erst am Ende der Rechnungsperiode, in der der Gesellschafter ausscheidet, die ihn belastenden Verbindlichkeiten nach den Regeln der §§ 366f., 396 BGB. Seine Haftung kann durchaus höher sein als der Schuldsaldo am Tag des Ausscheidens; sie kann aber auch niedriger sein als der Saldo am Ende der Rechnungsperiode, weil darin Neuverbindlichkeiten enthalten sein können, die den ausgeschiedenen Gesellschafter nichts angehen (z.B. weil die Gesellschaft zu Lasten des Girokontos einen neuen Kredit aufgenommen hat). Vgl. zu diesen Streitfragen Canaris in Großkomm § 356 Anm. 19; Karsten Schmidt Gesellschaftsrecht § 51 I 2; ders. Handelsrecht § 20 V 2 b, c. Im Fall BGHZ 50, 277 = NJW 1968, 2100 ging die kontokorrentrechtliche Lösung nur deshalb auf, weil es sich nicht bloß um ein Kontokorrentverhältnis (Girokonto), sondern um einen Kontokorrentkredit handelte, innerhalb dessen der ausgeschiedene Gesellschafter bis zum nächsten Kündigungstermin für alle Kreditposten zu haften hatte (Karsten Schmidt Handelsrecht § 20 V 2 c).

58 gg) Bei **gesetzlichen Schuldverhältnissen** handelt es sich um Altverbindlichkeiten, wenn das entscheidende Tatbestandsmerkmal bereits vor dem Ausscheiden des Gesellschafters erfüllt war. So kommt es etwa bei der Geschäftsführung ohne Auftrag auf die Übernahme der Geschäftsführung an, so daß jemand, der vor Ausscheiden eines Gesellschafters eine Sicherungsgrundschuld zur Sicherung von Bankverbindlichkeiten der oHG bestellt hat und die Grundschuld nach dem Ausscheiden des Gesellschafters durch Zahlung ablöst, seinen Anspruch aus §§ 670, 677, 683 BGB als Altverbindlichkeit auch gegen den Ausgeschiedenen geltend machen kann (BGH NJW 1986, 1690 = ZIP 1986, 226 = WM 1986, 288 = JuS 1986, 813 m. Anm. Karsten Schmidt). Bei deliktischen Verbindlichkeiten wird man als maßgebendes Tatbestandsmerkmal die Verletzungshandlung anzusehen haben, wann Rechtsgutverletzung und Schaden eintreten, kann für die Frage, ob eine Neu- oder Altverbindlichkeit vorliegt, nicht entscheidend sein. Schwierig zu beurteilen sind Ansprüche aus ungerechtfertigter Bereicherung. In Fällen der Nicht-Leistungskondiktion wird man die Abgrenzung ähnlich vorzunehmen haben wie bei Deliktsansprüchen. Soweit es sich um eine Leistungskondiktion handelt, spricht die Interessenlage dafür, daß auch eine nach dem Ausscheiden vollzogene rechtsgrundlose Leistung dann eine Altverbindlichkeit auslösen kann, wenn der vermeintliche Rechtsgrund (z.B. der später angefochtene oder als nichtig erkannte Vertrag) schon im Zeitpunkt des Ausscheidens bestand. Dem entspricht die Behandlung von Subventionsrückzahlungsansprüchen durch das OVG Koblenz NJW 1986, 2129 = JuS 1987, 68 m. Anm. Karsten Schmidt (betr. § 49 Abs. 2 UmwG): Nach dieser Entscheidung ist der Anspruch auf Rückzahlung einer vor dem Ausscheiden (im OVG-Fall: vor der Umwandlung) bewilligten Subvention auch dann eine Altverbindlichkeit, wenn die Subvention erst nach dem Ausscheiden (der Umwandlung) an die Gesellschaft ausgezahlt und danach zweckwidrig verwendet wurde.

4. Die Haftung und Enthaftung bei Altverbindlichkeiten

a) Soweit es sich nach Anm. 47–56 um eine **Altverbindlichkeit** handelt, **haftet** der Gesellschafter **weiterhin unbeschränkt** gegenüber den Gläubigern. Wegen des Freistellungs- bzw. Regreßanspruchs des Gesellschafters im Innenverhältnis ist auf Anm. 61 ff. zu verweisen. Wegen der Einwendungen des ausgeschiedenen Gesellschafters vgl. § 129 Anm. 14f. Für **Neuverbindlichkeiten** haftet der ausgeschiedene Gesellschafter im Grundsatz nicht (Ausnahme: Vertrauensschutz, insbesondere nach § 15 Abs. 1, oder rechtsgeschäftliche Haftungsübernahme).

b) Im **Außenverhältnis** tritt nach § 159 nach Ablauf von fünf Jahren eine **Sonderverjährung** zugunsten des ausgeschiedenen oder einem ausgeschiedenen gleichgestellten Gesellschafters ein. Hierzu und zur **Enthaftung** des Gesellschafters bei Dauerschuldverhältnissen vgl. Erl. § 159.

5. Freistellungs- und Regreßansprüche des ausgeschiedenen Gesellschafters

a) Nach §§ 105 Abs. 2 HGB, 738 Abs. 1 Satz 2 BGB kann der ausgeschiedene Gesellschafter im Innenverhältnis **Befreiung von den Altverbindlichkeiten** verlangen. Der Anspruch richtet sich nicht, wie dies nach dem Gesetzeswortlaut scheint, gegen die Mitgesellschafter, sondern gegen die Gesellschaft (Hadding in Festschrift Stimpel S. 154; Kubis S. 27; für die Gesellschaft bürgerlichen Rechts vgl. Ulmer Gesellschaft bürgerlichen Rechts § 738 Anm. 52, 11 f.; Soergel-Hadding § 738 Anm. 6). Der Anspruch stützt sich nach dem Ausscheiden nicht mehr auf § 110, sondern auf § 738 Abs. 1 Satz 2 BGB. Soweit der Gesellschafter nicht wirklich ausgeschieden, sondern, z.B. als Kommanditist, noch Mitglied der Gesellschaft ist, steht ihm dieser auf § 738 Abs. 1 Satz 2 BGB gestützte Anspruch nicht zu (Mayer-Maly, in Festschrift Westermann, 1974, S. 379f.; Saßenrath S. 52f.), aber der Gesellschafter hat nach wie vor den ihm während der Dauer seiner Mitgliedschaft zustehenden Freistellungsanspruch gegen die Gesellschaft (dazu Anm. 35).

62 b) **Nach Zahlung** des ausgeschiedenen Gesellschafters an den Gläubiger gesteht ihm die h.M. keinen Regreßanspruch nach § 110 mehr zu (BGHZ 39, 319, 323 ff. = NJW 1963, 1873; Fischer in Großkomm Anm. 60; Baumbach-Duden-Hopt Anm. 5 A; Heymann-Emmerich § 110 Anm. 16, a.M. Hadding in Festschrift Stimpel S. 155 f.; Kubis S. 32 ff., 126). Das gesellschaftsrechtliche Innenverhältnis, auf das sich der Anspruch nach § 110 stützt, ist beendet. Im Ergebnis ist dies für den Ausgeschiedenen unschädlich. Der **Regreßanspruch gegen die Gesellschaft** ergibt sich als Fortsetzung des Anspruchs aus §§ 105 Abs. 2 HGB, 738 Abs. 1 Satz 2 BGB (vgl. Karsten Schmidt Gesellschaftsrecht § 51 III 2 b; Kornblum S. 192; Flume in Festschrift Knur S. 142; insoweit auch Kubis S. 28 f.; für die Gesellschaft bürgerlichen Rechts Hadding-Häuser WM 1988, 1589; unentschieden hinsichtlich der Anspruchsgrundlage Schumann JZ 1958, 428). Daneben tritt ein Übergang des Anspruchs vom befriedigten Gläubiger auf den ausgeschiedenen Gesellschafter, der sich in Analogie zu § 774 BGB entwickeln läßt (vgl. Anm. 31; Karsten Schmidt Gesellschaftsrecht § 51 III 2; Kubis S. 125 ff.). Die h.M. stützt diesen Regreß auf § 426 Abs. 1 und 2 BGB (BGHZ 39, 319, 325 = NJW 1963, 1873; Baumbach-Duden-Hopt Anm. 5 A; Fischer in Großkomm Anm. 60; Heymann-Emmerich Anm. 54; ablehnend Hadding in Festschrift Stimpel S. 151 f.; zu § 426 Abs. 1 BGB krit. auch Flume in Festschrift Knur S. 142, wonach § 426 Abs. 1 BGB überhaupt keine Anspruchsgrundlage hergeben kann). Aber die Gesamtschuldregeln passen nicht auf die akzessorische Haftung (Anm. 19), und hieran ändert sich durch das Ausscheiden nichts. Es ändert sich aber auch nichts an der bei Anm. 31 dargestellten Analogie zu § 774 BGB. Das Ergebnis ist dasselbe: In dem Umfang, in dem der Gesellschafter vor der Zahlung Befreiung hätte verlangen können (§ 738 Abs. 1 Satz 2 BGB), kann er aus eigenem Recht und aus dem vom Gläubiger auf ihn übergegangenen Anspruch Regreß bei der Gesellschaft nehmen. Soweit der Gesellschafter nicht wirklich ausgeschieden, sondern z.B. als Kommanditist in der Gesellschaft geblieben ist, bleibt es bei dem Regreßverhältnis nach Anm. 31 ff.

63 c) Der **Regreß gegenüber den Gesellschaftern** ist hiervon zu unterscheiden. Die verbliebenen persönlich haftenden Gesellschafter haften nach wohl h.M. auch dem ausgeschiedenen Gesellschafter nicht gemäß § 128 als Gesamtschuldner für dessen Regreßanspruch gegen die Gesellschaft (Hadding in Festschrift Stimpel S. 159; aber zweifelhaft; a.M. Fischer in Großkomm Anm. 60). Auch eine Regreßnahme nach § 670 BGB scheint schwerlich begründbar, da der ausgeschiedene Gesellschafter auf eigene Schuld zahlt (vgl. aber Heymann-Emmerich § 110 Anm. 16). Aber soweit die Gesellschaft den Ausgeschiedenen von der Haftung freizustellen hat (vgl. § 738 Abs. 1 Satz 2 BGB), kann der ausgeschiedene Gesellschafter innerhalb des unter den persönlich haftenden Gesellschaftern bestehenden Gesamtschuldverhältnisses Regreß nehmen (vgl. Karsten Schmidt Gesellschaftsrecht § 51 III 2 b). Zwar richtet sich der Anspruch aus § 738 Abs. 1 Satz 2 BGB unmittelbar nur gegen die Gesellschaft, aber damit steht zugleich fest, daß der ausgeschiedene Gesellschafter auch als Gesamtschuldner freizustellen ist. Die verbliebenen Gesellschafter haften ihm dann nach h.M. als Gesamtschuldner (so im Ergebnis auch Fischer in Großkomm Anm. 60; Flume in Festschrift Knur S. 143;

Hadding in Festschrift Stimpel S. 161; Kubis S. 130; Kornblum Haftung S. 193; für die Gesellschaft bürgerlichen Rechts Hadding-Häuser WM 1988, 1590). Diese h.M. ist alles andere als selbstverständlich, weil Gesamtschuldner untereinander im Innenregreß nur als Teilschuldner haften; aber es ist zu bedenken, daß der Ausgeschiedene vorbehaltlich § 739 BGB vollständig entlastet werden soll, so daß ihm die anderen als Haftungseinheit gegenüberstehen (vgl. Karsten Schmidt Gesellschaftsrecht § 51 III 2 b). Im übrigen ist der ausgeschiedene Gesellschafter nicht von jeder Treubindung gegenüber den ehemaligen Mitgesellschaftern frei. Er kann sie nur subsidiär in Anspruch nehmen und muß sich in erster Linie an die Gesellschaft halten.

d) Wiederum hiervon zu unterscheiden ist der **Regreß aus einem besonderen Rechtsverhältnis**, z.B. beim Anteilsverkauf der Regreß gegenüber dem Rechtsnachfolger (dazu BGH NJW 1975, 166, 167 = DB 1975, 145; vgl. auch BGH NJW 1981, 1095, 1096 = WM 1981, 139; Ulmer Gesellschaft bürgerlichen Rechts § 738 Anm. 9, 54; Soergel-Hadding § 738 Anm. 6; Kubis S. 132 ff.).

e) Abweichende Vereinbarungen sind im Innenverhältnis ohne weiteres möglich. Es kann z.B. mit einem ausgeschiedenen Gesellschafter oder mit einem Anteilsveräußerer vereinbart sein, daß bestimmte Altverbindlichkeiten ihn allein belasten sollen. Dann steht diesem Gesellschafter kein Freistellungs- oder Regreßanspruch zu, sondern es können umgekehrt die Gesellschaft und die verbleibenden Gesellschafter ihn in Regreß nehmen (Karsten Schmidt Gesellschaftsrecht § 51 III 2 c). Auch ein **Regreß unter mehreren ausgeschiedenen Gesellschaftern**, i.d.R. aufgrund § 426 BGB, ist möglich (näher Hadding in Festschrift Stimpel S. 161 ff.).

VII. Die persönliche Haftung in Konkurs und Vergleich der Gesellschaft

Schrifttum (vgl. zunächst die Angaben vor Anm. 1): *Bley-Mohrbutter,* VerglO, 4. Aufl. 1981; *Böhle-Stamschräder-Kilger,* VerglO, 10. Aufl. 1982; *Jürgen Blomeyer,* Die Haftung im Konkurs der offenen Handelsgesellschaft, BB 1968, 1461; *Gottwald* (Hrsg.), Insolvenzrechtshandbuch, 1991; *Jaeger,* KO, 8. Aufl. 1973 ff. (soweit erschienen: 9. Aufl.); *Jaeger,* Der Konkurs der offenen Handelsgesellschaft, 1897; *Kilger,* KO, 15. Aufl. 1987; *Kuhn-Uhlenbruck,* KO, 10. Aufl. 1986; *Leipold* (Hrsg.), Insolvenzrecht im Umbruch, 1991; *Mohrbutter,* Zur Einwirkung des Konkurses der oHG auf die persönliche Haftung des Gesellschafters, NJW 1968, 1125; *Klaus Müller,* Die Einwirkung des Konkurses der oHG auf die persönliche Haftung des Gesellschafters, NJW 1968, 225; 2230; *Karsten Schmidt,* Wege zum Insolvenzrecht der Unternehmen, 1991; *ders.,* Zur Haftung und Enthaftung der persönlich haftenden Gesellschafter bei Liquidation und Konkurs der Personengesellschaft, ZHR 152 (1988), 105; *Sieveking,* Die Haftung des Gemeinschuldners für Masseansprüche, 1937; *Uhlenbruck,* Die GmbH & Co. KG in Krise, Konkurs und Vergleich, 2. Aufl. 1988; *Wissmann,* Persönliche Mithaft im Konkurs, 1988; *Wochner,* Die Haftung des „aufrechtstehenden" Gesellschafters im Konkurse seiner oHG, BB 1983, 517.

1. Umfang der persönlichen Haftung

a) Allgemeiner Grundsatz ist, daß die **Eröffnung des Konkurses** über das Vermögen der Gesellschaft die **persönliche Haftung der Gesellschafter** nicht entfallen läßt (BGH NJW 1967, 2203, 2204; OLG Nürnberg KTS 1968, 188, 189; Baumbach-Duden-Hopt Anm. 9A; Fischer in Großkomm Anm. 30; Klaus Müller NJW 1968, 225 ff.; Wissmann S. 95 ff.). Die Gegenauffassung von Wochner (BB 1983, 521 f.), wonach die

Konkurseröffnung die Gesellschafter vorläufig von der Haftung befreit, ist nach geltendem Recht nicht zu halten. Die Haftung des Gesellschafters bleibt auch eine Primärhaftung (dazu Anm. 20). Der Gläubiger kann nicht etwa nur seinen Konkursausfall geltend machen. Das ändert sich erst, wenn auch der Gesellschafter in Konkurs gefallen ist (§ 212 KO und dazu Anm. 76f.). Es ist aber für die Gesellschafterhaftung im Konkurs zwischen Alt- und Neuverbindlichkeiten zu unterscheiden (Karsten Schmidt ZHR 152 [1988], 114 ff.).

2. Haftung für Altverbindlichkeiten

68 a) Für **Altverbindlichkeiten** haftet der Gesellschafter nach den bei Anm. 67 dargestellten Regeln unverändert weiter. Das Prinzip der Akzessorietät (Anm. 16) läßt ihn ebenso haften wie die Gesellschaft. Soweit der Konkursverwalter nach §§ 17 ff. KO Verträge nicht erfüllt oder Verträge kündigt, haftet auch der Gesellschafter nicht mehr auf Erfüllung, sondern ggf. wie die Gesellschaft auf Schadensersatz (vgl. OLG Frankfurt DB 1979, 2125 = WM 1979, 1274).

69 b) **Altverbindlichkeiten** sind solche, die schon im Zeitpunkt der Konkurseröffnung begründet waren. Die Abgrenzung kann zweifelhaft sein (vgl. sinngemäß Anm. 47 ff.). Altverbindlichkeiten sind zunächst alle Konkursforderungen. Für die wird also persönlich gehaftet (BGHZ 34, 293, 297 = NJW 1961, 1022; Jaeger-Weber 8. Aufl. § 212 Anm. 8; Kuhn-Uhlenbruck § 212 Rdnr. 5). Altverbindlichkeiten sind aber auch die Masseschulden aus der Erfüllung gegenseitiger Verträge nach § 59 Abs. 1 Nrn. 1 und 3 KO (SG Bremen ZIP 1980, 630). Erst recht sind Konkursforderungen, die aus der Nichterfüllung von Altverbindlichkeiten resultieren, Altverbindlichkeiten (vgl. insbesondere §§ 26 f. KO), auch wenn die Nichterfüllung auf einer Entscheidung des Konkursverwalters, etwa nach § 17 KO, beruht. Auch hier wird also nach § 128 persönlich gehaftet (BGHZ 48, 203 = NJW 1967, 2203; dazu Jaeger-Henckel § 17 Rdnr. 200; Kilger § 17 Anm. 4d; Kuhn-Uhlenbruck § 17 Rdnr. 36c).

3. Haftung für Neuverbindlichkeiten

70 Als **Neuverbindlichkeiten** im Konkurs der Gesellschaft müssen die **Massekosten** nach § 58 KO und die **Masseschulden** nach § 59 Abs. 1 Nrn. 1 und 4 KO angesehen werden (Verbindlichkeiten aus Geschäften oder Handlungen des Konkursverwalters oder aus ungerechtfertigter Bereicherung der Masse). Ob die Gesellschafter hierfür unbeschränkt haften, wird bisher kaum erörtert. Die Frage spielt vor allem dann eine Rolle, wenn die Gesellschafter konkursfrei bleiben, aber auch dann, wenn sowohl über das Gesellschaftsvermögen als auch über das Vermögen der unbeschränkt haftenden Gesellschafter Konkursverfahren eröffnet werden. Auch in diesem Fall ist es nämlich von Interesse, ob Neuverbindlichkeiten ausschließlich aus der Konkursmasse der Gesellschaft oder auch aus den privaten Konkursmassen der Gesellschafter zu begleichen sind. Die persönliche Haftung für Neuverbindlichkeiten, die der Konkursverwalter der Gesellschaft eingegangen ist, ist zu verneinen (vgl. Sieveking S. 38; Karsten Schmidt ZHR 152 [1988], 114 ff.). Durch die Eröffnung des Konkurses mit den an die Einsetzung des Konkursverwalters geknüpften Folgen (Fremdverwaltung, Einflußlosigkeit der Gesellschafter, Verwaltung im Gläubigerinteresse) ist die Legitimation der persönlichen Haftung entfallen (teleologische Reduktion des § 128). Die Gesellschafter sind wie ausgeschiedene Gesellschafter zu behandeln. Insbesondere die von einem Konkursverwalter nach **§ 59 Abs. 1 Nr. 1 KO** begründeten Masseschulden treffen damit nur die Masse (Karsten Schmidt ZHR 152 [1988], 114f.; ebenso die von einem Prokuristen begründeten Masseschulden; dazu ders. BB 1989, 234). Endet das Konkursverfahren auf andere Weise als durch Vermögensverteilung oder durch Einstellung mangels Masse, so lebt die persönliche Haftung analog § 130 wieder auf (Karsten Schmidt ZHR 152 [1988], 116f.). Zweifelhaft ist die Einordnung der **Massekosten nach § 58 Nrn. 1 und 2 KO**. Obwohl diese Kosten auf der bei Verfahrenseröffnung schon vorliegenden Insolvenz der Gesellschaft beruhen, sind sie doch verfahrensimmanent und sollen nur die Konkursmasse der oHG betreffen. Reicht das Gesellschaftsvermögen zur Begleichung dieser Massekosten nicht aus, so ist der Konkursantrag abzulehnen (§ 107 KO) bzw. das Konkursverfahren über das Gesellschaftsvermögen einzustellen (§ 204 KO).

4. Vergleich und Zwangsvergleich

Ein gerichtlicher Vergleich oder ein Zwangsvergleich über das Gesellschaftsvermögen kann nur auf **Vorschlag aller persönlich haftenden Gesellschafter** zustandekommen (§ 109 Abs. 1 Nr. 1 VerglO mit Sonderregeln für den Fall der Verhinderung eines Gesellschafters, § 211 Abs. 1 KO). Der Vergleich **begrenzt** zugleich auch **die persönliche Haftung** nach § 128 (§ 109 Abs. 1 Nr. 3 VerglO, § 211 Abs. 2 KO). Das ist einer der Gründe, weshalb auch von persönlich haftenden Gesellschaftern so häufig Bürgschaften verlangt werden (vgl. Anm. 79). Die (Zwangs-)Vergleichswirkung greift nicht nur gegenüber dem Gesellschaftsgläubiger ein, sondern grundsätzlich auch gegenüber einem regreßnehmenden Sicherungsgeber; hat ein Gesellschafter dem Gesellschaftsgläubiger Personalsicherheit (z.B. Bürgschaft) oder Realsicherheit (z.B. Grundschuld oder Sicherungseigentum) gewährt und haftet er aus diesem Grund über die (Zwangs-)Vergleichssumme hinaus, so kann er bei den Mitgesellschaftern in diesem zusätzlichen Umfang jedenfalls dann nicht Regreß nehmen, wenn die Sicherheit ohne ihr Einverständnis gewährt wurde (BGH NJW 1987, 1893 = BB 1987, 918 = JR 1987, 373 m.Anm. Karsten Schmidt). Dem ausgeschiedenen Gesellschafter kommt die haftungsbegrenzende Wirkung von Vergleich und Zwangsvergleich nach der herrschenden, aber bestrittenen Auffassung nicht zugute (§§ 171, 172 Anm. 120; RGZ 29, 38, 39f.; 56, 362, 366; 142, 206, 208; BGH BB 1970, 941 = NJW 1970, 1921 = WM 1970, 967; Fischer in Großkomm Anm. 34; Heymann-Emmerich Anm. 29; Bley-Mohrbutter VerglO § 82 Anm. 20b; Böhle-Stamschräder-Kilger VerglO § 109 Anm. 5; Jaeger-Weber KO § 211 Anm. 5; Kilger KO § 211 Anm. 2; Kuhn-Uhlenbruck KO § 211 Anm. 7; Wissmann S. 140ff.; Kühne ZHR 133 [1970], 175; Hadding ZGR 1973, 157; Reinicke in Festschrift Westermann, 1974, S. 495; J. Blomeyer BB 1968, 1462 Fn. 16; Graf Lambsdorff MDR 1973, 362f.; Wissmann S. 141ff.). Diese h.M. beruht auf der Grundvorstellung, daß die (Zwangs-)Vergleichswirkung nur denen zugute kommen soll, die noch am Schicksal des Unternehmens und an seiner Finanzierung teilhaben. Bedenkt man, daß die Rechtsgrundsätze über die Haftung ausgeschiedener Gesellschafter heute vor allem auf Umwandlungsfälle angewendet werden (Anm. 44f.), so zeigt sich, daß die h.M. der Überprüfung bedarf. Denn die Prämisse der h.M., wonach eine

Enthaftung des ausgeschiedenen Gesellschafters der Unternehmenssanierung nicht dient, ist nicht nur in ihrem Gerechtigkeitswert zu bezweifeln, sondern sie paßt auch nur auf die Fälle des echten Ausscheidens. Der für das Ausscheiden entscheidende Zeitpunkt wird uneinheitlich beurteilt. Man wird auf das Wirksamwerden der Vergleichsbestätigung abstellen müssen (vgl. Fischer in Großkomm Anm. 34 mit Nachweisen zur Gegenansicht). Zur Frage, ob der Vergleich oder Zwangsvergleich auch zugunsten von Kommanditisten wirkt, vgl. §§ 171, 172 Anm. 120 (nachzutragen ist die übereinstimmende Stellungnahme von Uhlenbruck S. 752; anders jedoch Kuhn-Uhlenbruck § 211 Anm. 8; Wissmann S. 146 ff.).

5. Der Regreß des Gesellschafters im Konkurs

72 a) Bei **Befriedigung eines Gesellschaftsgläubigers vor Konkurseröffnung** nimmt die h. M. an, daß der Gesellschafter den sich aus § 110 ergebenden Regreßanspruch (Anm. 31) als Konkursforderung geltend machen kann (Jaeger-Weber, §§ 209, 210 Anm. 26; Kuhn-Uhlenbruck § 209 Anm. 62; Kilger § 209 Anm. 7; Timm-Körber in Insolvenzrechtshandbuch § 20 Anm. 25; Alfred Hueck oHG § 26 V; Karsten Schmidt Einlage und Haftung S. 144 ff.; Fischer in Großkomm Anm. 39 u. § 110 Anm. 19; Ulmer in Großkomm § 131 Anm. 62; Mohrbutter NJW 1968, 1126; J. Blomeyer BB 1968, 1462 ff.; Wissmann S. 100 ff.). Die Gegenansicht (Klaus Müller NJW 1968, 225 ff.; 2230 f.) sieht in der Teilnahme des Gesellschafters am Konkurs eine Benachteiligung der Gesellschaftsgläubiger, da diese die Konkursquote verringern. Dem ist nicht zu folgen, denn ohne die Befriedigung des Gesellschaftsgläubigers vor Konkurseröffnung hätte dieser mit seiner Forderung am Konkursverfahren teilgenommen (vgl. dazu näher Karsten Schmidt Einlage und Haftung S. 145 f.). Das Ergebnis der h. M. läßt sich erhärten, wenn man mit der hier vertretenen Auffassung beim Gesellschafterregreß in Analogie zu § 774 BGB eine Legalzession neben den Regreßanspruch nach § 110 treten läßt (Anm. 31). Dann nimmt der Gesellschafter mit der auf ihn übergegangenen Forderung des befriedigten Gesellschaftsgläubigers am Konkursverfahren über das Gesellschaftsvermögen teil (Kubis S. 146).

73 b) Auch im Fall der **Befriedigung des Gesellschaftsgläubigers nach Konkurseröffnung** nimmt die h. M. an, der Gesellschafter nehme mit einer Regreßforderung aus § 110 am Konkurs teil (Ulmer in Großkomm § 131 Anm. 62; Jaeger-Weber § 212 Anm. 1; J. Blomeyer BB 1969, 1464; vgl. auch Mohrbutter NJW 1968, 1127; Wissmann S. 105 f.). Problematisch ist dabei, ob der Anspruch aus § 110 bereits vor Konkurseröffnung begründet i. S. v. § 3 KO war (verneinend Klaus Müller NJW 1968, 230; bejahend mit dem fragwürdigen Hinweis auf § 67 KO J. Blomeyer BB 1968, 1464). Wirtschaftlich wird die Möglichkeit, auch in diesem Falle am Konkurs teilzunehmen, mit der Erwägung begründet, daß die Konkursmasse ebenso wie bei der Befriedigung vor Konkurseröffnung nicht geschmälert würde (Ulmer in Großkomm § 131 Anm. 62). Die rechtliche Begründung ist darin zu sehen, daß die Regreßnahme nur die Fortsetzung der Gesellschaftsschuld im Innenverhältnis ist. Unproblematisch ist die Begründung, wenn man den Regreß mit der hier bei Anm. 31 vertretenen Ansicht auch auf eine cessio legis stützt (Kubis S. 102). Es handelt sich dabei um den Übergang einer

Persönliche Haftung der Gesellschafter

Konkursforderung auf den Gesellschafter. Hat der Gesellschafter den Konkursgläubiger nur teilweise befriedigt, so ist § 68 KO zu beachten.

6. Parallelkonkurs der Gesellschafter

a) **Gesellschaftskonkurs** und **Gesellschafterkonkurs** sind zu unterscheiden (Jaeger-Weber § 212 Anm. 1). Es gibt im deutschen Recht weder eine Vereinheitlichung dieser Konkurse zu einem Einheitsverfahren noch eine Regel, wonach der Konkurs der Gesellschaft automatisch auch ein Konkursverfahren über das Vermögen der persönlich haftenden Gesellschafter mit sich bringt (eingehend Karsten Schmidt in: Einhundert Jahre KO, 1977, S. 247 ff.). Die formale Trennung der Konkurse gilt auch im Fall der GmbH & Co. Hier werden ggf. zwei Konkurse, der KG-Konkurs und der GmbH-Konkurs eröffnet; beide Abwicklungen müssen in der Praxis koordiniert werden (vgl. im einzelnen Uhlenbruck S. 479 ff.; Scholz-Karsten Schmidt GmbHG § 63 Anm. 88 ff.).

b) Eine **Masseschuld** im Konkurs der Gesellschaft ist nicht ohne weiteres Masseschuld im Konkurs des Gesellschafters (RGZ 135, 62 m. Anm. Jaeger JW 1932, 1017; RAG 11, 185 m. Anm. Gerstel ARS 15, 469; BGHZ 34, 293; SG Bremen ZIP 1980, 630 m. Anm. Voigt; Jaeger-Weber § 212 Anm. 8; Kuhn-Uhlenbruck § 212 Anm. 5 f.; Kilger § 212 Anm. 3; Fischer in Großkomm Anm. 32; Heitmann KTS 1981, 359; ders. BB 1981, 1835; Wissmann S. 127 f.). Eine Gegenauffassung vertritt das BSG (ZIP 1982, 209 f.; 1984, 724) mit der doppelten Begründung, es handle sich um eine einheitliche Verpflichtung, für die nur verschiedene Vermögensmassen haften, und dem Hinweis, in den Fällen des § 59 Abs. 1 Nr. 3 KO gehe es eigentlich um den Fall eines Konkursvorrechts (vgl. dazu Anm. 77). Die erste Begründung ist mit §§ 124, 128 nicht zu vereinbaren (vgl. Anm. 1, 16); die zweite könnte allenfalls einen Vorrang begründen und nicht einen Masseschuldcharakter im Gesellschaftskonkurs. Die Begründung eines Vorrangs ist aber dem Gesetzgeber vorbehalten (BVerfGE 65, 182, 191 f.). Möglich ist beispielsweise im Fall des § 59 Abs. 1 Nr. 3 KO eine gleichartige, aber unabhängige Begründung einer Masseschuld im Gesellschafterkonkurs, wenn der Gesellschafter in Person neben der Gesellschaft Arbeitgeber ist (LSG NRW ZIP 1981, 751).

c) Die **Anmeldung der Forderungen** folgt grundsätzlich den allgemeinen Regeln. Nach § 68 KO kann ein Gläubiger seine Forderung sowohl im Gesellschaftskonkurs als auch im Konkurs eines Gesellschafters anmelden. Fällt nur der Gesellschafter in Konkurs, nicht aber die Gesellschaft, so nehmen die Gesellschaftsgläubiger an diesem Eigenkonkurs des Gesellschafters aufgrund der persönlichen Haftung teil (Jaeger-Weber § 212 Anm. 2; Kuhn-Uhlenbruck § 212 Anm. 2). Der Konkursverwalter macht dann ggf. seinerseits den Freistellungs- bzw. Regreßanspruch gegen die Gesellschaft (Anm. 31 ff.) geltend. Ist ein Konkursverfahren über das Gesellschaftsvermögen und über das Vermögen des persönlich haftenden Gesellschafters eröffnet, so können die Gesellschaftsgläubiger nach § 212 Abs. 1 KO Befriedigung nur wegen desjenigen Betrags suchen, mit dem sie im Konkurs der Gesellschaft ausgefallen sind (für das Vergleichsverfahren vgl. § 110 Abs. 2 VerglO). Die Gläubiger melden ihre Forderungen zwar mit dem vollen Betrag an (§ 68 KO); die Forderung wird auch im Gesellschafterkonkurs geprüft, wobei zu beachten ist, daß aufgrund von § 129 Abs. 1 die Feststellung der Forderung im Gesellschaftskonkurs auch gegenüber dem Gesellschafter wirkt (RGZ

74, 63; BGH WM 1961, 427, 429). Aber dem Gesellschaftsgläubiger gebührt im Konkursverfahren über das Vermögen des Gesellschafters nur der Betrag, mit dem er im Gesellschaftskonkurs ausfällt (§ 212 Abs. 1 KO). Finden vor der Beendigung des Gesellschaftskonkurses bereits Verteilungen im Eigenkonkurs des Gesellschafters statt, so sind die Anteile auf den vollen Betrag der Gesellschaftsverbindlichkeit zurückzubehalten, bis dieser Ausfall feststeht (§ 212 Abs. 2 KO, wo allerdings sinnwidrig von den „Gesellschaftsforderungen" die Rede ist). Findet bereits eine Schlußverteilung in diesem Eigenkonkurs statt, so sind diese Beträge zu hinterlegen (§ 169 KO). Das Stimmrecht der Gesellschaftsgläubiger im Konkurs des Gesellschafters richtet sich nach §§ 212 Abs. 3, 64, 96 KO.

77 d) Nach h.M. in der Literatur führt ein **Vorrecht im Konkurs der Gesellschaft** nicht automatisch zu einem Vorrecht im Gesellschafterkonkurs (Jaeger-Weber § 212 Anm. 8; Kuhn-Uhlenbruck § 212 Anm. 6 [anders dort noch die 9. Aufl. Anm. 5]; Kilger § 212 Anm. 3; Timm-Körber in Insolvenzrechtshandbuch § 84 Anm. 29; Gerstel ARS 15, 469; Jaeger JW 1932, 1017; Heilmann KTS 1981, 359; ders. BB 1981, 1835; a.A. Fischer in Großkomm Anm. 32; Wissmann S. 123 ff.). Begründet wird dies vor allem mit der Trennung des Gesellschafterkonkurses vom Gesellschaftskonkurs. Die Rechtsprechung nimmt an, das Vorrecht gelte auch im Gesellschaftskonkurs. Die Begründungen variieren. Mit der Haftungsstruktur bei der oHG (Anm. 15 ff.) unvereinbar ist zunächst die Begründung, daß bei der Personengesellschaft kein Unterschied zwischen der Gesellschaft und den Gesellschaftern als Haftungssubjekten gemacht werden könne (so aber BSG ZIP 1984, 724). Der BGH sieht im Vorrecht eine Eigenschaft, die der Forderung anhaftet (BGHZ 13, 73, 77 = NJW 1954, 1038; 19, 163, 164 = NJW 1956, 180; 34, 293 = NJW 1961, 1022; 55, 224, 225 = NJW 1971, 1271; 60, 64 = NJW 1973, 468; std. Rspr.). Teilweise wird als Begründung der enge Zusammenhang von Gesellschafts- und Haftungsschuld aufgrund der Akzessorietät angeführt (FG Baden-Württemberg ZIP 1986, 520 m.Anm. Onusseit EWiR 1986, 395). Handelte es sich bei der Rechtsprechung um die Schaffung außergesetzlicher Konkursvorrechte, so wäre diese Praxis abzulehnen (vgl. BVerfGE 65, 182, 191 f.). Aber es geht nicht um die Begründung neuer Konkursvorrechte, sondern um die Frage, ob der Grundgedanke des § 129 Abs. 1 (Akzessorietät) auch für die Rangfolge von Konkursforderungen gilt. Der Standpunkt der Praxis führt zu einer koordinierten Abwicklung der Konkurse. Die persönliche Haftung der Gesellschafter wird hinsichtlich der Forderungsrechte wie eine Erweiterung der Haftungsmasse der Gesellschaft behandelt. Insofern ist die Auffassung der Gerichte zwar nicht aus § 61 KO allein, wohl aber aus dem Zusammenhang mit §§ 128, 129 belegbar.

7. Insolvenzrechtsreform

78 Das Bundesministerium der Justiz hat 1988 den Diskussionsentwurf und 1989 den Referentenentwurf einer Insolvenzordnung (EInsO) vorgelegt (vgl. Diskussionsentwurf bzw. Referentenentwurf „Gesetz zur Reform des Insolvenzrechts", 1988 bzw. 1989). Zu den zahlreichen Änderungsvorschlägen dieses Entwurfs gehören u.a. die folgenden: Konkursverfahren und Vergleichsverfahren werden durch ein einheitliches Insolvenzverfahren ersetzt (§§ 1, 12, 86 ff. EInsO). Dieses Verfahren kann der Sanierung oder

Persönliche Haftung der Gesellschafter 79, 80 § 128

der Liquidation dienen. Die Regel des § 68 KO soll der Sache nach erhalten bleiben (§ 48 EInsO). Gesamtschuldner oder Bürgen können Forderungen, die sie durch Gläubigerbefriedigung erlangen können, im Insolvenzverfahren nur geltend machen, wenn der Gläubiger seine Forderung nicht geltend macht (§ 49 EInsO). Ist über das Vermögen einer Gesellschaft ohne Rechtspersönlichkeit oder einer KGaA das Insolvenzverfahren eröffnet, so kann die persönliche Haftung eines Gesellschafters für die Verbindlichkeiten der Gesellschaft während der Dauer des Insolvenzverfahrens nur vom Insolvenzverwalter geltend gemacht werden (§ 100 EInsO). Eine Restschuldbefreiung sowie ein Insolvenzplan wirken nicht gegen Mitschuldner und Bürgen des Schuldners (§§ 239, 290 EInsO). Seit 1991 liegt der Entwurf als Regierungsentwurf vor.

VIII. Die Gesellschafterbürgschaft

1. Sinn und Zweck

Die Bürgschaft eines persönlich haftenden Gesellschafters hat praktische Bedeutung 79 vor allem wegen der Folgen eines Vergleichs oder Zwangsvergleichs. Im Gegensatz zur Gesellschafterhaftung (§ 101 Abs. 1 Nr. 3 VerglO, § 211 Abs. 2 KO; dazu Anm. 68) berührt ein solcher Vergleich die Bürgenhaftung nicht (§ 82 Abs. 2 S. 1 VerglO, § 193 S. 2 KO). Auch durch Vereinbarung einer Bürgschaft auf erstes Anfordern kann die Bürgenhaftung gegenüber der gesetzlichen Haftung aus § 128 verschärft werden. Da die Bürgschaft des unbeschränkt haftenden Gesellschafters die Kreditsicherung des Gläubigers stärkt, entfällt die Geschäftsgrundlage einer Bürgschaft nicht schon dadurch, daß der Bürge unbeschränkt haftender Gesellschafter wird (BGH DB 1986, 1615).

2. Form und Inhalt der Bürgschaft

a) Die **Bürgschaft** eines persönlich haftenden Gesellschafters für Verbindlichkeiten sei- 80 ner Gesellschaft ist aufgrund von § 350 **formfrei** (vgl. BGH NJW 1982, 569, 570; a.A. § 350 Anm. 21; Baumbach-Duden-Hopt § 105 Anm. 1 I; wegen der richtigen Begründung vgl. Karsten Schmidt ZIP 1986, 1513 ff.). Dies ist allerdings in der Begründung wie im Ergebnis umstritten. Das unentbehrliche Merkmal, daß das Geschäft zum Betrieb des Handelsgewerbes gehört (BGH BB 1968, 1053 für ein Schuldanerkenntnis), ist bei einer zur Stärkung des Gesellschaftskredits eingegangenen Bürgschaft immer gegeben. Da die bisher h.M. den unbeschränkt haftenden Gesellschafter als Vollkaufmann ansieht, nicht aber den Kommanditisten (in Wahrheit sind beide keine Kaufleute i.S. der §§ 1 ff.; vgl. § 105 Anm. 12; Karsten Schmidt Handelsrecht § 5 I 1 b), hält sie die Bürgschaft eines oHG-Gesellschafters bzw. die **Komplementärbürgschaft** für formfrei (vgl. BGH NJW 1982, 569, 570), die **Kommanditistenbürgschaft** dagegen für formgebunden (vgl. BGH WM 1957, 883, 884; WM 1980, 1085 = ZIP 1980, 866; NJW 1982, 569, 570). Die Methode verdient Kritik, denn es kommt nicht auf die (angebliche) Kaufmannseigenschaft des Gesellschafters nach §§ 1 ff. an, sondern auf den Normzweck des § 350 (eingehend Karsten Schmidt ZIP 1986, 1510 ff.). Nach diesem Normzweck gilt folgendes (ebd. S. 1515): Wer nur Kommanditist (oder bei der GmbH & Co. nur Gesellschafter der Komplementär-GmbH) ist, kann sich nicht nach

§ 350 formfrei verbürgen (ebenso im Ergebnis die h.M.). Der oHG-Gesellschafter oder Komplementär kann sich formfrei verbürgen (ebenso im Ergebnis die h.M.). Aber auch sonst kann sich jeder geschäftsführende und vertretungsberechtigte Gesellschafter formfrei verbürgen (z.B. als oHG-Gesellschafter oder Geschäftsführer der Komplementär-GmbH; Karsten Schmidt ZIP 1986, 1512f.; a.M. für die GmbH BGH WM 1986, 939 = ZIP 1986, 1457). Schließlich sollte § 350 auch auf den Kommanditisten angewandt werden, wenn er geschäftsführungsbefugt und mit Vertretungsmacht (Prokura) versehen ist (zw.).

81 b) Der **Inhalt der Bürgschaft** richtet sich nach den Vereinbarungen. Handelt es sich um eine Kontokorrentbürgschaft, so tritt die Bürgenhaftung gegenüber dem Gläubiger vollständig neben die Haftung aus § 128. Die Einrede der Vorausklage ist i.d.R. ausgeschlossen (näher Erl. zu § 349). Eine Bürgschaft auf erstes Anfordern muß besonders vereinbart sein.

3. Regreßprobleme

82 a) Ob der Gesellschafter-Bürge **Regreß** bei der Gesellschaft nehmen kann, richtet sich nach der Lage des Falls. Grundsätzlich ist dies zu bejahen (vgl. § 774 BGB und OLG Hamburg ZIP 1985, 1390 für die GmbH). Aus den getroffenen Vereinbarungen kann sich aber ein anderes ergeben (insbesondere wenn die Bürgschaft im Innenverhältnis wie ein Nachschuß des Gesellschafters behandelt werden soll). Die Bürgschaft kann auch mit den bei §§ 129a, 172a erläuterten Folgen eigenkapitalersetzend sein.

83 b) **Regreßansprüche gegen die Mitgesellschafter** können grundsätzlich nicht in weiterem Maße bestehen als bei der Inanspruchnahme des Bürgen-Gesellschafters aus § 128. Der Regreßanspruch ist grundsätzlich kein Drittanspruch des Gesellschafters gegen die Gesellschaft (vgl. zur GmbH OLG Hamburg ZIP 1985, 1390). Ist er aber kein Drittanspruch, so haften die Mitgesellschafter dem in Anspruch Genommenen nicht nach § 128, sondern nur anteilig (im Zweifel nach Verlustanteilen). Denn die Haftung nach § 128 erfaßt nicht die sog. Sozialverbindlichkeiten der Gesellschaft (vgl. Anm. 12). Die bei Anm. 34 herausgearbeiteten Grundsätze über den Regreß unter persönlich haftenden Gesellschaftern gelten sinngemäß, und zwar selbst dann, wenn der Gesellschafter-Bürge, z.B. als Kommanditist, selbst nicht nach § 128 persönlich haftet (Gedanke des § 774 Abs. 2 BGB). Der Gesellschafter-Bürge muß sich, wenn keine abweichenden Vereinbarungen vorliegen, seinen Verlustanteil abziehen lassen. Im Zweifel muß sich jeder Gesellschafter-Bürge zunächst an die Gesellschaft halten (Treupflicht, vgl. sinngemäß Anm. 20).

84 c) Unter **Mitbürgen** gilt § 774 Abs. 2 BGB. Verbürgen sich mehrere Gesellschafter als Mitbürgen, so richtet sich die Haftung im Innenverhältnis wiederum im Zweifel nach Verlustanteilen (pauschal auf das Beteiligungsverhältnis stellt OLG Frankfurt MDR 1968, 838 ab; bei Kapitalgesellschaften vgl. RG Warn 1914 Nr. 247; RGZ 88, 122, 124ff.; OLG Hamburg GmbHR 1985, 58; Schuler NJW 1953, 1691; Staudinger-Horn § 774 Anm. 31; Pecher in MünchKomm BGB § 774 Anm. 22). Verbürgen sich Komplementäre und Kommanditisten, so kann es dem Willen der Gesellschafter entsprechen, daß die Kommanditisten vollständige Freistellung erlangen (zu vermuten ist dies nicht). Verbürgt sich der persönlich haftende Gesellschafter neben einem Dritten für die Gesellschaftsverbindlichkeit, so kann dieser Dritte (vorbehaltlich §§ 129b HGB, 32a Abs. 3 GmbHG) bei der Gesellschaft und grundsätzlich auch bei den Gesellschaftern (§ 128) Regreß nehmen; der Gesellschafter selbst hat dagegen im Zweifel keinen Rückgriff gegen den sich verbürgenden Dritten (BGH LM § 774 BGB Nr. 3 = MDR 1959, 277 f.; Baumbach-Duden-Hopt Anm. 1 F; Staudinger-Horn § 774 Rdnr. 31; Pecher in MünchKomm BGB § 774 Rdnr. 22).

4. Ausscheiden des Gesellschafters

a) Scheidet ein Gesellschafterbürge aus der Gesellschaft aus, so kann sich aus dem **85** Bürgschaftsvertrag im Wege der **Auslegung** ergeben, daß der Gläubiger den Gesellschafter danach nicht mehr in Anspruch nehmen kann (RG HRR 1935 Nr. 581). Nach Auffassung des RG haftet der Ausgeschiedene dann auch für bereits bestehende Verbindlichkeiten nur noch subsidiär (ähnlich dem § 771 BGB). Darüber hinaus hat ein Bürge bei der Kontokorrentbürgschaft und bei der Bürgschaft auf unbestimmte Zeit das **Recht zur Kündigung**, wenn ein wichtiger Grund vorliegt (BGH WM 1959, 855 f.; ZIP 1985, 1192, 1194; ZIP 1986, 85, 87; ZIP 1986, 1240, 1242 = NJW 1986, 2308, 2309; OLG Frankfurt MDR 1978, 52; s. auch RG JW 1911, 447; 1914, 470; LZ 1932, 630 f.; Staudinger-Horn § 765 Anm. 78; Pecher in MünchKomm BGB § 765 Anm. 23). Das Ausscheiden aus einer Gesellschaft kann ein wichtiger Grund sein, wenn die Gesellschafterstellung Anlaß für die Übernahme der Bürgschaft war (BGH ZIP 1985, 1192, 1194; Staudinger-Horn § 765 Rdnr. 81). Hinsichtlich der Kündigungsfolgen ist zu bedenken, daß der Bürge für Altverbindlichkeiten haftbar bleibt (vgl. zur Abgrenzung sinngemäß Anm. 48 ff.). Daneben kommen die Grundsätze des Fortfalls der Geschäftsgrundlage in Betracht (zu ihrer Anwendung auf die Bürgschaft vgl. grundsätzlich RGZ 146, 376, 379 f.; 158, 166, 172 ff.; BGH WM 1959, 855; NJW 1966, 448).

b) Im **Innenverhältnis** kann der ausgeschiedene Gesellschafter-Bürge rechtsähnlich den **86** Grundsätzen des § 738 BGB von der Gesellschaft Befreiung von der Bürgschaft verlangen (OLG Hamburg GmbHR 1985, 58; Staudinger-Horn § 775 Rdnr. 10; Pecher in MünchKomm BGB § 775 Anm. 10; vgl. auch BGH WM 1974, 214 = BB 1974, 1269). Daneben tritt der Bürgenregreß gemäß Anm. 79.

129 (1) Wird ein Gesellschafter wegen einer Verbindlichkeit der Gesellschaft in Anspruch genommen, so kann er Einwendungen, die nicht in seiner Person begründet sind, nur insoweit geltend machen, als sie von der Gesellschaft erhoben werden können.

(2) Der Gesellschafter kann die Befriedigung des Gläubigers verweigern, solange der Gesellschaft das Recht zusteht, das ihrer Verbindlichkeit zugrunde liegende Rechtsgeschäft anzufechten.

(3) Die gleiche Befugnis hat der Gesellschafter, solange sich der Gläubiger durch Aufrechnung gegen eine fällige Forderung der Gesellschaft befriedigen kann.

(4) Aus einem gegen die Gesellschaft gerichteten vollstreckbaren Schuldtitel findet die Zwangsvollstreckung gegen die Gesellschafter nicht statt.

Schrifttum (vgl. zunächst die Angaben bei § 128): *Bülow,* Einrede der Aufrechenbarkeit für Personengesellschafter, Bürgen und Hauptgesellschafter im Eingliederungskonzern, ZGR 1988, 192; *Mahr,* Die Verjährungseinrede nach § 129 HGB, GesRZ 1991, 83 (fortgesetzt in Heft 3); *Schlüter,* Die Einrede der Aufrechenbarkeit des oHG-Gesellschafters und des Bürgen, in: Festschrift H. Westermann, 1974, S. 509.

Inhalt

	Anm.		Anm.
I. Einwendungen des Gesellschafters	1–15	2. Anfechtung (Abs. 2 im einzelnen)	17
1. Normzweck und Geltungsbereich	1	3. Aufrechnung (Abs. 3 im einzelnen)	20
2. Die in Betracht kommenden Einwendungen	4	III. Zwangsvollstreckung gegen die Gesellschafter (Abs. 4)	24–26
3. Verjährung	7	1. Erfordernis eines Titels gegen den Gesellschafter	24
4. Materielle Rechtskraft	12	2. Vollstreckung aus einem gegen die Gesellschaft gerichteten Titel	25
5. Ausgeschiedener Gesellschafter	14		
II. Anfechtung und Aufrechnung (Abs. 2 und 3)	16–23	3. Vollstreckung ohne Titel gegen den Gesellschafter	26
1. Normzweck	16		

I. Einwendungen des Gesellschafters

1. Normzweck und Geltungsbereich

1 a) Abs. 1 beruht auf der bei § 128 Anm. 16 ff. beschriebenen **Akzessorietät** der Gesellschafterhaftung. Der Gesellschafter kann Einwendungen aus dem Recht der Gesellschaft geltend machen, dies jedoch nur insoweit, als sie von der Gesellschaft erhoben werden können. Abs. 1 begründet keine neuen Einwendungen, sondern stellt nur klar, daß der Gesellschafter sie ebenso geltend machen kann wie die Gesellschaft. Die Vorschrift gilt für Einreden ebenso wie für Einwendungen (Karsten Schmidt Gesellschaftsrecht § 49 II 3 b). Insbesondere ist auch die Verjährungseinrede eine Einwendung i.S. von Abs. 1.

2 b) **Einwendungen, die in der Person eines Gesellschafters** begründet sind, kann dieser Gesellschafter geltend machen. Dies gilt z.B. für den Einwand, daß der Gläubiger ihm die Haftungsschuld erlassen oder gestundet hat (§ 128 Satz 2 steht nicht entgegen, vgl. § 128 Anm. 14) oder daß der Gesellschafter aus Gründen des Einzelfalls nur subsidiär, also mit Nachrang gegenüber der Gesellschaft, haftet (vgl. dazu § 128 Anm. 20). Auf persönliche Einwendungen kann sich immer nur der betreffende Gesellschafter berufen. Das gilt insbesondere auch für ein pactum de non petendo (dazu vgl. § 128 Anm. 14). Hat der Gläubiger mit einem Gesellschafter vereinbart, dieser Gesellschafter werde nicht primär in Anspruch genommen, so kann sich nur dieser Gesellschafter darauf berufen. Denn es ist ohne weiteres möglich, einen von mehreren Gesamtschuldnern – und nur ihn – aus der persönlichen Haftung zu entlassen (vgl. RG JW 1928, 2613). Nicht möglich ist es dagegen, daß die Gesellschaftsschuld zum Erlöschen gebracht wird, während die Gesellschafter weiterhin haften (§ 128 Anm. 17).

3 c) Der **Geltungsbereich der Bestimmung** umfaßt die oHG und die KG und hier alle Gesellschafter, soweit sie persönlich haften (unmittelbare Anwendung auf oHG-Gesellschafter, Anwendung kraft Verweisung nach § 161 Abs. 2 auf Komplementäre, analoge Anwendung auf die Außenhaftung des Kommanditisten). Für die Gesellschaft bürgerlichen Rechts gilt § 129 nach h. M. nicht. Die Vorschrift sollte aber auf unternehmenstragende Gesellschaften bürgerlichen Rechts analog angewandt werden (Karsten Schmidt, in Festschrift Fleck, 1988, S. 289f.). Der BGH hat Abs. 1 bisher auf den Fall einer Gesellschaft angewandt, die den Rechtsschein einer Handelsgesellschaft erweckt hatte, aber Gesellschaft bürgerlichen Rechts war (BGH BB 1980, 651 = NJW 1980, 784 = WM 1980, 102). Soweit ein Gesellschafter einer GmbH aufgrund Durchgriffs wie ein oHG-Gesellschafter haften sollte, gelten die Grundsätze des § 129 auch hier (BGHZ 95, 330 = NJW 1986, 188 = WM 1985, 1263).

2. Die in Betracht kommenden Einwendungen

a) In Betracht kommen **Einwendungen und Einreden jeder Art**, z.B. befreiende Unmöglichkeit der Leistung (§ 275 BGB), Erfüllung (§ 362 BGB), Erlaß (§ 397 BGB), Vergleich (§ 779 BGB), Verwirkung (§ 242 BGB), pactum de non petendo usw. (vgl. Baumbach-Duden-Hopt Anm. 1 A a; Fischer in Großkomm Anm. 3). Zur Verjährung im besonderen vgl. Anm. 7ff. Zur materiellen Rechtskraft Anm. 12f.

b) **Keine Anwendung** findet Abs. 1 für solche Einwendungen, die sich in **prozeßrechtlichen Rechtsfolgen** erschöpfen, also nicht, wie die materielle Rechtskraft, auch materiellrechtliche Auswirkungen haben. Abs. 1 gilt z.B. nicht für die Einrede der Rechtshängigkeit (Fischer in Großkomm Anm. 5) oder für die Folgen einer rügelosen Einlassung nach § 39 ZPO oder nach § 1027 Abs. 1 Satz 2 ZPO. Auch die Rücknahme eines Rechtsmittels oder ein Rechtsmittelverzicht wirken nur für die jeweils betroffene Partei.

c) **Keine Anwendung** findet Abs. 1 auf **Gestaltungsrechte der Gesellschaft** (vgl. auch Fischer in Großkomm Anm. 4: „Einwendungen, die Verfügungscharakter haben"). Das gilt insbesondere für eine der Gesellschaft zustehende Kündigungs-, Rücktritts- oder Wandlungsmöglichkeit (dies ungeachtet des Streits um die Rechtsnatur der Wandlung nach bürgerlichem Recht). Ein solches Gestaltungsrecht bedarf der Ausübung durch die Gesellschaft. Ein nicht oder nicht allein vertretungsberechtigter Gesellschafter kann sich auf eine solche Gestaltungsbefugnis grundsätzlich nicht berufen (Fischer in Großkomm Anm. 4). Ausnahmen gelten aufgrund der **Sonderregeln in Abs. 2 und 3** für die Fälle des Anfechtungsrechts und des Aufrechnungsrechts (dazu Anm. 16ff.). Hat die Gesellschaft das Gestaltungsrecht ausgeübt (z.B. angefochten, aufgerechnet, gekündigt oder den Rücktritt vom Vertrag erklärt), so greift wiederum Abs. 1 ein. Nun kann sich jeder Gesellschafter auf die Gestaltungsfolgen (z.B. auf das Erlöschen der Gesellschaftsschuld) berufen. Hiervon zu unterscheiden sind eigene Gestaltungsrechte der Gesellschafter. Z.B. kann ein Gesellschafter, der selbst eine Gegenforderung gegen den Gläubiger hat, unter den Voraussetzungen der §§ 387ff. BGB aus eigenem Recht aufrechnen. Er tilgt dann aber nicht die Gesellschaftsschuld, sondern seine eigene Haftungsverbindlichkeit (zu den Regreßfolgen vgl. § 128 Anm. 31ff.).

3. Verjährung

a) Die Gesellschaftsschuld unterliegt den allgemeinen **Verjährungsregeln**. Die Gesellschafterhaftung kennt grundsätzlich keine eigene Verjährung (§ 128 Anm. 6); das ändert sich erst mit dem Ausscheiden des Gesellschafters (dazu § 159; vgl. zur Haftung des ausgeschiedenen Gesellschafters grundsätzlich § 128 Anm. 40 ff.). Nach Abs. 1 kann sich der Gesellschafter grundsätzlich auf eine im Verhältnis zu der Gesellschaft eingetretene Verjährung berufen (Heymann-Emmerich Anm. 8; eingehend nach Drucklegung Mahr GesRZ 1991 Heft 2/3).

8 b) Die **Unterbrechung gegenüber der Gesellschaft** wirkt grundsätzlich auch gegen den Gesellschafter, der der Gesellschaft im Zeitpunkt der Unterbrechungshandlung angehört (BGHZ 73, 217, 222 = NJW 1979, 1361). Es bedarf hierfür keiner besonderen Klage gegen ihn. Das gilt allerdings nicht für den ausgeschiedenen Gesellschafter (zur Unterbrechung der gegen ihn laufenden Verjährung vgl. § 159 Anm. 31 f.).

9 c) Zweifelhaft ist, ob **eine gegenüber dem Gesellschafter vorgenommene Unterbrechungshandlung** auch gegen die Gesellschaft wirkt. Eine solche Zurechnung, die dem Gleichlauf der Haftung dienen würde, kommt nur in Betracht, wenn der Gesellschafter noch nicht ausgeschieden ist. Insbesondere die Klage gegen einen Gesellschafter, der der Gesellschaft noch angehört, könnte dann die Verjährung auch gegenüber der Gesellschaft unterbrechen. Der BGH hat diese Möglichkeit bisher offen gelassen (BGHZ 73, 217, 222 = NJW 1979, 1361; BGHZ 104, 76, 78 = NJW 1988, 1976, 1977). Dogmatische Gründe und Gesichtspunkte der Rechtssicherheit sprechen dafür, die Frage zu verneinen. Es müßte möglicherweise zwischen geschäftsführenden und nicht geschäftsführenden Gesellschaftern unterschieden werden. Wird die Verjährung dem Gesellschafter gegenüber, z.B. durch Klage, rechtzeitig unterbrochen, so kann er nicht nachträglich einwenden, die Forderung gegen die Gesellschaft sei mangels einer gegen sie gerichteten Unterbrechungshandlung verjährt (BGHZ 104, 76, 79 f. = NJW 1988, 1976). In diesem Fall bedarf der Gesellschafter nicht des Schutzes durch die Verjährung der Gesellschaftsverbindlichkeit. Eine andere Lösung liefe darauf hinaus, daß der Gläubiger allein deshalb auch gegen die vielleicht illiquide Gesellschaft klagen müßte, um nicht den Anspruch gegen den Gesellschafter zu gefährden (s. auch Anm. 11).

10 d) Ist die **Gesellschaft rechtskräftig verurteilt**, so läuft die 30-jährige Verjährungsfrist nach § 218 BGB. Das muß, vorbehaltlich § 159, auch der persönlich haftende Gesellschafter gegen sich gelten lassen (LAG München NJW 1978, 1877).

11 e) Ist der **Gesellschafter rechtskräftig verurteilt**, so kann er neue Einwendungen aus eigenem Recht nur noch in den Grenzen des § 767 Abs. 2 ZPO geltend machen. Dasselbe gilt für Einwendungen aus dem Recht der Gesellschaft (Anm. 14). Die nachträgliche Verjährung der Gesellschaftsschuld kann er nicht mehr geltend machen; der rechtskräftig verurteilte Gesellschafter bedarf des Schutzes durch die kürzere Verjährung nicht mehr (für ihn gilt § 218 BGB), und es hat keinen Sinn, den Gläubiger zu zwingen, nur zur Unterbrechung dieser Verjährung Klage gegen die vielleicht mittellose Gesellschaft zu erheben (BGH NJW 1981, 2579 = WM 1981, 875; Baumbach-Duden-Hopt Anm. 1 C). Diese Wertung stimmt mit Anm. 7 f. überein, wonach auch eine besondere Unterbrechungshandlung gegenüber der Gesellschaft nicht erforderlich ist.

4. Materielle Rechtskraft

12 a) Ein Urteil, das eine **gegen die Gesellschaft gerichtete Klage abweist** oder einer negativen Feststellungsklage der Gesellschaft stattgibt, wirkt zugunsten des Gesellschafters.

Einwendungen des Gesellschafters 13–15 § 129

Solange er nicht selbst rechtskräftig verurteilt ist (Anm. 11), kann wie die Gesellschaft auch er aufgrund von Abs. 1 geltend machen, daß das Nichtbestehen der Forderung rechtskräftig festgestellt ist (RGZ 49, 340, 343; 102, 301; Fischer in Großkomm Anm. 3; Westermann Handbuch [Lfg. 1982] I 366).

b) Ist die **Gesellschaft rechtskräftig verurteilt**, so kann der Gesellschafter aufgrund von **13** Abs. 1 nicht mehr geltend machen, daß die Gesellschaftsverbindlichkeit im Zeitpunkt der letzten mündlichen Tatsachenverhandlung nicht bestand (RGZ 5, 69, 71; 102, 301, 303; BGHZ 54, 251, 255 = NJW 1970, 1740, 1741; BGH WM 1976, 1085, 1086). Einwendungen aus dem Recht der Gesellschaft kann er nur noch in den Grenzen des § 767 Abs. 2 ZPO geltend machen (BGH WM 1976, 1085, 1086; Baumbach-Duden-Hopt Anm. 1 C; der Sache nach ebenso Heymann-Emmerich Anm. 9). Ob es sich bei diesem Ausschluß von Einwendungen um eine Erstreckung der materiellen Rechtskraft oder um eine dem § 767 Abs. 2 ZPO ähnliche Präklusion handelt, ist im Ergebnis ohne Belang (vgl. BGHZ 54, 251, 255 = NJW 1970, 1740, 1741; BGH WM 1976, 1085, 1086; h.M.). Die sich an § 767 Abs. 2 ZPO orientierende Präklusion bedeutet nicht, daß der Gesellschafter seinerseits auf den Rechtsbehelf der Vollstreckungsgegenklage beschränkt wäre; er kann die durch die Rechtskraft des gegen die Gesellschaft ergangenen Urteils nicht präkludierten Einwendungen vielmehr auf jede Weise geltend machen (RGZ 124, 146, 152; Baumbach-Duden-Hopt Anm. 1 C; Fischer in Großkomm Anm. 7). Denn ähnlich wie auf Gestaltungsrechte der Gesellschaft (Abs. 2 und 3) kann er sich auch auf das Gestaltungsklagerecht der Gesellschaft berufen. Auf § 767 ZPO beschränkt ist der Gesellschafter erst, wenn er seinerseits rechtskräftig verurteilt ist (Fischer in Großkomm Anm. 7). Soweit die Gesellschaft mit einer Klage nach § 826 BGB gegen das gegen sie ergangene Urteil vorgehen kann, wirkt dieses nicht gegen den Gesellschafter (Westermann Handbuch [Lfg. 1982] I 366). Auch hier braucht er nicht abzuwarten, bis die Gesellschaft im Klagwege gegen den Titel vorgeht (wiederum Gedanke der Absätze 2 und 3; vgl. dazu Anm. 6).

5. Ausgeschiedener Gesellschafter

a) Für den **ausgeschiedenen Gesellschafter** gelten im Grundsatz dieselben Regeln wie **14** für den noch in der Gesellschaft befindlichen Gesellschafter (Heymann-Emmerich Anm. 10; h.M.). Ausnahmen haben zu gelten, soweit es um haftungsbestärkende Erklärungen und Maßnahmen der Gesellschaft bzw. gegenüber der Gesellschaft geht (Schuldanerkenntnis, Vergleichsvertrag der Gesellschaft etc.; zur Verjährungsunterbrechung vgl. § 159 Anm. 31). Der Ausgeschiedene braucht sich solche Rechtshandlungen nicht mehr zurechnen zu lassen. Allerdings gilt dies nur für den Gesellschafter, der wirklich ausgeschieden ist und nicht bloß i.S. von § 128 Anm. 44 ff., § 143 Anm. 7 ff. einem ausgeschiedenen Gesellschafter gleichgestellt wird (vgl. auch hierzu § 159 Anm. 31).

b) Entsprechendes gilt für **Rechtshängigkeit** und **Rechtskraft**. Es ist zu unterscheiden: **15** **Gegen** einen ausgeschiedenen Gesellschafter wirkt die Klage gegen die Gesellschaft und die rechtskräftige Verurteilung der Gesellschaft **nicht** (vgl. für die materielle Rechtskraft BGHZ 44, 229, 233 f. = NJW 1966, 499; BGHZ 78, 114, 120 f. = NJW 1981, 175; Heymann-Emmerich § 128 Anm. 54; Karsten Schmidt NJW 1981, 160). Diese

h. M. ist rechtspraktisch einleuchtend, weil der ausgeschiedene Gesellschafter nicht mehr „seine" Interessenvertreter im Prozeß auftreten läßt, allerdings rechtsdogmatisch schwer zu begründen, weil die Akzessorietät der Gesellschafterhaftung im Grundsatz bestehenbleibt. Scheidet der Gesellschafter erst nach Klageerhebung aus, so wirkt das Prozeßergebnis auch gegen ihn. Das gilt nicht nur für streitige Entscheidungen, sondern auch für Fälle des Versäumnisurteils, des Anerkenntnisurteils, des Rechtsmittelverzichts etc., denn überall hier kann der ausgeschiedene Gesellschafter nicht einwenden, daß nicht auch „sein" Prozeß von der Gesellschaft geführt worden ist. Ein die Klage gegen die Gesellschaft rechtskräftig abweisendes Urteil wirkt demgegenüber auch **zugunsten eines ausgeschiedenen Gesellschafters**. Die Frage ist kaum diskutiert, im Ergebnis aber eindeutig zu entscheiden. Die Richtigkeit des Ergebnisses folgt rechtsdogmatisch aus dem Grundsatz der Akzessorietät und leuchtet wiederum rechtspraktisch ein, weil der haftende Gesellschafter nicht regreßlos gestellt werden darf, aber im Hinblick auf die rechtskräftige Abweisung der Klage gegenüber der Gesellschaft regreßlos gestellt werden müßte. Zur Wirkung von **Vergleich und Zwangsvergleich** zugunsten des ausgeschiedenen Gesellschafters vgl. § 128 Anm. 71.

II. Anfechtung und Aufrechnung (Abs. 2 und 3)

1. Normzweck

16   Die Vorschrift **entspricht dem § 770 BGB**. Sie hängt damit zusammen, daß Anfechtung und Aufrechnung Gestaltungsrechte sind, die der Gesellschaft und nicht dem Gesellschafter zustehen. Erst wenn die Gesellschaft wirksam angefochten bzw. aufgerechnet hat, führt dies zum Erlöschen der Gesellschaftsschuld (vgl. §§ 142, 398 BGB) und damit zu einer nicht in der Person des Gesellschafters liegenden Einwendung i. S. von Abs. 1. Die Anfechtung oder Aufrechnung kann nur von einem vertretungsberechtigten Gesellschafter im Namen der Gesellschaft erklärt werden. Jeder Gesellschafter kann sich aber nach Abs. 2 und 3 zu seinem Schutz auf die Anfechtbarkeit bzw. auf die Aufrechnungslage berufen. Es kommt darauf an, daß die Gesellschaft anfechten oder aufrechnen kann, nicht darauf, ob der Gläubiger anfechten oder aufrechnen kann. Das ergibt sich für Abs. 2 aus dem Gesetzeswortlaut, während Abs. 3 auf einem Redaktionsversehen beruht und berichtigend gelesen werden muß (vgl. Anm. 21).

2. Anfechtung (Abs. 2 im einzelnen)

17   a) Hat die Gesellschaft oder hat der Gläubiger das die Gesellschaftsverbindlichkeit begründende Rechtsgeschäft **wirksam angefochten**, so erlischt diese Verbindlichkeit (vgl. § 142 BGB), und der Gesellschafter kann sich unmittelbar nach Abs. 1 darauf berufen. Ist der **Gesellschafter selbst vertretungsberechtigt** und beruft er sich auf die Anfechtbarkeit oder auf die Aufrechnungslage, so wird hierin i. d. R. eine Anfechtungs- bzw. Aufrechnungserklärung zu erblicken sein. Entstehen aus der Anfechtung neue Gesellschaftsverbindlichkeiten (z. B. aufgrund von §§ 122, 812 BGB), so haftet nach § 128 hierfür auch der Gesellschafter. Mit Abs. 2 haben diese Fälle nichts zu tun.

b) Kann der Gläubiger anfechten, hat er dies aber nicht getan, so gibt dies dem Gesellschafter keine Einrede. Abs. 2 ist aus gutem Grund so formuliert, daß sich der Gesellschafter gegenüber dem Gläubiger nur auf eine Anfechtungsmöglichkeit der Gesellschaft berufen kann. **18**

c) Kann die Gesellschaft anfechten, hat sie es aber noch nicht getan, so greift Abs. 2 ein. Der Gesellschafter kann die Befriedigung des Gläubigers verweigern. Diese Einrede hindert nicht nur die Vollstreckung, sondern auch die Verurteilung (s. auch Heymann-Emmerich Anm. 12). Die Klage ist zur Zeit unbegründet. Die Einrede steht dem Gesellschafter nur zu, solange die Gesellschaft anfechten kann. Sie endet mit dem Ablauf der Anfechtungsfristen (§§ 121, 124 BGB), mit der Bestätigung des anfechtbaren Rechtsgeschäfts (§ 144 BGB) oder mit dem Verlust der Anfechtbarkeit durch Verzicht oder Verwirkung (vgl. auch Fischer in Großkomm Anm. 10). **19**

3. Aufrechnung (Abs. 3 im einzelnen)

a) Hat die Gesellschaft oder hat der Gläubiger wirksam die **Aufrechnung erklärt**, so ergeben sich die Folgen aus § 398 BGB. Die Gesellschaftsschuld erlischt, soweit die Forderungen einander am Aufrechnungsstichtag aufrechenbar gegenübergestanden haben. Hierauf kann sich nach Abs. 1 ohne weiteres auch der Gesellschafter berufen. **20**

b) Kann der Gläubiger aufrechnen, hat er es aber noch nicht getan, so gibt dies dem Gesellschafter entgegen dem Gesetzeswortlaut nicht die Einrede des Abs. 3 (BGHZ 42, 396, 397 f. = LM Nr. 3 m. Anm. Artl = NJW 1965, 627; Alfred Hueck oHG § 21 IV 1 b; Baumbach-Duden-Hopt Anm. 3 A; Fischer in Großkomm Anm. 12; Heymann-Emmerich Anm. 13 ff.; Karsten Schmidt Gesellschaftsrecht § 49 II 1 c; Schlüter in Festschrift Westermann S. 509 ff.; Bülow ZGR 1988, 199 f.; unentschieden noch BGHZ 38, 122, 128 = NJW 1963, 244, 245). Der entgegenstehende Gesetzeswortlaut beruht auf der gedankenlosen Übernahme des § 770 BGB und ist als Redaktionsversehen zu werten (Schlüter in Festschrift Westermann S. 509 ff.; ebenso jetzt Bülow ZGR 1988, 199 f.). Die Richtigkeit der hier vertretenen Auffassung ergibt sich aus dem bei Anm. 16 geschilderten Zweck der Absätze 2 und 3 sowie aus dem Grundgedanken des Abs. 1 (vgl. Karsten Schmidt Gesellschaftsrecht § 49 II 1 c). Nur dann, wenn die Gesellschaft aufrechnen darf, hat der Gesellschafter die Einrede des Abs. 3 (a. M. für den Fall, daß die Forderung der Gesellschaft nicht fällig ist, Koenige-Teichmann-Koehler, HGB, 4. Aufl. 1936, Anm. 2). Die Frage spielt vor allem dann eine Rolle, wenn der Gläubiger Arbeitnehmer ist (Aufrechnungsverbote nach §§ 850 ff. ZPO i. V. m. § 394 BGB). **21**

c) Kann die Gesellschaft aufrechnen, hat sie dies aber noch nicht getan, so steht dem Gesellschafter die Einrede nach Abs. 3 zu (vgl. Fischer in Großkomm Anm. 10; Heymann-Emmerich Anm. 15). Umstritten ist, ob dies auch dann gilt, wenn nur die Gesellschaft aufrechnen kann, aber nicht der Gläubiger. Manche versagen dem Gesellschafter dann die Aufrechnungseinrede (vgl. Baumbach-Duden-Hopt Anm. 3 A; vgl. auch zu § 770 Abs. 2 BGB RGZ 137, 34, 36). Eine Gegenansicht beläßt dem Gesellschafter auch in diesem Fall die Aufrechnungseinrede (Fischer in Großkomm Anm. 12; Alfred Hueck oHG § 21 IV 1 b; Karsten Schmidt Gesellschaftsrecht § 49 II 1 c; Schlüter in Festschrift Westermann S. 522, 524; vgl. zu § 770 Abs. 2 BGB Zimmermann JR 1979, **22**

496). Dieser Ansicht ist zu folgen. Der Gläubiger steht nicht wehrlos da. Er kann die Gesellschaft verklagen und sie so zur Erklärung über die Aufrechnung zwingen. Spätestens mit der Rechtskraft des Urteils (vgl. § 767 Abs. 2 ZPO) verliert dann auch der Gesellschafter die Einrede. Häufig wird die Aufrechnungsbefugnis schon vorher verwirkt sein.

23 d) Eine **Forderung des Gesellschafters gegen den Gläubiger** der Gesellschaft kann nicht die Einrede nach Abs. 3 begründen (Fischer in Großkomm Anm. 12). In einem solchen Fall stellt sich vielmehr die Frage, ob der Gesellschafter den Gläubiger durch Aufrechnung befriedigen kann. Das ist unter den Voraussetzungen der §§ 387ff. BGB grundsätzlich zu bejahen (Baumbach-Duden-Hopt Anm. 3 B; Fischer in Großkomm Anm. 12; Heymann-Emmerich Anm. 15; Karsten Schmidt Gesellschaftsrecht § 49 II 3 d). Umgekehrt kann auch der Gläubiger, wenn ihn der Gesellschafter in Anspruch nimmt, mit seiner gegen den Gesellschafter gerichteten Haftungsforderung nach § 128 aufrechnen (Heymann-Emmerich Anm. 16). Die Aufrechnung wirkt wie eine vom Gesellschafter geleistete Befriedigung des Gläubigers.

III. Zwangsvollstreckung gegen die Gesellschafter (Abs. 4)

1. Erfordernis eines Titels gegen den Gesellschafter

24 Abs. 4 beruht auf der bei § 124 Anm. 1 dargestellten Verselbständigung der Gesellschaft. Zur **Zwangsvollstreckung in das Gesellschaftsvermögen** ist ein gegen die Gesellschaft gerichteter vollstreckbarer Titel erforderlich (§ 124 Abs. 2 und dazu § 124 Anm. 34). In das **Privatvermögen eines Gesellschafters** findet dagegen die Zwangsvollstreckung nur aufgrund eines gegen diesen Gesellschafter gerichteten Schuldtitels statt (§ 129 Abs. 4). Der gegen die Gesellschaft gerichtete Titel kann nicht nach § 727 ZPO gegen den Gesellschafter umgeschrieben werden, und zwar grundsätzlich auch nicht nach Vollbeendigung der Gesellschaft (OLG Frankfurt BB 1982, 399; OLG Düsseldorf Rpfleger 1976, 327; LG Kiel SchlHA 1975, 164; AG Essen Rpfleger 1976, 24; Baumbach-Duden-Hopt Anm. 4; Stein-Jonas-Münzberg, ZPO, 20. Aufl. 1986, § 727 Anm. 11; a.M. RGZ 124, 150; BayObLG NJW 1952, 28). Denn die Gesellschafter sind dann nicht Rechtsnachfolger der Gesellschaft. Anders verhält es sich, wenn das Gesellschaftsvermögen auf einen einzig verbleibenden Gesellschafter im Wege der Gesamtrechtsnachfolge übergeht (vgl. dazu Karsten Schmidt Gesellschaftsrecht § 44 II 2). Dieser bisherige Gesellschafter ist dann Rechtsnachfolger.

2. Vollstreckung aus einem gegen die Gesellschaft gerichteten Titel

25 Wird **gegen die Gesellschaft** als Schuldnerin aus einem gegen sie gerichteten Titel vollstreckt und macht der Gesellschafter geltend, ein gepfändeter Gegenstand gehöre ihm, so wird dies im Wege der Drittinterventionsklage geltend gemacht. Diese Klage ist aber nach h.M. aufgrund § 242 BGB abzuweisen, wenn eine Verbindlichkeit vorliegt, für die der Gesellschafter unbeschränkt haftet (BGH LM Nr. 2 (L); Noack DB 1970, 1817; Karsten Schmidt Gesellschaftsrecht § 49 VI 2; ders. in MünchKomm ZPO § 771 Anm. 49f.). Die Frage ist, wie allgemein die Abweisung der Interventionsklage wegen

Eigenkapitalersatz   1 § 129 a

schuldrechtlicher Haftung des Interventionsklägers, umstritten (ablehnend RG SeuffA 46 Nr. 76; RG JW 1905, 89, Nr. 39; Stein, Grundfragen der Zwangsvollstreckung, 1913, S. 48). Für die h. M. spricht, daß diese Haftung in einem ordentlichen Gerichtsverfahren geprüft wird, so daß auf die formalen Voraussetzungen der Vollstreckung (Titel, Klausel, Zustellung) verzichtet werden kann (Karsten Schmidt in MünchKomm ZPO § 771 Anm. 49). Vollbeendigung der Gesellschaft läßt die Gesellschafter nicht automatisch zu Parteien des Rechtsstreits werden (§ 124 Anm. 33). Die Vollbeendigung der Gesellschaft rechtfertigt deshalb auch keine Titelumschreibung gegen die Gesellschafter nach § 727 ZPO (OLG Hamm NJW 1979, 51; OLG Frankfurt BB 1982, 399; Heymann-Emmerich Anm. 17). Eine Ausnahme gilt, wenn wegen Fortfalls aller Mitgesellschafter das Gesellschaftsvermögen einem Gesellschafter anfällt (§ 124 Anm. 33). Er ist dann Gesamtrechtsnachfolger der Gesellschaft.

3. Vollstreckung ohne Titel gegen den Gesellschafter

Wird **gegen den Gesellschafter** als Schuldner vollstreckt, obwohl es an dem gegen ihn gerichteten Titel fehlt, so kann dies mit der Erinnerung nach § 766 ZPO geltend gemacht werden (Karsten Schmidt in MünchKomm ZPO § 766 Anm. 27). Eine solche Vollstreckung ist unzulässig.   26

129 a Bei einer offenen Handelsgesellschaft, bei der kein Gesellschafter eine natürliche Person ist, gelten die §§ 32 a und 32 b des Gesetzes betreffend die Gesellschaften mit beschränkter Haftung sinngemäß mit der Maßgabe, daß an die Stelle der Gesellschafter der Gesellschaft mit beschränkter Haftung die Gesellschafter oder Mitglieder der Gesellschafter der offenen Handelsgesellschaft treten. Dies gilt nicht, wenn zu den Gesellschaftern der offenen Handelsgesellschaft eine andere offene Handelsgesellschaft oder Kommanditgesellschaft gehört, bei der ein persönlich haftender Gesellschafter eine natürliche Person ist.

Schrifttum: vgl. § 172 a; seither noch: *Binz*, Die GmbH & Co., 8. Aufl. 1991; *Hesselmann-Tillmann*, Handbuch der GmbH & Co., 17. Aufl. 1991; *Karsten Schmidt*, Eigenkapitalersatz bei unbeschränkter Haftung, ZIP 1991, 1.

Inhalt

	Anm.		Anm.
I. Normzweck	1	III. Rechtsfolgen	5–7
		1. Die Bezugsnormen des § 129 a	5
II. Anwendungsbereich	2–4	2. Tatbestand und Rechtsfolgen im einzelnen	7
1. Hinsichtlich der Gesellschaft	2		
2. Hinsichtlich der Gesellschafter	3	IV. Eigenkapitalersatz bei der gesetzestypischen oHG?	8

I. Normzweck

Die Vorschrift beruht auf der GmbH-Novelle von 1980 (BGBl. I S. 836). Sie erstreckt das **Recht der eigenkapitalersetzenden Gesellschafterdarlehen** auf die offene Handelsgesellschaft, bei der kein Gesellschafter eine natürliche Person ist (Satz 1), es sei   1 denn, daß zu den Gesellschaftern der offenen Handelsgesellschaft eine andere offene Handelsgesellschaft oder Kommanditgesellschaft gehört, bei der mindestens eine natürliche Person unbeschränkt haftet (Satz 2). Damit soll bei einer Gesellschaft, bei der keine natürliche Person unbeschränkt haftet, gesichert sein, daß eigenkapitalersetzende Darlehen und Sicherheiten in die Haftungsmasse einbezogen werden. Der Grundsatz der Finanzierungsfreiheit läßt zwar diese Art der Unternehmensfinanzierung zu, aber die Gesellschafter müssen sich daran festhalten lassen, daß es sich um Quasi-Eigenkapital handelt (näher § 172a Anm. 3).

II. Anwendungsbereich

1. Hinsichtlich der Gesellschaft

2 Die Gesellschaft muß nach dem Wortlaut eine **oHG** sein. Wann bzw. von wann an sie dies ist, ergibt sich aus §§ 105, 123. Die h.M. nimmt diese Begrenzung beim Wort. Nach ihrem Sinn und Zweck sollte die Bestimmung auf **unternehmenstragende Gesellschaften bürgerlichen Rechts** analog angewandt werden (vgl. für die Anwendung von oHG-Recht entgegen der bisher h.M. Karsten Schmidt Gesellschaftsrecht § 58 V, § 60 III 2; ders., in Festschrift Fleck, 1988, S. 271 ff.). Für die KG gilt § 172a. Hier, nämlich bei der GmbH & Co. KG, liegt der praktische Hauptanwendungsbereich der Regeln über den Kapitalersatz bei Personengesellschaften.

2. Hinsichtlich der Gesellschafter

3 a) Satz 1 setzt voraus, daß **kein Gesellschafter eine natürliche Person** ist. In Betracht kommen vor allem folgende Gesellschafter: AG, KGaA, Genossenschaft, GmbH, Verein, Stiftung, oHG, KG, nach zunehmend vertretener und richtiger Auffassung aber auch die Gesellschaft bürgerlichen Rechts als Gesamthand (vgl. zu ihr § 105 Anm. 71; dagegen mit Nachweisen Staub-Ulmer § 105 Anm. 96). Die umstrittene Frage, ob und unter welchen Voraussetzungen ein Verein, eine Stiftung oder eine Personengesellschaft Gesellschafter einer oHG sein kann oder darf, ist hier nicht zu besprechen (vgl. stattdessen § 105 Anm. 56ff.). Satz 1 gilt, wenn ausschließlich solche nicht-natürlichen Personen Gesellschafter sind. Auch im Fall der Gesellschaft bürgerlichen Rechts sind also nicht die einzelnen Gesellschafter der BGB-Gesellschaft Mitglieder der oHG (anders, wenn die Gesellschaft bürgerlichen Rechts, z.B. als Konsortium, nur Innengesellschaft ist).

4 b) Satz 2 macht eine **Ausnahme**, wenn zu den Gesellschaftern der offenen Handelsgesellschaft eine andere oHG oder KG gehört, bei der ein persönlich haftender Gesellschafter eine natürliche Person ist. Diese Ausnahme ist in mehrfacher Weise zu eng formuliert und muß im Hinblick auf den Normzweck erweitert werden (wobei offen bleiben kann, ob dies extensive Auslegung oder Analogie ist). Der Normzweck besteht darin, daß Satz 1 nicht gelten soll, wenn trotz Zwischenschaltung einer oder mehrerer nicht-natürlicher Personen doch wieder mindestens eine natürliche Person für die Gesellschaftsverbindlichkeiten haftet. Das bedeutet erstens: Nicht nur auf die Beteiligung einer oHG oder KG, sondern auch auf die Beteiligung einer KGaA oder einer Gesamt-

Eigenkapitalersatz 5 § 129a

hands-BGB-Gesellschaft (vgl. Anm. 3) kann Satz 2 angewandt werden, wenn diese Mindesthaftung gesichert ist. Sodann: Auch wenn eine weitere Gesellschaft zwischengeschaltet ist, kann Satz 2 zum Zuge kommen, sofern nur mindestens eine natürliche Person unbeschränkt haftet (Beispiel: Gesellschafter der oHG sind eine GmbH und eine KG, als deren Komplementär eine Personengesellschaft mit unbeschränkt haftenden natürlichen Personen fungiert).

III. Rechtsfolgen

1. Die Bezugsnormen des § 129a

a) Der Gesetzeswortlaut nimmt nur auf die §§ 32a und b GmbHG Bezug. Es ist aber 5 wohl unstreitig, daß sämtliche Regeln der GmbH-Novelle über eigenkapitalersetzende Gesellschafterdarlehen erfaßt sein sollen (so bereits Deutler GmbHR 1980, 152). Der **Wortlaut** der Bezugsnormen ist folgender:

§ 32a GmbHG

Hat ein Gesellschafter der Gesellschaft in einem Zeitpunkt, in dem ihr die Gesellschafter als ordentliche Kaufleute Eigenkapital zugeführt hätten, statt dessen ein Darlehen gewährt, so kann er den Anspruch auf Rückgewähr des Darlehens im Konkurs über das Vermögen der Gesellschaft oder im Vergleichsverfahren zur Abwendung des Konkurses nicht geltend machen. Ein Zwangsvergleich oder ein im Vergleichsverfahren geschlossener Vergleich wirkt für und gegen die Forderung des Gesellschafters.

Hat ein Dritter der Gesellschaft in einem Zeitpunkt, in dem ihr die Gesellschafter als ordentliche Kaufleute Eigenkapital zugeführt hätten, statt dessen ein Darlehen gewährt und hat ihm ein Gesellschafter für die Rückgewähr des Darlehens eine Sicherung bestellt oder er sich dafür verbürgt, so kann der Dritte im Konkursverfahren oder im Vergleichsverfahren zur Abwendung des Konkurses über das Vermögen der Gesellschaft nur für den Betrag verhältnismäßige Befriedigung verlangen, mit dem er bei der Inanspruchnahme der Sicherung oder des Bürgen ausgefallen ist.

Diese Vorschriften gelten für andere Rechtshandlungen eines Gesellschafters oder eines Dritten, die der Darlehensgewährung nach Absatz 1 oder 2 wirtschaftlich entsprechen.

§ 32b GmbHG

Hat die Gesellschaft im Fall des § 32a Abs. 2, 3 das Darlehen im letzten Jahr vor der Konkurseröffnung zurückgezahlt, so hat der Gesellschafter, der die Sicherung bestellt hatte oder als Bürge haftete, der Gesellschaft den zurückgezahlten Betrag zu erstatten. Die Verpflichtung besteht nur bis zur Höhe des Betrags, mit dem der Gesellschafter als Bürge haftete oder der dem Wert der von ihm bestellten Sicherung im Zeitpunkt der Rückzahlung des Darlehens entspricht. Der Gesellschafter wird von der Verpflichtung frei, wenn er die Gegenstände, die dem Gläubiger als Sicherung gedient hatten, der Gesellschaft zu ihrer Befriedigung zur Verfügung stellt. Diese Vorschriften gelten sinngemäß für andere Rechtshandlungen, die der Darlehensgewährung wirtschaftlich entsprechen.

§ 32a KO

Anfechtbar sind Rechtshandlungen, die dem Gläubiger einer von § 32a Abs. 1, 3 des Gesetzes betreffend die Gesellschaften mit beschränkter Haftung erfaßten Forderung Sicherung gewähren. Gleiches gilt für Rechtshandlungen, die dem Gläubiger einer solchen Forderung Befriedigung gewähren, wenn sie in dem letzten Jahre vor der Eröffnung des Verfahrens vorgenommen sind.

§ 3b AnfG

Anfechtbar sind Rechtshandlungen, die dem Gläubiger einer von § 32a Abs. 1, 3 des Gesetzes betreffend die Gesellschaften mit beschränkter Haftung erfaßten Forderung Sicherung gewähren.

Gleiches gilt für Rechtshandlungen, die dem Gläubiger einer solchen Forderung Befriedigung gewähren, wenn sie in dem letzten Jahre vor der Anfechtung vorgenommen sind; § 3 Abs. 2 ist anzuwenden.

6 b) Die §§ 32 b GmbHG, 32 a KO und 3 b AnfG sollen nach dem **Entwurf einer Insolvenzordnung** geändert werden (Gesetz zur Reform des Insolvenzrechts, Diskussionsentwurf 1988 und Referentenentwurf 1989; vgl. dazu § 145 Anm. 78).

2. Tatbestand und Rechtsfolgen im einzelnen

7 Der Tatbestand der eigenkapitalersetzenden Gesellschafterdarlehen (§ 32 a Abs. 1 GmbHG), der eigenkapitalersetzenden Gesellschaftersicherheiten (§ 32 a Abs. 2 GmbHG) und der gleichgestellten Sachverhalte (§ 32 a Abs. 3 GmbHG) ergibt sich aus der gesetzlichen Verweisung. Da in der Praxis nicht § 129 a, sondern – vor allem im Hinblick auf die GmbH & Co. KG – der dem § 129 a entsprechende § 172 a im Mittelpunkt steht, ist wegen der Voraussetzungen und Rechtsfolgen auf die Kommentierung bei § 172 a Anm. 17–53 zu verweisen. Als bedeutsamste Neuerung ist zu § 172 a Anm. 40 zu ergänzen, daß in BGHZ 109, 55 nunmehr die eigenkapitalersetzende Nutzungsüberlassung anerkannt wurde. Die hiergegen erhobenen Bedenken bestehen unverändert fort (vgl. Karsten Schmidt ZIP 1990, 69 ff.; wie der BGH aber die h. M.).

IV. Eigenkapitalersatz bei der gesetzestypischen oHG?

8 Nach der Vorstellung des Gesetzgebers ist das Problem der eigenkapitalersetzenden Gesellschafterdarlehen ein Problem der kapitalgesellschaftlich beschränkten Haftung. Nach **h. M.** gibt es deshalb bei der gesetzestypischen oHG keine eigenkapitalersetzenden Gesellschafterdarlehen (BGHZ 112, 31, 38 f. = NJW 1990, 3145, 3147; dazu krit. Karsten Schmidt ZIP 1991, 1 ff.). Diese h. M. **verkennt,** daß es sich bei den Grundsätzen über eigenkapitalersetzende Darlehen um verallgemeinerungsfähige Grundsätze ordnungsmäßiger Unternehmensfinanzierung handelt, die auf alle unternehmenstragenden Gesellschaften ausgedehnt werden können (Karsten Schmidt Gesellschaftsrecht § 18 III 4; ders. ZHR 147 [1983], 171 ff.; AG 1984, 15; JZ 1985, 304; GmbHR 1986, 337 ff.; ZIP 1991, 1 ff.; s. auch § 172 a Anm. 54; für die KG im wesentlichen zustimmend Joost ZGR 1987, 370 ff.; ablehnend Rümker ZGR 1988, 508 ff.). Richtig ist zwar, daß die praktische Bedeutung des Eigenkapitalersatzes vor allem auf dem Gebiet der beschränkten Haftung liegt, denn es gilt, der Flucht aus der unbeschränkten Haftung zu begegnen. Aber auch bei der oHG spielt die Frage eine Rolle, für welche Verbindlichkeiten das Vermögen der Gesellschaft und das Vermögen der Gesellschafter zur Verfügung steht (selbst bei gleichzeitigem Konkurs der Gesellschaft und der Gesellschafter laufen getrennte Konkursverfahren; vgl. § 124 Anm. 40). Deshalb sollten folgende Grundsätze anerkannt werden: Gesellschafterdarlehen, die der Gesellschaft zu einer Zeit gewährt oder belassen worden sind, zu der ordentliche Kaufleute Eigenkapital zugeführt hätten, begründen im Konkurs der oHG keine Konkursforderungen (diese Mittel stehen also nur den Gesellschaftsgläubigern und nicht den Privatgläubigern der Gesellschafter zur Verfügung). Sind solche Mittel in der Krise zurückgeflossen, so ist an eine Rückzahlung in die Masse analog § 32 a KO oder an Ansprüche der Gesell-

Haftung des eintretenden Gesellschafters **1 § 130**

schaft wegen unzulässiger verdeckter Ausschüttung zu denken (vgl. § 172a Anm. 54 a.E.). Die Frage ist in Praxis und Literatur noch unausgetragen. Für die Kommanditgesellschaft hat das LG Düsseldorf in einem nicht rechtskräftigen Urteil vom 23. 8. 1988 (ZIP 1988, 1569) ausgesprochen, daß die Vorschriften über die Rückgewähr eigenkapitalersetzender Darlehen auf eine Kommanditgesellschaft mit mindestens einem natürlichen Komplementär nicht analog anwendbar sind. Der BGH hat die Frage für Kommanditistendarlehen immerhin unentschieden gelassen, jedoch für die Darlehen eines unbeschränkt haftenden Gesellschafters in Übereinstimmung mit der h.M. – indes, wie gezeigt wurde, zu Unrecht – verneint (BGHZ 112, 31, 38f. = NJW 1990, 3145, 3147; dazu Karsten Schmidt ZIP 1991, 1ff.).

130 (1) Wer in eine bestehende Gesellschaft eintritt, haftet gleich den anderen Gesellschaftern nach Maßgabe der §§ 128 und 129 für die vor seinem Eintritte begründeten Verbindlichkeiten der Gesellschaft, ohne Unterschied, ob die Firma eine Änderung erleidet oder nicht.
(2) Eine entgegenstehende Vereinbarung ist Dritten gegenüber unwirksam.

Schrifttum: *Gerlach*, Die Haftungsordnung der §§ 25, 28, 130 HGB, 1976; *Honsell-Harrer*, Die Haftung für Altschulden nach §§ 28, 130 HGB bei arglistiger Täuschung, ZIP 1983, 259; *Kornblum*, Die Haftung der Gesellschafter für Verbindlichkeiten von Personengesellschaften, 1972; *Reindl*, Zur Haftung des fehlerhaft eingetretenen Gesellschafters, in Festschrift Demelius, 1973, S. 427.

Inhalt

	Anm.		Anm.
I. Grundlagen	1–10	2. Eintritt in die Gesellschaft	12
1. Normzweck	1	3. Entbehrliche Merkmale	14
2. Anwendungsbereich	2	III. Rechtsfolgen	16–20
3. Der Aufnahmevertrag	9	1. Haftung nach §§ 128, 129	16
II. Tatbestandsvoraussetzungen	11–15	2. Unabdingbarkeit	18
1. Vorhandensein der Gesellschaft	11	3. Prozeßfragen	19

I. Grundlagen

1. Normzweck

Die Vorschrift stellt sicher, daß ein in die Gesellschaft eintretender Gesellschafter für **1** die zu diesem Zeitpunkt bereits begründeten Verbindlichkeiten haftet. Der **Sinn und Zweck der Bestimmung** wird uneinheitlich beurteilt. Unrichtig ist es, die Haftung aus einer vertraglichen Schuldübernahme herzuleiten (so Gerlach S. 62). Auch eine Rechtsscheinhaftung liegt nicht vor (Canaris, Die Vertrauenshaftung im deutschen Privatrecht, 1971, S. 187). Nach richtiger Auffassung soll nur sichergestellt werden, daß der neu eingetretene Gesellschafter ebenso wie alle anderen Gesellschafter für sämtliche Gesellschaftsschulden einheitlich haftet, für Altverbindlichkeiten wie für Neuverbindlichkeiten (vgl. § 173 Anm. 1; Fischer in Großkomm Anm. 25; Karsten Schmidt Gesellschaftsrecht §§ 49 IV, 54 IV 2; s. auch Honsell-Harrer ZIP 1983, 263). Durch diesen

Normzweck unterscheidet sich § 130 namentlich von § 28 (Karsten Schmidt Handelsrecht § 8 III 1 b).

2. Anwendungsbereich

2 a) § 130 gilt für **jede oHG**, die den Tatbestand der §§ 105, 123 erfüllt. Völlig unproblematisch ist deshalb die Anwendung des § 130, wenn die Gesellschaft zur Zeit des Eintritts entweder vollkaufmännisch i.S. von § 1 tätig oder in Fällen der §§ 2, 3 als oHG eingetragen war. Ist die Gesellschaft zu Unrecht eingetragen, erfüllt sie aber die Voraussetzungen des § 5, so unterliegt sie nicht dem Recht der Gesellschaft bürgerlichen Rechts, sondern ist Handelsgesellschaft (Karsten Schmidt Handelsrecht §§ 9 III, 10 III). Die Anwendbarkeit des § 130 ist dann völlig unproblematisch. Das ist für Vertragsansprüche ausdrücklich anerkannt durch BGH LM § 5 Nr. 3 = BB 1981, 1850 = NJW 1982, 45, gilt aber auch für alle anderen Ansprüche, denn § 5 ist keine auf den Rechtsverkehr beschränkte Vertrauensschutznorm (vgl. näher Karsten Schmidt Handelsrecht § 10 VIII 4).

3 b) § 130 gilt auch für die **Kommanditgesellschaft**, wenn ein neuer Komplementär beitritt (vgl. § 161 Abs. 2). Dem Beitritt ist es gleichzustellen, wenn ein Kommanditist nachträglich Komplementär wird. Dann haftet er für Neuverbindlichkeiten nach §§ 161 Abs. 2, 128 und für Altverbindlichkeiten inhaltsgleich nach §§ 161 Abs. 2, 130. Tritt ein Kommanditist bei, so gilt für ihn nicht § 130, sondern § 173.

4 c) § 130 gilt auch für eine **werdende oHG oder KG**, die aufgrund von §§ 2, 3, 123 noch Gesellschaft bürgerlichen Rechts ist und erst durch Eintragung zur oHG wird. Es ist dann ohne Belang, ob ein Neugesellschafter vor oder nach der Eintragung hinzugetreten ist. Die Richtigkeit dieser Auffassung liegt auf der Hand, wenn man § 130 auf alle unternehmenstragenden Gesellschaften bürgerlichen Rechts analog anwendet (vgl. Anm. 5). Aber auch die h.M., die diesen Grundsatz nicht anerkennt, sollte den Beitritt zu einer Gesellschaft, die nur aufgrund von § 123 noch nicht oHG ist, nach § 130 behandeln (vgl. zur Behandlung der Gesellschaft im Fall des § 123 allgemein § 123 Anm. 13 ff.).

5 d) § 130 gilt nach BGHZ 74, 240 = NJW 1979, 1821 nicht für eine **Gesellschaft bürgerlichen Rechts**. Bei dieser haftet ein hinzutretender Gesellschafter nach Ansicht des BGH nur dann für Altverbindlichkeiten, wenn dies mit dem Gläubiger besonders vereinbart ist. Diese Entscheidung wird unterschiedlich beurteilt (zust. Ulmer JZ 1980, 354 f.; Wiesner JuS 1981, 331; abl. Wiedemann JZ 1980, 196 f.). Sie bezog sich auf den Fall einer Anteilsübertragung. Inzwischen hat BGH NJW-RR 1987, 1233 für den Fall, daß ein Bauherr erst später der Bauherrengemeinschaft beigetreten ist, entschieden, daß auch dieser Vertragspartner bereits vorher abgeschlossener Verträge mit Bauunternehmern wird und als solcher haftet. Dies ist allerdings kein Problem des § 130. Angewandt wird § 130 von der bisher h.M., wenn die Gesellschaft im Rechtsverkehr wie eine Handelsgesellschaft auftritt (RGZ 93, 227, 229 f.; Heymann-Emmerich Anm. 4), nicht allerdings, wenn sie zwar noch eingetragen, aber nicht mehr unternehmerisch tätig ist (BAG BB 1988, 409). Nach richtiger Ansicht ist § 130 auf unternehmenstragende Gesellschaften bürgerlichen Rechts analog anzuwenden (Karsten Schmidt Gesellschaftsrecht § 60 III 2 d; ders., in Festschrift Fleck, 1988, S. 290 f.). Es kommt dann nicht darauf an, ob das Vorhandensein einer oHG vorgetäuscht wird (vgl. für diesen Fall Hopt-Hehl JuS 1979, 274). Die im Ergebnis richtig entschiedenen Fälle des BGH betrafen keine unternehmenstragenden Gesellschaften. Eine analoge Anwendung des § 130 kam in diesen Fällen von vornherein nicht in Frage. Insofern läßt sich nicht sagen, daß die Anwendbarkeit des § 130 für die Fälle, in denen sie hier bejaht wird, in der Rechtsprechung bereits negativ entschieden ist.

e) Auch für die **fehlerhafte**, also durch unwirksamen Vertrag gegründete, aber in Vollzug gesetzte **Gesellschaft** gilt § 130 (BGHZ 44, 235, 237 = NJW 1966, 107, 108; Fischer in Großkomm Anm. 28 f.; Baumbach-Duden-Hopt Anm. 1 A; Heymann-Emmerich Anm. 5). Eine solche Gesellschaft ist im Unterschied zur bloßen Scheingesellschaft ein wirklicher Rechtsträger (§ 105 Anm. 203). Ihr können neue Gesellschafter hinzutreten, und sie kann Gesellschaftsschulden haben. Die Anwendbarkeit des § 130 folgt aus der Natur der Sache. **6**

f) Auch auf eine **aufgelöste, aber noch nicht vollbeendete Gesellschaft** ist § 130 anzuwenden (vgl. § 156 Anm. 18, 33). Wer der Gesellschaft, etwa zu Fortführungszwecken, beitritt, haftet nach § 130 für alle Gesellschaftsverbindlichkeiten. **7**

g) **Nicht** anwendbar ist § 130 auf den Fall der **Neugründung (Sachgründung) einer Gesellschaft**. Hier ist, wenn der bisherige Träger des Unternehmens an der Gesellschaft beteiligt bleibt, § 28 anzuwenden (Anm. 11). Wird eine oHG unter Übertragung des Unternehmens auf eine neue Gesellschaft liquidiert, so ist dies ein Fall des § 25, nicht des § 130. **8**

3. Der Aufnahmevertrag

a) Nicht in § 130 geregelt ist der **Abschluß des Aufnahmevertrags**. Der Aufnahmevertrag wird grundsätzlich als Gesellschaftsvertrag (vgl. § 105 Anm. 180) mit sämtlichen schon vorhandenen Gesellschaftern geschlossen (RGZ 91, 412, 413; 128, 172, 176; Fischer in Großkomm Anm. 5). Die Gesellschafter können sich bereits in einem Vorvertrag, auch im Gesellschaftsvertrag selbst, verpflichten, einen Dritten aufzunehmen (RGZ 128, 172, 176). Sie können auch im Außenverhältnis dem Dritten ein langfristiges Vertragsangebot für den Eintritt machen, das er nur anzunehmen braucht (RG JW 1925, 2607). Der Vertrag kann auch eine Regelung treffen, wonach im Innenverhältnis ein Mehrheitsbeschluß genügt (ausführlich noch Geßler in der 4. Aufl. Anm. 12). Wird einem Gesellschafter das Recht eingeräumt, einen Dritten in die Gesellschaft aufzunehmen, so ist hierin regelmäßig eine Bevollmächtigung zu sehen (RGZ 128, 172, 176; BGHZ 26, 330, 333 f.; vgl. auch noch für die Publikumsgesellschaft BGH WM 1976, 15). Seit BGH NJW 1978, 1000 = JuS 1978, 635 (Publikumspersonengesellschaft) ist anerkannt, daß die Gesellschaft auch ermächtigt werden kann, im eigenen Namen Aufnahmeverträge mit Neugesellschaftern abzuschließen. Auch die Ermächtigung eines einzelnen Gesellschafters für den Abschluß solcher Aufnahmeverträge ist zulässig (Karsten Schmidt Gesellschaftsrecht § 57 II 1 a). Gegenstand des Vertrags bleibt die Herstellung eines Gesellschafterverhältnisses mit allen Gesellschaftern. **9**

10 b) Vom Aufnahmevertrag muß die **Anteilsübertragung** unterschieden werden (§ 105 Anm. 185). Sie ist nach heute h. M. zulässig, wenn sie im Gesellschaftsvertrag zugelassen ist oder wenn alle Mitgesellschafter zustimmen (BGHZ 13, 179, 186; 24, 106, 114; 77, 392, 394f.; std. Rspr.; näher § 105 Anm. 186f.). Der Erwerb eines Anteils durch Einzelrechtsnachfolge ist kein Eintritt in die Gesellschaft im technischen Sinne. Von einem Eintritt im technischen Sinne als Spiegelbild zum Austritt kann nur gesprochen werden, wenn eine neue Mitgliedschaft geschaffen und ein neuer Gesellschafter mit Abwachsungsfolge (Spiegelbild zur Anwachsung; zu dieser vgl. § 138 Anm. 24f.) aufgenommen wird. Nach dem Normzweck des § 130 (Anm. 1) steht aber der Anteilserwerb einem solchen echten Eintritt gleich (Anm. 12).

II. Tatbestandsvoraussetzungen

1. Vorhandensein der Gesellschaft

11 Es muß im Zeitpunkt des Beitritts eine **Gesellschaft** (oHG, KG, nach Anm. 5 auch unternehmenstragende Gesellschaft bürgerlichen Rechts) vorhanden sein (näher Anm. 2ff.). Wird die Gesellschaft durch den Beitritt von Gesellschaftern erst gegründet, so ist dies ein Fall des § 28, nicht des § 130 (RGZ 142, 98, 101). Die Haftung der Gesellschafter ergibt sich in diesem Fall aus § 128 (Karsten Schmidt Handelsrecht § 8 III 2; h. M.; gegen jede persönliche Haftung Lieb, in Festschrift Westermann, 1974, S. 323). Eine Eintragung der Gesellschaft im Handelsregister ist nach Anm. 4f. nicht erforderlich. Eine fehlerhafte, d. h. durch unwirksamen Vertrag gegründete, aber eingetragene oder sonst in Vollzug gesetzte Gesellschaft genügt (Anm. 6).

2. Eintritt in die Gesellschaft

12 a) **Eintritt im technischen Sinne** ist die Aufnahme in die Gesellschaft durch Aufnahmevertrag, also durch Schaffung eines neuen Anteils durch Vertrag (vgl. Anm. 10 sowie sinngemäß auch § 173 Anm. 4). Aber nach dem Normzweck (Anm. 1) ist **jeder Fall erfaßt, in dem ein neuer Gesellschafter vorhanden ist** (ausführlicher § 173 Anm. 5ff.). Unter § 130 fällt deshalb auch der rechtsgeschäftliche Anteilserwerb durch **Einzelrechtsnachfolge** (Heymann-Emmerich Anm. 3; Fischer in Großkomm Anm. 11; Karsten Schmidt Gesellschaftsrecht § 49 IV 2) sowie durch **Gesamtrechtsnachfolge** als Erbe (so im Ergebnis auch BGH LM § 5 Nr. 3 = BB 1981, 1850 = NJW 1982, 45; Fischer in Großkomm Anm. 10; Ulmer in Großkomm § 139 Anm. 151; Lange-Kuchinke, Erbrecht 3. Aufl., 1989, § 49 VI 2a; Siegmann in MünchKomm § 1967 Anm. 70 für § 173; Emmerich ZHR 150 [1986] 203; s. auch § 173 Anm. 8; anders Geßler in der Voraufl. Anm. 15; Liebisch ZHR 116 [1954], 160f.). Der Erbe eines oHG-Gesellschafters oder Komplementärs, der aufgrund einer Nachfolgeklausel die Mitgliedschaft fortführt (vgl. § 139 Anm. 16ff.), haftet also für die Altverbindlichkeiten ebenso wie für Neuverbindlichkeiten als Gesellschafter (§§ 130, 128) und nicht bloß als Erbe eines Gesellschafters (§§ 1967ff. BGB). Deshalb ist das Haftungsprivileg des § 139 so bedeutsam (vgl. § 139 Anm. 94ff.). Schließlich kann auch die **Umwandlung der Mitgliedschaft** unter § 130 fallen. Ein Kommanditist, der durch Vertragsänderung Komplementär wird, haftet nach § 130 unbeschränkt für alle bereits vorhandenen Gesellschaftsverbindlichkeiten, obwohl ein Beitritt im technischen Sinne nicht vorliegt (vgl. § 173 Anm. 4f., 47f.; Heymann-Emmerich Anm. 3).

b) Auch der **fehlerhafte Eintritt** (§ 105 Anm. 183) fällt unter § 130 und läßt den Eintretenden haften (BGHZ 26, 330, 335; 44, 235 = NJW 1966, 107; Baumbach-Duden-Hopt Anm. 1 A; Kübler Gesellschaftsrecht § 25 V 1; Huber Vermögensanteil S. 411; a.M. Honsell-Harrer ZIP 1983, 259 und Reindl in Festschrift für Demelius S. 437 im Fall der arglistigen Täuschung des Eingetretenen). Eine inzwischen überholte Rechtsprechung des BGH unterwarf auch den Fall einer **fehlerhaften Anteilsübertragung** den Grundsätzen über fehlerhafte Gesellschaften (BGH WM 1968, 892, 893; BB 1988, 580 = NJW 1988, 1324); diese Rechtsprechung ist aufgegeben seit dem eine GmbH betreffenden Urteil BGH NJW 1990, 1915 = ZIP 1990, 371 (dazu § 105 Anm. 227). Da in diesem Fall der Anteil in Wahrheit beim Veräußerer geblieben ist, kommt keine Anwendung des § 130 in Betracht, sondern nur eine Rechtsscheinhaftung (vgl. Karsten Schmidt BB 1988, 1059f.; in ähnlicher Richtung schon Wiedemann Übertragung S. 71).

3. Entbehrliche Merkmale

a) Die **Beibehaltung der Firma** ist nach Abs. 1 nicht erforderlich. Die ratio legis ist eine ganz andere als bei §§ 25, 28 (vgl. zu diesen Karsten Schmidt Handelsrecht § 8). Im Fall des § 130 bleibt dieselbe Gesellschaft Rechtsträger des Unternehmens. Die Haftung kann durch eine Firmenänderung keinesfalls vermieden werden.

b) Nach dem Normzweck des § 130 (Anm. 1) kommt es **nicht** auf irgendeine Art von veranlaßtem **Rechtsschein** oder von **Vertrauen** an. Die Haftung kommt allen Altgläubigern ohne weiteres zugute (a.A. für den Fall des fehlerhaften Beitritts Reindl in Festschrift für Demelius S. 437, der annimmt, daß die Haftung nach § 130 ausgeschlossen ist, wenn der Gesellschaftsgläubiger weiß, daß der neu eingetretene Gesellschafter über die finanzielle Lage der Gesellschaft getäuscht wurde). Die Haftung kann nur durch besondere Abrede mit einzelnen Gläubigern ausgeschlossen oder beschränkt werden (Anm. 18). Das ist vor allem dann bedeutsam, wenn der Beitritt der Sanierung dienen soll.

III. Rechtsfolgen

1. Haftung nach §§ 128, 129

a) Die **Rechtsfolge** ergibt sich aus der Verweisung auf die §§ 128, 129. Der Neugesellschafter haftet für Altverbindlichkeiten ebenso wie für Neuverbindlichkeiten (für diese ergibt sich die Haftung unmittelbar aus §§ 128, 129). Die **Haftung beginnt** nicht schon mit dem Abschluß des Aufnahmevertrags, sondern erst mit dessen Wirksamwerden (§ 173 Anm. 22; s. jetzt auch Heymann-Emmerich Anm. 6). Dazu bedarf es nach dem Gesetz nicht der Eintragung in das Register, aber der Beitritt kann bedingt oder betagt vereinbart werden. Vor Wirksamwerden des Beitritts kommt nur eine Rechtsscheinhaftung in Betracht.

17 b) Die **Haftung** ist nach § 128 S. 1 **unbeschränkt**. Ist der Neugesellschafter als Erbe eingetreten, so kann er seine Haftung auf den Nachlaß beschränken, wenn die Gesellschaft bereits aufgelöst war (BGH LM § 5 Nr. 3 = BB 1981, 1850 = NJW 1982, 45). Vgl. zur Haftung des Erben im einzelnen Erl. § 139. Für den Regreß im Innenverhältnis gelten grundsätzlich (vorbehaltlich Anm. 19 und etwaiger Schadensersatzansprüche des Eintretenden) die Ausführungen von § 128 Anm. 31 ff.

2. Unabdingbarkeit

18 Nach **Abs. 2** ist eine die Haftung ausschließende Vereinbarung Dritten gegenüber unwirksam. Dies entspricht dem § 128 Abs. 1 S. 2. Auch eine Mitteilung gegenüber einem Gläubiger beseitigt die Haftung des neuen Gesellschafters gegenüber diesem Gläubiger nicht (vgl. demgegenüber §§ 25 Abs. 2, 28 Abs. 2). Mit Außenwirkung kann die Haftung nur durch Vertrag zwischen dem Neugesellschafter und dem einzelnen Altgläubiger ausgeschlossen werden. Wurde bei dem Eintritt des Neugesellschafters vereinbart, daß dieser nicht für die Altschulden haften soll, so wird das i.d.R. nicht bedeuten, daß er nur Freistellung von der Gesellschaft verlangen kann (dies ergibt sich von selbst aus § 110); der Neugesellschafter wird vielmehr Freistellung auch von den Mitgesellschaftern verlangen können. Die Gesellschaft kann auch – z.B. im Rahmen von Sanierungsverhandlungen – vor dem Beitritt mit einzelnen (Groß-) Gläubigern nach § 328 BGB vereinbaren, daß der Neugesellschafter diesen Gläubigern nicht haften soll (vgl. Heymann-Emmerich Anm. 8).

3. Prozeßfragen

19 a) **Rechtshängig** wird der Haftungsanspruch aus § 130 nur durch Klage oder durch Mahnverfahren gegen den Gesellschafter (vgl. sinngemäß § 124 Anm. 33, § 128 Anm. 21). Tritt der Neugesellschafter während eines gegen die Gesellschaft oder (und) gegen die schon vorhandenen Gesellschafter geführten Prozesses bei, so wird der Neugesellschafter nicht ohne weiteres Prozeßpartei. Erforderlich ist eine Klag- bzw. eine Parteierweiterung. Im Fall der Nachfolge von Todes wegen gelten die §§ 239 f. ZPO.

20 b) Die **materielle Rechtskraft** eines gegenüber der Gesellschaft ergangenen Urteils wirkt nach § 129 Abs. 1 auch gegen den Neugesellschafter. Das gilt auch dann, wenn das gegen die Gesellschaft ergangene Urteil bereits im Zeitpunkt des Beitritts erlassen bzw. schon rechtskräftig war, so daß der neue Gesellschafter keinen Einfluß auf den Prozeß nehmen konnte.

---

130 a (1) Wird eine Gesellschaft, bei der kein Gesellschafter eine natürliche Person ist, zahlungsunfähig oder deckt das Vermögen der Gesellschaft nicht mehr die Schulden, so ist die Eröffnung des Konkursverfahrens oder des gerichtlichen Vergleichsverfahrens zu beantragen; dies gilt nicht, wenn zu den Gesellschaftern der offenen Handelsgesellschaft eine andere offene Handelsgesellschaft oder Kommanditgesellschaft gehört, bei der ein persönlich haftender Gesellschafter eine natürliche Person ist. Antragspflichtig sind die organschaftlichen Vertreter der zur Vertretung der Gesellschaft ermächtigten Gesellschafter und die Liquidatoren. Der Antrag ist ohne schuldhaftes Zögern, spätestens aber drei Wochen nach Eintritt der Zahlungsunfähigkeit oder der Überschuldung der Gesellschaft zu stellen. Der Antrag ist nicht schuldhaft verzögert, wenn die Antragspflichtigen die Eröffnung des gerichtlichen Vergleichsverfahrens mit der Sorgfalt eines ordentlichen und gewissenhaften Geschäftsleiters betreiben.

(2) Nachdem die Zahlungsunfähigkeit der Gesellschaft eingetreten ist oder sich ihre Überschuldung ergeben hat, dürfen die organschaftlichen Vertreter der zur Vertretung der Gesellschaft ermächtigten Gesellschafter und die Liquidatoren für die Gesellschaft keine Zahlungen leisten. Dies gilt nicht von Zahlungen, die auch nach diesem Zeitpunkt mit der Sorgfalt eines ordentlichen und gewissenhaften Geschäftsleiters vereinbar sind.

(3) Wird entgegen Absatz 1 die Eröffnung des Konkursverfahrens oder des gerichtlichen Vergleichsverfahrens nicht oder nicht rechtzeitig beantragt oder werden entgegen Absatz 2 Zahlungen geleistet, nachdem die Zahlungsunfähigkeit der Gesellschaft eingetreten ist oder sich ihre Überschuldung ergeben hat, so sind die organschaftlichen Vertreter der zur Vertretung der Gesellschaft ermächtigten Gesellschafter und die Liquidatoren der Gesellschaft gegenüber zum Ersatz des daraus entstehenden Schadens als Gesamtschuldner verpflichtet. Ist dabei streitig, ob sie die Sorgfalt eines ordentlichen und gewissenhaften Geschäftsleiters angewandt haben, so trifft sie die Beweislast. Die Ersatzpflicht kann durch Vereinbarung mit den Gesellschaftern weder eingeschränkt noch ausgeschlossen werden. Soweit der Ersatz zur Befriedigung der Gläubiger der Gesellschaft erforderlich ist, wird die Ersatzpflicht weder durch einen Verzicht oder Vergleich der Gesellschaft noch dadurch aufgehoben, daß die Handlung auf einem Beschluß der Gesellschafter beruht. Ein Zwangsvergleich oder ein im Vergleichsverfahren geschlossener Vergleich wirkt für und gegen die Forderung der Gesellschaft. Die Ansprüche aus diesen Vorschriften verjähren in fünf Jahren.

(4) Diese Vorschriften gelten sinngemäß, wenn die in den Absätzen 1 bis 3 genannten organschaftlichen Vertreter ihrerseits Gesellschaften sind, bei denen kein Gesellschafter eine natürliche Person ist, oder sich die Verbindung von Gesellschaften in dieser Art fortsetzt.

Schrifttum: vgl. die Angaben bei § 177a vor Anm. 5; seither noch: *Binz*, Die GmbH & Co., 8. Aufl. 1991; *Hesselmann-Tillmann*, Handbuch der GmbH & Co., 17. Aufl. 1991; *Karsten Schmidt*, Quasi-Eigenkapital als haftungsrechtliches und bilanzrechtliches Problem, in: Festschrift Goerdeler, 1987, S. 487; *ders.*, Konkursverschleppungshaftung und Konkursverursachungshaftung, ZIP 1988, 1497; *ders.*, Die Strafbarkeit „faktischer Geschäftsführer" wegen Konkursverschleppung als Methodenproblem, in: Festschrift Rebmann, 1989, S. 419; *ders.*, Wege zum Insolvenzrecht der Unternehmen, 1990; *Uhlenbruck*, Die GmbH & Co. KG in Krise, Konkurs und Vergleich, 2. Aufl. 1988; *Weimar-Geitzhaus*, Die GmbH & Co. KG vor den Toren des GmbH-Rechts, DB 1987, 2032.

Inhalt

	Anm.		Anm.
I. Grundlagen	1–6	II. Anwendungsbereich	7–12
1. Gesetzgebung	1	1. Der Grundtatbestand	7
2. Normzweck	2	2. Mehrstufige Kapitalgesellschaft & Co.	10
3. Verhältnis zu § 64 GmbHG	4	3. Kommanditgesellschaft	12
4. Verhältnis zu den internen Geschäftsleiterpflichten	5	III. Normadressaten	13–18
5. Verhältnis zu den Mitgliedschaftspflichten der Gesellschafter	6	1. Organschaftliche Vertreter und Liquidatoren	13

	Anm.		Anm.
2. Die sog. faktischen Organe	16	2. Beginn und Beendigung der Pflicht	29
3. Keine Normadressaten	18	3. Verstoß gegen die Pflicht	31
IV. Die sog. Konkursantragspflicht	19–27	VI. Sanktionen	34–51
1. Beginn und Ende der Pflicht	19	1. Strafrechtliche Verantwortung	34
2. Erfüllung und Verletzung der Pflicht	25	2. Schadensersatzansprüche der Gesellschaft	35
V. Die Pflicht zur Erhaltung der Haftungsmasse	28–33	3. Ansprüche von Einzelgläubigern	41
1. Grundsatz	28	4. Verantwortlichkeit mehrerer	47
		5. Sondervorschriften	50

I. Grundlagen

1. Gesetzgebung

1 Die §§ 130a, 130b beruhen auf dem Ersten Gesetz zur Bekämpfung der Wirtschaftskriminalität v. 29. 7. 1964 (BGBl. I 2034). Durch die GmbH-Novelle vom 4. 7. 1980 (BGBl. I 836) wurde der zweite Halbsatz von Abs. 1 Satz 1 eingefügt.

2. Normzweck

2 a) § 130a ergänzt die §§ 92 Abs. 2 AktG, 64 GmbHG. Die Vorschrift zielt vor allem auf die GmbH & Co. KG, ist aber aus systematischen Gründen allgemein gehalten, deshalb in das oHG-Recht integriert und für die KG lediglich durch die Verweisungsnorm des § 177a ergänzt worden (vgl. Ausschußbericht zum 1. WiKG BT-Drucks. 7/5291 S. 23). Vgl. auch § 177a Anm. 2. Die Vorschrift schützt nicht die Gesellschaft, sondern deren Gläubiger. Das ist vor allem für die Interpretation des Abs. 2 Satz 1 von Bedeutung (Anm. 28).

3 b) Üblicherweise wird, wie bei § 64 GmbHG, von der sog. **Konkursantragspflicht** gesprochen. Dieses am typischen Sachverhalt orientierte und durch den **ungenauen Gesetzeswortlaut** scheinbar bestätigte Verständnis kann nur in einfachen Grundkonstellationen befriedigen. Nach richtiger Auffassung handelt es sich um insolvenzrechtliche Organpflichten (näher zum folgenden Karsten Schmidt ZIP 1980, 328 ff.; 1988, 1498; s. auch dens. Wege zum Insolvenzrecht S. 67; Scholz-Karsten Schmidt GmbHG § 64 Anm. 1). Es geht nicht darum, die Geschäftsleiter zum Konkursantrag zu zwingen, sondern verboten ist die Geschäftsfortführung trotz Insolvenz. Die Geschäftsleiter tragen diesem Verbot Rechnung, indem sie entweder den Eintritt der Insolvenz verhindern oder das insolvente Unternehmen, ohne dabei gegen § 130a zu verstoßen, sanieren oder rechtzeitig Konkurs- oder Vergleichsantrag stellen. Führen sie dagegen das Geschäft ohne Konkurs- oder Vergleichsantrag fort, so verstoßen sie – nicht durch Unterlassen, sondern durch positives Tun – gegen § 130a. Hinzu kommt die Pflicht zur Erhaltung der Masse (Abs. 2 und dazu Anm. 28 ff.). Diese Pflicht besteht dauerhaft auch nach der Antragstellung fort.

3. Verhältnis zu § 64 GmbHG

4 Das **Verhältnis zu § 64 GmbHG** ist folgendes: § 130a betrifft die Insolvenz der Personengesellschaft, im Fall der GmbH & Co. KG (§ 177a) also der KG. § 64 GmbHG betrifft die Insolvenz der GmbH, im Fall der GmbH & Co. KG also der

Komplementärin (vgl. Hesselmann-Tillmann Anm. 724 ff.; Uhlenbruck S. 363 f.). Ist, was die Regel ist, die GmbH zugleich mit der KG insolvent, so ist zum Schutz der KG-Gläubiger § 130 a und zum Schutz der GmbH-Gläubiger § 64 GmbHG anzuwenden. Bei der typischen GmbH & Co., bei der sich die Aufgabe der Komplementär-GmbH in der Komplementäreigenschaft in dieser einen KG erschöpft, sind diese Gläubiger identisch. Alle KG-Gläubiger haben auch Ansprüche gegen die GmbH (§§ 161 Abs. 2, 128). Als GmbH-Gläubiger, die nicht zugleich KG-Gläubiger sind, kommen (neben dem Steuerfiskus) private Gläubiger nur in Betracht, wenn die GmbH eine eigene Geschäftstätigkeit entfaltet oder selbst Anstellungsverträge schließt. Auch eine Überschuldung der KG begründet regelmäßig eine Überschuldung der GmbH (wegen der Haftung nach § 128), sofern diese nicht ausnahmsweise wesentliches Vermögen außerhalb der Personengesellschaft hat. Deshalb verstößt bei der GmbH & Co. KG der Geschäftsführer, wenn er den § 130 a verletzt, regelmäßig auch gegen § 64 GmbHG und umgekehrt. Aber dieser Zusammenhang ist nicht zwingend. So kann, wenn die Komplementär-GmbH Verbindlichkeiten außerhalb des KG-Unternehmens hat, die GmbH konkursreif sein (§ 64 GmbHG), nicht aber die KG (§§ 130 a, 177 a). Ausnahmsweise, z. B. bei Illiquidität der KG und Zahlungsunwilligkeit der GmbH, kann auch § 130 a verletzt werden, ohne daß die GmbH konkursreif ist.

4. Verhältnis zu den internen Geschäftsleiterpflichten

§ 130 a schützt die aktuellen und potentiellen Gläubiger der Gesellschaft. Daneben besteht im **Innenverhältnis** die Pflicht der Organe, die Angelegenheiten der Gesellschaft mit der Sorgfalt eines ordentlichen Geschäftsführers oder Liquidators zu verwalten. Etwaige Schäden der Gesellschaft (nicht der Gläubiger) müssen bei schuldhafter Verletzung dieser Pflichten ersetzt werden, so etwa, wenn die Gesellschaft erst durch Konkursverschleppung sanierungsunfähig wurde. Soweit dieses Innenverhältnis zwischen dem organschaftlichen Vertreter (z. B. GmbH-Geschäftsführer) und der Gesellschafter-Gesellschaft (z. B. Komplementär-GmbH, vgl. zur Terminologie Anm. 9) besteht, haben die daraus resultierenden Organpflichten (z. B. § 43 GmbHG) drittschützende Wirkung auch für die Personengesellschaft (vgl. zur GmbH & Co. KG BGHZ 75, 321 (Publikumsgesellschaft); 76, 326, 337 f.; BGH GmbHR 1981, 191; NJW 1982, 2869 m. Anm. Westermann; eingehend Grunewald BB 1981, 581 ff.; Karsten Schmidt GmbHR 1984, 279; ders. Gesellschaftsrecht § 56 IV 3 b; vgl. schon Reinfeld, Die Haftung des Geschäftsführers der GmbH & Co., Diss. Hamburg 1970, S. 75 ff.; krit. Hüffer ZGR 1981, 354 ff.). Die organschaftlichen Pflichten zielen in erster Linie auf Erhaltung und nach Lage des Falls auch auf Sanierung der Gesellschaft. Da auch die Pflichten aus § 130 a nicht eigentlich als Konkursantragspflichten, sondern als insolvenzrechtliche Organpflichten zu begreifen sind (vgl. Anm. 3), stehen diese Pflichten nicht in Widerspruch zu § 130 a (näher Scholz-Karsten Schmidt GmbHG § 64 Anm. 11; Karsten Schmidt ZIP 1988, 1504 f.).

5. Verhältnis zu den Mitgliedschaftspflichten der Gesellschafter

Die Gesellschafter stehen in einer **mitgliedschaftlichen Sonderrechtsbeziehung** (sog. **Treupflicht**) nicht nur im Verhältnis untereinander, sondern auch im Verhältnis zu der

Gesellschaft (vgl. dazu Karsten Schmidt Gesellschaftsrecht § 19 III 1 a). Gesellschafter, die unter Verstoß gegen diese Bindung die Gesellschaft durch Konkursverschleppung oder Masseschmälerung schädigen, können nach Lage des Einzelfalls zum Schadensersatz verpflichtet sein. Wiederum geht es nicht um den Ausfall der Gläubiger, sondern um den Schaden der Gesellschaft, z.B. wenn diese noch hätte saniert werden können (näher Karsten Schmidt ZIP 1988, 1505 f.).

II. Anwendungsbereich

1. Der Grundtatbestand

7 a) § 130a setzt **erstens** voraus, daß eine oHG vorhanden ist. Ob dies der Fall ist, ergibt sich aus §§ 1 ff., 105, 123. Eine **Gesellschaft bürgerlichen Rechts** genügt nach h.M. nicht, zumal die h.M. eine solche Gesellschaft nicht als konkursfähig ansieht (vgl. § 131 Anm. 19). Vor allem minderkaufmännische Gesellschaften (§ 4) oder nichteingetragene Gesellschaften nach § 2 fallen damit aus dem Geltungsbereich heraus. Den Vorzug verdient die Auffassung, daß eine unternehmenstragende Gesellschaft bürgerlichen Rechts den Handelsgesellschaften gleichgeachtet wird (Karsten Schmidt Gesellschaftsrecht § 58 V), so daß § 130a (nicht § 130b; Analogieverbot!) hier analog angewandt werden kann (Scholz-Karsten Schmidt GmbHG § 64 Anm. 61). Auch für die Besitzgesellschaft bei der Betriebsaufspaltung kann es nicht auf die umstrittene Frage ankommen, ob sie Handelsgesellschaft oder Gesellschaft bürgerlichen Rechts ist (vgl. zu dieser Frage BGH NJW-RR 1990, 798, 799 = ZIP 1990, 505, 506; OLG München DB 1988, 902 = NJW 1988, 1036; Hopt ZGR 1987, 163 ff.; Karsten Schmidt DB 1988, 897 ff.). Wegen der **Kommanditgesellschaft** vgl. Anm. 2, 12.

8 b) Voraussetzung ist **zweitens**, daß kein Gesellschafter eine natürliche Person ist. In Betracht kommen als solche Gesellschafter vor allem: Kapitalgesellschaften (AG, KGaA, GmbH), Genossenschaften, Vereine, Stiftungen, Personengesellschaften (oHG, KG, Gesellschaft bürgerlichen Rechts), ausländische Körperschaften des öffentlichen Rechts. Die Frage, ob die Beteiligung solcher Gesellschafter überhaupt zulässig ist, ist hier nicht zu entscheiden (vgl. dazu die Angaben bei Anm. 10). Sind sie beteiligt, so sind nicht-natürliche Personen Gesellschafter.

9 c) **Terminologie:** Soweit im folgenden ohne besondere Klarstellung von „der Gesellschaft" die Rede ist, ist, wie im Gesetzestext, die Gesellschaft i.S. von Abs. 1 Satz 1 gemeint. Hiervon wird die „Gesellschafter-Gesellschaft" unterschieden (wobei klarzustellen ist, daß dieser nicht-natürliche Gesellschafter nicht in jedem Fall eine Gesellschaft im technischen Sinne sein muß, vgl. Anm. 8). Bezogen auf eine GmbH & GmbH oHG (Anwendungsfall des § 130a) wäre also die oHG „Gesellschaft" und die Gesellschaften mbH wären die „Gesellschafter-Gesellschaften". Bezogen auf die GmbH & Co. KG (Anwendungsfall des § 177a) ist die KG die „Gesellschaft", und die Komplementär-GmbH ist die „Gesellschafter-Gesellschaft".

2. Mehrstufige Kapitalgesellschaft & Co.

a) **Abs. 1 Satz 1, 2. Halbsatz** betrifft den Geltungsbereich des § 130a. Aus der Regelung ergibt sich zunächst, daß eine mehrstufige Verschachtelung **entlastend** sein kann: Auch auf eine oHG, an der keine natürliche Person unmittelbar beteiligt ist, findet § 130a keine Anwendung, wenn an ihr eine natürliche Person mittelbar dergestalt beteiligt ist, daß sie für die Gesellschaftsschulden haftet. Diese **Ausnahme** ist in mehrfacher Hinsicht **zu eng formuliert**. Zunächst stellt der Gesetzgeber darauf ab, daß eine oHG oder KG an der Gesellschaft beteiligt ist. Eine KGaA mit einer natürlichen Person als persönlich haftendem Gesellschafter oder eine Gesellschaft bürgerlichen Rechts (zu ihrer umstrittenen Fähigkeit, Gesellschafter der oHG zu sein, vgl. § 105 Anm. 68) muß genügen, wenn für ihre Schulden eine natürliche Person als Gesellschafter unbeschränkt haftet. Sodann bedarf es einer zweiten Erweiterung. Um die Anwendung des § 130a auszuschalten, genügt auch eine mittelbare Beteiligung einer natürlichen Person über eine weitere Personengesellschaft, wenn diese Beteiligung zu einer unbeschränkten Haftung dieser Person für die Gesellschaftsverbindlichkeiten führt (Beispiel: Die aus einer A-GmbH und der B-oHG bestehende Z-oHG ist von § 130a nicht nur dann ausgenommen, wenn an der B-oHG natürliche Personen beteiligt sind, sondern auch dann, wenn Gesellschafter der B-oHG eine C-GmbH und eine D-KG ist, deren Komplementär eine natürliche Person ist).

10

b) Aus **Abs. 4** ergibt sich, daß eine mehrstufige Verschachtelung **belastend** sein kann. Die unklar formulierte Bestimmung befaßt sich nicht mit dem Geltungsbereich des § 130a, sondern mit dem Kreis der verantwortlichen Personen. Sie besagt, daß eine mehrstöckige Konstruktion der Gesellschaft ohne natürlichen Komplementär die Regeln des § 130a nicht gegenstandslos macht (Begr. BT-Drucks. 7/3441 S. 47: zwei- und mehrstöckige Konstruktionen). Ist eine Gesellschaft organschaftlicher Vertreter der Gesellschafter-Gesellschaft, so verlängern sich die Organpflichten aus § 130a dergestalt, daß nun die Organe dieser Gesellschaft verpflichtet sind. Auch die Zwischenschaltung weiterer Gesellschaften, mit denen sich die Kette verlängert, ist nach dem klaren Wortlaut erfaßt. Wiederum kommt es nicht darauf an, ob die zwischengeschaltete Gesellschaft Handelsgesellschaft oder Gesellschaft bürgerlichen Rechts ist (im Gegensatz zu Abs. 1 Satz 1 Halbsatz 2 spricht das Gesetz hier neutral von Gesellschaften). Damit kommt es vor allem nicht auf die Frage an, ob bei der „doppelstöckigen GmbH & Co." die Komplementärgesellschaft mangels gewerblicher Tätigkeit Gesellschaft bürgerlichen Rechts oder, wie dies die h. M. annimmt, Kommanditgesellschaft ist (dazu § 105 Anm. 39). Die „doppelstöckige GmbH & Co.", bestehend aus einer KG mit einer GmbH & Co. KG als Komplementärin, ist der Hauptanwendungsfall des Abs. 4. Hier sind die Geschäftsführer der Komplementär-GmbH nicht nur für die Solvenz der zwischengeschalteten Komplementär-GmbH & Co., sondern auch der unternehmenstragenden KG verantwortlich.

11

3. Kommanditgesellschaft

Auf eine Kommanditgesellschaft kommt § 130a nach **§ 177a** mit der Maßgabe zur Anwendung, daß an die Stelle des Abs. 1 Satz 1 zweiter Halbsatz die Regel des § 172

12

Abs. 6 Satz 2 tritt: Ausgenommen sind nur Gesellschaften, zu deren persönlich haftenden Gesellschaftern eine oHG oder KG gehört, an der eine natürliche Person – hier ist zu ergänzen: unmittelbar oder mittelbar – so beteiligt ist, daß diese Person für die Gesellschaftsverbindlichkeiten unbeschränkt haftet (näher § 177a Anm. 3, 6ff.).

III. Normadressaten

1. Organschaftliche Vertreter und Liquidatoren

13 a) Abs. 1 und 2 nennen als Normadressaten die organschaftlichen Vertreter der zur Vertretung der Gesellschaft berufenen Gesellschafter-Gesellschaft oder die Liquidatoren der Personengesellschaft. Mit den Liquidatoren meint das Gesetz solche Personen, die nach § 146 unmittelbar als Drittliquidatoren und nicht schon aufgrund ihrer Organstellung in der Gesellschafter-Gesellschaft zuständig sind. Bei der mehrstufigen Kapitalgesellschaft & Co. – insbesondere bei der doppelstöckigen GmbH & Co. KG – kann die Organpflicht nach Abs. 4 auch das Organ einer mit der insolventen Gesellschaft nur mittelbar verbundenen Gesellschaft treffen (vgl. Anm. 11).

14 b) Wer als organschaftlicher Vertreter (Liquidator) bestellt, aber **unwirksam bestellt** ist, unterliegt den Organpflichten des § 130a. Das ist wohl unbestritten (vgl. für die AG RGSt 4, 81, 84; für die GmbH BGHSt 3, 32; Stein ZHR 148 [1984], 221f. m.w. Nachw.). Insbesondere die Anfechtung der Organbestellung beseitigt die Organpflichten so lange nicht, wie die Organstellung ausgeübt worden ist bzw. ausgeübt wird (vgl. für die GmbH Stein ZHR 148 [1984], 221f.; Scholz-Karsten Schmidt GmbHG § 64 Anm. 6; Hachenburg-Ulmer GmbHG § 64 Anm. 11; für die Genossenschaft RGSt 16, 269, 271f.).

15 c) Durch **Niederlegung des Amtes** kann sich der organschaftliche Vertreter für die Zukunft von den Organpflichten befreien. Die Frage ist umstritten, dies aber teilweise nur, weil nicht hinreichend zwischen den Fragen unterschieden wird, ob bereits begangene Verstöße geheilt werden (das ist zu verneinen) und ob die Organpflichten für die Zukunft entfallen (das kann bejaht werden). Wer organschaftlicher Vertreter war, dies aber nicht mehr ist, unterliegt nicht den Organpflichten. Der organschaftliche Vertreter befreit sich allerdings nur, wenn er die Unternehmensleitung in fremde Hände gibt (eingehende Nachw. bei Uhlenbruck S. 372; mißverständlich Baumbach-Duden-Hopt Anm. 1 C; für die GmbH vgl. im Anschluß an BGH NJW 1952, 545 Scholz-Karsten Schmidt GmbHG § 64 Anm. 5; Hachenburg-Ulmer GmbHG § 64 Anm. 9; Fleck GmbHR 1974, 229). Die bloße Verweigerung jeder weiteren Tätigkeit ohne Verhinderung weiterer rechtswidriger Unternehmensfortführung genügt in keinem Fall. Vielmehr muß der bisherige Geschäftsführer entweder vor der Niederlegung den Konkursantrag stellen oder auf Antragstellung durch einen neuen Geschäftsführer hinwirken (vgl. für die GmbH BGH NJW 1952, 554 = GmbHR 1952, 42 m. Anm. H. Schneider; Scholz-Karsten Schmidt GmbHG § 64 Anm. 5 m.w. Nachw.; Fleck GmbHR 1974, 229). Darüber hinaus ist mit Uhlenbruck (BB 1983, 1283) zu erwägen, ob eine Amtsniederlegung nach Eintritt der Insolvenz ohne vorherige Stellung des Konkurs- oder

Vergleichsantrags überhaupt als wirksam anerkannt werden kann. Sofern der organschaftliche Vertreter nach der Niederlegung des Amtes sogar noch aktiv tätig bleibt, haftet er nach dem bei Anm. 16 Gesagten ohnedies.

2. Die sog. faktischen Organe

a) Auch wer nicht als organschaftlicher Vertreter der Gesellschafter-Gesellschaft oder als Liquidator bestellt ist, unterliegt den Pflichten nach § 130a, wenn er die Geschäftsleitung **tatsächlich** innehat (vgl. zur AG BGHSt 21, 101; BGHZ 75, 96, 106; zur GmbH RGSt 71, 112; BGHSt 3, 32; 31, 118; BGH bei Herlan GA 1971, 36; BGH GmbHR 1958, 179; wistra 1984, 178 = Strafverteidiger 1984, 461 m. Anm. Otto; zur GmbH & Co. BGHZ 104, 44 = BB 1988, 1064 = NJW 1988, 1789). Die Literatur ist dieser Praxis überwiegend gefolgt (vgl. m. Nachw. Uhlenbruck S. 369 ff.; Karsten Schmidt ZIP 1988, 1500 f.; s. auch die kritische Bestandsaufnahme bei Stein ZHR 148 [1984], 207 ff., 229 ff.; auf die „Herrschaftsfunktion" und weniger auf die „Organfunktion" des faktischen Geschäftsführers stellt Roth ZGR 1989, 421, 432 f. ab; vgl. auch Fuhrmann, in Erbs-Kohlhaas, Strafrechtliche Nebengesetze, 4. Aufl., Stand Mai 1988, GmbHG, § 84 Anm. 2 i.V.m. § 82 Anm. 2b; zu der besonderen Frage, ob sog. faktische Organe sich auch nach § 130b strafbar machen können, vgl. § 130b Anm. 7). Rechtsprechung und Literatur haben sich im wesentlichen auf rechtspolitische Argumente gestützt und sich vor allem mit dem Einwand auseinandergesetzt, ob diese Extension der sog. Konkursantragspflicht über den klaren Gesetzeswortlaut hinaus zulässig ist. Dabei wurde dem Einwand zu wenig Rechnung getragen, daß Nichtorgane überhaupt nicht befugt sind, den Konkursantrag zu stellen (vgl. § 131 Anm. 19), hierzu also auch schwerlich verpflichtet sein können. Uhlenbruck (S. 370 f.) will mit der sog. Konkursantragspflicht auch das Konkursantragsrecht auf Nichtgeschäftsführer ausdehnen, die als faktische Organe fungieren. Das ist bedenklich, denn das Antragsrecht knüpft an die Zuständigkeitsordnung an. Die entscheidende Rechtfertigung der h. M. ist in dem bei Anm. 3 herausgearbeiteten Normzweck zu erblicken: § 130a gebietet nicht die Konkursantragstellung, sondern verbietet die außerkonkursliche Unternehmensführung. Dieses Verbot richtet sich an die Unternehmensleitung, und ihm unterliegt, wer das Unternehmen leitet, sei dies als wirksam oder unwirksam bestelltes, sei dies als sog. „faktisches" Organ (eingehend Karsten Schmidt in Festschrift Rebmann S. 429 ff. und ZIP 1988, 1500 f.).

b) Die schwierige **Frage, wer in diesem Sinne Unternehmensleiter ist,** kann nur nach Lage des Falls beantwortet werden. Klassische Fälle der sog. faktischen Geschäftsführung sind Strohmannsituationen, bei denen die bestellten Geschäftsführer nur noch nach außen vorgeschoben sind (vgl. BGH bei Herlan GA 1971, 36). Wer „die Seele des Unternehmens" ist (BGHSt 3, 32, 37), wird erfaßt, und erfaßt wird auch, wer eine „überragende Stellung in der Geschäftsführung" (BGHSt 31, 118, 122) oder jedenfalls „ein Übergewicht" gegenüber den bestellten Organen hat (BGH wistra 1984, 178 = Strafverteidiger 1984, 461 m. Anm. Otto). Nach BGHZ 104, 44 = BB 1988, 1064 = NJW 1988, 1789 „unterliegt schon der Pflicht, wer die Geschäfte tatsächlich wie ein Geschäftsführer oder Mitgeschäftsführer führt, wobei eine völlige Verdrängung der bestellten Geschäftsführer nicht erforderlich ist" (enger noch für § 92 AktG BGHZ 75,

96, 106; diesem Standpunkt folgend Baumbach-Duden-Hopt Anm. 3, 1 B). Es ging in diesem Fall um einen Koordinator, der an den Entscheidungsprozessen bei verbundenen Unternehmen aktiv mitwirkte (näher Karsten Schmidt ZIP 1988, 1501).

3. Keine Normadressaten

18 Gesellschafter der Personengesellschaft oder ihrer Komplementärgesellschaft (bei der GmbH & Co. also: GmbH-Gesellschafter und Kommanditisten) sind als solche nicht Normadressaten des § 130a (Hesselmann-Tillmann Anm. 730). Dasselbe gilt für **Aufsichtsrats- oder Beiratsmitglieder**. Diese können wegen schuldhafter Schädigung der Gesellschaft im Innenverhältnis aus besonderem Rechtsgrund (Treupflicht, Organstellung, Anstellungsvertrag) haften (dazu Anm. 5f.). In Betracht kommt auch eine Haftung unter dem Gesichtspunkt der Teilnahme an der unerlaubten Handlung des organschaftlichen Vertreters oder Liquidators gemäß § 830 Abs. 2 BGB (dazu Anm. 47).

IV. Die sog. Konkursantragspflicht

1. Beginn und Ende der Pflicht

19 a) Nach Anm. 3 ist die Organpflicht aus Abs. 1 nicht als ein Gebot zu verstehen, um jeden Preis Konkurs oder Vergleich anzumelden, sondern als ein **Verbot**, die Gesellschaft trotz Insolvenz fortzuführen. Aus diesem Verbot resultieren Handlungspflichten, wenn die Insolvenz eingetreten ist.

20 b) Insolvenz ist eingetreten, wenn die Gesellschaft **zahlungsunfähig** wird (vgl. §§ 102, 209 Abs. 1 Satz 1 KO) oder wenn **Überschuldung** eingetreten ist (vgl. § 209 Abs. 1 Satz 3 KO).

21 aa) **Zahlungsunfähigkeit** liegt vor, wenn die Gesellschaft voraussichtlich auf Dauer nicht mehr in der Lage ist, ihre fälligen Schulden aus bereiten Mitteln zu tilgen (vgl. RGZ 50, 39, 41; 100, 62, 65; Uhlenbruck S. 228 ff. m. w. Nachw.; betriebswirtschaftlich Borup BB 1986, 1883 ff.). **Überschuldung** liegt nach herkömmlicher Ansicht vor, wenn das Vermögen der Gesellschaft nicht mehr die Schulden deckt (vgl. nur BGHZ 31, 258, 272; BGH BB 1983, 14, 15 = NJW 1983, 676, 677; OLG Düsseldorf BB 1983, 229, 230; Uhlenbruck S. 281 f.; Klar, Überschuldung und Überschuldungsbilanz, 1988, S. 16). Dem steht der vom Verfasser herausgearbeitete neue zweistufige Überschuldungsbegriff gegenüber (zuerst Karsten Schmidt AG 1978, 337 f.; Scholz-Karsten Schmidt GmbHG § 63 Anm. 10 mit eingehenden Nachweisen): Die Gesellschaft ist überschuldet, wenn sich im Fall ihrer Abwicklung eine Quote von unter 100% für die Gläubiger ergäbe (rechnerische Überschuldung) und keine überwiegende Wahrscheinlichkeit für ein Fortbestehen der Gesellschaft spricht (Prognose). Der Rechtsbegriff Überschuldung besteht hiernach aus zwei Elementen: aus dem der rechnerischen Überschuldung und aus der Prognose. Dieser Überschuldungsbegriff hat weitgehend Zustimmung gefunden (vgl. nur OGH Wien RdW [=Österreichisches Recht der Wirtschaft] 1987, 126; Hachenburg-Ulmer GmbHG § 63 Anm. 30 ff.; Baumbach-Hueck-Schulze-Osterloh GmbHG § 63 Anm. 8; Fischer-Lutter-Hommelhoff GmbHG § 63 Anm. 5 f.; Rowedder, GmbHG, 1985, § 63 Anm. 10 f.; Meyer-Landrut, GmbHG, 1987, § 63 Anm. 4; Kilger, KO, 15. Aufl. 1987, § 102 Anm. 2b; Kuhn-Uhlenbruck, KO, 10. Aufl. 1986, § 3 a, 5 c ff.; Ulmer KTS 1981, 478 ff.; Meyer-Landrut, in Festschrift Quack, 1991; S. 338). Er ist allerdings nach wie vor umstritten (vgl. als Kritiker Uhlenbruck S. 281 f.; Dukarczyk, Unternehmen und Insolvenz, 1987, S. 79 ff.; Vormbaum-Baumanns DB 1984, 1971; Meyer-Cording BB 1985, 1925 f.; unentschieden BGH BB 1983, 14, 15 = NJW 1983, 676, 677). Bei dem Meinungsstreit wird vielfach verkannt, daß auch der traditionelle Überschuldungsbegriff eine Prognose enthält, die aber in der Aktivenbewertung verborgen bleibt. Die Bedeutung des neuen zweistufigen Unternehmensbegriffs besteht darin, daß die Prognose von der rechnerischen Überschuldung getrennt und die Unternehmensleitung zu ständiger Liquiditätsprüfung gezwungen wird. Diese Prüfung ist Bestandteil der bei Anm. 3 beschriebenen insolvenzrechtlichen Organpflichten. Vgl. wegen der Einzelheiten Karsten Schmidt Wege zum Insolvenzrecht S. 46 ff.

bb) Der **Eintritt der Insolvenz** läßt die sog. Konkursantragspflicht entstehen. Auf die Kenntnis der Insolvenz kommt es nicht an. Insbesondere braucht sich im Fall der Überschuldung die Insolvenz der Gesellschaft nicht aus einer Bilanz zu ergeben (Baumbach-Duden-Hopt Anm. 1 A; schon vor 1986 BGH NJW 1984, 2958 f.; vgl. dagegen für § 64 GmbHG a. F. BGHZ 100, 19, 21 ff. = NJW 1987, 2433, 2434; eingehend Uhlenbruck S. 364 ff.). Eine verbreitete, sich auf die aktienrechtliche Entscheidung BGHZ 75, 96, 110 stützende Auffassung läßt trotzdem die Antragspflicht erst mit der Kenntnis der verantwortlichen Organe vom Eintritt der Insolvenz beginnen (Nachweise bei Uhlenbruck S. 366 f.). Diese Auffassung vermischt in unzulässiger Weise Tatbestandselemente mit Verschuldenselementen. Sie findet auch weder im geltenden Recht noch rechtspolitisch eine Grundlage. Auch beginnt die Pflicht nicht erst mit dem Ablauf der Dreiwochenfrist nach Abs. 1 Satz 3, vielmehr darf diese Frist nicht ohne triftige Gründe ausgeschöpft werden, und es muß vor dem Fristablauf Konkurs oder Vergleich angemeldet werden, wenn eine rechtzeitige Sanierung nicht mehr zu erwarten ist (vgl. zu § 92 AktG BGHZ 75, 96, 111 = NJW 1979, 1823, 1827). **Masselosigkeit,** die nach § 107 KO zur Konkursablehnung führt, entbindet nicht von der Antragspflicht (vgl. Uhlenbruck S. 377; führ § 64 GmbHG OLG Bamberg ZIP 1983, 200; Scholz-Karsten Schmidt GmbHG § 64 Anm. 14).

cc) Die **Pflicht endet** mit dem Fortfall der Konkursreife (vgl. zu § 64 GmbHG BGHSt 15, 310 = BB 1961, 387 = NJW 1961, 740; Scholz-Karsten Schmidt GmbHG § 64 Anm. 19). Sie endet deshalb insbesondere, wenn durch außergerichtliche Sanierung die Insolvenz in dem Sinne beseitigt ist, daß die Gesellschaft weder zahlungsunfähig noch überschuldet ist (näher Scholz-Karsten Schmidt GmbHG § 64 Anm. 19). Dabei ist zu beachten, daß Gesellschafterdarlehen in der Insolvenz grundsätzlich nur die Zahlungsunfähigkeit beseitigen; für die Beseitigung der Überschuldung ist noch eine Rangrücktrittserklärung erforderlich (vgl. § 172 a Anm. 24, 45; Karsten Schmidt in Festschrift Goerdeler S. 499 ff.). Die Pflicht aus Abs. 1 endet auch, wenn bereits wirksam Konkurs- oder Vergleichsantrag gestellt ist (näher Scholz-Karsten Schmidt GmbHG § 64 Anm. 17 f.). Selbst die wirksame Antragstellung durch einen Gläubiger genügt (anders die h. M.; vgl. für Kapitalgesellschaften RG JW 1905, 551; BGH GmbHR 1957, 131

m. Anm. Seydel). Solange dieser Antrag nicht zurückgenommen ist, kann der organschaftliche Vertreter sich dem Antrag anschließen, braucht dies aber nicht zu tun (eingehend Scholz-Karsten Schmidt GmbHG § 64 Anm. 17). Wenn die Antragspflicht endet, macht dies selbstverständlich begangene Verstöße gegen § 130a nicht ungeschehen. Die **Dreiwochenfrist** nach Abs. 1 Satz 3 führt **nicht** zur Beendigung der Pflicht. Sie hat nur zur Folge, daß es für die Verantwortlichkeit der Organe nicht mehr auf das schuldhafte Zögern ankommt (Anm. 27) und daß es keine Ermessensentscheidung zwischen Sanierung, Konkurs und Vergleich (Anm. 25 ff.) mehr gibt.

24 c) Ein **Einverständnis der Gesellschafter** oder der Gläubiger beseitigt die Pflicht nicht (vgl. für GmbH RGZ 72, 285, 288 f.; LG Dortmund ZIP 1985, 1341, 1342; Scholz-Karsten Schmidt GmbHG § 64 Anm. 20; allg. M.). Selbst wenn alle Gesellschafter und alle bekannten Gläubiger zustimmen, ist ein Verstoß gegen § 130a nicht gerechtfertigt, denn auch alle potentiellen Gläubiger sind geschützt. Dies ändert allerdings nichts daran, daß sich die verantwortlichen Organmitglieder zur Absicherung gegen Schadensersatzklagen bei außergerichtlichen Sanierungen mit den Gesellschaftern und den bekannten Gläubigern verständigen sollten.

2. Erfüllung und Verletzung der Pflicht

25 a) **Konkursantragstellung** erfüllt die Pflicht (auch wenn Sanierungschancen versäumt werden, was eine Verletzung der Organpflichten im Innenverhältnis mit sich bringen kann; vgl. Anm. 5). Allerdings endet die Pflicht damit nicht ersatzlos, denn die Pflicht zur Erhaltung der Masse dauert an (vgl. auch Anm. 30). Der Antrag ist ohne schuldhaftes Zögern, spätestens aber drei Wochen nach Eintritt der Zahlungsunfähigkeit oder der Überschuldung zu stellen (Abs. 1 Satz 3). Er ist nicht schuldhaft verzögert, wenn die Antragspflichtigen mit der Sorgfalt eines ordentlichen und gewissenhaften Geschäftsleiters die Eröffnung des Vergleichsverfahrens betreiben (Abs. 1 Satz 4). In der Praxis wird es oft nicht gelingen, binnen drei Wochen nach dem objektiven Eintritt der Insolvenz einen Vergleichsantrag zu stellen, der den §§ 2 ff. VerglO voll genügt. Entgegen dem Gesetzeswortlaut sollte deshalb der Grundsatz anerkannt werden: Wer vor Fristablauf begonnen hat, die Vergleichseröffnung zu betreiben, hat die Dreiwochenfrist gewahrt und verstößt, sofern dieses Vorgehen mit der Sorgfalt eines gewissenhaften Geschäftsleiters vereinbar ist, nicht gegen Abs. 1 (vgl. zu § 64 GmbHG Scholz-Karsten Schmidt GmbHG § 64 Anm. 18).

26 b) Die **Stellung eines Vergleichsantrags** binnen drei Wochen genügt gleichfalls, sofern die Eröffnung des gerichtlichen Vergleichsverfahrens mit der Sorgfalt eines ordentlichen Geschäftsleiters und unter Beachtung der Dreiwochenfrist (vgl. zu dieser soeben Anm. 25) betrieben wird. Im Hinblick auf die absolute Formulierung des Abs. 1 Satz 4 ist der Praxis zu raten, auch bei noch unfertiger Vergleichsvorbereitung vor Ablauf der Dreiwochenfrist einen formellen, später zu ergänzenden, Vergleichsantrag zu stellen.

27 c) **Sanierungsbemühungen** entbinden nicht von den allgemeinen Organpflichten des § 130a (vgl. zu diesen Anm. 3). Die Geschäftsführer handeln pflichtgemäß, wenn sie entweder den Eintritt der Insolvenz (Zahlungsunfähigkeit oder Überschuldung) verhindern oder eine eingetretene Insolvenz binnen drei Wochen beheben oder den Konkurs-

oder Vergleichsantrag stellen, sobald bei Anwendung der Sorgfalt eines ordentlichen Geschäftsleiters nicht mehr mit einem Sanierungserfolg gerechnet werden kann, spätestens aber nach Ablauf der Dreiwochenfrist (eingehend Uhlenbruck S. 378 ff.). Bloße Sanierungshoffnungen beseitigen die Antragspflicht auch dann nicht, wenn sich diese Sanierungshoffnungen durch die Stellung eines Konkurs- oder Vergleichsantrags voraussichtlich definitiv zerschlagen werden. Stundung und Darlehnsgewährung können i. d. R. nur eine Zahlungsunfähigkeit beseitigen, nicht jedoch eine Überschuldung (Scholz-Karsten Schmidt GmbHG § 64 Anm. 19).

V. Die Pflicht zur Erhaltung der Haftungsmasse

1. Grundsatz

28 Nach **Abs. 2** dürfen die organschaftlichen Vertreter und Liquidatoren für die Gesellschaft keine Zahlungen mehr leisten, wenn die Zahlungsunfähigkeit der Gesellschaft eingetreten ist oder sich ihre Überschuldung ergeben hat, ausgenommen solche Zahlungen, die auch nach diesem Zeitpunkt noch mit der Sorgfalt eines ordentlichen und gewissenhaften Geschäftsleiters vereinbar sind. Wie sich aus Anm. 3 ergibt, ist dieses Zahlungsverbot Teil der allgemeinen Verpflichtung zur Erhaltung der Haftungsmasse. Insofern ist Abs. 2, der im Anschluß an § 64 Abs. 2 GmbHG nur von verbotenen Zahlungen spricht, viel zu eng formuliert.

2. Beginn und Beendigung der Pflicht

29 a) Der Gesetzeswortlaut unterscheidet hinsichtlich der Zahlungsunfähigkeit und der Überschuldung. Folgt man dem Wortlaut des Gesetzes, so kommt es hinsichtlich der **Zahlungsunfähigkeit** darauf an, wann sie „eingetreten" ist, hinsichtlich der **Überschuldung** darauf, wann sie sich „ergeben" hat. Das Gesetz will hierdurch die Organe bei unerkannter Überschuldung schützen. Aber der Gesetzeswortlaut vermischt hierbei zwei unterschiedliche Aspekte: den objektiven Beginn der Pflicht und das Verschuldenselement. Ob die Überschuldung erkennbar war, kann bei der Beurteilung der Sorgfalt eines ordentlichen und gewissenhaften Geschäftsleiters eine Rolle spielen. Die Pflicht zur Erhaltung der Haftungsmasse beginnt bereits mit dem objektiven Eintritt der Insolvenz (vgl. sinngemäß Scholz-Karsten Schmidt GmbHG § 64 Anm. 13).

30 b) Die Pflicht **endet** mit Beseitigung der Insolvenz (vgl. sinngemäß Anm. 23). Zweifelhaft ist, ob sie auch mit der Einstellung des Konkursverfahrens mangels Masse endet. Richtig scheint: Auch in diesem Fall, der in Wahrheit einen Insolvenzfall darstellt (vgl. § 131 Anm. 21), sind die Gesellschaftsorgane verpflichtet, das Gesellschaftsvermögen für die Gläubigerbefriedigung (vgl. § 155) bereitzuhalten.

3. Verstoß gegen die Pflicht

31 a) Gegen die Pflicht aus Abs. 2 verstößt, wer als organschaftlicher Vertreter des zur Vertretung berechtigten Gesellschafters (i. d. R. also: der Gesellschafter-Gesellschaft) oder als Liquidator der Gesellschaft **Zahlungen** leistet, die nicht mit der Sorgfalt eines

ordentlichen und gewissenhaften Geschäftsleiters vereinbar sind. Mit der Sorgfalt eines ordentlichen und gewissenhaften Geschäftsleiters vereinbar sind insbesondere solche Zahlungen, die auch in der Insolvenzsituation erforderlich bleiben (z.B. Arbeitslöhne, Energiekosten). Zahlungen, die nur die Insolvenzsituation verdecken sollen, sind grundsätzlich nicht mit Abs. 2 vereinbar. Anders kann es sich ausnahmsweise verhalten, wenn eine objektiv erfolgversprechende außergerichtliche Sanierung oder die Vorbereitung eines Vergleichsvorschlags durch Zahlungseinstellung vereitelt würde. Zahlungen, die in der Absicht der Gläubigerbenachteiligung vorgenommen werden (vgl. § 31 KO), sind niemals mit der Sorgfalt eines ordentlichen und gewissenhaften Geschäftsleiters vereinbar.

32 b) Auch **sonstige Leistungen** können gegen Abs. 2 verstoßen. Denn es geht um die Erhaltung der Haftungsmasse. Gegen diese Pflicht kann auch verstoßen, wer Sachleistungen erbringt oder Sicherungen bestellt (vgl. Scholz-Karsten Schmidt GmbHG § 64 Anm. 22; unentschieden für § 64 GmbHG BGH WM 1986, 237 = ZIP 1986, 456). Selbst die schuldhafte Nichtbeendigung eines die Masse belastenden Dauerschuldverhältnisses kann gegen Abs. 2 verstoßen (vgl. zu § 64 GmbHG OLG Hamm ZIP 1980, 280, 281; str.). Stets muß es sich aber um Masseschmälerungen handeln. Die bloße Duldung einer berechtigten Aussonderungsmaßnahme verstößt nicht gegen Abs. 2 (Scholz-Karsten Schmidt GmbHG § 64 Anm. 24; a.M. zu § 64 GmbHG OLG Düsseldorf BB 1974, 712, 713; Hachenburg-Ulmer GmbHG § 64 Anm. 54). Auch die Herausgabe von Vorbehaltsware an den Lieferanten ist deshalb, soweit dieser Herausgabe verlangen kann, keine verbotene „Zahlung" i.S. von Abs. 2 (vgl. für die GmbH & Co. KG OLG Köln ZIP 1982, 1086, 1087; str.).

33 c) Da Abs. 2 nur Ausdruck der insolvenzrechtlichen Organpflichten ist und die Organe zur Erhaltung der Haftungsmasse anhält, kann auch die **Eingehung masseschmälernder Verbindlichkeiten** gegen Abs. 2 verstoßen (vgl. für die GmbH Scholz-Karsten Schmidt GmbHG § 64 Anm. 22).

VI. Sanktionen

1. Strafrechtliche Verantwortung

34 Wegen der **strafrechtlichen Sanktionen** ist auf die Erläuterungen zu § 130 b zu verweisen.

2. Schadensersatzansprüche der Gesellschaft

35 a) Nach **Abs. 3 Satz 1** führt eine schuldhafte Verletzung der Absätze 1 und 2 zur Schadensersatzpflicht. Tathandlung sind nicht nur die in Abs. 1 und 2 ausdrücklich genannten Organpflichten, sondern auch die sich aus der teleologischen Auslegung ergebenden weiteren Organpflichten (vgl. zu Abs. 2 näher Anm. 28 ff.). Gläubiger ist nach Abs. 3 Satz 1 die Gesellschaft. Die Bestimmung ist indes an der für die Verletzung der Organpflichten nach §§ 92 Abs. 2 AktG, 64 GmbHG entwickelten Schadenszuordnungs- und Schadensabwicklungsdogmatik orientiert (vgl. zu dieser Karsten Schmidt

JZ 1978, 661 ff.; dazu auch Uhlenbruck S. 398 f.). Da § 130a nicht die Gesellschaft, sondern die Gläubiger schützt (vgl. Anm. 2), ist der „daraus entstehende Schaden" (vgl. Wortlaut Abs. 3 Satz 1) der Gesamtgläubigerschaden (jetzt h. M.; vgl. Baumbach-Duden-Hopt Anm. 3B). Die Gesellschaft – das bedeutet in der Praxis meist: der Konkursverwalter – liquidiert den Gesamtgläubigerschaden, der durch Konkursverschleppung (Abs. 1) bzw. durch Masseschmälerung (Abs. 2) am Gesellschaftsvermögen entsteht (für § 64 GmbHG Hachenburg-Ulmer GmbHG § 64 Anm. 78; Rowedder-Rasner, GmbHG, 2. Aufl. 1990, § 64 Anm. 19; vgl. BGH NJW 1974, 1088, 1089 = AG 1974, 359). Dadurch werden die Einzelansprüche der Gläubiger, soweit sie sich mit dem Anteil des jeweiligen Gläubigers am Gesamtgläubigerschaden decken, verdrängt. Die Gläubiger können diese Ansprüche nur hilfsweise geltend machen (Anm. 41).

b) Der Anspruch setzt ein **Verschulden** voraus (dazu eingehend Uhlenbruck S. 396 ff.). **36** Dabei ist von erheblicher Bedeutung, daß die Pflichten aus § 130a auch ohne Kenntnis der Geschäftsführer von der Insolvenz einsetzen, sobald Insolvenz eintritt (Anm. 20 ff.). In subjektiver Hinsicht genügt einfache Fahrlässigkeit.

c) Die **Beweislast** hinsichtlich des Eintritts der Zahlungsunfähigkeit oder der Über- **37** schuldung trifft denjenigen, der die Ansprüche aus Abs. 2 geltend macht. Eine Beweislastumkehr gilt hinsichtlich der Sorgfaltsverletzung (Abs. 3 Satz 2). Die organschaftlichen Vertreter der Gesellschafter-Gesellschaft bzw. die Liquidatoren der Gesellschaft müssen sich, wenn der objektive Tatbestand der Konkursverschleppung bzw. der Massenschmälerung feststeht, entlasten (Uhlenbruck S. 396).

d) Verzicht und Vergleich über den Haftungsanspruch sind unwirksam, soweit der **38** Ersatz zur Befriedigung der Gesellschaftsgläubiger erforderlich ist (Abs. 3 Satz 4). Dagegen wirkt ein Vergleich nach der VerglO oder ein Zwangsvergleich nach Abs. 3 Satz 5 für und gegen die Forderung der Gesellschaft. Das bedeutet, daß von dem zu ersetzenden Quotenschaden die sich aus den Erlaßwirkungen des Vergleichs ergebende Quote abzuziehen ist. Gegen den Verantwortlichen wirkt der bestätigte (Zwangs-) Vergleich insofern, als er Feststellungswirkung hinsichtlich der Forderungen der Gläubiger hat.

e) Die **Verjährung** der Ansprüche tritt nach fünf Jahren ein (Abs. 3 Satz 6). **39**

f) Neben Ansprüchen wegen Verletzung des § 130a kommen auch Ansprüche wegen **40** Verletzung der Geschäftsführerpflichten im Innenverhältnis in Betracht, insbesondere aus § 43 GmbHG (vgl. dazu oben Anm. 5). Vgl. zu dieser Geschäftsführerhaftung eingehend Uhlenbruck S. 383 ff.

3. Ansprüche von Einzelgläubigern

a) Aus §§ **823 Abs. 2 BGB, 130a (177a) HGB** können sich Schadensersatzansprüche **41** einzelner Gläubiger ergeben. § 130a ist Schutzgesetz i. S. d. § 823 Abs. 2 BGB zugunsten der Gläubiger (ausführlich Karsten Schmidt JZ 1978, 661 ff.; jetzt h. M.; vgl. Baumbach-Duden-Hopt Anm. 3 C; Heymann-Emmerich Anm. 8). In den Schutzbereich fallen alle Altgläubiger und Neugläubiger, also ohne Unterschied, ob ihre Forderungen vor oder nach dem Eintritt der Insolvenz bzw. der Verletzung der sich aus § 130a ergebenden Pflichten begründet wurden (h. M.; BGHZ 100, 19, 23 m. w.

Nachw.). Zweifelhaft ist nur, ob auch solche Gläubiger geschützt sind, die Ansprüche erst im eröffneten Konkurs erwerben (verneinend zu § 64 GmbHG für die Bundesanstalt für Arbeit BGH NJW 1989, 1568; insofern ebenso als Vorinstanz die sonst widersprüchlichen Ausführungen von OLG Stuttgart NJW 1989, 593; vgl. demgegenüber OLG Hamburg WM 1989, 155). Ersetzt wird aber nur die Quotendifferenz, also der auf den einzelnen Gläubiger entfallende Teil des Gesamtgläubigerschadens (vgl. zu § 64 GmbHG BGHZ 29, 104 = LM Nr. 1 zu § 64 GmbHG m. Anm. Hauß = GmbHR 1959, 110 m. Anm. Trude; BGHZ 100, 19, 24 = NJW 1987, 2433 = ZIP 1987, 509; std. Rspr.; BAG WM 1975, 185; OLG Hamburg WM 1989, 155, 157; h.M.; vgl. näher Scholz-Karsten Schmidt GmbHG § 64 Anm. 31; Karsten Schmidt Wege zum Insolvenzrecht S. 85; ders. JZ 1978, 664; Canaris, in Festschrift Larenz, 1983, S. 73; Thelen ZIP 1987, 1029). Individualschäden werden nicht über §§ 823 Abs. 2 BGB, 130a HGB ersetzt, so nicht der Verlust eines Aussonderungsrechts (vgl. zu § 64 GmbHG BGHZ 100, 19, 24 = NJW 1987, 2433; a.M. Ulmer NJW 1983, 1581 f.) und nicht das negative Interesse eines Neugläubigers, der im Vertrauen auf die Solvenz der Gesellschaft weiteren Kredit gegeben hat (vgl. zu § 64 GmbHG näher Scholz-Karsten Schmidt GmbHG § 64 Anm. 36). Die Geltendmachung des Gesamtgläubigerschadens durch Einzelgläubiger findet nur statt, wenn eine Geltendmachung durch Geschäftsführer, Liquidatoren oder Konkursverwalter scheitert (Grundsatz der Subsidiarität; vgl. Scholz-Karsten Schmidt GmbHG § 64 Anm. 30). Dies ist vor allem dann der Fall, wenn die Eröffnung oder Durchführung des Konkursverfahrens mangels Masse scheitert.

42 b) **Sonstige Ansprüche** geschädigter Gläubiger kommen aus besonderem Rechtsgrund in Betracht. Sie sind namentlich deshalb von Bedeutung, weil diese Ansprüche auch den **Ausgleich eines Einzelgläubigerschadens** ermöglichen.

43 aa) **Ansprüche wegen unerlaubter Handlung** können sich insbesondere aus §§ 823 Abs. 2 BGB, 263 StGB, 265 b StGB, 331 HGB, 82 Abs. 2 Nr. 2 GmbHG oder aus § 826 BGB ergeben. Zum **Betrug** (§ 263 StGB) durch Konkursverschleppung vgl. insbes. OLG Düsseldorf DB 1981, 1182, 1183 = GmbHR 1981, 194. Das OLG Düsseldorf (a.a.O.) betont mit Recht, daß der bloße Eintritt der Insolvenz noch keine die Betrugsstrafbarkeit begründende Aufklärungspflicht mit sich bringt. Sobald allerdings die Insolvenz der Gesellschaft dem Handelnden positiv bekannt und eine alsbaldige Beseitigung nicht gesichert ist, wird eine Aufklärungspflicht gegenüber den Neugläubigern der Gesellschaft (nicht gegenüber allen Altgläubigern!) zu bejahen sein (wer jetzt ohne Gläubigerinformation „still" sanieren will, muß sich von den verhandlungsbeteiligten Großgläubigern eine Befriedigung der desinformierten Neugläubiger zusagen lassen). Schutzgesetz sind auch § 265 b StGB (falsche Angaben bei Kreditanträgen) sowie §§ 331 HGB, 82 Abs. 2 Nr. 2 GmbHG. Eine vorsätzliche sittenwidrige Schädigung (§ 826 BGB) kann vorliegen, wenn die für die Gesellschaft Handelnden oder die hinter ihnen stehenden Gesellschafter die Gläubiger in der Insolvenz aus Eigennutz schädigen (vgl. für die GmbH OLG Köln WM 1981, 1238, 1240; in gleicher Richtung die bedenkliche Durchgriffskonstruktion bei BSG GmbHR 1985, 294 m. Anm. Kahler = ZIP 1984, 1217). Bedingter Schädigungsvorsatz genügt (vgl. BGH NJW 1984, 2284, 2285; OLG Köln ZIP 1982, 1086, 1087). Nicht ausreichend ist eine bewußte Fahrlässigkeit, also das bloße Wissen um die Möglichkeit, daß Sanierungsversuche zum Schaden der Gläubiger scheitern können (vgl. OLG Köln WM 1981, 1238, 1239).

bb) Vorsätzliche oder fahrlässige **vorvertragliche Schutzpflichtverletzung** (culpa in contrahendo) kann nicht nur die Gesellschaft als Vertragspartner ersatzpflichtig machen, sondern auch eine **Eigenhaftung der für die Gesellschaft Handelnden** auf Ersatz des negativen Interesses begründen (vgl. zur GmbH & Co. KG BGHZ 78, 28 = NJW 1980, 2415; BGHZ 87, 27 = BB 1983, 1241 = NJW 1983, 1607; BGH NJW 1984, 2284; 1987, 1697; OLG Hamm BB 1984, 873; OLG Karlsruhe BB 1988, 1413; s. auch Baumbach-Duden-Hopt § 172a Anm. 9 D). Grundlegend und hierher übertragbar ist die Haftung bei der Konkursverschleppung in der GmbH. Haftungsschuldner ist jeder, dem der Vertragsgegner bei der Vertragsanbahnung dasselbe Vertrauen entgegengebracht hat wie der Gesellschaft als Vertragspartnerin (vgl. BGH NJW 1981, 1266; 1981, 2810; 1983, 676). Das maßgebliche Kriterium wird von der Rechtsprechung teils im Eigeninteresse des Handelnden, teils in der Inanspruchnahme von Vertrauen, teils in beidem erblickt. Die maßgebliche Beteiligung an der Gesellschaft genügt als solche nicht (die hierauf abstellende ältere Rechtsprechung ist überholt; vgl. m.w. Nachw. Karsten Schmidt Gesellschaftsrecht § 36 II 5c; vgl. nach Manuskriptabschluß auch Medicus, in Festschrift Steindorff, 1990, S. 725 ff.). Der VIII. Zivilsenat des BGH hat, im Ergebnis zutreffend, ausgesprochen (BGH BB 1988, 2127 = ZIP 1988, 1543 = NJW 1989, 292): „Die Stellung des Vertreters einer GmbH & Co. KG als Gesellschafter und Alleingeschäftsführer der Komplementär-GmbH und zugleich als Kommanditist der KG reicht allein nicht aus, um seine Haftung aus Verhandlungsverschulden wegen unmittelbaren wirtschaftlichen Eigeninteresses zu begründen." In dem auf die GmbH bezogenen Urteil BGH BB 1986, 1042 m.Anm. Steiniger = GmbHR 1986, 43 = NJW 1986, 586 hatte der VIII. Zivilsenat des BGH ausgesprochen, daß die bloße Beteiligung an der Gesellschaft nicht ausreicht, aber es soll doch ein persönliches wirtschaftliches Interesse genügen. Im Urteil BB 1988, 929 = NJW 1988, 2234 hatte der VIII. Senat diesen Standpunkt sodann bekräftigt und das Kriterium des Eigeninteresses als „Fortentwicklung" der ursprünglichen dogmatischen Herleitung des Haftungsgrundes aus der Vertrauensbeziehung bezeichnet. Diese Einordnung ist entwicklungsgeschichtlich irreführend und sachlich bedenklich (näher Karsten Schmidt ZIP 1988, 1503). Den Ausschlag muß vielmehr das auf Ballerstedt (AcP 151 [1950/51], 505 ff.) zurückgehende Merkmal der Inanspruchnahme und Gewährung von Vertrauen geben (so wohl auch der II. Zivilsenat in BGH NJW 1986, 3193; anders dann allerdings in dem nicht die Konkursverschleppung betreffenden Fall BGH ZIP 1987, 175, 177). Es kommt darauf an, in welchem Umfang die handelnde Person als Vertrauensträger aufgetreten ist. War das nicht der Fall, so läßt sich nur eine Haftung aus unerlaubter Handlung, nicht aber aus culpa in contrahendo, begründen. Insgesamt sind zwei Fragen zu unterscheiden (vgl. Karsten Schmidt ZIP 1988, 1503 f.):

aaa) **Wer ist Träger der Informationspflicht?** Das nur durch die Kapital- und Gewinn- und Verlustbeteiligung als Gesellschafter oder durch Einnahmen als Angestellter begründete Eigeninteresse am Fortgang der Geschäfte sollte hierfür ebensowenig ausreichen wie das Eigeninteresse am konkreten Rechtsgeschäft. Beides kann allerdings ein Indiz für die den Ausschlag gebende Vertrauensträgerstellung gegenüber dem Verhandlungspartner sein. Ob eine solche Stellung besteht, ist grundsätzlich Tatfrage. Handelt es sich um einen Geschäftsleiter, der nach Anm. 13 ff. auch den Organpflichten nach § 130 a unterliegt, so ist allerdings zu erwägen, ob nicht die Rechtsprechung einen solchen Geschäftsleiter generell zum Vertrauensträger erklären sollte (Karsten Schmidt ZIP 1988, 1503).

46 bbb) **Wie weit reichen die dem Vertrauensträger obliegenden Informations- und Warnpflichten?** Wie weit die Offenbarungspflichten reichen, läßt sich nur nach Lage des Falls abschätzen. Nach der wohl h. M. begründet der Eintritt der Überschuldung oder der Zahlungsunfähigkeit an sich noch keine Offenbarungspflicht gegenüber den Vertragspartnern (vgl. zur GmbH OLG Düsseldorf DB 1981, 1182, 1183 = GmbHR 1981, 194; Ulmer NJW 1983, 1578 f.). Es geht aber nicht an, jedem Vertragspartner ein allgemeines Prüfungsrisiko hinsichtlich der Solvenz der Gesellschaft aufzuerlegen (insofern bedenklich OLG Düsseldorf DB 1981, 1182, 1183 = GmbHR 1981, 194). Richtig scheint folgende Lösung: Schon der objektive Eintritt der Zahlungsunfähigkeit oder der Überschuldung begründet Schutzpflichten gegenüber den einzelnen (Neu-)Gläubigern. Diese Schutzpflichten müssen mit § 130 a harmonisiert werden. Sobald eine gegen § 130 a verstoßende Konkursverschleppung vorliegt, ist jede Begründung von Neuverbindlichkeiten ohne Hinweis auf die Situation der Gesellschaft pflichtwidrig (Karsten Schmidt ZIP 1988, 1504). Solange ohne Verstoß gegen § 130 a Sanierungsbemühungen im Gange sind, besteht keine generelle Informationspflicht. Je unsicherer aber die Sanierungserwartungen sind, um so mehr verdichten sich die vorvertraglichen Pflichten gegenüber den Neugläubigern. Die handelnden Organe müssen u. U., auch wenn eine Information der Neugläubiger noch untunlich ist, mit den an den Sanierungsgesprächen beteiligten Großgläubigern Vereinbarungen treffen, die die Neugläubiger für den Fall der Konkurseröffnung sicherstellen.

4. Verantwortlichkeit mehrerer

47 a) Nach **Abs. 3 Satz 1** sind diejenigen, die schuldhaft gegen Abs. 1 oder Abs. 2 verstoßen, als Gesamtschuldner verantwortlich. Da es sich um Deliktsrecht handelt (Karsten Schmidt JZ 1978, 661 ff.), ist dies ein Anwendungsfall des § 830 Abs. 1 BGB. Wer nicht – auch nicht als „faktisches Organ" (Anm. 16 f.) – geschäftsleitend tätig ist, aber z. B. als Hauptgesellschafter oder Großgläubiger der Gesellschaft maßgeblichen Einfluß auf die Geschäftsleitung ausübt, kann als Gehilfe nach § 830 Abs. 2 BGB verantwortlich sein (Karsten Schmidt JZ 1978, 665 f.; für selbst nicht antragspflichtige Gesellschafter s. auch Baumbach-Duden-Hopt Anm. 3 A; vgl. auch BGHZ 75, 96, 107 = NJW 1979, 1823). Während im Strafrecht eine Gehilfenschaft nur bei vorsätzlicher Haupttat in Betracht kommt, sollte es für diese Haftung nicht darauf ankommen, ob die Normadressaten (Anm. 13 ff.) selbst vorsätzlich oder – etwa durch den Dritten getäuscht – unvorsätzlich handelten (str.; vgl. eingehend Scholz-Karsten Schmidt GmbHG § 64 Anm. 41).

48 b) Für die Haftung aus sonstiger unerlaubter Handlung (Anm. 41 ff.) gelten die allgemeinen Regeln des § 830 BGB.

49 c) Eine Haftung aus **culpa in contrahendo** (Anm. 44 ff.) trifft stets nur denjenigen, der Träger der vorvertraglichen Schutzpflicht ist. Diese Schutzpflicht muß im Prozeß im

Strafvorschriften **§ 130b**

Hinblick auf jeden einzelnen Beklagten begründet werden. Eine Teilnahme an fremder Schutzpflichtverletzung (ohne eigene Schutzpflichtverletzung) gibt es im Rechtssinne nicht.

5. Sondervorschriften

a) Eine **steuerrechtliche Haftung** der organschaftlichen Vertreter kann sich aus den §§ 34, 69 AO 1977 ergeben, wenn sie vorsätzlich oder grob-fahrlässig die steuerlichen Pflichten der von ihnen vertretenen Gesellschaft nicht erfüllen (vgl. zur GmbH & Co. KG eingehend Uhlenbruck S. 413 ff.). Die Vertreter der Gesellschafter-Gesellschaft haften für die Steuerschulden der Gesellschaft (so für die GmbH & Co. KG BFH GmbHR 1979, 44; Uhlenbruck S. 413), wenn der Haftungsschaden auf eine Pflichtverletzung zurückzuführen ist (Uhlenbruck S. 413). Das gilt auch für die sog. faktischen Geschäftsführer (vgl. Uhlenbruck S. 413). Abgesehen von den §§ 34, 69 AO 1977 kann sich eine Haftung auch aus § 71 AO 1977 wegen Steuerhinterziehung oder Steuerhehlerei ergeben. Wegen der Anforderungen an die ordnungsmäßige Erfüllung der steuerlichen Pflichten, der Haftung bei Aufteilung der Geschäftsbereiche auf mehrere Geschäftsführer und bei Delegation sowie der Weiterhaftung trotz Amtsniederlegung ist auf das Spezialschrifttum sowie auf Uhlenbruck S. 413 ff. zu verweisen. **50**

b) Daneben haften die organschaftlichen Vertreter sowohl strafrechtlich (§§ 14 Abs. 1 Nr. 1, 266a StGB [früher 225 Abs. 1 AFG sowie Bußgeldtatbestände §§ 150, 151 AVG]) als auch zivilrechtlich (§ 823 Abs. 2 BGB i. V. m. den eben genannten Vorschriften) für die **Weiterleitung einbehaltener Arbeitnehmerbeiträge an den Sozialversicherungsträger** (vgl. zum Schutzgesetzcharakter BGHZ 58, 199, 201 = GmbHR 1972, 178; ZIP 1985, 996, 997; Uhlenbruck S. 416 m. w. Nachw.). Der organschaftliche Vertreter braucht zur Vermeidung der Haftung die Arbeitnehmeranteile aber nicht bis zum Fälligkeitstermin aus dem Vermögen der Gesellschaft auszusondern (so für GmbH u. Co KG OLG Oldenburg ZIP 1986, 1406 f.; Uhlenbruck S. 416). Die Haftung erstreckt sich nicht auf die vom Sozialversicherer gem. Art. I § 24 Abs. 1 SGB IV erhobenen Säumniszuschläge (BGH ZIP 1985, 996, 998; Uhlenbruck S. 417). Vgl. wegen der Einzelheiten wiederum Uhlenbruck S. 416 f. **51**

130 b (1) Mit Freiheitsstrafe bis zu drei Jahren oder mit Geldstrafe wird bestraft, wer es entgegen § 130a Abs. 1 oder 4 unterläßt, als organschaftlicher Vertreter oder Liquidator bei Zahlungsunfähigkeit oder Überschuldung der Gesellschaft die Eröffnung des Konkursverfahrens oder des gerichtlichen Vergleichsverfahrens zu beantragen.

(2) Handelt der Täter fahrlässig, so ist die Strafe Freiheitsstrafe bis zu einem Jahr oder Geldstrafe.

Schrifttum (vgl. zunächst § 130a): *Bruns,* Die sog. „tatsächliche" Betrachtungsweise im Strafrecht, JR 1984, 133; *Cadus,* Die faktische Betrachtungsweise, 1984; *Erbs-Kohlhaas,* Strafrechtliche Nebengesetze, Stand 1988; *Harneit,* Überschuldung und erlaubtes Risiko, 1984; *Kratzsch,* Das „faktische Organ" im Gesellschaftsrecht, ZGR 1985, 506; *Karsten Schmidt,* Die Strafbarkeit „faktischer Geschäftsführer" wegen Konkursverschleppung als Methodenproblem, in: Festschrift Rebmann, 1989, S. 419; *ders.,* Konkursverschleppungshaftung und Konkursverursachungshaftung, ZIP 1988, 1497; *Stein,* Das faktische Organ, 1984; *dies.,* Die Normadressaten der §§ 64, 84 GmbHG und die Verantwortlichkeit von Nichtgeschäftsführern wegen Konkursverschleppung, ZHR 148 (1984), 207; *Uhlenbruck,* Die GmbH & Co. KG in Krise, Konkurs und Vergleich, 2. Aufl. 1988.

Inhalt

	Anm.		Anm.
I. Grundlagen	1–4	2. Faktische Organe?	7
1. Normzweck	1	3. Beteiligung Dritter	8
2. Die Normstruktur	2	III. Der Deliktstatbestand	10–12
II. Täterschaft und Teilnahme	5–9	1. Vorsatztat	10
1. Organschaftliche Vertreter und Liquidatoren	5	2. Fahrlässigkeitstat (Abs. 2)	11
		3. Teilnahme Dritter	12

I. Grundlagen

1. Normzweck

1 Die Vorschrift beruht auf dem **Ersten Gesetz zur Bekämpfung der Wirtschaftskriminalität von 1976** (BGBl. I 2034). Sie stellt den Verstoß gegen § 130a Abs. 1 und Abs. 4, nicht auch den Verstoß gegen § 130a Abs. 2, unter Strafe.

2. Die Normstruktur

2 a) § 130b ist ein **echtes Sonderdelikt** (vgl. zu dem dem § 130b entsprechenden § 84 Abs. 1 Nr. 2 GmbHG: BGHSt 14, 280, 281; Baumbach-Hueck-Schulze-Osterloh GmbHG § 84 Anm. 3). Der Kreis der tauglichen Täter ergibt sich aus Anm. 5 ff.

3 b) **Dem Wortlaut nach** ist § 130b als **Unterlassungsdelikt** formuliert (so denn auch Uhlenbruck S. 48; zu § 84 GmbHG BGHSt 14, 280, 281; 28, 371, 380; Scholz-Tiedemann GmbHG § 84 Anm. 13; Hachenburg-Kohlmann GmbHG § 84 Anm. 9; Fischer-Lutter-Hommelhoff GmbHG § 84 Anm. 1; Kratzsch ZGR 1985, 515 ff.). Das strafbare Unrecht bestünde demnach darin, daß der Täter den Konkursantrag nicht stellt. Müßte es dabei bleiben, so könnte nur derjenige strafbar sein, der auch zur Stellung des Konkursantrags befugt ist (dazu § 131 Anm. 19). Der Sache nach ist aber § 130b eine **Verweisungsnorm,** die auf den seinerseits ungenau formulierten § 130a verweist. Das materielle Unrecht bei einem Verstoß gegen § 130a besteht in der **Fortführung des insolventen Unternehmens** außerhalb des notwendig gewordenen Vergleichs oder Konkurses (§ 130a Anm. 3). Dieser Unrechtstatbestand endet zwar mit der Stellung eines Konkurs- oder Vergleichsantrags (§ 130a Anm. 23f.), aber das strafbare Unrecht besteht nicht im Unterlassen der Konkursantragstellung. Diese im Schrifttum sonst nicht erkannte Normstruktur hat Konsequenzen hinsichtlich des tauglichen Täterkreises (vgl. zu den sog. faktischen Organen Anm. 7).

4 c) § 130b ist ein **Dauerdelikt,** das mit der Fortführung des Unternehmens trotz eingetretener Insolvenz beginnt und jedenfalls mit Ablauf der in § 130a Abs. 1 S. 3 festgelegten Drei-Wochen-Frist vollendet ist (BGHSt 28, 371, 379f.; zum Inhalt und Beginn der Antragspflicht vgl. Scholz-Karsten Schmidt GmbHG § 64 Anm. 63 ff., 12 ff.). Der Ablauf der Frist läßt die Pflicht des Geschäftsführers nicht entfallen. Selbst eine Verurteilung wegen Verstoßes gegen § 130a beendet die Verpflichtung nicht (vgl. RGSt 47,

154; BGHSt 14, 280, 281). Beendet ist die Straftat, wenn der Konkursantrag durch einen Geschäftsführer oder einen Gläubiger gestellt worden ist. Demgegenüber verlangt die wohl h.M. (BGHSt 28, 371, 380; vgl. Erbs-Kohlhaas-Fuhrmann § 84 GmbHG Anm. 6 m.w.Nachw.) als zusätzliches Merkmal die Eröffnung des Konkurs-(Vergleichs-)verfahrens. Beseitigung der Überschuldung beendet die Dauerstraftat ebenfalls (vgl. BGHSt 15, 306, 310; 28, 371, 380).

II. Täterschaft und Teilnahme

1. Organschaftliche Vertreter und Liquidatoren

a) **Organschaftliche Vertreter** sind die in § 130a Abs. 1 Satz 2 genannten organschaftlichen Vertreter der zur Vertretung der Gesellschaft ermächtigten Gesellschafter. Das sind bei der GmbH & Co. die Geschäftsführer der GmbH, bei der AG & Co. die Vorstandsmitglieder der AG, bei der Stiftung & Co. die Vorstandsmitglieder der Stiftung usw. Soweit diese organschaftlichen Vertreter ihrerseits Gesellschaften sind, bei denen kein Gesellschafter eine natürliche Person ist (§ 130a Abs. 4; Hauptfall: doppelstöckige GmbH & Co. KG), sind die organschaftlichen Vertreter dieser Gesellschaften taugliche Täter. Die **Liquidatoren** sind besonders genannt. Soweit die Gesellschafter-Gesellschaft (z.B. die Komplementär-GmbH) nach dem Gesellschaftsvertrag selbst Liquidatorin der Personengesellschaft ist, sind ihre Geschäftsführer bzw. Liquidatoren schon als organschaftliche Vertreter des zur Vertretung der Gesellschaft ermächtigten Gesellschafters taugliche Täter. Soweit nach § 146 sämtliche Gesellschafter der Personengesellschaft Liquidatoren sind oder das Liquidatorenamt durch Gesellschaftsvertrag oder Beschluß anderen Personen übertragen ist, sind diese Personen als Liquidatoren taugliche Täter.

b) Auch **das fehlerhaft bestellte Organ** ist tauglicher Täter (RGSt 16, 269, 270 ff.; 64, 81, 84; BGHSt 3, 32; Hachenburg-Kohlmann GmbHG § 84 Anm. 20; Stein ZHR 148 [1984], 211 ff.). Wer das Amt des organschaftlichen Vertreters tatsächlich innehatte, kann sich nachträglich nicht darauf berufen, daß die Bestellung unwirksam war (vgl. näher Karsten Schmidt in Festschrift Rebmann S. 424 f.). Die Niederlegung des Amtes läßt die Pflichten aus § 130a entfallen (str.; vgl. § 130a Anm. 15). Selbstverständlich macht sie den schon begangenen Verstoß nicht ungeschehen. Nur für die Zukunft läßt sie die Geschäftsleiterpflichten entfallen, und auch dies nur, wenn die Niederlegung wirksam ist und der organschaftliche Vertreter nicht „faktisches Organ" bleibt (dazu sogleich Anm. 7).

2. Faktische Organe?

Nach der Rechtsprechung ist § 130b auch auf faktische Geschäftsführer anzuwenden, und zwar nicht nur auf fehlerhaft bestellte Geschäftsführer, sondern auch auf solche Personen, die die Gesellschaft nur tatsächlich leiten (vgl. BGHSt 3, 33 [zu § 83 GmbHG]; BGHSt 21, 101 = NJW 1966, 2225; BGHSt 31, 118 = NJW 1983, 240; BGH GmbHR 1955, 61; 1958, 179; BGH bei Herlan GA 1971, 36; BGH wistra 1984, 178 = Strafverteidiger 1984, 461 m. krit. Anm. Otto). Diese Praxis ist in der Literatur überwiegend auf Ablehnung gestoßen (vgl. besonders Ursula Stein S. 130 ff.; dies. ZHR 148 [1984], 211 ff.; Baumbach-Hueck-Schulze-Osterloh GmbHG § 82 Anm. 77 i. V. m. § 84 Anm. 13; Scholz-Tiedemann GmbHG § 84 Anm. 27 ff.; Tiedemann NJW 1986, 1845; Otto Strafverteidiger 1984, 462 f.). Andere stimmen dem BGH zu (Meyer-Landrut, GmbHG, 1987, § 84 Anm. 4; Rowedder-Fuhrmann, GmbHG, 1985, § 84 Rdnr. 5; Cadus S. 146; Bruns JR 1984, 133 ff.; Kratzsch ZGR 1985, 506 ff.; Karsten Schmidt in Festschrift Rebmann S. 429 ff.; ders. ZIP 1988, 1500). Im Ergebnis, nicht allerdings in den Begründungen, ist der Rechtsprechung zuzustimmen. Die Strafbarkeit läßt sich insbesondere nicht mit dem Instrumentarium einer faktischen Betrachtungsweise rechtfertigen (so aber Bruns JR 1984, 133 ff.). Sie ist trotz der aus dem Gebot der Tatbestandsbestimmtheit im Strafrecht resultierenden Bedenken deshalb zu rechtfertigen, weil die Worte „als organschaftlicher Vertreter oder Liquidator" den gesamten Normadressatenkreis des § 130a abdecken sollen (eingehend für § 84 GmbHG Karsten Schmidt in Festschrift Rebmann S. 426 ff.). Wegen dieses Normadressatenkreises ist auf § 130a Anm. 17 zu verweisen.

3. Beteiligung Dritter

8 a) Da § 130b echtes Sonderdelikt ist, kann **Täter**, Mittäter (§ 25 Abs. 2 StGB) oder mittelbarer Täter (§ 25 Abs. 1 StGB) nur sein, wer selbst zum in Anm. 5 ff. beschriebenen Personenkreis gehört (RGSt 24, 286, 290; BGHSt 14, 280, 281 f.).

9 b) **Teilnahme** in der Form der Anstiftung (§ 26 StGB) oder Beihilfe (§ 27 StGB) kann von jedermann begangen werden (Erbs-Kohlhaas-Fuhrmann § 84 GmbHG Anm. 2). Insoweit kommen insbesondere Gesellschafter und Beirats-(Aufsichtsrat-)mitglieder in Betracht, die den Geschäftsführer dazu drängen, seinen Verpflichtungen nicht nachzukommen. Zur Beihilfe ist ein Einwirken auf den Geschäftsführer erforderlich; es genügt dagegen nicht, wenn Gesellschafter gegenüber Gläubigern den Zusammenbruch der Gesellschaft vertuschen und damit die Eröffnung des Konkursverfahrens verhindern oder verzögern wollen (BGHSt 14, 280, 282; Erbs-Kohlhaas-Fuhrmann § 84 GmbHG Anm. 2). Auch durch Unterlassen kann Beihilfe begangen werden, wenn etwa Mitglieder eines zur Überwachung der Geschäftsführung bestellten Aufsichtsrats unter Verletzung der Kontrollpflichten den Geschäftsführer nicht zur Einhaltung seiner Pflichten anhalten. Beihilfe ist möglich bis zur Beendigung der Tat (BGHSt 14, 280, 281). Die Vertreterstellung ist besonderes persönliches Merkmal i. S. v. § 28 Abs. 1 StGB (Erbs-Kohlhaas-Fuhrmann § 84 GmbHG Anm. 2), so daß für den Teilnehmer, der nicht selbst zu dem vertretungsberechtigten Personenkreis gehört, die Strafe nach § 49 Abs. 1 StGB zu mildern ist.

III. Der Deliktstatbestand

1. Vorsatztat

10 Wer vorsätzlich gegen § 130a verstößt, wird nach Abs. 1 bestraft. Für Teilnehmer gelten die §§ 26, 27 StGB. Die Zustimmung der Gesellschafter oder einzelner Gläubiger rechtfertigt die Tat nicht (§ 130a Anm. 22). Der Vorsatz muß sich nur auf die

Auflösungsgründe **§ 131**

Zahlungsunfähigkeit oder Überschuldung beziehen, nicht auf die Schädigung von Gläubigern. Bedingter Vorsatz genügt, und zwar auch hinsichtlich der Überschuldung (vgl. nur Scholz-Tiedemann GmbHG § 84 Anm. 98; anders aber Erbs-Kohlhaas-Fuhrmann § 84 GmbHG Anm. 5). Das Prognoseelement bei der Überschuldungsprüfung (§ 130 a Anm. 21) ist schon auf der Tatbestandsebene zu berücksichtigen.

2. Fahrlässigkeitstat (Abs. 2)

Fahrlässige Begehung kommt einmal in Betracht, wenn infolge einer Sorgfaltspflichtverletzung der Konkursgrund nicht erkannt wird, zum anderen dann, wenn das insolvente Unternehmen ohne Stellung des Konkurs- oder Vergleichantrags fortgeführt wird, weil etwa die Sanierungsfähigkeit falsch eingeschätzt wird. Zum Problem des erlaubten Risikos vgl. Harneit passim. **11**

3. Teilnahme Dritter

Wer nicht zu den tauglichen Tätern gehört (Anm. 5 ff.), kann nach Anm. 8 f. als Teilnehmer verfolgt werden. Strafbare Teilnahme setzt Vorsatz voraus. **12**

Vierter Titel. Auflösung der Gesellschaft und Ausscheiden von Gesellschaftern

131 Die offene Handelsgesellschaft wird aufgelöst:
1. durch den Ablauf der Zeit, für welche sie eingegangen ist;
2. durch Beschluß der Gesellschafter;
3. durch die Eröffnung des Konkurses über das Vermögen der Gesellschaft;
4. durch den Tod eines Gesellschafters, sofern nicht aus dem Gesellschaftsvertrage sich ein anderes ergibt;
5. durch die Eröffnung des Konkurses über das Vermögen eines Gesellschafters;
6. durch Kündigung und durch gerichtliche Entscheidung.

Schrifttum (Auswahl): *Barz,* Verschmelzung von Personengesellschaften, in: Festschrift Ballerstedt, 1975, S. 143; *Binz,* Die GmbH & Co., 8. Aufl. 1991; *Ensthaler,* Die Liquidation von Personengesellschaften, 1985; *Hillers,* Personengesellschaft und Liquidation, 1989; *Hesselmann-Tillmann,* Handbuch der GmbH & Co., 17. Aufl. 1991; *Hintzen,* Auflösung und Liquidation von Personengesellschaften, 1965; *Alfred Hueck,* Zur Problematik langfristiger Gesellschaftsverträge, in: Festschrift Larenz, 1973, S. 741; *Kötter,* Der Zeitpunkt der Auflösung einer oHG oder KG, in: Festschrift Geßler, 1971, S. 247; *Lastig,* Die Auflösung der kaufmännischen Gesellschaften, in: Festgabe Dernburg, 1900/1979, S. 169; *Liebisch,* Über die Rechtsstellung des Erben eines offenen Handelsgesellschafters, ZHR 116 (1945), 128; *Merle,* Personengesellschaften auf unbestimmte Zeit und auf Lebenszeit, in: Festschrift Bärmann, 1975, S. 631; *Karsten Schmidt,* Die Handels-Personengesellschaft in Liquidation, ZHR 153 (1989), 270; *Wimpfheimer,* Die Gesellschaften des Handelsrechts und des bürgerlichen Rechts im Stadium der Liquidation, 1908.

Inhalt

	Anm.		Anm.
I. Grundlagen	1–6	2. Geltungsbereich des § 131	4
1. Auflösung, Liquidation und Vollbeendigung	1	3. Erschöpfende Regelung?	6

	Anm.
II. Die Auflösungsgründe	7–41
1. Zeitablauf (Nr. 1)	7
2. Auflösungsvertrag, Auflösungsbeschluß (Nr. 2)	12
3. Konkurseröffnung über das Vermögen der Gesellschaft (Nr. 3)	18
4. Tod eines Gesellschafters (Nr. 4)	23
5. Konkurseröffnung über das Vermögen eines Gesellschafters (Nr. 5)	36
6. Kündigung und gerichtliche Entscheidung (Nr. 6)	41
III. Auflösungsgründe außerhalb von § 131	42–50
1. Bedeutung	42
2. Wegfall des einzigen Komplementärs bei der Kommanditgesellschaft	43
3. Auflösung, Vollbeendigung, Umwandlung und Verschmelzung einer Gesellschafter-Gesellschaft	44
4. Öffentlichrechtliche Auflösungsgründe	47
5. Konkursablehnung mangels Masse?	50
IV. Keine Auflösungsgründe	51–59
1. Grundsätzliches	51
2. Katalog	52
V. Fortsetzung der aufgelösten Gesellschaft	60–74
1. Grundlagen	60
2. Voraussetzungen der Fortsetzung	61
3. Die einzelnen Fortsetzungsfälle	65
VI. Die fehlerhafte Auflösung	75–80
1. Das Problem	75
2. Angefochtene Auflösung	77
3. Scheinbare Auflösung	78
4. Fehlerhafte vollzogene Auflösung	79

I. Grundlagen

1. Auflösung, Liquidation und Vollbeendigung

1 a) § 131 regelt die Auflösungsgründe. Die Auflösung ist von der Liquidation und von der Vollbeendigung der Gesellschaft zu unterscheiden. Zweckmäßigerweise unterscheidet man folgende Begriffe (vgl. Scholz-Karsten Schmidt GmbHG § 60 Anm. 1 ff.): Die Gesellschaft ist **auflösungsreif**, wenn ein die Auflösung rechtfertigender Sachverhalt (z.B. der wichtige Grund im Fall des § 133) vorliegt. Die Gesellschaft ist **aufgelöst**, wenn einer der in § 131 oder in Anm. 42ff. genannten Fälle vorliegt; die Auflösung läßt die Gesellschaft nicht erlöschen, sondern sie überführt die werbende Gesellschaft in das Liquidationsstadium (vgl. § 145 Anm. 1). Die Gesellschaft wird **liquidiert**, wenn nach ihrer Auflösung ein Abwicklungsverfahren stattfindet (dazu § 145 Anm. 2 ff.). Die Gesellschaft ist **voll**beendigt, wenn sie kein Aktivvermögen mehr hat und als Rechtsträger erloschen ist (dazu § 155 Anm. 52 ff.).

2 b) Von der **Auflösung** ist die **automatische Vollbeendigung** der Gesellschaft zu unterscheiden. Sie tritt ein, wenn alle Mitgliedschaftsrechte in einer Person zusammenfallen, also in folgenden Fällen: Alle Mitgesellschafter des verbleibenden Gesellschafters scheiden aus oder werden ausgeschlossen (vgl. Erl. § 142) oder alle Mitgliedschaftsrechte werden von einem Gesellschafter von Todes wegen oder unter Lebenden erworben (RGZ 65, 227, 237 ff.; 68, 410, 414 f.; 111, 274, 276; 136, 97, 98 f.; BGHZ 48, 203, 206; 50, 307, 308 ff.; 71, 296, 300 = WM 1979, 249 = JuS 1979, 668 m. Anm. Karsten Schmidt; BGH NJW-RR 1990, 798, 799 = ZIP 1990, 505, 506; OLG Frankfurt WM 1967, 103). In diesen Fällen tritt Gesamtrechtsnachfolge ein (vgl. Karsten Schmidt Gesellschaftsrecht § 11 V 3 a): Die Gesellschaft erlischt, und das Gesellschaftsvermögen fällt dem verbleibenden Gesellschafter an (vgl. § 105 Anm. 24, § 145 Anm. 32 f.). Der Vorgang ist wie eine Auflösung und Vollbeendigung zum Handelsregister anzumelden (vgl. § 143 Anm. 4, § 157 Anm. 4). Auch nach Auflösung der Gesellschaft kann die Liquidation dadurch ersetzt werden, daß alle Gesellschafter bis auf einen ausschei-

Auflösungsgründe 3, 4 § 131

den bzw. daß alle Anteile auf einen Gesellschafter übertragen werden (vgl. § 145 Anm. 33 f.). Zur Frage, unter welchen Voraussetzungen die Gesellschaft ausnahmsweise mit nur einem Gesellschafter, aber getrennten Anteilen fortbestehen kann, vgl. § 105 Anm. 26.

c) Von der Auflösung zu unterscheiden ist auch die **automatische Umwandlung der Gesellschaft durch Fortfall konstituierender Merkmale**. Die oHG wandelt sich in eine KG um, sobald ein Kommanditist aufgenommen wird; dies ist keine Auflösung der oHG und kein Entstehen einer neuen KG, sondern die Gesellschaft wechselt nur die Rechtsform. Die Gesellschaft behält ihre Identität (keine Vermögensübertragung erforderlich), und sie ist auch nicht aufgelöst (kein Fortsetzungsbeschluß erforderlich). Eine KG, die nach dem Ausscheiden des einzigen Komplementärs ohne Hinzutritt eines neuen Komplementärs als werbende Gesellschaft fortgesetzt wird (zur Abgrenzung vgl. Anm. 43), wird zur oHG (vgl. BGH NJW 1979, 1705, 1706). Eine oHG oder KG, deren Zweck nicht mehr auf den Betrieb eines vollkaufmännischen Handelsgewerbes gerichtet ist, wird zur Gesellschaft bürgerlichen Rechts. So, wenn die Gesellschaft den Betrieb des Handelsgeschäfts nicht nur vorübergehend einstellt (Baumbach-Duden-Hopt Einl. vor § 105 Anm. 4 B; Ulmer in Großkomm Anm. 8; als Standardfall wird BGHZ 32, 307, 310 genannt, jedoch ist dieses Beispiel problematisch; vgl. Karsten Schmidt Gesellschaftsrecht § 44 II 3) oder wenn sie nur noch vermögensverwaltend tätig ist, z.B. weil sie den Betrieb verpachtet (BGH WM 1962, 10, 12; BB 1971, 973 = NJW 1971, 1698; str. für den Fall der Betriebsaufspaltung; vgl. mit umfassenden Nachweisen § 105 Anm. 39). Die Einstellung der (eigenen) gewerblichen Tätigkeit durch die Gesellschaft kann Grundlage oder Folge eines Auflösungsbeschlusses sein. Durch einen solchen Auflösungsbeschluß wird die Gesellschaft aufgelöst, nicht aber schon durch die Umwandlung in eine Gesellschaft bürgerlichen Rechts.

2. Geltungsbereich des § 131

a) Die Vorschrift gilt für die **oHG** und gemäß § 161 Abs. 2 auch für die **Kommanditgesellschaft**, soweit keine Sondervorschriften vorhanden sind. Die wichtigste Sonderbestimmung für die KG ist die des § 177 (keine Auflösung durch den Tod eines Kommanditisten). Im **Fall der GmbH & Co. KG** gilt § 131 nur für die Auflösung der KG, nicht der GmbH. Zu der umstrittenen Frage, ob eine Auflösung der Komplementär-GmbH auch die KG zur Auflösung bringt, vgl. Anm. 44. Die Vorschrift gilt auch für die **fehlerhafte Gesellschaft**, denn diese ist – im Gegensatz zur bloßen Scheingesellschaft – eine wirklich bestehende Gesellschaft (Ulmer in Großkomm Anm. 13 f.; h.M.; eingehend Karsten Schmidt AcP 186 [1986], 421 ff.; str.; vgl. § 105 Anm. 202 f.). Zu der ganz anderen Frage, ob schon die Fehlerhaftigkeit ein wichtiger Auflösungsgrund ist, vgl. § 105 Anm. 217 und § 133 Anm. 11. Nach h.M. gilt § 131 nicht für eine bereits aufgelöste Gesellschaft. Die Vorstellung ist die, daß eine aufgelöste Gesellschaft nicht aufgelöst werden kann. Diesem Denkansatz ist deshalb nicht zu folgen, weil § 131 Auflösungsgründe enthält und weil Auflösungsgründe kumulieren können. Tritt zu einem Auflösungstatbestand ein weiterer hinzu, so bleibt die Gesellschaft (nunmehr aus mehrfachem Grund) aufgelöst (wichtig für die Frage der Fortsetzungsfähigkeit; vgl. Anm. 63).

5 b) Die Bestimmung regelt nur diejenigen Auflösungsgründe, die zu einem **Auflösungsverfahren** nach §§ 145 ff. oder nach der Konkursordnung führen. Nicht im Gesetz geregelt sind die Gründe, die zum liquidationslosen Erlöschen der Gesellschaft führen (dazu vgl. Anm. 2).

3. Erschöpfende Regelung?

6 Nach h. M. sind die Auflösungsgründe in § 131 erschöpfend aufgezählt (vgl. nur BGHZ 75, 178, 179; BGH WM 1973, 863, 864; std. Rspr.; Baumbach-Duden-Hopt Anm. 1 D). Dem ist **nur mit Einschränkungen** zuzustimmen (näher Karsten Schmidt ZHR 153 [1989], 278 ff.). Zunächst ist zu beachten, daß es nur um echte Auflösungsgründe geht. Die Vollbeendigungsgründe stehen nicht in § 131 (vgl. Anm. 5). Sodann sind nur die Gründe genannt, die zum Konkursverfahren oder zum Auflösungsverfahren nach §§ 145 ff. führen, nicht z.B. die Auflösung aufgrund Vereinsverbots (§§ 3 ff. VereinsG; dazu Anm. 47) oder die Entflechtung nach § 24 Abs. 2 Satz 5 GWB, die im Liquidationswege geschehen kann (allerdings nicht muß; vgl. § 24 Abs. 6 GWB). Was die Auflösungsgründe des § 131 anlangt, so ist weiter hervorzuheben, daß eine Ausdehnung des Katalogs im Wege der Rechtsfortbildung nicht generell unzulässig ist (vgl. insbesondere zur Auflösung der GmbH & Co. KG durch Auflösung ihrer Komplementär-GmbH Anm. 31 f.). Schließlich und endlich gilt der numerus clausus nur für die gesetzlichen Auflösungsgründe. Wie sich aus Nr. 1 ergibt, können im Vertrag beliebige Auflösungsgründe vorgesehen werden.

II. Die Auflösungsgründe

1. Zeitablauf (Nr. 1)

7 a) Abs. 1 spricht von der **Vereinbarung einer Höchstdauer** der Gesellschaft (vgl. Heymann-Emmerich Anm. 3). Hiervon ist die Vereinbarung einer Mindestdauer zu unterscheiden. Ob eine im Gesellschaftsvertrag vereinbarte Dauer der Gesellschaft Höchstdauer (selten), Mindestdauer (häufiger) oder beides ist, ist Auslegungsfrage (vgl. auch § 132 Anm. 5 ff.). Selbst wenn die vereinbarte Dauer gleichzeitig eine Mindest- und Höchstdauer sein soll, handelt es sich um verschiedene Rechtsfragen. Nr. 1 besagt nur etwas über die Höchstdauer. Ist sie abgelaufen, so ist die Gesellschaft ohne weiteres beendet. Entgegen der noch von Geßler in der 4. Aufl. vertretenen Ansicht kann eine unter Nr. 1 fallende Gesellschaft gleichzeitig i. S. von § 132 für unbestimmte Zeit eingegangen sein, wenn nämlich die Höchstdauer nicht zugleich eine Mindestdauer ist.

8 b) **Auflösung der Gesellschaft durch den Ablauf der Zeit**, für die sie eingegangen ist, ist nach herrschender Ansicht nicht nur gegeben, wenn die Zeit nach dem Kalender bestimmt ist (z.B. „am 1. 1. 1995" oder „nach Ablauf von 10 Jahren seit der Eintragung") oder wenn sonst der Endtermin von vornherein genau feststeht, sondern auch, wenn als Endtermin ein bestimmtes Ereignis bestimmt ist, dessen Eintritt zwar gewiß ist, aber zeitlich noch nicht feststeht (vgl. RGZ 95, 147, 149; RG LZ 1911, 298; Baumbach-Duden-Hopt Anm. 2 A; Straube-Koppensteiner Anm. 10; Ulmer in Großkomm Anm. 17). Diese Auffassung trifft zu. Demgegenüber folgerte *Geßler* in der

Auflösungsgründe 9–12 § 131

4. Aufl. aus dem Gegensatz zu § 132, der von der für eine unbestimmte Zeit eingegangenen Gesellschaft handelt, es könnten unter Ziffer 1 nur solche Fälle fallen, in denen der Zeitpunkt der Auflösung zeitlich feststeht. Sei eine Gesellschaft z. B. für die Dauer eines Verlagsrechts eingegangen, sei sie nur dann eine zeitliche, wenn schon während des Bestehens des Verlagsrechts jederzeit gesagt werden könne, wann die Gesellschaft zeitlich endige, weil an diesem Zeitpunkt das Verlagsrecht ende. Sei die Dauer des Verlagsrechts ungewiß, nur sein Wegfall gewiß, sei die Gesellschaft auf unbestimmte Zeit eingegangen. Diese Auffassung beruhte auf einem Mißverständnis. Es gibt keinen Gegensatz zwischen Nr. 1 und § 132 (vgl. soeben in Anm. 7 sowie § 132 Anm. 9). Eine Vereinbarung nach Nr. 1 hat zur Folge, daß die Gesellschaft mit Eintritt des vereinbarten Zeitpunkts automatisch aufgelöst ist. Dazu muß dieser Zeitpunkt nur **bestimmbar** in dem Sinne sein, daß der Zeitpunkt seines Eintritts präzis festgestellt werden kann.

c) Nur wenn die Gesellschaft **automatisch** mit dem Ablauf der vereinbarten Zeit bzw. mit dem Eintritt des vereinbarten Ereignisses endet, liegt ein Fall der Nr. 1 vor. Nicht unter Nr. 1 fällt deshalb eine Vertragsregelung, nach der sich die Gesellschaft um eine bestimmte (RGZ 136, 236, 241; BGH WM 1966, 707) oder unbestimmte (RGZ 156, 129, 133 f.) Zeit verlängert, wenn sie nicht bis zu einem bestimmten Zeitpunkt gekündigt ist (Heymann-Emmerich Anm. 3; Ulmer in Großkomm Anm. 20; a. M. hier Geßler in der 4. Aufl.). Dies ist nur eine Kündigungsklausel. Unter Nr. 1 fällt dagegen eine Regelung, nach der die Gesellschaft mit einem bestimmten Zeitpunkt endet, wenn nicht vor (!) diesem Zeitpunkt die Verlängerung erklärt wurde. Dann läßt sich ohne weiteres Zutun in dem vereinbarten Zeitpunkt die Auflösung feststellen (nach diesem Zeitpunkt ist nur noch eine Fortsetzung der aufgelösten Gesellschaft gemäß Anm. 60 ff. möglich). **9**

d) Herkömmlicherweise wird im Rahmen der Nr. 1 die Frage diskutiert, ob eine **langfristig auf feste Zeit eingegangene gesellschaftsrechtliche Bindung** zulässig ist (vgl. z. B. Heymann-Emmerich Anm. 5). Das beruht auf der schon in Anm. 7 f. abgelehnten Verwechselung des Problems der Höchstdauer (Nr. 1) mit dem Problem der Mindestdauer (§ 132). Die Frage wird hier bei § 132 Anm. 5 besprochen. **10**

e) **Rechtsfolge** des Zeitablaufs ist im Fall der Nr. 1 die automatische Auflösung der Gesellschaft (Ulmer in Großkomm Anm. 21; Heymann-Emmerich Anm. 3). Die Gesellschaft kann danach nur noch durch einen Fortsetzungsbeschluß nach Anm. 60 ff. wieder in das werbende Stadium zurückgeführt werden. Vor dem Eintritt des Auflösungszeitpunkts können die Gesellschafter durch Vertragsänderung, aber auch durch einen (i. d. R. einstimmigen) Beschluß die Auflösung hindern oder hinausschieben (Düringer-Hachenburg-Flechtheim Anm. 1; Ulmer in Großkomm Anm. 21). **11**

2. Auflösungsvertrag, Auflösungsbeschluß (Nr. 2)

a) Nr. 2 beruht auf dem **Grundgedanken**, daß Gesellschafter, die die Gesellschaft nach ihrem freien Willen schaffen, diese auch wieder auflösen können. Das Gesetz unterscheidet nicht zwischen dem **Auflösungsvertrag** und dem **Auflösungsbeschluß**. Da der Gesetzgeber von der Einstimmigkeitsregel des § 119 Abs. 1 ausging, hatte er hierzu keine Veranlassung. Grundsätzlich muß die Auflösung von allen Gesellschaftern einstimmig beschlossen werden (§ 119 Abs. 1). Durch den Gesellschaftsvertrag kann je- **12** doch ein Mehrheitsbeschluß vorgesehen werden (RG JW 1900, 566; Wieland I S. 669 Anm. 3), allerdings muß der Bestimmtheitsgrundsatz beachtet werden (§ 119 Anm. 17). Wenn der Gesellschaftsvertrag allgemein bestimmt, daß für alle Beschlüsse die Mehrheit genügen soll, so gilt dies nicht ohne weiteres auch für den Beschluß nach Nr. 2. Die Auflösung der Gesellschaft durch Vertrag oder durch Beschluß aller Gesellschafter kann nicht von der **Zustimmung Dritter** abhängig gemacht werden. Eine solche Vereinbarung hat jedenfalls im Fall der einstimmigen Auflösung nur schuldrechtliche Wirkung. Die Auflösungsfolge tritt ohne weiteres und unabhängig von solchen Verpflichtungen der Gesellschaft oder einzelner Gesellschafter ein. Auch der Gesellschaftsvertrag kann die Auflösung der Gesellschaft durch Vertrag oder durch einstimmigen Beschluß nicht ausschließen, § 131 Ziff. 2 ist zwingendes Recht (Ulmer in Großkomm Anm. 29). Den Gesellschaftern steht es frei, den einmal gefaßten Auflösungsbeschluß wiederaufzuheben und die Gesellschaft fortzusetzen, jedoch nur solange, wie die Gesellschaft sich noch in der Abwicklung befindet, nicht mehr nach ihrer Vollbeendigung (vgl. unten Anm. 62).

13 b) Der Beschluß nach Nr. 2 muß von einer **Vertragsänderung** unterschieden werden. Praktisch ist diese Unterscheidung dann von Bedeutung, wenn nach dem Gesellschaftsvertrag an die Vertragsänderung andere Anforderungen gestellt werden als an den Beschluß nach Nr. 2. Streitig ist vor allem, ob der Beschluß nach Nr. 2 auf sofortige Auflösung gehen muß oder ob unter Ziffer 2 auch noch ein Beschluß fällt, der die Auflösung zu einem bestimmten zukünftigen Zeitpunkt vorsieht (dazu vgl. Alfred Hueck oHG § 23 II 2; für die GmbH RGZ 65, 264; 145, 99; Scholz-Karsten Schmidt GmbHG § 60 Anm. 14). Dies kann ein Auflösungsbeschluß nach Nr. 2, kann aber auch die Einführung einer Vertragsklausel nach Nr. 1 sein. Es sollte nach der Funktion des Beschlusses unterschieden werden, also danach, ob die Intention der Gesellschafter auf Auflösung der Gesellschaft oder auf Einführung einer festen Dauer für die werbende Gesellschaft zielt. Praxisgerecht scheint folgende Auslegungsregel: Sofern der Zeitpunkt der beschlossenen Auflösung in absehbarer Nähe liegt und die Zeitspanne bis zu ihm nur der Vorbereitung der Auflösung dient, ist regelmäßig anzunehmen, daß auch ein solcher Auflösungsbeschluß unter Nr. 2 fällt (RGZ 145, 99, 101; Ulmer in Großkomm Anm. 27). Liegt er dagegen noch in weiter Ferne, ist ein solcher Beschluß als Bestimmung der Zeitdauer der Gesellschaft zu werten; ebenso, wenn hinsichtlich des Auflösungszeitpunkts auf ein ungewisses Ereignis abgestellt wird.

14 c) Der Auflösungsvertrag oder Auflösungsbeschluß bedarf grundsätzlich **keiner Form** (Heymann-Emmerich Anm. 7). Das gilt auch dann, wenn sich GmbH-Anteile (§ 15 GmbHG!) oder Immobilien (§ 313 BGB!) im Gesellschaftsvermögen befinden. Die schuldrechtlichen Abwicklungspflichten resultieren aus der Beendigung des wirksamen oHG-Vertrages. Nur wenn durch besondere Vereinbarungen hinsichtlich der Grundstücke oder GmbH-Anteile Verpflichtungen begründet werden, die vom Gesetz oder vom bisherigen Gesellschaftsvertrag abweichen, sind insofern die einschlägigen Formvorschriften einzuhalten (vgl. § 105 Anm. 116, 139). Befindet sich ein geschäftsunfähiger oder ein in der Geschäftsfähigkeit beschränkter Gesellschafter in der Gesellschaft, so bedarf es außer der Mitwirkung des gesetzlichen Vertreters auch der Genehmigung des Vormundschaftsgerichts. Dies folgt aus § 1823 BGB (vgl. zu seiner Anwendbarkeit

Auflösungsgründe 15–17 § 131

Alfred Hueck oHG § 23 II 2; Ulmer in Großkomm Anm. 32; Soergel-Damrau § 1823 Anm. 4), nicht aus § 1822 Nr. 3 BGB (h. M; vgl. Ulmer in Großkomm Anm. 32; Soergel-Damrau § 1822 Anm. 18; anders hier Geßler in der 4. Aufl. Anm. 17). Das Fehlen der Genehmigung macht einen reinen Auflösungsvertrag oder Auflösungsbeschluß aber nicht unwirksam (vgl. § 1823 BGB; anders aufgrund § 1822 Nr. 3 BGB bei der Vertragsänderung).

d) Die Gesellschafter können die Auflösung **ausdrücklich** vereinbaren bzw. beschließen. Es genügt aber auch eine **stillschweigende Übereinkunft** (RG Recht 1936 Nr. 4470; Alfred Hueck oHG § 23 II 2; Heymann-Emmerich Anm. 7; Ulmer in Großkomm Anm. 23). Als Auflösungsbeschluß ist namentlich ein Beschluß anzusehen, dessen Ausführung die Auflösung der Gesellschaft in sich schließt (RG Holdheim 23, 23). Die Gesellschafter beschließen z.B. die Einstellung des Handelsgewerbes, die Veräußerung des Unternehmens an einen Dritten, ohne einen anderweitigen Gewerbebetrieb in Aussicht zu nehmen (BGH WM 1958, 1105, 1106; s. auch BGH NJW 1960, 434; Heymann-Emmerich Anm. 7; Ulmer in Großkomm Anm. 23). Auch die Beschlußfassung über einen Liquidationsvergleich stellt einen Auflösungsbeschluß dar (vgl. Anm. 20). Über die zeitweilige Einstellung des Geschäftsbetriebs vgl. RGZ 110, 422; BGHZ 32, 307, 312. Wegen der Frage, ob die Verpachtung des Geschäftsbetriebs samt Firma die oHG auflöst, vgl. Anm. 54. Schließlich enthält eine Kündigungserklärung i. d. R. zugleich ein konkludentes Aufhebungsangebot; demgemäß bewirkt auch eine unzulässige Kündigung eines Gesellschafters, die die anderen Gesellschafter annehmen, eine Vereinbarung der Auflösung (Baumbach-Duden-Hopt Anm. 2 B; Heymann-Emmerich Anm. 7). Auch in der Klage und Widerklage auf Auflösung kann sie liegen, wenn mit den Klagen nur die Auflösung verlangt wird und keine sonstigen streitigen Konsequenzen (Geschäftsübernahme, Ausschließung usw.) daraus gezogen werden (vgl. OLG Hamburg SeuffA 41 Nr. 206). Die gleichzeitige Auswechselung aller Gesellschafter ist kein Auflösungsbeschluß, weil sie die Gesellschaft mit neuem Gesellschafterbestand fortbestehen läßt (vgl. BGHZ 44, 229 = NJW 1966, 499; anders noch OLG Dresden JW 1935, 2444).

e) Die **Treupflicht der Gesellschafter** kann diese anhalten, bei einem unumgänglich werdenden Auflösungsbeschluß mitzuwirken (BGH NJW 1960, 434; Heymann-Emmerich Anm. 7; Ulmer in Großkomm Anm. 30). Geschieht dies nicht, so kann aber grundsätzlich nicht seine Zustimmung fingiert werden (§ 242 BGB), sondern es muß die außerordentliche Auflösung durch Auflösungsklage (§ 133) bzw. durch das im Gesellschaftsvertrag vorgesehene Auflösungsverfahren betrieben werden. Ein **treuwidriger Auflösungsbeschluß**, der nach allgemeinen Regeln unwirksam bzw. anfechtbar ist, kann vorliegen, wenn die Auflösung durch Mehrheitsbeschluß zugelassen ist und die Mehrheitsgesellschafter hiervon eigennützig auf Kosten der Minderheit Gebrauch machen, z.B. um das Unternehmen unter Ausschluß der Minderheitsgesellschafter auf eine neue Gesellschaft zu überführen (vgl. sinngemäß für die GmbH BGHZ 76, 352, 355 = NJW 1980, 1278 = WM 1980, 378; für die AG BGHZ 103, 184 = NJW 1988, 1579).

f) Die **Wirkung des Auflösungsbeschlusses** besteht in der Auflösung der Gesellschaft. Diese Wirkung kann, je nach dem Inhalt des Beschlusses, sofort oder zu einem sonstigen bestimmten (d.h. hinreichend bestimmbaren) Zeitpunkt eintreten (Heymann-Emmerich Anm. 8). Soweit eine Vertragsänderung an schärfere Voraussetzungen geknüpft ist, muß dann aber der Auflösungsbeschluß von einer Vertragsänderung unterschieden werden, die nicht auf unmittelbare Auflösung, sondern auf Einführung eines Termins nach Nr. 1 zielt (dazu vgl. Anm. 13). Ein Rücktritt vom Auflösungsbeschluß nach dem BGB ist nicht möglich (RG JW 1929, 2147; str.; zum Streitstand Ulmer in Großkomm Anm. 34).

3. Konkurseröffnung über das Vermögen der Gesellschaft (Nr. 3)

18 Schrifttum (Auswahl): *Bley-Mohrbutter*, Kommentar zur Vergleichsordnung, 4. Aufl. 1979–1981; *Böhle-Stamschräder-Kilger*, Kommentar zur Vergleichsordnung, 11. Aufl. 1986; *Gottwald* (Hrsg.), Insolvenzrechtshandbuch, 1989; *Jaeger-Henckel*, Konkursordnung, 9. Aufl. 1977 ff.; *Jaeger-Weber*, Konkursordnung, 8. Aufl. 1958–1973; *Kilger*, Konkursordnung, 15. Aufl. 1987; *Kuhn-Uhlenbruck*, Konkursordnung, 10. Aufl. 1986; *Karsten Schmidt*, Unternehmenskonkurs, Unternehmensträgerkonkurs, Gesellschafterkonkurs, in: Einhundert Jahre Konkursordnung, 1977, S. 247; *ders.*, Wege zum Insolvenzrecht der Unternehmen, 1990; *Uhlenbruck*, Die GmbH & Co. KG in Krise, Konkurs und Vergleich, 2. Aufl. 1988.

19 a) Vom **Konkurs über das Vermögen der Gesellschaft** spricht Nr. 3 (im Gegensatz zum Konkurs über das Vermögen eines Gesellschafters nach Nr. 5). Es kommt nicht darauf an, ob gleichzeitig über das Vermögen der persönlich haftenden Gesellschafter das Konkursverfahren eröffnet wird. Im Fall der GmbH & Co. spricht also Nr. 3 vom Konkurs der Kommanditgesellschaft, Nr. 5 dagegen vom Konkurs der GmbH (dazu OLG Frankfurt NJW-RR 1988, 807). Die oHG und die KG sind **konkursfähig** (§ 124 Anm. 39). Konkursfähig ist auch die fehlerhafte Gesellschaft (Jaeger-Weber §§ 209, 210 Anm. 4). Nach §§ 207 Abs. 2, 209 Abs. 2 KO kann auch über das Vermögen einer schon aufgelösten Gesellschaft das Konkursverfahren eröffnet werden. Darauf, ob die Gesellschaft im Handelsregister eingetragen ist, kommt es jedenfalls im Fall des § 1 bei vollkaufmännischer Gewerbetätigkeit nicht an (vgl. näher § 123 Anm. 11). Fällt die Gesellschaft unter § 2 oder unter § 3, so beginnt die Konkursfähigkeit nach h. M. erst mit dem Zeitpunkt der Registereintragung (vgl. Ulmer in Großkomm Anm. 41; Jaeger-Weber §§ 209, 210 Anm. 3; s. aber auch Uhlenbruck S. 220). Nach der hier vertretenen Ansicht kommt es nicht auf den Unterschied an, denn auch die unternehmenstragende Gesellschaft bürgerlichen Rechts ist konkursfähig (§ 123 Anm. 24; Karsten Schmidt Handelsrecht § 5 II 3; ders. Gesellschaftsrecht § 58 V 1). Der BGH hat die Konkursfähigkeit der Gesellschaft bürgerlichen Rechts noch nicht bejaht, sieht aber eine rechtskräftige Konkurseröffnung über das Vermögen einer solchen Gesellschaft, die wie eine Handelsgesellschaft aufgetreten ist, als wirksam an (BGHZ 113, 216 = NJW 1991, 922). Auch die bereits aufgelöste Gesellschaft ist bis zur Vermögensverteilung konkursfähig (§§ 209 Abs. 2, 207 Abs. 2 KO). **Konkursgrund** ist nach § 209 Abs. 1 Satz 1 KO die Zahlungsunfähigkeit (zu diesem Begriff vgl. § 130a Anm. 21). Überschuldung kommt als weiterer Konkursgrund hinzu, wenn kein persönlich haftender Gesellschafter eine natürliche Person ist, es sei denn, daß zu den persönlich haftenden Gesellschaftern eine andere offene Handelsgesellschaft oder Kommanditgesellschaft gehört, bei der ein persönlich haftender Gesellschafter eine natürliche Person ist (§ 209 Abs. 1 Satz 3 KO). Der Begriff der Überschuldung ist definiert bei § 130a Anm. 21. **Antragsberechtigt** ist außer den Konkursgläubigern jeder persönlich haftende

Gesellschafter und jeder Liquidator (§ 210 Abs. 1 KO). Wird der Antrag nicht von allen persönlich haftenden Gesellschaftern oder von allen Liquidatoren gestellt, so ist er nur zuzulassen (dazu § 105 KO), wenn der Konkursgrund (Zahlungsunfähigkeit bzw. Überschuldung) glaubhaft gemacht ist (§ 210 Abs. 2 Satz 1 KO). Gegen den Eröffnungsbeschluß steht der Gesellschaft, gegen den Abweisungsbeschluß steht dem Antragsteller die sofortige Beschwerde zu (§ 109 KO). Über die **Folgen der Konkurseröffnung** (Abwicklung der Gesellschaft nach der KO) vgl. § 145 Anm. 63 ff. Über die **persönliche Gesellschafterhaftung im Konkurs** vgl. § 128 Anm. 66 ff.

20 b) Das gerichtliche **Vergleichsverfahren** nach der VerglO löst die Gesellschaft nicht auf (BGH WM 1973, 863, 864; Böhle-Stamschräder-Kilger VerglO § 109 Anm. 2; Heymann-Emmerich Anm. 16; A. Hueck oHG § 26 VIII). Ein Liquidationsvergleich, bei dem die Schuldnerin ihr Vermögen den Gläubigern zur Verwertung überläßt (§ 7 Abs. 4 VerglO), ist allerdings bei einer Handelsgesellschaft nur aufgrund eines Auflösungsbeschlusses zulässig; die Beschlußfassung über den Vergleichsvorschlag ist dann zugleich Auflösungsbeschluß (BGHZ 26, 126, 130 = JZ 1958, 401 m. zust. Anm. Alfred Hueck; BGH WM 1973, 863, 864; Heymann-Emmerich Anm. 16; Ulmer in Großkomm Anm. 51; Böhle-Stamschräder-Kilger VerglO § 109 Anm. 5). Dieser Auflösungsbeschluß kann ausdrücklich oder konkludent unter der aufschiebenden Bedingung der Vergleichseröffnung gefaßt werden. Während des Vergleichsverfahrens können die Vergleichsgläubiger **Zwangsvollstreckungen** gegen die Gesellschaft nicht vornehmen (§ 47 VerglO). Dies berührt nicht die Gesellschafterhaftung nach § 128. Die Gesellschafter können deshalb die Leistung an den Gläubiger nicht verweigern, und sie können auch aus der persönlichen Haftung verurteilt werden (insoweit übereinst. die h. M.). Nach h. M. kann sogar gegen die Gesellschafter vollstreckt werden; § 47 VerglO schützt die Gesellschaft nach dieser h. M. nicht, auch nicht i. V. m. § 129 (vgl. Böhle-Stamschräder-Kilger VerglO § 47 Anm. 7; Bley-Mohrbutter VerglO Anm. 10; Schmitz-Beuting KTS 1957, 36). Diese h. M. ist abzulehnen, weil dem persönlich haftenden Gesellschafter auch die Vergleichswirkung zugute kommt. Die h. M. kann zu einer Ungleichbehandlung von Gläubigern führen und kann zur parallelen Eröffnung eines Gesellschaftervergleichs zwingen, nur damit die Vergleichswirkung auch für die Gesellschafter sichergestellt wird. Kommt es zum **Abschluß und zur Bestätigung des Vergleichs**, so beschränkt dieser zugleich auch die persönliche Haftung der Gesellschafter (§ 109 Abs. 1 Nr. 3 VerglO). Aus dem Vergleich kann vollstreckt werden (§ 85 VerglO), allerdings nur gegen die Gesellschaft (vgl. § 124 Abs. 2), nicht gegen die Gesellschafter (vgl. § 129 Abs. 4; Bley-Mohrbutter VerglO § 109 Anm. 26). Einwendungen gegen die Berechtigung der vollstreckbaren Vergleichsforderung kann aber der Gesellschafter nur noch nach Maßgabe des § 129 geltend machen, d. h. nur insoweit, als die Einwendungen nach dem Beginn der Abstimmung entstanden sind (§ 767 Abs. 2 ZPO; vgl. Bley-Mohrbutter VerglO § 109 Anm. 25).

21 c) **Konkursablehnung mangels Masse** (§ 107 KO) löst eine Personengesellschaft nach h. M. nicht automatisch auf (§ 1 LöschG gilt nur für Kapitalgesellschaften). Das ist rechtspolitisch zu mißbilligen, wird aber bei einer Personengesellschaft mit unbeschränkt haftenden natürlichen Personen de lege lata von der h. M. hingenommen (vgl. nur BGHZ 75, 178, 179; Heymann-Emmerich Anm. 10; Timm-Körber in Insolvenzrechtshandbuch § 17 Anm. 10). Die Folge ist, daß eine oHG oder KG zwar durch die Eröffnung des Konkursverfahrens aufgelöst wird und dann auch im Fall der Konkurseinstellung mangels Masse aufgelöst bleibt, daß aber die Gesellschaft nicht von Gesetzes wegen aufgelöst ist, wenn schon die Konkurseröffnung mangels Masse scheitert. Die Richtigkeit dieser h. M. ist zu bezweifeln (Anm. 50). Jedenfalls für die GmbH & Co. KG muß gelten, daß sie im Fall der Konkursablehnung mangels Masse ebenso aufgelöst ist wie eine GmbH (vgl. Anm. 50). Zur Auflösung einer GmbH & Co., wenn hinsichtlich der Komplementär-GmbH die Konkurseröffnung mangels Masse abgelehnt worden ist, vgl. Anm. 32. Masselosigkeit ist nicht dasselbe wie Vermögenslosigkeit, denn masselos ist die Gesellschaft schon dann, wenn das liquide Vermögen der Gesellschaft die Kosten eines Konkursverfahrens nicht deckt. Findet im Fall der Masselosigkeit eine Liquidation statt, so sind die Liquidatoren entgegen der bisher herrschenden Auffassung gehalten, das Geschäft unter möglichster Gleichbehandlung der Gläubiger konkursähnlich abzuwickeln (vgl. Karsten Schmidt Wege zum Insolvenzrecht S. 177ff.; noch weitergehend für die GmbH Wolf Schulz, Die masselose Liquidation der GmbH, 1984). Dieses Konzept wird neuerdings abgelehnt von Hillers (Personengesellschaft und Liquidation, 1989, S. 230ff.). Hillers meint, die Behandlung der masselosen Liquidation als Insolvenzverfahren beruhe auf der Prämisse, daß es in der Liquidation keinen Gläubigerschutz gebe. Diese Annahme ist unberechtigt. Die Anwendung von Insolvenzrechtsgesichtspunkten beruht nur auf der Notwendigkeit, dem konkursrechtlichen Grundsatz der par condicio creditorum auch bei Masselosigkeit zur Geltung zu verhelfen (auch das Konkursrecht beruht ja nicht auf der Prämisse, daß es bei der in Konkurs gefallenen Gesellschaft außerhalb des Konkurses keine Gläubigersicherung gebe).

22 d) Seit 1988/89 liegt der **Entwurf einer Insolvenzordnung** (EInsO) des Bundesministers der Justiz vor (vgl. Diskussionsentwurf Gesetz zur Reform des Insolvenzrechts, 1988; Referentenentwurf 1989). Auch dieser Entwurf geht von der Auflösung der Gesellschaft durch die Eröffnung des Insolvenzverfahrens aus (vgl. § 126 EInsO). Näher zu dem Entwurf § 145 Anm. 78.

4. Tod eines Gesellschafters (Nr. 4)

Schrifttum: vgl. bei § 139

23 a) aa) Der **Tod eines Gesellschafters** löst die Gesellschaft auf, sofern nicht aus dem Gesellschaftsvertrag sich ein anderes ergibt. **Normzweck** ist es, die Mitgesellschafter gegen die Beteiligung unwillkommener Erben zu schützen. Die **Todeserklärung** nach §§ 2ff. VerschG steht dem Tod gleich (Heymann-Emmerich Anm. 18); maßgeblicher Zeitpunkt für die Auflösung ist nach §§ 23, 9 Abs. 2 VerschG der wahrscheinlichste Todeszeitpunkt. Im Falle des offenbaren Todes i. S. d. § 1 Abs. 2 VerschG ist dies der Zeitpunkt der Todesfeststellung nach §§ 39, 44 VerschG (vgl. auch Ulmer in Großkomm Anm. 83). Im **Fall der KG** gilt Nr. 4 nur für die **Komplementäre**, nicht für die **Kommanditisten** (§ 177). Stirbt ein Kommanditist, so tritt ohne weiteres diejenige Rechtslage ein, die bei Vorhandensein einer Nachfolgeklausel (§ 139 Anm. 16ff.) bestünde. Der **Normzweck der Nr. 4** besteht nicht, wie es die übliche Lesart will, in der

Unvererblichkeit des Gesellschaftsanteils, sondern er erklärt sich geradezu aus der Vererblichkeit des Anteils (dazu sogleich Anm. 24). Dieser geht ohne Zutun der Beteiligten auf die Erben über (§ 1922 BGB). Da nach dem Normalstatut der Personengesellschaft die gemeinsame Zweckverfolgung an die Personen der Mitgesellschafter gebunden ist, ist die ungewollte Änderung des Gesellschafterbestandes ein gesetzlicher Auflösungsgrund.

bb) Stirbt ein persönlich haftender Gesellschafter und findet sich im Gesellschaftsvertrag weder eine Nachfolgeklausel noch eine Eintrittsklausel, so ist die **Mitgliedschaft nicht unvererblich** (vgl. entgegen den üblichen mißverständlichen Formulierungen Karsten Schmidt Gesellschaftsrecht § 45 V 1 b; Marotzke AcP 184 [1984], 543 ff.; Flume in Festschrift DB 1988 S. 183 f.). Die Gesellschaft ist aufgelöst (§ 131 Nr. 4), und die Mitgliedschaft in der aufgelösten Gesellschaft fällt dem oder den Erben als Bestandteil des Nachlasses kraft Gesetzes an (§§ 1922, 2032 BGB; vgl. auch § 139 Anm. 12).

cc) Die Mitgliedschaft geht ungeteilt auf den oder die Erben über (BGH LM Nr. 21 zu § 1353 BGB = NJW 1982, 170; WM 1986, 832, 835; OLG Frankfurt NJW-RR 1988, 225 zur Gesellschaft bürgerlichen Rechts; wohl auch bereits BGHZ 1, 324, 327 = NJW 1951, 650 m. zust. Anm. Alfred Hueck; heute h. M.; Soergel-Hadding § 727 Rdnr. 4; Schilling in Großkomm § 146 Anm. 11; Baumbach-Duden-Hopt Anm. 3 B; Heymann-Emmerich Anm. 19). Das gilt nicht nur, wie noch die ältere Rechtsprechung meinte, für die Vermögensrechte aus dem Anteil (so RGZ 106, 63, 65; OGHZ 3, 203, 208 f.), sondern **der Erbe ist bzw. die Erben sind Mitglied(er) der aufgelösten Gesellschaft.** Anders als bei der werbend tätigen Gesellschaft (vgl. § 139 Anm. 17 ff., § 177 Anm. 11 ff.) kann die **Erbengemeinschaft** Gesellschafterin der Liquidations-Gesellschaft sein (vgl. § 139 Anm. 13; RGZ 106, 63, 65; BGH LM Nr. 21 zu § 1353 BGB = NJW 1982, 170; Ulmer Gesellschaft bürgerlichen Rechts § 727 Rdnr. 10; Schilling in Großkomm § 146 Anm. 11; Ulmer in Großkomm Anm. 93; Baumbach-Duden-Hopt Anm. 3 B). Die Rechte aus dem Anteil werden ungeteilt im Rahmen der Erbengemeinschaft verwaltet und ausgeübt (zur Bestellung eines gemeinschaftlichen Vertreters vgl. § 146 Abs. 1 Satz 2 und dazu § 146 Anm. 16 ff.). Als Gesellschafter der Liquidationsgesellschaft haftet der Erbe bzw. haften die Erben nach § 128; aber die Haftung kann nach erbrechtlichen Regeln, insbesondere also nach § 1975 BGB, beschränkt werden (RGZ 72, 119, 121 f.; BGH LM Nr. 3 zu § 5 = NJW 1982, 45 = JuS 1982, 142 m. Anm. Karsten Schmidt; KGJ 44, 128, 129 ff.; OGHZ 3, 203, 208 f.; Heymann-Emmerich Anm. 19). Das gilt nicht nur hinsichtlich der Altverbindlichkeiten, sondern auch hinsichtlich der Neuverbindlichkeiten der Gesellschaft aus der Zeit nach dem Erbfall (BGHZ 113, 132, 134 = NJW 1991, 844, 845). Wird die Auflösung der Gesellschaft nicht im Handelsregister eingetragen, so kommt allerdings eine Haftung nach § 15 Abs. 1 in Betracht, jedoch wiederum nur mit Wirkung gegen den Nachlaß (RGZ 144, 199, 206; BGHZ 66, 98, 102 f. = NJW 1976, 848; Karsten Schmidt Handelsrecht § 14 II 2 b).

dd) Ist **Testamentsvollstreckung** angeordnet, so übt der Testamentsvollstrecker im Rahmen der ihm übertragenen Befugnisse die Mitgliedschaftsrechte in der aufgelösten Gesellschaft aus (BGHZ 108, 187 = NJW 1989, 3152; BGH WM 1986, 832, 835; Ulmer Gesellschaft bürgerlichen Rechts § 727 Anm. 19; Klussmann BB 1966, 1210;

Siebert, in Festschrift Hueck, 1959, S. 328). Die vielfach gegen die Testamentsvollstreckung an Personengesellschaftsanteilen vorgetragenen Bedenken (dazu im einzelnen § 139 Anm. 45 ff., § 177 Anm. 30 f.) gelten nicht im Fall der Auflösung. Sie haben sich außerdem für die Praxis erledigt, nachdem der BGH die Testamentsvollstreckung am Kommanditanteil mit Recht für zulässig erklärt hat (BGHZ 108, 187 = NJW 1989, 3152; dazu § 139 Anm. 44 ff.). Eine **Nachlaßverwaltung** (§ 1981 BGB) erstreckt sich nur auf die Vermögensrechte des Erben und nicht auf die Mitgliedschaftsrechte des Erben in der aufgelösten Gesellschaft (BGHZ 47, 293, 295 f. = JZ 1967, 703 m. krit. Anm. Großfeld-Rohloff; Staudinger-Marotzke § 1985 Anm. 20; Siegmann in MünchKomm BGB § 1985 Anm. 5; Soergel-Stein § 1985 Anm. 6; Wiedemann Übertragung S. 347).

27 ee) Eine **Fortsetzung der aufgelösten Gesellschaft** kann unter den allgemein geltenden Voraussetzungen beschlossen werden (dazu Anm. 60 ff.). An der Fortsetzungsvereinbarung müssen sich alle überlebenden Gesellschafter und alle Erben des verstorbenen Gesellschafters beteiligen (ein Testamentsvollstrecker kann diese Fortsetzungsvereinbarung nicht für die Erben erklären). Die Beteiligten haben die Wahl, ob sie die Situation einer Fortsetzungsklausel (§ 138 Anm. 5 ff.), einer Nachfolgeklausel (§ 138 Anm. 16 ff.) oder einer qualifizierten Nachfolgeklausel (§ 139 Anm. 20 ff.) herbeiführen. Sie können bestimmen, daß die Gesellschaft unter Abfindung der Erben nur unter den überlebenden Gesellschaftern fortgesetzt wird (Situation Fortsetzungsklausel). Sie können bestimmen, daß die Gesellschaft mit dem oder den Erben fortgesetzt wird (Situation Nachfolgeklausel); im Fall einer Miterbengemeinschaft muß dann eine (Teil-)Auseinandersetzung in dem Sinne vereinbart werden, daß der ungeteilte Gesellschaftsanteil geteilt und auf die einzelnen Miterben übertragen wird (vgl. zur Unfähigkeit der Erbengemeinschaft, Gesellschafterin einer werbend tätigen oHG oder KG zu sein, § 139 Anm. 18). Es kann vereinbart werden, daß ein Miterbe die Mitgliedschaft des Erblassers allein fortführt (Situation qualifizierte Nachfolgeklausel); auch hierfür bedarf es einer (Teil-)Auseinandersetzung unter den Miterben.

28 b) aa) Bei einem **nicht-natürlichen Gesellschafter (juristische Person oder Gesamthand)** ist umstritten, ob und mit welcher Rechtsfolge § 131 Nr. 4 im Fall seiner Auflösung analog anwendbar ist (Überblick bei Ulmer in Großkomm Anm. 85 ff.). Überwiegend wird darüber diskutiert, ob die Auflösung oder erst die Vollbeendigung der Gesellschafter-Gesellschaft als „Tod eines Gesellschafters" angesehen werden kann. Nach **h. M.** genügt nur die Vollbeendigung (RGZ 122, 253, 257; BGHZ 75, 178 = BB 1980, 11 = NJW 1980, 233; BGH WM 1982, 974; OLG Frankfurt BB 1982, 1689 = WM 1982, 1266, 1267; OLG Hamburg BB 1987, 1061 = DB 1987, 1244 = NJW 1987, 1896 = WM 1987, 720; Baumbach-Duden-Hopt Anm. 3 E; Düringer-Hachenburg-Flechtheim Anm. 7; Heymann-Emmerich Anm. 20; Ulmer Gesellschaft bürgerlichen Rechts § 727 Anm. 5; Ulmer in Großkomm Anm. 85). Diese Diskussion ist schon in der Anlage problematisch (Karsten Schmidt BB 1980, 1497 ff.). Es sollte auf folgende Weise unterschieden werden:

29 bb) Die **Vollbeendigung einer Gesellschafter-Gesellschaft durch Liquidation** ist entgegen der bei Anm. 28 geschilderten h. M. kein dem § 131 Nr. 4 entsprechender Fall. Sie ist schlichter Fortfall eines Gesellschafters. Die Situation, vor der § 131 Nr. 4 die

Mitgesellschafter schützen soll (Anm. 23), liegt nicht vor. Der von der h. M. angenommene Auflösungsgrund, nämlich die Vollbeendigung der Gesellschafter-Gesellschaft, wird auch gar nicht eintreten können. Wenn man nicht annimmt, daß die Gesellschaft schon durch die Auflösung ihrer geschäftsführungs- und vertretungsberechtigten Gesellschafter-Gesellschaft aufgelöst ist (so die hier bei Anm. 32, 44 vertretene Auffassung), kann sich hieran auch durch Vollbeendigung der Gesellschafter-Gesellschaft nichts ändern. Soll diese vor der Gesellschaft (oHG bzw. KG) beendet werden, so muß zuvor im Wege der Liquidation über den Gesellschaftsanteil verfügt werden. Dies geschieht durch Austritt der Gesellschafter-Gesellschaft oder durch Übertragung des Anteils. Beides löst die Gesellschaft nicht auf (vgl. Anm. 53; anders, wenn es sich um eine Kommanditgesellschaft handelt und hierdurch der einzige Komplementär entfällt; vgl. Anm. 43). Solange die aufgelöste Gesellschafter-Gesellschaft dagegen noch ihren Anteil an der oHG bzw. KG hält, hat sie noch Aktivvermögen und kann nicht vollbeendet sein.

cc) Die **automatische Vollbeendigung der Gesellschafter-Gesellschaft mit Gesamtrechtsnachfolge** ist der einzige Fall, bei dem die analoge Anwendung des § 131 Nr. 4 in Betracht kommt, denn hier geht der Gesellschaftsanteil, ähnlich wie beim Tod eines Gesellschafters, ohne Zutun der Mitgesellschafter automatisch auf einen neuen Rechtsträger über. Drei Beispiele sind zu nennen: Die automatische Vollbeendigung einer als Gesellschafter beteiligten Personengesellschaft durch Fortfall aller Mitgesellschafter läßt den Anteil dieser Personengesellschaft ipso iure auf den einzig verbleibenden Mitgesellschafter übergehen (vgl. zu dieser Vollbeendigung Anm. 2); weitere Beispiele sind: die übertragende Umwandlung (Anm. 33) und die Verschmelzung (Anm. 34). Die übertragende Umwandlung und die Verschmelzung sind der Sache nach vereinfachte Sachgründungen. Die Mitgesellschafter brauchen eine solche Veränderung nicht ohne weiteres hinzunehmen, es sei denn, die Anteile sind nach dem Gesellschaftsvertrag frei veräußerlich oder es liegt ein Fall vor, in dem die Gesellschafter kraft Treupflicht verpflichtet wären, auch einer Anteilsveräußerung zuzustimmen (vgl. § 105 Anm. 192). Die Rechtsfolgen des Übergangs eines Gesellschaftsanteils auf den Gesamtrechtsnachfolger sind im Gesetz nicht geklärt. Gegen eine analoge Anwendung der Nr. 4 spricht, daß auch die formwechselnde Umwandlung der Gesellschafter-Gesellschaft nicht als ein automatisch wirkender Auflösungsgrund anerkannt ist (Anm. 33). Lehnt man eine analoge Anwendung der Nr. 4 ab, so kann nach Lage des Einzelfalls ein zur Auflösungsklage berechtigender außerordentlicher Auflösungsgrund gemäß § 133 vorliegen. Gute Gründe sprechen aber in diesem bisher noch nicht diskutierten Fall der Gesamtrechtsnachfolge doch für eine analoge Anwendung der Nr. 4, denn dies hält die Beteiligten an, die Rechtsverhältnisse vorab zu klären. Auch ist zu bedenken, daß die Fälle der Gesamtrechtsnachfolge keineswegs auf Umwandlungs- und Verschmelzungssachverhalte beschränkt sind. Die Rechtsfolgen sind dann die folgenden: Die Gesamtrechtsnachfolge in den Anteil bewirkt grundsätzlich eine Auflösung der Gesellschaft. Keine Auflösung tritt ein, wenn die Mitgesellschafter dem Vorgang zugestimmt haben. Haben sie nicht zugestimmt, sind sie aber kraft Treupflicht zustimmungspflichtig (vgl. sinngemäß § 105 Anm. 192), so sind sie zur Fassung eines Fortsetzungsbeschlusses (vgl. Anm. 68) verpflichtet. Ein Fortsetzungsbeschluß kann auch konkludent gefaßt werden (Anm. 64), z.B. wenn die stillschweigende Fortsetzung der Gesellschaft mit dem Rechtsnachfolger auf allseitige Billigung schließen läßt. Die Gesamtproblematik bedarf noch der Diskussion. Die Vertragspraxis wird in jedem Fall einen Zustimmungsbeschluß der Gesellschafter einholen. Dann ist der Auflösungsgrund – gleich, ob er automatisch wirkt oder nur ein Auflösungsrecht gibt – in jedem Fall behoben.

31 dd) Die bloße **Auflösung der Gesellschafter-Gesellschaft** ist kein dem § 131 Nr. 4 entsprechender Fall. Das ist herrschende Ansicht (vgl. die Nachweise in Anm. 28). Der entscheidende Grund besteht aber nicht darin, daß die Auflösung dem „Tod" eines Gesellschafters nicht gleichsteht, sondern darin, daß es an dem für Nr. 4 entscheidenden Übergang der Mitgliedschaft fehlt. Die h.M. folgert, daß die bloße Auflösung der Gesellschafter-Gesellschaft die Gesellschaft nicht zur Auflösung bringt (RGZ 122, 253, 257; BGHZ 75, 178 = BB 1980, 11 = NJW 1980, 233; OLG Frankfurt BB 1982, 1689 = WM 1982, 1266; OLG Hamburg BB 1987, 1061 = DB 1987, 1244 = NJW 1987, 1896; Baumbach-Duden-Hopt Anm. 3 E; Heymann-Emmerich Anm. 20). Dem ist aus den in BB 1980, 1497ff. näher dargelegten Gründen **nicht zu folgen**. Die Frage ist nicht über Nr. 4 zu lösen, sondern das Problem ist organisationsrechtlicher Art: Sofern nicht die Gesellschafter ein anderes vereinbart haben, kann eine in Liquidation befindliche Gesellschaft nicht vertretungsberechtigte Gesellschafterin der werbenden Personengesellschaft sein (Anm. 32). Die Auflösung der geschäftsführungs- und vertretungsberechtigten Gesellschafter-Gesellschaft löst deshalb die Personengesellschaft auf. Damit klärt sich auch die umstrittene Frage, ob eine **GmbH & Co. KG** schon durch **Auflösung der Komplementär-GmbH** aufgelöst ist. Die h.M. verneint dies (BGHZ 75, 178 = BB 1980, 11 = NJW 1980, 233; OLG Frankfurt DNotZ 1976, 620f.; BB 1982, 1689 = WM 1982, 1266f.; OLG Hamburg BB 1987, 1061 = DB 1987, 1244 = NJW 1987, 1896 = WM 1987, 720; Baumbach-Duden-Hopt Anm. 3 E; Heymann-Emmerich Anm. 20; Schilling in Großkomm § 177 Anm. 5; Hachenburg-Ulmer GmbHG § 60 Anm. 111; Rowedder-Rasner, GmbHG, 1985, § 60 Anm. 59). Das gilt nach h.M. insbesondere auch dann, wenn die GmbH durch Konkursablehnung mangels Masse nach § 1 LöschG aufgelöst ist (so BGHZ 75, 178 = BB 1980, 11 = NJW 1980, 233) oder wenn die GmbH nach Art. 12 § 1 der GmbH-Novelle 1980 deshalb aufgelöst ist, weil ihr Stammkapital weniger als 50000 DM beträgt (so OLG Hamburg BB 1987, 1061 = DB 1987, 1244 = NJW 1987, 1896 = WM 1987, 720). Wenn die GmbH wegen Vermögenslosigkeit nach § 2 LöschG gelöscht ist, soll dagegen auch die KG aufgelöst sein (vgl. OLG Frankfurt BB 1982, 1689 = WM 1982, 1266f.; Heymann-Emmerich Anm. 20).

32 Diese h.M. ist abzulehnen (s. auch § 177 Anm. 3). Sie führt zu dem Ergebnis, daß eine KG als werbende Gesellschaft, vertreten durch den Liquidator ihrer aufgelösten Komplementär-GmbH, unbegrenzt tätig sein kann. Sie verkennt außerdem, daß eine Komplementär-GmbH ohne gleichzeitige Abwicklung der KG sinnvoll überhaupt nur durch Austritt aus der Kommanditgesellschaft liquidiert werden könnte, denn aus der werbenden Tätigkeit der KG kommen laufend Verbindlichkeiten auf die GmbH zu. Schließlich versagt die h.M. auch rechtspolitisch, vor allem in Fällen des § 1 LöschG und des Art. 12 § 1 GmbH-Novelle 1980 (bzw. jetzt in den neuen Bundesländern in Fällen des § 22 TreuhandG). **Nach richtiger Auffassung ist die KG aufgelöst, wenn ihre**

Auflösungsgründe **33 § 131**

einzige Komplementärin aufgelöst ist (vgl. § 177 Anm. 5; eingehend Karsten Schmidt Gesellschaftsrecht § 56 VI 1a; ders. BB 1980, 1498; GmbHR 1980, 261f.; Scholz-Karsten Schmidt GmbHG § 60 Anm. 66; ebenso Roth GmbHG § 60 Anm. 7). Beruht die Auflösung der Komplementär-GmbH auf der Konkursablehnung mangels Masse (§ 1 LöschG), so leuchtet dieses von der Rechtsprechung bisher nicht geteilte Ergebnis unmittelbar ein, denn ebensowenig wie die GmbH kann auch die Kommanditgesellschaft in diesem Fall als werbende Gesellschaft fortbestehen (dem hier vertretenen Standpunkt zustimmend auch Uhlenbruck Die GmbH & Co. KG in Krise, Konkurs und Vergleich S. 446f.). Beruht die Auflösung darauf, daß das Stammkapital der GmbH weniger als 50 000 DM beträgt, so sind, wenn die Gesellschaft fortführungsfähig und die Kapitalerhöhung zumutbar ist, die Gesellschafter der GmbH kraft Treupflicht gehalten, für eine Fortsetzung der Gesellschaft gemäß Art. 12 § 1 Abs. 3 GmbH-Novelle zu sorgen (BGHZ 98, 276, 280 = BB 1986, 2152 = NJW 1987, 189; BGH NJW 1987, 3192; Karsten Schmidt Gesellschaftsrecht § 37 V 1a bb). Das gilt auch für die Kommanditisten: Sie sind gehalten, zu einer Fortsetzung der KG mit der GmbH (die hierzu das Kapital erhöhen und einen Fortsetzungsbeschluß nach Art. 12 § 1 Abs. 3 GmbH-Novelle fassen muß) beizutragen, sofern die Gesellschaft lebensfähig und eine Fortsetzung zumutbar ist (Scholz-Karsten Schmidt GmbHG § 60 Anm. 69). Insbesondere dürfen sie die planwidrige Auflösung der GmbH & Co. nicht für die Verfolgung eigennütziger Liquidationsinteressen mißbrauchen (so der Fall OLG Hamburg DB 1987, 1244 = NJW 1987, 1896 = WM 1987, 720). Die vordergründigen praktischen Vorteile der h. M. werden augenscheinlich darin erblickt, daß nicht mit der – vielleicht ganz ungewollten – Auflösung der Komplementär-GmbH die Vertretungsbefugnis nach §§ 146, 161 Abs. 2 unversehens auf alle Gesellschafter mit Einschluß der Kommanditisten übergeht (deutlich BGHZ 75, 178 = BB 1980, 181 = NJW 1980, 233) und daß die Auflösung der Gesellschaft nicht mißbraucht werden kann (deutlich OLG Hamburg a.a.O.). Diese Probleme sind aber da zu beheben, wo sie liegen (vgl. insbesondere zur treuwidrigen Auflösung Anm. 16 und zur Liquidatorenstellung bei der GmbH & Co. § 146 Anm. 14). Sie dürfen kein Anlaß sein, die Auflösung der KG in Frage zu stellen. Auf die Darstellung bei Scholz-Karsten Schmidt § 60 Anm. 66ff. ist wegen der Einzelheiten zu verweisen.

ee) Bei der **Umwandlung** der Gesellschafter-Gesellschaft ist zu unterscheiden: Die **33** **formwechselnde** Umwandlung ist kein dem § 131 Nr. 4 entsprechender Fall (ebenso Ulmer in Großkomm Anm. 87); sie kann nach Lage des Einzelfalls ein Grund zur Auflösung nach § 133 oder zur Ausschließung der Gesellschaft nach § 140 sein, aber die Identität des Rechtsträgers ist trotz der Änderung des Rechtskleides gewahrt; deshalb ist kein Anlaß für eine generelle Auflösung der Gesellschaft. Zweifelhaft ist die Rechtslage bei der **übertragenden** Umwandlung. Hier läßt sich gegen die analoge Anwendung von Nr. 4 vorbringen, daß der Unterschied zur formwechselnden Umwandlung rechtstechnischer Art ist. Für die analoge Anwendung spricht jedoch, daß die übertragende Umwandlung wie eine durch Gesamtrechtsnachfolge vereinfachte Sachgründung gestaltet ist. Bei einem Gesellschaftsvertrag, der die Übertragung von Gesellschaftsanteilen (also auch deren Einbringung in eine neue Gesellschaft) freigibt, löst deshalb auch die übertragende Umwandlung der Gesellschafter-Gesellschaft die Personengesellschaft nicht auf. Soweit dagegen die Anteilsübertragung ohne Zustimmung aller Gesellschafter nicht möglich ist, spricht vieles dafür, den automatischen Rechtsübergang bei der übertragenden Umwandlung als Auflösungsfall analog Nr. 4 zu behandeln (so schon oben Anm. 30).

34 ff) Auch bei der **Verschmelzung** der Gesellschafter-Gesellschaft ist zu unterscheiden: Die Verschmelzung durch Neubildung sollte entsprechend Nr. 4 behandelt werden, die Verschmelzung durch Aufnahme dann, wenn sie zum Erlöschen der bisherigen Gesellschafter-Gesellschaft führt, nicht dagegen dann, wenn die Gesellschafter-Gesellschaft aufnehmende Gesellschaft ist (ebenso RGZ 123, 289, 294 [zur KG]; gegen eine Anwendung von § 131 Nr. 4 in allen genannten Fällen Ulmer in Großkomm Anm. 86; Alfred Hueck oHG § 23 II 4 Fn. 24; Geßler in der Voraufl. Anm. 26). Die Gesellschafter können auch im Fall der Verschmelzung durch Aufnahme der Fortführung des Gesellschaftsverhältnisses mit der aufnehmenden Gesellschaft zustimmen. Sind nach dem Gesellschaftsvertrag die Anteile frei übertragbar, so bedarf es dieser Zustimmung nicht.

35 gg) Kein **Auflösungsgrund** ist die **Enteignung des Auslandsvermögens** der Gesellschaft (BGHZ 13, 106, 108; 17, 209, 212; BGH WM 1971, 723, 724; Heymann-Emmerich Anm. 30). Die Gebietshoheit der enteignenden Macht ist beschränkt, wo sie nicht wirkt, wirkt auch eine von ihr vorgenommene Enteignung nicht (vgl. bereits BGHZ 5, 27, 35; 35, 37). Damit ist allerdings nur gesagt, daß die Gesellschaft in diesem Fall nicht automatisch aufgelöst ist. Die Enteignung kann ein wichtiger Grund i.S. von § 133 sein.

5. Konkurseröffnung über das Vermögen eines Gesellschafters (Nr. 5)

36 a) Die Gesellschaft ist aufgelöst, **wenn ein Gesellschafter in Konkurs fällt,** denn nur durch die Auflösung und Abwicklung der Gesellschaft kann das Abwicklungsguthaben des Gesellschafters seinen Gläubigern zur Verfügung gestellt werden (zum Sonderfall, daß ein Gesellschafter vor Wirksamwerden der Gesellschaft in Konkurs fällt, vgl. RGZ 39, 167, 169). Die Mitgliedschaft in der Personengesellschaft fällt in diesem Fall in die Konkursmasse. Die Gesellschafterrechte des Gemeinschuldners werden dann vom Konkursverwalter ausgeübt (§ 146 Abs. 3 und dazu § 146 Anm. 45 ff.). Er verwaltet aber nur die zur Konkursmasse gehörende Mitgliedschaft in der Personengesellschaft, nicht etwa deren Vermögen. Im Konkurs einer GmbH & Co. KG kann deshalb der Konkursverwalter der Komplementär-GmbH nicht über das Vermögen der KG verfügen (vgl. den grundbuchrechtlichen Fall BayObLG BB 1989, 1074 = DB 1989, 1130 = NJW-RR 1989, 977). Die Gesellschafter können nicht im Gesellschaftsvertrag die Fortsetzung der Gesellschaft mit dem in Konkurs gefallenen Gesellschafter vorsehen. Sie können die Auflösung nur durch die Vereinbarung verhindern, daß die Gesellschaft unter den übrigen Gesellschaftern fortbestehen soll (§ 138) oder bei einer aus zwei Personen bestehenden Gesellschaft, daß der andere Gesellschafter das Recht haben soll, die Gesellschaft ohne Liquidation mit Aktiven und Passiven zu übernehmen (§ 142). Sie können ferner nach § 141 Abs. 2 die Fortsetzung der aufgelösten Gesellschaft unter Ausscheiden des Gemeinschuldners durch Erklärung gegenüber dem Konkursverwalter beschließen oder nach § 142 Abs. 2 die Geschäftsübernahme. Gibt, was die h.M. zu-

Auflösungsgründe 37–39 § 131

läßt, der Konkursverwalter den Anteil des Gemeinschuldners aus der Konkursmasse frei, können die Gesellschafter die Fortsetzung mit dem Gemeinschuldner beschließen. Das gleiche gilt, wenn die Gesellschafter sich mit dem Konkursverwalter über das Auseinandersetzungsguthaben einigen und ihm dieses zur Verfügung stellen (Ulmer in Großkomm Anm. 100) oder wenn der Verwalter den Anteil veräußert und der Erwerber der Fortsetzung zustimmt (Anm. 69).

b) In der **Liquidation der Gesellschaft** nimmt der **Konkursverwalter** die Stelle des in 37 Konkurs gefallenen Gesellschafters ein (§ 146 Abs. 3). Wegen der Auseinandersetzung im einzelnen vgl. auch §§ 16, 51 KO. Die übrigen Gesellschafter können aus dem Auseinandersetzungsguthaben des Gemeinschuldners wegen ihrer auf dem Gesellschaftsverhältnis beruhenden Ansprüche abgesonderte Befriedigung verlangen.

c) Kein Auflösungsgrund ist nach h. M. die **Ablehnung des Konkurses über das Vermö-** 38 **gen des Gesellschafters mangels Masse** (BGHZ 75, 178, 179 f. = NJW 1980, 233; Baumbach-Duden-Hopt Anm. 1 D). Diese h. M. kann darauf verweisen, daß § 1 LöschG (Auflösung mangels Masse) nicht für Personengesellschaften gilt. Da Masselosigkeit nicht dasselbe ist wie Vermögenslosigkeit kann selbst bei einem nicht völlig wertlosen Anteil der Fall vorkommen, daß das Konkursverfahren mangels einer die Verfahrenskosten deckenden Masse abgelehnt wird. Regelmäßig wird dann aber der Anteil des Schuldner-Gesellschafters bereits gepfändet (dazu § 135), übertragen oder verpfändet sein. Deshalb wird der Fall wohl kaum praktisch. Im übrigen kann die Ablehnung des Konkurses mangels Masse ein wichtiger Grund für die Ausschließung des Gesellschafters nach §§ 140, 142 sein (vgl. § 140 Anm. 42) und sollte sogar eine vereinfachte Ausschließung analog § 141 rechtfertigen (vgl. § 141 Anm. 16). Für den Fall der GmbH & Co. KG ist darauf hinzuweisen, daß nach richtiger Auffassung die Ablehnung des Konkursverfahrens über das Vermögen der Komplementär-GmbH mangels Masse auch die Kommanditgesellschaft auflöst (Anm. 32).

d) aa) Ist der Gesellschafter verstorben und wird der **Nachlaßkonkurs** eröffnet, so ist 39 dies nach BGHZ 91, 132 = BB 1984, 1313 = NJW 1984, 2104 = JZ 1984, 890 m. Anm. Brox = JuS 1985, 63 m. Anm. Karsten Schmidt kein Auflösungsgrund (zustimmend Baumbach-Duden-Hopt Anm. 2 D). Der BGH hat diesen Standpunkt mit der gesellschaftsrechtlichen Sondererbfolge (vgl. § 139 Anm. 17 f.) begründet: Wenn die Gesellschaft durch den Tod des Gesellschafters nicht aufgelöst, sondern mit den Erben fortgesetzt werde, verbleibe der Anteil als solcher in der alleinigen Sachbefugnis des Gesellschafter-Erben. Ebensowenig wie bei der Nachlaßverwaltung (dazu § 139 Anm. 55) erstrecke sich der Nachlaßkonkurs auf den Gesellschaftsanteil als solchen (so auch schon Ulmer in Großkomm § 139 Anm. 56; ders., in Festschrift Schilling, 1973, S. 98 f.). Der Nachlaßkonkursverwalter könne zwar auf die Gewinnansprüche und auf das künftige Auseinandersetzungsguthaben des Gesellschafter-Erben zugreifen, aber dazu müsse er analog § 135 das Gesellschaftsverhältnis kündigen. Nr. 5 sei auch nicht analog anwendbar, denn der Gesellschafter müsse – anders als im Privatkonkurs über sein Gesamtvermögen – die Möglichkeit haben, den Auseinandersetzungsanspruch durch Zahlung aus seinem Privatvermögen aus der Nachlaßkonkursmasse auszulösen.

Karsten Schmidt

40 bb) **Stellungnahme:** Dem Standpunkt des BGH ist **nicht** zu folgen (wie hier Düringer-Hachenburg-Flechtheim § 139 Anm. 16; Brox JZ 1984, 892 f.; Flume Personengesellschaft § 11 IV; Karsten Schmidt Gesellschaftsrecht § 52 III 5 c; nach Manuskriptabschluß eingehend Raddatz, Die Nachlaßzugehörigkeit vererbter Personengesellschaftsanteile, 1991, S. 144 ff.). Der ererbte Anteil ist Nachlaßbestandteil (vgl. § 139 Anm. 17) und unterliegt der Verwaltung im Nachlaßkonkurs. Da Nr. 5 verhindern will, daß die Gesellschaft mit einem konkursbefangenen, vom Konkursverwalter verwalteten Anteil fortgesetzt wird, ist Nr. 5 anzuwenden, und zwar nach wohl richtiger Ansicht nicht bloß analog, sondern unmittelbar (extensive Auslegung).

6. Kündigung und gerichtliche Entscheidung (Nr. 6)

41 Die Gesellschaft wird schließlich aufgelöst durch Kündigung eines Gesellschafters (§ 132) oder eines Privatgläubigers eines Gesellschafters (§ 135), ferner durch gerichtliche Entscheidung (§ 133). Hinsichtlich der Kündigung eines Gesellschafters ist hervorzuheben, daß es verschiedene Arten der Kündigung gibt (§ 132 Anm. 4) und daß nur die Auflösungskündigung unter Nr. 6 fällt. Hinsichtlich der gerichtlichen Entscheidung ist in ähnlicher Weise zu differenzieren: Nur das Auflösungsurteil nach § 133 fällt unter Nr. 6, nicht die Ausschließungsurteile nach §§ 140, 142.

III. Auflösungsgründe außerhalb von § 131

1. Bedeutung

42 Wie bei Anm. 6 dargestellt, stellen die Auflösungsgründe nach § 131 keinen numerus clausus dar. Es gibt daneben eine Reihe gesetzlicher Auflösungsgründe.

2. Wegfall des einzigen Komplementärs bei der Kommanditgesellschaft

43 Eine Kommanditgesellschaft kann nach § 161 als solche nur Bestand haben, wenn mindestens ein Komplementär und mindestens ein Kommanditist vorhanden ist. Entfällt der einzige Komplementär, so wird die Gesellschaft hierdurch nicht ohne weiteres zur oHG (dies hätte die rückwirkend unbeschränkte Haftung aller Kommanditisten für alle Verbindlichkeiten zur Folge, vgl. § 130 Anm. 3). Sie wird aber auch nicht zur Gesellschaft bürgerlichen Rechts, sofern sie ein vollkaufmännisches Handelsgewerbe betreibt. Sie ist deshalb als KG aufgelöst und als KG zu liquidieren (Karsten Schmidt Gesellschaftsrecht § 53 V 1 a). Hiergegen werden zwar Bedenken mit dem Argument erhoben, daß dann eine Personengesellschaft ohne unbeschränkt haftenden Gesellschafter vorliege (Frey ZGR 1988, 284). Dem ist dadurch zu begegnen, daß sich die aufgelöste Gesellschaft in eine oHG umwandelt, wenn die Gesellschafter nicht entweder einen neuen Komplementär aufnehmen (vgl. BGH NJW 1979, 1705, 1706) oder die Liquidation nachhaltig betreiben (Karsten Schmidt Gesellschaftsrecht §§ 5 II 3, 53 I 1 c, 53 V 1 a; im Ergebnis auch Frey ZGR 1988, 285). Ist der einzige Komplementär eine juristische Person oder Gesamthandsgesellschaft, so ist deren Erlöschen als Wegfall des Komplementärs anzusehen (Anm. 29). Zu dem ganz anderen Fall, daß die Komplementärin aufgelöst ist, vgl. Anm. 31 f.

3. Auflösung, Vollbeendigung, Umwandlung und Verschmelzung einer Gesellschafter-Gesellschaft

a) Die **Auflösung einer Gesellschafter-Gesellschaft** ist nicht dem Tod eines Gesellschafters (Nr. 4) gleichzuachten (insofern zutreffend die bei Anm. 31 nachgewiesene h. M.). Ist die Gesellschafter-Gesellschaft oHG-Gesellschafterin oder Komplementärin, so ist die oHG bzw. KG gleichwohl aufgelöst (Anm. 31 f.; anders h. M.). Eine Fortsetzung der Gesellschaft setzt voraus, daß die aufgelöste Gesellschafter-Gesellschaft ausscheidet oder ihrerseits fortgesetzt wird.

b) Die **Vollbeendigung einer unbeschränkt haftenden Gesellschafter-Gesellschaft** löst die Gesellschaft, sofern diese nicht bereits aufgelöst war, auf. Das ist wohl im Ergebnis unstreitig. Die h. M. behandelt diesen Fall nach Nr. 4 (Anm. 28 ff.). Dieser Einordnung, aber nicht dem Ergebnis, ist zu widersprechen (Anm. 29).

c) Zur Frage, ob die **Umwandlung oder Verschmelzung** der Gesellschafter-Gesellschaft die Gesellschaft auflöst, vgl. Anm. 33 f. Handelt es sich um einen oHG-Anteil oder um einen Komplementär-Anteil, so liegt es nahe, Nr. 4 entsprechend anzuwenden, sofern eine übertragende Umwandlung, eine Verschmelzung durch Neubildung oder eine Verschmelzung durch Aufnahme unter Erlöschen der bisherigen Gesellschaft vorliegt und der Gesellschaftsvertrag nicht die freie Übertragung des Anteils zuläßt (vgl. auch Anm. 30).

4. Öffentlichrechtliche Auflösungsgründe

a) Nach §§ 3 ff. **VereinsG** kann eine oHG oder KG als privatrechtliche Vereinigung (§ 2 VereinsG) verboten werden. Die Rechtsfolgen ergeben sich aus dem VereinsG.

b) Nach § 38 Abs. 1 Satz 1 **KWG** (Gesetz über das Kreditwesen i.d.F. v. 11. 7. 1985 BGBl. I S. 1472) kann das Bundesaufsichtsamt für das Kreditwesen, wenn es eine Erlaubnis aufhebt oder wenn die Erlaubnis erlischt (§ 35 KWG), bestimmen, daß das Kreditinstitut abzuwickeln ist. Seine Entscheidung wirkt wie ein Auflösungsbeschluß (§ 38 Abs. 1 Satz 2 KWG). Sie ist dem Registergericht mitzuteilen und von diesem in das Handelsregister einzutragen (§ 38 Abs. 1 Satz 3 KWG).

c) Keinen öffentlichrechtlichen Auflösungsgrund enthält das **GWB**. Eine gegen § 1 GWB verstoßende Vertragsregelung ist zwar nach § 1 GWB „unwirksam", aber diese Regelung führt niemals zur Nichtexistenz einer unternehmenstragenden Handelsgesellschaft (§ 105 Anm. 215; Karsten Schmidt WuW 1988, 5 ff.; unrichtig OLG Hamm WuW/E OLG 3748 und 4033), und die §§ 1, 25, 37a, 38 GWB ermächtigen auch nicht die Kartellbehörde zur Auflösung einer gegen § 1 GWB verstoßenden Gesellschaft (Scholz-Karsten Schmidt GmbHG § 62 Anm. 19 f.; Karsten Schmidt AG 1987, 338). Dasselbe gilt für § 22 GWB und für § 24 GWB (Scholz-Karsten Schmidt GmbHG § 62 Anm. 21). Kartellbehördliche Eingriffe können und werden häufig zur Auflösung durch Beschluß (Nr. 2), hilfsweise durch gerichtliche Entscheidung (Nr. 6 i. V. m. § 133) führen und können eine Pflicht der Gesellschafter zur Änderung des Vertrags, hilfsweise zur Auflösung begründen. Der kartellbehördliche Eingriff selbst löst die Gesellschaft nicht auf. Nur verpflichtenden, nicht auflösenden Inhalt hat auch § 24

Abs. 2 Nr. 5 GWB, wo es heißt: „Ein vollzogener Zusammenschluß, den das Bundeskartellamt untersagt hat, ist aufzulösen..." Dieser Verpflichtung können die Beteiligten auch auf andere Weise als durch Rückabwicklung entsprechen (§ 24 Abs. 6 GWB).

5. Konkursablehnung mangels Masse?

50 Kein Auflösungsgrund ist nach h. M. die **Ablehnung der Konkurseröffnung mangels einer die Kosten deckenden Masse** nach § 107 KO (vgl. Anm. 21). Da die masselose Insolvenz ein Insolvenzfall ist (auch dazu Anm. 21), ist dies zu mißbilligen. Die h. M. kann de lege lata auf § 1 LöschG hinweisen, der für Personengesellschaften nicht gilt. Das Ergebnis ist unstimmig: Mit Konkurseröffnung ist die Gesellschaft aufgelöst (§ 131 Nr. 3); sie bleibt es auch dann, wenn das Konkursverfahren mangels Masse eingestellt wird (§ 204 KO). Es leuchtet nicht ein, daß die Masselosigkeit, wenn der Konkurs gar nicht erst eröffnet wird, keine Auflösungsfolge hat. Für die GmbH & Co. KG läßt sich aus §§ 1 LöschG, 131 Nr. 3, 130a, 177a HGB schließen, daß sie ebensowenig wie eine GmbH als masselose Gesellschaft fortbestehen darf (vgl. Scholz-Karsten Schmidt GmbHG Anh. § 60 Anm. 27 m. w. Nachw.). Die Ablehnung des KG-Konkurses mangels Masse muß jedenfalls bei dieser Gesellschaft als Auflösungsgrund ausreichen (§ 177 Anm. 5; Scholz-Karsten Schmidt GmbHG Anh. § 60 Anm. 27; Karsten Schmidt BB 1980, 1500; zust. Uhlenbruck GmbH & Co. KG S. 456; Hachenburg-Ulmer GmbHG § 60 Anm. 115, Anh. § 60 Anm. 49; zur Auflösung der KG, wenn die GmbH nach § 1 LöschG aufgelöst ist, vgl. Anm. 32). Eine Ausdehnung dieses Grundsatzes auf alle offenen Handelsgesellschaften und Kommanditgesellschaften ist de lege lata zweifelhaft, aber zu befürworten, weil die Solvenz der Gesellschaft zu den Normativbestimmungen bei allen Handelsgesellschaften gehört (Karsten Schmidt Wege zum Insolvenzrecht S. 187; ders. ZHR 153 [1989], 280). Angezeigt ist ein Erst-recht-Argument aus § 131 Rdnr. 3. Das ist vor allem deshalb von Bedeutung, weil Nachschußforderungen nach § 735 BGB, die zur Masse gehören (§ 145 Anm. 75), aber keine für die Konkurseröffnung ausreichende liquide Masse darstellen, auch in der Liquidation geltend zu machen sind (vgl. § 149 Anm. 26 f.).

IV. Keine Auflösungsgründe

1. Grundsätzliches

51 Der folgende Katalog kann nur exemplarische Bedeutung haben. Er wäre überflüssig, wenn mit der h. M. davon ausgegangen werden könnte, daß es andere als die in § 131 genannten Auflösungsgründe nicht gibt.

2. Katalog

52 a) **Umwandlung** oder **Verschmelzung** können zur Vollbeendigung oder zur Fortsetzung der Gesellschaft unter Wahrung ihrer Identität führen. Übertragende Umwandlung und Verschmelzung gehen mit einer liquidationslosen Vollbeendigung einher, die formwechselnde Umwandlung läßt die Gesellschaft unter neuer Rechtsform fortbestehen (so z. B. bei der Umwandlung der oHG in eine KG oder umgekehrt oder bei der Legalumwandlung einer oHG oder KG in eine Gesellschaft bürgerlichen Rechts).

Auflösungsgründe 53–57 § 131

b) Das **Ausscheiden von Gesellschaftern** ist kein gesetzlicher Auflösungsgrund (es führt 53 allerdings zum Erlöschen der Gesellschaft, wenn keine Mehrpersonengesellschaft übrig bleibt). Dasselbe gilt für die **Anteilsübertragung**. Sie kann zulässig oder unzulässig sein (dazu § 105 Anm. 189 ff.), aber sie läßt die Gesellschaft unter den neuen Mitgliedern fortbestehen. Selbst die gleichzeitige **Auswechselung aller Gesellschafter** ist kein Auflösungsgrund (BGHZ 44, 229 = NJW 1966, 499).

c) Die **Einstellung, Verpachtung** oder **Veräußerung des Unternehmens** ist kein gesetzlicher Auflösungsgrund (BGHZ 82, 323, 326; BGH WM 1973, 863; Heymann-Emmerich Anm. 29). Es kann sein, daß sie zur Umwandlung der Gesellschaft in eine Gesellschaft bürgerlichen Rechts führt (str.; vgl. § 105 Anm. 39; Karsten Schmidt DB 1988, 897 m. w. Nachw.). Es kann sich hinter der Veräußerung oder Verpachtung ein ausdrücklicher oder konkludenter Auflösungsbeschluß verbergen. Es kann auch sein, daß diese Maßnahme eine Eigenmächtigkeit der geschäftsführenden Gesellschafter darstellt und unzulässig ist (dazu § 114 Anm. 7, § 126 Anm. 10, 13). Schließlich kann die Maßnahme auch einen wichtigen Grund für die Auflösungsklage nach § 133 bzw. für eine vertragsmäßige Auflösungserklärung darstellen (dazu Erl. § 133). Eine automatische Auflösung tritt aber nicht ein. 54

d) **Vermögenslosigkeit, Handlungsunfähigkeit, Unrentabilität** oder **Zweckvereitelung** 55 sind keine Auflösungsgründe i. S. von § 131. Wiederum können sie die Grundlage für eine Auflösung gemäß § 133 darstellen (dazu § 133 Anm. 13 ff.). Aber die Auflösung tritt nicht automatisch ein.

e) Kein Auflösungsgrund ist die **Eröffnung des Vergleichsverfahrens** über das Vermö- 56 gen eines Gesellschafters (BGHZ 51, 350, 351 m. w. Nachw. für die stille Gesellschaft; vgl. Baumbach-Duden-Hopt Anm. 2 D; Heymann-Emmerich Anm. 26; Ulmer in Großkomm Anm. 102). Umstritten ist, ob die Gesellschaft dadurch zur Auflösung gebracht werden kann, daß der Schuldner-Gesellschafter nach § 50 **VerglO** die Erfüllung oder die weitere Erfüllung des Gesellschaftsvertrags ablehnt (bejahend Geßler in der 4. Aufl. Anm. 32 zu § 28 VerglO a. F.; RGZ 147, 340 = JW 1935, 2364 m. Anm. Vogels; Bley-Mohrbutter, VerglO, 4. Aufl. 1979, § 36 Anm. 5 a; Böhle-Stamschräder-Kilger, VerglO, 11. Aufl. 1986, § 36 Anm. 2; Heymann-Emmerich Anm. 27). Die wohl herrschende Auffassung verneint diese Frage (Düringer-Hachenburg-Flechtheim Anm. 8; Ulmer in Großkomm Anm. 114; Alfred Hueck oHG § 23 II 5; Westermann Handbuch [Lfg. 1967] I 609). Dem ist zuzustimmen. Es ist heute anerkannt, daß die §§ 320 ff. BGB auf den oHG-Vertrag nicht anwendbar sind (näher § 105 Anm. 158 ff.; Karsten Schmidt Gesellschaftsrecht § 20 III 1 a; a. A. noch RGZ 78, 303, 305 f.). Konsequenterweise muß dies auch für die §§ 36, 50 VerglO gelten. Auch rechtspolitisch kann es nicht gebilligt werden, daß die Sanierung des Gesellschafters auf Kosten der Gesellschaft erfolgt. Eine andere Frage ist, ob die Durchführung oder das Ergebnis des Vergleichsverfahrens für die Mitgesellschafter einen die Auflösung der Gesellschaft (§ 133) oder die Ausschließung des Schuldner-Gesellschafters (§ 140) rechtfertigenden wichtigen Grund darstellt (dazu vgl. § 133 Anm. 36; § 140 Anm. 42).

f) Die **Anordnung der Nachlaßverwaltung** bei einer durch den Tod nicht aufgelösten 57 Gesellschaft löst diese nach h. M. nicht auf (vorausgesetzt in BGHZ 47, 293, 296 =

Karsten Schmidt

NJW 1967, 1961; vgl auch Alfred Hueck oHG § 28 II 5; Ulmer in Großkomm Anm. 94). Diese h. M. ist nicht zweifelsfrei. Ihr Standpunkt beruht auf der Annahme, daß die Nachlaßverwaltung sich nur auf die Vermögensrechte erstreckt (dazu näher § 139 Anm. 55). Eine verbreitete Auffassung gesteht dem Nachlaßverwalter ein Kündigungsrecht analog § 135 zu (Baumbach-Duden-Hopt § 135 Anm. 1 B; Johannsen in BGB-RGRK § 1985 Anm. 13; Soergel-Stein § 1985 Anm. 6; Ulmer in Festschrift Schilling S. 98; H. P. Westermann AcP 173 [1973], 39 ff.; abl. Geßler in der Voraufl. § 139 Anm. 15; Alfred Hueck oHG § 28 II 5 Fn. 60; Staudinger-Marotzke § 1985 Anm. 21). Diese Abhilfe ist sachgerecht: Auch wenn die Gesellschaft durch Nachlaßverwaltung nicht ohne weiteres aufgelöst ist, ist sie doch kündbar. Da sich diese Kündigung nicht als Ausübung eines Mitgliedschaftsrechts des Gesellschafter-Erben, sondern als Haftungsverwirklichung zugunsten der Gläubiger versteht, ist das Kündigungsrecht in Analogie zu § 135 zu entwickeln. Man sollte aber dem Erben das Recht zugestehen, diese Kündigung durch Bereitstellung eigener Mittel in Höhe des Anteils abzuwenden (so Soergel-Stein § 1985 Anm. 6). Zum Ablösungsrecht der Gesellschaft und der Mitgesellschafter vgl. sinngemäß § 135 Anm. 30 f. Zur Auflösung durch **Nachlaßkonkurs** vgl. Anm. 39 f.

58 g) Kein Auflösungsgrund ist der **Verlust der Geschäftsfähigkeit eines Gesellschafters**, selbst eines persönlich haftenden Gesellschafters (Ulmer in Großkomm Anm. 91; anders noch Art. 123 Nr. 4 ADHGB). Zur Frage, ob einem solchen Gesellschafter die Vertretungsbefugnis entzogen werden kann, vgl. § 127 Anm. 15. Zur Frage der Ausschließung vgl. § 140 Anm. 41.

59 h) Kein Auflösungsgrund ist die **Löschung der Gesellschaft im Handelsregister**. Ist diese zu Unrecht erfolgt, wird die Gesellschaft wieder eingetragen. Allerdings kann sich ein Löschungsantrag oder die Hinnahme einer Amtslöschung als konkludenter Auflösungsbeschluß darstellen (dazu Anm. 15).

V. Fortsetzung der aufgelösten Gesellschaft

1. Grundlagen

60 Die aufgelöste Gesellschaft ist nicht ohne weiteres erloschen (vgl. zu den Ausnahmefällen des automatischen Erlöschens Anm. 2). Sie kann daher fortgesetzt, d. h. in eine werbende Gesellschaft zurückverwandelt werden (RGZ 106, 63, 66; RG Warn 1915 Nr. 154; std. Rspr.; BGHZ 1, 324, 327; 8, 35, 38; 84, 379, 381; std. Rspr.; KGJ 25 A 78, 82; 26 A 219, 222; 44 A 128, 130; RFHE 1, 261; Baumbach-Duden-Hopt Anm. 1 C; Heymann-Emmerich Anm. 31; Karsten Schmidt Gesellschaftsrecht § 11 V 5; ders. ZHR 153 [1989], 281; Ulmer in Großkomm Anm. 146). Das Gesetz hat diesen Grundsatz nicht in der ihm zukommenden Allgemeinheit ausformuliert, sondern nur in § 144 die Fortsetzung im Konkursfall geregelt. Der Gesetzgeber hielt dies für eine Sonderregelung (vgl. Denkschrift S. 102). Richtig ist, daß § 144 eine Erleichterung der Fortsetzungsfähigkeit zum Ausdruck bringt (vgl. auch Anm. 67). Bei der generellen Fortsetzungsfähigkeit aufgelöster Gesellschaften handelt es sich aber nach der heute wohl allgemeinen Auffassung um ein allgemeingültiges Prinzip (vgl. Karsten Schmidt

Gesellschaftsrecht § 11 V 5; ders. ZHR 153 [1989], 281). Immerhin hat der Gesetzgeber zwei Grundfälle der Fortsetzung klargestellt: die Fortsetzung unter allen Gesellschaftern (Paradigma: § 144) und die Fortsetzung unter Ausschluß eines Gesellschafters (Paradigma: § 141). Die besonders geregelten Fälle haben auch nach heutigem Verständnis eine Sonderstellung. Bei § 144 handelt es sich um Fortsetzungsfälle, bei denen die Beseitigung des materiellen Auflösungsgrundes (der Insolvenz) außer Frage steht. Bei § 141 geht es nicht um die bloße Fortsetzung, sondern um den Ausschluß eines Gesellschafters mit dem Ziel der Fortsetzung der Gesellschaft. Zur Handelsregistereintragung vgl. § 143 Anm. 3.

2. Voraussetzungen der Fortsetzung

a) Die Fortsetzung einer aufgelösten Gesellschaft setzt ein Dreifaches voraus: erstens das **Vorhandensein einer fortsetzungsfähigen Gesellschaft**, zweitens die Beseitigung des Auflösungsgrundes und drittens den Fortsetzungsbeschluß der Gesellschafter (vgl. Karsten Schmidt Gesellschaftsrecht § 11 V 5). **61**

b) Eine **fortsetzungsfähige Gesellschaft** liegt grundsätzlich vor, wenn die Gesellschaft aufgelöst, aber noch nicht vollbeendet ist (vgl. zur Vollbeendigung § 155 Anm. 52 ff.). Anders als eine Kapitalgesellschaft ist eine Personengesellschaft nach h. M. nicht schon dann fortsetzungsunfähig, wenn mit der Vermögensverteilung begonnen worden ist (vgl. Ulmer in Großkomm Anm. 149). **62**

c) Die **Beseitigung des Auflösungsgrundes** hat eigenständige Bedeutung, wo nicht schon der Fortsetzungswille der Gesellschafter den Auflösungsgrund behebt. Insbesondere in Fällen der Nrn. 1, 2 und 4 genügt der Fortsetzungsbeschluß, um den Auflösungsgrund zu beheben. Wo dagegen das Gesetz die Fortsetzung durch den Auflösungsgrund verhindern will, muß dieser Auflösungsgrund behoben werden. Treffen mehrere Auflösungsgründe zusammen (Anm. 4), so müssen sie alle behoben werden (vgl. auch § 144 Anm. 4). **63**

d) Der Fortsetzungsbeschluß muß grundsätzlich **einstimmig** erfolgen (vgl. Erl. § 119). Der Fortsetzungsbeschluß kommt dann einem Fortsetzungsvertrag gleich. Der Gesellschaftsvertrag kann einen **Mehrheitsbeschluß** zulassen, doch wird dies die Ausnahme sein (vgl. zum Bestimmtheitsgrundsatz § 119 Anm. 17 ff.). Regelmäßig wird die Beschlußfassung **ausdrücklich** erfolgen. Möglich sind aber auch **konkludente Beschlüsse**, insbesondere wenn alle Beteiligten in Kenntnis des Auflösungsgrundes von Liquidationsmaßnahmen absehen und den Geschäftsbetrieb unverändert fortsetzen (vgl. § 134 Anm. 11). Die einverständliche Fortsetzung werbender Tätigkeiten oder die Bestellung von Prokuristen kann einen entsprechenden Willen indizieren, zwingt aber nicht in jedem Fall zu der Annahme, die Gesellschaft werde fortgesetzt (vgl. nämlich § 149 Anm. 9). Die Fortsetzung steht grundsätzlich im freien Belieben der Gesellschafter. Diese können aber kraft **Treupflicht** ausnahmsweise zur Fassung eines Fortsetzungsbeschlusses verpflichtet sein (näher Scholz-Karsten Schmidt GmbHG § 60 Anm. 69 i. V. m. Anm. 52). Voraussetzung hierfür ist: Die Auflösung muß planwidrig eingetreten sein; der Auflösungsgrund muß behoben oder behebbar sein; die Fortsetzung darf grundsätzlich nur der Wiederherstellung der Geschäftsgrundlage unter den Gesell- **64** schaftern, nicht ihrer Änderung dienen; die Fortsetzung muß allen Beteiligten zumutbar sein (vgl. auch für die GmbH BGHZ 98, 276 = NJW 1987, 189). Ist ein Gesellschafter zur Fortsetzung nicht bereit, sprechen aber beachtliche Gründe gegen die Abwicklung, so können die Mitgesellschafter ihm auch ein Abfindungsangebot machen; in diesem Fall kann ihm die gesellschaftliche Treupflicht gebieten, auszuscheiden, falls beachtliche Gründe gegen eine Abwicklung sprechen und durch das Ausscheiden kein anerkennenswertes Interesse des Gesellschafters berührt, er insbesondere von seiner Haftung für die Gesellschaftsverbindlichkeiten befreit und ihm als Abfindung der volle, also auch nicht hinter dem voraussichtlichen Liquidationserlös zurückbleibende, Wert seines Anteils angeboten wird (BGH NJW-RR 1986, 256 = WM 1986, 68 = JuS 1986, 407 m. Anm. Karsten Schmidt). Wird ein geschäftsunfähiger oder in der Geschäftsfähigkeit beschränkter Gesellschafter gesetzlich vertreten, so bedarf der Fortsetzungsbeschluß nach einer verbreiteten Auffassung der **Genehmigung des Vormundschaftsgerichts** gemäß §§ 1643, 1822 Nr. 3 BGB (so z.B. Baumbach-Duden-Hopt Anm. 1 C; Wiedemann Übertragung S. 249). Eine Gegenansicht verneint das Erfordernis der vormundschaftsgerichtlichen Genehmigung (grundsätzlich Ulmer in Großkomm Anm. 161, anders nur, wenn der Minderjährige erst nach der Auflösung durch Erbfall Gesellschafter wurde; so auch Westermann Handbuch [Lfg. 1967] I 599). Ihr ist zu folgen. Die Fortsetzung einer Gesellschaft ist nicht dem Neuabschluß eines Gesellschaftsvertrags gleichzustellen, sondern nur einer Vertragsänderung.

3. Die einzelnen Fortsetzungsfälle

65 a) Ist die Gesellschaft **durch Zeitablauf aufgelöst** (Nr. 1), so bedarf es, solange noch eine fortsetzungsfähige Gesellschaft vorliegt (Anm. 62), nur des Fortsetzungsbeschlusses. Ein materieller Auflösungsgrund, der besonders behoben werden müßte, ist nicht vorhanden.

66 b) Ist die Gesellschaft **durch Beschluß aufgelöst** (Nr. 2), so gilt i.d.R. dasselbe. Solange die Gesellschaft überhaupt noch fortsetzungsfähig ist, kann sie ohne weiteres aufgrund Beschlusses fortgesetzt werden. Ist ein Mehrheitsbeschluß möglich (Anm. 64), so setzt der Fortsetzungsbeschluß nicht voraus, daß die Mehrheit des Auflösungsbeschlusses erreicht oder übertroffen wird.

67 c) Ist die Gesellschaft **durch die Eröffnung des Konkurses über das Gesellschaftsvermögen aufgelöst** (Nr. 3), so ergibt sich die Fortsetzungsmöglichkeit grundsätzlich aus § 144, auf dessen Erläuterung zu verweisen ist. Die Vorschrift spricht nur von der Fortsetzung bei Fällen, in denen das Konkursverfahren aufgrund Zwangsvergleichs oder auf Antrag der Gemeinschuldnerin eingestellt worden ist. Nach h.M. ist § 144 aber auch auf alle anderen Fälle der Konkursbeendigung anwendbar (vgl. § 144 Anm. 7), insbesondere auch auf den Fall der Aufhebung des Konkurses nach Schlußverteilung (§ 163 KO) oder der Verfahrenseinstellung mangels Masse (§ 204 KO; Uhlenbruck GmbH & Co. KG S. 460f.). Nach der bei § 144 Anm. 2 vertretenen Auffassung paßt hier indessen nicht die Sonderregel des § 144, sondern der Fortsetzungsbeschluß ist nur nach den allgemeinen Grundsätzen zulässig. § 144 ist im Rahmen der allgemeinen Fortsetzungsmöglichkeit (Anm. 60) ein privilegierter Tatbestand. Der Unterschied besteht darin, daß in den in § 144 genannten Fällen die Fortsetzungsfähigkeit der Gesellschaft typischerweise zu bejahen, in anderen Fällen der Konkursbeendigung dagegen typischerweise zu verneinen ist. Das aber heißt: Die Fortsetzung ist gegenüber den Fällen des § 144 an zusätzliche Voraussetzungen geknüpft. Es genügt nicht, daß noch verteilungsfähiges Vermögen vorhanden ist (so aber wohl Ulmer in Großkomm § 144 Anm. 8), sondern der materielle Auflösungsgrund, also die Insolvenz, muß beseitigt sein. Für die GmbH & Co. heißt dies: Nicht nur die Zahlungsunfähigkeit, sondern auch die Überschuldung der Gesellschaft (vgl. § 209 Abs. 1 Satz 3 KO) muß beseitigt sein (Scholz-Karsten Schmidt GmbHG § 63 Anm. 75, § 60 Anm. 48). Aber auch bei der einfachen oHG oder KG muß jedenfalls die Zahlungsfähigkeit wiederhergestellt sein.

d) Ist die Gesellschaft **durch den Tod eines persönlich haftenden Gesellschafters** aufgelöst (Nr. 4), so kann die Gesellschaft mit Zustimmung aller Miterben fortgesetzt werden (vgl. § 139 Anm. 14 m.w. Nachw.; ferner Ulmer in Großkomm § 131 Anm. 94). Da der Auflösungsgrund behoben werden muß, muß diejenige Rechtslage herbeigeführt werden, die im Fall einer Nachfolgeklausel (§ 139 Anm. 16 ff.) oder einer qualifizierten Nachfolgeklausel (§ 139 Anm. 20 ff.) bestünde. Das heißt: Die bloße Beschlußfassung aller Gesellschafter genügt nur, wenn ein Alleinerbe den Anteil geerbt hat. Handelt es sich um eine Erbengemeinschaft (vgl. Anm. 25), so ist zu bedenken, daß diese nicht Mitglied einer werbend tätigen Personengesellschaft sein kann (§ 139 Anm. 18). Es muß deshalb eine Teilauseinandersetzung der Erbengemeinschaft stattfinden. Diese kann, je nachdem, was die Beteiligten wollen, verschieden aussehen: Wollen die Beteiligten die Rechtslage herstellen, die im Fall der einfachen Nachfolgeklausel besteht, so setzen sich die Miterben hinsichtlich des ererbten Anteils dergestalt auseinander, daß dieser Anteil unter Zustimmung der Mitgesellschafter nach Maßgabe der Erbquoten geteilt und auf die einzelnen Miterben übertragen wird; wollen die Beteiligten die Rechtslage herstellen, die im Fall der qualifizierten Nachfolgeklausel besteht, so wird der ererbte Anteil aus der Miterbengemeinschaft auf den für die Nachfolge ausgewählten Miterben (bzw. auf einzelne Miterben) übertragen. Die Beteiligten können in allseitigem Einvernehmen auch die einer Eintrittsklausel entsprechende Situation herstellen und den ererbten Anteil zur Fortsetzung der Gesellschaft an einen Dritten übertragen. Eine Fortsetzung unter Ausschluß der Erben ist nur mit deren Zustimmung möglich, sofern nicht der Gesellschaftsvertrag die Ausschließung zuläßt. Das Gesetz selbst gibt (anders als in den Fällen des § 141) hierfür keine Handhabe. Allerdings können die Mitgesellschafter den bzw. die Erben bei einer fortsetzungsfähigen Gesellschaft vor die Alternative stellen, der Fortsetzung zuzustimmen oder sich zu Liquidationsbedingungen abfinden zu lassen (vgl. BGH NJW-RR 1986, 256 = WM 1986, 68 = JuS 1986, 407 mit Anm. Karsten Schmidt und dazu Anm. 64).

e) Ist die Gesellschaft **durch den Konkurs eines Gesellschafters** aufgelöst (Nr. 5), so kann sie nach § 141 ohne diesen Gesellschafter fortgesetzt werden (dazu Erl. § 141). Eine Fortsetzung mit dem Gesellschafter ist nur möglich, wenn das Konkursverfahren beendet ist oder wenn neben den übrigen Beteiligten auch der Konkursverwalter zustimmt (vgl. zur Zustimmung des Konkursverwalters auch Heymann-Emmerich Anm. 34). Dies kann sich als sinnvoll erweisen, wenn eine Veräußerung des Anteils durch den Konkursverwalter geplant ist (s. auch Anm. 36). Im Fall des Nachlaßkonkurses bedarf es der Fortsetzung nicht, wenn man die Konkurseröffnung nicht als Auflösungsgrund ansieht (dazu Anm. 39). Nach richtiger Auffassung liegt ein Auflösungsgrund vor (Anm. 40). Die Fortsetzung setzt damit auch hier einen Beschluß der Gesellschafter voraus, der allerdings schon in der einvernehmlichen Fortführung der Gesellschaft mit dem Konkursverwalter liegen kann (vgl. Anm. 64).

70 f) Ist die Gesellschaft **durch Kündigung oder durch gerichtliche Entscheidung aufgelöst**, so kann sie ohne weiteres fortgesetzt werden. Eine Fortsetzung unter Ausschluß eines Gesellschafters ist grundsätzlich nur möglich, wenn dies im Gesellschaftsvertrag vorgesehen ist oder wenn der Gesellschafter zustimmt. Nach den bei Anm. 68 erläuterten Grundsätzen kann sich aber aus der Treupflicht ergeben, daß der Gesellschafter, wenn er der Fortsetzung unter seiner Beteiligung nicht zustimmt, auf ein Abfindungsangebot zu Liquidationsbedingungen einzugehen hat. Ein echtes Ausschließungsrecht gibt es nach § 141 im Fall der Kündigung durch einen pfändenden Gläubiger (§ 135). Hier können die Mitgesellschafter beschließen, daß die Gesellschaft ohne den Schuldner-Gesellschafter fortgesetzt wird. Eine Fortsetzung unter Einschluß des Schuldner-Gesellschafters ist im Fall des § 135 nur mit Zustimmung des kündigenden Gläubigers zulässig (Heymann-Emmerich Anm. 34; Ulmer in Großkomm § 141 Anm. 22; Alfred Hueck oHG § 23 V 1). Zum Ablösungsrecht der Gesellschaft vgl. § 135 Anm. 31.

71 g) Ist die Gesellschaft durch **Wegfall des einzigen persönlich haftenden Gesellschafters** aufgelöst (Anm. 43), so kann von den Kommanditisten die Fortsetzung beschlossen werden. Voraussetzung ist aber, daß mindestens ein persönlich haftender Gesellschafter bereitgestellt wird. Dieser kann aus dem Kreis der Kommanditisten stammen; es kann auch ein Dritter, z. B. eine eigens zu diesem Zweck gegründete GmbH, hinzugewonnen werden. Schließlich ist es möglich, daß alle bisherigen Kommanditisten zu persönlich haftenden Gesellschaftern werden; dann wird die Gesellschaft als oHG fortgesetzt. Da im Recht der Personengesellschaften das Prinzip der unbeschränkten Haftung und der Rechtsformzwang gilt (§ 105 Anm. 9, 33; BGHZ 22, 240 = NJW 1957, 218; Karsten Schmidt, Zur Stellung der oHG im System der Handelsgesellschaften, 1972, S. 121 ff.), ist von einer konkludenten Fortsetzung als oHG auszugehen, wenn die Kommanditisten nicht binnen angemessener Frist die Liquidation der KG oder ihre Fortsetzung mit einem neuen Komplementär betreiben (vgl. BGH NJW 1979, 1705, 1706; Karsten Schmidt Gesellschaftsrecht § 53 V 1 a).

72 h) Ist die Gesellschaft eine **GmbH & Co.** und ist sie durch **Auflösung ihrer Komplementär-GmbH** aufgelöst (Anm. 32), so kann sie fortgesetzt werden, mit der bisherigen Komplementärin allerdings nur, wenn deren Auflösungsgrund gleichfalls behoben wird (Scholz-Karsten Schmidt GmbHG § 60 Anm. 69); anderenfalls muß ein neuer Komplementär gesucht werden.

73 i) Im Fall der **Auflösung nach §§ 35, 38 KWG** können die Gesellschafter die Fortsetzung beschließen, wenn das Bundesaufsichtsamt für das Kreditwesen seine die Erlaubnis aufhebende Entscheidung aufhebt (Bähre-Schneider, KWG-Kommentar, 3. Aufl. 1986, § 38 Anm. 2).

74 k) Ist die Gesellschaft durch Verbot nach § 3 VereinsG aufgelöst, so kann ihre Fortsetzung nicht beschlossen werden. Ohne Aufhebung des vereinsrechtlichen Verbots ist der Fortsetzungsbeschluß unwirksam.

VI. Die fehlerhafte Auflösung

Schrifttum: *Steines,* Die faktisch aufgelöste oHG, 1964.

1. Das Problem

a) Die Auflösung ist eine Strukturänderung. Ähnlich wie bei sonstigen strukturändernden Akten (Gründung, Eintritt, Ausscheiden; vgl. Karsten Schmidt Gesellschaftsrecht § 6 IV) können nach einer mehrfach vertretenen Auffassung die **Grundsätze über fehlerhafte Verbände** anwendbar sein (vgl. Heymann-Emmerich Anm. 36; Steines S. 27 ff.).

b) Die Richtigkeit dieser Auffassung ist **zweifelhaft**. Eine sinngemäße Anwendung der Grundsätze über fehlerhafte Gesellschaften kann nur bedeuten, daß die Gesellschaft trotz Fehlens des Auflösungstatbestandes als aufgelöst behandelt wird (Steines S. 30). Die Liquidatoren bleiben im Amt, und sie bleiben auch auf den Liquidationszweck verpflichtet. Die Gesellschafter können zur Fortsetzung der Gesellschaft, also zur Fassung eines Fortsetzungsbeschlusses, verpflichtet sein (Steines S. 34 ff. schlägt eine gestaltende Fortsetzungsklage in Umkehrung des § 133 vor, die allerdings nur begründet sei, solange allen Beteiligten die Wiederherstellung der werbend tätigen Gesellschaft zumutbar ist [S. 41]). Diese Rechtsfolgen passen nicht auf jeden Fall der fehlerhaften Auflösung. Vielmehr sollte differenziert werden.

2. Angefochtene Auflösung

Um eine wirksame, aber rechtswidrige Auflösung handelt es sich, wenn ein **anfechtbarer Auflösungsvertrag oder Auflösungsbeschluß** vorliegt. Die Anfechtung eines Auflösungsvertrags kann sich aus §§ 119 ff. BGB ergeben. Ein Auflösungsbeschluß kann nach h. M. bei der Personengesellschaft nicht anfechtbar, sondern nur wirksam oder unwirksam sein (vgl. § 119 Anm. 13). Ist der Beschluß unwirksam, so ist an eine Scheinauflösung oder faktische Auflösung zu denken (vgl. Steines S. 42). Nach richtiger Auffassung können Mehrheitsbeschlüsse in einer Personengesellschaft der Anfechtung unterliegen (Karsten Schmidt, in Festschrift Stimpel, 1985, S. 217 ff.; nach Steines S. 43 ist eine Fortführungsklage analog § 133 zu erheben). Ist die Auflösung wirksam angefochten, so wird aus der bisher vollwirksamen Auflösung eine scheinbare Auflösung (Anm. 78) oder ausnahmsweise eine vollzogene fehlerhafte Auflösung (Anm. 79).

3. Scheinbare Auflösung

Um eine **bloß scheinbare Auflösung** handelt es sich, wenn ein von den Beteiligten angenommener Auflösungstatbestand in Wahrheit nicht erfüllt ist. Dies kann grundsätzlich auf jede Art und Weise geltend gemacht werden. Die Gesellschaft ist als werbende Gesellschaft fortzusetzen, die Eintragung der Auflösung zu berichtigen. Dritten gegenüber besteht Vertrauensschutz (z. B. aufgrund von § 15 Abs. 3). Wurde bereits mit der Vermögensverteilung begonnen, so können auch die Gesellschafter untereinander geschützt sein, insbesondere durch §§ 818 Abs. 3, 242 BGB. Der begonnene Vollzug der Abwicklung kann ein Grund sein, nunmehr aus wichtigem Grund die Gesellschaft aufzulösen (§ 133). Haben alle Gesellschafter an der begonnenen Liquidation mitgewirkt, so kann es ihnen nach Lage des Falls auch verwehrt sein, sich auf die Nicht-Auflösung zu berufen (§ 242 BGB). Dieser Tatbestand läuft bereits auf die Rechtsfolgen der fehlerhaften vollzogenen Abwicklung (Anm. 79) hinaus. Die Gesellschaft wird als aufgelöst behandelt. Aber dies beruht weniger auf dem Gedanken des fehlerhaften Verbandes als auf dem des Verbots des widersprüchlichen Verhaltens.

4. Fehlerhafte vollzogene Auflösung

79 a) Eine mit dem Fall der fehlerhaften Gesellschaft vice versa vergleichbare Situation kann nur vorliegen, wenn eine unwirksame Liquidationsentscheidung der Gesellschafter und dazu ein **konstitutiver Vollzugsakt** (Eintragung oder Vollzug der Liquidation) gegeben ist. Da die Eintragung des Auflösungsfalls nur eine deklaratorische Eintragung ist (§ 143 Anm. 20), kommt sie als Vollzugsakt nicht in Betracht. Die unrichtige Eintragung wird nicht von selbst richtig. Der Beginn der Liquidation (den man mit dem Beginn der Gesellschaft vergleichen könnte) genügt gleichfalls nicht, denn entweder stellt er eine wirksame Bestätigung der unrichtig angenommenen Auflösung dar (vgl. § 141 BGB), dann ist die Fehlerhaftigkeit der Auflösung geheilt; oder der Beginn der Liquidation kann nicht als Bestätigung aufgefaßt werden; dieser Fall kann mit dem Instrumentarium der scheinbaren Auflösung erfaßt werden. Von einer fehlerhaften vollzogenen Auflösung kann man deshalb nur sprechen, wenn die Abwicklung bereits beendet oder so weit vorangeschritten ist, daß eine Fortsetzung der Gesellschaft nicht mehr in Betracht kommt.

80 b) **Rechtsfolge** ist dann, daß die Abwicklung (falls noch nicht geschehen) beendet wird und die Gesellschaft nach deren Beendigung erloschen (nicht: bloß scheinbar erloschen) ist. Das Fehlen eines Auflösungsgrundes kann dann zwar noch zur Begründung von Schadensersatzforderungen o.ä. herangezogen werden, aber nicht mehr zur Begründung des Nicht-Erlöschens der Gesellschaft.

132
Die Kündigung eines Gesellschafters kann, wenn die Gesellschaft für unbestimmte Zeit eingegangen ist, nur für den Schluß eines Geschäftsjahres erfolgen; sie muß mindestens sechs Monate vor diesem Zeitpunkte stattfinden.

Schrifttum: *Andörfer,* Ausschluß und Beschränkung des Kündigungsrechts bei Personengesellschaften, Diss. Köln 1967; *Barz,* Vertraglicher Kündigungsausschluß bei Personengesellschaften, JW 1938, 490; *Dietrich,* Die Publikumskommanditgesellschaft und die gesellschaftsrechtlich geschützten Interessen, 1988; *Gersch,* Die Grenzen zeitlicher Beschränkungen des ordentlichen Kündigungsrechts bei Personengesellschaften, BB 1977, 871; *Heckelmann,* Abfindungsklauseln in Gesellschaftsverträgen, 1973; *Merkel,* Kündigung einer auf unbestimmte Zeit geschlossenen OHG, NJW 1961, 2004; *Merle,* Personengesellschaften auf unbestimmte Zeit und auf Lebenszeit, in: Festschrift Bärmann, 1975, S. 631; *Nitschke,* Die körperschaftlich strukturierte Personengesellschaft, 1970; *Reuter,* Privatrechtliche Schranken der Perpetuierung von Unternehmen, 1970; *Siebel,* Erschwerte Kündigung bei der oHG und KG, DNotZ 1954, 71; *Simon,* Gesellschaftsrechtliche Bindungen auf Lebenszeit? DB 1961, 1679; *Strothmann-Vieregge,* Gesellschaft und ordentliche Kündigung, in: Festschrift Oppenhoff, 1985, S. 451; *Teichmann,* Gestaltungsfreiheit in Gesellschaftsverträgen, 1970; *Thünnesen,* Gesetzliche und vertragliche Kündigungsbeschränkungen bei der GbR, oHG und KG, 1988; *Ulmer,* Kündigungsschranken im Handels- und Gesellschaftsrecht, in: Festschrift Möhring, 1975, S. 295; *Harm Peter Westermann,* Vertragsfreiheit und Typengesetzlichkeit im Recht der Personengesellschaften, 1970.

Inhalt

	Anm.		Anm.
I. Grundlagen	1–8	3. Die Kündigungserklärung	14
1. Arten der Kündigung und Normzweck des § 132	1	4. Die Wirkung der Kündigung	17
2. Anwendungsbereich des § 132	3	III. Abweichende Abreden	23–34
3. Der Begriff der für unbestimmte Zeit eingegangenen Gesellschaft	5	1. Feste Dauer und Aufschub des Kündigungsrechts	23
II. Das gesetzliche Kündigungsrecht	9–22	2. Zulässige und unzulässige Beschränkungen des Kündigungsrechts	24
1. Das Kündigungsrecht	9	3. Folgen unzulässiger Kündigungsbeschränkungen	33
2. Die Kündigungsfrist	12	4. Erleichterungen des Kündigungsrechts	34

I. Grundlagen

1. Arten der Kündigung und Normzweck des § 132

a) Nach allgemeinen Grundsätzen sind in der bei § 131 Anm. 41 dargestellten Terminologie zu unterscheiden: die auflösende Kündigung, die Austrittskündigung und die Hinauskündigung (Karsten Schmidt Gesellschaftsrecht § 52 III 6 a). Das Gesetz spricht in § 132 nur von der **auflösenden Kündigung**. Durch Fortsetzungsklausel (§ 138) kann ihr die Wirkung einer Austrittskündigung beigegeben werden. Zu unterscheiden ist weiter zwischen der ordentlichen und der außerordentlichen Kündigung. In § 132 ist von der **ordentlichen Kündigung** des Gesellschaftsverhältnisses die Rede. An die Stelle der außerordentlichen Kündigung tritt nach § 133 die Auflösungsklage. Diese kann im Gesellschaftsvertrag wiederum durch ein Kündigungsrecht ersetzt werden (§ 133 Anm. 68).

b) § 132 versteht sich im Zusammenhang mit §§ 723 Abs. 1 Satz 1 BGB, 105 Abs. 2 HGB. Die Vorschrift begründet nicht das ordentliche Kündigungsrecht, sondern bestimmt abweichend von § 723 BGB die Kündigungsfrist. **Normzweck** des § 723 BGB ist der Freiheitsschutz des Gesellschafters; Normzweck des § 132 ist der Schutz des Unternehmens gegen eine jederzeitige ordentliche Kündigung.

2. Anwendungsbereich des § 132

a) Die Bestimmung gilt für die **oHG**. Aufgrund von § 161 Abs. 2 gilt sie auch für die **Kommanditgesellschaft,** und zwar gleichermaßen für Komplementäre und Kommanditisten. Zur Anwendbarkeit bei der stillen Gesellschaft vgl. § 234 n. F. und dazu Erl. § 339 a. F. = § 234 n. F. Auf die Gesellschaft bürgerlichen Rechts ist § 132 grundsätzlich nicht anzuwenden (vgl. § 723 BGB). Anderes sollte bei der unternehmenstragenden Gesellschaft bürgerlichen Rechts gelten (zu ihrer Sonderstellung vgl. Karsten Schmidt Gesellschaftsrecht § 58 V). Der mit § 132 bezweckte Unternehmensschutz wird vom BGB vernachlässigt. § 132 sollte deshalb analog angewandt werden.

b) Nach Anm. 1 gilt § 132 nur für die **ordentliche auflösende Kündigung**. Im Verein mit § 138 gilt § 132 auch für die **ordentliche Austrittskündigung**, dies jedoch nur, wenn

im Gesellschaftsvertrag eine Fortsetzungsregelung enthalten ist (§ 138 Anm. 6). Von § 132 zu unterscheiden sind nach der aus Anm. 1 ersichtlichen Terminologie:
- die außerordentliche auflösende Kündigung und die Auflösungsklage (dazu Erl. § 133);
- die außerordentliche Austrittskündigung, die vor allem bei Publikumsgesellschaften Bedeutung hat (dazu § 161 Anm. 154);
- die Ausschließungskündigung (dazu § 140 Anm. 74 und § 142 Anm. 40 ff.).

3. Der Begriff der für unbestimmte Zeit eingegangenen Gesellschaft

5 a) **Die fehlende Mindestdauer** gibt den Ausschlag (Karsten Schmidt Gesellschaftsrecht § 52 III 6c). Der Begriff der für unbestimmte Zeit eingegangenen Gesellschaft (§ 132) wird vielfach als Gegenbegriff zu der vereinbarten Zeit nach § 131 Nr. 1 verstanden (so insbesondere Westermann Handbuch [Lfg. 1967] I 621; Geßler in der Voraufl.; ferner z.B. Düringer-Hachenburg-Flechtheim Anm. 1; Ulmer in Großkomm. Anm. 2; Heymann-Emmerich § 131 Anm. 3). *Geßler* (4. Aufl. § 131 Anm. 10) meinte deshalb, dieselbe Gesellschaft könne nicht gleichzeitig unter § 131 Nr. 1 und unter § 132 fallen. Daran kann nicht festgehalten werden. Im Gegensatz dazu meinte *Geßler* bei § 132 Anm. 2, daß die Vereinbarung einer Gesellschaftsdauer i.S.d. § 131 Nr. 1 der Annahme, daß die Gesellschaft zugleich auf unbestimmte Zeit i.S.d. § 132 geschlossen ist, nicht entgegenstehe. Dem ist zu folgen (Anm. 9). § 131 Nr. 1 spricht von der Vereinbarung einer Höchstdauer, § 132 dagegen von der Vereinbarung einer Mindestdauer (übereinstimmend wohl Ulmer in Großkomm. § 131 Anm. 15). Beides kann miteinander einhergehen, notwendig ist dies aber nicht (vgl. zur Auslegung Anm. 9). Soweit in Entscheidungen die Frage gestellt wird, ob bei einer auf unbestimmte Zeit eingegangenen Gesellschaft die Kündigung auf Zeit ausgeschlossen werden kann (RGZ 21, 93, 94; RG JW 1888, 345; BGHZ 10, 91, 98; siehe auch BGHZ 50, 316, 321 f.), ist deshalb die Fragestellung ungenau. Eine solche Gesellschaft ist nicht i.S. von § 132 auf unbestimmte Zeit eingegangen. Die Frage ist nur, ob und bis zu welcher Grenze die unkündbare Bindung zulässig und wirksam ist (dazu Anm. 24 ff.).

6 b) **Gesellschaftsverträge von Publikumsgesellschaften** enthalten regelmäßig keine Bestimmung einer Mindestdauer (Gerhard A. Wilhelm, die Problematik der Massen-KG insbesondere die Probleme bei Überprüfung, Auslegung und Ergänzung der Gesellschaftsverträge, Diss. Tübingen 1980, S. 164; Dietrich S. 77). Oft ist dem Gesellschaftsvertrag jedoch im Wege der ergänzenden Vertragsauslegung eine Mindestdauer zu entnehmen. Da Publikumskommanditgesellschaften typischerweise zum Zwecke der Steuerersparnis gegründet werden, arbeiten sie in der Anfangsphase zumeist mit einem erheblichen Fremdkapitalanteil. Eine Austrittskündigung eines Anlegers (die hier gemäß § 138 an die Stelle der Auflösungskündigung tritt, vgl. Anm. 4) mit dem damit verbundenen Kapitalabfluß bringt die Gesellschaft noch zusätzlich in Insolvenzgefahr. In der Regel bis zum Ende der steuerlichen Verlustphase gebietet die Interessenlage daher einen Ausschluß der ordentlichen Kündigung (Dietrich S. 77 f.). Nach Ablauf dieses Zeitraumes ist die (Austritts-) Kündigung dagegen möglich (Dietrich S. 85).

7 c) **Für jeden Gesellschafter einzeln** ist die „unbestimmte Dauer" gesondert zu prüfen. Nach h.M. kommt es für § 132 darauf an, ob die Gesellschaft als Gesamtorganisation auf unbestimmte Zeit eingegangen ist. Regelmäßig ist diese Annahme unschädlich, weil i.d.R. keine unterschiedlichen Bindungen bestehen und weil die Gesellschaft auch als Ganzes von der auflösenden Kündigung betroffen ist (Anm. 4). Aus dem Normzweck des § 132 ergibt sich aber, daß die Rechtsstellung jedes Gesellschafters einzeln zu prüfen ist: § 132 spricht entgegen dem mißverständlichen Wortlaut nur von den Gesellschaftsverhältnissen der einzelnen Gesellschafter und nicht von der Gesellschaft insgesamt. Die Vorschrift regelt die Kündigungsfrist für diejenigen Gesellschafter, deren Gesellschaftsverhältnis für unbestimmte Zeit eingegangen ist. Ist einem Gesellschafter, nicht aber den anderen, die Kündigung für eine bestimmte Zeit versagt (vgl. zu solchen Vereinbarungen Anm. 26), so gilt § 132 für die anderen, nicht aber für diesen einen Gesellschafter. Die Frage, ob „die Gesellschaft (scl.: als Ganzes) für unbestimmte Zeit eingegangen ist" (Gesetzeswortlaut), führt dann nicht weiter.

d) Als auf unbestimmte Zeit eingegangen gilt nach § 134 auch eine für die **Lebenszeit** **8** **eines Gesellschafters** eingegangene Gesellschaft. Die Bedeutung dieser Bestimmung ist ähnlich zweifelhaft wie diejenige des § 132. Auf Anm. 31 sowie auf die Erläuterungen zu § 134 ist zu verweisen.

II. Das gesetzliche Kündigungsrecht

1. Das Kündigungsrecht

a) Das Kündigungsrecht besteht nur, wenn „die Gesellschaft" **für unbestimmte Zeit** **9** eingegangen ist, ferner nach § 134, wenn sie für die Lebenszeit eines Gesellschafters eingegangen ist oder nach dem Ablauf der für ihre Dauer bestimmten Zeit stillschweigend fortgesetzt wird. Über die Frage, wann eine Gesellschaft auf unbestimmte Zeit eingegangen ist, vgl. Anm. 5 ff.; wegen der Nichtigkeit einer zu langen Zeitdauer s. Anm. 24 ff. Enthält der Gesellschaftsvertrag eine kalendermäßig bestimmte Zeit, so ist zu prüfen, welchen Charakter die vereinbarte Zeit hat (§ 131 Anm. 7). Sie kann zugleich **Mindest- und Höchstdauer** sein. Dann ist die Gesellschaft auf bestimmte Zeit eingegangen und eine Kündigung nach § 132 ausgeschlossen; zugleich ist hinsichtlich der Höchstdauer § 131 Nr. 1 anwendbar. Hat die vereinbarte Zeit den Charakter einer reinen **Mindestdauer**, dann kann die Gesellschaft während dieser Zeit nicht gekündigt werden, weil die Kündigung für diese Zeit ausgeschlossen ist; nach Ablauf der Zeit kann die Gesellschaft als nunmehr auf unbestimmte Zeit eingegangene nach § 132 gekündigt werden. Schließlich kann die vereinbarte Zeit eine reine **Höchstdauer** sein. Dann löst sich die Gesellschaft nach § 131 Nr. 1 mit Ablauf der Zeit auf. Vorher kann sie jedoch nach § 132 bereits gekündigt werden, weil sie insoweit auf unbestimmte Zeit eingegangen ist (vgl. Anm. 5; insoweit im Ergebnis wie hier schon Geßler 4. Aufl. Anm. 2; Alfred Hueck oHG § 24 I 1). Häufig wird die Vereinbarung einer bestimmten Dauer der Gesellschaft zugleich Höchstdauer und Mindestdauer. Dann soll die Gesellschaft vor Ablauf der Zeit nur durch Vertrag oder Beschluß auflösbar sein (vgl. § 131 Anm. 12 ff.) und nur durch Fortsetzungsbeschluß (§ 131 Anm. 65) über diese Zeit hinweg fortgesetzt werden können. Die Vereinbarung einer Höchstdauer i.S. von § 131 Nr. 1 ohne gleichzeitige Vereinbarung einer Mindestdauer i.S. von § 132 kann etwa gewollt sein, wenn nach dem Gesellschaftsvertrag ein bestimmtes Ereignis (z. B. Ende eines Patents, Ende eines Schürfrechts, Ende einer Exportgenehmigung, Austritt oder Tod eines Kommanditisten) als Endzeitpunkt vereinbart ist. Die Unterscheidung ist nach allgemeinen Auslegungsgrundsätzen zu treffen. Ist bestimmt, daß eine Gesellschaft für die Lebenszeit eines Gesellschafters eingegangen sein soll, mindestens aber für 10 Jahre, ist sie für die ersten 10 Jahre auf bestimmte Zeit geschlossen. Wegen der Zulässigkeit dieser gemischten Regelung der Gesellschaftsdauer vgl. auch RGZ 156, 129, 134.

10 b) Das **Kündigungsrecht steht jedem Gesellschafter zu**, der nicht für eine Mindestdauer wirksam gebunden ist (Anm. 7), gleichgültig, ob er von der Geschäftsführung oder Vertretung der Gesellschaft ausgeschlossen ist. Für einen minderjährigen Gesellschafter übt der gesetzliche Vertreter das Kündigungsrecht aus (Heymann-Emmerich Anm. 4). Er soll nicht ohne Genehmigung des Vormundschaftsgerichts kündigen (§ 1823 BGB). Die fehlende Genehmigung macht aber die Kündigung nicht rechtsunwirksam. Ist der Gesellschafter keine natürliche Person (juristische Person oder Gesamthand), so wird das Kündigungsrecht im Namen dieses Gesellschafters durch dessen organschaftlichen Vertreter ausgeübt. Handelt es sich um einen verheirateten Gesellschafter, der im Güterstand der Zugewinngemeinschaft lebt und bildet der Anteil das Gesamtvermögen dieses Gesellschafters, so bedarf die Kündigung nach der wohl vorherrschenden, wenn auch bestrittenen, Auffassung der Zustimmung des Ehegatten (Ulmer in Großkomm Anm. 7; Staudinger-Thiele § 1365 Anm. 67 mit umfassenden Nachweisen).

11 c) Die **Kündigung** kann **auch durch einen Vertreter** ausgesprochen werden (RG JW 1929, 368, 369; über gesetzliche Vertreter vgl. Anm. 10). Handelt dieser ohne Vertretungsmacht, wird sie wirksam, wenn der Gesellschafter die Handlung des Vertreters genehmigt und die Kündigung durch den angeblichen Vertreter von den Mitgesellschaftern (vgl. Anm. 14) nicht beanstandet worden ist (§ 180 BGB). Der Gesellschaftsvertrag kann die Ausübung des Kündigungsrechts durch Bevollmächtigte (nicht: durch gesetzliche Vertreter) verbieten. Auch in einem solchen Fall müssen aber die Mitgesellschafter die von einem mit Vollmacht versehenen Vertreter, z. B. Rechtsanwalt, erklärte Kündigung gegen sich gelten lassen, sofern die Wirksamkeit des Vertretergeschäfts (§ 164 BGB) keinem Zweifel unterliegt (s. auch Anm. 14) und kein schutzwürdiges Interesse gerade an der persönlichen Rechtsausübung besteht (arg. § 242 BGB).

2. Die Kündigungsfrist

12 a) Die Kündigung kann nur **für den Schluß eines Geschäftsjahrs** erfolgen; sie muß mindestens **sechs Monate vor diesem Zeitpunkt** stattfinden. Die Kündigungsfrist berechnet sich nach §§ 187, 188, 193 BGB (Heymann-Emmerich Anm. 8). Eine verspätet abgegebene Kündigung gilt in der Regel für den nächsten zulässigen Termin (Ulmer in Großkomm Anm. 16). Soweit die Erklärung nicht in diesem Sinne ausgelegt werden kann, kann eine Umdeutung helfen (vgl. auch Heymann-Emmerich Anm. 8). Die übrigen Gesellschafter können sie aber als rechtzeitig abgegeben ansehen. Dann liegt darin ein Auflösungsbeschluß zu dem in der Kündigung angegebenen Termin (Heymann-Emmerich Anm. 8). Aus der gesellschaftsrechtlichen Treuepflicht kann sich in Ausnahmefällen ergeben, daß der Kündigende darauf aufmerksam gemacht werden muß, daß die Kündigung verspätet ist (Düringer-Hachenburg-Flechtheim Anm. 3). Nicht nötig ist, daß die Kündigung in dem Geschäftsjahr erklärt wird, für dessen Schluß sie wirken soll; sie kann auch davor erfolgen.

b) Auch eine „unzeitige" Kündigung (§ 723 Abs. 2 BGB) ist grundsätzlich wirksam (Staub-Pinner 14. Aufl. Anm. 9; Heymann-Emmerich Anm. 7; Ulmer in Großkomm Anm. 19; vgl. auch BGH JZ 1954, 194, 195; Koehler JZ 1954, 196). Zur Frage, ob sie zum Schadensersatz verpflichtet, vgl. Anm. 20. Zur Unwirksamkeit wegen Rechtsmißbrauchs vgl. Anm. 19.

3. Die Kündigungserklärung

a) Die Kündigungserklärung ist ein **Gestaltungsgeschäft**, also eine einseitige, zugangsbedürftige Willenserklärung. Grundsätzlich ist sie nicht gegenüber der Gesellschaft, sondern gegenüber den Mitgesellschaftern zu erklären (Heymann-Emmerich Anm. 3). Eine Kündigung nur gegenüber den geschäftsführenden Gesellschaftern wirkt erst, wenn die Mitgesellschafter Kenntnis erlangen (RGZ 21, 93, 95; a. A. [Kenntnis allein reiche nicht] Ritter Anm. 1). Der Gesellschaftsvertrag kann ein anderes bestimmen. Ausnahmsweise kann sich auch aus § 242 BGB (z.B. aus dem Verbot widersprüchlichen Verhaltens nach entsprechenden Vorverhandlungen ergeben, daß die Mitgesellschafter den Zugang an die geschäftsführenden Gesellschafter als ausreichend gelten lassen müssen. Die Kündigung kann ausdrücklich, u.U. aber auch konkludent erklärt werden (vgl. RGZ 89, 398, 399 f.; Ulmer in Großkomm Anm. 12). Entscheidend ist der eindeutige Wille, die Gesellschaft durch die Erklärung aufzulösen (Heymann-Emmerich Anm. 5; s. auch ROHGE 10, 433, 434). In dem Verlangen nach Abschluß einer Übernahmevereinbarung kann eine Kündigung nicht gesehen werden (BGH LM Nr. 1 zu § 131). Dagegen kann in der Klage auf Feststellung der Auflösung der Gesellschaft eine Kündigung erblickt werden, wenn es dem Kläger nicht darauf ankommt, daß die Auflösung zu einem bestimmten Zeitpunkt festgestellt wird, der früher liegt als der Zeitpunkt, zu dem die Gesellschaft durch die Kündigung aufgelöst sein würde (BGH WM 1958, 1335).

b) Eine gesetzliche **Form** ist für die Kündigung **nicht vorgeschrieben**, wohl aber kann der Gesellschaftsvertrag sie vorsehen. Das Kündigungsrecht eines volljährigen Gesellschafters wird nicht dadurch eingeschränkt, daß für einen Mitgesellschafter ein Vormund oder Pfleger bestellt ist, der zur Aufgabe eines Geschäftsbetriebes für den Pflegling der vormundschaftsgerichtlichen Genehmigung bedarf (BGH WM 1961, 694). Die Kündigung muß inhaltlich **bestimmt und eindeutig** sein. Nach RGZ 91, 307, 308 f. ist eine **bedingte Kündigung** grundsätzlich unwirksam (so im Grundsatz auch Heymann-Emmerich Anm. 6). Mit der heute ganz herrschenden Meinung dürfte jedoch richtigerweise anzunehmen sein, daß sie zulässig ist, wenn sie nicht zu unklaren Verhältnissen für die übrigen Gesellschafter führt, z.B. die Erfüllung der Bedingung von deren Willen abhängt oder die Frist erst dann zu laufen beginnen soll, wenn die Bedingung eingetreten und dies den übrigen Gesellschaftern bekannt ist (vgl. OGHZ 3, 250, 252 = NJW 1950, 503; Straube-Koppensteiner Anm. 6; Ulmer in Großkomm Anm. 12; Alfred Hueck oHG § 24 I 2). Zulässig ist insbesondere auch die **Änderungskündigung** als

Kündigungserklärung, gekoppelt mit einem Angebot zur Vertragsänderung (Ulmer in Großkomm Anm. 12).

16 c) Der kündigende Gesellschafter ist an eine einmal abgegebene **Kündigungserklärung gebunden.** Er kann sie nur mit Zustimmung aller übrigen Gesellschafter zurücknehmen, und auch nur so lange, wie die Gesellschaft noch nicht aufgelöst ist. Umgekehrt können die Mitgesellschafter die Wirkungen einer einmal ausgesprochenen Kündigung nicht durch bloßen Mehrheitsbeschluß abändern oder beseitigen (BGHZ 48, 251 = NJW 1967, 2157; Heymann-Emmerich Anm. 10). Nach dem Wirksamwerden der Kündigung können die Gesellschafter die Fortsetzung mit Zustimmung des Kündigenden beschließen (dazu § 131 Anm. 60 ff.), wobei dessen Zustimmung auch dann erforderlich ist, wenn er selbst ausscheiden soll (Ausnahme: § 138; vgl. auch über Abfindungsangebote § 131 Anm. 68 und 70).

4. Die Wirkung der Kündigung

17 a) Durch die Kündigung wird die Gesellschaft zum Kündigungstermin **aufgelöst** (§ 131 Nr. 6). Der **Gesellschaftsvertrag** kann allerdings auch vorsehen, daß die Gesellschaft unter den übrigen Gesellschaftern fortbestehen soll und nur der Kündigende aus ihr ausscheidet (Anm. 4 sowie Erl. § 138).

18 b) Durch die Kündigung wird eine **vorzeitige Auflösung** der Gesellschaft **aus einem anderen, früher wirkenden Auflösungsgrund**, zB durch den Tod eines Gesellschafters, nicht ausgeschlossen (OGHZ 3, 250, 254f. = NJW 1950, 503; Baumbach-Duden-Hopt Anm. 2 E; Heymann-Emmerich Anm. 9). Es treten dann grundsätzlich auch nur die für diesen Auflösungsgrund vertraglich vereinbarten Folgen der Auflösung ein (vgl. RGZ 95, 32). Rechte, die die Auflösung durch Kündigung einem oder den übrigen Gesellschaftern gewährt hätte, können, sofern nicht der Gesellschaftsvertrag eine andere Regelung enthält, nicht mehr zum Zuge kommen (RGZ 93, 54). Ebenso werden Rücktritts- oder Anfechtungsrechte, die einem Gesellschafter zustehen, durch die Kündigung nicht ausgeschlossen. Selbst der kündigende Gesellschafter kann sich zugleich darauf berufen, daß der Gesellschaftsvertrag anfechtbar oder nichtig ist. Eine **bereits aufgelöste Gesellschaft** kann nach h.M. nicht gekündigt werden (vgl. Straube-Koppensteiner Anm. 4). Richtig ist, daß eine Gesellschaft aufgelöst oder nicht aufgelöst ist. Aber Auflösungsgründe können nebeneinander treten (§ 131 Anm. 4; Stichwort: Doppelwirkungen im Recht). Deshalb kann eine bereits aufgelöste Gesellschaft sehr wohl gekündigt werden. Sie kann dann nicht gegen den Willen des Kündigenden fortgesetzt werden (vgl. auch § 131 Anm. 63). Auch die h.M. erkennt die hilfsweise (unter der Rechtsbedingung, daß die Gesellschaft nicht schon aufgelöst ist) erklärte Kündigung an, soweit mit ihr Rechtsunsicherheit behoben wird. Aber dieser Einschränkung bedarf es nicht.

19 c) **Mißbrauch des Kündigungsrechts** macht die Kündigung unwirksam, (RG DR 1943, Nr. 1884; OGHZ 3, 250 = NJW 1950, 503; Baumbach-Duden-Hopt Anm. 2 D; Straube-Koppensteiner Anm. 2; Ulmer in Großkomm Anm. 18 ff.; ders. in Festschrift Möhring S. 308 ff.). In Betracht kommen aber nur Ausnahmefälle (Heymann-Emmerich Anm. 7). Kündigung zur Unzeit (§ 723 Abs. 2 BGB) ist noch kein Unwirksamkeitsgrund (vgl. Anm. 13; zu der ganz anderen Frage einer Schadensersatzpflicht vgl. Anm. 20). Auch die Verfolgung eigener Vorteile begründet für sich allein noch keinen Rechtsmißbrauch (OHG Wien GesRZ 1976, 129; Ulmer in Festschrift Möhring S. 300, 305), so z. B. nicht die ordentliche Kündigung mit dem Ziel, eine Fortsetzung der Gesellschaft zu günstigeren Bedingungen zu erreichen (BGH DB 1977, 1403, 1404; Baumbach-Duden-Hopt Anm. 2 D). Regelmäßig wird nur eine Schädigungsabsicht die Kündigung rechtsmißbräuchlich machen (vgl. OGH Wien GesRZ 1976, 129). Hauptfall der mißbräuchlichen Kündigung ist die rücksichtslose Verfolgung eigener Interessen unter Schädigung der Mitgesellschafter (Ulmer in Großkomm Anm. 20). Mißbräuchlich ist die Ausübung des ordentlichen Kündigungsrechts, wenn damit ohne das Vorliegen wichtiger Ausschließungsgründe (vgl. § 140) der Effekt einer Übernahme nach § 142 erzielt werden soll, indem die Gesellschaft zur Unternehmensveräußerung an den Kündigenden oder an eine von ihm gebildete neue Gesellschaft gezwungen werden soll (vgl. für die GmbH sinngemäß BGHZ 76, 353 = NJW 1980, 1278; für die AG BGHZ 103, 184 = NJW 1988, 1579; Scholz-Karsten Schmidt GmbHG § 60 Anm. 16 m.w. Nachw.). Dagegen genügt es nicht, daß die Auflösung der Gesellschaft den Mitgesellschaftern und den Beschäftigten, die mit einer Auflösung typischerweise verbundenen Nachteile zufügt. Die Treubindung des Gesellschafters darf nicht dazu führen, daß das ordentliche Kündigungsrecht de facto beseitigt und der Gesellschafter entgegen § 723 Abs. 3 BGB untrennbar an die Gesellschaft gebunden wird (BGH JZ 1954, 194, 195; Ulmer in Festschrift Möhring S. 303 f.; Koehler JZ 1954, 196; s. auch für die stille Gesellschaft BGHZ 23, 10, 16 f. m. Anm. Koehler JZ 1957, 310). Nur in außergewöhnlichen Fällen werden die Mitgesellschafter der Kündigung nach § 242 BGB entgegenhalten können, daß ihr Vertrauen in den Fortbestand der Gesellschaft enttäuscht wurde. Deshalb kann auch die grundlose Kündigung nicht als grundsätzlich mißbräuchlich angesehen werden, denn im Gegensatz zum Fall des § 133 bedarf es für die ordentliche Kündigung keines wichtigen Grundes (Ulmer in Großkomm Anm. 21; a. M. Siebel DNotZ 1954, 73). Die Gesellschaft und die Mitgesellschafter können auf der Rechtsfolgenseite durch Treupflichten im Rahmen der Liquidation geschützt werden (Anm. 21), evtl. auch durch Schadensersatzansprüche (vgl. Anm. 20).

d) Eine **Schadensersatzpflicht wegen unberechtigter Ausübung des Kündigungsrechts** 20 wird von der h. M. aus § 723 Abs. 2 Satz 2 BGB hergeleitet. Ob die Bestimmung für die oHG und KG gilt, ist allerdings str. (bejahend Baumbach-Duden-Hopt Anm. 2 C; Ulmer in Großkomm Anm. 22; Koehler JZ 1954, 196; verneinend Geßler in der Voraufl. Anm. 7, Staub-Pinner 14. Aufl. Anm. 9; Staudinger-Keßler § 723 Anm. 35). Da § 723 Abs. 2 BGB nur Ausdruck der allgemeinen gesellschaftsrechtlichen Treupflicht ist, liegt ein Scheinproblem vor (übereinst. Ulmer in Großkomm Anm. 22). Jede Ausübung des Kündigungsrechts, die nach Art oder Zeit in schuldhafter Weise gegen die gesellschaftsrechtliche Treupflicht verstößt, kann Schadensersatzpflichten begründen. Es kommt hierfür auch nicht auf die Wirksamkeit oder Unwirksamkeit der Kündigung an. Auf der Seite der Geschädigten ist bei all dem die Schadensminderungspflicht des § 254 BGB mit abzuwägen. Die allgemeine Erwartung, der Gesellschafter werde von dem ihm gesetzlich zustehenden Kündigungsrecht keinen Gebrauch machen, genügt nicht für die Begründung von Schadensersatzpflichten.

21 e) **Folge der Auflösung** ist grundsätzlich die **Liquidation** nach §§ 145 ff. Soll diese vermieden werden, so gehört eine **Fortsetzungsklausel** nach § 138 in den Vertrag (dazu Anm. 4). Aber auch wenn eine solche Klausel fehlt und wenn bereits wirksam gekündigt worden ist, kann es dem Kündigenden nach Lage des Falls zuzumuten sein, eine **Fortsetzung unter den verbleibenden Gesellschaftern** zu ermöglichen (§ 242 BGB). Dies kann durch anteilige Abtretung des Anteils an die verbleibenden Gesellschafter geschehen oder durch Austrittsvertrag mit allen Gesellschaftern (Folge: Anwachsung nach § 738 Abs. 1 Satz 1 BGB). Regelmäßig wird es sich so verhalten, daß dem Kündigenden ein Abfindungsangebot gemacht wird (vgl. § 131 Anm. 64 zu BGH NJW-RR 1986, 256 = WM 1986, 68 = JuS 1986, 407 m. Anm. Karsten Schmidt). Die verbleibenden Gesellschafter können dann die Fortsetzung der Gesellschaft (vgl. § 131 Anm. 60 ff.) beschließen. Der kündigende Gesellschafter braucht aber eine solche Lösung grundsätzlich nur hinzunehmen, wenn er keine materiellen Nachteile gegenüber der Auflösung und Abwicklung erleidet (er kann also grundsätzlich nicht auf eine Abfindungsklausel verwiesen werden, und zwar unabhängig von deren Wirksamkeit nach § 138 Anm. 59 ff., sondern erhält die geschätzte Liquidationsquote). Außerdem kann die Fortsetzung und Abfindung dem Gesellschafter aus Gründen des Einzelfalls unzumutbar sein (z.B. weil er die verbleibenden Gesellschafter nach §§ 140, 142 hätte ausschließen können). Das Interesse, ein Konkurrenzunternehmen zu eröffnen und deshalb die vorhandene Gesellschaft zu liquidieren, genügt für sich allein nicht, um die Abfindung unzumutbar zu machen.

22 f) Ein **Erlöschen ohne Liquidation** ist mit der Kündigung nach § 132 grundsätzlich **nicht** verbunden, und zwar auch nicht bei der Zweipersonen-oHG. Ein anderes gilt nur, wenn die Kündigung nach dem Gesellschaftsvertrag Ausschließungsfolgen (sog. Übernahmerecht) oder Austrittsfolgen hat und auf diese Weise die Mehrpersonengesellschaft mit der Kündigung endet (Fortsetzungsklausel nach § 138). Nach BGH WM 1973, 781 verwandelt sich mit der Kündigung der Mitgliedschaft in der zweigliedrigen oHG und mit der damit verbundenen Ausübung eines Übernahmerechts eines Gesellschafters das Gesamthandsvermögen ohne Liquidation automatisch in Alleineigentum des verbleibenden Gesellschafters. Gemeint ist damit jedoch eben nicht die auflösende Kündigung des § 132, sondern die Austritts- oder Ausschließungskündigung (zur Terminologie vgl. Anm. 1, 4).

III. Abweichende Abreden

1. Feste Dauer und Aufschub des Kündigungsrechts

23 Nach h.M. gibt es **zwei Wege, um das Kündigungsrecht nach § 132 zeitweilig auszuschließen**: Die Gesellschaft kann auf **bestimmte Dauer** eingegangen werden (Alfred Hueck oHG § 24 I 5; Düringer-Hachenburg-Flechtheim Anm. 7; Staub-Pinner 14. Aufl. Anm. 3); grundsätzlich kann auch, was auf dasselbe hinausläuft, ein **Kündigungsausschluß** für eine gewisse Zeit (RGZ 156, 129, 133 f.; RG JW 1926, 1959, 1960 mit zust. Anm. Otto Fischer = JR 1926 Nr. 1266; BGHZ 10, 91, 98; BGH WM 1967, 315, 316; Alfred Hueck oHG § 24 I 5 Fn. 17; Düringer-Hachenburg-Flechtheim Anm. 5) oder bis zur Erreichung eines gewissen Zwecks (RG JW 1888, 345; RGZ 21,

93, 94; BGHZ 10, 91, 98; Alfred Hueck oHG § 24 I 5 Fn. 17; insoweit auch Geßler in der Voraufl. Anm. 14) vereinbart werden. Diese h.M. trifft in der Sache zu. Systematisch überzeugt sie nicht, denn sie macht aus einem Tatbestand zwei. Auch ist das Verhältnis zu § 723 Abs. 3 BGB unklar. Diese Vorschrift gilt gemäß § 105 Abs. 2 neben § 132 (vgl. BGH NJW 1954, 106; 1985, 192; Alfred Hueck oHG § 24 I 5; Geßler in der Voraufl. Anm. 13; Ritter Anm. 5 vor a; Ulmer in Großkomm. Anm. 26). Eine Vereinbarung, durch welche das Kündigungsrecht ausgeschlossen oder diesen Vorschriften zuwider beschränkt wird, ist nichtig. Die richtige Deutung des Zusammenhangs ist folgende (vgl. schon Anm. 5): Jeder zeitliche Aufschub des Kündigungsrechts macht aus der gesellschaftlichen Bindung eine auf bestimmte Zeit eingegangene Bindung i.S. von § 132. Deshalb verbietet § 723 Abs. 3 BGB zwar eine generelle Beseitigung der Kündigungsmöglichkeit, nicht aber eine Bindung der Gesellschafter auf Zeit (Anm. 24 ff.). Allerdings kann eine **Umgehung des § 723 Abs. 3 BGB durch überlange Bindung** unwirksam sein (Anm. 31).

2. Zulässige und unzulässige Beschränkungen des Kündigungsrechts

a) Eine **Bindung der Gesellschafter auf Zeit** ist grundsätzlich zulässig (vgl. RGZ 21, 93, 94; 156, 129, 133f.; RG JW 1926, 1959, 1960 m. zust. Anm. Otto Fischer = JR 1926 Nr. 1266; JW 1888, 345; BGHZ 10, 91, 98; BGH WM 1967, 315, 316; Geßler 4. Aufl. Anm. 14; Staub-Pinner 14. Aufl. Anm. 1; Baumbach-Duden-Hopt Anm. 3 A). Wie soeben ausgeführt, verbietet insbesondere § 723 Abs. 3 BGB eine solche Beschränkung des Kündigungsrechts grundsätzlich nicht (Anm. 23). Die Bindung kann auf verschiedene Weise vereinbart werden: durch feste Mindestdauer der Gesellschaft, durch zeitweisen Ausschluß der Kündigung, aber z.B. auch dadurch, daß die Gesellschaft für eine bestimmte Zeit eingegangen ist und sich nach Ablauf dieser Zeit bei Nichtkündigung fortsetzt (RGZ 156, 129, 133f.; RG JW 1926, 1959, 1960 m. Zust. Anm. Otto Fischer = JR 1926 Nr. 1266; BGHZ 10, 91, 98; BGH WM 1967, 315; 316; Ulmer in Großkomm Anm. 25; Alfred Hueck § 24 I 5 Fn. 17; Düringer-Hachenburg-Flechtheim Anm. 5; Baumbach-Duden-Hopt Anm. 3 A). Über Grenzen, die sich aus § 138 BGB ergeben, vgl. Anm. 31f.

b) Auch eine **Verlängerung der gesetzlichen Kündigungsfrist** ist zulässig (Düringer-Hachenburg-Flechtheim Anm. 45; Heymann-Emmerich Anm. 11; Staub-Pinner 14. Aufl. Anm. 3; Ulmer in Großkomm Anm. 23; Ritter Anm. 5 c). Dies ergibt sich aus § 723 Abs. 1 Satz 3 BGB in Verbindung mit § 105 Abs. 2 (in Österreich aus Art. 7 Nr. 14 EVHGB; vgl. Straube-Koppensteiner Anm. 14). An Stelle der Frist von einem halben Jahr kann daher eine von 1 oder 2 Jahren vereinbart werden. Es kann auch einem einzelnen Gesellschafter eine vorteilhaftere Kündigungsfrist als einem anderen eingeräumt werden. Die Grenze ist wiederum bei § 138 BGB zu erblicken. Eine Kündigungsfrist, die auf eine unzulässige Bindung (Anm. 28 ff.) hinausläuft, ist unzulässig (Anm. 31 f.).

c) **Ungleiche Kündigungsbeschränkungen** sind gleichfalls zulässig (vgl. RGZ 156, 129, 134f. für die stille Gesellschaft; BGH WM 1968, 532 für die Ausschließungserklärung; Ulmer in Großkomm Anm. 5). Beispielsweise kann ein Gesellschafter, auf dessen Beitrag (z.B. Know How) die Gesellschaft in besonderem Maße angewiesen ist, fest gebunden werden, während anderen die Kündigung nach § 132 frei steht. Hat diese Kündigung Austrittswirkung (vgl. § 138), so kann dem gebundenen Gesellschafter nach Lage des Einzelfalls das Recht zustehen, die Gesellschaft aufgrund des Austritts anderer Gesellschafter aus wichtigem Grund zur Auflösung zu bringen (§ 133). Dieses Recht ist unentziehbar (§ 133 Anm. 65).

27 **d) Modifikationen der Kündigungswirkung** sind zulässig. Nach § 138 (Fortsetzungsklausel) kann der Kündigung Austrittswirkung gegeben werden (näher § 138 Anm. 6). Dies ist keine unzulässige Beschränkung des Kündigungsrechts (zu der ganz anderen Frage, inwieweit eine dann eingreifende Abfindungsklausel unzulässig ist, vgl. § 138 Anm. 71). Auch **Vereinbarungen über die Art der Auseinandersetzung** (§ 138 Anm. 40) sind grundsätzlich zulässig. Es kann z.B. vereinbart werden, daß der Gesellschafter, dem gekündigt wird, das Geschäft erhalten (vgl. RG DR 1914 Nr. 1460) oder das Recht haben soll, es zu übernehmen (RGZ 93, 54, 55), daß ein Gesellschafter die eine Abteilung nach seiner Wahl, der Kündigende die andere erhalten soll (RGZ 106, 128), daß die übrigen Gesellschafter allein berechtigt sein sollen, über die Fortsetzung der Gesellschaft zu beschließen (vgl. § 138 Anm. 68). Es können auch für die Auseinandersetzung bestimmte Wertansätze im voraus bestimmt werden (vgl. aber zu den Grenzen von Abfindungsklauseln § 138 Anm. 60 ff.). RGZ 156, 129, 136 f. läßt auch eine **Umwandlungsklausel** oder **Sachgründungsklausel** zu. Das RG unterscheidet zwischen der personenrechtlichen und der vermögensrechtlichen Bindung des Gesellschafters an eine oHG. Während es die lebenslängliche personenrechtliche Bindung an eine Personengesellschaft wegen § 134 für unzulässig erklärt, hält es die vermögensrechtliche Bindung für zulässig. Es hat daher gegen die Abrede, daß bei Auflösung der Personengesellschaft die Gesellschafter verpflichtet sein sollen, das Gesellschaftsvermögen in eine Kapitalgesellschaft einzubringen, nichts einzuwenden. Das sei in Wirklichkeit nichts anderes als „eine Auseinandersetzungsvereinbarung". Das ist allgemein richtig. Die h.M. folgt deshalb dem RG (Alfred Hueck oHG § 24 I 5; Straube-Koppensteiner Anm. 10; Ulmer in Großkomm Anm. 30; Simon DB 1961, 1682). *Geßler* hat hiergegen in der 4. Aufl. opponiert, weil dem Kündigenden nach § 723 Abs. 3 BGB auch die freie vermögensrechtliche Verfügung gesichert sei und die zeitlich unbeschränkte Bindung nur bei Kapitalgesellschaften zugelassen werden könne. Niemand könne gezwungen werden, dauernd einer Personengesellschaft anzugehören, nur um nicht im Falle der Kündigung einer Kapitalgesellschaft angehören zu müssen (s. auch H.P. Westermann S. 240). Dieser Kritik ist nicht zu folgen. Die durch die Grundgedanken der §§ 723 Abs. 2 BGB, 134 HGB den Gesellschafter garantierte Lösungsmöglichkeit ist begrenzt durch die Treubindung des Gesellschafters, der sich auf die rechtsformspezifische Lösungsmöglichkeit des Personengesellschaftsrechts bei einer Handelsgesellschaft (Besonderheit gegenüber § 723 BGB!) nicht generell berufen darf, wenn ihm eine die dauernde Bindung gestattende Rechtsform zur Verfügung gestellt wird. Die Umwandlungs- oder Fortsetzungsklausel versteht sich als Konkretisierung dieser Treubindung: Der Gesellschafter ist verpflichtet, aus der garantiert lösbaren personengesellschaftlichen Bindung in eine kapitalgesellschaftliche Bindung überzuwechseln. Als Konkretisierung der Treupflicht wirkt diese Klausel allerdings nur, wenn die Umwandlung oder Sachgründung dem Gesellschafter im Einzelfall zumutbar ist. Dann steht der Gesellschafter vor der Wahl,

Kündigung eines Gesellschafters 28, 29 § 132

entweder an der Umwandlung oder Sachgründung mitzuwirken oder auszutreten (s. auch Thünnesen S. 128 f.). Eine klagbare Verpflichtung zur Mitwirkung an einer Kapitalgesellschaftsgründung oder Umwandlung kann nur formgerecht unter den Voraussetzungen eines Vorgründungsvertrages (dazu Karsten Schmidt GmbHR 1982, 7) eingegangen werden. Es bedarf hierfür also der notariellen Form (arg. §§ 2 GmbHG, 48 UmwG).

d) aa) Nach § 723 Abs. 3 BGB unzulässig und damit **unwirksam** ist ein **vollständiger** **28 Ausschluß des Kündigungsrechts** (BGHZ 23, 10, 15 = NJW 1957, 461, 462; BGH NJW 1954, 106; H. P. Westermann S. 238; Nitschke S. 366; Ulmer in Großkomm Anm. 26). Auch die Abrede, daß die Gesellschaft nur aus wichtigem Grund gekündigt werden kann, schließt das ordentliche Kündigungsrecht aus und ist nach § 723 Abs. 3 BGB unzulässig (Ulmer in Großkomm Anm. 28; Geßler Vorauflage Anm. 18; a.M. Siebel DNotZ 1954, 73 f.; Merkel NJW 1961, 2004, 2005). Man kann über die rechtspolitische Richtigkeit dieser gesetzgeberischen Entscheidung unterschiedlicher Auffassung sein, zumal die Bestimmung schwerlich auf unternehmenstragende Gesellschaften zugeschnitten ist, aber § 723 Abs. 3 BGB ist geltendes Recht und kann grundsätzlich nur mit den bei Anm. 29 geschilderten Modifikationen dem Recht der Handelsgesellschaften angepaßt werden. Nach h. M. ist es demnach nicht möglich, die Personengesellschaft wie eine Körperschaft unkündbar zu gestalten (s. allerdings zur hier vertretenen Auffassung Anm. 29). Als unzulässiger Ausschluß des Kündigungsrechts ist es auch anzusehen, wenn für den Fall der Kündigung eine Vertragsstrafe vereinbart ist (so schon Geßler in der Vorauflage Anm. 18; ebenso Alfred Hueck oHG § 24 I 5; Düringer-Hachenburg-Flechtheim Anm. 7). Entgegen *Geßler* (a. a. O.) verstößt dagegen die Vereinbarung eines nachträglichen Wettbewerbsverbots für ausscheidende Gesellschafter nicht gegen § 723 Abs. 3 BGB (so auch RGZ 106, 128; OLG Hamburg Recht 1907 Nr. 3300; Alfred Hueck § 24 I 5; Düringer-Hachenburg-Flechtheim Anm. 7; Ulmer in Großkomm Anm. 38; a.A. Ritter Anm. 5 c). Ein solches Wettbewerbsverbot kann durch die berechtigten Interessen der Gesellschaft und der verbleibenden Gesellschafter gerechtfertigt sein (vgl. auch Alfred Hueck oHG § 24 I 5; Ulmer in Großkomm Anm. 38). Ist dies nicht der Fall, so folgt seine Unwirksamkeit (Nichtigkeit) aus §§ 1 GWB, 138 BGB. Auch Abfindungsklauseln sind am Maßstab des § 138 BGB zu messen. Sie können nach h.M. gegen § 723 Abs. 3 BGB verstoßen (vgl. dazu § 138 Anm. 63). Dem ist in der Begründung nicht zu folgen.

bb) Das starre Verbot des § 723 Abs. 3 BGB muß **Einschränkungen** erfahren, weil sich **29** die Normsituation geändert hat. Der Gesetzgeber ging davon aus, daß eine personengesellschaftliche Mitgliedschaft weder veräußerlich noch in eine kapitalgesellschaftliche Mitgliedschaft ohne freie Kündigungsmöglichkeit umwandelbar ist. Beides ist heute zugelassen. Deshalb muß eine **Abwehr des zwingenden Kündigungsrechts durch Abtretungs- oder Umwandlungsklauseln** im Gesellschaftsvertrag anerkannt werden (vgl. auch Nitschke S. 371; H. P. Westermann S. 246; Barz JW 1938, 491). Hieraus ergeben sich folgende **Einschränkungen des § 723 Abs. 3 BGB**: Eindeutig zulässig ist der völlige Kündigungsausschluß, wenn der Gesellschafter statt des Kündigungsrechts ein **Andienungsrecht** hat und von den Mitgesellschaftern die Übernahme seines Anteils verlangen und dieses Recht auch realisieren kann (H. P. Westermann S. 240; Ulmer in Großkomm Anm. 29; Simon DB 1961, 1682). Im wirtschaftlichen Ergebnis ist dies nichts anderes als die Vereinbarung einer Fortsetzungsklausel nach § 138, so daß hier noch von keiner Einschränkung des § 723 Abs. 3 BGB die Rede sein kann. Zuzulassen ist aber auch eine **unbegrenzte Bindung**, wenn die persönliche Haftung über die Höhe der Einlage hinaus ausgeschlossen und eine **freie Übertragung der Anteile zugelassen ist** (ebenso Barz JW 1928, 497; einschränkend Nitschke S. 371; H. P. Westermann S. 240; a. M. Ulmer in Großkomm Anm. 29). Das gilt insbesondere für die typische GmbH & Co. KG. Der Normzweck der §§ 132, 134 trifft hier ebensowenig zu wie bei einer GmbH (abzulehnen ist der umgekehrte Standpunkt von Reuter GmbHR 1977, 77f.: freies Austrittsrecht auch bei der personalistischen GmbH). Bei der typischen GmbH & Co. KG, deren Komplementär-GmbH sich auf diese eine Funktion beschränkt, wird man auch das ordentliche Kündigungsrecht der GmbH als ausgeschlossen betrachten müssen. Die KG kann also nicht durch eine vom GmbH-Geschäftsführer ausgesprochene ordentliche Auflösungskündigung zur Liquidation gebracht werden. Zulässig ist weiter eine **Umwandlungsklausel**, die den Gesellschafter anhält, der Überführung des Unternehmens auf eine Kapitalgesellschaft zuzustimmen (Anm. 27). Dagegen kann nicht generell davon gesprochen werden, daß § 723 Abs. 3 BGB nur für personalistisch und nicht für kapitalistisch strukturierte Gesellschaften gilt (BGHZ 23, 10, 15 = NJW 1957, 461, 462).

30 cc) **Unzulässig** ist die Koppelung des ordentlichen Kündigungsrechts an die **Zustimmung einzelner Mitgesellschafter oder Dritter** (Alfred Hueck oHG § 24 I 5; Heymann-Emmerich Anm. 15; Straube-Koppensteiner Anm. 11; Ulmer in Großkomm Anm. 6). Allerdings wird auch hier eine Einschränkung zu machen sein. Die Zustimmung einzelner Mitgesellschafter kann vorbehaltlich § 138 BGB insoweit verlangt werden, als das Kündigungsrecht ausgeschlossen werden kann. Zulässig muß es z.B. sein, daß das ordentliche Kündigungsrecht für eine nach allgemeinen Grundsätzen zulässige Zeit ausgeschlossen wird, sofern nicht ein bestimmter Dritter (z.B. eine Behörde oder eine politische Instanz) zustimmt. Dann ist diese Zustimmung eines Dritten als aufschiebende Bedingung für ein vorgezogenes Kündigungsrecht vereinbart.

31 e) Eine **übermäßig lange Bindung** ist unzulässig und unwirksam. Die Begründung wird teils in § 138 BGB gesehen (vgl. RGZ 156, 129, 135; Merle in Festschrift Bärmann S. 647; Geßler in der Vorauflage Anm. 14; Staub-Pinner 14. Aufl. Anm. 1; Simon DB 1961, 1680). Teils wird auf § 723 Abs. 3 BGB verwiesen (BGH NJW 1954, 106; Nitschke S. 367; für die BGB-Gesellschaft: Staudinger-Keßler § 723 Anm. 39; Ulmer Gesellschaft bürgerlichen Rechts § 723 Anm. 46), dessen Geltung bei der oHG im Gegensatz zur stillen Gesellschaft (dazu § 339 = § 234 n. F. Anm. 37) ganz überwiegend bejaht wird (vgl. Anm. 23). Entscheidend ist die den §§ 723 Abs. 3 BGB, 134 HGB zugrundeliegende Wertung. Ein Ausschluß des Kündigungsrechts auf Lebenszeit ist unzulässig (arg. § 134), und es ist eine eher theoretische Frage, ob sich die Unwirksamkeit aus § 138 BGB oder aus § 723 Abs. 3 BGB ergibt. Dies ist eine feste Schranke des Kündigungsausschlusses. Verschiedentlich werden alle Bindungen für unzulässig erklärt, die de facto einer lebzeitigen Bindung gleichkommen (vgl. Heckelmann S. 134; Teichmann S. 240f.; Baumbach-Duden-Hopt § 134 Anm. 1; Gersch BB 1977, 874; noch strenger Reuter S. 281ff.). Diese Ansicht hat sich nicht durchgesetzt (vgl. jetzt auch Baumbach-Duden-Hopt § 134 Anm. 1; für die h. M. vgl. Karsten Schmidt Gesellschaftsrecht § 52 III 6c; Merle in Festschrift Bärmann S. 647; Ulmer in Großkomm Anm. 3 und 7; Simon DB 1961, 1681; Alfred Hueck § 24 I 1 Fn. 6). In der Rechtsprechung wird eine Bindung für 15 (RGZ 156, 129, 133f.) und 30 Jahre (BGH WM 1967, 315, 316) für noch zulässig gehalten, in der Literatur sogar für 139 Jahre (Simon DB 1961, 1681); „60 Jahre (und noch länger)" (Staudinger-Keßler § 724 Anm. 2) und „auf Jahrzehnte" (Müller-Erzbach, Handelsrecht, 2./3. Aufl. 1928, S. 210). Die starre Schranke des § 134 kann neben der beweglichen Schranke (Anm. 32) wohl nur einen starren oder gar keinen Umgehungsschutz produzieren. Zulässig scheint es, aus § 134 herzuleiten, daß ein ersatzloser Kündigungsausschluß über mehr als 30 Jahre unbeachtlich sein soll (Karsten Schmidt Gesellschaftsrecht § 52 III 6 c bb; großzügiger Thünnesen S. 95f.). Wie bei § 134 Anm. 7 ausgeführt, gilt die starre Schranke des § 134 in ihrer Allgemeinheit nur bei natürlichen Personen als Gesellschaftern. Bei einer juristischen Person gilt sie dann nicht, wenn sich der Zweck der juristischen Person (z.B. Komplementär-GmbH) in der Beteiligung an der Gesellschaft erschöpft (Anm. 29). Dieser Standpunkt ist in der Praxis allerdings noch nicht gesichert.

f) Neben die starre Schranke des § 134 tritt die bewegliche **Schranke des § 138 BGB**, **32** wobei die Wertung des § 723 Abs. 3 BGB Eingang in die Sittenwidrigkeitsprüfung findet. Auch eine Kündigungsbeschränkung, die nicht an der starren Schranke nach Anm. 31 scheitert, kann nichtig sein, wenn sie im Verein mit den sonstigen Vereinbarungen des Gesellschaftsvertrags den Gesellschafter unzumutbar bindet (vgl. RGZ 156, 129, 135; Düringer-Hachenburg-Flechtheim § 134 Anm. 2; Ulmer in Großkomm § 134 Anm. 7; Karsten Schmidt Gesellschaftsrecht § 52 IIIc bb). Es ist hierbei jedoch zu bedenken, daß dem Gesellschafter, auch wenn die Vertragsklausel wirksam ist, stets noch die Auflösung der Gesellschaft oder der Austritt aus wichtigem Grund bleibt (vgl. § 133).

3. Folgen unzulässiger Kündigungsbeschränkungen

Ein unzulässiger Ausschluß der Kündigung oder eine überlange Bindung führt zur **33 Unwirksamkeit** der betreffenden Klausel. Damit ist i.d.R. nicht der ganze Gesellschaftsvertrag nichtig (die Vermutung des § 139 BGB gilt nicht [a.A. Alfred Hueck oHG § 24 I 5; Ritter Anm. 5c]). Daß das Gesetz dies nicht will, zeigt nicht zuletzt § 134 (vgl. dort Anm. 2). In erster Linie ist im Wege der **ergänzenden Vertragsauslegung** festzustellen, ob für diesen Fall eine zulässige Kündigungsbeschränkung gewollt ist (BGH WM 1967, 315, 316; RGZ 136, 236, 245 für die BGB-Gesellschaft, Baumbach-Duden-Hopt Anm. 3A; Heymann-Emmerich Anm. 18; s. auch Ulmer in Großkomm Anm. 39; H. Westermann Handbuch I 634). Wo die ergänzende Vertragsauslegung nicht zum Ziel führt, sollte mit Hilfe der im Gesellschaftsrecht anerkannten **geltungserhaltenden Reduktion** (vgl. BGHZ 105, 213, 221; 107, 351, 358) eine **zulässige Befristung** angenommen werden. Hilfsweise ist anzunehmen, daß die Gesellschaft als auf unbestimmte Zeit eingegangen gilt und gemäß § 132 kündbar ist. Ganz hilfsweise wird für den Fall, daß der ganze Gesellschaftsvertrag nichtig ist, die Anwendung der Grundsätze über fehlerhafte Gesellschaften vorgeschlagen (Ulmer in Großkomm Anm. 39). Dieser Fall dürfte theoretisch bleiben.

4. Erleichterungen des Kündigungsrechts

34 Den Gesellschaftern steht es frei, im Gesellschaftsvertrag eine erleichterte Kündigung zu vereinbaren. Sie können jederzeitige Kündigung oder Kündigung zu jedem Quartal vorsehen. Bei jederzeitiger Kündigungsmöglichkeit gilt jedoch § 723 Abs. 2 BGB. Sie können außer dem ordentlichen Kündigungsrecht nach § 132 auch die einfache Kündigung aus wichtigem Grund zur Erleichterung gegenüber § 133 einführen und dabei die wichtigen Gründe näher umreißen. Die Ausübung des erleichterten Kündigungsrechts kann wie jede ordentliche Kündigung der Gesellschaft (Anm. 19) ausnahmsweise unwirksam sein, wenn sie gegen die Treupflicht des Kündigenden verstößt. Die Zubilligung eines erleichterten Kündigungsrechts schränkt die auf Fortbestand der Gesellschaft weisenden Treupflichten ein, beseitigt diese aber nicht.

133 (1) Auf Antrag eines Gesellschafters kann die Auflösung der Gesellschaft vor dem Ablaufe der für ihre Dauer bestimmten Zeit oder bei einer für unbestimmte Zeit eingegangenen Gesellschaft ohne Kündigung durch gerichtliche Entscheidung ausgesprochen werden, wenn ein wichtiger Grund vorliegt.

(2) Ein solcher Grund ist insbesondere vorhanden, wenn ein anderer Gesellschafter eine ihm nach dem Gesellschaftsvertrag obliegende wesentliche Verpflichtung vorsätzlich oder aus grober Fahrlässigkeit verletzt oder wenn die Erfüllung einer solchen Verpflichtung unmöglich wird.

(3) Eine Vereinbarung, durch welche das Recht des Gesellschafters, die Auflösung der Gesellschaft zu verlangen, ausgeschlossen oder diesen Vorschriften zuwider beschränkt wird, ist nichtig.

Schrifttum (Auswahl; vgl. auch die Angaben bei §§ 127, 132, 140): *Becker*, Typologie und Probleme der (handelsrechtlichen) Gestaltungsklagen, ZZP 97 (1984), 314; *Breit*, Gerichtliche Auflösung der oHG, JR 1926, 761; *Alfred Hueck*, Gestaltungsklagen im Recht der Handelsgesellschaften, in: Recht im Wandel, Festschrift Heymanns Verlag, 1965, S. 287; *Schlosser*, Gestaltungsklagen und Gestaltungsurteile, 1966; *Karsten Schmidt*, Grundfälle zum Gestaltungsprozeß, JuS 1986, 25; *ders.*, Der Auflösungs- und Ausschließungsprozeß im Personengesellschaftsrecht (in Vorbereitung für 1992); *Stauf*, Der wichtige Grund bei der personengesellschaftlichen Auflösungs- und Ausschließungsklage, 1980; *Ulmer*, Gestaltungsklagen im Personengesellschaftsrecht und notwendige Streitgenossenschaft, in: Festschrift Geßler, 1971, S. 269.

Inhalt

	Anm.
I. Grundlagen	1–6
1. Normzweck	1
2. Geltungsbereich	3
II. Der wichtige Grund	7–40
1. Das Prinzip	7
2. Gesellschaftsbezogene Gründe	11
3. Verhaltensbezogene Gründe	15
4. Nicht-verhaltensbezogene Gründe in der Person eines Gesellschafters	32
5. Verzicht, Verwirkung, Verzeihung	38
III. Der Auflösungsprozeß	41–59
1. Zuständigkeit	41
2. Richtiger Kläger	43
3. Richtiger Beklagter	46
4. Klaganträge	49
5. Prozeßverlauf	52
6. Gestaltungsurteil, Gestaltungswirkung und Rechtskraft	56
IV. Verhältnis zu anderen Rechtsbehelfen	60–63
1. Materiellrechtliche Rechtsbehelfe	60
2. Verfahrensrechtliche Rechtsbehelfe	63
V. Abweichende Vereinbarungen	64–73
1. Zulässigkeit	64
2. Verfahrensregeln	68
3. Regelungen über den wichtigen Auflösungsgrund	69
4. Fortsetzungsklausel	71
5. Verbotene Sanktionen	72

I. Grundlagen

1. Normzweck

a) Die **Auflösbarkeit einer Dauerrechtsbeziehung** aus wichtigem Grund ist ein allgemeiner Grundsatz. Im Fall der Gesellschaft muß sie allerdings in das richtige Verhältnis zu anderen Rechtsgestaltungen (Entziehung der Geschäftsführungs- und Vertretungsbefugnis gemäß §§ 117, 127, Ausschließungs- und Übernahmeklagen gemäß §§ 140, 142, sowie Kündigung der Gesellschaft und Austrittsrecht) gebracht werden. Nur die Auflösung des Gesellschaftsverhältnisses insgesamt (mit Auflösungsfolge) fällt unter § 133.

b) Eine **Besonderheit** des § 133 gegenüber dem Recht der BGB-Gesellschaft besteht darin, daß die Auflösung, wenn nicht eine abweichende gesellschaftsvertragliche Regelung getroffen worden ist, nicht durch bloße Kündigungserklärung herbeigeführt wird, sondern nur durch ein rechtskräftiges Gestaltungsurteil. Der Vorteil dieser Regelung besteht in der Rechtssicherheit, der Nachteil in der Schwerfälligkeit des Auflösungsverfahrens.

2. Geltungsbereich

a) § 133 gilt für die **offene Handelsgesellschaft**. Nach § 161 Abs. 2 gilt die Vorschrift auch für die **Kommanditgesellschaft**. Für die Gesellschaft bürgerlichen Rechts gilt § 723 BGB, nicht § 133. Hinsichtlich der unternehmenstragenden Gesellschaft (vgl. zu diesem Sondertypus der Gesellschaft bürgerlichen Rechts Karsten Schmidt Gesellschaftsrecht § 58 V) ist eine analoge Anwendung des § 133 jedenfalls in dem Sinne zu befürworten, daß eine jederzeitige Aufkündigung nur aus wichtigem Grunde zulässig ist. Zweifelhaft scheint, ob auch die Zulässigkeit und Notwendigkeit einer Gestaltungsklage auf diese Gesellschaften übertragbar ist. Die bisher h. M. wird dies klar verneinen. Man wird dem grundsätzlich folgen müssen, also bei der Gesellschaft bürgerlichen Rechts anstelle der Auflösungsklage eine Auflösungskündigung zulassen. Zweifelhaft ist die Rechtslage, wenn die Gesellschaft als oHG bzw. KG gegründet ist und nur aufgrund von § 123 noch im Status der Gesellschaft bürgerlichen Rechts verharrt (vgl. zur Anwendung von oHG-Recht auf eine solche Gesellschaft § 123 Anm. 13 ff.). In diesem Fall liegt eine analoge Anwendung des § 133 schon deshalb nahe, weil auf einen bloßen Vorgründungsvertrag § 133 nicht anzuwenden ist (OLG Koblenz MDR 1959, 130, 131; Heymann-Emmerich Anm. 2; Ulmer in Großkomm Anm. 6). Das erklärt sich schon damit, daß eine Vorgründungsgesellschaft kein Verband, sondern eine bloße Innengesellschaft mit dem gemeinsamen Zweck, eine Gesellschaft zu gründen, ist (vgl. Karsten Schmidt Gesellschaftsrecht § 11 II 2).

b) Auch für die **fehlerhafte Gesellschaft** gilt § 133 (RGZ 165, 193, 200; BGHZ 3, 285; Alfred Hueck oHG § 7 III 1 a). Hiervon zu unterscheiden ist die Frage, ob die Fehlerhaftigkeit des Gesellschaftsvertrags an sich schon ein wichtiger Grund ist (bejahend BGHZ 3, 285; 47, 293, 300; BGH WM 1974, 318, 319; Alfred Hueck oHG § 7 III 1 b; Staub-Ulmer § 105 Anm. 361 f.; differenzierend Karsten Schmidt Gesellschaftsrecht

§ 6 III 2; ders. AcP 186 (1986), 421, 428, 442). Vgl. dazu § 105 Anm. 217 ff. sowie unten Anm. 11.

5 c) Nach h. M. gilt § 133 nicht für eine Gesellschaft, die **bereits aufgelöst** ist (Düringer-Hachenburg-Flechtheim Anm. 11; Heymann-Emmerich Anm. 2; Ulmer in Großkomm Anm. 7). Dieser auch in der Vorauflage von Geßler vertretenen Ansicht ist nicht zu folgen. Mehrere Auflösungsgründe können konkurrieren (§ 131 Anm. 4; § 144 Anm. 4). Es gilt das Prinzip der Doppelwirkungen im Recht. So, wie eine Kündigung vorsorglich ausgesprochen werden kann, kann auch vorsorglich auf Auflösung geklagt werden, und die Auflösungsklage kann nicht schon mit der Begründung abgewiesen werden, daß das Gericht die Gesellschaft bereits für aufgelöst hält. Ist allerdings die Auflösung bereits definitiv und unstreitig, so wird für die Auflösungsklage das Rechtsschutzbedürfnis fehlen. Nach Vollbeendigung der Gesellschaft ist § 133 selbstverständlich unanwendbar (BGH LM Nr. 10; Heymann-Emmerich Anm. 2).

6 d) Bei einer **kündbaren Gesellschaft** kommt eine Klage nach § 133 nicht in Betracht, wenn der Gesellschafter ein jederzeitiges fristloses Kündigungsrecht hat (OGHZ 2, 253, 261 ff.; OLG Nürnberg WM 1958, 710, 713; Alfred Hueck oHG § 25 II 2; OGH BrZ NJW 1949, 822, 823; Heymann-Emmerich Anm. 2; Ulmer in Großkomm Anm. 3, 21). Dasselbe gilt, wenn der Gesellschafter nach dem Gesellschaftsvertrag an Stelle von § 133 aus wichtigem Grunde die Gesellschaft kündigen kann (vgl. BGHZ 31, 295, 300; LM Nr. 6 zu § 140; Ulmer in Großkomm Anm. 74). Dieser h. M. ist zuzustimmen. § 133 ist hier nach dem Gesellschaftsvertrag durch eine einfachere Regel ersetzt. Für eine Klage aus § 133 würde auch das Rechtsschutzinteresse fehlen. Anders ist die Rechtslage, wenn das vertragliche Kündigungsrecht hinter dem Recht aus § 133 zurückbleibt, insbesondere wenn das Kündigungsrecht befristet ist. Dann kann trotz Kündbarkeit der Gesellschaft auch auf Auflösung geklagt werden.

II. Der wichtige Grund

1. Das Prinzip

7 a) Nach Abs. 1 „kann" (dazu Anm. 53) die Gesellschaft durch richterlichen Gestaltungsakt aufgelöst werden, wenn ein wichtiger Grund vorliegt. Ob ein wichtiger Grund vorliegt, kann stets nur im Hinblick auf die konkrete Rechtsfolge (hier: die Auflösung) bestimmt werden. Wichtig i. S. von § 133 ist ein Grund dann, wenn er den Gesellschaftszweck so nachhaltig beeinträchtigt, daß eine Fortsetzung der Gesellschaft unzumutbar ist (vgl. nur RG LZ 1916, 40; JW 1929, 1360; BGHZ 4, 108, 113; Baumbach-Duden-Hopt Anm. 3 A; Düringer-Hachenburg-Flechtheim Anm. 3).

8 b) Der wichtige Grund ist ein **prognostischer Tatbestand**. Er ist es auch dann, wenn das Auflösungsbegehren auf zurückliegende Vorgänge bzw. auf einen gegenwärtigen Zustand gestützt wird. Die Fortsetzung der Gesellschaft ist nur dann unzumutbar, wenn für die Zukunft ein sinnvolles Zusammenwirken der Gesellschafter nicht zu erwarten ist. Diese Feststellung ist aufgrund einer umfassenden Würdigung aller Umstände zu treffen, die bei Schluß der letzten Tatsachenverhandlung vorliegen (RGZ 51, 91; OLG Nürnberg WM 1958, 710, 713; Baumbach-Duden-Hopt Anm. 3 A; Ulmer in Groß-

Auflösung durch gerichtliche Entscheidung 9 § 133

komm Anm. 19). Der meist in der Vergangenheit liegende Anlaß für die Klage hat hierfür nur indiziellen Charakter. Aus der prognostischen Natur des wichtigen Grundes erklärt sich z.B., weshalb junge Gesellschaften i.d.R. eher auflösbar sind als ältere (so im Erg. BGH LM Nr. 7; WM 1969, 526, 527; 1975, 329, 331 zu § 723 BGB; 1976, 1032 für die stille Gesellschaft; Baumbach-Duden-Hopt Anm. 3 A; Ulmer in Großkomm Anm. 20; s. auch BGH WM 1963, 282, 283). Der **Rückgriff auf die Vergangenheit** ist grundsätzlich unbeschränkt zulässig. Selbst ein Verhalten des Gesellschafters, das vor Errichtung der Gesellschaft bereits abgeschlossen und deshalb noch nicht gesellschaftswidrig war, kann zur Auflösung berechtigen, wenn es die Fortsetzung der Gesellschaft als unzumutbar erscheinen läßt (s. aber BGHZ 18, 350, 365 zu § 142). Häufig erhalten später eingetretene Umstände erst durch den Rückgriff auf Vorfälle aus der Zeit vor Errichtung der Gesellschaft ihr besonderes Gepräge (Ulmer in Großkomm Anm. 19), sei es zugunsten des Klägers (s. die Fallgestaltung bei BGH WM 1961, 886, 887 zu § 142), sei es zu seinen Ungunsten (s. die Fallgestaltung bei BGHZ 32, 17, 31 ff. für die Ausschließung eines GmbH-Gesellschafters). Auch zwischenzeitliches Verhalten eines zunächst ausgeschlossenen und dann wieder aufgenommenen Gesellschafters kann unter Berücksichtigung aller Umstände des Falls mit herangezogen werden (vgl. BGHZ 18, 350, 357 ff. für das Wiederaufnahmeverfahren). Grenzen des Rückgriffs können sich insbesondere unter den Gesichtspunkten von **Verzicht, Verwirkung und Verzeihung** ergeben (Anm. 38 ff.).

c) Das **Prinzip der Verhältnismäßigkeit** und der **Vorrang von Anpassungsmaßnahmen** 9 müssen beachtet werden. Deshalb kann eine Auflösung der Gesellschaft nicht begehrt werden, wenn weniger einschneidende, für den die Auflösung begehrenden Gesellschafter zumutbare Maßnahmen den Fortbestand der Gesellschaft sichern können (vgl. BGH WM 1968, 430, 432; OLG Nürnberg WM 1958, 710, 714; Baumbach-Duden-Hopt Anm. 2 D; Ulmer in Großkomm Anm. 41; vgl. auch zu §§ 140, 142 RGZ 146, 169, 180 ff.; RG JW 1938, 2212, 2213 zu § 142; BGHZ 18, 350, 362 ff.; BGH LM Nr. 4; WM 1966, 29, 31; § 140 Anm. 18 ff.). Weniger einschneidende Änderungen sind insbesondere: Die **Entziehung der Geschäftsführungs- oder Vertretungsbefugnis** (Heymann-Emmerich Anm. 6; Ulmer in Großkomm Anm. 41; vgl. auch zu §§ 140, 142 RGZ 146, 169, 180; BGHZ 4, 108, 111 f.; 6, 113, 116 f.; 18, 350, 362 ff.). Der **Ausschluß** eines unter mehreren Gesellschaftern kann Vorrang vor dem Auflösungsrecht haben, wenn die Mitgesellschafter bereit sind, ihrerseits nach § 140 an der Klage gegen ihn mitzuwirken und ihrerseits keine Ausschließungsgründe gesetzt haben (einzuklagen braucht der die Auflösung begehrende Gesellschafter diese Mitwirkung grundsätzlich auch dann nicht, wenn er die Mitwirkung verlangen könnte; vgl. zu dieser sog. Mitwirkungspflicht § 140 Anm. 43 ff.). Soweit dem Gesellschafter nach dem Gesellschaftsvertrag oder in ergänzender Vertragsauslegung ein **Austrittsrecht** wegen wichtigen Grundes zusteht (vgl. Anm. 71 und § 138 Anm. 6), kann dieses wiederum die Auflösung verdrängen. Die bloße Existenz eines Austrittsrechts genügt hierfür aber nicht (vgl. für die Gesellschaft bürgerlichen Rechts BGH WM 1975, 329, 331). Es kommt vielmehr darauf an, ob der Gesellschafter auf die Möglichkeit des Austritts verwiesen werden kann. Es muß ihm zumutbar sein, selbst aus der Gesellschaft auszuscheiden und die Fortführung der Gesellschaft durch die Mitgesellschafter hinzunehmen. Das ist insbesondere bei Publikumsgesellschaften der Fall, wenn entweder der Auflösungsgrund im fehlerhaften Beitritt des Klägers liegt oder eine qualifizierte Mehrheit die Fortsetzung ohne den Kläger beschließt (vgl. § 161 Anm. 152; BGHZ 63, 338, 345 f.; 70, 61, 66; zur Abgrenzung BGHZ 69, 160, 163). Nach Lage des Einzelfalls kommt ein Vorrang des Austrittsrechts aber auch bei anderen Personengesellschaften, insbesondere bei rein kapitalistischer Beteiligung eines Gesellschafters in Betracht. Auch eine **Vertragsänderung**, die zur Sicherung des Fortbestandes geeignet ist, kann als milderes Mittel in Betracht kommen, wenn sie dem die Auflösung begehrenden Kläger zumutbar ist und von den Mitgesellschaftern angeboten wird (vgl. auch BGH WM 1968, 430, 432; s. auch zu § 140 BGH WM 1975, 769, 770). Einzuklagen braucht der Kläger diese die Auflösung abwehrende Vertragsänderung grundsätzlich auch dann nicht, wenn ein Anspruch auf die Vertragsänderung besteht (vgl. dazu § 105 Anm. 143 f. und unten Anm. 60).

10 d) Der wichtige Grund kann **gesellschaftsbezogen** (Anm. 11 ff.) oder **gesellschafterbezogen** (Anm. 15 ff.) sein. Er kann, wenn er gesellschafterbezogen ist, **verhaltensbezogen** (Anm. 15 ff.) oder **nicht-verhaltensbezogen** sein (Anm. 32 ff.). Die gesellschafterbezogenen Gründe rechtfertigen nach §§ 140, 142 i. d. R. (auch) die **Ausschließung** des betreffenden Gesellschafters. Die Besonderheit des wichtigen Grundes besteht nämlich im Fall der §§ 140, 142 darin, daß dieser wichtige Grund dem auszuschließenden Gesellschafter zuzurechnen ist (vgl. § 140 Anm. 12 ff.). Deshalb ist in diesen Fällen das **Verhältnis zwischen dem Auflösungsrecht (§ 133) und den Ausschließungsrechten (§§ 140, 142)** zu klären. Als Grundsatz gilt: das sog. **Übernahmerecht** nach § 142 verdrängt das Auflösungsrecht nach § 133 nicht, denn wer den einzigen Mitgesellschafter bzw. alle Mitgesellschafter mit der Folge des § 142 ausschließen kann, kann stattdessen auch auf Auflösung nach § 133 klagen. Dagegen kann das **Ausschließungsrecht nach § 140** in der Mehrpersonengesellschaft Vorrang vor dem Auflösungsrecht nach § 133 haben (auf dieser Prämisse beruht die sog. „Mitwirkungspflicht" der Mitgesellschafter nach § 140 Anm. 43 ff.). Als Grundsatz gilt: Eine Auflösung nach § 133 kann nicht begehrt werden, wenn der wichtige Grund durch Ausschließung eines Gesellschafters bzw. einzelner Gesellschafter in der Mehrpersonengesellschaft behoben werden kann und die Fortsetzung der Gesellschaft ohne den (die) auszuschließenden Gesellschafter dem Kläger zuzumuten ist und jedenfalls von einem Teil der Mitgesellschafter verlangt und gefördert wird (dazu wird i. d. R. die aktive Mitwirkung der Mitgesellschafter bei der Ausschließung gehören, während eine Mitverklagung der Mitgesellschafter nach § 140 Anm. 52 dem die Auflösung betreibenden Gesellschafter nur ausnahmsweise zugemutet werden kann).

2. Gesellschaftsbezogene Gründe

11 a) Die **Fehlerhaftigkeit des Gesellschaftsvertrages** einer in Vollzug gesetzten Gesellschaft ist entgegen der h. M. nicht schon per se ein Auflösungsgrund (str.; vgl. § 105 Anm. 217 und oben Anm. 4). Es kommt vielmehr darauf an, ob der Fehler dem Gesellschaftsverhältnis zum Zeitpunkt der Entscheidung noch anhaftet. Das ist dann nicht der Fall, wenn das einverständliche Invollzugsetzen der Gesellschaft in Kenntnis des Mangels als wirksame rechtsgeschäftliche Bestätigung des ursprünglich nichtigen oder anfechtbaren Vertrags verstanden werden kann (Staub-Ulmer § 105 Anm. 344). Haftet der Mangel dem Gesellschaftsverhältnis weiterhin an, so berechtigt er zur Auflösung (Staub-Ulmer § 105 Anm. 361; Karsten Schmidt Gesellschaftsrecht § 6 III 2).

b) Die **Unerreichbarkeit des Gesellschaftszwecks** berechtigt zur Auflösung der Gesellschaft nach § 133 (BGHZ 69, 160, 162; Alfred Hueck oHG § 25 II 2; Baumbach-Duden-Hopt Anm. 3 C; Ulmer in Großkomm Anm. 37; Heymann-Emmerich Anm. 13; a. M., für eine automatische Auflösung, Düringer-Hachenburg-Flechtheim Anm. 8 und § 131 Anm. 11). Unmöglichkeit der Zweckerreichung ist bereits anzunehmen, wenn solche Schwierigkeiten bestehen, daß die Weiterverfolgung des Gesellschaftszwecks keinen Sinn haben würde (Ulmer in Großkomm Anm. 38; insoweit übereinstimmend Düringer-Hachenburg-Flechtheim Anm. 8). Bei Handelsgesellschaften nicht denkbar und deshalb auch kein Auflösungsgrund ist die Erreichung des Gesellschaftszwecks (a. A. BGHZ 69, 160, 162; Baumbach-Duden-Hopt Anm. 3 C; Heymann-Emmerich Anm. 13; Ulmer in Großkomm Anm. 37; Westermann Handbuch [Lfg. 1967] I 646; noch weitergehend auch insofern Düringer-Hachenburg-Flechtheim § 131 Anm. 11: automatische Auflösung bei Zweckerreichung). Zweckerreichung kann nur eintreten bei Gelegenheitsgesellschaften (zum Begriff vgl. nur Karsten Schmidt Gesellschaftsrecht § 58 II 1). Gelegenheitsgesellschaften sind Gesellschaften bürgerlichen Rechts (Staub-Ulmer § 105 Anm. 46) und werden gem. § 726 BGB automatisch aufgelöst.

c) Kasuistik gesellschaftsbezogener Gründe

aa) Der Hauptfall des gesellschaftsbezogenen Auflösungsgrundes ist die **dauernde Unrentabilität** des Unternehmens (RG LZ 1907, 139; 1908, 61; Baumbach-Duden-Hopt Anm. 3 C; Ulmer in Großkomm Anm. 38; Heymann-Emmerich Anm. 13; für § 61 GmbHG RG JW 1927, 1684). Ohne Bedeutung für § 133 ist die für den Bereich der Gesellschaft bürgerlichen Rechts umstrittene Frage, ob die dauernde Unrentabilität nach bürgerlichem Recht nur zur Kündigung aus wichtigem Grund nach § 723 BGB berechtigt (so z. B. RG JW 1913, 265, 266; für stille Gesellschaft RG JW 1927, 1350 m. Anm. Saenger JW 1928, 1568; s. auch § 339 = § 234 n. F. Anm. 29; der Sache nach bereits ROHGE 12, 98, 100) oder als Unerreichbarkeit des Gesellschaftszwecks i. S. v. § 726 BGB einzuordnen ist (so die h. M., vgl. etwa RG LZ 1907, 139; JW 1938, 1522; Baumbach-Duden-Hopt Anm. 3 C; Ulmer in Großkomm Anm. 38; Heymann-Emmerich Anm. 13). Dauernde Unrentabilität liegt vor, wenn auch langfristig nicht mit einer Gewinnerzielung gerechnet werden kann. Dann müssen die zu erwartenden Ergebnisse grundsätzlich nicht abgewartet werden (Westermann Handbuch [Lfg. 1978] I 647). Unrentabel arbeitet ein Unternehmen nicht schon dann, wenn der erzielte Gewinn hinter dem erwarteten zurückbleibt (RG JW 1927, 1684 zu § 61 GmbHG) oder die Gewinnerzielung durch vorübergehende geschäftliche Krisen beeinträchtigt wird (Heymann-Emmerich Anm. 13; RG JW 1927, 1350, 1351 für die stille Gesellschaft). Auch erhebliche Verluste sind weder erforderlich noch ausreichend. Insbesondere bei geschäftlichen Krisen oder Verlusten, die sich aus der Einrichtung und Einführung des Unternehmens ergeben, ist ein Schluß von der Minderung des Gesellschaftsvermögens auf die Unrentabilität nicht ohne weiteres möglich (Düringer-Hachenburg-Flechtheim Anm. 8; Ulmer in Großkomm Anm. 40). Erst wenn eine Besserung nicht absehbar ist oder die Verluste so erheblich sind, daß schon dadurch eine Besserung der wirtschaftlichen Lage ausgeschlossen ist, darf die Gesellschaft aufgelöst werden (Ulmer in Großkomm Anm. 40; für Kapitalverluste RG SächsArch 9 [1899], 62, 67). Bei einer jahrelang und voraussichtlich weiterhin erfolglosen Tätigkeit kann selbst in Zeiten angespannter allgemeiner wirtschaftlicher Verhältnisse ein Festhalten an der Gesellschaft unzumutbar sein (vgl. für die stille Gesellschaft RG JW 1927, 1350, 1351 m. Anm. Saenger JW 1928, 1528). Doch ist dies eine Frage des Einzelfalls. Die unter den Gesellschaftern aufgrund des Gesellschaftsvertrags, des allseitigen Verständnisses und der Treupflicht geltende Geschäftsgrundlage muß den Ausschlag geben. Selbst eine Gesellschaft, die während ihres fast vierjährigen Bestehens keinen nennenswerten Gewinn erwirtschaftet hat, ist nicht in jedem Fall auflösbar (vgl. RG JW 1927, 1350, 1351 für die stille Gesellschaft). Selbst der vollständige kriegsbedingte Geschäftsstillstand und die Notwendigkeit, das Unternehmen nach dem zeitlich ungewissen Ende des Krieges zum großen Teil neu aufbauen zu müssen, soll jedenfalls dann nicht zur Auflösung berechtigen, wenn der klagende Gesellschafter nach langjähriger Tätigkeit als Angestellter in ein auf lange Zeit (30 Jahre) begründetes Gesellschaftsverhältnis aufgenommen worden ist (OLG Hamburg OLGE 36, 271 f.). Hinzutretende verhaltensbedingte Erschütterungen des Vertrauensverhältnisses, etwa die Beschränkung von Kontrollrechten der Mitgesellschafter, haben in solchen Fällen allerdings ein besonderes Gewicht (RG JW 1927, 1350, 1351 für die stille Gesellschaft).

14 bb) **Die die Unrentabilität herbeiführenden Umstände** können verschiedenartig sein: politische, wettbewerbliche, konjunkturelle Umstände kommen in Betracht, auch die Änderung von Zoll- oder Steuervorschriften. Sie können sich auch aus einer unfähigen Geschäftsführung oder einer für den Gesellschaftszweck nicht angemessenen Kapitalausstattung ergeben (zum letzten Fall s. RG JW 1938, 1522, 1523 für stille Gesellschaft). Soweit die Rentabilität des Unternehmens durch die Entziehung der Geschäftsführungs- oder Vertretungsbefugnisse (§§ 117, 127 Abs. 1) wiederhergestellt werden kann, hat diese Maßnahme Vorrang vor einer Auflösung. Läßt sich die Rentabilität des Unternehmens nur durch neue Einlagen oder die Aufnahme kapitalkräftiger neuer Gesellschafter herstellen, so brauchen sich die Mitgesellschafter nicht ohne weiteres darauf einzulassen (Ulmer in Großkomm Anm. 38; Westermann Handbuch [Lfg. 1978] I 647). Zur ausnahmsweisen Vertragsänderungspflicht s. Anm. 9, 60 sowie § 105 Anm. 143. Erst dann, wenn sich alle Gesellschafter endgültig geweigert haben, die erforderlichen Nachzahlungen zu leisten, ist die Unrentabilität eine dauernde und die Gesellschaft auflösungsreif (RG JW 1938, 1522, 1523 zu § 726 BGB).

3. Verhaltensbezogene Gründe

15 a) Verhaltensbezogene Gründe sind solche Gründe, die **durch ein einem Gesellschafter zuzurechnendes Verhalten** begründet sind und den **Fortbestand der Gesellschaft unzumutbar** machen. Abs. 2 nennt beispielhaft den Fall, daß ein Gesellschafter eine ihm nach dem Gesellschaftsvertrag obliegende Pflicht vorsätzlich oder grob fahrlässig verletzt. Die besondere Erwähnung dieser klaren Fälle eines wichtigen Grundes im Gesetz ist überflüssig. Man mag die Bedeutung des Abs. 2 darin sehen, daß diese Gründe nach dem erklärten Willen des Gesetzgebers nicht nur die **Ausschließung** nach §§ 140, 142, sondern auch die **Auflösung der Gesellschaft** rechtfertigen können. Vielfach ist aber nur eine Klage nach § 140 oder § 142 gerechtfertigt. Das hängt von der Gewichtung des Einzelfalls ab. Über das Verhältnis zu §§ 140, 142 vgl. § 140 Anm. 6.

b) Die Ursache für die Zerstörung des Vertrauensverhältnisses muß in einem **pflicht- 16 widrigen Verhalten** bestehen. Dieses Verhalten kann ein positives Tun sein, aber auch ein Unterlassen oder Dulden (vgl. BGH WM 1961, 886, 888 zu § 142). Grundsätzlich kommt nur ein **eigenes Verhalten des Gesellschafters** in Betracht. Ein eigenes Verhalten kann allerdings auch in der Unterstützung oder Duldung fremden Fehlverhaltens liegen. Zur Zurechnung fremden Verhaltens vgl. § 140 Anm. 12 ff.

c) **Gesellschaftswidrig** muß das Verhalten des Gesellschafters sein. Die durch das Ver- 17 halten verletzte Pflicht kann sich unmittelbar aus dem Vertrag, der allgemeinen Treupflicht oder erst im Zusammenhang mit gesetzlichen Vorschriften ergeben (RG Recht 1930 Nr. 2013; Baumbach-Duden-Hopt Anm. 3 B a; Ulmer in Großkomm Anm. 27). Regelmäßig wird es um ein **Verhalten des Gesellschafters gegenüber seinen Mitgesellschaftern oder im Betrieb** gehen. Ein Fehlverhalten im **Privatbereich** eines Gesellschafters ist jedenfalls dann gesellschaftswidrig, wenn es sich unmittelbar gegen den Lebensbereich mindestens eines Gesellschafters richtet und dessen Achtungsanspruch in schwerwiegender Weise verletzt oder wenn es sich auch auf den geschäftlichen Bereich der Gesellschaft unmittelbar auswirkt und zu einer Schädigung des Unternehmens führen kann (BGHZ 4, 108, 113 f. zu § 142; BGH NJW 1973, 92 zu § 140; vgl. auch OLG Hamburg OLGE 36, 271, 272). Zu Einzelfällen s. Anm. 23 ff. sowie § 140 Anm. 29 ff.

d) Die **Rechtswidrigkeit entfällt**, wenn die übrigen Gesellschafter mit dem Fehlverhal- 18 ten einverstanden waren (BGHZ 31, 295, 307 zu § 140, BGH WM 1961, 886, 888 zu § 142). Eine andere Beurteilung ist allerdings möglich, wenn besondere Umstände vorliegen, z.B. bei der Ausnutzung der Unerfahrenheit oder einer Notlage der übrigen Gesellschafter (BGHZ 31, 295, 307 zu § 140). Verstößt das Verhalten gegen nichtdisponible Normen, so nimmt die Zustimmung den übrigen Gesellschaftern jedenfalls die Möglichkeit, sich gegenüber den Beklagten darauf zu berufen (BGH WM 1958, 216, 217; vgl. i. Erg. auch Heymann-Emmerich Anm. 5). Die Rechtswidrigkeit entfällt nicht schon dann, wenn der Gesellschafter nicht in der Lage ist, gesellschaftsvertraglich übernommene Pflichten persönlich zu erfüllen. Er muß dann geeignete und fähige Hilfskräfte heranziehen (z.B. bei der Aufstellung von Bilanzen; BGH WM 1961, 886, 887 zu § 142). Das vor dem Erwerb der Gesellschafterstellung erklärte Einverständnis beseitigt die Pflichtwidrigkeit des Verhaltens nicht, wenn der Gesellschafter erst danach in die Gesellschaft eintritt (vgl. BGHZ 32, 17, 32 für Ausschließung aus Zweimann-GmbH). Zu Einzelfällen s. Anm. 38 ff. sowie § 140 Anm. 28.

e) Nur eine **wesentliche Pflichtverletzung** rechtfertigt die Auflösung. Der Pflichtenver- 19 stoß braucht nicht verschuldet zu sein (allg. A.; vgl. nur RGZ 24, 136, 137; RG JW 1898, 203; OGHZ 2, 253, 259; BGH WM 1975, 774, 775 zu § 140; WM 1977, 500, 502 zu § 140; Baumbach-Duden-Hopt Anm. 3 B a; Ulmer in Großkomm Anm. 26 f.; für die stille Gesellschaft RG JW 1927, 1350, 1351). Doch wiegt ein verschuldeter Verstoß schwerer als ein unverschuldeter (OGHZ 2, 253, 259; Ulmer in Großkomm Anm. 25; Heymann-Emmerich Anm. 4). Selbst grobes Verschulden reicht aber nicht aus, wenn die verletzte Pflicht nicht wesentlich ist, weil sie sich nur auf einen verhältnismäßig unbedeutenden Geschäftsbereich bezieht (BGH WM 1966, 29, 31 zu § 142). Ist allerdings eine Wiederholung zu befürchten oder ändert der Gesellschafter sein Verhalten auch nach ernstlicher Beanstandung nicht, so kann auch die Verletzung einer unwesentlichen Pflicht ein wichtiger Grund sein (BGH WM 1966, 29, 31 zu § 142; BGH LM Nr. 7 zu § 133; Nr. 13 a zu § 105; vgl. auch Heymann-Emmerich Anm. 9; Düringer-Hachenburg-Flechtheim Anm. 5: Unpünktlichkeit im Geschäft). Strafbares Verhalten eines geschäftsführenden Gesellschafters stellt regelmäßig einen schweren Verstoß gegen seine Gesellschafterpflichten dar, und zwar ohne Rücksicht darauf, ob der Gesellschaft dadurch ein Schaden erwachsen ist (BGH WM 1961, 886, 888 zu § 142). Je zentraler die Rolle eines Gesellschafters in der Gesellschaft ist, desto schwerer wiegen von ihm begangene Pflichtverletzungen (Ulmer in Großkomm Anm. 22). Verfehlungen von geschäftsführungs- und vertretungsberechtigten Gesellschaftern werden deshalb eher zur Auflösung berechtigen als Umstände in der Person von Kommanditisten (RG JW 1898, 203 zu Art. 125 ADHGB; RG JW 1938, 2212 zu § 142; BGH WM 1961, 886, 887 zu § 142; WM 1973, 11, 12 zu § 140; OGHZ 2, 253, 260 f.; 3, 203, 209 zu § 142; OLG Hamm MDR 1956, 746, 747; BB 1976, 722 zu § 142; Ulmer in Großkomm Anm. 22). Für eine mildere Beurteilung der Verfehlungen von Kommanditisten besteht dann kein Anlaß, wenn ihre innergesellschaftliche Stellung der eines geschäftsführungsbefugten Gesellschafters weitgehend angenähert ist (vgl. etwa OLG Hamm BB 1976, 722 f. zu § 142) oder wenn die von seinem Verhalten ausgehenden Gefahren nicht von der Stellung innerhalb der Gesellschaft abhängen (BGH WM 1961, 886, 887 zu § 142). Bei der Bewertung des Verstoßes sind alle Umstände des Einzelfalls zu berücksichtigen, z. B. auch die besonderen Verdienste des Gesellschafters beim Aufbau der Gesellschaft (BGH LM Nr. 4; OLG Nürnberg WM 1958, 710, 715; Alfred Hueck oHG § 25 II 2), bei bestimmten Pflichtwidrigkeiten wie z. B. Beleidigungen und Tätlichkeiten, auch das Naturell der Gesellschafter (BGHZ 4, 108, 117 zu § 142), sein Alter sowie der durch die Pflichtverletzung angerichtete Schaden (BGH LM Nr. 4; LM Nr. 2 zu § 140; BGH WM 1966, 29, 31 zu § 142; Alfred Hueck oHG § 25 II 2). Ein Schaden braucht allerdings nicht stets eingetreten zu sein, es kann u. U. auch eine erhebliche Gefährdung der Belange der Gesellschaft ausreichen (BGH LM Nr. 4; LM Nr. 2 zu § 140; Ulmer in Großkomm Anm. 24). Zu berücksichtigen ist auch das Verhalten der übrigen Gesellschafter. Zur Einwilligung oder Genehmigung vgl. bereits Anm. 18. Die Pflichtverletzung ist milder zu beurteilen, wenn sie durch grob gesellschaftswidriges Verhalten der anderen Gesellschafter veranlaßt wurde (BGH WM 1961, 886, 888 zu § 142) oder als Vergeltung oder Entgleisung verständlich ist (BGH WM 1966, 1051; BGHZ 4, 108, 115 zu § 142). Mildernd zu berücksichtigen ist auch die vorgesellschaftliche Beteiligung der die Auflösung begehrenden Gesellschafter an der Pflichtverletzung (BGHZ 32, 17, 31 f. zur Ausschließung aus zweigliedriger GmbH).

20 f) Der wesentliche Pflichtenverstoß muß zu einer **Zerrüttung der Vertrauensgrundlage** geführt haben. Dies hängt wiederum ganz von den Umständen des Einzelfalles ab. Erforderlich ist, daß sich die Störung des Vertrauensverhältnisses auf die innerbetrieblichen oder wirtschaftlichen Belange der Gesellschaft auswirkt (Westermann Handbuch

[Lfg. 1978] I 649; ähnlich BGHZ 46, 392, 396 f.; BGH LM Nr. 4, OGHZ 2, 253, 260; enger, nur bei wirtschaftlicher Beeinträchtigung RGZ 164, 257, 260 für personalistische GmbH; weiter, bereits die Störung ausreichenlassend, Ulmer in Großkomm Anm. 32). Die **innerbetrieblichen Belange** sind betroffen, wenn die Voraussetzungen für eine ersprießliche Zusammenarbeit und die im Zusammenleben und -wirken gebotene gegenseitige Achtung und Rücksichtnahme nicht mehr gewährleistet sind (BGHZ 4, 108, 113 zu § 142). Wegen der engeren Zusammenarbeit berechtigen Streitereien zwischen den persönlich haftenden Gesellschaftern eher zu einer Auflösung als Auseinandersetzungen zwischen Kommanditisten und den übrigen Gesellschaftern (OGHZ 2, 253, 260 f.; Baumbach-Duden-Hopt Anm. 3 C; für § 142 s. auch RG JW 1938, 2212). Das gilt jedenfalls solange, wie die Befugnisse der Kommanditisten nicht atypisch ausgestaltet sind, der Kommanditist z. B. nicht an der Geschäftsführung teilnimmt, und Reibereien der Gesellschafter untereinander persönlichen Ursprungs sind (OLG Nürnberg WM 1958, 710, 714). Aus dem Florieren des Geschäfts allein kann noch nicht geschlossen werden, daß die Gesellschafter ihre Gegensätze überwinden werden (BGH LM Nr. 4). Die **wirtschaftlichen** Belange der Gesellschaft sind bereits beeinträchtigt, wenn über kurz oder lang mit der Minderung der Ertragskraft des Unternehmens zu rechnen ist (BGHZ 80, 346, 348 für § 61 GmbHG) oder wenn das Geschäftsergebnis bei vertrauensvoller Zusammenarbeit der Gesellschafter noch besser wäre (RG JW 1929, 1360, 1361, das allerdings zu Unrecht einen zwingenden Zusammenhang von Zusammenarbeit und Geschäftsergebnis annimmt).

g) Die Fortsetzung der Gesellschaft muß **unzumutbar** sein. Nicht jede verhaltensbedingte Störung des Vertrauensverhältnisses ist ein zur Auflösung berechtigender wichtiger Grund (vgl. BGH WM 1966, 1051; WM 1968, 430; für § 142 BGH WM 1964, 201; für § 712 BGB BGH WM 1975, 329, 330). Ein **Verschulden** ist **nicht erforderlich** (allg. M.; vgl. nur RGZ 24, 136, 137; BGH WM 1963, 282, 283; 1975, 769, 770; OGHZ 2, 253, 259; Baumbach-Duden-Hopt Anm. 3 C; für § 723 BGB BGH WM 1975, 329, 330; für § 723 BGB RG JW 1938, 1392, 1393; für § 61 GmbHG BGHZ 80, 346, 348). Bei einer verschuldeten Zerrüttung ist es im Grundsatz auch gleichgültig, wen die Schuld trifft (RGZ 24, 136, 137; RG JW 1898, 203; 1929, 1360, 1361; Heymann-Emmerich Anm. 4; Düringer-Hachenburg-Flechtheim Anm. 5). Am ehesten ist die Gesellschaft auflösbar, wenn der Vertrauensschwund im wesentlichen vom Beklagten verschuldet ist (BGH WM 1975, 769, 770; Baumbach-Duden-Hopt Anm. 3 C). Hat sich der Kläger ebenfalls Pflichtenverstöße zuschulden kommen lassen und dadurch in etwa gleichem Maße an der Zerstörung des Vertrauensverhältnisses mitgewirkt, so werden die Verantwortungsanteile nicht gegeneinander aufgerechnet (RG JW 1938, 1392, 1393 zu § 723 BGB), sondern die Gesellschaft kann gleichwohl aufgelöst werden (RGZ 24, 136, 137; RG JW 1929, 1360, 1361; für § 61 GmbHG RGZ 164, 257, 258; BGHZ 80, 346, 348). Eigene Pflichtenverstöße machen dem Kläger das Ausharren in der Gesellschaft allerdings eher zumutbar (OGHZ 2, 253, 259; für § 140 BGHZ 4, 108, 111). Zur Bedeutung der Mitverantwortung an einer fremden Pflichtverletzung vgl. Anm. 16. Treffen die wirtschaftlichen Folgen der Auflösung die Gesellschafter ungleich oder erleidet ein Gesellschafter sogar einen Schaden, so ist dies bei der Auseinandersetzung oder durch Schadensersatzansprüche zu berücksichtigen. Die Auflösung wird dadurch aber nicht generell unzulässig (BGH WM 1963, 282, 283). Das soll nach h. M. anders sein, wenn der Verantwortungsanteil des Klägers überwiegt. Eine Auflösung soll ausscheiden, wenn der Kläger die Zerrüttung in doloser Absicht herbeigeführt hat (RG JW 1898, 203). Weiterhin soll eine Auflösung auch dann ausgeschlossen sein, wenn der Kläger selbst ausgeschlossen werden könnte (BGHZ 80, 346, 348 für § 61 GmbHG bei personalistischer GmbH). Schließlich soll nach ganz h. M. die Auflösung bereits dann ausgeschlossen sein, wenn der Kläger durch eigene Pflichtverletzungen die Zerrüttung ganz überwiegend selbst zu verantworten hat (RG JW 1898, 203; JW 1929, 1360, 1361; BGH WM 1966, 1051; für § 61 GmbHG RGZ 164, 257, 258; BGHZ 80, 346, 348; a. A. Ulmer in Großkomm Anm. 26, 32, der die Auflösung sogar bei Alleinverschulden des Klägers zulassen will). Diese h. M. geht zu weit. Die Versagung der Auflösung darf keinen Strafcharakter erhalten. Mit seinem Verantwortungsanteil an der Zerrüttung des Vertrauensverhältnisses wachsen lediglich die Anforderungen, unter denen dem Kläger die Fortsetzung der Gesellschaft nicht mehr zugemutet werden kann. Es gibt aber Fälle, in denen es nicht mehr auf den Verantwortungsanteil des Klägers ankommen kann, sondern der objektive Tatbestand der Zerrüttung allein ausreichen muß (in dieser Richtung BGH WM 1963, 282, 283). Dem Kläger kann nicht entgegengehalten werden, die von ihm begehrte Auflösung sei unzulässig, weil die anderen Gesellschafter ihn ausschließen könnten und diese Ausschließung das mildere Mittel sei (so aber BGHZ 80, 346, 348 für § 61 GmbHG). Erheben die anderen Gesellschafter die Ausschließungsklage nicht und ist die Störung nicht anders zu beseitigen, so kann die Gesellschaft auch auf Klage des Störers aufgelöst werden.

22 h) **Billigkeits- und Verhältnismäßigkeitserwägungen** gehen mit in die Prüfung ein. Die Anforderungen an die Intensität der Störung sind umso höher, je größer die durch die Auflösung zerstörten wirtschaftlichen Werte sind (BGH LM Nr. 4; BGH WM 1964, 201 zu § 142; Alfred Hueck oHG § 25 II 2). So wenn, der aktive Gesellschafter um seine Lebensstellung und die Früchte seiner Arbeit gebracht wird (BGH LM Nr. 4; BGH WM 1968, 430; Alfred Hueck oHG § 25 II) oder eine besonders feste und langdauernde Bindung unter den Gesellschaftern beabsichtigt war (BGH WM 1958, 216, 218; OLG Nürnberg WM 1958, 710, 714; vgl. auch OLG Hamburg OLGE 36, 271; Ulmer in Großkomm Anm. 21; Alfred Hueck oHG § 25 II 2). Schließlich wird regelmäßig bei jungen Gesellschaften eine geringere Intensität der Störung ausreichen als bei älteren (vgl. die Fälle BGH WM 1963, 282, 283; 1969, 526, 527; 1975, 329, 330 für § 712 BGB; Heymann-Emmerich Anm. 7).

i) Kasuistik verhaltensbezogener Auflösungsgründe

23 aa) **Entfremdung der Gesellschafter** kann ein Auflösungsgrund sein. Stellen etwa die Gesellschafter ihre Zusammenarbeit bereits nach wenigen Monaten völlig ein und dauert dieser Zustand bereits mehrere Jahre an, so darf die Gesellschaft schon wegen dieser objektiv bestehenden Zerrüttung aufgelöst werden, ohne daß es noch auf das Verschulden der Parteien und die Verteilung der Verantwortlichkeit für diesen Zustand untereinander ankäme (BGH WM 1963, 282, 283). Besteht zwischen den Gesellschaftern aber **erbitterte Feindschaft,** die nicht durch das Verhalten einer Seite arglistig herbeigeführt worden ist, so kann sogar eine KG aufgelöst werden, wenn der Komplementär und der Kommanditist verfeindet sind und die gesetzliche Geschäftsführungsregel zugunsten des Kommanditisten erheblich abgeändert ist (RG JW 1898, 203 für Art. 125 ADHGB).

bb) Die unbegründete **Vorenthaltung der geschuldeten Einlage** berechtigt nicht **24** schlechthin zur Auflösung der Gesellschaft (so aber BayObLG Recht 1919 Nr. 308; ebenso ROHGE 10, 433, 436 zu Art. 125 ADHGB). Ein wichtiger Grund liegt aber vor, wenn die Gesellschafter die Einlage als wesentlichen Bestandteil des Gesellschaftsverhältnisses angesehen haben (RG Bolze 8 Nr. 544). Dann kann dem auf Auflösung klagenden Gesellschafter nicht entgegengehalten werden, daß gegen den Einlageschuldner eine Leistungsklage erhoben werden könnte. Die Vorenthaltung der Einlage rechtfertigt typischerweise bei jungen Gesellschaften die Auflösung, weil einem Gesellschafter die Fortsetzung eines erst beginnenden Gesellschaftsverhältnisses nicht zugemutet werden kann, wenn er sich bereits in diesem Stadium gegen gesellschaftswidriges Verhalten der Mitgesellschafter wehren muß, selbst wenn dieses Verhalten nicht böswillig ist, sondern auf einem Rechtsirrtum beruht (BGH WM 1969, 526, 527; s. ebenso für die stille Gesellschaft auch BGH WM 1976, 1030, 1032: Nichterfüllung von Vertragspflichten im Anfangsstadium berechtigt zur fristlosen Kündigung). Etwas anderes gilt allerdings dann, wenn der Kläger die Entstehung dieses Irrtums selbst provoziert hat (BGH WM 1976, 526 f.). Nur unter einschränkenden Voraussetzungen darf die Gesellschaft aufgelöst werden, wenn die Einlage mangelhaft ist oder verspätet geleistet wird oder ihren Zweck nicht mehr erfüllen kann (näher Ulmer in Großkomm Anm. 28). Grundsätzlich löst die Verzögerung oder Vorenthaltung der Einlage nur Schadensersatzpflichten aus (OAG Dresden ZHR 7 (1864) 462, 463).

cc) Die nachhaltige **Verletzung von Geschäftsführungsrechten und -pflichten** kann **25** ebenfalls zur Auflösung führen, insbesondere in einer auf aktives Zusammenwirken angelegten Gesellschaft. Werden nur einzelne Verpflichtungen nicht oder schlecht erfüllt, so müssen noch zusätzliche Umstände hinzutreten. Die Vereitelung oder nachlässige Erfüllung von Informationsrechten kann eine Auflösung rechtfertigen, wenn das Unternehmen in wirtschaftlich angespannten Zeiten bereits seit mehreren Jahren ohne Gewinn arbeitet (RG JW 1927, 1350, 1351 m. Anm. Saenger JW 1928, 1568 für die stille Gesellschaft). Unordentliche Buchführung und unterlassene Bilanzierung berechtigt – immer mit dem Vorbehalt, daß eine Abberufung oder Ausschließung Vorrang haben kann (Anm. 9) – bei hartnäckiger Aufrechterhaltung des Verstoßes trotz Mahnung zur Auflösung (RGSt 45, 387). Das Gleiche gilt, wenn erhebliche Kassenfehlbeträge hinzutreten (BGH NJW 1966, 2160 f. für Kündigung der oHG aus wichtigem Grund). Warten die übrigen Gesellschafter aber im letzten Fall über 1¼ Jahre mit Sanktionen gegen den pflichtwidrigen Gesellschafter, so müssen sie anerkennenswerte Gründe für ihr Zuwarten selbst dann darlegen, wenn sie sich diese Sanktionen ausdrücklich vorbehalten haben (BGH a. a. O.). Selbst bei einer Vielzahl von Pflichtenverstößen wurde die Auflösung abgelehnt, weil aus dem Gesellschaftsvertrag erkennbar eine besonders feste Bindung beabsichtigt war, weil seit den Verfehlungen bereits 7 Jahre verstrichen waren, weil keine Wiederholungsgefahr bestand, weil der Schaden unerheblich war und der um den Aufbau der Gesellschaft besonders verdiente Gesellschafter subjektiv rechtmäßig zugunsten der Gesellschaft handeln wollte, sowie schließlich, weil es sich bei der Gesellschaft um ein bekanntes und altes Unternehmen handelte, dessen Auflösung wirtschaftlich unvernünftig gewesen wäre (OLG Nürnberg WM 1958, 710, 713 ff.).

26 dd) **Sonstige Eigenmächtigkeiten** können – wiederum vorbehaltlich des Vorrangs von Ausschließung und Einziehung der Geschäftsführungsbefugnis (Anm. 9) – gleichfalls zur Auflösung führen. So, wenn der Gesellschafter gegen ein gesellschaftsvertraglich vereinbartes Verbot verstößt, für die Gesellschaft Wechselverbindlichkeiten einzugehen oder Spekulationsgeschäfte abzuschließen (RG Bolze 15 Nr. 410, 414), oder wenn sonstige Kompetenzabsprachen verletzt worden sind (RG SächsArch. 9 [1899], 62, 66 zu Art. 125 ADHGB). Zur Auflösung berechtigen auch abredewidrige Privatentnahmen eines Gesellschafters, der ähnlich einem Angestellten ein festes Gehalt als garantierten Reingewinn bezieht, an dem Gesellschaftskapital nicht beteiligt und nach außen als Prokurist auftritt (RG JW 1938, 1392, 1393 für § 723 BGB). Die Auflösung ist selbst dann nicht ausgeschlossen, wenn die übrigen Mitgesellschafter die gleiche Verfehlung begangen haben, als die eigentlichen Geschäftsinhaber aber die Verluste tragen müssen und durch die Abrede geschützt werden sollten (RG a.a.O.). Dagegen berechtigt die Nichtbeachtung eines Beschlusses, durch den die Geschäftsführungs- und Vertretungsbefugnis entzogen worden ist, nicht zur Auflösung, solange die Rechtslage zweifelhaft ist und der Gesellschafter keine Handlungen vornimmt, die das Gesellschaftsverhältnis nennenswert beeinträchtigen, also z.B. nicht für die Gesellschaft nach außen auftritt (BGH WM 1975, 329, 330 zu § 712 BGB).

27 ee) Zur Auflösung kann auch ein **unredliches Geschäftsgebaren** führen. Vereitelt etwa ein Gesellschafter durch die Vernichtung wesentlicher Unterlagen eine wirksame Kontrolle seiner Geschäftsführung, so kann darin ein wichtiger Grund liegen, wenn nicht die übrigen Gesellschafter dieser Vernichtung zugestimmt haben (BGH WM 1958, 216, 217). Eine die Auflösung rechtfertigende Unredlichkeit kann vorliegen, wenn die Firma der Gesellschaft für Privatzwecke mißbraucht wird (ROHGE 20, 265, 267 für Art. 125 ADHGB). Zieht ein Gesellschafter aus seinem Einfluß in der Gesellschaft ungebührliche wirtschaftliche Vorteile, etwa indem er der Gesellschaft Waren zu weit überteuerten Preisen liefert, so kann dies ebenfalls zur Auflösungsreife der Gesellschaft beitragen (RG SächsArch. 9 [1899], 62, 67 zu Art. 125 ADHGB). Fälscht ein Gesellschafter Abrechnungen, um sich aus dem Gesellschaftsvermögen zu bereichern, so liegt darin selbst dann ein Auflösungsgrund, wenn die Taten auf einer festgestellten krankhaften Störung der Geistestätigkeit beruhen (RG SeuffArch. 67, 412, 413 f. für § 133 und § 140).

28 ff) Der objektiv begründete **Verdacht der Unredlichkeit** kann ausreichen. So u.U., wenn ein Gesellschafter von seinen Mitgesellschaftern klageweise zur Erfüllung seiner Verbindlichkeiten angehalten werden muß (ROHGE 9, 30, 32 zu Art. 125 ADHGB). So auch, wenn die Loyalität der Geschäftsführung wegen ihrer Abhängigkeit von Dritten zweifelhaft ist (RG JW 1927, 1684 zu § 61 GmbHG) oder wenn ein Gesellschafter die Überprüfung seiner Geschäftsführung durch die Vernichtung der erforderlichen Unterlagen vereitelt (BGH WM 1958, 216, 218). Mißtrauen, dessen Berechtigung zunächst nur vage war, in der Zwischenzeit aber hätte geprüft und ohne weiteres hätte geklärt werden können, ist nach einem Zeitraum von 1½ Jahren nicht mehr zu berücksichtigen, weil dann von einem berechtigterweise fortbestehenden Verdacht nicht mehr gesprochen werden kann (BGH WM 1975, 329, 330 zu § 723 BGB).

gg) Ungebührliches Verhalten gegenüber dem Personal oder den Mitgesellschaftern **29** kann ein Auflösungsgrund sein (aber bloße Störungen genügen nicht; RG SächsArch. 9 [1899], 62, 65). Insbesondere Beleidigungen und Verletzungshandlungen gegenüber Mitgesellschaftern im Zusammenhang mit dem Geschäftsbetrieb können nach Lage des Falls Auflösungsgründe darstellen (vgl. im einzelnen RG SächsArch. 9 [1899], 62, 65; ROHGE 11, 263, 265; 24, 308, 309f.; BGH WM 1976, 1030, 1032 für stille Gesellschaft).

hh) Auch ein **privates Verhalten** kann ausnahmsweise zur Auflösung berechtigen, wenn **30** der Ruf der Gesellschaft geschädigt wird (OLG Hamburg OLGE 36, 271, 272) oder eine gedeihliche Zusammenarbeit vereitelt ist. Dies ist bei Eheverfehlungen unterschiedlich beurteilt worden (bejahend ROHGE 24, 308, 309f.; s. auch zu § 142 BGHZ 4, 108, 113f.; verneinend für Eheverfehlungen gegenüber Angehörigen des Gesellschafters BGH NJW 1973, 92 zu § 140).

ii) Eine **erfolglose Auflösungsklage** ist für sich allein noch kein Auflösungsgrund für die **31** Mitgesellschafter (vgl. zu Art. 125 ADHGB ROHGE 20, 265, 269).

4. Nicht-verhaltensbezogene Gründe in der Person eines Gesellschafters

a) Nicht-verhaltensbezogene Gründe sind solche, die zwar in der Person des Gesell- **32** schafters begründet sind, aber nicht auf dessen pflichtwidrigem Verhalten beruhen. Ob ein Verhalten des Gesellschafters die Ursache für den Auflösungsgrund gesetzt hat, kann dann gleichgültig sein, kann aber auch bei der Bewertung eine Rolle spielen. Für die Auflösung kommt es auch nicht unbedingt darauf an, ob diese Gründe in der Person der Beklagten oder des Klägers selbst begründet sind (ganz h.M.; vgl. nur RG JW 1900, 413, 414; Baumbach-Duden-Hopt Anm. 3Bb; Düringer-Hachenburg-Flechtheim Anm. 5). Stets ist allerdings zu prüfen, ob nicht eine Ausschließung nach §§ 140, 142 Vorrang vor der Auflösung hat (Anm. 10).

b) Als besonderen Fall nennt **Abs. 2** die **Unmöglichkeit der Erfüllung einer wesentli- 33 chen Verpflichtung**, z.B. also der Geschäftsführungspflicht. Ob dies ein wichtiger Auflösungsgrund ist, hängt im Einzelfall davon ab, ob ein milderes Mittel (z.B. eine Klage nach §§ 117, 127) ausreicht (vgl. auch hier wieder zur Ausschließung nach §§ 140, 142 oben Anm. 10).

c) Kasuistik der nicht-verhaltensbezogenen Auflösungsgründe

aa) Auflösungsgrund kann die durch Alter, Krankheit oder Unfall hervorgerufene **Ar- 34 beitsunfähigkeit** sein (RG JW 1900, 413, 414; für § 142 RGZ 105, 376; RG DJZ 1931, 432, 433; Düringer-Hachenburg-Flechtheim Anm. 5; Ulmer in Großkomm Anm. 31; Heymann-Emmerich Anm. 12). Die **Übernahme eines politischen Mandats** kann ein Auflösungsgrund sein, wenn sie jegliche Teilnahme an den Geschäften unmöglich macht und die Gesellschaft auf diese Teilnahme angelegt ist (vgl. zu § 723 BGB BGHZ 94, 248 ff. [Anwaltssozietät]; str.; vgl. Düringer-Hachenburg-Flechtheim

Anm. 5; Heymann-Emmerich Anm. 12). Auch bei diesen wichtigen Gründen ist stets zu prüfen, ob eine Klage nach §§ 117, 127 oder nach § 140 ausreicht (Anm. 9).

35 bb) **Geschäftsunfähigkeit** bei scheinbarer Leistungsfähigkeit und ohne förmliche Entmündigung kann wegen der Gefährdung des Gesellschaftsvermögens oder des Rufs der Gesellschaft ausreichen (vgl. RG SeuffArch. 67, 412, 413 zu § 140; Düringer-Hachenburg-Flechtheim Anm. 5). Ebenso die Entmündigung, wenn dadurch wirtschaftliche Nachteile für die Gesellschaft zu erwarten sind (Kreditgefährdung; vgl. Goldschmit JW 1933, 98; Geßler in der Voraufl. Anm. 10). Häufig wird aber die Fortsetzung der Gesellschaft auch in diesen Fällen ermöglicht werden können, indem die Gesellschafterbefugnisse von einem Vormund oder Pfleger wahrgenommen werden (Ulmer in Großkomm Anm. 33) oder der Anteil in eine Kommanditbeteiligung umgewandelt wird (vgl. etwa RG JW 1938, 2212, 2213; Heymann-Emmerich Anm. 6; für § 140 BGHZ 4, 108, 112). Eine Auflösung scheidet trotz einer Entmündigung aus, wenn der Gesellschafter von vornherein nicht an der Geschäftsführung beteiligt sein sollte (RG JW 1933, 98 zu § 140; Ulmer in Großkomm Anm. 33), es sei denn, die Kreditwürdigkeit der Gesellschaft leidet wegen der Beteiligung des entmündigten Gesellschafters (Goldschmit JW 1933, 98).

36 cc) Auch der **finanzielle Zusammenbruch eines Mitgesellschafters** kann ein wichtiger Grund sein (vgl. für § 142 RG LZ 1914, 1036; Ulmer in Großkomm Anm. 33; Heymann-Emmerich Anm. 12). Zur Auflösung durch Konkurs des Gesellschafters vgl. § 131 Nr. 5 und dazu § 131 Anm. 36 ff. Für § 133 ist eine Konkurseröffnung nicht erforderlich, ein Vergleichsverfahren nicht in jedem Fall ausreichend.

37 dd) **Persönliche Eigenschaften** eines Gesellschafters können nur ausnahmsweise einen Auflösungs- oder Ausschließungsgrund darstellen. Nach einer nicht mehr zeitgemäßen Rechtsprechung kann die Zugehörigkeit eines Gesellschafters zu einem Feindstaat die Auflösung rechtfertigen, wenn sie das Vertrauensverhältnis zwischen den Gesellschaftern erschüttert oder die Gesellschaft wirtschaftlich schädigt (vgl. RG SeuffArch. 95, 164, 165 zu § 140; Ulmer in Großkomm Anm. 33). Ähnliches wurde für sonstige persönliche Eigenschaften angenommen (vgl., dabei allerdings Entgleisungen in der Gerichtspraxis der 30er Jahre widerspiegelnd, RGZ 146, 169, 176).

5. Verzicht, Verwirkung, Verzeihung

38 a) Ein **Verzicht auf das Auflösungsrecht** ist möglich (RGZ 51, 89, 91 für Genossenschaft; Baumbach-Duden-Hopt Anm. 3 D; Ulmer in Großkomm Anm. 45). Abs. 3 steht nicht entgegen (Anm. 66). Der Verzicht kann stillschweigend vereinbart werden (Ulmer in Großkomm Anm. 45). Als Verzicht im Rechtssinne kann aber nur eine rechtsverbindliche Bereinigung des Streits angesehen werden. Die bloße Geschäftsfortführung über längere Zeit in Kenntnis des Auflösungsrechts genügt nicht (a. A. Ulmer in Großkomm Anm. 45). Regelmäßig wird in einem solchen Fall aber der wichtige Grund für die Auflösung entfallen sein.

39 b) Daneben wird eine **Verwirkung** des Auflösungsrechts für möglich gehalten (RG JW 1935, 2490, 2491 zu § 142; BGH LM Nr. 4; Baumbach-Duden-Hopt Anm. 3 D; Ulmer in Großkomm Anm. 45). Dem ist in den praktischen Ergebnissen zuzustimmen.

Auflösung durch gerichtliche Entscheidung

Der Rückgriff auf die Rechtsfigur der Verwirkung scheint allerdings überflüssig, weil das Vorliegen des wichtigen Grundes im Zeitpunkt der letzten Tatsachenverhandlung festzustellen ist. Die treuwidrige verspätete Geltendmachung des Auflösungsrechts läßt bereits die negative Fortsetzungsprognose und damit die Entstehungsvoraussetzungen des Auflösungsrechts entfallen (s. aber RG JW 1935, 2490, 2491 zu § 142).

c) Ein Verwertungsverbot tritt ein bei der **Verzeihung von Fehlverhalten** (vgl. für Ausschließung ROHGE 6, 112, 113; RGZ 51, 89, 91; RG LZ 1916, 40) oder dessen nachträglicher Billigung (BGHZ 31, 295, 307f.; Heymann-Emmerich Anm. 5). Eine Verzeihung liegt nicht schon dann vor, wenn die Gesellschaft trotz Kenntnis der Umstände zunächst fortgesetzt wird (ROHGE 6, 112, 113; RG LZ 1916, 40 für § 142; s. aber auch RGZ 51, 89, 91). Das längere Zuwarten mit der gerichtlichen Geltendmachung dieser Umstände mindert aber deren Bedeutung (vgl. etwa die Fälle BGH WM 1958, 216, 217; OLG Nürnberg WM 1958, 710, 713) und kann u.U. sogar die tatsächliche Vermutung begründen, daß der wichtige Grund entkräftet ist (BGH NJW 1966, 2160, 2161 für § 140; Baumbach-Duden-Hopt Anm. 3; Ulmer in Großkomm Anm. 19, 23; weitergehend Heymann-Emmerich Anm. 5, der bei „übermäßig" langem Warten einen wichtigen Grund ganz ablehnt). Das gilt selbst dann, wenn die übrigen Gesellschafter das Gesellschaftsverhältnis nur unter dem ausdrücklichen Vorbehalt von Sanktionen fortgesetzt haben (BGH NJW 1966, 2160, 2161 für § 140). Allerdings können solche Umstände unterstützend für die Bewertung neuer Vorfälle herangezogen werden (OLG Nürnberg WM 1958, 710, 713; Ulmer in Großkomm Anm. 19; RG LZ 1916, 40 für § 142, RGZ 51, 89, 91 für Genossenschaft; s. auch BGH BB 1955, 39 für gesellschaftsähnliche Rechtsverhältnisse).

III. Der Auflösungsprozeß

1. Zuständigkeit

a) Der Auflösungsprozeß ist ein **Gestaltungsverfahren** (zum folgenden vgl. eingehend Karsten Schmidt Auflösungsprozeß, Teil II). Er ist eine vermögensrechtliche Streitigkeit. **Sachlich** zuständig ist abhängig vom Streitwert entweder das Landgericht (§ 71 GVG), Kammer für Handelssachen (§ 95 Nr. 4a GVG) oder das Amtsgericht (§ 23 GVG). Die **örtliche Zuständigkeit** bestimmt sich nach allgemeinen Regeln. Neben dem Gerichtsstand der Gesellschaft (§ 22 ZPO), der beklagten Gesellschafter (§§ 12, 13 ZPO) kann im besonderen Gerichtsstand des Erfüllungsortes (§ 29 ZPO) geklagt werden (Ulmer in Großkomm Anm. 57).

b) Die **Zuständigkeit eines Schiedsgerichts** kann vereinbart werden (RGZ 71, 254, 256; OLG Hamm OLGE 17 [1908], 205; Westermann Handbuch [Lfg. 1978] I 656; vgl. auch für § 61 GmbHG BayObLG BB 1984, 746 = DB 1984, 1240; Scholz-Karsten Schmidt GmbHG § 61 Anm. 6; Kornmeier DB 1980, 194). Der Streitwert ist nach § 3 ZPO festzusetzen; er bestimmt sich nach dem Interesse des Klägers an der Auflösung der Gesellschaft (OLG Köln BB 1982, 1384).

2. Richtiger Kläger

43 a) **Jeder Gesellschafter der oHG oder KG** kann die Auflösungsklage erheben (Baumbach-Duden-Hopt Anm. 2A; Heymann-Emmerich Anm. 14). Handelt es sich um eine GmbH & Co., so ist die GmbH als Gesellschafterin klagebefugt; die Gesellschafter der GmbH sind es als solche nicht (sind sie zugleich Kommanditisten, so klagen sie in dieser Eigenschaft). Bei der Treuhand am Anteil steht das Klagrecht dem Treuhänder, nicht dem Treugeber zu (vgl. über die Mitgliedschaftsrechte vor § 335 = vor § 230 n. F. Anm. 51); es ist eine Frage des Innenverhältnisses, ob der Treuhänder dem Treugeber verpflichtet ist, die Klage nach § 133 zu erheben. Auch ein Nießbraucher an einem Gesellschaftsanteil oder ein Unterbeteiligter hat nicht die Rechte eines Gesellschafters (vgl. vor § 335 = vor § 230 n. F. Anm. 16; § 335 = § 230 n. F. Anm. 219), ebensowenig ein stiller Gesellschafter.

44 b) Ein **ausgeschiedener Gesellschafter** ist nicht zur Klage befugt (RG JW 1917, 360f.; Heymann-Emmerich Anm. 15). Scheidet der Gesellschafter während des Prozesses aus, so wird seine Klage nach h. M. unbegründet (RGZ 89, 333, 336; Baumbach-Duden-Hopt Anm. 2A; Heymann-Emmerich Anm. 15). Dem ist für den Fall eines echten Ausscheidens mit Anwachsungsfolge (§ 738 BGB) eindeutig zuzustimmen. Handelt es sich dagegen um eine **Anteilsübertragung,** so ist eine entsprechende Anwendung des § 265 ZPO (Fortsetzung bei Veräußerung des streitbefangenen Gegenstandes) zu erwägen. Die h. M. geht diesen Weg nicht (vgl. auch Scholz-Karsten Schmidt GmbHG § 61 Anm. 7). Nach ihr ist also ein Parteiwechsel erforderlich, der entweder die Zustimmung der Beklagten oder die Sachdienlicherklärung durch das Gericht erfordert. Die Nichtanwendung des § 265 ZPO auf der Klägerseite leuchtet im Ergebnis ein; der Auflösungsprozeß kann nicht sinnvoll fortgesetzt werden, ohne daß man von dem neuen Gesellschafter Notiz nimmt, denn auf sein Auflösungsinteresse kommt es an. Deshalb ist die mit § 265 ZPO beabsichtigte praktische Erleichterung hier fehl am Platze (vgl. dagegen zur Rechtsnachfolge auf der Beklagtenseite Anm. 47). Nach dem **Tod eines Gesellschafters** sind seine Erben klagebefugt (vgl. Heymann-Emmerich Anm. 15); Voraussetzung ist, daß sie nach § 177 oder aufgrund einer Nachfolgeklausel die Nachfolge angetreten haben. Soweit wirksam eingesetzt (dazu § 139 Anm. 45 ff.), kann auch ein Testamentsvollstrecker klagen. Dagegen nimmt ein Nachlaßverwalter nach BGHZ 47, 293, 296 nur Vermögensrechte wahr (zweifelhaft; vgl. § 131 Anm. 57, § 139 Anm. 55).

45 c) **Mehrere Kläger** klagen als **notwendige Streitgenossen** i. S. von § 62 ZPO (vgl. BGHZ 30, 195, 197; Baumbach-Duden-Hopt Anm. 2a; Heymann-Emmerich Anm. 14; Ulmer in Großkomm Anm. 51; ders. in Festschrift Geßler S. 272 ff.). Das gilt jedenfalls dann, wenn die Klage gegen alle Mitgesellschafter gerichtet werden muß (vgl. dazu Anm. 46), denn dann sind die Kläger im Prozeß gegen die übrigen Gesellschafter nur in ihrer Gesamtheit zur Klage befugt (anders dagegen, soweit nach dem Gesellschaftsvertrag die Klage gegen die Gesellschaft erhoben werden kann; vgl. dazu Anm. 48). Allerdings braucht nach h. M. ein Mitgesellschafter weder als Kläger noch als Beklagter am Prozeß teilzunehmen, wenn er sich mit der Auflösung der Gesellschaft einverstanden erklärt hat (Anm. 46). Dieses Einverständnis ist dann aber Zulässigkeitsvoraussetzung für eine nicht gegen alle Mitgesellschafter erhobene Klage.

3. Richtiger Beklagter

a) Richtige Beklagte sind die **Mitgesellschafter**. Sie sind notwendige Streitgenossen (BGHZ 30, 195, 197; Baumbach-Duden-Hopt Anm. 2A; Heymann-Emmerich Anm. 16; Ulmer in Großkomm Anm. 52; ders. in Festschrift Geßler S. 272 ff.; Zöller-Vollkommer, ZPO, 15. Aufl. 1987, § 62 Anm. 19). Grundsätzlich müssen **alle Mitgesellschafter** verklagt werden, soweit sie nicht ebenfalls aktiv die klagweise Auflösung betreiben (Ulmer in Festschrift Geßler S. 273; Westermann Handbuch [Lfg. 1978] I 656). **Nicht mitzuverklagen** sind nach h. M. diejenigen **Mitgesellschafter, die sich mit der Auflösung der Gesellschaft einverstanden erklärt haben** (BGH JZ 1958, 406; BGH LM Nr. 3; OGHZ 2, 253, 255 f. = NJW 1949, 822, 823; OLG Hamm MDR 1964, 330; Alfred Hueck oHG § 25 III 3; Heymann-Emmerich Anm. 16; Ulmer in Festschrift Geßler S. 274f.; Karsten Schmidt Gesellschaftsrecht § 52 III 7c; a.A. Düringer-Hachenburg-Flechtheim Anm. 10). Das ist problematisch, weil die Tragweite der Einverständniserklärung zweifelhaft ist. Nach dem Grundverständnis des Gesetzgebers muß sich jeder Gesellschafter am Gestaltungsprozeß beteiligen (vgl. auch für den Ausschließungsprozeß § 140 Anm. 49). Das müßte bedeuten: Wer nicht als Kläger beteiligt ist, muß ausnahmslos verklagt werden (so Düringer-Hachenburg-Flechtheim Anm. 10). Das Gesetz kennt weder eine gewillkürte Prozeßstandschaft des Klägers beim Gestaltungsprozeß noch eine Unterwerfung einer Nicht-Prozeßpartei unter die Gestaltungswirkung. Auf eine solche läuft aber das Einverständnis nach der h. M. hinaus (vgl. Karsten Schmidt Gesellschaftsrecht § 52 III 7c). Diese Unterwerfung muß im Interesse der Prozeßökonomie als Ergebnis einer Rechtsfortbildung anerkannt werden: Die Auflösungsklage funktioniert, obwohl konstruktiv eine Gestaltungsklage, ähnlich wie ein auf eine Vollstreckung nach § 894 ZPO zielender Leistungsprozeß, gerichtet gegen diejenigen, die einem Auflösungsvertrag oder -beschluß (§ 131 Nr. 2) nicht zustimmen. Das Gericht kann der Auflösungsklage stattgeben, wenn entweder alle Mitgesellschafter verklagt sind oder wenn eine Zustimmung der nicht verklagten Mitgesellschafter zu einer dem Klagantrag entsprechenden Auflösung beigebracht wird. Eine nachträgliche Zustimmung genügt nicht. Das Gericht kann deshalb der Auflösungsklage nicht mit der Maßgabe stattgeben, daß die Auflösungswirkung eintreten soll, wenn Gesellschafter, die nicht beteiligt waren, zustimmen. Hat das Gericht der Klage trotz fehlender Zustimmung oder Beteiligung eines Gesellschafters stattgegeben, so hindert dies allerdings nicht den Eintritt der Gestaltungswirkung (eingehend Karsten Schmidt Auflösungsprozeß Teil II).

b) Das **Ausscheiden eines Beklagten während des Prozesses** macht die Klage gegen diesen Beklagten grundsätzlich unzulässig. Der Kläger kann die Erledigung in der Hauptsache nach § 91a ZPO erklären. Handelt es sich um eine Anteilsveräußerung, so ist § 265 ZPO analog anzuwenden (vgl. nach Abschluß dieser Kommentierung auch Bräutigam, Festschrift Quack, 1991, S. 196ff.): Der Prozeß kann gegen den Veräußerer fortgesetzt werden. Anders als auf der Klägerseite (Anm. 44) ist die analoge Anwendung des § 265 ZPO hier angezeigt, denn die Mitgliedschaft eines sich der Auflösung widersetzenden Gesellschafters ist im Auflösungsprozeß streitbefangen. Gesichert ist diese Auffassung bisher allerdings nicht (vgl. auch zur Ausschließungsklage § 140 Anm. 60). Vorsorglich wird deshalb der Kläger den Antrag auf den neuen Anteilsinhaber umstellen (Parteiwechsel) und das Gericht um Sachdienlicherklärung bitten.

48 c) Eine **Klage gegen die Gesellschaft** ist nach der bisher h. M. unzulässig (Düringer-Hachenburg-Flechtheim Anm. 10; Ulmer in Großkomm Anm. 50). Vgl. zu den Parteirollen allgemein § 105 Anm. 149, § 124 Anm. 32. Durch gesellschaftsvertragliche Regelung kann aber eine Klage gegen die Gesellschaft zugelassen werden. Bei einer **Publikumsgesellschaft** sollte die Klage gegen die Gesellschaft generell zugelassen werden (Heymann-Emmerich Anm. 16; Becker ZZP 97 [1984], 331 ff.). Generell ist hier die Auflösungsklage wenig geeignet (Dietrich, Die Publikums-Kommanditgesellschaft..., 1988, S. 184) und die Austrittskündigung hat Vorrang (dazu § 161 Anm. 152 ff.). Darüber hinaus ist für den gesamten Bereich der **GmbH & Co.** eine Analogie zu § 61 GmbHG zu erwägen (vgl. Scholz-Karsten Schmidt GmbHG § 61 Anm. 27). In all diesen Fällen könnte demnach eine Auflösungsklage gegen die Gesellschaft statt gegen sämtliche Mitgesellschafter erhoben werden. Im Fall der GmbH & Co. KG bedeutet dies, daß ein die Auflösung begehrender Gesellschafter nur gegen die GmbH nach § 61 GmbHG und gegen die KG, vertreten durch die GmbH, nach § 133 klagen muß, um beide Gesellschaften zur Auflösung zu bringen. Da der Prozeßbevollmächtigte eines Klägers in Prozessen um § 133 das ohnehin große Prozeßrisiko nicht durch Experimente vermehren wird, ist allerdings vorerst fraglich, wie schnell sich diese Auffassung in der Praxis durchsetzen wird. Klarstellende Vertragsregeln sind zu empfehlen.

4. Klaganträge

49 a) Die typische Klagsituation ist die, daß ein Gesellschafter oder mehrere Gesellschafter gegen die übrigen Gesellschafter klagen. Die Klage ist eine **Gestaltungsklage**. Der Antrag lautet etwa „die Gesellschaft für aufgelöst zu erklären" (Muster für Auflösungsklage in Beck'sches Prozeßformularbuch, 4. Aufl. 1986, II. J. 1.). Gesellschafter, die dem Klagantrag zustimmen, werden nicht mitverklagt (Anm. 46). Ihre **Zustimmung zum Klagantrag** ist beizubringen. Eine Form ist hierfür nicht vorgeschrieben. Da es sich um eine Sachurteilsvoraussetzung handelt (die Klage ist ohne die Zustimmung unzulässig; vgl. Anm. 45), genügt aber nicht, daß der Kläger die Zustimmung behauptet und der Beklagte dies nicht bestreitet. Praktisch ist deshalb eine Erklärung der Mitgesellschafter gegenüber dem Gericht oder eine schriftliche Beibringung der Erklärung durch den Kläger unerläßlich.

50 b) Die Klage kann in Form von **Haupt- und Hilfsanträgen** mit anderen Anträgen kombiniert werden. Beispiel: in erster Linie Auflösungsklage, hilfsweise Ausschließung des Gesellschafters X, ganz hilfsweise Entziehung der Geschäftsführungs- und Vertretungsbefugnis gegenüber X (dazu vgl. RG JW 1917, 292; OLG Frankfurt BB 1971, 1479; Ulmer in Großkomm § 140 Anm. 37).

51 c) **Klage und Widerklage** sind möglich (vgl. Ulmer in Großkomm Anm. 49; Karsten Schmidt Gesellschaftsrecht § 52 III 7 c; Westermann Handbuch [Lfg. 1978] I 656). Beispielsweise kann ein gemäß §§ 117, 127, 140 oder 142 verklagter Gesellschafter widerklagend auf Auflösung der Gesellschaft klagen (vgl. Ulmer in Großkomm § 140 Anm. 37; Karsten Schmidt Gesellschaftsrecht § 52 III 7c; OLG Frankfurt BB 1971, 1479; zwei selbständige Klagen sind zu verbinden). Es kann sich auch umgekehrt so verhalten, daß der Kläger die Auflösung nach § 133 begehrt und daß die beklagten Gesellschafter widerklagend die Ausschließung des Klägers begehren (nach dem zur GmbH ergangenen Urteil BGHZ 80, 346 = NJW 1981, 2302 ist in diesem Fall die Auflösungsklage abzuweisen, wenn der Ausschließungswiderklage stattgegeben werden müßte; ebenso OLG Frankfurt BB 1971, 1479).

5. Prozeßverlauf

a) Die Beklagten können den **Klägervortrag zugestehen** oder **bestreiten**. Die **Beweislast** 52 für die die Auflösung rechtfertigenden Tatsachen trägt der Kläger (Ulmer in Großkomm Anm. 55). Bei **Säumnis** der Kläger oder der Beklagten ist nach §§ 330, 331, 62 ZPO zu verfahren. Ob der Klägervortrag die Auflösung nach § 133 rechtfertigt, ist eine Rechtsfrage und unterliegt der Amtsprüfung durch das Gericht. Problematisch und noch nicht hinreichend diskutiert ist, ob ein **Anerkenntnisurteil** nach § 307 ZPO ergehen kann. Ein solches ist nicht generell in Gestaltungsprozessen ausgeschlossen (vgl. nur Stein-Jonas-Leipold, ZPO, 20. Aufl. 1988, § 307 Anm. 1). Eine Schwierigkeit besteht allerdings darin, daß die Beklagten statt anzuerkennen, auch einen Auflösungsbeschluß fassen können (vgl. Lüke JuS 1969, 305). Richtig scheint: Ein Anerkenntnis einzelner Beklagter ist als Einverständnis i.S. von Anm. 46 zu behandeln. Die Klage gegen den betreffenden Beklagten wird unzulässig. Der Kläger kann die Erledigung in der Hauptsache erklären (Folge: Kostenentscheidung nach § 91a ZPO, ggf. unter Mitberücksichtigung des § 93 ZPO). Erklären alle Beklagten ihr Einverständnis mit der Auflösung, so kann dies im Einvernehmen aller Gesellschafter als Auflösungsbeschluß i.S. von § 131 Nr. 2 angesehen werden (Folge auch hier: Erledigung in der Hauptsache). Nur wenn ein solcher Beschluß nicht gewollt ist, ist die Einverständniserklärung aller Beklagter im Prozeß als Anerkenntnis i.S. von § 307 ZPO zu werten (Kostenfolge: §§ 91, 93 ZPO).

b) Das **Urteil** lautet auf Auflösung der Gesellschaft oder auf Abweisung der Klage. Das 53 Gericht kann, da es an den Klageantrag gebunden ist (§ 308 ZPO), nicht unter Teilabweisung auf ein Weniger (z.B. auf Ausschließung oder auf Entziehung der Geschäftsführungs- und Vertretungsbefugnis) erkennen (über entsprechende Hilfsanträge vgl. Anm. 63). Liegen nach dem zugestandenen, unbestrittenen oder bewiesenen Klägervortrag die Voraussetzungen für eine Auflösung nach § 133 vor, so „kann" das Gericht nach dem Gesetzeswortlaut die Auflösung aussprechen. Dieser Gesetzeswortlaut ist irreführend. Es besteht **kein Ermessen des Gerichts** (vgl. RGZ 122, 312, 314, Baumbach-Duden-Hopt Anm. 2D; Heymann-Emmerich Anm. 19; Ulmer in Großkomm Anm. 61). Der Kläger hat unter den Voraussetzungen des § 133 Anspruch auf das Auflösungsurteil. Ob der Klage aufgrund des unstreitigen oder bewiesenen Sachvortrags stattzugeben ist, ist eine der revisionsgerichtlichen Prüfung unterliegende Rechtsfrage. Wird der Klage stattgegeben, so lautet das Urteil: „Die Gesellschaft ist aufgelöst." Oder: „Die Gesellschaft wird für aufgelöst erklärt." Der Auflösungszeitpunkt (Anm. 57) kann aus Zweckmäßigkeitserwägungen auf Antrag im Tenor auf einen späteren Zeitpunkt hinausgeschoben werden (vgl. Ulmer in Großkomm Anm. 65; Alfred Hueck oHG § 25 IV 2). Das Urteil kann in der Hauptsache nicht für vorläufig vollstreckbar erklärt werden (KG RJA 11 [1912], 225 ff.; JW 1924, 1179; Baumbach-Duden-Hopt Anm. 2 B; Heymann-Emmerich Anm. 18; Ulmer in Großkomm Anm. 64).

54 c) **Rechtsmittel** kann jeder Streitgenosse einlegen. Nach dem erweiternd anzuwendenden § 62 Abs. 2 ZPO werden im Rechtsmittelverfahren eines Beklagten die Mitbeklagten als notwendige Streitgenossen geladen und können Prozeßhandlungen vornehmen.

55 d) Einstweiliger Rechtsschutz durch **einstweilige Verfügung** ist zulässig, soweit Maßnahmen zur Regelung eines einstweiligen Zustandes nach § 940 ZPO getroffen, insbesondere Verbote ausgesprochen werden, die eine Vereitelung des Klagziels verhindern sollen. Dagegen kann die Gesellschaft selbst nicht durch einstweilige Verfügung aufgelöst werden (vgl. Baumbach-Duden-Hopt Anm. 2 B; Ulmer in Großkomm Anm. 62). Zum einstweiligen Rechtsschutz im schiedsgerichtlichen Verfahren vgl. § 127 Anm. 33 ff.

6. Gestaltungsurteil, Gestaltungswirkung und Rechtskraft

56 a) Die Gestaltungswirkung des Auflösungsurteils tritt mit seiner **materiellen Rechtskraft** ein (RGZ 112, 280, 282; 123, 151, 153; Heymann-Emmerich Anm. 18, Ulmer in Großkomm Anm. 63 ff.; Becker ZZP 97 [1984], 314, 317 zur GmbH). Die materielle Rechtskraft des der Klage stattgebenden Urteils hängt davon ab, daß kein Beklagter mehr Rechtsmittel einlegen kann. Handelt es sich um einen Schiedsspruch, so bedarf dieser der Vollstreckbarerklärung nach § 1042 ZPO (Düringer-Hachenburg-Flechtheim Anm. 20; Ulmer in Großkomm Anm. 75; Alfred Hueck oHG § 25 V 2; vgl. auch zu § 61 GmbHG BayObLG BB 1984, 746 = WM 1984, 809; a. A. Stein-Jonas-Schlosser, ZPO, 20. Auflage 1980, § 1042 Anm. 2; eingehend Vollmer BB 1984, 1774).

57 b) **Auflösungszeitpunkt** ist gleichfalls der Eintritt der Rechtskraft. Das Auflösungsurteil hat also keine rückwirkende Kraft (vgl. Ulmer in Großkomm Anm. 65; Alfred Hueck oHG § 25 IV 1). Auch schuldrechtlich müssen die Gesellschafter einander nicht so stellen, als wäre die Gesellschaft bei Klageerhebung aufgelöst (vgl. demgegenüber § 140 Abs. 2). Eine andere Frage ist, ob nach Lage des Falls ein Gesellschafter, der den Auflösungsgrund verschuldet hat, den Mitgesellschaftern Schadensersatz wegen Treupflichtverletzung schuldet.

58 c) Die **Rechtsfolgen** der Auflösung ergeben sich aus §§ 145 ff. Auf die Einzelerläuterung dieser Bestimmungen ist zu verweisen. Die Rechtsfolgen treten nur für die Zukunft ein. Eine schuldrechtliche Rückbeziehung wie im Fall des § 140 Abs. 2 gibt es nicht. Hat allerdings ein Gesellschafter die Auflösung durch schuldhafte Treupflichtverletzung herbeigeführt, so kann er der Gesellschaft oder den Mitgesellschaftern zum Schadensersatz verpflichtet sein.

59 d) Die **materielle Rechtskraft** ist von der Gestaltungswirkung zu unterscheiden (vgl. m. w. Nachw. Karsten Schmidt JuS 1986, 28). Ein der Klage stattgebendes Urteil stellt auch die der Auflösung zugrundeliegenden Auflösungsgründe mit Wirkung unter den Parteien rechtskräftig fest. Ein die Klage abweisendes Sachurteil stellt das Nichtvorliegen der geltend gemachten Auflösungsgründe rechtskräftig fest. Zweifelhaft ist der Umfang der durch die Rechtskraft eines klagabweisenden Sachurteils eintretenden Präklusion. Richtig scheint: Das die Klage abweisende Sachurteil schafft materielle Rechtskraft nur bezüglich des geltend gemachten Streitstoffs (vgl. Schlosser Gestaltungsklagen S. 387). Deshalb ist eine neuerliche Auflösungsklage nicht schon immer dann unzulässig, wenn mit ihr Gründe vorgetragen werden, die zur Zeit des Erstprozesses bereits vorlagen. Sie ist auf der anderen Seite nur zulässig, wenn der zur Begründung einer neuerlichen Auflösungsklage vorgetragene Sachverhalt außerhalb des im Vorprozeß geprüften Lebenssachverhalts liegt.

IV. Verhältnis zu anderen Rechtsbehelfen

1. Materielles Recht

a) Ein **Anspruch auf Änderung des Vertrages** kann neben § 133 bestehen (dazu § 105 Anm. 143; BGHZ 44, 40, 41; BGH LM Nr. 8 zu § 138 = NJW 1961, 724; BGH NJW 1985, 974; NJW 1987, 952 = JZ 1987, 95 m. Anm. Westermann; Papst, Die Mitwirkungspflicht bei der Abänderung von Grundlagen von Personengesellschaften, 1976; Karsten Schmidt Gesellschaftsrecht § 5 IV; Zöllner, Die Anpassung von Personengesellschaftsverträgen an veränderte Umstände, 1979; H. P. Westermann in Festschrift Hefermehl S. 225 ff.; abl. Kollhosser in Festschrift Westermann S. 275 ff.; ders. in Festschrift Bärmann S. 533 ff.). Zur Frage, inwieweit eine Auflösung aus wichtigem Grund durch Vertragsänderung abgewendet werden kann, vgl. Anm. 9. **60**

b) Auflösungsgründe können auch **Ausschließungsgründe** nach §§ 140, 142 sein (vgl. Anm. 10, 15.). Über das Verhältnis zwischen dem Auflösungsverfahren und dem Ausschließungsverfahren vgl. § 140 Anm. 6. Zur Frage, inwieweit die Ausschließungsmöglichkeit eine Auflösung hindert, vgl. Anm. 10. Auch eine **Entziehung der Geschäftsführungs- oder Vertretungsbefugnis nach §§ 117, 127** kann als milderes Mittel Vorrang vor der Auflösung haben (vgl. Anm. 9). **61**

c) Von der Auflösung und Ausschließung ist der **Austritt eines Gesellschafters** zu unterscheiden. Aus dem Gesellschaftsvertrag oder in ergänzender Auslegung des Gesellschaftsvertrags kann sich ergeben, daß dem von einem wichtigen Grund betroffenen Gesellschafter ein Austrittsrecht zusteht (vgl. Karsten Schmidt Gesellschaftsrecht § 52 III 7 b). Eine solche Austrittsmöglichkeit ist für die Publikumspersonengesellschaft anerkannt (vgl. § 161 Anm. 152 ff.; OGHZ 2, 253, 262; BGHZ 63, 338, 345 f.; 69, 160; 70, 61, 66; 73, 294; OLG Hamm NJW 1978, 225; Schlarmann BB 1979, 195 f.; Kraft, in Festschrift R. Fischer, 1979, S. 323 ff.). Zur Frage, inwieweit dem Gesellschafter die Auflösung unter Berufung auf das Austrittsrecht versagt werden kann, vgl. Anm. 9. Von der Austrittskündigung ist eine Auflösungskündigung zu unterscheiden (§ 132 Anm. 1). Diese kann zwar durch Gesellschaftsvertrag eingeführt werden, ist aber grundsätzlich durch das Klagerecht nach § 133 ersetzt (Anm. 2). Auch ein Rücktritt wegen Wegfalls der Geschäftsgrundlage ist neben § 133 nicht gegeben (vgl. Ulmer in Großkomm Anm. 84). **62**

2. Verfahrensrecht

63 Von den materiellrechtlichen Alternativen ist die prozessuale Stufenfolge zu unterscheiden. Es ist Sache des Klägers, ob er nur auf Auflösung (§ 133) klagt oder die Klage mit einem Eventualantrag verbindet (dazu schon Anm. 50). Beispielsweise kann die Klage gegen die Mitgesellschafter gerichtet sein: im Hauptantrag auf Auflösung nach § 133, im Hilfsantrag auf Ausschließung eines Mitgesellschafters (§ 140) bzw. auf Zustimmung der anderen zu dieser Ausschließung (dazu aber § 140 Anm. 46, 52), ganz hilfsweise auf Entziehung der Geschäftsführungs- oder Vertretungsbefugnis (§§ 117, 127) bzw. auf Zustimmung der Mitgesellschafter hierzu. Es kann auch im Hauptantrag auf Ausschließung (§ 140 bzw. 142) und hilfsweise auf Auflösung geklagt werden, wenn der Auflösungsgrund als solcher zweifelsfrei, die Zurechnung gegenüber einem Gesellschafter als Ausschließungsgrund (Übernahmegrund) dagegen problematisch scheint.

V. Abweichende Vereinbarungen

1. Zulässigkeit

64 a) § 133 ist **im Grundsatz nicht zwingend** (BGHZ 31, 295, 300; Ulmer in Großkomm Anm. 67; Heymann-Emmerich Anm. 21). Eine Änderung oder Erweiterung der Auflösungsmöglichkeit ist ohne weiteres zulässig. Als unzulässig wird allerdings eine Erweiterung der Klagmöglichkeit nach § 133 bezeichnet, weil Gestaltungsklagen nur durch das Gesetz und nicht durch Vertrag begründet werden können (Ulmer in Großkomm Anm. 68). Es handelt sich hierbei wohl um ein theoretisches Problem, denn die Gesellschafter können weitgehend bestimmen, was für sie ein wichtiger Grund ist (Anm. 69 f).

65 b) **Unzulässig und nichtig** ist nach **Abs. 3** eine Vereinbarung, durch welche das Recht des Gesellschafters, die Auflösung der Gesellschaft zu verlangen, ausgeschlossen oder den Regelungen des § 133 zuwider beschränkt wird (nur dies ist mit dem angeblich zwingenden Charakter des § 133 gemeint bei Düringer-Hachenburg-Flechtheim Anm. 18). Das gilt **auch in der kapitalistisch strukturierten Gesellschaft** (vgl. Nitschke S. 363 ff.; Barbasch, Ausgewählte Probleme der „großen Familienkommanditgesellschaft", 1989, S. 86) und auch bei der Gesellschaft mit übertragbaren Anteilen (differenzierend Nitschke S. 363 ff.). Die Ausführungen von § 132 Anm. 24 ff. gelten nur für das ordentliche, nicht für das außerordentliche Recht des § 133. Hier können nur die Rechtsfolgen modifiziert werden (Anm. 67). Verstößt eine Vertragsklausel gegen Abs. 3, so ist sie nichtig. Die Nichtigkeit erstreckt sich aber grundsätzlich nicht auf den ganzen Vertrag (Ulmer in Großkomm Anm. 83; für Anwendung von § 139 BGB Düringer-Hachenburg-Flechtheim Anm. 22).

66 c) Abs. 3 verbietet **nur gesellschaftsvertragliche Regelungen,** die in die Zukunft wirken sollen. Abs. 3 steht dagegen dem Verzicht auf die Auflösung aus schon gegebenem Grund (Anm. 38) nicht entgegen (Baumbach-Duden-Hopt Anm. 4). Insbesondere kann Abs. 3 eine Klagrücknahme oder einen Vergleich nicht hindern. Langes Zuwarten kann den Verzicht oder die Verwirkung von Auflösungsgründen bewirken (vgl. BGH LM Nr. 4; Baumbach-Duden-Hopt Anm. 3 D; s. auch zu § 140 BGH NJW 1966, 2160).

d) Abs. 3 verbietet nicht eine Ersetzung des Auflösungsrecht durch ein außerordentliches Austrittsrecht. Dieses ist vor allem bei Publikumspersonengesellschaften gegeben (§ 161 Anm. 152ff.). Bei diesen ist die Auflösungsklage nach § 133 ein evident ungeeignetes Reaktionsmittel, soweit der wichtige Grund nur einzelne Gesellschafter betrifft. Zulässig ist sogar eine Vertragsklausel, die für den Fall einer Klage nach § 133 den Kläger für ausgeschlossen erklärt (vgl. Alfred Hueck oHG § 25 V 1 b; Karsten Schmidt Gesellschaftsrecht § 52 I 1 c). Dem Schutzzweck des Abs. 3 wird hier die Garantie einer vollständigen Abfindung gerecht (vgl. § 138 Anm. 68 f.). Im Ergebnis ist damit eine außerordentliche Austrittskündigung zugelassen (Klageerhebung entbehrlich).

2. Verfahrensregeln

Regeln über das Auflösungsverfahren sind zulässig, soweit mit ihnen keine Erschwerung der Auflösung verbunden ist. Das bedeutet: Es kann vorgesehen werden, daß statt einer Auflösungsklage eine **Kündigungserklärung** – gerichtet auf die Auflösung der Gesellschaft – genügt (vgl. BGHZ 31, 295, 300 = NJW 1960, 625, 626, BGH LM Nr. 6 zu § 140; Baumbach-Duden Hopt Anm. 4; Düringer-Hachenburg-Flechtheim Anm. 21; Ulmer in Großkomm Anm. 73 f.; Karsten Schmidt Gesellschaftsrecht § 52 III 7 d). Regelungen über den Zivilprozeß nach Anm. 41 ff. sind zulässig, soweit nicht das Zivilprozeßrecht entgegensteht. Beispielsweise kann bestimmt werden, daß die Klage nicht gegen alle Mitgesellschafter, sondern gegen die Gesellschaft, vertreten durch die geschäftsführungs- und vertretungsberechtigten Gesellschafter zu erheben ist. Zuständigkeitsregeln sind zulässig. Zulässig sind auch Schiedsklauseln, weil diese am Gesellschafterrecht aus § 133 nichts ändern, sondern nur die Zuständigkeit eines Schiedgerichts für die Auflösungsklage anordnen (Anm. 42). Nicht zulässig ist eine Regelung, die die Auflösungsklage oder Auflösungskündigung von einer Zustimmung von Mitgesellschaftern oder dritten Personen abhängig macht (OGHZ 2, 253, 257 f.; Düringer-Hachenburg-Flechtheim Anm. 20; Heymann-Emmerich Anm. 23).

3. Regelungen über den wichtigen Auflösungsgrund

a) Positive Regelungen, wonach bestimmte Ereignisse wichtige Auflösungsgründe sind, sind ohne weiteres zulässig (RG JW 1938, 2752, 2753; Baumbach-Duden-Hopt Anm. 4; Heymann-Emmerich Anm. 21; Düringer-Hachenburg-Flechtheim Anm. 18; s. auch zu § 723 BGB RG JW 1938, 521, 522.) Ein Konflikt mit Abs. 3 kommt hier nicht in Betracht. Eine andere Frage ist, welche Tragweite diese Regelung hat. Sie kann besagen, daß ein bestimmtes Ereignis einen wichtigen Grund indiziert (der dann noch im Einzelfall zu prüfen ist.) Regelmäßig soll eine solche Klausel besagen, daß das darin bezeichnete Ereignis ohne weiteres zur Auflösung berechtigt. Dann kann der Auflösungsklage oder der Kündigung nur noch der Einwand des Rechtsmißbrauchs entgegengehalten werden.

b) Negative Regelungen, wonach bestimmte Ereignisse kein wichtiger Auflösungsgrund sind, sind nach einer verbreiteten Auffassung unzulässig (Ritter Anm. 3; Staub-

Pinner 14. Aufl. Anm. 22; Alfred Hueck oHG § 25 V 1 a; Bedenken auch bei Heymann-Emmerich Anm. 23). Das ist in dieser Form zu bestreiten (vgl. auch Ulmer in Großkomm Anm. 69). Richtig scheint: Der Gesellschaftsvertrag kann klarstellen, daß bestimmte Ereignisse nach dem Verständnis der Gesellschafter keine Auflösungsgründe sind (Ulmer in Großkomm Anm. 70). Eine solche Klausel schließt nicht aus, daß das darin bestimmte Ereignis im Zusammenhang mit anderen Ereignissen oder aufgrund einer von den Gesellschaftern nicht vorhergesehenen Entwicklung einen wichtigen Auflösungsgrund darstellt, der die Fortsetzung des Gesellschaftsverhältnisses unzumutbar macht. Im Zweifel soll die Vertragsregelung die Auflösung in diesem Fall nicht ausschließen. Soll sie es doch, so ist sie allerdings insoweit nach Abs. 3 nichtig. Für den Auflösungsprozeß bedeutet dies, daß die Wirkung der Klausel niemals so weit gehen kann, daß bestimmte Ereignisse dem Gericht bei der Prüfung des wichtigen Grundes schlechthin entzogen sind (übereinstimmend Ulmer in Großkomm Anm. 72). Das Gericht hat vielmehr das betreffende Ereignis unter Mitberücksichtigung der Vertragsklausel zu würdigen und kann das Auflösungsrecht nach dieser Gesamtwürdigung bejahen oder verneinen.

4. Fortsetzungsklausel

71 Zulässig ist eine Vertragsregel, nach der ein auf Auflösung klagender Gesellschafter aus der Gesellschaft **ausscheidet** (vgl. Ulmer in Großkomm Anm. 77 ff.; Heymann-Emmerich Anm. 21; Alfred Hueck oHG § 25 V 1 b). Das ergibt sich aus § 138, denn hiernach kann für den Fall einer Kündigung vereinbart werden, daß die Gesellschaft unter den übrigen Gesellschaftern fortbesteht (dazu Erl. § 138). Nach der Wertung des Abs. 3 kann aber eine solche Regelung nur dann zulässig sein, wenn dem Kläger bei der Abfindung nicht weniger zukommt, als er im Fall der Liquidation erhielte (RGZ 162, 388, 393 ff.; vgl. auch Baumbach-Duden-Hopt Anm. 4; Westermann Handbuch [Lfg. 1978] I 655). Über Abfindungsklauseln im Lichte des Abs. 3 vgl. auch § 138 Anm. 63. Dagegen hat eine Klausel, wonach eine unbegründete Klage aus § 133 automatisch zum Ausscheiden des Klägers führt, eine der Vertragsstrafe entsprechende Einschüchterungswirkung und ist nichtig (Baumbach-Duden-Hopt Anm. 4).

5. Verbotene Sanktionen

72 a) **Abfindungsklauseln** können nach h. M. mit Abs. 3 unvereinbar sein (vgl. die eingehenden Nachweise bei § 138 Anm. 63). Die Frage ist umstritten, weil die Abfindungsklausel der Auflösungsklage als solche nicht entgegensteht.

73 b) **Sonstige Sanktionen**, etwa **Vertragsstrafen**, sind mit Abs. 3 unvereinbar und nichtig (vgl. Ulmer in Großkomm Anm. 80). Wie bei Anm. 71 gesagt, gilt dies auch für eine Klausel, nach der der Gesellschafter automatisch ausscheidet, wenn er erfolglos aus § 133 klagt. Auch sonstige Nachteile für den ausscheidenden Kläger können als Umgehungen des Abs. 3 unzulässig sein: Man wird aber Wettbewerbsverbote zulassen müssen, deren Einhaltung sich – z.B. im Fall des Ausscheidens aus der Gesellschaft aufgrund einer Fortsetzungsklausel – aus der nachwirkenden Treupflicht ergibt, die durch eine solche Klausel lediglich konkretisiert wird.

Gesellschaft auf Lebenszeit; fortgesetzte Gesellschaft 1, 2 **§ 134**

134 Eine Gesellschaft, die für die Lebenszeit eines Gesellschafters eingegangen ist oder nach dem Ablaufe der für ihre Dauer bestimmten Zeit stillschweigend fortgesetzt wird, steht im Sinne der Vorschriften der §§ 132 und 133 einer für unbestimmte Zeit eingegangenen Gesellschaft gleich.

Schrifttum: *Merle*, Personengesellschaften auf unbestimmte Zeit und auf Lebenszeit, in: Festschrift Bärmann, 1975, S. 631; *Simon*, Gesellschaftsrechtliche Bindungen auf Lebenszeit, DB 1961, 1679.

Inhalt

	Anm.		Anm.
I. Grundlagen	1–4	1. Der Tatbestand	5
1. Normzweck	1	2. Die Rechtsfolge	9
2. Anwendungsbereich	4	III. Stillschweigende Fortsetzung einer auf bestimmte Zeit eingegangenen Gesellschaft	11–13
II. Der erste Anwendungsfall: Gesellschaft auf Lebenszeit	5–10	1. Anwendungsfälle	11
		2. Rechtsfolgen	13

I. Grundlagen

1. Normzweck

a) § 134 enthält zunächst eine **Auslegungsregel**. Diese bestimmt für **zwei ganz verschiedene Tatbestände**, daß die oHG wie eine für unbestimmte Zeit eingegangene Gesellschaft behandelt werden soll. Die Vorschrift beruht auf Art. 123 Abs. 1 Nr. 5 und Abs. 2 ADHGB. Eine gleiche Bestimmung enthält § 724 BGB für die bürgerlich-rechtliche Gesellschaft. In beiden Fällen geht es um die Auslegung des Gesellschaftsvertrags (Ulmer in Großkomm Anm. 8, 10). Das Gesetz will dafür sorgen, daß eine für die Lebenszeit eines Gesellschafters eingegangene Gesellschaft im Zweifel den für die Gesellschaft von unbestimmter Dauer geltenden Auflösungsregeln unterliegen soll. Es besagt ferner, daß die stillschweigende Fortsetzung einer auf bestimmte Zeit eingegangenen Gesellschaft im Zweifel als Fortsetzung für unbestimmte Zeit (nicht etwa als Fortsetzung für neuerlich bestimmte Zeit) auszulegen ist. Die Regel des § 134 ist, soweit es nur um die Auslegungsregel geht, nicht zwingend (Ulmer in Großkomm Anm. 8; a. M. noch Geßler in der 4. Aufl. Anm. 1).

b) Daneben hat aber § 134 eine **freiheitsschützende Funktion**. Ausweislich der ADHGB-Protokolle von 1857 (S. 234) wollte der Gesetzgeber die Regel nicht auf eine Auslegungsregel beschränken, sondern die Gesellschafter zugleich auch durch eine zwingende Begrenzung gegen eigene Unbesonnenheit und gegen eine überlange Bindung schützen. Insofern liegt dem Abs. 1 zugleich stillschweigend eine freiheitsschützende Verbotsregel zugrunde. Diese tritt zum Schutz natürlicher Personen neben die elastische Kontrolle des § 138 BGB (str.; die wohl h. M. schützt den Gesellschafter über § 138 BGB; vgl. nur Ulmer in Großkomm Anm. 7). Die Grenzen der Bindung sind bei § 132 Anm. 24 ff. dargestellt. Jedenfalls setzt die erste Alternative des § 134 voraus, daß eine unzulässige Bindung auf Lebenszeit vorliegt. Insofern mag man von einer zwingenden Regel sprechen (in diesem Punkt zutr. die 4. Aufl. von Geßler Anm. 1). Mit

Karsten Schmidt

dieser **Verbotsregel** verbindet sich eine **Umdeutungsregel.** Sie besagt, daß ein für unzulässig lange Zeit bindend eingegangener Gesellschaftsvertrag als auf unbestimmte Zeit eingegangen gilt und nicht etwa aufgrund § 139 BGB teilnichtig ist (ähnlich Ulmer in Großkomm Anm. 8). § 134 funktioniert insoweit als eine gesetzlich verordnete geltungserhaltende Reduktion. Die Rechtsfolge der Unwirksamkeit soll nicht über die einer gesetzlichen Kündbarkeit der Gesellschaft hinausgehen. Die Folge dieser geltungserhaltenden Reduktion ist aber vielfach eine andere als die aus § 134 ersichtliche (vgl. Anm. 10).

3 c) **Rechtspolitisch** kann man über den Wert des § 134 streiten. Der Schutzfunktion (Anm. 2) wird der elastische § 138 BGB besser gerecht (vgl. § 132 Anm. 32). Die Auslegungsregel (Anm. 1) ist im Fall der stillschweigenden Fortsetzung überflüssig und im Fall der Gesellschaft auf Lebenszeit wenig interessengerecht (dazu Anm. 10).

2. Anwendungsbereich

4 Die Bestimmung gilt für die **oHG** und für die **KG** (§ 161 Abs. 2). Für die Gesellschaft bürgerlichen Rechts gilt § 724 BGB. Die Anwendung auf Publikumspersonengesellschaften wäre problematisch. Die Frage stellt sich indes in der Praxis nicht, weil Vereinbarungen, die unter § 134 fallen könnten, hier nicht vorkommen.

II. Der erste Anwendungsfall: Gesellschaft auf Lebenszeit

1. Der Tatbestand

5 a) Eine Gesellschaft ist eindeutig auf die **Lebenszeit eines Gesellschafters** eingegangen, wenn der Gesellschaftsvertrag ausdrücklich bestimmt, daß die Gesellschaft „für die Lebenszeit eines oder des Gesellschafters..." eingangen sein soll. Nach der heute ganz herrschenden Auffassung beschränkt sich § 134 auf Fälle, in denen dies vereinbart ist (vgl. nur Ulmer in Großkomm Anm. 3; Simon DB 1961, 1681; s. auch OGH Wien JBl. 1986, 243). Nach einer früher weit verbreiteten Ansicht sollte eine auf die Lebenszeit eines Gesellschafters eingegangene Gesellschaft aber auch dann vorliegen, wenn die Gesellschaft zwar auf bestimmte Zeit eingegangen ist, die Vertragsdauer aber so lange bemessen ist, daß sie die mutmaßliche Lebensdauer auch nur eines der beteiligten Gesellschafter übersteigt (so z.B. in der 27. Aufl. noch Baumbach-Duden-Hopt Anm. 1). Angenommen wurde auch, daß § 134 eingreift, wenn unabhängig von der Dauer der Gesellschaft auch nur einem einzigen Gesellschafter für die Dauer seiner Lebenszeit die Kündigungsmöglichkeit genommen ist (vgl. zur stillen Gesellschaft RGZ 156, 129, 135 f.; ebenso in der 27. Aufl. noch Baumbach-Duden-Hopt Anm. 1). Zur Begründung hat das RG angeführt, daß die Vorschrift auf ethischen Motiven beruhe; die überlange Bindung einer Person an eine Personengesellschaft sei mit den Anschauungen über die persönliche Freiheit unvereinbar. Gegen diese Ausdehnung hat *Geßler* in der 4. Aufl. ausführlich polemisiert. Geßler vermißte insbesondere die vom RG unterstellte rechtsethische Fundierung des § 134. Nach dem bei Anm. 2 Gesagten geht dieser Einwand fehl, aber der flexible Umgehungsschutz, um den es bei dieser Auffassung geht, ist dem § 134 nicht zu entnehmen (vgl. § 132 Anm. 31).

b) Nur wenn die **Lebenszeit als Mindestzeit** vereinbart ist, fällt der Gesellschaftsvertrag **6** unter § 134. Die Vereinbarung des Todes als Auflösungsgrund bei gleichzeitiger fester Höchstdauer (z.B.: „bis ..., höchstens jedoch bis zum Tod des Komplementärs") ist kein Anwendungsfall des § 134 (Alfred Hueck oHG § 24 I 1 Fn. 6; Ulmer in Großkomm Anm. 4). Es bedarf hier nicht des § 134, denn die Gesellschaft ist schon nach allgemeinen Regeln als auf unbestimmte Zeit eingegangen anzusehen (vgl. zum Verhältnis von § 131 Nr. 1 und § 132 näher § 131 Anm. 7 ff., § 132 Anm. 5, 9).

c) Die **Bindung an die Dauer einer juristischen Person als Gesellschafter** (heute sollte **7** man gleichstellen: oder einer Gesamthandsgesellschaft als Gesellschafter) wurde von *Geßler* (4. Aufl. Anm. 5) der Gesellschaft auf Lebenszeit dann – aber auch nur dann – gleichgestellt, wenn die Dauer der juristischen Person ihrerseits unbestimmt ist (s. auch Ulmer in Großkomm Anm. 6). Die Frage wird kaum praktisch. Jedenfalls ist zwischen den Fällen des § 132, des § 131 Nr. 1 und § 134 zu unterscheiden. Besteht die als Gesellschafterin beteiligte juristische Person oder Gesamthand ihrerseits auf unbestimmte Zeit, so fehlt es für den Gesellschaftsvertrag an einem absehbaren Bezugspunkt; die Gesellschaft ist schon nach allgemeinen Auslegungsregeln auf unbestimmte Zeit eingegangen. Besteht die als Gesellschafterin beteiligte juristische Person oder Gesamthand auf bestimmte Zeit, so ist ein Gesellschaftsvertrag, der für die Dauer dieser Gesellschaft eingegangen ist, im Sinne einer Bezugnahme auf die Satzung bzw. auf den Gesellschaftsvertrag ihrer Gesellschafterin zu deuten. Versteht sich diese Bezugnahme als Höchstdauer, so ist dies ein Fall des § 131 Nr. 1, wobei sich die Frage stellt, ob die Dauer der Gesellschafter-Gesellschaft nach dem Verständnis des Gesellschaftsvertrags mit der Auflösung oder erst mit der Vollbeendigung der Gesellschafter-Gesellschaft endet (im Hinblick auf das bei § 131 Anm. 32 Ausgeführte wird es bei einer Komplementär-Gesellschaft im Zweifel auf deren Auflösung, nicht Vollbeendigung, ankommen). Versteht sich die Bezugnahme als Mindestdauer, so kann ein analog § 134 zu behandelnder Fall vorliegen. Eine juristische Person genießt diesen Schutz allerdings nur, wenn sie, wie eine natürliche Person, eine Individualität außerhalb der Personengesellschaft hat. Deshalb kann namentlich die Komplementär-GmbH einer typischen GmbH & Co. KG auf die Dauer ihres Bestehens gebunden sein (vgl. auch § 132 Anm. 28).

d) Umstritten ist die **Umgehungsfestigkeit** des § 134. Wie bei § 132 Anm. 31 dargestellt, vertritt eine verbreitete Ansicht eine Anwendbarkeit des § 134 auf alle sonstigen **8** Fälle einer überlangen und deshalb unwirksamen Bindung (dazu § 132 Anm. 24 ff.). Darauf, ob die Unzulässigkeit aus der dem § 134 zugrunde liegenden Wertung oder aus §§ 138, 723 Abs. 3 BGB geschlossen wird (§ 132 Anm. 31), kommt es im Ergebnis nicht an. Allein entscheidend ist, daß dies nicht zur Nichtigkeit (§ 138 BGB) oder Teilnichtigkeit (§ 139 BGB), sondern allenfalls zur Kündbarkeit des Vertrages führen soll (a.M. Simon DB 1961, 1680).

2. Rechtsfolge

a) Die Gesellschaft ist nach § 132 **kündbar** und wird auch hinsichtlich der Auflösung **9** nach § 133 einer auf unbestimmte Zeit eingegangenen Gesellschaft gleichgestellt. Das Kündigungsrecht nach § 132 hat jeder nicht in zulässiger Weise auf bestimmte Zeit gebundene Gesellschafter (vgl. § 132 Anm. 7), nicht nur der Gesellschafter, auf dessen Lebenszeit die Dauer der Gesellschaft abgestellt ist (vgl. zur stillen Gesellschaft RGZ 20, 166; Baumbach-Duden-Hopt Anm. 1; Ulmer in Großkomm Anm. 9; Simon DB 1961, 1682).

10 b) **Abweichende Vereinbarungen** sollten nach *Geßler* (4. Aufl. Anm. 1) unzulässig sein (ebenso Simon DB 1961, 1679). Soweit § 134 nur eine Auslegungsregel oder Umdeutungsregel enthält (Anm. 1 und 2), ist dies mißverständlich. Entweder bleibt es bei der Umdeutung bzw. Auslegung nach § 134 (Gesellschaft auf unbestimmte Dauer), dann ergibt sich aus § 132 Anm. 24 ff. bzw. aus § 133 Anm. 64 ff., inwieweit die Kündbarkeit bzw. Auflösbarkeit ausgeschlossen werden kann. Oder die Gesellschaft ist entgegen der Umdeutungsregel des § 134 doch auf eine **feste, aber zulässige Dauer** eingegangen. Als Umdeutungsregel soll die erste Variante des § 134 die Nichtigkeit des Gesellschaftsvertrags vermeiden (Anm. 2). Das Ergebnis der in § 134 angeordneten Umdeutung ist Ausdruck des vom Gesetz angenommenen hypothetischen Parteiwillens. Dieser hypothetische Parteiwille wird sich selten mit den Interessen der Beteiligten decken, wenn die Gesellschaft auf Lebenszeit eingegangen ist (Anm. 3). Eine **ergänzende Vertragsauslegung** oder **geltungserhaltende Reduktion** hat deshalb **Vorrang vor § 134**. Sofern eine unzulässig lange Bindung als bestimmte, aber zulässige Dauer aufrechterhalten werden kann (§ 132 Anm. 33), ist die auf Lebenszeit eingegangene Gesellschaft nicht gemäß § 132 kündbar, sondern besteht als befristete Gesellschaft.

III. Stillschweigende Fortsetzung einer auf bestimmte Zeit eingegangenen Gesellschaft

1. Anwendungsfälle

11 a) Wie eine für unbestimmte Zeit eingegangene Gesellschaft ist auch die Gesellschaft zu behandeln, die nach Ablauf der für ihre Dauer bestimmten Zeit **stillschweigend** fortgesetzt wird. Eine stillschweigende Fortsetzung der Gesellschaft setzt den konkludent geäußerten Willen aller Gesellschafter voraus, die Gesellschaft über den vereinbarten Auflösungszeitpunkt hinaus ohne Liquidation fortzusetzen (vgl. auch § 131 Anm. 60 ff., insbes. 64). Sie ist z.B. anzunehmen, wenn das Geschäft in der bisherigen Weise über den im Gesellschaftsvertrag bestimmten Zeitpunkt fortgeführt wird, wenn die Mietverträge darüber hinaus verlängert werden und wenn langlaufende Verträge geschlossen werden. Die stillschweigende Fortsetzung muß von allen Gesellschaftern gewollt sein. Selbst wenn eine Mehrheitsentscheidung zugelassen ist (§ 131 Anm. 64), genügt eine stillschweigende Fortsetzung durch die Mehrheit nur, wenn die Minderheitsgesellschafter dies billigen. Eine **ausdrückliche** Fortsetzung, bei der über die neue Dauer des Gesellschaftsverhältnisses nichts bestimmt ist, steht der stillschweigenden gleich. Ebenso ist § 134 anwendbar, wenn die Gesellschafter bereits vor der Auflösung ausdrücklich oder stillschweigend beschließen, die Gesellschaft über die demnächst ablaufende Vertragsdauer hinaus fortzusetzen. Denn die Auslegungsregel des § 134 paßt überall da, wo die Gesellschaft über einen einmaligen Auflösungszeitpunkt hinweg fortgesetzt wird, ohne daß die Gesellschafter sich über eine neue Vertragsdauer einigen.

b) Wird eine auf bestimmte Zeit eingegangene Gesellschaft, die aus einem anderen, also **12** nicht in der vertraglichen Befristung liegenden Grund (z.B. durch Kündigung, Auflösungsklage) aufgelöst war, **stillschweigend fortgesetzt,** so gilt § 134 nicht (vgl. zur stillschweigenden Fortsetzungsvereinbarung § 131 Anm. 64). Die Dauer des Gesellschaftsverhältnisses bemißt sich vielmehr grundsätzlich nach dem bisherigen Vertrag. Im Einzelfall kann dies durchaus anders gewollt sein. Die Regel spricht aber für die Beibehaltung der vereinbarten festen Dauer.

2. Rechtsfolgen

Wegen der Rechtsfolgen kann sinngemäß auf Anm. 9f. verwiesen werden. Die Anwendung des § 134 muß von der Grundüberlegung geleitet sein, daß eine Auslegungsregel vorliegt (Anm. 1). Liegt eine stillschweigende Fortsetzung vor, so ist zunächst zu prüfen, ob sich aus den Umständen der Fortsetzung ihre Begrenzung auf eine bestimmte Zeitdauer ergibt. Ist das der Fall, gilt die Gesellschaft als auf diese bestimmte Zeit fortgesetzt. Nur wenn sich aus den Umständen darüber nichts feststellen läßt, greift § 134 ein; die Gesellschaft kann nach § 132 mit halbjähriger Frist für den Schluß eines Geschäftsjahrs gekündigt werden. Im übrigen gelten für die fortgesetzte Gesellschaft die alten Bestimmungen des Gesellschaftsvertrags unverändert fort. **13**

135 Hat ein Privatgläubiger eines Gesellschafters, nachdem innerhalb der letzten sechs Monate eine Zwangsvollstreckung in das bewegliche Vermögen des Gesellschafters ohne Erfolg versucht ist, auf Grund eines nicht bloß vorläufig vollstreckbaren Schuldtitels die Pfändung und Überweisung des Anspruchs auf dasjenige erwirkt, was dem Gesellschafter bei der Auseinandersetzung zukommt, so kann er die Gesellschaft ohne Rücksicht darauf, ob sie für bestimmte oder unbestimmte Zeit eingegangen ist, sechs Monate vor dem Ende des Geschäftsjahres für diesen Zeitpunkt kündigen.

Schrifttum: *Furtner,* Pfändung der Mitgliedschaftsrechte bei Personengesellschaften, MDR 1965, 613; *Marotzke,* Zwangsvollstreckung in Gesellschaftsanteile nach Abspaltung der Vermögensansprüche, ZIP 1988, 1509; *Paschke,* Zwangsvollstreckung in den Anteil eines Gesellschafters am Gesellschaftsvermögen einer Personengesellschaft, Diss. Berlin 1981; *Karsten Schmidt,* Der unveräußerliche Gesamthandsanteil – ein Vollstreckungsgegenstand? JR 1977, 177; *Stöber,* Forderungspfändung, 9. Aufl. 1990; *Zimmer,* Zwangsvollstreckung gegen den Gesellschafter einer Personengesellschaft, Diss. Bochum 1978.

Inhalt

	Anm.		Anm.
I. Grundlagen	1–6	III. Das Kündigungsrecht	17–22
1. Normzweck	1	1. Voraussetzungen des Kündigungsrechts	17
2. Anwendungsbereich	2		
3. Zwingendes Recht	6	2. Der Bestand des Kündigungsrechts	21
		IV. Die Kündigung	23–28
II. Die Pfändung	7–16	1. Zugangsbedürftige Willenserklärung	23
1. Privatgläubiger eines Gesellschafters	7	2. Die Kündigungsfrist	25
2. Der Pfändungszugriff	9	3. Rücknahme und Gegenstandslosigkeit der Kündigung?	26
3. Konkurrierende Abtretungen	15		

	Anm.		Anm.
V. Rechtfolgen der Kündigung	29–31	VI. Die Verpfändung des Anteils	32–40
1. Auflösung und Rechte des Gläubigers in der Liquidation	29	1. Gegenstand der Verpfändung	33
		2. Die Verpfändung	34
2. Abwendung der Auflösung	30	3. Verwertung	38
		4. Sicherungsübertragung	40

I. Grundlagen

1. Normzweck

1 Das **Gesellschaftsvermögen** ist während des Bestehens der Gesellschaft **dem Zugriff der Gläubiger eines einzelnen Gesellschafters entzogen**. Der Gläubiger eines Gesellschafters kann wegen seiner Forderung, selbst wenn er einen vollstreckbaren Titel besitzt, nicht in das Gesellschaftsvermögen vollstrecken (§ 124 Abs. 2). Das hängt mit der Trennung der Vermögensmassen und mit der Verselbständigung der Gesellschaft als Rechtssubjekt zusammen (dazu vgl. Erl. § 124). Der Gläubiger eines Gesellschafters kann nur den sog. **Anteil seines Schuldners am Gesellschaftsvermögen** (§ 725 BGB; § 859 ZPO; § 105 Abs. 2 HGB), dessen **Gewinnansprüche** (§ 717 S. 2 BGB), **Ansprüche aus § 110** oder das **Auseinandersetzungsguthaben** pfänden. Diese Pfändungsmöglichkeiten gewährleisten aber keine Befriedigung, denn der Gläubiger hat keinen Einfluß auf die Gewinnerwartung und die Gewinnfeststellung. Aus der Pfändung des Auseinandersetzungsguthabens kann er sich erst nach Auflösung der Gesellschaft befriedigen. Da die reguläre Auflösung der Gesellschaft noch in weiter Ferne liegen kann, schafft das Gesetz eine Möglichkeit, um dem Gläubiger eines Gesellschafters in absehbarer Zeit den Zugriff auf das gebundene Gesellschaftsvermögen zu sichern. § 135 gewährt ihm deshalb in Anlehnung an die Vorschrift des § 725 BGB das Recht, die Gesellschaft seines Schuldners durch Kündigung aufzulösen. Der Unterschied liegt in der Kündigungsfrist. Sie dient dem Schutz des Unternehmens bzw. der Gesellschaft (Düringer-Hachenburg-Flechtheim Anm. 8; Alfred Hueck oHG § 24 II 3; Karsten Schmidt Gesellschaftsrecht § 45 IV 3 c).

2. Anwendungsbereich

2 a) § 135 gilt für die **oHG** und für die **KG** (vgl. § 161 Abs. 2). Es kommt bei der KG auch nicht darauf an, ob der Anteil eines Komplementärs oder Kommanditisten gepfändet ist. Für die Gesellschaft bürgerlichen Rechts gilt § 725 BGB. Handelt es sich um eine unternehmenstragende Gesellschaft bürgerlichen Rechts (vgl. zu diesem Sondertypus § 105 Anm. 245; Karsten Schmidt Gesellschaftsrecht § 58 II 4, III 4, V), so sollte die Kündigungsfrist des § 135 analog angewandt werden (anders h.M.). Für die stille Gesellschaft gilt § 234 (eingehend § 339 a.F. = § 234 n.F. Anm. 42).

3 Nach h.M. (vgl. nur Heymann-Emmerich Anm. 14) gilt § 135 nur für die **werbende Gesellschaft**. Dem folgte auch die von Geßler betreute Vorauflage. Wird die Gesellschaft, bevor sie auf Grund der Kündigung des Privatgläubigers aufgelöst wird, aus einem anderen Grunde (§ 131) aufgelöst, so entfällt nach dieser h.M. damit die Auflösung der Kündigung des Privatgläubigers. Es treten deshalb nach h.M auch nicht die Folgen dieser Auflösung ein. Der Privatgläubiger steht wie jeder andere Gläubiger, der nicht die Auflösung bewirkt hat, da. Eine Ausnahme erkannte aber schon *Geßler* für den Fall, daß die Gesellschafter den Kündigungswirkungen des § 135 durch einen Auflösungsbeschluß zuvorkommen (ebenso Düringer-Hachenburg-Flechtheim Anm. 14; Straube-Koppensteiner Anm. 2). Der h.M. ist nicht zu folgen. Sie verkennt, daß mehrere Auflösungsgründe nebeneinandertreten können (§ 131 Anm. 4; Prinzip der Doppelwirkungen im Recht). Auch eine schon nach § 131 aufgelöste Gesellschaft kann deshalb von einem Gläubiger nach § 135 gekündigt werden, und die einmal ausgesprochene Kündigung wird auch durch eine zwischenzeitliche Auflösung nicht gegenstandslos. Die Frage wird vor allem dann praktisch, wenn die Fortsetzung der Gesellschaft beschlossen werden soll (dazu § 131 Anm. 70). Dazu bedarf es der Beseitigung des Auflösungsgrundes, hier also des doppelten Auflösungsgrundes. Der Gläubiger kann also durch die Kündigung erreichen, daß die Gesellschafter die Gesellschaft nicht ohne seine Zustimmung fortsetzen können.

c) Nur für **Einzelgläubiger** gilt § 135. Der **Konkursverwalter** braucht aufgrund § 131 **4** Nr. 5 nicht zu kündigen, denn die Gesellschaft ist im Konkursfall aufgelöst (aber str. für den Nachlaßkonkursverwalter; vgl. § 131 Anm. 40). Analog anwendbar ist § 135 auf den **Nachlaßverwalter**. Er hat ein Kündigungsrecht (§ 131 Anm. 57).

d) Nur die Folgen der **Pfändung** sind in § 135 geregelt, nicht die einer **Vorpfändung**. **5** Das Kündigungsrecht des Pfandgläubigers im Fall der Verpfändung ergibt sich aus Anm. 38.

3. Zwingendes Recht

§ 135 ist **zwingend**. Das Kündigungsrecht kann durch den Gesellschaftsvertrag nicht **6** ausgeschlossen werden. Nur die Auflösung der Gesellschaft kann verhindert werden, und zwar durch eine **Fortsetzungsklausel** im Gesellschaftsvertrag (§ 138 Anm. 9) sowie bei Fehlen einer Fortsetzungsklausel durch einen **Fortsetzungsbeschluß** nach § 141 (vgl. § 141 Anm. 6ff.).

II. Die Pfändung

1. Privatgläubiger eines Gesellschafters

a) Nur für die **Gläubiger eines Gesellschafters** gilt § 135. Nur sie können auf den Anteil **7** des Gesellschafters zugreifen. Ein Gläubiger, der einen Titel gegen die Gesellschaft erwirkt hat, greift dagegen nach § 124 Abs. 2 aufgrund eines gegen die Gesellschaft gerichteten Titels auf das Gesellschaftsvermögen zu (s. auch Anm. 8). Gläubiger eines verstorbenen Gesellschafters sind, wenn Erben als Rechtsnachfolger in die Gesellschaft eingetreten sind, als Nachlaßgläubiger Gläubiger eines Gesellschafters i.S. von § 135 (Ulmer in Großkomm Anm. 4; Heymann-Emmerich Anm. 7). Der Gläubiger des Gesellschafters kann seinerseits ein **Gesellschafter** sein, wenn nur seine Forderung ihre Grundlage nicht in dem Gesellschaftsverhältnis hat. Ein Kostenfestsetzungsbeschluß, den ein Gesellschafter gegen einen Mitgesellschafter erwirkt, genügt auch dann, wenn die zugrundeliegende Klage auf das Gesellschaftsverhältnis gestützt war, denn der

Kostenerstattungsanspruch aus § 91 ZPO ist keine Sozialforderung (BGH DB 1978, 1395 = WM 1978, 675). Inwieweit ein **Privatgläubiger, der zugleich Gesellschafter ist,** von dem Kündigungsrecht Gebrauch machen darf, ohne dadurch zugleich gegen die gesellschaftsrechtliche Treupflicht zu verstoßen, ist allerdings Tatfrage. Das Kündigungsrecht des Mitgesellschafters ist über die Grenzen des § 135 hinaus durch die Treupflicht begrenzt (BGHZ 51, 84, 87 = NJW 1969, 505; Alfred Hueck oHG § 24 II 2a; Baumbach-Duden-Hopt Anm. 1A; Ulmer in Großkomm Anm. 3; Heymann-Emmerich Anm. 6). Die Kündigung ist insbesondere ausgeschlossen, wenn der Gesellschafter die Forderung eigens zum Zweck dieser Kündigung begründet oder erworben hat (h.M.). Aber der **Arglisteinwand** ist nicht auf diesen Fall beschränkt (so aber Düringer-Hachenburg-Flechtheim Anm. 2; dagegen schon Geßler in der Vorauf. Anm. 3; vgl. dazu Anm. 27). Nach Lage des Falls kann es einem Mitgesellschafter als Gläubiger z.B. zuzumuten sein, auf das unbewegliche Vermögen des Schuldners zuzugreifen oder sich mit den Gewinnanteilen seines Mitgesellschafters als Schuldner zu begnügen. Dagegen besteht grundsätzlich keine Pflicht des Gesellschafters, seine Befriedigungsinteressen als Gläubiger hinter die Unternehmensinteressen und die Interessen der Mitgesellschafter zurücktreten zu lassen (vgl. auch BGH DB 1978, 1395 = WM 1978, 675). Er muß m.a.W. die Gesellschaft schonen, dies aber nicht um den Preis, keine Befriedigung zu erlangen.

8 b) Der Gläubiger muß **Privatgläubiger** des Gesellschafters, d.h. nicht mit dieser Forderung auch Gesellschaftsgläubiger, sein. Ein Gesellschaftsgläubiger, der als Dritter nach § 124 Abs. 2 – aber auch aufgrund des Gesellschaftsverhältnisses z.B. nach § 110 – auf das Gesellschaftsvermögen zugreifen kann, hat nicht das Kündigungsrecht des § 135 (Alfred Hueck oHG § 24 II 2a; Baumbach-Duden-Hopt Anm. 1A; Ulmer in Großkomm Anm. 2f.; Heymann-Emmerich Anm. 1, 5; Nachweise zur älteren Gegenansicht noch in der 4. Aufl. Anm. 4). Das bedeutet: Ein nur auf § 128 gestützter Titel gegen einen Gesellschafter genügt nicht für die Pfändung nach § 135. Der Privatgläubiger erhält das Kündigungsrecht, um überhaupt eine Zugriffsmöglichkeit auf das Gesellschaftsvermögen zu haben. Der Gesellschaftsgläubiger aber bedarf nicht des Umweges über die Kündigung. Daß durch die Vollstreckung eventuell die Gesellschaft in Konkurs gerät, während sie nach § 135 in Ruhe liquidiert werden kann, vermag eine entgegengesetzte Auslegung nicht zu begründen. Es wäre sogar rechtspolitisch bedenklich, wenn ein Gläubiger der konkursreifen Gesellschaft durch Zugriff auf den Anteil eine konkursfreie Liquidation zu seinem Vorteil durchsetzen könnte.

2. Der Pfändungszugriff

9 a) Nach h.M. stehen dem Gläubiger des Gesellschafters **verschiedene Zugriffsgegenstände** zur Verfügung: die **Gewinnanteile** des Gesellschafters, der **Auseinandersetzungsanspruch** des Gesellschafters und der **Anteil am Gesellschaftsvermögen** (vgl. nur Stöber Anm. 1583, 1586f.). Nach der vom Gesetzgeber zugrundegelegten Auffassung ist die Anteilspfändung bei der Personengesellschaft ohne übertragbare Anteile allerdings nur als eine globale Pfändung sämtlicher mitgliedschaftlicher Forderungsrechte zu verstehen (Karsten Schmidt Gesellschaftsrecht § 45 IV 2; zuerst ders. JR 1977, 177ff.). Diese Deutung des Vollstreckungszugriffs hat Zustimmung gefunden (Thomas-Putzo ZPO § 859 Anm. 1). Die h. M. ist ihr freilich nicht gefolgt (vgl. für die Gesellschaft bürgerlichen Rechts BGHZ 97, 392 = BB 1986, 1176 = NJW 1986, 1991; Flume Personengesellschaft § 17 III; Soergel-Hadding § 725 Anm. 3; Ulmer Gesellschaft bürgerlichen Rechts § 725 Anm. 7f.; Stodolkowitz, Festschrift Kellermann, 1991, S. 446; Stöber Anm. 1557). Der Gegensatz der Standpunkte ist geringer, als es scheint (vgl. allerdings für den Fall der Anspruchsabtretung vor Anteilspfändung Anm. 16). Auch nach BGHZ 97, 392, 394 = BB 1986, 1176 = NJW 1986, 1991 kann der pfändende Gläubiger den Anteil nicht durch Veräußerung verwerten, sondern er ist auf die aus dem Anteil resultierenden Gewinn- und Auseinandersetzungsansprüche verwiesen. Gleichwohl ist nach h. M. die Pfändung des Anteils auch bei einer Gesellschaft mit nicht frei übertragbaren Gesellschaftsanteilen etwas anderes als die Pfändung der aus der Mitgliedschaft resultierenden Ansprüche. Seitdem – entgegen der Vorstellung des historischen Gesetzgebers – die Übertragbarkeit von Personengesellschaftsanteilen als zulässig und nur zum Schutz der Mitgesellschafter als zustimmungsbedürftig anerkannt ist (vgl. § 105 Anm. 184ff.), muß in der Tat davon ausgegangen werden, daß der Vollstreckungs**zugriff** (das Inhibitorium) den Anteil erfaßt, so daß insbesondere eine Vollstreckungsvereitelung durch nachträgliche Anteilsübertragung nicht möglich ist; primärer **Verwertungsgegenstand** bleiben aber die Ansprüche auf Gewinnanteile und auf die Liquidationsquote (Karsten Schmidt Gesellschaftsrecht § 45 IV 2 b). Im übrigen ist die Frage mehr für die Dogmatik als für die Praxis der Anteilspfändung von Bedeutung. Der Pfändungsbeschluß lautet im Fall des § 859 ZPO, unabhängig von der theoretischen Deutung der Pfändung, auf Pfändung des Anteils (Karsten Schmidt JR 1977, 177ff.).

b) Die **Pfändung und Überweisung der Gewinnansprüche** erfolgt nach §§ 828ff. ZPO. Der Pfändungsbeschluß kann etwa lauten: „Gepfändet wird der Anspruch des Schuldners gegen die unter der Firma XY-oHG in... – Drittschuldnerin – eingegangene Gesellschaft auf Zahlung des Gewinnanteils" (vgl. sinngemäß Stöber Anm. 1553). Drittschuldnerin ist die Gesellschaft. Ihr wird der Beschluß zugestellt (zu Händen des vertretungsberechtigten Gesellschafters). Bei der Gesellschaft bürgerlichen Rechts läßt BGHZ 97, 392, 395 = BB 1986, 1176 = NJW 1986, 1991 eine Zustellung an alle Gesellschafter ausreichen. Dem wird man auch bei der oHG oder KG zustimmen müssen, denn die Zustellung an alle Gesellschafter wirkt auch gegen die Gesellschaft (selbst wenn diese aufgelöst ist und ausnahmsweise durch Drittliquidatoren vertreten wird). Die Pfändung der Gewinnansprüche löst das Kündigungsrecht nach § 135 nicht aus.

c) Die **Pfändung und Überweisung des Auseinandersetzungsanspruchs** erfolgt gleichfalls nach §§ 828ff., 857 ZPO. Ob der Kapitalanteil des Gesellschafters aktiv oder passiv ist, ist unerheblich; auch bei einem passiven Kapitalanteil kann sich für den Gesellschafter ein Auseinandersetzungsguthaben ergeben. Drittschuldner ist auch hier die Gesellschaft. Nach dem Standpunkt der Vorauflage (Geßler) sind Drittschuldner auch die einzelnen Gesellschafter, weil zur Auseinandersetzung und zur Feststellung des Guthabens auch die Ausgleichung der Kapitalsalden der Gesellschafter gehöre. Zur Kündigung sei aber die Zustellung an die Gesellschaft erforderlich und ausreichend (ebenso Düringer-Hachenburg-Flechtheim Anm. 4). Nach richtiger Auffassung verhält es sich umgekehrt: Drittschuldnerin und Zustellungsempfängerin ist die Gesellschaft, vertreten durch ihre vertretungsberechtigten Gesellschafter; aber aus den bei Anm. 10 dargestellten Gründen genügt auch die Zustellung an alle Gesellschafter (a. M. Ulmer in Großkomm Anm. 11; Heymann-Emmerich Anm. 1). Die Pfändung und Überweisung des Auseinandersetzungsanspruchs begründet nach § 135 das Kündigungsrecht des Gläubigers.

12 d) aa) Bei der **Anteilspfändung** lautet der Beschluß: „Gepfändet wird der angebliche Anteil des Schuldners als Gesellschafter an dem Gesellschaftsvermögen der von ihm mit ... unter der Firma ... XY-oHG in ... – Drittschuldnerin – eingegangenen offenen Handelsgesellschaft unter Einschluß des Auseinandersetzungsguthabens" (Stöber Anm. 1580). Der Zusatz „unter Einschluß des Auseinandersetzungsguthabens" ist überflüssig (vgl. nämlich zur Bedeutung der Anteilspfändung Anm. 9; zur Überweisung Anm. 14; zum Kündigungsrecht Anm. 17 ff.), aber er ist nützlich, weil er die Voraussetzungen der Kündigung nach § 135 klarstellt (als Doppelpfändung empfohlen bei Stein-Jonas-Münzberg, ZPO, 20. Aufl. 1986, § 859 Anm. 12). Drittschuldnerin ist auch hier die Gesellschaft (Stöber Anm. 1584, selbst für die Gesellschaft bürgerlichen Rechts vgl. BGHZ 97, 392 = BB 1986, 1176 = WM 1986, 719). Die Anteilspfändung erfolgt durch Zustellung an die Gesellschaft, nicht nach § 857 Abs. 2 ZPO als Pfändung eines drittschuldnerlosen Rechts (h. M.; vgl. Stein-Jonas-Münzberg, ZPO, 20. Aufl. 1986, § 859 Anm. 12; Furtner MDR 1965, 613; Karsten Schmidt JR 1977, 178 f.; im Grundsatz auch Stöber Anm. 1584 i. V. m. 1557; im Ergebnis selbst für die BGB-Gesellschaft übereinstimmend BGHZ 97, 392 = BB 1986, 1176 = WM 1986, 719; anders noch RGZ 57, 414, 415). Die Zustellung an alle Gesellschafter genügt aus den bei Anm. 10 dargestellten Gründen.

13 bb) Die Pfändung dient der Verwertung der aus dem Anteil resultierenden Forderungen (Anm. 9). Sie verschafft dem Gläubiger **keine Mitgliedschaftsrechte** aus §§ 114 ff., 125 f., insbesondere nicht das mitgliedschaftliche Informationsrecht (§ 118) und das Stimmrecht (§ 119) (Heymann-Emmerich Anm. 15). Das Kündigungsrecht (Anm. 17 ff.) ist kein Mitgliedschaftsrecht, und seine Ausübung stellt auch nicht die Wahrnehmung eines Rechts des Gesellschafters dar. Vielmehr steht das Kündigungsrecht als ein vollstreckungsrechtliches Instrument dem Gläubiger als solchem zu.

14 cc) Die **Verwertung** erfolgt grundsätzlich durch Kündigung (§ 135) und durch Einziehung der von der Pfändung erfaßten Forderungen. Eine **Veräußerung** des Anteils nach §§ 844, 857 Abs. 5 ZPO kann nur angeordnet werden, wenn der Anteil nach dem Gesellschaftsvertrag frei übertragbar ist oder wenn alle Mitgesellschafter zugestimmt haben (Stein-Jonas-Münzberg, ZPO, 20. Aufl. 1986, § 859 Anm. 8). Ob eine „**Überweisung des Anteils**" zur Einziehung der mit dem Anteil global gepfändeten **Forderungen** möglich ist, ist str. (dafür offenbar Stöber Anm. 1560 (BGB-Gesellschaft); s. auch Ulmer Gesellschaft bürgerlichen Rechts § 725 Anm. 10; Karsten Schmidt Gesellschaftsrecht § 45 IV 3 b; ders. JR 1977, 179). Nicht möglich ist eine Anteilsüberweisung in dem Sinne, daß der Gläubiger hierdurch zum Gesellschafter wird (dies kann nur durch Zwangsveräußerung aufgrund § 857 Abs. 5 ZPO geschehen). Aber im Sinne einer globalen Überweisung der mit dem Anteil verbundenen Forderungen sollte man sie zulassen (Karsten Schmidt Gesellschaftsrecht § 45 IV 3 b; ders. JR 1977, 179). Der

Sache nach geht es hierbei um eine Ausnahme vom Spezialitätsgrundsatz bei der Forderungsüberweisung. Das Urteil BGHZ 97, 392 = BB 1986, 1176 = NJW 1986, 1991 sollte dieser Betrachtung nicht entgegenstehen, denn es entscheidet der Sache nach nur, daß sich die Anteilspfändung nicht in der globalen Forderungspfändung erschöpft (dazu Anm. 9). Verwertungsobjekt bei der Anteilspfändung sind auch nach diesem Urteil die aus dem gepfändeten Anteil resultierenden Forderungen. In diesem Sinne einer globalen Forderungsüberweisung kann „der Anteil" auch an Zahlungs Statt oder zum Nennwert überwiesen werden. Damit wird insbesondere den Anforderungen des § 135 Genüge getan (Anm. 17). Um die rechtliche Bedeutung dieser „Anteils"-Überweisung unmißverständlich darzustellen, empfiehlt es sich allerdings, die Forderungen im Pfändungsbeschluß zusätzlich zu nennen (Anm. 12) und die Überweisung ausdrücklich auf diese Forderungen zu beschränken.

3. Konkurrierende Abtretungen

a) Eine **der Pfändung nachfolgende Abtretung** der Gewinn- und Auseinandersetzungs- bzw. Abfindungsansprüche kann diese Ansprüche dem Zugriff des Gläubigers nicht entziehen, denn diese Ansprüche sind mit dem Pfändungspfandrecht belastet (Anm. 16).

b) Zweifelhaft ist die **Beurteilung einer der Pfändung vorausgehenden Abtretung** der Gewinn-, Auseinandersetzungs- und Abfindungsansprüche. Für die GmbH hat BGHZ 104, 351 = ZIP 1988, 1546 = JZ 1989, 252 m. zust. Anm. Münzberg entschieden: „Läßt der Gläubiger des Gesellschafters einer GmbH dessen Geschäftsanteil pfänden, nachdem der Gesellschafter den Anspruch auf die Abfindung oder das Auseinandersetzungsguthaben einem Dritten abgetreten hat, und ziehen nunmehr die Gesellschafter den Geschäftsanteil des Vollstreckungsschuldners ein, so erwirbt der Dritte den an die Stelle des Anteils tretenden Abfindungsanspruch belastet mit einem Pfändungspfandrecht." Diese Auffassung wird mit gewichtigen Argumenten bestritten (ausführlich Marotzke ZIP 1988, 1509 ff.). Gegen sie könnte vor allem die Einordnung der sog. Anteilspfändung als eine (der Abtretung in diesem Fall nachfolgende) globale Pfändung der Ansprüche des Gesellschafters sprechen (dazu vgl. Anm. 9). Der Gläubiger ist durch die Regeln des Anfechtungsgesetzes und durch das Auskunftsrecht des § 840 ZPO gegen unzumutbare Nachteile geschützt.

III. Das Kündigungsrecht

1. Voraussetzungen des Kündigungsrechts

a) Eine **Pfändung und Überweisung des Auseinandersetzungsanspruchs** wird in § 135 vorausgesetzt. Während § 725 BGB nur die Pfändung, und zwar die des Anteils am Gesellschaftsvermögen, fordert, verlangt § 135 die Pfändung und Überweisung des Auseinandersetzungsguthabens. Da der **Anteil am Gesellschaftsvermögen** das Auseinandersetzungsguthaben umfaßt, genügt seine Pfändung und Überweisung (Anm. 14) auch für § 135 (str.; wie hier Baur-Stürner, Zwangsvollstreckungs-, Konkurs- und Vergleichsrecht, 11. Aufl. 1983, Anm. 395; Ulmer in Großkomm Anm. 8; Düringer-

Hachenburg-Flechtheim Anm. 4; Alfred Hueck oHG § 24 II 2 d in Fn. 28; a.M. Ritter Anm. 4). Ist der Auseinandersetzungsanspruch bereits abgetreten, so geht die Pfändung im Hinblick auf diese Forderung ins Leere (RGZ 95, 231, 234f.; Heymann-Emmerich Anm. 10). Deshalb ist für § 135 kein Raum, selbst dann nicht, wenn er an den Privatgläubiger abgetreten ist (so unter Berufung auf RGZ 95, 231 Geßler in der Vorauflage; a.M. Westermann Handbuch [Lfg. 1978] I 329; Riegger BB 1972, 116f.).

18 b) Das Gesetz verlangt weiter die Pfändung **auf Grund eines nicht bloß vorläufig vollstreckbaren** Schuldtitels. Der Begriff entspricht nicht der Terminologie der ZPO. Diese kennt „vorläufig vollstreckbare Urteile", nicht aber andere „vorläufig vollstreckbare Schuldtitel". Trotzdem ist der Inhalt der Vorschrift zweifelsfrei. Für Urteile besagt § 135, daß diese rechtskräftig sein müssen und nicht bloß vorläufig vollstreckbar sein dürfen. Im übrigen ist der Formulierung des Gesetzes zu entnehmen, daß ein Schuldtitel verlangt wird, der mit ordentlichen Rechtsmitteln nicht mehr angreifbar ist. Die Pfändung auf Grund eines Arrestbeschlusses, eines noch mit dem Einspruch angreifbaren Vollstreckungsbescheids, einer mit der Beschwerde noch angreifbaren Entscheidung oder eines Vorbehaltsurteils genügt somit nicht (übereinstimmend LG Lübeck NJW-RR 1986, 836; Ulmer in Großkomm Anm. 6; Heymann-Emmerich Anm. 8). Sie ist zwar vollstreckungsrechtlich zulässig, gibt aber dem Gläubiger nicht das Kündigungsrecht. Dieses kann allerdings nachträglich entstehen, wenn der der Pfändung zugrundeliegende Titel rechtskräftig wird (Anm. 20).

19 c) **Erfolglose Zwangsvollstreckung in das bewegliche Vermögen** ist die dritte Voraussetzung. Der Privatgläubiger muß nachweisen können, daß innerhalb der letzten sechs Monate eine Zwangsvollstreckung wegen einer Geldforderung in das sonstige bewegliche Vermögen des Gesellschafters ohne Erfolg versucht worden ist. Gleichgültig ist, wer diesen Versuch gemacht hat, ob der kündigende Gläubiger oder ein anderer (Ulmer in Großkomm Anm. 7; Baumbach-Duden-Hopt Anm. 2 A; Heymann-Emmerich Anm. 9). Handelt es sich um einen Nachlaßgläubiger, so kann das Kündigungsrecht, solange der Erbe die Möglichkeit der Haftungsbeschränkung nicht verloren hat, nicht von einer Vollstreckung in sein Privatvermögen, wohl aber in ererbtes Vermögen, abhängig gemacht werden (noch enger wohl Ulmer in Großkomm Anm. 7). Der Nachweis wird geführt durch ein Protokoll des Gerichtsvollziehers über eine vergebliche Pfändung, und zwar muß die Pfändung vergeblich gewesen sein, weil nicht genügend pfändbares bewegliches Vermögen vorhanden war. Die Leistung der Offenbarungsversicherung von seiten des Gesellschafters ist weder erforderlich noch genügend, um den Nachweis zu führen. Hat die Pfändung stattgefunden und mußte der gepfändete Gegenstand nachträglich nach § 766 oder nach § 771 ZPO wieder freigegeben werden (dazu Ulmer in Großkomm Anm. 7), so wird allerdings für den Nachweis i.d.R. eine Offenbarungsversicherung oder ein klärender Hinweis im Pfändungsprotokoll oder ein weiterer Vollstreckungsversuch zu verlangen sein. Der Schuldtitel, auf Grund dessen die Zwangsvollstreckung versucht worden ist, braucht nicht, wie der Kündigungstitel, rechtskräftig gewesen zu sein. Die erfolglose Zwangsvollstreckung muß innerhalb der letzten 6 Monate vor Zustellung des Pfändungsbeschlusses versucht worden sein; die Zustellung des Überweisungsbeschlusses kann nachfolgen. Die Kündigung braucht innerhalb dieser Zeit nicht erfolgt zu sein. Maßgebend für den Beginn der Frist ist der

Zeitpunkt der erfolglosen Pfändung, stellt sich die Erfolglosigkeit erst bei der Versteigerung heraus, dieser Zeitpunkt (ebenso Ulmer in Großkomm Anm. 7a).

d) Die **Reihenfolge** der einzelnen Merkmale Vollstreckungsversuch/Rechtskraft des Schuldtitels/Pfändungs- und Überweisungsbeschluß ist entgegen dem Anschein des Gesetzeswortlauts ohne Belang (BGH LM Nr. 3 zu § 135 = BB 1982, 1342 = NJW 1982, 2773 = ZIP 1982, 1072; OLG Düsseldorf BB 1981, 2028 = WM 1981, 1316 = ZIP 1981, 1210; Baumbach-Duden-Hopt Anm. 2D; Heymann-Emmerich Anm. 12). Es kommt nur darauf an, daß alle drei Merkmale vorliegen und daß die Sechsmonatsfrist seit dem letzten Vollstreckungsversuch nicht verstrichen ist. **20**

2. Der Bestand des Kündigungsrechts

a) Das Kündigungsrecht steht dem **Gläubiger** als ein **eigenes Recht** zu. Es ist in seinem Bestand von etwaigen Dispositionen des Schuldner-Gesellschafters unabhängig. **21**

b) **Verlust des Kündigungsrechts** tritt ein, wenn im Zeitpunkt der Kündigung die nötigen Voraussetzungen nicht mehr vorliegen. Zu diesen Voraussetzungen gehören auch die Verstrickung des gepfändeten Anteils und das Pfändungspfandrecht des Gläubigers. Dieser kann nicht mehr kündigen, wenn er die Zwangsvollstreckung aus dem Titel nicht mehr betreiben kann, denn das Kündigungsrecht ist ein Ausfluß seines Zwangsvollstreckungsrechts. Auch die einstweilige Einstellung der Zwangsvollstreckung nimmt ihm einstweilen das Kündigungsrecht (Düringer-Hachenburg-Flechtheim Anm. 7; Alfred Hueck oHG § 24 II 3; a.M. Ritter Anm. 5). Darüber hinaus erlischt das Kündigungsrecht im Annahmeverzug (Düringer-Hachenburg-Flechtheim Anm. 2; Heymann-Emmerich Anm. 11; vgl. auch Ulmer in Großkomm Anm. 12). Der spätere Wegfall der Kündigungsvoraussetzungen macht dagegen die einmal wirksam erklärte Kündigung nicht unwirksam (RGZ 169, 153, 155; OLG Dresden in JW 1935, 717 m. Anm. Lehmann). **22**

IV. Die Kündigung

1. Zugangsbedürftige Willenserklärung

a) Die **Kündigung als Gestaltungsgeschäft** ist eine zugangsbedürftige Willenserklärung. Sie muß nach h.M. **gegenüber allen Gesellschaftern**, auch dem Schuldner des Gläubigers, abgegeben werden (BGH LM Nr. 7 zu § 142; Straube-Koppensteiner Anm. 10; Ulmer in Großkomm Anm. 10; Heymann-Emmerich Anm. 13). Der Zugang an die Mitgesellschafter ist erforderlich, weil das Gesellschaftsverhältnis unter ihnen allen gelöst werden soll, und der Zugang an den Schuldner-Gesellschafter ist deshalb nicht entbehrlich, weil der Gläubiger nicht aus dem Recht dieses Gesellschafters, sondern aus eigenem Recht kündigt (Anm. 13). Der Schuldner-Gesellschafter ist deshalb von der Kündigung ebenso betroffen wie die Mitgesellschafter. Ist allerdings die Kündigung ihnen gegenüber ausgesprochen und dem Schuldner zur Kenntnis gelangt, so dürfen sich die Gesellschafter i.d.R. nicht auf diesen Mangel berufen (§ 242 BGB). Die Gesellschafter können zur Nachprüfung des Kündigungsrechts Vorlage einer beglaubigten **23**

Abschrift des Schuldtitels und der Bescheinigung über die fruchtlose Zwangsvollstrekkung verlangen (h. M.; vgl. Ulmer in Großkomm Anm. 16). *Geßler* (hier in der 4. Aufl.) meinte, sie könnten vom Gläubiger auch Vorlage des Pfändungs- und Überweisungsbeschlusses verlangen. Dem ist jedenfalls im allgemeinen nicht zu folgen (vgl. Ritter Anm. 5; Ulmer in Großkomm Anm. 16), denn der Beschluß liegt der Gesellschaft oder den Gesellschaftern vor. Verlangt der Gläubiger unter Hinweis auf den Pfändungs- und Überweisungsbeschluß von den Gesellschaftern Zahlung des Auseinandersetzungsguthabens, so liegt darin in der Regel die Erklärung der Kündigung (RG SeuffA 98 Nr. 7; Ulmer in Großkomm Anm. 16).

24 b) Läßt der **Gesellschaftsvertrag** eine **Kündigungserklärung gegenüber der Gesellschaft** zu, so kommt diese Regelung dem kündigenden Gläubiger nicht ohne weiteres zugute, denn der Gläubiger übt ein eigenes Kündigungsrecht aus, nicht das des Schuldner-Gesellschafters (Anm. 13). Aber es kann sich nach Sinn und Zweck des Gesellschaftsvertrages ergeben, daß jede Kündigung der Gesellschaft schlechthin ihr gegenüber erklärt werden soll. Handelt es sich um eine **Publikumspersonengesellschaft**, so sollte auch ohne besondere Vertragsregel davon ausgegangen werden, daß eine Erklärung gegenüber der Gesellschaft ausreicht. Ist aus diesen Gründen eine Kündigungserklärung gegenüber der Gesellschaft ausnahmsweise ausreichend, so bleibt doch eine gegenüber sämtlichen Mitgesellschaftern ausgesprochene Kündigung wirksam.

2. Die Kündigungsfrist

25 Der Privatgläubiger kann die Gesellschaft ohne Rücksicht darauf, ob sie für bestimmte oder für unbestimmte Zeit eingegangen ist, **sechs Monate vor dem Ende des Geschäftsjahrs** für diesen Zeitpunkt kündigen. Er hat nicht wie nach § 725 BGB ein fristloses Kündigungsrecht. Längere oder kürzere Kündigungsfristen, die der Gesellschaftsvertrag für die Kündigung eines Gesellschafters vorsieht, gelten für ihn nicht, da er ein eigenes Kündigungsrecht ausübt (Wieland I S. 665 Anm. 26; Ritter Anm. 5; Alfred Hueck oHG § 24 II 3; Ulmer in Großkomm Anm. 17). Wohl aber gilt die Bestimmung eines vom Kalenderjahr abweichenden Geschäftsjahrs für ihn. Vorlegung des Gesellschaftsvertrags zur Feststellung des Geschäftsjahrs kann er vor Zustellung des Pfändungsbeschlusses nicht fordern (Karlsruhe OLGE 14, 185, 186), wohl aber in sinngemäßer Anwendung von § 840 ZPO bei Zustellung des Beschlusses (Ulmer in Großkomm Anm. 18). Sämtliche Gesellschafter können auch im Einverständnis mit dem Gläubiger die Auflösungswirkung hinausschieben und zunächst auf die Durchführung des Auflösungsverfahrens verzichten (BGHZ 51, 84, 90 = NJW 1969, 505).

3. Rücknahme und Gegenstandslosigkeit der Kündigung?

26 a) Die einmal ausgesprochene und durch Zugang wirksam gewordene Kündigung kann **nicht einseitig zurückgenommen** werden (Heymann-Emmerich Anm. 18; Ulmer in Großkomm Anm. 20). Erklärt der Gläubiger, daß er die Kündigung zurücknehme, so kann dies nur als **Zustimmung zu einem Fortsetzungsbeschluß der Gesellschafter** ausgelegt werden. Für die Fortsetzung bedarf es namentlich auch der Mitwirkung des Schuldner-Gesellschafters (näher § 131 Anm. 70). Nach dem gesellschaftlichen Treueverhältnis richtet sich, ob die einzelnen Gesellschafter im Innenverhältnis verpflichtet sind zuzustimmen (RGZ 169, 153, 155f.; Alfred Hueck oHG § 24 II 3; vgl. auch Anm. 27 zur Fortsetzungspflicht, wenn der Schuldner-Gesellschafter den Gläubiger befriedigt hat). Auch dadurch, daß die Gesellschaft vor Eintritt der Kündigungswirkung aus einem anderen Grund aufgelöst wird, entfällt die Kündigungswirkung nicht (a. M. Heymann-Emmerich Anm. 14). Die Gegenansicht erklärt sich aus der unrichtigen Annahme, daß in der aufgelösten Gesellschaft für § 135 kein Raum sei (dazu Anm. 3).

b) Durch einen **nachträglichen Fortfall** der Kündigungsvoraussetzungen wird die Kündigung nicht ohne weiteres wirkungslos. Das gilt selbst dann, wenn der Gesellschafter den Gläubiger befriedigt und hierdurch dessen Pfändungspfandrecht zum Erlöschen bringt (wie hier RGZ 169, 153, 155f.; Alfred Hueck oHG § 24 II 3; Ulmer in Großkomm Anm. 30; h. M.). Die Konsequenz dieser herrschenden Ansicht liegt darin, daß die Gesellschafter nicht automatisch, sondern nur aufgrund eines Fortsetzungsbeschlusses (§ 131 Anm. 64) die Gesellschaft fortsetzen können (OLG Dresden JW 1935, 717 m. Anm. Lehmann; Ulmer in Großkomm Anm. 30). Das ist nicht unbillig. Die Gesellschafter können sich bereits anderweit festgelegt haben, da sie sich auf die einmal ausgesprochene Kündigung verlassen haben. Nach den Umständen des Einzelfalls richtet sich, inwieweit die einzelnen Gesellschafter auf Grund des gesetzlichen Treueverhältnisses verpflichtet sind, auf die Auflösung zu verzichten und der Fortsetzung der Gesellschaft mit dem Schuldner-Gesellschafter zuzustimmen bzw. den Gesellschaftsvertrag unter Wiederaufnahme des durch Kündigung ausgeschiedenen Schuldner-Gesellschafters zu erneuern (vgl. hierzu RGZ 169, 153, 155f.; BGHZ 30, 195, 201f. = NJW 1959, 1683; BGH LM Nr. 7 zu § 147 = WM 1957, 163; Heymann-Emmerich Anm. 19; Ulmer in Großkomm Anm. 31). Insbesondere kann die Ausübung eines dem Mitgesellschafter im Fall des § 135 zustehenden Übernahmerechts treuwidrig sein, wenn der Gesellschafter den Gläubiger zwischenzeitlich befriedigt hat (vgl. BGHZ 30, 195, 202 = NJW 1959, 1683; BGH LM Nr. 7 zu § 142 = WM 1967, 163) oder wenn der Schuldner aus einem nur zum Schein erteilten Titel vorging (BGHZ 101, 113, 120 = NJW 1987, 2514, 2515). Keine Treuwidrigkeit liegt aber vor, wenn trotz der Gläubigerbefriedigung ein mit dem Gläubigerzugriff sachlich zusammenhängender wichtiger Grund zur Lösung des Gesellschaftsverhältnisses bestehen bleibt. So insbesondere, wenn die der Gläubigerkündigung zugrunde liegenden Vorgänge zu weiterer Besorgnis Anlaß geben oder wenn die Gefahr besteht, daß nunmehr weitere Gläubiger des Gesellschafters nach § 135 vorgehen. Zu den Voraussetzungen, unter denen die Gesellschafter zur Fortsetzung einer aufgelösten Gesellschaft verpflichtet sind, vgl. allgemein § 131 Anm. 64.

c) Eine besondere Frage ist, inwieweit die Gesellschaft und die Mitgesellschafter von sich aus befugt sind, den Gläubiger zur **Abwendung der Kündigungsfolgen** zu befriedigen und die Gesellschaft ohne den Schuldner-Gesellschafter fortzuführen. Diese Frage wird bei Anm. 30f. besprochen. Durch bloße Abrede mit dem Gläubiger können die Gesellschafter die Auflösung, wenn sie noch nicht eingetreten ist, aufschieben, danach nicht mehr (zur Fortsetzung vgl. § 131 Anm. 70).

V. Rechtsfolgen der Kündigung

1. Auflösung und Rechte des Gläubigers in der Liquidation

29 Grundsätzlich führt die Kündigung zur **Auflösung der Gesellschaft** und zur **Liquidation** nach §§ 145 ff. Der Gläubiger hat einen eigenen Anspruch auf Durchführung der Abwicklung. Er kann nach § 836 Abs. 3 ZPO vom Gesellschafter Information verlangen (insoweit übereinstimmend die h. M.; vgl. OLG Dresden DJZ 1907, 1384; Heymann-Emmerich Anm. 16). Ein gesellschaftsrechtliches Informationsrecht wird ihm von der wohl noch h. M. verweigert (RGZ 52, 35, 37; Geßler, Voraufl. Anm. 24). Eine zunehmend vertretene Gegenansicht gesteht dem Gläubiger als Liquidationsbeteiligten Informationsansprüche auch gegen die Gesellschaft zu (in dieser Richtung KG OLGE 21, 386; Baumbach-Duden-Hopt Anm. 4B; Ulmer in Großkomm Anm. 25). Man wird dem mit der Maßgabe zustimmen müssen, daß der Gläubiger Information und Vorlage von Geschäftsunterlagen nach § 810 BGB verlangen, nicht aber das mitgliedschaftliche Informationsrecht eines Gesellschafters ausüben kann.

2. Abwendung der Auflösung

30 a) Die **Gesellschafter** können die Auflösung verhindern. Der Gesellschaftsvertrag kann einmal bestimmen, daß der Schuldner aus der Gesellschaft ausscheidet (**Fortsetzungsklausel**; vgl. § 138 Anm. 9). Auch ohne eine entsprechende Bestimmung im Gesellschaftsvertrag können ferner die übrigen Gesellschafter die **Fortsetzung der Gesellschaft** unter Ausscheiden des Schuldners noch nachträglich beschließen (§ 141 Abs. 1), bei der Zweimanngesellschaft kann der andere Gesellschafter das Geschäft übernehmen (§ 142 Abs. 2). Dann steht dem Gläubiger ein Pfändungspfandrecht am Abfindungsanspruch des ausscheidenden Gesellschafters (vgl. dazu § 138 Anm. 41 ff.) zu. Bestimmungen im Gesellschaftsvertrag über den Abfindungsanspruch (Berechnung, Auszahlung) sind für den Privatgläubiger verbindlich, wenn sie in gleicher Weise für alle Fälle des Ausscheidens eines Gesellschafters gelten und für diesen wirksam sind (dazu § 138 Anm. 64). Sind sie nur für den Fall der Kündigung durch einen Privatgläubiger getroffen, sind sie nichtig, soweit sie das Kündigungsrecht desselben zu vereiteln oder zu erschweren geeignet sind (§ 138 Anm. 64). Nach dem Bundesgerichtshof (DB 1959, 650) sollen auch die Abreden zulässig sein, daß der Anteil des ausscheidenden Gesellschafters allen übrigen Gesellschaftern zuwächst und diese für die Erfüllung des Abfindungsanspruchs gemeinsam einzustehen haben oder der Anteil einem bestimmten Gesellschafter zuwächst und dann nur dieser den Abfindungsanspruch erfüllen soll. Die letzte Abrede erscheint im Interesse der Gläubiger des ausscheidenden Gesellschafters bedenklich. Sie brauchen sich nicht auf einen Gesellschafter verweisen zu lassen. Die Abrede wird nur im Innenverhältnis der Gesellschafter von Bedeutung sein. Gegen den Gläubiger wirkt sie nicht (arg. § 415 BGB).

31 b) Ein **Ablösungsrecht analog § 268 BGB** steht nach h. M. sowohl der Gesellschaft als auch den Mitgesellschaftern zu (vgl. Ulmer in Großkomm Anm. 29; Furtner MDR 1965, 615; s. auch Karsten Schmidt JR 1977, 178; unentschieden mit Nachweisen zur Gesellschaft bürgerlichen Rechts BGHZ 97, 392, 396 = BB 1986, 1176 = NJW 1986,

1991). Die Analogie ist im Grundsatz berechtigt, die Zuständigkeit der Gesellschafter aber zweifelhaft. In erster Linie steht dieses Recht der Gesellschaft zu (den Mitgesellschaftern persönlich nur hilfsweise). Soweit die Gesellschaft den Gläubiger befriedigt, geht der Anteil analog § 268 Abs. 3 BGB auf sie über (was im praktischen Ergebnis einer Anwachsung nach § 738 Abs. 1 S. 1 BGB gleichkommt). Nach RGZ 169, 153, 157 können die Gesellschafter im Verhältnis untereinander u. U. sogar verpflichtet sein, eine Befriedigung des Gläubigers aus dem Gesellschaftsvermögen zu ermöglichen. Eine wirksam erklärte Kündigung der Gesellschaft wird durch die Ausübung des Ablösungsrechts nicht wieder unwirksam. Es kann aber ein Fortsetzungsbeschluß (§ 130 Anm. 70) dann ohne Zustimmung des Gläubigers gefaßt werden.

VI. Die Verpfändung des Anteils

Schrifttum (Auswahl): *Hackenbroch*, Die Verpfändung von Mitgliedschaftsrechten in oHG **32** und KG an den Privatgläubiger des Gesellschafters, 1970; *Hadding-Schneider* (Hrsg.), Gesellschaftsanteile als Kreditsicherheit, 1979; *Vossius*, Sicherungsgeschäfte bei der Übertragung von Gesellschaftsanteilen, BB-Beilage 5/1988.

1. Gegenstand der Verpfändung

Die **Mitgliedschaft** ist ein der rechtsgeschäftlichen Verfügung zugängliches Recht, **33** das nicht nur übertragen (§ 105 Anm. 184 ff.), sondern auch belastet werden kann, z. B. durch **Nießbrauch** (vor § 335 a. F. = vor § 230 n. F. Anm. 9 ff.) oder durch **Verpfändung**. Hiervon zu unterscheiden ist die Verpfändung einzelner Ansprüche, insbesondere des Gewinn-, Abfindungs- oder Auseinandersetzungsanspruchs (Ulmer Gesellschaft bürgerlichen Rechts § 719 Anm. 43; Karsten Schmidt JR 1977, 178; Hackenbroch S. 65 f.), wobei die dogmatische Frage dahingestellt sei, ob auch die Verpfändung der Mitgliedschaft nur als Globalverpfändung dieser Einzelansprüche einzuordnen ist (so Hadding in Hadding-Schneider S. 39 f.). Das Verhältnis dieser Verpfändungen zueinander ist problematisch. Wird zuerst die Mitgliedschaft verpfändet, so sind alle Gewinn-, Abfindungs- und Auseinandersetzungsansprüche, auch soweit sie erst nachträglich entstehen, belastet. Wird zuerst einer dieser Ansprüche verpfändet, so müßte bei Zugrundelegung des Ansatzes von BGHZ 104, 351 = ZIP 1988, 1546 = JZ 1989, 252 m. Anm. Münzberg (dazu Anm. 16) angenommen werden, daß auch hier dieser Einzelanspruch vorrangig mit dem auf der Mitgliedschaft lastenden Pfandrecht belastet ist (nicht unbedenklich; vgl. auch hierzu Anm. 16).

2. Die Verpfändung

a) Die **Verpfändung des Anteils** setzt nach § 1274 Abs. 2 BGB die Übertragbarkeit der **34** Mitgliedschaft voraus (Wiedemann Übertragung S. 423; Staub-Ulmer § 105 Anm. 291; Hackenbroch S. 34). Die Mitgliedschaft an der oHG oder KG ist ein übertragbares Recht. Nach § 105 Anm. 186 ist allerdings die Übertragung nur wirksam, wenn die Mitgesellschafter zustimmen oder wenn sich die Übertragbarkeit aus dem Gesellschaftsvertrag ergibt. Auch für eine wirksame Verpfändung ist die Zustimmung oder gesellschaftsvertragliche Zulassung erforderlich (Staub-Ulmer § 105 Anm. 291; Huber

Vermögensanteil S. 417; Wiedemann Übertragung S. 423). Die Zustimmung zur Verpfändung ist von der Zustimmung zur Übertragung rechtlich zu unterscheiden (Flume Personengesellschaft § 17 VII; unklar Staub-Ulmer § 105 Anm. 291). Ob eine gesellschaftsvertragliche Zulassung der Anteilsübertragung nach dem Willen der Gesellschafter zugleich als Zulassung der Anteilsverpfändung ohne neuerliche Zustimmung der Mitgesellschafter zu gelten hat, ist Auslegungsfrage und im Zweifel zu verneinen (in gleicher Richtung Hackenbroch S. 58; Hadding in Hadding-Schneider S. 46; Wiedemann Übertragung S. 423; Baumbach-Duden-Hopt § 124 Anm. 2 E). Die Verpfändung ist ebenso wie die Zustimmung der Mitgesellschafter formlos wirksam (nur im Ausgangspunkt a. M. Hackenbroch S. 58 f.; s. auch Hadding in Hadding-Schneider S. 48). Einer Anzeige der Verpfändung an die Gesellschaft nach § 1280 BGB bedarf es für die Wirksamkeit der Verpfändung nicht (RGZ 57, 414, 415; Staudinger-Riedel-Wiegand § 1280 Anm. 4; Hackenbroch S. 59 f.). Auch eine Eintragung in das Handelsregister ist weder für die Wirksamkeit der Verpfändung erforderlich noch auch nur handelsrechtlich geboten (Hackenbroch S. 60; Hadding in Hadding-Schneider S. 48 f.).

35 b) Die **Rechtsstellung des Pfandgläubigers** beschränkt sich auf die Belastung des Anteils mit dem Pfandrecht, also auf rein vermögensrechtliche Folgen, und gewährt ihm keine Herrschafts- und Verwaltungsbefugnisse (vgl. statt vieler Staub-Ulmer § 105 Anm. 291; Flume Personengesellschaft § 17 VII; Wiedemann Übertragung S. 428). Der Pfandgläubiger hat nicht das Stimmrecht des Gesellschafters (zu diesem Erl. § 119) und nicht die Kontrollrechte des Gesellschafters (zu diesem Erl. § 118). Es kann nicht analog §§ 1273 Abs. 2 Satz 1, 1258 BGB ein allgemeines Recht des Pfandgläubigers zur Wahrnehmung von Gesellschafterrechten des Schuldners angenommen werden (Ulmer Gesellschaft bürgerlichen Rechts § 719 Anm. 45; anders z.B. Palandt-Bassenge § 1258 Anm. 1 b; Staudinger-Wiegand § 1258 Anm. 3 unter Berufung auf das die Erbengemeinschaft betreffende Urteil RGZ 83, 27, 30). Zuzuerkennen ist dem Pfandgläubiger aber ein eigenes Informationsrecht, das er auch gegen die Gesellschaft geltend machen kann (str.; vgl. Ulmer Gesellschaft bürgerlichen Rechts § 719 Anm. 45; Staub-Ulmer § 105 Anm. 291 m. w. Nachw.).

36 c) **Nachträgliche Verfügungen des Gesellschafters über den Anteil** sind nur unter Aufrechterhaltung des Pfandrechts wirksam (Hackenbroch S. 96, 102). Mittelbare Beeinträchtigungen des Pfandrechts durch Kündigung etc. sind dem Gesellschafter unbenommen, denn § 1276 BGB ist nicht anwendbar (RGZ 139, 224, 229 f. [für die GmbH]; Flume Personengesellschaft § 17 VIII; Heymann-Emmerich Anm. 24; s. aber Wiedemann Übertragung S. 429 ff.). Das Pfandrecht erstreckt sich im Fall der Verfügung automatisch auf alle Surrogate der Mitgliedschaft, insbesondere also auf den Abfindungsanspruch (RGZ 95, 231, 232; Wiedemann Übertragung S. 426 f.). Über vorausgegangene Verfügungen vgl. Anm. 16.

37 d) **Verfügungen der Gesellschaft über das Gesellschaftsvermögen** bleiben ungehindert möglich (Ulmer Gesellschaft bürgerlichen Rechts § 719 Anm. 46). Deshalb kann auch, wenn der Anteil verpfändet ist, im Grundbuch eines der Gesellschaft gehörenden Grundstücks kein Verpfändungsvermerk eingetragen werden (vgl. Ulmer Gesellschaft bürgerlichen Rechts § 719 Anm. 46; anders für Grundstücke im Vermögen einer BGB-Gesellschaft OLG Hamm DB 1987, 574; LG Hamburg Rpfleger 1982, 142).

3. Verwertung

a) Nach § 1277 Satz 1 BGB kann der Pfandgläubiger seine Befriedigung nach den Vorschriften über die **Zwangsvollstreckung** betreiben. Dies geschieht auf Grund eines Duldungstitels (eingehend Hadding in Hadding-Schneider S. 58ff.; Hackenbroch S. 113ff.). Der Rang der Befriedigung bestimmt sich nach dem Rang des Pfandrechts. Der Gläubiger muß nach h.M. den Anspruch auf das Auseinandersetzungsguthaben oder den Anteil pfänden und sich überweisen lassen, um nach § 135 kündigen zu können (Hadding in Hadding-Schneider S. 58f.; Staub-Ulmer § 105 Anm. 202; Wiedemann Übertragung S. 417f.). Dazu ist erforderlich, daß der Duldungstitel rechtskräftig ist (Hackenbroch S. 109f.; Hadding in Hadding-Schneider S. 58). 38

b) Eine **private** Verwertung (z.B. durch öffentliche Versteigerung, weitere Fälle bei Hackenbroch, S. 113f.) ist nur zulässig, wenn dies zwischen Pfandgläubiger und Schuldner vereinbart ist und alle Gesellschafter zustimmen (Flume Personengesellschaft § 17 VII; Hackenbroch, S. 116ff.). Soweit es sich um eine Anteilsveräußerung handelt, ist zu prüfen, ob eine etwa vorhandene Übertragbarkeitsklausel auch diese Veräußerung deckt (generell bejahend Hadding in Hadding-Schneider S. 62). 39

4. Sicherungsübertragung

Eine **Sicherungsübertragung** des Anteils (Angaben dazu vor § 335 a.F. = vor § 230 n.F. Anm. 33; s. auch Staub-Ulmer § 105 Anm. 101; Vossius BB-Beilage 5/1988 S. 12f.) gibt kein Kündigungsrecht nach § 135. 40

---

§ 136 Wird die Gesellschaft in anderer Weise als durch Kündigung aufgelöst, so gilt die Befugnis eines Gesellschafters zur Geschäftsführung zu seinen Gunsten gleichwohl als fortbestehend, bis er von der Auflösung Kenntnis erlangt oder die Auflösung kennen muß.

Inhalt

	Anm.		Anm.
I. Grundlagen	1, 2	2. Analoge Anwendung?	4
1. Normzweck	1	3. Teleologische Restriktion?	6
2. Kritik des Gesetzes	2	III. Voraussetzungen und Rechtsfolgen des Schutzes	7–12
II. Die Fälle des Schutzes	3–6	1. Voraussetzungen	7
1. Nach dem Wortlaut	3	2. Der Umfang des Schutzes	9

I. Grundlagen

1. Normzweck

§ 136 enthält eine **Schutzvorschrift** zugunsten des gutgläubigen Gesellschafters. Mit der Auflösung der Gesellschaft hören sein Recht und seine Pflicht zur Geschäftsführung auf. Die Geschäftsführung steht fortan den Liquidatoren zu (§ 149), zu denen der 1

Gesellschafter gehören kann (§ 146), aber nicht gehören muß. Auch wenn er Liquidator sein sollte, wird sich die Rechtslage häufig ändern, weil die Geschäftsführungsbefugnisse des Gesellschafters und des Liquidators dem Umfang und dem Inhalt nach verschieden sind. In Erweiterung des § 729 BGB, der nur von der „durch Gesellschaftsvertrag übertragenen Befugnis zur Geschäftsführung" handelt, bestimmt deshalb § 136, daß die Befugnis des Gesellschafters zur Geschäftsführung, mag sie auf dem Gesetz oder auf dem Gesellschaftsvertrag beruhen, zu seinen Gunsten als fortbestehend gilt. (Denkschrift II S. 271 = Schubert-Schmiedel-Krampe, Quellen zum HGB II S. 1031). § 136 ist nicht zwingend, da er sich nur auf das Innenverhältnis (Geschäftsführung) bezieht.

2. Kritik des Gesetzes

2 Die Vorschrift ist eher **unbedeutend**. Wäre sie praktisch bedeutsam, so bedürfte sie einer Änderung, denn die Differenzierung zwischen der Kündigung und sonstigen Auflösungsgründen leuchtet nicht ein (das zeigt insbesondere die Verschiedenbehandlung der Kündigung und der gerichtlichen Entscheidung im Fall des § 131 Nr. 6).

II. Die Fälle des Schutzes

1. Nach dem Wortlaut

3 Die Schutzvorschrift des § 136 greift nur dann, aber auch stets dann ein, wenn die Gesellschaft **in anderer Weise als durch Kündigung aufgelöst** wird. Sie gilt daher zunächst einmal für alle Fälle des § 131 Nr. 1 bis 5, wenn auch in den Fällen der Nr. 1 und 2 der gute Glaube des Gesellschafters selten vorhanden sein wird. Sie gilt ferner, wenn die Gesellschaft durch gerichtliche Entscheidung aufgelöst wird. Das Gesetz unterscheidet in § 131 Nr. 6 die Auflösung durch Kündigung und die durch gerichtliche Entscheidung; diese Scheidung muß auch für § 136 gelten, obwohl die Auflösung durch gerichtliche Entscheidung im Grunde nichts anderes als eine technische Variante der Kündigung ist (Gestaltungsurteil statt Gestaltungserklärung).

2. Analoge Anwendung?

4 a) Bei einer **Auflösung der Gesellschaft durch Kündigung** (§§ 132, 135) bedarf der Gesellschafter nach Auffassung des Gesetzes keines Schutzes. Die Kündigung muß jedem Gesellschafter gegenüber erklärt werden und wirkt in der Regel erst nach Ablauf einer gewissen Kündigungsfrist. Die Auflösung durch Kündigung muß daher, jedenfalls nach der Annahme des Gesetzes, jedem Gesellschafter bekannt sein. Dennoch lassen sich Fälle denken, in denen ein Gesellschafter ohne sein Verschulden von der Auflösung durch Kündigung keine Kenntnis hat. Nach allgemeiner Meinung kann § 136 auf diese Ausnahmefälle nicht, auch nicht sinngemäß, angewendet werden, da die Fassung des Gesetzes die Auflösung durch Kündigung ausdrücklich ausnimmt. Im Ergebnis sind die Konsequenzen gering, wenn der Gesellschafter schuldlos handelte.

5 b) Nach allgemeiner Meinung ist § 136 sinngemäß anzuwenden, wenn die Gesellschaft zwar nicht aufgelöst wird, aber ein Gesellschafter aus ihr **ausscheidet** und er ohne sein

Verschulden von seinem Ausscheiden keine Kenntnis hat und haben kann (vgl. nur Heymann-Emmerich Anm. 2; Ulmer in Großkomm Anm. 7). Denkbar ist dies etwa bei Eröffnung des Konkurses über das Vermögen des Gesellschafters, wenn eine Fortsetzungsklausel (§ 138 HGB) im Vertrag enthalten ist, oder bei seiner Ausschließung. Praktische Fälle wird es nur ausnahmsweise geben.

3. Teleologische Restriktion?

Im Hinblick auf die Differenzierung des Gesetzes ist zu fragen, ob die **Auflösung oder Ausschließung durch Urteil** ebenso auszunehmen ist wie die Kündigung. Das ist zu verneinen. Die Sonderbehandlung des Kündigungsfalls ist beabsichtigt. Die Konsequenzen der wenig einleuchtenden Gesetzesfassung sind auch hier gering, weil Kenntnis oder Kennenmüssen schadet.

III. Voraussetzungen und Rechtsfolgen des Schutzes

1. Voraussetzungen

a) Es muß zunächst einer der **Fälle des Schutzes** nach Anm. 3 ff. vorliegen. Die Gesellschaft muß also in anderer Weise als durch Kündigung aufgelöst sein oder der Gesellschafter muß in anderer Weise als durch Kündigung ausgeschieden sein.

b) Der Schutz gebührt nur dem **gutgläubigen Gesellschafter**. Die Befugnis zur Geschäftsführung gilt als fortbestehend, bis der Gesellschafter von der Auflösung Kenntnis erlangt oder die Auflösung kennen muß. Fahrlässige Nichtkenntnis (§ 122 BGB) macht den Gesellschafter bösgläubig. Der bösgläubige Gesellschafter hat nur die Rechte eines Geschäftsführers ohne Auftrag.

2. Der Umfang des Schutzes

a) Die **Befugnis zur Geschäftsführung** gilt zu Gunsten des gutgläubigen Gesellschafters als fortbestehend, bis er von der Auflösung Kenntnis erlangt oder die Auflösung kennen muß. Anders als in § 729 BGB macht das Gesetz keinen Unterschied, ob die Befugnis zur Geschäftsführung auf dem Gesetz oder auf dem Gesellschaftsvertrag beruht (§§ 114, 115). Es muß sich aber um die gesellschaftsrechtliche Geschäftsführungsbefugnis handeln. Der von der Geschäftsführung ausgeschlossene Gesellschafter, der auf Grund eines Auftrags Geschäftsführungsmaßnahmen vornimmt, kann sich nur auf § 674 BGB berufen.

b) § 136 gilt nur für die **Geschäftsführungsbefugnis** (§ 114), nicht auch für die Vertretungsmacht (§ 125). Geschützt wird nur der Gesellschafter. Dritte werden gegen das Erlöschen der Vertretungsmacht des Gesellschafters hinreichend durch §§ 143, 15 HGB bzw. § 6 KO, § 32 HGB geschützt.

c) Nur die **Befugnis** zur Geschäftsführung gilt als fortbestehend, nicht auch die evtl. bestehende Verpflichtung dazu. Eine Verpflichtung zur Fortführung der Geschäfte begründet in gewissen Fällen § 137.

12 d) Die **Fiktion des Fortbestehens** der Geschäftsführungsbefugnis bewirkt, daß der Gesellschafter im Innenverhältnis von anderen Gesellschaftern verlangen kann, so behandelt zu werden, als ob die Gesellschaft im Zeitpunkt der Tätigkeit des Geschäfts noch nicht aufgelöst gewesen wäre. Ob er das fragliche Geschäft tätigen durfte und welche Ansprüche er erheben kann, ist daher ohne Rücksicht auf die Auflösung der Gesellschaft allein nach Maßgabe seiner Geschäftsführungsbefugnis zu beurteilen.

137 (1) Wird die Gesellschaft durch den Tod eines Gesellschafters aufgelöst, so hat der Erbe des verstorbenen Gesellschafters den übrigen Gesellschaftern den Tod unverzüglich anzuzeigen und bei Gefahr im Verzuge die von seinem Erblasser zu besorgenden Geschäfte fortzuführen, bis die übrigen Gesellschafter in Gemeinschaft mit ihm anderweit Fürsorge treffen können. Die übrigen Gesellschafter sind in gleicher Weise zur einstweiligen Fortführung der von ihnen zu besorgenden Geschäfte verpflichtet. Die Gesellschaft gilt insoweit als fortbestehend.

(2) Die Vorschriften des Absatzes 1 Satz 2 und 3 finden auch im Falle der Auflösung der Gesellschaft durch die Eröffnung des Konkurses über das Vermögen eines Gesellschafters Anwendung.

Inhalt

	Anm.		Anm.
I. Grundlagen	1–3	6. Das Fortbestehen der Gesellschaft (Abs. 1 Satz 3)	17
1. Normzweck	1	7. Entsprechende Anwendung beim Ausscheiden durch Tod?	18
2. Anwendungsbereich	2	III. Die Regelung des Abs. 2	19–21
II. Die Regelung des Abs. 1	4–18	1. Voraussetzung	19
1. Tatbestand	4	2. Rechtsfolgen	20
2. Die Pflichten des Erben (Abs. 1 Satz 1)	5	IV. Abweichende Vertragsregelungen	22, 23
3. Die Anzeigepflicht nach Abs. 1 Satz 1	9	1. Abs. 1	22
4. Die Pflicht zur Fortführung der Geschäfte	10	2. Abs. 2	23
5. Die Fürsorgepflicht der übrigen Gesellschafter (Abs. 1 Satz 2)	16		

I. Grundlagen

1. Normzweck

1 Im Gegensatz zu § 136 schützt § 137 nicht den einzelnen Gesellschafter vor Nachteilen, die ihm aus der ihm unbekannt gebliebenen Auflösung der Gesellschaft entstehen können, sondern die Bestimmung **schützt die Gesellschaft** gegen Schäden, die ihr aus einer unerwarteten oder jedenfalls nicht im voraus feststehenden Auflösung erwachsen können. Abs. 1 normiert deshalb in enger Anlehnung an § 727 Abs. 2 BGB **Fürsorgepflichten im Fall der Auflösung der Gesellschaft durch den Tod** eines Gesellschafters. **Abs. 2** erstreckt diese Pflicht für die übrigen Gesellschafter auch auf den Fall der Auflösung der Gesellschaft durch **Eröffnung des Konkurses** über das Vermögen eines Gesellschafters.

2. Anwendungsbereich

a) Die Vorschrift gilt für die **oHG** und für die **KG**, nicht für die Gesellschaft bürgerlichen Rechts (vgl. für diese die Parallelvorschriften in §§ 727 Abs. 2, 728 BGB).

b) Die Vorschrift gilt unmittelbar nur für die **Auflösung durch Tod oder Konkurs**. *Geßler* (4. Aufl. Anm. 2) wollte den Abs. 1 auf den Fall ausdehnen, daß die Gesellschaft aufgrund einer Fortsetzungsklausel unter Ausschluß der Erben fortgesetzt wird. Dem ist jedenfalls hinsichtlich der Erben nicht zu folgen, denn § 137 basiert auf mitgliedschaftlichen Teilhaberechten und Teilhabepflichten (vgl. auch Ulmer in Großkomm Anm. 4ff.). Aus der Treupflicht bzw. nachwirkenden Treupflicht jedes Gesellschafters ergibt sich allerdings unabhängig von § 137 die Pflicht, jeden für die Mitgesellschafter nicht ohne weiteres erkennbaren Auflösungs- oder Ausscheidensgrund, der in der Person eines Gesellschafters eintritt, mitzuteilen. Insofern ist der dem § 137 zugrundeliegende Grundgedanke – nicht die Bestimmung selbst – verallgemeinerungsfähig (vgl. sogleich Anm. 4).

II. Die Regelung des Abs. 1

1. Tatbestand

Abs. 1 setzt voraus, daß ein Gesellschafter verstorben ist und daß die Gesellschaft durch den Tod aufgelöst ist. Abs. 1 gilt also nicht, wenn die Gesellschaft aufgrund des Gesetzes (vgl. für den Tod eines Kommanditisten § 177) oder aufgrund einer sog. Nachfolgeklausel (dazu § 139 Anm. 16ff.) gemäß dem Gesellschaftsvertrag im Fall des Todes eines Gesellschafters mit dessen Erben fortgesetzt wird. Für diesen Fall ist Abs. 1 entbehrlich (vgl. nur Düringer-Hachenburg-Flechtheim Anm. 2; heute allg. M.). Die Anzeigepflicht der Erben besteht allerdings auch in diesem Fall (a.M. Ulmer in Großkomm Anm. 5). Sie ergibt sich aus der allgemeinen Treupflicht in der Personengesellschaft. Wird die Gesellschaft aufgrund einer sog. Fortsetzungsklausel (§ 138) unter Ausschluß der Erben fortgeführt, so ist Abs. 1 gleichfalls unanwendbar (insofern übereinst. Ulmer in Großkomm Anm. 4; für analoge Anwendung hier Geßler in der 4. Aufl.). Die Pflicht zur Information der Mitgesellschafter kann sich aber für die Erben als ausgeschiedene Gesellschafter als nachwirkende Treupflicht ergeben (a.M. wohl Ulmer in Großkomm Anm. 5f.).

2. Die Pflichten des Erben (Abs. 1 Satz 1)

a) Abs. 1 Satz 1 legt dem Erben des verstorbenen Gesellschafters die **Pflichten** auf, den Tod den übrigen Gesellschaftern unverzüglich anzuzeigen und bei Gefahr im Verzuge die vom Erblasser zu besorgenden Geschäfte fortzuführen, bis die übrigen Gesellschafter in Gemeinschaft mit ihm anderweit Fürsorge treffen können. Diese Pflichten unterscheiden sich stark voneinander, denn die erste ist eine reine Informationspflicht, während die zweite eine Pflicht zur aktiven Teilnahme an der Geschäftsführung darstellt.

b) Die Pflichten treffen den (bzw. die) **Erben**. Der Berufungsgrund spielt keine Rolle. Es handelt sich um originäre, auf der ungewissen Lage der Gesellschaft beruhende Pflichten des Erben, nicht um Nachlaßverbindlichkeiten (a. M. Geßler in der 4. Aufl. Anm. 5; Düringer-Hachenburg-Flechtheim Anm. 6; Ulmer in Großkomm Anm. 9). Daß keine Erblasserschulden vorliegen, liegt auf der Hand, aber es handelt sich auch nicht um eine Erbfallschuld oder Nachlaßerbenschuld, denn Abs. 1 Satz 1 benennt nur einen Handlungspflichtigen, und dies ist der Erbe (die ganz andere Frage, ob die aus der Erfüllung oder Verletzung der Pflicht resultierenden Schulden Nachlaßverbindlichkeiten sind, ist hiervon zu trennen). Damit klärt sich auch die früher umstrittene Frage, ob die Pflicht mit dem Anfall (§ 1942 BGB) entsteht oder erst mit der Annahme der Erbschaft (§ 1943 BGB). Nach der herrschenden und richtigen Ansicht kommt es auf die Annahme nicht an, denn sonst hätte die Vorschrift keine praktische Bedeutung (ebenso Düringer-Hachenburg-Flechtheim Anm. 6; Baumbach-Duden-Hopt Anm. 1B; Heymann-Emmerich Anm. 2; insofern auch Ulmer in Großkomm Anm. 8). Gerade der vorläufige Erbe ist in seiner interimistischen Position von Abs. 1 erfaßt. Wenn der Erbe später die Erbschaft ausschlägt, gilt zwar der Anfall der Erbschaft als nicht erfolgt (§ 1953 BGB). Aber damit erlöschen nicht rückwirkend die aus § 137 entstandenen Pflichten (a. M. Düringer-Hachenburg-Flechtheim Anm. 6; Ulmer in Großkomm Anm. 8). Auch die vom vorläufigen Erben getroffenen Fürsorgemaßnahmen, die zur Zeit ihrer Vornahme berechtigt waren, sind aber gegenüber den übrigen Gesellschaftern und gegenüber Dritten wirksam; in seinem Verhältnis zu dem Ersatzerben gilt § 1959 BGB. Da die Pflichten keine Nachlaßverbindlichkeiten sind, entstehen sie für den Ersatzerben nach der Ausschlagung neu, dies aber nicht rückwirkend, sondern erst für die Zeit nach der Ausschlagung (auch hier wohl anders die bisher h. M.).

7 c) **Bei mehreren Erben** trifft jeden die Anzeigepflicht. Die Anzeige durch einen von ihnen befreit aber auch die anderen von ihrer Pflicht (übereinstimmend Ulmer in Großkomm Anm. 11). Bei der Fortführung der Geschäfte müssen sie gemeinschaftlich handeln, soweit es sich nicht zugleich um Maßnahmen handelt, die zur Erhaltung des Nachlasses nötig sind (§ 2038 BGB). Für die Erfüllung ihrer Pflichten haften sie nicht gesamtschuldnerisch nach § 2058 BGB, denn es liegt keine Nachlaßverbindlichkeit vor, sondern eine Treupflicht jedes Erben gegenüber der Gesellschaft (a. M. Geßler hier in der 4. Aufl. Anm. 4; Düringer-Hachenburg-Flechtheim Anm. 6). Haben allerdings mehrere Miterben schuldhaft gegen § 137 verstoßen, so haften sie für den gemeinschaftlich herbeigeführten Schaden als Gesamtschuldner (insofern ebenso die h. M.; vgl. Düringer-Hachenburg-Flechtheim Anm. 6).

8 d) Unklar ist die Pflichtenlage bei **Testamentsvollstreckung, Nachlaßverwaltung** und **Nachlaßkonkurs**. *Geßler* folgerte in der 4. Aufl. (Anm. 5) aus dem vermeintlichen Charakter als Nachlaßverbindlichkeit, daß nun der Testamentsvollstrecker, Nachlaßverwalter oder Konkursverwalter zuständig sei (ebenso die h. M.; vgl. Düringer-Hachenburg-Flechtheim Anm. 6; Heymann-Emmerich Anm. 2; Ulmer in Großkomm Anm. 9). Die von ihm zugrundegelegte Prämisse, es handle sich um eine Nachlaßverbindlichkeit, ist indes nicht zu halten. Richtigerweise begründet Abs. 1 Satz 1 eine Handlungsbefugnis und Handlungspflicht und benennt den Erben als Handlungspflichtigen (Anm. 6). Die Handlungszuständigkeit bei Testamentsvollstreckung, Nachlaßverwaltung und Nachlaßkonkurs ist durch ergänzende Auslegung des § 137 und durch Lückenfüllung zu erklären: Zur Anzeige bleibt der Erbe verpflichtet; neben ihm ist der Testamentsvollstrecker, Nachlaßverwalter oder Konkursverwalter verpflichtet; eine Anzeige eines Verpflichteten befreit die jeweils gleichzeitig Anzeigepflichtigen. Die Pflicht zur Fortführung der Geschäfte kann den Erben allenfalls im Fall der Testamentsvollstreckung treffen und auch hier nur, wenn ein Testamentsvollstrecker noch nicht bestellt oder am Eingreifen gehindert ist. Nimmt der Testamentsvollstrecker, Nachlaßverwalter oder Nachlaßkonkursverwalter die Handlung vor, so ist der Erbe in jedem Fall befreit.

3. Die Anzeigepflicht nach Abs. 1 Satz 1

Der Erbe hat zunächst einmal den Tod **den übrigen Gesellschaftern**, d. h. allen, nicht nur den geschäftsführungs- und vertretungsberechtigten, unverzüglich (§ 121 BGB) anzuzeigen. Schuldhaftes Zögern (§ 121 BGB) macht den Erben schadensersatzpflichtig, und zwar auch dann, wenn er die Erbschaft später ausschlägt (Anm. 6). Die Anforderungen von Abs. 1 Satz 1 bestimmen sich nach der Lage des Einzelfalls. Bei vielen Gesellschaften kann der Erbe im Zweifel davon ausgehen, daß der Geschäftsführer die Mitgesellschafter alsbald informiert; dann verletzt die bloße Mitteilung an den geschäftsführenden Gesellschafter nicht Abs. 1 Satz 1. Die Anzeige ist keine Willenserklärung, sondern eine Tatsachenerklärung (vgl. Heymann-Emmerich Anm. 3). Der Erbe trägt daher nicht die Gefahr ihres Zugehens; er muß sie aber, wenn er weiß, daß sie nicht zugegangen ist, wiederholen (Düringer-Hachenburg-Flechtheim Anm. 3; Ritter Anm. 2a; Ulmer in Großkomm Anm. 12). Die Anzeigepflicht entfällt, wenn die Gesellschafter anderweit bereits von dem Tod erfahren haben (Düringer-Hachenburg-Flechtheim Anm. 3).

4. Die Pflicht zur Fortführung der Geschäfte

a) Der Erbe hat die **Pflicht**, bei Gefahr im Verzuge die von seinem Erblasser zu besorgenden Geschäfte fortzuführen, bis die übrigen Gesellschafter in Gemeinschaft mit ihm anderweit Fürsorge treffen können. Gemeint ist die Fortführung von Geschäftsführungsmaßnahmen, die der Erblasser als geschäftsführender Gesellschafter zu treffen hatte. Der Erbe wird nicht zum geschäftsführenden Gesellschafter, denn die Geschäftsführung, von der Abs. 1 spricht, bezieht sich auf einzelne Maßnahmen, nicht auf die Gesellschaft im ganzen. Soweit die Pflicht des Erblassers zur Besorgung eines Geschäfts auf einem Auftrag der Gesellschafter beruhte, greift an Stelle des § 137 HGB § 673 BGB ein (Düringer-Hachenburg-Flechtheim Anm. 4; Ulmer in Großkomm Anm. 13). Vorausgesetzt wird ein dringendes Fürsorgebedürfnis der Gesellschaft (Ulmer in Großkomm Anm. 14). Die Pflicht zur Fortführung der Geschäfte obliegt ihm nur als äußerster Notbehelf. In erster Linie ist es seine Pflicht, dafür zu sorgen, daß die Gesellschafter von der Unterbrechung der Geschäftsbesorgung durch den Tod des Erblassers erfahren und Gelegenheit erhalten, für eine Abwicklung begonnener Geschäfte zu sorgen. Was der Erbe zu tun hat, um seiner Pflicht zu genügen, hängt jeweils von den Umständen des Einzelfalls ab. Grundsätzlich wird ihm äußerste Zurückhaltung anzuraten sein, denn er vermag weder die bisherige Lage der Gesellschaft noch die durch die Auflösung bedingte Veränderung der Sachlage genügend zu überschauen. Der Erbe ist grundsätzlich nur verpflichtet, sich um solche Geschäfte zu kümmern, zu deren Besorgung der

Erblasser seinerseits gleichfalls verpflichtet, nicht nur berechtigt war. Er hat nicht mehr Pflichten als sein Erblasser.

11 b) Mit der Pflicht des Erben, die von seinem Erblasser zu besorgenden Geschäfte fortzuführen, korrespondiert für ihn zugleich das **Recht** auf Fortführung der Geschäfte. Aber auch dieses Recht reicht nicht weiter als die Rechte des verstorbenen Gesellschafters. Deshalb darf der Erbe ungewöhnliche Geschäfte grundsätzlich nur in Vollzug eines Gesellschafterbeschlusses (§ 116 Abs. 2) und nur ausnahmsweise aufgrund einer Geschäftsführung ohne Auftrag vornehmen (Ulmer in Großkomm Anm. 16).

12 c) Die Besorgung der Geschäfte des Erblassers kann es nötig machen, daß der Erbe **Rechtsgeschäfte gegenüber Dritten** vornehmen muß. Insoweit steht ihm dann auch das Recht zu, namens der Gesellschaft als ihr Vertreter zu handeln (Baumbach-Duden-Hopt Anm. 1 B; Heymann-Emmerich Anm. 5; Ulmer in Großkomm Anm. 18). Seine Vertretungsmacht beruht auf eigenem Recht und entspricht seiner Geschäftsführungspflicht (insofern wie hier die h. M.; vgl. Düringer-Hachenburg-Flechtheim Anm. 5; Ulmer in Großkomm Anm. 18). Sie hat in ihr ihren Ursprung und auch ihre Grenzen. Die Vertretungsmacht des Erben ist selbst dann Einzelvertretung, wenn der Erblasser nur Gesamtvertretung hatte (a. M. Baumbach-Duden-Hopt Anm. 1 B; wohl auch Heymann-Emmerich Anm. 4), denn sie ist mit der Vertretungsmacht des Erblassers nicht identisch. Die Vertretungsmacht besteht nur, wenn der Erbe nach § 137 zur Fortführung der Geschäfte wegen Gefahr im Verzuge verpflichtet war und wenn die Geschäftsführungsmaßnahme auch ein Vertreterhandeln erfordert. Fehlt es an dieser Voraussetzung, kann sich ein Geschäftspartner auf eine angebliche Vertretungsmacht des Erben nur unter den engen Voraussetzungen der Anscheins- oder Duldungsvollmacht berufen (Ulmer in Großkomm Anm. 18, 24). Die Eintragung der Auflösung im Handelsregister oder die Kenntnis des Dritten von der Auflösung berührt die Vertretungsmacht des Erben ebensowenig, wie die Nichteintragung oder die Gutgläubigkeit des Dritten diesem einen besonderen Schutz gewährt (ebenso Ulmer in Großkomm Anm. 24). Die im Rahmen der Vertretungsmacht gemäß § 137 getätigten Geschäfte verpflichten die Gesellschaft; eingegangene Verbindlichkeiten sind Gesellschaftsschulden, für die die persönliche Haftung der Gesellschafter (§ 128) einschließlich des Nachlasses des verstorbenen Gesellschafters besteht. Der Erbe kann seine Eigenhaftung für diese Gesellschaftsverbindlichkeit gemäß §§ 1975 ff. BGB erbrechtlich beschränken (Düringer-Hachenburg-Flechtheim Anm. 5; Heymann-Emmerich Anm. 5; Ulmer in Großkomm Anm. 20; vgl. allgemein § 131 Anm. 25; RGZ 72, 119, 121; unklar RG JW 1912, 475, 476). Wohl aber haftet er der Gesellschaft persönlich auf Schadensersatz, wenn er Pflichten aus § 137 schuldhaft verletzt.

13 d) Der im Rahmen der Notgeschäftsführung nach Abs. 1 handelnde Erbe kann nach § 110 von der Gesellschaft **Aufwendungsersatz** verlangen (Ulmer in Großkomm Anm. 19). Der Gesellschafter darf Aufwendungen aber nur insoweit für erforderlich halten, wie sie von Abs. 1 Satz 2 gedeckt sind.

14 e) Bei schuldhafter **Verletzung der Pflicht** haftet der Erbe der Gesellschaft auf Schadensersatz. Dabei kommt ihm nach h. M. die Haftungserleichterung des § 708 BGB zugute (Geßler in der Voraufl. Anm. 5). Aber das dürfte nur für die im gemeinschaftlichen Interesse bestehende Geschäftsführungspflicht gelten (für diese vgl. auch Ulmer in

Großkomm Anm. 21), nicht für die Mitteilungspflicht, die dem Erben nur im Interesse der Mitgesellschafter obliegt.

f) **Das Recht und die Pflicht** des Erben zur Fortführung von Geschäften **erlöschen**, sobald die Gesellschafter tatsächlich in der Lage sind, die Fortführung der Geschäfte selbst zu übernehmen. Ob sie das Geschäft fortführen, ist für die Pflicht des Erben unerheblich (ebenso Ulmer in Großkomm Anm. 15).

5. Die Fürsorgepflicht der übrigen Gesellschafter (Abs. 1 Satz 2)

Neben den Erben sind die übrigen Gesellschafter in gleicher Weise bei Gefahr im Verzug verpflichtet, die von ihnen zu besorgenden Geschäfte einstweilen fortzuführen. Auch sie haben insoweit an Stelle ihrer erloschenen Vertretungsmacht eine neue, auf § 137 beruhende beschränkte Vertretungsmacht. In erster Linie werden sie jedoch für die Handlungsfähigkeit der Liquidatoren (§ 146) zu sorgen haben.

6. Das Fortbestehen der Gesellschaft (Abs. 1 Satz 3)

§ 137 Abs. 1 Satz 3 fügt diesen Bestimmungen hinzu, daß die Gesellschaft insoweit als fortbestehend gilt. Die Formulierung des Gesetzes ist schief, da die Gesellschaft auch als Abwicklungsgesellschaft tatsächlich, nicht nur fiktiv, noch besteht (vgl. § 156 Anm. 1). Man kann Abs. 1 Satz 3 nur dahin verstehen, daß die Gesellschaft insoweit nicht als aufgelöst gilt, so daß die Geschäftsführungs- und Verantwortungsbefugnisse und die Pflichten der Gesellschafter und der Erben im Rahmen des Abs. 1 weiterbestehen (ganz überflüssig ist Satz 3 nach Baumbach-Duden-Hopt Anm. 1B). Hieraus folgt allerdings keine Ausdehnung des Handlungsrahmens. Wer aufgrund von Abs. 1 handelt, muß den sich aus den Erläuterungen zu § 149 ergebenden Handlungsrahmen beachten (a.M. Ulmer in Großkomm Anm. 17). Daß im Einzelfall Geschäftsführungsmaßnahmen zulässig sind, die eine Fortsetzung der Gesellschaft offenlassen, ist kein Spezifikum des § 137, sondern gilt allgemein, wenn die Auflösung noch in der Schwebe ist.

7. Entsprechende Anwendung beim Ausscheiden durch Tod?

Wird die Gesellschaft **ohne die Erben fortgesetzt**, so besteht die Mitteilungspflicht der Erben (vgl. Anm. 9), nicht aber die Geschäftsführungspflicht (noch enger Ulmer in Großkomm Anm. 5 f.). Abs. 1 Satz 2 ist analog anwendbar, kommt aber selbst dann kaum zum Zuge, wenn der verstorbene Gesellschafter allein geschäftsführungsberechtigt war, denn dann leben im Zweifel die Geschäftsführungsrechte der verbleibenden persönlich haftenden Gesellschafter auf (ganz ablehnend deshalb Ulmer in Großkomm Anm. 5).

III. Die Regelung des Abs. 2

1. Voraussetzung

Abs. 2 setzt voraus, daß das **Konkursverfahren über das Vermögen eines Gesellschafters** eröffnet ist; im Konkurs der Gesellschaft gilt Abs. 2 nicht. Weitere Voraussetzung ist, daß die Gesellschaft durch den Konkurs aufgelöst ist. Wird die Gesellschaft im

§ 138

Konkursfall aufgrund einer Fortsetzungsklausel unter Ausschluß des Gemeinschuldner-Gesellschafters fortgeführt, so gilt Abs. 2 nicht (Ulmer in Großkomm Anm. 26).

2. Rechtsfolgen

20 a) Die in Abs. 1 Satz 2 normierte **Fürsorgepflicht** gilt für die übrigen Gesellschafter. Der in Konkurs gefallene Gesellschafter und der Konkursverwalter haben dagegen weder das Recht noch die Pflicht, die Geschäfte fortzuführen (h. M.; vgl. Heymann-Emmerich Anm. 7). Der Gesellschafter, der im Rahmen des § 137 Aufwendungen für die Besorgung dringender Geschäfte gemacht hat, ist für den nach Ausgleichung der Kapitalsalden verbleibenden Betrag Massegläubiger (§§ 110, 105 Abs. 2 HGB; § 28 KO; Baumbach-Duden-Hopt Anm. 2; Düringer-Hachenburg-Flechtheim Anm. 9; Ulmer in Großkomm Anm. 28). Der Gemeinschuldner haftet dem Dritten aus diesen Geschäften persönlich, ein Anspruch des Dritten gegen die Konkursmasse besteht jedoch nicht (§ 3 KO).

21 b) Abs. 2 verweist nicht auf Abs. 1 Satz 1. Aber kraft Treupflicht schuldet der Gemeinschuldner-Gesellschafter den Mitgesellschaftern **Information über die Konkurseröffnung**.

IV. Abweichende Vertragsregelungen

1. Abs. 1

22 Abs. 1 ist **nicht zwingend**. Der Gesellschaftsvertrag kann die Rechte und Pflichten der Erben und der Mitgesellschafter erweitern oder einschränken, sogar völlig ausschließen. Dann können sich jedoch immer noch Pflichten aus der Treubindung der Gesellschafter ergeben. Vertragsregelungen dieser Art dürften kaum vorkommen.

2. Abs. 2

23 Abs. 2 ist insofern **zwingend**, als der Gesellschaftsvertrag die Rechte und Pflichten nicht beschränken oder ganz ausschließen kann. Wohl aber kann er sie erweitern, z.B. dem betroffenen Gesellschafter eine Anzeigepflicht auferlegen. Dem Konkursverwalter selbst kann der Gesellschaftsvertrag naturgemäß keine Pflichten auferlegen. Er wird durch den Konkurs nicht Mitglied der Gesellschaft. Allerdings kann er die Pflichten des Gemeinschuldners erfüllen und kann hierzu sogar verpflichtet sein.

138 Ist im Gesellschaftsvertrage bestimmt, daß, wenn ein Gesellschafter kündigt oder stirbt oder wenn der Konkurs über sein Vermögen eröffnet wird, die Gesellschaft unter den übrigen Gesellschaftern fortbestehen soll, so scheidet mit dem Zeitpunkt, in welchem mangels einer solchen Bestimmung die Gesellschaft aufgelöst werden würde, der Gesellschafter, in dessen Person das Ereignis eintritt, aus der Gesellschaft aus.

Schrifttum (Auswahl; vgl. für den Todesfall die Angaben bei § 139; für die Beteiligung an schwebenden Geschäften Anm. 32; für die Abfindung Anm. 41; für Abfindungsklauseln

Anm. 59); *Kobs,* Austritt aus Personengesellschaften, 1959; *Nitschke,* Die körperschaftlich strukturierte Personengesellschaft, 1970; *Riegger,* Die Rechtsfolgen des Ausscheidens eines Gesellschafters aus einer zweigliedrigen Personengesellschaft, 1969; *H. P. Westermann,* Vertragsfreiheit und Typengesetzlichkeit im Recht der Personengesellschaften, 1970.

Inhalt

	Anm.
I. Grundlagen	1–16
1. Normzweck	1
2. Geltungsbereich	2
3. Fälle der sog. Fortsetzungsklausel	5
4. Abgrenzung	11
5. Die Vereinbarung der Fortsetzungsklausel	15
II. Fälle des § 138 im einzelnen	17–22
1. Kündigung durch einen Gesellschafter	17
2. Tod eines Gesellschafters	19
3. Gesellschafterkonkurs	21
III. Die Rechtsfolgen des Ausscheidens	23–40
1. Anzuwendende Vorschriften	23
2. Die Anwachsung des Anteils am Gesellschaftsvermögen	24
3. Rückgabe von Gegenständen	26
4. Schuldbefreiung	28
5. Abfindungsguthaben und Nachschußpflicht	30
6. Die Beteiligung an schwebenden Geschäften	32
7. Abweichende Vereinbarungen	40
IV. Die Abfindung des ausscheidenden Gesellschafters	41–58
1. Grundlagen	42
2. Die Gesamtabrechnung	45
3. Die Abschichtungsbilanz	47
4. Das Problem der Unternehmensbewertung	52
V. Abfindungsklauseln	59–78
1. Grundlagen	60
2. Drittbeeinträchtigung (Gläubigerbeeinträchtigung)	64
3. Abfindungsausschluß für Erben eines Gesellschafters	66
4. Beeinträchtigung des Gesellschafters	68
5. Klauseln über die Berechnung des Abfindungsanspruchs	73
6. Klauseln über Auszahlungsmodalitäten	75
7. Rechtsfolgen der Inhaltskontrolle	76
8. Ausübungskontrolle	78

I. Grundlagen

1. Normzweck

§ 138 regelt die Zulässigkeit und die Rechtsfolgen der sog. **Fortsetzungsklausel.** Der **1** Begriff der Fortsetzungsklausel hat sich für eine Vertragsregelung eingebürgert, nach der die Gesellschaft unter den verbleibenden Gesellschaftern fortgesetzt wird, wenn in der Person eines Gesellschafters ein Auflösungsgrund eintritt. Er wird aus Zweckmäßigkeitsgründen auch hier verwandt. Sachgerecht wäre die Bezeichnung als **Ausschließungsklausel** (vgl. Karsten Schmidt Gesellschaftsrecht § 45 V 2 a), denn die Bedeutung der Fortsetzungsklausel besteht darin, daß eine Ausschließung des Gesellschafters an die Stelle der Auflösung der Gesellschaft tritt.

2. Geltungsbereich

a) Die Bestimmung gilt für die **oHG** sowie nach § 161 Abs. 2 für die **Kommanditgesellschaft 2** (für die Gesellschaft bürgerlichen Rechts gilt § 736 BGB). Auch wenn die Ausschließung den einzigen Komplementär einer Kommanditgesellschaft bzw. dessen Erben trifft, bleibt § 138 anwendbar (vgl. Karsten Schmidt Gesellschaftsrecht § 45 V 2 b). Zwar kann die Fortsetzungsklausel in diesem Fall die Auflösung der KG nicht verhindern, denn die Gesellschaft ist mit dem Fortfall des einzigen Komplementärs aufgelöst

(§ 131 Anm. 43). Da aber die Klausel der Sache nach nicht als Fortsetzungsklausel, sondern als Ausschließungsklausel funktioniert (Anm. 1), kommt sie auch in diesem Fall zum Zuge. Sie hat dann zur Folge, daß die Kommanditisten untereinander über die Fortsetzung beschließen können. Setzen sie die Gesellschaft nicht fort, so haben sie den Komplementär (bzw. seine Erben) abzufinden. Eine Auseinandersetzung nach §§ 145 ff. findet dann nur unter den Kommanditisten statt. Anders verhält es sich nur, wenn eine Auslegung der Fortsetzungsklausel ergibt, daß diese Klausel nur zum Zuge kommen soll, wenn sie die Auflösung der Gesellschaft verhindert. Zu vermuten ist dies nicht, denn auch eine aufgelöste Gesellschaft kann fortgesetzt werden (§ 131 Anm. 60 ff.).

3 b) § 138 ist auch auf eine bereits **aufgelöste Gesellschaft** anwendbar (BGH WM 1964, 1086 f.; für den Fall des § 142 bereits RGZ 102, 375; BGHZ 1, 324, 331; Ulmer in Großkomm Anm. 13; Alfred Hueck oHG § 29 I; Weipert in HGB-RGRK Anm. 3; Voraufl. Anm. 5; grds. a. M. KG WM 1969, 900 f.; vgl. auch RGZ 95, 32 f.; Heymann-Emmerich Anm. 2). Wiederum ist zu bedenken, daß die Klausel zwar i. d. R. der Fortsetzung dient, aber als Ausschließungsklausel funktioniert (Anm. 1). Ist die Gesellschaft bereits aufgelöst, so folgt aus der Klausel, daß die Auseinandersetzung nach §§ 145 ff. nur unter den verbleibenden Gesellschaftern stattfindet und daß auch diese allein über die Fortsetzung beschließen. Wiederum ist es eine andere Frage, ob sich aus der Auslegung der Klausel ergibt, daß diese nur eingreifen soll, wenn hierdurch die Auflösung der Gesellschaft verhindert wird (BGH WM 1964, 1086 f.; für den Fall des § 142 bereits RGZ 102, 375; BGHZ 1, 324, 331; Ulmer in Großkomm Anm. 13; Schilling in Großkomm § 156 Anm. 22).

4 c) Auch für die **Zweipersonengesellschaft** gilt § 138 (RGZ 65, 227, 236 f.; 68, 410, 415; 136, 97, 99; Karsten Schmidt Gesellschaftsrecht § 45 V 2 c). Demgegenüber meinte *Geßler* in der 4. Aufl. mit der h. M. und in scheinbarer Übereinstimmung mit dem Gesetz, daß eine Mehrpersonengesellschaft erforderlich ist (so auch noch RGZ 7, 121, 122 f. zu Art. 128 ADHGB). Es handelt sich hierbei um ein Scheinproblem und bei der Kontroverse um eine Schein-Kontroverse. Um dies zu erkennen, muß man sehen, daß die sog. Fortsetzungsklausel in Wahrheit eine Ausschließungsklausel ist (Anm. 1). In welchen Fällen die Klausel eingreift (nur bei der Mehrpersonengesellschaft oder auch bei der Zweipersonengesellschaft), ist durch Auslegung der Klausel, nicht des Gesetzes, zu klären. Greift die Klausel ein, so ergeben sich die Rechtsfolgen nicht aus § 138, sondern aus allgemeinen gesellschaftsrechtlichen Grundsätzen: Der betroffene Gesellschafter scheidet aus; bleibt noch eine Mehrpersonengesellschaft übrig, so besteht die Gesellschaft mit Anwachsungsfolge (§ 738 BGB) fort (Anm. 24 ff.); bleibt nur noch ein Gesellschafter übrig, so erlischt die Gesellschaft, und das Gesellschaftsvermögen fällt diesem Gesellschafter zu (§ 131 Anm. 2). Zum gleichen Ergebnis kommt die h. M., die die Klausel nach § 138 in diesem Fall als vertragliches Übernahmerecht i. S. d. § 142 versteht oder in eine Übernahmeklausel umdeutet (BGH LM Nr. 2; OLG München BB 1981, 1117; Ulmer in Großkomm Anm. 10; Baumbach-Duden-Hopt Anm. 2 B; Heymann-Emmerich Anm. 2). Erkennt man, daß die „Übernahme" auch im Fall des § 142 nichts anderes als die Folge des Ausscheidens ist (§ 142 Anm. 1 ff.), so erweist sich auch diese Gedankenoperation als überflüssig.

3. Fälle der sog. Fortsetzungsklausel

a) Als Anlaß der Ausschließung nennt § 138 nur: die **Kündigung** seitens eines Gesellschafters, den **Tod** eines Gesellschafters und die **Konkurseröffnung** über das Vermögen eines Gesellschafters.

aa) Im Fall der **Kündigung eines Gesellschafters** hat die Fortsetzungsklausel zur Folge, daß aus der Auflösungskündigung eine Austrittskündigung wird (vgl. Ulmer in Großkomm § 132 Anm. 32). Näher Anm. 17.

bb) Beim **Tod eines Gesellschafters** hat die Klausel zur Folge, daß die Mitgliedschaft des verstorbenen Gesellschafters erlischt. In den Nachlaß fällt nicht die Mitgliedschaft, sondern der Abfindungsanspruch (vgl. BGHZ 68, 225, 239; vgl. auch bereits RGZ 136, 97, 99). Zu diesem Anspruch vgl. Anm. 41 ff. Die Abfindung der Erben kann wirksam ausgeschlossen werden (vgl. Anm. 66).

cc) Im **Fall des Konkurses eines Gesellschafters** folgt aus der Fortsetzungsklausel, daß die Mitgliedschaft nicht in die Konkursmasse fällt (dazu § 131 Anm. 36), denn die Mitgliedschaft erlischt auch hier. In die Masse fällt vielmehr der Auseinandersetzungsanspruch des Gesellschafters (Ulmer in Großkomm § 131 Anm. 96).

b) Eine Ausschließungsklausel kann auch für **andere Fälle** vereinbart werden (vgl. nur Düringer-Hachenburg-Flechtheim Anm. 2; Heymann-Emmerich Anm. 3; Ulmer in Großkomm Anm. 4 f.). Sinnvoll kann dies insbesondere im Fall einer Gläubigerkündigung nach § 135 sein; dann treten die Folgen des § 141 automatisch, d.h. ohne Beschluß der Mitgesellschafter, ein. Gegenstand der Gläubigerbefriedigung ist der Abfindungsanspruch. Darüberhinaus kann **jeder wichtige Grund** i.S. von § 140 Gegenstand einer Ausschließungsklausel sein. Deren Bedeutung besteht dann darin, daß der Gesellschafter automatisch ausgeschlossen ist, ohne daß es einer Klage nach § 140 oder auch nur einer Ausschließungserklärung (§ 140 Anm. 74) bedarf. Bei der Vertragsformulierung ist dafür zu sorgen, daß der Eintritt des Ausschließungszeitpunkts **bestimmbar** ist. Ist das nicht gewährleistet, so verdient eine Hinauskündigungsklausel den Vorzug (vgl. auch § 140 Anm. 74). Auch für den Fall, daß ein Gesellschafter nach § 133 auf Auflösung der Gesellschaft klagt, kann der Gesellschaftsvertrag vorsehen, daß der Gesellschafter in diesem Fall ausscheidet (vgl. BGH LM Nr. 6 zu § 140; Baumbach-Duden-Hopt § 133 Anm. 4). Grenzen ergeben sich aus § 133 Abs. 3 (dazu § 133 Anm. 65 ff.).

c) Eine Vertragsklausel über die **Ausschließung ohne wichtigen Grund** ist grundsätzlich unzulässig (vgl. § 140 Anm. 77 ff.). Für den Fall der sog. Fortsetzungsklausel bedeutet dies: Als Ereignisse, die zum automatischen Ausscheiden eines Gesellschafters führen, sind neben den in § 138 genannten Ereignissen grundsätzlich nur wichtige Gründe unproblematisch. Da aber nach § 131 Nr. 1 auch das ganze Gesellschaftsverhältnis mit dem Eintritt eines bestimmten Ereignisses zum Erlöschen gebracht werden kann, ist die **Einräumung einer Mitgliedschaft auf Zeit** nach der gesetzlichen Wertung zulässig. Es kann also im Gesellschaftsvertrag vereinbart werden, daß ein Gesellschafter mit Eintritt eines bestimmten Ereignisses oder mit Ablauf einer bestimmten Zeit ausscheidet. Nur wenn das maßgebende Ereignis von den Mitgesellschaftern selbst herbeigeführt werden kann, gelten die bei § 140 Anm. 77 ff. dargestellten Grenzen auch hier.

Karsten Schmidt

4. Abgrenzung

11 a) Die **Fortsetzungsklausel ist im Todesfall** von der sog. **Nachfolgeklausel** (§ 139 Anm. 16 ff.) und der **Eintrittsklausel** (§ 139 Anm. 28 ff.) zu unterscheiden. Ihre Besonderheit gegenüber diesen Klauseln besteht darin, daß gerade keine Fortsetzung des Gesellschaftsverhältnisses mit den Erben stattfindet, sondern daß die Erben aus der Gesellschaft ausscheiden (vgl. Anm. 1).

12 b) Die Fortsetzungsklausel ist eine **gesellschaftsvertragliche Klausel**. Von ihr muß eine **ad hoc getroffene Ausscheidensvereinbarung** unterschieden werden. Sowohl in der (noch) nicht aufgelösten Gesellschaft als auch in der bereits aufgelösten Gesellschaft ist eine Vereinbarung zulässig, nach der ein Gesellschafter aus der Gesellschaft austritt und abgefunden wird (Ulmer in Großkomm Anm. 8; vgl. auch Alfred Hueck oHG § 29 I 1; Baumbach-Duden-Hopt Anm. 1 C). Eine solche Vereinbarung, die regelmäßig das Ziel einer Fortsetzung unter den verbleibenden Gesellschaftern hat, kann ohne weiteres auch mit den Erben eines Gesellschafters, mit dem Konkursverwalter eines Gesellschafters oder mit dem pfändenden Gläubiger getroffen werden (Ulmer in Großkomm Anm. 8 und § 131 Anm. 94). Die Vereinbarung setzt, sofern nicht der Gesellschaftsvertrag ein anderes zuläßt, einen Vertrag aller Gesellschafter voraus (Baumbach-Duden-Hopt Anm. 1 C; Ulmer in Großkomm Anm. 8).

13 c) Ein **Ausschließungsrecht ohne Fortsetzungsklausel** ergibt sich aus §§ 141, 142 Abs. 2 für den Fall der Gläubigerkündigung nach § 135 oder des Konkurses eines Gesellschafters. Das Ausschließungsrecht hat in diesem Fall dieselbe Funktion wie im Fall des § 138. Der Unterschied besteht nur darin, daß das Recht den Gesellschaftern vom Gesetz zuerkannt wird.

14 d) Eine **Ausschließung aus wichtigem Grund** ist allgemein aufgrund der §§ 140, 142 möglich. Auch durch eine solche Ausschließung kann nach Lage des Falls eine Auflösung der Gesellschaft abgewendet oder eine Fortsetzung möglich gemacht werden (vgl. im einzelnen Erl. § 140), dies aber nicht automatisch mit Eintritt des Auflösungsgrundes (so im Fall des § 138) und auch nicht durch Beschluß und Erklärung (so im Fall des § 141), sondern regelmäßig nur durch eine Ausschließungs- bzw. sog. Übernahmeklage.

5. Die Vereinbarung der Fortsetzungsklausel

15 a) Regelmäßig wird eine Fortsetzungsklausel im Gesellschaftsvertrag **ausdrücklich** geregelt. Die nachträgliche Einführung einer Fortsetzungsklausel bedarf einer Vereinbarung aller Gesellschafter. Es empfiehlt sich, die Fortsetzungsfälle so genau wie möglich festzulegen. Im übrigen ist die Fortsetzungsklausel, wenn nicht klar ist, für welche Fälle sie gelten soll, auslegungsfähig. Eine für den Tod bedungene Fortsetzungsklausel greift nicht ohne weiteres auch im Kündigungsfall ein (vgl. BGH WM 1977, 736).

16 b) Auch ohne ausdrückliche Vereinbarung kann sich die Fortsetzungsregelung im Wege der **Auslegung**, auch der ergänzenden Vertragsauslegung, aus dem Gesellschaftsvertrag ergeben (Baumbach-Duden-Hopt Anm. 2 A). Aus ergänzender Vertragsauslegung ergibt sich die Fortsetzungsklausel bei **Publikumsgesellschaften** (Dietrich, Die Publikumskommanditgesellschaft ..., 1988, S. 84). Zumeist ist hier in der Praxis eine solche Bestimmung schon ausdrücklich getroffen (Gerhard A. Wilhelm, Die Problematik der Massen-KG ..., Diss. Tübingen 1980, S. 165). Aber auch dort, wo sie fehlt, muß dem Interesse der übrigen Gesellschafter an dem Bestand der Gesellschaft Rechnung getragen werden (Dietrich a.a.O. S. 84 und für die Kündigung aus wichtigem Grund BGH NJW 1973, 1604; BGHZ 63, 338, 345 f. = NJW 1975, 1022, 1024; Gerhard A. Wilhelm a.a.O. S. 180; anders wohl noch Immenga ZGR 1974, 407). Im übrigen macht die Tatsache allein, daß die Gesellschaft groß und kapitalistisch strukturiert ist, die Vereinbarung nicht entbehrlich.

II. Die Fälle des § 138 im einzelnen

1. Kündigung durch einen Gesellschafter

a) Eine auf den Kündigungsfall bezogene Fortsetzungsklausel erfaßt stets die **ordentliche Kündigung** eines Gesellschafters. Sie kann auch den Fall einer Klageerhebung oder eines Urteils **nach § 133** erfassen. Sie kann auch, soweit eine solche Kündigung in Abweichung von § 133 vorgesehen ist, die **außerordentliche Kündigung** erfassen (vgl. auch Ulmer in Großkomm Anm. 5). Zu den sich aus § 133 Abs. 3 ergebenden Grenzen vgl. § 133 Anm. 65 ff. Regelmäßig wird ein Verstoß gegen § 133 Abs. 3 nur anzunehmen sein, wenn die Klausel mit einer unangemessenen Abfindungsbeschränkung einhergeht (dazu Anm. 70).

b) Der kündigende Gesellschafter scheidet **mit dem Ende der Kündigungsfrist**, also mit dem Zeitpunkt, zu dem sonst die Gesellschaft aufgelöst würde, ohne besondere Erklärung aus der Gesellschaft aus (im Fall der außerordentlichen Kündigung oder Auflösungsklage alsbald). Es kann aber auch vereinbart werden, daß die übrigen Gesellschafter nur das Recht der Fortsetzung haben sollen. Dann bedarf die Ausübung des Rechts einer besonderen Erklärung, die innerhalb der Kündigungsfrist abgegeben werden muß. Es kann auch noch weiteren Gesellschaftern bei Kündigung eines Gesellschafters das Recht zum Ausscheiden eingeräumt sein. Mitunter findet sich sogar die Bestimmung, daß nicht der kündigende, sondern ein anderer Gesellschafter ausscheiden soll. Auch das ist zulässig.

2. Tod eines Gesellschafters

Die Bestimmung des Gesellschaftsvertrags tritt in ihrer praktischen Häufigkeit gegenüber der Anordnung der Fortsetzung mit den Erben (§ 139) weit zurück. Immerhin findet sie sich nicht selten. Der Gesellschafter scheidet **mit seinem Tode** aus der Gesellschaft aus. Die **Erben** werden zu keinem Zeitpunkt (auch nicht für eine „logische Sekunde") Gesellschafter. Sie können nicht über die Fortsetzung der Gesellschaft mitentscheiden (dies im Gegensatz zum Auflösungsfall des § 131 Nr. 4; vgl. § 131 Anm. 68). Über den Anspruch auf das Auseinandersetzungsguthaben und die Frage, was in diesem Fall in den Nachlaß fällt, vgl. § 139 Anm. 15. Ist **Testamentsvollstreckung** angeordnet, so fallen die Abfindungsansprüche unter die Testamentsvollstreckung (vgl. § 139 Anm. 54).

20 b) Die **Fortsetzung der Gesellschaft** mit den übrigen Gesellschaftern muß sich unmittelbar an den Zeitpunkt des Ausscheidens anschließen; sie darf nicht erst auf einen späteren Zeitpunkt vereinbart sein, denn dann wäre die Gesellschaft zunächst aufgelöst (Düringer-Hachenburg-Flechtheim Anm. 6).

3. Gesellschafterkonkurs

21 a) Das Fortbestehen der Gesellschaft kann schließlich für den Fall vorgesehen sein, daß der Konkurs über das Vermögen eines Gesellschafters eröffnet wird (Anm. 8). Der Gemeinschuldner scheidet damit automatisch **mit der Eröffnung des Konkursverfahrens** aus der Gesellschaft aus. Die Fortsetzung der Gesellschaft mit der Konkursmasse unter Ausscheiden des Gemeinschuldners kann selbst mit Zustimmung des Konkursverwalters nicht beschlossen werden. Fehlt eine Fortsetzungsklausel, so haben die Mitgesellschafter das Ausschließungsrecht nach § 141.

22 b) Der **Abfindungsanspruch** fällt in die Konkursmasse (vgl. § 1 KO). Eine Abfindungsklausel, nach der in diesem Fall keine Abfindung gezahlt wird, ist nichtig (vgl. Anm. 64 f.).

III. Die Rechtsfolgen des Ausscheidens

Schrifttum: Vgl. Anm. 32, 41, 59.

1. Anzuwendende Vorschriften

23 Die Rechtsfolgen des Ausscheidens sind im HGB nicht geregelt. Es gilt daher das Recht des BGB (§ 105 Abs. 2 HGB; §§ 738–740 BGB). Diese lauten:

§ 738

Scheidet ein Gesellschafter aus der Gesellschaft aus, so wächst sein Anteil am Gesellschaftsvermögen den übrigen Gesellschaftern zu. Diese sind verpflichtet, dem Ausscheidenden die Gegenstände, die er der Gesellschaft zur Benutzung überlassen hat, nach Maßgabe des § 732 zurückzugeben, ihn von den gemeinschaftlichen Schulden zu befreien und ihm dasjenige zu zahlen, was er bei der Auseinandersetzung erhalten würde, wenn die Gesellschaft zur Zeit des Ausscheidens aufgelöst worden wäre. Sind gemeinschaftliche Schulden noch nicht fällig, so können die übrigen Gesellschafter dem Ausscheidenden, statt ihn zu befreien, Sicherheit leisten. Der Wert des Gesellschaftsvermögens ist, soweit erforderlich, im Wege der Schätzung zu ermitteln.

§ 739

Reicht der Wert des Gesellschaftsvermögens zur Deckung der gemeinschaftlichen Schulden und der Einlagen nicht aus, so hat der Ausscheidende den übrigen Gesellschaftern für den Fehlbetrag nach dem Verhältnis seines Anteils am Verlust aufzukommen.

§ 740

Der Ausgeschiedene nimmt an dem Gewinn und Verlust teil, welcher sich aus den zur Zeit seines Ausscheidens schwebenden Geschäften ergibt. Die übrigen Gesellschafter sind berechtigt, diese Geschäfte so zu beendigen, wie es ihnen am vorteilhaftesten erscheint.

Der Ausgeschiedene kann am Schluß jedes Geschäftsjahrs Rechenschaft über die inzwischen beendigten Geschäfte, Auszahlung des ihm gebührenden Betrags und Auskunft über den Stand der noch schwebenden Geschäfte verlangen.

In **Österreich** gelten statt der BGB-Vorschrift die inhaltsgleichen Regeln des Art. 7 Nr. 15 und 16 EVHGB.

2. Die Anwachsung des Anteils am Gesellschaftsvermögen

a) Der Anteil des ausscheidenden Gesellschafters am Gesellschaftsvermögen wächst nach **§ 738 Abs. 1 Satz 1 BGB** den übrigen Gesellschaftern zu. Die **Dogmatik der Anwachsung** ist umstritten (vgl. Flume Personengesellschaft § 17 VIII; Karsten Schmidt Gesellschaftsrecht § 45 II 5; Ulmer Gesellschaft bürgerlichen Rechts § 738 Anm. 5). Herkömmlich stellte man sich die Anwachsung als eine Rechtsänderung hinsichtlich des Gesellschaftsvermögens vor (vgl. RGZ 65, 227, 236f.; 68, 410; Geßler hier in der 4. Aufl. Anm. 13). Geht man mit dem klaren Gesetzeswortlaut (§ 124) davon aus, daß das Gesellschaftsvermögen nicht den Gesellschaftern, sondern der Gesellschaft zusteht (§ 124 Anm. 10ff.), so erweist sich diese Betrachtung als ein rechtsmethodischer Umweg: Nur die Wertanteile der Gesellschafter ändern sich. Hinsichtlich des Gesellschaftsvermögens ändert sich nichts. Es gehörte vor dem Ausscheiden der Gesellschaft, und es gehört nach dem Ausscheiden des Gesellschafters der Gesellschaft (Karsten Schmidt Gesellschaftsrecht § 45 II 5). Die Anwachsung tritt automatisch mit dem Ausscheiden ein (h. M.; vgl. auch Schönle DB 1959, 1427), nicht erst, wie noch Wieland (Handelsrecht Bd. I S. 649) annahm, mit der Befriedigung des Abfindungsanspruchs. Etwaige Erwerbsrechte eines oder mehrerer Gesellschafter an dem Anteil des Ausscheidenden müssen vor dem Ausscheiden ausgeübt werden, sonst gehen sie ins Leere (BGH WM 1961, 943). Die Anwachsung tritt automatisch ein. Eines besonderen Übertragungsaktes bedarf es weder für das Vermögen im ganzen, noch für den Anteil, noch für einzelne Gegenstände des Vermögens. Die Anordnung der Nachlaßverwaltung oder die Eröffnung des Nachlaßkonkurses über den Nachlaß des einen Gesellschafters berührt die Anwachsung des Gesellschaftsvermögens nicht (RGZ 136, 97).

b) Die Anwachsung führt grundsätzlich zu **keiner Rechtsänderung hinsichtlich des Gesellschaftsvermögens**. Anders nur, wenn keine Zweipersonengesellschaft übrig bleibt. Dann erlischt die Gesellschaft, und der allein verbleibende Gesellschafter wird ohne Liquidation der Gesellschaft Alleininhaber des Gesellschaftsvermögens mit dem Unternehmen sowie mit allen Rechten und Pflichten (vgl. § 105 Anm. 181; § 131 Anm. 2; § 145 Anm. 32f.). Aber dies ist keine Anwachsung nach § 738 Abs. 1 Satz 1 BGB; sondern eine Gesamtrechtsnachfolge (Karsten Schmidt Gesellschaftsrecht § 11 V 3a; 44 III 2). Eines besonderen Übertragungsakts bedarf es auch in diesem Fall nicht, sondern das Vermögen fällt dem verbleibenden Gesellschafter kraft Gesetzes an (BGH BB 1979, 397 = WM 1979, 249). Für den Beweis gegenüber dem Grundbuchamt genügt die durch die Gesellschafter zum Handelsregister in öffentlich beglaubigter Form erfolgte Anmeldung der Geschäftsübernahme (KG JW 1936, 2932).

3. Rückgabe von Gegenständen

a) Die Gesellschafter sind verpflichtet, dem Ausscheidenden die Gegenstände, die er der Gesellschaft zur Benutzung überlassen hat, zurückzugeben (**§ 738 Abs. 1 Satz 2 BGB**). Für einen zufälligen Untergang oder eine Verschlechterung kann er keinen Ersatz beanspruchen (§§ 732, 733 Abs. 2 Satz 3 BGB). Diese Rückgabepflicht gilt nur für Gegenstände, die zur Nutzung überlassen worden sind. Sie gilt nicht, wenn ein Gegenstand zu

Eigentum eingebracht worden ist (Ulmer Gesellschaft bürgerlichen Rechts § 706 Anm. 10). Sind Gegenstände „dem Werte nach" eingebracht, so sind sie grundsätzlich zurückzugeben (a. M. Ulmer, Gesellschaft bürgerlichen Rechts § 706 Anm. 11), denn die Einbringung dem Werte nach ist eine Einbringung zur Nutzung mit der besonderen Maßgabe, daß dem Gesellschafter der Wert des Gegenstandes als Einlage schuldrechtlich in Rechnung gestellt wird (der Gesellschafter muß also ggf. den Wert in Geld erstatten; vgl. § 149 Anm. 34). Da die Gesellschaft den Gegenstand im Fall des Ausscheidens – anders als im Fall der Liquidation – häufig weiter benötigt, ist allerdings im Einzelfall zu überlegen, ob sich aus der Abrede die Pflicht des Gesellschafters ergibt, den Gegenstand der Gesellschaft weiterhin zu belassen.

27 b) Aus der **Treupflicht** können sich Abweichungen ergeben: Hat der Gesellschafter, nicht aber mehr die Gesellschaft, Verwendung für den Gegenstand, so kann die Gesellschaft verpflichtet sein, auch eine zu Eigentum eingebrachte Sache dem Gesellschafter unter Anrechnung auf den Abfindungsanspruch zurückzuübereignen. Bedarf die Gesellschaft, nicht aber der Gesellschafter des Gegenstandes, so kann der Gesellschafter aufgrund der Treupflicht verpflichtet sein, der Gesellschaft eine bisher nur zur Nutzung überlassene Sache gegen Entgelt weiter zur Verfügung zu stellen oder sie ihr zu übereignen.

4. Schuldbefreiung

28 a) Der **ausgeschiedene Gesellschafter haftet** vorbehaltlich des § 15 Abs. 1 nicht mehr für Neuverbindlichkeiten. Er haftet aber nach Maßgabe von § 128 Anm. 40 ff. weiter für die Altverbindlichkeiten. Wegen der Sonderverjährung und Enthaftung vgl. Erl. § 159.

29 b) Die übrigen Gesellschafter sind verpflichtet, ihn von den gemeinschaftlichen Schulden zu **befreien** (§ 738 Abs. 1 Satz 2 BGB). Soweit die Schulden noch nicht fällig sind, können die übrigen Gesellschafter statt der Befreiung Sicherheit leisten (§ 738 Abs. 1 Satz 3 BGB). Die Befreiung kann in der Beschaffung einer Schuldentlassungserklärung des Gläubigers bestehen; es braucht nicht notwendigerweise gezahlt zu werden. Der Anspruch hängt nicht davon ab, ob der Gläubiger mit einer Inanspruchnahme des Ausgeschiedenen unmittelbar droht. Da der Ausscheidende für die Gesellschaftsverbindlichkeiten weiter haftet, empfiehlt es sich zur Vermeidung von Meinungsverschiedenheiten, die sich aus der Anwendbarkeit von § 426 BGB ergeben könnten, sich jedenfalls eine Freistellungserklärung von den übrigen Gesellschaftern geben zu lassen (BGHZ 23, 17). Für streitige Schulden verneinte Geßler hier in der 4. Aufl. die Befreiungs- oder Sicherstellungspflicht (im Anschluß an: RGZ 60, 155; Weipert in HGB-RGRK Anm. 11). Dem ist in dieser Allgemeinheit nicht zu folgen. Das Bestreiten einer Verbindlichkeit beseitigt nicht das Risiko des Gesellschafters. Es kommt auf den Einzelfall an, genauer: auf das Risiko einer Inanspruchnahme. Hat der ausgeschiedene Gesellschafter dem Gläubiger Sicherheiten (Pfandrecht, Sicherungsübereignung) bestellt, kann er schon vor der Fälligkeit Beseitigung der Rechtsnachteile, die ihm daraus erwachsen können, verlangen (RGZ 132, 294 = JW 1931, 2945). Eine Freistellungserklärung befreit nicht von der Pflicht, einen negativen Kapitalanteil auszugleichen (BGHZ 23, 17; Fischer in LM Nr. 3). Der Rückgriffsanspruch und der Befreiungsanspruch werden meist, da sie zu großen Belastungen der Gesellschaft führen können, vertraglich anderweit geregelt.

5. Abfindungsguthaben und Nachschußpflicht

a) Nach § 738 BGB sind die Gesellschafter verpflichtet, dem Ausscheidenden das zu zahlen, was er bei der Auseinandersetzung erhalten würde, wenn die Gesellschaft zur Zeit seines Ausscheidens aufgelöst worden wäre. Zu der Berechnung der Abfindung vgl. im einzelnen Anm. 42 ff. **30**

b) Nach § 739 BGB muß der Gesellschafter einen Fehlbetrag erstatten, wenn das Gesellschaftsvermögen zur Deckung der gemeinschaftlichen Schulden und der Einlagen nicht ausreicht. Stellt sich bei der Berechnung des Abfindungsguthabens ein Passivsaldo des Ausscheidenden heraus, so hat dieser den Fehlbetrag den Gesellschaftern zu zahlen (Knöchlein in DNotZ 1961, 361 gegen v. Randenborgh in DNotZ 1959, 373, 383 f. und 1961, 372, der nur eine Verpflichtung in Höhe der Verlustbeteiligungsquote annimmt). Handelt es sich um einen Kommanditisten, so ist § 169 zu beachten (vgl. Erl. § 169). **31**

6. Die Beteiligung an schwebenden Geschäften

Schrifttum: *Neuhaus,* Unternehmensbewertung und Abfindung, 1990; *Riegger,* Die Rechtsfolgen des Ausscheidens eines Gesellschafters aus einer zweigliedrigen Personengesellschaft, 1969; *Roolf-Vahl,* Die Beteiligung eines Gesellschafters am Ergebnis schwebender Geschäfte, DB 1983, 1964; *Karsten Schmidt,* Abfindung, Unternehmensbewertung und schwebende Geschäfte, DB 1983, 2401; *Schulze-Osterloh,* Auseinandersetzungsguthaben des ausscheidenden Gesellschafters einer Personengesellschaft nach § 738 Abs. 1 Satz 2 BGB, ZGR 1986, 546; *Schwung,* Die Bindungswirkung der Abfindungsbilanz, BB 1985, 1374; *Sieben-Zapf,* Unternehmensbewertung als Grundlage unternehmerischer Entscheidungen, 1981; *Vahl,* Die Stellungnahme des Instituts der Wirtschaftsprüfer zur Unternehmensbewertung, DB 1984, 1205; *Viel-Bredt-Renard,* Die Bewertung von Unternehmungen und Unternehmungsanteilen, 5. Aufl. 1975; *Wagner-Nonnenmacher,* Die Abfindung bei der Ausschließung aus einer Personengesellschaft, ZGR 1981, 674; *Zehner,* Unternehmensbewertung im Rechtsstreit, DB 1981, 2109. **32**

a) Nach § 740 BGB nimmt der Ausgeschiedene am **Gewinn und Verlust der schwebenden Geschäfte** teil. Die Bedeutung dieser Bestimmung erklärt sich daraus, daß der Gesetzgeber noch nicht von der Abfindung nach dem Ertragswert des Unternehmens ausging und deshalb sicherstellen wollte, daß Geschäfte, die noch den ausgeschiedenen Gesellschafter angehen, auch mit abgegolten werden (Mot. in Mugdan Mat. BGB II S. 353). Heute wird verschiedentlich die Auffassung vertreten, daß angesichts der Ertragsbewertung des Unternehmens für eine Beteiligung an den schwebenden Geschäften kein Raum mehr ist (vgl. Großfeld S. 49 f.; Roolf-Vahl DB 1983, 1964; so bereits Westermann Handbuch [Lfg. 1978] I 442; differenzierend Neuhaus S. 136 f.). Richtig scheint: Die Bestimmung soll sicherstellen, daß dem Ausgeschiedenen die Erträge und Verluste aus schwebenden Geschäften noch zukommen. Ihre Bedeutung besteht darin, daß nicht der prospektive Ertrag schwebender Geschäfte als Teil der Unternehmensbewertung, sondern der besonders abzurechnende wirkliche Ertrag der schwebenden Geschäfte dem ausgeschiedenen Gesellschafter gutgebracht bzw. in Rechnung gestellt wird (Karsten Schmidt DB 1983, 2401 ff. m.w.Nachw.; einen anderen Weg wählt Neuhaus S. 137, der die gesonderte Berechnung nach § 740 BGB nur als Korrektiv bei **33** einem nicht vorhergesehenen Verlauf der „schwebenden Geschäfte" ansieht). Soweit diese gesetzliche Regelung unzweckmäßig scheint, kann sie **abbedungen** werden (Anm. 40).

34 b) Der **Begriff der schwebenden Geschäfte** (vgl. Karsten Schmidt DB 1983, 2404 ff.) umfaßt Geschäfte, aus denen die Gesellschaft am Ausscheidensstichtag bereits verpflichtet war, die aber noch nicht erfüllt waren (RGZ 171, 129, 133; Ulmer in Großkomm Anm. 97; Alfred Hueck oHG 29 II 5 d). Im einzelnen gilt folgendes (Karsten Schmidt DB 1983, 2404 ff. m. w. Nachw.):

aa) Nur **rechtsgeschäftliche Vorgänge** sind erfaßt, nicht alle noch nicht abgewickelten Rechtsbeziehungen aus Schuldverhältnissen (Ulmer Gesellschaft bürgerlichen Rechts § 740 Anm. 4; Soergel-Hadding § 740 Anm. 4; Karsten Schmidt DB 1983, 2404; a. M. Rieger S. 140 ff.). Ungewisse Forderungen, rechtshängige Forderungen und Vergleichsverhandlungen machen aus Forderungen und Verbindlichkeiten noch keine schwebenden Geschäfte (§ 340 = § 235 n. F. Anm. 39; a. M. Baumbach-Duden-Hopt Anm. 6).

35 bb) Nur **unternehmensbezogene Umsatzgeschäfte**, d.h. Rechtsgeschäfte, die dem Gegenstand des Unternehmens zugehören, kommen als schwebende Geschäfte in Betracht (§ 340 = § 235 n. F. Anm. 39; Karsten Schmidt DB 1983, 2404 f.). Im Ergebnis ähnlich grenzt die h. M. ab; es soll darauf ankommen, ob ein unmittelbar auf Erwerb gerichtetes Rechtsgeschäft vorliegt (vgl. Baumbach-Duden-Hopt Anm. 6; Ulmer in Großkomm Anm. 97; ders. Gesellschaft bürgerlichen Rechts § 740 Anm. 4; Soergel-Hadding § 740 Anm. 4; a. M. Riegger S. 143 f.). Hilfsgeschäfte wie die Geschäftsraummiete, der Erwerb oder die Veräußerung von Gegenständen des Anlagevermögens oder Rechtsgeschäfte zur Kapitalanlage fallen nicht darunter (Ulmer Gesellschaft bürgerlichen Rechts § 740 Anm. 4; Alfred Hueck oHG § 29 II 5 d). Dagegen sind ergänzende Rechtsgeschäfte, die nach kaufmännischer, nicht notwendig juristischer, Betrachtungsweise zu einem schwebenden Geschäft dazugehören, bei den Gewinnen und Verlusten aus schwebenden Geschäften mit zu berücksichtigen (Beispiel: Transportkosten bei Kaufgeschäften); ebenso die Begleichung gesetzlicher Verbindlichkeiten in unmittelbarem Zusammenhang mit Umsatzgeschäften (Beispiel: Umsatzsteuer).

36 cc) **Mitgliedschaftliche Rechtsverhältnisse** und alle **Dauerschuldverhältnisse** können keine „schwebenden Geschäfte" i. S. von § 740 BGB sein (vgl. auch § 340 = § 235 n. F. Anm. 40; BGH BB 1986, 635 = ZIP 1986, 301 = NJW-RR 1986, 454; NJW-RR 1986, 1160 = WM 1986, 967; Ulmer Gesellschaft bürgerlichen Rechts § 740 Anm. 4; vgl. Soergel-Hadding § 740 Anm. 4). Nur Rechtsgeschäfte, die ihrer Art nach am Abfindungsstichtag hätten abgewickelt sein können, nicht aber solche, die ihrer Natur nach „schweben", werden neben der auf den Stichtag des Ausscheidens berechneten Abfindung besonders berücksichtigt, wenn sie noch „schweben". Damit scheiden vor allem Beteiligungen an Drittunternehmen und Interessengemeinschaften aus (Riegger S. 148 f.; Düringer-Hachenburg-Flechtheim Anm. 12), ebenso aber auch Rahmenverträge (vgl. RGZ 171, 129, 133 f.), insbesondere Sukzessivlieferungsverträge (Ulmer in Großkomm Anm. 98; Riegger S. 146, 148) und alle sonstigen Dauerschuldverhältnisse (BGH BB 1986, 635 f. = ZIP 1986, 301; Karsten Schmidt DB 1983, 2405 f.; Baumbach-Duden Hopt Anm. 6; a. M. Düringer-Hachenburg-Geiler Allg. Einl. vor § 105 Anm. 294; Roolf-Vahl DB 1983, 1964 ff.; wohl auch Ulmer in Großkomm Anm. 98).

BGH BB 1986, 635, 636 = ZIP 1986, 301 = NJW-RR 1986, 454; NJW-RR 1986, 1160 = WM 1986, 967 hat der hier vertretenen Ansicht für den Fall eines Kiesausbeutungsvertrags ausdrücklich zugestimmt.

dd) Das „Schweben" des Geschäfts bestimmt sich danach, ob die Gesellschaft am Abfindungsstichtag bereits zur Ausführung verpflichtet war (vgl. § 340 = § 235 n. F. Anm. 41; OLG Naumburg OLGE 28, 367, 368; OLG Celle BB 1954, 757; Ulmer Gesellschaft bürgerlichen Rechts § 740 Anm. 4; Soergel-Hadding § 740 Anm. 4; Karsten Schmidt DB 1983, 2405). Ein Vorvertrag genügt. Bloße Verhandlungen, auch wenn sie bereits bis zur Abschlußreife gediehen waren, genügen nicht. Nicht ausreichend ist auch, daß bloß die andere Seite am Abfindungsstichtag verpflichtet war (a. M. Geßler in der 4. Aufl. Anm. 29; Ulmer in Großkomm Anm. 99; Alfred Hueck oHG § 29 II 5 d). In diesem Fall liegt nicht mehr ein den Ausscheidenden angehendes Geschäft vor, wenn sich die Gesellschaft nachträglich gebunden hat. **37**

c) Die **Beendigung der schwebenden Geschäfte** ist Aufgabe der verbleibenden Gesellschafter (§ 740 Abs. 1 Satz 2 BGB). Sie befinden mit eigenüblicher Sorgfalt (§ 708 BGB) gemäß ihren eigenen Interessen, aber unter Wahrung der nachwirkenden Treupflicht gegenüber dem Ausgeschiedenen, über die zweckmäßige Abwicklung. Die Beteiligung am Gewinn und Verlust dieser Geschäfte wird so angesehen, als ob der Ausgeschiedene noch Gesellschafter wäre. Das gilt aber nur für das Innenverhältnis. Macht die Erledigung der Geschäfte das Eingehen neuer Verbindlichkeiten nötig, so haftet er für diese, wenn sein Ausscheiden eingetragen ist (§ 15), nicht, obwohl sie noch für seine Rechnung gehen (RG JW 1900, 663). **38**

d) Über schwebende Geschäfte wird nach der gesetzlichen Regel **außerhalb der Abschichtungsbilanz** abgerechnet (BGH LM Nr. 1 zu § 740 = BB 1959, 827 f. = NJW 1959, 1963; BB 1969, 773 = WM 1969, 494; DB 1976, 2106, 2107; OLG Celle BB 1954, 757; Soergel-Hadding § 740 Anm. 1; Staudinger-Keßler § 740 Rdnr. 1; Alfred Hueck oHG § 29 II 5 d). Der Ausgeschiedene kann am Schluß jedes Geschäftsjahrs **Rechenschaft** über die inzwischen beendigten Geschäfte, Auszahlung des ihm gebührenden Betrages und Auskunft über den Stand der noch schwebenden Geschäfte verlangen (§ 740 Abs. 2 BGB). Er hat aber nicht mehr das umfassende Informationsrecht der §§ 118, 166 (Ulmer in Großkomm Anm. 101). Der Ausgeschiedene hat keinen Anspruch auf Vorlegung der Geschäftsbücher (BGH DB 1959, 911; ROHGE 25, 344; Alfred Hueck oHG § 29 II 5 d; Schöne DB 1959, 1431). Anderseits kann sich der organschaftliche Vertreter auch nicht dadurch seiner Rechnungslegungspflicht entziehen, daß er dem ausscheidenden Gesellschafter das Recht zur unbeschränkten Einsicht gewährt. Davon ist allenfalls dann eine Ausnahme zu machen, wenn der Rechnungslegungspflichtige nur unter großen Mühen die Richtigkeit und Vollständigkeit nachprüfen könnte, der ausgeschiedene Gesellschafter dies aber auf Grund eigener Sachkunde tun könnte (BGH WM 1961, 173). Das Recht auf Rechnungslegung kann nicht übertragen werden (OLG Braunschweig in OLGE 24, 131). Rechnungslegungs- und damit auch offenbarungseidspflichtig ist der organschaftliche Vertreter, also regelmäßig der geschäftsführende Gesellschafter; er muß sich darüber vergewissern, daß nichts unterlassen worden ist, was die Richtigkeit und Vollständigkeit der Rechnungslegung beeinträchtigen könnte (BGH WM 1961, 173 = BB 1961, 190). **39**

7. Abweichende Vereinbarungen

40 Die §§ 738–740 sind nur teilweise zwingend. **Zwingend** ist die **Anwachsungsfolge** (Anm. 24), denn sie ist nur die Folge daraus, daß das Gesellschaftsvermögen der Gesellschaft zusteht. Wer nicht mehr Gesellschafter ist, dem kann kein Anteil mehr zustehen. Zulässig ist nur die Vereinbarung, daß er der Gesellschaft als atypisch stiller Gesellschafter verbunden und schuldrechtlich-wertmäßig am Gesellschaftsvermögen beteiligt bleibt (vgl. zur atypisch stillen Beteiligung am Unternehmensvermögen § 335 a.F. = 230 n.F. Anm. 68). Über die **Rückgabe von Gegenständen** (Anm. 26), die **Schuldbefreiung** (Anm. 28), die **Abfindung** und die **Nachschußpflicht** (Anm. 32 f.) können Abreden im Gesellschaftsvertrag sowie auch besondere Abreden aus Anlaß der Auseinandersetzung getroffen werden. Es müssen allerdings, wenn diese Abreden schon im Gesellschaftsvertrag enthalten sind, die für Abfindungsklauseln geltenden Grenzen beachtet werden (dazu Anm. 60ff.). Auch § 740 über die **Beteiligung an den schwebenden Geschäften** ist **nicht zwingend** (RGZ 56, 16, 19; BGH WM 1960, 1121 f.; 1979, 1065 f.; OLG Celle BB 1954, 757, 758). Zahlreiche Gesellschaftsverträge schließen den ausscheidenden Gesellschafter von der Teilnahme am Ergebnis der schwebenden Geschäfte aus. Dazu wird vielfach und mit Recht geraten (vgl. nur Knöchlein DNotZ 1960, 452ff.; Roolf-Vahl DB 1983, 1968). Allerdings kann eine solche Vertragsklausel im Hinblick auf die umstrittene Frage der Unternehmensbewertung (Anm. 52ff.) mehrdeutig sein (vgl. Karsten Schmidt DB 1983, 2403 f.): Es kann eine bloß klarstellende Abstimmung auf die Ertragswertbestimmung gemeint sein. Klargestellt ist dann, daß neben der Ertragswertfeststellung keine gesonderte Abrechnung über die schwebenden Geschäfte stattfindet. Diese Bedeutung ist, wenn sonstige Hinweise fehlen, zu vermuten. Gemeint sein kann aber auch, daß der Ausscheidende an den künftigen Erträgen der Gesellschaft überhaupt nicht teilhaben soll, so daß ihm nur Buchwerte ausgezahlt werden sollen oder daß der Substanzwert zugrundegelegt werden soll. Dies muß ggf. klargestellt werden. Zur Auslegung und Wirksamkeit einer solchen Abfindungsklausel vgl. Anm. 62.

IV. Die Abfindung des ausscheidenden Gesellschafters

41 Schrifttum: *Bellinger-Vahl,* Unternehmensbewertung in Theorie und Praxis, 1984; *Bodarwe,* Unternehmensbewertung: Der Liquidationswert als Wertuntergrenze, DB 1974, 104; *Bunte,* Ausschließung und Abfindung von Gesellschaftern einer Personengesellschaft, ZIP 1983, 8; *Csik,* Substanzwert als Fiktion der Ertragserwartungen, DB 1985, 1901; *v. Godin,* Über den Auseinandersetzungsanspruch des aus der oHG ausscheidenden Gesellschafters, JW 1936, 3512; *Großfeld,* Unternehmens- und Anteilsbewertung, 2. Aufl. 1987; *ders.,* Unternehmensbewertung als Rechtsproblem, JZ 1981, 641; Grundsätze zur Durchführung von Unternehmensbewertungen, Wpg. 1983, 468; *Hackmann,* Unternehmensbewertung und Rechtsprechung, 1987; *Hartmann,* Der ausscheidende Gesellschafter in der Wirtschaftspraxis, 4. Aufl. 1983; *Hosterbach,* Unternehmensbewertung: Renaissance des Substanzwertes, DB 1987, 897; *Knorr,* Zur Bewertung von Unternehmen und Unternehmensanteilen, KTS 1962, 193; *König,* Die Bewertung von Unternehmen unter Anwendung von Konventionen, Wpg. 1970, 72; *Koppenberg,* Bewertung von Unternehmen, 1964; *Kromschröder,* Unternehmensbewertung und Risiko, 1979; *Künnemann,* Ojektivierte Unternehmensbewertung, 1985; *Meilicke,* Rechtsgrundsätze zur Unternehmensbewertung, DB 1980, 2121; *Meincke,* Das Recht der Nachlaßbewertung im BGB, 1973; *Michalski,* Feststellung des Abfindungsguthabens ... durch einen Sachverständigen, ZIP 1991, 914; *Moxter,* Grundzüge ordnungsmäßiger Unternehmensbewertung, 2. Aufl. 1983; *ders.,* Das „Stuttgarter Verfahren" und die Grundsätze ordnungsmäßiger Unternehmensbewertung, DB 1976, 1585; *Welf Müller*, Der Wert der Unternehmung, JuS 1973, 603, 745; 1974, 147, 288, 424, 558; 1975, 489, 533; *Münstermann*, Wert und Bewertung der Unternehmung, 3. Aufl. 1970; *Neuhaus*, Unternehmensbewertung und Abfindung, 1990; *Nonnenmacher*, Anteilsbewertung bei Personengesellschaften, 1981; *Olbrich*, Unternehmensbewertung, 1981; *Piltz*, Die Unternehmensbewertung in der Rechtsprechung ..., 1982; *Piltz-Wissmann*, Unternehmensbewertung beim Zugewinnausgleich nach Scheidung, NJW 1985, 2673; *Ränsch*, Die Bewertung von Unternehmen als Problem der Rechtswissenschaft, AG 1984, 202; *Reinicke-Tiedtke*, Die Ausschließung der Ertragswertmethode bei der Berechnung des Auseinandersetzungsguthabens eines ausscheidenden Gesellschafters, DB 1984, 703; *Schildbach*, Der Verkehrswert – eine universelle Lösung für alle Probleme der Unternehmensbewertung, Wpg. 1983, 493; *Schönle*, Der Abfindungsanspruch des ausscheidenden oHG-Gesellschafters, DB 1959, 1427; *Schulze-Osterloh*, Auseinandersetzungsguthaben des ausscheidenden Gesellschafters einer Personengesellschaft, ZGR 1986, 546; *Schwarze*, Die Vermögensauseinandersetzung beim Ausscheiden eines Gesellschafters ..., 1937; *Schwung*, Die Bindungswirkung der Abschichtungsbilanz, BB 1985, 1374; *Sieben-Zapf* (Hrsg.), Unternehmensbewertung, 1981; *Wagner*, Das Ausscheiden eines Gesellschafters aus einer oHG – Ein Beitrag zur Theorie der Unternehmensbewertung, Diss. München 1971; *Wagner-Nonnenmacher*, Die Abfindung bei der Ausschließung aus einer Personengesellschaft, ZGR 1981, 674; *Zehner*, Unternehmensbewertung im Rechtsstreit, DB 1981, 2109.

1. Grundlagen

a) Nach § 738 Abs. 1 Satz 2 BGB ist an den ausscheidenden Gesellschafter dasjenige zu zahlen, was er bei der Auseinandersetzung erhalten würde, wenn die Gesellschaft zur Zeit seines Ausscheidens aufgelöst worden wäre (dazu vgl. Anm. 30). Wegen der Berechnung dieses Betrages ist auf Anm. 52 ff. zu verweisen. Die Vorschrift ist auf das Ausscheiden im technischen Sinne (Austritt bzw. Ausschluß) anzuwenden, nicht auf den Fall, daß die Beteiligung auf einen Rechtsnachfolger übergegangen ist. Bei gleichzeitiger Auswechselung mehrerer Gesellschafter ist es in erster Linie Aufgabe der Beteiligten klarzustellen, ob eine Anteilsveräußerung gewollt ist (dann Entgeltzahlung zwischen Veräußerer und Erwerber) oder ob die Rechtstechnik eines Eintritts und Austritts gewählt worden ist (dann Einlagepflicht des Eintretenden und Abfindung des Austretenden).

b) **Anspruchsgegner** ist die Gesellschaft (vgl. BGH WM 1972, 1399, 1400; Ulmer in Großkomm Anm. 33; unklar aufgrund der traditionellen Gesamthandlehre noch Huber Vermögensanteil S. 319). Eine **persönliche Haftung der verbleibenden Gesellschafter** ergibt sich nicht aus § 738 Abs. 1 Satz 2 BGB (Ulmer Gesellschaft bürgerlichen Rechts § 738 Anm. 12 m.w. Nachw.). Die Gesellschafter haften aber nach §§ 128, 171 f. (bejahend RGZ 89, 403, 406; BGH WM 1971, 1451 f.; Baumbach-Duden-Hopt Anm. 5 M; Heymann-Emmerich Anm. 9; Ulmer in Großkomm Anm. 33; Alfred Hueck oHG § 29 II 5 a). Daß es sich um eine Sozialverbindlichkeit der Gesellschaft handelt, kann nach dem Ausscheiden des Gesellschafters nicht mehr eingewandt werden (Ulmer in Großkomm Anm. 33). Der Ausgeschiedene kann damit grundsätzlich wie ein Dritter statt gegen die Gesellschaft auch gegen deren Gesellschafter (Komplementäre) bzw., sofern sie nach §§ 171, 172 persönlich haften, gegen die Kommanditisten vorgehen. Aus der nachwirkenden Treupflicht des ausgeschiedenen Gesellschafters ergibt sich allerdings die Verpflichtung, die Mitgesellschafter zu schonen (insbesondere Vollstreckungsmaßnahmen gegen sie zu unterlassen), solange eine Inanspruchnahme der Gesellschaft unproblematisch ist. Hat das Ausscheiden zur **Vollbeendigung der Gesellschaft** und zum Anfall ihres Vermögens an den einzigen Mitgesellschafter geführt

(§ 105 Anm. 24; § 131 Anm. 2; § 145 Anm. 33), so ist dieser Schuldner des Abfindungsanspruchs (vgl. BGH NJW 1990, 1171 = BB 1990, 444 = ZIP 1990, 305).

44 c) Der **Anspruch entsteht** mit dem Zeitpunkt des Ausscheidens (BGHZ 88, 205, 206 f. = NJW 1984, 892; BGH NJW 1989, 453 = ZIP 1988, 1545; Heymann-Emmerich Anm. 7; Ulmer in Großkomm Anm. 36). Er tritt an die Stelle der Einlage und besteht deshalb nicht schon während des Bestehens des Gesellschaftsverhältnisses (so aber Heckelmann, Abfindungsklauseln in Gesellschaftsverträgen, 1973, S. 25 f.). Nach BGH NJW 1989, 453 = ZIP 1988, 1545 ist allerdings der Anspruch „seinem Kern nach" bereits mit Abschluß des Gesellschaftsvertrages begründet. Er kann deshalb bereits abgetreten und auch nach § 54 Abs. 1 KO für eine Konkursaufrechnung verwendet werden. Umstritten ist der **Zeitpunkt der Fälligkeit**. Nach h. M. wird er erst mit der Feststellung einer Abschichtungsbilanz fällig (Heymann-Emmerich Anm. 10; Alfred Hueck oHG § 29 II 5 a; Sudhoff DB 1964, 1324, 1325; s. auch Flechtheim Anm. zu RG JW 1917, 539; unklar RG HRR 1939 Nr. 937). Dem ist deshalb nicht zu folgen, weil der Gesellschafter seine Abfindung auch selbst muß berechnen und auf Zahlung klagen können, ohne daß bereits eine Abschichtungsbilanz vorliegt (vgl. m. w. Nachw. Ulmer Gesellschaft bürgerlichen Rechts § 738 Anm. 15). Deshalb wird verschiedentlich angenommen, daß der Anspruch sofort fällig wird (vgl. Stötter DB 1977, 1220, wohl auch RG HRR 1939 Nr. 937; BGH LM Nr. 7; eingehend und differenzierend Riegger S. 94 ff.). Richtigerweise ist der Zeitpunkt maßgeblich, in dem der Anspruch berechenbar ist (ähnlich Ulmer in Großkomm Anm. 38). Das kann und wird vielfach der Zeitpunkt sein, in dem die Abfindungsbilanz aufgestellt (nicht unbedingt auch festgestellt) ist. Es kann aber auch ein früherer Zeitpunkt sein. Deshalb hat der Gesellschafter im Streitfall die Wahl, ob er im Wege der Stufenklage auf Bilanzaufstellung und Zahlung oder unmittelbar auf Zahlung einer von ihm selbst errechneten Summe klagen will (vgl. Anm. 50). Der Abfindungsanspruch kann in den durch den Gesellschaftsvertrag und durch die Treupflicht gezogenen Grenzen **Grundlage eines Zurückbehaltungsrechts** nach § 273 BGB sein (vgl. BGH NJW 1990, 1171 = BB 1990, 444 = ZIP 1990, 532). Wegen des Gegenseitigkeitserfordernisses kommt es auf die Identität des Abfindungsschuldners an (dazu Anm. 43).

2. Die Gesamtabrechnung

45 a) Der Abfindungsanspruch des ausscheidenden Gesellschafters ist ein einheitlicher Anspruch und das Ergebnis einer zwischen der Gesellschaft und ihm stattfindenden **Gesamtabrechnung**. Die der Abfindung zugrundeliegenden Einzelansprüche können nicht selbständig geltend gemacht werden (vgl. RGZ 118, 295, 299; RG HRR 1939 Nr. 937; BGH LM Nr. 46 zu § 105; WM 1959, 719, 722; 1959, 886; 1961, 323; 1971, 130, 131; Baumbach-Duden-Hopt Anm. 4 D; Heymann-Emmerich Anm. 11 ff.; Ulmer in Großkomm Anm. 68). Eine nur scheinbare Ausnahme bilden Ansprüche auf unstreitige (d. h. aufgrund der unstreitigen Fakten berechenbare) **Mindestbeträge**. Solche Beträge können alsbald eingeklagt werden (BGH BB 1959, 719; 1961, 348; WM 1961, 323; 1971, 130 f.; WM 1981, 487, 488; Baumbach-Duden-Hopt Anm. 5 D; krit. Heymann-Emmerich Anm. 15). Hierbei geht es nicht um die isolierte Geltendmachung von Einzelforderungen, sondern um die Geltendmachung eines unstreitigen Teils der Gesamtforderung. Allerdings läßt BGH WM 1981, 487 auch die Geltendmachung eines Einzelpostens zu, wenn feststeht, daß der auf diese Weise erlangte Betrag keinesfalls zurückgezahlt werden muß. Auch können einzelne Posten zum Gegenstand einer Feststellungsklage gemacht werden (RG JW 1938, 1728; DR 1941, 2674; BGHZ 1, 65, 74; 26, 25, 30; BGH LM Nr. 7; WM 1971, 1450; Heymann-Emmerich Anm. 18). Der ausgeschiedene Gesellschafter hat nicht mehr das Informationsrecht nach §§ 118, 166, aber er kann, wenn es Anhaltspunkte für eine solche Notwendigkeit gibt, Einsicht in die Unterlagen der Gesellschaft nach § 810 BGB verlangen (BGH NJW 1989, 3272 = BB 1989, 1146 = ZIP 1989, 768).

b) Kein Bestandteil der Gesamtabrechnung sind **Individualforderungen und Individualverbindlichkeiten** zwischen dem Gesellschafter und der Gesellschaft (vgl. RGZ 118, 295, 299f.; Heymann-Emmerich Anm. 13). Dasselbe gilt nach der gesetzlichen Regel für die Teilnahme am Ertrag von schwebenden Geschäften (Anm. 39). Diese Forderungen und Verbindlichkeiten können außerhalb der Gesamtabrechnung geltend gemacht werden, soweit nicht die Treupflicht entgegensteht. **46**

3. Die Abschichtungsbilanz

a) aa) Grundlage der Abfindung ist nach herkömmlicher Auffassung eine Abschichtungsbilanz als **Vermögensbilanz** (vgl. RGZ 106, 128, 131f.; RG LZ 1927, 1109; 1929, 1340; DR 1942, 140; BGHZ 17, 130, 136; BGH NJW-RR 1986, 454; std. Rspr.; Baumbach-Duden Hopt Anm. 5 B; Düringer-Hachenburg-Flechtheim Anm. 10; Heymann-Emmerich Anm. 22; Ulmer in Großkomm Anm. 44; Alfred Hueck oHG § 29 II 5 a α; eingehend Arians, Sonderbilanzen, 1984, S. 67ff.; Huber Vermögensanteil S. 319ff.). **Bilanzzweck** ist die Feststellung des sich gemäß § 738 BGB bzw. gemäß einer wirksamen Abfindungsklausel ergebenden Abfindungsguthabens bzw. des gemäß § 739 BGB vom Gesellschafter zu deckenden Fehlbetrags (vgl. Westermann Handbuch [Lfg. 1978] I 430; Arians, Sonderbilanzen, 1984, S. 67ff.; Heymann-Emmerich Anm. 22; Ulmer in Großkomm Anm. 44). Da der Gesellschafter nach § 738 Abs. 1 Satz 2 BGB i.d.R. dasjenige erhalten soll, was ihm im Fall der Liquidation zusteht, **wurde herkömmlich folgendes Verfahren eingeschlagen**: Sämtliche Reserven werden aufgelöst (vgl. Baumbach-Duden-Hopt Anm. 5 B; Heymann-Emmerich Anm. 22; Ulmer in Großkomm Anm. 86f.; Alfred Hueck oHG § 29 II 5 a α αα; ausführlich Huber Vermögensanteil S. 320ff.). Die vom Substanzwert des Unternehmens ausgehende h.M. schlägt noch den sog. Firmenwert hinzu (Huber Vermögensanteil S. 322; vgl. zu dieser Methode Neuhaus S. 45 ff.). Der sich dann ergebende Buchgewinn bzw. Buchverlust wird nach dem Gewinnverteilungsschlüssel auf die Kapitalanteile der Gesellschafter verteilt (RGZ 114, 131, 134; RG JW 1936, 3118; BGHZ 17, 132, 133; 19, 42, 47; Baumbach-Duden-Hopt Anm. 5 B; Huber Vermögensanteil S. 321). Das sich hieraus ergebende Kapitalkonto weist, ähnlich wie bei der Liquidations-Schlußverteilung (§ 155 Anm. 40ff.), das Guthaben bzw. die Schuld des ausgeschiedenen Gesellschafters aus (vgl. Heymann-Emmerich Anm. 22; Ulmer in Großkomm Anm. 61). **47**

bb) Grundlage dieser herkömmlichen Sicht der Abschichtungsbilanz ist die **Substanzwertmethode** und eine bilanzrechtliche Sicht, die auf eine Abfindung nach korrigierten Buchwerten zielt (deutlich Huber Vermögensanteil S. 321ff.).

48 b) Was sich durch die **Ertragswertabfindung** (Anm. 56) an der Bedeutung der Abschichtungsbilanz ändert, ist zweifelhaft. Verschiedentlich wird die Ansicht vertreten, eine Abschichtungsbilanz sei nunmehr hinfällig (vgl. nur Großfeld Unternehmens- und Anteilsbewertung S. 36; Schulze-Osterloh ZGR 1986, 546). Dem ist nur zuzustimmen, wenn man die Abschichtungsbilanz als eine bloß bereinigte Jahres- oder Zwischenbilanz ansieht. Die Funktion der Abschichtungsbilanz deckt sich aber im Verhältnis zwischen der Gesellschaft und dem ausscheidenden Gesellschafter mit der einer Liquidationsschlußrechnung (dazu vgl. § 154 Anm. 29; § 155 Anm. 43): Sie ist eine Vermögensverteilungsbilanz, nicht eine periodische Erfolgsrechnung.

49 c) aa) **Aufgestellt** wird die Abschichtungsbilanz von den Gesellschaftern, die am ehesten dazu in der Lage sind, praktisch also regelmäßig von den geschäftsführenden Gesellschaftern (BGH LM Nr. 6 = BB 1959, 682 = NJW 1959, 1491; Baumbach-Duden-Hopt Anm. 5 C; Ulmer in Großkomm Anm. 48; Alfred Hueck oHG § 29 II 5 a Fußnote 70). Diese handeln hierbei als Organe der Gesellschaft, denn die Gesellschaft ist zur Aufstellung verpflichtet (Anm. 50). Eine allseitige Mitwirkung aller Beteiligten bei der Aufstellung oder sogar eine Mitwirkungspflicht (dazu Heymann-Emmerich Anm. 16 f.) ist nur in dem Sinne anzuerkennen, daß für eine ordnungsmäßige Vermögensbilanz der Gesellschaft im Verhältnis zum Ausgeschiedenen gesorgt werden muß. Dritte – z. B. Berater – können bei der Bilanzaufstellung zu Rate gezogen werden. Das Recht und die Pflicht zur Bilanzaufstellung im Verhältnis zu dem ausgeschiedenen Gesellschafter geht damit aber nicht auf sie über. Auch das Prozeßgericht kann nicht die Bilanz an Stelle der Gesellschafter aufstellen (BGHZ 26, 25, 28 = NJW 1958, 57, 58; Ulmer in Großkomm Anm. 56).

50 bb) Der ausscheidende Gesellschafter hat einen klagbaren **Anspruch auf Aufstellung der Abschichtungsbilanz** (vgl. Ulmer in Großkomm Anm. 50). Auch diese Klage ist gegen die Gesellschaft zu richten (nach h. M. gegen den oder die zur Aufstellung verpflichteten Gesellschafter; vgl. BGH LM Nr. 6 = BB 1959, 682 = NJW 1959, 1491; Ulmer in Großkomm Anm. 50; für Klage gegen Gesellschafter oder Gesellschaft Heymann-Emmerich Anm. 18). Das Urteil wird nach § 887 ZPO vollstreckt (Ulmer in Großkomm Anm. 50; Heymann-Emmerich Anm. 18; Riegger S. 138; ebenso für den Fall, daß sich alle erforderlichen Unterlagen bereits bei dem die Bilanz aufstellenden Steuerberater befinden OLG Zweibrücken JurBüro 1987, 466; Wieczorek ZPO 2. Aufl. § 887 Anm. C II b 5; a. A. Zöller-Stöber, ZPO, 16. Aufl. 1990, § 888 Anm. 3; differenzierend Baumbach-Lauterbach-Hartmann ZPO § 887 Anm. 6). Eine Bilanzaufstellung durch das Gericht ist nicht möglich (vgl. Anm. 49). Ggf. kann im Wege der Stufenklage (§ 254 ZPO) auf Bilanzaufstellung und Zahlung geklagt werden (BGH FamRZ 1975, 35, 38; OLG Karlsruhe BB 1977, 1475; Heymann-Emmerich Anm. 18; Ulmer Gesellschaft bürgerlichen Rechts § 738 Anm. 22; Stötter BB 1977, 1219). Da die Fälligkeit des Anspruchs nicht von der Aufstellung und Feststellung der Abschichtungsbilanz abhängt (Anm. 44), kann auch sogleich auf Leistung geklagt werden (BGH NJW-RR 1987, 1386 = WM 1987, 1280; Heymann-Emmerich Anm. 19). Einen Anspruch auf Feststellung einer von ihm selbst aufgestellten Bilanz hat der ausgeschiedene Gesellschafter dagegen nach h. M. nicht (Ulmer in Großkomm Anm. 55; Heymann-Emmerich Anm. 19; vgl. auch BGH NJW RR 1986, 1419 = WM 1986, 1143 für die Klage auf Zustimmung zur Schlußabrechnung nach Auflösung einer Innengesellschaft).

d) Die **Bilanzfeststellung** hat nicht dieselbe Bedeutung wie bei der Jahresrechnungslegung. Es geht um die Feststellung, daß die aufgestellte Abschichtungsbilanz für das Rechtsverhältnis zwischen dem ausgeschiedenen Gesellschafter und der Gesellschaft bzw. ihren Gesellschaftern maßgeblich ist (vgl. Alfred Hueck oHG § 29 II 5 a γ; Ulmer in Großkomm Anm. 57 ff.; Schwung BB 1985, 1374 f.). Diese Feststellung geschieht nicht durch Beschluß, sondern durch Vertrag mit dem ausgeschiedenen Gesellschafter (Heymann-Emmerich Anm. 20; Ulmer in Großkomm Anm. 52; Alfred Hueck oHG § 29 II 5 a γ; s. auch OLG Hamburg OLGE 36, 272 f.). Der Vertrag kann stillschweigend, durch beiderseitige Zugrundelegung der Bilanz, geschlossen werden (s. auch Schwung BB 1985, 1375). Ist der Abfindungsanspruch abgetreten worden, so bleibt die Auseinandersetzung Sache des ausgeschiedenen Gesellschafters (RGZ 90, 19). Das hindert aber die Beteiligten nicht, einen solchen Dritten an der vertragsmäßigen Feststellung zu beteiligen. Analog § 779 BGB ist die Feststellung unwirksam, wenn wesentliche tatsächliche Grundlagen unrichtig eingeschätzt worden sind (Ulmer in Großkomm Anm. 58; enger Schwung BB 1985, 1375). Ggf. ist eine Anpassung der unrichtig aufgestellten Bilanz zulässig (vgl. Heymann-Emmerich Anm. 20; Ulmer in Großkomm Anm. 58; s. auch BGH NJW 1957, 1834; WM 1960, 187). Der abfindungsberechtigte Gesellschafter kann die Unrichtigkeit der Bilanz im Zuge einer Abfindungsklage ohne weiteres geltend machen (vgl. Anm. 50). Hatte er der Bilanz zugestimmt, so muß er auch die Voraussetzungen des § 779 BGB vortragen (vgl. Schwung BB 1985, 1375).

4. Das Problem der Unternehmensbewertung

a) Nach **§ 738 Abs. 1 Satz 2 BGB** ist für die Auseinandersetzung das zugrundezulegen, was der Gesellschafter erhalten würde, wenn die Gesellschaft zur Zeit seines Ausscheidens aufgelöst worden wäre (Anm. 30, 42). An dieser Bestimmung ist eines klar: das Stichtagsprinzip (vgl. nur Großfeld Unternehmens- und Anteilsbewertung S. 40 ff. m.w. Nachw.). Sicher ist auch, daß der Gesetzgeber auf den Wert der Beteiligung an diesem Abfindungsstichtag abstellen wollte (vgl. zu den Materialien Karsten Schmidt DB 1983, 2403; insoweit zust. Schulze-Osterloh ZGR 1986, 586). Dagegen hat der Gesetzgeber im unklaren gelassen, wie die fiktive Liquidationsquote errechnet werden soll. Das betriebswirtschaftliche Problem der Unternehmensbewertung war noch nicht hinreichend bekannt, und unklar ist auch, ob sich der Gesetzgeber unter der Auflösung der Gesellschaft zugleich eine Zerschlagung des Unternehmens vorstellte.

b) Die Unternehmensbewertung ist teils (beweisbedürftige) **Tatfrage**, teils (revisible) **Rechtsfrage**. Rechtsfrage ist die Frage nach der rechtlich richtigen Bewertungsmethode (vgl. Karsten Schmidt Handelsrecht § 4 II 2; Großfeld Unternehmens- und Anteilsbewertung S. 6 ff.; ders. JZ 1981, 641 ff.; Piltz-Wissmann NJW 1985, 2675 f.; Schulze-Osterloh ZGR 1986, 562 f. m.w. Nachw.). Eine tatrichterliche Bewertung, meist aufgrund eines über den Unternehmenswert erstellten Gutachtens, wird darauf geprüft, ob seine Bewertungsmethode mit dem Gesetz bzw. mit wirksamen gesellschaftsvertraglichen Regelungen im Einklang stehen (vgl. BGH WM 1979, 432; OLG Düsseldorf AG 1984, 216, 219; zu eng noch BGH NJW 1978, 1316, 1319; LG Frankfurt AG 1985, 311). Für § 738 Abs. 1 Satz 2 BGB folgt daraus: Das Bewertungsziel, nämlich die Abfindung nach dem Wert der Beteiligung, gemessen am fiktiven Liquidationserlös, ist rechtlich vorgegeben. Ob das im Einzelfall ermittelte Ergebnis diesem Wert tatsächlich entspricht, ist Gegenstand der tatrichterlichen Würdigung, ggf. der Schätzung nach § 738 Abs. 2 BGB (über Privatgutachten vgl. Michalski ZIP 1991, 91; über Schiedsgutachten vgl. Anm. 58).

54 c) Die **Rechtsfrage der richtigen Bewertung** wird üblicherweise dahin gestellt, ob der **Ertragswert** oder der **Substanzwert** zugrundezulegen ist oder ob einer vermittelnden Bewertungsmethode gefolgt werden darf (vgl. statt vieler Großfeld Unternehmens- und Anteilsbewertung S. 28 ff.; Huber Vermögensanteil S. 322 ff.; Ulmer in Großkomm Anm. 78 ff.; Neuhaus S. 72 ff.). Teilweise wird der Gegensatz allerdings bestritten, weil der Geschäftswert Bestandteil des Substanzwerts eines Unternehmens sei (vgl. m. w. Nachw. Schulze-Osterloh ZGR 1986, 554 f.; s. aber auch Ulmer in Großkomm Anm. 90). Der Sache nach geht es hierbei nur darum, ob der Gesamtwert des Unternehmens aus einzelnen Wertansätzen unter Hinzuziehung des sog. Geschäftswerts oder einheitlich aus dem Ertragswert ermittelt werden soll. Dies ist eine betriebswirtschaftliche Methodenfrage, aber nicht die entscheidende Rechtsfrage. Diese wird deutlich, wenn man zwischen **Fortführungswert** (Gesamtbewertung des lebenden Unternehmens) und **Zerschlagungswert** (Einzelbewertung der zum Unternehmen gehörenden Wirtschaftsgüter) unterscheidet (vgl. auch Karsten Schmidt Handelsrecht § 4 II 2). Der Gesamtwert des Unternehmens deckt sich im allgemeinen mit dem Preis, der bei einem Verkauf des Unternehmens erzielt werden kann (BGH BB 1984, 2082, 2083 = NJW 1985, 192, 193; Soergel-Hadding § 738 Anm. 10; Piltz-Wissmann NJW 1985, 2677). Dieser bestimmt sich nach heute gesicherter Auffassung nach dem Ertragswert des Unternehmens im ganzen (überholt insofern der bei Soergel-Hadding § 738 Anm. 10 referierte Meinungsstand: Einzelbewertung unter Einreichung des Werts der Gegenstände im Gesamtunternehmen). Soweit heute noch über den Gegensatz „Ertragswert oder Substanzwert?" diskutiert wird, kann es der Sache nach nur um die Frage gehen: Ist von Fortführungswerten auszugehen (Gesamtbewertung des Unternehmens) oder von Zerschlagungswerten (Einzelbewertung)?

55 d) Auszugehen ist von der Vorschrift des § 738 Abs. 1 Satz 2 BGB, wonach dem Gesellschafter dasjenige gebührt, was er im Fall der Auflösung erhielte. Vereinzelt wird hieraus gefolgert, daß Liquidationswerte (also Zerschlagungswerte) ohne Berücksichtigung des Firmenwerts zugrundezulegen seien (so Schönle DB 1959, 1427, 1428). Die sog. Liquidationswerte werden meist mit den Substanzwerten gleichgesetzt, die nach heute h. M. nicht dem Unternehmenswert entsprechen (vgl. nur Großfeld S. 28 f.). Demgemäß wird der sog. Liquidationswert heute überwiegend als unmaßgeblich angesehen (vgl. z. B. Alfred Hueck oHG § 29 II 5 a α αα; Ulmer in Großkomm Anm. 74 ff.). Die vermeintliche Abweichung von § 738 BGB wird als Rechtsfortbildung mit der Erwägung gerechtfertigt, daß der Gesetzgeber das betriebswirtschaftliche Problem noch nicht kannte (vgl. besonders Schulze-Osterloh ZGR 1986, 548 f.). Einer solchen Rechtsfortbildung bedarf es nicht, wenn man richtig zwischen der Liquidation der Gesellschaft und der Liquidation des Unternehmens unterscheidet (vgl. zu diesem Unterschied auch § 145 Anm. 5 ff.): Nach § 738 Abs. 1 Satz 2 BGB wird bei der Berechnung des Abfindungsanspruchs die **Auflösung der Gesellschaft,** aber nicht notwendig die Zerschlagung des Unternehmens unterstellt. Es kommt im Einzelfall darauf an, ob im gedachten Auflösungsfall von der Fortführung oder von der Zerschlagung des Unternehmens ausgegangen werden muß.

56 e) Hinsichtlich der Unternehmensbewertung geht die heute h. M. vom **Ertragswert** aus (vgl. nur Großfeld Unternehmens- und Anteilsbewertung S. 32 ff.; Piltz S. 24 ff.; Ulmer Gesellschaft bürgerlichen Rechts § 738 Anm. 25; WP-Handbuch 1981 S. 1245 ff.; Piltz-Wissmann NJW 1985, 2679; Rid NJW 1986, 1317 f.; Schulze-Osterloh ZGR 1986, 537 ff.; Neuhaus S. 72 ff.; grundlegend Mellerowicz, Der Wert der Unternehmung als Ganzes, 1952; aus der Rspr. vgl. BGH BB 1984, 2082 = NJW 1985, 192, 193; vgl. auch BGHZ 17, 130, 136; BGH WM 1974, 129, 130; vgl. auch zu den §§ 305 f. AktG OLG Düsseldorf AG, 1984, 216 f.; LG Frankfurt AG 1985, 310; WM 1987, 559, 560; zu § 12 UmwG BGH DB 1967, 854; umfassend Koppensteiner, in Kölner Komm, AktG, 2. Aufl. 1987, § 305 Anm. 35 ff.). Der Ertragswert wird herkömmlich aus den auf den Bewertungsstichtag abgezinsten erwarteten zukünftigen Gewinnen des Unternehmens errechnet (LG Frankfurt WM 1987, 559, 560; s. auch LG Dortmund AG 1982, 257, 258; LG Frankfurt AG 1983, 136, 137). Nach neuerer Methode wird der Ertragswert als Zukunftserfolgswert, also aus dem Barwert künftiger Überschüsse der Einnahmen über die Ausgaben, errechnet (eingehend WP-Handbuch 1981 S. 1255 ff.; Moxter S. 75 ff.). Nach dem Sinn und Zweck des § 738 Abs. 1 Satz 2 BGB kommt der Ertragswert dem ausscheidenden Gesellschafter allerdings nur insoweit zugute, als er durch Veräußerung des Unternehmens realisiert werden könnte, nicht insoweit, als er auf der persönlichen Tüchtigkeit der verbleibenden Gesellschafter beruht. Der Ertragswert ist dann durch den **Zerschlagungswert** (sog. Liquidationswert) zu ersetzen, wenn dieser höher ist als der Ertragswert (vgl. Großfeld Unternehmens- und Anteilsbewertung S. 108 ff.; Huber Vermögensanteil S. 320; s. auch Reinicke-Tiedtke DB 1984, 703; s. aber auch Ulmer in Großkomm Anm. 75 a. E.; sowie zur Nachlaßbewertung BGH NJW 1973, 509, 510; zum Zugewinnausgleich BGH NJW 1982, 2441; dazu krit. Piltz-Wissmann NJW 1985, 2679). Der rechtliche Grund liegt bei § 738 Abs. 1 Satz 2 BGB: Der ausscheidende Gesellschafter wird mit seiner fiktiven Liquidationsquote abgefunden, und die Liquidation würde in diesem Fall zur Einzelveräußerung führen. Die Rechtslage ist insofern anders als bei der Nachlaßbewertung und beim Zugewinnausgleich (dazu BGH NJW 1973, 509, 510; 1982, 2441), wo nicht von einer Auflösung der Gesellschaft ausgegangen wird. **Betriebsneutrale Vermögensgegenstände**, d. h. solche, die nicht mit dem Ertragswert als Gesamtwert des Unternehmens erfaßbar sind, werden nach dem Substanzwert hinzugerechnet (vgl. BGH AG 1984, 216 f.; s. auch LG Dortmund AG 1982, 257, 258; LG Frankfurt AG 1983, 136, 137).

57 f) **Bewertungsstichtag** ist der Tag des Ausscheidens (Baumbach-Duden-Hopt Anm. 5 B; Ulmer in Großkomm Anm. 77; Alfred Hueck oHG § 29 II 5 a α). Dabei sind nach dem Aufhellungsprinzip solche tatsächlichen Erkenntnisse nachträglich zu berücksichtigen, die sich auf Ereignisse beziehen, welche vor dem Abfindungsstich liegen (BGH DB 1973, 563, 565; AG 1984, 216, 218).

58 g) Der Wert des Gesellschaftsvermögens kann nach § 738 Abs. 2 BGB durch **Schätzung** ermittelt werden. Es müssen aber die für die Schätzung maßgeblichen Tatsachen dargelegt werden (vgl. BGH NJW 1985, 192 f.). Die Schätzung erstreckt sich auch auf die

Fortführungs- oder Zerschlagungsprognose. Deshalb kann ein für die Unternehmensbewertung vorgelegtes Gutachten, das von einem Mittelwert zwischen Ertragswert und Zerschlagungswert ausgeht, dann zugrundegelegt werden, wenn das Gutachten davon ausgeht, daß die Fortführung oder Zerschlagung des Unternehmens im Auflösungsfall ungewiß wäre. Im Gesellschaftsvertrag kann die Bewertung durch einen **Schiedsgutachter** vorgesehen werden (Großfeld Unternehmens- und Anteilsbewertung S. 153f.). Ein solches Schiedsgutachten beschränkt sich nicht auf die Feststellung von Tatsachen (dazu Anm. 53), sondern ist unter den Parteien nach Maßgabe der §§ 317ff. BGB verbindlich; es unterliegt der Prüfung nach § 319 BGB (vgl. BGHZ 6, 335, 339 = NJW 1952, 1296; NJW 1957, 1834; Baumbach-Duden-Hopt Anm. 5 F; Soergel-Hadding § 738 Anm. 12; Ulmer in Großkomm Anm. 108; Michalski ZIP 1991, 917).

V. Abfindungsklauseln

59 Schrifttum: *Baumann*, Abfindungsregelungen für ausscheidende Gesellschafter bei Personengesellschaften, Diss. Stuttgart 1987; *Bunte*, Ausschließung und Abfindung ..., ZIP 1983, 8; *Drukarczyk*, Zum Problem der angemessenen Barabfindung bei zwangsweise ausscheidenden Anteilseignern, AG 1973, 357; *Eiselt*, Zum Ausschluß des Gesellschafters minderen Rechts unter Buchwertabfindung, in Festgabe v. Lübtow, 1980, S. 643; *Engel*, Abfindungsklauseln – eine systematische Übersicht, NJW 1986, 345; *Erman*, Einige Fragen zur gesellschaftsvertraglichen Abfindung ..., in Festschrift H. Westermann, 1974, S. 75ff.; *Esch*, Gesellschaftsvertragliche Buchwertabfindung im Falle der Ausschließungskündigung, NJW 1979, 1390; *Finger*, Der Ausschluß von Abfindungsansprüchen bei der Nachfolge in Personengesellschaften beim Tode des Gesellschafters, DB 1974, 29; *Flume*, Die Abfindungsklauseln beim Ausscheiden eines Gesellschafters aus einer Personengesellschaft, in Festschrift Ballerstedt, 1975, S. 197; *ders.*, Die Abfindung nach der Buchwertklausel für den Gesellschafter minderen Rechts einer Personengesellschaft, NJW 1979, 902; *Gamon*, Buchwertklauseln beim Ausscheiden aus OHG und KG, 1989; *Großfeld*, Unternehmensbewertung und Anteilsbewertung im Gesellschaftsrecht, 2. Aufl. 1987; *ders.*, Die Abfindung bei der Ausschließung aus einer Personengesellschaft, ZGR 1982, 141; *ders.*, Zweckmäßige Abfindungsklauseln, AG 1988, 217; *Hartmann*, Der ausscheidende Gesellschafter in der Wirtschaftspraxis, 4. Aufl. 1983; *Heckelmann*, Abfindungsklauseln in Gesellschaftsverträgen, 1973; *Hennerkes-Binz*, Die Buchwertabfindung – ein Fossil unserer Zeit? DB 1983, 2669; *Heyn*, Grenzen der Buchwertabfindung ausscheidender Gesellschafter von Personalgesellschaften, in Festschrift Schiedermair, 1976, 270; *Hirtz*, Die Abfindung des Gesellschafters einer Personengesellschaft nach der Ausschließung ohne wichtigen Grund, BB 1981, 761; *Huber*, Vermögensanteil, Kapitalanteil und Gesellschaftsanteil ..., 1970; *Koppensteiner*, Über Buchwertklauseln, GesRZ 1991, 61; *Michalski*, Gesellschaftsrechtliche Gestaltungsmöglichkeiten bei der Perpetuierung von Unternehmen, 1980; *Möhring*, Zur Zulässigkeit von Abfindungsklauseln in den Verträgen der Handelsgesellschaften, in Festschrift Barz, 1974, S. 50; *van Randenborgh*, Abfindungsklauseln in Gesellschaftsverträgen, BB 1986, 75; *Rasner*, Abfindungsklauseln in oHG- und KG-Verträgen, NJW 1983, 2905; *Reinhardt*, Zum Ausscheiden und zur Abfindung von Gesellschaftern, ZGR 1975, 366; *Reuter*, Privatrechtliche Schranken der Perpetuierung von Unternehmen, 1973; *Schilling*, Zur Abfindung bei der Ausschließung ohne wichtigen Grund in der Personengesellschaft, ZGR 1979, 419; *Karsten Schmidt*, Gesellschaftsvertragliche Abfindungsklauseln ..., FamRZ 1974, 518; *Teuffel von Birkensee*, Zur Wirksamkeit gesellschaftsvertraglicher Abfindungsregelungen bei oHG u. KG im Falle des Ausscheidens unter Lebenden, Diss. München 1985; *Theis*, Kritische Anmerkungen zu Abfindungsregelungen in Gesellschaftsverträgen, in 50 Jahre Wirtschaftsprüferberuf, 1981, S. 277; *Ulmer*, Wirksamkeitsschranken gesellschaftsvertraglicher Abfindungsklauseln, NJW 1979, 81; *ders.*, Abfindungsklauseln in Personengesellschafts- und GmbH-Verträgen: ein Plädoyer für die Ertragswertklausel, in: Festschrift Quack, 1991, S. 477; *Wagner-Nonnenmacher*, Die Abfindung bei der Ausschließung aus einer Personengesellschaft, ZGR 1981, 674; *Klaus Dieter Weber*, Buchwertabfindungsklauseln in Gesellschaftsverträgen von Personengesellschaften, Diss. Tübingen 1987; *Werner-Jung*, Zur Unwirksamkeit von Abfindungsklauseln ..., DB 1982, 1503; *Wiedemann*, Übertragung und Vererbung von Mitgliedschaftsrechten bei Handelsgesellschaften, 1965.

1. Grundlagen

60 a) In den meisten Gesellschaftsverträgen sind die Modalitäten und die Höhe der Abfindung eines ausgeschiedenen Gesellschafters durch Abfindungsklauseln geregelt. Solche Klauseln sind **grundsätzlich zulässig** (RGZ 122, 149, 150; BGH NJW 1979, 104; std. Rspr.; Karsten Schmidt Gesellschaftsrecht § 5 III 3, § 50 IV 2 c; noch weitergehend Flume Personengesellschaft § 12 II; a.M. Reuter Privatrechtliche Schranken S. 62 ff.). Abfindungsklauseln sind aber unzulässig und unwirksam, soweit sie mit zwingenden gesetzlichen Vorschriften oder außergesetzlichen Regeln unvereinbar sind.

61 b) Die **Zwecke der Abfindungsklauseln** sind unterschiedlich (vgl. Karsten Schmidt Gesellschaftsrecht § 50 IV 2 b). Im Vordergrund stehen folgende Zwecke: Es soll die Berechnung des Abfindungsanspruchs erleichtert und eine aufwendige gerichtliche Auseinandersetzung vermieden werden. Es soll der Bestand des Unternehmens gesichert werden. Es soll das Ausscheiden aus der Gesellschaft erschwert werden. Es soll dafür gesorgt werden, daß einem Gesellschafter beim Ausscheiden der anderen der Unternehmenswert zuwächst. Diese unterschiedlichen Zwecke treten in den unterschiedlichen Klauseln einzeln oder kombiniert in Erscheinung. Typische Abfindungsklauseln sind: Klauseln über Modalitäten der Abfindung (Fälligkeit, Verzinsung), Klauseln über die Berechnung der Abfindung (Unternehmensbewertung, Buchwertklauseln, Behandlung der schwebenden Geschäfte), Klauseln über den Ausschluß des Abfindungsanspruchs. Besonders häufig finden sich Buchwertklauseln (Abfindung nach dem Buchwert). Ihr Vorteil besteht in der Vermeidung der Unternehmensbewertung. Hierin sind sie dem bisweilen empfohlenen Stuttgarter Verfahren überlegen (zu diesem vgl. van Randenborgh BB 1986, 79; krit. Großfeld Unternehmens- und Anteilsbewertung S. 148 ff.). Da aber viele Buchwertklauseln Auslegungsprobleme aufwerfen (Anm. 62) und auch in ihrer Wirksamkeit bestritten werden (Anm. 70), wird auch von ihnen häufig abgeraten (vgl. besonders Großfeld Unternehmens- und Anteilsbewertung S. 143 ff.; van Randenborgh BB 1986, 80).

62 c) Die **Auslegung von Abfindungsklauseln** folgt grundsätzlich den allgemein für Gesellschaftsverträge geltenden Regeln (vgl. dazu § 105 Anm. 131 ff.). Eine **Buchwertklausel** ist grundsätzlich dahin auszulegen, daß stille Reserven und Firmenwert unberücksichtigt bleiben sollen, nicht aber offene Rücklagen und sonstige Rechnungslegungsposten mit Rücklagecharakter (BGH BB 1978, 1333 = NJW 1979, 104; Baumbach-Duden-Hopt Anm. 5 I; Ulmer in Großkomm. Anm. 109 f.; ders. Gesellschaft bürgerlichen Rechts § 738 Anm. 43; weitergehend Sudhoff ZGR 1972, 169). Ist vom buchmäßigen Kapitalanteil die Rede, so ist der Geschäftswert ausgeschlossen, nicht unbedingt aber jegliche Beteiligung an stillen Reserven (vgl. BGH BB 1973, 442). An den offenen Reserven nimmt der Gesellschafter teil (insoweit übereinst. Huber Vermögensanteil S. 325). Die Klausel, daß Sonderabschreibungen aufzulösen und durch Normalabschreibungen zu ersetzen sind, wird von BGH WM 1965, 627 dahin ausgelegt, daß degressive Abschreibungen davon unberührt bleiben.

63 d) Der **normative Maßstab für die Wirksamkeitskontrolle** von Abfindungsklauseln ist in § 138 BGB zu erblicken (vgl. BGH WM 1962, 462, 463; NJW 1979, 104; Ulmer in Großkomm. Anm. 121; ders. Gesellschaft bürgerlichen Rechts § 738 Anm. 32; Heckelmann S. 104 ff.; Esch NJW 1979, 1390; Hirtz BB 1981, 761; Rasner NJW 1983, 2905). Daneben wird auch auf §§ 723 Abs. 3 BGB, 133 Abs. 3 HGB hingewiesen, soweit eine Abfindungsklausel geeignet ist, einen Gesellschafter von der Kündigung bzw. von der Auflösungsklage abzuhalten (RGZ 162, 388, 392 f.; RG JW 1938, 521; BGH NJW 1954, 106; 1973, 651 f.; 1983, 651, 652; 1985, 192; WM 1979, 1064, 1065; Baumbach-Duden-Hopt Anm. 5 I; Heymann-Emmerich Anm. 38; Ulmer in Großkomm Anm. 119; ders. Gesellschaft bürgerlichen Rechts § 738 Anm. 33 f.; ders. NJW 1979, 82; Soergel-Hadding § 738 Anm. 13; Staudinger-Keßler § 738 Anm. 21; Werner-Jung DB 1982, 1503). Gegen die Heranziehung des § 133 Abs. 3 bestehen rechtssystematische Bedenken (vgl. Karsten Schmidt Gesellschaftsrecht § 50 IV 2 ccc; Rasner NJW 1983, 2908; vgl. auch Flume DB 1986, 634). Aus der starren und zwingenden Norm des § 133 Abs. 3 folgt nur, daß die Gesellschaft nicht unauflöslich gemacht werden darf. Eine bloße Einschüchterung des Gesellschafters ist an der flexiblen Norm des § 138 BGB, nicht an der starren Norm des § 133 Abs. 3 zu messen. Zu folgen ist aber der Rechtsprechung darin, daß sie den Schutzzweck des § 133 Abs. 3 in die gerade bei Anwendung des § 138 BGB notwendige Wertung mit einbezieht. Daneben kommt im Einzelfall eine Ergebniskontrolle nach § 242 BGB in Betracht (Anm. 70, 78).

2. Drittbeeinträchtigung (Gläubigerbeeinträchtigung)

64 a) **Drittbeeinträchtigung**, insbesondere **Gläubigerbeeinträchtigung**, kann eine Abfindungsklausel unzulässig machen (§ 138 BGB). Die Anfechtungsvorschriften der §§ 29 ff. KO, 2 ff. AnfG reichen als Gläubigerschutz nicht aus (a. M. Heckelmann S. 120 ff.). Sittenwidrig und nichtig ist insbesondere eine Abfindungsbeschränkung, die die Rechte der Privatgläubiger der Gesellschaft einseitig beschneidet (Ulmer in Großkomm Anm. 123; ders. NJW 1979, 83; Heymann-Emmerich Anm. 41; Flume Personengesellschaft § 12 III; Alfred Hueck oHG § 24 II 4; Karsten Schmidt Gesellschaftsrecht § 50 IV 2 caa; Ulmer in Festschrift Quack S. 487 f.; zur GmbH vgl. BGHZ 65, 22, 26 ff. = NJW 1975, 1835; BGHZ 32, 151 = NJW 1960, 1053; a.M. Heckelmann S. 116 ff.; Möhring in Festschrift Barz S. 63 ff.; Knöchlein DNotZ 1960, 454; Engel NJW 1986, 347). Eine Abfindungsklausel ist sittenwidrig und nichtig, wenn sie gläubigerbenachteiligende Wirkung hat und nicht gleichermaßen den Gesellschafter trifft. Unter § 138 fallen deshalb Abfindungsklauseln, die nur im Fall der **Anteilspfändung** (§ 135), des **Gesellschafterkonkurses** (§ 131 Nr. 5) bzw. entsprechender gesellschaftsvertraglicher Auflösungsgründe (z.B. Vergleich) eingreifen, wobei es nichts nützt, wenn der Wortlaut der Klausel auch auf weitere, den Gesellschafter im praktischen Rechtsleben kaum treffende Anwendungsfälle zugeschnitten ist (vgl. dazu OLG Frankfurt BB 1978, 170; BGHZ 65, 22, 26 = NJW 1975, 1835, beide für die Einziehung eines GmbH-Anteils). Trifft dagegen die Klausel auch den Gesellschafter selbst (z.B. in jedem Fall einer Ausschließung aus wichtigem Grund), so steht § 138 BGB unter dem Gesichtspunkt der Gläubigerbenachteiligung nicht entgegen (vgl. zur GmbH OLG Frankfurt BB 1978, 170; BGHZ 65, 22, 26 = NJW 1975, 1835; vgl. Ulmer in Großkomm Anm. 123; krit. Engel NJW 1986, 347). Damit ist noch nichts Endgültiges über die Klausel gesagt, denn sie kann immer noch unter dem Gesichtspunkt unsachgemäßer

Abfindungsbeschränkung nach § 138 BGB sittenwidrig sein. Nur der spezifische Gesichtspunkt der Gläubigerbenachteiligung scheidet aus, wenn dem Gläubiger nichts genommen wird, das dem Gesellschafter zustünde.

b) Ob einer **Benachteiligung von Vertragserben oder von Ehegatten beim gemeinschaftlichen Testament** durch Anwendung des § 2287 BGB entgegengewirkt werden kann, ist noch ungeklärt (in Betracht kommt die analoge Anwendung auf nachträglich in Benachteiligungsabsicht eingeführte Klauseln). Soweit der Abfindungsausschluß zu einer **Benachteiligung der Nachlaßgläubiger** führt, kommt eine Anwendung der Anfechtungsvorschriften der §§ 2ff. AnfG, 29ff. KO in Betracht (vgl. eingehend Heckelmann S. 212ff. insb. S. 214). Für **Pflichtteilsberechtigte** kommt ein Schutz nach § 2325 BGB in Betracht (Heymann-Emmerich Anm. 41; Wiedemann Übertragung S. 188; Heckelmann S. 251; Rittner FamRZ 1961, 505, 510f.; Schmitz-Herscheidt S. 166f.; Huber Vermögensanteil S. 343; noch weitergehend Finger DB 1974, 29f.: Abfindungsanspruch der Pflichtteilsberechtigten; dazu auch Engel NJW 1986, 348).

3. Abfindungsausschluß für Erben eines Gesellschafters

a) Zulässig ist **der völlige Ausschluß** – und damit auch jegliche Beschränkung – der Abfindung zum Nachteil der Gesellschafter-Erben, wenn die Gesellschaft nach dem Gesellschaftsvertrag gemäß einer Fortsetzungsklausel (dazu Anm. 5ff.) von den übrigen Gesellschaftern oder sogar von einem allein verbliebenen Mitgesellschafter fortgesetzt wird (RGZ 145, 289, 294; 171, 345, 350; BGHZ 22, 187, 194 = NJW 1957, 180; BGH WM 1971, 1338, 1339f.; Ulmer in Großkomm Anm. 120; ders. NJW 1979, 84; Baumbach-Duden-Hopt Anm. 5 H; Heckelmann S. 77ff.; Flume Personengesellschaft § 18 VI 1; Huber Vermögensanteil S. 462; Karsten Schmidt Gesellschaftsrecht § 45 V 2b). In diesem Fall fällt weder die Mitgliedschaft in den Nachlaß (die sog. Fortsetzungsklausel wirkt als Ausschlußklausel; vgl. Anm. 1) noch ein Abfindungsanspruch (hierfür sorgt die Abfindungs-Ausschlußklausel). Die Zulässigkeit ist zwar nicht unbestritten (vgl. die Bedenken bei Kipp-Coing, Erbrecht, 11. Aufl. 1960, § 91 IV 4 [so nicht mehr in der 12. Aufl.]; Wiedemann Übertragung S. 188f.; Geßler hat deshalb in der Vorauf. nur eine gegen alle Gesellschafter wirkende Klausel für wirksam gehalten; zweifelnd auch Engel NJW 1986, 348). Festzuhalten ist jedoch, daß gesellschaftsrechtliche Bedenken nicht bestehen.

b) In **erbrechtlicher Hinsicht** ist zu bemerken, daß ein lebzeitiges Verfügungsgeschäft in Gestalt einer vollzogenen Schenkung vorliegt (Karsten Schmidt Gesellschaftsrecht § 45 V 2b). Gemäß § 2301 Abs. 2 BGB brauchen deshalb nicht die Vorschriften über eine Verfügung von Todes wegen eingehalten zu werden (BGHZ 22, 187, 194 = NJW 1957, 180; KG JR 1959, 101; Ulmer in Großkomm Anm. 120; Huber Vermögensanteil S. 462ff.; Karsten Schmidt Gesellschaftsrecht § 45 V 2b; s. auch für den Fall der Eintrittsberechtigung RGZ 145, 289, 293; teilweise a.M. Wiedemann Übertragung S. 180ff.; Rittner FamRZ 1961, 505, 511f.). Dies gilt nicht nur dann, wenn die Klausel den Tod eines jeden Gesellschafters erfaßt (so noch Geßler in der 4. Aufl. Anm. 27), sondern auch dann, wenn sie nur gegen die Erben bestimmter Gesellschafter wirkt (Ulmer in Großkomm Anm. 120; ebenso Heymann-Emmerich Anm. 39; Huber Vermögensanteil S. 462).

4. Beeinträchtigung des Gesellschafters

68 a) Ein völliger **Ausschluß der Abfindung** ist grundsätzlich sittenwidrig und nichtig (Vorauflage Anm. 27; Staudinger-Keßler § 738 Anm. 22; Soergel-Hadding § 738 Anm. 12; Ulmer in Großkomm Anm. 119; ders. Gesellschaft bürgerlichen Rechts Anm. 40 f.; ders. NJW 1979, 82; Heymann-Emmerich Anm. 39; Huber Vermögensanteil S. 327 f.; Kübler Gesellschaftsrecht § 7 VIII 4 b; Knöchlein DNotZ 1960, 455; Teuffel von Birkensee S. 82). Das gilt selbst für den Fall, daß der Gesellschafter aus wichtigem Grund ausgeschlossen wird (Ulmer in Großkomm Anm. 119, 121, § 140 Anm. 56; Knöchlein DNotZ 1960, 455; Ulmer NJW 1979, 84; Engel NJW 1986, 348; a. M. Heckelmann S. 112; Heyn in Festschrift Schiedermair S. 280). Rechtfertigender Grund für die Ausschließung ist die Unzumutbarkeit einer Fortsetzung des Gesellschaftsverhältnisses (vgl. Erl. §§ 140, 142). Dieser Gesichtspunkt rechtfertigt aber nicht den Ausschluß jeglicher Abfindung.

69 b) **Beschränkungen der Abfindung** sind zulässig, wenn sie eine „angemessene" Abfindung nicht beeinträchtigen (RGZ 162, 388, 393; BGH NJW 1979, 104 = WM 1978, 1044; WM 1980, 1362; NJW 1985, 192 = WM 1984, 1506). Die „Angemessenheit" hat verschiedene Maßstäbe: einen auf den **Abfindungswert** bezogenen Maßstab, einen auf den **Abfindungsanlaß** bezogenen Maßstab und einen auf die **Art der Beteiligung** bezogenen Maßstab. Nur eine Gesamtschau dieser Maßstäbe läßt eine Entscheidung im Einzelfall zu.

70 aa) Der **Abfindungswert** läßt eine Klausel grundsätzlich dann als angemessen erscheinen, wenn die Abfindungsregelung im Kern der gesetzlichen Regelung entspricht und im wesentlichen zur Abgeltung des vollen Werts des Gesellschaftsanteils und nicht zu einer Bereicherung der verbleibenden Gesellschafter führt (BGH NJW 1979, 104; zust. Baumbach-Duden-Hopt Anm. 5 I; Ulmer in Großkomm Anm. 119; ders. Gesellschaft bürgerlichen Rechts § 738 Anm. 28 f.; ders. NJW 1979, 82; differenzierend nach Grund des Ausscheidens Schilling ZGR 1979, 429; der Sache nach ähnlich Huber Vermögensanteil S. 328; krit. Flume NJW 1979, 902 ff.; Esch NJW 1979, 1390). **Objektiv angemessen** sind regelmäßig: Klauseln über die **Bewertungsmethode** (BGH NJW 1985, 192, 193 zur Buchwertklausel; Ulmer in Großkomm Anm. 109; Engel NJW 1986, 349; Sudhoff ZGR 1972, 167 ff.), insbesondere als **Ertragswertklauseln** (dazu Ulmer in Festschrift Quack S. 477 ff.). **Nicht generell unwirksam** sind auch: **Buchwertklauseln** (BGH WM 1973, 326; NJW 1979, 104 = WM 1978, 1044; WM 1980, 1362; NJW 1985, 192, 193 = NJW 1984, 1506; Ulmer in Großkomm Anm. 121; ders. Gesellschaft bürgerlichen Rechts Anm. 44; Soergel-Hadding § 738 Anm. 13; Baumbach-Duden-Hopt Anm. 5 I; Huber Vermögensanteil S. 326 f.; Alfred Hueck oHG § 29 II 5 a ε; Karsten Schmidt Gesellschaftsrecht § 50 IV 2 a; vgl. demgegenüber für den Fall der sog. Satzungsgesellschaft Reuter Schranken S. 299 f.; skeptisch auch Großfeld Unternehmens- und Anteilsbewertung S. 143 ff.; van Randenborgh BB 1986, 80). Buchwertklauseln dürfen allerdings nur im Einklang mit den Grundsätzen ordnungsmäßiger Buchführung praktiziert werden (Huber Vermögensanteil S. 332 ff.). Ob Abschläge vom Buchwert wirksam vereinbart werden können, hat der BGH in DB 1989, 1400 = ZIP 1989, 770 im Grundsatz unentschieden gelassen. Eine pauschale Beschränkung auf die Hälfte des buchmäßigen Kapitalanteils ist aber generell unwirksam, und zwar auch dann, wenn es sich um einen geschenkten Anteil handelt und wenn der Gesellschafter aus wichtigem Grund aus der Gesellschaft ausgeschlossen wird (BGH DB 1989, 1400 = ZIP 1989, 770). Unwirksam ist eine Abfindungsklausel nach h. M., wenn der Abfindungswert aufgrund der tatsächlichen Gegebenheiten erheblich hinter dem Wert des Anteils zurückbleibt (vgl. BGH NJW 1979, 104), insbesondere wenn aufgrund wirtschaftlich nachteiliger Folgen, insbesondere wegen eines erheblichen Mißverhältnisses zwischen Buchwert und wirklichem Wert, die Freiheit eines Gesellschafters, sich zu einer Kündigung zu entschließen, unvertretbar eingeengt wird (BGH NJW 1985, 192, 193; Kellermann, Steuerberater-Jahrbuch 1986/87 S. 409 ff.; vgl. zu dieser aus §§ 723 Abs. 3 BGB, 133 Abs. 3 HGB abgeleiteten Folgerung Anm. 63). Soweit hieraus folgen soll, daß eine im Grundsatz wirksame Buchwertklausel aufgrund der tatsächlichen Vermögensentwicklung nichtig werden kann, ist dies zweifelhaft (vgl. auch Möhring in Festschrift Barz S. 62 f.). Hat eine an und für sich angemessene Buchwertklausel aufgrund der tatsächlichen Entwicklung unangemessene Auswirkungen, so wird § 242 BGB anzuwenden sein (vgl. dazu Anm. 78; s. auch Ulmer NJW 1979, 83: Rechtsmißbrauch oder Fortfall der Geschäftsgrundlage). Das praktische Ergebnis bleibt aber dasselbe: Der Abfindungswert ist dann objektiv unangemessen.

bb) Der **Abfindungsanlaß** spielte eine große Rolle, als die Rechtsprechung die Ausschließung ohne wichtigen Grund noch in weiterem Maße anerkannte als heute (dazu vgl. § 140 Anm. 77 ff.). Es wird aber auch heute noch differenziert: Scheidet ein Gesellschafter durch **eigene Kündigung** aus, so muß die Abfindung jedenfalls angemessen sein (BGH NJW 1985, 192, 193 = WM 1984, 1506; Schilling ZGR 1979, 429). Wird er ohne wichtigen Grund ausgeschlossen – wobei unentschieden bleiben kann, ob diese Ausschließung nach der Rechtsprechung zulässig ist (§ 140 Anm. 77) oder ob der Gesellschafter sie hinnimmt und nur noch über die Abfindung streitet –, so muß die Abfindung gleichfalls angemessen sein (vgl. BGH WM 1962, 462, 463; 1978, 1044 = NJW 1979, 904; vgl. Huber ZGR 1980, 204 f.; Schilling ZGR 1979, 427, die beide nur die volle Abfindung als „angemessen" ansehen; Karsten Schmidt Gesellschaftsrecht § 50 IV 2 c bb). Wird der Gesellschafter aus wichtigem Grund ausgeschlossen, so kann der Abfindungsanspruch beschränkt, aber nicht ausgeschlossen werden (zur Gleichstellung mit den übrigen Fällen des Ausscheidens unter Lebenden Ulmer in Großkomm § 140 Anm. 43; Vorauflage § 140 Anm. 20). Eine allgemein gehaltene Klausel, nach der ein ausscheidender Gesellschafter nur die Hälfte des buchmäßigen Kapitalanteils verlangen kann, ist unwirksam (Anm. 69) und kann auch nicht für den Fall der Ausschließung aus wichtigem Grund aufrechterhalten werden, sofern nicht die konkreten Verhältnisse der Gesellschaft eine solche Regel als sachlich geboten erscheinen lassen (näher BGH DB 1989, 1400 = ZIP 1989, 770 unter 1 c). Es wird darüber diskutiert, ob eine solche Einschränkung Vertragsstrafecharakter hat (Engel NJW 1986, 346 mit nicht zutreffendem Hinweis auf Reuter S. 405). Das ist zu verneinen (vgl. nur Engel NJW 1986, 348). Sachlich kann diese Diskussion nur eines besagen: Soweit eine für die Ausschließung aus wichtigem Grund vorgesehene Abfindungsbeschränkung nur unter dem „pädagogischen" Gesichtspunkt des Vertragsstrafegedankens gerechtfertigt werden kann, muß im Rahmen des § 242 BGB (vgl. dazu Anm. 78) geprüft werden, ob sich die Gesellschaft auf die Klausel berufen darf; der wichtige Grund muß nicht in einem Verhalten der Gesellschafter bestehen.

72 cc) Die **Art der Beteiligung** läßt Differenzierungen nur in engem Maße zu. Nach einer verbreiteten Ansicht ist es zulässig, einem Gesellschafter nur eine Mitgliedschaft als „Gesellschafter minderen Rechts" zuzugestehen (Flume Personengesellschaft § 10 III § 12 III; ders. NJW 1979, 903; Esch NJW 1979, 1393; Hennerkes-Binz DB 1983, 2671). Das ist aber in erster Linie eine Frage der Ausschließungsbefugnis, nicht der Abfindung (vgl. zur Ausschließung ohne wichtigen Grund § 140 Anm. 77 ff.). Die Rechtsfigur des „Gesellschafters minderen Rechts" wird in der Rechtsprechung mindestens tendenziell mißbilligt (vgl. nur BGH DB 1989, 1400 ff. = ZIP 1989, 770 ff.). Nach BGH NJW 1979, 104 kann die Abfindung eines ausscheidenden Gesellschafters insbesondere dann hinter der gesetzlichen Abfindung zurückbleiben, wenn die verbleibenden Gesellschafter das Unternehmen tragen, so daß dessen Ertragswert weitgehend von dem Engagement der verbleibenden Gesellschafter abhängt und nicht von dem des ausscheidenden Gesellschafters. Umstritten ist, ob der Erwerbsgrund eine Rolle spielen darf (dafür Flume Personengesellschaft § 12 III; ders. NJW 1979, 903; s. auch Geßler in der Vorauflage § 140 Anm. 20 in Interpretation von BGHZ 34, 80 = NJW 1961, 504; BGH BB 1962, 465; dagegen Ulmer Gesellschaft bürgerlichen Rechts § 738 Anm. 39; ders. NJW 1979, 83 f.; Huber ZGR 1980, 205 ff. insbes. 209; Schilling ZGR 1979, 426; [diskutiert wird diese Problematik vorwiegend im Zusammenhang mit der gleichzeitigen Gewährung eines freien Ausschlußrechts, vgl. Engel NJW 1986, 346]). Das Problem ist mehrschichtig: Wer als Erbe oder im Wege der Schenkung einen vorhandenen Anteil erwirbt, erlangt die Rechte des Rechtsvorgängers. Der unentgeltliche Erwerb kann hier kein Anlaß für eine geringere Abfindung sein, weil er sich auf das Rechtsverhältnis zwischen dem Gesellschafter und seinem Rechtsvorgänger bezieht (vgl. auch zur Frage der Ausschließung § 140 Anm. 77). Wird ein neuer Gesellschafter durch Einbuchung unentgeltlich in die Gesellschaft aufgenommen (dazu näher Karsten Schmidt BB 1990, 1993), so wäre eine Schmälerung seiner Rechte denkbar. Auch hier ist indes zu beachten, daß der Abfindungsanspruch das Surrogat des Anteils ist. Ob dieser entgeltlich oder unentgeltlich erworben wurde, spielt bei der Abfindung keine Rolle mehr (in dieser Richtung auch BGH DB 1989, 1400 = ZIP 1989, 770). Schenkungsrechtliche Rückforderungsrechte, z.B. nach § 530 BGB, stehen dem Schenker zu und können nicht zum Vorteil von Mitgesellschaftern einen Vermögenszuwachs rechtfertigen (auch dazu Karsten Schmidt BB 1990, 1995).

5. Klauseln über die Berechnung des Abfindungsanspruchs

73 a) Abfindungsklauseln, die die **Methode der Unternehmensbewertung** festlegen, sind wirksam, soweit sie ein angemessenes Ergebnis zulassen (Ulmer in Großkomm Anm. 115). Zulässig und ratsam ist der Ausschluß des ausscheidenden Gesellschafters von der Teilnahme an den schwebenden Geschäften (BGH WM 1979, 1064; Ulmer Gesellschaft bürgerlichen Rechts § 740 Anm. 7; ders. in Großkomm Anm. 99; Alfred Hueck oHG § 29 II 5 d; Soergel-Hadding § 740 Anm. 5). Es sollte daneben aber klargestellt werden, welche Unternehmensbewertung zugrundegelegt wird (vgl. Anm. 40).

b) Ist die **Maßgeblichkeit eines Sachverständigengutachtens** vereinbart, so ist dieses **74** nach § 319 BGB gerichtlich nachprüfbar (BGHZ 6, 335, 339 = NJW 1952, 1296). Die Nachprüfung beschränkt sich auf das Gesamtergebnis und erfaßt nicht die vollständige Kontrolle aller Einzelansätze (BGH NJW 1957, 1834 = LM Nr. 7 zu § 319 BGB).

6. Klauseln über Auszahlungsmodalitäten

Vertragsregeln, die die Auszahlungsmodalitäten betreffen (z. B. die Fälligkeit, Ratenzahlung, Verzinsung etc.), sind grundsätzlich **zulässig** (RGZ 162, 388; Ulmer in Großkomm Anm. 117, 121; ders. Gesellschaft bürgerlichen Rechts § 738 Anm. 45; Erman, in Festschrift H. Westermann, 1974, S. 75 ff.; Heckelmann S. 91 f.; Engel NJW 1986, 349). Auch diese Abfindungsklauseln müssen allerdings am **Maßstab des § 138 BGB** gemessen werden (Ulmer in Großkomm Anm. 121; ders. NJW 1979, 85; Rasner NJW 1983, 2906). Verboten sind deshalb Vertragsklauseln, die sich nur gegen die Gläubiger eines Gesellschafters richten (vgl. Anm. 64) oder die das Abfindungsrecht in der bei Anm. 68 ff. dargestellten Weise unerlaubt beeinträchtigen (vgl. zur Verzinsung Huber Vermögensanteil S. 329 f.). Eine starre Abgrenzung ist nicht möglich. Vielfach werden Zahlungsziele bis zu 10 Jahren zugelassen, sofern die Verzinsung angemessen ist (vgl. Ulmer in Großkomm Anm. 117, 121; ders. NJW 1979, 85; Baumbach-Duden-Hopt Anm. 5 G; Alfred Hueck oHG § 29 II 5 a ε; Engel NJW 1986, 349). Enger heißt es bei RGZ 162, 388, 393, daß es sorgfältiger Prüfung bedarf, ob eine vereinbarte Auszahlung in 10 gleichen Jahresraten nicht einen erheblichen Nachteil mit sich bringt, der die Vereinbarung unwirksam macht. In der Tat wird jede Befristung einer strengen Billigkeitskontrolle zu unterwerfen sein (so auch Westermann Handbuch [Lfg. 1978] I 450; Erman, in Festschrift H. Westermann, 1974, S. 75 ff.). Eine Stundung auf über 10 Jahre kann grundsätzlich als unangemessen angesehen werden (vgl. Ulmer in Großkomm Anm. 121; ders. Gesellschaft bürgerlichen Rechts § 738 Anm. 45; ders. NJW 1979, 85; differenzierend Westermann Handbuch [Lfg. 1978] I 450; Erman, in Festschrift H. Westermann, 1974, S. 81). **75**

7. Rechtsfolgen der Inhaltskontrolle

a) Ist eine Abfindungsklausel sittenwidrig, so ist sie nach § 138 BGB **nichtig**. Dies kann, **76** wenn ein entsprechendes Rechtsschutzinteresse besteht, schon vor dem Ausscheiden des Gesellschafters durch Feststellungsklage geltend gemacht werden. Ist der Gesellschafter ausgeschieden, so kann er auf die ihm zustehende Abfindung klagen. Die Nichtigkeit der Abfindungsklausel wird dann inzidenter geprüft.

b) Eine **geltungserhaltende Reduktion** von Abfindungsklauseln ist zulässig (Karsten **77** Schmidt Gesellschaftsrecht § 50 IV 2 c dd): Ist eine Abfindungsklausel unzulässig und unwirksam, so kann der ausscheidende Gesellschafter nicht ohne weiteres die gesetzliche Abfindung nach § 738 Abs. 1 Satz 2 BGB verlangen. Vorrang hat eine ergänzende Vertragsauslegung, die regelmäßig zu einer „angemessenen Abfindung" führt (BGH NJW 1979, 104 = DB 1978, 1971 f.; NJW 1985, 192, 193; Ulmer Gesellschaft bürgerlichen Rechts § 738 Anm. 48; ders. in Großkomm Anm. 126; Engel NJW 1986, 348 f.).

8. Ausübungskontrolle

78 Neben der Unwirksamkeitskontrolle kommt zusätzlich – nicht an Stelle der Unwirksamkeitskontrolle – noch eine **Ausübungskontrolle** nach § 242 BGB in Betracht (zur Berücksichtigung von § 242 BGB bereits RGZ 122, 149, 150; aus neuerer Zeit BGH WM 1980, 1362; Ulmer Gesellschaft bürgerlichen Rechts § 738 Anm. 36; Karsten Schmidt Gesellschaftsrecht § 50 IV 2 cee; Möhring in Festschrift Barz S. 58; H. P. Westermann AcP 175 (1975), 423; Ulmer in Festschrift Quack S. 489; ders. NJW 1979, 83; Rasner NJW 1983, 2908). Es gibt Fälle, in denen sich die Gesellschaft nach Lage der Dinge auf eine an und für sich wirksame Klausel nicht berufen darf. Vor allem bei Stundungsklauseln kann dieser Schutz in Betracht kommen (vgl. Karsten Schmidt Gesellschaftsrecht § 50 IV 2 cee): Auf eine Klausel, die die Gesellschaft gegen Liquiditätsprobleme schützen soll, kann sich die Gesellschaft nicht berufen, wenn ihre Liquiditätssituation die alsbaldige Auszahlung problemlos zuläßt.

---

139 (1) Ist im Gesellschaftsvertrage bestimmt, daß im Falle des Todes eines Gesellschafters die Gesellschaft mit dessen Erben fortgesetzt werden soll, so kann jeder Erbe sein Verbleiben in der Gesellschaft davon abhängig machen, daß ihm unter Belassung des bisherigen Gewinnanteils die Stellung eines Kommanditisten eingeräumt und der auf ihn fallende Teil der Einlage des Erblassers als seine Kommanditeinlage anerkannt wird.

(2) Nehmen die übrigen Gesellschafter einen dahingehenden Antrag des Erben nicht an, so ist dieser befugt, ohne Einhaltung einer Kündigungsfrist sein Ausscheiden aus der Gesellschaft zu erklären.

(3) Die bezeichneten Rechte können von dem Erben nur innerhalb einer Frist von drei Monaten nach dem Zeitpunkt, in welchem er von dem Anfalle der Erbschaft Kenntnis erlangt hat, geltend gemacht werden. Auf den Lauf der Frist finden die für die Verjährung geltenden Vorschriften des § 206 des Bürgerlichen Gesetzbuchs entsprechende Anwendung. Ist bei dem Ablaufe der drei Monate das Recht zur Ausschlagung der Erbschaft noch nicht verloren, so endigt die Frist nicht vor dem Ablaufe der Ausschlagungsfrist.

(4) Scheidet innerhalb der Frist des Absatzes 3 der Erbe aus der Gesellschaft aus oder wird innerhalb der Frist die Gesellschaft aufgelöst oder dem Erben die Stellung eines Kommanditisten eingeräumt, so haftet er für die bis dahin entstandenen Gesellschaftsschulden nur nach Maßgabe der die Haftung des Erben für die Nachlaßverbindlichkeiten betreffenden Vorschriften des bürgerlichen Rechtes.

(5) Der Gesellschaftsvertrag kann die Anwendung der Vorschriften der Absätze 1 bis 4 nicht ausschließen; es kann jedoch für den Fall, daß der Erbe sein Verbleiben in der Gesellschaft von der Einräumung der Stellung eines Kommanditisten abhängig macht, sein Gewinnanteil anders als der des Erblassers bestimmt werden.

Schrifttum (Auswahl; vgl. auch die Angaben bei Anm. 34, 40, 44, 56, 94): *Behrens*, OHG und erbrechtliche Nachfolge, 1969; *Börner*, Die Erbengemeinschaft als Gesellschafterin einer OHG, AcP 166 (1966), 426; *Brox*, Erbrecht, 12. Aufl., 1990; *Buchwald*, Gesellschaftsanteil und Erbrecht, AcP 154 (1954), 22; *ders.*, Die Berechnung der Kommanditeinlage des Erben nach § 139 HGB, DB 1958, 1003; *Ebert*, Die rechtsfunktionelle Kompetenzabgrenzung von Gesellschaftsrecht und Erbrecht, 1972; *Emmerich*, Die Haftung des Gesellschaftererben, ZHR 150 (1986),

193; *Esch,* Die Nachlaßzugehörigkeit vererbter Personengesellschaftsbeteiligungen, NJW 1984, 339; *Finger,* Die Nachfolge in einer offenen Handelsgesellschaft beim Tode eines Gesellschafters, 1974; *Flume,* Die Nachfolge in die Mitgliedschaft in einer Personengesellschaft beim Tode eines Gesellschafters, in: Festschrift Schilling, 1973, S. 23; *ders.,* Die Erbennachfolge in den Anteil an der Personengesellschaft und die Zugehörigkeit des Anteils zum Nachlaß, NJW 1988, 161; *ders.,* Die Nachlaßzugehörigkeit der Beteiligung an einer Personengesellschaft; *J. v. Gierke,* Die Fortsetzung der OHG mit den Erben eines Gesellschafters, in: Festschrift Wieland, 1934, S. 94; *Häuser,* Unbestimmte „Maßstäbe" als Begründungselement richterlicher Entscheidungen, 1981; *Heckelmann,* Materielle und vollstreckungsrechtliche Folgeprobleme der Entscheidung des BGH für die Sondernachfolge in den Gesellschaftsanteil an der OHG bei sog. qualifizierter Nachfolgeklause, in: 2. Festgabe v. Lübtow, 1980, S. 619; *Herfs,* Haftung des Erben als Nachfolger eines Komplementärs, DB 1991, 2121; *Köbler,* Erbrecht und Gesellschaftsrecht, 1974; *Koch,* Streit der BGH-Senate über die Nachlaßzugehörigkeit des vererbten Gesellschaftsanteils, BB 1987, 2106; *Kruse,* Die Vererbung des Mitgliedschaftsrechts an der OHG im Falle der Nachfolgeklausel, in: Festschrift Laufke, 1971, S. 179; *Lange-Kuchinke,* Erbrecht, 3. Aufl., 1989; *Liebisch,* Über die Rechtsstellung des Erben eines offenen Handelsgesellschafters, ZHR 116 (1954), 128; *Marotzke,* „Höferechtliche Tendenzen" und dogmatische Lösungen bei der Beerbung des Mitglieds einer oHG, AcP 184 (1984), 541; *ders.,* Die Nachlaßzugehörigkeit ererbter Personengesellschaftsanteile und der Machtbereich des Testamentsvollstreckers, AcP 187 (1987), 223; *Michaelis,* Zur Rechtsstellung des Gesellschaftererben, ZAkDR 1943, 233; *Michalski,* Gesellschaftsrechtliche Gestaltungsmöglichkeiten zur Perpetuierung von Unternehmen, 1980; *ders.,* Die Vor- und Nacherbschaft in einen OHG (KG)- und GmbH-Anteil, DB 1987 Beilage 16; *Patzschke,* Probleme in bezug auf das Weiterbestehen der offenen Handelsgesellschaft mit den Erben eines Gesellschafters, ZHR 113 (1950), 1; *Raddatz,* Die Nachlaßzugehörigkeit vererbter Personengesellschaftsanteile, 1991; *G. und D. Reinicke,* Zur Kollision von Gesellschaftsrecht und Erbrecht, NJW 1957, 561; *Reuter,* Privatrechtliche Schranken der Perpetuierung von Unternehmen, 1973; *ders.,* Die Bestandssicherung von Unternehmen, AcP 181 (1981), 1; *Rokas,* Die Teilhaberschaft an der OHG und ihre Vererbung, 1965; *Rüthers,* Die privatautonome Gestaltung der Vererbung des Anteils an einer OHG durch eine beschränkte Nachfolgeklausel, AcP 168 (1968), 263; *Säcker,* Gesellschaftsvertragliche und erbrechtliche Nachfolge in Gesamthandsmitgliedschaften, 1970; *Saßenrath,* Die Kommanditistenhaftung des ehemaligen Komplementärs und seiner Rechtsnachfolger, BB 1990, 1209; *Karsten Schmidt,* Kommanditeinlage und Haftsumme des Gesellschaftererben. Scheinprobleme, Probleme und Problemlösungen zu § 139 HGB, ZGR 1989, 445; *ders.,* Zur kombinierten Nachfolge- und Umwandlungsklausel bei oHG- oder Komplementäranteilen, BB 1989, 1702; *Schreiner,* Die Mitwirkung erbscheinberechtigter Scheinerben bei Gesellschafterbeschlüssen und Anteilsübertragungen, NJW 1978, 921; *Siebert,* Die Nachfolge von Todes wegen in die Mitgliedschaft des Gesellschafters einer OHG, NJW 1955, 809; *Stodolkowicz,* Nachlaßzugehörigkeit von Personengesellschaftsanteilen, in: Festschrift Kellermann, 1991, S. 439; *Tiedau,* Die Abfindungs- und Ausgleichsansprüche der von der gesellschaftlichen Nachfolge ausgeschlossenen Erben, NJW 1980, 2446; *Ulmer,* Gesellschafternachfolge und Erbrecht, ZGR 1972, 195 und 324; *ders.,* Die Sonderzuordnung des vererbten OHG-Anteils, in: Festschrift Schilling, 1983, S. 79; *ders.,* Zur Gesellschafternachfolge im Todesfall, BB 1977, 805; *ders.,* Nachlaßzugehörigkeit vererbter Personengesellschaftsbeteiligungen? NJW 1984, 1496; *ders.,* Probleme der Vererbung von Personengesellschaftsanteilen, JuS 1986, 856; *H. P. Westermann,* Haftung für Nachlaßschulden bei Beerbung eines Personengesellschafters durch eine Erbengemeinschaft, AcP 173 (1973), 25; *ders.,* Die höchstrichterliche Regelung der Erbfolge in Beteiligungen an Personengesellschaften, JuS 1979, 761; *Wiedemann,* Abfindungs- und Wertfestsetzungsvereinbarungen unter zukünftigen Erben, NJW 1968, 769.

Inhalt

	Anm.		Anm.
I. Grundlagen	1–11	3. Fortführung mit dem oder den Erben	16
1. Überblick über die Rechtsfolgen des Todes eines Gesellschafters	1	4. Fortsetzung der Gesellschaft mit einem oder einzelnen gesellschaftsvertraglich bestimmten Erben (sog. qualifizierte Nachfolgeklausel)	20
2. Das Haftungsproblem und die Bedeutung des § 139	10	5. Die sog. rechtsgeschäftliche Nachfolgeklausel	26
II. Die Rechtslage bezüglich des Anteils beim Tod eines Gesellschafters	12–43	6. Die Eintrittsklausel	28
1. Auflösung durch Tod	12	7. Vor- und Nacherbfolge	34
2. Ausschließung der Erben (§ 138)	15	8. Scheinerbe und Gesellschafterrechte	40

	Anm.		Anm.
III. Testamentsvollstreckung, Nachlaßverwaltung	44–55	4. Endgültig beschränkte Kommanditistenhaftung	112
1. Testamentsvollstreckung bei Nachfolge der Erben	45	5. Endgültig beschränkte Haftung durch Austritt	117
2. Sonstige Fälle	53	6. Haftung bei Auflösung der Gesellschaft vor Ablauf der Schwebezeit	119
3. Nachlaßverwaltung	55		
IV. Das Wahlrecht des Gesellschafter-Erben nach § 139	56–93	7. Haftung bei verspäteter Umwandlung, bei verspätetem Austritt	123
1. Grundlagen	57	VI. Unrichtige oder verspätete Eintragung	125–132
2. Anwendungsbereich	60	1. Grundsatz	125
3. Die Umwandlung der ererbten Mitgliedschaft in einen Kommanditanteil	66	2. Der Fall der endgültig unbeschränkten Haftung des Erben	126
4. Das Ausscheiden des Gesellschafters nach Abs. 2	80	3. Der Fall der Kommanditistenumwandlung nach Abs. 1	127
5. Die Frist nach Abs. 3	85	4. Fall des Austritts nach Abs. 2	131
6. Unabdingbarkeit des Wahlrechts (Abs. 5)	89	5. Fall der Auflösung	132
V. Die Haftung des Gesellschafter-Erben	94–124	VII. Die kombinierte Nachfolge- und Umwandlungsklausel	133–142
1. Grundlagen	95	1. Bedeutung der Klausel	134
2. Die Haftung während der Schwebezeit	101	2. Klauselabgrenzungen und Klauselvarianten	135
3. Endgültig unbeschränkte Haftung des Erben	105	3. Die Ausübung des Umwandlungsrechts und ihre Rechtsfolgen	141

I. Grundlagen

1. Überblick über die Rechtsfolgen des Todes eines Gesellschafters

1 a) Nach dem **gesetzlichen Regelfall** des § 131 Nr. 4 wird die oHG durch den Tod eines Gesellschafters **aufgelöst**, wenn sich aus dem Gesellschaftsvertrag nichts anderes ergibt. Dasselbe gilt, wenn der **Komplementär einer Kommanditgesellschaft** stirbt (§§ 131 Nr. 4, 161 Abs. 2). Dagegen löst der Tod eines Kommanditisten die Gesellschaft nicht auf (§ 177). Auch hier kann allerdings im Gesellschaftsvertrag bestimmt werden, daß die Gesellschaft durch den Tod eines Kommanditisten oder eines bestimmten Kommanditisten aufgelöst ist (§ 177 Anm. 8). Die Auflösung ist damit weder bei der oHG noch bei der KG zwingend. Nur Ausnahme und Regel sind in § 131 Nr. 4 und in § 177 vertauscht. Aber auch wenn die Gesellschaft nach § 131 Nr. 4 oder im Fall des Todes eines Kommanditisten nach dem Gesellschaftsvertrag aufgelöst ist, muß sie nicht zwingend liquidiert werden, sondern die Gesellschafter können die Gesellschaft aufgrund eines Fortsetzungsbeschlusses unter Mitwirkung der Erben fortführen (vgl. § 131 Anm. 70). Von diesem Fall handelt § 139 nicht.

2 b) § 131 Nr. 4 gewährt den Gesellschaftern die Möglichkeit, durch eine Vereinbarung im Gesellschaftsvertrag der Auflösung der Gesellschaft vorzubeugen und unbeschadet des Todes eines Gesellschafters die wirtschaftliche Einheit des Unternehmens zu erhalten. Zur Vermeidung der Auflösung können die Gesellschafter verschiedene Abreden treffen. Sie können einmal vereinbaren, daß die Gesellschaft unter den übrigen Gesellschaftern „fortbestehen" soll (sog. **Fortsetzungsklausel**). Dann scheiden Erblasser und Erben mit dem Erbfall automatisch aus der Gesellschaft aus (§ 138). Voraussetzungen

Fortsetzung mit den Erben 3–9 **§ 139**

und Rechtsfolgen ergeben sich aus den Erläuterungen zu § 138. Die Fortsetzungsklausel wirkt als **Ausschließungsklausel** (vgl. § 138 Anm. 1). Die Gesellschaft besteht mit der Rechtsfolge der Anwachsung (§ 738 BGB) ohne den oder die Erben fort (bzw. das Unternehmen geht, wenn nur ein Mitgesellschafter als Einzelkaufmann bleibt, auf diesen über). Die Erben sind nach § 738 BGB abzufinden (auch hierzu vgl. § 138 Anm. 42 ff.). Auch von diesem Fall handelt § 139 nicht.

c) Möglich ist auch die **Fortsetzung der Gesellschaft mit dem bzw. den Erben des** **3** verstorbenen Gesellschafters bzw. mit einem oder mehreren Miterben. Im einzelnen kommen unterschiedliche Gestaltungen in Betracht.

aa) Die **Fortsetzung mit dem Erben bzw. mit sämtlichen Erben** ergibt sich beim Tod **4** eines Kommanditisten aus dem Gesetz (§ 177). Auf die Erläuterungen zu § 177 kann verwiesen werden. Beim Tod eines oHG-Gesellschafters bzw. Komplementärs wird diese Rechtsfolge durch die sog. **Nachfolgeklausel** herbeigeführt (vgl. dazu Anm. 16 ff.). Von dieser Situation geht § 139 aus. Die Nachfolgeklausel kann mit einer Umwandlungsklausel einhergehen (vgl. Anm. 133 ff.). Dann wird der Erbe nicht Komplementär, sondern Kommanditist.

bb) Die **Fortsetzung nur mit einzelnen Miterben** (meist: einem einzigen Miterben) wird **5** durch **qualifizierte Nachfolgeklausel** herbeigeführt (dazu Anm. 20 ff.). Diese Klausel spielt bei der Beerbung eines Kommanditisten eine gleiche Rolle wie bei der Beerbung eines oHG-Gesellschafters, weil § 177 diese Regelung nicht ersetzt. Ist der Erblasser oHG-Gesellschafter oder Komplementär, so kann auch diese Klausel mit einer Umwandlungsklausel einhergehen (vgl. Anm. 4 und näher Anm. 133 ff.).

cc) Hiervon zu unterscheiden sind **Vermächtnis** (§§ 2147 ff. BGB) und **Auseinandersetzung** **6** (§ 2042 ff. BGB). Beide setzen voraus, daß die Mitgliedschaft auf die Erben übergegangen ist und auf einen Dritten oder auf einen Miterben übertragen wird (dazu Anm. 19).

dd) Durch Geschäft unter Lebenden kann ein Nachfolger aufgrund einer **Eintrittsklausel** **7** (Anm. 28 ff.) bzw. einer **gesellschaftsrechtlichen Nachfolgeklausel** Nachfolger werden.

ee) Von all dem zu unterscheiden ist die **vorweggenommene Erbfolge** (vgl. § 105 **8** Anm. 188). Bei ihr handelt es sich gleichfalls nicht um einen Anteilserwerb von Todes wegen, sondern um ein lebzeitiges Rechtsgeschäft zwischen Erblasser und Erben.

d) Nachfolgeregelungen werden **im Gesellschaftsvertrag** getroffen. Dies kann bei der **9** Gründung der Gesellschaft geschehen, kann aber auch im Wege der Vertragsänderung nachgeholt werden. Grundsätzlich liegt dies im Belieben der Gesellschafter. Die **Treupflicht** kann einem Gesellschafter ausnahmsweise gebieten, einer neuen Nachfolgeregelung zuzustimmen, wenn diese im Interesse von Mitgesellschaftern geboten, dem Fortbestand der Gesellschaft dienlich und dem widerstrebenden Gesellschafter nützlich ist (vgl. generell über Vertragsänderungspflichten § 105 Anm. 143 ff.; § 133 Anm. 60). Nach BGH NJW 1987, 952 = BB 1987, 20 = JuS 1987, 409 m. Anm. Karsten Schmidt = JZ 1987, 95 m. Anm. H. P. Westermann kann ein Gesellschafter unter dem Gesichts-

Karsten Schmidt

punkt der Treupflicht in einem solchen Fall sogar verpflichtet sein, einer vorweggenommenen Erbfolge und der damit verbundenen Umstrukturierung (Anteilsübertragung auf einen Sohn als künftigen Komplementär) zuzustimmen.

2. Das Haftungsproblem und die Bedeutung des § 139

10 a) Während die Fortsetzung der Gesellschaft mit den **Erben eines eingetragenen Kommanditisten** für diese gefahrlos ist – sie haften nur beschränkt nach Maßgabe der §§ 171 ff. –, kann sich das Einrücken in die Gesellschaft als **Nachfolger eines offenen Handelsgesellschafters oder Komplementärs** nachteilig für sie auswirken. Sofern nicht eine Umwandlungsklausel im Gesellschaftsvertrag bedungen ist (Anm. 4, 5, 133 ff.), rücken die Erben als oHG-Gesellschafter bzw. als Komplementäre in die Rechtsstellung des Erblassers ein. Als offene Handelsgesellschafter würden sie für die Verbindlichkeiten der Gesellschaft persönlich und unbeschränkt haften, und zwar auch für die Altverbindlichkeiten (vgl. § 130). Damit wäre ihnen der Vorzug der beschränkten Erbenhaftung (§§ 1975 ff. BGB) genommen. Es würde ferner für sie das Wettbewerbsverbot des § 112 gelten. Unter Umständen wären sie sogar zur Geschäftsführung verpflichtet. Diese Bindung wird nicht jeder Erbe, namentlich wenn er dem Gegenstand des Unternehmens und den Mitgesellschaftern völlig fernsteht, gern auf sich nehmen. Die Beerbung eines unbeschränkt haftenden Gesellschafters könnte sich so als ein Danaergeschenk erweisen. Das ADHGB nahm darauf keine Rücksicht. Es stellte den Erben vor die Wahl, die Erbschaft auszuschlagen oder als offener Handelsgesellschafter in der Gesellschaft zu verbleiben. Dieser Zwang war ungerecht. Das HGB hat ihn deshalb beseitigt und in § 139 eine allen Beteiligten gerecht werdende Lösung gebracht; die Vorschrift gibt dem Erben ein sog. **Wahlrecht** (Anm. 58), verbunden mit einem Haftungsprivileg. Der Erbe braucht nicht unbeschränkt haftender Gesellschafter zu bleiben. Er kann sein Verbleiben in der Gesellschaft davon abhängig machen, daß er Kommanditist wird. Damit entgeht er der unbeschränkten Außenhaftung. Stellt der Erbe dieses Verlangen, haben die übrigen Gesellschafter die Wahl. Sie können seinem Wunsch entsprechen, dann wird der Erbe Kommanditist. Sie können aber auch sein Verlangen ablehnen. Dann steht es dem Erben frei, aus der Gesellschaft auszuscheiden, wenn er glaubt, die unbeschränkte Haftung nicht auf sich nehmen zu können. Die notwendige Auszahlung der Abfindungsguthabens haben sich die übrigen Gesellschafter selbst zuzuschreiben. Sie hätten ihm die Kommanditistenstellung einräumen können. Hierzu gezwungen sind sie nach Abs. 1 nicht (vgl. Anm. 69; anders im Fall einer Umwandlungsklausel nach Anm. 133 ff.). § 139 steht in engen **Zusammenhang mit § 27 Abs. 2** (Karsten Schmidt ZGR 1989, 448 f.). Dieser Zusammenhang wurde herkömmlich nicht zur Kenntnis genommen, wurde aber deutlich in dem Urteil BGHZ 113, 132 = NJW 1991, 884 = JZ 1991, 731 m. Anm. Karsten Schmidt (vgl. Anm. 65 a).

11 b) Bei jeder Haftung des Erben sind **drei verschiedene Fragen** zu berücksichtigen (vgl. näher Anm. 95 ff.):

(aa) Der Erbe haftet nach §§ 1967 ff. BGB für die **Nachlaßverbindlichkeiten** des Erblassers, und dazu gehört auch dessen Gesellschafterhaftung.

(bb) Der Erbe kann nach §§ 130, 173 auch gesellschaftsrechtlich für **Altverbindlichkeiten** haften, und zwar mit seinem ganzen Vermögen, soweit ihn nicht § 139 schützt.

(cc) Für **Neuverbindlichkeiten** haftet der Erbe, wenn er Gesellschafter bleibt, nach § 128 bzw. nach §§ 171 f.

II. Die Rechtslage bezüglich des Anteils beim Tod eines Gesellschafters

1. Auflösung durch Tod

a) Ist die Gesellschaft nach § 131 Nr. 4 bzw. bei einem Kommanditanteil aufgrund einer Vertragsregelung (§ 177 Anm. 8) durch Tod **aufgelöst**, so fällt die Mitgliedschaft in den Nachlaß (vgl. Baumbach-Duden-Hopt § 131 Anm. 3 B; Ulmer in Großkomm § 131 Anm. 92 ff.; Alfred Hueck oHG § 23 II 4; Lange-Kuchinke § 5 VI 2; Marotzke JZ 1986, 457, 458 ff.; heute wohl unbestritten; s. auch Straube-Koppensteiner § 131 Anm. 14; anders noch Liebisch ZHR 116 [1954], 133 ff., 179). Eine Sondererbfolge findet nicht statt. Überholt ist auch der Standpunkt von RGZ 106, 63, 65, wonach die Erben nur die zur Mitgliedschaft gehörenden vermögensrechtlichen und nicht die personenrechtlichen Beziehungen fortsetzen (dagegen ausführlich Ulmer in Großkomm Anm. 92 f.). **Testamentsvollstreckung** und **Nachlaßverwaltung** sind zulässig (vgl. § 131 Anm. 26).

b) Handelt es sich um mehrere Miterben, so fällt die Mitgliedschaft in der aufgelösten Gesellschaft der **Erbengemeinschaft** zur gesamten Hand an (RGZ 106, 63, 65; Baumbach-Duden-Hopt § 131 Anm. 3 B; Ulmer in Großkomm § 131 Anm. 93; Alfred Hueck oHG § 23 II 4; Westermann Handbuch [Lfg. 1967] I 612; Marotzke AcP 184 (1984), 541, 548; Wiedemann Übertragung S. 171; zur Gesellschaft bürgerlichen Rechts vgl. BGH NJW 1982, 170 = DNotZ 1982, 162; Soergel-Hadding § 727 Anm. 5; Ulmer Gesellschaft bürgerlichen Rechts § 727 Anm. 10; Lange-Kuchinke § 5 VII 2; heute wohl unbestritten; a. M. insbes. noch Liebisch ZHR 116 [1954], 177 ff.). Die Mitgliedschaftsrechte in der aufgelösten Gesellschaft können von den Miterben nur gemeinschaftlich ausgeübt werden (vgl. auch § 131 Anm. 25). Die Kompetenz in der Erbengemeinschaft ist in § 2038 BGB geregelt. Die notwendig einheitliche Ausübung der Gesellschafterrechte in der Liquidation der Gesellschaft ist die Grundlage von § 146 Abs. 1 Satz 2, wonach die Mitgesellschafter verlangen können, daß für die Ausübung dieser Rechte ein gemeinschaftlicher Vertreter bestellt wird (vgl. dazu § 146 Anm. 16 ff.).

c) Eine **Fortsetzung der Gesellschaft** (vgl. § 131 Anm. 60 ff.) kann nur mit Zustimmung des oder der Erben beschlossen werden (§ 131 Anm. 68 KG; HRR 1942 Nr. 477; Ulmer in Großkomm Anm. 92; Wiedemann Übertragung S. 171). Die Fortsetzungsvereinbarung kann dahin gehen, daß der Erbe Gesellschafter bleibt bzw. daß die Erben Gesellschafter bleiben. Sie muß im letzten Fall mit einer (Teil-)Auseinandersetzungsvereinbarung unter den Miterben einhergehen, denn die Erbengemeinschaft kann nicht als solche Gesellschafterin einer werbenden Personengesellschaft bleiben (Anm. 18). Die Beteiligten führen dann dasselbe Ergebnis wie bei einer Nachfolgeklausel (vgl. Anm. 16 ff.) herbei; an die Stelle der automatischen Aufteilung der Mitgliedschaft tritt die Aufteilung des Anteils und Teilübertragung auf die einzelnen Miterben. Die Fortsetzungsvereinbarung kann auch auf Fortsetzung mit nur einem Miterben zielen, womit das Ergebnis einer qualifizierten Nachfolgeklausel erzielt ist (zu dieser vgl. Anm. 5, 20 ff.). Die Erben sind an dieser Vereinbarung nicht nur als gesamthänderische Gesellschafter beteiligt, sondern sie müssen auch als einzelne mitwirken (Teilauseinandersetzung). Schließlich kann auch eine Fortsetzung ohne den oder die Erben vereinbart werden, was auf das Ergebnis einer sog. Fortsetzungsklausel hinausläuft (vgl. zu dieser Erl. § 138). Jede dieser Varianten setzt aber eine Vereinbarung sowohl unter allen Gesellschaftern als auch unter den Erben voraus.

2. Ausschließung der Erben (§ 138)

15 Nach § 138 kann im Gesellschaftsvertrag vereinbart werden, daß die Gesellschaft ohne den oder die Erben fortgesetzt wird. Eine solche **sog. Fortsetzungsklausel** funktioniert als eine Ausschließungsklausel (vgl. § 138 Anm. 1). Die Erben sind zu keiner Zeit Gesellschafter. In den Nachlaß fällt nicht der Anteil, sondern das nach § 738 Abs. 1 BGB auszuzahlende Abfindungsguthaben (§ 138 Anm. 19). Sind mehrere Erben vorhanden, so fällt das Abfindungsguthaben in die Erbengemeinschaft (§§ 2032 ff. BGB). Ist Testamentsvollstreckung angeordnet, so umfaßt sie auch dieses Guthaben (Anm. 54). Einer Zulassung im Gesellschaftsvertrag bedarf es dafür nicht.

3. Fortführung mit dem oder den Erben

16 a) Grundlage ist § 177 (beim Kommanditistenanteil) bzw. die **Nachfolgeklausel**. Die Bedeutung der Nachfolgeklausel wird meistens dahingehend beschrieben, daß sie den Anteil vererblich macht (BGHZ 68, 225, 229 = NJW 1977, 1339, 1340; Ulmer in Großkomm Anm. 8; ders. Gesellschaft bürgerlichen Rechts § 727 Anm. 2; Soergel-Hadding § 727 Anm. 16; Westermann Handbuch [Lfg. 1967] I 471; Michalski S. 150; Raddatz S. 18; Wiedemann Übertragung S. 162). Das ist ungenau, denn auch im Fall des § 131 Nr. 4 ist die Mitgliedschaft vererblich. Diese Funktion der Nachfolgeklausel besteht vielmehr darin, daß sie die Auflösung der Gesellschaft verhindert (Karsten Schmidt Gesellschaftsrecht § 45 V 3; Marotzke AcP 184 [1984], 547). Die Nachfolgeklausel lautet z.B.: „Durch den Tod eines Gesellschafters wird die Gesellschaft nicht aufgelöst, sondern mit seinen Erben fortgesetzt."

17 b) Die Mitgliedschaft geht **kraft Erbrechts**, nicht kraft Gesellschaftsrechts, auf den Erben über (BGHZ 22, 186, 191 = NJW 1957, 180; BGHZ 68, 225, 229 = NJW 1977, 1339 = JZ 1977, 685 m. Anm. Wiedemann; BGHZ 98, 48, 50 = NJW 1986, 2431, 2432; BGH NJW 1983, 2376 = JR 1983, 502 m. Anm. Schneider; Düringer-Hachenburg-Flechtheim Anm. 5; Ulmer in Großkomm Anm. 8 ff.; Karsten Schmidt Gesellschaftsrecht § 45 V 3b; anders mit Unterschieden im einzelnen noch Flume Personengesellschaft § 18 II 2a; ders. in Festschrift Schilling S. 23; Brox Erbrecht § 44 IV; Lange-Kuchinke § 5 VI 4; Ebert S. 77 ff.; Säcker S. 43 ff.). Allerdings geht sie im Wege der sog. **Sondererbfolge** über (RGZ 171, 345, 349; std. Rspr.; BGHZ 22, 186, 192 = NJW 1957, 180; BGH NJW 1983, 2376, 2377; std. Rspr.; OLG Frankfurt OLGZ 1983, 189 = NJW 1983, 1806; heute h.L.; vgl. nur Baumbach-Duden-Hopt Anm. 2 A; Ulmer in Großkomm Anm. 8 ff.; ders. Gesellschaft bürgerlichen Rechts § 727

Anm. 26 ff.; Michalski S. 151). Trotz dieser Sondererbfolge ist die Mitgliedschaft **Nachlaßbestandteil** (so IVa-Senat BGHZ 98, 48, 51 = BB 1986, 2084 = NJW 1986, 2431 = JuS 1987, 147 m. Anm. Karsten Schmidt; s. auch bereits BGHZ 50, 316, 318 = NJW 1968, 2003; BGHZ 78, 177, 182 = NJW 1981, 115; BGH NJW 1983, 2376; Karsten Schmidt Gesellschaftsrecht § 45 V 3 c; Marotzke AcP 184 [1984], 553, 560; AcP 187 (1987), 229; JR 1988, 184; Esch NJW 1984, 339; Bommert BB 1984, 178, 180 f.; Brox JZ 1984, 892; Flume NJW 1988, 161 ff.; ders, ZHR 155 [1991], 501 ff.; grundlegend Wiedemann Übertragung S. 157 ff.; eingehend Raddatz S. 70 ff., 84 ff., 143 ff., 156). Diese Auffassung ist allerdings bestritten. Gegen Nachlaßzugehörigkeit hat sich mehrfach der II. Zivilsenat des BGH ausgesprochen (BGHZ 22, 186, 193 = NJW 1957, 180; BGHZ 91, 132, 135 f. = NJW 1984, 2104, 2105; s. aber auch BGHZ 78, 177, 184: „Verwaltung eines Gesellschaftsanteils als Bestandteil des Nachlasses"). Vor allem haben namhafte Autoren die Nachlaßzugehörigkeit des ererbten Personengesellschaftsanteils bestritten (so vor allem Ulmer in Großkomm Anm. 72 f.; ders. Gesellschaft bürgerlichen Rechts § 727 Anm. 27; ders. ZHR 146 [1982], 560 ff.; ders. NJW 1984, 1498; ders. JuS 1986, 859). Begründet wird dies mit dem Prinzip der sog. Sonderzuordnung des vererbten Anteils und – hiermit korrespondierend – mit einer strengen Unterscheidung der Begriffe Erbschaft und Nachlaß (vgl. nur Ulmer in Festschrift Schilling S. 85; ders. Gesellschaft bürgerlichen Rechts § 727 Anm. 27; ders. NJW 1984, 1498; ders. JuS 1986, 859). Ein solcher Begriffsgegensatz ist indessen nicht anzuerkennen (vgl. mit Nachweisen Marotzke AcP 184 [1984], 541, 553 f.; 187 (1987), 223, 229). Auch BGHZ 98, 48, 53 sagt mit Recht, daß der Gebrauch der Begriffe „Erbschaft" und „Nachlaß" im Gesetz wenig aussagekräftig ist. **Stellungnahme:** Die richtige Lösung findet man nur, wenn man sich bei der Beurteilung der sog. Sondererbfolge vor einer Hypertrophie der Rechtskonstruktion hütet (vgl. schon § 177 Anm. 14). Dann zeigt sich: Die Sonderzuordnung der vererbten Mitgliedschaft ist keine Ausnahme von der Gesamtrechtsnachfolge nach § 1922 BGB und ändert nichts daran, daß die vererbte Mitgliedschaft Nachlaßbestandteil ist. Sie ist deshalb auch nicht, wie die Gegner einer erbrechtlichen Deutung des Erwerbs vortragen (zuletzt Lange-Kuchinke § 5 VI 4), mit dem erbrechtlichen Erwerbsgrund unvereinbar. Der einzige Grund und Effekt der sog. Sonderzuordnung besteht darin, daß bei Vorhandensein mehrerer Erben die Erbengemeinschaft nicht Gesellschafterin der werbenden Personengesellschaft werden kann (Anm. 18), weshalb die Mitgliedschaft einem automatischen Splitting unterliegt und jedem Erben nach Maßgabe seines Erbteils zufällt (Karsten Schmidt Gesellschaftsrecht § 45 V 3; Staudinger-Marotzke § 2059 Anm. 17; Staudinger-Werner vor § 2032 Anm. 24). Die Miterben werden behandelt, als hätten sie sich hinsichtlich des Anteils bereits auseinandergesetzt (näher sogleich bei Anm. 18).

18 c) Die **Sonderzuordnung** spielt demnach nur bei Vorhandensein mehrerer Miterben eine Rolle. Ist nur **ein Erbe** vorhanden, so fällt der Anteil diesem Erben als Bestandteil des Nachlasses zu (Kübler Gesellschaftsrecht § 7 VII 3; Esch NJW 1981, 2223 f.; ders. NJW 1984, 340; Bommert BB 1984, 181). Die Frage ist umstritten (für Sonderzuordnung bei Vorhandensein eines Alleinerben BGHZ 22, 186, 193; 91, 132 = NJW 1984, 2104; Ulmer in Großkomm Anm. 56; ders. Gesellschaft bürgerlichen Rechts § 727 Anm. 27; ders. in Festschrift Schilling S. 90 ff.). Aber nach dem bei Anm. 17 Gesagten ist hier kein Bedürfnis und demnach auch kein Raum für die Sonderzuordnung. Anders verhält es sich, wenn **mehrere Miterben** vorhanden sind. Die Erbengemeinschaft ist nach in Praxis und Lehre nahezu einhelliger Auffassung nicht taugliches Mitglied einer werbenden Personengesellschaft (RGZ 16, 40, 56; RG DR 1943, 1224; BGHZ 22, 186, 192; 68, 225, 237; Staub-Ulmer § 105 Anm. 98; Karsten Schmidt Gesellschaftsrecht § 45 V 3). Die Mitgliedschaft spaltet sich in so viele Teile, wie nachfolgeberechtigte Miterben vorhanden sind (zum Sonderfall der qualifizierten Nachfolgeklausel vgl. Anm. 20 f.), und jedem Miterben fällt nach Maßgabe seiner Erbquote eine eigene Teil-Mitgliedschaft an (BGHZ 22, 186, 191 ff.; 55, 267, 269; 58, 316, 317; 68, 225, 237; BGH WM 1971, 308, 309; 1973, 723, 725; 1976, 738, 739; NJW 1978, 264; 1981, 749 f.; 1983, 2376; 1985, 2592, 2594; heute h. M.; vgl. nur Karsten Schmidt Gesellschaftsrecht § 45 V 3 a; Heymann-Emmerich Anm. 12). Der Anteil fällt den Erben also **außerhalb der Erbengemeinschaft** an. Dies führt zu einer **Aufspaltung der Mitgliedschaftsrechte**, die namentlich bei der Beschlußfassung eine Belastung darstellen kann. Um einer Zersplitterung der Gesellschaft bei der Willensbildung entgegenzuwirken, kann sich die Aufnahme einer sog. **Vertreterklausel** in den Gesellschaftsvertrag empfehlen (dazu § 177 Anm. 13 m. w. Nachw.; seither noch Karsten Schmidt Gesellschaftsrecht § 21 II 5).

19 d) Durch **Vermächtnis** (§§ 2147 ff. BGB) oder durch **Auseinandersetzungsanordnung** (§ 2048 BGB) kann der Erblasser letztwillig zugunsten eines einzelnen Miterben oder eines Dritten verfügen. Eine solche testamentarische Verfügung ändert zunächst nichts daran, daß die Mitgliedschaft dem Alleinerben ungeteilt bzw. sämtlichen Miterben geteilt nach Maßgabe ihrer Erbteile zufällt (s. auch Heymann-Emmerich Anm. 12). In Erfüllung des Vermächtnisses bzw. in Ausführung der Auseinandersetzungsanordnung werden dann ererbte Anteile ganz oder zu bestimmten Teilen auf die letztwillig bedachten Personen übertragen. Das automatische Splitting des Anteils im Fall des Anfalls an mehrere Miterben (Anm. 17 f.) hindert weder die Erfüllung eines Vermächtnisses noch die einer Auseinandersetzungsanordnung. Ist z. B. im Testament bestimmt worden, daß ein Miterbe die Mitgliedschaft allein fortsetzen soll, so handelt es sich nicht um eine qualifizierte gesellschaftsvertragliche Nachfolgeklausel (dazu Anm. 20), sondern entweder um ein Vorausvermächtnis oder um eine Auseinandersetzungsanordnung. Die Übertragung von Personengesellschaftsanteilen bedarf grundsätzlich der Zulassung im Gesellschaftsvertrag oder der Zustimmung aller Mitgesellschafter (vgl. § 105 Anm. 186). Erfolgt die Übertragung eines vererblichen Anteils in Ausführung einer letztwilligen Verfügung, so sind die Gesellschafter regelmäßig zur Zustimmung verpflichtet, wenn kein Ablehnungsgrund besteht (vgl. sinngemäß zur GmbH OLG Düsseldorf ZIP 1987, 227). Beruht der Übergang auf einer allgemeinen Nachfolgeklausel, so kann diese nach Lage des Falls auch dahin ausgelegt werden, daß sie gleichzeitig die Zustimmung zu einer etwa erforderlichen Übertragung an Miterben oder Vermächtnisnehmer zum Inhalt hat; der Erblasser hätte schließlich die bedachte Person auch als Alleinerben einsetzen können. Jedenfalls ist eine einfache Nachfolgeklausel in diesen Fällen nicht deshalb gegenstandslos, weil sie mit dem letzten Willen des verstorbenen Gesellschafters kollidiert (so aber wohl Wiedemann Übertragung S. 163). Zu der in diesem Punkt anderen Situation bei der qualifizierten Nachfolgeklausel vgl. Anm. 21.

4. Fortsetzung der Gesellschaft mit einem oder einzelnen gesellschaftsvertraglich bestimmten Erben (sog. qualifizierte Nachfolgeklausel)

a) Die **qualifizierte Nachfolgeklausel** läßt den Anteil ausschließlich auf den begünstigten Erben oder auf einzelne begünstigte Erben übergehen (so im Ergebnis die heute h.M.; vgl. BGHZ 68, 225 = NJW 1977, 1339; BGH NJW 1983, 2376; BFH NJW 1982, 407, 408; Karsten Schmidt § 45 V 4; Ulmer in Großkomm Anm. 49ff.). Bestimmt werden kann auch, daß ohne Rücksicht auf die Erbquoten bestimmte Miterben des Gesellschafters zu bestimmten Quoten nachrücken (vgl. den Sachverhalt BGHZ 68, 225 = NJW 1977, 1339). Die Funktion der qualifizierten Nachfolgeklausel kann unterschiedlich sein. Es kann darum gehen, eine Vervielfältigung der Anteile zu vermeiden. Versorgungsinteressen können im Spiel sein. Vor allem kann es auch darum gehen, daß statt mehrerer Miterben ein hierfür besonders qualifizierter Nachfolger die Nachfolge antreten soll. Die qualifizierte Nachfolgeklausel kann etwa lauten: „Beim Tod eines Gesellschafters wird die Gesellschaft nicht aufgelöst, sondern mit dem ältesten leiblichen Abkömmling des verstorbenen Gesellschafters fortgesetzt." Oder: „Nach dem Tod des Komplementärs wird die Gesellschaft nicht aufgelöst, sondern mit seinem nächsten Angehörigen fortgesetzt, der eine Berufsausbildung in ... abgeschlossen hat." Die qualifizierte Nachfolgeklausel muß so **bestimmt** sein, daß im Todesfall bestimmbar ist, wer als Nachfolger qualifiziert sein soll (vgl. Alfred Hueck oHG § 28 II 2c). Diese Bestimmung kann, soweit erforderlich und nach Lage des Falls möglich, im Auslegungswege erfolgen. Überläßt der Gesellschaftsvertrag die Bestimmung des Nachfolgers einem Dritten oder den Erben, so muß die Bestimmung im Zeitpunkt des Erbfalls getroffen sein. Fehlt es daran, so wirkt die Klausel im Zweifel als einfache Nachfolgeklausel. Aus dem Testament oder aus dem Gesellschaftsvertrag kann sich u.U. die Verpflichtung ergeben, die Mitgliedschaft an die nachträglich bestimmten Personen zu übertragen (vgl. Heymann-Emmerich Anm. 32).

b) Der **Übergang** erfolgt auch hier **kraft Erbrechts** (BGHZ 68, 225, 231 = NJW 1977, 1340; std. Rspr.; Ulmer in Großkomm Anm. 51; ders. Gesellschaft bürgerlichen Rechts § 727 Anm. 31; Soergel-Hadding § 727 Anm. 24; Soergel-Stein § 1922 Anm. 46; a.M. Flume Personengesellschaft § 18 II 2; Huber Vermögensanteil S. 451ff.; Lange-Kuchinke § 5 VI 4). Es tritt also ein gesetzlicher Erwerb ein, nicht ein (gesellschafts-)vertraglicher Erwerb (vgl. sinngemäß Anm. 17). Die qualifizierte Nachfolgeklausel wirkt **nur zugunsten des Erben**. Wird der durch die Klausel Benannte nicht Allein- oder Miterbe, so geht die Klausel ins Leere und kann nur durch Umdeutung (Anm. 24) aufrechterhalten werden. Der auf diese Weise im Wege der sog. **Sonderzuordnung** (Anm. 17f.) vererbte Anteil gehört auch hier zum Nachlaß (vgl. die Angaben zum Streitstand bei Anm. 17). Ist der als Nachfolger Qualifizierte Alleinerbe, so gelten keine Besonderheiten gegenüber der einfachen Nachfolgeklausel. Ist der als Nachfolger Qualifizierte nicht Alleinerbe, sondern Miterbe, so fällt ihm der Anteil gleichwohl ungeteilt zu (BGHZ 68, 225 = NJW 1977, 1339; Ulmer Die Gesellschaft bürgerlichen Rechts § 727 Anm. 31; Heymann-Emmerich Anm. 30; Karsten Schmidt Gesellschaftsrecht § 45 V 4b; Soergel-Stein § 1922 Anm. 46; grundlegend Ulmer ZGR 1972, 205ff.). Diese Sondererbfolge neben der Erbengemeinschaft ändert auch hier nichts an der **Nachlaßzugehörigkeit des Anteils**. Wie schon bei Anm. 17 festgehalten, besteht die

Bedeutung der Sonderzuordnung darin, daß nicht die Erbengemeinschaft, sondern nur der designierte Erbe Gesellschafter wird. Die Sonderzuordnung tritt auch dann ein, wenn mehrere Miterben, aber nicht alle, kraft qualifizierter Nachfolgeklausel berufen sind (OLG München MDR 1981, 587). Auch hier werden die Erben, wie bei der einfachen Nachfolgeklausel (Anm. 17), behandelt, als hätten sie hinsichtlich des Anteils eine Teilauseinandersetzung vorgenommen (Karsten Schmidt Gesellschaftsrecht § 45 V 4c). Demgemäß teilt sich die Mitgliedschaft entsprechend der Zahl der zur Nachfolge Berufenen. Überholt ist die noch bei BGHZ 22, 186, 193 f. vertretene Ansicht, der Gesellschaftsanteil falle dem Nachfolger automatisch nur in Höhe seiner Erbquote an und müsse im übrigen von den überlebenden Gesellschaftern auf ihn übertragen werden. Seit BGHZ 68, 225 = NJW 1977, 1339 kann als gesichert gelten, daß **der ganze Anteil** im Wege der Sondererbfolge anfällt (h. M.; vgl. Ulmer in Großkomm Anm. 49 ff.; Nachweise bei Heymann-Emmerich Anm. 30.; Soergel-Hadding § 727 Anm. 26).

22 c) **Abfindungsansprüche** der weichenden Miterben gegen die Gesellschaft nach § 738 Abs. 1 Satz 2 BGB entstehen nicht (BGHZ 50, 316, 318; BFH NJW 1982, 407, 408; Heckelmann, Abfindungsklauseln in Gesellschaftsverträgen, 1973, S. 270; Michalski S. 188 m. w. Nachw.; Tiedau NJW 1980, 2447). Das folgt ganz selbstverständlich daraus, daß die Mitgliedschaft ungeschmälert, nur eben nicht an alle Erben, vererbt wird.

23 d) Die **Ausgleichung unter den Miterben** sollte im Fall der qualifizierten Nachfolgeklausel testamentarisch geklärt werden. Die Bedeutung dieser Ausgleichung erkennt man am besten, wenn man die Bedeutung der sog. Sondererbfolge dahin versteht, daß der als Nachfolger Berufene so behandelt wird, als hätten alle Miterben ihm den Anteil aus der Erbengemeinschaft übertragen (Anm. 17). Zu klären ist, ob die Beteiligung dem Nachfolger im Innenverhältnis wie ein Vorausvermächtnis (also ohne Anrechnung auf seine Quote) zufallen soll oder ob die Rechtslage im Innenverhältnis derjenigen bei einer Auseinandersetzungsvereinbarung entspricht. Dies zu regeln ist **Sache der letztwilligen Verfügung**, nicht des Gesellschaftsvertrags (BGHZ 22, 186, 197 = NJW 1957, 180, 181; Marotzke AcP 184 [1984], 554). Kompliziert ist die Rechtslage, wenn eine letztwillige Regelung fehlt. **Im Zweifel** ist der Wert des Anteils im Innenverhältnis in Ansatz zu bringen (BGHZ 22, 186, 196 f. = NJW 1957, 180, 181; BFH NJW 1982, 407, 408; Ulmer in Großkomm Anm. 187 ff.; ders. Gesellschaft bürgerlichen Rechts § 727 Anm. 32; a. M. Tiedau NJW 1980, 2450). Sofern nicht jedenfalls in Höhe dieses Mehrwerts ein Voraus für den Nachfolger gewollt ist, kann sich für ihn sogar die Pflicht ergeben, die Differenz zwischen dem Anteilswert und dem geringeren Wert der ihm zustehenden Erbquote in den Nachlaß zu zahlen (BGHZ 22, 186, 196 f. = NJW 1957, 180 f.; Baumbach-Duden-Hopt Anm. 2 C; Brox Erbrecht § 44 IV 3; ablehnend Soergel-M. Wolf § 2032 Anm. 16 wegen § 2056 BGB; dagegen wiederum Ulmer in Großkomm Anm. 189). Bei BGHZ 22, 186, 196 f. wird dies unbefriedigend aus § 242 BGB begründet (krit. Marotzke AcP 184 [1984], 576 f.). Andere ziehen § 1978 BGB heran (dazu Ulmer in Großkomm Anm. 189; ders. Gesellschaft bürgerlichen Rechts § 727 Anm. 32; abl. Heckelmann in Festgabe v. Lübtow S. 626) oder wenden die §§ 2050 ff. BGB analog an (vgl. Brox Erbrecht § 44 IV 3; Flume Personengesellschaft

§ 18 VI 2; Michalski S. 196 f.; eingehend Tiedau NJW 1980, 2448 f.). **Richtig scheint:** Die qualifizierte Nachfolgeklausel funktioniert wie eine Vorwegnahme der Auseinandersetzung unter den Miterben (Anm. 21; s. auch Rüthers AcP 168 [1968], 280 f.; Ulmer ZGR 1972, 327). Wer in Kenntnis der qualifizierten Nachfolgeklausel den Nachfolger nur als Miterben einsetzt, wird häufig die Absicht haben, ihm den vererbten Anteil ungeschmälert zukommen zu lassen (dies entspricht einem Vorausvermächtnis in Höhe des Mehrwerts); dann ist nichts auszugleichen. Der Erblasser kann aber auch die Absicht haben, daß der Nachfolger keinen wirtschaftlichen Vorteil gegenüber den anderen Miterben haben soll; dann ist die Wertdifferenz auszugleichen. Was gewollt ist, ist durch Auslegung zu ermitteln. Gegenstand dieser Auslegung ist nicht der Gesellschaftsvertrag, sondern die letztwillige Verfügung des Erblasssers. Statt einer Ausgleichungspflicht kann der Erblasser testamentarisch auch anordnen, daß die weichenden Miterben durch Einräumung einer Unterbeteiligung im Innenverhältnis beteiligt bleiben (vgl. BGHZ 55, 316, 318).

e) Eine **fehlgeschlagene qualifizierte Nachfolgeklausel** kann nach § 140 BGB umgedeutet werden. In Betracht kommen namentlich Fälle, bei denen der als Nachfolger Qualifizierte nicht Erbe wird. War mit der Klausel beabsichtigt, den benannten Nachfolger auf jeden Fall in die Gesellschaft eintreten zu lassen, so kann die Klausel als Eintrittsklausel aufrechterhalten bleiben (BGH NJW 1978, 264; OLG Frankfurt DB 1988, 104; Heymann-Emmerich Anm. 31; Ulmer in Großkomm Anm. 31). Diese Umdeutung und die Folgen (tunlichste Gleichbehandlung mit dem Fall der Nachfolgeklausel) sind nach Lage des Falls zu beurteilen.

f) Ein **Vermächtnis** oder eine **Auseinandersetzungsanordnung** im Testament kann mit der qualifizierten Nachfolgeklausel in Konflikt geraten, etwa wenn der Gesellschaftsvertrag den Miterben X, das Testament dagegen den Miterben Y oder den Nichterben N zum Nachfolger bestimmt. In diesen Fällen kommt die Nachfolgeklausel zum Zuge, wenn der im Gesellschaftsvertrag als Nachfolger Berufene (Mit-)Erbe wird (s. auch Huber Vermögensanteil S. 458). Im Beispielfall wird also X Gesellschafter. Einer Übertragung an die im Testament bestimmte Person brauchen die Mitgesellschafter grundsätzlich nicht zuzustimmen, denn diese Zuweisung widerspricht dem Gesellschaftsvertrag (Ausnahme: § 242 BGB). Ist der durch die qualifizierte Nachfolgeklausel zum Nachfolger Berufene im Testament nur als Vermächtnisnehmer bedacht und nicht als Erbe berufen, so kann nur eine Umdeutung der Nachfolgeklausel in eine Eintrittsklausel (Anm. 24) weiterhelfen.

5. Die sog. rechtsgeschäftliche Nachfolgeklausel

a) Als **rechtsgeschäftliche Nachfolgeklausel** bezeichnet man eine Vertragsklausel, nach der die Mitgliedschaft im Todesfall durch Verfügungsgeschäft unter Lebenden auf den in der Klausel benannten Nachfolger übergehen soll. Eine solche Regelung ist nach **h. M.** wirksam, wenn der Nachfolger als Mitgesellschafter am Vertrag beteiligt ist (BGHZ 68, 225, 234 = NJW 1977, 1339, 1341; Ulmer Gesellschaft bürgerlichen Rechts § 727 Anm. 35). Anderenfalls ist sie unwirksam (BGHZ 68, 225, 231 = NJW 1977, 1339, 1341; Ulmer in Großkomm Anm. 11 ff.; ders. Gesellschaft bürgerlichen Rechts § 727 Anm. 34; Soergel-Hadding § 727 Anm. 32; Staudinger-Keßler § 727

Anm. 24; Palandt-Heinrichs Einf. vor § 328 Anm. 5 c; str.; im Grundsatz anders Brox Erbrecht § 44 II 4 a; Flume Personengesellschaft § 18 II 1; Säcker S. 63 f.). Die Bedenken gegen eine rechtsgeschäftliche Nachfolgeklausel werden üblicherweise auf eine doppelte Erwägung gestützt: auf die Unzulässigkeit eines Verfügungsvertrags zugunsten Dritter und eines Vertrags zu Lasten Dritter, denn beides wird in einer Regelung gesehen, die einen Dritten zum Nachfolger macht (vgl. nur BGHZ 68, 225, 231 = NJW 1977, 1339, 1341; Ulmer Gesellschaft bürgerlichen Rechts Anm. 34).

27 b) **Stellungnahme:** Der h. M. ist im Grundsatz zuzustimmen. Die rechtsgeschäftliche Übertragung von Gesellschaftsanteilen ist überhaupt nicht tauglicher Inhalt eines Gesellschaftsvertrages. Das gilt sogar dann, wenn der Nachfolger Gesellschafter ist. Inhalt des Gesellschaftsvertrags kann nur die Zustimmung der Mitgesellschafter zur Anteilsübertragung sein. Die Nachfolgevereinbarung selbst ist ein Verpflichtungs- und Verfügungsvertrag (z. B. als vorweggenommene Erbfolge) zwischen dem Altgesellschafter und dem Neugesellschafter. Das aber bedeutet: Auch wenn der Nachfolger bereits Mitgesellschafter ist, verschafft ihm die rechtsgeschäftliche Nachfolge keine Sonderrechte als Gesellschafter. Die Klausel ist, wenn sie nur schuldrechtlich wirkt, eine nicht vollzogene Schenkung von Todes wegen (vgl. § 2301 BGB). Wirkt sie dinglich, so ist sie eine vollzogene Schenkung von Todes wegen (KG JR 1959, 101; Soergel-Wolf § 2301 Anm. 10).

6. Die Eintrittsklausel

28 a) Die Eintrittsklausel ist keine erbrechtliche, sondern eine **rein gesellschaftsrechtliche Klausel** (unrichtig Michalski S. 199: die Mitgliedschaft werde vererblich gestaltet). Sie gehört in den Gesellschaftsvertrag, nicht in die letztwillige Verfügung. Begünstigt kann **ein Erbe oder ein Nichterbe** sein. Die Klausel gibt dem Begünstigten ein **Recht auf Eintritt in die Gesellschaft** zu den in der Klausel genannten Bedingungen. I. d. R. verbindet sie sich mit einer (nicht notwendig im Gesellschaftsvertrag ausdrücklich bedungenen) **Fortsetzungsklausel** i. S. von § 138: Die Gesellschaft wird ohne den oder die Erben fortgeführt, dies jedoch mit der Maßgabe, daß der aus der Klausel Berechtigte der Gesellschaft beitreten kann (vgl. nur Ulmer in Großkomm Anm. 177). Bestand die Gesellschaft nur aus zwei Personen, so macht das Ausscheiden des verstorbenen Gesellschafters eine Neugründung der Gesellschaft erforderlich (Flume Personengesellschaft § 18 II 3; Ulmer Gesellschaft bürgerlichen Rechts § 727 Anm. 38). Zu erwägen ist allerdings, ob die Klausel für diesen Fall dahin ausgelegt werden kann, daß die Erben aus der Gesellschaft erst dann ausscheiden, wenn die Ausübung oder Nichtausübung des Eintrittsrechts geklärt ist. Eintrittsrechte können **nicht nur für den Todesfall** bestimmt werden. Nur von diesen Eintrittsrechten ist aber hier die Rede. Der Vorzug der Eintrittsklausel liegt vor allem darin, daß das Eintrittsrecht rein gesellschaftsvertraglich, ohne Rücksicht auf die Erbenstellung des Berechtigten, sichergestellt werden kann. Mit diesem Vorzug gehen aber Probleme beim Vollzug des Beitritts einher, die i. d. R. doch eine sorgsame Abstimmung mit dem letzten Willen erforderlich machen.

29 b) Die Eintrittsklausel ist regelmäßig ein **begünstigender Vertrag zugunsten eines Dritten auf den Todesfall** nach §§ 328, 331 BGB (Ulmer in Großkomm Anm. 176; Huber Vermögensanteil S. 453; Heymann-Emmerich Anm. 64; Soergel-Hadding § 727

Fortsetzung mit den Erben 30, 31 § 139

Anm. 14; Erman-H. P. Westermann § 727 Anm. 11). § 2301 BGB steht der wirksamen Vereinbarung nicht entgegen (Ulmer in Großkomm Anm. 175; Westermann Handbuch [Lfg. 1973] I 561). Die Eintrittsklausel kann auch ein Recht einräumen, der Gesellschaft durch einseitige Erklärung beizutreten (Heymann-Emmerich Anm. 64; Ulmer in Großkomm Anm. 178; s. auch BGH LM Nr. 9; Westermann Handbuch [Lfg. 1967] I 553). Sie ist dann als bindendes Vertragsangebot oder als ein Optionsvertrag einzuordnen (Huber Vermögensanteil S. 453). Wer aus der Eintrittsklausel berechtigt ist, wird zweckmäßigerweise ebenso genau bestimmt wie bei der qualifizierten Nachfolgeklausel, kann aber auch noch nachträglich durch eine hierzu nach dem Gesellschaftsvertrag ermächtigte Person bestimmt werden (Westermann Handbuch [Lfg. 1967] I 548; Heymann-Emmerich Anm. 65). Auch die Modalitäten des Eintritts sollten in der Klausel bestimmt werden. Im Zweifel ist davon auszugehen, daß der Eintrittsberechtigte dieselben Rechte und Pflichten erhalten soll wie der verstorbene Gesellschafter. Auch hinsichtlich der finanziellen Eintrittsvoraussetzungen besteht das Ziel der Klausel vielfach darin, den Berechtigten ähnlich zu stellen wie einen Erben im Fall der qualifizierten Nachfolgeklausel (vgl. BGH NJW-RR 1987, 989 = JZ 1987, 880 m. Anm. Ulmer).

c) Mit dem **Todesfall** treten zunächst die Rechtsfolgen des § 738 BGB ein, also Anwachsung und Abfindungsrecht der Erben (allg. M.; vgl. Ulmer in Großkomm Anm. 177; Karsten Schmidt Gesellschaftsrecht § 45 V 5; unrichtig RGZ 170, 98, 108). Durch das Vorhandensein der Eintrittsklausel entsteht eine **Schwebelage** (insofern treffend RGZ 170, 98, 108). Im Zweifel ist die Klausel so auszulegen, daß das Eintrittsrecht nur binnen einer angemessenen, die notwendigen Abwägungen berücksichtigenden Frist ausgeübt werden kann (BGH NJW-RR 1987, 989 = JZ 1987, 880 m. Anm. Ulmer; Heymann-Emmerich Anm. 67; Ulmer in Großkomm Anm. 180).

d) Der **Eintritt in die Gesellschaft** erfolgt i. d. R. aufgrund eines besonderen Beitrittsvertrags zwischen dem Berechtigten und den Gesellschaftern, ausnahmsweise auch durch einseitige Willenserklärung (Anm. 29). Durch den Eintritt wird eine **neue Mitgliedschaft** begründet, nicht die Mitgliedschaft des Erblassers übertragen (BGH LM Nr. 9 = NJW 1978, 264; unklar RGZ 170, 98, 108). Ist der Berechtigte nicht volljährig, so muß § 1822 Nr. 3 BGB beachtet werden (Ulmer in Großkomm Anm. 179; zur Abgrenzung vgl. KG JW 1933, 118, 119). Die Beteiligten sind in der Gestaltung dieses Vertrages grundsätzlich frei. Verlangt werden kann aber nur eine der Eintrittsklausel entsprechende Beteiligung. Eine **Pflicht** des in der Eintrittsklausel Benannten zum Eintritt kann im Gesellschaftsvertrag nicht begründet werden (BGHZ 68, 225, 232; Heymann-Emmerich Anm. 66; Ulmer in Großkomm Anm. 184; Westermann Handbuch [Lfg. 1967] I 550; Erman-H. P. Westermann § 727 Anm. 11; Soergel-Hadding § 727 Anm. 14; s. aber Michalski S. 202 f.). Wohl aber kann der Erblasser in seiner letztwilligen Verfügung die Entscheidung des Eintrittsberechtigten durch Auflagen oder Bedingungen beeinflussen (Ulmer in Großkomm Anm. 185). Im Zweifel wollen die Beteiligten den Eintrittsberechtigten im Ergebnis ähnlich stellen wie den Erben im Fall der qualifizierten Nachfolgeklausel. Deshalb ist er im Zweifel rückwirkend an den Gewinnen zu beteiligen (Flume Personengesellschaft § 18 II 3; zum Verschaffungsvermächtnis hinsichtlich des Gewinns vgl. BGH BB 1983, 1562 f.).

32 e) Die **Einlage des Begünstigten** ist im Zweifel so zu leisten, daß der Gesellschaft im Ergebnis keine Mittel entzogen werden (Ulmer Gesellschaft bürgerlichen Rechts § 727 Anm. 40; Erman-H. P. Westermann § 727 Anm. 12). Auch hier ist zu beachten, daß die Beteiligten oft den wirtschaftlichen Effekt einer qualifizierten Nachfolgeklausel anstreben (vgl. BGH NJW-RR 1987, 989 = JZ 1987, 880 m. Anm. Ulmer). Zweckmäßigerweise geht deshalb eine Eintrittsklausel mit einer letztwilligen Verfügung einher, die dem Berechtigten das durch das Ausscheiden des Erblassers entstehende Auseinandersetzungsguthaben (Anm. 15) im Wege der Teilungsanordnung oder des Vermächtnisses zuweist (vgl. BGH NJW 1978, 264, 266; BGH NJW-RR 1987, 989 = JZ 1987, 880 m. Anm. Ulmer; Heymann-Emmerich Anm. 71). Möglich ist auch, daß im Gesellschaftsvertrag die Abfindung des Erben ausgeschlossen (§ 138 Anm. 66 f.) und dem Eintretenden der Beitritt ohne neue Einlageleistung im Gesellschaftsvertrag zugebilligt wird (vgl. BGH LM Nr. 9 = NJW 1978, 264 f.; Erman-H. P. Westermann § 727 Anm. 11; Ulmer Gesellschaft bürgerlichen Rechts § 727 Anm. 41; ders. ZGR 1972, 219 f.; Tiedau NJW 1980, 2450).

33 f) **Ausgleichsansprüche unter den Erben**, etwa wenn ein Miterbe durch die Eintrittsklausel begünstigt worden ist, können sich aus §§ 2050 ff. BGB, im Verhältnis zu Pflichtteilsberechtigten aus §§ 2316, 2325 BGB ergeben (str.; vgl. Heymann-Emmerich Anm. 72; Michalski S. 200; Tiedau NJW 1980, 2450; Marotzke AcP 184 [1984], 571 ff.).

7. Vor- und Nacherbfolge

34 Schrifttum: *Baur-Grunsky*, Eine „Einmann-oHG", ZHR 133 (1970), 209; *Hefermehl*, Vor- und Nacherbfolge bei der Beteiligung an einer Personengesellschaft, in: Festschrift Westermann, 1974, S. 223; *Michalski*, Vor- und Nacherbschaft an einem oHG (KG)- und GmbH-Anteil, DB-Beilage 16/1987; *Paschke*, Nacherbenschutz in der Vorerben-Personengesellschaft, ZIP 1985, 129; *Picot*, Vor- und Nacherbschaft an der Gesellschafterstellung in einer Personenhandelsgesellschaft, Diss. Münster 1966; *Karsten Schmidt*, Nacherbenschutz bei Vorerbschaft an Gesamthandsanteilen, FamRZ 1976, 683.

35 a) Die **Einsetzung eines Nacherben** ist unproblematisch, wenn eine Kommanditistenbeteiligung (§ 177) oder eine unbeschränkte Nachfolgeklausel vorliegt (die Nachfolgeklausel braucht die Vor- und Nacherbschaft nicht besonders zuzulassen; zweifelnd Staudinger-Behrends § 2100 Anm. 52). Liegt eine qualifizierte Nachfolgeklausel (Anm. 20 ff.) vor, so kann die Vor- und Nacherbfolge in den Anteil nur stattfinden, wenn sowohl der Vorerbe als auch der Nacherbe die Voraussetzungen dieser Klausel erfüllt. Im Fall BGHZ 78, 177 = NJW 1981, 115 wurde angenommen, daß der Nacherbe ausscheidet und abgefunden wird, wenn nur der Vorerbe die Voraussetzungen der Nachfolgeklausel erfüllt. Dann ist der Abfindungsanspruch Gegenstand der Nacherbschaft.

36 b) Mit dem **Vorerbfall** wird der Vorerbe **voller Gesellschafter** mit allen hieraus folgenden Rechten und Pflichten (Hefermehl in Festschrift Westermann S. 230 f.). Der Anteil gehört dem Vorerben, die Kapitalkonten sind seine Kapitalkonten, Gewinne sind seine Gewinne (näher Hefermehl in Festschrift Westermann S. 230 ff.). Der Vorerbe hat das Stimmrecht und das Informationsrecht nach §§ 118, 166 (der Nacherbe kann Information nur vom Vorerben verlangen). War der Vorerbe Mitgesellschafter des Erblassers, so bleibt die ererbte Mitgliedschaft neben seiner eigenen Mitgliedschaft selbständig bestehen. War er einziger Mitgesellschafter des Erblassers, so kann auf diese Weise sogar einmal eine „Einmann-oHG" entstehen, bestehend aus zwei Mitgliedschaften: der den Vorerben ursprünglich zustehenden Mitgliedschaft und der zur Vorerbschaft zählenden Mitgliedschaft (Baur-Stürner ZHR 133 [1970], 209ff.). Wie bei § 105 Anm. 26 näher geschildert, ist dies nur eine scheinbare Ausnahme vom Erfordernis mehrerer Gesellschafter.

aa) In der **Verfügung über das Gesellschaftsvermögen** ist die Gesellschaft frei. Der Nacherbenschutz nach §§ 2112ff. BGB hindert nicht das Verfügungsrecht der Gesellschaft (also ihrer Vertreter), denn nicht sie, sondern der Vorerbe ist durch die Vorerbenstellung beschränkt und das Gesellschaftsvermögen ist nicht der Nachlaß (BGHZ 69, 47, 50 = NJW 1977, 1540; Heymann-Emmerich Anm. 17; Paschke ZIP 1985, 137; Karsten Schmidt FamRZ 1976, 687f.; a.M. offenbar LG Bremen NJW 1954, 477 m. krit. Anm. Alfred Hueck). Die Unternehmenspolitik der Gesellschaft wird nicht der Kontrolle des Nacherben unterworfen (Paschke ZIP 1985, 137). Dagegen gelten für **Verfügungen des Vorerben** die §§ 2113ff., 2136 BGB (eingehend Hefermehl in Festschrift Westermann S. 226ff.; Michalski DB-Beilage 16/1987, S. 15ff.). Unentgeltliche Verfügungen kann nicht einmal der befreite Vorerbe vornehmen (§§ 2113 Abs. 2, 2136 BGB). Das gilt auch für die Vorerbschaft am Gesellschaftsanteil (BGHZ 69, 47, 50 = NJW 1977, 1540; Heymann-Emmerich Anm. 15; Wiedemann Übertragung S. 158; Hefermehl in Festschrift Westermann S. 228). Als unentgeltliche Verfügungen des Vorerben über den Anteil sieht die Praxis nicht nur ein Verschenken des Anteils an, sondern jedes den Anteil veräußernde oder den Anteilswert schmälernde Rechtsgeschäft, das nicht zu einer der Erbschaft zugutekommenden gleichwertigen Gegenleistung führt, wenn dieser Umstand für den verfügenden Vorerben erkennbar war (vgl. BGH LM Nr. 21 zu § 2113 BGB = NJW 1984, 366; Soergel-Harder § 2113 Anm. 12).

bb) Beispiele: Die Anteilsveräußerung gegen eine auf den Vorerben beschränkte und eigennützig verwendbare Leibrente ist eine unentgeltliche Verfügung des Vorerben zum Nachteil des Nacherben, wenn der Vorerbe nicht von der Verpflichtung zum Wertersatz nach § 2134 BGB befreit ist (vgl. BGHZ 69, 47, 51 = NJW 1977, 1540). Die Zustimmung des Vorerben zu einer Änderung des Gesellschaftsvertrags ist i.d.R. keine unentgeltliche Verfügung i.S. von § 2113 Abs. 2 BGB, wenn die Vertragsänderung alle Gesellschafter gleichmäßig trifft oder wenn der Vorerbe zwar einseitigen Änderungen zu Lasten des ererbten Gesellschaftsanteils zustimmt, dies aber nur als Ausgleich für Mehrleistungen seiner Mitgesellschafter (BGHZ 78, 177 = NJW 1981, 115). Die Änderung einer Abfindungsklausel kann vor allem dann unter § 2113 Abs. 2 BGB fallen, wenn sie voraussichtlich nur den Nacherben trifft (BGHZ 78, 177, 186f. = NJW 1981, 115, 116). Unentgeltlich i.S. von § 2113 Abs. 3 BGB kann vor allem sein: die Änderung des Gewinnverteilungsschlüssels (BGH LM Nr. 19 zu § 2113 BGB = NJW 1981, 1560), das Ausscheiden des Vorerben gegen unzulängliche Abfindung (BGH LM Nr. 82 zu § 161 = NJW 1984, 362, 364), die Einbringung von Nachlaßmitteln zum Zweck einer objektiv aussichtslosen Sanierung (BGH LM Nr. 21 zu § 2113 BGB = NJW 1984, 366). Verstößt eine Verfügung gegen § 2113 BGB, so wird sie mit dem Nacherbfall unwirksam.

39 c) Mit dem **Nacherbfall** geht die Erbschaft (§§ 2110f. BGB) auf den Nacherben über. Dazu gehört nicht, was dem Vorerben als Nutzung gebührt (§ 2111 Abs. 1 BGB). Deshalb verbleiben Gewinne, die auf die Zeit zwischen dem Vorerbfall und dem Nacherbfall entfallen, insoweit dem Vorerben, ggf. also seinem Nachlaß, als er sie entnehmen konnte (BGHZ 78, 177, 188 = NJW 1981, 115, 117; BGH LM Nr. 19 zu § 2113 BGB = NJW 1981, 1560; Heymann-Emmerich Anm. 16). Der Nacherbe hat das Wahlrecht des § 139 (Anm. 67), es sei denn, schon der Vorerbe hat den Austritt erklärt oder seinen Anteil in eine Kommanditbeteiligung umgewandelt; dies muß der Nacherbe gegen sich gelten lassen.

8. Scheinerbe und Gesellschafterrechte

40 Schrifttum: *Robert Fischer,* Die Stellung des vermeintlichen Erben in der oHG, in: Recht im Wandel, Festschrift Carl Heymanns Verlag, 1965, S. 271 = Gesammelte Schriften, 1985, S. 157; *Konzen,* Der vermeintliche Erbe in der oHG, ZHR 145 (1981), 29.

41 a) Wer nur **vermeintlicher Erbe** ist, kann nicht im Wege der Nachfolge nach § 1922 BGB Mitglied der Gesellschaft sein. Auch Fragen der fehlerhaften Gesellschaft sind nicht im Spiel (Karsten Schmidt AcP 186 [1986], 437f.; a.M. Konzen ZHR 145 [1981], 61ff.). Es helfen nur Verkehrsschutzregeln, insbesondere die §§ 2365ff. BGB. Der wahre Erbe kann gegenüber dem vermeintlichen Erben den Erbschaftsanspruch nach §§ 2018ff. BGB geltend machen.

42 b) Ist der vermeintliche Erbe **aufgrund von § 738 BGB abgefunden** worden, so kann die Gesellschaft, wenn ein Erbschein vorlag, gegenüber dem wahren Erben frei sein; dieser hat sich dann an den Empfänger der Abfindung zu halten (Robert Fischer S. 274f. bzw. S. 160).

43 c) Wer kraft **Eintrittsklausel** der Gesellschaft fehlerhaft oder rechtsgrundlos beigetreten ist, ist dagegen Gesellschafter (vgl. auch Konzen ZHR 148 [1981], 46ff.). Der Beitritt kann nur ex nunc durch Austritt oder durch Rückabtretung rückabgewickelt werden.

III. Testamentsvollstreckung, Nachlaßverwaltung

44 Schrifttum: *Bommert,* Neue Entwicklungen zur Frage der Testamentsvollstreckung in Personengesellschaften, BB 1984, 178; *Buschmann,* Testamentsvollstreckung im Gesellschaftsrecht, 1982; *Buß,* Die Rechte des Testamentsvollstreckers in der werbenden oHG, Diss. Münster 1971; *Damrau,* Zur Testamentsvollstreckung am Kommanditanteil, NJW 1984, 2785; *Donner,* Der Testamentsvollstrecker des eingetragenen Einzelkaufmanns, des offenen Handelsgesellschafters, des Komplementärs und des Kommanditisten, DNotZ 1944, 143; *Durchlaub,* Die Ausübung von Gesellschaftsrechten in Personengesellschaften durch Testamentsvollstrecker, DB 1977, 1399; *Einmahl,* Die Ausübung der Verwaltungsrechte des Gesellschaftererben durch den Testamentsvollstrecker, AcP 160 (1961), 29; *Emmerich,* Testamentsvollstreckung an Gesellschaftsanteilen, ZHR 132 (1969), 297; *Esch,* Zur Zulässigkeit der Testamentsvollstreckung an Kommanditbeteiligungen, NJW 1981, 2222; *Flume,* Die Erben-Nachfolge in die Beteiligung an einer Personengesellschaft und die sonstige Erbfolge in Hinsicht auf die Problematik von Nachlaßverwaltung, Nachlaßkonkurs und Testamentsvollstreckung, in: Festschrift Müller-Freienfels, 1986, S. 113; *Hamann,* Die Rechtsmacht des Testamentsvollstreckers und ihre Grenzen nach Handelsrecht, Diss. Marburg 1963; *Holch,* Testamentsvollstreckung an oHG-Beteiligung, DNotZ 1958, 282; *Hüfner,* Testamentsvollstreckung an Personengesellschaftsanteilen, 1990; *Johannsen,* Führung von Handelsgeschäften und Verwaltung von Gesellschaftsanteilen einer Handelsgesellschaft durch den Testamentsvollstrecker, WM 1970, 570; *Klussmann*, Zur Testamentsvollstreckung bei Beteiligungen auf Personengesellschaften, BB 1966, 1209; *Koch*, Kommanditanteil und Testamentsvollstreckung, NJW 1983, 1762; *Lenzen*, Die Testamentsvollstreckung bei der GmbH & Co. KG nach höchstrichterlicher Rechtsprechung, GmbH-Rdsch. 1977, 56; *Marotzke*, Die Mitgliedschaft in einer offenen Handelsgesellschaft als Gegenstand der Testamentsvollstreckung, JZ 1986, 457; *Dieter Mayer*, Testamentsvollstreckung am Kommanditanteil, ZIP 1990, 976; *Nordemann*, Zur „Testamentsvollstreckung" an Handelsgesellschaften und in Personengesellschaften, NJW 1963, 1139; *Raddatz*, Die Nachlaßzugehörigkeit vererbter Personengesellschaftsanteile, 1991; *Rehmann*, Testamentsvollstreckung an Geschäftsanteilen, BB 1985, 297; *Richardi*, Das Verwaltungsrecht des Testamentsvollstreckers an der Mitgliedschaft in einer Personengesellschaft, 1961, *Rowedder*, Die Zulässigkeit der Testamentsvollstreckung bei Kommanditbeteiligung, in: Festschrift Goerdeler, 1987, S. 445 ff.; *Schmitz*, Testamentsvollstreckung an Personengesellschaftsanteilen, ZGR 1988, 140; *Schmitz-Valckenberg*, Die Testamentsvollstreckung bei der Fortsetzung der offenen Handelsgesellschaft oder der Kommanditgesellschaft mit dem Erben eines Gesellschafters, Diss. Köln 1961; *Schumacher*, Die Übernahme von Handelsgeschäften und Mitgliedschaften an Personengesellschaften durch den Testamentsvollstrecker, in: Festschrift Knorr, 1968, S. 51; *Sommer*, Der Testamentsvollstrecker im Handelsrecht, DNotZ 1936, 937; *Stodolkowicz*, Nachlaßzugehörigkeit von Personengesellschaftsanteilen, in: Festschrift Kellermann, 1991, 439; *Ulmer*, Testamentsvollstreckung an Kommanditanteilen? ZHR 146 (1982), 555; *ders.*, Nachlaßzugehörigkeit vererbter Personengesellschaftsbeteiligungen? NJW 1984, 1496; *ders.*, Testamentsvollstreckung am Kommanditanteil, Voraussetzungen und Rechtsfolgen, NJW 1990, 73; *Dolf Weber*, Testamentsvollstreckung an Kommanditanteilen?, in: Festschrift Stiefel, 1987, S. 829 ff.; *Weiler*, Die Rechtsstellung des Testamentsvollstreckers gegenüber den Erben hinsichtlich einer personengesellschaftlichen Beteiligung des Erblassers, DNotZ 1952, 283.

1. Testamentsvollstreckung bei Nachfolge der Erben

a) Eine reine **Abwicklungstestamentsvollstreckung** zur Ausführung letztwilliger Verfügungen und zur Abwicklung unter Miterben ist **zulässig** (Ulmer in Großkomm Anm. 67; Klussmann BB 1966, 1210; einschränkend Geßler hier in der 4. Aufl. Anm. 14). Einschränkungen wegen fehlender Nachlaßzugehörigkeit des Anteils (Ulmer in Großkomm Anm. 67) sind aus den bei Anm. 17 angeführten Gründen nicht angezeigt. Allerdings ist zu berücksichtigen, daß die Einzelnachfolge mehrerer Miterben in die vererbte Mitgliedschaft (Anm. 18) Auseinandersetzungsmaßnahmen überflüssig machen kann. Das automatische Splitting bei der Nachfolge mehrerer Erben (Anm. 18) und der Anfall an einen einzelnen Nachfolger-Erben im Fall der qualifizierten Nachfolgeklausel (Anm. 21) wirkt wie eine gesetzliche Teil-Auseinandersetzung unter den Erben hinsichtlich des vererbten Anteils.

b) Umstritten ist die **Verwaltungstestamentsvollstreckung**. Nach h. M. ist die **Testamentsvollstreckung am Anteil eines „persönlich" (unbeschränkt) haftenden Gesellschafters unzulässig** (vgl. für oHG-Gesellschafter bzw. Komplementär RGZ 170, 392, 394; BGHZ 24, 106, 112 f.; 68, 225, 239 = NJW 1977, 1339; BGH WM 1966, 188, 189; BB 1969, 773; NJW 1985, 1953, 1954; Heymann-Emmerich Anm. 22; Ulmer in Großkomm Anm. 68; Flume Personengesellschaft § 14 V; für Gesellschaft bürgerlichen Rechts BGH NJW 1981, 749, 750 = DB 1981, 366; umfassende Schrifttumsnachweise bei Buschmann passim; Bommert BB 1984, 178). Als unzulässig galt aber nach herkömmlicher Ansicht auch die **Testamentsvollstreckung am Kommanditistenanteil** (RGZ 172, 199, 203; OLG Frankfurt OLGZ 1983, 189 = WM 1983, 485 = BB 1983, 604 = NJW 1983, 1806; BayObLG DB 1978, 79 = Rpfleger 1977, 321; WM 1983, 1092, 1093 = BB 1983, 1751; Richardi S. 84 ff.; Wiedemann Übertragung S. 340; Staudinger-Reimann § 2205 Anm. 85; Erman-Hense § 2205 Anm. 15; Palandt-

Edenhofer § 2205 Anm. 2 d; Brandner in MünchKomm BGB § 2205 Anm. 17; Ulmer ZHR 146 [1982], 558 ff.; ders. NJW 1984, 1496; Meinungsüberblick bei Buschmann S. 162 ff.). Der II. Zivilsenat des BGH hatte die Frage wiederholt offen gelassen (BGHZ 24, 106, 113; 68, 225, 241; 91, 132, 137 = ZIP 1984, 952, 954). Die Ausführungen bei BGH NJW 1981, 749, 750 deuteten darauf hin, daß nach Ansicht des BGH der vererbte Personengesellschaftsanteil in keinem Fall der Testamentsvollstreckung unterliegen sollte. Sodann deutete sich eine gegenteilige Tendenz an in dem Urteil BGH BB 1985, 951 = NJW 1985, 1953 = WM 1985, 656 = ZIP 1985, 678, 679 („wofür manches spricht"). Eine im Schrifttum verbreitete Ansicht ließ bereits zur Zeit der Abfassung der hier vorliegenden Kommentierung (vgl. Vorwort) hingegen die Testamentsvollstreckung zu, wenn die Mitgesellschafter einwilligen, was auch schon im Gesellschaftsvertrag erklärt werden kann (Schilling in Großkomm § 177 Anm. 12; Westermann Handbuch [Lfg. 1967] I 847; Kipp-Coing, Erbrecht, 13. Aufl. 1978, § 68 III 3 b, c; Soergel-Damrau § 2205 Anm. 33; Emmerich ZHR 132 [1969] 326; Esch NJW 1981, 2225; ders. NJW 1984, 343; Flume in Festschrift Müller-Freienfels S. 125 f.; Dolf Weber in Festschrift Stiefel S. 829; Rowedder in Festschrift Goerdeler S. 445; Bommert BB 1984, 178 ff., 183; Damrau NJW 1984, 2785 ff.; Marotzke AcP 187 [1987], 237; ders. JZ 1987, 40 f.; für diesen Fall unentschieden BayObLG WM 1983, 1092, 1093 = BB 1983, 1751, 1752; unklar Buschmann S. 176; Kregel in BGB-RGRK § 2205 Anm. 8). Diese Auffassung wurde auch in dem 1986 erschienenen Teilband dieser Kommentierung vertreten (§ 177 Anm. 25 ff.). Ihr hat sich nach Manuskriptabschluß der **Bundesgerichtshof** in BGHZ 108, 187, 191 f. = NJW 1989, 3152, 3153 angeschlossen (dazu Ulmer NJW 1990, 73; Dieter Mayer ZIP 1990, 976; Raddatz S. 155 ff.; Flume ZHR 155 [1991], 503 ff.).

47 aa) **Gegen jede Verwaltungstestamentsvollstreckung** werden vor allem folgende Argumente geltend gemacht: Es gebe nur die Testamentsvollstreckung am ungeteilten Nachlaß, während die Nachfolge in den Kommanditistenanteil außerhalb des Nachlasses stattfinde (BayObLG WM 1983, 1092, 1093 = BB 1983, 1751; OLG Frankfurt WM 1983, 485, 486 = BB 1983, 604 = NJW 1983, 1806; Kregel in BGB-RGRK § 2205 Anm. 8; Brandner in MünchKomm BGB § 2205 Anm. 17; Ulmer ZHR 146 [1982], 558 ff.; ders. NJW 1984, 1496; Koch NJW 1983, 1763; für die Gesellschaft bürgerlichen Rechts vgl. ausdrücklich BGH NJW 1981, 749, 750). Auch ein dem § 2208 Abs. 1 Satz 2 BGB analoger Fall liege nicht vor, weil es nicht um einzelne Nachlaßgegenstände gehe, sondern um die Einbeziehung von Gegenständen außerhalb des Nachlasses (so sinngemäß Ulmer ZHR 146 [1982] 561 f.; a.M. Esch NJW 1981, 2225; ders. NJW 1984, 343). Der personalistische, an die Einzelperson gebundene Charakter der Mitgliedschaft stehe entgegen (vgl. RGZ 172, 199, 203 f.; BGH NJW 1981, 749, 750; OLG Hamburg ZIP 1984, 1226, 1227 f.; Richardi S. 89; Wiedemann Übertragung S. 339 f.; Koch NJW 1983, 1764). Die Verwaltungs- und Verpflichtungsbefugnisse nach §§ 2205, 2206 BGB führten zu Ergebnissen, die gesellschaftsrechtlich unannehmbar seien (vgl. Wiedemann Übertragung S. 339 f.; Weipert JR 1954, 60; Ulmer ZHR 146 [1982], 562 ff.). Hinsichtlich der Verwaltungsbefugnisse wird vor allem das Abspaltungsverbot angeführt (Richardi S. 90; Weipert JR 1954, 60). Hinsichtlich der Verpflichtungsbefugnis wird auf Haftungsrisiken hingewiesen (RGZ 172, 199, 203;

Lange-Kuchinke, Erbrecht, 3. Aufl. 1989, § 29 V 7 c; Richardi S. 87; Ulmer ZHR 146 [1982], 563). Auch der Kommanditist hafte persönlich und nicht etwa auf den Nachlaß beschränkt (RG, Lange-Kuchinke, Richardi jeweils a. a. O.; H. P. Westermann Vertragsfreiheit S. 368). Schließlich wird noch auf mögliche Haftungsrisiken aus § 176 Abs. 2 hingewiesen, wenn der Testamentsvollstrecker die Eintragung der Nachfolge verzögert (Ulmer ZHR 146 [1982], 567).

bb) Gegen die Testamentsvollstreckung am Anteil eines persönlich haftenden Gesellschafters wird zusätzlich vorgebracht, daß sie mit der unbeschränkten Haftung des Gesellschafters unvereinbar sei (vgl. nur RGZ 170, 392, 394; BGHZ 24, 106, 112f. = NJW 1957, 1026; std. Rspr.; Heymann-Emmerich Anm. 22; Alfred Hueck oHG § 28 II 5; Staudinger-Reimann § 2205 Anm. 78; s. auch Ulmer in Großkomm Anm. 68). Hinzu kommen organisationsrechtliche Einwände, die sich daraus ergeben, daß die Zuständigkeit des Testamentsvollstreckers nicht über den Nachlaß hinausgehen, also nicht die Rechte eines persönlich haftenden, geschäftsführenden und vertretungsberechtigten Gesellschafters erfassen kann (vgl. nur BGHZ 68, 225, 239 = NJW 1977, 1339; BGHZ 98, 48, 55f. = NJW 1986, 2431). **48**

c) Stellungnahme: Die grundsätzlichen Einwände gegen die Testamentsvollstreckung an Personengesellschaftsanteilen sind bei § 177 Anm. 25 ff. zurückgewiesen worden. Auf die Erl. zu § 177 wird insoweit verwiesen. Daraus folgt: **49**

aa) Die Testamentsvollstreckung am Kommanditistenanteil ist als **zulässig** zu erachten (§ 177 Anm. 27 ff. m. w. Nachw.; vgl. seither zusätzlich noch Karsten Schmidt § 45 V 7; Schilling in Großkomm § 177 Anm. 12; Flume in Festschrift Müller-Freienfels S. 125 f.; Marotzke AcP 187 [1987], 225; ders. JZ 1986, 457 ff.; Rowedder in Festschrift Goedeler S. 447 ff.; Dolf Weber in Festschrift Stiefel S. 837 ff. [diff.]). Der II. Zivilsenat des BGH hatte die Frage offen gelassen (BGHZ 24, 106, 113 = NJW 1957, 1026; BGHZ 68, 225, 241 = NJW 1977, 1331; BGHZ 91, 132, 137 f. = NJW 1984, 2104; BGH NJW 1981, 749, 750 für die Gesellschaft bürgerlichen Rechts; BGH NJW 1985, 1953, 1954). Das Urteil BGHZ 98, 48 = NJW 1986, 2431 wies bereits bei Manuskriptabschluß (s. Vorwort) in die hier vertretene Richtung. Mit dem nach Manuskriptabschluß ergangenen Urteil BGHZ 108, 187 = NJW 1989, 3152 ist die Frage in dem hier vertretenen Sinne geklärt. Die Testamentsvollstreckung setzt voraus, daß sie **im Gesellschaftsvertrag zugelassen** ist oder daß alle **Mitgesellschafter zustimmen** (näher § 177 Anm. 30 f.; seither noch die Angaben bei Anm. 51 a). Die Testamentsvollstreckung ist im Handelsregister durch einen Vermerk kundbar zu machen (§ 177 Anm. 34; s. jetzt auch Anm. 51 a; anders h. M.). Über die Grenzen der Befugnisse des Testamentsvollstreckers vgl. Anm. 51 b sowie § 177 Anm. 34. **50**

bb) Für eine Testamentsvollstreckung am Anteil eines oHG-Gesellschafters oder Komplementärs sprechen gleichfalls gute Gründe (vgl. gegen die h. M. Esch NJW 1984, 339 ff.; Marotzke JZ 1986, 457 ff.; ders. AcP 187 [1987], 236 ff.). Die Praxis erkennt hier die Verwaltungstestamentsvollstreckung noch **nicht** an. Ihre Argumente bedürfen noch einer kritischen Analyse. Die **Haftungseinwände** dringen deshalb nicht zwingend durch, weil sich der **Erbe** gegen eine (nicht nur auf Rechtshandlungen des Testamentsvollstreckers beruhende) unbeschränkte Haftung nach § 139 schützen kann und weil **51**

die **Mitgesellschafter** durch die Notwendigkeit ihrer Einwilligung oder einer entsprechenden Vertragsklausel (Anm. 50) geschützt sind (zur Frage, ob auch der Erbe zustimmen muß, vgl. Marotzke zu JZ 1986, 462 f.). Als schlagendes Argument für den Standpunkt der h. M. kann nur noch der organisationsrechtliche Einwand angesehen werden: Wenn im Personengesellschaftsrecht der Grundsatz der Selbstorganschaft gilt (§ 125 Anm. 5 ff.) und wenn Organbefugnisse nicht von der Mitgliedschaft abgespalten werden können (§ 109 Anm. 13 ff.), dann ist die Zulassung der Testamentsvollstreckung **gesellschaftsrechtlich** unwirksam. Die Diskussion scheint auch hier noch nicht abgeschlossen.

51 a d) Die gesellschaftsrechtlichen **Zulässigkeitsvoraussetzungen einer Verwaltungstestamentsvollstreckung** sind nach dem mit BGHZ 108, 187 = 1989, 3152 erreichten Stand die folgenden: Es muß sich zunächst um einen **Kommanditanteil** und darf sich nicht um einen Komplementäranteil handeln (RGZ 170, 392, 394 f.; BGHZ 24, 106, 113; 68, 225, 239; 108, 187, 195 = NJW 1989, 3152, 3154; BGH NJW 1985, 1953, 1954; BGH NJW 1981, 749 für die BGB-Gesellschaft). Die Verwaltungstestamentsvollstreckung am Kommanditanteil ist auch dann zulässig, wenn die Einlage rückständig, der Kommanditist also nach § 171 Abs. 1 der Haftung unterworfen ist (§ 177 Anm. 31; BGHZ 108, 187, 197 = NJW 1989, 3152, 3155; Staub-Schilling § 177 Anm. 14). **Ist der Erbe bereits Komplementär oder Kommanditist**, so kann die Testamentsvollstreckung, bezogen auf den vererbten Kommanditanteil, nur Bestand haben, wenn dieser aufgrund der Sonderzuordnung als selbständig fortbestehend anerkannt wird (dazu vgl. § 105 Anm. 26; ablehnend Ulmer NJW 1990, 76 f.; unentschieden BGHZ 108, 187, 199 = NJW 1989, 3152, 3155). Hinzukommen muß die **Zulassung der Verwaltungstestamentsvollstreckung im Gesellschaftsvertrag**, bzw., wo diese fehlt, die **Zustimmung aller Mitgesellschafter** (§ 177 Anm. 30 f.; BGHZ 68, 225, 241; 108, 187, 191 = NJW 1989, 3152, 3153; BGH NJW 1985, 1953, 1954; OLG Stuttgart ZIP 1988, 1335; Wiedemann Übertragung S. 337; Rowedder in Festschrift Goerdeler S. 453 f.; Marotzke JZ 1986, 460 ff.; ders. AcP 187 [1987], 238). In den bei § 105 Anm. 143 geschilderten engen Grenzen kann ein widerstrebender Mitgesellschafter verpflichtet sein, der Testamentsvollstreckung zuzustimmen. Wenn diese gesellschaftsrechtlichen Erfordernisse erfüllt sind, kommt es weiter auf die erbrechtlich wirksame letztwillige Anordnung der Testamentsvollstreckung durch Testament, gemeinschaftliches Testament oder Erbvertrag an. Die Testamentsvollstreckung ist der **Eintragung in das Handelsregister** fähig und nach wohl richtiger Ansicht auch bedürftig (§ 177 Anm. 34; unentschieden BGHZ 108, 187, 190 = NJW 1989, 3152, 3153).

51 b e) Die **Zuständigkeit des Testamentsvollstreckers** (§§ 2203 ff. BGB) besteht in der Ausübung der Gesellschafterrechte, insbesondere also des Stimmrechts (BGHZ 24, 106, 114 f.; Baumbach-Duden-Hopt § 139 Anm. 4 A; Staub-Schilling § 177 Anm. 16). **Verbindlichkeiten** kann der Verwalter grundsätzlich nur für den Nachlaß eingehen (§ 2206 BGB). Er kann also insbesondere nicht ohne Zustimmung des Erben die Kommanditeinlage erhöhen (BGHZ 108, 187, 198 = NJW 1989, 3152, 3155). Seiner Kompetenz sind auch Maßnahmen entzogen, die nach § 172 Abs. 4 zur **Haftung des Erben-Kommanditisten** mit seinem Eigenvermögen führen (§ 177 Anm. 34; im Grundsatz auch BGHZ 108, 187, 198 = NJW 1989, 3152, 3155). Gegen Eingriffe des Testamentsvollstreckers ist auch der sog. Kernbereich der Mitgliedschaft (§ 109 Anm. 16 f.) geschützt (dazu Ulmer NJW 1990, 79; Dieter Mayer 1990, 978). **Verfügungen** des Testamentsvollstreckers über den Anteil – z.B. auch die Anteilsveräußerung – sind unbeschadet etwaiger Schadensersatzpflichten gegenüber dem Erben grundsätzlich möglich (§ 2205 S. 2 BGB). Sie sind im Rahmen ordnungsmäßiger Nachlaßverwaltung auch zulässig (§ 2216 BGB), sofern nicht der Erblasserwille entgegensteht (vgl. § 2208 Abs. 1 S. 1 BGB). Für **Handelsregisteranmeldungen,** die den vererbten Anteil betreffen, ist der Testamentsvollstrecker zuständig (BGHZ 108, 187, 190 = NJW 1989, 3152, 3153; KG BB 1991, 1283 = NJW-RR 1991, 835).

f) **Ersatzlösungen,** die an die Stelle einer unzulässigen Testamentsvollstreckung treten oder an Stelle einer von den Beteiligten für unzulässig gehaltenen Testamentsvollstreckung gewählt werden können, sind bei § 177 Anm. 35 ff. dargestellt. In Betracht kommen vor allem die Treuhandübertragung des Anteils auf den Testamentsvollstrecker, die unwiderrufliche Bevollmächtigung des Testamentsvollstreckers und die Ausübungsermächtigung. Diese Ersatzlösungen sind auch nach der grundsätzlichen Anerkennung der Testamentsvollstreckung durch BGHZ 108, 187 = NJW 1989, 3152 noch von Bedeutung, sobald eine gewollte Testamentsvollstreckung am Fehlen gesellschaftsrechtlicher Erfordernisse (Anm. 51 a) scheitert.

2. Sonstige Fälle

a) Ist die **Gesellschaft** durch den Tod des Gesellschafters nach § 131 Nr. 4 **aufgelöst,** so wird die Mitgliedschaft des Erblassers vererbt (vgl. § 131 Anm. 24). Hier ist die **Testamentsvollstreckung auch nach der traditionellen Auffassung zulässig.** Der Anteil des Erblassers ist Nachlaßbestandteil und geht ungeteilt auf den Alleinerben bzw. auf die Miterbengemeinschaft über (Anm. 12). Erbrechtliche Bedenken gegen eine Testamentsvollstreckung am Gesellschaftsanteil bestehen deshalb nicht (BGHZ 98, 48, 58; BGH NJW 1981, 749, 750 [für die Gesellschaft bürgerlichen Rechts]; Brandner in Münch-Komm BGB § 2205 Anm. 18; Ulmer Gesellschaft bürgerlichen Rechts § 727 Anm. 19). Auch gesellschaftsrechtliche Bedenken sind nicht zu erheben (BGHZ 98, 48, 58 passim; vgl. Schilling in Großkomm § 146 Anm. 28; Soergel-Damrau § 2205 Anm. 28; für den gleichgelagerten Fall des Ausscheidens nach § 139 Abs. 2 siehe Staudinger-Reimann § 2205 Anm. 79). Der Testamentsvollstrecker nimmt eine Funktion wie ein gemeinsamer Vertreter der Miterben wahr (vgl. § 146 Abs. 1 Satz 2). Die Befugnisse des Testamentsvollstreckers sind allerdings durch den Liquidationszweck beschränkt. Er kann mit Wirkung für und gegen die Gesellschafter an der Abwicklung mitwirken und auch den Abfindungsanspruch der Gesellschafter durch eine „andere Art der Auseinandersetzung" (§ 145) verwirklichen, z.B. dadurch, daß mit den anderen Gesellschaftern ein Ausscheiden des (der) Erben und eine Abfindung vereinbart wird. Eine Fortsetzung der durch den Tod aufgelösten Gesellschaft können die Gesellschafter nur mit Zustimmung des Testamentsvollstreckers vereinbaren (Soergel-Damrau 2205 Anm. 32; vgl. auch Richardi, S. 81).

b) Ist eine sog. **Fortsetzungsklausel** vereinbart, so wird die Mitgliedschaft in der Personengesellschaft nicht vererbt (näher § 138 Anm. 19). Gegenstand des Nachlasses ist der **Auseinandersetzungsanspruch,** dieser steht dem Alleinerben als einzelnem oder der

Miterbengemeinschaft als Gesamthand zu (vgl. Anm. 15). Als bloßer Zahlungsanspruch kann der Abfindungsanspruch der Testamentsvollstreckung unterliegen (BGH NJW 1981, 749, 750; 1985, 1953, 1954; Soergel-Damrau § 2205 Anm. 29; Palandt-Edenhofer § 2205 Anm. 2c; Staudinger-Reimann § 2205 Anm. 79; Ulmer in Großkomm Anm. 73; ders. JuS 1986, 856, 859; Esch NJW 1981, 2222; Damrau NJW 1984, 2785).

3. Nachlaßverwaltung

55 Nachlaßverwaltung am Gesellschaftsanteil ist zulässig (BGHZ 47, 293, 295f. = JZ 1967, 703 m. Anm. Großfeld-Rohloff; h.M.). Der Nachlaßverwaltung unterliegen aber nach h.M. nur die Vermögensrechte, nicht die persönlichen Mitgliedschaftsrechte des Erben (BGHZ 47, 293, 295f. = JZ 1967, 703 m. krit. Anm. Großfeld-Rohloff; bestätigend BGHZ 91, 132, 136 = NJW 1984, 2104 = JZ 1984, 890 m. Anm. Brox; Staudinger-Marotzke § 1985 Anm. 20; Siegmann in MünchKomm BGB § 1985 Anm. 5; Soergel-Stein § 1985 Anm. 6; Wiedemann Übertragung S. 347). Der Verwalter kann also die Gewinn- und Abfindungsansprüche eines Gesellschafters geltend machen, nicht aber die mitgliedschaftlichen Gestaltungsbefugnisse und Mitverwaltungsrechte ausüben. Das bedeutet nach h.M.: Der Nachlaßverwalter kann nicht das Wahlrecht des Erben nach § 139 ausüben (Staudinger-Marotzke § 1985 Anm. 20). Er kann nach h.M. auch nicht die Auflösung der Gesellschaft aus wichtigem Grund nach § 133 oder die Übernahme nach § 142 betreiben (BGHZ 47, 293, 297 = JZ 1967, 703 m. krit. Anm. Großfeld-Rohloff). Nach wohl h.M. kann aber der Nachlaßverwalter das Gesellschaftsverhältnis analog § 135 kündigen (§ 131 Anm. 57).

IV. Das Wahlrecht des Gesellschafter-Erben nach § 139

56 *Schrifttum: Buchwald*, Die Berechnung der Kommanditeinlage des Erben nach § 139 HGB, DB 1958, 1003; *Hagemann*, Der Eintritt eines Gesellschafters in eine offene Handelsgesellschaft, Diss. Jena 1911; *Huber*, Vermögensanteil, Kapitalanteil und Gesellschaftsanteil an Personalgesellschaften des Handelsrechts, 1970, S. 419ff.; *Lamers*, Die Kommanditeinlage der Miterbengesellschafter, MDR 1960, 888; *Liebisch*, Über die Rechtsstellung der Erben eines offenen Handelsgesellschafters, ZHR 116 (1954), 128; *Patzschke*, Probleme in bezug auf das Weiterbestehen der offenen Handelsgesellschaft mit den Erben eines Gesellschafters, ZHR 113 (1950), 1; *Pretzell*, Die Kommanditeinlage der Erben des Mitgliedes einer offenen Handelsgesellschaft, Diss. Köln o.J.; *Saßenrath*, Die Umwandlung von Komplementär- in Kommanditbeteiligungen, 1988; *ders.*, Die Kommanditistenhaftung des ehemaligen Komplementärs und seiner Rechtsnachfolger, BB 1990, 1209; *Karsten Schmidt*, Kommanditisteneinlage und Haftsumme des Gesellschaftererben, ZGR 1989, 445; *ders.*, Zur kombinierten Nachfolge- und Umwandlungsklausel bei oHG- oder Komplementäranteilen, BB 1989, 1702; *Sudhoff*, Die Berechnung der Kommanditeinlage im Falle des § 139 HGB, NJW 1958, 401.

1. Grundlagen

57 a) Nach § 139 kann der Erbe, wenn er durch Nachfolge von Todes wegen offener Handelsgesellschafter bzw. Komplementär geworden ist, sein **Verbleiben in der Gesellschaft** davon abhängig machen, daß ihm unter Belassung des bisherigen Gewinnanteils die Stellung eines Kommanditisten eingeräumt und der auf ihn fallende Teil der Einlage des Erblassers als seine Kommanditeinlage anerkannt wird (Abs. 1). Die übrigen Gesellschafter sind nicht verpflichtet, seinem Verlangen zu entsprechen, sie können es annehmen oder ablehnen (über abweichende Vertragsklauseln vgl. Anm. 133 ff.). Nehmen sie es an, wird der Erbe Kommanditist. Lehnen sie den Antrag ab, hat der Erbe ein weiteres Wahlrecht; er muß sich nunmehr schlüssig werden, ob er endgültig offener Handelsgesellschafter (bzw. Komplementär) werden oder ob er aus der Gesellschaft ausscheiden will (Abs. 2). Diese Rechte sind zwingend (Abs. 5). Für ihre Geltendmachung sieht der Gesetzgeber eine Dreimonatsfrist vor (Abs. 3). Durch rechtzeitige Umwandlung des ererbten Anteils oder durch rechtzeitigen Austritt kann der Erbe seine Haftung beschränken (Abs. 4).

b) Die Bestimmung ist ohne Vorgänger im ADHGB. Unter der Geltung des ADHGB **58** hatte sich herausgestellt, daß der Gesellschafter-Erbe einer gesellschaftsrechtlichen Haftung für die Verbindlichkeiten der Gesellschaft unterliegt, und zwar auch dann, wenn er nach bürgerlichem Recht für die Nachlaßverbindlichkeiten nur beschränkt haftet. Dieser Härte will das Gesetz entgegenwirken (vgl. Denkschrift II S. 271 = Schubert-Schmiedel-Krampe Materialien II/2 S. 1031 f.). Das Konzept des Gesetzgebers wird als das **Wahlrecht des Erben** dargestellt. Mit demselben Recht kann man allerdings auch von einem Wahlrecht der Mitgesellschafter sprechen. Der Erbe hat nämlich nicht die Wahl, Kommanditist zu werden oder auszuscheiden. Kommanditist kann er nur im Einverständnis mit den Mitgesellschaftern werden (vgl. Anm. 69). Nehmen diese seinen Antrag nicht an, so hat der Gesellschaftererbe die Wahl, aus der Gesellschaft auszuscheiden oder unbeschränkt zu haften.

c) Von § 139 unberührt ist das Recht des Gesellschafters zur **Ausschlagung der Erb- 59 schaft** nach §§ 1944 ff. BGB (vgl. Ulmer in Großkomm Anm. 98). Wer die Erbschaft ausgeschlagen hat, hat nicht mehr die Rechte des § 139. Wer die Rechte des § 139 ausgeübt hat, wird hierdurch i. d. R. die Annahme erklärt haben (§ 1943 BGB), es sei denn, er hat sich die Ausschlagung vorbehalten. Nach § 1959 Abs. 2 BGB kann zwar auch der nur vorläufige Erbe u. U. wirksam über Nachlaßgegenstände verfügen, aber die Fristberechnung nach Abs. 3 macht Vorsorgemaßnahmen für den endgültigen Erben entbehrlich.

2. Anwendungsbereich

a) Die Bestimmung gilt für die **oHG** und gemäß § 161 Abs. 2 auch für die **KG** (hier für **60** den Fall der Beerbung eines unbeschränkt haftenden Gesellschafters). Die Zahl der Gesellschafter spielt keine Rolle. Keine Anwendung findet § 139 auf den Erben eines Kommanditisten (näher Anm. 64). Keine Anwendung findet § 139 ferner auf die Gesellschaft bürgerlichen Rechts (vgl. Ulmer Gesellschaft bürgerlichen Rechts § 727 Anm. 24; H. Westermann Handbuch I 743; so auch für das Konsortium Jan Schröder ZGR 1978, 599). Das ist bei der unternehmenstragenden Gesellschaft bürgerlichen Rechts bedenklich (vgl. zu ihrem Sonderstatus Karsten Schmidt Gesellschaftsrecht § 58 V). Eine analoge Anwendung macht aber deshalb Schwierigkeiten, weil eine „Kommanditgesellschaft bürgerlichen Rechts" bisher nur in Ansätzen anerkannt und jedenfalls nicht registrierungsfähig ist (vgl. dazu Karsten Schmidt Gesellschaftsrecht § 60 III 2 c). Kein Raum für die Anwendung von § 139 ist auch bei der stillen Gesellschaft. Verstirbt hier der stille Gesellschafter, so wird auch der Erbe nur stiller Gesellschafter (näher § 339 a.F. = § 234 n.F. Anm. 5). Verstirbt der Inhaber des Handelsgeschäfts, so treten die bei § 339 a.F. = § 234 n.F. Anm. 22 ff. dargestellten Rechtsfolgen ein.

61 b) Nur für den **kraft Nachfolgeklausel** (Anm. 16 ff.) – auch kraft qualifizierter Nachfolgeklausel (Anm. 20 ff.) – als Erben eines unbeschränkt haftenden Gesellschafters einrückenden Nachfolger gilt Abs. 1. Wer die Beteiligung unter Lebenden erwirbt – auch im Wege vorweggenommener Erbfolge oder als Vermächtnisnehmer oder aufgrund einer Eintrittsklausel (Anm. 28 ff.) –, bedarf nicht des Schutzes durch § 139. Eine andere Frage ist, ob der Erbe im Fall des Vermächtnisses aufgrund von § 2147 BGB zur Ausübung des Wahlrechts verpflichtet sein kann. Auch kann eine Eintrittsklausel so formuliert sein, daß dem Berechtigten das Recht zusteht, als Kommanditist beizutreten (zweifelnd Ulmer in Großkomm Anm. 183).

62 c) In der **aufgelösten Gesellschaft** besteht nach h.M. das Wahlrecht nicht (BGH LM Nr. 3 zu § 5 = NJW 1982, 45; Ulmer in Großkomm Anm. 100; Heymann-Emmerich Anm. 38; Alfred Hueck oHG § 28 IV 4; Voraufl. Anm. 54). Aus Abs. 4 wird gefolgert, daß es hier des Schutzes durch § 139 nicht bedarf. Aber Abs. 4 ist gerade in dieser Hinsicht eine fragwürdige Norm (Anm. 121). **Der h.M. ist auch sonst nicht zu folgen.** Sie nimmt keine hinreichende Rücksicht auf die Möglichkeit einer Fortsetzung der aufgelösten Gesellschaft (§ 131 Anm. 60 ff.). Selbst wenn man davon ausgeht, daß im Fall der Auflösung eine unbeschränkte gesellschaftsrechtliche Haftung des Erben nicht in Betracht kommt, folgt daraus nur, daß der Erbe das Wahlrecht nicht auszuüben braucht; nicht dagegen folgt hieraus, daß er es nicht ausüben kann. Da der Erbe ein legitimes Interesse daran haben kann, das Gesellschaftsverhältnis mit den anderen Gesellschaftern als Kommanditist fortzusetzen, kann er den Antrag nach Abs. 1 auch im Fall der Auflösung stellen. Vereinbaren dann alle Gesellschafter binnen der Frist des Abs. 3, daß die Gesellschaft mit ihm als Kommanditisten fortgesetzt wird, so kommt ihm die Haftungsbeschränkung nach Abs. 4 zugute.

63 d) Nach h.M. gilt § 139 auch nicht für den **Erben eines Gesellschafters ohne Kapitalanteil** (Ulmer in Großkomm Anm. 101; Alfred Hueck oHG § 28 III 3; Heymann-Emmerich Anm. 45). Allerdings werden Abs. 2–4 analog angewandt, so daß der Erbe durch fristgemäßen Austritt seine Haftung beschränken kann (Ulmer in Großkomm Anm. 101; Alfred Hueck oHG § 28 III 3). Richtig ist, daß sich die Funktion eines solchen Erblassers in der Rolle des unbeschränkt haftenden Gesellschafters (Organbefugnisse, Haftung) erschöpft. Auch setzt der Wortlaut des Abs. 1 voraus, daß der Erblasser eine Einlage geleistet hat, m.a.W. ein Kapitalkonto bei der Gesellschaft hält. Das entspricht auch dem Normzweck des § 139, denn der Erbe soll, wenn er Kommanditist wird, bestellt werden, als wäre schon der Erblasser Kommanditist gewesen. Die Beteiligung eines oHG-Gesellschafters oder Komplementärs ohne Kapitalanteil kann deshalb nicht ohne wesentliche Inhaltsänderung in die eines Kommanditisten umgewandelt werden. Immerhin sind Fälle denkbar, bei denen die Beteiligten ein Interesse daran haben können, daß dem Erben die Umwandlung in einen Kommanditanteil mit dem Haftungsprivileg des Abs. 4 angeboten wird. Ist dies objektiv sachdienlich und den Beteiligten zumutbar, so können Vertragsänderungspflichten bestehen (zu diesen vgl. § 133 Anm. 60 sowie generell § 105 Anm. 143). Schwierigkeiten kann allerdings die

Bestimmung einer sachgerechten Kommanditisteneinlage bereiten. Einigen sich die Beteiligten nicht, so bleibt nur das Austrittsrecht. Nennenswerte praktische Bedeutung hat diese Fallgruppe wohl nicht.

e) War der **Erblasser Kommanditist**, so ist § 139 unanwendbar (KG OLGE 27, 337, 338; Ulmer in Großkomm Anm. 97). Der Kommanditist kann keine Vertragsänderung nach Abs. 1 verlangen und nicht nach Abs. 2 ausscheiden. Zweifelhaft ist dies für den Fall, daß der **Erblasser als nicht eingetragener Kommanditist** nach § 176 unbeschränkt haftete (die Frage wird bislang nicht diskutiert). Die Eintragung läßt im Fall des § 176 eine bereits entstandene unbeschränkte Haftung grundsätzlich nicht rückwirkend entfallen (vgl. § 176 Anm. 41). Wendet man § 139 nicht an, so kann der Erbe eines nach § 176 haftenden Kommanditisten strenger haften als der Erbe eines Komplementärs. Diese Erwägung mag dafür sprechen, Abs. 4 mit der Maßgabe analog anzuwenden, daß die unbeschränkte Haftung für Altverbindlichkeiten dadurch auf den Nachlaß beschränkt wird, daß der Erbe fristgemäß als Kommanditist eingetragen oder die Eintragung jedenfalls fristgerecht beantragt wird. Ob sich diese Analogie noch im Rahmen des Normzwecks (Anm. 66) hält, ist allerdings zweifelhaft, denn die Haftung nach § 176 HGB ist bereits eine – wenn auch rigorose – Kommanditistenhaftung. Immerhin ist zu bedenken, daß mit der Analogie dafür gesorgt werden kann, daß die Eigenhaftung des Erben mit seinem Privatvermögen nur der beschränkten Kommanditistenhaftung unterliegt und daß die unbeschränkte Haftung als Rechtsnachfolger des unbeschränkt haftenden Kommanditisten, ganz wie es Abs. 4 will, nach bürgerlichem Recht beschränkt werden kann.

f) War ein **Erbe bereits vor dem Erbfall unbeschränkt haftender Gesellschafter** derselben Gesellschaft, so ist § 139 unanwendbar (KG JW 1936, 2933; Ulmer in Großkomm Anm. 97; Heymann-Emmerich Anm. 38). Er bleibt mit dem Erbfall Komplementär, selbst wenn der auf ihn übergegangene Anteil ein Kommanditanteil war, denn Komplementär und Kommanditist zugleich kann er nicht sein (§ 105 Anm. 25). Da dieser Erbe ohnedies für alle Verbindlichkeiten der Gesellschaft unbeschränkt haftet, fehlt hier das Schutzbedürfnis, von dem § 139 ausgeht. Der Erbe kann also nicht etwa sein Verbleiben in der Gesellschaft davon abhängig machen, daß seine gesamte Beteiligung in die eines Kommanditisten umgewandelt wird. Selbstverständlich können die Beteiligten die Mitgliedschaft in einen Kommanditanteil umwandeln, nur kommt dem Gesellschafter dann das Haftungsprivileg des § 139 nicht zustatten (vgl. zu diesem Anm. 66). Dagegen hat ein Kommanditist, der einen Komplementär beerbt hat, das Wahlrecht, und zwar hinsichtlich seines gesamten Anteils (vgl. Ulmer in Großkomm Anm. 97 mit Hinweis auf BGHZ 55, 267 = NJW 1971, 1268).

g) **Erlischt die Gesellschaft** dadurch, daß der einzige Kommanditist den einzigen Komplementär beerbt, so kommt eine Anwendung des § 139 nicht in Frage. Auch § 27 Abs. 2 ist nicht unmittelbar einschlägig, weil der Erblasser nicht Einzelkaufmann war. Der Erbe haftet aber in **Analogie zu § 27** nicht nur erbrechtlich, sondern daneben auch handelsrechtlich – also ohne die Beschränkungsmöglichkeiten nach §§ 1975 ff. BGB – für die Altverbindlichkeiten (BGHZ 113, 132 = NJW 1991, 844 = JZ 1991, 731 m. Anm. Karsten Schmidt). Denn aus §§ 27 und 139 läßt sich der Grundsatz ablesen (vgl. Karsten Schmidt ZGR 1989, 448 f. und JZ 1991, 734): „Wer einen unbeschränkt haftenden (Mit-) Unternehmer beerbt, muß binnen drei Monaten entscheiden, ob er diese Stellung als unbeschränkt – und damit auch nicht erbrechtlich beschränkbar – haftender (Mit-) Unternehmer fortsetzt oder ob er sie aufgibt oder ob er sie unter legalem Rückzug in die beschränkte Haftung fortsetzt". Die Haftung nach § 27 setzt keine Firmenfortführung voraus, kann also auch nicht durch bloße Änderung der Firma ausgeschaltet werden (Karsten Schmidt Handelsrecht § 8 IV 2 b; a. M. Baumbach-Duden-Hopt § 27 Anm. 1 A; Staub-Hüffer § 27 Anm. 11). Nach § 27 Abs. 2 tritt aber die Haftung nicht ein, wenn die Fortführung des Geschäfts vor dem Ablauf von drei Monaten nach Kenntniserlangung „eingestellt" wird. Dazu genügt, wie der Zusammenhang des sich aus §§ 27, 139 ergebenden Haftungskonzepts vollends zeigt, daß das Unternehmen vor Fristablauf in eine vom Nachfolger mit oder ohne Beteiligung Dritter gebildete GmbH oder (GmbH & Co.-) KG eingebracht wird (Karsten Schmidt Handelsrecht § 8 IV 3 a; ders. NJW 1985, 2790; ders. JZ 1991, 734; anders bisher noch die h. M.; vgl. oben § 27 Anm. 9; RGZ 56, 196, 198; Staub-Hüffer § 27 Anm. 29). War der Erbe vor dem Erbfall oHG-Gesellschafter oder Komplementär, so kommt ihm die analoge Anwendung des § 27 Abs. 2 nicht zugute (vgl. sinngemäß Anm. 65).

3. Die Umwandlung der ererbten Mitgliedschaft in einen Kommanditanteil

66 a) Die **Bedeutung des Abs. 1** besteht nicht darin, daß die Umwandlung der ererbten Mitgliedschaft zugelassen wird (übereinst. Huber Vermögensanteil S. 419). Die Zulässigkeit einer solchen Umwandlung ist selbstverständlich (vgl. Düringer-Hachenburg-Flechtheim Anm. 18). Grundsätzlich berührt aber eine solche Umwandlung nur die Haftung für Neuverbindlichkeiten (vgl. § 128 Anm. 45, § 159 Anm. 9). Die besondere Bedeutung des Abs. 1 besteht darin, daß das Umwandlungsbegehren des Erben die **Voraussetzungen für die Haftungsbeschränkung** nach Abs. 4 schafft, sei es durch Austritt nach Abs. 2, sei es durch einvernehmliche Umwandlung (Karsten Schmidt ZGR 1989, 449). Abs. 4 begründet ein **rückwirkendes Haftungsprivileg**, wenn der Erbe fristgemäß Kommanditist wird oder ausscheidet (Karsten Schmidt Gesellschaftsrecht § 54 II 4 c; ders. BB 1989, 1707). **Grundgedanke der Anwendung von Abs. 1 muß sein:** Der Erbe soll nicht gegen seinen Willen schlechter gestellt werden als der Erbe eines Kommanditisten (vgl. Abs. 1, 4; ebenso schon Düringer-Hachenburg-Flechtheim Anm. 19, § 173 Anm. 8) oder als der durch sog. Fortsetzungsklausel nach § 138 ausgeschlossene Erbe (vgl. Abs. 2, 4). Er wird deshalb, wenn die Beteiligung fristgemäß umgewandelt wird, wie ein Kommanditistenerbe gestellt und, wenn er fristgemäß austritt, wie ein durch Fortsetzungsklausel ausgeschiedener Erbe (näher Karsten Schmidt ZGR 1989, 450; zust. Herfs DB 1991, 2122 f.). In diesem Rahmen müssen die Schutzinteressen der Mitgesellschafter mit denen des Erben in Einklang gebracht werden (ausführlich zu diesen Schutzinteressen Ulmer in Großkomm Anm. 126).

67 b) **Jeder Erbe** ist wahlberechtigt, auch ein **Vorerbe** und ein **Nacherbe**. Ein Wahlrecht des Nacherben besteht allerdings nur, wenn nicht schon in der Person des Vorerben ein Austritt oder eine Umwandlung in einen Kommanditanteil stattgefunden hat (Düringer-Hachenburg-Flechtheim Anm. 23; Heymann-Emmerich Anm. 15; Ulmer in Großkomm Anm. 104 ff.; Alfred Hueck oHG § 28 II 2 e; Michalski DB-Beilage 16/1987,

S. 13; anders hier noch Geßler in der 4. Aufl. Anm. 9). Jeder **Miterbe** kann das Wahlrecht unabhängig von den anderen Miterben ausüben (BGH NJW 1971, 1268 f.; Baumbach-Duden-Hopt Anm. 3 A; Heymann-Emmerich Anm. 36; Ulmer in Großkomm Anm. 102; Düringer-Hachenburg-Flechtheim Anm. 22). Es kann der eine sich mit der endgültig unbeschränkten Haftung begnügen, der andere die Umwandlung der Mitgliedschaft in eine Kommanditistenstellung verlangen (vgl. Düringer-Hachenburg-Flechtheim Anm. 28; Alfred Hueck § 28 III 1 Fußn. 62; Staub-Pinner 14. Aufl. Anm. 7). Auch die Entscheidung der Mitgesellschafter kann unterschiedlich ausfallen. Sie können den Umwandlungsantrag eines Erben annehmen, den eines anderen ablehnen (KG DR 1942, 732; Baumbach-Duden-Hopt Anm. 3 A; Ulmer in Großkomm Anm. 115; Staub-Pinner 14. Aufl. Anm. 7; Düringer-Hachenburg-Flechtheim Anm. 22). Nur wenn im Gesellschaftsvertrag eine Umwandlungsklausel enthalten ist (Anm. 133 ff.), kann eine automatische Umwandlungspflicht der Mitgesellschafter gegeben sein. Fehlt es daran, so können sich Grenzen der Vertragsfreiheit für die Mitgesellschafter von Fall zu Fall aus der Treupflicht (§§ 242, 226 BGB) ergeben. Keineswegs gilt aber eine uneingeschränkte Gleichbehandlungspflicht, und keineswegs müssen die Mitgesellschafter jede Entscheidung gegenüber jedem Erben inhaltlich begründen.

c) Die **Rechtstechnik der Umwandlung** besteht in einer Vertragsänderung. Gegenstand dieser Vertragsänderung ist nicht der Austritt des Erben als persönlich haftender Gesellschafter mit gleichzeitigem Eintritt als Kommanditist (bei BGHZ 78, 114, 115 stehen die Worte „Ausscheiden" und „Eintritt" mit Recht in Anführungszeichen). Soweit der Vorgang noch in dieser Weise in das Handelsregister eingetragen wird, beruht dies auf §§ 143 Abs. 2, 162 Abs. 3 HGB, § 40 Nr. 5 Abs. 2 HRV (vgl. dazu § 143 Anm. 9). Es handelt sich aber nur um eine Inhaltsänderung der fortbestehenbleibenden Mitgliedschaft (vgl. auch Karsten Schmidt Gesellschaftsrecht § 45 I 3 b; Saßenrath S. 26 ff.). Dies sollte auch in der Anmeldung und Eintragung zum Ausdruck kommen (vgl. § 143 Anm. 9).

d) Die Umwandlung geschieht durch **Vertrag aller Gesellschafter** (Alfred Hueck oHG § 28 III 2; Patzschke ZHR 113 [1950], 5 f.; Düringer-Hachenburg-Flechtheim Anm. 18; Ulmer in Großkomm Anm. 114). Das ergibt sich auch aus Abs. 2 (zur automatischen Umwandlung aufgrund einer gesellschaftsrechtlichen Umwandlungsklausel vgl. Anm. 139). Es empfiehlt sich, die Bedingungen der Umwandlung in jedem Einzelfall vertraglich zu fixieren (s. auch sogleich Anm. 70). Die vom Gesetz für die Rechtsfolgen der Absätze 2 und 4 zugrunde gelegten Konditionen lassen sich aber aus dem Sinn und Zweck des § 139 ableiten (Anm. 74 ff.). Deshalb ist der **Antrag des Erben** bestimmt genug, wenn ohne weitere Angaben nur die Umwandlung nach Abs. 1 begehrt wird. Ein solcher Antrag kann durch schlichte Bejahung angenommen werden (zu den dann geltenden Konditionen vgl. Anm. 72 ff.). Der Antrag ist nicht an die Gesellschaft zu richten, sondern an die Mitgesellschafter des Verstorbenen (Ulmer in Großkomm Anm. 113). Eine bloß falsche Bezeichnung des Adressaten (Gesellschaft oder geschäftsführender Gesellschafter) schadet nicht, wenn der Antrag alle Mitgesellschafter tatsächlich erreicht. Der **Antrag bindet**, bis er sich erledigt. Das ist spätestens mit Ablauf der Frist nach Abs. 3 der Fall. Im übrigen kann zweifelhaft sein, binnen welcher Frist die übrigen Gesellschafter auf den Antrag des Erben zu antworten haben. Man wird den Gesellschaftern eine angemesene Überlegungsfrist einräumen müssen. Eine sofortige Antwort (§ 147 BGB) kann von ihnen nicht verlangt werden (Düringer-Hachenburg-Flechtheim Anm. 24; Ulmer in Großkomm Anm. 115; Alfred Hueck oHG § 28 III 2 Fußn. 66; a. A. Staub-Pinner 14. Aufl. Anm. 9). Für den Erben bedeutet dies, daß er den Mitgesellschaftern ein Mindestmaß an Überlegungsfrist und die Möglichkeit rechtzeitiger Antwort einräumen muß, um nicht die Rechte aus Abs. 2 und Abs. 4 zu verlieren (weniger streng wohl Ulmer in Großkomm Anm. 116). Da aber die Konditionen der Umwandlung nicht ausgehandelt zu werden brauchen, kann der Erbe die Frist bei der Antragstellung doch weitgehend ausschöpfen (Tatfrage). Die Mitgesellschafter sind grundsätzlich verpflichtet, sich auf den Antrag zu erklären (Ulmer in Großkomm Anm. 115). Sie dürfen den Erben über eine getroffene Entscheidung nicht im unklaren lassen. Zu bedenken ist allerdings, daß das Ausscheidensrecht des Abs. 2 nicht eine Ablehnung des Antrags verlangt, sondern daß die Nichtannahme des Antrags genügt. Die Mitgesellschafter sind in der Annahme oder Ablehnung des Antrags grundsätzlich frei, soweit sie nicht im Einzelfall gegen die gesellschaftsrechtliche Treupflicht verstoßen (Ulmer in Großkomm Anm. 115).

70 e) Die **Konditionen der Umwandlung** sind im einzelnen umstritten. Die Frage spielt keine Rolle, wenn die Gesellschafter selbst diese Konditionen vertraglich präzisieren (Anm. 69). Da die Umwandlung durch Einigung unter den Gesellschaftern erfolgt und grundsätzlich kein Anspruch auf diese Einigung besteht (Anm. 58), kommt es auf den Meinungsstreit bei folgenden Konstellationen an: wenn sich die Beteiligten über die Umwandlung geeinigt haben, ohne weitere Einzelheiten zu klären (hier muß geklärt werden, zu welchen Bedingungen der Erbe Kommanditist geworden ist), und wenn der Erbe kündigt, obwohl ihm die Mitgesellschafter eine Kommanditistenstellung angeboten haben (hier muß geklärt werden, ob das Kündigungsrecht nach Abs. 2 bestand). Darüber hinaus kann die Frage eine Rolle spielen, wenn im Gesellschaftsvertrag eine Umwandlungsklausel enthalten ist (Anm. 133 ff.); in diesem Fall fragt sich, zu welchen Bedingungen dem Erben eine Kommanditistenstellung einzuräumen ist. Der Meinungsstand der Literatur ist unklar und ungeordnet. Die Stellungnahmen kranken daran, daß nicht hinreichend zwischen **Einlage und Haftsumme** (vgl. zu diesen Begriffen §§ 171, 172 Anm. 5) unterschieden wird (kritisch insoweit auch Ulmer in Großkomm Anm. 122, 124). Hinzu kommt, daß auch die **bedungene Einlage** und die **geschuldete Einlage** nicht klar genug auseinandergehalten werden. Eine weitere Frage ist die **kontenmäßige Behandlung der Umwandlung**. Nimmt man die gebotenen Unterscheidungen vor, so gilt folgendes (eingehend Karsten Schmidt ZGR 1989, 445 ff.):

71 aa) Die **geschuldete Einlage** ist der Betrag, den die Gesellschaft als Einlageleistung verlangen kann. Die geschuldete Einlage des Erben-Kommanditisten braucht nicht neu bestimmt zu werden. Sie ist identisch mit der vom Erblasser noch geschuldeten Einlage (Karsten Schmidt ZGR 1989, 457). Der Erbe haftet hierfür **erbrechtlich** gemäß §§ 1967 ff. BGB; er rückt in die Position des Erblassers ein und schuldet der Gesellschaft, was ihr der Erblasser schuldet. Daneben haftet er **gesellschaftsrechtlich** als neuer Gesellschafter, wenn er die Beteiligung fortsetzt, was man aufgrund einer Gesamtanalogie zu §§ 27, 139 HGB nach Ablauf von 3 Monaten anzunehmen hat (Karsten

Schmidt ZGR 1989, 458). Dies ist keine erbrechtliche Haftung nach § 1967 BGB, sondern eine Eigenhaftung als Gesellschafter. Insoweit ist seine Haftung unbeschränkbar (so im Ergebnis auch Ulmer in Großkomm Anm. 130; Karsten Schmidt ZGR 1989, 458; wohl auch Alfred Hueck oHG § 28 III 3, Liebisch ZHR 116 [1954], 168; Sudhoff NJW 1958, 404; a.A. Saßenrath S. 160 ff.; Westermann Handbuch [Lfg. 1978] I 493). Auch den Erben eines Kommanditisten würde diese Haftung treffen; die Haftung entspricht also dem Normzweck (vgl. Anm. 66). War die geschuldete Einlage vom Erblasser voll geleistet, so ergibt sich auch keine Schuld des Erben. Insbesondere kann sich daraus, daß der Kapitalanteil negativ ist, noch keine Einlagenschuld des Erben-Kommanditisten ergeben (Ulmer in Großkomm Anm. 137; Düringer-Hachenburg-Flechtheim Anm. 19; Alfred Hueck oHG § 28 III 3 Fußn. 84; 4. Aufl. Anm. 45). Das ist im Grunde selbstverständlich. Entsprechend der geschuldeten Einlage sind **unzulässige Entnahmen** zu behandeln. Auch für sie haftet der Erben-Kommanditist als Erbe und als Gesellschafter. Teilt sich der Anteil mit dem Erbfall auf mehrere Miterben auf (Anm. 18), so haften diese erbrechtlich als Gesamtschuldner (§ 2058 BGB), während sich die Eigenhaftung als Gesellschafter stets auf die dem betreffenden Miterben zufallende Einlage beschränkt.

bb) Die bedungene Einlage ist keine Schuld des Kommanditisten, sondern der Maßstab seiner Soll-Beteiligung (Karsten Schmidt ZGR 1989, 459f.). Sie ist das, was der Kommanditist in der Gesellschaft zu halten und ggf. aus künftigen Gewinnen anzusparen verspricht. Die Bestimmung der bedungenen Einlage ist heftig umstritten. Die bedungene Einlage ist insofern von Bedeutung, als das Kapitalkonto des Erben-Kommanditisten durch Gewinne nicht über diesen Betrag hinaus anwachsen kann (§ 167 Abs. 2) und als ein Kommanditist keine Gewinnauszahlung verlangen kann, solange sein Kapitalkonto unter den Betrag der bedungenen Einlage herabgemindert ist oder durch die Auszahlung herabgemindert würde (§ 169 Abs. 1 Satz 2).

aaa) Meinungsstand (weitere Nachweise dazu bei Karsten Schmidt ZGR 1989, 452ff.): Nach **früher h.M.** ist die bedungene Einlage des Erben-Kommanditisten gleich der des Erblassers (Staub-Pinner 14. Aufl. Anm. 15; Weipert in HGB-RGRK Anm. 51; umfangreiche weitere Nachw. bei Lamers MDR 1960, 888 Fußn. 1). Andere stellen alternativ auf die bedungene Einlage des Erblassers oder den Kapitalanteil des Erblassers ab: Entscheiden soll der höhere Wert (Düringer-Hachenburg-Flechtheim Anm. 19; Geßler in der Vorauflage Anm. 45). Eine weitere Ansicht will den wirklichen Wert der Mitgliedschaft unter Auflösung stiller Reserven und stiller Verluste in Ansatz bringen (Ritter Anm. 4 b cc; Patzschke ZHR 113 [1950], 24). Die **heute h.M.** hält den auf den Erben entfallenden **Kapitalanteil im Zeitpunkt des Erbfalls** für maßgeblich (Pretzell S. 107; Liebisch ZHR 116 [1954], 170; Huber Vermögensanteil S. 433 f.; Alfred Hueck oHG § 28 III 3; H. Westermann Handbuch I 488; Heymann-Emmerich Anm. 43; Ulmer in Großkomm Anm. 130; Sudhoff NJW 1958, 403; Buchwald DB 1958, 1003; Lamers MDR 1960, 889). Der Kapitalanteil des Erblassers, verteilt auf die Nachfolger, soll also den Ausschlag geben. Überwiegend rechnen die Vertreter der h.M. geschuldete Einlagen hinzu (Alfred Hueck oHG § 28 III 3; Liebisch ZHR 116 [1954], 167f.; Sudhoff NJW 1958, 404; Ulmer in Großkomm Anm. 128, 130; Baumbach-Duden-Hopt Anm. 3 B; a.A. Saßenrath S. 162; Patzschke ZHR 113 [1950], 24).

Hinzugerechnet werden auch unzulässige Entnahmen (Pretzell S. 106 f.; Alfred Hueck oHG § 28 III 3; Ulmer in Großkomm Anm. 128; Sudhoff NJW 1958, 404; Heymann-Emmerich Anm. 43). Überwiegend ist man innerhalb der h. M. der Auffassung, im Falle des negativen Kapitalanteils finde die bedungene Einlage im negativen Stand des Kapitalkontos Ausdruck (Huber Vermögensanteil S. 434 f.; Ulmer in Großkomm Anm. 137; Baumbach-Duden-Hopt Anm. 3 B). Andere stellen auf den letzten aktiven Kontostand ab (Liebisch ZHR 116 [1954], 174) oder setzen pauschal eine DM an (Sudhoff NJW 1958, 404 f.) oder geben dem Erben ein Wahlrecht (Harry Westermann Handbuch [Lfg. 1978] I 489; nur mit Bezug auf die sog. Hafteinlage ebenso Heymann-Emmerich Anm. 45). Die von Alfred Hueck (oHG § 28 III 3) vertretene Auffassung, wonach der Erbe bei negativem Kapitalanteil nicht Kommanditist werden kann, hat sich mit Recht nicht durchgesetzt (näher Huber Vermögensanteil S. 437 f.).

74 bbb) Eine **Stellungnahme** muß von dem Grundgedanken des § 139 ausgehen, wonach der Erben-Kommanditist nicht besser und nicht schlechter gestellt werden soll, als der Erblasser im Todeszeitpunkt stand und wonach der Erben-Kommanditist tunlichst so gestellt werden soll, als sei der Erblasser bereits Kommanditist gewesen (vgl. Anm. 66; Karsten Schmidt § 54 II 4). Soweit die h. M. die bedungene Einlage nach dem Kapitalanteil unter Hinzurechnung der geschuldeten Einlage bestimmt, vermischt sie die bedungene Einlage mit der geschuldeten Einlage und mit der Haftsumme. Die Maßgeblichkeit des Kapitalanteils führt auch bei negativem Kapitalanteil des Erblassers zu dem befremdenden Ergebnis, daß der Betrag der bedungenen Einlage ein negatives Vorzeichen hat. Entgegen Ritter (Anm. 4 b cc) ist es verfehlt, bei der Bestimmung der Einlage stille Reserven und stille Verluste zu berücksichtigen (vgl. wegen der Begründung die Ausführungen von Huber Vermögensanteil S. 431).

75 **Zu folgen** ist im Ausgangspunkt der Meinung, die die **bedungene Einlage** des Erben-Kommanditisten mit der bedungenen **Einlage des Erblassers** gleichsetzt. Dafür spricht schon der Wortlaut des § 139 Abs. 1 („Einlage des Erblassers"). Der Kommanditist kann allerdings nicht, wie Pinner (Staub-Pinner 14. Aufl. Anm. 15) annahm und wogegen sich die Hauptkritik der h. M. an der auf die bedungene Einlage des Erblassers abstellenden Lösung richtet (Alfred Hueck oHG § 28 III 3; Huber Vermögensanteil S. 427; Patschke ZHR 113 [1950], 14 f.; Sudhoff NJW 1958, 402; Ritter Anm. 4 b cc), die Auszahlung des Überschusses verlangen, wenn der Kapitalanteil des Erblassers die bedungene Einlage des Erblassers übersteigt (wie hier Weipert in HGB-RGRK Anm. 51). Nach dem Normzweck des § 139 und nach dem Prinzip der Gesamtrechtsnachfolge kann er nicht besser stehen, als der Erblasser. Das bedeutet, daß er so viel Gewinn entnehmen kann, wie es der Erblasser im Zeitpunkt des Erbfalls entnehmen konnte (ähnlich schon Weipert in HGB-RGRK Anm. 51). Sollte das Gewinnentnahmerecht des Erblassers schon gemäß § 122 Abs. 1 erloschen gewesen sein (vgl. BGH BB 1975, 1605; Huber ZGR 1988, 45), muß sich der Erbe dies entgegenhalten lassen. Die bedungene Einlage ist nach unten in doppelter Weise begrenzt: Sie umfaßt mindestens das, was der Erblasser ursprünglich oder nachträglich als Beteiligung in der Gesellschaft zu halten versprochen hatte, und mindestens das, was der Erblasser im Todeszeitpunkt ohne Entnahmerecht in der Gesellschaft hielt (Karsten Schmidt ZGR 1989, 462). Soweit gegen die hier vertretene Lösung eingewandt wird, der Erben-Kommanditist müsse nach ihr eine Differenz zwischen der bedungenen Einlage des Erblassers und dem Kapitalanteil des Erblassers einzahlen (so Ritter Anm. 4 b cc; Westermann Handbuch [Lfg. 1967] I 488), ist dem entgegenzuhalten, daß § 707 BGB den Erben-Kommanditisten hiervor bewahrt (Huber Vermögensanteil S. 424). Der Einwand beruht auf einer Verwechselung der bedungenen und der geschuldeten Einlage. Richtig ist nur, daß der Erben-Kommanditist zukünftige Gewinne gemäß § 169 Abs. 1 Satz 2 so lange stehen lassen muß, bis die ursprüngliche Einlage wieder aufgefüllt ist (dies bemängeln Alfred Hueck oHG § 28 III 3; Huber Vermögensanteil S. 427; Lamers MDR 1960, 889). Diese Rechtsfolge entspricht aber dem bei Anm. 66 entwickelten Normzweck. Sie ist auch nicht unbillig. Der Erben-Kommanditist kann nicht erwarten, daß er besser gestellt wird als ein Kommanditisten-Erbe (ebenso schon Weipert in HGB-RGRK Anm. 51).

ccc) Für die Praxis bedeutet dies bei **Gesellschaften mit festem Kapitalkonto** (vgl. dazu Huber ZGR 1988, 42 ff.), daß der Betrag der bedungenen Einlage des Erben-Kommanditisten mit dem Kapitalkontostand des festen Kapitalkontos des Erblassers identisch ist (ebenso wohl in Widerspruch zu ihrer Grundauffassung Buchwald DB 1958, 1004, und Alfred Hueck oHG § 28 III 3 Fußn. 83 für den Fall, daß der Kapitalanteil des Erblassers höher war als seine bedungene Einlage; vom Standpunkt der h. M. konsequent anders Huber Vermögensanteil S. 433 f., der auf den Gesamtsaldo der Konten abstellt). Das Guthaben auf diesem Konto gibt die bedungene Einlage des Erblassers wieder (Huber ZGR 1988, 51, 73, 86 f.). Wurde dagegen nach dem gesetzlichen Regelmodell für den Erblasser nur ein Kapitalkonto geführt, muß die bedungene Einlage des Erblassers anderweitig bestimmt werden. Meist wird sie aus dem Gesellschaftsvertrag oder aus der Eröffnungsbilanz ersichtlich sein. Allerdings kann die Feststellung der bedungenen Einlage Schwierigkeiten machen (vgl. Alfred Hueck oHG § 28 III 3; Sudhoff NJW 1958, 402; Buchwald DB 1958, 1003 Fußn. 6; Saßenrath BB 1990, 1212 f.). Es gibt auch oHG-Gesellschafter bzw. Komplementäre ohne geschuldete oder bedungene Einlage. In diesem Fall kommt es darauf an, welchen Betrag der Erblasser in der Gesellschaft belassen mußte (Karsten Schmidt ZGR 1989, 462 f.). Auch können sich die Beteiligten bei nicht feststellbarer bedungener Einlage des Erblassers auf einen Betrag einigen (vgl. ebd. S. 468 f.). In der Praxis erfolgen Umwandlungen gemäß § 139 einvernehmlich.

cc) aaa) Die **Haftsumme** muß so festgelegt werden, daß der Erbe haftet, als wäre schon der Erblasser Kommanditist gewesen (vgl. zu diesem Grundsatz Anm. 66). Auszugehen ist davon, daß der Erbe in diesem Fall nur insoweit gehaftet hätte, als noch Einlagen rückständig (vgl. § 171 Abs. 1) oder Einlagen unerlaubt zurückgezahlt sind (vgl. § 172 Abs. 4). Soweit dies nicht der Fall ist, muß eine Haftsumme eingetragen werden, die die Nichthaftung des Kommanditisten sicherstellt. Deshalb muß **nach der h. M.** die Eintragung einer den Wert des ererbten Anteils übersteigenden Haftsumme vermieden werden. Das soll bedeuten: Grundsätzlich wird der Aktivsaldo des ererbten Kapitalkontos als Haftsumme des Kommanditisten festgelegt (Huber Vermögensanteil S. 432; Saßenrath S. 162; Ulmer in Großkomm Anm. 131; Heymann-Emmerich Anm. 43 f.). Umstritten ist, ob ausstehende Einlagen hinzuzurechnen sind (bejahend wohl Alfred Hueck oHG § 28 III 3; Liebisch ZHR [1954], 167 ff.; Sudhoff NJW 1958, 404; Lamers MDR

1960, 889; verneinend Ulmer in Großkomm Anm. 132 ff.; Heymann-Emmerich Anm. 44; Saßenrath S. 162). Gleichfalls umstritten ist die Hinzurechnung verbotener Entnahmen (bejahend wohl Alfred Hueck § 28 III 3; Sudhoff NJW 1958, 404; verneinend Heymann-Emmerich Anm. 44). Ist das **Kapitalkonto negativ**, so darf dies allerdings nicht zur Eintragung einer negativen Haftsumme führen (a. M. wohl nur Hagemann S. 124). Die wohl h. M. behilft sich dann mit einer Haftsumme von 1 DM (vgl. Baumbach-Duden-Hopt Anm. 3 B; Ulmer in Großkomm Anm. 138; Huber Vermögensanteil S. 436; Sudhoff NJW 1958, 404; für ein Wahlrecht des Erben-Kommanditisten Heymann-Emmerich Anm. 45 unter Berufung auf Harry Westermann Handbuch [Lfg. 1967] I 489).

77a bbb) **Stellungnahme** (Karsten Schmidt Gesellschaftsrecht § 54 II 4 c; eingehend ders. ZGR 1989, 463 ff.): Die h. M. verkennt den **Normzweck des § 139**, nämlich das mit der Vorschrift verbundene **Haftungsprivileg** (Anm. 66). Wird dem Kommanditisten innerhalb der Frist des Abs. 3 die Stellung eines Kommanditisten eingeräumt, so haftet er entgegen dem unklaren Wortlaut des Abs. 4 nicht nur erbrechtlich, sondern auch gesellschaftsrechtlich auch für die Altverbindlichkeiten nur als Kommanditist (vgl. Anm. 100, 112). Diese Haftungsbeschränkung kommt ihm aufgrund des aus § 139 sich ergebenden Haftungsprivilegs unabhängig davon zugute, ob er im Zeitpunkt des Erbfalls eine der Haftsumme entsprechende Einlage in der Gesellschaft hält (Karsten Schmidt ZGR 1989, 450; ders. BB 1989, 1707). Im Gegensatz zum Regelfall des neu eintretenden Kommanditisten (§ 173) braucht der Erbe aufgrund des Haftungsprivilegs nach § 139 nicht im Jetzt-Zeitpunkt eine haftungsbeschränkende Einlage zu erbringen, sondern er kann sich, wie der Erbe eines Kommanditisten, auf die Einlageleistung des Rechtsvorgängers berufen. Als Haftsumme einzutragen ist **der Betrag der bedungenen Einlage** (Karsten Schmidt ZGR 1989, 465, 472). Soweit diese für den Erblasser als persönlich haftenden Gesellschafter nicht feststellbar ist (vgl. auch Anm. 76), müssen sich die Beteiligten einigen oder auf die Umwandlung verzichten. Das Privileg des Abs. 4 besteht darin, daß der Erbe als Kommanditist nicht nach §§ 171, 173 haftet, soweit der Anteil voll eingezahlt und nicht durch unzulässige Entnahmen geschmälert ist, mag auch die Einlage des Erblassers im Zeitpunkt des Erbfalls durch Verluste bereits ganz oder teilweise aufgezehrt sein. Auch im **Fall eines negativen Kapitalanteils** wird als Haftsumme nicht der Betrag von 1 DM eingetragen (eine solche Haftsummeneintragung ist sogar unzulässig; vgl. §§ 171, 172 Anm. 22), sondern der Betrag der bedungenen Einlage (vgl. zu dieser Anm. 74 f.). Diese Haftsummeneintragung führt weder, wie es die h. M. befürchtet, zu einer persönlichen Kommanditistenhaftung, noch ist sie auf der anderen Seite praktisch wertlos. Sie sorgt dafür, daß Entnahmen des Kommanditisten oder seines Rechtsvorgängers zu einer persönlichen Haftung nach §§ 171, 173 bis zur Höhe der Haftsumme und nicht bloß in Höhe von 1 DM führen können. Haftungsschädlich sind Entnahmen so lange, wie nicht die bedungene Einlage aus Gewinnen wieder angespart ist. Insbesondere haftet der Erbe auch im Fall seines späteren Ausscheidens, wenn er abgefunden wird, unter den Voraussetzungen des § 172 Abs. 4 bis zur Höhe der Haftsumme, die eben nicht nur 1 DM zu betragen, sondern sich mit dem Betrag der bedungenen Einlage zu decken hat (dem hier vertretenen Konzept zust. Herfs DB 1991, 2122 f.).

ccc) Diesem **neuen Haftungsmodell** sind folgende **Einwände** entgegengehalten worden (Saßenrath BB 1990, 1209 ff.): Mit der Eintragung der Haftsumme gebe der Kommanditist bekannt, bis zu welcher Höhe er den Gläubigern ein Haftungsreservoir – sei es durch die Haftung mit seiner Einlage – zur Verfügung stellen wolle (S. 1210). Dieser Haftungsgrundsatz vertrage keine Systemeingriffe (S. 1212). Ein Kommanditist könne sich zum Ausschluß seiner Haftung nur auf Einlageleistungen berufen, die er als Kommanditist auch erbracht habe und könne sich im Fall einer Umwandlung des Komplementäranteils nicht auf Einlageleistungen berufen, die vor der Umwandlung durch Verluste aufgezehrt seien (S. 1213). Als Haftsumme einzutragen sei deshalb der Stand des Kapitalkontos, im Fall eines negativen Kapitalkontos der Betrag von 1 DM, und gerade mit dieser Haftsummeneintragung werde deutlich, welche Hoffnungen der Rechtsverkehr an den Beitritt des neuen Kommanditisten knüpfen könne (S. 1212). Auch sei die bedungene Einlage im Laufe der Zeit oft nur unter Schwierigkeiten feststellbar (S. 1212 f.). **Dazu ist zu bemerken:** Wenn die bedungene Einlage im Verhältnis zum Erblasser schwer feststellbar ist (Anm. 76), müssen sich die Parteien über die bedungene Einlage einigen (Anm. 69) oder von der Anteilsumwandlung absehen (Anm. 77 a). Die anderen Einwände haben ihre Grundlage einzig und allein in der Nichtanerkennung des in ZGR 1989, 445 ff. entwickelten und hier zugrundegelegten Haftungsprivilegs, das eben darin besteht, daß der Erbe, wenn er fristgemäß ausscheidet, für die Altverbindlichkeiten nur erbrechtlich und nicht auch gesellschaftsrechtlich haftet (Anm. 112) und daß er bei rechtzeitiger Umwandlung des ererbten Anteils in einen Kommanditanteil haftet, als hätte er einen Kommanditisten beerbt (Anm. 66). Gerade im vorliegenden Kommentar wird die in dieser Kritik ins Feld geführte Ansicht vertreten, daß ein oHG-Gesellschafter oder Komplementär, der seinen Anteil in einen Kommanditistenanteil umwandelt, ebenso wie ein neu eingebuchter Kommanditist von der Kommanditistenhaftung nach § 171 Abs. 1 nur befreit ist, wenn die Werthaltigkeit des umgebuchten Anteils die Haftsumme deckt (§§ 171, 172 Anm. 44 f.). Die Bedeutung des § 139 Abs. 4 liegt aber gerade darin, daß dem Erben das Privileg der beschränkten Kommanditistenhaftung ohne Rücksicht darauf zugutekommt, ob er eine den Betrag der Haftsumme wertmäßig deckende Einlage leistet (Anm. 77 a).

ddd) Die **Registereintragung** muß allerdings verhindern, daß eine dem Haftungsprivileg des Abs. 4 zuwiderlaufende Haftungssituation simuliert wird (vgl. Karsten Schmidt ZGR 1989, 466 f.; ders. BB 1989, 1708). Aus dem Handelsregister ergibt sich im Fall eines Kommanditisten nichts darüber, ob die Einlage erbracht ist (BGHZ 101, 123, 127 f.). Im Fall des § 139 muß sich aus ihr aber ergeben, daß sie vom Erben als Kommanditisten auch nicht erbracht zu werden braucht. Entgegen der bisherigen Übung sollte deshalb nicht einfach ein Eintritt des Erben als Kommanditist eingetragen und bekanntgemacht werden, sondern einzutragen ist, daß der Erbe die Mitgliedschaft des Erblassers als Kommanditist mit einer Haftsumme von ... DM fortführt. Die Eintragung der Haftsumme mit einem solchen Warnvermerk ist nicht, wie eingewandt wird, sinnlos (so die Kritik von Saßenrath BB 1990, 1210), denn die Haftsumme kann nach § 172 Abs. 4 für den Erben als Kommanditisten von hoher Bedeutung sein, wenn er sich beispielsweise auszahlen läßt (vgl. Anm. 77 a a. E.). Es ist ein prinzipielles Mißverständnis, wenn die Bedeutung der Haftsummeneintragung allein in der Garantie der Kapitalaufbringung gesehen wird, von der eben der Erbe aufgrund des Haftungsprivilegs befreit ist, und darüber der Kapitalerhaltungsschutz (§ 172 Abs. 4) vernachlässigt wird.

78 dd) Der sog. **Kapitalanteil** (die sich aus dem Saldo aller Kapitalkonten ergebende Wertziffer) geht auf den Kommanditisten über, wie er vom Erblasser hinterlassen wurde (Huber Vermögensanteil S. 431; Düringer-Hachenburg-Flechtheim Anm. 19; wohl auch Ulmer in Großkomm Anm. 129). Für die **kontenmäßige Behandlung** des Kapitalanteils muß dagegen differenziert werden. Auszugehen ist davon, daß nach dem Gesetz für den Kommanditisten neben dem Kapitalkonto jedenfalls ein Gewinnkonto zu führen ist, auf dem entnahmefähige Gewinne sowie Entnahmen zu verbuchen sind (Huber ZGR 1988, 7f.; Karsten Schmidt ZGR 1989, 469). Sind nach dem Gesellschaftsvertrag drei Konten zu führen (vgl. Huber ZGR 1988, 72ff.), ändert sich nichts. Das Kapitalkonto III (Darlehnskonto) des Erblassers wird zum Kapitalkonto III (Gewinnkonto) des Kommanditisten, das Kapitalkonto II (Rücklagenkonto) des Erblassers wird zum Kapitalkonto II (Rücklagenkonto) des Erben-Kommanditisten und das Kapitalkonto I (das feste Kapitalkonto) des Erblassers wird zum Kapitalkonto I (dem festen Kapitalkonto) des Kommanditisten. Es muß allerdings aufgrund des bei Anm. 75 Gesagten dargestellt werden, daß etwa vorhandene Rücklagen des Erblassers nunmehr zur bedungenen Einlage gehören; ein aktivisches Rücklagenkonto des Erblassers wird deshalb aufgelöst und dem festen Kapitalkonto des Erben hinzugerechnet (Karsten Schmidt ZGR 1989, 470). Sind nach dem Gesellschaftsvertrag ein festes und ein bewegliches Kapitalkonto zu führen (vgl. Huber ZGR 1988, 47ff.), muß für den Kommanditisten neben dem festen Kapitalkonto ein Gewinnkonto und ein Rücklagenkonto eingerichtet werden. Dem Gewinnkonto des Erben-Kommanditisten sind die entnahmefähigen Gewinne des Erblassers zuzuschreiben, dem Rücklagenkonto des Erben-Kommanditisten der sich aus der Differenz des Kontostandes auf dem Kapitalkonto II des Erblassers und dem Betrag des entnahmefähigen Gewinnes des Erblassers ergebende Betrag. Wurde für den Erblasser, dem gesetzlichen Regelfall entsprechend, nur ein Kapitalkonto geführt, ist auch für die Führung der Kapitalkonten des Erben-Kommanditisten der gesetzliche Regelfall maßgebend (zu diesem Huber ZGR 1988, 7ff.). Grundsätzlich sind daher für den Erben-Kommanditisten ein Kapitalkonto und ein Gewinnkonto einzurichten (a. A. Sudhoff NJW 1958, 402, der glaubt, man komme für den Erben-Kommanditisten mit einem Konto aus). Dem Gewinnkonto sind Gewinne zuzuschreiben, die auch der Erblasser hätte entnehmen können. Der Restbetrag vom Kapitalkonto des Erblassers ist auf das Kapitalkonto des Erben-Kommanditisten zu übertragen, jedoch nur bis zum Betrag der bedungenen Einlage (§ 167 Abs. 2). Sollte der Kapitalkontostand des Erblassers höher gewesen sein als die Summe aus entnahmefähigen Gewinnen und bedungener Einlage, so ist der Restbetrag einem zu diesem Zwecke einzurichtenden Rücklagenkonto des Erben-Kommanditisten zuzuschreiben.

79 ee) Der **Gewinnanteil** bleibt unverändert (Abs. 1). Der Gesellschaftsvertrag kann bestimmen, daß sich der Kommanditist mit einem neu festgesetzten Gewinnanteil begnügen muß (Abs. 5). Das Entnahmerecht ändert sich: Für künftige Gewinne gilt nicht mehr § 122, sondern § 169 (insofern übereinst. RG ZAkDR 1944, 129 m. Anm. Alfred Hueck; Ulmer in Großkomm Anm. 121). Vorrang hat aber der Gesellschaftsvertrag. Lag bisher eine oHG vor und wurden in ihr alle Gesellschafter ausdrücklich gleich behandelt, so ist es eine Auslegungsfrage, ob dies auch noch nach Umwandlung in die KG gelten soll (generell verneinend RG ZAkDR 1944, 129 m. abl. Anm. Alfred Hueck). Auch gesellschaftsvertragliche Entnahmeregelungen, die für Kommanditisten gelten, sind auf den Erben nach der Umwandlung anzuwenden. Nach BGH WM 1967, 317, 318 richten sich Gewinnanteil und Entnahmerecht jedenfalls dann nach den für Kommanditisten geltenden Regeln, wenn sich die vererbte Mitgliedschaft nach dem Gesellschaftsvertag automatisch in eine Kommanditistenstellung umwandelt.

4. Das Ausscheiden des Gesellschafters nach Abs. 2

a) Nehmen die übrigen Gesellschafter den Antrag des Erben, Kommanditist zu werden, nicht an, so ist dieser **befugt**, ohne Einhaltung einer Kündigungsfrist **sein Ausscheiden aus der Gesellschaft zu erklären (Abs. 2)**. Der Erbe hat das Recht, aus der Gesellschaft auszuscheiden, unter folgenden Voraussetzungen:

aa) Er muß gegenüber den übrigen Gesellschaftern den **Antrag** gestellt haben, ihm die Stellung eines Kommanditisten einzuräumen (vgl. dazu Anm. 69). Nur wenn die Mitgesellschafter die Umwandlung in einen Kommanditanteil bereits im voraus endgültig abgelehnt haben, kann nach § 242 BGB auf eine Antragstellung verzichtet werden.

bb) Der Antrag darf **nicht angenommen** worden sein. Widerspricht nur ein Gesellschafter, ist der Antrag abgelehnt, und der Erbe hat das Recht auszuscheiden. Aber das Gesetz verlangt nicht einmal eine Ablehnung. Es genügt vielmehr, daß der Antrag nicht von allen Mitgesellschaftern angenommen worden ist. Der Erbe muß den Mitgesellschaftern eine angemessene Überlegungsfrist einräumen (Anm. 69). Er kann nicht kurz vor Fristablauf den Antrag stellen und dann sogleich vor Ablauf der Frist den Austritt erklären.

cc) Der Erbe muß innerhalb der **Dreimonatsfrist des Abs. 3** sein Ausscheiden aus der Gesellschaft erklären. Über die Frist vgl. Anm. 85 ff. Die Frist verlängert sich nicht dadurch, daß die übrigen Gesellschafter erst kurz vor Ablauf oder erst nachher ihre Ablehnung mitteilen. Der Erbe muß seinen Antrag, Kommanditist zu werden, vielmehr so rechtzeitig stellen, daß ihm bei einer angemessenen Überlegungsfrist für die übrigen Gesellschafter immer noch die Möglichkeit bleibt, rechtzeitig zu kündigen. Vereiteln die Mitgesellschafter durch zurechenbares Verhalten die rechtzeitige Entscheidung des Erben, so mag dieser nach Lage des Falls Schadensersatzansprüche, evtl. auch ein Recht zum fristlosen Austritt aus wichtigem Grund, haben. Er wird dann intern von den gemeinschaftlichen Schulden befreit (§ 738 Abs. 1 BGB), haftet aber im Außenverhältnis nach den bei § 130 Anm. 12, 16 ff. dargestellten Grundsätzen. Die rückwirkenden Haftungsfolgen des § 139 treten nicht mehr ein. Will der Erbe kein Risiko laufen, tut er gut daran, zugleich mit dem Antrag, Kommanditist zu werden, zu erklären, daß er im Fall der Ablehnung aus der Gesellschaft ausscheide. Diese bedingte Austrittserklärung ist wirksam (vgl. Anm. 84).

b) Die **Ausscheidenserklärung** ist eine einseitige empfangsbedürftige Willenserklärung. Da das Wahlrecht jedem Gesellschafter einzeln zusteht (Anm. 67), kann die Erklärung des einen unwirksam, die eines anderen wirksam sein. Die Erklärung kann bereits mit dem Angebot, gerichtet auf Änderung des Gesellschaftsvertrags (Anm. 69), verbunden werden. Sie kann aufschiebend bedingt für den Ablauf der Dreimonatsfrist für den Fall erklärt werden, daß in diesem Zeitpunkt das Angebot nicht angenommen ist (zulässige Rechtsbedingung). Grundsätzlich muß die Erklärung **allen Mitgesellschaftern** fristgemäß zugehen (Ulmer in Großkomm Anm. 140; Heymann-Emmerich Anm. 46; h.M.). Handelt es sich um eine KG, so ist der Komplementär nicht ohne weiteres zur Entgegennahme der Erklärung im Namen aller Mitgesellschafter befugt. Der Gesellschaftsvertrag kann eine Erklärung gegenüber der Gesellschaft (vertreten durch einen vertretungsberechtigten Gesellschafter) für ausreichend erklären (das wird in der Praxis selten sein). Auch können die Mitgesellschafter dem geschäftsführenden Gesellschafter ausdrücklich oder konkludent eine Empfangsvollmacht geben. Im übrigen genügt es, wenn die Erklärung die Mitgesellschafter tatsächlich rechtzeitig erreicht, z.B. nach Weitergabe durch den geschäftsführenden Gesellschafter. Die Erklärung ist, wenn nichts anderes im Gesellschaftsvertrag geregelt ist, formfrei (Schriftform ist aber im Beweisinteresse anzuraten). Der Gesellschaftsvertrag kann eine zumutbare Form, insbesondere also die Schriftform, vorschreiben (Abs. 5 verhindert dies nicht). Ein **minderjähriger Gesellschafter** übt das Recht durch seinen gesetzlichen Vertreter aus. Dieser bedarf keiner vormundschaftsgerichtlichen Genehmigung.

5. Die Frist nach Abs. 3

85 a) Die **Rechte nach Abs. 1 und 2** können von dem Erben nur innerhalb der **Frist des Abs. 3** geltend gemacht werden. Das bedeutet: Eine Umwandlung des Anteils in einen Kommanditanteil hat die **Haftungsfolgen des Abs. 4** nur, wenn die Umwandlung binnen drei Monaten erfolgt (zulässig bleibt die Umwandlung auch danach; vgl. Anm. 66, 123). Auch ein **Austritt** nach Abs. 2 kann nur innerhalb dieser Frist erklärt werden.

86 b) Die **Frist beginnt** mit der Kenntnis des Erben vom Anfall der Erbschaft zu laufen. Unkenntnis des Berufungsgrundes (§ 1944 BGB), des Gesellschaftsverhältnisses und der Nachfolgeklausel im Gesellschaftsvertrag hindern den Fristbeginn und den **Ablauf der Frist** nicht. Zweifelhaft ist der Fristablauf, wenn bei dem Ablauf der drei Monate das Recht zur Ausschlagung der Erbschaft noch nicht verloren ist. Einerseits hat es wenig Sinn, von dem Erben eine Entscheidung über seine künftige Beteiligung an der Gesellschaft zu verlangen, solange noch nicht einmal feststeht, ob er überhaupt endgültig Erbe wird. Andererseits ist das Privileg des Abs. 4 an eine strenge Frist gebunden. Man wird deshalb selbst in diesem Fall eine Entscheidung binnen drei Monaten verlangen müssen. Für die Berechnung der Frist gelten die allgemeinen Vorschriften des BGB (§§ 187, 188). Im Interesse minderjähriger Erben oder sonst in der Geschäftsfähigkeit beschränkter Personen, die zur Zeit ohne gesetzliche Vertreter sind, sieht Abs. 3 ferner vor, daß auf den Lauf der Frist die für die Verjährung geltenden Vorschriften des § 206 BGB entsprechende Anwendung finden. Die Dreimonatsfrist läuft also gegenüber einem Erben, der nicht voll geschäftsfähig und ohne gesetzlichen Vertreter ist, erst, wenn entweder der Erbe voll geschäftsfähig geworden oder der Mangel der gesetzlichen Vertretung beseitigt ist, wobei eine Handlungsunfähigkeit des gesetzlichen Vertreters (§ 181 BGB!) seinem Fehlen gleichsteht (BGHZ 55, 267, 271 f.; RG JW 1934, 1044; Ulmer in Großkomm Anm. 110). Im Hinblick auf den zum Minderjährigenschutz ergangenen Beschluß BVerfGE 72, 155 = BB 1986, 1248 ist zu erwägen, ob nicht die

Frist erst mit der Erteilung einer vormundschaftsgerichtlichen Genehmigung, die für die Fortsetzung des Gesellschaftverhältnisses beantragt wird, beginnt (zw.; vgl. auch de lege ferenda Karsten Schmidt BB 1986, 1245).

c) Die **Frist ist gewahrt**, wenn der Gesellschafter rechtzeitig ausgeschieden oder durch Vertragsänderung zum Kommanditisten gemacht worden ist oder wenn die Gesellschaft vor dem Fristablauf aufgelöst ist. Dazu müssen die Erklärungen rechtzeitig zugegangen sein (Anm. 69, 84). Eine Eintragung im Handelsregister ist für die Fristwahrung nicht erforderlich. Vgl. aber zu den Haftungsfolgen verspäteter Eintragung Anm. 125 ff. **87**

d) Für den **Nacherben** beginnt die Frist mit dem Nacherbfall (vgl. Düringer-Hachenburg-Flechtheim Anm. 23; Ulmer in Großkomm Anm. 105). Allerdings hat der Nacherbe das Wahlrecht nur, wenn der Vorerbe oHG-Gesellschafter bzw. Komplementär geblieben ist (vgl. Anm. 67). **88**

6. Unabdingbarkeit des Wahlrechts (Abs. 5)

a) § 139 ist zwingend. Nach Abs. 5 kann der Gesellschaftsvertrag die Anwendung der Vorschriften der Abs. 1–4 nicht ausschließen. Abs. 5 sichert die Wahlmöglichkeit des Erben. Er soll nicht gezwungen werden, gegen seinen Willen die persönliche und unbeschränkte Haftung eines offenen Handelsgesellschafters auf sich zu nehmen. Unzulässig und unwirksam sind daher alle Abreden im Gesellschaftsvertrag, die die Handlungsbefugnis des Erben entgegen den gesetzlichen Bestimmungen einengen. Es kann nicht bestimmt werden, daß er offener Handelsgesellschafter bleiben muß. Die Dreimonatsfrist des § 139 Abs. 3 kann nicht zu Lasten des Erben verkürzt (nach Anm. 91 aber auch nicht mit Wirkung gegen die Gesellschaftsgläubiger verlängert) werden. Auch mittelbare Beschränkungen des Wahlrechts sind durch Abs. 5 untersagt. Es kann nicht bestimmt werden, daß der Erbe, wenn er Kommanditist werden will, die Kommanditeinlage erhöhen muß. Es kann nicht bestimmt werden, daß im Falle des Ausscheidens nach § 139 das Abfindungsguthaben auf Kosten des Erben anders als sonst berechnet werden soll. Dadurch würde seine Entschließungsfreiheit eingeengt. Stellt der Gesellschaftsvertrag jedoch allgemein für jeden Fall des Ausscheidens bestimmte Berechnungsgrundsätze auf, so gelten diese, sofern wirksam (dazu § 138 Anm. 59 ff.), auch im Fall des § 139, selbst, wenn sie für den Erben ungünstig sind. Die Vereinbarung von Ratenzahlungen für das Abfindungsguthaben ist zulässig, es sei denn, daß sie wirtschaftlich auf eine Beschränkung des Erben hinausläuft (vgl. zur Stundungsvereinbarung bei Abfindungsklauseln im übrigen § 138 Anm. 75). **89**

b) Eine Ausnahme gilt für den **Gewinnanteil** (Abs. 5 Satz 2). Der Gesellschaftsvertrag kann für den Fall, daß der Erbe sein Verbleiben in der Gesellschaft von der Einräumung der Stellung eines Kommanditisten abhängig macht, seinen Gewinnanteil anders als den des Erblassers bestimmen. Damit trägt das Gesetz dem Umstand Rechnung, daß der Erbe als Kommanditist im Gegensatz zu seinem Erblasser zur Geschäftsführung nicht verpflichtet ist und auch nicht das volle Geschäftsrisiko trägt. Der restliche Gewinnanteil des Erblassers fällt den übrigen Gesellschaftern entsprechend ihrem bisherigen Gewinnanteil an. **90**

91 c) **Abreden, die die Haftungsbeschränkung erleichtern,** sind durch Abs. 5 nicht untersagt. Der Gesellschaftsvertrag kann vorsehen, daß der Erbe ohne weiteres ausscheidet (sog. Fortsetzungsklausel; vgl. § 138). Er kann auch bestimmen, daß sich der Anteil mit dem Erbfall automatisch in einen Kommanditanteil verwandelt (Anm. 139). Dann bedarf es keines Vertrags zwischen dem Erben und den Mitgesellschaftern, aber das Haftungsprivileg des § 139 bleibt anwendbar (vgl. Anm. 142 gegen den Standpunkt der Vorauflage von Geßler). Das Haftungsprivileg des Abs. 4 greift ohne weiteres ein (vgl. Anm. 142; dies wurde nicht beachtet im Fall BGHZ 101, 123 = NJW 1987, 3184; dazu eingehend Buchner, DNotZ 1988, 467 ff.; Karsten Schmidt BB 1989, 1702 ff.; krit. zu der hier vertretenen Ansicht Saßenrath BB 1990, 1209 ff.). Der Vertrag kann dem Erben auch das Recht geben, durch einseitige Erklärung sofort auszuscheiden. Erklärt der Erbe, ausscheiden zu wollen, so gilt Abs. 4 für die Haftung entsprechend. Durch solche Bestimmungen werden dem Erben die Rechte aus § 139 nicht genommen; er hat sie daneben. Er kann also, wenn er von seinem vertraglichen Recht, auszuscheiden, nicht Gebrauch machen will, den Antrag stellen, Kommanditist zu werden, und noch nach Ablehnung des Antrags auf Grund des § 139 Abs. 2 ausscheiden (RG DR 1943, 1224, 1226 m. Anm. Donner; Alfred Hueck oHG § 28 VI; a. M. Donner DR 1943, 1127). Schließlich kann der Vertrag dem Gesellschafter auch das Recht geben, durch einseitige fristgemäße Erklärung die Umwandlung in eine Kommanditbeteiligung selbst herbeizuführen oder diese Umwandlung von den Mitgesellschaftern zu verlangen (Anm. 137 f.). Aber die Frist kann nicht zum Nachteil der Gläubiger verlängert werden.

92 d) **Letztwillige Verfügungen** werden durch Abs. 5 nicht beschränkt. Abs. 5 bezieht sich nur auf Abreden im Gesellschaftsvertrag. Die letztwillige Verfügung des Erblassers kann dem Erben weitergehende Pflichten auferlegen, z.B. ihm die Auflage machen, offener Handelsgesellschafter zu bleiben. Die Gültigkeit einer solchen testamentarischen Bestimmung richtet sich allein nach erbrechtlichen Grundsätzen. Sie nimmt dem Erben im Verhältnis zur Gesellschaft nicht die Wahlrechte nach § 139.

93 e) **Nach dem Erbfall** steht es den übrigen Gesellschaftern und den Erben frei, von § 139 abweichende Vereinbarungen zu treffen. Diese fallen nicht mehr unter Abs. 5.

V. Die Haftung des Gesellschafter-Erben

94 Schrifttum (Auswahl; vgl. zunächst vor Anm. 1 sowie bei Anm. 56): *Buchner*, Die Kommanditistenhaftung bei Rechtsnachfolge in Gesellschaftsanteile, DNotZ 1988, 467; *Emmerich*, Die Haftung des Gesellschaftererben, ZHR 150 (1986), 193; *J. v. Gierke*, Die Fortsetzung der oHG mit den Erben eines Gesellschafters, in: Festschrift Wieland, 1934, S. 94; *Glaser*, Haftungsfragen bei einer mit Erben fortgesetzten Handelsgesellschaft, DB 1956, 933; *Herfs*, Haftung des Erben eines Komplementärs, DB 1991, 2121; *Liebisch*, Über die Rechtsstellung des Erben eines offenen Handelsgesellschafters, ZHR 116 (1954), 128; *Saßenrath*, Die Umwandlung von Komplementärin Kommanditbeteiligungen, 1988; *ders.*, Die Kommanditistenhaftung des ehemaligen Komplementärs und seiner Rechtsnachfolger, BB 1990, 1209; *Karsten Schmidt*, Kommanditisteneinlagen und Haftsumme des Gesellschaftererben, ZGR 1989, 445.

1. Grundlagen

95 a) Die Rede ist hier von der Haftung gegenüber Gesellschaftsgläubigern, nicht von der Haftung gegenüber der Gesellschaft für Einlageschulden (zu dieser vgl. Anm. 71). Die

Haftung des Gesellschaftererben ist nur im **Fall der Nachfolgeklausel** von Bedeutung (vgl. zur Nachfolgeklausel Anm. 26 ff.). Im Fall der sog. **Fortsetzungsklausel** (§ 138) haftet der Erbe nur nach §§ 1967 BGB, 128 HGB als Erbe des persönlich haftenden Gesellschafters für Altverbindlichkeiten; die Gesellschafterhaftung des Erblassers (§ 128) begründet Nachlaßverbindlichkeiten, für die nach allgemeinen erbrechtlichen Grundsätzen gehaftet wird. Eine Vertrauenshaftung aus § 15 Abs. 1 kann sich ergeben, wenn das Ausscheiden nicht eingetragen und bekanntgemacht wird (vgl. sinngemäß Anm. 131). Im Fall der **Eintrittsklausel** gilt, soweit diese zugleich eine Fortsetzungsklausel ist (Anm. 28) dasselbe; wer aufgrund der Klausel als persönlich haftender Gesellschafter oder als Kommanditist in die Gesellschaft eintritt, haftet gesellschaftsrechtlich für Altverbindlichkeiten nach § 130 als oHG-Gesellschafter oder Komplementär bzw. § 173 als Kommanditist; für die nach seinem Eintritt begründeten Gesellschaftsverbindlichkeiten haftet ein solcher Gesellschafter nach § 128 als oHG-Gesellschafter oder Komplementär bzw. nach §§ 171 ff. als Kommanditist (zur Frage, ob § 176 Abs. 2 Anwendung findet, vgl. § 176 Anm. 24).

b) Bei der **Haftung des aufgrund einer Nachfolgeklausel nachrückenden Erben** muß genauer, als im bisherigen Schrifttum üblich, unterschieden werden:

aa) Zunächst kommt es auf den **Haftungszeitpunkt** an. Insofern ist zwischen der Schwebezeit (Abs. 3) und der nachfolgenden endgültig unbeschränkten oder endgültig beschränkten Haftung zu unterscheiden.

bb) Bezogen auf den gegenwärtigen Haftungszeitpunkt muß stets nach der **Herkunft der Gesellschaftsverbindlichkeit** unterschieden werden. Die Verbindlichkeit kann vor dem Erbfall, während des Schwebezeitraums oder danach begründet worden sein.

cc) Schließlich muß für jede Gesellschaftsverbindlichkeit getrennt geprüft werden, ob es bei der Haftung des Erben um eine **Nachlaßverbindlichkeit** (§ 1967 BGB) oder um eine **Haftung des Erben als Gesellschafter** geht.

c) Die **Bedeutung des Abs. 4** wird meist nicht präzise bestimmt. Vielfach entsteht der Eindruck, die handelsrechtliche Haftung solle erbrechtlich beschränkt werden (so explizit Saßenrath S. 169 f.; unklar für den Fall, daß der Erbe Kommanditist wird, Baumbach-Duden-Hopt Anm. 3 D; irreführend auch noch § 173 Anm. 43 in diesem Kommentar). Richtig ist: Abs. 4 erklärt nicht, daß die Haftung des Erben für Haftungsverbindlichkeiten des Erblassers (§§ 128 HGB, 1967 BGB) nach bürgerlichem Recht beschränkbar ist; dies ist eine Selbstverständlichkeit. Abs. 4 erklärt aber auch nicht, daß die Gesellschafterhaftung des Erben nach bürgerlichem Recht beschränkbar ist; dies ist eine Unmöglichkeit (unhaltbar Saßenrath S. 202). Abs. 4 besagt vielmehr, daß die sich auf §§ 130, 128 stützende unbeschränkbare Eigenhaftung des Erben als Gesellschafter für die bis zur Umwandlung, bis zum Ausscheiden oder bis zur Auflösung entstandenen Gesellschaftsverbindlichkeiten ausgeschlossen ist (der Sache nach ebenso BGH LM Nr. 3 zu § 5 = NJW 1982, 45 = JuS 1982, 142 m. Anm. Karsten Schmidt; Geiger LZ 1910 Sp. 120/121; Karsten Schmidt Gesellschaftsrecht § 52 III 4 b). Abs. 4 funktioniert als ein **rückwirkendes Haftungsprivileg** (vgl. Anm. 66).

2. Die Haftung während der Schwebezeit

101 a) Die **Dauer der Schwebezeit** ist durch die Höchstgrenze des Abs. 3 bestimmt. Sie endet bereits vorher, wenn die Mitgliedschaft nach Abs. 1 in die eines Kommanditisten umgewandelt wird oder der Erbe nach Abs. 2 ausscheidet. Während der Schwebezeit ist der Erbe persönlich haftender Gesellschafter (BGHZ 55, 267, 273 = NJW 1971, 1268, 1269; Ulmer in Großkomm Anm. 149; Heymann-Emmerich Anm. 49; a.M. Wiedemann Übertragung S. 239 ff., der den Erben vorerst nur als treuhänderischen Anteilsverwalter betrachtet).

102 b) Für **Altverbindlichkeiten der Gesellschaft** haftete der Erblasser nach § 128. Die Altverbindlichkeiten begründen für den Gesellschafter-Erben **Nachlaßverbindlichkeiten**. Deshalb haftet der Erbe nach §§ 128 HGB, 1967 ff. BGB (vgl. BGHZ 55, 267, 273 = NJW 1971, 1268, 1269; Saßenrath S. 163; Geiger LZ 1910 Sp. 120/121; Staudinger-Marotzke § 1967 Anm. 57). Er haftet insofern unbeschränkt, aber mit der Möglichkeit, die Haftung nach §§ 1975 ff. auf den Nachlaß zu beschränken (noch enger Emmerich ZHR 150 [1986], 197 f.: der Erbe könne von vornherein jeden Zugriff der Gesellschaftsgläubiger auf sein Privatvermögen abwehren).

103 c) Neben dieser Erbenhaftung tritt die **Gesellschafterhaftung** als Eigenhaftung des Gesellschafter-Erben. Sie resultiert für **Altverbindlichkeiten** der Gesellschaft aus § 130 (vgl. über die Erbfolge als Eintritt i.S. dieser Vorschrift § 130 Anm. 12), für **Neuverbindlichkeiten** aus § 128. Zweifelhaft ist, welche Bedeutung der Schwebezustand für diese Haftung hat. Aus § 139 wird überwiegend der Schluß gezogen, daß während der Schwebelage eine persönliche Gesellschafterhaftung nicht eintritt (Geßler Voraufl. Anm. 27; Heymann-Emmerich Anm. 49; Westermann Handbuch [Lfg. 1978] I 490; vgl. Alfred Hueck oHG § 28 II 1 c). Richtig scheint: Die Gesellschafterhaftung ist unbeschränkt, aber nur vorläufig unbeschränkt. Der Gesellschafter kann die Leistung aus seinem Privatvermögen vorläufig verweigern (in dieser Richtung wohl Düringer-Hachenburg-Flechtheim Anm. 31; Ulmer in Großkomm Anm. 149; Emmerich ZHR 150 [1986], 197). Begleicht der Gesellschafter während der Schwebezeit eine Gesellschaftsverbindlichkeit mit Mitteln seines Privatvermögens, so leistet er nicht auf eine Nichtschuld. Es liegt auch nicht die Leistung eines Dritten nach § 267 BGB vor, sondern der Gesellschafter zahlt auf die eigene Haftungsverbindlichkeit. Ihm steht im Verhältnis zur Gesellschaft der Regreß nach § 110, im Verhältnis zum Nachlaß der Regreß nach §§ 1978 f. BGB zu (Düringer-Hachenburg-Flechtheim Anm. 31; Ulmer in Großkomm Anm. 150; Emmerich ZHR 150 [1986], 197).

104 d) Eine **Eintragungspflicht** nach § 107 besteht während des Schwebezustands **nicht**, und zwar auch nicht im Hinblick auf die durch den Erbfall veränderte Haftungslage (vgl. BGHZ 55, 267, 272 f. = NJW 1971, 1268; Ulmer in Großkomm Anm. 157; Heymann-Emmerich Anm. 27; Saßenrath S. 206 ff.; Emmerich ZHR 150 [1986], 198 f.; a.M. noch Geßler hier in der 4. Aufl. Anm. 28; Düringer-Hachenburg-Flechtheim Anm. 32; Alfred Hueck oHG § 28 II 1 d, die eine Eintragung mit Löschungsvorbehalt vertreten). Dies ist bedeutsam im Hinblick auf die Haftung aus § 15 Abs. 1 (vgl. zu dieser Anm. 125 ff.): Dem Erben ist weder während der Schwebezeit noch, wenn die Haftung nicht endgültig unbeschränkt geworden ist, nach Beendigung der Schwebezeit die Berufung auf Abs. 4 deshalb versagt, weil der Erbfall nicht sogleich eingetragen und bekanntgemacht worden ist. Ein Haftungs- bzw. Löschungsvorbehalt bei der Eintragung des Erben im Handelsregister mag als zulässig hingenommen werden. Notwendig in dem Sinne, daß dies eine eintragungspflichtige Tatsache ist (vgl. § 15), ist der Vorbehalt jedenfalls nicht.

3. Endgültig unbeschränkte Haftung des Erben

a) Mit der **endgültig unbeschränkten Haftung** sind hier nicht jene Fälle gemeint, in denen der Erbe die Möglichkeit der Haftungsbeschränkung nach bürgerlichem Recht verliert (§§ 1994 ff. BGB). Diese BGB-Regeln betreffen nur die nach bürgerlichem Recht fortbestehende Erbenhaftung (vgl. Anm. 101, 109). Hier geht es dagegen um die endgültig unbeschränkte gesellschaftsrechtliche Haftung. **Fälle** dieser Haftung sind die folgenden: **105**

aa) Der Erbe haftet endgültig unbeschränkt, wenn er nach Anm. 65 das Wahlrecht nicht hat, weil er **schon vor dem Tode des Erblassers** neben diesem als oHG-Gesellschafter oder als Komplementär beteiligt war. Er kann nicht zugleich hinsichtlich seiner alten Mitgliedschaft persönlich haftender Gesellschafter und hinsichtlich der geerbten Mitgliedschaft Kommanditist sein (KG JW 1936, 2933). **106**

bb) Der Erbe **verliert das Wahlrecht** und haftet endgültig unbeschränkt, wenn er nicht innerhalb der Dreimonatsfrist (Abs. 3) das Verlangen geäußert hat, Kommanditist zu werden. Endgültig unbeschränkte Haftung tritt ferner ein, wenn er zwar den Antrag gestellt hat, die übrigen Gesellschafter den Antrag aber nicht angenommen haben und der Erbe nicht fristgemäß sein Ausscheiden aus der Gesellschaft erklärt hat. In beiden Fällen verbleibt der Erbe endgültig als oHG-Gesellschafter bzw. als Komplementär in der Gesellschaft. Die übrigen Gesellschafter können ihm nicht gegen seinen Willen die Kommanditistenstellung einräumen oder ihn aus der Gesellschaft entfernen. **107**

b) In der **Gesellschafterstellung des Erben** (vgl. Anm. 17 ff.) treten dadurch, daß er endgültig oHG-Gesellschafter bzw. Komplementär bleibt, keine Änderungen ein. Er ist in vollem Umfang Gesellschafter. Da er seine Stellung als unbeschränkt haftender Gesellschafter nicht mehr einseitig aufgeben kann, ist auch der von Geßler in der Voraufl. (vgl. Anm. 104) zunächst bei seiner Eintragung im Handelsregister verlangte, nach richtiger Auffassung nicht erforderliche, wenn auch wohl zulässige Haftungsvorbehalt (vgl. Anm. 104) nunmehr zu löschen. Die Haftung im einzelnen ergibt sich für Neuverbindlichkeiten aus § 128, für Altverbindlichkeiten aus § 130 (vgl. Anm. 110). **108**

c) Die **Erbenhaftung** für Nachlaßverbindlichkeiten ergibt sich weiterhin aus §§ 1967 ff. BGB. Zu den Nachlaßverbindlichkeiten gehört die Haftung des Erblassers nach § 128. Diese Erbenhaftung ist, auch wenn die Beschränkungsmöglichkeit nach § 139 verloren gegangen ist, nach §§ 1975 ff. BGB beschränkbar (Heymann-Emmerich Anm. 50). Scheinbare Gegenauffassungen in der Literatur beruhen nur auf unzureichender Trennung zwischen Erbenhaftung und Gesellschafterhaftung. **109**

d) Daneben tritt die **unbeschränkte Gesellschafterhaftung** des bzw. der Erben für sämtliche Gesellschaftsverbindlichkeiten, gleich, ob Neuverbindlichkeiten oder Altverbindlichkeiten. Das folgt für die nach dem Erbfall begründeten Gesellschaftsverbindlichkei- **110** ten aus § 128, für die davor entstandenen Verbindlichkeiten aus § 130 (vgl. § 130 Anm. 12). Diese unbeschränkte Gesellschafterhaftung entspricht der heute nahezu einhelligen Ansicht (RGZ 16, 40, 57f.; BGH LM Nr. 3 zu § 5 = NJW 1982, 45; Baumbach-Duden-Hopt Anm. 1 D; Heymann-Emmerich Anm. 45; Ulmer in Großkomm Anm. 151; Alfred Hueck oHG § 28 V 1; Weipert in HGB-RGRK Anm. 22; Emmerich ZHR 150 [1986], 203; a.M. J.v. Gierke in Festschrift Wieland S. 112ff.; Liebisch ZHR 116 [1954], 153f.). Da diese Haftung Gesellschafterhaftung und nicht Erbenhaftung ist, kann sie auch nicht nach §§ 1975ff. BGB beschränkt werden (RGZ 16, 40, 57f.; BGH LM Nr. 3 zu § 5 = NJW 1982, 45; Ulmer in Großkomm Anm. 151; Heymann-Emmerich Anm. 50; a.M. hinsichtlich der Altverbindlichkeiten Liebisch ZHR 116 [1954], 157f.).

111 e) Im **Fall der qualifizierten Nachfolgeklausel** besteht ein bedeutsamer Unterschied hinsichtlich der Erben- und Gesellschafterhaftung. Als Erben haften alle Miterben des Erblassers, als Gesellschafter aber haftet nur der durch die qualifizierte Nachfolgeklausel berufene Miterbe (Emmerich ZHR 150 [1986], 208). Das beruht auf der bei Anm. 17f. geschilderten Sonderzuordnung der Mitgliedschaft mit Direktanfall bei dem zur Nachfolge berufenen Miterben. Im Innenverhältnis können die haftenden Miterben von dem Nachfolger grundsätzlich Freistellung bzw. Regreß verlangen (Emmerich ZHR 150 [1986], 209).

4. Endgültig beschränkte Kommanditistenhaftung

112 a) Ist der Erbe **innerhalb der Frist des Abs. 3 Kommanditist geworden**, so haftet er „für die bis zur Einräumung der Kommanditistenstellung entstandenen Verbindlichkeiten der Gesellschaft nur nach Maßgabe der die Haftung des Erben für die Nachlaßverbindlichkeiten betreffenden Vorschriften des bürgerlichen Rechts" (Abs. 4). Die Regelung des Abs. 4 ist ungenau und unvollständig. Wie bei Anm. 100 dargestellt, beseitigt sie nur die unbeschränkte Gesellschafterhaftung.

113 b) Der Erbe haftet auch in diesem Fall **erbrechtlich** nach §§ 128 HGB, 1967ff. BGB, soweit eine Gesellschaftsverbindlichkeit bereits zur Zeit des Erbfalls entstanden war und eine **Haftung des Erblassers** nach § 128 begründet hatte (vgl. Ulmer in Großkomm Anm. 152; Heymann-Emmerich Anm. 52; Alfred Hueck oHG § 28 V 2a). Für diese Haftungsverbindlichkeit des Erblassers haftet der Erbe nach §§ 1967ff., 1975ff. BGB. Dagegen haftet der Erbe für diese Verbindlichkeiten nicht auch nach §§ 130, 128 im Hinblick auf seine zwischenzeitliche Stellung als unbeschränkt haftender Gesellschafter-Erbe unbeschränkt. Dieser Ausschluß der unbeschränkten Haftung ist mit dem unklaren Wortlaut des Abs. 4 gemeint (vgl. Anm. 100).

114 c) Daneben haftet der Erbe nach § 173 **beschränkt nach Maßgabe der §§ 171, 172 als Kommanditist** (RGZ 171, 328, 332; Heymann-Emmerich Anm. 52; Ulmer in Großkomm Anm. 152; Alfred Hueck oHG § 28 V 2a; Emmerich ZHR 150 [1986], 211; a.A. Baumbach-Duden-Hopt Anm. 3 D; Glaser DB 1956, 933, 934). Für **Altverbindlichkeiten** ergibt sich dies aus § 173 (vgl. § 173 Anm. 39ff.). Dieselbe Haftung trifft ihn hinsichtlich der **Neuverbindlichkeiten** aufgrund der §§ 171, 172 (Baumbach-Duden-Hopt Anm. 3 D; Heymann-Emmerich Anm. 53). Für diese nach der Vertragsänderung begründeten Verbindlichkeiten haftet der Erbe nur als Gesellschafter. Die Bedeutung der Gesellschafterhaftung besteht darin, daß der Gesellschafter-Erbe auch als Kommanditist mit dem eigenen Vermögen haftet, soweit die Einlage nicht erbracht (§ 171 Abs. 1) oder zurückbezahlt ist (§ 172 Abs. 4). Vgl. dazu Erl. §§ 171, 172. Die Bedeutung des § 139 besteht aber darin, daß der Erbe keine Einlage zu leisten und auch nicht den Nachweis der Vollwertigkeit des Anteils im Zeitpunkt des Erbfalls zu erbringen braucht, um die Haftung nach § 171 Abs. 1 auszuschließen (vgl. Anm. 77a). In dem Umfang, in dem sein Rechtsvorgänger die Einlage erbracht und nicht wieder entnommen hatte, kommt dies auch dem Erben zugute. Eine unbeschränkte Haftung kann ihn noch aufgrund von § 15 Abs. 1 bzw. 3 treffen (dazu Anm. 77c, 128, 130, 142).

d) Von den Neuverbindlichkeiten zu unterscheiden sind **Zwischenneuschulden** aus der Zeit zwischen dem Erbfall und der Anteilsumwandlung (vgl. Saßenrath S. 174). Für diese haftet der Erbe **erbrechtlich** nach Abs. 4, also beschränkbar (Heymann-Emmerich Anm. 52; Ulmer in Großkomm Anm. 152; Westermann Handbuch [Lfg. 1973] I 492). Abs. 4 unterwirft „die bis dahin entstandenen" Gesellschaftsschulden der erbrechtlichen Haftung, womit diese Zwischenneuschulden den Nachlaßverbindlichkeiten gleichgestellt, also als Nachlaßkostenschulden behandelt werden (deutlich BGHZ 55, 267, 274 = NJW 1971, 1268; Heymann-Emmerich Anm. 52; Emmerich ZHR 150 [1986], 209; Geiger LZ 1910 Sp. 121 f.; vgl. Glaser DB 1956, 933). Daneben tritt aber auch hier die **Gesellschafterhaftung** nach §§ 173, 171 f. (RGZ 171, 328, 332; Heymann-Emmerich Anm. 52; wohl auch Ulmer in Großkomm Anm. 152; a.M. Baumbach-Duden-Hopt Anm. 3 D; Glaser DB 1956, 934). Aber auch hier ist die Kommanditistenhaftung regelmäßig nach § 171 Abs. 1 ausgeschlossen, ohne daß der Erbe eine Einlage erbringen müßte (vgl. Anm. 114). Dagegen erlischt hinsichtlich der Zwischenneuschulden die zunächst aus § 128 begründete unbeschränkte Gesellschafterhaftung. Eben dies ist der Normzweck des Abs. 4 (vgl. Anm. 100).

e) Im Fall der **qualifizierten Nachfolgeklausel** gilt bei Vorhandensein mehrerer Miterben wiederum die Besonderheit: Die Kommanditistenhaftung kann nur den durch die Nachfolgeklausel berufenen Erben treffen, die Erbenhaftung trifft alle Miterben (Anm. 111).

5. Endgültig beschränkte Haftung durch Austritt

a) **Scheidet der Erbe innerhalb der Dreimonatsfrist aus der Gesellschaft aus**, so haftet er „für die bis dahin entstandenen Gesellschaftsschulden nur nach Maßgabe der die Haftung des Erben für die Nachlaßverbindlichkeiten betreffenden Vorschriften des bürgerlichen Rechts". Er haftet also nur mit den Kräften des Nachlasses, solange er noch die beschränkte Erbenhaftung geltend machen kann, also nicht in den Fällen des § 1994 BGB (s. auch Ulmer in Großkomm Anm. 153). Für die nach seinem Ausscheiden entstandenen Verbindlichkeiten haftet er überhaupt nicht. Die beschränkte Erbenhaftung kann er jedoch nur geltend machen, wenn sein Ausscheiden unverzüglich im Handelsregister eingetragen worden ist (vgl. Anm. 131).

b) Eine **Gesellschafterhaftung** (Eigenhaftung als Neugesellschafter), die nicht erbrechtlich beschränkbar ist, trifft den Gesellschafter im Fall des rechtzeitigen Austritts **nicht**: Für Neuverbindlichkeiten nach seinem Austritt haftet der Erbe nach allgemeinen

Grundsätzen nicht mehr (vgl. § 128 Anm. 42). Die sich aus § 130 ergebende Haftung für Altverbindlichkeiten ist durch den Austritt rückwirkend beseitigt. Endgültig beseitigt ist ferner die sich aus § 128 ergebende Haftung für Rechtsgeschäfte zwischen Erbfall und Austritt (vgl. BGHZ 55, 267, 271 = NJW 1971, 1268, 1269 f.; Heymann-Emmerich Anm. 55; Ulmer in Großkomm Anm. 153). Diese Rechtsfolgen ergeben sich aus Abs. 4. Zu den Besonderheiten verspäteter oder unrichtiger Eintragung des Austritts vgl. Anm. 125 ff.

6. Haftung bei Auflösung der Gesellschaft vor Ablauf der Schwebezeit

119 a) Wird die Gesellschaft, solange die Überlegungsfrist noch läuft und die Stellung des Erben noch nicht endgültig geklärt ist, **aus einem anderen Grunde aufgelöst**, so steht der Erbe nach h. M. einem ausgeschiedenen Gesellschafter gleich (so Geßler 4. Aufl. Anm. 59; vgl. auch Ulmer in Großkomm Anm. 154). Diese h. M. kann sich auf den Wortlaut des Abs. 4 berufen („oder innerhalb der Frist der Gesellschaft aufgelöst"). Danach hat die Auflösung dieselben Folgen wie der Austritt des Erben-Gesellschafters. Der Erbe haftet für die bis zur Auflösung entstandenen Verbindlichkeiten nur nach Maßgabe der die Haftung des Erben für die Nachlaßverbindlichkeiten betreffenden Vorschriften des bürgerlichen Rechts. Wird die Auflösung nicht unverzüglich eingetragen, haftet er für die nach der Auflösung bis zur Eintragung entstehenden Gesellschaftsverbindlichkeiten persönlich und unbeschränkt (§§ 143, 15).

120 b) Streitig ist, **wie der Erbe für die nach der Auflösung entstehenden Verbindlichkeiten der Liquidationsgesellschaft haftet.** Soweit die h. M. mit der Anwendung des Abs. 4 Ernst macht, läßt sie den Erben-Gesellschafter auch für diese Verbindlichkeiten nur nach erbrechtlichen Grundsätzen haften (RGZ 72, 119, 121, 124; Ulmer in Großkomm Anm. 154; Weipert in HGB-RGRK Anm. 59; Alfred Hueck oHG § 28 V 4; Westermann Handbuch [Lfg. 1973] I 492). Demgegenüber meinte früher *Staub* (14. Aufl. Anm. 21), daß der Erbe für die Liquidationsverbindlichkeiten persönlich und unbeschränkt hafte, weil er durch den Tod des Erblassers die Stellung eines offenen Handelsgesellschafters erlangt habe und sie nicht mehr in eine Kommanditistenstellung umwandeln könne. Die h. M. läßt den Erben als Liquidationsgesellschafter nur dann persönlich haften, wenn die Liquidation nicht zügig betrieben wird (Ulmer in Großkomm Anm. 154).

121 c) Stellungnahme: Die Gleichstellung des Auflösungstatbestandes mit dem Ausscheidenstatbestand in Abs. 4 scheint auf den ersten Blick ähnlich bedenklich wie im Fall des § 159 (dazu vgl. § 159 Anm. 12 ff.), denn in der aufgelösten Gesellschaft wird grundsätzlich wie in der werbend tätigen Gesellschaft gehaftet (vgl. § 156 Anm. 18). Wie im Fall des § 159 scheint es also an einer Änderung des Haftungsstatus zu fehlen, der erst die Gleichsetzung mit dem Fall des Ausscheidens rechtfertigt (vgl. zu dieser Überlegung Karsten Schmidt ZHR 152 [1988], 105 ff.). Die Erklärung folgt indes aus dem **Normzweck des Abs. 4 als Haftungsprivileg** (vgl. Anm. 66, 100): Im Auflösungsfall wird der Gesellschafter-Erbe haftungsrechtlich so gestellt, als wäre die Gesellschaft bereits mit dem Todesfall aufgelöst, so daß keine Eigenhaftung als Neugesellschafter, sondern nur eine erbrechtlich beschränkbare Haftung (vgl. Anm. 122, § 131 Anm. 25) eintritt. Allerdings wirkt diese Variante des Abs. 4 nur, wenn die Gesellschaft auch abgewickelt und nicht nach Ablauf der Dreimonatsfrist fortgesetzt wird (dazu vgl. § 131 Anm. 60 ff.). Da die Rechte des § 139 entgegen der h. M. auch nach der Auflösung jedenfalls noch ausgeübt werden **können** (Anm. 62), ist der Praxis deshalb schon aus Gründen der Rechtssicherheit anzuraten, auch bei der aufgelösten Gesellschaft nach Abs. 1–3 zu verfahren.

122 d) War die Gesellschaft **schon durch den Tod des Gesellschafters aufgelöst** (§ 131 Nr. 4), so ist dies kein Anwendungsfall des § 139 (vgl. Anm. 1). Aus Abs. 4 folgert die h. M., daß die grundsätzlich unbeschränkte Haftung der Liquidationsgesellschafter (§ 156 Anm. 18) nur den Nachlaß trifft, bei mehreren Erben also die Erbengemeinschaft als Trägerin des Nachlasses (BGH LM Nr. 3 zu § 5 = NJW 1982, 45; vgl. auch § 131 Anm. 25; Heymann-Emmerich Anm. 58). Gesellschafter ist in diesem Fall die Erbengemeinschaft und nicht der einzelne Erbe (vgl. Anm. 13). Handelt es sich um einen Alleinerben, so haftet er für die Gesellschaftsverbindlichkeiten wie im unmittelbaren Anwendungsfall des Abs. 4 nur nach erbrechtlichen Grundsätzen (BGH LM Nr. 3 zu § 5 = NJW 1982, 45). Auch wenn die Gesellschaft bereits vor dem Erbfall aufgelöst war, haftet nach h. M. der Erbe in erweiterter Auslegung des Abs. 4 nur erbrechtlich beschränkt (BGH LM Nr. 3 zu § 5 = NJW 1982, 45).

7. Haftung bei verspäteter Umwandlung, bei verspätetem Austritt

123 a) Wird der Antrag des Erben auf Umwandlung der Mitgliedschaft verspätet gestellt oder erst nach Ablauf der Frist des Abs. 3 angenommen, so wandelt sich die Mitgliedschaft auch jetzt noch in eine Kommanditistenstellung um. Das Gesetz verbietet eine solche **nachträgliche Umwandlung**, da diese generell zulässig ist, nicht. Die Umwandlung ist aber genau so zu behandeln wie eine unabhängig von § 139 vereinbarte Umwandlung. Der Erbe haftet für die bis zu seinem „Eintritt" als Kommanditist begründeten Gesellschaftsverbindlichkeiten den Gesellschaftsgläubigern persönlich und unbeschränkt. Es gelten die bei § 159 Anm. 9, § 128 Anm. 41 ff. dargestellten Grundsätze. Für Neuverbindlichkeiten haftet er als Kommanditist, aber es kommt, anders als im Fall des Abs. 4 (Anm. 77 a), jetzt nach § 171 Abs. 1 darauf an, ob der ererbte Anteil im Zeitpunkt der Umwandlung die Haftsumme wertmäßig deckte (§§ 171, 172 Anm. 45).

124 b) Erklärt der Erbe verspätet den **Austritt aus der Gesellschaft**, so ist diese Erklärung unwirksam. Nehmen die Erben die Austrittserklärung an, so stellt dies auch jetzt noch eine wirksame Austrittsvereinbarung dar. Aber die Haftungsfolgen des § 139 treten auch in diesem Fall nicht ein. Es gelten die bei § 128 Anm. 41 ff. und bei § 159 dargestellten Grundsätze.

VI. Unrichtige oder verspätete Eintragung

1. Grundsatz

125 a) Das Gesetz läßt es für die Haftungsbeschränkung nach Abs. 4 ausreichen, wenn die Mitgliedschaft fristgemäß in diejenige eines Kommanditisten umgewandelt wird oder der Erbe fristgemäß ausscheidet (oder die Gesellschaft fristgemäß aufgelöst wird). Es verlangt nicht, daß dies bei Ablauf der Dreimonatsfrist bereits eingetragen und bekanntgemacht ist. Es verlangt auch nicht, was rechtspolitisch erwägenswert gewesen wäre, daß diese Ereignisse fristgemäß zur Eintragung angemeldet werden. Hieraus resultieren Vertrauensschutzprobleme bei unrichtiger oder verspäteter Eintragung und Bekanntmachung.

2. Der Fall der endgültig unbeschränkten Haftung des Erben

126 Haftet der Erbe nach Anm. 105 ff. endgültig unbeschränkt, so bleibt eine fehlende Eintragung des Erbgangs im Ergebnis folgenlos: Der Erbe unterliegt hinsichtlich der aus § 128 resultierenden Erblasserschulden der bürgerlichrechtlich unbeschränkten, aber beschränkbaren Haftung (§§ 1967, 1975 ff. BGB) und daneben der eigenen Gesellschafterhaftung für Altverbindlichkeiten (§ 130) und Neuverbindlichkeiten (§ 128). An all dem ändert sich nichts, wenn der Erblasser als Gesellschafter eingetragen bleibt.

3. Der Fall der Kommanditistenumwandlung nach Abs. 1

127 a) Die rechtzeitige Umwandlung der Mitgliedschaft in eine Kommanditbeteiligung führt nach Anm. 112 ff. zur endgültig beschränkten Haftung. **Bleibt der Erblasser eingetragen, so stellt sich zunächst die Frage, ob § 176 Abs. 2 anwendbar ist.** Das ist zu verneinen (näher § 176 Anm. 23; Karsten Schmidt ZHR 144 [180], 197 ff.). Die h. M. wendet § 176 Abs. 2 auf die Nachfolge von Todes wegen an (vgl. im Ausgangspunkt BGHZ 66, 98, 100 = NJW 1976, 848, 849; Düringer-Hachenburg-Flechtheim Anm. 32; Ulmer in Großkomm Anm. 161; Schilling in Großkomm § 176 Anm. 18; Saßenrath, S. 187; Westermann Handbuch [Lfg. 1978] I 493). Die Rechtsfolge der h. M. müßte sein, daß ein solcher Erbe, obwohl objektiv Kommanditist, für alle seit seinem Eintritt (vgl. § 176 Anm. 37 ff.) begründeten Gesellschaftsverbindlichkeiten unbeschränkt haftete, sofern nicht dem Gläubiger seine Beteiligung als Kommanditist bekannt war (vgl. zu den Folgen näher Erl. § 176). Diese Rechtsfolge ist nicht anzuerkennen. § 176 Abs. 2 beruht auf dem Grundsatz, daß niemand als Kommanditist in eine Gesellschaft einzutreten braucht, wenn nicht für gleichzeitige Eintragung gesorgt wird. Die Vorschrift paßt weder auf den Fall der Rechtsnachfolge in einen Kommanditanteil noch auf den der Umwandlung des Anteils eines persönlich haftenden Gesellschafters in einen Kommanditanteil (§ 176 Anm. 20 ff.; vgl. seither Herfs DB 1991, 1715; str.). Es kann deshalb weder der Auffassung zugestimmt werden, die § 176 Abs. 2 ohne Einschränkung nach der Umwandlung des Anteils anwenden will (so LG Hamburg JW 1935, 1586 m. zust. Anm. Boeseteck; Düringer-Hachenburg-Flechtheim Anm. 32; Alfred Hueck oHG § 28 V 2b), noch einer anderen Auffassung, die den Kommanditisten nach § 176 Abs. 2 haften läßt, wenn er nicht unverzüglich die Anmeldung (auf die § 176 nicht abstellt!) vorgenommen hat (so Ulmer in Großkomm Anm. 161; Westermann Handbuch [Lfg. 1978] I 493).

128 b) Haftungsgrundlage ist § 15 Abs. 1 (vgl. schon § 176 Anm. 23; Karsten Schmidt ZHR 144 [1980] 199). Die Umwandlung des Anteils ist eine eintragungspflichtige Tatsache (vgl. § 143 Anm. 9). Sind der Übergang des Anteils sowie die Umwandlung in einen Kommanditanteil nicht eingetragen und bekanntgemacht worden, so kann der Erbe diese Veränderungen den Gläubigern nicht entgegenhalten, die § 15 Abs. 1 schützen will (a. A. Saßenrath S. 183 f.). Dabei ist zwischen verschiedenen **Gläubigergruppen** zu unterscheiden.

aa) Die Gläubiger von Verbindlichkeiten, die vor dem Erbfall begründet wurden (**Altverbindlichkeiten**) und die Gläubiger von Verbindlichkeiten, die nach dem Erbfall, jedoch vor der Umwandlung begründet wurden (**Zwischenneuverbindlichkeiten** i. S. von Anm. 115), werden **nicht** geschützt. Der Schutz des § 15 Abs. 1 ist abstrakter Vertrauensschutz (Karsten Schmidt Handelsrecht § 14 II 2 b). Wo typischerweise kein kausales Vertrauen vorliegen kann, kommt dieser Schutz nicht in Betracht. Es bleibt bei der gesellschaftsrechtlichen Haftung gem. § 173 (vgl. Anm. 114 f. und § 173 Anm. 5, 9) und der bürgerlichrechtlichen Haftung gem. §§ 1967, 1975, 1989 f. BGB, § 113 VerglO (vgl. Anm. 109, 113). Hinsichtlich der **Zwischenneuverbindlichkeiten** ist eine Vertrauenshaftung aus § 15 Abs. 1 nach BGHZ 55, 267 = NJW 1971, 1286 auch deshalb nicht begründet, weil die bloße Beschränkungsmöglichkeit keine einzutragende Tatsache ist (Anm. 104). Der Erbe kann deshalb in den Worten des BGH einem gutgläubigen Dritten auch dann entgegenhalten, daß er für die in der Übergangszeit des § 139 Abs. 3 entstandenen Gesellschaftsverbindlichkeiten nur mit der erbrechtlichen Beschränkungsmöglichkeit haftet, wenn eine handelsrechtliche Eintragung und Bekanntmachung nicht erfolgt ist.

bb) Den Gläubigern von Verbindlichkeiten, die **nach der Umwandlung** und vor der Eintragung und Bekanntmachung der Umwandlung begründet wurden (**Neuverbindlichkeiten**), kommt der Schutz des § 15 Abs. 1 dagegen zugute. Nach § 15 Abs. 1 muß es sich allerdings um Ansprüche aus geschäftlichem Kontakt handeln (vgl. § 15 Anm. 13). Diesen Gläubigern **haftet der Erbe aufgrund von § 15 Abs. 1** unbeschränkt nach § 128, sofern nicht den Gläubigern die Veränderung bekannt war. Im Lichte des § 139, der den Erben in die Lage versetzen soll, eine unbeschränkte Haftung zu verhindern, muß freilich diese auf §§ 15 Abs. 1, 128 gestützte Haftung auf solche Fälle begrenzt bleiben, in denen die Gesellschafter die Umwandlung nicht unverzüglich zur Eintragung im Handelsregister angemeldet haben (der Sache nach ebenso, jedoch für die Haftung nach § 176 Abs. 2 BGH NJW 1983, 2258, 2259; ebenso Schilling ZGR 1978, 175 f.; Ulmer in Großkomm Anm. 161; Westermann Handbuch [Lfg. 1978] I 493; Baumbach-Duden-Hopt § 176 Anm. 3 B; vgl. auch Saßenrath S. 187). Liegt schuldhaftes Zögern vor, so haftet der Erbe für diejenigen Verbindlichkeiten, die von dem Zeitpunkt an begründet wurden, zu dem die Eintragung ohne schuldhaftes Zögern hätte erfolgen können (Schilling ZGR 1978, 175 f. zu § 176). Zweifelhaft ist, ob die auf §§ 15 Abs. 1, 128 gestützte Haftung den erbrechtlichen Beschränkungen nach §§ 1975, 1989 f. BGB, 113 VerglO unterliegt (in dieser Richtung RGZ 144, 199, 206; BGHZ 66, 98, 102 f. = NJW 1976, 848; zust. Schilling ZGR 1978, 176 f.; Baumbach-Duden-Hopt Anm. 3 B; zurückhaltend Karsten Schmidt Handelsrecht § 14 II 4 d). Die besseren Gründe sprechen dafür, dies zu verneinen. Die Annahme, nach § 15 Abs. 1 werde nicht umfassender gehaftet, als wenn der eingetragene Sachverhalt wahr wäre (so vor allem Tiedtke DB 1979, 245, 246), beruht auf einer Verkennung des Prinzips der negativen Publizität in § 15 Abs. 1 (vgl. zu diesem Prinzip eingehend Karsten Schmidt Handelsrecht § 14 II 4). Der Erbe haftet nicht deshalb nach § 128, weil die Gläubiger den Erblasser für den Gesellschafter halten dürfen, sondern er haftet, weil er selbst Gesellschafter ist und die durch Umwandlung entstandene beschränkte Kommanditistenhaftung nicht aus dem Register ersichtlich ist.

4. Fall des Austritts nach Abs. 2

131 Ist der Erbe nach Abs. 2 ausgeschieden, ohne daß der Vorgang eingetragen und bekanntgemacht ist, so wird wiederum nach § 15 Abs. 1 gehaftet. Das Ausscheiden ist eintragungspflichtig nach § 143. Der Schutz des § 15 Abs. 1 kommt auch hier nur denjenigen Neugläubigern zugute, die vom Ausscheiden des Kommanditisten nichts wissen. Auch wird man im Lichte des § 139 nur eine durch schuldhaftes Zögern verursachte Nichteintragung als haftungsbegründend ausreichen lassen. Soweit nach § 15 Abs. 1 gehaftet wird, kann der Erbe die Gläubiger wiederum nicht auf den Nachlaß verweisen (vgl. die Argumente in Anm. 128 ff.). Er haftet nicht, weil die Gläubiger den Erblasser als Gesellschafter ansehen dürfen, sondern er haftet, weil sein die Haftungsbeschränkung und die künftige Nichthaftung begründendes Ausscheiden nicht eingetragen und bekanntgemacht ist.

5. Fall der Auflösung

132 Auch im Auflösungsfall gilt § 15 Abs. 1. Die Auflösung ist eintragungspflichtig nach § 143. Vgl. allerdings zur Frage, ob die Auflösung überhaupt für die Haftungsbeschränkung ausreicht, Anm. 121.

VII. Die kombinierte Nachfolge- und Umwandlungsklausel

133 Schrifttum: *Karsten Schmidt,* Zur kombinierten Nachfolge- und Umwandlungsklausel bei oHG- oder Komplementäranteilen, BB 1989, 1702.

1. Bedeutung der Klausel

134 Das Wahlrecht des Gesellschafter-Erben (Anm. 56–93) schützt diesen vor der unbeschränkten Gesellschafterhaftung, aber es sichert nicht ohne weiteres die Umwandlung der oHG- bzw. Komplementärbeteiligung in eine Kommanditistenbeteiligung, denn der Erbe muß notfalls, um der unbeschränkten Haftung zu entgehen, aus der Gesellschaft ausscheiden (Anm. 80). Weder kann der Erbe von den Mitgesellschaftern die Anteilsumwandlung verlangen (Anm. 69), noch sind die für die Anteilsumwandlung votierenden Gesellschafter gegen das Veto ihrer Mitgesellschafter geschützt. Diesen Schwächen des § 139 entgegenzuwirken, ist **Zweck der kombinierten Nachfolge- und Umwandlungsklausel** (Karsten Schmidt BB 1989, 1703). Dieses Rechtsinstitut ist der Literatur bisher entgangen. Es spielt aber, wie der Fall BGHZ 101, 123 = NJW 1987, 3184 zeigt, in der Praxis eine Rolle (eingehend Karsten Schmidt BB 1989, 1702 ff.; nicht auf diesen Aspekt eingehend dagegen die Urteilsbesprechungen von Buchner DNotZ 1988, 467; Frey ZGR 1988, 281; Blaurock-Suttmeyer JuS 1989, 96). Sinn und Zweck der kombinierten Nachfolge- und Umwandlungsklausel ist es, eine Fortsetzung der Gesellschaft mit den Nachfolgern (dem Nachfolger) als Kommanditisten sicherzustellen und hierdurch nicht nur den Nachfolgerinteressen zu dienen, sondern auch die Gesellschaft vor Liquiditätsentzug zu bewahren.

2. Klauselabgrenzungen und Klauselvarianten

a) Die kombinierte Nachfolge- und Umwandlungsklausel muß von der **Eintrittsklausel** 135 (Anm. 28) unterschieden werden. Die Eintrittsklausel gibt einen schuldrechtlichen Anspruch auf Eintritt in die Gesellschaft, z.B. auch als Kommanditist. Die **kombinierte Nachfolge- und Umwandlungklausel** befaßt sich dagegen mit der Nachfolge kraft Erbrechts. Die Vertragspraxis sollte zur Abgrenzung auf klare Formulierungen bedacht sein. Die forensische Praxis wird sich aber, wo es an solcher Klarheit fehlt, auf den Sinn und Zweck der Klausel und nicht auf den Wortlaut zu konzentrieren haben. Im Fall BGHZ 101, 123 = NJW 1987, 3184 war im Gesellschaftsvertrag davon die Rede, daß die Gesellschaft im Todesfall mit den Erben fortgesetzt werde und daß die „neu eintretenden Erben" Kommanditisten würden. Dies war keine Eintrittsklausel, sondern eine kombinierte Nachfolge- und Umwandlungsklausel. Mit den „neu eintretenden" Erben waren lediglich solche Erben gemeint, die nicht schon vor dem Erbfall Gesellschafter gewesen waren.

b) Die kombinierte Nachfolge- und Umwandlungsklausel kann als obligatorische Um- 136 wandlungsklausel, als Optionsklausel und als Klausel mit Umwandlungsautomatik formuliert sein (vgl. zur **Terminologie und Typologie** Karsten Schmidt BB 1989, 1704f.).

aa) Als **obligatorische Umwandlungsklausel** wird hier eine Vertragsklausel bezeichnet, 137 die dem Erben bzw. jedem Erben bzw. bestimmten Erben einen Anspruch auf Umwandlung des ererbten Anteils in einen Kommanditanteil einräumt. Das Recht sollte dahin formuliert (und kann bei Schweigen des Gesellschaftsvertrags u.U. dahin interpretiert) werden, daß der Umwandlungsanspruch binnen einer angemessenen Frist geltend gemacht werden muß, die tunlichst unter der Dreimonatsfrist des § 139 Abs. 3 oder jedenfalls nicht länger anzusetzen ist. Schweigt der Gesellschaftsvertrag hierüber, so muß durch ergänzende Auslegung untersucht werden, ob der Anspruch unbefristet, aber nach § 242 BGB verwirkbar, oder befristet eingeräumt werden sollte. Weigern sich die Mitgesellschafter, den ererbten Anteil in einen Kommanditanteil umzuwandeln, so kann der Berechtigte hierauf klagen. Da in diesem Fall die Umwandlung nicht mehr fristgemäß vonstatten gehen wird (§ 894 ZPO!), bleibt es dem Erben nach Abs. 5 unbenommen, seinen Austritt aus der Gesellschaft nach Abs. 2 zu erklären (vgl. Karsten Schmidt BB 1989, 1707 unter IV 5; unklar insofern ebd. S. 1705).

bb) Als **Optionsklausel** wird hier eine Klausel bezeichnet, wonach der Erbe die Um- 138 wandlung durch einseitige Erklärung gegenüber den Mitgesellschaftern ausüben kann. Eine Befristung auf drei Monate (vgl. § 139 Abs. 3) sollte bei einer solchen Klausel vorgeschrieben werden und wird auch bei Fehlen einer ausdrücklichen Vertragsregelung im Zweifel gewollt sein. Die Konditionen, zu denen der Berechtigte Kommanditist werden soll, müssen vertraglich festgelegt oder aber feststellbar sein. Im Zweifel sind dies dieselben, die bei einer Umwandlung nach § 139 Abs. 1 gelten. Fehlt es an hinreichender Bestimmtheit, so stehen dem Berechtigten Neuverhandlungs- und Vertragsänderungsansprüche zu. Ist die Klausel hinreichend bestimmt, so ist, auch wenn sie wie eine obligatorische Umwandlungsklausel formuliert ist, im Zweifel eine Optionsklausel gewollt. Dann ist auch unter haftungsrechtlichen Gesichtspunkten eine rechtzeitige

Umwandlung gesichert und das Austrittsrecht nach Abs. 2 ist, ohne daß Abs. 5 entgegenstünde, im Zweifel abbedungen (Karsten Schmidt BB 1989, 1705). Erkennen die Mitgesellschafter das Optionsrecht des Erben, etwa wegen unterschiedlicher Auslegung des Gesellschaftsvertrags, nicht an, so kann der Erbe gleichzeitig mit der Ausübung seines Optionsrechts hilfsweise den Austritt nach Abs. 2 erklären (zulässige Rechtsbedingung). Es kann dann ggf. in einem Feststellungsprozeß geklärt werden, ob der Gesellschafter aufgrund des Optionsrechts Kommanditist geworden oder aufgrund der Austrittserklärung ausgeschieden ist.

139 cc) Als **Klausel mit Umwandlungsautomatik** wird hier eine Vertragsklausel bezeichnet, nach der der Erbe bzw. die Erben bzw. einzelne Erben automatisch mit dem Erbfall Kommanditisten werden. Das Austrittsrecht nach Abs. 2 ist damit im Zweifel abbedungen. Abs. 5 steht nicht entgegen. Bei der Klausel mit Umwandlungsautomatik muß auf hinreichende Bestimmtheit geachtet werden. Es müssen nicht nur die Konditionen der Kommanditbeteiligungen im Zeitpunkt des Todes feststehen (im Zweifel sind dies dieselben, die im Anwendungsfall des § 139 Abs. 1 gelten), sondern feststehen muß auch, welche Erben Kommanditisten werden. Fehlt es daran, so kann die Klausel nur schuldrechtlich wirken und nur zur Vertragsanpassung verpflichten (Karsten Schmidt BB 1989, 1705). Bei der Formulierung der Klausel sollte besondere Vorsorge für den Fall getroffen werden, daß ein Erbe bereits unbeschränkt haftender Gesellschafter ist, denn niemand kann gleichzeitig Komplementär und Kommanditist sein (vgl. § 105 Anm. 47, § 161 Anm. 41). Es kann bestimmt werden, daß die Klausel für einen solchen Erben nicht gilt (so im Fall BGHZ 101, 123 = NJW 1987, 3184), aber auch, daß sich sein ganzer Anteil in einen Kommanditanteil umwandelt.

140 c) Durch **Gesellschafts-Umwandlungsklauseln** kann dafür gesorgt werden, daß die Gesellschaft nicht als „KG ohne Komplementär" dasteht und in diesem Fall aufgelöst ist (vgl. zu diesem Auflösungstatbestand § 131 Anm. 43). Die Gesellschafts-Umwandlungsklausel kann auf Umwandlung der Gesellschaft in eine GmbH zielen (§§ 46 ff. UmwG), praktisch eher auf die Gründung und Aufnahme einer Komplementär-GmbH (vgl. zur Fortsetzung der Gesellschaft als GmbH & Co. KG § 131 Anm. 71). In beiden Fällen bedarf die Vertragsklausel der notariellen Beurkundung (arg. §§ 48 UmwG, 2 GmbHG). Fehlt es daran, so ist aber der aus der Vertragsklausel ersichtliche Gesellschafterwille Orientierungspunkt bei der Bestimmung gesetzlicher, aus der Treupflicht begründeter Vertragsänderungspflichten.

3. Die Ausübung des Umwandlungsrechts und ihre Rechtsfolgen

141 a) Die Ausübung des Umwandlungsrechts hängt von der Art der Klausel (Anm. 135 ff.) ab. Eine Klausel mit **Umwandlungsautomatik** bedarf keiner Ausübung; ob sie zur Wirkung gelangt ist, wird ggf. im Feststellungsprozeß geklärt. Eine **Optionsklausel** wird durch einseitige Erklärung ausgeübt; die Rechtsfolgen unterliegen auch hier der richterlichen Feststellung. Die Rechte aus einer **obligatorischen Umwandlungsklausel** müssen ggf. eingeklagt werden, denn gegenüber den gesetzlichen Regeln des § 139 besteht bei einer solchen Klausel nur der Unterschied, daß der Erbe einen Anspruch auf Annahme des Angebots nach Abs. 1 hat. Ist die Rechtslage unklar, so kann der Erbe

Ausschließung aus der Gesellschaft § 140

mit der Geltendmachung seiner Rechte aus der Umwandlungsklausel vorsorglich eine Austrittserklärung nach Abs. 2 verbinden.

b) Die **Haftungsfolgen** entsprechen denen des § 139, denn die Kombination einer Umwandlungsklausel mit der Nachfolgeklausel stärkt nur die Rechte des Erben gegenüber den Mitgesellschaftern bei der Ausübung des Haftungsprivilegs aus Abs. 4 (eingehend Karsten Schmidt BB 1989, 1706 f.): Wenn die Klausel greift, haftet der Erbe nur noch nach den aus Anm. 112 ff. ersichtlichen Grundsätzen (unrichtig deshalb *Geßler,* der hier in der 4. Aufl. [Anm. 63] nur wegen des fehlenden Wahlrechts der Mitgesellschafter § 139 für unanwendbar erklärte und sich hierfür auf RG ZAkDR 1938, 638 m. Anm. Geßler berief). Wenn die Klausel nicht greift, verbleibt ihm das Recht aus Abs. 2. Wird der Erbe mittels der Umwandlungsklausel binnen drei Monaten Kommanditist, so wird er gestellt, als hätte er einen Kommanditisten beerbt. Seine Haftsumme wird, wenn die Gesellschafter nichts anderes bestimmen, nach Anm. 77 f. festgelegt, und der Erbe haftet im Rahmen dieser Haftsumme nur insoweit, als die ererbte Einlage vom Erblasser nicht eingezahlt worden ist (§ 171 Abs. 1) oder durch gegen § 122 verstoßende Entnahmen geschmälert worden ist (ähnlich auch Buchner DNotZ 1988, 479; abl. Saßenrath BB 1990, 1209 ff.). Der Erbe braucht also keine Einlage zu leisten, und es liegt auch nicht der haftungsrechtlich schwierige Fall der „Einbuchung" eines Kommanditisten (§§ 171, 172 Anm. 44) vor, denn der Erbe tritt nicht als Kommanditist in die Gesellschaft ein, sondern er macht von dem Haftungsprivileg des § 139 Gebrauch. Es kommt deshalb auch nicht darauf an, ob sein Kapitalkonto aktivisch oder passivisch ist und ob die Haftsumme, wie im Fall der Einbuchung erforderlich, durch die Werthaltigkeit des ererbten Anteils gedeckt ist (bedenklich insofern BGHZ 101, 123 = NJW 1987, 3184 m. Anm. Buchner DNotZ 1988, 467; Blaurock-Suttmeyer JuS 1989, 96; Frey ZGR 1988, 281; ausführliche Kritik an der BGH-Lösung bei Karsten Schmidt BB 1989, 1702 ff.; dagegen Saßenrath BB 1990, 1209 ff.). Dies wäre nur im Fall einer Eintrittsklausel erforderlich. Allerdings muß bei der **Registeranmeldung** und bei der Eintragung des Erben-Kommanditisten deutlich gemacht werden, daß kein Eintritt nach Maßgabe einer Eintrittsklausel, sondern eine Umwandlung des ererbten Anteils vorliegt (vgl. Anm. 77 c). **142**

140 (1) Tritt in der Person eines Gesellschafters ein Umstand ein, der nach § 133 für die übrigen Gesellschafter das Recht begründet, die Auflösung der Gesellschaft zu verlangen, so kann vom Gericht anstatt der Auflösung die Ausschließung dieses Gesellschafters aus der Gesellschaft ausgesprochen werden, sofern die übrigen Gesellschafter dies beantragen.

(2) Für die Auseinandersetzung zwischen der Gesellschaft und dem ausgeschlossenen Gesellschafter ist die Vermögenslage der Gesellschaft in dem Zeitpunkte maßgebend, in welchem die Klage auf Ausschließung erhoben ist.

Schrifttum: *Behr,* Der Ausschluß aus der Personengesellschaft im Spannungsfeld zwischen Vertrag und Status, ZGR 1985, 475; *Bräutigam,* Die Rechtsnachfolge in die Gesellschafterstellung als erledigendes Ereignis einer Ausschließungsklage?, in: Festschrift Quack, 1991, S. 189; *Breit,* Gerichtliche Auflösung der oHG und gerichtliche Ausschließung, JR 1926, 761, 857; *Bunte,* Wirksamkeitskontrolle gesellschaftsvertraglicher Hinauskündigungsklauseln, ZIP 1985, 915; *Eiselt,* Zum Ausschluß des Gesellschafters minderen Rechts unter Buchwertabfindung, in:

Festgabe v. Lübtow, 1980, S. 643; *Flume,* Die „Hinauskündigung" aus der Personengesellschaft, DB 1986, 629; *Grunewald,* Der Ausschluß aus Gesellschaft und Verein, 1988; *Hartmann,* Der ausscheidende Gesellschafter in der Wirtschaftspraxis, 4. Aufl. 1983; *Häuser,* Unbestimmte „Maßstäbe" als Begründungselement richterlicher Entscheidungen, 1981; *Hennerkes-Binz,* Zur Ausschließbarkeit von Gesellschaftern nach freiem Ermessen, NJW 1983, 73; *U. Huber,* Der Ausschluß des Personengesellschafters ohne wichtigen Grund, ZGR 1980, 177; *Alfred Hueck,* Gestaltungsklagen im Recht der Handelsgesellschaften, in: Recht im Wandel, Festschrift Carl Heymanns Verlag, 1965, S. 287; *Kohler,* Die Klage auf Zustimmung zum Ausschluß eines Gesellschafters, NJW 1951, 5; *Krämer,* Die gesellschaftsvertragliche „Ausschließung" aus der Personengesellschaft, NJW 1981, 2553; *Kreutz,* Hinauskündigungsklauseln im Recht der Personengesellschaften, ZGR 1983, 110; *Kulka,* Die gleichzeitige Ausschließung mehrerer Gesellschafter aus Personengesellschaften und GmbH, 1983; *Lindacher,* Die Klage auf Ausschließung eines oHG- bzw. KG-Gesellschafters, in: Festschrift für Paulick, 1973, S. 73; *Loritz,* Vertragsfreiheit und Individualschutz im Gesellschaftsrecht, JZ 1986, 1073; *Manke,* Das Recht zur Ausschließung aus der Personengesellschaft kraft Vertrages, 1978; *Merkel,* Ausschließung eines Gesellschafters aus einer handelsrechtlichen Personengesellschaft, BB 1960, 1039 und MDR 1961, 729; *Merle,* Die Verbindung von Zustimmungs- und Ausschlußklage bei den Personengesellschaften, ZGR 1979, 67; *Nickel,* Probleme der Ausschlußklage bei oHG und KG, JuS 1977, 14; *Papst,* Prozessuale Probleme bei Rechtsstreitigkeiten wegen Entziehung von Geschäftsführungs- bzw. Vertretungsbefugnis sowie Ausschließung eines Gesellschafters, BB 1978, 892; *Rinsche,* Das Verhältnis der materiellrechtlichen Voraussetzungen der Gesellschafterausschließung nach §§ 140, 142 HGB zu denen der Gesellschaftsauflösung nach § 133 HGB, Diss. Münster 1963; *Sandrock,* Zur Übernahme eines Unternehmens nach § 142 HGB, JR 1969, 323; *Scheifele,* Der Ausschluß aus der Gesellschaft als ultima ratio?, BB 1989, 792; *Schlosser,* Gestaltungsklagen und Gestaltungsurteile, 1966; *Karsten Schmidt,* Auflösungs- und Ausschließungsprozeß bei Personengesellschaften (in Vorbereitung für 1992); *Schramm,* Gesellschaftsvertragliche Vereinbarungen über das Verfahren bei der Ausschließung eines Gesellschafters aus oHG, MDR 1963, 174; *Stauf,* Der wichtige Grund bei der gesellschaftsvertraglichen Auflösungs- und Ausschließungsklage, 1980; *Ulmer,* Gestaltungsklagen im Personengesellschaftsrecht und notwendige Streitgenossenschaft, in: Festschrift für Geßler, 1971, S. 269; *H. P. Westermann,* Die Ausschließungsklage gemäß § 140 HGB – eine stumpfe Waffe?, NJW 1977, 2185; *Westermann-Pöllath,* Abberufung und Ausschließung von Gesellschaftern/Geschäftsführern in Personengesellschaften und GmbH, 3. Aufl. 1986; *Wünsch,* Die Ausschließungsklage bei Personalgesellschaften, JurBl. 1965, 447.

Inhalt

	Anm.		Anm.
I. Grundlagen	1–7	III. Das Verfahren	47–66
1. Bedeutung der Vorschrift	1	1. Verfahrensart und Zuständigkeiten	47
2. Anwendungsbereich	2	2. Die Parteien	49
3. Verhältnis der Vorschrift zu anderen Vorschriften	5	3. Klagantrag und Streitgegenstand	56
		4. Verfahrensverlauf	59
		5. Einstweiliger Rechtsschutz	61
II. Der Ausschließungsgrund	8–46	6. Urteil und Urteilswirkungen	63
1. Grundsatz	8	IV. Rechtsfolgen	67–70
2. Zurechnung	12	1. Die Ausschlußfolge	67
3. Verhältnismäßigkeit und Billigkeit	18	2. Die Abfindungsfolge	69
4. Verzicht, Verwirkung, Verzeihung	28	V. Abweichende Abreden	71–82
5. Kasuistik verhaltensbezogener Ausschließungsgründe	29	1. Abdingbarkeit des Ausschließungsrechts	71
6. Kasuistik der nicht-verhaltensbedingten Ausschließungsgründe	39	2. Vereinbarungen über das Ausschließungsverfahren	73
7. Die sog. Mitwirkungspflicht der Mitgesellschafter	43	3. Vereinbarungen über Ausschließungsgründe	75
		4. Ausschließung ohne wichtigen Grund	77

I. Grundlagen

1. Bedeutung der Vorschrift

1 Die Bestimmung gestattet den Gesellschaftern die **Ausschließung eines Mitgesellschafters.** Sie verknüpft die Normzwecke des § 133 mit denen des § 138, indem sie anstelle einer Auflösung aus wichtigem Grund die Ausschließung des Störers ermöglicht. Mit Hilfe des Ausschließungsrechts sollen die vertragstreuen Gesellschafter vor der Auflösung der Gesellschaft und einer Abwicklung unter Mitwirkung des untreuen Gesellschafters bewahrt werden (BGHZ 6, 114). Die Ausschließung erfolgt nicht, wie bei der Gesellschaft bürgerlichen Rechts, durch Kündigung (§ 737 BGB), sondern durch **Gestaltungsklage** (Schlosser S. 52; Alfred Hueck in Recht im Wandel S. 290). Durch bloße **Hinauskündigung** können Gesellschafter nur dann ausgeschlossen werden, wenn dies im Gesellschaftsvertrag vorgesehen und die Vertragsklausel wirksam ist (Anm. 73 ff., 77 ff.). Fehlt es daran, so genügt eine bloße Erklärung nicht (RG JW 1913, 548; s. auch Düringer-Hachenburg-Flechtheim Anm. 7: kein Ausschluß durch Einrede). Erst recht führt ein in der Person eines Gesellschafters liegender wichtiger Grund, insbesondere der Wegfall der für den Eintritt eines Gesellschafters in die Gesellschaft maßgebenden Geschäftsgrundlage, nicht automatisch zu seinem Ausscheiden. Die übrigen Gesellschafter können daraus allenfalls das Recht herleiten, seine Ausschließung im Wege der Klage zu betreiben (BGHZ 10, 44). Meistens gibt ein Fortfall der Geschäftsgrundlage nicht den Mitgesellschaftern ein Ausschließungsrecht, sondern dem betroffenen Gesellschafter ein Austrittsrecht (vgl. § 133 Anm. 62).

2. Anwendungsbereich

a) § 140 gilt für die **offene Handelsgesellschaft** sowie nach § 161 Abs. 2 auch für die **Kommanditgesellschaft**. Bei dieser können sowohl der Komplementär als auch die Kommanditisten ausgeschlossen werden. Auch eine **Ausschließung des einzigen Komplementärs einer KG** ist zulässig (BGHZ 6, 113, 114 = JZ 1952, 529 m. krit. Anm. Geßler; BGHZ 51, 198, 200 = NJW 1969, 507; BGHZ 68, 81, 82 = NJW 1977, 1012; Baumbach-Duden-Hopt Anm. 1 E; Ulmer in Großkomm Anm. 23 f.; Heymann-Emmerich Anm. 3; Straube-Koppensteiner Anm. 6). Folge der Ausschließung ist dann die Auflösung der Gesellschaft, sofern nicht gleichzeitig ein neuer Komplementär aufgenommen oder die Mitgliedschaft eines bisherigen Kommanditisten in die eines Komplementärs umgewandelt wird (§ 131 Anm. 43).

b) Die Gesellschaft muß **entstanden** sein und darf **nicht vollbeendigt** sein. Dazu genügt grundsätzlich der Abschluß des Gesellschaftsvertrags (Heymann-Emmerich Anm. 4; Ulmer in Großkomm Anm. 3; Straube-Koppensteiner Anm. 2; Hartmann S. 8). Die **fehlerhafte Beteiligung** – fehlerhafte Gesellschaft oder fehlerhafter Gesellschafterbeitritt – genügt (Wiesner, Die Lehre von der fehlerhaften Gesellschaft, 1980, S. 128; Ulmer in Großkomm Anm. 3; Fischer NJW 1955, 849, 852). Die Ausschließungsmöglichkeit besteht auch in einer **aufgelösten oHG oder KG** (RGZ 102, 375; BGHZ 1, 324, 330 f. zu § 142; OGHZ 3, 207; OGH NJW 1950, 184; Heymann-Emmerich Anm. 4; Straube-Koppensteiner Anm. 5; Hartmann S. 9; Alfred Hueck oHG § 29 I 2 c heute h. M.; anders noch RGZ 74, 62 zu § 142; eingehend Ritter ZHR 69 [1911] 292 ff.). Eine andere Frage ist die, ob in einer aufgelösten Gesellschaft ein wichtiger Ausschließungsgrund vorhanden ist. Solange nur die Abwicklung der Gesellschaft betrieben wird, ist dies eine seltene Ausnahme (Anm. 24). Nur wenn besondere Umstände eine ordnungsmäßige und gerechte Abwicklung gefährdet erscheinen lassen, kommt eine Ausschließung in Betracht (Hartmann S. 10). Vorrang hat die Abberufung vom Liquidatorenamt gemäß § 147 (Hartmann S. 10). Anders, wenn es um die Fortsetzung einer aufgelösten Gesellschaft geht und der Auszuschließende eine zumutbare Fortsetzung der Gesellschaft ohne triftigen Grund verhindert (Alfred Hueck oHG § 29 I 2c; Hartmann S. 9). Daß solche Fortsetzungspflichten oder Fortsetzungsobliegenheiten bestehen können, ist anerkannt (näher § 131 Anm. 64). Sofern beachtliche Gründe gegen eine Abwicklung sprechen und durch ein Ausscheiden kein anerkennenswertes Interesse des Gesellschafters berührt, er insbesondere von seiner Haftung freigestellt und mit dem vollen Liquidationserlös abgefunden wird, kann der Gesellschafter einer aufgelösten Gesellschaft vor die Alternative gestellt werden, sich an der Fortsetzung zu beteiligen oder auszuscheiden (BGH NJW-RR 1986, 256 = WM 1986, 68 = ZIP 1986, 91; s. auch schon BGH WM 1973, 990, 992; Hartmann S. 9). Ist er weder zu dem einen noch zu dem anderen bereit, so kann dies ein Ausschließungsgrund sein.

4 c) Bei der **Gesellschaft bürgerlichen Rechts** und bei der **stillen Gesellschaft** kennt das Gesetz **nicht** die Ausschließungsklage, sondern nur die Kündigung (vgl. Anm. 1; vgl. zu § 737 BGB näher Grunewald S. 32f.; für die stille Gesellschaft § 339 Abs. 1 = § 234 Abs. 1 n.F. Anm. 32.ff.). Das ist im Fall der Gesellschaft bürgerlichen Rechts dann unbefriedigend, wenn es sich um eine unternehmenstragende Gesellschaft handelt (dazu Karsten Schmidt Gesellschaftsrecht § 58 V 2). Im Fall der stillen Gesellschaft, die vom Gesetzgeber als ein rein zweigliedriges Schuldverhältnis angesehen wurde, ist der gesetzliche Rechtszustand dann unbefriedigend, wenn es sich um eine atypische stille Gesellschaft handelt (dazu § 335 = § 230 n.F. Anm. 67ff.). Liegt eine gesplittete Einlage vor (der Gesellschafter ist gleichzeitig Kommanditist und stiller Gesellschafter; vgl. § 335 = § 230 n.F. Anm. 77), so wird man davon auszugehen haben, daß der Ausschluß aus der Kommanditgesellschaft gleichzeitig die atypische stille Beteiligung eines solchen Kommanditisten beendigt (die Frage wird bisher, soweit ersichtlich, nicht diskutiert).

3. Verhältnis der Vorschrift zu anderen Vorschriften

5 a) Von der **Entziehung der Geschäftsführungs- und Vertretungsbefugnis** nach §§ 117, 127 unterscheidet sich die Ausschließungsklage durch den Streitgegenstand und durch die Schwere des Eingriffs. Dasselbe gilt im Verhältnis zur **Abberufung als Liquidator nach § 147**. Nach dem Prinzip der Verhältnismäßigkeit hat deshalb die Entziehung der Geschäftsführungs- und Vertretungsbefugnis den Vorrang vor der Ausschließung. Es sind deshalb an den wichtigen Grund des § 140 strengere Anforderungen zu stellen als bei §§ 117, 127 (RGZ 146, 169, 180f.; RG JW 1933, 98, 99; OGHZ 1, 33, 39; BGHZ 4, 108, 112 zu § 142; BGH WM 1971, 20, 22; 1977, 500, 502f.; Alfred Hueck oHG § 29 I 2c; krit. Stauf S. 45 ff.). Ein die Entziehung der Geschäftsführungsbefugnis oder der Vertretungsmacht rechtfertigender wichtiger Grund genügt für die Ausschließung nur dann, wenn die Störung des Gesellschaftsverhältnisses durch die bloße Beseitigung der Geschäftsleiterzuständigkeiten nicht behoben werden kann. Prozessual stellt der Antrag nach § 117 oder nach § 127 einen anderen Streitgegenstand dar als ein Antrag nach § 140. Es ist deshalb ggf. sinnvoll, die Anträge nach § 140 und nach §§ 117, 127 als Eventualanträge zu verbinden (Anm. 57). Stellen die Kläger nur einen Antrag nach § 140, hält aber das Gericht diesen Antrag für unbegründet und nur eine Klage nach

§ 117 oder nach § 127 für begründet, so kann das Gericht nicht unter Teilabweisung der Klage die Geschäftsführungs- oder Vertretungsbefugnis entziehen. Hierzu muß – ggf. als Eventualklage – ein besonderer Antrag nach § 117 oder § 127 gestellt werden.

b) Auch im **Verhältnis zur Auflösungsklage nach § 133** meint eine hergebrachte Auffassung, die Ausschließung sei ein besonders schwerwiegender Eingriff und deshalb nur aus besonders gewichtigem Grund zulässig (RGZ 24, 136, 138; RG LZ 1932, 1144, 1145; vgl. ferner z.B. Alfred Hueck oHG § 29 I 2c; Baumbach-Duden-Hopt Anm. 2 A; einschr. RG JW 1938, 2752, 2753). Diese Auffassung wird mehr und mehr abgelehnt (vgl. Karsten Schmidt Gesellschaftsrecht § 50 III 1b; Hartmann S. 6f.; Rinsche S. 28 ff., 90 ff.; Kulka S. 98 f.; Stauf S. 47; Straube-Koppensteiner Anm. 7; Ulmer in Großkomm Anm. 16; insofern treffend auch Scheifele BB 1989, 792 ff.). Nur aus der Sicht des betroffenen Gesellschafters ist die Ausschließung der weitergehende Eingriff. Aus der Sicht der Gesellschaft ist sie der minder schwere Eingriff. Der Unterschied kann schon aus diesem Grund nicht darin bestehen, daß der Grund einmal wichtiger und einmal minder wichtig zu sein hat. **Der wichtige Grund** bei § 140 unterscheidet sich von dem des § 133 nicht durch seine Schwere, sondern durch seine **einseitige Gewichtung**: § 140 setzt – im Gegensatz zu § 133 – voraus, daß „gesellschaftsfeindliche" und „gesellschaftstreue" Gesellschafter unterschieden werden können (Karsten Schmidt Gesellschaftsrecht § 50 III 1b).

c) Schließlich wird die Ausschließungklage zur **Übernahmeklage nach § 142** in ein Stufenverhältnis gestellt, dergestalt, daß die Übernahmeklage das letzte Mittel ist (BGHZ 4, 108, 110; Baumbach-Duden-Hopt § 142 Anm. 1B; Ulmer in Großkomm § 142 Anm. 12 f.; ebenso hier in der 4. Aufl. Geßler § 142 Anm. 3). Auch dem ist in dieser Form nicht zu folgen (Karsten Schmidt Gesellschaftsrecht § 50 III 2a, c). Die Übernahmeklage nach § 142 stellt nichts anderes dar als eine Anwendung der Ausschließungsklage auf den Fall, daß keine Mehrpersonengesellschaft mehr übrigbleibt (§ 142 Anm. 3). Auch der Ausschließungsgrund kann deshalb im Fall des § 142 kein anderer sein als im Fall des § 140 (vgl. § 142 Anm. 4). Die Anforderungen an eine Übernahme nach § 142 sind in der Praxis nur deshalb besonders streng, weil hier ein einziger Gesellschafter als „gesellschaftstreu" angesehen wird und zum Ausschluß seines Mitgesellschafters bzw. aller seiner Mitgesellschafter befugt sein muß. Die für die Ausschließungsklage charakteristische einseitige Gewichtung (Anm. 6, 8) ist i.d.R. leichter festzustellen, wenn mehrere gesellschaftstreue Gesellschafter gegen einen Störer vorgehen.

II. Der Ausschließungsgrund

1. Grundsatz

a) Die Ausschließung eines Gesellschafters setzt nach dem Gesetzeswortlaut voraus, daß **in der Person dieses Gesellschafters** ein Umstand eintritt, der nach § 133 für die übrigen Gesellschafter das Recht begründet, die Auflösung der Gesellschaft zu verlangen. Damit schließt sich § 140 eng an § 133 an. Diese Systematik des Gesetzes ist mißverständlich. Richtig ist, daß die Ausschließung wie die Auflösung einen wichtigen Grund voraussetzt. Richtig ist auch, daß im Einzelfall dieselben Tatsachen, die zur

Auflösungsklage berechtigen können, auch die Ausschließung tragen können. Aber ein wichtiger Grund muß sich stets auf die **konkrete Rechtsfolge** beziehen, im Fall des § 140 also auf die Ausschließung des betroffenen Gesellschafters und nicht auf die Auflösung der Gesellschaft. Rechtssystematisch ist deshalb der Ausschließungsgrund vom Auflösungsgrund zu unterscheiden. Wie bei Anm. 6 festgestellt, ist die **einseitige Gewichtung** das Charakteristikum des wichtigen Grundes bei § 140. Voraussetzung für eine Ausschließung ist ein Sachverhalt, der den verbleibenden Gesellschaftern eine Fortsetzung mit gerade diesem Gesellschafter unzumutbar macht (RGZ 24, 136, 138; BGHZ 31, 295, 304 f.; OLG Köln JR 1964, 22; OLG Hamm BB 1972, 722; Hartmann S. 11; Baumbach-Duden-Hopt Anm. 1 A; Düringer-Hachenburg-Flechtheim Anm. 2; Ulmer in Großkomm Anm. 4, 6; Heymann-Emmerich Anm. 9; s. auch für die Gesellschaft bürgerlichen Rechts BGH WM 1965, 1037, 1038; für die personalistische GmbH BGHZ 80, 346, 350 = NJW 1981, 2302). Es genügt also nicht jede unüberbrückbare Störung des Gesellschaftsverhältnisses, sondern nur eine solche, die es erlaubt, zwischen „gesellschaftstreuen" Gesellschaftern und dem „gesellschaftsfeindlichen" oder sonst für die Mitgesellschafter nicht mehr tragbaren Gesellschafter zu unterscheiden (Anm. 6).

9 b) Einen **Bezug zum Gesellschaftsverhältnis** muß der wichtige Grund haben. Dieser Bezug zum Gesellschaftsverhältnis wird sich häufig schon aus der Ursache der Störung ergeben (z.B. bei nachhaltigem Verstoß gegen gesellschaftsvertragliche Haupt- oder Nebenpflichten). Es genügt aber, wenn sich die Folgen der Störung nachhaltig auf das Gesellschaftsverhältnis auswirken (BGHZ 4, 108, 114 = NJW 1952, 461 zu § 142; Baumbach-Duden-Hopt Anm. 2 G). Nach h. M. sind rein private Verfehlungen grundsätzlich unbeachtlich (BGHZ 4, 108, 113 f. zu § 142; BGH BB 1973, 62 = NJW 1973, 92; Baumbach-Duden-Hopt Anm. 2 G; einschr. Lindacher NJW 1973, 1169 ff.). Trotzdem hat die Rechtsprechung in Einzelfällen Störfälle im persönlichen Bereich als ausreichend betrachtet, so u. U., wenn es in einer Familiengesellschaft zu ehebrecherischen Beziehungen kommt (vgl. BGH BB 1973, 62 = NJW 1973, 92) oder wenn eine Ehe, die Geschäftsgrundlage für die Gesellschafteraufnahme war, wieder geschieden wird (OLG Bremen BB 1972, 811, 813).

10 c) Der wichtige Grund ist ein **prognostischer Tatbestand**. Bei seiner Abgrenzung in praktischen Fällen ist wie bei § 133 zwischen **verhaltensbezogenen und nicht verhaltensbezogenen wichtigen Gründen** zu unterscheiden (§ 133 Anm. 10). Bei verhaltensbezogenen Gründen orientiert sich das Gericht an einem in der Vergangenheit liegenden Verhalten des Gesellschafters oder an dem ihm zuzurechnenden Verhalten eines Dritten. Bei nicht verhaltensbezogenen Gründen orientiert es sich an einem in der Gegenwart liegenden Zustand. Gegenstand der Abwägung ist aber stets, ob die **künftige Fortsetzung des Gesellschaftsverhältnisses** aufgrund dieses Verhaltens oder dieses Zustands unzumutbar scheint. Ob ein wichtiger Grund vorliegt, kann stets nur unter **umfassender Würdigung der Umstände des Einzelfalls** festgestellt werden (vgl. Westermann Handbuch [Lfg. 1978] I 408; Heymann-Emmerich Anm. 12; Ulmer in Großkomm Anm. 4). Dazu ist ein indizieller Rückgriff auch auf einen Zeitraum, da der Gesellschafter der Gesellschaft nicht angehörte, nicht prinzipiell ausgeschlossen (vgl. BGHZ 18, 350, 357 ff. mit bedenklicher Einschränkung auf S. 364).

d) Die **einseitige Gewichtung** des persönlichen Ausschließungsgrundes muß **allen ver- 11 bleibenden Mitgesellschaftern gegenüber** bestehen (RGZ 122, 312, 315; Ulmer in Großkomm Anm. 12; Westermann Handbuch [Lfg. 1978] I 410; krit. Lindacher, BB 1974, 1610 ff.; ders. GesRZ 1975, 13 f.). Auch wenn ein wichtiger Grund vorliegt, kann einem Gesellschafter nicht zugemutet werden, daß das Gesellschaftsverhältnis (auch) von solchen Gesellschaftern ohne ihn fortgesetzt wird, die ihrerseits, z. B. wegen eigenen gleichermaßen pflichtwidrigen Verhaltens, von ihm die Ausschließung nicht verlangen können. In einem solchen Fall bleibt den gesellschaftstreuen Gesellschaftern nur die Möglichkeit, die Ausschließungsklage auch gegen den betreffenden Mitgesellschafter zu betreiben oder die Gesellschaft aufzulösen (RGZ 122, 312, 315; Ulmer in Großkomm Anm. 12; Straube-Koppensteiner Anm. 9; Heymann-Emmerich Anm. 13). **Rechtsnachfolge auf Seiten der ausschließungsberechtigten Gesellschafter** läßt das Ausschließungsrecht i. d. R. fortbestehen (vgl. RGZ 153, 274, 278; BGH WM 1965, 359 für § 142; Baumbach-Duden-Hopt Anm. 2F; Ulmer in Großkomm Anm. 8; Heymann-Emmerich Anm. 11). Gleichwohl muß geprüft werden, ob die Fortsetzung des Gesellschaftsverhältnisses gerade auch dem neuen Gesellschafter unzumutbar ist. Bei der Würdigung von Verfehlungen des auszuschließenden Gesellschafters sind Pflichtverletzungen des Rechtsvorgängers kompensatorisch zu berücksichtigen (RGZ 153, 274, 279; BGHZ 32, 17, 31 für Ausschluß aus Zweimann-GmbH; BGH WM 1971, 20, 21; Ulmer in Großkomm Anm. 8; Alfred Hueck oHG § 29 I 2 eß in Fn. 13; s. aber Baumbach-Duden-Hopt Anm. 2F). Eine solche Berücksichtigung entfällt aber, wenn der auszuschließende Gesellschafter den Ausschließungsgrund entweder erst nach dem Ausscheiden des Rechtsvorgängers oder ohne inneren Zusammenhang mit dessen Verfehlungen verwirklicht hat (vgl. OGHZ 3, 203, 211 f. zu § 142).

2. Zurechnung

Der **in der Person des auszuschließenden Gesellschafters** liegende wichtige Grund **12** muß diesem Gesellschafter **zuzurechnen** sein. Wie bei § 133 Anm. 10 sind **verhaltensbezogene** und **nicht verhaltensbezogene** wichtige Gründe zu unterscheiden. Bei den **nicht verhaltensbezogenen wichtigen Gründen** besteht der wichtige Grund in einem auf die Person dieses Gesellschafters bezogenen **Zustand** (z. B. Verbüßung einer Strafhaft [OGH NJW 1950, 184 zu § 142], unheilbare Krankheit [RGZ 146, 169, 176]; Zugehörigkeit zu einem Feindstaat [RGZ 146, 169, 176; RG SeuffArch 95, 164, 165]). Als wichtigen Grund nennt § 133 Abs. 2 beispielhaft den Fall, daß dem Gesellschafter die Erfüllung einer wesentlichen Pflicht unmöglich wird. Probleme wirft die **Zurechnung bei einem verhaltensbezogenen Ausschließungsgrund** auf. Stets ist zu bedenken, daß das Verhalten nur prognostisch im Hinblick auf eine künftige Unzumutbarkeit von Belang ist (Anm. 10).

a) Für die **Zurechnung eigenen Verhaltens des Gesellschafters** als Ausschließungsgrund **13** ist ein Verschulden weder für sich allein ausreichend, noch ist es erforderlich (RGZ 24, 136, 138; BGH LM Nr. 2; WM 1977, 500, 502; Heymann-Emmerich Anm. 7; Ulmer in Großkomm Anm. 9; H. P. Westermann NJW 1977, 2185; vgl. auch OGH Wien GesRZ 1984, 105, 106). Das schließt nicht aus, daß bei der Feststellung des wichtigen Ausschließungsgrundes im Einzelfall das Maß des Verschuldens eine Rolle spielt, insbesondere geringes Verschulden zugunsten des Gesellschafters gewertet wird (vgl. z. B. BGH LM Nr. 2; Alfred Hueck oHG § 29 I 2; Heymann-Emmerich Anm. 7). Das Gesetz selbst stellt dies in § 133 Abs. 2 klar. Danach ist ein wichtiger Grund insbesondere vorhanden, wenn der Gesellschafter eine ihm nach dem Gesellschaftsvertrag obliegende wesentliche Verpflichtung vorsätzlich oder aus grober Fahrlässigkeit verletzt oder wenn die Erfüllung einer solchen Verpflichtung unmöglich wird. Die hier genannten wichtigen Gründe haben, wie der Gesetzeswortlaut selbst verdeutlicht, keine abschließende Bedeutung. Eine Kompensation durch Mitverschulden der Mitgesellschafter findet nicht nach den Grundsätzen des § 254 BGB statt, sondern im Rahmen der bei Anm. 19 ff. dargestellten Billigkeitsprüfung (RG HRR 1941, 777; BGH WM 1957, 582, 583 zu § 142; Heymann-Emmerich Anm. 14).

14 b) Das **Verhalten eines Rechtsvorgängers** ist dem Gesellschafter i. d. R. nicht zuzurechnen (std. Rspr.; vgl. RGZ 108, 388 zu § 142; 109, 80, 82 f. zu § 142; RGZ 153, 274, 278; RG JW 1925, 946; BGHZ 1, 324, 330 zu § 142; BGH WM 1958, 49, 50; BB 1958, 58; Baumbach-Duden-Hopt Anm. 2 F; Ulmer in Großkomm Anm. 8; Heymann-Emmerich Anm. 11; a. A. Bräutigam in Festschrift Quack S. 191 ff.; Hachenburg JW 1925, 244). Wenn der Rechtsnachfolger an Verfehlungen des ausgeschiedenen Gesellschafters beteiligt war, wirkt der wichtige Grund allerdings auch gegen ihn (RGZ 109, 80, 82 f. zu § 142; RGZ 153, 274, 278). Erst recht gilt dies, wenn der Rechtsnachfolger, z. B. als Treuhänder, vom auszuschließenden Gesellschafter abhängig bleibt. Auch sonst bleibt das Ausschließungsrecht im Fall der Rechtsnachfolge bestehen, wenn nach Lage des Falls die Fortsetzung des Gesellschaftsverhältnisses auch im Verhältnis zum Rechtsnachfolger unzumutbar bleibt. Insbesondere kann es sich so verhalten, daß aus dem Verhalten des Rechtsvorgängers ein unzumutbarer Dauerzustand resultiert, der auch ein Verbleiben des Rechtsnachfolgers unzumutbar macht.

15 c) Das **Verhalten eines gesetzlichen Vertreters** wird dem Gesellschafter grundsätzlich wie eigenes zugerechnet (BGH WM 1977, 500, 502 für Geschäftsführer einer Gesellschafter-GmbH; RGZ 105, 376, 377 zu § 142 für Übergriffe eines Pflegers; Heymann-Emmerich Anm. 9; Ulmer in Großkomm Anm. 7). Vielfach wird allerdings die Bestellung eines anderen Vertreters oder eine Maßnahme nach §§ 117, 127 die Beeinträchtigung beseitigen; dann kann die Ausschließungsklage auf dieses Verhalten nicht gestützt werden (vgl. Anm. 18). Die Abberufung eines gesetzlichen Vertreters, z. B. des Geschäftsführers einer Gesellschafter-GmbH, beseitigt allerdings den in seiner Person bestehenden wichtigen Grund nur, wenn künftige Einflußnahme auf den Gesellschafter mit hinreichender Sicherheit ausgeschlossen ist (BGH WM 1977, 500, 502; H. P. Westermann NJW 1977, 2185 ff.). Auch das **Verhalten von Gehilfen,** die der Gesellschafter in seine gesellschaftsrechtlichen Pflichten einschaltet, kann dem Gesellschafter zuzurechnen sein, jedoch nicht pauschal im Sinne von § 278 BGB, sondern nur im Sinne des prognostischen Unzumutbarkeitstatbestandes (der Verbleib des Gesellschafters muß nach Lage des Falls unzumutbar sein, z. B. weil er künftige Rechtsverletzungen nicht verhindert).

16 d) Das **Verhalten eines herrschenden Unternehmens** (§ 17 AktG) ist einem Gesellschafter, der selbst ein abhängiges Unternehmen im konzernrechtlichen Sinne ist, zuzurechnen, sofern das Herrschaftsverhältnis fortbesteht (in Praxis und Lehre noch nicht hinreichend diskutiert). Auch das **Verhalten eines Treugebers** ist einem Treuhandgesellschafter jedenfalls dann zuzurechnen, wenn der Treugeber die Möglichkeit hat, auf das Verhalten des Gesellschafters einzuwirken und (oder) die Beteiligung zurückzuerwerben (BGHZ 32, 17, 33 = NJW 1960, 866; BGH WM 1968, 221, 222 zu § 142; vgl. auch Heymann-Emmerich Anm. 10; Ulmer in Großkomm Anm. 7).

e) **Hinsichtlich des Verhaltens sonstiger Dritter**, insbesondere naher Angehöriger, muß im Einzelfall darauf abgestellt werden, ob dieses ausreicht, um die künftige Mitgliedschaft gerade dieses Gesellschafters für die Mitgesellschafter unzumutbar zu machen (vgl. BGH WM 1958, 49, 50; OLG Stuttgart DB 1961, 1644; Ulmer in Großkomm Anm. 7; Heymann-Emmerich Anm. 9). Ohne weiteres, nämlich kraft eigenen Verhaltens, ist dem Gesellschafter das Verhalten eines Dritten zuzurechnen, wenn er es veranlaßt, nicht verhindert oder gedeckt hat (vgl. BGH WM 1958, 49, 50; 1961, 886, 888; OLG Stuttgart DB 1961, 1644 zu § 142).

3. Verhältnismäßigkeit und Billigkeit

a) Der Ausschluß eines Gesellschafters steht unter dem **Vorbehalt der Verhältnismäßigkeit und der Billigkeit**. Ein **milderes Mittel** hat Vorrang, wenn es den Beteiligten zuzumuten ist. Dieser Grundsatz beherrscht bis heute die Rechtsprechung (voreilig der entgegenstehende Befund bei Scheifele BB 1989, 792ff.). Deshalb ist die Ausschließungsklage abzuweisen, wenn die bestehende Unzumutbarkeit auch durch eine Klage auf **Entziehung der Geschäftsführungs- und Vertretungsbefugnis** abgestellt werden kann (vgl. RGZ 146, 169, 180f.; RG JW 1933, 98f.; OGHZ 1, 33, 39; BGHZ 4, 108, 112 zu § 142; BGH WM 1971, 20, 22; 1977, 500, 502f.; std. Rspr.; Heymann-Emmerich Anm. 15; Ulmer in Großkomm Anm. 18; Alfred Hueck oHG § 29 I 2 cß). Zu den Grenzen dieses ultima-ratio-Gedankens vgl. Anm. 31. Auch durch die **Möglichkeit einer Vertragsänderung** – zu der der Auszuschließende allerdings auch bereit sein muß – kann der Ausschließungsgrund zurückgedrängt werden (vgl. BGHZ 4, 108, 112 zu § 142; BGH LM Nr. 13 zu § 142; WM 1961, 886, 887 zu § 142; 1971, 20, 22; Alfred Hueck oHG § 29 I 2 cß; Heymann-Emmerich Anm. 16; Baumbach-Duden-Hopt Anm. 1A, 2E). In Betracht kommen z.B. die Umwandlung der Mitgliedschaft in eine Komanditistenstellung oder in eine stille Beteiligung (vgl. RGZ 146, 169, 182; RG JW 1938, 2212f.; BGHZ 4, 108, 112; BGH WM 1971, 20, 22; BGH LM Nr. 13 zu § 142), der Verzicht auf die Geschäftsführungs- und Vertretungsbefugnisse (vgl. RG JW 1933, 98, 99). Naturgemäß kann es nicht darum gehen, die Ausschließungsregelung des § 140 unpraktikabel zu machen und einem unerträglich gewordenen Mitgesellschafter formale Verteidigungspositionen zur Verfügung zu stellen. Die abstrakte Möglichkeit einer Vertragsänderung beseitigt deshalb den wichtigen Grund nicht. Die fehlende Bereitschaft zu einer Vertragsänderung kann sogar die Notwendigkeit einer Ausschließung unterstreichen. Grundsätzlich ist es Aufgabe des Auszuschließenden – ggf. auch auf Anregung des Gerichts – eine solche mildere Lösung anzubieten (vgl. BGH WM 1975, 769, 770; s. auch BGHZ 18, 350, 362ff., wo die Kläger einen zumutbaren und vom Beklagten akzeptierten Vergleichsvorschlag abgelehnt hatten). In Anbetracht der mit einem Ausschluß verbundenen Härte kann es aber auch Sache der Kläger sein, dem auszuschließenden Gesellschafter zunächst ein Kompromißangebot zu machen, nach dessen Ablehnung oder Nichtbeachtung er ausgeschlossen werden kann (vgl. der Sache nach RGZ 146, 169, 182; RG JW 1938, 2212, 2213 zu § 142).

19 b) Der **Billigkeitsprüfung** kommt wegen der mit der Ausschließung verbundenen Belastung eines einzelnen Gesellschafters besondere Bedeutung zu (RGZ 146, 169, 179; RG JW 1938, 2212, 2213; RG HRR 1941, 777 zu § 142).

20 aa) Bei **verhaltensbezogenen Ausschließungsgründen** kommt es auf die **Zurechnung der eingetretenen Zerrüttung unter den Gesellschaftern** an, weil erst die Scheidung in „gesellschaftstreue" und „gesellschaftsfeindliche" Mitgesellschafter den wichtigen Grund nach § 140 ausmacht (Anm. 6). Unproblematisch sind i.d.R. die **Fälle alleiniger Verantwortung** des Beklagten (vgl. RGZ 24, 136, 139; BGHZ 31, 295, 303f., 306ff.; BGH WM 1975, 774, 775). Häufig haben beide Seiten zu der Zerrüttung der Vertrauensbeziehung beigetragen. Hier verbietet sich eine schematische Betrachtung etwa in dem Sinne, daß die Ausschließung generell ausgeschlossen ist oder generell den trifft, der den ersten oder den gröbsten Verstoß gegen Gesellschafterpflichten begangen hat. Bei **wechselseitiger Mitverantwortung** ist ein Verbleiben des Gesellschafters den Mitgesellschaftern um so eher zumutbar, je geringer sein Beitrag zu der eingetretenen Störung ist (BGH BB 1952, 649; WM 1977, 500, 502). Auch müssen Mitgesellschafter, die selbst gesellschaftswidrig gehandelt haben, sich sein Verbleiben eher zurechnen lassen (BGHZ 4, 108, 111 zu § 142; RG HRR 1941, 777; BGH WM 1968, 221, 222 zu § 142). Es gibt **keine schematische Verschuldenskompensation** (RG HRR 1941, 777 zu § 142; BGH WM 1957, 582, 583 zu § 142; Heymann-Emmerich Anm. 14; Westermann Handbuch [Lfg. 1975] I 410). Einerseits beseitigt bloße Mitverantwortung der Kläger nicht generell ihr Ausschließungsrecht (RGZ 122, 312, 313; BGHZ 4, 108, 111 zu § 142; BGH WM 1957, 582, 583 zu § 142; WM 1961, 32, 33; allg. A.). Umgekehrt kann ein überwiegendes Verschulden des Beklagten zwar ausreichen (vgl. BGHZ 80, 346, 352 sowie BGHZ 32, 17, 35 für Ausschließung aus einer personalistischen GmbH; Ulmer in Großkomm Anm. 11; Heymann-Emmerich Anm. 14), genügt aber nicht in jedem Fall (vgl. BGHZ 16, 317, 322f. [personalistische GmbH]; 32, 17, 35 [personalistische GmbH]; 80, 346, 351f. [personalistische GmbH]; BGH WM 1957, 582 zu § 142; Heymann-Emmerich Anm. 14; Sandrock JR 1969, 329).

21 bb) Die **persönlichen und wirtschaftlichen Folgen** für den Auszuschließenden werden berücksichtigt. Dazu zählen etwa der Verlust der Lebensstellung (BGH WM 1971, 20, 22) sowie die Chancen für einen wirtschaftlichen Neubeginn, die vom Alter (dazu RGZ 146, 169, 179; BGH WM 1971, 20, 22) oder auch von dem Bestehen eines Wettbewerbsverbotes abhängen können (dazu RGZ 146, 169, 179). Auch kann nach Lage des Falls bei einem verdienten Gesellschafter die Billigkeit eines Ausschlusses davon abhängen, daß er mit einer angemessenen Altersversorgung verbunden wird (BGHZ 6, 113, 118). Mit zu berücksichtigen ist die dem Auszuschließenden angebotene Abfindungsregelung (RG JW 1938, 2212, 2213 zu § 142; BGH LM Nr. 4 zu § 133), und zwar auch die wirtschaftliche Realisierbarkeit dieser Regelung (vgl. BGH WM 1965, 359 zu § 142; s. auch BGH LM Nr. 6 zu § 142). U.U. müssen die verbleibenden Gesellschafter dem Auszuschließenden ein Angebot machen, durch das ein unzumutbarer Nachteil für diesen abgewendet und auch der Anschein vermieden wird, die verbleibenden Gesellschafter wollten sich unter Ausnutzung der günstigen Gelegenheit ungebührliche Vorteile verschaffen (RGZ 146, 169, 182; RG JW 1938, 2212, 2213 zu § 142; RG JW 1938, 2752, 2753 zu § 142). Grundsätzlich nicht zu berücksichtigen ist dagegen, daß der auszuschließende Gesellschafter auch künftig für die bereits begründeten Verbindlichkeiten der Gesellschaft weiterhaftet (dazu § 128 Anm. 41). Denn die verbleibenden Gesellschafter müssen den ausscheidenden gemäß § 738 Abs. 1 BGB von gemeinschaftlichen Schulden befreien bzw. Sicherheit bei noch nicht fälligen Schulden leisten (BGH WM 1964, 201 zu § 142).

cc) Besonderes Gewicht bei der Billigkeitsprüfung haben die **Leistungen und Verdienste** des Auszuschließenden. Das gilt vor allem dann, wenn die Kläger keine entsprechenden Verdienste aufzuweisen haben (BGH BB 1952, 649). Die Ausschließung trifft einen Gesellschafter besonders hart, wenn er als Gründungsgesellschafter die wirtschaftlichen Werte der Gesellschaft durch persönlichen Einsatz geschaffen hat (BGH BB 1952, 649; BGH WM 1977, 500, 502; BGH WM 1966, 29, 31 für stille Gesellschaft; RG HRR 1941, 777 zu § 142) und der Aufbau des Unternehmens als das Lebenswerk des Auszuschließenden erscheint (BGH WM 1971, 20, 22). Daneben kommt es auch darauf an, in welchem Umfang der Gesellschafter der Gesellschaft **materielle Werte** zugeführt hat (BGHZ 4, 108, 111 zu § 142; 6, 113, 117; 46, 392, 396 f.; RG HRR 1941, 777 zu § 142; BGH WM 1968, 221, 222 zu § 142; BGH WM 1973, 11, 12). Nutzungsmöglichkeiten, die der Gesellschaft verbleiben, müssen u. U. kompensiert werden (vgl. zu § 142 BGH BB 1989, 104). Entscheidungserheblich ist auch, von wem ein bereits bestehendes Unternehmen in die Gesellschaft eingebracht worden ist (RGZ 146, 169, 179; BGH WM 1961, 886, 887 zu § 142; OLG Hamburg HansRZ [B] 1929, 520, 522; a. A. anscheinend Baumbach-Duden-Hopt Anm. 1 D; s. auch BGHZ 51, 204, 207 zu § 142, wo es der BGH für unerheblich hält, von wem Grundbesitz eingebracht worden ist). Auch diese Billigkeitserwägungen können freilich durch Gegenaspekte überwunden werden (vgl. BGH WM 1968, 221, 222 zu § 142 für einen Gesellschafter, der nach eigenen Aufwendungen die Gesellschaft eigennützig geschädigt hat).

dd) Für die Zumutbarkeit des Ausschlusses kommt es auch auf die **Gestaltung des Gesellschaftsverhältnisses** an. Hierher gehört zunächst die **personalistische oder kapitalistische Struktur** der Gesellschaft (vgl. BGHZ 18, 350, 360 f. zu § 142). Privilegiert der Gesellschaftsvertrag den Auszuschließenden innerhalb der Gesellschaft, so erschwert diese Bevorzugung u. U. seine Ausschließung (BGH WM 1977, 500, 502). Entsprechendes gilt, wenn durch die Gestaltung des Gesellschaftsvertrages eine besonders feste Bindung bezweckt war, z. B. durch die Vereinbarung einer Mindestdauer oder durch die wirtschaftliche Benachteiligung vorzeitig Ausscheidender (RGZ 146, 169, 180). Auch bei der **Ausschließung des einzigen Komplementärs** ist die Notwendigkeit dieses einschneidenden Eingriffs besonders gründlich zu prüfen (vgl. BGHZ 6, 113, 117 f.; BGH WM 1971, 20, 22). Umstritten ist, ob die **Größe des Anteils** des Auszuschließenden zu berücksichtigen ist (dagegen grundsätzlich BGHZ 51, 204, 207 zu § 142; Baumbach-Duden-Hopt Anm. 1 D; s. aber für bei extrem geringfügigen Anteil BGHZ 6, 113, 117; bedenklich v. Stetten GmbHR 1982, 106 f., der Minderheitsgesellschaftern, die unter 25% Kapitalanteil vertreten, gegenüber den Mehrheitsgesellschaftern die Ausschließung versagen will). Richtig ist, daß die Größe des betroffenen Anteils Maßstab dafür ist, wie einschneidend die Ausschließung wirkt. Regelmäßig wird mit der Einräumung eines größeren Kapitalanteils auch eine Stärkung der Position des Gesellschafters, im Fall der Ausschließung also ein besonders einschneidender Rechtsverlust, verbunden sein. Bei verhaltensbezogenen Ausschließungsgründen ist allerdings zu beachten, daß der besondere Einfluß eines Gesellschafters auch besondere Treupflichten mit sich bringen kann. Im Verhältnis zum Beklagten kommt es auf die Interessen der verbleibenden Gesellschafter nicht entscheidend an. Er kann grundsätzlich nicht auf der Auflösung bestehen, wenn eine Fortsetzung der Gesellschaft eine liquidationsbedingte Verschleuderung von Gesellschaftsvermögen vermeiden kann (BGH WM 1964, 201 zu § 142; s. dagegen aber BGH WM 1965, 359 zu § 142). Droht allerdings wegen der Unfähigkeit der verbleibenden Gesellschafter der alsbaldige Zusammenbruch des Unternehmens und wird dadurch der Auseinandersetzungsanspruch des Beklagten gefährdet, so erhält dieser Aspekt ein entscheidendes Gewicht (BGH WM 1965, 359 zu § 142).

24 **ee)** Nach **Auflösung der Gesellschaft** ist der Ausschluß nur unter erschwerten Voraussetzungen zulässig (Anm. 3; OGHZ 3, 203, 209 zu § 142; BGHZ 1, 324, 332 zu § 142; BGH WM 1968, 221, 223 zu § 142; Ulmer in Großkomm Anm. 26). Soll allerdings die Ausschließung eine Fortsetzung der Gesellschaft ermöglichen, so gelten die für die werbende Gesellschaft entwickelten Grundsätze (insoweit übereinstimmend Ulmer in Großkomm Anm. 26; vgl. auch Alfred Hueck oHG § 29 I 2 c in Fn. 28).

25 **ff) Bei Familienunternehmen** können die verwandtschaftlichen Bindungen der Gesellschafter die Treupflichten verstärken und einer Ausschließung entgegenstehen (vgl. BGHZ 4, 108, 111 zu § 142; BGH WM 1971, 20, 22). Das gilt beispielsweise für ein ererbtes Familienunternehmen, das nach dem Erblasserwillen die Lebensgrundlage aller Gesellschafter-Erben bilden soll (BGHZ 4, 108, 118 zu § 142; BGHZ 51, 204, 206). Derartige Bindungen können aber anderseits auch Verfehlungen als besonders schwerwiegend erscheinen lassen (BGHZ 51, 204, 206 zu § 142: grundlose politische Denunzierung des Bruders; BGHZ 6, 113, 116: Veruntreuungen gegenüber nur als Kommanditisten beteiligten Familienmitgliedern; BGH BB 1973, 62 = NJW 1973, 92: Ehebruch). Bei Familienunternehmen sind zugunsten des Auszuschließenden u. U. auch die Verdienste des jeweils repräsentierten Familienstammes zu berücksichtigen, auch ob die Firma den Familiennamen enthält und ob der letzte Vertreter eines Familienstammes durch die Ausschließung ausscheidet (RG JW 1938, 2212, 2213 zu § 142).

26 **gg)** Die Praxis berücksichtigt auch, ob die Kläger nach ihrer Persönlichkeit und ihren Fähigkeiten **in der Lage** sind, **das Geschäftsunternehmen allein weiterzuführen** (vgl. RGZ 153, 274, 280 zu § 142; OGHZ 3, 203, 212f. zu § 142; BGHZ 4, 108, 111 zu § 142; BGH WM 1965, 359 und 1968, 221, 222 zu § 142; RG HRR 1941, 777). Dieser Gesichtspunkt darf aber nicht verabsolutiert werden (RG HRR 1941, 777 zu § 142).

27 **hh)** Zu berücksichtigen ist auch die **Art und Weise** der bisherigen Durchsetzung bereits bestehender Ausschließungs- bzw. Übernahmerechte. Wenn solche Rechte bestehen, dürfen sie nicht auf unlautere Weise, sondern nur auf dem vom Gesetz hierfür zur Verfügung gestellten Weg verfolgt werden (BGH WM 1964, 1127, 1128 zu § 142). Mitgesellschafter dürfen z. B. nicht rücksichtslos durch Konkursanträge aus der Gesellschaft gedrängt werden, indem die so geschaffene Lage zum Erwerb des Unternehmens ausgenutzt wird (vgl. BGH WM 1964, 1127, 1128 zu § 142).

4. Verzicht, Verwirkung, Verzeihung

Wie bei den Auflösungsgründen (§ 133 Anm. 18, 38 ff.) kann auch bei den Ausschließungsgründen ein Verhalten durch Einwilligung gerechtfertigt oder ein Ausschließungsgrund durch Verzicht, Verwirkung oder Verzeihung geheilt sein. Im Gegensatz zum Auflösungsrecht kann allerdings das Ausschließungsrecht nur entfallen, wenn sämtliche Mitgesellschafter durch Einwilligung, Verzicht oder Verzeihung den Ausschließungsgrund behoben haben. Eine Verwirkung kommt demgegenüber auch dann in Betracht, wenn nur ein Gesellschafter das Recht verloren hat, auf den Ausschließungsgrund zurückzukommen und wenn gerade er nun die Ausschließung betreibt. Dies verstößt gegen § 242 BGB. **28**

5. Kasuistik verhaltensbezogener Ausschließungsgründe

a) Wegen der entschiedenen Fälle kann teilweise auf § 133 Anm. 23 ff. verwiesen werden (mit Hinweisen auf die sich mit §§ 140, 142 überschneidende Judikatur). **29**

b) Die dem Gesellschafter zuzurechnende **Nichtleistung von Einlagen oder sonstigen Beiträgen** kann ein Ausschließungsgrund sein (Hartmann S. 19). Zur Ausschließung berechtigt bei einer auf **Zusammenarbeit** angelegten Gesellschaft die hartnäckige **Weigerung**, die vereinbarte Tätigkeit aufzunehmen, insbesondere das wiederholte Hinausschieben und die kurzfristige einseitige Änderung des bereits vergleichsweise vereinbarten Tätigkeitsbeginns (BGH WM 1964, 419, 420 für Ausschließung aus BGB-Gesellschaft; s. auch BGH LM Nr. 6 zu § 142). Nicht jede **Einstellung der tätigen Mitarbeit** in einem gemeinsamen Unternehmen rechtfertigt für sich allein die Ausschließung (BGH WM 1963, 282, 283; s. auch BGH LM Nr. 6 zu § 142). Es kommt vielmehr auf die Gründe an. Haben die übrigen Gesellschafter das Verhalten verursacht, etwa indem sie nicht die erforderlichen Voraussetzungen für diese Tätigkeit gewährleisten, dann kann der untätige Gesellschafter nicht ausgeschlossen werden (BGH WM 1963, 282, 283). Will ein Gesellschafter ohnehin ausscheiden und droht auch keine Gefährdung seines Abfindungsanspruchs, so darf er alsbald ausgeschlossen werden, wenn er die Wiederaufnahme der Mitarbeit beharrlich ablehnt (BGH LM Nr. 6 zu § 142). **30**

c) Die nachhaltige Verletzung von **Geschäftsführungspflichten**, insbesondere der **Mißbrauch** der Geschäftsführungsbefugnis **zum Schaden der Gesellschaft und/oder zum eigenen Vorteil** kann eine Ausschließung zur Folge haben (s. auch Anm. 34). Das gilt vor allem für die Veruntreuung von Gesellschaftsvermögen. Schwarzverkäufe für Eigenzwecke reichten im Zusammenhang mit sonstigen Eigenmächtigkeiten für eine Ausschließung aus (RG JW 1935, 2490 zu § 142); ebenso die Abrechnung zu hoher Beträge mit gefälschten Kassenbelegen, selbst wenn diese Taten auf einer Geisteskrankheit beruhen (RG Seuff Arch 67, 412, 413 f.). Nur wenn künftige Vertrauensbrüche und Schädigungen wirksam verhindert werden können, brauchen sich die Mitgesellschafter auf die Möglichkeit einer Klage nach §§ 117, 127 verweisen zu lassen. Nimmt ein Gesellschafter in erheblichem Umfang sachliche und **finanzielle Mittel der Gesellschaft** **31** für eigene Zwecke in Anspruch, so kann er ausgeschlossen werden, wenn er sein Verhalten nach einer zunächst gütlichen Regelung fortsetzt (BGHZ 80, 346, 350 für Ausschließung aus personalistischer GmbH). Bereits einzelne Veruntreuungen, durch die nur ein verhältnismäßig geringfügiger Schaden entstanden war, wurden als Ausschlußgrund bei einem Gesellschafter anerkannt, der als Komplementär mit einer geringen Kapitalbeteiligung eher einem leitenden Angestellten entsprach und dem die Kommanditisten **besonderes Vertrauen** entgegengebracht hatten (BGHZ 6, 113, 116f.). Anders wurde bei einem Gesellschafter entschieden, dessen mangelnde Eignung und Zuverlässigkeit den Mitgesellschaftern bekannt war (OLG Hamm BB 1976, 722f. zu § 142). Ausgeschlossen wurde ein Gesellschafter, der seine Eigenschaft als Liquidator rücksichtslos zur **Aushöhlung des Gesellschaftsvermögens** nutzte, um den übrigen Gesellschaftern nur die Schulden zu belassen und den Vorteil seines eigenen gerade gegründeten Unternehmens zu fördern, obwohl der Gesellschafter nur als Kommanditist beteiligt war und bei der Geschäftsführung keine maßgeblichen Mitwirkungsrechte hatte (OGHZ 3, 203, 211f. zu § 142). **Überhöhte Privatentnahmen** in wirtschaftlich schwierigen Zeiten, die mit der Verletzung von Informationsrechten einhergehen, wurden als Ausschließungsgrund anerkannt (OLG Hamburg HansRZ [B] 1929, 520, 521f. zu § 142); ebenso **das kollusive Zusammenwirken eines Gesellschafters mit einem Dritten**, durch das die Gesellschaft in die Hand des Dritten geriet (BGH WM 1985, 997 für Ausschließung aus Gesellschaft bürgerlichen Rechts); ebenso **mißbräuchliche und ungerechtfertigte Konkursanträge** gegen die Gesellschaft durch einen Gesellschafter, der durch grobe Verletzung seiner Geschäftsführungspflichten die Gesellschaft in eine wirtschaftlich schwierige Lage gebracht hatte (BGH WM 1964, 1188, 1190f.). Die Übervorteilung bei der Verteilung von Gewinnen aus Steuerhinterziehungen soll eine Ausschließung rechtfertigen (BGHZ 31, 295, 306). Eine solche Verfehlung reichte allerdings auch zusammen mit der ungerechtfertigten Erhöhung des eigenen Kapitalanteils durch vorsätzliche Falschbuchungen in einem Fall nicht aus, in dem die anderen Gesellschafter gegen § 112 verstoßen hatten und sich dem Verdacht der Veruntreuung ausgesetzt hatten (BGH WM 1957, 582, 583 zu § 142).

32 d) Bereits ein durch objektive Umstände erhärteter **Verdacht der Unredlichkeit** kann für eine Ausschließung ausreichen (BGHZ 31, 295, 307; BGH WM 1971, 20, 21f.; OLG Köln, JR 1964, 22 zu § 142). Der Verdacht muß sich aber auf schwerwiegende Verstöße beziehen (BGHZ 31, 295, 305f.). Werden etwa Sonderentnahmen mit Hilfe falscher Buchungen aus steuerlichen Gründen einverständlich verschleiert, so ruft der für die Buchführung zuständige Gesellschafter einen entsprechenden Verdacht hervor, wenn er keine befriedigende Aufklärung über seine Entnahmen geben kann (BGH WM 1971, 20, 21). Dabei reicht es bereits aus, wenn das Verhalten des Gesellschafters die Feststellung der Entnahmen erschwert. Eine Vereitelung der Feststellungen ist nicht erforderlich (BGHZ 31, 295, 306). Erweist sich jedoch der Verdacht nach Aufklärung des Sachverhalts als unbegründet, kann er allein ein Ausschließungsverlangen nicht mehr rechtfertigen (BGH WM 1971, 20, 22). Bei all dem ist zu beachten, daß es auf die **Prognose** und die **Unzumutbarkeit** künftigen Zusammenwirkens ankommt (Anm. 10, 12), **nicht** auf ein **Verschulden** des Gesellschafters (dazu Anm. 13). Selbst grob fahrlässig verschuldete Warenfehlbestände begründen kein Ausschließungsrecht, wenn nur ein unbedeutender Geschäftsbereich betroffen ist, keine Wiederholungsgefahr besteht und auch einzelne weitere Pflichtverletzungen nicht besonders schwer wiegen (BGH WM 1966, 29, 31 für Ausschließung aus stiller Gesellschaft). Mußte den Mitgesellschaftern die mangelnde Eignung des Gesellschafters bekannt sein und stehen überdies mildere Mittel zur Verfügung, so rechtfertigt ein verschuldeter Warenfehlbestand die Ausschließung nicht (vgl. OLG Hamm BB 1976, 722 f. zu § 142).

e) Der **Übergriff in Geschäftsführungsbefugnisse der Mitgesellschafter** sowie die **Verletzung von Kompetenzabsprachen** kann ebenfalls zur Ausschließung führen. Als ausreichend sind Verstöße gegen interne Zustimmungspflichten bei der Eingehung gefährlicher und umfangreicher Geschäfte angesehen worden (ROHGE 20, 244, 247 f. zu Art. 128 ADHGB; vgl. auch BGH WM 1959, 134, 135 zu § 142); ebenso Eigenmächtigkeiten bei der Entnahme von Umsatzprovisionen, die mit Veruntreuungen und Fehlverhalten gegenüber dem Personal einhergingen (RG JW 1935, 2490 zu § 142). Übergriffe in die Geschäftsführungsbefugnis von Mitgesellschaftern wiegen allerdings nicht schwer, wenn sie nur auf Fahrlässigkeit beruhen, die Rechtslage unklar ist und eine Wiederholung als ausgeschlossen erscheint (BGH WM 1966, 29, 31 zur stillen Gesellschaft). Wird den Mitgesellschaftern zeitweise die Verfügungsbefugnis über die Firmenkonten und die eingehende Geschäftspost vorenthalten, so rechtfertigt dieses Verhalten keine Ausschließung, wenn es als einmaliger Vorgang anzusehen ist, aus dem keine ernstlichen Schäden entstanden sind (BGH WM 1966, 29, 31 zur stillen Gesellschaft). Ausreichend war die Verletzung von Absprachen über die Aufteilung von Geschäftsbereichen, die mit ungerechtfertigten Konkursanträgen einherging (BGH WM 1964, 1188, 1190 f.).

f) Die bloße **Nicht- oder Schlechterfüllung von Gesellschafter- und Geschäftsführerpflichten** ohne schädigenden Eingriff in Vermögensinteressen der Gesellschaft und der Gesellschafter oder in Kompetenzen der Mitgesellschafter wiegt weniger schwer und wird regelmäßig allenfalls zum Entzug von Geschäftsführungs- und Vertretungsbefugnissen (§§ 117, 127, 146) berechtigen (vgl. für die Verletzung von Buchführungspflichten durch einen Gesellschafter-Liquidator BGHZ 1, 324, 333 zu § 142). **Pflichten zur Überwachung und Kontrolle eines Mitgesellschafters** sind selbst bei Verursachung eines schweren Schadens nicht als Ausschließungsgrund angesehen worden, weil dem Mitgesellschafter im entschiedenen Fall nach den objektiv erkennbaren Umständen berechtigterweise vertraut werden durfte (BGH WM 1975, 774, 775). Dasselbe wird für die **Beaufsichtigung des Personals** gelten. Verstöße gegen eine **Buchführungs- und Bilanzierungspflicht** genügen nur, wenn besondere Umstände hinzutreten (ROHGE 18, 393, 397). Als solcher Umstand ist die hartnäckige Aufrechterhaltung des Verstoßes trotz Mahnung angesehen worden (RGSt 45, 387; vgl. auch BGHZ 1, 324, 333 zu § 142; BGH WM 1971, 20, 22). Als ausreichend wurde die Verletzung dieser Pflichten bei einem Gesellschafter angesehen, der zusätzlich gegen das Konkurrenzverbot des § 112 verstoßen (OLG Stuttgart DB 1961, 1644 zu § 142) oder erhebliche Kassenfehlbeträge zu verantworten hatte (BGH NJW 1966, 2160 f.) oder dem die Mitgesellschafter die gesamte Leitung des Unternehmens überlassen hatten und der die Buchführung und Bilanzierung als vertraglich vereinbarte Gegenleistung zu erbringen hatte (ROHGE 20, 244 ff. zu Art. 128 ADHGB). Die **Vorenthaltung jeglicher Information** über die Geschäftsentwicklung hat im Zusammenhang mit überhöhten Privatentnahmen in wirtschaftlich schwierigen Zeiten zum Ausschluß geführt (OLG Hamburg HansRZ [B] 1929, 520 zu § 142).

35 g) **Verstöße gegen Wettbewerbsverbote** sind grundsätzlich schwerwiegende Pflichtverletzungen (BGH WM 1957, 582, 583 zu § 142; OLG Stuttgart DB 1961, 1644 zu § 142). Der geschäftsführende Gesellschafter einer KG wurde ausgeschlossen, weil er neben den ihm obliegenden Buchführungspflichten entgegen § 112 zwei Konkurrenzunternehmen gegründet hatte (OLG Stuttgart DB 1961, 1644 zu § 142).

36 h) **Rücksichtslosigkeit und Illoyalität gegenüber Mitgesellschaftern** kann zur Ausschließung führen. So, wenn der Gesellschafter durch die eigenmächtige Versendung nachteiliger Prüfberichte die Kreditwürdigkeit und den Ruf der Gesellschaft geschädigt hatte und aus dem Gesamtverhalten des Gesellschafters vor und nach der Errichtung der Gesellschaft erkennbar war, daß er auf diese Weise das Unternehmen selbst in die Hand bekommen wollte (BGH WM 1961, 886, 887 f. für § 142). Auch die Versendung von Protokollen aus Gesellschafterversammlungen zur Bloßstellung der Mitgesellschafter wurde als Ausschließungsgrund angesehen in einem Fall, in dem dieses Verhalten darauf abzielte, die Gesellschaft in den Konkurs zu treiben und das Unternehmen billig zu erwerben (BGH WM 1968, 221, 222 zu § 142). Geringfügige eigene Pflichtverletzungen der Mitgesellschafter und die bisherigen Verdienste des Auszuschließenden um den Aufbau des Unternehmens können dann völlig in den Hintergrund treten (BGH a.a.O.). Auch gezielte Diffamierungen des Komplementärs können zur Ausschließung eines Kommanditisten berechtigen, der sich weder durch kapitalmäßige Zuwendungen noch durch nennenswerte Mitarbeit um den Aufbau des Unternehmens verdient gemacht hat (BGHZ 46, 392, 393 ff. zu § 142; OLG Hamm MDR 1956, 746 f. zu § 142). Das gleiche gilt, wenn ein Gesellschafter sich über einen Mitgesellschafter gegenüber den anderen und Dritten abfällig äußert, seine Ansprüche gegen den Mitgesellschafter rücksichtslos verfolgt und Dritte zur Pfändung des Gesellschaftsanteils anhält (BGHZ 32, 17, 34 für Ausschließung aus Zweimann-GmbH). Als eine die Ausschließung rechtfertigende Entgleisung ist es beurteilt worden, wenn ein Gesellschafter an den Verfehlungen des anderen beteiligt war oder diese provoziert hat, sie dem anderen später aber vorwirft oder sogar dessen Ausschließung betreibt (BGHZ 32, 17, 32 f. für Ausschließung aus Zweimann-GmbH). Das gilt auch dann, wenn die Beteiligung an den Verfehlungen des anderen Gesellschafters abgeschlossen war, bevor der die Ausschließung begehrende Gesellschafter in die Gesellschaft eingetreten ist (BGH a.a.O.). Politische Denunzierungen und die Ingangsetzung von Strafverfahren aus gehässigen oder eigensüchtigen Motiven sind besonders schwerwiegende Verfehlungen (s. RG HRR 1941, 777 zu § 142), die bei engen verwandtschaftlichen Beziehungen (BGHZ 51, 204, 206 zu § 142) oder aufgrund des gesellschaftsfeindlichen Verhaltens des Gesellschafters während der strafrechtlichen Untersuchung (RG JW 1887, 423) als Ausschließungsgrund angesehen wurden (vgl. aber zur Abgrenzung BGHZ 18, 350, 362 ff.). **Zerwürfnisse und Spannungen**, die wichtige Auflösungsgründe sein können (§ 133 Anm. 20), reichen für die Ausschließung nur aus, wenn die **Einseitigkeit** des Ausschließungsgrundes (Anm. 6, 8) gegeben ist. Zur Ausschließung berechtigt z.B. die Vereitelung einer sinnvollen Zusammenarbeit durch ständige und maßlose Beschimpfungen, durch bewußte und schwerwiegende Eigenmächtigkeiten und durch die verlautbarte Absicht einer Denunziation zusammen mit sonstigem geschäftsschädigendem Gebaren, selbst wenn ein großer Teil der Spannungen auf temperamentsbedingten Unterschieden der Gesellschafter beruht und den Mitgesellschaftern selbst Pflichtverletzungen zur Last fielen (BGHZ 4, 108, 113 ff. zu § 142).

i) **Ungebührliches Verhalten gegenüber dem Personal** kann, vor allem im Verein mit sonst geschäftsschädigendem Verhalten, zum Ausschluß aus der Gesellschaft führen (OLG Dresden LZ 1918, 1156, 1157 zu § 142; OLG Hamm MDR 1956, 746f. zu § 142). Ähnlich kann sonstiges Gebaren im betrieblichen Bereich einen wichtigen Ausschließungsgrund darstellen, wenn es die Fortsetzung des Gesellschaftsverhältnisses unzumutbar macht.

k) Auch ein **Verhalten im Privatbereich** kann zur Ausschließung führen, dies aber nur, wenn die gesellschaftliche Verbindung nur betroffen ist. Ehebruch gegenüber einem Mitgesellschafter kann in einer personalistischen Gesellschaft die Ausschließung rechtfertigen (BGHZ 4, 108, 114 zu § 142; BGH WM 1973, 11). Aber es muß sich bei privaten Verfehlungen schon um eine Zerstörung der für den Fortbestand des Gesellschaftsverhältnisses unentbehrlichen Vertrauenslage handeln (verneinend für ehebrecherische Beziehungen eines Kommanditisten, der mit der Tochter bzw. Schwester seiner Mitgesellschafter verheiratet ist, BGH WM 1973, 11).

6. Kasuistik der nicht-verhaltensbedingten Ausschließungsgründe

a) Auch hinsichtlich dieser wichtigen Gründe ist zunächst auf § 133 Anm. 32 ff. zu verweisen.

b) Die **Unfähigkeit, die Einlage zu leisten,** kann zum Ausschluß des Gesellschafters berechtigen (OAG Dresden ZHR 7 [864] 462, 463). Längerer **Ausfall eines Gesellschafters**, auf dessen Mitwirkung die Gesellschaft angewiesen ist, kann den Ausschluß rechtfertigen (vgl. OGH NJW 1950, 184 zu § 142; Strafhaft). Fehlt oder entfällt die **Geschäftsgrundlage**, etwa weil die Parteien zu Unrecht davon ausgingen, die in die Gesellschaft eingebrachten Unternehmen hätten ungefähr den gleichen Wert, so rechtfertigt dies allein nicht die Ausschließung eines Gesellschafters, sondern allenfalls die Anpassung des Gesellschaftsvertrages oder die Auflösung der Gesellschaft (BGH WM 1963, 282, 283). Nachhaltige Störungen der Geschäftsgrundlage in Beziehung auf einen einzelnen Gesellschafter kommen aber als Ausschließungsgründe in Betracht. Ein Gesellschafter, der nur als Treuhänder in die Gesellschaft aufgenommen worden war, wurde dementsprechend ausgeschlossen, nachdem das Treuhandverhältnis nachträglich entfallen war (BGHZ 10, 44, 51).

c) **Persönliche Eigenschaften** können nur ausnahmsweise die Ausschließung rechtfertigen (überholt die zeitbedingten Entscheidungen RGZ 146, 169, 176; RG SeuffArch 95, 164f.). Selbst eine **geistige Erkrankung** wird nicht generell als Ausschließungsgrund anerkannt (RG JW 1933, 98). Auch Eigenschaften, die den Gesellschafter zeitbedingt-politisch in Mißkredit bringen, dürfen nicht ohne weiteres als Ausschließungsgründe betrachtet werden (insofern noch beachtenswert BGHZ 146, 169, 180).

42 d) Auch die **Vermögensverhältnisse eines Gesellschafters** können seine Ausschließung rechtfertigen. Dies ist angenommen worden für die völlige Zerrüttung der Vermögensverhältnisse, die einherging mit Verfehlungen wie z. B. dem Anborgen von Lieferanten und Aufforderungen zu Auszahlungen aus der Gesellschafterkasse unter Verstoß gegen bereits erfolgte Pfändungen (RG LZ 1914, 1036, 1037 zu § 142). Führen Schulden eines Gesellschafters gegenüber Dritten zur Sperrung von Gesellschaftsvermögen während des Aufbaus der Gesellschaft, so ist eine Ausschließung jedenfalls dann noch nicht gerechtfertigt, wenn nur ein geringer Betrag betroffen ist und aufgrund der objektiven Tatsachenlage neue Zugriffe nicht drohen (BGH WM 1965, 1037, 1038 zur Gesellschaft bürgerlichen Rechts). Eindeutig ausreichend ist Konkursablehnung mangels Masse (zur Frage einer vereinfachten Ausschließung in diesem Fall vgl. § 141 Anm. 16). Ob ein Vergleichsverfahren über das Vermögen eines Gesellschafters seine Ausschließung rechtfertigt ist Tatfrage.

7. Die sog. Mitwirkungspflicht der Mitgesellschafter

43 a) Die Ausschließungsklage muß nach Abs. 1 **von allen Mitgesellschaftern** erhoben werden (Anm. 50). Beteiligt sich ein Mitgesellschafter nicht an dem Ausschließungsverfahren, so kann auch dies u. U. ein wichtiger Grund für die Auflösung der Gesellschaft oder für seine Ausschließung sein (vgl. Flume Personengesellschaft § 15 III; Ulmer in Großkomm Anm. 35; Alfred Hueck oHG § 29 I 2 c δ). Aber die Auflösung ist im Fall des § 140 von den Klägern nicht gewollt, und die Ausschließung wäre i. d. R. eine unverhältnismäßige Reaktion auf die unterlassene oder verweigerte Mitwirkung (Karsten Schmidt Gesellschaftsrecht § 50 III 1 c; Zöllner, Die Anpassung von Personengesellschaftsverträgen an veränderte Umstände, 1979, S. 18 ff.; mit abw. Begründung auch Lindacher in Festschrift Paulick S. 75). Nach Anm. 18 hat ein milderes Mittel Vorrang vor der Ausschließung der Mitgesellschafter. Die Ausschließungsklage wäre also ggf. abzuweisen.

44 b) Nach h. M. kann eine **Mitwirkungspflicht der Mitgesellschafter bei der Ausschließung** bestehen, wenn die Mitwirkung den Mitgesellschaftern unter Berücksichtigung ihrer Belange zugemutet werden kann und im Hinblick auf das bestehende Gesellschaftsverhältnis erforderlich erscheint (BGHZ 64, 253 = NJW 1975, 1410 = JZ 1975, 95 m. Anm. Ulmer; BGHZ 68, 81, 82 = NJW 1977, 1013; Baumbach-Duden-Hopt Anm. 3 A; Heymann-Emmerich Anm. 24; Karsten Schmidt Gesellschaftsrecht § 50 III 1 c aa; Fischer NJW 1954, 780; ders. NJW 1959, 1060; Grunewald S. 102 f.; Merle ZGR 1979, 68; einschränkend Ulmer in Großkomm Anm. 34; a. A. Düringer-Hachenburg-Flechtheim Anm. 4; Alfred Hueck oHG § 29 I 2 c δ; ders. ZGR 1972, 247; Kollhosser in Festschrift Westermann S. 284; ders. NJW 1976, 144 f.; zum Ganzen ausführlich Holtkamp S. 83 ff.). Die Voraussetzungen der sog. Mitwirkungspflicht sind im wesentlichen deckungsgleich mit denen der bei § 105 Anm. 143 dargestellten Vertragsänderungspflicht (Heymann-Emmerich Anm. 24; Ulmer in Großkomm. Anm. 34; Holtkamp S. 86 m. w. Nachw.). Es kommt darauf an, ob die Veränderung aus der Sicht der Gesellschaft erforderlich und aus der Sicht des Mitgesellschafters zumutbar ist. Daran kann es u. U. bei engen verwandtschaftlichen Bindungen fehlen (OLG Nürnberg WM 1958, 710, 713), evtl. auch bei erheblicher wirtschaftlicher

Belastung der Gesellschafter durch den Ausschluß (vgl. Fischer NJW 1954, 780; Ulmer in Großkomm Anm. 34). Doch werden dies krasse Ausnahmefälle sein. Liegen die Voraussetzungen einer Ausschließung gegenüber einem Gesellschafter vor, so wird diese objektiv so eindeutig dem Gesellschaftsinteresse entsprechen, daß auch den Mitgesellschaftern nur die Wahl bleiben wird, an der Ausschließung mitzuwirken oder selbst aus der Gesellschaft auszutreten (vgl. Karsten Schmidt Gesellschaftsrecht § 50 III 1 c aa).

c) Die **rechtsdogmatische Bedeutung der sog. Mitwirkungspflicht** ist umstritten. Nach h.M. handelt es sich um einen klagbaren und nach § 894 ZPO vollstreckbaren Anspruch der klagenden Gesellschafter gegen die Mitgesellschafter, gerichtet auf Teilnahme am Ausschließungsverfahren (BGHZ 64, 253, 257 = NJW 1975, 1410; BGHZ 68, 81, 83 = NJW 1977, 1013; Baumbach-Duden-Hopt Anm. 3 A; Heymann-Emmerich Anm. 24 f.). Diese h.M. ist rechtsdogmatisch anfechtbar und müßte, wenn sie konsequent durchgehalten würde, zu unpraktischen Lösungen führen. Rechtsdogmatisch ist die Lehre von der klagbaren Mitwirkungspflicht zunächst mit der hier vertretenen Ansicht unvereinbar, daß die bloße Zustimmung von Mitgesellschaftern deren Mitwirkung an dem Prozeß nicht ersetzt (Anm. 49); die Fiktion einer Willenserklärung nach § 894 ZPO kann nichts bewirken, das nicht auch die Willenserklärung selbst bewirken könnte. Sodann stellt sich die Frage, warum die Hereinziehung eines Mitgesellschafters in den Prozeß als Passivpartei dessen Mitwirkung als Aktivpartner soll ersetzen können (vgl. denn auch Ulmer in Großkomm Anm. 35). Schließlich könnte, wenn es sich wirklich um eine Vollstreckung nach § 894 ZPO handeln sollte, das Ausschließungsverfahren erst betrieben werden, wenn die Verurteilung der nicht auszuschließenden Gesellschafter rechtskräftig wäre; das aber will die h.M. nicht (vgl. BGHZ 68, 81, 83 = NJW 1977, 1013; Westermann Handbuch [Lfg. 1978] I 414). Die h.M. ist deshalb in sich unstimmig.

d) **Stellungnahme** (vgl. Karsten Schmidt Auflösungs- und Ausschließungsprozeß Teil III): Die h.M. ist in ihren praktischen Zielen zu billigen, nicht jedoch in der dogmatischen Begründung einer klagbaren Mitwirkungspflicht. Das rechtspraktische Konzept ist von *Lindacher* (in Festschrift Paulick S. 78) dahin geschildert worden: Wer nicht nur die aktive Mitwirkung an der Ausschließungsklage verweigert, sondern sich überhaupt gegen die Ausschließung „sperrt", ist ggf. mitzuverklagen und dann Streitgenosse dessen, dessen Ausschließung begehrt wird. *Lindacher* begründet dieses Konzept mit einer Duldungspflicht der Mitgesellschafter und mit dem Prinzip des rechtlichen Gehörs. Ihm ist in den praktischen Ergebnissen mit folgender, abweichender, Begründung zuzustimmen: § 140 stellt eine Ermächtigung des Gerichts dar, durch Ausschließung eines Gesellschafters in das Gesellschaftsverhältnis einzugreifen. Dies ist ein Eingriff nicht nur in die Mitgliedschaft des Auszuschließenden, sondern ein Eingriff in die Mitgliedschaft aller Gesellschafter. Deshalb liegt ein einheitliches Gestaltungsverfahren vor, an dem alle Gesellschafter teilzunehmen haben: als Kläger auf der Aktivseite oder als Passivparteien, in deren Rechtsverhältnis auf Klägerantrag eingegriffen wird, auf der Passivseite. Deshalb ist es auf der einen Seite notwendig, daß außer dem auszuschließenden Gesellschafter diejenigen Gesellschafter mitverklagt werden, die weder ausgeschlossen werden sollen noch als Kläger am Prozeß beteiligt sind; auf der anderen Seite ist es unnötig (wenngleich in Anbetracht der h. M. für die forensische Praxis anzuraten), daß gegen die Mitgesellschafter ein besonderer Leistungs- oder Duldungsantrag gestellt wird (vgl. Anm. 52). Vielmehr wird gegen den Auszuschließenden wie auch gegen die Mitgesellschafter Klage nur mit dem einen Antrag gestellt, diesen einen Gesellschafter (bzw. bestimmte auszuschließende Gesellschafter) auszuschließen (vgl. Anm. 50, 56). Prozeßrechtlich bedeutet dies: Wenn zwei Gesellschafter ausgeschlossen werden sollen, ist dies nicht nur eine subjektive Klaghäufung (Streitgenossenschaft), sondern auch eine objektive Klaghäufung (zwei Ausschließungsanträge). Soll dagegen nur ein Gesellschafter ausgeschlossen werden und wird der andere nur mitverklagt, weil er nicht auf der Klägerseite mitwirkt, so ist dies zwar eine subjektive Klaghäufung (Streitgenossenschaft), aber keine objektive Klaghäufung, denn was nach der h. M. wie eine objektive Klaghäufung aussieht (Ausschließungsklage und Mitwirkungsklage), ist in Wahrheit nur eine Klage auf Ausschließung des einen Gesellschafters, gerichtet gegen beide Gesellschafter (eingehend Karsten Schmidt Auflösungs- und Ausschließungsprozeß Teil II/III).

III. Das Verfahren

1. Verfahrensart und Zuständigkeiten

47 a) Die Ausschließungsklage ist **Gestaltungsklage** (vgl. Schlosser Gestaltungsklagen S. 52; Ulmer in Großkomm Anm. 30). Der Ausschließungsprozeß ist eine **vermögensrechtliche Streitigkeit** (vgl. allgemein BGHZ 13, 5, 7ff.; Ulmer in Großkomm Anm. 38). **Sachlich zuständig** ist daher abhängig vom Streitwert entweder das Amtsgericht (§ 23 GVG) oder das Landgericht (Kammer für Handelssachen) (§§ 71, 94, 95 Abs. 1 Nr. 4a GVG). Ein **Gerichtsstand** ist wie bei der Auflösungsklage am Sitz der Gesellschaft (§ 22 ZPO) oder des Beklagten (§§ 12, 13 ZPO) begründet (Düringer-Hachenburg-Flechtheim Anm. 7). Die **Zuständigkeit eines Schiedsgerichts** kann vereinbart werden (vgl. Anm. 73). Der **Streitwert** ist nach § 3 ZPO zu schätzen. Maßgebend ist das Interesse der Kläger an der Ausschließung, das wiederum von der Beteiligung des auszuschließenden Gesellschafters abhängig ist.

48 b) Die Klage kann als **selbständige Klage** erhoben werden, aber auch als **Widerklage**, z.B. gegenüber einer vom auszuschließenden Gesellschafter erhobenen Auflösungsklage (vgl. Heymann-Emmerich Anm. 27; Ulmer in Großkomm Anm. 37; zur GmbH BGHZ 80, 346 = NJW 1981, 2302). Über **Eventualklagen** vgl. Anm. 57.

2. Die Parteien

49 a) Parteien sind die **Gesellschafter** und nur die Gesellschafter (Heymann-Emmerich Anm. 22; Düringer-Hachenburg-Flechtheim Anm. 7). Nach der gesetzlichen Regel ist also die Klage nicht von der Gesellschaft zu erheben (Ulmer in Großkomm Anm. 31; s. aber zur körperschaftlich strukturierten Personengesellschaft Nitschke S. 314). Zur Frage, ob durch den Gesellschaftsvertrag eine von der Gesellschaft zu erhebende Klage zugelassen werden kann, vgl. Anm. 73. Es müssen **alle Gesellschafter** an dem Ausschließungsprozeß mitwirken (vgl. Anm. 46). Im Gegensatz zur Auflösungsklage nach § 133 (vgl. § 133 Anm. 46) gibt es keine wirksame Zustimmung der Mitgesellschafter zu einer Ausschließungsklage (vgl. auch Anm. 52) und insbesondere auch keine einklagbare Pflicht zu einer solchen Zustimmung (vgl. zur h. M. aber Anm. 43 ff.). Der Ausschließungsprozeß ist ein Gestaltungsverfahren, das in die Rechte aller – auch der in der Gesellschaft verbleibenden – Gesellschafter eingreift und nach dem Willen des Gesetzes nur unter Beteiligung aller durchgeführt werden kann (eingehend Karsten Schmidt Auflösungs- und Ausschließungsprozeß Teil III).

b) **Richtige Kläger** sind grundsätzlich **alle Mitgesellschafter** des Auszuschließenden **50** (RGZ 146, 169, 173; BGHZ 30, 195, 197; H. Westermann Handbuch I 414). Wird auf **Ausschließung mehrerer Gesellschafter** geklagt, so genügt eine von den übrigen Gesellschaftern erhobene Klage (vgl. RGZ 146, 169, 171 f.; BGHZ 64, 253, 255 = NJW 1975, 1410; BGHZ 68, 81, 84 = NJW 1977, 1013; Baumbach-Duden-Hopt Anm. 3 A; Heymann-Emmerich Anm. 26; Ulmer in Großkomm Anm. 33; eingehend Holtkamp S. 35 ff.; Kulka S. 10 ff., 15 ff.). Es kommt für die Zulässigkeit dieser Klage nicht darauf an, ob gegenüber den auszuschließenden Gesellschaftern ein einheitlicher Ausschließungsgrund geltend gemacht wird (Heymann-Emmerich Anm. 26; Ulmer in Großkomm Anm. 33; Alfred Hueck oHG § 29 I 2 c δ). Ist allerdings das Ausschließungsverlangen auch nur hinsichtlich eines der beklagten Gesellschafter nicht begründet, so fehlt es an seiner Beteiligung auf der Klägerseite, so daß die Klage gegen die anderen Gesellschafter nach h. M. abzuweisen ist (RGZ 146, 169, 174; BGHZ 68, 81, 83 = NJW 1977, 1013; OLG Düsseldorf NJW 1947, 66; Heymann-Emmerich Anm. 26; Ulmer in Großkomm Anm. 33). Legt man die h. M. zugrunde, so muß für diesen Fall empfohlen werden, daß gegen jeden Beklagten hilfsweise auch die Verurteilung zur Zustimmung zum Ausschluß des anderen Beklagten beantragt wird. Für die Fortbildung des Rechts der Ausschließungsklage sollte indes hierauf verzichtet werden (vgl. Anm. 46): Wird gegen die Gesellschafter X und Y in einem Prozeß auf Ausschließung geklagt, so kann X ausgeschlossen werden, wenn entweder auch Y ausgeschlossen wird oder wenn Y „mitwirkungspflichtig" im Sinne von Anm. 44 ff. ist.

c) **Richtige Beklagte** sind **alle Gesellschafter, die nicht als Kläger am Prozeß beteiligt 51 sind** (RGZ 122, 312; Düringer-Hachenburg-Flechtheim Anm. 7). Es handelt sich dabei evtl. um verschiedene Gruppen von Gesellschaftern.

aa) Gegen **Gesellschafter, die ausgeschlossen werden sollen**, wird der Antrag nach Anm. 56 gestellt (zur gleichzeitigen Ausschließungsklage gegen mehrere vgl. Anm. 50). Das ist wohl unstreitig.

bb) Mitzuverklagen sind aber auch diejenigen **Gesellschafter, die einerseits nicht an der 52 Klage beteiligt sind, aber auch nicht ausgeschlossen werden sollen** (eingehend Karsten Schmidt, Auflösungs- und Ausschließungsprozeß Teil III). Gegen sie ist nach herkömmlicher Auffassung ein „Mitwirkungsantrag" zu stellen, gerichtet auf Mitwirkung bei der Ausschließung des auszuschließenden Gesellschafters (BGHZ 64, 253, 257 = NJW 1975, 1410; Baumbach-Duden-Hopt Anm. 3 A; Heymann-Emmerich Anm. 25). Das Mitwirkungsurteil wird nach h. M. gemäß § 894 ZPO vollstreckt (BGHZ 64, 253, 259 = NJW 1975, 1410; BGHZ 68, 81, 83 = NJW 1977, 1013; Merle ZGR 1979, 69). Trotzdem braucht für den Fortgang des Ausschließungsprozesses die Rechtskraft des Mitwirkungsurteils nicht abgewartet zu werden (BGHZ 68, 81, 83; Heymann-Emmerich Anm. 25; Lindacher in Festschrift Paulick S. 73). Insbesondere braucht der Ausschließungsprozeß nicht nach § 148 ZPO ausgesetzt zu werden (vgl. zu dieser Möglichkeit aus der Sicht der h. M. Merle ZGR 1979, 71). Nach anderer Auffassung ist der sog. Mitwirkungsantrag kein Leistungsantrag, sondern ein Duldungsantrag (vgl. Lindacher a. a. O.). Nach der hier vertretenen Ansicht genügt es, daß die auf Ausschließung des auszuschließenden Gesellschafters gerichtete Klage auch gegen sie erhoben wird (Anm. 46, 50). Hat sich ein Gesellschafter mit der Ausschließung seines Mitgesellschafters **einverstanden** erklärt, so braucht er nach h. M. – wie bei der Auflösungsklage (vgl. § 133 Anm. 46) – nicht mitverklagt zu werden (BGH LM Nr. 3 zu § 133 = NJW 1958, 418; BGHZ 68, 81, 83 = NJW 1977, 1013; Baumbach-Duden-Hopt Anm. 3 A; Heymann-Emmerich Anm. 22; H. P. Westermann, Vertragsfreiheit und Typengesetzlichkeit, 1970, S. 224 f.; eingehend Lindacher in Festschrift Paulick S. 78 ff.). Eine Gegenansicht hält eine solche Ausschließungsklage, an der nicht alle Gesellschafter beteiligt sind, für unzulässig (Düringer-Hachenburg-Flechtheim Anm. 7; Ulmer in Großkomm Anm. 32; Pabst BB 1978, 893). Dieser Gegenauffassung ist im Grundsatz zuzustimmen. Nach dem Wortlaut und Sinn des § 140 muß der gestaltende Eingriff in das Gesellschaftsverhältnis von allen Gesellschaftern, die nicht Beklagte sind, beantragt werden (dies ist anders als bei § 133, wo Klage und Urteil der Sache nach nur die für einen Auflösungsbeschluß fehlenden Stimmen ersetzen). Die h. M. versteht sich im Zusammenhang mit dem Zustimmungs- oder Mitwirkungskonzept nach Anm. 43 ff., wonach Mitgesellschafter der Prozeßführung zustimmen können und ggf. auch zu dieser Zustimmung gezwungen werden können. Wie bei Anm. 46 dargestellt, geht es aber hierbei nicht um eine außerprozessuale Mitwirkung oder Mitwirkungspflicht, sondern die Klage ist als Gestaltungsklage auch gegen diejenigen Mitgesellschafter zu erheben, die zwar nicht ausgeschlossen werden sollen, sich aber auch nicht als Kläger am Prozeß beteiligen. Die Mitgesellschafter haben die Wahl, entweder als Kläger oder als Beklagte aufzutreten. Die h. M. ließe sich allenfalls i. S. einer gewillkürten Prozeßstandschaft aufrechterhalten (Ermächtigung durch Einverständniserklärung).

53 cc) **Nicht mitzuverklagen** ist allerdings ein Mitgesellschafter, der durch Vereinbarung mit allen anderen oder durch bedingte Austrittserklärung rechtsverbindlich erklärt hat, daß auch er aus der Gesellschaft ausscheidet, wenn der Ausschließungsklage rechtskräftig stattgegeben worden ist (RGZ 146, 169, 172 f.; BGHZ 68, 81, 83 = NJW 1977, 1013; Baumbach-Duden-Hopt Anm. 3 A; Alfred Hueck oHG § 29 I 2c δ; Holtkamp S. 46 ff.; einschränkend Ulmer in Großkomm Anm. 33).

54 d) aa) Die **Streitgenossenschaft** mehrerer **Kläger** ist stets eine notwendige i. S. von § 62 ZPO (RGZ 122, 312, 315; BGHZ 30, 195, 197; Ulmer in Festschrift Geßler S. 278; ders. in Großkomm Anm. 31; Nickel JuS 1977, 15; Stein-Jonas-Leipold, ZPO, 20. Aufl. 1977, § 62 Anm. 15).

55 bb) Ob dasselbe für die **Streitgenossenschaft auf der Beklagtenseite** gilt, ist umstritten. Nach h. M. liegt keine notwendige Streitgenossenschaft vor, wenn ein Gesellschafter auf Ausschließung und der andere auf Mitwirkung zur Ausschließung verurteilt wird (vgl. BGHZ 64, 253, 259 = NJW 1975, 1410; BGHZ 68, 81, 85 = NJW 1977, 1073; eingehend Merle ZGR 1979, 75 ff.; Ulmer in Festschrift Geßler S. 282). Dem ist nicht zuzustimmen (so im Ergebnis auch Haarmann-Holtkamp NJW 1977, 1396; Holtkamp

S. 178 ff.; wie hier schon Lindacher in Festschrift Paulick S. 78 ff.). Die Ausschließungsklage kann in diesen Fällen nur bei gleichzeitiger Verurteilung des Mitgesellschafters Erfolg haben (so im Ergebnis auch die h. M.; vgl. nur BGHZ 68, 81, 84 = NJW 1977, 1013; Merle ZGR 1979, 74). Das wird vollends deutlich, wenn man mit der hier vertretenen Auffassung den Streitgegenstand der Ausschließungs- und der sog. Mitwirkungsklage für identisch hält (vgl. Anm. 46). Sollen mehrere Gesellschafter ausgeschlossen werden, so ist nach h. M. ihre Streitgenossenschaft eine notwendige (vgl. Düringer-Hachenburg-Flechtheim Anm. 7; Westermann Handbuch [Lfg. 1978] I 410; Ulmer in Großkomm Anm. 36; Holtkamp S. 40 ff.; a. A. RGZ 146, 169, 174; Henckel, Parteilehre und Streitgegenstand im Zivilprozeß, 1961, S. 103; Stein-Jonas-Leipold, ZPO, 20. Aufl. 1977, § 62 Anm. 15). Dies wird mit der Erwägung begründet, daß die Abweisung der gegen einen Gesellschafter gerichteten Ausschließungsklage notwendig die Abweisung der anderen Klage mit sich bringt (vgl. Anm. 50). Dieser Prämisse ist, wie bei Anm. 50 dargestellt, zu widersprechen. Nach richtiger Auffassung liegt bei der gleichzeitigen Ausschließung mehrerer Gesellschafter nicht nur eine subjektive, sondern auch eine objektive Klaghäufung vor. Die Ausschließung jedes einzelnen Gesellschafters bildet je einen Streitgegenstand (Anm. 46). Werden X und Y gemeinsam auf Ausschließung verklagt, so sind beide notwendige Streitgenossen sowohl hinsichtlich des Antrags auf Ausschließung des X als auch hinsichtlich des Antrags auf Ausschließung des Y. Dagegen besteht hinsichtlich des Verhältnisses dieser beiden verschiedenen Ausschließungsanträge zueinander nur eine einfache Streitgenossenschaft.

3. Klagantrag und Streitgegenstand

a) Der **Klagantrag** lautet: „Der (genau bezeichnete) Gesellschafter wird ausgeschlossen." Werden **Mitgesellschafter** auf „Mitwirkung" verklagt (Anm. 43 ff.), so wird ihnen gegenüber zweckmäßigerweise beantragt: „Der Gesellschafter (X) wird verurteilt, der Ausschließung des Gesellschafters (Y) zuzustimmen." Ein solcher Antrag ist der Praxis in Anbetracht der h. M. über die Bedeutung der Mitwirkungspflicht anzuraten. Die rechtsdogmatische und rechtspraktische Betrachtung bei Anm. 46 läßt diesen Antrag allerdings als überflüssig erscheinen, denn hinter der sog. Mitwirkungspflicht verbirgt sich in Wahrheit kein schuldrechtlicher, nach § 894 ZPO vollstreckbarer Anspruch auf Abgabe einer Mitwirkungserklärung (dazu Anm. 52), sondern es geht nur darum, daß alle Gesellschafter in den Gestaltungsprozeß einbezogen werden, weil das Urteil in das Gesellschaftsverhältnis aller eingreift (vgl. Anm. 52). Das Gericht kann deshalb in einer aus den Gesellschaftern A, B und X bestehenden Gesellschaft der auf Ausschließung des Gesellschafters X gerichteten Klage stattgeben, wenn sie entweder von A und B oder von A gegen B und X oder von B gegen A und X erhoben wird.

b) Auch in Gestalt einer **Eventualklage** ist der Antrag nach § 140 zulässig, und zwar sowohl als Haupt- als auch als Hilfsantrag (vgl. RG JW 1917, 292; Ulmer in Großkomm Anm. 37; Alfred Hueck oHG § 29 I 2 c ε). Es kann z. B. auf Ausschließung und hilfsweise auf **Entziehung der Geschäftsführungs- oder Vertretungsbefugnis** geklagt werden (vgl. nur H. Westermann Handbuch I 416). Ein Mitgesellschafter A kann nach h. M. in erster Linie auf „Mitwirkung" bei der Ausschließung des Gesellschafters B und hilfsweise selbst auf Ausschließung verklagt werden oder umgekehrt (der „Mitwirkungsantrag" gegen A ist in Wahrheit ein Antrag auf Ausschließung des B; vgl. Anm. 56). Zulässig ist nach h. M. auch eine Klage, die in erster Linie auf **Auflösung** nach § 133 und hilfsweise auf Ausschließung erhoben wird (vgl. § 133 Anm. 57) oder umgekehrt in erster Linie auf Ausschließung und hilfsweise auf Auflösung (RG JW 1917, 292; Westermann Handbuch [Lfg. 1978] I 416; Ulmer in Großkomm Anm. 37). In diesem Fall müssen aber die Parteirollen koordiniert werden (die Klage nach § 133 ist gegen alle Mitgesellschafter zu erheben, die Klage nach § 140 dagegen von allen Mitgesellschaftern). Diese Variante des Haupt- und Hilfsantrags dürfte deshalb in erster Linie bei der Zweipersonengesellschaft auftreten (Fall des § 142); möglich ist aber nach h. M. auch, daß gegen alle Mitgesellschafter auf Auflösung geklagt und diese Klage mit dem Hilfsantrag verbunden wird, die einen Beklagten nach § 140 auszuschließen und die anderen zur Mitwirkung bei diesem Ausschließungsverfahren zu verurteilen (Anm. 43 f.) Nach dem bei Anm. 46 vertretenen Konzept bedarf es eines solchen Antrags nicht. Zwischen **Ausschließungsklage** (§ 140) und sog. **Übernahmeklage** (§ 142) ist ein echtes Eventualverhältnis nicht möglich, weil der Streitgegenstand gleich ist (vgl. § 142 Anm. 5). Klagt der Gesellschafter C gegen A und B auf „Übernahme" nach § 142 und hilfsweise auf Ausschließung des A, so sind zwei Klagen erhoben: die Ausschließungsklage gegen A und die Ausschließungsklage gegen B. Die Folge des § 142 tritt aber nur ein, wenn beide Klagen Erfolg habe.

58 c) **Streitgegenstand** ist die Ausschließung des betreffenden Gesellschafters auf der Basis des vorgetragenen tatsächlichen Lebenssachverhalts (eingehend Karsten Schmidt, Auflösungs- und Ausschließungsprozeß Teil III). Wird auf Ausschließung mehrerer Gesellschafter geklagt, so bildet die Ausschließung jedes Gesellschafters je einen eigenen Streitgegenstand (vgl. Anm. 46). Dagegen ist der Streitgegenstand der Ausschließungsklage nach § 140 und der sog. Übernahmeklage nach § 142 derselbe (vgl. § 142 Anm. 5). Der Übergang vom Ausschließungsantrag zum Übernahmeantrag und umgekehrt ist keine Klagänderung (§ 142 Anm. 5). Klagt ein Gesellschafter gegen alle Mitgesellschafter auf „Übernahme" i. S. von § 142, so verbergen sich hinter diesem Übernahmeantrag so viele Ausschließungsklagen, wie Mitgesellschafter vorhanden sind. Das rechtskräftige Urteil hat die Wirkung des § 142, wenn alle Mitgesellschafter ausgeschlossen werden. Es hat die Wirkung des § 140, wenn nur ein Teil der Mitgesellschafter ausgeschlossen wird. Der **Antrag** wird durch das Ausschließungsbegehren bestimmt. Das Gericht ist an die gestellten Anträge gebunden, kann also nicht anstelle der beantragten Ausschließung auf Auflösung der Gesellschaft erkennen oder umgekehrt auf den Auflösungsantrag den Ausschluß eines Gesellschafters aussprechen (RGZ 24, 136, 140; RG JW 1917, 292; Alfred Hueck oHG § 29 I 2 c ε). Der Übergang von einer Klage zur anderen ist Klagänderung (Düringer-Hachenburg-Flechtheim Anm. 7; Baumbach-Duden-Hopt Anm. 3 B). Hat der Kläger Eventualanträge gestellt (Anm. 57), so ist das Gericht an die Reihenfolge der Klaganträge gebunden. Sind, z. B. aufgrund Klage und Widerklage, Auflösung nach § 133 und Ausschließung nach § 140 gleichzeitig bei demselben Gericht rechtsanhängig, so soll eine Aussetzung des Auflösungsprozesses nach § 148 ZPO unzulässig sein (vgl. OLG Frankfurt BB 1971, 1479; Baumbach-Duden-Hopt Anm. 3 B), weil insoweit keine Vorgreiflichkeit zwischen Auflösungsklage und Ausschließungsklage bestehe. Dem ist nicht zuzustimmen. Wie im

Verhältnis zwischen Ausschließungs- und Auflösungsverlangen bei der GmbH (vgl. dazu Scholz-Karsten Schmidt GmbHG § 61 Anm. 3) kann der Auflösungsklage nur dann stattgegeben werden, wenn der wichtige Grund i. S. d. §§ 133, 140 nicht durch die Ausschließung des auf Auflösung klagenden Gesellschafters beseitigt werden kann (vgl. zur GmbH BGHZ 80, 346, 348; BGH GmbHR 1985, 297, 298). Deshalb ist eine Aussetzung zwar nicht geboten, kann aber zulässig sein. Nur wenn es daran fehlt, ist die Ausschließungsklage nicht vorgreiflich.

4. Verfahrensverlauf

a) Es gelten grundsätzlich die allgemeinen Regeln der ZPO. Ein **Versäumnisurteil** ist zulässig (Ulmer in Großkomm Anm. 39). Ein **Anerkenntnisurteil** nach § 307 ZPO ist nicht grundsätzlich unzulässig, denn die Disposition über den Streitgegenstand ist den Parteien nicht entzogen (vgl. dazu BGH NJW 1985, 2713, 2716). Aber ein prozessuales Anerkenntnis i. S. von § 307 ZPO wird praktisch selten sein. Erkennen die Beklagten das Klagebegehren an, so ist dies als materiellrechtliche Austrittsvereinbarung mit der Folge einer Erledigung in der Hauptsache (Anm. 60) angesehen worden (RGZ 146, 169, 17; Düringer-Hachenburg-Flechtheim Anm. 10). Für eine Verurteilung ist dann kein Raum mehr. **59**

b) **Erledigung in der Hauptsache** kann erklärt werden, wenn der auszuschließende Gesellschafter während des Rechtsstreits durch Vereinbarung aller Gesellschafter oder durch wirksame Austrittserklärung aus der Gesellschaft ausscheidet (Heymann-Emmerich Anm. 27; Ulmer in Großkomm Anm. 38). Bei Anteilsveräußerung (vgl. Anm. 14) kommt ein Parteiwechsel oder eine Erledigungserklärung in Betracht. § 265 Abs. 2 ZPO ist nach h. M. nicht anwendbar (a. M. Bräutigam in Festschrift Quack S. 198 f.). Dieser Standpunkt der h. M. ist im Hinblick auf die Rechtslage bei der Auflösungsklage (§ 133 Anm. 47) zweifelhaft, jedoch ist im Auflösungsprozeß jeder Beklagtenanteil ohne weiteres streitbefangen, während im Ausschließungsprozeß dies zweifelhaft scheint. **60**

5. Einstweiliger Rechtsschutz

a) Der **Ausschluß** eines Gesellschafters **im Wege einstweiliger Verfügung** ist **nicht möglich** (Düringer-Hachenburg-Flechtheim Anm. 8; Ulmer in Großkomm Anm. 39). Zulässig ist es jedoch, im Wege einstweiliger Regelung dem beklagten Gesellschafter die Geschäftsführungs- und/oder Vertretungsbefugnis zu entziehen und für die Zwischenzeit auf einen Dritten zu übertragen (BGHZ 33, 105; OLG Stuttgart DB 1961, 1644 zu § 142; Heymann-Emmerich Anm. 28; Westermann Handbuch [Lfg. 1978] I 417; Westermann-Pöllath S. 90 ff.) oder ihm bestimmte Verhaltensweisen zu verbieten (vgl. Karsten Schmidt Gesellschaftsrecht § 50 III 1 d). **61**

b) Im **schiedsgerichtlichen Verfahren** kann eine einstweilige Verfügung nach h. M. nicht ergehen (eingehende Nachweise bei § 127 Anm. 33 ff.). **62**

6. Urteil und Urteilswirkungen

63 a) Das **Urteil** lautet auf Ausschließung des Gesellschafters oder auf Abweisung der Klage. Ist die Klage zulässig und sind die Ausschließungsvoraussetzungen erfüllt, so ist der Klage stattzugeben. Die „Kann"-Formulierung in Abs. 1 ist nicht als Einräumung eines Ermessensspielraums zu verstehen (RGZ 122, 314, 315). Da das Gericht an die Anträge gebunden ist (§ 308 ZPO), kann es eine geringere als die beantragte Rechtsfolge (z.B. Entziehung der Geschäftsführungs- und Vertretungsbefugnis) nur aufgrund besonderen (Hilfs-) Antrags zusprechen, denn es handelt sich um einen besonderen Streitgegenstand, wenn auch materiellrechtlich um ein minus.

64 b) **Das der Klage stattgebende Urteil** lautet: „Der (genau bezeichnete) Gesellschafter wird aus der (genau bezeichneten) Gesellschaft ausgeschlossen." Soweit Mitgesellschafter aufgrund der sog. Mitwirkungspflicht (Anm. 43 ff.) mitverklagt sind, wird die h.M. sie zur Mitwirkung oder zur Zustimmung verurteilen. In Anbetracht der h.M. kann die Formulierung eines solchen Tenors vorerst in der Praxis ratsam sein (vgl. entsprechend für die Fassung der Klaganträge Anm. 56). Sie ist aber nach den hier angestellten rechtsdogmatischen und rechtspraktischen Überlegungen überflüssig und, genau genommen, unrichtig, wenn auch praktisch unschädlich (eingehend Karsten Schmidt, Auflösungs- und Ausschließungsprozeß Teil III).

65 c) Die **Gestaltungswirkung** des der Klage stattgebenden Urteils tritt mit dessen materieller Rechtskraft ein (Baumbach-Duden-Hopt Anm. 3 C; Heymann-Emmerich Anm. 28; Ulmer in Großkomm Anm. 39). Die Ausschließung hat auch **keine Rückwirkung**. Der Auszuschließende bleibt bis zur materiellen Rechtskraft des Urteils Gesellschafter und wird auch nicht nachträglich als Nicht-Gesellschafter angesehen (vgl. Ulmer in Großkomm Anm. 42). **Abs. 2** belegt nicht das Gegenteil. Vielmehr bedarf es dieser Vorschrift eben deshalb, weil anderenfalls erst der Eintritt der materiellen Rechtskraft als Stichtag der Abfindung angesehen werden dürfte.

66 d) Die **materielle Rechtskraft** ist von der Gestaltungswirkung zu unterscheiden. Wurde der Klage rechtskräftig stattgegeben, so sind unter den Parteien auch die dem Urteil zugrundegelegten Ausschließungsgründe rechtskräftig festgestellt (vgl. Karsten Schmidt JuS 1986, 38). Diese materielle Rechtskraft wirkt sich z.B. in einem auf Schadensersatz gerichteten Zweitprozeß aus. Wurde die Klage durch rechtskräftiges Sachurteil abgewiesen, so steht gleichzeitig das Nichtvorliegen der geprüften Ausschließungsgründe rechtskräftig fest (wichtig z.B. für einen auf Schadensersatz oder auf Auflösung gerichteten Zweitprozeß). Ein neuerlicher Ausschließungsprozeß ist nur noch aufgrund neuer Tatsachen zulässig. Neu sind diese Tatsachen nicht nur, wenn sie nach der letzten mündlichen Tatsachenverhandlung des Erstprozesses eingetreten sind, sondern auch dann, wenn sie außerhalb des im Erstprozeß vorgetragenen Lebenssachverhalts liegen (zweifelhaft; vgl. zum Streitgegenstand Anm. 58). Ein zulässiger neuer Tatsachenvortrag aufgrund von Ereignissen, die während des Vorprozesses bereits vorlagen, wird aber ein seltener Ausnahmefall sein.

IV. Rechtsfolgen

1. Die Ausschlußfolge

a) Mit Rechtskraft des der Klage stattgebenden Urteils scheidet der beklagte Gesellschafter aus der Gesellschaft aus (Anm. 65). Die Rechtsfolgen ergeben sich kraft Verweisung nach § 105 Abs. 2 aus **§ 738 Abs. 1 BGB**: Der Anteil des Gesellschafters am Gesellschaftsvermögen wächst den Mitgesellschaftern zu (§ 738 Abs. 1 Satz 1 BGB). Die Gesellschaft hat ihm Gegenstände, die er der Gesellschaft zur Benutzung überlassen hat, zurückzugeben, ihn von den gemeinschaftlichen Schulden zu befreien (bzw. nach § 738 Abs. 1 Satz 3 BGB Sicherheit zu leisten) und ihm das Auseinandersetzungsguthaben auszuzahlen (§ 738 Abs. 1 Satz 2 BGB). Im einzelnen ist wegen dieser Rechtsfolgen auf § 138 Anm. 23 ff. zu verweisen. **67**

b) Bleibt nach dem Ausschluß nur ein Gesellschafter übrig, so geht das Gesellschaftsvermögen im Wege der Gesamtrechtsnachfolge auf ihn über (vgl. § 105 Anm. 24, § 131 Anm. 2, § 142 Anm. 25 f., § 145 Anm. 32). Es bedarf hierfür keines besonderen Übernahmeurteils nach § 142, denn dieses ist nichts anderes als ein Ausschließungsurteil (vgl. § 142 Anm. 5). Die bisher wohl vorherrschende gegenteilige Ansicht beruht auf einer Verkennung des Streitgegenstands bei der sog. Übernahmeklage nach § 142. Ist beispielsweise in einer Dreipersonengesellschaft ein Gesellschafter nach § 140 verurteilt und tritt vor Eintritt der Rechtskraft ein zweiter aus der Gesellschaft aus, so geht mit der Rechtskraft des Urteils das Gesellschaftsvermögen ohne weiteres auf den dritten Gesellschafter über. **68**

2. Die Abfindungsfolge

a) Für die **Abfindung** gelten die bei § 138 Anm. 42 ff. dargestellten Grundsätze. Über **Abfindungsklauseln** vgl. § 138 Anm. 60 ff. **69**

b) Nach **Abs. 2** wird für die Auseinandersetzung auf den Zeitpunkt abgestellt, in welchem die Klage erhoben ist. Als Zeitpunkt der Klageerhebung wird man den Zeitpunkt anzusehen haben, in dem alle Gesellschafter als Kläger oder Beklagte am Prozeß beteiligt waren (offengelassen von BGH NJW 1972, 1320; vgl. Alfred Hueck oHG § 29 I 2 c). Der Zeitpunkt der Klageerhebung wirkt nicht nur zu Lasten des Ausgeschlossenen (zwischenzeitliche Gewinne kommen ihm nicht zugute), sondern auch zu seinen Gunsten (Alfred Hueck oHG § 29 I 2 c). Hat die Klage erst aufgrund nachträglicher und nachgeschobener Ausschließungsgründe Erfolg, so entscheidet nicht der Zeitpunkt der Klageerhebung, sondern der Zeitpunkt der Geltendmachung dieser Gründe (Alfred Hueck oHG § 29 I 2 c; Karsten Schmidt Gesellschaftsrecht § 50 IV 1 c; s. auch Ulmer Großkomm Anm. 45; Hartmann S. 50; a.M. RGZ 101, 242; Heymann-Emmerich Anm. 29 Fußn. 40). Denn Abs. 2 dient nicht der Prozeßökonomie, sondern stellt auf den Zeitpunkt ab, in dem die Klage begründet wurde (näher Karsten Schmidt Gesellschaftsrecht § 50 IV 1 c). Abweichende Vereinbarungen sind möglich (Ulmer in Großkomm Anm. 45). Auch Schadensersatzansprüche können das Ergebnis des Abs. 2 nach Lage des Falls korrigieren. **70**

V. Abweichende Abreden

1. Abdingbarkeit des Ausschließungsrechts

71 a) Nach h. M. ist das Ausschließungsrecht **abdingbar** (BGHZ 31, 295, 300 = NJW 1960, 625, 626; BGHZ 68, 212, 214 = NJW 1977, 1292; BGHZ 81, 263, 265 f. = NJW 1981, 2565 = JuS 1982, 65 m. Anm. Karsten Schmidt; Baumbach-Duden-Hopt Anm. 1 B; Heymann-Emmerich Anm. 30). Eine Schutzregel wie § 133 Abs. 3 gibt es nicht, denn die Gesellschafter haben immer noch die Möglichkeit, die Gesellschaft aufgrund des wichtigen Grundes aufzulösen. Deshalb kann das Recht, die Gesellschaft unter Ausschließung des den wichtigen Grund setzenden Gesellschafters fortzusetzen, durch den Gesellschaftsvertrag abbedungen werden (Düringer-Hachenburg-Flechtheim Anm. 13; Heymann-Emmerich Anm. 30; Ulmer in Großkomm Anm. 46; Alfred Hueck oHG § 29 I 2 c β; Teichmann Gestaltungsfreiheit S. 249 f.; Westermann Handbuch [Lfg. 1978] I 420; in der Tendenz vgl. bereits RGZ 109, 80, 82 [zu § 142]; zweifelnd Nitschke S. 392 f.).

72 b) **Stellungnahme:** Der h. M. ist zuzustimmen, soweit sie Modifikationen des Ausschließungsrechts zuläßt. Dies sind i. d. R. auch die praktisch entschiedenen Fälle. Eine völlige Beseitigung des Ausschließungsrechts sollte nur in der personalistisch strukturierten Personengesellschaft zugelassen werden. Insbesondere bei Publikumspersonengesellschaften, bei denen die Auflösungsklage durch ein Austrittsrecht verdrängt wird (vgl. § 133 Anm. 67), kann nicht auch noch das Ausschließungsrecht beseitigt werden (insoweit übereinst. Nitschke S. 390 ff.; vgl. auch Heymann-Emmerich Anm. 31). Aber auch sonst ist eine Abbedingung des Ausschließungsrechts nur anzuerkennen, soweit sachliche Gründe für diese Regel sprechen. Beispielsweise leuchtet es ein, wenn bei einer Sachgründung der Gesellschafter, der das Unternehmen einbringt, einen gegen ihn geführten Ausschließungsprozeß von vornherein durch Vertragsabrede unterbinden will.

2. Vereinbarungen über das Ausschließungsverfahren

73 a) Die **Ausschließungsklage** kann auf ein Schiedsgericht übertragen werden (Düringer-Hachenburg-Flechtheim Anm. 15; Ulmer in Großkomm. Anm. 52; Weipert in HGB-RGRK Anm. 32 a. E.). Auch Gerichtsstandsvereinbarungen sind zulässig (da die Gesellschafter der oHG als Vollkaufleute angesehen werden, ergibt sich dies aus § 38 ZPO; vgl. BGHZ 34, 293, 296 f.; Stein-Jonas-Leipold, ZPO, 20. Aufl. 1977, § 38 Anm. 4). Zulässig ist auch eine Regelung, wonach die Gesellschaft klagen kann (nicht: muß). Eine solche Regelung ist vor allem bei der Publikumspersonengesellschaft zweckmäßig.

74 b) Der Gesellschaftsvertrag kann das Ausschließungsverfahren auch so regeln, daß ein **Ausschließungsbeschluß** oder die **Ausschließungserklärung** eines Gesellschaftsorgans an die Stelle des Ausschließungsprozesses tritt (RG ZAkDR 1938, 818; DR 1943, 808 m. Anm. Barz; BGHZ 31, 295, 300 = NJW 1960, 625, 626; BGHZ 47, 293, 302 = NJW 1967, 1961 f. [§ 142]; BGHZ 68, 212, 214 = NJW 1977, 1292; BGHZ 81, 263, 265 f. = NJW 1981, 2565 = JuS 1982, 65 m. Anm. Karsten Schmidt; BGHZ 107, 351,

356; Ulmer in Großkomm Anm. 53f.; Heymann-Emmerich Anm. 32f.; Baumbach-Duden-Hopt Anm. 1 B; Weipert in HGB-RGRK Anm. 32; Düringer-Hachenburg-Flechtheim Anm. 15; Karsten Schmidt Gesellschaftsrecht § 50 III 3 a; a.A. noch ROHGE 21, 84; RGZ 39, 119, 121; 109, 80, 82). Die allgemeine Einführung des Mehrheitsprinzips durch den Gesellschaftsvertrag genügt hierfür allerdings allenfall bei solchen Gesellschaften, deren Verträge nach § 119 Anm. 17ff. nicht dem Bestimmtheitsgrundsatz unterliegen (anders Grunewald S. 106; wohl auch Nitschke S. 194). Bei der Publikumsgesellschaft, für die auch der strenge Bestimmtheitsgrundsatz bei der Zuteilung von Mehrheitskompetenzen nicht gilt (§ 161 Anm. 149), ist regelmäßig davon auszugehen, daß die Ausschließung eines Gesellschafters nicht durch Klage aller Mitgesellschafter, sondern durch Mehrheitsbeschluß erfolgt (vgl. Grunewald S. 106; zu entsprechenden Vertragsklauseln vgl. Gerhard A. Wilhelm, Die Problematik der Massen-KG, Diss. Tübingen 1980, S. 182ff.). Es wird dann grundsätzlich nicht über eine Klageerhebung nach § 140 durch Mehrheitsbeschluß entschieden (so aber Nitschke S. 194ff.), sondern der Beschluß selbst hat Ausschließungscharakter (vgl. Grunewald S. 106f.). Die Mitteilung des Beschlusses führt die Ausschließung herbei. Möglich, aber ungewöhnlich, ist allerdings auch die Vertragsregelung, daß die Gesellschafter mehrheitlich über eine Klageerhebung nach § 140 beschließen sollen. Dann ist im Zweifel davon auszugehen, daß die Klage nicht von allen Gesellschaftern, sondern von der gesetzlich vertretenen Gesellschaft zu erheben ist.

3. Vereinbarungen über Ausschließungsgründe

a) Der Gesellschaftsvertrag kann bestimmen, daß **bestimmte Gründe** zur Ausschließung berechtigen oder nicht berechtigen (BGHZ 51, 204, 205f. = NJW 1969, 793; BGH BB 1965, 1167; Baumbach-Duden-Hopt Anm. 1 B; Ulmer in Großkomm Anm. 49f.; Weipert in HGB-RGRK Anm. 30; Grunewald S. 193ff.). Regelmäßig versteht sich eine solche Vertragsklausel als authentische Festlegung des wichtigen Grundes i.S. von § 140 (vgl. auch Ulmer in Großkomm. Anm. 50 mit Verweisung auf § 133 Anm. 72 u. § 131 Anm. 17, 118; möglich erscheint jedoch auch eine nicht abschließende Aufzählung, s. Westermann-Pöllath S. 137). Als wichtige Gründe können beispielsweise im Gesellschaftsvertrag genannt werden: das Vergleichsverfahren über das Vermögen eines Gesellschafters, die Pfändung eines Anteils (auch ohne Kündigung des Gläubigers; vgl. dazu § 141). Unzulässig ist die Regelung, soweit eine Ausschließung ohne wichtigen Grund unzulässig (Anm. 77ff.) und die Klausel als eine Umgehung dieses Verbots aufzufassen ist.

b) Zulässig, wohl weniger praktisch, ist auch die **Vereinbarung, daß bestimmte Gründe nicht zur Ausschließung berechtigen** (Ulmer in Großkomm Anm. 49; Westermann Handbuch [Lfg. 1978] I 419). Eine solche Vertragsklausel hat nur die Bedeutung einer authentischen Vertragsinterpretation. Sie besagt, daß nach der Vorstellung der Gesellschaftsgründer bestimmte Ereignisse keine wichtigen Auflösungsgründe sein sollen.

4. Ausschließung ohne wichtigen Grund

a) Das Recht, einen Gesellschafter ohne wichtigen Grund aus der Gesellschaft auszuschließen, kann **grundsätzlich nicht wirksam** vereinbart werden (BGHZ 68, 212, 215

= NJW 1977, 1292; BGHZ 81, 263, 267 = NJW 1981, 2565; BGH NJW 1985, 2421 = JZ 1985, 1105 m. Anm. Flume; BGHZ 105, 213 = ZIP 1989, 36, 37 = WM 1989, 133, 134; BGHZ 107, 351; ebenso OLG München NJW-RR 1987, 925; vgl. nunmehr auch zur GmbH BGHZ 112, 103 = NJW 1990, 2622). Dementsprechend hat der BGH auch eine vertragliche Übernahmeklausel eines Gesellschafters, wonach er durch einseitige Erklärung ohne wichtigen Grund die Mitgesellschafter abfinden und das Unternehmen fortsetzen konnte, für unwirksam erklärt (vgl. für Treuhand-Publikumsgesellschaft BGH DB 1988, 1375 = NJW 1988, 1903 = WM 1988, 939). Die Rechtsprechung hatte zuvor in der Frage des Ausschlusses ohne wichtigen Grund mehrfach geschwankt (vgl. den historischen Überblick bei Kulka S. 49 ff.; Grunewald S. 217 f.; Huber ZGR 1980, 180 ff.; Flume DB 1986, 629 ff.). Die ältere Rechtsprechung hatte der Ausschließung ohne wichtigen Grund zunächst ablehnend gegenübergestanden (ROHGE 21, 84; RGZ 38, 119; 109, 80). Das änderte sich mit dem Urteil RG ZAkDR 1938, 818. Nach dieser Entscheidung kann der Gesellschaftsvertrag die Ausschließung von Gesellschaftern in das Belieben der Mitgesellschafter stellen. Der BGH setzte diese Praxis zunächst fort (BGHZ 34, 80 = NJW 1961, 504; BGH LM Nr. 30 zu § 161 = NJW 1973, 1606). Er prüfte allerdings immer noch, ob die Einräumung des Ausschließungsrechts im Einzelfall sittenwidrig sei (vgl. BGHZ 31, 295, 299 f. = NJW 1960, 625, 627; BGH WM 1968, 532) und ob die Ausübung des Ausschließungsrechts nach Lage des Falls treuwidrig ist (vgl. BGHZ 34, 80, 83 = NJW 1961, 505; BGH WM 1968, 532). Hinzu kam die Kontrolle von Abfindungsklauseln, die auch bei der Ausschließung ohne wichtigen Grund den Abfindungsanspruch auf den Buchwert beschränken (vgl. BGH WM 1962, 462; NJW 1973, 651; LM Nr. 30 zu § 161 = NJW 1973, 1606; eingehende Analyse bei Huber ZGR 1980, 177 ff.). Nach der neueren Rechtsprechung, die sich teils auf § 138 BGB, teils auf immanente Schranken der Vertragsfreiheit und auf Grundprinzipien des Gesellschaftsrechts stützt (methodische Kritik bei Karsten Schmidt Gesellschaftsrecht § 50 III 4 a), kann eine Ausschließung ohne wichtigen Grund nur noch wirksam im Vertrag vereinbart werden, wenn hierfür sachlich gerechtfertigte Gründe bestehen (BGHZ 68, 212, 215 = NJW 1977, 1292; BGHZ 81, 263, 267 = NJW 1981, 2565, 2566; BGH NJW 1985, 2421 = JZ 1985, 1105 m. Anm. Flume; BGH DB 1988, 1375 = NJW 1988, 1903 = WM 1988, 939; BGHZ 105, 213 = WM 1989, 133 = ZIP 1989, 36, 37; BGHZ 107, 351). Unter welchen Voraussetzungen sachlich gerechtfertigte Gründe vorliegen, wie auch die Frage, ob die sachliche Rechtfertigung schon aus dem Gesellschaftsvertrag hervorgehen muß, hat der BGH noch nicht entschieden, vielmehr betont er, daß diese Frage nicht formelhaft zu beantworten sei (BGHZ 105, 213, 217 = WM 1989, 133, 134 = ZIP 1989, 36, 38). Bereits entschieden worden ist jedoch, daß folgende Gesichtspunkte für sich allein nicht als sachliche Gründe ausreichen: Erwerb der Mitgliedschaft kraft Erbgangs (BGHZ 81, 263, 270 = NJW 1981, 2565) und die geringe Kapitalbeteiligung des Gesellschafters (BGH NJW 1985, 2421).

78 b) Die **Beurteilung der Rechtsprechung** ist außerordentlich umstritten. Eine verbreitete Auffassung hält die Vereinbarung einer Ausschließung ohne wichtigen Grund nach wie vor für zulässig (vgl. mit Unterschieden im einzelnen Götz Hueck Gesellschaftsrecht 18. Aufl. § 10 II 1 b; Behr ZGR 1985, 491; Bunte ZIP 1983, 8 ff.; 1985, 915; Flume DB

1986, 629 ff.; Koller DB 1984, 545 ff.; Krämer NJW 1981, 2553; Kreutz ZGR 1983, 109 2 ff.; Rasner NJW 1983, 2905 ff.; Weber-Hickel NJW 1986, 2752 ff.; H. Westermann in: Zweite Festschrift Larenz, 1983, S. 723 ff.). Nach einer verbreiteten Ansicht ist es zulässig, einem Gesellschafter die Position eines Gesellschafters minderen Rechts zuzuteilen, dessen Verbleiben in der Gesellschaft vom Belieben der Mitgesellschafter abhängt (Flume Personengesellschaft § 10 III, § 12 II; ders. NJW 1979, 902 ff.; ders. DB 1986, 622; Eiselt in Festschrift v. Lübtow S. 656; Kritik dieser Lehre bei Huber ZGR 1980, 191 ff.). Verschiedentlich wird die Ausschließung dann zugelassen, wenn nicht zugleich die Abfindung unangemessen beschränkt ist (Esch NJW 1979, 1390 ff.; Huber ZGR 1980, 210 f.; Hirtz BB 1981, 764 ff.; eingehend hierzu Grunewald S. 220 ff.). Andere Autoren stimmen der Rechtsprechung zu (vgl. Baumbach-Duden-Hopt Anm. 1 B c; Heymann-Emmerich Anm. 34; Ulmer Gesellschaft bürgerlichen Rechts § 737 Anm. 16; Staudinger-Keßler § 737 Anm. 12; H. P. Westermann Abberufung S. 120 ff.; Wiedemann Gesellschaftsrecht I § 7 III 2; ders., in Festschrift Fischer, 1979, S. 897; ders. ZGR 1980, 152; 1983, 109; im Grundsatz auch Schilling ZGR 1979, 422; Huber ZGR 1980, 210 f.; Hennerkes-Binz NJW 1983, 73 ff.; Kreutz ZGR 1983, 120).

c) Stellungnahme: Der Rechtsprechung ist darin zuzustimmen, daß eine bloße Rechtsausübungskontrolle grundsätzlich nicht ausreicht. Die Situation eines Gesellschafters, der ständig unter dem „Damoklesschwert" der Hinauskündigung steht, ist mit den mitgliedschaftlichen Teilhaberechten unvereinbar (insoweit ähnlich z.B. Schilling ZGR 1979, 426). Auch ist es mit den mitgliedschaftlichen Rechten eines Gesellschafters kaum vereinbar, wie ein Kreditgeber abgefunden zu werden, sobald der Mehrheitsgesellschafter den Eigenkapitalbedarf selbst zu decken bereit und imstande ist. Mit der neueren Rechtsprechung ist deshalb anzunehmen, daß eine Vertragsklausel, die die Ausschließung ohne wichtigen Grund zuläßt, grundsätzlich der Rechtfertigung bedarf. Soweit eine solche Rechtfertigung vorliegt, findet immer noch eine Ausübungskontrolle statt, aber diese beschränkt sich dann auf den Mißbrauch des Ausschließungsrechts, während ein wichtiger Ausschließungsgrund nicht zu verlangen ist (charakteristisch BGH WM 1989, 133, 194 = ZIP 1989, 36, 38). Im wesentlichen bedürfen **drei Fallgruppen** der Diskussion:

aa) Die Rechtfertigung kann sich zunächst aus der **gesetzlichen Wertung** ergeben. Dies gilt zunächst für den Todesfall (vgl. im Ergebnis BGHZ 105, 213 = NJW 1989, 834 = WM 1989, 133, 134 = ZIP 1989, 36, 38; Grunewald S. 212 ff.): Da nach § 138 sogar eine Fortsetzung der Gesellschaft unter automatischem Ausschluß der Erben vorgesehen werden kann, kann der Gesellschaftsvertrag die Nachfolge auch so ordnen, daß die Gesellschaft mit den Erben fortgeführt wird, sofern nicht die Mitgesellschafter von einem zeitlich begrenzten Ausschließungsrecht Gebrauch machen. Eine Ausschließungsklausel kann also als differenzierte Lösung an die Stelle einer Fortsetzungsklausel nach § 138 gesetzt werden.

bb) Die Rechtfertigung kann sich sodann da ergeben, wo ein **gesellschaftsfremder Dritter** die Mitgliedschaft aufgrund eines Schuldverhältnisses erworben hat, das seinerseits aus wichtigem Grund gelöst werden kann. In der Literatur wird vor allem eine Ausschließung ohne wichtigen Grund zugelassen, wenn der Gesellschafter den Anteil schenkweise erworben hat (vgl. Hartmann S. 23 und Huber ZGR 1980, 201 mit Hinweis auf BGHZ 34, 80) oder wenn ein Drittgeschäftsführer als Gesellschafter aufgenommen worden ist (so Huber ZGR 1980, 194; Flume DB 1986, 633; anders BGH NJW 1985, 2421 = JZ 1985, 1105 m. abl. Anm. Flume). Es handelt sich daher um Rechtsverhältnisse, die ihrerseits aus wichtigem Grund lösbar sind (Widerruf der Schenkung wegen groben Undanks nach § 530 BGB bzw. Kündigung des Geschäftsleitervertrags nach §§ 626 f. BGB). Dies wäre ein wichtiger Grund i.S. von § 140. In der Praxis besteht ein Bedürfnis dafür, solche Rechtsverhältnisse gütlich lösen zu können, ohne daß der wichtige Grund bis ins einzelne gerichtlich geprüft werden muß. Die Hinauskündigungsklausel soll dafür sorgen, daß gleichzeitig mit der besonderen Rechtsbeziehung auch die Beteiligung an der Gesellschaft gelöst werden kann, ohne daß über die strengen Voraussetzungen des § 140 gestritten werden muß. Gegen Willkür und Mißbrauch kann der Gesellschafter durch die Rechtsausübungskontrolle geschützt werden. Gleichwohl ist eine Anerkennung solcher Hinauskündigungsklauseln durch die Rechtsprechung zweifelhaft, denn es wird streng zwischen dem schuldrechtlichen Kausalverhältnis und dem Gesellschaftsverhältnis als Grundlage der Mitgliedschaft unterschieden (vgl. zum Schenkungsrecht BGHZ 112, 40 = NJW 1990, 2616 und dazu § 105 Anm. 122). Beispielsweise kann, wenn ein Gesellschafter schenkungsweise in die Gesellschaft aufgenommen worden ist, ein Rückforderungsrecht des Schenkers vereinbart werden, das nicht vom groben Undank nach § 530 BGB abhängig ist (Karsten Schmidt BB 1990, 1996 f.). Aber damit rechtfertigt sich noch nicht ein allgemeines Ausschließungsrecht der Mitgesellschafter.

82 cc) Die Rechtfertigung kann sich schließlich aus dem **Inhalt der Mitgliedschaft** ergeben (vgl. Karsten Schmidt Gesellschaftsrecht § 50 III 4 b). Das umstrittene, von der h.M. nicht anerkannte Konzept des „Gesellschafters minderen Rechts" ist insofern nicht ohne Berechtigung. Eine Mitgliedschaft, die nicht ohne Zustimmung aller Mitgesellschafter übertragbar und vererblich ist, sollte auch als entziehbare Mitgliedschaft ausgestaltet werden können. Erst recht müßte die Mitgliedschaft eines Kommanditisten im Innenverhältnis wie die eines typischen stillen Gesellschafters mit bloßer Gewinnbeteiligung und ohne vollen mitgliedschaftlichen Schutz ausgestaltet werden können. Ein Gesellschafter, der (z.B. im Schenkungswege oder gegen Dienstleistungen) von vornherein nur ein solches Gesellschaftsverhältnis eingeht, kontrahiert nur in eigener Sache und begründet eine Mitgliedschaft, die des Schutzes durch ein Ausschließungsverbot nicht bedarf. Gegen Rechtsverletzungen schützt ihn auch hier die Rechtsausübungskontrolle. Im Hinblick auf die abweichende h.M. wird es sich aber empfehlen, einen solchen Dritten nur als typischen stillen Gesellschafter – also nicht mitunternehmerisch – zu beteiligen.

141 (1) Macht ein Privatgläubiger eines Gesellschafters von dem ihm nach § 135 zustehenden Rechte Gebrauch, so können die übrigen Gesellschafter auf Grund eines von ihnen gefaßten Beschlusses dem Gläubiger erklären, daß die Gesellschaft unter ihnen fortbestehen solle. In diesem Falle scheidet der betreffende Gesellschafter mit dem Ende des Geschäftsjahres aus der Gesellschaft aus.

(2) Diese Vorschriften finden im Falle der Eröffnung des Konkurses über das Vermögen eines Gesellschafters mit der Maßgabe Anwendung, daß die Erklärung gegenüber dem Konkursverwalter zu erfolgen hat und daß der Gemeinschuldner mit dem Zeitpunkte der Eröffnung des Konkurses als aus der Gesellschaft ausgeschieden gilt.

Inhalt

	Anm.		Anm.
I. Grundlagen	1–5	III. Die Regelung des Abs. 2	16–24
1. Normzweck	1	1. Das Ausschließungsrecht	16
2. Anwendungsbereich	2	2. Das Ausschließungsverfahren	19
		3. Die Folge der Erklärung	21
II. Die Regelung des Abs. 1	6–15	IV. Abweichende Anordnungen des Gesellschaftsvertrags	25–27
1. Voraussetzungen des Ausschließungsrechts	6	1. Abreden über den Ausschließungsgrund und Ausschließungsverfahren	25
2. Das Ausschließungsverfahren	9	2. Abreden über die Folgen der Ausschließung	27
3. Folgen der Erklärung	13		

I. Grundlagen

1. Normzweck

Nach § 131 Nr. 5 bzw. Nr. 6 wird die oHG durch die **Eröffnung des Konkurses** über **1** das Vermögen eines Gesellschafters oder durch die **Kündigung eines Privatgläubigers** eines Gesellschafters (§ 135) kraft Gesetzes aufgelöst. Da die Vernichtung des Unternehmens ohne wirtschaftlichen Grund unerwünscht und die Gründung einer Auffanggesellschaft unter den bisherigen Mitgesellschaftern ökonomisch ein Umweg ist, gestattet das Gesetz, daß die Gesellschafter im Gesellschaftsvertrag die Auflösung der oHG wegen wirtschaftlicher Schwierigkeiten eines Gesellschafters abwenden können. Im **Gesellschaftsvertrag** kann vereinbart werden, daß die Gesellschaft unter den übrigen Gesellschaftern fortbestehen soll (sog. Fortsetzungsklausel); der wirtschaftlich gefährdete Gesellschafter scheidet aus der Gesellschaft aus und erhält sein Abfindungsguthaben zur Befriedigung seiner Gläubiger (vgl. § 138 Anm. 9, 22). Um auch **bei Fehlen einer solchen Vertragsregelung** die Gesellschaft vor der Auflösung zu bewahren und wirtschaftliche Werte nicht ohne Grund zu zerstören, gestattet das Gesetz, daß die übrigen Gesellschafter auch noch nach Eintritt des Auflösungsgrundes unter **Ausschließung des Schuldner-Gesellschafters** die **Fortsetzung** beschließen können (Heymann-Emmerich Anm. 2).

2. Anwendungsbereich

a) Die Bestimmung gilt für die **offene Handelsgesellschaft** und nach § 161 Abs. 2 auch **2** für die **Kommanditgesellschaft**. Eine fehlerhafte Gesellschaft genügt (Ulmer in Großkomm Anm. 4). Für die Gesellschaft bürgerlichen Rechts fehlt eine dem § 141 entsprechende Vorschrift. Dem Sonderstatus der unternehmenstragenden Gesellschaft bürgerlichen Rechts (§ 105 Anm. 245, § 123 Anm. 15; Karsten Schmidt Gesellschaftsrecht § 58 V) entspricht es allerdings, § 141 auf eine solche Gesellschaft analog anzuwenden (anders h.M.).

3 b) Zweifelhaft ist, ob § 141 auch in einer (bereits aus anderen Gründen) **aufgelösten Gesellschaft** gilt. Da § 141 die Auflösung verhindern soll, sprechen rechtssystematische Gründe dagegen. Zu bedenken ist aber, daß im Fall des Abs. 2 die Auflösung bereits eingetreten ist und daß § 141 hier der Fortsetzung dient. Deshalb muß gelten: In der aufgelösten Gesellschaft kann § 141 der Fortsetzung dienen (vgl. auch Anm. 12).

4 c) § 141 unmittelbar greift nur ein, wenn auch nach Ausschließung des Schuldner-Gesellschafters eine Mehrpersonengesellschaft übrig bleibt. Aber aus **§ 142 Abs. 2** ergibt sich, daß die Ausschließung auch gegenüber dem einzigen Mitgesellschafter oder gegenüber allen Mitgesellschaftern möglich ist (vgl. § 142 Anm. 22 ff.). Das Gesetz sieht dann das Ausschließungsrecht als Übernahmerecht an. Nach richtiger Ansicht ist es auch in diesem Fall nichts anderes als ein Ausschließungsrecht (vgl. nämlich zur Dogmatik des sog. Übernahmerechts § 142 Anm. 3, 5).

5 d) Nach allgemeiner Meinung war § 141 entsprechend anzuwenden, wenn der Ehemann einer Gesellschafterin, die mit ihrem Ehemann noch in dem **früheren gesetzlichen Güterstand** der Verwaltung und Nutznießung lebte, von seinem Kündigungsrecht nach § 1358 BGB alter Fassung Gebrauch machte. Die Frage spielt nur noch bei der nachträglichen Beurteilung früherer Ausschließungsverfahren eine Rolle. Wegen der Einzelheiten ist auf die Kommentierung von *Geßler* in der 4. Aufl. (Anm. 15) zu verweisen.

II. Die Regelung des Abs. 1

1. Voraussetzungen des Ausschließungsrechts

6 a) Es muß **eine zur Kündigung nach § 135 berechtigende Pfändung und Überweisung** vorliegen. Fehlt es daran, liegt aber eine sonstige Gefährdung der Gesellschaft durch Gläubigerzugriff vor, so besteht das gesetzliche Ausschließungsrecht nicht. Es kommt dann nur eine vertraglich bedungene Ausschließung aus wichtigem Grund (§ 140 Anm. 75 f.) in Betracht. Der Gläubiger kann, wie bei § 135, auch ein Mitgesellschafter sein (vgl. BGHZ 51, 84 = NJW 1969, 505 = WM 1969, 116), sofern seine Forderung nicht auf dem Gesellschaftsverhältnis beruht (dazu vgl. § 135 Anm. 7). Wegen eines Kostenfestsetzungsbeschlusses kann das Recht aus § 141 auch ausgeübt werden, wenn sich der zugrundeliegende Prozeß auf das Gesellschaftsverhältnis bezog (vgl. BGH WM 1978, 675).

7 b) Das Gesetz verlangt, daß der Privatgläubiger eines Gesellschafters durch **Kündigungserklärung** von seinem Kündigungsrecht nach § 135 Gebrauch gemacht hat. Solange der Gläubiger nur den Pfändungs- und Überweisungsbeschluß erwirkt und vielleicht die Absicht der Kündigung ausgesprochen hat, besteht das Ausschließungsrecht nicht (Heymann-Emmerich Anm. 3). Auch in diesem Fall kommt nur eine gesellschaftsvertragliche Ausschließung aus wichtigem Grund (§ 140 Anm. 75 f.) in Betracht.

8 c) Nach h. M. kann der Ausschließungsbeschluß nur gefaßt werden, **solange die Gesellschaft noch nicht aufgelöst ist**, also nur vor Ablauf des Geschäftsjahres, zu dessen Ende die Kündigung ausgesprochen ist (Alfred Hueck oHG § 23 V 2 a; Ulmer in Großkomm

Anm. 9; s. auch BGHZ 51, 84, 90 = NJW 1965, 505, 506 = WM 1969, 116, 117). Wie bei Anm. 3 ausgeführt, kann allerdings § 141 auch auf eine aufgelöste Gesellschaft Anwendung finden. Ist allerdings die Kündigung nach § 135 wirksam geworden, so ist zu bedenken, daß die in § 141 Abs. 1 genannte Rechtsfolge – Ausscheiden des Gesellschafters mit dem Kündigungszeitpunkt – nicht mehr eintreten kann, wenn der Kündigungsstichtag bereits verstrichen ist. Die Gesellschaft kann zwar immer noch durch Fortsetzungsbeschluß fortgesetzt werden (§ 131 Anm. 64). Aber dann müssen, wenn nicht der Gesellschaftsvertrag eine Ausschließung zuläßt, der Schuldner-Gesellschafter und der Gläubiger bei der Fortsetzungsvereinbarung mitwirken. Zulässig ist es allerdings auch, daß sämtliche Gesellschafter mit Zustimmung des Gläubigers den Auflösungstermin und damit auch den nach § 141 maßgeblichen Termin einverständlich hinausschieben (BGHZ 51, 84, 90 = NJW 1969, 505, 506 = WM 1969, 116, 117).

2. Das Ausschließungsverfahren

a) Zur Ausschließung erforderlich ist ein **Beschluß der übrigen Gesellschafter.** Der Schuldner-Gesellschafter wirkt nicht mit. Minderjährige Gesellschafter bzw. deren gesetzliche Vertreter benötigen zu der Beschlußfassung nicht die Genehmigung des Vormundschaftsgerichts (Weipert in HGB-RGRK Anm. 4). Der Gesellschaftsvertrag kann bestimmen, daß für die Entschließung die Mehrheit der übrigen Gesellschafter genügen soll (dazu Erl. § 119). Das Ausscheiden durch Mehrheitsbeschluß muß ausdrücklich im Gesellschaftsvertrag vorgesehen sein; eine Bestimmung, daß für alle Gesellschaftsangelegenheiten das Mehrheitsprinzip gelten soll, genügt nicht (BGH WM 1961, 301, 302; Heymann-Emmerich Anm. 3; vgl. auch Erl. zu § 119). Läßt der Gesellschaftsvertrag einen Mehrheitsbeschluß über die Ausschließung eines Gesellschafters aus wichtigem Grund zu, so gilt dies im Zweifel auch für das Verfahren nach § 141.

b) Der Beschluß allein genügt zur Ausschließung nicht. Die Gesellschafter müssen dem Privatgläubiger **erklären,** daß die Gesellschaft unter ihnen fortbestehen soll. Ausnahmsweise kann auf die Erklärung verzichtet werden, wenn der Gläubiger selbst Gesellschafter und als solcher am Ausschließungsverfahren beteiligt ist (BGHZ 51, 84, 89 = NJW 1969, 505, 506 = WM 1969, 116, 117). Dem Schuldner-Gesellschafter braucht die Ausschließung nicht mitgeteilt zu werden, um rechtswirksam zu sein. Zur Mitteilung an ihn sind die Gesellschafter auf Grund des Gesellschaftsverhältnisses zwar verpflichtet, aber diese Mitteilung dient nur der Information und ist nicht Teil des Ausschluß-Verfahrens (Ulmer in Großkomm Anm. 8). Die Erklärung muß von allen übrigen Gesellschaftern, nicht von der Gesellschaft ausgehen; bei einem Mehrheitsbeschluß sind die überstimmten Gesellschafter verpflichtet, bei der Abgabe der Erklärung mitzuwirken. Die Gesellschafter können sich bei der Abgabe der Erklärung durch einen Bevollmächtigten, z.B. durch einen geschäftsführenden Gesellschafter, vertreten lassen. Eine solche Vollmacht kann ausdrücklich oder konkludent bei der Beschlußfassung erteilt werden. In der Regel wird aus der Zulassung des Mehrheitsbeschlusses auf eine Ermächtigung der zustimmenden Gesellschafter, für die überstimmten die Erklärung mitabgeben zu können, geschlossen werden dürfen (Weipert in HGB-RGRK Anm. 5). Der Beschluß selbst braucht dem Privatgläubiger nicht mitgeteilt zu werden, er muß sich mit der Mitteilung der übrigen Gesellschafter begnügen (Ulmer in Großkomm

Anm. 7; a.M. Düringer-Hachenburg-Flechtheim Anm. 3). Der Gläubiger kann allerdings bei begründetem Zweifel Information über den Beschluß verlangen.

11 c) Aus den bei Anm. 8 genannten Gründen muß die Erklärung dem Gläubiger **vor Ablauf des Geschäftsjahrs** zugegangen sein (Ulmer in Großkomm Anm. 9). Allerdings ist auch hier zu beachten, daß die Gesellschafter die Kündigungsfolgen in allseitigem Einvernehmen unter Zustimmung des Gläubigers aufschieben können (§ 135 Anm. 28; BGHZ 51, 84, 90 = NJW 1969, 505, 506 = WM 1969, 116, 117). Dann kann auch bis zu dem vereinbarten Termin die Ausschließung ausgesprochen werden. Das kann bei stillschweigender Verlängerung der Gesellschaft die Folge haben, daß die Ausschließung des Schuldner-Gesellschafters in Übereinstimmung mit dem einverständlich festgelegten Auflösungszeitpunkt am Ende des folgenden Geschäftsjahrs wirksam wird (vgl. BGHZ 51, 84, 90 = WM 1969, 116, 117f.; Ulmer in Großkomm Anm. 9; Heymann-Emmerich Anm. 4).

12 d) Wird die Gesellschaft vor dem Ende des Geschäftsjahrs, zu dem an sich der verschuldete Gesellschafter ausscheiden würde, **aus einem anderen Grunde aufgelöst**, so sah *Geßler* (Voraufl. Anm. 8) die Ausschließung ebenso wie die Kündigung des Privatgläubigers (Voraufl. Anm. 16 zu § 135) als gegenstandslos an (vgl. dagegen jetzt § 135 Anm. 3). Die Gesellschaft sei nach Maßgabe des tatsächlichen Auflösungsgrundes unter Beteiligung des verschuldeten Gesellschafters zu liquidieren (ebenso Ulmer in Großkomm Anm. 5 im Anschluß an Ritter ZHR 69 [1911], 308). Richtig ist, daß die bloße Ausschließung nach § 141 dann einen Fortsetzungsbeschluß nicht ersetzt. Die Gesellschaft ist aufgelöst, und die Ausschließung des Schuldner-Gesellschafters geht einstweilen ins Leere, weil die Ausschließung nach § 141 die Auflösung verhindern soll. Aber die Mitgesellschafter können entgegen der bisher h.M. noch die Fortsetzung beschließen (vgl. § 131 Anm. 63). Geschieht dies vor dem Wirksamwerden der Gläubigerkündigung, so bleibt das Ausschließungsverfahren wirksam, und die Ausschließungswirkung tritt mit diesem Zeitpunkt ein. Selbst eine Fortsetzungsvereinbarung der Mitgesellschafter, die dem Kündigungs- und Ausschließungszeitpunkt nach §§ 135, 141 binnen angemessener Frist (§ 242 BGB) nachfolgt, sollte als ausreichend gelten, sofern nur die Ausschließung nach § 141 rechtzeitig erfolgt ist (dies ist allerdings unentbehrlich; vgl. Anm. 8).

3. Folgen der Erklärung

13 a) Die **Folge** ist, daß der Schuldner-Gesellschafter mit dem Ende des Geschäftsjahrs aus der Gesellschaft **ausscheidet** (Abs. 1 Satz 2) und die Gesellschaft unter den übrigen Gesellschaftern fortbesteht. Sie müssen sich mit dem ausgeschiedenen Gesellschafter **auseinandersetzen** (§§ 738 bis 740 BGB, vgl. § 138 Anm. 23 ff.). Inwieweit das Auseinandersetzungsguthaben dem Gläubiger und dem Gesellschafter zusteht, ergibt sich aus dem Umfang der Pfändung.

14 b) Mit dem Ausscheiden **enden die Mitwirkungs- und Informationsrechte des Schuldner-Gesellschafters**. Ihm stehen die sich aus §§ 118, 166 ergebenden mitgliedschaftlichen Informationsrechte nicht mehr zu, wohl aber die Rechte aus § 810 BGB (vgl. § 118 Anm. 4). Der **Gläubiger** muß sich nach h.M. im Rahmen des § 836 Abs. 3 ZPO an den Schuldner-Gesellschafter wenden (so z.B. Geßler in der Voraufl.; Düringer-

Hachenburg-Flechtheim Anm. 4; Alfred Hueck oHG § 23 V 2 a). Nach richtiger Auffassung müssen ihm dieselben Informationsrechte wie im Fall des § 135 (dort Anm. 29) zugebilligt werden (vgl. Baumbach-Duden-Hopt Anm. 1 A; Ulmer in Großkomm Anm. 17).

c) Die Gesellschaft kann ihre bisherige **Firma** nach Maßgabe des § 24 fortführen. Das Ausscheiden ist nach § 143 Abs. 2 zum **Handelsregister** anzumelden; dabei muß der ausgeschiedene Gesellschafter mitwirken (Ulmer in Großkomm Anm. 20).

III. Die Regelung des Abs. 2

1. Das Ausschließungsrecht

a) Im Falle der **Eröffnung des Konkurses** über das Vermögen eines Gesellschafters sollen die Vorschriften des Abs. 1 mit der Maßgabe Anwendung finden, daß die Erklärung gegenüber dem Konkursverwalter zu erfolgen hat und daß der Gemeinschuldner mit dem Zeitpunkt der Eröffnung des Konkurses als aus der Gesellschaft ausgeschieden gilt. Voraussetzung ist die Konkurseröffnung. Wird der Konkurseröffnungsbeschluß im Rechtsmittelwege als rechtswidrig aufgehoben, so entfällt das Ausschließungsrecht mit rückwirkender Kraft (Ulmer in Großkomm Anm. 10). Anderes gilt, wenn das Konkursverfahren eröffnet, aber z.B. wegen Masselosigkeit, eingestellt wird; dann ist der Tatbestand des § 131 Nr. 5 und damit auch des Abs. 2 erfüllt (Ulmer in Großkomm Anm. 10). Kommt es zu einem rechtskräftig bestätigten Zwangsvergleich, so wird eine bereits ausgesprochene Kündigung nicht unwirksam, aber wenn die Kündigung noch nicht ausgesprochen ist, kann die Kündigungserklärung an § 242 BGB scheitern (zweifelhaft; wird sogleich das Vergleichsverfahren eröffnet, so gibt das Gesetz überhaupt kein Kündigungsrecht). Wird die **Konkurseröffnung mangels Masse abgelehnt**, so sollte den Mitgesellschaftern analog § 141 das Ausschließungsrecht zugebilligt werden (bisher ungeklärt). Sie brauchen dann nicht auf den komplizierteren Weg des § 140 verwiesen zu werden; die Masselosigkeit ist ein Insolvenztatbestand, und was bei Konkurseröffnung gilt, gilt erst recht hier (vgl. auch zur Frage der Auflösung bei Konkursablehnung mangels Masse § 131 Anm. 38; zur Ausschließung nach §§ 140, 142 vgl. § 140 Anm. 42).

b) Eine **gesetzliche Frist** ist dem Abs. 2 nicht zu entnehmen. Während in Abs. 1 eindeutig feststeht, bis wann die übrigen Gesellschafter die Ausschließung erklären können, nämlich nur bis zum Ablauf des Geschäftsjahrs, fehlt es hier an einem festen Zeitpunkt. Die Gesellschaft ist mit der Eröffnung des Konkurses bereits aufgelöst, mit der Erklärung kann also anders als in Abs. 1 die Auflösung nicht verhindert werden. Aus dem Sinn der Bestimmung, die die Erhaltung des Unternehmens bezweckt und die Liquidation vermeiden soll, ist zu folgern, daß die Ausübung des Ausschließungsrechts binnen einer angemessenen Frist zulässig ist, die nach Treu und Glauben erforderlich erscheint, damit die Gesellschafter sich nach der Konkurseröffnung über ihre weiteren Schritte schlüssig werden können (Ritter Anm. 4; Düringer-Hachenburg-Flechtheim Anm. 7; Ulmer in Großkomm Anm. 11; Alfred Hueck oHG § 23 V 2 b). Sie muß in diesem

Sinne „unverzüglich" erfolgen (Wieland I S. 672, 714 Anm. 8; Ulmer in Großkomm Anm. 11). Es darf nicht aus Abs. 1 i.V.m. § 135 gefolgert werden, daß stets bis zum Ende des Geschäftsjahrs gewartet werden kann. Im Fall des Abs. 1 beruht diese Frist allein darauf, daß auch die Auflösungsfolge des § 135 erst mit dem Ende des Geschäftsjahrs eintreten kann.

18 c) Zweifelhaft ist, ob in der **Anmeldung der Auflösung** (§ 143) und der Liquidatoren (§ 148) ein Verzicht auf die Ausschließung zu erblicken ist. In der Regel wird das zu bejahen sein, denn, wer die Liquidatoren anmeldet, will offenbar liquidieren und nicht fortsetzen (Düringer-Hachenburg-Flechtheim Anm. 7; Ulmer in Großkomm Anm. 12; a.M. Ritter Anm. 4; Weipert in HGB-RGRK Anm. 16).

2. Das Ausschließungsverfahren

19 a) Wegen der Ausübung des Ausschließungsrechts vgl. Anm. 9ff. Eine Abweichung besteht hier nur insofern, als die Erklärung gegenüber dem Konkursverwalter zu erfolgen hat (anders bei Masselosigkeit; vgl. Anm. 16) und statt der Frist des § 135 eine unverzügliche Erklärung erforderlich ist (Anm. 17).

20 b) Die **Ausübung** des Ausschließungsrechts kann ausnahmsweise **rechtsmißbräuchlich** sein (Ulmer in Großkomm Anm. 10). So u.U., wenn die Mitgesellschafter die Konkurseröffnung selbst rechtsmißbräuchlich herbeigeführt haben (vgl. BGH WM 1964, 1127 zu § 145 Abs. 2; Ulmer in Großkomm Anm. 10) oder wenn ein Zwangsvergleich bevorsteht, der die Interessen der Gesellschaft wahrt (dann evtl. Fortsetzung der Gesellschaft).

3. Die Folge der Erklärung

21 a) Durch die Erklärung kann hier die Auflösung nicht verhindert werden. Die Gesellschaft ist bereits mit der Konkurseröffnung **aufgelöst** (§ 131 Nr. 5). Der in Konkurs gefallene Gesellschafter kann auch nicht rückwirkend auf den Zeitpunkt der Konkurseröffnung aus der Gesellschaft ausgeschlossen werden. Das Gesetz erkennt das an und bestimmt, daß es so „gelten" soll, als ob der Gesellschafter mit dem Zeitpunkt der Konkurseröffnung aus der Gesellschaft ausgeschieden ist. Es bezieht die Wirkung der Ausschließungserklärung damit zurück. Da aber auch dadurch nicht die Auflösung und eventuelle Liquidationsmaßnahmen aus der Welt geschafft werden können, kann sich die Fiktion nur auf das Verhältnis der Gesellschaft zu dem Gemeinschuldner beziehen. Schuldrechtlich wird die Rechtslage so angesehen, als ob der Gemeinschuldner bereits mit dem Zeitpunkt der Konkurseröffnung ausgeschieden ist. Dieser Zeitpunkt soll für die Auseinandersetzung maßgebend sein (vgl. § 140 Abs. 2). Das Auseinandersetzungsguthaben des Gemeinschuldners fällt in die Konkursmasse; ist es passiv, hat die Gesellschaft eine Konkursforderung.

22 b) Der **Konkursverwalter** kann zur Prüfung des Auseinandersetzungsanspruchs Einsicht der Bücher und Vorlegung der Bilanzen und Rechnungslegung verlangen (vgl. KG OLGE 41, 132; Jaeger-Weber, KO, 8. Aufl. 1973, § 212 Anm. 6; Ulmer in Großkomm Anm. 18). Ob dieses Recht auf § 118 oder auf § 810 BGB zu stützen ist, ist allerdings zweifelhaft.

c) Die **Gesellschaft** besteht als werbende Gesellschaft fort. Der Beschluß ist im Fall des 23 Abs. 2 zugleich **Fortsetzungsbeschluß**. Das ergibt sich nicht nur aus dem Sinn und Zweck der Regelung (Anm. 1), sondern auch aus dem Wortlaut: Der Beschluß geht dahin, daß alle Gesellschafter so gestellt werden, als stünde im Gesellschaftsvertrag eine sog. Fortsetzungsklausel (§ 138), kraft derer der Gemeinschuldner im Zeitpunkt des Konkurses ausgeschieden und die Auflösung nicht eingetreten wäre.

d) Im **Handelsregister** braucht die Auflösung der Gesellschaft nicht eingetragen zu 24 werden, sondern nur das Ausscheiden des Gemeinschuldners, da diese Eintragung den Tatbestand erkennen läßt (h.M.; vgl. nur Düringer-Hachenburg-Flechtheim Anm. 7; Ulmer in Großkomm Anm. 19; a.M. Wörbelauer DNotZ 1961, 474f.). Die nachträgliche Eintragung des im Eintragungszeitpunkt schon erledigten Rechtszustands ist auch nicht, wie in anderen Fällen, wegen § 15 Abs. 1 erforderlich, denn diese Vorschrift findet aufgrund von § 32 Satz 4 keine Anwendung (übereinst. Ulmer in Großkomm Anm. 19).

IV. Abweichende Anordnungen des Gesellschaftsvertrags

1. Abreden über den Ausschließungsgrund und das Ausschließungsverfahren

a) Der Gesellschaftsvertrag kann das **Ausschließungsrecht** des § 141 ausschließen oder 25 erschweren, z.B. die Zustimmung des ausgeschiedenen Gesellschafters vorsehen oder es von der Zustimmung Dritter abhängig machen. Er kann eine Höchstfrist für die Entschließung über seine Ausübung vorsehen. In die Rechte des Privatgläubigers oder des Konkursverwalters darf durch solche Abreden nicht eingegriffen werden. Eine Ausdehnung des Ausschließungsrechts ist im Rahmen des bei § 140 Anm. 73ff. Gesagten zulässig.

b) Abreden über das **Ausschließungsverfahren** sind zulässig. Dies zeigt bereits § 138, 26 der sogar eine automatische Fortsetzung ohne einen betroffenen Gesellschafter zuläßt.

2. Abreden über die Folgen der Ausschließung

Die Gesellschafter können zunächst im Gesellschaftsvertrag an Stelle des in § 140 27 Abs. 2 vorgesehenen Stichtags für die Auseinandersetzung einen anderen **Zeitpunkt** vereinbaren. Eine beliebige Vorverlegung des Stichtags vor den Zeitpunkt der Pfändung bzw. Konkurseröffnung kann allerdings als Gläubigerbenachteiligung unzulässig sein. Der Gesellschaftsvertrag kann ferner die **Auseinandersetzung** mit dem ausgeschlossenen Gesellschafter abweichend von §§ 738–740 BGB regeln. Es kommen hier alle Abreden in Betracht, die auch sonst beim Ausscheiden eines Gesellschafters aus der Gesellschaft über die Auseinandersetzung getroffen werden können (vgl. § 138 Anm. 40, 60ff.). Abreden über das Auseinandersetzungsguthaben sind damit auch in diesem Falle zulässig. Sie dürfen jedoch nicht einseitig auf eine Beeinträchtigung der Rechte des Privatgläubigers und des Konkursverwalters hinauslaufen (vgl. § 138 Anm. 64). Wegen der Einzelheiten über Abfindungsklauseln ist auf § 138 Anm. 60ff. zu verweisen.

Karsten Schmidt

§ 142

142 (1) Sind nur zwei Gesellschafter vorhanden, so kann, wenn in der Person des einen von ihnen die Voraussetzungen vorliegen, unter welchen bei einer größeren Zahl von Gesellschaftern seine Ausschließung aus der Gesellschaft zulässig sein würde, der andere Gesellschafter auf seinen Antrag vom Gerichte für berechtigt erklärt werden, das Geschäft ohne Liquidation mit Aktiven und Passiven zu übernehmen.

(2) Macht bei einer aus zwei Gesellschaftern bestehenden Gesellschaft ein Privatgläubiger des einen Gesellschafters von der ihm nach § 135 zustehenden Befugnis Gebrauch oder wird über das Vermögen des einen Gesellschafters der Konkurs eröffnet, so ist der andere Gesellschafter berechtigt, das Geschäft in der bezeichneten Weise zu übernehmen.

(3) Auf die Auseinandersetzung finden die für den Fall des Ausscheidens eines Gesellschafters aus der Gesellschaft geltenden Vorschriften entsprechende Anwendung.

Schrifttum (vgl. zunächst § 140): *Canter,* Das Recht auf Übernahme des Geschäfts bei der bürgerlich-rechtlichen Zweimanngesellschaft, NJW 1965, 1553; *Grunewald,* Der Ausschluß aus Gesellschaft und Verein, 1988; *Koenige,* Kann während der Liquidation einer offenen Handelsgesellschaft ein Gesellschafter gemäß § 142 HGB die Übertragung des Geschäfts mit Aktiven und Passiven verlangen?, LZ 1911, 690; *Kulka,* Die gleichzeitige Ausschließung mehrerer Gesellschafter aus Personengesellschaften, 1983; *Riegger,* Die Rechtsfolgen des Ausscheidens aus einer zweigliedrigen Personengesellschaft, 1969; *Rinsche,* Das Verhältnis der materiellrechtlichen Voraussetzungen der Gesellschafterausschließung nach §§ 140, 142 HGB zu denen der Gesellschaftsauflösung nach § 133 HGB, Diss. Münster 1963; *Rimmelspacher,* Das Recht auf Übernahme des Gesellschaftsvermögens in der Zweimanngesellschaft Bürgerlichen Rechts, AcP 173 (1973), 1; *Stauf,* Zum Tatbestandsmerkmal „wichtiger Grund" in den §§ 133, 140, 142 HGB, 1980; *Strunz,* Die Übernahme des Unternehmens einer offenen Handelsgesellschaft im Fall des § 142 HGB, Diss. Göttingen 1920.

Inhalt

	Anm.		Anm.
I. Grundlagen	1–15	IV. Rechtswirkungen	25–39
1. Bedeutung der Vorschrift	1	1. Die Übernahme	25
2. Konsequenzen der hier vertretenen Lehre	4	2. Umfang und Haftungsfolgen	30
3. Geltungsbereich	6	3. Abfindung des weichenden Gesellschafters	38
4. Verhältnis zu anderen Verfahren	11	4. Die Konkurrenz wechselseitiger Übernahmeklagen	39
5. Abweichende Vereinbarungen	14		
II. Die sog. Übernahmeklage nach Abs. 1	16–21	V. Vertragliche Übernahmerechte	40–46
1. Voraussetzungen	16	1. Gesellschaftsvertragliche Übernahmeklauseln	40
2. Das Verfahren	20	2. Ausübung des Übernahmerechts	44
III. Die Übernahme wegen Kündigung durch den Gläubiger eines Gesellschafters oder durch den Konkursverwalter nach Abs. 2	22–24	3. Übernahmevereinbarung unter den Gesellschaftern	46
1. Voraussetzungen	22		
2. Das Verfahren	24		

I. Grundlagen

1. Bedeutung der Vorschrift

1 a) Die Vorschrift bezieht sich auf die Ausschließung aus der Zweimann-Gesellschaft (s. aber Anm. 6, 16). Abs. 1 ist die **Parallelvorschrift zu § 140** (vgl. Anm. 3). Der Grundgedanke (Ausschließung und Erhaltung des Unternehmens statt Auflösung und Liquidation) ist bei beiden Vorschriften derselbe (RGZ 153, 274, 278; BGHZ 6, 113, 114 f.;

Übernahme des Geschäfts durch einen Gesellschafter 2–5 **§ 142**

Grunewald S. 25 f.; Kulka S. 89). Abs. 2 ist die Parallelvorschrift zu § 141. Abs. 3 besagt, daß der Ausgeschlossene nach den für das Ausscheiden geltenden Vorschriften abgefunden wird. Die h. M. sieht in § 142 das Institut einer besonderen **Übernahmeklage** neben der Ausschließungsklage des § 140. Das beruht, wie bei Anm. 3 bemerkt wird, auf einem Mißverständnis.

b) Der **Gesetzgeber** hielt die Vorschrift für notwendig. Im ADHGB fehlte noch eine **2** besondere Vorschrift (näher Karsten Schmidt Gesellschaftsrecht § 50 III 2 a). Es setzte sich deshalb die aus heutiger Sicht unrichtige Auffassung durch, eine Ausschließung (§ 140) sei nur möglich, wenn mehrere Gesellschafter übrigblieben (z. B. ROHGE 11, 160). Der HGB-Gesetzgeber stellte sodann fest (Denkschrift S. 102 = Schubert-Schmiedel-Krampe Materialien Bd. 2, 1. Halbbd., S. 89): „Besteht eine offene Handelsgesellschaft nur aus zwei Gesellschaftern, so finden nach feststehender Rechtsprechung die Vorschriften des Handelsgesetzbuchs über die Ausschließung eines Gesellschafters keine Anwendung; denn diese Vorschriften setzen voraus, daß nicht bloß das von der Gesellschaft betriebene Geschäft, sondern auch die Gesellschaft als solche fortbesteht... An dieser Rücksicht darf jedoch das berechtigte Interesse desjenigen Gesellschafters, welcher zur Auflösung der Gesellschaft keinen Anlaß gegeben hat, nicht scheitern. Es erscheint vielmehr geboten, daß auch in einem solchen Fall dem betreffenden Gesellschafter die Möglichkeit gegeben werde, die Liquidation des Geschäfts durch Übernahme desselben mit Aktiven und Passiven unter Abfindung des anderen Gesellschafters zu verhüten."

c) Nach richtiger Auffassung hat § 142 **nur klarstellende Bedeutung** (Karsten Schmidt **3** Gesellschaftsrecht § 50 III 2 b): Abs. 1 besagt nur, daß eine Ausschließung nach § 140 auch möglich ist, wenn keine Mehrpersonengesellschaft mehr übrig bleibt. Abs. 2 besagt dasselbe für die Ausschließung nach § 141. Abs. 3 schließlich sagt nur etwas Selbstverständliches, denn da es sich bei der Übernahmeklage um eine Ausschließungsklage handelt, versteht sich, daß auch die dazugehörigen Abfindungsregeln Anwendung finden. Als scheinbare Besonderheit bleibt nur noch der Erwerb des Unternehmens mit Aktiven und Passiven. Aber dieser Erwerb tritt nicht durch ein besonderes Übernahmeurteil ein (so aber die herkömmliche Auffassung; vgl. z. B. Heymann-Emmerich Anm. 16), sondern nach Ausschließung des einzigen Mitgesellschafters bzw. aller Mitgesellschafter erwirbt der Kläger das Gesellschaftsvermögen kraft Gesetzes als Gesamtrechtsnachfolger (vgl. § 105 Anm. 24, § 131 Anm. 2, § 145 Anm. 32 f.; BGHZ 48, 203, 206; Karsten Schmidt Gesellschaftsrecht § 44 II 2, § 50 III 2 b; im Ergebnis ebenso RGZ 65, 227, 237 f.: Anwachsung; vgl. demgegenüber Heymann-Emmerich Anm. 24).

2. Konsequenzen der hier vertretenen Lehre

a) Die **Ausschließungsgründe** sind bei § 142 dieselben wie bei §§ 140, 141 (Anm. 17, **4** § 140 Anm. 7). Die vor allem bei BGHZ 4, 108, 110 vertretene Ansicht, der wichtige Grund müsse bei § 142 noch gewichtiger sein als bei § 140, ist abzulehnen (Anm. 17).

b) **Gestaltungsklage und Gestaltungsurteil** erschöpfen sich bei § 142 wie bei §§ 140, **5** 141 in der Ausschließung des Beklagten. Der Erwerb des Handelsgeschäfts mit Aktiven und Passiven tritt nicht durch das Gestaltungsurteil ein, sondern kraft Gesetzes (Anm. 25 ff.). Das Gestaltungsurteil schafft nur die Tatbestandsvoraussetzungen für diesen gesetzlichen Erwerb. Daß Antrag und Urteilstenor im Fall des § 142 auf „Übernahme" lauten (Anm. 20, 25), ist für den Eintritt dieser Rechtsfolge überflüssig und beruht nur auf der rechtsdogmatischen Fehleinschätzung des Gesetzgebers. Die forensische Praxis wird zwar an den gewohnten Anträgen und Urteilsaussprüchen festhalten („Ausschließung" bei § 140, „Übernahme" bei § 142). Man muß sich aber darüber klar sein, daß dies nur eine prozessuale Usance und ohne sachliche Bedeutung ist. Der Wechsel vom Ausschließungsantrag (§ 140) zum Übernahmeantrag (§ 142), z.B. weil in der Personengesellschaft ein Mitgesellschafter während des Ausschließungsprozesses ausscheidet, ist keine Klagänderung (für die umgekehrte Änderung des Antrags gilt sinngemäß dasselbe). Ein nach § 140 ergangenes Urteil kann die Wirkung eines nach § 142 ergangenen Urteils haben, wenn bei Eintritt der materiellen Rechtskraft die Voraussetzungen des § 142 gegeben sind, z.B. weil zwischen Urteilserlaß und Rechtskraft der dritte Mitgesellschafter ausscheidet.

3. Geltungsbereich

6 a) § 142 gilt für die **oHG** und nach § 161 Abs. 2 auch für die **Kommanditgesellschaft**. Im Fall der KG kann nicht nur der Komplementär klagen und das Unternehmen nach § 142 übernehmen, sondern dies kann auch ein Kommanditist (vgl. OLG Stuttgart DB 1961, 1644; Heymann-Emmerich Anm. 2; vgl. auch für § 140 BGHZ 6, 113, 114). Nach dem Gesetzeswortlaut gilt § 142 nur in der **Zweipersonengesellschaft**. Entscheidend ist aber nach dem Normzweck (Anm. 3) nicht, wie viele Gesellschafter vor Klageerhebung in der Gesellschaft waren, sondern es geht darum, daß keine Mehrpersonengesellschaft übrig bleibt. In diesem Fall ist § 142 auf die **Mehrpersonengesellschaft** analog anzuwenden (Anm. 16).

7 b) **Fehlerhaftigkeit der Gesellschaft** schadet nicht, wenn eine nach den allgemeinen Regeln (§ 105 Anm. 209) in Vollzug gesetzte Personengesellschaft vorliegt (Ulmer in Großkomm Anm. 4).

8 c) Auch auf die **aufgelöste Gesellschaft** ist § 142 anzuwenden (RG JW 1938, 2214; OGHZ 3, 203, 206; BGHZ 1, 324, 331; BGH LM Nr. 5; Heymann-Emmerich Anm. 4f.; Ulmer in Großkomm Anm. 17; Straube-Koppensteiner Anm. 4). Allerdings ist zu beachten, daß Gründe, die erst nach der Auflösung entstanden sind, nur dann zur Ausschließung berechtigen, wenn sie die Abwicklung gefährden (OGHZ 3, 203, 207; BGHZ 1, 324, 331 ff.; BGH LM Nr. 5 und 20; Heymann-Emmerich Anm. 5).

9 d) Auf eine **Gesellschaft bürgerlichen Rechts** ist § 142 nach der Rechtsprechung des BGH und nach der wohl h.M. analog anzuwenden (BGHZ 32, 307; BGH LM Nr. 2 zu § 737 BGB; Baumbach-Duden-Hopt Anm. 1 A; eingehend Karsten Schmidt Gesellschaftsrecht § 58 V 2 b; Ulmer in Großkomm Anm. 6). Eine verbreitete Ansicht rechtfertigt die Ausschließung nur in Analogie zu § 737 BGB und verlangt eine gesellschaftsvertragliche Bestimmung darüber, daß die Gesellschaft bei Vorliegen eines wichtigen Grundes ohne den Auszuschließenden fortgesetzt wird, woraus sich bei der Zweipersonengesellschaft ein Übernahmerecht ergebe (vgl. mit Unterschieden im einzelnen Heymann-Emmerich Anm. 2; Erman-Westermann § 737 Anm. 8 ff.; Soergel-Hadding § 730 Anm. 20; Ulmer Gesellschaft bürgerlichen Rechts § 730 Anm. 52 f.; grundlegend für diese Auffassung Rimmelspacher AcP 173 [1973], 8 ff.). Diesen Einschränkungen ist für den Fall der unternehmenstragenden Gesellschaft schon deshalb nicht zu folgen, weil das Interesse am Fortbestand des Unternehmens bei dieser Gesellschaft mit der Situation des § 142 identisch, eine Demonstration dieses Interesses durch besondere Vertragsklausel also entbehrlich ist. Die analoge Anwendung auf „die Gesellschaft bürgerlichen Rechts" ist deshalb mit folgenden Einschränkungen zu bejahen: § 142 paßt selbstverständlich nur auf die Gesamthands-BGB-Gesellschaft, nicht auf die bloße Innengesellschaft. § 142 paßt ferner nur auf die unternehmenstragende Gesellschaft bürgerlichen Rechts (zu dieser vgl. § 105 Anm. 245), denn nur bei ihr kommt der in BGHZ 32, 307 betonte Gedanke der Unternehmenserhaltung zum Zuge (Karsten Schmidt Gesellschaftsrecht § 58 V 2 b; s. auch Raisch JuS 1967, 540; Wagner JuS 1961, 125).

10 e) **Unanwendbar** ist § 142 bei reinen Innengesellschaften, insbesondere bei Vorgründungsvereinigungen und stillen Gesellschaftsverträgen (Heymann-Emmerich Anm. 2; Ulmer in Großkomm Anm. 8). Ausnahmsweise kann hier ein Anspruch eines Vertragspartners auf Übertragung des Unternehmens bestehen (vgl. RGZ 165, 260, 270 f.), aber dies ist nicht das Konzept des § 142.

4. Verhältnis zu anderen Verfahren

11 a) Das **Verhältnis zu §§ 140, 141** ist unproblematisch, weil § 142 nur einen Sonderfall dieser Bestimmungen darstellt (Anm. 3). Auch wenn man § 142 als ein besonderes Rechtsinstitut neben §§ 140, 141 ansieht, ändert sich hieran nichts: Die Vorschriften stehen dann ohne Lücke und ohne Überschneidung nebeneinander.

12 b) Das **Verhältnis zu § 133** folgt denselben Regeln wie bei § 140. Auf § 140 Anm. 6 ist zu verweisen. Nur aus praktischen Gründen ist das Problem kompliziert: Die Ausschließung aus der Mehrpersonengesellschaft wirkt häufig weniger einschneidend als die Auflösung. Bei § 142 kann es sich anders verhalten.

13 c) Auch das **Verhältnis zu §§ 117, 127** folgt den bei § 140 Anm. 5 dargestellten Regeln. Es gilt, wie bei § 140, daß die Entziehung der Geschäftsführungs- und Vertretungsbefugnis als milderes Mittel grundsätzlich den Vorrang hat, wenn sie ausreicht, um den wichtigen Grund zu beheben.

5. Abweichende Vereinbarungen

14 a) § 142 ist **nicht zwingend** (BGHZ 51, 204, 205 = NJW 1969, 793; Heymann-Emmerich Anm. 32; Feddersen in GK-HGB Anm. 9; Straube-Koppensteiner Anm. 2; Ulmer in Großkomm Anm. 40). Das ist konsequent, da auch § 140 nicht zwingend ist (§ 140 Anm. 71 f.). Das sog. Übernahmerecht kann also ausgeschlossen oder erschwert werden. Möglich ist auch, daß bestimmte Ausschließungsgründe im Vertrag bezeichnet werden (vgl. § 140 Anm. 75). Die h.M. sieht dies als Abweichung von § 142 an. Regelmäßig geht es aber dabei nur um eine Festlegung von wichtigen Gründen. Ob diese Gründe ausschließlichen Charakter haben sollen, ob also das Recht im übrigen ausgeschlossen sein soll, ist Auslegungsfrage. Hinsichtlich der Rechtsfolgen sind Abreden über die Abfindung möglich (vgl. über Abfindungsklauseln § 138 Anm. 60 ff.).

15 b) Hiervon zu unterscheiden sind **vertragliche Übernahmerechte**. Sie werden bei Anm. 40 ff. besprochen.

II. Die sog. Übernahmeklage nach Abs. 1

1. Voraussetzungen

16 a) Nach dem Wortlaut gilt Abs. 1 nur in der **Zweipersonengesellschaft**. Aber die Vorschrift ist analog anzuwenden, wenn bei der **Mehrpersonengesellschaft** gleichzeitig **sämtliche Mitgesellschafter** ausgeschlossen werden sollen. Das ist wohl im Ergebnis unstreitig (OLG Hamburg LZ 1915, 1115; OLG Stuttgart DB 1961, 1644; OGH Wien Amtl. Sammlung 24, 269; 34, 120; RdW 1985, 180; Heymann-Emmerich Anm. 3; Straube-Koppensteiner Anm. 2; Alfred Hueck oHG § 30 I 3; Westermann Handbuch [Lfg. 1978] I 571; Kulka S. 117, 24). Erkennt man, daß Abs. 1 nur verhindern soll, daß eine Klage nach § 140 am Erlöschen der Gesellschaft scheitert (Anm. 3), so steht die Richtigkeit dieser herrschenden Auffassung außer Frage.

17 b) Abs. 1 setzt einen **wichtigen Ausschließungsgrund** voraus. Der Ausschließungsgrund ist derselbe wie bei § 140 (Heymann-Emmerich Anm. 7, 9; Alfred Hueck oHG § 30 Fußn. 4; Karsten Schmidt Gesellschaftsrecht § 50 III 2 c; Westermann Handbuch [Lfg. 1978] I 571; Stauf S. 72 ff.; Straube-Koppensteiner Anm. 5; Sandrock JR 1969, 329; vgl. auch RGZ 153, 275, 279 f.; OGH Wien GesRZ 1978, 170). Nach der bisher wohl noch vorherrschenden Auffassung verlangt § 142 einen noch wichtigeren Grund als § 140 (BGHZ 4, 108, 110; Baumbach-Duden-Hopt Anm. 1 B; Feddersen in GK-HGB Anm. 2; wohl auch Düringer-Hachenburg-Flechtheim Anm. 3; Ulmer in Großkomm Anm. 12 f.; auch hier noch Geßler in der 4. Aufl. Anm. 3). Dem ist nicht zu folgen. Richtig ist nur, daß es in der Zweipersonengesellschaft bei Unstimmigkeiten und Eigenmächtigkeiten schwieriger sein kann, den „bösen" (und damit auszuschließenden) Gesellschafter auszumachen, vor allem wenn wechselseitig Klagen nach § 142 erhoben werden (Karsten Schmidt Gesellschaftsrecht § 50 III 2 c; s. auch Rinsche S. 73, 88 f.). Aber diese Besonderheit betrifft nur das Verhältnis zu § 133, nicht zu § 140. Es kann also eher als im Fall des § 140 dazu kommen, daß eine Auflösung unvermeidlich wird. Aber der wichtige Grund ist ebenso zu beurteilen wie bei § 140. Deshalb ist auf § 140 Anm. 8 ff. zu verweisen. Das gilt auch für die Frage, inwieweit wichtige Ausschließungsgründe im Gesellschaftsvertrag festgelegt werden können (§ 140 Anm. 75 f.).

18 c) **Kasuistik:** Wegen der Einzelheiten wird auf § 140 Anm. 29 ff. verwiesen. Die Rechtsprechung zum wichtigen Grund bei § 142 ist dort dokumentiert.

19 d) Das Recht darf nicht **rechtsmißbräuchlich** ausgeübt werden, etwa um dem betroffenen Gesellschafter zu schaden (BGHZ 1, 324, 333; 46, 392, 397; BGH LM Nr. 10; std. Rspr.; Heymann-Emmerich Anm. 6). Die Fälle des Mißbrauchs sind vor allem bei Abs. 2 von Interesse (Anm. 23). Bei Abs. 1 wird, wenn der Kläger ohne hinreichende Berechtigung zum eigenen Nutzen oder zum Nachteil des Beklagten handelt, i. d. R. auch schon der wichtige Ausschließungsgrund fehlen.

2. Das Verfahren

a) Die Klage ist **Gestaltungsklage**. Es muß ein Gesellschafter bzw. dessen gesetzlicher Vertreter oder Verwalter (Konkursverwalter, Testamentvollstrecker) klagen. Handelt es sich um eine Mehrpersonengesellschaft, so kann der Prozeß nach § 142 nur gegen alle Gesellschafter gleichzeitig geführt werden (was nicht gleichzeitige Klageerhebung voraussetzt). Die Klage ist Handelssache (§ 95 GVG). Auch ein **Schiedsgericht** kann nach §§ 1025 ff. ZPO zuständig sein (vgl. § 140 Anm. 47). Der **Klagantrag** wird herkömmlich dahin formuliert, den Kläger für berechtigt zu erklären, das Geschäft ohne Abwicklung mit Aktiven und Passiven zu übernehmen (vgl. nur Ulmer in Großkomm Anm. 21). Das entspricht dem Gesetzeswortlaut (s. auch Anm. 25) und wird vom Gericht so erwartet. Ist die Klage nur als Ausschließungsklage erhoben, so wird das Gericht den Kläger im Hinblick auf die hergebrachten Klagantragsusancen (Anm. 5) um Klarstellung bitten. Auch ohne eine solche Klarstellung wird die Ausschließungsklage ggf. als Übernahmeklage ausgelegt, wenn der Klagantrag erkennen läßt, daß keine Mehrpersonengesellschaft übrig bleiben wird (Ulmer in Großkomm Anm. 21; s. auch BGH NJW 1969, 793, 794, insoweit nicht in BGHZ 51, 204). Genau genommen bedarf es einer solchen Auslegung oder Umdeutung nicht, denn die Klage nach § 142 ist nichts anderes als eine Ausschließungsklage (Anm. 3). Die übliche Antrags- und Tenorierungspraxis beruht nicht auf sachlicher Notwendigkeit, sondern nur auf dem unsachgemäßen Gesetzeswortlaut und der hergebrachten Übung. Übernahmeantrag (Ausschließungsantrag) und Auflösungsantrag (§ 133) können in ein **Eventualverhältnis** zueinander gestellt werden, meistens in dem Sinne, daß in erster Linie die Übernahme (Ausschließung) und hilfsweise die Auflösung beantragt wird (Ulmer in Großkomm Anm. 21). Die Eventualklage kann auch lauten: in erster Linie auf Ausschließung (Übernahme i.S. von § 142), hilfsweise auf Entziehung der Geschäftsführungs- und Vertretungsbefugnis (§§ 117, 127), ganz hilfsweise auf Auflösung nach § 133 (wobei die Reihenfolge für die letzten beiden Anträge auch umgekehrt werden kann). Das Gericht ist nach § 308 ZPO an die gestellten Anträge gebunden. Der Auflösungsantrag ist nicht als ein minus bereits im Ausschließungsantrag enthalten; es kann also nicht aufgrund eines nach §§ 140, 142 gestellten Antrags auf Auflösung der Gesellschaft erkannt werden (RG LZ 1909, 228; JW 1917, 292; Heymann-Emmerich Anm. 15).

b) Urteil und Urteilswirkungen ergeben sich aus Anm. 5, 25 ff. Mit der Rechtskraft des Urteils ist der Beklagte aus der Gesellschaft ausgeschlossen (Ulmer in Großkomm Anm. 23). Handelt es sich um einen Schiedsspruch, so bedarf es für den Eintritt dieser Gestaltungswirkung nach wohl richtiger Auffassung zusätzlich noch der Vollstreckbarerklärung nach § 1042 ZPO (vgl. auch zur Beschlußanfechtungsklage Karsten Schmidt ZGR 1988, 536). Die Übernahme des Aktiv- und Passivvermögens geschieht kraft Gesetzes (Anm. 27). Ob der Urteilstenor nach § 140 oder nach § 142 formuliert ist, ist ohne Bedeutung (vgl. Anm. 5; § 140 Anm. 58, 68). Die Übernahme steht also nicht im Belieben des Klägers und bedarf keiner besonderen Erklärung seinerseits (Ulmer in Großkomm Anm. 22). Auch etwaige Genehmigungsbedürfnisse, die für eine rechtsgeschäftliche Übernahme zu gelten hätten, kommen nicht zum Zuge (vgl. Anm. 27).

III. Die Übernahme wegen Kündigung durch den Gläubiger eines Gesellschafters oder durch den Konkursverwalter nach Abs. 2

1. Voraussetzungen

22 a) Die **Voraussetzungen** entsprechen denen des § 141. Wie bei Abs. 1 (vgl. Anm. 16) kommt es auch hier nicht in jedem Fall darauf an, daß eine Zweipersonengesellschaft vorliegt. Fallen in einer Dreipersonengesellschaft zwei Gesellschafter gleichzeitig in Konkurs oder wird gegen zwei Gesellschafter vollstreckt und nach § 135 gekündigt, so ist auch Abs. 2 analog anzuwenden.

23 b) Die **Ausübung des Kündigungsrechts** nach Abs. 2 kann mißbräuchlich und unwirksam sein (vgl. schon sinngemäß Anm. 19). So insbesondere, wenn der Kündigende das Vorgehen des Gläubigers in schuldhafter Weise mitverursacht hat oder wenn von dem Gläubiger keine Gefahr für die Gesellschaft mehr droht, weil der Gläubiger befriedigt ist oder seine Befriedigung unmittelbar bevorsteht (BGH LM Nr. 7; WM 1964, 1127, 1128; Baumbach-Duden-Hopt Anm. 2 A; Heymann-Emmerich Anm. 6; Ulmer in Großkomm Anm. 26).

2. Das Verfahren

24 Abs. 2 setzt, wie die Grundlagenvorschrift des § 141, keine Gestaltungsklage voraus. Eine Übernahmeerklärung (Ausschließungserklärung) genügt. Die Übernahme wird im Fall des § 135 mit dem Ende des Geschäftsjahrs wirksam, im Konkursfall sofort, und zwar mit Rückwirkung auf den Eröffnungszeitpunkt (Ulmer in Großkomm Anm. 24).

IV. Rechtswirkungen

1. Die Übernahme

25 a) Nach Abs. 1 wird der Kläger „für berechtigt erklärt, das Geschäft ohne Liquidation mit Aktiven und Passiven zu übernehmen". Im Fall des Abs. 2 ist der Gesellschafter „in gleicher Weise berechtigt, das Geschäft in der bezeichneten Weise zu übernehmen". Diese Formulierung entspricht dem Gesetzeswortlaut, und dieser beruht wiederum auf der irrigen Annahme des Gesetzgebers, daß es neben dem Ausschließungsverfahren nach § 140 noch eines besonderen Übernahmeverfahrens bedürfe (Anm. 2). Aber diese Formulierung ist irreführend. § 142 wirkt **dinglich** und nicht bloß schuldrechtlich (RGZ 65, 227, 238). Wie bei Anm. 5 dargestellt wurde, geht es nicht bloß um ein Recht des Gesellschafters zur Übernahme, sondern diese tritt automatisch ein. Die dingliche Wirkung des § 142 beruht auch nicht auf dem Gestaltungsurteil (Abs. 1) oder auf der Gestaltungserklärung (Abs. 2), sondern auf dem Gesetz: Mit der Rechtskraft des Ausschließungsurteils (Anm. 21) bzw. mit der Ausschließungserklärung im Fall des Abs. 2 wird der Kläger bzw. der die Übernahme erklärende Gesellschafter Gesamtrechtsnachfolger der Gesellschaft, weil die Gesellschaft nicht als Einpersonengesellschaft bestehenbleibt und liquidationslos erlischt (Anm. 3; zur Registereintragung vgl. § 143 Anm. 4).

b) Automatisch und zwingend tritt die Gesamtrechtsnachfolge ein. Das bedeutet: Es **26** bedarf keiner besonderen Übernahmeerklärung des Übernehmenden; im Fall des Abs. 1 bewirkt das Ausschließungsurteil, im Fall des Abs. 2 die Ausschlußerklärung den gesetzlichen Erwerb; ein Verfügungsgeschäft findet nicht statt (h.M.; vgl. auch zur Übernahme durch Ausschließungserklärung oder Ausschließungsvereinbarung RGZ 65, 227, 237f.; 68, 410, 414; 101, 242, 244; 107, 171, 173; 136, 97, 98f.; BGHZ 48, 203, 206; 50, 307, 308; 71, 296, 300; OLG München HRR 1937 Nr. 464; Alfred Hueck oHG § 30 III; Ulmer in Großkomm Anm. 22, 27f.; allg. M.). Auch Formbedürfnisse und Genehmigungsbedürfnisse, die für eine rechtsgeschäftliche Übernahme beachtet werden müßten, brauchen nicht eingehalten zu werden (vgl. RGZ 101, 242, 244; RG JW 1925, 1750; Heymann-Emmerich Anm. 26; Ulmer in Großkomm Anm. 22). Wie bei Anm. 41 zu zeigen sein wird, gilt dasselbe sogar für die Vereinbarung vertraglicher Übernahmerechte und für deren Vollzug.

c) Kraft Gesetzes tritt die Rechtsnachfolge ein (Anm. 3, 25). Das bedeutet insbesonde- **27** re, daß Grundbücher nur zu berichtigen sind; Übereignungshandlungen sind nicht erforderlich (vgl. RGZ 65, 227, 237f.; RG Warn 1919 Nr. 138; JW 1925, 1750f.; BGH LM Nr. 15; KG OLGE 43, 289f.; JW 1936, 2932; OLG Stuttgart HRR 1935 Nr. 796; OLG München HRR 1937 Nr. 464; Heymann-Emmerich Anm. 26; Ulmer in Großkomm Anm. 30). Damit entfallen auch alle Formbedürfnisse, Genehmigungsbedürfnisse etc., an die eine rechtsgeschäftliche Übertragung von Gegenständen des Unternehmensvermögens gebunden wäre.

d) Als Universalsukzession (Gesamtrechtsnachfolge) tritt die Rechtsnachfolge ein (vgl. **28** Anm. 3, 25; in gleicher Richtung Ulmer in Großkomm Anm. 27). Das bedeutet, daß sämtliche Aktiva und Passiva des Gesellschaftsvermögens auf den Übernehmer übergehen (dazu sogleich Anm. 30ff.).

e) Eine Vereinigung des Gesellschaftsvermögens mit dem Vermögen des übernehmen- **29** den Gesellschafters tritt ein. Soweit der Gesellschafter, z.B. als natürliche Person, ein Eigenvermögen hatte, wird das bisherige Gesellschaftsvermögen Teil dieses Eigenvermögens.

2. Umfang und Haftungsfolgen

a) Das Gesetz spricht davon, daß „das Geschäft mit Aktiven und Passiven" übernom- **30** men wird. Auch diese Formulierung ist irreführend. Nicht „das Geschäft" wird „übernommen", sondern sämtliche Aktiva und Passiva des Gesellschaftsvermögens gehen auf den die Ausschließung betreibenden Gesellschafter über (Heymann-Emmerich Anm. 25; Ulmer in Großkomm Anm. 28). Ausgenommen sind nur höchstpersönliche Rechte, die des Übergangs auf einen Rechtsnachfolger unfähig sind, wie z.B. eine persönliche öffentlichrechtliche Erlaubnis (Heymann-Emmerich Anm. 25; Ulmer in Großkomm Anm. 29). Ist nur die Einzelübertragung eines Rechts ausgeschlossen, so steht dies der Gesamtrechtsnachfolge nicht im Wege (Riegger S. 16ff.; Ulmer in Großkomm Anm. 28). Ein **Nießbrauch** oder ein dingliches Vorkaufsrecht kann entsprechend §§ 1059a, 1098 Abs. 2 BGB übergehen (BGHZ 50, 307, 310; Baumbach-Duden-Hopt Anm. 3 A; Heymann-Emmerich Anm. 25). Auch ein Geschäftsgeheimnis geht als Vermögensgegenstand über (RGZ 107, 171, 173).

31 b) Es kann **keine abweichende Vereinbarung mit dinglicher Wirkung** getroffen werden (BayObLG LZ 1917, 681; OLG Stuttgart HRR 1935 Nr. 796; Heymann-Emmerich Anm. 27; Ulmer in Großkomm Anm. 29; a. M. RG JW 1926, 2894 m. Anm. Fischer; Düringer-Hachenburg-Flechtheim Anm. 2; Weipert in HGB-RGRK Anm. 23). Jede andere Lösung wäre mit dem Prinzip der Gesamtrechtsnachfolge unvereinbar und aus Gründen der Rechtsklarheit auch für die Praxis inakzeptabel. Wollen die Beteiligten dafür sorgen, daß bestimmte Gegenstände gemeinschaftlich bleiben oder dem ausscheidenden Gesellschafter zuwachsen, so bleiben hierfür nur zwei Wege: Die Gesellschafter können diese Gegenstände im voraus im Wege der Teilauseinandersetzung oder des Verkaufs an sich (in Bruchteilsgemeinschaft oder in Gesellschaft bürgerlichen Rechts) oder an den Ausscheidenden übereignen; dann ist dafür gesorgt, daß diese Gegenstände im Zeitpunkt der Gesamtrechtsnachfolge nicht mehr zum Gesellschaftsvermögen gehören. Sie können aber auch vereinbaren, daß der Übernehmer diese Gegenstände nach der Gesamtrechtsnachfolge an den oder die (Mit-)Gesellschafter übertragen soll.

32 c) **Alle Forderungen,** die der Gesellschaft zustanden, gehen über (Ulmer in Großkomm Anm. 28). Soweit es sich um Forderungen gegen den Übernehmer handelt, erlöschen diese durch Konfusion. Außerdem gehen alle sonstigen Vermögensgegenstände kraft Gesetzes über, so daß es insbesondere hinsichtlich der Grundstücke nur einer Grundbuchberichtigung und keiner Übereignung an den Übernehmer bedarf (Anm. 27).

33 d) **Schwebende Prozesse** der Gesellschaft enden nicht automatisch (anders nur bei Prozessen zwischen der Gesellschaft und dem Übernehmer). Sie werden vielmehr von dem Übernehmer fortgeführt. Die §§ 239 ff. ZPO gelten sinngemäß (Ulmer in Großkomm Anm. 35). Ein rechtskräftiger Titel kann analog § 727 ZPO für oder gegen den Übernehmer umgeschrieben werden (Riegger S. 88; Ulmer in Großkomm Anm. 35).

34 e) Die **Firmenfortführung** richtet sich nach § 24 Abs. 2, nicht nach § 22 (vgl. auch außerhalb des § 142 BGH BB 1989, 514 = NJW 1989, 1798 = ZIP 1989, 368). Ist der Name des auszuschließenden Gesellschafters in der Firma enthalten, so bedarf es zur Fortführung der Firma seiner Einwilligung; fehlt es daran, so muß der Übernehmer eine neue Firma bilden (RGZ 65, 379, 382; 165, 260, 271; KGJ 48, 122, 123; KG JW 1929, 2156; Heymann-Emmerich Anm. 28). Die Einwilligung kann schon im Gesellschaftsvertrag vorweggenommen werden (Ulmer in Großkomm Anm. 31; Westermann Handbuch [Lfg. 1975] I 580).

35 f) **Prokura** und **Handlungsvollmacht** erlöschen nicht (Ausnahme nur, wenn der Übernehmer selbst Bevollmächtigter war). Dies wird herkömmlicherweise damit begründet, daß kein wirklicher Inhaberwechsel stattfindet (Ulmer in Großkomm Anm. 32). Dieser Begründung haftet noch das überholte Bild der Gesamthand an, wonach die Gesellschafter (nicht die Gesellschaft) Träger des Unternehmens sind. Da nach richtiger Auffassung die Gesellschaft Unternehmensträgerin und Vollmachtgeberin ist (§ 124), ist die Lösung nicht mehr zweifelsfrei. Es entspricht aber dem Konzept des geltenden Rechts, daß eine Gesamtrechtsnachfolge die Prokura und Handlungsvollmacht bestehen bleiben läßt (§§ 52 Abs. 3 HGB, 168, 672, 675 BGB).

36 g) Alle **Verbindlichkeiten,** soweit nicht höchstpersönlicher Art, gehen auf den Übernehmer über. Er haftet als Rechtsnachfolger der Gesellschaft für Altverbindlichkeiten unbeschränkt, auch wenn er bisher nur Kommanditist war (BGHZ 48, 203, 206; Heymann-Emmerich Anm. 30; Ulmer in Großkomm Anm. 34 mit umfangreichen Nachweisen; a.M. Buchner AcP 169 [1969], 496). Für Neuverbindlichkeiten haftet vorbehaltlich § 15 und sonstiger Rechtsscheingrundsätze nur noch der Übernehmer (Westermann Handbuch [Lfg. 1975] I 581).

h) Für die **Haftung des ausgeschlossenen Gesellschafters** gelten die bei § 128 Anm. 41ff. und in den Erläuterungen zu § 159 dargestellten Grundsätze. Er haftet also für die Altverbindlichkeiten weiter, jedoch kommen ihm die Sonderverjährung und die Enthaftungsgrundsätze des § 159 zugute (Heymann-Emmerich Anm. 30; Alfred Hueck oHG § 30 III; Ulmer in Großkomm Anm. 34). Die Haftung eines Gesellschafters, der bereits vor der Übernahme ausgeschieden war, ändert sich nicht (BGHZ 50, 232, 237; Baumbach-Duden-Hopt Anm. 3 C).

3. Abfindung des weichenden Gesellschafters

Die **Abfindung** des ausgeschlossenen Gesellschafters richtet sich nach den bei § 138 Anm. 42ff. dargestellten Grundsätzen. Für die Auseinandersetzung ist entsprechend § 140 Abs. 2 der Zeitpunkt der Klageerhebung maßgebend (RGZ 101, 242, 244f.; 165, 260, 271; Heymann-Emmerich Anm. 16). Wegen der Zulässigkeit von Abfindungsklauseln vgl. § 138 Anm. 60ff. Haben die Gesellschafter der Gesellschaft ein Nutzungsrecht ohne Entgelt überlassen, so kann sich eine Ausgleichungspflicht des Übernehmers ergeben, wenn er die Gesellschaft mit dem Nutzungsrecht fortführt und dem ausgeschlossenen Gesellschafter eine angemessene Vergütung nicht im voraus zugekommen war (vgl. BGH DB 1989, 169).

4. Die Konkurrenz wechselseitiger Übernahmeklagen

Erheben **beide Gesellschafter** Übernahmeklagen, so kann höchstens eine Klage begründet sein. Es kommt darauf an, in der Person welches Gesellschafters der wichtige Ausschließungsgrund vorliegt. Ein bloß leichtes Überwiegen der Gründe auf einer Seite genügt nicht. Scheitern beide Klagen, so kommt noch die Auflösung nach § 133 in Betracht, die hilfsweise beantragt werden kann.

V. Vertragliche Übernahmerechte

1. Gesellschaftsvertragliche Übernahmeklauseln

a) Übernahmerechte können im Gesellschaftsvertrag vereinbart werden. Es gilt das bei § 140 Anm. 73ff. Gesagte. Aus § 138 ergibt sich, daß eine Ausschließung im Todes- oder Kündigungsfall eines Gesellschafters vorgesehen werden kann. Die dort zugelassene sog. Fortsetzungsklausel ist in Wahrheit eine Ausschließungsklausel. Über die in § 138 genannten Ausschließungsgründe hinaus kann ein Ausschließungsrecht auch in anderen Fällen vorgesehen werden (§ 140 Anm. 75f.), grundsätzlich allerdings kein Recht zur Ausschließung ohne wichtigen Grund (Anm. 43). Diese Grundsätze gelten auch im Rahmen des § 142.

41 b) Die **Bedeutung** des sog. vertraglichen Übernahmerechts wird herkömmlich darin gesehen, daß ein Gesellschafter durch Übernahmeerklärung das Geschäft mit Aktiven und Passiven übernehmen kann. Es dient der Rechtsklarheit, wenn dies im Gesellschaftsvertrag so vereinbart ist und auch vom Übernehmenden so erklärt wird. Wie bei dem gesetzlichen Übernahmerecht (Anm. 5) gilt aber auch hier folgendes: Die Übernahmeerklärung ist nur eine **Ausschlußerklärung**. Der Erwerb des Unternehmens mit Aktiven und Passiven ist ein gesetzlicher Erwerb. Dieser Erwerb wird nicht durch das Rechtsgeschäft der Übernahmeerklärung herbeigeführt, sondern er ergibt sich daraus, daß keine Mehrpersonengesellschaft mehr vorliegt und daß der übernahmeberechtigte Gesellschafter Gesamtrechtsnachfolger wird (im Ergebnis ebenso RGZ 65, 227, 237 f.; 68, 410, 415; BGHZ 48, 203, 206; 71, 296, 300 = JuS 1979, 668 m. Anm. Karsten Schmidt).

42 c) Die Vereinbarung und die Ausübung des Übernahmerechts bedarf keiner besonderen **Form**, und zwar auch dann nicht, wenn Grundstücke (§ 313 BGB) oder Anteile an einer GmbH (§ 15 GmbHG) zum Gesellschaftsvermögen gehören (vgl. RGZ 65, 227, 234 ff.; 68, 410, 414 ff.; RG Warn 1919 Nr. 138; JW 1925, 1750 f.; 1938, 2214; BGHZ 48, 203, 208; 50, 307, 308; 71, 296, 299 f.; LM Nr. 15; KG JW 1936, 2932; DR 1942, 1497 f.; OLG Frankfurt WM 1967, 103; Heymann-Emmerich Anm. 22).

43 d) Ein **Recht zur Übernahmeerklärung ohne wichtigen Grund** kann im Gesellschaftsvertrag nur unter den bei § 140 Anm. 77 ff. genannten Voraussetzungen eingeräumt werden.

2. Ausübung des Übernahmerechts

44 a) Das Übernahmerecht wird durch **einseitige empfangsbedürftige Willenserklärung** gegenüber dem auszuschließenden Gesellschafter ausgeübt. Die Erklärung hat, wenn ein Ausschließungsgrund vorlag, endgültige Wirkung (BGH WM 1973, 781). Der Gesellschaftsvertrag kann und sollte eine Form vorschreiben (z.B. Schriftform, eingeschriebener Brief). Es ist Auslegungsfrage, ob diese Form nur dem Beweis dient oder Wirksamkeitserfordernis ist. Dieses letztere ist zu vermuten (vgl. § 126 BGB). Läßt der Auszuschließende die Übernahmeerklärung formlos gelten oder läßt er sich vorbehaltlos auf einen Streit über die Ausschließungsgründe ein, so kann ein Formfehler als geheilt anzusehen sein.

45 b) Die **Konkurrenz von Übernahmerechten** kann problematisch sein, wenn beide Gesellschafter wechselseitig eine Übernahmeerklärung abgeben (Ulmer in Großkomm Anm. 46). Die Frage kann im Einzelfall erhebliche Zweifel auslösen. Im Grundsätzlichen ist sie wenig problematisch: Der zeitliche Vorrang kann grundsätzlich nicht entscheiden (so aber Ulmer in Großkomm Anm. 46). Regelmäßig wird nur einem Gesellschafter das Ausschließungsrecht zustehen, evtl. auch keinem Gesellschafter (dann bleibt nur die Auflösung). Darüber, ob eine der Ausschließungserklärungen wirksam geworden ist, kann im Feststellungsstreit entschieden werden. Nur wenn ausnahmsweise jeder Gesellschafter das Übernahmerecht hat, kommt es auf die Priorität der Rechtsausübung an.

3. Übernahmevereinbarung unter den Gesellschaftern

Die Gesellschafter können eine **Übernahme des Unternehmens** mit Aktiven und **46** Passiven durch einen Gesellschafter **ad hoc vereinbaren** (vgl. RGZ 65, 227; RG Warn 1919 Nr. 138; BGHZ 50, 307; 71, 296, 297; BayObLG LZ 1917, 681). Solche Vereinbarungen können vor allem vorliegen, wenn sich die Gesellschafter in einem Ausschließungsprozeß vergleichen (vgl. BGHZ 50, 307) oder wenn der auszuschließende Gesellschafter die Ausschließungserklärung des Übernehmers annimmt. Die Vereinbarung kann auf unterschiedliche Weise vollzogen werden: Sie kann eine Auflösungsvereinbarung darstellen, wobei unter Vermeidung der Unternehmensliquidation als andere Art der Auseinandersetzung (§ 145 Abs. 1) vereinbart wird, daß ein Gesellschafter das Unternehmen mit Aktiven und Passiven erwerben soll (dies ist eine Liquidationsvereinbarung; Einzelübertragung ist erforderlich). Die Vereinbarung kann eine Austrittsvereinbarung darstellen, so daß der Mitgesellschafter (die Mitgesellschafter) gegen eine vereinbarte Abfindung austritt (austreten). Dann erwirbt der Übernahmeberechtigte das Unternehmen kraft Gesetzes nach den bei Anm. 25 ff. geschilderten Grundsätzen. Es kann schließlich ein Anteilskauf vorliegen. Er wird durch Anteilsübertragung an den Übernahmeberechtigten vollzogen.

143 (1) Die Auflösung der Gesellschaft ist, wenn sie nicht infolge der Eröffnung des Konkurses über das Vermögen der Gesellschaft eintritt, von sämtlichen Gesellschaftern zur Eintragung in das Handelsregister anzumelden.

(2) Das gleiche gilt von dem Ausscheiden eines Gesellschafters aus der Gesellschaft.

(3) Ist anzunehmen, daß der Tod eines Gesellschafters die Auflösung oder das Ausscheiden zur Folge gehabt hat, so kann, auch ohne daß die Erben bei der Anmeldung mitwirken, die Eintragung erfolgen, soweit einer solchen Mitwirkung besondere Hindernisse entgegenstehen.

Schrifttum: *Keidel-Schmatz-Stöber*, Registerrecht, 5. Aufl., 1991.

Inhalt

	Anm.		Anm.
I. Allgemeines	1,2	IV. Die Erleichterung des Abs. 3	15–19
1. Inhalt der Regelung	1	1. Normzweck	15
2. Anwendungsbereich	2	2. Anwendungsvoraussetzungen	16
II. Die eintragungspflichtigen Tatsachen	3–9	3. Anmeldungsverfahren	18
1. Auflösung	3		
2. Ausscheiden	5	V. Rechtsfolgen der Eintragung und der versäumten Eintragung	20–22
3. Gleichgestellte Fälle	7	1. Eintragung	20
III. Die Anmeldepflicht	10–14	2. Fehlende Eintragung	21
1. Anmeldepflichtige Personen	10		
2. Verfahren	12		

I. Allgemeines

1. Inhalt der Regelung

1 a) Die Bestimmung hat einen doppelten Regelungsgegenstand. Sie befaßt sich zunächst damit, daß die Auflösung und das Ausscheiden **eintragungspflichtige Tatsachen** sind. Das ist vor allem für den Vertrauensschutz nach § 15 bedeutsam. Sowohl die Auflösung als auch das Ausscheiden sind auch dann anzumelden und einzutragen, wenn die Gesellschaft oder die Gesellschafter bisher noch nicht eingetragen waren (ROHGE 22, 201, 204). Es muß dann die fehlende Eintragung nachgeholt werden (ROHGE 23, 227; KG OLGE 41, 202; OLG Hamburg OLGE 40, 189; Ulmer in Großkomm Anm. 9). Nur dadurch können die Gesellschafter die Verjährungsfrist des § 159 in Lauf setzen (§ 159 Abs. 2; vgl. dazu aber § 159 Anm. 25 ff.) und sich vor den sonstigen Folgen der Nichteintragung (vgl. § 15) schützen (vgl. RGZ 127, 98). Außer der Anmeldungspflichtigkeit der Auflösung und des Ausscheidens regelt § 143 auch, **wer die Anmeldung vorzunehmen hat**, nämlich grundsätzlich sämtliche Gesellschafter, im Fall des Abs. 3 sämtliche Mitgesellschafter des Verstorbenen. Nicht in § 143 geregelt sind die Form der Anmeldung und das Eintragungsverfahren. Wegen der Form der Anmeldung usw. vgl. § 12, wegen der Eintragung und Bekanntmachung § 10. Zum Prüfungsrecht und zur Prüfungspflicht des Registerrichters vgl. § 8 Anm. 20 ff.

2. Anwendungsbereich

2 Die Bestimmung gilt für die offene Handelsgesellschaft und nach § 161 Abs. 2 auch für die Kommanditgesellschaft. Für die Gesellschaft bürgerlichen Rechts gilt sie weder unmittelbar noch analog, weil eine solche Gesellschaft nicht eintragungspflichtig ist. Wegen der Tatsachen, die den Tatbestand des § 143 begründen, ist auf Anm. 3 ff. zu verweisen.

II. Die eintragungspflichtigen Tatsachen

1. Auflösung

3 a) Eintragungspflichtig ist nach Abs. 1 die Auflösung der Gesellschaft (Abs. 1). Zum **Begriff der Auflösung** und zu den Auflösungstatbeständen vgl. Erl. § 131. Es genügt, daß die Gesellschaft als fehlerhafte Gesellschaft bestanden hat (§ 105 Anm. 216 ff.). Jede Auflösung der Gesellschaft ist eintragungspflichtig. Das gilt auch für den Konkurs der Gesellschaft, nur gibt es hier keine Anmeldungspflicht der Gesellschafter, denn die Eintragung erfolgt aufgrund der §§ 32, 6 HGB, 112 KO. Es besteht damit eine Anmeldepflicht für alle Auflösungsgründe des § 131, ausgenommen Nr. 3. Der Grund der Auflösung ist bei der Anmeldung anzugeben, damit der Registerrichter prüfen kann, ob ein Auflösungsgrund gegeben ist; eingetragen wird er nicht (Keidel-Schmatz-Stöber Anm. 247; Krieger-Lenz, Firma und Handelsregister, 1938, § 40 HRV Anm. 43, 44; Ritter Anm. 2; Ulmer in Großkomm Anm. 31). Das Erlöschen der Firma, das mit der Auflösung der Gesellschaft nicht identisch ist, ist erst nach der Vollbeendigung der Gesellschaft einzutragen (§ 157). Beschließen die Gesellschafter nach Eintritt der Auflösung die **Fortsetzung der Gesellschaft,** (§ 131 Anm. 60 ff.), so ist auch dies eintragungspflichtig. Dies bringt das Gesetz in dem vom Gesetzgeber einzig bedachten Fall des § 144 Abs. 2 zum Ausdruck (vgl. § 144 Anm. 14 f.). Die Eintragungspflicht gilt auch, wenn die Auflösung selbst noch nicht eingetragen war (a. M. Geßler hier in der 4. Aufl. im Anschluß an Wieland I S. 816; Ulmer in Großkomm Anm. 13). Es ist dann sowohl die Auflösung als auch die Fortsetzung einzutragen.

4 b) Eintragungspflichtig ist auch das **liquidationslose Erlöschen der Gesellschaft** dadurch, daß alle Beteiligungen in einer Person zusammenfallen, z. B. weil ein Gesellschafter sämtliche Anteile erwirbt oder weil der letzte Mitgesellschafter ausscheidet (vgl. zu diesen Erlöschensfällen § 105 Anm. 24, 181, § 131 Anm. 2). Die Eintragung lautet dann aber nicht auf Auflösung der Gesellschaft, denn es existiert keine aufgelöste Gesellschaft mehr (a. A. OLG Köln DNotZ 1970, 747). Der Unterschied zwischen der Auflösung (§ 143) und der Beendigung einer Liquidation (§ 157) besteht hier nicht. Es wird einfach nach § 31 das Erlöschen der Firma eingetragen (KG Recht 1912 Nr. 2579; a. A. Staub-Hüffer § 31 Anm. 9; Würdinger in Großkomm § 31 Anm. 10). Führt der verbleibende Gesellschafter das Unternehmen mit dem bisherigen Firmenkern fort, so wird diese Firma als seine Firma neu eingetragen (a. A. Baumbach-Duden-Hopt § 31 Anm. 2 A; Staub-Hüffer § 31 Anm. 9). Unzureichend ist dagegen die bloße Eintragung, der letzte Mitgesellschafter sei ausgeschieden (Ulmer in Großkomm Anm. 12; Wörbelauer DNotZ 1961, 474 f.; a. M. ROHGE 21, 192, 193; hier Geßler in der 4. Aufl.). Hat nämlich das Ausscheiden die Vollbeendigung der Gesellschaft zur Folge, so liegt i. S. des Handelsregisterrechts ein „Erlöschen der Firma" vor. Auch der Fall des § 142 ist deshalb kein Fall des Abs. 1 (so aber hier Geßler in der 4. Aufl.; Ulmer in Großkomm Anm. 12; Düringer-Hachenburg-Flechtheim § 142 Anm. 2; Baumbach-Duden-Hopt § 142 Anm. 2 D). In allen diesen Fällen ist neben dem Ausscheiden oder der Ausschließung des Gesellschafters die Vollbeendigung der Gesellschaft, also das „Erlöschen der Firma" einzutragen (vgl. auch § 157 Anm. 4).

2. Ausscheiden

5 a) Eintragungspflichtig ist das Ausscheiden eines Gesellschafters (Abs. 2). Ein **Ausscheiden im technischen Sinne** liegt vor, wenn ein Gesellschafter aus der fortbestehenden Gesellschaft austritt (dazu § 159 Anm. 8) oder wenn er aus der Gesellschaft ausgeschlossen wird (dazu Erl. § 140) oder wenn die Gesellschaft nach § 138 ohne diesen Gesellschafter fortgesetzt wird.

6 b) **Erlischt die Gesellschaft** durch Ausscheiden, weil keine Mehrpersonengesellschaft bleibt, so ist zugleich das „Erlöschen der Firma" einzutragen (Anm. 4).

3. Gleichgestellte Fälle

7 a) Die **Rechtsnachfolge unter Lebenden** (Anteilsübertragung) ist kein Ausscheiden im technischen Sinne und auch kein Eintritt des Nachfolgers im technischen Sinne (vgl. § 128 Anm. 44, § 130 Anm. 12). Herkömmlich wird diese Rechtsnachfolge als Ausscheiden des Altgesellschafters und als Eintritt des Neugesellschafters nach § 107 eingetragen. Ein solcher Austritt und Eintritt ist möglich, stellt aber nach richtiger Ansicht etwas anderes dar als die Einzelrechtsnachfolge in die Mitgliedschft (vgl. Karsten Schmidt Gesellschaftsrecht § 45 III 2 a). Um den Unterschied erkennbar zu machen, korrigiert die herkömmliche Praxis diese Eintragung durch den sog. Nachfolgevermerk (RG DNotZ 1944, 195 = WM 1964, 1130; BGHZ 81, 82, 86 = NJW 1981, 2747; eingehende Nachweise bei § 173 Anm. 26): Eingetragen wird, daß der Gesellschafter A ausgeschieden und der Gesellschafter B eingetreten ist, wobei hinzugefügt wird, daß dies im Wege der Einzelrechtsnachfolge geschehen ist. Diese Eintragung ist in sich widersprüchlich (die Einzelrechtsnachfolge ist gerade etwas anderes als ein Ein- und Austritt), aber für die Praxis insgesamt unmißverständlich. Bedeutsam ist der Nachfolgevermerk vor allem, um bei der Übertragung von Kommanditistenanteilen ein Wiederaufleben der Haftung zu verhindern (vgl. § 173 Anm. 26 ff.). Diese Praxis wird den auftretenden Problemen im Ergebnis gerecht. Ihr Schönheitsfehler, nämlich die Widersprüchlichkeit der vorgenommenen Eintragung, beruht darauf, daß das Gesetz nur den Eintritt (§ 107) und den Austritt (§ 143), nicht aber die Übertragbarkeit und Vererblichkeit in Betracht gezogen hat. Auch § 40 Nr. 5 IIc HRV kennt nur die Eintragung von Eintritt und Austritt. Die herkömmliche Praxis beruht deshalb auf der Annahme, daß die Rechtsnachfolge als solche nicht eintragbar ist (vgl. Keidel-Schmatz-Stöber Anm. 242). Dieser Zustand sollte überwunden werden. Da Personengesellschaftsanteile bei Erlaß des HGB noch als unübertragbar galten, kann das Fehlen einer entsprechenden Regel nicht verwundern. Dies ist aber kein Grund, den Schönheitsfehler einer sachlich unsinnigen Eintragung hinzunehmen. Es liegt eine planwidrige Gesetzeslücke vor. Man wird die §§ 107, 143 deshalb dahingehend handhaben müssen, daß jeder Vorgang, der einem Austritt und Eintritt entsprechend behandelt wird, nach diesen Vorschriften auch einzutragen ist, und zwar richtig einzutragen ist. Dann erweist sich die bisherige Praxis – Eintragung als Austritt und Eintritt – als ein überwindbares Provisorium. Sachgerecht ist folgende Eintragung: „Gesellschafter A hat seine Beteiligung im Wege der Einzelrechtsnachfolge auf B übertragen."

8 b) **Rechtsnachfolge von Todes wegen** wurde herkömmlich gleichfalls als ein Ausscheiden des Erblassers unter Eintritt des oder der Erben eingetragen (Keidel-Schmatz-Stöber Anm. 241, 242). Auch hier liegt allerdings im technischen Sinne kein Austritt des verstorbenen Gesellschafters und kein Eintritt des Erben vor (vgl. § 130 Anm. 12). Immerhin genügt diese Eintragung den Anforderungen der Praxis, wenn man über den Schönheitsfehler hinwegsieht, daß sie den Vorgang unrichtig darstellt. Richtig ist eine Eintragung wie die folgende: „Gesellschafter A ist verstorben; die Beteiligung wird von B als Alleinerben und Gesamtrechtsnachfolger fortgesetzt." Oder: „... die Beteiligung ist auf B als Alleinerben übergegangen." Die Eintragungspflicht ergibt sich aus einer Fortbildung der §§ 107, 143. Mit dieser Auffassung wird nicht im sachlichen Ergebnis von der traditionellen Auffassung abgewichen, wohl aber wird das Provisorium einer in sich widersprüchlichen Eintragung vermieden. Treten mehrere **Miterben** die Nachfolge an (dazu § 139 Anm. 18), so ist einzutragen, daß die Mitgliedschaft von diesen Miterben je zu einem Bruchteil fortgesetzt wird. Wenn im Fall der **qualifizierten** Nachfolgeklausel (§ 139 Anm. 20 ff.) nur ein Miterbe Nachfolger wird, ist auch dies einzutragen; es dürfte die Formulierung genügen: „Gesellschafter A ist verstorben; die Beteiligung ist auf den Erben C übergegangen." Ist die Gesellschaft durch den Erbfall aufgelöst (§ 131 Nr. 4), so ist neben der Auflösung der Übergang der Mitgliedschaft auf den Alleinerben bzw. auf die Erbengemeinschaft (§ 139 Anm. 13) einzutragen. Von diesen Fällen zu unterscheiden ist der **Erwerb der Mitgliedschaft aufgrund Vermächtnisses** (dies ist eine Anteilsübertragung vom Erben auf den Vermächtnisnehmer; vgl. § 139 Anm. 19). Gleichfalls hiervon zu unterscheiden ist der Eintritt aufgrund einer **Eintrittsklausel** (dazu § 139 Anm. 28 ff.). Hier ist das Ausscheiden des Erblassers (§ 138) und der Eintritt des neuen Gesellschafters einzutragen.

c) **Die Umwandlung der Mitgliedschaft**, insbesondere vom oHG-Anteil oder von einer Komplementärbeteiligung, ist gleichfalls kein Austritt im technischen Sinne, aber haftungsrechtlich wie ein Austritt (vgl. § 128 Anm. 45, § 159 Anm. 9) unter gleichzeitigem Eintritt zu behandeln (vgl. § 130 Anm. 12, § 173 Anm. 9, 47). Auch die Eintragung hatte herkömmlicherweise diesen Wortlaut (z.B.: „Gesellschafter A ist mit Wirkung vom 1. 1. 1989 als unbeschränkt haftender Gesellschafter ausgeschieden und als Kommanditist mit einer Haftsumme von 100 000 DM eingetreten."). Wiederum sollte sich die Praxis von diesem Provisorium lösen. Einer Gesetzesänderung (so sinnvoll sie wäre) bedarf es hierfür nicht. Aus §§ 107, 143 ist abzuleiten, daß dieser Vorgang, der haftungsrechtlich wie ein Austritt und Eintritt behandelt wird, zur Eintragung anzumelden ist. Der Wortlaut der Anmeldung und Eintragung sollte sich dagegen nicht am Wortlaut der §§ 107, 143 HGB, 40 HRV orientieren, sondern an den im Register zu dokumentierenden Realitäten. Wer die bereits bestehende oHG-Beteiligung, Komplementärbeteiligung oder Kommanditistenbeteiligung lediglich umwandelt, tritt nicht aus der Gesellschaft aus. Anders verhält es sich bei der stillen Gesellschaft: Die Umwandlung der Beteiligung in eine stille Beteiligung ist ein Austritt aus der oHG oder KG; die Umwandlung einer stillen Beteiligung in eine oHG-Beteiligung, Komplementärbeteiligung oder Kommanditistenbeteiligung ist umgekehrt ein Eintritt in die oHG oder KG.

III. Die Anmeldepflicht

1. Anmeldepflichtige Personen

a) **Sämtliche Gesellschafter** müssen – abgesehen vom Sonderfall des Abs. 3 – anmelden. Das gilt im Fall des Abs. 2 auch für den Ausgeschiedenen (Alfred Hueck oHG § 29 II 7; Düringer-Hachenburg-Flechtheim Anm. 3). Wegen der Streitfrage, ob die Bevollmächtigung im Gesellschaftsvertrag generell angeordnet werden kann, ist auf § 108 Anm. 13 zu verweisen. Jedenfalls bei Publikumsgesellschaften ist dies anzuerkennen (auch hierzu vgl. § 108 Anm. 13). Bei diesen Gesellschaften sollte auch ohne ausdrückliche Vertragsregelung davon ausgegangen werden, daß die geschäftsführenden Gesellschafter zur Erfüllung der allseitigen Anmeldepflicht bevollmächtigt bzw. ermächtigt sind (vgl. sinngemäß § 125 Anm. 58, § 148 Anm. 9). Ist eine Handelsgesellschaft Gesellschafter, so kann nach BayObLG WM 1982, 647 nicht deren Prokurist, sondern nur das Vertretungsorgan anmelden. Die Erteilung von Vollmachten für die Anmeldung ist zulässig (§ 12 Anm. 13; näher Gustavus GmbHR 1978, 220). Auch wenn die Erben gar nicht die Nachfolge antreten, sondern der überlebende Gesellschafter das Geschäft übernimmt, müssen die Erben mitanmelden (KG DR 1942, 1497). Nicht erforderlich ist, daß alle gleichzeitig anmelden (vgl. KG HRR 1934 Nr. 1041). In den Fällen des § 131 Nr. 5 tritt der Konkursverwalter an die Stelle des Gesellschafters (Wörbelauer DNotZ 1961, 473 mit weiteren Nachweisen; Baumbach-Duden-Hopt Anm. 2). Das gleiche gilt jedoch nicht hinsichtlich des Privatgläubigers in den Fällen des § 135. Ist der Gesellschafter durch Tod ausgeschieden, müssen grundsätzlich alle Erben mitanmelden (vgl. jedoch Abs. 3 und Anm. 15 ff.; OLG Hamburg LZ 1920, 490). Das gilt auch im Fall einer qualifizierten Nachfolgeklausel, die nur einen Miterben in die Gesellschafterstellung nachrücken läßt (§ 139 Anm. 20). Hier müssen als Rechtsnachfolger des verstorbenen Gesellschafters alle Miterben dessen „Ausscheiden" und den „Eintritt" eines von ihnen anmelden (KG DNotZ 1935, 988; BayObLG DB 1979, 86; Wiedemann Übertragung S. 207). Ebenso müssen die Erben des Verstorbenen mitwirken, wenn an die Stelle des Vorerben eines verstorbenen Gesellschafters der Nacherbe tritt (KG HRR 1934 Nr. 1041). Ist ein Gesellschafter vor seinem Tod ausgeschieden, soll nach KG JW 1931, 2999 mit insofern zust. Anm. *Endemann* die Anmeldepflicht – da nicht erblich – die Erben nicht treffen. Hält man aber diese Pflicht für eine vermögensrechtliche (RG HRR 1942 Nr. 763; BGH BB 1979, 647), wird man ihren Übergang (§§ 1922, 1967 BGB) bejahen müssen (so im Ergebnis auch Ulmer in Großkomm Anm. 21).

11 b) Die Anmeldepflicht aller gilt für **die nach Abs. 1 und 2 anzumeldenden Tatsachen**. Ist durch Ausscheiden die Gesellschaft automatisch vollbeendigt, weil nur noch ein Gesellschafter bleibt, so müssen zwei eintragungspflichtige Tatsachen unterschieden werden: das Ausscheiden und die Vollbeendigung (anders OLG Köln DNotZ 1970, 747: Ausscheiden und Auflösung). Für das Ausscheiden gilt Abs. 2, so daß der Ausgeschiedene mitwirken muß. Für die Vollbeendigung gilt § 31 (vgl. Anm. 4). Sie ist eine automatische Folge des Ausscheidens und tritt in der Person des letztverbleibenden Gesellschafters ein, auf den das Gesellschaftsvermögen mit Aktiven und Passiven übergeht (§ 131 Anm. 2). Ein Fall des Abs. 1 liegt also nicht vor, Die Anmeldung des Erlöschens durch den verbleibenden Gesellschafter genügt. Zweckmäßigerweise melden allerdings der Ausgeschiedene und der Verbleibende beides gemeinsam an: das Ausscheiden und das Erlöschen.

2. Verfahren

12 a) Das registergerichtliche **Verfahren** unterliegt den allgemeinen Regeln. Es gelten die §§ 8 ff. HGB; §§ 125 ff. FGG und die HRV.

13 b) Zur **Vornahme der Anmeldung** können die Anmeldungspflichtigen vom Registergericht durch Ordnungsstrafe angehalten werden (§ 14). Daneben besteht eine privatrechtliche Verpflichtung der Gesellschafter gegeneinander, bei der Anmeldung mitzuwirken; sie beruht auf dem Gesellschaftsvertrag und kann durch Klage geltend gemacht werden; die Gesellschaft ist zur Klageerhebung nicht aktiv legitimiert (BGHZ 30, 195, 197; 48, 175, 176 f.; Baumbach-Duden-Hopt Anm. 2). In den Fällen des § 131 Nr. 5 hat der Konkursverwalter anstelle des Gemeinschuldners das Klagerecht, wie auch nur er bei einer Klage der übrigen Gesellschafter passiv legitimiert ist (Wörbelauer DNotZ 1961, 477). Gegenüber dem Anspruch auf Mitwirkung kann der einzelne Gesellschafter nicht einwenden, daß die übrigen Gesellschafter ihre Pflichten aus dem Gesellschaftsvertrag nicht erfüllt haben, z.B. ihm das Abfindungsguthaben nicht gezahlt haben (OLG Hamburg OLGE 40, 189; Recht 1912 Nr. 2875; vgl. auch Baumbach-Duden-Hopt Anm. 2). Der Anspruch ist im Sinne von § 546 ZPO ein vermögensrechtlicher (RG HRR 1942 Nr. 763).

c) Durch **Entscheidungen des Prozeßgerichts** kann die Anmeldung ersetzt werden **14** (§ 16). Eigene Eintragungsersuchen des Prozeßgerichts sind zwar unzulässig (KG JW 1931, 2992), aber es genügt nach § 16 Abs. 1 die Anmeldung der übrigen Beteiligten, wenn durch eine rechtskräftige oder vollstreckbare Entscheidung die Anmeldungspflicht ausgesprochen oder das eintragungsbedürftige Rechtsverhältnis festgestellt ist. Die Anmeldung wird also ersetzt durch – nicht notwendig rechtskräftige! – Verurteilung, durch einstweilige Verfügung etc. (vgl. § 16 Anm. 4ff.) oder durch rechtskräftiges Feststellungs- oder Gestaltungsurteil. Insbesondere in den Fällen der §§ 133, 140, 142 Abs. 1 braucht der ausgeschiedene Gesellschafter nicht mitzuwirken; die rechtskräftige Entscheidung des Prozeßgerichts ersetzt seine Anmeldung.

IV. Die Erleichterung des Abs. 3

1. Normzweck

Die Vorschrift soll die Eintragung der Auflösung oder des Ausscheidens auch dann **15** ermöglichen, wenn noch nicht alle Erben feststehen oder erreichbar sind. Zugleich wird dadurch eine baldige Beschränkung der Haftung der Erben auf die Verbindlichkeiten der Gesellschaft, die bis zur Eintragung entstehen, ermöglicht.

2. Anwendungsvoraussetzungen

a) Abs. 3 setzt voraus, daß die **Gesellschaft durch den Tod eines Gesellschafters aufge-** **16** **löst** (vgl. § 131 Nr. 4) oder unter **Ausschluß des verstorbenen Gesellschafters und seiner Erben** (vgl. § 138) fortgesetzt wird. Wird dagegen die Gesellschaft mit allen Erben fortgeführt, greift Abs. 3 nicht ein; es besteht dann grundsätzlich kein dringendes Interesse an einer baldigen Eintragung des Ausscheidens. Auch wenn durch qualifizierte Nachfolgeklausel (§ 139 Anm. 20) ein einzelner Miterbe die Nachfolge angetreten hat, greift Abs. 3 nicht ein, denn hier liegt Rechtsnachfolge in die Mitgliedschaft vor, nicht eine Auflösung der Gesellschaft oder ein Ausscheiden des verstorbenen Gesellschafters und seiner Erben. Dagegen ist Abs. 3 sinngemäß anzuwenden, wenn zwar nicht der Tod die Auflösung oder das Ausscheiden zur Folge gehabt hat, die Auflösung aber schon vor dem Tod eingetreten ist, jedoch wegen der mangelnden Feststellung oder Erreichbarkeit der Erben nicht eingetragen werden kann (zur grundsätzlichen Anmeldepflicht vgl. Anm. 10).

b) **Besondere Hindernisse** bei der Mitwirkung liegen vor, wenn die Erben unerreichbar **17** sind (Heymann-Emmerich Anm. 12; Ulmer in Großkomm Anm. 25). Gleichstellen sollte man den Fall, daß nicht in absehbarer Zeit ermittelt werden kann, wer Erbe ist. Liegt ein Erbschein vor, so kann die Erbenstellung i.d.R. als geklärt gelten (vgl. § 2365 BGB; OLG Celle DB 1964, 441; Heymann-Emmerich Anm. 12).

3. Anmeldungsverfahren

18 a) Nur die **Mitwirkung der Erben** wird **entbehrlich**. Im übrigen bleibt es dabei, daß sämtliche Mitgesellschafter des Verstorbenen an der Anmeldung mitwirken.

19 b) Das **Gericht** muß prüfen, ob der Tod die Auflösung oder das Ausscheiden zur Folge gehabt hat und ob der Mitwirkung der Erben besondere Hindernisse entgegenstehen. Ist das der Fall, muß es ohne die Mitwirkung des oder der besonders behinderten Erben die Eintragung vornehmen.

V. Rechtsfolgen der Eintragung und der versäumten Eintragung

1. Eintragung

20 Die **Eintragung** hat **deklaratorische, nicht konstitutive Bedeutung**. Ist die Gesellschaft in Wahrheit nicht aufgelöst oder der Gesellschafter in Wahrheit nicht ausgeschieden, so sind die Eintragung und ihre Bekanntmachung unrichtig. Für den fehlerhaften Austritt gilt allerdings, daß ein Gesellschafter trotz Nichtigkeit oder Anfechtbarkeit des Austritts doch ausgeschieden ist (BGH NJW 1969, 1483); folglich besteht auch in einem solchen Fall die Pflicht anzumelden (BGH WM 1975, 512, 514). Da auch hier die Eintragung nur deklaratorisch ist, kann der Gesellschafter seine Mitwirkung nicht – etwa mit der Begründung, einen Wiederaufnahmeanspruch zu haben – verweigern.

2. Fehlende Eintragung

21 a) Ist die **Auflösung nicht eingetragen**, so ist das auf die Auflösung selbst ohne Einfluß. Die Eintragung bewirkt nicht erst die Auflösung (RG HRR 1936 Nr. 611; OGH Wien Stanzl HS 103 zu § 143). Nur im Verhältnis zu Dritten können die Gesellschafter die Auflösung nicht geltend machen (§ 15 Abs. 1). Das gleiche gilt, wenn das **Ausscheiden** – auch das fehlerhafte (s. § 105 Anm. 221) – nicht eingetragen ist. Der ausgeschiedene Gesellschafter kann nicht geltend machen, daß die Verbindlichkeiten nach seinem Ausscheiden entstanden sind, die Gesellschaft nicht, daß der handelnde Gesellschafter infolge seines Ausscheidens nicht mehr vertretungsberechtigt gewesen sei (RG Recht 1923 Nr. 642; OLG Hamburg OLGE 21, 385). Die Erben eines durch Tod oder aus anderen Gründen ausgeschiedenen Gesellschafters, dessen Ausscheiden nicht eingetragen worden ist, haften für alle Verbindlichkeiten der Gesellschaft, allerdings nicht persönlich, sondern nur mit dem Nachlaß (RGZ 144, 199, 206; unrichtig KG JW 1931, 2998 m. krit. Anm. Endemann). Hat der Dritte geglaubt, daß er es mit einem Einzelkaufmann zu tun habe, kann er sich nachher nicht darauf berufen, daß das Ausscheiden früherer Gesellschafter nicht eingetragen worden ist (RGZ 70, 272, 273). Die Gesellschafter ihrerseits können sich aber nicht darauf berufen, daß dem Dritten die Rechtsverhältnisse der Gesellschaft gleichgültig gewesen seien und er deshalb nicht das Register eingesehen habe und in seinen Handlungen nicht von dessen Inhalt beeinflußt worden sei (RGZ 128, 173, 181; Wieland I S. 232; Staub-Hüffer § 15 Anm. 24; Ulmer in Großkomm Anm. 35; Friese JW 1930, 3700). Ebenso können die Gesellschafter sich nicht auf die Nichteintragung berufen, wenn der Dritte seinerseits sich auf den wahren Rechtsstand, z.B. die Auflösung oder das Ausscheiden und die damit verbundene Änderung der Vertretungsmacht, beruft.

b) Der **Schutz des § 15** kommt dem Dritten nicht zustatten, wenn ihm die Auflösung **22** oder das Ausscheiden bekannt war (§ 15 Abs. 1). Kennenmüssen genügt nicht. Kenntnis des Auflösungsgrundes bedeutet nicht Kenntnis der Auflösung (RGZ 144, 199; Baumbach-Duden-Hopt Anm. 3; Heymann-Emmerich Anm. 17).

144 (1) Ist die Gesellschaft durch die Eröffnung des Konkurses über ihr Vermögen aufgelöst, der Konkurs aber nach Abschluß eines Zwangsvergleichs aufgehoben oder auf Antrag des Gemeinschuldners eingestellt, so können die Gesellschafter die Fortsetzung der Gesellschaft beschließen.

(2) Die Fortsetzung ist von sämtlichen Gesellschaftern zur Eintragung in das Handelsregister anzumelden.

Inhalt

	Anm.		Anm.
I. Grundlagen	1–3	1. Konkurs der Gesellschaft als Voraussetzung	4
1. § 144 als Teil eines allgemeinen Konzepts	1	2. Beendigung des Konkursverfahrens	5
2. Die Besonderheit der in § 144 benannten Fälle	2	3. Der Fortsetzungsbeschluß	8
3. Grundvoraussetzungen der Fortsetzung	3	4. Rechtsfolgen	11
II. Die Fortsetzung der Gesellschaft nach Abs. 1	4–13	III. Handelsregister (Abs. 2)	14–15
		1. Verfahren	14
		2. Materielle Publizität	15

I. Grundlagen

1. § 144 als Teil eines allgemeinen Konzepts

§ 144 gestattet den Gesellschaftern, wenn die oHG durch Konkurs über das Gesell- **1** schaftsvermögen aufgelöst worden ist, nach Beendigung des Konkursverfahrens in zwei Fällen die **Fortsetzung der Gesellschaft** zu beschließen: im Fall eines Zwangsvergleichs und im Fall der Konkursaufhebung auf Antrag der Gesellschafter. Die Gesetzesverfasser hielten die Bestimmung für notwendig, weil sie davon ausgingen, daß nur aufgrund einer gesetzlichen Regelung und nur in diesen Fällen die Fortsetzung einer aufgelösten Gesellschaft beschlossen werden kann. Dieser Standpunkt ist überholt (vgl. § 131 Anm. 60). Jede aufgelöste oHG kann ihre Fortsetzung beschließen; nicht nur, wenn sie wegen Konkurses über ihr Vermögen aufgelöst ist, und nicht nur, wenn der Konkurs aus den angegebenen Gründen aufgehoben oder eingestellt ist. § 144 regelt nur einen einzelnen Fall eines allgemein geltenden Grundsatzes (vgl. auch Ulmer in Großkomm Anm. 3). Gegenschlüsse dürfen aus der Bestimmung nicht gezogen werden.

2. Die Besonderheit der in § 144 benannten Fälle

Gleichwohl handelt es sich im Fall des § 144 nicht um beliebige Fälle der Fortsetzung **2** einer aufgelösten Gesellschaft. Es handelt sich vielmehr um Fälle, bei denen die **Fortsetzung die Regel** und die **Liquidation die Ausnahme** ist. Insolvente Gesellschaften unterliegen einer Liquidationspflicht (vgl. § 145 Anm. 24 ff.). In aller Regel entspricht es nicht dem Sinn des Zwangsvergleichs bzw. der Einstellung des Konkursverfahrens auf Antrag des Gemeinschuldners, daß nunmehr an Stelle der konkursmäßigen Liquidation eine gesellschaftsrechtliche Liquidation stattfinden soll. Diese Besonderheit der in § 144 genannten Fälle ist nicht ohne Einfluß auf die Beschlußfassung über die Fortsetzung (vgl. Anm. 8).

3. Grundvoraussetzungen der Fortsetzung

3 Die bei § 131 Anm. 60 ff. geschilderten Grundvoraussetzungen einer Fortsetzung der Gesellschaft gelten auch hier. Erforderlich sind eine Beseitigung des Auflösungsgrundes (hier: Konkursbeendigung durch Zwangsvergleich oder Einstellung) und ein Fortsetzungsbeschluß. Nicht ausdrücklich aus § 144, aber aus der Natur der Sache ergibt sich, daß die Fortsetzung nicht mehr beschlossen werden kann, wenn kein ungeteiltes Gesellschaftsvermögen mehr vorhanden ist. Fehlt es an ihm, so kann die Gesellschaft nicht mehr fortgesetzt werden (Straube-Koppensteiner Anm. 2; Ulmer in Großkomm Anm. 8; a. M. noch Weipert in HGB-RGRK Anm. 4). Auch muß die Gesellschaft vollkaufmännisch tätig sein, um als oHG eingetragen zu bleiben (Ulmer in Großkomm Anm. 8).

II. Die Fortsetzung der Gesellschaft nach Abs. 1

1. Konkurs der Gesellschaft als Voraussetzung

4 § 144 setzt für die Fortsetzung die **Auflösung der Gesellschaft nach § 131 Nr. 3** voraus. Der gesetzgeberische Grundgedanke trifft aber auch zu, wenn die Gesellschaft **aus anderen Gründen aufgelöst** worden ist und erst nach der Auflösung in Konkurs geraten ist (ebenso Weipert in HGB-RGRK Anm. 8; anders Ulmer in Großkomm Anm. 6). Es ist dann allerdings gemäß § 131 Anm. 63 zu beachten, daß neben dem Fortsetzungsbeschluß auch eine Beseitigung des weiteren Auflösungsgrundes erforderlich ist. Fehlt es daran, so bleibt die Gesellschaft nach Aufhebung des Konkursverfahrens aufgelöst. Die Abwicklung erfolgt allerdings nicht mehr nach den Grundsätzen der Konkursordnung, sondern nach den gesellschaftsrechtlichen Regeln der §§ 145 ff.

2. Beendigung des Konkursverfahrens

5 a) Der erste in Abs. 1 genannte Fall ist der der **Aufhebung des Konkurses nach Abschluß eines Zwangsvergleichs**. Ein Zwangsvergleich kann nur auf Vorschlag aller persönlich haftenden Gesellschafter geschlossen werden (§ 211 Abs. 1 KO). Der Zwangsvergleich begrenzt zugleich den Umfang der persönlichen Haftung der Gesellschafter (§ 211 Abs. 2 KO), nach h. M. aber nicht die persönliche Haftung des ausgeschiedenen Gesellschafters (vgl. dazu kritisch § 128 Anm. 71). Nach rechtskräftiger Bestätigung des Zwangsvergleichs beschließt das Gericht die Aufhebung des Konkursverfahrens (§ 190 KO). Damit fällt die Beschränkung der Verwaltungs- und Verfügungsfähigkeit der Gesellschafter über das Gesellschaftsvermögen weg; sie können über dasselbe frei verfügen und die Gesellschaft nach den bei § 131 Anm. 60 ff. genannten Regeln fortsetzen.

Fortsetzung nach Gesellschaftskonkurs 6–10 **§ 144**

b) Der zweite in Abs. 1 genannte Fall ist der der **Einstellung des Konkurses auf Antrag** **6** **des Gemeinschuldners.** Die Einstellung des Konkursverfahrens auf Antrag des Gemeinschuldners, hier durch die Gesellschafter, regelt § 202 KO (nach der noch h.M. sind sogar die Gesellschafter selbst die Gemeinschuldner; dazu aber § 124 Anm. 39). Die Einstellung beendet das Konkursverfahren und gibt den Gesellschaftern gleichfalls wieder Handlungsfähigkeit: Wiederum gelten für die Fortsetzung die allgemeinen Grundsätze nach § 131 Anm. 60 ff.

c) Die Beendigung des Konkursverfahrens aus anderen Gründen ist in Abs. 1 nicht **7** genannt. Aber § 144 gilt nach der wohl herrschenden Ansicht in gleicher Weise, wenn das Konkursverfahren aus anderen Gründen endigt, z.B. durch Aufhebung nach Abhaltung des Schlußtermins (§ 163 KO) oder durch Einstellung wegen Fehlens einer den Kosten des Verfahrens entsprechenden Konkursmasse nach § 204 KO (KG LZ 1908, 82, 83; Baumbach-Duden-Hopt Anm. 1; Düringer-Hachenburg-Flechtheim Anm. 9; Heymann-Emmerich Anm. 3; Ulmer in Großkomm Anm. 3; s. aber auch Kuhn-Uhlenbruck, KO, 10. Aufl. 1986, § 209 Anm. 9). Es ist allerdings zweifelhaft, ob diese Fälle den in § 144 genannten entsprechen, denn nach den bei § 131 Anm. 67 besprochenen Grundsätzen wird hier die Fortsetzungsfähigkeit nicht die Regel, sondern die Ausnahme sein (vgl. Anm. 2). Es handelt sich deshalb bei der Konkursbeendigung aus anderen Gründen nicht um eine Ausdehnung des § 144, sondern um eine Anwendung der allgemeinen Grundsätze von § 131 Anm. 60 ff. Insbesondere im Fall der Masselosigkeit ist eine Fortsetzung nur möglich, wenn die Insolvenz der Gesellschaft beseitigt wird.

3. Der Fortsetzungsbeschluß

a) Die Gesellschafter können die Fortsetzung nach den allgemeinen Regeln des § 119, **8** also **grundsätzlich einstimmig**, bei entsprechender Vertragsklausel auch mit der erforderlichen Mehrheit, beschließen. Nach dem Bestimmtheitsgrundsatz genügt hierfür aber weder eine allgemeine Mehrheitsklausel noch eine Vertragsregelung, die Satzungsänderungen durch Mehrheitsbeschluß zuläßt (§ 131 Anm. 64). Neben der ausdrücklichen Beschlußfassung ist die stillschweigende Fortsetzung unter Zustimmung aller Gesellschafter möglich und ausreichend (Heymann-Emmerich Anm. 4; Ulmer in Großkomm Anm. 9). Erst recht gilt dies für die Handelsregisteranmeldung. In aller Regel wird schon die Teilnahme der Gesellschafter am Zwangsvergleich bzw. die Übereinkunft über den Einstellungsantrag zugleich eine aufschiebend bedingte konkludente Beschlußfassung über die Fortsetzung der Gesellschaft darstellen. Mindestens kann sich die Herbeiführung dieser Fortsetzungsmöglichkeit zu einer Treupflicht der Gesellschafter in dem Sinne verdichten, daß eine Pflicht zur Fassung des Fortsetzungsbeschlusses besteht (vgl. auch hierzu § 131 Anm. 64).

b) Kein **Fortsetzungsbeschluß**, sondern eine Liquidationsmaßnahme ist die Geschäfts- **9** übernahme durch einen Gesellschafter (vgl. KG JW 1929, 2157 m. zust. Anm. Goldschmitt II; Heymann-Emmerich Anm. 5; Ulmer in Großkomm Anm. 9). Hier wird nämlich nur das Unternehmen weiterbetrieben, aber nicht die Gesellschaft fortgesetzt (s. auch § 142 Anm. 46).

c) Wird **kein Fortsetzungsbeschluß** gefaßt und endet das Konkursverfahren ohne voll- **10** ständige Abwicklung, so bleibt die Gesellschaft aufgelöst, und es schließt sich ein gesellschaftsrechtliches Liquidationsverfahren an (vgl. ROHGE 16, 284, 289; RGZ 40, 29, 31; BGHZ 93, 159, 164; Düringer-Hachenburg-Flechtheim Anm. 9; Heymann-Emmerich Anm. 1; Ulmer in Großkomm Anm. 10). Entgegen der noch h. M. darf es zu dieser Situation allerdings nur ausnahmsweise kommen (grundsätzlich zum Verhältnis zwischen Konkursverfahren und gesellschaftsrechtlicher Liquidation § 145 Anm. 67, 76).

4. Rechtsfolgen

11 a) Die **fortgesetzte Gesellschaft** ist mit der aufgelösten Gesellschaft identisch. Sie behält deren Firma (Düringer-Hachenburg-Flechtheim Anm. 10) und haftet für deren Verbindlichkeiten einschließlich der Schulden aus dem Zwangsvergleich (RGZ 28, 130, 133; Heymann-Emmerich Anm. 4); sie kann die Rechte der aufgelösten Gesellschaft geltend machen. In Rechte oder Rechtsverhältnisse Dritter, die sich durch die Konkurseröffnung geändert haben, kann durch den Fortsetzungsbeschluß nicht eingegriffen werden (Heymann-Emmerich Anm. 5). Die durch die Konkurseröffnung erloschenen Rechtsverhältnisse, z. B. Interessengemeinschaften, Konsortialverträge, Kartelle, leben nicht wieder auf (einschränkend nach Lage des Einzelfalls Weipert in HGB-RGRK § 131 Anm. 15). Rechtsstreitigkeiten, die durch die Konkurseröffnung unterbrochen waren, gehen für und gegen die fortgesetzte Gesellschaft ohne besondere Aufnahme weiter (Heymann-Emmerich Anm. 4). Hatte der Konkursverwalter den Rechtsstreit gemäß § 240 ZPO aufgenommen, so erfolgt entsprechend § 239 ZPO in Verbindung mit § 242 ZPO eine Unterbrechung des Verfahrens, die erst durch Aufnahme durch die Gesellschaft endet. Dasselbe gilt für Prozesse, die von dem Konkursverwalter oder gegen ihn angestrengt wurden (RG JW 1937, 3183 für den ähnlichen Fall des Wegfalls des Verwaltungsrechts des Testamentsvollstreckers; Stein-Jonas-Schumann, ZPO, 20. Aufl. 1984, § 240 Anm. 30 ff.; Jonas JW 1937, 3249; a. A. wohl RG LZ 1912, 384).

12 b) Die **Befugnisse der Liquidatoren** enden mit dem Wirksamwerden des Fortsetzungsbeschlusses (Ulmer in Großkomm Anm. 11). Aus § 15 Abs. 1 kann sich allerdings ein Vertrauensschutz ergeben (Anm. 15).

13 c) Für das **Innenverhältnis** unter den Gesellschaftern gilt der alte Gesellschaftsvertrag fort, soweit er nicht gleichzeitig mit dem Fortsetzungsbeschluß abgeändert worden ist. Er ist auch wieder für die Befugnis der Gesellschafter zur Geschäftsführung und Vertretung maßgebend (Ritter Anm. 2; Weipert in HGB-RGRK § 131 Anm. 14).

III. Handelsregister (Abs. 2)

1. Verfahren

14 Die **Fortsetzung** ist von sämtlichen Gesellschaftern zur Eintragung in das Handelsregister **anzumelden** (Abs. 2). Daneben wird von Amts wegen die **Beendigung des Konkurses** in das Handelsregister eingetragen (§§ 6, 32). Beide Eintragungen sind voneinander zu unterscheiden (Heymann-Emmerich Anm. 6). Hinsichtlich der Konkursbeendigungs-

und Fortsetzungsfolge haben beide nur deklaratorische Bedeutung. Nur wenn die Gesellschaft bereits im Register gelöscht war und sie nur auf Grund der Eintragung im Handelsregister ein Handelsgewerbe betreibt (§§ 2, 3 Abs. 2), hat ihre Wiedereintragung konstitutive Bedeutung; aber auch die Konstitutivwirkung bezieht sich nicht auf die Konkursbeendigung oder auf die Fortsetzung, sondern nur auf die Umwandlung aus der Gesellschaft bürgerlichen Rechts in eine oHG bzw. KG. Für die Anmeldung gelten §§ 12–14; sie kann daher namentlich durch Ordnungsstrafe erzwungen werden.

2. Materielle Publizität

Die **Rechtsfolgen der Eintragung bzw. der Nichteintragung** bestimmen sich nach § 15. Die Eintragung und Bekanntmachung muß ein Dritter, der noch mit dem Abwickler Geschäfte getätigt hat, gemäß § 15 Abs. 2 gegen sich gelten lassen. Auf der anderen Seite kann sich die Gesellschaft bei Nichteintragung bzw. Nichtbekanntmachung der Fortsetzung nicht auf das Erlöschen der Vertretungsbefugnis der Abwickler berufen, es sei denn, daß das Erlöschen der Vertretungsmacht dem Dritten bekannt war (vgl. dazu auch Ulmer in Großkomm Anm. 14).

15

Fünfter Titel. Liquidation der Gesellschaft

145 (1) Nach der Auflösung der Gesellschaft findet die Liquidation statt, sofern nicht eine andere Art der Auseinandersetzung von den Gesellschaftern vereinbart oder über das Vermögen der Gesellschaft der Konkurs eröffnet ist.

(2) Ist die Gesellschaft durch Kündigung des Gläubigers eines Gesellschafters oder durch die Eröffnung des Konkurses über das Vermögen eines Gesellschafters aufgelöst, so kann die Liquidation nur mit Zustimmung des Gläubigers oder des Konkursverwalters unterbleiben.

Schrifttum: *Ensthaler*, Die Liquidation von Personengesellschaften, 1985; *Hillers*, Personengesellschaft und Liquidation, 1989; *Karsten Schmidt*, Wege zum Insolvenzrecht der Unternehmen, 1990; *ders.*, Löschungsgesetz und GmbH & Co., BB 1980, 1497; *ders.*, Zum Liquidationsrecht der GmbH & Co., GmbHR 1980, 261; *ders.*, Die Prokura in Liquidation und Konkurs der Handelsgesellschaften, BB 1989, 229; *ders.*, Die Handels-Personengesellschaft in Liquidation, ZHR 153 (1989), 270; *Uhlenbruck*, Die GmbH & Co. KG in Krise, Konkurs und Vergleich, 2. Aufl. 1988; *Wimpfheimer*, Die Gesellschaften des Handelsrechts und des bürgerlichen Rechts im Stadium der Liquidation, 1908.

Inhalt

	Anm.		Anm.
I. Grundlagen	1–12	III. Andere Art der Auseinandersetzung	31–48
1. Normzweck	1	1. Grundbegriffe	31
2. Anwendungsbereich	3	2. Vollbeendigung der Gesellschaft ohne Liquidationsverfahren (erste Variante der anderen Art der Auseinandersetzung)	32
3. Grundbegriffe	4		
4. Die Gesellschafter als Herren der Liquidation	9		
II. Die Liquidation	13–30	3. Liquidation der Gesellschaft ohne Liquidation des Unternehmens (zweite Variante der anderen Art der Auseinandersetzung)	38
1. Die Regelung des Abs. 1	13		
2. Voraussetzungen der Liquidation	16		
3. Rechtsfolgen der Liquidation	19		
4. Die Liquidationspflicht	24	4. Grundlage der anderen Art der Auseinandersetzung	45
5. Der Liquidationszweck	28		

	Anm.		Anm.
IV. Zustimmung Dritter zu einer anderen Auseinandersetzungsart (Abs. 2)	49–61	V. Konkursverfahren	62–78
1. Normzweck des Abs. 2	49	1. Der Konkurs als Auflösungsgrund	63
2. Zustimmung eines pfändenden Gläubigers	54	2. Der Gesellschaftskonkurs als insolvenzrechtliches Liquidationsverfahren	66
3. Zustimmung des Konkursverwalters	58	3. Gemeinschuldner, Konkursmasse und Konkursgläubiger	68
4. Gläubigerzustimmung bei Abtretung und Verpfändung	61	4. Die Organisation der Gesellschaft im Konkurs	71
		5. Die konkursrechtliche Abwicklung	75
		6. Insolvenzrechtsreform	78

I. Grundlagen

1. Normzweck

1 a) Die **aufgelöste Gesellschaft** ist nicht ohne weiteres beseitigt, sondern sie besteht zunächst fort (vgl. § 156 Anm. 1, 6). Die §§ 145 ff. bestimmen, daß die Gesellschaft abgewickelt werden muß und wie sie abgewickelt werden muß. Ein unbedingter Abwicklungszwang ist hiermit nicht verbunden. Vielmehr können die Gesellschafter nach § 131 Anm. 60 ff. die Fortsetzung beschließen. Daneben stellt Abs. 1 die andere Art der Auseinandersetzung.

2 b) Dem Wortlaut nach grenzt Abs. 1 nur die **Liquidation** gegen **andere Auseinandersetzungsverfahren** ab. Wie bei Anm. 4 ff. darzustellen ist, enthält aber der Begriff der anderen Art der Auseinandersetzung zwei verschiedene Fallgruppen: Fälle der atypischen Liquidation (Liquidation der Gesellschaft ohne Liquidation des Unternehmens) und Fälle der Nicht-Liquidation (Auseinandersetzung unter den Gesellschaften ohne Liquidation des Unternehmens). Insofern funktioniert Abs. 1 als eine **Kompetenzregel**, die die Befugnisse der Gesellschafter und der Liquidatoren gegeneinander abgrenzt (vgl. Anm. 43). Eine Kompetenzregel ist auch **Abs. 2**. Die Vorschrift soll sicherstellen, daß eine andere Art der Auseinandersetzung, für die es einer Vereinbarung der Gesellschafter bedarf, auch nicht ohne die Zustimmung des Konkursverwalters bzw. des Gläubigers der Gesellschaft erfolgen darf.

2. Anwendungsbereich

3 Der **Anwendungsbereich** des § 145 ist der folgende: Die Bestimmung gilt für die **oHG und KG** (vgl. § 161 Abs. 2). Auch für die **fehlerhafte Gesellschaft** gilt § 145 (s. auch § 131 Anm. 4). Nicht erforderlich ist auch, daß die Gesellschaft eingetragen ist (Schilling in Großkomm Anm. 4). Ggf. muß sie für den Zweck der Liquidation noch eingetragen werden (KG OLGE 41, 202). Dagegen gilt § 145 nach h. M. nicht für die **Gesellschaft bürgerlichen Rechts**. Allerdings sollten für die unternehmenstragende Gesellschaft bürgerlichen Rechts, die nach der hier vertretenen Auffassung einem Sonderstatus unterliegt (§ 105 Anm. 245) und sogar konkursfähig ist (vgl. Karsten Schmidt Gesellschaftsrecht § 58 V), die §§ 145 ff. sinngemäß angewandt werden, soweit sie nicht die Eintragung im Handelsregister voraussetzen. Weiter setzt § 145 voraus, daß die Gesellschaft **aufgelöst aber nicht vollbeendigt** ist. Ist nach § 131 Anm. 2 die automatische Vollbeendigung der Gesellschaft eingetreten, so bedarf es keines Liquidationsverfahrens. Wird die Gesellschaft nach § 131 Anm. 60 ff. fortgesetzt, so ist für § 145 gleichfalls kein Raum mehr.

3. Grundbegriffe

a) Das Gesetz unterscheidet **Auseinandersetzung** und **Liquidation**. Nach dem Wortlaut des Abs. 1 ist die Liquidation nicht ein Gegensatz zur Auseinandersetzung, sondern eine gesetzlich geregelte Art der Auseinandersetzung (Geßler hier in der 4. Aufl. vor § 145; Düringer-Hachenburg-Flechtheim Anm. 6; Ritter Anm. 2; Staub-Pinner 14. Aufl. Anm. 7; Hillers S. 15 ff.). Unter der Liquidation versteht das Gesetz demnach das in §§ 146 ff. geregelte Verfahren. Nach h. M. sind Liquidatoren nur erforderlich, wenn eine Liquidation stattfindet, nicht dagegen, wenn eine andere Art der Auseinandersetzung stattfindet (vgl. KG OLGE 43, 289; Düringer-Hachenburg-Flechtheim Anm. 6). Diese h. M. ist teils richtig, teils unrichtig und jedenfalls mißverständlich (näher Karsten Schmidt ZHR 153 [1989], 276 ff.). Nach § 158 finden, solange noch ungeteiltes Gesellschaftsvermögen vorhanden ist, auch im Verhältnis zu Dritten die für die Liquidation geltenden Vorschriften entsprechende Anwendung. Der Grund für die unstimmige h. M. besteht darin, daß das Gesetz dem **Begriff der anderen Art der Auseinandersetzung** verschiedene Bedeutungen beigibt (auch hierzu vgl. Karsten Schmidt a.a.O.): Einmal ist der Fall gemeint, daß auf die Liquidation des Unternehmens verzichtet wird (vgl. Baumbach-Duden-Hopt Anm. 2 C a, b; Heymann-Sonnenschein Anm. 18; Ritter Anm. 3 b; Alfred Hueck oHG § 31 V 1, 2; Schilling in Großkomm Anm. 8 f.); in diesem Fall bleibt eine Liquidation der Gesellschaft erforderlich (dazu vgl. Erl. § 158). Dann wieder kann mit der anderen Art der Auseinandersetzung gemeint sein, daß die Gesellschaft ohne Abwicklungsverfahren zur Vollbeendigung gebracht wird (vgl. Alfred Hueck oHG § 31 V 1, 4; Schilling in Großkomm Anm. 8, 15 a; Düringer-Hachenburg-Flechtheim Anm. 7; Ritter Anm. 6); in diesem Fall ist die Liquidation nach §§ 146 ff. entbehrlich. Die Gesetzesverfasser haben diese ganz unterschiedlichen Varianten der anderen Art der Auseinandersetzung willkürlich vermengt (vgl. Denkschrift I S. 90 = Schubert-Schmiedel-Krampe Materialien II/1 S. 90; Denkschrift II S. 275 = Schubert-Schmiedel-Krampe Materialien II/2 S. 1035). Das beruht offenbar darauf, daß sie jeden Fall, in dem das Unternehmen nicht liquidiert wird, ohne Unterschied als „andere Art der Auseinandersetzung" ansehen. Die Begriffe der Liquidation und der anderen Art der Auseinandersetzung sind deshalb in § 145 uneinheitlich und mißverständlich gebraucht (a. M. Baumbach-Duden-Hopt Anm. 1 C).

b) Notwendig ist deshalb eine **Klarstellung der Terminologie**. Am besten geht man von folgenden Grundbegriffen aus: Oberbegriff ist die **Abwicklung (Liquidation) der Gesellschaft**. Dazu gehört die **Auseinandersetzung unter den Gesellschaftern**. Die Abwicklung der Gesellschaft erfolgt im gesetzlichen Regelfall durch **Liquidation des Gesellschaftsvermögens** (insbesondere des Unternehmens). Eine **andere Art der Auseinandersetzung** kann deshalb unterschiedliches bedeuten (vgl. Anm. 4 sowie Karsten Schmidt ZHR 153 [1989], 276 f.):

aa) Gemeint sein kann eine **Vollbeendigung der Gesellschaft und Auseinandersetzung unter den Gesellschaftern ohne Liquidationsverfahren** (Beispiel: Übernahme des Unternehmens durch einen Gesellschafter unter Austritt und Abfindung der anderen Gesellschafter). Hier brauchen Liquidatoren nicht mehr bestellt zu werden. Vorhandene Liquidatoren fallen fort. Auf diesen Fall paßt der Begriff der anderen Art der Auseinandersetzung als Gegensatz zur Liquidation.

6a bb) Gemeint sein kann auch eine **Liquidation (Abwicklung) der Gesellschaft ohne Liquidation des Unternehmens** (Beispiel: Gesamtveräußerung des Unternehmens). Hier muß die Gesellschaft in dem Verfahren nach §§ 146 ff. abgewickelt werden. Nur die Durchführung der Liquidation ist atypisch. Liquidatoren sind nicht entbehrlich. Nichts anderes besagt die von § 158 angeordnete entsprechende Anwendung der Liquidationsvorschriften (vgl. § 158 Anm. 3). § 158 ist eine überflüssige Norm, die ein bloßes Scheinproblem löst. Der Begriff der anderen Art der Auseinandersetzung kann hier entgegen der Vorstellung des Gesetzgebers keinen Gegensatz zum Liquidationsverfahren nach §§ 146 ff. bilden.

7 c) Die **Folgerung für die Rechtsanwendung** besteht hiernach nur darin, daß bei jeder Verwendung des Begriffs der „anderen Art der Auseinandersetzung" geklärt werden muß, was das Gesetz meint: den Verzicht auf die Liquidation der Gesellschaft (näher Anm. 32 ff.) oder die Liquidation der Gesellschaft ohne Liquidation des Unternehmens (näher Anm. 38 ff.).

8 d) Daneben steht nach Abs. 1 das **Konkursverfahren**. Auch dieses ist eine von §§ 146 ff. abweichende Art der Auseinandersetzung, aber doch ein Liquidationsverfahren (näher Anm. 66 ff.). Der Konkurs einer Handelsgesellschaft ist nicht bloß ein Verfahren der Gesamtvollstreckung, sondern ein durch zwingende Regeln geordnetes insolvenzrechtliches Liquidationsverfahren mit dem Konkursverwalter als obligatorischem Drittliquidator (Karsten Schmidt Wege zum Insolvenzrecht der Unternehmen S. 107 ff.).

4. Die Gesellschafter als Herren der Liquidation

9 a) Die Gesellschafter können die **Modalitäten der Liquidation** weitgehend selbst bestimmen (vgl. Heymann-Sonnenschein Anm. 19 ff.; Düringer-Hachenburg-Flechtheim Anm. 15 ff.). Dies geschieht durch Gesellschaftsvertrag oder durch Gesellschafterbeschluß (Düringer-Hachenburg-Flechtheim Anm. 13; Heymann-Sonnenschein Anm. 16; Alfred Hueck oHG § 31 III). Für den Gesellschafterbeschluß bedarf es grundsätzlich der Einstimmigkeit (Schilling in Großkomm Anm. 18; Baumbach-Duden-Hopt Anm. 2 A). Ein Mehrheitsbeschluß ist bei einer personalistisch verfaßten Gesellschaft nur zulässig, wenn ein solcher Beschluß über diesen Gegenstand im Gesellschaftsvertrag vorgesehen ist (Bestimmtheitsgrundsatz, vgl. § 119 Anm. 17). Das ist in der Praxis kaum je der Fall.

10 b) Die Gesellschafter können auch über **Einzelmaßnahmen** durch Vertrag oder durch Beschluß bestimmen. Nach § 152 können sie den Liquidatoren Weisungen erteilen (vgl. wegen der Einzelheiten Erl. zu § 152).

11 c) **Zwingende Liquidationsvorschriften** können nur dadurch ausgeschaltet werden, daß sich die Gesellschafter ohne Liquidation der Gesellschaft auseinandersetzen (vgl. über diesen Begriff der anderen Art der Auseinandersetzung Anm. 7, 31). Soweit die Gesellschafter dagegen die Gesellschaft, wenn auch nicht notwendigerweise das Unterneh-

Liquidation oder andere Auseinandersetzung   12–16 § 145

men, liquidieren (vgl. über diesen Begriff der anderen Art der Auseinandersetzung Anm. 7, 38), gelten die §§ 146 ff., und es gelten damit auch die zwingenden Regeln. Zwingende Regeln sind: § 147 (vgl. § 147 Anm. 19), § 148 (vgl. § 148 Anm. 1), § 151, § 153, § 156, § 157.

d) Auch sonst sind **Abweichungen von den allgemeinen Liquidationsvorschriften** zulässig (eingehend Schilling in Großkomm Anm. 25). Die Gesellschafter sind grundsätzlich auch nicht im Gläubigerinteresse an die gesetzlichen Regeln gebunden (Alfred Hueck oHG § 31 III; Schilling in Großkomm Anm. 26; Düringer-Hachenburg-Flechtheim Anm. 6; vgl. auch Ritter Anm. 3 a; Hillers S. 31 f.).   **12**

II. Die Liquidation

1. Die Regelung des Abs. 1

a) Sofern nicht eine andere Art der Auseinandersetzung von den Gesellschaftern vereinbart oder über das Vermögen der Gesellschaft der Konkurs eröffnet ist, findet die Liquidation statt. Gemeint ist das **Liquidationsverfahren nach §§ 146 ff.** Es geht um die Auseinandersetzung unter Abwicklung der Gesellschaft.   **13**

b) Das **Verhältnis der Liquidation zur anderen Art der Auseinandersetzung** ergibt sich aus Anm. 31 ff. sowie aus dem mißglückten § 158. Besteht die „andere Art der Auseinandersetzung" lediglich in einer atypischen Abwicklung der Gesellschaft (insbesondere: Gesamtveräußerung des Unternehmens), so findet ein Liquidationsverfahren nach §§ 146 ff. statt (vgl. § 158 Anm. 3). Für diesen Fall regelt § 145 nur die Entscheidungskompetenz der Gesellschafter. Nur wenn die andere Art der Auseinandersetzung zum liquidationslosen Erlöschen der Gesellschaft führt (Anm. 33 f.), entfällt das Liquidationsverfahren. Es ist auch ein **Übergang von der Liquidation zu einer anderen Art der Auseinandersetzung** möglich (vgl. OLG Hamm DB 1981, 518): Die Gesellschafter beenden die begonnene Liquidation, z.B. indem ein Gesellschafter das Unternehmen übernimmt und alle Mitgliedschafter gegen deren Austrittserklärung abfindet.   **14**

c) Das **Verhältnis des Liquidationsverfahrens zum Konkursverfahren** ist ein Verhältnis der Alternativität: Die Gesellschaft kann sich nicht zugleich im Liquidationsverfahren und im Konkursverfahren befinden (anders die bisher h.M., die ein konkursfreies Vermögen anerkennt, das von Liquidatoren zu verwalten ist; vgl. Anm. 66). Ein Übergang vom Liquidationsverfahren zum Konkursverfahren ist möglich (Konkurseröffnung bei Zahlungsunfähigkeit bzw. Überschuldung nach § 209 KO). Zum Übergang vom Konkursverfahren zum Liquidationsverfahren vgl. Anm. 66 f., 76.   **15**

2. Voraussetzungen der Liquidation

a) Die Liquidation setzt zunächst voraus, daß die Gesellschaft **aufgelöst** (§ 131 Anm. 7 ff.), **aber nicht erloschen** ist (über Fälle der automatischen Vollbeendigung vgl. § 131 Anm. 2). Keine Liquidation findet insbesondere statt, wenn das Gesellschaftsvermögen automatisch einem Gesellschafter im Wege der Gesamtrechtsnachfolge anfällt (dazu Anm. 33 f.). Ebenso jetzt Hillers S. 19.   **16**

17 b) Nach h.M. setzt die Liquidation voraus, daß **Aktivvermögen** vorhanden ist (RGZ 40, 29, 31; BGH BB 1957, 489; Alfred Hueck oHG § 31 II 3; Heymann-Sonnenschein Anm. 6; Schilling in Großkomm Anm. 5; Ritter Anm. 6; Westermann Handbuch [Lfg. 1973] I 661; s. auch Hillers S. 18). Diese h.M. beruht auf der Annahme, daß zur Liquidation nur die Befriedigung der Gläubiger und Gesellschafter aus vorhandenem Reinvermögen gehört (vgl. die Angaben bei § 155 Anm. 2). Ihr ist nicht zu folgen. Liquidationsbedarf liegt auch vor, soweit es darum geht, für die Befriedigung von Gläubigern und für den Ausgleich unter Gesellschaftern Fehlbeträge nach § 735 BGB einzufordern (näher § 149 Anm. 29, § 155 Anm. 2).

18 c) **Keine Liquidation** findet nach Abs. 1 statt, wenn über das Vermögen der Gesellschaft das **Konkursverfahren** eröffnet ist. Da der Gesellschaftskonkurs selbst ein Liquidationsverfahren ist (Anm. 66 f.), meint das Gesetz: Die Liquidation folgt in diesem Fall nicht den §§ 146 ff., sondern den Regeln der KO. Vgl. im übrigen zum Verhältnis zwischen Liquidation und Konkurs Anm. 76; zum Verhältnis zwischen Liquidation und anderer Art der Auseinandersetzung vgl. Anm. 5 ff.

3. Rechtsfolgen der Liquidation

19 a) Die Gesellschaft besteht als **Abwicklungsgesellschaft** fort (näher § 156 Anm. 1, 6). Sie behält ihre Identität (Alfred Hueck oHG § 32 I; Baumbach-Duden-Hopt Anm. 1 D; Ulmer in Großkomm § 131 Anm. 3; Düringer-Hachenburg-Flechtheim Vorbem. § 131 Anm. 1; Hillers S. 20) und wird auch nicht zu einer Gesellschaft bürgerlichen Rechts (LG Kaiserslautern Rpfleger 1985, 121; Ulmer in Großkomm § 131 Anm. 129; Heymann-Sonnenschein Anm. 8; Düringer-Hachenburg-Flechtheim Vorbem. § 131 Anm. 1; Karsten Schmidt ZHR 153 [1989], 298 f.). Selbst wenn das Unternehmen im Zuge der Liquidation allmählich versilbert oder als ganzes veräußert wird, bleibt die Gesellschaft Handelsgesellschaft in Liquidation (vgl. § 156 Anm. 7 ff.). Vollbeendigung tritt nicht vor der Schlußverteilung des Vermögens ein (heute h.M.; vgl. nur RG JW 1926, 1431 m. zust. Anm. Hallermann; Baumbach-Duden-Hopt § 157 Anm. 1 A; krit. noch Wimpfheimer S. 85), nach der hier vertretenen Ansicht sogar erst mit der vollständigen Abwicklung (§ 156 Anm. 9).

20 b) Die **Organistaion der aufgelösten Gesellschaft** ist bei § 156 Anm. 12 ff. geschildert. Es gilt das Prinzip der Kontinuität (Karsten Schmidt ZHR 153 [1989], 287 ff.). Die Gesellschafterrechte bleiben erhalten. Leitungsorgane der Gesellschaft sind die Liquidatoren (§§ 146 ff.). Diese sind weisungsgebunden (§ 152). Ihre Geschäftsführungs- und Vertretungsbefugnis ergibt sich aus §§ 149 ff. Entgegen der bisher h.M. kann die Gesellschaft auch durch Prokuristen vertreten werden (vgl. § 149 Anm. 52, § 156 Anm. 14).

21 c) Im **Außenverhältnis** bleibt die Gesellschaft als Rechtsträger erhalten (§ 156 Anm. 6). Sie führt die bisherige Firma mit einem Liquidationszusatz (§ 153). Sie wird durch die Liquidatoren (§§ 146 ff.) verwaltet und vertreten (§ 149). Sie ist weiterhin rechnungslegungspflichtig (Erl. § 154). Rechtsverhältnisse und Prozesse laufen bis zu ihrer Beendigung im Verhältnis zu der aufgelösten Gesellschaft weiter (§ 156 Anm. 16 ff., 20). Das Gesellschaftsvermögen fungiert als Liquidationsmasse (Hillers S. 102 ff.).

Liquidation oder andere Auseinandersetzung 22–25 § 145

d) Im **Verhältnis der Gesellschafter untereinander** ist der gemeinsame Zweck der Ge- **22** sellschaft durch den Liquidationszweck überlagert (§ 156 Anm. 11). Die **Treupflicht** bleibt erhalten. Sie ist aber situationsbedingt. Das kann bedeuten, daß die Treupflicht auf den Liquidationszweck zugeschnitten ist (BGH NJW 1971, 802; Westermann Handbuch [Lfg. 1973] I 659; Heymann-Sonnenschein Anm. 13; ausführlich Hillers S. 55 ff.). Die Treupflicht kann aber auch bei planwidriger Auflösung die Gesellschafter auch zur Mitwirkung bei einem Fortsetzungsbeschluß anhalten (vgl. insbesondere zur Auflösung alter GmbH & Co. KG aufgrund Art. 12 § 1 GmbH-Novelle 1980 Scholz-Karsten Schmidt GmbHG § 60 Anm. 69; zur GmbH vgl. BGHZ 98, 276 = NJW 1987, 189). Das **Gleichbehandlungsgebot** bleibt in der Liquidation erhalten (eingehend Hillers S. 58 ff.).

d) Das Liquidationsverfahren beginnt **automatisch**. Jede aufgelöste, aber nicht erlo- **23** schene Gesellschaft befindet sich in Liquidation und muß nach §§ 146 ff. abgewickelt werden, wenn nicht Konkurs eröffnet oder unter den Gesellschaftern eine andere Abwicklungsart vereinbart ist. Darauf, ob die Gesellschafter die Liquidation wollen, kommt es nicht an (BayObLG HRR 1934, Nr. 1042; Alfred Hueck oHG § 31 II vor 1; Düringer-Hachenburg-Flechtheim Anm. 2; Schilling in Großkomm Anm. 3).

4. Die Liquidationspflicht

a) Wenig geklärt und kaum erörtert ist die Frage, ob und mit welchen Folgen eine **24** **Verpflichtung** besteht, **die Liquidation zu betreiben.** Anerkannt ist, daß die Gesellschafter untereinander verpflichtet sind, den Liquidationszweck zu fördern (vgl. Baumbach-Duden-Hopt Anm. 10; Heymann-Sonnenschein Anm. 14; Hillers S. 47 f.). Hiervon ist aber die ganz andere Frage zu unterscheiden, ob eine solche Pflicht auch gegenüber Dritten besteht. Das wird insbesondere da zu bejahen sein, wo auch der Auflösungsgrund auf den Schutz der Gläubiger zielt. Die Frage kann vor allem bei der Kommanditgesellschaft bedeutsam werden. Ist eine KG durch Wegfall des einzigen Komplementärs aufgelöst (dazu § 131 Anm. 43), so muß verhindert werden, daß die Gesellschaft als KG ohne Komplementär werbend tätig bleibt (Frey ZGR 1988, 281 ff.). Ist die Komplementär-GmbH einer GmbH & Co. KG nach Art. 12 § 1 GmbH-Novelle 1980 aufgelöst, weil sie ihr Stammkapital nicht auf 50 000 DM erhöht hat und ist damit auch die KG aufgelöst (für diese Auflösung § 131 Anm. 32 gegen h. M.), so muß verhindert werden, daß eine Gesellschaft, die die gesetzlichen Voraussetzungen der beschränkten Haftung nicht erfüllt, dauerhaft als Unternehmensträgerin tätig ist. Deshalb sind Liquidatoren und Gesellschafter verpflichtet, die Liquidation zu betreiben.

b) **Inhalt der Liquidationspflicht** ist nicht das strikte Gebot, die Gesellschaft um jeden **25** Preis zu liquidieren, sondern das Verbot, die in Liquidation befindliche Gesellschaft wie eine werbende Gesellschaft fortzuführen. Pflichtgemäß handeln die Liquidatoren und Gesellschafter also: wenn sie die Gesellschaft gemäß § 131 Anm. 60 ff. fortsetzen; wenn sie die Gesellschaft ohne Liquidation gemäß Anm. 32 ff. zur Vollbeendigung bringen; wenn sie das Liquidationsverfahren mit Nachdruck betreiben. Pflichtwidrig handeln die Liquidatoren, wenn sie die Gesellschaft faktisch wie eine nicht aufgelöste Gesellschaft fortführen, ohne den Auflösungsgrund zu beseitigen. Die bloße Fortführung des Unternehmens, z. B. in der Erwartung, es als ganzes veräußern zu können, ist noch nicht pflichtwidrig, solange sie sich im Rahmen der Liquidation hält (§ 149 Anm. 9). Im einzelnen können sich die Pflichten nur aus der Lage des Einzelfalls ergeben. Besteht Aussicht auf einen Fortsetzungsbeschluß oder auf erfolgreiche Durchführung einer Übernahmeklage, so kann die Gesellschaft erlaubterweise einstweilen fortgesetzt werden (BGHZ 1, 324, 328 ff.; Baumbach-Duden-Hopt Anm. 2 B; Schilling in Großkomm Anm. 7).

26 c) Die **Sanktionen der Liquidationspflicht** sind bisher ungeklärt. Soweit es sich um Auflösungstatbestände handelt, die dem Gläubigerschutz dienen (insbesondere Masselosigkeit nach § 131 Anm. 50), kann davon ausgegangen werden, daß die Gesellschaft mit der Auflösung die für die Anerkennung einer Rechtsträgerin nach § 124 und für den Haftungsstatus einer Kommanditgesellschaft gesetzten Normativbestimmungen materiell nicht mehr erfüllt, obwohl sie formell noch Handelsgesellschaft ist. Ähnlich wie eine Vorgesellschaft die Fähigkeit zur Haftungsbeschränkung verliert, wenn die Eintragung nicht nachdrücklich betrieben wird (Karsten Schmidt, Zur Stellung der oHG im System der Handelsgesellschaften, 1972, S. 358 f.; Scholz-Karsten Schmidt GmbHG § 11 Anm. 143), löst auch das Nichtbetreiben der Liquidation eine unbeschränkte Haftung aus: eine Haftung der Gesellschafter gemäß § 128 (Karsten Schmidt, ZHR 153 [1989], 286; s. auch Frey ZGR 1988, 285) und eine Verschuldenshaftung der Liquidatoren für den Ausfall eines Gläubigers. Der Grundgedanke ist: Die Fortsetzung der Gesellschaft ist nur zulässig, wenn auch der Auflösungsgrund behoben ist.

27 d) Im **Innenverhältnis** sind die Gesellschafter einander zur Mitwirkung bei der Liquidation verpflichtet (vgl. BGH WM 1965, 793, 794; Baumbach-Duden-Hopt Anm. 1 B; eingehend Hillers S. 46 ff.). Hieraus können sich klagbare Pflichten ergeben, darüber hinaus aber auch Nebenpflichten, deren schuldhafte Verletzung zum Schadensersatz führt. Wer sich der Abwicklung ohne berechtigten Grund durch Obstruktion oder durch Untätigkeit in den Weg stellt, muß der Gesellschaft und den Mitgesellschaftern den hieraus erwachsenden Schaden ersetzen.

5. Der Liquidationszweck

28 a) Die h. M. unterscheidet nicht zwischen dem **Zweck der Gesellschaft** und dem **Liquidationszweck**. Sie nimmt deshalb eine Zweckänderung der Gesellschaft im Zeitpunkt der Auflösung an (§ 156 Anm. 10). Dem ist, wie bei § 156 Anm. 11 ausgeführt wird, nicht zu folgen. Der Zweck der aufgelösten Gesellschaft wird durch den Liquidationszweck zwar überlagert, aber er ist nicht mit diesem identisch.

29 b) Der **Zweck des Liquidationsverfahrens** wird herkömmlich ganz auf die Interessen der Gesellschafter bezogen, während der Gläubigerschutz zurücktritt. Demgemäß werden insbesondere die Regeln des § 155 nicht als Schutzgesetze zugunsten der Gläubiger i. S. von § 823 Abs. 2 BGB angesehen (dazu vgl. § 155 Anm. 50). Dem widerspricht neuerdings in großer Ausführlichkeit Hillers S. 103 ff., 141 ff. und passim. Wegen möglicher Konsequenzen vgl. § 155 Anm. 50.

30 c) Sonderregeln für die **Liquidation masseloser Handelsgesellschaften** werden bei § 131 Anm. 21 besprochen. Entgegen Hillers (S. 230 ff.) werden solche Sonderregeln auch nicht durch ein Bekenntnis zum Gläubigerschutzaspekt der Liquidation entbehrlich. Es geht vielmehr darum, daß der liquidationsrechtliche Gläubigerschutz, wie er ja für die aufgelöste GmbH ganz außer Streit steht, bei einer masselosen Gesellschaft, deren Insolvenz über die Konkursreife noch hinausgeht, unzureichend ist. Das Gläubigerschutzbedürfnis bei Masselosigkeit ist noch größer als das im Konkurs und kann durch gesellschaftsrechtliche Liquidationsregeln nicht bewältigt werden.

III. Andere Art der Auseinandersetzung

1. Grundbegriffe

Nach dem bei Anm. 5 ff. Gesagten ist der **Begriff der anderen Art der Auseinandersetzung** mißverständlich und mehrdeutig. Man muß sich stets darüber klar sein, was im konkreten Zusammenhang damit gemeint ist: die Vollbeendigung der Gesellschaft ohne Liquidationsverfahren (Anm. 32 ff.) oder die Liquidation der Gesellschaft ohne Liquidation des Unternehmens (Anm. 38 ff.). In beiden Fällen ist Abs. 1 einschlägig. Aber die Tragweite der Vorschrift ist unterschiedlich.

2. Vollbeendigung der Gesellschaft ohne Liquidationsverfahren (erste Variante der anderen Art der Auseinandersetzung)

a) Die Gesellschafter können die Liquidation der Gesellschaft **auf unterschiedliche Weise** ersetzen, wobei dies im Vertrag vereinbart sein kann (praktisch selten) oder unter den Gesellschaftern der aufgelösten Gesellschaft vereinbart werden kann:

aa) Die **Übernahme des Gesellschaftsvermögens durch einen Gesellschafter** kann eine Vollbeendigung ohne Liquidation sein (vgl. zu dieser Art der anderen Auseinandersetzung Baumbach-Duden-Hopt Anm. 2 C a). Sie vollzieht sich dann entweder dergestalt, daß alle anderen Gesellschafter aus der Gesellschaft austreten, oder dergestalt, daß diese anderen Gesellschafter dem verbleibenden Gesellschafter ihre Anteile übertragen. In beiden Fällen erwirbt der Verbleibende das Gesellschaftsvermögen im Wege der Universalsukzession (vgl. § 105 Anm. 24, § 131 Anm. 2). Die Mitgesellschafter erhalten im ersten Fall eine Abfindung, im zweiten Fall den vereinbarten Kaufpreis. Wird die Liquidation durch das Ausscheiden des einzigen Mitgesellschafters oder, bei der mehrgliedrigen Gesellschaft, aller Mitgesellschafter ersetzt, so gilt für das Recht zur **Firmenfortführung** nicht § 22, sondern § 24 Abs. 2, so daß es einer ausdrücklichen Einwilligung nur eines solchen Mitgesellschafters bedarf, dessen Name in der Firma der Gesellschaft enthalten ist (BGH NJW 1984, 1798 = BB 1989, 514 = ZIP 1989, 368).

bb) Die **Übertragung aller Anteile auf einen Dritten** führt gleichfalls zum Erlöschen der Gesellschaft ohne Liquidation. Der Erlös der einzelnen Gesellschafter ist dann nicht Liquidationsgewinn, sondern Kaufpreis. Die Gesellschaft fällt fort. Der Inhaber sämtlicher Anteile wird ihr Gesamtrechtsnachfolger.

cc) Eine **übertragende Umwandlung** führt dazu, daß die Gesellschaft liquidationslos erlischt (§§ 44 Abs. 1 S. 3, 49 Abs. 2 S. 3 UmwG). Auch eine aufgelöste Gesellschaft kann durch Vereinbarung der Gesellschafter in eine Kapitalgesellschaft umgewandelt werden (vgl. §§ 40 Abs. 2, 46 Satz 2 UmwG). Dies ist eine zulässige andere Art der Auseinandersetzung nach Abs. 1 (die Formulierung des § 40 Abs. 2 UmwG, wonach die Auseinandersetzung nur zulässig ist, wenn eine Liquidation stattfindet, beruht auf der unklaren Terminologie des Gesetzes; gemeint ist, daß sich die Gesellschaft in Abwicklung befinden muß). Die Umwandlung bedarf der Zustimmung aller Gesellschafter (§§ 42 Abs. 1, 48 Abs. 1 UmwG).

36 b) **Zuständig** für die „andere Art der Auseinandersetzung" sind die Gesellschafter und nur sie (im Fall des Abs. 2 auch der Konkursverwalter bzw. Gläubiger). **Rechtsfolge** der „anderen Art der Auseinandersetzung" ist das Erlöschen der Gesellschaft und der Fortfall etwa vorhandener Liquidatoren.

37 c) Von der anderen Art der Auseinandersetzung muß die **Fortsetzung der Gesellschaft** unterschieden werden. Auch für diese Entscheidung sind nur die Gesellschafter zuständig, und auch sie führt zum Fortfall vorhandener Liquidatoren. Es kommen verschiedene Fälle in Betracht. Hauptfall ist die **Fortsetzung der oHG oder KG als werbende Handelsgesellschaft** (dazu § 131 Anm. 60ff.). Möglich ist aber auch die **Aufrechterhaltung einer aufgelösten Gesellschaft als Gesellschaft bürgerlichen Rechts**. So etwa, wenn das im Zuge der Liquidation durch Versilberung erworbene Vermögen weiterhin der gemeinschaftlichen Verwaltung in Gesellschaft bürgerlichen Rechts unterliegen soll. Dann ist die Gesellschaft nach § 157 im Handelsregister zu löschen („Die Firma ist erloschen") und zugleich als werbende vermögensverwaltende Gesellschaft bürgerlichen Rechts fortzusetzen (einstimmiger Beschluß über die Zweckänderung und Fortsetzung erforderlich). Dies kann auch für einen nach der Teilaussetzung verbleibenden Rest des Gesellschaftsvermögens, z.B. ein Grundstück, vereinbart werden (vgl. Schilling in Großkomm Anm. 10). Möglich ist auch die **Anteilsveräußerung an fortsetzungswillige Dritte**. Dann bleibt die Gesellschaft vorerst aufgelöst. Sie fortzusetzen oder zu liquidieren, ist Sache der Erwerber. Die an die bisherigen Gesellschafter geleisteten Zahlungen sind nicht Liquidationsquoten, sondern das Entgelt für die Anteilsveräußerung. Um eine andere Art der Auseinandersetzung i.S. von Abs. 1 handelt es sich nicht (anders Baumbach-Duden-Hopt Anm. 2 C e).

3. Liquidation der Gesellschaft ohne Liquidation des Unternehmens (zweite Variante der anderen Art der Auseinandersetzung)

38 a) Eine andere Art der Auseinandersetzung i.S. von Abs. 1 liegt auch vor, wenn zwar die Gesellschaft durch Liquidation abgewickelt wird, dies aber unter **Erhaltung des Unternehmens** (vgl. der Sache nach übereinstimmend die Materialien zum HGB, vgl. dazu Anm. 4, und die h.M.; vgl. nur Baumbach-Duden-Hopt Anm. 2 C; Schilling in Großkomm Anm. 7ff.). Die wichtigsten Fälle sind die folgenden:

39 aa) Die **Übernahme des Unternehmens durch einen Gesellschafter** im Wege der Liquidation ist eine andere Art der Auseinandersetzung (vgl. OLG Oldenburg BB 1955, 237; Schilling in Großkomm Anm. 8). Hier wird der Gesellschafter im Gegensatz zu Anm. 33 nicht Gesamtrechtsnachfolger der aufgelösten Gesellschaft, sondern er erwirbt das Unternehmen im Zuge der Versilberung (§ 149) aus der Liquidationsmasse. Die Gesellschafter erhalten keinen Kaufpreis vom Übernehmer (sie veräußern nicht ihre Anteile an ihn), sondern es findet eine Vermögensverteilung nach § 155 statt. Zu dem zu verteilenden Vermögen gehört, was der Übernehmer in die Liquidationsmasse zahlt. Für die Firmenfortführung gilt § 22 (vgl. demgegenüber Anm. 33).

bb) Die **Naturalteilung des Unternehmens** (Übernahme von Unternehmensteilen durch Gesellschafter, ggf. unter Vereinbarung eines finanziellen Ausgleichs) wird gleichfalls als andere Art der Auseinandersetzung angesehen (KG OLGE 43, 289; Baumbach-Duden-Hopt Anm. 2 Cc; Schilling in Großkomm Anm. 17; vgl. auch RGZ 106, 128, 130 f.). Die Naturalteilung verhindert die Versilberung der Gegenstände des Gesellschaftsvermögens (vgl. auch § 149 Anm. 33).

cc) Auch die **Einbringung des Unternehmens** in eine von der Gesellschaft zu gründende andere Handelsgesellschaft, meist Kapitalgesellschaft, deren Anteile alsdann im Wege der Auseinandersetzung auf die Gesellschafter verteilt werden, ist eine andere Art der Auseinandersetzung in diesem Sinne (vgl. auch RG JW 1908, 686; KG DNotZ 1929, 341; Baumbach-Duden-Hopt Anm. 2 C b; Schilling in Großkomm Anm. 15). Die Gesellschaft erlischt nicht automatisch. Sie erwirbt die Anteile an der Kapitalgesellschaft. Die Vermögensverteilung nach § 155 besteht in der Übertragung der Anteile auf die Gesellschafter (s. auch § 149 Anm. 38). Diese Art der Auseinandersetzung hat durch die Ausdehnung der Umwandlungsmöglichkeiten an Bedeutung verloren.

dd) Die **Übertragung des Vermögens auf einen Treuhänder** im Wege des **Liquidationsvergleichs** (BGHZ 26, 126 = LM Nr. 1 zu § 155 m. Anm. Fischer = JZ 1958, 401 m. Anm. Alfred Hueck; Baumbach-Duden-Hopt Anm. 2 C d; Schilling in Großkomm Anm. 14) ist gleichfalls eine andere Art der Auseinandersetzung in diesem Sinne. Einerseits versilbert nicht die Gesellschaft das Unternehmen. Andererseits erlischt sie nicht automatisch. Ihre Rechte gegen den Treuhänder sind Teil des Gesellschaftsvermögens, also der Liquidationsmasse. Insofern ist die Gesellschaft auch in diesem Fall als Handelsgesellschaft in Liquidation abzuwickeln.

b) **Zuständig** sind nach Abs. 1 die Gesellschafter. Erkennt man (entgegen dem Gesetzeswortlaut und entgegen der h. M.), daß es bei diesen Fällen der anderen Art der Auseinandersetzung um eine atypische Liquidation der Gesellschaft geht, so wird die Bedeutung der Bestimmung erkennbar: Es geht um Abwicklungsmaßnahmen, die Liquidationsgeschäfte i. S. von §§ 149, 155 sind. Aber diese Maßnahmen bedürfen der Zustimmung der Gesellschafter, sofern nicht der Gesellschaftsvertrag solche Maßnahmen zuläßt. Die Liquidatoren müssen deshalb, über die Weisungsgebundenheit nach § 152 hinaus, das Einverständnis der Gesellschafter einholen, wenn sie derartige Abwicklungsmaßnahmen durchführen wollen. Das leuchtet wertungsmäßig ein, weil die Konflikte und Interessenkollisionen vergleichbar sein können. Wenn eine Übernahme des Unternehmens durch einen Gesellschafter (Ausscheiden und Abfindung der anderen) der Mitwirkung aller Gesellschafter bedarf, muß das Gesetz verhindern, daß derselbe Effekt ohne Mitsprache der anderen im Wege des Unternehmensverkaufs erzielt wird. Abs. 1 grenzt also die Kompetenz der Liquidatoren ein (vgl. auch § 149 Anm. 5). Im Außenverhältnis gelten für die Vertretungsmacht der Liquidatoren die Ausführungen von § 149 Anm. 50 ff.: Eigenmächtige Liquidationsgeschäfte, die i. S. von Abs. 1 eine andere Art der Auseinandersetzung darstellen, sind nach den Regeln über den Mißbrauch der Vertretungsmacht zu beurteilen.

c) Die Übertragung der Liquidation an ein **Schiedsgericht** ist **unzulässig**. Ein Schiedsgericht ist zur Entscheidung von Rechtsstreitigkeiten berufen, nicht zur Abwicklung der

Gesellschaft. Eine Vereinbarung, wonach das Schiedsgericht die Abwicklung vorzunehmen hat, kann durch korrigierende Auslegung oder durch Umdeutung in dem Sinne aufrechterhalten werden, daß die sog. Schiedsrichter als Liquidatoren der Gesellschaft berufen sind; sie sind dann Organe der Gesellschaft (es gelten die §§ 146 ff.). Hiervon zu unterscheiden ist die Abrede, daß Streitigkeiten unter den Gesellschaftern über die Abwicklung durch ein Schiedsgericht entschieden werden. Eine solche Abrede ist nach den allgemeinen Regeln der §§ 1025 ff. ZPO zulässig (vgl. RGZ 54, 278; Schilling in Großkomm Anm. 25). Schiedsrichter können weder Liquidatoren noch Gesellschafter sein (unklar, unter Berufung auf RGZ 54, 278 Schilling in Großkomm Anm. 25).

4. Grundlage der anderen Art der Auseinandersetzung

45 a) Grundlage ist der **Gesellschaftsvertrag**; der Vertrag kann vorschreiben, in welcher Weise die Gesellschaft im Auflösungsfall zu beenden ist (Beispiel: Übernahmeanspruch des Gründungsgesellschafters). Grundlage kann aber auch eine ad hoc getroffene **Vereinbarung der Gesellschafter** sein (Baumbach-Duden-Hopt Anm. 2A; Schilling in Großkomm Anm. 18). Die Art der Auseinandersetzung kann also **auch noch nach Auflösung der Gesellschaft** verabredet werden (KGJ 39 A 111, 112; BayObLG HRR 1934 Nr. 1042; DB 1981, 518; OLG Hamm ZIP 1984, 180, 181; Heymann-Sonnenschein Anm. 16). Es ist ohne weiteres möglich, daß die Auseinandersetzung als Liquidationsverfahren beginnt und aufgrund einer Vereinbarung als andere Art der Auseinandersetzung beendet wird. Grundsätzlich besteht keine Pflicht der Gesellschafter, einer anderen Art der Auseinandersetzung zuzustimmen (Straube-Torggler-Kucsko Anm. 18). Im Einzelfall kann sich aber eine Zustimmungspflicht aus der Treupflicht ergeben (Karsten Schmidt Gesellschaftsrecht § 52 I 1 b; eingehend Hillers S. 78 ff.). Ist eine andere Art der Auseinandersetzung objektiv vorteilhaft und auch für alle Gesellschafter zumutbar, so sind die Gesellschafter nicht berechtigt, sich ihr zu widersetzen. Das kann sogar für die Unternehmensübernahme durch einen Gesellschafter gelten, sofern nicht Zukunftsinteressen der Mitgesellschafter (z. B. durch eine Konkurrenzlage) betroffen sind.

46 b) Ein **Mehrheitsbeschluß** über eine andere Art der Auseinandersetzung ist nur zulässig, wenn der Gesellschaftsvertrag ihn zuläßt. Angesichts des Bestimmtheitsgrundsatzes (§ 119 Anm. 17) ist hierfür mindestens zu verlangen, daß auch Änderungen des Gesellschaftsvertrags mit Mehrheit beschlossen werden können (Alfred Hueck oHG § 31 III; Westermann Handbuch [Lfg. 1967] I 667; vgl. auch RGZ 114, 393, 395). Mehrere Erben haben nur eine ungeteilte Stimme des Erblassers (Baumbach-Duden-Hopt Anm. 2A; Westermann Handbuch [Lfg. 1971] I 669; vgl. auch Ulmer in Großkomm § 131 Anm. 93 f.), die sie in Erbengemeinschaft nach § 2038 BGB verwalten (vgl. Westermann Handbuch [Lfg. 1971] I 669). Für die Frage, ob im Einzelfall eine Pflicht bestehen kann, der anderen Art der Auseinandersetzung zuzustimmen, gilt das bei Anm. 45 Gesagte.

47 c) **Zustimmungserfordernisse** können sich aus Abs. 2 ergeben (dazu Anm. 49 ff.). Darüber hinaus ist **keine Zustimmung Dritter** erforderlich. Insbesondere können Liquidatoren, die nicht selbst Gesellschafter sind, nicht widersprechen (Heymann-Sonnenschein Anm. 17; Schilling in Großkomm Anm. 23). Auch wer einen Nießbrauch oder

Liquidation oder andere Auseinandersetzung 48, 49 § 145

ein Pfandrecht am Gesellschaftsanteil hat, kann die andere Art der Auseinandersetzung nicht mit Wirkung gegen die Mitgesellschafter verhindern; erst recht bedarf die andere Auseinandersetzungsart nicht der Zustimmung der Gläubiger, sofern nicht die Voraussetzungen des Abs. 2 erfüllt sind (OAG Dresden BuschsArch. 9, 440; Düringer-Hachenburg-Flechtheim Anm. 15; Baumbach-Duden-Hopt Anm. 2D). Die Gesellschafter sind auch dann nicht an der Vereinbarung einer anderen Art der Auseinandersetzung gehindert, wenn noch Gläubiger zu befriedigen sind (vgl. Alfred Hueck oHG § 31 III; Schilling in Großkomm Anm. 26). Allerdings kann eine Abwicklungsvereinbarung, sofern sie die Rechte der Gesellschaftsgläubiger oder die Rechte einzelner Privatgläubiger (RG JW 1919, 34) schmälert, unter den Voraussetzungen der §§ 29ff. KO bzw. des § 3 AnfG zugunsten der betroffenen Gläubiger anfechtbar sein (Düringer-Hachenburg-Flechtheim Anm. 15; Schilling in Großkomm Anm. 26). Selbst wenn haftendes Vermögen einem unbeschränkt haftenden Gesellschafter zugefallen ist, kann für die Gesellschaftsgläubiger ein Anfechtungsgrund bestehen, weil diese hinsichtlich des Privatvermögens mit den Privatgläubigern des Gesellschafters konkurrieren. Im übrigen kann die Verabredung einer anderen Art der Auseinandersetzung auch ein Arrestgrund nach § 917 ZPO sein.

d) Die Vereinbarung über die anderweitige Art der Auseinandersetzung bedarf nach **48** h. M. einer **vormundschaftsgerichtlichen Genehmigung** gemäß §§ 1822 Nr. 3, 1643 BGB, wenn ein Gesellschafter nicht voll geschäftsfähig ist und das Unternehmen als Ganzes veräußert werden soll (KG OLGE 40, 96; Staub-Pinner 14. Aufl. Anm. 16). Das soll dann, aber auch nur dann, nicht gelten, wenn die Gesellschafter die Veräußerung erst nach Auflösung der Gesellschaft beschließen (RG, Urteil vom 23. 02. 1907 [Rep. I, 404/06] zitiert nach RGZ 122, 370, 372 [insoweit in RGZ 65, 227 nicht abgedruckt]; Alfred Hueck oHG § 31 III; Düringer-Hachenburg-Flechtheim Anm. 14; Heymann-Sonnenschein Anm. 17; Schilling in Großkomm Anm. 21). *Geßler* (hier 4. Aufl. Anm. 22) hatte sich dem angeschlossen. Mit *Ritter* (Anm. 3a) sollte die Anwendung generell **abgelehnt** werden. Das Unternehmen steht der Gesellschaft zu, nicht den Gesellschaftern. Gehören zu dem Gesellschaftsvermögen Grundstücke, so ist die Vereinbarung einer anderen Art der Auseinandersetzung gleichfalls nicht gem. §§ 1643, 1821 Nr. 1 genehmigungsbedürftig (RGZ 54, 278, 281; Alfred Hueck oHG § 31 III; Düringer-Hachenburg-Flechtheim Anm. 14; Heymann-Sonnenschein Anm. 17; Schilling in Großkomm Anm. 20). Wird dagegen die Übertragung des Grundstücks bzw. des Unternehmens auf den Minderjährigen vereinbart, so bedarf diese Vereinbarung der vormundschaftsgerichtlichen Genehmigung nach § 1821 Abs. 1 Nr. 5 bzw. § 1822 Nr. 3 BGB.

IV. Zustimmung Dritter zu einer anderen Auseinandersetzungsart (Abs. 2)

1. Normzweck des Abs. 2

a) Abs. 2 bestimmt, daß die Liquidation **nur mit Zustimmung des Privatgläubigers oder** **49** **des Konkursverwalters** unterbleiben kann, wenn die Gesellschaft durch Kündigung des Privatgläubigers eines Gesellschafters oder durch die Eröffnung des Konkurses über das Vermögen eines Gesellschafters aufgelöst ist. Die Bestimmung schützt den bzw. die Gläubiger. Ohne Mitsprache des Gläubigers bzw. seines Repräsentanten soll keine Vereinbarung getroffen werden, die den Zugriff auf die Liquidationsquote hindern oder die Liquidationsquote schmälern kann. Der Privatgläubiger, der das Auseinandersetzungsguthaben seines Schuldners gepfändet hat und es sich zur Einziehung hat überweisen lassen, soll durch die Kündigung der Gesellschaft nach § 135 die Möglichkeit erlangen, an die Beteiligung seines Schuldners am Gesellschaftsvermögen heranzukommen. Diese Möglichkeit würde ihm genommen, wenn die Gesellschafter den Ausschluß der Liquidation vereinbaren könnten. Im Konkurs eines Gesellschafters bedarf die Gesamtheit der Gläubiger eines entsprechenden Schutzes. Über diesen selbstverständlichen Grundsatz hinaus besagt Abs. 2, daß der Konkursverwalter bzw. der pfändende Gläubiger grundsätzlich eine Vermögensverwertung verlangen kann. Eine andere Art der Auseinandersetzung (z.B. durch Abfindung) ist nur mit ihrer Zustimmung zulässig.

50 b) Nur für **Vereinbarungen nach der Pfändung bzw. nach der Konkurseröffnung** gilt Abs. 2 (vgl. Heymann-Sonnenschein Anm. 21). Eine gesellschaftsvertragliche Regel über die Art der Auseinandersetzung, die bereits vorher Gültigkeit hatte, gilt dagegen auch gegenüber dem Gläubiger bzw. Konkursverwalter (Anm. 53; darüber, daß die Regelung nicht gläubigerschädigend sein darf, vgl. § 138 Anm. 40).

51 c) Der **Begriff der anderen Art der Auseinandersetzung** (vgl. Anm. 5 ff.) ist in Abs. 2 derselbe wie in Abs. 1. Erfaßt sind also beide Fallgruppen: die Auseinandersetzung unter den Gesellschaftern ohne Liquidation der Gesellschaft (Anm. 32 ff.) und die Liquidation der Gesellschaft ohne Liquidation des Unternehmens (Anm. 38 ff.). Der Gesetzgeber wollte sicherstellen, daß der Konkursverwalter bzw. Gläubiger in allen Fällen zuzustimmen hat, in denen die andere Art der Auseinandersetzung der Zustimmung der Gesellschafter bedarf (vgl. Denkschrift II S. 275 = Schubert-Schmiedel-Krampe, Materialien II/2 S. 1035). Beispielsweise fällt damit die Übernahme des Unternehmens durch einen Mitgesellschafter nicht nur dann unter Abs. 2, wenn sie durch Ausscheiden und Abfindung der Mitgesellschafter bewirkt wird (vgl. Anm. 33), sondern auch dann, wenn sie durch Unternehmensverkauf seitens der Liquidatoren (vgl. Anm. 39 ff.) bewirkt wird (a.M. Schilling in Großkomm Anm. 34 im Widerspruch zu Anm. 7 ff.).

52 d) **Rechtsfolge des Abs. 2** ist nach h.M., daß eine andere Verwertung ohne Zustimmung des Konkursverwalters oder Gläubigers unzulässig, aber nicht ohne weiteres unwirksam ist (Schilling in Großkomm Anm. 36; nur hinsichtlich des Privatgläubigers ebenso Düringer-Hachenburg-Flechtheim Anm. 17).

53 e) Abs. 2 ist **nicht zwingend** (a.M. Schilling in Großkomm Anm. 37). Wenn schon im Gesellschaftsvertrag eine abweichende Art der Auseinandersetzung vorgesehen ist, gilt dies auch mit Wirkung gegen den Gläubiger bzw. gegen den Konkursverwalter (ebenso Düringer-Hachenburg-Flechtheim Anm. 16; Schilling in Großkomm Anm. 30; Alfred Hueck oHG § 31 IV 1). Die Frage war früher umstritten (Nachweise bei Schilling in Großkomm Anm. 30). Es leuchtet aber ein, daß die Gläubiger eines Gesellschafters nicht mehr Rechte haben dürfen als dieser selbst. Eine ganz andere Frage, die verneint werden muß, ist, ob eine Vertragsklausel wirksam ist, die eine andere Art der Ausein-

Liquidation oder andere Auseinandersetzung

andersetzung zum Schaden der Gläubiger nur in den in Abs. 2 genannten Fällen vorzieht (Anm. 50; nur dies ist gemeint mit der angeblich zwingenden Natur des Abs. 2 bei Schilling in Großkomm Anm. 37).

2. Zustimmung eines pfändenden Gläubigers

a) Abs. 2 setzt nach seinem **Wortlaut** voraus, daß die Gesellschaft durch die Kündigung des Privatgläubigers aufgelöst worden ist. Diese Einschränkung ist unbegründet. Die gleiche Rechtsstellung hat bereits der Privatgläubiger, der zwar den Anspruch auf Auseinandersetzung gepfändet und sich hat zur Einziehung überweisen lassen, aber noch nicht gekündigt hat (ebenso Baumbach-Duden-Hopt Anm. 2D; Heymann-Sonnenschein Anm. 21; Schilling in Großkomm Anm. 29). Auch wenn die Gesellschaft schon vor der Pfändung aufgelöst war, kommt dem pfändenden Gläubiger Abs. 2 zugute (Schilling in Großkomm Anm. 29). **54**

b) Jeder pfändende Privatgläubiger muß zustimmen. Es kann also die **Zustimmung mehrerer Gläubiger** erforderlich sein (Schilling in Großkomm Anm. 33). Erforderlich ist daneben die **Zustimmung des Gesellschafters**. Dieses Erfordernis ergibt sich aus § 146 Abs. 2 im Gegensatz zu § 146 Abs. 3 und aus §§ 147, 152. Die Zustimmung des Gesellschafters ist auch sachlich geboten, da eine andere Art der Auseinandersetzung seine Belange sehr berühren kann, denn der die Forderung des Gläubigers übersteigende Teil des Auseinandersetzungsguthabens steht ihm zu (im Ergebnis unstreitig; vgl. Baumbach-Duden-Hopt Anm. 2D; Heymann-Sonnenschein Anm. 21; Schilling in Großkomm Anm. 32; Alfred Hueck oHG § 31 IV 1). **55**

c) Die Zustimmungserklärung ist **formlos** wirksam. Sie kann konkludent erfolgen. Die Gesellschafter und Liquidatoren werden aber zweckmäßigerweise auf eine eindeutige und beweisbare Zustimmung hinwirken. **56**

d) Die **Zustimmung oder Zustimmungsverweigerung** liegt im Ermessen des Gläubigers (Heymann-Sonnenschein Anm. 22). Der Gläubiger unterliegt nicht, wie der Gesellschafter, der Treupflicht, wohl aber den sich aus §§ 226, 242 BGB ergebenden Grenzen. Verweigert der Privatgläubiger zu einer anderen Art der Auseinandersetzung seine Zustimmung, so können sich die Gesellschafter dadurch helfen, daß sie von ihren Rechten nach § 141 bzw. § 142 Abs. 2 Gebrauch machen. **57**

3. Zustimmung des Konkursverwalters

a) Ganz ähnlich ist die **Rechtslage im Konkurs über das Vermögen eines Gesellschafters**. Entgegen dem Wortlaut kommt es auch hier nicht darauf an, ob die Gesellschaft erst durch den Konkurs aufgelöst wurde, sondern Abs. 2 gilt auch, wenn die Gesellschaft schon vor der Konkurseröffnung aufgelöst war (vgl. Heymann-Sonnenschein Anm. 20). Mit der Eröffnung des Konkurses verliert der Gemeinschuldner die Befugnis, sein zur Konkursmasse gehöriges Vermögen zu verwalten und darüber zu verfügen (§ 6 KO). Statt seiner handelt der Konkursverwalter. Die Liquidation der Gesellschaft darf nur noch unterbleiben, wenn der Konkursverwalter damit einverstanden ist. Auch er entscheidet nach eigenem Ermessen (Heymann-Sonnenschein Anm. 22), ist aber, wie die Gläubiger, an die Grenzen der §§ 226, 242 BGB gebunden. **58**

59 b) Auch hier ist Abs. 2 **nicht zwingend**. Der Konkursverwalter muß vor der Konkurseröffnung getroffene Vereinbarungen der Gesellschafter über die Auseinandersetzung gegen sich gelten lassen (vgl. Anm. 50). Bezweckte die von den Gesellschaftern vor der Pfändung des Auseinandersetzungsguthabens oder vor der Konkurseröffnung getroffene Abrede über die Auseinandersetzung eine Benachteiligung der Gläubiger, kann sie nach dem AnfG bzw. der KO angefochten werden (RG JW 1919, 34, 35). Die Vereinbarung kann auch wegen Gläubigerschädigung nach § 138 BGB nichtig sein, wenn sie sich nur gegen Gläubiger richtet.

60 c) Im Gegensatz zur Stellung des Privatgläubigers **tritt der Konkursverwalter voll an die Stelle des Gesellschafters** (§ 146 Abs. 3). Neben seiner Zustimmung bedarf es nicht noch der Zustimmung des in Konkurs gefallenen Gesellschafters (Schilling in Großkomm Anm. 31). Wegen der Ausschließung des Gesellschafters vgl. § 141 Abs. 2, § 142 Abs. 2.

4. Gläubigerzustimmung bei Abtretung und Verpfändung?

61 Streit besteht darüber, ob, wenn ein Gesellschafter seinen Anspruch auf das Auseinandersetzungsguthaben an einen Dritten abgetreten oder verpfändet hat, spätere Auseinandersetzungsabreden nur noch mit **Zustimmung des Gläubigers** getroffen werden können. Die Frage ist **zu verneinen**. Der rechtsgeschäftliche Rechtsnachfolger des Gesellschafters kann die Gesellschaft nicht zur Auflösung bringen. Er hat auch keinen Anspruch auf Vornahme der Auseinandersetzung (RGZ 90, 19, 20). Dann kann ihm auch nicht das Recht zustehen, hinsichtlich der Art der Auseinandersetzung an Stelle des Gesellschafters oder neben diesem an den Beschlußfassungen der Gesellschafter teilzunehmen. Abs. 2 ist weder unmittelbar noch analog anzuwenden (im Ergebnis h.M.; so schon Geßler in der 4. Aufl. Anm. 35; Heymann-Sonnenschein Anm. 21; Alfred Hueck oHG § 31 IV 3; a.M. Schilling in Großkomm Anm. 29).

V. Konkursverfahren

62 Schrifttum: *Gottwald* (Hrsg.), Insolvenzrechtshandbuch, 1990; *Jaeger*, Der Konkurs der oHG, 1897; *Jaeger-Weber*, KO, 8. Aufl. 1958/1973; *Jaeger-Henckel*, KO, 9. Aufl. 1977 ff.; Kilger, KO, 15. Aufl. 1987; *Kuhn-Uhlenbruck*, KO, 10. Aufl. 1986; *Karsten Schmidt*, Wege zum Insolvenzrecht der Unternehmen, 1990; *Uhlenbruck*, Die GmbH & Co. KG in Krise, Konkurs und Vergleich, 2. Aufl. 1988.

1. Der Konkurs als Auflösungsgrund

63 a) Nach § 131 Nr. 3 ist die Gesellschaft durch Eröffnung des Konkursverfahrens über das Gesellschaftsvermögen aufgelöst (dazu näher § 131 Anm. 18 ff.). Dies ist zwingend. Das Abwicklungsverfahren folgt nicht dem HGB, sondern der Konkursordnung (Abs. 1). Auch dies ist zwingend. Weder kann eine Liquidation nach §§ 146 ff. noch eine andere Abwicklungsart i.S. von § 145 vereinbart werden. Zum Konkursantrag vgl. § 131 Anm. 19.

b) Kein Auflösungsgrund ist die **Vergleichseröffnung** (dazu vgl. § 131 Anm. 20). Zur **64** Frage, ob die **Ablehnung der Konkurseröffnung mangels Masse** die Gesellschaft zur Auflösung bringt, vgl. § 131 Anm. 21, 50.

c) Von § 131 Nr. 3 zu unterscheiden ist der Fall des **§ 131 Nr. 5**: Auch der Konkurs **65** eines persönlich haftenden Gesellschafters löst die Gesellschaft auf. Hier kann aber eine andere Vereinbarung getroffen werden (vgl. § 138). Ist die Gesellschaft nach § 131 Nr. 5 aufgelöst, so findet eine Liquidation nach §§ 146 ff. statt. Wird eine andere Art der Auseinandersetzung vereinbart, so ist Abs. 2 zu beachten (vgl. Anm. 49 ff.).

2. Der Gesellschaftskonkurs als insolvenzrechtliches Liquidationsverfahren

a) Die **Theorie des Konkurses** ist für die h. M. durch folgende Grundlagen gekennzeich- **66** net: Das Konkursverfahren ist ein Gesamtvollstreckungsverfahren (ganz h. M.). Dieser Gesamtvollstreckung unterliegt die Konkursmasse; dazu gehört nach § 1 KO das gesamte einer Zwangsvollstreckung unterworfene Vermögen der Gesellschaft als Gemeinschuldnerin, welches ihr zur Zeit der Konkurseröffnung gehört (vgl. nur Ulmer in Großkomm § 131 Anm. 68). Konkursfreies Vermögen verwaltet die Gesellschaft selbst durch ihre Liquidatoren (RG DNotZ 1932, 729 Nr. 12; BGH NJW 1966, 51; Ulmer in Großkomm Anm. 75; Kuhn-Uhlenbruck § 209 Anm. 20). Die Gesellschaft als Gemeinschuldnerin verliert nach § 6 KO die Befugnis, ihr zur Konkursmasse gehörendes Vermögen zu verwalten und darüber zu verfügen. Statt ihrer handelt der Konkursverwalter, und zwar als Amtstreuhänder (im Prozeß als Konkursstandschafter) im eigenen Namen (vgl. BGHZ 32, 114, 118; 35, 180 ff.; 49, 11, 16; 56, 230, 231; 88, 331, 334; std. Rspr. und h. M.). Wird zugleich gegen den Konkursverwalter selbst mit der Klage vorgegangen, so ist dieser sein eigener Streitgenosse (BGHZ 100, 346 = NJW 1987, 3133; dazu Karsten Schmidt KTS 1991, 211 ff.). Der Übergang vom Verwalterprozeß zum Eigenprozeß des Konkursverwalters ist Parteiwechsel (BGH ZIP 1991, 42; dazu Karsten Schmidt KTS 1991, 219 f.). Obwohl der im eigenen Namen handelnde Konkursverwalter selbst nicht Kaufmann ist, können handelsrechtliche Regeln angewandt werden (BGH NJW 1987, 1940). Die Aufgaben des Konkursverwalters sind durch den Gesamtvollstreckungscharakter des Konkurses bestimmt. Er hat die Teilungsmasse zu sammeln und zu verwalten (§§ 117 ff. KO), bei der Feststellung der Schuldenmasse mitzuwirken (§§ 138 ff. KO) und die Verteilung bis zum Schlußtermin durchzuführen (§§ 149 ff. KO). Die Vollbeendigung der Gesellschaft liegt außerhalb des Gesamtvollstreckungszwecks und ist nicht Aufgabe des Konkursverwalters (vgl. besonders für die GmbH KG JW 1936, 335; BayObLG Rpfleger 1979, 212, 214). Deshalb schließt sich, wenn noch Vermögen vorhanden ist, an die Konkursbeendigung eine Abwicklung nach §§ 145 ff. an (Ulmer in Großkomm § 131 Anm. 79; Uhlenbruck S. 794; h. M.).

b) **Stellungnahme:** Die h. M. bedarf der Korrektur (näher Karsten Schmidt Wege zum **67** Insolvenzrecht S. 99 ff.; ders. KTS 1988, 1 ff.). Konkursfreies Gesellschaftsvermögen ist nicht anzuerkennen; vielmehr bildet **das gesamte Gesellschaftsvermögen** die Konkursmasse (Anm. 69). Es gibt keine besondere Liquidationsmasse neben der dem Konkursverfahren unterliegenden Konkursmasse; die Liquidatoren haben nur die Rechte der Gemeinschuldnerin im Konkurs wahrzunehmen. Der Konkursverwalter ist als obligatorischer Drittliquidator der Gesellschaft deren Organ und handelt im Namen der

Gesellschaft (Karsten Schmidt Wege zum Insolvenzrecht S. 106 ff.; ders. KTS 1984, 362 ff.). Auf seine Geschäfte sind handelsrechtliche Regeln deshalb anzuwenden, weil die Gemeinschuldnerin Handelsgesellschaft ist (Karsten Schmidt NJW 1987, 1907 ff.). Das Konkursverfahren ist insgesamt als ein obligatorisches Liquidationsverfahren mit einem unter gerichtlicher Aufsicht stehenden Drittliquidator zu verstehen (Karsten Schmidt Wege zum Insolvenzrecht S. 99 ff.; ders. KTS 1988, 1 ff.). Endet das Konkursverfahren durch Einstellung (§§ 202, 204 KO) oder durch Zwangsvergleich (§ 190 KO), so können die Gesellschafter nach § 144 die Fortsetzung der Gesellschaft beschließen. Von selbst wird die Auflösung nicht hinfällig. Vielmehr hat der Konkursverwalter die Gesellschaft bis zur Vollbeendigung abzuwickeln (vgl. Karsten Schmidt Wege zum Insolvenzrecht S. 159 ff.; Scholz-Karsten Schmidt GmbHG § 63 Anm. 73; anders die h.M.). Allerdings ist es – anders als bei der sich nach Gesellschaftsrecht vollziehenden Liquidation (vgl. zu dieser § 149 Anm. 22, 29, § 155 Anm. 17 ff.) – nicht Aufgabe des Konkursverwalters, auch den internen Haftungsausgleich unter den Gesellschaftern (vgl. § 155 Anm. 16 ff.) zu ordnen. Das hiermit vorgelegte Konkursabwicklungsmodell weicht allerdings vom Hergebrachten beträchtlich ab. Deshalb wird im folgenden die h.M. mit dargestellt, soweit die hier vorgeschlagenen Lösungen nicht nur die Darstellung vereinfachen, sondern auch in den Ergebnissen abweichen.

3. Gemeinschuldner, Konkursmasse und Konkursgläubiger

68 a) **Gemeinschuldnerin** ist die Gesellschaft (vgl. schon § 124 Anm. 39). Die h.M. erklärt die Gesellschafter zu Gemeinschuldnern (RGZ 16, 1, 3; RGSt. 46, 78; 69, 65; RAG HRR 1931, 1147; BGHZ 34, 293, 297; Ulmer in Großkomm § 131 Anm. 52; Alfred Hueck oHG § 26 III; Westermann Handbuch [Lfg. 1978] I 710; Jaeger-Weber §§ 209, 210 Anm. 18; Kuhn-Uhlenbruck § 209 Anm. 16). Diese h.M. ist mit § 124 unvereinbar. Die Verselbständigung der Gesellschaft als Rechtsperson verdient auch im Konkurs Respekt (Karsten Schmidt Gesellschaftsrecht § 46 II 3 b). Die Gesellschaft wird bei der Wahrung ihrer Gemeinschuldnerrechte von den Liquidatoren vertreten (die Gleichstellung von Gesellschaft und Gesellschaftern bei den Anfechtungstatbeständen der §§ 29 ff. KO ist ein Zurechnungsproblem und ändert nichts daran, daß die Gesellschaft, und nur sie, Gemeinschuldnerin ist).

69 b) **Das gesamte Gesellschaftsvermögen** bildet die Konkursmasse (Karsten Schmidt Wege zum Insolvenzrecht S. 70 ff.; ders. Gesellschaftsrecht § 11 VI 4 b aa; ders. KTS 1988, 11 ff.; Karsten Schmidt-Wolf Schulz ZIP 1982, 1015 ff.; sympathisierend Kuhn-Uhlenbruck § 1 Anm. 4a; Heymann-Emmerich § 131 Anm. 14; abl. Uhlenbruck S. 510; Hachenburg-Ulmer GmbHG § 63 Anm. 72a). Unstreitig ist dies für die im Zeitpunkt der Konkurseröffnung vorhandenen pfändbaren Gegenstände des Gesellschaftsvermögens (§ 1 KO). Aber bei einer Handelsgesellschaft ist auch das pfändbare Vermögen und jeder Hinzuerwerb in den Dienst der insolvenzrechtlichen Abwicklung gestellt und damit Bestandteil der Masse. Die anwaltliche Praxis muß sich vorerst auf den Standpunkt der h.M. einrichten. Diese läßt auch eine Freigabe von Gegenständen aus der Konkursmasse durch den Konkursverwalter zu, der hiervon Gebrauch machen wird, um Passiva abzuschütteln (bedenklich der Giftmüllfall BVerwG NJW 1984, 2437 m. Anm. Wolf Schulz; Vorinstanz BayVGH KTS 1983, 462 m. Anm. Kölsch; zu diesem

Liquidation oder andere Auseinandersetzung 70–73 § 145

Fall vgl. krit. Karsten Schmidt, in Gedächtnisschrift Wolfgang Martens, 1987, S. 697 ff.; zust. Uhlenbruck S. 510 f.).

c) Konkursgläubiger können nicht nur Dritte sein, sondern auch Gesellschafter (einge- **70** hend Ulmer in Großkomm § 131 Anm. 59 ff.). Sie nehmen allerdings nicht teil mit ihren Einlagen und mit eigenkapitalersetzenden Leistungen, seien dies atypische stille Beteiligungen (dazu § 341 = § 236 n. F. Anm. 26 ff.), gesplittete Einlagen (dazu §§ 171, 172 Anm. 49) oder eigenkapitalersetzende Darlehen.

4. Die Organisation der Gesellschaft im Konkurs

a) Die Gesellschaft handelt mit Wirkung nach außen durch den **Konkursverwalter** (§ 6 **71** KO). Er ist nach h. M. ein im eigenen Namen handelnder Amtstreuhänder, nach der hier vertretenen Auffassung ein obligatorischer Drittliquidator der Gesellschaft (Anm. 67). Da es in der Praxis dabei bleiben wird, daß der Konkursverwalter im eigenen Namen handelt (insbesondere klagt), ist der Gegensatz mehr für das Verständnis der insolventen Gesellschaft als Organisation von Bedeutung als für die praktische Tätigkeit.

b) Eine von der Gesellschaft erteilte **Prokura** erlischt (vgl. BGH WM 1958, 430, 431; **72** Kilger § 23 Anm. 8; Kuhn-Uhlenbruck § 23 Anm. 7 b; Staub-Joost § 52 Anm. 51; Jaeger LZ 1916, 26; Karsten Schmidt BB 1989, 229; anders vereinzelt Schröder in diesem Kommentar § 52 Anm. 20). Nach h. M. kann auch keine neue Prokura erteilt werden, weil die Liquidatoren der Gesellschaft hierzu nach § 6 KO nicht befugt sind und der Konkursverwalter seinerseits als im Rahmen der Gesamtvollstreckung handelnder Amtstreuhänder gleichfalls keine für werbende Geschäfte bestimmte Prokura erteilen kann (vgl. mit unterschiedlichen Begründungen BGH WM 1958, 430, 431; OLG Düsseldorf mitgeteilt bei Obermüller BB 1957, 412; Jaeger-Henckel 9. Aufl. § 6 Anm. 52, § 23 Anm. 49; Kilger § 23 Anm. 8; Kuhn-Uhlenbruck § 23 Anm. 7 b; Jaeger LZ 1916, 26; Heil GesRZ 1983, 10 ff.). *Schröder* vertritt in diesem Kommentar einen Gegenstandpunkt (§ 48 Anm. 3). Ihm ist im Ergebnis zu folgen. Als Liquidator der Gesellschaft kann der Konkursverwalter Prokuristen bestellen (Karsten Schmidt NJW 1987, 1908; eingehend ders. BB 1989, 229 ff.; jetzt auch Staub-Joost § 48 Anm. 17). Der Prokurist einer Handelsgesellschaft muß mit Konkurszusatz zeichnen und kann nur Masseschulden der Gesellschaft begründen, nicht dagegen eine persönliche Gesellschafterhaftung (Karsten Schmidt BB 1989, 234). Die h. M. läßt nur die Erteilung einer **Handlungsvollmacht** zu (OLG Düsseldorf mitgeteilt bei Obermüller BB 1957, 412).

c) Die Gesellschaft wird durch ihre **geschäftsführenden Gesellschafter** bzw. **Liquidato- 73 ren** vertreten. Nach h. M. haben sie die Aufgabe, das massefreie Vermögen zu verwalten und die Gesellschaft zur Vollbeendigung zu bringen (Anm. 67). Nach der hier vertretenen Ansicht nehmen die Liquidatoren im Namen der Gesellschaft die Gemeinschuldnerrechte (insbesondere gegenüber dem Konkursverwalter) wahr. Wird das Konkursverfahren ohne vollständige Abwicklung beendet, so führen nach h. M. die Liquidatoren die Abwicklung zu Ende (vgl. nur Uhlenbruck S. 794). Nach der hier vertretenen Auffassung ist dagegen der Konkursverwalter zur Vollabwicklung der Gesellschaft verpflichtet (vgl. Anm. 67). Dagegen ist der h. M. zuzustimmen, wenn der Konkurs anders als durch Schlußverteilung endet.

74 d) Die **Haftung der Gesellschafter** richtet sich weiterhin nach §§ 128 ff., 173 ff., doch gilt dies nur für Altverbindlichkeiten (vgl. § 128 Anm. 67 ff.). Der Konkursverwalter selbst kann nur Masseverbindlichkeiten und keine Gesellschafterhaftung begründen (vgl. Karsten Schmidt ZHR 152 [1988], 114 f.).

5. Die konkursrechtliche Abwicklung

75 a) Der Konkursverwalter hat nach § 117 KO das Vermögen der Gesellschaft in Besitz und Verwaltung zu nehmen und zu verwerten. Dazu gehört auch die **Einforderung der noch offen stehenden Forderungen der Gesellschaft,** insbesondere der noch geschuldeten Einlagen (vgl. §§ 171, 172 Anm. 97; BGH LM zu Nr. 3 zu § 155 = NJW 1981, 2251 = BB 1981, 422; Uhlenbruck S. 531 ff., 624 ff.). Auch Darlehen (BGHZ 93, 159, 161 = BB 1985, 422 = NJW 1985, 1468) und stille Einlagen (vgl. dazu § 340 = § 235 n. F. Anm. 32 ff.), die als Teil der Einlageleistung und damit als Beiträge zum Haftkapital geschuldet sind, werden eingefordert. Der Konkursverwalter muß grundsätzlich nicht darlegen, daß diese Leistungen zur Befriedigung der Gläubiger notwendig sind (BGHZ 93, 159, 161 = BB 1985, 422 = NJW 1985, 1468; BGH LM Nr. 3 zu § 155 und Nr. 61 zu § 161). Diesen Nachweis hat er dagegen zu erbringen, wenn er für die Gläubigerbefriedigung **Nachschüsse** nach § 735 BGB einfordert (vgl. § 149 Anm. 26 f.). Handelt es sich um eine **Kommanditgesellschaft,** so kann der Konkursverwalter neben den Einlagen und sonstigen Forderungen der Gesellschaft nach § 171 Abs. 2 auch die den Gläubigern gegenüber bestehende Kommanditistenhaftung geltend machen (§§ 171, 172 Anm. 100 ff.). Gegenüber dieser Forderung kann der (ausgeschiedene) Kommanditist geltend machen, daß die Gläubiger, denen er haftet, ihre Forderungen nicht angemeldet haben oder voll befriedigt werden können (BGH LM Nr. 1 zu § 171 = JZ 1958, 698 m. Anm. Schumann; BGHZ 39, 319; s. auch BGHZ 47, 154). Der Konkursverwalter kann das Unternehmen – i. d. R. mit Zustimmung der Gläubigerversammlung – nach § 132 KO einstweilen fortführen (BGHZ 99, 151 = NJW 1987, 844 = ZIP 1987, 115; dazu eingehend Gerhard ZIP 1987, 763; Karsten Schmidt NJW 1987, 812). Eine Veräußerung des Unternehmens setzt die Zustimmung des Gläubigerausschusses voraus (§ 134 Nr. 1 KO). Wird das Unternehmen mit Firma veräußert, so bedarf es nicht der Zustimmung der Namensträger (vgl. OLG Hamm NJW 1982, 586; OLG Frankfurt ZIP 1982, 334; OLG Düsseldorf NJW 1980, 1284; Karsten Schmidt Handelsrecht § 12 I 3 b; s. auch für die GmbH BGHZ 85, 221 = NJW 1983, 755 = ZIP 1983, 193 m. Anm. Scholz; anders aber OLG Düsseldorf BB 1982, 695). Der Erwerber haftet nicht nach § 25 (vgl. § 25 Anm. 8; mit unterschiedlichen Begründungen RGZ 58, 166, 167 f.; BAG NJW 1966, 1984). Der Konkursverwalter kann eine neue Abwicklungsfirma bilden (Uhlenbruck S. 507 f.; im Anschluß an Schulz ZIP 1982, 194 ff.; Ulmer NJW 1983, 1697 ff.).

76 b) Das **Konkursverfahren endet** durch Schlußverteilung der Masse oder durch rechtskräftig bestätigten Zwangsvergleich oder durch Einstellung des Verfahrens auf Antrag der Gemeinschuldnerin oder durch Einstellung wegen Masselosigkeit (§§ 163, 173 ff., 190, 202 f., 204 KO). Nach der Schlußverteilung haben nach h. M. die Liquidatoren die

Liquidation oder andere Auseinandersetzung 77, 78 § 145

Vollbeendigung zu betreiben, wenn noch Aktivvermögen vorhanden ist (vgl. Anm. 66 f.; anders die hier vertretene Auffassung). Ein Zwangsvergleich kann nur auf Vorschlag aller persönlich haftenden Gesellschafter geschlossen werden (§ 211 Abs. 1 KO). Er begrenzt nach 211 Abs. 2 KO zugleich auch den Umfang ihrer Haftung (dazu § 128 Anm. 7).

c) **Endet das Konkursverfahren** ohne Schlußverteilung, insbesondere durch einen Zwangsvergleich, so besteht die Gesellschaft als Liquidationsgesellschaft fort. Wegen ihrer Fortsetzung vgl. § 144 mit Erl. Zur Vollstreckung aus Aktiv- und Passivtiteln des Konkursverwalters bedarf es nach h.M. einer Titelumschreibung analog § 727 ZPO (vgl. OLG Kiel OLGE 16, 322; KG OLGE 25, 219; OLG Celle NJW-RR 1988, 447, 448; dazu eingehend Karsten Schmidt JR 1991, 314 f.). 77

6. Insolvenzrechtsreform

Das Bundesministerium der Justiz hat 1988 den Diskussionsentwurf einer Insolvenzordnung vorgelegt (Diskussionsentwurf Gesetzentwurf zur Reform des Insolvenzrechts. Entwurf einer Insolvenzordnung und anderer Rechtsvorschriften, 1988). Ihm folgte im Jahr 1989 der Referentenentwurf (dazu auch § 131 Anm. 22). Die folgende Darstellung des Entwurfs einer Insolvenzordnung (**EInsO**) bezieht sich bereits auf die **Fassung des Regierungsentwurfs von 1991.** Danach wird nicht mehr zwischen der Konkurseröffnung und der Vergleichseröffnung unterschieden, sondern das Insolvenzverfahren wird als Einheitsverfahren eröffnet (§§ 1 ff., 13 ff. EInsO). Das Insolvenzverfahren kann über das Vermögen einer oHG oder KG eröffnet werden (§ 13 Abs. 2 Nr. 1 EInsO), und zwar auch nach deren Auflösung, solange die Verteilung des Vermögens noch nicht vollzogen ist (§ 13 Abs. 3 EInsO). Das Insolvenzverfahren erfaßt als Insolvenzmasse das gesamte Vermögen, das dem Schuldner zur Zeit der Verfahrenseröffnung gehört oder das er während des Verfahrens hinzuerwirbt (§ 41 EInsO; Ausnahme § 42 EInsO). Die Verwaltungs- und Verfügungsrechte gehen auf den Verwalter über (§ 91 EInsO). Auch Schadensersatzansprüche, die dem Ausgleich eines Gesamtgläubigerschadens dienen (§ 103 EInsO) und Haftungsansprüche der Gläubiger aus der Gesellschafterhaftung (§ 105 EInsO) werden vom Verwalter geltend gemacht. Der Insolvenzverwalter hat die Insolvenzmasse in Besitz und Verwaltung zu übernehmen (§ 167 EInsO). Ihm obliegt die handels- und steuerrechtliche Rechnungslegung (§ 164 EInsO). Eine Betriebs- oder Unternehmensveräußerung bedarf der Zustimmung des Gläubigerausschusses und ist in vielen Fällen nur auf der Grundlage eines Insolvenzplans zulässig (§§ 179, 182, 185 EInsO). Die Abwicklung erfolgt entweder als Liquidation oder entsprechend einem Insolvenzplan, der der Annahme durch die Gläubiger und der gerichtlichen Bestätigung bedarf (§§ 265 ff., 279 ff., 295 EInsO). Das Verfahren wird eingestellt, wenn sich nach der Eröffnung herausstellt, daß es an einer die Verfahrenskosten deckenden Masse fehlt (§ 317 EInsO). Wird festgestellt, daß zwar die Kosten, nicht aber die sonstigen fälligen Masseverbindlichkeiten gedeckt sind (§ 318 EInsO), so werden die Masseverbindlichkeiten nur noch im Insolvenzverfahren planmäßig befriedigt (§§ 321 f. EInsO), und das Verfahren wird eingestellt (§§ 324 ff. EInsO). 78

§ 146

146 (1) Die Liquidation erfolgt, sofern sie nicht durch Beschluß der Gesellschafter oder durch den Gesellschaftsvertrag einzelnen Gesellschaftern oder anderen Personen übertragen ist, durch sämtliche Gesellschafter als Liquidatoren. Mehrere Erben eines Gesellschafters haben einen gemeinsamen Vertreter zu bestellen.

(2) Auf Antrag eines Beteiligten kann aus wichtigen Gründen die Ernennung von Liquidatoren durch das Gericht erfolgen, in dessen Bezirke die Gesellschaft ihren Sitz hat; das Gericht kann in einem solchen Falle Personen zu Liquidatoren ernennen, die nicht zu den Gesellschaftern gehören. Als Beteiligter gilt außer den Gesellschaftern im Falle des § 135 auch der Gläubiger, durch den die Kündigung erfolgt ist.

(3) Ist über das Vermögen eines Gesellschafters der Konkurs eröffnet, so tritt der Konkursverwalter an die Stelle des Gesellschafters.

Schrifttum: Vgl. § 145.

Inhalt

	Anm.		Anm.
I. Grundlagen	1–10	IV. Bestellung durch das Gericht (Abs. 2)	27–44
1. Normzweck	1	1. Grundsatz	27
2. Taugliche Liquidatoren	3	2. Der wichtige Grund	30
3. Identität des Liquidators und des nach § 148 anzumeldenden und einzutragenden Liquidators?	7	3. Das Verfahren	32
		4. Inhalt und Folge der Entscheidung	42
		5. Gerichtliche Liquidatorenbestellung außerhalb von Abs. 2	44
4. Das Anstellungsverhältnis der Liquidatoren	9	V. Stellung des Konkursverwalters (Abs. 3)	45–52
II. Ordentliche Liquidatoren	11–15	1. Bedeutung	45
1. Bestimmung durch Gesellschaftsvertrag oder durch Gesellschafterbeschluß	11	2. Anwendungsfälle	47
2. Die Auslegungsregel des Abs. 1 Satz 1	13	3. Umfang der Rechtsausübung	51
III. Die Bestellung eines gemeinsamen Vertreters (Abs. 1 Satz 2)	16–26	VI. Sonstige Vertreter der aufgelösten Gesellschaft	53, 54
1. Normzweck und Geltungsumfang	16	1. Erteilung von Prokura und Handlungsvollmacht	53
2. Die Anwendungsfälle des Abs. 1 Satz 2	19	2. Fortbestand von Prokuren und Handlungsvollmachten	54
3. Bestellung und Abberufung des gemeinschaftlichen Vertreters	22	VII. Actio pro socio und Abwehrklagen des Gesellschafters in der Liquidation	55–57
4. Die Stellung des gemeinschaftlichen Vertreters	24	1. Actio pro socio	55
5. Testamentsvollstreckung	26	2. Abwehrklagen	57

I. Grundlagen

1. Normzweck

1 a) Da mit der Auflösung der oHG die Geschäftsführungs- und Vertretungsbefugnis der Gesellschafter endet, muß dafür gesorgt werden, daß die Gesellschaft **durch Liquidatoren handlungsfähig** bleibt. Die Liquidatoren sind die Leitungsorgane der Gesellschaft. § 146 überläßt ihre Bestimmung grundsätzlich den Gesellschaftern. Nur wenn diese weder durch besonderen Beschluß noch durch eine Abrede im Gesellschaftsvertrag eine Bestimmung getroffen haben, geht das Gesetz davon aus (Abs. 1 Satz 1), daß die Liquidation durch sämtliche Gesellschafter als Liquidatoren zu erfolgen hat. **Abs. 1 Satz 1** enthält eine Auslegungsregel: Wenn der Vertrag schweigt, sind im Zweifel alle Gesellschafter als Liquidatoren berufen. **Abs. 1 Satz 2** enthält eine Sondervorschrift, wenn mehrere Erben eines Gesellschafters vorhanden sind. **Abs. 2** soll die Handlungsfähigkeit der Gesellschaft sicherstellen. Die Vorschrift sieht vor, daß das Gericht aus wichtigem Grund gerichtliche Liquidatoren ernennen kann. Dagegen ist eine Liquidation durch das Gericht selbst unzulässig. **Abs. 3** bestimmt, daß bei Konkurseröffnung über das Vermögen eines Gesellschafters der Konkursverwalter an die Stelle des Gesellschafters tritt. Diese Vorschrift hat nur klarstellenden Inhalt (vgl. Anm. 45).

b) Während die Rechte und Pflichten eines geschäftsführenden Gesellschafters unmittelbar **Bestandteil der Mitgliedschaft** sind (sog. Pflichtrechte; vgl. § 114 Anm. 18 ff.; Alfred Hueck oHG § 10 IV; Staub-Ulmer § 105 Anm. 223), ist dies hinsichtlich der Liquidatorenstellung zweifelhaft (vgl. nämlich zur Bestellung von Drittliquidatoren Anm. 3). Trotzdem ist von dem Grundsatz auszugehen: Die aufgelöste Gesellschaft lebt in einem **Status der Kontinuität** und der lediglich für den Auflösungsfall modifizierten Selbstorganschaft (Karsten Schmidt ZHR 153 [1989], 287 ff.). Wer als Gesellschafter Liquidator ist, übt die Liquidatorenrechte und Liquidatorenpflichten als Bestandteil der Mitgliedschaft aus (so wohl auch Staub-Ulmer § 105 Anm. 223). Diese Liquidatorenstellung ist deshalb an die Gesellschafterstellung gebunden. Bedeutsam ist dies für den Bereich der gesetzlichen Vertretung: Wer als Gesellschaftsorgan einer Gesellschafter-Gesellschaft oder als gesetzlicher Vertreter eines Gesellschafters dessen Liquidatorenbefugnisse ausübt, ist nicht selbst Liquidator (Anm. 4, 6; so schon Geßler in der 4. Aufl. Anm. 2). Dasselbe gilt aber auch für den Konkursverwalter eines Gesellschafters (Anm. 5) und für den gemeinschaftlichen Vertreter nach Abs. 1 Satz 2 (insofern a. M. Geßler in der Vorauflage Anm. 3 und Anm. 7 sowie die ganz h. M.). Denn sie sind nicht Organe der Gesellschaft, sondern Repräsentanten der Gesellschafter-Liquidatoren (vgl. auch Anm. 45 und 26). Zu der ganz anderen Frage, wer als Liquidator zur Eintragung angemeldet wird, vgl. § 148 Anm. 4.

2. Taugliche Liquidatoren

a) Während bei der werbend tätigen Gesellschaft nur **Gesellschafter** als organschaftliche Vertreter handeln können (§ 125 Anm. 5 ff.), wird nach der Auflösung auch die **Vertretung durch Dritte** als Liquidatoren zugelassen (vgl. Abs. 1 Satz 1). Damit gilt für die aufgelöste Gesellschaft aber nicht das Prinzip der Fremdorganschaft, sondern diese lebt nach einer lediglich modifizierten Selbstorganschaft (Anm. 2). Nur weil die Bestellung Dritter als Notliquidatoren zugelassen ist, hat sich der Gesetzgeber entschlossen, auch die Bestellung von Drittliquidatoren durch die Gesellschafter zuzulassen (Karsten Schmidt ZHR 153 [1989], 288). Wird die Gesellschaft abgewickelt, nachdem ein Konkursverfahren mangels Masse abgelehnt oder eingestellt worden ist, so sprechen rechtspolitische Gründe dafür, daß ein obligatorischer Drittliquidator einzusetzen ist (vgl. zum Fall des § 1 LöschG Wolf Schulz, Die masselose Liquidation der GmbH, 1986, S. 114 ff.). Das geltende Recht schreibt dies indes nicht vor.

b) Wer **nicht voll geschäftsfähig** ist, kann nicht Drittliquidator sein, wohl aber Gesellschafter-Liquidator nach Abs. 1 (so im Ergebnis schon Geßler in der 4. Aufl. Anm. 2). Für einen solchen Gesellschafter handelt dessen gesetzlicher Vertreter (Alfred Hueck oHG § 32 IV 2 b; Schilling in Großkomm Anm. 5). Dieser ist nicht selbst Liquidator

(Anm. 2; Düringer-Hachenburg-Flechtheim Anm. 2; a.M. Baumbach-Duden-Hopt Anm. 2 A; Straube-Torggler-Kucsko Anm. 4), sondern Liquidator ist der gesetzlich vertretene Gesellschafter (zur Registereintragung vgl. Anm. 2).

5 c) Im **Konkurs eines Gesellschafters** handelt nach Abs. 3 dessen Konkursverwalter. Wie bei Anm. 45 näher begründet wird, ist er aber nicht Liquidator, also nicht Organ der Gesellschaft (Anm. 45; anders Geßler in der 4. Aufl. Anm. 7 und die bisher h. M.). Liquidator ist der Gesellschafter, der lediglich vom Konkursverwalter repräsentiert wird. Ob dieses Handeln des Konkursverwalters als ein Handeln in eigenem Namen eingeordnet wird (so die herrschende Amtstheorie) oder als eine gesetzliche Vertretung des Gemeinschuldners (so Karsten Schmidt KTS 1984, 345 ff.; vgl. auch oben § 145 Anm. 71), ist eine theoretische Frage. Jedenfalls geht es um fremdwirkendes Handeln des Konkursverwalters für den Gemeinschuldner, nicht als Organ der Gesellschaft. Dies kann die herrschende Amtstheorie nicht so gut erklären wie die hier vertretene Deutung der Konkursverwaltung.

6 d) Nicht nur **natürliche Personen**, sondern auch **juristische Personen** können Liquidatoren sein (vgl. OLG Karlsruhe JW 1925, 2017 m. Anm. Heilbrunn; OLG Karlsruhe JW 1925, 2338 m. Anm. Hoeniger; KG JW 1930, 1410 m. Anm. Brodmann; Schilling in Großkomm Anm. 5, 35; Ludewig JW 1926, 1792). Dasselbe gilt auch für **Handels-Personengesellschaften**, also für die offene Handelsgesellschaft und für die Kommanditgesellschaft (Schilling in Großkomm Anm. 5). Liquidator ist in all diesen Fällen die Gesellschafter-Gesellschaft, nicht der für sie handelnde Vertreter (vgl. insoweit schon Geßler in der 4. Aufl. Anm. 2). Eine **Gesellschaft bürgerlichen Rechts** kann nach h. M. ebensowenig Liquidator wie Gesellschafter sein (letzteres aber zweifelhaft; bejahend § 105 Anm. 68 ff. m. w. Nachw.; § 130 a Anm. 10). Aus **Abs. 1 Satz 2** wird man folgern können, daß eine **bürgerlichrechtliche Gesamthand** jedenfalls nicht selbst als Liquidator auftreten soll, sondern daß die Gesamthänder ggf. einen gemeinsamen Vertreter benennen müssen. Auch wenn man mit der hier vertretenen Auffassung die Gesamthandsgesellschaft bürgerlichen Rechts als Gesellschafterin zuläßt, brauchen deshalb die Mitgesellschafter nicht hinzunehmen, daß alle Gesamthänder in Gesamtvertretung (§§ 714, 709 BGB) die Liquidatorenrechte dieser Gesellschafter-Gesellschaft ausüben (vgl. Anm. 18). Daß eine bloße BGB-Innengesellschaft nicht Liquidator sein kann (die meisten Gesellschaften bürgerlichen Rechts sind Innengesellschaften), versteht sich von selbst.

3. Identität des Liquidators und des nach § 148 anzumeldenden und einzutragenden Liquidators?

7 a) **Wer Liquidator ist**, wird nach § 146 bestimmt. Nur der Liquidator kann auch nach § 147 abberufen werden. Diesen Regelungen unterliegt also nach Anm. 3–6 der Gesellschafter-Liquidator oder der Dritt-Liquidator. Diesen Vorschriften unterliegt insbesondere nicht: der gesetzliche Vertreter eines nicht voll geschäftsfähigen Gesellschafter-Liquidators (Anm. 4), der organschaftliche Vertreter einer Gesellschafter-Gesellschaft (Anm. 6), der Konkursverwalter im Gesellschaftskonkurs (Anm. 5) oder im Konkurs eines Gesellschafters im Fall des Abs. 3 (Anm. 45), der gemeinsame Vertreter nach Abs. 1 Satz 2 (Anm. 17), der Testamentsvollstrecker (Anm. 26).

Bestimmung der Liquidatoren 8–10 § 146

b) Für die **Registerpublizität** nach § 148 gilt etwas anderes. Aus dem Register soll 8 hervorgehen, wer nach außen als Liquidator handeln kann. Das bedeutet: Anzumelden und einzutragen ist im Fall der gesetzlichen Vertretung der gesetzliche Vertreter bzw. im Konkursfall mit einem auf die gesetzliche Vertretung bzw. auf den Konkurs hindeutenden Zusatz („als gesetzlicher Vertreter des Gesellschafters X" oder „als Verwalter im Konkurs über das Vermögen des Gesellschafters Y"). Soweit zwischen dem Fall der gesetzlichen Vertretung und des Konkurses ein Unterschied gemacht wird (Düringer-Hachenburg-Flechtheim Anm. 2, 3; Schilling in Großkomm Anm. 5, 7), beruht das auf der vorherrschenden Amtstheorie der Konkursverwaltung, die dogmatisch angreifbar ist (Anm. 5) und den Unterschied auch nicht zu rechtfertigen vermag (dazu vgl. Anm. 45). Im Fall der gemeinschaftlichen Vertretung nach Abs. 1 Satz 2 sind anzumelden und einzutragen „die Miterben nach dem Gesellschafter Z (oder A, B und C als Miterben nach dem Gesellschafter Z), gemeinschaftlich vertreten durch V". Diese Ergebnisse stimmen mit der h. M. überein (anders für den gesetzlichen Vertreter freilich Düringer-Hachenburg-Flechtheim Anm. 2), nur der Ausgangspunkt ist ein anderer: Die Eintragungsformeln beruhen nicht darauf, daß der gesetzliche Vertreter, der Konkursverwalter oder der gemeinschaftliche Vertreter Liquidator ist (so aber Straube-Torggler-Kucsko Anm. 4 ff., 10), sondern sie beruhen darauf, daß ohne seine Eintragung die mit § 148 bezweckte Publizität nicht erreichbar ist (vgl. auch § 148 Anm. 4). Ist der Gesellschafter-Liquidator eine Handelsgesellschaft, so braucht nur sie eingetragen zu werden (OLG Karlsruhe JW 1925, 2017 m. Anm. Heilbrunn; JW 1925, 2338 m. Anm. Hoeniger; KG JW 1930, 1410 m. Anm. Brodmann; Düringer-Hachenburg-Flechtheim Anm. 2; Schilling in Großkomm Anm. 5). Auf die Eintragung der Organe der Gesellschafter-Gesellschaft kann verzichtet werden, weil schon für Publizität gesorgt ist.

4. Das Anstellungsverhältnis der Liquidatoren

a) **Gesellschafter-Liquidatoren** werden grundsätzlich aufgrund ihrer mitgliedschaftlichen Rechte und Pflichten tätig. Die Ausübung des Liquidatorenamts ist für sie ein durch das Gesellschaftsverhältnis begründetes Pflichtrecht (Anm. 2). Eine Vergütung steht ihnen nur zu, wenn dies besonders vereinbart ist (BGHZ 17, 301; OLG Hamm BB 1960, 1355; Schilling in Großkomm Anm. 68). Eine solche Vereinbarung kann Bestandteil des Gesellschaftsverhältnisses sein. Dem Willen der Beteiligten wird häufig der Abschluß eines danebenstehenden Direktverhältnisses entsprechen. 9

b) **Drittliquidatoren** sind grundsätzlich nicht verpflichtet, das Amt anzunehmen. Eine 10 Verpflichtung hierzu und eine Verpflichtung zum Handeln kann sich aus einem Dienstvertrag ergeben, den die Gesellschaft, vertreten durch die Gesellschafter, mit dem Liquidator schließt. Tritt er das Amt an, so kann er im Zweifel eine angemessene Vergütung verlangen (§ 612 BGB; vgl. Schilling in Großkomm Anm. 68 m. w. Nachw.).

II. Ordentliche Liquidatoren

1. Bestimmung durch Gesellschaftsvertrag oder durch Gesellschafterbeschluß

11 a) Aus **Abs. 1 Satz 1** ergibt sich zunächst, daß die Gesellschafter durch den Gesellschaftsvertrag die Liquidatoren bestimmen können. Sie können festlegen, daß einzelne Gesellschafter, alle Gesellschafter oder auch Dritte Liquidatoren sein sollen (Baumbach-Duden-Hopt Anm. 3; Düringer-Hachenburg-Flechtheim Anm. 9f.). Handelt es sich um einen Gesellschafter, so kann die Bestimmung dahin zu verstehen sein, daß ihm das Liquidatorenrecht als Sonderrecht zusteht und nur aus wichtigem Grund entzogen werden kann (§ 147 Anm. 19ff.). Legt der Gesellschaftsvertrag fest, daß die Liquidatoren durch Beschluß bestimmt werden, so kann dies bedeuten, daß vor der Fassung dieses Beschlusses keine Liquidatoren vorhanden sind (OLG Bremen BB 1978, 275; zust. Baumbach-Duden-Hopt Anm. 3). Gemeint sein kann aber auch, daß durch Beschluß mit einer bestimmten Mehrheit von der Regel des Abs. 1 abgewichen werden kann. In diesem Fall wird die Gesellschaft von allen Gesellschaftern vertreten, solange kein abweichender Beschluß vorliegt.

12 b) Durch **Gesellschafterbeschluß** können Liquidatoren bestellt werden. Der Beschluß begründet im Zweifel auch für einen als Liquidator bestellten Gesellschafter kein unentziehbares Sonderrecht (vgl. auch Baumbach-Duden-Hopt Anm. 3 unter Berufung auf OLG Hamm BB 1960, 1355). Es gilt der Grundsatz der Einstimmigkeit (über Mehrheitsklauseln vgl. § 119 Anm. 14ff.). Ein Mehrheitsbeschluß ist nur zulässig, wenn sich die entsprechende Klausel im Gesellschaftsvertrag auch auf die Liquidatorenbestellung bezieht (vgl. OLG Karlsruhe JFG 7, 166; Düringer-Hachenburg-Flechtheim Anm. 9; Schilling in Großkomm Anm. 30). Das ist eine Auslegungsfrage. Ist die Gesellschaft handlungsunfähig, so kann sich aus der Treupflicht die Verpflichtung zur Mitwirkung ergeben, weil die einvernehmliche Bestellung gegenüber dem Verfahren nach Abs. 2 der einfachere Weg ist. Eine Verletzung der Treupflicht kann Schadensersatzpflichten nach sich ziehen. Für eine Klage, gerichtet auf Mitwirkung zur Bestimmung eines Liquidators wird es am Rechtsschutzinteresse fehlen, wenn sich das Ziel auch über ein Ernennungsverfahren nach Abs. 2 erreichen läßt.

2. Die Auslegungsregel des Abs. 1 Satz 1

13 a) Nach Abs. 1 Satz 1 sind **im Zweifel sämtliche Gesellschafter** als Liquidatoren berufen. *Geßler* (4. Aufl. Anm. 2) sprach hier von gesetzlichen Liquidatoren. Nach richtiger Auffassung enthält Abs. 1 Satz 1 aber nichts anderes als eine Auslegungsregel: Das Gesetz unterstellt, daß die Gesellschafter im Zweifel nicht nur die persönlich haftenden Gesellschafter und unter ihnen nicht nur die geschäftsführenden Gesellschafter als Liquidatoren bestellen wollen. Die Vorschrift geht auf die Beratungen der Nürnberger ADHGB-Kommission zurück (ADHGB-Protokolle S. 1029), die sich von dem zunächst geplanten Konzept, bei dem nur die vertretungsberechtigten Gesellschafter als Liquidatoren erschienen (Art. 128, PreußE 1857, Art. 127 ADHGB-Entwurf I) abkehrte. Die Auslegungsregel, bei deren Entstehung noch nicht hinreichend an die KG gedacht wurde (erst auf S. 1077ff. der ADHGB-Protokolle wurde die KG konsequent von der stillen Gesellschaft getrennt!), besagt zunächst, daß die unter den Gesellschaftern vereinbarte Verteilung der Geschäftsführungs- und Vertretungsverhältnisse im Zweifel nur bis zur Auflösung Gültigkeit hat (näher zur Historie Karsten Schmidt ZHR 153 [1989], 290).

b) Abs. 1 Satz 1 gilt auch bei der **Kommanditgesellschaft**. Es sind also im Zweifel auch die Kommanditisten als Liquidatoren berufen (BGH WM 1982, 1170; Karsten Schmidt Gesellschaftsrecht § 53 V 2; Baumbach-Duden-Hopt Anm. 2A; Heymann-Sonnenschein Anm. 2; Schilling in Großkomm Anm. 3; s. auch OLG Bremen BB 1978, 275). Da die Vorschrift zunächst ohne Blick auf die KG konzipiert wurde (Anm. 13), geht sie insofern über den Willen ihrer Urheber hinaus und stößt auch rechtspolitisch auf Zweifel (vgl. Karsten Schmidt ZHR 153 [1989], 290). Diese Zweifel genügen aber nicht, um der Gesetzesentscheidung den Gehorsam zu verweigern und Abs. 1 Satz 1 auf die oHG zu beschränken (Karsten Schmidt ZHR 153 [1989], 290f.). Zweifelhaft ist die Anwendung bei der GmbH & Co. und bei der Publikums-Kommanditgesellschaft. Bei der Publikumsgesellschaft wird sich i.d.R. eine ausdrückliche Satzungsbestimmung finden; aber auch wenn sie fehlt, ist davon auszugehen, daß die Leitungsorgane im Zweifel im Amt bleiben sollen. Bei der **GmbH & Co.** ist Abs. 1 Satz 1 zwar nicht unanwendbar. Handelt es sich aber um eine personenidentische GmbH & Co. KG (Identität von Kommanditisten und GmbH-Gesellschaftern), so wird man davon auszugehen haben, daß Kontinuität der Geschäftsleitung in der Auflösung (Vorbild: § 66 GmbHG) gelten soll (vgl. Scholz-Karsten Schmidt GmbHG § 66 Anm. 54). Vor allem die Verzahnungsprobleme bei gleichzeitiger Auflösung der GmbH und der KG (§ 131 Anm. 32) lassen sich auf diese Weise praxisgerecht lösen; insbesondere besteht nach der hier vertretenen Lösung kein Grund, mit BGHZ 75, 178 = BB 1980, 11 = NJW 1980, 233 und OLG Hamburg DB 1987, 1244 = GmbHR 1987, 481 = WM 1987, 720 die Auflösung der KG zu leugnen, um die Rechtsfolge des Abs. 1 Satz 1 zu vermeiden. Die Lösung lautet: Mit der Komplementär-GmbH ist auch die KG aufgelöst (§ 131 Anm. 32). Die GmbH, vertreten durch ihren Liquidator, ist Liquidatorin der Kommanditgesellschaft (vgl. Karsten Schmidt BB 1980, 1499; ZHR 153 [1989], 291).

c) Eine **positive Regelung** muß in dem Vertrag bzw. Beschluß enthalten sein. Zwar ist es zulässig, bestimmte Gesellschafter, ohne daß sie nach § 147 abberufen werden müssen, von vornherein aus dem Kreis der Liquidatoren auszuschließen; aber eine Vertrags- oder Beschlußregelung, die sich darauf beschränkt, alle Gesellschafter auszuschließen, ohne daß eine positive Regelung darin (sei es auch konkludent) mit enthalten ist, ist unwirksam (vgl. Düringer-Hachenburg-Flechtheim Anm. 12; Schilling in Großkomm Anm. 31).

III. Die Bestellung eines gemeinsamen Vertreters (Abs. 1 Satz 2)

1. Normzweck und Geltungsumfang

a) Abs. 1 Satz 2 geht auf Art. 133 Abs. 1 Satz 2 ADHGB zurück. Er regelt exemplarisch einen im Erbfall besonders typischen Konflikt: Wird die Gesellschaft durch den Tod eines Gesellschafters aufgelöst, so geht der Anteil auch dann ungeteilt über, wenn der verstorbene Gesellschafter mehrere Erben hinterläßt (§ 139 Anm. 13). Auch wenn ein Gesellschafter nach der Auflösung stirbt, geht der Anteil ungeteilt auf seine Miterben über. Die Verwaltung steht den Miterben gemeinschaftlich zu (§ 2038 Abs. 1 Satz 1 BGB). Sie kann auch, wenn die Mitgesellschafter dies hinnehmen, gemeinschaftlich ausgeübt werden. Den Mitgesellschaftern ist es aber nicht zuzumuten, sich auf die komplizierte Willensbildung der Miterben einzulassen. Deshalb können sie die Bestellung eines gemeinsamen Vertreters verlangen (näher Karsten Schmidt ZHR 153 [1989], 289).

17 b) Abs. 1 Satz 2 besagt nach h. M., daß die Miterben nicht selbst Liquidatoren sein können und daß statt ihrer der gemeinsame Vertreter Liquidator ist (Geßler in der 4. Aufl. Anm. 2 ff.; Baumbach-Duden-Hopt Anm. 2 A; Düringer-Hachenburg-Flechtheim Anm. 4 f.; Schilling in Großkomm Anm. 13). Die Vorschrift besagt nach h. M. weiter, daß die Miterben anders als durch den gemeinschaftlichen Vertreter nicht handeln können (Schilling in Großkomm Anm. 13). **Dieser h. M. ist nicht zu folgen.** Abs. 1 Satz 2 gibt jedem Mitgesellschafter das Recht, von den Miterben eine Vertretungslösung zu verlangen. Akzeptieren die Mitgesellschafter, daß alle Miterben gemeinschaftlich handeln, so ist dieses gemeinschaftliche Handeln wirksam (Anm. 16). Benennen die Miterben einen gemeinschaftlichen Vertreter, so ist dieser nicht Organ der Gesellschaft und damit nicht Liquidator, sondern er übt die gemeinschaftlichen Gesellschafterrechte der Miterben, insbesondere die Liquidatorenrechte, als deren Gruppenvertreter aus (Karsten Schmidt ZHR 153 [1989], 288 f.).

18 c) Abs. 1 Satz 2 ist in mehrfacher Hinsicht **zu eng formuliert** und bedarf der extensiven bzw. entsprechenden Anwendung: Zunächst gilt die Vorschrift auch dann, wenn die Gesellschaft bereits vor dem Tod des Gesellschafters aufgelöst war (Anm. 19). Sodann, ergeben sich die für Abs. 1 Satz 2 charakteristischen Konflikte nicht nur bei der Ausübung des Liquidatorenamts, sondern auch bei der Ausübung von Mitgliedschaftsrechten (Anm. 20). Schließlich sollte Abs. 1 Satz 2 entsprechend auch auf den Fall angewendet werden, daß eine Gesamthands-BGB-Gesellschaft Gesellschafterin ist (Anm. 6). Die Mitgesellschafter brauchen nicht hinzunehmen, daß sämtliche BGB-Gesellschafter die Liquidatorenrechte nach §§ 709, 714 BGB gemeinschaftlich ausüben.

2. Die Anwendungsfälle des Abs. 1 Satz 2

19 a) Abs. 1 Satz 2 ist **unmittelbar** anwendbar, wenn die **Gesellschaft durch Tod aufgelöst** ist (§ 131 Nr. 4) und der verstorbene Gesellschafter mehrere Erben hinterlassen hat, die als Gesellschafter zugleich Liquidatoren sind. Abs. 1 Satz 2 ist aber auch anwendbar, **wenn ein Gesellschafter erst nach der Auflösung verstirbt** und von mehreren Miterben beerbt wird, denn auch in diesem Fall fällt der Anteil ungeteilt in die Erbengemeinschaft (so schon die Protokolle zum ADHGB, IX. Theil, 1858, S. 4529; heute unstreitig; vgl. Düringer-Hachenburg-Flechtheim Anm. 6; Schilling in Großkomm Anm. 24).

20 b) Nach dem bei Anm. 18 vertretenen Konzept muß Abs. 1 Satz 2 **analog** angewendet werden, wenn die Miterben nicht als Liquidatoren berufen sind (anders die bisher h. M.). Denn die Ausübung der Rechte als Gesellschafter-Liquidator ist Bestandteil der Mitgliedschaftsrechte in der aufgelösten Gesellschaft (Anm. 2), und das Bedürfnis, dem

Abs. 1 Satz 2 abhelfen soll, besteht nicht nur bei der Ausübung der Liquidatorenrechte. Deshalb gilt Abs. 1 Satz 2 entsprechend auch für die **Ausübung anderer Mitgliedschaftsrechte**: Die Mitgesellschafter können verlangen, daß die Miterben für die Ausübung der Rechte aus dem auf sie übergegangenen Anteil einen gemeinschaftlichen Vertreter bestellen. Insbesondere gilt dies bei der Beschlußfassung in der Gesellschafterversammlung. Auch wenn die Miterben als Liquidatoren berufen sind, gilt Abs. 1 Satz 2 zwar unmittelbar nur hinsichtlich der Liquidatorenrechte, daneben aber in analoger Anwendung auch hinsichtlich der Gesellschafterrechte.

c) Abs. 1 Satz 2 ist **weder unmittelbar noch analog anwendbar,** wenn der Gesellschafter verstorben, **die Gesellschaft aber nicht durch den Tod aufgelöst ist** (Fall des § 177 bzw. Fall der Nachfolgeklausel). Sind in diesem Fall mehrere Erben zur Nachfolge berufen, so teilt sich der ererbte Anteil (§ 139 Anm. 18). Die einzelnen Erben sind je für sich, also unverbunden, Gesellschafter geworden. Tritt nun ein Auflösungsfall ein, so ist jeder Erbe als Gesellschafter Liquidator nach Abs. 1 Satz 1. Eine einheitliche Ausübung der ererbten Mitgliedschaftsrechte kann nur durch eine sog. **Vertreterklausel** (obligatorische Gruppenvertretung) erzwungen werden (§ 177 Anm. 13).

21

3. Bestellung und Abberufung des gemeinschaftlichen Vertreters

a) Der gemeinsame Vertreter wird **von den Miterben** durch Mehrheitsbeschluß bestellt (vgl. §§ 2038, 745 BGB). Die Erben sind untereinander zur Mitwirkung verpflichtet. Sie sind in der Auswahl des Vertreters grundsätzlich frei, jedoch an die Einhaltung der Treupflicht gebunden (vgl. dazu Dütz in MünchKomm BGB § 2038 Anm. 41 ff.). Regelmäßig werden sie einen Miterben bestimmen. Einen objektiv unzumutbaren Vertreter können die Mitgesellschafter zurückweisen (dann aber Risiko der Unwirksamkeit von Beschlüssen etc.). Unterbleibt die Bestellung, so können die Miterben sie jederzeit nachholen (Schilling in Großkomm Anm. 17; Alfred Hueck oHG § 32 IV 2 b). Wie bei Anm. 16 dargestellt, können die Erben im Einvernehmen mit den Mitgesellschaftern auch gemeinschaftlich handeln. Zu dulden brauchen die Mitgesellschafter dies aber grundsätzlich nicht (arg. Abs. 1 Satz 2). Nur bei ganz unproblematischen Fällen (z.B. einmaliges Gemeinschaftshandeln einer Zweimann-Erbengemeinschaft oder grundlose Beanstandung eines bisher geduldeten Gemeinschaftshandelns) kann eine Duldungspflicht der Mitgesellschafter bestehen.

22

b) **Fehlt der gemeinschaftliche Vertreter** und lassen die Mitgesellschafter ein Gesamthandeln der Miterben nicht zu, so ist damit die Gesellschaft nicht ohne weiteres handlungsunfähig. Sind aufgrund Abs. 1 Satz 1 auch andere Gesellschafter als Liquidatoren berufen, so können diese vielmehr allein handeln (KG WM 1962, 60; Düringer-Hachenburg-Flechtheim Anm. 8; Schilling in Großkomm Anm. 16). Denn es fehlt nicht an einem Berechtigten (dies sind alle Miterben), sondern dieser ist lediglich untätig (bzw. wird nicht in der gebührenden Form tätig). Nach h.M. kann allerdings auch ein Liquidator nach Abs. 2 bestellt werden (Schilling in Großkomm Anm. 18, 49; Westermann Handbuch [Lfg. 1971] I 669; Alfred Hueck oHG § 32 IV 2 bß). Dem ist für den seltenen Fall zuzustimmen, daß die Gesellschaft aufgrund der versäumten Vertreterbestellung handlungsunfähig wird. Der aufgrund Abs. 2 bestellte Liquidator ist dann aber nicht gemeinschaftlicher Vertreter der Erben, sondern Organ der Gesellschaft.

23

Zur Bestellung eines Vertreters i.S. von Abs. 1 Satz 2 ermächtigt das Gesetz das Gericht nicht.

4. Die Stellung des gemeinschaftlichen Vertreters

24 a) **Nach außen** handelt der Vertreter für die Miterben als Liquidatoren; er selbst ist nicht Liquidator (Anm. 17; nur im Ergebnis übereinstimmend die h.M., die ihn für den Liquidator hält).

25 b) Im **Verhältnis zu den Miterben** ist der von ihnen Ernannte nicht verpflichtet, das Amt anzutreten (Schilling in Großkomm Anm. 20; Alfred Hueck oHG § 32 IV 2 b, 3). Verpflichtet werden kann er durch einen Auftrag, wenn die Tätigkeit des Vertreters unentgeltlich erfolgen soll oder – bei entgeltlicher Geschäftsbesorgung – durch einen Dienstvertrag (vgl. Düringer-Hachenburg-Flechtheim Anm. 5). Aus dieser schuldrechtlichen Verpflichtung folgt zugleich die Weisungsgebundenheit des Vertreters (Schilling in Großkomm Anm. 22). Auch kann der Erblasser einen Miterben durch eine Auflage anhalten, die Miterben zu vertreten.

5. Testamentsvollstreckung

26 Ist Testamentsvollstreckung angeordnet, so ist nach h.M. der **Testamentsvollstrecker** Liquidator (Baumbach-Duden-Hopt Anm. 2 A; Schilling in Großkomm Anm. 28; Alfred Hueck oHG § 32 IV 2 b; Heymann-Emmerich Anm. 3). Nach der hier vertretenen Ansicht (Anm. 2, 4 ff. und 45) ist das Problem ebenso zu lösen wie beim Konkurs des Gesellschafters: **Gesellschafter-Liquidator ist der Erbe.** Der Testamentsvollstrecker übt nur die Verwaltungsrechte des Erben aus. Er wird nach § 148 zum Handelsregister angemeldet, denn das Handelsregister muß denjenigen als „Liquidator" ausweisen, bei dem die Handlungszuständigkeit liegt.

IV. Bestellung durch das Gericht (Abs. 2)

1. Grundsatz

27 a) Abs. 2 regelt die **außerordentliche Liquidatorenbestellung aus wichtigem Grund.** Die Vorschrift ist mißverständlich gefaßt. Entgegen dem zu engen Wortlaut regelt sie nicht nur die Ernennung von Liquidatoren, sondern auch die Erweiterung der Geschäftsführungs- und Vertretungsbefugnisse bereits vorhandener Liquidatoren. Dagegen erfolgt die Abberufung oder Beschränkung von Abwicklern nach § 147.

28 b) **Anwendbar** ist Abs. 2 auf jede aufgelöste oHG oder KG, solange noch Liquidationsmaßnahmen zu treffen sind. Nach h.M. ist Abs. 2, wie überhaupt § 146, unanwendbar, wenn eine andere Art der Auseinandersetzung i.S. von § 145 Abs. 1 vereinbart wurde (Düringer-Hachenburg-Flechtheim Anm. 17; Ritter Anm. 7 d). Die Annahme, durch Vereinbarung einer anderen Art der Auseinandersetzung könne Abs. 2 ausgeschlossen werden, beruht auf einer Fehlinterpretation des § 145 (vgl. dazu generell § 145 Anm. 4 ff.). Entweder ist die Gesellschaft vollbeendigt, oder sie ist es nicht. Im ersten Fall ist für § 146 kein Raum, im zweiten Fall benötigt die Gesellschaft Liquidatoren (vgl. auch Anm. 29). Im übrigen kann Abs. 2 durch gesellschaftsvertragliche Vereinbarung weder ausgeschlossen noch beschränkt werden (Alfred Hueck § 32 IV 2 c; Schilling in Großkomm Anm. 62). Nach richtiger Ansicht ist Abs. 2 bei jeder aufgelösten, aber nicht vollbeendeten Gesellschaft **unabdingbar**. Zulässig sind allerdings Regelungen, die den Eintritt des wichtigen Grundes nach Abs. 2 verhindern, also eine Handlungsunfähigkeit der Gesellschaft abwenden.

c) Für die **ganze Dauer der Liquidation** gilt Abs. 2. Ausnahmsweise ist das Verfahren 29 schon bei unmittelbar bevorstehender Liquidation zulässig (KGJ 49, 116 = RJA 15, 121; KG OLGE 43, 290; Baumbach-Duden-Hopt Anm. 4 A). Auch wenn nur noch Vermögen zu verteilen ist, kann ein Bedürfnis für die Ernennung von Liquidatoren bestehen (vgl. KG OLGE 9, 261, 262). Unzulässig wird das Verfahren mit der Vollbeendigung der Gesellschaft (KG OLGE 9, 261, 262). Ist die Gesellschaft nur scheinbar beendet (§ 157 Anm. 29 ff.), so bleibt Abs. 2 anwendbar. Bei der Frage, ob ein wichtiger Grund vorhanden ist, muß aber bedacht werden, daß nach h. M. das Amt der Liquidatoren in diesem Fall – anders als bei den Kapitalgesellschaften – nach h. M. fortwirkt (vgl. § 155 Anm. 56 mit Stellungnahme und Nachweisen).

2. Der wichtige Grund

a) **Voraussetzung** für die gerichtliche Liquidatorenbestellung ist ein wichtiger Grund. 30 Ein solcher ist gegeben, wenn die Gesellschaft mangels Liquidatorenbestellung handlungsunfähig ist, so daß sich dem Ablauf der Liquidation erhebliche Hindernisse entgegenstellen (vgl. KGJ 32, 129, 133; BayObLG OLGE 45, 52; OLG Hamm BB 1958, 497; 1960, 918).

b) **Kasuistik:** Als wichtiger Grund wird ein feindseliges Verhältnis zwischen mehreren 31 Liquidatoren angesehen, wenn sich dieses der gedeihlichen Abwicklung der Gesellschaft als hinderlich erweist (KGJ 32, A 129, 135), erst recht Feindschaft zwischen diesen (BayObLG JFG 4, 172) oder gar erbitterte Feindschaft (BayObLG JFG 5, 246, 247; BayObLGZ 26, 18 = JW 1928, 2639, 2640). Allerdings ist solcher Streit der Liquidatoren nur dann ein wichtiger Grund, wenn eine gemeinschaftliche Tätigkeit erforderlich ist (RG JW 1897, 290). Als wichtiger Grund ist ferner angesehen worden: der begründete Verdacht einer unredlichen Handlungsweise, einer Pflichtvergessenheit der Abwickler (ROHGE 9, 30, 32 f.; OLG Hamm BB 1958, 497); begründetes Mißtrauen gegen die Geschäftsführung der Liquidatoren (RG JW 1897, 290, 291; BayObLGZ 23, 193); erst recht deren Unredlichkeit, Unfähigkeit zur ordnungsgemäßen Führung der Bücher und sonstigen Unterlagen (OLG Hamm BB 1960, 918), auch wenn sie kein Verschulden trifft (BayObLGZ 23, 193); ein bevorstehender Prozeß, der ohne Änderung der Vertretungsmacht der Liquidatoren ein Insichprozeß wäre (RGZ 162, 370, 377); die begründete Gefahr der einseitigen Wahrnehmung von bestimmten Interessen oder einer Interessenkollision (OLG Hamm BB 1958, 497), die Handlungsunfähigkeit der Gesellschaft aufgrund der Weigerung eines Miterben, an der Bestellung eines gemeinsamen Vertreters i. S. d. § 146 Abs. 1 Satz 2 mitzuwirken, sowie eine große Anzahl von Liquidatoren, durch die die Abwicklung übermäßig erschwert wird (KGJ 32, A 129, 135). Die Entfernung des Wohnortes der Abwickler vom Sitz der Gesellschaft kann dann einen wichtigen Grund darstellen, wenn dadurch die Abwicklung wesentlich erschwert wird (KGJ 32, A 129, 134). Die Verschleppung der Liquidation durch vorhandene Abwickler (OLG Braunschweig OLGE 24, 136, 137) kann zugleich ein Abberufungsgrund für diese und auch ein Ernennungsgrund für neue Abwickler sein.

3. Das Verfahren

32 a) **Zuständig** ist das Amtsgericht als Gericht der freiwilligen Gerichtsbarkeit (§ 145 Abs. 1 FGG), jedoch nicht als Registergericht (vgl. Keidel-Kuntze-Winkler, FGG, 12. Aufl. 1986, § 145 Anm. 1).

33 b) aa) Die Entscheidung ergeht auf **Antrag**. Der Antrag kann unter einer Bedingung gestellt werden (BayObLG Recht 1914 Nr. 1148 zu § 147; Schilling in Großkomm Anm. 55).

34 bb) **Antragsberechtigt** sind die Beteiligten (Abs. 2 Satz 1) sowie im Fall des § 135 der Gläubiger, der die Gesellschaft gekündigt hat (Abs. 2 Satz 2). Mehrere Erben eines Gesellschafters sind Beteiligte (vgl. nur Schilling in Großkomm Anm. 49). Ist nach Abs. 1 Satz 2 ein gemeinsamer Vertreter vorhanden, so kann er den Antrag stellen. Im Fall des Abs. 3 erklärt die h. M. den Konkursverwalter zum Beteiligten (z. B. Schilling in Großkomm Anm. 49). Richtig ist: Beteiligt ist der Gemeinschuldner, aber den Antrag stellt aufgrund von § 6 KO der Konkursverwalter (vgl. zu seiner Stellung Anm. 45). Das gilt auch für den Nachlaßkonkursverwalter (zur Frage, ob Nachlaßkonkurs die Gesellschaft auflöst, vgl. § 131 Anm. 39f.) und für den Testamentsvollstrecker (über ihn vgl. Anm. 26). Ein Nachlaßverwalter kann den Antrag nach h. M. nicht stellen (BayObLG BB 1988, 791 = EWiR 1988, 493 m. Anm. Winkler; anders Baumbach-Duden-Hopt Anm. 4 A). Gläubiger können den Antrag nur unter den Voraussetzungen des Abs. 2 Satz 2 stellen, sonst nicht (Baumbach-Duden-Hopt Anm. 4 A; Düringer-Hachenburg-Flechtheim Anm. 7; a. M. Hanse JW 1913, 723).

35 c) aa) Das **Gericht** ist nach h. M. nicht an den **Antrag** gebunden (BayObLG JFG 2, 183; Recht 1914 Nr. 1148; Schilling in Großkomm Anm. 58f.; nur im Hinblick auf die Person des zu Berufenden auch Geßler hier in der 4. Aufl. Anm. 23; a. M. Ritter Anm. 7d). Gleichzeitig meint allerdings die h. M., daß das Gericht nicht über den Antrag hinausgehen darf (Düringer-Hachenburg-Flechtheim Anm. 18; Schilling in Großkomm Anm. 59) und daß der Antragsteller den Antrag mit der Maßgabe stellen darf, das Gericht solle den Vorgeschlagenen oder niemanden ernennen (Geßler in der 4. Aufl. Anm. 23; Düringer-Hachenburg-Flechtheim Anm. 18; Schilling in Großkomm Anm. 58; a. M. Staub-Pinner 14. Aufl. Anm. 10). Praktisch bedeutet dies: Das Gericht ist gebunden, wenn ein bestimmter Antrag vorliegt; aber der Antrag darf im Hinblick auf die zu ernennende Person und im Hinblick auf sonstige Einzelheiten (z. B. Gesamt- oder Einzelvertretungsmacht) unbestimmt gehalten werden.

36 bb) Das Gericht hat für **rechtliches Gehör** zu sorgen (§ 146 Abs. 1 FGG, Art. 103 Abs. 1 GG; Schilling in Großkomm Anm. 56; Düringer-Hachenburg-Flechtheim Anm. 16). Anzuhören sind die Mitgesellschafter, im Fall einer Erbengemeinschaft nicht unbedingt alle Miterben, sondern ggf. der gemeinsam zu bestellende Vertreter (vgl. Abs. 1 Satz 2). Die Anhörung aller Miterben kann untunlich sein (vgl. Düringer-Hachenburg-Flechtheim Anm. 17; Schilling in Großkomm Anm. 56).

cc) Das Gericht ermittelt den **Sachverhalt** von Amts wegen (§ 12 FGG), jedoch unter **37** Beachtung der Förderpflicht der Beteiligten. Es kann nach h. M. nicht gemäß § 127 FGG die Entscheidung aussetzen, bis über eine Vorfrage entschieden ist, denn § 127 FGG gilt nur für das Registergericht, als solches wird das Amtsgericht hier aber nicht tätig (s. o. Anm. 32; wie hier Düringer-Hachenburg-Flechtheim Anm. 17; Schilling in Großkomm Anm. 57; vgl. aber auch KGJ 49, 116, 118). Allerdings kommt eine Aussetzung nach allgemeinen Verfahrensregeln in Betracht.

dd) Die **Entscheidung** ergeht durch Beschluß. Das Gericht kann sie nicht einseitig **38** abändern (§ 18 Abs. 2 FGG). Der Inhalt der Entscheidung ist rechtlich gebunden und nachprüfbar. Die „Kann"-Formulierung des Abs. 2 bezieht sich nur auf den Beurteilungsspielraum des Gerichts und besagt nichts über ein Handlungsermessen (Schilling in Großkomm Anm. 58; Düringer-Hachenburg-Flechtheim Anm. 18; vgl. auch zu § 66 GmbHG BayObLG GmbHR 1987, 306, 307).

ee) Rechtsmittel ist die sofortige Beschwerde (§ 146 Abs. 2 FGG). Wird der Antrag **39** abgelehnt, so ist der Antragsteller beschwerdebefugt. Wird ihm stattgegeben, so ist nach § 20 FGG jeder zur Beschwerde befugt, dessen Recht durch die Entscheidung beeinträchtigt wird (Staub-Pinner 14. Aufl. Anm. 9; Schilling in Großkomm Anm. 60). Bei der Verfügung gem. § 146 Abs. 2 handelt es sich nicht um eine nur beschränkt nachprüfbare Ermessensentscheidung (so aber RG JW 1897, 290; BayObLG JFG 4, 172, 174; OLGE 45, 52; OLG Hamm BB 1960, 1355). Der „wichtige Grund" ist zwar ein unbestimmter Rechtsbegriff. Die Anwendung unbestimmter Rechtsbegriffe darf jedoch prinzipiell unbeschränkt nachgeprüft werden (vgl. zur Rspr. des BVerwG Kellner NJW 1966, 858 f.). Erst die weitere Beschwerde beschränkt sich auf die Nachprüfung von Rechtsverletzungen.

ff) Der **Geschäftswert** im Beschwerdeverfahren richtet sich in erster Linie nach der **40** Bedeutung der Angelegenheit und den Interessen der Beteiligten (BayObLG Rpfleger 1977, 461).

gg) Im Verfahren der freiwilligen Gerichtsbarkeit gibt es **keine einstweilige Verfügung. 41** Daher kann im Verfahren nach § 146 Abs. 2 keine einstweilige Verfügung ergehen (OLG Dresden OLGE 16, 196; Düringer-Hachenburg-Flechtheim Anm. 19; Schilling in Großkomm Anm. 61). Auch durch einstweilige Verfügung des Prozeßgerichts kann kein Liquidator bestellt werden (RG JW 1901, 754; OLG Frankfurt/Main JW 1921, 763; OLG Dresden OLGE 5, 202; Schilling in Großkomm Anm. 61; Alfred Hueck oHG § 32 IV 2c Fn. 31; Düringer-Hachenburg-Flechtheim Anm. 19; vgl. auch KG JW 1931, 2992; a. A. Staub-Pinner 14. Aufl. Anm. 9).

4. Inhalt und Folge der Entscheidung

a) Der Ernannte wird Liquidator mit den sich aus §§ 146 ff. ergebenden Rechten und **42** Pflichten. Das Gericht kann Einzelvertretungsbefugnis oder Gesamtvertretungsbefugnis anordnen. Grundsätzlich ist der Ernannte nicht zur Übernahme des Amtes verpflichtet (Alfred Hueck oHG § 32 IV 2c; Düringer-Hachenburg-Flechtheim Anm. 20). Das Amt beginnt, wenn er die Ernennung annimmt (Baumbach-Duden-Hopt Anm. 4 A; Düringer-Hachenburg-Flechtheim Anm. 20; vgl. aber für Gesellschafter-Liquidatoren Schilling in Großkomm Anm. 65).

43 b) Einen **Dienstvertrag** kann nur die Gesellschaft mit dem Liquidator schließen. Für Streitigkeiten über die Höhe der Vergütung ist das Prozeßgericht zuständig (OLG Hamburg MDR 1973, 54; Alfred Hueck oHG § 32 IV 2 c; Düringer-Hachenburg-Flechtheim Anm. 20; Schilling in Großkomm Anm. 68). Das Gericht der freiwilligen Gerichtsbarkeit kann diesen Dienstvertrag nicht von sich aus ersetzen. Nach h. M. kommt allerdings durch die gerichtliche Bestellung eines Nichtgesellschafters zum Liquidator mit diesem ein Dienstvertrag zustande (Ritter Anm. 7e; Düringer-Hachenburg-Flechtheim Anm. 20; Schilling in Großkomm Anm. 63). Das Zustandekommen eines Vertrages durch Gerichtsbeschluß nach Abs. 2 läßt sich dogmatisch nicht begründen. Nach h. M. kann das Gericht auch keine Vergütung für Liquidatoren festsetzen, die nicht Gesellschafter sind (KGJ 27, A 222; Düringer-Hachenburg-Flechtheim Anm. 18; Schilling in Großkomm Anm. 68; Staub-Pinner 14. Aufl. Anm. 10). Wird ein Gesellschafter zum Liquidator ernannt, stellt sich das Problem nicht, weil er keine Vergütung verlangen kann (BGHZ 17, 299, 301; BGH WM 1967, 682; OLG Dresden ZHR 37 [1890], 544; OLG Hamm BB 1960, 1355; Düringer-Hachenburg-Flechtheim Anm. 20; Schilling in Großkomm Anm. 68; Ritter Anm. 7e). Wird ein Dritter ernannt, so läßt sich in analoger Anwendung des § 265 Abs. 4 AktG die Zuständigkeit des Gerichts begründen, eine Vergütung für diesen Dritten festzusetzen (insoweit ebenso AG Hamburg MDR 1969, 847). Die Gesellschafter können diesen Zustand ändern, indem sie entweder den Liquidator unter Neuberufung eines anderen abberufen oder durch Vertragsschluß mit dem Drittliquidator eine neue Vergütungsregelung treffen. Ob ein Gesellschafter die aus der Berufung des Drittliquidators resultierenden Kosten im Innenverhältnis zu tragen hat, entscheidet sich nach den Umständen des Einzelfalls (vgl. RGZ 22, 169).

5. Gerichtliche Liquidatorenbestellung außerhalb von Abs. 2

44 Lex specialis zu Abs. 2 ist § 38 Abs. 2 S. 2, 3 KWG. Danach hat das Registergericht auf Antrag des Bundesaufsichtsamtes für das Kreditwesen Abwickler zu bestellen, wenn die sonst zur Abwicklung berufenen Personen keine Gewähr für die ordnungsmäße Abwicklung bieten (§ 38 Abs. 2 Satz 2 KWG). Das Antragsrecht besteht auch, wenn die Liquidation nicht nach § 38 Abs. 1 Satz 1 KWG durch das Bundesamt für Kreditwesen eingeleitet wurde, sondern durch Beschluß der Gesellschafter (BayObLGZ 78, 121 = WM 1978, 1164).

V. Stellung des Konkursverwalters (Abs. 3)

1. Bedeutung

45 a) Nach verbreiteter, auch von *Geßler* in der Vorauflage (Anm. 7) geteilter Auffassung erklärt Abs. 3 den Konkursverwalter eines Gesellschafters zum Liquidator der Personengesellschaft (ebenso Baumbach-Duden-Hopt Anm. 2 A; Schilling in Großkomm Anm. 7; Straube-Torggler-Kucsko Anm. 10; Alfred Hueck oHG § 32 IV 2b; wohl auch BGH NJW 1981, 822). Dem ist nicht zu folgen (vgl. Karsten Schmidt ZHR 153 [1989], 289). Abs. 3 besagt nur, daß der Konkursverwalter in der Liquidation die

Befugnisse des Gemeinschuldners ausübt, und zwar auch insoweit, als der Gemeinschuldner nach dem Gesellschaftsvertrag bzw. aufgrund von Abs. 1 Satz 1 als Liquidator berufen ist. Bei BGH NJW 1981, 822 heißt es insofern richtig, daß der Konkursverwalter die Verwaltungsrechte anstelle des Gemeinschuldners wahrnimmt. Der Konkursverwalter handelt nach der herrschenden Amtstheorie zwar im eigenen Namen (dagegen § 145 Anm. 71 sowie Karsten Schmidt KTS 1984, 345 ff.), aber auch diese Rechtskonstruktion kann nichts daran ändern, daß der Konkursverwalter nur die Liquidatorenrechte des Gemeinschuldners ausübt. In seiner Eigenschaft als Konkursverwalter verwaltet er das Vermögen dieses Gesellschafters, nicht das Vermögen der Gesellschaft. Deshalb kann auch der Konkursverwalter einer Komplementär-GmbH nicht aufgrund von § 6 KO über das Gesellschaftsvermögen der KG verfügen (vgl. über Grundbuchbewilligungen BayObLG NJW-RR 1989, 977 = DB 1989, 1130).

b) Ähnlich wie Abs. 1 Satz 2 (dazu Anm. 20) ist auch Abs. 3 **zu eng formuliert**. Die **46** Vorschrift besagt, daß der Konkursverwalter die Rechte des Gemeinschuldners als Gesellschafter-Liquidator ausübt und daß dazu auch die Rechte und Pflichten als Liquidator gehören. Mit diesen Rechten übt der Konkursverwalter, soweit die Konkursmasse betroffen ist, auch die sonstigen Gesellschafterrechte aus, insbesondere das Stimmrecht.

2. Anwendungsfälle

a) Abs. 3 gilt nicht nur, wenn die Gesellschaft durch Konkurs des Gesellschafters aufge- **47** löst ist, sondern auch dann, wenn die Gesellschaft bereits aufgelöst war, bevor das Konkursverfahren eröffnet wurde (ebenso Ritter Anm. 8).

b) Abs. 3 gilt **auch im Fall des Nachlaßkonkurses** (ebenso Schilling in Großkomm **48** Anm. 7, 27; Baumbach-Duden-Hopt Anm. 2 A; anders Ritter Anm. 8). Hinzuweisen ist allerdings auf das Urteil BGHZ 91, 132 = NJW 1984, 2104 = JZ 1984, 890 m. abl. Anm. Brox, wonach der Nachlaßkonkurs die Gesellschaft nicht auflöst (dazu aber § 131 Anm. 40).

c) Abs. 3 gilt **nicht** – auch nicht analog – für den Gläubiger eines Gesellschafters, der **49** die Gesellschaft nach § 135 gekündigt hat (Schilling in Großkomm Anm. 9; Alfred Hueck oHG § 32 IV 2 b γ). Auch für den **Nachlaßverwalter** gilt Abs. 3 nicht (a. A. Schilling in Großkomm Anm. 27; Baumbach-Duden-Hopt Anm. 2 A).

d) Abs. 3 gilt auch **nicht**, wenn der Gemeinschuldner mit der Konkurseröffnung aus- **50** scheidet. Aber auch dann werden seine Rechte und Pflichten einschließlich erforderlicher Registeranmeldungen vom Konkursverwalter ausgeübt (vgl. BGH NJW 1981, 822).

3. Umfang der Rechtsausübung

a) Ausdrücklich besagt Abs. 3, daß der Konkursverwalter die **Rechte des Gemein-** **51** **schuldners als Liquidator** wahrnimmt (BGH NJW 1981, 822 f.; Schilling in Großkomm Anm. 7). Der Konkursverwalter nimmt mit dieser Maßgabe an der Geschäftsführung und Vertretung der Gesellschaft teil.

§ 146 52, 53　　　2. Buch. 1. Abschnitt. Offene Handelsgesellschaft

52 b) Daneben tritt, wie bei Anm. 18, 20 ausgeführt, auch die **Wahrnehmung der sonstigen Mitgliedschaftsrechte**, soweit die Masse betroffen ist. Der Konkursverwalter übt insbesondere das Stimmrecht des Gesellschafters bei Gesellschafterbeschlüssen aus.

VI. Sonstige Vertreter der aufgelösten Gesellschaft

1. Erteilung von Prokura und Handlungsvollmacht

53　Die Liquidatoren können Prokuristen und Handlungsbevollmächtigte bestellen. Das ist für Handlungsbevollmächtigte unbestritten (Alfred Hueck oHG § 32 IV 5 f; Schilling in Großkomm Anm. 39). Nach RGZ 72, 119, 123 beschränkt sich dann die **Vertretungsmacht der Handlungsbevollmächtigten** auf Liquidationsgeschäfte nach § 149. Das kann so sein, muß aber nicht so sein, denn die Liquidatoren sind selbst nicht auf diese Geschäfte beschränkt (§ 149 Anm. 53; anders h. M.). Man wird deshalb festhalten müssen, daß die Handlungsvollmacht nach dem Willen der Beteiligten auf Liquidationsgeschäfte beschränkt zu sein pflegt, nicht aber nach einer zwingenden Regel auf diese Geschäfte beschränkt ist. Die **Zulässigkeit der Prokura in der Liquidation** wird allerdings von der bisher ganz herrschenden Auffassung abgelehnt (ROHGE 13, 223 ff.; RGZ 72, 119, 122; Geßler hier in der 4. Aufl. § 149 Anm. 19; Schilling in Großkomm § 149 Anm. 40; Ulmer ebd. § 131 Anm. 134; Würdinger ebd. § 48 Anm. 3; Alfred Hueck oHG § 32 IV 5 f.; dagegen bereits oben § 48 Anm. 5 f.). Das müßte bedeuten, daß die Gesellschafter, wenn sie einer Prokuristenbestellung zustimmen, zugleich einen Fortsetzungsbeschluß fassen (dazu § 131 Anm. 60 ff.). Diese Auffassung ist abzulehnen (vgl. Karsten Schmidt Handelsrecht § 16 III 2 a; eingehend ders. BB 1989, 229 ff.; zust. jetzt Staub-Joost § 48 Anm. 13). Sie beruht auf einem überholten Rechtsbild der aufgelösten Gesellschaft. Entgegen der noch ganz h. M. können die Liquidatoren Prokuristen bestellen (Karsten Schmidt Handelsrecht § 16 III 2 a). Dem steht weder der Liquidationszweck grundsätzlich entgegen (§ 156 Anm. 14) noch die Bindung der Liquidatoren an den Liquidationszweck (dazu § 149 Anm. 4). Im Recht der Kapitalgesellschaften ist der Standpunkt der traditionellen Ansicht bereits weitgehend verdrängt (für die AG dadurch, daß § 210 Abs. 5 AktG 1937 keine Aufnahme in das geltende AktG mehr fand; für die GmbH vgl. Scholz-Karsten Schmidt GmbHG § 69 Anm. 7 m. w. Nachw.). Von der grundsätzlichen Zulässigkeit der Prokura zu unterscheiden ist die **Frage, ob die Prokuraerteilung im konkreten Fall mit dem Liquidationszweck und mit den Aufgaben der Liquidatoren vereinbar ist**. Verstößt die Prokuraerteilung evident gegen die Pflichten der Liquidatoren (z. B. weil die Liquidation weit fortgeschritten ist und die Prokuraerteilung nur einem Nicht-Liquidator übermäßige Befugnisse verleihen soll), so ist sie unzulässig und wegen Mißbrauchs der Vertretungsmacht unwirksam (vgl. § 151 Anm. 5 ff.). Das Registergericht darf deshalb die Prokura auch nicht in das Handelsregister eintragen, wenn Gesellschafter der Prokuraerteilung widersprechen und Grund zu der Annahme besteht, daß die Prokuraerteilung mit den Liquidatorpflichten unvereinbar ist.

2. Fortbestand von Prokuren und Handlungsvollmachten

Die hier vertretene Auffassung hat Konsequenzen auch für den **Fortbestand erteilter** **54** **Prokuren im Fall der Auflösung.** Nach h. M. erlischt eine von der oHG bzw. KG erteilte Prokura automatisch mit Eintritt der Auflösung (RGZ 72, 119, 123; Baumbach-Duden-Hopt § 52 Anm. 2 B; Ulmer in Großkomm § 131 Anm. 134; Schilling in Großkomm § 149 Anm. 40; Alfred Hueck oHG § 32 IV 5). Dem kann nicht gefolgt werden (Karsten Schmidt BB 1989, 234). Vielmehr besteht eine solche Prokura fort (ebd.). Die Kontinuität der Organisation im Liquidationsfall (Anm. 2) erlaubt eine andere Lösung als im Konkurs (§ 145 Anm. 72). Es ist Aufgabe der Liquidatoren, die Prokura ggf. zu widerrufen. Wird das Erlöschen der Prokura zum Handelsregister angemeldet, so ist (auch wenn die Liquidatoren von der h. M. und damit von einer automatischen Beendigung der Prokura ausgingen) anzunehmen, daß die Prokura konkludent widerrufen worden ist.

VII. Actio pro socio und Abwehrklagen des Gesellschafters in der Liquidation

Schrifttum: vgl. § 105 Anm. 171.

1. Actio pro socio

a) Die **actio pro socio** (§ 105 Anm. 172 ff.) ist gerade **in der aufgelösten Gesellschaft** **55** anerkannt (vgl. nur RGZ 90, 300; 91, 34; 158, 302, 314; RG JW 1927, 1090; BGHZ 10, 91, 101; BGH LM Nr. 3 zu § 149 = WM 1960, 47; weitere Nachweise bei Karsten Schmidt Gesellschaftsrecht § 21 IV 5 a). Es gibt also eine Hilfszuständigkeit der Gesellschafter, kraft derer diese berechtigt sind, Sozialansprüche der Gesellschaft, insbesondere Ansprüche auf die Leistung von Einlagen oder auf Rückgewähr verbotener Ausschüttungen, in eigenem Namen einzuklagen, wenn die Gesellschaftsorgane hierzu nicht in der Lage oder nicht willens sind. Gerade bei der actio pro socio ist allerdings, wie bei § 149 Anm. 19 ausgeführt, die Besonderheit zu beachten, daß Einlagen nicht mehr geschuldet werden, soweit sie für die Liquidation nicht benötigt werden. Entgegen dem überholten Standpunkt von RGZ 100, 165, 167 ist dies aber kein Grund, die actio pro socio im Auflösungsstadium in Zweifel zu ziehen (vgl. Karsten Schmidt Gesellschaftsrecht § 21 IV 5 a). Die actio pro socio ist eine Frage der Prozeßführungsbefugnis, also der Zulässigkeit der von dem Gesellschafter im eigenen Namen erhobenen Klage. Dagegen ist es eine materiell-rechtliche, auf den Anspruch der Gesellschaft bezogene, Frage, mithin eine Frage der Begründetheit, ob die eingeforderte und eingeklagte Einlage im Einzelfall auch geduldet wird.

b) Die Klage geht **grundsätzlich** auf **Leistung an die Gesellschaft** (§ 105 Anm. 176). Das **56** gilt auch im Liquidationsstadium (§ 149 Anm. 17). **Ausnahmsweise** kann allerdings der Gesellschafter, wenn nur noch die Vermögensverteilung an ihn selbst in Rede steht, auf Leistung an sich klagen, weil in diesem Fall eine Leistung an die Gesellschaft ein sinnloser Umweg wäre (vgl. RGZ 123, 23; 158, 302, 313 f.; BGHZ 10, 91, 101 f.;

BGH BB 1958, 603; Karsten Schmidt Gesellschaftsrecht § 21 IV 5 b). Ein solcher Fall liegt insbesondere vor, wenn sich die Gesellschafter im Liquidationsfall untereinander ausgleichen und nur die Höhe der Ausgleichsbeträge streitig ist (vgl. § 149 Anm. 30).

2. Abwehrklagen

57 Von der actio pro socio müssen **Ansprüche des Gesellschafters auf rechtmäßiges Verhalten der Liquidatoren**, insbesondere auf Einhaltung ihrer Kompetenzen und auf die Befolgung von Weisungen der Gesellschafter, unterschieden werden (dazu vgl. § 149 Anm. 7; § 150 Anm. 5; § 152 Anm. 13). Grundlage dieser Abwehransprüche sind die Kompetenzen der Gesellschafter einerseits und des Liquidators anderseits, der durch kompetenzwidriges Verhalten, z.B. durch Nichtbeachtung des Liquidationszwecks (vgl. auch § 145 Anm. 25) oder durch Nichtbefolgung rechtmäßiger Weisungen, die Mitgliedschaftsrechte eines jeden Gesellschafters verletzt (vgl. generell Karsten Schmidt Gesellschaftsrecht § 21 V). Die bloße Zweckmäßigkeit einer einzelnen Liquidationshandlung gibt einzelnen Gesellschaftern kein Recht, auf deren Vornahme zu klagen.

147 Die Abberufung von Liquidatoren geschieht durch einstimmigen Beschluß der nach § 146 Abs. 2 und 3 Beteiligten; sie kann auf Antrag eines Beteiligten aus wichtigen Gründen auch durch das Gericht erfolgen.

Schrifttum: Vgl. § 145.

Inhalt

	Anm.		Anm.
I. Grundlagen	1–12	III. Die außerordentliche Abberufung durch das Gericht (2. Halbsatz)	19–26
1. Abberufung der Liquidatoren	1	1. Grundsatz	19
2. Geltungsbereich	2	2. Voraussetzungen	20
3. Ordentliche und außerordentliche Abberufung	5	3. Das Verfahren	22
4. Sonstige Endigungsgründe	8	4. Einstweiliger Rechtsschutz	26
II. Die Abberufung durch Beschluß (1. Halbsatz)	13–18	IV. Folgen der Abberufung	27, 28
1. Grundsatz	13	1. Ende des Liquidatorenamtes	27
2. Der Beschluß der Beteiligten	16	2. Ende des Dienstverhältnisses	28

I. Grundlagen

1. Abberufung der Liquidatoren

1 Von der **Abberufung der Liquidatoren** ist in § 147 die Rede. Gemeint sind die bei § 146 Anm. 3 ff. bezeichneten Liquidatoren. Die Liquidatoren sind i.d.R., jedoch nicht in jedem Fall, mit den nach § 148 Eingetragenen identisch (auch dazu § 146 Anm. 8). Ist der Liquidator ein **minderjähriger** (oder sonst nicht vollgeschäftsfähiger) **Gesellschafter**, so kann auch nur er, nicht der gesetzliche Vertreter, abberufen werden (anders wohl die h.M., die den gesetzlichen Vertreter als Liquidator ansieht; vgl. § 146 Anm. 4). Der Abberufungsgrund mag zwar in der Person des gesetzlichen Vertreters, z.B. in seinem Verhalten, begründet sein, und die Abberufung nach § 147 mag auch durch Abberufung dieses Vertreters abgewendet werden können; aber das Entziehungsverfahren nach § 147 richtet sich gegen den gesetzlich vertretenen Gesellschafter. Ist eine **juristische Person**, eine **oHG** oder eine **KG** (als Gesellschafterin der aufgelösten Gesellschaft) Liquidator (§ 146 Anm. 6), so kann nur sie nach § 147 abberufen werden, nicht ihr Vertretungsorgan (sie selbst mag dieses Organ abberufen, um dadurch ihre Abberufung als Liquidatorin abzuwenden). Ist ein **Gesellschafter-Liquidator in Konkurs** (dazu § 146 Anm. 5), so kann nicht der Konkursverwalter nach § 147 abberufen werden (so aber Baumbach-Duden-Hopt Anm. 1 A; Heymann-Sonnenschein Anm. 3; Schilling in Großkomm Anm. 5), sondern nur der Gemeinschuldner (§ 146 Anm. 45), wobei der Abberufungsgrund wiederum durchaus im Verhalten des Konkursverwalters begründet sein kann. Das Verfahren richtet sich gegen den Gemeinschuldner, für den aber der Konkursverwalter handelt (§ 146 Anm. 45; im praktischen Ergebnis insofern richtig die h. M.). Ein **gemeinschaftlicher Vertreter nach § 146 Abs. 1 Satz 2** kann gleichfalls nicht nach § 147 abberufen werden, denn er bezieht seine Legitimation von den Miterben (anders auch hier die h.M.; Heymann-Sonnenschein Anm. 3). Nach § 147 abberufen werden ggf. die Miterben (vgl. § 146 Anm. 17). Nur gegen sie richtet sich das Verfahren des § 147, in dem sie nach § 146 Abs. 1 Satz 2 vertreten werden. Wollen sie eine auf der Unzumutbarkeit ihres Vertreters beruhende Abberufung verhindern, so können sie einen neuen gemeinsamen Vertreter benennen. Insgesamt kommt die h.M., wenn auch auf einem rechtskonstruktiv ungenauen Weg, weitgehend zu denselben Ergebnissen, wie sie hier vertreten werden, indem sie den Vertreter als Adressaten der Abberufung betrachtet.

2. Geltungsbereich

a) § 147 gilt für die **oHG** sowie für die **Kommanditgesellschaft** (vgl. § 161 Abs. 2). In der **GmbH & Co. KG** gilt § 147 für die KG-Liquidatoren. Für die GmbH-Liquidatoren gilt dagegen § 66 Abs. 3 GmbHG (dazu im einzelnen Scholz-Karsten Schmidt GmbHG § 66 Anm. 54).

b) Die Gesellschaft muß **aufgelöst**, darf aber **nicht vollbeendet** sein. Ebenso wie die Ernennung von Liquidatoren kommt auch ihre Abberufung nur bis zur Vollbeendigung der Gesellschaft in Betracht. Sind alle Liquidationsmaßnahmen erledigt, ist das Amt der Liquidatoren beendet; eine Abberufung ist nicht mehr erforderlich und auch nicht mehr zulässig, denn sie wäre gegenstandslos. Die Veräußerung des Geschäfts nebst der Firma und die entsprechende Eintragung im Handelsregister (§ 31) schließen die Abberufung nicht aus, wenn noch der Erlös unter die Gesellschafter zu verteilen ist (KG OLGE 9, 261, 262). Dies ist noch eine Liquidationsmaßnahme.

c) § 147 gilt **für jeden Liquidator**. Auf den Berufungsgrund kommt es nicht an (Düringer-Hachenburg-Flechtheim Anm. 4; Schilling in Großkomm Anm. 4; Alfred Hueck oHG § 32 IV 3c). Es muß aber streng darauf geachtet werden, ob der Betreffende Liquidator im Rechtssinne ist (vgl. Anm. 1). Entgegen der h.M. kann deshalb ein gesetzlicher Vertreter, ein Konkursverwalter oder ein nach § 146 Abs. 1 Satz 2 bestellter gemeinsamer Vertreter nicht nach § 147 abberufen werden (Anm. 1; s. auch § 146 Anm. 7).

3. Ordentliche und außerordentliche Abberufung

5 a) Die **ordentliche Abberufung** geschieht nach **Halbsatz 1** durch einstimmigen Beschluß. *Geßler* hielt diese Regel in der 4. Aufl. (Anm. 1, 2) für zwingend. Die Abberufung der Liquidatoren solle nur unter den erschwerten Bedingungen des § 147 erfolgen können. Nur Maßnahmen der Gesellschafter vor der Auflösung, durch die sie die gesetzliche Regel des § 146 Abs. 1 oder vertragliche Abreden über die Berufung bestimmter Personen zu Liquidatoren ändern, fielen nicht unter den zwingenden § 147. Für diese Änderungen genüge ein Beschluß der Gesellschafter, der zwar in der Regel Einstimmigkeit erfordere, aber auch mit der Mehrheit (§ 119) gefaßt werden könne. Dem ist nicht zu folgen. Das Einstimmigkeitsprinzip des Satzes 1 ist **nicht zwingend** (vgl. auch Anm. 15). Es ist auf der anderen Seite auch nicht neben § 119 überflüssig. Abs. 1 besagt, daß auch ein Liquidator, der zwar nicht einstimmig in das Amt berufen worden ist, im Zweifel nur einstimmig abberufen werden kann.

6 b) Die **außerordentliche Abberufung** aus wichtigem Grund erfolgt nach **Halbsatz 2** durch das Gericht der freiwilligen Gerichtsbarkeit. Durch Gesellschaftsvertrag kann auch eine außerordentliche Abberufung durch Beschluß oder Kündigung zugelassen werden. Daneben steht aber zwingend das Verfahren nach Halbsatz 2 zur Verfügung.

7 c) Eine **Beschränkung der Liquidatorenrechte** kann gleichfalls auf der Grundlage von § 147 beschlossen bzw. durch das Gericht ausgesprochen werden (Baumbach-Duden-Hopt Anm. 1 B; h.M.). Die Beschränkung muß allerdings mit dem allgemeinen Liquidationsrecht vereinbar sein. Sie kann z.B. darin bestehen, daß einem Alleinliquidator weitere Liquidatoren zur Seite gestellt werden oder daß aus einer Alleinhandlungsbefugnis oder Alleinvertretungsmacht eine Gesamthandlungsbefugnis bzw. Gesamtvertretungsmacht wird. Dagegen kann eine Beschränkung der Vertretungsmacht wegen § 151 auch nicht aufgrund von § 147 durch Beschluß oder durch Gerichtsentscheidung ausgesprochen werden.

4. Sonstige Endigungsgründe

8 a) Durch **Vollbeendigung der Gesellschaft** endet das Amt der Liquidatoren automatisch, nicht dagegen durch Eröffnung des Gesellschaftskonkurses (vgl. über die Befugnisse der Liquidatoren neben dem Konkursverwalter § 145 Anm. 73). Ein **Fortsetzungsbeschluß** (§ 131 Anm. 64) führt zum Wiederaufleben der Geschäftsführungs- und Vertretungsrechte nach §§ 114 ff., 125 ff.

9 b) Eine **Liquidatorenbestellung** auf Zeit (praktisch selten und wohl nur bei Drittliquidatoren von Interesse) endet mit Zeitablauf automatisch (vgl. insoweit auch OLG Hamm DB 1981, 518; Baumbach-Duden-Hopt Anm. 1 A).

10 c) Durch **Niederlegung des Amtes** kann das Liquidatorenamt jedenfalls dann enden, wenn der Liquidator ein Dritter ist (vgl. BayObLG DB 1981, 518, 519; Baumbach-Duden-Hopt Anm. 2). Ein Gesellschafterliquidator kann das Amt nach h.M. nur aus wichtigem Grund niederlegen (Baumbach-Duden-Hopt Anm. 1 A; Schilling in Großkomm § 146 Anm. 29). Richtig ist folgendes (vgl. sinngemäß die Ausführungen bei § 127 Anm. 6): Die Niederlegung des Amtes setzt als solche nicht das Vorhandensein

Abberufung von Liquidatoren 11–14 § 147

eines wichtigen Grundes voraus. Von diesem kann aber, wenn der Liquidator kraft Gesellschaftsrechts oder kraft Dienstvertrags zur Tätigkeit verpflichtet ist, die Rechtmäßigkeit der (an sich wirksamen) Niederlegung abhängen. Die Verpflichtung eines Gesellschafters zur Betätigung als Liquidator kann nach dem Grundsatz des § 712 Abs. 2 BGB aus wichtigem Grund kündbar sein. Die Niederlegung des Amtes stellt zugleich eine solche Kündigung dar.

d) Der **Tod eines Liquidators** bringt dessen Liquidatorenamt zum Erlöschen (Baumbach-Duden-Hopt Anm. 1 A, 3; Heymann-Emmerich Anm. 11). Handelt es sich um einen Gesellschafter und sind nach § 146 Abs. 1 Satz 1 alle Gesellschafter als Liquidatoren berufen, so ist im Zweifel der Erbe Liquidator. Mehrere Erben haben nach § 146 Abs. 1 Satz 2 einen gemeinsamen Vertreter zu bestellen. **11**

e) Kein automatischer Endigungsgrund ist die **Aufhebung oder Kündigung des etwa vorhandenen Dienstvertrags** zwischen der Gesellschaft und dem Liquidator (Baumbach-Duden-Hopt Anm. 1 A; anders wohl BayObLG DB 1981, 518, 519). Allerdings kann eine vom Liquidator ausgesprochene oder akzeptierte Kündigung zugleich eine Niederlegung des Amtes sein. Kein automatischer Endigungsgrund ist der Übergang von der Liquidation zu einer „anderen Art der Auseinandersetzung" i. S. von § 145 Abs. 1, insbesondere zum Verkauf des Unternehmens (anders BayObLG DB 1981, 518; Heymann-Sonnenschein Anm. 11). Die Gegenauffassung des BayObLG, wonach nun kein Raum mehr sei für die Tätigkeit von Liquidatoren, beruht auf der bei § 145 Anm. 4 ff. und § 158 Anm. 3 ff. kritisierten Verwechslung der Liquidation des Unternehmens mit der Liquidation der Gesellschaft. Nur wenn durch eine „andere Art der Auseinandersetzung" die Gesellschaft selbst zur sofortigen Vollbeendigung gebracht wird (§ 145 Anm. 32 ff.), erlischt mit der Gesellschaft selbstverständlich auch das Liquidatorenamt. Kein Endigungsgrund ist auch der **Gesellschaftskonkurs**, denn die Liquidatoren bleiben neben dem Konkursverwalter im Amt (§ 145 Anm. 73). Der **Konkurs eines Gesellschafters** läßt dessen Liquidatorenamt nicht erlöschen. Es folgt dann nur aus § 146 Abs. 3, daß der Konkursverwalter die Liquidatorenrechte ausübt. Fällt ein Liquidator, der nicht Gesellschafter ist, in Konkurs, so endet sein Amt gleichfalls nicht automatisch. Die Konkurseröffnung kann allerdings ein Abberufungsgrund sein (Westermann Handbuch [Lfg. 1967] I 682). Bis dahin handelt der Liquidator selbst (nicht sein Konkursverwalter) weiter. **12**

II. Die Abberufung durch Beschluß (1. Halbsatz)

1. Grundsatz

a) Die Liquidatoren können durch **einstimmigen Beschluß** der nach § 146 Abs. 2, 3 Beteiligten abberufen werden. **13**

b) Halbsatz 1 gilt für **alle Liquidatoren** (Anm. 4). Es können namentlich auch die gerichtlich bestellten Liquidatoren abberufen werden. Da die Liquidatoren nicht im Interesse der Beteiligten ernannt werden, kann ein gerichtlicher Liquidator ohne Schädigung irgendwelcher Belange abtreten, wenn die Beteiligten ihn einstimmig nicht mehr wün- **14**

Karsten Schmidt

§ 147 15, 16   2. Buch. 1. Abschnitt. Offene Handelsgesellschaft

schen. Soweit ein gerichtlicher Liquidator ernannt war, um die Interessen der Gläubiger eines Gesellschafters zu wahren, sind diese Gläubiger dadurch genügend geschützt, daß der Konkursverwalter und der Privatgläubiger (§ 135) der Abberufung zustimmen müssen.

15 c) Halbsatz 1 ist **nicht zwingend**. Das ordentliche Abberufungsrecht kann durch den Gesellschaftsvertrag ausgeschlossen werden (Baumbach-Duden-Hopt Anm. 1 A; Ritter Anm. 2 d; Schilling in Großkomm Anm. 13; Alfred Hueck oHG § 32 IV 3 c; a. M. ROHGE 23, 329; Düringer-Hachenburg-Flechtheim Anm. 7). Die 4. Aufl. (Anm. 4) und *Schilling* (in Großkomm Anm. 13) haben dies noch eingehend begründet. Dessen bedarf es nicht mehr. Nur das außerordentliche Abberufungsrecht nach Halbsatz 2 ist unabdingbar (Anm. 19). Zulässig ist umgekehrt eine Vertragsklausel, die für die ordentliche Abberufung auf Einstimmigkeit verzichtet (Heymann-Sonnenschein Anm. 6; Schilling in Großkomm Anm. 7; Alfred Hueck oHG § 32 IV 3 c). Die von *Geßler* in der 4. Aufl. vertretene Gegenansicht beruht auf der bei Anm. 5 abgelehnten Grundannahme. Da das Abberufungsrecht eingeschränkt werden kann, ist es zulässig, die Abberufung durch Mehrheitsbeschluß auf den Fall der außerordentlichen Abberufung aus wichtigem Grund (Anm. 19 ff.) zu beschränken. Steht einem Gesellschafter das Liquidatorenamt als gesellschaftsvertragliches Sonderrecht zu, so kann ihm dieses Amt ohne seine Zustimmung nur aus wichtigem Grund entzogen werden (vgl. § 146 Anm. 11). Handelt es sich um einen nach § 146 Abs. 2 vom Gericht bestellten Liquidator, so bedarf die Abberufung der Zustimmung dessen, der die Bestellung beantragt hat (Baumbach-Duden-Hopt Anm. 1 A; Alfred Hueck oHG § 32 IV 3 c; Heymann-Emmerich Anm. 9).

2. Der Beschluß der Beteiligten

16 a) An der **Beschlußfassung** müssen **die nach § 146 Abs. 2, 3 Beteiligten** mitwirken. Das sind in erster Linie die Gesellschafter. Aber ausweislich §§ 146 Abs. 2, 152 ist der Kreis weiter zu ziehen (eingehend BayObLG BB 1988, 791). Ist die Gesellschaft durch Kündigung eines Privatgläubigers eines Gesellschafters aufgelöst (§ 135), muß der Privatgläubiger zustimmen. Für einen in Konkurs gefallenen Gesellschafter handelt der Konkursverwalter, und zwar nach richtiger Auffassung als sein Vertreter (§ 146 Anm. 45). An Stelle eines verstorbenen Gesellschafters haben sich seine Erben zu beteiligen. Mehrere Erben haben, ebenso wie bei der Ernennung, nicht jeder eine Stimme, sondern nur gemeinsam das Stimmrecht ihres Erblassers, denn Liquidationsgesellschafter ist die Erbengemeinschaft (§ 131 Anm. 25; anders im Fall der Nachfolgeklausel, vgl. § 139 Anm. 18, § 146 Anm. 21). Sie müssen daher alle der Abberufung zustimmen, es sei denn, daß sie für die Verwaltung des Nachlasses den Mehrheitsbeschluß eingeführt oder einen Vertreter nach § 146 Abs. 1 Satz 2 ernannt haben (§ 2038 BGB). Analog § 146 Abs. 1 Satz 2 können die Mitgesellschafter die Bestellung eines gemeinschaftlichen Vertreters verlangen (§ 146 Anm. 20). Ist einer der danach zur Mitwirkung bei der Beschlußfassung Berufenen selbst Liquidator, so wird er von der Mitwirkung nicht dadurch ausgeschlossen, daß über seine eigene Abberufung abgestimmt werden soll (ROHGE 20, 11). Das gilt allerdings nur für die ordentliche Abberufung. Eine außerordentliche Abberufung aus wichtigem Grund findet, sofern sie durch Beschluß und nicht nach Halbsatz 2 durch das Gericht ausgesprochen wird, ohne Mitwirkung des Auszuschließenden statt.

b) **Einstimmigkeit** ist erforderlich, wenn der Gesellschaftsvertrag nicht ein anderes vorsieht (zur Zulässigkeit einer solchen Vertragsklausel vgl. Anm. 15). Läßt der Vertrag einen mehrheitlich gefaßten Beschluß zu, so ist stets zu prüfen, ob dies für die Abberufung aus wichtigem Grund oder für jede Abberufung nach Halbsatz 1 gelten soll. Gestattet der Gesellschaftsvertrag die Abberufung aus wichtigem Grund durch Beschluß, so ist davon auszugehen, daß der abzuberufende Liquidator nicht mitstimmen darf, wenn seine Abberufung aus wichtigem Grund beantragt ist. **17**

c) **Wirksam** wird die Abberufung dadurch, daß die Gesellschafter sie gegenüber dem Liquidator erklären. War der Liquidator selbst an dem Abberufungsbeschluß beteiligt oder dabei jedenfalls anwesend, bedarf es keiner besonderen Erklärung. Es genügt, daß ihm bekannt ist, daß alle Beteiligten seiner Abberufung zugestimmt haben (vgl. auch Schilling in Großkomm Anm. 10). In der Mitteilung des Abberufungsbeschlusses durch die vertretungsberechtigten Gesellschafter kann und wird i.d.R. zugleich die Kündigung eines etwa vorhandenen Dienstvertrages zu erblicken sein. **18**

III. Die außerordentliche Abberufung durch das Gericht (2. Halbsatz)

1. Grundsatz

Die Liquidatoren können auf Antrag eines Beteiligten durch das Gericht aus wichtigem Grund abberufen werden (2. Halbsatz). Die Bestimmung ist **zwingend**. Das Abberufungsrecht kann durch den Gesellschaftsvertrag nicht ausgeschlossen werden (Heymann-Sonnenschein Anm. 4; Schilling in Großkomm Anm. 15; h.M.). Auch dann, wenn der Gesellschaftsvertrag eine Abberufung aus wichtigem Grund durch Mehrheitsbeschluß zuläßt (Anm. 15), bleibt das Recht nach Halbsatz 2 erhalten. **19**

2. Voraussetzungen

a) Auch die außerordentliche Abberufung gilt **gegenüber jedem Liquidator** (vgl. Anm. 4). Auf den Grund seiner Berufung kommt es nicht an. Zur Frage, wer Liquidator i.S. der Bestimmung ist, vgl. wiederum Anm. 1. **20**

b) Materielle Voraussetzung ist ein **wichtiger Grund**. Ein solcher ist gegeben, wenn die weitere Tätigkeit für die Gesellschaft unzumutbar ist (vgl. Baumbach-Duden-Hopt Anm. 1 C; Heymann-Sonnenschein Anm. 8). Eine schuldhafte Pflichtverletzung ist hierfür nicht unbedingt erforderlich, ein bloßer Streit des Liquidators mit den (Mit-)Gesellschaftern nicht unbedingt ausreichend. Schwerwiegende pflichtwidrige Eigenmächtigkeiten können Entziehungsgründe sein, vor allem wenn sie auf Unzuverlässigkeit schließen lassen (vgl. OLG Hamm BB 1954, 913; 1960, 1355; Heymann-Sonnenschein Anm. 8). Nicht jeder Grund, der beim Dauergeschäftsführer ausreicht, genügt auch beim Liquidator (vgl. OLG Hamm BB 1960, 918; Baumbach-Duden-Hopt Anm. 1 C). Ist die Bestellung eines Liquidators unzulässig gewesen, so rechtfertigt das grundsätzlich seine Abberufung (vgl. OLG München DFG 1936, 241). Aber es kommt **21** stets darauf an, ob die gegenwärtige und künftige Betätigung als Liquidator untragbar ist. Lästige, aber pflichtbewußte Aktivitäten des Liquidators berechtigen nicht zur Abberufung. Streiten zwei Liquidatoren darüber, ob der eine von ihnen zu einer Leistung an die Gesellschaft verpflichtet ist, so gibt die Absicht des anderen, den Anspruch als Liquidator einzuklagen, nicht ohne weiteres einen wichtigen Grund zur Abberufung ab (KG JW 1936, 943 Nr. 34).

3. Das Verfahren

22 a) Das Gericht entscheidet im **Verfahren der freiwilligen Gerichtsbarkeit**. Zuständig ist das Amtsgericht (§ 145 FGG) und hier der Rechtspfleger (§ 3 Nr. 2d i.V.m. § 17 Nr. 2a RpflG). Die Entscheidung unterliegt der **sofortigen Beschwerde** (§ 146 FGG; s. auch § 146 Anm. 39).

23 b) Nötig ist der **Antrag eines Beteiligten**. Über den Kreis der Beteiligten vgl. §§ 146 Abs. 2, 152, jedoch kann hier der einzelne Miterbe den Antrag allein stellen (Baumbach-Duden-Hopt Anm. 1 D). Der Nachlaßverwalter hat kein Antragsrecht (BayObLGZ 1988 Nr. 5 = BB 1988, 791, 792). Ein Liquidator kann seine eigene Abberufung beantragen, wenn er – insbesondere als Gesellschafter – zu den Beteiligten gehört, sonst nicht (Ritter Anm. 3; Schilling in Großkomm Anm. 14).

24 c) In dem **Verfahren** ist der Abzuberufende, wenn möglich, zu hören (§ 146 FGG). Als „Gegner" i.S. von § 146 anzuhören sind grundsätzlich auch die Mitgesellschafter, jedenfalls bei einer personalistisch strukturierten Gesellschaft und jedenfalls dann, wenn diese Mitgesellschafter an der Bestellung des Liquidators mitgewirkt haben (vgl. BayObLGZ 1988 Nr. 5 = BB 1988, 791, 792). Gegen den Beschluß hat der Liquidator ein selbständiges Beschwerderecht. **Beschwerdeberechtigt** sind aber auch die Gesellschafter, jedenfalls soweit sie an der Bestellung des Liquidators mitgewirkt haben (BayObLGZ 1988 Nr. 5 = BB 1988, 791 im Anschluß an die h.M. zu § 66 GmbHG; Heymann-Sonnenschein Anm. 9; anders OLG Hamm OLGZ 1978, 35 = DB 1977, 2089 = Rpfleger 1977, 442; Baumbach-Duden-Hopt Anm. 1 D). Wer selbst den Antrag auf Abberufung gestellt hat und deshalb nicht formell beschwert ist, ist allerdings zur Einlegung der Beschwerde nicht berechtigt. Im einzelnen vgl. auch Anm. 39 zu § 146. Das Gericht kann den betreffenden Liquidator nur ganz oder teilweise (vgl. Anm. 7) abberufen. Es kann ihm nicht einzelne Anweisungen erteilen. Zu einem solchen Eingriff in die Liquidation ist es nicht befugt, da die Liquidation kein gerichtliches Abwicklungsverfahren ist (vgl. Anm. 1 zu § 146; RGZ 12, 33).

25 d) Die **Abberufungsentscheidung** kann vom Gericht nicht abgeändert werden (§ 18 Abs. 2 FGG). Möglich ist nur die Wiederbestellung des abberufenen Liquidators durch die Gesellschafter oder auf Antrag durch das Gericht nach § 146 Abs. 2.

4. Einstweiliger Rechtsschutz

26 Eine Abberufung von Liquidatoren durch einstweilige Verfügung des Prozeßgerichts ist nicht zulässig (OLG Frankfurt NJW-RR 1989, 98 = ZIP 1989, 39; Baumbach-Lauterbach-Hartmann ZPO § 940 Anm. 3 B „Gesellschaftsrecht"; a.M. für die GmbH OLG Frankfurt BB 1979, 1630). Wohl aber kommt eine Regelungsverfügung nach

§ 940 ZPO zum Schutz der Interessen der Gesellschaft und der Beteiligten in Betracht, etwa des Inhalts, daß sich der Liquidator jeder Tätigkeit oder bestimmter Tätigkeiten einstweilen enthalten soll (vgl. Semler BB 1979, 1534f.; vgl. auch für die GmbH RGZ 102, 197, 198; Jauernig ZZP 79 [1966], 336). Auch einzelne Maßnahmen können dem Liquidator untersagt werden (vgl. sinngemäß OLG Köln BB 1977, 464, 465; v. Gerkan ZGR 1985, 177).

IV. Folgen der Abberufung

1. Ende des Liquidatorenamtes

Mit dem Wirksamwerden der Abberufung endet das Amt des Liquidators (Schilling in Großkomm Anm. 12). Soweit nur die Befugnisse beschränkt werden (Anm. 7), endet nicht das Amt als solches, wohl aber die bisherige Zuständigkeit. Die Abberufung wirkt nur für die Zukunft (vgl. auch OLG Frankfurt BB 1981, 1801 [L] = Rpfleger 1981, 238; Heymann-Sonnenschein Anm. 9). Wegen der Eintragung im Handelsregister vgl. § 148. **27**

2. Ende des Dienstverhältnisses

Durch die Abberufung endet nicht ohne weiteres ein zwischen dem Liquidator und der Gesellschaft etwa bestehender Dienstvertrag (so wohl auch BayObLG DB 1981, 518, 519; im Ergebnis h.M.; vgl. Heymann-Sonnenschein Anm. 10; Schilling in Großkomm Anm. 12; eingehend Baums, Der Geschäftsleitervertrag, 1987, S. 288ff., 381, 392; für die GmbH: BGH WM 1971, 1150, 1151; 1973, 639; Hofmann GmbHR 1976, 231f.). Der Fortfall des Liquidatorenamtes kann aber ein wichtiger Grund zur Kündigung des Dienstverhältnisses sein. Die Mitteilung an den Liquidator, daß seine Abberufung aus wichtigem Grund erfolge, kann dann zugleich eine außerordentliche Kündigung darstellen. Sind die Gesellschafter gleichzeitig Liquidatoren, so kann in der Herbeiführung des Abberufungsbeschlusses nach Satz 1 oder der Abberufungsentscheidung nach Satz 2 zugleich die konkludente Kündigungserklärung zu erblicken sein (Anm. 18). **28**

148 (1) Die Liquidatoren sind von sämtlichen Gesellschaftern zur Eintragung in das Handelsregister anzumelden. Das gleiche gilt von jeder Änderung in den Personen der Liquidatoren oder in ihrer Vertretungsmacht. Im Falle des Todes eines Gesellschafters kann, wenn anzunehmen ist, daß die Anmeldung den Tatsachen entspricht, die Eintragung erfolgen, auch ohne daß die Erben bei der Anmeldung mitwirken, soweit einer solchen Mitwirkung besondere Hindernisse entgegenstehen.

(2) Die Eintragung gerichtlich bestellter Liquidatoren sowie die Eintragung der gerichtlichen Abberufung von Liquidatoren geschieht von Amts wegen.

(3) Die Liquidatoren haben die Firma nebst ihrer Namensunterschrift zur Aufbewahrung bei dem Gerichte zu zeichnen.

Schrifttum: Vgl. § 145.

Inhalt

	Anm.		Anm.
I. Allgemeines	1–3	III. Die Eintragung der gerichtlichen Anordnungen (Abs. 2)	10
1. Überblick über die Regelung	1		
2. Verhältnis zu sonstigen Anmeldungspflichten	2	IV. Zeichnung zur Aufbewahrung bei Gericht (Abs. 3)	11, 12
3. Bedeutung der Eintragungen	3	1. Inhalt der Regelung	11
II. Die Anmeldung nach Abs. 1	4–9	2. Verhältnis zu § 153	12
1. Der Gegenstand der Anmeldung	4		
2. Die Anmeldepflicht der Gesellschafter	6		

I. Allgemeines

1. Überblick über die Regelung

1 § 148 Abs. 1 und 2 regeln die Anmeldung und die Eintragung der Liquidatoren sowie der später hinsichtlich dieser Personen und ihrer Vertretungsmacht eingetretenen Veränderungen zum Handelsregister. **Abs. 3** schreibt die Zeichnung der Firma durch die Liquidatoren zur Aufbewahrung bei dem Gericht vor. Die Bestimmung ist zwingend. Hiervon zu unterscheiden ist die Frage, ob die Anmeldung durch Bevollmächtigte vorgenommen werden kann und ob die Bestimmung bei der Publikumsgesellschaft einschränkend ausgelegt werden kann (Anm. 8 f.).

2. Verhältnis zu sonstigen Anmeldungspflichten

2 Die Anmeldung des Auflösungstatbestandes ist in § 143 geregelt, die Anmeldung des Erlöschens in § 157. Die Liquidation als besonderes Abwicklungsverfahren wird im Handelsregister nicht eingetragen; ebenso nicht die an ihre Stelle tretende andere Art der Auseinandersetzung, von letzterer werden nur die endgültigen Ergebnisse (Erlöschen der Firma, Geschäftsübernahme durch den Erwerber) eingetragen. Es können sich jedoch noch andere anmeldepflichtige und eintragungsfähige Tatsachen während der Liquidation ereignen, z.B. Sitzverlegung, Aufhebung einer Zweigniederlassung, Firmenänderung, Änderungen des Gesellschaftsvertrags. Das Gesetz läßt offen, wer hierfür anmeldepflichtig ist, die Liquidatoren oder die Gesellschafter. Man wird unterscheiden müssen: Bei Maßnahmen im Rahmen der Liquidation sind die Liquidatoren zuständig, sonst die Gesellschafter (vgl. Alfred Hueck oHG § 32 IV 4; Heymann-Sonnenschein Anm. 1; Schilling in Großkomm Anm. 11).

3. Bedeutung der Eintragungen

3 Die Eintragungen wirken **deklaratorisch**, nicht konstitutiv (ROHGE 22, 204; OLG Köln BB 1959, 463). Es gelten die Regeln des § 15.

II. Die Anmeldung nach Abs. 1

1. Der Gegenstand der Anmeldung

4 a) Nach **Abs. 1 Satz 1** sind die Liquidatoren zur Eintragung in das Handelsregister anzumelden. Die Anmeldepflicht besteht auch, wenn die Gesellschaft oder ihre Auflösung noch nicht im Handelsregister eingetragen ist. Die Anmeldung muß dann mit diesen noch fehlenden Anmeldungen verbunden werden (KG OLGE 41, 202). Auch wenn zugleich das Erlöschen der Firma angemeldet wird, bleibt es bei Abs. 1 Satz 1 (Baumbach-Duden-Hopt Anm. 1; zu § 67 GmbHG vgl. BayObLG BB 1982, 1749). Wie sich aus Abs. 2 ergibt, gilt Abs. 1 nur für die gesetzlichen und die gekorenen, also für die durch Gesellschaftsvertrag oder durch Beschluß der Gesellschafter berufenen Liquidatoren, nicht auch für die gerichtlich bestellten Liquidatoren. Zu den anzumeldenden Personen gehören namentlich auch der Konkursverwalter im Konkurs über das Vermögen eines Gesellschafters (§ 146 Abs. 3) und der von den Erben eines Gesellschafters bestellte gemeinsame Vertreter (§ 146 Abs. 1 Satz 2). Auch ein Testamentsvollstrecker, der nach dem Tod eines Gesellschafters den Anteil für die Erben verwaltet, ist einzutragen. Sind sämtliche Gesellschafter nach § 146 Abs. 1 Satz 1 Liquidatoren, so muß auch das angemeldet werden; die Anmeldepflicht entfällt nicht deshalb, weil die Gesellschafter (normalerweise) bereits im Handelsregister eingetragen sind. Die Anmeldung hat Name, Vorname, Stand und Wohnort des einzelnen Liquidators zu enthalten (§ 106). Ist der Liquidator eine juristische Person, so werden Firma und Sitz eingetragen (Heymann-Sonnenschein Anm. 2; Schilling in Großkomm Anm. 4). Dasselbe muß gelten, wenn eine oHG oder KG als Gesellschafterin Liquidator ist. Weitere Eintragungen, z.B. über den Rechtsgrund seiner Berufung oder den Beginn seiner Tätigkeit, sind weder nötig noch zulässig (KG RJA 12, 217).

b) Nach **Abs. 1 Satz 2** ist weiter jede Änderung in der Person der Liquidatoren oder in ihrer Vertretungsmacht anzumelden; ausgenommen sind auch hier die auf gerichtlicher Verfügung beruhenden Änderungen (Abs. 2). Die Vertretungsmacht der Liquidatoren wird nur eingetragen, wenn diese in Abweichung von § 150 berechtigt sind, einzeln zu handeln (§ 150 Abs. 1, 2. Halbsatz). Sind die Liquidatoren zunächst gesamthandlungsberechtigt gewesen, so ist die Änderung der Vertretungsmacht in die Einzelbefugnis die erste Verlautbarung im Register über die Vertretungsmacht. Sind die Liquidatoren einzeln vertretungsberechtigt, so ist das mit der ersten Anmeldung der Liquidatoren nach § 150 Abs. 1 anzumelden. Eine spätere Veränderung ihrer Vertretungsmacht fällt dagegen unter § 148 Abs. 1 Satz 2. Auch hier ist der Zeitpunkt der Änderung nicht eintragungspflichtig (KG RJA 12, 217).

2. Die Anmeldepflicht der Gesellschafter

a) Die **Anmeldepflicht** obliegt nach Abs. 1 Satz 1 **sämtlichen Gesellschaftern**. Die Gesellschafter sind einander auch im Innenverhältnis zur Mitwirkung bei der Anmeldung verpflichtet. Die Liquidatoren sind, wenn sie nicht zugleich Gesellschafter sind, nicht anmeldepflichtig. Für einen geschäftsunfähigen oder in der Geschäftsfähigkeit beschränkten Gesellschafter meldet sein gesetzlicher Vertreter an. Im Konkurs eines Gesellschafters meldet an seiner Stelle der Konkursverwalter an (Heymann-Sonnenschein Anm. 3; Schilling in Großkomm Anm. 8; Wörbelauer DNotZ 1961, 472). Ist die Gesellschaft durch Tod aufgelöst, so müssen die Erben des verstorbenen Gesellschafters bei der Anmeldung mitwirken. Im Fall der Testamentsvollstreckung handelt statt ihrer der Testamentsvollstrecker. Grundsätzlich müssen alle Erben mitanmelden. Wie bei § 143 Abs. 3 kann aber auch hier die Eintragung erfolgen, ohne daß alle Erben bei der

Anmeldung mitwirken, soweit ihrer Mitwirkung besondere Hindernisse entgegenstehen (Abs. 1 Satz 3). Im einzelnen vgl. hierzu Anm. 16 f. zu § 143. Eine Erleichterung für die Bestellung des gemeinsamen Vertreters (§ 146 Abs. 1 Satz 2) enthält § 148 Abs. 1 Satz 2 aber nicht.

7 b) Die Anmeldung ist **unverzüglich** nach der Bestellung der Liquidatoren bzw. nach dem Eintritt der Änderungen vorzunehmen, und zwar bei dem Gericht, in dessen Bezirk die Gesellschaft ihren Sitz hat (§ 106). Sie ist persönlich bei dem Gericht zu bewirken oder in öffentlich beglaubigter Form einzureichen (§ 12). Die Anmeldung kann vom Registergericht durch Ordnungsstrafe erzwungen werden (§ 14). Besteht unter den Gesellschaftern Streit, wer Liquidator ist oder welche Vertretungsmacht die Liquidatoren haben oder ob eine Abberufung rechtswirksam ist, kann das Registergericht das Eintragungsverfahren aussetzen und den Gesellschaftern aufgeben, den Streit im ordentlichen Verfahren zu klären (§ 127 FGG). Das Registergericht kann aber auch den Streit selbst entscheiden und den oder die Gesellschafter zu der nach seiner Ansicht erforderlichen Anmeldung im Ordnungsstrafverfahren anhalten (KG OLGE 43, 290). Solange der betreffende Gesellschafter nicht anmeldet, kann das Registergericht auch die Eintragung nicht vornehmen.

8 c) Die Anmeldung kann durch **Bevollmächtigte** vorgenommen werden (näher § 12 Anm. 13). Umstritten ist, ob die Bevollmächtigung im Gesellschaftsvertrag vorgesehen werden kann, z.B. indem es heißt, daß alle Anmeldungen von den vertretungsberechtigten Gesellschaftern bzw. Liquidatoren vorgenommen werden (dazu § 108 Anm. 13).

9 d) Bei einer **Publikumspersonengesellschaft** ist zu erwägen, ob die Anmeldungen statt von allen Gesellschaftern von den geschäftsführenden Gesellschaftern bzw. von den Liquidatoren vorgenommen werden können und müssen. Dann müßte § 148 abdingbar sein, oder die Vorschrift müßte für den Sondertyp der kapitalistischen Personengesellschaft einer vom Wortlaut abweichenden Auslegung unterzogen werden. Beides wird, soweit ersichtlich, nicht vertreten. Da es bei § 148 um eine öffentlichrechtliche Pflicht geht, verdient folgende Auffassung den Vorzug: Anmeldepflichtig bleiben die Gesellschafter. Aber auch ohne besondere Vertragsregelung kann von einer stillschweigenden, hier jedenfalls zulässigen Bevollmächtigung der Liquidatoren ausgegangen werden (vgl. auch § 125 Anm. 58, § 143 Anm. 10).

III. Die Eintragung der gerichtlichen Anordnungen (Abs. 2)

10 Die Bestellung und die Abberufung von Liquidatoren durch das Gericht nach § 146 Abs. 2, § 147 sowie die gerichtliche Änderung der Vertretungsmacht der Liquidatoren wird **von Amts wegen** eingetragen. Das Registergericht hat diese Vorgänge auf Ersuchen des Amtsgerichts, das darüber zu entscheiden hat (vgl. Anm. 7), einzutragen. Die Eintragung der Bestellung kann von Amts wegen nur gelöscht werden, wenn die Bestellung nichtig ist (OLG München DFG 1936, 241).

IV. Zeichnung zur Aufbewahrung bei Gericht (Abs. 3)

1. Inhalt der Regelung

Alle Liquidatoren, gleichgültig, welches der Rechtsgrund ihrer Bestellung ist, gleichgültig, ob sie bereits früher als vertretungsberechtigte Gesellschafter die Firma gezeichnet haben, haben die Firma nebst ihrer Namensunterschrift zur Aufbewahrung bei dem Gericht zu zeichnen. Die Firma muß dabei als Liquidationsfirma bezeichnet werden (§ 153). Abs. 3 ist die Parallelvorschrift zu § 108 Abs. 2 (vgl. dazu Erl. § 108). Liquidatoren, die bereits als vertretungsberechtigte Gesellschafter bei dem Gericht gezeichnet haben, sind von der Verpflichtung nach Abs. 3 nicht befreit (vgl. Heymann-Sonnenschein Anm. 5). **11**

2. Verhältnis zu § 153

Abs. 3 befaßt sich nur mit der Pflicht der Liquidatoren zur Zeichnung bei dem Gericht. Mit der Zeichnung im Rechtsverkehr der Gesellschaft mit Dritten befaßt sich § 153. **12**

---

149 Die Liquidatoren haben die laufenden Geschäfte zu beendigen, die Forderungen einzuziehen, das übrige Vermögen in Geld umzusetzen und die Gläubiger zu befriedigen; zur Beendigung schwebender Geschäfte können sie auch neue Geschäfte eingehen. Die Liquidatoren vertreten innerhalb ihres Geschäftskreises die Gesellschaft gerichtlich und außergerichtlich.

Schrifttum: Vgl. § 145.

Inhalt

	Anm.		Anm.
I. Grundlagen	1–7	IV. Die Umsetzung des Vermögens in Geld	32–38
1. Gegenstand und Geltungsbereich der Regelung	1	1. Grundsatz	32
2. Allgemeine Rechte und Pflichten der Liquidatoren	3	2. Versilberungsmaßnahmen	35
		V. Befriedigung der Gläubiger	39–45
3. Abgrenzung zwischen der Liquidatorenzuständigkeit und der Gesellschafterzuständigkeit	5	1. Grundsatz	39
		2. Dritte als Gläubiger	41
		3. Gesellschafter als Gläubiger	44
II. Die Geschäftstätigkeit	8–15	VI. Aufgaben nach §§ 154, 155, 157	46–48
1. Die Beendigung der laufenden Geschäfte	8	1. Rechnungslegung (§ 154)	46
2. Eingehung neuer Geschäfte	12	2. Vermögensverteilung (§ 155)	47
3. Vermögensverwaltung	15	3. Anmeldung des Erlöschens (§ 157)	48
III. Die Einziehung von Forderungen	16–31	VII. Die Vertretungsmacht der Liquidatoren	49–58
1. Grundsatz	16	1. Grundlagen	50
2. Forderungen gegen Dritte	17	2. Der Umfang der Vertretungsmacht	52
3. Einforderung von Einlagen	19	3. Das Problem des Selbstkontrahierens (§ 181 BGB)	54
4. Ansprüche auf Wiederherstellung des Gesellschaftsvermögens	25	4. Die gerichtliche Vertretung	56
5. Einforderung von Nachschüssen	26	VIII. Die Haftung der Liquidatoren	59–62
6. Ansprüche gegen Gesellschafter als Dritte	31	1. Haftung im Innenverhältnis	59
		2. Haftung gegenüber den Gläubigern	61

I. Grundlagen

1. Gegenstand und Geltungsbereich der Regelung

1 a) Die **Liquidatoren** sind die **Geschäftsführungs- und Vertretungsorgane** der Gesellschaft. § 149 regelt den Geschäftskreis der Liquidatoren, und zwar befaßt er sich sowohl mit ihrer Geschäftsführungsbefugnis (Satz 1) als auch mit ihrer Vertretungsmacht (Satz 2). Die Vorschrift gilt für alle Liquidatoren ohne Rücksicht auf den Rechtsgrund ihrer Bestellung. Außer den Aufgaben, die § 149 den Liquidatoren überträgt, obliegt ihnen die Verteilung des Gesellschaftsvermögens unter die Gesellschafter (§ 155).

2 b) Die Vorschrift gilt für die oHG und für die KG (vgl. § 161 Abs. 2). Sie gilt für jede aufgelöste, aber noch nicht vollbeendigte Gesellschaft. Entgegen der h. M. gilt sie nicht nur für die Liquidation i. S. von § 145, sondern auch für eine andere Art der Auseinandersetzung (vgl. § 145 Anm. 4). Sofern und solange die Gesellschaft weder durch Liquidation noch durch eine andere Art der Auseinandersetzung vollbeendigt ist, werden die Geschäftsführungs- und Vertretungsaufgaben von den Liquidatoren wahrgenommen.

2. Allgemeine Rechte und Pflichten der Liquidatoren

3 a) **Rechte der Liquidatoren** ergeben sich vor allem aus ihrer Kompetenz als Geschäftsführungs- und Vertretungsorgane der Gesellschaft. Vergütungsansprüche können sich aus einem Dienstvertrag mit der Gesellschaft ergeben. Für den Abschluß eines Dienstvertrages sind die Gesellschafter zuständig (§ 146 Anm. 10). Die Rechtsstellung der Liquidatoren ist, wie jede organschaftliche Stellung, eine höchstpersönliche (Schilling in Großkomm Anm. 4). Die Liquidatoren können zwar Gehilfen in Anspruch nehmen und auch Vollmachten erteilen (nach richtiger Auffassung auch Prokuristen bestellen; vgl. § 150 Anm. 7). Sie können aber ihre Zuständigkeiten nicht delegieren.

4 b) Auch die **Pflichten der Liquidatoren** ergeben sich aus deren Organstellung. Die Liquidatoren haben die Abwicklung planmäßig zu betreiben (eingehend Hiller S. 53 ff., der sogar einen klagbaren Anspruch auf planmäßige Abwicklung bejahen will). Sie sind nach § 152 weisungsgebunden und stehen unter der allgemeinen Pflicht, dem Zweck der Gesellschaft (§ 156 Anm. 10 f.) und dem Zweck des Liqidationsverfahrens (§ 145 Anm. 25, 28 ff.) zu dienen. Die Konkretisierung der Liquidationsaufgaben liegt im Ermessen der Liquidatoren, die aber nicht nur an vorhandene Weisungsbeschlüsse nach § 152 gebunden, sondern auch zu ständiger Information der Gesellschafter und ggfs. zur Einholung von Weisungen gebunden sind (§ 152 Anm. 2 f.). Zu den Aufgaben der Liquidatoren kann eine einstweilige Unternehmungsfortführung gehören (dazu Anm. 9), vor allem aber die bestmögliche Verwertung des Gesellschaftsvermögens (eingehend Hiller S. 60 ff.). Dazu kann – muß allerdings nicht in jedem Fall – die Veräußerung des Unternehmens im ganzen, insbesondere mit Firma (Anm. 36) gehören (Hiller S. 66 f.). Die Liquidatoren sind zur Gleichbehandlung der Gesellschafter verpflichtet (Hiller S. 58 ff.), dürfen also keinem Gesellschafter Sondervorteile zukommen lassen. Das gilt nicht zuletzt bei der Unternehmensveräußerung. Die Liquidatoren können deshalb nach Lage des Falls verpflichtet sein, das Angebot eines Mitgesellschafters oder eines Dritten zum Unternehmenserwerb den Gesellschaftern zu unterbreiten und diesen Gelegenheit zu eigenen Geboten zu geben.

3. Abgrenzung zwischen der Liquidatorenzuständigkeit und der Gesellschafterzuständigkeit

a) Die Zuständigkeit der Liquidatoren beschränkt sich auf die **Geschäftsführungs- und Vertretungsaufgaben**. Grundlagengeschäfte, die über den Bereich der Geschäftsführung hinausgehen, insbesondere vom Gesellschaftsvertrag oder vom Liquidationszweck abweichen, liegen außerhalb ihrer Zuständigkeit. Das gilt insbesondere für die Durchführung einer anderen Art der Auseinandersetzung (§ 145), für die Änderung der Firma (Düringer-Hachenburg-Flechtheim Anm. 7; Schilling in Großkomm Anm. 9; vgl. zur Unternehmensveräußerung mit Firma Anm. 36). Auch eine Änderung des Sitzes der Gesellschaft dürfen die Liquidatoren nur vorbereiten, aber nicht durchführen (insoweit ähnlich Schilling in Großkomm Anm. 9; a.M., wenn es der Liquidationszweck erfordert, BGH WM 1969, 293; Heymann-Sonnenschein Anm. 2). Dasselbe gilt für die Gründung einer Tochtergesellschaft. Dagegen kann die Unternehmensveräußerung als solche eine den Liquidatoren zukommende Liquidationsaufgabe sein (Anm. 36 ff.).

b) Die **Gesellschafter** als solche üben nur die **Mitgliedschaftsrechte** in der aufgelösten Gesellschaft aus, sind aber, wenn sie nicht Liquidatoren sind, weder zur Geschäftsführung noch zur Vertretung der Gesellschaft berechtigt (ROHGE 10, 356, 357; 12, 215, 216; RGZ 5, 10; KGJ 33, A 184; OLG Braunschweig OLGE 21, 388; Schilling in Großkomm Anm. 2; a.M. RGZ 91, 34, 36 = JW 1918, 41 m. Anm. Flechtheim, wonach die Gesellschafter insgesamt an Stelle des Liquidators auftreten können).

c) Eine **Überschreitung des Tätigkeitskreises** macht das Geschäft unzulässig, aber nicht ohne weiteres unwirksam (vgl. auch Schilling in Großkomm Anm. 7). Ob es unwirksam ist, ist eine Frage der Vertretungsmacht (dazu Anm. 49 ff.). Die Gesellschafter können von den Liquidatoren die Unterlassung rechtswidriger Geschäfte verlangen (actio pro socio; der Anspruch steht der Gesellschaft zu). Auch die Einhaltung der Vorschriften über das Liquidationsverfahren können die Gesellschafter einklagen (s. auch § 150 Anm. 5); enger, nämlich nur für gesellschafterschützende Vorschriften, Hillers S. 49). Fügen die Liquidatoren durch schuldhafte Überschreitung ihres Geschäftskreises der Gesellschaft einen Schaden zu, so sind sie zum Ersatz dieses Schadens verpflichtet (dazu Anm. 59 f.). Allerdings können die Gesellschafter ein liquidationszweckwidriges Handeln genehmigen und sogar die Geschäftsführungsaufgaben der Liquidatoren erweitern (vgl. § 152 Anm. 1, 8).

II. Die Geschäftstätigkeit

1. Die Beendigung der laufenden Geschäfte

a) Der **Begriff der Beendigung der laufenden Geschäfte** ist eine kaufmännische Umschreibung der Liquidatorenaufgaben und bezieht sich nicht nur auf Rechtsgeschäfte im technischen Sinne. Auch rein tatsächliche Handlungen gehören zur Beendigung der laufenden Geschäfte (Schilling in Großkomm Anm. 1). Gemeint ist die Beendigung (und insoweit einstweilige Fortführung) der kaufmännischen Aktivitäten, also die äußere Tätigkeit der aufgelösten Gesellschaft in Abwicklungsrichtung. Abzulehnen ist deshalb eine auf Rechtsgeschäfte beschränkte Definition. Nach dieser sind laufende Geschäfte alle Rechtsgeschäfte, die noch nicht allseitig erfüllt sind (so Heymann-Sonnenschein Anm. 3). Dieser Ansatz entspricht nicht dem Normzweck des § 149 und führt dazu, daß die h.M. für vernünftige Ergebnisse einen unnötigen Begründungsaufwand benötigt.

9 b) Eine **einstweilige Fortsetzung der Unternehmenstätigkeit** kann und wird i.d.R. zulässig sein (RGZ 72, 236, 240; Alfred Hueck oHG § 32 V; Düringer-Hachenburg-Flechtheim Anm. 3; Schilling in Großkomm Anm. 6; Westermann Handbuch [Lfg. 1967] I 687). Darüber, wie lange die Unternehmenstätigkeit andauern darf, entscheiden die Liquidatoren nach ihrem Ermessen (dazu auch Schilling in Großkomm Anm. 6). Sie sind dabei an Weisungen der Gesellschafter gebunden (§ 152). Solange solche Weisungen nicht vorliegen, müssen sich die Liquidatoren an den Liquidationszweck halten. Unzulässig ist eine werbende Tätigkeit der Gesellschaft, wenn sie auf eine faktische Fortsetzung der Gesellschaft, also auf ein Rückgängigmachen der Auflösung hinausläuft (§ 145 Anm. 25). Die Fortsetzung der Gesellschaft ist nur aufgrund eines Gesellschafterbeschlusses zulässig (§ 131 Anm. 64). Stimmen die Gesellschafter der dauerhaften Unternehmensfortführung zu, so kann darin ein Fortsetzungsbeschluß liegen (Düringer-Hachenburg-Flechtheim Anm. 6). Die Zustimmung zur Bestellung von Prokuristen ist nicht notwendig ein Fortsetzungsbeschluß (vgl. § 131 Anm. 64; unrichtig ROHGE 13, 223, 224f.), denn auch die aufgelöste Gesellschaft kann durch Prokuristen vertreten werden (vgl. § 146 Anm. 53f.; § 156 Anm. 14).

10 c) Beendigung schwebender Geschäfte heißt insbesondere auch: **Beendigung von Rechtsgeschäften**, soweit diese über den Liquidationszweck hinausgehen. **Dauerrechtsverhältnisse** sind, soweit tunlich, zur Beendigung zu bringen (die scheinbare Gegenansicht von Schilling in Großkomm Anm. 5, wonach die Geschäfte so abzuwickeln sind, wie es ohne Auflösung zu geschehen hätte, beruht auf einer Verwechslung von Innen- und Außenverhältnis). Die Liquidatoren werden solche Dauerrechtsverhältnisse, sofern nicht im Einzelfall eine einstweilige Fortsetzung angezeigt ist, zum nächstzulässigen Termin kündigen (Düringer-Hachenburg-Flechtheim Anm. 3). Auch um eine vorzeitige einverständliche Lösung des Dauervertrags können und müssen sie sich ggfs. bemühen. Die h.M. betont, daß sich aus § 149 kein Recht der Gesellschaft auf vorzeitige Beendigung von Verträgen ergibt (RGZ 5, 7, 8; 24, 70, 71; 123, 151, 155; OLG Hamburg OLGE 9, 260; Düringer-Hachenburg-Flechtheim vor § 145 Anm. 5; Schilling in Großkomm Anm. 5; Alfred Hueck oHG § 32 V 1). Das ist richtig und versteht sich von selbst, wenn man das Innenverhältnis und das Außenverhältnis richtig unterscheidet.

11 d) Auch **Prozesse** werden fortgeführt (vgl. dazu auch § 156 Anm. 20; Heymann-Sonnenschein Anm. 13). Nach **Satz 2** vertreten die Liquidatoren die Gesellschaft gerichtlich und außergerichtlich. Wie bei Anm. 52 dargestellt wird, ist diese Vertretungsmacht unbeschränkt. Es kommt für die Wirksamkeit von Prozeßhandlungen nicht darauf an, ob sich der handelnde Liquidator an die Grenzen seines Geschäftskreises gehalten hat.

Im **Innenverhältnis** wird das Recht und die Pflicht der Liquidatoren zur Führung von Prozessen nach Lage des Einzelfalls durch den Liquidationszweck bestimmt. Aus dem Liquidationszweck kann sich die Pflicht ergeben, einen sinnlos gewordenen Prozeß (z. B. durch Erledigungserklärung nach § 91 a ZPO) alsbald zu beenden, evtl. sogar durch Klagrücknahme. Regelmäßig sind aber alle Rechte und alle Verteidigungsmittel weiterhin auszuschöpfen. Der Liquidationszweck kann allerdings die Liquidatoren zur Vergleichsbereitschaft anhalten (s. auch über Passivprozesse Anm. 39). **Neue Prozesse** als Aktivprozesse dürfen die Liquidatoren anstrengen, soweit dies dem Liquidationszweck dient. Dazu kann nicht nur die Einziehung von Forderungen (Anm. 16 ff.), sondern nach Lage des Falls auch die Klärung von Rechtsverhältnissen zwischen der Gesellschaft und Dritten gehören.

2. Eingehung neuer Geschäfte

a) Zur Beendigung schwebender Geschäfte dürfen die Liquidatoren auch **neue Geschäfte** eingehen (Satz 1 Halbsatz 2). Für die Auslegung der Bestimmung ist zu bedenken, daß es nicht um die Vertretungsmacht geht, sondern um die Abgrenzung der Aufgaben und Pflichten der Liquidatoren. Deshalb bedeutet „können" in Satz 1 Halbsatz 2 so viel wie „dürfen". Ob die Liquidatoren neue Geschäfte wirksam eingehen „können", ist nicht eine Frage des Satzes 1, sondern des Satzes 2 von § 149, nämlich eine Frage der Vertretungsmacht. Über deren Umfang vgl. Anm. 49 ff. **12**

b) Nach dem Gesetzeswortlaut können neue Geschäfte nur eingegangen werden, soweit es der **Beendigung schwebender Geschäfte** dient. Auch hier werden die schwebenden Geschäfte herkömmlich als Rechtsgeschäfte verstanden (vgl. nur Düringer-Hachenburg-Flechtheim Anm. 5). Allerdings wird der Begriff der Beendigung der schwebenden Geschäfte im Hinblick auf den Liquidationszweck weit ausgelegt (RGZ 72, 236, 240; BGH LM Nr. 2 = MDR 1959, 369 = BB 1959, 249; Schilling in Großkomm Anm. 6; Alfred Hueck oHG § 32 IV 5 b). Den Liquidatoren wird auch ein Ermessensspielraum zuerkannt (Schilling in Großkomm Anm. 6). Die richtige Abgrenzung ergibt sich, wenn man den Doppelsinn des Worts „Geschäft" in § 149 bedenkt: Mit der Beendigung der schwebenden Geschäfte ist die Tätigkeit der aufgelösten Gesellschaft in Abwicklungsrichtung gemeint (Anm. 8). Demnach bedeutet Satz 1, 2. Halbsatz: Soweit dies der Tätigkeit der aufgelösten Gesellschaft im Rahmen des Liquidationszwecks dient und das Geschäft auch objektiv hierfür geeignet (nicht unbedingt auch: erforderlich) ist, dürfen die Liquidatoren neue Geschäfte eingehen. Dies entspricht im Ergebnis der h. M. (RGZ 4, 61, 64; RG Gruch. 21, 306; Düringer-Hachenburg-Flechtheim Anm. 6; Schilling in Großkomm Anm. 6). Deshalb ist es nicht erforderlich, daß ein neu eingegangenes Rechtsgeschäft nur Hilfsgeschäft für ein konkretes anderes Rechtsgeschäft ist; ein Zusammenhang mit der allgemeinen Tätigkeit der aufgelösten Gesellschaft genügt (insoweit im Ergebnis wie hier Schilling in Großkomm Anm. 6). Insbesondere darf auch aus dem Gesetzeswortlaut nicht gefolgert werden, daß neue Geschäfte, die zwar dem Liquidationszweck, aber nicht der Beendigung laufender Geschäfte, sondern z. B. der Umsetzung des Vermögens in Geld, dienen, unzulässig sind (vgl. zum Genossenschaftsrecht RGZ 44, 80, 83). Es gibt auch keine Geschäfte, die schon ihrer Art nach generell unzulässig wären (vgl. Schilling in Großkomm Anm. 6). Vielmehr **13** kommt es im Einzelfall auf das Verhältnis zum Liquidationszweck an (vgl. Anm. 4). Unzulässig sind neue Geschäfte, wenn sie nicht mehr der Liquidation der Gesellschaft, sondern deren eigenmächtiger Fortführung dienen (vgl. § 145 Anm. 25).

14 c) **Erlaubte neue Geschäfte** können z. B. nach Lage des Einzelfalls sein: die Annahme eines Vertragsangebots (RGZ 44, 80, 84 [Genossenschaft]; Schilling in Großkomm Anm. 6); der Kauf von Wertpapieren (BGH LM Nr. 2 = MDR 1959, 369 = BB 1959, 249); die Anmietung von Räumen (Baumbach-Duden-Hopt Anm. 2 E); Wertpapiergeschäfte (Baumbach-Duden-Hopt Anm. 2 E); Grundstücksgeschäfte (RGZ 44, 80 zum Genossenschaftsrecht); die Belastung von Grundstücken (KG RJA 9, 122; OLG Frankfurt OLGZ 1980, 95 = Rpfleger 1980, 62; Schilling in Großkomm Anm. 6); sonstige Sicherungsgeschäfte, z. B. Bürgschaften (vgl. für den Verein RGZ 146, 376, 378 f.); der Abschluß von Anerkenntnis-, Verzichts- und Vergleichsverträgen über bestrittene Forderungen und Verbindlichkeiten (RGZ LZ 1919, 376 = Recht 1919 Nr. 132; Schilling in Großkomm Anm. 27). Selbstverständlich kann auch die Führung neuer Prozesse als Liquidationsgeschäft zulässig sein (vgl. Anm. 11).

3. Vermögensverwaltung

15 Nicht besonders im Gesetz erwähnt ist die **Pflicht der Liquidatoren zur Vermögensverwaltung** (vgl. zu dieser Pflicht Düringer-Hachenburg-Flechtheim Anm. 4). Auch wenn während des Abwicklungsstadiums keine Unternehmenstätigkeit mehr ausgeübt wird, sind die Liquidatoren zur bestmöglichen Erhaltung und Verwaltung der Liquidationsmasse verpflichtet. Da dies zum Liquidationszweck und zu den Liquidationsaufgaben gehört, kann sich aus der Vermögensverwaltung auch das Recht und die Pflicht ergeben, neue Geschäfte (z. B. zur einstweilig zinsbringenden Anlage des Aktivvermögens) einzugehen (ausführlich Düringer-Hachenburg-Flechtheim Anm. 6).

III. Die Einziehung von Forderungen

1. Grundsatz

16 Die Liquidatoren haben die **Forderungen der Gesellschaft** einzuziehen. Diese Verpflichtung ergibt sich daraus, daß das Aktivvermögen der Gesellschaft in eine liquide Masse umzusetzen ist.

2. Forderungen gegen Dritte

17 a) **Fällige Forderungen** sind im Namen der Gesellschaft einzuziehen, notfalls einzuklagen (Düringer-Hachenburg-Flechtheim Anm. 8; Alfred Hueck oHG § 32 V 2), Klägerin ist die Gesellschaft, nicht der Liquidator (vgl. allerdings mit der Terminologie der traditionellen Gesamthandsdoktrin: RGZ 17, 365, 367 ff.; 82, 131 f.; Düringer-Hachenburg-Flechtheim Anm. 21; Staub-Pinner 14. Aufl. Anm. 21; so auch noch Geßler hier in der 4. Aufl. Anm. 21). Der Liquidator kann als solcher niemals im eigenen Namen Rechte der Gesellschaft geltend machen (Düringer-Hachenburg-Flechtheim Anm. 18). Für Gesellschafter bleibt, wenn die Liquidatoren die Klageerhebung versäumen, hilfsweise die Klage im eigenen Namen auf Leistung an die Gesellschaft (vgl. zur actio pro socio in der Liquidation § 146 Anm. 55 f.). Zahlung an sich selbst kann der Gesellschafter grundsätzlich auch im Liquidationsstadium nicht verlangen (vgl. BGH LM Nr. 3 = BB 1960, 15 = WM 1960, 47 = NJW 1960, 433). Über Ausnahmen vgl. § 146 Anm. 56.

b) Nicht fällige Forderungen sind, soweit möglich, durch Kündigung fällig zu stellen (Düringer-Hachenburg-Flechtheim Anm. 8). Aus Satz 1 ergibt sich selbstverständlich nur die Pflicht, eine etwaige Kündigungs- oder Vertragsaufhebungsmöglichkeit zu nutzen. Dagegen ergibt sich aus Satz 1 kein Kündigungs- oder Vertragsaufhebungsrecht gegenüber dem Geschäftsgegner (vgl. Anm. 10). Eine andere Frage ist, ob der Vertragsgegner seinerseits aus wichtigem Grund kündigen kann, wenn die Gesellschaft aufgelöst ist (vgl. dazu § 159 Anm. 38).

3. Einforderung von Einlagen

a) Rückständige Einlagen werden nach h. M. nur noch insoweit geschuldet, als dies für die Durchführung der Auseinandersetzung erforderlich ist (RGZ 100, 165, 167 [BGB-Gesellschaft]; RGZ 45, 153, 155 [AG]; RGZ 111, 77, 83 [BGB-Gesellschaft]; BGH WM 1960, 47, 48 = NJW 1960, 433 = LM Nr. 3; WM 1977, 617, 618; NJW 1978, 424 = BB 1978, 13 = LM Nr. 5; WM 1978, 898 = NJW 1978, 2154 = LM Nr. 6; Schilling in Großkomm Anm. 12; Ensthaler, S. 58; Hillers S. 240 ff.; Messer in Festschrift Stimpel S. 211 f.; a. A. ROHGE 22, 135, 136 f.; vgl. auch ROHGE 25, 158, 166). Dieser h. M. ist im Ergebnis zuzustimmen. Zwar schulden die Gesellschafter die versprochenen Einlagen, aber sie können die Einlageleistung verweigern, soweit bereits feststeht, daß der eingezahlte Betrag aus der Liquidationsmasse an sie wieder ausgezahlt werden müßte (§ 242 BGB). Das ist im Ergebnis herrschende Meinung (RGZ 45, 153, 155; 111, 77, 83; Baumbach-Duden-Hopt Anm. 2B; Düringer-Hachenburg-Flechtheim Anm. 9; Staub-Pinner 14. Aufl. Anm. 6). Dasselbe gilt auch für die **Einforderung oder Rückforderung eigenkapitalersetzender Darlehen** (vgl. für den Fall, daß der Konkursverwalter diese geltend macht, OLG Köln ZIP 1983, 310, 311) und eigenkapitalersetzender stiller Beteiligungen (BGH NJW 1978, 424 = BB 1978, 13 = LM Nr. 5; ZIP 1980, 192, 193 = NJW 1980, 1522 = LM Nr. 7; vgl. auch für den Fall, daß der Konkursverwalter diese geltend macht BGH ZIP 1981, 734, 735). **Zur Durchführung der Liquidation erforderlich** ist eine Leistung, soweit diese Leistung für Tätigkeiten der aufgelösten Gesellschaft oder für die Befriedigung ihrer Gläubiger erforderlich ist (vgl. RGZ 45, 153, 155; 111, 77, 83; BGH WM 1960, 47 = NJW 1960, 433 = LM Nr. 3; BGH WM 1977, 617; NJW 1978, 424 = BB 1978, 13 = LM Nr. 5; ZIP 1980, 192, 193 = NJW 1980, 1522 = LM Nr. 7). Dem Anspruch steht jedoch der Einwand des § 242 BGB entgegen, wenn dem in Anspruch genommenen Gesellschafter der Betrag bei Abschluß der Liquidation mit Sicherheit zurückgezahlt werden müßte (Hillers S. 190 ff., zu der Ausnahme, daß der Gesellschafter die Liquidation verzögert vgl. Hillers S. 217 ff.). Zur Frage, ob auch eine dem Ausgleich der Kapitalkonten – also nicht der Befriedigung von Drittgläubigern – dienende Leistung verlangt werden kann, vgl. Anm. 21 f. Diese Frage ist entgegen der h. M. zu bejahen.

b) Die Liquidatoren können diese Leistungen grundsätzlich **ungehindert einfordern** (vgl. RGZ 4, 66, 67; OLG Hamburg HRR 1929, Nr. 626; LG Essen ZIP 1981, 864;

Staub-Pinner 14. Aufl. Anm. 6; Ritter Anm. 4). Dazu müssen sie im Streitfall die Verhältnisse der Gesellschaft darlegen, soweit sie dazu in der Lage sind (BGH WM 1978, 898 = NJW 1978, 2154 = LM Nr. 6; ZIP 1980, 192, 194; zu einem Fall, in dem ein Konkursverwalter die Valutierung eines eigenkapitalersetzenden Darlehens verlangte OLG Köln ZIP 1983, 310, 311; Schilling in Großkomm Anm. 12; Hillers S. 200; vgl. auch BGH WM 1977, 617, 618). Dagegen müssen die Liquidatoren keinen kompletten Liquidationsplan vorlegen, aus dem sich die Notwendigkeit der Geltendmachung ergibt (vgl. BGH ZIP 1980, 192, 193 = NJW 1980, 1522 = LM Nr. 7). Die Notwendigkeit der Einforderung wird vielmehr **vermutet**; ein Gesellschafter, der die Leistung verweigert, trägt die Beweislast dafür, daß die Einforderung für den Liquidationszweck entbehrlich ist (BGH WM 1978, 898 = NJW 1978, 2154 = LM Nr. 6; ZIP 1980, 192, 194 = NJW 1980, 1522 = LM Nr. 7; Schilling in Großkomm Anm. 12; Baumbach-Duden-Hopt Anm. 2B; Hillers S. 197ff.; a.A. Ensthaler, S. 58f. und obiter BGH WM 1977, 617, 618).

21 c) aa) Die **Einforderung von Einlagebeträgen nur zum Ausgleich der Gesellschafter untereinander** ist nach h.M. nicht Aufgabe der Liquidatoren (RG LZ 1914 Sp. 1030; BGH LM Nr. 8 = NJW 1984, 435 = ZIP 1984, 49, 53; BGH LM Nr. 5 = BB 1978, 13 = NJW 1978, 424; OLG Hamburg HRR 1929 Nr. 626; Baumbach-Duden-Hopt Anm. 2B; Düringer-Hachenburg-Flechtheim Anm. 9; Ritter Anm. 4; Ensthaler, S. 58; wohl auch Hillers S. 189). Die Liquidatoren können besonders ermächtigt werden – und sind bei der Publikumsgesellschaft im Zweifel ermächtigt –, auch die für den Ausgleich unter den Gesellschaftern erforderlichen Beträge einzufordern (BGH LM Nr. 5 = BB 1978, 13 = NJW 1978, 242).

22 bb) **Stellungnahme** (Karsten Schmidt ZHR 153 [1989], 295f.): Die h.M. beruht auf dem Grundgedanken, daß der Liquidationszweck die Vollbeendigung aller Rechtsbeziehungen nicht einschließt. Diesem Standpunkt ist zwar für das Konkursverfahren (§ 145 Anm. 67), aber nicht für das gesellschaftsrechtliche Liquidationsverfahren zu folgen (vgl. Anm. 29f., § 155 Anm. 17f.). Richtig ist vielmehr: Die Liquidatoren bleiben bis zur Vollbeendigung der Gesellschaft im Amt (vgl. § 155 Anm. 53). Sie haben im Rahmen der Rechnungslegung (§ 154) die Kapitalkonten der Gesellschafter für die Auseinandersetzung zu errechnen (dazu § 155 Anm. 25ff.) und die für die Schlußabwicklung nach § 735 BGB erforderlichen Beträge einzuziehen, wenn und soweit sich im Rahmen der Auseinandersetzungsrechnung ein Passivsaldo zu Lasten des in Anspruch genommenen Gesellschafters ergibt (vgl. Karsten Schmidt JuS 1978, 275 zu BGH LM Nr. 5 = BB 1978, 13 = NJW 1978, 242). Allerdings können die Gesellschafter den Ausgleich selbst in die Hand nehmen und die Forderungen untereinander verrechnen und ausgleichen (Anm. 30). Ist kein Liquidator mehr vorhanden oder macht er die Ausgleichsforderung nicht geltend, so können die Gesellschafter unmittelbar gegeneinander vorgehen (insofern übereinst. die h.M.). Vgl. dazu § 155 Anm. 18.

23 d) Die **Einforderung von Sacheinlagen** hängt davon ab, ob die Einlagenleistung für eine optimale Verwertung des Gesellschaftsvermögens erforderlich ist (Hillers S. 243). Ist dies nicht der Fall und ist der Gesellschafter auch nicht nach § 131 Anm. 64 zur Fortsetzung verpflichtet, so ist der Gesellschafter grundsätzlich nicht mehr verpflichtet, die Einlage in natura zu leisten, so kann er den Anspruch auch durch Zahlung eines dem Wert entsprechenden Geldbetrages abgelten. Anderseits muß er nicht zahlen, sondern kann in natura erfüllen. Soweit der Anspruch von den Liquidatoren nach Anm. 19 f. nicht geltend gemacht werden kann, geht der Wert der Sacheinlage in die Gesamtabrechnung ein (Hillers S. 243).

e) Ist ein Gesellschafter zur **Einbringung zur Nutzung** „quoad usum" oder dem **Wert** **24** **nach** „quoad sortem" verpflichtet (dazu Karsten Schmidt Gesellschaftsrecht § 20 II 2; Ensthaler S. 28 ff.) gelten entsprechende Grundsätze (zu diesen Einbringungsformen vgl. § 124 Anm. 10). Die Gebrauchsüberlassung kann in beiden Fällen nur verlangt werden, soweit dies für die Zwecke der Liquidation erforderlich ist (vgl. Hillers S. 243 f., 247 f.). Die Einbringungsverpflichtung „quoad sortem" erstarkt im Moment der Auflösung der Gesellschaft zu einem Anspruch der Gesellschaft auf Zahlung des Wertes des Gegenstandes (Hillers S. 245 f. m.w. Nachw.; im Ergebnis ähnlich Gädcke, „Dem Werte nach" eingebrachte Grundstücke im Gesellschaftsvermögen, 1987, S. 132 f.). Auch hier kann sich aus der Einbringungsabrede ergeben, daß der Gesellschafter anstelle der Zahlung des Wertersatzes seine Verpflichtung durch Übertragung des Gegenstandes in das Gesellschaftsvermögen erfüllen darf (s. auch Hillers S. 247).

4. Ansprüche auf Wiederherstellung des Gesellschaftsvermögens

Schadensersatzansprüche der Gesellschaft gegen Gesellschafter und Liquidatoren **25** bestehen unabhängig vom Liquidationszweck (BGH WM 1960, 47, 48 = NJW 1960, 433 = LM Nr. 3; LG Bielefeld MDR 1981, 845 für die BGB-Gesellschaft). Grundsätzlich dasselbe gilt für Ansprüche auf Rückzahlung unberechtigt ausgezahlter Gewinne (BGH WM 1977, 617, 618), ebenso für die einer GmbH & Co. KG zustehenden Ansprüche auf Rückzahlung von Ausschüttungen, die gegen § 30 GmbHG verstoßen (dazu §§ 171, 172 Anm. 129; § 172a Anm. 51 ff.). Auch hier gilt aber der Grundsatz, daß kein Gesellschafter eine Einzahlung leisten muß, soweit der einzuzahlende Betrag an ihn wieder ausgeschüttet werden müßte (Hillers S. 205 ff.; h.M.). Die Darlegungs- und Beweislast trägt der Gesellschafter (Hillers S. 205).

5. Einforderung von Nachschüssen

a) Nachschüsse, die im Gesellschaftsvertrag vereinbart sind, können von den Liquida- **26** toren als Einlagen eingefordert werden, soweit dies dem Liquidationszweck dient. Auf Anm. 19 f. ist zu verweisen. Nach § 735 **Satz 1 BGB** müssen die Gesellschafter für **Fehlbeträge** nach dem Verhältnis ihrer Verlustanteile aufkommen, wenn das Gesellschaftsvermögen zur **Berichtigung der gemeinschaftlichen Schulden** (erste Variante) und zur **Rückerstattung von Einlagen** (zweite Variante) nicht ausreicht. Nach § 735 Satz 2 BGB haften die Gesellschafter nach dem gleichen Verhältnis für den Ausfall, wenn von einem Gesellschafter dieser Betrag nicht zu erlangen ist. Die Vorschriften des § 735 BGB gelten auch für die oHG und für die KG (§§ 105 Abs. 2, 161 Abs. 2). Eine Haftung tritt allerdings nur nach Maßgabe der Verlustbeteiligung ein (vgl. BGH WM 1967, 346, 347). Für die **Kommanditisten** ist § 167 Abs. 3 zu beachten, wonach ein Kommanditist am Verlust der Gesellschaft nur bis zum Betrag seines Kapitalanteils und seiner noch rückständigen Einlage teilnimmt (dazu § 167 Anm. 13 ff.). Eine über § 735 BGB hinausgehende Nachschußpflicht in der Liquidation gibt es nach dem Gesetz nicht (gegen eine Nachschußpflicht Alfred Hueck oHG § 32 V 2; Schilling in Großkomm Anm. 13). Vorrang vor dem Nachschußanspruch nach § 735 BGB hat die Einlagepflicht der Gesellschafter. Soweit noch Einlagen eingefordert werden können (Anm. 19 ff.) und soweit diese Ansprüche durchsetzbar sind, ist für § 735 BGB kein Raum.

27 b) Der **Anspruch auf Zurverfügungstellung des für die Berichtigung der Gesellschaftsschulden erforderlichen Betrages** (erste Variante des § 735 Satz 1 BGB) umfaßt den gesamten Fehlbetrag. Einzuzahlen ist der Betrag, um den die aufgelöste Gesellschaft überschuldet ist. Der Verteilungsmaßstab unter den Gesellschaftern richtet sich nach ihren Verlustanteilen. **Gläubigerin ist die Gesellschaft** (so für die Gesellschaft bürgerlichen Rechts Ulmer Gesellschaft bürgerlichen Rechts § 735 Anm. 5; Soergel-Hadding § 735 Anm. 3; Hillers S. 252 ff.; Karsten Schmidt ZHR 153 [1989], 296). Die wohl noch h. M. sieht dies anders. Nach ihr kann es nur um den Ausgleich von Haftungsbeiträgen unter den Gesellschaftern gehen (vgl. RG LZ 1914, 1030; Alfred Hueck oHG § 32 V 4; Baumbach-Duden-Hopt § 155 Anm. 1 C; vgl. auch OLG Hamburg HRR 1929 Nr. 626). Dieser Standpunkt ist überholt. Er beruht darauf, daß die Rechtsträgerschaft der Gesamthandsgesellschaft (§ 124 Anm. 1) im Innenrecht der oHG und KG noch nicht konsequent berücksichtigt wird (eingehend Karsten Schmidt ZHR 153 [1989], 270 ff.). Die Liquidatoren sind berechtigt und verpflichtet, den auf Zahlung in das Gesellschaftsvermögen gerichteten Anspruch geltend zu machen (Karsten Schmidt ZHR 153 [1989], 296; a.A. RG LZ 1914, 1030; OLG Hamburg HRR 1929 Nr. 626; Huber Vermögensanteil S. 268; Düringer-Hachenburg-Flechtheim Anm. 9; Staub-Pinner 14. Aufl. Anm. 8; Hillers S. 275 ff.; Alfred Hueck oHG § 32 V 4). Dazu bedarf es nicht einer von den Gesellschaftern dem Liquidator zu erteilenden Ermächtigung (anders RG LZ 1914, 1030; Huber Vermögensanteil S. 268). Hilfsweise kann auch ein Gesellschafter diesen Anspruch im Wege der actio pro socio geltend machen (vgl. zu dieser § 146 Anm. 55 f.), sofern die Liquidatoren untätig bleiben, insbesondere wenn der Gesellschafter eine persönliche Inanspruchnahme befürchten muß.

28 c) aa) Der **Anspruch auf Zurverfügungstellung der für die Rückerstattung von Einlagen erforderlichen Beträge** (zweite Variante des § 735 Satz 1 BGB) spielt in der Praxis eine weniger bedeutsame Rolle. Scheinbar paßt die Bestimmung überhaupt nicht auf die oHG und KG, denn anders als bei der Gesellschaft bürgerlichen Rechts (vgl. § 733 Abs. 2 Satz 1 BGB) werden hier nach h. M. nicht die Einlagen zurückerstattet, sondern die Kapitalkonten ausgeglichen (vgl. zu diesem Unterschied Staudinger-Keßler § 733 Anm. 10; s. auch Soergel-Hadding § 733 Anm. 6). **Das bedeutet nach h. M.:** Fehlbeträge gleichen die Gesellschafter untereinander aus. Die Gesellschafter haben zum Ausgleich ihrer Kapitalkonten keine Ansprüche gegen die Gesellschaft (RGZ 40, 29, 32; RG LZ 1914, 1030; BGH WM 1966, 706; OLG Hamburg HRR 1929 Nr. 626; Schilling in Großkomm Anm. 19; Alfred Hueck oHG § 32 XI 2; im Ergebnis auch Hillers S. 281, 283 ff.). Dieser Ausgleich ist nicht Bestandteil des Liquidationsverfahrens und nicht Aufgabe der Liquidatoren, sondern die Gesellschafter haben sich untereinander auszugleichen (RG LZ 1914, 1030; BGH WM 1966, 706; OLG Hamburg HRR 1929 Nr. 626; Ensthaler S. 39 Fußn. 1; Alfred Hueck oHG § 32 XI 2; Düringer-Hachenburg-Flechtheim Anm. 9; Schilling in Großkomm § 155 Anm. 19; zur Gesellschaft bürgerlichen Rechts vgl. BGH WM 1980, 402, 403). Nur wenn die Gesellschafter die Liquidatoren entsprechend ermächtigt haben, sollen diese dazu befugt sein (RG LZ 1914, 1030; Alfred Hueck oHG § 32 XI 2; Huber Vermögensanteil S. 268; Düringer-Hachenburg-Flechtheim Anm. 9; Staub-Pinner 14. Aufl. Anm. 9; Schilling in Großkomm § 155 Anm. 9).

bb) **Stellungnahme** (vgl. Karsten Schmidt ZHR 153 [1989], 296): Der h. M. ist nicht zu folgen. § 735 Satz 1 BGB ist auch in der hier besprochenen zweiten Variante (Ausgleich von Fehlbeträgen für die Rückerstattung von Einlagen) auf die oHG und KG anwendbar (Ensthaler S. 114 ff.; Hillers S. 272 ff.). Die angebliche Unanwendbarkeit beruht auf einer Reihe von Mißverständnissen. Auch bei der Gesellschaft bürgerlichen Rechts hat § 735 BGB in Wahrheit nicht die Bedeutung, daß alle Gesellschafter zu denjenigen Nachschüssen verpflichtet sind, die für die volle Rückerstattung der geleisteten Einlagen erforderlich sind (Ensthaler S. 36 f.). Vorab wird die Verlustbeteiligung jedes Gesellschafters in Rechnung gestellt. Nur soweit nach dieser Gesamtabrechnung noch Rückzahlungen aus dem Gesellschaftsvermögen geleistet werden müssen, müssen die Mitgesellschafter nach § 735 BGB für einen Fehlbetrag aufkommen (vgl. BGH WM 1977, 973; Ensthaler S. 38 f.). In diesem Sinne kann § 735 Satz 1 BGB, 2. Variante, auch auf die Handelsgesellschaften angewendet werden. Die Bestimmung soll nur den Ausgleich unter den Gesellschaftern sicherstellen (Ensthaler S. 120 f.), und dieselbe Funktion hat der Ausgleich der Kapitalkonten. In der Liquidation gehen die sich aus §§ 733–735 BGB i. V. m. § 105 Abs. 2 ergebenden Einzelansprüche als Rechnungsposten (§ 155 Anm. 19 f.) in die Kapitalkonten der Gesellschafter ein und bilden so die Grundlage für die Feststellung der Liquidations-Kapitalanteile (vgl. Huber Vermögensanteil S. 181 f.; Hillers S. 272, 303 ff.). Die Ansprüche der Gesellschaft auf Zurverfügungstellung der für die Rückerstattung von Einlagen erforderlichen Beiträge werden deshalb nicht als Einzelansprüche von den Liquidatoren geltend gemacht, aber sie sind Bestandteil der nach § 155 Anm. 21 ff. durchzuführenden Gesamtabrechnung. Soweit nach dieser Abrechnung der Liquidations-Kapitalanteil eines Gesellschafters in der Liquidationsschlußbilanz negativ ist, besteht **nach § 735 BGB ein Zahlungsanspruch**, sofern nicht eine abweichende Vertragsregelung oder – bei einem Kommanditisten – § 169 entgegensteht (dazu vgl. Erl. § 169). **Gläubigerin** des Zahlungsanspruchs ist nach § 735 BGB **die Gesellschaft** (vgl. wiederum die Angaben zur Gesellschaft bürgerlichen Rechts bei Anm. 27; anders die h. M.; vgl. RGZ 40, 29, 32; RG LZ 1914, 1030; BGH WM 1966, 706; OLG Hamburg HRR 1929 Nr. 626; Schilling in Großkomm § 155 Anm. 20; Staub-Pinner 14. Aufl. Anm. 9; Huber Vermögensanteil S. 268). Von ihr können die Inhaber positiver Kapitalkonten Zahlung verlangen (anders h. M.: Anspruch der Gesellschafter untereinander; vgl. Anm. 27). Dieser Ausgleich ist Teil der Schlußrechnung (insoweit übereinst. Huber Vermögensanteil S. 182). Die Feststellung, Geltendmachung und Durchsetzung des Ausgleichs ist Aufgabe der Liquidatoren (anders h. M., der nur für das Konkursverfahren zugestimmt werden kann; vgl. § 145 Anm. 67). Daß dies dem Willen des Gesetzes entspricht, zeigt sich auch bei § 155 Abs. 2 Satz 2 und Abs. 3, wonach die Liquidatoren die zur Sicherung der den Gesellschaftern bei der Schlußverteilung zukommenden Beträge erforderlichen Mittel zurückhalten und Streitigkeiten unter den Gesellschaftern abwarten müssen. Soweit dieser Ausgleich nicht aus liquidem Gesellschaftsvermögen bewirkt werden kann, wird er dadurch bewirkt, daß die ausgleichspflichtigen Gesellschafter der Gesellschaft nach § 735 BGB genau die Beträge schulden, die den ausgleichsberechtigten Gesellschaftern zustehen. Bei überschaubaren Verhältnissen können und werden diese Schuldverhältnisse durch **direkte Zahlung unter den Gesellschaftern** ausgeglichen werden. Bei komplizierten Liquidationen (z.B. bei Vorhandensein vieler Gesellschafter) kann aber die Abwicklung auch entsprechend den Anspruchsverhältnissen durchgeführt werden: Die Ausgleichspflichtigen zahlen an die Gesellschft (bzw. erhalten bei der Schlußverteilung entsprechend weniger Auszahlung), und die Ausgleichsberechtigten erhalten den Ausgleich aus dem Gesellschaftsvermögen.

30 cc) Selbstverständlich können **die Gesellschafter,** wenn hierüber Einvernehmen besteht, ihre **Kapitalkonten** auch unmittelbar **untereinander ausgleichen.** Dazu genügt, daß sich die Beteiligten über den internen Ausgleich einig sind, auch wenn sie über die Beträge streiten (Karsten Schmidt, ZHR 153 [1989], 296). So wird es sich häufig schon deshalb verhalten, weil Rechtsberater der Liquidationsbeteiligten vielfach von der bei Anm. 28 geschilderten bisher h.M. ausgehen werden. Fehlt solches Einverständnis, so kann bei pflichtwidriger Untätigkeit des Liquidators im Wege der actio pro socio auf Leistung an die Gesellschaft geklagt werden (vgl. schon Anm. 27). Ausgleichsklagen unmittelbar unter den Gesellschaftern kommen außer im Fall allseitigen Einverständnisses über diesen Ausgleich nur in Betracht, wenn eine Klage durch einen Liquidator nicht möglich (das übrige Gesamthandsvermögen z.B. bereits abgewickelt) und das Ausgleichsverhältnis überschaubar ist (vgl. auch Ulmer Gesellschaft bürgerlichen Rechts § 735 Anm. 6; weiter wohl Hillers S. 299 ff.). Die Direktklagen der Gesellschafter untereinander in der Liquidation sind als Fälle der gewillkürten Prozeßstandschaft oder der actio pro socio einzuordnen (§ 146 Anm. 56; Karsten Schmidt Gesellschaftsrecht § 21 IV 5 b; eingehend Hillers S. 300 ff.).

6. Ansprüche gegen Gesellschafter als Dritte

31 Ansprüche der Gesellschaft gegen Gesellschafter, die sich nicht aus dem Gesellschaftsverhältnis ergeben, können grundsätzlich geltend gemacht werden wie Ansprüche gegen Dritte (dazu Anm. 17 f.). Ausnahmen ergeben sich aus § 242 BGB, wenn die Rückzahlung des Betrages im Rahmen der Liquidation zu erwarten ist (vgl. Hillers S. 289). Die Darlegungs- und Beweislast hierfür trägt der Gesellschafter.

IV. Die Umsetzung des Vermögens in Geld

1. Grundsatz

32 a) Nach § 733 Abs. 3 BGB ist das Gesellschaftsvermögen, soweit zur Berichtigung der Schulden und zur Zurückerstattung der Einlagen erforderlich, **in Geld umzusetzen.** In Satz 1 des § 149 fehlt diese Einschränkung. Wenn die Gesellschafter nicht eine andere Art der Auseinandersetzung wählen (vgl. § 145), ist das gesamte Vermögen zu versilbern. Geld i.S. von § 149 ist nicht bloß Bargeld, sondern auch Giralgeld (Buchgeld). Das bedeutet für Bankkonten: Sichteinlagen brauchen nicht in Geld umgesetzt zu werden. Dagegen gehören Termingelder, Spareinlagen und sonstige Kündigungsgelder zu dem Vermögen, das in Geld umgesetzt (also ggf. gekündigt und auf ein Girokonto überführt) werden muß.

b) Eine Umsetzung in Geld kann und muß ggf. unterbleiben, wenn der Gesellschaftsvertrag oder ein Beschluß der Gesellschaft eine **andere Art der Abwicklung** (§ 145 Anm. 4 ff.), auch die **Teilung in Natur** oder die Zuweisung einzelner Gegenstände an einzelne Gesellschafter vorsieht (vgl. § 145 Anm. 40; Düringer-Hachenburg-Flechtheim Anm. 10; Schilling in Großkomm Anm. 16). Insbesondere können die Gesellschafter vereinbaren, daß einem Gesellschafter statt der Barabfindung ein einzelner Gegenstand, z. B. eine Gesellschaftsforderung, zugewendet wird (BayObLG BB 1983, 82 = DB 1983, 170 = Rpfleger 1983, 73 = WM 1983, 353). **33**

c) Rückgabe von Vermögensgegenständen an die einbringenden Gesellschafter kann von diesen – wie auch im Fall ihres Ausscheidens (§ 138 Anm. 26 f.) – grundsätzlich nicht verlangt werden (Ensthaler S. 20; Soergel-Hadding § 733 Anm. 6). Dieser Grundsatz gilt für Gegenstände, die zu Eigentum eingebracht sind (vgl. zu den Einbringungsformen § 124 Anm. 10). Anders verhält es sich bei Gegenständen, die nur zur Nutzung oder nur dem Werte nach eingebracht sind (vgl. zu diesen Begriffen Ensthaler S. 28 ff.; Karsten Schmidt Gesellschaftsrecht § 20 II 2 d). Im ersten Fall gilt § 732 BGB (vgl. § 105 Abs. 2). Gegenstände, die der Gesellschafter der Gesellschaft nur zur Nutzung überlassen hat, sind ihm danach zurückzugeben (§ 732 BGB; Schilling in Großkomm Anm. 30). Bei der Einbringung dem Werte nach ist der Gegenstand gleichfalls zurückzugeben, aber dem Gesellschafter bei der Auseinandersetzung in Rechnung zu stellen (Anm. 24). Sacheinlagen, die ein bestimmter Gesellschafter zu Eigentum eingebracht hat, können ihm im Wege einer Auseinandersetzungsvereinbarung der Gesellschafter gegen Verrechnung angeboten oder ihm nach Anm. 37 zum Kauf angeboten werden. Auf Verlangen dieses Gesellschafters können die Mitgesellschafter hierzu unter dem Gesichtspunkt der Treupflicht verpflichtet sein, wenn die Konditionen angemessen sind (in gleicher Richtung schon Scholz-Karsten Schmidt GmbHG § 72 Anm. 9, 10; vgl. auch für den Fall des Ausscheidens sinngemäß § 138 Anm. 27). **34**

2. Versilberungsmaßnahmen

a) Die Art und Weise der Umsetzung in Geld wird in erster Linie durch (grundsätzlich einstimmigen) Gesellschafterbeschluß, in zweiter Linie durch den Gesellschaftsvertrag und in dritter Linie durch die Pflicht der Liquidatoren zur Erwirtschaftung eines optimalen Liquidationsergebnisses bestimmt (vgl. Schilling in Großkomm Anm. 17). Soweit sie nicht durch Vertrag oder Beschluß gebunden sind, entscheiden die Liquidatoren hierüber nach pflichtgemäßem Ermessen (ausführlich Düringer-Hachenburg-Flechtheim Anm. 12). Sie können nach Lage der Dinge gehalten sein, einen Gesellschafterbeschluß herbeizuführen (vgl. § 152 Anm. 2 f.). **35**

b) Die Liquidatoren können das Unternehmen im ganzen veräußern (RGZ 85, 397, 401 für die GmbH; RG LZ 1913, 212; Alfred Hueck oHG § 32 V 3; Schilling in Großkomm Anm. 19; Ritter Anm. 5; Staub-Pinner 14. Aufl. Anm. 18; eingehend Hil- **36**

lers S. 66 ff.). Die Veräußerung kann mit der **Firma** erfolgen. Jedoch müssen dazu alle Gesellschafter zustimmen (RGZ 158, 226, 230 = JW 1938, 3180 mit Anm. Boesebeck; Schilling in Großkomm Anm. 20; Hillers S. 69 ff.; wohl auch Staub-Hüffer § 22 Anm. 32) und der Gesellschaft eine Ersatzfirma geben (Düringer-Hachenburg-Flechtheim Anm. 12; vgl. auch Staub-Pinner 14. Aufl. Anm. 32). Eine Gegenansicht hält nur diejenigen Gesellschafter für zustimmungsberechtigt, deren Name in der Personalfirma enthalten ist (so Düringer-Hachenburg-Flechtheim Anm. 12; Ritter Anm. 5; Adler ZHR 85 (1921) 138 ff., 146). Da die Gesellschaft nicht firmenlos bleiben darf und die Neubildung einer Firma allen Gesellschaftern zusteht, ist der herrschenden Auffassung zu folgen. Während ein Konkursverwalter das Unternehmen selbst mit Firma veräußern und eine Ersatzfirma bilden kann (vgl. § 145 Anm. 75; für die GmbH BGHZ 85, 221; Wolf Schulz ZIP 1983, 194 f.; Ulmer NJW 1983, 1702), sind hierfür im Fall der Liquidation die Gesellschafter zuständig. Diese können verpflichtet sein, der Firmenveräußerung und Firmenneubildung zuzustimmen (vgl. RGZ 158, 226, 230; Alfred Hueck oHG § 32 IV 5 b Fußn. 47; eingehend Hillers S. 72 ff.).

37 c) Eine **Veräußerung an Gesellschafter** ist ebenso zulässig wie eine Veräußerung an Dritte (OLG Hamm BB 1954, 913; Baumbach-Duden-Hopt Anm. 2 C; Düringer-Hachenburg-Flechtheim Anm. 12; Schilling in Großkomm Anm. 19; eingehend Hillers S. 66). Die Veräußerung darf aber nicht zum Schaden der Gesellschaft und der Mitgesellschafter gereichen. Deshalb ist insbesondere die Übernahme des Unternehmens durch den Mehrheitsgesellschafter sorgsam zu prüfen. Richtschnur für die Liquidatoren wird stets die Frage sein, ob die Liquidationsquote nach dem Verkauf den Betrag erreicht, den die Mitgesellschafter verlangen könnten, wenn sie durch Vereinbarung mit dem Erwerber ausschieden und nach § 738 BGB abzufinden wären. Ein Gesellschafter, der einen unvertretbaren Gegenstand als Sacheinlage eingebracht hat, kann nach Lage des Einzelfalls (nicht generell!) verlangen, daß ihm dieser Gegenstand angeboten wird und daß er auch bei Interesse eines Dritten wie ein Vorkaufsberechtigter behandelt wird (so bereits Scholz-Karsten Schmidt GmbHG § 72 Anm. 12). Es ist dies eine Frage der Treupflicht.

38 d) Eine **Einbringung des Unternehmens in eine andere Gesellschaft** gegen Gewährung von Einlagen kann zulässig sein (vgl. OLG Dresden Recht 1905 Nr. 771; Düringer-Hachenburg-Flechtheim Anm. 12; Schilling in Großkomm Anm. 17; Alfred Hueck oHG § 32 V 3; s. aber KGJ 21 A 256, 259 = OLGE 3, 67, 69). Allerdings kann die Gründung einer Tochtergesellschaft eine unzulässige strukturändernde Maßnahme sein (Anm. 5). Es kommt darauf an, ob dieser Vorgang mit dem Liquidationszweck vereinbar ist. Das ist grundsätzlich nur der Fall, wenn rechtlich und tatsächlich die Möglichkeit und Aussicht besteht, die Anteile zu veräußern (vgl. Düringer-Hachenburg-Flechtheim Anm. 12; Schilling in Großkomm Anm. 17). Regelmäßig werden die Liquidatoren vor einer solchen Maßnahme die Zustimmung der Gesellschafter einholen müssen (insofern wie hier KGJ 21 A 256, 261 = OLGE 3, 67, 69; Schilling in Großkomm Anm. 22). Stimmen diese zu, so ist zu unterscheiden: Soll die Beteiligung an der Drittgesellschaft alsbald veräußert werden, so stellt der Beschluß die Zustimmung zu einer Liquidationsmaßnahme dar. Wollen die Gesellschafter die Beteiligung halten, so kann dies bedeuten, daß die Gesellschaft als Holdinggesellschaft bürgerli-

Rechte und Pflichten der Liquidatoren 39–42 § 149

chen Rechts fortbestehen soll. Sollen die Gesellschafter selbst die Anteile erwerben, so liegt eine „andere Art der Auseinandersetzung" i.S. von § 145 vor (vgl. § 145 ff. Anm. 41).

V. Befriedigung der Gläubiger

1. Grundsatz

a) Die Liquidatoren haben die Gläubiger zu befriedigen. Satz 1 statuiert nicht den **39** Anspruch eines Gläubigers und begründet auch nicht die Fälligkeit dieses Anspruchs. Satz 1 spricht auch hier lediglich von der Verpflichtung der Liquidatoren, die Gesellschaftsverbindlichkeiten zu tilgen. Die Liquidatoren müssen hierbei sorgfältig prüfen, ob und inwieweit eine Forderung begründet ist (vgl. Schilling in Großkomm Anm. 25). Sie können und müssen dann i.d.R. alle Einwendungen und Einreden erheben, die der Gesellschaft zustehen. Insgesamt haben sie mit der Sorgfalt ordentlicher Kaufleute zum Besten der Gesellschaft zu handeln und dem Liquidationszweck zu dienen (s. auch Anm. 41). Dazu kann es u.U. gehören, daß sie eine streitige Forderung anerkennen (RG LZ 1919, 376, 377 [für die AG]; Düringer-Hachenburg-Flechtheim Anm. 15) oder sogar auf die Geltendmachung der Verjährungseinrede verzichten (RG LZ 1919, 376, 377 [für die AG]; Schilling in Großkomm Anm. 25).

b) Die §§ 149, 155 haben **Gläubigerschutzfunktion** (eingehend Hillers S. 103 ff., **40** 141 ff.). Das Gesetz will sicherstellen, daß die Gläubiger der Gesellschaft befriedigt werden, bevor die Liquidationsquote an die Gesellschafter ausgeteilt wird (Karsten Schmidt ZHR 153 [1989], 293 ff.; Hillers S. 113 ff., 146).

2. Dritte als Gläubiger

a) Gläubiger der Gesellschaft sind **grundsätzlich unbeschränkt** zu befriedigen. Die **41** Liquidatoren können Verbindlichkeiten der Gesellschaft bestreiten, hierüber Prozesse führen oder Vergleiche abschließen (Anm. 39, 56, § 160 Anm. 9). Soweit sie eine Verbindlichkeit nicht bestreiten, müssen sie sie erfüllen. Zur Deckung von Verbindlichkeiten, die noch nicht fällig oder die bestritten sind, haben die Liquidatoren nach § 155 Abs. 2 Satz 2 das Erforderliche zurückzubehalten. Aus § 149 ergibt sich aber die Pflicht, für schleunige Abwicklung zu sorgen. Das kann bedeuten, daß die Liquidatoren mit den Gläubigern zu verhandeln, Streitigkeiten zu bereinigen und ggf. auch Rechtsstreitigkeiten mit ihnen zu führen haben.

b) Nach **h.M. gibt es keine Rechtspflicht zur Gleichbehandlung der Gläubiger** (vgl. RG **42** LZ 1919, 376, 377 [für die AG]; Schilling in Großkomm Anm. 26). Da jeder Gläubiger klagen und vollstrecken könnte, können die Liquidatoren grundsätzlich alle bekannten Verbindlichkeiten voll erfüllen, auch wenn noch nicht alle Verbindlichkeiten bekannt und unstreitig sind (vgl. Schilling in Großkomm Anm. 26). Allerdings müssen die Liquidatoren Konkursantrag stellen, wenn die Liquidationsmasse zur Tilgung aller Verbindlichkeiten nicht ausreicht (Baumbach-Duden-Hopt Anm. 2 D; Heymann-Sonnenschein Anm. 10). Diese „interne" Konkursantragspflicht bedarf keiner gesetzlichen Anordnung. Handelt es sich um eine oHG ohne natürliche Person als Gesellschafter oder um eine KG ohne natürliche Person als Komplementär, so ergibt sich eine die Gläubiger schützende gesetzliche Pflicht aus §§ 130a, 177a (vgl. die Erläuterungen zu diesen Vorschriften). Bei Verletzung dieser Pflichten machen sich die Liquidatoren strafbar (§§ 130b, 177a) und schadensersatzpflichtig. Für die übrigen Personengesellschaften besteht keine gesetzliche Konkursantragspflicht (krit. Karsten Schmidt, Verhandlungen des 54. DJT, Bd. I, 1982, S. 44f., 37 ff.; ders. Wege zum Insolvenzrecht der Unternehmen, 1990, S. 59 ff.).

43 c) Ist eine **Konkurseröffnung mangels Masse abgelehnt** (§ 107 Abs. 1 KO) oder das Verfahren **mangels Masse eingestellt** worden (§ 204 KO), so findet – mindestens bei der GmbH & Co.KG – die Liquidation der Gesellschaft statt (vgl. § 131 Anm. 20, 50). In diesem Fall wird man – jedenfalls bei der GmbH & Co., aber nach wohl richtiger Auffassung nicht nur bei ihr – die Liquidatoren für verpflichtet erachten, den Forderungsbestand festzustellen und die bekannten Forderungen gleichmäßig zu befriedigen (vgl. grundlegend für die GmbH Wolf Schulz, die masselose Liquidation der GmbH, 1986, S. 160 ff.; insoweit zust. Scholz-Karsten Schmidt GmbHG Anh. § 60 Anm. 7a, § 70 Anm. 10; abl. Hillers S. 230 ff. mit der unrichtigen Begründung, die hier vertretene Auffassung basiere auf der Annahme, das Liquidationsrecht kenne keinen Gläubigerschutz).

3. Gesellschafter als Gläubiger

44 a) Gesellschafter können ihre **Forderungen, die auf dem Gesellschaftsverhältnis beruhen**, gegen die Gesellschaft grundsätzlich nur gemäß der Auseinandersetzungsrechnung geltend machen (BGHZ 37, 299, 304; BGH NJW 1968, 2005; NJW 1981, 2802; ZIP 1984, 1084, 1085; NJW-RR 1989, 866; WM 1971, 931, 932; WM 1978, 89, 90 [für die Auseinandersetzung anläßlich des Ausscheidens eines Gesellschafters]; OLG Koblenz NJW-RR 1988, 1250 [für die BGB-Gesellschaft]; BGH LM Nr. 2 zu § 730 BGB [für Ansprüche zwischen Gesellschaftern]; Messer in Festschrift für Stimpel S. 206; Karsten Schmidt ZHR 153 [1989], 293; Alfred Hueck oHG § 32 V 4; Baumbach-Duden-Hopt Anm. 2D; vgl. auch RGZ 29, 15, 16; a.A. Schilling in Großkomm Anm. 28 ff.; vgl. auch Ritter Anm. 6; Staub-Pinner 14. Aufl. Anm. 14). Das beruht auf der bei § 155 Anm. 19f. geschilderten Rechtslage: Forderungen und Verbindlichkeiten der Gesellschafter aus dem Gesellschaftsverhältnis stellen im Stadium der Liquidation nur noch Rechnungsposten für die Errechnung der Liquidationsquote dar. Eine Ausnahme läßt die h.M. gelten, wenn der Gesellschafter nachweist, daß ihm im Ergebnis ein bestimmter Betrag zusteht, dann kann er diesen Betrag auch sofort einfordern (Enthaler S. 14, 17; Hillers S. 210 ff.; Messer in Festschrift Stimpel S. 209). Diese vermeintliche Ausnahme ist liquidationsrechtlich leicht erklärbar: Wer einen bestimmten Betrag verlangen kann, kann nach § 155 Abs. 2 die vorläufige Verteilung verlangen (dazu § 155 Anm. 3 ff.). Er macht also überhaupt nicht den zugrundeliegenden Einzelanspruch geltend, sondern dieser ist nur ein Rechnungsposten für die Vermögensverteilung (Karsten Schmidt ZHR 153 [1989], 293; ebenso Hillers S. 212).

45 b) **Drittgläubigerforderungen** können **grundsätzlich** nach allgemeinen Regeln gegen die Gesellschaft geltend gemacht werden (Düringer-Hachenburg-Flechtheim Anm. 16; Ritter Anm. 6; Schilling in Großkomm Anm. 28; Hillers S. 146 ff. 161; im Grundsatz auch

Alfred Hueck oHG § 32 V 4; a.A. BGH WM 1970, 280; 1971, 931 f.; WM 1978, 89, 90; Messer in Festschrift Stimpel S. 214; vgl. auch Ensthaler S. 14). Soweit ein Gesellschafter gegenüber Lieferungen oder sonstige entgeltliche Leistungen erbracht hat, die er nicht als Beiträge schuldete, ist er gleichrangig mit den sonstigen Gläubigern aus der Liquidationsmasse zu befriedigen. Ausnahmen ergeben sich aus § 242 BGB (eingehend Hillers S. 153 ff.). So kann der Gesellschafter nicht sogleich auf die Erfüllung drängen, wenn die sofortige Beschaffung liquider Mittel zu unverhältnismäßigen Schäden der Gesellschaft führte (Hillers S. 153 f.) oder wenn die Rückzahlung des Erlangten wegen § 735 BGB höchstwahrscheinlich ist (vgl. Hillers S. 161).

VI. Aufgaben nach §§ 154, 155, 157

1. Rechnungslegung (§ 154)

Aus § 154 ergibt sich die Verpflichtung der Liquidatoren zur Rechnungslegung. Auf die Erläuterung des § 154 ist zu verweisen. **46**

2. Vermögensverteilung (§ 155)

Auch die Verteilung des Vermögens auf die Gesellschafter ist nach § 105 Aufgabe der Liquidatoren (wegen der Einzelheiten vgl. Erl. § 155). Nicht zu den Aufgaben der Liquidatoren gehört nach h. M. der Ausgleich unter den Gesellschaftern (vgl. Anm. 21, 28). Dem wird hier nicht gefolgt (vgl. Anm. 22, 29). **47**

3. Anmeldung des Erlöschens (§ 157)

Nach der Beendigung der Liquidation haben die Liquidatoren das Erlöschen der Firma zur Eintragung in das Handelsregister anzumelden (§ 157 Abs. 1). Auch dies spricht für die hier vertretene Auffassung, wonach die Aufgaben der Liquidatoren auf die vollständige Abwicklung unter Einschluß aller Rechte der Gesellschaft gegenüber den Gesellschaftern und umgekehrt zielen. **48**

VII. Die Vertretungsmacht der Liquidatoren

Schrifttum: *Karsten Schmidt,* Liquidationszweck und Vertretungsmacht der Liquidatoren, AcP 174 (1974), 55; *ders.,* ultra-vires-Doktrin: tot oder lebendig?, AcP 184 (1984), 529; *ders.,* Die Handels-Personengesellschaft in Liquidation, ZHR 153 (1989), 270. **49**

1. Grundlagen

a) Die Rechtsnatur der Vertretungsmacht der Liquidatoren ist umstritten. Die Streitfrage besteht darin, ob eine gesetzliche Vertretung vorliegt oder eine Bevollmächtigung (für Bevollmächtigung Geßler in der 4. Aufl. Anm. 20 mit Hinweis auf ROHGE 23, 324, 329; RG JW 1897, 290; s. auch Düringer-Hachenburg-Flechtheim Anm. 18; Ritter Anm. 9a und für die Gegenansicht Staub-Pinner 14. Aufl. Anm. 1 und 20). Die Frage dürfte ohne wesentliche praktische Bedeutung sein. Es genügt festzuhalten, daß die Vertretungsmacht der Liquidatoren wie jede Organvertretungsmacht eine notwen- **50**

dige ist. Sie ist also gesetzliche Vertretung in dem Sinne, daß die Gesellschaft ohne Organe nicht handeln kann. Die Liquidatoren sind auch gesetzliche Vertreter i. S. von § 48 und können Prokuren erteilen (vgl. § 146 Anm. 53). Das schließt nicht aus, daß die Vertetungsmacht der Liquidatoren rechtsgeschäftlich, nämlich durch den Gesellschaftsvertrag, begründet ist, denn die Art des Stellvertreteramtes und die Legitimation der Vertretungsmacht sind verschiedene Dinge.

51 b) Während der Liquidation sind **allein die Liquidatoren** berechtigt, als Vertretungsorgane der oHG zu handeln. Das ist von Bedeutung, wenn die Vertretung im Liquidationsstadium von dieser Vertretungsmacht abweicht. Die bisherige **Vertretungsmacht der Gesellschafter** ist **erloschen** und durch die der Liquidatoren ersetzt (ROHGE 10, 356, 357; RGZ 5, 9, 10; OLG Braunschweig in OLGE 21, 388; OLG Karlsruhe LZ 1917, 556). Die Gesellschafter können nicht neben ihnen für die Gesellschaft handeln oder Ansprüche der Gesellschaft geltend machen. Ihre Einwirkungsmöglichkeit auf die Geschäfte der oHG beschränkt sich auf das Anweisungsrecht der Beteiligten nach § 152 bzw. auf die Möglichkeit, die Liquidatoren abzuberufen (§ 147). Nur die mit der **actio pro socio** verfolgbaren Ansprüche kann der einzelne Gesellschafter auch neben den Liquidatoren gegen seine Mitgesellschafter geltend machen (§ 146 Anm. 55 f.). Aber diese Befugnis steht ihnen nur hilfsweise zu, also wenn die Geltendmachung von Ansprüchen der Gesellschaft durch Liquidatoren weder stattfindet noch erzwungen werden kann (vgl. Karsten Schmidt Gesellschaftsrecht § 21 IV 4b). Auch handelt es sich bei der actio pro socio nicht um eine Vertretung der Gesellschaft, sondern der pro socio klagende Gesellschafter klagt im eigenen Namen auf Leistung an die Gesellschaft (vgl. Karsten Schmidt Gesellschaftsrecht § 21 IV 4a).

2. Der Umfang der Vertretungsmacht

52 a) Die Vertretungsmacht der Liquidatoren ist nach h. M. durch den **Liquidationszweck** beschränkt (RGZ 44, 80, 82 für die Genossenschaft; RGZ 72, 119, 122 f.; BGH NJW 1984, 982 = ZIP 1984, 312; OLG Frankfurt OLGZ 1980, 96 = Rpfleger 1980, 62; Alfred Hueck oHG § 32 IV 5 b; Heymann-Sonnenschein Anm. 12; Schilling in Großkomm Anm. 36; vgl. auch RGZ 146, 376, 377 f. für den Verein und BGH LM Nr. 2 = WM 1959, 323). Die h. M. korrigiert allerdings diesen engen und verkehrsfeindlichen Ansatz. Zum einen grenzt sie den Begriff des Liquidationsgeschäfts weit ab und stellt die Vermutug auf, daß ein Liquidationsgeschäft vorliegt (Alfred Hueck oHG § 32 IV 5 b; Baumbach-Duden-Hopt Anm. 3 A; Heymann-Sonnenschein Anm. 12; Schilling in Großkomm Anm. 37; weitergehend läßt es RGZ 146, 376, 377 f. [für den Verein] ausreichen, wenn das Geschäft vom Liquidationszweck gedeckt sein kann; ähnlich BGH LM Nr. 2 = WM 1959, 323, 324). Zum zweiten hilft sie, wenn eine vom Liquidator abgegebene Willenserklärung liquidationsfremd ist, mit dem Instrument des Vertrauensschutzes (vgl. ROHGE 13, 223, 226; 21, 307, 308; BGH ZIP 1984, 312, 315 = NJW 1984, 982; Baumbach-Duden-Hopt Anm. 3 A; Heymann-Sonnenschein Anm. 12; Schilling in Großkomm Anm. 37; vgl. auch RGZ 146, 376, 377 f. für den Verein und BGH LM Nr. 2 = WM 1959, 323, 324). Die Gesellschaft ist an liquidationsfremde Geschäfte gebunden, wenn die Liquidationswidrigkeit für den Geschäftsgegner nicht erkennbar ist (vgl. ROHGE 13, 223, 226; 21, 307, 308; RGZ 146, 376,

377f. für den Verein; BGH LM Nr. 2 = WM 1959, 323, 324; ZIP 1984, 312, 315 = NJW 1984, 982; Baumbach-Duden-Hopt Anm. 3A; Heymann-Sonnenschein Anm. 12); dagegen ist die Gesellschaft an liquidationswidrige Geschäfte nicht gebunden, wenn der Geschäftsgegner wußte oder wissen mußte, daß sich das Geschäft nicht mehr im Rahmen des Liquidationszwecks hielt (ROHGE 13, 223, 226; 21, 307, 308; RGZ 146, 376, 377f. für den Verein; BGH LM Nr. 2 = WM 1959, 323, 324; NJW 1984, 982 = ZIP 1984, 312; Alfred Hueck oHG § 32 IV 5b; Westermann Handbuch [Lfg. 1967] I 690; Schilling in Großkomm Anm. 37). Die Darlegungs- und Beweislast für die Bösgläubigkeit des Geschäftsgegners trägt die Gesellschaft (BGH LM Nr. 2 = WM 1959, 323, 324; NJW 1984, 982 = ZIP 1984, 312; Alfred Hueck oHG § 32 IV 5b; Westermann Handbuch [Lfg. 1967] I 690; Schilling in Großkomm Anm. 37).

b) **Stellungnahme:** Der herrschenden Auffassung ist in den praktisch entschiedenen Ergebnissen zuzustimmen (vgl. auch § 151 Anm. 5ff.), nicht allerdings im Grundsätzlichen. Die h.M. vermag die in der Praxis gefundenen, im Ergebnis einleuchtenden Entscheidungen nicht plausibel zu machen. Sie beruht auf dem historisch überholten Wortlaut des Satzes 2. Schon ihre Fragestellung ist aber verfehlt. Der Gegensatz besteht nicht zwischen Liquidationsgeschäften und liquidationsfremden Geschäften, sondern es geht um die Frage, ob dem Geschäftsgegner die Pflichtwidrigkeit eines Rechtsgeschäfts entgegengehalten werden kann. Pflichtwidrig können nicht nur liquidationsfremde Rechtsgeschäfte des Liquidators sein, sondern auch Rechtsgeschäfte, die dem Liquidationszweck dienen, aber den Belangen der Gesellschafter schaden (z.B. durch die Verschleuderung des Unternehmens, etwa durch Verkauf an einen dem Liquidator nahestehenden Dritten). Beachtet man, daß das geltende Recht keine ultra-vires-Doktrin bei Liquidationsgesellschaften kennt (Karsten Schmidt AcP 184 [1984], 534ff.) und nimmt man die gesetzliche Wertung des § 151 hinzu, so wird erkennbar, daß die Vertretungsmacht grundsätzlich nicht vom pflichtgemäßen Handeln des Liquidators abhängen kann. Die Liquidatoren haben als Organe der aufgelösten Handelsgesellschaft **unbeschränkte Vertretungsmacht** (vgl. Karsten Schmidt Gesellschaftsrecht §§ 52 IV 2a, 11 V 4d; eingehend ders. AcP 174 [1974], 55ff.; 184 [1984], 534ff.; ZHR 153 [1989], 291f.). Auch außerhalb des Liquidationszwecks kann deshalb der Liquidator die Gesellschaft wirksam vertreten (s. auch zur Prokuraerteilung § 146 Anm. 53). Handelt er hierbei pflichtwidrig (dazu Anm. 59f.), so handelt er doch nicht ohne Vertretungsmacht. Die von der Rechtsprechung zu entscheidenden Fälle sind mit dem **Institut des Mißbrauchs der Vertretungsmacht** (dazu auch § 126 Anm. 20ff.) zu lösen. Ist die Pflichtwidrigkeit eines Liquidationsgeschäfts dem Dritten bekannt oder für ihn evident (also entweder bekannt oder nur aufgrund grober Fahrlässigkeit unbekannt), so ist das Vertretergeschäft unwirksam und bedarf der Genehmigung durch die Gesellschafter (§ 151 Anm. 5ff.). Auch die von der h.M. angenommene, aber nicht plausibel gemachte Beweislast der Gesellschaft paßt in dieses Bild. Wegen der Kasuistik ist auf § 151 Anm. 8 zu verweisen. Die Prüfungspflicht des Geschäftsgegners hängt von der Art des Geschäfts ab (Heymann-Sonnenschein Anm. 12). Die Beweislast dafür, daß das Geschäft objektiv pflichtwidrig war und daß sich dies dem Geschäftsgegner mindestens hätte aufdrängen müssen, trägt die Gesellschaft (im Ergebnis richtig die h.M.; vgl. Anm. 52).

3. Das Problem des Selbstkontrahierens (§ 181 BGB)

54 a) Nach § 181 BGB kann ein Stellvertreter, soweit ihm nicht Befreiung erteilt ist, im Namen des Vertretenen mit sich im eigenen Namen oder als Vertreter eines Dritten kein wirksames Rechtsgeschäft vornehmen, es sei denn, daß das Rechtsgeschäft ausschließlich in der Erfüllung einer Verbindlichkeit besteht. Ein Vertrag, der gegen § 181 BGB verstößt, ist schwebend unwirksam. Das gilt auch für Verträge der Liquidatoren (Heymann-Sonnenschein Anm. 12; Schilling in Großkomm Anm. 41; Staub-Pinner 14. Aufl. Anm. 24). Befreiung von § 181 BGB kann im Gesellschaftsvertrag erteilt werden (Schilling in Großkomm Anm. 41; Düringer-Hachenburg-Flechtheim Anm. 30; vgl. auch BGHZ 58, 115, 117; BGH MDR 1970, 398, 399). Sind die vertretungsberechtigten Gesellschafter nach dem Gesellschaftsvertrag von § 181 BGB befreit (dazu § 126 Anm. 15), so kann dies (muß aber nicht) auch die Liquidatoren von § 181 BGB befreien. Dies ist Auslegungsfrage. Sind die Liquidatoren mit den vertretungsberechtigten Gesellschaftern identisch, so ist davon auszugehen, daß die Befreiung von § 181 BGB auch nach der Auflösung fortwirken soll (a.M. für die GmbH zu Unrecht OLG Düsseldorf NJW-RR 1990, 51). Die Befreiung von § 181 BGB ist eine **eintragungsfähige Tatsache** (vgl. OLG Hamburg ZIP 1986, 1186; OLG Hamm, MDR 1983, 673; LG Augsburg Rpfleger 1983, 28; a.M. LG Berlin Rpfleger 1982, 427) nach h.M., **nicht aber** gem. § 125 Nr. 4 **eintragungspflichtig** (OLG Hamburg ZIP 1986, 1186, 1187; OLG Hamm MDR 1983, 673; krit. aber § 125 Anm. 55).

55 b) Fehlt es an einer Befreiung im Gesellschaftsvertrag, so können alle Gesellschafter durch Beschluß Befreiung erteilen (Schilling in Großkomm Anm. 41; Düringer-Hachenburg-Flechtheim Anm. 30; vgl. auch BGHZ 58, 115, 118f.; BGH NJW 1976, 1538, 1539 für die GmbH) oder das Geschäft genehmigen (Schilling in Großkomm Anm. 41; Düringer-Hachenburg-Flechtheim Anm. 30). Die Genehmigung kann auch von Liquidatoren ausgesprochen werden, die ihrerseits allein oder miteinander gemeinsam ohne den nach § 181 BGB Verhinderten wirksam handeln können (vgl. BGHZ 58, 115, 117). Ist der nach § 181 BGB Verhinderte der alleinige Liquidator, muß ein Liquidator mit Einzelvertretungsmacht, evtl. unter Abberufung des betreffenden Liquidators, bestellt werden (OLG Braunschweig OLGE 21, 388; Düringer-Hachenburg-Flechtheim Anm. 30). Die Bestellung kann, wie auch sonst, durch die Gesellschafter oder das Gericht erfolgen. Zur Frage, ob bei Verhinderung eines gesamtvertretungsberechtigten Liquidators dessen Vertretungsmacht den Mitliquidatoren zuwächst, vgl. § 150 Anm. 10, § 125 Anm. 30 und 52, ferner unten Anm. 57. Ist dies nicht der Fall, bleibt auch hier die Neuregelung der Vertretungsmacht der Liquidatoren durch die Gesellschafter (RGZ 116, 116, 118). Wahl oder gerichtliche Ernennung anderer Liquidatoren ist ebenfalls möglich, aber nicht erforderlich (mißverständlich OLG Celle LZ 1913, 402, 403). Die Ermächtigung eines gesamtvertretungsberechtigten Liquidators durch den nach § 181 BGB verhinderten Gesamtvertreter zum Alleinhandeln gem. § 150 Abs. 2 S. 1 ist dagegen kein gangbarer Weg, um den Einwand des § 181 BGB auszuschalten (vgl. § 125 Anm. 45; Hübner, Interessenkonflikt und Vertretungsmacht, 1977, S. 235ff.; a.A. RGZ 116, 116, 118; zu § 125 BGHZ 64, 72 = NJW 1975, 1117).

4. Die gerichtliche Vertretung

a) Die Liquidatoren als organschaftliche Vertreter vertreten die Gesellschaft **auch im** **56** **Rechtsstreit**. Die aufgelöste Gesellschaft behält die volle Parteifähigkeit (vgl. § 156 Anm. 19). Insbesondere bleibt es dabei, daß die Gesellschafter nicht Parteien im Aktiv- oder Passivprozeß der Gesellschaft sind (sie sind Parteien ihres eigenen Prozesses, wenn sie neben der Gesellschaft als Streitgenossen klagen oder verklagt werden; vgl. dazu § 128 Anm. 21). Die Liquidatoren bestimmen und beauftragen den Anwalt, und sie nehmen selbst bzw. durch die von ihnen bevollmächtigten Anwälte die Prozeßhandlungen der Gesellschaft vor. Ist ein Rechtsstreit bereits im Zeitpunkt der Auflösung für oder gegen die Gesellschaft anhängig, so wird er durch die Auflösung nicht unterbrochen (vgl. § 156 Anm. 20). Neue Prozesse können die Liquidatoren nach h. M. nur im Rahmen des Liquidationszwecks anstrengen (vgl. z. B. Heymann-Sonnenschein Anm. 13). Dem ist aus den bei Anm. 53 geschilderten Gründen nicht zu folgen. Die Zulässigkeit der im Namen der GmbH erhobenen Klage hängt nicht davon ab, ob die Prozeßführung des Liquidators dem Liquidationszweck dient (eine rein theoretische Ausnahme ist der Fall, daß die Prozeßführung evident liquidationszweckwidrig ist). Hiervon zu unterscheiden ist die materiellrechtliche Frage, welche Rechte der Liquidator als Rechte der Gesellschaft geltend machen kann. Rechte, die den Gesellschaftern untereinander zustehen, kann er selbstverständlich nicht als organschaftlicher Vertreter einklagen (vgl. RG LZ 1914 Sp. 1030; OLG Hamburg HRR 1929 Nr. 626; vgl. zur Bestimmung der richtigen Parteien auch § 105 Anm. 149, § 124 Anm. 32). Allerdings kann er, wenn ein Feststellungsinteresse der Gesellschaft gegeben ist, mit einer (negativen) Feststellungsklage gegen einen Gesellschafter vorgehen, der Rechte der Gesellschaft bestreitet oder sich eines Rechts gegen die Gesellschaft berühmt (vgl. BGH WM 1978, 1232, 1233). Zu den Ansprüchen, die nur im Innenverhältnis der Gesellschafter untereinander bestehen, rechnet die h. M. auch solche aus § 735 BGB (Anm. 28, 30); doch ist dem nicht zu folgen (vgl. Anm. 29).

b) Ist ein Liquidator nach **§ 181 BGB** an der Vertretung der Gesellschaft gehindert (vgl. **57** Anm. 54 f.) und sind die Liquidatoren gesamtvertretungsberechtigt (vgl. § 150), so stellt sich auch im Prozeß die Frage, ob hierdurch dem oder den anderen Liquidator(en) die Vertretungsmacht des verhinderten Liquidators zuwächst (dazu allgemein § 150 Anm. 10). Die Frage wird, soweit es um den Prozeß gegen einen Gesellschafter-Liquidator geht, bejaht (Heymann-Sonnenschein Anm. 13; Schilling in Großkomm Anm. 47; für den Fall, daß nur ein Liquidator übrigbleibt BGH WM 1964, 740, 741 = DB 1964, 1297; a. A. Düringer-Hachenburg-Flechtheim Anm. 30 und für den Fall, daß mehrere Liquidatoren verbleiben, RGZ 116, 116, 117). Nach der hier vertretenen Ansicht ist die Frage immer dann zu bejahen, wenn anders kein vertretungsberechtigter Liquidator übrigbliebe (vgl. Anm. 55).

c) Die Liquidatoren werden im Prozeß **als Partei, nicht als Zeugen**, vernommen (vgl. **58** ROHGE 10, 356; 21, 342, 344; 21, 189, 191; 23, 311; RG, Urteil vom 29. 3. 1884, Rep. I 51/84, zitiert nach RGZ 17, 365, 369; LZ 1910, 150, 151 m. abl. Anm. Jaeger; Staub-Pinner 14. Aufl. Anm. 21; Ritter Anm. 9 b). Für die Gesellschafter gilt dies nicht (vgl. § 156 Anm. 19).

VIII. Die Haftung der Liquidatoren

1. Haftung im Innenverhältnis

59 a) Soweit ein **Gesellschafter ohne besonderen Dienstvertrag** für die Gesellschaft tätig ist, gilt für die Haftung als Liquidator dasselbe wie für einen geschäftsführenden Gesellschafter (dazu vgl. § 114 Anm. 27 ff.). Soweit § 708 BGB zu einer Haftungserleichterung führt (dazu § 114 Anm. 34 ff.), gilt dies auch in der aufgelösten Gesellschaft (vgl. Schilling in Großkomm Anm. 54; Düringer-Hachenburg-Flechtheim Anm. 17; Alfred Hueck oHG § 32 IV 8 b; Baumbach-Duden-Hopt Anm. 1).

60 b) Wird der Gesellschafter oder ein Dritter **im Rahmen eines Dienstvertrages** für die Gesellschaft tätig, so haftet er grundsätzlich für jedes Verschulden (RG LZ 1913, 212 = Warn. 1913 Nr. 160; Düringer-Hachenburg-Flechtheim Anm. 17; Baumbach-Duden-Hopt Anm. 1). Die Grundsätze des innerbetrieblichen Schadensausgleichs (sog. gefahrgeneigte Tätigkeit) kommen den Gesellschaftsorganen nach der noch h. M. nicht zugute (BGH WM 1975, 467, 469 [Vorstand einer Genossenschaft]; BGH AP Nr. 51 zu § 611 BGB [Haftung des Arbeitnehmers] [ltd. Angestellter]; eingehend Uwe H. Schneider, in Festschrift Werner, 1983, S. 795 ff.).

2. Haftung gegenüber den Gläubigern

61 a) Eine **Eigenhaftung der Liquidatoren gegenüber den Gläubigern** gibt es nach h. M. grundsätzlich nicht. Weder haften die Liquidatoren, wie die Gesellschafter, in ihrer Liquidatoreneigenschaft, noch haften sie den Gläubigern bei schuldhafter Verletzung ihrer Pflichten für jeden Vermögensschaden. § 149 ist nach h. M. kein Schutzgesetz i. S. von § 823 Abs. 2 BGB (Baumbach-Duden-Hopt Anm. 2 D; Heymann-Sonnenschein § 149 Anm. 10; Schilling in Großkomm Anm. 24). Eine Verschuldenshaftung für allgemeine Vermögensschäden der Gläubiger wird von der h. M. grundsätzlich nur aufgrund § 826 BGB anerkannt. Richtigerweise sollte aber § 155 als Schutzgesetz i. S. v. § 823 Abs. 2 BGB angesehen werden (vgl. § 155 Anm. 50).

62 b) Hiervon zu unterscheiden ist die **Eigenhaftung aus Verschulden bei Vertragsschluß**, wenn ein Liquidator die Auflösung oder die Vermögenssituation der Gesellschaft verschweigt (dazu § 153 Anm. 6). Noch eine andere Frage ist die der Haftung der Gesellschaft für Liquidatorenverschulden nach § 31 BGB (§ 156 Anm. 13).

---

150 (1) Sind mehrere Liquidatoren vorhanden, so können sie die zur Liquidation gehörenden Handlungen nur in Gemeinschaft vornehmen, sofern nicht bestimmt ist, daß sie einzeln handeln können; eine solche Bestimmung ist in das Handelsregister einzutragen.

(2) Durch die Vorschrift des Absatzes 1 wird nicht ausgeschlossen, daß die Liquidatoren einzelne von ihnen zur Vornahme bestimmter Geschäfte oder bestimmter Arten von Geschäften ermächtigen. Ist der Gesellschaft gegenüber eine Willenserklärung abzugeben, so findet die Vorschrift des § 125 Abs. 2 Satz 3 entsprechende Anwendung.

Schrifttum: Vgl. § 145.

Inhalt

	Anm.		Anm.
I. Grundlagen	1–3	III. Die Vertretung	10–17
1. Normzweck	1	1. Die Gesamtvertretungsmacht als gesetzliche Regel	10
2. Geltungsbereich	2	2. Ausnahmen	12
II. Geschäftsführung	4–9	3. Die Eintragung im Handelsregister	14
1. Die Gesamtgeschäftsführung als gesetzliche Regel	4	4. Sonderermächtigungen (Abs. 2 Satz 1) und Sondervollmachten	16
2. Ausnahmen	6		
3. Alleinhandeln ohne Einzelgeschäftsführungsbefugnis	9		

I. Grundlagen

1. Normzweck

§ 150 ordnet an, daß mehrere Liquidatoren, wenn nichts anderes bestimmt ist, nur gemeinsam handlungsberechtigt sind. Die Regelung weicht damit von den für die werbende Gesellschaft geltenden Regeln ab. Bei dieser ist Einzelgeschäftsführungsbefugnis (§ 115) und Einzelvertretungsmacht (§ 125) die gesetzliche Regel. **1**

2. Geltungsbereich

a) § 150 gilt für die **oHG** und gemäß § 161 Abs. 2 auch für die **KG.** § 150 gilt sowohl für die Geschäftsführung als auch für die Vertretung (vgl. Alfred Hueck oHG § 32 IV 5 d; Schilling in Großkomm Anm. 2). § 150 gilt für **alle Liquidatoren**, gleichgültig, ob ihre Berufung auf dem Gesetz, dem Gesellschaftsvertrag oder einem Beschluß der Gesellschafter beruht, oder ob sie vom Gericht ernannt sind. Er gilt auch für Liquidatoren, die Gesellschafter sind und als solche vor der Auflösung eine Einzelgeschäftsführungs- oder Vertretungsbefugnis hatten (Schilling in Großkomm Anm. 3; vgl. aber Anm. 6). **2**

b) § 150 gilt nur für die organschaftliche Vertretung, nicht für eine Bevollmächtigung. Soweit einem Liquidator Vollmacht erteilt wird, kommt es für die Frage, ob Einzel- oder Gesamtvertretungsmacht vorhanden ist, auf die Bevollmächtigungserklärung an, nicht auf § 150. **3**

II. Geschäftsführung

1. Die Gesamtgeschäftsführung als gesetzliche Regel

a) Die gesetzliche Regel ist, daß mehrere Liquidatoren die Liquidationsgeschäfte **nur gemeinschaftlich** vornehmen können. Sollen an sich zwei Liquidatoren vorhanden sein, ist aber im Augenblick ein Posten unbesetzt, sei es, daß ein Liquidator verstorben ist, sein Amt niedergelegt hat oder die Erben den gemeinschaftlichen Vertreter noch nicht bestellt haben, so ist der einzig vorhandene Liquidator nach h. M. nicht allein zur Führung der Geschäfte befugt (Heymann-Sonnenschein Anm. 3; h. M.; a. M. Ritter Anm. 2 a). Dasselbe gilt, wenn ein Liquidator verhindert ist. Eine differenzierende Ansicht will einen Unterschied machen, je nachdem, ob nach der gesetzlichen Regel alle **4**

Gesellschafter Liquidatoren sind oder es sich um gekorene oder gerichtliche Liquidatoren handelt; nur im letzten Fall soll die Regel gelten (Weipert in HGB-RGRK Anm. 3; Heymann-Kötter 21. Aufl. Anm. 1; Straube-Torggler-Kucsko Anm. 6; dagegen noch Geßler in der 4. Aufl.). Richtig scheint: Wenn ein Gesellschafterliquidator ersatzlos fortfällt oder kraft Gesetzes ausscheidet (vgl. § 149 Anm. 57 zu § 181 BGB), sind die verbleibenden Liquidatoren handlungsbefugt. Im übrigen muß es bei der Regel bleiben, daß die Verhinderung eines Mitliquidators nicht zu einer Alleinhandlungsbefugnis der anderen Liquidatoren führt. Zum Fall, daß Miterben den gemeinschaftlichen Vertreter nicht bestellt haben, vgl. § 146 Anm. 23. Von der Frage, ob den Mitliquidatoren eine Alleinhandlungsbefugnis zuwächst, ist allerdings die der Notgeschäftsführung zu unterscheiden (dazu Anm. 9).

5 b) Wegen der **gemeinschaftlichen Führung der Geschäfte**, die im Ergebnis erfordert, daß alle Liquidatoren jedem einzelnen Geschäft zustimmen, vgl. Erl. zu § 115. Diese Zustimmung wird in Fällen einer einverständlichen, meist arbeitsteilig vollzogenen, Liquidation in Gestalt eines Generalkonsenses gegeben. Bei Widerspruch auch nur eines Liquidators muß das betreffende Geschäft unterbleiben. Über die Erteilung der Zustimmung kann der Liquidator nicht nach freiem Belieben befinden. Er muß der Vornahme des Geschäfts nach pflichtgemäßem Ermessen zustimmen, wenn sie sachlich geboten ist. Verweigert er die Zustimmung schuldhaft ohne berechtigte Gründe, macht er sich der Gesellschaft gegenüber schadensersatzpflichtig. Auch können die Gesellschafter, genauer die Beteiligten, seine Abberufung beschließen oder das Gericht bitten, ihn abzurufen (§ 147). Die Beteiligten können weiter den Liquidator anweisen, das Geschäft vorzunehmen (§ 152). Sind die Gesellschafter bzw. die Beteiligten sich selbst nicht einig, ist eine Anweisung nicht durchführbar. Der Liquidator kann aber durch Klage zu pflichtgemäßem Verhalten angehalten werden (heute h. M.; vgl. Alfred Hueck oHG § 32 IV 5 d; Schilling in Großkomm Anm. 4; anders noch RGZ 12, 32). Ist er selbst ein Gesellschafter, so kann nicht nur die Gesellschaft die Mitwirkungshandlung verlangen, sondern jeder Mitgesellschafter kann den Gesellschafter-Liquidator aus eigenem Recht auf Mitwirkung zum gemeinsamen Zweck verklagen (Alfred Hueck oHG § 32 IV 5 d; Heymann-Sonnenschein Anm. 2; Schilling in Großkomm Anm. 4). Anderes gilt nach h. M. für einen Liquidator, der nicht Gesellschafter ist, denn ein Gesellschafter habe gegen Dritte keine eigenen Ansprüche (h. M.; vgl. Alfred Hueck oHG § 32 IV 5 d). Die Überzeugungskraft dieser h. M. ist zweifelhaft. Richtig scheint: Als Organ der Gesellschaft kann jeder Liquidator durch Beschluß zur Durchführung einer von den Gesellschaftern für richtig befundenen Einzelmaßnahme angehalten werden (§ 152). Ein wirksamer Beschluß ersetzt die eigene Geschäftsführungsentscheidung des Liquidators (§ 152 Anm. 12). Die Befolgung dieser Weisung ist nicht nur gegenüber einem Gesellschafter-Liquidator einklagbar (s. auch § 146 Anm. 57, § 152 Anm. 13).

2. Ausnahmen

6 a) **Einzelhandlungsbefugnis** kann den Liquidatoren durch **Gesellschaftsvertrag**, durch **Beschluß** der Gesellschafter, bei gerichtlich bestellten Liquidatoren auch durch das Gericht verliehen werden (Alfred Hueck oHG § 32 IV 5 e; Schilling in Großkomm Anm. 7, 8). Ausdrücklich geregelt ist nur, daß den Liquidatoren Einzelhandlungsbefugnis verliehen werden kann. Möglich ist aber auch, daß von mehreren Liquidatoren je zwei allein handeln können oder ein bestimmter Liquidator allein, die übrigen nur zu zweien. War einem Gesellschafter im Gesellschaftsvertrag Einzelhandlungsbefugnis zuerkannt worden, so ist es eine Auslegungsfrage, ob dies ein Privileg sein soll, das ihm auch als Liquidator zukommt. Eine Vermutung spricht gemäß § 150 nicht für diese Auslegung.

b) Sind die Liquidatoren allein geschäftsführungsberechtigt, so nimmt der **Widerspruch** **7** **eines Mitliquidators** dem anderen nicht das Recht, das Geschäft allein vorzunehmen. § 115 Abs. 1, 2. Halbsatz, gilt hier nicht. Gleichgültig ist ferner, ob es sich um gewöhnliche oder außergewöhnliche Liquidationsgeschäfte handelt, denn auch § 116 Abs. 1 ist nicht entsprechend anwendbar.

c) Durch den Gesellschaftsvertrag oder einen Beschluß der Gesellschafter können auch **8** andere **Beschränkungen in der Geschäftsführung der Liquidatoren** angeordnet werden. Die rechtliche Zulässigkeit solcher Beschränkungen ergibt sich daraus, daß die Gesellschafter Herren der Liquidation sind (vgl. § 152). Es kann deshalb für außergewöhnliche oder für bestimmte Geschäfte die Zustimmung der Gesellschafter oder eines Beirats vorgesehen werden. Das Gericht kann derartige Beschränkungen nicht anordnen. Es kann die Liquidatoren nur im Rahmen der §§ 146, 147 ernennen und abberufen.

3. Alleinhandeln ohne Einzelgeschäftsführungsbefugnis

Ein **Alleinhandeln** des nur zur Gesamtgeschäftsführung befugten Liquidators ist **9** **grundsätzlich unzulässig**. Fraglich ist, ob dies auch gilt, wenn Gefahr in Verzug ist. Das Gesetz macht zwar entgegen seiner sonstigen Übung (§ 115 Abs. 2) keine Ausnahme für diesen Fall. Es wird aber mit Recht darauf hingewiesen, daß dieses Ergebnis widersinnig wäre. Die Möglichkeit, daß bei Gefahr im Verzug ein gerichtlicher Liquidator mit Einzelbefugnis bestellt werden könne, bietet in Fällen wirklich akuter Gefahr, die sofortiges Handeln erfordern, keinen Ausweg. Mit der h. M. ist deshalb eine **Notgeschäftsführungsbefugnis** in dem Sinne anzuerkennen, daß ein gesamtgeschäftsführungsberechtigter Liquidator allein handeln kann, wenn Gefahr im Verzug ist (Baumbach-Duden-Hopt Anm. 1A; Heymann-Sonnenschein Anm. 3; Schilling in Großkomm Anm. 3; Straube-Torggler-Kucsko Anm. 5). Die Geschäftsführungshandlung muß allerdings objektiv geboten sein und eine Mitwirkung der anderen Liquidatoren darf nicht rechtzeitig erreichbar sein. Insgesamt muß das Alleinhandeln des gesamtgeschäftsführungsberechtigten Gesellschafters ultima ratio bleiben.

III. Die Vertretung

1. Die Gesamtvertretungsmacht als gesetzliche Regel

Die Liquidatoren haben nach außen aktiv nur Gesamtvertretungsberechtigung, **10** wenn nichts anderes bestimmt ist. Über die Gesamtvertretung im einzelnen vgl. Anm. 29 ff. zu § 125. Ist ein Liquidator (z. B. aufgrund von § 181 BGB) verhindert oder fällt er ganz fort, so wächst dem (den) verbleibenden Liquidator(en) nach h. M. nicht ohne weiteres die Allein- (Gesamt-) Vertretungsmacht zu (RGZ 116, 117; Baumbach-

Duden-Hopt Anm. 1A; Heymann-Sonnenschein Anm. 3; Schilling in Großkomm Anm. 3). Die Gesellschafter können aber die verbleibenden Liquidatoren nach dieser h.M. zum Alleinhandeln ermächtigen. Nach der hier vertretenen Auffassung ist der Primat der Handlungsfähigkeit zu beachten: Würde durch den Fortfall eines Gesamtvertreters die Gesellschaft handlungsunfähig, so wächst die Vertretungsmacht den anderen zu; eine den § 181 BGB ausschaltende Ermächtigung ist weder zulässig noch auch nur erforderlich. Vgl. zu diesen Fragen eingehend § 125 Anm. 30, 45, 51 ff. Sind alle Gesellschafter Liquidatoren und scheidet ein Gesellschafter aus, so sind die verbleibenden Gesellschafter gesamtvertretungsberechtigt; bleibt nur ein Liquidator übrig, so wird er alleinvertretungsberechtigt (vgl. sinngemäß BGHZ 41, 367 = NJW 1964, 1624 für den Komplementär).

11 b) Bei der **passiven Vertretung** ist jeder Liquidator alleinvertretungsberechtigt (Abs. 2 Satz 2). Im einzelnen kann auf § 125 Anm. 47 ff. verwiesen werden.

2. Ausnahmen

12 a) **Einzelvertretungsmacht** kann den Liquidatoren durch Gesellschaftsvertrag, durch Beschluß der Gesellschafter sowie – dies wiederum nur bei den gerichtlich bestellten Liquidatoren – durch das Gericht verliehen werden (Alfred Hueck oHG § 32 IV 5 e; Schilling in Großkomm Anm. 3). Das ergibt sich aus Abs. 1. Zulässig ist aber auch, daß die Gesamtvertretung anders geordnet wird als nach der gesetzlichen Regel, z.B. dergestalt, daß der Komplementär als Liquidator allein handeln darf, die Kommanditisten dagegen nur zusammen oder nur in Gemeinschaft mit dem Komplementär.

13 b) Der **Ausschluß eines Liquidators von der Vertretung**, den § 125 für den Gesellschafter bei der werbenden Gesellschaft für zulässig erklärt, ist hier unzulässig (Düringer-Hachenburg-Flechtheim Anm. 9; Alfred Hueck oHG § 32 IV 5 d). Ebenso kann die Vertretungsbefugnis des Liquidators nicht von der Mitwirkung eines Prokuristen oder eines Handlungsbevollmächtigten abhängig gemacht werden (so Geßler in der 4. Aufl.; übereinst. Schilling in Großkomm Anm. 9; ebenso für den Prokuristen Alfred Hueck oHG § 3 V 5 e). Nach der hier vertretenen Auffassung kann eine aufgelöste Gesellschaft durch Prokuristen vertreten werden (§ 146 Anm. 53 f., § 156 Anm. 14). Eine Gesamtvertretung von Liquidatoren und Prokuristen ist jedoch nur als halbseitige Gesamtvertretung in dem Sinne zulässig, daß Prokuristen nicht ohne die Liquidatoren handeln können (eine unpraktische Regelung, die deshalb kaum in einem Gesellschaftsvertrag zu finden sein wird). Die Bindung von Liquidatoren an die Mitwirkung von Prokuristen ist dagegen jedenfalls dann unzulässig, wenn kein Liquidator ohne Mitwirkung des Prokuristen handeln kann, denn die Gesellschaft muß durch ihre Organe handlungsfähig sein. Eine Gesamtvertretungsmacht der Liquidatoren gemeinsam mit Handlungsbevollmächtigten ist stets unzulässig (insofern übereinst. die h.M.).

3. Die Eintragung im Handelsregister

14 a) **Abs. 1, 2. Halbsatz**, bestimmt, daß eine abweichende Anordnung in das Handelsregister einzutragen ist. Diese Bestimmung bezieht sich nur auf eine abweichende Regelung der Vertretungsbefugnis. Einzutragen ist nicht die bloße Tatsache, daß eine abweichen-

Unbeschränkbarkeit der Vertretungsmacht 1 § 151

de Anordnung getroffen ist, sondern es ist für jeden Liquidator anzugeben, welche Vertretungsbefugnis er besitzt. Waren mehrere Liquidatoren bisher alleinvertretungsberechtigt, so ist die Umwandlung der Einzelvertretungsmacht in die Gesamtvertretungsmacht einzutragen. Sonst ist die Gesamtvertretungsmacht aufgrund von Abs. 1 nicht eintragungspflichtig und zwar auch dann nicht, wenn neben einem einzelnen Liquidator ein zweiter bestellt wird. Entgegen der bisher h. M. sollte man allerdings diese klarstellende Eintragung doch zulassen. Es liegt zwar keine eintragungspflichtige Tatsache vor (wichtig wegen § 15 Abs. 1!), wohl aber eine eintragungsfähige Tatsache.

b) **Anmeldepflichtig** sind sämtliche Gesellschafter (§ 148 Abs. 1). Eine gerichtliche Anordnung wird von Amts wegen eingetragen (§ 148 Abs. 2). Zur Frage, ob die Anmeldung den Liquidatoren übertragen werden kann, vgl. § 148 Anm. 8f.. 15

4. Sonderermächtigungen (Abs. 2 Satz 1) und Sondervollmachten

a) **Abs. 2 Satz 1** bestimmt, daß durch die Vorschrift des Abs. 1 nicht ausgeschlossen wird, daß die Liquidatoren einzelne von ihnen zur Vornahme bestimmter Geschäfte oder bestimmter Arten von Geschäften ermächtigen. Die Regelung entspricht dem § 125 Abs. 2 Satz 2. Im einzelnen kann hierzu auf § 125 Anm. 43ff. verwiesen werden. Die Ermächtigung kann formlos, auch konkludent, erfolgen. Deshalb kann ein Gesellschafter die Gesellschaft im Rechtsstreit mit dem anderen Gesellschafter allein vertreten, wenn beide dies wollen (RGZ 116, 116, 118; BGH BB 1964, 786; Heymann-Sonnenschein Anm. 6; Schilling in Großkomm Anm. 14). 16

b) Unberührt bleibt die Befugnis der durch die Liquidatoren vertretenen Gesellschaft, **Prokuristen** (§§ 48ff.) und **Handlungsbevollmächtigte** (§ 54) zu bestellen (vgl. § 146 Anm. 53f.). 17

151
Eine Beschränkung des Umfanges der Befugnisse der Liquidatoren ist Dritten gegenüber unwirksam.

Schrifttum: Vgl. § 145.

Inhalt

	Anm.		Anm.
I. Grundlagen	1–4	II. Mißbrauch der Vertretungsmacht	5–9
1. Normzweck	1	1. Grundsatz	5
2. Erweiterung der Vertretungsmacht?	3	2. Voraussetzungen und Rechtsfolgen eines Mißbrauchs der Vertretungsmacht	6
		3. Kasuistik	8

I. Grundlagen

1. Normzweck

a) Die Bestimmung dient dem **Verkehrsschutz**. Sie entspricht der Regelung des § 126 Abs. 2, der für die werbende Gesellschaft das gleiche bestimmt, wobei aber § 151 im Gegensatz zu § 126 Abs. 3 nicht gestattet, die Vertretungsmacht der Liquidatoren auf 1 den Betrieb einer Niederlassung zu beschränken. Die Bedeutung des § 151 tritt besonders hervor, wenn man erkennt, daß die Vertretungsmacht der Liquidatoren entgegen der h. M. nicht auf Abwicklungsgeschäfte beschränkt ist (§ 149 Anm. 53). Die entgegenstehende h. M. (Vertretungsmacht nur für Liquidationsgeschäfte) muß sich die Frage vorlegen, ob die Vertretungsmacht dadurch begrenzt werden kann, daß die Gesellschafter durch Weisungen (§ 152) bestimmte Geschäfte als Abwicklungsgeschäfte den Liquidatoren gebieten und andere als Nicht-Abwicklungsgeschäfte den Liquidatoren verbieten. *Geßler* vertrat hier die Auffassung, jede derartige Beschränkung sei ohne jegliche Außenwirkung, und zwar sogar dann, wenn sie dem Geschäftsgegner bekannt oder erkennbar gewesen sei (4. Aufl. Anm. 2 mit Hinweis auf das überholte Urteil RGZ 9, 148, das richtig beim Mißbrauch der Vertretungsmacht ansetzt, diesen aber nur bei kollusivem Verhalten des Vertreters und des Geschäftsgegners für relevant erklärt). Die hier vertretene Auffassung führt zu stimmigen und interessengerechten Lösungen: Die Vertretungsmacht der Liquidatoren ist unbeschränkt (§ 149 Anm. 53) und unbeschränkbar (§ 151). Pflichtwidriges Vertreterhandeln der Liquidatoren ist kein Handeln ohne Vertretungsmacht. Das Vertretergeschäft kann aber wegen Mißbrauchs der Vertretungsmacht unwirksam sein (Anm. 5 ff.).

2 b) Die Bestimmung befaßt sich nur mit der **Stellvertretung** und **nicht** mit der **Geschäftsführung**. Eine Beschränkung der Geschäftsführungsbefugnis der Liquidatoren ist zulässig (vgl. § 152 Anm. 1). Zulässig ist auch eine Anweisung an die Liquidatoren, bestimmte Vertretergeschäfte nicht durchzuführen (vgl. insbes. § 152). Aber aus § 151 folgt, daß hierdurch die Vertretungsmacht nicht begrenzt wird. Ob eine solche Weisung auf das Vertretergeschäft mit einem Dritten durchschlägt, ist ein Problem des Mißbrauchs der Vertretungsmacht (dazu Anm. 5 ff.).

2. Erweiterung der Vertretungsmacht?

3 a) Nach der herkömmlichen, hier in der 4. Aufl. von *Geßler* geteilten Auffassung, kann die Vertretungsmacht der Liquidatoren, und zwar auch der gerichtlichen, durch einen je nach dem Gesellschaftsvertrag einstimmig oder mit Mehrheit gefaßten Beschluß der Gesellschafter **erweitert** und auf Nichtliquidationsgeschäfte erstreckt werden (KG JFG 4, 276; strenger noch KGJ 21, A 256; vgl. auch KG OLGE 3, 67, 69; Baumbach-Duden-Hopt Anm. 1; Heymann-Sonnenschein Anm. 3; Schilling in Großkomm Anm. 8; Straube-Torggler-Kucsko Anm. 4). Die Erteilung einer solchen erweiterten Liquidationsvollmacht soll z.B. darin liegen, daß die Gesellschafter nach § 152 die Liquidatoren anweisen, ein Geschäft zu tätigen, das über den Liquidationszweck hinausgeht. Handelt es sich um eine allgemeine Erweiterung, nicht nur für ein bestimmtes Geschäft, können die Liquidatoren alle Geschäfte tätigen, die in dem gewöhnlichen Rahmen der Erweiterung ihres Aufgabenkreises liegen (zust. Straube-Torggler-Kucsko Anm. 4). *Geßler* hob noch hervor, daß die angebliche Erweiterung der Vertretungsmacht nicht in das Handelsregister einzutragen sei und daß deshalb auch § 15 keine Anwendung finde.

4 b) **Stellungnahme:** Die rechtliche Einordnung dieser Beschlüsse als Erweiterung der Vertretungsmacht ist abzulehnen, die Zulässigkeit der Beschlüsse dagegen mit der h. M. zu bejahen. Die Gesellschafter können den Tätigkeitskreis der Liquidatoren über den

Liquidationszweck hinaus erweitern (vgl. auch § 152 Anm. 8). Geschieht dies, so handeln die Liquidatoren ungeachtet der Überschreitung des Liquidationszwecks rechtmäßig. Auch ein Mißbrauch der Vertretungsmacht (Anm. 5 ff.) kommt dann nicht in Betracht. Beschlüsse dieser Art können eine beträchtliche praktische Bedeutung haben, denn sie schaffen Rechtssicherheit im Innenverhältnis (kein Pflichtenverstoß der Liquidatoren) wie auch im Außenverhältnis (kein Mißbrauch der Vertretungsmacht). Mit einer Erweiterung der nach richtiger Ansicht ohnedies unbeschränkten Vertretungsmacht hat aber ein solcher Beschluß nichts zu tun. Zur Frage, ob der Beschluß ein konkludenter Fortsetzungsbeschluß ist, vgl. § 149 Anm. 9.

II. Mißbrauch der Vertretungsmacht

1. Grundsatz

Für den Fall der gesetzlich umschriebenen Vertretungsmacht gelten die **Regeln über** 5 **den Mißbrauch der Vertretungsmacht** (dazu Flume, Das Rechtsgeschäft, 3. Aufl. 1979, § 45 II 3; Karsten Schmidt Handelsrecht § 16 III 4 b; ders. Gesellschaftsrecht § 10 II 2). Sie gelten auch hier (vgl. Karsten Schmidt AcP 174 [1974], 58 ff., 76 f.; ders. AcP 184 [1984], 536 f.; ZHR 153 [1989], 291 f.). Demgegenüber meinte noch *Geßler* in der 4. Aufl. (Anm. 2 f.), die Wirksamkeit oder Unwirksamkeit von Vertretungsgeschäften ergebe sich ausschließlich aus §§ 149, 151. Diene ein Rechtsgeschäft dem Liquidationszweck, so sei es immer wirksam, und eine von den Gesellschaftern ausgesprochene Beschränkung sei Dritten gegenüber in jedem Fall unwirksam, selbst wenn sie die Beschränkungen kannten oder kennen mußten (Hinweis auf RGZ 9, 148). Die Frage, ob der Dritte mit dem Liquidator arglistig zum Schaden der Gesellschaft zusammengewirkt habe, und deshalb ihm die Beschränkung der Vertretungsmacht dennoch entgegengehalten werden könne, dürfe im Verhältnis zu Dritten überhaupt nicht aufgeworfen werden. Nur wenn der Geschäftsgegner selbst ein Gesellschafter oder Liquidator sei und mit den Liquidatoren Geschäfte tätige, von denen er wisse oder wissen müsse, daß insoweit die Geschäftsführung der Liquidatoren beschränkt sei, könne er sich auf die Vorschrift des § 151 nicht berufen (Hinweis auf RG Gruch 37, 1031; s. auch Weipert in HGB – RGRK Anm. 5 f.; Schilling in Großkomm Anm. 5 f.; Heymann-Sonnenschein Anm. 2; a. A. RGZ 7, 119, 120, freilich im Ausgangsfall zum Aktienrecht). Das Gesellschaftsverhältnis bzw. der Anstellungsvertrag als Liquidator verpflichteten einen solchen Geschäftspartner seinerseits, die Beschränkungen der Vertretungsmacht der Liquidatoren zu achten. Dieser Auffassung ist nicht zu folgen. Weder trifft es zu, daß die Vertretungsmacht der Liquidatoren durch den Liquidationszweck beschränkt ist (§ 149 Anm. 53), noch kann aus § 151 gefolgert werden, daß der Mißbrauch der Vertretungsmacht nicht auf das Außenverhältnis durchschlagen kann. Es ist geradezu umgekehrt: Gerade weil ein pflichtwidrig handelnder Liquidator nicht ohne Vertretungsmacht, sondern nur unter Mißbrauch der Vertretungsmacht handelt, stellt sich die Frage, unter welchen Voraussetzungen ein solcher Mißbrauch der Vertretungsmacht gegenüber dem Geschäftspartner durchschlägt. Richtig war am Standpunkt der Vorauflage nur, daß diese Auswirkung gegenüber Unbeteiligten eine Ausnahme bleiben muß, während sie gegenüber einem Gesellschafter oder Liquidator als Geschäftsgegner die Regel ist.

2. Voraussetzungen und Rechtsfolgen eines Mißbrauchs der Vertretungsmacht

6 a) Wegen der **Voraussetzungen** ist auf § 126 Anm. 20f. zu verweisen. Jede Pflichtwidrigkeit des Vertretergeschäfts genügt. In Betracht kommen namentlich Geschäfte, die mit dem Liquidationszweck oder mit den Regeln des Gesellschaftsvertrages oder mit wirksamen Weisungen oder berechtigten Interessen der Gesellschafter unvereinbar sind. Auf eine Schädigungsabsicht des Stellvertreters kommt es nicht an (so jetzt auch BGH NJW 1988, 3012, 3013 = ZIP 1988, 847, 849).

7 b) Die **Rechtsfolgen** eines Mißbrauchs der Vertretungsmacht ergeben sich nach h.M. aus § 242 BGB, nach der hier vertretenen Auffassung dagegen aus den entsprechend anzuwendenden §§ 177 ff. BGB (vgl. auch hierzu § 125 Anm. 22). Das bedeutet: Grundsätzlich folgt aus der unbeschränkten Vertretungsmacht der Liquidatoren (§ 149 Anm. 53), daß auch ein pflichtwidrig abgeschlossenes Rechtsgeschäft wirksam ist (§ 164 BGB). Schlägt der Mißbrauch der Vertretungsmacht im Außenverhältnis durch, so ist das Geschäft, wenn es ein Vertrag ist, schwebend unwirksam (§ 177 BGB analog; für einseitige Rechtsgeschäfte vgl. § 180 BGB analog). Für die Genehmigung sind die Gesellschafter zuständig. Eine Eigenhaftung des Liquidators analog § 179 BGB wird i.d.R. nicht in Betracht kommen (vgl. § 179 Abs. 3 BGB).

3. Kasuistik

8 a) Sämtliche bisher unter der Fragestellung des Umfangs der Liquidatoren-Vertretungsmacht entschiedenen Fälle (vgl. § 149 Anm. 52) können unter dem Gesichtspunkt des Mißbrauchs der Vertretungsmacht sachgerecht eingeordnet und der Praxis entsprechend gelöst werden: Stellt die Gesellschaft **Wechsel** aus, kommt es darauf an, ob die Eingehung der Wechselverbindlichkeit vom Liquidationszweck gedeckt und falls dies zu verneinen ist, ob der Geschäftsgegner zu der Annahme berechtigt war, diese habe der Abwicklung gedient (ROHGE 13, 223, 226; 21, 307, 308). Es kann zweifelhaft sein, ob eine **Darlehnsvergabe** (RGZ 72, 119, 122f.) oder die **Bestellung einer Sicherungshypothek** (KG JFG 4, 276, 278) eine Überschreitung des Liquidationszwecks ist (was in beiden Entscheidungen offengelassen wurde), aber das Geschäft ist jedenfalls wirksam, wenn keine evidente Überschreitung vorliegt. Der **Ankauf eines Grundstücks** zu einem günstigen Preis durch Annahme eines von Eintritt der Liquidation abgegebenen Angebots ist nicht evident pflichtwidrig (vgl. RGZ 44, 80). Bei einer mit dem Liquidationszweck unvereinbaren Beteiligung an einer Gesellschaftsgründung ist demgegenüber eine wirksame Stellvertretung zu verneinen, wenn die Pflichtwidrigkeit evident ist (ohne diese Einschränkung verneinend KGJ 21 A 256, 259 = OLGE 3, 67, 69 für eine GmbH; zur Abgrenzung vgl. § 149 Anm. 38). Die **Übernahme einer Bürgschaft** kann nach den Umständen des einzelnen Falles mit dem Abwicklungszweck vereinbart sein (RGZ 146, 376, 378f. für den Verein); sie kann aber auch ein liquidationsfremdes Geschäft darstellen, und dann kommt es darauf an, ob der Vertragspartner „bei einer mit der erforderlichen Sorgfalt vorgenommenen Prüfung erkannt haben würde, daß die fraglichen Geschäfte nicht geeignet waren, dem Abwicklungszweck zu dienen" (RGZ

Bindung an Weisungen 1 § 152

146, 376, 378 f.). Es ist ebenfalls denkbar, daß auch einmal der **Ankauf von Aktien** der Liquidation dient; ist dies jedoch nicht der Fall, kommt es wieder auf die Kenntnis oder das Kennenmüssen des Geschäftsgegners an (BGH LM Nr. 2 zu § 149). Entsprechend liegt es bei einer Forderungsabtretung (BGH NJW 1984, 982 = ZIP 1984, 312, 313). Bei der Bewilligung einer Eigentümergrundschuld muß das Grundbuchamt die Vereinbarkeit mit dem Liquidationszweck prüfen (OLG Zweibrücken Rpfleger 1977, 135), weil das Grundbuchamt nicht zu einer erkennbar falschen Buchlage beitragen soll.

b) Ein von den Gesellschaftern **genehmigtes Rechtsgeschäft** ist entsprechend § 177 BGB voll wirksam (so im Ergebnis die h.M.; BGH ZIP 1984, 312, 314 = NJW 1984, 982; KG, JFG 4, 276; Heymann-Sonnenschein Anm. 3; vgl. auch die Nachweise zum älteren Schrifttum in RGZ 106, 68, 72). **9**

152 Gegenüber den nach § 146 Abs. 2 und 3 Beteiligten haben die Liquidatoren, auch wenn sie vom Gerichte bestellt sind, den Anordnungen Folge zu leisten, welche die Beteiligten in betreff der Geschäftsführung einstimmig beschließen.

Schrifttum: Vgl. § 145.

Inhalt

	Anm.		Anm.
I. Grundlagen	1–3	II. Die einstimmig zu beschließenden Weisungen	4–13
1. Normzweck	1	1. Der Beschluß	4
2. Verhältnis zu den allgemeinen Liquidatorenpflichten	2	2. Das Weisungsrecht	8
		3. Rechtsfolgen	12
		III. Abweichende Regelungen	14

I. Grundlagen

1. Normzweck

Die Liquidation ist kein gerichtliches Abwicklungsverfahren, sondern ein vom Gesetz den Gesellschaftern zur Beendigung der Rechtsbeziehungen der oHG nach außen und nach innen zur Verfügung gestelltes Verfahren. Daraus folgt, daß die Gesellschafter **Herren des Verfahrens** sind (vgl. § 145 Anm. 9 ff.) und neben ihnen ggf. noch der Konkursverwalter im Konkurs über das Vermögen eines Gesellschafters bzw. der Privatgläubiger, der die Gesellschaft gekündigt hat (§ 145 Abs. 2). Diese Herrschaft der Gesellschafter über die Geschicke des Unternehmens bestimmt die Organisation der aufgelösten wie der werbend tätigen Gesellschaft. § 152 stellt diese Rechtslage ausdrücklich klar, indem er ein **Weisungsrecht** der Beteiligten gegenüber den Liquidatoren vorsieht. Die Vorschrift beruht auf Art. 140 ADHGB. Sie bestimmt nicht ausdrücklich, setzt aber voraus, daß die Gesellschafter auch die **Geschäftsführungsbefugnis** der Liquidatoren begrenzen können (vgl. dagegen zur Vertretungsmacht § 151). **1**

2. Verhältnis zu den allgemeinen Liquidatorenpflichten

2 a) Nur die strikte **Befolgung von Weisungen** ist in § 152 geregelt. Daneben besteht die **Pflicht der Liquidatoren zur Wahrung der Interessen von Beteiligten**. Wo es an einem nach § 152 wirksamen Weisungsbeschluß fehlt, kann sich aus den allgemeinen Liquidatorenpflichten noch immer die Verpflichtung ergeben, die Meinungskundgabe einzelner Gesellschafter zu prüfen und ggf. entsprechend zu handeln (vgl. nur BGH LM Nr. 3 zu § 149 = WM 1959, 323). Das Meinungsbild der Gesellschafter kann der Ermessenskonkretisierung für die Liquidatoren dienen. Insofern kann auch eine i.S. von § 152 nicht verbindliche Weisung bei Nichtbefolgung einen Schuldvorwurf begründen (Baumbach-Duden-Hopt Anm. 1; Schilling in Großkomm Anm. 6).

3 b) Aus den allgemeinen Liquidatorenpflichten kann sich auch eine **Berichts- und Erkundigungspflicht der Liquidatoren** ergeben. Je weitreichender und je atypischer eine von ihnen ins Auge gefaßte Maßnahme ist, um so mehr sind die Liquidatoren im Innenverhältnis verpflichtet, von sich aus ein Meinungsbild oder sogar einen Konsens der Gesellschafter einzuholen.

II. Die einstimmig zu beschließenden Weisungen

1. Der Beschluß

4 a) Die Liquidatoren haben den Anordnungen Folge zu leisten, wenn die nach § 146 Abs. 2, 3 Beteiligten sie einstimmig beschlossen haben. Für den Beschluß gelten die bei § 119 dargestellten **allgemeinen Regeln**.

5 b) **Beteiligt** nach § 146 Abs. 2, 3 sind die Gesellschafter, auch wenn sie zugleich Liquidatoren sind, der Privatgläubiger eines Gesellschafters, der nach § 135 gekündigt hat, und der Konkursverwalter über das Vermögen des Gesellschafters. Ist ein Gesellschafter verstorben, ist der Erbe beteiligt. Mehrere Erben sind in Erbengemeinschaft beteiligt, dies aber nur mit einer Stimme (anders Geßler in der 4. Aufl. Anm. 2; Schilling in Großkomm Anm. 7), denn in der aufgelösten Gesellschaft (§ 131 Nr. 3) hat die Erbengemeinschaft nur einen Anteil (§ 139 Anm. 13), und dieser wird mit Stimmenmehrheit der Erben verwaltet (§§ 2038 Abs. 2, 745 BGB). Der nach § 146 Abs. 1 Satz 2 bestellte gemeinsame Vertreter der Erben ist als solcher nicht beteiligt; er übt nur das auf den ererbten Anteil entfallende Stimmrecht aus (vgl. § 146 Anm. 20). Dritte sind nicht beteiligt, auch nicht der, dem das Auseinandersetzungsguthaben eines Gesellschafters abgetreten ist, oder derjenige, dem ein Pfandrecht oder ein Nießbrauch am Anteil zusteht.

6 c) **Einstimmigkeit** ist erforderlich, und zwar auch dann, wenn Gefahr im Verzug ist (Schilling in Großkomm Anm. 8). Einstimmigkeit bedeutet: Einstimmigkeit unter allen Stimmberechtigten. Handelt es sich um die Vornahme eines Rechtsgeschäfts oder um die Prozeßführung gegenüber einem Beteiligten oder handelt es sich um Maßnahmen, die gegenüber diesem Beteiligten aus wichtigem Grund ergriffen werden sollen, so ist dieser Beteiligte vom Stimmrecht ausgeschlossen (vgl. § 119 Anm. 39), und es kann ohne seine Mitwirkung ein einstimmiger Beschluß gefaßt werden.

Bindung an Weisungen 7–11 § 152

d) Inhaltlich sind die Gesellschafter grundsätzlich in ihrer Beschlußfassung frei. Eine **7** Grenze ergibt sich aus der Treupflicht. Im Einzelfall kann sich daraus eine Pflicht der Beteiligten ergeben, an einem Beschluß mitzuwirken, der objektiv zum Besten der Gesellschaft erforderlich und den Beteiligten auch zumutbar ist. Liegt ein solcher Fall vor, so ist zwar der Beschluß erst gefaßt, wenn Einstimmigkeit erzielt oder der widerstrebende Beteiligte rechtskräftig verurteilt ist (§ 894 ZPO), aber i. d. R. wird der Liquidator aufgrund seiner allgemeinen Prüfungspflicht gehalten sein, sich in einem solchen Fall der notwendigen Maßnahme auch ohne Einstimmigkeit zu fügen (vgl. Anm. 2).

2. Das Weisungsrecht

a) Dem Weisungsrecht der Beteiligten unterliegen alle **Liquidatoren**, die Gesellschafter- **8** Liquidatoren wie Drittliquidatoren, die gekorenen wie die gerichtlich bestellten Liquidatoren. Es muß sich um eine **Anweisung auf dem Gebiet der Geschäftsführung** handeln (Heymann-Sonnenschein Anm. 3; Schilling in Großkomm Anm. 2). Das bedeutet nicht, daß diese Maßnahmen nicht zugleich Vertretergeschäfte im Außenverhältnis sein können (vgl. Heymann-Sonnenschein Anm. 3; Schilling in Großkomm Anm. 3). Auch kann keine Rede davon sein, daß die Maßnahmen mit dem Liquidationszweck vereinbar sein müssen.

b) Die Beteiligten können gerade auch die **Vornahme liquidationsfremder Geschäfte** **9** beschließen und die Liquidatoren mit ihrer Ausführung betrauen, denn sie sind die Herren der Liquidation und können sogar die Fortführung der Gesellschaft beschließen (§ 131 Anm. 64), erst recht also die Vornahme liquidationsfremder Geschäfte. Ein solcher Beschluß hat gerade in Grenzfällen rechtssichernde Bedeutung. Für Liquidatoren, die selbst Gesellschafter sind, sind solche Beschlüsse unstreitig verbindlich. Andere Liquidatoren sollten nach *Geßler* (4. Aufl.) an einen liquidationsfremden Beschluß nur gebunden sein, wenn sich dies aus dem Anstellungsverhältnis ergibt. Richtig ist, daß ein liquidationsfremder Beschluß zwar das Recht, aber nicht ohne weiteres die Pflicht der Liquidatoren zum Vollzug liquidationsfremder Maßnahmen gibt (Alfred Hueck oHG § 32 IV 6. Aber regelmäßig gehört die **Befolgung rechtmäßiger Weisungen** auch in den Pflichtenkreis der Liquidatoren, selbst wenn der Inhalt der Weisung über deren gesetzliche Aufgaben hinausgeht. Sollte diese Grenze überschritten sein, so dürfen die Liquidatoren nicht einfach untätig bleiben. Selbst wenn Grund zu der Annahme besteht, daß gegen die Liquidationspflicht verstoßen wird (dazu § 145 Anm. 24 ff.), müssen sie sich äußern und den Gesellschaftern ggf. die Möglichkeit geben, einen Fortsetzungsbeschluß zu fassen oder andere Liquidatoren zu bestellen.

c) Die Anordnungen können einen sehr verschiedenen **Inhalt** haben. Es kann die Vor- **10** nahme oder Unterlassung eines Geschäfts oder einer Maßnahme angeordnet werden. Es können allgemeine Richtlinien oder besondere Einzelweisungen erteilt werden. Es kann ein Liquidationsplan aufgestellt werden. Es kann Versilberung bestimmter Gegenstände und Naturalteilung anderer angeordnet werden (vgl. auch für die AG RGZ 62, 56, 59).

d) Eine Grenze ist der Weisungsbefugnis durch **das Gesetz** und **die guten Sitten** gezogen **11** (vgl. Alfred Hueck oHG § 32 VI 6 b). Verstoßen die Anordnungen gegen ein gesetzliches Gebot oder Verbot, sind sie unverbindlich. Namentlich kann in die öffentlich-rechtlichen Pflichten der Liquidatoren nicht eingegriffen werden, z.B. in die Buchführungspflicht, in die Pflicht zur Aufstellung besonderer Steuerbilanzen usw.

3. Rechtsfolgen

12 a) Der Beschluß ist **rechtsverbindlich**. Die Liquidatoren haben einer einstimmig beschlossenen Anordnung Folge zu leisten. Nach allgemeiner Ansicht sind sie jedoch berechtigt, von der Weisung abzuweichen, wenn sie den Umständen nach annehmen dürfen, daß die Beteiligten bei Kenntnis der Sachlage die Abweichung billigen würden. Sie haben jedoch vor der Abweichung den Beteiligten Anzeige zu machen und deren Entschließung abzuwarten, wenn nicht mit dem Aufschub Gefahr verbunden ist (§ 665 BGB; Alfred Hueck oHG § 32 IV 6 b). Die verbindliche Anweisung entlastet die Liquidatoren gegenüber der Gesellschaft und allen Beteiligten.

13 b) Die Befolgung der Anordnung kann **im Klagewege erzwungen** werden. Die Klage kann die Gesellschaft, vertreten durch einen dazu befugten Liquidator, oder ein Beteiligter erheben. Schuldhafte Verletzung des § 152 verpflichtet den Liquidator zum Schadensersatz. Schließlich kann ein Liquidator, der sich weigert, Folge zu leisten, nach § 147 abberufen werden.

III. Abweichende Regelungen

14 Die Bestimmung ist **nicht zwingend** (BGHZ 48, 251, 255; Alfred Hueck oHG § 32 IV 6c; Heymann-Sonnenschein Anm. 5; Schilling in Großkomm Anm. 14). Es steht nichts im Wege, daß der Gesellschaftsvertrag für die Beschlußfassung der Gesellschafter die Mehrheit genügen läßt. Über die Anforderungen an eine solche Anordnung im Gesellschaftsvertrag vgl. Anm. 14 ff. zu § 119. Eine solche Vertragsregelung bindet auch den pfändenden Privatgläubiger eines Gesellschafters oder den Konkursverwalter im Konkurs eines Gesellschafters (Alfred Hueck oHG § 32 IV 6 a; anders die h.M.; z.B. Geßler in der Voraufl. Anm. 2; Düringer-Hachenburg-Flechtheim Anm. 4). Rechtswidrig und unwirksam ist allerdings ein Weisungsbeschluß, der einseitig gegen die Interessen des Gläubigers bzw. der Konkursverwaltung gefaßt wird. Ist die Gesellschaft bereits aufgelöst, so kann durch allseitige Vereinbarung sämtlicher Beteiligter das Weisungsrecht an die Mehrheitsentscheidung gebunden werden (Schilling in Großkomm Anm. 8). Es bestehen weiter keine Bedenken dagegen, daß die Beteiligten ihr Anweisungsrecht einem von ihnen gebildeten Ausschuß (Beirat) übertragen. Schließlich kann ein einzelner Gesellschafter mit der Ausübung des Weisungsrechts betraut werden. Ein Verzicht der Gesellschafter auf das Weisungsrecht wird gleichfalls als zulässig angesehen (Heymann-Sonnenschein Anm. 5; Schilling in Großkomm Anm. 14). Ein im Gesellschaftsvertrag geregelter Verzicht auf das Weisungsrecht ist allerdings bedenklich und jedenfalls bei Publikumsgesellschaften nicht anzuerkennen. Praktisch wichtiger ist der Verzicht im Liquidationsverfahren (z.B. auch im Auflösungsbeschluß). Ein solcher Verzicht kommt namentlich in Frage, wenn ein Treuhänder der Gesellschaftsgläubiger oder ein Gläubigerausschuß zum Liquidator bestellt ist und ihm das Gesellschaftsvermögen zur Befriedigung der Gläubiger überantwortet ist (Alfred Hueck oHG § 32 IV 6 b). Auch wenn eine masselose Gesellschaft unter Fremdverwaltung gestellt wird (dazu § 131 Anm. 50), ist davon auszugehen, daß der Liquidator nicht an Weisungen der Gesellschafter gebunden ist. Das kann aber nur bedeuten, daß das strikte Weisungsrecht entfällt. Dagegen bleibt es dabei, daß das Liquidatorenamt pflichtgebunden ist. Die Liquidatoren müssen deshalb auch in diesem Fall auf die verlautbarten Interessen der Beteiligten Rücksicht nehmen (Anm. 2 f.). Auch bleibt die Abberufungsmöglichkeit nach § 147 unberührt (Düringer-Hachenburg-Flechtheim Anm. 4).

153 Die Liquidatoren haben ihre Unterschrift in der Weise abzugeben, daß sie der bisherigen, als Liquidationsfirma zu bezeichnenden Firma ihren Namen beifügen.

Schrifttum: Vgl. § 145.

Inhalt

	Anm.		Anm.
I. Grundlagen	1–6	2. Änderung bzw. Annahme einer neuen Firma	8
1. Die Zeichnung der Liquidatoren	1	III. Sonderfragen der GmbH & Co.	9–11
2. Folgen eines Verstoßes	5	1. Verhältnis zu § 68 GmbHG	9
II. Die Firma der Gesellschaft	7, 8	2. Warnender Firmenzusatz	10
1. Die gesetzliche Normallösung	7	3. Angaben auf Geschäftsbriefen	11

I. Grundlagen

1. Die Zeichnung der Liquidatoren

a) Die oHG verliert ihre **Firma** durch die Liquidation nicht (näher zur Liquidationsfirma Anm. 7 ff.). Sie tritt weiterhin unter ihrer Firma im Verkehr auf. § 153 bestimmt, wie die Liquidatoren ihre Unterschrift abzugeben haben. Die Bestimmung beruht auf Art. 139 ADHGB. Haben die Liquidatoren bei Abgabe ihrer Unterschrift der Firma, wie vorgeschrieben, den Liquidationszusatz beigefügt, kann sich der Vertragspartner nicht darauf berufen, daß die Auflösung der oHG im Handelsregister nicht eingetragen ist oder daß er von ihr nichts gewußt hat.

b) Die Bestimmung gilt für die **oHG** und wegen § 161 Abs. 2 auch für die **KG**. Auf die unternehmenstragende Gesellschaft bürgerlichen Rechts (zu ihrem Sonderstatus vgl. Karsten Schmidt Gesellschaftsrecht § 58 V) sollte § 153 sinngemäß mit der Maßgabe angewandt werden, daß die Liquidatoren dem Namen der Gesellschaft einen Liquidationszusatz beizufügen und mit ihrem Eigennamen zu zeichnen haben.

c) Die Bestimmung befaßt sich im **Unterschied zu § 148 Abs. 3** nicht mit der Zeichnung der Liquidatoren bei dem Registergericht, sondern mit dem **Auftreten der Gesellschaft durch die sie vertretenden Liquidatoren im Rechtsverkehr**. Die Vorschrift gilt **nur für den schriftlichen Verkehr**, hier aber auch gegenüber den Gesellschaftern, z. B. bei Zahlungseinforderungen (Schilling in Großkomm Anm. 6).

4 d) Die Bestimmung ist **zwingend**. Der Gesellschaftsvertrag kann die Liquidatoren von der Pflicht, gemäß § 153 zu zeichnen, nicht befreien. Dagegen können durch den Gesellschaftsvertrag weitere Vorschriften über die Zeichnung der Firma getroffen werden. Sie haben aber nur Bedeutung im Innenverhältnis; nach außen kann die Einhaltung der Vorschriften nicht zum Wirksamkeitserfordernis gemacht werden (§ 151; vgl. KGJ 33 A, 156).

2. Folgen eines Verstoßes

5 a) Ein Verstoß gegen § 153 macht die rechtsgeschäftlichen Erklärungen der Liquidatoren **nicht ungültig** (allg. M.; vgl. Schilling in Großkomm Anm. 5). Die Gesellschaft wird auch bei unrichtiger Zeichnung berechtigt und verpflichtet, sofern nur nach außen erkennbar zutage getreten ist, daß die Liquidatoren für die oHG oder KG handeln wollten. Dazu genügt i. d. R., daß unmißverständlich für das von der Gesellschaft betriebene Unternehmen gehandelt wurde (vgl. § 125 Anm. 2; zum Grundsatz des stellvertretenden Handelns für den Träger eines Unternehmens vgl. Karsten Schmidt Handelsrecht § 5 III m. w. N.). Die Liquidatoren können also im Rahmen ihrer Vertretungsmacht wirksam im Namen der Gesellschaft handeln, auch wenn sie sich nicht an § 153 halten. Allerdings kann ein fehlender Hinweis auf die Auflösung der Gesellschaft ein Anfechtungsrecht des Geschäftsgegners nach § 119 Abs. 2 BGB oder nach § 123 BGB begründen (vgl. Scholz-Karsten Schmidt GmbHG § 68 Anm. 12).

6 b) Für die **persönliche Haftung** der Gesellschafter aus Rechtsgeschäften der Liquidatoren gelten die bei § 156 Anm. 18 dargestellten Grundsätze. Eine Eigenhaftung des Liquidators, der ohne den nach § 153 erforderlichen Zusatz zeichnet, kommt nicht als allgemeine Vertrauenshaftung in Betracht, sondern nur als Schadensersatzhaftung aus culpa in contrahendo bzw. aus unerlaubter Handlung (§§ 823 Abs. 2 BGB, 263 StGB, 826 BGB). Voraussetzung ist, daß eine Aufklärungspflicht gegenüber dem Geschäftspartner der aufgelösten Gesellschaft bestand und daß durch Nichtaufklärung über die Auflösung ein Schaden entstanden ist. Dies ist Tatfrage (vgl. auch Scholz-Karsten Schmidt GmbHG § 68 Anm. 13).

II. Die Firma der Gesellschaft

1. Die gesetzliche Normallösung

7 Durch die Auflösung der Gesellschaft wird die Firma der Gesellschaft **nicht geändert**. § 153 schreibt zwar vor, daß die Firma als Liquidationsfirma zu bezeichnen ist. Der danach erforderliche **Zusatz** wird aber nicht Bestandteil der Firma (vgl. Schilling in Großkomm Anm. 2; s. auch schon zum ADHGB RGZ 29, 68; OLG Hamburg ZHR 35, 235; KGJ 26 A, 218). Er braucht daher auch nicht zum Handelsregister angemeldet zu werden (RGZ 15, 105; Alfred Hueck oHG § 32 I; Schilling in Großkomm Anm. 2). Wie die Liquidatoren den Liquidationszustand in der Firma zum Ausdruck bringen wollen, ist ihnen überlassen. Meist wird einfach hinzugefügt, „in Liquidation", aber auch „in Abwicklung", angesichts der anerkannten Verkehrbedeutung auch abgekürzt „i. Liqui" oder „i. L." (Alfred Hueck oHG § 32 I; Schilling in Großkomm Anm. 2).

2. Änderung bzw. Annahme einer neuen Firma

Streitig ist, ob die oHG auch noch während der Liquidation ihre Firma ändern kann. **8** Es kann dafür durchaus ein Bedürfnis bestehen. Die Änderung ist deshalb zuzulassen (heute h. M.; vgl. Alfred Hueck oHG § 32 I; Schilling in Großkomm Anm. 3). Eine Firmenveräußerung, selbstverständlich nur gemeinsam mit dem Handelsgeschäft (§ 23), ist gleichfalls als Liquidationsmaßnahme zulässig (vgl. § 145 Anm. 6 a). Das Problem besteht ausschließlich darin, ob nach § 22 Abs. 1 die Gesellschafter (insbesondere die Namensträger) in die Firmenübertragung einwilligen müssen oder ob die Liquidatoren kraft ihrer Vertretungsmacht zur Firmenveräußerung befugt sind. Im Gegensatz zum Konkurs (vgl. § 145 Anm. 75) wird man einen Beschluß der Gesellschafter verlangen müssen (vgl. § 149 Anm. 36).

III. Sonderfragen der GmbH & Co.

1. Verhältnis zu § 68 GmbHG

Für die aufgelöste GmbH gilt § 68 GmbHG. Soweit im Namen der GmbH gehandelt **9** wird, ist diese Vorschrift zu beachten, soweit im Namen der Personengesellschaft (KG) gehandelt wird, ist § 153 zu beachten. Für die h. M., die die KG im Fall der Auflösung der GmbH nicht ohne weiteres als aufgelöst ansieht (Nachweise bei § 131 Anm. 31), entsteht noch die Frage, wie die Liquidatoren einer aufgelösten Komplementär-GmbH zu zeichnen haben, wenn sie im Namen der nicht aufgelösten KG handeln. Die h. M. wird hier konsequenterweise auf einen Liquidationszusatz verzichten, weil sie keinen Anwendungsraum für § 153 anerkennen kann. Die hier vertretene Ansicht (§ 131 Anm. 32) führt zu einem stimmigen Ergebnis: Auch die KG ist aufgelöst; deshalb ist § 153 anzuwenden (Scholz-Karsten Schmidt GmbHG § 68 Anm. 17).

2. Warnender Firmenzusatz

Auch in der Liquidation bleibt § **19 Abs. 5** anwendbar. Die von 1980 stammende **10** Vorschrift ist oben bei § 19 noch nicht kommentiert (vgl. aber § 125 a Anm. 2). Nach ständiger Rechtsprechung haften die organschaftlichen Vertreter einer GmbH & Co. persönlich, wenn sie im rechtsgeschäftlichen Verkehr diesen Firmenzusatz nicht verwenden (BGHZ 62, 216; 71, 354; std. Rspr.; vgl. Karsten Schmidt Handelsrecht § 5 III 2). Dies gilt allerdings nicht bei bloß mündlichen, insbesondere fernmündlichen Verhandlungen und Abschlüssen (vgl. BGH NJW 1981, 2669; OLG Hamm NJW-RR 1988, 1308).

3. Angaben auf Geschäftsbriefen

Ist kein Gesellschafter eine natürliche Person (§ 125 a) oder ist bei einer Kommandit- **11** gesellschaft kein persönlich haftender Gesellschafter eine natürliche Person (§ 177 a), so sind auf Geschäftsbriefen die nach §§ 125 a, 177 a geforderten Angaben zu machen. § 156 verweist auch auf diese Bestimmungen.

§ 154

154 Die Liquidatoren haben bei dem Beginne sowie bei der Beendigung der Liquidation eine Bilanz aufzustellen.

Schrifttum: *Arians*, Sonderbilanzen, 1984; *Bauch*, Zur Gliederung und Bewertung der Abwicklungsbilanzen (§ 270 AktG), DB 1973, 977; Beck'scher Bilanzkommentar, 1986; *Brombach-Olfert-Ehreiser*, Sonderbilanzen, 1967, S. 167 ff.; *Brühling*, Zur „Rechnungslegung bei Liquidation", Wpg. 1977, 597; *Forster*, Überlegungen zur Bewertung in Abwicklungs-Abschlüssen, in: Festschrift Barz, 1974, S. 335; *Förster*, Die Liquidationsbilanz, 2. Aufl. 1988; *Förster-Grönwoldt*, Das Bilanzrichtlinien-Gesetz und die Liquidationsbilanz, BB 1987, 577; *Goldbeck*, Liquidationsbilanz: Totenschein der betroffenen Unternehmen, Der Betriebswirt 1982, 3 ff.; *Grünewälder*, Die Bilanzierung stillgelegter Betriebsanlagen, 1973; *Heinen*, Handelsbilanzen, 12. Aufl. 1986; *Huber*, Vermögensanteil, Kapitalanteil und Gesellschaftsanteil an Personengesellschaften des Handelsrechts, 1970; *Institut der Wirtschaftsprüfer in Deutschland e. V.*, Stellungnahme zum Regierungsentwurf eines Bilanzrichtlinie-Gesetzes 1983, Wpg. 1984, 125 ff.; *Küting-Weber*, Handbuch der Rechnungslegung, 1986; *Leffson*, Die Grundsätze ordnungsmäßiger Buchführung, 6. Aufl. 1982; *Leffson-Rückle-Großfeld*, Handwörterbuch unbestimmter Rechtsbegriffe im Bilanzrecht des HGB, 1986; *Metz*, Die Liquidationsbilanz in betriebswirtschaftlicher, handelsrechtlicher und steuerrechtlicher Sicht, 1968; *Scherrer-Heni*, Liquidationsrechnungslegung, 1990; *Karsten Schmidt*, Liquidationsbilanzen und Konkursbilanzen, 1989; *ders.*, Die Handels-Personengesellschaft in Liquidation, ZHR 153 (1989), 270; *Veit*, Die Konkursrechnungslegung, 1982; *Verband der Hochschullehrer für Betriebswirtschaft e. V. – Kommission Rechnungswesen*, Stellungnahme zum Regierungsentwurf eines Bilanzrichtlinie-Gesetzes, DBW 1983, 5 ff.; *Wirtschaftsprüferkammer und Institut der Wirtschaftsprüfer*, Gemeinsame Stellungnahme zum Entwurf eines Bilanzrichtlinie-Gesetzes, Wpg. 1981, 609 ff.; WP-Handbuch 1985/86, Band I.

Inhalt

	Anm.		Anm.
I. Grundlagen	1–6	3. Die Wertansätze in der Liquidation	19
1. Gesetzesgeschichte	1	4. Aufstellung und Feststellung	21
2. Kritik der Bestimmung	2	5. Schlußbilanz	22
3. Die unterschiedlichen Zwecke der Rechnungslegung in der Liquidation	3	IV. Liquidationsbilanzen im engeren Sinne (interne Rechnungslegung der Liquidatoren gegenüber den Beteiligten)	24–29
4. Das Verhältnis zwischen § 154 und §§ 238 ff.	5	1. Grundsatz	24
II. Die erforderlichen Bilanzen im Überblick	7–14	2. Vermögensaufstellung bei Beginn der Liquidation	25
1. Zweck der Gegenüberstellung	7	3. Keine Jahresrechnungslegung der Liquidatoren	28
2. Die bislang herrschende Auffassung	8	4. Schlußrechnungslegung der Liquidatoren	29
3. Die hier vertretene Auffassung	12	V. Steuerbilanzen in der Liquidation	30
III. Jahresrechnungslegung in der Liquidation	15–23	VI. Buchführungspflicht	31
1. Erfordernis	15		
2. Das Geschäftsjahr in der Liquidation	17		

I. Grundlagen

1. Gesetzesgeschichte

1 Die Bestimmung wurde mit dem **HGB von 1897** eingeführt (im ADHGB ist sie ohne Vorbild), nachdem sich in der Praxis unter dem ADHGB die Auffassung herausgebildet hatte, daß der Abwicklungszeitraum eine in sich geschlossene Rechnungsperiode darstellt und insgesamt nur eine Rechnungslegung über den Gesamtertrag der Liquidation erfordert (Denkschrift I S. 106 = Schubert-Schmiedel-Krampe, Quellen zum HGB II/1, 1987, S. 93). Das **Bilanzrichtliniengesetz von 1985** hat den § 154 (im Gegensatz zu den §§ 270 AktG, 71 GmbHG) unverändert gelassen.

2. Kritik der Bestimmung

§ 154 ist eine durchaus **mangelhafte Norm**. Der Gesetzgeber hat sich nicht klargemacht, daß es „die Liquidationsbilanz" nicht gibt (vgl. schon die Kritik von Rudolf Fischer JW 1926, 2895). Auf diese Weise hat der Gesetzgeber eine vermeintliche Spezialvorschrift für die Rechnungslegung in der Abwicklung geschaffen, die hierfür ungeeignet ist und die Rechnungslegung des Unternehmens in der Liquidation nicht ersetzen kann (vgl. Karsten Schmidt Liquidationsbilanzen S. 56 ff.).

3. Die unterschiedlichen Zwecke der Rechnungslegung in der Liquidation

a) Bei der Behandlung von Liquidationsbilanzen unterscheidet die herkömmliche Ansicht zwischen der **Liquidationseröffnungsbilanz**, den **Zwischenbilanzen** und der **Liquidationsschlußbilanz** (vgl. Arians S. 152; Förster S. 6). Diese Unterscheidung ist an sich berechtigt, aber sie konzentriert sich ganz auf die unterschiedlichen Zeitpunkte der Rechnungslegung. Daneben gibt es einen viel grundsätzlicheren Unterschied: den Unterschied zwischen der Rechnungslegung der Liquidatoren gegenüber den Beteiligten auf der einen Seite und der kaufmännischen Rechnungslegung des Unternehmens auf der anderen (eingehend Karsten Schmidt, Liquidationsbilanzen S. 20 ff., 58 ff., 63 ff.; zust. nach Manuskriptabschluß Scherrer-Heni S. 19 ff.).

b) Demgemäß wird hier unterschieden zwischen der **Rechnungslegung der Handelsgesellschaft in der Liquidation** (Anm. 15 ff.) und der **Rechnungslegung der Liquidatoren gegenüber den Beteiligten** (Anm. 24 ff.). Der damit herausgestellte Gegensatz wird auch mit den Begriffen „externe" und „interne" Liquidationsrechnungslegung bezeichnet (Scherrer-Heni S. 21 f.). Entgegen der Vorstellung des Gesetzgebers, der diesen grundlegenden Unterschied nicht bemerkt hat, ist nur die zweite Gegenstand der Gesetzesregelung in § 154; Karsten Schmidt Liquidationsbilanzen S. 60; ders. ZHR 153 [1989], 286 f.).

4. Das Verhältnis zwischen § 154 und §§ 238 ff.

a) Nach §§ 238, 242 ff. ist die oHG bzw. KG als kaufmännisches Unternehmen rechnungslegungspflichtig. Da der Gesetzgeber den § 154 als **Spezialregelung** verstanden wissen wollte, nimmt eine herkömmliche Auffassung in Übereinstimmung mit der Denkschrift an, daß in der Liquidation keine Verpflichtung zur jährlichen Rechnungslegung bestehe, weil § 154 eine ausschließliche Regelung der Bilanzaufstellungspflichten der Liquidatoren enthalte (so hier Geßler 4. Aufl. Anm. 2; BGH NJW 1980, 1522, 1523; Baumbach-Duden-Hopt Anm. 2 C; Düringer-Hachenburg-Flechtheim Anm. 4; Alfred Hueck oHG § 32 VI 1). Eine Pflicht zur Jahresrechnungslegung in der Personengesellschaft könne sich nur im Einzelfall aus den Grundsätzen ordnungsmäßiger Buchführung ergeben (so auch Baumbach-Duden-Hopt Anm. 2 C; Düringer-Hachenburg-Flechtheim Anm. 4; Westermann Handbuch [Lfg. 1967] I 698). Überdies bestehe bei Abwicklungen größeren Umfangs eine zivilrechtliche Bilanzierungspflicht (dazu auch BGH NJW 1980, 1523; OLG Celle BB 1983, 1451 f.; Schilling in Großkomm Anm. 7), die aber nichts am Fehlen einer obligatorischen Jahresrechnungslegung ändere. Auch für die seit dem Bilanzrichtliniengesetz geltende Rechtslage wird die Auffassung vertreten, daß § 154 als Spezialregelung gegenüber den allgemeinen Rechnungslegungspflichten (insbesondere gegenüber § 242) eine Sonderregelung darstellt, die diese Pflichten ausschließt (Förster S. 6, 18).

6 b) **Stellungnahme** (Karsten Schmidt Liquidationsbilanzen S. 58 ff.): Dieser Auffassung war schon nach dem damaligen Rechtszustand nicht zu folgen (vgl. Staub-Pinner 14. Aufl. Anm. 7; Hintzen, Die Auflösung und Liquidation von Personengesellschaften, 1965, S. 78 ff.). Die Liquidationsrechnungslegung kann die periodische Erfolgsrechnungslegung der Gesellschaft schon aus rechtspraktischen Gründen nicht ersetzen, weil die Personengesellschafter in der Liquidation weiterhin der jährlichen Besteuerung unterliegen und zu diesem Zweck ohnedies Jahresbilanzen zu erstellen sind (vgl. dazu auch OLG Celle BB 1983, 1451, 1452; Schilling in Großkomm Anm. 7; Brühling Wpg. 1977, 598). Auch die Bilanzzwecke der in § 154 vorgeschriebenen Bilanzen und der Jahresrechnungslegung sind nicht identisch (vgl. Anm. 3). Auch wenn das Bilanzrichtliniengesetz in den § 154 nicht – wie in die §§ 270 AktG, 71 GmbHG – eine klarstellende Regelung aufgenommen hat, trifft doch der in diesen Regelungen zum Ausdruck gebrachte Gedanke, daß die Pflicht zur Jahresrechnungslegung und nicht nur zur Buchführung (so h. M. vgl. nur Heymann-Sonnenschein Anm. 1; Schilling in Großkomm Anm. 15) auch in der Liquidation fortbesteht, auch auf die Personengesellschaft zu (Scholz-Karsten Schmidt GmbHG § 71 Anm. 37). Im Ergebnis ist festzuhalten, daß auch die aufgelöste Personengesellschaft den bilanzrechtlichen Rechnungslegungspflichten unterliegt.

II. Die erforderlichen Bilanzen im Überblick

1. Zweck der Gegenüberstellung

7 Die folgende Gegenüberstellung dient der Orientierung. Dargestellt wird zunächst das herkömmlich angenommene und praktizierte System, sodann die hier vertretene Auffassung.

2. Die bislang herrschende Auffassung

8 a) Der Abschluß der werbenden Tätigkeit wird durch eine **Schlußbilanz der werbenden Gesellschaft** dokumentiert (Westermann Handbuch [Lfg. 1971] I 696; Sudhoff NJW 1957, 731 ff.; Scherrer-Heni S. 129 ff.; vgl. allgemein Küting-Weber Handbuch der Rechnungslegung § 242 Anm. 14). Tritt die Auflösung während des Laufs eines Geschäftsjahres ein, so ist eine Bilanz für das Rumpfgeschäftsjahr zu erstellen (Geßler in der Vorauf. Anm. 4 f.; Schilling in Großkomm Anm. 6; Förster S. 117 ff.; Sudhoff NJW 1957, 731).

9 b) Die **Liquidationseröffnungsbilanz** ersetzt nach h. M. die Jahresrechnungslegung, gleichwohl ist sie danach im Unterschied zum Jahresabschluß keine Erfolgs-, sondern lediglich eine Vermögensermittlungsbilanz (vgl. nur Alfred Hueck oHG § 32 VI 2; Scherrer-Heni S. 132 ff.; Westermann Handbuch [Lfg. 1971] I 696). Alle Vermögenswerte sind mit ihrem „wirklichen Wert", d. h. mit dem vorsichtig geschätzten Veräuße-

Liquidationsbilanzen   10–15 § 154

rungswert einzusetzen (RGZ 80, 104, 107), um eine Prognose des Liquidationsergebnisses zu ermöglichen.

c) Ob **Jahresbilanzen** während der Liquidation zu erstellen sind, ist umstritten (vgl. **10** Anm. 5 u. 15 ff.).

d) Die **Schlußbilanz** ist ebenfalls als Vermögensbilanz aufzustellen. Da sie allein der **11** Verteilung von Gewinnen und Verlusten dient, ist sie aufzustellen, sobald das verteilbare Vermögen nach Berichtigung der Verbindlichkeiten feststeht (Huber S. 180). Wie das Abwicklungsergebnis errechnet wird ist umstritten (vgl. Anm. 22).

3. Die hier vertretene Auffassung

a) Die **Jahresrechnungslegung** läuft ungeachtet der Auflösung weiter (Anm. 15). Das **12** gilt auch dann, wenn der Auflösungsstichtag in das Rechnungsjahr fällt. Eine besondere Schlußbilanz der werbenden Gesellschaft ist in diesem Fall nicht erforderlich (Anm. 17). Zu den Wertansätzen in der Jahresbilanz vgl. Anm. 19 f.

b) Die **Liquidationseröffnungsbilanz** ist lediglich Bestandteil der Rechnungslegung des **13** Liquidators (vgl. dazu Anm. 25 f.). Nur von dieser Eröffnungsbilanz handelt § 154 (Karsten Schmidt, Liquidationsbilanzen S. 61, 63; s. insoweit auch Scherrer-Heni S. 135). Eine Liquidationseröffnungsbilanz im Sinne einer Rechnungslegung des Unternehmens wird von § 154 nicht vorgeschrieben.

c) Die **Liquidationsschlußbilanz** hat eine doppelte Funktion: Mit der Vollbeendigung **14** ist eine Schlußbilanz der Handelsgesellschaft erforderlich (Anm. 22). Daneben müssen die Liquidatoren den Beteiligten Rechnung legen (Anm. 29). Nur von dieser Schlußbilanz handelt § 154 (Karsten Schmidt Liquidationsbilanzen S. 62, 65). Sie ist Grundlage der Schlußverteilung. Soweit beiden Bilanzzwecken in einem Rechenwerk genügt werden kann, ist es ausreichend, wenn nur eine Schlußbilanz aufgemacht wird. Im Rechtssinne stellt diese dann eine Schlußrechnungslegung sowohl des Unternehmens als auch der Liquidatoren dar.

III. Jahresrechnungslegung in der Liquidation

1. Erfordernis

a) Die aufgelöste Personengesellschaft unterliegt der in §§ 238, 242 ff. vorgeschriebe- **15** nen Jahresrechnungslegung (vgl. Anm. 5). Wie bei Anm. 6 klargestellt wurde, ist diese Jahresrechnungslegung in § 154 nicht geregelt. Bis zu ihrer Vollbeendigung behält die Gesellschaft ihre Vollkaufmannseigenschaft (vgl. RGZ 155, 75, 83 unter Hinweis auf § 158; Staub-Brüggemann § 1 Anm. 30; § 1 Anm. 4; Klasmeyer-Kübler BB 1978, 370; Ulmer in Großkomm § 131 Anm. 129; Karsten Schmidt BB 1989, 229, 231; ders. ZHR 153 [1989], 289 f.). Die Rechnungslegungspflichten enden deshalb nicht einfach dadurch, daß die Gesellschaft durch die Auflösung zu einem minderkaufmännischen Unternehmen wird (Klasmeyer-Kübler BB 1978, 370). Selbst wenn das Unternehmen veräußert wird, folgt aus § 158, daß die Gesellschaft bis zu ihrer Vollbeendigung nach handelsgesellschaftsrechtlichen Grundsätzen abzuwickeln ist (vgl. § 156 Anm. 6 ff.).

Sie bleibt daher auch über den Stichtag der Unternehmensveräußerung so lange rechnungslegungspflichtig, bis sie erloschen oder z.B. in eine vermögensverwaltende Gesellschaft bürgerlichen Rechts umgewandelt ist (immerhin zweifelhaft).

16 b) Eine **Liquidationseröffnungsbilanz** als Bestandteil der Rechnungslegung des Unternehmens ist neben der Jahresrechnungslegung nicht erforderlich (Karsten Schmidt Liquidationsbilanzen S. 61). Das Gegenteil scheint sich zwar aus dem Wortlaut des § 154 zu ergeben (so denn auch die h.M.). Aber diese Vorschrift spricht nur von der Rechnungslegung der Liquidatoren (vgl. Anm. 6). Die vom Gesetzeswortlaut und von der h.M. verlangte Eröffnungsbilanz wird denn auch als reine Vermögensbilanz bezeichnet (vgl. Anm. 9). Eine solche Eröffnungsbilanz ist in der Tat erforderlich, aber sie ist Bestandteil der Rechnungslegung der Liquidatoren gegenüber den Beteiligten (vgl. Anm. 25 im Ansatz übereinst. jetzt auch Scherrer-Heni S. 135, jedoch mit dem Zusatz, daß daneben eine Handels-Eröffnungsbilanz erforderlich sei).

2. Das Geschäftsjahr in der Liquidation

17 a) Wird die Gesellschaft im Laufe des Geschäftsjahrs aufgelöst, so ist nach der bisher h.M. für das **Rumpfgeschäftsjahr** ein Abschluß zu bilden (Geßler in der Voraufl. Anm. 4f.; Schilling in Großkomm Anm. 6; Sudhoff NJW 1957, 731; Arians S. 150; Förster S. 123; Scherrer-Heni S. 129ff.; vgl. auch oben Anm. 8). **Dem ist nicht zu folgen.** Das Erfordernis einer Schlußbilanz der werbenden Gesellschaft und einer Liquidationseröffnungsbilanz wird herkömmlich aus § 154 hergeleitet. Aber diese Vorschrift besagt nichts über die Jahresrechnungslegung (Anm. 13). Eine in sich geschlossene Rechnungsperiode der Liquidation kann nur für die Rechnungslegung der Liquidatoren gegenüber der Gesellschaft angenommen werden. Diese können die ihnen in § 154 vorgeschriebene Rechnungslegung mit der Rechnungslegung der Gesellschaft verbinden und vereinigen (Anm. 14, 18, 22, 28). Das Gesetz schreibt dies aber in § 154 nicht vor.

18 b) Die **jährliche Rechnungslegung** der Gesellschaft folgt grundsätzlich den allgemeinen Regeln der §§ 242ff. (Karsten Schmidt Liquidationsbilanzen S. 60ff.; im Grundsätzlichen übereinstimmend Scherrer-Heni S. 138f., 209f.). Dazu gehört auch die Gewinn- und Verlustrechnung (vgl. Scherrer-Heni S. 210ff.). Ob mit dem Auflösungsstichtag ein neues Geschäftsjahr beginnt, richtet sich nach dem Gesellschaftsvertrag, bzw., wenn er schweigt, nach seiner ergänzenden Auslegung (anders als bei der GmbH vgl. Scholz-Karsten Schmidt GmbHG § 71 Anm. 18). Grundsätzlich ist dies in dem Sinne zu verneinen, daß das Gesetz kein auf den Auflösungsstichtag lautendes Geschäftsjahr vorschreibt. Die Jahresrechnungslegung läuft kontinuierlich weiter (Karsten Schmidt Liquidationsbilanzen S. 60ff.; a.M. Scherrer-Heni S. 131). Da § 145 keine verbindliche Regelung enthält, können die Gesellschafter allerdings auch nach Liquidations-Geschäftsjahren bilanzieren (ebenso in vermeintlicher Abweichung von der hier vertretenen Ansicht Scherrer-Heni S. 139). Im Fall der GmbH & Co. KG können die Bilanzstichtage der Komplementär-GmbH und der Co. KG bei Auflösung beider Gesellschaften einander angepaßt werden (Karsten Schmidt Liquidationsbilanzen S. 67ff.).

3. Die Wertansätze in der Liquidation

a) Nach h. M. sind in der Liquidationseröffnungsbilanz **Veräußerungswerte** anzusetzen 19 (RGZ 80, 104, 107 [für die GmbH] Voraufl. Anm. 4; Schilling in Großkomm Anm. 4; Heymann-Sonnenschein Anm. 3; Förster S. 7 ff.; Arians S. 158). Für die Rumpfgeschäftsjahresbilanz ist dies noch ungeklärt; man wird jedoch auch hier nach den Grundsätzen ordnungsmäßiger Buchführung Veräußerungswerte zugrundelegen müssen (Förster S. 124). Diese h. M. besagt für die Wertansätze in der Jahresrechnungslegung nichts, weil sie von einer bloßen Vermögensbilanz ausgeht. Aber ihr Ergebnis ist auf die Jahresrechnungslegung zu übertragen, da sie durch die Tatsache der Liquidation bestimmt wird.

b) Die Wertansätze in der Jahresbilanz müssen den **Grundsätzen des allgemeinen Bi-** 20 **lanzrechts** entsprechen, wie dies bei Kapitalgesellschaften bereits anerkannt ist. Auszugehen ist von den Grundsätzen der Bewertungsstetigkeit und der Bilanzwahrheit (näher Karsten Schmidt Liquidationsbilanzen S. 43 f. gegen die noch h. L., die allgemein für eine Neubewertung plädiert; zustimmend jetzt Scherrer-Heni S. 179 ff.). Daraus folgt (vgl. Scholz-Karsten Schmidt GmbHG § 71 Anm. 22), daß, soweit das Unternehmen nicht fortgeführt wird, Veräußerungswerte anzusetzen sind (vgl. dazu auch Leffson S. 169). Dabei ist danach zu unterscheiden, ob der Geschäftsbetrieb insgesamt veräußert werden soll oder ob die Veräußerung zur Zerschlagung des Unternehmens führt (Scherrer-Heni S. 184 ff.).

4. Aufstellung und Feststellung

Für die **Aufstellung** der Liquidationsbilanzen sind die Liquidatoren zuständig (Schil- 21 ling in Großkomm Anm. 14; Heymann-Sonnenschein Anm. 2, 4; Westermann Handbuch [Lfg. 1971] I 696). Sie sind dazu nicht nur privatrechtlich, sondern auch öffentlich-rechtlich verpflichtet. Durch Unterlassung der Aufstellung können sie sich bei späterer Zahlungseinstellung oder Konkurseröffnung strafbar machen (§§ 283, 283 b StGB). Streitig ist, ob auch der einzelne Gesellschafter gegen die Liquidatoren auf Aufstellung der Bilanzen klagen kann (dafür KG OLGE 21, 378; Düringer-Hachenburg-Flechtheim Anm. 13; Schilling in Großkomm Anm. 14; a. M. Ritter Anm. 4). Mit der actio pro socio können allerdings nur Ansprüche gegen die einzelnen Gesellschafter erhoben werden, nicht auch Ansprüche gegen die Liquidatoren. Aus § 154 ist jedoch ein selbständiger Anspruch der einzelnen Gesellschafter gegen die Liquidatoren abzuleiten, da von der Aufstellung der Bilanz der endgültige Kapitalanteil des Gesellschafters und sein Anspruch auf das Auseinandersetzungsguthaben abhängt. Für die **Bilanzfeststellung** gelten die allgemeinen Grundsätze (vgl. § 120 Anm. 4 ff.; § 167 Anm. 4).

5. Schlußbilanz

a) Das Gesetz schreibt eine **Liquidationsschlußbilanz** vor. Schon der Begriff ist umstrit- 22 ten und wird unterschiedlich gebraucht (vgl. auch Scholz-Karsten Schmidt GmbHG § 71 Anm. 34). Man sollte die Liquidationsschlußbilanz von der bei Anm. 29 besprochenen Schlußrechnung der Liquidatoren unterscheiden; nur diese letztere ist Gegenstand der Regelung in § 154 (Anm. 6, 14). Die Schlußbilanz des Unternehmens ergibt sich aus allgemeinen Grundsätzen (Karsten Schmidt Liquidationsbilanzen S. 62). Es handelt sich um die letzte dynamische Rechnungslegung vor der Verteilung des Reinvermögens. Die Liquidationsschlußbilanz dokumentiert das Ergebnis seit der letzten Jahresrechnungslegung und den Vermögensstand vor der Schlußverteilung. Sie ist frühestens mit dem Abschluß der Versilberung und spätestens vor dem Schlußausgleich unter den Gesellschaftern aufzustellen. Es liegt in der Natur der Sache und entspricht kaufmännischer Übung, daß, wenn die Abwicklung reif ist zur Verteilung des Reinvermögens unter die Gesellschafter, eine Bilanz aufgestellt wird (vgl. Küting-Weber § 242 Anm. 14). Mit dieser können die Liquidatoren Vorschläge über die Ausschüttung des Restvermögens, Rückgabe von Sacheinlagen an die Einleger usw. verbinden. Deshalb wird die Schlußbilanz zweckmäßig in einem Rechenwerk mit der Schlußrechnungslegung der Liquidatoren zusammengefaßt (vgl. schon Anm. 14).

23 b) **Die Gesellschafter sind an die Ergebnisse einer von ihnen festgestellten Schlußbilanz gebunden.** Sie können grundsätzlich nur noch einstimmig eine anderweitige Verteilung des Gesellschaftsvermögens bzw. eine anderweitige Saldenausgleichung beschließen. Hiervon zu unterscheiden ist die Unrichtigkeit der von den Liquidatoren vorgelegten, der Bilanz zugrundeliegenden Schlußrechnung. Insofern kann, wenn sie unrichtig ist, eine Berichtigung der Bilanz von den Abwicklern verlangt und darauf von einem einzelnen Gesellschafter geklagt werden. Der Gesellschafter kann aber auch ohne vorherige Berichtigung Zahlung seines richtig berechneten Auseinandersetzungsguthabens verlangen und darauf klagen.

IV. Liquidationsbilanzen im engeren Sinne (interne Rechnungslegung der Liquidatoren gegenüber den Beteiligten)

1. Grundsatz

24 Wie bei Anm. 6 klargestellt wurde, handelt § 154 entgegen der bisher h. M. nicht von der kaufmännischen Rechnungslegung der Gesellschaft, sondern von der Rechnungslegung der Liquidatoren gegenüber den Beteiligten (vgl. Karsten Schmidt Liquidationsbilanzen S. 63 ff.). Das muß nicht bedeuten, daß die Liquidatoren bei der Eröffnung und bei der Beendigung der Liquidation in jedem Fall zwei unterschiedliche Rechenwerke als Rechnungslegung der Gesellschaft und als Liquidatoren-Rechnungslegung zu erstellen haben. Sie müssen nur darauf acht geben, daß sie den Rechnungslegungspflichten der Gesellschaft und ihren Liquidationspflichten jeweils genügen, sei es auch in einem Rechenwerk.

2. Vermögensaufstellung bei Beginn der Liquidation

25 a) Soweit nicht sämtliche Gesellschafter als Liquidatoren berufen sind (vgl. § 146) folgt aus den allgemeinen Grundsätzen der Verwaltung fremder Vermögensinteressen die Pflicht zur Erstellung eines Vermögensverzeichnisses (Liquidationseröffnungsbilanz i.e.S.). Diese Bilanz ist keine Erfolgsrechnungslegung. Sie soll nicht der Ermittlung eines periodischen Ergebnisses dienen, sondern sie ist eine echte Vermögensbilanz, die den Liquidatoren und den Liquidationsbeteiligten einen Überblick über das Gesellschaftsvermögen verschaffen und als Grundlage für die Vermögensverteilung dienen soll (vgl. insofern Alfred Hueck oHG § 32 VI 2; Sarx in Beck'scher Bilanz-Kommentar Anh. 3 Anm. 280f.; Förster S. 30; Westermann Handbuch [Lfg. 1971] I 696). Die Gegenstände sind mit Liquidationswerten einzusetzen. Stille Reserven sind aufzulösen. Soweit sich im Vergleich zu der letzten Jahres- oder **Rumpfjahresbilanz** (h.M.) der werbenden Gesellschaft ein Gewinn oder Verlust ergibt, ist dies ein lediglich auf die unterschiedlichen Bilanzzwecke zurückzuführender Buchgewinn oder Buchverlust (Alfred Hueck oHG § 32 VI 2; Schilling in Großkomm Anm. 5; Voraufl. Anm. 4), der als solcher vorzutragen ist (KG OLGE 21, 378; Voraufl. Anm. 4; Schilling in Großkomm Anm. 5; Baumbach-Duden-Hopt Anm. 2 A; Westermann Handbuch [Lfg. 1971] I 697). Eine Gewinn- oder Verlustverteilung darf in dieser Bilanz nicht vorgenommen werden (vgl. Düringer-Hachenburg-Flechtheim Anm. 7; Alfred Hueck oHG § 32 VI 2; Huber S. 181 Fußn. 14; a.M. Staub-Pinner 14. Aufl. Anm. 2). Nach der hier vertretenen Ansicht leuchtet dieses Ergebnis ein. Um eine Rechnungslegung des Unternehmens, die Grundlage der Gewinnermittlung und -verteilung sein könnte, handelt es sich nicht.

b) Die **Bedeutung der Liquidationseröffnungsbilanz** ist umstritten (Nachweise bei Alfred Hueck oHG § 32 VI 2; Huber S. 180 Fußn. 14; Ensthaler S. 95f.). Nach der vor allem in der älteren Literatur vielfach geteilten Auffassung der Gesetzesverfasser ist die Liquidationseröffnungsbilanz Grundlage des aufgrund der Liquidationsschlußbilanz zu errechnenden Ergebnisses der Liquidation und für die Ermittlung und Verteilung des Liquidationsgewinns bzw. -verlusts (s. auch Sarx in Beck'scher Bilanzkommentar Anh. 3 Anm. 283; Heymann-Sonnenschein Anm. 5). Nach der heute h.M. wird das Liquidationsergebnis durch einen Vergleich der Liquidationsschlußbilanz mit der letzten Jahres- bzw. Rumpfjahresbilanz vor Auflösung der Gesellschaft ermittelt (Geßler in der 4. Aufl. Anm. 5, 8; Schilling in Großkomm Anm. 10; Alfred Hueck oHG § 32 VI 2; Ensthaler S. 96ff.; Sudhoff NJW 1957, 733). Trennt man gemäß Anm. 4 zwischen der Rechnungslegung des Unternehmens und der Rechnungslegung der Liquidatoren gegenüber den Beteiligten, so ergibt sich folgendes (s. auch Karsten Schmidt Liquidationsbilanzen S. 63f.): Der periodische Gewinn und Verlust als Grundlage der Verteilung an die Gesellschafter kann sich nur im Vergleich der Schlußbilanz mit der letzten periodischen Bilanz des Unternehmens ergeben (insoweit richtig die heute h.M.). Diese letzte Bilanz ist nach der h.M. die Bilanz für das letzte (Rumpf-) Geschäftsjahr vor Auflösung der Gesellschaft (Anm. 8); nach Anm. 17f. ist sie die letzte Jahresbilanz. Aus einem Vergleich der Schlußbilanz mit der Liquidationseröffnungsbilanz kann sich niemals der auf die Gesellschafter zu verteilende unternehmerische Liquidationsgewinn oder -verlust ergeben, sondern nur der wirtschaftliche Erfolg des von den Liqudatoren betriebenen Liquidationsverfahrens.

c) Da die Liquidationseröffnungsbilanz i.e.S. eine ausschließlich auf den Liquidationszweck bezogene **Vermögensaufstellung** und keine Rechnungslegung i.S. des Dritten Buches ist, können die Gesellschafter als Herren des Liquidationsverfahrens (§ 145 Anm. 9ff.) frei darüber befinden, ob diese Bilanz aufzustellen ist oder nicht. Die Liquidatoren können also im allseitigen Einverständnis der Gesellschafter von der Aufstellung absehen (Fischer JW 1926, 2895; Sudhoff NJW 1957, 733). Eine Mehrheitsentscheidung genügt nur, wenn im Gesellschaftsvertrag bestimmt ist, daß über die Regularien der Liquidation Mehrheitsbeschlüsse gefaßt werden können (§ 119 Anm. 17 ff.; Bestimmtheitsgrundsatz).

3. Keine Jahresrechnungslegung der Liquidatoren

28 Wie sich bei einer richtigen Unterscheidung zwischen der Rechnungslegung der Gesellschaft und der Liquidatoren versteht, **verpflichtet § 154 die Liquidatoren nicht zur jährlichen Rechnungslegung** (Karsten Schmidt Liquidationsbilanzen S. 65). Entgegen der Vorstellung des Gesetzgebers von 1897 ist die aufgelöste Gesellschaft damit nicht von der Pflicht zur Jahresrechnungslegung nach §§ 238, 242 ff. befreit (Anm. 5 f., 15). Auch können die Liquidatoren im Laufe der Abwicklung verpflichtet sein, über deren Fortgang Rechenschaft zu geben (auch hierzu vgl. Karsten Schmidt Liquidationsbilanzen S. 65). Sinnvollerweise werden sie deshalb mit der jährlichen Rechnungslegung der Gesellschaft zugleich den Liquidationsbeteiligten Rechenschaft geben. Richtig ist aber, daß sich die in § 154 angeordnete gesetzliche Rechnungslegung der Liquidatoren auf die Pflicht zur Erstellung einer Eröffnungsbilanz und einer Schlußbilanz beschränkt.

4. Schlußrechnungslegung der Liquidatoren

29 Die Liquidatoren sind nach § 154 zu einer **Schlußrechnungslegung gegenüber den Liquidationsbeteiligten** verpflichtet. Dies ist eine Rechnungslegung i. S. von § 259 BGB, nicht eine Rechnungslegung der Gesellschaft nach §§ 238 ff. (Karsten Schmidt Liquidationsbilanzen S. 65 f.; zust. Scherrer-Heni S. 212). Inhalt der Schlußrechnung ist die Dokumentation des Liquidationsverlaufs (Verwaltung und Verwendung der Mittel) sowie die Durchführung des Schlußausgleichs der Kapitalkonten und Bezahlung der letzten Schulden (vgl. zu dieser Aufgabe der Liquidatoren § 149 Anm. 39 ff. und § 155 Anm. 53). Die Schlußrechnung wird zweckmäßigerweise mit der Schlußbilanz der Gesellschaft in einem Rechenwerk zusammengefaßt (Anm. 14, 22).

V. Steuerbilanzen in der Liquidation

30 Die **Pflicht zur Aufstellung** einer jährlichen Steuerbilanz der Mitunternehmerschaft bleibt von § 154 unberührt (RFH StuW II 1930, 442 [Nr. 305]; Voraufl. Anm. 2; Schilling in Großkomm Anm. 7; Ludwig Schmidt, EStG, 10. Aufl. 1991, § 5 Anm 6 a).

VI. Buchführungspflicht

31 Da die oHG durch die Auflösung nicht zu bestehen aufhört, vielmehr bis zu ihrer Beendigung fortbesteht und Kaufmannseigenschaft hat, ist sie verpflichtet, auch während der Auflösung Bücher zu führen (§ 238). Die Pflicht zur Führung der Bücher obliegt den **Liquidatoren**. Sie ist ein Teil ihrer Geschäftsführungspflichten (Schilling in Großkomm Anm. 15). Die Verpflichtung ist eine öffentlich-rechtliche Pflicht. Die Liquidatoren machen sich im Falle des Konkurses strafbar, wenn sie die Bücher nicht oder nicht ordentlich geführt haben (vgl. § 283 ff. StGB). §§ 238 ff. sind Schutzgesetze i.S.d. § 823 Abs. 2 BGB, so daß sich die Liquidatoren auch zivilrechtlich haftbar machen können (vgl. RGZ 73, 30, 32 [zur GmbH]; a.M. Baumbach-Duden-Hopt § 238 Anm. 7B). Daneben sind die Liquidatoren der Gesellschaft gegenüber zur Buchführung verpflichtet. Die Gesellschafter können ihnen dabei über den Rahmen des § 238 hinaus weitere Pflichten auferlegen. Die Gesellschafter selbst sind nicht buchführungspflichtig (Schilling in Großkomm Anm. 15; Düringer-Hachenburg-Flechtheim Anm. 3; Weipert in HGB-RGRK Anm. 15).

155

(1) Das nach Berichtigung der Schulden verbleibende Vermögen der Gesellschaft ist von den Liquidatoren nach dem Verhältnisse der Kapitalanteile, wie sie sich auf Grund der Schlußbilanz ergeben, unter die Gesellschafter zu verteilen.

(2) Das während der Liquidation entbehrliche Geld wird vorläufig verteilt. Zur Deckung noch nicht fälliger oder streitiger Verbindlichkeiten sowie zur Sicherung der den Gesellschaftern bei der Schlußverteilung zukommenden Beträge ist das Erforderliche zurückzubehalten. Die Vorschriften des § 122 Abs. 1 finden während der Liquidation keine Anwendung

(3) Entsteht über die Verteilung des Gesellschaftsvermögens Streit unter den Gesellschaftern, so haben die Liquidatoren die Verteilung bis zur Entscheidung des Streites auszusetzen.

Schrifttum: Vgl. die Angaben bei § 145 sowie *Huber* Vermögensanteil S. 180 ff.

Inhalt

	Anm.		Anm.
I. Grundlagen	1,2	IV. Aussetzung der Verteilung bei Streit unter den Gesellschaftern (Abs. 3)	33–39
1. Normzweck	1	1. Normzweck	33
2. Das Ziel der Verteilung	2	2. Inhalt der Regelung	35
II. Die vorläufige Verteilung (Abs. 2)	3–15	V. Schlußverteilung nach Abs. 1	40–51
1. Grundlagen	3	1. Gegenstand der Regelung	40
2. Voraussetzungen der vorläufigen Verteilung	5	2. Voraussetzungen der Verteilung	41
3. Der Anspruch auf Auszahlung	9	3. Inhalt und Umfang des Schlußverteilungsanspruchs	45
4. Kein Entnahmerecht	11	4. Sperrjahr bei der GmbH & Co.	48
5. Ausgleich von Zuvielzahlungen	13	5. Schadensersatzansprüche der Gläubiger bei Verstoß gegen § 155	50
III. Der Saldenausgleich unter den Gesellschaftern	16–32	VI. Vollbeendigung der Gesellschaft	52–57
1. Der Saldenausgleich als Bestandteil der Liquidation	16	1. Vollbeendigung bei Vermögenslosigkeit	52
2. Sperrwirkung für Einzelansprüche	19	2. Haftungsabwicklung nach Schlußverteilung	54
3. Umfang der Gesamtabrechnung	21	3. Nachtragsliquidation	56
4. Die Methode der Gesamtabrechnung	25		

I. Grundlagen

1. Normzweck

Die Vorschrift regelt die vermögensbezogenen **Abwickleraufgaben nach der Beendigung der laufenden Geschäfte, der Umsetzung des Vermögens in Geld und der Gläubigerbefriedigung** (dazu § 149). § 155 regelt in **Abs. 1 und 2** die Verteilung des restlichen

1

§ 155 2   *2. Buch. 1. Abschnitt. Offene Handelsgesellschaft*

Reinvermögens unter die Gesellschafter. Sie ist Aufgabe der Liquidatoren. **Abs. 3** bestimmt, daß bei Streit unter den Gesellschaftern über die Verteilung des Reinvermögens diese bis zur Entscheidung des Streits auszusetzen ist. Die Entscheidung des Streits ist nicht Aufgabe der Liquidatoren. Er ist unter den Gesellschaftern, gegebenenfalls mit gerichtlicher Hilfe, auszutragen (Anm. 38). Ist das Reinvermögen verteilt und haben einzelne Gesellschafter passive Kapitalanteile, bedarf es noch der **Ausgleichung der Salden** unter den Gesellschaftern. Erst mit ihrer Ausgleichung sind sämtliche Rechtsbeziehungen der Gesellschafter untereinander aus dem Gesellschaftsverhältnis beendet. Die Saldenausgleichung gehört nach h. M. nicht zum Geschäftskreis der Liquidatoren. Sie berührt das Verhältnis der Gesellschafter untereinander und ist unter ihnen vorzunehmen, sofern sie nicht auch diese Aufgabe den Liquidatoren übertragen (vgl. hierzu RG LZ 1914, 1030; BGH BB 1978, 13 = NJW 1978, 424 für die Publikumsgesellschaft). Demgegenüber wird hier ein anderer Standpunkt vertreten (Anm. 17, 21 sowie § 149 Anm. 22, 29 f.): Der sog. Ausgleich der Salden geht der Vermögensverteilung voraus und gehört zu den Aufgaben der Liquidatoren, soweit nicht die Gesellschafter ihn untereinander vornehmen. § 155 schützt nicht nur die Gesellschafter, sondern auch die Gläubiger (eingehend Hillers passim). Die bisher h. M. hat hieraus noch nicht die notwendigen Konsequenzen gezogen (vgl. auch Anm. 50).

2. Das Ziel der Verteilung

2   Ziel der Verteilung ist nach herkömmlicher Auffassung nur die Verteilung des Reinvermögens der Gesellschaft, während der Ausgleich der Kapitalkonten unter den Gesellschaftern außerhalb der Liquidation erfolgt (§ 149 Anm. 21, 28 sowie soeben Anm. 1 f.). Dem ist nach dem bei § 149 Anm. 22, 29 Gesagten nicht zu folgen (näher Karsten Schmidt ZHR 153 [1989], 295 f.): Die Gesellschafter sind zwar befugt, ihre Kapitalkonten untereinander selbst auszugleichen (Anm. 18), aber das Liquidationsverfahren zielt auf Vollbeendigung nicht nur des liquiden Vermögens, sondern auf Vollbeendigung aller Vermögensverhältnisse der Gesellschaft, und dazu gehören auch die sich §§ 733 ff. BGB ergebenden Ansprüche zwischen der Gesellschaft und den Gesellschaftern (vgl. schon § 149 Anm. 29). Der Gesetzeswortlaut gibt – zugegebenermaßen keine zwingenden – Hinweise darauf, daß die Einforderung von Fehlbeträgen (§ 735 BGB) und die endgültige Ausgleichung der Kapitalkonten unter den Gesellschaftern zum Liquidationszweck gehört. Dies zeigt zum einen der Hinweis in Abs. 2, wonach eine vorläufige Verteilung nur unter Zurückhaltung der den Gesellschaftern bei der Schlußverteilung zukommenden Beträge stattfinden darf; da die Vorabverteilung ohnedies nach Maßgabe der (meist festen) Kapitalanteile erfolgen wird, bedeutet dies, daß Mittel zur Ausgleichung der Kapitalkonten zurückzuhalten sind. Sodann zeigt auch Abs. 3, daß die Liquidatoren einem Streit um die Verteilung des Gesellschaftsvermögens nicht vorgreifen, diese also endgültig vornehmen sollen. Der unter den Gesellschaftern vorzunehmende Ausgleich errechnet sich aus den liquidationsmäßigen Kapitalanteilen. *Hillers* (S. 179 ff.) spricht einfach von Liquidationsanteilen.

II. Die vorläufige Verteilung (Abs. 2)

1. Grundlagen

a) **Abs. 2** gestattet den Liquidatoren, das während der Liquidation entbehrlich werden- 3
de Geld vor Beendigung der Liquidationsmaßnahmen vorläufig an die Gesellschafter
zu verteilen. Es hat keinen Zweck, entbehrliches Geld bis zur Aufstellung der Schlußbilanz zu thesaurieren. Deshalb läßt Abs. 2 Abschlagszahlungen zu.

b) Aus Abs. 2 ergibt sich **nicht nur das Recht, sondern ggf. auch die Pflicht der Liquida-** 4
toren zur Ausschüttung. Soweit Geldbeträge nicht mehr für die Verwendung im Rahmen des Liquidationszwecks benötigt werden und die Ansprüche der Gesellschafter auf diese Beträge schon außerhalb der Schlußrechnung berechnet werden können, steht jedem Gesellschafter ein fälliger Anspruch auf die Auszahlung zu (vgl. Anm. 9). Da der Liquidationszweck und die Tätigkeit der Gesellschaft in der Liquidation hierfür den Ausschlag geben, steht den Liquidatoren ein Ermessensspielraum zu (vgl. § 149 Anm. 4), soweit nicht die Gesellschafter Weisungen an die Liquidatoren beschließen (vgl. § 152). Das Ermessen kann sich aber stets nur auf die Liquidationsmaßnahmen selbst und den hierfür erforderlichen Aufwand beziehen. Steht fest, daß vorhandenes Geld entbehrlich geworden ist, so steht es nicht mehr im Ermessen oder Belieben der Liquidatoren, die Beträge auszuschütten oder einzubehalten (Schilling in Großkomm Anm. 13). Sind die Voraussetzungen einer Vorabausschüttung erfüllt, so kann jeder Gesellschafter seinen Anteil selbst errechnen und einklagen (vgl. Anm. 9).

2. Voraussetzungen der vorläufigen Verteilung

a) Nur **das entbehrliche Geld** darf verteilt werden. Die Gesellschaft darf die Abschlags- 5
verteilung nicht mit Mitteln leisten, deren sie im Fortgang der Liquidation noch bedarf.
Die Gesellschafter sollen vorab nicht mehr erhalten, als ihnen im Endergebnis zustehen
wird. Die Liquidatoren müssen sich deshalb vor der Verteilung einen Überblick über
die Liquidationsmasse und ihre Verwertbarkeit sowie über die Verbindlichkeiten, die
noch zu berichtigen sind, verschaffen. Sie können dazu eine besondere Zwischenbilanz
aufstellen; sie brauchen das aber nicht zu tun, wenn sie die erforderlichen Feststellungen auf andere Weise treffen können (a. M. wohl Hillers S. 336 f.).

b) Ausdrücklich schreibt das Gesetz vor, daß zur **Deckung noch nicht fälliger oder** 6
streitiger Verbindlichkeiten sowie zur Sicherung der den Gesellschaftern bei der
Schlußverteilung zukommenden Beträge das Erforderliche zurückzubehalten ist (Abs. 2
Satz 2). Die Vorschrift ist unnötig kompliziert formuliert. Ihr Sinn erschließt sich, wenn
man § 735 BGB in die Betrachtung einbezieht (dazu § 149 Anm. 26 ff.). Erweist sich
die Liquidationsmasse als unzureichend für die Gläubigerbefriedigung, so müssen die
Gesellschafter den Fehlbetrag einzahlen. Abs 2 Satz 2 will sicherstellen, daß keine
Vorabausschüttung stattfindet, die eine Rückzahlungspflicht der Empfänger begründen kann (vgl. Hillers S. 339). Die Zurückbehaltung braucht nicht in barem Geld zu
erfolgen. Es genügt, wenn die Liquidatoren andere Gegenstände zurückbehalten, deren
Erlös bei Versilberung zur Deckung der Verbindlichkeiten ausreicht (vgl. auch Hillers
S. 338 m. w. Nachw.). Der geschilderte Normzweck klärt auch die Frage, was mit der

Sicherung der den Gesellschaftern bei der Schlußverteilung zukommenden Beträge gemeint ist. Auch hier kann es nur darum gehen, daß spätere Rückforderungen aufgrund von § 735 BGB (dazu § 149 Anm. 28 f.) vermieden werden. Eine Vorabausschüttung darf selbstverständlich nicht mit der Begründung abgelehnt werden, der Empfänger solle eben diesen Betrag bei der Schlußverteilung erhalten. Die vorläufige Verteilung soll dem Gesellschafter einen Teil dessen verschaffen, was er voraussichtlich erhalten wird (Düringer-Hachenburg-Flechtheim Anm. 7). Da der endgültige Kapitalanteil des Gesellschafters noch nicht feststeht und der Liquidationsgewinn oder -verlust noch nicht zu überschauen ist, darf dem einzelnen Gesellschafter nur so viel auf seinen Kapitalanteil gezahlt werden, daß dieser selbst unter Berücksichtigung eines zu erwartenden Liquidationsverlustes nicht passiv werden kann. Der Einbehalt nach Abs. 2 Satz 2 ist also entbehrlich, wenn bereits feststeht, daß der Empfänger jedenfalls diesen Betrag erhalten kann (vgl. BGHZ 37, 299, 305; Schilling in Großkomm Anm. 8; Alfred Hueck oHG § 32 V 4).

7 c) Die vorläufige Verteilung ist eine **organschaftliche Amtspflicht der Liquidatoren**. Sie setzt nicht voraus, daß die Gesellschafter ihre Verteilungsansprüche gegenüber den Liquidatoren besonders geltend machen. Allerdings wird kein Gesellschafter Schadensersatz wegen unterlassener Vorabverteilung geltend machen können, wenn er nicht auf einer solchen Verteilung bestanden hat.

8 d) Der **Verteilungsschlüssel** ist der des Abs. 1 (Baumbach-Duden-Hopt Anm. 1 B; Schilling in Großkomm Anm. 6; Alfred Hueck oHG § 32 VII 1). Es kommt auf das voraussichtliche Verhältnis der Liquidationsanteile der Gesellschafter an (vgl. Hillers S. 345 ff. mit Darstellung des Streitstandes). Eine Verschiedenbehandlung der Gesellschafter (Vorabausschüttung nur an einzelne Gesellschafter) ist nur mit Zustimmung aller Gesellschafter gestattet. Verzichtet ein Gesellschafter auf seinen Anteil an der Vorabauszahlung, so kann der dadurch freiwerdende Betrag an die anderen Gesellschafter verteilt werden. Nach Ansicht von *Geßler* (hier 4. Aufl. Anm. 10) bedarf es dann allerdings einer Sicherung nach Abs. 2 Satz 2. Richtig scheint folgendes: Die Vorabzahlung an die Gesellschafter darf auch hier nur erfolgen, soweit absehbar ist, daß diesen Gesellschaftern der ausgezahlte Betrag auch bei der Schlußverteilung gebührt oder soweit potentiell benachteiligte Gesellschafter ausdrücklich zustimmen.

3. Der Anspruch auf Auszahlung

9 a) Auf die Vornahme der Abschlagsverteilung haben die Gesellschafter einen **Anspruch**, den sie im Klageweg verfolgen können (RGZ 47, 16, 19; Hillers S. 351). Sie müssen jedoch den Nachweis führen, daß der von Ihnen verlangte Betrag entbehrlich ist und auch selbst bei etwaigen weiteren Liquidationsverlusten entbehrlich bleibt (RG Bolze 13 Nr. 504; Hillers S. 351). Die Liquidatoren machen sich ihnen gegenüber schadenersatzpflichtig, wenn sie entbehrliches Geld nicht verteilen (s. auch Anm. 7). Schuldet ein Gesellschafter der oHG noch Beträge, kann seine Schuld mit der Abschlagszahlung verrechnet werden. Die Verrechnung der Abschlagsverteilung mit rückständigen Einlagen kommt nicht in Betracht (Schilling in Großkomm Anm. 14). Diese braucht der Gesellschafter in der Liquidation nur noch zu leisten, soweit dies für die

Verteilung des Gesellschaftsvermögens 10–13 § 155

Verfolgung des Liquidationszwecks nötig ist (§ 149 Anm. 19). Abschlagsverteilungen erfolgen nur, wenn die Leistung der Beiträge nicht nötig ist.

b) Hat ein Gesellschafter sein Auseinandersetzungsguthaben **abgetreten**, so steht die Abschlagszahlung dem neuen Gläubiger zu. Der Anspruch auf die Abschlagsverteilung ist selbständig abtretbar, da er ein Teil des abtretbaren Auseinandersetzungsguthabens ist. Auch wenn der Anspruch gepfändet und dem Gläubiger überwiesen ist (§§ 829, 835 ZPO), wird er von dem pfändenden Gläubiger geltend gemacht. Ist die Forderung verpfändet, so gilt § 1282 BGB. 10

4. Kein Entnahmerecht

a) Durch die Abschlagsverteilungen wird das sonst bestehende **gesetzliche Entnahmerecht** der Gesellschafter (§ 122 Abs. 1) entbehrlich. Abs. 2 Satz 3 stellt das ausdrücklich klar. Streitig ist, ob der Gewinn eines vor oder zugleich mit der Auflösung abgelaufenen Geschäftsjahrs noch entnommen werden kann (dafür Weipert in HGB-RGRK Anm. 9 unter Berufung auf das Sonderrecht auf Auszahlung). Dem wird mit Recht entgegengehalten, daß nach der Auflösung aus dem Gesellschaftsverhältnis nur noch Abschlagszahlungen in Betracht kommen (Düringer-Hachenburg-Flechtheim Anm. 7; Schilling in Großkomm Anm. 9; Alfred Hueck oHG § 32 VII 1; Hillers S. 358 ff.). *Geßler* hat deshalb hier in der 4. Aufl. den Standpunkt vertreten, daß jedes Entnahmerecht erlösche. *Schilling* (in Großkomm Anm. 9) zieht diese Folgerung nur für den Liquidationszeitraum und für das der Auflösung vorausgegangene (Rumpf-) Geschäftsjahr. Die Rechtslage ist zweifelhaft. Man wird differenzieren müssen: Liquidationsgewinne begründen unzweifelhaft kein Entnahmerecht. Fällt die Auflösung in ein Geschäftsjahr, so begründen auch die Gewinne aus dem Rumpfgeschäftsjahr vor der Liquidation kein Entnahmerecht (zur Frage, ob eine Zwischenbilanz aufzustellen ist, vgl. § 154 Anm. 17). Das ganze Geschäftsjahr unterliegt dann dem Abs. 2 Satz 3, wenn nicht alle Gesellschafter ein anderes beschließen. Gewinne aus Vorjahren unterliegen jedenfalls insoweit dem § 122, als sie schon festgestellt sind. Zweifelhaft ist nur, ob dies auch gilt, wenn die Bilanzfeststellung der Auflösung nachfolgt. Auch dann sollte das Entnahmerecht bejaht werden. 11

b) Bei einem **vertraglichen Entnahmerecht** ist durch Auslegung festzustellen, ob es auch im Fall der Auflösung der Gesellschaft Bestand haben soll (eingehend Hillers S. 360 ff.). 12

5. Ausgleich von Zuvielzahlungen

a) Die Verteilung des entbehrlichen Geldes ist **nur eine vorläufige**. Die Liquidatoren können, ohne daß sie bei der Verteilung einen Vorbehalt zu machen brauchen, die geleisteten Beträge **zurückfordern**, wenn sich nachträglich herausstellt, daß die Gesellschafter mehr erhalten haben, als sie bei der Schlußverteilung erhalten werden (RG LZ 1931, 1261). Das gilt auch, wenn nur ein einzelner Gesellschafter zuviel erhalten hat, ohne daß im ganzen zuviel verteilt worden ist (anders die h. M., nach der die Ausgleichung unter den Gesellschaftern bei der Schlußverteilung zu erfolgen hat; RG LZ 1931, 1261; Düringer-Hachenburg-Flechtheim Anm. 11; Weipert in HGB-RGRK Anm. 12). Der Rückforderungsanspruch besteht auch gegenüber dem Pfändungsgläubiger eines Gesellschafters (§ 135) oder dem Konkursverwalter (als Masseschuld nach § 59 KO) 13 oder dem sonstigen Rechtsnachfolger eines Gesellschafters (Zessionar). Anspruchsgrundlage ist nach h. M. nicht § 812 BGB (ungerechtfertigte Bereicherung), sondern der Vorbehalt als solcher (vgl. Baumbach-Duden-Hopt Anm. 1 A; Schilling in Großkomm Anm. 12; Alfred Hueck oHG § 32 VII 1; Hillers S. 352). Der Entreicherungseinwand (§ 818 Abs. 3 BGB) wird dem Gesellschafter nicht zuerkannt (Schilling in Großkomm Anm. 12; Alfred Hueck oHG § 32 VII 1). Richtig ist: Der Anspruch ist auf § 812 BGB zu stützen. Die Bedeutung des Abs. 2 besteht nur darin, daß die Zahlung kraft Gesetzes als unter Vorbehalt gezahlt und empfangen gilt. Anzuwenden sind deshalb die im Fall der widerspruchslosen Annahme einer unter Vorbehalt geleisteten Zahlung geltenden Grundsätze. Gemäß den Grundsätzen der Zahlung unter Vorbehalt kann sich der Empfänger gegenüber dem Anspruch aus § 812 BGB weder auf § 814 BGB noch auf § 818 Abs. 3 BGB berufen; letzteres wird analog § 820 BGB begründet (vgl. BGH WM 1988, 1494 = JuS 1989, 231 m. Anm. Karsten Schmidt; Staudinger-Lorenz § 820 Anm. 8; Lieb in MünchKomm § 820 Anm. 6).

14 b) Ein **Ausgleich** von Zuvielzahlungen **unter den Gesellschaftern** findet in der Liquidationsschlußbilanz statt (vgl. RG LZ 1931, 1261; Schilling in Großkomm Anm. 12; Ensthaler S. 93). Soweit zur Ausgleichung der Kapitalkonten erforderlich, können die Liquidatoren auch Rückzahlung an die Gesellschaft verlangen. Anders sieht dies aufgrund der bei § 149 Anm. 21 und 27f. dargestellten Prämissen die h. M., nach der die Gesellschafter Zuvielzahlungen durch Ausgleich untereinander, notfalls im Klagwege auszugleichen haben (vgl. Baumbach-Duden-Hopt Anm. 1 B; Schilling in Großkomm Anm. 12). Richtig ist, daß sie diesen in vielen Fällen einfacheren Weg gehen können, wofür ein Einverständnis über diese Abwicklungsart, auch wenn die auszugleichenden Summen streitig sind, genügt (vgl. sinngemäß Anm. 18 und § 149 Anm. 30). Nicht richtig ist demgegenüber die Annahme, daß dieser Ausgleich nicht mehr zu den Aufgaben der Liquidatoren gehört (vgl. sinngemäß Anm. 17f., 34).

15 c) **Ansprüche von Gesellschaftsgläubigern gegen die Empfänger** lassen sich nach der bisher **h. M.** nicht auf eine Verletzung des Abs. 2 Satz 2 stützen. Ein übergangener Gläubiger muß seine Rechte gegen die Gesellschaft geltend machen, evtl. unter Pfändung des der Gesellschaft zustehenden Rückgewähranspruchs gegen den Gesellschafter. Die Leistung von Abschlagszahlungen kann den Gesellschaftsgläubigern auch ein Recht auf Ausbringung eines Arrestes geben, die Verwirklichung ihrer Forderungen kann durch die Verteilung wesentlich erschwert werden (§ 935 ZPO). Sie haben aber nach der bisher herrschenden und auch von *Geßler* in der Vorauflage vertretenen Ansicht keinen Schadenersatzanspruch gegen die Liquidatoren wegen unberechtigter Ausschüttung. Dem ist aber nicht zu folgen (Anm. 50).

III. Der Saldenausgleich unter den Gesellschaftern

1. Der Saldenausgleich als Bestandteil der Liquidation

16 a) Auch der **Ausgleich der Kapitalkonten unter den Gesellschaftern** ist **nach h. M. nicht Bestandteil des Abwicklungsverfahrens** (vgl. § 149 Anm. 21, 28). Nach ihr bezieht sich die Liquidation nur auf die Verwertung und Verteilung des Reinvermögens (vgl. Geßler

Verteilung des Gesellschaftsvermögens 17, 18 § 155

in der 4. Aufl. Anm. 1; Schilling in Großkomm Anm. 2 ff., 19; Alfred Hueck oHG § 32 V, XI; Straube-Koppensteiner Anm. 4). Ausgleichspflichten unter den Gesellschaftern sind nach h. M. Angelegenheiten der Gesellschafter und begründen nur Forderungen eines Gesellschafters gegen den anderen (RGZ 40, 29, 32; RG LZ 1914 Sp. 1030; BGH WM 1966, 706; OLG Hamburg HRR 1929 Nr. 626; Schilling in Großkomm Anm. 19; Alfred Hueck oHG § 32 XI 2). Die Gesellschafter können zwar die Liquidatoren zur Abwicklung auch dieses Innenausgleichs ermächtigen (RG LZ 1914, 1030; BGH BB 1978, 13 = NJW 1978, 424 = WM 1978, 1449 für die Publikumsgesellschaft), aber im übrigen führen sie diesen Ausgleich selbst durch. Die Liquidatoren sind weder verpflichtet noch auch nur berechtigt, von den Gesellschaftern Einzahlungen zur Ausgleichung der Kapitalkonten zu verlangen (BGH WM 1966, 706; im Grundsatz auch Hillers S. 275 ff., 281, 283 ff.).

b) **Stellungnahme** (vgl. auch Karsten Schmidt ZHR 153 [1989], 296 f.): Die hier vertretene **Gegenansicht** beruht auf zwei Grundannahmen. Sie geht davon aus, daß die Gesamtabrechnung Ausdruck eines Geflechts von Ansprüchen ist, die sich nicht unter den Gesellschaftern, sondern zwischen der Gesellschaft und den einzelnen Gesellschaftern nach Maßgabe der §§ 733–735 BGB ergeben (§ 149 Anm. 29); sie geht weiter davon aus, daß die Begleichung sämtlicher Gesellschaftsverbindlichkeiten und die Ausgleichung aller aktiven und passiven Kapitalkonten zu den Aufgaben der Liquidatoren gehört (dazu § 149 Anm. 22). Im Rahmen einer planmäßigen Abwicklung sind (ggf. unter Einforderung von Fehlbeträgen nach § 735 BGB) die Gläubiger zu befriedigen und die nach Abs. 1 gemäß den Kapitalkonten gebotenen Schlußverteilung (ggf. unter Einforderung von Fehlbeträgen nach § 735 BGB) vorzunehmen. Es läuft also folgender **Liquidationsplan** ab: (1) Herstellung eines verteilungsfähigen Vermögens durch Einziehung von Forderungen, Versilberung von Gegenständen und ggf. auch durch Einforderung der nach § 735 BGB auszugleichenden Fehlbeträge (§ 149 Anm. 29); (2) Befriedigung der Gläubiger (§ 149 Anm. 39 ff.); (3) Vermögensverteilung (§ 155). Zu den nach § 735 BGB einzufordernden Fehlbeträgen gehören auch diejenigen Zahlungen, die bei unzureichendem Reinvermögen zum Ausgleich der Kapitalkonten erforderlich sind (§ 149 Anm. 22, 29). Der Unterschied gegenüber der h. M. besteht darin, daß die Liquidation über die Verwendung des liquiden Gesellschaftsvermögens hinausgeht und die vollständige Abwicklung aller Gesellschaftsverbindlichkeiten und Ausgleichung der Kapitalkonten auch dann umfaßt, wenn das liquide Gesellschaftsvermögen hierzu nicht ausreicht.

c) **Konsequenzen für die Praxis:** Der Hauptunterschied zwischen der herrschenden und der hier vertretenen Auffassung besteht in einer Verkehrung von Regel und Ausnahme: Nach der **herrschenden Auffassung** haben die Liquidatoren nur das Reinvermögen zu verteilen, können aber zur Vollabwicklung aller Rechtsbeziehungen ermächtigt werden (Anm. 16; § 149 Anm. 21). **Nach der hier vertretenen Auffassung** haben die Liquidatoren die Aufgabe der Vollabwicklung, aber die Gesellschafter können auch im allseitigen Einvernehmen die nach dem Verbrauch des Reinvermögens noch vorhandenen Abwicklungsaufgaben (Befriedigung weiterer Gläubiger und Ausgleich der Kapitalkonten) selbst übernehmen (Anm. 14). Sie können nach dem Konzept der h. M. verfahren, wenn sie sich hierüber verständigt haben oder wenn nach der Schlußverteilung des liquiden Vermögens ein interner Ausgleich einfacher ist als die Herstellung einer Verteilungsmasse (§ 149 Anm. 30). Das bedeutet für die Praxis: Wenn es die Beteiligten wollen, können sie weiterhin nach dem Konzept der h. M. verfahren. Die Liquidatoren dürfen sich aber nicht von sich aus auf die Verteilung des Aktivvermögens beschränken. Soll die Liquidation ohne den Innenausgleich enden, so sollten sich die Liquidatoren aber durch Herbeiführung eines einstimmigen Gesellschafterbeschlusses Rückendeckung verschaffen.

2. Sperrwirkung für Einzelansprüche

19 a) Es findet eine Gesamtabrechnung statt (eingehend Hillers S. 173 ff.). Die auf dem Gesellschaftsverhältnis beruhenden Ansprüche der Gesellschafter stellen nur Rechnungsposten in dieser Gesamtabrechnung dar und können grundsätzlich nicht außerhalb der Auseinandersetzung als Einzelansprüche geltend gemacht werden (RGZ 40, 29, 31 f.; BGHZ 37, 299, 305 = WM 1962, 905, 906; BGH NJW 1968, 2005 f.; LM Nr. 5 = BB 1978, 13 = NJW 1978, 424; LM Nr. 8 = NJW 1984, 435 = ZIP 1984, 49; NJW-RR 1989, 866; OLG Koblenz NJW-RR 1988, 1250 für die Gesellschaft bürgerlichen Rechts; Baumbach-Duden-Hopt § 145 Anm. 1F; eingehend Hillers S. 119 ff.; Messer, in Festschrift Stimpel, 1985, S. 205 ff.; für die Gesellschaft bürgerlichen Rechts Ulmer Gesellschaft bürgerlichen Rechts § 730 Anm. 34 f. und Soergel-Hadding § 730 Anm. 3 f.). Herkömmlich wird dies mit dem Grundsatz von Treu und Glauben begründet (Vermeidung überflüssigen Hin- und Herzahlens), neuerdings überzeugender mit dem Sinn und Zweck der Abwicklung (vgl. Karsten Schmidt ZHR 153 [1989], 293; ausführlich Hillers S. 111 ff., 128 ff., der selbst auf S. 137 ff. den Akzent auf das Gesellschaftsvermögen als „vorrangigen Haftungsfonds" legt).

20 b) Die **Konsequenz** besteht für die h. M. darin, daß die Gesellschafter die (angeblich) zwischen ihnen bestehenden Ansprüche nicht einzeln geltend machen können. Nur wenn ein Gesellschafter darlegen kann, daß ihm ein bestimmter Betrag bei der Schlußabrechnung in jedem Fall zusteht, kann er diesen Betrag außerhalb der Gesamtabrechnung fordern (eingehend Hillers S. 209 ff.). Der h. M. ist im Grundsatz zuzustimmen. Die – angeblich im Verhältnis der Gesellschafter untereinander, in Wahrheit im Verhältnis zur Gesellschaft bestehenden – Einzelansprüche können nicht durch Klage, Aufrechnung etc. geltend gemacht werden, nicht abgetreten, nicht gepfändet werden usw., und eine Verjährung ist analog § 202 BGB gehemmt (vgl. zu all dem Hillers S. 165 ff.). Aber die Konsequenzen reichen in Wahrheit viel weiter (Karsten Schmidt, ZHR 153 [1989], 293; ganz ähnlich Hillers S. 162 ff.): Es handelt sich bei den angeblichen Einzelforderungen unter den Gesellschaftern überhaupt nur noch um Rechnungsposten, die sich aus Forderungen der Gesellschafter gegen die Gesellschaft und der Gesellschaft gegen die Gesellschafter ergeben (§ 149 Anm. 29). Diese Rechnungsposten gehen in die Liquidationsschlußbilanz und damit in die Feststellung der Liquidations-Kapitalanteile ein. Vorabverteilungen sind nur nach Abs. 2 möglich, wobei auch hier ein Direktausgleich unter den Gesellschaftern zugelassen werden kann, wenn es die Gesellschafter untereinander so handhaben.

Verteilung des Gesellschaftsvermögens 21–24 § 155

3. Umfang der Gesamtabrechnung

a) Gemäß Anm. 17 und 20 sowie § 149 Anm. 29 ergibt sich der Umfang der Gesamtabrechnung aus den in §§ 733–735 BGB geregelten **Sozialansprüchen** der Gesellschaft gegen die Gesellschaft und der Gesellschafter gegen die Gesellschaft, sowie aus den gemäß Anm. 19 und § 149 Anm. 44 der Gesamtabrechnung unterliegenden **Sozialforderungen**. Entgegen verbreiteter Auffassung (Schilling in Großkomm Anm. 3; Staudinger-Keßler § 733 Anm. 10) gilt auch für die oHG und KG der Grundsatz, daß nach der Berichtigung der Schulden (§ 733 Abs. 1 BGB, § 149 HGB) die Einlagen zu erstatten sind (§ 733 Abs. 2 BGB) und daß die Gesellschafter Verteilung des Gesamterlöses verlangen können (§ 734 BGB) und der Gesellschaft den Ausgleich eines Fehlbetrags schulden, wenn das Reinvermögen nicht für die Berichtigung der gemeinschaftlichen Schulden und für die Rückerstattung der Einlagen ausreicht (§ 735 BGB). Diese Ansprüche und Verbindlichkeiten der Gesellschafter in der Liquidation gehen als Rechnungsposten in die Kapitalkonten ein (der Sache nach ähnlich Ensthaler S. 120 f.; Hillers S. 304 ff.; Huber Vermögensanteil S. 181 f.) Das sich ergebende Endergebnis ist der Liquidations-Kapitalanteil oder schlicht Liquidationsanteil (vgl. zur Terminologie Anm. 2). Darin enthalten sind der Liquidationsgewinn und der Liquidationsverlust (BGHZ 19, 42, 47 f.; Huber ZGR 1988, 62). Stille Reserven sowie stille Verluste werden aufgedeckt (vgl. Hillers S. 304 f.). Die Feststellung des Liquidationsgewinns oder -verlustes ist bisher str. (vgl. Erl. § 154). Nach der hier vertretenen Auffassung sind besondere Rechenoperationen überflüssig: Da ungeachtet der Auflösung weiter bilanziert wird (§ 154 Anm. 15 ff), brauchen nur die Kapitalkonten der letzten periodischen Rechnungslegung (Schlußbilanz) des Unternehmens (§ 154 Anm. 22) zugrundegelegt zu werden (s. auch Huber S. 266). Darin ist die gesamte Gewinn- und Verlustverteilung enthalten (Hillers S. 304). Werden für jeden Gesellschafter mehrere Kapitalkonten geführt, so sind diese zu saldieren (Ernsthaler S. 122; Hillers S. 307 f.).

b) Ein **Ausgleich für geleistete Dienste** ist vorbehaltlich abweichender Vereinbarungen (Ulmer Gesellschaft bürgerlichen Rechts § 733 Anm. 13) nicht zu gewähren; dasselbe gilt für die Überlassung eines Gegenstands zur Nutzung (vgl. § 733 Abs. 2 Satz 3 BGB). Die Richtigkeit dieser Regel ergibt sich für die oHG oder KG wie von selbst aus dem Unterschied zwischen Beitrag und Einlage (dazu Karsten Schmidt Gesellschaftsrecht § 20 II): Was nicht dem Kapitalkonto als Einlage oder Gewinnvoraus gutgeschrieben ist, begründet keine Ausgleichsforderung. Es gibt keine Regel, nach der jeder Gesellschafterbeitrag im Augenblick der Liquidation zu einer ausgleichungspflichtigen Leistung wird.

c) **Nicht einzubeziehen** sind grundsätzlich **Drittgläubigerforderungen** eines Gesellschafters gegen die Gesellschaft. Mit ihnen nimmt der Gesellschafter wie jeder Gläubiger an der Liquidation teil (§ 149 Anm. 45).

d) **Wechselseitige Ansprüche unter den Gesellschaftern** (z.B. aus Gesamtschuldnerregreß nach § 426 BGB aufgrund der Schuldenhaftung oder Schadensersatzansprüche eines Gesellschafters gegen den anderen) gehören nicht in die Gesamtabrechnung (Hillers S. 370 ff). Nur scheinbar anders sieht dies die herrschende Meinung (vgl. Anm. 20 sowie § 149 Anm. 28). Soweit sie von der Gesamtabrechnung unter den Gesellschaftern spricht, meint sie den Kapitalkontenausgleich. Bei diesem geht es aber entgegen der h. M. nicht um wechselseitige Ansprüche unter den Gesellschaftern (Anm. 17, 20 sowie § 149 Anm. 29).

4. Die Methode der Gesamtabrechnung

25 a) **Der Unterschied zwischen der h. M. und der hier vertretenen Auffassung** besteht nur im Umfang der von den Liquidatoren durchzuführenden Gesamtausgleichung (Anm. 21 ff.) und in der Annahme, daß der Anspruch auf den Ausgleich von Fehlbeträgen der Gesellschaft und nicht den Gesellschaftern untereinander zusteht(§ 149 Anm. 29). Die Gesamtabrechnung als solche unterscheidet sich nicht: Wer in der Schlußbilanz eine positiven Kapitalanteil hat, kann genau diesen Betrag beanspruchen; wer einen negativen Liquidationsanteil hat, muß genau diesen Betrag zahlen (Hillers S. 281 f.; Huber Vermögensanteil S. 267; Alfred Hueck oHG § 32 XI). Der Kapitalanteil ergibt sich, wenn gemäß § 120 Abs. 2 nur ein Kapitalkonto geführt wird, aus dessen Stand in der Liquidationsschlußbilanz. Die Summe der Kapitalanteile in der Liquidationsschlußbilanz ist notwendig deckungsgleich mit dem Gesellschaftsvermögen (Huber S. 181). Werden zwei Kapitalkonten (ein festes und ein bewegliches) geführt, so ergibt sich der Kapitalanteil aus der Summe beider Kapitalkonten (Huber ZGR 1988, 62). Die Methode soll anhand von Beispielfällen demonstriert werden, die teilweise aus der 4. Aufl. (Geßler) übernommen werden.

26 b) **Grundfall** (Gesamtabrechnung bei vorhandenem Reinvermögen): Haben A ein aktives Kapitalkonto von 25000 DM, B ein solches von 12500 DM, C und D dagegen passive Kapitalkonten von 6000 bzw 1500 DM und beträgt das Reinvermögen nach Begleichung der Gesellschaftsverbindlichkeiten 30000 DM, so erhalten nach der herkömmlichen Auffassung A 20000 und B 10000 DM aus dem Reinvermögen. Die Ausfälle von A (5000 DM) und B (2500 DM) haben C und D zu tragen, und zwar muß C an A 4000 DM, an B 2000 DM = 6000 DM, D an A 1000 DM, an B 500 DM = 1500 DM zahlen (Geßler in der 4. Aufl. Anm. 18). Nach der hier vertretenen Auffassung kann die Abwicklung im Einverständnis aller Gesellschafter auf diese Weise vorgenommen werden (Anm. 14, 18). Nach der gesetzlichen Regel verfahren aber die Liquidatoren wie folgt: Sie fordern von C 6000 DM und von D 1500 DM ein und schütten an A 25000 DM und an B 12500 DM aus. Dadurch führen sie die Vollabwicklung der Vermögensverhältnisse durch. Selbstverständlich können C und D im Einverständnis mit den Liquidatoren die dem A und dem B gebührenden Beträge auch unmittelbar an diese zahlen (§§ 267, 362 Abs. 2 BGB).

27 c) **Erste Variante** (Ausfall eines ausgleichspflichtigen Gesellschafters): Ist ein Gesellschafter mit einem passiven Kapitalkonto ganz oder teilweise nicht zahlungsfähig, so haben für den entstehenden Ausfall nach § 735 Satz 2 BGB; § 105 Abs. 2 alle „übrigen Gesellschafter", also auch die Gesellschafter mit aktivem Kapitalkonto, verhältnismäßig aufzukommen. Maßgebend ist das Verhältnis, nach dem sie den Verlust zu tragen haben. Fällt in dem Grundfall (Anm. 26) die Erstattung durch D aus, muß C statt 6000 DM 6500 DM zahlen. A und B erhalten je 500 DM weniger. Wird der Verlust nicht nach Köpfen verteilt, tritt an die Stelle der Verteilung nach Köpfen der vertragliche Verteilungsschlüssel (Geßler in der 4. Aufl. Anm. 19). Das Ergebnis ist nach der hier

Verteilung des Gesellschaftsvermögens 28–31 § 155

vertretenen Ansicht dasselbe. Der Unterschied liegt nur darin, daß C Zahlung der 6500 DM an die Gesellschaft schuldet und daß A und B nun 24500 bzw. 12000 DM von der Gesellschaft verlangen können (Gesamtabwicklung durch die Liquidatoren). Wiederum können die Gesellschafter den Ausgleich auch unmittelbar untereinander durchführen.

d) **Zweite Variante** (Fehlbetrag durch Überschuldung des liquiden Vermögens): Können die Gesellschaftsverbindlichkeiten aus dem Gesellschaftsvermögen nicht gedeckt werden, so entfällt die Schlußverteilung durch die Liquidatoren an die Gesellschafter nach h.M. aber auch die Nachforderung der Fehlbeträge durch die Liquidatoren (§ 149 Anm. 27). Die Aufgabe der Liquidatoren ist nach h.M. mit der Auszahlung des versilberten Gesellschaftsvermögens an die Gesellschaftsgläubiger beendet. Das Bestehen restlicher Gesellschaftsverbindlichkeiten stehe der Ausgleichung der Kapitalkonten der Gesellschafter untereinander nicht entgegen. Namentlich könne ein Gesellschafter mit einem passiven Kapitalkonto nicht die Ausgleichung gegenüber einem Gesellschafter mit aktivem Kapitalkonto wegen der noch bestehenden Gesellschaftsverbindlichkeiten verweigern (ROHGE 12, 42; BGHZ 26, 126; Alfred Hueck oHG § 32 XI; Schilling in Großkomm Anm. 21). *Geßler* (4. Aufl. Anm. 20) erläuterte dies an folgendem Beispiel: Habe der Gesellschafter A ein aktives Kapitalkonto in Höhe von 15000 DM, der Gesellschafter B ein passives in Höhe von 25000 DM und seinen 10000 DM ungedeckte Gesellschaftsverbindlichkeiten vorhanden, so müsse B 10000 DM an die Gesellschaftsgläubiger und 15000 DM an den Gesellschafter A zahlen. A könne nicht die Zahlung von 10000 DM für die Gesellschaftsverbindlichkeiten an sich verlangen, auch nicht in Höhe seines Verlustanteils (KG LZ 1908, 444). Nur wenn A die Gesellschaftsverbindlichkeiten seinerseits getilgt habe, könne er den Tilgungsbetrag in voller Höhe von B fordern (Hinweis auf BGHZ 26, 126, 133).

Stellungnahme: Nach dem hier entwickelten Plan (Anm. 17) hat der Liquidator folgendermaßen zu verfahren: Er fordert Zahlung in Höhe von 25000 DM von B, zahlt 10000 DM an die Gesellschaftsgläubiger und 15000 DM an A. Damit ist die Vermögensabwicklung beendet. Sollte ein Gesellschafter selbst die Gesellschaftsgläubiger befriedigen, so muß entgegen *Geßler* unterschieden werden: Der Regreßanspruch des Gesellschafters aus § 110 gegen die Gesellschaft ist in die Gesamtabrechnung einzustellen. Der Regreßanspruch gegen die Mitgesellschafter (§ 426 BGB) hat mit ihr nichts zu tun.

e) **Dritte Variante** (negative Kapitalkonten aller Gesellschafter): Auch wenn alle Kapitalkonten negativ sind, muß eine Ausgleichung stattfinden. Die h.M. betont, daß kein Gesellschafter von den anderen Zahlungen an sich verlangen kann (Düringer-Hachenburg-Flechtheim Anm. 13; Alfred Hueck oHG § 32 IX 1b). *Geßler* (4. Aufl. Anm. 21) ging von folgendem Fall aus: Betrügen die negativen Kapitalkonten von A 40000 DM, von B und C je 10000 DM und die noch offenen Gesellschaftsschulden 60000 DM, so müsse jeder den Betrag seines Kapitalkontos an die Gesellschaftsgläubiger zahlen. Zahle C die volle Schuld, könne er von A 40000 und von B 10000 fordern; 10000 DM habe er selbst zu tragen.

Stellungnahme: Die Gesellschafter können verfahren, wie es die h.M. annimmt (Anm. 14, 18, 26). Dazu müssen sie aber die Ausgleichung der Kapitalkonten den

Liquidatoren abnehmen (anders h. M.). Verfahren die Liquidatoren nach der gesetzlichen Regel, so geschieht folgendes: Jeder Gesellschafter schuldet der Gesellschaft nach § 735 BGB den aus seinem negativen Kapitalkonto sich ergebenden und für die Begleichung der Schulden erforderlichen Betrag. Die Liquidatoren können diese Beträge einziehen oder – was auf dasselbe hinausläuft – die Gesellschafter ermächtigen, für Rechnung der Gesellschaft bestimmte Beträge an bestimmte Gläubiger zu zahlen. Daß die Gesellschafter nicht untereinander Zahlung dieser Beträge an sich verlangen können, versteht sich nach der hier vertretenen Lösung von selbst.

32 f) **Vierte Variante** (negative Kapitalanteile von Kommanditisten): Kommanditisten sind nach § 167 Abs. 3 nicht zum Ausgleich verpflichtet (vgl. § 167 Anm. 13 ff.). Ist bei unserer zweiten Variante B Kommanditist, so muß A gemäß § 735 BGB die 10 000 DM für die Gläubigerbefriedigung aufbringen und erhält sein Kapitalkonto mangels Masse nicht ausbezahlt. Ist in der dritten Variante A Kommanditist, so müssen B und C gemäß § 735 BGB je 30 000 DM aufbringen.

IV. Aussetzung der Verteilung bei Streit unter den Gesellschaftern (Abs. 3)

1. Normzweck

33 a) Nach h. M. ist der Ausgleich unter den Gesellschaftern nicht Angelegenheit der Liquidatoren (vgl. Anm. 16). Die Gesellschafter können den Liquidatoren diese Aufgabe besonders übertragen (vgl. die Angaben bei Anm. 16), aber das ändert nichts daran, daß den Liquidatoren die Zuständigkeit hierfür fehlt. Demgemäß wird angenommen, daß ein Streit der Gesellschafter über die Verteilung des Gesellschaftsvermögens die Liquidatoren nichts angeht (RGZ 59, 58, 59; Baumbach-Duden-Hopt Anm. 1D; Düringer-Hachenburg-Flechtheim Anm. 11; Schilling in Großkomm Anm. 17). Die Bedeutung des Abs. 3 kann nach dieser h. M. nur darin bestehen, zu verhindern, daß die Liquidatoren aus dem Reinvermögen Beträge ausschütten, die den Empfängern nicht endgültig zustehen.

34 b) **Stellungnahme** (Karsten Schmidt ZHR 153 [1989], 294 ff.): Die herrschende Ansicht verträgt sich nicht mit der Überlegung, daß die Aufgaben der Liquidatoren bis zur Vollbeendigung andauern (Anm. 17) und auch den Ausgleich unter den Gesellschaftern umfassen (Anm. 18, 21 ff.). Die hier vertretene Auffassung gibt dem Abs. 3 einen umfassenden Sinn: Die Liquidatoren richten sich bei der Vollabwicklung zunächst nach der Liquidationsschlußbilanz. Da hierüber unter den Gesellschaftern gestritten werden kann, untersagt Abs. 3 den Liquidatoren Maßnahmen, durch die sie sich in Widerspruch zu einer unter den Gesellschaftern ergehenden Entscheidung setzen. Denn eine unter den Gesellschaftern oder zwischen einem Gesellschafter und der Gesellschaft getroffene gerichtliche Entscheidung ist für die Schlußverteilung bindend (vgl. Düringer-Hachenburg-Flechtheim Anm. 11).

2. Inhalt der Regelung

35 a) **Grundsätzlich** verpflichtet **jeder Widerspruch** der Gesellschafter gegen die geplante Verteilung der Liquidatoren, diese einstweilen auszusetzen (RG LZ 1931, 1388; Schil-

Verteilung des Gesellschaftsvermögens 36–39 § 155

ling in Großkomm Anm. 18). Zu einer eigenen Entscheidung des Streits, und sei diese auch vorläufig, sind sie nicht befugt (RGZ 47, 16, 20; 59, 58; OLG Braunschweig OLGE 24, 136, 137; Heyman-Sonnenschein Anm. 9; Schilling in Großkomm Anm. 17). Aber das kann nicht bedeuten, daß die Liquidatoren zur Untätigkeit verpflichtet oder auch nur berechtigt sind, wann immer ein Gesellschafter gegen die Verteilung protestiert. Nach dem bei Anm. 34 angegebenen Normzweck können die Liquidatoren in eigenverantwortlicher Prüfung feststellen, ob ein Einwand evident unberechtigt ist, und können den Gesellschaftern auch eine angemessene Frist zur Begründung ihrer Einwände oder zur Klageerhebung setzen. Ist ein Einwand evident unberechtigt oder wird der Einwand auf Befragen nicht substantiiert oder versäumt der Gesellschafter die Klagemöglichkeit, so verstößt ein Liquidator nicht gegen Abs. 3, wenn er die Verteilung fortsetzt.

b) Der Widerspruch muß sich **gegen die Berechnung** der (Ein- und) Auszahlungsbeträge **36** richten. Ein nur auf die Geschäftsführung der Liquidatoren oder auf sonstige Liquidationsmaßnahmen bezogener Widerspruch fällt nicht unter Abs. 3 (vgl. Düringer-Hachenburg-Flechtheim Anm. 11).

c) **Aussetzung der Verteilung** bedeutet: Nichtverteilung des streitigen Betrages. Der **37** Streit kann die Frage betreffen, ob die in Aussicht genommene Verteilung überhaupt zulässig ist (Düringer-Hachenburg-Flechtheim Anm. 11). Dann paßt der Begriff der Aussetzung des Verteilungsverfahrens. Regelmäßig wird es nicht um das ganze Verfahren, sondern nur um bestimmte Beträge gehen. Dann ist nicht das Liquidationsverfahren oder auch nur die Verteilung insgesamt auszusetzen, sondern nur der streitige Betrag nicht auszuzahlen (Düringer-Hachenburg-Flechtheim Anm. 11; Schilling in Großkomm Anm. 18).

d) Der **Streit unter den Gesellschaftern** ist nach h.M. durch Klage unter den Gesell- **38** schaftern zu klären (Baumbach-Duden-Hopt Anm. 1D; Heymann-Sonnenschein Anm. 9; Schilling in Großkomm Anm. 18). I.d.R. wird es sich um eine Feststellungsklage handeln, denn Zahlungsansprüche der Gesellschafter untereinander stehen ja im Fall des Abs. 3 nicht in Rede. Entgegen der h.M. kommen aber auch Klagen gegen die Gesellschaft, vertreten durch den Liquidator, in Betracht, denn die zugrundeliegenden Ansprüche bestehen nicht unter den Gesellschaftern (vgl. § 149 Anm. 29). Auch ein Gesellschafter, der geltend macht, daß die Verteilung zu Unrecht ausgesetzt wurde, kann gegen die Gesellschaft auf Zahlung klagen. Vor Erledigung des die Aussetzung begründenden Streits ist die Liquidation nicht beendet (BayObLG BB 1983, 82 = DB 1983, 170 = Rpfleger 1983, 73 = WM 1983, 353; Baumbach-Duden-Hopt Anm. 1D; Heymann-Sonnenschein Anm. 10). Nach h.M. können allerdings die Liquidatoren die Liquidation durch Hinterlegung beendigen (BayObLG WM 1979, 655; Heymann-Sonnenschein Anm. 10; Baumbach-Duden-Hopt Anm. 1D; Schilling in Großkomm Anm. 18).

e) Die rechtskräftige **Entscheidung des Streits** ist auch für den Liquidator verbindlich **39** (Baumbach-Duden-Hopt Anm. 1D; Düringer-Hachenburg-Flechtheim Anm. 11; Schilling in Großkomm Anm. 18). Das ist eine Selbstverständlichkeit, soweit der Prozeß für oder gegen die Gesellschaft geführt wird (vgl. soeben Anm. 38). Hinsichtlich der Streitigkeiten unter den Gesellschaftern muß gegenüber der h. M. differenziert werden: Nur wenn die Entscheidung auch für und gegen die Gesellschaft (§§ 68, 74 Abs. 3 ZPO) bzw. alle Gesellschafter gilt, besteht eine strikte prozessuale Bindung. Im übrigen geht der Entscheidungsinhalt als Datum in den pflichtmäßigen Abwicklungsplan der Liquidatoren ein.

V. Schlußverteilung nach Abs. 1

1. Gegenstand der Regelung

40 Das nach Berichtigung der Schulden verbleibende Vermögen der Gesellschaft ist von den Liquidatoren **nach dem Verhältnis der Kapitalanteile**, wie sie sich auf Grund der Schlußbilanz ergeben, unter die Gesellschafter zu verteilen. Nach der h. M. geht es hierbei nur um das liquide Reinvermögen der Gesellschaft (vgl. Anm. 16). Nach der hier vertretenen Ansicht sind die nach § 735 BGB auszugleichenden Fehlbeträge einzubeziehen (Anm. 16, 21 ff., 34; § 149 Anm. 27, 29).

2. Voraussetzung der Verteilung

41 a) aa) Die Schlußverteilung ist erst **zulässig**, wenn sämtliche Schulden – auch die noch nicht fälligen – berichtigt sind. Von dem Erfordernis, daß die Liquidatoren sämtliche Gesellschaftsschulden berichtigt haben, kann nach h. M., da die Liquidation nach ihr nicht im Interesse der Gläubiger erfolge und diese auf die Liquidation keinen Anspruch hätten, abgewichen werden. Die Gesellschafter können, wenn sie es für richtiger oder zweckmäßiger halten, nach h. M. bestimmen, daß einzelne Gesellschaftsverbindlichkeiten nicht erst getilgt werden sollen, sondern sogleich das Vermögen verteilt werden soll. Sie können dabei im Innenverhältnis vereinbaren, daß einer von ihnen diese noch offenen Gesellschaftsverbindlichkeiten tilgt. Auch wenn die Gesellschafter eine solche Anordnung nicht getroffen haben, kann die Verteilung bereits erfolgen, wenn aller Voraussicht nach nicht damit zu rechnen ist, daß die Gesellschaft bzw. die Gesellschafter aus bestimmten Verpflichtungen noch in Anspruch genommen werden. Das gilt namentlich für Verpflichtungen der oHG aus übernommenen Bürgschaften oder Gewährleistungsverträgen.

42 bb) Stellungnahme: Die h. M. beruht auf der Grundannahme, daß § 155 nicht dem Gläubigerschutz dient und deshalb zur Disposition der Gesellschafter steht. Dieser Grundannahme ist nicht zu folgen (Anm. 1). § 155 sollte sogar als Schutzgesetz i. S. v. § 823 Abs. 2 BGB angesehen werden (Anm. 50). Eine Schlußverteilung die nicht mit Abs. 1 vereinbar ist, ist also unerlaubt. Übernimmt ein Gesellschafter im Innenverhältnis die Tilgung der verbliebenen Gesellschaftsschulden, so kann hierdurch ein Schaden der Gläubiger abgewendet werden, aber die Schlußverteilung ist und bleibt unerlaubt.

43 b) Grundlage für die Schlußverteilung ist die **Schlußbilanz** (Anm. 46). Diese ist von den Liquidatoren aufzustellen (§ 154 Anm. 29). Aus ihr ergibt sich der Liquidationsanteil des Gesellschafters. Die Aufstellung der Schlußbilanz ist aber nicht materielle Anspruchsvoraussetzung. Ein Gesellschafter kann deshalb, auch wenn eine Schlußbilanz noch nicht aufgestellt ist, seinen Anspruch selbst errechnen und einklagen (Baumbach-

Verteilung des Gesellschaftsvermögens 44–46 § 155

Duden-Hopt Anm. 1 A; Heymann-Sonnenschein Anm. 5; Schilling in Großkomm Anm. 13).

c) Regelmäßig setzt die Fälligkeit des Anspruchs voraus, daß unbares **Vermögen der** **44** **Gesellschaft in Geld umgesetzt** ist (§ 149). Wie bei § 145 Anm. 40 und § 149 Anm. 33 bemerkt, können die Gesellschafter aber auch eine **Verteilung in Natur** beschließen. Es kann auch vereinbart werden, daß der eine oder der andere Gesellschafter das Recht oder auch zugleich die Pflicht haben soll, gewisse Gegenstände zu einem bestimmten Wert zu übernehmen (vgl BayObLG BB 1983, 82 = DB 1983, 170 = Rpfleger 1983, 73 = WM 1983, 353). Die Gesellschafter können auch von einer Versilberung und Verteilung ganz absehen und die Gesellschaft in eine Gesellschaft bürgerlichen Rechts umwandeln. Unverwertbare Vermögensgegenstände, nicht beitreibbare Forderungen oder durch Gesellschaftsvertrag oder Beschluß der Gesellschafter von der Verteilung ausgenommene Gegenstände bleiben im Gesamthandseigentum der Gesellschafter. Ein Eigentumswechsel, der bei Grundstücken der Auflassung bedürfte, tritt damit nicht ein (BayObLG NJW 1952, 28). Zur Umwandlung in Bruchteilseigentum bedarf es dagegen der Auflassung.

3. Inhalt und Umfang des Schlußverteilungsanspruchs

a) Grundsätzlich geht der **Anspruch auf Geld**. Der Gesellschaftsvertrag bzw. ein Be- **45** schluß der Gesellschafter kann eine andere Regelung zulassen. Gegen seinen Willen ist kein Gesellschafter verpflichtet, andere Gegenstände als Geld anzunehmen (BayObLG BB 1983, 82 = DB 1983, 170 = Rpfleger 1983, 73 = WM 1983, 353). Die Zustimmung kann bereits im Gesellschaftsvertrag enthalten sein; sie kann durch Mehrheitsbeschluß erteilt werden, wenn der Gesellschaftsvertrag die Mehrheitsbeschlußfassung über diese Frage vorsieht.

b) Die Verteilung des Reinvermögens hat nach dem **Verhältnis der Kapitalanteile,** wie **46** sie sich auf Grund der Liquidationsschlußbilanz ergeben, zu erfolgen. Dies sind die **Liquidationsanteile** (vgl. Anm. 2). Sind die Kapitalanteile sämtlicher Gesellschafter aktiv, ist die Verteilung einfach. Der Barbestand des Gesellschaftsvermögens deckt sich mit der Summe der Kapitalanteile. Jeder Gesellschafter erhält den seinem Kapitalanteil entsprechenden Geldbetrag (Huber S. 181). Haben einzelne Gesellschafter dagegen passive Kapitalanteile, so ist die Summe der aktiven Kapitalanteile größer als der Barbestand. Was fehlt, wird nach § 735 BGB eingefordert (vgl. Anm. 17, 21 ff.). Anders freilich die bisher noch h.M.: Da die Saldenausgleichung nach ihr nicht Sache der Liquidatoren ist, sondern erst später unter den Gesellschaftern stattfindet, soll nur der Barbestand entsprechend den Kapitalanteilen verteilt werden. Der Unterschied zwischen der h.M. und der hier vertretenen Ansicht ergibt sich aus dem Grundfall bei Anm. 26: Hat A ein aktives Kapitalkonto von 25 000 DM, B ein solches von 12 500 DM, C ein passives Kapitalkonto von 6000 DM und D ein passives Kapitalkonto von 1500 DM, so wird nach der h.M. das liquide Gesellschaftsvermögen von 30 000 DM auf A und B im Verhältnis 25 000 : 12 500 verteilt, so daß A 20 000 und B 10 000 DM erhält; der weitere Ausgleich findet unter den Gesellschaftern statt. Nach der hier vertretenen Auffassung haben C und D den Betrag ihrer Kapitalkonten einzuzahlen, und A und B erhalten den Betrag ihrer Kapitalkonten. Ein unmittelbarer Ausgleich unter den Gesellschaftern ist möglich, aber nicht vorgeschrieben (eingehend Anm. 26 ff.).

47 c) Im Regelfall bedeutet also die „Verteilung" nach Abs. 1 nichts anderes, als daß jeder Gesellschafter Auszahlung des sich aus der Schlußbilanz ergebenden Kapitalkontos (bzw. Einzahlung dieses Betrages) verlangen kann (vgl. für den Fall aktiver Kapitalkonten auch Huber S. 181). Eine besondere „Verteilung" muß in zwei Fällen berechnet werden: wenn ein nach § 735 BGB nachschußpflichtiger Gesellschafter ausfällt (Fallvariante bei Anm. 27) oder wenn es negative Kommanditistenanteile gibt, die nicht nach § 735 BGB auszugleichen sind (Fallvariante Anm. 32).

4. Sperrjahr bei der GmbH & Co.

48 a) Im Gegensatz zum Recht der Kapitalgesellschaften (§§ 272 AktG, 73 GmbHG) schreibt das HGB die Einhaltung eines Sperrjahres **nicht** vor. Deshalb kann mit der Schlußverteilung begonnen werden, sobald die bekannten Verbindlichkeiten berichtigt und betagte oder streitige Verbindlichkeiten nicht bekannt sind (Schilling in Großkomm Anm. 2).

49 b) Für den Fall der **GmbH & Co. KG** ist § 73 GmbHG sinngemäß anzuwenden (so gegen die bisher noch h.M. Scholz-Karsten Schmidt GmbHG § 73 Anm. 39 ff.). Das bedeutet: Ist nur die KG, nicht aber auch die GmbH aufgelöst, so bleibt es bei § 155. Sind die GmbH und die KG aufgelöst, so unterliegen Zahlungen aus dem GmbH-Vermögen unmittelbar der Sperre des § 73 GmbHG. Zahlungen aus dem Vermögen der Kommanditgesellschaft können gegen den analog anzuwendenden § 73 GmbHG verstoßen. Der Anspruch auf Rückzahlung steht dann der KG zu (Scholz-Karsten Schmidt GmbHG § 73 Anm. 40 f.). Es handelt sich bei dieser Auffassung um eine Übertragung des seit BGHZ 60, 324 in ständiger Rechtsprechung anerkannten Kapitalschutzes bei der GmbH & Co. KG auch auf den § 73 GmbHG (Karsten Schmidt GmbHR 1989, 141 ff., insbes. 144).

5. Schadensersatzansprüche der Gläubiger bei Verstoß gegen § 155

50 a) Nach **h.M.** haben übergangene Gläubiger keinen Anspruch aus § 823 Abs. 2 BGB gegen die Liquidatoren, wenn diese unter schuldhafter Verletzung des § 155 Vermögen verteilt haben. Insbesondere Abs. 2 Satz 2 ist danach kein Schutzgesetz im Sinne des § 823 Abs. 2 BGB (Geßler 4. Auflage Anm. 14; Alfred Hueck oHG § 32 VII 1). Hinsichtlich des § 73 GmbHG wurde eine ähnliche Auffassung vertreten, die aber widerlegt worden (Karsten Schmidt ZIP 1981, 1 ff.) und inzwischen allgemein aufgegeben ist (Nachweise bei Baumbach-Hueck-Schulze-Osterloh GmbHG § 73 Anm. 22; Scholz-Karsten Schmidt GmbHG § 73 Anm. 30). Im Hinblick auf die Gesellschafterhaftung wird die h.M. bei § 155 zögern, diesen Weg einzuschlagen. Aber Abs. 2 Satz 2 schützt nicht nur die Gesellschafter vor der Gefahr einer persönlichen Inanspruchnahme, sondern die Bestimmung dient auch dem Gläubigerschutz (vgl. Anm. 1). Deshalb verdient folgende Lösung den Vorzug: Abs. 2 Satz 2 ist Schutzgesetz zugunsten der Gesellschaftsgläubiger (vgl. Karsten Schmidt ZHR 153 [1989], 284; eingehend Hillers S. 103 ff, 141 ff.). Diese können nach § 823 Abs. 2 BGB von Liquidatoren Schadensersatz verlangen, die vorsätzlich oder fahrlässig gegen Abs. 2 Satz 2 verstoßen. Ein Schaden ist allerdings nur eingetreten, wenn ein Gläubiger nicht nur bei der Gesellschaft, sondern auch bei den Gesellschaftern ausgefallen ist.

b) Ansprüche gegen Nicht-Liquidatoren (Gesellschafter, Dritte) können sich aus § 812 **51** BGB (Anm. 13), im übrigen aus § 830 BGB wegen Teilnahme an einer unerlaubten Handlung des Liquidators ergeben.

VI. Vollbeendigung der Gesellschaft

1. Vollbeendigung bei Vermögenslosigkeit

a) Vollbeendigung der Gesellschaft tritt ein, wenn kein Aktivvermögen mehr vorhan- **52** den ist (RG JW 1926, 1432, 1433 m. Anm. Hallermann; KGJ 28 A 42, 45; KG OLGE 9, 257, 259; WM 1955, 893; BayObLG BB 1983, 82; Baumbach-Duden-Hopt § 157 Anm. 1 A; Schilling in Großkomm § 157 Anm. 2). Vermögen ist auch noch vorhanden, soweit noch Ansprüche gegen die Gesellschafter bestehen (KGJ 28 A 42, 44; Düringer-Hachenburg-Flechtheim § 157 Anm. 3). Dagegen ist die Löschung nach § 157 für den Eintritt der Vollbeendigung weder erforderlich (vgl. KGJ 28 A 42, 44) noch ausreichend (vgl. RG JW 1926, 1432, 1433 m. Anm. Hallermann; 1930, 3743; BGH NJW 1979, 1987 = WM 1979, 913; BayObLG BB 1983, 82). Sie hat nur deklaratorische Wirkung (RG JW 1926, 1432; BayObLG BB 1983, 82; Baumbach-Duden-Hopt § 157 Anm. 1 C; Karsten Schmidt ZHR 153 [1989], 297 f.; h. M.). Die Eintragung des Erlöschens kann auf Antrag bzw. nach § 142 FGG von Amts wegen wieder gelöscht werden (BGH NJW 1979, 1987 = WM 1979, 913; Heymann-Sonnenschein § 157 Anm. 5; Richert MDR 1956, 149).

b) Konsequenz ist für die **h. M.**, daß mit der Verteilung des liquiden Reinvermögens die **53** Gesellschaft erloschen und die Liquidation beendet ist (RG JW 1926, 1432, 1433 m. Anm. Hallermann; KGJ 28 A 42, 45; Westermann Handbuch [Lfg. 1972] I 702). Ungedeckte Verbindlichkeiten sind nur noch über die Gesellschafterhaftung zu tilgen, und der Ausgleich unter den Gesellschaftern wird durch Forderungen der Gesellschafter gegeneinander verwirklicht (vgl. die Angaben bei Anm. 16 sowie § 149 Anm. 21 f., 27). Der h. M. ist indes nicht zu folgen (vgl. auch § 157 Anm. 9). **Nach der hier vertretenen Ansicht** bestehen Ansprüche der Gesellschaft auf den Ausgleich von Fehlbeträgen, die sich aus Gesellschaftsschulden oder aus ungedeckten Kapitalkonten ergeben (§ 149 Anm. 29). Demgemäß ist die Gesellschaft so lange nicht erloschen, wie sie verwertbares Reinvermögen oder Ansprüche nach § 735 BGB hat. Solche Ansprüche sind auch dann vorhanden, wenn bereits das Reinvermögen verteilt ist (übereinst. Ensthaler S. 61 ff.; anders die h. M.). Wer einen Titel gegen die Gesellschaft hat, kann diese Ansprüche pfänden (Anm. 54). Die Gesellschafter können den Innenausgleich aber auch selbst herbeiführen (Anm. 18).

2. Haftungsabwicklung nach Schlußverteilung

a) Auch wenn die Liquidatoren gemäß der h. M. verfahren sind und das **Reinvermögen** **54** nach Abs. 1 verteilt haben, ohne alle Gesellschaftsschulden tilgen und alle Kapitalkonten ausgleichen zu können, bleibt die Gesellschaft bestehen, soweit ihr noch Forderungen nach § 735 BGB zustehen (Anm. 33). Ein gegen die Gesellschaft gerichteter Vollstreckungstitel ist noch nicht wertlos. Hat sich ein Gesellschafter für die Gesellschaftsverbindlichkeiten verbürgt, so ist die Gesellschaft noch tauglicher Hauptschuldner (im Ergebnis ebenso die h.M.; vgl. für die GmbH BGH NJW 1982, 895 = ZIP 1982, 294 m. Anm. Karsten Schmidt); ist für eine Gesellschaftsschuld eine Hypothek bei dem Grundstück eines Gesellschafters eingetragen, so besteht auch diese weiter.

55 b) Die **Abwicklung sämtlicher Haftungsverhältnisse** kann nach der hier vertretenen Auffassung unter Einschaltung des Gesellschaftsvermögens erfolgen (Zahlung der Fehlbeträge an die fortbestehende Gesellschaft; Befriedigung der Gläubiger durch die Gesellschaft; Auszahlung unbeglichener Kapitalkonten an die Gesellschaft). In diesem Ausgangspunkt weicht die hier vertretene Ansicht von der h.M. ab. Die Gesellschafter können aber auch so verfahren, wie sie nach der h.M. verfahren müssen (vgl. Anm. 14, 18): Sie können die Gläubiger befriedigen und die Kapitalkonten untereinander ausgleichen. Dann werden sie die Gesellschaft sogleich zur Löschung bringen, was im Hinblick auf den Standpunkt der h.M. (vgl. Anm. 16 und § 194 Anm. 21, 28) in der Praxis der regelmäßige, jedoch eben nicht der gesetzlich gebotene, Weg ist (s. auch § 157 Anm. 29).

3. Nachtragsliquidation

56 a) Stellt sich nachträglich das Vorhandensein von Gesellschaftsvermögen heraus, so steht fest, daß die Gesellschaft nur scheinbar zu existieren aufgehört hat (RG JW 1926, 1432 f.; BGH NJW 1979, 1987 = WM 1979, 913; OLG Karlsruhe Rpfleger 1977, 176; Baumbach-Duden-Hopt § 157 Anm. 1 C; Heymann-Sonnenschein Anm. 5; Westermann Handbuch [Lfg. 1978] I 703). Die Gesellschaft wird von den Liquidatoren vertreten. Dies sind nach der bisher h.M. die bisherigen Liquidatoren (BGH NJW 1979, 1987 = WM 1979, 913 im Gegensatz zum GmbH-Recht; Baumbach-Duden-Hopt § 157 Anm. 1 C; Heymann-Sonnenschein § 145 Anm. 10). Es können aber auch neue Liquidatoren bestellt werden. Unabgeschlossene Prozesse der Gesellschaft werden fortgeführt (vgl. auch RG JW 1926, 1432, 1433 m. Anm. Hallermann). Zur registerrechtlichen Handhabung vgl. § 157 Anm. 29.

57 b) Sind nur noch einzelne Abwicklungsmaßnahmen erforderlich (z.B.: Abgabe von Löschungsbewilligungen, Erteilung von Zeugnissen etc.), so macht dies allein keine Nachtragsliquidation erforderlich. Man wird denjenigen, der die Bücher und Papiere nach § 157 Abs. 2 verwahrt, als ermächtigt ansehen, solche Erklärungen für die gelöschte Gesellschaft abzugeben (vgl. zur ähnlichen Rechtskonstruktion bei der GmbH Karsten Schmidt GmbHR 1988, 212 f.). Nach OLG Hamm OLGZ 1991, 13 = NJW-RR 1990, 1371 = DB 1990, 1960 kann das Gericht für eine wegen Vermögenslosigkeit gelöschte GmbH & Co. KG analog § 273 Abs. 4 AktG Abwickler bestellen, wenn noch Abwicklungsmaßnahmen wie etwa grundbuchrechtliche Löschungsbewilligungen notwendig sind. Dieser Weg mag zulässig sein. Einfacher ist der hier vorgeschlagene.

Rechtsverhältnisse der aufgelösten Gesellschaft 1–3 **§ 156**

156 Bis zur Beendigung der Liquidation kommen in bezug auf das Rechtsverhältnis der bisherigen Gesellschafter untereinander sowie der Gesellschaft zu Dritten die Vorschriften des zweiten und dritten Titels zur Anwendung, soweit sich nicht aus dem gegenwärtigen Titel oder aus dem Zwecke der Liquidation ein anderes ergibt.

Schrifttum: Vgl. § 145.

Inhalt

	Anm.		Anm.
I. Grundlagen	1–5	5. Gesellschaftsschulden und Gesellschafterhaftung	16
1. Normzweck	1		
2. Geltungsbereich	3	6. Die aufgelöste Gesellschaft im Prozeß .	19
II. Identität und Status der aufgelösten Gesellschaft	6–20	III. Anwendbare Vorschriften	21–37
1. Die aufgelöste Gesellschaft als vollwertiger Rechtsträger	6	1. Erster Titel (§§ 105 ff.)	21
		2. Zweiter Titel (§§ 109 ff.)	24
2. Der Zweck der aufgelösten Gesellschaft	10	3. Dritter Titel (§§ 123 bis 130)	30
		4. Vierter Titel (§§ 131 bis 144)	35
3. Die Organisation der Gesellschaft	12	5. Fünfter Titel (§§ 159 bis 160)	36
4. Das Gesellschaftsvermögen	15	6. Zweiter Abschnitt (§§ 161 bis 177 a) . .	37

I. Grundlagen

1. Normzweck

a) Das **Fortbestehen der aufgelösten Gesellschaft** zwischen Auflösung und Vollbeendigung der Gesellschaft ist Grundlage des § 156. Die Vorschrift beruht auf der im 19. Jahrhundert noch vorherrschenden Doktrin, wonach die aufgelöste Gesellschaft nicht mehr vorhanden ist, jedoch für den Zweck der Liquidation als fortbestehend fingiert werden muß (vgl. Anm. 6). Aus heutiger Sicht besagt § 156 etwas Selbstverständliches, daß nämlich die Auflösung von der Vollbeendigung unterschieden werden muß. **1**

b) § 156 bestimmt, daß gewisse Vorschriften des Rechts der oHG, die sich auf die werbende Gesellschaft beziehen, auch auf die in Abwicklung befindliche Gesellschaft Anwendung finden, soweit nichts anderes bestimmt ist oder sich aus dem Zweck der Liquidation ergibt. Aus der Vorschrift darf nicht der – angesichts der Fassung naheliegende – Gegenschluß gezogen werden, daß die übrigen Rechtssätze, die für die werbende Gesellschaft gegeben sind, für die Abwicklungsgesellschaft nicht gelten. Die Rechtslage ist vielmehr so, daß auf die in Liquidation befindliche oHG bzw. KG **sämtliche Vorschriften des Rechts der werbenden Gesellschaft** anwendbar sind, soweit sich nicht aus der Einschränkung im Schlußsatz des § 156 etwas anderes ergibt. **2**

2. Geltungsbereich

a) § 156 gilt für die **oHG** und nach § 161 Abs. 2 auch für die **Kommanditgesellschaft**. Handelt es sich um eine GmbH & Co. KG, so muß bei Auflösung beider Gesellschaften unterschieden werden: Für die GmbH gelten die §§ 69, 71 GmbHG, für die KG gilt § 156. **3**

Karsten Schmidt

4 b) § 156 gilt für die **aufgelöste, aber nicht vollbeendigte Gesellschaft.** Das bedeutet: Die Gesellschaft muß aufgelöst sein (zu den Auflösungsgründen vgl. Erl. § 131); sie muß sich noch in Auflösung befinden (dazu § 145 Anm. 16), darf also weder vollbeendigt sein (dazu § 155 Anm. 52 ff.), noch darf sie durch Fortsetzungsbeschluß in das werbende Stadium zurückverwandelt sein (dazu § 131 Anm. 60 ff.). Darauf, ob die Auflösung in der Terminologie des § 145 durch Liquidation oder auf andere Weise betrieben wird (vgl. zu diesem mißverständlichen Gegensatz § 145 Anm. 4 ff.), kommt es nicht an, solange nur eine „andere Art der Auseinandersetzung" nicht zum Erlöschen der Gesellschaft geführt hat (dazu § 145 Anm. 32 ff.).

5 c) **Nicht** unter § 156 fällt eine liquidationslos **erloschene Gesellschaft** (vgl. zu diesen Fällen § 131 Anm. 2, § 145 Anm. 32 f.). In diesem Fall ist keine Gesellschaft mehr vorhanden. § 156 hat dann keinen Regelungsgegenstand. Nicht unter § 156 fällt auch eine Gesellschaft, die sich zur Gesellschaft bürgerlichen Rechts zurückverwandelt hat. Die Frage, ob auf eine solche Gesellschaft das Recht der oHG oder KG ganz oder teilweise entsprechend angewendet werden kann, ist ein Problem des Rechts der BGB-Gesellschaft, nicht des § 156 (vgl. dazu Karsten Schmidt Gesellschaftsrecht § 58 V).

II. Identität und Status der aufgelösten Gesellschaft

1. Die aufgelöste Gesellschaft als vollwertiger Rechtsträger

6 a) Die Gesellschaft **bleibt,** wenn sie aufgelöst, aber nicht vollbeendigt ist, als **Rechtsträger** voll erhalten. Es gelten die bei § 124 dargestellten Grundsätze (Anm. 31). Das war bei der Schaffung des HGB theoretisch noch nicht hinlänglich geklärt, so daß § 156 vielfach noch als Fiktion des Fortbestehens aufgefaßt wurde (so vor allem noch die Begründung des PreußE HGB 1857 S. 70; Überblick über die älteren Liquidationstheorien bei Wimpfheimer S. 81 ff.). Dieses rein theoretische Defizit ist heute überwunden. § 156 zieht nur die Konsequenz daraus, daß die aufgelöste Gesellschaft fortbesteht, und bestimmt, daß wesentliche Vorschriften weitergelten.

7 b) Die aufgelöste Gesellschaft ist **Kaufmann** (§ 6 Abs. 1). Wie lange sie es ist, ist im einzelnen umstritten. Die Frage ist deshalb von Bedeutung, weil der Fortfall der Kaufmannseigenschaft die Gesellschaft zur Gesellschaft bürgerlichen Rechts werden ließe.

8 aa) Ausgangspunkt sind die §§ 1–6. Im Gegensatz zu den Formkaufleuten (AG, KGaA, GmbH und eG) behält die Gesellschaft die Kaufmannseigenschaft nach diesen Regeln nicht ohne weiteres, solange sie eingetragen ist (§ 5 setzt voraus, daß noch ein Unternehmen betrieben wird). Die Gesellschaft bleibt nach §§ 1–6 Kaufmann, solange sie entweder ein Unternehmen betreibt und entweder eingetragen (vgl. § 5) oder zwar nicht eingetragen, aber vollkaufmännisch tätig ist (vgl. §§ 1, 4). Das ist unstreitig (vgl. insoweit ROHGE 23, 143, 144; RG JW 1930, 3743). Unstreitig ist auch, daß die Gesellschaft gegenüber Gutgläubigen als Handelsgesellschaft gilt, solange sie unberechtigterweise eingetragen ist (§ 15 Abs. 1; vgl. dazu auch RG JW 1930, 3743).

9 bb) Umstritten ist, ob die **Kaufmannseigenschaft bis zur Beendigung der Vermögensverteilung** anhält (vgl. KG DR 1940, 806; Schilling in Großkomm § 157 Anm. 2);

Karsten Schmidt ZHR 153 [1989], 229) oder ob sie mit der Beendigung des Gewerbebetriebes aufhört (vgl. dazu generell Staub-Brüggemann § 1 Anm. 29; für die Gesellschaft unklar ROHGE 23, 143, 144; unentschieden RG JW 1930, 3743). Die erste Lösung entspricht den Belangen der Praxis. Sie läßt sich allerdings nicht aus den allgemeinen Regeln der §§ 1–6 herleiten. Während eine sukzessive Versilberung des Unternehmens die Kaufmannseigenschaft erst mit der Beendigung der Liquidation erlöschen läßt (so wie umgekehrt der Gewerbebetrieb schon mit den Vorbereitungs- und Anlaufgeschäften beginnt; vgl. § 123 Anm. 9f.), läßt die vollständige Veräußerung des Unternehmens die Kaufmannseigenschaft nach allgemeinen Regeln entfallen. Daß dies aber für die in Auflösung befindliche oHG oder KG nicht gelten soll, folgt aus § 156 und § 157 Abs. 1. Bis zur Beendigung der Liquidation bleibt die Gesellschaft unter ihrer Firma rechts- und parteifähig. Das gilt nach § 158 auch dann, wenn eine andere Art der Auseinandersetzung i.S. von § 145 durchgeführt wird (KG DR 1940, 806). Die Gesellschaft wird nach dem Willen des Gesetzes als oHG oder KG abgewickelt, ohne sich in eine Gesellschaft bürgerlichen Rechts zu verwandeln (Karsten Schmidt ZHR 153 [1989], 299). Solange die Liquidation oder eine andere Art der Auseinandersetzung betrieben wird, bleibt die aufgelöste Gesellschaft Handelsgesellschaft und bleibt als solche eingetragen (§§ 157 Abs. 1, 158). Erst wenn die Fortsetzung der Gesellschaft beschlossen wird, kommt es darauf an, ob sie weiterhin vollkaufmännisch oder z.B. nur vermögensverwaltend tätig sein soll (RGZ 155, 75, 84).

2. Der Zweck der aufgelösten Gesellschaft

a) Nach h.M. entfällt durch die Auflösung der Erwerbszweck der Gesellschaft, an dessen Stelle der Zweck der Abwicklung und Beendigung der Gesellschaft tritt (vgl. nur RGZ 123, 151, 155; Baumbach-Duden-Hopt § 145 Anm. 1D; Schilling in Großkomm § 145 Anm. 1; Alfred Hueck oHG § 23 I; § 32 I; Heymann-Sonnenschein § 145 Anm. 8, 13; Westermann Handbuch [Lfg. 1971] I 666; Hillers S. 20f.). Das in der werbenden Gesellschaft dem Unternehmenszweck gewidmete Gesellschaftsvermögen dient nach dieser h.M. nunmehr diesem geänderten Gesellschaftszweck (besonders deutlich Hillers S. 86ff., 102).

b) **Stellungnahme:** Die h.M. unterscheidet nicht hinreichend zwischen dem Zweck des Liquidationsverfahrens und dem Zweck der Gesellschaft (Karsten Schmidt, Liquidationsbilanzen und Konkursbilanzen, 1989, S. 28; ders. ZHR 153 [1989], 281f.). Wegen des Zwecks des Liquidationsverfahrens ist auf § 145 Anm. 28ff. zu verweisen. Dieser Zweck ist mit dem Zweck der aufgelösten Gesellschaft nicht identisch. Richtig ist, daß der Zweck des Auflösungsverfahrens den gemeinsamen Zweck der Gesellschaft überlagert und insbesondere die Pflichten der Leitungsorgane bestimmt (vgl. auch für die GmbH Scholz-Karsten Schmidt GmbHG § 69 Anm. 3). Der Liquidationszweck bestimmt auch die Treupflicht (vgl. BGH LM Nr. 2 = NJW 1971, 802 = WM 1971, 412). Die Gesellschafter sind einander verpflichtet, entweder zur unzögerlichen Abwicklung oder zur Fortsetzung der Gesellschaft (vgl. § 145 Anm. 24, § 131 Anm. 64) beizutragen (vgl. zum sog. Anspruch auf Durchführung der Liquidation Hillers S. 46ff.). Der Zweck der Gesellschaft als verbandskonstituierender „gemeinsamer

Zweck" aber bleibt unverändert (Karsten Schmidt ZHR 153 [1989], 281f.). Die Gesellschaft bleibt auch Handelsgesellschaft (Anm. 9). Insbesondere kann die Gesellschaft weiter durch Prokuristen vertreten werden (vgl. Anm. 14 sowie § 146 Anm. 53f.; anders h. M.). Zur Frage, ob die Liquidatoren das Unternehmen weiterführen dürfen, vgl. § 145 Anm. 25, § 149 Anm. 9.

3. Die Organisation der Gesellschaft

12 a) Die **Gesellschaftsanteile** bleiben erhalten. Die Gesellschaft behält ihre mitgliedschaftliche Struktur. Es können aus der aufgelösten Gesellschaft Gesellschafter ausscheiden (dies führt zur Anwachsung nach § 738 Abs. 1 Satz 1 BGB). Es können auch **neue Gesellschafter** aufgenommen werden (Anm. 22), allerdings wird diese Maßnahme i. d. R. mit einem Fortsetzungsbeschluß einhergehen. Die Anteile bleiben übertragbar, wofür es nach wie vor der Zustimmung aller Mitgesellschafter oder einer Zulassung der Übertragung im Gesellschaftsvertrag bedarf (ob diese Zulassung auch für den Fall der Auflösung wirkt, ist Auslegungsfrage). Der Austritt von Gesellschaftern bzw. die Übertragung von Anteilen kann eine „andere Art der Auseinandersetzung" i. S. von § 145 Abs. 1 sein: Ein Gesellschafter kann auf diese Weise das Unternehmen ohne Einzelübertragung übernehmen (vgl. § 145 Anm. 33).

13 b) Die **Organisation der Gesellschaft** bleibt erhalten, soweit sich nicht aus dem Liquidationszweck ein anderes ergibt (vgl. nur BGH WM 1969, 293, 294; Alfred Hueck oHG § 32 II; Schilling in Großkomm Anm. 2ff.). An die Stelle der geschäftsführenden und vertretungsberechtigten Gesellschafter (§§ 114ff., 125ff.) treten die Liquidatoren (§§ 146ff.). Sie sind nicht nur Stellvertreter der Gesellschaft i. S. von § 164 BGB, sondern die Gesellschaft haftet auch für ihr Verschulden nach § 31 BGB wie für das Verschulden der geschäftsführungs- und vertretungsberechtigten Gesellschafter (dazu § 124 Anm. 21). Der Sitz der Gesellschaft bleibt grundsätzlich bestehen (BGH WM 1969, 293, 294). Ob Vertragsregelungen in der Liquidation fortgelten, ist Auslegungsfrage.

14 c) **Prokura und Handlungsvollmacht** sind weiterhin möglich (§ 48 Anm. 5; § 146 Anm. 53; Karsten Schmidt Handelsrecht § 16 III 2a; eingehend ders. BB 1989, 229ff.). Nach h. M. kann die aufgelöste Gesellschaft nur noch durch Handlungsbevollmächtigte vertreten werden (RGZ 72, 119, 122f.), aber nicht mehr durch Prokuristen. Alte Prokuren sollen erlöschen (RGZ 72, 119, 123; Alfred Hueck oHG § 32 IV 5; Ulmer und Schilling in Großkomm § 131 Anm. 134, § 149 Anm. 40). Die Erteilung neuer Prokuren gilt als ausgeschlossen (ROHGE 13, 223, 234f.; RGZ 72, 119, 123; Alfred Hueck, Ulmer und Schilling a. a. O.; Würdinger in Großkomm § 48 Anm. 3; unentschieden jetzt Heymann-Sonnenschein § 48 Anm. 8). Diese h. M. beruht auf einer Mißdeutung des Liquidationszwecks und auf einer überholten Einengung der Vertretungsmacht der Liquidatoren. Wie in BB 1989, 229ff. eingehender begründet wurde, gilt folgendes: Alte Prokuren bleiben bestehen, können aber widerrufen werden. Die Liquidatoren können auch im Rahmen ihrer Vertretungsmacht neue Prokuren erteilen (§ 146 Anm. 53).

4. Das Gesellschaftsvermögen

Das **Gesellschaftsvermögen** ist deckungsgleich mit der **Liquidationsmasse**. Dazu gehören insbesondere: alle Sachen und Rechte des Gesellschaftsvermögens (das Grundbuch wird, da die Gesellschaft Inhaberin dieser Rechte bleibt, nicht unrichtig), die Firma (soweit sie Vermögenswert hat). Außer dem liquiden Vermögen gehören dazu auch die Forderungen der Gesellschaft, insbesondere Forderungen gegen die Gesellschafter (zu ihrer Geltendmachung vgl. § 149 Anm. 19 ff.).

5. Gesellschaftsschulden und Gesellschafterhaftung

a) Die **Gesellschaftsverbindlichkeiten** bleiben durch die Liquidation unberührt (Baumbach-Duden-Hopt § 145 Anm. 1D; H. Westermann Handbuch I 694). Sie sind, da die Gesellschaft als Rechtsträgerin und Schuldnerin fortbesteht, nach wie vor aus dem Gesellschaftsvermögen zu erfüllen. Ein Wahlrecht, wie es § 17 KO für den Konkursverwalter vorsieht, haben die Liquidatoren nicht.

b) **Neue Verbindlichkeiten** können von den Liquidatoren eingegangen werden (vgl. §§ 149 ff. mit Erl.), aber auch von Prokuristen (Anm. 14) oder von sonstigen Stellvertretern der Gesellschaft (dazu § 146 Anm. 53 f.). Auch gesetzliche Verbindlichkeiten können neu begründet werden.

c) Die **Gesellschafterhaftung** wird durch die Liquidation nicht berührt (RGZ 72, 119, 120; Schilling in Großkomm Anm. 17 und § 149 Anm. 21; a.M. ROHGE 21, 45, 47). Das gilt nicht nur für die Altverbindlichkeiten, sondern auch für die Neuverbindlichkeiten der Gesellschaft (Schilling in Großkomm § 149 Anm. 21; eingehend Karsten Schmidt ZHR 152 [1988], 105 ff.). Insbesondere müssen die Gesellschafter nach §§ 128 ff. bzw. nach §§ 171 ff. weiterhin für Neuverbindlichkeiten haften, die die Liquidatoren bzw. Bevollmächtigten der Gesellschaft begründen (vgl. Karsten Schmidt BB 1989, 229). Ist die Gesellschaft nach § 131 Nr. 4 durch den Tod eines Gesellschafters aufgelöst, so unterliegt allerdings die gesellschaftsrechtlich (!) unbeschränkte Haftung des Erben (der Erbengemeinschaft) der erbrechtlichen Beschränkbarkeit (vgl. § 131 Anm. 25).

6. Die aufgelöste Gesellschaft im Prozeß

a) Die Gesellschaft bleibt aktiv und passiv **parteifähig**, (Schilling in Großkomm § 149 Anm. 50). Sie wird im Prozeß durch die Liquidatoren vertreten. Diese werden im Prozeß **als Partei vernommen** (vgl. sinngemäß § 124 Anm. 26). Gesellschafter, die nicht Liquidatoren sind, sind Zeugen (BGH NJW 1965, 106). Demgegenüber wird die Ansicht vertreten, daß die Gesellschafter, auch wenn sie nicht Liquidatoren sind, gleichfalls als Partei vernommen werden (so Otto von Gierke, Die Genossenschaftstheorie und die deutsche Rechtssprechung, 1887, S. 601; Düringer-Hachenburg-Flechtheim Anm. 21). Schließlich gibt es die Auffassung, daß stets nur die Gesellschafter und niemals die Liquidatoren als Partei vernommen werden (Wach ZZP 9 [1886], 455 f.). Diese letzte Auffassung ist abzulehnen. Sie beruht auf der mit § 124 unvereinbaren Vorstellung, in Wahrheit könne nicht die oHG Partei des Rechtsstreits sein, sondern

Parteien seien nur die Gesellschafter. Im Zivilprozeß werden die organschaftlichen Vertreter einer Gesellschaft als Partei vernommen (vgl. Heymann-Sonnenschein § 124 Anm. 21; Fischer in Großkomm § 124 Anm. 22; Barfuß NJW 1977, 1273, 1274), hier also die Liquidatoren. Wer nur Gesellschafter und nicht Liquidator ist, ist Zeuge, nicht Partei (§ 124 Anm. 26; BGH NJW 1965, 106; Baumbach-Duden-Hopt Anm. 3 B; Düringer-Hachenburg-Flechtheim Anm. 21; Jaeger LZ 1910, 153; a. A. RGZ 17, 365; RG LZ 1910, 150).

20 b) **Laufende Prozesse** werden nur bei Fortfall der gesetzlichen Vertreter unterbrochen. Eine Unterbrechung laufender Prozesse nach § 241 ZPO tritt insbesondere dann nicht ein, wenn die bisherigen gesetzlichen Prozeßvertreter Liquidatoren werden (Baumbach-Duden-Hopt § 149 Anm. 2A; Baumbach-Lauterbach-Hartmann ZPO § 241 Anm. 2B). Dann wird das Verfahren unter der Abwicklungsfirma (vgl. dazu § 153 Anm. 7 f.) fortgeführt (Baumbach-Duden-Hopt § 149 Anm. 2A). Eine Unterbrechung eines Prozesses tritt aber auch sonst nicht ein, wenn überhaupt Liquidatoren vorhanden sind, die die Gesellschaft im Prozeß vertreten können, weil eine Partei erst dann prozeßunfähig wird, wenn alle gesetzlichen Vertreter wegfallen (Wieczorek, ZPO 2. Aufl. 1976, § 241 Anm. B III; Baumbach-Lauterbach-Hartmann ZPO § 241 Anm. 1B).

III. Anwendbare Vorschriften

1. Erster Titel (§§ 105 ff.)

21 a) § 105 bleibt anwendbar. Anwendbar bleibt insbesondere § 105 Abs. 2 über die subsidiäre Anwendung von Vorschriften des BGB.

22 b) **Anwendbar** ist § 106. Der Eintritt eines neuen Gesellschafters in die oHG kann auch noch während der Liquidation erfolgen (str.; wie hier RGZ 106, 63, 67; KGJ 26 A, 219; Ritter Anm. 6; Wieland I S. 813 in Fußn. 1; Düringer-Hachenburg-Flechtheim Anm. 10; Schilling in Großkomm Anm. 21; Weipert in HGB-RGRK Anm. 21). Infolgedessen ist auch § 130 anwendbar.

23 c) §§ 107, 108 sind weiter anwendbar, soweit in der Liquidation die Firma der oHG geändert, ihr Sitz verlegt wird oder neue Gesellschafter eintreten. Gegen die Zulässigkeit solcher Maßnahmen bestehen keine Bedenken (vgl. auch § 149 Anm. 5).

2. Zweiter Titel (§§ 109 ff.)

24 a) Die Bestimmungen des Gesellschaftsvertrags (§ 109) treten grundsätzlich durch die Auflösung der Gesellschaft nicht außer Kraft. Es kann sich jedoch aus einer einzelnen Bestimmung ergeben, daß sie nur für die werbende Gesellschaft gelten soll. Dann ist sie nicht mehr anzuwenden. Es ist daher jeweils zu prüfen und im Wege der Vertragsauslegung zu ermitteln, was die Gesellschafter beabsichtigt haben (vgl. z. B. für die Schiedsgerichtsklausel RG LZ 1907, 431). Wegen der Bestimmung über Mehrheitsbeschlüsse vgl. unten Anm. 28.

Rechtsverhältnisse der aufgelösten Gesellschaft 25–30 § 156

b) §§ 110, 111 sind weiter anwendbar. Gleichgültig ist, ob der Gesellschafter die 25
Aufwendungen vor oder nach der Auflösung oder ob er sie in seiner Eigenschaft als
Gesellschafter oder als Liquidator gemacht hat. Vgl. über die Geltendmachung des
Ersatzanspruchs im einzelnen Anm. 31 f. zu § 110, Anm. 31 ff. zu § 128, Anm. 44 f. zu
§ 149. Der Ersatzanspruch des Liquidators, der nicht zugleich Gesellschafter ist, richtet
sich nach §§ 670, 675 BGB.

c) §§ 112, 113 über das starre gesetzliche Wettbewerbsverbot gelten für die Liquida- 26
tion in der Regel nicht (vgl. ROHGE 21, 145; BGH WM 1961, 629). Aber daraus folgt
nicht, daß die Gesellschafter in der Liquidation von jedem Wettbewerbsverbot frei
wären. Da es sich bei §§ 112, 113 um Ausprägungen der allgemeinen Treupflicht
handelt und da diese durch den Liquidationszweck lediglich überlagert ist (BGH LM
Nr. 2 = NJW 1971, 802 = WM 1971, 412), kommt es auf die Lage des Einzelfalls an.
Solange die aufgelöste Gesellschaft im Rahmen des gemeinsamen Zwecks die Unternehmenstätigkeit fortführt (§ 149 Anm. 9), werden die Gesellschafter nicht von dem
Wettbewerbsverbot frei (BGH WM 1961, 629). Die Gesellschafter können auch besondere vertragliche Vereinbarungen getroffen haben, die nach § 109 in Kraft bleiben.

d) §§ 114–117 sind durch §§ 146, 147, 149 über die Geschäftsführungsbefugnis der 27
Liquidatoren ersetzt. Das Informationsrecht des § 118 wird durch die Liquidation
nicht berührt (KG HRR 1931 Nr. 1690; BayObLG BB 1987, 2184, OLG Celle WM
1983, 741). Bezüglich des Einsichtsrechts erwähnt § 157 Abs. 3 ausdrücklich die Fortdauer (RG BankA XIV, 69; OLG Karlsruhe LZ 1917, 556).

e) Eine Beschlußfassung (§ 119) ist auch während der Abwicklung zulässig. Wenn der 28
Gesellschaftsvertrag Mehrheitsbeschlußfassung vorsieht, ist durch Auslegung zu ermitteln, ob damit zugleich Mehrheitsbeschlüsse für das Abwicklungsstadium eingeführt
werden sollten. Wegen der dabei zu beachtenden Grundsätze vgl. § 119 Anm. 14 ff.
Geßler nahm in der 4. Aufl. an, daß Mehrheitsbeschlüsse im Fall des § 147 nicht gefaßt
werden könnten. Richtig ist, daß eine Klausel, die Mehrheitsbeschlüsse zuläßt, i.d.R.
nicht die Beschlußfassung nach § 147 erfaßt. Im übrigen ist aber der Vorauflage nicht
zu folgen (vgl. § 147 Anm. 17).

f) § 120 ist im wesentlichen durch die Vorschriften der §§ 154, 155 ersetzt. § 121 gilt 29
entsprechend für die Verteilung des Gewinns und Verlustes nach der Liquidationsschlußbilanz. Die weitere Geltung des § 122 Abs. 1 schließt § 155 Abs. 2 Satz 3 ausdrücklich aus; ebenso besteht während der Liquidation kein vertragliches Entnahmerecht (ROHGE 25, 158, 167). An die Stelle der Entnahme tritt die vorläufige und
endgültige Verteilung des Gesellschaftsvermögens nach § 155 Abs. 1 und 2. § 122
Abs. 2 gilt fort.

3. Dritter Titel (§§ 123 bis 130)

a) § 123 ist anwendbar, da er sich nicht mit dem Wirksamwerden der oHG befaßt (so 30
aber Geßler in der 4. Aufl. Anm. 7, der die Anwendbarkeit verneinte). § 123 entscheidet darüber, ob die Gesellschaft oHG bzw. KG geworden oder Gesellschaft bürgerlichen Rechts geblieben ist (§ 123 Anm. 4 f.). Das gilt auch für die aufgelöste Gesell-

schaft. Eine unter §§ 2, 3 fallende Gesellschaft wird nur als oHG oder KG abgewickelt, wenn sie eingetragen ist. Das kann in der Liquidation noch nachgeholt werden.

31 b) § 124 ist im vollen Umfang weiter anwendbar; die in Abwicklung befindliche oHG tritt nach außen unter ihrer Firma auf, zur Zwangsvollstreckung in das Gesellschaftsvermögen bedarf es weiterhin eines gegen die Gesellschaft gerichteten Titels.

32 c) An die Stelle der §§ 125, 126, 127 treten während der Liquidation die §§ 146, 147, 149–151. Dagegen bleibt § 125a sinngemäß anwendbar.

33 d) Die Anwendbarkeit der §§ 128–129 wird durch die Auflösung und die Liquidation nicht berührt. Die Gesellschafter haften nach wie vor für Gesellschaftsverbindlichkeiten persönlich, gleichgültig, ob diese vor oder nach der Auflösung entstanden sind (vgl. Anm. 18). Ist ein Gesellschafter in Konkurs geraten, haftet der Gesellschafter für sämtliche Gesellschaftsschulden, auch für die nach der Konkurseröffnung entstandenen, persönlich; die Konkursmasse kann nur wegen der vor Konkurseröffnung entstandenen Gesellschaftsverbindlichkeiten in Anspruch genommen werden (§ 3 KO). Wegen der Unterbrechung der Verjährung ist besonders auf § 160 zu verweisen. Für eigenkapitalersetzende Leistungen gilt nach wie vor § 129a. Anwendbar ist auch § 130, wenn ein Gesellschafter in die aufgelöste Gesellschaft eintritt.

34 e) §§ 130a, b über die Organpflichten im Insolvenzfall bleiben anwendbar. Die Liquidatoren sind ggf. zur Stellung des Konkursantrags verpflichtet (vgl. auch ausdrücklich Wortlaut §§ 130a, b). Zur Frage, ob dies auch für „faktische Liquidatoren" gilt, vgl. sinngemäß § 130a Anm. 16.

4. Vierter Titel (§§ 131 bis 144)

35 Von den **Vorschriften des vierten Titels** scheiden alle die Bestimmungen aus, die sich mit dem Eintritt der Auflösung als solcher befassen. Allerdings ist darauf hinzuweisen, daß Auflösungsgründe kumulieren können (§ 131 Anm. 4). Soweit in dem Titel Vorschriften enthalten sind, wonach bestimmte Ereignisse in der Person eines Gesellschafters bestimmte Rechtsfolgen nach sich ziehen (§§ 138, 140–142), sind diese weiter anwendbar. Insbesondere ist die Ausschließung eines Gesellschafters in der aufgelösten Gesellschaft, z.B. mit dem Ziel, einen Fortsetzungsbeschluß unter den anderen herbeizuführen, zulässig (zu der ganz anderen Frage, unter welchen Voraussetzungen dann ein wichtiger Ausschließungsgrund vorliegt, vgl. § 140 Anm. 8 ff.). Besonders hervorzuheben ist die Anwendbarkeit auch des § 138. Trotz des mißverständlichen Wortlauts des Gesetzes und der meist nach dem Gesetz formulierten Vertragsklauseln, wonach „die Gesellschaft unter den übrigen fortbestehen soll", handelt es sich bei § 138 um eine Ausschließungsklausel, die durchaus auch bei der aufgelösten Gesellschaft einen Anwendungsbereich haben kann. Ob die gesellschaftsvertragliche Fortsetzungsklausel auch den Fall erfaßt, daß die Gesellschaft bereits aufgelöst ist und ob sie ggf. die Fassung eines Fortsetzungsbeschlusses unter den verbleibenden Gesellschaftern voraussetzt, ist nicht eine Frage der Anwendbarkeit von § 138, sondern eine Frage der Vertragsauslegung. Zur Frage des § 141 bei der aufgelösten Gesellschaft vgl. § 141 Anm. 3.

5. Fünfter Titel (§§ 159 bis 160)

Beide Vorschriften sind weiter **anwendbar,** gleichgültig, wann die Verbindlichkeiten entstanden sind. § 159 betrifft also auch den in der Liquidation ausscheidenden Gesellschafter. Zur Frage, ob die Frist des § 159 Abs. 1 mit der Eintragung der Auflösung beginnt (so der Wortlaut des § 159 Abs. 2) oder erst mit der Eintragung der Vollbeendigung beginnt, vgl. § 159 Anm. 14, 27. Zur korrespondierenden Korrektur des § 160 vgl. Erl. daselbst. **36**

6. Zweiter Abschnitt (§§ 161 bis 177a)

Handelt es sich um eine **Kommanditgesellschaft,** so ist § 156 nach § 161 Abs. 2 anwendbar (vgl. Anm. 3) und verweist dann sinngemäß auch auf die Vorschriften des Zweiten Abschnitts. Das bedeutet: Anwendbar sind die Bestimmungen der §§ 161, 162, 163, 165, 166, 171, 172, 172 a, 173, 174, 175, 176, 177 a. Durch die Vorschriften über die Liquidatoren ersetzt sind die §§ 164, 170. Nur modifiziert anwendbar sind die §§ 167–169 (Gewinn und Verlust); auf die Hinweise zu §§ 120 ff. (Anm. 29) kann sinngemäß verwiesen werden. § 177 ist mit der Maßgabe anwendbar, daß der Tod eines Kommanditisten keinen zustäzlichen Auflösungsgrund schafft; die aufgelöste Gesellschaft kann also auch dann fortgesetzt werden, wenn inzwischen ein Kommanditist verstorben ist. **37**

157

(1) Nach der Beendigung der Liquidation ist das Erlöschen der Firma von den Liquidatoren zur Eintragung in das Handelsregister anzumelden.

(2) Die Bücher und Papiere der aufgelösten Gesellschaft werden einem der Gesellschafter oder einem Dritten in Verwahrung gegeben. Der Gesellschafter oder der Dritte wird in Ermangelung einer Verständigung durch das Gericht bestimmt, in dessen Bezirke die Gesellschaft ihren Sitz hat.

(3) Die Gesellschafter und deren Erben behalten das Recht auf Einsicht und Benutzung der Bücher und Papiere.

Schrifttum: Vgl. § 145.

Inhalt

	Anm.
I. Allgemeines	1–4
1. Inhalt der Vorschrift	1
2. Geltungsbereich	2
II. Anmeldung und Eintragung des Erlöschens der Firma (Abs. 1)	5–14
1. Grundsatz	5
2. Das Erlöschen der Gesellschaft	8
3. Die anmeldepflichtigen Personen	10
4. Die Anmeldung und Eintragung	11
5. Sanktionen bei Nichtbeachtung des Abs. 1	13
III. Die Aufbewahrung der Bücher und Papiere (Abs. 2)	15–24
1. Bedeutung und Geltungsbereich	15
2. Die Bestimmung des Verwahrers durch die Gesellschafter	16
3. Die Bestimmung des Verwahrers durch das Gericht	19
4. Sanktionen bei einem Verstoß gegen Abs. 2	23
IV. Die Einsicht in die Bücher (Abs. 3)	25–28
1. Bedeutung und Voraussetzungen des Rechts	25
2. Ausübung und Durchsetzung des Rechts	27
V. Nachtragsliquidation	29–30
1. Grundsatz	29
2. Notwendigkeit einzelner Abwicklungsmaßnahmen	30

I. Allgemeines

1. Inhalt der Vorschrift

1 § 157 enthält Vorschriften für die Zeit **nach Beendigung der Liquidation**. Abs. 1 bestimmt in Abweichung von §§ 29, 31 Abs. 2, 143 daß das Erlöschen der Firma von den Liquidatoren anzumelden ist. Abs. 2 und 3 regeln die Aufbewahrung der Geschäftsbücher und das Einsichtsrecht nach Beendigung der Liquidation.

2. Geltungsberich

2 a) Nur von der **Beendigung der Liquidation** ist in § 157 die Rede. Daraus wird gefolgert, daß § 157 nicht gilt, wenn i.S. von § 145 eine **andere Art der Auseinandersetzung** vereinbart ist (KG KGJ 22 A 109; 39 A 112). Auch hier wurde von *Geßler* in der 4. Aufl. noch diese Ansicht vertreten. Richtig ist folgendes: **Abs. 1** gilt kraft Verweisung in § 158 auch im Fall der anderweitigen Auseinandersetzung, sofern diese nichts anderes darstellt als eine atypische Liquidation (Anm. 7; anders die bisher h.M.; vgl. Anm. 5). Aber auch **Abs. 2** gilt sinngemäß (vgl. Anm. 15). Erfolgt die Auseinandersetzung durch Verkauf des Unternehmens, so können die Gesellschafter den Unternehmenserwerber mit der Verwahrung betrauen. Abs. 3 betrifft das Innenverhältnis. Es ist dem Willen der Gesellschafter überlassen, ob das Einsichtsrecht auch im Fall anderweitiger Verwertung unbeschränkt fortgelten soll.

3 b) Nach h.M. gilt Abs. 1 auch im **Konkurs der Gesellschaft** (a.A. Ritter Anm. 2a), weil die Vollbeendigung der Gesellschaft außerhalb des Konkursverfahrens stattfindet (Ulmer in Großkomm § 144 Anm. 10; Baumbach-Duden-Hopt § 145 Anm. 1A; a.A. Jaeger-Weber, KO, 8. Aufl. 1973, § 117 Anm. 19 [S. 217]. Anmeldepflichtig sind nach dieser h.M. die Liquidatoren, nicht der Konkursverwalter. Dem ist nur aufgrund der bedenklichen h.M. zu folgen, nach der das Konkursverfahren nur die Abwicklung gegenüber den Gläubigern und nicht auch die Liquidation der Gesellschaft umfaßt (Ulmer in Großkomm § 131 Anm. 79; vgl. auch Ritter Anm. 2a; für das ADHGB schon Delius ZHR 46 [1897] 55). Diese Auffassung wird hier bestritten (§ 145 Anm. 67). Sie beherrscht zwar die bisherige Praxis. Künftig sollte man aber den Konkursverwalter als Liquidator ansehen (vgl. § 145 Anm. 67; Karsten Schmidt Wege zum Insolvenzrecht der Unternehmen, 1990, S. 107 ff.; zuerst *ders.* KTS 1984, 345 ff.). Er hat dann auch gemäß Abs. 1 nach dem Schlußtermin das Erlöschen der Firma anzumelden (§ 145 Anm. 76).

4 c) Im **Fall des liquidationslosen Erlöschens** der Gesellschaft – der letzte Mitgesellschafter scheidet aus oder es gehen alle Anteile auf einen Gesellschafter über – gibt es keinen Unterschied zwischen der Auflösung (§ 143) und der Vollbeendigung der Gesellschaft (§ 157). Sachgerecht wäre die Eintragung: „Die Gesellschaft ist erloschen." Die Eintragung, die Gesellschaft sei aufgelöst (§ 143), wäre falsch, denn eine aufgelöste Gesellschaft existiert nicht mehr. Mißverständlich ist auch die Formulierung „Die Firma ist erloschen", denn häufig setzt der verbleibende Gesellschafter das Unternehmen mit Firma fort. Trotzdem ist dies die übliche, wohl auch nach § 31 gebotene Eintragung. Anmeldepflichtig sind die Gesellschafter (arg. § 143). Die Firma kann zugleich als einzelkaufmännische Firma wieder angemeldet werden, denn erloschen ist in Wahrheit nur die Gesellschaft. Der neue Inhaber ist als Rechtsnachfolger der Gesellschaft einzutragen. Abs. 1 ist hierbei nicht anzuwenden, weil es keine Liquidatoren gibt, aber anzuwenden ist Abs. 2.

II. Anmeldung und Eintragung des Erlöschens der Firma (Abs. 1)

1. Grundsatz

Abs. 1 dient der Registerpublizität. Nach Beendigung der Liquidation ist das Erlöschen der Firma von den Liquidatoren zur Eintragung in das Handelsregister anzumelden. Abs. 1 ist zwingendes Recht. Die Gesellschafter können nicht vereinbaren, daß das Erlöschen nicht angemeldet werden soll; sie können auch nicht bestimmen, daß das Erlöschen bereits vor der Beendigung der Liquidation angemeldet werden soll (OLG Hamburg OLGE 9, 262). Im Hinblick auf § 145 setzt dieser Wortlaut des Gesetzes voraus, daß eine **Liquidation der Gesellschaft** stattgefunden hat (Anm. 4). Haben die Gesellschafter eine **andere Art der Auseinandersetzung** vereinbart, so ist nach der hier von *Geßler* in der 4. Aufl. vertretenen Auffassung das Erlöschen der Firma nicht von den Liquidatoren anzumelden. Die Anmeldung obliege vielmehr nach §§ 31, 29 den Gesellschaftern, die die Gesellschaft auf die andere Weise beendet haben (KG KGJ 22 A 109; ebenso *Alfred Hueck* oHG § 32 VIII 1; *Heymann-Sonnenschein* Anm. 4; *Schilling* in Großkomm Anm. 3; *Baumbach-Duden-Hopt* Anm. 1 A; differenzierend *Düringer-Hachenburg-Flechtheim* Anm. 4). Nach dem bei Anm. 2, 4 Gesagten ist zu differenzieren:

aa) Eine **andere Art der Auseinandersetzung** kann darin bestehen, daß die Gesellschaft ohne Liquidation erlischt (§ 145 Anm. 32 f.). Dann folgt die Anmeldepflicht nicht aus § 157, sondern aus § 31. Zuständig sind alle Gesellschafter (vgl. Anm. 4).

bb) Eine **andere Art der Auseinandersetzung** kann auch in einer atypischen Liquidation der Gesellschaft ohne Liquidation des Unternehmens bestehen (§ 145 Anm. 38 ff. und § 158). Dann findet § 157 Anwendung. Insbesondere gilt dies, wenn das Unternehmen mit oder ohne Firma verkauft oder in eine neue Gesellschaft eingebracht wird. Wird das Unternehmen ohne Firma veräußert, so ist dies ein Normalfall des Abs. 1. Wird das Geschäft mit der Firma von einem Gesellschafter oder einem Dritten übernommen, so sind diese Tatsachen nach §§ 31 Abs. 1, 107, 143 Abs. 2 durch die Gesellschafter anzumelden. Wird mit der Firma nicht das gesamte Gesellschaftsvermögen übertragen, sondern werden einzelne Gegenstände ausgenommen oder ist die Abwicklung aus anderen Gründen noch nicht beendet, so muß die Liquidationsgesellschaft eine neue Firma annehmen und unter dieser Firma liquidieren. Für die Anmeldung des Erlöschens der neu angenommen Firma gilt dann Abs. 1.

2. Das Erlöschen der Gesellschaft

a) Die **Beendigung der Liquidation** tritt nach h. M. ein, wenn **kein aktives Geschäftsvermögen** mehr vorhanden ist, sei es, daß überhaupt kein Vermögen vorhanden war oder das vorhanden gewesene an die Gläubiger oder Gesellschafter verteilt worden ist (vgl.

§ 155 Anm. 52). Uneinbringliche Forderungen, unverwertbare Vermögensgegenstände hindern die Vollbeendigung nicht. Forderungen gegen einen Gesellschafter oder Ersatzansprüche gegen einen Liquidator hindern die Beendigung der Liquidation, wobei es nicht darauf ankommt, ob die Forderung vom Schuldner anerkannt oder bestritten wird (KG KGJ 28 A 46). Das Vorhandensein von Gesellschaftsschulden ist auf die Beendigung der Liquidation nach h. M. ohne Einfluß (KG KGJ 28 A 45; vgl. aber Ensthaler, Die Liquidation von Personengesellschaften, 1985, S. 61 ff.). Der Satz, daß die Liquidation nicht endet, bevor alle Rechtsbeziehungen abgewickelt seien (RG JW 1926, 1432), trifft daher in dieser Allgemeinheit nicht den Standpunkt der h. M.

9 b) **Stellungnahme:** Soweit die h. M. unter dem aktiven Gesellschaftsvermögen nur liquides Gesellschaftsvermögen versteht, ist ihr nicht zu folgen (vgl. § 155 Anm. 53). Nach § 149 Anm. 4, 22, 29 gehört die Vollbeendigung aller Rechtsbeziehungen der Gesellschaft zu den Aufgaben der Liquidatoren. Wie bei § 155 Anm. 17 und Anm. 21 erläutert, gehören auch Ansprüche gegen die Gesellschafter aus § 735 BGB, die zum Ausgleich von Verlusten oder zum Ausgleich der Kapitalkonten der Gesellschafter dienen, zum Gesellschaftsvermögen. Die Gesellschaft erlischt nicht, solange noch solche Ansprüche bestehen und durchsetzbar sind. Die Gesellschafter können den Ausgleich ihrer Konten zwar nach § 155 Anm. 14, 18 auch untereinander durchführen, aber Gläubiger und Schuldner der hinter dem Ausgleich stehenden Ansprüche und Verbindlichkeiten ist die Gesellschaft. Die entgegenstehende h. M. ist Ausdruck eines überholten Rechtsbilds der Personengesellschaften im allgemeinen und ihrer Liquidation im besonderen (Karsten Schmidt ZHR 153 [1989], 270 ff.). Nach der überholten Gesamthandslehre, die die Gesellschafter als Inhaber des Gesellschaftsvermögens ansieht (§ 124 Anm. 1), kann es auch in der Liquidation nur um die Verteilung dieses Sondervermögens an Gläubiger und Gesellschafter gehen, während die Abwicklungsrechtsverhältnisse Rechtsverhältnisse der Gesellschafter sind. Diese traditionelle Auffassung nimmt folgende Gesichtspunke nicht hinreichend zur Kenntnis: Die Gesellschaft ist Trägerin aller auf das Gesellschaftsvermögen bezogenen Rechte und Pflichten (§ 124 Anm. 10, 16); die Kapitalkonten der Gesellschafter sind Ausdruck von Forderungen und Verbindlichkeiten der Gesellschaft zu den Gesellschaftern, nicht der Gesellschafter untereinander (vgl. dazu § 120 Anm. 25 ff.); es geht bei der Vollbeendigung der oHG oder KG nicht nur um die Verteilung eines liquiden Sondervermögens, sondern um die Beseitigung eines Rechtsträgers, und diese setzt die vollständige Abwicklung seiner Rechtsverhältnisse voraus (vgl. § 149 Anm. 22, 29). Deshalb ist mit § 155 Anm. 53 festzuhalten: Solange die Gesellschaft noch werthaltige Ansprüche nach § 735 BGB hat, ist sie nicht erloschen.

3. Die anmeldepflichtigen Personen

10 Anzumelden haben **die Liquidatoren**, und zwar müssen sämtliche Liquidatoren mitwirken; es genügt nicht die Anmeldung durch eine vertretungsberechtigte Anzahl von ihnen (Düringer-Hachenburg-Flechtheim Anm. 4; Schilling in Großkomm Anm. 6). Neben den Liquidatoren haben die Gesellschafter als solche (d. h. sofern sie nicht Liquidatoren sind) weder das Recht noch die Pflicht anzumelden (Ritter Anm. 2 b; Schilling in Großkomm Anm. 6). Die von ihnen gleichwohl erfolgte Anmeldung genügt aber, wenn die Liquidation beendet ist (Schilling in Großkomm Anm. 6). Nach Schlußverteilung im Konkurs ist der Konkursverwalter anmeldungspflichtig (Anm. 3; anders h. M).

4. Die Anmeldung und Eintragung

a) Für die Anmeldung gilt § 12 (vgl. Erl. dort). Anzumelden ist das **Erlöschen der** **11** **Firma**, nicht die Beendigung der Liquidation. Der Sache nach geht es bei Abs. 1 allerdings um die Vollbeendigung der Gesellschaft als Rechtsträger, aber der Gesetzeswortlaut zwingt zu der nicht ganz sachgemäßen Formulierung von Anmeldung und Eintragung. Ist die oHG überhaupt noch nicht eingetragen, aber nach § 123 Abs. 2 doch schon „wirksam", so ist doch das Erlöschen der Firma eine eintragungspflichtige Tatsache (wichtig im Hinblick auf die Haftung nach § 15 Abs. 1; str.; a. M. hier Geßler in der 4. Aufl.). Der Zeitpunkt der Beendigung der Liquidation ist unerheblich; er ist weder anzumelden noch einzutragen. Streitig ist, in welchem Umfang der Registerrichter berechtigt und verpflichtet ist, die Richtigkeit der Anmeldung nachzuprüfen. Die Ansicht, daß er die Richtigkeit nicht zu prüfen habe (KG KGJ 22 A 107) und sie nur ablehnen dürfe, wenn die Unrichtigkeit gerichtskundig ist (OLG Hamburg OLGE 9, 262), ist abzulehnen. Der Registerrichter kann den Nachweis, daß die Liquidation beendet ist, verlangen, wenn er an der Wahrheit der Erklärung Zweifel hat (ebenso Schilling Großkomm Anm. 9; a. M. Düringer-Hachenburg-Flechtheim Anm. 5). Wegen des Schutzes gutgläubiger Dritter bei Nichteintragung des Erlöschens der Firma vgl. § 15 (RGZ 127, 98, 99).

b) Die Eintragung des Erlöschens der Firma im Handelsregister hat nur **deklaratorische** **12** **Bedeutung** (RG JW 1929, 1432; 1930, 3743; BGH NJW 1979, 1987; BayObLG BB 1983, 82; KG KGJ 28 A 44; 41 A 138; Baumbach-Duden-Hopt Anm. 1 C). Ist die Liquidation tatsächlich noch nicht beendet, so kann die Gesellschaft noch unter ihrer alten bereits gelöschten Firma klagen und verklagt werden. Die Gesellschaft besteht noch (RGZ 155, 42, 44). Es muß dann nur die unrichtige Eintragung nach § 142 FGG im Handelsregister gelöscht werden (KG KGJ 28 A 44; 34 A 125), und es findet eine Nachtragsliquidation statt (dazu eingehend § 155 Anm. 56 f.).

5. Sanktionen bei Nichtbeachtung des Abs. 1

a) Liquidatoren, die der Anmeldungspflicht nach Abs. 1 nicht nachkommen, können **13** durch **Ordnungsstrafen nach § 14** zu pflichtgemäßer Anmeldung angehalten werden (Schilling in Großkomm Anm. 8). Sie machen sich außerdem im Hinblick auf das fortbestehende Haftungsrisiko den Gesellschaftern gegenüber schadensersatzpflichtig und können von diesen auch auf Vornahme der Anmeldung verklagt werden.

b) Die **privatrechtlichen Folgen der Nichteintragung** bzw. Nichtbekanntmachung ge- **14** genüber Dritten ergeben sich aus § 15 (RG JW 1930, 3743; Schilling in Großkomm Anm. 12). Hat etwa ein Dritter gegen eine nur noch scheinbar bestehende, weil noch nicht gelöschte, Gesellschaft geklagt und einen Titel erstritten, so gilt dies im Verhältnis zum gutgläubigen Kläger wie die Klage gegen die noch vorhandene Gesellschaft (RGZ 127, 98, 99 = JW 1930, 2656 m. Anm. Bondi; Schilling in Großkomm Anm. 12). Es wird also die Verjährung nach § 160 unterbrochen, und gegenüber den bisherigen Gesellschaftern gilt § 129.

III. Die Aufbewahrung der Bücher und Papiere (Abs. 2)

1. Bedeutung und Geltungsbereich

15 Nach § 257 ist ein Kaufmann verpflichtet, seine Handelsbücher und sonstigen Unterlagen bis zum Ablauf von 10 bzw. 6 Kalenderjahren aufzubewahren. Dies wäre im Fall des § 157 die Gesellschaft, für die der geschäftsführende Gesellschafter handeln müßte. Im Fall des § 157 ist regelmäßig (nämlich wenn die Gesellschaft nicht bloß scheinbar vollbeendigt ist), keine Gesellschaft und kein geschäftsführender Gesellschafter mehr vorhanden. Abs. 2 hilft diesem Mangel ab (vgl. zum Normzweck des Abs. 2 auch Heymann-Sonnenschein Anm. 6). Die Vorschrift bezieht sich auf alle Bücher und Papiere, für die nach § 257 eine Aufbewahrungspflicht besteht. Entgegen der in der 4. Aufl. von *Geßler* vertretenen Auffassung ist die Bestimmung unabhängig davon anzuwenden, ob die Vollbeendigung in der Terminologie des § 145 durch **Liquidation** oder durch eine **andere Art der Auseinandersetzung** herbeigeführt worden ist, denn es geht nur um die Aufbewahrung im Fall der Vollbeendigung einer aufgelösten Gesellschaft. Das ist heute ganz h.M. (vgl. Baumbach-Duden-Hopt Anm. 2A; Heymann-Sonnenschein Anm. 6; s. auch RGZ 43, 133). Auch wenn sich die Gesellschafter das Gesellschaftsvermögen durch Spaltung des Unternehmens geteilt haben, gilt Abs. 2 (insofern im Ergebnis übereinst. Geßler in der 4. Aufl.; a.M. Ritter Anm. 3). Problemlos gilt deshalb Abs. 2 auch bei masselosen Abwicklungen, also dann, wenn eine Gläubigerbefriedigung und Verteilung von Aktivvermögen an die Gesellschafter nicht stattgefunden hat (auch hierin übereinst. Geßler in der 4. Aufl.). Wurde während der Liquidation der Konkurs eröffnet und die Gesellschaft konkursmäßig abgewickelt, so gilt nach KG OLGE 19, 317 Abs. 2 sinngemäß (zust. Schilling in Großkomm Anm. 13; Baumbach-Duden-Hopt Anm. 2A). Allgemein wird man Abs. 2 anwenden müssen, wenn ein Konkursverfahren über das Gesellschaftsvermögen nach vollständiger Verteilung aufgehoben wurde (vgl. OLG Stutgart ZIP 1984, 1385; Kuhn-Uhlenbruck, KO, 10. Aufl. 1986, § 163 Anm. 12; vgl. zur Antragsberechtigung Anm. 20).

2. Die Bestimmung des Verwahrers durch die Gesellschafter

16 a) **Verwahrer** kann ein Gesellschafter oder ein Dritter sein. Als Verwahrer kommen natürliche oder juristische Personen in Betracht, aber auch eine oHG oder KG. Die Bestimmung des Verwahrers erfolgt durch die Gesellschafter, hilfsweise, also in Ermangelung einer Verständigung, durch das Gericht (vgl. Wortlaut des Abs. 2).

17 b) Die **Verständigung unter den Gesellschaftern** erfolgt nach allgemeinen Grundsätzen durch Beschluß (§ 119). Sie kann vor oder nach der Auflösung stattfinden, sie kann sogar bereits im Gesellschaftsvertrag enthalten sein. An Stelle eines verstorbenen Gesellschafters wirken seine Erben mit (die aber entsprechend § 146 Abs. 1 Satz 2 nur eine Stimme abgeben können). Die Liquidatoren nehmen als solche (also sofern sie nicht Gesellschafter sind), an der Bestimmung nicht teil, ebenso nicht der Privatgläubiger eines Gesellschafters oder der Gläubiger, dem das Auseinandersetzungsguthaben von einem Gesellschafter abgetreten worden ist. Der Konkursverwalter im Konkurs eines Gesellschafters übt für diesen das Stimmrecht auch im Fall des Abs. 2 aus (für ein Stimmrecht beider Düringer-Hachenburg-Flechtheim Anm. 10; Schilling in Großkomm Anm. 14; anders hier noch Geßler in der 4. Aufl.). Wird das Unternehmen im Zuge der Auseinandersetzung an einen Mitgesellschafter oder an einen Dritten veräußert, so ist es zweckmäßig und entspricht im Zweifel dem Willen der Beteiligten, daß der Unternehmenserwerber auch die Verwahrung übernimmt (vgl. RGZ 43, 133, 135; OLG Hamburg BB 1972, 417; Baumbach-Duden-Hopt Anm. 2 A).

c) Die Gesellschafter begründen im Verhältnis zu dem Verwahrer ein entgeltliches oder unentgeltliches **Verwahrungsverhältnis** i. S. der §§ 688 ff. BGB. Wird die Verwahrung von ihm nicht übernommen, so müssen die Gesellschafter einen neuen Verwahrer bestellen oder sich die Bestellung durch das Gericht gefallen lassen. Das Verwahrungsverhältnis kann auch stillschweigend dadurch zustandekommen, daß die zum Verwahrer bestimmte Person die Aufgabe aufgrund der Bestellung übernimmt. Die Liquidatoren müssen die Bücher und Papiere an die von den Gesellschaftern bestimmte Person herausgeben (a. M. Ritter Anm. 3 a, der das als Aufgabe der Gesellschafter ansieht). Einen Anspruch auf Herausgabe hat der Verwahrer nicht, der Anspruch steht allein den Gesellschaftern zu. Wenn der Verwahrer Gesellschafter ist, haftet er nur für die in eigenen Angelegenheiten geübte Sorgfalt (vgl. § 708 BGB). Die Aufbewahrung steht in diesem Fall in so engem Zusammenhang mit dem früheren Gesellschaftsverhältnis, daß der Gesellschafter nicht strenger haften kann. Ist der Verwahrer Nichtgesellschafter, so richtet sich die Haftung danach, ob er die Verwahrung entgeltlich oder unentgeltlich übernommen hat (§ 690 BGB). Für die Verwahrungsdauer gilt § 257.

3. Die Bestimmung des Verwahrers durch das Gericht

a) Wenn sich die Gesellschafter nicht einigen können, bestimmt das **Gericht** den Verwahrer (**Abs. 2 Satz 2**). Es handelt sich gemäß § 145 FGG um ein Verfahren der freiwilligen Gerichtsbarkeit. Zuständig ist das Amtsgericht, und zwar das Gericht, in dessen Bezirk die Gesellschaft ihren Sitz hat. Es ist nicht als Registergericht, sondern als Spruchkörper im Verfahren der freiwilligen Gerichtsbarkeit zuständig. Die Zuständigkeit ist eine ausschließliche. Entscheidungen des Prozeßgerichts über die Bestimmung des Verwahres – auch einstweilige Verfügungen! – sind unzulässig. Im einzelnen gelten für das Verfahren die Bestimmungen des FGG (§§ 12, 145, 146).

b) **Antragsberechtigt** sind die Gesellschafter bzw. die Erben eines Gesellschafters. Im Konkurs eines Gesellschafters übt der Konkursverwalter das Recht aus (Düringer-Hachenburg-Flechtheim Anm. 11; wohl auch Schilling in Großkomm. Anm. 14; anders hier noch Geßler in der 4. Aufl.). Außerdem kann jeder Liquidator den Antrag stellen, denn er muß die Möglichkeit haben, sich der Bücher, die sich zunächst in seiner Verwahrung befinden, nach Beendigung der Liquidation zu entledigen (Düringer-Hachenburg-Flechtheim Anm. 11; Schilling in Großkomm. Anm. 14; Alfred Hueck oHG § 32 VIII 2; a. M. ohne Grund Ritter Anm. 3 aa). Bei konkursmäßiger Vollabwicklung des Gesellschaftsvermögens hat auch der Konkursverwalter der Gesellschaft das Antragsrecht (OLG Stuttgart ZIP 1984, 1385; Jaeger-Weber, KO, 8. Aufl. 1973, § 117

Anm. 19 [S. 217]; Kuhn-Uhlenbruck, KO, 10. Aufl. 1986, § 163 Anm. 12; a. M. Kalter KTS 1960, 69). Die sonst nach § 146 Abs. 2, 3 bei der Liquidation beteiligten Personen haben dagegen kein Antragsrecht (str.). Der Antragsteller braucht einen Verwahrer nicht zu benennen, die Auswahl erfolgt durch das Gericht nach Anhörung aller Beteiligten (OLG Dresden OLGE 19, 316; KG ebenda S. 318). Gegen den eigenen Willen kann jedenfalls kein Dritter zum Verwahrer bestellt werden. Die Gesellschafter können sich auch noch während des Verfahrens auf einen von ihnen selbst ernannten Verwahrer einigen und auch einen vom Gericht schon ernannten Verwahrer ohne wichtigen Grund durch einstimmige Bestellung eines neuen Verwahrers abberufen.

21 c) Das Gericht **entscheidet** nach Anhörung der Beteiligten durch eine Verfügung i. S. des § 16 FGG (vgl. § 146 Abs. 1 FGG). Gegen die Verfügung ist das Rechtsmittel der sofortigen Beschwerde statthaft (§ 146 Abs. 2 FGG). Zuständig ist allerdings gemäß § 3 Nr. 2 d RPflG der Rechtspfleger, so daß der Rechtsbehelf des § 11 RPflG vorauszugehen hat.

22 d) Zwischen dem Verwahrer und den Gesellschaftern kommt nach h. M. auch hier ein **Verwahrungsvertrag** zustande, und zwar durch die gerichtliche Anordnung und durch Annahmeerklärung des Verwahrers. Für die Vergütung gilt § 689 BGB (Schilling in Großkomm Anm. 14; Baumbach-Duden-Hopt Anm. 2B). Sie ist von den Gesellschaftern zu zahlen, die dafür persönlich und gesamtschuldnerisch haften. Bei der Bestellung muß das Gericht dafür sorgen, daß den Gesellschaftern nicht unnötige Kosten entstehen. Die Festsetzung der Vergütung steht dem Gericht nach h. M. nicht zu (KG OLGE 19, 318). Streitig ist, ob es die Bestellung von der Leistung eines Kostenvorschusses abhängig machen kann (vgl. KG OLGE 19, 317, gegen OLG Dresden ebenda S. 316, 317). Die Kosten der Verwahrung fallen im Innenverhältnis der Gesellschaft zur Last; diese muß bei der Schlußverteilung einen ausreichenden Betrag zurückbehalten (Düringer-Hachenburg-Flechtheim Anm. 12; Schilling in Großkomm Anm. 14; a. M. Ritter Anm. 3 b cc). Ist dies nicht geschehen, so müssen sich die Gesellschafter untereinander nach Maßgabe ihrer Liquidationsquoten als Gesamtschuldner ausgleichen.

4. Sanktionen bei einem Verstoß gegen Abs. 2

23 a) Niemand – auch kein Gesellschafter – ist **kraft Gesetzes** verwahrungspflichtig oder kann gegen seinen Willen zur Verwahrung verpflichtet werden (Schilling in Großkomm Anm. 14; s. auch die zu § 74 GmbHG ergangenen Entscheidungen OLG Stuttgart ZIP 1984, 1385; LG Hanover KTS 1973, 191 m. Anm. Skrotzki). Insbesondere trifft auch die Liquidatoren keine Aufbewahrungspflicht (Delius ZHR 46 [1887], 56; s. auch BayObLG NJW 1968, 56). Ist ein Verwahrer bestellt, so können die Liquidatoren auf Herausgabe an ihn verklagt werden (vgl. BayObLG NJW 1968, 56).

24 b) Der Verwahrer kann sich nach § 283b Abs. 1 Nr. 2 StGB **strafbar** machen, wenn er die Aufbewahrungspflichten verletzt. Es besteht aber kein staatlicher Zwang, die Bücher entgegenzunehmen oder aufzubewahren (vgl., bezogen auf die GmbH, OLG Stuttgart ZIP 1984, 1385; LG Hannover KTS 1973, 191 m. Anm. Skrotzki). Aber auch eine Bestrafung kommt, wenn nicht die Strafbarkeitsbedingung der §§ 283 Abs 6, 283b Abs. 3 StGB eingetreten ist, nicht in Betracht (LG Hannover a. a. O.; Baumbach-Hueck GmbHG § 74 Anm. 10).

IV. Die Einsicht in die Bücher (Abs. 3)

1. Bedeutung und Voraussetzungen des Rechts

a) Abs. 3 sorgt dafür daß die **Informationsrechte der Gesellschafter** (§ 118, für Kommanditisten § 166) die Vollbeendigung der Gesellschaft überdauern. Die Gesellschafter und deren Erben behalten das Recht auf Einsicht und Benutzung der Bücher und Papiere. Das Recht steht jedem Gesellschafter zu, der bei Beendigung der Liquidation der Gesellschaft angehört hat, nicht dagegen dem, der vorzeitig ausgeschieden ist (übereinstimmend Heymann-Sonnenschein Anm. 7). Keine Rolle spielt es, ob der Gesellschafter während des Bestehens der Gesellschaft von der Geschäftsführung ausgeschlossen war und ob sein Einsichtsrecht nach § 118 beschränkt war. Solche Bestimmungen des Gesellschaftsvertrages sollen sich ihrem Sinn und Zweck nach nur auf die werbende Gesellschaft beziehen und haben jetzt keine Wirkung mehr (vgl. auch § 156 Anm. 13). Auch aus dem Wort „behalten" kann nicht abgeleitet werden, daß Einschränkungen des Auskunftsrechts fortwirken (ebenso wohl Baumbach-Duden-Hopt Anm. 3; s. aber Ritter Anm. 2; Schilling in Großkomm Anm. 15; Düringer-Hachenburg-Flechtheim Anm. 14). Nach h. M. braucht der ehemalige Gesellschafter ein rechtliches oder wirtschaftliches Interesse an der Einsichtnahme nicht darzulegen (Schilling in Großkomm Anm. 16; Baumbach-Duden-Hopt Anm. 3; Heymann-Sonnenschein Anm 7; a.A. RGZ 43, 133, 135). Dem ist im Grundsatz zuzustimmen. Da aber das Informationsinteresse stillschweigende Voraussetzung eines jeden gesellschaftsrechtlichen Informationsrechts ist (Karsten Schmidt, Informationsrechte in Gesellschaften und Verbänden, 1984, S. 35 ff.) muß das Informationsrecht dem Gesellschafter versagt werden, wenn es im konkreten Fall an einem Informationsinteresse fehlt.

b) **Andere Personen**, z.B. der gemeinschaftliche Vertreter der Erben, der Privatgläubiger, die Liquidatoren, die Gesellschaftsgläubiger, haben kein Einsichtsrecht nach § 157 Abs. 3. Ihre Rechte richten sich nach § 810 BGB (h.M.; vgl. Heymann-Emmerich Anm. 6). Umstritten ist, ob dem Verwalter im Konkurs eines ehemaligen Gesellschafters das Informationsrecht des Abs. 3 zusteht (bejahend Schilling in Großkomm Anm. 15; Baumbach-Duden-Hopt Anm. 3; verneinend hier Geßler in der 4. Aufl. Anm. 12; Ritter Anm. 4). Die Frage ist so, wie sie hier in der 4. Aufl. gestellt und verneint wurde, irreführend. Das Informationsrecht steht dem ehemaligen Gesellschafter zu; aber es wird nur, sofern Interessen der Konkursmasse betroffen sind, vom Konkursverwalter ausgeübt. In diesem Sinne ist das „Informationsrecht des Konkursverwalters" zu bejahen.

2. Ausübung und Durchsetzung des Rechts

a) **Inhaber des Informationsrechts** ist der, der auch Inhaber der fortwirkenden mitgliedschaftlichen Rechte sein kann, also der Gesellschafter der bisherigen Gesellschaft bzw. dessen Erbe. Von dieser Frage muß die nach der persönlichen Ausübung unterschieden werden. Grundsätzlich ist das Einsichtsrecht von den Gesellschaftern bzw. den Erben persönlich auszuüben. Das Recht ist nicht abtretbar, auch nicht zusammen mit dem Auseinandersetzungsguthaben. Die Ausübung durch einen Vertreter ist nur zulässig, wenn besondere Umstände dies fordern. Sachverständige können hinzugezogen werden

§ 158　　　2. Buch. 1. Abschnitt. Offene Handelsgesellschaft

(RGZ 25, 88; s. auch RG JW 1907, 523). Im Konkurs des ehemaligen Gesellschafters macht der Konkursverwalter dessen Recht geltend (Anm. 26). Zeit und Ort der Einsicht sowie deren Dauer bestimmt der Verwahrer unter Berücksichtigung des Informationsinteresses des ehemaligen Gesellschafters. Die Einsicht an einem anderen Ort als dem Geschäftslokal des Verwahrers kann verlangt werden, wenn die Gesellschafter einverstanden sind oder ein wichtiger Grund dafür vorliegt (vgl. sinngemäß § 811 BGB).

28　b) Die **Rechtsdurchsetzung** geschieht mit allgemeinen zivilprozessualen Mitteln (Leistungsklage, u. U. auch einstweilige Regelungsverfügung). Das nachwirkende Informationsrecht begründet eine schuldrechtliche Sonderrechtsbeziehung zwischen dem Berechtigten und dem Verpflichteten. Eine vom Verpflichteten nach §§ 276, 278 BGB zu vertretende Nicht- oder Schlechterfüllung dieser Pflicht kann zu Schadensersatzansprüchen führen.

V. Nachtragsliquidation

1. Grundsatz

29　Ist noch Aktivvermögen vorhanden, so ist die Gesellschaft nur scheinbar erloschen (§ 155 Anm. 56). Die Löschungseintragung ist unrichtig (Anm. 12). Die Gesellschaft besteht als Liquidationsgesellschaft fort. Eine Fortsetzung nach § 131 Anm. 60 ff. wird allerdings regelmäßig nicht mehr in Betracht kommen. Es findet eine Nachtragsliquidation statt (§ 155 Anm. 56). Soweit allerdings nur noch Abwicklungsansprüche der Gesellschafter auszugleichen sind (§§ 733–735 BGB), können diese die Ausgleichung auch untereinander vornehmen (§ 155 Anm. 55). Ist dies geschehen, so erlischt die Gesellschaft.

2. Notwendigkeit einzelner Abwicklungsmaßnahmen

30　Soweit kein Aktivvermögen mehr vorhanden ist, sondern nur noch einzelne Abwicklungsmaßnahmen erforderlich sind (z. B. die Erteilung von Löschungsbewilligungen, Zeugnissen etc.), sind hierfür diejenigen Personen zuständig, die nach Abs. 2 die Bücher und Papiere verwahren (vgl. § 155 Anm. 57).

---

158 Vereinbaren die Gesellschafter statt der Liquidation eine andere Art der Auseinandersetzung, so finden, solange noch ungeteiltes Gesellschaftsvermögen vorhanden ist, im Verhältnisse zu Dritten die für die Liquidation geltenden Vorschriften entsprechende Anwendung.

Schrifttum: Vgl. § 145

Inhalt

	Anm.		Anm.
I. Normzweck	1–5	II. Die Anwendungsbereiche	6–10
1. Traditionelle Deutung des § 158	1	1. OHG oder KG	6
2. Systematische Deutung: § 158 als überflüssige Klarstellungsregel	3	2. Auflösung und Auseinandersetzung	7

	Anm.		Anm.
3. Vereinbarung einer anderen Auseinandersetzung	8	III. Die anzuwendenden Vorschriften	11–13
		1. Innenverhältnis	11
4. Vorhandensein von Gesellschaftsvermögen	10	2. Außenverhältnis	12
		IV. Eintragung und Vollbeendigung	14

I. Normzweck

1. Traditionelle Deutung des § 158

a) Nach § 145 können die Gesellschafter anstelle der Liquidation eine **andere Art der Auseinandersetzung** vereinbaren (zur Bedeutung dieser Vereinbarung vgl. § 145 Anm. ff.). Die Vereinbarung können die Gesellschafter vor der Auflösung treffen und damit die Liquidation von vornherein ausschließen. Sie können die andere Art der Auseinandersetzung aber auch erst nach der Auflösung verabreden. Wie bei § 145 Anm. 4 ff. dargestellt wird, hat der Begriff der „anderen Art der Auseinandersetzung" eine sehr unterschiedliche Bedeutung, denn gemeint ist teils, daß das Liquidationsverfahren durch eine einfache Vollbeendigung der Gesellschaft ersetzt wird; teils ist aber auch gemeint, daß die Gesellschaft liquidiert und nur die Zerschlagung des Unternehmens vermieden wird. Dieser Gegensatz wirkt sich auch bei § 158 aus. Nach der hier in der 4. Auflage von *Geßler* vertretenen Auffassung kann die Vereinbarung einer anderen Auseinandersetzungsart die Vollbeendigung der oHG zugleich mit der Auflösung bzw. mit der Vereinbarung herbeiführen, z.B. wenn das Handelsgeschäft mit Aktiven und Passiven zugleich mit der Auflösung auf einen Gesellschafter übergehen und die Gegenleistung an die einzelnen Gesellschafter fallen soll. In diesem Fall sei § 158 gegenstandslos. Die andere Art der Auseinandersetzung könne aber auch besonderer Ausführungshandlungen bedürfen, und es könne auch nach ihrer Ausführung noch ungeteiltes Gesellschaftsvermögen vorhanden sein. In diesen Fällen sei die Gesellschaft trotz der Auflösung und der Vereinbarung einer andern Auseinandersetzung noch nicht beendet. Solange aber die oHG noch bestehe, müsse auch eine Zugriffsmöglichkeit auf das ungeteilte Gesellschaftsvermögen gewährleistet sein. Die gesetzliche Grundlage hierzu schaffe § 158, indem er bestimme, daß während dieser Übergangszeit bis zur Teilung des Gesellschaftsvermögens im Verhältnis zu Dritten die für die Liquidation geltenden Vorschriften entsprechende Anwendung finden sollen (vgl. auch KG OLGE 43, 289; OLG Hamm DB 1981, 518 f.). **1**

b) Diese traditionelle Deutung entspricht der **Vorstellung der Gesetzesverfasser**. Die Gesetzesverfasser gingen davon aus, daß nur für die Liquidation, aber nicht für eine andere Art der Auseinandersetzung nach § 156 die Vorschriften des zweiten und dritten Teils anwendbar bleiben (Denkschrift II S. 279 = Schubert-Schmiedel-Krampe Materialien II/2 S. 1039). Für den Fall, daß nach § 145 eine ander Art der Auseinandersetzung vereinbart sei, sei dies nicht geregelt, und offen bleibe insbesondere, ob auch in diesem Fall die Gesellschaft noch unter ihrer Firma klagen und verklagt werden könne. Dies sei zweifelhaft. Nach § 158 solle nun dafür gesorgt werden, daß im Verhältnis zu Dritten die Liquidationsregeln entsprechende Anwendung finden, solange noch ungeteiltes Vermögen vorhanden sei. Die Gesellschaft gelte einstweilen als fortbestehend, die Gesellschafter seien als Liquidatoren zur Vertretung berechtigt, und es seien Klagen **2** und Vollstreckungen gegen die aufgelöste Gesellschaft zulässig. Allerdings finde keine Eintragung der Liquidatoren im Handelsregister statt.

2. Systematische Deutung: § 158 als überflüssige Klarstellungsregel

3 a) § 158 ist eine **bedeutunglose Bestimmung.** Das zeigt sich, wenn man richtig zwischen den **unterschiedlichen Bedeutungen des Begriffs der anderen Art der Auseinandersetzung** unterscheidet (§ 145 Anm. 4 ff.):

4 b) aa) Soweit die andere Art der Auseinandersetzung zum **liquidationslosen Erlöschen** der Gesellschaft führt, ist mit der Vorauflage anzunehmen, daß § 158 gegenstandslos ist. Erlischt die Gesellschaft (z.B. weil alle Anteile auf einen Gesellschafter übertragen werden oder weil alle Mitgesellschafter ausscheiden), so ist keine Gesellschaft und kein Gesellschaftsvermögen mehr vorhanden. Die Anwendung von Liquidationsregeln kommt von vornherein nicht in Betracht.

5 bb) Soweit die andere Art der Auseinandersetzung nichts anderes ist als eine Abweichung von den Liquidationsvorschriften (z.B. Gesamtverkauf des Unternehmens oder seine Einbringung in eine Auffanggesellschaft), so stellt die ander Art der Abwicklung nichts anderes dar als eine **atypische Durchführung des Liquidationsverfahrens.** Es wird zwar nicht das Unternehmen liquidiert, wohl aber die Gesellschaft. Dies ist ein ganz normaler Fall des § 156. Will man § 158 in diesem Fall einen eigenen Sinn abgewinnen, dann den, daß eine andere Art der Auseinandersetzung die Abwicklung der Gesellschaft nur überflüssig macht, wenn die Gesellschaft durch diese Auseinandersetzung erlischt. Erlischt sie nicht, so unterliegt sie den (nach § 158 „entsprechend" anzuwendenden) Liquidationsregeln. § 158 ist in diesem Fall also zwar nicht gegenstandslos, aber doch überflüssig. Wenn die h.M. die Vorschrift, da sie einmal vorhanden ist, anwendet, dann läßt sich dies nur mit der Rechtsfigur der Spezialität rechtfertigen: § 158 ist eine Spezialregelung im Verhältnis zu § 156.

II. Die Anwendungsbereiche

1. OHG oder KG

6 Die Bestimmung gilt für die oHG und nach § 161 Abs. 2 auch für die Kommanditgesellschaft. Eine Anwendung auf die unternehmenstragende Gesellschaft bürgerlichen Rechts wäre zu erwägen (vgl. zu diesem Sondertypus § 105 Anm. 245, § 123 Anm. 14 ff.; Karsten Schmidt Gesellschaftsrecht § 58 V). Aber bei einer überflüssigen Norm lohnt sich der argumentative Aufwand nicht. Die Anwendung des § 730 Abs. 2 BGB genügt.

2. Auflösung und Auseinandersetzung

7 § 158 gilt nur, wenn die Gesellschaft **aufgelöst** ist und der Auseinandersetzung bedarf. Die Vorschrift gilt nicht, wenn sich die oHG oder KG in eine Gesellschaft bürgerlichen Rechts verwandelt. Sie gilt auch nicht im Konkurs der oHG, denn hier steht unabhängig von § 158 fest, daß die Gesellschaft fortbesteht und noch der konkursrechtlichen Auseinandersetzung bedarf.

3. Vereinbarung einer anderen Auseinandersetzung

a) § 158 greift nur ein, wenn die Gesellschafter vor oder nach der Auflösung eine **8** andere Art der Auseinandersetzung vereinbart haben (dazu § 145 Anm. 31 ff.). Nach Anm. 3 kann es sich dabei nur um die Fälle einer anderen Art der Auseinandersetzung handeln, in denen zwar die Liquidation des Unternehmens, nicht aber die Liquidation der Gesellschaft unterbleibt. Nach dem Willen der Gesetzesverfasser (Denkschrift a. a. O.) soll § 158 auch anwendbar sein, wenn zwar die Liquidation ausgeschlossen ist, eine bestimmte Entschließung über die andere Art der Auseinandersetzung aber noch nicht getroffen ist. In der Rechtslehre ist streitig, ob diese Ansicht der Denkschrift dem Gesetz entspricht (verneinend Alfred Hueck oHG § 31 VI Fn. 28; Schilling in Großkomm Anm. 2; Staub-Pinner 14. Aufl. Anm. 2; Düringer-Hachenburg-Flechtheim Anm. 2; differenzierend Geßler in der 4. Aufl. Anm. 29). Nach der hier bei Anm. 3 vertretenen Auffassung hat die Frage nur theoretische Bedeutung. Mit dieser Maßgabe ist aber der Denkschrift zuzustimmen. Stellt § 158 lediglich klar, daß die Liquidationsvorschriften im Außenverhältnis zwingend sind, so ist es eine Selbstverständlichkeit, daß § 158 überall da gilt, wo im Innenverhältnis irgendeine von §§ 145 ff. abweichende Abrede getroffen worden ist.

b) Einer Anwendung des § 158 bedarf es **nicht**, wenn **nur hinsichtlich einzelner Gegen-** **9** **stände**, nicht aber hinsichtlich des gesamten Gesellschaftsvermögens von §§ 145 ff. abgewichen wird, denn dann findet im übrigen das statt, was das Gesetz als Liquidation bezeichnet. Haben die Gesellschafter von der Übertragung oder dem Verkauf des Handelsgeschäfts einzelne Gegenstände ausgenommen, findet § 158 keine Anwendung. Bezüglich dieser Gegenstände fehlt es an der Vereinbarung einer anderen Auseinandersetzung. Für sie findet eine Liquidation statt (LG Hamburg HansRZ 1927, 745).

4. Vorhandensein von Gesellschaftsvermögen

Weitere Voraussetzung ist das **Vorhandensein von ungeteiltem Gesellschaftsvermö-** **10** **gen**. Nur in diesem Fall ist noch ein sachliches Substrat vorhanden, das das vorläufige Bestehenbleiben der Gesellschaft nach außen rechtfertigt und gebietet. Ob noch ungeteiltes Gesellschaftsvermögen vorhanden ist, richtet sich jeweils nach der vereinbarten Art der Auseinandersetzung. Es kann vorhanden sein, weil diese besonderer Ausführungshandlungen, z.B. der Auflassung, Eintragung, Übergabe, Abtretung der einzelnen Vermögensgegenstände, bedarf. Es kann aber auch durch die Ausführung erst entstanden sein, z.B. die an die Gesellschaft gehende Gegenleistung bei der Veräußerung von Vermögensgegenständen. Dies gilt auch für die Veräußerung des Unternehmens im ganzen. § 156 und nicht § 158 greift nach h.M. ein, wenn die Vereinbarung über die andere Art der Auseinandersetzung angefochten wird und damit das übertragene Vermögen an die Gesellschaft zurückfällt. Dann muß mangels einer Vereinbarung liquidiert werden (Vgl. Düringer-Hachenburg-Flechtheim Anm. 3; für den Fall des Rücktritts KG OLGE 43, 291). Wird nur die Vermögensübertragung als solche, nicht auch die Abrede über die Auseinandersetzung, angefochten, ist dagegen § 158 gegeben, und es bedarf nur eines neuen Vollzugs der Auseinandersetzung. Praktische Bedeutung hat dieser Gegensatz nicht.

III. Die anzuwendenden Vorschriften

1. Innenverhältnis

11 Das Verhältnis der Gesellschafter zueinander bestimmt sich nach den aus der gewählten Auseinandersetzungsart jeweils sich ergebenden Erfordernissen. Die Liquidationsvorschriften sind teilweise abbedungen. Die **Vereinbarungen der Gesellschafter untereinander** haben insoweit Vorrang (§ 145 Anm. 9). Im übrigen muß aber auch hier bedacht werden, daß das Abwicklungsverfahren im Fall des § 158 eine echte Liquidation der Gesellschaft ist (anders die hergebrachte Auffassung). Zwingende Regeln des Liquidationsrechts (z. B. §§ 153–155) haben Vorrang.

2. Außenverhältnis

12 a) Im Verhältnis zu Dritten finden die für die Liquidation geltenden Vorschriften Anwendung. Die **Gesellschaft** besteht nach außen zum Zwecke der Liquidation fort. Alle Vorschriften für die werbende Gesellschaft, die das Verhältnis nach außen behandeln und nach § 156 für die Liquidationsgesellschaft anwendbar sind, kommen zum Zuge, namentlich also §§ 124, 128, 129. Solange noch ungeteiltes Gesellschaftsvermögen vorhanden ist, führt die Gesellschaft auch ihre alte Firma fort. Erst wenn dieses geteilt ist, ist das Erlöschen der Firma nach § 31 Abs. 2 anzumelden, und zwar von sämtlichen Gesellschaftern. Haben die Gesellschafter mit dem Handelsgeschäft zugleich die Firma veräußert, benötigt die oHG eine neue Firma (str.; wie hier Ritter Anm. 3; Alfred Hueck oHG § 31 VI; a. M. Düringer-Hachenburg-Flechtheim Anm. 4a: dadurch werde ein falscher Rechtsschein erweckt). Das schließt allerdings nicht aus, daß Gläubiger, wenn die Gesellschaft keine neue Firma annimmt, ihre Rechte gegen die noch nicht vollbeendigte Gesellschaft geltend machen. Nach der 4. Aufl. Anm. 5 (Geßler) muß dann der Gläubiger gegen die einzelnen Gesellschafter in ihrer untrennbaren Verbundenheit klagen und aus dem gegen sie ergehenden Titel in das Gesellschaftsvermögen vollstrecken. Das ist mißverständlich. Die Gesellschaft bleibt taugliche Prozeßpartei. Wie sie im Prozeß bezeichnet wird, ist eine andere Frage (z. B. als die „früher unter X & Co. firmierende oHG i. L."; oder als oHG i. L., bestehend aus den Gesellschaftern X, Y und Z).

13 b) Wegen der **Vertretung der Gesellschaft** gilt § 146. Sämtliche Gesellschafter haben im Zweifel die Stellung von Liquidatoren. Die Gesellschafter können etwas anderes beschließen. Das Gericht kann andere Personen zu Vertretern ernennen und abberufen (a. M. Düringer-Hachbenburg-Flechtheim Anm. 5 d). Anwendbar sind auch § 146 Abs. 2, 3, §§ 148, 151. Der Einwand, daß alle diese Vorschriften eine Liquidation im Innenverhältnis voraussetzen und deshalb nicht anwendbar seien, wurde schon vor der 4. Aufl. für unbegründet erklärt. Nach der Denkschrift I brauchen die vertretungsberechtigten Personen im Handelsregister nicht eingetragen zu werden (S. 117; ebenso Düringer-Hachenburg-Flechtheim Anm. 5 d, Weipert in HGB-RGRK Anm. 4; Schilling in Großkomm Anm. 5; differenzierend Geßler in der 4. Aufl. Anm. 5). Dahinter verbirgt sich die Vorstellung, daß die Gesellschafter nur als Liquidatoren gelten, ohne jedoch Liquidatoren zu sein (so ausdrücklich Geßler in der 4. Aufl. Anm. 5). Auch hier zeigt sich wieder, daß die Begriffsbildung des § 145 irreführend ist (§ 145 Anm. 4 ff.). Da § 158 in Wahrheit nur klarstellt, daß die Gesellschaft auch dann als Liquidationsgesellschaft fortbesteht, wenn im Innenverhältnis Sonderabreden über die Abwicklung bestehen (Anm. 3), ergibt sich, daß der fortbestehende Verband, wie jede Außengesellschaft, nicht ohne Vertretungsorgane bestehen kann (vgl. zu diesem Grundsatz Karsten Schmidt Gesellschaftsrecht § 10 I, II). Dies sind die Liquidatoren (Abwickler), und diese sind nach allgemeinen Regeln einzutragen.

IV. Eintragung und Vollbeendigung

Erkennt man, daß es im Fall des § 158 um eine echte Liquidation geht, so versteht sich, daß die allgemeinen Regeln über die Vollbeendigung der Gesellschaft und die registerrechtliche Behandlung auch hier Gültigkeit haben. Auf die Erläuterungen zu §§ 155–157 kann verwiesen werden.

14

Sechster Titel. Verjährung

159 (1) Die Ansprüche gegen einen Gesellschafter aus Verbindlichkeiten der Gesellschaft verjähren in fünf Jahren nach der Auflösung der Gesellschaft oder nach dem Ausscheiden des Gesellschafters, sofern nicht der Anspruch gegen die Gesellschaft einer kürzeren Verjährung unterliegt.

(2) Die Verjährung beginnt mit dem Ende des Tages, an welchem die Auflösung der Gesellschaft oder das Ausscheiden des Gesellschafters in das Handelsregister des für den Sitz der Gesellschaft zuständigen Gerichts eingetragen wird.

(3) Wird der Anspruch des Gläubigers gegen die Gesellschaft erst nach der Eintragung fällig, so beginnt die Verjährung mit dem Zeitpunkte der Fälligkeit.

Schrifttum: *Binz,* Zur Gesellschafterhaftung aus Dauerschuldverhältnissen nach Umwandlung einer Personenhandelsgesellschaft, GmbHR 1978, 145; *Budde,* Die Haftung des aus einer oHG oder KG ausgeschiedenen Gesellschafters, Diss. Göttingen 1978; *ders.,* Haftungsbegrenzungen bei ausgeschiedenen Personengesellschaftern, NJW 1979, 1637; *Durchlaub,* Haftung des ausscheidenden Komplementärs aus Dauerschuldverhältnissen, BB 1978, 1174; *Gamp-Werner,* Die Haftung des ausgeschiedenen Gesellschafters einer Personengesellschaft für Darlehen aufgrund von Kreditzusagen, ZHR 147 (1983), 1; *Hadding,* Zur Haftung des ausgeschiedenen oHG-Gesellschafters, ZGR 1973, 137; *ders.,* Zum Rückgriff des ausgeschiedenen haftenden Gesellschafters einer oHG oder KG, in: Festschrift Stimpel, 1985, S. 139; *Hohlfeld,* Die Nachhaftung des ausgeschiedenen Gesellschafters aus Dauerschuldverhältnissen 1983; *Hönn,* Dauer- und sonstige Schuldverhältnisse als Problem der Haftung ausgeschiedener Gesellschafter usw., ZHR 149 (1985), 300; *Honsell-Harrer,* Die Haftung des ausgeschiedenen Gesellschafters bei Dauerschuldverhältnissen, ZIP 1986, 341; *Hüffer,* Die Haftung des ausgeschiedenen Gesellschafters für betriebliche Ruhegeldverpflichtungen bei Insolvenz der Gesellschaft, BB 1978, 454; *Hunke,* Die Haftung des ausgeschiedenen Gesellschafters, 1987; *Koch,* Grenzen der gesellschafterlichen Nachhaftung aus Dauerschuldverhältnissen, NJW 1984, 833; *Kretzschmar-Schulte,* Zur Haftungsbegrenzung ausgeschiedener persönlich haftender Gesellschafter für Ruhestandsbezüge, AG 1984, 260; *H. Lehmann,* die Enthaftung des ausgeschiedenen Gesellschafter der oHG von Verbindlichkeiten aus schwebenden Lieferungsverträgen, ZHR 79 (1916), 57; *Lieb,* Zur Begrenzung der sog. Nachhaftung nach Ausscheiden aus der haftungsbegründenden Rechtsposition, ZGR 1985, 124; *Priester-Karsten Schmidt,* Unbegrenzte Nachhaftung des geschäftsführenden Gesellschafters?, ZIP 1984, 1064; *Reinicke,* Die Haftung des ausgeschiedenen Gesellschafters, in: Festschrift Westermann, 1974, S. 487; *Reichold,* Die Haftung des ausgeschiedenen Gesellschafters für Ruhegeldverbindlichkeiten, 1986; *Saßenrath,* Die Umwandlung von Komplementärbeteiligungen in Kommanditbeteiligungen, 1988; *Karsten Schmidt,* Zur Haftung und Enthaftung der persönlich haftenden Gesellschafter bei Liquidation und Konkurs der Handelsgesellschaft, ZHR 152 (1988), 105; *ders.,* Gesellschaftsrechtliche Grundlagen eines Nachhaftungsbegrenzungsgesetzes, DB 1990, 2357; *Tiedtke,* Die Haftung des ausgeschiedenen Gesellschafters und der oHG bei Erlaß der Gesellschaftsschuld, DB 1975, 1109; *Ulmer,* Die zeitliche Begrenzung der Haftung von Gesellschaftern bei Ausscheiden aus einer Personenhandelsgesellschaft sowie bei der Umwandung in eine Kapitalgesellschaft, BB 1983, 1865; *Ulmer-Wiesner,* Die Haftung ausgeschiedener Gesellschafter aus Dauerschuldverhältnissen, ZHR 144 (1980), 393; *Wiedemann-Frey,* Begrenzte Nachhaftung ehemaliger BGB-Gesellschafter analog § 159 HGB, DB 1989, 1809; *Wiesner,* Die Enthaftung persönlich haftender Gesellschafter für Ansprüche aus Dauerschuldverhältnissen, ZIP 1983, 1032.

Inhalt

	Anm.		Anm.
I. Grundlagen	1–23	4. Hemmung und Unterbrechung der Verjährung	30
1. Normzweck	1	III. Enthaftung	33–39
2. Die erfaßten Gesellschaften	4	1. Bedeutung	33
3. Die erfaßten Vorgänge	6	2. Die Enthaftungsregel	34
4. Die erfaßten Haftungsverbindlichkeiten	15	3. Das Verhältnis zwischen Enthaftung und Verjährung	36
5. Keine Sonderverjährung oder Enthaftung bei geschäftsleitender Tätigkeit?	19	4. Unterbrechung der Enthaftungsfrist?	37
6. Rechtspolitische Kritik	22	5. Kürzere Enthaftungsfristen?	38
II. Die Sonderverjährung	24–32	IV. Entwurf eines Nachhaftungsbegrenzungsgesetzes	40–45
1. Die Verjährungsfrist	24	1. Der Gesetzesentwurf von 1988	40
2. Beginn der Verjährung nach Abs. 2	25	2. Kritik	41
3. Späterer Verjährungsbeginn nach Abs. 3	29	3. Entwurfsvorschlag	45

I. Grundlagen

1. Normzweck

1 a) Die Vorschrift zielt auf die **Befreiung des ausgeschiedenen Gesellschafters nach Ablauf von fünf Jahren.** Die Vorschrift befaßt sich nur mit denjenigen Verbindlichkeiten, für die der Gesellschafter, obwohl er ausgeschieden ist oder aus einem anderen Grund nicht mehr nach § 128 haftet. Für **Neuverbindlichkeiten** greift diese Haftung, jedenfalls grundsätzlich, nicht ein (vgl. § 128 Anm. 41 ff.). Mit ihnen befaßt sich § 159 nicht. Systematisch lassen sich nach geltendem Recht drei Gesichtspunkte unterscheiden: die Nichthaftung des ausgeschiedenen Gesellschafters für Neuverbindlichkeiten (§ 128 Anm. 42), die Nichthaftung des ausgeschiedenen Gesellschafters für Altverbindlichkeiten, soweit dem Gesellschafter analog § 159 die fünfjährige Enthaftungsfrist zugute kommt (dazu unten Anm. 24 ff., 33 ff.), und die in § 159 geregelte Sonderverjährung bei Altverbindlichkeiten, für die dem Gesellschafter die Enthaftung nicht zugute kommt.

2 b) Die **Haftung des ausgeschiedenen Gesellschafters** ist in § 159 nicht geregelt, sondern stillschweigend vorausgesetzt. Vgl. zu dieser Haftung § 128 Anm. 41 ff. Zum Regreß des ausgeschiedenen Gesellschafters vgl. § 128 Anm. 61 ff.

3 c) § 159 ist **Teil eines Gesamtkonzepts des geltenden Rechts.** Parallelvorschriften sind in §§ 26 HGB, 45, 49 Abs. 4, 56, 56 f Abs. 2 UmwG enthalten (vgl. zum Konzept der Enthaftung Karsten Schmidt Handelsrecht § 8 I 6 c). Wenn sich der Haftungsstatus eines Gesellschafters ändert, kommt ihm dies unmittelbar nur hinsichtlich der Neuverbindlichkeiten zugute (§ 128 Anm. 41 ff.). Aber auch hinsichtlich der Altverbindlichkeiten soll die sog. Nachhaftung nach dem Ablauf von fünf Jahren enden. Auf diesen Normzweck und auf diese Funktion des § 159 im Haftungsrecht muß die Handhabung der Bestimmung ausgerichtet sein.

2. Die erfaßten Gesellschaften

a) § 159 gilt für die **oHG** und für die **Kommanditgesellschaft**. Die Vorschrift gilt im Fall 4
der KG nicht nur für den Komplementär, sondern auch für den Kommanditisten (Anm. 15). Da seine Außenhaftung häufig erst nach dem Ausscheiden aus der Gesellschaft akut wird (vgl. § 172 Abs. 4), ist § 159 gerade für den Kommanditisten von beträchtlicher Bedeutung. Für die **Gesellschaft bürgerlichen Rechts** gilt § 159 nach h. M. nicht (befürwortende Einzelstimmen bei Wiedemann-Frey DB 1989, 1809). Eine analoge Anwendung, die für den Typus der unternehmenstragenden Gesellschaft zu erwägen ist (vgl. zu den für diesen Typus geltenden Sonderregeln Karsten Schmidt, Gesellschaftsrecht § 58 V), bereitet wegen der fehlenden Registereintragung Schwierigkeiten. Nach Abschluß der vorliegenden Kommentierung haben nunmehr Wiedemann-Frey in DB 1989, 1809 ff. die analoge Anwendung nachdrücklich befürwortet und auf den Zeitpunkt abgestellt, in dem der Gläubiger Kenntnis von dem Ausscheiden des Gesellschafters erlangt hat.

b) Auf eine **bereits aufgelöste Gesellschaft** findet § 159 nach bisher wohl allgemeiner 5
Ansicht keine Anwendung. Das ist konsequent, wenn man mit dem Gesetzeswortlaut und mit der h. M. daran festhält, daß die Auflösung als solche (Abs. 1) bzw. ihre Eintragung (Abs. 2) bereits die Enthaftung nach § 159 auslöst (vgl. Anm. 12, 27). Diese h. M. verdient aber, wie bei Anm. 14 ausgeführt wird, keine Gefolgschaft. Die Gesellschafter einer aufgelösten Gesellschaft haften weiterhin unbeschränkt für deren Verbindlichkeiten (vgl. § 128 Anm. 41 ff.). Scheidet während des Liquidationsverfahrens ein Gesellschafter aus, so beginnt für ihn nach Abs. 1 und 2 die Sonderverjährungs- bzw. Enthaftungsfrist.

3. Die erfaßten Vorgänge

a) Abs. 1 spricht vom **Ausscheiden des Gesellschafters**. Erfaßt ist aber eine Reihe von 6
ähnlichen Fällen, wobei es bedeutungslos ist, ob man eine unmittelbare oder eine analoge Anwendung annimmt.

aa) Ein **Ausscheiden im technischen Sinne** liegt vor, wenn die Mitgliedschaft des Gesell- 7
schafters durch Austritt oder durch Ausschließung aus der Gesellschaft endet. Die Gesellschaft wird dann nach näherer Maßgabe von § 138 von den verbleibenden Gesellschaftern fortgeführt (vgl. § 138 Anm. 23 ff.). Bleibt keine Mehrpersonengesellschaft übrig, so erlischt die Gesellschaft, und der verbleibende Gesellschafter wird Einzelkaufmann und erwirbt als Gesamtrechtsnachfolger das Gesellschaftsvermögen (näher § 131 Anm. 2). Dies sind zweifelsfrei Anwendungsfälle des § 159.

bb) Kein Ausscheiden im technischen Sinne, aber doch ein Fall des § 159 liegt vor, 8
wenn der Gesellschafter seine Mitgliedschaft überträgt (vgl. im Ergebnis auch Schilling

in Großkomm Anm. 22). Hier haftet der Neugesellschafter nach § 130 auch für die Altverbindlichkeiten (§ 130 Anm. 12), und dem Altgesellschafter müssen, obgleich kein eigentliches Ausscheiden vorliegt, die Enthaftungsregeln des § 159 zugute kommen. Der bei Anm. 3 geschilderte Normzweck paßt auch hier. Die ältere Praxis sah die Anteilsübertragung sogar als Austritt des Altgesellschafters und Eintritt des Neugesellschafters an (dazu vgl. § 143 Anm. 7). Nach ihr wäre an eine direkte Anwendung des § 159 zu denken. Heute kann theoretisch darüber gestritten werden, ob diese Anwendung auf teleologischer Auslegung des § 159 oder auf Analogie beruht. Rechtspraktisch ist dies belanglos.

9 cc) Auch **das Zurücktreten aus der unbeschränkten Haftung** – insbesondere durch Umwandlung einer Komplementärbeteiligung in eine Kommanditistenbeteiligung – fällt unter § 159 (BGHZ 78, 114 = NJW 1981, 175; BGH NJW 1983, 2940 = ZIP 1983, 817; BAGE 42, 312 = NJW 1983, 2283 = AP Nr. 4 zu § 128 m. Anm. Reuter nach AP Nr. 7 zu § 128 = DB 1983, 1259 = ZIP 1983, 715; Saßenrath S. 3 ff.; Karsten Schmidt Gesellschaftsrecht § 51 II 3; ders. NJW 1981, 159 ff.). Die frühere Praxis sprach hier geradezu von einem „Austritt" als Komplementär und „Eintritt" als Kommanditist (dazu vgl. § 143 Anm. 9). Diese Betrachtungsweise ist überholt, aber nicht überholt ist die haftungsrechtliche Behandlung gleich einem „Austritt" als Komplementär und „Eintritt" als Kommanditist (vgl. auch § 173 Anm. 9). Wiederum kann dahingestellt bleiben, ob dies eine analoge Anwendung des § 159 oder eine extensivteleologische Auslegung ist. Jedenfalls liegt ein geradezu klassischer Anwendungsfall des bei Anm. 3 geschilderten Enthaftungprinzips vor. Nach der Rechtsprechung kommen allerdings die bei Anm. 19f. zu schildernden Enthaftungsregeln dem Gesellschafter dann nicht zugute, wenn er als geschäftsleitender Gesellschafter, insbesondere als Geschäftsführer der Komplementär-GmbH, an dem Unternehmen beteiligt bleibt (BGHZ 78, 114, 118 = NJW 1981, 175; BGH WM 1983, 700 = BGH NJW 1983, 2256; BAGE 42, 312 = NJW 1983, 2283 = AP Nr. 4 zu § 128 m. Anm. Reuter nach AP Nr. 7 zu § 128 = DB 1983, 1259 = ZIP 1983, 715; BAG DB 1990, 938 = WM 1990, 1466 = ZIP 1990, 534; ArbG Köln DB 1985, 1950 = GmbHR 1985, 400; zust. Baumbach-Duden-Hopt Anm. 1 A; Feddersen in GK-HGB Anm. 3; Höfer-Küpper DB 1983, 2087). Zur Frage, unter welchen Voraussetzungen der Kommanditist als geschäftsleitend anzusehen ist, vgl. Anm. 21. Diese Rechtsprechung ist jedoch abzulehnen (Anm. 20).

10 dd) **Analog anzuwenden** ist § 159 auch auf den Fall der nachträglichen Eintragung eines nach **§ 176** der unbeschränkten Haftung unterliegenden Kommanditisten (vgl. § 176 Anm. 42; BGH NJW 1983, 2258 m. Anm. Karsten Schmidt; BB 1983, 1561 f. = NJW 1983, 2813, NJW RR 1987, 416 = WM 1986, 1280, 1281; Staub-Schilling § 176 Anm. 9, in gleicher Richtung schon BGHZ 70, 132, 137 = NJW 1978, 636 m. Anm. Karsten Schmidt; unentschieden noch BGHZ 78, 114, 117 = NJW 1981, 175). Als direkte Anwendung des § 159 wird man diese Enthaftung nicht mehr betrachten können, denn der Fall der nachträglichen Eintragung des Kommanditisten hat mit einem „Ausscheiden" als unbeschränkt haftender Gesellschafter nichts zu tun. Es liegt vielmehr eine durch entsprechende Anwendung des § 159 zu füllende Gesetzeslücke vor.

ee) Die „**Umwandlung**" der Stellung als oHG-Gesellschafter, oder Komplementär oder **11**
Kommanditist **in eine stille Beteiligung** ist ein unmittelbarer Anwendungsfall des § 159.
Für die Handelsgesellschaft, um deren Haftungsverfassung es hier allein gehen kann, ist
eine solche „Umwandlung" ein echter Austritt im technischen Sinne.

b) Die **Auflösung** der Gesellschaft wird dem Ausscheiden des Gesellschafters nach **12**
Abs. 1 gleichgestellt. Die h. M. hält sich an diesen Wortlaut (vgl. nur Baumbach-Duden-Hopt Anm. 3 B; Heymann-Sonnenschein Anm. 6; Schilling in Großkomm
Anm. 59; Straube-Koppensteiner Anm. 2). Richtig ist folgendes (vgl. Karsten Schmidt
Gesellschaftsrecht § 52 IV 3; eingehend ders. ZHR 152 [1988], 105 ff.):

aa) Die **Konkurseröffnung** ist dem Ausscheiden gleichzustellen (so im Ergebnis auch **13**
BGH BB 1982, 635 = NJW 1982, 2443), denn sie ändert, insofern wie das Ausscheiden aus der Gesellschaft, den Haftungsstatus (§ 128 Anm. 67 ff.; eingehend Karsten
Schmidt ZHR 152 [1988], 112 ff.). Im Konkurs der Gesellschaft begründet der Konkursverwalter nur noch Masseschulden (§ 59 Nr. 1 KO). Die Gesellschafter haften
nicht für diese Neuverbindlichkeiten, sondern – ganz wie ausgeschiedene Gesellschafter – nur noch für Altverbindlichkeiten. Es liegt damit jene Änderung des Haftungsstatus vor, von der auch das Haftungskonzept des § 159 ausgeht (vgl. Anm. 3). Das
bedeutet: Mit Eintragung der Konkurseröffnung im Handelsregister beginnt die Enthaftungs- bzw. Sonderverjährungsfrist nach § 159 zu laufen (Karsten Schmidt ZHR
152 [1988], 118 f.). Endet das Konkursverfahren durch Zwangsvergleich oder durch
Einstellung und setzen die Gesellschafter die Gesellschaft nach § 144 fort, so lebt
analog § 130 bzw. § 173 die Haftung der Gesellschafters für sämtliche Gesellschaftsverbindlichkeiten wieder auf (Karsten Schmidt ZHR 152 [1988], 116).

bb) Völlig **anders** verhält es sich im **Fall der Liquidation** (Karsten Schmidt Gesell- **14**
schaftsrecht § 52 IV 3 a; eingehend ders. ZHR 152 [1988], 107 f. 116 ff.). Während des
Liquidationsverfahrens haften die Gesellschafter unverändert für Altverbindlichkeiten
und für Neuverbindlichkeiten. Die Änderung des Haftungsstatus, auf der das Enthaftungskonzept des § 159 beruht (Anm. 3), findet also in diesem Fall nicht statt (das
Gegenargument von Heymann-Sonnenschein Anm. 6, wonach die Sonderverjährung
des § 159 selbst die erforderliche Veränderung des Haftungsstatus mit sich bringt,
verwechselt Grund und Folge der Enthaftung und liegt neben der Sache). Der Gesetzeswortlaut beruht auf dem Preußischen Entwurf eines ADHGB von 1857 und erklärt sich
aus einer Verkennung der Auflösungsfolgen (dazu auch Karsten Schmidt ZHR 153
[1989], 270 ff., insbes. 292). Das unrichtige und insofern unverbindliche Liquidationsbild des Gesetzgebers wird u. a. darin erkennbar, daß § 160 von den Gesellschaftern
spricht, welche der Gesellschaft zur Zeit der Auflösung angehört haben, obwohl die
aufgelöste Gesellschaft einem Prinzip der Organisations- und Haftungskontinuität unterliegt (§ 156 Anm. 12, 18). Da erst die **Vollbeendigung** der Gesellschaft die persönliche Haftung enden läßt, setzt auch erst die Vollbeendigung die Sonderverjährungsbzw. Enthaftungsfrist nach § 159 in Lauf (Anm. 27; Karsten Schmidt Gesellschaftsrecht § 52 IV 3; ders. ZHR 152 [1988], 121 f.; anders h. M.). Dies ist nicht nur eine
rechtspolitische Forderung, sondern geltendes Recht. Zugrunde liegt eine teleologische
Reduktion des Abs. 1 und die Richtigstellung eines Irrtums, dem die Gesetzesverfasser

unterlegen sind. Eine Klarstellung durch den Gesetzgeber (Anm. 40 ff.) wäre gleichwohl von Nutzen.

4. Die erfaßten Haftungsverbindlichkeiten

15 a) Die Sonderverjährung bzw. Enthaftung gilt nur für die **persönliche Haftung als Gesellschafter** für Gesellschaftsschulden (Baumbach-Duden-Hopt Anm. 1 B). Sie gilt insbesondere für die Haftung nach §§ 128, 130 (Schilling in Großkomm Anm. 2). Aber **auch die Kommanditistenhaftung** unterliegt den Verjährungs- und Enthaftungsregeln, wenn der Kommanditist ausgeschieden ist (vgl. Baumbach-Duden-Hopt § 171 Anm. 1 B; zur prinzipiellen Forthaftung des ausgeschiedenen Kommanditisten vgl. §§ 171, 172 Anm. 18). Die Sonderverjährung bzw. Enthaftung gilt auch dann, wenn die Gesellschaftsschuld gegenüber der Gesellschaft – aber nicht die Haftungsverbindlichkeit gegenüber dem Gesellschafter – bereits rechtskräftig festgestellt ist (vgl. RG JW 1938, 1173; Heymann-Sonnenschein Anm. 2; s. auch Anm. 24).

16 b) Die Sonderverjährung gilt **nicht für eine aus sonstigem Haftungsgrund bestehende Haftung des Gesellschafters**, z. B. aus Bürgschaft, Garantie, Schuldmitübernahme, Wechselzeichnung (Baumbach-Duden-Hopt Anm. 1 B; Heymann-Sonnenschein Anm. 3; Schilling in Großkomm Anm. 8). Über Enthaftungsmöglichkeiten in diesem Fall vgl. § 128 Anm. 85 f. Im Falle der Geschäftsübernahme gilt § 26 (vgl. RGZ 142, 301 ff.)

17 c) Die Regeln des § 159 gelten **nicht** für eine unmittelbare Eigenhaftung des Gesellschafters im Innenverhältnis, z. B auf Schadensersatz, Einlagenrückgewähr etc. (Heymann-Sonnenschein Anm. 3; Schilling in Großkomm Anm. 3). Für den Anspruch der Gesellschaft auf Deckung eines Fehlbetrags nach § 739 BGB wird man aber § 159 analog anwenden müssen, denn die durch § 159 geschaffene Rechtssicherheit wäre wertlos, wenn der Gesellschafter im Innenverhältnis weiterhaftete.

18 d) **Mittelbar** kommen die Regeln des § 159 solchen Schuldnern zugute, die akzessorisch für die Schuld des ausgeschiedenen Gesellschafters haften, sich z. B. für seine Haftungsverbindlichkeit und nicht für die Gesellschaftsschuld verbürgt haben (Heymann-Sonnenschein Anm. 2; Schilling in Großkomm Anm. 10).

5. Keine Sonderverjährung oder Enthaftung bei geschäftsleitender Tätigkeit?

19 a) aa) Dem **weiterhin geschäftsleitend tätigen Gesellschafter** – insbesondere also dem ehemaligen Komplementär, der nunmehr Kommanditist und Geschäftsführer in der GmbH & Co. KG ist – kommen nach Ansicht des BAG und des BGH weder die Sonderverjährungsregeln des § 159 noch die Enthaftungsregeln zugute (BGHZ 78, 114, 118 = NJW 1981, 175; BGH WM 1983, 700 = NJW 1983, 2256; BGH NJW 1983, 2940, 2943 = ZIP 1983, 817; BAGE 42, 312 = NJW 1983, 2283 = AP Nr. 4 zu § 128 m. Anm. Reuter nach AP Nr. 7 zu § 128 = DB 1983, 1259 = ZIP 1983, 715; BAG DB 1990, 938 = WM 1990, 1466 = ZIP 1990, 534; zust. ArbG Köln DB 1985, 1950 = GmbHR 1985, 400; Baumbach-Duden-Hopt Anm. 1 A; Feddersen in GK-HGB Anm. 3; Hadding ZGR 1981, 591; Höfer-Küpper DB 1983, 2087). Der BGH

begründet dies im wesentlichen mit der Überlegung, daß der Normzweck der Enthaftung nicht passe, denn derjenige Gesellschafter, der weiterhin geschäftsleitend tätig sei, habe sich nicht wirklich vom Unternehmen gelöst. Er stehe einem Einzelkaufmann gleich, der das Geschäft mit einem Gesellschafter fortführe (§ 28). Es ändere sich nur seine Haftung. Zu diesen Argumenten ist folgendes zu sagen: Die Auffassung des BGH, daß es im Fall des § 28 keine Enthaftung gebe, ist aus Gründen, die hier nicht nochmals zu entwickeln sind, abzulehnen (für Anwendung des § 26 auch im Fall des § 28 vgl. Karsten Schmidt Handelsrecht § 8 I 6 c; ders. NJW 1981, 160). Der Gesichtspunkt, daß sich „nur" die Haftung ändert, geht deshalb fehl, weil eben die Änderung der Haftungssituation den Ausgangspunkt für die Notwendigkeit und Berechtigung einer Enthaftungsfrist bildet (vgl. Karsten Schmidt NJW 1981, 160). Einen Grundsatz, wonach nur demjenigen die Enthaftung zugute kommt, der sich von der Unternehmensleitung trennt, gibt es nicht. § 159 ist vielmehr gemeinsam mit den §§ 26 HGB, 45, 49 Abs. 4, 56, 56f UmwG Teil eines allgemeinen Enthaftungskonzepts (Anm. 3), und innerhalb dieses Haftungskonzepts wird, wie vor allem die Vorschriften über die Umwandlung eines einzelkaufmännischen Unternehmens auf eine AG oder GmbH zeigen, gerade nicht darauf abgestellt, daß sich der bisher unbeschränkt Haftende von der Unternehmensleitung trennt.

bb) Die **Rechtsprechung** des BAG und des BGH ist deshalb mit der in der Literatur **20** wohl h. M. **abzulehnen**. Ein Grundsatz, wonach nur dem Gesellschafter, der sich wirklich vom Unternehmen löst, die Sonderverjährung und Enthaftung zugutekommt, ist dem geltenden Recht fremd (vgl. Karsten Schmidt Gesellschaftsrecht § 45 I 3 b, § 51 II 3; ders. Handelsrecht § 8 I 6 c; Hennerkes-Binz GmbH & Co. S. 96 ff.; Reichold S. 198 ff.; Saßenrath S. 75 ff.; Wiesner ZIP 1983, 1036 f.; Koch NJW 1984, 838 f., Lieb ZGR 1985, 146 ff.; Priester-Karsten Schmidt ZIP 1984, 1064 ff.; Reuter JZ 1986, 75; Karsten Schmidt NJW 1981, 160; ders. DB 1990, 2357). Auch das ArbG Stuttgart (DB 1985, 978 = GmbHR 1985, 397) hat die höchstrichterliche Rechtsprechung abgelehnt. Der Bundesjustizminister hat im Jahr 1988 einen Diskussionsentwurf vorgelegt, nach dem die Enthaftung auch dem geschäftsleitenden Kommanditisten zugute kommen soll (vgl. zu diesem Entwurf auch Anm. 22, 40 ff.).

b) Nach dem, abzulehnenden, Standpunkt der bisherigen Rechtsprechung (Anm. 19) **21** tritt als **Folgeproblem** die Frage auf, unter welchen **Voraussetzungen** der ausgeschiedene Gesellschafter als geschäftsleitend anzusehen ist. Der BGH stellt darauf ab, ob der nunmehrige Kommanditist die Geschäfte führt (BGHZ 78, 114 = NJW 1981, 175 [keine Sonderverjährung]; BGH WM 1983, 700 = NJW 1983, 2256; BGH NJW 1983, 2943 = ZIP 1983, 821 [keine Enthaftung]). Bei BAGE 42, 312 = NJW 1983, 2283 = AP Nr. 4 zu § 128 m. Anm. Reuter nach AP Nr. 7 zu § 128 = DB 1983, 1259 = ZIP 1983, 715 ging es um zwei alleinige Gesellschafter, die als GmbH-Gesellschafter Einfluß auf die Geschicke des Unternehmers nehmen konnten. Damit bleibt fraglich, ob die bloße Einflußnahme des Kommanditisten oder deren Möglichkeit (insbesondere als Mitgesellschafter der Komplementärin) oder seine aktive Teilnahme an den Geschäften (z. B als Prokurist) haftungsschädlich sein soll (dazu vgl. die Kritik bei Priester-Karsten Schmidt ZIP 1984, 1068). Die hiermit verbundene Rechtsunsicherheit darf nicht für eine generelle Haftung ins Feld geführt werden (in dieser Richtung aber ArbG Köln DB

1985, 1950 = GmbHR 1985, 400). Als geschäftsführender Gesellschafter im Sinne dieser problematischen Rechtssprechung sollte nur angesehen werden, wer als Geschäftsführungsorgan oder jedenfalls als sog. faktisches Organ i.S. von § 130a Anm. 16f. die Geschicke der Gesellschaft lenkt oder (im Fall der Verwaltungstreuhand) durch einen weisungsgebundenen Dritten lenken läßt.

6. Rechtspolitische Kritik

22 a) Die Regelung des § 159 ist rechtspolitsch **unbefriedigend**. Der Mangel ist ein doppelter. Einmal ist die Rechtstechnik der Verjährung zu bemängeln. Der Gesetzgeber wollte eine Enthaftung des ausgeschiedenen oder einem ausgeschiedenen gleichgestellten Gesellschafters erreichen. Die Rechtstechnik der Verjährung kann diese Enthaftung nicht vollständig bewerkstelligen (vgl. deshalb die rechtspolitischen Vorschläge von Ulmer BB 1983, 1865 ff.). **De lege ferenda** sollte die Verjährungsregelung durch eine gesetzliche Enthaftungsregelung ergänzt werden. Außerdem sollte der Beginn der Fristen im Liquidations- und Konkursfall klargestellt werden (Karsten Schmidt ZHR 152 [1988], 122; DB 1990, 2357 ff.). Schließlich sollte im Hinblick auf die verfehlte höchstrichterliche Rechtsprechung (Anm. 19) vorsorglich klargestellt werden, daß es keine Ausnahme für geschäftsleitende Ex-Komplementäre gibt. Das Bundesjustizministerium hat 1988 einen Gesetzesentwurf vorgelegt (vgl. DB 1988, 1586), der modifiziert als Regierungsvorlage eingebracht wurde (BR-Drucks. 446/91) und sich dieser Probleme annimmt, sie aber noch nicht befriedigend löst (Anm. 40 ff.).

23 b) **De lege lata** hilft sich die h.M. über die Schwächen des § 159 hinweg, indem sie **zwei Rechtsinstitute** nebeneinander gelten läßt: die **Sonderverjährung** nach § 159 (Anm. 24 ff.) und die rechtsähnlich § 159 entwickelte **Enthaftung** (Anm. 33 ff.). Das Verhältnis dieser Rechtsinstitute zueinander ist allerdings streitig (Anm. 36).

II. Die Sonderverjährung

1. Die Verjährungsfrist

24 Nach **Abs. 1** verjähren die Ansprüche der einzelnen Gläubiger gegen einen Gesellschafter in fünf Jahren, sofern nicht der Anspruch gegen die Gesellschaft einer kürzeren Verjährung unterliegt. Unterliegt die Verjährung des gegen die Gesellschaft gerichteten Anspruchs einer kürzeren Verjährung, so kann sich der Gesellschafter schon nach § 129 Abs. 1 hierauf berufen (vgl. BGH BB 1982, 635 = NJW 1982, 2443; vgl. auch Brandes in Festschrift Stimpel S. 105, 119). Nimmt der Gläubiger gegenüber dem Gesellschafter, nicht aber gegenüber der Gesellschaft, vor Verjährung der Gesellschaftsverbindlichkeit eine Unterbrechungshandlung gegenüber dem Gesellschafter vor, erhebt er z.B. gegen ihn Klage, so unterbricht diese Handlung nicht nur die Sonderverjährung gegenüber dem Gesellschafter, sondern sie nimmt ihm auch den Einwand, die Gesellschaftsschuld sei verjährt; eine besondere Klage gegen die Gesellschaft ist nicht erforderlich (§ 129 Anm. 9; BGHZ 104, 76 = BB 1988, 1204 = NJW 1988, 1976). Ist der ausgeschiedene Gesellschafter selbst verurteilt, so gilt ihm gegenüber die Verjährung nach § 218 BGB, und er kann sich wiederum nicht auf die zwischen Gläubiger und Gesellschaft eingetretene Verjährung berufen (BGH BB 1981, 1542 = NJW 1981, 2579; vgl. auch § 129 Anm. 11). Zu der ganz anderen Frage, ob eine nur gegenüber der Gesellschaft vorgenommene Unterbrechungshandlung auch gegen den ausgeschiedenen Gesellschafter wirkt, vgl. § 129 Anm. 8; s. auch oben Anm. 15.

2. Beginn der Verjährung nach Abs. 2

Nach Abs. 2 beginnt die Sonderverjährung mit dem Ende des Tages, an dem die Auflösung der Gesellschaft (vgl. dazu aber Anm. 27) oder das Ausscheiden des Gesellschafters in das Handelsregister des für den Sitz der Gesellschaft zuständigen Gerichts eingetragen wird. Es kommt auf den objektiven Vorgang der Eintragung an. § 15 findet keine Anwendung (Baumbach-Duden-Hopt Anm. 3 A). 25

a) Im **Fall des Ausscheidens** oder in einem der dem Ausscheiden gleichgestellten Fälle (Anm. 8 ff.) kommt es auf die Eintragung dieses Vorgangs in das Handelsregister an. Nicht ausreichend ist die Registeranmeldung, auch wenn sich die Eintragung verzögert (Baumbach-Duden-Hopt Anm. 3 A). Umgekehrt ist die Bekanntmachung nicht erforderlich (Baumbach-Duden-Hopt Anm. 3 A; Heymann-Sonnenschein Anm. 6; Schilling in Großkomm Anm. 21). War der Gesellschafter oder war die Gesellschaft insgesamt überhaupt nicht eingetragen, so muß diese Eintragung nachgeholt und das Ausscheiden des Gesellschafters eingetragen werden (OLG Oldenburg BB 1987, 1622; Baumbach-Duden-Hopt Anm. 3 A). Ist aus Anlaß des Ausscheidens nur die Auflösung oder Vollbeendigung eingetragen, so steht dies für den Fristbeginn einer Eintragung des Ausscheidens gleich (BGH BB 1982, 635 = NJW 1982, 2443; BGH NJW 1983, 2258, 2259 m. Anm. Karsten Schmidt). Die Eintragung ist auch dann entscheidend, wenn bei einem Kommanditisten erst die nachträgliche Rückgewähr der Einlage (§ 172 Abs. 4) die Haftung des Kommanditisten aufleben läßt (Baumbach-Duden-Hopt Anm. 3 C). 26

b) Im **Fall der Auflösung** beginnt die Verjährung nach dem Wortlaut des Abs. 2, wenn die Auflösung in das Handelsregister eingetragen wird (vgl. nur Baumbach-Duden-Hopt Anm. 3 A; Feddersen in GK-HGB Anm. 7; Schilling in Großkomm Anm. 19; Straube-Koppensteiner Anm. 7). Dem ist nach dem bei Anm. 14 Gesagten nicht zu folgen. Im Auflösungsfall beginnt die Sonderverjährung (und die Frist für die Enthaftung nach Anm. 33 ff.) entgegen der h.M. nicht mit der Eintragung der Auflösung, sondern mit der Eintragung der Vollbeendigung. Der Wortlaut des § 160 steht nur scheinbar entgegen (vgl. Erl. § 160). 27

c) Im **Fall der Konkurseröffnung** beginnt die Sonderverjährung mit deren Eintragung in das Handelsregister (h.M.; vgl. BGH BB 1982, 635 = NJW 1982, 2443; BGH NJW 1983, 2258, 2259 m. Anm. Karsten Schmidt; Baumbach-Duden-Hopt Anm. 3 A; Schilling in Großkomm Anm. 22; Karsten Schmidt ZHR 152 [1988], 122). Dem ist nach dem bei Anm. 13 Ausgeführten zu folgen. 28

3. Späterer Verjährungsbeginn nach Abs. 3

Nach Abs. 3 beginnt die Sonderverjährung erst mit dem Zeitpunkt der Fälligkeit, wenn der Anspruch des Gläubigers seinerseits erst nach dem für den Beginn der Verjäh- 29 rung maßgebenden Eintragungszeitpunkt (Abs. 2) fällig wird. Dasselbe gilt, wenn der Anspruch zwar schon während der Dauer der Mitgliedschaft begründet war (§ 128 Anm. 48 ff.), aber im Rechtssinne erst nachträglich entsteht (Baumbach-Duden-Hopt Anm. 3 B; Heymann-Sonnenschein Anm. 7; Schilling in Großkomm Anm. 25).

4. Hemmung und Unterbrechung der Verjährung

30 a) Die Verjährung kann aus den allgemeinen Gründen der §§ 202 ff. BGB gehemmt und nach §§ 208 ff. BGB unterbrochen werden. Soweit nebeneinander unterschiedliche Verjährungsfrist laufen, ist doch die Unterbrechung eine einheitliche. Unterschiede ergeben sich nicht aus den verschiedenen Fristen, sondern daraus, daß Unterbrechungshandlungen im Verhältnis zur Gesellschaft und zum Gesellschafter in Betracht kommen.

31 b) **Unterbrechungshandlungen gegenüber der Gesellschaft** wirken grundsätzlich nicht gegen den ausgeschiedenen Gesellschafter (BGHZ 44, 229, 233 f. = NJW 1966, 499; Fischer in Großkomm § 129 Anm. 15; Kornblum, Die Haftung der Gesellschafter für Verbindlichkeiten von Personengesellschaften, 1972, S. 188). Zweifelhaft ist, ob dies auch in denjenigen Fällen gilt, bei denen kein wirkliches Ausscheiden vorliegt, sondern nur eine Umwandlung der Gesellschaft (Anm. 9 ff.) oder eine Umwandlung der Gesellschafterstellung (Zurücktreten in die Kommanditistenstellung nach Anm. 9). Man wird in diesem Fall die Unterbrechungswirkung anzuerkennen haben. Eine Unterbrechungshandlung, die bereits vor dem Austritt des Gesellschafters eingeleitet war (Klage!), wirkt gegen ihn weiter. Ggf. unterliegt die Haftungsverbindlichkeit nach rechtskräftiger Verurteilung der langen Verjährungsfrist des § 218 BGB (im Ergebnis auch Fischer in Großkomm § 129 Anm. 15).

32 c) **Unterbrechungshandlungen gegenüber dem Gesellschafter** haben grundsätzlich keine die Verjährungseinrede hindernde Wirkung, wenn der gegen die Gesellschaft gerichtete Anspruch im Zeitpunkt der Unterbrechungshandlung schon verjährt war (BGB BB 1982, 635 = NJW 1982, 2443; Heymann-Sonnenschein Anm. 8). Dies kann der Gesellschafter grundsätzlich noch ebenso einwenden wie ein Gesellschafter, der nicht ausgetreten ist. Ist allerdings der Gesellschafter rechtskräftig verurteilt, so kann er nicht mehr einwenden, daß die Verbindlichkeit der Gesellschaft verjährt war (BGH BB 1981, 1542 = NJW 1981, 2579; Baumbach-Duden-Hopt Anm. 1 B). War die Gesellschaftsverbindlichkeit im Zeitpunkt der Unterbrechungshandlung unverjährt, so genügt die Unterbrechung gegenüber dem Gesellschafter; dieser kann dann nicht mehr einwenden, daß die Gesellschaftsverbindlichkeit ihrerseits nachträglich verjährt sei, weil keine Klage gegen die Gesellschaft erhoben worden sei (BGHZ 104, 76, 80 = NJW 1988, 1976 = BB 1988, 1204; vgl. auch § 129 Anm. 12). Anderenfalls müßte der Gläubiger noch eine Klage gegen die Gesellschaft mit dem einzigen Zweck erheben, dem Gesellschafter diesen Einwand abzuschneiden.

III. Enthaftung

1. Bedeutung

Wegen der Bedeutung der Enthaftung ist zunächst auf Anm. 1, 23 zu verweisen. Es **33** geht nicht um die Enthaftung des ausgeschiedenen Gesellschafters von den Neuverbindlichkeiten (diese tritt nach § 128 Anm. 42 ohne weiteres ein), sondern es geht um die nachträgliche Beendigung der Haftung für Altverbindlichkeiten.

2. Die Enthaftungsregel

a) Analog § 159 endet die **Haftung des ausgeschiedenen Gesellschafters aus Dauer-** **34** **schuldverhältnissen** mit dem Ablauf von fünf Jahren seit der Eintragung im Handelsregister (BGHZ 87, 286 = NJW 1983, 2254; BGH NJW 1983, 2940 = ZIP 1983, 817; Baumbach-Duden-Hopt § 128 Anm. 5 B; Heymann-Emmerich § 128 Anm. 50; Ulmer-Wiesner ZHR 144 [1980], 411; Reichold S. 112 f.; heute h. M.). Zu den Dauerschuldverhältnissen rechnen auch die Verbindlichkeiten aus Pensionszusagen. Wie sogleich bei Anm. 36 erläutert werden wird, bedeutet dies allerdings nicht ohne weiteres, daß spätestens nach fünf Jahren jede Gefahr einer Inanspruchnahme vorüber ist.

b) Die analoge Anwendung des § 159 Abs. 1 setzt eine **Lücke** voraus. Diese ist schwer **35** zu präzisieren (Hönn ZHR 149 [1985], 308 ff., 317 ff.; vgl. auch die Bedenken bei Heymann-Emmerich § 128 Anm. 51). Die Enthaftungsrechtsprechung zielt zumindest im Ausgangspunkt auf **Dauerschuldverhältnisse**, weil § 159 Abs. 3 auf sie nicht paßt. Gestundete Verbindlichkeiten der Gesellschaft, die nicht Teil von Leistung und Gegenleistung sind, werden dagegen grundsätzlich nach Abs. 3 behandelt und nicht nach der Enthaftungsrechtsprechung. Das gilt z.B. für die Rückzahlung eines Kredits, der erst nach über fünf Jahren zur Rückzahlung fällig ist, nicht jedoch für die aus diesem Kreditverhältnis nach Ablauf von fünf Jahren noch anfallenden Zinsen. Wegen dieser Abgrenzungsschwierigkeiten wird vorgeschlagen, die Begrenzung auf Dauerschuldverhältnisse fallen zu lassen (Heymann-Emmerich § 128 Anm. 51). Für diese Ausdehnung der Enthaftungsregel spricht vieles. Für die Kreditpraxis ist dies ein Grund mehr, von persönlich haftenden Gesellschaftern eine Bürgschaft oder Schuldübernahme zu verlangen (dazu § 128 Anm. 79 ff.).

3. Das Verhältnis zwischen Enthaftung und Verjährung

Enthaftung und Verjährung treten **nebeneinander** (Wiesner ZIP 1983, 1034; Koch **36** NJW 1984, 837; dagegen für eine Ausschlußfrist von 5 Jahren Reichold, S. 124 ff.). Beide haben eine unterschiedliche Schutzwirkung (Karsten Schmidt DB 1990, 2359): Die Enthaftung beantwortet die Frage, welche Gesellschaftsverbindlichkeiten ganz aus der Nachhaftung herausfallen. Die Sonderverjährung regelt die Frage, wann die entstandene Nachhaftung wegen verspäteter Geltendmachung endet. Ist der Enthaftungszeitpunkt eingetreten, so entstehen keine neuen Haftungsverbindlichkeiten des ausgeschiedenen Gesellschafters mehr. Diejenigen Verbindlichkeiten, für die der ausgeschiedene Gesellschafter hiernach haftet, unterliegen der Verjährung. Es gelten die allgemeinen bei Anm. 24 f. geschilderten Grundsätze. Das bedeutet: Die Verjährung tritt fünf

Jahre nach Eintragung des Austritts ein (Abs. 1), bei einem Anspruch, der erst nach diesem Zeitpunkt fällig wird, fünf Jahre nach dem Zeitpunkt der Fälligkeit (Abs. 3). Demnach endet ohne Unterbrechungshandlung spätestens nach Ablauf von zehn Jahren jedes Haftungsrisiko, weil die letzte Haftungsverbindlichkeit vor Ablauf von fünf Jahren entstanden sein muß (Enthaftung) und dann nach weiteren fünf Jahren verjährt (krit. deshalb Heymann-Emmerich § 128 Anm. 51).

4. Unterbrechung der Enthaftungsfrist?

37 Die **Grundsätze über die Verjährungsunterbrechung gelten** für die Enthaftung **nicht** (vgl. demgegenüber für die Hemmung Ulmer-Wiesner ZHR 144 [1980], 425; Reichold S. 125 f.). Nur die Frist ist analog § 159 entwickelt worden. Dagegen paßt der Rechtsgedanke der Verjährungsunterbrechung nicht auf die Enthaftung. Denn es geht nicht um das Vertrauen des Gesellschafters auf die Nicht-Inanspruchnahme, sondern es geht um eine objektive Begrenzung seines Nachhaftungsrisikos. Eine gerichtliche Geltendmachung kann deshalb die Enthaftung nicht hindern. Sie ist auch nicht erforderlich, um eine Geltendmachung der binnen fünf Jahren fällig gewordenen Haftungsverbindlichkeiten nach dem Ablauf von fünf Jahren zu ermöglichen (so aber der bei Anm. 22 und 40 dargestellte Gesetzesentwurf). Sie kann nur dazu dienen, eine Verjährung dieser Haftungsverbindlichkeiten zu unterbrechen, die aber erst ab Fälligkeit läuft.

5. Kürzere Enthaftungsfristen?

38 a) Teilweise wird eine Enthaftung nach **Ablauf der ordentlichen Kündigungsfrist** angenommen. Nach BGHZ 70, 132, 137 = NJW 1978, 636 m. Anm. Karsten Schmidt haftet der ausgeschiedene Gesellschafter nicht mehr für Teilleistungen, die nach dem Zeitpunkt an die Gesellschaft erbracht worden sind, zu dem der Vertragsgegner das Rechtsverhältnis erstmals fristgemäß hätte kündigen können. Hat der Gesellschaftsgläubiger nur die Möglichkeit, das Rechtsverhältnis aus wichtigem Grund vorzeitig zu kündigen, so begründet dies keine Enthaftung (BGH BB 1985, 80 = NJW 1985, 1899 = GmbHR 1985, 147 m. krit. Anm. Hohlfeld = WM 1985, 53; insofern ebenso OLG Frankfurt DB 1979, 2125). Diese Enthaftungsrechtsprechung ist auf Kritik gestoßen (BAG AP Nr. 1 zu § 128 = NJW 1978, 391 = SAE 1978, 117 m. Anm. Beitzke; Reinhardt-Schultz Anm. 141; Reichold S. 93; Ulmer-Wiesner ZHR 144 [1980], 404 f.; Budde NJW 1979, 1638; Wiesner ZIP 1983, 1033 f.; Hunke, S. 118 f., 186 ff.). Ob sie Bestand hat, ist offen. Wie bei § 128 Anm. 54 ausgeführt, kann nicht die Kündigungsmöglichkeit des Gläubigers die Enthaftung rechtfertigen (ihm ist eine solche Kündigung u. U. nicht zumutbar), sondern allenfalls die ordentliche Kündigungsmöglichkeit der Gesellschaft (näher Karsten Schmidt Gesellschaftsrecht § 51 II 2c; s. auch OLG Frankfurt DB 1979, 2125; Heymann-Emmerich § 128 Anm. 49). Auch mit dieser Maßgabe ist die Befristung der Nachhaftung bis zum nächsten Kündigungstermin nur bei solchen Verträgen unproblematisch, bei denen die Nicht-Kündigung des Dauerschuldverhältnisses wie eine Vertragsverlängerung wirkt.

39 b) Nach § 613 a Abs. 2 BGB haftet beim Betriebsübergang der bisherige Arbeitgeber neben dem neuen Inhaber nur noch für diejenigen Verpflichtungen, die vor dem Zeitpunkt des Übergangs entstanden sind und vor Ablauf eines Jahres nach dem Betriebsübergang fällig werden (Satz 1). Werden solche Verpflichtungen nach dem Zeitpunkt des Übergangs fällig, so haftet der bisherige Arbeitgeber für sie nur in dem Umfang, der dem im Zeitpunkt des Übergangs abgelaufenen Teil des Bemessungszeitraums entspricht (Satz 2). Ein unmittelbarer Anwendungsfall des § 613a BGB liegt beim Ausscheiden eines Gesellschafters nicht vor (BAGE 42, 312 = NJW 1983, 2283 = AP Nr. 4 zu § 128 m. Anm. Reuter nach AP Nr. 7 zu § 128 = DB 1983, 1259 = ZIP 1983, 715, 718; BGHZ 87, 286 = BGH NJW 1983, 2254; Wiesner ZIP 1983, 1035; Hunke, S. 230), denn das Ausscheiden eines Gesellschafters ändert nichts an der Indentität der Gesellschaft als Arbeitgeberin und führt deshalb nicht zum Übergang des Arbeitsverhältnisses (anders vereinzelt v. Stebut ZGR 1981, 206). Vorgeschlagen wurde aber, die Enthaftungsregel des § 613a Abs. 2 BGB auf den ausgeschiedenen Gesellschafter analog anzuwenden (Baumbach-Duden-Hopt § 128 Anm. 5B; Heymann-Emmerich § 128 Anm. 44; Beitzke SAE 1978, 120 [Anm. zu BAG AP Nr 1 zu § 128 = NJW 1978, 391 = SAE 1978, 117]; Ulmer-Wiesner ZHR 144 [1980], 419; Wiesner ZIP 1983, 1036). Die Rechtsprechung ist dem nicht gefolgt (BGHZ 87, 286 = NJW 1983, 2254; BAG AP Nr. 1 zu § 128 = NJW 1978, 391 = SAE 1978, 117 m. Anm. Beitzke; BAGE 42, 312 = NJW 1983, 2283 = AP Nr. 4 zu § 128 m. Anm. Reuter nach AP Nr. 7 zu § 128 = DB 1983, 1259 = ZIP 1983, 715; zust. Schaub in MünchKomm BGB § 613a Anm. 18; zust. im Ergebnis auch Lieb ZGR 1985, 135 f.; krit. z.B. Wiesner ZIP 1983, 1036). Insbesondere der BGH hat dargelegt, daß die Regelungsprobleme und die betroffenen Interessen bei § 159 und bei § 613a BGB nicht übereinstimmen, weil es bei § 613a BGB um eine Erweiterung, bei § 159 dagegen um eine Schmälerung der Haftungsmasse gehe. Allerdings soll nach dem bei Anm. 22, 40 erwähnten Gesetzesentwurf die analoge Anwendung des § 613a BGB angeordnet werden (dem Vernehmen nach wurde dies bei einer neueren sog. Formulierungshilfe im Ministerium wieder in Frage gestellt).

IV. Entwurf eines Nachhaftungsbegrenzungsgesetzes

Schrifttum: *Kapp-Oltmanns-Bezler,* Der Entwurf für ein Nachhaftungsbegrenzungsgesetz: eine halbherzige Lösung, DB 1988, 1937; *Karsten Schmidt,* Gesellschaftsrechtliche Grundlagen eines Nachhaftungsbegrenzungsgesetzes, DB 1990, 2357.

1. Der Gesetzesentwurf von 1988/1991

Die bedenkliche Praxis des BAG und des BGH (Anm. 19) hat im Jahr 1988 zu einem ministeriellen Gesetzesentwurf geführt, der als Diskussionsgrundlage der Öffentlichkeit zugänglich gemacht wurde (Entwurf eines Gesetzes zur zeitlichen Begrenzung der Nachhaftung von Gesellschaftern – Nachhaftungsbegrenzungsgesetz – vom 19. 7. 1988; Kurzinformation dazu in DB 1988, 1586). Während der Drucklegung wurde dieser Entwurf in modifizierter Fassung als Regierungsentwurf vorgelegt (BR-Drucks. 446/91). Der Entwurf verfolgt ein **dreifaches Ziel:** Zum einen versucht er, die Enthaftung und die Sonderverjährung untereinander neu zu ordnen (dazu Anm. 24ff., 33ff.). Zum zweiten dehnt der Entwurf die Regelungen der §§ 159f. ausdrücklich auch auf die Enthaftung des geschäftsleitenden Kommanditisten und Ex-Komplementärs aus (vgl.

§ 159 Abs. 4 E-HGB). Zum dritten sollen auch die §§ 45, 49, 56, 56 f UmwG dieser Neuregelung angepaßt werden. Die §§ 159, 160 sollten nach dem **ministeriellen Entwurf** (Stand 1988) folgendermaßen lauten:

E § 159: (1) Die Ansprüche gegen einen Gesellschafter aus Verbindlichkeiten der Gesellschaft verjähren in fünf Jahren nach der Auflösung der Gesellschaft, sofern nicht der Anspruch gegen die Gesellschaft einer kürzeren Verjährung unterliegt.
(2) Die Verjährung beginnt mit dem Ende des Tages, an welchem die Auflösung der Gesellschaft in das Handelsregister des für den Sitz der Gesellschaft zuständigen Gerichts eingetragen wird.
(3) Wird der Anspruch des Gläubigers gegen die Gesellschaft erst nach der Eintragung fällig, so beginnt die Verjährung mit dem Zeitpunkt der Fälligkeit.
(4) Die Unterbrechung der Verjährung gegenüber der aufgelösten Gesellschaft wirkt auch gegenüber den Gesellschaftern, die der Gesellschaft zur Zeit der Auflösung angehört haben.

E § 160: (1) Scheidet ein Gesellschafter aus der Gesellschaft aus, so haftet er für Verbindlichkeiten der Gesellschaft nur noch insoweit, als diese vor Ablauf von fünf Jahren fällig und gegen ihn gerichtlich geltend gemacht sind. Die Frist beginnt mit dem Ende des Tages, an dem das Ausscheiden in das Handelsregister des für den Sitz der Gesellschaft zuständigen Gerichts eingetragen wird. Die für die Verjährung geltenden §§ 203, 206, 207, 212 bis 216 BGB sind entsprechend anzuwenden.
(2) Absatz 1 Satz 1 ist nicht anzuwenden, soweit der Gesellschafter den Anspruch anerkannt hat.
(3) ... (folgt Regelung zu 613 a BGB) ...
(4) Wird ein Gesellschafter Kommanditist, so sind für die Begrenzung seiner Haftung für die im Zeitpunkt der Eintragung der Änderung in das Handelsregister begründeten Verbindlichkeiten die Absätze 1 bis 3 entsprechend anzuwenden. Dies gilt auch, wenn er Kommanditist und in der Gesellschaft oder einem ihr als Gesellschafter angehörenden Unternehmen geschäftsführend tätig wird. Seine Haftung als Kommanditist bleibt unberührt.

Der **Regierungsentwurf** von 1991 streicht E § 160 Abs. 3 (Abs. 4 wird Abs. 3) und fügt dem E § 160 Abs. 1 folgenden Satz 4 an: „Wird die Verbindlichkeit später als vier Jahre nach der Eintragung fällig, kann durch schriftliche Vereinbarung zwischen dem Gläubiger und dem ausgeschiedenen Gesellschafter die Frist für die Erhebung der Klage durch ihn um einen bestimmten Zeitraum oder bis zu einem kalendermäßig bestimmten Zeitpunkt verlängert werden."

2. Kritik

41 a) Die ausdrückliche **Einbeziehung auch der geschäftsleitenden Kommanditisten** in das Enthaftungskonzept ist rechtspolitisch zu begrüßen, gibt allerdings insoweit zu denken, als man darüber streiten kann, ob es Sache des Gesetzgebers ist, eine contra legem aus rechtspolitischem Gefühl agierende Gerichtspraxis wieder auf den Boden des bereits geltenden – wenn auch nicht richtig gesprochenen – Rechts zurückzuführen.

42 b) Die **Nicht-Einbeziehung des § 26** verdient Kritik. Diese Vorschrift sollte den §§ 159, 160 angepaßt und in Anbetracht der bisherigen Rechtsprechung auch auf den Fall des § 28 ausgedehnt werden (Kapp-Oltmanns-Bezler DB 1988, 1937; Karsten Schmidt DB 1990, 2358).

c) Kritik verdient das **Enthaftungskonzept** des Entwurfs aber vor allem im Grundsätzlichen (Karsten Schmidt DB 1990, 2354 f.). § 159 E-HGB macht den Auflösungsfall zum alleinigen Resttatbestand für die Sonderverjährung. Damit wird ausgerechnet derjenige Anwendungsfall, der entgegen dem bisherigen Gesetzeswortlaut keine Anerkennung verdient, beibehalten. Richtigerweise kann hier nur die Vollbeendigung entscheiden (Anm. 14), während der einzige für die Sonderverjährung ausreichende Auflösungstatbestand, nämlich die Konkurseröffnung (Anm. 13), ungenannt bleibt. Aber auch das Enthaftungskonzept des § 160 E-HGB kann nicht überzeugen. Es geht nicht an, alle Ansprüche der Enthaftung zu unterwerfen, die nicht binnen fünf Jahren gegen den ausgeschiedenen Gesellschafter gerichtlich geltend gemacht oder von ihm anerkannt sind. Der jetzt im Regierungsentwurf nachgetragene E § 160 Abs. 1 Satz 4 ist keine wirkliche Lösung des Problems, sondern ein aus der vom Entwurf selbst geschaffenen Not resultierender Notbehelf. Der Entwurf unterscheidet auch nicht hinlänglich zwischen den beiden vom Gesetz zu klärenden Fragen: der ersten Frage, welche Verbindlichkeiten der Nachhaftung unterliegen, und der zweiten Frage, wann der Gesellschafter von der einmal entstandenen Nachhaftung befreit ist. De lege lata wird die erste Frage von der Enthaftungsrechtsprechung beantwortet (Anm. 33 ff.), die zweite von der gesetzlich angeordneten Sonderverjährung (Anm. 24 ff.). Ob es bei dieser Rechtstechnik bleiben soll, ist eine Frage, die der Disposition des Gesetzgebers unterliegt. Die Vermischung der beiden Sachfragen aber ist eine klare Verschlechterung. **43**

d) Schließlich ist die **fehlende Rückwirkung** des Gesetzesvorschlags auf Kritik gestoßen (Kapp-Oltmanns-Bezler DB 1988, 1938). Auch der Regierungsentwurf (BR-Drucks. 446/91) unterwirft Altverbindlichkeiten aus der Zeit vor dem Inkrafttreten des geplanten Gesetzes grundsätzlich nur dann der Neuregelung, wenn es sich um einen Gesellschafter handelt, dessen Ausscheiden oder dessen Haftungsänderung erst nach dem Inkrafttreten des Gesetzes eingetragen ist (näher Art. 32 des Entwurfs). **44**

3. Entwurfsvorschlag

In DB 1990, 2360 f. wurde ein **eigener Gesetzgebungsvorschlag** unterbreitet, der von §§ 26, 28 über §§ 159, 160 HGB bis in das Umwandlungsrecht reicht. Hinsichtlich der §§ 159, 160 lautet dieser Vorschlag: **45**

E § 159: (1) Scheidet ein Gesellschafter aus der Gesellschaft aus, so haftet er für Verbindlichkeiten der Gesellschaft nur insoweit, als diese vor seinem Ausscheiden begründet und vor Ablauf von fünf Jahren nach seinem Ausscheiden fällig geworden sind. Dies gilt nicht, soweit der Gesellschafter den Anspruch anerkannt hat. Als Tag des Ausscheidens gilt der Tag, an welchem das Ausscheiden im Handelsregister eingetragen ist.

(2) Die im Abs. 1 bezeichneten Ansprüche verjähren mit einer Frist von fünf Jahren. Die Frist beginnt am Ende des Tages, an welchem das Ausscheiden im Handelsregister eingetragen ist. Die Befugnis, sich auf eine kürzere Verjährung des gegen die Gesellschaft gerichteten Anspruchs zu berufen, bleibt unberührt.

(3) ... (folgt eventuelle Regelung zu § 613 a BGB) ...

(4) Wird ein persönlich haftender Gesellschafter Kommanditist, so sind für die sich aus § 128 HGB ergebende Haftung die Absätze 1–3 entsprechend anzuwenden. Die Haftung als Kommanditist bleibt unberührt.

(5) Die Absätze 1–4 gelten auch, wenn der Gesellschafter weiterhin geschäftsleitend in der Gesellschaft tätig ist.

§ 160: (1) Ist die Gesellschaft durch Liquidation oder auf andere Weise erloschen, so gilt § 159 mit der Maßgabe, daß das Erlöschen der Gesellschaft dem Ausscheiden der Gesellschafter gleichsteht.

(2) Ist über das Vermögen der Gesellschaft das Konkursverfahren eröffnet, so tritt an die Stelle des Erlöschens der Gesellschaft die Eröffnung des Verfahrens.

160 Die Unterbrechung der Verjährung gegenüber der aufgelösten Gesellschaft wirkt auch gegenüber den Gesellschaftern, welche der Gesellschaft zur Zeit der Auflösung angehört haben.

Schrifttum: Vgl. die Angaben bei § 159.

Inhalt

	Anm.		Anm.
I. Bedeutung der Vorschrift	1–3	2. Zugehörigkeit des Gesellschafters zur aufgelösten Gesellschaft	7
1. Normzweck	1	3. Unverjährte Gesellschaftsschuld	8
2. Keine Sondervorschrift über die Hemmung der Verjährung	3	III. Die Unterbrechung und ihre Folgen	11–14
II. Voraussetzungen des § 160	4–10	1. Unterbrechungshandlung gegenüber der Gesellschaft bzw. durch die Gesellschaft	11
1. Aufgelöste oHG oder KG	4	2. Rechtsfolgen	13

I. Bedeutung der Vorschrift

1. Normzweck

1 a) Nach h.M. ergänzt die Bestimmung diejenigen des § 159, ist also gleichsam als dessen Absatz 4 zu lesen. Nach dem Wortlaut des § 159 läuft während der Auflösung der Gesellschaft – also schon vor ihrer Vollbeendigung – die Sonderverjährungsfrist für die Gesellschafterhaftung. Diese bei § 159 Anm. 14 kritisch beleuchtete vorherrschende Betrachtungsweise führt zu einem Sonderproblem, das mit § 160 behoben werden soll: Die Sonderverjährung nach § 159 gibt dem Gesellschafter eine „in seiner Person begründete" Einrede, die die Gesellschaft selbst nicht hat (vgl. § 129). Damit würde die Verjährungsfrist des § 159 unabhängig davon laufen, ob die Verjährung der Forderung gegen die Gesellschaft läuft oder unterbrochen ist. Das hätte den Nachteil, daß die Gläubiger nach Auflösung der Gesellschaft, wenn sie die besondere Verjährungsfrist des § 159 unterbrechen wollten, gegen die Gesellschafter persönlich vorgehen müßten, obwohl sie im Verhältnis zu der Gesellschaft schon die nötigen Unterbrechungshandlungen hinsichtlich der für den Anspruch geltenden Verjährungsfrist vorgenommen haben. Um diese unnötigen Klagen oder sonstigen Unterbrechungshandlungen zu vermeiden, die allein deshalb notwendig schienen, weil die Verjährungsfrist des § 159 nur die persönliche Haftung des Gesellschafters betrifft, entnimmt man dem § 160, daß eine Unterbrechung der für den Anspruch laufenden Verjährungsfrist gegenüber der Gesellschaft auch die besondere Verjährungsfrist des § 159 gegenüber dem Gesellschafter unterbricht. Die Regelung ist aus Art. 148 Abs. 2 ADHGB übernommen worden.

b) Kritik der h.M. (Karsten Schmidt Gesellschaftsrecht § 52 IV 3 a): Wie bei § 159 **2**
Anm. 12 ff. dargestellt wurde, ist das Konzept der h.M., so sehr es dem Gesetzeswortlaut entspricht, verfehlt. Die Konkurseröffnung setzt die Frist des § 159 in Lauf, nicht aber die Liquidation der Gesellschaft (hier beginnt die Frist erst mit der Vollbeendigung). § 160 scheint auf den ersten Blick das hier bei § 159 Anm. 12 ff. dargelegte Konzept zu widerlegen, aber dies trifft nur zu, wenn man § 160 mit der h.M., wie einen Absatz 4 zu § 159 liest und die Regelung speziell auf die Sonderverjährung bezieht. Die Vorschrift ist aber nicht wie ein Absatz 4 des § 159 zu lesen, sondern wie in Satz 2 des § 156 (näher Karsten Schmidt ZHR 152 [1988], 120 f.). § 160 versteht sich als Modifikation des Akzessorietätsgedankens des § 129. Die Vorschrift ging aus Art. 148 ADHGB hervor. Abs. 1 dieser Bestimmung besagte, daß Unterbrechungshandlungen gegenüber der Gesellschaft nicht gegen einen ausgeschiedenen oder ausgeschlossenen Gesellschafter wirken. Abs. 2 besagte, daß im Auflösungsfall zwar nicht die gegenüber einem Mitgesellschafter, wohl aber die gegenüber der Gesellschaft vorgenommene Unterbrechungshandlung auch gegen den Gesellschafter der aufgelösten Gesellschaft gilt. Der HGB- Gesetzgeber strich aus dem Art. 148 ADHGB, was er für überflüssig hielt und behielt den § 160 bei. Im Ergebnis besagt die Bestimmung nichts Spezielles für § 159. Sie besagt aber, daß die Unterbrechungshandlung gegenüber der aufgelösten bzw. im Konkurs befindlichen Gesellschaft gegenüber dem Gesellschafter dieselben Wirkungen hat wie vor der Auflösung der Gesellschaft.

2. Keine Sondervorschrift über die Hemmung der Verjährung

Nur von der **Unterbrechung** der Verjährung nach §§ 208 ff. BGB, **nicht** von der **3**
Hemmung der Verjährung nach §§ 202 ff. BGB ist in § 160 die Rede. Hinsichtlich der Hemmung kann § 160 auch nicht analog angewandt werden (Schilling in Großkomm Anm. 11). Die Hemmung der Verjährung ist stets getrennt für die Gesellschaft und für die Gesellschafter zu prüfen, was selbstverständlich nicht ausschließt, daß derselbe tatsächliche Umstand zu einer Hemmung sowohl gegenüber der Gesellschaft als auch gegenüber den Gesellschaftern führen kann.

II. Voraussetzungen des § 160

1. Aufgelöste oHG oder KG

a) Die Sonderregelung gilt für die **oHG** und für die **Kommanditgesellschaft** (vgl. § 161 **4**
Abs. 2). Wegen der unternehmenstragenden Gesellschaft bürgerlichen Rechts vgl. sinngemäß § 159 Anm. 4 (zu ihrer Parteifähigkeit vgl. § 123 Anm. 16).

b) Vorausgesetzt ist, daß die Gesellschaft **aufgelöst aber nicht vollbeendet** ist, vielmehr **5**
noch als Abwicklungsgesellschaft existiert. Ob i.S. des § 145 eine Liquidation oder eine andere Art der Auseinandersetzung stattfindet (vgl. zu diesen Begriffen § 145 Anm. 4 ff), ist ohne Belang (so im Ergebnis auch Alfred Hueck oHG § 33 5; Schilling in Großkomm Anm. 4; a.M. Düringer-Hachenburg-Flechtheim Anm. 7 mit der Begründung, in diesem Fall sei die Gesellschaft automatisch vollbeendigt). Die 4. Aufl. (Geßler) hat dies noch ausführlich aus der Interessenlage begründet. Die Richtigkeit des Ergebnisses ergibt sich von selbst, wenn man § 145 richtig interpretiert: Sofern die

andere Art der Auseinandersetzung nicht zum liquidationslosen Erlöschen der Gesellschaft führt, befindet sich die Gesellschaft im Liquidationsstadium. § 160 findet keine Anwendung, wenn nur ein Gesellschafter ausgeschieden ist (Alfred Hueck oHG § 33 Fußn. 11) oder wenn sich die Gesellschaft in eine Gesellschaft bürgerlichen Rechts oder in eine Kommanditgesellschaft verwandelt hat, ohne daß Auflösung eintrat (dazu § 105 Anm. 87). Auch der Fall, daß die Gesellschaft durch Vereinigung der Anteile in einer Hand automatisch erlischt (§ 131 Anm. 2), ist kein Fall des § 160; hier ist keine in Auflösung befindliche Gesellschaft mehr vorhanden. In dem in LZ 1913, 846f. und 850f. nur auszugsweise wiedergegebenen Fall ging es anscheinend darum, daß sich die oHG anstelle der Liquidation in eine Gesellschaft bürgerlichen Rechts umwandelt. Das RG hat – so, wie die Entscheidung zu der älteren Literatur überliefert wird – angenommen, daß das Anerkenntnis des geschäftsführenden Gesellschafters dieser Gesellschaft bürgerlichen Rechts vor Ablauf der Verjährungsfrist des § 159 die Verjährung auch gegenüber den Gesellschaftern unterbreche. Ein Anerkenntnis nach Ablauf dagegen habe nur Bedeutung, wenn der betreffende Gesellschafter befugt gewesen sei, die anderen Gesellschafter zu vertreten. Die Entscheidung ist auf berechtigte Kritik gestoßen (z.B. Alfred Hueck oHG § 33, 5; Düringer-Hachenburg-Flechtheim Anm. 7; Schilling in Großkomm Anm. 4).

6 c) Im **Konkurs** der Gesellschaft ist § 160 sinngemäß anwendbar (so auch RG HRR 1942 Nr. 376; BGH LM Nr. 1 = NJW 1982, 2443 = BB 1982, 635). Da der Konkursverwalter ein Fremdverwalter ist, ist dies keine Selbstverständlichkeit. Aber die Grundwertung des § 160 (Fortbestand der aus § 129 ablesbaren Akzessorietät) paßt auch hier. Da die Konkurseröffnung die Sonderverjährung nach § 159 Abs. 1 in Lauf setzt (vgl. § 159 Anm. 13), trifft gerade auf diesen im Gesetz nicht besonders erwähnten Fall der von der h.M. allgemein angenommene (Anm. 1), in dieser Allgemeinheit verfehlte (vgl. Anm. 2) Normzweck des § 160 zu: Hier führt die Vorschrift dazu, daß eine gegenüber dem Gesellschafter schon laufende Sonderverjährung nach § 159 durch eine der Gesellschaft (dem Konkursverwalter) gegenüber vorgenommene Unterbrechungshandlung unterbrochen wird.

2. Zugehörigkeit des Gesellschafter zur aufgelösten Gesellschaft

7 Die gleichzeitige Unterbrechung der Verjährung gegenüber dem Gesellschafter durch Unterbrechungshandlung gegenüber der Gesellschaft setzt voraus, daß der haftende Gesellschafter **Mitglied der Liquidationsgesellschaft** ist. Sie tritt nach dem Wortlaut nur für die Gesellschafter ein, welche der Gesellschaft zur Zeit der Auflösung angehört haben. Nach ihrem Sinn und Zweck muß die Vorschrift aber auch auf einen Gesellschafter, der erst nach der Auflösung in die Gesellschaft eingetreten ist, Anwendung finden (Alfred Hueck oHG § 35 Fußn. 11; Schilling in Großkomm Anm. 8; Straube-Koppensteiner Anm. 3). Sie gilt dagegen nicht für die Verjährung gegenüber solchen Gesellschaftern, die vor der Auflösung der Gesellschaft ausgeschieden sind (Alfred Hueck oHG § 33 Fußn. 11). Das ergibt sich auch aus den Erläuterungen bei § 129 Anm. 14f. Die Unterbrechungshandlungen müssen daher gegen den ausgeschiedenen Gesellschafter persönlich vorgenommen werden (RGZ 6, 33, 36). Nicht im Gesetz geklärt und scheinbar positiv beantwortet ist die Frage, ob § 160 gegenüber einem Gesellschafter gilt, der im Zeitpunkt der Unterbrechungshandlung aus der aufgelösten

Gesellschaft ausgeschieden ist, aber im Auflösungszeitpunkt noch nicht ausgeschieden war. Sofern dies ordnungsgemäß eingetragen und bekanntgemacht ist, müssen hier die allgemeinen Regeln gelten. Die Unterbrechungshandlung wirkt nicht gegen den ausgeschiedenen Gesellschafter (§ 129 Anm. 8).

3. Unverjährte Gesellschaftsschuld

a) Nur wenn die **Gesellschaftsschuld,** auf die sich die Unterbrechungshandlung bezieht, **8** im Zeitpunkt der Unterbrechungshandlung ihrerseits **unverjährt** war, wirkt die Unterbrechungshandlung (BGH LM Nr. 1 = NJW 1982, 2443 = BB 1982, 635; Baumbach-Duden-Hopt Anm. 1; Heymann-Sonnenschein Anm. 2). Ist die gegen die Gesellschaft gerichtete Forderung dagegen bereits verjährt, so kann sich der Gesellschafter nach den allgemeinen Regeln gleichfalls auf diese Verjährung berufen (dazu § 129 Anm. 7).

b) aa) Nach **h.M.** soll die Vorschrift des § 160 nur gewährleisten, daß die gemäß § 159 **9** laufende Sonderverjährung durch Rechtshandlungen gegenüber der Gesellschaft unterbrochen werden kann (Anm. 1). Diese Wirkung der Unterbrechung kann nur eintreten, wenn die Verjährungsfrist des § 159 gegen den Gesellschafter läuft. Das ist nach dem Gesetzeswortlaut und nach h.M. schon mit Eintritt der Auflösung (§ 131) der Fall (vgl. § 159 Anm. 12), nach richtiger Auffassung nur im Fall des Gesellschaftskonkurses (vgl. Anm. 6 und § 159 Anm. 14). Ist aufgrund § 159 die Forderung gegen den Gesellschafter bereits verjährt, berührt ihn die nachträgliche Unterbrechung der Verjährung gegenüber der Gesellschaft nicht mehr (ROHGE 9, 84, 86). Dieser Grundsatz erleidet nach der Vorauflage von *Geßler* eine Ausnahme, wenn die aufgelöste oHG durch ihre Liquidatoren die bereits verjährte Verbindlichkeit neu begründet. Die Anerkennung einer verjährten Schuld durch Eingehung einer entsprechenden selbständigen Verpflichtung könne im Rahmen des Geschäftskreises der Liquidatoren liegen und sei von ihrer Vertretungsmacht gedeckt (§ 149 Anm. 41). Gegenüber der verjährten Forderung habe dann der Gesellschafter zwar nach wie vor die Einrede der Verjährung, nicht aber auch gegenüber der neuen selbständigen Verpflichtung. Für diese neue Verpflichtung laufe eine neue Verjährungsfrist von fünf Jahren, die durch Unterbrechungshandlung gegenüber der Gesellschaft auch mit Wirkung gegenüber dem Gesellschafter unterbrochen werde (Alfred Hueck oHG § 33 Fußn. 12; Düringer-Hachenburg-Flechtheim Anm. 5; Schilling in Großkomm Anm. 5; s. auch BGH LM Nr. 1 = NJW 1982, 2443 = BB 1982, 685 mit für den Fall der Konkursverwaltung berechtigten Zweifeln an der Vertretungsmacht; a.M. ROHGE 9, 84, 85, wo das Anerkenntnis für unwirksam gehalten wird).

bb) **Stellungnahme:** Nach der hier vertretenen Auffassung liegt diese Einschränkung **10** neben der Sache. Es ist zwar richtig, daß die Gesellschafter für Neuverbindlichkeiten haften, die von Liquidatoren eingegangen werden (§ 156 Anm. 18), aber genau aus diesem Grund beginnt die Sonderverjährung im Liquidationsfall gar nicht zu laufen (§ 159 Anm. 14). Zu laufen beginnt sie im Fall des Konkurses (vgl. § 159 Anm. 13); aber in diesem Fall haften die Gesellschafter auch nicht mehr für die vom Konkursverwalter begründeten Neuverbindlichkeiten (vgl. § 128 Anm. 70). Hier kann also durch ein Anerkenntnis des Konkursverwalters eine die Haftung wiederbegründende Gesellschaftsschuld nicht geschaffen werden.

III. Die Unterbrechung und ihre Folgen

1. Unterbrechungshandlung gegenüber der Gesellschaft bzw. durch die Gesellschaft

11 a) Es muß eine Unterbrechungshandlung **gegenüber der Gesellschaft** bzw. **durch die Gesellschaft** erfolgt sein. Das Gesetz spricht zwar nur von der Unterbrechung „gegenüber" der Gesellschaft, aber das schließt nicht aus, daß die Unterbrechungshandlung eine solche der Gesellschaft selbst sein kann. Welche Maßnahmen in Betracht kommen, ergibt sich aus §§ 208 f. BGB. Es handelt sich dabei vor allem um Anerkenntnisse der Gesellschaft, Klagen gegen die Gesellschaft, Mahnbescheide, Anmeldungen zur Konkurstabelle, Prozeßaufrechnungen, Streitverkündungen, Vollstreckungshandlungen usw. Ist eine solche Unterbrechungshandlung nicht im Verhältnis zwischen dem Gäubiger und der Gesellschaft erfolgt, so greift § 160 nicht ein; insbesondere kommt es bei einem Anerkenntnis darauf an, ob die Verbindlichkeit im Namen der Gesellschaft und mit Vertretungsmacht für die Gesellschaft anerkannt worden ist (vgl. auch RG LZ 1913, 846 f.).

12 b) Nur eine Unterbrechungshandlung **nach dem Eintritt der Auflösung** führt die Wirkungen des § 160 herbei (h. M.; vgl. Düringer-Hachenburg-Flechtheim Anm. 4, 8; Schilling in Großkomm Anm. 2). Ist die Verjährung der gegen die Gesellschaft gerichteten Forderung im Auflösungszeitpunkt bereits unterbrochen, so hat dies eine andere Folge: Die Gesellschafter müssen sich diese Unterbrechung nach allgemeinen Grundsätzen entgegenhalten lassen, und die Sonderverjährung gemäß § 159 beginnt nicht schon mit der Auflösung (h. M.) bzw. mit der Konkurseröffnung (hier vertretene Ansicht), sondern ihr Beginn ist bis zur Beendigung der Unterbrechung hinausgeschoben (§ 159 Anm. 31; Schilling in Großkomm Anm. 2). Sie beginnt dann spätestens im Zeitpunkt der Vollbeendigung der Gesellschaft.

2. Rechtsfolgen

13 a) Rechtsfolge des § 160 ist, daß die Unterbrechungshandlung auch gegen den forthaftenden Gesellschafter wirkt und auch die Sonderverjährung nach § 159 unterbricht, soweit diese bereits in Gang gesetzt ist (dazu § 159 Anm. 12 ff.). § 160 befaßt sich **nur** mit der **Verjährung der Haftungsansprüche gegen die Gesellschafter** aufgrund ihrer persönlichen Haftung nach §§ 128, 130, 171, 173, 176. **Alle sonstigen Ansprüche** Dritter gegen die Gesellschafter, z.B. aus einem besonderen Rechtsgrund werden von ihm **nicht** berührt, und zwar auch dann nicht, wenn es um die Haftung für Gesellschaftsverbindlichkeiten geht. Insbesondere gilt dies für Bürgschaften, Garantieübernahmen oder Schuldmitübernahmen der Gesellschafter zur Absicherung von Gesellschaftsverbindlichkeiten (§ 159 Anm. 16). Für derartige nicht auf der Gesellschafterhaftung beruhenden Ansprüche Dritter gilt das allgemeine Verjährungsrecht; die Unterbrechung der Verjährung tritt nur ein, wenn die Unterbrechungshandlung gegenüber dem betreffenden Gesellschafter oder von ihm vorgenommen wird. Gleichfalls von § 160 nicht erfaßt sind Ansprüche der Gesellschafter aus dem Gesellschaftsverhältnis gegeneinander, namentlich der Rückgriff eines Gesellschafters gegen den anderen wegen Bezahlung einer Gesellschaftsschuld (für das Verhältnis der Gesellschafter untereinander gelten die Regeln der §§ 425 Abs. 2, 426 BGB).

b) Endet die Unterbrechung im Verhältnis zur Gesellschaft, so läuft gegenüber dem Gesellschafter unter den sich aus § 159 ergebenden Voraussetzungen erneut die Frist des § 159, also die fünfjährige bzw., sofern der Anspruch gegen die Gesellschaft einer kürzeren Verjährung unterliegt, die kürzere Verjährungsfrist (RGZ 70, 323, 325; 74, 63, 64; RG HRR 1942 Nr. 376; Schilling in Großkomm Anm. 10; Baumbach-Duden-Hopt Anm. 1). Das Ende der Unterbrechung ergibt sich im einzelnen aus §§ 211 ff. BGB. Im Fall RG HRR 1942 Nr. 376 war die Verjährung durch Anmeldung der Forderung im Konkurs nach § 209 Abs. 2 Nr. 2 BGB unterbrochen, und die Unterbrechung war durch Beendigung des Konkursverfahrens nach § 214 Abs. 1 BGB beendet. Von diesem Zeitpunkt an lief erneut die Sonderverjährungsfrist gegenüber dem Gesellschafter, also grundsätzlich eine Frist von fünf Jahren, im konkreten Fall dagegen nach §§ 159 Abs. 1 HGB, 196 BGB eine abgekürzte Frist von vier Jahren.